当代交通运输领域经典译丛

European Agreement Concerning the International Carriage of Dangerous Goods by Road

危险货物国际道路运输欧洲公约

（2015年版）上册

联合国欧洲经济委员会 编
交通运输部运输服务司 译

人民交通出版社股份有限公司
China Communications Press Co., Ltd.

第1部分 一般规定

第2部分 分类

第3部分 危险货物一览表，特殊规定，有限数量和例外数量危险货物的豁免

第4部分 包装和罐体规定

第5部分 托运程序

第6部分 包装、中型散装容器（IBCs）、大型包装、罐体和散装容器的制造和试验要求

第7部分 运输、装卸及操作条件的规定

第8部分 车组人员、设备、作业和单据的要求

第9部分 车辆制造和批准的要求

内 容 提 要

本书是联合国欧洲经济委员会根据联合国《关于危险货物运输的建议书》编制的危险货物国际道路运输欧洲公约,该公约共分为2个附录,包括危险物质和物品的一般规定和要求、关于运输设备和运输作业的规定,具体又分为9个部分,主要有危险货物的一般规定,分类,危险货物一览表,包装和罐体规定,托运程序,包装等的制造和试验要求,运输、装卸及操作条件的规定,以及运输车组人员、设备、作业和单据的要求,车辆制造和批准的要求。

本书可供我国从事危险货物道路运输及相关活动的人员,以及管理、研究人员借鉴使用。

图书在版编目(CIP)数据

危险货物国际道路运输欧洲公约:2015年版/联合国欧洲经济委员会编;交通运输部运输服务司译.—北京:人民交通出版社股份有限公司,2016.4
ISBN 978-7-114-12859-2

Ⅰ.①危… Ⅱ.①联… ②交… Ⅲ.①道路运输—国际货运—危险货物运输—国际条约—欧洲 Ⅳ.①U294.8

中国版本图书馆 CIP 数据核字(2016)第 045390 号

书　名:	危险货物国际道路运输欧洲公约(2015年版) 上册
著 作 者:	联合国欧洲经济委员会
译　者:	交通运输部运输服务司
责任编辑:	董　倩
出版发行:	人民交通出版社股份有限公司
地　址:	(100011)北京市朝阳区安定门外外馆斜街3号
网　址:	http://www.ccpress.com.cn
销售电话:	(010)59757973
总 经 销:	人民交通出版社股份有限公司发行部
经　销:	各地新华书店
印　刷:	北京盛通印刷股份有限公司
开　本:	880×1230　1/16
印　张:	82.25
字　数:	2624 千
版　次:	2016年4月　第1版
印　次:	2016年4月　第1次印刷
书　号:	ISBN 978-7-114-12859-2
定　价:	590.00 元(上、下册合计)

(有印刷、装订质量问题的图书由本公司负责调换)

序

危险货物种类繁多、用途广泛，在促进经济社会发展，提高我们生活质量的同时，也对人类的安全、健康及我们赖以生存的环境构成了严峻挑战。危险货物运输管理既是一个安全问题，也是一个社会问题，世界各国对此都高度重视。1957年，联合国欧洲经济委员会从保障危险货物道路运输安全、促进经济社会可持续发展的角度，制定了《危险货物国际道路运输欧洲公约》(ADR)。ADR参照国际规章范本要求，吸取各国管理经验之长，兼收并蓄，与时俱进，对危险货物道路运输所涉及的分类鉴定、包装容器、托运程序、运输操作等各环节进行了系统规定，为47个缔约国规范境内及跨境危险货物道路运输管理提供了一个国际法律框架和技术规章。近50年的实践证明，ADR具有非常强的科学性、合理性及有效性，对保障缔约国危险货物安全便利运输发挥了极为重要的作用。

改革开放以来，我国危险货物道路运输呈快速发展态势，2015年全国共有危险货物道路运输企业1.1万家，车辆31万辆，从业人员120万人，完成危险货物运输量约10亿吨，占各种运输方式的60%以上，居全球第二位。近年来，我国危险货物道路运输管理持续加强，安全形势持续向好，但形势依然严峻，事故频发多发的势头没有得到根本性的遏制。这些事故暴露出我国危险货物道路运输管理中仍存在法规体系不健全、标准体系不完善、运营管理不规范、从业人员培训不到位等突出问题，迫切需要深入系统研究，尽快加以解决。

习近平总书记指出，发展决不能以牺牲人的生命为代价，必须坚持安全发展，堵塞各类安全漏洞，坚决遏制重特大事故频发势头。为此，我们对标国际，组织有关专家历时一年对ADR进行了编译，以期通过学习借鉴ADR的经验做法，健全完善我国危险货物道路运输的管理制度体系，全面提升行业安全管理水平。希望各级危险货物道路运输及相关行业管理部门、运营企业、广大从业人员能够认真研读、消化吸收，将发达国家的先进理念和有效做法，转化到行业管理及运营操作的实际工作中去，健全完善行业的安全管理制度体系。同时，也希望相关科研机构、高等院校研究人员和龙头企业技术管理人员能够吸收世界各国的经验，结合我国实际，进一步深化对危险货物道路运输的研究，为改进完善我国危险货物道路运输管理制度体系提供更有力支撑。

交通运输部党组成员兼运输服务司司长

2016年4月15日

编译说明

经过一年的辛勤努力，ADR 翻译工作终于完成了。ADR 各部分翻译分工如下。

第一部分：沈小燕、刘浩学、吴迪；第二部分：李东红、周鹭；第三部分：段晓瑞、彭建华；第四部分：钱大琳、钱振伟、于露、刘真意、杨婷婷、邝修远；第五部分：范文姬、吴金中、黄诗音；第六部分：陈朝晖、王昊旸、周伟明、罗永欣、肖学文、滕俊华；第七、八部分：彭建华、耿红、姜一洲；第九部分：任春晓、周炜。

寿比南、王和、赖永才、李晓青对部分章节进行了审改。战榆林、余兴源、张强、席锦池、吴金中，最后阅读了统稿并提出了修改建议。

首先，感谢德国联邦交通与数字基础设施部海尔姆特·莱恩(Helmut Rein)先生，正是他于2014年12月在中国举行的研讨会上对ADR的全面介绍，特别是针对与会中国专家提出的许多问题做了耐心及令人满意的解答，使我们意识到翻译、学习、借鉴ADR的必要性。一个多月后ADR翻译工作正式启动。同时，也感谢德国国际合作机构，特别是李静竹女士，为邀请海尔姆特·莱恩先生来华所作的努力，以及在翻译过程中给予的帮助。

其次，感谢所有参与翻译的人员，他们本着强烈的行业责任感，牺牲了大量的休息时间，耐心细致地进行工作。同时，也感谢这些翻译人员所在单位的支持，特别是交通运输部科学研究院、交通运输部公路科学研究院、交通运输部水运科学研究院、长安大学、北京交通大学、中国石油和化学工业联合会、全国锅炉压力容器标准化技术委员会、中国特种设备检测研究院、中国船级社及巴斯夫(中国)有限公司。

最后，感谢人民交通出版社股份有限公司，特别是董倩编辑，为翻译及最终编辑工作提供的支持。

需要说明的是，由于ADR每两年修订一次，修订中需要删除或增加一些内容，为保持序号编排相对固定，便于查找使用，对已经删除的内容，文本中仍通过"(保留)"、"(删除)"形式予以保留，请读者注意。

由于水平有限，翻译稿难免有诸多不足之处，希望各位读者悉心指正，有条件的，建议使用中同时参看英文原版。

交通运输部运输服务司

联合国欧洲经济委员会(UNECE)

联合国欧洲经济委员会是联合国的5个区域委员会之一,隶属于联合国经济及社会理事会(ECOSOC)。联合国欧洲经济委员会成立于1947年,目的是帮助重建战后欧洲,发展经济,加强欧洲国家之间以及同世界其他国家的经济关系。冷战期间,联合国欧洲经济委员会是东西方经济对话和合作的唯一平台。尽管冷战期间的局势非常复杂,联合国欧洲经济委员会还是取得了显著成就,达成了许多共识和标准化协议。

在冷战后期,联合国欧洲经济委员会不仅接收了许多新成员国加入,同时也具备了新的职能。自20世纪90年代初以来,该组织一直专注于利用其统一经验来促进中欧和东欧国家转型并融入全球市场。

联合国欧洲经济委员会是来自西欧、东欧、中欧、北美洲的国家以及中亚各国(共56个国家)聚会的论坛,共同探讨如何强化经济合作手段。该合作涉及经济、统计、环境、运输、贸易、可持续能源、木材和居住。联合国欧洲经济委员会提供一个公约、条例、标准制定和统一的区域性框架,委员会专家则以咨询服务、培训研讨会和学习班等形式,为东南欧各国和独联体提供技术帮助,各国可在这些活动中分享各自的经验和最佳实践。

联合国欧洲经济委员会运输部

联合国欧洲经济委员会内陆运输委员会(ITC)致力于推动人员和货物的国际内陆运输。它旨在提高运输行业的竞争力、安全性、能源效率和安保性。与此同时,它着力于减少运输活动对环境的不利影响,并有效地促进可持续发展。ITC 是一个:

—欧洲和欧洲以外的多边运输标准和公约的中心,如,全球危险货物运输和道路车辆制造规范
—技术帮助和最佳实践交流的平台
—多国投资计划的推进者
—运输和贸易便利化措施的实质性合作伙伴
—历史交通统计数据中心。

60 多年来,ITC 提供了一个政府间的合作平台。该平台旨在促进和发展国际运输。该平台的主要成果是编制了 50 多个国际公约,为发展国际道路运输、铁路运输、内河水运和多式联运,以及危险货物运输车辆制造,提供了一个国际法律框架和技术规章。

考虑到交通行业及其监管机构的需要,联合国欧洲经济委员会提供了一个类似的简易化和安全性问题的平衡方法和处理方式。

前　　言

通则

《危险货物国际道路运输欧洲公约》(ADR)是在联合国欧洲经济委员会的主持下编制的,于1957年9月30日在日内瓦完成,并于1968年1月29日生效。1975年8月21日,在纽约又按照公约修正案14(3)进行了修改,并于1985年4月19日生效。

依据本公约第2条,附录A中禁止运输的危险货物不应进行国际运输,准许其他危险货物进行国际运输时,应遵守:

——附录A中规定的条件,尤其是其包装和标签;

——附录B中规定的条件,尤其是承运该货物的车辆制造、设备和运输作业。

然而,根据第4条,每个缔约方可依据非货物运输安全方面的原因,保留其控制或禁止危险货物进入其领土的权利。缔约方也可通过双边或多边协议使附录A中禁止国际运输的危险货物在满足一定条件的情况下,或者附录A中许可国际运输的危险货物在比附录A和B规定的条件宽松的情况下,可在其领土上运输。

ADR生效后会按计划修订和更新附录A和B。

附录A和B的结构

在欧洲经济委员会第51届内陆运输委员会会议(1992年10月26日～30日)上,危险货物运输工作小组(WP.15)决定根据国际道路运输联盟(TRANS/WP.15/124,paras.100～108)的建议重新调整ADR,使条款更易理解和适用,使其不仅更容易应用于ADR范围内的国际道路运输业务,也便于欧洲各国依据其国内或欧共体立法而进行的国内运输,并最终确保在整个欧洲具有统一的监管框架。它认为明确运输链中各参与方的责任是有必要的,以便更系统地划分各参与方的要求,以及将ADR中的法律要求与可达到该要求且适用的欧洲或国际标准区分开。

本公约的结构与联合国《关于危险货物运输的建议书　规章范本》、《国际海运危险货物规则》(IMDG Code)以及《国际铁路运输危险货物规则》(RID)一致。

本公约共分9个部分,按照公约第2条,分为2个附录,结构如下所示。

附录A　关于危险物质和物品的一般规定和要求

第1部分　一般规定

第2部分　分类

第3部分　危险货物一览表,特殊规定,有限数量和例外数量危险货物的豁免

第4部分　包装和罐体规定

第5部分　托运程序

第6部分　包装、中型散装容器(IBCs)、大型包装、罐体和散装容器的制造和试验要求

第7部分　运输、装卸及操作条件的规定

附录B　关于运输设备和运输作业的规定

第8部分　车组人员、设备、作业和单据的要求

第9部分　车辆制造和批准的要求

第1部分为最基础部分,包括一般规定和定义。因其包括了所有在其他部分使用的术语定义,准确定义了ADR的适用范围,包括豁免的可能性和其他条例的适用性。它还包括了有关培训、免除、过渡措施、各参与方安全义务、控制措施、安全顾问、运输危险货物的通行隧道限制以及安保等条款。

3.2章表A对ADR修订版很重要,它包含了按照联合国编号顺序列表的危险货物。一旦危险物质

的联合国编号被确定,该表即提供了交叉引用适用该物质或物品运输的特定要求,以及可定位这些特定要求的章节。除了特定要求外,还应牢记与其相关的一般要求和适用所有部分的分类要求。

当联合国编号未知时,为了便于查找表 A,秘书处在 3.2 章表 B 中添加了按照字母顺序排序的危险货物联合国编号索引。表 B 并非是 ADR 的官方部分,出版时添加上仅为方便参考。

当已知或怀疑为危险货物,但在表 A 或表 B 中未发现其名称时,应根据第 2 部分对其进行分类。第 2 部分包含了所有判定该货物是否危险以及应分配什么联合国编号的相关程序和准则。

适用文本

该版本(2015 年版 ADR)于 2015 年 1 月 1 日生效,其考虑了 WP.15 于 2012 年、2013 年、2014 年采纳的所有新的修正案,即根据公约修正案 14(3),由缔约方接受的 ECE/TRANS/WP.15/222 -/Corr.1 和 -/Corr.2,以及 ECE/TRANS/WP.15/222/Add.1 和 -/Corr.1。然而,由于附录 A 的 1.6.1.1 提出的过渡措施,以前的 ADR 版本(2013 年版 ADR)可继续使用至 2015 年 6 月 30 日。

领土适用性

ADR 是国家之间的公约,不具备整体执行权。实践中,道路检查由缔约方执行,其主管机关可依照其国内法律对违法者采取法律行动。ADR 本身未提出任何处罚措施。该版本出版时,ADR 缔约方包括阿尔巴尼亚、安道尔、奥地利、阿塞拜疆、白俄罗斯、比利时、波黑、保加利亚、克罗地亚、塞浦路斯、捷克共和国、丹麦、爱沙尼亚、芬兰、法国、德国、希腊、匈牙利、冰岛、爱尔兰、意大利、哈萨克斯坦、拉脱维亚、立陶宛、卢森堡、马耳他、黑山、摩洛哥、荷兰、挪威、波兰、葡萄牙、摩尔多瓦共和国、罗马尼亚、俄罗斯联邦、塞尔维亚、斯洛伐克、斯洛文尼亚、西班牙、瑞典、瑞士、塔吉克斯坦、前南斯拉夫的马其顿共和国、土耳其、突尼斯、乌克兰、英国。

ADR 适用于在上述至少 2 个以上缔约方领土之间进行的运输作业。此外,应注意到,为了欧盟的统一和自由贸易,ADR 附录 A 和 B 已被欧盟成员国采纳作为其境内和跨境危险货物道路运输规章的基础(2008 年 9 月 24 日,欧洲议会和理事会关于内陆危险货物运输的 2008/68/EC 指令,已修订)。一些非欧盟成员国也采用 ADR 的附录 A 和 B 作为其国家法规的基础。

附加实用信息

任何有关 ADR 使用的咨询均可直接向有关主管机关查询。额外信息可在 UNECE 运输部网站上找到,网址如下:

> http://www.unece.org/trans/danger.htm

该网站会定期更新,包含如下信息:
—ADR 的基本信息
—公约(无附录)
—签名协议
—ADR 的现状
—受托人通知
—国家信息(主管机关,通知)
—语言版本(ADR 书面说明)
—多边公约
—ADR2015 年版(文件)
—ADR2013 年版(文件)
—ADR2013 年版(修订)
—以前版本(文件和修订)
—出版详情和勘误

目 录

上 册

危险货物国际道路运输欧洲公约(ADR) ·· 1

签署备忘录 ·· 5

附录 A 关于危险物质和物品的一般规定和要求 ··· 7

第 1 部分 一般规定 ·· 9

 第 1.1 章 **适用范围** ·· 11
  1.1.1 结构 ··· 11
  1.1.2 范围 ··· 11
  1.1.3 豁免 ··· 12
  1.1.4 其他规定的适用性 ·· 16
  1.1.5 标准的适用 ··· 17

 第 1.2 章 **定义和度量单位** ··· 18
  1.2.1 定义 ··· 18
  1.2.2 度量单位 ·· 32

 第 1.3 章 **与危险货物运输相关的人员培训** ·· 35
  1.3.1 适用范围 ·· 35
  1.3.2 培训的种类 ··· 35
  1.3.3 记录 ··· 35

 第 1.4 章 **参与方的安全义务** ·· 36
  1.4.1 一般安全措施 ·· 36
  1.4.2 主要参与方的义务 ·· 36
  1.4.3 其他参与方的义务 ·· 37

 第 1.5 章 **免除** ··· 40
  1.5.1 临时免除 ·· 40
  1.5.2 (保留) ··· 40

 第 1.6 章 **过渡措施** ·· 41
  1.6.1 总则 ··· 41
  1.6.2 第 2 类压力容器和容器 ·· 43
  1.6.3 固定式罐体(罐式车辆)、可拆卸式罐体和管束式车辆 ································ 44
  1.6.4 罐式集装箱、可移动罐柜和多单元气体容器(MEGCs) ······························ 46
  1.6.5 车辆 ··· 49

1.6.6	第7类放射性物质	50

第1.7章　第7类物质的一般要求 52
 1.7.1　适用范围 52
 1.7.2　防辐射计划 53
 1.7.3　管理制度 53
 1.7.4　特别安排 54
 1.7.5　具有其他危险性的放射性物质 54
 1.7.6　不遵守 54

第1.8章　确保符合安全要求的检查和其他支持措施 55
 1.8.1　危险货物的行政监管 55
 1.8.2　行政监管互助 55
 1.8.3　安全顾问 55
 1.8.4　主管机关及其指定机构名单 58
 1.8.5　危险货物的事故报告 58
 1.8.6　对于申请1.8.7中符合性评价、定期检验、中间检验及特殊检查的管理控制 63
 1.8.7　符合性评价和定期检验的程序 64
 1.8.8　盛装气体的小容器(储气筒)的符合性评价程序 69

第1.9章　主管机关的运输限制 72
 1.9.5　隧道限制 72

第1.10章　安保规定 75
 1.10.1　一般规定 75
 1.10.2　安保培训 75
 1.10.3　对有严重后果的危险货物的规定 75

第2部分　分类 79

第2.1章　一般规定 81
 2.1.1　介绍 81
 2.1.2　分类原则 82
 2.1.3　未列出名称的物质分类,包括溶液和混合物(例如配制品和废品) 82
 2.1.4　样品的分类 87
 2.1.5　废弃的、空的、未清洗的包装分类 88

第2.2章　分类的特殊规定 89
 2.2.1　第1类　爆炸物质和物品 89
 2.2.2　第2类　气体 106
 2.2.3　第3类　易燃液体 113
 2.2.41　第4.1类　易燃固体、自反应物质及固态退敏爆炸品 117
 2.2.42　第4.2类　易于自燃的物质 124
 2.2.43　第4.3类　遇水放出易燃气体的物质 127
 2.2.51　第5.1类　氧化性物质 129
 2.2.52　第5.2类　有机过氧化物 133
 2.2.61　第6.1类　毒性物质 148
 2.2.62　第6.2类　感染性物质 157

	2.2.7	第7类　放射性物质	162
	2.2.8	第8类　腐蚀性物质	186
	2.2.9	第9类　杂项危险物质和物品	191

第2.3章　试验方法 ... 204

- 2.3.0 概述 ... 204
- 2.3.1 A型爆破炸药的渗透试验 ... 204
- 2.3.2 关于第4.1类硝化纤维混合物的试验 ... 204
- 2.3.3 涉及第3类易燃液体、第6.1类和第8类的试验 ... 206
- 2.3.4 流度（流动性）测定试验 ... 208
- 2.3.5 第4.2类和第4.3类中的金属有机物质的分类 ... 208

第3部分　危险货物一览表，特殊规定，有限数量和例外数量危险货物的豁免 ... 211

第3.1章　通则 ... 213

- 3.1.1 介绍 ... 213
- 3.1.2 正式运输名称 ... 213
- 3.1.3 溶液或混合物 ... 214

第3.2章　危险货物一览表 ... 216

- 3.2.1 表A　危险货物一览表 ... 216
- 3.2.2 表B　ADR物质和物品的字母索引 ... 682

第3.3章　适用于某些物质或物品的特殊规定 ... 779

第3.4章　有限数量包装的危险货物 ... 810

- 3.4.7 内装有限数量危险货物包件的标记 ... 810
- 3.4.8 内装有限数量危险货物符合国际民航组织《危险品航空安全运输技术细则》第3部分第4章规定的包件标记要求 ... 811

第3.5章　例外数量包装的危险货物 ... 813

- 3.5.1 例外数量 ... 813
- 3.5.2 包装 ... 813
- 3.5.3 包件的测试 ... 814
- 3.5.4 包件的标记 ... 814
- 3.5.5 任何车辆或集装箱可装载的包件的最大数量 ... 815
- 3.5.6 单据 ... 815

下　册

第4部分　包装和罐体规定 ... 817

第4.1章　包装、中型散装容器（IBCs）和大型包装的使用 ... 819

- 4.1.1 危险货物包装、中型散装容器和大型包装的一般规定 ... 819
- 4.1.2 使用中型散装容器的附加一般规定 ... 842
- 4.1.3 有关包装指南的一般规定 ... 843
- 4.1.4 包装规定一览表 ... 845
- 4.1.5 第1类危险货物的特殊包装规定 ... 909

  4.1.6 第2类危险货物和其他类危险货物的特殊包装规定(对应于P200) ······ 910
  4.1.7 有机过氧化物(第5.2类)和第4.1类自反应物质的特殊包装规定 ······ 913
  4.1.8 传染性物质(第6.2类)的特殊包装规定 ······ 914
  4.1.9 放射性物质的特殊包装规定 ······ 915
  4.1.10 混合包装的特殊规定 ······ 917
 第4.2章 **可移动罐柜和UN多单元气体容器(MEGCs)的使用** ······ 922
  4.2.1 使用可移动罐柜运输第3~9类物质的一般规定 ······ 922
  4.2.2 使用可移动罐柜运输非冷冻液化气体和承压化学品的一般规定 ······ 925
  4.2.3 使用可移动罐柜运输冷冻液化气体的一般规定 ······ 926
  4.2.4 使用多单元气体容器(MEGCs)的一般规定 ······ 927
  4.2.5 可移动罐柜指南和特殊规定 ······ 928
 第4.3章 **固定式罐体(罐式车辆)、可拆卸式罐体、罐式集装箱,以及金属罐式交换箱体、管束式车辆和多单元气体容器(MEGCs)的使用** ······ 940
  4.3.1 范围 ······ 940
  4.3.2 适用于所有类别物质的规定 ······ 940
  4.3.3 适用于第2类物质的特殊规定 ······ 942
  4.3.4 适用于第1类、第3~9类物质的特殊规定 ······ 952
  4.3.5 特殊规定 ······ 960
 第4.4章 **纤维增强塑料(FRP)罐体、固定式罐体(罐式车辆)、可拆卸式罐体、罐式集装箱和罐式交换箱体的使用** ······ 963
  4.4.1 概述 ······ 963
  4.4.2 作业 ······ 963
 第4.5章 **真空操作危废罐的使用** ······ 964
  4.5.1 使用 ······ 964
  4.5.2 作业 ······ 964
 第4.6章 **(保留)** ······ 965
 第4.7章 **移动式爆炸品制造单元的使用** ······ 966
  4.7.1 使用 ······ 966
  4.7.2 作业 ······ 966

第5部分 **托运程序** ······ 967

 第5.1章 **一般规定** ······ 969
  5.1.1 适用和一般规定 ······ 969
  5.1.2 使用集合包装 ······ 969
  5.1.3 未清洗空的包装[包括中型散装容器(IBCs)和大型包装]、罐体、MEMUs、车辆和散货集装箱 ······ 969
  5.1.4 混合包装 ······ 969
  5.1.5 对第7类危险货物的一般规定 ······ 970
 第5.2章 **标记和标志** ······ 975
  5.2.1 包件的标记 ······ 975
  5.2.2 包件的标志 ······ 978

第5.3章	集装箱、MEGCs、MEMUs、罐式集装箱、可移动罐柜和车辆的揭示牌和标记	986
5.3.1	揭示牌	986
5.3.2	橙色标记牌	988
5.3.3	高温物质标记	993
5.3.4	（保留）	994
5.3.5	（保留）	994
5.3.6	环境危害物质标记	994

第5.4章	单据	995
5.4.0	一般规定	995
5.4.1	危险货物运输单据及其信息内容	995
5.4.2	大型集装箱或车辆装载证明	1002
5.4.3	应急指南	1002
5.4.4	危险货物运输单据留存	1009
5.4.5	危险货物多式联运实例	1009

第5.5章	特殊规定	1010
5.5.1	（删除）	1010
5.5.2	适用熏蒸货物运输单元的特殊规定（UN 3359）	1010
5.5.3	包件、车辆和集装箱中包含存在窒息风险的、用于冷却或调节温度的物质[例如干冰(UN 1845)或冷冻液态氮(UN 1977)或冷冻液态氩(UN 1951)]时所适用的特殊规定	1011

第6部分 包装、中型散装容器(IBCs)、大型包装、罐体和散装容器的制造和试验要求 ... 1015

第6.1章	包装的制造和试验要求	1017
6.1.1	概述	1017
6.1.2	包装类型的指定代码	1017
6.1.3	标记	1020
6.1.4	包装的要求	1023
6.1.5	包装的试验要求	1032
6.1.6	根据6.1.5.2.6和6.5.6.3.5用于验证聚乙烯包装（包括IBCs）化学相容性的标准液体	1038

第6.2章	压力容器、气溶胶喷罐和盛装气体的小容器(储气筒)和盛装易燃液化气体的燃料盒制造和试验要求	1041
6.2.1	一般要求	1041
6.2.2	UN压力容器的要求	1044
6.2.3	非UN压力容器一般要求	1057
6.2.4	按照引用标准进行设计、制造和试验的非UN压力容器要求	1060
6.2.5	对不按引用标准设计、制造和试验的非UN压力容器的要求	1065
6.2.6	对气溶胶喷罐、盛装气体的小容器(储气筒)和盛装可燃液化气体的燃料盒的一般要求	1068

第6.3章	第6.2类A级感染性物质包装的制造和试验要求	1071
6.3.1	概述	1071

6.3.2	包装要求	1071
6.3.3	表示包装类型的代码	1071
6.3.4	标记	1071
6.3.5	包装的试验要求	1072

第6.4章 用于放射性物质包件的制造、试验以及对该类放射性物质的批准要求 ……1076

6.4.1	(保留)	1076
6.4.2	一般要求	1076
6.4.3	(保留)	1076
6.4.4	对例外包件的要求	1076
6.4.5	对工业包件的要求	1077
6.4.6	对盛装六氟化铀包件的要求	1077
6.4.7	对A型包件的要求	1078
6.4.8	对B(U)型包件的要求	1079
6.4.9	对B(M)型包件的要求	1080
6.4.10	对C型包件的要求	1080
6.4.11	对盛装易裂变材料的包件的要求	1081
6.4.12	试验程序和遵章证明	1084
6.4.13	包容系统和屏蔽的完好性试验及临界安全的评估	1084
6.4.14	跌落试验用靶	1085
6.4.15	验证承受正常运输条件能力的试验	1085
6.4.16	用于装液体和气体的A型包件的附加试验	1085
6.4.17	验证承受运输过程中事故条件能力的试验	1086
6.4.18	含超过$10^5 A_2$的B(U)型和B(M)型包件以及C型包件的强化水浸没试验	1087
6.4.19	装有易裂变材料的包件的水泄漏试验	1087
6.4.20	C型包件的试验	1087
6.4.21	对用于装载大于或等于0.1kg六氟化铀包装的检查	1087
6.4.22	包件设计和材料的批准	1088
6.4.23	放射性物质运输的申请和批准	1089

第6.5章 中型散装容器(IBCs)的制造和试验要求 ……1097

6.5.1	一般要求	1097
6.5.2	标记	1099
6.5.3	制造要求	1101
6.5.4	试验、发证和检验	1102
6.5.5	中型散装容器的特殊要求	1103
6.5.6	中型散装容器的试验要求	1108

第6.6章 大型包装的制造和试验要求 ……1117

6.6.1	概述	1117
6.6.2	表示大型包装类型的代码	1117
6.6.3	标记	1117
6.6.4	大型包装的具体要求	1119
6.6.5	大型包装的试验要求	1121

第6.7章 可移动罐柜和UN多单元气体容器(MEGCs)的设计、制造、检验和试验要求 ……1125

6.7.1	适用和一般要求	1125

6.7.2	拟装运第1类、第3～9类物质的可移动罐柜的设计、制造、检验和试验要求	1125
6.7.3	拟装运非冷冻液化气体的可移动罐柜的设计、制造、检验和试验要求	1139
6.7.4	拟装运冷冻液化气体的可移动罐柜的设计、制造、检验和试验要求	1150
6.7.5	拟装运用于非冷冻气体运输的UN多单元气体容器(MEGCs)的设计、制造、检验和试验要求	1160

第6.8章 由金属材料制成壳体的固定式罐体(罐式车辆)、可拆卸式罐体、罐式集装箱和罐式交换箱体以及管束式车辆和多单元气体容器(MEGCs)的制造、配备、型式认可、检验、试验和标记要求 1167

6.8.1	适用范围	1167
6.8.2	适用于所有类别危险货物的要求	1167
6.8.3	适用于第2类物质的特殊要求	1183
6.8.4	特殊条款	1190
6.8.5	试验压力不低于1MPa(10bar)的焊接固定式罐体、焊接可拆卸式罐体、罐式集装箱等焊接壳体的材料和制造相关要求,以及用于运输第2类冷冻液化气体的焊接固定式罐体、焊接可拆卸式罐体、罐式集装箱等焊接壳体的材料和制造相关要求	1196

第6.9章 纤维增强塑料(FRP)的固定式罐体(罐式车辆)、可拆卸式罐体、罐式集装箱和罐式交换箱体的设计、制造、配备、型式认可、试验和标记要求 1200

6.9.1	通用要求	1200
6.9.2	制造	1200
6.9.3	配件	1203
6.9.4	型式试验及认可	1203
6.9.5	检验	1204
6.9.6	标记	1205

第6.10章 真空操作危废罐的制造、配备、型式认可、检验和标记要求 1206

6.10.1	一般规定	1206
6.10.2	制造	1206
6.10.3	配件	1206
6.10.4	检验	1208

第6.11章 散装容器的设计、制造、检验及试验要求 1209

6.11.1	(预留)	1209
6.11.2	应用及通用要求	1209
6.11.3	用于BK1或BK2散装容器的符合国际集装箱安全公约(CSC)的容器设计、制造、检验及试验要求	1209
6.11.4	BK1或BK2类散装容器的不同于国际集装箱安全公约(CSC)要求的容器设计、制造及批准技术要求	1210

第6.12章 移动式爆炸品制造单元(MEMUs)的罐体、散装容器及爆炸物用特殊隔仓的制造、配备、型式认可、检验、试验和标记要求 1211

6.12.1	范围	1211
6.12.2	通用条款	1211
6.12.3	罐体	1211
6.12.4	设备配件	1212
6.12.5	爆炸物特殊隔仓	1212

第 7 部分　运输、装卸及操作条件的规定 ·················· 1213

第 7.1 章　一般规定 ·················· 1215

第 7.2 章　运输包件的有关规定 ·················· 1216

第 7.3 章　散装运输的有关规定 ·················· 1219
7.3.1　一般规定 ·················· 1219
7.3.2　7.3.1.1(a)中危险货物的散装运输规定 ·················· 1220
7.3.3　适用于7.3.1.1(b)相关规定的散装运输规定 ·················· 1221

第 7.4 章　罐装运输的相关规定 ·················· 1224

第 7.5 章　装卸与操作的有关规定 ·················· 1225
7.5.1　有关装卸载和操作的一般规定 ·················· 1225
7.5.2　混合装载的禁止性条款 ·················· 1225
7.5.3　（保留） ·················· 1227
7.5.4　对食品、其他消费物质及动物饲料的预防措施 ·················· 1227
7.5.5　对运输量的限制 ·················· 1227
7.5.6　（保留） ·················· 1228
7.5.7　操作和堆放 ·················· 1228
7.5.8　卸载后的清洗 ·················· 1229
7.5.9　禁止吸烟 ·················· 1229
7.5.10　预防静电 ·················· 1229
7.5.11　适用于特定种类或特殊货物的附加规定 ·················· 1229

附录 B　关于运输设备和运输作业的规定 ·················· 1237

第 8 部分　车组人员、设备、作业和单据的要求 ·················· 1239

第 8.1 章　运输单元及其设备配备一般规定 ·················· 1241
8.1.1　运输单元 ·················· 1241
8.1.2　运输单元上所携带的单据 ·················· 1241
8.1.3　揭示牌和标记 ·················· 1241
8.1.4　灭火器具 ·················· 1241
8.1.5　用于个人防护的多种装备和设备 ·················· 1242

第 8.2 章　车组人员培训的有关规定 ·················· 1243
8.2.1　驾驶员培训的范围和一般规定 ·················· 1243
8.2.2　驾驶员培训的特殊规定 ·················· 1243
8.2.3　根据8.2.1的要求对危险货物道路运输相关人员（不包括持有培训证书的驾驶员）的培训 ·················· 1247

第 8.3 章　车组成员应遵守的各项规定 ·················· 1248
8.3.1　乘客 ·················· 1248
8.3.2　灭火装置的使用 ·················· 1248
8.3.3　禁止打开包件 ·················· 1248
8.3.4　便携式照明装置 ·················· 1248
8.3.5　禁止吸烟 ·················· 1248

	8.3.6 装卸过程中发动机的运转	1248
	8.3.7 停车中制动装置和制轮楔的使用	1248
	8.3.8 线缆的使用	1248
第8.4章	车辆监护的有关规定	1249
第8.5章	对特殊类别或物质的附加规定	1250
第8.6章	运载危险货物车辆通过公路隧道的限制	1253
	8.6.1 一般规定	1253
	8.6.2 运载危险货物的车辆通行的道路标志和信号	1253
	8.6.3 隧道限制代码	1253
	8.6.4 对通过隧道运载危险货物运输单位的限制	1253

第9部分	车辆制造和批准的要求	1255
第9.1章	车辆批准的范围、定义及要求	1257
	9.1.1 范围和定义	1257
	9.1.2 对 EX/Ⅱ、EX/Ⅲ、FL、OX、AT 型车辆及移动爆炸品制造单元(MEMU)的批准	1258
	9.1.3 批准证书	1259
第9.2章	车辆制造要求	1261
	9.2.1 符合性要求	1261
	9.2.2 电气装置	1262
	9.2.3 制动设备	1264
	9.2.4 防火要求	1264
	9.2.5 限速器	1265
	9.2.6 挂车耦合装置	1265
第9.3章	运输包件的爆炸性物质和物品(第1类)EX/Ⅱ 或 EX/Ⅲ 型成品车或完整车辆附加技术要求	1266
	9.3.1 车辆制造材料要求	1266
	9.3.2 燃油加热器	1266
	9.3.3 EX/Ⅱ 型车辆	1266
	9.3.4 EX/Ⅲ 型车辆	1266
	9.3.5 发动机和货舱	1266
	9.3.6 外部热源和货舱	1267
	9.3.7 电气装置	1267
第9.4章	用于运输包件危险货物的成品车或完整车辆(不包括 EX/Ⅱ 和 EX/Ⅲ 型)的车体制造附加技术要求	1268
第9.5章	用于运输散货固体危险货物的成品车或完整车辆的车体制造附加技术要求	1269
第9.6章	用于运输温度控制物质的成品车或完整车辆的附加技术要求	1270
第9.7章	针对固定式罐体(罐式车辆)、管束式车辆、用于运输容积大于 $1m^3$ 危险货物可拆卸式罐体或体积大于 $3m^3$ 的罐式集装箱、移动罐柜或 MEGCS 成品车或完整车辆(EX/Ⅲ、FL、OX 和 AT 型车辆)附加要求	1271
	9.7.1 一般要求	1271
	9.7.2 对罐体的要求	1271

9.7.3	固紧件	1271
9.7.4	FL型车辆接地	1271
9.7.5	罐车的稳定性	1271
9.7.6	车辆后防护	1272
9.7.7	燃油加热器	1272
9.7.8	电气装置	1272
9.7.9	对EX/Ⅲ型车辆的附件安全要求	1273

第9.8章 移动式爆炸品制造单元(MEMU)成品车或完整车辆附加要求 1274

9.8.1	一般要求	1274
9.8.2	罐体和散装容器要求	1274
9.8.3	移动式爆炸品制造单元(MEMU)的接地要求	1274
9.8.4	移动式爆炸品制造单元(MEMU)的稳定性	1274
9.8.5	移动式爆炸品制造单元(MEMU)的后部防护	1274
9.8.6	燃油加热器	1274
9.8.7	附加安全要求	1275
9.8.8	附加安全保障要求	1275

危险货物国际道路运输欧洲公约(ADR)

各缔约方,

为了促进国际道路运输安全,约定遵守以下条款:

第 1 条

为满足本公约目的:

(a)术语"车辆"是指1949年9月19日道路运输大会条款4所定义的机动车辆、铰接式车辆、挂车和半挂车,不包含缔约方军队或服从军队命令的车辆;

(b)术语"危险货物"是指附录A和B中禁止运输或者需满足一定条件方可进行国际道路运输的物质和物品;

(c)术语"国际运输"是指使用上述定义的车辆在至少2个缔约方之间进行的运输作业。

第 2 条

1. 根据第4条第3段的规定,附录A中禁止运输的危险货物不可以进行国际运输。

2. 其他被准许进行国际道路运输的危险货物应遵守:

(a)附录A中规定的条件,尤其是包装和标签要求;

(b)依据第4条第2段,附录B中规定的条件,尤其是承运该货物的车辆制造、设备和运输作业。

第 3 条

附录是本公约的完整部分。

第 4 条

1. 每个缔约方可依据除运输安全外的原因来保留控制或禁止危险货物进入本国领土的权利。

2. 本公约生效时已在缔约方领土上使用的车辆,或者本公约生效后的两个月内在缔约方领土上投入使用的车辆,应允许其在本公约生效之日起的3年内从事危险货物国际运输,即使其制造和装备不完全符合附录B中的相关运输作业要求。但对属于附录B中特殊条款下的,此期限可缩短。

3. 缔约方应保留安排权利,可以通过双边或多边协议,允许本公约禁止进行国际运输的危险货物,在满足一定的条件下,可以在其领土上进行国际运输;或者对本公约规定只有在特定条件下方可进行国际运输的危险货物,当在比本公约附录规定的条件宽松的情况下,可以在其领土上进行国际运输。本段中提及的特定的双边或多边协议,应提交给联合国秘书长,由其通知除上述特定缔约方以外的ADR缔约方。

第 5 条

适用于本公约的运输业务,仍需遵循有关道路交通、国际道路运输和国际贸易的国内或国际法规。

第 6 条

1. 欧洲经济委员会成员国以及根据委员会职权范围第8段承认欧洲经济委员会为顾问的国家,可通过以下方式成为本公约的缔约方:

(a)签署;

(b)满足批准要求,且签署后经批准

(c)加入。

2. 依据经济委员会职权范围第11段参加欧洲经济委员会某些活动的国家,在公约生效后可通过加入而成为本公约的缔约方。

3. 本公约在1957年12月15日之前接受签署,在之后接受加入。

4. 向联合国秘书长交存法律文件会影响其批准或加入。

第 7 条

1. 本公约在第6条第1段所提及的国家,在无条件地批准签署或提交批准或加入法律文件已达到5

个后的 1 个月后开始生效。但其附录应在本公约生效 6 个月后开始生效。

2. 继第 6 条第 1 段提及的 5 个国家之后,任何已无条件地批准签署或已提交批准或加入法律文件的拟批准或加入该公约的国家,在其将批准或加入法律文件上交后的 1 个月后该公约生效。若公约生效之日附录已生效,则附录的生效时间与公约相同;如公约生效之日附录未生效,附录生效日则按照本条第 1 段的规定确定。

第 8 条

1. 任何缔约方均可通过通知联合国秘书长来废除本公约。

2. 联合国秘书长接受废除通知 12 个月后,废除生效。

第 9 条

1. 当连续 12 个月缔约方数量少于 5 个时,本公约暂停生效。

2. 在与危险货物运输管理全球公约相冲突的情况下,若本公约的任何条款与全球公约的任何条款相冲突时,在后者生效之日起,本公约缔约方自动成为全球公约的成员国,本公约的相关条款自动被全球公约的相关条款所替代。

第 10 条

1. 任何国家在其无条件地批准签署或者交存其批准或加入法律文件之时,或者在其之后的任何时间,均可致函通知联合国秘书长来声明本公约应扩展至所有或任何其负责国际事务的领土。在秘书长收到通知 1 个月后,公约及其附录应扩展至通知中提到的领土。

2. 对任何已根据本条款第 1 段声明将本公约扩展至其负责国际事务的领土的国家,均可以按照第 8 条的规定,对所述领土单独废除本公约。

第 11 条

1. 两个或两个以上缔约方之间有关本公约解释或运用的争议,应尽快协商解决。

2. 若争议协商解决不成,在争议缔约方任一方提出请求时,该争议应提交仲裁,且应根据争议缔约方所选择的一名或多名仲裁员的判定来裁定。若仲裁请求之日起的 3 个月内,争议方不同意选择的仲裁员,任何一方可请求联合国秘书长提名一名仲裁员来判定。

3. 根据本条款第 2 段所任命的仲裁员,其所做判定对争议缔约方具有约束力。

第 12 条

1. 在签署、批准或加入本公约时,缔约方可宣布其不受第 11 条条款的约束。就进入这些保护区(专属区)的任何缔约方而言,其他缔约方也将不受第 11 条的约束。

2. 任何已进入本条款第 1 段提供的保护区的缔约方,可随时通知联合国秘书长,以撤销这些保护区。

第 13 条

1. 本公约生效满 3 年后,任何缔约方可以请求联合国秘书长召开会议审议公约内容。联合国秘书长将该请求通知所有缔约方,若通知发布后的 4 个月内,不少于四分之一的缔约方同意,则可召开审议会议。

2. 若根据本条款第 1 段的规定召开会议,秘书长应通知所有缔约方,并要求其在 3 个月内提交希望会议所考虑的建议。秘书长最迟在大会召开前 3 个月,将会议的暂定日程和上述建议的文本传递至所有缔约方。

3. 根据本条款召开的任何会议,秘书长均应邀请第 6 条第 1 段中提及的所有国家以及依据第 6 条第 2 段成为缔约方的国家参加。

第 14 条[①]

1. 除第 13 条规定的修订程序之外,任何缔约方均可对本公约附录提出一项或多项修正建议。这些建议最终将被提交给联合国秘书长。秘书长也可提出对本公约附录的修正建议,以确保附录与涉及危险货物运输的其他国际公约相一致。

---

❶ 秘书处的说明:第 14 条第 3 段的文本包括一个依据传递给缔约方且保存通知封面标注为 1975 年 9 月 18 日 C. N. 229. 1975. TREATIES-8 的协议,于 1985 年 4 月 19 日生效的修正。

2. 秘书长应将按照本条款第1段提出的建议传递给所有缔约方，同时通知第6条第1段中提及的其他国家。

3. 自秘书长传递修订建议之日起3个月内，除非至少三分之一的缔约方或5个缔约方（若三分之一缔约方的数量大于5个时）书面通知秘书长反对该修正建议，否则该附录的修正建议视为被接受。若修正建议被视为被接受，则在随后的3个月期满后，该修正建议将对所有缔约方生效，除非以下情况发生：

（a）若本条款第1段提及的其他国际公约已经或可能提出类似的修正建议，则由秘书长确定该修正案的生效时间，确定原则是尽可能使其与其他公约已经或可能制定的修正案同时生效；但该持续时间（即修正案被接受后到其生效的时间间隔）不应小于1个月；

（b）提交建议修正案的缔约方可能在建议中指定了生效时间，若其被接受，该修正案生效期限可能在3个月以后。

4. 缔约方对建议修正案的任何异议，秘书长应尽快通知所有缔约方和第6条第1段提及的所有国家。

5. 若提交的附录修正案未被接受，但至少有一个缔约方（非提出建议修正案的缔约方）书面通知秘书长其同意该建议，则秘书长应在3个月期满（根据本条第3段，修正案反对意见需在该期间内提出）后的3个月以内召集所有缔约方和第6条第1段提及的所有国家召开会议。秘书长还可邀请以下代表参加会议：

（a）与运输事务有关的政府组织；

（b）从事的活动与缔约方领土上的危险货物运输直接相关的国际非政府组织。

6. 根据参加会议的缔约方多数同意的会议程序，依据本条第5段召开的会议上，半数以上缔约方采纳的任何修正案将对所有缔约方生效。

第15条

除第13条和第14条规定的通知以外，联合国秘书长还应将以下内容通知第6条第1段提及的国家和根据第6条第2段成为缔约方的国家：

（a）根据第6条的签署、批准和加入；

（b）根据第7条的本公约和附录的生效日期；

（c）根据第8条的废约通知；

（d）根据第9条的公约终止；

（e）根据第10条收到的通知和废约通知；

（f）根据第12条第1段和第2段收到的声明和通知；

（g）根据第14条第3段和第6段的修正案接受和生效日期。

第16条

1. 本公约的签署备忘录与公约本身具有同等效力、作用和期限，应视为公约的必要组成部分。

2. 除签署备忘录中的内容和依据第12条所做的规定外，不允许对本公约有所保留。

第17条

1957年12月15日之后，本公约的原件将提交给联合国秘书长，他将确保真实的副本传送至第6条第1段提及的每个国家。

以资证明，经正式授权的签名者签署了本公约。

1957年9月30日于日内瓦完成。

在单一副本中，公约为英文和法文，附录为法文，每个文本与公约文本同样有效。

联合国秘书长请求准备附录的权威英文翻译，并将其附在第17条提及的经证明为真实的副本之后。

签署备忘录

签署备忘录

危险货物国际道路运输欧洲公约(ADR)

经正式授权,签署危险货物国际道路运输欧洲公约的签署人:

1. 危险货物通过海运进出英国的管理条件与 ADR 附录 A 中的规定有较大差异,且在短期内不可能修订使之与后者规定相符;

英国承诺将提交一个包含欧洲大陆和英国之间的危险货物陆海运输特殊规定作为附录 A 的特殊附件的修正案;

同意在此类特殊附件生效前,在 ADR 规定下运输危险货物进出英国,应符合 ADR 附录 A 的规定和英国对海运危险货物的规定。

2. 请注意:法国代表声明法国政府保留权利,无论第 4 条第 2 段作出如何规定,在其他缔约方领土上使用的车辆,无论其投入使用的时间如何,均不允许在法国领土上用于运输危险货物。除非这些车辆既符合附录 B 中规定的此类运输的条件,也符合法国危险货物道路运输规定中的运输条件。

3. 在根据第 14 条第 1 段或第 13 条第 2 段提交建议前,对本公约或其附录的建议修正案应尽可能首先在缔约方的专家会议上讨论,必要时还应邀请本公约第 6 条第 1 段提及的其他国家的专家以及本公约第 14 条第 5 段提及的国际组织专家参加讨论。

附录 A 关于危险物质和物品的一般规定和要求

第1部分　一 般 规 定

第1.1章 适用范围

1.1.1 结构

ADR 的附录 A 和 B 共分成 9 个部分。附录 A 包括第 1～7 部分,附录 B 包括第 8、9 部分,各部分又分为章、节和小节,且各部分的编号由章、节和小节编号组成,如第 4 部分、第 2 章、第 1 节的编号为"4.2.1"。

1.1.2 范围

1.1.2.1 根据 ADR 第 2 条,附录 A 规定:

(a) 在国际运输中禁止运输的危险货物;

(b) 满足以下条件,在国际运输中准许运输的危险货物(包括豁免的危险货物):
— 货物分类,包括分类标准和相关试验方法;
— 包装的使用(包括混合包装);
— 罐体的使用(包括充装);
— 托运程序(包括包装的标记和标签、运输工具的揭示牌和标记,以及运输单据和信息要求);
— 关于包装和罐体的结构、试验和批准;
— 运输工具的使用(包括装卸和混装)。

1.1.2.2 根据 ADR 第 2 条,附录 A 中以下条款适用于附录 B 或附录 A 和 B:

1.1.1	结构
1.1.2.3	(附录 B 的范围)
1.1.2.4	
1.1.3.1	根据运输性质予以豁免
1.1.3.6	根据每个运输单元载质量予以豁免
1.1.4	其他规定的适用性
1.1.4.5	道路以外的其他运输方式
1.2 章	定义和度量单位
1.3 章	与危险货物运输相关的人员培训
1.4 章	参与方的安全义务
1.5 章	免除
1.6 章	过渡措施
1.8 章	确保符合安全要求的检查和其他支持措施
1.9 章	主管机关的运输限制
1.10 章	安保规定
3.1 章	通则
3.2 章	第(1)、(2)、(14)、(15)和(19)栏(第 8、9 部分对单一物质或物品的规定)

1.1.2.3 根据 ADR 第 2 条,附录 B 给出了运输设备和运输作业的规定:
— 车组人员、设备、作业和单据的要求;
— 车辆制造和批准的要求。

1.1.2.4 在 ADR 第 1 条(c)中,"车辆"不仅限于同一车辆。若在运输单据中注明的发货人和收货人间开展的在至少两个ADR缔约方之间的运输作业,则可由多个不同的车辆共同完成。

1.1.3 豁免

1.1.3.1 *根据运输性质予以豁免*
ADR的规定不适用于:
(a) 个人携带用于个人、家庭自用的,或用于休闲或体育活动的,采用零售包装且在正常运输条件下能够防止内装物泄漏的危险货物;当这些危险货物为易燃液体,且充装于可重复充装的容器中时,每个容器和每个运输单元的容量分别不得超过60L和240L。中型散装容器(IBCs)、大型包装或罐体中的危险货物不应当视为用于零售包装的危险货物;
(b) ADR附录中未列明的机械或设备的运输,其内部或操作设备中可能含有危险货物,但已采取措施防止正常运输条件下的内装物泄漏;
(c) 辅助企业主要生产活动而产生的运输,如建筑物或建筑工地之间的派送或回场,或与勘查、修理和维护有关,每个包装,包括中型散装容器(IBCs)和大型包装,不超过450L,且在1.1.3.6载明的最大限量以内,并采取措施防止正常运输条件下的包装内装物的泄漏。此项豁免不适用于第7类危险货物。为上述企业供应或者内外部配送而进行的运输不在豁免范围;
(d) 主管机关在应急响应或实施监管时进行的运输,且该运输与应急响应必须相关,特别是下列运输:
—搭载了事故车辆或含有危险货物的故障车辆的抢修车辆从事的运输;
—为控制和回收事故中涉及的危险货物,将其移到最近适当的安全地点的运输;
(e) 以救人或保护环境为目的进行的应急运输,且采取的措施能够确保运输安全;
(f) 运输盛装过第2类A,O或F类气体,第3类或第9类中Ⅱ或Ⅲ类包装的物质,或者第6.1类中Ⅱ或Ⅲ类包装农药的未清洗空的静态储存容器,当符合下列条件时:
—除压力释放装置(若安装)外,所有的开口均使用气密封口;
—已采取措施防止正常运输条件下的任何内装物的泄漏;
—荷载以某种方式固定在支架、箱体或其他吊提装置上,或者车辆、集装箱上,且在正常运输条件下不会发生松动或移位。
此项豁免不适用于盛装ADR禁止运输的含有脱敏炸药或物质的静态储存容器。

注:放射性物质见1.7.1.4。

1.1.3.2 *气体运输的豁免*
ADR的规定不适用于:
(a) 储存在车辆上的罐体中,用于运输操作或驱动车辆或车上其他设备(如制冷设备)的气体;
(b) 所运输的车辆燃料箱中储存的气体。储气罐和发动机之间的燃料开关应关闭,电触点打开;
(c) 依据2.2.2.1划分的A和O类的气体,容器或罐体(包括各种类型的容器和罐体,也包括机械和设备的零件)中气体的压力在20℃时不超过200kPa(2bar),以及非液化气体或冷冻液化气体;

注:此项豁免不适用于照明灯。照明灯见1.1.3.10。

(d) 车辆运行设备中的气体(如灭火器),包括备件(如充气轮胎);该项豁免也适用于充气轮胎作为货物运输的情况；

(e) 车辆上专用设备中的气体，且该气体是在运输过程中运行该专用设备所必需的(如冷却系统、鱼罐、暖气等)，以及在同一运输单元中运输的这类设备的备用容器或未清洗空的替换容器中的气体；

(f) 食品中所含气体(除了 UN 1950)，包括碳酸饮料；

(g) 体育运动中使用的球类中的气体。

(h) (删除)

1.1.3.3 *液体燃料运输豁免*

ADR 的规定不适用于：

(a) 在运输过程中，储存于车辆罐体中用于运输操作或驱动车辆或车辆上其他在用或备用设备的燃料。

燃料可盛装在固定式燃料箱内，按照相关法定要求，可直接与车辆发动机和/或辅助设备相连，或者盛装在便携式燃料容器中(如油桶)。

每个运输单元的固定式燃料箱的总容量不应超过 1500L，安装在挂车上的燃料箱的容量不应超过 500L。每个运输单元可搭载的便携式燃料箱的最大容量为 60L。这些限制不适用于应急服务车辆；

(b) 作为货物而运输的车辆或其他类型运输工具(如小型船)，其罐体中储存的用于驱动车辆或工具或运行其他设备的燃料。在运输过程中，除非有必要使设备保持运作，否则发动机或设备和燃料箱之间的燃料开关应关闭。车辆或其他运输工具应视情况直立装载并防止滑落；

(c) 作为货物而运输的非道路移动机械❶，其罐体中储存的用于发动该机械或运行机械上其他设备的燃料。燃料可盛装在固定式燃料箱内，按照法定要求可直接与车辆发动机和/或设备相连接。机械应视情况直立装载并防止滑落。

1.1.3.4 *特殊规定或有限或例外数量危险货物的豁免*

注：放射性物质见1.7.1.4。

1.1.3.4.1 3.3 章的一些特殊规定对特定危险货物运输可全部或部分豁免 ADR 的要求。当 3.2 章表 A 第(6)栏中所指的特殊规定明确危险货物条目豁免时，此项豁免适用。

1.1.3.4.2 某些危险货物在满足 3.4 章的条件时可豁免。

1.1.3.4.3 某些危险货物在满足 3.5 章的条件时可豁免。

1.1.3.5 *未清洗空的包装的豁免*

盛装过第 2、3、4.1、5.1、6.1、8 和 9 类危险货物的未清洗空的包装(包括 IBCs 和大型包装)，若已充分采取措施消除了第 1~9 类危险货物的所有危害则视为消除了危险性，则无须满足 ADR 要求。

1.1.3.6 *每个运输单元载质量予以豁免*

1.1.3.6.1 根据本小节要求，危险货物被划分为 0、1、2、3 和 4 这 5 种运输类别(如 3.2 章表 A 第(15)栏所示)。盛装运输类别为"0"类危险货物的未清洗空的包装仍然归为"0"类，盛装非"0"类危险货物的未清洗空的包装归为"4"类。

1.1.3.6.2 当每个运输单元载运的危险货物数量不超过 1.1.3.6.3 表中第(3)栏中给定运输类别的值(当运输单元载运的危险货物属同一运输类别时)或根据 1.1.3.6.4 计算的值(当运输单元载运的危险货物不属同一运输类别时)时，可以作为包件搭

---

❶ 对于非道路移动机械的定义可见汽车结构的强化标准(R.E.3)(联合国文件 ECE/Trans/ WP.29/78/Rev.3)第 2.7 款，或者 1997 年 12 月 16 日欧洲议会和理事会的 97/68/EC 指令第 2 条关于统一成员国有关非道路移动机械用内燃机气体和颗粒污染物排放限制措施的法律(欧盟官方期刊，No. L 059,1998 年 2 月 27 日)。

载在一个运输单元中,无须满足下列条款:

—1.10章,第1类爆炸品中的UN 0029,0030,0059,0065,0073,0104,0237,0255,0267,0288,0289,0290,0360,0361,0364,0365,0366,0439,0440,0441,0455,0456和0500除外,以及当放射性活度超过A_2时的第7类中UN 2910和2911的例外包装除外;

—5.3章;

—5.4.3;

—7.2章,7.2.4的V5和V8除外;

—7.5.11的CV1;

—第8部分,除了8.1.2.1(a),
  8.1.4.2~8.1.4.5,
  8.2.3,
  8.3.3,
  8.3.4,
  8.3.5,
  8.4章,
  8.5章的S1(3)和(6),
  S2(1),
  S4;S5,
  S14~S21,和
  S24;

—第9部分。

1.1.3.6.3　　当运输单元载运的危险货物属同一运输类别时,每个运输单元的最大载质量见下表的第(3)栏。

运输类别 (1)	物质或物品的包装类别或分类代码/组或联合国编号 (2)	每个运输单元的最大载质量 (3)
0	第1类：　1.1A/1.1L/1.2L/1.3L 和 UN 0190 第3类：　UN 3343 第4.2类：属于Ⅰ类包装的物质 第4.3类：UN 1183,1242,1295,1340,1390,1403,1928,2813,2965,2968,2988,3129,3130,3131,3134,3148,3396,3398 和 3399 第5.1类：UN 2426 第6.1类：UN 1051,1600,1613,1614,2312,3250 和 3294 第6.2类：UN 2814 和 2900 第7类：　UN 2912~2919,2977,2978,3321~3333 第8类：　UN 2215(马来酸酐,熔融的) 第9类：　UN 2315,3151,3152 和 3432,以及含上述物质或混合物的装置 以及盛装过属于该运输类别的物质的未清洗空的包装,归为 UN 2908 的除外	0
1	属于Ⅰ类包装和非0类运输类别的物质和物品 以及下列物质和物品: 第1类：　1.1B~1.1J[a]/1.2B~1.2J/1.3C/1.3G/1.3H/1.3J/1.5D[a] 第2类：　T组、TC[a]组、TO组、TF组、TOC[a]组和TFC组 　　　　气溶胶:C,CO,FC,T,TF,TC,TO,TFC 和 TOC 组 　　　　承压化学品:UN 3502,3503,3504 和 3505 第4.1类：UN 3221~3224,3231~3240 第5.2类：UN 3101~3104,3111~3120	20

续上表

运输类别 （1）	物质或物品的包装类别或分类代码/组或联合国编号 （2）	每个运输单元的最大载质量 （3）
2	属于Ⅱ类包装和非0,1,4类运输类别的物质或物品 以及下列物质： 第1类： 1.4B～1.4G 和 1.6N 第2类： F 组 　　　　气溶胶：F 组 　　　　承压化学品：UN 3501 第4.1类： UN 3225～3230 第5.2类： UN 3105～3110 第6.1类： 属于Ⅲ类包装物质和物品 第9类： UN 3245	333
3	属于Ⅲ类包装和非0,2 或 4 类运输类别的物质和物品 以及下列物质和物品： 第2类： A 和 O 类 　　　　气溶胶：A 和 O 类 　　　　承压化学品：UN 3500 第3类： UN 3473 第4.3类： UN 3476 第8类： UN 2794,2795,2800,3028 和 3477 第9类： UN 2990 和 3072	1000
4	第1类： 1.4S 第4.1类： UN 1331,1345,1944,1945,2254 和 2623 第4.2类： UN 1361,1362，Ⅲ类包装 第7类： UN 2908～2911 第9类： UN 3268,3499 和 3509 以及盛装过非第 0 类运输类别的危险货物的未清洗空的包装	不限

[a] 对于 UN 0081,0082,0084,0241,0331,0332,0482,1005 和 1017，每个运输单元的最大载质量不超过 50kg。

上表中，每个运输单元最大载质量是指：
—对物品，按毛重以千克（kg）计算（对第 1 类物品，按爆炸品净重以千克计算）；本附录中规定的机械和设备中的危险货物，其所含危险货物的总质量以千克（kg）或升（L）计算；
—对固体、液化、冷冻液化和溶解气体，按净重以千克计算；
—对液体，盛装的危险货物总质量以升计算；
—对压缩气体，吸附气体和承压化学品，按其容器的水容积以升计算。

1.1.3.6.4　　当同一运输单元载运的危险货物分属不同运输类别时，按下列比例计算的载质量总计不应超过"1000"：
—运输类别为"1"的物质和物品，其数量乘以 50；
—1.1.3.6.3 中，运输类别为"1"的且带上标"a"的物质和物品，其数量乘以 20；
—运输类别为"2"的物质和物品，其数量乘以 3；
—运输类别为"3"的物质和物品，其数量乘以 1。

1.1.3.6.5　　在本小节中，根据 1.1.3.1(a)、(b)和(d)～(f)，1.1.3.2～1.1.3.5，1.1.3.7，1.1.3.9 和 1.1.3.10 豁免的危险货物不予计算。

1.1.3.7　　*电能存储和发生装置运输的豁免*

ADR 规定不适用于电能储存和发生装置（如锂电池，电容器，非对称电容，金属氢化物储氢系统和燃料电池）：

(a) 安装在车辆上,用于运输操作或驱动车辆或车上其他设备的;

(b) 设备中的用于运输过程中操作设备(如笔记本电脑)或者备用的。

1.1.3.8 (保留)

1.1.3.9 **运输过程中作为制冷剂或空气调节剂的危险货物的豁免**

在车辆或货箱中用作冷却或空气调节,且只具有窒息性的危险货物(通常在大气中稀释或替代氧气),只需符合5.5.3的规定。

1.1.3.10 **运输含有危险货物的照明灯的豁免**

在不含有放射性物质,且汞含量不超过3.3特殊规定336指定数量的条件下,下列照明灯不受ADR限制:

(a) 直接从个人和家庭住宅收集的照明灯,运送到收集点或回收设施;

注:这也包括由个人将照明灯送到第一个收集点,然后再运送到另一个收集点、中间处理或回收设施。

(b) 每只含危险货物不超过1g的照明灯,包装后每个包件所含的危险货物不超过30g,且:

(ⅰ) 照明灯根据质量管理体系认证制造;

注:使用ISO 9001:2008。

(ⅱ) 每只照明灯单独包装放在内包装中并使用分隔装置分隔,或者使用保护照明灯的缓冲材料包裹后放入坚固的外包装中,外包装须符合4.1.1.1的一般规定,并可通过1.2m的跌落试验;

(c) 使用过的、破损的或不合格的照明灯,每只所含危险货物不超过1g,且收集或回收设施上装载的每个包件内的危险货物不超过30g。照明灯应包装在坚固的外包装中,外包装应足以防止正常运输条件下的内装物泄漏,且符合4.1.1.1的一般规定,并能通过不低于1.2m的跌落试验;

(d) 只含有A和O类气体(依据2.2.2.1)的照明灯,但必须包装在,当灯泡发生任何破裂时,能使其迸射效应被限制在包件之内的包装中。

注:含有放射性物质的照明灯,要求见2.2.7.2.2.2(b)。

1.1.4 其他规定的适用性

1.1.4.1 (保留)

1.1.4.2 **包括海运或空运的多式联运**

1.1.4.2.1 尽管不能完全满足ADR有关包装、混合包装、标记、标签,或者揭示牌、橙色标示牌的要求,但符合国际海运危险货物规则(IMDG Code)或者国际民用航空组织(ICAO)技术指南要求的包件、集装箱、可移动罐柜、罐式集装箱和多单元气体容器(MEGCs),在满足下列条件时,可作为包括海运或空运在内的多式联运链中一个运输行程进行运输:

(a) 若包件未遵照ADR做标记和标签,则应遵照IMDG Code或者ICAO技术指南做标记和危险标签;

(b) 包件内的混合包装均应符合IMDG Code或ICAO技术指南的要求;

(c) 包括海运联运,如集装箱、可移动罐柜、罐式集装箱或者多单元气体容器未遵照ADR 5.3章做标记和揭示牌,则应遵照IMDG Code 5.3章做标记和揭示牌。在该情况下,车辆本身的标记仅须遵循ADR 5.3.2.1.1。对于未清洗空的可移动罐柜、罐式集装箱和多单元气体容器,此要求同样适用,包括后续的转移至清洗站。

上述免除ADR相应要求的规定,不适用于在IMDG Code和ICAO技术指南中归类为非危险货物,但在 ADR 中归类为第 1~9 类的危险货物。

如果某种货物在 ADR 中被归类为第 1~9 类中的某一类,而根据 IMDG Code 和 ICAO 技术指南要求,该种货物归类为非危险货物,则本条的免除不适用。

1.1.4.2.2　运输单元中含有一辆或多辆未搭载 1.1.4.2.1(c)规定的集装箱、可移动罐柜、罐式集装箱或多单元气体容器的车辆,涉及海运的多式联运时,若没有依据 ADR 5.3.1 粘贴揭示牌,但依据 IMDG Code 5.3 章做了标记和揭示牌,在按照 ADR 5.3.2 的规定粘贴了橙色标示牌的条件下,允许道路运输(仅当道路运输与海运接驳从事多式联运时适用)。

1.1.4.2.3　当道路运输与海运或航空运输接驳从事多式联运时,ADR 5.4.1 和 5.4.2 和 3.3 章特殊规定中所要求的信息,可由 IMDG Code 或 ICAO 技术指南要求的运输文件和信息替代,只要其包含了 ADR 要求的所有额外信息。

注:依据1.1.4.2.1 所进行的运输,可见5.4.1.1.7;集装箱运输也可见5.4.2。

1.1.4.3　*批准用于海运的 IMO 型可移动罐柜的使用*

不满足 6.7 或 6.8 章要求的 IMO 型可移动罐柜(1,2,5 和 7 型),但根据 IMDG Code(第 29-98 修正案)的要求于 2003 年 1 月 1 日前制造和批准,只要其符合 IMDG Code❶ 的周期检验和试验要求,则可继续使用。此外,还需满足与 3.2 章表 A 的第(10)和(11)栏中列明的指示所对应的要求以及 ADR 4.2 章的要求。也可见 IMDG Code 的 4.2.0.1。

1.1.4.4　(保留)

1.1.4.5　*道路以外的其他运输方式*

1.1.4.5.1　若车辆按照 ADR 的要求进行运输作业,但行程中有一段为道路以外的其他运输方式,则任何用于接驳该车辆的其他运输方式的国内或国际法规可单独适用于该段非道路运输。

1.1.4.5.2　在 1.1.4.5.1 提到的情况中,相关 ADR 缔约方若认为有必要,可通过补充协议来同意 ADR 适用于非道路运输,除非相关缔约方之间的上述协议违反了有关道路运输车辆在非道路上运输危险货物的国际公约的要求,如国际海上救生条例(SOLAS),ADR 缔约方同时也是 SOLAS 成员国。

这些协议应主动由缔约方通知联合国欧洲经济委员会,由其向各缔约方提出注意要求。

1.1.4.5.3　对于运输操作符合 ADR 要求,但途径路段全部或部分符合非道路运输危险货物的国际公约的要求,可通过将国际公约条款的适用范围延伸到机动车运输方式,进而国际公约的要求就可适用于那些不符合 ADR 要求的路段;ADR 的其他条款对这类路段不适用。

1.1.5　**标准的适用**

当需要采用一个标准时,若该标准与 ADR 的要求相冲突,则 ADR 优先适用。与 ADR 不冲突的标准条款可采用,并应在标准的规范性引用中指明,包括其他标准或标准某一部分的要求。

---

❶ 国际海事组织(IMO)已发布"关于继续使用现有 IMO 可移动罐柜及道路罐车载运危险货物指南",作为 DSC.1/Circ.12 系列和勘误表。本指南的文本可在 IMO 网站上找到:www.IMO.org。

第1.2章 定义和度量单位

1.2.1 定义

注:本节包括所有通用和特定定义。

在 ADR 中:

A

"ADN"指国际内河危险货物运输欧洲公约。

"气溶胶或气溶胶喷罐(Aerosol or aerosol dispenser)"指符合6.2.6要求的不可重复充装容器,由金属、玻璃或塑料制成,装有压缩、液化或加压溶解的气体,装或未装液体、糊状物或粉状物,带有释放装置,可使内装物变成悬浮于气体中的固体或液体颗粒而喷射出来,喷出物或呈泡沫状、糊状或粉状或为液体或气体。

"动物材料(Animal material)"指动物尸体,动物躯体的部分,或动物饲料。

"申请人(Applicant)"在符合性评价时,申请人指某一缔约方境内的制造商或其授权代表。在定期检验、中间检验和特殊检查时,申请人指某一缔约方境内的测试设施、运营者或其授权代表。

注:特殊的第三方(如1.2.1定义的罐式集装箱经营者)可以申请符合性评价。

"批准(Approval)"

多方批准(Multilateral approval)在放射性物质运输中,指根据实际情况,既须得到原设计国或原装运国相应主管机关的批准,又须得到托运货物途经或进入的任何其他国家主管机关的批准。

单方批准(Unilateral approval)在放射性物质运输中,指某项设计只需经原设计国主管机关的批准。若原设计国不是 ADR 的缔约方,批准需要由货物抵达的第一个 ADR 缔约方的主管机关确认(见6.4.22.8)。

"ASTM"指美国材料与试验协会(ASTM, 100 Barr Harbor Drive, PO Box C700, West Conshohocken, PA, 19428-2959, United States of America)。

B

"袋(Bag)"指由纸、塑料薄膜、纺织品、编织材料或其他适当材料制作的柔性容器。

"管束式车辆(Battery-vehicle)"指车辆含有永久固定在车辆上,且通过管路相互连接的元件。下列元件被认为是管束式车辆的元件:气瓶、管状容器、管束(也称捆架)、压力桶和用于盛装2.2.2.1.1所定义的第2类气体且容量大于450L的罐体。

"箱体(Body)"(除复合中型散装容器(IBCs)以外的全部类别的中型散装容器(IBC)指容器本身,包括其开口和封口装置,但不包括辅助设备。

"箱(Box)"指由金属、木材、胶合板、再生木材、纤维板、塑料或其他适当材料制成的完整矩形或多面体包装。为了便于搬动或开启,或为了满足分类要求,允许设有小的洞口,只要在运输过程中不损害包装的完整性。

"散装容器(Bulk container)"指用于运输固体物质的装载系统(包括所有衬里或涂层),其中的固体物质与装载系统直接接触。包装、中型散装容器(IBCs)、大型包装和可移动罐柜不包括在内。

散装容器指：
—具有耐久性，且强度坚固足以重复使用；
—专门设计便于以一种或多种运输方式运输货物而无须中途装卸；
—设有便于吊提的装置；
—容量不小于$1.0m^3$；
散装容器包括集装箱、近海散装容器、吊货箱、散料箱、交换箱体、槽形集装箱、滚筒式集装箱、车辆的载货箱等。

注：该定义仅适用于符合6.11章相关要求的散装容器。

"封闭式散装容器(Closed bulk container)"指具有刚性的箱顶、侧壁、端壁和箱底(包括漏斗式底部)，且完全封闭的散装容器。该术语还包括那种具有敞开式箱顶、侧壁或端壁，但运输时可关闭的散装容器。封闭式散装容器可设置开口以用于蒸气和气体通风，正常运输条件下可预防固体货物泄漏和雨水或飞溅水的渗入。

"软开顶散装容器(Sheeted bulk container)"指具有刚性的箱底(包括漏斗式底部)、侧壁和端壁，以及非刚性箱顶的敞顶式散装容器。

"管束(Bundle of cylinders)"指捆在一起并用一根管路互相连接，且作为一个单元运输的一组气瓶。总水容积不超过3000L，但用于运输第2类毒性气体(按照2.2.2.1.3，分类以字母T开头)的管束的水容积限值是1000L。

C

"计算压力(Calculation pressure)"指一个压力理论值，其值至少等于试验压力，根据所运物质的危险程度，该值或多或少会大于工作压力。它仅用于确定壳体的壁厚，与是否设置内外部加强装置无关。(见"卸料压力"、"填充压力"、"最大工作压力"、"标准压力"和"试验压力")。

注：可移动罐柜见6.7章。

"壳体或壳体隔仓容积(Capacity of shell or shell compartment)"对罐体来说，指壳体或壳体隔仓的总内容积，以升或立方米表示。由于形状或结构致使壳体或壳体隔仓不可能完全充满时，应用减少后的容积来确定充装度和罐体的标记。

"货物运输单元(Cargo transport unit)"指车辆，集装箱，罐式集装箱，可移动罐柜或者多单元气体容器。

注：该定义仅适用于3.3章和5.5.2的特殊规定302。

"运输(Carriage)"指危险货物的位置变化，包括依运输需要的必要的途中停留，以及在位置变更前、变更过程中与变更后，由于交通原因，危险货物在车辆、罐体和集装箱中的各个阶段。
该定义也包括为了转换运输方式(转运)，危险货物中途临时的驻存；当应要求能够提供注明危险货物起运地与到运地的运输文件，且包件、罐体在驻存时未被开启过(因主管机关而开启的除外)，适用本定义。

"散货运输(Carriage in bulk)"指使用车辆、散装容器运输未包装的固体或物品的运输。该术语不适用于包装货物或罐体承装的物质。

"承运人(Carrier)"指承担运输作业的企业，不管其是否具有运输合同。

"CGA"指美国压缩气体协会(CGA, 4221 Walney Road, 5th Floor, Chantilly VA 20151-2923, United States of America)。

"CIM"指国际铁路货物运输合同公约(国际铁路运输公约(COTIF)的附录B)。

"封闭式散装容器(Closed bulk container)"见"散装容器"。

"封闭式集装箱(Closed container)"见"集装箱"。

"封闭式车辆(Closed vehicle)"指有可关闭车体的车辆。

"封口装置(Closure)"指用于封住容器开口的装置。

"CMR"指国际货物道路运输合同公约(日内瓦,1965年5月19日)。

"类属(Collective entry)"指用于意义明确的一组物质或物品的条目(见2.1.1.2,B,C和D)。

"组合包装(Combination packaging)"指为了运输目的,由一个或多个内包装按照4.1.1.5的要求固定在一个外包装内而组成的包装组合。

注:组合包装中的术语"内包装"不应与复合包装中的术语"内容器"混淆。

"燃油加热器(Combustion heater)"指直接使用液体或气体燃料而非车辆发动机中的多余热量的装置。

"主管机关(Competent authority)"指根据国内法律,每个国家为某些特定事宜而指定的管理部门或任何其他机构。

"遵章保证(Compliance assurance)(放射性物质)"指主管机关施行的系统性措施方案,其目的是保证ADR的各项规定能在实践中得到遵守。

"带塑料内容器的复合中型散装容器(Composite IBC with plastics inner receptacle)"指使用刚性外壳将塑料内容器及其辅助或其他结构设备包裹在内而结合成的中型散装容器。外壳和内容器一旦装配便成为一个单一整体,以用于充装、储存、运输和卸空等。

注:塑料(Plastics material),当用作复合中型散装容器的内容器时,还包括其他聚合物材料(如橡胶)等。

"复合包装(Composite packaging)"指由一个外包装和一个内容器组成的包装,其构造使内容器和外包装形成一个完整包装。该包装一旦装配便成为一个单一整体,以用于充装、储存、运输和卸空等。

注:复合包装中的术语"内容器"不应与组合包装中的术语"内包装"混淆。例如,6HA1复合包装(塑料)的"内部"就是"内容器",因为通常它没有"外包装"就起不到盛装的作用,所以它不是"内包装"。

在术语"复合包装"之后的括号中提到的是内容器的材料。

"限制系统(密封系统)(Confinement system)"在放射性物质运输中,指由设计者规定并经主管机关同意的,旨在用于保持临界安全的易裂变材料和包装部件的组合。

"符合性评价(Conformity assessment)"指验证产品是否符合1.8.6和1.8.7中有关型式认可、制造监督和初始检验测试条款的整个过程。

"收货人(Consignee)"指运输合同的收货人。若根据运输合同的条款,收货人为第三方,则该人应被视为ADR中的收货人。若运输操作没有运输合同,则在危险货物到达后负责对其进行设置的企业被视为收货人。

"托运货物(Consignment)"指发货人提交运输的任何一个包件或多个包件,或一批危险货物。

"托运人(Consignor)"指以自身或第三方名义托运危险货物的企业。若有运输合同,托运人则指运输合同指定的托运人。

"集装箱(Container)"指一种运输设备(升降货车或其他类似结构):

—具有耐久性,且坚固强度足以重复使用;

—专门设计便于以一种或多种运输方式运输货物而无须中途换装;

—设有便于堆垛和装卸的装置,尤其是当由一种运输方式转为另一种运输方式时;

—设计便于装货和卸货；

—内容积不小于 $1.0m^3$，用于运输放射性物质的集装箱除外。

此外还包括如下类型：

"小型集装箱(Small container)"指内容积不超过 $3m^3$ 的集装箱。

"大型集装箱(Large container)"指：

(a) 不满足小型集装箱定义的集装箱；

(b) 按照国际集装箱安全公约(CSC)，集装箱的四个外底角所围闭的面积应为下列两者之一：

(i) 至少为 $14m^2$(150 平方英尺)；或

(ii) 若装有顶角配件，则至少为 $7m^2$(75 平方英尺)。

"封闭式集装箱(Closed container)"指具有刚性的箱顶、侧壁、端壁和箱底，且完全封闭的集装箱。还包括那种具有敞开式箱顶但在运输时可关闭的集装箱。

"开顶集装箱(Open container)"指顶部开口的集装箱或基于集装箱的平台。

"软开顶集装箱(Sheeted container)"指使用一片帘布来保护所装载货物的开顶集装箱。

"交换箱体(Swap body)"指根据欧洲标准 EN283:1991，具有下列特性的集装箱：

—从机械强度的角度来看，只为陆地车辆运输或滚装船而造；

—不能堆垛；

—可以使用设备从车辆上移除，或装载到车辆或自身的支撑系统上，且可重新装载。

注："集装箱"不包括常规包装、中型散装容器、罐式集装箱或车辆。包装用于运输放射性物质的集装箱除外。

"包容系统(Containment system)"在放射性物质运输中，指设计者确定的并用于运输期间保持放射性物质不泄漏的包装部件的组合体。

"控制温度(Control temperature)"指能安全运输有机过氧化物或自反应物质的最大温度。

"运输工具(Conveyance)"指用于公路或铁路运输的各种车辆或火车车厢。

"临界安全指数 Criticality safety index (CSI)"指分配给盛装易裂变材料的包件、集合包装或集装箱的，对放射性物质运输而言，指用于控制盛装易裂变材料的包件、集合包装或集装箱堆积的一个数字。

"CSC"指国际集装箱安全公约(日内瓦，1972 年)，由国际海运组织(IMO,伦敦)修改并出版。

"板条箱(Crate)"指表面不完整的外包装。

"临界温度(Critical temperature)"指在该温度以上物质不能以液态存在的温度。

"深冷容器(Cryogenic receptacle)"指用于盛装冷冻液化气体的可运输热绝缘压力容器，其水容积不大于1000L(见"管束")。

"气瓶(Cylinder)"指水容积不超过150L 的可运输压力容器。

D

"危险货物(Dangerous goods)"指 ADR 禁止运输或授权在特定条件下运输的物质和物品。

"危险反应(Dangerous reaction)"指：

(a) 燃烧或释放大量热量的；

(b) 释放可燃、窒息、氧化或有毒气体的；

(c) 形成腐蚀性物质的;

(d) 形成不稳定物质的;

(e) 危险随压力升高而增加的(仅对罐体)。

"可拆卸式罐体(Demountable tank)"指除固定式罐体、可移动罐柜、罐式集装箱、管束式车辆的元件和容量大于450L的多单元气体容器(MEGC)以外的罐体。通常只在空罐时操作。

"设计(Design)"在放射性物质运输中,指对除2.2.7.2.3.5(F)以外的易裂变材料、特殊形式的放射性物质、低弥散放射性物质、包件或包装的说明,使之能充分识别这些物质。可以包括技术说明书、工程图纸、符合法规要求的报告和其他有关文件。

"卸料压力(Discharge pressure)"指加压卸货时,罐体内的实际最大压力(见"计算压力""充装压力""最大工作压力(机示压力)"和"试验压力")。

"圆桶(桶)(Drum)"指由金属、纤维板、塑料、胶合板或其他适当材料制成的两端为平面或凸面的圆柱形包装。该定义还包括其他形状的包装,如圆锥颈形包装或提桶形包装。木制琵琶桶或多边形桶不属于此定义范围。

E

"欧盟指令(EC Directive)"指由欧盟主管机关决定的条例,对其成员国都具有限制力,但要在形式和方法的选择上对主权国家留有余地。

"ECE法规(ECE Regulation)"指协议附加的关于对轮式车辆及其安装或使用的部件的统一技术规范,以及在该规范基础上授权相互认可的条件规章(1958年协议,修正的)。

"警示温度(Emergency temperature)"指在温度失控情况下,达到实施应急程序时的温度。

"欧洲标准[EN(standard)]"指欧洲标准化委员会(CEN)(CEN, Avenue Marnix 17, B-1000 Brussels)公布的欧洲标准。

"企业(Enterprise)"指任何盈利或非盈利的自然人和法人;任何不具有法人资格的盈利或非盈利协会或团体;或者任何官方团体,本身具有法定地位或依附于具有法定地位的机构。

"独家使用(Exclusive use)"指根据ADR要求,对放射性物质运输,由单一发货人独自使用一件运输工具或一个大型集装箱,并遵照托运人或收货人的要求进行运输,包括起运点、中途和终点的装载和卸载。

F

"纤维板中型散装容器(Fibreboard IBC)"指一个纤维板体有或没有独立的顶和底,必要时有内层(但不是内包装)和适当的辅助和结构设备。

"充装人(Filler)"指将危险货物装进罐体(罐式车辆、可卸式罐体、可移动罐柜或罐式集装箱)和/或将散货装进车辆、大型集装箱或小型集装箱,或装进管束式车辆或多单元气体容器中的企业。

"充装压力(Filling pressure)"指在加压条件下充装罐时,罐体内部实际产生的最大压力。(也可见"计算压力"、"卸货压力"、"最大工作压力(计示压力)"和"试验压力")。

"充装率(Filling ratio)"指在15℃时完全充满一个压力容器可供使用的气体质量与水质量之比。

"固定式罐体(Fixed tank)"指容量1000L以上的罐体,且永久地连接在车辆上(进而成为罐式车辆)或者与该车车架形成一个整体。

"易燃成分(Flammable component)"(对气溶胶)指《试验和标准手册》第Ⅲ部分31.1.3的注释1～3所定义的易燃液体、易燃固体和易燃气体和气体混合物。不包括自燃、自热或遇水反应的物质。化学燃烧反应热可根据下列方法之一确定：ASTM D 240,ISO/FDIS 13943:1999(E/F)86.1～86.3,或者NFPA 30B。

"闪点(Flash-point)"指液体蒸发与空气混合形成可燃性混合物的最低温度。

"柔性中型散装容器(Flexible IBC)"指使用薄膜、编织纤维及任何其他柔性材料或其混合物制作成的箱体,必要时,可以加内衬或内涂层以及适当的辅助设备及吊提装置。

"燃料电池(Fuel cell)"指一种能将燃料的化学能转变为电能、热能和反应物的电化学装置。

"燃料电池发动机(Fuel cell engine)"指一种为设备提供动力的装置。包括燃料电池及所用燃料,可与燃料电池成为一体或分开,包括完成其功能的一切必要配件。

"整车(Full load)"指车辆或大型集装箱由一个托运人交运的货物专用,且所有装卸操作均按照托运人和收货人指示执行。

注:在放射性物质运输中,相对应的术语为"独家使用"。

G

"气体(Gas)"指一种物质:

(a)在50℃时蒸气压大于300kPa(3bar);或

(b)在20℃时标准压101.3kPa以下完全为气态的。

"储气筒(Gas cartridge)"见"盛装气体的小容器"。

"GHS"指全球化学品统一分类和标签制度(第5修订版),由联合国出版(ST/SG/AC.10/30/Rev.5)。

H

"吊提装置(Handling device)"(对柔性中型散装容器)指固定在中型散装容器箱体上或由箱体材料延伸而形成的各种吊环、环圈、钩眼和框架。

"密闭罐(Hermetically closed tank)"指用于盛装计算压力至少为400kPa(4bar)的液体物质,或者任何计算压力的固体物质(粉状或颗粒状)的罐体。其开口是密封的,且：

——没有配备安全阀、爆破片或其他类似安全装置或真空阀;或

——没有配备安全阀、爆破片或其他类似安全装置,但根据6.8.2.2.3的要求配备了真空阀;或

——依据6.8.2.2.10,在爆破片之前配有安全阀,但不配备真空阀;或

——依据6.8.2.2.10,在爆破片之前配有安全阀,并按照6.8.2.2.3的要求配备真空阀。

I

"IAEA"指国际原子能机构(IAEA),(IAEA,P.O. Box 100 – A-1400 维也纳)。

"IBC"见"中型散装容器"。

"ICAO"指国际民用航空组织(ICAO, 999 University Street, Montreal, Quebec H3C 5H7, Canada)。

"ICAO技术细则(ICAO Technical Instructions)"指《危险货物安全航空运输技术细则》《国际民用航空公约(通称芝加哥公约)》(芝加哥,1944年)总的附录18,由国际民用航空组织(ICAO)于蒙特利尔出版。

"IMDG Code"指国际海运危险货物规则,为实施1974年国际海上人命安全公约(SOLAS会议)的第7章A部分,由国际海事组织(IMO)于伦敦出版。

"IMO"指国际海事组织(IMO，4 Albert Embankment，London SE1 7SR，United Kingdom)。

"内包装(Inner packaging)"指在运输时需要有外包装的包装。

"内容器(Inner receptacle)"指需要有一个外包装才能起盛装(包容)作用的容器。

"检验机构(Inspection body)"指由主管机关批准的独立检验和试验机构。

"中型散装容器(Intermediate bulk container，IBC)"指除6.1章规定范围以外的刚性或柔性可移动包装,这些包装：

(a) 具有下列容量：
  (ⅰ) 装Ⅱ类和Ⅲ类包装的固体和液体时,不应大于3.0m³;
  (ⅱ) 使用柔性、刚性塑料、复合型、纤维板和木制中型散装容器装运Ⅰ类包装的固体时,不应大于1.5m³;
  (ⅲ) 使用金属中型散装容器装运Ⅰ类包装的固体时,不应大于3.0m³;
  (ⅳ) 装第7类放射性物质时,不应大于3.0m³;

(b) 设计适用于机械方式吊提;

(c) 根据6.5章所规定的试验方法,能承受住吊提和运输中所产生的各种应力。

(也可见带塑料内容器的复合IBC、纤维板IBC、柔性IBC、金属IBC、刚性塑料IBC和木制IBC)。

注1:分别满足6.7章和6.8章要求的可移动罐柜或罐式集装箱不属于中型散装容器(IBCs)。

注2:满足6.5章要求的中型散装容器(IBC)不应被认为是ADR用途的集装箱。

"改制的中型散装容器(Remanufactured IBC)"指如下情况的金属、刚性塑料或复合中型散装容器：

(a) 从一种非联合国型号改制为一种联合国型号;或

(b) 从一种联合国型号转变为另一种联合国型号。

改制的中型散装容器应符合ADR中适用于同一型号新中型散装容器的同样要求(也见6.5.6.1.1中的设计型号定义);

"修理过的中型散装容器(Repaired IBC)"指金属、刚性塑料或复合中型散装容器,由于撞击或任何其他原因(如腐蚀、脆裂或与设计型号相比强度减小的其他迹象),而被修复到符合设计型号并且能够经受设计型号试验的水平。在ADR中,将复合中型散装容器的刚性内容器换成符合同一制造商原设计型号的容器被认为是修理。刚性中型散装容器的例行维修不算是修理。刚性塑料中型散装容器的箱体和复合中型散装容器的内容器是不可修理的。柔性中型散装容器是不可修理的,除非得到主管机关的批准。

"柔性中型散装容器的例行维护(Routine maintenance of flexible IBCs)"指对塑料或纺织品制的柔体中型散装容器进行的下述作业,如：

(a) 清洗;或

(b) 更换非整体部件,如将非整体的衬里和封口绳锁换成符合原制造厂规格的部件;

假设上述作业不得有损于柔性中型散装容器的装载功能,或改变设计类型。

"刚性中型散装容器的例行维护(Routine maintenance of rigid IBCs)"指对金属、刚性塑料或复合中型散装容器进行下述的例行作业：

(a) 清洗;

(b) 移除、重新安装或替换符合原制造商规格的箱体封口装置(包括连带的垫圈)或辅助设备,但中型散装容器的密封性须验证;或

(c) 将不直接起封装危险货物或阻挡卸货压力作用的结构装置,修复到符合设计型号(如矫正箱脚或起吊附件),但中型散装容器的封装作用不得受到影响。

"中间包装(Intermediate packaging)"指置于内包装或物品和外包装之间的包装。

"ISO 标准(standard)"指国际标准组织(ISO)(ISO-1,Varembé,CH-1204 日内瓦 20)。

J

"罐(Jerrican)"指横截面呈矩形或多边形的金属或塑料包装。

L

"大型集装箱(Large container)"见"集装箱"。

"大型包装(Large packaging)"指由一个内装多个物品或内包装的外包装组成的包装,并且满足下列条件:

(a) 设计适用于机械方法装卸;

(b) 其净重超过 400kg,或容量超过 450L,但体积不超过 $3m^3$。

"大型救援包装(Large salvage packaging)"指一种特殊的包装:

(a) 设计适用于机械方法装卸;

(b) 其净重在 400kg 以上,或容量超过 450L,但体积不超过 $3m^3$。

在回收或处理而需运输时,用来放置已损坏、有缺陷或有渗漏的危险货物包件,或者已溢出或泄漏的危险货物。

"密封性试验(Leakproofness test)"指用来确定罐体、包装或中型散装容器及其设备和封口装置的密封性的试验。

***注**:对可移动罐柜,见6.7 章。*

"薄壁金属包装(Light-gauge metal packaging)"指横截面呈圆形、椭圆形、矩形或多边形,桶体呈锥形收缩,壁厚小于 0.5mm(如马口铁),平底或弧形底且带有一个或多个孔,由金属制成圆锥形颈容器和提桶形容器。不包含圆桶或多边形桶的定义。

"衬里(Liner)"指插入到包装中,包括大型包装和中型散装容器,但不形成包装整体部件的管或袋(包括其开口的封口装置)。

"液体(Liquid)"指在 50℃时蒸气压不大于 300kPa(3bar),在 20℃ 和 101.3kPa 压力下不完全是气态,且符合下列条件:

(a) 在 101.3kPa 压力下,熔点或起始熔点等于或低于 20℃ 的危险货物;或

(b) 若为液体,根据 ASTM D 4359—90 的试验方法确定;或

(c) 若不是糊膏状,则依据 2.3.4 规定的流动性测定试验(穿透性试验)标准确定。

***注**:对罐体要求而言,液态运输(Carriage in the liquid state)指以下任一种:*

——运输上述定义所规定的液体;

——以熔融状态运输的固体。

"液化石油气[Liquefied Petroleum Gas (LPG)]"指一种或多种低碳氢化合物组成的低压液化气体(分配的联合国编号为 UN 1011,1075,1965,1969 或 1978),主要包括丙烷,丙烯,丁烷,丁烯异构体,以及带有其他烃类气体的丁烯。

***注1**:分配了其他联合国编号的易燃气体不属于液化石油气。*

***注2**:对于UN 1075 可见2.2.2.3 液化气体表格中第2F 组 UN 1965 下的注2。*

"装货人(Loader)"指符合下列条件的任何企业:

(a) 将已包装的危险货物,小型集装箱或可移动罐柜装进车辆或集装箱中;

(b) 将集装箱,散装容器,多单元气体容器,罐式集装箱或可移动罐柜装载在车辆上。

M

"管理制度(Management system)"在放射性物质运输中,指一套相互关联或相互作用的制度,规定了明确的政策和目标,使之能够卓有成效地实现目标。

"《试验和标准手册》(Manual of Tests and Criteria)"指《关于危险货物运输的建议书 试验和标准手册》(第5修订版),由联合国以ST/SG/AC.10/11/Rev.5出版(依据ST/SG/AC.10/11/Rev.5/Amend.1和ST/SG/AC.10/11/Rev.5/Amend.2修订)。

"包件质量(Mass of package)"除非另外说明,指包件的毛重。用于货物运输的集装箱和罐体的质量不包括在毛重之内。

"最大容量(Maximum capacity)"指容器或包装(包括IBCs和大型包装)的最大内部体积,以立方米或升表示。

"最大净质量(Maximum net mass)"指单个包装内装物的最大净质量,或者是多个内包装及其内装物的最大合计质量,以千克表示。

"最大正常工作压力(Maximum normal operating pressure)"在放射性物质运输中,指温度和太阳辐射条件相当于运输过程中在不通风、无辅助系统进行外部冷却或不进行操作控制的环境条件下,包容系统内在一年期间可能产生的高于平均海平面大气压的最大压力。

"最大允许总质量(Maximum permissible gross mass)"

(a) (对IBCs)指IBC自身及其辅助设备和结构装置的质量加上最大允许装载质量;

(b) (对罐体)指罐体的皮重和批准运输的最大载荷。

注:对可移动罐柜,见6.7章。

"最大工作压力(表压力)[Maximum working pressure(gauge pressure)]"指下列3种压力的最高值:

(a) 充装时,罐体内允许的最大有效压力(允许的最大充装压力);

(b) 卸放时,罐体内允许的最大有效压力(允许最大卸放压力);和

(c) 内装物(包括可能包含的外来气体)在最高工作温度下的有效表压力。

除非4.3章规定的其他特殊要求,工作压力(表压力)的数值应不低于充装物质在50℃时的蒸气压(绝对压力)。

除运输第2类压缩、液化或溶解气体的罐体外,配有安全阀(有爆破片或无爆破片)的罐体,其最大工作压力(表压力)应等于该安全阀规定的开启压力。

(也可见"计算压力"、"卸货压力"、"充装压力"和"试验压力")。

注1:对可移动罐柜,见6.7章。

注2:对封闭式深冷容器,见6.2.1.3.6.5的注。

"多单元气体容器(MEGC)"见"多单元气体容器(Multiple-element gas container)"。

"车组人员(Member of a vehicle crew)"指驾驶员以及其他因安全、培训或操作等原因与驾驶员随行的人员。

"MEMU"见"移动爆炸品制造单元"。

"金属氢化物储存系统(Metal hydride storage system)"指单一完整的氢储存系统,包括容器、金属氢化物、压力释放装置、截止阀、辅助设备和只供运输氢使用的内部部件。

"金属IBC(Metal IBC)"指带有适当辅助和结构设备的金属箱体的IBC。

"普通强度钢(Mild steel)"指最小抗拉强度为360~440N/mm²的钢。

注：对可移动罐柜，见6.7章。

"移动式爆炸品制造单元(Mobile explosives manufacturing unit(MEMU))"指用于制造和将非爆炸品转变为爆炸品的一个单元或者安装该单元的车辆。该单元包括各种罐体、散装容器以及诸如泵和相关设备等处理设备。该单元有放置已包装爆炸品的专用隔仓。

注：尽管MEMU的定义里包含了"制造和将非爆炸品转变成爆炸品"的描述，但MEMUs的要求只适用于运输，不适用于制造和改变。

"多单元气体容器(Multiple - element gas container)(MEGC)"指一个使用一根管路将多个元件相互连接且装配在一个框架内的单元。下列元件被认为是多单元气体容器的元件：气瓶、管状容器、压力桶和管束以及用于盛装2.2.2.1.1所定义的第2类气体且容量大于450L的罐体。

注：对联合国的多单元气体容器，见6.7章。

N

"爆炸品净质量(Net explosive mass)"指爆炸物质的总质量，不包括其包装和外壳等。(此含义通常也用爆炸品净数量(NEQ)、爆炸品净含量(NEC)、爆炸品净重(NEW)或爆炸品内装物净质量表示相同概念)。

"中子辐射探测仪(Neutron radiation detector)"指一个探测中子辐射的装置。该装置可能将某种气体密封在电子管传感器中，用于将中子辐射转换成可测量的电子信号。

"未另作规定的(一般条目)[N.O.S. entry (not otherwise specified entry)]"指适用于下列物质、混合物、溶液或物品的一组条目：
(a) 名字未在3.2章表A中提到；
(b) 具有与未另作规定条目的类别、分类代码、包装组、名称和描述相对应的化学、物理和/或危险特性。

O

"近海散装容器(Offshore bulk container)"指专门设计用来往返近海设施或在其之间运输的散装容器。近海散装容器的设计和建造，须符合国际海事组织在文件MSC/Circ.860中具体规定的批准公海作业离岸容器的准则。

"开顶集装箱(Open container)"见"集装箱"。

"敞开式深冷容器(Open cryogenic receptacle)"指用于盛装冷冻液化气体并通过不断排放冷冻液化气而保持常压的可运输隔热容器。

"敞开式车辆(Open vehicle)"指车辆的平台无超级结构或仅设置了边板或尾板。

"外包装(Outer packaging)"指复合或组合包装的外保护及其吸附性材料、衬垫材料，以及为容纳和保护内容器或内包装所需的任何其他部件。

"集合包装(Overpack)"指为了便于运输过程中的装卸和存放，将一个或多个包件组合在一起以形成一个独立单元所用的包装物(在放射性物质运输中，指由单一托运人使用的)。

集合包装的例子包括下列任一种：
(a) 多个包件放置或堆垛在诸如托盘的载货盘上，并用塑料带、收缩或拉伸包装或其他适当方式紧固；
(b) 放在诸如箱子或板条箱的外保护包装中。

P

"包件(Package)"指包装作业的完结产品，包括准备发货的包装、大型包装或IBC

及其内装物。该术语包括本节所定义的气体容器,以及因尺寸、质量或构造需无包装运输或放置在支架、板条箱或吊提装置中运输的物品。除放射性物质运输外,该术语不适用于散货运输以及罐车运输的物质。

注:在放射性物质运输中,见2.2.7.2、4.1.9.1.1 和6.4 章。

"包装(Packaging)"指一个或多个容器,以及容器为实现其储放功能所必需的其他部件或材料。(也可见组合包装、复合包装、内包装、中型散装容器(IBC)、中间包装、大型包装、薄壁金属容器、外包装、修整过的包装、改制的包装、再次使用的包装、救助包装,防撒漏包装)。

"包装人(Packer)"指任何能将危险货物装入包装(包括大型包装和中型散装容器(IBCs))中,并在需要时为运输准备包件的企业。

"包装类别(Packing group)"指为了包装,根据物质的危险性程度而将其分类。包装类别具有下列意义,在第2部分中会解释得更全面:

Ⅰ类包装:具有高危险性的物质;
Ⅱ类包装:具有中危险性的物质;
Ⅲ类包装:具有低危险性的物质。

注:某些含危险物质的物品会被归类为一种包装类别。

"可移动罐柜(Portable tank)"指一种多式联运罐体。当其用于运输2.2.2.1.1 所定义的气体时,依据6.7 章或者IMDG Code 的定义其容量超过450L,使用3.2 章表A第(10)栏的可移动罐柜指令(T-Code)来表示。

"可移动罐柜经营者(Portable tank operator)"见"罐式集装箱/可移动罐柜经营者"。

"压力桶(Pressure drum)"指水容积大于150L且小于1000L的可运输焊接压力容器(如装有滚动环箍、滑动球的圆柱形容器)。

"压力容器(Pressure receptacle)"指包括气瓶、管状容器、压力桶、封闭式深冷容器、金属氢化物储存系统、管束和救助压力容器的集合术语。

"压缩气体罐(Pressurized gas cartridge)"见"气溶胶或气溶胶喷罐。

"防护IBC(Protected IBC)"(对金属IBCs而言)指具有额外抗冲击保护的IBC。例如,保护形式包括采用多层(三明治)或双层结构,或者使用金属晶格外壳做框架。

Q

"质量保证(Quality assurance)"指任何组织或机构施行的系统性控制和检查方案,目的是为在实践中达到ADR所规定的安全标准提供充分的可信性。

R

"辐射探测系统(Radiation detection system)"指带有辐射探测仪部件的仪器。

"辐射水平(Radiation level)"在放射性物质运输中,指以毫西弗/小时(mSv/h)或者微西弗/小时(μSv/h)为单位的相应剂量率。

"放射性内装物(Radioactive contents)"在放射性物质运输中,指包装内的放射性物质以及任何被污染或活化的固体、液体和气体。

"第1类容器[Receptacle(Class 1)]"指包括箱、瓶、罐、桶、广口瓶和管,以及任何用于内包装或中间包装的封口装置。

"容器(Receptacle)"指用于装放和容纳物质或物品的盛装器具,包括任何形式的封口装置。不适用于壳体(也可见"深冷容器","内容器","压力容器","刚性内容器"和"气罐")。

"修整过的包装(Reconditioned packaging)"指包括如下情况的包装:

(a) 金属桶：
- (ⅰ) 把所有以前的内装物、内外腐蚀痕迹以及外涂层和标签都清除掉，露出原制造材料；
- (ⅱ) 恢复到原始形状和轮廓，并把凸边(若有的话)矫正封好、把所有非整体的垫圈换掉；
- (ⅲ) 上漆前，先洗净再检查，剔除容器上肉眼可见的凹痕、材料厚度的明显降低、金属疲劳、损坏的纹路或封口装置或其他明显缺陷。

(b) 塑料桶和多边形桶：
- (ⅰ) 把所有以前的内装物、外涂层和标签都清除掉，露出原制造材料；
- (ⅱ) 更换所有非整体的垫圈；
- (ⅲ) 洗净后检查，剔除容器上可见的磨损、折痕或裂痕、损坏的纹路或封口装置或其他明显缺陷。

"可再生塑料(Recycled plastics material)"指从使用过的工业包装回收的、经洗净后准备用于加工成新容器的材料。

"卷筒(Reel)"(第1类)指用塑料、木头、纤维板、金属或其他合适材料制成的设备，包含一个中心轴，在轴的每端可有或没有端壁。轴上可缠绕物质或物品，并通过端壁来限制。

"参考钢(Reference steel)"指拉伸强度是370N/mm^2，延伸率是27%的钢。

"改制的中型散装容器(Remanufactured IBC)"见"中型散装容器(IBC)"。

"改制的大型包装(Remanufactured large packaging)"指金属或刚性塑料制成的大型包装，且符合下列情况的：

(a) 从一种非联合国型号改造成一种联合国型号；或

(b) 从一种联合国型号改制为另一种联合国型号。

改制的大型包装，必须符合ADR中有关同一型号的新大型包装的同样要求(另见6.6.5.1.2的设计型号定义)。

"改制的包装(Remanufactured packaging)"包括如下情况的包装：

(a) 金属桶：
- (ⅰ) 从一种非联合国型号改制为一种符合6.1章要求的联合国型号；
- (ⅱ) 从一种符合6.1章要求的联合国型号转变为另一种联合国型号；
- (ⅲ) 更换整体结构部件(如非活动盖)。

(b) 塑料桶：
- (ⅰ) 从一种联合国型号转变为另一种联合国型号(例如，1H1变成1H2)；或
- (ⅱ) 更换整体结构部件。

改制的圆桶须符合6.1章中适用于同一型号的新圆桶的要求。

"*修理过的中型散装容器(Repaired IBC)"见"中型散装容器(IBC)*"。

"再次使用的大型包装(Reused large packaging)"指经过检查发现没有能影响其性能试验能力的缺陷，进而准备重新装载货物的大型包装；包括重新装载相同或类似的相容的内装物，并在产品发货人控制的流通链中运输的大型包装。

"再次使用的包装(Reused packaging)"指经过检查发现没有能影响其性能试验能力的缺陷，进而准备重新装载货物的包装；包括重新装载相同或类似的相容的内装物，并在产品发货人控制的流通链中运输的包装。

"RID"指《国际危险货物铁路运输规定》(国际铁路运输公约的附录C)。

"刚性内容器(Rigid inner receptacle)"(对复合式IBCs)指在空的、没有封口装置

和外壳作用时,能保持其基本形状的容器。任何非刚性内容器都被认为柔性内容器。

"刚性塑料中型散装容器(Rigid plastics IBC)"指一个刚性塑料箱体,包括其结构设备以及适当的辅助设备。

"柔性中型散装容器的例行维护(Routine maintenance of flexible IBCs)"见"中型散装容器(IBC)"。

"刚性中型散装容器的例行维护(Routine maintenance of rigid IBCs)"见"中型散装容器(IBC)"。

S

"安全阀(Safety valve)"指有弹簧负荷可以被压力自动激活的仪器,以保护罐体免受过量的内压。

"SADT"见"自加速分解温度"。

"救助包装(Salvage packaging)"指用于放置运输回收或处理损坏、有缺陷、渗漏或不符合规定的危险货物包件,或者已溢出或漏出危险货物的特别包装。

"救助压力容器(Salvage pressure receptacle)"指用于放置回收或处理损坏的、有缺陷的、已泄漏的或不符合要求的压力容器,且水容积不超过1000L的压力容器。

"自加速分解温度(Self-accelerating decomposition temperature)(SADT)"指在运输过程中包装内的物质发生自加速分解的最低温度。有关SADT测定和限制下的热效应的条款包含在《试验和标准手册》第Ⅱ部分中。

"辅助设备(Service equipment)"指符合下列情况的设备:

(a) 对罐体而言,指充装和卸放、通气、安全加热、保温以及附加的装置和测量仪器;

(b) 对管束式车辆或者多单元气体容器的元件而言,指充装和卸放装置,包括管路、安全装置和测量仪器;

(c) 对中型散装容器而言,指充装和卸载装置,以及任何压力释放或排气,安全加热和保温装置和测量仪器。

注:对可移动罐柜,见6.7章。

"稳定压力(Settled pressure)"指压力容器的内装物在热和弥散平衡时的压力。

"软开顶散装容器(Sheeted bulk container)"见"散装容器"。

"软开顶集装箱(Sheeted container)"见"集装箱"。

"侧帘车辆(Sheeted vehicle)"指使用一片帘布来保护载荷(货物)的敞开式车辆。

"壳体(Shell)"(对罐体而言)指罐体的部件,用来盛装拟运输的物质,包括其开口和封口装置,但不包括辅助设备或外部结构设备。

注:对可移动罐柜,见6.7章。

"防洒漏包装(Sift-proof packaging)"指不会将干燥内装物(包括在运输中能产生细粒固体的物质)洒漏的包装。

"小型集装箱(Small container)"见"集装箱"。

"盛装气体的小容器(Small receptacle containing gas (gas cartridge))"是一个不可重复充装的容器,用于盛装加压条件下的气体或气体混合物。对金属容器而言,其水容积不超过1000ml;对由合成材料或玻璃制成的容器而言,其水容积不超过500ml。

"固体(solid)"指:

(a) 在101.3kPa压力下,熔点或初始熔点超过20℃的物质;

(b) 依据ASTM D 4359-90的试验方法测定为非液体,或者依据2.3.4描述的流动性测定试验(穿透性试验)标准测定为糊膏状的物质。

"结构件(Structural equipment)"指：

(a) 对于罐式车辆或可拆卸罐的罐体而言，指壳体的内外部加固、紧固、保护或稳定构件；

(b) 对于罐式集装箱的罐体而言，指壳体的内外部加固、紧固、保护或稳定构件；

(c) 对于管束式车辆或多单元气体容器的元件而言，指壳体或容器的内外部加固、紧固、保护或稳定构件；

(d) 对除柔性IBCs以外的中型散装容器而言，指箱体的加固、紧固、吊提、保护或稳定构件(包括带塑料内容器的复合IBCs的底座托盘)。

注：对可移动罐柜，见6.7 章。

"交换箱体(Swap body)"见"集装箱"。

T

"罐体(Tank)"指一个壳体，包括其辅助和结构设备。当单独使用时，罐体指本节所定义的罐式集装箱、可移动罐柜、可拆卸式罐体或者固定式罐体，包括组成管束式车辆或多单元气体容器元件的罐体(也可见"可拆卸式罐体"、"固定式罐体"、"可移动罐柜"和"多单元气体容器")。

注：对可移动罐柜，见6.7.4.1。

"罐式集装箱(Tank-container)"指一种能符合集装箱定义的运输设备，包括外壳和设备部件(包含便于在不显著改变姿势的条件下移动罐式集装箱的设备)。用于运输气体、液体、粉状或颗粒状物质，且当用于2.2.2.1.1 所定义的气体运输时，其容量不超过 $0.45m^3$(450L)。

注：满足6.5 章要求的中型散装容器不属于罐式集装箱。

"罐式集装箱/可移动罐柜经营者(Tank-container/portable tank operator)"指罐式集装箱/可移动罐柜注册时使用其名字的企业。

"罐体档案(Tank record)"指包含了与罐体、管束式车辆或者多单元气体容器相关的所有重要技术信息的文件，如6.8.2.3，6.8.2.4 和6.8.3.4 所提到的证明文件。

"罐式交换箱体(Tank swap body)"认作为罐式集装箱。

"罐式车辆(Tank-vehicle)"指制造用于载运液体、气体、粉状或颗粒状物质的车辆，其包含一个或多个固定式罐体。除了车辆本身或者代替车辆而使用的走行装置外，罐式车辆还包括一个或多个壳体，壳体上的设备部件和配件将壳体与车辆或走行装置相连接。

"技术名称(Technical name)"若与生物名称或者目前在科学和技术手册、杂志和文章中使用的名字有关(见3.1.2.8.1.1)，则指一个公认的化学名称。

"试验压力(Test pressure)"指在初始检测或定期检测的压力试验中所需施加的压力[也见"计算压力""卸料压力""充装压力"和"最大工作压力(表压力)"]。

注：对可移动罐柜，见6.7 章。

"途经或进入(Through or into)"在放射性物质运输中，指托运货物途经或进入有关国家，但若没有计划在该国停留，则应明确地排除托运货物空运"飞越"有关国家。

"运输指数(Transport index(TI))"在放射性物质运输中，指用于包件、集合包装或者集装箱或无包装的一类低比活度物质(LSA-I)或一类表面污染物(SCO-I)，用于控制辐射暴露的一个数字。

"运输单元(Transport unit)"指未挂接挂车的，或者一辆机动车和挂车的组合。

"货盘(Tray)"(第1类)指放在内包装、中间包装或者外包装中的,由金属、塑料、纤维板或其他合适材料制成的盘,并与该包装紧密贴合。货盘的表面可具有不同形状以便包装或物品可以插入、固放安全和彼此分隔。

"第2类管状容器(Tube(Class 2))"指其水容积超过150L但不超过3000L的无缝移动式压力容器。

U

"UIC"指国际铁路联盟(UIC, 16 rue Jean Rey, F-75015 Paris, France)。

"UNECE"指联合国欧洲经济委员会(UNECE, Palais des Nations, 8-14 avenue de la Paix, CH-1211 Geneva 10, Switzerland)。

"企业(Undertaking)"见"企业"。

"卸货人(Unloader)"指符合下列情况的企业:

(a) 将集装箱、散装容器、多单元气体容器、罐式集装箱或可移动罐柜从车辆上移除;

(b) 将危险货物包件、小型集装箱或可移动罐柜从车辆上或集装箱中卸载;

(c) 将危险货物从罐体(罐式车辆、可拆卸式罐体、可移动罐柜或罐式集装箱)、管束式车辆、移动爆炸品制造单元或多单元气体容器中卸放,或者从散装运输的车辆、大型集装箱、小型集装箱或者散装容器中卸载。

"联合国《关于危险货物运输的建议书 规章范本》(UN Model Regulations)"指由联合国出版的关于危险货物运输的建议书第18修订版的规章范本(ST/SG/ AC. 10/1/Rev.18)。

"联合国编号(UN number)"指联合国《关于危险货物运输的建议书 规章范本》中载明的物质或物品的4位数字识别号码。

V

"真空操作危废罐(Vacuum-operated waste tank)"指主要用于危险废物运输的固定式罐、可拆卸式罐体、罐式集装箱或交换箱体罐,并按照6.10章的规定,装有特殊的结构和/或设备以便危险废物的装卸。完全符合6.7或6.8章要求的罐体不属于真空操作危废罐。

"真空阀(Vacuum valve)"指一个装有弹簧的装置,由压力自动激活。目的是防止罐体产生不可接受的负面的内部压力。

"车辆(Vehicle)"见"管束式车辆、封闭式车辆、敞开式车辆、侧帘车和罐式车辆"。

W

"危险废物(Wastes)"指需要运输以便对其进行再处理、倾倒、焚烧消除或其他方法处理的,不能直接使用的物质、溶液、混合物或物品。

"木制琵琶桶(Wooden barrel)"指由天然木材制成的包装,其截面为圆形,桶身外凸,由木板条和两个圆盖拼成,用铁圈箍牢。

"木制中型散装容器(Wooden IBC)"指刚性或可折叠的木制箱体,以及其内衬(不是内包装)和适当的辅助和结构设备。

"工作压力(Working pressure)"指压缩气体在参考温度15℃下在装满的压力容器内的稳定压力。

注:对罐体而言,见"最大工作压力"。

"塑料织物(Woven plastics)"(对柔性中型散装容器而言)指由弹力带或合适塑料材质的单丝做成的材料。

1.2.2	**度量单位**
1.2.1.1	以下度量单位[a]适用于ADR:

度量	国际制单位b	可接受的替用单位	两种单位之间的关系
长度	m(米)	—	—
面积	m^2(平方米)	—	—
体积	m^3(立方米)	l^c(升)	1l = 10^{-3}m^3
时间	s(秒)	min(分) h(时) d(天)	1min = 60s 1h = 3600s 1d = 86400s
质量	kg(千克)	g(克) t(吨)	1g = 10^{-3}kg 1t = 10^{3}kg
质量密度	kg/m^3	kg/l	1kg/l = 10^{3}kg/m^3
温度	K(开氏绝对温度)	℃(摄氏温度)	0℃ = 273.15K
温差	K(开氏绝对温度)	℃(摄氏温度)	1℃ = 1K
力	N(牛顿)	—	1N = 1kg·m/s^2
压力	Pa(帕斯卡)	bar(巴)	1Pa = 1N/m^2 1bar = 10^{5}Pa
应力	N/m^2	N/mm^2	1N/mm^2 = 1MPa
功		kWh(千瓦时)	1kWh = 3.6MJ
能量	J(焦耳)		1J = 1N·m = 1W·s
热量		eV(电子伏特)	1eV = 0.1602H10^{-18}J
功率	W(瓦特)	—	1W = 1J/s = 1N.m/s
运动黏度	m^2/s	mm^2/s	1mm^2/s = 10^{-6}m^2/s
动力黏度	Pa.s	mPa.s	1mPa.s = 10^{-3}Pa.s
放射性活度	Bq(贝克勒尔)		
剂量当量	Sv(西弗特)		

 a 下列经过四舍五入的公式适用于将迄今所用的单位换算成国际单位制:

力

$1kg = 9.807N$

$1N = 0.102kg$

压强

$1kg/mm^2 = 9.807N/mm^2$

$1N/mm^2 = 0.10^2kg/mm^2$

压力

$1Pa = 1N/m^2 = 10^{-5}bar = 1.02 \times 10^{-5}kg/cm^2 = 0.75 \times 10^{-2}torr$

$1bar = 10^5Pa = 1.02kg/cm^2 = 750torr$

$1kg/cm^2 = 9.807 \times 10^4Pa = 0.9807bar = 736torr$

$1torr = 1.33 \times 10^2Pa = 1.33 \times 10^{-3}bar = 1.36 \times 10^{-3}kg/cm^2$

能量、功、热量

$1J = 1N.m = 0.278 \times 10^{-6}kWh = 0.102kgm = 0.239 \times 10^{-3}kcal$

$1kWh = 3.6 \times 10^6J = 367 \times 10^3kgm = 860kcal$

$1kgm = 9.807J = 2.72 \times 10^{-6}kWh = 2.34 \times 10^{-3}kcal$

$1kcal = 4.19 \times 10^3J = 1.16 \times 10^{-3}kWh = 427kgm$

功率

$1W = 0.102kgm/s = 0.86kcal/h$

$1kgm/s = 9.807W = 8.43kcal/h$

$1kcal/h = 1.16W = 0.119kgm/s$

运动黏度

$1m^2/s = 10^4St (Stokes)$

$1St = 10^{-4}m^2/s$

动力黏度

$1Pa.s = 1N.s/m^2 = 10P (poise) = 0.102kg.s/m^2$

$1P = 0.1Pa \cdot s = 0.1N \cdot s/m^2 = 1.02 \times 10^{-2} kg \cdot s/m^2$

$1kg \cdot s/m^2 = 9.807Pa \cdot s = 9.807N \cdot s/m^2 = 98.07P$

[b] 国际单位制由国际度量衡大会所决定。(地址：Pavillon de Breteuil, Parc de St-Cloud, F-92 310 Sevres)

[c] 当打字机无法区分数字"1"和字母"l"时，升的缩写也可用"L"取代"l"。

一个单位的十进制倍数可以用具有下列意义的词头或符号放在单位的名称或符号之前表示：

数值		中文名	词头	符号
1 000 000 000 000 000 000	$=10^{18}$	艾,艾克萨	exa	E
1 000 000 000 000 000	$=10^{15}$	拍,拍它	peta	P
1 000 000 000 000	$=10^{12}$	太,太拉	tera	T
1 000 000 000	$=10^{9}$	吉,吉咖	giga	G
1 000 000	$=10^{6}$	兆,百万	mega	M
1 000	$=10^{3}$	千	kilo	k
100	$=10^{2}$	百	hecto	h
10	$=10^{1}$	十	deca	da
0.1	$=10^{-1}$	分	deci	d
0.01	$=10^{-2}$	厘	centi	c
0.001	$=10^{-3}$	毫	milli	m
0.000 001	$=10^{-6}$	微	mlcro	μ
0.000 000 001	$=10^{-9}$	纳,纳诺	nano	n
0.000 000 000 001	$=10^{-12}$	皮,皮可	pico	p
0.000 000 000 000 001	$=10^{-15}$	飞,飞母托	femto	f
0.000 000 000 000 000 001	$=10^{-18}$	阿,阿托	atto	a

注：$10^9 = 1\ billion$ 是联合国在英文中的用法。照此类推，$10^{-9} = 1 billionth$。

1.2.2.2　除非另有明确说明，"%"符号代表：

（a）若是固体或液体混合物以及溶液和用液体湿润的固体：根据混合物、溶液或湿润固体的总质量计算的质量百分比；

（b）若是压缩气体混合物：按加压充装时，用占气体混合物总体积的百分比表示的体积比例，或者是按质量充装时，用占混合物总质量百分比表示的质量比例；

（c）若是液化气体混合物和加压溶解的气体：用占混合物总质量百分比表示的质量比例。

1.2.2.3　与容器有关的各种压力(如试验压力、内部压力、安全阀开启压力)始终用表压力(减去大气压的压力)表示；物质的蒸气压则始终用绝对压力表示。

第1.3章　与危险货物运输相关的人员培训

1.3.1　　　　　适用范围

1.4章所指的参与方雇佣的从事危险货物运输的人员,应接受与其所承担责任和义务相适应的有关危险货物运输管理要求的培训。员工在上岗前应接受1.3.2所要求的培训,对尚未接受所要求培训的人员,应在受过培训的人员的直接指导下从事有关工作。1.10章中有关危险货物安保的培训要求也需遵守。

注1:关于安全顾问的培训见1.8.3。
注2:关于车辆车组人员的培训见8.2章。
注3:关于第7类危险货物的培训见1.7.2.5。

1.3.2　　　　　培训的种类

培训应按照下列形式进行,且与个人所承担的责任和义务相适应。

1.3.2.1　　　　*基础知识培训*

个人应熟悉危险货物运输要求的一般规定。

1.3.2.2　　　　*具体职责培训*

个人应按照危险货物运输的要求接受与其责任和义务相称的专门培训。
当危险货物运输涉及多式联运时,有关人员应当了解其他运输方式的有关要求。

1.3.2.3　　　　*安全培训*

依据危险货物运输(包括装卸)过程中所产生伤害的风险等级和事故导致的暴露风险,对人员进行危险货物危害和危险知识的培训。
该培训旨在使相关人员熟悉安全操作和应急响应程序。

1.3.2.4　　　　根据法规的变化,应定期进行补充培训(再培训)。

1.3.3　　　　　记录

依据本章要求,所有开展的培训记录应当由雇主保存,并在需要时提供给员工或主管机关。雇主保管培训记录的时间期限由主管机关确定。当雇佣新员工时,应当核实其培训记录。

第1.4章 参与方的安全义务

1.4.1 一般安全措施

1.4.1.1 危险货物运输的参与方应当根据可预见危险的性质和程度,采取适当措施来避免损坏或伤害,必要时致使影响最小。在任何情况下,他们应在各自领域内遵循ADR的要求。

1.4.1.2 当公共安全可能遭受直接危害时,参与方应立即通知应急服务部门,并应提供其采取行动所需的信息。

1.4.1.3 ADR明确了不同参与方的义务。

若某缔约方认为安全保障没有降低,在满足1.4.2和1.4.3规定义务的条件下,其国内条例可将某一特定参与方的义务转变为一个或多个其他参与方的义务。这些措施应当由缔约方通知给联合国欧洲经济委员会并由其通知各缔约方注意。由于参与方本身是一个法人、个体劳动者,雇主或雇员,1.2.1、1.4.2和1.4.3中有关参与方的定义,以及他们各自承担义务的要求不应影响国内法律的相关后果(如犯罪性质,责任等)。

1.4.2 主要参与方的义务

注1:在本节中,明确了安全保障义务的多个参与方可以是一个和同一个企业。同样,一个参与方的活动和对应的安全义务可以由多个企业承担。

注2:对放射性物质,见1.7.6。

1.4.2.1 托运人

1.4.2.1.1 只有在托运程序符合ADR要求的情况下,危险货物托运人才能将货物交付运输。依据1.4.1,托运人应做到以下几点:

(a) 确认危险货物分类且依ADR规定允许运输;

(b) 向承运人提供可追溯的信息和数据,必要时提供运输单据和随附文件(如授权、批准、通知、证书等),特别注意5.4章和第3部分表格里的要求;

(c) 只使用被批准的适合承运货物的,且按照ADR要求做标记的包装、大型包装、中型散装容器(IBCs)和罐体(罐车、可拆卸式罐体、管束式车辆、多单元气体容器、可移动罐柜和罐式集装箱);

(d) 遵守各种派送方式以及转运限制的要求;

(e) 保证空的未清洗和未排气的罐体(罐车、可拆卸式罐体、管束式车辆、多单元气体容器、可移动罐柜和罐式集装箱),或未清洗空的车辆和大型小型散装容器能正确地进行标记和标签。确保未清洗空的罐体是密封的,使其具有与满载时相同的密封性。

1.4.2.1.2 若托运人使用其他参与方(包装人、装货人、充装人等)的服务,应采取适当措施来确保托运符合ADR的要求。但是在1.4.2.1.1(a)、(b)、(c)和(e)的情况下,托运人可能需要依靠其他参与方提供的信息和数据。

1.4.2.1.3 当托运人代理第三方托运时,第三方应书面通知托运人有关危险货物信息,并提供履行其义务所需的信息和单据。

1.4.2.2 承运人

1.4.2.2.1	按照1.4.1的相应要求,承运人应当:

(a) 确认所承运的危险货物属于 ADR 允许运输的危险货物;

(b) 在运输前,确认托运人已提供了 ADR 规定的与所承运危险货物相关的所有信息。确认规定的单据随运输单元携带,或当使用电子数据处理或电子数据交换技术来替代纸质文件时,电子数据在运输过程中应可获取,其形式至少应相当于纸质文件;

(c) 外观检查确认车辆和货物无明显的缺陷、泄漏或破碎或设备缺失等情况;

(d) 确认罐式车辆、管束式车辆、可拆卸式罐体、可移动罐柜、罐式集装箱和多单元气体容器在检验有效期内;

注:在4.1.6.10(针对使用压力容器作为元件的管束式车辆和多单元气体容器),4.2.4.4,4.3.2.4.4,6.7.2.19.6,6.7.3.15.6 或者6.7.4.14.6的条件下,罐体、管束式车辆和多单元气体容器在其有效期到期后仍然可以运输。

(e) 确认车辆不超载;

(f) 确认车辆所要求的揭示牌和标志已粘贴;

(g) 确认车辆上配备了驾驶员操作手册中要求的设备。

应根据运输单据和随附单据,进行车辆或集装箱或货物的外观检验,确认上述要求已满足。

1.4.2.2.2	在1.4.2.2.1(a)、(b)、(e)和(f)的情况下,承运人可依靠其他参与方提供的信息和数据。
1.4.2.2.3	若承运人发现有违背 ADR 要求的情况发生,根据1.4.2.2.1,除非问题被解决,否则不得受理发货。
1.4.2.2.4	若在运输过程中,发现有可能危害操作安全的事情发生,应牢记交通安全要求,承运安全要求和公共安全要求,立即停止运送。当运输符合适用的规章时,运输操作才可继续。对余下的行程主管机关可授权进行运输操作。

当达不到要求以及余下行程无授权时,主管机关应为承运人提供必要的行政帮助。这同样也适用于承运人告知相关主管机关,托运人未告知其所承运货物的危险特性,并依据运输合同所适用的法律,希望卸载、销毁或使货物无害的情况。

1.4.2.2.5	(保留)
1.4.2.3	***收货人***
1.4.2.3.1	在无特殊理由的情况下,收货人有义务及时收货;卸货后,应核实其已遵守 ADR 的相关要求。
1.4.2.3.2	在使用集装箱运输时,若经核实发现有违反 ADR 要求,收货人应在违反行为得到补救后将集装箱退还给承运人。
1.4.2.3.3	若收货人使用其他参与人的服务(卸货人、清洗人、消毒设施等),应采取适当措施保证遵守 ADR 1.4.2.3.1 和 1.4.2.3.2 的要求。
1.4.3	**其他参与方的义务**

非详尽列表的其他参与方及其各自的义务如下。根据1.4.1,其他参与方应当知道,他们的职责是 ADR 要求的运输操作的一部分。

1.4.3.1	***装货人***
1.4.3.1.1	根据1.4.1,装货人应具有下列义务:

(a) 仅将 ADR 允许运输的危险货物移交给承运人;

(b) 当将包装的危险货物或未清洗空的容器交付运输时,应检查容器(或包装)

是否损坏。在损坏未修复前,其容器损坏的包件不得交付,尤其是包件不密封,且有泄漏或有危险物质泄漏的可能时。该义务同样适用于未清洗空的容器;

(c) 当将危险货物装入车辆或大小型集装箱时,应遵循有关装货和操作的特殊规定;

(d) 当将危险货物装入集装箱后,应遵循5.3章有关危险性标志的规定;

(e) 当装载包件时,应考虑已装入车辆或大型集装箱的危险货物,遵循混载的限制以及遵守食物、其他消费品或动物饲料的隔离规定。

1.4.3.1.2 在1.4.3.1.1(a)、(d)和(e)的情况下,装货人可依靠其他参与方提供的信息和数据。

1.4.3.2 **包装人**

根据1.4.1,包装人应特别遵守下列要求:

(a) 有关打包或混合包装条件的要求;

(b) 当准备运输包件时,有关包件标记和标签的要求。

1.4.3.3 **充装人**

根据1.4.1,充装人应遵守下列义务:

(a) 在充装前,确认罐体及其设备在技术上处于安全状态;

(b) 确认罐式车辆、管束式车辆、可拆卸式罐体、可移动罐柜、罐式集装箱和多单元气体容器在其检验有效期内;

(c) 仅向罐体内充装该罐体允许充装的危险货物;

(d) 在充装时,应遵循有关相邻隔仓对危险货物的要求;

(e) 充装过程中,应遵守所充装物质的最大允许充装系数或每升容积的最大允许充装质量;

(f) 充装完应确保所有的封口装置均处于关闭状态,且无泄漏;

(g) 应确保没有所充装物质的危险残留物黏在其充装罐体的外表面;

(h) 在准备将危险货物交付运输时,应根据要求确保橙色牌、标签、揭示牌以及有关高温物质和环境危害物质的标语粘贴在罐体,或散货运输的车辆和大小型集装箱上;

(i) (保留)

(j) 当给车辆或集装箱装载散货危险货物时,应确保遵守7.3章的有关要求。

1.4.3.4 **罐式集装箱/可移动罐柜运营商**

根据1.4.1,可移动罐柜和集装罐操作员应遵守下列要求:

(a) 确保遵守制造、装备配备、检验和标记的要求;

(b) 确保壳体及设备的维护能保证在正常作业条件下,罐式集装箱/可移动罐柜符合ADR的要求,直到下一次检验;

(c) 因修理、更换或事故导致壳体或设备的安全性降低时,应进行额外检查。

1.4.3.5 和 1.4.3.6 (保留)

1.4.3.7 **卸货人**

注:在本节中,卸货包括1.2.1中卸货人定义中所描述的移除、卸载和卸放。

1.4.3.7.1 根据1.4.1,卸货人应遵守下列要求:

(a) 通过将运输单据上的相关信息与包件、集装箱、罐体、移动爆炸品制造装置或车辆上的信息进行对比,确保卸载正确的货物;

(b) 在卸载前和过程中,检查包件、罐体、车辆或集装箱是否损坏到能破坏卸载操作的程度。若存在该情况,需采取适当措施后方可进行卸货;

（c） 遵守卸货的相关要求；
（d） 在罐体、车辆或集装箱卸货完成后，立即进行：
（ⅰ） 移除任何在卸货过程中已黏在罐体、车辆或集装箱外侧的危险残留物；
（ⅱ） 确保阀门和检视口关闭；
（e） 确保执行了规定的车辆或集装箱的清洗和去污作业；
（f） 集装箱一旦完成卸货、清洗和去污，依据5.3章则不再需粘贴危险性标志。

1.4.3.7.2 若卸货人使用其他参与方的服务（清洗人、去污设施等），应采取适当措施保证遵守ADR的要求。

第1.5章 免　　除

1.5.1　　　　临时免除

1.5.1.1　　根据 ADR 第 4 条第 3 段,在安全性不受影响的前提下,缔约方的主管机关之间可通过临时性免除 ADR 要求以授权在自己的管辖范围内开展某种运输业务。倡议临时免除的机关应将该免除告知联合国欧洲经济委员会秘书处,秘书处将其提请缔约方❶注意。

注:依据1.7.4 而做的特别安排不属于本节中的临时免除。

1.5.1.2　　临时免除的有效期自生效之日起不超过 5 年。自 ADR 相关修改生效之日起,临时免除自动停止。

1.5.1.3　　从 ADR 意义上讲,在临时免除基础上的运输操作为合法的运输操作。

1.5.2　　　　(保留)

---

❶ 秘书处的注释:本章中所包含的特殊约定可以参考联合国欧洲经济委员秘书处网站(http:// www.unece.org/trans/danger/danger.htm)。

第1.6章 过渡措施

1.6.1	总则
1.6.1.1	除非另有规定,符合2014年12月31日前有效的ADR要求而运输的物质和物品,可运输至2015年6月30日。
1.6.1.2	(删除)
1.6.1.3	第1类危险物质和物品,若属于缔约方,符合当时有效的ADR要求,于1990年1月1日前包装的军需物资,只要包装保持完整且在运输单据上声明是在1990年1月1日前包装的,在1989年12月31日后也可运输。1990年1月1日后的使用该类物质的其他条款也应遵守。
1.6.1.4	第1类危险物质和物品,若符合当时有效的ADR要求,于1990年1月1日至1996年12月31日之间包装,只要包装保持完整且在运输单据上声明是在1990年1月1日至1996年12月31日之间包装的,则在1996年12月31日后也可运输。
1.6.1.5	(保留)
1.6.1.6	符合2001年6月30前有效的旁注3612(1)的要求,2003年1月1日前制造,但不符合6.5.2.1.1有关高度、数字和符号要求的中型散装容器(IBCs),在2001年7月1日后可继续使用。
1.6.1.7	符合2004年12月31日前有效的6.1.5.2.6的要求,但不符合4.1.1.21的要求,由高或中等分子质量聚乙烯制成圆桶、多边形桶和复合包装的型式认可,若在2005年7月1日前公示,则在2009年12月31日前继续有效。任何依据该型式认可所生产和标识的包装在4.1.1.15指定的使用期限前仍可使用。
1.6.1.8	现有的符合2004年12月31日前有效的5.3.2.2要求的橙色标示牌,只要其符合5.3.2.2.1和5.3.2.2.2的要求,以及车辆各个方向上的底板、数字和文字仍然粘贴住,即可继续使用。
1.6.1.9 和 1.6.1.10	(删除)
1.6.1.11	符合2006年12月31日前有效的6.1.6.1(a)的要求,但不符合2007年1月1日后有效的6.1.6.1(a)的要求,由中高分子质量聚乙烯制成的圆桶、多边形桶和复合包装以及高分子质量聚乙烯制成的IBCs,若其型式认可于2007年7月1日之前公示,则可继续有效。
1.6.1.12 和 1.6.1.13	(删除)
1.6.1.14	在2011年1月1日前制造的IBCs,虽然采取的设计型号尚未通过6.5.6.13的振动实验,或在做跌落试验时不要求其达到6.5.6.9.5(d)的标准,仍然可使用。
1.6.1.15	在2011年1月1日前制造、改制或修理的IBCs不需要依据6.5.2.2.2标记最大允许堆码质量。这些未依据6.5.2.2.2标记的IBCs在2010年12月31日后仍然可使用。但若是在该日期后改制或修理,则必须根据6.5.2.2.2标记最大允许堆码质量。在2011年1月1日至2016年12月31日之间制造、改制或修理的,并依据2014年12月31日前有效的6.5.2.2.2标记最大允许堆码质量的IBCs可继续使用。
1.6.1.16 ~ 1.6.1.19	(删除)

1.6.1.20	虽然3.4章的要求自2011年1月1日已有效,但有限数量包装的危险货物,而非在3.2章表A第(7)栏中被分配了数字"0"的货物,按照2010年12月31日前有效的3.4章的要求,在2015年6月30日前仍可运输。然而,在该情况下,2011年1月1日后有效的3.4.12~3.4.15条款应从2011年1月1日开始运用。为了应用3.4.13(b)的最后一条,若承载的集装箱按照2010年12月31日前有效的3.4.12的要求进行标记,运输单元则应按照2011年1月1日后有效的3.4.15的要求进行标记。
1.6.1.21	缔约方在2012年12月31日前颁发的符合2010年12月31日前有效模板要求的驾驶员培训证书,而非符合8.2.2.8.5要求的证书,可继续使用直至5年有效期满。
1.6.1.22	在2011年7月1日前制造的复合IBCs的内容器,若根据2010年12月31日前有效的6.5.2.2.4的要求进行标记,可继续使用。
1.6.1.23	符合2010年12月31日前有效的8.1.4.3的要求,在2011年7月1日前制造的灭火器可继续使用。
1.6.1.24	(删除)
1.6.1.25	符合2012年12月31日前有效的ADR要求,标记了联合国编号的包件和集合包装,但不符合2013年1月1日后有效的5.2.1.1中有关联合国编号和字母"UN"尺寸的要求,在2013年12月31日前可继续使用。同时,水容积为60L或更少的气瓶,在下次定期检验前仍然可使用,但不能迟于2018年6月30日。
1.6.1.26	在2014年1月1日前制造、改制的,但不符合2013年1月1日后有效的6.6.3.1要求的字母、数字和符号高度的大型包装,可继续使用。2015年1月1日前制造或改制的大型包装,不需要依据6.6.3.3标记最大允许堆码质量。未依据6.6.3.3做标记的大型包装,在2014年12月31日后仍然可使用,若在该时间后进行改制,则必须依据6.6.3.3做标记。2011年1月1日至2016年12月31日之间制造或改制的大型包装,且依据2014年12月31日前有效的6.6.3.3的要求标记最大允许堆码质量,仍然可继续使用。
1.6.1.27	在2013年7月1日前制造的用于盛装UN 1202,1203,1223,1268,1863和3475的液体燃油的设备或机械的装载装置,且不符合2013年1月1日后有效的3.3章特殊规定363(a)的要求,可继续使用。
1.6.1.28	作为1.6.1.1的一个特例,为了1.8.6.8,6.2.2.11,6.2.3.6.1和6.8.4中的TA4和TT9特别规定,符合EN ISO/IEC 17020:2004资质认证的在2015年2月28日后不被认可。
1.6.1.29	符合《试验和标准手册》(第3版,修正1)38.3要求的型号,或任何在型号测试日使用的任何后续修订和修正来制造的锂电池和电池组,可继续运输,除非ADR另外提供。 在2003年7月1日前制造,符合《试验和标准手册》(第3版)要求的锂电池和电池组,若能满足其他任何有效的要求,则可继续运输。
1.6.1.30	符合2014年12月31日前有效的3.4.7,3.4.8,3.5.4.2,5.2.1.8.3,5.2.2.2.1.1,5.3.1.7.1,5.3.3,5.3.6,5.5.2.3.2和5.5.3.6.2要求的标签,揭示牌和标记可继续使用至2016年12月31日。
1.6.1.31	符合2014年12月31日前有效的ADR要求,标记"集合包装"但不符合2015年1月1日后有效的5.1.2.1(a)对字母尺寸要求的集合包装,可继续使用至2015年12月31日。
1.6.1.32	符合2014年12月31日前有效的ADR要求,标有"救助(SALVAGE)"但不符合

2015 年 1 月 1 日后有效的 5.2.1.3 对字母尺寸要求的救助包装和救助压力容器，可继续使用至 2015 年 12 月 30 日。

1.6.1.33	在 2014 年 1 月 1 日前制造的 UN 3499 双电层电容器，无须按照 3.3 章特殊规定 361(e) 的要求标记以"Wh"为单位的电量存储能力。
1.6.1.34	在 2016 年 1 月 1 日前制造的 UN 3508 的不对称电容，无须按照 3.3 章特殊规定 372(c) 的要求标记以"Wh"为单位的电量存储能力。
1.6.1.35	符合 2014 年 12 月 31 日前有效的 ADR 要求，但不符合 2015 年 1 月 1 日后有效的 5.4.3 要求的书面说明，可继续使用至 2017 年 6 月 30 日。
1.6.1.36	在 2014 年 1 月 1 日前颁发，不符合 2013 年 1 月 1 日后有效的 8.2.2.8.5 中有关在数字 4. 和 8. 下面用于表示日期的序列、颜色（白底黑字），以及在证书背面使用数字 9. 和 10. 来介绍有效证书等级的对应列表要求的驾驶员培训证书，可继续使用直至有效期满。
1.6.2	**第 2 类压力容器和容器**
1.6.2.1	在 1997 年 1 月 1 日前制造，不符合 1997 年 1 月 1 日后有效的 ADR 要求，但符合 1996 年 12 月 31 日前的 ADR 要求允许运输的容器，在完成包装指南 P200 和 P203 里的周期性检验后可继续使用。
1.6.2.2	（删除）
1.6.2.3	2003 年 1 月 1 日前制造的拟用于第 2 类危险货物的容器，在 2003 年 1 月 1 日后可继续使用，符合要求的标记可使用至 2002 年 12 月 31 日。
1.6.2.4	依据 6.2.5 中已不再认可的技术规范来设计和制造的压力容器，可继续使用。
1.6.2.5	依据在制造时还有效的 ADR 要求的标准（见 6.2.4）设计和制造的压力容器及其封口装置，可继续使用，除非受特殊过渡措施的限制。
1.6.2.6	符合 2008 年 12 月 31 日前有效的 4.1.4.4 的要求，在 2009 年 7 月 1 日前制造，但不符合 2009 年 1 月 1 日后有效的 4.1.3.6 要求的非第 2 类危险货物的压力容器，在满足 2008 年 12 月 31 日前有效的 4.1.4.1 的要求后可继续使用。
1.6.2.7 和 1.6.2.8	（删除）
1.6.2.9	在 2015 年 1 月 1 日前，ADR 的缔约方可依据 2010 年 12 月 31 日前有效的包装指南 P200(10) 和 4.1.4.1 的特殊包装条款 5 来制造气瓶。
1.6.2.10	用于运输 UN 1011,1075,1965,1969 或 1978 气体的可充装焊接钢瓶，若依据 2010 年 12 月 31 日前有效的包装指南 P200(10) 和 4.1.4.1 的特殊包装条款 5 获得了承运国主管机关 15 年的定期检验周期，可继续按照上述条款开展定期检验。
1.6.2.11	2013 年 1 月 1 日前制造的且准备运输的气罐，若 1.8.6,1.8.7 或 1.8.8 中有关气罐符合性评价的要求未满足，只要其满足所有其他有效的 ADR 要求，则在 2013 年 1 月 1 日后仍然可运输。
1.6.2.12	救助压力容器可继续按照 2013 年 12 月 31 日前有效的国家规章来制造和许可。依据 2014 年 1 月 1 日前的国家规章制造和许可的救助压力容器，若有使用国主管机关的许可，可继续使用。
1.6.2.13	在 2013 年 7 月 1 日前制造，但未按照 2013 年 1 月 1 日后有效的 6.2.3.9.7.2 和 6.2.3.9.7.3 或 2015 年 1 月 1 日后有效的 6.2.3.9.7.2 做标记的管束，能够继续使用直至 2015 年 7 月 1 日后的再次定期检验。
1.6.2.14	符合 6.2.3 以及运输和使用国主管机关批准的规格要求，在 2016 年 1 月 1 日前制造的气瓶，但不符合 4.1.4.1 要求的 ISO 11513:2011 和 ISO 9809-1:2010，以及包装指南 P208(1)，其在符合 4.1.6.1 的通用包装要求后可继续用于吸附气体的

	运输。
1.6.2.15	2015年7月1日前做的定期检验,但未按照2015年1月1日后有效的6.2.3.9.7.3做标记的管束,可继续使用直至2015年7月1日后的再次定期检验。
1.6.3	**固定式罐体(罐式车辆)、可拆卸式罐体和管束式车辆**
1.6.3.1	在1978年10月1日后有效的使用要求有效前制造的固定式罐体(罐式车辆)、可拆卸式罐体和管束式车辆,若其壳体符合6.8章要求,则可继续使用。除了拟用于盛装第2类冷冻液化气的壳体外,壳体若使用普通强度钢,则壳体厚度应能经受计算压力不少于0.4MPa(4bar)(计示压力)的压力,若由铝或铝合金制成,则应能经受计算压力不少于200kPa(2bar)(计示压力)的压力。对除圆形横截面外的罐体而言,计算所使用的直径应是面积等于罐体实际横截面面积的圆的直径。
1.6.3.2	依据过渡措施而使用的固定式罐体(罐式车辆)、可拆卸式罐体和管束式车辆的定期试验应按照6.8.2.4和6.8.3.4的要求和各类型相关的特别要求来执行。除非更早的要求中规定了更高的试验压力,否则200 kPa(2bar)的测试压力对铝或铝合金壳体是足够的。
1.6.3.3	符合1.6.3.1和1.6.3.2过渡要求的固定式罐体(罐式车辆)、可拆卸式罐体和管束式车辆,在1993年9月30日前可用于运输已经许可的危险货物。该过渡期不使用于拟运输第2类危险货物的固定式罐体(罐式车辆)、可拆卸式罐体和管束式车辆或壳壁厚度和设备满足6.8章要求的固定式罐体、可拆卸式罐体和管束式车辆。
1.6.3.4	(a) 符合1978年10月1日至1985年4月30日有效的ADR要求,在1985年5月1日前制造,但不符合1985年5月1日后有效要求的固定式罐体(罐式车辆)、可拆卸式罐体和管束式车辆,在该日期后可继续使用。
	(b) 在1985年5月1日至1988年1月1日之间制造,但不符合1988年1月1日后有效要求,若按照1988年1月1日前有效的ADR要求而制造的固定式罐体(罐式车辆)、可拆卸式罐体和管束式车辆,在该日期后可继续使用。
1.6.3.5	符合1992年12月31日前有效的ADR要求,在1993年1月1日前制造,但不符合1993年1月1日后使用要求的固定式罐体(罐式车辆)、可拆卸式罐体和管束式车辆,可继续使用。
1.6.3.6	(a) 1978年1月1日至1984年12月31日之间制造的固定式罐体(罐式车辆)、可拆卸式罐体和管束式车辆,若在2004年12月31日后使用,则应符合1990年1月1日后有效的旁注211 127(5)中有关壳厚和损坏保护的要求。
	(b) 1985年1月1日至1989年12月31日之间制造的固定式罐体(罐式车辆)、可拆卸式罐体和管束式车辆,若在2010年12月31日后使用,则应符合1990年1月1日后有效的旁注211 127(5)中关于壳厚和损坏保护的要求。
1.6.3.7	符合1998年12月31日前有效的要求,在1999年1月1日前制造,但不符合1999年1月1日后使用要求的固定式罐体(罐式车辆)、可拆卸式罐体和管束式车辆可继续使用。
1.6.3.8	由于ADR修正,一些气体的正式运输名称已修改。若在修正后的第一次定期检验中,固定式罐体(罐式车辆)、可拆卸式罐体和管束式车辆,或是标识牌[见6.8.3.5.6(b)或(c)]上的气体名称已调整,则不需要修改标识牌或壳体本身上的名称(见6.8.3.5.2或6.8.3.5.3)。
1.6.3.9	(保留)
1.6.3.10	(保留)

1.6.3.11	符合 1996 年 12 月 31 日前有效的 ADR 要求,在 1997 年 1 月 1 日前制造,但不符合 1997 年 1 月 1 日后有效的旁注 211 332 和 211 333 要求的固定式罐体(罐式车辆)、可拆卸式罐体,可继续使用。
1.6.3.12	(保留)
1.6.3.13	(删除)
1.6.3.14	(保留)
1.6.3.15	(删除)
1.6.3.16	在 2007 年 1 月 1 日前制造,不符合 4.3.2,6.8.2.3,6.8.2.4 和 6.8.3.4 中有关罐体报告要求的固定式罐体(罐式车辆)、可拆卸式罐体和管束式车辆,罐体记录的保留文件应至少从下次定期检验开始。
1.6.3.17	符合 2006 年 12 月 31 日前有效的要求,在 2007 年 7 月 1 日前制造,拟运输在 50℃时蒸气压力不超过 175kPa(1.75bar)的 I 类包装的第 3 类危险货物的固定式罐(罐式车辆)和可拆卸式罐体,若已按照 2006 年 12 月 31 日前有效的要求分配了罐体代码 L1.5BN,则其在 2018 年 12 月 31 日前仍可继续用于上述物质的运输。
1.6.3.18	符合 2001 年 6 月 30 日前有效的要求,在 2003 年 1 月 1 日前制造,但不符合 2001 年 7 月 1 日后有效要求的固定式罐体(罐式车辆)、可拆卸式罐体和管束式车辆,若相关罐体代码已分配则可继续使用。
1.6.3.19	符合 2002 年 12 月 31 日前有效的 6.8.2.1.21 的要求,在 2003 年 1 月 1 日前制造,但不符合 2003 年 1 月 1 日后有效要求的固定式罐体(罐式车辆)和可拆卸式罐体可继续使用。
1.6.3.20	符合 2002 年 12 月 31 日前有效的要求,在 2003 年 7 月 1 日前制造,但不符合 2003 年 1 月 1 日后有效的 6.8.2.1.7 以及 2003 年 1 月 1 日至 2006 年 12 月 31 日之间有效的 6.8.4(b)的特殊条款 TE15 的固定式罐体(罐式车辆)和可拆卸式罐体,可继续使用。
1.6.3.21	(删除)
1.6.3.22 ~ 1.6.3.24	(保留)
1.6.3.25	(删除)
1.6.3.26	符合 2006 年 12 月 31 日前有效的要求,在 2007 年 1 月 1 日前制造,但不符合 2007 年 1 月 1 日后有效的 6.8.2.5.1 有关外部设计压力标记要求的固定式罐体(罐式车辆)和可拆卸式罐体,可继续使用。
1.6.3.27 ~ 1.6.3.29	(保留)
1.6.3.30	符合 2004 年 12 月 31 日前有效的要求,在 2005 年 7 月 1 日前制造,但不符合 2005 年 1 月 1 日后有效的 6.10.3.9 要求的真空操作固定式危废罐和可拆卸式罐体,可继续使用。
1.6.3.31	符合当时有效的 6.8.2.7 的要求,按照制造时认可的技术规范设计和制造的固定式罐体(罐式车辆)和可拆卸式罐体以及构成管束式车辆元件的罐体,可继续使用。
1.6.3.32	符合 2006 年 12 月 31 日前有效的要求,在 2007 年 7 月 1 日前制造,且根据 2006 年 12 月 31 日前有效的 6.8.2.6 表中提到的标准 EN13317:2002 安装了检修口盖组件的(包括 2007 年 1 月 1 日后不再接收的图片和标准 EN13317:2002 附录 B 的表 B.2,或材料不符合 EN13095:2004 要求的)固定式罐体(罐式车辆)和可拆卸式罐体,可继续使用。
1.6.3.33	在 2009 年 1 月 1 日前,若罐式集装箱的壳体已被隔仓板或防波板分隔成容量不超过 7500L 的部分,则在依据 6.8.2.4.2 开展再次定期检验前,壳体容量不需要按照 6.8.2.5.1 的要求附加"S"标识。

1.6.3.34	虽然有4.3.2.2.4的规定,但符合ADR制造要求,且拟用于运输液化气体或冷冻液化气体的固定式罐体(罐式车辆)和可拆卸式罐体,若其在2009年7月1日前已被隔仓板或防波板分隔成容量超过7500L的部分,则可继续装载,但装载系数为20%~80%。
1.6.3.35	(删除)
1.6.3.36	在2011年7月1日前制造,拟用于运输液化无毒易燃气体,且配备了止回阀来代替内部截止阀,但不符合6.8.3.2.3要求的固定式罐体(罐式车辆),可继续使用。
1.6.3.37	(删除)
1.6.3.38	符合制造时有效的ADR要求,并遵循制造时有效的标准(见6.8.2.6和6.8.3.6)设计和制造的固定式罐体(罐式车辆)、可拆卸式罐体和管束式车辆,可继续使用,除非受特殊过渡措施的限制。
1.6.3.39	符合2010年12月31日前有效的6.8.2.2.3的要求,在2011年7月1日前制造,但不符合6.8.2.2.3的第3条有关消烟器或阻火器位置要求的固定式罐体(罐式车辆)和可拆卸式罐体,可继续使用。
1.6.3.40	对运输UN 1092,1238,1239,1244,1251,1510,1580,1810,1834,1838,2474,2486,2668,3381,3383,3385,3387和3389吸入毒性物质的,在2011年7月1日前制造的固定式罐体(罐式车辆)和可拆卸式罐体,在2016年12月31日前可继续采用2010年12月31日前有效的3.2章表A第(12)栏中指定的罐体代码。
1.6.3.41	符合2012年12月31日前有效的要求,在2013年7月1日前制造,但不符合2013年1月1日后有效的6.8.2.5.2或6.8.3.5.6标记要求的固定式罐体(罐式车辆)和可拆卸式罐体,在2013年7月1日后的再次定期试验前,可继续按照2012年12月31日前有效的要求进行标记。
1.6.3.42	对于盛装UN 2381,且在2013年7月1日前制造的固定式罐体(罐式车辆)和可拆卸式罐体,在2018年12月31日前可继续采用2012年12月31日前有效的3.2章表A第(12)栏中指定的罐体代码。
1.6.3.43	符合2012年12月31日前有效的要求,在2012年1月1日前制造,但不符合6.8.2.6中与2011年1月1日后有效的EN 14432:2006和EN 14433:2006标准相关要求的固定式罐体(罐式车辆)和可拆卸式罐体,可继续使用。
1.6.3.44	拟用于运输UN 1202,1203,1223,3475,1268或1863的航空燃油的固定式罐体(罐式车辆)和可拆卸式罐体,若其安装了符合国内要求但不符合2015年1月1日后有效的3.3章特殊规定664的制造、许可和试验的要求,且在2015年7月1日前设计和制造的附加装置,则在2015年12月31日后的首次中期或定期检验前可继续使用。在该日期后,其仅能在有使用国主管机关协议的条件下使用。
1.6.3.45~1.6.3.49	(保留)
1.6.3.50	*纤维增强型塑料罐(FRP)* 符合2001年6月30日前有效的附录B.1c的要求,在2001年7月1日前获得设计型式认可,并遵循该许可在2002年7月1日前制造的FRP罐体,若能满足且继续满足2001年6月30日前有效的所有要求,则在其报废前仍可继续使用。 但从2001年7月1日起,不再依据2001年6月30日前有效的要求许可新的设计型号。
1.6.4	**罐式集装箱、可移动罐柜和多单元气体容器(MEGCs)**
1.6.4.1	符合1987年12月31日前有效的要求,在1988年1月1日前制造,但不符合

	1988年1月1日后有效要求的罐式集装箱,可继续使用。
1.6.4.2	符合1992年12月31日前有效的要求,在1993年1月1日前制造,但不符合1993年1月1日后有效要求的罐式集装箱,可继续使用。
1.6.4.3	符合1998年12月31日前有效的要求,在1999年1月1日前制造,但不符合1999年1月1日后有效要求的罐式集装箱,可继续使用。
1.6.4.4	(保留)
1.6.4.5	由于ADR修正,一些气体的正式运输名称已修改。若在修正后的第一次定期检验中,罐式集装箱和多单元气体容器或标识牌[见6.8.3.5.6(b)或(c)]上的气体名称已调整,则不需要修改标识牌或壳体本身上的名称(见6.8.3.5.2或6.8.3.5.3)。
1.6.4.6	满足2006年12月31日前有效的要求,在2007年1月1日前制造,但不符合2007年1月1日后有效的6.8.2.5.1有关外部设计压力标记要求的罐式集装箱,可继续使用。
1.6.4.7	符合1996年12月31日前有效的要求,在1997年1月1日前制造,但不符合1997年1月1日后有效的旁注212 332和212 333要求的罐式集装箱,可继续使用。
1.6.4.8	(保留)
1.6.4.9	符合当时有效的6.8.2.7的要求,按照制造时认可的技术规范来设计和制造的罐式集装箱和多单元气体容器,可继续使用。
1.6.4.10	(删除)
1.6.4.11	(保留)
1.6.4.12	符合2001年6月30日前有效的要求,在2003年1月1日前制造,但不符合2001年7月1日后有效要求的罐式集装箱和多单元气体容器,可继续使用。 但它们应标识相关罐体代码,且当使用时,需依据符合6.8.4的特殊规定TC和TE来标记相关字母数字代码。
1.6.4.13	符合2002年12月31日前有效的要求,在2003年7月1日前制造,但不符合2003年1月1日后有效的6.8.2.1.7以及2003年1月1日至2006年12月31日之间有效的6.8.4(b)的特殊规定TE15要求的罐式集装箱和多单元气体容器,可继续使用。
1.6.4.14	(保留)
1.6.4.15	2007年1月1日后开展首次试验后,6.8.2.5.1所要求的试验类型("P"或"L")不需要添加至罐体标牌上。
1.6.4.16	(删除)
1.6.4.17	(删除)
1.6.4.18	在2007年1月1日前制造,不符合4.3.2,6.8.2.3,6.8.2.4和6.8.3.4中有关罐体报告要求的罐式集装箱和多单元气体容器,罐体报告的保留文件应至少从下次定期检验开始。
1.6.4.19	符合2006年12月31日前有效的要求,在2007年7月1日前制造,拟运输在50℃时蒸气压力不超过175kPa(1.75bar)(绝对压力)的Ⅰ类包装的第3类危险货物的罐式集装箱,若已按照2006年12月31日前有效的要求分配了罐体代码L1.5BN,则其在2016年12月31日前仍可继续用于上述物质的运输。
1.6.4.20	符合2004年12月31日前有效的要求,在2005年7月1日前制造,但不符合2005年1月1日后有效的6.10.3.9要求的真空操作危废罐式集装箱,可继续使用。

1.6.4.21～1.6.4.29	（保留）
1.6.4.30	不符合2007年1月1日后有效的设计要求，但根据2008年1月1日前已颁发的设计许可证书而制造的可移动罐柜和联合国多单元气体容器，可继续使用。
1.6.4.31	（删除）
1.6.4.32	在2009年1月1日前，若罐式集装箱的壳体已被隔仓板或防波板分隔成容量不超过7500L的部分，则在依据6.8.2.4.2开展下次定期检验前，壳体容量不需要按照6.8.2.5.1的要求附加"S"标识。
1.6.4.33	虽然有4.3.2.2.4的规定，但符合ADR制造要求，且拟用于运输液化气体或冷冻液化气体的罐式集装箱，若其在2009年7月1日前已被隔仓板或防波板分隔成容量超过7500L的部分，则可继续装载，但装载系数为20%~80%。
1.6.4.34～1.6.4.35	（删除）
1.6.4.36	对于在3.2章表A第(11)栏中分配了TP37的物质，在2016年12月31日前可继续采用2010年12月31日前有效的ADR可移动罐柜指南。
1.6.4.37	符合2010年12月31日前有效的6.7.2.20.1,6.7.3.16.1,6.7.4.15.1或6.7.5.13.1的标记要求，在2012年1月1日前制造的可移动罐柜和多单元气体容器，若其符合2011年1月1日后有效的ADR所有其他相关要求，则可继续使用。使用时，若将壳体或隔室被防波板分隔成容量不超过7500L的部分，需根据6.7.2.20.1(g)的要求在标牌上标记符号"S"。当壳体或隔室在2012年1月1日前就已被防波板分成容量不超过7500L的部分，则在根据6.7.2.19.5实施的下次定期检验或试验前，壳体或单个隔室的容量不需要额外使用符号"S"标记。
1.6.4.38	在2014年1月1日前制造的可移动罐柜，在下次定期检验和试验前无须按照6.7.2.20.2,6.7.3.16.2和6.7.4.15.2要求的可移动罐柜指南来进行标记。
1.6.4.39	符合制造时有效的ADR要求，并遵循制造时有效的标准(见6.8.2.6和6.8.3.6)设计和制造的罐式集装箱和多单元气体容器，可继续使用，除非受特殊过渡措施的限制。
1.6.4.40	符合2010年12月31日前有效的6.8.2.2.3的要求，在2011年7月1日前制造，但不符合6.8.2.2.3的第3条有关消烟器或阻火器位置要求的罐式集装箱，可继续使用。
1.6.4.41	对运输UN 1092,1238,1239,1244,1251,1510,1580,1810,1834,1838,2474,2486,2668,3381,3383,3385,3387和3389吸入毒性物质的，在2011年7月1日前制造的罐式集装箱，在2016年12月31日前可继续采用2010年12月31日前有效的3.2章表A第(12)栏中指定的罐体代码。
1.6.4.42	符合2012年12月31日前有效的要求，在2013年7月1日前制造，但不符合2013年1月1日后有效的6.8.2.5.2或6.8.3.5.6标记要求的罐式集装箱，在2013年7月1日后的下次定期检验前，可继续按照2012年12月31日前有效的要求进行标记。
1.6.4.43	在2014年1月1日前制造的可移动罐柜和多单元气体容器，不需要符合6.7.2.13.1(f),6.7.3.9.1(e),6.7.4.8.1(e)和6.7.5.6.1(d)中有关泄压装置的标记要求。
1.6.4.44	对3.2章表A第(11)栏中分配了TP38或TP39的物质，在2018年12月31日前可继续采用2012年12月31日前有效的ADR可移动罐柜指南。
1.6.4.45	对于盛装UN 2381，且在2013年7月1日前制造的罐式集装箱，在2018年12月31日前可继续采用2012年12月31日前有效的3.2章表A第(12)栏中所指定的罐体代码。

1.6.4.46	符合2012年12月31日前有效的要求,在2012年1月1日前制造,但不符合6.8.2.6与2011年1月1日后有效的EN 14432:2006和EN 14433:2006标准相关要求的罐式集装箱,可继续使用。

1.6.5 车辆

1.6.5.1 和 1.6.5.2	(保留)
1.6.5.3	(删除)
1.6.5.4	有关EX/Ⅱ,EX/Ⅲ,FL,OX和AT车辆的制造,在2016年3月31日前仍可采用2014年12月31日前有效的第9部分要求。
1.6.5.5	在2003年1月1日前注册或投入使用的车辆,若其电子设备不符合9.2.2,9.3.7或9.7.8的要求,但符合2001年6月30日前有效的要求,则可继续使用。
1.6.5.6	(删除)
1.6.5.7	依据ECE法规No.105❶(由01系列修正案修正)或98/91/EC指令❷对应条款于2002年12月31日前已获得型式认可的成品车和完整车辆,若不符合9.2章的要求,但符合2001年6月30日前有效的基准车制造使用要求(附录B.2的旁注220 100~220 540),当其首次注册或投入使用时间在2003年7月1日前时,可继续许可和使用。
1.6.5.8	在2005年7月1日前首次批准,符合2004年12月31日前有效的第9部分要求,但不符合2005年1月1日后使用要求的EX/Ⅱ和EX/Ⅲ车辆,可继续使用。
1.6.5.9	容量大于$3m^3$,拟用于运输液体或熔融状态下压力小于400kPa(4bar)的危险货物的,但不符合9.7.5.2要求的固定式罐车,若在2004年7月1日前首次注册(或非强制注册投入使用的),则可继续使用。
1.6.5.10	符合2006年12月31日前有效的9.1.3.5中所示的模板,以及符合2007年1月1日至2008年12月31日之间有效的9.1.3.5中所示模板的许可证书,可继续使用。符合2009年1月1日至2014年12月31日之间有效的9.1.3.5中所示模本的许可证书可继续使用。
1.6.5.11	符合国内法律条款,在2009年7月1日前制造和批准,但不符合2009年1月1日后有效的制造和许可要求的移动爆炸品制造装置单元(MEMUs),若有使用国主管机关的许可可继续使用。
1.6.5.12	在2012年4月1日前注册或投入使用的EX/Ⅲ和FL车辆,若其电气连接不符合9.2.2.6.3的要求但符合2010年12月31日前有效的要求,则可继续使用。
1.6.5.13	1995年7月1日前首次注册(或非强制性注册投入使用的),并配备了符合ECE法规No.13,修正案第6系列要求的,但不符合A类防抱死制动系统技术要求的防抱死制动系统的挂车,可继续使用。
1.6.5.14	符合2012年12月31日前有效的ADR要求,在2013年7月1日前许可,但不符合2013年1月1日后有效的6.12.3.1.2和6.12.3.2.2要求的移动爆炸品制造装置单元(MEMUs),可继续使用。
1.6.5.15	关于第9部分的运用,在2014年12月1日前首次注册或投入使用,且已根据EC安全法规No.661/2009指令❸的条款许可的车辆,可继续使用。

---

❶ ECE法规第105号,关于就其特殊构造特点方面批准载用危险货物的机动车的统一规定。
❷ 1998年12月14日欧洲议会和欧盟理事会第98/91/EC指令关于道路运输危险货物的机动车辆及其挂车和关于机动车辆及其挂车的型式认可的70/156/EEC修正指令(Official Journal of the European Communities No. L 011 of 16 January 1999,pp. 0025-0036)。
❸ 2009年7月13日的EC安全法规661/2009,有关机动车及其拖车和系统、零部件和独立技术单元的通用安全的型式认可要求(official journal L200 of 31.7.2009,p.1)。

1.6.6 第7类放射性物质

1.6.6.1 **根据原子能机构(IAEA)安全丛书第6号的1985年版和1985年版(1990年修正)无须经主管机关批准设计的包件**

无须经主管机关批准设计的包件(例外货包、IP–1型、IP–2型、IP–3型和A型包装)应完全满足ADR要求,除满足IAEA放射性物质安全运输条例1985年版或1985年版(1990年修订)(IAEA安全丛书第6号)要求的包件:

(a) 在2003年12月31日前已准备完毕提交运输,且在使用时符合1.6.6.3要求的,可继续交付运输;

(b) 可继续使用的条件是:

(ⅰ) 包件不是被设计用来盛装六氟化铀的;

(ⅱ) 已符合1.7.3的相关要求;

(ⅲ) 采用2.2.7中的放射性活度限值和分类;

(ⅳ) 已遵守第1,3,4,5和7部分对运输的要求和控制;

(ⅴ) 容器不是在2003年12月31日后制造或改造的。

1.6.6.2 **根据IAEA安全丛书第6号的1973年版,1973年版(修订版),1985年版和1985年版(1990年修订版)批准的包件**

1.6.6.2.1 包件设计需要得到主管机关批准的,应充分满足ADR要求,除非满足以下条件:

(a) 容器需按照主管机关批准的包件设计制造,且依据IAEA安全丛书第6号的1973年版,1973年版(修订版),1985年版和1985年(1990年修订)版的规定批准;

(b) 包件设计需经多方批准;

(c) 采用了1.7.3的相关要求;

(d) 采用了2.2.7中的放射性活度限值和分类;

(e) 采用了第1,3,4,5和7部分对运输的要求和控制;

(f) (保留)

(g) 符合IAEA安全丛书第6号的1973年版或1973年版(修订版)的包件:

(ⅰ) 包件保持足够的屏蔽能力,确保在原子能机构安全标准丛书第6号1973年版或1973年版(修订版)所定义的运输事故条件下,即便包件所装的放射性内容物达至批准盛装的最大容量,但在距该包件表面1m处的辐射水平仍不超过10mSv/h;

(ⅱ) 包装不采用连续通风;

(ⅲ) 按照5.2.1.5.5的规定,为每个容器制定一个序号并将其标在容器的外表面。

1.6.6.2.2 不允许再按照符合原子能机构安全标准丛书第6号1973年版和1973年版(修订版),1985年版和1985年版(1990年修订)规定的包件设计制造新的容器。

1.6.6.3 **ADR 2011版和2013版(IAEA 安全标准丛书No. TS–R–1 2009年版)免除对易裂变材料包件的要求**

根据ADR 2011年版和2013年版的2.2.7.2.3.5(a)(ⅰ)或(ⅲ)的规定,可不按"易裂变的"分类的易裂变材料,装有此类材料、在2014年12月31日前准备完毕提交运输的包件,可继续交付运输,并可继续按非易裂变的或不属于易裂变的进行分类,但上述各版协定中表2.2.7.2.3.5的托运货物限值必须使用于运输工具,托运货物必须以独家使用方式运输。

1.6.6.4 **根据原子能机构安全标准丛书第6号的1973年版,1973年版(修订版),1985年**

版和1985 年版(1990 年修订)批准的特殊形式放射性物质

符合1.7.3各项使用要求的强制性管理制度,得到主管机关依据原子能机构安全标准丛书第6号的1973年版和1973年版(修订版),1985年版和1985年版(1990年修订版)的规定单方批准的设计制造的特殊形式放射性物质可继续使用。将不再允许任何新的制造此种特殊形式放射性物质的活动。

第1.7章 第7类物质的一般要求

1.7.1 适用范围

注1：一旦发生放射性物质运输事故或事件，须遵守国内和/或国际组织制定的相关应急条款，以保护人类、财产及环境。这些条款所对应的指南包含在"放射性物质运输事故应急响应计划和准备"中，IAEA 安全标准丛书，No. TS – G – 1.2 (ST – 3)，维也纳(2002)。

注2：应急程序应该考虑事故中承载货物与环境之间发生反应而产生的其他危险物质。

1.7.1.1　ADR 制定的安全标准，可以将与放射性物质运输有关的人员、财产和环境所受到的辐射危害、临界危害和热危害控制在可接受水平。本标准采用了国际原子能机构(IAEA)的《放射性物质安全运输条例》(2012)，IAEA 安全标准丛书 No. SSR – 6，国际原子能机构，维也纳(2012)。说明材料可见"IAEA 放射性物质安全运输条例咨询资料(2012)"，IAEA 安全标准丛书 No. SSG—26，国际原子能机构，维也纳(2014)。

1.7.1.2　ADR 的目的是制定必须遵守的要求，以确保放射性物质运输的安全，保护人员、财产和环境免于辐射影响。实现此项保护需要：

(a) 限制放射性内装物；
(b) 控制外部辐射水平；
(c) 防止临界状态；
(d) 防止由热引起的损害。

要满足上述要求，首先必须对包件和运输工具的内装物限值进行等级划分，并根据放射性内装物的危害情况，规定适用于包件设计的性能标准。其次，满足根据放射性内装物性质而制定的包件设计和操作要求以及容器维护要求。最后，遵守行政管理要求，必要时须得到主管机关的批准。

1.7.1.3　ADR 适用于道路运输放射性物质，包括附带使用放射性物质的运输。运输包括与放射性物质移动有关和移动中涉及的所有作业和条件；包括容器的设计、制造、维护和修理，以及放射性物质和包件的准备、托运、装载、运输（包括短暂存储、卸货和最终接收）。ADR 对性能标准进行分级，根据其严重性可分为三个等级：

(a) 常规运输条件（无事件）；
(b) 正常运输条件（小事件）；
(c) 发生事故的运输条件。

1.7.1.4　ADR 条款不适用于：

(a) 已成为运输手段组成部分的放射性物品；
(b) 根据企业适用的安全条款，在企业内进行的不涉及公路或铁路运输的放射性物质；
(c) 为诊断或治疗而植入或注入人体或活体内的放射性物质；
(d) 由于受到意外或故意摄入放射性物质或被污染，而需医疗救治进而运输的人体内或身上的放射性物质；
(e) 已获得主管机关批准并已销售给最终用户的含放射性物质的消费品；

(f) 含天然放射性核素的天然物质和矿石(可能已被加工),且这类物质的放射性浓度不超过表 2.2.7.2.2.1 规定数值的 10 倍或按照 2.2.7.2.2.2(a),2.2.7.2.2.3~2.2.7.2.2.6 计算的数值;不处于长期平衡下的含天然存在的放射性核素的天然物质和矿石,其放射性浓度应根据 2.2.7.2.2.4 计算;

(g) 任何表面存在放射性物质的非放射性固态物品,质量不超过 2.2.7.1.2 中"污染"定义规定的限度。

1.7.1.5 *例外包件运输的具体规定*

1.7.1.5.1 含有有限数量的放射性物质、仪器、制成品或符合 2.2.7.2.4.1 规定空包装的例外包件,只需符合第 5~7 部分中下列所示条款的规定:

(a) 5.1.2.1,5.1.3.2,5.1.5.2.2,5.1.5.2.3,5.1.5.4,5.2.1.9,7.5.11CV33(3.1),(5.1)~(5.4)和(6)中的相关规定;

(b) 6.4.4 中对例外包件的要求。

当放射性物质具有其他危险特性,并根据 3.3 章特殊规定 290 或 369 必须将其归为第 7 类以外的其他类别时,上述(a)和(b)所列条款仅作为相关情况适用,作为主要类或项的附加考虑因素。

1.7.1.5.2 例外包件必须符合 ADR 中所有其他部分的相关规定。若例外包件中含有易裂变材料,则须适用 2.2.7.2.3.5 规定的一种易裂变的例外情况,并必须满足 7.5.11CV33(4.3)的要求。

1.7.2 **防辐射计划**

1.7.2.1 放射性物质运输必须遵守防辐射计划,该计划必须做出系统安排,旨在充分考虑各项防辐射措施。

1.7.2.2 人员所受辐射的剂量必须低于相关剂量限值。必须实现防护和安全最优化,同时考虑经济和社会因素,将个人剂量的大小、受辐射人数和受辐射的可能性均保持在可合理达到的尽量低的水平,使得个人所受剂量低于剂量限值。应采取结构化、系统化的方法,并应考虑运输与其他活动之间的联系。

1.7.2.3 该计划所采取的措施,其性质和范围必须针对发生放射性辐射的程度和接触辐射的可能性。计划必须包括 1.7.2.2、1.7.2.4,1.7.2.5 和 7.5.11CV33(1.1)的各项要求。该计划的各项文件,必须能在需要时提供给有关主管机关检查。

1.7.2.4 对运输活动引起的职业辐射,有效剂量按下列评估:

(a) 一年中很可能处于 1~6 mSv 时,则必须通过工作场所监测或个人监测进行剂量评估;

(b) 一年中很可能超过 6mSv 时,则必须进行个人监测。

在进行个人监测或工作场所监测时,必须保存适当的记录。

注:运输活动引起的职业辐射,如评估结果认为有效剂量在一年中几乎不可能超过1mSv,则不需要特殊的工作模式、详细检测、剂量评估程序或个人记录。

1.7.2.5 工作人员(见 7.5.11,CV33 注3)必须接受辐射防护方面的适当培训,包括须遵循的防护措施,以限制他们的职业辐射和其他可能受其活动影响的人的辐射。

1.7.3 **管理制度**

应根据国际、本国或主管机关接受的其他标准建立一套管理制度,全面开展实施如 1.7.1.3 所列的,在 ADR 范围内的所有活动,以确保遵守 ADR 的相关规定。必须向主管机关提交证书,证明完全符合设计规格。制造商、发货人或用户需准备:

(a) 为制造和使用过程中进行的检查提供方便；

(b) 向主管机关证明已遵守 ADR。

若需主管机关批准,该批准必须考虑到管理制度并以其是否充分为依据。

1.7.4 特别安排

1.7.4.1　特别安排,指主管机关批准的,用于运输未能满足 ADR 中有关托运放射性物质的规定。

注：根据1.5.1,特别安排不应被认为是临时免除。

1.7.4.2　不符合与放射性物质有关要求的托运货物,除非特殊安排,否则不得运输。若主管机关确信,ADR 中有关放射性物质的要求难以具体实施,而 ADR 所规定的必要的安全标准已通过替代手段实现,主管机关可以为单件托运货物或计划的一系列多件托运货物批准特殊安排的运输作业。运输的总体安全水平,必须至少相当于满足所有适用要求时应达到的安全水平。对于这类托运货物的国际运输,必须经多方批准。

1.7.5 具有其他危险性的放射性物质

除放射性和易裂变性外,包件内装物的任何次要危险性,如爆炸性、易燃性、自燃性、化学毒性和腐蚀性,都必须在票据、包装、标签、标记、揭示牌、储存、隔离和运输中考虑到,以便遵守 ADR 对所有相关危险货物的规定。

1.7.6 不遵守

1.7.6.1　一旦发生不遵守 ADR 对辐射水平或污染所规定的任何限制情况：

(a) 应将不遵守的情况通知发货人、收货人、承运人,以及根据具体情况在运输过程中可能受到影响的任何有关组织：

（ⅰ） 如未遵守情况是在运输途中被发现的,由承运人通知；

（ⅱ） 如未遵守情况是在收货时被发现的,由收货人通知；

(b) 根据具体情况,承运人、发货人或收货人应采取下列措施：

（ⅰ） 立即采取措施,减轻未遵守造成的后果；

（ⅱ） 调查不遵守的原因、情况和后果；

（ⅲ） 采取适当行动,对引起不遵守情况的原因和细节做出补救,防止导致不遵守的类似情况再次发生；

（ⅳ） 将造成不遵守情况的原因和已经或准备采取的纠正和预防行动通知有关主管机关；

(c) 应根据实际可能的情况,尽快将不遵守问题分别通知发货人和有关主管机关,如已经发生或正在发生辐射问题的紧急情况,则应立即通知。

第1.8章 确保符合安全要求的检查和其他支持措施

1.8.1　危险货物的行政监管

1.8.1.1　缔约方的主管机关应在本国领土内随时进行抽查,根据1.10.1.5要求的应包括的安全措施,核实有关危险货物运输的要求是否得到遵守。
但这些抽查不应危及人员、财产或环境,不应严重干扰公路通行服务。

1.8.1.2　危险货物运输的各参与方(1.4章)应在各自义务范围内,及时地将检查所必需的信息提供给主管机关及其代理机构。

1.8.1.3　为了对从事危险货物运输的企业进行检查,在不危害安全的前提下,主管机关可检查、查阅必要的单据、移动用于检查的危险货物样品或包装。危险货物运输的参与方(1.4章)也应在可行和合理的条件下,使车辆或车辆部件、设备和装置易于进入以便检查。若有必要,可以指定企业专人陪同主管机关代表。

1.8.1.4　若主管机关发现ADR要求未得到满足时,应禁止托运或中断运输作业,直至所发现的错误被纠正,或指定其他适当措施。为了安全起见,主管机关可直接在现场或者另外选择地方来终止作业。这些措施不应严重干扰公路通行服务。

1.8.2　行政监管互助

1.8.2.1　缔约方应相互协助进行行政监管,以确保ADR的有效实施。

1.8.2.2　当缔约一方发现总部设在另一缔约方境内的企业有严重或重复违法行为,使其境内的危险货物运输安全受到影响,其应将该违法行为通知另一缔约方主管机关。严重或重复违法行为发生地的缔约方主管机关可以请求企业总部所在的缔约方主管机关采取适当措施来制止这种违法行为。除非有必要对该严重或重复违法行为进行起诉,否则不允许传输相关人员的数据。

1.8.2.3　被通知的主管机关应与违法行为发生地的主管机关联系,若有必要,需对企业采取措施。

1.8.3　安全顾问

1.8.3.1　业务活动涉及道路危险货物运输或与其相关的包装、装载、充装或卸货的企业,应指定一个或多个危险货物运输安全顾问,用来负责帮助预防其业务活动所产生的人员、财产和环境风险。

1.8.3.2　缔约方主管机关规定的这些要求不适合下列企业:
（a）企业业务活动涉及的每个运输单元的数量小于1.1.3.6,1.7.1.4和3.3,3.4和3.5章中所提到的数量;
（b）企业的主要或次要业务活动不是运输或装卸危险货物,而只是偶尔从事危险货物的国内运输或相关装卸,且危险性较小或污染风险较低。

1.8.3.3　安全顾问的主要任务是在企业领导的负责下,在企业业务活动范围内,寻求通过适当方式和采取适当行动来促使企业的业务活动能符合相关要求且以最安全的方式执行。
就企业的业务活动而言,安全顾问具有下列责任:
—监督遵守危险货物运输管理要求;
—对企业的危险货物运输活动提出建议;

— 根据实际情况,为企业管理人员或地方公共行政部门准备有关企业危险货物运输业务的年度报告。该年度报告应保存5年,且在国家机关需要时提供。

安全顾问的责任也应包括监督与企业业务活动有关的下列内容:

— 遵守识别所运输危险货物要求的程序;

— 当购买运输工具时,企业应考虑任何与所运输危险货物相关的特别要求;

— 与运输、装卸危险货物有关的设备检查程序;

— 正确培训企业员工,包括规章的变更和培训记录的维护;

— 在运输、装卸危险货物过程中,影响安全的事故或事件发生时,采取正确的应急程序;

— 调查,必要时准备有关危险货物运输、装卸过程中发生的严重事故、事件或记载的严重违规行为的报告;

— 采取适当措施以避免事故、事件或严重违规行为的重复发生;

— 在选择和使用分包商或第三方时,考虑与危险货物运输相关的法律规定和特殊要求;

— 核实从事危险货物运输、装卸的从业人员是否遵守详细的操作程序和规程;

— 采取措施以增强与危险货物运输、装卸有关的风险意识;

— 执行核实程序以确保运输单据及与运输随行的安全设备均在运输工具上,且单据和设备符合规定;

— 执行审核程序以确保遵守装卸要求;

— 1.10.3.2指明的安保计划。

1.8.3.4	安全顾问可以是企业领导、兼负其他责任的人,也可以是不直接受企业雇佣的人,只要其能够履行安全顾问的职责。
1.8.3.5	应主管机关或其授权机关要求,相关企业应向该主管机关或其授权机构告知其安全顾问的身份。
1.8.3.6	若在企业所承担的运输、装卸作业过程中发生了影响人员、财产或环境的事故或导致财产或环境破坏,安全顾问应在收集相关信息后,根据实际情况准备事故报告提交给企业管理人员或地方公共行政机关。根据国际或国内法律,该报告不应替代任何需要由企业管理人员提供的报告。
1.8.3.7	安全顾问应持有有效的道路运输职业培训证书。该证书由主管机关或由缔约方指定的机构颁发。
1.8.3.8	为获得证书,报考者应参加并通过缔约方主管机关授权的培训和考试。
1.8.3.9	培训的主要目的是使报考者熟悉危险货物运输风险,适用的法律、法规和行政条款,以及1.8.3.3所列的职责。
1.8.3.10	考试应由主管机关或主管机关指定的考试机构组织。考试机构不应是培训提供者。考试机构应书面指定。该授权应有有效时间,且依据以下标准来确定:

— 考试机构的能力;

— 考试机构提供的考试形式的说明;

— 确保考试公正的措施;

— 机构独立于所有自然人或雇佣安全顾问的法人。

1.8.3.11	考试目的是确认报考者是否具备必要的知识水平,能否承担1.8.3.3所列的安全顾问义务责任。为了获得1.8.3.7规定的证书,考试应至少包括下列内容:

(a) 危险货物事故所导致的后果类型和事故主要原因方面的知识;

(b) 国家法律、国际公约和协定的要求,特别是以下内容:

— 危险货物分类(溶液和混合物的分类程序,危险货物品名表的结构,危险

货物分类及其分类原理,运输的危险货物性质,危险货物的理化和毒性性质);

—通用包装规定,罐体和罐式集装箱的规定(类型、代码、标志、构造、首次和定期检验和试验);

—标志和标签,揭示牌和橙色标示牌(包件的标志和标签,揭示牌和橙色标示牌的粘贴和移除);

—运输单据的详细内容(所需信息);

—托运方法和调度限制(整车、散装运输、中型散装容器运输、集装箱运输、固定式或可拆卸式罐体运输);

—搭载乘客运输;

—有关混合装载的禁止和警示;

—货物的隔离;

—有限数量和例外数量;

—吊提和储存(装卸、充装率、储存和隔离);

—装载前和卸货后的清洗和/或排气;

—车组人员,职业培训;

—车辆文件(运输单据,应急指南,车辆批准证书,驾驶员培训证书,任何免除的复印件,其他单据);

—应急指南(操作规程和车组人员保护设备的使用);

—监护要求(停车);

—交通规则和限制;

—卸货操作或意外的污染物泄漏;

—有关运输设备的要求。

1.8.3.12 *考试*

1.8.3.12.1　考试应以书面考试为主,口头考试为辅。

1.8.3.12.2　不允许使用非国际或非国内的规章作为笔试的参考文献。

1.8.3.12.3　仅由考试机构提供的电子媒体才可供考试使用。报考者不得使用任何方式将额外数据录入到所提供的电子文件中。报考者只能回答所提出的问题。

1.8.3.12.4　书面考试应包括2个部分:

(a) 报考者应收到一份问题调查表。该表至少包括20个讨论题。内容至少包括1.8.3.11列表中所提到的内容。但也可采取多项选择题。此时,2个多项选择题相当于1个讨论题。在这些题目中,应着重考核以下内容:

—通用的预防和安全措施;

—危险货物分类;

—通用包装条款,包括罐体、罐式集装箱、罐式车辆等;

—危险性标志和标签;

—运输单据信息;

—装卸和储存;

—车组人员职业培训;

—车辆文件和运输证书;

—应急指南;

—有关运输设备的要求;

(b) 为了证明报考者具有完成顾问任务的必要资格,报考者应开展能履行1.8.3.3所提到的安全顾问职责的案例研究。

1.8.3.13	缔约方可以决定专门为某些类别危险货物运输企业从事工作的报考者,仅需要询问与其业务活动相关物质的问题。这些危险货物类别是: —第1类; —第2类; —第7类; —第3、4.1、4.2、4.3、5.1、5.2、6.1、6.2、8和9类; —UN 1202,1203,1223,3475,以及被划在 UN 1268 或 1863 下的航空用油。 规定的证书中应明确表明:该证书仅对本节所提到的危险货物有效,并只对已接受过1.8.3.12 所要求的内容考核的安全顾问有效。
1.8.3.14	主管机关或考试机构应将已用于考试的问题清单随时更新。
1.8.3.15	1.8.3.7 中规定的证书应采用 1.8.3.18 列出的格式,所有缔约方应当认可。
1.8.3.16	*证书的有效性和更新*
1.8.3.16.1	证书有效期为5年。在有效期期满前,若持证者已通过考试,则证书有效期从期满日起一次性延长5年。该考试应经主管机关批准。
1.8.3.16.2	考试的目的是确认持有者具有履行 1.8.3.3 所列责任的必要知识。所需知识在1.8.3.11(b)中列出,且应包括前一张证书获得后,所采纳规章的修订内容。应依据 1.8.3.10 和 1.8.3.12～1.8.3.14 来开展和监督考试;但是,持证者不需要进行 1.8.3.12.4(b)指定的案例研究。
1.8.3.17	(删除)
1.8.3.18	*证书格式*

危险货物运输安全顾问培训证书

证书号:＿＿＿＿＿＿＿＿＿＿＿＿＿＿＿＿＿＿＿＿＿＿＿＿＿＿＿＿＿＿＿＿＿＿＿＿＿＿＿
发证国家的识别标志:＿＿＿＿＿＿＿＿＿＿＿＿＿＿＿＿＿＿＿＿＿＿＿＿＿＿＿＿＿＿＿＿
姓:＿＿＿
名:＿＿＿
出生日期和地点:＿＿＿＿＿＿＿＿＿＿＿＿＿＿＿＿＿＿＿＿＿＿＿＿＿＿＿＿＿＿＿＿＿＿
国籍:＿＿
持证人签名:＿＿＿＿＿＿＿＿＿＿＿＿＿＿＿＿＿＿＿＿＿＿＿＿＿＿＿＿＿＿＿＿＿＿＿＿
对下列何种危险货物运输方式和相关装卸企业的有效期至:＿＿＿＿＿＿＿＿＿＿＿＿＿＿
　　□公路　　　　　　　　　　　　□铁路　　　　　　　　　　　　□内地水路
颁发者:＿＿＿＿＿＿＿＿＿＿＿＿＿＿＿＿＿
日期:＿＿＿＿＿＿＿＿＿＿＿＿＿＿＿＿＿＿＿＿　　签名:＿＿＿＿＿＿＿＿＿＿＿＿＿＿＿＿
延长至:＿＿＿＿＿＿＿＿＿＿＿＿＿＿＿＿＿＿＿　　由:＿＿＿＿＿＿＿＿＿＿＿＿＿＿＿＿
日期:＿＿＿＿＿＿＿＿＿＿＿＿＿＿＿＿＿＿＿＿　　签名:＿＿＿＿＿＿＿＿＿＿＿＿＿＿＿＿

1.8.4	**主管机关及其指定机构名单**
	缔约方应将履行 ADR 的主管机关及其指定的且符合国内法律的机构地址报告给联合国欧洲经济委员会秘书处。 联合国欧洲经济委员会秘书处应依据收到的信息建立一个列表且保持更新,并将该列表及后续的修订通知给各缔约方。
1.8.5	**危险货物的事故报告**
1.8.5.1	若在某缔约方领土内,在危险货物装卸、充装或运输过程中发生严重事故或事件,装货人、充装人、承运人或收货人应分别按照 1.8.5.4 所规定的模板,至少在事故

发生后的一个月内准备事故报告提交给相关缔约方的主管机关。

1.8.5.2　　若有必要,缔约方随后应向联合国欧洲经济委员会秘书处提交报告,以利于通知其他缔约方。

1.8.5.3　　若发生危险货物泄漏,或即将发生货物损失,或发生人身伤害、物质或环境危害,或有多个部门参与以及满足下列的一个或多个标准,该事故应依据1.8.5.1提交事故报告。

人身伤害指发生与危险货物运输直接相关的死亡或伤害事故,且伤害满足下列条件之一:

(a)　需要强化治疗;

(b)　至少需要住院一天;

(c)　导致至少连续三天不能工作。

货物损失指危险货物的泄漏达到以下数量:

(a)　运输类别为0或1时,泄漏量为50kg/50L或以上;

(b)　运输类别为2时,泄漏量为333kg/333L或以上;

(c)　运输类别为3或4时,泄漏量为1000kg/1000L或以上。

如存在即将发生货物损失的风险时,上述货物损失标准同样适用。通常,该损失可能是因结构损坏,装载装置不再适合继续运输,或者因其他原因不能保证足够的安全水平(比如,因罐体或集装箱的变形、罐体的侧翻或紧邻区域的火灾)而导致。

若事故涉及第6.2类危险货物,事故报告无数量限制。

若事故涉及放射性物质,货物损失的标准指:

(a)　放射性物质从包件中任何的泄漏;

(b)　辐射超过了《工作人员保护条例》和《公众接受电离辐射》的限值。(IAEA安全丛书目录 II No.115—国际电离辐射防护与辐射源安全基本标准);或

(c)　有理由相信包件的安全功能(限制、屏蔽、热保护或临界)存在显著的退化,使得包件在无额外安全措施的情况下,不再适合继续运输。

注:见7.5.11 CV33 (6)对无法送达货物的要求。

物质或环境的损坏指危险货物泄漏导致的损失金额预计超过50000欧元,不管数量多少。承运危险货物的运输工具的直接损失及基础设施的直接损毁不应考虑在内。

部门参与指在危险货物事故发生过程中直接参与的部门或应急服务,以及因危险货物的危险性而导致人员疏散或公共交通线路(公路/铁路)封闭至少3h以上。

若有必要,主管机关可以对相关信息做进一步的咨询。

1.8.5.4　　**危险货物运输事故报告模板**

符合 RID/ADR 1.8.5 的危险货物运输事故报告

承运人/铁路基础设施经营者：
_____

地址：
_____

联系人姓名：_____ 电话：_____ 传真：_____

（在提交报告前，主管机关应去掉该封面）

1. 运输方式	
□铁路 列车车厢号(可选) --------------------------------	□道路 车辆注册号(可选) --------------------------------

2. 时间和发生地点

年：-------------- 月：-------------- 日：-------------- 时间：--------------

| 铁路：
□车站
□调车场/编组站
□装载/卸载/转运地
□地点/国家：--------------
或
□开放式铁路线
线路描述：--------------
公里数：-------------- | 道路：
□建成区
□装载/卸载/转运地
□开放式公路
地点/国家：-------------- |

3. 地形图

□坡度/倾斜度

□隧道

□桥/地下通道

□交叉口

4. 特殊天气条件

□雨

□雪

□冰

□雾

□雷暴雨

□暴风雨

温度：-------------- ℃

5. 事故描述

□脱轨/冲出道路

□碰撞

□倾覆/翻滚

□火灾

□爆炸

□损失

□技术故障

额外的事故描述：

----

6. 涉及的危险货物						
联合国编号[1]	分类	包装类别	货物损失估算量(kg 或 l)[2]	装载装置[3]	装载装置的材料	装载装置故障类型[4]

[1] 对适用于特殊规定 274 的使用类属的危险货物,技术名称也需列明
[3] 用适当的数字表明

1　容器
2　IBC
3　大型包装
4　小型集装箱
5　火车车厢
6　车辆
7　罐式火车车厢
8　罐式车辆
9　管束式火车车厢
10　管束式车辆
11　带可卸罐体的火车车厢
12　可拆卸式罐体
13　大型集装箱
14　罐式集装箱
15　多单元气体容器
16　可移动罐柜

[2] 对第7类,依据1.8.5.3的标准来表示数量
[4] 用适当的数字表明

1　损失
2　火灾
3　爆炸
4　结构故障

7. 事故原因(若清楚知道)

□技术故障
□错误的载荷保护
□操作原因(铁路操作)
其他：..

8. 事故后果

与危险货物有关的人身伤害：
□死亡(数量：_____)
□受伤(数量：_____)
货物损失：
□是
□否
□较大的货物损失风险
物质/环境损失：
□损失估算额小于等于 50000 欧元
□损失估算额大于 50000 欧元
部门参与：
□是　　□由危险货物所导致的人员疏散持续时间至少3h
　　　　□由危险货物所导致的公共交通线路封闭持续时间至少3h
□否

若有必要,主管机关可进一步咨询相关信息。

1.8.6 对于申请1.8.7中符合性评价、定期检验、中间检验及特殊检查的管理控制

1.8.6.1 *检验机构的授权*
主管机关可授权检验机构进行1.8.7所指定的符合性评价、定期检验、中间检验、特殊检查以及机构内部检验服务。

1.8.6.2 *主管机关及其代表或检验机构的工作职责*

1.8.6.2.1 主管机关及其代表或检验机构应以适当方式进行符合性评价、定期检验、中间检验和特殊检查,避免不必要的负担。主管机关及其代表或检验机构开展其工作时应考虑所涉企业规模、部门和结构,技术的相对复杂性以及生产的连续性特征。

1.8.6.2.2 主管机关及其代表或检验机构应遵从第4和第6部分中对可移动式承压设备严谨程度与保护水平的要求。

1.8.6.2.3 当主管机关及其代表或检验机构发现制造商未满足第4或第6部分的要求时,应要求制造商采取适当纠正措施,且不应颁发任何型式认可证书或合格证书。

1.8.6.3 *信息责任*
ADR的缔约方应公布其国家用于检验机构的评定、任命和监督的程序以及该信息的任何变更。

1.8.6.4 *检验工作的授权*
注:符合1.8.7.6的内部检验服务未包括在1.8.6.4中。

1.8.6.4.1 当检验机构使用其他实体的服务(如分包、子公司)来开展与符合性评价、定期检验、中间检验或特殊检查有关的特定工作时,该实体应包括在检验机构的认可中,或被单独认可。单独认可时,该实体应根据 EN ISO/IEC 17025:2005 标准被及时充分认可,检验机构应将其视为一个独立公正的测试实验室,并根据其认可来开展测试工作,也可根据 EN ISO/IEC 17020:2012 标准(8.1.3除外)来认可。检验机构应确保该实体具备与检验机构同等水平的技能和安全性(见1.8.6.8),满足分配给他的任务要求。检验机构应将上述安排报告给主管机关。

1.8.6.4.2 检验机构应对该实体所执行的任务承担全部责任。

1.8.6.4.3 检验机构不应将符合性评价、定期检验、中间检验或特殊检查的全部工作都授权出去。在任何情况下,评价和证书的颁发均应由检验机构自身承担。

1.8.6.4.4 未经申请人的同意,检验活动不应委托其他检验实体进行。

1.8.6.4.5 检验机构应保存有关资格评定和上述实体所开展工作的相关文件,以备主管机关查阅。

1.8.6.5 *检验机构的信息提供义务*
任何检验机构均应将下列信息提交给批准该机构的主管机关:
(a) 除了适用1.8.7.2.4的规定外,任何型式认可证书的拒绝、限制、暂停或撤销;
(b) 任何影响到主管机关授予批准范围和条件的情况;
(c) 主管机关根据1.8.1或1.8.6.6规定对检验机构开展的符合性评价活动进行监督时要求提供的信息;
(d) 根据要求,检验机构在其许可范围内进行的符合性评价活动以及开展的任何其他活动的信息,包括检验工作的委托。

1.8.6.6 主管机关应确保对检验机构进行监督。若注意到获准授权的机构不再符合授权及1.8.6.8规定的要求,或者未遵循 ADR 要求的程序时,可撤销或限制已给予的授权。

1.8.6.7 若检验机构的许可被撤销或限制,抑或检验机构停止业务,主管机关应采取适当

步骤确保文件由另一个检验机构处理或者继续可用。

1.8.6.8　检验机构应：
(a) 具备有组织机构、有能力、经培训、有技能且熟练的工作人员,可圆满履行其技术职责；
(b) 具备适用和足够的设施设备；
(c) 以公正的方式开展工作,且不受任何可能妨碍其公正性的影响；
(d) 保守制造商和其他机构的商业和专有活动的机密；
(e) 对检验机构的实际职能和不相关职能维持明确界限；
(f) 有文件化的质量体系；
(g) 确保进行了相关标准及 ADR 所规定的试验和检验；并
(h) 根据1.8.7 和1.8.8,保持有效的、适当的报告和记录。

依据6.2.2.11,6.2.3.6 以及6.8.4 中 TA4 和 TT9 的规定,检验机构还应按照 EN ISO/IEC 17020:2012 标准(8.1.3 除外)进行认可。

可临时授权给开始新活动的检验机构。在临时指定前,主管机关应确保检验机构满足 EN ISO/IEC 17020:2012 标准(除了8.1.3)的要求。检验机构在其新业务的第一年里应被认可有能力继续开展该新业务。

1.8.7　**符合性评价和定期检验的程序**

注：在本节中,"相关机构"指6.2.2.11 中指定的UN 压力容器检验机构,6.2.3.6 中指定的非UN 压力容器检验机构以及6.8.4 中特殊规定TA4 和TT9 所指的机构。

1.8.7.1　*通用规定*

1.8.7.1.1　批准非 UN 压力容器时,依据6.2.3.6 应采用1.8.7 的程序。批准罐柜、管束式车辆和多单元气体容器时,根据6.8.4 的 TA4 和 TT9 应符合1.8.7 的要求。

批准 UN 压力容器时,根据6.2.2.11 的表格应采用1.8.7 的程序。

1.8.7.1.2　下列每一申请应由申请人选择向单一主管机关、其代表或其授权的一个检验机构提出：
(a) 依照1.8.7.2 的型式认可；
(b) 依照1.8.7.3 的生产监督和依照1.8.7.4 的首次检验和试验；
(c) 依照1.8.7.5 开展的定期检验、中间检验和特殊检查。

1.8.7.1.3　申请书应包括：
(a) 申请人的名称和地址；
(b) 符合性评价时,若申请人不是制造商,则注明制造商的名称和地址；
(c) 提供书面声明,同一申请未曾向其他任何主管机关、其代表或检验机构提出；
(d) 1.8.7.7 所要求的相关技术文件；
(e) 为了进行检验,允许主管机关、其代表或检验机构进入制造、检验、试验和储存场所的声明,并提供给他们所有必要的信息。

1.8.7.1.4　若申请人能向主管机关或其授权检验机构证明其能符合1.8.7.6 的要求并达到后者满意,申请人可开展内部检验服务,该服务可进行6.2.2.11 或6.2.3.6 所指定的部分或全部检验和试验工作。

1.8.7.1.5　设计型式认可证书和符合性证书(包括技术文件案卷)应由制造商或型式批准的申请人(当申请人不是制造商时)以及颁发证书的检验机构保留。保留时间自该型产品的最后生产日期起至少20 年。

1.8.7.1.6　若制造商或业主拟停止运作,则应向主管机关寄送文件案卷。主管机关应在1.8.7.1.5规定的剩余期限内保管这些文件案卷。

1.8.7.2 *型式认可*

型式认可主管机关可在认可有效期内授权给压力容器、罐柜、管束式车辆或多单元气体容器的制造商。

1.8.7.2.1 申请人应：
(a) 对压力容器,应向相关机构提交产品代表性样品。若试验程序有要求,相关机构可以要求更多的样品；
(b) 对罐柜、管束式车辆或多单元气体容器,提供用以型式试验的样品。

1.8.7.2.2 相关机构应：
(a) 检查 1.8.7.7.1 规定的技术文件,以验证该设计符合 ADR 的相关规定,验证样品或样批的制造是否符合该技术文件及其代表的设计；
(b) 进行检验并见证 ADR 规定的特定试验,确定已符合规定要求并完成,且制造商采取的程序也符合要求；
(c) 根据 ADR 相关规定检查材料制造商出具的证书；
(d) 适用时,认可部件永久接合的程序或检查其之前是否已获认可,并验证从事部件永久接合及无损检测的人员具有资格或已经被认可；
(e) 同意申请人拟进行检查和必要试验所使用的场所及试验设备。

相关机构应给申请人出具型式检验报告。

1.8.7.2.3 当产品类型满足所有适用规定时,主管机关、其授权代表或检验机构应给申请人颁发型式认可证书。

该证书应包含：
(a) 颁发者的名称和地址；
(b) 制造商的名称和地址,以及申请人名称和地址(当申请人不是制造商时)；
(c) 涉及的 ADR 版本和型式检验所采用的标准；
(d) 检验的任何要求；
(e) 依据相关标准,用以识别型式及其变化所需的数据；
(f) 检验报告；及
(g) 型式认可的最长有效期。

技术文件相关部分的清单应附在证书后(见 1.8.7.7.1)。

1.8.7.2.4 型式认可的最长有效期为 10 年。在有效期内,若 ADR 的技术文件(包括引用标准)发生变更使得型式认可不再与之相符,颁发型式认可的相关机构应撤销该认可并通知其持有者。

注：现有型式认可撤销的最终日期可见6.2.4 表第(5)栏和6.8.2.6 或者6.8.3.6（视情况而定）。

若型式认可已到期或已撤销,据此认可制造的压力容器、罐柜、管束式车辆或多单元气体容器便不再获准。

在此情况下,如果型式认可到期或撤销之前制造的压力容器、罐柜、管束式车辆或多单元气体容器可继续使用,那么该型式认可中包含的产品使用、定期检查及中间检验的相关规定继续适用于前述产品。

只要这些产品依然符合 ADR 的要求,即可继续使用。若其不再符合 ADR 的要求,只有在 1.6 章的相关过渡措施允许使用的情况下,方可继续使用。

通过完整的评价,并以更新日适用的 ADR 条款进行符合性评价,型式认可可予以更新。型式认可撤销后不允许更新。现有型式认可的临时修订(如对压力容器,在不影响符合性的条件下增加尺寸或容量等微小的修改；对罐柜可见6.8.2.3.2)不延长或改变原证书的有效期。

注:符合性评价和评定可由原型式认可颁发机构以外的机构进行。

发证机构应在整个有效期内(若准许,还包括续期)保留型式认可的全部文件(见1.8.7.7.1)。

1.8.7.2.5　若分别对有效的、到期的或撤销的型式认可的压力容器、罐柜、管束式车辆或多单元气体容器进行修改,则试验、检验和批准仅限于压力容器、罐柜、管束式车辆或多单元气体容器的修改部分。修改应满足修改时所适用的ADR条款。对于不受改动影响的压力容器、罐柜、管束式车辆或多单元气体容器的所有部件,初始型式认可文件仍然有效。

修改可适用于型式认可所涵盖的一个或多个压力容器、罐柜、管束式车辆或多单元气体容器。

修改的型式认可证书应由ADR任一缔约方的主管机关或其指定的机构签发给申请人。对罐柜、管束式车辆或多单元气体容器而言,副本应作为记录的一部分来保存。

每一次申请对应型式认可证书的一次修改,申请应由申请人向单一的主管机关或其指定的机构提出。

1.8.7.3　制造监督

1.8.7.3.1　制造过程应接受相关机构的检验,以确保生产的产品符合型式认可的规定。

1.8.7.3.2　申请人应采取所有必要的措施以确保制造过程符合ADR、型式认可证书及其附件的适用条款。

1.8.7.3.3　相关机构应:

(a)　验证符合1.8.7.7.2所规定的技术文件;

(b)　验证制造过程所生产的产品符合其要求以及适用于该产品的文件;

(c)　验证材料的可追溯性,并对照规范说明书核查材料证书;

(d)　适用时,确认从事部件永久接合及无损检测的人员是有资质或经许可的;

(e)　同意申请人用于检验和进行必要试验的场所;

(f)　记录检验结果。

1.8.7.4　初次检验和试验

1.8.7.4.1　申请人须:

(a)　粘贴ADR中指定的标记;及

(b)　提供给相关机构1.8.7.7规定的技术文件。

1.8.7.4.2　相关机构须:

(a)　进行必要的检验和试验,以确认产品制造符合型式认可及相关规定;

(b)　核查辅助设备制造商提供的辅助设备证书;

(c)　基于有关完成的详细试验、验证和经核查的技术文件,为申请人签发一份初始检验和试验报告;

(d)　制造满足规定时,草拟书面的制造符合性证书并附加其注册标记;

(e)　ADR有关型式认可的条款(包括引用标准)变更后,检查型式认可是否继续有效;

(d)　中的证书和(c)中的报告可涵盖同一形式的多个项目(批量证书或报告)。

1.8.7.4.3　证书最少应包括:

(a)　相关机构的名称和地址;

(b)　制造商的名称和地址,若申请人不是制造商,则提供申请人的名称和地址;

(c)　引用的ADR版本和首次检验和试验采用的标准;

(d)　检验和试验结果;

(e) 用于已检验产品的识别数据,至少是序列号或者不可再充装气瓶的批次号;

(f) 形式批准号。

1.8.7.5 *定期检验、中间检验和特殊检查*

1.8.7.5.1 相关机构应:

(a) 识别和验证文件的符合性;

(b) 实施检验并见证试验以证明满足要求;

(c) 签发检验和试验结果报告,报告可涵盖多个项目;

(d) 确保加施了所要求的标记。

1.8.7.5.2 压力容器的定期检验和试验报告应由申请人保管,保管期限至少到下次定期检验。

注:对罐柜,见4.3.2.1.7 中的罐柜记录规定。

1.8.7.6 *申请人的内部检验服务的监督*

1.8.7.6.1 申请人应:

(a) 按照1.8.7.7.5 载明的检验和试验质量体系来实施内部检验服务,并服从监督;

(b) 履行已批准的质量体系中的职责,并确保其保持符合要求且有效;

(c) 指派经培训且有技能的人员进行内部检验服务;及

(d) 适用时,加施检验机构的注册标记。

1.8.7.6.2 检验机构应开展初次审核。若满意,检验机构应颁发一个有效期不超过3年的授权。应满足下列规定:

(a) 该审核应确认对产品实施的检验和试验符合 ADR 的要求;

(b) 检验机构可授权申请人的内部检验服务,可对每个经认可的产品加施检验机构的注册标记;

(c) 在到期前的最后一年,在通过审核后,授权可续期。新的有效期限从原授权到期日起;

(d) 审核员应具备进行质量体系所覆盖产品的符合性评价工作的能力。

1.8.7.6.3 在授权有效期内,检验机构应进行定期审核,以确保申请人保持并实施质量体系。应满足下列规定:

(a) 在12个月期间,至少应进行2次审核;

(b) 检验机构可要求进行额外的访问、培训、技术变更和质量体系的改进,可以限制或禁止申请人所开展的检验和试验;

(c) 检验机构应评价质量体系的任何变更,决定调整的质量体系是否仍然满足初始审核的要求或者决定是否需要一个完整的重新评价;

(d) 检验机构的审核员应具备进行质量体系所覆盖产品的符合性评价工作的能力;

(e) 检验机构应向申请人提供一份访问或审核报告;若进行了试验,还需提供试验报告。

1.8.7.6.4 若存在不符合相关要求的情况,检验机构应确保采取了纠正措施。若未及时采取纠正措施,检验机构应暂停或撤销对执行其检验活动的内部检验服务的许可。暂停或撤销通知应发送给主管机关,并向申请人提供检验机构做出暂停、撤销决定的具体的理由报告。

1.8.7.7 *文件*

技术文件应能评价与相关要求的符合性。

1.8.7.7.1 *型式认可的文件*

适用时,申请人应提供:

- (a) 用于设计和制造的标准清单；
- (b) 形式描述（包括所有的变化）；
- (c) 依据 3.2 章表 A 相关栏目的说明或者拟运输危险货物清单；
- (d) 总装配图或相关图纸；
- (e) 详细的图纸，包括用于计算的有关产品、辅助设备、结构设备的尺寸，以及用以验证符合性的必要的标记及/或标签；
- (f) 计算书、结果和结论；
- (g) 包含相关技术数据的辅助设备清单和安全装置的信息（若相关联，包括排放能力的计算）；
- (h) 用于配件、零部件、内衬、辅助和结构设备的制造标准中所要求的材料清单，以及对应的材料说明书或者对应的符合 ADR 的声明；
- (i) 永久接合工艺的认可合格证书；
- (j) 热处理工艺的描述；和
- (k) 在标准或 ADR 规定中所列用于型式认可和生产制造的所有相关试验的程序、描述和记录。

1.8.7.7.2 *用于制造监督的文件*

适用时，申请人应提供：
- (a) 1.8.7.7.1 所列的文件；
- (b) 型式认可证书的复件；
- (c) 制造流程（包括试验流程）；
- (d) 制造记录；
- (e) 永久接合操作人员的认可资质证书；
- (f) 无损检测操作人员的认可资质；
- (g) 破坏性和无损检测报告；
- (h) 热处理记录；及
- (i) 校准记录。

1.8.7.7.3 *初始检验和试验的文件*

适用时，申请人应提供：
- (a) 1.8.7.7.1 和 1.8.7.7.2 所列的文件；
- (b) 产品和任何零部件的材料证书；
- (c) 辅助设备的符合性声明和材料证书；
- (d) 符合性声明包括产品描述和型式认可所采取的变更。

1.8.7.7.4 *定期检验、中间检验和特殊检查的文件*

适用时，申请人应提供：
- (a) 对压力容器而言，当制造和定期检验与试验标准有要求时，描述特殊要求的文件夹；
- (b) 对于罐柜：
  - （ⅰ） 罐柜记录；及
  - （ⅱ） 1.8.7.7.1~1.8.7.7.3 中提到的一个或多个文件。

1.8.7.7.5 *评价内部检验服务的文件*

适用时，内部检验服务申请人应提供质量体系文件，包括：
- (a) 组织机构和职责；
- (b) 相关检验和试验、质量控制、质量保证和工艺操作指南以及将采用的系统化措施；

(c) 质量记录,如检验报告、试验数据、校准数据和证书等;

(d) 管理评审,以保证依据1.8.7.6的审核要求实现质量体系的有效运行;

(e) 描述已满足客户和规定要求的过程;

(f) 文件控制和修订程序;

(g) 处理不合格产品的程序;

(h) 相关人员的培训计划和合格评价程序。

1.8.7.8 *产品制造、认可、检验和试验依据标准*

若采用下列相关标准,则认为已符合1.8.7.7的要求:

适用的子节和段落	参照	文件题目
1.8.7.7.1～1.8.7.7.4	EN 12972:2007	运输危险货物的罐柜—金属罐体的试验、检验和标记

1.8.8 **盛装气体的小容器(储气筒)的符合性评价程序**

当对储气筒进行符合性评价时,应采用下列程序之一:

(a) 对非UN压力容器,采用1.8.7的程序(1.8.7.5除外);或

(b) 1.8.8.1～1.8.8.7的程序。

1.8.8.1 *通用条款*

1.8.8.1.1 制造监督应由Xa机构来实施,6.2.6所要求的试验可由Xa机构或者由Xa机构授权的IS机构来实施。Xa和IS机构的定义见6.2.3.6.1。符合性评价应由ADR缔约方的主管机关及其代表或授权的检验机构来实施。

1.8.8.1.2 通过使用1.8.8,申请人应以其独立职责证明、确保和声明储气筒与6.2.6和所有适用的ADR规定的符合性。

1.8.8.1.3 申请人应:

(a) 依据1.8.8.2,对每种型号的储气筒进行设计型式检查(包括使用的材料和该型式的变化,如容积、压力、图纸以及关闭和释放装置);

(b) 依据1.8.8.3,实施经认可的设计、制造、检验和试验的质量体系;

(c) 对6.2.6所要求的试验,采用符合1.8.8.4要求且经批准的试验方法;

(d) 为其用于制造监督的质量体系申请许可,向其选择的缔约方的Xa机构申请试验测试,若申请人不是在缔约方建立的,则在其首次运输进入一个缔约方前,应向一个缔约方的Xa机构进行申请;

(e) 若储气筒的部件是由申请人制造的,而最终的组装由一个或多个其他企业完成,则应提供书面材料说明如何装配和充装储气筒以符合其型式检查证书的规定。

1.8.8.1.4 若申请人和按照申请人的指示说明进行装配充装储气筒的企业能够向Xa机构证实其满足1.8.7.6的要求[不包括1.8.7.6.1(d)和1.8.7.6.2(b)],则其可以建立内部检验服务,来进行6.2.6所要求的部分或全部检验和试验服务。

1.8.8.2 *设计型式检验*

1.8.8.2.1 申请人应为每一型式的储气筒建立技术案卷(包括采用的技术标准)。若其采用非6.2.6提到的标准,则其应在案卷中增加所采用的标准。

1.8.8.2.2 申请人应保留技术案卷连同生产过程中该型式的样品(在Xa检验机构的安排下),保留起始时间为依据形式检验证书储气筒的最后生产日期,保留期限至少5年。

1.8.8.2.3 在认真检验后,申请人应签发一份设计型式认可证书,其有效期最长为10年,并应将该证书添加到文件记录中。该证书允许申请人在有效期内生产该型式储气筒。

1.8.8.2.4 若在有效期内,ADR的相关技术要求(包括引用的标准)已变更,致使设计型式不

再与其符合,申请人应撤销该型式的检查证书并通知 Xa 机构。

1.8.8.2.5　申请人经仔细和完整的复查评审,可重新签发另一有效期最长为 10 年的证书。

1.8.8.3　*制造监督*

1.8.8.3.1　设计型式检验程序和制造过程应接受 Xa 机构的检查,以确保由申请人认证的型式和所生产的产品符合设计型式证书以及 ADR 的适用规定。若 1.8.8.1.3(e)适用,装配和充装企业应包含在该程序中。

1.8.8.3.2　申请人应采取所有必要措施来确保制造过程符合 ADR 的适用规定和设计型式证书及其附件的要求。若 1.8.8.1.3(e)适用,装配和充装企业应包含在该程序中。

1.8.8.3.3　Xa 机构应:

(a) 核实申请人的设计型式检验的符合性以及储气筒的型式与 1.8.8.2 所规定的技术文件相符合;

(b) 核实验证制造过程所生产的产品符合要求与适用的文件;若申请人制造的零部件由一个或多个企业来最终组装成储气筒,则 Xa 机构还应核实最终组装和充装后的气罐能充分符合所有适用的规定,同时核实申请人的指示说明已正确采用;

(c) 核实验证从事永久性部件连接和试验的人员具有资格或经许可;

(d) 记录检查结果。

1.8.8.3.4　若 Xa 机构发现不符合申请人的设计型式证书或者制造过程的情况,应要求采取纠正措施或撤销申请人证书。

1.8.8.4　*密性试验*

1.8.8.4.1　申请人以及根据申请人的说明书来最终装配和充装储气筒的企业应:

(a) 进行 6.2.6 所要求的试验;

(b) 记录试验结果;

(c) 仅对储气筒出具符合性证书,证明气罐完全符合其设计型式检查的规定以及 ADR 适用规定,且已顺利通过 6.2.6 所要求的试验;

(d) 保留 1.8.8.7 明确提出的生产过程中的文件案卷,保留起始时间为属于一种形式许可的气罐的最后生产日期,期限至少 5 年以备 Xa 机构在任意期间内检查(不定期检验);

(e) 附加长期耐用且清晰易读的标记以识别气罐型式、申请人及生产日期及批号;遇空间有限,标记不能完全附加在储气筒上,可以在气罐上附加一个带有该信息的耐用标签或者把标签连同气罐放入内包装。

1.8.8.4.2　Xa 机构应:

(a) 为了核实验证申请人的设计型式检查过程以及产品制造测试过程均按照设计型式证书和相关规定来进行,Xa 机构应在任意期间内进行必要的检查和试验,但至少是在一种类型气罐开始制造之后短时间内进行,后续至少每 3 年一次;

(b) 检查申请人提供的证书;

(c) 按照 6.2.6 的要求进行试验,或者批准测试程序及内部检验服务来进行试验。

1.8.8.4.3　证书应至少包括:

(a) 申请人的名称和地址,当最终组装不是由申请人进行而是由一个或多个企业按照申请人的书面说明来进行时,则需要这些企业的名称和地址;

(b) 参照引用的 ADR 版本和用于制造与试验的标准;

(c) 检验和试验结果;

(d) 1.8.8.4.1(e)所要求标记的数据信息。

1.8.8.5　（保留）

1.8.8.6　*内部检验服务的监督*

当装配或充装储气筒的申请人或企业已建立内部检验服务时，应采用1.8.7.6的规定[不包括1.8.7.6.1(d)和1.8.7.6.2(b)]。装配或充装储气筒的企业应符合与申请人相关的规定。

1.8.8.7　*文件*

应采用1.8.7.7.1,1.8.7.7.2,1.8.7.7.3和1.8.7.7.5的规定。

第1.9章 主管机关的运输限制

1.9.1	根据ADR协定的第4条第1段,危险货物进入缔约方领土时,在运输过程中,应遵守非安全因素的规定或限制。上述规定或限制应以适当形式公布。
1.9.2	根据1.9.3,缔约方可对在其境内从事危险货物国际道路运输的车辆采用ADR以外的附加条款,前提是这些条款不与ADR的第2条第2段相矛盾,且缔约方领土内关于从事危险货物国内道路运输车辆的国内立法中包含上述条款。
1.9.3	在1.9.2范围内的附加条款,包括以下内容:

(a) 与使用某些结构(比如桥)的车辆、使用多式联运方式(轮渡或火车)的车辆,或进入或离开港口或其他运输场站的车辆有关的附加安全要求或限制;
(b) 车辆经过规定路段的要求,以避免商业或居住区、环境敏感区、含危险装置的工业区或者有严重物理危害的道路;
(c) 由极端天气条件、地震、事故、工业行动、骚乱或军事行动而导致危险货物运输车辆途径或停泊的应急要求;
(d) 在每周或每年的某些时日中,对危险货物运输的限制。

1.9.4	缔约方主管机关在其领土上采用1.9.3(a)和(d)范围内的任何附加条款时,均应通知联合国欧洲经济委员会秘书处,由秘书处通告各缔约方。❶
1.9.5	**隧道限制**

注:有关车辆通过公路隧道的限制条款也包括在8.6章中。

1.9.5.1 **通用条款**

当限制危险货物运输车辆通过隧道时,主管机关应将公路隧道按照1.9.5.2.2所定义的隧道类别来分类。应考虑隧道的特征和风险评估(包括绕行路线和方式的可获得性和适用性,交通管理等内容)。相同的隧道可以分配多种隧道类别,如根据一天当中的某时间段或一周当中的某天。

1.9.5.2 **分类**

1.9.5.2.1 依据隧道存在的3种能导致大量受害者或隧道结构严重破坏的主要危险假设来进行分类:
(a) 爆炸;
(b) 毒性气体或挥发性毒性液体泄漏;
(c) 火灾。

1.9.5.2.2 5种隧道类型,如下:

隧道类别 A 对危险货物运输无限制;
隧道类别 B 对可导致极大爆炸的危险货物运输有限制;
下列危险货物被认为满足该标准。

> 第1类: 配装组 A 和 L;
> 第3类: 分类代码 D(UN 1204,2059,3064,3343,3357 和 3379);
> 第4.1类: 分类代码 D 和 DT;以及自反应物质,B 型(UN 3221,3222,3231 和 3232);
> 第5.2类: 有机过氧化物,B 型(UN 3101,3102,3111 和 3112)

---

❶ 危险货物道路运输风险计算通用准则可查阅联合国欧洲经济委员会秘书处网站(http://www.unece.org/trans/danger/danger.htm)。

续上表

当每个运输单元中爆炸物净质量超过1000kg：
第1类：　　1.1,1.2和1.5项(除配装组A和L外)
当使用罐车运输时：
第2类：　　分类代码F,TF和TFC；
第4.2类：　Ⅰ类包装；
第4.3类：　Ⅰ类包装；
第5.1类：　Ⅰ类包装；
第6.1类：　UN 1510

隧道类别C　对可导致极大爆炸、大爆炸或大量毒性物质泄漏的危险货物运输有限制；

下列危险货物被认为满足该标准。

隧道类别B中所限制的危险货物，以及下列危险货物：

第1类：　　1.1,1.2和1.5项(除配装组A和L外)；以及1.3项(配装组H和J)；
第7类：　　UN 2977和2978

当每个运输单元中爆炸物净质量超过5000 kg时：
第1类：　　1.3项(配装组C和G)

当使用罐车运输时：
第2类：　　分类代码2A,2O,3A和3O,以及仅包括字母"T"或字母"TC、TO和TOC组"的分类代码；
第3类：　　分类代码FC,FT1,FT2和FTC的Ⅰ类包装；
第6.1类：　Ⅰ类包装，除了UN 1510外；
第8类：　　分类代码CT1,CFT和COT的Ⅰ类包装

隧道类别D　对可导致极大爆炸、大爆炸、大量毒性物质泄漏或大型火灾的危险货物运输有限制；

下列危险货物被认为满足该标准。

隧道类别C中所限制的危险货物，以及下列危险货物：

第1类：　　1.3项(配装组C和G)；
第2类：　　分类代码F,FC,T,TF,TC,TO,TFC和TOC；
第4.1类：　自反应物质，C,D,E和F型；以及UN 2956,3241,3242和3251；
第5.2类：　有机过氧化物，C,D,E和F型；
第6.1类：　分类代码TF1,TFC和TFW的Ⅰ类包装；以及3.2章表A第(6)栏中分配了特殊规定354的吸入毒性物质和UN 3381到3390的吸入毒性物质；
第8类：　　分类代码CT1,CFT和COT的Ⅰ类包装和UN 3507；
第9类：　　分类代码M9和M10

当使用罐车或散装运输时：
第3类
第4.2类：　Ⅱ类包装；
第4.3类：　Ⅱ类包装；
第6.1类：　Ⅱ类包装；依据分类代码TF2的Ⅲ类包装；
第8类：　　分类代码CF1,CFT and CW1的Ⅰ类包装；以及分类代码CF1和CFT的Ⅱ类包装；
第9类：　　分类代码M2和M3

隧道类别E　对除UN 2919,3291,3331,3359以外的所有危险货物，以及符合3.4章要求的每运输单元承载货物的总质量超过8t的危险货物有限制。

注：对UN 2919和3331的危险货物，隧道通行限制可作为主管机关依据1.7.4.2做出特殊安排许可的一部分。

1.9.5.3	***道路标志和限制通知的规定***
1.9.5.3.1	缔约方应通过标志和信号的方式来标明隧道禁行和绕行的路线。
1.9.5.3.2	为达到该目的,缔约方可根据 UNECE 下属的内陆运输委员会道路运输主要工作组修正的"道路标志和信号决议"所解释的"道路标志及信号维也纳公约(维也纳,1968)"和"欧洲道路标志及信号补充协议(日内瓦,1971)"来使用标志 C,3h 和 D,10a,10b 和 10c 以及信号。
1.9.5.3.3	为了促使标志能被国际理解,维也纳公约中规定的标志和信号体系主要使用各类形状以及每类标志的颜色特征,而且在任何可能的情况下,以图解符号为主,而非文字形式。当缔约方认为有必要对规定的标志和符号进行修改时,修改不应改变其基本特征。若缔约方不采用维也纳公约,则在修改不改变其基本内涵时可以对标志和符号进行修改。
1.9.5.3.4	用于禁止危险货物运输车辆通过公路隧道的交通标志和信号应粘贴在可选择绕行路线的位置。
1.9.5.3.5	当进入隧道受限制或规定了绕行路线,则应按照下列要求使用额外的标志板:
	无标志:无限制
	额外的标志牌标有字母 B:适用于危险货物运输车辆不允许通过类别 B 的隧道;
	额外的标志牌标有字母 C:适用于危险货物运输车辆不允许通过类别 C 的隧道;
	额外的标志牌标有字母 D:适用于危险货物运输车辆不允许通过类别 D 的隧道;
	额外的标志牌标有字母 E:适用于危险货物运输车辆不允许通过类别 E 的隧道。
1.9.5.3.6	隧道限制适用于按照5.3.2要求设置橙色标识牌的运输单元,3.2章表A第(15)栏标记"—"的危险货物的运输除外。对 UN 2919 和 3331 的危险货物,隧道通行限制可作为主管机关依据1.7.4.2做出特殊安排许可的一部分。对于隧道类别 E,隧道限制也适用于按照3.4.13要求标记的运输单元或者按照3.4.13要求标记的集装箱。隧道限制不适用于按照1.1.3要求运输的危险货物,除了装载该物质的运输单元按照3.4.13进行标记且符合3.4.14。
1.9.5.3.7	限制应正式出版和公开,缔约方应将这些限制通知联合国欧洲经济委员会秘书处,秘书处则将这些信息公布在其网站上。
1.9.5.3.8	当缔约方对某种或所有使用隧道的车辆采用特定管理措施来降低风险,包括在进入或在随行车辆护送下通过隧道前的公告,这些管理措施应官方出版且对公众公开。

第 1.10 章 安 保 规 定

注：本章中,安保指为最大限度减少因危险货物被盗或误使用而导致的对人员、财产或环境产生威胁而采取的措施。

1.10.1　一般规定

1.10.1.1　　所有从事危险货物运输的人员,应考虑本章所列的与他们责任相称的安全要求。

1.10.1.2　　危险货物只能交付给通过适当程序核实的承运人运输。

1.10.1.3　　危险货物运输过程中,在用于临时储存的区域(如临时储存场站,临时储存点,车库、停泊区和铁路货运编组站)内,应有适当的防护措施与照明,并在可能和适当的情况下禁止普通公众进入。

1.10.1.4　　每个车组成员在从事危险货物运输作业时,应携带带有本人照片的身份识别证件。

1.10.1.5　　符合 1.8.1 和 7.5.1.1 的安全检查应采取适当的安全措施。

1.10.1.6　　主管机关应保存 8.2.1 规定的,由其或者其他认可机构颁发的驾驶员有效培训证书的最新注册信息。

1.10.2　安保培训

1.10.2.1　　1.3 章规定的培训和再培训也应包括安保意识的内容。安全再培训不需要仅与监管变化相关联。

1.10.2.2　　安保意识培训应讲明安保风险的性质,识别安保风险,解决和降低该风险的方法,以及在安保受到破坏时采取的行动。培训应包括与个人义务和责任相对应的安保计划(根据情况)以及在执行安保计划方面承担责任的意识。

1.10.2.3　　在雇佣从事有关危险货物运输岗位工作的人员时,应该对人员提供培训或核实其培训记录,并应定期进行再培训。

1.10.2.4　　所有的安保培训记录应由雇主保管,如雇员或主管机关提出要求,应向其提供。雇主保管培训记录的时间期限由主管机关确定。

1.10.3　对有严重后果的危险货物的规定

1.10.3.1　*有严重后果的危险货物的定义*

1.10.3.1.1　　有严重后果的危险货物,指有可能被不正当使用于制造恐怖事件,以及有可能造成严重后果的危险货物,如大规模伤亡或大规模破坏,特别是第 7 类货物,有可能造成大规模社会经济破坏。

1.10.3.1.2　　有严重后果的危险货物指表 1.10.3.1.2 中列出的除第 7 类之外的,且其运输数量超过表中所示数量的货物。

有严重后果的危险货物清单　　　　　表 1.10.3.1.2

类别	分项	物质或物品	数　量		
			罐体 (L)[c]	散货 (kg)[d]	包件 (kg)
1	1.1	爆炸品	a	a	0
	1.2	爆炸品	a	a	0
	1.3	配装组 C 爆炸品	a	a	0

续上表

类别	分项	物质或物品	数量		
			罐体(L)c	散货(kg)d	包件(kg)
1	1.4	UN 0104,0237,0255,0267,0289,0361,0365,0366,0440,0441,0455,0456 和 0500	a	a	0
	1.5	爆炸品	0	a	0
2		易燃气体(仅包括分类代码为字母"F"的)	3000	a	b
		毒性气体(分类代码为 T,TF,TC,TO,TFC 或 TOC),不包括气溶胶	0	a	0
3		Ⅰ类和Ⅱ类包装的易燃液体	3000	a	b
		退敏爆炸品	0	a	0
4.1		退敏爆炸品	a	a	0
4.2		Ⅰ类包装的物质	3000	a	b
4.3		Ⅰ类包装的物质	3000	a	b
5.1		Ⅰ类包装的氧化性液体	3000	a	b
		高氯酸盐、硝酸铵、硝酸铵化肥和硝酸铵乳液或悬浮液或凝胶	3000	3000	b
6.1		Ⅰ类包装的毒性物质	0	a	0
6.2		A类感染性物质(UN 2814 和 2900,除了动物材料)	a	0	0
8		Ⅰ类包装的腐蚀性物质	3000	a	b

a 不相关。
b 不管多少数量,不适用1.10.3。
c 本栏所指明的数值仅适用按照3.2 章表A 第(10)或(12)栏批准的罐体运输。对不被批准罐体运输的物质,该栏的指示不相关。
d 本栏所指明的数值仅适用按照3.2 章表A 第(10)或(17)栏批准的散装运输。对不被批准散装运输的物质,该栏的指示不相关。

1.10.3.1.3　　　　对第7类危险货物而言,有严重后果的放射性物质指单一包件的放射性活度安全运输阈值等于或大于$3000A_2$(见2.2.7.2.2.1),表1.10.3.1.3 中列出安全运输阈值的放射性核素除外。

特定放射性核素的安全运输阈值　　　　表1.10.3.1.3

元　素	放射性核素	安全运输阈值(TBq)
镅	Am－241	0.6
金	Au－198	2
镉	Cd－109	200
锎	Cf－252	0.2
锔	Cm－244	0.5
钴	Co－57	7
钴	Co－60	0.3
铯	Cs－137	1
铁	Fe－55	8000
锗	Ge－68	7
钆	Gd－153	10
铱	Ir－192	0.8
镍	Ni－63	600
钯	Pd－103	900
钷	Pm－147	400
钋	Po－210	0.6

续上表

元　　素	放射性核素	安全运输阈值(TBq)
钚	Pu – 238	0.6
钚	Pu – 239	0.6
镭	Ra – 226	0.4
钌	Ru – 106	3
硒	Se – 75	2
锶	Sr – 90	10
铊	Tl – 204	200
铥	Tm – 170	200
镱	Yb – 169	3

1.10.3.1.4　放射性核素的混合物,可通过计算确定其是否达到或超过运输安全阈值,将每一种放射性核素的活性比值相加,再除以该放射性核素的运输安全阈值。如各分数之和小于1,则尚未达到也未超过该混合物的放射性阈值。

可用以下公式计算：

$$\sum_i \frac{A_i}{T_i} < 1$$

式中：A_i——包件中存在的放射性核素 i 的活度(TBq)；

　　　T_i——放射性核素 i 的运输安全阈值(TBq)。

1.10.3.1.5　当放射性物质具有其他类别或项别的次要危险时,还必须考虑表1.10.3.1.2中的标准(另见1.7.5)。

1.10.3.2　　*安保计划*

1.10.3.2.1　在1.4.2和1.4.4中所指定的,从事有严重后果的危险货物(见表1.10.3.1.2)或有严重后果的放射性物质(见表1.10.3.1.3)运输的承运人、托运人和其他参与人,应采取、执行和遵守1.10.3.2.2要求的安保计划。

1.10.3.2.2　安保计划应至少包括以下主要内容：

(a) 对能胜任和有资格的人员,分配明确的安全责任分工,并赋予其适当的权力以履行其职责；

(b) 危险货物或有关危险货物类别的记录；

(c) 审查当前的操作,评价安保风险,包括根据需要必须停止运输操作；运输前、中和后过程中将危险货物保持在车辆、罐体或集装箱中,以及在多种运输方式间转换或运输单元间转运过程中危险货物的临时储存；

(d) 对降低安全风险采取措施的明确声明,与参与人的义务和责任相对应,包括：

—培训；

—安保政策(如对高危险情况的响应、对新雇员/聘用的核实等)；

—操作规程[如在已知的情况下选择/使用路径、在临时储运时接触危险货物[如(c)所定义],与不安全基础设施的距离等]；

—用来降低安保风险的设备和资源；

(e) 对威胁、违反安保的问题或安保事故,有效和最新的报告和处理程序；

(f) 评估和测试安保计划的程序,定期审查和更新计划的程序；

(g) 确保运输信息物理安全的措施；

(h) 确保与运输业务相关的信息仅分发给那些需要它的人的措施。这些措施不应排除其他ADR所需提供的信息的条款)。

	注：承运人、发货人和收货人应相互合作，并与主管机关配合，交换危险信息、采取适当的安保措施，并对安保事故做出反应。
1.10.3.3	应采用可防止承载有严重后果的危险货物（见1.10.3.1.2）或有严重后果的放射性物质（见1.10.3.1.3）的车辆及其货物被盗的装置、设备或布置，并采取措施确保其在任何时候都能可操作和有效。这些保护措施的运用不应危及应急响应。
	注：在适当的时候，且已安装，应使用运输遥测或其他定位追踪方式或装置来监测有严重后果的危险货物（见1.10.3.1.2）或有严重后果的放射性物质的运输（见1.10.3.1.3）。
1.10.4	按照1.1.3.6，1.10.1、1.10.2、1.10.3和8.1.2.1(d)的要求不适用于当运输单元上的包件所承载的数量不超过1.1.3.6.3所提到的数量，UN 0029，0030，0059，0065，0073，0104，0237，0255，0267，0288，0289，0290，0360，0361，0364，0365，0366，0439，0440，0441，0455，0456和0500外，以及除了活度水平超过A2值的UN 2910和2911（见1.1.3.6.2的首行）除外。此外，按照1.10.1，1.10.2，1.10.3和8.1.2.1(d)的要求不适用于运输单元上的罐体或散装运输的数量不超过1.1.3.6.3所提到的数量。此外，本章的条款不适用于低比活度（LSA-I）的UN 2912放射性物质，和表面有污染物体（SCO-I）的UN 2913放射性物质的运输。
1.10.5	放射性物质若已适用《核材料实物保护公约》[1]和原子能机构通报的《核材料和核设施的实物保护》[2]的规定，即视为符合本章要求。

---

[1] *INFCIRC/274/Rev.1*，原子能机构，维也纳（1980）。
[2] *INFCIRC/225/Rev.4（Corrected）*，原子能机构，维也纳（1999）。

第2部分 分 类

第 2.1 章　一 般 规 定

2.1.1　介绍

2.1.1.1　按照 ADR,危险货物类别为:
第 1 类　　爆炸物质和物品
第 2 类　　气体
第 3 类　　易燃液体
第 4.1 类　易燃固体、自反应物质和固态退敏爆炸物
第 4.2 类　易自燃物质
第 4.3 类　遇水放出易燃气体的物质
第 5.1 类　氧化性物质
第 5.2 类　有机过氧化物
第 6.1 类　毒性物质
第 6.2 类　感染性物质
第 7 类　　放射性材料
第 8 类　　腐蚀性物质
第 9 类　　杂项危险物质和物品

2.1.1.2　不同类别的每个条目中都指定一个 UN 编号,分为以下 4 种:

A. 严格定义的物质或物品的单一条目,包括含有若干个异构体的物质条目,例如:
UN 1090　丙酮
UN 1104　乙酸戊酯
UN 1194　亚硝酸乙酯溶液

B. 严格定义的一组物质或物品的通用条目,不含"未另作规定的"条目,例如:
UN 1133　胶黏剂
UN 1266　香料制品
UN 2757　氨基甲酸酯农药,固体的,有毒的
UN 3101　有机过氧化物,B 型,液体的

C. "未另作规定的"特定条目,适用于一组具有特定化学或技术属性的物质或物品,未另作规定的,例如:
UN 1477　硝酸盐,无机的,未另作规定的
UN 1987　醇类,未另作规定的

D. "未另作规定的"通用条目,包括存在一类或多类危险特性的物质或物品,未另行规定,例如:
UN 1325　易燃固体,有机的,未另作规定的
UN 1993　易燃液体,未另作规定的

在 B.,C. 和 D. 定义下的条目作为类属条目。

2.1.1.3　就包装而言,除第 1 类、第 2 类、第 5.2 类、第 6.2 类和第 7 类,以及第 4.1 类自反应性物质以外的所有物质按其所呈现的危险性程度分为 3 类包装:
Ⅰ类包装:具有高度危险性的物质;

Ⅱ类包装:具有中等危险性的物质;
Ⅲ类包装:具有低度危险性的物质。

3.2章表A中,列出了每种物质划分的包装类别。

对物品没有做包装类别的划分。就包装而言,任何具体的包装性能要求,列在相应的包装指南中。

2.1.2 分类原则

2.1.2.1 分类条目所包含的危险货物,是以2.2.x.1中相关类别的自身性质为基础来进行定义的。根据2.2.x.1中的分类准则将危险货物划归某一类及某一包装类别。具有一种或几种次要危险性的危险物质或物品,根据2.2.x.1中的有关分类及次要危险性的分类准则划分其分类及次要危险性。

2.1.2.2 所有危险货物的条目都按其UN编号的数字顺序列于3.2章表A中。表中列出了货物的相关信息,例如名称、类别、包装类别、所附的标志、包装和运输规定❶。

2.1.2.3 一些物质可能含有技术性杂质(例如生产过程中产生的杂质),或为了稳定或其他目的使用了不影响其分类的添加剂。但列出名称的物质,如列在3.2章表A中的单一条目,所含有的技术性杂质或为稳定或其他目的而使用的添加剂会影响其分类,则应视为混合物或溶液(见2.1.3.3)。

2.1.2.4 2.2.x.2中所列或所定义的各类危险货物,都不允许运输。

2.1.2.5 未列出名称的货物,如未在3.2章表A中作为单一条目列出的货物,以及未在2.2.x.2中列出或定义的货物,应根据2.1.3的程序按相关类别进行划归。此外,还应确定次要危险性(如果有)和包装类别(如果有)。一旦该类别建立了次要危险性(如果有)和包装类别(如果有),则相关的UN编号也应确定。每个类别最后在2.2.x.3中的决策图表(类属条目列表)显示了用于选择相关类属条目(UN编号)的相关参数。按照2.1.1.2中以字母B、C、D所划分的种类,任何时候都应选择最能详细明确包含物质或物品性质的类属条目。如果物质和物品不能按照2.1.1.2在B或C类条目下进行分类,那么,仅在此情况下才能在D类条目下进行分类。

2.1.2.6 在3.2章表A中有名称被详细明确提及的某一类别的物质、溶液或混合物可能不符合2.3章的试验程序和2.2.x.1中的所示标准。在这种情况下,认为该物质、溶液或混合物不属于该类别。

2.1.2.7 为便于分类,在101.3kPa的压力下具有熔点或起始熔点在20℃或20℃之下的物质认为是液体。具有不能确定明确熔点的黏性物质,应该遵照ASYM D 4359-90试验或遵照2.3.4中描述的测定流度试验(透光度计试验)进行分类。

2.1.3 未列出名称的物质分类,包括溶液和混合物(例如配制品和废品)

2.1.3.1 包括溶液和混合物在内的未列出名称的物质,需根据其危险程度进行分类,其危险程度基于不同类别的2.2.x.1中的标准。物质的危险性应由其物理和化学特征和生理性质决定。在严格的划归过程中,应同时考虑相关的特征和性质。

2.1.3.2 未在3.2章表A中列出名称且仅具有单一危险性的物质,应划分至该类2.2.x.3类属条目下的相关类别中。

2.1.3.3 符合ADR分类标准的溶液或混合物,其单一主要成分是3.2章表A中按名称列出的一种物质,另有一种或多种不受ADR限制的物质,或含有微量的一种或多种

---

❶ 秘书处注:按字母顺序编排的条目表由秘书处制定,编入3.2章表B中。该表不作为ADR的正式部分。

在3.2章表A中列出名称的物质,该混合物或溶液须给予3.2章表A中列出名称的主要成分物质的UN编号和正式运输名称,除非:

(a) 该溶液或混合物在3.2章表A中已列出名称;

(b) 3.2章表A中所列物质的名称和说明专门指出该条目仅适用于纯物质;

(c) 该溶液或混合物的种类,分类号,包装类别,或物理状态与在3.2章表A中列出名称的物质不同;或

(d) 该溶液或混合物的危险特性与属性要求采取的应急措施,与在3.2章表A中列出名称的物质要求不同。

在上述除(a)以外的例外中,考虑到溶液或混合物所具有的次要危险(如果有),该溶液或混合物应该作为相关类别下未列出名称的物质,在2.2.x.3中的类属2.1.3.3条目下进行分类,除非该溶液或混合物不符合任何类别的标准,该情况下,此溶液或混合物不适用ADR。

2.1.3.4　含有2.1.3.4.1或2.1.3.4.2条目下物质的溶液或混合物应根据相关段落进行分类。

2.1.3.4.1　包含以下列出名称的物质的溶液和混合物,如果它们不具有2.1.3.5.3中所指出的危险性,应始终在它们所包含物质的同一条目下进行分类:

—第3类

UN 1921 丙烯亚胺,稳定的;UN 3064 硝化甘油酒精溶液,含硝化甘油1%~5%;

—第6.1类

UN 1051 氰化氢,稳定的,含水少于3%;UN 1185 乙撑亚胺,稳定的;UN 1259 羰基镍;UN 1613 氢氰酸,水溶液(氢氰酸,水溶液),含氰化氢不大于20%;UN 1614 氰化氢,稳定的,含水少于3%,被多孔惰性材料吸收;UN 1994 五羰铁;UN 2480 异氰酸甲酯;UN 2481 异氰酸乙酯;UN 3294 氰化氢酒精溶液,含氰化氢不超过45%;

—第8类

UN 1052 无水氟化氢;UN 1744 溴或溴溶液;UN 1790 氢氟酸,含氟化氢大于85%;UN 2576 熔融三溴氧化磷。

2.1.3.4.2　溶液或混合物含有第9类物质的以下条目:

UN 2315 液态多氯联苯;

UN 3151 液态多卤联苯;

UN 3151 液态多卤三联苯;

UN 3152 固态多卤联苯;

UN 3152 固态多卤三联;或

UN 3432 固态多氯联苯;

应始终在第9类同　条目下进行分类,只要:

—除了Ⅲ类包装的第3、4.1、4.2、4.3、5.1、6.1或8类外,它们不包含任何额外的危险组分;及

—它们没有2.1.3.5.3所列明的危险特性。

2.1.3.5　未在3.2章表A中列出名称的,具有多种危险性的物质、达到ADR分类标准的且含有多种危险物质的溶液或混合物,应该在类属条目下(见2.1.2.5)进行分类并按照它们的危险性质规定合适的包装类别。如此根据危险性质进行的分类应按以下方式执行:

2.1.3.5.1　通过测量或计算测定其物理、化学和生理特性,同时,该物质、溶液或混合物应该依据不同类别的2.2.x.1中提到的标准进行分类。

2.1.3.5.2　如果测定所需财力和人力过多(如某种废品),那么该物质、溶液或混合物就按其

主要危险物质进行分类。

2.1.3.5.3　如果物质、溶液或混合物的危险性属于以下所列物质的几个种类或类别,那么物质、溶液或混合物应该根据主要危险性,进行分类,主要危险性以下列顺序为基础:

(a) 第7类材料(除例外包件中的放射性物质外,在那种情况下,优先考虑其他危险性。例外包件中的放射性物质,除"UN 3507 六氟化铀,放射性材料,例外包件"外,均适用3.3章特殊规定290);

(b) 第1类物质;

(c) 第2类物质;

(d) 第3类液态退敏爆炸物;

(e) 第4.1类自反应物质和固态退敏爆炸物;

(f) 第4.2类发火物质;

(g) 第5.2类物质;

(h) 具有Ⅰ类包装吸入毒性的第6.1类物质(符合第8类标准并且粉尘和烟雾吸入毒性(LC_{50})在Ⅰ类包装范围内、但口服或皮肤接触毒性只在Ⅲ类包装范围内或更小的物质或制剂除外,这类物质或制剂必须划入第8类);

(i) 第6.2类感染性物质。

2.1.3.5.4　如果物质含有两种或两种以上的分类或不同的包装类别的危险分类,且该分类不属于2.1.3.5.3中所列物质,则该物质应该根据2.1.3.10中的危险先后性顺序表进行选择。

2.1.3.5.5　如果待运废料的成分不明确,可以基于托运人对该废料的认识,以及现行安全与环境法规要求的所有技术与安全数据❶,按照2.1.3.5.2确定其 UN 编号以及包装类别。

在不确定的情况下,采取最高危险等级。

若基于对废料组分的认识,以及已知成分的物理与化学性质,能够说明废料性质未达到Ⅰ类包装等级,该废料可在默认情况下归为Ⅱ类包装等级中最恰当的未另作规定的条目下。如果废物仅包含对环境有害的物质,可将其归为Ⅲ类包装下 UN 3077 或 3082。

该步骤不适用于含有2.1.3.5.3提到的物质、第4.3类物质、2.1.3.7中提到的物质以及2.2.x.2中不能运输的物质。

2.1.3.6　应该始终使用可适用的特定类属条目(见2.1.2.5),即仅当严格定义的通用条目或未另作规定的特定条目不能使用时,才可使用未另作规定的类属条目。

2.1.3.7　含有氧化性物质或具有氧化次要危险性物质的溶液和混合物可能具有爆炸性。该情况下,除非它们符合关于第1类物质的要求,否则不允许运输。

2.1.3.8　第1~6.2,8和9类物质中那些未列入 UN 3077 和 3082 的物质,除其本身第1~6.2,8和9类的危险性外,达到2.2.9.1.10标准的,还应将其看作是对环境有害的物质。其他未达到分类标准但属于2.2.9.1.10的物质可适当划归至 UN 3077 和 3082。

2.1.3.9　若废料未达到1~9类分类标准,但受《控制危险废物越境转移及其处置的巴塞尔公约》制约,则可作为 UN 3077 或 3082 运输。

2.1.3.10　***危险性先后顺序表***

---

❶ 此类法规如2000年5月3日的委员会决议2000/532/EC,依照有关废物处置指令75/442/EEC(被欧洲议会和理事会第2006/12/EC 号指令取代(欧盟公报,2006年4月27日第 L 144期,第9页))第1(a)款规定,建立废物名单以代替决定94/3/EC;理事会决定94/904/EC,依照有关危险废物处置理事会指令91/689/EEC 第1(4)规定,建立危险废物名单(欧盟公报,2000年9月6日第 L 226期,第3页)。

类或项和包装类别	4.1,II	4.1,III	4.2,II	4.2,III	4.3,I	4.3,II	4.3,III	5.1,I	5.1,II	5.1,III	6.1,I 皮肤	6.1,I 口服	6.1,II	6.1,III	8,I	8,II	8,III	9
3,I	SOL LIQ 4.1,II 3,I	SOL LIQ 4.1,III 3,I	SOL LIQ 4.2,II 3,I	SOL LIQ 4.2,III 3,I	4.3,I	4.3,II	4.3,III	SOL LIQ 5.1,I 3,I	SOL LIQ 5.1,II 3,I	SOL LIQ 5.1,III 3,I	3,I	3,I	3,I	3,I	8,I	3,I	3,I	3,I
3,II	SOL LIQ 4.1,II 3,II	SOL LIQ 4.1,III 3,II	SOL LIQ 4.2,II 3,II	SOL LIQ 4.2,III 3,II	4.3,I	4.3,II	4.3,III	SOL LIQ 5.1,I 3,I	SOL LIQ 5.1,II 3,I	SOL LIQ 5.1,III 3,I	3,I	3,I	3,II	3,I	8,I	3,I	3,II	3,II
3,III	SOL LIQ 4.1,II 3,III	SOL LIQ 4.1,III 3,III	SOL LIQ 4.2,II 3,III	SOL LIQ 4.2,III 3,III	4.3,I	4.3,II	4.3,III	SOL LIQ 5.1,I 3,I	SOL LIQ 5.1,II 3,II	SOL LIQ 5.1,III 3,II	6.1,I	3,I	6.1,II	3,II	8,I	8,II	3,III	3,III
4.1,II			4.2,II	4.2,III	4.3,I	4.3,II	4.3,III	5.1,I	4.1,II	4.1,III	6.1,I	6.1,I	SOL LIQ 4.1,II 6.1,II	3,III[a]	8,I	SOL LIQ 4.1,II 8,II	SOL LIQ 4.1,II 8,III	4.1,II
4.1,III			4.2,II	4.2,III	4.3,I	4.3,II	4.3,III	5.1,I	4.1,II	4.1,III	6.1,I	6.1,I	6.1,II	SOL LIQ 4.1,III 6.1,III	8,I	8,II	SOL LIQ 4.1,III 8,III	4.1,III
4.2,II				4.2,III	4.3,I	4.3,II	4.3,III	5.1,I	4.2,II	4.2,II	6.1,I	6.1,I	4.2,II	4.2,II	8,I	4.2,II	4.2,II	4.2,II
4.2,III					4.3,I	4.3,II	4.3,III	5.1,I	5.1,II	4.2,II	6.1,I	6.1,I	4.2,II	4.2,II	8,I	4.2,III	4.2,III	4.2,III
4.3,I						4.3,II	4.3,III	5.1,I	4.3,I	4.3,I	6.1,I	6.1,I	4.3,I	4.3,I	4.3,I	4.3,I	4.3,I	4.3,I
4.3,II							4.3,III	5.1,I	4.3,II	4.3,II	6.1,I	6.1,I	4.3,II	4.3,II	8,I	4.3,II	4.3,III	4.3,III
4.3,III								5.1,I	4.3,III	4.3,III	6.1,I	6.1,I	4.3,III	4.3,III	8,I	4.3,III	4.3,III	4.3,III
5.1,I									5.1,I		5.1,I	5.1,I	5.1,I	5.1,I	5.1,I	5.1,I	5.1,I	5.1,I
5.1,II											6.1,I	5.1,I	5.1,II	5.1,II	8,I	5.1,II	5.1,II	5.1,II
5.1,III											6.1,I	5.1,I	5.1,II	5.1,III	8,I	5.1,III	5.1,III	5.1,III
6.1,I 皮肤															SOL LIQ 6.1,I 8,I	6.1,I	6.1,I	6.1,I

续上表

类或项和包装类别	4.1,II	4.1,III	4.2,II	4.2,III	4.3,I	4.3,II	4.3,III	5.1,I	5.1,II	5.1,III	6.1,I 皮肤	6.1,I 口服	6.1,II	6.1,III	8,I	8,II	8,III	9
6.1,I 口服															SOL LIQ 6.1,I 8,I	6.1,I	6.1,I	6.1,I
6.1,II 吸入															SOL LIQ 6.1,I 8,I	6.1,II	6.1,II	6.1,II
6.1,II 皮肤															SOL LIQ 6.1,I 8,I	SOL LIQ 6.1,II 8,II	6.1,II	6.1,II
6.1,II 口服															8,I	SOL LIQ 6.1,II 8,II	6.1,II	6.1,II
6.1,III															8,I	8,II	8,III	6.1,III
8,I																		8,I
8,II																		8,II
8,III																		8,III

SOL = 固态物质与混合物
LIQ = 液态物质,混合物及溶液
DERMAL = 皮肤毒性
ORAL = 口服毒性
INHAL = 吸入毒性

[a] 农药为 6.1

注1：该表的使用范例说明

单一物质的分类

待分类物质描述：

符合第3类物质，Ⅱ类包装的标准，以及符合第8类物质，Ⅰ类包装标准的未列出名称的胺。

程序：

第3 Ⅱ行和第8 Ⅰ栏的交叉部分，得8 Ⅰ。

该物质划分在第8类中：

UN 2734，液态胺，腐蚀性，易燃，未另作规定的，或液态聚胺，腐蚀性，易燃，未另作规定的。

Ⅰ类包装

混合物的分类

待分类物质描述：

混合物包含Ⅲ类包装的第3类易燃液体，Ⅱ类包装的第6.1类有毒物质，以及Ⅰ类包装第8类腐蚀性物质。

程序：

第3 Ⅲ行和第6.1 Ⅱ栏的交叉部分，得6.1 Ⅱ。

第6.1 Ⅱ行和第8 Ⅰ栏的交叉部分，得8 Ⅰ LIQ。

该混合物未进一步定义，因此划分在第8类中：

UN 2922 腐蚀性液体，毒性，未另作规定的，Ⅰ类包装。

注2：某一危险分类和包装类别下的混合物和液体的分类范例：

第6.1类，（Ⅱ）的苯酚溶液，在第3类，（Ⅱ）苯中，将依据苯的毒性在第3类，（Ⅱ）中进行分类；该溶液应分为第3类，（Ⅱ）中 UN 1992 易燃液体，毒性，未另作规定的。

第6.1类，（Ⅱ）的砷酸钠和第8类，（Ⅱ）的氢氧化钠的固体混合物，应该分为第6.1类，（Ⅱ）中 UN 3290 无机毒性固体，腐蚀性，未另作规定的。

在第3类，（Ⅱ）中第4.1类，（Ⅲ）的未加工或精炼的萘溶液，应该分为第3类，（Ⅱ）中 UN 3295 液态烃类，未另作规定的。

第3类，（Ⅲ）的碳氢化合物和第9类，（Ⅱ）的多氯化联（二）苯（略作PCB）的混合物，应该分第9类，（Ⅱ）中 UN 2315 液态多氯联苯或 UN 3432 固态多氯联苯。

第3类的丙烯亚胺和第9类，（Ⅱ）的多氯化联（二）苯（略作PCB）的混合物，应该分为第3类中 UN 1921 丙烯亚胺，稳定的。

2.1.4	**样品的分类**
2.1.4.1	当物质的危险类别不确定而且将为进一步试验进行运输时，应按发货人对物质的认识并适用以下准则暂时划定其危险类别，正式运输名称和 UN 编号：

（a） 2.2 章的分类标准；以及

（b） 本章要求。

必须使用所选定正式运输名称的最严格包装类别。

使用 ADR 时，正式运输名称必须附加"样品"一词（例如，易燃液体，未另作规定的样品）。在某些情况下，如为被认为符合某些分类标准的物质样品提供了某一具体正式运输名称（例如，未压缩气体样品，易燃，UN 3167），则必须使用该正式运输名称。当使用"未另作规定的"条目运输样品时，不需要按照特殊规定 274 的要求在正式运输名称之后附加技术名称。

2.1.4.2 物质的样品将根据暂时划分的正式运输名称的要求(如下列所示)来进行运输：
(a) 该物质不被认为是 2.2 章 2.2.x.2 或 3.2 章所规定的不允许运输的物质；
(b) 该物质不被认为符合第 1 类标准，或被认为是感染性物质或放射性物质；
(c) 该物质若是自反应物质或有机过氧化物，则各自遵照 2.2.41.1.15 或 2.2.52.1.9；
(d) 该样品装在组合容器运输，每个包件净重不超过 2.5kg；
(e) 该样品不与其他的货物混合包装。

2.1.5　废弃的、空的、未清洗的包装分类

对于未清洗的空包装、大型包装、中型散装容器或其中部分，当它们达到了此条目的要求，并需要运输用以处置、回收、复原其的材料，除了翻新、修理、日常维护、改造或再利用外，可归为 UN 3509。

第2.2章 分类的特殊规定

2.2.1 第1类 爆炸物质和物品

2.2.1.1 *准则*

2.2.1.1.1 第1类物质包括:

(a) 爆炸性物质:固体或液体物质(或物质混合物),自身能够通过化学反应产生气体,其温度、压力和速度达到某程度时能对周围环境造成破坏。

烟火物质:物质或物质混合物用以产生热、光、声音、气或烟的效果或这些效果的集合。这些效果是由不起爆的自持放热化学反应产生的;

注1:物质本身不具有爆炸性,但可能形成爆炸性的气体、蒸气或粉尘的混合物,不属于第1类。

注2:不属于第1类的有:水或爆炸性含水酒精,水或酒精的内容量超过特殊的限制,同时它们还包含增塑剂(该爆炸性划分在第3类或第4.1类),根据它们的主要危险性,其爆炸性划分在第5.2类。

(b) 爆炸物品:含有一种或多种爆炸性或烟火物质的物品;

注:包含爆炸或烟火物质的设备,若是少量或具有以下性质:因疏忽或意外点燃,或运输初期都不会因发射、火、烟或噪声而对设备引起任何外部表现,就不符合第1类要求。

(c) 以上未提到以产生爆炸或烟火效果为目的而制造的物质和物品。

对于第1类的目的,可采用以下解释:

退敏的,是指将一种物质(或退敏剂)加入爆炸物内以提高其操作和运输的安全性。退敏剂使爆炸物在加热、震动、碰撞、打击或摩擦时不敏感,或低敏感。典型的退敏剂包括但不限于:蜡、纸、水、聚合物(如氯氟烃聚合物),酒精和油(如凡士林和石蜡)。

2.2.1.1.2 任何具有或疑似具有爆炸性的物质或物品都应按《试验和标准手册》第Ⅰ部分所规定的试验、程序和标准,将其划分在第1类中。

划分在第1类的某种物质或物品只有在3.2章表A中列出名称或未另作规定的条目,并且符合《试验和标准手册》的标准时,才允许被运输。

2.2.1.1.3 第1类中的物质和物品应该确定一个UN编号和一个名称或在3.2章表A中未另作规定的条目。3.2章表A中物质或物品名称的解释应以2.2.1.4的词汇表为基础。

就运输而言,新的或现存的爆炸性物质或物品的样品包括:测试、分类、研究和提高质量控制,或作为商业样品,除引爆炸药外,都能划分为UN 0190 爆炸性样品。

3.2章表A对第1类中某个未另作规定的条目所指的未列出名称的爆炸性物质或物品,或UN 0190爆炸性样品,其划归和特定物质的划归相同,其运输要根据起运国主管机关制定的,在3.2章表A第(6)栏中所提到的特殊规定,并由主管机关特殊批准才能运输。该主管机关应当提供这些物质或物品运输情况的书面说明。若起运国不是ADR缔约方,则运输的分类及其情况应当得到托运所到达的第一个ADR缔约方主管机关的认可。

2.2.1.1.4 第1类物质或物品应该根据2.2.1.1.5划分至某一类别中,并根据2.2.1.1.6分至某一配装组中。该类别应遵照2.2.1.1.5的定义,以2.3.0及2.3.1中试验的结果为基础。配装组别应按2.2.1.1.6的定义来确定。分类代码包括类别数字和配装组字母。

2.2.1.1.5 分类的定义

1.1项 有整体爆炸危险的物质和物品(整体爆炸是指实际上瞬间影响到几乎全部载荷的爆炸)。

1.2项 有迸射危险,但无整体爆炸危险的物质和物品。

1.3项 有燃烧危险并兼有局部爆炸危险或局部迸射危险之一或兼有这两种危险,但无整体爆炸危险的物质和物品。

  (a) 产生相当大辐射热的物质和物品;或

  (b) 相继燃烧,产生局部爆炸或迸射效应,或两者兼而有之的物质和物品。

1.4项 在运输过程中如果发生点燃或引发时只出现轻微危险的物质和物品。其影响主要限于包装本身,并且预计爆炸射出的碎片不大,射程不远。外部火源不会引起包件几乎全部内容物瞬间爆炸。

1.5项 有整体爆炸危险的非常不敏感物质,在正常运输情况下引发或由燃烧转为爆炸的可能性很小。作为最低要求,它们在外部火焰试验中必须不会爆炸。

1.6项 没有整体爆炸危险的极端不敏感物品。该物品只包含极端不敏感起爆物质,并且其意外引发或传播的概率可忽略不计。

注:1.6项物品的危害仅限于单个物品的爆炸。

2.2.1.1.6 物质和物品配装组的定义

A 一级爆炸性物质。

B 含有一级爆炸性物质,但不具备两种或两种以上有效保护装置的物品。某些物品,例如爆破用雷管、爆破用雷管组件和帽型起爆器,即使不含一级爆炸性物质,也属于该类物质。

C 推进爆炸性物质或其他爆炸性物质或含有这类爆炸物质的物品。

D 二级起爆物质或黑火药或含有二级起爆物质的物品,无引发装置和发射药;或含有一级爆炸性物质和两种或两种以上有效保护装置的物品。

E 含有二级起爆炸药的物品,无引发装置,带有发射药(含有易燃液体或胶体或自燃液体的除外)。

F 含有二级起爆炸药的物品,有引发装置,带有发射药(含有易燃液体或胶体或自燃液体的除外)或不带有发射药。

G 烟火物质或含有烟火物质的物品或既含有爆炸性物质又含有照明、燃烧、催泪或发烟物质的物品(水激活的物品或含有白磷、磷化物、发火物质、易燃液体或胶体或自燃液体的除外)。

H 含有爆炸性物质和白磷的物品。

J 含有爆炸性物质和易燃液体或胶体的物品。

K 含有爆炸性物质和毒性化学试剂的药品。

L 爆炸性物质或含有特殊危险性的爆炸性物质(例如由于水激活或含有自燃液体、磷化物或发火物质),每种类型需要隔离的物品。

N 只含有极端不敏感起爆物质的物品。

S 如下包装或设计的物质或物品:除了包件被火烧损外,任何附带功能引发的危害效应都应限定在包件内,所有爆炸和迸射效应也应有限,不至于妨碍或阻止邻近包件的救火或其他应急措施。

注1:每一种特定包装的物质或物品,都应只划分在一组配装组中。由于配装组S 的标准是以试验为依据的,因此这一组的划分必须与为分类代码化归的试验相联系。

注2:装配组D 和E 的物品在其具有各自的引发装置时可以安放或包装在一起,但这些引发装置至少应具有两种有效保护性装置,以防止引发装置的附带功能引起的爆炸。这种物质和包件应该被划分在装配组D 或者E 中。

注3:没有两种有效保护性装置(也就是分在B 中的引发装置),配装组D 和E 的物品在其具有各自的引发装置时也可以安放或包装在一起,但它们必须遵守4.1.10 中混合包装规定MP21。这样的包件应该划分在配装组D 和E 中。

注4:各自具有引发装置的物品,只要在运输过程中引发装置不起作用,它们则可以被安放或包装在一起。

注5:装配组C、D 和E 的物品可以包装在一起,这样的包件应划分为配装组E。

2.2.1.1.7	烟火危险性分类的确定
2.2.1.1.7.1	基于得自《试验和标准手册》试验系列6 的测试数据,烟火正常须确定危险性分类为1.1,1.2,1.3 和1.4。然而,因为物品的范围广泛,且受限于试验设施的可获得性,故其危险性分类的确定,也可按2.2.1.1.7.2 中的程序进行。
2.2.1.1.7.2	烟花归类于条目 UN 0333,0334,0335 和 0336,可以不需要进行试验系列6 的试验,可按照类比基于烟花默认分类设定表2.2.1.1.7.5 分类。其确定,须经主管机关的同意。在表中,没有单独列明的条目,则需基于得自联合国《试验和标准手册》试验系列6 的测试数据,确定分类。

注1:在2.2.1.1.7.5 表第1 栏中,其他类型烟花的添加,应该在向"联合国危险货物运输专家委员会"提交充分数据的基础上,由此委员会考虑添加。

注2:若来自主管机关的测试数据,无论与2.2.1.1.7.5 表第4 栏明细至第5 栏分类一致或不一致,都应提交至"联合国危险货物运输专家委员会"以咨询。

2.2.1.1.7.3	具有多于一种危险性分类的烟花,在同一包装中,须按其能分类的最高危险性进行包装,除非基于《试验和标准手册》试验系列6 的数据,表明其具有其他危险性。
2.2.1.1.7.4	在 2.2.1.1.7.5 表内的分类,给出的是仅仅用纤维板箱(4G)包装的物品。
2.2.1.1.7.5	烟花分类默认设定表❶

注1:表中提到的百分比,除非另外说明,指所有烟花物质的质量百分比(如火箭炮,发射、爆炸药、效果药)。

注2:此表中的"闪光成分"指的是粉末状的烟火物质,或烟花中用于产生响声效果、用作爆炸药或弹射药的烟火装置,除非在《试验和标准手册》中附录7HSL 闪光成分试验中,显示升压所需的时间大于每0.5g 烟火物质的6ms。

注3:参照以"mm"为单位:
— 对于球型和多球型,以球壳直径为准;
— 对于圆柱形,以壳长为准;
— 对于发射筒,罗马蜡烛形,射管形烟花或礼花,以组成或包含烟花的筒径为准;
— 对于联装或圆柱形礼花,要以装填烟花的凹面直径为准。

---

❶ 此表包含烟火分类列表,可在缺乏试验系列6 试验数据的情况下使用(见2.2.1.1.7.2)。

类型	包括:/同义词:	定 义	详 述	分类
球形或圆柱形的礼花弹	球形专业礼花弹:空中礼花弹、彩弹、染料弹、多发礼花弹、多效礼花弹、水弹、降落伞礼花弹、烟幕弹、响子弹、响弹、迎宾礼花炮、声弹、霹雳炮、高空礼花组合	这种装置有或没有发射药,有延迟引火线和爆炸药、烟花元件或松散火药物质,用臼炮发射	所有炸弹	1.1G
			彩弹:≥180mm	1.1G
			彩弹:<180mm 有 >25%闪光成分,松散粉末与/或响声效果	1.1G
			彩弹:<180mm 带有≤25%闪光成分,松散粉末与/或响声效果	1.3G
			彩弹:≤50mm,或≤60g 火药物质,带有≤2%闪光成分,松散粉末与/或响声效果	1.4G
	花生弹	这种装置有两个或更多装在同一外壳中的升空礼花弹,用同一发射药发射,但有分开的外部引火线	产品分类由组合中危险性最大的升空礼花类型决定	
	预装弹,臼炮礼花炮	这种组合件包括一个球弹或柱形弹。用臼炮发射	所有响子炸弹	1.1G
			彩弹:≥180mm	1.1G
			彩弹:>25%闪光成分,松散粉末与/或响声效果	1.1G
			彩弹:>50mm且<180mm	1.2G
			彩弹:≤50mm,或≤60g 火药物质,带有≤25%闪光成分,松散粉末与/或响声效果	1.3G
	弹中弹(球形)(弹中弹含量是指其占焰火物品总质量的比例)	这种装置无发射药,有延迟引火线和爆炸药,内装炸弹和惰性材料,用臼炮发射	>120mm	1.1G
		这种装置无发射药,有延迟引火线和爆炸药,内装炸弹,每个炸弹的闪光成分≤25g,有≤33%闪光成分和≥60%惰性材料,用臼炮发射	≤120mm	1.3G
		这种装置无发射药,有延迟引火线和爆炸药,内装彩弹和/或烟花元件,用臼炮发射	>300mm	1.1G
		这种装置无发射药,有延迟引火线和爆炸药,内装彩弹≤70mm 和/或烟花元件,有≤25%闪光成分和≤60%火药物质,用臼炮发射	>200mm 且≤300mm	1.3G
		这种装置有发射药,有延迟引火线和爆炸药,内装彩弹≤70mm 和/或烟花元件,有≤25%闪光成分和≤60%火药物质,用臼炮发射	≤200mm	1.3G
排炮/组合类	连珠炮、微型礼花弹、盆花、尾炮盆、花床、水炮、多发管、球形盆花、排炮、闪光排炮	这种组合件包含若干内装相同类型或若干类型烟花元件,这些类型都是本表所列的烟花类型,有一或两个点火点	产品分类由组合中危险性最大的升空礼花类型决定	

续上表

类型	包括:/同义词:	定 义	详 述	分类
罗马蜡烛	专业燃放蜡烛、蜡烛、组合吐珠筒	烟花筒内装一系列烟花元件,其中包括交替火药物质、发射药和传爆管	内径≥50mm,内装闪光成分,或<50mm但含有>25%闪光成分	1.1G
			内径≥50mm,无闪光成分	1.2G
			内径<50mm且含有≤25%闪光成分	1.3G
			内径<30mm,每个烟火元件≤25g且含有≤5%闪光成分	1.4G
彩珠筒	单发罗马蜡烛,小预置炮	烟花筒内装一个烟花元件,其中装有火药物质、发射药,有或无传爆管	内径≥30mm和烟火元件>25g,或>5%且含有≤25%闪光成分	1.3G
			内径<30mm,每个烟火元件≤25g且含有≤5%闪光成分	1.4G
火箭	火箭、信号火箭、哨叫火箭、筒装火箭、高空火箭、导弹式火箭、室内火箭	烟花筒内装火药物质和/或烟花元件,配备小棒或其他飞行稳定装置,用于射入空中	仅有闪光成分效果	1.1G
			闪光成分占火药物质的百分比>25%	1.1G
			火药物质>20g,闪光成分≤25%	1.3G
			火药物质≤20g,装载有黑火药爆炸药和每个炸弹有闪光成分≤0.13g,合计≤1g	1.4G
弹类	盆花,地面弹,袋弹,柱形弹	烟花筒内装发射药和烟花元件,用于放在地面或固定在地上。主要效果是所有烟花元件一下全部射入空中产生漫天五光十色,震耳欲聋的视觉和/或响声效果,或者:布或纸袋或者布或纸筒内装发射药和烟花元件,放在白炮内并用作地雷	>25%闪光成分,松散粉末与/或响声效果	1.1G
			≥180mm和≤25%闪光成分,松散粉末与/或响声效果	1.1G
			<180mm和≤25%闪光成分,松散粉末与/或响声效果	1.3G
			≤150g火药物质,含有≤5%闪光成分,松散粉末与/或响声效果。每个烟花元件≤25g,每个响声效果<2g;每个哨声(如果有)≤3g	1.4G
喷花	喷花,蕙花类,喷射类,点火棒,雷鸣,闪火花,球形喷花,锥形盆花,发光火柱	非金属壳体内压缩或压实的火药物质,产生火花和火焰	≥1kg火药物质	1.3G
			<1kg火药物质	1.4G
闪光灯	手持电光花和非手持电光花,吊线电光花	硬线材部分涂上(一端)缓慢燃烧的火药物质,有或无点火梢	以高氯酸盐为基料的电光花:每个电光花>5g或每包>10个电光花	1.3G
			以高氯酸盐为基料的电光花:每个电光花≤5g或每包≤10个电光花;	1.4G
			以硝酸盐为基料的电光花:每个电光花≤30g	
火棒类	蘸棒	非金属部分涂上(一端)缓慢燃烧的火药物质,用于手持	以高氯酸盐为基料的信号棒:每个信号棒>5g或每包>10个信号棒	1.3G
			以高氯酸盐为基料的信号棒:每个信号棒≤5g或每包≤10个信号棒;	1.4G
			以硝酸盐为基料的信号棒:每个信号棒≤30g	

续上表

类型	包括:/同义词:	定义	详述	分类
低爆烟花与玩具类	桌炮、摔炮、裂珠、烟弹、雾弹、蛇形烟花、发光虫、小蛇、拉炮、晚会棒	这种装置用于产生有限的视觉和/或响声效果,内装少量的烟花和/爆炸成分	甩炮和响鞭可含有多达1.6mg的雷酸银;响鞭和晚会响炮可含多达16mg的氯酸钾/红磷混合物;其他物品和含有多达5g的火药物质,但无闪光成分	1.4G
旋转类	空中旋转类,直升机,追弹,地面旋转类	一个或多个非金属筒内装产生气体或火花的火药物质,有或无产生噪声的成分,带或不带尾翼	每个物件的火药物质>20g,含有≤3%响声效果的闪光成分,或者哨声成分≤5g	1.3G
			每个物件的火药物质≤20g,含有≤3%响声效果的闪光成分,或者哨声成分≤5g	1.4G
转轮	凯瑟琳转轮,萨克逊	这种组合件包含内装火药物质的驱动装置,并配备把它附在一个转动轴上的装置	火药成分总量≥1 kg,无响声效果,每个哨声(如果有)≤25g,每车轮的哨声成分≤50g	1.3G
			火药成分总量<1 kg,无响声效果,每个哨声(如果有)≤5g,每车轮的哨声成分≤10g	1.4G
空中转轮	飞行萨克逊,UFOS,带尾皇冠	筒内装发射药和产生火花、火焰和/或噪声的火药成分,筒附在一个支承环上	火药成分总量>200g或每个驱动装置的火药成分>60g,≤3%响声效果的闪光成分,每个哨声(如果有)≤25g,每个车轮的哨声成分≤50g	1.3G
			火药成分总量≤200g或每个驱动装置的火药成分≤60g,≤3%响声效果的闪光成分,每个哨声(如果有)≤5g,每个车轮的哨声成分≤10g	1.4G
精选盒	精选燃放盒,精选盒,花园级精选组,室内级精选组,组合类	一类以上的烟花组合,其中每一类都与本表所列的烟花类型之一相对应	产品分类由组合中危险性最大的烟花类型决定	
鞭炮	庆典鞭炮,大卷盘,线结鞭	用烟花引线连起来的纸筒或纸板筒组合,每个纸筒用于产生一个响声效果	每个纸筒≤140mg闪光成分或≤1g黑火药	1.4G
雷鸣	礼炮,闪光炮,女士鞭	非金属筒内装拟产生响声效果的响声成分	每个物件的闪光成分>2g	1.1G
			每个物件的闪光成分≤2g和每个内容器≤10g	1.3G
			每个物件的闪光成分≤1g和每个内容器≤10g 或者每个物件的黑火药≤10g	1.4G

2.2.1.1.8 从第1类中排除

2.2.1.1.8.1 任一ADR缔约方的主管机关可根据试验结果和第1类的定义从该类货物中排除某物品或物质。非ADR缔约方,可以采用与RID,ADR,ADN,IMDG或ICAO规定一致的程序进行审批。

2.2.1.1.8.2 设计类型上是由自带的方式启动或点火或外部方法来激活功能的三种无包装的物品,如果其符合下列测试标准,该物品可由主管机关从第1类中排除:

(a) 无任何外表面温度超过65℃,但允许其瞬时温度超过200℃;

(b) 外壳无破裂或破碎或者无物品的移动或者其分离的零件在任何方向上不超过1m;

注:物体的完整性可能会受到外部起火的影响,须通过燃烧测试来检查这些标准,如ISO 12097-3 中所述。

(c) 在1m 的距离上,峰值噪声测试结果不得超过135dB(C);

(d) 没有闪光或没有能接触点燃类似 80 ±10/m² 纸张这类材料的燃烧能力;且

(e) 产生的烟、雾或尘,在1m³ 的装有适当大小吹出面板的检测室内,降低能见度不超过50%。上述测试由距恒定光源1m,放置在对面墙壁中点处的标准光度计(lux)或辐射计进行测量,也可采用ISO 5659-1 的光密度测试通用指南,和ISO 5659-2 条款7.5 所述的光度系统,或者类似的设计来实现相同目的的光密度测量方法也可使用。光度计须用一个合适的罩盖环绕在背面和侧面,以减小不是由光源直接发出的散射光或漏光的影响。

注1:如果在进行标准(a)(b)(c)和(d)测试的过程中,没有或很少有烟被观察到,(e)所述的测试可不做。

注2:如果确定物品以包装形式运输,可能造成更大的风险,主管机关可要求进行包装形式测试。

2.2.1.2　　　　　**不允许运输的物质和物品**

2.2.1.2.1　　　　按照《试验和标准手册》第Ⅰ部分,高敏感或易于自燃反应的爆炸性物质,以及不能划分于3.2 章表A 中的某一名目或未另作规定的条目的爆炸性物质或物品,不允许运输。

2.2.1.2.2　　　　配装组K 的物品不允许运输(1.2K,UN 0020 和1.3K,UN 0021)。

2.2.1.3　　　　　**相应物质列表**

类或项 (见2.2.1.1.4)	UN	正式运输名称
1.1A	0473	爆炸性物质,未另作规定的
1.1B	0461	火药系部件,未另作规定的
1.1C	0474	爆炸性物质,未另作规定的
	0497	液态推进剂
	0498	固态推进剂
	0462	爆炸性物品,未另作规定的
1.1D	0475	爆炸性物质,未另作规定的
	0463	爆炸性物品,未另作规定的
1.1E	0464	爆炸性物品,未另作规定的
1.1F	0465	爆炸性物品,未另作规定的
1.1G	0476	爆炸性物质,未另作规定的
1.1L	0357	爆炸性物品,未另作规定的
	0354	爆炸性物品,未另作规定的
1.2B	0382	火药系部件,未另作规定的
1.2C	0466	爆炸性物品,未另作规定的
1.2D	0467	爆炸性物品,未另作规定的
1.2E	0468	爆炸性物品,未另作规定的
1.2F	0469	爆炸性物品,未另作规定的
1.2L	0358	爆炸性物质,未另作规定的
	0248	水激活装置,带有起爆装置、发射剂或推进剂
	0355	爆炸性物品,未另作规定的
1.3C	0132	芳香族硝基衍生物的爆燃性金属盐,未另作规定的
	0477	爆炸性物质,未另作规定的
	0495	液态推进剂
	0499	固态推进剂
	0470	爆炸性物品,未另作规定的

续上表

类或项 (见 2.2.1.1.4)	UN	正式运输名称
1.3G	0478	爆炸性物质,未另作规定的
1.3L	0359	爆炸性物质,未另作规定的
	0249	水激活装置,带有起爆装置、发射剂或推进剂
	0356	爆炸性物品,未另作规定的
1.4B	0350	爆炸性物品,未另作规定的
	0383	火药系部件,未另作规定的
1.4C	0479	爆炸性物质,未另作规定的
	0501	固态推进剂
	0351	爆炸性物质,未另作规定的
1.4D	0480	爆炸性物质,未另作规定的
	0352	爆炸性物品,未另作规定的
1.4E	0471	爆炸性物品,未另作规定的
1.4F	0472	爆炸性物品,未另作规定的
1.4G	0485	爆炸性物质,未另作规定的
	0353	爆炸性物品,未另作规定的
1.4S	0481	爆炸性物质,未另作规定的
	0349	爆炸性物品,未另作规定的
	0384	火药系部件,未另作规定的
1.5D	0482	非常不敏感爆炸性物质,未另作规定的
1.6N	0486	极端不敏感爆炸性物品
	0190	爆炸性物质样品,引爆炸药除外
	注:根据2.2.1.1.4 的原则,类别和配装组应遵照主管机关的规定	

2.2.1.4　　　　**名称词汇表**

注1：词汇表中的说明不是替代试验程序,也不决定第1 类物质或物品的危险类别。正确类别的化归以及确定配装组S 是否合适,都应根据《试验和标准手册》,第Ⅰ部分中产品试验为基础,或者和已经试验过和按《试验和标准手册》程序划分过的相似产品进行类比。

注2：名称后的数字指其相关的联合国编号(3.2 章表A 第(1)栏)。对于分类代码,见2.2.1.1.4 。

照明弹药,带有或不带起爆装置、发射剂或推进剂:UN 0171,0254,0297
照明弹药是能产生强光的专一来源,用于照亮某一区域。该条款包含照明弹药筒、手榴弹和射弹；以及照明和目标识别炸弹。

注:以下物品:信号弹药筒;手提信号装置;遇难求救信号器;空投照明弹和地面照明弹没有包含在该定义中。它们另外列出。

燃烧弹药,液体或胶体,带有起爆装置、发射剂或推进剂:UN 0247
弹药包含液体或凝胶状的燃烧物质。除燃烧物质是一个爆炸品外,还包含一种或多种以下物质:带有起爆器和点燃剂的推进剂;具有起爆装置或发射剂的引信。

白磷燃烧弹药,带有起爆装置,发射剂或推进剂:UN 0243,0244
弹药以白磷作为燃烧物质,还包含一种或多种以下物质:带有起爆器和点燃剂的推进剂,带有起爆装置或发射剂的引信。

燃烧弹药,带有或不带有起爆装置,推进剂或发射剂:UN 0009,0010,0300

弹药包含燃烧成分。除成分本身为爆炸品外,还包含一种或多种以下物质:带有起爆器和点燃剂的推进剂,带有起爆装置或发射剂的引信。

练习用弹药:UN 0362,0488

弹药没有主要的爆炸装药,带有起爆装置或发射剂。通常也包含一个引信和推进剂。

注:该定义不包括另外列出的下列物品:练习用手(枪)榴弹。

测试用弹药:UN 0363

弹药含有烟火物质,用来测试新弹药、武器部件或组件的性能或威力。

白磷发烟弹药,带有起爆装置、发射剂或推进剂:UN 0245,0246

弹药包含白磷作为发烟物质,还包含一种或多种以下物质:带有起爆器和点燃剂的推进剂,带有起爆装置或发射剂的引信。该术语还包括发烟手(枪)榴弹。

发烟弹药,带有或不带有起爆装置,发射剂和推进剂:UN 0015,0016,0303

弹药包含如氯磺酸混合物或四氯化钛的发烟物质,或以六氯乙烷或红磷为基料的发烟烟火成分。除了物质本身是爆炸品外,弹药还包含一种或多种以下物质:带有起爆器和点燃剂的推进剂,带有起爆装置或发射剂的引信。该术语还包括发烟手(枪)榴弹。

注:发烟信号器不包含在该定义中,它们另外列出。

催泪弹药,带有起爆装置,发射剂或推进剂:UN 0018,0019,0301

弹药包含催泪物质,还包含一种或几种以下物质:烟火物质,带有起爆器和点燃剂的推进剂,带有起爆装置或发射剂的引信。

极端不敏感的爆炸性物品:UN 0486

该物品仅含有极端不敏感的起爆物质(EIDS),在正常运输条件下,其意外引发或传播的概率可忽略不计,并且已经通过试验系列7的测试。

发火物质:UN 0380

该物质含有发火物质(与空气接触能自发着火)和爆炸性物质成分。该术语不包含含有白磷的物品。

专用烟火制品:UN 0428,0429,0430,0431,0432

该物品含有烟火物质,作专门用途,如用于产生热、气体和戏剧效果等。

注:不包含在该定义中的物品为:所有弹药,信号弹药筒,爆炸式电缆切割器,烟火,空中照明弹,地面照明弹,爆炸式释放装置,爆炸式铆钉,手提信号装置,遇险求救信号器,爆炸式铁路轨道用信号器,发烟信号器 它们另外列出。

压缩黑火药(火药),颗粒状或粉状:UN 0028

该物质包含一个由黑火药压制而来的小球。

黑火药(枪药),颗粒状或粉状:UN 0027

该物质成分是木炭或其他碳和硝酸钾或硝酸钠的均匀混合物,含硫或不含硫。

装有易燃液体的炸弹,带有爆炸装药:UN 0399,0400

该物品是从飞机上空投用的,由充有易燃液体和爆炸装药的罐体组成。

摄影闪光弹:UN 0038

从飞机上空投的爆炸性物品,为摄影提供短暂的、强烈的闪光。它们包含具有依靠或不依靠两种或多种有效保护装置的引发的起爆装置。

摄影闪光弹:UN 0037

从飞机上空投的爆炸性物品,为摄影提供短暂的、强烈的闪光。它们不包含具有依靠两种或多种有效保护装置的引发的起爆装置。

摄影闪光弹:UN 0039,0299

从飞机上空投的爆炸性物品,为照片提供短暂的、强烈的闪光,具有闪光成分。

炸弹,装有炸药:UN 0034,0035

从飞机上空投的爆炸性物品,依靠或不依靠包括两种或多种有效保护装置的引发。

炸弹,装有炸药:UN 0033,0291

从飞机上空投的爆炸性物品,依靠不包括两种或多种有效保护装置的引发。

带有雷管的助爆器:UN 0025,0268

由依靠引发的起爆装置组成,用来增强雷管或导爆索的引发能力。

助爆管,不需要雷管:UN 0042,0283

由不需要引发的起爆装置组成,用来增强雷管或导爆索的引发能力。

起爆装置,爆炸性:UN 0043

该物品含有少量的爆炸装药,用来打开射弹或其他弹药,使其内含物散开。

闪光弹药筒:UN 0049,0050

该物品由一个外壳,一个起爆器和闪光火药组成,已经装配成件,随时可以发射。

武器弹药筒,无弹头:UN 0014

弹药由具有中心或边缘起爆器的封闭弹药筒壳,以及无烟火药或黑火药装药组成,但没有射弹。

武器弹药筒,无弹头:UN 0326,0413,0327,0338,0014

弹药由具有中心或边缘起爆器的封闭弹药筒壳,以及无烟火药或黑火药装药组成,但没有射弹。能产生巨大声响,用于训练、鸣礼炮、推进剂或起动手枪等。该术语还包括无弹头弹药。

武器弹药筒,带惰性射弹:UN 0328,0417,0339,0012

该弹药包含射弹,不带爆炸装药,但带有具有或不具有起爆器的推进剂。该物品可以含有曳光剂,但主要危险必须是推进剂。

武器弹药筒,带有炸药:UN 0006,0321,0412

该弹药包含射弹,带有依靠或不依靠包括两种或多种有效保护装置引发的炸药;带有具有或不具有起爆器的推进剂。当各成分都包装在一起的时候,该术语包含混合(组装)弹药,半混合(部分组装)弹药以及隔离装载弹药。

武器弹药筒,带有爆炸装药:UN 0005,0007,0348

该弹药包含射弹,带有依靠包括两种或多种有效保护装置引发的爆炸装药;带有具有或不具有起爆器的推进剂。当各成分都包装在一起的时候,该术语包含混合(组装)弹药,半混合(部分组装)弹药以及隔离装载弹药。

油井用弹药筒:UN 0277,0278

该物品由一个薄纤维、金属或其他材料制成的外壳组成,仅包含投射一个淬硬射弹的发射火药,以打成一个油井管。

注:聚能炸药不包含在该定义中,它们另外列出。

动力装置用弹药筒:UN 0275,0276,0323,0381

该物品是为了完成机械运动设计的。是由装有一定量爆燃炸药的外壳和引爆装置组成的。爆燃释放的气体产生膨胀、直线或旋转运动,或开动闸板、阀门或开关,抛射紧固装置或灭火剂。

信号弹药筒:UN 0054,0312,0405

该物品是为了用信号手枪等发射彩色闪光或其他信号设计的。

轻武器弹药筒:UN 0417,0339,0012

该弹药带有中心或边缘装有起爆器的外壳,并装有推进剂和实心弹头,用于在口径不大于19.1mm的武器中发射。任何口径的猎枪弹药筒都包含在这一说明中。

注：本定义不包含无弹头的轻武器弹药筒。它们另外列出。某些军用轻武器弹药筒也不包含在内，它们都列于武器弹药筒，带惰性射弹。

武器弹药筒，无弹头或轻武器弹药筒，无弹头：UN 0014，0327，0338

该弹药带有中心或边缘装有起爆器的封闭外壳，并装有烟雾剂或黑火药，弹药筒不含射弹。用于在口径不大于19.1mm的武器中发射，同时产生巨响，通常用于训练、礼炮、推进剂或起动手枪等。

空弹药筒壳，带有起爆器：UN 0379，0055

该物品包括由金属、塑料或其他无易燃性质材料制成的弹药筒壳，其中仅有的爆炸成分是起爆器。

可燃空弹壳，无起爆器：UN 0447，0446

该物品是部分或全部由硝化纤维素制成的弹药筒壳。

塑料胶黏爆炸装药：UN 0457，0458，0459，0460

该物品由一定量的塑料胶黏起爆炸药，以无外壳和不依靠引发的特殊形式加工而成。它们用于诸如弹头的弹药成分。

爆破炸药：UN 0048

该物品是在纤维板、塑料、金属或其他材料制造的外壳内装进一定量的起爆炸药。不依靠或依靠包括两种或多种有效保护装置的引发。

注：以下物质：炸弹、地（水）雷、射弹不包含于该定义中，它们另外列出。

深水炸弹：UN 0056

该物品是在圆桶或射弹中装有一定量的起爆炸药，不依靠或依靠包括两种或多种有效保护装置的引发。用于在水下起爆。

商品爆炸药，不带雷管：UN 0442，0443，0444，0445

该物品包含一定量的起爆炸药，不带引发装置，用于爆炸式焊接、接合、成形和其他冶金工序。

火炮发射药：UN 0242，0279，0414

为火炮分别装载的，任何物理形式的推进剂。

推进剂：UN 0271，0272，0415，0491

该物品包含一定量任何物理形式的推进火药，带有或不带有外壳，用作为火箭发动器的组成成分或降低射弹的阻力。

聚能装药，不带雷管：UN 0059，0439，0440，UN 0441

该物品具有一个装有一定量起爆炸药的外壳，炸药中有空腔，空腔内嵌有坚固的材料，无引发装置，用以产生强大的穿透喷射效果。

柔软线状聚能装药：UN 0237，0288

该物品是V型起爆炸药芯被柔性金属外皮包覆着的物品。

补助性炸药：UN 0060

该物品是在射弹内引信和爆炸装药之间的空腔内所用的可拆卸的小型助爆器。

爆炸药导火装置系列元件，未另作规定的：UN 0382，0383，0384，0461

该物品含有在一个火药系内传递引爆或爆燃的炸药。

水激活装置，带有起爆装置、发射剂或推进剂：UN 0248，0249

该物品的作用取决于其内装物与水所起的物理化学反应。

导爆索，软的：UN 0065，0289

该物品具有用棉纱包扎的起爆炸药芯，带有塑料或其他外包物。如果棉纱包是防筛漏的，就不需要外包物。

导爆索(信管),包金属的:UN 0102,0290
该物品具有用金属软管包装的起爆炸药芯,带有或不带有保护外套。

弱效应导爆索(信管),包金属的:UN 0104
该物品具有用金属软管包装的起爆炸药芯,带有或不带有保护外套。爆炸物质的含量很小,芯体只表现出微弱的效应。

点燃导火索:UN 0066
该物品是由黑火药或其他速燃烟火成分覆盖的纱线和柔性保护外套组成;或由柔性纺织品包着一个黑火药芯组成。它点燃时有外部火焰渐渐地沿着引线燃烧,用来将点燃从一个装置传到装药或起爆器上。

爆炸式电缆切割器:UN 0070
该物品有刀刃装置,由少量爆燃炸药驱动刀刃进入砧座。

非电引爆雷管组件,爆破用:UN 0360,0361,0500
由安全导火索、震动管、闪光管或导爆索等装置组成并激发的非电引爆雷管。可以设计成瞬时的,或装有定时器。装有导爆索的起爆继电器包括在内。其他起爆继电器列入"非电引爆雷管"内。

电引爆雷管,爆破用:UN 0030,0255,0456
该物品专门用于炸药的引发。这些雷管可能是瞬间起爆或包含定时器。电雷管被电流激活。

弹药用雷管:UN 0073,0364,0365,0366
该物品是装有如叠氮铅、季戊炸药等炸药或炸药混合物的小型金属管或塑料管,用于引发起爆系统。

非电引爆雷管,爆破用:UN 0029,0267,0455
该物品专门用于炸药的引发。这些雷管可能是瞬间起爆或包含定时器。非电引爆雷管通过震荡管、闪光管、安全信管、导爆索装置或柔性导火索激活。不带导火索的起爆继电器也包括在内。

A 型爆破炸药:UN 0081
该物质含有液态有机硝酸盐,液态有机硝酸盐指硝化甘油或硝化甘油与一种或几种下列成分的混合物:硝化纤维素,硝酸铵或其他无机硝酸盐,芳香族硝基衍生物,或可燃物,如木粉填料和铝粉。它们还可能含有诸如硅藻土的惰性成分或诸如染料和稳定剂的添加剂。这类炸药应是粉状、凝胶状或弹性体。本名称包含胶质硝化甘油炸药、爆炸胶和胶质炸药。

B 型爆破炸药:UN 0082,0331
该物质是
(a) 硝酸铵或其他无机硝酸盐与爆炸品(如三硝基甲苯)的混合物,含有或不含其他物质,例如木料填料或铝粉;或
(b) 硝酸铵或其他无机硝酸盐与其他非爆炸性可燃性物质的混合物。在以上两种情况下,它们可能含有诸如硅藻土的惰性成分或诸如染料和稳定剂的添加剂。这类炸药不应含有硝化甘油、类似的液态有机硝酸盐或氯酸盐。

C 型爆破炸药:UN 0083
该炸药是氯酸钾或氯酸钠或是高氯酸钾、高氯酸钠或高氯酸铵与有机硝基衍生物或可燃物(例如木料填料、铝粉或碳氢化合物)的混合物。它们可能含有诸如硅藻土的惰性成分或诸如染料和稳定剂的添加剂。这种炸药不应含有硝化甘油或类似的液态有机硝酸盐。

D 型爆破炸药:UN 0084

该炸药是硝酸盐化合物和可燃物(例如碳氢化合物、铝粉)的混合物。它们可能含有诸如硅藻土的惰性成分或诸如染料和稳定剂的添加剂。这种炸药不应含有硝化甘油或类似的液态有机硝酸盐、氯酸盐或硝酸铵。本名称一般包含塑性炸药。

E 型爆破炸药:UN 0241,0332

该炸药的主要成分是水,还有高比例的硝酸铵或其他氧化剂,其中有些或全部是在溶液中。其他成分可包括硝基衍生物,例如三硝基甲苯,碳氢化合物或铝粉。它们可能含有诸如硅藻土的惰性成分或诸如染料和稳定剂的添加剂。本名称包括乳胶炸药、浆状炸药和水凝胶炸药。

烟火:UN 0333,0334,0335,0336,0337

用于娱乐的烟火制品。

空投照明弹:UN 0093,0403,0404,0420,0421

该物品含有从飞机上空投的烟火物质,用于照明、识别、发信号或警告。

地面照明弹:UN 0092,0418,0419

该物品含有地面使用的烟火物质,用于照明、识别、发信号或警告。

闪光弹:UN 0094,0305

烟火物质,点燃时产生强烈的光。

爆炸式压裂装置,不带雷管,油井用:UN 0099

该装置在外壳中装有一定量的起爆炸药,不带引发装置,用于压裂钻井周围的岩石,使石油从岩石缝里流出来。

点火管,包金属的:UN 0103

该物品是装有爆炸药芯的金属管。

非起爆导火索:UN 0101

该物品是浸透细黑火药的棉纱线。它燃烧时有外部火焰,用于烟火的引燃导火索等。能封闭于一个纸管中,以达到瞬间或速燃引信的效果。

安全导火索:UN 0105

该物品由柔软的纺织品包着细黑火药芯体和一层或几层保护外套组成。点燃时,按预定的速度燃烧而不会发生任何外部爆炸效果。

起爆引信:UN 0106,0107,0257,0367

物品的爆炸性成分是用于弹药起爆。它们装有机械的、电的、化学的或液压的部件来引发起爆。一般具有保护装置。

起爆引信,带有保险装置:UN 0408,0409,0410

物品的爆炸性成分是用于弹药起爆。它们装有机械的、电的、化学的或液压的部件来引发起爆。该起爆引信装有两种或多种有效保护装置。

点火引信:UN 0316,0317,0368

物品的一级爆炸成分用于弹药爆燃。它们装有机械的、电的、化学的或液压的部件来引发起爆。一般具有保护装置。

手榴弹或枪榴弹,带有炸药:UN 0284,0285

用于手投掷或步枪发射的装置。它们不依靠或依靠包括两种或多种有效保护装置的引发。

手榴弹或枪榴弹,带有炸药:UN 0292,0293

用于手投掷或步枪发射的装置。它们依靠不包括两种或多种有效保护装置的引发。

练习用手榴弹或枪榴弹:UN 0110,0372,0318,0452

该物质没有主要爆炸装药,是用于手投掷或步枪发射的装置。它们包含推进装置,也可能包含测定点位装置。

黑沙托纳炸药:UN 393

该物质包含 RDX,TNT 和铝的紧密混合物。

黑克索利特炸药,干或湿的,按质量含水低于 15%:UN 0118

该物质包含 RDX,TNT 的紧密混合物。该术语也包括"混合物 B"。

点火药:UN 0121,0314,0315,0325,0454

该物品含有一种或几种爆炸性物质,用于启动火药系的爆燃。可用化学、电的或机械方式激发。

注:该术语不包括以下物质:点燃导火索、点火管、非起爆瞬时导火索、点火引信、导火索点火器、帽型起爆器、管状起爆器。它们另外列出。

装药的喷射式转孔枪,油井用,不带雷管:UN 0124,0494

该物品是钢管或带状金属,里面放进与导爆索连接的聚能装药,不带引发装置。

引信点火器:UN 0131

该物品有不同设计,可由摩擦、撞击或电激发,用来点燃安全导火索。

地雷或水雷,带有爆炸装药:UN 0137,0138

该物品通常由装有爆炸装药的金属容器或组合容器组成。它们不依靠或依靠包括两种或多种有效保护装置的引发,用于在船只、车辆或人员通过时起爆,"爆破筒"包括在内。

地雷或水雷,带有爆炸装药:UN 0136,0294

该物品通常由装有爆炸装药的金属容器或组合容器组成。它们依靠包括两种或多种有效保护装置的引发,用于在船只、车辆或人员通过时起爆,"爆破筒"包括在内。

奥克托利特炸药,干或湿的,按质量含水低于 15%:UN 0266

该物质包含 HMX 和 TNT 的紧密混合物。

奥克托纳:UN 0496

该物质包含 HMX、TNT 和铝的紧密混合物。

喷妥炸药,干或湿的,按质量含水低于 15%:UN 0151

该物质包含 PENT 和 TNT 的紧密混合物。

块状炸药(糊状火药),湿的,按质量含水低于 17%;块状炸药(糊状火药),湿的,按质量含水低于 25%:UN 0433,0159

该物质是用不超过 60% 硝化甘油、其他液态有机硝酸盐或它们的混合物浸透的硝化纤维素。

无烟火药:UN 0160,0161,0509

该物质以硝化纤维素为基料,用作推进剂。本术语包括单一基料(只有硝化纤维素)、两种基料(例如硝化纤维素、硝化甘油)和三种基料(例如硝化纤维素、硝化甘油和硝基胍)。

注:浇注、压制或袋装的无烟火药列在"推进剂""火炮推进剂"目下。

帽型起爆器:UN 0044,0377,0378

该物品是装有少量一级炸药混合物的金属或塑料火帽,这种混合物很容易由冲击点燃。这种起爆器用作轻武器弹药筒的点燃部件,或推进剂的撞击起爆器。

管状起爆器:UN 0319,0320,0376

该物品包括点燃用的起爆器和诸如黑火药一类的爆燃性辅助装药,用来点燃火炮弹药筒壳内的推进剂等。

射弹,惰性带曳光剂:UN 0345,0424,0425
用火炮或其他大炮、步枪或其他轻武器发射的物品,如炮弹或子弹。

射弹,带起爆装置或发射剂:UN 0346,0347
用火炮或其他大炮发射的物品,如炮弹或子弹。它们不依靠或依靠包括两种或多种有效保护装置的引发,常用于分散测电定位染料或其他惰性材料。

射弹,带起爆装置或发射剂:UN 0426,0427
用火炮或其他大炮发射的物品,如炮弹或子弹。它们依靠不包括两种或多种有效保护装置的引发,常用于分散测电定位染料或其他惰性材料。

射弹,带起爆装置或发射剂:UN 0434,0435
用火炮或其他大炮、步枪或其他轻武器发射的物品,如炮弹或子弹。常用于分散测电定位染料或其他惰性材料。

射弹,带有炸药:UN 0168,0169,0344
用火炮或其他大炮发射的物品,如炮弹或子弹。它们不依靠或依靠包括两种或多种有效保护装置的引发。

射弹,带有炸药:UN 0167,0324
用火炮或其他大炮发射的物品,如炮弹或子弹。它们依靠不包括两种或多种有效保护装置的引发。

液态推进剂:UN 0495,0497
该物质是爆燃性液态炸药,用于产生推力。

固体推进剂:UN 0498,0499,0501
该物质是爆燃性固态炸药,用于产生推力。

爆炸式释放装置:UN 0173
装有带引发装置的少量炸药,用于割断杆或链,以便迅速使装置松脱。

爆炸式铆钉:UN 0174
该物品是内有少量炸药的金属铆钉。

火箭发动机:UN 0186,0280,0281
该物品含有一定量的炸药,通常是固态推进剂,装载于一个或几个喷射管的圆筒里。常用于推进火箭或导弹。

液体燃料火箭发动机:UN 0395,0396
该物品在一个或几个喷射管的圆筒里装载有液态燃料。常用于推进火箭或导弹。

火箭发动机,装有双组分液体燃料,带有或不带发射剂:UN 0322,0250
该物品在一个或几个喷射管的圆筒里装载有双组分火箭燃料。常用于推进火箭或导弹。

抛绳用火箭:UN 0238,0240,0453
该物品包含一个火箭发动机,用于延伸为一条直线。

液体燃料火箭,带有炸药:UN 0397,0398
在装有一个或几个喷射管和弹头的圆筒里装载有液态燃料。该术语包括导弹。

火箭,带有炸药:UN 0181,0182
该物品由一个火箭发动机,以及一个不依靠或依靠包括两种或多种有效保护装置引发的弹头组成。该术语包括导弹。

火箭,带有炸药:UN 0180,0295
该物品由一个火箭发动机,以及一个依靠不包括两种或多种有效保护装置引发的弹头组成,该术语包括导弹。

火箭,带有发射剂:UN 0436,0437,0438

该物品由一个火箭发动机,一个用于推动来自火箭头部有效载荷的装置组成。该术语包括导弹。

火箭,带有惰性弹头:UN 0183,0502

该物品由一个火箭发动机,一个惰性头部组成。该术语包括导弹。

安全装置,烟火:UN 0503

该物品包括烟火成分或其他种类的危险物质,用在车辆、船舶或飞行器上提高人的安全性。例如:安全气囊,气囊模块,安全带预紧器及操作控制设备。这些控制设备为集成组件,但不限于分离、锁止或乘客限制系统。

爆炸性物质样品,引爆炸药除外:UN 0190

新的或已经存在的物质或物品,还没有划归于3.2章表A中的名目,以试验、分类、研究与开发、质量控制或商用样品为目的,在主管机关的指导下通常和其他物质一起进行少量运输。

注:本定义不包括已经划归在3.2 章表A 中其他名目的爆炸性物质或物品。

手提信号装置:UN 0191,0373

便携式物品,包括烟火物质以产生可见的信号或警报。该术语包括小面积的闪光,例如公路或地铁闪光或遇难闪光。

遇险求救信号器,船舶用:UN 0194,0195,0505,0506

该物品包含产生带声响、闪光或烟雾或任何合并其中效果的烟火物质。

爆炸式铁路轨道信号器:UN 0192,0193,0492,0493

该物品包含当物品压碎时发生带有响声的爆炸的烟火物质。它们放置于火车上。

发烟信号器:UN 0196,0197,0313,0487,0507

该物品包含能放出烟的烟火物质。此外它们还能包含某装置,放出可以听得见的信号。

爆炸式声测装置:UN 0374,0375

该物品装有一定量的起爆炸药,不依靠或依靠包括两种或多种有效保护装置的引发。用于从船上投到海里,当达到预定的深度或海床时便起爆。

爆炸式声测装置:UN 0204,0296

该物品装有一定量的起爆炸药,依靠不包括两种或多种有效保护装置的引发。用于从船上投到海里,当达到预定的深度或海床时便起爆。

非常不敏感爆炸性物质,未另作规定的:UN 0482

该物质具有整体爆炸危险,但非常不敏感,以致在正常运输条件下,引发或从燃烧变为爆炸的概率非常小,并且已经通过试验示列5的试验。

液体燃料鱼雷,带惰性弹头:UN 0450

该物品包含液体爆炸性推进系统,推动鱼雷在水中前进,装有惰性弹头。

液体燃料鱼雷,带有或不带炸药:UN 0449

该物品包含液体爆炸性推进系统,推动鱼雷在水中前进,装有或不装有弹头,也包含液体无爆炸性推进系统,推动鱼雷在水中前进,装有弹头。

鱼雷,带有炸药:UN 0451

该物品包含无爆炸性推进系统,推动鱼雷在水中前进,具有不依靠或依靠包括两种或多种有效保护装置引发的弹头。

鱼雷,带有炸药:UN 0329

该物品包含爆炸性的推进系统,推动鱼雷在水中前进,具有不依靠或依靠包括两种或多种有效保护装置引发的弹头。

鱼雷,带有炸药:UN 0330

该物品包含爆炸性或无爆炸性的推进系统,推动鱼雷在水中前进,具有依靠不包括两种或多种有效保护装置引发的弹头。

弹药曳光剂:UN 0212,0306
含有烟火物质的封闭物品,用于显示射弹的轨道。

特里托纳尔炸药:UN 0390
含有 TNT 和铝混合的物质。

火箭弹头,带有起爆装置或发射剂:UN 0370
该物品由一个惰性有效载荷,少量起爆或燃烧炸药组成,不依靠或依靠包括两种或多种有效保护装置的引发。安装在火箭发动机上分散惰性材料。该术语还包括导弹弹头。

火箭弹头,带有起爆装置或发射剂:UN 0371
该物品由一个惰性有效载荷,少量起爆或燃烧炸药组成,依靠不包括两种或多种有效保护装置的引发。安装在火箭发动机上分散惰性材料。该术语还包括导弹弹头。

火箭弹头,带有炸药:UN 0286,0287
该物品包含起爆炸药,不依靠或依靠包括两种或多种有效保护装置的引发。安装在火箭上。该术语包括导弹弹头。

火箭弹头,带有炸药:UN 0369
该物品包含起爆炸药,依靠不包括两种或多种有效保护装置的引发。安装在火箭上。该术语包括导弹弹头。

鱼雷弹头,带有炸药:UN 0221
该物品包含起爆炸药,不依靠或依靠包括两种或多种有效保护装置的引发。安装在鱼雷上。

2.2.2 第2类 气体

2.2.2.1 准则

2.2.2.1.1 第2类包括纯气体、气体混合物、一种或多种气体与一种或多种包含此类物质的其他物质和物品的混合物。

气体是：

(a) 在50℃时蒸气压大于300kPa(3bar)的物质；或

(b) 20℃时在101.3kPa标准压力下完全是气态的物质。

注1：UN 1052 无水氟化氢仍然属于第8类物质。

注2：一种纯气体可能含有生产过程中产生的衍生物或添加的保护该产品稳定性的成分，只要这些衍生物或添加的保护该产品稳定性成分含量水平不会因充装率，充装压力，试验压力改变其分类或其运输条件，则仍可视为该纯气体。

注3：2.2.2.3中的未另作规定的条目包括纯气体及气体混合物。

2.2.2.1.2 第2类物质和物品分类如下：

1. **压缩气体**：在-50℃条件下，加压包装运输时完全是气态的气体，包括临界温度低于或等于-50℃的所有气体；
2. **液化气体**：在温度高于-50℃下加压包装运输时部分是液态的气体，可分为：

    高压液化气体：临界温度高于-50℃，小于等于65℃之间的气体；

    低压液化气体：临界温度高于65℃的气体；
3. **冷冻液化气体**：包装运输时由于其温度低而部分呈液态的气体；
4. **溶解气体**：加压运输时溶解在液相溶剂中的气体；
5. 气溶胶喷罐，小的，含有气体的(气瓶)；
6. 其他含有带压气体的物品；
7. 符合特定要求的常压气体(气体样品)；
8. **带压的化学物质**：液体，糊状或粉末状，与推进剂压缩在一起，符合压缩气体或液化气体及其混合物的定义；
9. **吸附气体**：进行包装运输时，气体吸附在多孔固体物质上，使内容器产生压力，压力在20℃时小于101.3kPa，在50℃时小于300kPa。

2.2.2.1.3 第2类物质和物品(气溶胶及带压化学物质除外)，根据其危险性细分为以下类别：

A　导致窒息；

O　氧化性；

F　易燃；

T　毒性；

TF　毒性，易燃；

TC　毒性，腐蚀性；

TO　毒性，氧化性；

TFC　毒性，易燃，腐蚀性；

TOC　毒性，氧化性，腐蚀性。

具有一个类别以上危险性的气体和气体混合物，根据准则，标示字母T的类别优先于其他类别。标示字母F的类别优先于标示字母A或O的类别。

注1：在联合国《关于危险货物运输的建议书 规章范本》、《国际海运危险货物规则》和《空运危险货物安全运输技术规则》中，根据气体的主要危险性，划入以下三个类别中的一项：

2.1 项:易燃气体(对应于标示大写字母F 的类别);

2.2 项:非易燃无毒气体(对应于标示大写字母A 或O 的类别);

2.3 项:有毒气体(对应于标示大写字母T(即T、TF、TC、TO、TFC 和TOC)。

注2:小的装有气体的容器(UN 2037)按照所含成分的危害,应该划分在TOC,字母A. 对于气溶胶(UN 1950),请见2.2.2.1.6. 对于带压化学物质(UN 3500~3505),见2.2.2.1.7。

注3:腐蚀性气体被认为有毒,划入TC、TFC 和TOC 类。

2.2.2.1.4 　　3.2 章A 表中提及名称的第2 类混合物如果符合2.2.2.1.2 和2.2.2.1.5 的不同标准,那么此混合物应根据准则划分,并归入适当的未另作规定的条目。

2.2.2.1.5 　　3.2 章A 表中未提及名称的第2 类混合物应根据2.2.2.1.2 和2.2.2.1.3 分类在2.2.2.3 的类属条目表下,同时适用以下要求:

窒息性气体

非氧化性、非易燃性和无毒性气体,会稀释或取代通常在空气中的氧气。

易燃气体

在20℃,101.3kPa 标准大气压下气体:

(a) 在与空气混合物中,按体积占13% 或更少时可点燃的;或者

(b) 与空气混合,可燃幅度至少为12 个百分点的气体,无论易燃性下限如何。

易燃性应该按照被ISO 采用的方法,通过试验或计算来确定(见ISO 10156:2010)。

出现数据不足而无法使用这些方法时,也可以使用起运国主管机关认可的相似方法进行试验。

如果起运国不是ADR 协约成员国,这些方法应该得到货运所到达的第一个ADR 协约成员国主管机关的认可。

氧化气体

一般是能提供氧气的气体,可能比空气更能引起或导致其他材料的燃烧。这些气体包括纯的气体或按照ISO 10156:2010 方法测定出氧化性大于23.5% 的气体混合物。

毒性气体

注:由于部分或全部因为腐蚀性原因而符合毒性标准的气体,拟化归于毒性气体。也可见为可能的次要腐蚀危险所标注"腐蚀气体"的标准。

气体:

(a) 已知的对人类有毒性或腐蚀性,对健康造成危害的气体;或

(b) 由于按2.2.61.1 的急性试验所得的LC_{50}值等于或小于5000ml/m³(ppm),该气体被认为对人类有毒性或腐蚀性。

在气体混合物中(包括其他类别的物质的蒸气),通常使用以下公式:

$$LC_{50} 毒性(混合物) = 1/\sum_{i=1}^{n} f_i / T_i$$

式中:f_i——混合物的第i 种成分物质的克分子分数(摩尔分数);

T_i——混合物的第i 种成分物质的毒性指数。

T_i 与4.1.4.1 包装指南P200 中的LC_{50}数据一致。

当LC_{50}值没有在4.1.4.1 包装指南P200 中列出时,应该使用科学文献所提供的LC_{50}值。

当LC_{50}值未知时,毒性指数应由具有相似生理和化学效应物质的最低LC_{50}值来确定,如果只能通过试验就通过试验来确定。

腐蚀性气体

由于全部因为腐蚀性原因而符合毒性标准的气体或气体混合物,拟化归为次要危

险性为腐蚀性的毒性气体。

气体混合物根据人们经验所知,对皮肤、眼睛或黏膜有破坏性,或其腐蚀成分的 LC_{50} 值等于或小于 $5000ml/m^3/(ppm)$ 时,因为腐蚀性和次要危险性为腐蚀性的毒性气体综合效应,该气体混合物被认为有毒性。LC_{50} 根据下列公式计算

$$LC_{50}腐蚀性(混合物) = 1/\sum_{i=1}^{n} f_{ci}/T_{ci}$$

式中:f_{ci}——混合物的第 i 种腐蚀性成分物质的克分子分数(摩尔分数);

T_{ci}——混合物的第 i 种腐蚀性成分物质的毒性指数。

T_{ci} 与 4.1.4.1 包装指南 P200 中的 LC_{50} 数据一致。

当 LC_{50} 值没有在 4.1.4.1 包装指南 P200 中列出时,应该使用科学文献所提供的 LC_{50} 值。

当 LC_{50} 值未知时,毒性指数应由具有相似生理和化学效应物质的最低 LC_{50} 值来确定,如果只能通过试验则通过试验来确定。

2.2.2.1.6　气溶胶

气溶胶(UN 1950),根据其危险性细分为以下类别:

A　导致窒息;

O　氧化性;

F　易燃;

T　毒性;

C　腐蚀性;

CO　腐蚀性,氧化性;

FC　易燃,腐蚀性;

TF　毒性,易燃;

TC　毒性,腐蚀性;

TO　毒性,氧化性;

TFC　毒性,易燃,腐蚀性;

TOC　毒性,氧化性,腐蚀性。

危险性分类取决于气溶胶喷罐内物质的特性。

注:符合2.2.2.1.5 中毒性气体定义的气体,以及被4.1.4.1 包装指南P200 中的表2 定义为"考虑为可发火的"气体不应作为气溶胶喷罐的推进剂使用。含有符合 I 类包装的毒性或腐蚀性组分的气溶胶不应被允许进行运输(见2.2.2.2.2)。

分类应使用以下标准:

(a)　当气溶胶成分不满足(b)~(f)中的任何其他类别时,应归为 A 类;

(b)　当气溶胶含有 2.2.2.1.5 定义的氧化性气体时,应归为 O 类;

(c)　当气溶胶含有其质量85% 或更多的易燃成分,并且化学燃烧热为 30kJ/g 或更高时,应归为 F 类。

当气溶胶含有其质量1% 或更少的易燃成分,并且化学燃烧热小于 20kJ/g 时,不应归为 F 类。

否则,该气溶胶应根据《试验和标准手册》第Ⅲ部分,31 中规定的方法进行可燃性检测。高度易燃和易燃的气溶胶应归为 F 类。

注:根据《试验和标准手册》第Ⅲ部分31.1.3 注释1~3 的定义,易燃成分是指易燃液体,易燃固体或易燃气体及气体混合物。该定义不包括可发火的,自加热的或遇水反应的物质。化学燃烧热的测定应采用ASTMD 240, ISO/FDIS 13943:1999 (E/F) 86.1 to 86.3 or NFPA 30B 的方法。

(d) 当气溶胶含有符合Ⅱ或Ⅲ类包装的第6类有毒品成分(非气溶胶喷罐中的推进剂)时,应归为T类;

(e) 当气溶胶含有符合Ⅱ或Ⅲ类包装的第8类腐蚀品成分(非气溶胶喷罐中的推进剂)时,应归为C类;

(f) 当符合O,F,T和C中的超过一种时,应选择CO,FC,TF,TC,TO,TFC或OC等分类方式。

2.2.2.1.7　　加压化学品

加压化学品(UN 3500～3505),根据其危险特性细分为以下类别:

  A　　导致窒息;

  F　　易燃;

  T　　有毒;

  C　　腐蚀性;

  FC　 易燃,腐蚀性;

  TF　 毒性,易燃;

根据不同状态下成分的危害特性分类:

  推进剂;

  液态;

  固态。

注1:当气体符合2.2.2.1.5 有毒气体或氧化性气体定义或者气体根据4.1.4.1 包装指南P200 中表2 标注c 被界定为"可自燃",则不可作为加压化学品的推进剂。

注2:内容物符合毒性或腐蚀性Ⅰ类包装或者同时符合毒性Ⅱ或Ⅲ类包装和腐蚀性Ⅱ或Ⅲ类包装的加压化学品不允许以这些UN 编号运输。

注3:内容物符合第1 类;第3 类液态退敏爆炸物;第4.1 类自反应物质以及固态退敏爆炸物;第4.2 类;第4.3 类;第5.1 类;第5.2 类;第6.2 类或者第7 类特性的加压化学品不允许以这些UN 编号运输。

注4:气溶胶喷罐内的加压化学品可以以UN 1950 运输。

应遵循以下标准:

(a) 内容物不符合下方(b)～(e)项时归为A 类;

(b) 其中一个组分(可以是纯物质或者混合物)符合易燃分类的应归为F 类。易燃组分包括易燃液体以及液体混合物,易燃固体以及固体混合物,或者易燃气体以及气体混合物,应符合以下标准:

  (i) 易燃液体是闪点不超过93℃ 的易燃液体;

  (ii) 易燃固体是符合2.2.41.1 标准的易燃固体;

  (iii) 易燃气体是符合2.2.2.1.5 标准的易燃气体;

(c) 非推进剂组分属于危险货物第6.1 类,Ⅱ或Ⅲ类包装的内容物归为T 类;

(d) 非推进剂组分属于第8 类危险货物,Ⅱ或Ⅲ类包装的内容物归为C 类;

(e) 当同时符合F 类,T 类以及C 类中的两种标准时,归到相关的FC 类或TF 类。

2.2.2.2　　**不允许运输的气体**

2.2.2.2.1　　第2类化学性质不稳定物质不允许运输,除非采取必要的步骤防止可能的危险反应发生,例如分解,歧化(作用)或正常运输条件下的聚合作用。为此目的,还应该确保罐体和容器不包含任何促进这些反应的物质。

2.2.2.2.2　　以下物质和混合物不允许运输:

  —UN 2186 冷冻液态氯化氢;

——UN 2421 三氧化二氮;

——UN 2455 乙基氟(制冷气体);

——不能化归于分类代码 3A,3O 或 3F 的冷却液化气体;

——不能划分在 UN 1001,2073 或 3318 的高压溶解气体;

——含有 2.2.2.1.5 有毒气体或者符合 4.1.4.1 包装指南 P200 的自燃气体且被用于推进剂的气溶胶;

——含有符合毒性或腐蚀性Ⅰ类包装的气溶胶(见 2.2.61 和 2.2.8);

——含有极毒(LC_{50}低于 200 ppm)或者 4.1.4.1 包装指南 P200 自燃气体的小型容器。

2.2.2.3 类属条目列表

压缩气体			
分类号	UN 编号	物质或物品的名称	
1 A	1956	压缩气体,为另作规定的	
1 O	3156	压缩气体,氧化性,未另作规定的	
1 F	1964	压缩烃类气体混合物,未另作规定的	
	1954	压缩气体,易燃,未另作规定的	
1 T	1955	压缩气体,毒性,未另作规定的	
1 TF	1953	压缩气体,毒性,易燃,未另作规定的	
1 TC	3304	压缩气体,毒性,腐蚀性,未另作规定的	
1 TO	3303	压缩气体,毒性,氧化性,未另作规定的	
1 TFC	3305	压缩气体,毒性,易燃,腐蚀性,未另作规定的	
1 TOC	3306	压缩气体,毒性,氧化性,腐蚀性,未另作规定的	

液化气体		
分类号	UN 编号	物质或物品的名称
2A	1058	液化气体,非易燃,充有氮、二氧化碳或空气
	1078	制冷气体,未另作规定的 例如气体混合物,由字母 R… 表示,即:混合物 F1,蒸气压在 70℃时不超过 13MPa(13bar)且50℃时密度不低于二氯氟甲烷(1.30kg/L)的密度;混合物 F2,蒸气压在 70℃时不超过 1.9MPa(19bar)且 50℃时密度不低于二氯氟甲烷(1.21kg/L)的密度;混合物 F3,蒸气压在 70℃时不超过 3MPa(30bar)且 50℃时密度不低于二氯氟甲烷(1.09kg/L)的密度。 *注:三氯氟代甲烷(制冷气体R11),1,1,2-三氟,1,2,2-三氟乙烷(制冷气体R113),1,1,1-三氟,2,2,2-三氟乙烷(制冷气体R113a),1-氯1,2,2-氟乙烷(制冷气体R133)和1-氟.1,1,2-三氟乙烷(制冷气体R133b)不属于第2 类物质。但是可以成为F1、F2、F3 混合物的组分。*
	1968	气体杀虫剂,未另作规定的
	3163	液化气体,未另作规定的
2O	3157	液化气体,氧化性,未另作规定的
2F	1010	丁二烯和碳氢化合物的混合物,稳定的,蒸气压在 70℃不超过 1.1MPa(11bar)以及密度在 50℃不低于 0.525 kg/L。 *注:稳定的丁二烯也在UN 1010 下分类,见3.2 章表A。*
	1060	丙炔、丙二烯混合物,稳定的 例如:丙炔和丙二烯碳氢化合物的混合物,即:混合物 P1,含有体积不超过 63% 的丙炔和丙二烯,体积不超过24% 的丙烷和丙烯,C4 饱和烃体积不低于14% ;以及混合物 P2,含有体积不超过 48%丙炔和丙二烯,体积不超过 50% 的丙烷和丙烯,C4 饱和烃体积不低于 5% ;以及含有 1～4%丙炔的丙二烯混合物。
	1965	碳氢气体混合物,液化的,未另作规定的

续上表

液化气体		
分类号	UN 编号	物质或物品的名称
2F		例如：
		混合物 A,蒸气压在 70℃下不超过 1.1MPa(11bar)且密度在 50℃不低于 0.525kg/L;
		混合物 A01,蒸气压在 70℃下的不超过 1.6MPa(16bar)且密度在 50℃时不低于 0.516kg/L;
		混合物 A02,蒸气压在 70℃下不超过 1.6MPa(16bar)且密度在 50℃时不低于 0.505kg/L;
		混合物 A0,蒸气压在 70℃下不超过 1.6MPa(16bar)且密度在 50℃不低于 0.525kg/L;
		混合物 A1,蒸气压在 70℃下不超过 2.1MPa(21bar)且密度在 50℃不低于 0.485kg/L;
		混合物 B1,蒸气压在 70℃下不超过 2.6MPa(26bar)且密度在 50℃不低于 0.474kg/L;
		混合物 B2,蒸气压在 70℃下不超过 2.6MPa(26bar)且密度在 50℃不低于 0.463kg/L;
		混合物 B,蒸气压在 70℃下不超过 2.6MPa(26bar)且密度在 50℃不低于 0.450kg/L;
		混合物 C,蒸气压在 70℃下不超过 3.1MPa(31bar)且密度在 50℃不低于 0.440kg/L;
		注 1:上述提及的混合物,通常允许在贸易中使用以下名称描述这些物质,丁烷:混合物 A、A01、A02 和A0;丙烷:混合物C。
		注 2:液化石油气UN 1075 可能被用作UN 1965 碳氢化合物液化气体相关条目,未另作规定的,陆运优先或者海运、空运。
	3354	气体杀虫剂,易燃,未另作规定的
	3161	液化气体,易燃,未另作规定的
2T	1967	气体杀虫剂,毒性,未另作规定的
	3162	液化气体,毒性,未另作规定的
2TF	3355	气体杀虫剂,毒性,易燃,未另作规定的
	3160	液化气体,毒性,易燃,未另作规定的
2TC	3308	液化气体,毒性,腐蚀性,未另作规定的
2TO	3307	液化气体,毒性,氧化性,未另作规定的
2TFC	3309	液化气体,毒性,易燃,腐蚀性,未另作规定的
2TOC	3310	液化气体,毒性,氧化性,腐蚀性,未另作规定的

制冷液化气		
分类号	UN 编号	物质或物品的名称
3A	3158	冷冻液态气体,未另作规定的
3O	3311	冷冻液态气体,氧化性,未另作规定的
3F	3312	冷冻液态气体,易燃,未另作规定的

加压溶解气体		
分类号	UN 编号	物质或物品的名称
4		只有列于 3.2 章表 A 的物质允许运输

烟雾剂和装有气体的小型容器		
分类号	UN 编号	物质或物品的名称
5	1950	烟雾剂
	2037	装有气体的小型容器(蓄气筒),没有释放装置,不能再充气的

包含加压气体的其他物品		
分类号	UN 编号	物质或物品的名称
6A	2857	制冷机,装有非易燃、无毒气体或氨类溶液(UN 2672)
	3164	气压物品(含有非易燃气体)或
	3164	液压物品(含有非易燃气体)
6F	3150	以烃类气体作能源的小型装置或
	3150	小型装置的烃类气体充气罐,带有释放装置
	3478	燃料电池筒,含有液化易燃气体
	3478	设备中含有的燃料电池筒,含有液化易燃气体
	3478	与设备合装在一起的燃料电池筒,含有液化易燃气体
	3479	燃料电池筒,在金属氢化物中含有氢气
	3479	设备中含有的燃料电池筒,在金属氢化物中含有氢气
	3479	与设备合装在一起的燃料电池筒,在金属氢化物中含有氢气

气体样品		
分类号	UN 编号	物质或物品的名称
7F	3167	未压缩气体样品,易燃,未另作规定的,非冷冻液体
7T	3169	未压缩气体样品,毒性,未另作规定的,非冷冻液体
7TF	3168	未压缩气体样品,毒性,易燃,未另作规定的,非冷冻液体

加压化学品		
分类号	UN 编号	物质或物品的名称
8A	3500	加压化学品,未另作规定的
8F	3501	加压化学品,易燃,未另作规定的
8T	3502	加压化学品,毒性,未另作规定的
8C	3503	加压化学品,腐蚀性,未另作规定的
8TF	3504	加压化学品,易燃,毒性,未另作规定的
8FC	3505	加压化学品,易燃,腐蚀性,未另作规定的

吸附气体		
分类号	UN 编号	编号物质或物品的名称
9A	3511	吸附气体,未另作规定的
9O	3513	吸附气体,氧化性,未另作规定的
9F	3510	吸附气体,易燃,未另作规定的
9T	3512	吸附气体,毒性,未另作规定的
9TF	3514	吸附气体,易燃,未另作规定的
9TC	3516	吸附气体,毒性,腐蚀性,未另作规定的
9TO	3515	吸附气体,毒性,氧化性,未另作规定的
9TFC	3517	吸附气体,毒性,易燃,腐蚀性,未另作规定的
9TOC	3518	吸附气体,毒性,氧化性,腐蚀性,未另作规定的

2.2.3 第3类 易燃液体

2.2.3.1 *准则*

2.2.3.1.1 第3类物质和物品包括：

—根据1.2.1(a)中对"液体"的定义，属于液体；

—50℃时，蒸气压不超过300kPa（3bar），在20℃及标准压力101.3kPa时不会完全气化；

—闪点不超过60℃（见2.3.3.1的相关测试）。

第3类中也包括了液态物质和闪点超过60℃的固态熔融物质，这些物质在运输及提交运输时加热的温度等于和高于它们的闪点，属于UN 3256。

第3类包括液态退敏爆炸物。液态退敏爆炸物是指爆炸类物质溶于或悬浮与水、其他液体物质中，形成均相的液态混合物，从而抑制了它们的爆炸特性。3.2章表A中此类条目有UN 1204，2059，3064，3343，3357以及3379。

注1：闪点高于35℃，依据《试验和标准手册》第Ⅲ部分32.2.5不能持续燃烧的物质不属于第3类物质；但如果这些物质在运输及提交运输时加热的温度等于和高于它们的闪点，即属于第3类物质。

注2：不包含在2.2.3.1.1内的，闪点高于60℃且不超过100℃的柴油、汽油、热油（轻质的）包括人工合成的产品应被定义为第3类物质，UN 1202。

注3：根据2.2.61.1.4~2.2.61.11.9内容定义，吸入高毒的易燃液体和闪点大于等于23℃的有毒物质，归类于第6.1类物质（见2.2.61.1）。吸入高毒的液体是指在正式运输名称第二列中有"吸入有毒"或者符合3.2章表A第(6)栏的特别规定354的液体。

注4：用作农药的易燃性液体或制剂，高毒、毒性或低毒，闪点高于或等于23℃，属于第6.1类物质（见2.2.61.1）。

2.2.3.1.2 第3类物质及物品按照以下方式细分：

F 易燃液体，无次要危险性以及含有类似物质的物品：

    F1 易燃液体，闪点等于或低于60℃；

    F2 易燃液体，闪点高于60℃，在它们的闪点及以上温度运输或提交运输（高温物质）；

    F3 含有易燃液体的物品；

FT 易燃液体，毒性：

    FT1 易燃液体，毒性；

    FT2 农药；

FC 易燃液体，腐蚀性；

FTC 易燃液体，毒性，腐蚀性；

D 液态退敏爆炸物。

2.2.3.1.3 属于第3类的物质和物品列于3.2章表A中。而3.2章表A中没有提到名称的物质应归于2.2.3.3的相关条目以及与本节一致的相关包装类别中。根据易燃液体运输的危险程度将其归在如下包装类别：

包装类别	闪点(闭杯)	初始沸点
Ⅰ	—	≤35℃
Ⅱ [a]	<23℃	>35℃
Ⅲ [a]	≥23℃ ≤60℃	>35℃

[a] 同见2.2.3.1.4。

对于具有次要危险性的液体,应考虑上表提供的包装类别和基于次要危险性程度确定包装类别。分类和包装类别应根据 2.1.3.10 中危害优先级表格来确定。

2.2.3.1.4　闪点低于 23℃ 的黏性易燃液体,如:油漆、瓷釉、清漆、胶黏剂和上光剂,依据《试验和标准手册》第Ⅲ部分 32.3 中提到的程序被划分为Ⅲ类包装的,应符合以下规定:

（a）　黏度❶和闪点与下表一致:

运动黏度(外推)v(在剪切速率接近零时),mm^2/s,23℃	运动时间(s)	喷射直径(mm)	闭杯闪点(℃)
$20 < v \leq 80$	$20 < t \leq 60$	4	高于 17
$80 < v \leq 135$	$60 < t \leq 100$	4	高于 10
$135 < v \leq 220$	$20 < t \leq 32$	6	高于 5
$220 < v \leq 300$	$32 < t \leq 44$	6	高于 -1
$300 < v \leq 700$	$44 < t \leq 100$	6	高于 -5
$700 < v$	$100 < t$	6	无限制

（b）　在溶剂分离实验中,纯净溶剂层的高度低于样品总高的 3%;

（c）　混合或者任何分离的溶剂不满足第 6.1 类或者第 8 类标准;

（d）　所用容器的容积不超过 450L。

注:这些规定也适用于所含硝化纤维不超过 20%（按干重算,氮含量不超过 12.6%）的混合物。所含硝化纤维 20% ~ 55% 的（按干重算,氮含量不超过 12.6%）混合物,被认为是 UN 2059。

闪点低于 23℃ 的混合物以及含有:

—硝化纤维含量超过 55%,无论它们的含氮量是多少;

—硝化纤维含量不超过 55%,按干重算,氮含量超过 12.6%,属于第 1 类物质 (UN 0340 或 0342) 或第 4.1 类物质 (UN 2555、2556 或 2557)。

2.2.3.1.5　黏性液体:

—闪点等于或高于 23℃ 且小于或等于 60℃;

—不具有毒性、腐蚀性以及环境危险性;

—硝化纤维含量不超过 20%（按干重算,氮含量不超过 12.6%）;

—包装在容积不超过 450L 的容器中。

上述物质不受 ADR 限制,除非:

（a）　在溶剂分离试验中（见《试验和标准手册》第Ⅲ部分 32.5.1）,溶剂分离层的高度低于总高度的 3%;以及

（b）　在黏度试验中（见《试验和标准手册》第Ⅲ部分 32.4.3）,喷射直径为 6mm 时物质流出时间等于或大于:

（ⅰ）　60s;

（ⅱ）　40s,当黏性液体所含第 3 类物质不超过 60% 时。

2.2.3.1.6　如果属于第 3 类物质名称出现在 3.2 章表 A 中,该物质的溶液或混合物由于混合后的危险性分类不同于表中的分类结果,则该溶液或混合物应根据其真实的危险程度进行分类。

注:针对于溶液和混合物的分类（如制剂和废物）,见 2.1.3。

2.2.3.1.7　根据 2.3.3.1 和 2.3.4 的试验程序以及 2.2.3.1.1 确定的标准,可以决定所提到

---

❶ 黏度测定:对于非牛顿流体,或不适合使用黏度杯测试的物质,须使用可变剪切率黏度计来测定 23℃,一定剪切率下该物质的动力学黏度系数。将得到的数据对应剪切率绘图,并外推至零剪切率。则得到动力黏度,再除以密度,得到接近零剪切率时的表观运动学黏度。

的溶液或混合物或者含有所提到的物质的溶液或混合物不受本分类限制(见2.1.3)。

2.2.3.2 *不受理运输的物质*

2.2.3.2.1 容易形成过氧化物形式的第3类物质(当它们与醚或杂环氧化物接触时),如果它们的过氧化物含量按过氧化氢(H_2O_2)计,超过了0.3%的,不受理运输。过氧化物含量按2.3.3.3的方法测定。

2.2.3.2.2 第3类中的化学不稳定物质不受理运输,除非采取了必要措施,避免运输过程中的危险分解或聚合。并且要特别保证容器或罐内不应该有任何促进此反应发生的物质存在。

2.2.3.2.3 除3.2章表A中以外的液态退敏爆炸物不应作为第3类物质受理运输。

2.2.3.3 *类属条目列表*

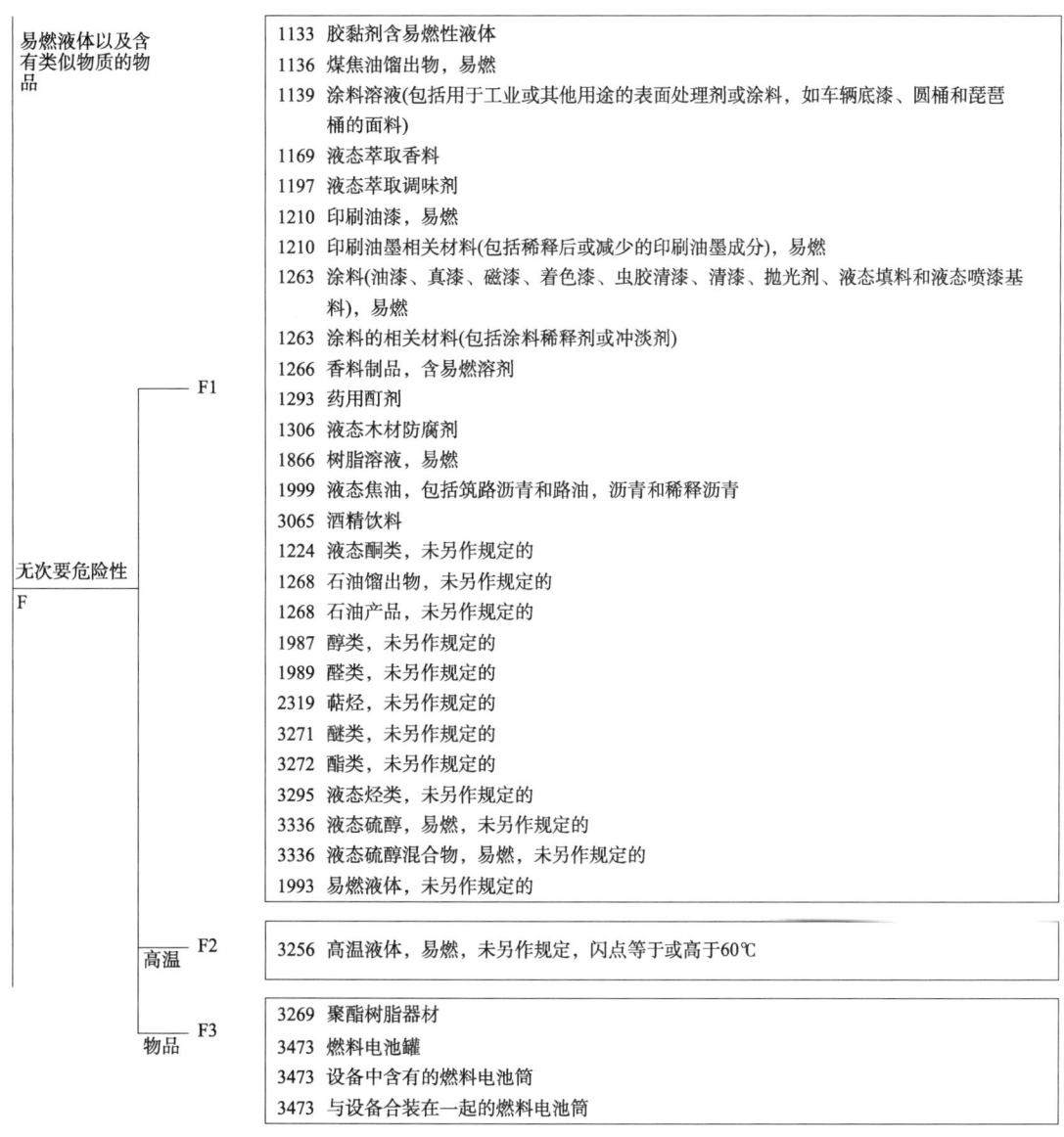

2.2.3.3 类属条目列表(续)

毒性 FT

FT1:
- 1228 液态硫醇，易燃，毒性，未另作规定的
- 1228 液态硫醇混合物，易燃，毒性，未另作规定的
- 1986 醇类，易燃，毒性，未另作规定的
- 1988 醛类，易燃，毒性，未另作规定的
- 2478 异氰酸酯，易燃，毒性，未另作规定的
- 2478 异氰酸酯溶液，易燃，毒性，未另作规定的
- 3248 液态药物，易燃，毒性，未另作规定的
- 3273 腈类，易燃，毒性，未另作规定的
- 1992 易燃液体，毒性，未另作规定的

FT2 农药（闪点<23 ℃）:
- 2758 液态氨基甲酸酯农药，易燃，毒性
- 2760 液态含砷农药，易燃，毒性
- 2762 液态有机氯农药，易燃，毒性
- 2764 液态三嗪农药，易燃，毒性
- 2772 液态硫代氨基甲酸酯农药，易燃，毒性
- 2776 液态铜基农药，易燃，毒性
- 2778 液态汞基农药，易燃，毒性
- 2780 液态取代硝基苯酚农药，易燃，毒性
- 2782 液态联吡啶农药，易燃，毒性
- 2784 液态有机磷农药，易燃，毒性
- 2787 液态有机锡农药，易燃，毒性
- 3024 液态香豆素衍生物农药，易燃，毒性
- 3346 液态苯氧基乙酸农药，易燃，毒性
- 3350 液态拟除虫菊酯农药，易燃，毒性
- 3021 农药，液态，易燃，毒性，未另作规定的
- 注：条目中对农药的分类应根据其活性成分及物理状态进行，并且任何次要的危险都应该展现出来

腐蚀性 FC:
- 3469 涂料，易燃的，腐蚀的(包括油漆、真漆、磁漆、着色漆、虫胶清漆、清漆、抛光剂、液态填料和液态喷漆基料)
- 3469 涂料相关材料，易燃，腐蚀性(包括油漆稀释剂或冲淡剂)
- 2733 胺类，易燃，具腐蚀性，未另作规定的
- 2733 聚胺，易燃，腐蚀性，未另作规定的
- 2985 氯硅烷，易燃，腐蚀性，未另作规定的
- 3274 醇化物酒精溶液，未另作规定的，
- 2924 易燃液体，腐蚀性，未另作规定的

毒性 腐蚀性 FTC:
- 3286 易燃液体，毒性、腐蚀性，未另作规定的

液态退敏爆炸物 D:
- 3343 液态硝化甘油混合物，退敏，易燃；未另作规定的，按重量含硝化甘油不超过30%
- 3357 硝化甘油混合物，退敏，液态，未另作规定的，按重量含硝化甘油不超过30%
- 3379 液态退敏爆炸物，易燃，未另作规定的

2.2.41 第4.1类 易燃固体、自反应物质及固态退敏爆炸品

2.2.41.1 准则

2.2.41.1.1 第4.1类包括易燃物质和物品,满足1.2.1(a)中的对"固体"定义退敏爆炸品,以及自反应液体或固体。

以下属于第4.1类:

— 易燃固态物质和物品(见2.2.41.1.3～2.2.41.1.8);

— 自反应固体或液体(见2.2.41.1.9～2.2.41.1.17);

— 固态退敏爆炸品(见2.2.41.1.18);

— 与自反应物质相关的物质(见2.2.41.1.19)。

2.2.41.1.2 第4.1类物质及物品,按照以下方式细分:

F 易燃固体,无次要危险性:
- F1 有机物;
- F2 有机物,熔融状态;
- F3 无机物;

FO 易燃固体,有氧化性;

FT 易燃固体,有毒:
- FT1 有机,有毒物质;
- FT2 无机,有毒物质;

FC 易燃固体,具腐蚀性:
- FC1 有机,腐蚀性物质;
- FC2 无机,腐蚀性物质;

D 固态退敏爆炸品,无次要危险性;

DT 固态退敏爆炸品,有毒;

SR 自反应物质;
- SR1 无须控温;
- SR2 需要控温。

易燃固体

定义及特性

2.2.41.1.3 易燃固体是指易于燃烧的固体以及会摩擦起火的固体。

易于燃烧的固体指粉状、粒状或糊状物质,与火源(如燃烧的火柴等)进行短暂接触,很容易被点燃,并且火焰会迅速蔓延的危险物。这种危险性不仅来自于火,也来自于有毒的燃烧产物。金属粉状物特别危险,因为灭火困难,普通的灭火剂如二氧化碳或水只能增加危险性。

分类

2.2.41.1.4 属于第4.1类易燃性固体的物质或物品列于3.2章表A中。未在表中列出的有机物质和物品的划分应根据2.1章的规定,在经验或按照《试验和标准手册》第Ⅲ部分33.2.1所进行的实验结果的基础上,划分在2.2.41.3的相关条目中。未提到的无机物应在《试验和标准手册》第Ⅲ部分33.2.1所进行的实验结果的基础上进行划分,为使划分更严格,经验也应被考虑在内。

2.2.41.1.5 当未提到的物质在《试验和标准手册》第Ⅲ部分33.2.1所进行的实验结果的基础上,划分在2.2.41.3的条目中时,应遵守以下标准:

(a) 那些与火源(如燃烧的火柴)接触很容易被点燃,或是在着火事件中,火焰蔓延得很快,在100mm的距离内的燃烧时间小于45s,或燃烧速度大于

2.2mm/s的粉状、粒状及糊状物质应属于第4.1类中的易燃烧物质,金属粉末或金属合金粉末除外;

(b) 金属粉末或金属合金粉末,如果它们能被火焰点燃,在10min甚至更短的时间内,反应的扩散超过整个样品的长度,则被认为是第4.1类物质。

可摩擦起火的固体应列为第4.1类物质,类同于已有的项(如火柴)或与任何特殊规定一致。

2.2.41.1.6 可以在《试验和标准手册》第Ⅲ部分33.2.1的实验程序以及2.2.41.1.4和2.2.41.1.5所列出的标准的基础上,决定是否因所提到的物质的性质,使该物质不受本分类限制。

2.2.41.1.7 如果属于第4.1类物质名称出现在3.2章表A中,该物质的溶液或混合物由于混合后的危险性分类不同于表中的分类结果,则该溶液或混合物应根据其真实的危险程度进行分类。

注：针对于溶液和混合物的分类(如制剂和废物),见2.1.3。

包装类别的划分

2.2.41.1.8 根据3.2章表A的各种条目分类的易燃固体按照《试验和标准手册》第Ⅲ部分33.2.1的实验程序的结果应被划分为Ⅱ或Ⅲ类包装,与以下的标准一致:

(a) 易燃固体,实验中,在100mm的检测距离内的燃烧时间小于45s,应被划分于:

Ⅱ类包装:如果火焰通过湿润地带;

Ⅲ类包装:如果湿润地带阻止了火焰至少4min;

(b) 金属粉末或金属合金粉末应被划分为:

Ⅱ类包装:如果检测中,在5min甚至更短的时间内,反应扩散过样品的整个长度;

Ⅲ类包装:如果检测中,反应扩散过样品整个长度的时间超过5min。

对于摩擦会起火的固体,包装类别应根据已存在的类似条目进行划分或与任何特殊规定一致。

自反应物质

定义

2.2.41.1.9 根据ADR的规定,自反应物质是热不稳定性物质,在没有氧(空气)的参与下也能发生强烈的放热分解反应。符合以下条件的物质不属于第4.1类的自反应物质:

(a) 根据第1类的标准,属于爆炸物;

(b) 根据第5.1类的划分程序,属于氧化物(见2.2.51.1),但不包括含有5%或者以上有机可燃物的氧化物质的混合物,这类混合物要按照下面注2中的流程来分类;

(c) 根据第5.2类的标准,属于有机过氧化物(见2.2.52.1);

(d) 它们的分解热小于300J/g;

(e) 对于50kg的包件,其自加速分解温度(SADT)(见下面的注3)大于75℃。

注1：分解热的测定可以采用任何国际认可的方法,如差示扫描量热法或绝热量热法。

注2：满足第5.1类氧化物定义的含有5%或者以上有机可燃物的氧化物质的混合物如果不满足上面(a)(c)(d)或(e)的标准,应该按照自反应物质的划分程序来分类。

表现出自反应物质类型B到F的混合物,应该划为第4.1类中的自反应物质。

表现出自反应物质类型G的混合物,根据《试验和标准手册》第Ⅱ部分20.4.3(g)的原则应该划分为第5.1类物质(见2.2.51.1)。

注3：自加速分解温度(SADT)是运输包装中的物质自加速降解发生的最低温度。

测定SADT 的要求在《试验和标准手册》20 章和28.4 中给出。

注4:任何显示自反应特征的物质,即使按照2.2.42.1.5 进行的实验结果显阳性,也应划分为第4.2 类。

性质

2.2.41.1.10　自反应物质的分解会在具有催化特性的杂质(如酸、重金属成分、碱)的存在下,或受到摩擦或碰撞时,通过受热启动。分解的速率会随温度而加剧,并随物质而变。特别是没有着火的降解,会产生有毒气体或蒸气的释放。对某些自反应物质,必须要控温。某些自反应物质可能爆炸性分解,特别是在封闭的情况下。可以通过添加稀释剂或使用合适的包装来改善。某些自反应物质会剧烈燃烧。下面列出了一些属于这类特征的自反应物质:

脂肪族偶氮类成分(– C – N = N – C –);

有机叠氮化物(– C – N_3);

重氮盐(– CN_2^+ Z^-);

N – 亚硝基化合物(– N – N = O);

芳族硫代酰肼(– SO^2 – NH – NH^2)。

这个列表并非详尽无遗,带其他反应基团的物质或某些物质的混合物也会有类似的特性。

分类

2.2.41.1.11　自反应物质根据它们的危险程度被分成7 类,从 A 类(不得接受装在所试验的容器中运输)到 G 类(此类不受第4.1 类的自反应物质的规章所限制)。B~F 类的分类直接与单个包件中所允许的最大数量有关。分类应用的原则、程序、检测方法及标准和恰当的检测报告的样本都列在《试验和标准手册》第 II 部分。

2.2.41.1.12　允许用容器运输的自反应物质列于2.2.41.4,允许用中型散装容器运输的自反应物质列于4.1.4.2 包装指南 IBC520,根据4.2 章允许用移动罐柜运输的自反应物质列于4.2.5.2 移动罐柜包装指南 T23。列出的每种允许运输的物质,在3.2 章表 A 中都划定了相应的类属条目(UN 3221~3240),并提供了相应的次要危险和有关运输信息的备注。

具体的通用条目:

—B~F 类自反应物质,见2.2.41.1.11;

—物理状态(液态/固态);

—控温(当有要求时),见2.2.41.1.17。

列于2.2.41.4 的自反应物质的分类是根据工业纯物质(除非特别标明浓度小于100%)。

2.2.41.1.13　未列于2.2.41.4、4.1.4.2 包装指南 IBC520 或4.2.5.2 移动罐柜包装指南 T23 中的自反应物质的分类和阐述以及类属条目的划分应根据检测报告由起运的权威部门来进行。批准的陈述应含有分类和相关包装条件。如果产地国不是 ADR 的缔约方,分类和运输条件应得到托运货物所到达的第一个 ADR 的缔约方的权威的认可。

2.2.41.1.14　激活剂如锌化合物可以添加到某些自反应物质中来改变它们的反应活性。通过调整激活剂的类型和浓度可以达到降低热稳定性,改变爆炸特性的目的。如果任何性质发生了变化,新的复合物应根据分类程序进行确定。

2.2.41.1.15　未在2.2.41.4 中列出的自反应物质样品或复合物,如果没有整套的实验结果,且将被运输去做进一步的检测或评估,应该被划分于自反应物质类型 C 中的一个恰当的条目中,但要符合下列的条件:

—现有数据表明,样品的危险性不大于 B 型自反应物质;

—样品根据包装方法 OP2 进行包装,并且每个运输装置所载的量不超过 10kg;
—现有数据表明,控温即能使温度低到阻止任何危险性的分解,又高到阻止任何危险性的相分离。

退敏

2.2.41.1.16　为了保证运输中的安全,许多自反应物质可以通过稀释达到退敏目的。一个物质的百分含量是有规定的,这里是指质量百分含量,取最近的整数。如果使用稀释剂,自反应物质应该与运输中使用的一定浓度和形式的稀释剂一起进行检测。在包件发生泄漏时,会使自反应物质的浓度达到危险程度的稀释剂不能使用。任何稀释剂都应该与自反应物质兼容。兼容的稀释剂是指那些对自反应物质的热稳定性和危险类型不会产生不利影响的固体或液体。混合物中需要控温的液体稀释液(见 2.2.41.1.14)沸点至少应为 60℃,闪点不低于 5℃。液体的沸点应该比自反应物质的控制温度至少高 50℃。

控温要求

2.2.41.1.17　某些自反应物质只有在控温的情况下才可以运输。控制温度是指自反应物质能够安全运输的最高温度。并假定在 24h 内,包装周围在运输过程中的温度只能在短时间内超过 55℃。当发生控温失控时,有必要旅行应急程序。应急温度是指此类程序实施的温度。

控制和应急温度源自于 SADT(见表1)。应该测定 SADT 以决定是否一个物质在运输中应该受到温度控制。测定 SADT 的规则在《试验和标准手册》第Ⅱ部分 20 章以及 28.4 中列出。

控制和应急温度来源　　表1

容器类型	自加速分解温度[a]	控制温度	应急温度
单个包件和 IBCs	20℃ 或更低	低于 SADT 20℃	低于 SADT 10℃
	20℃ 到 35℃	低于 SADT 15℃	低于 SADT 10℃
	超过 35℃	低于 SADT 10℃	低于 SADT 5℃
罐	不超过 50℃	低于 SADT 10℃	低于 SADT 5℃

[a] 包装运输物质的自加速分解温度。

自加速分解温度不超过 55℃ 的自反应物质,在运输中应受到温度控制。控制和应急温度列于 2.2.41.4 中。运输过程中的真实温度应比控制温度低,从而避免状态(相)改变的危险。

固态退敏爆炸品

2.2.41.1.18　固态退敏爆炸品是指那些用水或酒精打湿或者用其他物质稀释来抑制它们的爆炸性的物质。3.2 章表 A 中的此类条目有:UN 1310,1320,1321,1322,1336,1337,1344,1347,1348,1349,1354,1355,1356,1357,1517,1571,2555,2556,2557,2852,2907,3317,3319,3344,3364,3365,3367,3368,3369,3370,3376,3380 和 3374。

与自反应物质相关的物质

2.2.41.1.19　这些物质包括:

(a) 根据试验系列 1,2 被暂时列入第 1 类,但根据试验系列 6 却被排除在第 1 类之外的物质;

(b) 非第 4.1 类的自反应物质;

(c) 非第 5.1 或 5.2 类的物质。

这些物质都被划分在第 4.1 类。UN 2956,3241,3242 和 3251 都属于此类物质。

2.2.41.2　**不受理运输的物质**

2.2.41.2.1　化学性质不稳定的第 4.1 类物质都不应受理运输,除非采取了某些必要措施来阻止运输过程中危险性分解或聚合。要特别保证容器或罐中不含任何能够激发这种反应的物质。

2.2.41.2.2　　属于 UN 3097 的易燃性固态氧化物不应受理运输，除非它们符合第 1 类的要求（见 2.1.3.7）。

2.2.41.2.3　　以下物质不应受理运输：
— A 型自反应物质[见《试验和标准手册》第Ⅱ部分 20.4.2(a)]；
— 含黄磷和白磷的硫化磷；
— 未列入 3.2 章表 A 中的固态退敏爆炸品；
— 不属于 UN 2448(硫,熔融状态)的无机易燃物质。

2.2.41.3　　*类属条目列表*

[a] 粉状或其他易燃状金属和金属合金,易于自燃,属于第 4.2 类物质。
[b] 粉状或其他易燃状金属和金属合金,遇水产生易燃气体,属于第 4.3 类物质。
[c] 金属氢化物,遇水产生易燃气体,属于第 4.3 类物质.硼氢化铝或硼氢化铝衍生物属于第 4.2 类,UN 2870。

2.2.41.4 *目前已确定的自反应物质览表*

"包装方法"一栏中,"OP1"到"OP8"见包装方法 4.1.4.1,包装指示 P520(见 4.1.7.1)。自反应物质的运输,必须按照下面的分类,满足控制温度和应急温度(来自 SADT)。对于允许用 IBC 运输的物质,按照 4.1.4.2 中包装指南 IBC520;对于允许用罐体运输的物质,按照 4.2 章,4.2.5.2 中移动罐柜规范 T23。

注:表中的分类是根据工业纯物质(除非特别标明浓度小于100%)。对于其他浓度,可能需要根据《试验和标准手册》第Ⅱ部分或者2.2.41.1.17 来分类。

自反应物质	浓度(%)	包装方法	控制温度(℃)	应急温度(℃)	联合国类属条目	备注
丙酮-连苯三酚共聚物 2-重氮-1-萘酚-5-磺酸盐	100	OP8			3228	
B 型偶氮二酰胺配制剂,控温	<100	OP5			3232	(1)(2)
C 型偶氮二酰胺配制剂	<100	OP6			3224	(3)
C 型偶氮二酰胺配制剂,控温	<100	OP6			3234	(4)
D 型偶氮二酰胺配制剂	<100	OP7			3226	(5)
D 型偶氮二酰胺配制剂,控温	<100	OP7			3236	(6)
2,2'-偶氮二(2,4-二甲基-4-甲氧基戊腈)	100	OP7	−5	+5	3236	
2,2'-偶氮二(2,4-二甲基戊腈)	100	OP7	+10	+15	3236	
2,2'-偶氮二(乙基-2-甲基丙酸)	100	OP7	+20	+25	3235	
1,1-偶氮二(六氢化苄腈)	100	OP7			3226	
2,2'-偶氮二(异丁腈)	100	OP6	+40	+45	3234	
2,2'-偶氮二(异丁腈),糊状	≤50%	OP6			3224	
2,2'-偶氮二(2-甲基异丁腈)	100	OP7	+35	+40	3236	
苯-1.3-二磺酰肼,糊状	52	OP7			3226	
苯-1.3-二磺酰肼	100	OP7			3226	
氯化锌-4-苯(乙)氨基-3-乙氧基重氮苯	100	OP7			3226	
氯化锌-4-苯(甲)氨基-3-乙氧基重氮苯	100	Op7	+40	+45	3236	
氯化锌-3-氯-4-二乙氨基重氮苯	100	OP7			3226	
2-重氮-1-萘酚-4-磺酰氯	100	OP5			3222	(2)
2-重氮-1-萘酚-5-磺酰氯	100	OP5			3222	(2)
D 型 2-重氮-1-萘酚磺酸酯混合物	<100	OP7			3226	(9)
(2:1)四氯锌酸-2,5-二丁氯基-4-(4-吗啉基)-重氮苯	100	OP8			3228	
氯化锌-2-5-二乙氧基-4-吗啉代重氮苯	67−100	OP7	+35	+40	3236	
氯化锌-2-5-二乙氧基-4-吗啉代重氮苯	66	OP7	+40	+45	3236	
氟硼酸-2,5-二乙氧基-4-吗啉代重氮苯	100	OP7	+30	+35	3236	
硫酸-2,5-二乙氧基-4-(4-吗啉基)-重氮苯	100	OP7			3226	
氯化锌-2,5-二乙氧基-4-(苯磺酰)-重氮苯	67	OP7	+40	+45	3236	
二甘醇双(碳酸烯丙酯)+ 过二碳酸二异丙酯	≥88 + ≤12	OP8	−10	0	3237	
氯化锌-2,5-二乙氧基-4-(4-甲苯磺酰)重氮苯	79	OP7	+40	+45	3236	
1-三氯锌酸-4-二甲氨基重氮苯	100	OP8			3228	

续上表

自反应物质	浓度（%）	包装方法	控制温度(℃)	应急温度(℃)	联合国类属条目	备注
氯化锌-4-二甲氧基-6(2-二甲氨乙氧基)-2-重氮甲苯	100	OP7	+40	+45	3236	
N,N'-二亚硝基-N,N'-二甲基对苯二甲酰胺,糊状	72	OP6			3224	
N,N'-二亚硝基五甲撑四胺	82	OP6			3224	(7)
二苯醚-4,4'-二磺酰肼	100	OP7			3226	
氯化锌-4-二丙氨基重氮苯	100	OP7			3226	
氯化锌-2-(N-氧羰基苯氨基)-3-甲氧基-4-(N-甲基环己氨基)重氮苯	63-92	OP7	+40	+45	3236	
氯化锌-2-(N-氧羰基苯氨基)-3-甲氧基-4-(N-甲基环己氨基)重氮苯	62	OP7	+35	+40	3236	
N-甲酰-2-硝甲基-1,3-全氢化噻嗪	100	OP7	+45	+50	3236	
氯化锌-2-(2-羟乙氧基)-1-(吡咯烷-1-基)重氮苯	100	OP7	+45	+50	3236	
氯化锌-3-(2-羟乙氧基)-4-(吡咯烷-1-基)重氮苯	100	OP7	+40	+45	3236	
硫酸氢-2-(N-乙羰基甲按基)-4-(3,4-二甲基苯磺酰)重氮苯	96	OP7	+45	+50	3236	
4-甲苯磺酰肼	100	OP7			3226	
氟硼酸-3-甲基-4-(吡咯烷-1-基)重氮苯	95	OP6	+45	+50	3234	
4-亚硝基苯酚	100	OP7	+35	+40	3236	
自反应液体试样		OP2			3223	(8)
自反应液体试样,控温		OP2			3233	(8)
自反应固体试样		OP2			3224	(8)
自反应固体试样,控温		OP2			3234	(8)
2-重氮-1-萘酚-4-磺酸钠	100	OP7			3226	
2-重氮-1-萘酚-5-磺酸钠	100	OP7			3226	
硝酸(二份)钯四氨合物	100	OP6	+30	+35	3234	

备注：

(1) 符合《试验和标准手册》20.4.2(b)中标准的偶氮二酰胺配制剂。控制和应急温度应根据2.2.41.1.17中的程序测定。

(2) 需要"爆炸性"次要危险性标签(No.1示范,见5.2.2.2.2)。

(3) 符合《试验和标准手册》20.4.2(c)中标准的偶氮二酰胺配制剂。

(4) 符合《试验和标准手册》20.4.2(c)中标准的偶氮二酰胺配制剂,控制和应急温度应根据2.2.41.1.17中的程序测定。

(5) 符合《试验和标准手册》20.4.2(d)中标准的偶氮二酰胺配制剂。

(6) 符合《试验和标准手册》20.4.2(d)中标准的偶氮二酰胺配制剂。控制和应急温度应根据2.2.41.1.17中的程序测定。

(7) 带有兼容的稀释剂,其沸点不高于150℃。

(8) 见2.2.41.1.15。

(9) 本条目适用于符合《试验和标准手册》20.4.2(d)中2-重氮-1-萘酚-4-磺酸酯和2-重氮-1-萘酚-5-磺酸酯的混合物。

2.2.42 第4.2类 易于自燃的物质

2.2.42.1 标准

2.2.42.1.1 第4.2类包括：

— 发火物质，指那些与空气接触时，在很少量的情况下就可以在5min内点燃的混合物或溶液（液体/固体）。属于第4.2类物质，是最易自燃的；和

— 自热物质和物品，包括无能量提供，与空气接触也会产生自热的混合物和溶液。这些物质只有在大量（kg）而且时间较长时（小时或天）才会点燃。

2.2.42.1.2 第4.2类物质，按以下方式细分：

S 易于自燃的物质，无次要危险性：
- S1 有机，液态；
- S2 有机，固态；
- S3 无机，液态；
- S4 无机，固态；
- S5 有机金属物质；

SW 易自燃物质，遇水产生可燃气体；

SO 易自燃物质，氧化物；

ST 易自燃物质，有毒：
- ST1 有机，毒性，液态；
- ST2 有机，毒性，固态；
- ST3 无机，毒性，液态；
- ST4 无机，毒性，固态；

SC 易自燃物质，腐蚀性：
- SC1 有机，腐蚀性，液态；
- SC2 有机，腐蚀性，固态；
- SC3 无机，腐蚀性，液态；
- SC4 无机，腐蚀性，固态；

性质

2.2.42.1.3 物质的自热过程是物质与氧气（空气中）缓慢反应产生热量。当热量产生的速度超过热量损失的速度时，物质就会升温。当达到了自燃温度时，就会导致自燃现象。

分类

2.2.42.1.4 第4.2类的物质和物品列在3.2章表A中。而3.2章表A中未提到的物质和物品应按照2.1章的规定，在经验或按照《试验和标准手册》第Ⅲ部分33.3所进行的实验结果的基础上，划分在2.2.42.3的相关特定未另作规定的条目中。第4.2类中一般未另作规定的条目的划分应在《试验和标准手册》第Ⅲ部分33.3所进行的实验结果的基础上进行划分，为使划分更严格，经验也应被考虑在内。

2.2.42.1.5 当未提到的物质和物品根据《试验和标准手册》第Ⅲ部分33.3所进行的实验结果的基础上被划分到了2.2.42.3的某一个条目时，应遵循以下的标准：

(a) 固态易自燃物质（发火物质），指从1m的高度落下或在5min内能够点燃的物质，应被划分在第4.2类；

(b) 液态易自燃物质（发火物质），应被划分在第4.2类，当：

(ⅰ) 注入惰性载体中，5min内会燃烧；

(ⅱ) 根据(ⅰ)的实验结果呈阴性的，当被倒在干的、锯齿状的滤纸上时（Whatman No.3 滤纸），它们会点燃或在5min之内使滤纸炭化；

(c) 将样品放在10cm的样品管中,在140℃的条件下,24h内能够自燃或者温度升高到超过200℃的物质应被划分在第4.2类中。这项标准是以碳在50℃,27m³样品管中的自燃温度为基础的。27m³的样品管中,自燃温度超过50℃的不能被列在第4.2类中。

注1: 包装在体积不超过3m³的包件中的物品不属于第4.2类物质,前提是该物质在10cm的样品管中,120℃下,24h内不发生自燃现象或温度升高到不超过180℃。

注2: 包装在体积不超过450L的包件中的物品不属于第4.2类物质,前提是该物质在10cm的样品管中,100℃下,24h内不发生自燃现象或温度升高到不超过160℃。

注3: 因为有机金属物质可能被划分为第4.2或者第4.3类,同时又有次要危险性,在2.3.5中给出了一个特殊的流程用于给这类物质分类。

2.2.42.1.6 如果属于第4.2类物质名称出现在3.2章表A中,该物质的溶液或混合物由于混合后的危险性分类不同于表中的分类结果,则该溶液或混合物应根据其真实的危险程度进行分类。

注: 针对于溶液和混合物的分类(如制剂和废物),见2.1.3。

2.2.42.1.7 可以在《试验和标准手册》第Ⅲ部分33.3的实验程序以及2.2.42.1.5所列出的标准的基础上,决定是否因所提到的物质的性质,使此物质不受本分类限制。

包装类别的划分

2.2.42.1.8 3.2章表A各项中的物质和物品应在《试验和标准手册》第Ⅲ部分33.3的实验程序的基础上被划分到组Ⅰ、Ⅱ、Ⅲ中,并应遵照以下标准:

(a) 易于自燃的物质(发火物质)应被划分在Ⅰ类包装中;

(b) 自热物质,在2.5cm样品管中,140℃下,24h内会自燃或温度升高到200℃以上的应被划分在Ⅱ类包装中;

在450L包装体积下,自燃温度高于50℃的物质不属于Ⅱ类包装;

(c) 略微自热的物质,在2.5cm的样品管中,一定条件下观察不到(b)中的现象,但是在10cm的样品管中,140℃下,24h内却会自燃或温度升高到超过200℃的应被划分在Ⅲ类包装中。

2.2.42.2 *禁止运输的物质*

以下物质不应受理运输:

—UN 3255,次氯酸叔丁酯;

—自热固体,氧化物,属于UN 3127,除非符合第1类的规定(见2.1.3.7)。

2.2.42.3 类属条目列表

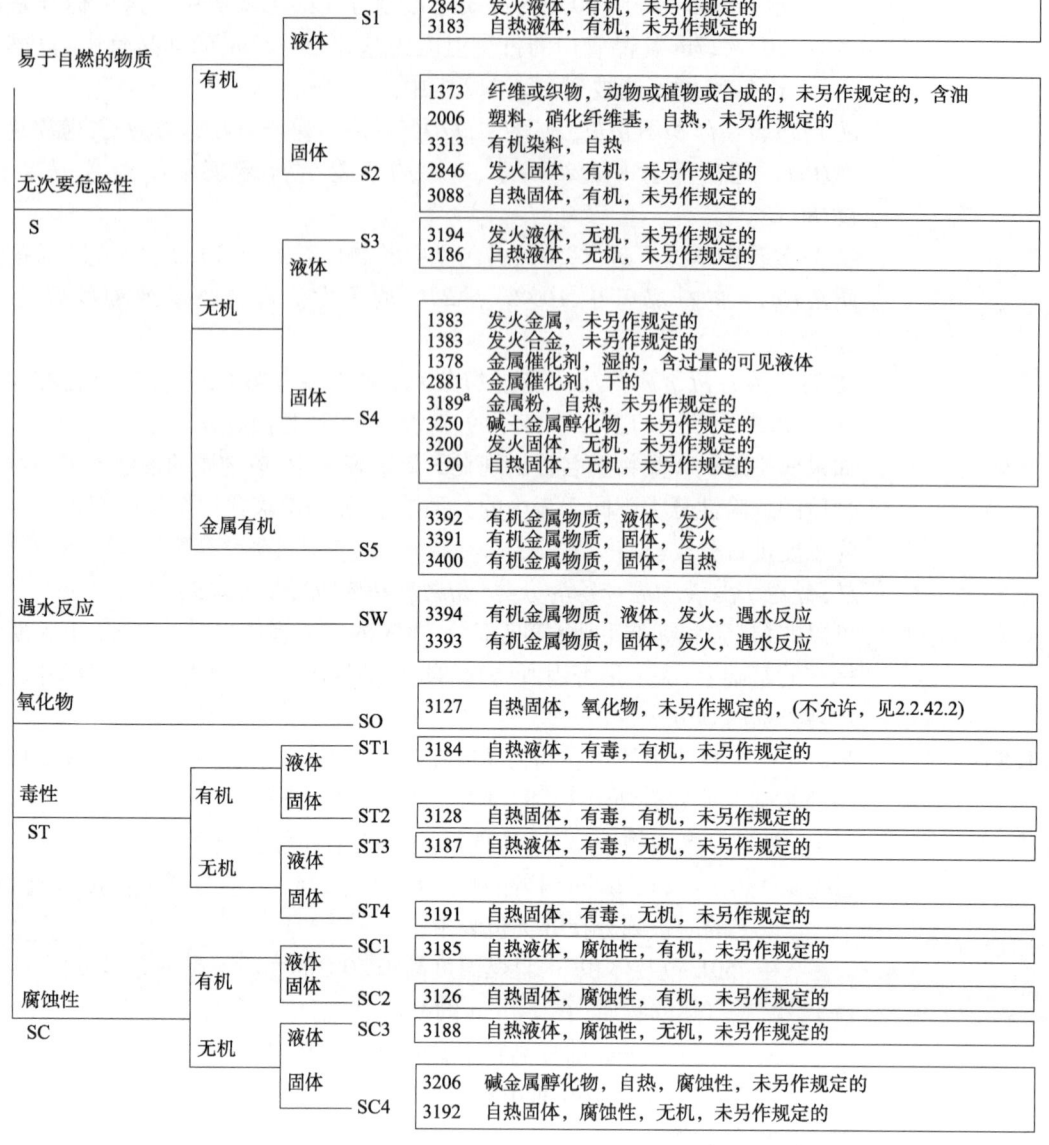

---

[a] 非自燃形式的灰状或粉状金属,无毒,然而遇水会产生易燃气体,属于第4.3类物质。

2.2.43 第4.3类 遇水放出易燃气体的物质

2.2.43.1 *准则*

2.2.43.1.1　第4.3类的标题包括遇水反应放出易燃气体,而此气体与空气易形成爆炸混合物的物质,以及含此类物质的物品。

2.2.43.1.2　第4.3类物质和物品,按以下方式细分:

- W　遇水放出易燃气体的物质,无次要危险性,含如下列物质:
  - W1　液体;
  - W2　固体;
  - W3　物品;
- WF1　遇水放出易燃气体的物质,液态,易燃;
- WF2　遇水放出易燃气体的物质,固态,易燃;
- WS　遇水放出易燃气体的物质,固态,自热;
- WO　遇水放出易燃气体的物质,氧化物,固态;
- WT　遇水放出易燃气体的物质,有毒:
  - WT1　液体;
  - WT2　固体;
- WC　遇水放出易燃气体的物质,腐蚀性:
  - WC1　液体;
  - WC2　固体;
- WFC　遇水放出易燃气体的物质,易燃,腐蚀性。

性质

2.2.43.1.3　有些物质遇水能够放出易燃气体,这些气体能与空气形成爆炸性混合物。这样的混合物能被常规火源点燃,比如明火、产生火花的手动工具或没有保护的灯具。产生的爆炸波和火焰会危害到人和环境。下面2.2.43.1.4中的检测方法用于测定一个物质与水是否会产生危险数量的易燃气体。此检测方法不适用于发火物质。

分类

2.2.43.1.4　第4.3类物质和物品列在3.2章表A中。而3.2章表A中未提到的物质和物品应按照2.1章的规定,在经验或按照《试验和标准手册》第Ⅲ部分33.4所进行的实验结果的基础上,划分在2.2.43.3的相关条目中。为使划分更严格,经验也应被考虑在内。

2.2.43.1.5　当未提到的物质和物品根据《试验和标准手册》第Ⅲ部分33.4所进行的实验结果的基础上被划分到了2.2.43.3的某一个条目中时,应遵循以下的标准:

如果物质有下列情况之一,应被分为第4.3类:

(a) 实验中放出的气体在实验程序的任何一步发生自燃;

(b) 释放易燃气体的速度大于每千克物质每小时释放1L。

注:因为有机金属物质可能被划分为第4.2或者第4.3类,同时又有次要危险性,在2.3.5中给出了一个特殊的流程用于给这类物质分类。

2.2.43.1.6　如果属于第4.3类物质名称出现在3.2章表A中,该物质的溶液或混合物由于混合后的危险性分类不同于表中的分类结果,则该溶液或混合物应根据其真实的危险程度进行分类。

注:针对于溶液和混合物的分类(如制剂和废物),见2.1.3。

2.2.43.1.7　可以在《试验和标准手册》第Ⅲ部分33.4的实验程序以及2.2.43.1.5所列出的标准的基础上,决定是否因所提到的物质的性质使此物质不受本分类所限制。

包装类别的划分

2.2.43.1.8　　3.2章表A各项中的物质和物品应在《试验和标准手册》第Ⅲ部分33.4的实验程序的基础上被划分到Ⅰ、Ⅱ、Ⅲ类包装中,并应遵照以下标准:

（a）　Ⅰ类包装包括任何在室温下能与水剧烈反应,并有释放气体发生自燃现象趋势的物质,还包括在室温下容易与水反应,每分钟内产生易燃气体的速度等于或大于10L/kg的物质;

（b）　Ⅱ类包装包括任何在室温下易于与水反应,其每小时内产生易燃气体的最大速度等于或大于20L/kg,但却不符合Ⅰ类包装标准的物质;

（c）　Ⅲ类包装包括任何在室温下与水缓慢反应,其每小时内产生易燃气体的最大速度等于或大于1L/kg,但却不符合Ⅰ和Ⅱ类包装标准的物质。

2.2.43.2　　禁止运输的物质

UN 3133;遇水反应固体,氧化物,不应受理运输,除非它们符合第1类的要求(见2.1.3.7)。

2.2.43.3　　类属条目列表

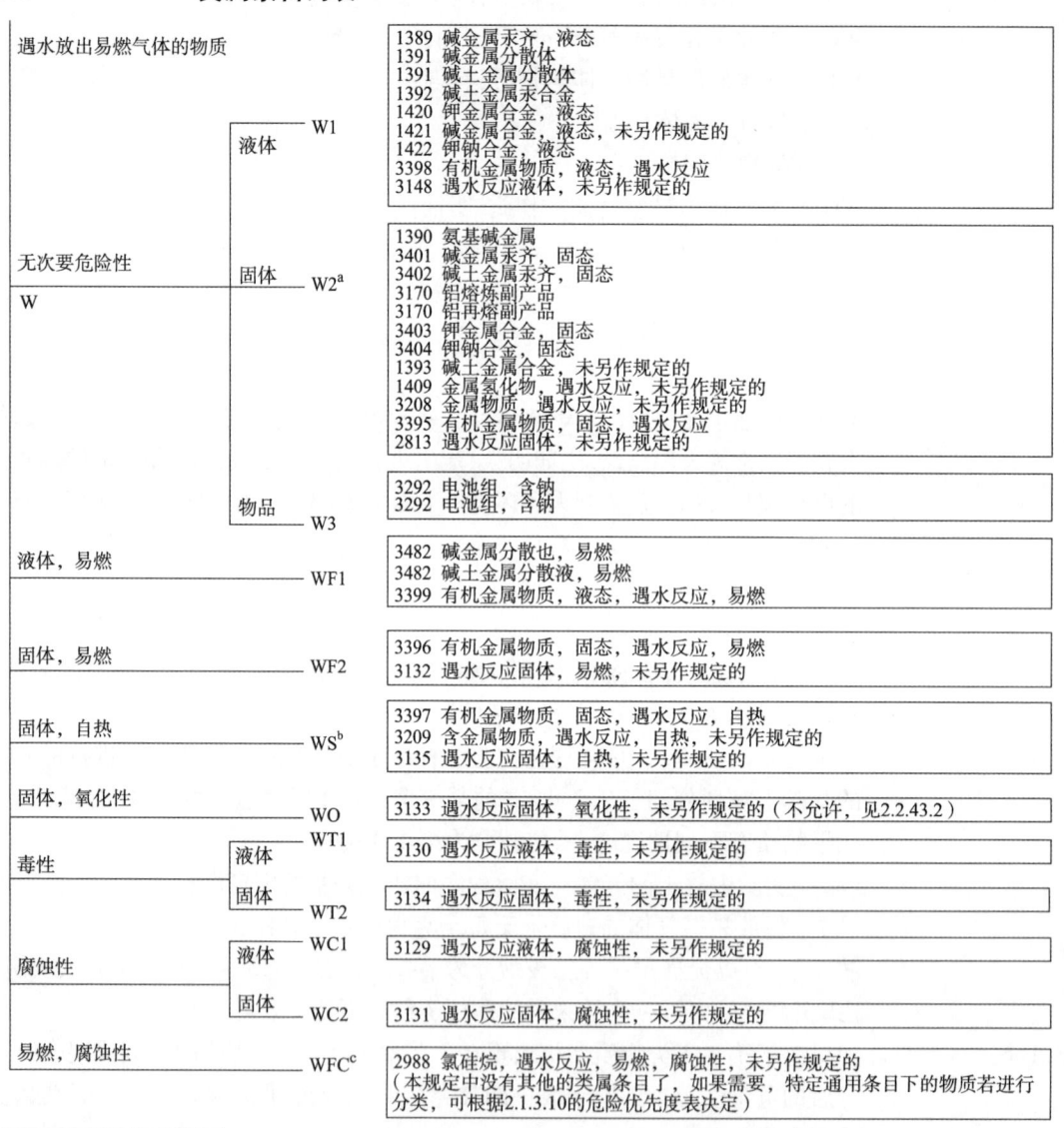

---

a 遇水不放出易燃气体,并且不发火或自热,但是易燃的金属和金属合金,属于第4.1类物质。发火形式的碱土金属和碱土金属合金是第4.2类物质,发火形式的灰状或粉状金属是第4.2类物质。发火形式的金属和金属合金是第4.2类。含重金属如铁、铜等的磷化合物不受ADR限制。

b 发火形式的金属和金属合金,是第4.2类物质。

c 氯硅烷,闪点低于23℃,遇水不放出易燃气体,是第3类物质。氯硅烷,闪点等于或高于23℃,遇水不放出易燃气体,是第8类物质。

2.2.51 第5.1类 氧化性物质

2.2.51.1 *准则*

2.2.51.1.1 第5.1类包括某些物质,其自身未必可燃,但能通过产生氧气来引发或促使其他物质燃烧,此外还包括含此类物质的物品。

2.2.51.1.2 第5.1类物质和含此类物质的物品可细分如下:

O 氧化物,无次要危险性,或含以下物质的物品:

 O1 液体;

 O2 固体;

 O3 物品;

OF 氧化物,固态,易燃;

OS 氧化物,固态,自热;

OW 氧化物,固态,遇水产生易燃气体;

OT 氧化物,有毒:

 OT1 液体;

 OT2 固体;

OC 氧化物,腐蚀性:

 OC1 液体;

 OC2 固体;

OTC 氧化物,有毒,腐蚀性。

2.2.51.1.3 第5.1类物质和物品列在3.2章表A中。对于3.2章表A中未提及名称的物质和物品,应依据2.1章的规定,按照2.2.51.1.6~2.2.51.1.9的实验方法和标准以及《试验和标准手册》第Ⅲ部分34.4的内容进行划分。当实验结果与已知经验相冲突时,在已知经验基础上做出的判断优先于实验结果,并划分在2.2.51.3的相关条目中。

2.2.51.1.4 如果属于第5.1类物质名称出现在3.2章表A中,该物质的溶液或混合物由于混合后的危险性分类不同于表中的分类结果,则该溶液或混合物应根据其真实的危险程度进行分类。

注:针对于溶液和混合物的分类(如制剂和废弃物),见2.1.3。

2.2.51.1.5 可以依据《试验和标准手册》第Ⅲ部分34.4的实验程序以及2.2.51.1.6~2.2.51.1.9所列出的标准,决定3.2章表A中所提到物质的性质是否受本分类限制。

氧化性固体

分类

2.2.51.1.6 当根据《试验和标准手册》第Ⅲ部分34.4.1(试验O.1)所进行的试验程序,将3.2章表A中未提到的氧化性固体划分到2.2.51.3(试验O.3)的某一个条目中时,应遵循以下的标准:

(a) 在试验O.1中,如果当某个固体物质的试样与纤维素的比例在4:1或1:1(质量)时,此试样可以被点燃、燃烧或者其平均燃烧时间小于等于按3:7混合(质量)的溴酸钾和纤维素的混合物的平均燃烧时间,那么此固体物质应被划分在第5.1类中;

(b) 在试验O.3中,如果当某个固体物质的试样与纤维素的比例在4:1或1:1(质量)时,此试样的平均燃烧率大于等于按1:2混合(质量)的过氧化钙和纤维素的混合物的平均燃烧率,那么此固体物质应被划分在第5.1

包装类别的划分

2.2.51.1.7 3.2 章表 A 各项中的氧化性固体应在《试验和标准手册》中第Ⅲ部分 34.4.1(试验 O.1)或者 34.4.3(试验 O.3)所述的试验程序的基础上,被划分到Ⅰ、Ⅱ、Ⅲ类包装中,并应遵照以下标准:

(a) 试验 O.1:

（ⅰ） Ⅰ类包装:试验中与纤维素的比例在 4:1 或 1:1(质量)时的平均燃烧时间小于溴酸钾和纤维素的比例为 3:2 时的平均燃烧时间的任何物质;

（ⅱ） Ⅱ类包装:试验中与纤维素的比例在 4:1 或 1:1 时的平均燃烧时间等于或小于溴酸钾和纤维素的比例为 2:3(质量)时的平均燃烧时间,同时也不符合Ⅰ类包装标准的任何物质;

（ⅲ） Ⅲ类包装:试验中与纤维素的比例在 4:1 或 1:1 时的平均燃烧时间等于或小于溴酸钾和纤维素的比例为 3:7(质量)时的平均燃烧时间,同时也不符合Ⅰ和Ⅱ类包装标准的任何物质。

(b) 试验 O.3:

（ⅰ） Ⅰ类包装:试验中与纤维素的比例在 4:1 或 1:1(质量)时的平均燃烧率大于过氧化钙和纤维素的比例为 3:1 时的平均燃烧率的任何物质;

（ⅱ） Ⅱ类包装:试验中与纤维素的比例在 4:1 或 1:1 时的平均燃烧率等于或大于过氧化钙和纤维素的比例为 1:1(质量)时的平均燃烧率,同时也不符合Ⅰ类包装的标准的任何物质;

（ⅲ） Ⅲ类包装:试验中与纤维素的比例在 4:1 或 1:1 时的平均燃烧率等于或大于过氧化钙和纤维素的比例为 1:2(质量)时的平均燃烧率,同时也不符合Ⅰ类包装和Ⅱ类包装的标准的任何物质。

氧化性液体

分类

2.2.51.1.8 当根据《试验和标准手册》第Ⅲ部分 34.4.2 所进行的试验结果,将 3.2 章表 A 中未提及名称的氧化性液体划分到 2.2.51.3 的某一个条目中时,应遵循以下的标准:

如果试验中,一个液体物质与纤维素以 1:1(质量)混合时,压力升高 2070kPa 甚至更多,并且平均压力升高时间等于或少于 65% 液态硝酸和纤维素以 1:1 混合时的平均压力升高时间,此物质应被划分在第 5.1 类。

包装类别的划分

2.2.51.1.9 在《试验和标准手册》第Ⅲ部分 34.4.2 的试验程序的基础上,将 3.2 章表 A 各项中的氧化性液体划分到组Ⅰ、Ⅱ、Ⅲ组中时,应遵照以下标准:

(a) Ⅰ类包装:与纤维素以 1:1(质量)混合时,会自燃或其平均压力升高时间小于 50% 的高氯酸与纤维素的 1:1 混合物(质量)的平均压力升高时间的任何物质;

(b) Ⅱ类包装:与纤维素以 1:1(质量)混合时,平均压力升高时间小于或等于 40% 的氯酸钠溶液与纤维素的 1:1 混合物的平均压力升高时间的任何物质,而这些物质又不符合包装类别Ⅰ的标准;

(c) Ⅲ类包装:与纤维素以 1:1(质量)混合时,平均压力升高时间小于或等于 65% 的硝酸溶液与纤维素的 1:1 混合物的平均压力升高时间的任何物质,而这些物质又不符合Ⅰ和Ⅱ类包装的标准。

2.2.51.2 **不受理运输的物质**

2.2.51.2.1 第5.1类化学性质不稳定的物质不受理运输,除非采取必要的措施避免运输中的危险性降解或聚合。要特别确保容器中不含任何会激活这类反应的物质。

2.2.51.2.2 以下物质和混合物不受理运输:

—氧化性固体,自热,属于UN 3100;氧化性固体,遇水反应,属于UN 3121;氧化性固体,易燃,属于UN 3137;除非它们符合第1类的要求(见2.1.3.7);

—过氧化氢,不稳定,或含超过60%过氧化氢的水溶液,不稳定;

—四硝基甲烷,含可燃性杂质;

—含超过72%(质量)酸的高氯酸溶液,或高氯酸和任何水以外的液体的混合物;

—含超过10%的氯酸溶液,或氯酸和任何水以外的液体的混合物;

—卤代氟化合物,除了第5.1类的UN 1745五氟化溴、UN 1746三氯化溴、UN 2495五氟化碘以及第2类的UN 1749三氟化氯和UN 2548五氟化氯;

—氯酸铵及其水溶液,以及氯酸盐和铵盐的混合物;

—亚氯酸铵及其水溶液,以及亚氯酸盐和铵盐的混合物;

—次氯酸盐和铵盐的混合物;

—溴酸铵及其水溶液,以及溴酸盐和铵盐的混合物;

—高锰酸铵及其水溶液,以及高锰酸和铵盐的混合物;

—含0.2%可燃物质(包括一切含碳有机物)的硝酸铵,除非它是第1类物质或物品的组成成分;

—化肥中所含硝酸铵的量(测定硝酸铵含量时,混合物中与铵离子等当量的所有的硝酸根离子的量都应作为硝酸铵含量计算)或所含某可燃物质的量超过了特殊规定307中的指定值的,应用在第1类条件的除外;

—亚硝酸铵及其水溶液,以及无机亚硝酸盐和铵盐的混合物;

—硝酸钾、亚硝酸钠和铵盐的混合物。

2.2.51.3 类属条目列表

氧化性物质和含有此类物质的物品				
无次要危险性 O	液体	O1	3210 无机氯酸盐水溶液，未另作规定的 3211 无机高氯酸盐水溶液，未另作规定的 3213 无机溴酸盐水溶液，未另作规定的 3214 无机高锰酸盐水溶液，未另作规定的 3216 无机过硫酸盐水溶液，未另作规定的 3218 无机硝酸盐水溶液，未另作规定的 3219 无机亚硝酸盐水溶液，未另作规定的 3139 氧化性液体，未另作规定的	
	固体	O2	1450 无机溴酸盐，未另作规定的 1461 无机氯酸盐，未另作规定的 1462 无机亚氯酸盐，未另作规定的 1477 无机硝酸盐，未另作规定的 1481 无机高氯酸盐，未另作规定的 1482 无机高锰酸盐，未另作规定的 1483 无机过氧化物，未另作规定的 2627 无机亚硝酸盐，未另作规定的 3212 无机次氯酸盐，未另作规定的 3215 无机过硫酸盐，未另作规定的 1479 氧化性固体，未另作规定的	
	物品	O3	3356 化学氧气发生器	
固体，可燃		OF	3137 氧化性固体，易燃，未另作规定的(不许可，见2.2.51.2)	
固体，自热		OS	3100 氧化性固体，自热，未另作规定的(不许可，见2.2.51.2)	
固体，遇水反应		OW	3121 氧化性固体，遇水反应，未另作规定的(不许可，见2.2.51.2)	
有毒 OT	液体	OT1	3099 氧化性液体，毒性，未另作规定的	
	固体	OT2	3087 氧化性固体，毒性，未另作规定的	
有腐蚀性 OC	液体	OC1	3098 氧化性液体，腐蚀性，未另作规定的	
	固体	OC2	3085 氧化性固体，腐蚀性，未另作规定的	
有毒，有腐蚀性		OTC	(无适用的此分类的类属条目；如果需要可依据2.1.3.10中的危险性优先顺序确定一个该分类适用的类属条目)	

2.2.52 第5.2类 有机过氧化物

2.2.52.1 *准则*

2.2.52.1.1 第5.2类包括有机过氧化物和有机过氧化物配制品。

2.2.52.1.2 第5.2类物质细分如下：

P1 有机过氧化物，不需要温控；

P2 有机过氧化物，需要温控。

定义

2.2.52.1.3 有机过氧化物是包含有二价 – O – O – 结构有机物质，可看作是过氧化氢的衍生物，即其中一个或两个氢原子被有机基所取代。

性质

2.2.52.1.4 有机过氧化物在正常温度或高温下容易放热分解。分解可因受热、与杂质（如酸、重金属化合物、胺）接触、摩擦或碰撞而引起。分解速度随着温度增加，并随有机过氧化物配制品而不同。分解可能产生有害或易燃气体或蒸气。某些有机过氧化物在运输时必须控制温度。有些有机过氧化物可能起爆炸性分解，特别是在封闭条件下。这一特性可通过添加稀释剂或使用适当的容器加以改变。许多有机过氧化物燃烧猛烈。

应当避免眼睛与有机过氧化物接触。有些有机过氧化物，即使短暂地接触，也会对角膜造成严重的伤害，或者对皮肤具有腐蚀性。

注意：关于测定过氧化物的可燃性的试验方法在《试验和标准手册》第Ⅲ部分32.4中有描述。由于过氧化物遇热后反应剧烈，建议在闪点测试试验中小计量，具体可见 ISO 3679:1983。

分类

2.2.52.1.5 任何有机过氧化物都必须考虑划入第5.2类，除非有机过氧化物配制品含量如下：

(a) 当过氧化氢含量不超过1.0%时，其有机过氧化物的有效氧含量不超过1.0%；

(b) 当过氧化氢含量超过1.0%，但不超过7.0%时，其有机过氧化物的有效氧含量不超过1.0%。

注：有机过氧化物配制品的有效氧含量(%)用以下公式计算

$$16 \times \sum (n_i \times c_i / m_i)$$

式中：n_i——有机过氧化物 i 每个分子的过氧基数目；

c_i——有机过所物 i 的浓度（质量%）；

m_i——有机过氧化物 i 的分子量。

2.2.52.1.6 有机过氧化物按其危险性程度分为七种类型，从 A～G 型。A 型不得接受装在进行试验时使用的容器里运输，G 型不受第5.2类有机过氧化物规定的限制。B 型到 F 型的分类与一个容器允许装载的最大数量直接相关。关于对未列入2.2.52.4的物质的分类原理，在《试验和标准手册》第Ⅱ部分有介绍。

2.2.52.1.7 已经分类并且允许包装运输的有机过氧化物列在2.2.52.4列表中，允许装在中型散装容器中运输的列在4.1.4.2包装指南 IBC520 中，允许装在储罐中运输并且符合4.2和4.3章的物质列在4.2.5.2中的移动罐柜说明 T23 中。对于每一种被列入的物质，都被划归在3.2章表 A 中的类属条目(UN 3101～3120)中，并且介绍了次要危险性和有关的运输信息。

类属条目具体说明：

—有机过氧化物类型(B～F 型)（见2.2.52.1.6）；

—物理状态（液态或固态）；

—温度控制（如果需要）见 2.2.52.1.15～2.2.52.1.18。

表中所列配制品的混合物可以划入与其最危险的成分相同的有机过氧化物类型并按为这一类型有机过氧化物规定的运输条件运输。不过,由于两种稳定的成分可能形成热稳定性低的混合物,所以混合物的自加速分解温度(SADT)必须予以确定,并且如有必要,按照2.2.52.1.16的要求进行温度控制。

2.2.52.1.8　未列入2.2.52.4和4.1.4.2的包装指南中的IBC520或者4.2.5.2的可移动罐柜指南T23的有机过氧化物的分类和类属条目的划定,应由起运国相关专业职能部门做出。其批准文件应包含分类和有关运输条件的内容。如果起运国为非ADR缔约方,则有关物质的分类和运输条件的制定由此货物到达的第一个ADR缔约方有关职能部门执行。

2.2.52.1.9　未列入2.2.52.4列表中的有机过氧化物或者有机过氧化物新配制品的样品,如果没有完整的试验数据,但为了进一步试验或评估而需要运输,则可划入C型有机过氧化物的一个适当条目,并且要满足下列条件:
—有数据显示样品不会比B型有机过氧化物更危险;
—样品包装符合OP2包装方法,每个运输单元所载数量限于10kg;
—有数据显示有关的温度控制范围合理,低温保护能防止任何物分解导致的危害,低温保护能够防止任何相态分离导致的危害。

有机过氧化物的退敏

2.2.52.1.10　为了确保运输中的安全,有机过氧化物在许多情况下要通过添加有机液体或固体、无机固体或水退敏。在提到某物质的百分比时,这指的是质量百分比,四舍五入到最近的整数。通常,退敏应做到在发生溢溅时,有机过氧化物不会浓缩到危险的程度。

2.2.52.1.11　除非个别有机过氧化物配制品另有说明,下列定义适用于退敏作用的稀释剂:
—A型稀释剂,是与有机过氧化物相容、沸点不低于150℃的有机液体。A型稀释剂可以用来对所有有机过氧化物退敏;
—B型稀释剂,是与有机过氧化物相容、沸点低于150℃但不低于60℃,闪点不低于5℃的有机液体。
B型稀释剂可用来对所有有机过氧化物进行退敏,但其沸点必须至少比50kg包件的自加速分解温度(SADT)高60℃。

2.2.52.1.12　A型或B型以外的稀释剂,可添加于2.2.52.4的列表中所列的有机过氧化物配制品中,但它们必须是相容的。但是,如果全部或部分的A型或B型稀释剂被另一种不同性质的稀释剂取代,则有机过氧化物配制品需要根据第5.2类的正常认可程序重新评估。

2.2.52.1.13　水只可用作对2.2.52.4列表中所列有机过氧化物的退敏,或根据2.2.52.1.8由相关职能部门定义的"可使用水"或"在水中稳定扩散"的有机过氧化物进行退敏。未列于2.2.52.4的有机过氧化物样品或配制品,如果符合2.2.52.1.9的要求,也可用水为其退敏。

2.2.52.1.14　有机固体和无机固体可用于对有机过氧化物进行退敏,但它们必须是相容的。所谓相容液体和固体,是指那些对有机过氧化物配制品的热稳定性和危险性类别没有任何不利影响的物质。

温度控制要求

2.2.52.1.15　某些有机过氧化物的运输过程必须进行温度控制,其允许安全运输的最高温度即为控制温度。我们假定在周期为24h的相对短期运输中,一个包装件的瞬时环境温度仅仅会超过55℃。一旦如果发生温度控制失效,必须实施紧急措施,在实施这一紧急措施时的温度即为应急温度。

2.2.52.1.16　控制温度和应急温度源自于SADT,SADT即运输过程中物质在包装件中发生自加速分解的最低温度(见表1)。SADT决定了某种物质在运输过程中是否需要进行温度控制。运输过程中为了确定物质是否处于温控条件下,需要检测SADT。SADT检测规定见《试验和标准手册》第Ⅱ部分20和28.4。

控制温度和紧急温度　　　　　　　　　　　　　　　表1

容器类型	SADT[a]	控制温度	应急温度
单一包装和中型散装容器	≤20℃	低于SADT 20℃	低于SADT 10℃
	20℃~35℃	低于SADT 15℃	低于SADT 10℃
	>35℃	低于SADT 10℃	低于SADT 5℃
罐体	>50℃	低于SADT 10℃	低于SADT 5℃

[a] 指被包装运输物质的自加速分解温度SADT。

2.2.52.1.17　　下列有机过氧化物在运输中必须进行温度控制:
—SADT≤50℃的B型和C型有机过氧化物;
—SADT≤50℃密闭条件下加热时表现出中等效应,或SADT≤45℃密闭条件下加热时表现出微弱效应或无效应的D型有机过氧化物;
—SADT≤45℃的E型和F型有机过氧化物。

注:对于密闭条件下加热效应的检测规定见《试验和标准手册》第Ⅱ部分20 和28.4。

2.2.52.1.18　　控制温度和紧急温度见2.2.52.4的列表。运输过程中的实际温度可以低于控制温度,但应选择合适的温度以避免物质发生相态分离的危险情况。

2.2.52.2　　*不受理运输的物质*

第5.2类规定不允许A型有机过氧化物运输[见《试验和标准手册》第Ⅱ部分,20.4.3(a)]。

2.2.52.3　　*类属条目列表*

```
有机过氧化物         A型有机过氧化物,液态 ┐ 不允许运输,见
                                          ┘ 2.2.52.2
                    A型有机过氧化物,固态
              3101  B型有机过氧化物,液态
              3102  B型有机过氧化物,固态
              3103  C型有机过氧化物,液态
不需要温度控制 3104  C型有机过氧化物,固态
P1            3105  D型有机过氧化物,液态
              3106  D型有机过氧化物,固态
              3107  E型有机过氧化物,液态
              3108  E型有机过氧化物,固态
              3109  F型有机过氧化物,液态
              3110  F型有机过氧化物,固态
                    G型有机过氧化物,液态 ┐ 不受应用于第5.2类物
                    G型有机过氧化物,固态 ┘ 质的规定所限制,见
                                          2.2.52.1.6

              3111  B型有机过氧化物,液态,控温
              3112  B型有机过氧化物,固态,控温
              3113  C型有机过氧化物,液态,控温
              3114  C型有机过氧化物,固态,控温
              3115  D型有机过氧化物,液态,控温
需要温度控制 P2 3116 D型有机过氧化物,固态,控温
              3117  E型有机过氧化物,液态,控温
              3118  E型有机过氧化物,固态,控温
              3119  F型有机过氧化物,液态,控温
              3120  F型有机过氧化物,固态,控温
```

2.2.52.4　　*目前已确定的包装有机过氧化物列表*

在"包装方法"一列,代码"OP1"到"OP8"的具体含义请参考4.1.4.1包装方法中的包装指南P520(也见4.1.7.1)。被运输的有机过氧化物的分类以及控制温度和应急温度(源自SADT)应满足列表中的要求。对于允许用中型散装容器桶包装的物质,见4.1.4.2包装指南中的IBC520,对于按照4.2和4.3章所可以采用储罐运输的有机过氧化物,见4.2.5.2的移动罐柜说明T23。

有机过氧化物	浓度(%)	A型稀释剂(%)	B型稀释剂(%)	惰性固体(%)	水	包装方法	控制温度(℃)	应急温度(℃)	编号(通用条目)	次要危险性和备注
过氧化乙酰丙酮	≤42	≥48			≥8	OP7			3105	2)
过氧化乙酰丙酮	≤32，糊状					OP7			3106	20)
过氧化乙酰磺酸环己烷	≤82				≥12	OP4	−10	0	3112	3)
过氧化乙酰磺酸环己烷	≤32		≥68			OP7	−10	0	3115	
叔戊基过氧化氢	≤88	≥6			≥6	OP7			3107	
过氧化乙酸叔戊酯	≤62	≥38				OP7			3103	
过氧化苯甲酸叔戊酯	≤100					OP5	+20	+25	3115	
过氧化叔戊基-2-乙基己酸叔戊酯	≤100					OP7			3105	
过氧化(2-乙基己基)碳酸叔戊酯	≤100					OP5			3103	
过氧化异丙基碳酸叔戊酯	≤77	≥23				OP7			3115	
过氧化新葵酸叔戊酯	≤47	≥53				OP8	0	+10	3119	
过氧化叔戊基新戊酸叔戊酯	≤77		≥23			OP5	0	+10	3113	
叔戊基过氧化-3,5,5-三甲基己酸酯	≤100					OP7	+10	+15	3105	
过氧化叔丁基异丙苯	>42~100					OP7			3107	13)
过氧化叔丁基异丙苯	≤52	≥20		≥48	≥10	OP8			3108	4), 13)
4,4-二(叔丁基过氧化)戊酸正丁酯	>52~100				>14	OP5			3103	13), 23)
4,4-二(叔丁基过氧化)戊酸正丁酯	≤52			≥48	≥28	OP8			3108	13)
叔丁基过氧化氢	>79~90				≥7	OP5			3103	13)
叔丁基过氧化氢	≤80	≥20				OP7			3105	
叔丁基过氧化氢	≤79					OP8			3107	3)
叔丁基过氧化氢	≤72					OP8			3109	
叔丁基过氧化氢+二叔丁基过氧化物	<82+>9					OP5			3103	
单过氧基马来酸叔丁酯	>52~100	≥48				OP6			3102	3)
单过氧基马来酸叔丁酯	≤52			≥48		OP8			3108	

续上表

有机过氧化物	浓度（%）	A型稀释剂（%）	B型稀释剂（%）	惰性固体（%）	水	包装方法	控制温度（℃）	应急温度（℃）	编号（通用条目）	次要危险性和备注
单过氧马来酸叔丁酯	≤52，糊状					OP8			3108	
过氧化乙酸叔丁酯	>52~77	≥23				OP5			3101	3)
过氧化乙酸叔丁酯	>32~52	≥48				OP6			3103	
过氧化乙酸叔丁酯	≤32		≥68			OP8			3109	
过氧化苯甲酸叔丁酯	>77~100					OP5			3103	
过氧化苯甲酸叔丁酯	>52~77	≥23				OP7			3105	
过氧化苯甲酸叔丁酯	≤52			≥48		OP7			3106	
过氧化丁基延胡素酸叔丁酯	≤52	≥48				OP7			3105	
过氧化丁烯酸叔丁酯	≤77	≥23				OP7			3105	
过氧二乙基乙酸叔丁酯	≤100					OP5	+20	+25	3113	
过氧化(2-乙基己酸)叔丁酯	>52~100					OP6	+20	+25	3113	
过氧化(2-乙基己酸)叔丁酯	>32~52			≥48		OP8	+30	+35	3117	
过氧化(2-乙基己酸)叔丁酯	≤52		≥68			OP8	+20	+25	3118	
过氧化(2-乙基己酸)叔丁酯	≤32			≥60		OP8	+40	+45	3119	
过氧化(2-乙基己酸)叔丁酯+2,2-双-(叔丁基过氧)丁烷	≤12+≤14	≥14				OP7			3106	
过氧化(2-乙基己酸)叔丁酯+2,2-双-(叔丁基过氧)丁烷	≤31+≤36		≥33			OP7	+35	+40	3115	
过氧-2-乙基己基碳酸叔丁酯	≤100					OP5			3105	
过氧化异丁酸叔丁酯	>52~77	≥23				OP5	+15	+20	3111	
过氧化异丁酸叔丁酯	≤52	≥48				OP7	+15	+20	3115	
过氧异丙基碳酸叔丁酯	≤77	≥23				OP5			3103	
1-(2-叔丁基过氧异丙基)-3-异丙烯基苯	≤77					OP7			3105	3)
1-(2-叔丁基过氧异丙基)-3-异丙烯基苯	≤42			≥58		OP8			3108	

续上表

有机过氧化物	浓度（%）	A型稀释剂（%）	B型稀释剂（%）	惰性固体（%）	水	包装方法	控制温度（℃）	应急温度（℃）	编号（通用条目）	次要危险性和备注
过氧化2-甲基苯甲酸叔丁酯	≤100					OP5			3103	
过氧化新癸酸叔丁酯	>77~100					OP7	−5	+5	3115	
过氧化新癸酸叔丁酯	≤77		≥23			OP7	0	+10	3115	
过氧化新癸酸叔丁酯	≤52,水中扩散稳定					OP7	0	+10	3119	
过氧化新癸酸叔丁酯	≤42,水中扩散稳定（冷冻）					OP8	0	+10	3118	
过氧化新癸酸叔丁酯	≤32	≥68				OP8	0	+10	3119	
过氧化新庚酸叔丁酯	≤77	≥23				OP7	0	+10	3115	
过氧化新庚酸叔丁酯	≤42,水中扩散稳定					OP8	0	+10	3117	
过氧化叔丁基新戊酸酯	>67~77	≥23				OP5	0	+10	3113	
过氧化叔丁基新戊酸酯	27~67		≥33			OP7	0	+10	3115	
过氧化叔丁基新戊酸酯	≤27		≥73			OP8	+30	+35	3119	
过氧化硬脂酰疏碳酸叔丁酯	≤100					OP7			3106	
过氧化3,5,5-三甲基己酸叔丁酯	32~100					OP7			3105	
过氧化3,5,5-三甲基己酸叔丁酯	≤42		≥68	≥58		OP7			3106	
过氧化3,5,5-三甲基己酸叔丁酯	≤32					OP8			3109	
3-氯过氧苯甲酸	>57~86			≥14	≥40	OP1			3102	3)
3-氯过氧苯甲酸	≤57			≥3		OP7			3106	
3-氯过氧苯甲酸	≤77			≥6	≥17	OP8			3106	
枯基过氧化氢	90~98	≤10				OP8			3107	
枯基过氧化氢	≤90	≥10				OP8			3109	13)
过氧化新癸酸枯酯	≤87	≥13				OP7	−10	0	3115	13), 18)
过氧化新癸酸枯酯	≤77		≥23			OP7	−10	0	3115	
过氧化新癸酸枯酯	≤52,水中扩散稳定					OP8	−10	0	3119	
过氧化新庚酸枯酯	≤77	≥23				OP7	−10	0	3115	
过氧化新戊酸枯酯	≤77	≥23				OP7	−5	+5	3115	

续上表

有机过氧化物	浓度（%）	A型稀释剂（%）	B型稀释剂（%）	惰性固体（%）	水	包装方法	控制温度（℃）	应急温度（℃）	编号（通用条目）	次要危险性和备注
过氧化环己酮	≤91				≥9	OP6			3104	13)
过氧化环己酮	≤72	≥28				OP7			3105	5)
过氧化环己酮	≤72,糊状					OP7			3106	5),20)
过氧化环己酮	≤32			≥68					豁免	29)
[3R-3R,5aS,6S,8aS,9R,10R,12S,12aR**]]-十氢-10-甲氧基-3,6,9-三甲基-3,12-环氧-12H-吡喃酮[4,3-j]-1,2-苯并二氧杂环庚三烯	≤100					OP7			3106	
过氧化丙酮醇	≤57		≥26		≥8	OP7	+40	+45	3115	6)
过氧化乙酰	≤27		≥73			OP7	+20	+25	3115	7),13)
过氧化叔戊基（二叔戊基过氧化物）	≤100					OP8			3107	
2,2-双(过氧化叔戊基)丁烷	≤57	≥43				OP7			3105	
1,1-双-(叔戊基过氧)环己烷	≤82	≥18				OP6			3103	
过氧化二苯甲酰	>51~100			≤48		OP2			3102	3)
过氧化二苯甲酰	>77~94				≥6	OP4			3102	3)
过氧化二苯甲酰	≤77				≥23	OP6			3104	
过氧化二苯甲酰	≤62			≥28	≥10	OP7			3106	20)
过氧化二苯甲酰	≥52~62,糊状					OP7			3106	
过氧化二苯甲酰	>35~52			≥48		OP8			3106	
过氧化二苯甲酰	>36~42				≤40	OP8			3107	
过氧化二苯甲酰	≤56.5,糊状					OP8			3108	
过氧化二苯甲酰	≤52,糊状				≥15	OP8			3108	20)
过氧化二苯甲酰	≤42,水中扩散稳定			≥65					3109	
过氧重碳酸二-(4-叔丁基环己基)酯	≤35								豁免	29)
	≤100					OP6	+30	+35	3114	

续上表

有机过氧化物	浓度（%）	A型稀释剂（%）	B型稀释剂（%）	惰性固体（%）	水	包装方法	控制温度（℃）	应急温度（℃）	编号（通用条目）	次要危险性和备注
过氧重碳酸二-(4-叔丁基环己基)酯	≤42,水中扩散稳定					OP8	+30	+35	3119	
过氧化二叔丁基(二叔丁基过氧化物)	>52~100		≥48			OP8			3107	
过氧化二叔丁基(二叔丁基过氧化物)	≤52	≥48				OP8			3109	25)
过氧化正二酸二叔丁酯	≤52	≥48				OP7			3105	
2,2-双-(叔丁基过氧)丁烷	≤72	≥28				OP6			3103	
1,6-二(过氧化叔丁基-羰基氧)己烷	80~100					OP5			3101	3)
1,1-双-(叔丁基过氧)环己烷	≤72		≥28			OP5			3103	30)
1,1-双-(叔丁基过氧)环己烷	>52~80	≥20				OP5			3103	
1,1-双-(叔丁基过氧)环己烷	>42~52	≥48				OP7			3103	
1,1-双-(叔丁基过氧)环己烷	≤42	≥13		≥45		OP7			3105	
1,1-双-(叔丁基过氧)环己烷	≤42	≥58				OP8			3106	
1,1-双-(叔丁基过氧)环己烷	≤27	≥25				OP8			3109	
1,1-双-(叔丁基过氧)环己烷	≤13	≥13	≥74			OP8			3107	21)
1,1-双-(叔丁基过氧)环己烷+过氧-2-乙基己酸叔丁酯	≤43+≤16	≥41				OP7			3109	
过氧重碳酸二正丁酯	>27~52		≥48			OP7	-15	-5	3115	
过氧重碳酸二正丁酯	≤27		≥73			OP8	-10	0	3117	
过氧重碳酸二正丁酯	≤42,水中扩散稳定（冷冻）					OP8	-15	-5	3118	
过氧重碳酸二仲丁酯	>52~100					OP4	-20	-10	3113	
过氧重碳酸二仲丁酯	≤52		≥48			OP7	-15	-5	3115	
二-(叔丁基过氧异丙基)苯	>42~100			≤57		OP7			3106	
二-(叔丁基过氧异丙基)苯	≤42			≥58					豁免	29)
二-(叔丁基过氧)邻苯二甲酸酯	>42~52	≥48				OP7			3105	

续上表

有机过氧化物	浓度（%）	A型稀释剂（%）	B型稀释剂（%）	惰性固体（%）	水	包装方法	控制温度（℃）	应急温度（℃）	编号（通用条目）	次要危险性和备注
二-（叔丁基过氧）邻苯二甲酸酯	≤52,糊状					OP7			3106	20)
二-（叔丁基过氧）邻苯二甲酸酯	≤42	≥58				OP8			3107	
2,2-双-（叔丁基过氧）丙烷	≤52	≥48				OP7			3105	
2,2-双-（叔丁基过氧）丙烷	≤42	≥13		≥45		OP7			3106	
1,1-双-（叔丁基过氧）-3,3,5-三甲基环己烷	>90~100					OP5			3101	3)
1,1-双-（叔丁基过氧）-3,3,5-三甲基环己烷	≤90		≥10			OP5			3103	30)
1,1-双-（叔丁基过氧）-3,3,5-三甲基环己烷	>57~90	≥10				OP5			3103	
1,1-双-（叔丁基过氧）-3,3,5-三甲基环己烷	≤77		≥23			OP5			3103	
1,1-双-（叔丁基过氧）-3,3,5-三甲基环己烷	≤57	≥43		≥43		OP8			3110	
1,1-双-（叔丁基过氧）-3,3,5-三甲基环己烷	≤57		≥42			OP8			3107	
1,1-双-（叔丁基过氧）-3,3,5-三甲基环己烷	≤32	≥26				OP8			3107	
过氧重碳酸二（十六烷基）酯	≤100					OP7	+30	+35	3116	
过氧重碳酸二（十六烷基）酯	≤42,水中扩散稳定					OP8	+30	+35	3119	
过氧化二-4-氯苯甲酰	≤77				≥23	OP5			3102	3)
过氧化二-4-氯苯甲酰	≤52,糊状					OP7			3106	20)
过氧化二-4-氯苯甲酰	≤32					OP7			豁免	29)
过氧化二枯基（过氧化二异丙苯）	>52~100					OP8			3110	12)
过氧化二枯基（过氧化二异丙苯）	≤52			≥48					豁免	29)
过氧重碳酸二环己酯	>91~100					OP3	+10	+15	3112	3)

续上表

有机过氧化物	浓度（%）	A型稀释剂（%）	B型稀释剂（%）	惰性固体（%）	水	包装方法	控制温度（℃）	应急温度（℃）	编号（通用条目）	次要危险性和备注
过氧重碳酸二环己酯	≤91				≥9	OP5	+10	+15	3114	
过氧重碳酸二环己酯	≤42,水中扩散稳定					OP8	+15	+20	3119	
过氧化二癸酸	≤100					OP6	+30	+35	3114	
2,2-双-(4,4-二-(叔丁基过氧)环己基)丙烷	≤42		≥58			OP7			3106	
2,2-双-(4,4-二-(叔丁基过氧)环己基)丙烷	≤22		≥78			OP8			3107	
过氧化-2,4-二氯苯甲酰	≤77					OP5	+20	+25	3102	3)
过氧化-2,4-二氯苯甲酰	≤52,糊状		≥23			OP8			3118	
过氧化-2,4-二氯苯甲酰	≤52,糊状含硅油					OP7			3106	
过氧重碳酸二-(2-乙氧基乙基)酯	≤52		≥48			OP7	-10	0	3115	
过氧重碳酸二-(2-乙基己基)酯	>77~100					OP5	-20	-10	3113	
过氧重碳酸二-(2-乙基己基)酯	≤77		≥23			OP7	-15	-5	3115	
过氧重碳酸二-(2-乙基己基)酯	≤62,水中扩散稳定					OP8	-15	-5	3119	
过氧重碳酸二-(2-乙氧基乙基)酯	≤52,水中扩散稳定（冷冻）			≥73	≥5	OP8	-15	-5	3120	
2,2-二氢过氧丙烷	≤27		≥48			OP5	-20	-10	3102	3)
过氧化二-(1-羟基环己基)	≤100					OP7			3106	
过氧化二异丁酰	>32~52		≥48			OP5	-20	-10	3111	3)
过氧化二异丁酰	≤32		≥68			OP7	-20	-10	3115	3)
二氢过氧化二异丙苯（二异丙苯过氧化二氢）	≤82	≥5				OP7			3106	24)
过氧重碳酸二异丙酯	>52~100					OP2	-15	-5	3112	3)
过氧重碳酸二异丙酯	≤52		≥48			OP7	-20	-10	3115	
过氧重碳酸二异丙酯	≤32	≥68				OP7	-15	-5	3115	

续上表

有机过氧化物	浓度（%）	A 型稀释剂（%）	B 型稀释剂（%）	惰性固体（%）	水	包装方法	控制温度（℃）	应急温度（℃）	编号（通用条目）	次要危险性和备注
过氧化二月桂酰	≤100					OP7			3106	
过氧化二月桂酰	≤42，水中扩散稳定					OP8			3109	
过氧重碳酸二-(3-甲氧基丁基)酯	≤52		≥48			OP7	−5	+5	3115	
过氧化二-(2-甲基苯甲酰)	≤87				≥13	OP5	+30	+35	3112	
过氧化二-(3-甲基苯甲酰) + 过氧化苯甲酰(3-甲基苯甲酰) + 过氧化二苯甲酰	≤20+≤18+≤4		≥58			OP7	+35	+40	3115	3)
过氧化二-(4-甲基苯甲酰)	≤52，糊状含硅油					OP7			3106	
2,5-二甲基-2,5-双-(苯甲酰过氧)己烷	>82~100					OP5			3102	
2,5-二甲基-2,5-双-(苯甲酰过氧)己烷	≤82			≥18		OP7			3106	
2,5-二甲基-2,5-双-(苯甲酰过氧)己烷	≤82				≥18	OP5			3104	
2,5-二甲基-2,5-双-(叔丁基过氧)己烷	>90~100					OP5			3103	3)
2,5-二甲基-2,5-双-(叔丁基过氧)己烷	>52~90	≥10				OP7			3105	
2,5-二甲基-2,5-双-(叔丁基过氧)己烷	≤77	≥48				OP8			3108	
2,5-二甲基-2,5-双-(叔丁基过氧)己烷	≤52			≥23		OP8			3109	
2,5-二甲基-2,5-双-(叔丁基过氧)己烷	≤47，糊状					OP8			3108	
2,5-二甲基-2,5-双-(叔丁基过氧)-3-己炔	>86~100					OP5			3101	3)

续上表

有机过氧化物	浓度（%）	A型稀释剂（%）	B型稀释剂（%）	惰性固体（%）	水	包装方法	控制温度（℃）	应急温度（℃）	编号（通用条目）	次要危险性和备注
2,5-双-二甲基-2,5-双-(叔丁基过氧)-3-己炔	>52~86	≥14				OP5			3103	26)
2,5-双-二甲基-2,5-双-(叔丁基过氧)-3-己炔	≤52			≥48		OP7			3106	
2,5-二甲基-2,5-双-(过氧化-2-乙基己酰)己烷	≤100					OP5	+20	+25	3113	
2,5-二甲基-2,5-二氢过氧己烷	≤82				≥18	OP6			3104	
2,5-二甲基-2,5-双-(3,3,5-三甲基己酰过氧)己烷	≤77	≥23				OP7			3105	
过氧新庚酸-1,1-二甲基-3-羟基丁基酯	≤52	≥48				OP8	0	+10	3117	
过氧重碳酸二肉豆蔻酯(过氧重碳酸二(十四烷基)酯)	≤100					OP7	+20	+25	3116	
过氧重碳酸二肉豆蔻酯(过氧重碳酸二(十四烷基)酯)	≤42,水中扩散稳定					OP8	+20	+25	3119	
二-(2-新癸酰过氧异丙基)苯	≤52	≥48				OP7	−10	0	3115	
过氧化二正壬酰	≤100					OP7	0	+10	3116	
过氧化二正辛酰	≤100					OP5	+10	+15	3114	
过氧重碳酸二(2-苯氧基乙基)酯	>85~100					OP5			3102	3)
过氧重碳酸二(2-苯氧基乙基)酯	≤85				≥15	OP7			3106	
过氧化二丙酰	≤27		≥73			OP8	+15	+20	3117	
过氧重碳酸二正丙酯	≤100					OP3	−25	−15	3113	
过氧重碳酸二正丙酯	≤77		≥23			OP5	−20	−10	3113	
过氧化二琥珀酸	>72~100					OP4	+10	+15	3102	3),17)
过氧化二琥珀酸	≤72				≥28	OP7			3116	
过氧化二-(3,5,5-三甲基己酰)	>52~82	≥18				OP7	0	+10	3115	

续上表

有机过氧化物	浓度（%）	A型稀释剂（%）	B型稀释剂（%）	惰性固体（%）	水	包装方法	控制温度（℃）	应急温度（℃）	编号（通用条目）	次要危险性和备注
过氧化二-(3,5,5-三甲基己酰)	≤52，水中扩散稳定					OP8	+10	+15	3119	
过氧化二-(3,5,5-三甲基己酰)	>38~52	≥48				OP8	+10	+15	3119	
过氧化二-(3,5,5-三甲基己酰)	≤38	≥62				OP8	+20	+25	3119	
3,3-双-(叔戊基过氧)丁酸乙酯	≤67	≥33				OP7			3105	
3,3-双-(叔丁基过氧)丁酸乙酯	>77~100					OP5			3103	
3,3-双-(叔丁基过氧)丁酸乙酯	≤77	≥23				OP7			3105	
3,3-双-(叔丁基过氧)丁酸乙酯	≤52			≥48		OP7			3106	
1-(2-乙基己过氧)-1,3-二甲基丁基过氧化新戊酸	≤52	≥45	≥10			OP7	-20	-10	3115	
过氧新癸酸叔己酯	≤71	≥29				OP7	0	+10	3115	
过氧新戊酸叔己酯	≤72		≥28			OP7	+10	+15	3115	
3-羟基-1,1-二甲基丁基过氧新癸酸	≤77	≥23				OP7	-5	+5	3115	
3-羟基-1,1-二甲基丁基过氧新癸酸	≤52	≥48				OP8	-5	+5	3117	
3-羟基-1,1-二甲基丁基过氧新癸酸	≤52，水中扩散稳定					OP8	-5	+5	3119	
过氧重碳酸异丙基仲丁酯+过氧重碳酸二仲丁酯+过氧重碳酸二异丙酯	≤32+≤15~18+≤12~15	≥38				OP7	-20	-10	3115	
过氧重碳酸异丙基仲丁酯+过氧重碳酸二仲丁酯+过氧重碳酸二异丙酯	≤52+≤28+≤22					OP5	-20	-10	3111	3)
异丙基过氧化氢（异丙苯基过氧化氢）	≤72	≥28				OP8			3109	13)
对-孟基过氧化氢	>72~100					OP7			3105	13)
对-孟基过氧化氢	≤72	≥28				OP8			3109	27)
过氧化甲基环己酮	≤67		≥33			OP7	+35	+40	3115	
过氧化甲基乙基（甲）酮	见备注（8）	≥48				OP5			3101	3),8),13)
过氧化甲基乙基（甲）酮	见备注（9）	≥55				OP7			3105	9)
过氧化甲基乙基（甲）酮	见备注（10）	≥60				OP8			3107	10)

续上表

有机过氧化物	浓度（%）	A型稀释剂（%）	B型稀释剂（%）	惰性固体（%）	水	包装方法	控制温度（℃）	应急温度（℃）	编号（通用条目）	次要危险性和备注
过氧化甲基异丁基(甲)酮	≤62	≥19				OP7			3105	22)
过氧化甲基异丙基(甲)酮	见备注(31)	≥70				OP8			3109	31)
有机过氧化物，液体，样品						OP2			3103	11)
有机过氧化物，液体,样品,控温的						OP2			3113	11)
有机过氧化物，固体,样品						OP2			3104	11)
有机过氧化物，固体,样品,控温的						OP2			3114	11)
3,3,5,7,7-五甲基-1,2,4-三氧杂环庚烷	≤100					OP8			3107	
过氧乙酸(过乙酸),D型,稳定的	≤43					OP7			3105	13), 14), 19)
过氧乙酸(过乙酸),E型,稳定的	≤43					OP8			3107	13), 15), 19)
过氧乙酸(过乙酸),F型,稳定的	≤43					OP8			3109	13), 16), 19)
过氧乙酸	≤100					OP8	+35	+40	3107	13)
过氧化氢蒎烷	>56~100					OP7			3105	
过氧化氢蒎烷	≤56	≥44				OP8			3109	
聚醚聚叔丁基过氧碳酸酯	≤52		≥48			OP7			3107	
1,1,3,3-四甲基过氧-2-乙基己酸丁酯	≤100					OP7	+15	+20	3115	
1,1,3,3-四甲基过氧新癸酸丁酯	≤72		≥28			OP7	−5	+5	3115	
1,1,3,3-四甲基过氧新癸酸丁酯	≤52,水中扩散稳定					OP8	−5	+5	3119	
1,1,3,3-四甲基过氧新戊酸丁酯	≤77	≥23				OP7	0	+10	3115	
3,6,9-三乙基3,6,9-三甲基-1,4,7-三过氧代烷	≤17	≥18		≥65		OP8			3110	
3,6,9-三乙基3,6,9-三甲基-1,4,7-三过氧代烷	≤42	≥58				OP7			3105	28)

备注(参考2.2.52.4 列表中最后一栏):

1) A 型稀释剂总可替代B 型稀释剂。B 型稀释剂的沸点应高于有机过氧化物的自加速分解温度(SADT) 至少60℃。

2) 有效氧含量≤4.7%。

3) 需要贴"爆炸品"次要危险标签(详见5.2.2.2.2 图例1)。

4) 二-叔丁基过氧化物可替代稀释剂。

5) 有效氧含量≤9%。

6) 过氧化氢含量≤9%;有效氧含量≤10%。

7) 只允许使用非金属容器。

8) 有效氧含量>10% 并且≤10.7%,含水或不含水。

9) 有效氧含量≤10%,含水或不含水。

10) 有效氧含量≤8.2%,含水或不含水。

11) 见2.2.52.1.9。

12) 根据大规模测试,每个容器有2000kg 划分到F 型有机过氧化物。

13) 需要贴"腐蚀性"次要危险标签(详见5.2.2.2.2 图例8)。

14) 符合《试验和标准手册》20.4.3(d) 的过氧乙酸配制品。

15) 符合《试验和标准手册》20.4.3(e) 的过氧乙酸配制品。

16) 符合《试验和标准手册》20.4.3(f) 的过氧乙酸配制品。

17) 给这种过氧化物加水会降低其热稳定性。

18) 浓度低于80% 时不需要贴"腐蚀性"次要危险标签(详见5.2.2.2.2 图例8)。

19) 与过氧化氢、水和酸的混合物。

20) 含有A 型稀释剂,含水或不含水。

21) 除了含有≥25%(质量比)的A 型稀释剂外,还含有乙苯。

22) 除了含有≥19%(质量比)的A 型稀释剂外,还含有甲基异丁基酮。

23) 含二叔丁基过氧化物<6%。

24) 含1-异丙基过氧化氢-4-异丙基羟基苯≤8%。

25) B 型稀释剂沸点>110℃。

26) 过氧化氢含量<0.5%。

27) 浓度大于56% 时,需要贴"腐蚀性"次要危险标签(详见5.2.2.2.2 图例8)。

28) 具有200℃~260℃范围内95% 汽化点的A 型稀释剂有效活性含氧量≤7.6%

29) 不受ADR 对第5.2 类要求的限制。

30) 沸点>130℃的B 型稀释剂。

31) 有效氧含量≤6.7%。

2.2.61 第6.1类 毒性物质

2.2.61.1 准则

2.2.61.1.1 第6.1类涵盖了如下物质：由经验得知，或从动物实验推定，相对少量的该物质即能够通过一次性或短时期吸入、皮肤吸收或食入，损害人体健康或引起死亡。

注：转基因微生物和生物若满足本项的条件，应归入本类。

2.2.61.1.2 第6.1类物质细分如下：

T 毒性物质，无次要危险性：
    T1 有机液体；
    T2 有机固体；
    T3 有机金属物质；
    T4 无机液体；
    T5 无机固体；
    T6 液体，用作杀虫剂；
    T7 固体，用作杀虫剂；
    T8 样品；
    T9 其他毒性物质；

TF 毒性物质，易燃：
    TF1 液体；
    TF2 液体，用作杀虫剂；
    TF3 固体；

TS 毒性物质，自热，固体；

TW 毒性物质，接触水时放出易燃气体：
    TW1 液体；
    TW2 固体；

TO 毒性物质，氧化性：
    TO1 液体；
    TO2 固体；

TC 毒性物质，腐蚀性：
    TC1 有机液体；
    TC2 有机固体；
    TC3 无机液体；
    TC4 无机固体；

TFC 毒性物质，易燃，腐蚀性；

TFW 毒性物质，易燃，接触水时放出易燃气体。

2.2.61.1.3 定义

在ADR中：

急性经口服毒性LD_{50}（半数致死剂量），是以口服途径给药时，统计得出的预期可在14天内引起50%小白鼠死亡的单次物质剂量。LD_{50}值以试验物质质量/试验动物质量（mg/kg）表达；

急性经皮肤接触毒性LD_{50}，是当给药方式为与白兔的裸露皮肤持续接触24h，最可能在14天内引起一半受试动物死亡的物质剂量。受试动物数量应足以给出统计学上显著的结果，符合良好药理学规范。结果以毫克每千克身体质量表达；

急性吸入毒性LC_{50}，是当给药方式为让雄性和雌性小白鼠持续吸入1h，最可能在

14天内引起一半受试动物死亡的蒸气、雾滴或粉尘浓度。若固体物质总质量的至少10%（按质量计）可能为处于呼吸性范围的粉尘（例如，该部分颗粒的空气动力学直径为10 μm或以下），则应测试该固体物质。若液体物质在运输密封泄漏时可能生成雾滴，则应测试该液体物质。无论是固体还是液体物质，为测试吸入毒性而制备的样本，均应有90%（按质量计）以上处于呼吸性范围（定义如上）。对于粉尘和雾滴，结果以毫克/公升空气表达；对于蒸气，结果以毫升/立方米空气（百万分之几）表达。

包装类别指定和分配

2.2.61.1.4　第6.1类物质应根据运输危险程度，分为如下三个包装类别：

Ⅰ类包装：高毒物质；

Ⅱ类包装：毒性物质；

Ⅲ类包装：微毒物质。

2.2.61.1.5　归入第6.1类中的物质、混合物、溶液和物品，列于3.2章表A。3.2章表A中未提到名称的物质、混合物和溶液，应按照2.2.61.1.6～2.2.61.1.11的下列准则，归入2.2.61.3的相关条目，以及相关包装类别（依照2.1章的规定）。

2.2.61.1.6　为评估毒性程度，应考虑人类意外中毒的实例，以及物质拥有的特殊性质：液态、高挥发度、特殊的皮肤吸收可能性和特殊生物效应。

2.2.61.1.7　如果没有人类观察资料，应使用来自动物实验的可得数据，依照下表评估毒性程度：

	包装类别	经口服毒性 LD_{50}（mg/kg）	经皮肤接触毒性 LD_{50}（mg/kg）	粉尘和烟雾吸入毒性 LC_{50}（mg/kg）
高毒	Ⅰ	≤5	≤50	≤0.2
毒性	Ⅱ	>5，且≤50	>50，且≤200	>0.2，且≤2
微毒	Ⅲ[a]	>50，且≤300	>200，且≤1000	>2，且≤4

[a] 催泪瓦斯物质应包括在Ⅱ类包装中，即使其毒性数据与Ⅲ类包装的准则相对应。

2.2.61.1.7.1　若某物质的两种或更多种暴露显示不同的毒性程度，应将它分类为其中的最高毒性程度。

2.2.61.1.7.2　若物质满足第8类的分类准则，粉尘和雾滴吸入毒性（LC_{50}）处于Ⅰ类包装，仅当口服或皮肤接触毒性至少处于Ⅰ或Ⅱ类包装范围时，才应归入第6.1类。否则，应归入第8类（如适当）（见2.2.8.1.5）。

2.2.61.1.7.3　粉尘和雾滴吸入毒性准则基于1h暴露的LC_{50}数据，只要该信息可得，就应使用它。但若只有4h暴露的LC_{50}数据可得，该数字可被乘以4，将乘积应用于上述准则，即LC_{50}值乘以4(4h)视为等价于LC_{50}(1h)。

蒸气吸入毒性

2.2.61.1.8　释放出毒性蒸气的液体，应归入如下包装类别，其中"V"为20℃和标准大气压力下的饱和蒸气浓度（单位为ml/m³空气）（挥发度）：

	包装类别	
高毒	Ⅰ	当$V ≥ 10LC_{50}$，且$LC_{50} ≤ 1000$ml/m³
毒性	Ⅱ	当$V ≥ LC_{50}$，且$LC_{50} ≤ 3000$ml/m³，不满足Ⅰ类包装的准则
微毒	Ⅲ[a]	当$V ≥ 1/5LC_{50}$，且$LC_{50} ≤ 5000$ml/m³，不满足Ⅰ和Ⅱ类包装的准则

[a] 催泪瓦斯物质应包括在Ⅱ类包装中，即使其毒性数据与Ⅲ类包装的准则相对应。

上述蒸气吸入毒性准则基于1h暴露的LC_{50}数据，在能获得该数据的情况下，使用该数据。

但若只有4h蒸气暴露的LC_{50}数据，将该数字乘以2，并将乘积应用于上述准则，即$LC_{50}(4h) \times 2$视为等价于$LC_{50}(1h)$。

在本图中,准则以图形表达,以帮助分类。但由于使用图形的固有近似性,若物质处于包装类别边界上或附近,应使用数值准则核对。

吸入毒性:包装类别界限

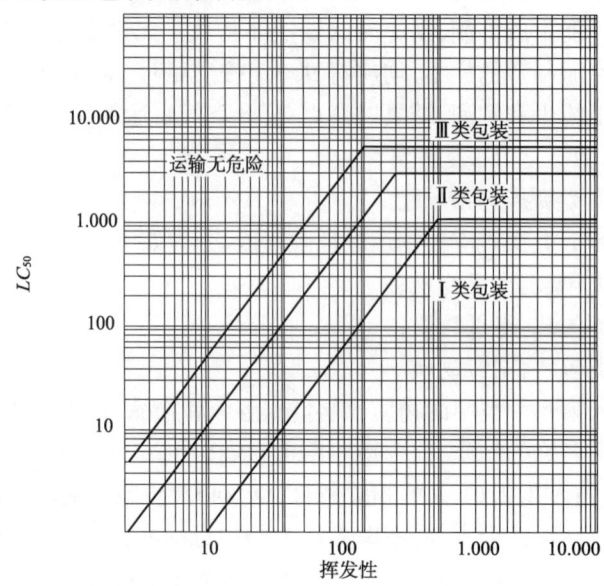

液体混合物

2.2.61.1.9　　具有吸入毒性液体混合物,应按照下列准则,分配包装类别。

2.2.61.1.9.1　　若构成混合物的每种毒性物质的 LC_{50} 已知,可按以下方式决定包装类别。

(a) 计算混合物的 LC_{50}:

$$LC_{50}(混合物) = \frac{1}{\sum_{i=1}^{1}\frac{f_i}{LC_{50i}}}$$

式中:f_i——混合物的组分 i 的摩尔分数;
　LC_{50i}——组分 i 的平均致死浓度(ml/m^3)。

(b) 计算每种混合物组分的挥发度:

$$V_i = P_i \times \frac{10^6}{101.3}(ml/m^3)$$

式中:P_i——在20℃、标准大气压力下,组分 i 的分压(kPa)。

(c) 计算挥发度与 LC_{50} 的比率:

$$R = \sum_{i=1}^{n}\frac{V_i}{LC_{50i}}$$

(d) 然后,使用 LC_{50}(混合物)和 R 的计算值,以决定混合物包装类别:

Ⅰ类包装　　$R \geq 10$,且 LC_{50}(混合物)$\leq 1000 ml/m^3$;

Ⅱ类包装　　$R \geq 1$,且 LC_{50}(混合物)$\leq 3000 ml/m^3$,若混合物不满足Ⅰ类包装的准则;

Ⅲ类包装　　$R \geq 1/5$,且 LC_{50}(混合物)$\leq 5000 ml/m^3$,若混合物不满足Ⅰ或Ⅱ类包装的准则。

2.2.61.1.9.2　　如果没有关于毒性组分物质的 LC_{50} 数据,可基于如下简化阈值毒性试验,为混合物指定包装类别。使用该阈值试验后,应指定限制性最强的包装类别,用于运输该混合物。

2.2.61.1.9.3　　仅当混合物满足下列两条准则,方可指定Ⅰ类包装:

(a) 让液体混合物样品汽化,用空气稀释,以产生1000 ml气化混合物每立方米空气的试验气体环境。让10只白鼠(5只雄性和5只雌性)在试验气体环境中暴露1h,观察14天。若5只或更多动物在14天观察期内死亡,推定

混合物的 LC_{50} 等于或小于 $1000ml/m^3$；

(b) 与液体混合物平衡的蒸气样品,用 9 倍体积空气稀释,以形成试验气体环境。让 10 只白鼠(5 只雄性和 5 只雌性)在试验气体环境中暴露 1h,观察 14 天。若 5 只或更多动物在 14 天观察期内死亡,推定混合物挥发度等于或大于混合物 LC_{50} 的 10 倍。

2.2.61.1.9.4　只有当混合物在下列两项标准都满足并且不符合 I 类包装的标准时,才划入 II 类包装：

(a) 让液体混合物样品汽化,用空气稀释,以产生 3000 ml 气化混合物每立方米空气的试验气体环境。让 10 只白鼠(5 只雄性和 5 只雌性)在试验气体环境中暴露 1h,观察 14 天。若 5 只或更多动物在 14 天观察期内死亡,推定混合物的 LC_{50} 等于或小于 $3000ml/m^3$；

(b) 与液体混合物平衡的蒸气样品,用作试验气体。让 10 只白鼠(5 只雄性和 5 只雌性)在试验气体环境中暴露 1h,观察 14 天。若 5 只或更多动物在 14 天观察期内死亡,推定混合物挥发度等于或大于混合物 LC_{50}。

2.2.61.1.9.5　混合物只有在下列两项标准都满足,并且不符合 I 类和 II 类包装的标准时,才划入 III 类包装：

(a) 让液体混合物样品汽化,用空气稀释,以产生 5000ml 气化混合物每立方米空气的试验气体环境。让 10 只白鼠(5 只雄性和 5 只雌性)在试验气体环境中暴露 1h,观察 14 天。若 5 只或更多动物在 14 天观察期内死亡,推定混合物的 LC_{50} 等于或小于 $5000ml/m^3$；

(b) 测量液体混合物的蒸气浓度(挥发度),若蒸气浓度等于或大于 $1000ml/m^3$,推定混合物挥发度等于或大于混合物 LC_{50} 的 1/5。

确定混合物经口服和经皮肤接触毒性的方法

2.2.61.1.10　依照经口服和经皮肤接触毒性准则(见 2.2.61.1.3),将第 6.1 类混合物归类并指定适当的包装类别时,有必要确定混合物的急性 LD_{50}。

2.2.61.1.10.1　若混合物只含有一种活性物质,且该组分的 LD_{50} 已知,要运输的实际混合物若无可靠的急性经口服和经皮肤接触毒性数据,可用下列方法获得经口服和经皮肤接触 LD_{50}：

$$配制品的 LD_{50} 值 = \frac{活性物质的 LD_{50} 值 \times 100}{活性物质的百分率(按质量计)}$$

2.2.61.1.10.2　若混合物含有多于一种活性组分,有三种可能的方法,可用来确定混合物的经口服和经皮肤接触 LD_{50}。首选方法是获得要运输的实际混合物的可靠急性经口服和经皮肤接触毒性数据。如无可靠、准确的数据,则可执行下列方法之一：

(a) 将最危险的混合物组分视作浓度等同于全部活性组分的总浓度,据此对混合物配方进行归类；或

(b) 应用公式：

$$\frac{C_A}{T_A} + \frac{C_B}{T_B} + \ldots + \frac{C_Z}{T_Z} = \frac{100}{T_M}$$

式中：C——混合物组分 A,B,…,Z 的百分浓度；

T——组分 A,B,…,Z 的经口服 LD_{50} 值；

T_M——混合物的经口服 LD_{50} 值。

注：倘若所有组分对相同物种的经皮毒性信息可得,该公式也可用于经皮肤接触毒性。该公式并未考虑任何增毒作用或保护性现象。

农药的分类

2.2.61.1.11	LC_{50} 和/或 LD_{50} 值已知、归入第6.1类的所有活性杀虫剂物质及其配制品,应依照 2.2.61.1.6～2.2.61.1.9给出的准则,归入适当的包装类别。按附加风险分类的物质和配制品,应根据2.1.3.10中相应的包装类别进行归类。
2.2.61.1.11.1	若杀虫剂配制品的经口服或经皮肤接触 LD_{50} 值未知,但其活性物质的 LD_{50} 值已知,则可实施2.2.61.1.10中的程序,以获得配制品的 LD_{50} 值。
	注:许多常见杀虫剂的 LD_{50} 毒性数据,可从文件"世界卫生组织建议的农药分类(按照危险)和分类指导"的最新版本获得,该文件来自国际化学品安全计划,世界卫生组织(WHO),1211 Geneva 27,Switzerland(瑞士)。尽管该文件可用作杀虫剂 LD_{50} 数据来源,但杀虫剂的运输分类或包装类别指定不应使用该文件的分类体系,而应依照ADR的要求。
2.2.61.1.11.2	应基于杀虫剂的活性成分、物态及可能显示的任何附属风险(见3.1.2),选择杀虫剂运输过程中使用的正式运输名称。
2.2.61.1.12	若由于掺和物,使第6.1类物质处于与3.2章表A提到名称的物质不同的风险类别,应基于实际危险程度,将这些混合物或溶液归入所属条目。
	注:关于溶液和混合物(例如配制品和废物)的分类,亦见2.1.3。
2.2.61.1.13	基于2.2.61.1.6～2.2.61.1.11的准则,也可确定:被提到名称的溶液或混合物,或含有被提到名称的物质的溶液或混合物,是否具有特定性质,以致该溶液或混合物不需遵从该类的要求。
2.2.61.1.14	物质、溶液和混合物(用作杀虫剂的物质和配制品除外),若不满足指令67/548/EEC[1]或1999/45/EC[2](修正版)的准则,因此根据上述指令(修正版),不归类为高毒、毒性或有害,则可视为不属于第6.1类的物质。
2.2.61.2	***不受理运输的物质***
2.2.61.2.1	化学性质不稳定的第6.1类物质,不应接收运输,除非已采取必要步骤,以防止运输期间发生危险的分解或聚合反应。为此,应特别确保接收器和罐不含有任何可能引起这类反应的物质。
2.2.61.2.2	不应受理运输下列物质和混合物: —氰化氢(无水或溶液),不符合UN 1051、1613、1614和3294的说明; —闪点低于23℃的羰基金属,但UN 1259(羰基镍)和UN 1994(五羰基铁)除外; —2,3,7,8-四氯二苯并-p-二噁英(TCDD),高浓度被视为高毒(依照 2.2.61.1.7中的准则); —UN 2249 对称二氯二甲醚; —磷化物配制品,无添加剂以抑制其放出毒性易燃气体。

---

[1] 1967年6月27日的理事会指令67/548/EEC,关于危险物质分类、包装和标签的法律、法规和行政规定的接近(欧洲共同体L 196号公报,16.08.1967)。

[2] 1999年5月31日的欧洲议会和理事会指令1999/45/EC,关于危险配制品分类、包装和标签的成员国法律、法规和行政规定的接近(欧洲共同体L 200号公报,1999年7月30日)。

2.2.61.3 **类属条目列表**
毒性物质,无次要危险性

```
                                    ┌─ 1583 三氯硝基甲烷混合物,未另行规定的
                                    │  1602 液体染料,毒性,未另作规定的,或
                                    │  1602 液体染料中间产品,毒性,未另作规定的
                                    │  1693 液态催泪性毒气物质,未另作规定的
                                    │  1851 液态医药,毒性,未另作规定的
                                    │  2206 异氰酸盐(酯),毒性,未另作规定的
                                    │  2206 异氰酸盐(酯)溶液,毒性,未另作规定的
                                    │  3140 液态生物碱,未另作规定的,或
                                    │  3140 液态生物碱盐类,未另作规定的
                液体ᵃ ── T1         │  3142 液态消毒剂,毒性,未另作规定的
                                    │  3144 液态烟碱化合物,未另作规定的,或
                                    │  3144 液态烟碱制剂,未另作规定的
                                    │  3172 液态毒素,从生物体提取的,未另作规定的
                                    │  3276 腈类,液态,毒性,未另作规定的
                                    │  3278 有机磷化合物,液态,毒性,未另作规定的
                                    │  3381 吸入毒性液体,未另作规定的,LC₅₀低于或等于200ml/m³,饱和
                                    │       蒸气浓度大于或等于500 LC₅₀
                                    │  3382 吸入毒性液体,未另作规定的,LC₅₀低于或等于1000ml/m³,饱和
                                    │       蒸气浓度大于或等于10 LC₅₀
                                    └─ 2810 有机毒性液体,未另作规定的

    有机物

                                    ┌─ 1544 固态生物碱,未另作规定的,或
                                    │  1544 固态生物碱盐,未另作规定的
                                    │  1601 固态消毒剂,毒性,未另作规定的
                                    │  1655 固态烟碱化合物,未另作规定的,或
                                    │  1655 固态烟碱制剂,未另作规定的
                固体ᵃ·ᵇ ── T2       │  3448 固态催泪性毒气物质,未另作规定的
                                    │  3143 固体染料,毒性,未另作规定的,或
                                    │  3143 固体染料中间产品,毒性,未另作规定的
                                    │  3462 固态毒素,从生物体提取的,未另作规定的
                                    │  3249 固态医药,毒性,未另作规定的
                                    │  3464 有机磷化合物,固态,毒性,未另作规定的
                                    │  3439 腈类,固态,毒性,未另作规定的
                                    └─ 2811 有机毒性体,未另作规定的


                                    ┌─ 2026 苯汞化合物,未另作规定的
                                    │  2788 液态有机锡化合物,未另作规定的
                                    │  3146 固态有机锡化合物,未另作规定的
    有机金属ᶜ·ᵈ ── T3                │  3280 有机砷化合物,液态,未另作规定的
                                    │  3465 有机砷化合物,固态,未另作规定的
                                    │  3281 液态,羰基金属,未另作规定的
                                    │  3466 固态羰基金属,未另作规定的
                                    │  3282 有机金属化合物,液态,毒性,未另作规定的
                                    └─ 3467 有机金属化合物,固态,毒性,未另作规定的
```

ᵃ 用作杀虫剂、含有生物碱或尼古丁的物质和配制品,应归入:UN 2588,固体杀虫剂,毒性,未另作规定的;UN 2902,液体杀虫剂,毒性,未另作规定的;或 UN 2903,液体杀虫剂,毒性,易燃,未另作规定的。

ᵇ 活性物质和物质研碎粉末或混合物(预定用于实验室和实验,以及与其他物质一起生产医药品),应按照其毒性进行分类(见2.2.61.1.7~2.2.61.1.11)。

ᶜ 自热物质、微毒、自燃的有机金属化合物,为第4.2类物质。

ᵈ 与水反应的物质,微毒、与水反应的有机金属化合物,为第4.3类物质。

2.2.61.3 类属条目列表（续）

毒性物质，无次要危险性

无机 — 液体[e] — T4
- 1556 液态砷化合物，未另作规定的，无机物，包括：砷酸盐，未另作规定的；亚砷酸盐，未另作规定的；硫化砷，未另作规定的
- 1935 氰化物溶液，未另作规定的
- 2024 液态汞化合物，未另作规定的
- 3141 液态无机锑化合物，未另作规定的
- 3440 液态硒化合物，未另作规定的
- 3381 吸入毒性液体，易燃，未另作规定的，LC50低于或等于200ml/m^3，饱和蒸气浓度大于或等于500 LC$_{50}$
- 3382 吸入毒性液体，未另作规定的，LC50低于或等于1000ml/m^3，饱和蒸气浓度大于或等于10 LC$_{50}$
- 3287 无机毒性液体，未另作规定的

无机 — 固体[f,g] — T5
- 1549 固体无机锑化合物，未另作规定的
- 1557 固态砷化合物，未另作规定的，无机物，包括：砷酸盐，未另作规定的；亚砷酸盐，未另作规定的；硫化砷，未另作规定的
- 1564 钡化合物，未另作规定的
- 1566 铍化合物，未另作规定的
- 1588 固态无机氰化物，未另作规定的
- 1707 铊化合物，未另作规定的
- 2025 固态汞化合物，未另作规定的
- 2291 可溶性铅化合物，未另作规定的
- 2570 镉化合物
- 2630 硒酸盐，或
- 2630 亚硒酸盐
- 2856 氟硅酸盐(酯)，未另作规定的
- 3283 硒化合物，固态，未另作规定的
- 3284 碲化合物，未另作规定的
- 3285 钒化合物，未另作规定的
- 3288 无机毒性固体，未另作规定的

杀虫剂 — 液体[h] — T6
- 2992 液态氨基甲酸酯农药，毒性
- 2994 液态含砷农药，毒性
- 2996 液态有机氯农药，毒性
- 2998 液态三嗪农药，毒性
- 3006 液态硫代氨基甲酸酯农药，毒性
- 3010 液态铜基农药，毒性
- 3012 液态汞基农药，毒性
- 3014 液态取代硝基苯酚农药，毒性
- 3016 液态联吡啶农药，毒性
- 3018 液态有机磷农药，毒性
- 3020 液态有机锡农药，毒性
- 3026 液态香豆素衍生物农药，毒性
- 3348 液态苯氧基乙酸衍生物农药，毒性
- 3352 液态拟除虫菊酯农药，毒性
- 2902 液态农药，毒性，未另作规定

杀虫剂(续) — 固态[h] — T7
- 2757 固态氨基甲酸酯农药，毒性
- 2759 固态含砷农药，毒性
- 2761 固态有机氯农药，毒性
- 2763 固态三嗪农药，毒性
- 2771 固态硫代氨基甲酸酯农药，毒性
- 2775 固态铜基农药，毒性
- 2777 固态汞基农药，毒性
- 2779 固态取代硝基苯酚农药，毒性
- 2781 固态联吡啶农药，毒性
- 2783 固态有机磷农药，毒性
- 2786 固态有机锡农药，毒性
- 3027 固态香豆素衍生物农药，毒性
- 3048 磷化铝农药
- 3345 固态苯氧基乙酸衍生物农药，毒性
- 3349 固态拟除虫菊酯农药，毒性
- 2588 固体农药，毒性，未另作规定的

样品 — T8
- 3315 化学样品，毒性

其他毒性物质[i] — T9
- 3243 固体（含有毒性液体），未另作规定的

---

[e] 雷酸汞，用不少于20%的水或酒精－水混合物(按质量计)润湿，为第1类物质，UN 0135。

[f] 铁氰化物、亚铁氰化物、碱性硫氰酸盐和硫氰酸铵，不需遵从ADR的规定。

[g] 铅盐和铅颜料，若与0.07M盐酸按1:1000比例混合，在温度23℃±2℃下搅拌1h后，显示溶解度为5%或以下，则不需遵从ADR的规定。

[h] 被该杀虫剂浸渍的物品(例如纤维板、纸带、棉花－羊毛球、塑料薄膜)，若被密封包装，则不需遵从ADR的规定。

[i] 不需遵从ADR规定的固体，与毒性液体的混合物，倘若在装载物质时，或在包装、容器或运输单元封闭时，未见自由液体存在，则可按照UN 3243进行运输，而不首先应用第6.1类的分类准则。每个包装对应的设计类型，均应已通过Ⅱ类包装水平的密封性试验。若固体含有Ⅰ类包装液体，不应适用本条目。

2.2.61.3　类属条目列表(续)

毒性物质,无次要危险性

易燃 易燃TF (续)	液体[j,k]	TF1	3071 液态硫醇,毒性,易燃,未另作规定的,或 3071 液态硫醇混合物,毒性,易燃,未另作规定的 3080 异氰酸酯,毒性,易燃,未另作规定的,或 3080 异氰酸酯溶液,毒性,易燃,未另作规定的 3275 腈类,毒性,易燃,未另作规定的 3279 有机磷化合物,毒性,易燃,未另作规定的 3383 吸入毒性液体,易燃,未另作规定的,LC_{50}低于或等于$200ml/m^3$,饱和蒸气浓度大于或等于$500\ LC_{50}$ 3384 吸入毒性液体,易燃,未另作规定的,LC_{50}低于或等于$1000ml/m^3$,饱和蒸气浓度大于或等于$10\ LC_{50}$ 2929 有机毒性液体,易燃,未另作规定的
	杀虫剂液体 (闪点不低于23℃)	TF2	2991 液态氨基甲酸酯农药,毒性,易燃 2993 液态含砷农药,毒性,易燃 2995 液态有机氯农药,毒性,易燃 2997 液态三嗪农药,液体,毒性,易燃 3005 液态硫代氨基甲酸酯农药,毒性,易燃 3009 液态铜基农药,毒性,易燃 3011 液态汞基农药,毒性,易燃 3013 液态取代硝基苯酚农药,毒性,易燃 3015 液态联吡啶盐农药,毒性,易燃 3017 液态有机磷农药,毒性,易燃 3019 液态有机锡农药,毒性,易燃 3025 液态香豆素衍生物农药,毒性,易燃 3347 液态苯氧基乙酸衍生物农药,毒性,易燃 3351 液态拟除虫菊酯农药,毒性,易燃 2903 液体农药,毒性,易燃,未另作规定的
	固体	TF3	1700 催泪性毒气筒 2930 有机毒性固体,易燃,未另作规定的
固体,自热[c] TS			3124 毒性固体,自热性,未另作规定的
遇水反应[d] TW	液体	TW1	3385 吸入性毒性液体,遇水反应,未另作规定的,LC_{50}低于或等于$200ml/m^3$,饱和蒸气浓度大于或等于$500\ LC_{50}$ 3386 吸入毒性液体,遇水反应,未另作规定的,LC_{50}低于或等于$1000ml/m^3$,饱和蒸气浓度大于或等于$10\ LC_{50}$ 3123 毒性液体,遇水反应,未另作规定的
	固体[n]	TW2	3125 毒性固体,遇水反应,未另作规定的
氧化性[l] TO	液体	TO1	3387 吸入毒性液体,氧化性,未另作规定的,LC_{50}低于或等于$200ml/m^3$,饱和蒸气浓度大于或等于$500\ LC_{50}$ 3388 吸入毒性液体,氧化性,未另作规定的,LC_{50}低于或等于$1000ml/m^3$,饱和蒸气浓度大于或等于$10\ LC_{50}$ 3122 毒性液体,氧化性,未另作规定的
	固体	TO2	3086 毒性固体,氧化性,未另作规定的

[c] 自热物质,微毒、自燃的有机金属化合物,为第4.2类物质。

[d] 与水反应的物质,微毒、与水反应的有机金属化合物,为第4.3类物质。

[j] 闪点低于23℃的高毒和毒性易燃液体为第3类物质,但按照2.2.61.1.4 ~ 2.2.61.1.9定义的吸入高毒液体除外。液体若吸入高毒,在3.2章表A第(2)栏正式运输名称中标明"吸入毒性",或由第(6)栏中的特别规定354标明。

[k] 闪点为23℃ ~60℃(含)的易燃、微毒液体(用作杀虫剂的物质和配制品除外),为第3类物质。

[l] 氧化性物质,微毒,为第5.1类物质。

[n] 被指定UN 1360、1397、1432、1714、2011和2013的金属磷化物,为第4.3类物质。

2.2.61.3 类属条目列表(续)
毒性物质,有次要危险性

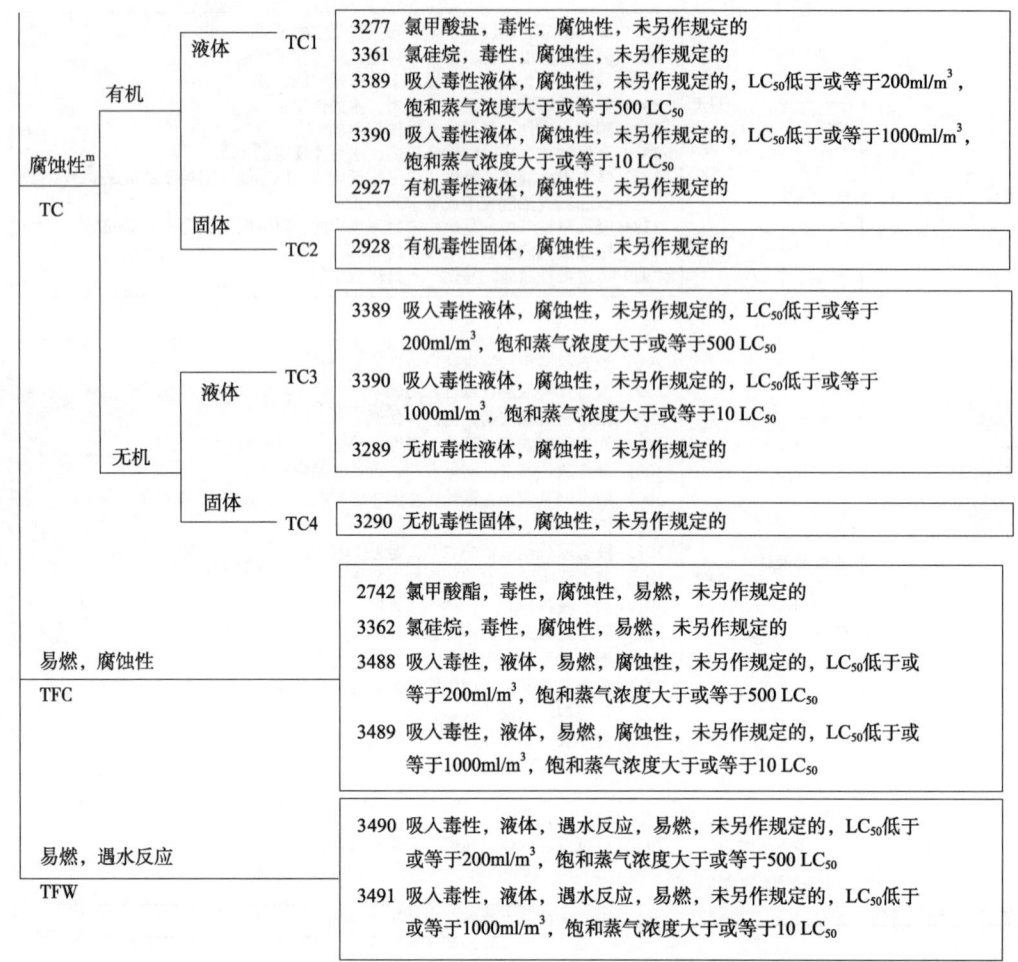

---

m 微毒、微腐蚀性物质,为第8类物质。

2.2.62 第6.2类 感染性物质

2.2.62.1 *准则*

2.2.62.1.1 第6.2类涵盖感染性物质。在 ADR 中,感染性物质是已知或有理由认为含有病原体的物质。病原体是指会造成人类或动物感染疾病的微生物(包括细菌、病毒、立克次氏体、寄生虫、真菌)和其他媒介,如病毒蛋白。

注1:符合此项的条件的转基因微生物及生物、生物制品、诊断标本和受感染的活体动物,都应该纳入。

注2:取自植物、动物或细菌源的毒素,如果不含有任何感染性物质或生物,应划入第6.1类,UN 3172 或3462。

2.2.62.1.2 第6.2类物质分为以下几类:

I1 影响人类的感染性物质;

I2 只影响动物的感染性物质;

I3 临床废物;

I4 生物物质。

定义

2.2.62.1.3 在 ADR 中:

"生物制品",是从活生物体取得的产品,其生产和销售须按国家主管机关的要求,可能需要特别许可证,用于预防、治疗或诊断人或动物的疾病,或用于与此类活动有关的发展、试验或调查目的。生物制品包括,但不限于疫苗等最终或非最终产品。

"培养物",是有意使病原体繁殖过程的结果。这个定义不包括此章节中所定义的人或动物病患者试样。

"医学或临床废物",是来自对动物或人的医学治疗或来自生物研究的废物。

"病患者试样",是直接从人或动物采集的人或动物材料,包括但不限于排泄物、分泌物、血液和血液成分、组织和组织液,以及身体部位等,运输的目的是研究、诊断、调查活动、治疗和预防疾病等。

分类

2.2.62.1.4 *感染性物质应划入第6.2类,并酌情定为UN 2814、2900、3291 和3373*

2.2.62.1.4.1 感染性物质分为以下几类:

A 类:以某种形式运输的感染性物质,在与之发生接触时,可造成健康的人或动物的永久性失残、生命危险或致命疾病。满足这些标准的物质示例,见本段的附表。

注:发生接触,是在感染性物质泄漏到保护性包装之外,造成与人或动物的实际接触。

(a) 符合这些标准,可对人或同时对人或动物造成疾病的感染性物质,应定为 UN 2814。只对动物造成疾病的感染性物质,应定为 UN 2900。

(b) 划为 UN 2814 或 UN 2900,必须根据已知的原始病人或动物的病历和症状,当地地方流行病的情况,或对原始病人或动物具体情况的专业诊断。

注1:UN 2814 的正式运输名称是"感染性物质,对人感染"。UN 2900 的正式运输名称是"感染性物质,只对动物感染"。

注2:下表并不是详尽的。感染性物质,包括新的或刚刚出现的病原体,虽未列入表中,但符合同样的标准,也应划入 A 类。此外,如果对某种物质是否符合标准持有疑虑,也应归入 A 类。

注3:下表中斜体书写的微生物为细菌、支原体、立克次氏体或真菌。

列入 A 类感染性物质示例，以任何形式存在，除非另有说明	
(2.2.62.1.4.1)	
联合国编号和名称	微生物
UN 2814 感染性物质 对人类感染	炭疽杆菌(仅培养物) 流产布鲁氏杆菌(仅培养物) 马耳他布鲁氏杆菌(仅培养物) 猪布鲁氏杆菌(仅培养物) 鼻疽假单胞菌 - 锤骨假单胞菌 - 鼻疽病(仅培养物) 类鼻疽杆菌 - 类鼻疽假单胞菌(仅培养物) 鹦鹉热衣原体-禽菌株(仅培养物) 肉毒梭状芽孢杆菌(仅培养物) 粗球孢子菌(仅培养物) 伯氏考克斯体(仅培养物) 克里米亚 - 刚果出血热病毒 登革热病毒(仅培养物) 东方马脑炎病毒(仅培养物) 大肠杆菌,vero 毒素(仅培养物)❶ 埃博拉病毒 Flexal 病毒 土拉热弗朗西斯杆菌(仅培养物) 瓜瑞纳托病毒 汉坦病毒 导致出血热合并肾脏综合征的汉坦病毒 亨德拉病毒 乙型肝炎病毒(仅培养物) 乙型疱疹病毒(仅培养物) 人类免疫缺陷病毒(仅培养物) 高致病性禽流感病毒(仅培养物) 日本乙型脑炎病毒(仅培养物) 胡宁病毒 科萨努尔森林病病毒 拉沙病毒 马丘坡病毒 马尔堡病毒 猴痘病毒 结核丝杆菌(仅培养物)❶ 尼帕病毒 鄂木斯克出血热病毒 脊髓灰质炎病毒(仅培养物) 狂犬病病毒(仅培养物) 普氏立克次体(仅培养物) 立氏立克次体(仅培养物) 裂谷热病毒 俄罗斯春夏脑炎病毒(仅培养物) 沙比亚病毒 1 型痢疾志贺氏菌(仅培养物)❶ 森林脑炎病毒(仅培养物) 天花病毒 委内瑞拉马脑炎病毒(仅培养物) 西尼罗河病毒 黄热病病毒(仅培养物) 鼠疫耶氏菌(仅培养物)

❶ 用于诊断或临床目的的培养物可被划分为 B 类感染性物质。

联合国编号和名称	微生物
UN 2900 感染性物质 对动物感染	非洲猪瘟病毒(仅培养物) 1 型禽副粘病毒-纽卡斯尔病病毒强毒株(仅培养物) 猪瘟病毒(仅培养物) 口蹄疫病毒(仅培养物) 牛结性疹病毒(仅培养物) *丝状支原体山羊 - 牛感染性胸膜肺炎*(仅培养物) 小反刍动物病病毒(仅培养物) 牛瘟病毒(仅培养物) 羊痘病毒(仅培养物) 羊痘病毒(仅培养物) 猪水疱病病毒(仅培养物) 水疱性口炎病毒(仅培养物)

2.2.62.1.4.2　　　　B类:不符合 A 类标准的感染性物质。B 类感染性物质应列入 UN 3373。

注:UN 3373 的正式运输名称为"B 类生物物质"。

2.2.62.1.5　　　　豁免

2.2.62.1.5.1　　　　不含有感染性物质或人或动物致病风险物质的物品不受 ADR 限制,除非这些物质符合另一个类别的标准。

2.2.62.1.5.2　　　　含有人或动物非致病性微生物的物质不受 ADR 限制,除非这些物质符合另一个类别的标准。

2.2.62.1.5.3　　　　若物质中存在的任何病原体都经过了中和或灭活,不会再产生健康风险,则这些物质不受 ADR 限制,除非其满足另一个类别的标准。

注:已排空自由液体的医疗设备视为符合本段要求,且不受 ADR 限制。

2.2.62.1.5.4　　　　含有常见浓度水平(包括食物和水样本)病原体的物质以及认为不具有高感染风险的物质不受 ADR 限制,除非其满足另一个类别的标准。

2.2.62.1.5.5　　　　吸收性材料上的干血滴不受 ADR 限制。

2.2.62.1.5.6　　　　粪便潜血检查样品不受 ADR 限制。

2.2.62.1.5.7　　　　用于输血或制备输血用或移植用血液制品的血液或成分血,以及所有移植用组织或器官以及因此提取的样本不受 ADR 限制。

2.2.62.1.5.8　　　　存在病原体可能性极低的人类或动物标本,若这些标本保存在可防止泄漏的包装中,并且标记为"豁免人体标本"或"豁免动物标本",则不受 ADR 限制。

包装若符合以下条件,则视为符合上述要求:

(a)　包装包括三个部分:
　　　（ⅰ）　一个防泄漏主容器;
　　　（ⅱ）　一个防泄漏次级包装;以及
　　　（ⅲ）　一个具有足够强度,可承受其容量、质量和预定用途,且至少有一个表面最小规格达到 100 mm × 100 mm 的外包装;

(b)　对于液体,主容器和次级包装之间应放置足以吸收所有内容物的吸收性材料,从而确保在运输过程中,流出和泄漏的液体物质不会触及外包装,并且不会影响衬垫材料的完整性;

(c)　当一个次级包装中放置有多个易碎的主容器时,这些容器应进行单独包装或分隔,防止相互接触。

注1:一种物质是否豁免本段要求需要专业评判来确定。该评判应以已知病史、症状和源头、人类或动物以及当地特有条件个案为依据。可按本段规定运输的标本样品包括用于监测胆固醇水平、血糖水平、荷尔蒙水平或特定前列腺抗体

(PSA)的血液或尿液检测;用于监测患有非感染性疾病的人类或动物心脏、肝脏或肾脏功能等器官功能或用于治疗药物监测的血液或尿液检测;用于投保或用工目的,以及旨在确定是否含有毒品或酒精的血液或尿液检测;妊娠试验;用于检查癌症的活组织检查;以及无任何感染风险的人类或动物抗体检测(如评估接种疫苗后的免疫性,诊断自身免疫疾病等)。

注2: 对于空运,豁免本段要求的标本之包装应符合(a)~(c)的条件。

2.2.62.1.5.9　　以下内容除外:

(a)　医疗废弃物(UN 3291);

(b)　含有A类感染性物质(UN 2814或2900)或受其污染的医疗器械或设备;

(c)　含有符合另一个类别定义的危险物品或受其污染的医疗器械或设备。

可能含有用于消毒、清洗、灭菌、维修或设备评估的感染性物质或受其污染的医疗器械或设备,如果使用了正常运输条件下不会破裂、刺穿或泄露内容物的包装,则此类医疗器械或设备无须按照本段要求与ADR规定进行操作。包装应符合6.1.4或6.6.4中列出的制造要求。

这些包装应符合4.1.1.1和4.1.1.2中的一般包装要求,且能够保护医疗器械和设备在从1.2m高度落下后不受损伤。

这些包装上应标有"已使用的医疗器械"或"已使用的医疗设备"的标记。使用外包装时,这些外包装也应以同样方式标记,若内包装标记清晰可见,则可无须另行标记。

2.2.62.1.6~2.2.62.1.8　　(保留)

2.2.62.1.9　　*生物制品*

生物制品按ADR可分为以下几组:

(a)　根据相应国家部门要求制造和包装,且为最终包装和分销进行运输,并由医疗专业人士或个人用于个人健康护理的生物制品。该组中的物质不受ADR限制;

(b)　不属于(a)所规定,且已知或据信含有A类或B类感染性物质的生物制品。该组物质应列入UN 2814、2900或3373。

注: 某些许可生物制品可能仅在世界某些区域具有生物危害。在这种情况下,主管机关可以要求这些生物制品符合当地的感染性物质规定,或施加其他限制。

2.2.62.1.10　　*转基因微生物和生物*

不符合感染性物质定义的转基因微生物应按照2.2.9进行分类。

2.2.62.1.11　　*医疗废弃物或临床废弃物*

2.2.62.1.11.1　　含有A类感染性物质的医疗废弃物或临床废弃物应列入UN 2814或2900(具体视情况而定)。含有B类感染性物质的医疗废弃物或临床废弃物应列入UN 3291。

注: 欧盟委员会决定2000/532/EC5修订版中所附废弃物列表中编号为18 01 03的医疗废弃物或临床废弃物(来自人类或动物健康护理和/或相关研究的废弃物 — 来自分娩护理、诊断、治疗或人类疾病预防的废弃物 — 按照特定要求收集和处置,以防止感染的废弃物)或编号为18 02 02的医疗废弃物或临床废弃物(来自人类或动物健康护理和/或相关研究的废弃物 — 来自动物疾病的研究、诊断、治疗或预防的废弃物 — 按照特定要求收集和处置,以防止感染的废弃物)应根据本段的规定,按照关于患者或动物的医疗或兽医诊断进行分类。

2.2.62.1.11.2　　据信含有感染性物质可能性较低的医疗或临床废弃物应属于UN 3291。确定编号时,可考虑国际、地区或国家废弃物目录。

注1：UN 3291 的正式运输名称为"医疗废弃物，未指明，未另作规定的"，或"（生物）医疗废弃物，未另作规定的"，或"管制医疗废弃物，未另作规定的"。

注2：在上文分类标准以外，欧盟委员会决定2000/532/EC❶ 修订版中所附废弃物列表中编号为18 01 04 的医疗或临床废弃物（来自人类或动物健康护理和/或相关研究的废弃物 — 来自分娩护理、诊断、治疗或人类疾病预防的废弃物 — 按照特定要求收集和处置，以防止感染的废弃物感染）或编号为18 02 03 医疗或临床废弃物（人类或动物健康护理和/或相关研究产生的废弃物 — 来自动物疾病的研究、诊断、治疗或预防产生的废弃物 — 按照特定要求收集和处置，以防止感染的废弃物感染），无须按照ADR 规定进行操作。

2.2.62.1.11.3　之前含感染性物质、后经净化的医疗或临床废弃物不受 ADR 限制，除非其符合另一个类别的标准。

2.2.62.1.11.4　UN 3291 的医疗或临床废弃物属于 Ⅱ 类包装。

2.2.62.1.12　*受感染的动物*

2.2.62.1.12.1　除非感染性物质无法通过其他方式托运，否则不得使用活体动物来运输该物质。已经受到人为感染并且已知或怀疑含有感染性物质的活体动物，只能根据主管机关许可的条款和条件进行运输❷。

2.2.62.1.12.2　受到 A 类病原体或 A 类病原体培养物影响的动物材料，应属于 UN 2814 或 UN 2900。受 B 类病原体（而非 A 类病原体培养物）影响的动物材料应列入 UN 3373。

2.2.62.2　**不受理运输的物质**

不得使用活体脊椎或无脊椎动物运输感染性介质，除非该介质无法通过其他方式运输，或这种运输已经获得主管机关的许可（见 2.2.62.1.12.1）。

2.2.62.3　**类属条目列表**

对人类的影响	I1	2814　影响人类的感染性物质
仅对动物的影响	I2	2900　仅影响动物的感染性物质
临床废弃物	I3	3291　临床废弃物，未指明，未另作规定的或 3291　（生物）医疗废弃物，未另作规定的或 3291　管制医疗废弃物，未另作规定的
生物物质	I4	3373　生物物质，B类

---

❶ 2000 年 5 月 3 日发布、取代 94/3/EC 决定的欧盟委员会决定 2000/532/EC 根据欧盟委员会关于废弃物的 75/442/EEC 指令第 1（a）条确立废弃物清单（由欧洲议会和欧盟委员的 2006/12/EC 指令取代）（欧盟官方日志，编号 L 114，2006 年 4 月 27 日，第 9 页）以及根据关于危险废弃物的欧盟委员会 91/689/EEC 指令第 1（4）条确定危险废弃物清单的欧盟委员会指令（欧洲共同体官方日志，编号 L 226，2000 年 9 月 6 日，第 3 页）。

❷ 活体动物运输规定源自有关动物运输途中保护的 1991 年 11 月 19 日 91/628/EEC 指令（编号为 L 340 of 11.12.1991 的欧洲共同体官方日志，第 17 页）以及欧洲理事会（部长级委员会）有关特定动物品种运输的建议。

2.2.7 第7类 放射性物质

2.2.7.1 定义

2.2.7.1.1 *放射性物质*是指任何含有放射性核素,其放射性浓度和托运中的总放射性均超过 2.2.7.2.2.1~2.2.7.2.2.6 中规定数值的物质。

2.2.7.1.2 *放射性污染*

放射性污染是指表面上存在的放射性物质——β、γ 发射体和低毒性 α 发射体数量超过 $0.4\ Bq/cm^2$,或所有其他 α 发射体数量超过 $0.04\ Bq/cm^2$。

非固定放射性污染是指污染可在常规运输条件下从表面上去除。

固定放射性污染是指非固定污染之外的污染。

2.2.7.1.3 *特定条款的定义*

A1 和 A2

A1 是指 2.2.7.2.2.1 中列表或 2.2.7.2.2.2 衍生列表所述特殊形式放射性物质的放射性数值,用于确定 ADR 要求的放射性限值。

A2 是指 2.2.7.2.2.1 中列表或 2.2.7.2.2.2 衍生列表所述特殊形式放射性物质之外的放射性物质的放射性数值,用于确定 ADR 要求的放射性限值。

*裂变核素*是指铀-233、铀-235、钚-239 和钚-241。裂变材料是指含有任一裂变核素的材料。以下材料不属于裂变材料:

(a) 未经辐射的天然铀或贫化铀;

(b) 仅在热反应堆中辐射的天然铀或贫化铀;

(c) 裂变核素总量低于 0.25g 的材料;

(d) (a)、(b) 和/或 (c) 的任意组合。

只有包件或托运(若散装运输)中不存在其他含裂变核素的材料时,方可称为非裂变材料。

*低发散放射性材料*是指固体放射性材料或密封管中的固体放射性材料(发散性有限,且不是粉末形式)。

*低放射性比度(LSA)材料*是指放射性比度有限的放射性材料,或适用预计平均放射性比度限值的放射性材料。确定估计平均比放射性时,不应考虑环绕 LSA 材料的外部屏蔽材料。

*低毒性 α 发射体*是指:矿石或物理和化学浓缩物中的天然铀;贫化铀;天然钍;铀-235 或铀-238;钍-232;钍-228 和钍-230;或半衰期低于 10 天的 α 发射体。

*特殊形式的放射性材料*是指:

(a) 不可发散的固体放射性材料;或

(b) 含有放射性材料的密封管。

*放射性核素的放射性比度*是指每单位质量该核素的放射性。材料的放射性比度应指该材料每个单位质量的放射性,其中放射性核素基本上呈均匀分布。

*表面放射性污染物体(SCO)*是指一种本身不具有放射性但其表面分布有放射性材料的固体物体。

*未经辐射的钍*是指每克钍-232 含有不超过 10^{-7}g 铀-233 的钍。

*未经辐射的铀*是指每克铀-235 含有不超过 2×10^3 Bq 的钚,每克铀-235 含有不超过 9×10^6 Bq 的裂变产物以及每克铀-235 含有不超过 5×10^{-3}g 的铀-236。

*铀-天然铀、贫化铀、浓缩铀*是指:

*天然铀*是指含有天然铀同位素分布(质量组成大约是 99.28% 的铀-238 和 0.72% 的铀-235)的铀(可能经过化学分离)。

*贫化铀*是指铀-235质量百分比低于天然铀的铀。

*浓缩铀*是指铀-235质量百分比高于0.72%的铀。

在所有情况下,都会存在极少量的铀-234。

2.2.7.2 分类

2.2.7.2.1 一般规定

2.2.7.2.1.1 根据2.2.7.2.4和2.2.7.2.5,以及2.2.7.2.3中的材料特性,放射性材料应采用2.2.7.2.1.1表中某一联合国编号。

联合国编号确定　　表2.2.7.2.1.1

联合国编号	正式运输名称和描述[a]
例外包件(1.7.1.5)	
UN 2908	放射性材料,例外包件-空包装
UN 2909	放射性材料,例外包件-用天然铀或贫化铀或天然钍制造的物品
UN 2910	放射性材料,例外包件-有限数量的材料
UN 2911	放射性材料,例外包件-器械或物品
UN 3507	六氟化铀,放射性材料,例外包件,每个包件小于0.1kg,非裂变或例外裂变[b,c]
低放射性比度放射性材料(2.2.7.2.3.1)	
UN 2912	放射性材料,低比放射性(LSA-Ⅰ),非裂变或例外裂变[b]
UN 3321	放射性材料,低放射性比度(LSA-Ⅱ),非裂变或例外裂变[b]
UN 3322	放射性材料,低放射性比度(LSA-Ⅲ),非裂变或例外裂变[b]
UN 3324	放射性材料,低放射性比度(LSA-Ⅱ),裂变
UN 3325	放射性材料,低放射性比度(LSA-Ⅲ),裂变
表面放射性污染物体(2.2.7.2.3.2)	
UN 2913	放射性材料,表面放射性污染物体(SCO-Ⅰ或SCO-Ⅱ),非裂变或例外裂变[b]
UN 3326	放射性材料,表面放射性污染物体(SCO-Ⅰ或SCO-Ⅱ),裂变
A类包件(2.2.7.2.4.4)	
UN 2915	放射性材料,A类包件,非特殊形式,非裂变或例外裂变[b]
UN 3327	放射性材料,A类包件,裂变,非特殊形式
UN 3332	放射性材料,A类包件,特殊形式,非裂变或例外裂变[b]
UN 3333	放射性材料,A类包件,非特殊形式,裂变
B(U)类包件(2.2.7.2.4.6)	
UN 2916	放射性材料,B(U)类包件,非裂变或例外裂变[b]
UN 3328	放射性材料,B(U)类包件,裂变
B(M)类包件(2.2.7.2.4.6)	
UN 2917	放射性材料,B(M)类包件,非裂变或例外裂变[b]
UN 3329	放射性材料,B(M)类包件,裂变
C类包件(2.2.7.2.4.6)	
UN 3323	放射性材料,C类包件,非裂变或例外裂变[b]
UN 3330	放射性材料,C类包件,裂变
特殊协议(2.2.7.2.5)	
UN 2919	放射性材料,根据特殊协议运输,非裂变或例外裂变[b]
UN 3331	放射性材料,根据特殊协议运输,裂变
六氟化铀(2.2.7.2.4.5)	
UN 2977	放射性材料,六氟化铀,裂变
UN 2978	放射性材料,六氟化铀,非裂变或例外裂变[b]
UN 3507	六氟化铀,放射性材料,例外包装,每个包装小于0.1kg,非裂变或例外裂变[b,c]

[a] 正式运输名称见"正式运输名称和描述"列,且仅限于以大写字母书写的部分。对于替代正式运输名称通过"或者"分隔的UN 2909、2911、2913和3326,仅应使用相关的正式运输名称。

[b] "例外裂变"仅指2.2.7.2.3.5以外的材料。

[c] 对于UN 3507,请见3.3章特殊规定369。

2.2.7.2.2 *基本放射性核素数值的测定*

2.2.7.2.2.1 表2.2.7.2.2.1中列出了各种放射性核素的下列基本数值：

(a) A1和A2(单位TBq)；

(b) 豁免材料的放射性浓度限值(单位Bq/g)；以及

(c) 免除托运的放射性限值(单位Bq)。

各种放射性核素的基本放射性核素数值 表2.2.7.2.2.1

放射性核素 （原子序数）	A_1 (TBq)	A_2 (TBq)	豁免材料的 放射性浓度限值 (Bq/g)	免除托运的 放射性限值 (Bq)
锕(89)				
锕－225(a)	8×10^{-1}	6×10^{-3}	1×10^{1}	1×10^{4}
锕－227(a)	9×10^{-1}	9×10^{-5}	1×10^{-1}	1×10^{3}
锕－228	6×10^{-1}	5×10^{-1}	1×10^{1}	1×10^{6}
银(47)				
银－105	2×10^{0}	2×10^{0}	1×10^{2}	1×10^{6}
银－108m(a)	7×10^{-1}	7×10^{-1}	1×10^{1} (b)	1×10^{6} (b)
银－110m(a)	4×10^{-1}	4×10^{-1}	1×10^{1}	1×10^{6}
银－111	2×10^{0}	6×10^{-1}	1×10^{3}	1×10^{6}
铝(13)				
铝－26	1×10^{-1}	1×10^{-1}	1×10^{1}	1×10^{5}
镅(95)				
镅－241	1×10^{1}	1×10^{-3}	1×10^{0}	1×10^{4}
镅－242m(a)	1×10^{1}	1×10^{-3}	1×10^{0} (b)	1×10^{4} (b)
镅－243(a)	5×10^{0}	1×10^{-3}	1×10^{0} (b)	1×10^{3} (b)
氩(18)				
氩－37	4×10^{1}	4×10^{1}	1×10^{6}	1×10^{8}
氩－39	4×10^{1}	2×10^{1}	1×10^{7}	1×10^{4}
氩－41	3×10^{-1}	3×10^{-1}	1×10^{2}	1×10^{9}
砷(33)				
砷－72	3×10^{-1}	3×10^{-1}	1×10^{1}	1×10^{5}
砷－73	4×10^{1}	4×10^{1}	1×10^{3}	1×10^{7}
砷－74	1×10^{0}	9×10^{-1}	1×10^{1}	1×10^{6}
砷－76	3×10^{-1}	3×10^{-1}	1×10^{2}	1×10^{5}
砷－77	2×10^{1}	7×10^{-1}	1×10^{3}	1×10^{6}
砹(85)				
砹－211(a)	2×10^{1}	5×10^{-1}	1×10^{3}	1×10^{7}
金(79)				
金－193	7×10^{0}	2×10^{0}	1×10^{2}	1×10^{7}
金－194	1×10^{0}	1×10^{0}	1×10^{1}	1×10^{6}
金－195	1×10^{1}	6×10^{0}	1×10^{2}	1×10^{7}
金－198	1×10^{0}	6×10^{-1}	1×10^{2}	1×10^{6}
金－199	1×10^{1}	6×10^{-1}	1×10^{2}	1×10^{6}
钡(56)				
钡－131(a)	2×10^{0}	2×10^{0}	1×10^{2}	1×10^{6}
钡－133	3×10^{0}	3×10^{0}	1×10^{2}	1×10^{6}

续上表

放射性核素 （原子序数）	A_1 （TBq）	A_2 （TBq）	豁免材料的 放射性浓度限值 （Bq/g）	免除托运的 放射性限值 （Bq）
钡－133m	2×10^1	6×10^{-1}	1×10^2	1×10^6
钡－140（a）	5×10^{-1}	3×10^{-1}	1×10^1（b）	1×10^5（b）
铍（4）				
铍－7	2×10^1	2×10^1	1×10^3	1×10^7
铍－10	4×10^1	6×10^{-1}	1×10^4	1×10^6
铋（83）				
铋－205	7×10^{-1}	7×10^{-1}	1×10^1	1×10^6
铋－206	3×10^{-1}	3×10^{-1}	1×10^1	1×10^5
铋－207	7×10^{-1}	7×10^{-1}	1×10^1	1×10^6
铋－210	1×10^0	6×10^{-1}	1×10^3	1×10^6
铋－210m（a）	6×10^{-1}	2×10^{-2}	1×10^1	1×10^5
铋－212（a）	7×10^{-1}	6×10^{-1}	1×10^1（b）	1×10^5（b）
锫（97）				
锫－247	8×10^0	8×10^{-4}	1×10^0	1×10^4
锫－249（a）	4×10^1	3×10^{-1}	1×10^3	1×10^6
溴（35）				
溴－76	4×10^{-1}	4×10^{-1}	1×10^1	1×10^5
溴－77	3×10^0	3×10^0	1×10^2	1×10^6
溴－82	4×10^{-1}	4×10^{-1}	1×10^1	1×10^6
碳（6）				
碳－11	1×10^0	6×10^{-1}	1×10^1	1×10^6
碳－14	4×10^1	3×10^0	1×10^4	1×10^7
钙（20）				
钙－41	无限	无限	1×10^5	1×10^7
钙－45	4×10^1	1×10^0	1×10^4	1×10^7
钙－47（a）	3×10^0	3×10^{-1}	1×10^1	1×10^6
镉（48）				
镉－109	3×10^1	2×10^0	1×10^4	1×10^6
镉－113m	4×10^1	5×10^{-1}	1×10^3	1×10^6
镉－115（a）	3×10^0	4×10^{-1}	1×10^2	1×10^6
镉－115m	5×10^{-1}	5×10^{-1}	1×10^3	1×10^6
铈（58）				
铈－139	7×10^0	2×10^0	1×10^2	1×10^6
铈－141	2×10^1	6×10^{-1}	1×10^2	1×10^7
铈－143	9×10^{-1}	6×10^{-1}	1×10^2	1×10^6
铈－144（a）	2×10^{-1}	2×10^{-1}	1×10^2（b）	1×10^5（b）
锎（98）				
锎－248	4×10^1	6×10^{-3}	1×10^1	1×10^4
锎－249	3×10^0	8×10^{-4}	1×10^0	1×10^3
锎－250	2×10^1	2×10^{-3}	1×10^1	1×10^4
锎－251	7×10^0	7×10^{-4}	1×10^0	1×10^3

续上表

放射性核素 （原子序数）	A_1 （TBq）	A_2 （TBq）	豁免材料的 放射性浓度限值 （Bq/g）	免除托运的 放射性限值 （Bq）
锎-252	1×10^{-1}	3×10^{-3}	1×10^{1}	1×10^{4}
锎-253(a)	4×10^{1}	4×10^{-2}	1×10^{2}	1×10^{5}
锎-254	1×10^{-3}	1×10^{-3}	1×10^{0}	1×10^{3}
氯(17)				
氯-36	1×10^{1}	6×10^{-1}	1×10^{4}	1×10^{6}
氯-38	2×10^{-1}	2×10^{-1}	1×10^{1}	1×10^{5}
锔(96)				
锔-240	4×10^{1}	2×10^{-2}	1×10^{2}	1×10^{5}
锔-241	2×10^{0}	1×10^{0}	1×10^{2}	1×10^{6}
锔-242	4×10^{1}	1×10^{-2}	1×10^{2}	1×10^{5}
锔-243	9×10^{0}	1×10^{-3}	1×10^{0}	1×10^{4}
锔-244	2×10^{1}	2×10^{-3}	1×10^{1}	1×10^{4}
锔-245	9×10^{0}	9×10^{-4}	1×10^{0}	1×10^{3}
锔-246	9×10^{0}	9×10^{-4}	1×10^{0}	1×10^{3}
锔-247(a)	3×10^{0}	1×10^{-3}	1×10^{0}	1×10^{4}
锔-248	2×10^{-2}	3×10^{-4}	1×10^{0}	1×10^{3}
钴(27)				
钴-55	5×10^{-1}	5×10^{-1}	1×10^{1}	1×10^{6}
钴-56	3×10^{-1}	3×10^{-1}	1×10^{1}	1×10^{5}
钴-57	1×10^{1}	1×10^{1}	1×10^{2}	1×10^{6}
钴-58	1×10^{0}	1×10^{0}	1×10^{1}	1×10^{6}
钴-58m	4×10^{1}	4×10^{1}	1×10^{4}	1×10^{7}
钴-60	4×10^{-1}	4×10^{-1}	1×10^{1}	1×10^{5}
铬(24)				
铬-51	3×10^{1}	3×10^{1}	1×10^{3}	1×10^{7}
铯(55)				
铯-129	4×10^{0}	4×10^{0}	1×10^{2}	1×10^{5}
铯-131	3×10^{1}	3×10^{1}	1×10^{3}	1×10^{6}
铯-132	1×10^{0}	1×10^{0}	1×10^{1}	1×10^{5}
铯-134	7×10^{-1}	7×10^{-1}	1×10^{1}	1×10^{4}
铯-134m	4×10^{1}	6×10^{-1}	1×10^{3}	1×10^{5}
铯-135	4×10^{1}	1×10^{0}	1×10^{4}	1×10^{7}
铯-136	5×10^{-1}	5×10^{-1}	1×10^{1}	1×10^{5}
铯-137(a)	2×10^{0}	6×10^{-1}	1×10^{1} (b)	1×10^{4} (b)
铜(29)				
铜-64	6×10^{0}	1×10^{0}	1×10^{2}	1×10^{6}
铜-67	1×10^{1}	7×10^{-1}	1×10^{2}	1×10^{6}
镝(66)				
镝-159	2×10^{1}	2×10^{1}	1×10^{3}	1×10^{7}
镝-165	9×10^{-1}	6×10^{-1}	1×10^{3}	1×10^{6}
镝-166(a)	9×10^{-1}	3×10^{-1}	1×10^{3}	1×10^{6}

续上表

放射性核素 （原子序数）	A_1 （TBq）	A_2 （TBq）	豁免材料的 放射性浓度限值 （Bq/g）	免除托运的 放射性限值 （Bq）
铒(68)				
铒-169	4×10^1	1×10^0	1×10^4	1×10^7
铒-171	8×10^{-1}	5×10^{-1}	1×10^2	1×10^6
铕(63)				
铕-147	2×10^0	2×10^0	1×10^2	1×10^6
铕-148	5×10^{-1}	5×10^{-1}	1×10^1	1×10^6
铕-149	2×10^1	2×10^1	1×10^2	1×10^7
铕-150（短期）	2×10^0	7×10^{-1}	1×10^3	1×10^6
铕-150（长期）	7×10^{-1}	7×10^{-1}	1×10^1	1×10^6
铕-152	1×10^0	1×10^0	1×10^1	1×10^6
铕-152m	8×10^{-1}	8×10^{-1}	1×10^2	1×10^6
铕-154	9×10^{-1}	6×10^{-1}	1×10^1	1×10^6
铕-155	2×10^1	3×10^0	1×10^2	1×10^7
铕-156	7×10^{-1}	7×10^{-1}	1×10^1	1×10^6
氟(9)				
氟-18	1×10^0	6×10^{-1}	1×10^1	1×10^6
铁(26)				
铁-52(a)	3×10^{-1}	3×10^{-1}	1×10^1	1×10^6
铁-55	4×10^1	4×10^1	1×10^4	1×10^6
铁-59	9×10^{-1}	9×10^{-1}	1×10^1	1×10^6
铁-60(a)	4×10^1	2×10^{-1}	1×10^2	1×10^5
镓(31)				
镓-67	7×10^0	3×10^0	1×10^2	1×10^6
镓-68	5×10^{-1}	5×10^{-1}	1×10^1	1×10^5
镓-72	4×10^{-1}	4×10^{-1}	1×10^1	1×10^5
钆(64)				
钆-146(a)	5×10^{-1}	5×10^{-1}	1×10^1	1×10^6
钆-148	2×10^1	2×10^{-3}	1×10^1	1×10^4
钆-153	1×10^1	9×10^0	1×10^2	1×10^7
钆-159	3×10^0	6×10^{-1}	1×10^3	1×10^6
锗(32)				
锗-68(a)	5×10^{-1}	5×10^{-1}	1×10^1	1×10^5
锗-71	4×10^1	4×10^1	1×10^4	1×10^8
锗-77	3×10^{-1}	3×10^{-1}	1×10^1	1×10^5
铪(72)				
铪-172(a)	6×10^{-1}	6×10^{-1}	1×10^1	1×10^6
铪-175	3×10^0	3×10^0	1×10^2	1×10^6
铪-181	2×10^0	5×10^{-1}	1×10^1	1×10^6
铪-182	无限	无限	1×10^2	1×10^6
汞(80)				
汞-194(a)	1×10^0	1×10^0	1×10^1	1×10^6

续上表

放射性核素 （原子序数）	A_1 （TBq）	A_2 （TBq）	豁免材料的 放射性浓度限值 （Bq/g）	免除托运的 放射性限值 （Bq）
汞 – 195m(a)	3×10^0	7×10^{-1}	1×10^2	1×10^6
汞 – 197	2×10^1	1×10^1	1×10^2	1×10^7
汞 – 197m	1×10^1	4×10^{-1}	1×10^2	1×10^6
汞 – 203	5×10^0	1×10^0	1×10^2	1×10^5
钬(67)				
钬 – 166	4×10^{-1}	4×10^{-1}	1×10^3	1×10^5
钬 – 166m	6×10^{-1}	5×10^{-1}	1×10^1	1×10^6
碘(53)				
碘 – 123	6×10^0	3×10^0	1×10^2	1×10^7
碘 – 124	1×10^0	1×10^0	1×10^1	1×10^6
碘 – 125	2×10^1	3×10^0	1×10^3	1×10^6
碘 – 126	2×10^0	1×10^0	1×10^2	1×10^6
碘 – 129	无限	无限	1×10^2	1×10^5
碘 – 131	3×10^0	7×10^{-1}	1×10^2	1×10^6
碘 – 132	4×10^{-1}	4×10^{-1}	1×10^1	1×10^5
碘 – 133	7×10^{-1}	6×10^{-1}	1×10^1	1×10^6
碘 – 134	3×10^{-1}	3×10^{-1}	1×10^1	1×10^5
碘 – 135(a)	6×10^{-1}	6×10^{-1}	1×10^1	1×10^6
铟(49)				
铟 – 111	3×10^0	3×10^0	1×10^2	1×10^6
铟 – 113m	4×10^0	2×10^0	1×10^2	1×10^6
铟 – 114m(a)	1×10^1	5×10^{-1}	1×10^2	1×10^6
铟 – 115m	7×10^0	1×10^0	1×10^2	1×10^6
铱(77)				
铱 – 189(a)	1×10^1	1×10^1	1×10^2	1×10^7
铱 – 190	7×10^{-1}	7×10^{-1}	1×10^1	1×10^6
铱 – 192	1×10^0(c)	6×10^{-1}	1×10^1	1×10^4
铱 – 194	3×10^{-1}	3×10^{-1}	1×10^2	1×10^5
钾(19)				
钾 – 40	9×10^{-1}	9×10^{-1}	1×10^2	1×10^6
钾 – 42	2×10^{-1}	2×10^{-1}	1×10^2	1×10^6
钾 – 43	7×10^{-1}	6×10^{-1}	1×10^1	1×10^6
氪(36)				
氪 – 79	4×10^0	2×10^0	1×10^3	1×10^5
氪 – 81	4×10^1	4×10^1	1×10^4	1×10^7
氪 – 85	1×10^1	1×10^1	1×10^5	1×10^4
氪 – 85m	8×10^0	3×10^0	1×10^3	1×10^{10}
氪 – 87	2×10^{-1}	2×10^{-1}	1×10^2	1×10^9
镧(57)				
镧 – 137	3×10^1	6×10^0	1×10^3	1×10^7
镧 – 140	4×10^{-1}	4×10^{-1}	1×10^1	1×10^5

续上表

放射性核素 （原子序数）	A_1 （TBq）	A_2 （TBq）	豁免材料的 放射性浓度限值 （Bq/g）	免除托运的 放射性限值 （Bq）
镥(71)				
镥-172	6×10^{-1}	6×10^{-1}	1×10^1	1×10^6
镥-173	8×10^0	8×10^0	1×10^2	1×10^7
镥-174	9×10^0	9×10^0	1×10^2	1×10^7
镥-174m	2×10^1	1×10^1	1×10^2	1×10^7
镥-177	3×10^1	7×10^{-1}	1×10^3	1×10^7
镁(12)				
镁-28(a)	3×10^{-1}	3×10^{-1}	1×10^1	1×10^5
锰(25)				
锰-52	3×10^{-1}	3×10^{-1}	1×10^1	1×10^5
锰-53	无限	无限	1×10^4	1×10^9
锰-54	1×10^0	1×10^0	1×10^1	1×10^6
锰-56	3×10^{-1}	3×10^{-1}	1×10^1	1×10^5
钼(42)				
钼-93	4×10^1	2×10^1	1×10^3	1×10^8
钼-99(a)	1×10^0	6×10^{-1}	1×10^2	1×10^6
氮(7)				
氮-13	9×10^{-1}	6×10^{-1}	1×10^2	1×10^9
钠(11)				
钠-22	5×10^{-1}	5×10^{-1}	1×10^1	1×10^6
钠-24	2×10^{-1}	2×10^{-1}	1×10^1	1×10^5
铌(41)				
铌-93m	4×10^1	3×10^1	1×10^4	1×10^7
铌-94	7×10^{-1}	7×10^{-1}	1×10^1	1×10^6
铌-95	1×10^0	1×10^0	1×10^1	1×10^6
铌-97	9×10^{-1}	6×10^{-1}	1×10^1	1×10^6
钕(60)				
钕-147	6×10^0	6×10^{-1}	1×10^2	1×10^6
钕-149	6×10^{-1}	5×10^{-1}	1×10^2	1×10^6
镍(28)				
镍-59	无限	无限	1×10^4	1×10^8
镍-63	4×10^1	3×10^1	1×10^5	1×10^8
镍-65	4×10^{-1}	4×10^{-1}	1×10^1	1×10^6
镎(93)				
镎-235	4×10^1	4×10^1	1×10^3	1×10^7
镎-236(短期)	2×10^1	2×10^0	1×10^3	1×10^7
镎-236(长期)	9×10^0	2×10^{-2}	1×10^2	1×10^5
镎-237	2×10^1	2×10^{-3}	1×10^0(b)	1×10^3(b)
镎-239	7×10^0	4×10^{-1}	1×10^2	1×10^7
锇(76)				
锇-185	1×10^0	1×10^0	1×10^1	1×10^6

续上表

放射性核素 （原子序数）	A_1 （TBq）	A_2 （TBq）	豁免材料的 放射性浓度限值 （Bq/g）	免除托运的 放射性限值 （Bq）
锇–191	1×10^1	2×10^0	1×10^2	1×10^7
锇–191m	4×10^1	3×10^1	1×10^3	1×10^7
锇–193	2×10^0	6×10^{-1}	1×10^2	1×10^6
锇–194(a)	3×10^{-1}	3×10^{-1}	1×10^2	1×10^5
磷(15)				
磷–32	5×10^{-1}	5×10^{-1}	1×10^3	1×10^5
磷–33	4×10^1	1×10^0	1×10^5	1×10^8
镤(91)				
镤–230(a)	2×10^0	7×10^{-2}	1×10^1	1×10^6
镤–231	4×10^0	4×10^{-4}	1×10^0	1×10^3
镤–233	5×10^0	7×10^{-1}	1×10^2	1×10^7
铅(82)				
铅–201	1×10^0	1×10^0	1×10^1	1×10^6
铅–202	4×10^1	2×10^1	1×10^3	1×10^6
铅–203	4×10^0	3×10^0	1×10^2	1×10^6
铅–205	无限	无限	1×10^4	1×10^7
铅–210(a)	1×10^0	5×10^{-2}	1×10^1(b)	1×10^4(b)
铅–212(a)	7×10^{-1}	2×10^{-1}	1×10^1(b)	1×10^5(b)
钯(46)				
钯–103(a)	4×10^1	4×10^1	1×10^3	1×10^8
钯–107	无限	无限	1×10^5	1×10^8
钯–109	2×10^0	5×10^{-1}	1×10^3	1×10^6
钷(61)				
钷–143	3×10^0	3×10^0	1×10^2	1×10^6
钷–144	7×10^{-1}	7×10^{-1}	1×10^1	1×10^6
钷–145	3×10^1	1×10^1	1×10^3	1×10^7
钷–147	4×10^1	2×10^0	1×10^4	1×10^7
钷–148m(a)	8×10^{-1}	7×10^{-1}	1×10^1	1×10^6
钷–149	2×10^0	6×10^{-1}	1×10^3	1×10^6
钷–151	2×10^0	6×10^{-1}	1×10^2	1×10^6
钋(84)				
钋–210	4×10^1	2×10^{-2}	1×10^1	1×10^4
镨(59)				
镨–142	4×10^{-1}	4×10^{-1}	1×10^2	1×10^5
镨–143	3×10^0	6×10^{-1}	1×10^4	1×10^6
铂(78)				
铂–188(a)	1×10^0	8×10^{-1}	1×10^1	1×10^6
铂–191	4×10^0	3×10^0	1×10^2	1×10^6
铂–193	4×10^1	4×10^1	1×10^4	1×10^7
铂–193m	4×10^1	5×10^{-1}	1×10^3	1×10^7
铂–195m	1×10^1	5×10^{-1}	1×10^2	1×10^6

续上表

放射性核素 (原子序数)	A_1 (TBq)	A_2 (TBq)	豁免材料的 放射性浓度限值 (Bq/g)	免除托运的 放射性限值 (Bq)
铂-197	2×10^1	6×10^{-1}	1×10^3	1×10^6
铂-197m	1×10^1	6×10^{-1}	1×10^2	1×10^6
钚(94)				
钚-236	3×10^1	3×10^{-3}	1×10^1	1×10^4
钚-237	2×10^1	2×10^1	1×10^3	1×10^7
钚-238	1×10^1	1×10^{-3}	1×10^0	1×10^4
钚-239	1×10^1	1×10^{-3}	1×10^0	1×10^4
钚-240	1×10^1	1×10^{-3}	1×10^0	1×10^3
钚-241(a)	4×10^1	6×10^{-2}	1×10^2	1×10^5
钚-242	1×10^1	1×10^{-3}	1×10^0	1×10^4
钚-244(a)	4×10^{-1}	1×10^{-3}	1×10^0	1×10^4
镭(88)				
镭-223(a)	4×10^{-1}	7×10^{-3}	1×10^2(b)	1×10^5(b)
镭-224(a)	4×10^{-1}	2×10^{-2}	1×10^1(b)	1×10^5(b)
镭-225(a)	2×10^{-1}	4×10^{-3}	1×10^2	1×10^5
镭-226(a)	2×10^{-1}	3×10^{-3}	1×10^1(b)	1×10^4(b)
镭-228(a)	6×10^{-1}	2×10^{-2}	1×10^1(b)	1×10^5(b)
铷(37)				
铷-81	2×10^0	8×10^{-1}	1×10^1	1×10^6
铷-83(a)	2×10^0	2×10^0	1×10^2	1×10^6
铷-84	1×10^0	1×10^0	1×10^1	1×10^6
铷-86	5×10^{-1}	5×10^{-1}	1×10^2	1×10^5
铷-87	无限	无限	1×10^4	1×10^7
铷(nat)	无限	无限	1×10^4	1×10^7
铼(75)				
铼-184	1×10^0	1×10^0	1×10^1	1×10^6
铼-184m	3×10^0	1×10^0	1×10^2	1×10^6
铼-186	2×10^0	6×10^{-1}	1×10^3	1×10^6
铼-187	无限	无限	1×10^6	1×10^9
铼-188	4×10^{-1}	4×10^{-1}	1×10^2	1×10^5
铼-189(a)	3×10^0	6×10^{-1}	1×10^2	1×10^6
铼(nat)	无限	无限	1×10^6	1×10^9
铑(45)				
铑-99	2×10^0	2×10^0	1×10^1	1×10^6
铑-10^1	4×10^0	3×10^0	1×10^2	1×10^7
铑-10^2	5×10^{-1}	5×10^{-1}	1×10^1	1×10^6
铑-10^2m	2×10^0	2×10^0	1×10^2	1×10^6
铑-10^3m	4×10^1	4×10^1	1×10^4	1×10^8
铑-10^5	1×10^1	8×10^{-1}	1×10^2	1×10^7
氡(86)				
氡-222(a)	3×10^{-1}	4×10^{-3}	1×10^1(b)	1×10^8(b)

续上表

放射性核素 （原子序数）	A_1 （TBq）	A_2 （TBq）	豁免材料的 放射性浓度限值 （Bq/g）	免除托运的 放射性限值 （Bq）
钌(44)				
钌-97	5×10^0	5×10^0	1×10^2	1×10^7
钌-10^3(a)	2×10^0	2×10^0	1×10^2	1×10^6
钌-10^5	1×10^0	6×10^{-1}	1×10^1	1×10^6
钌-10^6(a)	2×10^{-1}	2×10^{-1}	1×10^2(b)	1×10^5(b)
硫(16)				
硫-35	4×10^1	3×10^0	1×10^5	1×10^8
锑(51)				
锑-122	4×10^{-1}	4×10^{-1}	1×10^2	1×10^4
锑-124	6×10^{-1}	6×10^{-1}	1×10^1	1×10^6
锑-125	2×10^0	1×10^0	1×10^2	1×10^6
锑-126	4×10^{-1}	4×10^{-1}	1×10^1	1×10^5
钪(21)				
钪-44	5×10^{-1}	5×10^{-1}	1×10^1	1×10^5
钪-46	5×10^{-1}	5×10^{-1}	1×10^1	1×10^6
钪-47	1×10^1	7×10^{-1}	1×10^2	1×10^6
钪-48	3×10^{-1}	3×10^{-1}	1×10^1	1×10^5
硒(34)				
硒-75	3×10^0	3×10^0	1×10^2	1×10^6
硒-79	4×10^1	2×10^0	1×10^4	1×10^7
硅(14)				
硅-31	6×10^{-1}	6×10^{-1}	1×10^3	1×10^6
硅-32	4×10^1	5×10^{-1}	1×10^3	1×10^6
钐(62)				
钐-145	1×10^1	1×10^1	1×10^2	1×10^7
钐-147	无限	无限	1×10^1	1×10^4
钐-151	4×10^1	1×10^1	1×10^4	1×10^8
钐-153	9×10^0	6×10^{-1}	1×10^2	1×10^6
锡(50)				
锡-113(a)	4×10^0	2×10^0	1×10^3	1×10^7
锡-117m	7×10^0	4×10^{-1}	1×10^2	1×10^6
锡-119m	4×10^1	3×10^1	1×10^3	1×10^7
锡-121m(a)	4×10^1	9×10^{-1}	1×10^3	1×10^7
锡-123	8×10^{-1}	6×10^{-1}	1×10^3	1×10^6
锡-125	4×10^{-1}	4×10^{-1}	1×10^2	1×10^5
锡-126(a)	6×10^{-1}	4×10^{-1}	1×10^1	1×10^5
锶(38)				
锶-82(a)	2×10^{-1}	2×10^{-1}	1×10^1	1×10^5
锶-85	2×10^0	2×10^0	1×10^2	1×10^6
锶-85m	5×10^0	5×10^0	1×10^2	1×10^7
锶-87m	3×10^0	3×10^0	1×10^2	1×10^6

续上表

放射性核素 (原子序数)	A_1 (TBq)	A_2 (TBq)	豁免材料的 放射性浓度限值 (Bq/g)	免除托运的 放射性限值 (Bq)
锶-89	6×10^{-1}	6×10^{-1}	1×10^3	1×10^6
锶-90(a)	3×10^{-1}	3×10^{-1}	1×10^2(b)	1×10^4(b)
锶-91(a)	3×10^{-1}	3×10^{-1}	1×10^1	1×10^5
锶-92(a)	1×10^0	3×10^{-1}	1×10^1	1×10^6
氚(1)				
氚(H-3)	4×10^1	4×10^1	1×10^6	1×10^9
钽(73)				
钽-178(长期)	1×10^0	8×10^{-1}	1×10^1	1×10^6
钽-179	3×10^1	3×10^1	1×10^3	1×10^7
钽-182	9×10^{-1}	5×10^{-1}	1×10^1	1×10^4
铽(65)				
铽-157	4×10^1	4×10^1	1×10^4	1×10^7
铽-158	1×10^0	1×10^0	1×10^1	1×10^6
铽-160	1×10^0	6×10^{-1}	1×10^1	1×10^6
锝(43)				
锝-95m(a)	2×10^0	2×10^0	1×10^1	1×10^6
锝-96	4×10^{-1}	4×10^{-1}	1×10^1	1×10^6
锝-96m(a)	4×10^{-1}	4×10^{-1}	1×10^3	1×10^7
锝-97	无限	无限	1×10^3	1×10^8
锝-97m	4×10^1	1×10^0	1×10^3	1×10^7
锝-98	8×10^{-1}	7×10^{-1}	1×10^1	1×10^6
锝-99	4×10^1	9×10^{-1}	1×10^4	1×10^7
锝-99m	1×10^1	4×10^0	1×10^2	1×10^7
碲(52)				
碲-121	2×10^0	2×10^0	1×10^1	1×10^6
碲-121m	5×10^0	3×10^0	1×10^2	1×10^6
碲-123m	8×10^0	1×10^0	1×10^2	1×10^7
碲-125m	2×10^1	9×10^{-1}	1×10^3	1×10^7
碲-127	2×10^1	7×10^{-1}	1×10^3	1×10^6
碲-127m(a)	2×10^1	5×10^{-1}	1×10^3	1×10^7
碲-129	7×10^{-1}	6×10^{-1}	1×10^2	1×10^6
碲-129m(a)	8×10^{-1}	4×10^{-1}	1×10^3	1×10^6
碲-131m(a)	7×10^{-1}	5×10^{-1}	1×10^1	1×10^6
碲-132(a)	5×10^{-1}	4×10^{-1}	1×10^2	1×10^7
钍(90)				
钍-227	1×10^1	5×10^{-3}	1×10^1	1×10^4
钍-228(a)	5×10^{-1}	1×10^{-3}	1×10^0(b)	1×10^4(b)
钍-229	5×10^0	5×10^{-4}	1×10^0(b)	1×10^3(b)
钍-230	1×10^1	1×10^{-3}	1×10^0	1×10^4
钍-231	4×10^1	2×10^{-2}	1×10^3	1×10^7
钍-232	无限	无限	1×10^1	1×10^4

续上表

放射性核素（原子序数）	A_1（TBq）	A_2（TBq）	豁免材料的放射性浓度限值（Bq/g）	免除托运的放射性限值（Bq）
钍-234(a)	3×10^{-1}	3×10^{-1}	1×10^3(b)	1×10^5(b)
钍(nat)	无限	无限	1×10^0(b)	1×10^3(b)
钛(22)				
钛-44(a)	5×10^{-1}	4×10^{-1}	1×10^1	1×10^5
铊(81)				
铊-200	9×10^{-1}	9×10^{-1}	1×10^1	1×10^6
铊-201	1×10^1	4×10^0	1×10^2	1×10^6
铊-202	2×10^0	2×10^0	1×10^2	1×10^6
铊-204	1×10^1	7×10^{-1}	1×10^4	1×10^4
铥(69)				
铥-167	7×10^0	8×10^{-1}	1×10^2	1×10^6
铥-170	3×10^0	6×10^{-1}	1×10^3	1×10^6
铥-171	4×10^1	4×10^1	1×10^4	1×10^8
铀(92)				
铀-230(快速肺吸收)(a)(d)	4×10^1	1×10^{-1}	1×10^1(b)	1×10^5(b)
铀-230(中速肺吸收)(a)(e)	4×10^1	4×10^{-3}	1×10^1	1×10^4
铀-230(缓慢肺吸收)(a)(f)	3×10^1	3×10^{-3}	1×10^1	1×10^4
铀-232(快速肺吸收)(d)	4×10^1	1×10^{-2}	1×10^0(b)	1×10^3(b)
铀-232(中速肺吸收)(e)	4×10^1	7×10^{-3}	1×10^1	1×10^4
铀-232(缓慢肺吸收)(f)	1×10^1	1×10^{-3}	1×10^1	1×10^4
铀-233(快速肺吸收)(d)	4×10^1	9×10^{-2}	1×10^1	1×10^4
铀-233(中速肺吸收)(e)	4×10^1	2×10^{-2}	1×10^2	1×10^5
铀-233(缓慢肺吸收)(f)	4×10^1	6×10^{-3}	1×10^1	1×10^5
铀-234(快速肺吸收)(d)	4×10^1	9×10^{-2}	1×10^1	1×10^4
铀-234(中速肺吸收)(e)	4×10^1	2×10^{-2}	1×10^2	1×10^5
铀-234(缓慢肺吸收)(f)	4×10^1	6×10^{-3}	1×10^1	1×10^5
铀-235(所有肺吸收类型)(a)(d)(e)(f)	无限	无限	1×10^1(b)	1×10^4(b)
铀-236(快速肺吸收)(d)	无限	无限	1×10^1	1×10^4
铀-236(中速肺吸收)(e)	4×10^1	2×10^{-2}	1×10^2	1×10^5
铀-236(缓慢肺吸收)(f)	4×10^1	6×10^{-3}	1×10^1	1×10^4
铀-238(所有肺吸收类型)(d)(e)(f)	无限	无限	1×10^1(b)	1×10^4(b)
铀(nat)	无限	无限	1×10^0(b)	1×10^3(b)
铀(浓缩到20%或以下)(g)	无限	无限	1×10^0	1×10^3
铀(dep)	无限	无限	1×10^0	1×10^3
钒(23)				
钒-48	4×10^{-1}	4×10^{-1}	1×10^1	1×10^5
钒-49	4×10^1	4×10^1	1×10^4	1×10^7
钨(74)				
钨-178(a)	9×10^0	5×10^0	1×10^1	1×10^6
钨-181	3×10^1	3×10^1	1×10^3	1×10^7

续上表

放射性核素 （原子序数）	A_1 （TBq）	A_2 （TBq）	豁免材料的 放射性浓度限值 （Bq/g）	免除托运的 放射性限值 （Bq）
钨-185	4×10^1	8×10^{-1}	1×10^4	1×10^7
钨-187	2×10^0	6×10^{-1}	1×10^2	1×10^6
钨-188(a)	4×10^{-1}	3×10^{-1}	1×10^2	1×10^5
氙(54)				
氙-122(a)	4×10^{-1}	4×10^{-1}	1×10^2	1×10^9
氙-123	2×10^0	7×10^{-1}	1×10^2	1×10^9
氙-127	4×10^0	2×10^0	1×10^3	1×10^5
氙-131m	4×10^1	4×10^1	1×10^4	1×10^4
氙-133	2×10^1	1×10^1	1×10^3	1×10^4
氙-135	3×10^0	2×10^0	1×10^3	1×10^{10}
钇(39)				
钇-87(a)	1×10^0	1×10^0	1×10^1	1×10^6
钇-88	4×10^{-1}	4×10^{-1}	1×10^1	1×10^6
钇-90	3×10^{-1}	3×10^{-1}	1×10^3	1×10^5
钇-91	6×10^{-1}	6×10^{-1}	1×10^3	1×10^6
钇-91m	2×10^0	2×10^0	1×10^2	1×10^6
钇-92	2×10^{-1}	2×10^{-1}	1×10^2	1×10^5
钇-93	3×10^{-1}	3×10^{-1}	1×10^2	1×10^5
镱(70)				
镱-169	4×10^0	1×10^0	1×10^2	1×10^7
镱-175	3×10^1	9×10^{-1}	1×10^3	1×10^7
锌(30)				
锌-65	2×10^0	2×10^0	1×10^1	1×10^6
锌-69	3×10^0	6×10^{-1}	1×10^4	1×10^6
锌-69m(a)	3×10^0	6×10^{-1}	1×10^2	1×10^6
锆(40)				
锆-88	3×10^0	3×10^0	1×10^2	1×10^6
锆-93	无限	无限	1×10^3 (b)	1×10^7 (b)
锆-95(a)	2×10^0	8×10^{-1}	1×10^1	1×10^6
锆-97(a)	4×10^{-1}	4×10^{-1}	1×10^1 (b)	1×10^5 (b)

(a) 这些母放射性核素的 A1 和/或 A2 数值包括其半衰期低于 10 天的次级粒子数值如下所示：

Mg-28	Al-28
Ar-42	K-42
Ca-47	Sc-47
Ti-44	Sc-44
Fe-52	Mn-52m
Fe-60	Co-60m
Zn-69m	Zn-69
Ge-68	Ga-68
Rb-83	Kr-83m
Sr-82	Rb-82

Sr – 90	Y – 90
Sr – 91	Y – 91m
Sr – 92	Y – 92
Y – 87	Sr – 87m
Zr – 95	Nb – 95m
Zr – 97	Nb – 97m, Nb – 97
Mo – 99	Tc – 99m
Tc – 95m	Tc – 95
Tc – 96m	Tc – 96
Ru – 103	Rh – 103m
Ru – 106	Rh – 106
Pd – 103	Rh – 103m
Ag – 108m	Ag – 108
Ag – 110m	Ag – 110
Cd – 115	In – 115m
In – 114m	In – 114
Sn – 113	In – 113m
Sn – 121m	Sn – 121
Sn – 126	Sb – 126m
Te – 118	Sb – 118
Te – 127m	Te – 127
Te – 129m	Te – 129
Te – 131m	Te – 131
Te – 132	I – 132
I – 135	Xe – 135m
Xe – 122	I – 122
Cs – 137	Ba – 137m
Ba – 131	Cs – 131
Ba – 140	La – 140
Ce – 144	Pr – 144m, Pr – 144
Pm – 148m	Pm – 148
Gd – 146	Eu – 146
Dy – 166	Ho – 166
Hf – 172	Lu – 172
W – 178	Ta – 178
W – 188	Re – 188
Re – 189	Os – 189m
Os – 194	Ir – 194
Ir – 189	Os – 189m
Pt – 188	Ir – 188
Hg – 194	Au – 194
Hg – 195m	Hg – 195
Pb – 210	Bi – 210
Pb – 212	Bi – 212, Tl – 208, Po – 212

Bi – 210m	Tl – 206
Bi – 212	Tl – 208, Po – 212
At – 211	Po – 211
Rn – 222	Po – 218, Pb – 214, At – 218, Bi – 214, Po – 214
Ra – 223	Rn – 219, Po – 215, Pb – 211, Bi – 211, Po – 211, Tl – 207
Ra – 224	Rn – 220, Po – 216, Pb – 212, Bi – 212, Tl – 208, Po – 212
Ra – 225	Ac – 225, Fr – 221, At – 217, Bi – 213, Tl – 209, Po – 213, Pb – 209
Ra – 226	Rn – 222, Po – 218, Pb – 214, At – 218, Bi – 214, Po – 214
Ra – 228	Ac – 228
Ac – 225	Fr – 221, At – 217, Bi – 213, Tl – 209, Po – 213, Pb – 209
Ac – 227	Fr – 223
Th – 228	Ra – 224, Rn – 220, Po – 216, Pb – 212, Bi – 212, Tl – 208, Po – 212
Th – 234	Pa – 234m, Pa – 234
Pa – 230	Ac – 226, Th – 226, Fr – 222, Ra – 222, Rn – 218, Po – 214
U – 230	Th – 226, Ra – 222, Rn – 218, Po – 214
U – 235	Th – 231
Pu – 241	U – 237
Pu – 244	U – 240, Np – 240m
Am – 242m	Am – 242, Np – 238
Am – 243	Np – 239
Cm – 247	Pu – 243
Bk – 249	Am – 245
Cf – 253	Cm – 249

(b) 长期放射性平衡母核素及其次级粒子如下所示：

Sr – 90	Y – 90
Zr – 93	Nb – 93m
Zr – 97	Nb – 97
Ru – 106	Rh – 106
Ag – 108m	Ag – 108
Cs – 137	Ba – 137m
Ce – 144	Pr – 144
Ba – 140	La – 140
Bi – 212	Tl – 208 (0.36), Po – 212 (0.64)
Pb – 210	Bi – 210, Po – 210
Pb – 212	Bi – 212, Tl – 208 (0.36), Po – 212 (0.64)
Rn – 222	Po – 218, Pb – 214, Bi – 214, Po – 214
Ra – 223	Rn – 219, Po – 215, Pb – 211, Bi – 211, Tl – 207
Ra – 224	Rn – 220, Po – 216, Pb – 212, Bi – 212, Tl – 208 (0.36), Po – 212 (0.64)
Ra – 226	Rn – 222, Po – 218, Pb – 214, Bi – 214, Po – 214, Pb – 210, Bi – 210, Po – 210
Ra – 228	Ac – 228
Th – 228	Ra – 224, Rn – 220, Po – 216, Pb212, Bi – 212, Tl208 (0.36), Po – 212 (0.64)

Th-229	Ra-225, Ac-225, Fr-221, At-217, Bi-213, Po-213, Pb-209
Th-nat	Ra-228, Ac-228, Th-228, Ra-224, Rn-220, Po-216, Pb-212, Bi-212, l208(0.36), Po-212(0.64)
Th-234	Pa-234m
U-230	Th-226, Ra-222, Rn-218, Po-214
U-232	Th-228, Ra-224, Rn-220, Po-216, Pb-212, Bi-212, Tl-208(0.36), Po-212(0.64)
U-235	Th-231
U-238	Th-234, Pa-234m
U-nat	Th-234, Pa-234m, U-234, Th-230, Ra-226, Rn-222, Po-218, Pb-214, Bi-214, Po-214, Pb-210, Bi-210, Po-210
Np-237	Pa-233
Am-242m	Am-242
Am-243	Np-239

(c) 其放射量可以根据在离放射源既定距离的范围内所测得的辐射水平或半衰率来确定;

(d) 这些数值仅适用于正常运输条件或发生事故的情况下,以 UF_6、UO_2F_2 和 $UO_3(NO_3)_2$ 的化学形式存在的铀化合物;

(e) 这些数值仅适用于正常运输条件或发生事故的情况下,以 UO^3、UF^4、UCL^4 和六价化合物的化学形式存在的铀化合物;

(f) 这些数值适用于除上述(d)和(e)提到的铀化合物以外的所有铀化合物;

(g) 这些数值仅适用于非放射性铀。

2.2.7.2.2.2 对于单个放射性核素:

(a) 表 2.2.7.2.2.1 中未列出的,其放射性核素基本值的确定参照 2.2.7.2.2.1,并须经多方批准。其免管物质的放射性浓度限值和免管托运货物的放射性活度限值应根据国际原子能机构维也纳安全公约(1996)第 115 号《电离辐射防护和放射源国际基本安全准则》进行计算。如果每个放射性核素的化学形态在运输的正常和事故状态下均被考虑到,则允许按国际放射防护委员会建议的适于肺吸收类的剂量系数计算 A_2 值。或者也可不经主管机关批准而使用表 2.2.7.2.2.2 所列出的放射性核素基本值;

(b) 作为仪器和制品的附件或组件的放射性物质,且满足 2.2.7.2.4.1.3(c)的,其放射性核素基本值的免管托运货物的放射性活度限值可参考表 2.2.7.2.2.1,并应经多方批准。此免管托运货物的放射性活度限值应根据国际原子能机构维也纳安全公约(1996)第 115 号《电离辐射防护和放射源国际基本安全准则》进行计算。

未知放射性核素或混合物的放射性核素基本值 表 2.2.7.2.2.2

放射性内装物	A_1 (TBq)	A_2 (TBq)	免管物质的放射性活度限值 (Bq/g)	免管托运货物的放射性活度限值 (Bq)
已知存在仅发射 β 或 γ 的核素	0.1	0.02	1×10^5	1×10^4
已知存在发射 α 的核素,但不存在中子发射体	0.2	9×10^{-5}	1×10^{-1}	1×10^3
已知存在中子发射的核素或无有关数据可得	0.001	9×10^{-5}	1×10^{-1}	1×10^3

2.2.7.2.2.3　在计算表 2.2.7.2.2.1 中未列出的放射性核素的 A_1 和 A_2 值时,若单个放射性衰变链中的放射性核素均是以其自然发生的比例存在,并且该衰变链中的子核素的半衰期均不超过 10 天或不长于母核素的半衰期,则把这个放射性衰变链视为单个放射性核素,考虑的放射性活度和要使用的 A_1 值或 A_2 值必须是与该衰变链的母核素值相对应。若放射性衰变链中任一子核素的半衰期超过 10 天或长于母核素的半衰期,则必须把母核素和这些子核素视为不同核素的混合物。

2.2.7.2.2.4　对于放射性核素的混合物,其放射性核素在表 2.2.7.2.2.1 中的基本值可按以下公式来确定:

$$X_m = \frac{1}{\sum_i \frac{f(i)}{X(i)}}$$

式中:$f(i)$——放射性核素 i 在混合物中的放射性活度或活度浓度的比例;

$X(i)$——放射性核素 i 的 A_1 或 A_2 的相应值,或免管物质的放射性活度度限值或免管托运货物的放射性活度限值的相应值,酌情而定;和

X_m——A_1 或 A_2 的推导值,如果是混合物,则是免管物质的放射性浓度或免管托运货物的放射性活度限值。

2.2.7.2.2.5　当每个放射性核素已知、而未知其中某些放射性核素的单个放射性活度时,可以这些放射性核素归并成组,并在应用 2.2.7.2.2.4 和 2.2.7.2.4.4 中的公式时可酌情使用各组中放射性核素的最低放射性核素值。当总的 α 放射性活度和总的 β/γ 放射性活度均为已知时,可以此作为分组的依据,分别使用 α 发射体或 β/γ 发射体的最低放射性核素值。

2.2.7.2.2.6　对无有关数据的单个放射性核素或放射性核素混合物,必须使用表 2.2.7.2.2.2 所列的数值。

2.2.7.2.3　*其他物质特性的确定*

2.2.7.2.3.1　低比活度(LSA)物质

2.2.7.2.3.1.1　(保留)

2.2.7.2.3.1.2　低比活度物质必须是下述三类之一:

(a) Ⅰ类低比活度物质(LSA-Ⅰ)

(ⅰ) 含铀和钍的矿石及其浓缩物和其他天然放射性核素并为利用这些核素而进行处理的矿石;

(ⅱ) 未经辐射的固体或液体形式的天然铀、贫化铀、天然钍或其化合物或混合物;

(ⅲ) 具有无限 A_2 值的放射性物质,可包括按照 2.2.7.2.3.5 规定豁免的裂变材料;

(ⅳ) 活度分布普遍且估计平均比活度不超过 2.2.7.2.2.1～2.2.7.2.2.6 规定的活度浓度值 30 倍的其他放射性物质,不包括按照第 2.2.7.2.3.5 条件规定豁免的裂变材料。

(b) Ⅱ类低比活度物质(LSA-Ⅱ)

(ⅰ) 氚浓度不高于 0.8TBq/l 的水;或

(ⅱ) 活度分布普遍且估计平均比活度不超过下述数值的其他物质:固体和气体 $10^{-4} A_2/g$;液体 $10^{-5} A_2/g$。

(c) Ⅲ类低比活度物质(LSA-Ⅲ) 满足 2.2.7.2.3.1.3 要求的固体(例如固结废物、活化材料)——粉末除外的,其中:

(ⅰ) 放射性物质遍布于固体或固体物体的集合体中,或实质上均匀地分布于固态紧固黏结剂中(例如混凝土、沥青、陶瓷等);

(ⅱ) 相对难溶解的放射性物质,或实质上是被包在较难溶的物质中,即使包件损失,在水里浸泡7昼夜,每个包件由于渗漏而失去的放射性物质不会超过 $0.1A_2$;和

(ⅲ) 该固体(不包括任何屏蔽材料)的估计平均比活度不超过 $2 \times 10^{-3} A_2/g$。

2.2.7.2.3.1.3　LSA-Ⅲ物质必须是具有如此性质的固体,即包件的全部内装物经受2.2.7.2.3.1.4所规定的试验时,水中的放射性活度不超过 $0.1A_2$。

2.2.7.2.3.1.4　Ⅲ类低比活度(LSA-Ⅲ)物质必须进行以下试验:
代表包件全部内装物的一个固体物质样品必须在环境温度的水中浸没7天。试验所用水的体积必须足以保证在7天试验期结束时所剩的未被吸收和未起反应的游离水的体积须至少为固态试验样品本身体积的10%。所用水的初始pH值必须为6~8,在20℃下的最大电导率为1mS/m。在试验样品被浸没7天之后,必须测定游离水的总放射性活度。

2.2.7.2.3.1.5　必须按照6.4.12.1和6.4.12.2的规定,保证符合2.2.7.2.3.1.4中的性能标准。

2.2.7.2.3.2　表面污染物体(SCO)
表面污染物体(SCO)分为下述两类:

(a) Ⅰ类表面污染物体(SCO-Ⅰ):即下述情况的固体物体:
(ⅰ) 在可接近表面上每 $300cm^2$(若表面积小于 $300cm^2$,则按表面积计)的平均非固定污染为:β和γ发射体及低毒性α发射体不超过 $4Bq/cm^2$,或所有其他α发射体不超过 $0.4Bq/cm^2$;和
(ⅱ) 在可接近表面上每 $300cm^2$(若表面积小于 $300cm^2$,则按表面积计)的平均固定污染为:β和γ发射体及低毒性α发射体不超过 $4 \times 10^4 Bq/cm^2$,或所有其他α发射体不超过 $4 \times 10^3 Bq/cm^2$;和
(ⅲ) 在不可接近表面上每 $300cm^2$(若表面积小于 $300cm^2$,则按表面积计)的平均非固定污染与固定污染之和:β和γ发射体及低毒性α发射体不超过 $4 \times 10^4 Bq/cm^2$,或所有其他α发射体不超过 $4 \times 10^3 Bq/cm^2$。

(b) Ⅱ类表面污染物体(SCO-Ⅱ):表面的固定污染或非固定污染超过上文(a)对SCO-Ⅰ所规定的适用限值的固体物体,且:
(ⅰ) 在可接近表面上每 $300cm^2$(若表面积小于 $300cm^2$,则按表面积)的平均非固定污染为:β和γ发射体及低毒性α发射体不超过 $400Bq/cm^2$,或所有其他α发射体不超过 $40Bq/cm^2$;和
(ⅱ) 在可接近表面上每 $300cm^2$(若表面积小于 $300cm^2$,则按表面积计)的平均固定污染为:β和γ发射体及低毒性α发射体不超过 $8 \times 10^5 Bq/cm^2$,或所有其他α发射体不超过 $8 \times 10^4 Bq/cm^2$;和
(ⅲ) 在不可接近表面上每 $300cm^2$(若表面积小于 $300cm^2$,则按表面积计)的平均非固定污染与固定污染之和:β和γ发射体及低毒性α发射体不超过 $8 \times 10^5 Bq/cm^2$,或所有其他α发射体不超过 $8 \times 10^4 Bq/cm^2$。

2.2.7.2.3.3　特殊形式放射性物质

2.2.7.2.3.3.1　特殊形式放射性物质应至少有一个尺寸不小于5mm。当密封容器装有特殊形式放射性物质时,该密封容器必须制成仅在将其毁坏时才能打开。特殊形式放射性物质容器的设计必须经单方批准。

2.2.7.2.3.3.2　特殊形式放射性物质必须具有这样一种性质,或必须是这样设计的,即它经受2.2.7.2.3.3.4~2.2.7.2.3.3.8所规定的试验时必须达到的下述要求:

(a) 在酌情经受 2.2.7.2.3.3.5(a)、(b)、(c)和 2.2.7.2.3.3.6(a)所规定的冲击、撞击和弯曲试验时,它不会破碎或断裂;

(b) 在酌情经受 2.2.7.2.3.3.5(d)或 2.2.7.2.3.3.6(b)所规定的适用耐热试验时,它不会熔化或弥散;

(c) 2.2.7.2.3.3.7 和 2.2.7.2.3.3.8 规定的渗漏试验产生的水中放射性活度不超过 2kBq;或者对于封闭辐射源,在进行国际标准化组织 ISO/9978:1992"辐射防护—密封放射源—泄漏试验方法"中所规定的体积渗漏评估试验时,其渗漏率不会超过主管机关认可的适用验收阈值。

2.2.7.2.3.3.3 必须按照 6.4.12.1 和 6.4.12.2 的规定,保证符合 2.2.7.2.3.3.2 中的性能标准。

2.2.7.2.3.3.4 含有或模拟特殊形式放射性物质的样品必须经受 2.2.7.2.3.3.5 中规定的冲击试验、撞击试验、弯曲试验和耐热试验或 2,2.7.2.3.3.6 中认可的替代试验。每种试验可以使用不同的样品。在每次试验后,必须对样品进行渗漏评估或体积渗漏试验,而所用实验方法的灵敏度不低于 2.2.7.2.3.3.7 对非弥散固体物质或 2.2.7.2.3.3.8 对密封物质所规定方法的灵敏度。

2.2.7.2.3.3.5 有关试验方法为:

(a) 冲击试验:必须使试样从 9m 高处跌落到 6.4.14 规定的靶上;

(b) 撞击试验:必须把试样置于一块由坚固的光滑表面支承的铅板上,并使其受一根低碳钢棒的平坦面的冲击,以产生相当于 1.4kg 的物体从 1m 高处自由下落所产生的冲击力。钢棒下截的直径必须是 25mm,边缘修成圆形,半径为(3.0±0.3)mm。铅片的硬度为维氏硬度 3.5~4,5,厚度不超过 25mm,所覆盖的面积必须大于试样所覆盖的面积。每次冲击必须使用新的铅表面。钢棒击打样品以造成最大限度的损坏;

(c) 弯曲试验:此试验仅适用于长度不小于 10mm 且长度与最小宽度之比不小于 10 的细长形辐射源。必须把样品牢固地夹在一水平位置上,其一半长度伸在夹钳外面。试样的方位必须是:当用钢棒的平坦面碰撞试样的自由端时,试样将受到最严重的损坏。钢棒碰撞试样的方式必须能产生相当于 1.4kg 的物体从 1m 高处垂直自由跌落所产生的冲击力。钢棒下截的直径必须是 25mm;边缘呈圆形,圆形半径为(3.0±0.3)mm;

(d) 耐热试验:必须在空气中将样品加热至 800℃并在此温度下保持 10min,然后让其冷却。

2.2.7.2.3.3.6 含有或模拟封装在密封容器内的放射性物质的样品可以免除下列试验:

(a) 2.2.7.2.3.3.5(a)和(b)规定的试验,其前提是特殊形式放射性物质需另外经受 ISO 2919:2012"辐射防护—密封放射源——般性要求和分类"中所规定的试验:

(ⅰ) 如果特殊放射性物质质量小于等于 200g,通过 4 级冲击试验;

(ⅱ) 如果特殊放射向物质质量大于 200g 但小于 500g,通过 5 级冲击试验;

(b) 2.2.7.2.3.3.5(d)规定的试验,其前提是这些试样另外经受 ISO 2919:2012"辐射防护—密封放射源——般性要求和分类"中所规定的 6 级耐热试验。

2.2.7.2.3.3.7 对于含有或模拟非弥散固态物质的样品,必须按下述方法进行渗漏评估:

(a) 样品在环境温度的水中浸没 7 天。试验所用水的体积必须足以保证在 7 天试验期结束时所剩的未被吸收或未起反应的游离水的体积至少为固体试

验样品本身体积的10%。所用水的初始pH值必须为6~8,在20℃下的最大电导率为1mS/m;

(b) 然后把水连同样品一起加热至(50±5)℃,并在此温度下保持4h;

(c) 然后测定水的放射性活度;

(d) 然后把样品置于温度不低于30℃、相对湿度不小于90%的静止空气中至少7天;

(e) 然后把试样浸没在与上文(a)所述者相同的水中并把水连同试样一起加热至(50±5)℃,并在此温度下保持4h;

(f) 然后测定水的放射性活度。

2.2.7.2.3.3.8 对于含有或模拟封装在密封容器内的放射性物质的样品,必须按下述方法进行渗漏评估或体积泄漏评估;

(a) 渗漏评估必须包括下述步骤:

(ⅰ) 把试样浸没在环境温度的水中。所用水的初始pH值为6~8,在20℃下的最大电导率为1mS/m;

(ⅱ) 将水连同试样一起加热至(50±5)℃,并在此温度下保持4h;

(ⅲ) 然后测定水的放射性活度;

(ⅳ) 然后把试样置于温度不低于30℃,相对湿度不小于90%的静止空气中至少7天;

(ⅴ) 重复(ⅰ)、(ⅱ)和(ⅲ)的程序。

(b) 作为替代方案的体积泄漏评估必须包括主管机关认可的ISO9978:1992"辐射防护—密封放射源—渗漏试验方法"中所规定的任何一种试验。

2.2.7.2.3.4 低比活度(LSA)物质

2.2.7.2.3.4.1 低比活度(LSA)物质的包装设计需经多方批准。低比活度(LSA)物质包装内总数量应按6.4.8.14约定计算,并满足以下要求:

(a) 在离未屏蔽放射性物质3m处的放射等级不超过10mSv/h;

(b) 若另经6.4.20.3和6.4.20.4表述的试验,释放到空中的气态和不大于100μm空气动力学当量直径的颗粒不超过100A_2。每次试验可采用不同的样本;和

(c) 若另经2.2.7.2.3.1.4表述的试验,在水中的放射性活度应不超过100A_2。在应用此类试验时,也应考虑(b)类试验的损坏性影响。

2.2.7.2.3.4.2 低比活度(LSA)物质应进行如下实验:
含有或模拟低比活度(LSA)物质试验的样品应另外经过6.4.20.3表述的耐热试验和6.4.20.4表述的冲击试验。每次试验可采用不用的样品。完成每项试验后,此样品还须按2.2.7.2.3.1.4表述进行渗漏试验。每次试验后应确定2.2.7.2.3.4.1适合的要求是否满足。

2.2.7.2.3.4.3 必须按照6.4.12.1和6.4.12.2证明2.2.7.2.3.4.1和2.2.7.2.3.4.2中规定的性能标准得到遵守。

2.2.7.2.3.5 易裂变材料
易裂变物质和盛装易裂变材料的包件应按表2.2.7.2.1.1中的"易裂变"项归类,除非按以下子段(a)~(f)规定之一得以例外豁免并另行符合7.5.11 CV33(4.3)的运输要求。除非在规定中列明允许的未经包装的材料,所有规定只适用于满足6.4.7.2要求的包件中的材料。

(a) 由铀浓缩成铀-235至最大1%质量含量,且钚和铀-233总含量不超过铀-235质量的1%,其易裂变核素基本在材料上均匀分布。另外,铀-235

如果以金属态,氧化态或炭化态存在,不应以晶格状排列;

(b) 由硝酸双氧铀液体溶液浓缩成铀-235 至最大2%质量含量,且钚和铀-233 总含量不超过铀总质量的0.002%,且最小氮铀原子比(N/U)为2;

(c) 由铀浓缩成铀-235 至最大5%质量含量:

　　(ⅰ) 每个包件铀-235 不超过3.5g;

　　(ⅱ) 每件包件钚和铀-233 总含量不超过铀-235 质量的1%;

　　(ⅲ) 包件运输另需符合7.5.11 CV33(4.3)(c)的托运限量要求;

(d) 每件包件易裂变核素总质量不大于2g且另需符合7.5.11 CV33(4.3)(d)的托运限量要求;

(e) 每件包件易裂变核素总质量不大于45g且另需符合7.5.11 CV33(4.3)(e)的托运限量要求;

(f) 易裂变材料满足7.5.11 CV33(4.3)(b),2.2.7.2.3.6 和5.1.5.2.1 的要求。

2.2.7.2.3.6 　易裂变材料不需按2.2.7.2.3.5(f)归类为"易裂变材料"的例外,应在不需积聚控制的情况下满足以下临界条件:

(a) 6.4.11.1(a);

(b) 与6.4.11.12(b)和6.4.11.13(b)的包件规定评估要求相一致。

2.2.7.2.4 　*包件或未包装物质分类*

放射性物质在包件中的数量应不超过下列包装类别有关的限制。

2.2.7.2.4.1 　*例外包件的分类*

2.2.7.2.4.1.1 　一个包件如果满足以下条件之一可归类为例外包件:

(a) 盛装过放射性物质的空包装;

(b) 含有不超过表2.2.7.2.4.1.2 第(2)和(3)栏列明的活度限值的仪器或制品;

(c) 含有由天然铀、贫化铀或天然钍制成的制品;

(d) 含有不超过表2.2.7.2.4.1.2 第(4)栏明的活度限值;或

(e) 含有不超过表2.2.7.2.4.1.2 第(4)栏明的活度限值,且小于0.1kg 的六氟化铀。

2.2.7.2.4.1.2 　一个含有放射性物质的包件如放射性水平在其外部表面的任何一点都不超过$5\mu Sv/h$,可归类为例外包装。

例外包件的放射性活度限值　　　　表2.2.7.2.4.1.2

内装物的物理状态	仪器或制品		放射性物质包件限值[a]
	物项限值[a]	包件限值[a]	
(1)	(2)	(3)	(4)
固体			
特殊形式	$10^{-2} A_1$	A_1	$10^{-3} A_1$
其他形式	$10^{-2} A_2$	A_2	$10^{-3} A_2$
液体	$10^{-3} A_2$	$10^{-1} A_2$	$10^{-4} A_2$
气体			
氚	$2 \times 10^{-2} A_2$	$2 \times 10^{-1} A_2$	$2 \times 10^{-2} A_2$
特殊形式	$10^{-3} A_1$	$10^{-2} A_1$	$10^{-3} A_1$
其他形式	$10^{-3} A_2$	$10^{-2} A_2$	$10^{-3} A_2$

[a] 对于放射性核素的混合物,见2.2.7.2.2.4～2.2.7.2.2.6。

2.2.7.2.4.1.3 　封装在或装入作为仪器或其他制品的一个组成部分的放射性物质,仅在以下条件下,可归入UN 2911 放射性物质,例外包件—仪器或制品:

(a) 距任何未包装仪器和制品的外表面上任一位置10cm处的辐射水平不超过0.1mSv/h；

(b) 除以下情况，每一仪器或制品均贴有"放射性"标记：

 （ⅰ） 辐射发光的钟表或装置；

 （ⅱ） 根据1.7.1.4(e)得到法规批准或单件不超过表2.2.7.2.2.1(第5栏)免管托运货物的放射性活度限值的消费产品，且其运输产品的包件的某一个内表面贴上"放射性"标记，以便在打开包件时能一目了然地看到表明放射性物质存在的警告；

 （ⅲ） 其他仪器和制品因太小而无法粘贴"放射性"标记的，其运输产品的包件的某一个内表面贴上"放射性"标记，以便在打开包件时能一目了然地看到表明放射性物质存在的警告；

(c) 放射性物质完全由非放射性部件封装起来(不得把只盛装放射性物质作用的装置视为仪器或制品)；

(d) 每个包件应单独满足以上每项对于表2.2.7.2.4.1.3中第2、3栏中的活度限值要求。

2.2.7.2.4.1.4　非2.2.7.2.4.1.3所规定形式的放射性物质，如放射性活度不超过表2.2.7.7.2.4.1.2第4栏中规定的限值并满足下述条件时，可归入UN 2911放射性物质，例外包件——仪器或制品：

(a) 在正常运输条件下，包件能保持其放射性内装物；和

(b) 以两种方式中的任一种在包件上粘贴"放射性"标记：

 （ⅰ） 在某一个内表面，以便在打开包件时能一目了然地看到表明放射性物质存在的警告；

 （ⅱ） 如内表面不可行，在包件的外面。

2.2.7.2.4.1.5　六氟化铀，如放射性活度不超过表2.2.7.7.2.4.1.2第4栏中规定的限值并满足下述条件时，可归入UN 3507六氟化铀，放射性物质，例外包件——每件包件少于0.1kg，非裂变或裂变例外：

(a) 在包件中的六氟化铀质量小于0.1kg；

(b) 满足2.2.7.2.4.5.1和2.2.7.2.4.1.4(a)(b)条件。

2.2.7.2.4.1.6　天然铀、贫化铀或天然钍制成的制品以及制品中的单独放射性物质仅是未受辐射的天然铀、未受辐射的贫化铀或未受辐射的天然钍，且铀或钍的外表面被由金属或其他坚固材料制成的非放射性包套封装的情况下，该制品可归类为UN 2909放射性物质，例外包件——天然铀、贫化铀或天然钍制成的制品。

2.2.7.2.4.1.7　先前曾装过放射性物质的空容器可归类为UN 2908放射性物质，例外包件——空包装，但须符合下述条件：

(a) 在保持良好的状态下并且绝对密闭；

(b) 其结构中的任何铀或钍的外表面均被金属或其他坚固材料制成的非放射性包套所覆盖；

(c) 内部的非固定污染水平，如平均面积超过$300cm^2$，应不超过：

 （ⅰ） β和γ发射体以及低毒性α发射体$400Bq/cm^2$；和

 （ⅱ） 其他α发射体$40Bq/cm^2$；和

(d) 其上面按5.2.2.1.11.1的规定显示的任何标签均已去除。

2.2.7.2.4.2　低比活度(LSA)物质归类

放射性物质如满足表面污染物体在2.2.7.1.3中的定义以及2.2.7.2.3.1, 4.1.9.2和7.5.11 CV33(2)的条件，可归类为低比活度(LSA)物质。

2.2.7.2.4.3　　　表面污染物体(SCO)归类

放射性物质如满足表面污染物体在 2.2.7.1.3 中的定义以及 2.2.7.2.3.2,4.1.9.2 和 7.5.11 CV33(2)的条件,可归类为表面污染物体(SCO)。

2.2.7.2.4.4　　　A 型包件的归类

含有放射性物质的包件满足以下条件可被归为 A 型包件。

A 型包件中含有的活度不得大于其中的一项:

(a)　特殊形式放射性物质 – A_1;

(b)　所有其他放射性物质 – A_2。

对于其成分和个别放射性活度均为已知的放射性核素混合物,下述关系式必须适用于 A 型包件的放射性内装物:

$$\sum_i \frac{B(i)}{A_1(i)} + \sum_j \frac{C(j)}{A_2(j)} \leq 1$$

式中:$B(i)$——特殊形式放射性物质的放射性核素 i 的放射性活度;

　　　$A_1(i)$——放射性核素 i 的 A_1 值;

　　　$C(j)$——非特殊形式放射性物质的放射性核素 j 的放射性活度;

　　　$A_2(j)$——放射性核素 j 的 A_2 值。

2.2.7.2.4.5　　　六氟化铀的归类

2.2.7.2.4.5.1　　六氟化铀只应归为:

(a)　UN 2977,放射性物质,六氟化铀,裂变的;或

(b)　UN 2978,放射性物质,六氟化铀,非裂变或裂变例外的;或

(c)　UN 3507,六氟化铀,放射性物质,例外包件——每件包件少于 0.1kg,非裂变或裂变例外。

2.2.7.2.4.5.2　　含有六氟化铀的包件的内装物应遵守以下要求:

(a)　UN 2977 和 UN 2978,六氟化铀的质量应与包件设计允许的质量一致,而 UN 3507,六氟化铀的质量应小于 0.1kg;

(b)　六氟化铀的质量不得超过包件使用的设备系统规定的包件最高温度下导致膨胀余位不足 5% 的数值;和

(c)　在交付运输时,六氟化铀必须是固体形态,而且包件的内压力必须低于大气压。

2.2.7.2.4.6　　　B(U)型,B(M)型或 C 型包件的归类

2.2.7.2.4.6.1　　在 2.2.7.2.4(2.2.7.2.4.1～2.2.7.2.4.5)中未另作规定的包件应根据原始设计国主管机关签发的包件批准证书进行归类。

2.2.7.2.4.6.2　　批准证书应列明 B(U)型,B(M)型或 C 型包件的内装物。

2.2.7.2.5　　　*特殊安排*

当放射性物质拟按照 1.7.4 进行运输的,应按特殊安排下运输进行归类。

2.2.8 第8类 腐蚀性物质

2.2.8.1 准则

2.2.8.1.1 第8类物质以及包含这类物质的物品,是指通过化学作用在接触上皮组织——皮肤或黏膜——时会造成伤害,或发生渗漏时会严重损伤甚至毁坏其他货物或运输工具的物质。此类物质也包含当遇水时形成腐蚀性液体的物质,或在自然条件下与潮湿的空气形成腐蚀性蒸气或薄雾。

2.2.8.1.2 第8类物质和物品细分如下:

C1 – C11 无次要危险的腐蚀性物质以及含有此类物质的制品:

  C1 – C4 酸性物质:
    C1 无机,液体;
    C2 无机,固体;
    C3 有机,液体;
    C4 有机,固体;

  C5 – C8 碱性物质:
    C5 无机,液体;
    C6 无机,固体;
    C7 有机,液体;
    C8 有机,固体;

  C9 – C10 其他腐蚀性物质:
    C9 液体;
    C10 固体;
    C11 物品;

CF 腐蚀性物质,易燃性:
  CF1 液体;
  CF2 固体;

CS 腐蚀性物质,自热性:
  CS1 液体;
  CS2 固体;

CW 腐蚀性物质遇水放出易燃气体:
  CW1 液体;
  CW2 固体;

CO 腐蚀性物质,氧化性:
  CO1 液体;
  CO2 固体;

CT 腐蚀性物质,毒性:
  CT1 液体;
  CT2 固体;
  CT3 制品;

CFT 腐蚀性物质,易燃,液体,毒性;
COT 腐蚀性物质,氧化性,毒性。

包装类别的划定

2.2.8.1.3 第8类物质根据它们在运输中的危险程度划入下列三个包装类别:

Ⅰ类包装: 高度腐蚀性物质

Ⅱ类包装： 腐蚀性物质

Ⅲ类包装： 轻度腐蚀性物质

2.2.8.1.4 第8类的物质和物品列于3.2章表A,确定Ⅰ类、Ⅱ类和Ⅲ类包装类别时,应根据经验同时考虑到另外一些因素,如吸入危险(见2.2.8.1.5)和遇水反应(包括形成危险的分解物)。

2.2.8.1.5 符合第8类标准的物质或制剂,其粉尘或烟雾的毒性(LC_{50})在Ⅰ类包装范围内,但其口服摄入和皮肤接触毒性只在Ⅲ类包装或更低范围时,应归入第8类。

2.2.8.1.6 3.2章表A中未提及名称的物质,包括混合物,可以划入2.2.8.3相关条目,其包装类别可根据引起人类皮肤全厚度毁伤所需的接触时间和根据以下(a)~(c)标准划定。

液体和在运输途中可能成为液态的固体,被判定不引起人类皮肤全厚度损毁的物质,仍应考虑它对是否会对某些金属表面造成腐蚀。划定物质的包装类别时,应根据人类的经验考虑到发生意外暴露情况。如缺少人类经验,包装类别应根据从按照OECD准则第404号[1]或435[2]进行的实验得到的数据确定。根据OECD测试准则430[3]或431[4]进行过试验确定不具有腐蚀性的物质,可无须再进行按ADR要求认定其不具有腐蚀性的试验。

(a) 使完好皮肤组织在暴露3min或少于3min之后开始观察,在最多60min内造成皮肤全厚度毁毁的物质划入Ⅰ类包装;

(b) 使完好皮肤组织在暴露超过3min但不超过60min之后开始观察,在最多14天内造成皮肤全厚度毁毁的物质划入Ⅱ类包装;

(c) 以下物质划入Ⅲ类包装:

—使完好皮肤组织在暴露超过60min,但不超过4h之后开始观察,在最多14天造成皮肤内全厚度毁损的物质;

—经断定,不引起完好皮肤组织全厚度毁损,但在55℃的实验温度下,对钢或铝任一表面的年腐蚀率超过6.25mm的物质。在钢的实验中应使用P235JR + CR(1.0037 resp. St 37 - 2),S275J2G3 + CR(1.0144 resp. St 44 - 3),ISO 3574,统一编号系统(UNS) G10200或SAE 1020。在铝的实验中,应使用非电镀的7075 - T6或A25GU - T6。可接受的实验方法表述见联合国《试验和标准手册》第Ⅲ部分37章中的规定。

注:用钢或铝做的第一个实验表明,接受实验的物质具有腐蚀性时,则无须再对另一种金属进行试验。

准则汇总表 表2.2.8.1.6

包装类别	暴露时间	观察期	影响
Ⅰ	≤3min	≤60min	完好皮肤全厚度毁损
Ⅱ	>3min≤1h	≤14天	完好皮肤全厚度毁损
Ⅲ	>1h≤4h	≤14天	完好皮肤全厚度毁损
Ⅲ	—	—	在55℃的实验温度下,对钢或铝任一表面的年腐蚀率超过6.25mm

---

[1] OECD经合发组织化学品试验准则第404号"急性皮肤过敏/腐蚀"(2002)。
[2] OECD经合发组织化学品试验准则第435号"体外皮肤腐蚀:膜屏障试验方法"(2006)。
[3] OECD经合发组织化学品试验准则第430号"体外皮肤腐蚀:经皮电阻测试(TER)"(2004)。
[4] OECD经合发组织化学品试验准则第431号"体外皮肤腐蚀:人类皮肤模型试验"(2004)。

2.2.8.1.7　　　　如果属于第 8 类物质名称出现在 3.2 章表 A 中,该物质的溶液或混合物由于混合后的危险性分类不同于表中的分类结果,则该溶液或混合物应根据其真实的危险程度进行分类。

注:对于溶液和混合物的分类(例如制剂和废弃物)见2.1.3。

2.2.8.1.8　　　　根据 2.2.8.1.6 所列的标准,也可以根据溶液或混合物的名称或溶液或混合物所含有的涉及的名称物质,决定是否可以排除此类物质。

2.2.8.1.9　　　　物质、溶液和混合物,此类物质

—不符合修正的 67/548/EEC[1] 或 1999/45/EC[2] 指示性文件的标准,并且根据这些修正的指示性文件不把其分类为腐蚀性的;并且

—对于钢或铝不表现出任一种腐蚀性效果,可以认为此类物质不属于第 8 类。

注:UN 1910 氧化钙和UN 2812 铝酸钠,列入联合国《关于危险货物运输规章范本》中,不受ADR 规定的限制。

2.2.8.2　　　　*不受理运输的物质*

2.2.8.2.1　　　　第 8 类中化学不稳定物质不允许运输,除非采取必要的措施预防其运输过程中危险的分解或聚合反应。为此,需特别保证容器和罐体不包含能促进这些反应的物质。

2.2.8.2.2　　　　以下物质不允许运输:

—UN 1798 王水;

—硫酸残液的化学不稳定混合物;

—化学不稳定硝酸混合物,或硫酸和硝酸混合物,未除去硝酸的物质;

—高于纯酸质量 72% 的高氯酸混合物,或高氯酸与除水以外的任何液体的混合物。

---

[1]　理事会令 67/548/EEC 1967 年 6 月 27 日 - 关于危险物质分类、包装、标签的法律法规和管理规定的意见(欧盟官方日志 1967 年 8 月 16 日第 196 号)。

[2]　1999 年 5 月 31 日欧洲议会以及理事会令 1999/45/EC - 关于各会员国危险物质分类、包装、标签的法律法规和管理规定准备的意见(欧盟官方日志 1999 年 7 月 30 日第 200 号)。

2.2.8.3 *类属条目列表*
无次要危险性的腐蚀性物质和包含这种物质的物品

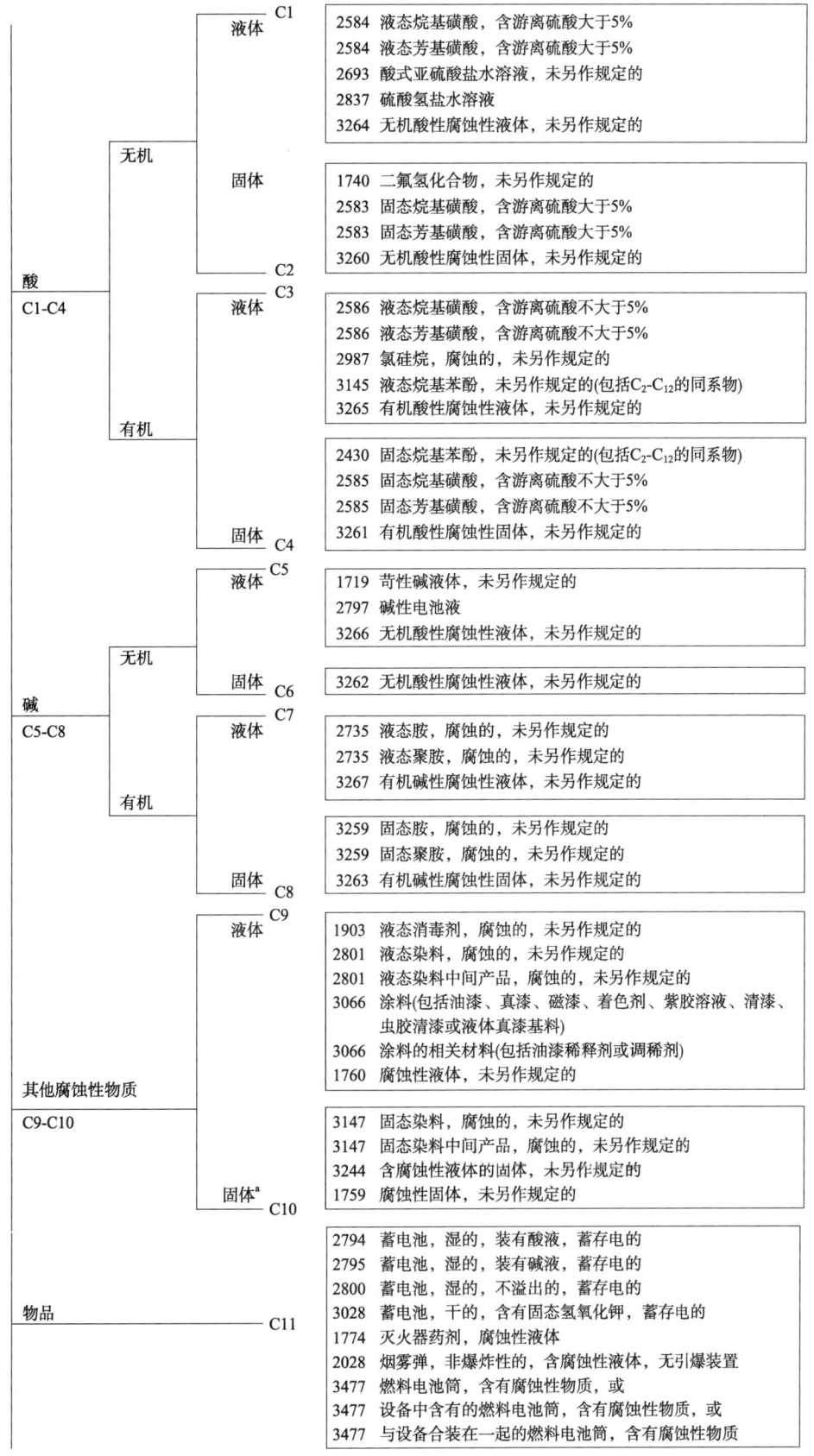

[a] 如果在物质装载，或封闭容器、集装箱或运输单位时，无可见的流动液体，不受 ADR 规定限制的固体混合物和腐蚀性液体的混合物，以 UN 3244 运输，不受第 8 类标准限制。每个容器应符合通过 II 类包装标准防漏检测的某一设计类型。

2.2.8.3 类属条目列表(续)
含有次要危险性的腐蚀性物质和包含这种物质的物品

分类		代码	UN编号及名称
易燃[b] CF	液体	CF1	3470 涂料，腐蚀的，易燃的(包括油漆、真漆、磁漆、着色剂、紫胶溶液、清漆、虫胶清漆或液体真漆基料)
			3470 涂料的相关材料，腐蚀的，易燃的(包括油漆稀释剂和调稀剂)
			2734 液态胺，腐蚀的，易燃的，未另作规定的
			2734 液态聚胺，腐蚀的，易燃的，未另作规定的
			2986 氯硅烷，腐蚀的，易燃的，未另作规定的
			2920 腐蚀性液体，易燃的，未另作规定的
	固体	CF2	2921 腐蚀性固体，易燃的，未另作规定的
自热 CS	液体	CS1	3301 腐蚀性液体，自热的，未另作规定的
	固体	CS2	3095 腐蚀性固体，自热的，未另作规定的
遇水反应 CW	液体[b]	CW1	3094 腐蚀性液体，遇水反应，未另作规定的
	固体	CW2	3096 腐蚀性固体，遇水反应，未另作规定的
氧化作用 CO	液体	CO1	3093 腐蚀性液体，氧化性，未另作规定的
	固体	CO2	3084 腐蚀性固体，氧化性，未另作规定的
有毒[d] CT	液体[c]	CT1	3471 二氟氢化物溶液，未另作规定的
			2922 腐蚀性液体，有毒的，未另作规定的
	固体[e]	CT2	2923 腐蚀性固体，有毒的，未另作规定的
	物品	CT3	3506 含有汞的制成品
易燃，液体，有毒[d]		CFT	此分类无类属条目，如需要应根据2.1.3.10 危险性优先顺序表来确定该分类的类属的条目
氧化作用，有毒[d,e]		COT	此分类无类属条目，如需要应根据2.1.3.10 危险性优先顺序表来确定该分类的类属的条目

---

[b] 氯硅烷接触水或潮湿空气,产生易燃气体,应归类为第4.3类。

[c] 氯甲酸酯的主危险性是毒害属性,应归类为第6.1类。

[d] 腐蚀性物质具有高度吸入毒性,应根据2.2.61.1.4～2.2.61.1.9的定义归类为第6.1类。

[e] UN 2505 氟化铵,UN 1812 氟化钾,固体的,UN 1690 氟化钠,固体的,UN 2674 氟硅酸钠,UN 2856 氟硅酸盐(酯)类,未另作规定的,UN 3415 氟化钠溶液 和 UN 3422 氟化钾溶液 应归类为第6.1类。

2.2.9 第9类 杂项危险物质和物品

2.2.9.1 *准则*

2.2.9.1.1 第9类物质和物品是指在运输过程中具有其他类别未包括的危险的物质和物品。

2.2.9.1.2 第9类物质和物品,细分如下:

  M1 以微细粉尘吸入可以危害健康的物质;

  M2 一旦发生火灾可形成二噁英的物质和物品;

  M3 会放出易燃气体的物质;

  M4 锂电池组;

  M5 救生设备;

  M6 – M8 危害环境物质:

    M6 污染水生环境的液体;

    M7 污染水生环境的固体;

    M8 转基因微生物和生物体;

  M9 – M10 高温物质:

    M9 液体;

    M10 固体;

  M11 运输过程中存在危险,但未被列入其他危险性类别的物质。

定义及分类

2.2.9.1.3 3.2章A表中列出了已分类的第9类物质和物品。在3.2章A表中未列明名称的第9类物质和物品应根据2.2.9.1.4~2.2.9.1.14划入表中或2.2.9.3中的相关条目。

以微细粉尘吸入可以危害健康的物质

2.2.9.1.4 以微细粉尘吸入可以危害健康的物质,包括石棉和含有石棉的混合物。

一旦发生火灾可形成二噁英的物质和物品

2.2.9.1.5 一旦发生火灾可形成二噁英的物质和物品,包括多氯化联苯(PCBs)和三联苯(PCTs)、多卤化联苯和三联苯和含有这些物质的混合物以及含有这些物质或混合物的诸如变压器、电容器等设备以及含有这些物质或混合物的其他设备。

注:PCB 或PCT 浓度不超过50mg/kg 的混合物不受ADR 限制。

可释放出易燃气体的物质

2.2.9.1.6 可释放出易气体的物质,包括闪点不超过55℃且含有易燃液体的聚合物。

锂电池

2.2.9.1.7 含有任何形式锂的电池和电池组、安装在设备中的电池和电池组、与设备一起包装的电池和电池组均需视情划为 UN 3090、3091、3480 或 3481。这类电池和电池组如符合下列要求,可按这些条目运输。

 (a) 经过证实,每个电池或电池组的型号均符合《试验和标准手册》第Ⅲ部分38.3各项试验的要求。

  注:电池组应证明其型号符合《试验和标准手册》第Ⅲ部分38.3 各项试验的要求,不管组成电池组的电池类型是否是测试过的型号;

 (b) 每一电池和电池组都装有安全排气装置,或设计上能防止在正常运输条件下的受力破裂;

 (c) 每一电池和电池组都装有防止外部短路的有效装置;

 (d) 每个包含电池或并列电池系列的电池组,都装有防止反向电流造成危险所

需的有效装置(例如二极管、保险丝等);

(e) 电池和电池组的制造应实施包括以下要求的质量管理体系:

(ⅰ) 在设计和产品质量方面的组织架构和人员责任的描述;

(ⅱ) 相关的检查和测试、质量控制、质量保证和作业程序指导;

(ⅲ) 程序控制,应包括电池制造过程中防止和发现内部短路的相关活动;

(ⅳ) 质量记录,如检查报告、试验数据、校准数据和证书等。试验数据应予以保留,在主管机关要求时提供;

(ⅴ) 管理审查,确保质量管理体系有效运作

(ⅵ) 文件控制和修订程序;

(ⅶ) 控制不符合上文(a)中所提到的已测型号的电池和电池组的措施;

(ⅷ) 相关人员的培训计划和资质认证程序;

(ⅸ) 确保最终产品不被损坏的程序。

注:可以接受内部质量管理体系。不要求第三方出具证书,但上文(ⅰ)~(ⅸ)中所列的程序应有适当记录并可追溯。质量管理系统的副本应根据主管机关要求提供。

当锂电池组满足3.3章特殊规定188时,不受ADR限制。

注:条目UN 3171 电池组供电车辆或UN 3171 电池组供电设备,仅适用于湿电池组、钠电池组、锂金属电池组或锂离子电池组供电的车辆和湿电池组或钠电池组供电的设备,且运输时这些电池组已被安装。

就本条目而言,车辆指自动推进的、设计用来乘坐一个或以上人员或装载货物的设备,例如电力驱动的车辆、摩托车、小型摩托车、三轮或四轮车或摩托车、电动自行车、轮椅、草坪拖拉机、船或飞行器。

设备如割草机、清洗机、船模和飞机模型。锂金属电池组或锂离子电池组供电的设备应酌情划为条目UN 3091 装在设备中的锂金属电池组或UN 3091 同设备包装在一起的锂电池组或UN 3481 装在设备中的锂离子电池组或UN 3481 同设备包装在一起的锂离子电池组。

同时使用内燃机和湿电池、钠电池、锂金属电池或锂离子电池驱动的混合动力电动汽车,在运输时若已安装电池组,应视情划为条目UN 3166 易燃气体动力车辆或UN 3166 易燃液体动力车辆。已装有燃料电池的车辆应视情划为条目UN 3166 燃料电池、易燃气体动力车辆或UN 3166 燃料电池、易燃液体动力车辆。

救生设备

2.2.9.1.8 救生设备包括满足3.3章特殊规定235或296描述的救生设备和机动车组件。

危害环境物质

2.2.9.1.9 (删除)

危害水生环境的物质

2.2.9.1.10 危害环境的物质(水生环境)

2.2.9.1.10.1 一般规定

2.2.9.1.10.1.1 危害环境的物质包括污染水生环境的液体或固体物质和其他物质,以及这类物质的溶液和混合物(如制剂和危险废物)。

在2.2.9.1.10中,"物质"是指天然状态的或通过任何生产过程得到的化学元素及其混合物,包括所有为保持产品的稳定性而必需的添加剂,以及生产过程中产生的一切杂质,但不包括任何可以不影响物质的稳定性或改变其混合物而分离出

来的溶剂。

2.2.9.1.10.1.2　水生环境可认为包括生活在水中的水生生物,和它们作为其中之一部分的水生生态系统❶。因此,确定危险的依据,是物质或混合物的水生毒性,当然还可根据有关降解和在生物体内积累的进一步资料,对之加以修正。

2.2.9.1.10.1.3　虽然以下分类程序拟适用于所有的物质和混合物,还是要意识到在某些情况下,例如金属或难溶性的无机化合物,仍需要特别的指导❷。

2.2.9.1.10.1.4　以下定义适用于本节所用的缩写和术语:

— BCF:生物富集系数;

— BOD:生化需氧量;

— COD:化学需氧量;

— GLP:良好实验室规范;

— ECx:产生 x% 反应的浓度;

— EC_{50}:引起 50% 最大反应的物质有效浓度;

— ErC_{50}:生长抑制 EC_{50} 的表达方式生长速率下降方面的 EC_{50};

— Kow:正辛醇/水分配系数;

— LC_{50}(半数致死浓度):可造成 50%(半数)受试生物死亡的水中物质浓度;

— $L(E)C_{50}$:LC_{50} 或 EC_{50};

— $NOEC$(无观察效应浓度):试验浓度刚好低于产生在统计上有效的有害影响的最低测得浓度。与对照组相比,$NOEC$ 不产生在统计上有效的应受管制的有害影响。

OECD 试验准则:经济合作与发展组织(OECD)出版的试验导则。

2.2.9.1.10.2　定义和数据要求

2.2.9.1.10.2.1　危害环境物质(水生环境)分类的基本要素为:

(a)　急性水生毒性;

(b)　慢性水性毒性;

(c)　可能或实际形成的生物体内积蓄;和

(d)　(生物或非生物)有机化学物降解。

2.2.9.1.10.2.2　虽然使用国际统一的试验方法获取的数据是首选的,在实践中,当国家方法被认为与国际方法等效时,使用国家方法所获得的数据也可以被使用。一般来说,淡水和海洋物种毒性数据被认为是等效的,首选采用 OECD 试验导则或其等效方法按照良好实验室管理规范原则获得数据。当没有这些数据时,分类要基于所能获得的最好数据。

2.2.9.1.10.2.3　急性水生毒性是指物质固有的、对在水中短时间暴露于该物质的生物体能造成伤害的物质。

急性(短期)危害,就分类而言,是指生物体短期在水中暴露于化学品时,由于化学品对生物体的急性毒性所导致的危害。

急性水生毒性,通常的确定方法是使用鱼类 96h LC_{50}(OECD 试验导则 203 或等效方法),甲壳纲类 48h $EC50$(OECD 试验导则 202 或等效方法),和/或藻类 72 或 96h $EC50$(OECD 试验导则 201 或等效方法)。这些物种被认为是所有水生生物体的替代物。其他物种的数据(如浮萍属),当试验方法合适时也可以已被考虑。

2.2.9.1.10.2.4　慢性水生毒性是指物质固有的、对在水中暴露于该物质的生物体造成有害影响的

---

❶ 本部分不包括水中的污染物,对那些污染物可能还需考虑水生环境以外的影响,如对人类健康的影响等。

❷ 本部分见全球化学品统一分类和标签制度(GHS)的附件 10。

物质,暴露的时间根据生物体的生命周期决定。

长期危害,就分类而言,是指生物体长期在水中暴露于化学品时,由于化学品的慢性毒性对生物体造成的危害。

可用的慢性毒性数据比急性毒性数据少,其试验方法也没有急性毒性标准化。根据 OECD 试验导则 210(鱼类早期生命阶段)或 211(水蚤繁殖)和 201(藻类生长抑制)获得的数据可以被接受。其他经过验证的国际上接受的试验也可以被使用。要使用无观察效应浓度 $NOECs$ 或者是其他等价的 ECx 值。

2.2.9.1.10.2.5 生物蓄积性指生物体内对一种物质摄入、转化和消除的净结果,包括各种暴露途径(如空气、水、沉积物/土壤和食物)。

生物蓄积的可能性通常用正辛醇/水分配系数来确定,通常报告为根据 OECD 试验导则 107 或 117 确定的 Kow 值。虽然这能够反映生物蓄积的可能性,通过实验确定的生物富集系数(BCF)提供了更好的方法,可行时要优先使用。BCF 根据 OECD 试验导则 305 确定。

2.2.9.1.10.2.6 降解是指有机分子分解为更小的分子,甚至最后分解为二氧化碳、水和盐。

自然环境的降解可以是生物的或非生物的(例如水解作用),一些准则被用来反映这种情况。使用 OECD 试验导则 301 中的 A–F 生物降解试验所获得的快速生物降解性是最容易用来阐述的。在这些试验中的合格水平可被认为是在大多数环境中快速降解的证明。这些是淡水试验,因而更适合用于海洋环境的 OECD 试验导则 306,也被包括了进来。当这些数据不可获取时,BOD(5 天)和 COD 比率 $\geqslant 0.5$ 也可以被认为是快速生物降解的证明❶。

物质如满足以下标准,便被认为是在环境中快速降解的:

(a) 在 28 天的快速生物降解试验中,获得的以下水平:

（ⅰ） 基于溶解性有机碳的试验:70%;

（ⅱ） 基于氧气消耗或二氧化碳生成的试验:60% 理论最大量;

这些生物降解水平要在降解开始后 10 天内获得,降解开始是指有 10% 的物质被降解时,除非这个物质被确定是结构类似的多组分物质。在这种情况下,可不要求 10 天的窗口条件而采用 28 天的通过水平❷;或

(b) 在只有 BOD 和 COD 数据时,$BOD/COD \geqslant 0.5$;或

(c) 如果有其他令人信服的科学证据能够表明物质或混合物在水生环境中能在 28 天内达到被降解(生物的和/或非生物的)水平 $>70\%$。

2.2.9.1.10.3 物质分类的类别和标准

2.2.9.1.10.3.1 满足表 2.2.9.1.10.3.1,有关物质满足急性 1、慢性 1 或慢性 2 的标准,即应列为"危害环境物质(水生环境)"。这些标准具体说明了所分的类别,表 2.2.9.1.10.3.2 对之作了图解。

危害水生环境物质的分类(见注 1) 表 2.2.9.1.10.3.1

(a) 急性(短期)水生危害

类别:急性 1:(见注 2)	
96h LC_{50}(对鱼类)	$\leqslant 1$mg/L 和/或
48h EC_{50}(对甲壳纲动物)	$\leqslant 1$mg/L 和/或
72 或 96h ErC_{50}(对藻类或其他水生植物)	$\leqslant 1$mg/L(见注 3)

---

❶ 关于数据解释的特殊规定见《全球化学品统一标签制度(GHS)》4.1 章和附件 9。
❷ 见《全球化学品统一标签制度(GHS)》4.1 章和附件 9,A9.4.2.2.3。

(b) 长期水生危害(见图 2.2.9.1.10.3.1)

　(ⅰ) 有充足慢性水生毒性数据可用的非快速降解物质(见注4)

类别	慢性1类:(见注2)	
	慢性 $NOEC$ 或 EC_x(对鱼类)	≤0.1mg/L 和/或
	慢性 $NOEC$ 或 EC_x(对甲壳纲动物)	≤0.1mg/L 和/或
	慢性 $NOEC$ 或 EC_x(对藻类或其他水生植物)	≤0.1mg/L
类别	慢性2类:	
	慢性 $NOEC$ 或 EC_x(对鱼类)	≤1mg/L 和/或
	慢性 $NOEC$ 或 EC_x(对甲壳纲动物)	≤1mg/L 和/或
	慢性 $NOEC$ 或 EC_x(对藻类或其他水生植物)	≤1mg/L

　(ⅱ) 有充足慢性水生毒性数据可用的快速降解物质

类别	慢性1:(见注2)	
	慢性 $NOEC$ 或 EC_x(鱼类)	≤0.01mg/L 和/或
	慢性 $NOEC$ 或 EC_x(甲壳纲动物)	≤0.01mg/L 和/或
	慢性 $NOEC$ 或 EC_x(藻类或其他水生植物)	≤0.01mg/L
类别	慢性2:	
	慢性 $NOEC$ 或 EC_x(鱼类)	≤0.1mg/L 和/或
	慢性 $NOEC$ 或 EC_x(甲壳纲动物)	≤0.1mg/L 和/或
	慢性 $NOEC$ 或 EC_x(藻类或其他水生植物)	≤0.1mg/L

　(ⅲ) 有充足慢性水生毒性数据可用的物质

类别	慢性1:(见注2)	
	96h LC_{50}(鱼类)	≤1mg/L 和/或
	48h EC_{50}(甲壳纲动物)	≤1mg/L 和/或
	72 或 96h ErC_{50}(藻类或其他水生植物)	≤1mg/L (见注3)
	且该物质不能快速降解,和/或试验确定 $BCF≥500$(或,若无数据则 $\log K_{ow}≥4$)(见注4 和5)	
类别	慢性2:	
	96h LC_{50}(鱼类)	>1 但 ≤10mg/L 和/或
	48h EC_{50}(甲壳纲动物)	>1 但 ≤1mg/L 和/或
	72 或 96h ErC_{50}(藻类或其他水生植物)	>1 但 ≤1mg/L (见注3)
	且该物质不能快速降解,和/或试验确定 $BCF≥500$(或,若无数据则 $\log K_{ow}≥4$)(见注4 和5)	

注1:鱼类、甲壳纲和藻类等生物体作为覆盖一系列营养层级和门类的替代物物种进行试验,而且试验方法高度标准化,假如有等效的物种和试验终点指标,其他生物体数据也可以使用。

注2:在对物质作急性1 和/或慢性1 分类时,必须同时指出求和法使用的适当的 M 因数(见2.2.9.1.10.4.6.4)。

注3:如果藻类毒性 ErC_{50}(= EC_{50}(生长率))下降到下一种最敏感物种的100 倍水平之下,而且导致仅以该效应为基础的分类,那么应该考虑这种毒性是否代表对水生植物的毒性。如果能够证明不是如此,那么应使用专业判断来确定是否应当进行分类。分类应以 ErC_{50} 为基础。在未规定 EC_{50} 基准,而且没有记录 ErC_{50} 的情况下,分类应以可得的最低 EC_{50} 为基准。

注4:断定不能快速降解的依据,是本身不具备生物降解能力,或有其他证据证明不能快速降解。在不掌握有意义的降解性数据的情况下,不论是试验确定的还是估计的数据,物质均应视为不能快速降解。

注5:生物积蓄潜力以试验得到的 $BCF≥500$ 为基础,或者,如果没有该数值,则以 $\log K_{ow}≥4$ 为基础,但前提是 $\log K_{ow}$ 是物质生物积累潜力的适当描述指标。$\log K_{ow}$ 测定数值优先于估计数值,BCF 测定数值优先于 $\log K_{ow}$ 数值。

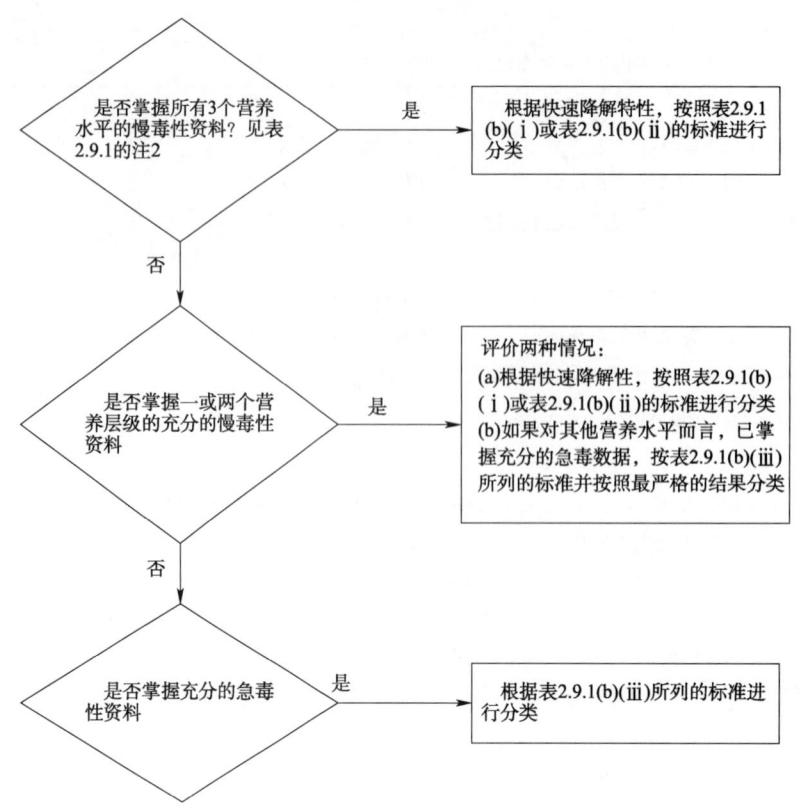

图 2.2.9.1.10.3.1　水环境长期有害物质类别

2.2.9.1.10.3.2　下表 2.2.9.1.10.3.2 概括了物质的分类标准。

危害水生环境物质的分类方案　　　　　　　　　表 2.2.9.1.10.3.2

分类类别			
急性危害 （见注1）	长期危害（见注2）		
	掌握充分的慢毒性资料		没有掌握充分的慢毒性资料 （见注1）
	非快速降解物质 （见注3）	快速降解物质 （见注3）	
类别：急毒性1	类别：慢毒性1	类别：慢毒性1	类别：慢毒性1
$L(E)C_{50} \leqslant 1.00$	$NOEC$ 或 $EC_x \leqslant 0.1$	$NOEC$ 或 $EC_x \leqslant 0.1$	$L(E)C_{50} \leqslant 1.00$ 且缺少快速降解能力，和/或 $BCF \geqslant 500$，或如没有该数值，$\log K_{ow} \geqslant 4$
	类别：慢毒性2	类别：慢毒性2	类别：慢毒性2
	$0.1 < NOEC$ 或 $EC_x \leqslant 1$	$0.01 < NOEC$ 或 $EC_x \leqslant 1$	$1.00 < L(E)C_{50} \leqslant 10.00$ 且缺少快速降解能力，和/或 $BCF \geqslant 500$，或如没有该数值，$\log K_{ow} \geqslant 4$

注1：以鱼类、甲壳纲动物和/或藻类或其他水生植物的 $L(E)C_{50}$ 数值（单位mg/L）为基础的急性毒性范围（或者如果没有试验数据，以定量结构活性关系（QSAR）估计值为基础）。

注2：物质按不同的慢毒分类，除非掌握所有三个营养水平的充分慢毒性数据❶，在水溶性以上或1mg/L。（"充分"系指数据充分包含相关的终点。一般而言，应为测定的试验数据，但为了避免不必要的试验，可在具体情况下使用估计数据，如(Q)SRA，或在明显的情况下，依靠专家的判断）。

注3：慢毒性范围以鱼类或甲壳纲动物的 $NOEC$ 或等效的 EC_x 数值（单位mg/L），或其他公认的慢性毒性标准为基础。

---

❶ 《全球化学品统一标签制度（GHS）》4.1 章 4.1.2.13 和附件 9A9.6 提供了特别指导。

2.2.9.1.10.4 混合物分类的类别和标准

2.2.9.1.10.4.1 混合物的分类系统包括急毒性 1 类、慢毒性 1 类和慢毒性 2 类物质的分类类别。为了能利用所有可用的数据，对混合物的水生环境危害进行分类，特做以下假设并在适当时使用：

混合物的"相关成分"系指作为急毒性 1 类和/或慢毒性 1 类分类的成分，（按质量）以等于或大于 0.1% 的浓度存在的相关成分，或等于和/或大于 1% 的其他成分，除非另外假设（如在高毒性成分的情况下），以低于 0.1% 存在的成分仍可对混合物水生环境危害的分类产生重要影响。

2.2.9.1.10.4.2 对水生环境危害的分类，采用分层的办法，并依据所能获得的关于混合物本身及其成分的数据类型。分层法的要素包括：

（a） 根据对经过测试的混合物进行分类；

（b） 根据一些过渡性的原则分类；

（c） 采用"已分类成分求和"，和/或"相加公式"。

图 2.2.9.1.10.4.2 提出了应遵循的主要流程。

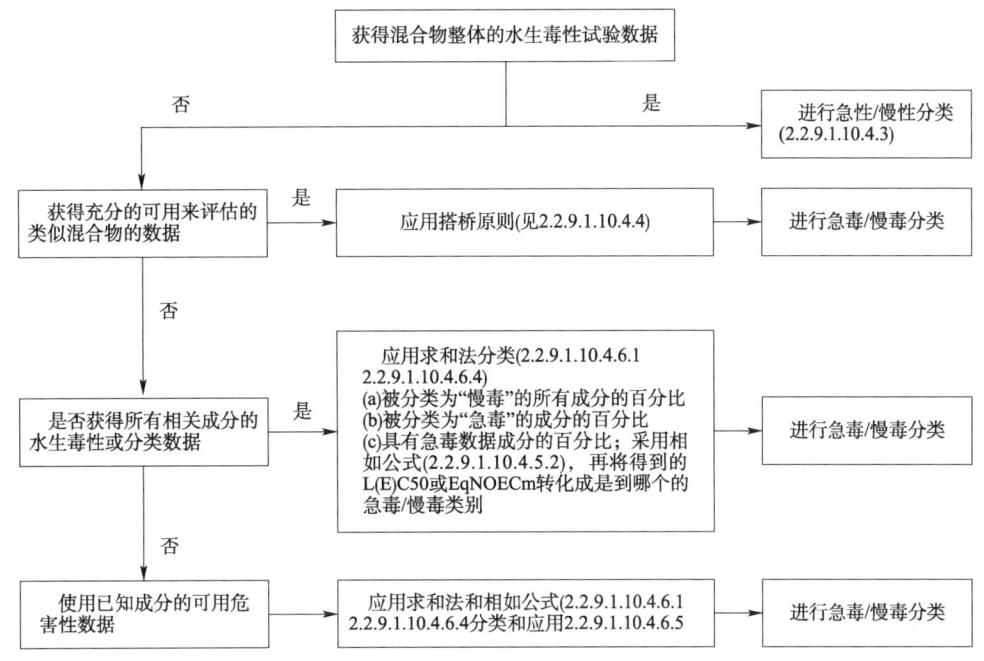

图 2.2.9.1.10.4.2 采用分层法对具有急性和长期水生环境危害的混合物进行分类

2.2.9.1.10.4.3 当混合物整体数据可获得时的分类

2.2.9.1.10.4.3.1 当混合物作为整体已经经过试验以确定其水生毒性，须按照对物质已认可的标准，对混合物进行分类，分类的依据通常是鱼、甲壳纲动物和水蚤/植物的数据（2.2.9.1.10.2.3 和 2.2.9.1.10.2.4），在没有充分的混合物整体的急性或慢性数据的情况下，应使用"搭桥原则"或"求和法"（见 2.2.9.1.10.4.4 和 2.2.9.1.10.4.6）。

2.2.9.1.10.4.3.2 对混合物的长期危害进行分类，需要更多的有关降解性的资料，在有些情况下，还需要在生物体内积累的数据，没有混合物整体的降解性和生物积累的数据。由于对混合物的降解性和生物积聚的试验通常难以解释，因此不使用，这些试验只对单一物质有意义。

2.2.9.1.10.4.3.3 急毒性 1 类的分类

（a） 当掌握混合物整体的充分的急毒性试验数据（LC_{50} 或 EC_{50}），显示 $L(E)C_{50}$ ≤1mg/L 时：

根据表 2.2.9.1.10.3.1(a)，混合物列为急毒性 1 类；

- (b) 当掌握混合物整体的急毒试验数据（$LC_{50}(s)$或$EC_{50}(s)$），显示$L(E)C_{50} > 1\text{mg/L}$或高于水溶性时：

  在本规则下无须作急性危害分类。

2.2.9.1.10.4.3.4 慢毒性1类和2类的分类

- (a) 当掌握混合物整体的充分的慢毒性试验数据（EC_x或$NOEC$），显示测试的混合物EC_x或$NOEC \leq 1\text{mg/L}$时：
  - （ⅰ）如果掌握的资料可以得出结论，混合物的所有主要成分均可快速降解，则根据表2.2.9.1.10.3.1(b)(ⅱ)(可快速降解)，混合物列为慢毒性1类或2类；
  - （ⅱ）在所有其他情况下，根据表2.2.9.1.10.3.1(b)(ⅰ)(不能快速降解)，列为慢毒性1或2类；
- (b) 当掌握混合物整体的充分的慢毒性数据（EC_x或$NOEC$），显示测试混合物的EC_x或$NOEC > 1\text{mg/L}$或高于水溶性时：

  在本规则下无须作长期危害分类。

2.2.9.1.10.4.4 当混合物整体毒性数据不可用时对混合物的分类：搭桥原则

2.2.9.1.10.4.4.1 在混合物本身没有经过测试确定其水生环境危害的情况下，但对其单项成分和经过测试的类似混合物却有充分数据足以为该混合物的危害定性时，应根据以下设定的过渡性规则使用这些数据。这样做可以保证在确定混合物的危害时，分类程序可最大限度地利用已有数据，而无须作新的动物试验。

2.2.9.1.10.4.4.2 稀释

如果一种新的混合物是通过稀释另一种已经过测试的混合或物质构成的，使用的稀释剂水生危害分类相当于或低于毒性最低的原始成分，且预料不会影响其他成分的水生危害，则所形成混合物的分类应于测试过的原混合物或物质相当，或者，也可采用2.2.9.1.10.4.5中说明的方法。

2.2.9.1.10.4.4.3 分批

经过测试的混合物生产批次，其水生危害的分类应假定在本质上与同一制造商生产的或其控制下生产的同一商业产品另一未经测试的产品批次相当，除非有理由相信存在重要差异，以致未经测试的产品批次水生危害分类已经改变，如发生此种情况，须作新的分类。

2.2.9.1.10.4.4.4 划为最严重类别（慢毒性1类和急毒性1类）的混合物的浓缩

如一种经过测试的混合物被列为慢毒性1类和/或急毒性1类，而该混合物中被列为慢毒性1类和/或急毒性1类的成分被进一步浓缩且未经过测试，则提高浓度后的混合物应列入与原先经过测试的混合物相同的分类，无须另做试验。

2.2.9.1.10.4.4.5 同一毒性类别的内推法

三种成分完全相同的混合物（A，B和C），混合物A和混合物B经过测试，属同一毒性类别，而混合物C未经测试，但含有与混合物A和混合物B相同的毒素活性成分，且其毒素活性成分的浓度介于混合物A和混合物B的浓度之间，则混合物C应于A和B属同一类别。

2.2.9.1.10.4.4.6 假设存在以下条件：

- (a) 两种混合物：
  - （ⅰ）A+B；
  - （ⅱ）C+B；
- (b) 成分B的浓度在两种混合物中基本相同；
- (c) 成分A在混合物（ⅰ）中的浓度与成分C在混合物（ⅱ）的浓度相同；

(d) 已经掌握 A 和 C 的水生危害数据并且而这基本相同,即它们属于同一危险类别,并预料不会影响 B 的水生毒性;

如果已根据测试数据对混合物(ⅰ)或(ⅱ)作了分类,则另一混合物可归入同一危害类别。

2.2.9.1.10.4.5 当混合物所有成分的毒性数据或其中部分成分毒性数据可获得时混合物的分类

2.2.9.1.10.4.5.1 混合物的分类须以其已分类成分浓度的相加之和为依据,列为"急毒性"或"慢毒性"成分的百分比,应直接计入求和法。求和法详细说明,见 2.2.9.1.10.4.6.1 ~ 2.2.9.1.10.4.6.4.1。

2.2.9.1.10.4.5.2 混合物可能是由已经分类的成分(如急毒性1类和/或慢毒性1、2类),和有充足可用毒性试验数据的成分结合而成的。当混合物中有充足可用毒性数据的成分超过一种时,这些成分的综合毒性须根据毒性数据的性质,使用以下相加公式(a)或(b)计算出来:

(a) 根据水生急毒性:

$$\frac{\sum C_i}{L(E)C_{50m}} = \sum_n \frac{C_i}{L(E)C_{50i}}$$

式中:C_i——成分 i 的浓度(质量百分比);

$L(E)C_{50i}$——成分中 i 的 LC_{50} 或 EC_{50}(mg/l);

n——所含成分数,i 的范围从 1 到 n_i;

$L(E)C_{50m}$——混合物中有测试数据部分的 $L(E)C_{50}$;

计算出来的毒性结果,应用来划定该部分混合物的急毒性危险类别,然后再将其用于求和法的计算;

(b) 根据水生慢毒性:

$$\frac{\sum C_i + \sum C_j}{EqNOEC_m} = \sum_n \frac{C_i}{NOEC_i} + \sum_n \frac{C_j}{0.1 \cdot NOEC_j}$$

式中:C_i——成分 i 的浓度(质量百分比),包括可快速降解的成分;

C_j——成分 j 的浓度(质量百分比),包括不能快速降解的成分;

$NOEC_i$——成分 i,包括可快速降解的成分的 $NOEC$(或其他承认的慢毒性测量标准)(mg/l);

$NOEC_j$——成分 j,包括不能快速降解的成分的 $NOEC$(或其他承认的慢毒性测量标准)(mg/l);

n——所含成分数量,i 和 j 的范围从 1 到 n;

$EqNOEC_m$——混合物有测试数据部分的等效 $NOEC$;

因此,等效毒性反映了一个事实,即不能快速降解的物质分类更加"严格",比可快速降解物质高出一个危害类别。

计算出来的等效毒性将根据可快速降解物质的标准(表 2.2.29.1.10.3.1(b)(ⅱ)),用来划定该部分混合物的长期危害类别,然后再将其用于求和法的计算。

2.2.9.1.10.4.5.3 在对混合物的一部分使用相加公式时,计算这部分混合物的毒性,最好使用每种成分对同一分类群(如鱼、甲壳纲动物或藻类)的毒性值,然后,使用得到的最高毒性(最低值)(例如使用三个类群中最敏感的一群),但在无法得到每种成分对相同分类群的毒性数据时,须对每种成分使用相同的方法,选定该物质的分类毒性值,例如较高的毒性(从最敏感的测试生物体得到),然后用计算出来的急毒性和慢毒性值对这一部分混合物进行分类,采用与物质分类相同的标准,将之划为急毒性1类和/或慢毒性1类或2类。

2.2.9.1.10.4.5.4 如果某种物质以一种以上的方式作了分类,应选用取得较保守结果的方法。

2.2.9.1.10.4.6 求和法

2.2.9.1.10.4.6.1 分类程序

一般而言,对混合物较严格的分类优于不甚严格的分类,如列入慢毒性1类优于列入慢毒性2类。因此,如果分类的结果是慢毒性1类,分类程序便已完成。不可能做出比慢毒性1类更严格的分类,因此也没有必要再经过其他分类程序。

2.2.9.1.10.4.6.2 急毒性1类的分类

2.2.9.1.10.4.6.2.1 首先,所有列为急毒性1类的成分均需加以考虑,如果这些成分的浓度(百分比%)总和大于或等于25%,则整个混合物应列为急毒性1类。如果计算的结果是混合为被列为急毒性1类,分类程序便已完成。

2.2.9.1.10.4.6.2.2 根据已分类成分的浓度,采用求和法对混合物作急性危害分类,下表2.2.9.1.10.4.6.2.2作了概括。

根据已分类成分的浓度,采用求和法对混合物作急性危害分类

表2.2.9.1.10.4.6.2.2

已分类成分浓度(in%)之和为:	混合物分类为:
急毒 $1 \times M^a \geq 25\%$	急毒1

^{a} M 因数的解释,见2.2.9.1.10.4.6.4。

2.2.9.1.10.4.6.3 慢毒性1类和慢毒性2类的分类

2.2.9.1.10.4.6.3.1 首先,所有列为慢毒性1类的成分均须加以考虑。如这些成分的浓度(百分比%)之和大于或等于25%,混合物应被划为慢毒性性1类。如果计算的结果混合物被划为慢毒性1类,分类程序便已完成。

2.2.9.1.10.4.6.3.2 在混合物没有列入慢毒性1类的情况下,应考虑混合物列为慢毒性2类,如果一种混合物中所有列为慢毒性1类的成分浓度(百分比%)之和乘以10,加上所有列为慢毒性2类的成分浓度(百分比%)之和大于或等于25%,则该混合物应列入慢毒性2类。如果计算的结果,该混合物列为慢毒性2类,分类程序便已完成。

2.2.9.1.10.4.6.3.3 根据已分类成分的浓度,采用求和法对混合物作长期危害分类,下表2.2.9.1.10.4.6.3.3作了概括。

根据已分类成分的浓度,采用求和法对混合物作长期危害分类

表2.2.9.1.10.4.6.3.3

已分类成分浓度(in%)之和	混合物分类
慢毒性1类 $\times M^a \geq 25\%$	慢毒性1类
$(M \times 10 \times$ 慢毒性1类$) +$ 慢毒2 $\geq 25\%$	慢毒性2类

^{a} M 因数的解释,见2.2.9.1.10.4.6.4。

2.2.9.1.10.4.6.4 含有高毒性成分的混合物

急毒性明显低于1mg/L和/或慢毒性明显低于0.1mg/L(如果不可快速降解)和0.01mg/L(如果可快速降解)的急毒性1类或慢毒性1类的成分,可影响混合物的毒性,因此在采用求和分类法时,应给予更大的权重。当一种混合物含有被列为急毒性1类或慢毒性1类的成分时,应采用2.2.9.1.10.4.6.2和2.2.9.1.10.4.6.3中讲到的分层法,使用将急毒性1类和慢毒性1类成分的浓度乘以一个因数后的加权和,而不仅仅是将百分比相加,这就是说表2.2.9.1.10.4.6.2.2左栏中的"急毒性1类"的浓度和表2.2.9.1.10.4.6.3.3左栏中"慢毒性1类"的浓度,要乘以一个相应的相乘因数,对这些成分使用的相乘因数,采用毒性值来确定,下表2.2.9.1.10.4.6.4作了概括。因此,为了确定含有急毒性1类和/或慢毒性1类成分的混合物的分类,进行分类的人需要了解M因数的值,方能采用求和法。否则,在掌握混合物中所有高毒性成分的毒性数据时,且有确切证据表明

所有其他成分,包括尚未掌握具体急毒性和/或慢性毒性资料的成分,均属低毒或无毒,不会对混合物的环境危害产生重大影响,在这种情况下,也可使用相加公式 2.2.9.1.10.4.5.2。

混合物中高毒性成分的相乘因数　　　表 2.2.9.1.10.4.6.4

急性毒性	M 因 数	慢性毒性	M 因 数	
$L(E)C_{50}$ 值		NOEC 值	不可快速降解成分^a	可快速降解成分^b
$0.1<L(E)C_{50}\leq 1$	1	$0.01<NOEC\leq 0.1$	1	—
$0.01<L(E)C_{50}\leq 0.1$	10	$0.001<NOEC\leq 0.001$	10	1
$0.001<L(E)C_{50}\leq 0.01$	100	$0.0001<NOEC\leq 0.001$	100	10
$0.0001<L(E)C_{50}\leq 0.001$	1000	$0.00001<NOEC\leq 0.0001$	1000	100
$0.00001<L(E)C_{50}\leq 0.00011$	10000	$0.000001<NOEC\leq 0.00001$	10000	1000
(以 10 倍间隔系数继续)		(以 10 倍间隔系数继续)		

^{a} 慢毒性。
^{b} 急毒性。

2.2.9.1.10.4.6.5　含有无任何可用信息成分的混合物分类

在无法得到一种或多种重要成分有用的急性和/或慢性水生毒性信息的情况下,可做出结论,该混合物无法划入确定的危害类别。在这种情况下,该混合物的分类只能根据已知成分做出,并附带说明:"本混合物 X% 的成分,对水环境危险性不明。"

2.2.9.1.10.5　根据法规 1272/2008/EC❶ 分类为环境危害物质(水环境)的物质和混合物:
如果根据标准 2.2.9.1.10.3 和 2.2.9.1.10.4 分类需要的数据不可得,物质和混合物:

(a) 分类为环境危害物质(水环境),倘若根据法规 1272/2008/EC❶ 需要分类到类别水生急毒性 1 类,水生慢毒性 1 类或水生慢毒性 2 类或仍旧与所述法规相关,根据指令 67/548/EEC❷ 或 1999/45/EC❸ 使用风险短语 R50、R50/53、R51/53;

(b) 可以不认为是环境危害物质(水环境),倘若根据上述法规或指令没有被归类使用这些风险短语或类别。

2.2.9.1.10.6　根据 2.2.9.1.10.3,2.2.9.1.10.4 或 2.2.9.1.10.5 分类为环境危害物质(水环境)的归属。

归类为环境危害物质(水环境)、根据 ADR 没有其他分类的物质或混合物应使用:
UN 3077　对环境有害的固体物质,未另作规定的;或
UN 3082　对环境有害的液态物质,未另作规定的。
他们应该使用Ⅲ类包装(PG Ⅲ)。

转基因微生物或生物体

2.2.9.1.11　转基因微生物和转基因生物体是其基因物质被有意地通过遗传工程以非自然发生的方式加以改变的微生物和生物体。当他们不符合毒性物质或感染性物质的定义但在某种程度上符合不是自然正常产生的变异动物、植物或微生物时,要将

---

❶ 欧盟议会和理事会法规 1272/2008/EC,2008 年 12 月 16 日,关于物质和混合物的分类、标签和包装(Official Journal of the European Union No. L 353 of December 2008)。

❷ 理事会指令 67/548/EEC,1967 年 6 月 27 日,关于危险货物分类、包装和标签的相似法案、法规和管理规定(Official Journal of the European Communities No. L 196 of 16 August 1967)。

❸ 欧盟议会和理事会指令 1999/45/EC,1999 年 5 月 31 日,关于危险货物分类、包装和标签的相似法案、法规和管理规定(Official Journal of the European Communities No. L 200 of 30 July 1999)。

其归为第9类(UN 3245)。

注1:感染性的转基因微生物和生物体归类为第6.2类,UN2814、2900或3373。

注2:已经获得原产地、过境地或目的地主管机关批准使用的转基因微生物或生物体不受ADR限制❶。

注3:活动物不应用来运输第9类转基因微生物,除非没有其他办法。转基因活动物要在原产地和目的地主管机关批准的条款和条件下运输。

2.2.9.1.12　(删除)

高温物质

2.2.9.1.13　高温物质包括运输或托运温度大于或等于100℃的液态物质、对有闪点的物质来说要低于闪点。也包括运输或托运温度大于或等于240℃的固态物质。

注:高温物质只有在不符合其他类别的标准的时候,才能划入第9类。

运输过程中表现出危险性的其他物质,但不符合其他类的定义。

2.2.9.1.14　下列不符合其他类别定义的其他杂项物质定为第9类物质:

闪点低于60℃的钠氨化合物;

低危险性的连二亚硫酸盐;

高度挥发性液体;

释放有害烟雾的物质;

包含过敏源的物质;

化学工具箱和急救药箱;

电子双层电容器(蓄能容量大于0.3Wh)。

注:在联合国(UN)规章范本中列出的UN 1845 固态二氧化碳(干冰)❷,UN 2071 硝酸铵化肥,UN 2216 鱼粉(鱼屑),稳定的,UN 2807 磁化材料,UN 3166 内燃机或UN 3166 易燃气体动力车辆或UN 3166 易燃液体动力车辆或UN 3166 燃料电池、易燃气体动力发动机或UN 3166 燃料电池、易燃液体动力发动机或UN 3166 燃料电池、易燃气体动力车辆或UN 3166 燃料电池、易燃液体动力车辆,UN 3171 电池供电车辆或UN 3171 电池供电设备(湿电池)(见2.2.9.1.7 断尾的注),UN 3334 空运受管制的液体,未另作规定的,和UN 3335 空运受管制的固体,未另作规定的,UN 3363 及其中的危险货物或仪器中的危险货物,不受ADR规范的限制。

划定包装类别

2.2.9.1.15　在3.2章A表第(4)栏标明为第9类物质和物品,应根据其危险程度细分为:

Ⅱ类包装:表现中度危险的物质;

Ⅲ类包装:表现轻度危险的物质。

2.2.9.2　*不允许运输的物质和物品*

下列物质和物品不允许运输:

——不符合3.3章特殊规定188、230、301或639的锂电池;

——未清洗的围堵容器,用于含有类别UN2315、3151、3152或3432的物质的设备,例如变压器、电容器、液压装置。

---

❶　详见欧盟议会和理事会指令2001/18/EC中C部分,关于转基因物质环境释放的研讨并撤销欧盟理事会指令90/220/EEC(Official Journal of the European Communities,No. L 106,of 17 April 2001,pp.8-14,其规定了欧盟议会授权程序。

❷　对于用于冷冻剂的UN 1845 固态二氧化碳(干冰),见5.5.3。

2.2.9.3　　　　　类属条目列表

类别	代码	UN号	名称
吸入性细粉尘，可以危害健康的物质	M1	2212	石棉，角闪石(菊石，透闪石，阳起石，直闪石，青石棉)
		2590	石棉，温石棉
遇火会形成二噁英的物质及装置	M2	2315	液态多氯联苯
		3432	固态多氯联苯
		3151	液态多卤联苯，或
		3151	液态多卤三联苯
		3152	固态多卤联苯，或
		3152	固态多卤三联苯
释放出易燃蒸汽的物质	M3	2211	聚苯乙烯珠粒料，可膨胀，会放出易燃气体
		3314	塑料成型化合物，呈揉塑团、薄片或挤压出的绳索状，会释放易燃气体
锂电池	M4	3090	锂金属电池(包括锂合金电池)
		3091	设备内置的锂金属电池(包括锂合金电池)，或
		3091	设备附带的锂金属电池(包括锂合金电池)
		3480	锂金属电池(包括锂离子聚合物电池)
		3481	设备内置的锂电池(包括锂离子聚合物电池)，或
		3481	设备附带的锂离子电池(包括锂离子聚合物电池)
救生设备	M5	2990	自动膨胀式救生设备
		3072	非自动膨胀式救生设备，装备中含有危险物品
		3268	电动安全装备
危害环境物质 — 水环境污染物，液态	M6	3082	对环境有害的液态物质，未另作规定的
危害环境物质 — 水环境污染物，固态	M7	3077	对环境有害的固态物质，未另作规定的
基因改变的微生物和生物	M8	3245	基因改变的微生物，或
		3245	基因改变的生物
高温物质 — 液态	M9	3257	温度在100 ℃及以上，闪点以下的高温液态物质，未另作规定的(包括熔融金属，熔融盐等)
高温物质 — 固态	M10	3258	温度在240 ℃及以上的高温固态物质，未另作规定的
运输过程中表现出危险的其他物质或物品，但不符合其他类别的定义	M11	无可用类属条目。只有3.2章表A所列物质符合本分类编码中第9类规定如下：	
		1841	乙醛合氨
		1931	连二亚硫酸锌(亚硫酸氢锌)
		1941	二溴二氟甲烷
		1990	苯甲醛
		2969	蓖麻籽，或
		2969	蓖麻粉，或
		2969	蓖麻油渣，或
		2969	蓖麻片
		3316	化学品箱，或
		3316	急救箱
		3359	熏蒸设备
		3499	电容，双电荷层(储能能力超过0.3Wh)
		3508	电容器，对称(储能能力超过0.3Wh)
		3509	废弃、空置及不洁净的包装材料

第2.3章 试验方法

2.3.0 概述

应根据《试验和标准手册》的要求进行实验及分类,除非2.2章或本章规定了其他方法。

2.3.1 A型爆破炸药的渗透试验

2.3.1.1 A型爆破炸药(UN 0081),若包含高于40%的液态硝酸酯时,不仅要通过《试验与标准手册》中列举的试验,还应满足以下渗透试验。

2.3.1.2 爆破炸药的渗透试验所用仪器(图1~3)由一个中空的青铜汽缸及一个青铜活塞组成。青铜汽缸一端用青铜板封闭,内径为15.7mm,深度为40mm。走边有20个孔,每个直径0.5mm(5孔4组)。青铜活塞的总长度52mm,柱形部分长48mm,能滑进垂直放置的汽缸中。活塞直径需为15.6mm,重2220g,从而对汽缸施压达到120kPa(1.20bar)。

2.3.1.3 一个小爆破炸药塞重5~8g,30mm长,直径15mm,用优质纱布包裹后放入汽缸,活塞及其质量作用其上,爆破炸药受到120kPa(1.20bar)的压强。记录在汽缸外部小孔中首次出现油滴(硝化甘油)征兆时所需的时间。

2.3.1.4 如果在液体渗出前所经过的时间大于5min,则认为该爆破炸药是安全的,试验温度应在15~25℃之间。

爆破炸药渗透试验

2.3.2 关于第4.1类硝化纤维混合物的试验

2.3.2.1 硝化纤维素在132℃下加热0.5h,不应释放可见的黄棕色亚硝烟(亚硝气)。着火点应高于180℃。见下面2.3.2.3~2.3.2.8,2.3.2.9(a)以及2.3.2.10。

2.3.2.2 3g增塑硝化纤维(素),在132℃下加热1h,不应释放可见的黄棕色亚硝烟(亚硝气)。着火点应高于170℃。见下面2.3.2.3~2.3.2.8,2.3.2.9(a)以及2.3.2.10。

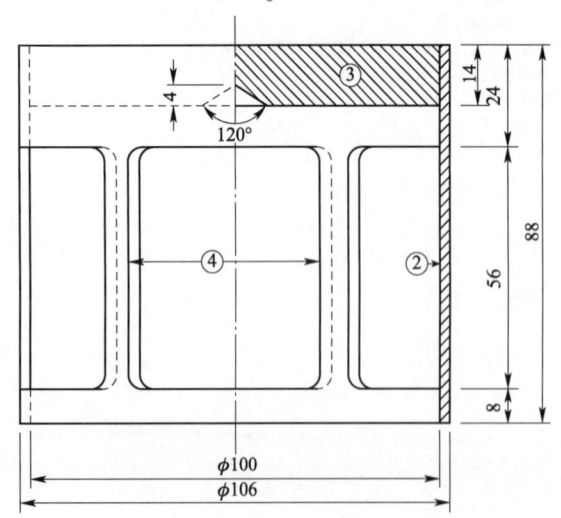 

图1 钟形负载,质量2220g,能悬吊在青铜活塞上　　图2 柱形青铜活塞,大小(mm)

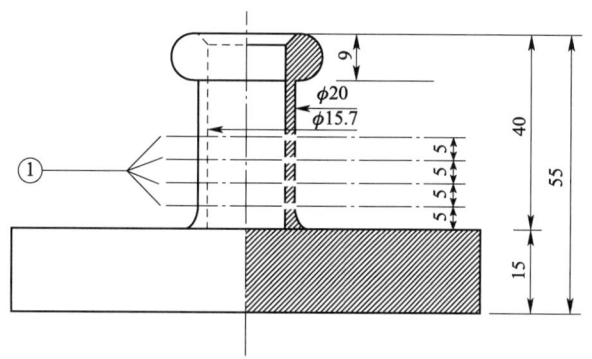

图 3 中空青铜气缸,一端封闭,平面及切面大小(nm)

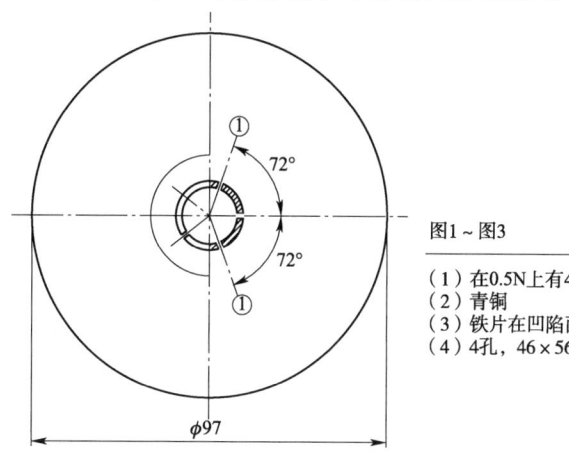

图1～图3

(1) 在0.5N上有4组5孔
(2) 青铜
(3) 铁片在凹陷面有圆锥形中心
(4) 4孔,46×56,在周边均匀分布

2.3.2.3　　当对于允许道路运输的物品产生不同观点时,适用于以下试验程序。

2.3.2.4　　若使用其他方法或试验程序来验证以上本节所述的稳定条件,则其他方法所得到的结果应该与用以下指定方法所得到的一致。

2.3.2.5　　在下面所叙述的加热稳定性试验中,试验时装有样品的烤炉温度不应偏离规定温度2℃以上,30min 和 60min 试验的规定过程不应偏离超过 2min。在加入样品后恢复烤炉所要求温度的时间不应超过 5min。

2.3.2.6　　在进行 2.3.2.9 和 2.3.2.10 的试验前,样品应该在室温下,在含有熔融或颗粒状氯化钙的真空干燥器中干燥 15h 以上,样品应铺成薄薄的一层,为此,不管是粉末状还是纤维状,物质都应该研磨、过筛或切成小片。干燥器中压强应在 6.5kPa (0.065bar)以下。

2.3.2.7　　如 2.3.2.6 被干燥之前,符合 2.3.2.2 条件的物质应在通风井烤炉中进行预干燥,设定温度为 70℃,一直到每刻钟物质失去的质量小于原质量的 0.3% 为止。

2.3.2.8　　遵照 2.3.2.1 弱硝化的硝化纤维素,应按 2.3.2.7 中规定的,先进行预干燥;硝化纤维素的干燥应在含有超浓硫酸的干燥器中完成,时间至少应保持 15h。

2.3.2.9　　高温下的化学稳定性试验

(a) 物质试验列于 2.3.2.1 中。

（i）玻璃试管的尺寸如下:

长度　350mm

内径　16mm

壁厚　1.5mm

两个玻璃试管中,放入经氯化钙干燥的物质(如果需要,干燥前应将物质切碎,每个碎片质量不超过 0.05g)。

将两个试管用松配合密闭,放置在烤炉中,保证至少 4/5 的长度可

见,并保持132℃恒温30min,观察在白色背景下是否有黄棕色烟状的亚硝气放出;

（ⅱ）无此烟出现,则认为该物质是稳定的。

(b) 增塑硝化纤维素的试验(见2.3.2.2)

（ⅰ）将3g增塑硝化纤维(素)放入玻璃试管中,同(a)一样,放置于烤炉中保持132℃恒温;

（ⅱ）持续加热1h,在这段时间,无黄棕色亚硝烟(亚硝气)出现,观测结果和评价同(a)。

2.3.2.10 *着火点测试(见2.3.2.1和2.3.2.2)*

(a) 测定着火点,需要将0.2g物质封闭于浸没在伍德合金镀液中的玻璃试管中。当镀液达到100℃时,才能将试管放入其中,镀液的温度每分钟增加5℃;

(b) 试管尺寸如下:

长度　125mm

内径　15mm

壁厚　0.5mm

浸入的深度应为20mm;

(c) 试验应重复3次,记录每次物质着火时的温度,即缓慢或快速燃烧,暴燃或爆炸发生时的温度;

(d) 三次试验中的最低温度记录就是着火点。

2.3.3 **涉及第3类易燃液体、第6.1类和第8类的试验**

2.3.3.1 *闪点的测定*

2.3.3.1.1　可采用以下方法确定易燃液体的闪点:

国际标准:

ISO 1516(测定闪点/非闪点—闭杯平衡法)

ISO 1523(闪点的测定方法——闭杯平衡法)

ISO 2719(闪点的测定方法——Pensky–Martens闭杯平衡法)

ISO 13736(闪点的测定——艾贝尔闭杯平衡法)

ISO 3679(闪点的测定——快速平衡闭杯法)

ISO 3680(测定闪点/非闪点——快速平衡闭杯法)

国家标准:

美国国际材料实验学会,地址:100 Barr Harbor Drive,PO Box C700,West Conshohocken,Pennsylvania,USA 19428–2959:

ASTM D3828–07a,,用小型闭杯试验器测定闪点的标准试验方法

ASTM D56–05,用Tag闭杯试验器测定闪点的标准实验方法

ASTM D3278–96(2004)e1,用小型闭杯装置测定液体闪点的标准实验方法

ASTM D93–08,用Pensky–Martens闭杯试验器测定闪点的标准测试方法

法国标准化协会(AFNOR),地址:11,rue de Pressensé,F–93571 La Plaine Saint–Denis Cedex:

法国标准 NF M 07–019

法国标准 NF M 07–011/NF T 30–050/ NF T 66–009

法国标准 NF M 07–036

德国标准化委员会,地址:Burggrafenstr. 6,D–10787 Berlin:

标准51755（闪点低于65℃）

俄国部长理事会国家标准化委员会,地址:RUS – 113813 ,GSP ,Moscow ,M – 49 *Leninsky Prospect* ,9

GOST12.1.044 – 84

2.3.3.1.2　测定油漆、树胶和相似含溶液的黏性产品的闪点时,只能使用测定黏性液体闪点的仪器和试验方法,并按以下标准进行:

(a)　国际标准 ISO 3679:1983；

(b)　国际标准 ISO 3680:1983；

(c)　国际标准 ISO 1523:1983；

(d)　国际标准 EN ISO 13736 和 EN ISO 2719,方法 B。

2.3.3.1.3　2.3.3.1.1 中的标准只适用于测试其指定的闪点范围。选择使用标准时,应该考虑到物质与装样品的器皿之间可能发生的化学反应。仪器使用应保证安全,放置于不通风的位置。为了安全起见,对有机过氧化物或自反应物质（能量物质）或毒性物质,应该使用少量样品的方法,大约2ml左右。

2.3.3.1.4　用非平衡方法测定的闪点结果为 23 ± 2 或 60 ± 2℃时,应用平衡方法对每个温度范围进行证实。

2.3.3.1.5　如果托运人对易燃液体的分类问题提出质疑,而在闪点检测试验中,得到的结果与 2.2.3.1 中规定的限值（分别为23℃和60℃）相差不超过2℃,那么托运人所提出的分类应得到认可。若相差超过2℃,则应进行第2次试验,采用每次测试试验中得到的闪点的最低值。

2.3.3.2　*初沸点的测定*

可采用以下方法确定易燃液体的初沸点:

国际标准:

ISO 3924（石油产品——测定初沸点的范围分布——气相色谱分析法）

ISO 4626（挥发性有机液体——测定用于原材料的有机溶液的沸点范围）

ISO 3405（石油产品——测定在常压下的蒸馏特性）

国家标准:

美国国际材料实验学会,地址:*100 Barr Harbor Drive ,PO Box C700 ,West Conshohocken ,Pennsylvania ,USA 19428 – 2959*

ASTM D86 – 07a,在常压下蒸馏石油产品的标准试验方法

ASTM D1078 – 05,挥发性有机液体蒸馏范围的标准试验方法

其他可接受的方法:

见委员会条例（EC）440/2008❶,附录 A 部分,方法 A.2

2.3.3.3　*过氧化物含量测定试验*

测定液体的过氧化物含量,其程序如下:

质量为 P（大约5g,质量精确到0.01g）的液体放入艾伦美氏三角瓶中,准备滴定；加入 $20cm^3$ 乙（酸）酐和1g粉末状固体碘化钾:摇动三角瓶,10min 后,加热 3min 至60℃,放置冷却 5min 后,加入 $25cm^3$ 水。再放置 0.5h,用分当量（1/10mol）的硫代硫酸钠溶液滴定游离碘,不加任何指示剂:当颜色完全消失时表明反应结束。用 n 表示所需硫代硫酸盐的立方厘米数值,则按以下公式计算过氧化物样品的浓度（计算 H_2O_2）:

$$17n/100P$$

---

❶　2008 年 5 月 30 日制定的委员会条例（EC）440/2008 号中,由欧洲议会以及理事会制定的 1907/2006 号条例中 关于化学品注册、评估,授权的规定。（欧盟官方杂志,2008 年 5 月 31 日,第 1 – 739 页,L 142 号,以及 2008 年 6 月 3 号,55 页第 L 143 号。

2.3.4 流度(流动性)测定试验

液体、黏性或糊状物质和混合物流度的测定应使用以下试验方法。

2.3.4.1 试验仪器

符合 ISO 2137:1985 标准的商用贯入仪，一根 47.5g ± 0.05g 的导棍，一个 102.5g ± 0.05g 的带锥形孔的硬铝筛盘，(见图1)，以及一根内径达 72mm 至 80mm 的渗透管，用于接受样品。

2.3.4.2 试验程序

样品倒入渗透管后，将渗透管密封，直立放置半小时以上，进行测量。对封闭在渗透管中的样品进行加热，温度达到 35 ± 0.5℃时，立即将其放在贯入仪的台面上进行再次测量(这一过程不超过 2min)。当筛盘的 S 点开始与液面接触时，测量渗透率。

2.3.4.3 评价试验结果

在 S 点与样品表面接触后，指示表所示的渗透率为以下值时，物质为糊状：

(a) 在 5s ± 0.1s 的装载时间后，小于 15.0mm ± 0.3mm；或者
(b) 在 5s ± 0.1s 的装载时间后，大于 15.0mm ± 0.3mm，但是在另一 55s ± 0.1s 的装载时间后，附加渗透率小于 5.0mm ± 0.5mm。

注：在样品具有流点的情况下，通常不可能在渗透管中产生一个稳定的水平表面，这时，要为S 点的接触建立满意的起始测量条件。并且，在最初的几秒钟，某些样品与筛盘的碰撞会引起表面弹性形变，导致深度渗透的假象。在以上情况下，适合于用(b)数值进行评价。

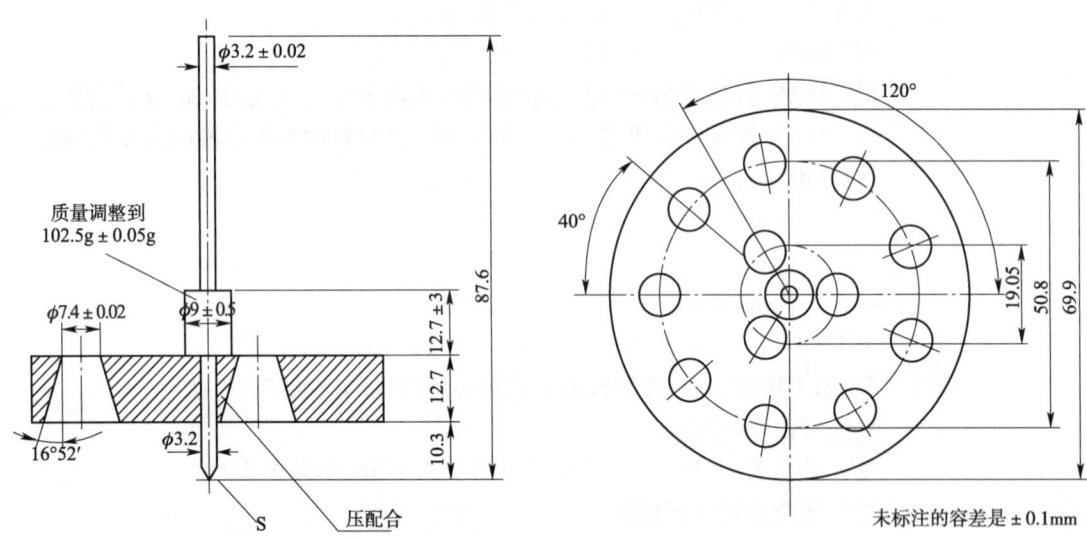

图1 贯入仪

2.3.5 第4.2类和第4.3类中的金属有机物质的分类

依据通过《试验与标准手册》第Ⅲ部分 33 中所规定的试验方法 N.1 到 N.5 所测定的金属有机物质的特性，以及图 2.3.5 的流程图，可视情况将其归类为第 4.2 类或第 4.3 类。

注1：根据金属有机物质的其他特性以及危险性优先顺序表(见2.1.3.10)，可视情况将其分为其他类别。

注2：易燃性溶液若含有金属有机化合物，其含量不至于发生自燃，或者与水接触时产生的可燃气体达不到危害的程度，可归类为第3 类物质。

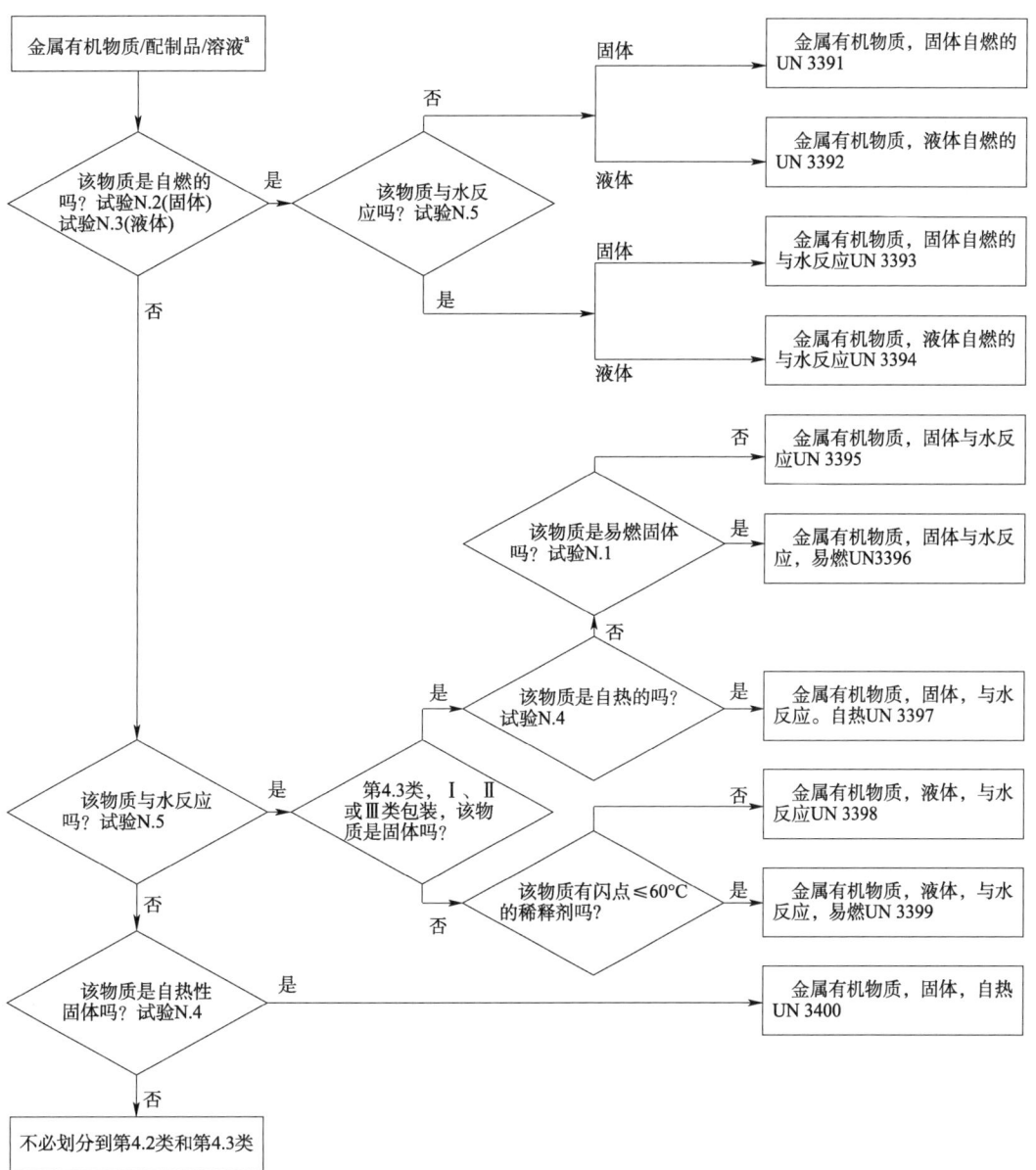

图 2.3.5 第 4.2 类及第 4.3[b] 类金属有机物质的分类流程图

---

[a] 如果条件相符且试验相关，应结合反应特性，根据 2.1.3.10 危险性优先顺序表考虑第 6.1 类及第 8 类特性。

[b] 试验方法 N.1 至 N.5 可查阅《试验与标准手册》第Ⅲ部分 33。

第 3 部分　危险货物一览表,特殊规定,有限数量和例外数量危险货物的豁免

第3.1章 通　　则

3.1.1 介绍

除在本部分危险货物一览表中列出或标注的规定外,每部分、章、列出的一般性要求都应当遵守。这些一般性要求没有在危险货物一览表中列出。当一般性要求与特殊规定冲突时,则适用特殊规定。

3.1.2 正式运输名称

注:运输样品使用的正式运输名称见2.1.4.1。

3.1.2.1　正式运输名称是危险货物一览表中最准确地描述货物的一部分条目,英文用大写字母、中文用黑体字(加上构成名称一部分的数字、希腊字母、"另""特"、间、正、邻、对)表示。备用正式运输名称可写在主要正式运输名称之后并加括号[如:环三亚甲基三硝胺(旋风炸药,黑索金,RDX)]。条目中用宋体写出的部分不必视为正式运输名称的一部分,但可以使用。

3.1.2.2　当条目名称有小写的连词"and"或"or"(中文为宋体的"和"或"或")时,或者当名称的各部分用逗号断开时,则不需在运输票据或包件标记上写明条目的整个名称。特别当几种明显不同的条目合并列在一个联合国编号之下时,就应当选择合适的正式运输名称。举例说明如下:

(a) UN 1057 打火机或打火机加油器——最合适的正式运输名称如下:
　　打火机
　　打火机加油器;

(b) UN 2793,黑色金属的镗屑、刨屑、旋屑、切屑,易自热。最合适的正式运输名称如下:
　　黑色金属的镗屑
　　黑色金属的刨屑
　　黑色金属的旋屑
　　黑色金属的切屑。

3.1.2.3　正式运输名称可视情况用单数或多数。此外,当正式运输名称中有修饰词时,它们在票据或包件标记中的顺序可以是任意的。例如,"磷水溶液",也可写成"水溶液,磷"。第1类危险货物的商品名称或军用名称,如包含正式运输名称的附加说明文字,也可以使用。

3.1.2.4　很多物质的液体和固体(液体和固体的定义见1.2.1)或固体和溶液两种状态列有不同条目,各自的联合国编号未必相邻。

3.1.2.5　当按照1.2.1中定义属于固体的物质在熔融状态下提交运输时,应加上"熔融"的定性词作为正式运输名称的一部分(如熔融固态烷基苯酚,未另作规定的),除非危险货物一览表中的名称已经以英文大写字母(中文用黑体字)写出这个定性词。

3.1.2.6　除非这种物质已经在3.2章表A第(2)栏所显示名称中的大写字母中被列出,否则,除了自反应物质和有机过氧化物以外,"稳定的"一词应作为一个恰当的描述货物运输名称的一部分。因为根据2.2.x.2的规定,由于在常规运输条件下可能会发生危险的化学反应,因此缺少稳定性,应该禁止被运输(如有毒液体、有机的、未另作规定的、稳定的)。

当温度控制用于稳定这类物质以防止产生任何的过压危险,则:

(a) 对于液体:当自加速分解温度小于或等于50℃时,应采用2.2.41.1.17的规定,7.2章特殊规定V8,8.5章特殊规定S4及9.6章的要求;使用中型散装容器和油罐运输,所有适用于UN 3239的条款都适用(详见4.1.7.2,包装指南IBC520,和4.2.1.13);

(b) 对于气体:运输条件应得到主管机关的许可。

3.1.2.7 水化合物可按无水物质的正式运输名称运输。

3.1.2.8 *类属或"未另作规定的"(N.O.S.)名称*

3.1.2.8.1 在危险货物一览表第(6)栏中注明了特殊规定274或318的"类属"或"未另作规定的"正式运输名称,必须附加技术名称或化学族名称,除非国家法律或国际公约因为它是受管制的物质而禁止透露。对于第1类爆炸品,危险货物说明可以附加表明商品名称或军用名称的说明文字。技术名称和化学族名称,必须写在紧接着正式运输名称之后的圆括号内。也可以使用适当的限定词,如"含有",或其他限定词如"混合物""溶液"等,以及技术成分的百分率。例如UN 1993易燃液体,未另作规定的(含有二甲苯和苯),3,Ⅱ类包装。

3.1.2.8.1.1 技术名称必须是科学技术手册、杂志和教科书中目前使用的公认的化学或其他名称,不得使用商业名称。关于农药,仅可使用国际标准化组织的通用名称、《世界卫生组织建议的农药按危险性的分类和分类准则》中的其他名称或有效成分物质的名称。

3.1.2.8.1.2 当一种危险货物的混合物用危险货物一览表中注明特殊规定274的"未另作规定的"或"类属"条目之一表示时,需要标出的构成混合物危险性的最重要成分不多于两个,但不包括国家法律或国际公约所禁止透露的受管制物质在内。如果装有混合物的包件贴有任何次要危险性标志,则在括弧内的两个技术名称之一,必须是要求使用次要危险性标志的成分名称。

注:见5.4.1.2.2。

3.1.2.8.1.3 对于这类"未另作规定的"条目,如何选择正式运输名称并以货物技术名称补充,举例说明如下:

UN 2902 液态农药,毒性,未另作规定的;

UN 3394 有机金属物质,液体的,引火的,遇水反应的(三甲基镓)。

3.1.3 溶液或混合物

注:在3.2章表A中被特别提到名称的物质,应根据3.2章表A第(2)栏所列出的正式运输名称进行运输。这些物质可能包括技术杂质(例如那些在生产过程中产生的物质)或者为保证稳定性或为达到其他目的而在不影响其品质的前提下所用到的添加剂。尽管如此,当某种物质被提到的名称中包含技术杂质或包含为达到其他目的而在不影响其品质的前提下所用到的添加剂时,它应被认为是一种溶液或混合物(详见2.1.3.3)。

3.1.3.1 如果某个溶液或混合物的特征、性能、形式或其物理特性不符合标准(包括根据人的经验)且未归入任何类别时,则该溶液剂或混合物不受ADR限制。

3.1.3.2 由在3.2章表A中所提到的某个主要的物质以及不属于ADR范畴内的一个以上物质或少量在3.2章表A中所提到的一种或一种以上物质组成的、满足ADR定级标准的溶液或混合物,应获得联合国编号及恰当的、在3.2章表A中所提到的主要物质的运输名称。除非：

(a) 该溶液剂或混合物的名称出现在3.2章表A中；

(b) 对3.2章表A所提到的物质，它的名称和描述特别指出其仅适用于纯物质；

(c) 该混合物或溶液的危险性类别、分类代码、包装类别或物理状态，不同于3.2章表A中所提到的物质；

(d) 该混合物或溶液的有害特征和属性要求采取的应急反应措施，与3.2章表A中所列的物质的要求不同。

应酌情加上限定词"混合物"或"溶液"，作为正式运输名称的一部分，如"丙酮溶液"。此外，在混合物或溶液的基本描述之外，还可注明混合物和溶液的浓度，如75%丙酮溶液。

3.1.3.3　符合ADR分类标准的混合物或溶液，在危险货物一览表中没有列出名称，且由两种或多种危险货物组成，应划入能最准确说明该混合物或溶液正式运输名称、描述、危险类别、分类代码及包装类别的条目。

第 3.2 章 危险货物一览表

3.2.1 表 A 危险货物一览表

注释

本章表 A 中每一行的物质或物品都对应一个特定的联合国编号。当相同联合国编号下的物质或物品具有不同的化学、物理性质和/或不同的运输条件时,这种联合国编号将分为连续的几行说明。

表 A 中每一栏专门用于一个特定的科目,以下的注释对此进行了说明。在栏与行交叉部分所包含的是该行物质或物品在该栏所对应的科目信息:

— 表中前四栏确定了该行所属的物质或物品(有关附加信息在第(6)栏所涉及的特殊规定中加以注明);

— 接下来的一栏用完整的信息或编码形式表示适用的特殊规定。在本部分、章、节和/或小节的说明性注释中解释了编码和详细信息的对应关系。空格表示该处只适用一般要求,并没有特殊规定,或者表示适用于说明性注释中的运输限制。

适用的一般要求没有在相应的格中标明。这些都可以在本部分、章、节和/或小节的说明性注释中找到。

每个栏目解释如下:

第(1)栏"联合国编号"——包括:

— 危险物质或物品的联合国编号,如果这些物质或物品分配了明确的联合国编号;

— 类属条目或未另作规定的联合国编号,危险物质或物品未提及名称,应根据第 2 部分的标准进行分配。

第(2)栏"名称和描述"——包括物质或物品的名称,物质或物品分配了明确的联合国编号,或者根据第 2 部分的标准分配为类属条目或未另作规定的。名称应使用正式运输名称或正式运输名称的一部分(关于正式运输名称的详细信息见 3.1.2)。

第(3a)栏"类别"——包括类别,类别是根据第 2 部分的程序和标准确定的。

第(3b)栏"分类代码"——包含危险物质或物品的分类代码。

— 对第 1 类危险物质或物品,根据 2.2.1.1.4,分配分类代码,分类代码包括项别和配装组别;

— 对第 2 类危险物质或物品,分类代码由一个数字和危险性组别组成,在 2.2.2.1.2 和 2.2.2.1.3 中有相应的解释;

— 对第 3、4.1、4.2、4.3、5.1、5.2、6.1、6.2、8、9 类危险物质或物品,分类代码在 2.2.x.1.2❶中有相应的解释;

— 对第 7 类危险物质或物品,没有分类代码。

第(4)栏"包装类别"——根据第 2 部分的程序和标准,分配物品或物质的包装类别(即 Ⅰ、Ⅱ 或 Ⅲ)。部分物品和物质没有包装类别。

---

❶ X – 危险物质或物品的类别或项别,去除分隔点。

第(5)栏"标志"——包括标志/标记(见5.2.2.2和5.3.1.7)的式样号,被粘贴于包件、集装箱、罐式集装箱、可移动罐柜、多单元气体容器和车辆。然而,对于第7类物质或物品,7X是指根据类别(见5.1.5.3.4和5.2.2.1.11.1)确定的标志式样号7A、7B、7C或者标记号7D(见5.3.1.1.3和5.3.1.7.2)。

标志/标记的一般性条款见5.2.2.1(对于包件)和5.3.1(对于集装箱、罐式集装箱、可移动罐柜、多单元气体容器和车辆)。

注:第(6)栏的特殊规定也许会改变以上标志的规定。

第(6)栏"特殊规定"——包括必须遵守的特殊规定的数字代码。这些规定主要与第(1)栏至第(5)栏的内容有关,在3.3章中按数字顺序依次列出。如果第(6)栏是空的,表示有关的危险货物根据第(1)栏至第(5)栏的内容没有特殊的规定。

第(7a)栏"有限数量"——规定了按照3.4章有限数量危险货物运输时,每个内包装或物品的最大数量。

第(7b)栏"例外数量"——包含具有以下含义的字母数字代码:

——"E0"表示对于例外数量危险货物,不存在ADR规定的豁免;

——所有其他字母"E"开头的字母数字代码,表示当3.5章的要求都满足时,ADR的规定不适用。

第(8)栏"包装指南"——包括适用包装指南的字母数字代码:

——字母"P"开头的字母数字代码,是针对包装和容器的包装指南(中型散装容器和大型包装除外);字母"R"开头的字母数字代码,是针对薄壁金属包装的包装指南。这些是在4.1.4.1中按数字顺序依次列出,并详细说明认可的包装和容器。4.1.1、4.1.2和4.1.3的一般性包装规定,以及4.1.5、4.1.6、4.1.7、4.1.8和4.1.9的特殊包装规定也要遵守。如果第(8)栏中没有字母"P"或"R"开头的字母数字代码,相关的危险货物也许没有以包装的形式进行运输;

——字母"IBC"开头的字母数字代码,是针对中型散装容器的包装指南。这些是在4.1.4.1中按数字顺序依次列出,并详细说明认可的中型散装容器。4.1.1、4.1.2和4.1.3的一般性包装规定,以及4.1.5、4.1.6、4.1.7、4.1.8和4.1.9的特殊包装规定也要遵守。如果第(8)栏中没有字母"IBC"开头的字母数字代码,相关的危险货物也许没有以中型散装容器的形式进行运输;

——字母"LP"开头的字母数字代码,是针对大型包装的包装指南。这些是在4.1.4.1中按数字顺序依次列出,并详细说明认可的大型包装。4.1.1、4.1.2和4.1.3的一般性包装规定,以及4.1.5、4.1.6、4.1.7、4.1.8和4.1.9的特殊包装规定也要遵守。如果第(8)栏中没有字母"LP"开头的字母数字代码,相关的危险货物也许没有以大型包装的形式进行运输。

注:第(9a)栏的特殊包装规定也许会改变以上的包装指南。

第(9a)栏"特殊包装规定"——包括适用特殊包装规定的字母数字代码:

——字母"PP"或"RR"开头的字母数字代码,是针对包装和容器需要额外遵守的特殊包装规定(中型散装容器和大型包装除外)。这些可以在4.1.4.1中找到,在按照第(8)栏的相关包装指南(字母"P"或"R"开头)的最后。如果第(9a)栏中没有字母"PP"或"RR"开头的字母数字代码,则是在相关包装指南的最后没有列出特殊包装规定;

——字母"B"或"BB"开头的字母数字代码,是针对中型散装容器需要额外遵守的特殊包装规定。这些可以在4.1.4.2中找到,在按照第(8)栏的相关包装指南(字母"IBC"开头)的最后。如果第(9a)栏中没有字母"B"或"BB"开头的字母数字代码,则是在相关包装指南的最后没有列出特殊包装规定;

—字母"L"开头的字母数字代码,是针对大型包装需要额外遵守的特殊包装规定。这些可以在4.1.4.3中找到,在按照第(8)栏的相关包装指南(字母"LP"开头)的最后。如果第(9a)栏中没有字母"L"开头的字母数字代码,则是在相关包装指南的最后没有列出特殊包装规定。

第(9b)栏"混合包装规定"——包含以字母"MP"开头的字母数字编码,适用于混合包装规定,按数字顺序列于4.1.10。如果第(9b)栏没有包含以字母"MP"开头的编码,则只适用于一般要求(见4.1.1.5和4.1.1.6)。

第(10)栏"可移动罐柜和散装容器的指南"——按照4.2.5.2.1~4.2.5.2.4以及4.2.5.2.6中的内容,一个字母数字代码代表一个可移动罐柜的指南。该可移动罐柜的指南严格规定了允许可移动罐柜运输物质的最低要求。其他适用于可移动罐柜运输物质的指南代码可以在4.2.5.2.5中找到。如果未指定指南代码,除非主管机关批准,否则这种物质不允许使用可移动罐柜进行运输,详细信息见6.7.1.3。

在6.7章可以找到关于可移动罐柜的设计,制造,装置,批准型号,试验和标记的一般性要求,这些使用(例如充装)的一般性要求可以在4.2.1~4.2.4中找到。

字母"M"表示该物质可以在联合国多单元气体容器中运输。

注:在第(11)栏中叙述的特殊规定可能改变以上要求。

也许还包括字母"BK"开头的字母数字代码,指的是6.11中描述的散装容器类型,也许在按照7.3.1.1(a)和7.3.2进行散装货物运输时会用到。

第(11)栏"可移动罐柜和散装容器的特殊规定"——包括需要额外满足的可移动罐柜特殊规定的字母数字代码。以字母"TP"开头,表示该可移动罐柜的制造或使用的特殊规定。这些都可以在4.2.5.3中查到。

注:如果有技术上的相关,这些特殊规定不只适用于第(10)栏明确的可移动罐柜,同样适用于根据4.2.5.2.5 表中使用的可移动罐柜。

第(12)栏"ADR罐体的罐体代码"——包括描述罐体类型的字母数字代码,与4.3.3.1.1(针对第2类气体)或4.3.4.1.1(针对第3~9类物质)一致。该罐体类型对应于允许ADR罐体运输相关物质的最低严格罐体规定。其他允许的罐体类型代码,能在4.3.3.1.2(针对第2类气体)或4.3.4.1.2(针对第3~9类物质)找到。无编号表示不允许在ADR罐体中运输。

本栏中针对固体(S)和液体(L)的罐体代码,表示这类物质应该在固体或液体(熔融)状态下运输。一般这种规定适用于熔点在20℃~180℃的物质。对于固体,如果本栏只有液体(L)的罐体代码,这表示该物质只能在液体(熔融)状态下运输。

关于制造、装置、批准型号、试验和标记的一般性要求,没有以罐体代码表示,可以在6.8.1,6.8.2,6.8.3和6.8.5中找到。关于使用的一般性要求(例如最大充装度,最小试验压力)见4.3.1~4.3.4。

罐体代码之后的"(M)"表示这类物质同样适用于管束式车辆或多单元气体容器的运输。

罐体代码之后的"a(+)"表示罐体的替代使用,只有当型式认可证书中明确指出时,才是允许的。

对于纤维增强塑料罐,见4.4.1和6.9章;对于真空处理的废罐体,见4.5.1和6.10章。

注:第(13)栏叙述的特殊规定可能改变以上要求。

第(13)栏"ADR罐体的特殊规定"——包括需要额外满足的ADR罐体特殊规定

的字母数字代码:

— 以字母"TU"开头的字母数字代码,表示罐体使用的特殊规定。这些在4.3.5中可以找到;

— 以字母"TC"开头的字母数字代码,表示罐体制造的特殊规定。这些在6.8.4(a)中可以找到;

— 以字母"TE"开头的字母数字代码,表示罐体装置的特殊规定。这些在6.8.4(b)中可以找到;

— 以字母"TA"开头的字母数字代码,表示罐体批准型号的特殊规定。这些在6.8.4(c)中可以找到;

— 以字母"TT"开头的字母数字代码,表示罐体试验的特殊规定。这些在6.8.4(d)中可以找到;

— 以字母"TM"开头的字母数字代码,表示罐体标记的特殊规定。这些在6.8.4(e)中可以找到。

注:如果有技术上的相关,这些特殊规定不只适用于第(12)栏明确的罐体,同样适用于根据4.3.3.1.2 和4.3.4.1.2 使用的罐体。

第(14)栏"运输罐体车辆"——包括一个根据7.4.2运输罐体的车辆(包括拖车或半挂车的牵引车)的代码(见9.1.1)。关于车辆制造和批准的要求在9.1、9.2和9.7章可以找到。

第(15)栏"运输类别/(隧道限制代码)"

在栏的上部,包含一个表示运输类别的数字,表示每个运输单元载运量的豁免(见1.1.3.6)。

在栏的下部,括号之内,包含隧道限制代码,针对运输物质或物品的车辆通过道路隧道的限制要求。这些可以在8.6章中找到。如果没有分配隧道限制代码,用"(—)"表示。

第(16)栏"运输包件的特殊规定"——包括以字母"V"开头,适用于包件运输的特殊规定的字母数字代码,列于7.2.4。包件运输的一般性规定可以在7.1和7.2章中找到。

注:此外,应当注意第(18)栏关于装卸和操作的特殊规定。

第(17)栏"散装运输的特殊规定"——包括以字母"VC"或"AP"开头,适用于散装运输的特殊规定的字母数字代码,列于7.3.3。

无编码,或者给出一个特定段落的参考,表示不允许散装运输。关于散装运输的一般性和额外规定可以在7.1和7.3章中找到。

注:此外,应当注意第(18)栏关于装卸和操作的特殊规定。

第(18)栏"运输装卸的特殊规定"——包括以字母"CV"开头,适用于装卸和操作的特殊规定的字母数字代码,列于7.5.11。无编码表示只适用于一般性规定(见7.5.1~7.5.10)。

第(19)栏"运输操作的特殊规定"——包括以字母"S"开头,适用于操作的特殊规定的字母数字代码,列于8.5章。除了应遵守这些规定,还要遵守8.1~8.4章的要求。但当两者冲突时,优先采用特殊规定。

第(20)栏"危险性识别号"——包括一个由两个或三个数字组成的号码(某些时候有字母"X"的前缀),用于第2~9类的物质和物品;对于第1类的物质和物品,则为分类代码(见第(3b)栏)。按照5.3.2.1的规定,这个号码需要出现在橘黄色标记的上半部分。对危险性识别号的解释在5.3.2.3。

表 A

危险货物一览表

联合国编号	名称和描述	类别	分类代码	包装类别	标志	特殊规定	有限和例外数量		容器			可移动罐柜和散装容器	
									包装指南	特殊包装规定	混合包装规定	指南	特殊规定
	3.1.2	2.2	2.2	2.1.1.3	5.2.2	3.3	3.4	3.5.1.2	4.1.4	4.1.4	4.1.10	4.2.5.2	4.2.5.3
(1)	(2)	(3a)	(3b)	(4)	(5)	(6)	(7a)	(7b)	(8)	(9a)	(9b)	(10)	(11)
0004	苦味酸铵,干的或湿的,按质量含水低于10%	1	1.1D		1		0	E0	P112(a) P112(b) P112(c)	PP26	MP20		
0005	**武器弹药筒,**带有爆炸装药	1	1.1F		1		0	E0	P130		MP23		
0006	**武器弹药筒,**带有爆炸装药	1	1.1E		1		0	E0	P130 LP101	PP67 L1	MP21		
0007	**武器弹药筒,**带有爆炸装药	1	1.2F		1		0	E0	P130		MP23		
0009	**燃烧弹药,**带或不带起爆装置、发射剂或推进剂	1	1.2G		1		0	E0	P130 LP101	PP67 L1	MP23		
0010	**燃烧弹药,**带或不带起爆装置、发射剂或推进剂	1	1.3G		1		0	E0	P130 LP101	PP67 L1	MP23		
0012	**武器弹药筒,**带惰性弹头或轻武器弹药筒	1	1.4S		1.4	364	5kg	E0	P130		MP23 MP24		
0014	武器弹药筒,无弹头或轻武器弹药筒,无弹头	1	1.4S		1.4	364	5kg	E0	P130		MP23 MP24		
0015	**发烟弹药(烟幕弹),**带或不带起爆装置、发射剂或推进剂	1	1.2G		1		0	E0	P130 LP101	PP67 L1	MP23		
0015	**发烟弹药(烟幕弹),**带或不带起爆装置、发射剂或推进剂,含有腐蚀性物质	1	1.2G		1 +8		0	E0	P130 LP101	PP67 L1	MP23		
0016	**发烟弹药(烟幕弹),**带有或不带起爆装置、发射剂或推进剂	1	1.3G		1		0	E0	P130 LP101	PP67 L1	MP23		

ADR 罐体		运输罐体车辆	运输类别（隧道限制代码）	运输特殊规定				危险性识别号	联合国编号	名称和描述
罐体代码	特殊规定			包件	散装	装卸和操作	作业			
4.3	4.3.5,6.8.4	9.1.1.2	1.1.3.6	7.2.4	7.3.3	7.5.11	8.5	5.3.2.3	3.1.2	
(12)	(13)	(14)	(15)	(16)	(17)	(18)	(19)	(20)	(1)	(2)
			1 (B1000C)	V2 V3		CV1 CV2 CV3	S1		0004	**苦味酸铵**,干的或湿的,按质量含水低于10%
			1 (B1000C)	V2		CV1 CV2 CV3	S1		0005	**武器弹药筒**,带有爆炸装药
			1 (B1000C)	V2		CV1 CV2 CV3	S1		0006	**武器弹药筒**,带有爆炸装药
			1 (B1000C)	V2		CV1 CV2 CV3	S1		0007	**武器弹药筒**,带有爆炸装药
			1 (B1000C)	V2		CV1 CV2 CV3	S1		0009	**燃烧弹药**,带或不带起爆装置、发射剂或推进剂
			1 (C5000D)	V2		CV1 CV2 CV3	S1		0010	**燃烧弹药**,带或不带起爆装置、发射剂或推进剂
			4 (E)			CV1 CV2 CV3	S1		0012	**武器弹药筒**,带惰性弹头或轻武器弹药筒
			4 (E)			CV1 CV2 CV3	S1		0014	**武器弹药筒**,无弹头或轻武器弹药筒,无弹头
			1 (B1000C)	V2		CV1 CV2 CV3	S1		0015	**发烟弹药(烟幕弹)**,带或不带起爆装置、发射剂或推进剂
			1 (B1000C)	V2		CV1 CV2 CV3	S1		0015	**发烟弹药(烟幕弹)**,带或不带起爆装置、发射剂或推进剂,含有腐蚀性物质
			1 (C5000D)	V2		CV1 CV2 CV3	S1		0016	**发烟弹药(烟幕弹)**,带有或不带起爆装置、发射剂或推进剂

联合国编号	名称和描述	类别	分类代码	包装类别	标志	特殊规定	有限和例外数量		容器			可移动罐柜和散装容器	
									包装指南	特殊包装规定	混合包装规定	指南	特殊规定
		3.1.2	2.2	2.2	2.1.1.3	5.2.2	3.3	3.4	3.5.1.2	4.1.4	4.1.4	4.1.10	4.2.5.2	4.2.5.3
(1)	(2)	(3a)	(3b)	(4)	(5)	(6)	(7a)	(7b)	(8)	(9a)	(9b)	(10)	(11)
0016	发烟弹药（烟幕弹），带有或不带起爆装置、发射剂或推进剂，含有腐蚀性物质	1	1.3G		1+8		0	E0	P130 LP101	PP67 L1	MP23		
0018	催泪弹药（催泪弹），带起爆装置、发射药或推进剂	1	1.2G		1+6.1+8		0	E0	P130 LP101	PP67 L1	MP23		
0019	催泪弹药（催泪弹），带起爆装置、发射剂或推进剂	1	1.3G		1+6.1+8		0	E0	P130 LP101	PP67 L1	MP23		
0020	毒性弹药（毒气弹），带起爆装置、发射剂或推进剂	1	1.2K				禁运						
0021	毒性弹药（毒气弹），带起爆装置、发射剂或推进剂	1	1.3K				禁运						
0027	黑火药（火药），颗粒状或粗粉状	1	1.1D		1		0	E0	P113	PP50	MP20 MP24		
0028	黑火药（火药），压缩的或丸状黑火药（火药）	1	1.1D		1		0	E0	P113	PP51	MP20 MP24		
0029	非电引爆雷管，爆破用	1	1.1B		1		0	E0	P131	PP68	MP23		
0030	电引爆雷管，爆破用	1	1.1B		1		0	E0	P131		MP23		
0033	炸弹，带有爆炸装药	1	1.1F		1		0	E0	P130		MP23		
0034	炸弹，带有爆炸装药	1	1.1D		1		0	E0	P130 LP101	PP67 L1	MP21		

ADR 罐体		运输罐体车辆	运输类别(隧道限制代码)	运输特殊规定				危险性识别号	联合国编号	名称和描述
罐体代码	特殊规定			包件	散装	装卸和操作	作业			
4.3	4.3.5,6.8.4	9.1.1.2	1.1.3.6	7.2.4	7.3.3	7.5.11	8.5	5.3.2.3		3.1.2
(12)	(13)	(14)	(15)	(16)	(17)	(18)	(19)	(20)	(1)	(2)
			1 (C5000D)	V2		CV1 CV2 CV3	S1		0016	**发烟弹药（烟幕弹）**，带有或不带起爆装置、发射剂或推进剂，含有腐蚀性物质
			1 (B1000C)	V2		CV1 CV2 CV3 CV28	S1		0018	**催泪弹药（催泪弹）**，带起爆装置、发射药或推进剂
			1 (C5000D)	V2		CV1 CV2 CV3 CV28	S1		0019	**催泪弹药（催泪弹）**，带起爆装置、发射药或推进剂
禁运									0020	**毒性弹药（毒气弹）**，带起爆装置、发射剂或推进剂
禁运									0021	**毒性弹药（毒气弹）**，带起爆装置、发射剂或推进剂
			1 (B1000C)	V2 V3		CV1 CV2 CV3	S1		0027	**黑火药（火药）**，颗粒状或粗粉状
			1 (B1000C)	V2		CV1 CV2 CV3	S1		0028	**黑火药（火药）**，压缩的或丸状黑火药（火药）
			1 (B1000C)	V2		CV1 CV2 CV3	S1		0029	**非电引爆雷管**，爆破用
			1 (B1000C)	V2		CV1 CV2 CV3	S1		0030	**电引爆雷管**，爆破用
			1 (B1000C)	V2		CV1 CV2 CV3	S1		0033	**炸弹**，带有爆炸装药
			1 (B1000C)	V2		CV1 CV2 CV3	S1		0034	**炸弹**，带有爆炸装药

联合国编号	名称和描述	类别	分类代码	包装类别	标志	特殊规定	有限和例外数量		容器			可移动罐柜和散装容器	
									包装指南	特殊包装规定	混合包装规定	指南	特殊规定
		3.1.2	2.2	2.2	2.1.1.3	5.2.2	3.3	3.4	3.5.1.2	4.1.4	4.1.4	4.1.10	4.2.5.2	4.2.5.3
(1)	(2)	(3a)	(3b)	(4)	(5)	(6)	(7a)	(7b)	(8)	(9a)	(9b)	(10)	(11)
0035	炸弹,带有爆炸装药	1	1.2D		1		0	E0	P130 LP101	PP67 L1	MP21		
0037	摄影闪光弹	1	1.1F		1		0	E0	P130		MP23		
0038	摄影闪光弹	1	1.1D		1		0	E0	P130 LP101	PP67 L1	MP21		
0039	摄影闪光弹	1	1.2G		1		0	E0	P130 LP101	PP67 L1	MP23		
0042	助爆管,不带雷管	1	1.1D		1		0	E0	P132(a) P132(b)		MP21		
0043	起爆装置,爆炸性	1	1.1D		1		0	E0	P133	PP69	MP21		
0044	起爆器,帽状	1	1.4S		1.4		0	E0	P133		MP23 MP24		
0048	爆破炸药	1	1.1D		1		0	E0	P130 LP101	PP67 L1	MP21		
0049	闪光弹药筒	1	1.1G		1		0	E0	P135		MP23		
0050	闪光弹药筒	1	1.3G		1		0	E0	P135		MP23		
0054	信号弹药筒	1	1.3G		1		0	E0	P135		MP23 MP24		
0055	空弹药筒壳,带有起爆器	1	1.4S		1.4	364	5kg	E0	P136		MP23		
0056	深水炸弹	1	1.1D		1		0	E0	P130 LP101	PP67 L1	MP21		

ADR 罐体		运输罐体车辆	运输类别（隧道限制代码）	运输特殊规定				危险性识别号	联合国编号	名称和描述
罐体代码	特殊规定			包件	散装	装卸和操作	作业			
4.3	4.3.5,6.8.4	9.1.1.2	1.1.3.6	7.2.4	7.3.3	7.5.11	8.5	5.3.2.3	3.1.2	
(12)	(13)	(14)	(15)	(16)	(17)	(18)	(19)	(20)	(1)	(2)
			1 (B1000C)	V2		CV1 CV2 CV3	S1		0035	炸弹,带有爆炸装药
			1 (B1000C)	V2		CV1 CV2 CV3	S1		0037	摄影闪光弹
			1 (B1000C)	V2		CV1 CV2 CV3	S1		0038	摄影闪光弹
			1 (B1000C)	V2		CV1 CV2 CV3	S1		0039	摄影闪光弹
			1 (B1000C)	V2		CV1 CV2 CV3	S1		0042	助爆管,不带雷管
			1 (B1000C)	V2		CV1 CV2 CV3	S1		0043	起爆装置,爆炸性
			4 (E)			CV1 CV2 CV3	S1		0044	起爆器,帽状
			1 (B1000C)	V2		CV1 CV2 CV3	S1		0048	爆破炸药
			1 (B1000C)	V2		CV1 CV2 CV3	S1		0049	闪光弹药筒
			1 (C5000D)	V2		CV1 CV2 CV3	S1		0050	闪光弹药筒
			1 (C5000D)	V2		CV1 CV2 CV3	S1		0054	信号弹药筒
			4 (E)			CV1 CV2 CV3	S1		0055	空弹药筒壳,带有起爆器
			1 (B1000C)	V2		CV1 CV2 CV3	S1		0056	深水炸弹

联合国编号	名称和描述	类别	分类代码	包装类别	标志	特殊规定	有限和例外数量		容器			可移动罐柜和散装容器	
									包装指南	特殊包装规定	混合包装规定	指南	特殊规定
	3.1.2	2.2	2.2	2.1.1.3	5.2.2	3.3	3.4	3.5.1.2	4.1.4	4.1.4	4.1.10	4.2.5.2	4.2.5.3
(1)	(2)	(3a)	(3b)	(4)	(5)	(6)	(7a)	(7b)	(8)	(9a)	(9b)	(10)	(11)
0059	聚能装药,不带雷管	1	1.1D		1		0	E0	P137	PP70	MP21		
0060	补助性爆炸装药	1	1.1D		1		0	E0	P132(a) P132(b)		MP21		
0065	导爆索,柔性	1	1.1D		1		0	E0	P139	PP71 PP72	MP21		
0066	点火索	1	1.4G		1.4		0	E0	P140		MP23		
0070	爆炸性电缆切割器	1	1.4S		1.4		0	E0	P134 LP102		MP23		
0072	环三亚甲基三硝胺(黑索金)(旋风炸药)(RDX),湿的,按质量含水不少于15%	1	1.1D		1	266	0	E0	P112(a)	PP45	MP20		
0073	弹药用雷管(军用雷管)	1	1.1B		1		0	E0	P133		MP23		
0074	二硝基重氮苯酚,湿的,按质量含水或水和酒精的混合物不少于40%	1	1.1A		1	266	0	E0	P110(b)	PP42	MP20		
0075	二甘醇二硝酸酯,减敏的,按质量含不挥发、不溶于水的减敏剂不少于25%	1	1.1D		1	266	0	E0	P115	PP53 PP54 PP57 PP58	MP20		
0076	二硝基苯酚,干的或湿的,按质量含水少于15%	1	1.1D		1 +6.1		0	E0	P112(a) P112(b) P112(c)	PP26	MP20		
0077	二硝基苯酚盐类,碱金属,干的或湿的,按质量含水少于15%	1	1.3C		1 +6.1		0	E0	P114(a) P114(b)	PP26	MP20		

ADR 罐体		运输罐体车辆	运输类别（隧道限制代码）	运输特殊规定				危险性识别号	联合国编号	名称和描述
罐体代码	特殊规定			包件	散装	装卸和操作	作业			
4.3	4.3.5,6.8.4	9.1.1.2	1.1.3.6	7.2.4	7.3.3	7.5.11	8.5	5.3.2.3		3.1.2
(12)	(13)	(14)	(15)	(16)	(17)	(18)	(19)	(20)	(1)	(2)
			1 (B1000C)	V2		CV1 CV2 CV3	S1		0059	聚能装药,不带雷管
			1 (B1000C)	V2		CV1 CV2 CV3	S1		0060	补助性爆炸装药
			1 (B1000C)	V2		CV1 CV2 CV3	S1		0065	导爆索,柔性
			2 (E)	V2		CV1 CV2 CV3	S1		0066	点火索
			4 (E)			CV1 CV2 CV3	S1		0070	爆炸性电缆切割器
			1 (B1000C)	V2		CV1 CV2 CV3	S1		0072	环三亚甲基三硝胺（黑索金）（旋风炸药）(RDX),湿的,按质量含水不少于15%
			1 (B1000C)	V2		CV1 CV2 CV3	S1		0073	弹药用雷管(军用雷管)
			0 (B)	V2		CV1 CV2 CV3	S1		0074	二硝基重氮苯酚,湿的,按质量含水或水和酒精的混合物不少于40%
			1 (B1000C)	V2		CV1 CV2 CV3	S1		0075	二甘醇二硝酸酯,减敏的,按质量含不挥发、不溶于水的减敏剂不少于25%
			1 (B1000C)	V2 V3		CV1 CV2 CV3 CV28	S1		0076	二硝基苯酚,干的或湿的,按质量含水少于15%
			1 (C5000D)	V2 V3		CV1 CV2 CV3 CV28	S1		0077	二硝基苯酚盐类,碱金属,干的或湿的,按质量含水少于15%

联合国编号	名称和描述	类别	分类代码	包装类别	标志	特殊规定	有限和例外数量		容器			可移动罐柜和散装容器	
									包装指南	特殊包装规定	混合包装规定	指南	特殊规定
		3.1.2	2.2	2.2	2.1.1.3	5.2.2	3.3	3.4	3.5.1.2	4.1.4	4.1.4	4.1.10	4.2.5.2	4.2.5.3
(1)	(2)	(3a)	(3b)	(4)	(5)	(6)	(7a)	(7b)	(8)	(9a)	(9b)	(10)	(11)
0078	二硝基间苯二酚,干的或湿的,按质量含水少于15%	1	1.1D		1		0	E0	P112(a) P112(b) P112(c)	PP26	MP20		
0079	六硝基二苯胺(二苦胺)(六硝炸药)	1	1.1D		1		0	E0	P112(b) P112(c)		MP20		
0081	爆破炸药,A型	1	1.1D		1	616 617	0	E0	P116	PP63 PP66	MP20		
0082	爆破炸药,B型	1	1.1D		1	617	0	E0	P116 IBC100	PP61 PP62 B9	MP20		
0083	爆破炸药,C型	1	1.1D		1	267 617	0	E0	P116		MP20		
0084	爆破炸药,D型	1	1.1D		1	617	0	E0	P116		MP20		
0092	地面照明弹	1	1.3G		1		0	E0	P135		MP23		
0093	空投照明弹	1	1.3G		1		0	E0	P135		MP23		
0094	闪光粉	1	1.1G		1		0	E0	P113	PP49	MP20		
0099	爆炸式压裂装置,油井用,不带雷管	1	1.1D		1		0	E0	P134 LP102		MP21		
0101	导火索,非起爆的	1	1.3G		1		0	E0	P140	PP74 PP75	MP23		
0102	导爆索(引信),包金属的	1	1.2D		1		0	E0	P139	PP71	MP21		
0103	点火索,管状,包金属的	1	1.4G		1.4		0	E0	P140		MP23		

ADR 罐体		运输罐体车辆	运输类别（隧道限制代码）	运输特殊规定				危险性识别号	联合国编号	名称和描述
罐体代码	特殊规定			包件	散装	装卸和操作	作业			
4.3	4.3.5,6.8.4	9.1.1.2	1.1.3.6	7.2.4	7.3.3	7.5.11	8.5	5.3.2.3		3.1.2
(12)	(13)	(14)	(15)	(16)	(17)	(18)	(19)	(20)	(1)	(2)
			1 (B1000C)	V2 V3		CV1 CV2 CV3	S1		0078	二硝基间苯二酚,干的或湿的,按质量含水少于15%
			1 (B1000C)	V2 V3		CV1 CV2 CV3	S1		0079	六硝基二苯胺（二苦胺）（六硝炸药）
			1 (B1000C)	V2 V3		CV1 CV2 CV3	S1		0081	爆破炸药,A型
			1 (B1000C)	V2 V3 V12		CV1 CV2 CV3	S1		0082	爆破炸药,B型
			1 (B1000C)	V2 V3		CV1 CV2 CV3	S1		0083	爆破炸药,C型
			1 (B1000C)	V2		CV1 CV2 CV3	S1		0084	爆破炸药,D型
			1 (C5000D)	V2		CV1 CV2 CV3	S1		0092	地面照明弹
			1 (C5000D)	V2		CV1 CV2 CV3	S1		0093	空投照明弹
			1 (B1000C)	V2 V3		CV1 CV2 CV3	S1		0094	闪光粉
			1 (B1000C)	V2		CV1 CV2 CV3	S1		0099	爆炸式压裂装置,油井用,不带雷管
			1 (C5000D)	V2		CV1 CV2 CV3	S1		0101	导火索,非起爆的
			1 (B1000C)	V2		CV1 CV2 CV3	S1		0102	导爆索（引信）,包金属的
			2 (E)	V2		CV1 CV2 CV3	S1		0103	点火索,管状,包金属的

联合国编号	名称和描述	类别	分类代码	包装类别	标志	特殊规定	有限和例外数量		容器			可移动罐柜和散装容器	
									包装指南	特殊包装规定	混合包装规定	指南	特殊规定
		3.1.2	2.2	2.2	2.1.1.3	5.2.2	3.3	3.4	3.5.1.2	4.1.4	4.1.4	4.1.10	4.2.5.2	4.2.5.3
(1)	(2)	(3a)	(3b)	(4)	(5)	(6)	(7a)	(7b)	(8)	(9a)	(9b)	(10)	(11)
0104	导爆索（引信），弱效应，包金属的	1	1.4D		1.4		0	E0	P139	PP7I	MP21		
0105	安全导火索	1	1.4S		1.4		0	E0	P140	PP73	MP23		
0106	起爆引信	1	1.1B		1		0	E0	P141		MP23		
0107	起爆引信	1	1.2B		1		0	E0	P141		MP23		
0110	手榴弹或枪榴弹，练习用	1	1.4S		1.4		0	E0	P141		MP23		
0113	脒基·亚硝胺基脒基肼，湿的，按质量含水不少于30%	1	1.1A		1	266	0	E0	P110(b)	PP42	MP20		
0114	脒基·亚硝胺基脒基四氮烯（四氮烯），湿的，按质量含水，或水和酒精的混合物不少于30%	1	1.1A		1	266	0	E0	P110(b)	PP42	MP20		
0118	黑克索利特炸药（黑梯炸药），干的或湿的，按质量含水少于15%	1	1.1D		1		0	E0	P112(a) P112(b) P112(c)		MP20		
0121	点火器	1	1.1G		1		0	E0	P142		MP23		
0124	装药的喷射式钻孔枪，油井用，无雷管	1	1.1D		1		0	E0	P101		MP21		
0129	叠氮化铅，湿的，按质量含水，或水和酒精的混合物不少于20%	1	1.1A		1	266	0	E0	P110(b)	PP42	MP20		

ADR 罐体		运输罐体车辆	运输类别（隧道限制代码）	运输特殊规定				危险性识别号	联合国编号	名称和描述
罐体代码	特殊规定			包件	散装	装卸和操作	作业			
4.3	4.3.5,6.8.4	9.1.1.2	1.1.3.6	7.2.4	7.3.3	7.5.11	8.5	5.3.2.3	3.1.2	
(12)	(13)	(14)	(15)	(16)	(17)	(18)	(19)	(20)	(1)	(2)
			2 (E)	V2		CV1 CV2 CV3	S1		0104	导爆索（引信），弱效应，包金属的
			4 (E)			CV1 CV2 CV3	S1		0105	安全导火索
			1 (B1000C)	V2		CV1 CV2 CV3	S1		0106	起爆引信
			1 (B1000C)	V2		CV1 CV2 CV3	S1		0107	起爆引信
			4 (E)			CV1 CV2 CV3	S1		0110	手榴弹或枪榴弹，练习用
			0 (B)	V2		CV1 CV2 CV3	S1		0113	脒基·亚硝胺基脒基肼，湿的，按质量含水不少于30%
			0 (B)	V2		CV1 CV2 CV3	S1		0114	脒基·亚硝胺基脒基四氮烯（四氮烯），湿的，按质量含水，或水和酒精的混合物不少于30%
			1 (B1000C)	V2 V3		CV1 CV2 CV3	S1		0118	黑克索利特炸药（黑梯炸药），干的或湿的，按质量含水少于15%
			1 (B1000C)	V2		CV1 CV2 CV3	S1		0121	点火器
			1 (B1000C)	V2		CV1 CV2 CV3	S1		0124	装药的喷射式钻孔枪，油井用，无雷管
			0 (B)	V2		CV1 CV2 CV3	S1		0129	叠氮化铅,湿的，按质量含水，或水和酒精的混合物不少于20%

联合国编号	名称和描述	类别	分类代码	包装类别	标志	特殊规定	有限和例外数量		容器			可移动罐柜和散装容器	
									包装指南	特殊包装规定	混合包装规定	指南	特殊规定
	3.1.2	2.2	2.2	2.1.1.3	5.2.2	3.3	3.4	3.5.1.2	4.1.4	4.1.4	4.1.10	4.2.5.2	4.2.5.3
(1)	(2)	(3a)	(3b)	(4)	(5)	(6)	(7a)	(7b)	(8)	(9a)	(9b)	(10)	(11)
0130	收敛酸铅(三硝基间苯二酚铅),湿的,按质量含水或水和酒精的混合物不少于20%	1	1.1A		1	266	0	E0	P110(b)	PP42	MP20		
0131	点火器,导火索用(导火索点火器)	1	1.4S		1.4		0	E0	P142		MP23		
0132	芳香族硝基衍生物的爆燃金属盐,未另作规定的	1	1.3C		1	274	0	E0	P114(a) P114(b)	PP26	MP2		
0133	甘露糖醇六硝酸酯(硝化甘露醇),湿的,按质量含水或水和酒精的混合物不少于40%	1	1.1D		1	266	0	E0	P112(a)		MP20		
0135	雷酸汞,湿的,按质量含水,或水和酒精的混合物不少于20%	1	1.1A		1	266	0	E0	P110(b)	PP42	MP20		
0136	地(水)雷,带有爆炸装药	1	1.1F		1		0	E0	P130		MP23		
0137	地(水)雷,带有爆炸装药	1	1.1D		1		0	E0	P130 LP101	PP67 L1	MP21		
0138	地(水)雷,带有爆炸装药	1	1.2D		1		0	E0	P130 LP101	PP67 L1	MP2I		
0143	硝化甘油,退敏的,按质量含不挥发、不溶于水的减敏剂不少于40%	1	1.1D		1 +6.1	266 271	0	E0	P115	PP53 PP54 PP57 PP58	MP20		
0144	硝化甘油酒精溶液,含硝化甘油1%~10%	1	1.1D		1	358	0	E0	P115	PP45 PP55 PP56 PP59 PP60	MP20		

ADR 罐体		运输罐体车辆	运输类别(隧道限制代码)	运输特殊规定				危险性识别号	联合国编号	名称和描述
罐体代码	特殊规定			包件	散装	装卸和操作	作业			
4.3	4.3.5,6.8.4	9.1.1.2	1.1.3.6	7.2.4	7.3.3	7.5.11	8.5	5.3.2.3		3.1.2
(12)	(13)	(14)	(15)	(16)	(17)	(18)	(19)	(20)	(1)	(2)
			0(B)	V2		CV1 CV2 CV3	S1		0130	收敛酸铅(三硝基间苯二酚铅),湿的,按质量含水或水和酒精的混合物不少于20%
			4(E)			CV1 CV2 CV3	S1		0131	点火器,导火索用(导火索点火器)
			1(C5000D)	V2 V3		CV1 CV2 CV3	S1		0132	芳香族硝基衍生物的爆燃金属盐,未另作规定的
			1(B1000C)	V2		CV1 CV2 CV3	S1		0133	甘露糖醇六硝酸酯(硝化甘露醇),湿的,按质量含水或水和酒精的混合物不少于40%
			0(B)	V2		CV1 CV2 CV3	S1		0135	雷酸汞,湿的,按质量含水,或水和酒精的混合物不少于20%
			1(B1000C)	V2		CV1 CV2 CV3	S1		0136	地(水)雷,带有爆炸装药
			1(B1000C)	V2		CV1 CV2 CV3	S1		0137	地(水)雷,带有爆炸装药
			1(B1000C)	V2		CV1 CV2 CV3	S1		0138	地(水)雷,带有爆炸装药
			1(B1000C)	V2		CV1 CV2 CV3 CV28	S1		0143	硝化甘油,退敏的,按质量含不挥发、不溶于水的减敏剂不少于40%
			1(B1000C)	V2		CV1 CV2 CV3	S1		0144	硝化甘油酒精溶液,含硝化甘油1%~10%

联合国编号	名称和描述	类别	分类代码	包装类别	标志	特殊规定	有限和例外数量		容器			可移动罐柜和散装容器	
									包装指南	特殊包装规定	混合包装规定	指南	特殊规定
		3.1.2	2.2	2.2	2.1.1.3	5.2.2	3.3	3.4	3.5.1.2	4.1.4	4.1.4	4.1.10	4.2.5.2	4.2.5.3
(1)	(2)	(3a)	(3b)	(4)	(5)	(6)	(7a)	(7b)	(8)	(9a)	(9b)	(10)	(11)
0146	硝化淀粉,干的或湿的,按质量含水少于20%	1	1.1D		1		0	E0	P112(a) P112(b) P112(c)		MP20		
0147	硝基脲	1	1.1D		1		0	E0	P112(b)		MP20		
0150	季戊四醇四硝酸酯(泰安炸药,季戊炸药,PETN),湿的,按质量含水不少于25%,或季戊四醇四硝酸酯(泰安炸药,季戊炸药,PETN),退敏的,按质量含减敏剂不少于15%	1	1.1D		1	266	0	E0	P112(a) P112(b)		MP20		
0151	太梯(喷妥)炸药,干的或湿的,按质量含水少于15%	1	1.1D		1		0	E0	P112(a) P112(b) P112(c)		MP20		
0153	三硝基苯胺	1	1.1D		1		0	E0	P112(b) P112(c)		MP20		
0154	三硝基苯酚(苦味酸),干的或湿的,按质量含水少于30%	1	1.1D		1		0	E0	P112(a) P112(b) P112(c)	PP26	MP20		
0155	三硝基氯苯(苦基氯)	1	1.1D		1		0	E0	P112(b) P112(c)		MP20		
0159	块状火药(糊状火药),湿的,按质量含水不少于25%	1	1.3C		1	266	0	E0	P111	PP43	MP20		
0160	火药,无烟的(无烟火药)	1	1.1C		1		0	E0	P114(b)	PP50 PP52	MP20 MP24		
0161	火药,无烟的(无烟火药)	1	1.3C		1		0	E0	P114(b)	PP50 PP52	MP20 MP24		

ADR 罐体		运输罐体车辆	运输类别（隧道限制代码）	运输特殊规定				危险性识别号	联合国编号	名称和描述
罐体代码	特殊规定			包件	散装	装卸和操作	作业			
4.3	4.3.5,6.8.4	9.1.1.2	1.1.3.6	7.2.4	7.3.3	7.5.11	8.5	5.3.2.3	3.1.2	
(12)	(13)	(14)	(15)	(16)	(17)	(18)	(19)	(20)	(1)	(2)
			1 (B1000C)	V2 V3		CV1 CV2 CV3	S1		0146	硝化淀粉,干的或湿的,按质量含水少于20%
			1 (B1000C)	V2 V3		CV1 CV2 CV3	S1		0147	硝基脲
			1 (B1000C)	V2 V3		CV1 CV2 CV3	S1		0150	季戊四醇四硝酸酯(泰安炸药,季戊炸药,PETN),湿的,按质量含水不少于25%,或季戊四醇四硝酸酯(泰安炸药,季戊炸药,PETN),退敏的,按质量含减敏剂不少于15%
			1 (B1000C)	V2 V3		CV1 CV2 CV3	S1		0151	太梯(喷妥)炸药,干的或湿的,按质量含水少于15%
			1 (B1000C)	V2 V3		CV1 CV2 CV3	S1		0153	三硝基苯胺
			1 (B1000C)	V2 V3		CV1 CV2 CV3	S1		0154	三硝基苯酚(苦味酸),干的或湿的,按质量含水少于30%
			1 (B1000C)	V2 V3		CV1 CV2 CV3	S1		0155	三硝基氯苯(苦基氯)
			1 (C5000D)	V2		CV1 CV2 CV3	S1		0159	块状火药(糊状火药),湿的,按质量含水不少于25%
			1(B1000C)	V2 V3		CV1 CV2 CV3	S1		0160	火药,无烟的(无烟火药)
			1 (C5000D)	V2 V3		CV1 CV2 CV3	S1		0161	火药,无烟的(无烟火药)

联合国编号	名称和描述	类别	分类代码	包装类别	标志	特殊规定	有限和例外数量		容器			可移动罐柜和散装容器	
									包装指南	特殊包装规定	混合包装规定	指南	特殊规定
		3.1.2	2.2	2.2	2.1.1.3	5.2.2	3.3	3.4	3.5.1.2	4.1.4	4.1.4	4.1.10	4.2.5.2	4.2.5.3
(1)	(2)	(3a)	(3b)	(4)	(5)	(6)	(7a)	(7b)	(8)	(9a)	(9b)	(10)	(11)
0167	射弹,带有爆炸装药	1	1.1F		1		0	E0	P130		MP23		
0168	射弹,带有爆炸装药	1	1.1D		1		0	E0	P130 LP101	PP67 L1	MP21		
0169	射弹,带有爆炸装药	1	1.2D		1		0	E0	P130 LP101	PP67 L1	MP21		
0171	照明弹药,带或不带起爆装置、发射剂或推进剂	1	1.2G		1		0	E0	P130 LP101	PP67 L1	MP23		
0173	爆炸式脱离装置	1	1.4S		1.4		0	E0	P134 LP102		MP23		
0174	爆炸式铆钉	1	1.4S		1.4		0	E0	P134 LP102		MP23		
0180	火箭,带有爆炸装药	1	1.1F		1		0	E0	P130		MP23		
0181	火箭,带有爆炸装药	1	1.1E		1		0	E0	P130 LP101	PP67 L1	MP21		
0182	火箭,带有爆炸装药	1	1.2E		1		0	E0	P130 LP101	PP67 L1	MP21		
0183	火箭,带惰性弹头	1	1.3C		1		0	E0	P130 LP101	PP67 L1	MP22		
0186	火箭发动机	1	1.3C		1		0	E0	P130 LP101	PP67 L1	MP22 MP24		
0190	爆炸性物质样品,起爆药除外	1				16 274	0	E0	P101		MP2		
0191	信号装置,手持的	1	1.4G		1.4		0	E0	P135		MP23 MP24		

ADR 罐体		运输罐体车辆	运输类别（隧道限制代码）	运输特殊规定				危险性识别号	联合国编号	名称和描述
罐体代码	特殊规定			包件	散装	装卸和操作	作业			
4.3	4.3.5,6.8.4	9.1.1.2	1.1.3.6	7.2.4	7.3.3	7.5.11	8.5	5.3.2.3		3.1.2
(12)	(13)	(14)	(15)	(16)	(17)	(18)	(19)	(20)	(1)	(2)
			1 (B1000C)	V2		CV1 CV2 CV3	S1		0167	射弹,带有爆炸装药
			1 (B1000C)	V2		CV1 CV2 CV3	S1		0168	射弹,带有爆炸装药
			1 (B1000C)	V2		CV1 CV2 CV3	S1		0169	射弹,带有爆炸装药
			1 (B1000C)	V2		CV1 CV2 CV3	S1		0171	照明弹药,带或不带起爆装置、发射剂或推进剂
			4 (E)			CV1 CV2 CV3	S1		0173	爆炸式脱离装置
			4 (E)			CV1 CV2 CV3	S1		0174	爆炸式铆钉
			1 (B1000C)	V2		CV1 CV2 CV3	S1		0180	火箭,带有爆炸装药
			1 (B1000C)	V2		CV1 CV2 CV3	S1		0181	火箭,带有爆炸装药
			1 (B1000C)	V2		CV1 CV2 CV3	S1		0182	火箭,带有爆炸装药
			1 (C5000D)	V2		CV1 CV2 CV3	S1		0183	火箭,带惰性弹头
			1 (C5000D)	V2		CV1 CV2 CV3	S1		0186	火箭发动机
			0 (E)	V2		CV1 CV2 CV3	S1		0190	爆炸性物质样品,起爆药除外
			2 (E)	V2		CV1 CV2 CV3	S1		0191	信号装置,手持的

联合国编号	名称和描述	类别	分类代码	包装类别	标志	特殊规定	有限和例外数量		容器			可移动罐柜和散装容器	
									包装指南	特殊包装规定	混合包装规定	指南	特殊规定
		3.1.2	2.2	2.2	2.1.1.3	5.2.2	3.3	3.4	3.5.1.2	4.1.4	4.1.4	4.1.10	4.2.5.2	4.2.5.3
(1)	(2)	(3a)	(3b)	(4)	(5)	(6)	(7a)	(7b)	(8)	(9a)	(9b)	(10)	(11)
0192	信号器,铁路轨道用,爆炸性的	1	1.1G		1		0	E0	P135		MP23		
0193	信号器,铁路轨道用,爆炸性的	1	1.4S		1.4		0	E0	P135		MP23		
0194	信号器,船舶遇险呼救用	1	1.1G		1		0	E0	P135		MP23 MP24		
0195	信号器,船舶遇险呼救用	1	1.3G		1		0	E0	P135		MP23 MP24		
0196	信号器,发烟的	1	1.1G		1		0	E0	P135		MP23		
0197	信号器,发烟的	1	1.4G		1.4		0	E0	P135		MP23 MP24		
0204	声测装置,爆炸性的	1	1.2F		1		0	E0	P134 LP102		MP23		
0207	四硝基苯胺	1	1.1D		1		0	E0	P112(b) P112(c)		MP20		
0208	三硝基苯基甲硝胺(特屈儿炸药)	1	1.1D		1		0	E0	P112(b) P112(c)		MP20		
0209	三硝基甲苯(TNT),干的或湿的,按质量含水低于30%	1	1.1D		1		0	E0	P112(b) P112(c)	PP46	MP20		
0212	弹药曳光剂	1	1.3G		1		0	E0	P133	PP69	MP23		
0213	三硝基苯甲醚	1	1.1D		1		0	E0	P112(b) P112(c)		MP20		
0214	三硝基苯,干的或湿的,按质量含水少于30%	1	1.1D		1		0	E0	P112(a) P112(b) P112(c)		MP20		

ADR 罐体		运输罐体车辆	运输类别(隧道限制代码)	运输特殊规定				危险性识别号	联合国编号	名称和描述
罐体代码	特殊规定			包件	散装	装卸和操作	作业			
4.3	4.3.5,6.8.4	9.1.1.2	1.1.3.6	7.2.4	7.3.3	7.5.11	8.5	5.3.2.3		3.1.2
(12)	(13)	(14)	(15)	(16)	(17)	(18)	(19)	(20)	(1)	(2)
			1 (B1000C)	V2		CV1 CV2 CV3	S1		0192	信号器,铁路轨道用,爆炸性的
			4 (E)			CV1 CV2 CV3	S1		0193	信号器,铁路轨道用,爆炸性的
			1 (B1000C)	V2		CV1 CV2 CV3	S1		0194	信号器,船舶遇险呼救用
			1 (C5000D)	V2		CV1 CV2 CV3	S1		0195	信号器,船舶遇险呼救用
			1 (B1000C)	V2		CV1 CV2 CV3	S1		0196	信号器,发烟的
			2 (E)	V2		CV1 CV2 CV3	S1		0197	信号器,发烟的
			1 (B1000C)	V2		CV1 CV2 CV3	S1		0204	声测装置,爆炸性的
			1 (B1000C)	V2 V3		CV1 CV2 CV3	S1		0207	四硝基苯胺
			1 (B1000C)	V2 V3		CV1 CV2 CV3	S1		0208	三硝基苯基甲硝胺(特屈儿炸药)
			1 (B1000C)	V2 V3		CV1 CV2 CV3	S1		0209	三硝基甲苯(TNT),干的或湿的,按质量含水低于30%
			1 (C5000D)	V2		CV1 CV2 CV3	S1		0212	弹药曳光剂
			1 (B1000C)	V2 V3		CV1 CV2 CV3	S1		0213	三硝基苯甲醚
			1 (B1000C)	V2 V3		CV1 CV2 CV3	S1		0214	三硝基苯,干的或湿的,按质量含水少于30%

联合国编号	名称和描述	类别	分类代码	包装类别	标志	特殊规定	有限和例外数量		容器			可移动罐柜和散装容器	
									包装指南	特殊包装规定	混合包装规定	指南	特殊规定
	3.1.2	2.2	2.2	2.1.1.3	5.2.2	3.3	3.4	3.5.1.2	4.1.4	4.1.4	4.1.10	4.2.5.2	4.2.5.3
(1)	(2)	(3a)	(3b)	(4)	(5)	(6)	(7a)	(7b)	(8)	(9a)	(9b)	(10)	(11)
0215	三硝基苯甲酸,干的或湿的,按质量含水少于30%	1	1.1D		1		0	E0	P112(a) P112(b) P112(c)		MP20		
0216	三硝基间甲苯酚	1	1.1D		1		0	E0	P112(b) P112(c)	PP26	MP20		
0217	三硝基萘	1	1.1D		1		0	E0	P112(b) P112(c)		MP20		
0218	三硝基苯乙醚	1	1.1D		1		0	E0	P112(b) P112(c)		MP20		
0219	三硝基间苯二酚(收敛酸),干的或湿的,按质量含水或水和酒精的混合物少于20%	1	1.1D		1		0	E0	P112(a) P112(b) P112(c)	PP26	MP20		
0220	硝酸脲,干的或湿的,按质量含水少于20%	1	1.1D		1		0	E0	P112(a) P112(b) P112(c)		MP20		
0221	鱼雷弹头,带有爆炸装药	1	1.1D		1		0	E0	P130 LP101	PP67 L1	MP21		
0222	硝酸铵	1	1.1D		1	370	0	E0	P112(b) P112(c) IBC100	PP47 B3 B17	MP20		
0224	叠氮化钡,干的或湿的,按质量含水少于50%	1	1.1A		1 +6.1		0	E0	P110(b)	PP42	MP20		
0225	助爆管,带雷管	1	1.1B		1		0	E0	P133	PP69	MP23		

ADR 罐体		运输罐体车辆	运输类别（隧道限制代码）	运输特殊规定				危险性识别号	联合国编号	名称和描述
罐体代码	特殊规定			包件	散装	装卸和操作	作业			
4.3	4.3.5,6.8.4	9.1.1.2	1.1.3.6	7.2.4	7.3.3	7.5.11	8.5	5.3.2.3		3.1.2
(12)	(13)	(14)	(15)	(16)	(17)	(18)	(19)	(20)	(1)	(2)
			1(B1000C)	V2 V3		CV1 CV2 CV3	S1		0215	三硝基苯甲酸,干的或湿的,按质量含水少于30%
			1(B1000C)	V2 V3		CV1 CV2 CV3	S1		0216	三硝基间甲苯酚
			1(B1000C)	V2 V3		CV1 CV2 CV3	S1		0217	三硝基萘
			1(B1000C)	V2 V3		CV1 CV2 CV3	S1		0218	三硝基苯乙醚
			1(B1000C)	V2 V3		CV1 CV2 CV3	S1		0219	三硝基间苯二酚(收敛酸),干的或湿的,按质量含水或水和酒精的混合物少于20%
			1(B1000C)	V2 V3		CV1 CV2 CV3	S1		0220	硝酸脲,干的或湿的,按质量含水少于20%
			1(B1000C)	V2		CV1 CV2 CV3	S1		0221	鱼雷弹头,带有爆炸装药
			1(B1000C)	V2 V3		CV1 CV2 CV3	S1		0222	硝酸铵
			0(B)	V2 V3		CV1 CV2 CV3 CV28	S1		0224	叠氮化钡,干的或湿的,按质量含水少于50%
			1(B1000C)	V2		CV1 CV2 CV3	S1		0225	助爆管,带雷管

联合国编号	名称和描述	类别	分类代码	包装类别	标志	特殊规定	有限和例外数量		容器			可移动罐柜和散装容器	
									包装指南	特殊包装规定	混合包装规定	指南	特殊规定
	3.1.2	2.2	2.2	2.1.1.3	5.2.2	3.3	3.4	3.5.1.2	4.1.4	4.1.4	4.1.10	4.2.5.2	4.2.5.3
(1)	(2)	(3a)	(3b)	(4)	(5)	(6)	(7a)	(7b)	(8)	(9a)	(9b)	(10)	(11)
0226	环四亚甲基四硝胺(奥克托金炸药)(HMX),湿的,按质量含水不少于15%	1	1.1D		1	266	0	E0	PI12(a)	PP45	MP20		
0234	二硝基邻甲酚钠,干的或湿的,按质量含水少于15%	1	1.3C		1		0	E0	P114(a) P114(b)	PP26	MP20		
0235	苦氨酸钠,干的或湿的,按质量含水少于20%	1	1.3C		1		0	E0	P114(a) P114(b)	PP26	MP20		
0236	苦氨酸锆,干的或湿的,按质量含水少于20%	1	1.3C		1		0	E0	P114(a) P114(b)	PP26	MP20		
0237	聚能装药,柔性,线型	1	1.4D		1.4		0	E0	P138		MP21		
0238	火箭,抛绳用	1	1.2G		1		0	E0	P130		MP23 MP24		
0240	火箭,抛绳用	1	1.3G		1		0	E0	P130		MP23 MP24		
0241	爆破炸药,E型	1	1.1D		1	617	0	E0	P116 IBC100	PP61 PP62 B10	MP20		
0242	火炮发射药	1	1.3C		1		0	E0	P130		MP22		
0243	白磷燃烧弹药,带起爆装置、发射剂或推进剂	1	1.2H		1		0	E0	P130 LP101	PP67 L1	MP23		
0244	白磷燃烧弹药,带起爆装置、发射剂或推进剂	1	1.3H		1		0	E0	P130 LP101	PP67 L1	MP23		
0245	白磷发烟弹药(白磷烟幕弹),带起爆装置、发射剂或推进剂	1	1.2H		1		0	E0	P130 LP101	PP67 L1	MP23		

ADR 罐体		运输罐体车辆	运输类别(隧道限制代码)	运输特殊规定				危险性识别号	联合国编号	名称和描述
罐体代码	特殊规定			包件	散装	装卸和操作	作业			
4.3	4.3.5,6.8.4	9.1.1.2	1.1.3.6	7.2.4	7.3.3	7.5.11	8.5	5.3.2.3	3.1.2	
(12)	(13)	(14)	(15)	(16)	(17)	(18)	(19)	(20)	(1)	(2)
			1 (B1000C)	V2		CV1 CV2 CV3	S1		0226	环四亚甲基四硝胺(奥克托金炸药)(HMX),湿的,按质量含水不少于15%
			1 (C5000D)	V2 V3		CV1 CV2 CV3	S1		0234	二硝基邻甲酚钠,干的或湿的,按质量含水少于15%
			1 (C5000D)	V2 V3		CV1 CV2 CV3	S1		0235	苦氨酸钠,干的或湿的,按质量含水少于20%
			1 (C5000D)	V2 V3		CV1 CV2 CV3	S1		0236	苦氨酸锆,干的或湿的,按质量含水少于20%
			2 (E)	V2		CV1 CV2 CV3	S1		0237	聚能装药,柔性,线型
			1 (B1000C)	V2		CV1 CV2 CV3	S1		0238	火箭,抛绳用
			1 (C5000D)	V2		CV1 CV2 CV3	S1		0240	火箭,抛绳用
			1 (B1000C)	V2 V12		CV1 CV2 CV3	S1		0241	爆破炸药,E型
			1 (C5000D)	V2		CV1 CV2 CV3	S1		0242	火炮发射药
			1 (B1000C)	V2		CV1 CV2 CV3	S1		0243	白磷燃烧弹药,带起爆装置、发射剂或推进剂
			1 (C)	V2		CV1 CV2 CV3	S1		0244	白磷燃烧弹药,带起爆装置、发射剂或推进剂
			1 (B1000C)	V2		CV1 CV2 CV3	S1		0245	白磷发烟弹药(白磷烟幕弹),带起爆装置、发射剂或推进剂

联合国编号	名称和描述	类别	分类代码	包装类别	标志	特殊规定	有限和例外数量		容器			可移动罐柜和散装容器	
									包装指南	特殊包装规定	混合包装规定	指南	特殊规定
		3.1.2	2.2	2.2	2.1.1.3	5.2.2	3.3	3.4	3.5.1.2	4.1.4	4.1.4	4.1.10	4.2.5.2	4.2.5.3
(1)	(2)	(3a)	(3b)	(4)	(5)	(6)	(7a)	(7b)	(8)	(9a)	(9b)	(10)	(11)
0246	白磷发烟弹药（白磷烟幕弹），带起爆装置、发射剂或推进剂	1	1.3H		1		0	E0	P130 LP101	PP67 L1	MP23		
0247	燃烧弹药，液态或胶质,带起爆装置、发射剂或推进剂	1	1.3J		1		0	E0	P101		MP23		
0248	水激活装置，带起爆装置、发射剂或推进剂	1	1.2L		1	274	0	E0	P144	PP77	MP1		
0249	水激活装置，带起爆装置、发射剂或推进剂	1	1.3L		1	274	0	E0	P144	PP77	MP1		
0250	火箭发动机，带有双组分液体燃料,带或不带发射剂	1	1.3L		1		0	E0	P101		MP1		
0254	照明弹药，带或不带起爆装置、发射剂或推进剂	1	1.3G		1		0	E0	P130 LP101	PP67 L1	MP23		
0255	电引爆雷管，爆破用	1	1.4B		1.4		0	E0	P131		MP23		
0257	起爆引信	1	1.4B		1.4		0	E0	P141		MP23		
0266	奥克托利特炸药(奥可托尔炸药），干的或湿的，按质量含水少于15%	1	1.1D		1		0	E0	P112(a) P112(b) P112(c)		MP20		
0267	非电引爆雷管,爆破用	1	1.4B		1.4		0	E0	P131	PP68	MP23		
0268	助爆管,带雷管	1	1.2B		1		0	E0	P133	PP69	MP23		

ADR 罐体		运输罐体车辆	运输类别（隧道限制代码）	运输特殊规定				危险性识别号	联合国编号	名称和描述
罐体代码	特殊规定			包件	散装	装卸和操作	作业			
4.3	4.3.5,6.8.4	9.1.1.2	1.1.3.6	7.2.4	7.3.3	7.5.11	8.5	5.3.2.3		3.1.2
(12)	(13)	(14)	(15)	(16)	(17)	(18)	(19)	(20)	(1)	(2)
			1 (C)	V2		CV1 CV2 CV3	S1		0246	白磷发烟弹药（白磷烟幕弹），带起爆装置、发射剂或推进剂
			1 (C)	V2		CV1 CV2 CV3	S1		0247	燃烧弹药，液态或胶质，带起爆装置、发射剂或推进剂
			0 (B)	V2		CV1 CV2 CV3 CV4	S1		0248	水激活装置，带起爆装置、发射剂或推进剂
			0 (B)	V2		CV1 CV2 CV3 CV4	S1		0249	水激活装置，带起爆装置、发射剂或推进剂
			0 (B)	V2		CV1 CV2 CV3 CV4	S1		0250	火箭发动机，带有双组分液体燃料，带或不带发射剂
			1 (C5000D)	V2		CV1 CV2 CV3	S1		0254	照明弹药，带或不带起爆装置、发射剂或推进剂
			2 (E)	V2		CV1 CV2 CV3	S1		0255	电引爆雷管，爆破用
			2 (E)	V2		CV1 CV2 CV3	S1		0257	起爆引信
			1 (B1000C)	V2 V3		CV1 CV2 CV3	S1		0266	奥克托利特炸药（奥可托尔炸药），干的或湿的，按质量含水少于15%
			2 (E)	V2		CV1 CV2 CV3	S1		0267	非电引爆雷管，爆破用
			1 (B1000C)	V2		CV1 CV2 CV3	S1		0268	助爆管，带雷管

联合国编号	名称和描述	类别	分类代码	包装类别	标志	特殊规定	有限和例外数量		容器			可移动罐柜和散装容器	
									包装指南	特殊包装规定	混合包装规定	指南	特殊规定
		3.1.2	2.2	2.2	2.1.1.3	5.2.2	3.3	3.4	3.5.1.2	4.1.4	4.1.4	4.1.10	4.2.5.2	4.2.5.3
(1)	(2)	(3a)	(3b)	(4)	(5)	(6)	(7a)	(7b)	(8)	(9a)	(9b)	(10)	(11)
0271	推进剂	1	1.1C		1		0	E0	P143	PP76	MP22		
0272	推进剂	1	1.3C		1		0	E0	P143	PP76	MP22		
0275	弹药筒,动力装置用	1	1.3C		1		0	E0	P134 LP102		MP22		
0276	弹药筒,动力装置用	1	1.4C		1.4		0	E0	P134 LP102		MP22		
0277	弹药筒,油井用	1	1.3C		1		0	E0	P134 LP102		MP22		
0278	弹药筒,油井用	1	1.4C		1.4		0	E0	P134 LP102		MP22		
0279	火炮发射药	1	1.1C		1		0	E0	P130		MP22		
0280	火箭发动机	1	1.1C		1		0	E0	P130 LP101	PP67 L1	MP22		
0281	火箭发动机	1	1.2C		1		0	E0	P130 LP101	PP67 L1	MP22		
0282	硝基胍(橄苦岩),干的或湿的,按质量含水少于20%	1	1.1D		1		0	E0	P112(a) P112(b) P112(c)		MP20		
0283	助爆管,不带雷管	1	1.2D		1		0	E0	P132(a) P132(b)		MP21		
0284	手榴弹或枪榴弹,带有爆炸装药	1	1.1D		1		0	E0	P141		MP21		
0285	手榴弹或枪榴弹,带有爆炸装药	1	1.2D		1		0	E0	P141		MP21		

ADR 罐体		运输罐体车辆	运输类别（隧道限制代码）	运输特殊规定				危险性识别号	联合国编号	名称和描述
罐体代码	特殊规定			包件	散装	装卸和操作	作业			
4.3	4.3.5,6.8.4	9.1.1.2	1.1.3.6	7.2.4	7.3.3	7.5.11	8.5	5.3.2.3		3.1.2
(12)	(13)	(14)	(15)	(16)	(17)	(18)	(19)	(20)	(1)	(2)
			1 (B1000C)	V2		CV1 CV2 CV3	S1		0271	推进剂
			1 (C5000D)	V2		CV1 CV2 CV3	S1		0272	推进剂
			1 (C5000D)	V2		CV1 CV2 CV3	S1		0275	弹药筒,动力装置用
			2 (E)	V2		CV1 CV2 CV3	S1		0276	弹药筒,动力装置用
			1 (C5000D)	V2		CV1 CV2 CV3	S1		0277	弹药筒,油井用
			2 (E)	V2		CV1 CV2 CV3	S1		0278	弹药筒,油井用
			1 (B1000C)	V2		CV1 CV2 CV3	S1		0279	火炮发射药
			1 (B1000C)	V2		CV1 CV2 CV3	S1		0280	火箭发动机
			1 (B1000C)	V2		CV1 CV2 CV3	S1		0281	火箭发动机
			1 (B1000C)	V2 V3		CV1 CV2 CV3	S1		0282	硝基胍(橄苦岩),干的或湿的,按质量含水少于20%
			1 (B1000C)	V2		CV1 CV2 CV3	S1		0283	助爆管,不带雷管
			1 (B1000C)	V2		CV1 CV2 CV3	S1		0284	手榴弹或枪榴弹,带有爆炸装药
			1 (B1000C)	V2		CV1 CV2 CV3	S1		0285	手榴弹或枪榴弹,带有爆炸装药

联合国编号	名称和描述	类别	分类代码	包装类别	标志	特殊规定	有限和例外数量		容器			可移动罐柜和散装容器	
									包装指南	特殊包装规定	混合包装规定	指南	特殊规定
	3.1.2	2.2	2.2	2.1.1.3	5.2.2	3.3	3.4	3.5.1.2	4.1.4	4.1.4	4.1.10	4.2.5.2	4.2.5.3
(1)	(2)	(3a)	(3b)	(4)	(5)	(6)	(7a)	(7b)	(8)	(9a)	(9b)	(10)	(11)
0286	火箭弹头,带有爆炸装药	1	1.1D		1		0	E0	P130 LP101	PP67 L1	MP21		
0287	火箭弹头,带有爆炸装药	1	1.2D		1		0	E0	P130 LP101	PP67 L1	MP21		
0288	聚能装药,柔性,线型	1	1.1D		1		0	E0	P138		MP21		
0289	导爆索,柔性	1	1.4D		1.4		0	E0	P139	PP71 PP72	MP21		
0290	导爆索(引信),包金属的	1	1.1D		1		0	E0	P139	PP71	MP21		
0291	炸弹,带有爆炸装药	1	1.2F		1		0	E0	P130		MP23		
0292	手榴弹或枪榴弹,带有爆炸装药	1	1.1F		1		0	E0	P141		MP23		
0293	手榴弹或枪榴弹,带有爆炸装药	1	1.2F		1		0	E0	P141		MP23		
0294	地(水)雷,带有爆炸装药	1	1.2F		1		0	E0	P130		MP23		
0295	火箭,带有爆炸装药	1	1.2F		1		0	E0	P130		MP23		
0296	声测装置,爆炸性的	1	1.1F		1		0	E0	P134 LP102		MP23		
0297	照明弹药,带或不带起爆装置、发射剂或推进剂	1	1.4G		1.4		0	E0	P130 LP101	PP67 L1	MP23		
0299	摄影闪光弹	1	1.3G		1		0	E0	P130 LP101	PP67 L1	MP23		

ADR 罐体		运输罐体车辆	运输类别（隧道限制代码）	运输特殊规定				危险性识别号	联合国编号	名称和描述
罐体代码	特殊规定			包件	散装	装卸和操作	作业			
4.3	4.3.5,6.8.4	9.1.1.2	1.1.3.6	7.2.4	7.3.3	7.5.11	8.5	5.3.2.3		3.1.2
(12)	(13)	(14)	(15)	(16)	(17)	(18)	(19)	(20)	(1)	(2)
			1 (B1000C)	V2		CV1 CV2 CV3	S1		0286	**火箭弹头**,带有爆炸装药
			1 (B1000C)	V2		CV1 CV2 CV3	S1		0287	**火箭弹头**,带有爆炸装药
			1 (B1000C)	V2		CV1 CV2 CV3	S1		0288	**聚能装药,柔性,线型**
			2 (E)	V2		CV1 CV2 CV3	S1		0289	**导爆索,柔性**
			1 (B1000C)	V2		CV1 CV2 CV3	S1		0290	**导爆索(引信),包金属的**
			1 (B1000C)	V2		CV1 CV2 CV3	S1		0291	**炸弹**,带有爆炸装药
			1 (B1000C)	V2		CV1 CV2 CV3	S1		0292	**手榴弹或枪榴弹**,带有爆炸装药
			1 (B1000C)	V2		CV1 CV2 CV3	S1		0293	**手榴弹或枪榴弹**,带有爆炸装药
			1 (B1000C)	V2		CV1 CV2 CV3	S1		0294	**地(水)雷**,带有爆炸装药
			1 (B1000C)	V2		CV1 CV2 CV3	S1		0295	**火箭**,带有爆炸装药
			1 (B1000C)	V2		CV1 CV2 CV3	S1		0296	**声测装置,爆炸性的**
			2 (E)	V2		CV1 CV2 CV3	S1		0297	**照明弹药**,带或不带起爆装置、发射剂或推进剂
			1 (C5000D)	V2		CV1 CV2 CV3	S1		0299	**摄影闪光弹**

联合国编号	名称和描述	类别	分类代码	包装类别	标志	特殊规定	有限和例外数量		容器			可移动罐柜和散装容器	
									包装指南	特殊包装规定	混合包装规定	指南	特殊规定
		3.1.2	2.2	2.2	2.1.1.3	5.2.2	3.3	3.4	3.5.1.2	4.1.4	4.1.4	4.1.10	4.2.5.2	4.2.5.3
(1)	(2)	(3a)	(3b)	(4)	(5)	(6)	(7a)	(7b)	(8)	(9a)	(9b)	(10)	(11)
0300	燃烧弹药,带或不带起爆装置、发射剂或推进剂	1	1.4G		1.4		0	E0	P130 LP101	PP67 L1	MP23		
0301	催泪弹药(催泪弹),带起爆装置、发射剂或推进剂	1	1.4G		1.4+6.1+8		0	E0	P130 LP101	PP67 L1	MP23		
0303	发烟弹药(烟幕弹),带或不带起爆装置、发射剂或推进剂	1	1.4G		1.4		0	E0	P130 LP101	PP67 L1	MP23		
0303	发烟弹药(烟幕弹),带或不带起爆装置、发射剂或推进剂,含有腐蚀性物质	1	1.4G		1.4+8		0	E0	P130 LP101	PP67 L1	MP23		
0305	闪光粉	1	1.3G		1		0	E0	P113	PP49	MP20		
0306	曳光剂,弹药用(弹药曳光剂)	1	1.4G		1.4		0	E0	P133	PP69	MP23		
0312	信号弹药筒	1	1.4G		1.4		0	E0	P135		MP23 MP24		
0313	信号器,发烟的	1	1.2G		1		0	E0	P135		MP23		
0314	点火器	1	1.2G		1		0	E0	P142		MP23		
0315	点火器	1	1.3G		1		0	E0	P142		MP23		
0316	点火引信	1	1.3G		1		0	E0	P141		MP23		
0317	点火引信	1	1.4G		1.4		0	E0	P141		MP23		

ADR 罐体		运输罐体车辆	运输类别(隧道限制代码)	运输特殊规定				危险性识别号	联合国编号	名称和描述
罐体代码	特殊规定			包件	散装	装卸和操作	作业			
4.3	4.3.5,6.8.4	9.1.1.2	1.1.3.6	7.2.4	7.3.3	7.5.11	8.5	5.3.2.3		3.1.2
(12)	(13)	(14)	(15)	(16)	(17)	(18)	(19)	(20)	(1)	(2)
			2(E)	V2		CV1 CV2 CV3	S1		0300	燃烧弹药,带或不带起爆装置、发射剂或推进剂
			2(E)	V2		CV1 CV2 CV3 CV28	S1		0301	催泪弹药(催泪弹),带起爆装置、发射剂或推进剂
			2(E)	V2		CV1 CV2 CV3	S1		0303	发烟弹药(烟幕弹),带或不带起爆装置、发射剂或推进剂
			2(E)	V2		CV1 CV2 CV3	S1		0303	发烟弹药(烟幕弹),带或不带起爆装置、发射剂或推进剂,含有腐蚀性物质
			1(C5000D)	V2 V3		CV1 CV2 CV3	S1		0305	闪光粉
			2(E)	V2		CV1 CV2 CV3	S1		0306	曳光剂,弹药用(弹药曳光剂)
			2(E)	V2		CV1 CV2 CV3	S1		0312	信号弹药筒
			1(B1000C)	V2		CV1 CV2 CV3	S1		0313	信号器,发烟的
			1(B1000C)	V2		CV1 CV2 CV3	S1		0314	点火器
			1(C5000D)	V2		CV1 CV2 CV3	S1		0315	点火器
			1(C5000D)	V2		CV1 CV2 CV3	S1		0316	点火引信
			2(E)	V2		CV1 CV2 CV3	S1		0317	点火引信

联合国编号	名称和描述	类别	分类代码	包装类别	标志	特殊规定	有限和例外数量		容器			可移动罐柜和散装容器	
									包装指南	特殊包装规定	混合包装规定	指南	特殊规定
	3.1.2	2.2	2.2	2.1.1.3	5.2.2	3.3	3.4	3.5.1.2	4.1.4	4.1.4	4.1.10	4.2.5.2	4.2.5.3
(1)	(2)	(3a)	(3b)	(4)	(5)	(6)	(7a)	(7b)	(8)	(9a)	(9b)	(10)	(11)
0318	手榴弹或枪榴弹,练习用	1	1.3G		1		0	E0	P141		MP23		
0319	起爆器,管状	1	1.3G		1		0	E0	P133		MP23		
0320	起爆器,管状	1	1.4G		1.4		0	E0	P133		MP23		
0321	武器弹药筒,带有爆炸装药	1	1.2E		1		0	E0	P130 LP101	PP67 L1	MP21		
0322	火箭发动机,装有双组分液体燃料,带或不带发射剂	1	1.2L		1		0	E0	P101		MP1		
0323	动力装置用弹药筒	1	1.4S		1.4	347	0	E0	P134 LP102		MP23		
0324	射弹,带有爆炸装药	1	1.2F		1		0	E0	P130		MP23		
0325	点火器	1	1.4G		1.4		0	E0	P142		MP23		
0326	武器弹药筒,无弹头	1	1.1C		1		0	E0	P130		MP22		
0327	武器弹药筒,无弹头或轻武器弹药筒,无弹头	1	1.3C		1		0	E0	P130		MP22		
0328	武器弹药筒,带惰性射弹	1	1.2C		1		0	E0	P130 LP101	PP67 L1	MP22		
0329	鱼雷,带有爆炸装药	1	1.1E		1		0	E0	P130 LP101	PP67 L1	MP21		
0330	鱼雷,带有爆炸装药	1	1.1F		1		0	E0	P130		MP3		

ADR 罐体		运输罐体车辆	运输类别(隧道限制代码)	运输特殊规定				危险性识别号	联合国编号	名称和描述
罐体代码	特殊规定			包件	散装	装卸和操作	作业			
4.3	4.3.5,6.8.4	9.1.1.2	1.1.3.6	7.2.4	7.3.3	7.5.11	8.5	5.3.2.3	3.1.2	
(12)	(13)	(14)	(15)	(16)	(17)	(18)	(19)	(20)	(1)	(2)
			1 (C5000D)	V2		CV1 CV2 CV3	S1		0318	手榴弹或枪榴弹,练习用
			1 (C5000D)	V2		CV1 CV2 CV3	S1		0319	起爆器,管状
			2 (E)	V2		CV1 CV2 CV3	S1		0320	起爆器,管状
			1 (B1000C)	V2		CV1 CV2 CV3	S1		0321	武器弹药筒,带有爆炸装药
			0 (B)	V2		CV1 CV2 CV3 CV4	S1		0322	火箭发动机,装有双组分液体燃料,带或不带发射剂
			4 (E)			CV1 CV2 CV3	S1		0323	动力装置用弹药筒
			1 (B1000C)	V2		CV1 CV2 CV3	S1		0324	射弹,带有爆炸装药
			2 (E)	V2		CV1 CV2 CV3	S1		0325	点火器
			1 (B1000C)	V2		CV1 CV2 CV3	S1		0326	武器弹药筒,无弹头
			1 (C5000D)	V2		CV1 CV2 CV3	S1		0327	武器弹药筒,无弹头或轻武器弹药筒,无弹头
			1 (B1000C)	V2		CV1 CV2 CV3	S1		0328	武器弹药筒,带惰性射弹
			1 (B1000C)	V2		CV1 CV2 CV3	S1		0329	鱼雷,带有爆炸装药
			1 (B1000C)	V2		CV1 CV2 CV3	S1		0330	鱼雷,带有爆炸装药

联合国编号	名称和描述	类别	分类代码	包装类别	标志	特殊规定	有限和例外数量		容器			可移动罐柜和散装容器	
									包装指南	特殊包装规定	混合包装规定	指南	特殊规定
		3.1.2	2.2	2.2	2.1.1.3	5.2.2	3.3	3.4	3.5.1.2	4.1.4	4.1.4	4.1.10	4.2.5.2	4.2.5.3
(1)	(2)	(3a)	(3b)	(4)	(5)	(6)	(7a)	(7b)	(8)	(9a)	(9b)	(10)	(11)
0331	爆破炸药,B型	1	1.5D		1.5	617	0	E0	P116 IBC100	PP61 PP62 PP64	MP20	T1	TP1 TP17 TP32
0332	爆破炸药,E型	1	1.5D		1.5	617	0	E0	P116 IBC100	PP61 PP62	MP20	T1	TP1 TP17 TP32
0333	烟花	1	1.1G		1	645	0	E0	P135		MP23 MP24		
0334	烟花	1	1.2G		1	645	0	E0	P135		MP23 MP24		
0335	烟花	1	1.3G		1	645	0	E0	P135		MP23 MP24		
0336	烟花	1	1.4G		1.4	645 651	0	E0	P135		MP23 MP24		
0337	烟花	1	1.4S		1.4	645	0	E0	P135		MP23 MP24		
0338	武器弹药筒,无弹头或轻武器弹药筒,无弹头	1	1.4C		1.4		0	E0	P130		MP22		
0339	武器弹药筒,带惰性射弹或轻武器弹药筒	1	1.4C		1.4		0	E0	P130		MP22		
0340	硝化纤维素(硝化棉),干的或湿的,按质量含水或酒精少于25%	1	1.1D		1		0	E0	P112(a) P112(b)		MP20		
0341	硝化纤维素(硝化棉),非改性的或增塑的,按质量含增塑剂少于18%	1	1.1D		1		0	E0	P112(b)		MP20		

ADR 罐体		运输罐体车辆	运输类别（隧道限制代码）	运输特殊规定				危险性识别号	联合国编号	名称和描述
罐体代码	特殊规定			包件	散装	装卸和操作	作业			
4.3	4.3.5,6.8.4	9.1.1.2	1.1.3.6	7.2.4	7.3.3	7.5.11	8.5	5.3.2.3		3.1.2
(12)	(13)	(14)	(15)	(16)	(17)	(18)	(19)	(20)	(1)	(2)
S2.65AN(+)	TU3 TU12 TU41 TC8 TA1 TA5	EX/Ⅲ	1 (B1000C)	V2 V12		CV1 CV2 CV3	S1	1.5D	0331	**爆破炸药,B型**
		EX/Ⅲ	1 (B1000C)	V2 V12		CV1 CV2 CV3	S1	1.5D	0332	**爆破炸药,E型**
			1 (B1000C)	V2 V3		CV1 CV2 CV3	S1		0333	**烟花**
			1 (B1000C)	V2 V3		CV1 CV2 CV3	S1		0334	**烟花**
			1 (C5000D)	V2 V3		CV1 CV2 CV3	S1		0335	**烟花**
			2 (E)	V2		CV1 CV2 CV3	S1		0336	**烟花**
			4 (E)			CV1 CV2 CV3	S1		0337	**烟花**
			2 (E)	V2		CV1 CV2 CV3	S1		0338	**武器弹药筒,无弹头或轻武器弹药筒,无弹头**
			2 (E)	V2		CV1 CV2 CV3	S1		0339	**武器弹药筒,带惰性射弹或轻武器弹药筒**
			1 (B1000C)	V2 V3		CV1 CV2 CV3	S1		0340	**硝化纤维素（硝化棉）,干的或湿的,按质量含水或酒精少于25%**
			1 (B1000C)	V2 V3		CV1 CV2 CV3	S1		0341	**硝化纤维素（硝化棉）,非改性的或增塑的,按质量含增塑剂少于18%**

联合国编号	名称和描述	类别	分类代码	包装类别	标志	特殊规定	有限和例外数量		容器			可移动罐柜和散装容器	
									包装指南	特殊包装规定	混合包装规定	指南	特殊规定
		3.1.2	2.2	2.2	2.1.1.3	5.2.2	3.3	3.4	3.5.1.2	4.1.4	4.1.4	4.1.10	4.2.5.2	4.2.5.3
(1)	(2)	(3a)	(3b)	(4)	(5)	(6)	(7a)	(7b)	(8)	(9a)	(9b)	(10)	(11)
0342	硝化纤维素（硝化棉），湿的,按质量含酒精不少于25%	1	1.3C		1	105	0	E0	P114(a)	PP43	MP20		
0343	硝化纤维素（硝化棉），增塑的,按质量含增塑剂不少于18%	1	1.3C		1	105	0	E0	P111		MP20		
0344	射弹,带有爆炸装药	1	1.4D		1.4		0	E0	P130 LP101	PP67 L1	MP21		
0345	射弹,惰性的,带曳光剂	1	1.4S		1.4		0	E0	P130 LP101	PP67 L1	MP23		
0346	射弹,带起爆装置或发射剂	1	1.2D		1		0	E0	P130 LP101	PP67 L1	MP21		
0347	射弹,带起爆装置或发射剂	1	1.4D		1.4		0	E0	P130 LP101	PP67 L1	MP21		
0348	武器弹药筒,带有爆炸装药	1	1.4F		1.4		0	E0	P130		MP23		
0349	爆炸性物品,未另作规定的	1	1.4S		1.4	178 274	0	E0	P101		MP2		
0350	爆炸性物品,未另作规定的	1	1.4B		1.4	178 274	0	E0	P101		MP2		
0351	爆炸性物品,未另作规定的	1	1.4C		1.4	178 274	0	E0	P101		MP2		
0352	爆炸性物品,未另作规定的	1	1.4D		1.4	178 274	0	E0	P101		MP2		
0353	爆炸性物品,未另作规定的	1	1.4G		1.4	178 274	0	E0	P101		MP2		
0354	爆炸性物品,未另作规定的	1	1.1L		1	178 274	0	E0	P101		MP1		

名称和描述	联合国编号	危险性识别号	运输特殊规定				运输类别（隧道限制代码）	运输罐体车辆	ADR 罐体	
			包件	散装	装卸和操作	作业			特殊规定	罐体代码
3.1.2	5.3.2.3		7.2.4	7.3.3	7.5.11	8.5	1.1.3.6	9.1.1.2	4.3.5,6.8.4	4.3
(2)	(1)	(20)	(19)	(18)	(17)	(16)	(15)	(14)	(13)	(12)
硝化纤维素（硝化棉），湿的，按质量含酒精不少于25%	0342		S1	CV1 CV2 CV3		V2	1 (C5000D)			
硝化纤维素（硝化棉），增塑的，按质量含增塑剂不少于18%	0343		S1	CV1 CV2 CV3		V2	1 (C5000D)			
射弹,带有爆炸装药	0344		S1	CV1 CV2 CV3		V2	2 (E)			
射弹,惰性的,带曳光剂	0345		S1	CV1 CV2 CV3			4 (E)			
射弹,带起爆装置或发射剂	0346		S1	CV1 CV2 CV3		V2	1 (B1000C)			
射弹,带起爆装置或发射剂	0347		S1	CV1 CV2 CV3		V2	2 (E)			
武器弹药筒,带有爆炸装药	0348		S1	CV1 CV2 CV3		V2	2 (E)			
爆炸性物品,未另作规定的	0349		S1	CV1 CV2 CV3			4 (E)			
爆炸性物品,未另作规定的	0350		S1	CV1 CV2 CV3		V2	2 (E)			
爆炸性物品,未另作规定的	0351		S1	CV1 CV2 CV3		V2	2 (E)			
爆炸性物品,未另作规定的	0352		S1	CV1 CV2 CV3		V2	2 (E)			
爆炸性物品,未另作规定的	0353		S1	CV1 CV2 CV3		V2	2 (E)			
爆炸性物品,未另作规定的	0354		S1	CV1 CV2 CV3 CV4		V2	0 (B)			

联合国编号	名称和描述	类别	分类代码	包装类别	标志	特殊规定	有限和例外数量		容器			可移动罐柜和散装容器	
									包装指南	特殊包装规定	混合包装规定	指南	特殊规定
	3.1.2	2.2	2.2	2.1.1.3	5.2.2	3.3	3.4	3.5.1.2	4.1.4	4.1.4	4.1.10	4.2.5.2	4.2.5.3
(1)	(2)	(3a)	(3b)	(4)	(5)	(6)	(7a)	(7b)	(8)	(9a)	(9b)	(10)	(11)
0355	爆炸性物品，未另作规定的	1	1.2L		1	178 274	0	E0	P101		MP1		
0356	爆炸性物品，未另作规定的	1	1.3L		1	178 274	0	E0	P101		MP1		
0357	爆炸性物品，未另作规定的	1	1.1L		1	178 274	0	E0	P101		MP1		
0358	爆炸性物品，未另作规定的	1	1.2L		1	178 274	0	E0	P101		MP1		
0359	爆炸性物品，未另作规定的	1	1.3L		1	178 274	0	E0	P101		MP1		
0360	非电引爆雷管组件，爆破用	1	1.1B		1		0	E0	P131		MP23		
0361	非电引爆雷管组件，爆破用	1	1.4B		1.4		0	E0	P131		MP23		
0362	练习用弹药	1	1.4G		1.4		0	E0	P130 LP101	PP67 L1	MP23		
0363	测试用弹药（试验用弹药）	1	1.4G		1.4		0	E0	P130 LP101	PP67 L1	MP23		
0364	弹药用雷管（军用雷管）	1	1.2B		1		0	E0	P133		MP23		
0365	弹药用雷管（军用雷管）	1	1.4B		1.4		0	E0	P133		MP23		
0366	弹药用雷管（军用雷管）	1	1.4S		1.4	347	0	E0	P133		MP23		
0367	起爆引信	1	1.4S		1.4		0	E0	P141		MP23		

ADR 罐体		运输罐体车辆	运输类别（隧道限制代码）	运输特殊规定				危险性识别号	联合国编号	名称和描述
罐体代码	特殊规定			包件	散装	装卸和操作	作业			
4.3	4.3.5,6.8.4	9.1.1.2	1.1.3.6	7.2.4	7.3.3	7.5.11	8.5	5.3.2.3		3.1.2
(12)	(13)	(14)	(15)	(16)	(17)	(18)	(19)	(20)	(1)	(2)
			0 (B)		V2	CV1 CV2 CV3 CV4	S1		0355	爆炸性物品，未另作规定的
			0 (B)		V2	CV1 CV2 CV3 CV4	S1		0356	爆炸性物品，未另作规定的
			0 (B)		V2	CV1 CV2 CV3 CV4	S1		0357	爆炸性物品，未另作规定的
			0 (B)		V2	CV1 CV2 CV3 CV4	S1		0358	爆炸性物品，未另作规定的
			0 (B)		V2	CV1 CV2 CV3 CV4	S1		0359	爆炸性物品，未另作规定的
			1 (B1000C)		V2	CV1 CV2 CV3	S1		0360	非电引爆雷管组件，爆破用
			2 (E)		V2	CV1 CV2 CV3	S1		0361	非电引爆雷管组件，爆破用
			2 (E)		V2	CV1 CV2 CV3	S1		0362	练习用弹药
			2 (E)		V2	CV1 CV2 CV3	S1		0363	测试用弹药（试验用弹药）
			1 (B1000C)		V2	CV1 CV2 CV3	S1		0364	弹药用雷管（军用雷管）
			2 (E)		V2	CV1 CV2 CV3	S1		0365	弹药用雷管（军用雷管）
			4 (E)			CV1 CV2 CV3	S1		0366	弹药用雷管（军用雷管）
			4 (E)			CV1 CV2 CV3	S1		0367	起爆引信

联合国编号	名称和描述	类别	分类代码	包装类别	标志	特殊规定	有限和例外数量		容器			可移动罐柜和散装容器	
									包装指南	特殊包装规定	混合包装规定	指南	特殊规定
		3.1.2	2.2	2.2	2.1.1.3	5.2.2	3.3	3.4	3.5.1.2	4.1.4	4.1.4	4.1.10	4.2.5.2	4.2.5.3
(1)	(2)	(3a)	(3b)	(4)	(5)	(6)	(7a)	(7b)	(8)	(9a)	(9b)	(10)	(11)
0368	点火引信	1	1.4S		1.4		0	E0	P141		MP23		
0369	火箭弹头,带有爆炸装药	1	1.1F		1		0	E0	P130		MP23		
0370	火箭弹头,带起爆装置或发射剂	1	1.4D		1.4		0	E0	P130 LP101	PP67 L1	MP21		
0371	火箭弹头,带起爆装置或发射剂	1	1.4F		1.4		0	E0	P130		MP23		
0372	手榴弹或枪榴弹,练习用	1	1.2G		1		0	E0	P141		MP23		
0373	信号装置,手持的	1	1.4S		1.4		0	E0	P135		MP23 MP24		
0374	声测装置,爆炸性的	1	1.1D		1		0	E0	P134 LP102		MP21		
0375	声测装置,爆炸性的	1	1.2D		1		0	E0	P134 LP102		MP21		
0376	起爆器,管状	1	1.4S		1.4		0	E0	P133		MP23		
0377	起爆器,帽状	1	1.1B		1		0	E0	P133		MP23		
0378	起爆器,帽状	1	1.4B		1.4		0	E0	P133		MP23		
0379	空弹药筒壳,带起爆器	1	1.4C		1.4		0	E0	P136		MP22		
0380	引火物品	1	1.2L		1		0	E0	P101		MP1		
0381	动力装置用弹药筒	1	1.2C		1		0	E0	P134 LP102		MP22		

ADR 罐体		运输罐体车辆	运输类别（隧道限制代码）	运输特殊规定				危险性识别号	联合国编号	名称和描述
罐体代码	特殊规定			包件	散装	装卸和操作	作业			
4.3	4.3.5,6.8.4	9.1.1.2	1.1.3.6	7.2.4	7.3.3	7.5.11	8.5	5.3.2.3	3.1.2	
(12)	(13)	(14)	(15)	(16)	(17)	(18)	(19)	(20)	(1)	(2)
			4 (E)			CV1 CV2 CV3	S1		0368	点火引信
			1 (B1000C)	V2		CV1 CV2 CV3	S1		0369	火箭弹头,带有爆炸装药
			2 (E)	V2		CV1 CV2 CV3	S1		0370	火箭弹头,带起爆装置或发射剂
			2 (E)	V2		CV1 CV2 CV3	S1		0371	火箭弹头,带起爆装置或发射剂
			1 (B1000C)	V2		CV1 CV2 CV3	S1		0372	手榴弹或枪榴弹,练习用
			4 (E)			CV1 CV2 CV3	S1		0373	信号装置,手持的
			1 (B1000C)	V2		CV1 CV2 CV3	S1		0374	声测装置,爆炸性的
			1 (B1000C)	V2		CV1 CV2 CV3	S1		0375	声测装置,爆炸性的
			4 (E)			CV1 CV2 CV3	S1		0376	起爆器,管状
			1 (B1000C)	V2		CV1 CV2 CV3	S1		0377	起爆器,帽状
			2 (E)	V2		CV1 CV2 CV3	S1		0378	起爆器,帽状
			2 (E)	V2		CV1 CV2 CV3	S1		0379	空弹药筒壳,带起爆器
			0 (B)	V2		CV1 CV2 CV3 CV4	S1		0380	引火物品
			1 (B1000C)	V2		CV1 CV2 CV3	S1		0381	动力装置用弹药筒

联合国编号	名称和描述	类别	分类代码	包装类别	标志	特殊规定	有限和例外数量		容器			可移动罐柜和散装容器	
									包装指南	特殊包装规定	混合包装规定	指南	特殊规定
		3.1.2	2.2	2.2	2.1.1.3	5.2.2	3.3	3.4	3.5.1.2	4.1.4	4.1.4	4.1.10	4.2.5.2	4.2.5.3
(1)	(2)	(3a)	(3b)	(4)	(5)	(6)	(7a)	(7b)	(8)	(9a)	(9b)	(10)	(11)
0382	爆药导火装置系列元件,未另作规定的	1	1.2B		1	178 274	0	E0	P101		MP2		
0383	爆药导火装置系列元件,未另作规定的	1	1.4B		1.4	178 274	0	E0	P101		MP2		
0384	爆药导火装置系列元件,未另作规定的	1	1.4S		1.4	178 274	0	E0	P101		MP2		
0385	5-硝基苯丙三唑	1	1.1D		1		0	E0	P112(b) P112(c)		MP20		
0386	三硝基苯磺酸	1	1.1D		1		0	E0	P112(b) P112(c)	PP26	MP20		
0387	三硝基芴酮	1	1.1D		1		0	E0	P112(b) P112(c)		MP20		
0388	三硝基甲苯(TNT)和三硝基苯的混合物或三硝基甲苯(TNT)和六硝基芪的混合物	1	1.1D		1		0	E0	P112(b) P112(c)		MP20		
0389	含三硝基苯和六硝基芪的三硝基甲苯(TNT)混合物	1	1.1D		1		0	E0	P112(b) P112(c)		MP20		
0390	特里托纳尔炸药(梯铝炸药)	1	1.1D		1		0	E0	P112(b) P112(c)		MP20		
0391	环三亚甲基三硝胺(黑索金)(旋风炸药)(RDX)和环四亚甲基四硝胺(奥克托金)(HMX)的混合物,湿的,按质量含水不少于15%或退敏的,按质量含减敏剂不少于10%	1	1.1D		1	266	0	E0	P112(a) P112(b)		MP20		

ADR 罐体		运输罐体车辆	运输类别（隧道限制代码）	运输特殊规定				危险性识别号	联合国编号	名称和描述
罐体代码	特殊规定			包件	散装	装卸和操作	作业			
4.3	4.3.5,6.8.4	9.1.1.2	1.1.3.6	7.2.4	7.3.3	7.5.11	8.5	5.3.2.3		3.1.2
(12)	(13)	(14)	(15)	(16)	(17)	(18)	(19)	(20)	(1)	(2)
			1 (B1000C)	V2		CV1 CV2 CV3	S1		0382	爆药导火装置系列元件,未另作规定的
			2 (E)	V2		CV1 CV2 CV3	S1		0383	爆药导火装置系列元件,未另作规定的
			4 (E)			CV1 CV2 CV3	S1		0384	爆药导火装置系列元件,未另作规定的
			1 (B1000C)	V2 V3		CV1 CV2 CV3	S1		0385	5－硝基苯丙三唑
			1 (B1000C)	V2 V3		CV1 CV2 CV3	S1		0386	三硝基苯磺酸
			1 (B1000C)	V2 V3		CV1 CV2 CV3	S1		0387	三硝基芴酮
			1 (B1000C)	V2 V3		CV1 CV2 CV3	S1		0388	三硝基甲苯（TNT）和三硝基苯的混合物或三硝基甲苯（TNT）和六硝基芪的混合物
			1 (B1000C)	V2 V3		CV1 CV2 CV3	S1		0389	含三硝基苯和六硝基芪的三硝基甲苯（TNT）混合物
			1 (B1000C)	V2 V3		CV1 CV2 CV3	S1		0390	特里托纳尔炸药(梯铝炸药)
			1 (B1000C)	V2 V3		CV1 CV2 CV3	S1		0391	环三亚甲基三硝胺（黑索金）（旋风炸药）（RDX）和环四亚甲基四硝胺（奥克托金）（HMX）的混合物,湿的,按质量含水不少于15%或退敏的,按质量含减敏剂不少于10%

联合国编号	名称和描述	类别	分类代码	包装类别	标志	特殊规定	有限和例外数量		容器			可移动罐柜和散装容器	
									包装指南	特殊包装规定	混合包装规定	指南	特殊规定
		3.1.2	2.2	2.2	2.1.1.3	5.2.2	3.3	3.4	3.5.1.2	4.1.4	4.1.4	4.1.10	4.2.5.2	4.2.5.3
(1)	(2)	(3a)	(3b)	(4)	(5)	(6)	(7a)	(7b)	(8)	(9a)	(9b)	(10)	(11)
0392	六硝基芪	1	1.1D		1		0	E0	P112(b) P112(c)		MP20		
0393	黑沙托纳炸药	1	1.1D		1		0	E0	P112(b)		MP20		
0394	三硝基间苯二酚(收敛酸),湿的,按质量含水或酒精与水的混合物不少于20%	1	1.1D		1		0	E0	P112(a)	PP26	MP20		
0395	火箭发动机,液体燃料	1	1.2J		1		0	E0	P101		MP23		
0396	火箭发动机,液体燃料	1	1.3J		1		0	E0	P101		MP23		
0397	火箭,液体燃料,带有爆炸装药	1	1.1J		1		0	E0	P101		MP23		
0398	火箭,液体燃料,带有爆炸装药	1	1.2J		1		0	E0	P101		MP23		
0399	炸弹,装有易燃液体,带有爆炸装药	1	1.1J		1		0	E0	P101		MP23		
0400	炸弹,装有易燃液体,带有爆炸装药	1	1.2J		1		0	E0	P101		MP23		
0401	二苦硫,干的或湿的,按质量含水少于10%	1	1.1D		1		0	E0	P112(a) P112(b) P112(c)		MP20		
0402	高氯酸铵	1	1.1D		1	152	0	E0	P112(b) P112(c)		MP20		
0403	空投照明弹	1	1.4G		1.4		0	E0	P135		MP23		
0404	空投照明弹	1	1.4S		1.4		0	E0	P135		MP23		

ADR 罐体		运输罐体车辆	运输类别（隧道限制代码）	运输特殊规定				危险性识别号	联合国编号	名称和描述
罐体代码	特殊规定			包件	散装	装卸和操作	作业			
4.3	4.3.5,6.8.4	9.1.1.2	1.1.3.6	7.2.4	7.3.3	7.5.11	8.5	5.3.2.3	3.1.2	
(12)	(13)	(14)	(15)	(16)	(17)	(18)	(19)	(20)	(1)	(2)
			1 (B1000C)	V2 V3		CV1 CV2 CV3	S1		0392	六硝基芪
			1 (B1000C)	V2 V3		CV1 CV2 CV3	S1		0393	黑沙托纳炸药
			1 (B1000C)	V2 V3		CV1 CV2 CV3	S1		0394	三硝基间苯二酚(收敛酸),湿的,按质量含水或酒精与水的混合物不少于20%
			1 (B1000C)	V2		CV1 CV2 CV3	S1		0395	火箭发动机,液体燃料
			1 (C)	V2		CV1 CV2 CV3	S1		0396	火箭发动机,液体燃料
			1 (B1000C)	V2		CV1 CV2 CV3	S1		0397	火箭,液体燃料,带有爆炸装药
			1 (B1000C)	V2		CV1 CV2 CV3	S1		0398	火箭,液体燃料,带有爆炸装药
			1 (B1000C)	V2		CV1 CV2 CV3	S1		0399	炸弹,装有易燃液体,带有爆炸装药
			1 (B1000C)	V2		CV1 CV2 CV3	S1		0400	炸弹,装有易燃液体,带有爆炸装药
			1 (B1000C)	V2 V3		CV1 CV2 CV3	S1		0401	二苦硫,干的或湿的,按质量含水少于10%
			1 (B1000C)	V2 V3		CV1 CV2 CV3	S1		0402	高氯酸铵
			2 (E)	V2		CV1 CV2 CV3	S1		0403	空投照明弹
			4 (E)			CV1 CV2 CV3	S1		0404	空投照明弹

联合国编号	名称和描述	类别	分类代码	包装类别	标志	特殊规定	有限和例外数量		容器			可移动罐柜和散装容器	
									包装指南	特殊包装规定	混合包装规定	指南	特殊规定
		3.1.2	2.2	2.2	2.1.1.3	5.2.2	3.3	3.4	3.5.1.2	4.1.4	4.1.4	4.1.10	4.2.5.2	4.2.5.3
(1)	(2)	(3a)	(3b)	(4)	(5)	(6)	(7a)	(7b)	(8)	(9a)		(9b)	(10)	(11)
0405	信号弹药筒	1	1.4S		1.4		0	E0	P135		MP23 MP24		
0406	二亚硝基苯	1	1.3C		1		0	E0	P114(b)		MP20		
0407	四唑-1-乙酸	1	1.4C		1.4		0	E0	P114(b)		MP20		
0408	起爆引信,带有保险装置	1	1.1D		1		0	E0	P141		MP21		
0409	起爆引信,带有保险装置	1	1.2D		1		0	E0	P141		MP21		
0410	起爆引信,带有保险装置	1	1.4D		1.4		0	E0	P141		MP21		
0411	季戊四醇四硝酸酯(泰安炸药;季戊炸药),按质量含蜡不少于7%	1	1.1D		1	131	0	E0	P112(b) P112(c)		MP20		
0412	武器弹药筒,带有爆炸装药	1	1.4E		1.4		0	E0	P130 LP101	PP67 L1	MP21		
0413	武器弹药筒,无弹头	1	1.2C		1		0	E0	P130		MP22		
0414	火炮发射剂	1	1.2C		1		0	E0	P130		MP22		
0415	推进剂	1	1.2C		1		0	E0	P143	PP76	MP22		
0417	武器弹药筒,带惰性射弹或轻武器弹药筒	1	1.3C		1		0	E0	P130		MP22		
0418	地面照明弹	1	1.1G		1		0	E0	P135		MP23		

ADR 罐体		运输罐体车辆	运输类别（隧道限制代码）	运输特殊规定				危险性识别号	联合国编号	名称和描述
罐体代码	特殊规定			包件	散装	装卸和操作	作业			
4.3	4.3.5,6.8.4	9.1.1.2	1.1.3.6	7.2.4	7.3.3	7.5.11	8.5	5.3.2.3	3.1.2	
(12)	(13)	(14)	(15)	(16)	(17)	(18)	(19)	(20)	(1)	(2)
			4 (E)			CV1 CV2 CV3	S1		0405	信号弹药筒
			1 (C5000D)	V2 V3		CV1 CV2 CV3	S1		0406	二亚硝基苯
			2 (E)	V2		CV1 CV2 CV3	S1		0407	四唑-1-乙酸
			1 (B1000C)	V2		CV1 CV2 CV3	S1		0408	起爆引信，带有保险装置
			1 (B1000C)	V2		CV1 CV2 CV3	S1		0409	起爆引信，带有保险装置
			2 (E)	V2		CV1 CV2 CV3	S1		0410	起爆引信，带有保险装置
			1 (B1000C)	V2 V3		CV1 CV2 CV3	S1		0411	季戊四醇四硝酸酯（泰安炸药；季戊炸药），按质量含蜡不少于7%
			2 (E)	V2		CV1 CV2 CV3	S1		0412	武器弹药筒，带有爆炸装药
			1 (B1000C)	V2		CV1 CV2 CV3	S1		0413	武器弹药筒，无弹头
			1 (B1000C)	V2		CV1 CV2 CV3	S1		0414	火炮发射剂
			1 (B1000C)	V2		CV1 CV2 CV3	S1		0415	推进剂
			1 (C5000D)	V2		CV1 CV2 CV3	S1		0417	武器弹药筒，带惰性射弹或轻武器弹药筒
			1 (B1000C)	V2		CV1 CV2 CV3	S1		0418	地面照明弹

联合国编号	名称和描述	类别	分类代码	包装类别	标志	特殊规定	有限和例外数量		容器			可移动罐柜和散装容器	
									包装指南	特殊包装规定	混合包装规定	指南	特殊规定
		3.1.2	2.2	2.2	2.1.1.3	5.2.2	3.3	3.4	3.5.1.2	4.1.4	4.1.4	4.1.10	4.2.5.2	4.2.5.3
(1)	(2)	(3a)	(3b)	(4)	(5)	(6)	(7a)	(7b)	(8)	(9a)	(9b)	(10)	(11)
0419	地面照明弹	1	1.2G		1		0	E0	P135		MP23		
0420	空投照明弹	1	1.1G		1		0	E0	P135		MP23		
0421	空投照明弹	1	1.2G		1		0	E0	P135		MP23		
0424	射弹,惰性的,带曳光剂	1	1.3G		1		0	E0	P130 LP101	PP67 L1	MP23		
0425	射弹,惰性的,带曳光剂	1	1.4G		1.4		0	E0	P130 LP101	PP67 L1	MP23		
0426	射弹,带起爆装置或发射剂	1	1.2F		1		0	E0	P130		MP23		
0427	射弹,带起爆装置或发射剂	1	1.4F		1.4		0	E0	P130		MP23		
0428	烟火制品,用于产生技术效果	1	1.1G		1		0	E0	P135		MP23 MP24		
0429	烟火制品,用于产生技术效果	1	1.2G		1		0	E0	P135		MP23 MP24		
0430	烟火制品,用于产生技术效果	1	1.3G		1		0	E0	P135		MP23 MP24		
0431	烟火制品,用于产生技术效果	1	1.4G		1.4		0	E0	P135		MP23 MP24		
0432	烟火制品,用于产生技术效果	1	1.4S		1.4		0	E0	P135		MP23 MP24		
0433	块状火药(糊状火药),湿的,按质量含酒精不少于17%	1	1.1C		1	266	0	E0	P111		MP20		

ADR 罐体		运输罐体车辆	运输类别（隧道限制代码）	运输特殊规定				危险性识别号	联合国编号	名称和描述
罐体代码	特殊规定			包件	散装	装卸和操作	作业			
4.3	4.3.5,6.8.4	9.1.1.2	1.1.3.6	7.2.4	7.3.3	7.5.11	8.5	5.3.2.3		3.1.2
(12)	(13)	(14)	(15)	(16)	(17)	(18)	(19)	(20)	(1)	(2)
			1 (B1000C)	V2		CV1 CV2 CV3	S1		0419	**地面照明弹**
			1 (B1000C)	V2		CV1 CV2 CV3	S1		0420	**空投照明弹**
			1 (B1000C)	V2		CV1 CV2 CV3	S1		0421	**空投照明弹**
			1 (C5000D)	V2		CV1 CV2 CV3	S1		0424	**射弹**,惰性的,带曳光剂
			2 (E)	V2		CV1 CV2 CV3	S1		0425	**射弹**,惰性的,带曳光剂
			1 (B1000C)	V2		CV1 CV2 CV3	S1		0426	**射弹**,带起爆装置或发射剂
			2 (E)	V2		CV1 CV2 CV3	S1		0427	**射弹**,带起爆装置或发射剂
			1 (B1000C)	V2		CV1 CV2 CV3	S1		0428	**烟火制品**,用于产生技术效果
			1 (B1000C)	V2		CV1 CV2 CV3	S1		0429	**烟火制品**,用于产生技术效果
			1 (C5000D)	V2		CV1 CV2 CV3	S1		0430	**烟火制品**,用于产生技术效果
			2 (E)	V2		CV1 CV2 CV3	S1		0431	**烟火制品**,用于产生技术效果
			4 (E)			CV1 CV2 CV3	S1		0432	**烟火制品**,用于产生技术效果
			1 (B1000C)	V2		CV1 CV2 CV3	S1		0433	**块状火药**(糊状火药),湿的,按质量含酒精不少于17%

联合国编号	名称和描述	类别	分类代码	包装类别	标志	特殊规定	有限和例外数量		容器			可移动罐柜和散装容器	
									包装指南	特殊包装规定	混合包装规定	指南	特殊规定
		3.1.2	2.2	2.2	2.1.1.3	5.2.2	3.3	3.4	3.5.1.2	4.1.4	4.1.4	4.1.10	4.2.5.2	4.2.5.3
(1)	(2)	(3a)	(3b)	(4)	(5)	(6)	(7a)	(7b)	(8)	(9a)	(9b)	(10)	(11)
0434	射弹,带起爆装置或发射剂	1	1.2G		1		0	E0	P130 LP101	PP67 L1	MP23		
0435	射弹,带起爆装置或发射剂	1	1.4G		1.4		0	E0	P130 LP101	PP67 L1	MP23		
0436	火箭,带发射剂	1	1.2C		1		0	E0	P130 LP101	PP67 L1	MP22		
0437	火箭,带发射剂	1	1.3C		1		0	E0	P130 LP101	PP67 L1	MP22		
0438	火箭,带发射剂	1	1.4C		1.4		0	E0	P130 LP101	PP67 L1	MP22		
0439	聚能装药,不带雷管	1	1.2D		1		0	E0	P137	PP70	MP21		
0440	聚能装药,不带雷管	1	1.4D		1.4		0	E0	P137	PP70	MP21		
0441	聚能装药,不带雷管	1	1.4S		1.4	347	0	E0	P137	PP70	MP23		
0442	商品爆炸装药,无雷管	1	1.1D		1		0	E0	P137		MP21		
0443	商品爆炸装药,无雷管	1	1.2D		1		0	E0	P137		MP21		
0444	商品爆炸装药,无雷管	1	1.4D		1.4		0	E0	P137		MP21		
0445	商品爆炸装药,无雷管	1	1.4S		1.4	347	0	E0	P137		MP23		
0446	可燃空药筒,不带起爆器	1	1.4C		1.4		0	E0	P136		MP22		
0447	可燃空药筒,不带起爆器	1	1.3C		1		0	E0	P136		MP22		

ADR 罐体		运输罐体车辆	运输类别（隧道限制代码）	运输特殊规定				危险性识别号	联合国编号	名称和描述
罐体代码	特殊规定			包件	散装	装卸和操作	作业			
4.3	4.3.5,6.8.4	9.1.1.2	1.1.3.6	7.2.4	7.3.3	7.5.11	8.5	5.3.2.3		3.1.2
(12)	(13)	(14)	(15)	(16)	(17)	(18)	(19)	(20)	(1)	(2)
			1 (B1000C)	V2		CV1 CV2 CV3	S1		0434	**射弹**,带起爆装置或发射剂
			2 (E)	V2		CV1 CV2 CV3	S1		0435	**射弹**,带起爆装置或发射剂
			1 (B1000C)	V2		CV1 CV2 CV3	S1		0436	**火箭**,带发射剂
			1 (C5000D)	V2		CV1 CV2 CV3	S1		0437	**火箭**,带发射剂
			2 (E)	V2		CV1 CV2 CV3	S1		0438	**火箭**,带发射剂
			1 (B1000C)	V2		CV1 CV2 CV3	S1		0439	**聚能装药**,不带雷管
			2 (E)	V2		CV1 CV2 CV3	S1		0440	**聚能装药**,不带雷管
			4 (E)			CV1 CV2 CV3	S1		0441	**聚能装药**,不带雷管
			1 (B1000C)	V2		CV1 CV2 CV3	S1		0442	**商品爆炸装药**,无雷管
			1 (B1000C)	V2		CV1 CV2 CV3	S1		0443	**商品爆炸装药**,无雷管
			2 (E)	V2		CV1 CV2 CV3	S1		0444	**商品爆炸装药**,无雷管
			4 (E)			CV1 CV2 CV3	S1		0445	**商品爆炸装药**,无雷管
			2 (E)	V2		CV1 CV2 CV3	S1		0446	**可燃空药筒**,不带起爆器
			1 (C5000D)	V2		CV1 CV2 CV3	S1		0447	**可燃空药筒**,不带起爆器

联合国编号	名称和描述	类别	分类代码	包装类别	标志	特殊规定	有限和例外数量		容器			可移动罐柜和散装容器	
									包装指南	特殊包装规定	混合包装规定	指南	特殊规定
		3.1.2	2.2	2.2	2.1.1.3	5.2.2	3.3	3.4	3.5.1.2	4.1.4	4.1.4	4.1.10	4.2.5.2	4.2.5.3
(1)	(2)	(3a)	(3b)	(4)	(5)	(6)	(7a)	(7b)	(8)	(9a)	(9b)	(10)	(11)
0448	5-巯基四唑-1-乙酸	1	1.4C		1.4		0	E0	P114(b)		MP20		
0449	鱼雷,液体燃料,带或不带爆炸装药	1	1.1J		1		0	E0	P101		MP23		
0450	鱼雷,液体燃料,带惰性弹头	1	1.3J		1		0	E0	P101		MP23		
0451	鱼雷,带有爆炸装药	1	1.1D		1		0	E0	P130 LP101	PP67 L1	MP21		
0452	手榴弹或枪榴弹,练习用	1	1.4G		1.4		0	E0	P141		MP23		
0453	火箭,抛绳用	1	1.4G		1.4		0	E0	P130		MP23		
0454	点火器	1	1.4S		1.4		0	E0	P142		MP23		
0455	非电引爆雷管,爆破用	1	1.4S		1.4	347	0	E0	P131	PP68	MP23		
0456	电引爆雷管,爆破用	1	1.4S		1.4	347	0	E0	P131		MP23		
0457	塑料胶黏炸药	1	1.1D		1		0	E0	P130		MP21		
0458	塑料胶黏炸药	1	1.2D		1		0	E0	P130		MP21		
0459	塑料胶黏炸药	1	1.4D		1.4		0	E0	P130		MP21		
0460	塑料胶黏炸药	1	1.4S		1.4	347	0	E0	P130		MP23		
0461	爆药导火装置系列元件,未另作规定的	1	1.1B		1	178 274	0	E0	P101		MP2		

ADR 罐体		运输罐体车辆	运输类别（隧道限制代码）	运输特殊规定				危险性识别号	联合国编号	名称和描述
罐体代码	特殊规定			包件	散装	装卸和操作	作业			
4.3	4.3.5,6.8.4	9.1.1.2	1.1.3.6	7.2.4	7.3.3	7.5.11	8.5	5.3.2.3		3.1.2
(12)	(13)	(14)	(15)	(16)	(17)	(18)	(19)	(20)	(1)	(2)
			2 (E)	V2		CV1 CV2 CV3	S1		0448	**5-巯基四唑-1-乙酸**
			1 (B1000C)	V2		CV1 CV2 CV3	S1		0449	**鱼雷,液体燃料,带或不带爆炸装药**
			1 (C)	V2		CV1 CV2 CV3	S1		0450	**鱼雷,液体燃料,带惰性弹头**
			1 (B1000C)	V2		CV1 CV2 CV3	S1		0451	**鱼雷,带有爆炸装药**
			2 (E)	V2		CV1 CV2 CV3	S1		0452	**手榴弹或枪榴弹,练习用**
			2 (E)	V2		CV1 CV2 CV3	S1		0453	**火箭,抛绳用**
			4 (E)			CV1 CV2 CV3	S1		0454	**点火器**
			4 (E)			CV1 CV2 CV3	S1		0455	**非电引爆雷管,爆破用**
			4 (E)			CV1 CV2 CV3	S1		0456	**电引爆雷管,爆破用**
			1 (B1000C)	V2		CV1 CV2 CV3	S1		0457	**塑料胶黏炸药**
			1 (B1000C)	V2		CV1 CV2 CV3	S1		0458	**塑料胶黏炸药**
			2 (E)	V2		CV1 CV2 CV3	S1		0459	**塑料胶黏炸药**
			4 (E)			CV1 CV2 CV3	S1		0460	**塑料胶黏炸药**
			1 (B1000C)	V2		CV1 CV2 CV3	S1		0461	**爆药导火装置系列元件,未另作规定的**

联合国编号	名称和描述	类别	分类代码	包装类别	标志	特殊规定	有限和例外数量		容器			可移动罐柜和散装容器	
									包装指南	特殊包装规定	混合包装规定	指南	特殊规定
	3.1.2	2.2	2.2	2.1.1.3	5.2.2	3.3	3.4	3.5.1.2	4.1.4	4.1.4	4.1.10	4.2.5.2	4.2.5.3
(1)	(2)	(3a)	(3b)	(4)	(5)	(6)	(7a)	(7b)	(8)	(9a)	(9b)	(10)	(11)
0462	爆炸性物品，未另作规定的	1	1.1C		1	178 274	0	E0	P101		MP2		
0463	爆炸性物品，未另作规定的	1	1.1D		1	178 274	0	E0	P101		MP2		
0464	爆炸性物品，未另作规定的	1	1.1E		1	178 274	0	E0	P101		MP2		
0465	爆炸性物品，未另作规定的	1	1.1F		1	178 274	0	E0	P101		MP2		
0466	爆炸性物品，未另作规定的	1	1.2C		1	178 274	0	E0	P101		MP2		
0467	爆炸性物品，未另作规定的	1	1.2D		1	178 274	0	E0	P101		MP2		
0468	爆炸性物品，未另作规定的	1	1.2E		1	178 274	0	E0	P101		MP2		
0469	爆炸性物品，未另作规定的	1	1.2F		1	178 274	0	E0	P101		MP2		
0470	爆炸性物品，未另作规定的	1	1.3C		1	178 274	0	E0	P101		MP2		
0471	爆炸性物品，未另作规定的	1	1.4E		1.4	178 274	0	E0	P101		MP2		
0472	爆炸性物品，未另作规定的	1	1.4F		1.4	178 274	0	E0	P101		MP2		
0473	爆炸性物质，未另作规定的	1	1.1A		1	178 274	0	E0	P101		MP2		
0474	爆炸性物质，未另作规定的	1	1.1C		1	178 274	0	E0	P101		MP2		
0475	爆炸性物质，未另作规定的	1	1.1D		1	178 274	0	E0	P101		MP2		

ADR 罐体		运输罐体车辆	运输类别（隧道限制代码）	运输特殊规定				危险性识别号	联合国编号	名称和描述
罐体代码	特殊规定			包件	散装	装卸和操作	作业			
4.3	4.3.5,6.8.4	9.1.1.2	1.1.3.6	7.2.4	7.3.3	7.5.11	8.5	5.3.2.3		3.1.2
(12)	(13)	(14)	(15)	(16)	(17)	(18)	(19)	(20)	(1)	(2)
			1 (B1000C)	V2		CV1 CV2 CV3	S1		0462	爆炸性物品，未另作规定的
			1 (B1000C)	V2		CV1 CV2 CV3	S1		0463	爆炸性物品，未另作规定的
			1 (B1000C)	V2		CV1 CV2 CV3	S1		0464	爆炸性物品，未另作规定的
			1 (B1000C)	V2		CV1 CV2 CV3	S1		0465	爆炸性物品，未另作规定的
			1 (B1000C)	V2		CV1 CV2 CV3	S1		0466	爆炸性物品，未另作规定的
			1 (B1000C)	V2		CV1 CV2 CV3	S1		0467	爆炸性物品，未另作规定的
			1 (B1000C)	V2		CV1 CV2 CV3	S1		0468	爆炸性物品，未另作规定的
			1 (B1000C)	V2		CV1 CV2 CV3	S1		0469	爆炸性物品，未另作规定的
			1 (C5000D)	V2		CV1 CV2 CV3	S1		0470	爆炸性物品，未另作规定的
			2 (E)	V2		CV1 CV2 CV3	S1		0471	爆炸性物品，未另作规定的
			2 (E)	V2		CV1 CV2 CV3	S1		0472	爆炸性物品，未另作规定的
			0 (B)	V2		CV1 CV2 CV3	S1		0473	爆炸性物质，未另作规定的
			1 (B1000C)	V2 V3		CV1 CV2 CV3	S1		0474	爆炸性物质，未另作规定的
			1 (B1000C)	V2 V3		CV1 CV2 CV3	S1		0475	爆炸性物质，未另作规定的

联合国编号	名称和描述	类别	分类代码	包装类别	标志	特殊规定	有限和例外数量		容器			可移动罐柜和散装容器	
									包装指南	特殊包装规定	混合包装规定	指南	特殊规定
		3.1.2	2.2	2.2	2.1.1.3	5.2.2	3.3	3.4	3.5.1.2	4.1.4	4.1.4	4.1.10	4.2.5.2	4.2.5.3
(1)	(2)	(3a)	(3b)	(4)	(5)	(6)	(7a)	(7b)	(8)	(9a)	(9b)	(10)	(11)
0476	爆炸性物质,未另作规定的	1	1.1G		1	178 274	0	E0	P101		MP2		
0477	爆炸性物质,未另作规定的	1	1.3C		1	178 274	0	E0	P101		MP2		
0478	爆炸性物质,未另作规定的	1	1.3G		1	178 274	0	E0	P101		MP2		
0479	爆炸性物质,未另作规定的	1	1.4C		1.4	178 274	0	E0	P101		MP2		
0480	爆炸性物质,未另作规定的	1	1.4D		1.4	178 274	0	E0	P101		MP2		
0481	爆炸性物质,未另作规定的	1	1.4S		1.4	178 274	0	E0	P101		MP2		
0482	爆炸性物质,极不敏感,未另作规定的	1	1.5D		1.5	178 274	0	E0	P101		MP2		
0483	环三亚甲基三硝胺(黑索金)(旋风炸药)(RDX),退敏的	1	1.1D		1		0	E0	P112(b) P112(c)		MP20		
0484	环四亚甲基四硝胺(奥克托金)(HMX),退敏的	1	1.1D		1		0	E0	P112(b) P112(c)		MP20		
0485	爆炸性物质,未另作规定的	1	1.4G		1.4	178 274	0	E0	P101		MP2		
0486	爆炸性物品,极不敏感的	1	1.6N		1.6		0	E0	P101		MP23		
0487	信号器,发烟的	1	1.3G		1		0	E0	P135		MP23		
0488	练习用弹药	1	1.3G		1		0	E0	P130 LP101	PP67 L1	MP23		

ADR 罐体		运输罐体车辆	运输类别（隧道限制代码）	运输特殊规定				危险性识别号	联合国编号	名称和描述
罐体代码	特殊规定			包件	散装	装卸和操作	作业			
4.3	4.3.5,6.8.4	9.1.1.2	1.1.3.6	7.2.4	7.3.3	7.5.11	8.5	5.3.2.3		3.1.2
(12)	(13)	(14)	(15)	(16)	(17)	(18)	(19)	(20)	(1)	(2)
			1 (B1000C)	V2 V3		CV1 CV2 CV3	S1		0476	爆炸性物质，未另作规定的
			1 (C5000D)	V2 V3		CV1 CV2 CV3	S1		0477	爆炸性物质，未另作规定的
			1 (C5000D)	V2 V3		CV1 CV2 CV3	S1		0478	爆炸性物质，未另作规定的
			2 (E)	V2		CV1 CV2 CV3	S1		0479	爆炸性物质，未另作规定的
			2 (E)	V2		CV1 CV2 CV3	S1		0480	爆炸性物质，未另作规定的
			4 (E)			CV1 CV2 CV3	S1		0481	爆炸性物质，未另作规定的
			1 (B1000C)	V2		CV1 CV2 CV3	S1		0482	爆炸性物质，极不敏感，未另作规定的
			1 (B1000C)	V2 V3		CV1 CV2 CV3	S1		0483	环三亚甲基三硝胺（黑索金）（旋风炸药）（RDX），退敏的
			1 (B1000C)	V2 V3		CV1 CV2 CV3	S1		0484	环四亚甲基四硝胺（奥克托金）(HMX)，退敏的
			2 (E)	V2 V3		CV1 CV2 CV3	S1		0485	爆炸性物质，未另作规定的
			2 (E)	V2		CV1 CV2 CV3	S1		0486	爆炸性物品，极不敏感的
			1 (C5000D)	V2		CV1 CV2 CV3	S1		0487	信号器，发烟的
			1 (C5000D)	V2		CV1 CV2 CV3	S1		0488	练习用弹药

联合国编号	名称和描述	类别	分类代码	包装类别	标志	特殊规定	有限和例外数量		容器			可移动罐柜和散装容器	
									包装指南	特殊包装规定	混合包装规定	指南	特殊规定
	3.1.2	2.2	2.2	2.1.1.3	5.2.2	3.3	3.4	3.5.1.2	4.1.4	4.1.4	4.1.10	4.2.5.2	4.2.5.3
(1)	(2)	(3a)	(3b)	(4)	(5)	(6)	(7a)	(7b)	(8)	(9a)	(9b)	(10)	(11)
0489	二硝基甘脲(DINGU)	1	1.1D		1		0	E0	P112(b) P112(c)		MP20		
0490	硝基三唑酮(NTO)	1	1.1D		1		0	E0	P112(b) P112(c)		MP20		
0491	推进剂	1	1.4C		1.4		0	E0	P143	PP76	MP22		
0492	信号器,铁路轨道用,爆炸性的	1	1.3G		1		0	E0	P135		MP23		
0493	信号器,铁路轨道用,爆炸性的	1	1.4G		1.4		0	E0	P135		MP23		
0494	装药的喷射式钻孔枪,油井用,无雷管	1	1.4D		1.4		0	E0	P101		MP21		
0495	推进剂,液体的	1	1.3C		1	224	0	E0	P115	PP53 PP54 PP57 PP58	MP20		
0496	奥克托纳炸药(奥梯铝炸药)	1	1.1D		1		0	E0	P112(b) P112(c)		MP20		
0497	推进剂,液体的	1	1.1C		1	224	0	E0	P115	PP53 PP54 PP57 PP58	MP20		
0498	推进剂,固体的	1	1.1C		1		0	E0	P114(b)		MP20		
0499	推进剂,固体的	1	1.3C		1		0	E0	P114(b)		MP20		
0500	非电引爆雷管组件,爆破用	1	1.4S		1.4	347	0	E0	P131		MP23		
0501	推进剂,固体的	1	1.4C		1.4		0	E0	P114(b)		MP20		
0502	火箭,带惰性弹头	1	1.2C		1		0	E0	P130 LP101	PP67 L1	MP22		

联合国编号	名称和描述	ADR 罐体		运输罐体车辆	运输类别(隧道限制代码)	运输特殊规定				危险性识别号
		罐体代码	特殊规定			包件	散装	装卸和操作	作业	
3.1.2		4.3	4.3.5,6.8.4	9.1.1.2	1.1.3.6	7.2.4	7.3.3	7.5.11	8.5	5.3.2.3
(1)	(2)	(12)	(13)	(14)	(15)	(16)	(17)	(18)	(19)	(20)
0489	二硝基甘脲(DINGU)				1(B1000C)	V2 V3		CV1 CV2 CV3	S1	
0490	硝基三唑酮(NTO)				1(B1000C)	V2 V3		CV1 CV2 CV3	S1	
0491	推进剂				2(E)	V2		CV1 CV2 CV3	S1	
0492	信号器,铁路轨道用,爆炸性的				1(C5000D)	V2		CV1 CV2 CV3	S1	
0493	信号器,铁路轨道用,爆炸性的				2(E)	V2		CV1 CV2 CV3	S1	
0494	装药的喷射式钻孔枪,油井用,无雷管				2(E)	V2		CV1 CV2 CV3	S1	
0495	推进剂,液体的				1(C5000D)	V2		CV1 CV2 CV3	S1	
0496	奥克托纳炸药(奥梯铝炸药)				1(B1000C)	V2 V3		CV1 CV2 CV3	S1	
0497	推进剂,液体的				1(B1000C)	V2		CV1 CV2 CV3	S1	
0498	推进剂,固体的				1(B1000C)	V2		CV1 CV2 CV3	S1	
0499	推进剂,固体的				1(C5000D)	V2		CV1 CV2 CV3	S1	
0500	非电引爆雷管组件,爆破用				4(E)			CV1 CV2 CV3	S1	
0501	推进剂,固体的				2(E)	V2		CV1 CV2 CV3	S1	
0502	火箭,带惰性弹头				1(B1000C)	V2		CV1 CV2 CV3	S1	

联合国编号	名称和描述	类别	分类代码	包装类别	标志	特殊规定	有限和例外数量		容器			可移动罐柜和散装容器	
									包装指南	特殊包装规定	混合包装规定	指南	特殊规定
		3.1.2	2.2	2.2	2.1.1.3	5.2.2	3.3	3.4	3.5.1.2	4.1.4	4.1.4	4.1.10	4.2.5.2	4.2.5.3
(1)	(2)	(3a)	(3b)	(4)	(5)	(6)	(7a)	(7b)	(8)	(9a)	(9b)	(10)	(11)
0503	气囊充气器或气囊装置或座椅安全带预张紧装置	1	1.4G		1.4	235 289	0	E0	P135		MP23		
0504	1H-四唑	1	1.1D		1		0	E0	P112(c)	PP48	MP20		
0505	船舶遇险信号	1	1.4G		1.4		0	E0	P135		MP23 MP24		
0506	船舶遇险信号	1	1.4S		1.4		0	E0	P135		MP23 MP24		
0507	烟雾信号	1	1.4G		1.4		0	E0	P135		MP23 MP24		
0508	1-羟基苯并三唑,无水的,干的或湿的按质量含水少于20%	1	1.3C		1		0	E0	P114(b)	PP48 PP50	MP20		
0509	粉,无烟的	1	1.4C		1.4		0	E0	P114(b)	PP48	MP20		
1001	乙炔,溶解的	2	4F		2.1	662	0	E0	P200		MP9		
1002	空气,压缩的	2	1A		2.2	655 662	120ml	E1	P200		MP9	(M)	
1003	空气,冷冻液体	2	3O		2.2+5.1		0	E0	P203		MP9	T75	TP5 TP22
1005	氨,无水的	2	2TC		2.3+8	23	0	E0	P200		MP9	(M) T50	
1006	氩,压缩的	2	1A		2.2	653 662	120ml	E1	P200		MP9	(M)	
1008	三氟化硼	2	2TC		2.3+8	373	0	E0	P200		MP9	(M)	

282

ADR 罐体		运输罐体车辆	运输类别（隧道限制代码）	运输特殊规定			作业	危险性识别号	联合国编号	名称和描述
罐体代码	特殊规定			包件	散装	装卸和操作				
4.3	4.3.5,6.8.4	9.1.1.2	1.1.3.6	7.2.4	7.3.3	7.5.11	8.5	5.3.2.3		3.1.2
(12)	(13)	(14)	(15)	(16)	(17)	(18)	(19)	(20)	(1)	(2)
			2 (E)	V2		CV1 CV2 CV3	S1		0503	气囊充气器或气囊装置或座椅安全带预张紧装置
			1 (B1000C)	V2 V3		CV1 CV2 CV3	S1		0504	1H–四唑
			2 (E)	V2		CV1 CV2 CV3	S1		0505	船舶遇险信号
			4 (E)			CV1 CV2 CV3	S1		0506	船舶遇险信号
			4 (E)			CV1 CV2 CV3	S1		0507	烟雾信号
			1 (C5000D)	V2 V3		CV1 CV2 CV3	S1		0508	1–羟基苯并三唑,无水的,干的或湿的按质量含水少于20%
			2 (E)	V2		CV1 CV2 CV3	S1		0509	粉,无烟的
PxBN(M)	TU17 TA4 TT9	FL	2 (B/D)			CV9 CV10 CV36	S2	239	1001	乙炔,溶解的
CxBN(M)	TA4 TT9	AT	3 (E)			CV9 CV10		20	1002	空气,压缩的
RxBN	TU7 TU19 TA4 TT9	AT	3 (C/E)	V5		CV9 CV11 CV36	S20	225	1003	空气,冷冻液体
PxBH(M)	TA4 TT8 TT9	AT	1 (C/D)			CV9 CV10 CV36	S14	268	1005	氨,无水的
CxBN(M)	TA4 TT9	AT	3 (E)			CV9 CV10 CV36		20	1006	氩,压缩的
PxBH(M)	TA4 TT9 TT10	AT	1 (C/D)			CV9 CV10 CV36	S14	268	1008	三氟化硼

联合国编号	名称和描述	类别	分类代码	包装类别	标志	特殊规定	有限和例外数量		容器			可移动罐柜和散装容器	
									包装指南	特殊包装规定	混合包装规定	指南	特殊规定
		3.1.2	2.2	2.2	2.1.1.3	5.2.2	3.3	3.4	3.5.1.2	4.1.4	4.1.4	4.1.10	4.2.5.2	4.2.5.3
(1)	(2)	(3a)	(3b)	(4)	(5)	(6)	(7a)	(7b)	(8)	(9a)	(9b)	(10)	(11)
1009	溴三氟甲烷（制冷气体，R13B1）	2	2A		2.2		662	120ml	E1	P200		MP9	(M) T50	
1010	丁二烯类，稳定的，或丁二烯与烃的混合物，稳定的，含丁二烯超过40%	2	2F		2.1		618 662	0	E0	P200		MP9	(M) T50	
1011	丁烷	2	2F		2.1		652 657 660 662	0	E0	P200		MP9	(M) T50	
1012	丁烯	2	2F		2.1		662	0	E0	P200		MP9	(M) T50	
1013	二氧化碳	2	2A		2.2		584 653 662	120ml	E1	P200		MP9	(M)	
1016	一氧化碳，压缩的	2	1TF		2.3 +2.1			0	E0	P200		MP9	(M)	
1017	氯气	2	2TOC		2.3 +5.1 +8			0	E0	P200		MP9	(M) T50	TP19
1018	氯二氟甲烷（制冷气体，R22）	2	2A		2.2		662	120ml	E1	P200		MP9	(M) T50	
1020	氯五氟乙烷（制冷气体，R115）	2	2A		2.2		662	120ml	E1	P200		MP9	(M) T50	
1021	1-氯-1,2,2,2-四氟乙烷（制冷气体，R124）	2	2A		2.2		662	120ml	E1	P200		MP9	(M) T50	
1022	氯三氟甲烷（制冷气体，R13）	2	2A		2.2		662	120ml	E1	P200		MP9	(M)	
1023	煤气，压缩的	2	1TF		2.3 +2.1			0	E0	P200		MP9	(M)	
1026	氰	2	2TF		2.3 +2.1			0	E0	P200		MP9	(M)	

ADR 罐体		运输罐体车辆	运输类别(隧道限制代码)	运输特殊规定				危险性识别号	联合国编号	名称和描述
罐体代码	特殊规定			包件	散装	装卸和操作	作业			
4.3	4.3.5,6.8.4	9.1.1.2	1.1.3.6	7.2.4	7.3.3	7.5.11	8.5	5.3.2.3		3.1.2
(12)	(13)	(14)	(15)	(16)	(17)	(18)	(19)	(20)	(1)	(2)
PxBN(M)	TA4 TT9	AT	3 (C/E)			CV9 CV10 CV36		20	1009	溴三氟甲烷(制冷气体,R13B1)
PxBN(M)	TA4 TT9	FL	2 (B/D)			CV9 CV10 CV36	S2 S20	239	1010	丁二烯类,稳定的,或丁二烯与烃的混合物,稳定的,含丁二烯超过40%
PxBN(M)	TA4 TT9 TT11	FL	2 (B/D)			CV9 CV10 CV36	S2 S20	23	1011	丁烷
PxBN(M)	TA4 TT9	FL	2 (B/D)			CV9 CV10 CV36	S2 S20	23	1012	丁烯
PxBN(M)	TA4 TT9	AT	3 (C/E)			CV9 CV10 CV36		20	1013	二氧化碳
CxBH(M)	TA4 TT9	FL	1 (B/D)			CV9 CV10 CV36	S2 S14	263	1016	一氧化碳,压缩的
P22DH(M)	TA4 TT9 TT10	AT	1 (C/D)			CV9 CV10 CV36	S14	265	1017	氯气
PxBN(M)	TA4 TT9	AT	3 (C/E)			CV9 CV10 CV36		20	1018	氯二氟甲烷(制冷气体,R22)
PxBN(M)	TA4 TT9	AT	3 (C/E)			CV9 CV10 CV36		20	1020	氯五氟乙烷(制冷气体,R115)
PxBN(M)	TA4 TT9	AT	3 (C/E)			CV9 CV10 CV36		20	1021	1-氯-1,2,2,2-四氟乙烷(制冷气体,R124)
PxBN(M)	TA4 TT9	AT	3 (C/E)			CV9 CV10 CV36		20	1022	氯三氟甲烷(制冷气体,R13)
CxBH(M)	TA4 TT9	FL	1 (B/D)			CV9 CV10 CV36	S2 S14	263	1023	煤气,压缩的
PxBH(M)	TA4 TT9	FL	1 (B/D)			CV9 CV10 CV36	S2 S14	263	1026	氰

联合国编号	名称和描述	类别	分类代码	包装类别	标志	特殊规定	有限和例外数量		容器			可移动罐柜和散装容器	
									包装指南	特殊包装规定	混合包装规定	指南	特殊规定
	3.1.2	2.2	2.2	2.1.1.3	5.2.2	3.3	3.4	3.5.1.2	4.1.4	4.1.4	4.1.10	4.2.5.2	4.2.5.3
(1)	(2)	(3a)	(3b)	(4)	(5)	(6)	(7a)	(7b)	(8)	(9a)	(9b)	(10)	(11)
1027	环丙烷	2	2F		2.1	662	0	E0	P200		MP9	(M) T50	
1028	二氯二氟甲烷(制冷气体,R12)	2	2A		2.2	662	120ml	E1	P200		MP9	(M) T50	
1029	二氯一氟甲烷(制冷气体,R21)	2	2A		2.2	662	120ml	E1	P200		MP9	(M) T50	
1030	1,1-二氟乙烷(制冷气体,R152a)	2	2F		2.1	662	0	E0	P200		MP9	(M) T50	
1032	二甲胺,无水的	2	2F		2.1	662	0	E0	P200		MP9	(M) T50	
1033	二甲醚	2	2F		2.1	662	0	E0	P200		MP9	(M) T50	
1035	乙烷	2	2F		2.1	662	0	E0	P200		MP9	(M)	
1036	乙胺	2	2F		2.1	662	0	E0	P200		MP9	(M) T50	
1037	乙基氯	2	2F		2.1	662	0	E0	P200		MP9	(M) T50	
1038	乙烯,冷冻液体	2	3F		2.1		0	E0	P203		MP9	T75	TP5
1039	甲乙醚	2	2F		2.1	662	0	E0	P200		MP9	(M)	
1040	环氧乙烷	2	2TF		2.3+2.1	342	0	E0	P200		MP9	(M)	
1040	环氧乙烷,或含有氮的环氧乙烷,在50℃时最高总压力为1MPa(10bar)	2	2TF		2.3+2.1	342	0	E0	P200		MP9	(M) T50	TP20

ADR 罐体		运输罐体车辆	运输类别（隧道限制代码）	运输特殊规定				危险性识别号	联合国编号	名称和描述
罐体代码	特殊规定			包件	散装	装卸和操作	作业			
4.3	4.3.5, 6.8.4	9.1.1.2	1.1.3.6	7.2.4	7.3.3	7.5.11	8.5	5.3.2.3		3.1.2
(12)	(13)	(14)	(15)	(16)	(17)	(18)	(19)	(20)	(1)	(2)
PxBN(M)	TA4 TT9	FL	2 (B/D)			CV9 CV10 CV36	S2 S20	23	1027	环丙烷
PxBN(M)	TA4 TT9	AT	3 (C/E)			CV9 CV10 CV36		20	1028	二氯二氟甲烷（制冷气体, R12）
PxBN(M)	TA4 TT9	AT	3 (C/E)			CV9 CV10 CV36		20	1029	二氯一氟甲烷（制冷气体, R21）
PxBN(M)	TA4 TT9	FL	2 (B/D)			CV9 CV10 CV36	S2 S20	23	1030	1,1-二氟乙烷（制冷气体, R152a）
PxBN(M)	TA4 TT9	FL	2 (B/D)			CV9 CV10 CV36	S2 S20	23	1032	二甲胺, 无水的
PxBN(M)	TA4 TT9	FL	2 (B/D)			CV9 CV10 CV36	S2 S20	23	1033	二甲醚
PxBN(M)	TA4 TT9	FL	2 (B/D)			CV9 CV10 CV36	S2 S20	23	1035	乙烷
PxBN(M)	TA4 TT9	FL	2 (B/D)			CV9 CV10 CV36	S2 S20	23	1036	乙胺
PxBN(M)	TA4 TT9	FL	2 (B/D)			CV9 CV10 CV36	S2 S20	23	1037	乙基氯
RxBN	TU18 TA4 TT9	FL	2 (B/D)	V5		CV9 CV11 CV36	S2 S17	223	1038	乙烯, 冷冻液体
PxBN(M)	TA4 TT9	FL	2 (B/D)			CV9 CV10 CV36	S2 S20	23	1039	甲乙醚
		FL	1 (B/D)			CV9 CV10 CV36	S2 S14	263	1040	环氧乙烷
PxBH(M)	TA4 TT9	FL	1 (B/D)			CV9 CV10 CV36	S2 S14	263	1040	环氧乙烷, 或含有氮的环氧乙烷, 在50℃时最高总压力为1MPa(10bar)

联合国编号	名称和描述	类别	分类代码	包装类别	标志	特殊规定	有限和例外数量		容器			可移动罐柜和散装容器	
									包装指南	特殊包装规定	混合包装规定	指南	特殊规定
	3.1.2	2.2	2.2	2.1.1.3	5.2.2	3.3	3.4	3.5.1.2	4.1.4	4.1.4	4.1.10	4.2.5.2	4.2.5.3
(1)	(2)	(3a)	(3b)	(4)	(5)	(6)	(7a)	(7b)	(8)	(9a)	(9b)	(10)	(11)
1041	环氧乙烷和二氧化碳的混合物,含有环氧乙烷9%以上,但不超过87%	2	2F		2.1	662	0	E0	P200		MP9	(M) T50	
1043	充氨溶液肥料,含有游离氨	2	4A		2.2	642							
1044	灭火器,含有压缩或液化气体	2	6A		2.2	225 594	120ml	E0	P003	PP91	MP9		
1045	氟,压缩的	2	1TOC		2.3 +5.1 +8		0	E0	P200		MP9		
1046	氦,压缩的	2	1A		2.2	653 662	120ml	E1	P200		MP9	(M)	
1048	溴化氢,无水的	2	2TC		2.3 +8		0	E0	P200		MP9	(M)	
1049	氢气,压缩的	2	1F		2.1	660 662	0	E0	P200		MP9	(M)	
1050	氯化氢,无水的	2	2TC		2.3 +8		0	E0	P200		MP9	(M)	
1051	氰化氢,稳定的,含水少于3%	6.1	TF1	I	6.1 +3	603	0	E0	P200		MP2		
1052	氟化氢,无水的	8	CT1	I	8 +6.1		0	E0	P200		MP2	T10	TP2
1053	硫化氢	2	2TF		2.3 +2.1		0	E0	P200		MP9	(M)	
1055	异丁烯	2	2F		2.1	662	0	E0	P200		MP9	(M) T50	
1056	氪,压缩的	2	1A		2.2	662	120ml	E1	P200		MP9	(M)	

ADR 罐体		运输罐体车辆	运输类别（隧道限制代码）	运输特殊规定				危险性识别号	联合国编号	名称和描述
罐体代码	特殊规定			包件	散装	装卸和操作	作业			
4.3	4.3.5,6.8.4	9.1.1.2	1.1.3.6	7.2.4	7.3.3	7.5.11	8.5	5.3.2.3		3.1.2
(12)	(13)	(14)	(15)	(16)	(17)	(18)	(19)	(20)	(1)	(2)
PxBN(M)	TA4 TT9	FL	2 (B/D)			CV9 CV10 CV36	S2 S20	239	1041	环氧乙烷和二氧化碳的混合物,含有环氧乙烷9%以上,但不超过87%
			(E)						1043	充氨溶液肥料,含有游离氨
			3 (E)			CV9			1044	灭火器,含有压缩或液化气体
			1 (D)			CV9 CV10 CV36	S14		1045	氟,压缩的
CxBN(M)	TA4 TT9	AT	3 (E)			CV9 CV10 CV36		20	1046	氦,压缩的
PxBH(M)	TA4 TT9 TT10	AT	1 (C/D)			CV9 CV10 CV36	S14	268	1048	溴化氢,无水的
CxBN(M)	TA4 TT9	FL	2 (B/D)			CV9 CV10 CV36	S2 S20	23	1049	氢气,压缩的
PxBH(M)	TA4 TT9 TT10	AT	1 (C/D)			CV9 CV10 CV36	S14	268	1050	氯化氢,无水的
			0 (D)			CV1 CV13 CV28	S2 S9 S10 S14		1051	氰化氢,稳定的,含水少于3%
L21DH(+)	TU14 TU34 TC1 TE21 TA4 TT9 TM3	AT	1 (C/D)			CV13 CV28 CV34	S14	886	1052	氟化氢,无水的
PxDH(M)	TA4 TT9 TT10	FL	1 (B/D)			CV9 CV10 CV36	S2 S14	263	1053	硫化氢
PxBN(M)	TA4 TT9	FL	2 (B/D)			CV9 CV10 CV36	S2 S20	23	1055	异丁烯
CxBN(M)	TA4 TT9	AT	3 (E)			CV9 CV10 CV36		20	1056	氪,压缩的

联合国编号	名称和描述	类别	分类代码	包装类别	标志	特殊规定	有限和例外数量		容器			可移动罐柜和散装容器	
									包装指南	特殊包装规定	混合包装规定	指南	特殊规定
		3.1.2	2.2	2.2	2.1.1.3	5.2.2	3.3	3.4	3.5.1.2	4.1.4	4.1.4	4.1.10	4.2.5.2	4.2.5.3
(1)	(2)	(3a)	(3b)	(4)	(5)	(6)	(7a)	(7b)	(8)	(9a)	(9b)	(10)	(11)
1057	打火机或打火机充气筒,装有易燃气体	2	6F		2.1	201 654 658	0	E0	P002	PP84 RR5	MP9		
1058	液化气体,非易燃的,充有氮气、二氧化碳或空气	2	2A		2.2	662	120ml	E1	P200		MP9	(M)	
1060	甲基乙炔和丙二烯混合物,稳定的	2	2F		2.1	581 662	0	E0	P200		MP9	(M) T50	
1061	甲胺,无水的	2	2F		2.1	662	0	E0	P200		MP9	(M) T50	
1062	甲基溴,含三氯硝基甲烷不大于2.0%	2	2T		2.3	23	0	E0	P200		MP9	(M) T50	
1063	甲基氯(制冷气体,R40)	2	2F		2.1	662	0	E0	P200		MP9	(M) T50	
1064	甲硫醇	2	2TF		2.3 +2.1		0	E0	P200		MP9	(M) T50	
1065	氖,压缩的	2	1A		2.2	662	120ml	E1	P200		MP9	(M)	
1066	氮气,压缩的	2	1A		2.2	653 662	120ml	E1	P200		MP9	(M)	
1067	四氧化二氮(二氧化氮)	2	2TOC		2.3 +5.1 +8		0	E0	P200		MP9	T50	TP21
1069	氯化亚硝酰	2	2TC		2.3 +8		0	E0	P200		MP9		
1070	一氧化二氮	2	2O		2.2 +5.1	584 662	0	E0	P200		MP9	(M)	
1071	油气,压缩的	2	1TF		2.3 +2.1		0	E0	P200		MP9	(M)	

ADR 罐体		运输罐体车辆	运输类别（隧道限制代码）	运输特殊规定				危险性识别号	联合国编号	名称和描述
罐体代码	特殊规定			包件	散装	装卸和操作	作业			
4.3	4.3.5,6.8.4	9.1.1.2	1.1.3.6	7.2.4	7.3.3	7.5.11	8.5	5.3.2.3		3.1.2
(12)	(13)	(14)	(15)	(16)	(17)	(18)	(19)	(20)	(1)	(2)
			2 (D)			CV9	S2		1057	打火机或打火机充气筒，装有易燃气体
PxBN(M)	TA4 TT9	AT	3 (C/E)			CV9 CV10 CV36		20	1058	液化气体，非易燃的，充有氮气、二氧化碳或空气
PxBN(M)	TA4 TT9	FL	2 (B/D)			CV9 CV10 CV36	S2 S20	239	1060	甲基乙炔和丙二烯混合物，稳定的
PxBN(M)	TA4 TT9	FL	2 (B/D)			CV9 CV10 CV36	S2 S20	23	1061	甲胺，无水的
PxBH(M)	TA4 TT9	AT	1 (C/D)			CV9 CV10 CV36	S14	26	1062	甲基溴，含三氯硝基甲烷不大于2.0%
PxBN(M)	TA4 TT9	FL	2 (B/D)			CV9 CV10 CV36	S2 S20	23	1063	甲基氯（制冷气体，R40）
PxDH(M)	TA4 TT9	FL	1 (B/D)			CV9 CV10 CV36	S2 S14	263	1064	甲硫醇
CxBN(M)	TA4 TT9	AT	3 (E)			CV9 CV10 CV36		20	1065	氖，压缩的
CxBN(M)	TA4 TT9	AT	3 (E)			CV9 CV10 CV36		20	1066	氮气，压缩的
PxBH(M)	TU17 TA4 TT9	AT	1 (C/D)			CV9 CV10 CV36	S14	265	1067	四氧化二氮（二氧化氮）
			1 (D)			CV9 CV10 CV36	S14		1069	氯化亚硝酰
PxBN(M)	TA4 TT9	AT	3 (C/E)			CV9 CV10 CV36		25	1070	一氧化二氮
CxBH(M)	TA4 TT9	FL	1 (B/D)			CV9 CV10 CV36	S2 S14	263	1071	油气，压缩的

联合国编号	名称和描述	类别	分类代码	包装类别	标志	特殊规定	有限和例外数量		容器			可移动罐柜和散装容器	
									包装指南	特殊包装规定	混合包装规定	指南	特殊规定
		3.1.2	2.2	2.2	2.1.1.3	5.2.2	3.3	3.4	3.5.1.2	4.1.4	4.1.4	4.1.10	4.2.5.2	4.2.5.3
(1)	(2)	(3a)	(3b)	(4)	(5)	(6)	(7a)	(7b)	(8)	(9a)	(9b)	(10)	(11)
1072	氧气,压缩的	2	1O		2.2+5.1	355 655 662	0	E0	P200		MP9	(M)	
1073	氧气,冷冻液体	2	3O		2.2+5.1		0	E0	P203		MP9	T75	TP5 TP22
1075	石油气,液化的	2	2F		2.1	274 583 639 660 662	0	E0	P200		MP9	(M) T50	
1076	光气	2	2TC		2.3+8		0	E0	P200		MP9		
1077	丙烯	2	2F		2.1	662	0	E0	P200		MP9	(M) T50	
1078	制冷气体,未另作规定的	2	2A		2.2	274 582 662	120ml	E1	P200		MP9	(M) T50	
1079	二氧化硫	2	2TC		2.3+8		0	E0	P200		MP9	(M) T50	TP19
1080	六氟化硫	2	2A		2.2	662	120ml	E1	P200		MP9	(M)	
1081	四氟乙烯,稳定的	2	2F		2.1	662	0	E0	P200		MP9	(M)	
1082	三氟氯乙烯,稳定的	2	2TF		2.3+2.1		0	E0	P200		MP9	(M) T50	
1083	三甲胺,无水的	2	2F		2.1	662	0	E0	P200		MP9	(M) T50	
1085	乙烯基溴(溴代乙烯),稳定的	2	2F		2.1	662	0	E0	P200		MP9	(M) T50	
1086	乙烯基氯(氯乙烯),稳定的	2	2F		2.1	662	0	E0	P200		MP9	(M) T50	
1087	乙烯基甲基醚,稳定的	2	2F		2.1	662	0	E0	P200		MP9	(M) T50	

ADR 罐体		运输罐体车辆	运输类别（隧道限制代码）	运输特殊规定				危险性识别号	联合国编号	名称和描述
罐体代码	特殊规定			包件	散装	装卸和操作	作业			
4.3	4.3.5,6.8.4	9.1.1.2	1.1.3.6	7.2.4	7.3.3	7.5.11	8.5	5.3.2.3		3.1.2
(12)	(13)	(14)	(15)	(16)	(17)	(18)	(19)	(20)	(1)	(2)
CxBN(M)	TA4 TT9	AT	3 (E)			CV9 CV10 CV36		25	1072	氧气,压缩的
RxBN	TU7 TU19 TA4 TT9	AT	3 (C/E)	V5		CV9 CV11 CV36		S20	225	1073	氧气,冷冻液体
PxBN(M)	TA4 TT9 TT11	FL	2 (B/D)			CV9 CV10 CV36		S2 S20	23	1075	石油气,液化的
P22DH(M)	TU17 TA4 TT9	AT	1 (C/D)			CV9 CV10 CV36		S14	268	1076	光气
PxBN(M)	TA4 TT9	FL	2 (B/D)			CV9 CV10 CV36		S2 S20	23	1077	丙烯
PxBN(M)	TA4 TT9	AT	3 (C/E)			CV9 CV10 CV36			20	1078	制冷气体,未另作规定的
PxDH(M)	TA4 TT9 TT10	AT	1 (C/D)			CV9 CV10 CV36		S14	268	1079	二氧化硫
PxBN(M)	TA4 TT9	AT	3 (C/E)			CV9 CV10 CV36			20	1080	六氟化硫
PxBN(M)	TU40 TA4 TT9	FL	2 (B/D)			CV9 CV10 CV36		S2 S20	239	1081	四氟乙烯,稳定的
PxBH(M)	TA4 TT9	FL	1 (B/D)			CV9 CV10 CV36		S2 S14	263	1082	三氟氯乙烯,稳定的
PxBN(M)	TA4 TT9	FL	2 (D/D)			CV9 CV10 CV36		S2 S20	23	1083	三甲胺,无水的
PxBN(M)	TA4 TT9	FL	2 (B/D)			CV9 CV10 CV36		S2 S20	239	1085	乙烯基溴(溴代乙烯),稳定的
PxBN(M)	TA4 TT9	FL	2 (B/D)			CV9 CV10 CV36		S2 S20	239	1086	乙烯基氯(氯乙烯),稳定的
PxBN(M)	TA4 TT9	FL	2 (B/D)			CV9 CV10 CV36		S2 S20	239	1087	乙烯基甲基醚,稳定的

联合国编号	名称和描述	类别	分类代码	包装类别	标志	特殊规定	有限和例外数量		容器			可移动罐柜和散装容器	
									包装指南	特殊包装规定	混合包装规定	指南	特殊规定
		3.1.2	2.2	2.2	2.1.1.3	5.2.2	3.3	3.4	3.5.1.2	4.1.4	4.1.4	4.1.10	4.2.5.2	4.2.5.3
(1)	(2)	(3a)	(3b)	(4)	(5)	(6)	(7a)	(7b)	(8)	(9a)	(9b)	(10)	(11)
1088	乙缩醛	3	F1	Ⅱ	3		1L	E2	P001 IBC02 R001		MP19	T4	TP1
1089	乙醛	3	F1	Ⅰ	3		0	E0	P001		MP7 MP17	T11	TP2 TP7
1090	丙酮(丙酮溶液)	3	F1	Ⅱ	3		1L	E2	P001 IBC02 R001		MP19	T4	TP1
1091	丙酮油类	3	F1	Ⅱ	3		1L	E2	P001 IBC02 R001		MP19	T4	TP1 TP8
1092	丙烯醛,稳定的	6.1	TF1	Ⅰ	6.1 +3	354	0	E0	P601		MP8 MP17	T22	TP2 TP7 TP35
1093	丙烯腈,稳定的	3	FT1	Ⅰ	3 +6.1		0	E0	P001		MP7 MP17	T14	TP2
1098	烯丙醇	6.1	TF1	Ⅰ	6.1 +3		0	E0	P602		MP8 MP17	T20	TP2 TP35
1099	烯丙基溴	3	FT1	Ⅰ	3 +6.1		0	E0	P001		MP7 MP17	T14	TP2
1100	烯丙基氯	3	FT1	Ⅰ	3 +6.1		0	E0	P001		MP7 MP17	T14	TP2
1104	乙酸戊酯	3	F1	Ⅲ	3		5L	E1	P01 IBC03 LP01 R001		MP19	T2	TP1
1105	戊醇类	3	F1	Ⅱ	3		5L	E2	P001 IBC02 R001		MP19	T4	TP1 TP29
1105	戊醇类	3	F1	Ⅲ	3		5L	E1	P001 IBC03 LP01 R001		MP19	T2	TP1
1106	戊胺类	3	FC	Ⅱ	3 +8		1L	E2	P001 IBC02		MP19	T7	TP1
1106	戊胺类	3	FC	Ⅲ	3 +8		5L	E1	P001 IBC03 R001		MP19	T4	TP1

ADR 罐体		运输罐体车辆	运输类别(隧道限制代码)	运输特殊规定				危险性识别号	联合国编号	名称和描述
罐体代码	特殊规定			包件	散装	装卸和操作	作业			
4.3	4.3.5,6.8.4	9.1.1.2	1.1.3.6	7.2.4	7.3.3	7.5.11	8.5	5.3.2.3	3.1.2	
(12)	(13)	(14)	(15)	(16)	(17)	(18)	(19)	(20)	(1)	(2)
LGBF		FL	2 (D/E)				S2 S20	33	1088	乙缩醛
L4BN	TU8	FL	1 (D/E)				S2 S20	33	1089	乙醛
LGBF		FL	2 (D/E)				S2 S20	33	1090	丙酮(丙酮溶液)
LGBF		FL	2 (D/E)				S2 S20	33	1091	丙酮油类
L15CH	TU14 TU15 TE19 TE21	FL	1 (C/D)			CV1 CV13 CV28	S2 S9 S14	663	1092	丙烯醛,稳定的
L10CH	TU14 TU15 TE21	FL	1 (C/E)			CV13 CV28	S2 S22	336	1093	丙烯腈,稳定的
L10CH	TU14 TU15 TE19 TE21	FL	1 (C/D)			CV1 CV13 CV28	S2 S9 S14	663	1098	烯丙醇
L10CH	TU14 TU15 TE21	FL	1 (C/E)			CV13 CV28	S2 S22	336	1099	烯丙基溴
L10CH	TU14 TU15 TE21	FL	1 (C/E)			CV13 CV28	S2 S22	336	1100	烯丙基氯
LGBF		FL	3 (D/E)	V12			S2	30	1104	乙酸戊酯
LGBF		FL	2 (D/E)				S2 S20	33	1105	戊醇类
LGBF		FL	3 (D/E)	V12			S2	30	1105	戊醇类
L4BH		FL	2 (D/E)				S2 S20	338	1106	戊胺类
L4BN		FL	3 (D/E)	V12			S2	38	1106	戊胺类

联合国编号	名称和描述	类别	分类代码	包装类别	标志	特殊规定	有限和例外数量		容器			可移动罐柜和散装容器	
									包装指南	特殊包装规定	混合包装规定	指南	特殊规定
		3.1.2	2.2	2.2	2.1.1.3	5.2.2	3.3	3.4	3.5.1.2	4.1.4	4.1.4	4.1.10	4.2.5.2	4.2.5.3
(1)	(2)	(3a)	(3b)	(4)	(5)	(6)	(7a)	(7b)	(8)	(9a)	(9b)	(10)	(11)
1107	戊基氯	3	F1	Ⅱ	3		1L	E2	P001 IBC02 R001		MP19	T4	TP1
1108	1-戊烯(正戊烯)	3	F1	Ⅰ	3		0	E3	P001		MP7 MP17	T11	TP2
1109	甲酸戊酯类	3	F1	Ⅲ	3		5L	E1	P001 IBC03 LP01 R001		MP19	T2	TP1
1110	甲基戊基(甲)酮	3	F1	Ⅲ	3		5L	E1	P001 IBC03 LP01 R001		MP19	T2	TP1
1111	戊硫醇类	3	F1	Ⅱ	3		1L	E2	P001 IBC02 R001		MP19	T4	TP1
1112	硝酸戊酯类	3	F1	Ⅲ	3		5L	E1	P001 IBC03 LP01 R001		MP19	T2	TP1
1113	亚硝酸戊酯	3	F1	Ⅱ	3		1L	E2	P001 IBC02 R001		MP19	T4	TP1
1114	苯	3	F1	Ⅱ	3		1L	E2	P001 IBC02 R001		MP19	T4	TP1
1120	丁醇类	3	F1	Ⅱ	3		1L	E2	P001 IBC02 R001		MP19	T4	TP1 TP29
1120	丁醇类	3	F1	Ⅲ	3		5L	E1	P001 IBC03 LP01 R001		MP19	T2	TP1
1123	乙酸丁酯类	3	F1	Ⅱ	3		1L	E2	P001 IBC02 R001		MP19	T4	TP1
1123	乙酸丁酯类	3	F1	Ⅲ	3		5L	E1	P001 IBC03 LP01 R001		MP19	T2	TP1
1125	丁胺	3	FC	Ⅱ	3 +8		1L	E2	P001 IBC02		MP19	T7	TP1

ADR 罐体		运输罐体车辆	运输类别（隧道限制代码）	运输特殊规定				危险性识别号	联合国编号	名称和描述
罐体代码	特殊规定			包件	散装	装卸和操作	作业			
4.3	4.3.5,6.8.4	9.1.1.2	1.1.3.6	7.2.4	7.3.3	7.5.11	8.5	5.3.2.3	3.1.2	
(12)	(13)	(14)	(15)	(16)	(17)	(18)	(19)	(20)	(1)	(2)
LGBF		FL	2 (D/E)				S2 S20	33	1107	戊基氯
L4BN		FL	1 (D/E)				S2 S20	33	1108	1-戊烯（正戊烯）
LGBF		FL	3 (D/E)	V12			S2	30	1109	甲酸戊酯类
LGBF		FL	3 (D/E)	V12			S2	30	1110	甲基戊基（甲）酮
LGBF		FL	2 (D/E)				S2 S20	33	1111	戊硫醇类
LGBF		FL	3 (D/E)	V12			S2	30	1112	硝酸戊酯类
LGBF		FL	2 (D/E)				S2 S20	33	1113	亚硝酸戊酯
LGBF		FL	2 (D/E)				S2 S20	33	1114	苯
LGBF		FL	2 (D/E)				S2 S20	33	1120	丁醇类
LGBF		FL	3 (D/E)	V12			S2	30	1120	丁醇类
LGBF		FL	2 (D/E)				S2 S20	33	1123	乙酸丁酯类
LGBF		FL	3 (D/E)	V12			S2	30	1123	乙酸丁酯类
L4BH		FL	2 (D/E)				S2 S20	338	1125	丁胺

联合国编号	名称和描述	类别	分类代码	包装类别	标志	特殊规定	有限和例外数量		容器			可移动罐柜和散装容器	
									包装指南	特殊包装规定	混合包装规定	指南	特殊规定
	3.1.2	2.2	2.2	2.1.1.3	5.2.2	3.3	3.4	3.5.1.2	4.1.4	4.1.4	4.1.10	4.2.5.2	4.2.5.3
(1)	(2)	(3a)	(3b)	(4)	(5)	(6)	(7a)	(7b)	(8)	(9a)	(9b)	(10)	(11)
1126	1-溴丁烷	3	F1	Ⅱ	3		1L	E2	P001 IBC02 R001		MP19	T4	TP1
1127	氯丁烷类	3	F1	Ⅱ	3		1L	E2	P001 IBC02 R001		MP19	T4	TP1
1128	甲酸正丁酯	3	F1	Ⅱ	3		1L	E2	P001 IBC02 R001		MP19	T4	TP1
1129	丁醛	3	F1	Ⅱ	3		1L	E2	P001 IBC02 R001		MP19	T4	TP1
1130	樟脑油	3	F1	Ⅲ	3		5L	E1	P001 IBC03 LP01 R001		MP19	T2	TP1
1131	二硫化碳	3	FT1	Ⅰ	3+6.1		0	E0	P001	PP31	MP7 MP17	T14	TP2 TP7
1133	胶黏剂类,含有易燃液体	3	F1	Ⅰ	3		500ml	E3	P001		MP7 MP17	T11	TP1 TP8 TP27
1133	胶黏剂类,含有易燃液体(50℃时,蒸气压大于110kPa)	3	F1	Ⅱ	3	640C	5L	E2	P001	PP1	MP19	T4	TP1 TP8
1133	胶黏剂类,含有易燃液体(50℃时,蒸气压不大于110kPa)	3	F1	Ⅱ	3	640D	5L	E2	P001 IBC02 R001	PP1	MP19	T4	TP1 TP8
1133	胶黏剂类,含有易燃液体	3	F1	Ⅲ	3	640E	5L	E1	P001 IBC03 LP01 R001	PP1	MP19	T2	TP1
1133	胶黏剂类,含有易燃液体(闪点在23℃以下,黏度参照2.2.3.1.4)50℃时,蒸气压大于110kPa)	3	F1	Ⅲ	3		5L	E1	P001 R001	PP1	MP19		

ADR 罐体		运输罐体车辆	运输类别（隧道限制代码）	运输特殊规定				危险性识别号	联合国编号	名称和描述
罐体代码	特殊规定			包件	散装	装卸和操作	作业			
4.3	4.3.5,6.8.4	9.1.1.2	1.1.3.6	7.2.4	7.3.3	7.5.11	8.5	5.3.2.3		3.1.2
(12)	(13)	(14)	(15)	(16)	(17)	(18)	(19)	(20)	(1)	(2)
LGBF		FL	2 (D/E)				S2 S20	33	1126	**1-溴丁烷**
LGBF		FL	2 (D/E)				S2 S20	33	1127	氯丁烷类
LGBF		FL	2 (D/E)				S2 S20	33	1128	甲酸正丁酯
LGBF		FL	2 (D/E)				S2 S20	33	1129	丁醛
LGBF		FL	3 (D/E)	V12			S2	30	1130	樟脑油
L10CH	TU2 TU14 TU15 TE21	FL	1 (C/E)			CV13 CV28	S2 S22	336	1131	二硫化碳
L4BN		FL	1 (D/E)				S2 S20	33	1133	**胶黏剂类,含有易燃液体**
L1.5BN		FL	2 (D/E)				S2 S20	33	1133	**胶黏剂类,含有易燃液体(50℃时,蒸气压大于110kPa)**
LGBF		FL	2 (D/E)				S2 S20	33	1133	**胶黏剂类,含有易燃液体(50℃时,蒸气压不大于110kPa)**
LGBF		FL	3 (D/E)	V12			S2	30	1133	**胶黏剂类,含有易燃液体**
			3 (E)				S2		1133	**胶黏剂类,含有易燃液体(闪点在23℃以下,黏度参照2.2.3.1.4) 50℃时,蒸气压大于110kPa)**

联合国编号	名称和描述	类别	分类代码	包装类别	标志	特殊规定	有限和例外数量		容器			可移动罐柜和散装容器	
									包装指南	特殊包装规定	混合包装规定	指南	特殊规定
	3.1.2	2.2	2.2	2.1.1.3	5.2.2	3.3	3.4	3.5.1.2	4.1.4	4.1.4	4.1.10	4.2.5.2	4.2.5.3
(1)	(2)	(3a)	(3b)	(4)	(5)	(6)	(7a)	(7b)	(8)	(9a)	(9b)	(10)	(11)
1133	胶黏剂类,含有易燃液体(闪点在23℃以下,黏度参照2.2.3.1.4)50℃时,蒸气压不大于110kPa)	3	F1	Ⅲ	3		5L	E1	P001 IBC02 R001	PP1 BB4	MP19		
1134	氯苯	3	F1	Ⅲ	3		5L	E1	P001 1BC03 LP01 R001		MP19	T2	TP1
1135	2-氯乙醇	6.1	TF1	Ⅰ	6.1+3	354	0	E0	P602		MP8 MP17	T20	TP2 TP37
1136	煤焦油馏出物,易燃的	3	F1	Ⅱ	3		1L	E2	P001 IBC02 R001		MP19	T4	TP1
1136	煤焦油馏出物,易燃的	3	F1	Ⅲ	3		5L	E1	P001 IBC03 LP01 R001		MP19	T4	TP1 TP29
1139	涂料溶液(包括工业上使用或其他用途的表面处理涂料或油漆,例如车辆的底漆、桶或圆桶的里面漆)	3	F1	Ⅰ	3		500ml	E3	P001		MP7 MP17	T11	TP1 TP8 TP27
1139	涂料溶液(包括工业上使用或其他用途的表面处理涂料或油漆,例如车辆的底漆、桶或圆桶的里面漆)(50℃时蒸气压大于110kPa)	3	F1	Ⅱ	3	640C	5L	E2	P001		MP19	T4	TP1 TP8
1139	涂料溶液(包括工业上使用或其他用途的表面处理涂料或油漆,例如车辆的底漆、桶或圆桶的里面漆)(50℃时蒸气压不大于110kPa)	3	F1	Ⅱ	3	640D	5L	E2	P001 IBC02 R001		MP19	T4	TP1 TP8

ADR罐体		运输罐体车辆	运输类别(隧道限制代码)	运输特殊规定				危险性识别号	联合国编号	名称和描述
罐体代码	特殊规定			包件	散装	装卸和操作	作业			
4.3	4.3.5,6.8.4	9.1.1.2	1.1.3.6	7.2.4	7.3.3	7.5.11	8.5	5.3.2.3		3.1.2
(12)	(13)	(14)	(15)	(16)	(17)	(18)	(19)	(20)	(1)	(2)
			3(E)				S2		1133	**胶黏剂类**,含有易燃液体(闪点在23℃以下,黏度参照2.2.3.1.4)50℃时,蒸气压不大于110kPa)
LGBF		FL	3(D/E)	V12			S2	30	1134	**氯苯**
L10CH	TU14 TU15 TE19 TE21	FL	1(C/D)			CV1 CV13 CV28	S2 S9 S14	663	1135	**2-氯乙醇**
LGBF		FL	2(D/E)				S2 S20	33	1136	**煤焦油馏出物,易燃的**
LGBF		FL	3(D/E)	V12			S2	30	1136	**煤焦油馏出物,易燃的**
L4BN		FL	1(D/E)				S2 S20	33	1139	**涂料溶液**(包括工业上使用或其他用途的表面处理涂料或油漆,例如车辆的底漆、桶或圆桶的里面漆)
L1.5BN		FL	2(D/E)				S2 S20	33	1139	**涂料溶液**(包括工业上使用或其他用途的表面处理涂料或油漆,例如车辆的底漆、桶或圆桶的里面漆)(50℃时蒸气压大于110kPa)
LGBF		FL	2(D/E)				S2 S20	33	1139	**涂料溶液**(包括工业上使用或其他用途的表面处理涂料或油漆,例如车辆的底漆、桶或圆桶的里面漆)(50℃时蒸气压不大于110kPa)

联合国编号	名称和描述	类别	分类代码	包装类别	标志	特殊规定	有限和例外数量		容器			可移动罐柜和散装容器	
									包装指南	特殊包装规定	混合包装规定	指南	特殊规定
		3.1.2	2.2	2.2	2.1.1.3	5.2.2	3.3	3.4	3.5.1.2	4.1.4	4.1.4	4.1.10	4.2.5.2	4.2.5.3
(1)	(2)	(3a)	(3b)	(4)	(5)	(6)	(7a)	(7b)	(8)	(9a)	(9b)	(10)	(11)
1139	涂料溶液(包括用于工业或其他用途的表面处理剂或涂料,例如车辆的底漆,圆桶或琵琶桶的面料)(无黏度的)非黏性的	3	F1	Ⅲ	3	640E	5L	E1	P001 IBC03 LP01 R001		MP19	T2	TP1
1139	涂料溶液(包括用于工业或其他用途的表面处理剂或涂料,例如车辆的底漆,圆桶或琵琶桶的面料)(闪点在23℃以下,黏度参照2.2.3.1.4)(50℃时蒸气压大于110kPa)	3	F1	Ⅲ	3		5L	E1	P001 R001		MP19		
1139	涂料溶液(包括用于工业或其他用途的表面处理剂或涂料,例如车辆的底漆,圆桶或琵琶桶的面料)(闪点在23℃以下,黏度参照2.2.3.1.4)(50℃时蒸气压不大于110kPa)	3	F1	Ⅲ	3		5L	E1	P001 IBC02 R001	BB4	MP19		
1143	巴豆醛或丁烯醛,稳定的	6.1	TF1	Ⅰ	6.1+3	324 354	0	E0	P602		MP8 MP17	T20	TP2 TP35
1144	巴豆炔	3	F1	Ⅰ	3		0	E3	P001		MP7 MP17	T11	TP2
1145	环己烷	3	F1	Ⅱ	3		1L	E2	P001 IBC02 R001		MP19	T4	TP1
1146	环戊烷	3	F1	Ⅱ	3		1L	E2	P001 IBC02 R001		MP19	T7	TP1

ADR 罐体		运输罐体车辆	运输类别（隧道限制代码）	运输特殊规定				危险性识别号	联合国编号	名称和描述
罐体代码	特殊规定			包件	散装	装卸和操作	作业			
4.3	4.3.5,6.8.4	9.1.1.2	1.1.3.6	7.2.4	7.3.3	7.5.11	8.5	5.3.2.3		3.1.2
(12)	(13)	(14)	(15)	(16)	(17)	(18)	(19)	(20)	(1)	(2)
LGBF		FL	3 (D/E)	V12			S2	30	1139	**涂料溶液**（包括用于工业或其他用途的表面处理剂或涂料，例如车辆的底漆，圆桶或琵琶桶的面料）（无黏度的）非黏性的
			3 (E)				S2		1139	**涂料溶液**（包括用于工业或其他用途的表面处理剂或涂料，例如车辆的底漆，圆桶或琵琶桶的面料）（闪点在23℃以下，黏度参照2.2.3.1.4）（50℃时蒸气压大于110kPa）
			3 (E)				S2		1139	**涂料溶液**（包括用于工业或其他用途的表面处理剂或涂料，例如车辆的底漆，圆桶或琵琶桶的面料）（闪点在23℃以下，黏度参照2.2.3.1.4）（50℃时蒸气压不大于110kPa）
L10CH	TU14 TU15 TE19 TE21	FL	1 (C/D)			CV1 CV13 CV28	S2 S9 S14	663	1143	**巴豆醛或丁烯醛,稳定的**
L4BN		FL	1 (D/E)				S2 S20	339	1144	**巴豆炔**
LGBF		FL	2 (D/E)				S2 S20	33	1145	**环己烷**
LGBF		FL	2 (D/E)				S2 S20	33	1146	**环戊烷**

联合国编号	名称和描述	类别	分类代码	包装类别	标志	特殊规定	有限和例外数量		容器			可移动罐柜和散装容器	
									包装指南	特殊包装规定	混合包装规定	指南	特殊规定
		3.1.2	2.2	2.2	2.1.1.3	5.2.2	3.3	3.4	3.5.1.2	4.1.4	4.1.4	4.1.10	4.2.5.2	4.2.5.3
(1)	(2)	(3a)	(3b)	(4)	(5)	(6)	(7a)	(7b)	(8)	(9a)	(9b)	(10)	(11)
1147	十氢化萘	3	F1	Ⅲ	3		5L	E1	P001 IBC03 LP01 R001		MP19	T2	TP1
1148	双丙酮醇	3	F1	Ⅱ	3		1L	E2	P001 IBC02 R001		MP19	T4	TP1
1148	双丙酮醇	3	F1	Ⅲ	3		5L	E1	P001 IBC03 LP01 R001		MP19	T2	TP1
1149	二丁醚类	3	F1	Ⅲ	3		5L	E1	P001 IBC03 LP01 R001		MP19	T2	TP1
1150	1,2-二氯乙烯	3	F1	Ⅱ	3		1L	E2	P001 IBC02 R001		MP19	T7	TP2
1152	二氯戊烷类	3	F1	Ⅲ	3		5L	E1	P001 IBC03 LP01 R001		MP19	T2	TP1
1153	乙二醇二乙醚	3	F1	Ⅱ	3		1L	E2	P001 IBC02 R001		MP19	T4	TP1
1153	乙二醇二乙醚	3	F1	Ⅲ	3		5L	E1	P001 IBC03 LP01 R001		MP19	T2	TP1
1154	二乙胺	3	FC	Ⅱ	3 +8		1L	E2	P001 IBC02		MP19	T7	TP1
1155	二乙醚(乙醚)	3	F1	Ⅰ	3		0	E3	P001		MP7 MP17	T11	TP2
1156	二乙酮	3	F1	Ⅱ	3		1L	E2	P001 IBC02 R001		MP19	T4	TP1
1157	二异丁基(甲)酮	3	F1	Ⅲ	3		5L	E1	P001 IBC03 LP01 R001		MP19	T2	TP1
1158	二异丙胺	3	FC	Ⅱ	3 +8		1L	E2	P001 IBC02		MP19	T7	TP1

ADR 罐体		运输罐体车辆	运输类别（隧道限制代码）	运输特殊规定				危险性识别号	联合国编号	名称和描述
罐体代码	特殊规定			包件	散装	装卸和操作	作业			
4.3	4.3.5,6.8.4	9.1.1.2	1.1.3.6	7.2.4	7.3.3	7.5.11	8.5	5.3.2.3		3.1.2
(12)	(13)	(14)	(15)	(16)	(17)	(18)	(19)	(20)	(1)	(2)
LGBF		FL	3 (D/E)	V12			S2	30	1147	十氢化萘
LGBF		FL	2 (D/E)				S2 S20	33	1148	双丙酮醇
LGBF		FL	3 (D/E)	V12			S2	30	1148	双丙酮醇
LGBF		FL	3 (D/E)	V12			S2	30	1149	二丁醚类
LGBF		FL	2 (D/E)				S2 S20	33	1150	1,2-二氯乙烯
LGBF		FL	3 (D/E)	V12			S2	30	1152	二氯戊烷类
LGBF		FL	2 (D/E)				S2 S20	33	1153	乙二醇二乙醚
LGBF		FL	3 (D/E)	V12			S2	30	1153	乙二醇二乙醚
L4BH		FL	2 (D/E)				S2 S20	338	1154	二乙胺
L4BN		FL	1 (D/E)				S2 S20	33	1155	二乙醚(乙醚)
LGBF		FL	2 (D/E)				S2 S20	33	1156	二乙酮
LGBF		FL	3 (D/E)	V12			S2	30	1157	二异丁基(甲)酮
L4BH		FL	2 (D/E)				S2 S20	338	1158	二异丙胺

联合国编号	名称和描述	类别	分类代码	包装类别	标志	特殊规定	有限和例外数量		容器			可移动罐柜和散装容器	
									包装指南	特殊包装规定	混合包装规定	指南	特殊规定
	3.1.2	2.2	2.2	2.1.1.3	5.2.2	3.3	3.4	3.5.1.2	4.1.4	4.1.4	4.1.10	4.2.5.2	4.2.5.3
(1)	(2)	(3a)	(3b)	(4)	(5)	(6)	(7a)	(7b)	(8)	(9a)	(9b)	(10)	(11)
1159	二异丙基醚	3	F1	Ⅱ	3		1L	E2	P001 IBC02 R001		MP19	T4	TP1
1160	二甲胺,水溶液	3	FC	Ⅱ	3+8		1L	E2	P001 IBC02		MP19	T7	TP1
1161	碳酸二甲酯	3	F1	Ⅱ	3		1L	E2	P001 IBC02 R001		MP19	T4	TP1
1162	二甲基二氯硅烷	3	FC	Ⅱ	3+8		0	E0	P010		MP19	T10	TP2 TP7
1163	二甲肼,不对称	6.1	TFC	Ⅰ	6.1+3+8	354	0	E0	P602		MP8 MP17	T20	TP2 TP35
1164	二甲硫	3	F1	Ⅱ	3		1L	E2	P001 IBC02	B8	MP19	T7	TP2
1165	二恶烷	3	F1	Ⅱ	3		1L	E2	P001 IBC02 R001		MP19	T4	TP1
1166	二氧戊杯	3	F1	Ⅱ	3		1L	E2	P001 IBC02 R001		MP19	T4	TP1
1167	二乙烯基醚,稳定的	3	F1	Ⅰ	3		0	E3	P001		MP7 MP17	T11	TP2
1169	萃取香料,液体的(50℃时蒸气压大于110kPa)	3	F1	Ⅱ	3	601 640C	5L	E2	P001		MP19	T4	TP1 TP8
1169	萃取香料,液体的(50℃时蒸气压不大于110kPa)	3	F1	Ⅱ	3	601 640D	5L	E2	P001 IBC02 R001		MP19	T4	TP1 TP8
1169	萃取香料,液体的	3	F1	Ⅲ	3	601 640E	5L	E1	P001 IBC03 LP01 R001		MP19	T2	TP1
1169	萃取香料,液体的(闪点在23℃以下,黏度参照2.2.3.1.4)(50℃时蒸气压大于110kPa)	3	F1	Ⅲ	3	601	5L	E1	P001 R001		MP19		
1169	萃取香料,液体的(闪点在23℃以下,黏度参照2.2.3.1.4)(50℃时蒸气压不大于110kPa)	3	F1	Ⅲ	3	601	5L	E1	P001 IBC02 R001	BB4	MP19		

ADR 罐体		运输罐体车辆	运输类别(隧道限制代码)	运输特殊规定				危险性识别号	联合国编号	名称和描述
罐体代码	特殊规定			包件	散装	装卸和操作	作业			
4.3	4.3.5,6.8.4	9.1.1.2	1.1.3.6	7.2.4	7.3.3	7.5.11	8.5	5.3.2.3	3.1.2	
(12)	(13)	(14)	(15)	(16)	(17)	(18)	(19)	(20)	(1)	(2)
LGBF		FL	2 (D/E)				S2 S20	33	1159	二异丙基醚
L4BH		FL	2 (D/E)				S2 S20	338	1160	二甲胺,水溶液
LGBF		FL	2 (D/E)				S2 S20	33	1161	碳酸二甲酯
L4BH		FL	2 (D/E)				S2 S20	X338	1162	二甲基二氯硅烷
L10CH	TU14 TU15 TE19 TE21	FL	1 (C/D)			CV1 CV13 CV28	S2 S9 S14	663	1163	二甲肼,不对称
L1.5BN		FL	2 (D/E)				S2 S20	33	1164	二甲硫
LGBF		FL	2 (D/E)				S2 S20	33	1165	二恶烷
LGBF		FL	2 (D/E)				S2 S20	33	1166	二氧戊杯
L4BN		FL	1 (D/E)				S2 S20	339	1167	二乙烯基醚,稳定的
L1.5BN		FL	2 (D/E)				S2 S20	33	1169	萃取香料,液体的(50℃时蒸气压大于110kPa)
LGBF		FL	2 (D/E)				S2 S20	33	1169	萃取香料,液体的(50℃时蒸气压不大于110kPa)
LGBF		FL	3 (D/E)	V12			S2	30	1169	萃取香料,液体的
			3 (E)				S2		1169	萃取香料,液体的(闪点在23℃以下,黏度参照2.2.3.1.4)(50℃时蒸气压大于110kPa)
			3 (E)				S2		1169	萃取香料,液体的(闪点在23℃以下,黏度参照2.2.3.1.4)(50℃时蒸气压不大于110kPa)

联合国编号	名称和描述	类别	分类代码	包装类别	标志	特殊规定	有限和例外数量		容器			可移动罐柜和散装容器	
									包装指南	特殊包装规定	混合包装规定	指南	特殊规定
	3.1.2	2.2	2.2	2.1.1.3	5.2.2	3.3	3.4	3.5.1.2	4.1.4	4.1.4	4.1.10	4.2.5.2	4.2.5.3
(1)	(2)	(3a)	(3b)	(4)	(5)	(6)	(7a)	(7b)	(8)	(9a)	(9b)	(10)	(11)
1170	乙醇或乙醇溶液	3	F1	Ⅱ	3	144 601	1L	E2	P001 IBC02 R001		MP19	T4	TP1
1170	乙二醇-乙醚	3	F1	Ⅲ	3	144 601	5L	E1	P001 IBC03 LP01 R001		MP19	T2	TP1
1171	乙二醇-乙醚	3	F1	Ⅲ	3		5L	E1	P001 IBC03 LP01 R001		MP19	T2	TP1
1172	乙酸乙二醇-乙醚酯	3	F1	Ⅲ	3		5L	E1	P001 IBC03 LP01 R001		MP19	T2	TP1
1173	乙酸乙酯	3	F1	Ⅱ	3		1L	E2	P001 IBC02 R001		MP19	T4	TP1
1175	乙苯	3	Fl	Ⅱ	3		1L	E2	P001 IBC02 R001		MP19	T4	TP1
1176	硼酸乙酯	3	F1	Ⅱ	3		1L	E2	P001 IBC02 R001		MP19	T4	TP1
1177	乙酸-2-乙基丁酯	3	F1	Ⅲ	3		5L	E1	P001 IBC03 LP01 R001		MP19	T2	TP1
1178	2-乙基丁醛	3	F1	Ⅱ	3		1L	E2	P001 IBC02 R001		MP19	T4	TP1
1179	乙基丁基醚	3	F1	Ⅱ	3		1L	E2	P001 IBC02 R001		MP19	T4	TP1
1180	丁酸乙酯	3	F1	Ⅲ	3		5L	E1	P001 IBC03 LP01 R001		MP19	T2	TP1
1181	氯乙酸乙酯	6.1	TF1	Ⅱ	6.1 +3		100ml	E4	P001 IBC02		MP15	T7	TP2
1182	氯甲酸乙酯	6.1	TFC	Ⅰ	6.1 +3 +8	354	0	E0	P602		MP8 MP17	T20	TP2 TP37

ADR 罐体		运输罐体车辆	运输类别（隧道限制代码）	运输特殊规定				危险性识别号	联合国编号	名称和描述
罐体代码	特殊规定			包件	散装	装卸和操作	作业			
4.3	4.3.5,6.8.4	9.1.1.2	1.1.3.6	7.2.4	7.3.3	7.5.11	8.5	5.3.2.3		3.1.2
(12)	(13)	(14)	(15)	(16)	(17)	(18)	(19)	(20)	(1)	(2)
LGBF		FL	2 (D/E)				S2 S20	33	1170	乙醇或乙醇溶液
LGBF		FL	3 (D/E)	V12			S2	30	1170	乙二醇-乙醚
LGBF		FL	3 (D/E)	V12			S2	30	1171	乙二醇-乙醚
LGBF		FL	3 (D/E)	V12			S2	30	1172	乙酸乙二醇-乙醚酯
LGBF		FL	2 (D/E)				S2 S20	33	1173	乙酸乙酯
LGBF		FL	2 (D/E)				S2 S20	33	1175	乙苯
LGBF		FL	2 (D/E)				S2 S20	33	1176	硼酸乙酯
LGBF		FL	3 (D/E)	V12			S2	30	1177	乙酸-2-乙基丁酯
LGBF		FL	2 (D/E)				S2 S20	33	1178	2-乙基丁醛
LGBF		FL	2 (D/E)				S2 S20	33	1179	乙基丁基醚
LGBF		FL	3 (D/E)	V12			S2	30	1180	丁酸乙酯
L4BH	TU15 TE19	FL	2 (D/E)			CV13 CV28	S2 S9 S19	63	1181	氯乙酸乙酯
L10CH	TU14 TU15 TE19 TE21	FL	1 (C/D)			CV1 CV13 CV28	S2 S9 S14	663	1182	氯甲酸乙酯

联合国编号	名称和描述	类别	分类代码	包装类别	标志	特殊规定	有限和例外数量		容器			可移动罐柜和散装容器	
									包装指南	特殊包装规定	混合包装规定	指南	特殊规定
		3.1.2	2.2	2.2	2.1.1.3	5.2.2	3.3	3.4	3.5.1.2	4.1.4	4.1.4	4.1.10	4.2.5.2	4.2.5.3
(1)	(2)	(3a)	(3b)	(4)	(5)	(6)	(7a)	(7b)	(8)	(9a)	(9b)	(10)	(11)
1183	乙基二氯硅烷	4.3	WFC	Ⅰ	4.3+3+8		0	E0	P401	RR7	MP2	T14	TP2 TP7
1184	二氯化乙烯	3	FT1	Ⅱ	3+6.1		1L	E2	P001 IBC02		MP19	T7	TP1
1185	乙撑亚胺,稳定的	6.1	TF1	Ⅰ	6.1+3	354	0	E0	P601		MP2	T22	TP2
1188	乙二醇-甲醚	3	F1	Ⅲ	3		5L	E1	P001 IBC03 LP01 R001		MP19	T2	TP1
1189	乙酸乙二醇-甲醚酯	3	F1	Ⅲ	3		5L	E1	P001 IBC03 LP01 R001		MP19	T2	TP1
1190	甲酸乙酯	3	F1	Ⅱ	3		1L	E2	P001 IBC02 R001		MP19	T4	TP1
1191	辛醛类	3	F1	Ⅲ	3		5L	E1	P001 IBC03 LP01 R001		MP19	T2	TP1
1192	乳酸乙酯	3	F1	Ⅲ	3		5L	E1	P001 IBC03 LP01 R001		MP19	T2	TP1
1193	乙基甲基酮(甲乙酮)	3	F1	Ⅱ	3		1L	E2	P001 IBC02 R001		MP19	T4	TP1
1194	亚硝酸乙酯溶液	3	FT1	Ⅰ	3+6.1		0	E0	P001		MP7 MP17		
1195	丙酸乙酯	3	F1	Ⅱ	3		1L	E2	P001 IBC02 R001		MP19	T4	TP1
1196	乙基三氯硅烷	3	FC	Ⅱ	3+8		0	E0	P010		MP19	T10	TP2 TP7
1197	萃取调味品,液体的(50℃时蒸气压大于110kPa)	3	F1	Ⅱ	3	601 640C	5L	E2	P001		MP19	T4	TP1 TP8

ADR 罐体		运输罐体车辆	运输类别（隧道限制代码）	运输特殊规定				危险性识别号	联合国编号	名称和描述
罐体代码	特殊规定			包件	散装	装卸和操作	作业			
4.3	4.3.5,6.8.4	9.1.1.2	1.1.3.6	7.2.4	7.3.3	7.5.11	8.5	5.3.2.3		3.1.2
(12)	(13)	(14)	(15)	(16)	(17)	(18)	(19)	(20)	(1)	(2)
L10DH	TU14 TU23 TE21 TM2 TM3	FL	0 (B/E)	V1		CV23	S2 S20	X338	1183	乙基二氯硅烷
L4BH	TU15	FL	2 (D/E)			CV13 CV28	S2 S19	336	1184	二氯化乙烯
L15CH	TU14 TU15 TE19 TE21	FL	1 (C/D)			CV1 CV13 CV28	S2 S9 S14	663	1185	乙撑亚胺,稳定的
LGBF		FL	3 (D/E)	V12			S2	30	1188	乙二醇-甲醚
LGBF		FL	3 (D/E)	V12			S2	30	1189	乙酸乙二醇-甲醚酯
LGBF		FL	2 (D/E)				S2 S20	33	1190	甲酸乙酯
LGBF		FL	3 (D/E)	V12			S2	30	1191	辛醛类
LGBF		FL	3 (D/E)	V12			S2	30	1192	乳酸乙酯
LGBF		FL	2 (D/E)				S2 S20	33	1193	乙基甲基酮（甲乙酮）
L10CH	TU14 TU15 TE21	FL	1 (C/E)			CV13 CV28	S2 S22	336	1194	亚硝酸乙酯溶液
LGBF		FL	2 (D/E)				S2 S20	33	1195	丙酸乙酯
L4BH		FL	2 (D/E)				S2 S20	X338	1196	乙基三氯硅烷
L1.5BN		FL	2 (D/E)				S2 S20	33	1197	萃取调味品，液体的(50℃时蒸气压大于110kPa)

联合国编号	名称和描述	类别	分类代码	包装类别	标志	特殊规定	有限和例外数量		容器			可移动罐柜和散装容器	
									包装指南	特殊包装规定	混合包装规定	指南	特殊规定
		3.1.2	2.2	2.2	2.1.1.3	5.2.2	3.3	3.4	3.5.1.2	4.1.4	4.1.4	4.1.10	4.2.5.2	4.2.5.3
(1)	(2)	(3a)	(3b)	(4)	(5)	(6)	(7a)	(7b)	(8)	(9a)	(9b)	(10)	(11)
1197	萃取调味品,液体的(50℃时蒸气压不大于110kPa)	3	F1	Ⅱ	3	601 640D	5L	E2	P001 IBC02 R001		MP19	T4	TP1 TP8
1197	萃取调味品,液体的	3	F1	Ⅲ	3	601 640E	5L	E1	P001 IBC03 LP01 R001		MP19	T2	TP1
1197	萃取调味品,液体的(闪点在23℃以下,黏度参照2.2.3.1.4)(50℃时蒸气压大于110kPa)	3	F1	Ⅲ	3	601	5L	E1	P001 R001		MP19		
1197	萃取调味品,液体的(闪点在23℃以下,黏度参照2.2.3.1.4)(50℃时蒸气压不大于110kPa)	3	F1	Ⅲ	3	601	5L	E1	P001 IBC02 R001	BB4	MP19		
1198	甲醛溶液,易燃	3	FC	Ⅲ	3 +8		5L	E1	P001 IBC03 R001		MP19	T4	TP1
1199	糠醛	6.1	TF1	Ⅱ	6.1 +3		100ml	E4	P001 IBC02		MP15	T7	TP2
1201	杂醇油	3	F1	Ⅱ	3		1L	E2	P001 IBC02 R001		MP19	T4	TP1
1201	杂醇油	3	F1	Ⅲ	3		5L	E1	P001 IBC03 LP01 R001		MP19	T2	TP1
1202	瓦斯油或柴油或燃料油,轻的(闪点不大于60℃)	3	F1	Ⅲ	3	363 640K 664	5L	E1	P001 IBC03 LP01 R001		MP19	T2	TP1
1202	柴油,符合EN590:2004标准的,或瓦斯油或轻质燃料油,其闪点列入EN590:2009+A1:2010的	3	F1	Ⅲ	3	363 640L 664	5L	E1	P001 IBC03 LP01 R001		MP19	T2	TP1

ADR 罐体		运输罐体车辆	运输类别（隧道限制代码）	运输特殊规定				危险性识别号	联合国编号	名称和描述
罐体代码	特殊规定			包件	散装	装卸和操作	作业			
4.3	4.3.5,6.8.4	9.1.1.2	1.1.3.6	7.2.4	7.3.3	7.5.11	8.5	5.3.2.3		3.1.2
(12)	(13)	(14)	(15)	(16)	(17)	(18)	(19)	(20)	(1)	(2)
LGBF		FL	2 (D/E)				S2 S20	33	1197	萃取调味品，液体的(50℃时蒸气压不大于110kPa)
LGBF		FL	3 (D/E)	V12			S2	30	1197	萃取调味品，液体的
			3 (E)				S2		1197	萃取调味品，液体的(闪点在23℃以下，黏度参照2.2.3.1.4)(50℃时蒸气压大于110kPa)
			3 (E)				S2		1197	萃取调味品，液体的(闪点在23℃以下，黏度参照2.2.3.1.4)(50℃时蒸气压不大于110kPa)
L4BN		FL	3 (D/E)	V12			S2	38	1198	甲醛溶液，易燃
L4BH	TU15 TE19	FL	2 (D/E)			CV13 CV28	S2 S9 S19	63	1199	糠醛
LGBF		FL	2 (D/E)				S2 S20	33	1201	杂醇油
LGBF		FL	3 (D/E)	V12			S2	30	1201	杂醇油
LGBF		FL	3 (D/E)	V12			S2	30	1202	瓦斯油或柴油或燃料油，轻的(闪点不大于60℃)
LGBF		AT	3 (D/E)	V12			S2	30	1202	柴油，符合EN590:2004标准的，或瓦斯油或轻质燃料油，其闪点列入EN590:2009+A1:2010的

联合国编号	名称和描述	类别	分类代码	包装类别	标志	特殊规定	有限和例外数量		容器			可移动罐柜和散装容器	
									包装指南	特殊包装规定	混合包装规定	指南	特殊规定
		3.1.2	2.2	2.2	2.1.1.3	5.2.2	3.3	3.4	3.5.1.2	4.1.4	4.1.4	4.1.10	4.2.5.2	4.2.5.3
(1)	(2)	(3a)	(3b)	(4)	(5)	(6)	(7a)	(7b)	(8)	(9a)	(9b)	(10)	(11)
1202	瓦斯油或柴油或燃料油,轻的(闪点大于60℃,但不高于100℃)	3	F1	Ⅲ	3	363 640M 664	5L	E1	P001 IBC03 LP01 R001		MP19	T2	TP1
1203	车用汽油或汽油	3	F1	Ⅱ	3	243 534 363 664	1L	E2	P001 IBC02 R001	BB2	MP19	T4	TP1
1204	硝化甘油酒精溶液,含硝化甘油不超过1%	3	D	Ⅱ	3	601	1L	E0	P001 IBC02	PP5	MP2		
1206	庚烷类	3	F1	Ⅱ	3		1L	E2	P001 IBC02 R001		MP19	T4	TP1
1207	己醛	3	F1	Ⅲ	3		5L	E1	P001 IBC03 LP01 R001		MP19	T2	TP1
1208	己烷类	3	F1	Ⅱ	3		1L	E2	P001 IBC02 R001		MP19	T4	TP1
1210	印刷油墨,易燃的或印刷油墨相关材料(包括印刷油墨稀释剂或调稀剂)易燃的	3	F1	Ⅰ	3	163 367	500ml	E3	P001		MP7 MP17	T11	TP1 TP8
1210	印刷油墨,易燃的或印刷油墨相关材料(包括印刷油墨稀释剂或调稀剂)易燃的(50℃时蒸气压大于110kPa)	3	F1	Ⅱ	3	163 367 640C	5L	E2	P001	PP1	MP19	T4	TP1 TP8
1210	印刷油墨,易燃的或印刷油墨相关材料(包括印刷油墨稀释剂或调稀剂)易燃的(50℃时蒸气压不大于110kPa)	3	F1	Ⅱ	3	163 367 640D	5L	E2	P001 IBC02 R001	PP1	MP19	T4	TP1 TP8

ADR 罐体		运输罐体车辆	运输类别（隧道限制代码）	运输特殊规定				危险性识别号	联合国编号	名称和描述
罐体代码	特殊规定			包件	散装	装卸和操作	作业			
4.3	4.3.5,6.8.4	9.1.1.2	1.1.3.6	7.2.4	7.3.3	7.5.11	8.5	5.3.2.3	3.1.2	
(12)	(13)	(14)	(15)	(16)	(17)	(18)	(19)	(20)	(1)	(2)
LGBV		AT	3 (D/E)	V12				30	1202	**瓦斯油或柴油或燃料油,轻的**（闪点大于60℃,但不高于100℃）
LGBF	TU9	FL	2 (D/E)				S2 S20	33	1203	**车用汽油或汽油**
			2 (B)				S2 S14		1204	**硝化甘油酒精溶液**,含硝化甘油不超过1%
LGBF		FL	2 (D/E)				S2 S20	33	1206	**庚烷类**
LGBF		FL	3 (D/E)	V12			S2	30	1207	**己醛**
LGBF		FL	2 (D/E)				S2 S20	33	1208	**己烷类**
L4BN		FL	1 (D/E)				S2 S20	33	1210	**印刷油墨,易燃的或印刷油墨相关材料**（包括印刷油墨稀释剂或调稀剂）**易燃的**
L1.5BN		FL	2 (D/E)				S2 S20	33	1210	**印刷油墨,易燃的或印刷油墨相关材料**（包括印刷油墨稀释剂或调稀剂）**易燃的**(50℃时蒸气压大于110kPa)
LGBF		FL	2 (D/E)				S2 S20	33	1210	**印刷油墨,易燃的或印刷油墨相关材料**（包括印刷油墨稀释剂或调稀剂）**易燃的**(50℃时蒸气压不大于110kPa)

联合国编号	名称和描述	类别	分类代码	包装类别	标志	特殊规定	有限和例外数量		容器			可移动罐柜和散装容器	
									包装指南	特殊包装规定	混合包装规定	指南	特殊规定
	3.1.2	2.2	2.2	2.1.1.3	5.2.2	3.3	3.4	3.5.1.2	4.1.4	4.1.4	4.1.10	4.2.5.2	4.2.5.3
(1)	(2)	(3a)	(3b)	(4)	(5)	(6)	(7a)	(7b)	(8)	(9a)	(9b)	(10)	(11)
1210	印刷油墨,易燃的或印刷油墨相关材料(包括印刷油墨稀释剂或调稀剂)易燃的	3	F1	Ⅲ	3	163 367 640E	5L	E1	P001 IBC03 LP01 R001	PP1	MP19	T2	TP1
1210	印刷油墨,易燃的或印刷油墨相关材料(包括印刷油墨稀释剂或调稀剂)易燃的(闪点在23℃以下,黏度参照2.2.3.1.4)(50℃时蒸气压大于110kPa)	3	F1	Ⅲ	3	163 367	5L	E1	P001 R001	PP1	MP19		
1210	印刷油墨,易燃的或印刷油墨相关材料(包括印刷油墨稀释剂或调稀剂)易燃的(闪点在23℃以下,黏度参照2.2.3.1.4)(50℃时蒸气压不大于110kPa)	3	F1	Ⅲ	3	163 367	5L	E1	P001 IBC02 R001	PP1 BB4	MP19		
1212	异丁醇	3	F1	Ⅲ	3		5L	E1	P001 IBC03 LP01 R001		MP19	T2	TP1
1213	乙酸异丁酯	3	F1	Ⅱ	3		1L	E2	P001 IBC02 R001		MP19	T4	TP1
1214	异丁胺	3	FC	Ⅱ	3 +8		1L	E2	P001 IBC02		MP19	T7	TP1
1216	异辛烯类	3	F1	Ⅱ	3		1L	E2	P001 IBC02 R001		MP19	T4	TP1
1218	异戊二烯,稳定的	3	F1	Ⅰ	3		0	E3	P001		MP7 MP17	T11	TP2
1219	异丙醇	3	F1	Ⅱ	3	601	1L	E2	P001 IBC02 R001		MP19	T4	TP1

ADR 罐体		运输罐体车辆	运输类别（隧道限制代码）	运输特殊规定				危险性识别号	联合国编号	名称和描述
罐体代码	特殊规定			包件	散装	装卸和操作	作业			
4.3	4.3.5,6.8.4	9.1.1.2	1.1.3.6	7.2.4	7.3.3	7.5.11	8.5	5.3.2.3		3.1.2
(12)	(13)	(14)	(15)	(16)	(17)	(18)	(19)	(20)	(1)	(2)
LGBF		FL	3 (D/E)	V12			S2	30	1210	**印刷油墨**，易燃的或**印刷油墨相关材料**（包括印刷油墨稀释剂或调稀剂）易燃的
			3 (E)				S2		1210	**印刷油墨**，易燃的或**印刷油墨相关材料**（包括印刷油墨稀释剂或调稀剂）易燃的（闪点在23℃以下，黏度参照2.2.3.1.4）（50℃时蒸气压大于110kPa）
			3 (E)				S2		1210	**印刷油墨**，易燃的或**印刷油墨相关材料**（包括印刷油墨稀释剂或调稀剂）易燃的（闪点在23℃以下，黏度参照2.2.3.1.4）（50℃时蒸气压不大于110kPa）
LGBF		FL	3 (D/E)	V12			S2	30	1212	**异丁醇**
LGBF		FL	2 (D/E)				S2 S20	33	1213	**乙酸异丁酯**
L4BH		FL	2 (D/E)				S2 S20	338	1214	**异丁胺**
LGBF		FL	2 (D/E)				S2 S20	33	1216	**异辛烯类**
L4BN		FL	1 (D/E)				S2 S20	339	1218	**异戊二烯，稳定的**
LGBF		FL	2 (D/E)				S2 S20	33	1219	**异丙醇**

317

联合国编号	名称和描述	类别	分类代码	包装类别	标志	特殊规定	有限和例外数量		容器			可移动罐柜和散装容器	
									包装指南	特殊包装规定	混合包装规定	指南	特殊规定
	3.1.2	2.2	2.2	2.1.1.3	5.2.2	3.3	3.4	3.5.1.2	4.1.4	4.1.4	4.1.10	4.2.5.2	4.2.5.3
(1)	(2)	(3a)	(3b)	(4)	(5)	(6)	(7a)	(7b)	(8)	(9a)	(9b)	(10)	(11)
1220	乙酸异丙酯	3	F1	Ⅱ	3		1L	E2	P001 IBC02 R001		MP19	T4	TP1
1221	异丙胺	3	FC	Ⅰ	3 +8		0	E0	P001		MP7 MP17	T11	TP2
1222	硝酸异丙酯	3	F1	Ⅱ	3		1L	E2	P001 IBC02 R001	B7	MP19		
1223	煤油	3	F1	Ⅲ	3	363 664	5L	E1	P001 IBC03 LP01 R001		MP19	T2	TP2
1224	酮类,液体的,未另作规定的(50℃蒸气压力,大于110kPa)	3	F1	Ⅱ	3	274 640C	1L	E2	P001		MP19	T7	TP1 TP8 TP28
1224	酮类,液体的,未另作规定的(50℃蒸气压力,不大于110kPa)	3	F1	Ⅱ	3	274 640D	1L	E2	P001 IBC02 R001		MP19	T7	TP1 TP8 TP28
1224	酮类,液体的,未另作规定的	3	F1	Ⅲ	3	274	5L	E1	P001 IBC03 LP01 R001		MP19	T4	TP1 TP29
1228	硫醇类,液体的,易燃的,有毒的,未另作规定的或硫醇类混合物,液体的,易燃的,有毒的,未另作规定的	3	FT1	Ⅱ	3 +6.1	274	1L	E0	P001 IBC02		MP19	T11	TP2 TP27
1228	硫醇类,液体的,易燃的,有毒的,未另作规定的或硫醇类混合物,液体的,易燃的,有毒的,未另作规定的	3	FT1	Ⅲ	3 +6.1	274	5L	E1	P001 IBC03 R001		MP19	T7	TP1 TP28
1229	异亚丙基丙酮(莱基化氧)	3	F1	Ⅲ	3		5L	E1	P001 IBC03 LP01 R001		MP19	T2	TP1

ADR 罐体		运输罐体车辆	运输类别（隧道限制代码）	运输特殊规定				危险性识别号	联合国编号	名称和描述
罐体代码	特殊规定			包件	散装	装卸和操作	作业			
4.3	4.3.5, 6.8.4	9.1.1.2	1.1.3.6	7.2.4	7.3.3	7.5.11	8.5	5.3.2.3	3.1.2	
(12)	(13)	(14)	(15)	(16)	(17)	(18)	(19)	(20)	(1)	(2)
LGBF		FL	2 (D/E)				S2 S20	33	1220	乙酸异丙酯
L10CH	TU14 TE21	FL	1 (C/E)				S2 S20	338	1221	异丙胺
			2 (E)				S2 S20		1222	硝酸异丙酯
LGBF		FL	3 (D/E)	V12			S2	30	1223	煤油
L1.5BN		FL	2 (D/E)				S2 S20	33	1224	酮类,液体的,未另作规定的(50℃蒸气压力,大于110kPa)
LGBF		FL	2 (D/E)				S2 S20	33	1224	酮类,液体的,未另作规定的(50℃蒸气压力,不大于110kPa)
LGBF		FL	3 (D/E)	V12			S2	30	1224	酮类,液体的,未另作规定的
L4BH	TU15	FL	2 (D/E)			CV13 CV28	S2 S19	336	1228	硫醇类,液体的,易燃的,有毒的,未另作规定的或硫醇类混合物,液体的,易燃的,有毒的,未另作规定的
L4BH	TU15	FL	3 (D/E)	V12		CV13 CV28	S2	36	1228	硫醇类,液体的,易燃的,有毒的,未另作规定的或硫醇类混合物,液体的,易燃的,有毒的,未另作规定的
LGBF		FL	3 (D/E)	V12			S2	30	1229	异亚丙基丙酮(莱基化氧)

联合国编号	名称和描述	类别	分类代码	包装类别	标志	特殊规定	有限和例外数量		容器			可移动罐柜和散装容器	
									包装指南	特殊包装规定	混合包装规定	指南	特殊规定
		3.1.2	2.2	2.2	2.1.1.3	5.2.2	3.3	3.4	3.5.1.2	4.1.4	4.1.4	4.1.10	4.2.5.2	4.2.5.3
(1)	(2)	(3a)	(3b)	(4)	(5)	(6)	(7a)	(7b)	(8)	(9a)	(9b)	(10)	(11)
1230	甲醇	3	FT1	Ⅱ	3 +6.1	279	1L	E2	P001 IBC02		MP19	T7	TP2
1231	乙酸甲酯	3	F1	Ⅱ	3		1L	E2	P001 IBC02 R001		MP19	T4	TP1
1233	乙酸甲基戊酯	3	F1	Ⅲ	3		5L	E1	P001 IBC03 LP01 R001		MP19	T2	TP1
1234	甲醛缩二甲醇（甲缩醛）	3	F1	Ⅱ	3		1L	E2	P001 IBC02	B8	MP19	T7	TP2
1235	甲胺,水溶液	3	FC	Ⅱ	3 +8		1L	E2	P001 IBC02		MP19	T7	TP1
1237	丁酸甲酯	3	F1	Ⅱ	3		1L	E2	P001 IBC02 R001		MP19	T4	TP1
1238	氯甲酸甲酯	6.1	TFC	Ⅰ	6.1 +3 +8	354	0	E0	P602		MP8 MP17	T22	TP2 TP35
1239	甲基氯甲基醚	6.1	TF1	Ⅰ	6.1 +3	354	0	E0	P602		MP8 MP17	T22	TP2 TP35
1242	甲基二氯硅烷	4.3	WFC	Ⅰ	4.3 +3 +8		0	E0	P401	RR7	MP2	T14	TP2 TP7
1243	甲酸甲酯	3	F1	Ⅰ	3		0	E3	P001		MP7 MP17	T11	TP2
1244	甲基肼	6.1	TFC	Ⅰ	6.1 +3 +8	354	0	E0	P602		MP8 MP17	T22	TP2 TP35
1245	甲基异丁基（甲）酮	3	F1	Ⅱ	3		1L	E2	P001 IBC02 R001		MP19	T4	TP1
1246	甲基异丙烯基（甲）酮,稳定的	3	F1	Ⅱ	3		1L	E2	P001 IBC02 R001		MP19	T4	TP1
1247	甲基丙烯酸甲酯,单体,稳定的	3	F1	Ⅱ	3		1L	E2	P001 IBC02 R001		MP19	T4	TP1
1248	丙酸甲酯	3	F1	Ⅱ	3		1L	E2	P001 IBC02 R001		MP19	T4	TP1

ADR 罐体		运输罐体车辆	运输类别（隧道限制代码）	运输特殊规定				危险性识别号	联合国编号	名称和描述
罐体代码	特殊规定			包件	散装	装卸和操作	作业			
4.3	4.3.5,6.8.4	9.1.1.2	1.1.3.6	7.2.4	7.3.3	7.5.11	8.5	5.3.2.3		3.1.2
(12)	(13)	(14)	(15)	(16)	(17)	(18)	(19)	(20)	(1)	(2)
L4BH	TU15	FL	2 (D/E)			CV13 CV28	S2 S19	336	1230	甲醇
LGBF		FL	2 (D/E)				S2 S20	33	1231	乙酸甲酯
LGBF		FL	3 (D/E)	V12			S2	30	1233	乙酸甲基戊酯
L1.5BN		FL	2 (D/E)				S2 S20	33	1234	甲醛缩二甲醇（甲缩醛）
L4BH		FL	2 (D/E)				S2 S20	338	1235	甲胺,水溶液
LGBF		FL	2 (D/E)				S2 S20	33	1237	丁酸甲酯
L15CH	TU14 TU15 TE19 TE21	FL	1 (C/D)			CV1 CV13 CV28	S2 S9 S14	663	1238	氯甲酸甲酯
L15CH	TU14 TU15 TE19 TE21	FL	1 (C/D)			CV1 CV13 CV28	S2 S9 S14	663	1239	甲基氯甲基醚
L10DH	TU14 TU24 TE21 TM2 TM3	FL	0 (B/E)	V1		CV23	S2 S20	X338	1242	甲基二氯硅烷
L4BN		FL	1 (D/E)				S2 S20	33	1243	甲酸甲酯
L15CH	TU14 TU15 TE19 TE21	FL	1 (C/D)			CV1 CV13 CV28	S2 S9 S14	663	1244	甲基肼
LGBF		FL	2 (D/E)				S2 S20	33	1245	甲基异丁基(甲)酮
LGBF		FL	2 (D/E)				S2 S20	339	1246	甲基异丙烯基(甲)酮,稳定的
LGBF		FL	2 (D/E)				S2 S20	339	1247	甲基丙烯酸甲酯,单体,稳定的
LGBF		FL	2 (D/E)				S2 S20	33	1248	丙酸甲酯

联合国编号	名称和描述	类别	分类代码	包装类别	标志	特殊规定	有限和例外数量		容器			可移动罐柜和散装容器	
									包装指南	特殊包装规定	混合包装规定	指南	特殊规定
		3.1.2	2.2	2.2	2.1.1.3	5.2.2	3.3	3.4	3.5.1.2	4.1.4	4.1.4	4.1.10	4.2.5.2	4.2.5.3
(1)	(2)	(3a)	(3b)	(4)	(5)	(6)	(7a)	(7b)	(8)	(9a)	(9b)	(10)	(11)
1249	甲基丙基(甲)酮	3	F1	Ⅱ	3		1L	E2	P001 IBC02 R001		MP19	T4	TP1
1250	甲基三氯硅烷	3	FC	Ⅱ	3+8		0	E0	P010		MP19	T10	TP2 TP7
1251	甲基乙烯基甲酮,稳定的	6.1	TFC	Ⅰ	6.1+3+8	354	0	E0	P601	RR7	MP8 MP17	T22	TP2 TP37
1259	羰基镍	6.1	TF1	Ⅰ	6.1+3		0	E0	P601		MP2		
1261	硝基甲烷	3	F1	Ⅱ	3		1L	E0	P001 R001	RR2	MP19		
1262	辛烷类	3	F1	Ⅱ	3		1L	E2	P001 IBC02 R001		MP19	T4	TP1
1263	涂料(包括油漆、真漆、瓷漆、着色剂、紫胶溶液、清漆、虫胶清漆、液体填料和液体真漆基料)或涂料相关材料(包括涂料稀释剂或调稀剂)(50℃时蒸气压大于110kPa)	3	F1	Ⅰ	3	163 367 650	500ml	E3	P001		MP7 MP17	T11	TP1 TP8 TP27
1263	涂料(包括油漆、真漆、瓷漆、着色剂、紫胶溶液、清漆、虫胶清漆、液体填料和液体真漆基料)或涂料相关材料(包括涂料稀释剂或调稀剂)	3	F1	Ⅱ	3	163 367 640C 650	5L	E2	P001	PP1	MP19	T4	TP1 TP8 TP28

ADR 罐体		运输罐体车辆	运输类别（隧道限制代码）	运输特殊规定			危险性识别号	联合国编号	名称和描述
罐体代码	特殊规定			包件	散装	装卸和操作	作业		
4.3	4.3.5,6.8.4	9.1.1.2	1.1.3.6	7.2.4	7.3.3	7.5.11	8.5	5.3.2.3	3.1.2
(12)	(13)	(14)	(15)	(16)	(17)	(18)	(19)	(20)	(1) (2)
LGBF		FL	2 (D/E)				S2 S20	33	1249 甲基丙基(甲)酮
L4BH		FL	2 (D/E)				S2 S20	X338	1250 甲基三氯硅烷
L15CH	TU14 TU15 TE19 TE21	FL	1 (C/D)			CV1 CV13 CV28	S2 S9 S14	639	1251 甲基乙烯基甲酮,稳定的
L15CH	TU14 TU15 TU31 TE19 TE21 TM3	FL	1 (C/D)			CV1 CV13 CV28	S2 S9 S14	663	1259 羰基镍
			2 (E)				S2 S20		1261 硝基甲烷
LGBF		FL	2 (D/E)				S2 S20	33	1262 辛烷类
L4BN		FL	1 (D/E)				S2 S20	33	1263 涂料（包括油漆、真漆、瓷漆、着色剂、紫胶溶液、清漆、虫胶清漆、液体填料和液体真漆基料）或涂料相关材料（包括涂料稀释剂或调稀剂）(50℃时蒸气压大于110kPa)
L1.5BN		FL	2 (D/E)				S2 S20	33	1263 涂料（包括油漆、真漆、瓷漆、着色剂、紫胶溶液、清漆、虫胶清漆、液体填料和液体真漆基料）或涂料相关材料（包括涂料稀释剂或调稀剂）

联合国编号	名称和描述	类别	分类代码	包装类别	标志	特殊规定	有限和例外数量		容器			可移动罐柜和散装容器	
									包装指南	特殊包装规定	混合包装规定	指南	特殊规定
	3.1.2	2.2	2.2	2.1.1.3	5.2.2	3.3	3.4	3.5.1.2	4.1.4	4.1.4	4.1.10	4.2.5.2	4.2.5.3
(1)	(2)	(3a)	(3b)	(4)	(5)	(6)	(7a)	(7b)	(8)	(9a)	(9b)	(10)	(11)
1263	**涂料**(包括油漆、真漆、瓷漆、着色剂、紫胶溶液、清漆、虫胶清漆、液体填料和液体真漆基料)或**涂料相关材料**(包括涂料稀释剂或调稀剂)(50℃时蒸气压不大于110kPa)	3	F1	Ⅱ	3	163 367 640D 650	5L	E2	P001 IBC02 R001	PP1	MP19	T4	TP1 TP8 TP28
1263	**涂料**(包括油漆、真漆、瓷漆、着色剂、紫胶溶液、清漆、虫胶清漆、液体填料和液体真漆基料)或**涂料相关材料**(包括涂料稀释剂或调稀剂)(50℃时蒸气压不大于110kPa)	3	F1	Ⅲ	3	163 367 640E 650	5L	E1	P001 IBC03 LP01 R001	PP1	MP19	T2	TP1 TP29
1263	**涂料**(包括油漆、真漆、瓷漆、着色剂、紫胶溶液、清漆、虫胶清漆、液体填料和液体真漆基料)或**涂料相关材料**(包括涂料稀释剂或调稀剂)(闪点在23℃以下,黏度参照2.2.3.1.4)(50℃时蒸气压大于110kPa)	3	F1	Ⅲ	3	163 367 650	5L	E1	P001 R001	PP1	MP19		
1263	**涂料**(包括油漆、真漆、瓷漆、着色剂、紫胶溶液、清漆、虫胶清漆、液体填料和液体真漆基料)或**涂料相关材料**(包括涂料稀释剂或调稀剂)(闪点在23℃以下,黏度参照2.2.3.1.4)(50℃时蒸气压不大于110kPa)	3	F1	Ⅲ	3	163 367 650	5L	E1	P001 IBC02 R001	PP1 BB4	MP19		

ADR 罐体		运输罐体车辆	运输类别（隧道限制代码）	运输特殊规定				危险性识别号	联合国编号	名称和描述
罐体代码	特殊规定			包件	散装	装卸和操作	作业			
4.3	4.3.5,6.8.4	9.1.1.2	1.1.3.6	7.2.4	7.3.3	7.5.11	8.5	5.3.2.3		3.1.2
(12)	(13)	(14)	(15)	(16)	(17)	(18)	(19)	(20)	(1)	(2)
LGBF		FL	2 (D/E)				S2 S20	33	1263	**涂料**（包括油漆、真漆、瓷漆、着色剂、紫胶溶液、清漆、虫胶清漆、液体填料和液体真漆基料）或**涂料相关材料**（包括涂料稀释剂或调稀剂）(50℃时蒸气压不大于110kPa)
LGBF		FL	3 (D/E)	V12			S2	30	1263	**涂料**（包括油漆、真漆、瓷漆、着色剂、紫胶溶液、清漆、虫胶清漆、液体填料和液体真漆基料）或**涂料相关材料**（包括涂料稀释剂或调稀剂）(50℃时蒸气压不大于110kPa)
			3 (E)				S2		1263	**涂料**（包括油漆、真漆、瓷漆、着色剂、紫胶溶液、清漆、虫胶清漆、液体填料和液体真漆基料）或**涂料相关材料**（包括涂料稀释剂或调稀剂）(闪点在23℃以下，黏度参照2.2.3.1.4)(50℃时蒸气压大于110kPa)
			3 (E)				S2		1263	**涂料**（包括油漆、真漆、瓷漆、着色剂、紫胶溶液、清漆、虫胶清漆、液体填料和液体真漆基料）或**涂料相关材料**（包括涂料稀释剂或调稀剂）(闪点在23℃以下，黏度参照2.2.3.1.4)(50℃时蒸气压不大于110kPa)

联合国编号	名称和描述	类别	分类代码	包装类别	标志	特殊规定	有限和例外数量		容器			可移动罐柜和散装容器	
									包装指南	特殊包装规定	混合包装规定	指南	特殊规定
		3.1.2	2.2	2.2	2.1.1.3	5.2.2	3.3	3.4	3.5.1.2	4.1.4	4.1.4	4.1.10	4.2.5.2	4.2.5.3
(1)	(2)	(3a)	(3b)	(4)	(5)	(6)	(7a)	(7b)	(8)	(9a)	(9b)	(10)	(11)
1264	仲乙醛(三聚乙醛)	3	F1	Ⅲ	3		5L	E1	P001 IBC03 LP01 R001		MP19	T2	TP1
1265	戊烷类,液体	3	F1	Ⅰ	3		0	E3	P001		MP7 MP17	T11	TP2
1265	戊烷类,液体	3	F1	Ⅱ	3		1L	E2	P001 IBC02	B8	MP19	T4	TP1
1266	香料制品,含易燃液体(50℃时蒸气压大于110kPa)	3	F1	Ⅱ	3	163 640C	5L	E2	P001		MP19	T4	TP1 TP8
1266	香料制品,含易燃液体(50℃时蒸气压不大于110kPa)	3	F1	Ⅱ	3	163 640D	5L	E2	P001 IBC02 R001		MP19	T4	TP1 TP8
1266	香料制品,含易燃液体	3	F1	Ⅲ	3	163 640E	5L	E1	P001 IBC03 LP01 R001		MP19	T2	TP1
1266	香料制品,含易燃液体(闪点在23℃以下,黏度参照2.2.3.1.4)(50℃时蒸气压大于110kPa)	3	F1	Ⅲ	3	163	5L	E1	P001 R001		MP19		
1266	香料制品,含易燃液体(闪点在23℃以下,黏度参照2.2.3.1.4)(50℃时蒸气压不大于110kPa)	3	F1	Ⅲ	3	163	5L	E1	P001 IBC02 R001	BB4	MP19		
1267	石油原油	3	F1	Ⅰ	3	357	500ml	E3	P001		MP7 MP17	T11	TP1 TP8
1267	石油原油(50℃时蒸气压大于110kPa)	3	F1	Ⅱ	3	357 640C	1L	E2	P001		MP19	T4	TP1 TP8
1267	石油原油(50℃时蒸气压不大于110kPa)	3	F1	Ⅱ	3	357 640D	1L	E2	P001 IBC02 R001		MP19	T4	TP1 TP8

罐体代码	特殊规定	运输罐体车辆	运输类别（隧道限制代码）	包件	散装	装卸和操作	作业	危险性识别号	联合国编号	名称和描述
4.3	4.3.5,6.8.4	9.1.1.2	1.1.3.6	7.2.4	7.3.3	7.5.11	8.5	5.3.2.3		3.1.2
(12)	(13)	(14)	(15)	(16)	(17)	(18)	(19)	(20)	(1)	(2)
LGBF		FL	3 (D/E)	V12			S2	30	1264	**仲乙醛（三聚乙醛）**
L4BN		FL	1 (D/E)				S2 S20	33	1265	**戊烷类，液体**
L1.5BN		FL	2 (D/E)				S2 S20	33	1265	**戊烷类，液体**
L1.5BN		FL	2 (D/E)				S2 S20	33	1266	**香料制品，含易燃液体（50℃时蒸气压大于110kPa）**
LGBF		FL	2 (D/E)				S2 S20	33	1266	**香料制品，含易燃液体（50℃时蒸气压不大于110kPa）**
LGBF		FL	3 (D/E)	V12			S2	30	1266	**香料制品，含易燃液体**
			3 (E)				S2		1266	**香料制品，含易燃液体（闪点在23℃以下，黏度参照2.2.3.1.4）（50℃时蒸气压大于110kPa）**
			3 (E)				S2		1266	**香料制品，含易燃液体（闪点在23℃以下，黏度参照2.2.3.1.4）（50℃时蒸气压不大于110kPa）**
L4BN		FL	1 (D/E)				S2 S20	33	1267	**石油原油**
L1.5BN		FL	2 (D/E)				S2 S20	33	1267	**石油原油（50℃时蒸气压大于110kPa）**
LGBF		FL	2 (D/E)				S2 S20	33	1267	**石油原油（50℃时蒸气压不大于110kPa）**

联合国编号	名称和描述	类别	分类代码	包装类别	标志	特殊规定	有限和例外数量		容器			可移动罐柜和散装容器	
									包装指南	特殊包装规定	混合包装规定	指南	特殊规定
		3.1.2	2.2	2.2	2.1.1.3	5.2.2	3.3	3.4	3.5.1.2	4.1.4	4.1.4	4.1.10	4.2.5.2	4.2.5.3
(1)	(2)	(3a)	(3b)	(4)	(5)	(6)	(7a)	(7b)	(8)	(9a)	(9b)	(10)	(11)
1267	石油原油	3	F1	Ⅲ	3	357	5L	E1	P001 IBC03 LP01 R001		MP19	T2	TP1
1268	石油馏出物,未另作规定的或石油产品,未另作规定的	3	F1	Ⅰ	3	363 664	500ml	E3	P001		MP7 MP17	T11	TP1 TP8
1268	石油馏出物,未另作规定的或石油产品,未另作规定的(50℃时蒸气压大于110kPa)	3	F1	Ⅱ	3	363 640C 664	1L	E2	P001		MP19	T7	TP1 TP8 TP28
1268	石油馏出物,未另作规定的或石油产品,未另作规定的(50℃时蒸气压不大于110kPa)	3	F1	Ⅱ	3	363 640D 664	1L	E2	P001 IBC02 R001		MP19	T7	TP1 TP8 TP28
1268	石油馏出物,未另作规定的或石油产品,未另作规定的	3	F1	Ⅲ	3	363 664	5L	E1	P001 IBC03 LP01 R001		MP19	T4	TP1 TP29
1272	松油	3	F1	Ⅲ	3		5L	E1	P001 IBC03 LP01 R001		MP19	T2	TP1
1274	丙醇(正丙醇)	3	F1	Ⅱ	3		1L	E2	P001 IBC02 R001		MP19	T4	TP1
1274	丙醇(正丙醇)	3	F1	Ⅲ	3		5L	E1	P001 IBC03 LP01 R001		MP19	T2	TP1
1275	丙醛	3	F1	Ⅱ	3		1L	E2	P001 IBC02 R001		MP19	T7	TP1
1276	乙酸丙酯	3	F1	Ⅱ	3		1L	E2	P001 IBC02 R001		MP19	T4	TP1

ADR 罐体		运输罐体车辆	运输类别（隧道限制代码）	运输特殊规定				危险性识别号	联合国编号	名称和描述
罐体代码	特殊规定			包件	散装	装卸和操作	作业			
4.3	4.3.5,6.8.4	9.1.1.2	1.1.3.6	7.2.4	7.3.3	7.5.11	8.5	5.3.2.3		3.1.2
(12)	(13)	(14)	(15)	(16)	(17)	(18)	(19)	(20)	(1)	(2)
LGBF		FL	3 (D/E)	V12			S2	30	1267	石油原油
L4BN		FL	1 (D/E)				S2 S20	33	1268	石油馏出物，未另作规定的或石油产品，未另作规定的
L1.5BN		FL	2 (D/E)				S2 S20	33	1268	石油馏出物，未另作规定的或石油产品，未另作规定的（50℃时蒸气压大于110kPa）
LGBF		FL	2 (D/E)				S2 S20	33	1268	石油馏出物，未另作规定的或石油产品，未另作规定的（50℃时蒸气压不大于110kPa）
LGBF		FL	3 (D/E)	V12			S2	30	1268	石油馏出物，未另作规定的或石油产品，未另作规定的
LGBF		FL	3 (D/E)	V12			S2	30	1272	松油
LGBF		FL	2 (D/E)				S2 S20	33	1274	丙醇(正丙醇)
LGBF		FL	3 (D/E)	V12			S2	30	1274	丙醇(正丙醇)
LGBF		FL	2 (D/E)				S2 S20	33	1275	丙醛
LGBF		FL	2 (D/E)				S2 S20	33	1276	乙酸丙酯

联合国编号	名称和描述	类别	分类代码	包装类别	标志	特殊规定	有限和例外数量		容器			可移动罐柜和散装容器	
									包装指南	特殊包装规定	混合包装规定	指南	特殊规定
		3.1.2	2.2	2.2	2.1.1.3	5.2.2	3.3	3.4	3.5.1.2	4.1.4	4.1.4	4.1.10	4.2.5.2	4.2.5.3
(1)	(2)	(3a)	(3b)	(4)	(5)	(6)	(7a)	(7b)	(8)	(9a)	(9b)	(10)	(11)
1277	丙胺	3	FC	Ⅱ	3+8		1L	E2	P001 IBC02		MP19	T7	TP1
1278	1-氯丙烷	3	F1	Ⅱ	3		1L	E0	P001 IBC02	B8	MP19	T7	TP2
1279	1,2-二氯丙烷	3	F1	Ⅱ	3		1L	E2	P001 IBC02 R001		MP19	T4	TP1
1280	氧化丙烯	3	F1	Ⅰ	3		0	E3	P001		MP7 MP17	T11	TP2 TP7
1281	甲酸丙酯类	3	F1	Ⅱ	3		1L	E2	P001 IBC02 R001		MP19	T4	TP1
1282	吡啶	3	F1	Ⅱ	3		1L	E2	P001 IBC02 R001		MP19	T4	TP1
1286	松香油(50℃时蒸气压大于110kPa)	3	F1	Ⅱ	3	640C	5L	E2	P001		MP19	T4	TP1
1286	松香油(50℃时蒸气压不大于110kPa)	3	F1	Ⅱ	3	640D	5L	E2	IBC02 R001		MP19	T4	TP1
1286	松香油	3	F1	Ⅲ	3	640E	5L	E1	IBC03 LP01 R001		MP19	T2	TP1
1286	松香油(闪点在23℃以下,黏度参照2.2.3.1.4)(50℃时蒸气压大于110kPa)	3	F1	Ⅲ	3		5L	E1	R001		MP19		
1286	松香油(闪点在23℃以下,黏度参照2.2.3.1.4)(50℃时蒸气压不大于110kPa)	3	F1	Ⅲ	3		5L	E1	IBC02 R001	BB4	MP19		
1287	橡胶溶液(50℃时蒸气压大于110kPa)	3	F1	Ⅱ	3	640C	5L	E2	P001		MP19	T4	TP1 TP8

ADR 罐体		运输罐体车辆	运输类别（隧道限制代码）	运输特殊规定				危险性识别号	联合国编号	名称和描述
罐体代码	特殊规定			包件	散装	装卸和操作	作业			
4.3	4.3.5,6.8.4	9.1.1.2	1.1.3.6	7.2.4	7.3.3	7.5.11	8.5	5.3.2.3		3.1.2
(12)	(13)	(14)	(15)	(16)	(17)	(18)	(19)	(20)	(1)	(2)
L4BH		FL	2 (D/E)				S2 S20	338	1277	丙胺
L1.5BN		FL	2 (D/E)				S2 S20	33	1278	1-氯丙烷
LGBF		FL	2 (D/E)				S2 S20	33	1279	1,2-二氯丙烷
L4BN		FL	1 (D/E)				S2 S20	33	1280	氧化丙烯
LGBF		FL	2 (D/E)				S2 S20	33	1281	甲酸丙酯类
LGBF		FL	2 (D/E)				S2 S20	33	1282	吡啶
L1.5BN		FL	2 (D/E)				S2 S20	33	1286	松香油（50℃时蒸气压大于110kPa）
LGBF		FL	2 (D/E)				S2 S20	33	1286	松香油（50℃时蒸气压不大于110kPa）
LGBF		FL	3 (D/E)	V12			S2	30	1286	松香油
			3 (E)				S2		1286	松香油（闪点在23℃以下，黏度参照2.2.3.1.4）（50℃时蒸气压大于110kPa）
			3 (E)				S2		1286	松香油（闪点在23℃以下，黏度参照2.2.3.1.4）（50℃时蒸气压不大于110kPa）
L1.5BN		FL	2 (D/E)				S2 S20	33	1287	橡胶溶液（50℃时蒸气压大于110kPa）

联合国编号	名称和描述	类别	分类代码	包装类别	标志	特殊规定	有限和例外数量		容器			可移动罐柜和散装容器	
									包装指南	特殊包装规定	混合包装规定	指南	特殊规定
		3.1.2	2.2	2.2	2.1.1.3	5.2.2	3.3	3.4	3.5.1.2	4.1.4	4.1.4	4.1.10	4.2.5.2	4.2.5.3
(1)	(2)	(3a)	(3b)	(4)	(5)	(6)	(7a)	(7b)	(8)	(9a)	(9b)	(10)	(11)
1287	橡胶溶液(50℃时蒸气压不大于110kPa)	3	F1	Ⅱ	3	640D	5L	E2	P001 IBC02 R001		MP19	T4	TP1 TP8
1287	橡胶溶液	3	F1	Ⅲ	3	640E	5L	E1	P001 IBC03 LP01 R001		MP19	T2	TP1
1287	橡胶溶液(闪点在23℃以下,黏度参照 2.2.3.1.4)(50℃时蒸气压大于110kPa)	3	F1	Ⅲ	3		5L	E1	P001 R001		MP19		
1287	橡胶溶液(闪点在23℃以下,黏度参照 2.2.3.1.4)(50℃时蒸气压不大于110kPa)	3	F1	Ⅲ	3		5L	E1	P001 IBC02 R001	BB4	MP19		
1288	页岩油	3	F1	Ⅱ	3		1L	E2	P001 IBC02 R001		MP19	T4	TP1 TP8
1288	页岩油	3	F1	Ⅲ	3		5L	E1	P001 IBC03 LP01 R001		MP19	T2	TP1
1289	甲醇钠的酒精溶液	3	FC	Ⅱ	3+8		1L	E2	P001 IBC02		MP19	T7	TP1 TP8
1289	甲醇钠的酒精溶液	3	FC	Ⅲ	3+8		5L	E1	P001 IBC02 R001		MP19	T4	TP1
1292	硅酸四乙酯	3	F1	Ⅲ	3		5L	E1	P001 IBC03 LP01 R001		MP19	T2	TP1
1293	酊剂类,医药用	3	F1	Ⅱ	3	601	1L	E2	P001 IBC02 R001		MP19	T4	TP1 TP8
1293	酊剂类,医药用	3	F1	Ⅲ	3	601	5L	E1	P001 IBC03 LP01 R001		MP19	T2	TP1
1294	甲苯	3	F1	Ⅱ	3		1L	E2	P001 IBC02 R001		MP19	T4	TP1

ADR 罐体		运输罐体车辆	运输类别（隧道限制代码）	运输特殊规定				危险性识别号	联合国编号	名称和描述
罐体代码	特殊规定			包件	散装	装卸和操作	作业			
4.3	4.3.5,6.8.4	9.1.1.2	1.1.3.6	7.2.4	7.3.3	7.5.11	8.5	5.3.2.3		3.1.2
(12)	(13)	(14)	(15)	(16)	(17)	(18)	(19)	(20)	(1)	(2)
LGBF		FL	2 (D/E)				S2 S20	33	1287	橡胶溶液（50℃时蒸气压不大于110kPa）
LGBF		FL	3 (D/E)	V12			S2	30	1287	橡胶溶液
			3 (E)				S2		1287	橡胶溶液（闪点在23℃以下,黏度参照2.2.3.1.4）（50℃时蒸气压大于110kPa）
			3 (E)				S2		1287	橡胶溶液（闪点在23℃以下,黏度参照2.2.3.1.4）（50℃时蒸气压不大于110kPa）
LGBF		FL	2 (D/E)				S2 S20	33	1288	页岩油
LGBF		FL	3 (D/E)	V12			S2	30	1288	页岩油
L4BH		FL	2 (D/E)				S2 S20	338	1289	甲醇钠的酒精溶液
L4BN		FL	3 (D/E)				S2	38	1289	甲醇钠的酒精溶液
LGBF		FL	3 (D/E)	V12			S2	30	1292	硅酸四乙酯
LGBF		FL	2 (D/E)				S2 S20	33	1293	酊剂类,医药用
LGBF		FL	3 (D/E)	V12			S2	30	1293	酊剂类,医药用
LGBF		FL	2 (D/E)				S2 S20	33	1294	甲苯

联合国编号	名称和描述	类别	分类代码	包装类别	标志	特殊规定	有限和例外数量		容器			可移动罐柜和散装容器	
									包装指南	特殊包装规定	混合包装规定	指南	特殊规定
		3.1.2	2.2	2.2	2.1.1.3	5.2.2	3.3	3.4	3.5.1.2	4.1.4	4.1.4	4.1.10	4.2.5.2	4.2.5.3
(1)	(2)	(3a)	(3b)	(4)	(5)	(6)	(7a)	(7b)	(8)	(9a)	(9b)	(10)	(11)
1295	三氯硅烷	4.3	WFC	Ⅰ	4.3 +3 +8		0	E0	P401	RR7	MP2	T14	TP2 TP7
1296	三乙胺	3	FC	Ⅱ	3 +8		1L	E2	P001 IBC02		MP19	T7	TP1
1297	三甲胺,水溶液,按质量含三甲胺不超过50%	3	FC	Ⅰ	3 +8		0	E0	P001		MP7 MP17	T11	TP1
1297	三甲胺,水溶液,按质量含三甲胺不超过50%	3	FC	Ⅱ	3 +8		1L	E2	P001 IBC02		MP19	T7	TP1
1297	三甲胺,水溶液,按质量含三甲胺不超过50%	3	FC	Ⅲ	3 +8		5L	E1	P001 IBC03 R001		MP19	T7	TP1
1298	三甲基氯硅烷	3	FC	Ⅱ	3 +8		0	E0	P010		MP19	T10	TP2 TP7
1299	松节油	3	F1	Ⅲ	3		5L	E1	P001 IBC03 LP01 R001		MP19	T2	TP1
1300	松节油代用品	3	F1	Ⅱ	3		1L	E2	P001 IBC02 R001		MP19	T4	TP1
1300	松节油代用品	3	F1	Ⅲ	3		5L	E1	P001 IBC03 LP01 R001		MP19	T2	TP1
1301	乙酸乙烯酯,稳定的	3	F1	Ⅱ	3		1L	E2	P001 IBC02 R001		MP19	T4	TP1
1302	乙烯基乙基醚,稳定的	3	F1	Ⅰ	3		0	E3	P001		MP7 MP17	T11	TP2
1303	乙烯叉二氯,稳定的	3	F1	Ⅰ	3		0	E3	P001		MP7 MP17	T12	TP2 TP7
1304	乙烯基,异丁基醚,稳定的	3	F1	Ⅱ	3		1L	E2	P001 IBC02 R001		MP19	T4	TP1
1305	乙烯基三氯硅烷	3	FC	Ⅱ	3 +8		0	E0	P010		MP19	T10	TP2 TP7
1306	木材防腐剂,液体的(50℃时蒸气压大于110kPa)	3	F1	Ⅱ	3	640C	5L	E2	P001		MP19	T4	TP1 TP8

ADR 罐体		运输罐体车辆	运输类别（隧道限制代码）	运输特殊规定				危险性识别号	联合国编号	名称和描述
罐体代码	特殊规定			包件	散装	装卸和操作	作业			
4.3	4.3.5,6.8.4	9.1.1.2	1.1.3.6	7.2.4	7.3.3	7.5.11	8.5	5.3.2.3		3.1.2
(12)	(13)	(14)	(15)	(16)	(17)	(18)	(19)	(20)	(1)	(2)
L10DH	TU14 TU25 TE21 TM2 TM3	FL	0 (B/E)	V1		CV23	S2 S20	X338	1295	三氯硅烷
L4BH		FL	2 (D/E)				S2 S20	338	1296	三乙胺
L10CH	TU14 TE21	FL	1 (C/E)				S2 S20	338	1297	三甲胺,水溶液,按质量含三甲胺不超过50%
L4BH		FL	2 (D/E)				S2 S20	338	1297	三甲胺,水溶液,按质量含三甲胺不超过50%
L4BN		FL	3 (D/E)	V12			S2	38	1297	三甲胺,水溶液,按质量含三甲胺不超过50%
L4BH		FL	2 (D/E)				S2 S20	X338	1298	三甲基氯硅烷
LGBF		FL	3 (D/E)	V12			S2	30	1299	松节油
LGBF		FL	2 (D/E)				S2 S20	33	1300	松节油代用品
LGBF		FL	3 (D/E)	V12			S2	30	1300	松节油代用品
LGBF		FL	2 (D/E)				S2 S20	339	1301	乙酸乙烯酯,稳定的
L4BN		FL	1 (D/E)				S2 S20	339	1302	乙烯基乙基醚,稳定的
L4BN		FL	1 (D/E)				S2 S20	339	1303	乙烯叉二氯,稳定的
LGBF		FL	2 (D/E)				S2 S20	339	1304	乙烯基,异丁基醚,稳定的
L4BH		FL	2 (D/E)				S2 S20	X338	1305	乙烯基三氯硅烷
L1.5BN		FL	2 (D/E)				S2 S20	33	1306	木材防腐剂,液体的(50℃时蒸气压大于110kPa)

联合国编号	名称和描述	类别	分类代码	包装类别	标志	特殊规定	有限和例外数量		容器			可移动罐柜和散装容器	
									包装指南	特殊包装规定	混合包装规定	指南	特殊规定
	3.1.2	2.2	2.2	2.1.1.3	5.2.2	3.3	3.4	3.5.1.2	4.1.4	4.1.4	4.1.10	4.2.5.2	4.2.5.3
(1)	(2)	(3a)	(3b)	(4)	(5)	(6)	(7a)	(7b)	(8)	(9a)	(9b)	(10)	(11)
1306	木材防腐剂，液体的(50℃时蒸气压不大于110kPa)	3	F1	Ⅱ	3	640D	5L	E2	P001 IBC02 R001		MP19	T4	TP1 TP8
1306	木材防腐剂，液体的	3	F1	Ⅲ	3	640E	5L	E1	P001 IBC03 LP01 R001		MP19	T2	TP1
1306	木材防腐剂，液体的(闪点在23℃以下，黏度参照2.2.3.1.4)(50℃时蒸气压大于110kPa)	3	F1	Ⅲ	3		5L	E1	P001 R001		MP19		
1306	液态木材防腐剂(闪点在23℃以下，黏度参照2.2.3.1.4)(50℃时蒸气压不大于110kPa)	3	F1	Ⅲ	3		5L	E1	P001 IBC02 R001	BB4	MP19		
1307	二甲苯类	3	F1	Ⅱ	3		1L	E2	P001 IBC02 R001		MP19	T4	TP1
1307	二甲苯类	3	F1	Ⅲ	3		5L	E1	P001 IBC03 LP01 R001		MP19	T2	TP1
1308	金属锆,悬浮在易燃液体中	3	F1	Ⅰ	3		0	E0	P001	PP33	MP7 MP17		
1308	金属锆,悬浮在易燃液体中(50℃时蒸气压大于110kPa)	3	F1	Ⅱ	3	640C	1L	E2	P001 R001	PP33	MP19		
1308	金属锆,悬浮在易燃液体中(50℃时蒸气压不大于110kPa)	3	F1	Ⅱ	3	640D	1L	E2	P001 R001	PP33	MP19		
1308	金属锆,悬浮在易燃液体中	3	F1	Ⅲ	3		5L	E1	P001 R001		MP19		
1309	铝粉，有涂层的	4.1	F3	Ⅱ	4.1		1kg	E2	P002 IBC08	PP38 B4	MP11	T3	TP33

ADR 罐体		运输罐体车辆	运输类别（隧道限制代码）	运输特殊规定				危险性识别号	联合国编号	名称和描述
罐体代码	特殊规定			包件	散装	装卸和操作	作业			
4.3	4.3.5,6.8.4	9.1.1.2	1.1.3.6	7.2.4	7.3.3	7.5.11	8.5	5.3.2.3	3.1.2	
(12)	(13)	(14)	(15)	(16)	(17)	(18)	(19)	(20)	(1)	(2)
LGBF		FL	2 (D/E)				S2 S20	33	1306	木材防腐剂,液体的(50℃时蒸气压不大于110kPa)
LGBF		FL	3 (D/E)	V12			S2	30	1306	木材防腐剂,液体的
			3 (E)				S2		1306	木材防腐剂,液体的(闪点在23℃以下,黏度参照2.2.3.1.4)(50℃时蒸气压大于110kPa)
			3 (E)				S2		1306	液态木材防腐剂(闪点在23℃以下,黏度参照2.2.3.1.4)(50℃时蒸气压不大于110kPa)
LGBF		FL	2 (D/E)				S2 S20	33	1307	二甲苯类
LGBF		FL	3 (D/E)	V12			S2	30	1307	二甲苯类
L4BN		FL	1 (D/E)				S2 S20	33	1308	金属锆,悬浮在易燃液体中
L15BN		FL	2 (D/E)				S2 S20	33	1308	金属锆,悬浮在易燃液体中(50℃时蒸气压大于110kPa)
LGBF		FL	2 (D/E)				S2 S20	33	1308	金属锆,悬浮在易燃液体中(50℃时蒸气压不大于110kPa)
LGBF		FL	3 (D/E)				S2	30	1308	金属锆,悬浮在易燃液体中
SGAN		AT	2 (E)	V11				40	1309	铝粉,有涂层的

联合国编号	名称和描述	类别	分类代码	包装类别	标志	特殊规定	有限和例外数量		容器			可移动罐柜和散装容器	
									包装指南	特殊包装规定	混合包装规定	指南	特殊规定
	3.1.2	2.2	2.2	2.1.1.3	5.2.2	3.3	3.4	3.5.1.2	4.1.4	4.1.4	4.1.10	4.2.5.2	4.2.5.3
(1)	(2)	(3a)	(3b)	(4)	(5)	(6)	(7a)	(7b)	(8)	(9a)	(9b)	(10)	(11)
1309	铝粉,有涂层的	4.1	F3	Ⅲ	4.1		5kg	E1	P002 IBC08 LP02 R001	PP11 B3	MP11	T1	TP33
1310	苦味酸铵,湿的,按质量含水不少于10%	4.1	D	Ⅰ	4.1		0	E0	P406	PP26	MP2		
1312	莰醇(冰片,龙脑)	4.1	F1	Ⅲ	4.1		5kg	E1	P002 IBC08 LP02 R001	B3	MP10	T1	TP33
1313	树脂酸钙	4.1	F3	Ⅲ	4.1		5kg	E1	P002 IBC06 R001		MP11	T1	TP33
1314	树脂酸钙,熔凝的	4.1	F3	Ⅲ	4.1		5kg	E1	P002 IBC04 R001		MP11	T1	TP33
1318	树脂酸钴,沉淀的	4.1	F3	Ⅲ	4.1		5kg	E1	P002 IBC06 R001		MP11	T1	TP33
1320	二硝基苯酚,湿的,按质量含水不少于15%	4.1	DT	Ⅰ	4.1+6.1		0	E0	P406	PP26	MP2		
1321	二硝基苯酚盐,湿的,按质量含水不少于15%	4.1	DT	Ⅰ	4.1+6.1		0	E0	P406	PP26	MP2		
1322	二硝基间苯二酚,湿的,按质量含水不少于15%	4.1	D	Ⅰ	4.1		0	E0	P406	PP26	MP2		
1323	铁铈齐	4.1	F3	Ⅱ	4.1	249	1kg	E2	P002 IBC08	B4	MP11	T3	TP33
1324	胶片,以硝化纤维素为基料,涂有明胶的,碎胶片除外	4.1	F1	Ⅲ	4.1		5kg	E1	P002 R001	PP15	MP11		
1325	易燃固体,有机的,未另作规定的	4.1	F1	Ⅱ	4.1	274	1kg	E2	P002 IBC08	B4	MP10	T3	TP33
1325	易燃固体,有机的,未另作规定的	4.1	F1	Ⅲ	4.1	274	5kg	E1	P002 IBC08 LP02 R001	B3	MP10	T1	TP33

ADR 罐体		运输罐体车辆	运输类别（隧道限制代码）	运输特殊规定				危险性识别号	联合国编号	名称和描述
罐体代码	特殊规定			包件	散装	装卸和操作	作业			
4.3	4.3.5,6.8.4	9.1.1.2	1.1.3.6	7.2.4	7.3.3	7.5.11	8.5	5.3.2.3	3.1.2	
(12)	(13)	(14)	(15)	(16)	(17)	(18)	(19)	(20)	(1)	(2)
SGAV		AT	3 (E)	VC1 VC2				40	1309	铝粉,有涂层的
			1 (B)				S14		1310	苦味酸铵,湿的,按质量含水不少于10%
SGAV		AT	3 (E)	VC1 VC2				40	1312	莰醇(冰片,龙脑)
SGAV		AT	3 (E)	VC1 VC2				40	1313	树脂酸钙
SGAV		AT	3 (E)	VC1 VC2				40	1314	树脂酸钙,熔凝的
SGAV		AT	3 (E)	VC1 VC2				40	1318	树脂酸钴,沉淀的
			1 (B)			CV28	S14		1320	二硝基苯酚,湿的,按质量含水不少于15%
			1 (B)			CV28	S14		1321	二硝基苯酚盐,湿的,按质量含水不少于15%
			1 (B)				S14		1322	二硝基间苯二酚,湿的,按质量含水不少于15%
SGAN		AT	2 (E)	V11				40	1323	铁铈齐
			3 (E)						1324	胶片,以硝化纤维素为基料,涂有明胶的,碎胶片除外
SGAN		AT	2 (E)	V11				40	1325	易燃固体,有机的,未另作规定的
SGAV		AT	3 (E)	VC1 VC2				40	1325	易燃固体,有机的,未另作规定的

联合国编号	名称和描述	类别	分类代码	包装类别	标志	特殊规定	有限和例外数量		容器			可移动罐柜和散装容器	
									包装指南	特殊包装规定	混合包装规定	指南	特殊规定
		3.1.2	2.2	2.2	2.1.1.3	5.2.2	3.3	3.4	3.5.1.2	4.1.4	4.1.4	4.1.10	4.2.5.2	4.2.5.3
(1)	(2)	(3a)	(3b)	(4)	(5)	(6)	(7a)	(7b)	(8)	(9a)	(9b)	(10)	(11)
1326	铪粉,湿的,含水量不于于25%（所含过量的水必须看得出来）(a)机械方法生产的,粒径小于53μm;或（b）化学方法生产的,粒径小于840μm	4.1	F3	Ⅱ	4.1	586	1kg	E2	P410 IBC06	PP40		MP11	T3	TP33
1327	干草、干秆或碎稻草和稻壳	4.1	F1				不受ADR限制							
1328	环六亚甲基四胺	4.1	F1	Ⅲ	4.1		5kg	E1	P002 IBC08 R001		B3	MP10	T1	TP33
1330	树脂酸锰	4.1	F3	Ⅲ	4.1		5kg	E1	P002 IBC06 R001			MP11	T1	TP33
1331	火柴,"随处划燃的"	4.1	F1	Ⅲ	4.1	293	5kg	E0	P407	PP27		MP12		
1332	聚乙醛	4.1	F1	Ⅲ	4.1		5kg	E1	P002 IBC08 LP02 R001		B3	MP10	T1	TP33
1333	铈,板、锭或棒状	4.1	F3	Ⅱ	4.1		1kg	E2	P002 IBC08		B4	MP11		
1334	萘,粗制的或萘,精制的	4.1	F1	Ⅲ	4.1	501	5kg	E1	P002 IBC08 LP02 R001		B3	MP10	T1 BK1 BK2	TP33
1336	硝基胍(橄苦岩),湿的,按质量含水不少于20%	4.1	D	Ⅰ	4.1		0	E0	P406			MP2		
1337	硝化淀粉,湿的,按质量含水不少于20%	4.1	D	Ⅰ	4.1		0	E0	P406			MP2		
1338	磷,无定形的	4.1	F3	Ⅲ	4.1		5kg	E1	P410 IBC08 R001		B3	MP11	T1	TP33
1339	七硫化四磷,不含黄磷或白磷	4.1	F3	Ⅱ	4.1	602	1kg	E2	P410 IBC04			MP11	T3	TP33

ADR 罐体		运输罐体车辆	运输类别（隧道限制代码）	运输特殊规定				危险性识别号	联合国编号	名称和描述
罐体代码	特殊规定			包件	散装	装卸和操作	作业			
4.3	4.3.5,6.8.4	9.1.1.2	1.1.3.6	7.2.4	7.3.3	7.5.11	8.5	5.3.2.3	3.1.2	
(12)	(13)	(14)	(15)	(16)	(17)	(18)	(19)	(20)	(1)	(2)
SGAN		AT	2 (E)	V11				40	1326	铪粉,湿的,含水量不少于25%（所含过量的水必须看得出来）(a)机械方法生产的,粒径小于53μm;或(b)化学方法生产的,粒径小于840μm
		不受ADR限制							1327	干草、干秆或碎稻草和稻壳
SGAV		AT	3 (E)	VC1 VC2				40	1328	环六亚甲基四胺
SGAV		AT	3 (E)	VC1 VC2				40	1330	树脂酸锰
			4 (E)						1331	火柴,"随处划燃的"
SGAV		AT	3 (E)	VC1 VC2				40	1332	聚乙醛
			2 (E)	V11					1333	铈,板、锭或棒状
SGAV		AT	3 (E)	VC1 VC2 AP1				40	1334	萘,粗制的或萘,精制的
			1 (B)				S14		1336	硝基胍（橄苦岩）,湿的,按质量含水不少于20%
			1 (B)				S14		1337	硝化淀粉,湿的,按质量含水不少于20%
SGAV		AT	3 (E)	VC1 VC2				40	1338	磷,无定形的
SGAN		AT	2 (E)					40	1339	七硫化四磷,不含黄磷或白磷

联合国编号	名称和描述	类别	分类代码	包装类别	标志	特殊规定	有限和例外数量		容器			可移动罐柜和散装容器	
									包装指南	特殊包装规定	混合包装规定	指南	特殊规定
	3.1.2	2.2	2.2	2.1.1.3	5.2.2	3.3	3.4	3.5.1.2	4.1.4	4.1.4	4.1.10	4.2.5.2	4.2.5.3
(1)	(2)	(3a)	(3b)	(4)	(5)	(6)	(7a)	(7b)	(8)	(9a)	(9b)	(10)	(11)
1340	五硫化二磷,不含黄磷或白磷	4.3	WF2	Ⅱ	4.3+4.1	602	500g	E2	P410 IBC04		MP14	T3	TP33
1341	三硫化四磷,不含黄磷或白磷	4.1	F3	Ⅱ	4.1	602	1kg	E2	P410 IBC04		MP11	T3	TP33
1343	三硫化二磷,不含黄磷或白磷	4.1	F3	Ⅱ	4.1	602	1kg	E2	P410 IBC04		MP11	T3	TP33
1344	三硝基苯酚(苦味酸),湿的,按质量含水不少于30%	4.1	D	Ⅰ	4.1		0	E0	P406	PP26	MP2		
1345	废橡胶,粉状或颗粒状,不超过840μm,橡胶含量超过45%,或再生橡胶,粉状或颗粒状,不超过840μm,橡胶含量超过45%	4.1	F1	Ⅱ	4.1		1kg	E2	P002 IBC08	B4	MP11	T3	TP33
1346	硅粉,非晶形的	4.1	F3	Ⅲ	4.1	32	5kg	E1	P002 IBC08 LP02 R001	B3	MP11	T1	TP33
1347	苦味酸银,湿的,按质量含水不少于30%	4.1	D	Ⅰ	4.1		0	E0	P406	PP25 PP26	MP2		
1348	二硝基邻甲酚钠,湿的,按质量含水不少于15%	4.1	DT	Ⅰ	4.1+6.1		0	E0	P406	PP26	MP2		
1349	苦氨酸钠,湿的,按质量含水不少于20%	4.1	D	Ⅰ	4.1		0	E0	P406	PP26	MP2		
1350	硫	4.1	F3	Ⅲ	4.1	242	5kg	E1	P002 IBC08 LP02 R001	B3	MP11	T1 BK1 BK2	TP33
1352	钛粉,湿的,含水不少于25%(所含过量的水必须看得出来)(a)机械方法生产的粒径小于53μm;(b)化学方法生产的粒径小于840μm	4.1	F3	Ⅱ	4.1	586	1kg	E2	P410 IBC06	PP40	MP11	T3	TP33

ADR 罐体		运输罐体车辆	运输类别(隧道限制代码)	运输特殊规定				危险性识别号	联合国编号	名称和描述
罐体代码	特殊规定			包件	散装	装卸和操作	作业			
4.3	4.3.5,6.8.4	9.1.1.2	1.1.3.6	7.2.4	7.3.3	7.5.11	8.5	5.3.2.3		3.1.2
(12)	(13)	(14)	(15)	(16)	(17)	(18)	(19)	(20)	(1)	(2)
SGAN		AT	0 (D/E)	V1		CV23		423	1340	五硫化二磷,不含黄磷或白磷
SGAN		AT	2 (E)					40	1341	三硫化四磷,不含黄磷或白磷
SGAN		AT	2 (E)					40	1343	三硫化二磷,不含黄磷或白磷
			1 (B)				S14		1344	三硝基苯酚(苦味酸),湿的,按质量含水不少于30%
SGAN		AT	4 (E)	V11				40	1345	废橡胶,粉状或颗粒状,不超过840μm,橡胶含量超过45%,或再生橡胶,粉状或颗粒状,不超过840μm,橡胶含量超过45%
SGAV		AT	3 (E)	VC1 VC2				40	1346	硅粉,非晶形的
			1 (B)				S14		1347	苦味酸银,湿的,按质量含水不少于30%
			1 (B)			CV28	S14		1348	二硝基邻甲酚钠,湿的,按质量含水不少于15%
			1 (B)				S14		1349	苦氨酸钠,湿的,按质量含水不少于20%
SGAV		AT	3 (E)	VC1 VC2				40	1350	硫
SGAN		AT	2 (E)	V11				40	1352	钛粉,湿的,含水不少于25%(所含过量的水必须看得出来)(a)机械方法生产的粒径小于53μm;(b)化学方法生产的粒径小于840μm

联合国编号	名称和描述	类别	分类代码	包装类别	标志	特殊规定	有限和例外数量		容器			可移动罐柜和散装容器	
									包装指南	特殊包装规定	混合包装规定	指南	特殊规定
		3.1.2	2.2	2.2	2.1.1.3	5.2.2	3.3	3.4	3.5.1.2	4.1.4	4.1.4	4.1.10	4.2.5.2	4.2.5.3
(1)	(2)	(3a)	(3b)	(4)	(5)	(6)	(7a)	(7b)	(8)	(9a)	(9b)	(10)	(11)
1353	纤维或纤维织品,浸过轻度硝化的硝化纤维素,未另作规定的	4.1	F1	Ⅲ	4.1	502	5kg	E1	P410 IBC08 R001		MP11		
1354	三硝基苯,湿的,按质量含水不少于30%	4.1	D	Ⅰ	4.1		0	E0	P406		MP2		
1355	三硝基苯甲酸,湿的,按质量含水不少于30%	4.1	D	Ⅰ	4.1		0	E0	P406		MP2		
1356	三硝基甲苯(TNT),湿的,按质量含水不少于30%	4.1	D	Ⅰ	4.1		0	E0	P406		MP2		
1357	硝酸脲,湿的,按质量含水不少于20%	4.1	D	Ⅰ	4.1	227	0	E0	P406		MP2		
1358	锆粉,湿的,含水不少于25%(所含过量的水必须看得出来)(a)机械方法生产的粒径小于53μm;或(b)化学方法生产的粒径小于840μm	4.1	F3	Ⅱ	4.1	586	1kg	E2	P410 IBC06	PP40	MP11	T3	TP33
1360	二磷化三钙	4.3	WT2	Ⅰ	4.3+6.1		0	E0	P403		MP2		
1361	碳,来源于动物或植物	4.2	S2	Ⅱ	4.2		0	E0	P002 IBC06	PP12	MP14	T3	TP33
1361	碳,来源于动物或植物	4.2	S2	Ⅲ	4.2		0	E0	P002 IBC08 LP02 R001	PP12 B3	MP14	T1	TP33
1362	碳,活性的	4.2	S2	Ⅲ	4.2	646	0	E1	P002 IBC08 LP02 R001	PP11 B3	MP14	T1	TP33
1363	干椰子肉	4.2	S2	Ⅲ	4.2		0	E0	P003 IBC08 LP02 R001	PP20 B3 B6	MP14		

ADR 罐体		运输罐体车辆	运输类别（隧道限制代码）	运输特殊规定				危险性识别号	联合国编号	名称和描述
罐体代码	特殊规定			包件	散装	装卸和操作	作业			
4.3	4.3.5,6.8.4	9.1.1.2	1.1.3.6	7.2.4	7.3.3	7.5.11	8.5	5.3.2.3		3.1.2
(12)	(13)	(14)	(15)	(16)	(17)	(18)	(19)	(20)	(1)	(2)
			3 (E)						1353	纤维或纤维织品,浸过轻度硝化的硝化纤维素,未另作规定的
			1 (B)				S14		1354	三硝基苯,湿的,按质量含水不少于30%
			1 (B)				S14		1355	三硝基苯甲酸,湿的,按质量含水不少于30%
			1 (B)				S14		1356	三硝基甲苯(TNT),湿的,按质量含水不少于30%
			1 (B)				S14		1357	硝酸脲,湿的,按质量含水不少于20%
SGAN		AT	2 (E)	V11				40	1358	锆粉,湿的,含水不少于25%(所含过量的水必须看得出来)(a)机械方法生产的粒径小于53μm;或(b)化学方法生产的粒径小于840μm
			1 (E)	V1		CV23 CV28	S20		1360	二磷化三钙
SGAN	TU11	AT	2 (D/E)	V1 V13				40	1361	碳,来源于动物或植物
SGAV		AT	4 (E)	V1 V13	VC1 VC2 AP1			40	1361	碳,来源于动物或植物
SGAV		AT	4 (E)	V1	VC1 VC2 AP1			40	1362	碳,活性的
			3 (E)	V1	VC1 VC2 AP1			40	1363	干椰子肉

联合国编号	名称和描述	类别	分类代码	包装类别	标志	特殊规定	有限和例外数量		容器			可移动罐柜和散装容器	
									包装指南	特殊包装规定	混合包装规定	指南	特殊规定
	3.1.2	2.2	2.2	2.1.1.3	5.2.2	3.3	3.4	3.5.1.2	4.1.4	4.1.4	4.1.10	4.2.5.2	4.2.5.3
(1)	(2)	(3a)	(3b)	(4)	(5)	(6)	(7a)	(7b)	(8)	(9a)	(9b)	(10)	(11)
1364	废棉,含油的	4.2	S2	Ⅲ	4.2		0	E0	P003 IBC08 LP02 R001	PP19 B3 B6	MP14		
1365	棉花,湿的	4.2	S2	Ⅲ	4.2		0	E0	P003 IBC08 LP02 R001	PP19 B3 B6	MP14		
1369	对亚硝基二甲基苯胺	4.2	S2	Ⅱ	4.2		0	E2	P410 IBC06		MP14	T3	TP33
1372	动物纤维或植物纤维,焦的、湿的或潮的	4.2	S2				不受 ADR 限制						
1373	动物或植物或合成的纤维或纤维制品未另作规定的,含油的	4.2	S2	Ⅲ	4.2		0	E0	P410 IBC08 R001	B3	MP14	T1	TP33
1374	鱼粉,未稳定的;鱼渣,未稳定的	4.2	S2	Ⅱ	4.2	300	0	E2	P410 IBC08	B4	MP14	T3	TP33
1376	氧化铁,废的或海绵状铁,废的,从提纯煤气中取得	4.2	S4	Ⅲ	4.2	592	0	E0	P002 IBC08 LP02 R001	B3	MP14	T1 Bk2	TP33
1378	金属催化剂,湿的,含有可见的过量液体	4.2	S4	Ⅱ	4.2	274	0	E0	P401 IBC01	PP39	MP14	T3	TP33
1379	纸,经不饱和油处理的,未干透的(包括复写纸)	4.2	S2	Ⅲ	4.2		0	E0	P410 IBC08 R001	B3	MP14		
1380	戊硼烷	4.2	ST3	Ⅰ	4.2 +6.1		0	E0	P601		MP2		
1381	磷,白色或黄色的,干的或浸在水中或溶液中	4.2	ST3	Ⅰ	4.2 +6.1	503	0	E0	P405		MP2	T9	TP3 TP31
1381	磷,白色或黄色,干的	4.2	ST4	Ⅰ	4.2 +6.1	503	0	E0	P405		MP2	T9	TP3 TP31
1382	硫化钾,无水的或硫化钾,含结晶水少于30%	4.2	S4	Ⅱ	4.2	504	0	E2	P410 IBC06		MP14	T3	TP33
1383	引火金属,未另作规定的;引火合金,未另作规定的	4.2	S4	Ⅰ	4.2	274	0	E0	P404		MP13	T21	TP7 TP33

ADR 罐体		运输罐体车辆	运输类别（隧道限制代码）	运输特殊规定				危险性识别号	联合国编号	名称和描述
罐体代码	特殊规定			包件	散装	装卸和操作	作业			
4.3	4.3.5,6.8.4	9.1.1.2	1.1.3.6	7.2.4	7.3.3	7.5.11	8.5	5.3.2.3	3.1.2	
(12)	(13)	(14)	(15)	(16)	(17)	(18)	(19)	(20)	(1)	(2)
			3 (E)	V1	VC1 VC2 AP1			40	1364	废棉,含油的
			3 (E)	V1	VC1 VC2 AP1			40	1365	棉花,湿的
SGAV		AT	2 (D/E)	V1				40	1369	对亚硝基二甲基苯胺
不受 ADR 限制									1372	动物纤维或植物纤维,焦的、湿的或潮的
		AT	3 (E)	V1	VC1 VC2 AP1			40	1373	动物或植物或合成的纤维或纤维制品未另作规定的,含油的
		AT	2 (D/E)	V1				40	1374	鱼粉,未稳定的;鱼渣,未稳定的
SGAV		AT	3 (E)	V1	VC1 VC2 AP1			40	1376	氧化铁,废的或海绵状铁,废的,从提纯煤气中取得
SGAV		AT	2 (B/E)	V1				40	1378	金属催化剂,湿的,含有可见的过量液体
			3 (E)	V1	VC1 VC2 AP1			40	1379	纸,经不饱和油处理的,未干透的（包括复写纸）
L21DH	TU14 TC1 TE21 TM1	AT	0 (B/E)	V1		CV28	S20	333	1380	戊硼烷
L10DH(+)	TU14 TU16 TU21 TE3 TE21	AT	0 (B/E)	V1		CV28	S20	46	1381	磷,白色或黄色的,干的或浸在水中或溶液中
L10DH(+)	TU14 TU16 TU21 TE3 TE21	AT	0 (B/E)	V1		CV28	S20	46	1381	磷,白色或黄色,干的
SGAV		AT	2 (D/E)	V1				46	1382	硫化钾,无水的或硫化钾,含结晶水少于30%
		AT	2 (D/E)	V1			S20	43	1383	引火金属,未另作规定的;引火合金,未另作规定的

联合国编号	名称和描述	类别	分类代码	包装类别	标志	特殊规定	有限和例外数量		容器			可移动罐柜和散装容器	
									包装指南	特殊包装规定	混合包装规定	指南	特殊规定
	3.1.2	2.2	2.2	2.1.1.3	5.2.2	3.3	3.4	3.5.1.2	4.1.4	4.1.4	4.1.10	4.2.5.2	4.2.5.3
(1)	(2)	(3a)	(3b)	(4)	(5)	(6)	(7a)	(7b)	(8)	(9a)	(9b)	(10)	(11)
1384	连二亚硫酸钠(亚硫酸氢钠)	4.2	S4	Ⅱ	4.2		0	E2	P410 IBC06		MP14	T3	TP33
1385	硫化钠,无水的或硫化钠,含结晶水少于30%	4.2	S4	Ⅱ	4.2	504	0	E2	P410 IBC06		MP14	T3	TP33
1386	种子油饼,含油超过1.5%,含水不超过11%	4.2	S2	Ⅲ	4.2		0	E0	P003 IBC08 LP02 R001	PP20 B3 B6	MP14		
1387	废羊毛,湿的	4.2	S2				不受ADR限制							
1389	碱金属汞齐,液体的	4.3	W1	Ⅰ	4.3	182	0	E0	P402	RR8	MP2		
1390	氨基碱金属	4.3	W2	Ⅱ	4.3	182 505	500g	E2	P410 IBC07		MP14	T3	TP33
1391	碱金属分散体或碱土金属分散体	4.3	W1	Ⅰ	4.3	182 183 506	0	E0	P402	RR8	MP2		
1392	碱土金属汞齐,液体的	4.3	W1	Ⅰ	4.3	183 506	0	E0	P402		MP2		
1393	碱土金属合金,未另作规定的	4.3	W2	Ⅱ	4.3	183 506	500g	E2	P410 IBC07		MP14	T3	TP33
1394	碳化铝	4.3	W2	Ⅱ	4.3		500g	E2	P410 IBC07		MP14	T3	TP33
1395	硅铁铝粉	4.3	WT2	Ⅱ	4.3+6.1		500g	E2	P410 IBC05	PP40	MP14	T3	TP33
1396	铝粉,未经涂层的	4.3	W2	Ⅱ	4.3		500g	E2	P410 IBC07	PP40	MP14	T3	TP33
1396	铝粉,未经涂层的	4.3	W2	Ⅲ	4.3		1kg	E1	P410 IBC08 R001	B4	MP14	T1	TP33
1397	磷化铝	4.3	WT2	Ⅰ	4.3+6.1	507	0	E0	P403		MP2		
1398	硅铝粉,未经涂层的	4.3	W2	Ⅲ	4.3	37	1kg	E1	P410 IBC08 R001	B4	MP14	T1	TP33
1400	钡	4.3	W2	Ⅱ	4.3		500g	E2	P410 IBC07		MP14	T3	TP33
1401	钙	4.3	W2	Ⅱ	4.3		500g	E2	P410 IBC07		MP14	T3	TP33

ADR 罐体		运输罐体车辆	运输类别（隧道限制代码）	运输特殊规定				危险性识别号	联合国编号	名称和描述
罐体代码	特殊规定			包件	散装	装卸和操作	作业			
4.3	4.3.5,6.8.4	9.1.1.2	1.1.3.6	7.2.4	7.3.3	7.5.11	8.5	5.3.2.3		3.1.2
(12)	(13)	(14)	(15)	(16)	(17)	(18)	(19)	(20)	(1)	(2)
SGAN		AT	2 (D/E)	V1				40	1384	连二亚硫酸钠(亚硫酸氢钠)
SGAN		AT	2 (D/E)	V1				40	1385	硫化钠,无水的或硫化钠,含结晶水少于30%
			3 (E)	V1	VC1 VC2 AP1			40	1386	种子油饼,含油超过1.5%,含水不超过11%
			不受ADR限制						1387	废羊毛,湿的
L10BN(+)	TU1 TE5 TT3 TM2	AT	1 (B/E)	V1		CV23	S20	X323	1389	碱金属汞齐,液体的
SGAN		AT	0 (D/E)	V1		CV23		423	1390	氨基碱金属
L10BN(+)	TU1 TE5 TT3 TM2	AT	1 (B/E)	V1		CV23	S20	X323	1391	碱金属分散体或碱土金属分散体
L10BN(+)	TU1 TE5 TT3 TM2	AT	1 (B/E)	V1		CV23	S20	X323	1392	碱土金属汞齐,液体的
SGAN		AT	2 (D/E)	V1		CV23		423	1393	碱土金属合金,未另作规定的
SGAN		AT	2 (D/E)	V1	VC1 VC2 AP3 AP4 AP5	CV23		423	1394	碳化铝
SGAN		AT	2 (D/E)	V1		CV23 CV28		462	1395	硅铁铝粉
SGAN		AT	2 (D/E)	V1		CV23		423	1396	铝粉,未经涂层的
SGAN		AT	3 (E)	V1	VC2 AP4 AP5	CV23		423	1396	铝粉,未经涂层的
			1 (E)	V1		CV23 CV28	S20		1397	磷化铝
SGAN		AT	3 (E)	V1	VC2 AP4 AP5	CV23		423	1398	硅铝粉,未经涂层的
SGAN		AT	2 (D/E)	V1		CV23		423	1400	钡
SGAN		AT	2 (D/E)	V1		CV23		423	1401	钙

联合国编号	名称和描述	类别	分类代码	包装类别	标志	特殊规定	有限和例外数量		容器			可移动罐柜和散装容器	
									包装指南	特殊包装规定	混合包装规定	指南	特殊规定
		3.1.2	2.2	2.2	2.1.1.3	5.2.2	3.3	3.4	3.5.1.2	4.1.4	4.1.4	4.1.10	4.2.5.2	4.2.5.3
(1)	(2)	(3a)	(3b)	(4)	(5)	(6)	(7a)	(7b)	(8)	(9a)	(9b)	(10)	(11)
1402	碳化钙	4.3	W2	Ⅰ	4.3		0	E0	P403 IBC04		MP2	T9	TP7 TP33
1402	碳化钙	4.3	W2	Ⅱ	4.3		500g	E2	P410 IBC07		MP14	T3	TP33
1403	氰氨化钙,含碳化钙超过0.1%	4.3	W2	Ⅲ	4.3	38	1kg	E1	P410 IBC08 R001	B4	MP14	T1	TP33
1404	氢化钙	4.3	W2	Ⅰ	4.3		0	E0	P403		MP2		
1405	硅化钙	4.3	W2	Ⅱ	4.3		500g	E2	P410 IBC07		MP14	T3	TP33
1405	硅化钙	4.3	W2	Ⅲ	4.3		1kg	E1	P410 IBC08 R001	B4	MP14	T1	TP33
1407	铯	4.3	W2	Ⅰ	4.3		0	E0	P403 IBC04		MP2		
1408	硅铁,含硅不小于30%,但小于90%	4.3	WT2	Ⅲ	4.3+6.1	39	1kg	E1	P003 IBC08 R001	PP20 B4 B6	MP14	T1 BK2	TP33
1409	金属氢化物,遇水反应的,未另作规定的	4.3	W2	Ⅰ	4.3	274 508	0	E0	P403		MP2		
1409	金属氢化物,遇水反应的,未另作规定的	4.3	W2	Ⅱ	4.3	274 508	500g	E2	P410 IBC04		MP14	T3	TP33
1410	氢化铝锂	4.3	W2	Ⅰ	4.3		0	E0	P403		MP2		
1411	氢化铝锂的醚溶液	4.3	WF1	Ⅰ	4.3+3		0	E0	P402	RR8	MP2		
1413	氢硼化锂	4.3	W2	Ⅰ	4.3		0	E0	P403		MP2		
1414	氢化锂	4.3	W2	Ⅰ	4.3		0	E0	P403		MP2		
1415	锂	4.3	W2	Ⅰ	4.3		0	E0	P403 IBC04		MP2		
1417	硅锂	4.3	W2	Ⅱ	4.3		500g	E2	P410 IBC07		MP14	T3	TP33

名称和描述	联合国编号	危险性识别号	运输特殊规定 作业	运输特殊规定 装卸和操作	运输特殊规定 散装	运输特殊规定 包件	运输类别（隧道限制代码）	运输罐体车辆	ADR 罐体 特殊规定	ADR 罐体 罐体代码
3.1.2	5.3.2.3	8.5	7.5.11	7.3.3	7.2.4	1.1.3.6	9.1.1.2	4.3.5,6.8.4	4.3
(2)	(1)	(20)	(19)	(18)	(17)	(16)	(15)	(14)	(13)	(12)
碳化钙	1402	X423	S20	CV23		V1	1 (B/E)	AT	TU4 TU22 TM2 TA5	S2.65AN(+)
碳化钙	1402	423		CV23	VC1 VC2 AP3 AP4 AP5	V1	2 (D/E)	AT		SGAN
氰氨化钙,含碳化钙超过0.1%	1403	423		CV23		V1	0 (E)	AT		SGAN
氢化钙	1404		S20	CV23		V1	1 (E)			
硅化钙	1405	423		CV23	VC1 VC2 AP3 AP4 AP5	V1	2 (D/E)	AT		SGAN
硅化钙	1405	423		CV23	VC1 VC2 AP3 AP4 AP5	V1	3 (E)	AT		SGAN
铯	1407	X423	S20	CV23		V1	1 (B/E)	AT	TU2 TU14 TE5 TE21 TT3 TM2	L10CH(+)
硅铁,含硅不小于30%,但小于90%	1408	462		CV23 CV28	VC1 VC2 AP3 AP4 AP5	V1	3 (E)	AT		SGAN
金属氢化物,遇水反应的,未另作规定的	1409		S20	CV23		V1	1 (E)			
金属氢化物,遇水反应的,未另作规定的	1409	423		CV23		V1	2 (D/E)	AT		SGAN
氢化铝锂	1410		S20	CV23		V1	1 (E)			
氢化铝锂的醚溶液	1411		S2 S20	CV23		V1	1 (E)			
氢硼化锂	1413		S20	CV23		V1	1 (E)			
氢化锂	1414		S20	CV23		V1	1 (E)			
锂	1415	X423	S20	CV23		V1	1 (B/E)	AT	TU1 TE5 TT3 TM2	L10BN(+)
硅锂	1417	423		CV23		V1	2 (D/E)	AT		SGAN

联合国编号	名称和描述	类别	分类代码	包装类别	标志	特殊规定	有限和例外数量		容器			可移动罐柜和散装容器	
									包装指南	特殊包装规定	混合包装规定	指南	特殊规定
		3.1.2	2.2	2.2	2.1.1.3	5.2.2	3.3	3.4	3.5.1.2	4.1.4	4.1.4	4.1.10	4.2.5.2	4.2.5.3
(1)	(2)	(3a)	(3b)	(4)	(5)	(6)	(7a)	(7b)	(8)	(9a)	(9b)	(10)	(11)
1418	镁粉,或镁合金粉	4.3	WS	Ⅰ	4.3+4.2		0	E0	P403		MP2		
1418	镁粉,或镁合金粉	4.3	WS	Ⅱ	4.3+4.2		0	E2	P410 IBC05		MP14	T3	TP33
1418	镁粉,或镁合金粉	4.3	WS	Ⅲ	4.3+4.2		0	E1	P410 IBC08 R001	B4	MP14	T1	TP33
1419	磷化铝镁	4.3	WT2	Ⅰ	4.3+6.1		0	E0	P403		MP2		
1420	钾金属合金,液体的	4.3	W1	Ⅰ	4.3		0	E0	P402		MP2		
1421	碱金属合金,液体的,未另作规定的	4.3	W1	Ⅰ	4.3	182	0	E0	P402	RR8	MP2		
1422	钾钠合金,液体的	4.3	W1	Ⅰ	4.3		0	E0	P402		MP2	T9	TP3 TP7 TP31
1423	铷	4.3	W2	Ⅰ	4.3		0	E0	P403 IBC04		MP2		
1426	氢硼化钠	4.3	W2	Ⅰ	4.3		0	E0	P403		MP2		
1427	氢化钠	4.3	W2	Ⅰ	4.3		0	E0	P403 IBC04		MP2		
1428	钠	4.3	W2	Ⅰ	4.3		0	E0	P403 IBC04		MP2	T9	TP7 TP33
1431	甲醇钠	4.2	SC4	Ⅱ	4.2+8		0	E2	P410 IBC05		MP14	T3	TP33
1432	磷化钠	4.3	WT2	Ⅰ	4.3+6.1		0	E0	P403		MP2		
1433	磷化锡	4.3	WT2	Ⅰ	4.3+6.1		0	E0	P403		MP2		
1435	锌灰	4.3	W2	Ⅲ	4.3		1kg	E1	P002 IBC08 R001	B4	MP14	T1	TP33
1436	锌粉或锌粉尘	4.3	WS	Ⅰ	4.3+4.2		0	E0	P403		MP2		
1436	锌粉或锌粉尘	4.3	WS	Ⅱ	4.3+4.2		0	E2	P410 IBC07	PP40	MP14	T3	TP33
1436	锌粉或锌粉尘	4.3	WS	Ⅲ	4.3+4.2		0	E1	P410 IBC08 R001	B4	MP14	T1	TP33
1437	氢化锆	4.1	F3	Ⅱ	4.1		1kg	E2	P410 IBC04	PP40	MP11	T3	TP33

ADR 罐体		运输罐体车辆	运输类别（隧道限制代码）	运输特殊规定				危险性识别号	联合国编号	名称和描述
罐体代码	特殊规定			包件	散装	装卸和操作	作业			
4.3	4.3.5,6.8.4	9.1.1.2	1.1.3.6	7.2.4	7.3.3	7.5.11	8.5	5.3.2.3		3.1.2
(12)	(13)	(14)	(15)	(16)	(17)	(18)	(19)	(20)	(1)	(2)
			1 (E)	V1		CV23	S20		1418	镁粉,或镁合金粉
SGAN		AT	2 (D/E)	V1		CV23		423	1418	镁粉,或镁合金粉
SGAN		AT	3 (E)	V1	VC2 AP4 AP5	CV23		423	1418	镁粉,或镁合金粉
			1 (E)	V1		CV23 CV28	S20		1419	磷化铝镁
L10BN(+)	TU1 TE5 TT3 TM2	AT	1 (B/E)	V1		CV23	S20	X323	1420	钾金属合金,液体的
L10BN(+)	TU1 TE5 TT3 TM2	AT	1 (B/E)	V1		CV23	S20	X323	1421	碱金属合金,液体的,未另作规定的
L10BN(+)	TU1 TE5 TT3 TM2	AT	1 (B/E)	V1		CV23	S20	X323	1422	钾钠合金,液体的
L10CH(+)	TU2 TU14 TE5 TE21 TT3 TM2	AT	1 (B/E)	V1		CV23	S20	X423	1423	铷
			1 (E)	V1		CV23	S20		1426	氢硼化钠
			1 (E)	V1		CV23	S20		1427	氢化钠
L10BN(+)	TU1 TE5 TT3 TM2	AT	1 (B/E)	V1		CV23	S20	X423	1428	钠
SGAN		AT	2 (D/E)	V1				48	1431	甲醇钠
			1 (E)	V1		CV23 CV28	S20		1432	磷化钠
			1 (E)	V1		CV23 CV28	S20		1433	磷化锡
SGAN		AT	3 (E)	V1	VC1 VC2 AP3 AP4 AP5	CV23		423	1435	锌灰
			1 (E)	V1		CV23	S20		1436	锌粉或锌粉尘
SGAN		AT	2 (D/E)	V1		CV23		423	1436	锌粉或锌粉尘
SGAN		AT	3 (E)	V1	VC2 AP4 AP5	CV23		423	1436	锌粉或锌粉尘
SGAN		AT	2 (E)					40	1437	氢化锆

联合国编号	名称和描述	类别	分类代码	包装类别	标志	特殊规定	有限和例外数量		容器			可移动罐柜和散装容器	
									包装指南	特殊包装规定	混合包装规定	指南	特殊规定
		3.1.2	2.2	2.2	2.1.1.3	5.2.2	3.3	3.4	3.5.1.2	4.1.4	4.1.4	4.1.10	4.2.5.2	4.2.5.3
(1)	(2)	(3a)	(3b)	(4)	(5)	(6)	(7a)	(7b)	(8)	(9a)	(9b)	(10)	(11)
1438	硝酸铝	5.1	O2	Ⅲ	5.1		5kg	E1	P002 IBC08 LP02 R001	B3	MP10	T1 BK1 BK2	TP33
1439	重铬酸铵	5.1	O2	Ⅱ	5.1		1kg	E2	P002 IBC08	B4	MP2	T3	TP33
1442	高氯酸铵	5.1	O2	Ⅱ	5.1	152	1kg	E2	P002 IBC06		MP2	T3	TP33
1444	过硫酸铵	5.1	O2	Ⅲ	5.1		5kg	E1	P002 IBC08 LP02 R001	B3	MP10	T1	TP33
1445	氯酸钡,固体的	5.1	OT2	Ⅱ	5.1+6.1		1kg	E2	P002 IBC06		MP2	T3	TP33
1446	硝酸钡	5.1	OT2	Ⅱ	5.1+6.1		1kg	E2	P002 IBC08	B4	MP2	T3	TP33
1447	高氯酸钡,固体的	5.1	OT2	Ⅱ	5.1+6.1		1kg	E2	P002 IBC06		MP2	T3	TP33
1448	高锰酸钡	5.1	OT2	Ⅱ	5.1+6.1		1kg	E2	P002 IBC06		MP2	T3	TP33
1449	过氧化钡	5.1	OT2	Ⅱ	5.1+6.1		1kg	E2	P002 IBC06		MP2	T3	TP33
1450	溴酸盐,无机的,未另作规定的	5.1	O2	Ⅱ	5.1	274 350	1kg	E2	P002 IBC08	B4	MP2	T3	TP33
1451	硝酸铯	5.1	O2	Ⅲ	5.1		5kg	E1	P002 IBC08 LP02 R001	B3	MP10	T1	TP33
1452	氯酸钙	5.1	O2	Ⅱ	5.1		1kg	E2	P002 IBC08	B4	MP2	T3	TP33
1453	亚氯酸钙	5.1	O2	Ⅱ	5.1		1kg	E2	P002 IBC08	B4	MP2	T3	TP33
1454	硝酸钙	5.1	O2	Ⅲ	5.1	208	5kg	E1	P002 IBC08 LP02 R001	B3	MP10	T1 BK1 BK2	TP33
1455	高氯酸钙	5.1	O2	Ⅱ	5.1		1kg	E2	P002 IBC06		MP2	T3	TP33
1456	高锰酸钙	5.1	O2	Ⅱ	5.1		1kg	E2	P002 IBC06		MP2	T3	TP33
1457	过氧化钙	5.1	O2	Ⅱ	5.1		1kg	E2	P002 IBC06		MP2	T3	TP33

ADR 罐体		运输罐体车辆	运输类别（隧道限制代码）	运输特殊规定				危险性识别号	联合国编号	名称和描述
罐体代码	特殊规定			包件	散装	装卸和操作	作业			
4.3	4.3.5,6.8.4	9.1.1.2	1.1.3.6	7.2.4	7.3.3	7.5.11	8.5	5.3.2.3		3.1.2
(12)	(13)	(14)	(15)	(16)	(17)	(18)	(19)	(20)	(1)	(2)
SGAV	TU3	AT	3 (E)		VC1 VC2 AP6 AP7	CV24		50	1438	硝酸铝
SGAN	TU3	AT	2 (E)	V11		CV24		50	1439	重铬酸铵
		AT	2 (E)	V11	VC1 VC2 AP6 AP7	CV24	S23	50	1442	高氯酸铵
SGAV	TU3	AT	3 (E)		VC1 VC2 AP6 AP7	CV24		50	1444	过硫酸铵
SGAN	TU3	AT	2 (E)	V11		CV24 CV28		56	1445	氯酸钡,固体的
SGAN	TU3	AT	2 (E)	V11		CV24 CV28		56	1446	硝酸钡
SGAN	TU3	AT	2 (E)	V11		CV24 CV28	S23	56	1447	高氯酸钡,固体的
SGAN	TU3	AT	2 (E)	V11		CV24 CV28		56	1448	高锰酸钡
SGAN	TU3	AT	2 (E)	V11		CV24 CV28		56	1449	过氧化钡
SGAV	TU3	AT	2 (E)	V11	VC1 VC2 AP6 AP7	CV24		50	1450	溴酸盐,无机的,未另作规定的
SGAV	TU3	AT	3 (E)		VC1 VC2 AP6 AP7	CV24		50	1451	硝酸铯
SGAV	TU3	AT	2 (E)	V11	VC1 VC2 AP6 AP7	CV24		50	1452	氯酸钙
SGAN	TU3	AT	2 (E)	V11		CV24		50	1453	亚氯酸钙
SGAV	TU3	AT	3 (E)		VC1 VC2 AP6 AP7	CV24		50	1454	硝酸钙
SGAV	TU3	AT	2 (E)	V11	VC1 VC2 AP6 AP7	CV24	S23	50	1455	高氯酸钙
SGAN	TU3	AT	2 (E)	V11		CV24		50	1456	高锰酸钙
SGAN	TU3	AT	2 (E)	V11		CV24		50	1457	过氧化钙

联合国编号	名称和描述	类别	分类代码	包装类别	标志	特殊规定	有限数量	例外数量	容器 包装指南	容器 特殊包装规定	容器 混合包装规定	可移动罐柜和散装容器 指南	可移动罐柜和散装容器 特殊规定
		3.1.2	2.2	2.2	2.1.1.3	5.2.2	3.3	3.4	3.5.1.2	4.1.4	4.1.4	4.1.10	4.2.5.2	4.2.5.3
(1)	(2)	(3a)	(3b)	(4)	(5)	(6)	(7a)	(7b)	(8)	(9a)	(9b)	(10)	(11)
1458	氯酸盐和硼酸盐的混合物	5.1	O2	Ⅱ	5.1		1kg	E2	P002 IBC08	B4	MP2	T3	TP33
1458	氯酸盐和硼酸盐的混合物	5.1	O2	Ⅲ	5.1		5kg	E1	P002 IBC08 LP02 R001	B3	MP2	T1	TP33
1459	氯酸盐和氯化镁的混合物,固体的	5.1	O2	Ⅱ	5.1		1kg	E2	P002 IBC08	B4	MP2	T3	TP33
1459	氯酸盐和氯化镁的混合物,固体的	5.1	O2	Ⅲ	5.1		5kg	E1	P002 IBC08 LP02 R001	B3	MP2	T1	TP33
1461	氯酸盐类,无机的,未另作规定的	5.1	O2	Ⅱ	5.1	274 351	1kg	E2	P002 IBC06		MP2	T3	TP33
1462	亚氯酸盐类,无机的,未另作规定的	5.1	O2	Ⅱ	5.1	274 352 509	1kg	E2	P002 IBC06		MP2	T3	TP33
1463	三氧化铬,无水的	5.1	OTC	Ⅱ	5.1+6.1+8	510	1kg	E2	P002 IBC08	B4	MP2	T3	TP33
1465	硝酸钕错	5.1	O2	Ⅲ	5.1		5kg	E1	P002 IBC08 LP02 R001	B3	MP10	T1	TP33
1466	硝酸铁	5.1	O2	Ⅲ	5.1		5kg	E1	P002 IBC08 LP02 R001	B3	MP10	T1	TP33
1467	硝酸胍	5.1	O2	Ⅲ	5.1		5kg	E1	P002 IBC08 LP02 R001	B3	MP10	T1	TP33
1469	硝酸铅	5.1	OT2	Ⅱ	5.1+6.1		1kg	E2	P002 IBC08	B4	MP2	T3	TP33
1470	高氯酸铅,固体的	5.1	OT2	Ⅱ	5.1+6.1		1kg	E2	P002 IBC06		MP2	T3	TP33
1471	次氯酸锂,干的或次氯酸锂混合物	5.1	O2	Ⅱ	5.1		1kg	E2	P002 IBC08	B4	MP10		
1471	次氯酸锂,干的或次氯酸锂混合物	5.1	O2	Ⅲ	5.1		5kg	E1	P002 IBC08 LP02 R001	B3	MP10	T1	TP33

ADR罐体		运输罐体车辆	运输类别（隧道限制代码）	运输特殊规定				危险性识别号	联合国编号	名称和描述
罐体代码	特殊规定			包件	散装	装卸和操作	作业			
4.3	4.3.5,6.8.4	9.1.1.2	1.1.3.6	7.2.4	7.3.3	7.5.11	8.5	5.3.2.3		3.1.2
(12)	(13)	(14)	(15)	(16)	(17)	(18)	(19)	(20)	(1)	(2)
SGAV	TU3	AT	2 (E)	V11	VC1 VC2 AP6 AP7	CV24		50	1458	氯酸盐和硼酸盐的混合物
SGAV	TU3	AT	3 (E)		VC1 VC2 AP6 AP7	CV24		50	1458	氯酸盐和硼酸盐的混合物
SGAV	TU3	AT	2 (E)	V11	VC1 VC2 AP6 AP7	CV24		50	1459	氯酸盐和氯化镁的混合物,固体的
SGAV	TU3	AT	3 (E)		VC1 VC2 AP6 AP7	CV24		50	1459	氯酸盐和氯化镁的混合物,固体的
SGAV	TU3	AT	2 (E)	V11	VC1 VC2 AP6 AP7	CV24		50	1461	氯酸盐类,无机的,未另作规定的
SGAN	TU3	AT	2 (E)	V11		CV24		50	1462	亚氯酸盐类,无机的,未另作规定的
SGAN	TU3	AT	2 (E)	V11		CV24 CV28		568	1463	三氧化铬,无水的
SGAV	TU3	AT	3 (E)		VC1 VC2 AP6 AP7	CV24		50	1465	硝酸钕错
SGAV	TU3	AT	3 (E)		VC1 VC2 AP6 AP7	CV24		50	1466	硝酸铁
SGAV	TU3	AT	3 (E)		VC1 VC2 AP6 AP7	CV24		50	1467	硝酸胍
SGAN	TU3	AT	2 (E)	V11		CV24 CV28		56	1469	硝酸铅
SGAN	TU3	AT	2 (E)	V11		CV24 CV28	S23	56	1470	高氯酸铅,固体的
SGAN	TU3	AT	2 (E)	V11		CV24		50	1471	次氯酸锂,干的或次氯酸锂混合物
SGAV	TU3	AT	3 (E)			CV24		50	1471	次氯酸锂,干的或次氯酸锂混合物

联合国编号	名称和描述	类别	分类代码	包装类别	标志	特殊规定	有限和例外数量		容器			可移动罐柜和散装容器	
									包装指南	特殊包装规定	混合包装规定	指南	特殊规定
	3.1.2	2.2	2.2	2.1.1.3	5.2.2	3.3	3.4	3.5.1.2	4.1.4	4.1.4	4.1.10	4.2.5.2	4.2.5.3
(1)	(2)	(3a)	(3b)	(4)	(5)	(6)	(7a)	(7b)	(8)	(9a)	(9b)	(10)	(11)
1472	过氧化锂	5.1	O2	Ⅱ	5.1		1kg	E2	P002 IBC06		MP2	T3	TP33
1473	溴酸镁	5.1	O2	Ⅱ	5.1		1kg	E2	P002 IBC08	B4	MP2	T3	TP33
1474	硝酸镁	5.1	O2	Ⅲ	5.1	332	5kg	E1	P002 IBC08 LP02 R001	B3	MP10	T1 BK1 BK2	TP33
1475	高氯酸镁	5.1	O2	Ⅱ	5.1		1kg	E2	P002 IBC06		MP2	T3	TP33
1476	过氧化镁	5.1	O2	Ⅱ	5.1		1kg	E2	P002 IBC06		MP2	T3	TP33
1477	硝酸盐类,无机的,未另作规定的	5.1	O2	Ⅱ	5.1	511	1kg	E2	P002 IBC08	B4	MP10	T3	TP33
1477	硝酸盐类,无机的,未另作规定的	5.1	O2	Ⅲ	5.1	511	5kg	E1	P002 IBC08 LP02 R001	B3	MP10	T1	TP33
1479	氧化性固体,未另作规定的	5.1	O2	Ⅰ	5.1	274	0	E0	P503 IBC05		MP2		
1479	氧化性固体,未另作规定的	5.1	O2	Ⅱ	5.1	274	1kg	E2	P002 IBC08	B4	MP2	T3	TP33
1479	氧化性固体,未另作规定的	5.1	O2	Ⅲ	5.1	274	5kg	E1	P002 IBC08 LP02 R001	B3	MP2	T1	TP33
1481	高氯酸盐类,无机的,未另作规定的	5.1	O2	Ⅱ	5.1		1kg	E2	P002 IBC06		MP2	T3	TP33
1481	高氯酸盐类,无机的,未另作规定的	5.1	O2	Ⅲ	5.1		5kg	E1	P002 IBC08 LP02 R001	B3	MP2	T1	TP33
1482	高锰酸盐类,无机的,未另作规定的	5.1	O2	Ⅱ	5.1	274 353	1kg	E2	P002 IBC06		MP2	T3	TP33
1482	高锰酸盐类,无机的,未另作规定的	5.1	O2	Ⅲ	5.1	274 353	5kg	E1	P002 IBC08 LP02 R001	B3	MP2	T1	TP33
1483	过氧化物,无机的,未另作规定的	5.1	O2	Ⅱ	5.1		1kg	E2	P002 IBC06		MP2	T3	TP33

ADR 罐体		运输罐体车辆	运输类别（隧道限制代码）	运输特殊规定				危险性识别号	联合国编号	名称和描述
罐体代码	特殊规定			包件	散装	装卸和操作	作业			
4.3	4.3.5,6.8.4	9.1.1.2	1.1.3.6	7.2.4	7.3.3	7.5.11	8.5	5.3.2.3		3.1.2
(12)	(13)	(14)	(15)	(16)	(17)	(18)	(19)	(20)	(1)	(2)
SGAN	TU3	AT	2 (E)	V11		CV24		50	1472	过氧化锂
SGAV	TU3	AT	2 (E)	V11	VC1 VC2 AP6 AP7	CV24		50	1473	溴酸镁
SGAV	TU3	AT	3 (E)		VC1 VC2 AP6 AP7	CV24		50	1474	硝酸镁
SGAV	TU3	AT	2 (E)	V11	VC1 VC2 AP6 AP7	CV24	S23	50	1475	高氯酸镁
SGAN	TU3	AT	2 (E)	V11		CV24		50	1476	过氧化镁
SGAN	TU3	AT	2 (E)	V11		CV24		50	1477	硝酸盐类,无机的,未另作规定的
SGAV	TU3	AT	3 (E)		VC1 VC2 AP6 AP7	CV24		50	1477	硝酸盐类,无机的,未另作规定的
			1 (E)	V10		CV24	S20		1479	氧化性固体,未另作规定的
SGAN	TU3	AT	2 (E)	V11		CV24		50	1479	氧化性固体,未另作规定的
SGAN	TU3	AT	3 (E)			CV24		50	1479	氧化性固体,未另作规定的
SGAV	TU3	AT	2 (E)	V11	VC1 VC2 AP6 AP7	CV24	S23	50	1481	高氯酸盐类,无机的,未另作规定的
SGAV	TU3	AT	3 (E)		VC1 VC2 AP6 AP7	CV24	S23	50	1481	高氯酸盐类,无机的,未另作规定的
SGAN	TU3	AT	2 (E)	V11		CV24		50	1482	高锰酸盐类,无机的,未另作规定的
SGAN	TU3	AT	3 (E)			CV24		50	1482	高锰酸盐类,无机的,未另作规定的
SGAN	TU3	AT	2 (E)	V11		CV24		50	1483	过氧化物,无机的,未另作规定的

联合国编号	名称和描述	类别	分类代码	包装类别	标志	特殊规定	有限和例外数量		容器			可移动罐柜和散装容器	
									包装指南	特殊包装规定	混合包装规定	指南	特殊规定
		3.1.2	2.2	2.2	2.1.1.3	5.2.2	3.3	3.4	3.5.1.2	4.1.4	4.1.4	4.1.10	4.2.5.2	4.2.5.3
(1)	(2)	(3a)	(3b)	(4)	(5)	(6)	(7a)	(7b)	(8)	(9a)	(9b)	(10)	(11)
1483	过氧化物, 无机的, 未另作规定的	5.1	O2	Ⅲ	5.1		5kg	E1	P002 IBC08 LP02 R001	B3	MP2	T1	TP33
1484	溴酸钾	5.1	O2	Ⅱ	5.1		1kg	E2	P002 IBC08	B4	MP2	T3	TP33
1485	溴酸钾	5.1	O2	Ⅱ	5.1		1kg	E2	P002 IBC08	B4	MP2	T3	TP33
1486	硝酸钾	5.1	O2	Ⅲ	5.1		5kg	E1	P002 IBC08 LP02 R001	B3	MP10	T1 BK1 BK2	TP33
1487	硝酸钾和亚硝酸钠的混合物	5.1	O2	Ⅱ	5.1	607	1kg	E2	P002 IBC08	B4	MP10	T3	TP33
1488	亚硝酸钾	5.1	O2	Ⅱ	5.1		1kg	E2	P002 IBC08	B4	MP10	T3	TP33
1489	高氯酸钾	5.1	O2	Ⅱ	5.1		1kg	E2	P002 IBC06		MP2	T3	TP33
1490	高锰酸钾	5.1	O2	Ⅱ	5.1		1kg	E2	P002 IBC08	B4	MP2	T3	TP33
1491	过氧化钾	5.1	O2	Ⅰ	5.1		0	E0	P503 IBC06		MP2		
1492	过硫酸钾	5.1	O2	Ⅲ	5.1		5kg	E1	P002 IBC08 LP02 R001	B3	MP10	T1	TP33
1493	硝酸银	5.1	O2	Ⅱ	5.1		1kg	E2	P002 IBC08	B4	MP10	T3	TP33
1494	溴酸钠	5.1	O2	Ⅱ	5.1		1kg	E2	P002 IBC08	B4	MP2	T3	TP33
1495	氯酸钠	5.1	O2	Ⅱ	5.1		1kg	E2	P002 IBC08	B4	MP2	T3 BK1 BK2	TP33
1496	亚氯酸钠	5.1	O2	Ⅱ	5.1		1kg	E2	P002 IBC08	B4	MP2	T3	TP33
1498	硝酸钠	5.1	O2	Ⅲ	5.1		5kg	E1	P002 IBC08 LP02 R001	B3	MP10	T1 BK1 BK2	TP33
1499	硝酸钠和硝酸钾混合物	5.1	O2	Ⅲ	5.1		5kg	E1	P002 IBC08 LP02 R001	B3	MP10	T1 BK1 BK2	TP33

ADR罐体		运输罐体车辆	运输类别（隧道限制代码）	运输特殊规定				危险性识别号	联合国编号	名称和描述
罐体代码	特殊规定			包件	散装	装卸和操作	作业			
4.3	4.3.5,6.8.4	9.1.1.2	1.1.3.6	7.2.4	7.3.3	7.5.11	8.5	5.3.2.3		3.1.2
(12)	(13)	(14)	(15)	(16)	(17)	(18)	(19)	(20)	(1)	(2)
SGAN	TU3	AT	3 (E)			CV24		50	1483	过氧化物,无机的,未另作规定的
SGAV	TU3	AT	2 (E)	V11	VC1 VC2 AP6 AP7	CV24		50	1484	溴酸钾
SGAV	TU3	AT	2 (E)	V11	VC1 VC2 AP6 AP7	CV24		50	1485	溴酸钾
SGAV	TU3	AT	3 (E)		VC1 VC2 AP6 AP7	CV24		50	1486	硝酸钾
SGAV	TU3	AT	2 (E)	V11	VC1 VC2 AP6 AP7	CV24		50	1487	硝酸钾和亚硝酸钠的混合物
SGAV	TU3	AT	2 (E)	V11	VC1 VC2 AP6 AP7	CV24		50	1488	亚硝酸钾
SGAV	TU3	AT	2 (E)	V11	VC1 VC2 AP6 AP7	CV24	S23	50	1489	高氯酸钾
SGAN	TU3	AT	2 (E)	V11		CV24		50	1490	高锰酸钾
			1 (E)	V10		CV24	S20		1491	过氧化钾
SGAV	TU3	AT	3 (E)		VC1 VC2 AP6 AP7	CV24		50	1492	过硫酸钾
SGAV	TU3	AT	2 (E)	V11	VC1 VC2 AP6 AP7	CV24		50	1493	硝酸银
SGAV	TU3	AT	2 (E)	V11	VC1 VC2 AP6 AP7	CV24		50	1494	溴酸钠
SGAV	TU3	AT	2 (E)	V11	VC1 VC2 AP6 AP7	CV24		50	1495	氯酸钠
SGAN	TU3	AT	2 (E)	V11		CV24		50	1496	亚氯酸钠
SGAV	TU3	AT	3 (E)		VC1 VC2 AP6 AP7	CV24		50	1498	硝酸钠
SGAV	TU3	AT	3 (E)		VC1 VC2 AP6 AP7	CV24		50	1499	硝酸钠和硝酸钾混合物

联合国编号	名称和描述	类别	分类代码	包装类别	标志	特殊规定	有限和例外数量		容器			可移动罐柜和散装容器	
									包装指南	特殊包装规定	混合包装规定	指南	特殊规定
		3.1.2	2.2	2.2	2.1.1.3	5.2.2	3.3	3.4	3.5.1.2	4.1.4	4.1.4	4.1.10	4.2.5.2	4.2.5.3
(1)	(2)	(3a)	(3b)	(4)	(5)	(6)	(7a)	(7b)	(8)	(9a)	(9b)	(10)	(11)
1500	亚硝酸钠	5.1	OT2	Ⅲ	5.1+6.1		5kg	E1	P002 IBC08 R001		B3	MP10	T1	TP33
1502	高氯酸钠	5.1	O2	Ⅱ	5.1		1kg	E2	P002 IBC06			MP2	T3	TP33
1503	高锰酸钠	5.1	O2	Ⅱ	5.1		1kg	E2	P002 IBC06			MP2	T3	TP33
1504	过氧化钠	5.1	O2	Ⅰ	5.1		0	E0	P503 IBC05			MP2		
1505	过硫酸钠	5.1	O2	Ⅲ	5.1		5kg	E1	P002 IBC08 LP02 R001		B3	MP10	T1	TP33
1506	氯酸锶	5.1	O2	Ⅱ	5.1		1kg	E2	P002 IBC08		B4	MP2	T3	TP33
1507	硝酸锶	5.1	O2	Ⅲ	5.1		5kg	E1	P002 IBC08 LP02 R001		B3	MP10	T1	TP33
1508	高氯酸锶	5.1	O2	Ⅱ	5.1		1kg	E2	P002 IBC06			MP2	T3	TP33
1509	过氧化锶	5.1	O2	Ⅱ	5.1		1kg	E2	P002 IBC06			MP2	T3	TP33
1510	四硝基甲烷	6.1	TO1	Ⅰ	6.1+5.1	354 609	0	E0	P602			MP8 MP17		
1511	过氧化氢脲	5.1	OC2	Ⅲ	5.1+8		5kg	E1	P002 IBC08 R001		B3	MP2	T1	TP33
1512	亚硝酸锌铵	5.1	O2	Ⅱ	5.1		1kg	E2	P002 IBC08		B4	MP10	T3	TP33
1513	氯酸锌	5.1	O2	Ⅱ	5.1		1kg	E2	P002 IBC08		B4	MP2	T3	TP33
1514	硝酸锌	5.1	O2	Ⅱ	5.1		1kg	E2	P002 IBC08		B4	MP10	T3	TP33
1515	高锰酸锌	5.1	O2	Ⅱ	5.1		1kg	E2	P002 IBC06			MP2	T3	TP33
1516	过氧化锌	5.1	O2	Ⅱ	5.1		1kg	E2	P002 IBC06			MP2	T3	TP33
1517	苦氨酸锆,湿的,按质量含水不少于20%	4.1	D	Ⅰ	4.1		0	E0	P406	PP26		MP2		

ADR 罐体		运输罐体车辆	运输类别(隧道限制代码)	运输特殊规定				危险性识别号	联合国编号	名称和描述
罐体代码	特殊规定			包件	散装	装卸和操作	作业			
4.3	4.3.5,6.8.4	9.1.1.2	1.1.3.6	7.2.4	7.3.3	7.5.11	8.5	5.3.2.3		3.1.2
(12)	(13)	(14)	(15)	(16)	(17)	(18)	(19)	(20)	(1)	(2)
SGAN	TU3	AT	3(E)			CV24 CV28		56	1500	亚硝酸钠
SGAV	TU3	AT	2(E)	V11	VC1 VC2 AP6 AP7	CV24	S23	50	1502	高氯酸钠
SGAN	TU3	AT	2(E)	V11		CV24		50	1503	高锰酸钠
			1(E)	V10		CV24	S20		1504	过氧化钠
SGAV	TU3	AT	3(E)		VC1 VC2 AP6 AP7	CV24		50	1505	过硫酸钠
SGAV	TU3	AT	2(E)	V11	VC1 VC2 AP6 AP7	CV24		50	1506	氯酸锶
SGAV	TU3	AT	3(E)		VC1 VC2 AP6 AP7	CV24		50	1507	硝酸锶
SGAV	TU3	AT	2(E)	V11	VC1 VC2 AP6 AP7	CV24	S23	50	1508	高氯酸锶
SGAN	TU3	AT	2(E)	V11		CV24		50	1509	过氧化锶
L10CH	TU14 TU15 TE19 TE21	AT	1(B/D)			CV1 CV13 CV28	S9 S14	665	1510	四硝基甲烷
SGAN	TU3	AT	3(E)			CV24		58	1511	过氧化氢脲
SGAN	TU3	AT	2(E)	V11		CV24		50	1512	亚硝酸锌铵
SGAV	TU3	AT	2(E)	V11	VC1 VC2 AP6 AP7	CV24		50	1513	氯酸锌
SGAN	TU3	AT	2(E)	V11		CV24		50	1514	硝酸锌
SGAN	TU3	AT	2(E)	V11		CV24		50	1515	高锰酸锌
SGAN	TU3	AT	2(E)	V11		CV24		50	1516	过氧化锌
			1(B)				S14		1517	苦氨酸锆,湿的,按质量含水不少于20%

联合国编号	名称和描述	类别	分类代码	包装类别	标志	特殊规定	有限和例外数量		容器			可移动罐柜和散装容器	
									包装指南	特殊包装规定	混合包装规定	指南	特殊规定
		3.1.2	2.2	2.2	2.1.1.3	5.2.2	3.3	3.4	3.5.1.2	4.1.4	4.1.4	4.1.10	4.2.5.2	4.2.5.3
(1)	(2)	(3a)	(3b)	(4)	(5)	(6)	(7a)	(7b)	(8)	(9a)	(9b)	(10)	(11)
1541	丙酮合氰化氢,稳定的	6.1	T1	Ⅰ	6.1	354	0	E0	P602		MP8 MP17	T20	TP2 TP37
1544	生物碱类,固体的,未另作规定的或生物碱盐类,固体的,未另作规定的	6.1	T2	Ⅰ	6.1	43 274	0	E5	P002 IBC07		MP18	T6	TP33
1544	生物碱类,固体的,未另作规定的或生物碱盐类,固体的,未另作规定的	6.1	T2	Ⅱ	6.1	43 274	500g	E4	P002 IBC08	B4	MP10	T3	TP33
1544	生物碱类,固体的,未另作规定的或生物碱盐类,固体的,未另作规定的	6.1	T2	Ⅲ	6.1	43 274	5kg	E1	P002 IBC08 LP02 R001	B3	MP10	T1	TP33
1545	异硫氰酸烯丙酯,稳定的	6.1	TF1	Ⅱ	6.1+3		100ml	E0	P001 IBC02		MP15	T7	TP2
1546	砷酸铵	6.1	T5	Ⅱ	6.1		500g	E4	P002 IBC08	B4	MP10	T3	TP33
1547	苯胺	6.1	T1	Ⅱ	6.1	279	100ml	E4	P001 IBC02		MP15	T7	TP2
1548	盐酸苯胺	6.1	T2	Ⅲ	6.1		5kg	E1	P002 IBC08 LP02 R001	B3	MP10	T1	TP33
1549	锑化合物,无机的,固体的,未另作规定的	6.1	T5	Ⅲ	6.1	45 274 512	5kg	E1	P002 IBC08 LP02 R001	B3	MP10	T1	TP33
1550	乳酸锑	6.1	T5	Ⅲ	6.1		5kg	E1	P002 IBC08 LP02 R001	B3	MP10	T1	TP33
1551	酒石酸氧锑钾	6.1	T5	Ⅲ	6.1		5kg	E1	P002 IBC08 LP02 R001	B3	MP10	T1	TP33
1553	砷酸,液体的	6.1	T4	Ⅰ	6.1		0	E5	P001		MP8 MP17	T20	TP2 TP7

ADR 罐体		运输罐体车辆	运输类别（隧道限制代码）	运输特殊规定				危险性识别号	联合国编号	名称和描述
罐体代码	特殊规定			包件	散装	装卸和操作	作业			
4.3	4.3.5,6.8.4	9.1.1.2	1.1.3.6	7.2.4	7.3.3	7.5.11	8.5	5.3.2.3		3.1.2
(12)	(13)	(14)	(15)	(16)	(17)	(18)	(19)	(20)	(1)	(2)
L10CH	TU14 TU15 TE19 TE21	AT	1 (C/D)			CV1 CV13 CV28	S9 S14	669	1541	丙酮合氰化氢,稳定的
S10AH	TU15 TE19	AT	1 (C/E)	V10		CV1 CV13 CV28	S9 S14	66	1544	生物碱类,固体的,未另作规定的或生物碱盐类,固体的,未另作规定的
SGAH L4BH	TU15 TE19	AT	2 (D/E)	V11		CV13 CV28	S9 S19	60	1544	生物碱类,固体的,未另作规定的或生物碱盐类,固体的,未另作规定的
SGAH L4BH	TU15 TE19	AT	2 (E)		VC1 VC2 AP7	CV13 CV28	S9	60	1544	生物碱类,固体的,未另作规定的或生物碱盐类,固体的,未另作规定的
L4BH	TU15 TE19	FL	2 (D/E)			CV13 CV28	S2 S9 S19	639	1545	异硫氰酸烯丙酯,稳定的
SGAH	TU15 TE19	AT	2 (D/E)	V11		CV13 CV28	S9 S19	60	1546	砷酸铵
L4BH	TU15 TE19	AT	2 (D/E)			CV13 CV28	S9 S19	60	1547	苯胺
SGAH	TU15 TE19	AT	2 (E)		VC1 VC2 AP7	CV13 CV28	S9	60	1548	盐酸苯胺
SGAH L4BH	TU15 TE19	AT	2 (E)		VC1 VC2 AP7	CV13 CV28	S9	60	1549	锑化合物,无机的,固体的,未另作规定的
SGAH L4BH	TU15 TE19	AT	2 (E)		VC1 VC2 AP7	CV13 CV28	S9	60	1550	乳酸锑
SGAH L4BH	TU15 TE19	AT	2 (E)		VC1 VC2 AP7	CV13 CV28	S9	60	1551	酒石酸氧锑钾
L10CH	TU14 TU15 TE19 TE21	AT	1 (C/E)			CV1 CV13 CV28	S9 S14	66	1553	砷酸,液体的

联合国编号	名称和描述	类别	分类代码	包装类别	标志	特殊规定	有限和例外数量		容器			可移动罐柜和散装容器	
									包装指南	特殊包装规定	混合包装规定	指南	特殊规定
		3.1.2	2.2	2.2	2.1.1.3	5.2.2	3.3	3.4	3.5.1.2	4.1.4	4.1.4	4.1.10	4.2.5.2	4.2.5.3
(1)	(2)	(3a)	(3b)	(4)	(5)	(6)	(7a)	(7b)	(8)	(9a)	(9b)	(10)	(11)
1554	砷酸,固体的	6.1	T5	Ⅱ	6.1		500g	E4	P002 IBC08		B4	MP10	T3	TP33
1555	三溴化砷	6.1	T5	Ⅱ	6.1		500g	E4	P002 IBC08		B4	MP10	T3	TP33
1556	砷化合物,液体的,未另作规定的,无机的,包括:砷酸盐类,未另作规定的;亚砷酸盐类,未另作规定的;硫化砷类,未另作规定的	6.1	T4	Ⅰ	6.1	43 274	0	E5	P001			MP8 MP17	T14	TP2 TP27
1556	砷化合物,液体的,未另作规定的,无机的,包括:砷酸盐类,未另作规定的;亚砷酸盐类,未另作规定的;硫化砷类,未另作规定的	6.1	T4	Ⅱ	6.1	43 274	100ml	E4	P001 IBC02			MP15	T11	TP2 TP27
1556	砷化合物,液体的,未另作规定的,无机的,包括:砷酸盐类,未另作规定的;亚砷酸盐类,未另作规定的;硫化砷类,未另作规定的	6.1	T4	Ⅲ	6.1	43 274	5L	E1	P001 IBC03 LP01 R001			MP19	T7	TP2 TP28
1557	砷化合物,固体的,未另作规定的,无机的,包括:砷酸盐类,未另作规定的;亚砷酸盐类,未另作规定的;硫化砷类,未另作规定的	6.1	T5	Ⅰ	6.1	43 274	0	E5	P002 IBC07			MP18	T6	TP33
1557	砷化合物,固体的,未另作规定的,无机的,包括:砷酸盐类,未另作规定的;亚砷酸盐类,未另作规定的;硫化砷类,未另作规定的	6.1	T5	Ⅱ	6.1	43 274	500g	E4	P002 IBC08		B4	MP10	T3	TP33

ADR 罐体		运输罐体车辆	运输类别（隧道限制代码）	运输特殊规定				危险性识别号	联合国编号	名称和描述
罐体代码	特殊规定			包件	散装	装卸和操作	作业			
4.3	4.3.5,6.8.4	9.1.1.2	1.1.3.6	7.2.4	7.3.3	7.5.11	8.5	5.3.2.3		3.1.2
(12)	(13)	(14)	(15)	(16)	(17)	(18)	(19)	(20)	(1)	(2)
SGAH L4BH	TU15 TE19	AT	2 (D/E)	V11		CV13 CV28	S9 S19	60	1554	砷酸,固体的
SGAH L4BH	TU15 TE19	AT	2 (D/E)	V11		CV13 CV28	S9 S19	60	1555	三溴化砷
L10CH	TU14 TU15 TE19 TE21	AT	1 (C/E)			CV1 CV13 CV28	S9 S14	66	1556	砷化合物,液体的,未另作规定的,无机的,包括:砷酸盐类,未另作规定的;亚砷酸盐类,未另作规定的;硫化砷类,未另作规定的
L4BH	TU15 TE19	AT	2 (D/E)			CV13 CV28	S9 S19	60	1556	砷化合物,液体的,未另作规定的,无机的,包括:砷酸盐类,未另作规定的;亚砷酸盐类,未另作规定的;硫化砷类,未另作规定的
L4BH	TU15 TE19	AT	2 (E)	V12		CV13 CV28	S9	60	1556	砷化合物,液体的,未另作规定的,无机的,包括:砷酸盐类,未另作规定的;亚砷酸盐类,未另作规定的;硫化砷类,未另作规定的
S10AH L10CH	TU15 TE19	AT	1 (C/E)	V10		CV1 CV13 CV28	S9 S14	66	1557	砷化合物,固体的,未另作规定的,无机的,包括:砷酸盐类,未另作规定的;亚砷酸盐类,未另作规定的;硫化砷类,未另作规定的
SGAH L4BH	TU15 TE19	AT	2 (D/E)	V11		CV13 CV28	S9 S19	60	1557	砷化合物,固体的,未另作规定的,无机的,包括:砷酸盐类,未另作规定的;亚砷酸盐类,未另作规定的;硫化砷类,未另作规定的

联合国编号	名称和描述	类别	分类代码	包装类别	标志	特殊规定	有限和例外数量		容器			可移动罐柜和散装容器	
									包装指南	特殊包装规定	混合包装规定	指南	特殊规定
		3.1.2	2.2	2.2	2.1.1.3	5.2.2	3.3	3.4	3.5.1.2	4.1.4	4.1.4	4.1.10	4.2.5.2	4.2.5.3
(1)	(2)	(3a)	(3b)	(4)	(5)	(6)	(7a)	(7b)	(8)	(9a)	(9b)	(10)	(11)
1557	砷化合物,固体的,未另作规定的,无机的,包括:砷酸盐类,未另作规定的;亚砷酸盐类,未另作规定的;硫化砷类,未另作规定的	6.1	T5	Ⅲ	6.1	43 274	5kg	E1	P002 IBC08 LP02 R001		B3	MP10	T1	TP33
1558	砷	6.1	T5	Ⅱ	6.1		500g	E4	P002 IBC08		B4	MP10	T3	TP33
1559	五氧化二砷	6.1	T5	Ⅱ	6.1		500g	E4	P002 IBC08		B4	MP10	T3	TP33
1560	三氯化砷	6.1	T4	Ⅰ	6.1		0	E0	P602			MP8 MP17	T14	TP2
1561	三氧化二砷	6.1	T5	Ⅱ	6.1		500g	E4	P002 IBC08		B4	MP10	T3	TP33
1562	砷粉尘	6.1	T5	Ⅱ	6.1		500g	E4	P002 IBC08		B4	MP10	T3	TP33
1564	钡化合物,未另作规定的	6.1	T5	Ⅱ	6.1	177 274 513 587	500g	E4	P002 IBC08		B4	MP10	T3	TP33
1564	钡化合物,未另作规定的	6.1	T5	Ⅲ	6.1	177 274 513 587	5kg	E1	P002 IBC08 LP02 R001		B3	MP10	T1	TP33
1565	氰化钡	6.1	T5	Ⅰ	6.1		0	E5	P002 IBC07			MP18	T6	TP33
1566	铍化合物,未另作规定的	6.1	T5	Ⅱ	6.1	274 514	500g	E4	P002 IBC08		B4	MP10	T3	TP33
1566	铍化合物,未另作规定的	6.1	T5	Ⅲ	6.1	274 514	5kg	E1	P002 IBC08 LP02 R001		B3	MP10	T1	TP33
1567	铍粉	6.1	TF3	Ⅱ	6.1 +4.1		500g	E4	P002 IBC08		B4	MP10	T3	TP33
1569	溴丙酮	6.1	TF1	Ⅱ	6.1 +3		0	E0	P602			MP15	T20	TP2
1570	番木鳖碱(二甲氧基马钱子碱)	6.1	T2	Ⅰ	6.1	43	0	E5	P002 IBC07			MP18	T6	TP33

ADR 罐体		运输罐体车辆	运输类别（隧道限制代码）	运输特殊规定				危险性识别号	联合国编号	名称和描述
罐体代码	特殊规定			包件	散装	装卸和操作	作业			
4.3	4.3.5,6.8.4	9.1.1.2	1.1.3.6	7.2.4	7.3.3	7.5.11	8.5	5.3.2.3		3.1.2
(12)	(13)	(14)	(15)	(16)	(17)	(18)	(19)	(20)	(1)	(2)
SGAH L4BH	TU15 TE19	AT	2 (E)		VC1 VC2 AP7	CV13 CV28	S9	60	1557	砷化合物,固体的,未另作规定的,无机的,包括:砷酸盐类,未另作规定的;亚砷酸盐类,未另作规定的;硫化砷类,未另作规定的
SGAH	TU15 TE19	AT	2 (D/E)	V11		CV13 CV28	S9 S19	60	1558	砷
SGAH	TU15 TE19	AT	2 (D/E)	V11		CV13 CV28	S9 S19	60	1559	五氧化二砷
L10CH	TU14 TU15 TE19 TE21	AT	1 (C/E)			CV1 CV13 CV28	S9 S14	66	1560	三氯化砷
SGAH	TU15 TE19	AT	2 (D/E)	V11		CV13 CV28	S9 S19	60	1561	三氧化二砷
SGAH	TU15 TE19	AT	2 (D/E)	V11		CV13 CV28	S9 S19	60	1562	砷粉尘
SGAH L4BH	TU15 TE19	AT	2 (D/E)	V11		CV13 CV28	S9 S19	60	1564	钡化合物,未另作规定的
SGAH L4BH	TU15 TE19	AT	2 (E)		VC1 VC2 AP7	CV13 CV28	S9	60	1564	钡化合物,未另作规定的
S10AH	TU15 TE19	AT	1 (C/E)	V10		CV1 CV13 CV28	S9 S14	66	1565	氰化钡
SGAH L4BH	TU15 TE19	AT	2 (D/E)	V11		CV13 CV28	S9 S19	60	1566	铍化合物,未另作规定的
SGAH L4BH	TU15 TE19	AT	2 (E)		VC1 VC2 AP7	CV13 CV28	S9	60	1566	铍化合物,未另作规定的
SGAH	TU15 TE19	AT	2 (D/E)	V11		CV13 CV28	S9 S19	64	1567	铍粉
L4BH	TU15 TE19	FL	2 (D/E)			CV13 CV28	S2 S9 S19	63	1569	溴丙酮
S10AH L10CH	TU14 TU15 TE19 TE21	AT	1 (C/E)	V10		CV1 CV13 CV28	S9 S14	66	1570	番木鳖碱(二甲氧基马钱子碱)

联合国编号	名称和描述	类别	分类代码	包装类别	标志	特殊规定	有限和例外数量		容器			可移动罐柜和散装容器	
									包装指南	特殊包装规定	混合包装规定	指南	特殊规定
	3.1.2	2.2	2.2	2.1.1.3	5.2.2	3.3	3.4	3.5.1.2	4.1.4	4.1.4	4.1.10	4.2.5.2	4.2.5.3
(1)	(2)	(3a)	(3b)	(4)	(5)	(6)	(7a)	(7b)	(8)	(9a)	(9b)	(10)	(11)
1571	叠氮化钡,湿的,按质量含水不低于50%	4.1	DT	I	4.1+6.1	568	0	E0	P406		MP2		
1572	卡可基酸	6.1	T5	II	6.1		500g	E4	P002 IBC08	B4	MP10	T3	TP33
1573	砷酸钙	6.1	T5	II	6.1		500g	E4	P002 IBC08	B4	MP10	T3	TP33
1574	砷酸钙和亚砷酸钙的混合物,固体的	6.1	T5	II	6.1		500g	E4	P002 IBC08	B4	MP10	T3	TP33
1575	氰化钙	6.1	T5	I	6.1		0	E5	P002 IBC07		MP18	T6	TP33
1577	二硝基氯苯类,液体的	6.1	T1	II	6.1	279	100ml	E4	P001 IBC02		MP15	T7	TP2
1578	氯硝基苯类,固体的	6.1	T2	II	6.1	279	500g	E4	P002 IBC08	B4	MP10	T3	TP33
1579	4-氯邻甲苯胺盐酸盐,固体的	6.1	T2	III	6.1		5kg	E1	P002 IBC08 LP02 R001	B3	MP10	T1	TP33
1580	三氯硝基甲烷(氯化苦)	6.1	T1	I	6.1	354	0	E0	P601		MP8 MP17	T22	TP2 TP37
1581	三氯硝基甲烷和甲基溴混合物,含三氯硝基甲烷超过2%	2	2T		2.3		0	E0	P200		MP9	(M) T50	
1582	三氯硝基甲烷和甲基氯,混合物	2	2T		2.3		0	E0	P200		MP9	(M) T50	
1583	三氯硝基甲烷混合物,未另作规定的	6.1	T1	I	6.1	274 315 515	0	E0	P602		MP8 MP17		
1583	三氯硝基甲烷混合物,未另作规定的	6.1	T1	II	6.1	274 515	100ml	E0	P001 IBC02		MP15		
1583	三氯硝基甲烷混合物,未另作规定的	6.1	T1	III	6.1	274 515	5L	E0	P001 IBC03 LP01 R001		MP19		
1585	乙酰亚砷酸铜	6.1	T5	II	6.1		500g	E4	P002 IBC08	B4	MP10	T3	TP33

ADR 罐体		运输罐体车辆	运输类别（隧道限制代码）	运输特殊规定				危险性识别号	联合国编号	名称和描述
罐体代码	特殊规定			包件	散装	装卸和操作	作业			
4.3	4.3.5,6.8.4	9.1.1.2	1.1.3.6	7.2.4	7.3.3	7.5.11	8.5	5.3.2.3		3.1.2
(12)	(13)	(14)	(15)	(16)	(17)	(18)	(19)	(20)	(1)	(2)
			1 (B)			CV28	S14		1571	叠氮化钡,湿的,按质量含水不低于50%
SGAH	TU15 TE19	AT	2 (D/E)	V11		CV13 CV28	S9 S19	60	1572	卡可基酸
SGAH	TU15 TE19	AT	2 (D/E)	V11		CV13 CV28	S9 S19	60	1573	砷酸钙
SGAH	TU15 TE19	AT	2 (D/E)	V11		CV13 CV28	S9 S19	60	1574	砷酸钙和亚砷酸钙的混合物,固体的
S10AH	TU15 TE19	AT	1 (C/E)	V10		CV1 CV13 CV28	S9 S14	66	1575	氰化钙
L4BH	TU15 TE19	AT	2 (D/E)			CV13 CV28	S9 S19	60	1577	二硝基氯苯类,液体的
SGAH	TU15 TE19	AT	2 (D/E)	V11		CV13 CV28	S9 S19	60	1578	氯硝基苯类,固体的
SGAH L4BH	TU15 TE19	AT	2 (E)		VC1 VC2 AP7	CV13 CV28	S9	60	1579	4-氯邻甲苯胺盐酸盐,固体的
L15CH	TU14 TU15 TE19 TE21	AT	1 (C/D)			CV1 CV13 CV28	S9 S14	66	1580	三氯硝基甲烷（氯化苦）
PxBH(M)	TA4 TT9	AT	1 (C/D)			CV9 CV10 CV36	S14	26	1581	三氯硝基甲烷和甲基溴混合物,含三氯硝基甲烷超过2%
PxBH(M)	TA4 TT9	AT	1 (C/D)			CV9 CV10 CV36	S14	26	1582	三氯硝基甲烷和甲基氯,混合物
L10CH	TU14 TU15 TE19 TE21	AT	1 (C/E)			CV1 CV13 CV28	S9 S14	66	1583	三氯硝基甲烷混合物,未另作规定的
L4BH	TU15 TE19	AT	2 (D/E)			CV13 CV28	S9 S19	60	1583	三氯硝基甲烷混合物,未另作规定的
L4BH	TU15 TE19	AT	2 (E)	V12		CV13 CV28	S9	60	1583	三氯硝基甲烷混合物,未另作规定的
SGAH	TU15 TE19	AT	2 (D/E)	V11		CV13 CV28	S9 S19	60	1585	乙酰亚砷酸铜

联合国编号	名称和描述	类别	分类代码	包装类别	标志	特殊规定	有限和例外数量		容器			可移动罐柜和散装容器	
									包装指南	特殊包装规定	混合包装规定	指南	特殊规定
		3.1.2	2.2	2.2	2.1.1.3	5.2.2	3.3	3.4	3.5.1.2	4.1.4	4.1.4	4.1.10	4.2.5.2	4.2.5.3
(1)	(2)	(3a)	(3b)	(4)	(5)	(6)	(7a)	(7b)	(8)	(9a)	(9b)	(10)	(11)
1586	亚砷酸铜	6.1	T5	Ⅱ	6.1		500g	E4	P002 IBC08		B4	MP10	T3	TP33
1587	氰化铜	6.1	T5	Ⅱ	6.1		500g	E4	P002 IBC08		B4	MP10	T3	TP33
1588	氰化物,无机的,固体的,未另作规定的	6.1	T5	Ⅰ	6.1	47 274	0	E5	P002 IBC07			MP18	T6	TP33
1588	氰化物,无机的,固体的,未另作规定的	6.1	T5	Ⅱ	6.1	47 274	500g	E4	P002 IBC08		B4	MP10	T3	TP33
1588	氰化物,无机的,固体的,未另作规定的	6.1	T5	Ⅲ	6.1	47 274	5kg	E1	P002 IBC08 LP02 R001		B3	MP10	T1	TP33
1589	氯化氰,稳定的	2	2TC		2.3+8		0	E0	P200			MP9		
1590	二氯苯胺类,液体的	6.1	T1	Ⅱ	6.1	279	100ml	E4	P001 IBC02			MP15	T7	TP2
1591	邻二氯苯	6.1	T1	Ⅲ	6.1	279	5L	E1	P001 IBC03 LP01 R001			MP19	T4	TP1
1593	二氯甲烷	6.1	T1	Ⅲ	6.1	516	5L	E1	P001 IBC03 LP01 R001		B8	MP19	T7	TP2
1594	硫酸二乙酯	6.1	T1	Ⅱ	6.1		100ml	E4	P001 IBC02			MP15	T7	TP2
1595	硫酸二甲酯	61	TC1	Ⅰ	6.1+8	354	0	E0	P602			MP8 MP17	T20	TP2 TP35
1596	二硝基苯胺类	6.1	T2	Ⅱ	6.1		500g	E4	P002 IBC08		B4	MP10	T3	TP33
1597	二硝基苯类,液体的	6.1	T1	Ⅱ	6.1		100ml	E4	P001 IBC02			MP15	T7	TP2
1597	二硝基苯类,液体的	6.1	T1	Ⅲ	6.1		5L	E1	P001 IBC03 LP01 R001			MP19	T7	TP2
1598	二硝基邻甲酚	6.1	T2	Ⅱ	6.1	43	500g	E4	P002 IBC08		B4	MP10	T3	TP33
1599	二硝基苯酚溶液	6.1	T1	Ⅱ	6.1		100ml	E4	P001 IBC02			MP15	T7	TP2

ADR 罐体		运输罐体车辆	运输类别（隧道限制代码）	运输特殊规定				危险性识别号	联合国编号	名称和描述
罐体代码	特殊规定			包件	散装	装卸和操作	作业			
4.3	4.3.5,6.8.4	9.1.1.2	1.1.3.6	7.2.4	7.3.3	7.5.11	8.5	5.3.2.3	3.1.2	
(12)	(13)	(14)	(15)	(16)	(17)	(18)	(19)	(20)	(1)	(2)
SGAH	TU15 TE19	AT	2 (D/E)	V11		CV13 CV28	S9 S19	60	1586	亚砷酸铜
SGAH	TU15 TE19	AT	2 (D/E)	V11		CV13 CV28	S9 S19	60	1587	氰化铜
S10AH	TU15 TE19	AT	1 (C/E)	V10		CV1 CV13 CV28	S9 S14	66	1588	氰化物,无机的,固体的,未另作规定的
SGAH	TU15 TE19	AT	2 (D/E)	V11		CV13 CV28	S9 S19	60	1588	氰化物,无机的,固体的,未另作规定的
SGAH	TU15 TE19	AT	2 (E)		VC1 VC2 AP7	CV13 CV28	S9	60	1588	氰化物,无机的,固体的,未另作规定的
			1 (D)			CV9 CV10 CV36	S14		1589	氯化氰,稳定的
L4BH	TU15 TE19	AT	2 (D/E)			CV13 CV28	S9 S19	60	1590	二氯苯胺类,液体的
L4BH	TU15 TE19	AT	2 (E)	V12		CV13 CV28	S9	60	1591	邻二氯苯
L4BH	TU15 TE19	AT	2 (E)	V12		CV13 CV28	S9	60	1593	二氯甲烷
L4BH	TU15 TE19	AT	2 (D/E)			CV13 CV28	S9 S19	60	1594	硫酸二乙酯
L10CH	TU14 TU15 TE19 TE21	AT	1 (C/D)			CV1 CV13 CV28	S9 S14	668	1595	硫酸二甲酯
SGAH L4BH	TU15 TE19	AT	2 (D/E)	V11		CV13 CV28	S9 S19	60	1596	二硝基苯胺类
L4BH	TU15 TE19	AT	2 (D/E)			CV13 CV28	S9 S19	60	1597	二硝基苯类,液体的
L4BH	TU15 TE19	AT	2 (E)	V12		CV13 CV28	S9	60	1597	二硝基苯类,液体的
SGAH L4BH	TU15 TE19	AT	2 (D/E)	V11		CV13 CV28	S9 S19	60	1598	二硝基邻甲酚
L4BH	TU15 TE19	AT	2 (D/E)			CV13 CV28	S9 S19	60	1599	二硝基苯酚溶液

联合国编号	名称和描述	类别	分类代码	包装类别	标志	特殊规定	有限和例外数量		容器			可移动罐柜和散装容器	
									包装指南	特殊包装规定	混合包装规定	指南	特殊规定
		3.1.2	2.2	2.2	2.1.1.3	5.2.2	3.3	3.4	3.5.1.2	4.1.4	4.1.4	4.1.10	4.2.5.2	4.2.5.3
(1)	(2)	(3a)	(3b)	(4)	(5)	(6)	(7a)	(7b)	(8)	(9a)	(9b)	(10)	(11)
1599	二硝基苯酚溶液	6.1	T1	Ⅲ	6.1		5L	E1	P001 IBC03 LP01 R001		MP19	T4	TP1
1600	二硝基甲苯类,熔融的	6.1	T1	Ⅱ	6.1		0	E0				T7	TP3
1601	消毒剂,固体的,有毒的,未另作规定的	6.1	T2	Ⅰ	6.1	274	0	E5	P002 IBC07		MP18	T6	TP33
1601	消毒剂,固体的,有毒的,未另作规定的	6.1	T2	Ⅱ	6.1	274	500g	E4	P002 IBC08	B4	MP10	T3	TP33
1601	消毒剂,固体的,有毒的,未另作规定的	6.1	T2	Ⅲ	6.1	274	5kg	E1	P002 IBC08 LP02 R001	B3	MP10	T1	TP33
1602	染料,液体的,有毒的,未另作规定的或染料中间体,液体的,有毒的,未另作规定的	6.1	T1	Ⅰ	6.1	274	0	E5	P001		MP8 MP17		
1602	染料,液体的,有毒的,未另作规定的或染料中间体,液体的,有毒的,未另作规定的	6.1	T1	Ⅱ	6.1	274	100ml	E4	P001 IBC02		MP15		
1602	或染料中间体,液体的,有毒的,未另作规定的	6.1	T1	Ⅲ	6.1	274	5L	E1	P001 IBC03 LP01 R001		MP19		
1603	溴乙酸乙酯	6.1	TF1	Ⅱ	6.1 +3		100ml	E0	P001 IBC02		MP15	T7	TP2
1604	1,2-乙二胺	8	CF1	Ⅱ	8 +3		1L	E2	P001 IBC02		MP15	T7	TP2
1605	二溴化乙烯	6.1	T1	Ⅰ	6.1	354	0	E0	P602		MP8 MP17	T20	TP2 TP37
1606	砷酸铁	6.1	T5	Ⅱ	6.1		500g	E4	P002 IBC08	B4	MP10	T3	TP33
1607	亚砷酸铁	6.1	T5	Ⅱ	6.1		500g	E4	P002 IBC08	B4	MP10	T3	TP33
1608	砷酸亚铁	6.1	T5	Ⅱ	6.1		500g	E4	P002 IBC08	B4	MP10	T3	TP33

ADR 罐体		运输罐体车辆	运输类别（隧道限制代码）	运输特殊规定				危险性识别号	联合国编号	名称和描述
罐体代码	特殊规定			包件	散装	装卸和操作	作业			
4.3	4.3.5,6.8.4	9.1.1.2	1.1.3.6	7.2.4	7.3.3	7.5.11	8.5	5.3.2.3		3.1.2
(12)	(13)	(14)	(15)	(16)	(17)	(18)	(19)	(20)	(1)	(2)
L4BH	TU15 TE19	AT	2 (E)	V12		CV13 CV28	S9	60	1599	二硝基苯酚溶液
L4BH	TU15 TE19	AT	0 (D/E)			CV13	S9 S19	60	1600	二硝基甲苯类,熔融的
S10AH L10CH	TU15 TE19	AT	1 (C/E)	V10		CV1 CV13 CV28	S9 S14	66	1601	消毒剂,固体的,有毒的,未另作规定的
SGAH L4BH	TU15 TE19	AT	2 (D/E)	V11		CV13 CV28	S9 S19	60	1601	消毒剂,固体的,有毒的,未另作规定的
SGAH L4BH	TU15 TE19	AT	2 (E)		VC1 VC2 AP7	CV13 CV28	S9	60	1601	消毒剂,固体的,有毒的,未另作规定的
L10CH	TU14 TU15 TE19 TE21	AT	1 (C/E)			CV1 CV13 CV28	S9 S14	66	1602	染料,液体的,有毒的,未另作规定的或染料中间体,液体的,有毒的,未另作规定的
L4BH	TU15 TE19	AT	2 (D/E)			CV13 CV28	S9 S19	60	1602	染料,液体的,有毒的,未另作规定的或染料中间体,液体的,有毒的,未另作规定的
L4BH	TU15 TE19	AT	2 (E)	V12		CV13 CV28	S9	60	1602	或染料中间体,液体的,有毒的,未另作规定的
L4BH	TU15 TE19	FL	2 (D/E)			CV13 CV28	S2 S9 S19	63	1603	溴乙酸乙酯
L4BN		FL	2 (D/E)				S2	83	1604	**1,2－乙二胺**
L10CH	TU14 TU15 TE19 TE21	AT	1 (C/D)			CV1 CV13 CV28	S9 S14	66	1605	二溴化乙烯
SGAH	TU15 TE19	AT	2 (D/E)	V11		CV13 CV28	S9 S19	60	1606	砷酸铁
SGAH	TU15 TE19	AT	2 (D/E)	V11		CV13 CV28	S9 S19	60	1607	亚砷酸铁
SGAH	TU15 TE19	AT	2 (D/E)	V11		CV13 CV28	S9 S19	60	1608	砷酸亚铁

联合国编号	名称和描述	类别	分类代码	包装类别	标志	特殊规定	有限和例外数量		容器			可移动罐柜和散装容器	
									包装指南	特殊包装规定	混合包装规定	指南	特殊规定
		3.1.2	2.2	2.2	2.1.1.3	5.2.2	3.3	3.4	3.5.1.2	4.1.4	4.1.4	4.1.10	4.2.5.2	4.2.5.3
(1)	(2)	(3a)	(3b)	(4)	(5)	(6)	(7a)	(7b)	(8)	(9a)	(9b)	(10)	(11)
1611	四磷酸六乙酯	6.1	T1	Ⅱ	6.1		100ml	E4	P001 IBC02		MP15	T7	TP2
1612	四磷酸六乙酯和压缩气体混合物	2	1T		2.3		0	E0	P200		MP9	(M)	
1613	氰氢酸,水溶液(氰化氢,水溶液),氰化氢含量不超过20%	6.1	TF1	Ⅰ	6.1 +3	48	0	E0	P601		MP8 MP17	T14	TP2
1614	氰化氢,稳定的,含水量低于3%,并被多孔惰性材料吸收	6.1	TF1	Ⅰ	6.1 +3	603	0	E0	P099 P601	RR10	MP2		
1616	乙酸铅	6.1	T5	Ⅲ	6.1		5kg	E1	P002 IBC08 LP02 R001	B3	MP10	T1	TP33
1617	砷酸铅类	6.1	T5	Ⅱ	6.1		500g	E4	P002 IBC08	B4	MP10	T3	TP33
1618	亚砷酸铅类	6.1	T5	Ⅱ	6.1		500g	E4	P002 IBC08	B4	MP10	T3	TP33
1620	氰化铅	6.1	T5	Ⅱ	6.1		500g	E4	P002 IBC08	B4	MP10	T3	TP33
1621	伦敦紫	6.1	T5	Ⅱ	6.1	43	500g	E4	P002 IBC08	B4	MP10	T3	TP33
1622	砷酸镁	6.1	T5	Ⅱ	6.1		500g	E4	P002 IBC08	B4	MP10	T3	TP33
1623	砷酸汞	6.1	T5	Ⅱ	6.1		500g	E4	P002 IBC08	B4	MP10	T3	TP33
1624	氯化汞	6.1	T5	Ⅱ	6.1		500g	E4	P002 IBC08	B4	MP10	T3	TP33
1625	硝酸汞	6.1	T5	Ⅱ	6.1		500g	E4	P002 IBC08	B4	MP10	T3	TP33
1626	氰化汞钾	6.1	T5	Ⅰ	6.1		0	E5	P002 IBC07		MP18	T6	TP33
1627	硝酸亚汞	6.1	T5	Ⅱ	6.1		500g	E4	P002 IBC08	B4	MP10	T3	TP33
1629	乙酸汞	6.1	T5	Ⅱ	6.1		500g	E4	P002 IBC08	B4	MP10	T3	TP33
1630	氯化汞铵	6.1	T5	Ⅱ	6.1		500g	E4	P002 IBC08	B4	MP10	T3	TP33

ADR 罐体		运输罐体车辆	运输类别(隧道限制代码)	运输特殊规定				危险性识别号	联合国编号	名称和描述
罐体代码	特殊规定			包件	散装	装卸和操作	作业			
4.3	4.3.5,6.8.4	9.1.1.2	1.1.3.6	7.2.4	7.3.3	7.5.11	8.5	5.3.2.3		3.1.2
(12)	(13)	(14)	(15)	(16)	(17)	(18)	(19)	(20)	(1)	(2)
L4BH	TU15 TE19	AT	2 (D/E)			CV13 CV28	S9 S19	60	1611	四磷酸六乙酯
CxBH(M)	TA4 TT9	AT	1 (C/D)			CV9 CV10 CV36	S14	26	1612	四磷酸六乙酯和压缩气体混合物
L15DH(+)	TU14 TU15 TE19 TE21	FL	0 (C/D)			CV1 CV13 CV28	S2 S9 S14	663	1613	氰氢酸,水溶液(氰化氢,水溶液),氰化氢含量不超过20%
			0 (D)			CV1 CV13 CV28	S2 S9 S10 S14		1614	氰化氢,稳定的,含水量低于3%,并被多孔惰性材料吸收
SGAH L4BH	TU15 TE19	AT	2 (E)	VC1 VC2 AP7		CV13 CV28	S9	60	1616	乙酸铅
SGAH	TU15 TE19	AT	2 (D/E)	V11		CV13 CV28	S9 S19	60	1617	砷酸铅类
SGAH	TU15 TE19	AT	2 (D/E)	V11		CV13 CV28	S9 S19	60	1618	亚砷酸铅类
SGAH	TU15 TE19	AT	2 (D/E)	V11		CV13 CV28	S9 S19	60	1620	氰化铅
SGAH	TU15 TE19	AT	2 (D/E)	V11		CV13 CV28	S9 S19	60	1621	伦敦紫
SGAH	TU15 TE19	AT	2 (D/E)	V11		CV13 CV28	S9 S19	60	1622	砷酸镁
SGAH	TU15 TE19	AT	2 (D/E)	V11		CV13 CV28	S9 S19	60	1623	砷酸汞
SGAH	TU15 TE19	AT	2 (D/E)	V11		CV13 CV28	S9 S19	60	1624	氯化汞
SGAH	TU15 TE19	AT	2 (D/E)	V11		CV13 CV28	S9 S19	60	1625	硝酸汞
S10AH	TU15 TE19	AT	1 (C/E)	V10		CV1 CV13 CV28	S9 S14	66	1626	氰化汞钾
SGAH	TU15 TE19	AT	2 (D/E)	V11		CV13 CV28	S9 S19	60	1627	硝酸亚汞
SGAH	TU15 TE19	AT	2 (D/E)	V11		CV13 CV28	S9 S19	60	1629	乙酸汞
SGAH	TU15 TE19	AT	2 (D/E)	V11		CV13 CV28	S9 S19	60	1630	氯化汞铵

联合国编号	名称和描述	类别	分类代码	包装类别	标志	特殊规定	有限和例外数量		容器			可移动罐柜和散装容器	
									包装指南	特殊包装规定	混合包装规定	指南	特殊规定
		3.1.2	2.2	2.2	2.1.1.3	5.2.2	3.3	3.4	3.5.1.2	4.1.4	4.1.4	4.1.10	4.2.5.2	4.2.5.3
(1)	(2)	(3a)	(3b)	(4)	(5)	(6)	(7a)	(7b)	(8)	(9a)	(9b)	(10)	(11)
1631	苯甲酸汞	6.1	T5	Ⅱ	6.1		500g	E4	P002 IBC08	B4	MP10	T3	TP33
1634	溴化汞类	6.1	T5	Ⅱ	6.1		500g	E4	P002 IBC08	B4	MP10	T3	TP33
1636	氰化汞	6.1	T5	Ⅱ	6.1		500g	E4	P002 IBC08	B4	MP10	T3	TP33
1637	葡萄糖酸汞	6.1	T5	Ⅱ	6.1		500g	E4	P002 IBC08	B4	MP10	T3	TP33
1638	碘化汞	6.1	T5	Ⅱ	6.1		500g	E4	P002 IBC08	B4	MP10	T3	TP33
1639	核酸汞	6.1	T5	Ⅱ	6.1		500g	E4	P002 IBC08	B4	MP10	T3	TP33
1640	油酸汞	6.1	T5	Ⅱ	6.1		500g	E4	P002 IBC08	B4	MP10	T3	TP33
1641	氧化汞	6.1	T5	Ⅱ	6.1		500g	E4	P002 IBC08	B4	MP10	T3	TP33
1642	氰氧化汞,退敏的	6.1	T5	Ⅱ	6.1		500g	E4	P002 IBC08	B4	MP10	T3	TP33
1643	碘化汞钾	6.1	T5	Ⅱ	6.1		500g	E4	P002 IBC08	B4	MP10	T3	TP33
1644	水杨酸汞	6.1	T5	Ⅱ	6.1		500g	E4	P002 IBC08	B4	MP10	T3	TP33
1645	硫酸汞	6.1	T5	Ⅱ	6.1		500g	E4	P002 IBC08	B4	MP10	T3	TP33
1646	硫氰酸汞	6.1	T5	Ⅱ	6.1		500g	E4	P002 IBC08	B4	MP10	T3	TP33
1647	液态甲基溴和二溴化乙烯混合物	6.1	T1	Ⅰ	6.1	354	0	E0	P602		MP8 MP17	T20	TP2
1648	乙腈	3	F1	Ⅱ	3		1L	E2	P001 IBC02 R001		MP19	T7	TP2
1649	发动机燃料抗爆混合物	6.1	T3	Ⅰ	6.1		0	E0	P602		MP8 MP17	T14	TP2
1650	β-萘胺,固体的	6.1	T2	Ⅱ	6.1		500g	E4	P002 IBC08	B4	MP10	T3	TP33
1651	萘硫脲	6.1	T2	Ⅱ	6.1	43	500g	E4	P002 1BC08	B4	MP10	T3	TP33
1652	萘脲	6.1	T2	Ⅱ	6.1		500g	E4	P002 IBC08	B4	MP10	T3	TP33

ADR 罐体		运输罐体车辆	运输类别（隧道限制代码）	运输特殊规定				危险性识别号	联合国编号	名称和描述
罐体代码	特殊规定			包件	散装	装卸和操作	作业			
4.3	4.3.5,6.8.4	9.1.1.2	1.1.3.6	7.2.4	7.3.3	7.5.11	8.5	5.3.2.3		3.1.2
(12)	(13)	(14)	(15)	(16)	(17)	(18)	(19)	(20)	(1)	(2)
SGAH	TU15 TE19	AT	2 (D/E)	V11		CV13 CV28	S9 S19	60	1631	苯甲酸汞
SGAH	TU15 TE19	AT	2 (D/E)	V11		CV13 CV28	S9 S19	60	1634	溴化汞类
SGAH	TU15 TE19	AT	2 (D/E)	V11		CV13 CV28	S9 S19	60	1636	氰化汞
SGAH	TU15 TE19	AT	2 (D/E)	V11		CV13 CV28	S9 S19	60	1637	葡萄糖酸汞
SGAH	TU15 TE19	AT	2 (D/E)	V11		CV13 CV28	S9 S19	60	1638	碘化汞
SGAH	TU15 TE19	AT	2 (D/E)	V11		CV13 CV28	S9 S19	60	1639	核酸汞
SGAH	TU15 TE19	AT	2 (D/E)	V11		CV13 CV28	S9 S19	60	1640	油酸汞
SGAH	TU15 TE19	AT	2 (D/E)	V11		CV13 CV28	S9 S19	60	1641	氧化汞
SGAH	TU15 TE19	AT	2 (D/E)	V11		CV13 CV28	S9 S19	60	1642	氰氧化汞,退敏的
SGAH	TU15 TE19	AT	2 (D/E)	V11		CV13 CV28	S9 S19	60	1643	碘化汞钾
SGAH	TU15 TE19	AT	2 (D/E)	V11		CV13 CV28	S9 S19	60	1644	水杨酸汞
SGAH	TU15 TE19	AT	2 (D/E)	V11		CV13 CV28	S9 S19	60	1645	硫酸汞
SGAH	TU15 TE19	AT	2 (D/E)	V11		CV13 CV28	S9 S19	60	1646	硫氰酸汞
L10CH	TU14 TU15 TE19 TE21	AT	1 (C/D)			CV1 CV13 CV28	S9 S14	66	1647	液态甲基溴和二溴化乙烯混合物
LGBF		FL	2 (D/E)				S2 S20	33	1648	乙腈
L10CH	TU14 TU15 TE19 TE21 TT6	AT	1 (C/E)			CV1 CV13 CV28	S9 S14	66	1649	发动机燃料抗爆混合物
SGAH L4BH	TU15 TE19	AT	2 (D/E)	V11		CV13 CV28	S9 S19	60	1650	β-萘胺,固体的
SGAH	TU15 TE19	AT	2 (D/E)	V11		CV13 CV28	S9 S19	60	1651	萘硫脲
SGAH	TU15 TE19	AT	2 (D/E)	V11		CV13 CV28	S9 S19	60	1652	萘脲

联合国编号	名称和描述	类别	分类代码	包装类别	标志	特殊规定	有限和例外数量		容器			可移动罐柜和散装容器	
									包装指南	特殊包装规定	混合包装规定	指南	特殊规定
		3.1.2	2.2	2.2	2.1.1.3	5.2.2	3.3	3.4	3.5.1.2	4.1.4	4.1.4	4.1.10	4.2.5.2	4.2.5.3
(1)	(2)	(3a)	(3b)	(4)	(5)	(6)	(7a)	(7b)	(8)	(9a)	(9b)	(10)	(11)
1653	氰化镍	6.1	T5	Ⅱ	6.1		500g	E4	P002 IBC08	B4	MP10	T3	TP33
1654	烟碱（尼古丁）	6.1	T1	Ⅱ	6.1		100ml	E4	P001 IBC02		MP15		
1655	烟碱化合物,固体的,未另作规定的,或烟碱制剂,固体的,未另作规定的	6.1	T2	Ⅰ	6.1	43 274	0	E5	P002 IBC07		MP18	T6	TP33
1655	烟碱化合物,固体的,未另作规定的,或烟碱制剂,固体的,未另作规定的	6.1	T2	Ⅱ	6.1	43 274	500g	E4	P002 IBC08	B4	MP10	T3	TP33
1655	烟碱化合物,固体的,未另作规定的,或烟碱制剂,固体的,未另作规定的	6.1	T2	Ⅲ	6.1	43 274	5kg	E1	P002 IBC08 LP02 R001	B3	MP10	T1	TP33
1656	烟碱盐酸盐,液体的或溶液	6.1	T1	Ⅱ	6.1	43	100ml	E4	P001 IBC02		MP15		
1656	烟碱盐酸盐,液体的或溶液	6.1	T1	Ⅲ	6.1	43	5L	E1	P001 IBC03 LP01 R001		MP19		
1657	水杨酸烟碱	6.1	T2	Ⅱ	6.1		500g	E4	P002 IBC08	B4	MP10	T3	TP33
1658	硫酸烟碱溶液	6.1	T1	Ⅱ	6.1		100ml	E4	P001 IBC02		MP15	T7	TP2
1658	硫酸烟碱溶液	6.1	T1	Ⅲ	6.1		5L	E1	P001 IBC03 LP01 R001		MP19	T7	TP2
1659	酒石酸烟碱	6.1	T2	Ⅱ	6.1		500g	E4	P002 IBC08	B4	MP10	T3	TP33
1660	一氧化氮,压缩的	2	1TOC		2.3+5.1+8		0	E0	P200		MP9		
1661	硝基苯胺类（邻-、间-、对-）	6.1	T2	Ⅱ	6.1	279	500g	E4	P002 IBC08	B4	MP10	T3	TP33
1662	硝基苯	6.1	T1	Ⅱ	6.1	279	100ml	E4	P001 IBC02		MP15	T7	TP2
1663	硝基苯酚类（邻-、间-、对-）	6.1	T2	Ⅲ	6.1	279	5kg	E1	P002 IBC08 LP02 R001	B3	MP10	T1	TP33

ADR 罐体		运输罐体车辆	运输类别（隧道限制代码）	运输特殊规定				危险性识别号	联合国编号	名称和描述
罐体代码	特殊规定			包件	散装	装卸和操作	作业			
4.3	4.3.5,6.8.4	9.1.1.2	1.1.3.6	7.2.4	7.3.3	7.5.11	8.5	5.3.2.3		3.1.2
(12)	(13)	(14)	(15)	(16)	(17)	(18)	(19)	(20)	(1)	(2)
SGAH L4BH	TU15 TE19	AT	2 (D/E)	V11		CV13 CV28	S9 S19	60	1653	氰化镍
L4BH	TU15 TE19	AT	2 (D/E)			CV13 CV28	S9 S19	60	1654	烟碱（尼古丁）
S10AH L10CH	TU15 TE19	AT	1 (C/E)	V10		CV1 CV13 CV28	S9 S14	66	1655	烟碱化合物,固体的,未另作规定的,或烟碱制剂,固体的,未另作规定的
SGAH L4BH	TU15 TE19	AT	2 (D/E)	V11		CV13 CV28	S9 S19	60	1655	烟碱化合物,固体的,未另作规定的,或烟碱制剂,固体的,未另作规定的
SGAH L4BH	TU15 TE19	AT	2 (E)		VC1 VC2 AP7	CV13 CV28	S9	60	1655	烟碱化合物,固体的,未另作规定的,或烟碱制剂,固体的,未另作规定的
L4BH	TU15 TE19	AT	2 (D/E)			CV13 CV28	S9 S19	60	1656	烟碱盐酸盐,液体的或溶液
L4BH	TU15 TE19	AT	2 (E)	V12		CV13 CV28	S9	60	1656	烟碱盐酸盐,液体的或溶液
SGAH L4BH	TU15 TE19	AT	2 (D/E)	V11		CV13 CV28	S9 S19	60	1657	水杨酸烟碱
L4BH	TU15 TE19	AT	2 (D/E)			CV13 CV28	S9 S19	60	1658	硫酸烟碱溶液
L4BH	TU15 TE19	AT	2 (E)	V12		CV13 CV28	S9	60	1658	硫酸烟碱溶液
SGAH L4BH	TU15 TE19	AT	2 (D/E)	V11		CV13 CV28	S9 S19	60	1659	酒石酸烟碱
			1 (D)			CV9 CV10 CV36	S14		1660	一氧化氮,压缩的
SGAH L4BH	TU15 TE19	AT	2 (D/E)	V11		CV13 CV28	S9 S19	60	1661	硝基苯胺类（邻-间-对-）
L4BH	TU15 TE19	AT	2 (D/E)			CV13 CV28	S9 S19	60	1662	硝基苯
SGAH L4BH	TU15 TE19	AT	2 (E)		VC1 VC2 AP7	CV13 CV28	S9	60	1663	硝基苯酚类（邻-间-对-）

联合国编号	名称和描述	类别	分类代码	包装类别	标志	特殊规定	有限和例外数量		容器			可移动罐柜和散装容器	
									包装指南	特殊包装规定	混合包装规定	指南	特殊规定
	3.1.2	2.2	2.2	2.1.1.3	5.2.2	3.3	3.4	3.5.1.2	4.1.4	4.1.4	4.1.10	4.2.5.2	4.2.5.3
(1)	(2)	(3a)	(3b)	(4)	(5)	(6)	(7a)	(7b)	(8)	(9a)	(9b)	(10)	(11)
1664	硝基甲苯类,液体的	6.1	T1	Ⅱ	6.1		100ml	E4	P001 IBC02		MP15	T7	TP2
1665	硝基二甲苯类,液体的	6.1	T1	Ⅱ	6.1		100ml	E4	P001 IBC02		MP15	T7	TP2
1669	五氯乙烷	6.1	T1	Ⅱ	6.1		100ml	E4	P001 IBC02		MP15	T7	TP2
1670	全氯甲硫醇	6.1	T1	Ⅰ	6.1	354	0	E0	P602		MP8 MP17	T20	TP2 TP37
1671	苯酚,固体的	6.1	T2	Ⅱ	6.1	279	500g	E4	P002 IBC08	B4	MP10	T3	TP33
1672	苯胩化二氯	6.1	T1	Ⅰ	6.1		0	E0	P602		MP8 MP17	T14	TP2
1673	苯二胺类(邻-,间-,对-)	6.1	T2	Ⅲ	6.1	279	5kg	E1	P002 IBC08 LP02 R001	B3	MP10	T1	TP33
1674	乙酸苯汞	6.1	T3	Ⅱ	6.1	43	500g	E4	P002 IBC08	B4	MP10	T3	TP33
1677	砷酸钾	6.1	T5	Ⅱ	6.1		500g	E4	P002 IBC08	B4	MP10	T3	TP33
1678	亚砷酸钾	6.1	T5	Ⅱ	6.1		500g	E4	P002 IBC08	B4	MP10	T3	TP33
1679	氰亚铜酸钾	6.1	T5	Ⅱ	6.1		500g	E4	P002 IBC08	B4	MP10	T3	TP33
1680	氰化钾,固体的	6.1	T5	Ⅰ	6.1		0	E5	P002 IBC07		MP18	T6	TP33
1683	亚砷酸银	6.1	T5	Ⅱ	6.1		500g	E4	P002 IBC08	B4	MP10	T3	TP33
1684	氰化银	6.1	T5	Ⅱ	6.1		500g	E4	P002 IBC08	B4	MP10	T3	TP33
1685	砷酸钠	6.1	T5	Ⅱ	6.1		500g	E4	P002 IBC08	B4	MP10	T3	TP33
1686	亚砷酸钠,水溶液	6.1	T4	Ⅱ	6.1	43	100ml	E4	P001 IBC02		MP15	T7	TP2
1686	亚砷酸钠,水溶液	6.1	T4	Ⅲ	6.1	43	5L	E1	P001 IBC03 LP01 R001		MP19	T4	TP2
1687	叠氮化钠	6.1	T5	Ⅱ	6.1		500g	E4	P002 IBC08	B4	MP10		

ADR 罐体		运输罐体车辆	运输类别（隧道限制代码）	运输特殊规定				危险性识别号	联合国编号	名称和描述
罐体代码	特殊规定			包件	散装	装卸和操作	作业			
4.3	4.3.5,6.8.4	9.1.1.2	1.1.3.6	7.2.4	7.3.3	7.5.11	8.5	5.3.2.3		3.1.2
(12)	(13)	(14)	(15)	(16)	(17)	(18)	(19)	(20)	(1)	(2)
L4BH	TU15 TE19	AT	2 (D/E)			CV13 CV28	S9 S19	60	1664	硝基甲苯类,液体的
L4BH	TU15 TE19	AT	2 (D/E)			CV13 CV28	S9 S19	60	1665	硝基二甲苯类,液体的
L4BH	TU15 TE19	AT	2 (D/E)			CV13 CV28	S9 S19	60	1669	五氯乙烷
L10CH	TU14 TU15 TE19 TE21	AT	1 (C/D)			CV1 CV13 CV28	S9 S14	66	1670	全氯甲硫醇
SGAH	TU15 TE19	AT	2 (D/E)	V11		CV13 CV28	S9 S19	60	1671	苯酚,固体的
L10CH	TU14 TU15 TE19 TE21	AT	1 (C/E)			CV1 CV13 CV28	S9 S14	66	1672	苯胺化二氯
SGAH L4BH	TU15 TE19	AT	2 (E)		VC1 VC2 AP7	CV13 CV28	S9	60	1673	苯二胺类(邻-,间-,对-)
SGAH L4BH	TU15 TE19	AT	2 (D/E)	V11		CV13 CV28	S9 S19	60	1674	乙酸苯汞
SGAH	TU15 TE19	AT	2 (D/E)	V11		CV13 CV28	S9 S19	60	1677	砷酸钾
SGAH	TU15 TE19	AT	2 (D/E)	V11		CV13 CV28	S9 S19	60	1678	亚砷酸钾
SGAH	TU15 TE19	AT	2 (D/E)	V11		CV13 CV28	S9 S19	60	1679	氰亚铜酸钾
S10AH	TU15 TE19	AT	1 (C/E)	V10		CV1 CV13 CV28	S9 S14	66	1680	氰化钾,固体的
SGAH	TU15 TE19	AT	2 (D/E)	V11		CV13 CV28	S9 S19	60	1683	亚砷酸银
SGAH	TU15 TE19	AT	2 (D/E)	V11		CV13 CV28	S9 S19	60	1684	氰化银
SGAH	TU15 TE19	AT	2 (D/E)	V11		CV13 CV28	S9 S19	60	1685	砷酸钠
L4BH	TU15 TE19	AT	2 (D/E)			CV13 CV28	S9 S19	60	1686	亚砷酸钠,水溶液
L4BH	TU15 TE19	AT	2 (E)	V12		CV13 CV28	S9	60	1686	亚砷酸钠,水溶液
			2 (D/E)	V11		CV13 CV28	S9 S19		1687	叠氮化钠

联合国编号	名称和描述	类别	分类代码	包装类别	标志	特殊规定	有限和例外数量		容器			可移动罐柜和散装容器	
									包装指南	特殊包装规定	混合包装规定	指南	特殊规定
		3.1.2	2.2	2.2	2.1.1.3	5.2.2	3.3	3.4	3.5.1.2	4.1.4	4.1.4	4.1.10	4.2.5.2	4.2.5.3
(1)	(2)	(3a)	(3b)	(4)	(5)	(6)	(7a)	(7b)	(8)	(9a)	(9b)	(10)	(11)
1688	二甲胂酸钠（卡可酸钠）	6.1	T5	Ⅱ	6.1		500g	E4	P002 IBC08	B4	MP10	T3	TP33
1689	氰化钠,固体的	6.1	T5	Ⅰ	6.1		0	E5	P002 IBC07		MP18	T6	TP33
1690	氟化钠,固体的	6.1	T5	Ⅲ	6.1		5kg	E1	P002 IBC08 LP02 R001	B3	MP10	T1	TP33
1691	亚砷酸锶	6.1	T5	Ⅱ	6.1		500g	E4	P002 IBC08	B4	MP10	T3	TP33
1692	马钱子碱或马钱子碱盐类	6.1	T2	Ⅰ	6.1		0	E5	P002 IBC07		MP18	T6	TP33
1693	催泪性毒气物质,液体的,未另作规定的	6.1	T1	Ⅰ	6.1	274	0	E0	P001		MP8 MP17		
1693	催泪性毒气物质,液体的,未另作规定的	6.1	T1	Ⅱ	6.1	274	0	E0	P001 IBC02		MP15		
1694	溴苄基氰类,液体的	6.1	T1	Ⅰ	6.1	138	0	E0	P001		MP8 MP17	T14	TP2
1695	氯丙酮,稳定的	6.1	TFC	Ⅰ	6.1+3+8	354	0	E0	P602		MP8 MP17	T20	TP2 TP35
1697	氯乙酰苯,固体的	6.1	T2	Ⅱ	6.1		0	E0	P002 IBC08	B4	MP10	T3	TP33
1698	二苯胺氯胂	6.1	T3	Ⅰ	6.1		0	E0	P002		MP18	T6	TP33
1699	二苯氯胂,液体的	6.1	T3	Ⅰ	6.1		0	E0	P001		MP8 MP17		
1700	催泪性毒气筒	6.1	TF3		6.1+4.1		0	E0	P600				
1701	甲苄基溴,液体的	6.1	T1	Ⅱ	6.1		0	E0	P001 IBC02		MP15	T7	TP2
1702	1,1,2,2-四氯乙烷	6.1	T1	Ⅱ	6.1		100ml	E4	P001 IBC02		MP15	T7	TP2
1704	二硫代焦磷酸四乙酯	6.1	T1	Ⅱ	6.1	43	100ml	E4	P001 IBC02		MP15	T7	TP2

ADR 罐体		运输罐体车辆	运输类别（隧道限制代码）	运输特殊规定				危险性识别号	联合国编号	名称和描述
罐体代码	特殊规定			包件	散装	装卸和操作	作业			
4.3	4.3.5,6.8.4	9.1.1.2	1.1.3.6	7.2.4	7.3.3	7.5.11	8.5	5.3.2.3		3.1.2
(12)	(13)	(14)	(15)	(16)	(17)	(18)	(19)	(20)	(1)	(2)
SGAH	TU15 TE19	AT	2 (D/E)	V11		CV13 CV28	S9 S19	60	1688	二甲胂酸钠（卡可酸钠）
S10AH	TU15 TE19	AT	1 (C/E)	V10		CV1 CV13 CV28	S9 S14	66	1689	氰化钠，固体的
SGAH	TU15 TE19	AT	2 (E)		VC1 VC2 AP7	CV13 CV28	S9	60	1690	氟化钠，固体的
SGAH	TU15 TE19	AT	2 (D/E)	V11		CV13 CV28	S9 S19	60	1691	亚砷酸锶
S10AH	TU15 TE19	AT	1 (C/E)	V10		CV1 CV13 CV28	S9 S14	66	1692	马钱子碱或马钱子碱盐类
L10CH	TU14 TU15 TE19 TE21	AT	1 (C/E)			CV1 CV13 CV28	S9 S14	66	1693	催泪性毒气物质，液体的，未另作规定的
L4BH	TU15 TE19	AT	2 (D/E)			CV13 CV28	S9 S19	60	1693	催泪性毒气物质，液体的，未另作规定的
L10CH	TU14 TU15 TE19 TE21	AT	1 (C/E)			CV1 CV13 CV28	S9 S14	66	1694	溴苄基氰类，液体的
L10CH	TU14 TU15 TE19 TE21	FL	1 (C/D)			CV1 CV13 CV28	S2 S9 S14	663	1695	氯丙酮，稳定的
SGAH L4BH	TU15 TE19	AT	2 (D/E)	V11		CV13 CV28	S9 S19	60	1697	氯乙酰苯，固体的
S10AH	TU15 TE19	AT	1 (C/E)			CV1 CV13 CV28	S9 S14	66	1698	二苯胺氯胂
L10CH	TU14 TU15 TE19 TE21	AT	1 (C/E)			CV1 CV13 CV28	S9 S14	66	1699	二苯氯胂，液体的
			2 (D/E)			CV13 CV28	S9 S19		1700	催泪性毒气筒
L4BH	TU15 TE19	AT	2 (D/E)			CV13 CV28	S9 S19	60	1701	甲苄基溴，液体的
L4BH	TU15 TE19	AT	2 (D/E)			CV13 CV28	S9 S19	60	1702	1,1,2,2-四氯乙烷
L4BH	TU15 TE19	AT	2 (D/E)			CV13 CV28	S9 S19	60	1704	二硫代焦磷酸四乙酯

联合国编号	名称和描述	类别	分类代码	包装类别	标志	特殊规定	有限和例外数量		容器			可移动罐柜和散装容器	
									包装指南	特殊包装规定	混合包装规定	指南	特殊规定
		3.1.2	2.2	2.2	2.1.1.3	5.2.2	3.3	3.4	3.5.1.2	4.1.4	4.1.4	4.1.10	4.2.5.2	4.2.5.3
(1)	(2)	(3a)	(3b)	(4)	(5)	(6)	(7a)	(7b)	(8)	(9a)	(9b)	(10)	(11)
1707	铊化合物,未另作规定的	6.1	T5	Ⅱ	6.1	43 274	500g	E4	P002 IBC08	B4	MP10	T3	TP33
1708	甲苯胺类,液体的	6.1	T1	Ⅱ	6.1	279	100ml	E4	P001 IBC02		MP15	T7	TP2
1709	2,4-甲苯二胺,固体的	6.1	T2	Ⅲ	6.1		5kg	E1	P002 IBC08 LP02 R001	B3	MP10	T1	TP33
1710	三氯乙烯	6.1	T1	Ⅲ	6.1		5L	E1	P001 IBC03 LP01 R001		MP19	T4	TP1
1711	二甲基苯胺类,液体的	6.1	T1	Ⅱ	6.1		100ml	E4	P001 IBC02		MP15	T7	TP2
1712	砷酸锌或亚砷酸锌或砷酸锌和亚砷酸锌的混合物	6.1	T5	Ⅱ	6.1		500g	E4	P002 IBC08	B4	MP10	T3	TP33
1713	氰化锌	6.1	T5	Ⅰ	6.1		0	E5	P002 IBC07		MP18	T6	TP33
1714	磷化锌	4.3	WT2	Ⅰ	4.3 +6.1		0	E0	P403		MP2		
1715	乙酸酐	8	CF1	Ⅱ	8 +3		1L	E2	P001 IBC02		MP15	T7	TP2
1716	乙酰溴	8	C3	Ⅱ	8		1L	E2	P001 IBC02		MP15	T8	TP2
1717	乙酰氯	3	FC	Ⅱ	3 +8		1L	E2	P001 IBC02		MP19	T8	TP2
1718	酸式磷酸丁酯(磷酸二氢丁酯)	8	C3	Ⅲ	8		5L	E1	P001 IBC03 LP01 R001		MP19	T4	TP1
1719	苛性碱液体,未另作规定的	8	C5	Ⅱ	8	274	1L	E2	P001 IBC02		MP15	T11	TP2 TP27
1719	苛性碱液体,未另作规定的	8	C5	Ⅲ	8	274	5L	E1	P001 IBC03 R001		MP19	T7	TP1 TP28
1722	氯甲酸烯丙酯	6.1	TFC	Ⅰ	6.1 +3 +8		0	E0	P001		MP8 MP17	T14	TP2

ADR 罐体		运输罐体车辆	运输类别（隧道限制代码）	运输特殊规定				危险性识别号	联合国编号	名称和描述
罐体代码	特殊规定			包件	散装	装卸和操作	作业			
4.3	4.3.5,6.8.4	9.1.1.2	1.1.3.6	7.2.4	7.3.3	7.5.11	8.5	5.3.2.3	3.1.2	
(12)	(13)	(14)	(15)	(16)	(17)	(18)	(19)	(20)	(1)	(2)
SGAH L4BH	TU15 TE19	AT	2 (D/E)	V11		CV13 CV28	S9 S19	60	1707	铊化合物，未另作规定的
L4BH	TU15 TE19	AT	2 (D/E)			CV13 CV28	S9 S19	60	1708	甲苯胺类，液体的
SGAH L4BH	TU15 TE19	AT	2 (E)		VC1 VC2 AP7	CV13 CV28	S9	60	1709	2,4-甲苯二胺，固体的
L4BH	TU15 TE19	AT	2 (E)	V12		CV13 CV28	S9	60	1710	三氯乙烯
L4BH	TU15 TE19	AT	2 (D/E)			CV13 CV28	S9 S19	60	1711	二甲基苯胺类，液体的
SGAH	TU15 TE19	AT	2 (D/E)	V11		CV13 CV28	S9 S19	60	1712	砷酸锌或亚砷酸锌或砷酸锌和亚砷酸锌的混合物
S10AH	TU15 TE19	AT	1 (C/E)	V10		CV1 CV13 CV28	S9 S14	66	1713	氰化锌
			1 (E)	V1		CV23 CV28	S14		1714	磷化锌
L4BN		FL	2 (D/E)				S2	83	1715	乙酸酐
L4BN		AT	2 (E)					80	1716	乙酰溴
L4BH		FL	2 (D/E)				S2 S20	X338	1717	乙酰氯
L4BN		AT	3 (E)	V12				80	1718	酸式磷酸丁酯（磷酸二氢丁酯）
L4BN		AT	2 (E)					80	1719	苛性碱液体，未另作规定的
L4BN		AT	3 (E)	V12				80	1719	苛性碱液体，未另作规定的
L10CH	TU14 TU15 TE19 TE21	FL	1 (C/D)			CV1 CV13 CV28	S2 S9 S14	668	1722	氯甲酸烯丙酯

联合国编号	名称和描述	类别	分类代码	包装类别	标志	特殊规定	有限和例外数量		容器			可移动罐柜和散装容器	
									包装指南	特殊包装规定	混合包装规定	指南	特殊规定
	3.1.2	2.2	2.2	2.1.1.3	5.2.2	3.3	3.4	3.5.1.2	4.1.4	4.1.4	4.1.10	4.2.5.2	4.2.5.3
(1)	(2)	(3a)	(3b)	(4)	(5)	(6)	(7a)	(7b)	(8)	(9a)	(9b)	(10)	(11)
1723	烯丙基碘	3	FC	Ⅱ	3+8		1L	E2	P001 IBC02		MP19	T7	TP2
1724	烯丙基三氯硅烷,稳定的	8	CF1	Ⅱ	8+3		0	E0	P010		MP15	T10	TP2 TP7
1725	溴化铝,无水的	8	C2	Ⅱ	8	588	1kg	E2	P002 IBC08	B4	MP10	T3	TP33
1726	氯化铝,无水的	8	C2	Ⅱ	8	588	1kg	E2	P002 IBC08	B4	MP10	T3	TP33
1727	二氟化氢铵,固体的	8	C2	Ⅱ	8		1kg	E2	P002 IBC08	B4	MP10	T3	TP33
1728	戊基三氯硅烷	8	C3	Ⅱ	8		0	E0	P010		MP15	T10	TP2 TP7
1729	茴香酰氯	8	C4	Ⅱ	8		1kg	E2	P002 IBC08	B4	MP10	T3	TP33
1730	五氯化锑,液体的	8	C1	Ⅱ	8		1L	E2	P001 IBC02		MP15	T7	TP2
1731	五氯化锑溶液	8	C1	Ⅱ	8		1L	E2	P001 IBC02		MP15	T7	TP2
1731	五氯化锑溶液	8	C1	Ⅲ	8		5L	E1	P001 IBC03 LP01 R001		MP19	T4	TP1
1732	五氟化锑	8	CT1	Ⅱ	8+6.1		1L	E0	P001 IBC02		MP15	T7	TP2
1733	三氯化锑	8	C2	Ⅱ	8		1kg	E2	P002 IBC08	B4	MP10	T3	TP33
1736	苯甲酰氯	8	C3	Ⅱ	8		1L	E2	P001 IBC02		MP15	T8	TP2
1737	苄基溴	6.1	TC1	Ⅱ	6.1+8		0	E4	P001 IBC02		MP15	T8	TP2
1738	苄基氯	6.1	TC1	Ⅱ	6.1+8		0	E4	P001 IBC02		MP15	T8	TP2
1739	氯甲酸苄酯	8	C9	Ⅰ	8		0	E0	P001		MP8 MP17	T10	TP2
1740	二氟氢化物,固体的,未另作规定的	8	C2	Ⅱ	8	517	1kg	E2	P002 IBC08	B4	MP10	T3	TP33
1740	二氟氢化物,固体的,未另作规定的	8	C2	Ⅲ	8	517	5kg	E1	P002 IBC08 LP02 R001	B3	MP10	T1	TP33

ADR 罐体		运输罐体车辆	运输类别（隧道限制代码）	运输特殊规定				危险性识别号	联合国编号	名称和描述
罐体代码	特殊规定			包件	散装	装卸和操作	作业			
4.3	4.3.5,6.8.4	9.1.1.2	1.1.3.6	7.2.4	7.3.3	7.5.11	8.5	5.3.2.3	3.1.2	
(12)	(13)	(14)	(15)	(16)	(17)	(18)	(19)	(20)	(1)	(2)
L4BH		FL	2 (D/E)				S2 S20	338	1723	烯丙基碘
L4BN		FL	2 (D/E)				S2	X839	1724	烯丙基三氯硅烷,稳定的
SGAN		AT	2 (E)	V11				80	1725	溴化铝,无水的
SGAN		AT	2 (E)	V11				80	1726	氯化铝,无水的
SGAN		AT	2 (E)	V11				80	1727	二氟化氢铵,固体的
L4BN		AT	2 (E)					X80	1728	戊基三氯硅烷
SGAN L4BN		AT	2 (E)	V11				80	1729	茴香酰氯
L4BN		AT	2 (E)					X80	1730	五氯化锑,液体的
L4BN		AT	2 (E)					80	1731	五氯化锑溶液
L4BN		AT	3 (E)	V12				80	1731	五氯化锑溶液
L4BN		AT	2 (E)			CV13 CV28		86	1732	五氟化锑
SGAN L4BN		AT	2 (E)	V11				80	1733	三氯化锑
L4BN		AT	2 (E)					80	1736	苯甲酰氯
L4BH	TU15 TE19	AT	2 (D/E)			CV13 CV28	S9 S19	68	1737	苄基溴
L4BH	TU15 TE19	AT	2 (D/E)			CV13 CV28	S9 S19	68	1738	苄基氯
L10BH		AT	1 (E)				S20	88	1739	氯甲酸苄酯
SGAN		AT	2 (E)	V11				80	1740	二氟氢化物,固体的,未另作规定的
SGAV		AT	3 (E)	VC1 VC2 AP7				80	1740	二氟氢化物,固体的,未另作规定的

联合国编号	名称和描述	类别	分类代码	包装类别	标志	特殊规定	有限和例外数量		容器			可移动罐柜和散装容器	
									包装指南	特殊包装规定	混合包装规定	指南	特殊规定
	3.1.2	2.2	2.2	2.1.1.3	5.2.2	3.3	3.4	3.5.1.2	4.1.4	4.1.4	4.1.10	4.2.5.2	4.2.5.3
(1)	(2)	(3a)	(3b)	(4)	(5)	(6)	(7a)	(7b)	(8)	(9a)	(9b)	(10)	(11)
1741	三氯化硼	2	2TC		2.3+8		0	E0	P200		MP9	(M)	
1742	三氟化硼乙酸络合物,液体的	8	C3	Ⅱ	8		1L	E2	P001 IBC02		MP15	T8	TP2
1743	三氟化硼丙酸络合物,液体的	8	C3	Ⅱ	8		1L	E2	P001 IBC02		MP15	T8	TP2
1744	溴或溴溶液	8	CT1	Ⅰ	8+6.1		0	E0	P804		MP2	T22	TP2 TP10
1745	五氟化溴	5.1	OTC	Ⅰ	5.1+6.1+8		0	E0	P200		MP2	T22	TP2
1746	三氟化溴	5.1	OTC	Ⅰ	5.1+6.1+8		0	E0	P200		MP2	T22	TP2
1747	丁基三氯硅烷	8	CF1	Ⅱ	8+3		0	E0	P010		MP15	T10	TP2 TP7
1748	次氯酸钙,干的或次氯酸钙混合物,干的,含有效氯大于39%(有效氧8.8%)	5.1	O2	Ⅱ	5.1	314	1kg	E2	P002 IBC08	B4 B13	MP10		
1748	次氯酸钙,干的或次氯酸钙混合物,干的,含有效氯大于39%(有效氧8.8%)	5.1	O2	Ⅲ	5.1	316	5kg	E1	P002 IBC08 R001	B4 B13	MP10		
1749	三氟化氯	2	2TOC		2.3+5.1+8		0	E0	P200		MP9	(M)	
1750	氯乙酸溶液	6.1	TC1	Ⅱ	6.1+8		100ml	E4	P001 IBC02		MP15	T7	TP2
1751	氯乙酸,固体的	6.1	TC2	Ⅱ	6.1+8		500g	E4	P002 IBC08	B4	MP10	T3	TP33
1752	氯乙酰氯	6.1	TC1	Ⅰ	6.1+8	354	0	E0	P602		MP8 MP17	T20	TP2 TP35
1753	氯苯基三氯硅烷	8	C3	Ⅱ	8		0	E0	P010		MP15	T10	TP2 TP7

ADR 罐体		运输罐体车辆	运输类别(隧道限制代码)	运输特殊规定				危险性识别号	联合国编号	名称和描述
罐体代码	特殊规定			包件	散装	装卸和操作	作业			
4.3	4.3.5,6.8.4	9.1.1.2	1.1.3.6	7.2.4	7.3.3	7.5.11	8.5	5.3.2.3		3.1.2
(12)	(13)	(14)	(15)	(16)	(17)	(18)	(19)	(20)	(1)	(2)
		AT	1(C/D)			CV9 CV10 CV36	S14	268	1741	三氯化硼
L4BN		AT	2(E)					80	1742	三氟化硼乙酸络合物,液体的
L4BN		AT	2(E)					80	1743	三氟化硼丙酸络合物,液体的
L21DH(+)	TU14 TU33 TC5 TE21 TT2 TM3 TM5	AT	1(C/D)			CV13 CV28	S14	886	1744	溴或溴溶液
L10DH	TU3	AT	1(B/E)			CV24 CV28	S14	568	1745	五氟化溴
L10DH	TU3	AT	1(B/E)			CV24 CV28	S14	568	1746	三氟化溴
L4BN		FL	2(D/E)				S2	X83	1747	丁基三氯硅烷
SGAN	TU3	AT	2(E)	V11		CV24 CV35		50	1748	次氯酸钙,干的或次氯酸钙混合物,干的,含有效氯大于39%(有效氧8.8%)
SGAV	TU3	AT	3(E)			CV24 CV35		50	1748	次氯酸钙,干的或次氯酸钙混合物,干的,含有效氯大于39%(有效氧8.8%)
PxBH(M)	TA4 TT9	AT	1(C/D)			CV9 CV10 CV36	S14	265	1749	三氟化氯
L4BH	TU15 TE19	AT	2(D/E)			CV13 CV28	S9 S19	68	1750	氯乙酸溶液
SGAH	TU15 TE19	AT	2(D/E)	V11		CV13 CV28	S9 S19	68	1751	氯乙酸,固体的
L10CH	TU14 TU15 TE19 TE21	AT	1(C/D)			CV1 CV13 CV28	S9 S14	668	1752	氯乙酰氯
L4BN		AT	2(E)					X80	1753	氯苯基三氯硅烷

联合国编号	名称和描述	类别	分类代码	包装类别	标志	特殊规定	有限和例外数量		容器			可移动罐柜和散装容器	
									包装指南	特殊包装规定	混合包装规定	指南	特殊规定
		3.1.2	2.2	2.2	2.1.1.3	5.2.2	3.3	3.4	3.5.1.2	4.1.4	4.1.4	4.1.10	4.2.5.2	4.2.5.3
(1)	(2)	(3a)	(3b)	(4)	(5)	(6)	(7a)	(7b)	(8)	(9a)	(9b)	(10)	(11)
1754	氯磺酸（含或不含三氧化硫）	8	C1	Ⅰ	8		0	E0	P001			MP8 MP17	T20	TP2
1755	铬酸溶液	8	C1	Ⅱ	8	518	1L	E2	P001 IBC02			MP15	T8	TP2
1755	铬酸溶液	8	C1	Ⅲ	8	518	5L	E1	P001 IBC02 LP01 R001			MP19	T4	TP1
1756	氟化铬,固体的	8	C2	Ⅱ	8		1kg	E2	P002 IBC08		B4	MP10	T3	TP33
1757	氟化铬溶液	8	C1	Ⅱ	8		1L	E2	P001 IBC02			MP15	T7	TP2
1757	氟化铬溶液	8	C1	Ⅲ	8		5L	E1	P001 IBC03 LP01 R001			MP19	T4	TP1
1758	氯氧化铬	8	C1	Ⅰ	8		0	E0	P001			MP8 MP17	T10	TP2
1759	腐蚀性固体,未另作规定的	8	C10	Ⅰ	8	274	0	E0	P002 IBC07			MP18	T6	TP33
1759	腐蚀性固体,未另作规定的	8	C10	Ⅱ	8	274	1kg	E2	P002 IBC08		B4	MP10	T3	TP33
1759	腐蚀性固体,未另作规定的	8	C10	Ⅲ	8	274	5kg	E1	P002 IBC08 LP02 R001		B3	MP10	T1	TP33
1760	腐蚀性液体,未另作规定的	8	C9	Ⅰ	8	274	0	E0	P001			MP8 MP17	T14	TP2 TP27
1760	腐蚀性液体,未另作规定的	8	C9	Ⅱ	8	274	1L	E2	P001 IBC02			MP15	T11	TP2 TP27
1760	腐蚀性液体,未另作规定的	8	C9	Ⅲ	8	274	5L	E1	P001 IBC03 LP01 R001			MP19	T7	TP1 TP28
1761	铜乙二胺溶液	8	CT1	Ⅱ	8 +6.1		1L	E2	P001 IBC02			MP15	T7	TP2
1761	铜乙二胺溶液	8	CT1	Ⅲ	8 +6.1		5L	E1	P001 IBC03 R001			MP19	T7	TP1 TP28
1762	环己烯基三氯硅烷	8	C3	Ⅱ	8		0	E0	P010			MP15	T10	TP2 TP7
1763	环己基三氯硅烷	8	C3	Ⅱ	8		0	E0	P010			MP15	T10	TP2 TP7

ADR 罐体		运输罐体车辆	运输类别(隧道限制代码)	运输特殊规定				危险性识别号	联合国编号	名称和描述
罐体代码	特殊规定			包件	散装	装卸和操作	作业			
4.3	4.3.5,6.8.4	9.1.1.2	1.1.3.6	7.2.4	7.3.3	7.5.11	8.5	5.3.2.3	3.1.2	
(12)	(13)	(14)	(15)	(16)	(17)	(18)	(19)	(20)	(1)	(2)
L10BH		AT	1 (E)				S20	X88	1754	氯磺酸(含或不含三氧化硫)
L4BN		AT	2 (E)					80	1755	铬酸溶液
L4BN		AT	3 (E)					80	1755	铬酸溶液
SGAN		AT	2 (E)	V11				80	1756	氟化铬,固体的
L4BN		AT	2 (E)					80	1757	氟化铬溶液
L4BN		AT	3 (E)	V12				80	1757	氟化铬溶液
L10BH		AT	1 (E)				S20	X88	1758	氯氧化铬
S10AN L10BH		AT	1 (E)	V10			S20	88	1759	腐蚀性固体,未另作规定的
SGAN L4BN		AT	2 (E)	V11				80	1759	腐蚀性固体,未另作规定的
SGAN L4BN		AT	3 (E)	VC1 VC2 AP7				80	1759	腐蚀性固体,未另作规定的
L10BH		AT	1 (E)				S20	88	1760	腐蚀性液体,未另作规定的
L4BN		AT	2 (E)					80	1760	腐蚀性液体,未另作规定的
L4BN		AT	3 (E)	V12				80	1760	腐蚀性液体,未另作规定的
L4BN		AT	2 (E)			CV13 CV28		86	1761	铜乙二胺溶液
L4BN		AT	3 (E)	V12		CV13 CV28		86	1761	铜乙二胺溶液
L4BN		AT	2 (E)					X80	1762	环己烯基三氯硅烷
L4BN		AT	2 (E)					X80	1763	环己基三氯硅烷

联合国编号	名称和描述	类别	分类代码	包装类别	标志	特殊规定	有限和例外数量		容器			可移动罐柜和散装容器	
									包装指南	特殊包装规定	混合包装规定	指南	特殊规定
		3.1.2	2.2	2.2	2.1.1.3	5.2.2	3.3	3.4	3.5.1.2	4.1.4	4.1.4	4.1.10	4.2.5.2	4.2.5.3
(1)	(2)	(3a)	(3b)	(4)	(5)	(6)	(7a)	(7b)	(8)	(9a)	(9b)	(10)	(11)
1764	二氯乙酸	8	C3	Ⅱ	8		1L	E2	P001 IBC02		MP15	T8	TP2
1765	二氯乙酰氯	8	C3	Ⅱ	8		1L	E2	P001 IBC02		MP15	T7	TP2
1766	二氯苯基三氯硅烷	8	C3	Ⅱ	8		0	E0	P010		MP15	T10	TP2 TP7
1767	二乙基二氯硅烷	8	CF1	Ⅱ	8+3		0	E0	P010		MP15	T10	TP2 TP7
1768	二氟磷酸,无水的	8	C1	Ⅱ	8		1L	E2	P001 IBC02		MP15	T8	TP2
1769	二苯基二氯硅烷	8	C3	Ⅱ	8		0	E0	P010		MP15	T10	TP2 TP7
1770	二苯甲基溴	8	C10	Ⅱ	8		1kg	E2	P002 IBC08	B4	MP10	T3	TP33
1771	十二烷基三氯硅烷	8	C3	Ⅱ	8		0	E0	P010		MP15	T10	TP2 TP7
1773	氯化铁,无水的	8	C2	Ⅲ	8	590	5kg	E1	P002 IBC08 LP02 R001	B3	MP10	T1	TP33
1774	灭火器起动剂,腐蚀性液体	8	C11	Ⅱ	8		1L	E0	P001	PP4			
1775	氟硼酸	8	C1	Ⅱ	8		1L	E2	P001 IBC02		MP15	T7	TP2
1776	氟磷酸,无水的	8	C1	Ⅱ	8		1L	E2	P001 IBC02		MP15	T8	TP2
1777	氟磺酸	8	C1	Ⅰ	8		0	E0	P001		MP8 MP17	T10	TP2
1778	氟硅酸	8	C1	Ⅱ	8		1L	E2	P001 IBC02		MP15	T8	TP2
1779	甲酸,按质量含酸大于85%	8	CF1	Ⅱ	8+3		1L	E2	P001 IBC02		MP15	T7	TP2
1780	富马酰氯(反丁烯二酰氯)	8	C3	Ⅱ	8		1L	E2	P001 IBC02		MP15	T7	TP2
1781	十六烷基三氯硅烷	8	C3	Ⅱ	8		0	E0	P010		MP15	T10	TP2 TP7

ADR 罐体		运输罐体车辆	运输类别（隧道限制代码）	运输特殊规定				危险性识别号	联合国编号	名称和描述
罐体代码	特殊规定			包件	散装	装卸和操作	作业			
4.3	4.3.5,6.8.4	9.1.1.2	1.1.3.6	7.2.4	7.3.3	7.5.11	8.5	5.3.2.3		3.1.2
(12)	(13)	(14)	(15)	(16)	(17)	(18)	(19)	(20)	(1)	(2)
L4BN		AT	2 (E)						80	1764	二氯乙酸
L4BN		AT	2 (E)					X80	1765	二氯乙酰氯
L4BN		AT	2 (E)					X80	1766	二氯苯基三氯硅烷
L4BN		FL	2 (D/E)					S2	X83	1767	二乙基二氯硅烷
L4BN		AT	2 (E)						80	1768	二氟磷酸,无水的
L4BN		AT	2 (E)					X80	1769	二苯基二氯硅烷
SGAN L4BN		AT	2 (E)	V11				80	1770	二苯甲基溴
L4BN		AT	2 (E)					X80	1771	十二烷基三氯硅烷
SGAV		AT	3 (E)	VC1 VC2 AP7				80	1773	氯化铁,无水的
			2 (E)						1774	灭火器起动剂,腐蚀性液体
L4BN		AT	2 (E)					80	1775	氟硼酸
L4BN		AT	2 (E)					80	1776	氟磷酸,无水的
L10BH		AT	1 (E)					S20	88	1777	氟磺酸
L4BN		AT	2 (E)					80	1778	氟硅酸
L4BN		FL	2 (D/E)					S2	83	1779	甲酸,按质量含酸大于85%
L4BN		AT	2 (E)					80	1780	富马酰氯(反丁烯二酰氯)
L4BN		AT	2 (E)					X80	1781	十六烷基三氯硅烷

联合国编号	名称和描述	类别	分类代码	包装类别	标志	特殊规定	有限和例外数量		容器			可移动罐柜和散装容器	
									包装指南	特殊包装规定	混合包装规定	指南	特殊规定
		3.1.2	2.2	2.2	2.1.1.3	5.2.2	3.3	3.4	3.5.1.2	4.1.4	4.1.4	4.1.10	4.2.5.2	4.2.5.3
(1)	(2)	(3a)	(3b)	(4)	(5)	(6)	(7a)	(7b)	(8)	(9a)	(9b)	(10)	(11)
1782	六氟磷酸	8	C1	Ⅱ	8		1L	E2	P001 IBC02		MP15	T8	TP2
1783	六亚甲基二胺溶液	8	C7	Ⅱ	8		1L	E2	P001 IBC02		MP15	T7	TP2
1783	六亚甲基二胺溶液	8	C7	Ⅲ	8		5L	E1	P001 IBC03 LP01 R001		MP19	T4	TP1
1784	己基三氯硅烷	8	C3	Ⅱ	8		0	E0	P010		MP15	T10	TP2 TP7
1786	氢氟酸和硫酸混合物	8	CT1	Ⅰ	8 +6.1		0	E0	P001		MP8 MP17	T10	TP2
1787	氢碘酸	8	C1	Ⅱ	8		1L	E2	P001 IBC02		MP15	T7	TP2
1787	氢碘酸	8	C1	Ⅲ	8		5L	E1	P001 IBC03 LP01 R001		MP19	T4	TP1
1788	氢溴酸	8	C1	Ⅱ	8	519	1L	E2	P001 IBC02		MP15	T7	TP2
1788	氢溴酸	8	C1	Ⅲ	8	519	5L	E1	P001 IBC3 LP01 R001		MP19	T4	TP1
1789	氢氯酸	8	C1	Ⅱ	8	520	1L	E2	P001 IBC02		MP15	T8	TP2
1789	氢氯酸	8	C1	Ⅲ	8	520	5L	E1	P001 IBC03 LP01 R001		MP19	T4	TP1
1790	氢氟酸,含氟化氢高于85%	8	CT1	Ⅰ	8 +6.1	640I	0	E0	P802		MP2	T10	TP2
1790	氢氟酸,含氟化氢高于60%,但不超过85%	8	CT1	Ⅰ	8 +6.1	640J	0	E0	P001	PP81	MP8 MP17	T10	TP2
1790	氢氟酸,含氟化氢不高于60%	8	CT1	Ⅱ	8 +6.1		1L	E2	P001 IBC02		MP15	T8	TP2

ADR 罐体		运输罐体车辆	运输类别（隧道限制代码）	运输特殊规定				危险性识别号	联合国编号	名称和描述
罐体代码	特殊规定			包件	散装	装卸和操作	作业			
4.3	4.3.5,6.8.4	9.1.1.2	1.1.3.6	7.2.4	7.3.3	7.5.11	8.5	5.3.2.3		3.1.2
(12)	(13)	(14)	(15)	(16)	(17)	(18)	(19)	(20)	(1)	(2)
L4BN		AT	2 (E)					80	1782	六氟磷酸
L4BN		AT	2 (E)					80	1783	六亚甲基二胺溶液
L4BN		AT	3 (E)	V12				80	1783	六亚甲基二胺溶液
L4BN		AT	2 (E)					X80	1784	己基三氯硅烷
L10DH	TU14 TE21	AT	1 (C/D)			CV13 CV28	S14	886	1786	氢氟酸和硫酸混合物
L4BN		AT	2 (E)					80	1787	氢碘酸
L4BN		AT	3 (E)	V12				80	1787	氢碘酸
L4BN		AT	2 (E)					80	1788	氢溴酸
L4BN		AT	3 (E)	V12				80	1788	氢溴酸
L4BN		AT	2 (E)					80	1789	氢氯酸
L4BN		AT	3 (E)	V12				80	1789	氢氯酸
L21DH(+)	TU14 TU34 TC1 TE21 TA4 TT9 TM3	AT	1 (C/D)			CV13 CV28	S14	886	1790	氢氟酸,含氟化氢高于85%
L10DH	TU14 TE21	AT	1 (C/D)			CV13 CV28	S14	886	1790	氢氟酸,含氟化氢高于60%，但不超过85%
L4DH	TU14 TE21	AT	2 (E)			CV13 CV28		86	1790	氢氟酸,含氟化氢不高于60%

联合国编号	名称和描述	类别	分类代码	包装类别	标志	特殊规定	有限和例外数量		容器			可移动罐柜和散装容器	
									包装指南	特殊包装规定	混合包装规定	指南	特殊规定
		3.1.2	2.2	2.2	2.1.1.3	5.2.2	3.3	3.4	3.5.1.2	4.1.4	4.1.4	4.1.10	4.2.5.2	4.2.5.3
(1)	(2)	(3a)	(3b)	(4)	(5)	(6)	(7a)	(7b)	(8)	(9a)	(9b)	(10)	(11)
1791	次氯酸盐溶液	8	C9	Ⅱ	8	521	1L	E2	P001 IBC02	PP10 B5	MP15	T7	TP2 TP24
1791	次氯酸盐溶液	8	C9	Ⅲ	8	521	5L	E1	P001 IBC02 LP01 R001	B5	MP19	T4	TP2 TP24
1792	一氯化碘,固体的	8	C2	Ⅱ	8		1kg	E0	P002 IBC08	B4	MP10	T7	TP2
1793	酸式磷酸异丙酯	8	C3	Ⅲ	8		5L	E1	P001 IBC02 LP01 R001		MP19	T4	TP1
1794	硫酸铅,含游离酸大于3%	8	C2	Ⅱ	8	591	1kg	E2	P002 IBC08	B4	MP10	T3	TP33
1796	硝化酸混合物,含硝酸超过50%	8	CO1	Ⅰ	8 +5.1		0	E0	P001		MP8 MP17	T10	TP2
1796	硝化酸混合物,含硝酸不超过50%	8	C1	Ⅱ	8		1L	E0	P001 IBC02		MP15	T8	TP2
1798	王水	8	COT				禁运							
1799	壬基三氯硅烷	8	C3	Ⅱ	8		0	E0	P010		MP15	T10	TP2 TP7
1800	十八烷基三氯硅烷	8	C3	Ⅱ	8		0	E0	P010		MP15	T10	TP2 TP7
1801	辛基三氯硅烷	8	C3	Ⅱ	8		0	E0	P010		MP15	T10	TP2 TP7
1802	高氯酸,按质量含酸不超过50%	8	CO1	Ⅱ	8 +5.1	522	1L	E0	P001 IBC02		MP3	T7	TP2
1803	苯酚磺酸,液体的	8	C3	Ⅱ	8		1L	E2	P001 IBC02		MP15	T7	TP2
1804	苯基三氯硅烷	8	C3	Ⅱ	8		0	E0	P010		MP15	T10	TP2 TP7
1805	磷酸溶液	8	C1	Ⅲ	8		5L	E1	P001 IBC03 LP01 R001		MP19	T4	TP1

ADR 罐体		运输罐体车辆	运输类别（隧道限制代码）	运输特殊规定				危险性识别号	联合国编号	名称和描述
罐体代码	特殊规定			包件	散装	装卸和操作	作业			
4.3	4.3.5,6.8.4	9.1.1.2	1.1.3.6	7.2.4	7.3.3	7.5.11	8.5	5.3.2.3		3.1.2
(12)	(13)	(14)	(15)	(16)	(17)	(18)	(19)	(20)	(1)	(2)
L4BV(+)	TE11	AT	2 (E)					80	1791	次氯酸盐溶液
L4BV(+)	TE11	AT	3 (E)					80	1791	次氯酸盐溶液
L4BN SGAN		AT	2 (E)	V11				80	1792	一氯化碘，固体的
L4BN		AT	3 (E)					80	1793	酸式磷酸异丙酯
SGAN		AT	2 (E)	V11	VC1 VC2 AP7			80	1794	硫酸铅，含游离酸大于3%
L10BH	TC6 TT1	AT	1 (E)			CV24	S14	885	1796	硝化酸混合物，含硝酸超过50%
L4BN		AT	2 (E)					80	1796	硝化酸混合物，含硝酸不超过50%
禁运									1798	王水
L4BN		AT	2 (E)					X80	1799	壬基三氯硅烷
L4BN		AT	2 (E)					X80	1800	十八烷基三氯硅烷
L4BN		AT	2 (E)					X80	1801	辛基三氯硅烷
L4BN		AT	2 (E)			CV24		85	1802	高氯酸，按质量含酸不超过50%
L4BN		AT	2 (E)					80	1803	苯酚磺酸，液体的
L4BN		AT	2 (E)					X80	1804	苯基三氯硅烷
L4BN		AT	3 (E)	V12				80	1805	磷酸溶液

联合国编号	名称和描述	类别	分类代码	包装类别	标志	特殊规定	有限和例外数量		容器			可移动罐柜和散装容器	
									包装指南	特殊包装规定	混合包装规定	指南	特殊规定
		3.1.2	2.2	2.2	2.1.1.3	5.2.2	3.3	3.4	3.5.1.2	4.1.4	4.1.4	4.1.10	4.2.5.2	4.2.5.3
(1)	(2)	(3a)	(3b)	(4)	(5)	(6)	(7a)	(7b)	(8)	(9a)	(9b)	(10)	(11)
1806	五氯化磷	8	C2	Ⅱ	8		1kg	E0	P002 IBC08		B4	MP10	T3	TP33
1807	五氧化二磷	8	C2	Ⅱ	8		1kg	E2	P002 IBC08		B4	MP10	T3	TP33
1808	三溴化磷	8	C1	Ⅱ	8		1L	E0	P001 IBC02			MP15	T7	TP2
1809	三氯化磷	6.1	TC3	Ⅰ	6.1+8	354	0	E0	P602			MP8 MP17	T20	TP2 TP35
1810	三氯氧化磷(磷酰氯)	6.1	TC3	Ⅰ	6.1+8	354	0	E0	P602			MP8 MP17	T20	TP2 TP37
1811	二氟化氢钾,固体的	8	CT2	Ⅱ	8+6.1		1kg	E2	P002 IBC08		B4	MP10	T3	TP33
1812	氟化钾,固体的	6.1	T5	Ⅲ	6.1		5kg	E1	P002 IBC08 LP02 R001		B3	MP10	T1	TP33
1813	氢氧化钾,固体的	8	C6	Ⅱ	8		1kg	E2	P002 IBC08		B4	MP10	T3	TP33
1814	氢氧化钾溶液	8	C5	Ⅱ	8		1L	E2	P001 IBC02			MP15	T7	TP2
1814	氢氧化钾溶液	8	C5	Ⅲ	8		5L	E1	P001 IBC03 LP01 R001			MP19	T4	TP1
1815	丙酰氯	3	FC	Ⅱ	3+8		1L	E2	P001 IBC02			MP19	T7	TP1
1816	丙基三氯硅烷	8	CF1	Ⅱ	8+3		0	E0	P010			MP15	T10	TP2 TP7
1817	焦硫酰氯	8	C1	Ⅱ	8		1L	E2	P001 IBC02			MP15	T8	TP2
1818	四氯化硅	8	C1	Ⅱ	8		0	E0	P010			MP15	T10	TP2 TP7
1819	铝酸钠溶液	8	C5	Ⅱ	8		1L	E2	P001 IBC02			MP15	T7	TP2

ADR 罐体		运输罐体车辆	运输类别（隧道限制代码）	运输特殊规定				危险性识别号	联合国编号	名称和描述
罐体代码	特殊规定			包件	散装	装卸和操作	作业			
4.3	4.3.5,6.8.4	9.1.1.2	1.1.3.6	7.2.4	7.3.3	7.5.11	8.5	5.3.2.3		3.1.2
(12)	(13)	(14)	(15)	(16)	(17)	(18)	(19)	(20)	(1)	(2)
SGAN		AT	2 (E)	V11				80	1806	五氯化磷
SGAN		AT	2 (E)	V11				80	1807	五氧化二磷
L4BN		AT	2 (E)					X80	1808	三氯化磷
L10CH	TU14 TU15 TE19 TE21	AT	1 (C/D)			CV1 CV13 CV28	S9 S14	668	1809	三溴化磷
L10CH	TU14 TU15 TE19 TE21	AT	1 (C/D)			CV1 CV13 CV28	S9 S14	X668	1810	三氯氧化磷（磷酰氯）
SGAN		AT	2 (E)	V11		CV13 CV28		86	1811	二氟化氢钾,固体的
SGAH	TU15 TE19	AT	2 (E)	VC1 VC2 AP7		CV13 CV28	S9	60	1812	氟化钾,固体的
SGAN		AT	2 (E)	V11				80	1813	氢氧化钾,固体的
L4BN		AT	2 (E)					80	1814	氢氧化钾溶液
L4BN		AT	3 (E)	V12				80	1814	氢氧化钾溶液
L4BH		FL	2 (D/E)				S2 S20	338	1815	丙酰氯
L4BN		FL	2 (D/E)				S2	X83	1816	丙基三氯硅烷
L4BN		AT	2 (E)					X80	1817	焦硫酰氯
L4BN		AT	2 (E)					X80	1818	四氯化硅
L4BN		AT	2 (E)					80	1819	铝酸钠溶液

联合国编号	名称和描述	类别	分类代码	包装类别	标志	特殊规定	有限和例外数量		容器			可移动罐柜和散装容器	
									包装指南	特殊包装规定	混合包装规定	指南	特殊规定
		3.1.2	2.2	2.2	2.1.1.3	5.2.2	3.3	3.4	3.5.1.2	4.1.4	4.1.4	4.1.10	4.2.5.2	4.2.5.3
(1)	(2)	(3a)	(3b)	(4)	(5)	(6)	(7a)	(7b)	(8)	(9a)	(9b)	(10)	(11)
1819	铝酸钠溶液	8	C5	Ⅲ	8		5L	E1	P001 IBC03 LP01 R001		MP19	T4	TP1
1823	氢氧化钠,固体的	8	C6	Ⅱ	8		1kg	E2	P002 IBC08	B4	MP10	T3	TP33
1824	氢氧化钠溶液	8	C5	Ⅱ	8		1L	E2	P001 IBC02		MP15	T7	TP2
1824	氢氧化钠溶液	8	C5	Ⅲ	8		5L	E1	P001 IBC03 LP01 R001		MP19	T4	TP1
1825	氧化钠	8	C6	Ⅱ	8		1kg	E2	P002 IBC08	B4	MP10	T3	TP33
1826	硝化酸混合物,用过的,含硝酸超过50%	8	CO1	Ⅰ	8+5.1	113	0	E0	P001		MP8 MP17	T10	TP2
1826	硝化酸混合物,用过的,含硝酸不超过50%	8	C1	Ⅱ	8	113	1L	E0	P001 IBC02		MP15	T8	TP2
1827	四氯化锡,无水的	8	C1	Ⅱ	8		1L	E2	P001 IBC02		MP15	T7	TP2
1828	氯化硫类	8	C1	Ⅰ	8		0	E0	P602		MP8 MP17	T20	TP2
1829	三氧化硫,稳定的	8	C1	Ⅰ	8	623	0	E0	P001		MP8 MP17	T20	TP4 TP25 TP26
1830	硫酸,含酸超过51%	8	C1	Ⅱ	8		1L	E2	P001 IBC02		MP15	T8	TP2
1831	硫酸,发烟的	8	CT1	Ⅰ	8+6.1		0	E0	P602		MP8 MP17	T20	TP2
1832	硫酸,用过的	8	C1	Ⅱ	8	113	1L	E0	P001 IBC02		MP15	T8	TP2
1833	亚硫酸	8	C1	Ⅱ	8		1L	E2	P001 IBC02		MP15	T7	TP2
1834	硫酰氯	6.1	TC3	Ⅰ	6.1+8	354	0	E0	P602		MP8 MP17	T20	TP2
1835	氢氧化四甲铵溶液	8	C7	Ⅱ	8		1L	E2	P001 IBC02		MP15	T7	TP2
1835	氢氧化四甲铵溶液	8	C7	Ⅲ	8		5L	E1	P001 IBC03 LP01 R001		MP19	T7	TP2

ADR 罐体		运输罐体车辆	运输类别（隧道限制代码）	运输特殊规定				危险性识别号	联合国编号	名称和描述
罐体代码	特殊规定			包件	散装	装卸和操作	作业			
4.3	4.3.5,6.8.4	9.1.1.2	1.1.3.6	7.2.4	7.3.3	7.5.11	8.5	5.3.2.3		3.1.2
(12)	(13)	(14)	(15)	(16)	(17)	(18)	(19)	(20)	(1)	(2)
L4BN		AT	3 (E)	V12				80	1819	铝酸钠溶液
SGAN		AT	2 (E)	V11				80	1823	氢氧化钠,固体的
L4BN		AT	2 (E)					80	1824	氢氧化钠溶液
L4BN		AT	3 (E)	V12				80	1824	氢氧化钠溶液
SGAN		AT	2 (E)	V11				80	1825	氧化钠
L10BH		AT	1 (E)			CV24	S14	885	1826	硝化酸混合物,用过的,含硝酸超过50%
L4BN		AT	2 (E)					80	1826	硝化酸混合物,用过的,含硝酸不超过50%
L4BN		AT	2 (E)					X80	1827	四氯化锡,无水的
L10BH		AT	1 (E)				S20	X88	1828	氯化硫类
L10BH	TU32 TE13 TT5 TM3	AT	1 (E)				S20	X88	1829	三氧化硫,稳定的
L4BN		AT	2 (E)					80	1830	硫酸,含酸超过51%
L10BH		AT	1 (C/D)			CV13 CV28	S14	X886	1831	硫酸,发烟的
L4BN		AT	2 (E)					80	1832	硫酸,用过的
L4BN		AT	2 (E)					80	1833	亚硫酸
L10CH	TU14 TU15 TE19 TE21	AT	1 (C/D)			CV1 CV13 CV28	S9 S14	X668	1834	硫酰氯
L4BN		AT	2 (E)					80	1835	氢氧化四甲铵溶液
L4BN		AT	3 (E)	V12				80	1835	氢氧化四甲铵溶液

联合国编号	名称和描述	类别	分类代码	包装类别	标志	特殊规定	有限和例外数量		容器			可移动罐柜和散装容器	
									包装指南	特殊包装规定	混合包装规定	指南	特殊规定
		3.1.2	2.2	2.2	2.1.1.3	5.2.2	3.3	3.4	3.5.1.2	4.1.4	4.1.4	4.1.10	4.2.5.2	4.2.5.3
(1)	(2)	(3a)	(3b)	(4)	(5)	(6)	(7a)	(7b)	(8)	(9a)	(9b)	(10)	(11)
1836	亚硫酰(二)氯	8	C1	I	8		0	E0	P802		MP8 MP17	T10	TP2
1837	硫代磷酰氯	8	C1	II	8		1L	E0	P001 IBC02		MP15	T7	TP2
1838	四氯化钛	6.1	TC3	I	6.1+8	354	0	E0	P602		MP8 MP17	T20	TP2 TP37
1839	三氯乙酸,固体的	8	C4	II	8		1kg	E2	P002 IBC08	B4	MP10	T3	TP33
1840	氯化锌溶液	8	C1	III	8		5L	E1	P001 IBC03 LP01 R001		MP19	T4	TP1
1841	乙醛合氨	9	M11	III	9		5kg	E1	P002 IBC08 LP02 R001	B3 B6	MP10	T1	TP33
1843	二硝基-邻-甲酚铵,固体的	6.1	T2	II	6.1		500g	E4	P002 IBC08	B4	MP10	T3	TP33
1845	二氧化碳,固体的(干冰)	9	M11			不受ADR限制,用作冷却剂时,见5.5.3							
1846	四氯化碳	6.1	T1	II	6.1		100ml	E4	P001 IBC02		MP15	T7	TP2
1847	硫化钾,水合的,含结晶水不低于30%	8	C6	II	8	523	1kg	E2	P002 IBC08	B4	MP10	T3	TP33
1848	丙酸,按质量含酸不小于10%和小于90%	8	C3	III	8		5L	E1	P001 IBC03 LP01 R001		MP19	T4	TP1
1849	硫化钠,水合的,含至少30%的水	8	C6	II	8	523	1kg	E2	P002 IBC08	B4	MP10	T3	TP33
1851	医药,液体的,有毒的,未另作规定的	6.1	T1	II	6.1	221 601	100ml	E4	P001		MP15		
1851	医药,液体的,有毒的,未另作规定的	6.1	T1	III	6.1	221 601	5L	E1	P001 LP01 R001		MP19		
1854	钡合金类,引火的	4.2	S4	I	4.2		0	E0	P404		MP13	T21	TP7 TP33

ADR 罐体		运输罐体车辆	运输类别（隧道限制代码）	运输特殊规定				危险性识别号	联合国编号	名称和描述
罐体代码	特殊规定			包件	散装	装卸和操作	作业			
4.3	4.3.5,6.8.4	9.1.1.2	1.1.3.6	7.2.4	7.3.3	7.5.11	8.5	5.3.2.3		3.1.2
(12)	(13)	(14)	(15)	(16)	(17)	(18)	(19)	(20)	(1)	(2)
L10BH		AT	1 (E)				S20	X88	1836	亚硫酰（二）氯
L4BN		AT	2 (E)					X80	1837	硫代磷酰氯
L10CH	TU14 TU15 TE19 TE21	AT	1 (C/D)			CV1 CV13 CV28	S9 S14	X668	1838	四氯化钛
SGAN L4BN		AT	2 (E)	V11				80	1839	三氯乙酸,固体的
L4BN		AT	3 (E)	V12				80	1840	氯化锌溶液
SGAV		AT	3 (E)	VC1 VC2				90	1841	乙醛合氨
SGAH	TU15 TE19	AT	2 (D/E)	V11		CV13 CV28	S9 S19	60	1843	二硝基-邻-甲酚铵,固体的
不受ADR限制,用作冷却剂时,见5.5.3									1845	二氧化碳,固体的(干冰)
L4BH	TU15 TE19	AT	2 (D/E)			CV13 CV28	S9 S19	60	1846	四氯化碳
SGAN L4BN		AT	2 (E)	V11				80	1847	硫化钾,水合的,含结晶水不低于30%
L4BN		AT	3 (E)	V12				80	1848	丙酸,按质量含酸不小于10%和小于90%
SGAN L4BN		AT	2 (E)	V11				80	1849	硫化钠,水合的,含至少30%的水
L4BH	TU15 TE19	AT	2 (D/E)			CV13 CV28	S9 S19	60	1851	医药,液体的,有毒的,未另作规定的
L4BH	TU15 TE19	AT	2 (E)			CV13 CV28	S9	60	1851	医药,液体的,有毒的,未另作规定的
		AT	0 (B/E)	V1			S20	43	1854	钡合金类,引火的

联合国编号	名称和描述	类别	分类代码	包装类别	标志	特殊规定	有限和例外数量		容器			可移动罐柜和散装容器	
									包装指南	特殊包装规定	混合包装规定	指南	特殊规定
	3.1.2	2.2	2.2	2.1.1.3	5.2.2	3.3	3.4	3.5.1.2	4.1.4	4.1.4	4.1.10	4.2.5.2	4.2.5.3
(1)	(2)	(3a)	(3b)	(4)	(5)	(6)	(7a)	(7b)	(8)	(9a)	(9b)	(10)	(11)
1855	钙,引火的或钙合金,引火的	4.2	S4	Ⅰ	4.2		0	E0	P404		MP13		
1856	破布,黏渍油的	4.2	S2				不受ADR限制						
1857	废纺织品,湿的	4.2	S2				不受ADR限制						
1858	六氟丙烯(制冷气体R1216)	2	2A		2.2	662	120ml	E1	P200		MP9	(M)T50	
1859	四氟化硅	2	2TC		2.3+8		0	E0	P200		MP9	(M)	
1860	乙烯基氟,稳定的	2	2F		2.1	662	0	E0	P200		MP9	(M)	
1862	丁烯酸乙酯	3	F1	Ⅱ	3		1L	E2	P001 IBC02 R001		MP19	T4	TP2
1863	航空燃料,涡轮发动机用	3	F1	Ⅰ	3	363 664	500ml	E3	P001		MP7 MP17	T11	TP1 TP8 TP28
1863	航空燃料,涡轮发动机用(50℃时蒸气压大于110kPa)	3	F1	Ⅱ	3	363 640C 664	1L	E2	P001		MP19	T4	TP1 TP8
1863	航空燃料,涡轮发动机用(50℃时蒸气压不大于110kPa)	3	F1	Ⅱ	3	363 640D 664	1L	E2	P001 IBC02 R001		MP19	T4	TP1 TP8
1863	航空燃料,涡轮发动机用	3	F1	Ⅲ	3	363 664	5L	E1	P001 IBC03 LP01 R001		MP19	T2	TP1
1865	硝酸正丙酯	3	F1	Ⅱ	3		1L	E2	P001 IBC02 R001	B7	MP19		
1866	树脂溶液,易燃的	3	F1	Ⅰ	3		500ml	E3	P001		MP7 MP17	T11	TP1 TP8 TP28
1866	树脂溶液,易燃的(50℃时蒸气压大于110kPa)	3	F1	Ⅱ	3	640C	5L	E2	P001	PP1	MP19	T4	TP1 TP8

ADR 罐体		运输罐体车辆	运输类别（隧道限制代码）	运输特殊规定				危险性识别号	联合国编号	名称和描述
罐体代码	特殊规定			包件	散装	装卸和操作	作业			
4.3	4.3.5,6.8.4	9.1.1.2	1.1.3.6	7.2.4	7.3.3	7.5.11	8.5	5.3.2.3		3.1.2
(12)	(13)	(14)	(15)	(16)	(17)	(18)	(19)	(20)	(1)	(2)
			0 (E)	V1			S20		1855	钙,引火的或钙合金,引火的
不受ADR限制									1856	破布,黏渍油的
不受ADR限制									1857	废纺织品,湿的
PxBN(M)	TA4 TT9	AT	3 (C/E)			CV9 CV10 CV36		20	1858	六氟丙烯(制冷气体 R1216)
PxBH(M)	TA4 TT9	AT	1 (C/D)			CV9 CV10 CV36	S14	268	1859	四氟化硅
PxBN(M)	TA4 TT9	FL	2 (B/D)			CV9 CV10 CV36	S2 S20	239	1860	乙烯基氟,稳定的
LGBF		FL	2 (D/E)				S2 S20	33	1862	丁烯酸乙酯
L4BN		FL	1 (D/E)				S2 S20	33	1863	航空燃料,涡轮发动机用
L1.5BN		FL	2 (D/E)				S2 S20	33	1863	航空燃料,涡轮发动机用(50℃时蒸气压大于110kPa)
LGBF		FL	2 (D/E)				S2 S20	33	1863	航空燃料,涡轮发动机用(50℃时蒸气压不大于110kPa)
LGBF		FL	3 (D/E)	V12			S2	30	1863	航空燃料,涡轮发动机用
			2 (E)				S2 S20		1865	硝酸正丙酯
L4BN		FL	1 (D/E)				S2 S20	33	1866	树脂溶液,易燃的
L1.5BN		FL	2 (D/E)				S2 S20	33	1866	树脂溶液,易燃的(50℃时蒸气压大于110kPa)

联合国编号	名称和描述	类别	分类代码	包装类别	标志	特殊规定	有限和例外数量		容器			可移动罐柜和散装容器	
									包装指南	特殊包装规定	混合包装规定	指南	特殊规定
		3.1.2	2.2	2.2	2.1.1.3	5.2.2	3.3	3.4	3.5.1.2	4.1.4	4.1.4	4.1.10	4.2.5.2	4.2.5.3
(1)	(2)	(3a)	(3b)	(4)	(5)	(6)	(7a)	(7b)	(8)	(9a)	(9b)	(10)	(11)
1866	树脂溶液,易燃的(50℃时蒸气压不大于110kPa)	3	F1	Ⅱ	3	640D	5L	E2	P001 IBC02 R001	PP1	MP19	T4	TP1 TP8
1866	树脂溶液,易燃的	3	F1	Ⅲ	3	640E	5L	E1	P001 IBC03 LP01 R001	PP1	MP19	T2	TP1
1866	树脂溶液,易燃的(闪点在23℃以下,黏度参照2.2.3.1.4)(50℃时蒸气压大于110kPa)	3	F1	Ⅲ	3		5L	E1	P001 R001	PP1	MP19		
1866	树脂溶液,易燃的(闪点在23℃以下,黏度参照2.2.3.1.4)(50℃时蒸气压不大于110kPa)	3	F1	Ⅲ	3		5L	E1	P001 IBC02 R001	PP1 BB4	MP19		
1868	癸硼烷	4.1	FT2	Ⅱ	4.1+6.1		1kg	E0	P002 IBC06		MP10	T3	TP33
1869	镁或镁合金,含镁50%以上的,丸状、车削片或条状的	4.1	F3	Ⅲ	4.1	59	5kg	E1	P002 IBC08 LP02 R001	B3	MP11	T1	TP33
1870	氢硼化钾	4.3	W2	Ⅰ	4.3		0	E0	P403		MP2		
1871	氢化钛	4.1	F3	Ⅱ	4.1		1kg	E2	P410 IBC04	PP40	MP11	T3	TP33
1872	二氧化铅	5.1	OT2	Ⅲ	5.1+6.1		5kg	E1	P002 IBC08 LP02 R001	B3	MP2	T1	TP33
1873	高氯酸,按质量含酸大于50%但不大于72%	5.1	OC1	Ⅰ	5.1+8	60	0	E0	P502	PP28	MP3	T10	TP1
1884	氧化钡	6.1	T5	Ⅲ	6.1		5kg	E1	P002 IBC08 LP02 R001	B3	MP10	T1	TP33
1885	联苯胺	6.1	T2	Ⅱ	6.1		500g	E4	P002 IBC08	B4	MP10	T3	TP33

ADR 罐体		运输罐体车辆	运输类别(隧道限制代码)	运输特殊规定				危险性识别号	联合国编号	名称和描述
罐体代码	特殊规定			包件	散装	装卸和操作	作业			
4.3	4.3.5,6.8.4	9.1.1.2	1.1.3.6	7.2.4	7.3.3	7.5.11	8.5	5.3.2.3		3.1.2
(12)	(13)	(14)	(15)	(16)	(17)	(18)	(19)	(20)	(1)	(2)
LGBF		FL	2 (D/E)				S2 S20	33	1866	树脂溶液,易燃的(50℃时蒸气压不大于110kPa)
LGBF		FL	3 (D/E)	V12			S2	30	1866	树脂溶液,易燃的
			3 (E)				S2		1866	树脂溶液,易燃的(闪点在23℃以下,黏度参照2.2.3.1.4)(50℃时蒸气压大于110kPa)
			3 (E)				S2		1866	树脂溶液,易燃的(闪点在23℃以下,黏度参照2.2.3.1.4)(50℃时蒸气压不大于110kPa)
SGAN		AT	2 (E)	V11		CV28		46	1868	癸硼烷
SGAN		AT	3 (E)		VC1 VC2			40	1869	镁或镁合金,含镁50%以上的,丸状,车削片或条状的
			1 (E)	V1		CV23	S20		1870	氢硼化钾
SGAN		AT	2 (E)					40	1871	氢化钛
SGAN	TU3	AT	3 (E)			CV24 CV28		56	1872	二氧化铅
L4DN(+)	TU3 TU28	AT	1 (B/E)			CV24	S20	558	1873	高氯酸,按质量含酸大于50%但不大于72%
SGAH L4BH	TU15 TE19	AT	2 (E)		VC1 VC2 AP7	CV13 CV28	S9	60	1884	氧化钡
SGAH L4BH	TU15 TE19	AT	2 (D/E)	V11		CV13 CV28	S9 S19	60	1885	联苯胺

联合国编号	名称和描述	类别	分类代码	包装类别	标志	特殊规定	有限和例外数量		容器			可移动罐柜和散装容器	
									包装指南	特殊包装规定	混合包装规定	指南	特殊规定
		3.1.2	2.2	2.2	2.1.1.3	5.2.2	3.3	3.4	3.5.1.2	4.1.4	4.1.4	4.1.10	4.2.5.2	4.2.5.3
(1)	(2)	(3a)	(3b)	(4)	(5)	(6)	(7a)	(7b)	(8)	(9a)	(9b)	(10)	(11)
1886	二氯甲基苯	6.1	T1	Ⅱ	6.1		100ml	E4	P001 IBC02		MP15	T7	TP2
1887	溴氯甲烷	6.1	T1	Ⅲ	6.1		5L	E1	P001 IBC03 LP01 R001		MP19	T4	TP1
1888	氯仿(三氯甲烷)	6.1	T1	Ⅲ	6.1		5L	E1	P001 IBC03 LP01 R001		MP19	T7	TP2
1889	溴化氰	6.1	TC2	Ⅰ	6.1 +8		0	E0	P002		MP18	T6	TP33
1891	乙基溴	6.1	T1	Ⅱ	6.1		100ml	E4	P001 IBC02	B8	MP15	T7	TP2
1892	乙基二氯胂	6.1	T3	Ⅰ	6.1	354	0	E0	P602		MP8 MP17	T20	TP2 TP37
1894	氢氧化苯汞	6.1	T3	Ⅱ	6.1		500g	E4	P002 IBC08	B4	MP10	T3	TP33
1895	硝酸苯汞	6.1	T3	Ⅱ	6.1		500g	E4	P002 IBC08	B4	MP10	T3	TP33
1897	四氯乙烯	6.1	T1	Ⅲ	6.1		5L	E1	P001 IBC03 LP01 R001		MP19	T4	TP1
1898	乙酰碘	8	C3	Ⅱ	8		1L	E2	P001 IBC02		MP15	T7	TP2
1902	酸式磷酸二异辛酯	8	C3	Ⅲ	8		5L	E1	P001 IBC03 LP01 R001		MP19	T4	TP1
1903	消毒剂,液体的,腐蚀性的,未另作规定的	8	C9	Ⅰ	8	274	0	E0	P001		MP8 MP17		
1903	消毒剂,液体的,腐蚀性的,未另作规定的	8	C9	Ⅱ	8	274	1L	E2	P001 IBC02		MP15		
1903	消毒剂,液体的,腐蚀性的,未另作规定的	8	C9	Ⅲ	8	274	5L	E1	P001 IBC03 LP01 R001		MP19		

罐体代码	特殊规定	运输罐体车辆	运输类别（隧道限制代码）	包件	散装	装卸和操作	作业	危险性识别号	联合国编号	名称和描述
4.3	4.3.5,6.8.4	9.1.1.2	1.1.3.6	7.2.4	7.3.3	7.5.11	8.5	5.3.2.3		3.1.2
(12)	(13)	(14)	(15)	(16)	(17)	(18)	(19)	(20)	(1)	(2)
L4BH	TU15 TE19	AT	2 (D/E)			CV13 CV28	S9 S19	60	1886	二氯甲基苯
L4BH	TU15 TE19	AT	2 (E)	V12		CV13 CV28	S9	60	1887	溴氯甲烷
L4BH	TU15 TE19	AT	2 (E)	V12		CV13 CV28	S9	60	1888	氯仿(三氯甲烷)
S10AH L10CH	TU14 TU15 TE19 TE21	AT	1 (C/E)			CV1 CV13 CV28	S9 S14	668	1889	溴化氰
L4BH	TU15 TE19	AT	2 (D/E)			CV13 CV28	S9 S19	60	1891	乙基溴
L10CH	TU14 TU15 TE19 TE21	AT	1 (C/D)			CV1 CV13 CV28	S9 S14	66	1892	乙基二氯胂
SGAH	TU15 TE19	AT	2 (D/E)	V11		CV13 CV28	S9 S19	60	1894	氢氧化苯汞
SGAH	TU15 TE19	AT	2 (D/E)	V11		CV13 CV28	S9 S19	60	1895	硝酸苯汞
L4BH	TU15 TE19	AT	2 (E)	V12		CV13 CV28	S9	60	1897	四氯乙烯
L4BN		AT	2 (E)					80	1898	乙酰碘
L4BN		AT	3 (E)	V12				80	1902	酸式磷酸二异辛酯
L10BH		AT	1 (E)				S20	88	1903	消毒剂,液体的,腐蚀性的,未另作规定的
L4BN		AT	2 (E)					80	1903	消毒剂,液体的,腐蚀性的,未另作规定的
L4BN		AT	3 (E)	V12				80	1903	消毒剂,液体的,腐蚀性的,未另作规定的

联合国编号	名称和描述	类别	分类代码	包装类别	标志	特殊规定	有限和例外数量		容器			可移动罐柜和散装容器	
									包装指南	特殊包装规定	混合包装规定	指南	特殊规定
		3.1.2	2.2	2.2	2.1.1.3	5.2.2	3.3	3.4	3.5.1.2	4.1.4	4.1.4	4.1.10	4.2.5.2	4.2.5.3
(1)	(2)	(3a)	(3b)	(4)	(5)	(6)	(7a)	(7b)	(8)	(9a)	(9b)	(10)	(11)
1905	硒酸	8	C2	Ⅰ	8		0	E0	P002 IBC07		MP18	T6	TP33
1906	淤渣硫酸	8	C1	Ⅱ	8		1L	E0	P001 IBC02		MP15	T8	TP2 TP28
1907	碱石灰,含氢氧化钠超过4%	8	C6	Ⅲ	8	62	5kg	E1	P002 IBC08 LP02 R001	B3	MP10	T1	TP33
1908	亚氯酸盐溶液	8	C9	Ⅱ	8	521	1L	E2	P001 IBC02		MP15	T7	TP2 TP24
1908	亚氯酸盐溶液	8	C9	Ⅲ	8	521	5L	E1	P001 IBC03 LP01 R001		MP19	T4	TP2 TP24
1910	氧化钙	8	C6				不受ADR限制						
1911	乙硼烷	2	2TF		2.3+2.1		0	E0	P200		MP9		
1912	甲基氯和二氯甲烷混合物	2	2F		2.1	228 662	0	E0	P200		MP9	(M) T50	
1913	氖,冷冻液体	2	3A		2.2	593	120ml	E1	P203		MP9	T75	TP5
1914	丙酸丁酯类	3	F1	Ⅲ	3		5L	E1	P001 IBC03 LP01 R001		MP19	T2	TP1
1915	环己酮	3	F1	Ⅲ	3		5L	E1	P001 IBC03 LP01 R001		MP19	T2	TP1
1916	2,2'-二氯二乙醚	6.1	TF1	Ⅱ	6.1+3		100ml	E4	P001 IBC02		MP15	T7	TP2
1917	丙烯酸乙酯,稳定的	3	F1	Ⅱ	3		1L	E2	P001 IBC02 R001		MP19	T4	TP1
1918	异丙基苯	3	F1	Ⅲ	3		5L	E1	P001 IBC03 LP01 R001		MP19	T2	TP1

ADR 罐体		运输罐体车辆	运输类别(隧道限制代码)	运输特殊规定				危险性识别号	联合国编号	名称和描述
罐体代码	特殊规定			包件	散装	装卸和操作	作业			
4.3	4.3.5,6.8.4	9.1.1.2	1.1.3.6	7.2.4	7.3.3	7.5.11	8.5	5.3.2.3		3.1.2
(12)	(13)	(14)	(15)	(16)	(17)	(18)	(19)	(20)	(1)	(2)
S10AN		AT	1 (E)	V10			S20	88	1905	硒酸
L4BN		AT	2 (E)					80	1906	淤渣硫酸
SGAV		AT	3 (E)		VC1 VC2 AP7			80	1907	碱石灰,含氢氧化钠超过4%
L4BV(+)	TE11	AT	2 (E)					80	1908	亚氯酸盐溶液
L4BV(+)	TE11	AT	3 (E)	V12				80	1908	亚氯酸盐溶液
不受ADR限制									1910	氧化钙
			1 (D)			CV9 CV10 CV36	S2 S14		1911	乙硼烷
PxBN(M)	TA4 TT9	FL	2 (B/D)			CV9 CV10 CV36	S2 S20	23	1912	甲基氯和二氯甲烷混合物
RxBN	TU19 TA4 TT9	AT	3 (C/E)	V5		CV9 CV11 CV36	S20	22	1913	氖,冷冻液体
LGBF		FL	3 (D/E)	V12			S2	30	1914	丙酸丁酯类
LGBF		FL	3 (D/E)	V12			S2	30	1915	环己酮
L4BH	TU15 TE19	FL	2 (D/E)			CV13 CV28	S2 S9 S19	63	1916	2,2′-二氯二乙醚
LGBF		FL	2 (D/E)				S2 S20	339	1917	丙烯酸乙酯,稳定的
LGBF		FL	3 (D/E)	V12			S2	30	1918	异丙基苯

联合国编号	名称和描述	类别	分类代码	包装类别	标志	特殊规定	有限和例外数量		容器			可移动罐柜和散装容器	
									包装指南	特殊包装规定	混合包装规定	指南	特殊规定
		3.1.2	2.2	2.2	2.1.1.3	5.2.2	3.3	3.4	3.5.1.2	4.1.4	4.1.4	4.1.10	4.2.5.2	4.2.5.3
(1)	(2)	(3a)	(3b)	(4)	(5)	(6)	(7a)	(7b)	(8)	(9a)	(9b)	(10)	(11)
1919	丙烯酸甲酯,稳定的	3	F1	Ⅱ	3		1L	E2	P001 IBC02 R001		MP19	T4	TP1
1920	壬烷类	3	F1	Ⅲ	3		5L	E1	P001 IBC03 LP01 R001		MP19	T2	TP1
1921	丙烯亚胺,稳定的	3	FT1	Ⅰ	3+6.1		0	E0	P001		MP2	T14	TP2
1922	吡咯烷	3	FC	Ⅱ	3+8		1L	E2	P001 IBC02		MP19	T7	TP1
1923	连二亚硫酸钙(亚硫酸氢钙)	4.2	S4	Ⅱ	4.2		0	E2	P410 IBC06		MP14	T3	TP33
1928	溴化甲基镁的乙醚溶液	4.3	WF1	Ⅰ	4.3+3		0	E0	P402	RR8	MP2		
1929	连二亚硫酸钾(亚硫酸氢钾)	4.2	S4	Ⅱ	4.2		0	E2	P410 IBC06		MP14	T3	TP33
1931	连二亚硫酸锌(亚硫酸氢锌)	9	M11	Ⅲ	9		5kg	E1	P002 IBC08 LP02 R001	B3	MP10	T1	TP33
1932	锆,碎屑	4.2	S4	Ⅲ	4.2	524 592	0	E0	P002 IBC08 LP02 R001	B3	MP14	T1	TP33
1935	氰化物溶液,未另作规定的	6.1	T4	Ⅰ	6.1	274 525	0	E5	P001		MP8 MP17	T14	TP2 TP27
1935	氰化物溶液,未另作规定的	6.1	T4	Ⅱ	6.1	274 525	100ml	E4	P001 IBC02		MP15	T11	TP2 TP27
1935	氰化物溶液,未另作规定的	6.1	T4	Ⅲ	6.1	274 525	5L	E1	P001 IBC03 LP01 R001		MP19	T7	TP2 TP28
1938	溴乙酸溶液	8	C3	Ⅱ	8		1L	E2	P001 IBC02		MP15	T7	TP2
1938	溴乙酸溶液	8	C3	Ⅲ	8		5L	E1	P001 IBC02 LP01 R001		MP19	T7	TP2

ADR 罐体		运输罐体车辆	运输类别（隧道限制代码）	运输特殊规定				危险性识别号	联合国编号	名称和描述
罐体代码	特殊规定			包件	散装	装卸和操作	作业			
4.3	4.3.5,6.8.4	9.1.1.2	1.1.3.6	7.2.4	7.3.3	7.5.11	8.5	5.3.2.3		3.1.2
(12)	(13)	(14)	(15)	(16)	(17)	(18)	(19)	(20)	(1)	(2)
LGBF		FL	2 (D/E)				S2 S20	339	1919	丙烯酸甲酯，稳定的
LGBF		FL	3 (D/E)	V12			S2	30	1920	壬烷类
L15CH	TU14 TU15 TE21	FL	1 (C/E)			CV13 CV28	S2 S22	336	1921	丙烯亚胺，稳定的
L4BH		FL	2 (D/E)				S2 S20	338	1922	吡咯烷
SGAN		AT	2 (D/E)	V1				40	1923	连二亚硫酸钙（亚硫酸氢钙）
L10DH	TU4 TU14 TU22 TE21 TM2	FL	0 (B/E)	V1		CV23	S2 S20	X323	1928	溴化甲基镁的乙醚溶液
SGAN		AT	2 (D/E)	V1				40	1929	连二亚硫酸钾（亚硫酸氢钾）
SGAV		AT	3 (E)		VC1 VC2			90	1931	连二亚硫酸锌（亚硫酸氢锌）
SGAN		AT	3 (E)	V1	VC1 VC2 AP1			40	1932	锆，碎屑
L10CH	TU14 TU15 TE19 TE21	AT	1 (C/E)			CV1 CV13 CV28	S9 S14	66	1935	氰化物溶液，未另作规定的
L4BH	TU15 TE19	AT	2 (D/E)			CV13 CV28	S9 S19	60	1935	氰化物溶液，未另作规定的
L4BH	TU15 TE19	AT	2 (E)	V12		CV13 CV28	S9	60	1935	氰化物溶液，未另作规定的
L4BN		AT	2 (E)					80	1938	溴乙酸溶液
L4BN		AT	3 (E)					80	1938	溴乙酸溶液

联合国编号	名称和描述	类别	分类代码	包装类别	标志	特殊规定	有限和例外数量		容器			可移动罐柜和散装容器	
									包装指南	特殊包装规定	混合包装规定	指南	特殊规定
		3.1.2	2.2	2.2	2.1.1.3	5.2.2	3.3	3.4	3.5.1.2	4.1.4	4.1.4	4.1.10	4.2.5.2	4.2.5.3
(1)	(2)	(3a)	(3b)	(4)	(5)	(6)	(7a)	(7b)	(8)	(9a)	(9b)	(10)	(11)
1939	三溴氧化磷,固体的	8	C2	Ⅱ	8		1kg	E0	P002 IBC08	B4	MP10	T3	TP33
1940	巯基乙酸	8	C3	Ⅱ	8		1L	E2	P001 IBC02		MP15	T7	TP2
1941	二溴二氟甲烷	9	M11	Ⅲ	9		5L	E1	P001 LP01 R001		MP15	T11	TP2
1942	硝酸铵,含有不大于0.2%的可燃物质,包括以碳计算的任何有机物,但不包括任何其他添加物	5.1	O2	Ⅲ	5.1	306 611	5kg	E1	P002 IBC08 LP02 R001	B3	MP10	T1 BK1 BK2	TP33
1944	火柴,安全型的(纸板式,卡式或盒式的)	4.1	F1	Ⅲ	4.1	293	5kg	E1	P407 R001		MP11		
1945	火柴,涂蜡的	4.1	F1	Ⅲ	4.1	293	5kg	E1	P407 R001		MP11		
1950	喷雾器	2	5A		2.2	190 327 344 625	1L	E0	P207 LP02	PP87 RR6 L2	MP9		
1950	喷雾器	2	5C		2.2 +8	190 327 344 625	1L	E0	P207 LP02	PP87 RR6 L2	MP9		
1950	喷雾器	2	5CO		2.2 +5.1 +8	190 327 344 625	1L	E0	P207 LP02	PP87 RR6 L2	MP9		
1950	喷雾器	2	5F		2.1	190 327 344 625	1L	E0	P207 LP02	PP87 RR6 L2	MP9		
1950	喷雾器	2	5FC		2.1 +8	190 327 344 625	1L	E0	P207 LP02	PP87 RR6 L2	MP9		
1950	喷雾器	2	5O		2.2 +5.1	190 327 344 625	1L	E0	P207 LP02	PP87 RR6 L2	MP9		

ADR 罐体		运输罐体车辆	运输类别（隧道限制代码）	运输特殊规定				危险性识别号	联合国编号	名称和描述
罐体代码	特殊规定			包件	散装	装卸和操作	作业			
4.3	4.3.5,6.8.4	9.1.1.2	1.1.3.6	7.2.4	7.3.3	7.5.11	8.5	5.3.2.3		3.1.2
(12)	(13)	(14)	(15)	(16)	(17)	(18)	(19)	(20)	(1)	(2)
SGAN		AT	2 (E)	V11				80	1939	三溴氧化磷,固体的
L4BN		AT	2 (E)					80	1940	巯基乙酸
L4BN		AT	3 (E)					90	1941	二溴二氟甲烷
SGAV	TU3	AT	3 (E)	VC1 VC2 AP6 AP7	CV24		S23	50	1942	硝酸铵,含有不大于0.2%的可燃物质,包括以碳计算的任何有机物,但不包括任何其他添加物
		.	4 (E)						1944	火柴,安全型的(纸板式,卡式或盒式的)
			4 (E)						1945	火柴,涂蜡的
			3 (E)	V14		CV9 CV12			1950	喷雾器
			1 (E)	V14		CV9 CV12			1950	喷雾器
			1 (E)	V14		CV9 CV12			1950	喷雾器
			2 (D)	V14		CV9 CV12	S2		1950	喷雾器
			1 (D)	V14		CV9 CV12	S2		1950	喷雾器
			3 (E)	V14		CV9 CV12			1950	喷雾器

联合国编号	名称和描述	类别	分类代码	包装类别	标志	特殊规定	有限和例外数量		容器			可移动罐柜和散装容器	
									包装指南	特殊包装规定	混合包装规定	指南	特殊规定
	3.1.2	2.2	2.2	2.1.1.3	5.2.2	3.3	3.4	3.5.1.2	4.1.4	4.1.4	4.1.10	4.2.5.2	4.2.5.3
(1)	(2)	(3a)	(3b)	(4)	(5)	(6)	(7a)	(7b)	(8)	(9a)	(9b)	(10)	(11)
1950	喷雾器	2	5T		2.2+6.1	190 327 344 625	120ml	E0	P207 LP02	PP87 RR6 L2	MP9		
1950	喷雾器	2	5TC		2.2+6.1+8	190 327 344 625	120ml	E0	P207 LP02	PP87 RR6 L2	MP9		
1950	喷雾器	2	5TF		2.1+6.1	190 327 344 625	120ml	E0	P207 LP02	PP87 RR6 L2	MP9		
1950	喷雾器	2	5TFC		2.1+6.1+8	190 327 344 625	120ml	E0	P207 LP02	PP87 RR6 L2	MP9		
1950	喷雾器	2	5TO		2.2+5.1+6.1	190 327 344 625	120ml	E0	P207 LP02	PP87 RR6 L2	MP9		
1950	喷雾器	2	5TOC		2.2+5.1+6.1+8	190 327 344 625	120ml	E0	P207 LP02	PP87 RR6 L2	MP9		
1951	氩,冷冻液体	2	3A		2.2	593	120ml	E1	P203		MP9	T75	TP5
1952	二氧化碳和环氧乙烷的混合物,含环氧乙烷不超过9%	2	2A		2.2	662	120ml	E1	P200		MP9	(M)	
1953	压缩气体,有毒的,易燃的,未另作规定的	2	1TF		2.3+2.1	274	0	E0	P200		MP9	(M)	
1954	压缩气体,易燃的,未另作规定的	2	1F		2.1	274 660 662	0	E0	P200		MP9	(M)	
1955	压缩气体,有毒的,未另作规定的	2	1T		2.3	274	0	E0	P200		MP9	(M)	
1956	压缩气体,未另作规定的	2	1A		2.2	274 655 662	120ml	E1	P200		MP9	(M)	

ADR 罐体		运输罐体车辆	运输类别（隧道限制代码）	运输特殊规定				危险性识别号	联合国编号	名称和描述
罐体代码	特殊规定			包件	散装	装卸和操作	作业			
4.3	4.3.5,6.8.4	9.1.1.2	1.1.3.6	7.2.4	7.3.3	7.5.11	8.5	5.3.2.3		3.1.2
(12)	(13)	(14)	(15)	(16)	(17)	(18)	(19)	(20)	(1)	(2)
			1 (D)	V14		CV9 CV12 CV28			1950	喷雾器
			1 (D)	V14		CV9 CV12 CV28			1950	喷雾器
			1 (D)	V14		CV9 CV12 CV28	S2		1950	喷雾器
			1 (D)	V14		CV9 CV12 CV28	S2		1950	喷雾器
			1 (D)	V14		CV9 CV12 CV28			1950	喷雾器
			1 (D)	V14		CV9 CV12 CV28			1950	喷雾器
RxBN	TU19 TA4 TT9	AT	3 (C/E)	V5		CV9 CV11 CV36	S20	22	1951	氩,冷冻液体
PxBN(M)	TA4 TT9	AT	3 (C/E)			CV9 CV10 CV36		20	1952	二氧化碳和环氧乙烷的混合物,含环氧乙烷不超过9%
CxBH(M)	TU6 TA4 TT9	FL	1 (B/D)			CV9 CV10 CV36	S2 S14	263	1953	压缩气体,有毒的,易燃的,未另作规定的
CxBN(M)	TA4 TT9	FL	2 (B/D)			CV9 CV10 CV36	S2 S20	23	1954	压缩气体,易燃的,未另作规定的
CxBH(M)	TU6 TA4 TT9	AT	1 (C/D)			CV9 CV10 CV36	S14	26	1955	压缩气体,有毒的,未另作规定的
CxBN(M)	TA4 TT9	AT	3 (E)			CV9 CV10 CV36		20	1956	压缩气体,未另作规定的

419

联合国编号	名称和描述	类别	分类代码	包装类别	标志	特殊规定	有限和例外数量		容器			可移动罐柜和散装容器	
									包装指南	特殊包装规定	混合包装规定	指南	特殊规定
		3.1.2	2.2	2.2	2.1.1.3	5.2.2	3.3	3.4	3.5.1.2	4.1.4	4.1.4	4.1.10	4.2.5.2	4.2.5.3
(1)	(2)	(3a)	(3b)	(4)	(5)	(6)	(7a)	(7b)	(8)	(9a)	(9b)	(10)	(11)
1957	氘,压缩的	2	1F		2.1	662	0	E0	P200		MP9	(M)	
1958	1,2-二氯-1,1,2,2-四氟乙烷(制冷气体R114)	2	2A		2.2	662	120ml	E1	P200		MP9	(M)T50	
1959	1,1-二氟乙烯(制冷气体R1132a)	2	2F		2.1	662	0	E0	P200		MP9	(M)	
1961	乙烷,冷冻液体	2	3F		2.1		0	E0	P203		MP9	T75	TP5
1962	乙烯	2	2F		2.1	662	0	E0	P200		MP9	(M)	
1963	氦,冷冻液体	2	3A		2.2	593	120ml	E1	P203		MP9	T75	TP5 TP34
1964	烃类气体混合物,压缩的,未另作规定的	2	1F		2.1	274 662	0	E0	P200		MP9	(M)	
1965	烃类气体混合物,液化的,未另作规定的	2	2F		2.1	274 583 652 660 662	0	E0	P200		MP9	(M)T50	
1966	氢气,冷冻液体	2	3F		2.1		0	E0	P203		MP9	T75	TP5 TP23 TP24
1967	气体杀虫剂,有毒,未另作规定的	2	2T		2.3	274	0	E0	P200		MP9	(M)	
1968	气体杀虫剂,未另作规定的	2	2A		2.2	274 662	120ml	E1	P200		MP9	(M)	
1969	异丁烷	2	2F		2.1	657 660 662	0	E0	P200		MP9	(M) T50	
1970	氪,冷冻液体	2	3A		2.2	593	120ml	E1	P203		MP9	T75	TP5

ADR 罐体		运输罐体车辆	运输类别（隧道限制代码）	运输特殊规定				危险性识别号	联合国编号	名称和描述
罐体代码	特殊规定			包件	散装	装卸和操作	作业			
4.3	4.3.5,6.8.4	9.1.1.2	1.1.3.6	7.2.4	7.3.3	7.5.11	8.5	5.3.2.3		3.1.2
(12)	(13)	(14)	(15)	(16)	(17)	(18)	(19)	(20)	(1)	(2)
CxBN(M)	TA4 TT9	FL	2 (B/D)			CV9 CV10 CV36	S2 S20	23	1957	氖,压缩的
PxBN(M)	TA4 TT9	AT	3 (C/E)			CV9 CV10 CV36		20	1958	1,2-二氯-1,1,2,2-四氟乙烷(制冷气体R114)
PxBN(M)	TA4 TT9	FL	2 (B/D)			CV9 CV10 CV36	S2 S20	239	1959	1,1-二氟乙烯(制冷气体R1132a)
RxBN	TU18 TA4 TT9	FL	2 (B/D)	V5		CV9 CV11 CV36	S2 S17	223	1961	乙烷,冷冻液体
PxBN(M)	TA4 TT9	FL	2 (B/D)			CV9 CV10 CV36	S2 S20	23	1962	乙烯
RxBN	TU19 TA4 TT9	AT	3 (C/E)	V5		CV9 CV11 CV36	S20	22	1963	氦,冷冻液体
CxBN(M)	TA4 TT9	FL	2 (B/D)			CV9 CV10 CV36	S2 S20	23	1964	烃类气体混合物,压缩的,未另作规定的
PxBN(M)	TA4 TT9 TT11	FL	2 (B/D)			CV9 CV10 CV36	S2 S20	23	1965	烃类气体混合物,液化的,未另作规定的
RxBN	TU18 TA4 TT9	FL	2 (B/D)	V5		CV9 CV11 CV36	S2 S17	223	1966	氢气,冷冻液体
PxBH(M)	TU6 TA4 TT9	AT	1 (C/D)			CV9 CV10 CV36	S14	26	1967	气体杀虫剂,有毒的,未另作规定的
PxBN(M)	TA4 TT9	AT	3 (C/E)			CV9 CV10 CV36		20	1968	气体杀虫剂,未另作规定的
PxBN(M)	TA4 TT9 TT11	FL	2 (B/D)			CV9 CV10 CV36	S2 S20	23	1969	异丁烷
RxBN	TU19 TA4 TT9	AT	3 (C/E)	V5		CV9 CV11 CV36	S20	22	1970	氪,冷冻液体

联合国编号	名称和描述	类别	分类代码	包装类别	标志	特殊规定	有限和例外数量		容器			可移动罐柜和散装容器	
									包装指南	特殊包装规定	混合包装规定	指南	特殊规定
		3.1.2	2.2	2.2	2.1.1.3	5.2.2	3.3	3.4	3.5.1.2	4.1.4	4.1.4	4.1.10	4.2.5.2	4.2.5.3
(1)	(2)	(3a)	(3b)	(4)	(5)	(6)	(7a)	(7b)	(8)	(9a)	(9b)	(10)	(11)
1971	甲烷,压缩的或天然气,压缩的,甲烷含量高的	2	1F		2.1	660 662	0	E0	P200		MP9	(M)	
1972	甲烷,冷冻液体或天然气,冷冻液体,甲烷含量高的	2	3F		2.1	660	0	E0	P203		MP9	T75	TP5
1973	氯二氟甲烷和氯五氟乙烷的混合物,具有固定沸点,含有约49%氯二氟甲烷(制冷气体R502)	2	2A		2.2	662	120ml	E1	P200		MP9	(M) T50	
1974	二氟氯溴甲烷(制冷气体R12B1)	2	2A		2.2	662	120ml	E1	P200		MP9	(M) T50	
1975	一氧化氮和四氧化二氮混合物(一氧化氮和二氧化氮混合物)	2	2TOC		2.3 +5.1 +8		0	E0	P200		MP9		
1976	八氟环丁烷(制冷气体RC318)	2	2A		2.2	662	120ml	E1	P200		MP9	(M) T50	
1977	氮气,冷冻液体	2	3A		2.2	345 346 593	120ml	E1	P203		MP9	T75	TP5
1978	丙烷	2	2F		2.1	652 657 660 662	0	E0	P200		MP9	(M) T50	
1982	四氟甲烷(制冷气体R14)	2	2A		2.2	662	120ml	E1	P200		MP9	(M)	
1983	1-氯-2,2,2-三氟乙烷(制冷气体R133a)	2	2A		2.2	662	120ml	E1	P200		MP9	(M) T50	
1984	三氟甲烷(制冷气体R23)	2	2A		2.2	662	120ml	E1	P200		MP9	(M)	
1986	醇类,易燃的,有毒的,未另作规定的	3	FT1	I	3 +6.1	274	0	E0	P001		MP7 MP17	T14	TP2 TP27

ADR 罐体		运输罐体车辆	运输类别（隧道限制代码）	运输特殊规定				危险性识别号	联合国编号	名称和描述
罐体代码	特殊规定			包件	散装	装卸和操作	作业			
4.3	4.3.5,6.8.4	9.1.1.2	1.1.3.6	7.2.4	7.3.3	7.5.11	8.5	5.3.2.3	3.1.2	
(12)	(13)	(14)	(15)	(16)	(17)	(18)	(19)	(20)	(1)	(2)
CxBN(M)	TA4 TT9	FL	2 (B/D)			CV9 CV10 CV36	S2 S20	23	1971	甲烷,压缩的或天然气,压缩的,甲烷含量高的
RxBN	TU18 TA4 TT9	FL	2 (B/D)	V5		CV9 CV11 CV36	S2 S17	223	1972	甲烷,冷冻液体或天然气,冷冻液体,甲烷含量高的
PxBN(M)	TA4 TT9	AT	3 (C/E)			CV9 CV10 CV36		20	1973	氯二氟甲烷和氯五氟乙烷的混合物,具有固定沸点,含有约49%氯二氟甲烷(制冷气体R502)
PxBN(M)	TA4 TT9	AT	3 (C/E)			CV9 CV10 CV36		20	1974	二氟氯溴甲烷(制冷气体R12B1)
			1 (D)			CV9 CV10 CV36	S14		1975	一氧化氮和四氧化二氮混合物(一氧化氮和二氧化氮混合物)
PxBN(M)	TA4 TT9	AT	3 (C/E)			CV9 CV10 CV36		20	1976	八氟环丁烷(制冷气体RC318)
RxBN	TU19 TA4 TT9	AT	3 (C/E)	V5		CV9 CV11 CV36	S20	22	1977	氮气,冷冻液体
PxBN(M)	TA4 TT9 TT11	FL	2 (B/D)			CV9 CV10 CV36	S2 S20	23	1978	丙烷
PxBN(M)	TA4 TT9	AT	3 (C/E)			CV9 CV10 CV36		20	1982	四氟甲烷(制冷气体R14)
PxBN(M)	TA4 TT9	AT	3 (C/E)			CV9 CV10 CV36		20	1983	1-氯-2,2,2-三氟乙烷(制冷气体R133a)
PxBN(M)	TA4 TT9	AT	3 (C/E)			CV9 CV10 CV36		20	1984	三氟甲烷(制冷气体R23)
L10CH	TU14 TU15 TE21	FL	1 (C/E)			CV13 CV28	S2 S22	336	1986	醇类,易燃的,有毒的,未另作规定的

联合国编号	名称和描述	类别	分类代码	包装类别	标志	特殊规定	有限和例外数量		容器			可移动罐柜和散装容器	
									包装指南	特殊包装规定	混合包装规定	指南	特殊规定
	3.1.2	2.2	2.2	2.1.1.3	5.2.2	3.3	3.4	3.5.1.2	4.1.4	4.1.4	4.1.10	4.2.5.2	4.2.5.3
(1)	(2)	(3a)	(3b)	(4)	(5)	(6)	(7a)	(7b)	(8)	(9a)	(9b)	(10)	(11)
1986	醇类,易燃的,有毒的,未另作规定的	3	FT1	Ⅱ	3+6.1	274	1L	E2	P001 IBC02		MP19	T11	TP2 TP27
1986	醇类,易燃的,有毒的,未另作规定的	3	FT1	Ⅲ	3+6.1	274	5L	E1	P001 IBC03 R001		MP19	T7	TP1 TP28
1987	醇类,未另作规定的	3	F1	Ⅱ	3	274 601 640C	1L	E2	P001		MP19	T7	TP1 TP8 TP28
1987	醇类,未另作规定的	3	F1	Ⅱ	3	274 601 640D	1L	E2	P001 IBC02 R001		MP19	T7	TP1 TP8 TP28
1987	醇类,易燃的,有毒的,未另作规定的	3	F1	Ⅲ	3	274 601	5L	E1	P001 IBC03 LP01 R001		MP19	T4	TP1 TP29
1988	醛类,易燃的,有毒的,未另作规定的	3	FT1	Ⅰ	3+6.1	274	0	E0	P001		MP7 MP17	T14	TP2 TP27
1988	醛类,易燃的,有毒的,未另作规定的	3	FT1	Ⅱ	3+6.1	274	1L	E2	P001 IBC02		MP19	T11	TP2 TP27
1988	醛类,易燃的,有毒的,未另作规定的	3	FT1	Ⅲ	3+6.1	274	5L	E1	P001 IBC03 R001		MP19	T7	TP1 TP28
1989	醛类,未另作规定的	3	F1	Ⅰ	3	274	0	E3	P001		MP7 MP17	T11	TP1 TP27
1989	醛类,未另作规定的(50℃时蒸气压大于110kPa)	3	F1	Ⅱ	3	274 640C	1L	E2	P001		MP19	T7	TP1 TP8 TP28
1989	醛类,未另作规定的(50℃时蒸气压不大于110kPa)	3	F1	Ⅱ	3	274 640D	1L	E2	P001 IBC02 R001		MP19	T7	TP1 TP8 TP28
1989	醛类,未另作规定的	3	F1	Ⅲ	3	274	5L	E1	P001 IBC03 LP01 R001		MP19	T4	TP1 TP29
1990	苯甲醛	9	M11	Ⅲ	9		5L	E1	P001 IBC03 LP01 R001		MP15	T2	TP1

ADR 罐体		运输罐体车辆	运输类别（隧道限制代码）	运输特殊规定				危险性识别号	联合国编号	名称和描述
罐体代码	特殊规定			包件	散装	装卸和操作	作业			
4.3	4.3.5,6.8.4	9.1.1.2	1.1.3.6	7.2.4	7.3.3	7.5.11	8.5	5.3.2.3		3.1.2
(12)	(13)	(14)	(15)	(16)	(17)	(18)	(19)	(20)	(1)	(2)
L4BH	TU15	FL	2 (D/E)			CV13 CV28	S2 S22	336	1986	醇类,易燃的,有毒的,未另作规定的
L4BH	TU15	FL	3 (D/E)	V12		CV13 CV28	S2	36	1986	醇类,易燃的,有毒的,未另作规定的
L1.5BN		FL	2 (D/E)				S2 S20	33	1987	醇类,未另作规定的
LGBF		FL	2 (D/E)				S2 S20	33	1987	醇类,未另作规定的
LGBF		FL	3 (D/E)	V12			S2	30	1987	醛类,易燃的,有毒的,未另作规定的
L10CH	TU14 TU15 TE21	FL	1 (C/E)			CV13 CV28	S2 S22	336	1988	醛类,易燃的,有毒的,未另作规定的
L4BH	TU15	FL	2 (D/E)			CV13 CV28	S2 S22	336	1988	醛类,易燃的,有毒的,未另作规定的
L4BH	TU15	FL	3 (D/E)	V12		CV13 CV28	S2	36	1988	醛类,未另作规定的
L4BN		FL	1 (D/E)				S2 S20	33	1989	醛类,未另作规定的
L1.5BN		FL	2 (D/E)				S2 S20	33	1989	醛类,未另作规定的(50℃时蒸气压大于110kPa)
LGBF		FL	2 (D/E)				S2 S20	33	1989	醛类,未另作规定的(50℃时蒸气压不大于110kPa)
LGBF		FL	3 (D/E)	V12			S2	30	1989	醛类,未另作规定的
LGBV		AT	3 (E)	V12				90	1990	苯甲醛

联合国编号	名称和描述	类别	分类代码	包装类别	标志	特殊规定	有限和例外数量		容器			可移动罐柜和散装容器	
									包装指南	特殊包装规定	混合包装规定	指南	特殊规定
		3.1.2	2.2	2.2	2.1.1.3	5.2.2	3.3	3.4	3.5.1.2	4.1.4	4.1.4	4.1.10	4.2.5.2	4.2.5.3
(1)	(2)	(3a)	(3b)	(4)	(5)	(6)	(7a)	(7b)	(8)	(9a)	(9b)	(10)	(11)
1991	氯丁二烯,稳定的	3	FT1	Ⅰ	3+6.1		0	E0	P001		MP7 MP17	T14	TP2 TP6
1992	易燃液体,未另作规定的	3	FT1	Ⅰ	3+6.1	274	0	E0	P001		MP7 MP17	T14	TP2 TP27
1992	易燃液体,未另作规定的	3	FT1	Ⅱ	3+6.1	274	1L	E2	P001 IBC02		MP19	T7	TP2
1992	易燃液体,未另作规定的	3	FT1	Ⅲ	3+6.1	274	5L	E1	P001 IBC03 R001		MP19	T7	TP1 TP28
1993	易燃液体,未另作规定的	3	F1	Ⅰ	3	274	0	E3	P001		MP7 MP17	T11	TP1 TP27
1993	易燃液体,未另作规定的(50℃时蒸气压大于110kPa)	3	F1	Ⅱ	3	274 601 640C	1L	E2	P001		MP19	T7	TP1 TP8 TP28
1993	易燃液体,未另作规定的(50℃时蒸气压不大于110kPa)	3	F1	Ⅱ	3	274 601 640D	1L	E2	P001 IBC02 R001		MP19	T7	TP1 TP8 TP28
1993	易燃液体,未另作规定的	3	F1	Ⅲ	3	274 601 640E	5L	E1	P001 IBC03 LP001 R001		MP19	T4	TP1 TP29
1993	易燃液体,未另作规定的(闪点在23℃以下,黏度参照2.2.3.1.4)(50℃时蒸气压大于110kPa)	3	F1	Ⅲ	3	274 601	5L	E1	P001 R001		MP19		
1993	易燃液体,未另作规定的(闪点在23℃以下,黏度参照2.2.3.1.4)(50℃时蒸气压不大于110kPa)	3	F1	Ⅲ	3	274 601	5L	E1	P001 IBC02 R001	BB4	MP19		
1994	五羰基铁	6.1	TF1	Ⅰ	6.1+3	354	0	E0	P601		MP2	T22	TP2
1999	焦油类,液体的,包括筑路沥青、柏油、沥青和稀释沥青(50℃时蒸气压大于110kPa)	3	F1	Ⅱ	3	640C	5L	E2	P001		MP19	T3	TP3 TP29

ADR 罐体		运输罐体车辆	运输类别(隧道限制代码)	运输特殊规定				危险性识别号	联合国编号	名称和描述
罐体代码	特殊规定			包件	散装	装卸和操作	作业			
4.3	4.3.5, 6.8.4	9.1.1.2	1.1.3.6	7.2.4	7.3.3	7.5.11	8.5	5.3.2.3		3.1.2
(12)	(13)	(14)	(15)	(16)	(17)	(18)	(19)	(20)	(1)	(2)
L10CH	TU14 TU15 TE21	FL	1 (C/E)			CV13 CV28	S2 S22	336	1991	**氯丁二烯,稳定的**
L10CH	TU14 TU15 TE21	FL	1 (C/E)			CV13 CV28	S2 S22	336	1992	**易燃液体,未另作规定的**
L4BH	TU15	FL	2 (D/E)			CV13 CV28	S2 S22	336	1992	**易燃液体,未另作规定的**
L4BH	TU15	FL	3 (D/E)	V12		CV13 CV28	S2	36	1992	**易燃液体,未另作规定的**
L4BN		FL	1 (D/E)				S2 S20	33	1993	**易燃液体,未另作规定的**
L1.5BN		FL	2 (D/E)				S2 S20	33	1993	**易燃液体,未另作规定的**(50℃时蒸气压大于110kPa)
LGBF		FL	2 (D/E)				S2 S20	33	1993	**易燃液体,未另作规定的**(50℃时蒸气压不大于110kPa)
LGBF		FL	3 (D/E)	V12			S2	30	1993	**易燃液体,未另作规定的**
			3 (E)				S2		1993	**易燃液体,未另作规定的**(闪点在23℃以下,黏度参照2.2.3.1.4)(50℃时蒸气压大于110kPa)
			3 (E)				S2		1993	**易燃液体,未另作规定的**(闪点在23℃以下,黏度参照2.2.3.1.4)(50℃时蒸气压不大于110kPa)
L15CH	TU14 TU15 TU31 TE19 TE21 TM3	FL	1 (C/D)			CV1 CV13 CV28	S2 S9 S14	663	1994	**五羰基铁**
L1.5BN		FL	2 (D/E)				S2 S20	33	1999	**焦油类,液体的,包括筑路沥青、柏油、沥青和稀释沥青**(50℃时蒸气压大于110kPa)

427

联合国编号	名称和描述	类别	分类代码	包装类别	标志	特殊规定	有限和例外数量		容器			可移动罐柜和散装容器	
									包装指南	特殊包装规定	混合包装规定	指南	特殊规定
	3.1.2	2.2	2.2	2.1.1.3	5.2.2	3.3	3.4	3.5.1.2	4.1.4	4.1.4	4.1.10	4.2.5.2	4.2.5.3
(1)	(2)	(3a)	(3b)	(4)	(5)	(6)	(7a)	(7b)	(8)	(9a)	(9b)	(10)	(11)
1999	焦油类,液体的,包括筑路沥青、柏油、沥青和稀释沥青(50℃时蒸气压不大于110kPa)	3	F1	Ⅱ	3	640D	5L	E2	P001 IBC02 R001		MP19	T3	TP3 TP29
1999	焦油类,液体的,包括筑路沥青、柏油、沥青和稀释沥青	3	F1	Ⅲ	3	640E	5L	E1	P001 IBC03 LP01 R001		MP19	T1	TP3
1999	焦油类,液体的,包括筑路沥青、柏油、沥青和稀释沥青(闪点在23℃以下,黏度参照2.2.3.1.4)(50℃时蒸气压大于110kPa)	3	F1	Ⅲ	3		5L	E1	P001 R001		MP19		
1999	焦油类,液体的,包括筑路沥青、柏油、沥青和稀释沥青(闪点在23℃以下,黏度参照2.2.3.1.4)(50℃时蒸气压不大于110kPa)	3	F1	Ⅲ	3		5L	E1	P001 IBC02 R001	BB4	MP19		
2000	赛璐珞,块、棒、卷、片、管等,碎屑除外	4.1	F1	Ⅲ	4.1	502	5kg	E1	P002 LP02 R001	PP7	MP11		
2001	环烷酸钴,粉状	4.1	F3	Ⅲ	4.1		5kg	E1	P002 IBC08 LP02 R001	B3	MP11	T1	TP33
2002	赛璐珞,碎屑	4.2	S2	Ⅲ	4.2	526 592	0	E0	P002 IBC08 LP02 R001	PP8 B3	MP14		
2004	二氨基镁	4.2	S4	Ⅱ	4.2		0	E2	P410 IBC06		MP14	T3	TP33
2006	塑料,以硝化纤维素为基质的,自热的,未另作规定的	4.2	S2	Ⅲ	4.2	274 528	0	E0	P002 R001		MP14		

ADR 罐体		运输罐体车辆	运输类别（隧道限制代码）	运输特殊规定				危险性识别号	联合国编号	名称和描述
罐体代码	特殊规定			包件	散装	装卸和操作	作业			
4.3	4.3.5,6.8.4	9.1.1.2	1.1.3.6	7.2.4	7.3.3	7.5.11	8.5	5.3.2.3		3.1.2
(12)	(13)	(14)	(15)	(16)	(17)	(18)	(19)	(20)	(1)	(2)
LGBF		FL	2 (D/E)				S2 S20	33	1999	**焦油类,液体的**,包括筑路沥青、柏油、沥青和稀释沥青(50℃时蒸气压不大于110kPa)
LGBF		FL	3 (D/E)	V12			S2	30	1999	**焦油类,液体的**,包括筑路沥青、柏油、沥青和稀释沥青
			3 (E)				S2		1999	**焦油类,液体的**,包括筑路沥青、柏油、沥青和稀释沥青(闪点在23℃以下,黏度参照2.2.3.1.4)(50℃时蒸气压大于110kPa)
			3 (E)				S2		1999	**焦油类,液体的**,包括筑路沥青、柏油、沥青和稀释沥青(闪点在23℃以下,黏度参照2.2.3.1.4)(50℃时蒸气压不大于110kPa)
			3 (E)						2000	**赛璐珞**,块、棒、卷、片、管等,碎屑除外
SGAV		AT	3 (E)	VC1 VC2				40	2001	**环烷酸钴,粉状**
			3 (E)	V1					2002	**赛璐珞,碎屑**
SGAN		AT	2 (D/E)	V1				40	2004	**二氨基镁**
			3 (E)	V1					2006	**塑料,以硝化纤维素为基质的,自热的,未另作规定的**

联合国编号	名称和描述	类别	分类代码	包装类别	标志	特殊规定	有限和例外数量		容器			可移动罐柜和散装容器	
									包装指南	特殊包装规定	混合包装规定	指南	特殊规定
		3.1.2	2.2	2.2	2.1.1.3	5.2.2	3.3	3.4	3.5.1.2	4.1.4	4.1.4	4.1.10	4.2.5.2	4.2.5.3
(1)	(2)	(3a)	(3b)	(4)	(5)	(6)	(7a)	(7b)	(8)	(9a)	(9b)	(10)	(11)
2008	锆粉,干的	4.2	S4	Ⅰ	4.2	524 540	0	E0	P404		MP13	T21	TP7 TP33
2008	锆粉,干的	4.2	S4	Ⅱ	4.2	524 540	0	E2	P410 IBC06		MP14	T3	TP33
2008	锆粉,干的	4.2	S4	Ⅲ	4.2	524 540	0	E1	P002 IBC08 LP02 R001	B3	MP14	T1	TP33
2009	锆,干的,精制的薄片、条和盘丝	4.2	S4	Ⅲ	4.2	524 592	0	E1	P002 LP02 R001		MP14		
2010	氢化镁	4.3	W2	Ⅰ	4.3		0	E0	P403		MP2		
2011	磷化镁	4.3	WT2	Ⅰ	4.3+6.1		0	E0	P403		MP2		
2012	磷化钾	4.3	WT2	Ⅰ	4.3+6.1		0	E0	P403		MP2		
2013	磷化锶	4.3	WT2	Ⅰ	4.3+6.1		0	E0	P403		MP2		
2014	过氧化氢水溶液,含不少于20%但不大于60%的过氧化氢(必要时加稳定剂)	5.1	OC1	Ⅱ	5.1+8		1L	E2	P504 IBC02	PP10 B5	MP15	T7	TP2 TP6 TP24
2015	过氧化氢,稳定的,或过氧化氢水溶液,稳定的,含大于70%的过氧化氢	5.1	OC1	Ⅰ	5.1+8	640N	0	E0	P501		MP2	T9	TP2 TP6 TP24
2015	过氧化氢,稳定的,或过氧化氢水溶液,稳定的,含大于60%的过氧化氢,且小于70%	5.1	OC1	Ⅰ	5.1+8	640O	0	E0	P501		MP2	T9	TP2 TP6 TP24
2016	弹药,有毒的,非爆炸性的,不带起爆装置或发射剂,无引信的	6.1	T2		6.1		0	E0	P600		MP10		
2017	弹药,催泪的,非爆炸性的,不带起爆装置或发射剂,无引信的	6.1	TC2		6.1+8		0	E0	P600				

ADR 罐体		运输罐体车辆	运输类别（隧道限制代码）	运输特殊规定				危险性识别号	联合国编号	名称和描述
罐体代码	特殊规定			包件	散装	装卸和操作	作业			
4.3	4.3.5,6.8.4	9.1.1.2	1.1.3.6	7.2.4	7.3.3	7.5.11	8.5	5.3.2.3	3.1.2	
(12)	(13)	(14)	(15)	(16)	(17)	(18)	(19)	(20)	(1)	(2)
		AT	0 (B/E)	V1			S20	43	2008	锆粉,干的
SGAN		AT	2 (D/E)	V1				40	2008	锆粉,干的
SGAN		AT	3 (E)	V1	VC1 VC2 AP1			40	2008	锆粉,干的
			3 (E)	V1	VC1 VC2 AP1			40	2009	锆,干的,精制的薄片、条和盘丝
			1 (E)	V1		CV23	S20		2010	氢化镁
			1 (E)	V1		CV23 CV28	S20		2011	磷化镁
			1 (E)	V1		CV23 CV28	S20		2012	磷化钾
			1 (E)	V1		CV23 CV28	S20		2013	磷化锶
L4BV(+)	TU3 TC2 TE8 TE11 TT1	AT	2 (E)			CV24		58	2014	过氧化氢水溶液,含不少于20%但不大于60%的过氧化氢(必要时加稳定剂)
L4DV(+)	TU3 TU28 TC2 TE8 TE9 TT1	OX	1 (B/E)	V5		CV24	S20	559	2015	过氧化氢,稳定的,或过氧化氢水溶液,稳定的,含大于70%的过氧化氢
L4BV(+)	TU3 TU28 TC2 TE7 TE8 TE9 TT1	OX	1 (B/E)	V5		CV24	S20	559	2015	过氧化氢,稳定的,或过氧化氢水溶液,稳定的,含大于60%的过氧化氢,且小于70%
			2 (D/E)			CV13 CV28	S9 S19		2016	弹药,有毒的,非爆炸性的,不带起爆装置或发射剂,无引信的
			2 (D/E)			CV13 CV28	S9 S19		2017	弹药,催泪的,非爆炸性的,不带起爆装置或发射剂,无引信的

联合国编号	名称和描述	类别	分类代码	包装类别	标志	特殊规定	有限和例外数量		容器			可移动罐柜和散装容器	
									包装指南	特殊包装规定	混合包装规定	指南	特殊规定
		3.1.2	2.2	2.2	2.1.1.3	5.2.2	3.3	3.4	3.5.1.2	4.1.4	4.1.4	4.1.10	4.2.5.2	4.2.5.3
(1)	(2)	(3a)	(3b)	(4)	(5)	(6)	(7a)	(7b)	(8)	(9a)	(9b)	(10)	(11)
2018	氯苯胺类,固体的	6.1	T2	Ⅱ	6.1		500g	E4	P002 IBC08		B4	MP10	T3	TP33
2019	氯苯胺类,液体的	6.1	T1	Ⅱ	6.1		100ml	E4	P001 IBC02			MP15	T7	TP2
2020	氯苯酚类,固体的	6.1	T2	Ⅲ	6.1	205	5kg	E1	P002 IBC08 LP02 R001		B3	MP10	T1	TP33
2021	氯苯酚类,液体的	6.1	T1	Ⅲ	6.1		5L	E1	P001 IBC03 LP01 R001			MP19	T4	TP1
2022	甲苯基酸	6.1	TC1	Ⅱ	6.1+8		100ml	E4	P001 IBC02			MP15	T7	TP2
2023	表氯醇	6.1	TF1	Ⅱ	6.1+3	279	100ml	E4	P001 IBC02			MP15	T7	TP2
2024	汞化合物,液体的,未另作规定的	6.1	T4	Ⅰ	6.1	43 274	0	E5	P001			MP8 MP17		
2024	汞化合物,液体的,未另作规定的	6.1	T4	Ⅱ	6.1	43 274	100ml	E4	P001 IBC02			MP15		
2024	汞化合物,液体的,未另作规定的	6.1	T4	Ⅲ	6.1	43 274	5L	E1	P001 IBC03 LP01 R001			MP19		
2025	汞化合物,固体的,未另作规定的	6.1	T5	Ⅰ	6.1	43 66 274 529	0	E5	P002 IBC07			MP18	T6	TP33
2025	汞化合物,固体的,未另作规定的	6.1	T5	Ⅱ	6.1	43 66 274 529	500g	E4	P002 IBC08		B4	MP10	T3	TP33
2025	汞化合物,固体的,未另作规定的	6.1	T5	Ⅲ	6.1	43 66 274 529	5kg	E1	P002 IBC08 LP02 R001		B3	MP10	T1	TP33
2026	苯汞化合物,未另作规定的	6.1	T3	Ⅰ	6.1	43 274	0	E5	P002 IBC07			MP18	T6	TP33
2026	苯汞化合物,未另作规定的	6.1	T3	Ⅱ	6.1	43 274	500g	E4	P002 IBC08		B4	MP10	T3	TP33

ADR 罐体		运输罐体车辆	运输类别（隧道限制代码）	运输特殊规定				危险性识别号	联合国编号	名称和描述
罐体代码	特殊规定			包件	散装	装卸和操作	作业			
4.3	4.3.5,6.8.4	9.1.1.2	1.1.3.6	7.2.4	7.3.3	7.5.11	8.5	5.3.2.3		3.1.2
(12)	(13)	(14)	(15)	(16)	(17)	(18)	(19)	(20)	(1)	(2)
SGAH L4BH	TU15 TE19	AT	2 (D/E)	V11		CV13 CV28	S9 S19	60	2018	氯苯胺类,固体的
L4BH	TU15 TE19	AT	2 (D/E)			CV13 CV28	S9 S19	60	2019	氯苯胺类,液体的
SGAH	TU15 TE19	AT	2 (E)		VC1 VC2 AP7	CV13 CV28	S9	60	2020	氯苯酚类,固体的
L4BH	TU15 TE19	AT	2 (E)	V12		CV13 CV28	S9	60	2021	氯苯酚类,液体的
L4BH	TU15 TE19	AT	2 (D/E)			CV13 CV28	S9 S19	68	2022	甲苯基酸
L4BH	TU15 TE19	FL	2 (D/E)			CV13 CV28	S2 S9 S19	63	2023	表氯醇
L10CH	TU14 TU15 TE19 TE21	AT	1 (C/E)			CV1 CV13 CV28	S9 S14	66	2024	汞化合物,液体的,未另作规定的
L4BH	TU15 TE19	AT	2 (D/E)			CV13 CV28	S9 S19	60	2024	汞化合物,液体的,未另作规定的
L4BH	TU15 TE19	AT	2 (E)	V12		CV13 CV28	S9	60	2024	汞化合物,液体的,未另作规定的
S10AH	TU15 TE19	AT	1 (C/E)	V10		CV1 CV13 CV28	S9 S14	66	2025	汞化合物,固体的,未另作规定的
SGAH	TU15 TE19	AT	2 (D/E)	V11		CV13 CV28	S9 S19	60	2025	汞化合物,固体的,未另作规定的
SGAH	TU15 TE19	AT	2 (E)		VC1 VC2 AP7	CV13 CV28	S9	60	2025	汞化合物,固体的,未另作规定的
S10AH L10CH	TU14 TU15 TE19 TE21	AT	1 (C/E)	V10		CV1 CV13 CV28	S9 S14	66	2026	苯汞化合物,未另作规定的
SGAH L4BH	TU15 TE19	AT	2 (D/E)	V11		CV13 CV28	S9 S19	60	2026	苯汞化合物,未另作规定的

联合国编号	名称和描述	类别	分类代码	包装类别	标志	特殊规定	有限和例外数量		容器			可移动罐柜和散装容器	
									包装指南	特殊包装规定	混合包装规定	指南	特殊规定
	3.1.2	2.2	2.2	2.1.1.3	5.2.2	3.3	3.4	3.5.1.2	4.1.4	4.1.4	4.1.10	4.2.5.2	4.2.5.3
(1)	(2)	(3a)	(3b)	(4)	(5)	(6)	(7a)	(7b)	(8)	(9a)	(9b)	(10)	(11)
2026	苯汞化合物,未另作规定的	6.1	T3	Ⅲ	6.1	43 274	5kg	E1	P002 IBC08 LP02 R001		B3	MP10	T1	TP33
2027	亚砷酸钠,固体的	6.1	T5	Ⅱ	6.1	43	500g	E4	P002 IBC08		B4	MP10	T3	TP33
2028	烟雾弹,非爆炸性的,含腐蚀性液体,无引爆装置	8	C11	Ⅱ	8		0	E0	P803					
2029	肼,无水的	8	CFT	Ⅰ	8+3+6.1		0	E0	P001			MP8 MP17		
2030	肼,水溶液,按质量含肼量大于37%	8	CT1	Ⅰ	8+6.1	530	0	E0	P001			MP8 MP17	T10	TP2
2030	肼,水溶液,按质量含肼量大于37%	8	CT1	Ⅱ	8+6.1	530	1L	E0	P001 IBC02			MP15	T7	TP2
2030	肼,水溶液,按质量含肼量大于37%	8	CT1	Ⅲ	8+6.1	530	5L	E1	P001 IBC03 LP01 R001			MP19	T4	TP1
2031	硝酸,发红烟的除外,含硝酸超过70%	8	CO1	Ⅰ	8+5.1		0	E0	P001	PP81		MP8 MP17	T10	TP2
2031	硝酸,发红烟的除外,含硝酸至少65%但不超过70%	8	CO1	Ⅱ	8+5.1		1L	E2	P001 IBC02	PP81 B15		MP15	T8	TP2
2031	硝酸,发红烟除外,含硝酸少于65%	8	C1	Ⅱ	8		1L	E2	P001 IBC02	PP81 B15		MP15	T8	TP2
2032	硝酸,发红烟的	8	COT	Ⅰ	8+5.1+6.1		0	E0	P602			MP8 MP17	T20	TP2
2033	氧化钾	8	C6	Ⅱ	8		1kg	E2	P002 IBC08		B4	MP10	T3	TP33
2034	氢气和甲烷混合物,压缩的	2	1F		2.1	662	0	E0	P200			MP9	(M)	

ADR 罐体		运输罐体车辆	运输类别（隧道限制代码）	运输特殊规定				危险性识别号	联合国编号	名称和描述
罐体代码	特殊规定			包件	散装	装卸和操作	作业			
4.3	4.3.5,6.8.4	9.1.1.2	1.1.3.6	7.2.4	7.3.3	7.5.11	8.5	5.3.2.3		3.1.2
(12)	(13)	(14)	(15)	(16)	(17)	(18)	(19)	(20)	(1)	(2)
SGAH L4BH	TU15 TE19	AT	2 (E)		VC1 VC2 AP7	CV13 CV28	S9	60	2026	苯汞化合物，未另作规定的
SGAH	TU15 TE19	AT	2 (D/E)	V11		CV13 CV28	S9 S19	60	2027	亚砷酸钠，固体的
			2 (E)						2028	烟雾弹，非爆炸性的，含腐蚀性液体，无引爆装置
			1 (E)			CV13 CV28	S2 S14		2029	肼，无水的
L10BH		AT	1 (C/D)			CV13 CV28	S14	886	2030	肼，水溶液，按质量含肼量大于37%
L4BN		AT	2 (E)			CV13 CV28		86	2030	肼，水溶液，按质量含肼量大于37%
L4BN		AT	3 (E)	V12		CV13 CV28		86	2030	肼，水溶液，按质量含肼量大于37%
L10BH	TC6 TT1	AT	1 (E)			CV24	S14	885	2031	硝酸，发红烟的除外，含硝酸超过70%
L4BN		AT	2 (E)					85	2031	硝酸，发红烟的除外，含硝酸至少65%但不超过70%
L4BN		AT	2 (E)					80	2031	硝酸，发红烟除外，含硝酸少于65%
L10BH	TC6 TT1	AT	1 (C/D)			CV13 CV24 CV28	S14	856	2032	硝酸，发红烟的
SGAN		AT	2 (E)	V11				80	2033	氧化钾
CxBN(M)	TA4 TT9	FL	2 (B/D)			CV9 CV10 CV36	S2 S20	23	2034	氢气和甲烷混合物，压缩的

联合国编号	名称和描述	类别	分类代码	包装类别	标志	特殊规定	有限和例外数量		容器			可移动罐柜和散装容器	
									包装指南	特殊包装规定	混合包装规定	指南	特殊规定
		3.1.2	2.2	2.2	2.1.1.3	5.2.2	3.3	3.4	3.5.1.2	4.1.4	4.1.4	4.1.10	4.2.5.2	4.2.5.3
(1)	(2)	(3a)	(3b)	(4)	(5)	(6)	(7a)	(7b)	(8)	(9a)	(9b)	(10)	(11)
2035	1,1,1-三氟乙烷(制冷气体R143a)	2	2F		2.1	662	0	E0	P200		MP9	(M) T50	
2036	氙	2	2A		2.2	662	120ml	E1	P200		MP9	(M)	
2037	容器,小型的,装有气体的(气筒),没有释放装置,不能再充气的	2	5A		2.2	191 303 344	1L	E0	P003	PP17 RR6	MP9		
2037	容器,小型的,装有气体的(气筒),没有释放装置,不能再充气的	2	5F		2.1	191 303 344	1L	E0	P003	PP17 RR6	MP9		
2037	容器,小型的,装有气体的(气筒),没有释放装置,不能再充气的	2	5O		2.2 +5.1	191 303 344	1L	E0	P003	PP17 RR6	MP9		
2037	容器,小型的,装有气体的(气筒),没有释放装置,不能再充气的	2	5T		2.3	303 344	120ml	E0	P003	PP17 RR6	MP9		
2037	容器,小型的,装有气体的(气筒),没有释放装置,不能再充气的	2	5TC		2.3 +8	303 344	120ml	E0	P003	PP17 RR6	MP9		
2037	容器,小型的,装有气体的(气筒),没有释放装置,不能再充气的	2	5TF		2.3 +2.1	303 344	120ml	E0	P003	PP17 RR6	MP9		
2037	容器,小型的,装有气体的(气筒),没有释放装置,不能再充气的	2	5TFC		2.3 +2.1 +8	303 344	120ml	E0	P003	PP17 RR6	MP9		

ADR 罐体		运输罐体车辆	运输类别（隧道限制代码）	运输特殊规定				危险性识别号	联合国编号	名称和描述
罐体代码	特殊规定			包件	散装	装卸和操作	作业			
4.3	4.3.5,6.8.4	9.1.1.2	1.1.3.6	7.2.4	7.3.3	7.5.11	8.5	5.3.2.3	3.1.2	
(12)	(13)	(14)	(15)	(16)	(17)	(18)	(19)	(20)	(1)	(2)
PxBN(M)	TA4 TT9	FL	2 (B/D)			CV9 CV10 CV36	S2 S20	23	2035	**1,1,1-三氟乙烷(制冷气体 R143a)**
PxBN(M)	TA4 TT9	AT	3 (C/E)			CV9 CV10 CV36		20	2036	**氙**
			3 (E)			CV9 CV12			2037	**容器,小型的,装有气体的(气筒),没有释放装置,不能再充气的**
			2 (D)			CV9 CV12	S2		2037	**容器,小型的,装有气体的(气筒),没有释放装置,不能再充气的**
			3 (E)			CV9 CV12			2037	**容器,小型的,装有气体的(气筒),没有释放装置,不能再充气的**
			1 (D)			CV9 CV12			2037	**容器,小型的,装有气体的(气筒),没有释放装置,不能再充气的**
			1 (D)			CV9 CV12			2037	**容器,小型的,装有气体的(气筒),没有释放装置,不能再充气的**
			1 (D)			CV9 CV12	S2		2037	**容器,小型的,装有气体的(气筒),没有释放装置,不能再充气的**
			1 (D)			CV9 CV12	S2		2037	**容器,小型的,装有气体的(气筒),没有释放装置,不能再充气的**

联合国编号	名称和描述	类别	分类代码	包装类别	标志	特殊规定	有限和例外数量		容器			可移动罐柜和散装容器	
									包装指南	特殊包装规定	混合包装规定	指南	特殊规定
	3.1.2	2.2	2.2	2.1.1.3	5.2.2	3.3	3.4	3.5.1.2	4.1.4	4.1.4	4.1.10	4.2.5.2	4.2.5.3
(1)	(2)	(3a)	(3b)	(4)	(5)	(6)	(7a)	(7b)	(8)	(9a)	(9b)	(10)	(11)
2037	容器,小型的,装有气体的(气筒),没有释放装置,不能再充气的	2	5TO		2.3+5.1	303 344	120ml	E0	P003	PP17 RR6	MP9		
2037	容器,小型的,装有气体的(气筒),没有释放装置,不能再充气的	2	5TOC		2.3+5.1+8	303 344	120ml	E0	P003	PP17 RR6	MP9		
2038	二硝基甲苯类,液体的	6.1	T1	Ⅱ	6.1		100ml	E4	P001 IBC02		MP15	T7	TP2
2044	2,2-二甲基丙烷	2	2F		2.1	662	0	E0	P200		MP9	(M)	
2045	异丁醛	3	F1	Ⅱ	3		1L	E2	P001 IBC02 R001		MP19	T4	TP1
2046	伞花烃类	3	F1	Ⅲ	3		5L	E1	P001 IBC03 LP01 R001		MP19	T2	TP1
2047	二氯丙烯类	3	F1	Ⅱ	3		1L	E2	P001 IBC02 R001		MP19	14	TP1
2047	二氯丙烯类	3	F1	Ⅲ	3		5L	E1	P001 IBC03 LP01 R001		MP19	T2	TP1
2048	二聚环戊二烯(双茂)	3	F1	Ⅲ	3		5L	E1	P001 IBC03 LP01 R001		MP19	T2	TP1
2049	二乙基苯类	3	F1	Ⅲ	3		5L	E1	P001 IBC03 LP01 R001		MP19	T2	TP1
2050	二异丁烯类,异构化合物	3	F1	Ⅱ	3		1L	E2	P001 IBC02 R001		MP19	T4	TP1
2051	2-二甲基氨基乙醇	8	CF1	Ⅱ	8+3		1L	E2	P001 IBC02		MP15	T7	TP2

罐体代码	特殊规定	运输罐体车辆	运输类别（隧道限制代码）	包件	散装	装卸和操作	作业	危险性识别号	联合国编号	名称和描述
ADR 罐体				运输特殊规定						
4.3	4.3.5,6.8.4	9.1.1.2	1.1.3.6	7.2.4	7.3.3	7.5.11	8.5	5.3.2.3		3.1.2
(12)	(13)	(14)	(15)	(16)	(17)	(18)	(19)	(20)	(1)	(2)
			1 (D)			CV9 CV12			2037	容器,小型的,装有气体的(气筒),没有释放装置,不能再充气的
			1 (D)			CV9 CV12			2037	容器,小型的,装有气体的(气筒),没有释放装置,不能再充气的
L4BH	TU15 TE19	AT	2 (D/E)			CV13 CV28	S9 S19	60	2038	二硝基甲苯类,液体的
PxBN(M)	TA4 TT9	FL	2 (B/D)			CV9 CV10 CV36	S2 S20	23	2044	2,2-二甲基丙烷
LGBF		FL	2 (D/E)				S2 S20	33	2045	异丁醛
LGBF		FL	3 (D/E)	V12			S2	30	2046	伞花烃类
LGBF		FL	2 (D/E)				S2 S20	33	2047	二氯丙烯类
LGBF		FL	3 (D/E)	V12			S2	30	2047	二氯丙烯类
LGBF		FL	3 (D/E)	V12			S2	30	2048	二聚环戊二烯(双茂)
LGBF		FL	3 (D/E)	V12			S2	30	2049	二乙基苯类
LGBF		FL	2 (D/E)				S2 S20	33	2050	二异丁烯类,异构化合物
L4BN		FL	2 (D/E)				S2	83	2051	2-二甲基氨基乙醇

联合国编号	名称和描述	类别	分类代码	包装类别	标志	特殊规定	有限和例外数量		容器			可移动罐柜和散装容器	
									包装指南	特殊包装规定	混合包装规定	指南	特殊规定
	3.1.2	2.2	2.2	2.1.1.3	5.2.2	3.3	3.4	3.5.1.2	4.1.4	4.1.4	4.1.10	4.2.5.2	4.2.5.3
(1)	(2)	(3a)	(3b)	(4)	(5)	(6)	(7a)	(7b)	(8)	(9a)	(9b)	(10)	(11)
2052	二聚戊烯	3	F1	Ⅲ	3		5L	E1	P001 IBC03 LP01 R001		MP19	T2	TP1
2053	甲基异丁基甲醇	3	F1	Ⅲ	3		5L	E1	P001 IBC03 LP01 R001		MP19	T2	TP1
2054	吗啉	8	CF1	Ⅰ	8+3		0	E0	P001		MP8 MP17	T10	TP2
2055	苯乙烯单体,稳定的	3	F1	Ⅲ	3		5L	E1	P001 IBC03 LP01 R001		MP19	T2	TP1
2056	四氢呋喃	3	F1	Ⅱ	3		1L	E2	P001 IBC02 R001		MP19	T4	TP1
2057	三聚丙烯	3	F1	Ⅱ	3		1L	E2	P001 IBC02 R001		MP19	T4	TP1
2057	三聚丙烯	3	F1	Ⅲ	3		5L	E1	P001 IBC03 LP01 R001		MP19	T2	TP1
2058	戊醛	3	F1	Ⅱ	3		1L	E2	P001 IBC02 R001		MP19	T4	TP1
2059	硝化纤维素溶液,易燃的,按干重含氮不超过12.6%,且含硝化纤维素不超过55%	3	D	Ⅰ	3	198 531	0	E0	P001		MP7 MP17	T11	TP1 TP8 TP27
2059	硝化纤维素溶液,易燃的,按干重含氮不超过12.6%,且含硝化纤维素不超过55%(50℃时蒸气压大于110kPa)	3	D	Ⅱ	3	198 531 640C	1L	E0	P001 IBC02		MP19	T4	TP1 TP8

ADR 罐体		运输罐体车辆	运输类别（隧道限制代码）	运输特殊规定				危险性识别号	联合国编号	名称和描述
罐体代码	特殊规定			包件	散装	装卸和操作	作业			
4.3	4.3.5,6.8.4	9.1.1.2	1.1.3.6	7.2.4	7.3.3	7.5.11	8.5	5.3.2.3		3.1.2
(12)	(13)	(14)	(15)	(16)	(17)	(18)	(19)	(20)	(1)	(2)
LGBF		FL	3 (D/E)	V12			S2	30	2052	二聚戊烯
LGBF		FL	3 (D/E)	V12			S2	30	2053	甲基异丁基甲醇
L10BH		FL	1 (D/E)				S2 S14	883	2054	吗啉
LGBF		FL	3 (D/E)	V12			S2	39	2055	苯乙烯单体，稳定的
LGBF		FL	2 (D/E)				S2 S20	33	2056	四氢呋喃
LGBF		FL	2 (D/E)				S2 S20	33	2057	三聚丙烯
LGBF		FL	3 (D/E)	V12			S2	30	2057	三聚丙烯
LGBF		FL	2 (D/E)				S2 S20	33	2058	戊醛
L4BN		FL	1 (B)				S2 S14	33	2059	硝化纤维素溶液,易燃的,按干重含氮不超过12.6%,且含硝化纤维素不超过55%
L1.5BN		FL	2 (B)				S2 S14	33	2059	硝化纤维素溶液,易燃的,按干重含氮不超过12.6%,且含硝化纤维素不超过55%(50℃时蒸气压大于110kPa)

联合国编号	名称和描述	类别	分类代码	包装类别	标志	特殊规定	有限和例外数量		容器			可移动罐柜和散装容器	
									包装指南	特殊包装规定	混合包装规定	指南	特殊规定
	3.1.2	2.2	2.2	2.1.1.3	5.2.2	3.3	3.4	3.5.1.2	4.1.4	4.1.4	4.1.10	4.2.5.2	4.2.5.3
(1)	(2)	(3a)	(3b)	(4)	(5)	(6)	(7a)	(7b)	(8)	(9a)	(9b)	(10)	(11)
2059	硝化纤维素溶液,易燃的,按干重含氮不超过12.6%,且含硝化纤维素不超过55%(50℃时蒸气压不大于110kPa)	3	D	Ⅱ	3	198 531 640D	1L	E0	P001 IBC02 R001		MP19	T4	TP1 TP8
2059	硝化纤维素溶液,易燃的,按干重含氮不超过12.6%,且含硝化纤维素不超过55%	3	D	Ⅲ	3	198 531	5L	E0	P001 IBC03 LP01 R001		MP19	T2	TP1
2067	硝酸铵基化肥	5.1	O2	Ⅲ	5.1	186 306 307	5kg	E1	P002 IBC08 LP02 R001	B3	MP10	T1 BK1 BK2	TP33
2071	硝酸铵基化肥,含有不超过70%的硝酸铵和不超过0.4%碳或不超过45%硝酸铵和不受限制的可燃材料的总可燃/有机材料	9	M11				不受ADR限制						
2073	氨溶液,15℃时相对密度低于0.880,含氨量超过35%,但不超过50%	2	4A		2.2	532	120ml	E0	P200		MP9	(M)	
2074	丙烯酰胺,固体的	6.1	T2	Ⅲ	6.1		5kg	E1	P002 IBC08 LP02 R001	B3	MP10	T1	TP33
2075	氯醛,无水的,稳定的	6.1	T1	Ⅱ	6.1		100ml	E4	P001 IBC02		MP15	T7	TP2
2076	甲酚类,液体的	6.1	TC1	Ⅱ	6.1+8		100ml	E4	P001 IBC02		MP15	T7	TP2
2077	α-萘胺	6.1	T2	Ⅲ	6.1		5kg	E1	P002 IBC08 LP02 R001	B3	MP10	T1	TP33

ADR 罐体		运输罐体车辆	运输类别（隧道限制代码）	运输特殊规定				危险性识别号	联合国编号	名称和描述
罐体代码	特殊规定			包件	散装	装卸和操作	作业			
4.3	4.3.5,6.8.4	9.1.1.2	1.1.3.6	7.2.4	7.3.3	7.5.11	8.5	5.3.2.3	3.1.2	
(12)	(13)	(14)	(15)	(16)	(17)	(18)	(19)	(20)	(1)	(2)
LGBF		FL	2 (B)				S2 S14	33	2059	硝化纤维素溶液,易燃的,按干重含氮不超过12.6%,且含硝化纤维素不超过55%(50℃时蒸气压不大于110kPa)
LGBF		FL	3 (B)	V12			S2 S14	30	2059	硝化纤维素溶液,易燃的,按干重含氮不超过12.6%,且含硝化纤维素不超过55%
SGAV	TU3	AT	3 (E)		VC1 VC2 AP6 AP7	CV24	S23	50	2067	硝酸铵基化肥
不受ADR限制									2071	硝酸铵基化肥,含有不超过70%的硝酸铵和不超过0.4%碳或不超过45%硝酸铵和不受限制的可燃材料的总可燃/有机材料
PxBN(M)	TA4 TT9	AT	3 (E)			CV9 CV10		20	2073	氨溶液,15℃时相对密度低于0.880,含氨量超过35%,但不超过50%
SGAH L4BH	TU15 TE19	AT	2 (E)		VC1 VC2 AP7	CV13 CV28	S9	60	2074	丙烯酰胺,固体的
L4BH	TU15 TE19	AT	2 (D/E)			CV13 CV28	S9 S19	69	2075	氯醛,无水的,稳定的
L4BH	TU15 TE19	AT	2 (D/E)			CV13 CV28	S9 S19	68	2076	甲酚类,液体的
SGAH L4BH	TU15 TE19	AT	2 (E)		VC1 VC2 AP7	CV13 CV28	S9	60	2077	α-萘胺

联合国编号	名称和描述	类别	分类代码	包装类别	标志	特殊规定	有限和例外数量		容器			可移动罐柜和散装容器	
									包装指南	特殊包装规定	混合包装规定	指南	特殊规定
		3.1.2	2.2	2.2	2.1.1.3	5.2.2	3.3	3.4	3.5.1.2	4.1.4	4.1.4	4.1.10	4.2.5.2	4.2.5.3
(1)	(2)	(3a)	(3b)	(4)	(5)	(6)	(7a)	(7b)	(8)	(9a)	(9b)	(10)	(11)
2078	甲苯二异氰酸酯	6.1	T1	Ⅱ	6.1	279	100ml	E4	P001 IBC02		MP15	T7	TP2
2079	二亚乙基三胺	8	C7	Ⅱ	8		1L	E2	P001 IBC02		MP15	T7	TP2
2186	氯化氢,冷冻液体	2	3TC		禁运								
2187	二氧化碳,冷冻液体	2	3A		2.2		120ml	E1	P203		MP9	T75	TP5
2188	胂	2	2TF		2.3 +2.1		0	E0	P200		MP9		
2189	二氯硅烷	2	2TFC		2.3 +2.1 +8		0	E0	P200		MP9	(M)	
2190	二氟化氧,压缩的	2	1TOC		2.3 +5.1 +8		0	E0	P200		MP9		
2191	硫酰氟	2	2T		2.3		0	E0	P200		MP9		
2192	锗烷	2	2TF		2.3 +2.1	632	0	E0	P200		MP9	(M)	
2193	六氟乙烷(制冷气体R116)	2	2A		2.2	662	120ml	E1	P200		MP9	(M)	
2194	六氟化硒	2	2TC		2.3 +8		0	E0	P200		MP9		
2195	六氟化碲	2	2TC		2.3 +8		0	E0	P200		MP9		
2196	六氟化钨	2	2TC		2.3 +8		0	E0	P200		MP9		
2197	碘化氢,无水的	2	2TC		2.3 +8		0	E0	P200		MP9	(M)	
2198	五氟化磷	2	2TC		2.3 +8		0	E0	P200		MP9		

ADR 罐体		运输罐体车辆	运输类别（隧道限制代码）	运输特殊规定				危险性识别号	联合国编号	名称和描述
罐体代码	特殊规定			包件	散装	装卸和操作	作业			
4.3	4.3.5,6.8.4	9.1.1.2	1.1.3.6	7.2.4	7.3.3	7.5.11	8.5	5.3.2.3		3.1.2
(12)	(13)	(14)	(15)	(16)	(17)	(18)	(19)	(20)	(1)	(2)
L4BH	TU15 TE19	AT	2 (D/E)			CV13 CV28	S9 S19	60	2078	甲苯二异氰酸酯
L4BN		AT	2 (E)					80	2079	二亚乙基三胺
禁运									2186	氯化氢,冷冻液体
RxBN	TU19 TA4 TT9	AT	3 (C/E)	V5		CV9 CV11 CV36	S20	22	2187	二氧化碳,冷冻液体
			1 (D)			CV9 CV10 CV36	S2 S14		2188	胂
PxBH(M)	TA4 TT9	FL	1 (B/D)			CV9 CV10 CV36	S2 S14	263	2189	二氯硅烷
			1 (D)			CV9 CV10 CV36	S14		2190	二氟化氧,压缩的
PxBH(M)	TA4 TT9	AT	1 (C/D)			CV9 CV10 CV36	S14	26	2191	硫酰氟
		FL	1 (B/D)			CV9 CV10 CV36	S2 S14	263	2192	锗烷
PxBN(M)	TA4 TT9	AT	3 (C/E)			CV9 CV10 CV36		20	2193	六氟乙烷(制冷气体 R116)
			1 (D)			CV9 CV10 CV36	S14		2194	六氟化硒
			1 (D)			CV9 CV10 CV36	S14		2195	六氟化碲
			1 (D)			CV9 CV10 CV36	S14		2196	六氟化钨
PxBH(M)	TA4 TT9	AT	1 (C/D)			CV9 CV10 CV36	S14	268	2197	碘化氢,无水的
			1 (D)			CV9 CV10 CV36	S14		2198	五氟化磷

联合国编号	名称和描述	类别	分类代码	包装类别	标志	特殊规定	有限和例外数量		容器			可移动罐柜和散装容器	
									包装指南	特殊包装规定	混合包装规定	指南	特殊规定
	3.1.2	2.2	2.2	2.1.1.3	5.2.2	3.3	3.4	3.5.1.2	4.1.4	4.1.4	4.1.10	4.2.5.2	4.2.5.3
(1)	(2)	(3a)	(3b)	(4)	(5)	(6)	(7a)	(7b)	(8)	(9a)	(9b)	(10)	(11)
2199	磷化氢	2	2TF		2.3+2.1	632	0	E0	P200			MP9		
2200	丙二烯,稳定的	2	2F		2.1	662	0	E0	P200			MP9	(M)	
2201	一氧化二亚氮,冷冻液体	2	3O		2.2+5.1		0	E0	P203			MP9	T75	TP5 TP22
2202	硒化氢,无水的	2	2TF		2.3+2.1		0	E0	P200			MP9		
2203	硅烷	2	2F		2.1	632 662	0	E0	P200			MP9	(M)	
2204	硫化碳酰	2	2TF		2.3+2.1		0	E0	P200			MP9	(M)	
2205	己二腈	6.1	T1	Ⅲ	6.1		5L	E1	P001 IBC03 LP01 R001			MP19	T3	TP1
2206	异氰酸酯类,有毒的,未另作规定的或异氰酸酯溶液,有毒的,未另作规定的	6.1	T1	Ⅱ	6.1	274 551	100ml	E4	P001 IBC02			MP15	T11	TP2 TP27
2206	异氰酸酯类,有毒的,未另作规定的或异氰酸酯溶液,有毒的,未另作规定的	6.1	T1	Ⅲ	6.1	274 551	5L	E1	P001 IBC03 LP01 R001			MP19	T7	TP1 TP28
2208	次氯酸钙混合物,干的,含有效氯大于10%但不超过39%	5.1	O2	Ⅲ	5.1	314	5kg	E1	P002 IBC08 LP02 R001	B3 B13 L3		MP10		
2209	甲醛溶液,含甲醛不少于25%	8	C9	Ⅲ	8	533	5L	E1	P001 IBC03 LP01 R001			MP19	T4	TP1
2210	代森锰或代森锰制品,代森锰含量不低于60%	4.2	SW	Ⅲ	4.2+4.3	273	0	E1	P002 IBC06 R001			MP14	T1	TP33

ADR 罐体		运输罐体车辆	运输类别（隧道限制代码）	运输特殊规定			作业	危险性识别号	联合国编号	名称和描述
罐体代码	特殊规定			包件	散装	装卸和操作				
4.3	4.3.5,6.8.4	9.1.1.2	1.1.3.6	7.2.4	7.3.3	7.5.11	8.5	5.3.2.3	3.1.2	
(12)	(13)	(14)	(15)	(16)	(17)	(18)	(19)	(20)	(1)	(2)
			1(D)			CV9 CV10 CV36	S2 S14		2199	磷化氢
PxBN(M)	TA4 TT9	FL	2(B/D)			CV9 CV10 CV36	S2 S20	239	2200	丙二烯,稳定的
RxBN	TU7 TU19 TA4 TT9	AT	3(C/E)	V5		CV9 CV11 CV36	S20	225	2201	一氧化二亚氮,冷冻液体
			1(D)			CV9 CV10 CV36	S2 S14		2202	硒化氢,无水的
PxBN(M)	TA4 TT9	FL	2(B/D)			CV9 CV10 CV36	S2 S20	23	2203	硅烷
PxBH(M)	TA4 TT9	FL	1(B/D)			CV9 CV10 CV36	S2 S14	263	2204	硫化碳酰
L4BH	TU15 TE19	AT	2(E)	V12		CV13 CV28	S9	60	2205	己二腈
L4BH	TU15 TE19	AT	2(D/E)			CV13 CV28	S9 S19	60	2206	异氰酸酯类,有毒的,未另作规定的或异氰酸酯溶液,有毒的,未另作规定的
L4BH	TU15 TE19	AT	2(E)	V12		CV13 CV28	S9	60	2206	异氰酸酯类,有毒的,未另作规定的或异氰酸酯溶液,有毒的,未另作规定的
SGAN	TU3	AT	3(E)			CV24 CV35		50	2208	次氯酸钙混合物,干的,含有效氯大于10%但不超过39%
L4BN		AT	3(E)	V12				80	2209	甲醛溶液,含甲醛不少于25%
SGAN		AT	3(E)	V1	VC1 VC2 AP1			40	2210	代森锰或代森锰制品,代森锰含量不低于60%

联合国编号	名称和描述	类别	分类代码	包装类别	标志	特殊规定	有限和例外数量		容器			可移动罐柜和散装容器	
									包装指南	特殊包装规定	混合包装规定	指南	特殊规定
		3.1.2	2.2	2.2	2.1.1.3	5.2.2	3.3	3.4	3.5.1.2	4.1.4	4.1.4	4.1.10	4.2.5.2	4.2.5.3
(1)	(2)	(3a)	(3b)	(4)	(5)	(6)	(7a)	(7b)	(8)	(9a)	(9b)	(10)	(11)
2211	聚苯乙烯珠体,可膨胀的,会放出易燃蒸气	9	M3	Ⅲ	None	207 633	5kg	E1	P002 IBC08 R001	PP14 B3 B6	MP10	T1	TP33
2212	蓝石棉(青石棉)或棕石棉(铁石棉)	9	M1	Ⅱ	9	168 274	1kg	E0	P002 IBC08	PP37 B4	MP10	T3	TP33
2213	仲甲醛	4.1	F1	Ⅲ	4.1		5kg	E1	P002 IBC08 LP02 R001	PP12 B3	MP10	T1 BK1 BK2	TP33
2214	邻苯二甲酸酐,含超过0.05%的马来酐	8	C4	Ⅲ	8	169	5kg	E1	P002 IBC08 LP02 R001	B3	MP10	T1	TP33
2215	马来酐	8	C3	Ⅲ	8		0	E0				T4	TP3
2215	马来酐,熔融的	8	C4	Ⅲ	8		5kg	E1	P002 IBC08 R001	B3	MP10	T1	TP33
2216	鱼粉(鱼渣),稳定的,经抗氧剂处理的,按质量水分含量大于5%,但不超过12%,按质量脂肪含量不超过15%	9	M11				不受ADR限制						
2217	种子饼,含油不超过1.5%,且水份含量不超过11%	4.2	S2	Ⅲ	4.2	142	0	E0	P002 IBC08 LP02 R001	PP20 B3 B6	MP14		
2218	丙烯酸,稳定的	8	CF1	Ⅱ	8 +3		1L	E2	P001 IBC02		MP15	T7	TP2
2219	烯丙基缩水甘油醚	3	F1	Ⅲ	3		5L	E1	P001 IBC03 LP01 R001		MP19	T2	TP1
2222	茴香醚	3	F1	Ⅲ	3		5L	E1	P001 IBC03 LP01 R001		MP19	T2	TP1
2224	苄腈	6.1	T1	Ⅱ	6.1		100ml	E4	P001 IBC02		MP15	T7	TP2

ADR 罐体		运输罐体车辆	运输类别（隧道限制代码）	运输特殊规定				危险性识别号	联合国编号	名称和描述
罐体代码	特殊规定			包件	散装	装卸和操作	作业			
4.3	4.3.5,6.8.4	9.1.1.2	1.1.3.6	7.2.4	7.3.3	7.5.11	8.5	5.3.2.3		3.1.2
(12)	(13)	(14)	(15)	(16)	(17)	(18)	(19)	(20)	(1)	(2)
SGAN	TE20	AT	3 (D/E)		VC1 VC2 AP2			90	2211	聚苯乙烯珠体,可膨胀的,会放出易燃蒸气
SGAH	TU15	AT	2 (E)	V11		CV1 CV13 CV28	S19	90	2212	蓝石棉（青石棉）或棕石棉（铁石棉）
SGAV		AT	3 (E)	V13	VC1 VC2			40	2213	仲甲醛
SGAV L4BN		AT	3 (E)		VC1 VC2 AP7			80	2214	邻苯二甲酸酐,含超过0.05%的马来酐
L4BN		AT	0 (E)					80	2215	马来酐
SGAV		AT	3 (E)		VC1 VC2 AP7			80	2215	马来酐,熔融的
不受ADR限制									2216	鱼粉（鱼渣），稳定的，经抗氧剂处理的，按质量水分含量大于5%，但不超过12%，按质量脂肪含量不超过15%
			3 (E)	V1	VC1 VC2 AP1			40	2217	种子饼,含油不超过1.5%,且水份含量不超过11%
L4BN		FL	2 (D/E)				S2	839	2218	丙烯酸,稳定的
LGBF		FL	3 (D/E)	V12			S2	30	2219	烯丙基缩水甘油醚
LGBF		FL	3 (D/E)	V12			S2	30	2222	茴香醚
L4BH	TU15 TE19	AT	2 (D/E)			CV13 CV28	S9 S19	60	2224	苄腈

联合国编号	名称和描述	类别	分类代码	包装类别	标志	特殊规定	有限和例外数量		容器			可移动罐柜和散装容器	
									包装指南	特殊包装规定	混合包装规定	指南	特殊规定
		3.1.2	2.2	2.2	2.1.1.3	5.2.2	3.3	3.4	3.5.1.2	4.1.4	4.1.4	4.1.10	4.2.5.2	4.2.5.3
(1)	(2)	(3a)	(3b)	(4)	(5)	(6)	(7a)	(7b)	(8)	(9a)	(9b)	(10)	(11)
2225	苯磺酰氯	8	C3	Ⅲ	8		5L	E1	P001 IBC03 LP01 R001		MP19	T4	TP1
2226	三氯甲苯	8	C9	Ⅱ	8		1L	E2	P001 IBC02		MP15	T7	TP2
2227	甲基丙烯酸正丁酯,稳定的	3	F1	Ⅲ	3		5L	E1	P001 IBC03 LP01 R001		MP19	T2	TP1
2232	2-氯乙醛	6.1	T1	Ⅰ	6.1	354	0	E0	P602		MP8 MP17	T20	TP2 TP37
2233	氯代茴香胺类	6.1	T2	Ⅲ	6.1		5kg	E1	P002 IBC08 LP02 R001	B3	MP10	T1	TP33
2234	三氟甲基氯苯类	3	F1	Ⅲ	3		5L	E1	P001 IBC03 LP01 R001		MP19	T2	TP1
2235	氯苯甲基氯,液体的	6.1	T1	Ⅲ	6.1		5L	E1	P001 IBC03 LP01 R001		MP19	T4	TP1
2236	异氰酸-3-氯-4-甲基苯酯,液体的	6.1	T1	Ⅱ	6.1		100ml	E4	P001 IBC02		MP15		
2237	氯硝基苯胺类	6.1	T2	Ⅲ	6.1		5kg	E1	P002 IBC08 LP02 R001	B3	MP10	T1	TP33
2238	氯甲苯类	3	F1	Ⅲ	3		5L	E1	P001 IBC03 LP01 R001		MP19	T2	TP1
2239	氯甲苯胺类,固体的	6.1	T2	Ⅲ	6.1		5kg	E1	P002 IBC08 LP02 R001	B3	MP10	T1	TP33
2240	铬硫酸	8	C1	Ⅰ	8		0	E0	P001		MP8 MP17	T10	TP2

ADR 罐体		运输罐体车辆	运输类别（隧道限制代码）	运输特殊规定				危险性识别号	联合国编号	名称和描述
罐体代码	特殊规定			包件	散装	装卸和操作	作业			
4.3	4.3.5,6.8.4	9.1.1.2	1.1.3.6	7.2.4	7.3.3	7.5.11	8.5	5.3.2.3		3.1.2
(12)	(13)	(14)	(15)	(16)	(17)	(18)	(19)	(20)	(1)	(2)
L4BN		AT	3 (E)	V12				80	2225	苯磺酰氯
L4BN		AT	2 (E)					80	2226	三氯甲苯
LGBF		FL	3 (D/E)	V12			S2	39	2227	甲基丙烯酸正丁酯,稳定的
L10CH	TU14 TU15 TE19 TE21	AT	1 (C/D)			CV1 CV13 CV28	S9 S14	66	2232	2-氯乙醛
SGAH L4BH	TU15 TE19	AT	2 (E)	VC1 VC2 AP7		CV13 CV28	S9	60	2233	氯代茴香胺类
LGBF		FL	3 (D/E)	V12			S2	30	2234	三氟甲基氯苯类
L4BH	TU15 TE19	AT	2 (E)	V12		CV13 CV28	S9	60	2235	氯苯甲基氯,液体的
L4BH	TU15 TE19	AT	2 (D/E)			CV13 CV28	S9 S19	60	2236	异氰酸-3-氯-4-甲基苯酯,液体的
SGAH L4BH	TU15 TE19	AT	2 (E)	VC1 VC2 AP7		CV13 CV28	S9	60	2237	氯硝基苯胺类
LGBF		FL	3 (D/E)	V12			S2	30	2238	氯甲苯类
SGAH L4BH	TU15 TE19	AT	2 (E)	VC1 VC2 AP7		CV13 CV28	S9	60	2239	氯甲苯胺类,固体的
L10BH		AT	1 (E)				S20	88	2240	铬硫酸

联合国编号	名称和描述	类别	分类代码	包装类别	标志	特殊规定	有限和例外数量		容器			可移动罐柜和散装容器	
									包装指南	特殊包装规定	混合包装规定	指南	特殊规定
		3.1.2	2.2	2.2	2.1.1.3	5.2.2	3.3	3.4	3.5.1.2	4.1.4	4.1.4	4.1.10	4.2.5.2	4.2.5.3
(1)	(2)	(3a)	(3b)	(4)	(5)	(6)	(7a)	(7b)	(8)	(9a)	(9b)	(10)	(11)
2241	环庚烷	3	F1	Ⅱ	3		1L	E2	P001 IBC02 R001		MP19	T4	TP1
2242	环庚烯	3	F1	Ⅱ	3		1L	E2	P001 IBC02 R001		MP19	T4	TP1
2243	乙酸环己酯	3	F1	Ⅲ	3		5L	E1	P001 IBC03 LP01 R001		MP19	T2	TP1
2244	环戊醇	3	F1	Ⅲ	3		5L	E1	P001 IBC03 LP01 R001		MP19	T2	TP1
2245	环戊酮	3	F1	Ⅲ	3		5L	E1	P001 IBC03 LP01 R001		MP19	T2	TP1
2246	环戊烯	3	F1	Ⅱ	3		1L	E2	P001 IBC02	B8	MP19	T7	TP2
2247	正癸烷	3	F1	Ⅲ	3		5L	E1	P001 IBC03 LP01 R001		MP19	T2	TP1
2248	二正丁胺	8	CF1	Ⅱ	8 +3		1L	E2	P001 IBC02		MP15	T7	TP2
2249	二氯二甲醚,对称的	6.1	TF1				禁运						
2250	异氰酸二氯苯酯类	6.1	T2	Ⅱ	6.1		500g	E4	P002 IBC08	B4	MP10	T3	TP33
2251	二环[2,2,1]庚-2,5-二烯,稳定的(2,5-降冰片二烯,稳定的)	3	F1	Ⅱ	3		1L	E2	P001 IBC02 R001		MP19	T7	TP2
2252	1,2-二甲氧基乙烷	3	F1	Ⅱ	3		1L	E2	P001 IBC02 R001		MP19	T4	TP1
2253	N,N-二甲基苯胺	6.1	T1	Ⅱ	6.1		100ml	E4	P001 IBC02		MP15	T7	TP2
2254	火柴,耐风的	4.1	F1	Ⅲ	4.1	293	5kg	E0	P407 R001		MP11		

ADR 罐体		运输罐体车辆	运输类别（隧道限制代码）	运输特殊规定				危险性识别号	联合国编号	名称和描述
罐体代码	特殊规定			包件	散装	装卸和操作	作业			
4.3	4.3.5,6.8.4	9.1.1.2	1.1.3.6	7.2.4	7.3.3	7.5.11	8.5	5.3.2.3		3.1.2
(12)	(13)	(14)	(15)	(16)	(17)	(18)	(19)	(20)	(1)	(2)
LGBF		FL	2 (D/E)				S2 S20	33	2241	环庚烷
LGBF		FL	2 (D/E)				S2 S20	33	2242	环庚烯
LGBF		FL	3 (D/E)	V12			S2	30	2243	乙酸环己酯
LGBF		FL	3 (D/E)	V12			S2	30	2244	环戊醇
LGBF		FL	3 (D/E)	V12			S2	30	2245	环戊酮
L1.5BN		FL	2 (D/E)				S2 S20	33	2246	环戊烯
LGBF		FL	3 (D/E)	V12			S2	30	2247	正癸烷
L4BN		FL	2 (D/E)				S2	83	2248	二正丁胺
禁运									2249	二氯二甲醚，对称的
SGAH L4BH	TU15 TE19	AT	2 (D/E)	V11		CV13 CV28	S9 S19	60	2250	异氰酸二氯苯酯类
LGBF		FL	2 (D/E)				S2 S20	339	2251	二环[2,2,1]庚-2,5-二烯，稳定的(2,5-降冰片二烯，稳定的)
LGBF		FL	2 (D/E)				S2 S20	33	2252	1,2-二甲氧基乙烷
L4BH	TU15 TE19	AT	2 (D/E)			CV13 CV28	S9 S19	60	2253	N,N-二甲基苯胺
			4 (E)						2254	火柴，耐风的

联合国编号	名称和描述	类别	分类代码	包装类别	标志	特殊规定	有限和例外数量		容器			可移动罐柜和散装容器	
									包装指南	特殊包装规定	混合包装规定	指南	特殊规定
		3.1.2	2.2	2.2	2.1.1.3	5.2.2	3.3	3.4	3.5.1.2	4.1.4	4.1.4	4.1.10	4.2.5.2	4.2.5.3
(1)	(2)	(3a)	(3b)	(4)	(5)	(6)	(7a)	(7b)	(8)	(9a)	(9b)	(10)	(11)
2256	环己烯	3	F1	Ⅱ	3		1L	E2	P001 IBC02 R001		MP19	T4	TP1
2257	钾	4.3	W2	Ⅰ	4.3		0	E0	P403 IBC04		MP2	T9	TP7 TP33
2258	1,2-二氨基丙烷	8	CF1	Ⅱ	8+3		1L	E2	P001 IBC02		MP15	T7	TP2
2259	三亚乙基四胺	8	C7	Ⅱ	8		1L	E2	P001 IBC02		MP15	T7	TP2
2260	三丙胺	3	FC	Ⅲ	3+8		5L	E1	P001 IBC03 R001		MP19	T4	TP1
2261	二甲基苯酚类,固体的	6.1	T2	Ⅱ	6.1		500g	E4	P002 IBC08	B4	MP10	T3	TP33
2262	二甲基氨基甲酰氯	8	C3	Ⅱ	8		1L	E2	P001 IBC02		MP15	T7	TP2
2263	二甲基环己烷类	3	F1	Ⅱ	3		1L	E2	P001 IBC02 R001		MP19	T4	TP1
2264	N,N-二甲基环己胺	8	CF1	Ⅱ	8+3		1L	E2	P001 IBC02		MP15	T7	TP2
2265	N,N-二甲基甲酰胺	3	F1	Ⅲ	3		5L	E1	P001 IBC03 LP01 R001		MP19	T2	TP2
2266	二甲基-N-丙胺	3	FC	Ⅱ	3+8		1L	E2	P001 IBC02		MP19	T7	TP2
2267	二甲基硫代磷酰氯	6.1	TC1	Ⅱ	6.1+8		100ml	E4	P001 IBC02		MP15	T7	TP2
2269	3,3′-亚氨基二丙胺	8	C7	Ⅲ	8		5L	E1	P001 IBC03 LP01 R001		MP19	T4	TP2
2270	乙胺,水溶液,含有不低于50%但不超过70%乙胺	3	FC	Ⅱ	3+8		1L	E2	P001 IBC02		MP19	T7	TP1
2271	乙基戊基酮类(乙戊酮)	3	F1	Ⅲ	3		5L	E1	P001 IBC03 LP01 R001		MP19	T2	TP1

ADR 罐体		运输罐体车辆	运输类别(隧道限制代码)	运输特殊规定				危险性识别号	联合国编号	名称和描述
罐体代码	特殊规定			包件	散装	装卸和操作	作业			
4.3	4.3.5,6.8.4	9.1.1.2	1.1.3.6	7.2.4	7.3.3	7.5.11	8.5	5.3.2.3		3.1.2
(12)	(13)	(14)	(15)	(16)	(17)	(18)	(19)	(20)	(1)	(2)
LGBF		FL	2(D/E)				S2 S20	33	2256	环己烯
L10BN(+)	TU1 TE5 TT3 TM2	AT	1(B/E)	V1		CV23	S20	X423	2257	钾
L4BN		FL	2(D/E)				S2	83	2258	1,2-二氨基丙烷
L4BN		AT	2(E)					80	2259	三亚乙基四胺
L4BN		FL	3(D/E)	V12			S2	38	2260	三丙胺
SGAH L4BH	TU15 TE19	AT	2(D/E)	V11		CV13 CV28	S9 S19	60	2261	二甲基苯酚类,固体的
L4BN		AT	2(E)					80	2262	二甲基氨基甲酰氯
LGBF		FL	2(D/E)				S2 S20	33	2263	二甲基环己烷类
L4BN		FL	2(D/E)				S2	83	2264	N,N-二甲基环己胺
LGBF		FL	3(D/E)	V12			S2	30	2265	N,N-二甲基甲酰胺
L4BH		FL	2(D/E)				S2 S20	338	2266	二甲基-N-丙胺
L4BH	TU15 TE19	AT	2(D/E)			CV13 CV28	S9 S19	68	2267	二甲基硫代磷酰氯
L4BN		AT	3(E)	V12				80	2269	3,3'-亚氨基二丙胺
L4BH		FL	2(D/E)				S2 S20	338	2270	乙胺,水溶液,含有不低于50%但不超过70%乙胺
LGBF		FL	3(D/E)	V12			S2	30	2271	乙基戊基酮类(乙戊酮)

联合国编号	名称和描述	类别	分类代码	包装类别	标志	特殊规定	有限和例外数量		容器			可移动罐柜和散装容器	
									包装指南	特殊包装规定	混合包装规定	指南	特殊规定
		3.1.2	2.2	2.2	2.1.1.3	5.2.2	3.3	3.4	3.5.1.2	4.1.4	4.1.4	4.1.10	4.2.5.2	4.2.5.3
(1)	(2)	(3a)	(3b)	(4)	(5)	(6)	(7a)	(7b)	(8)	(9a)	(9b)	(10)	(11)
2272	N-乙基苯胺	6.1	T1	Ⅲ	6.1		5L	E1	P001 IBC03 LP01 R001		MP19	T4	TP1
2273	乙基苯胺	6.1	T1	Ⅲ	6.1		5L	E1	P001 IBC03 LP01 R001		MP19	T4	TP1
2274	N-乙基-N-苄基苯胺	6.1	T1	Ⅲ	6.1		5L	E1	P001 IBC03 LP01 R001		MP19	T4	TP1
2275	2-乙基丁醇	3	F1	Ⅲ	3		5L	E1	P001 IBC03 LP01 R001		MP19	T2	TP1
2276	2-乙基己胺	3	FC	Ⅲ	3+8		5L	E1	P001 IBC03 R001		MP19	T4	TP1
2277	甲基丙烯酸乙酯,稳定的	3	F1	Ⅱ	3		1L	E2	P001 IBC02 R001		MP19	T4	TP1
2278	正庚烯	3	F1	Ⅱ	3		1L	E2	P001 IBC02 R001		MP19	T4	TP1
2279	六氯丁二烯	6.1	T1	Ⅲ	6.1		5L	E1	P001 IBC03 LP01 R001		MP19	T4	TP1
2280	六亚甲基二胺,固体的	8	C8	Ⅲ	8		5kg	E1	P002 IBC08 LP02 R001	B3	MP10	T1	TP33
2281	1,6-己二异氰酸酯	6.1	T1	Ⅱ	6.1		100ml	E4	P001 IBC02		MP15	T7	TP2
2282	己醇类	3	F1	Ⅲ	3		5L	E1	P001 IBC03 LP01 R001		MP19	T2	TP1
2283	甲基丙烯酸异丁酯,稳定的	3	F1	Ⅲ	3		5L	E1	P001 IBC03 LP01 R001		MP19	T2	TP1

ADR 罐体		运输罐体车辆	运输类别（隧道限制代码）	运输特殊规定				危险性识别号	联合国编号	名称和描述
罐体代码	特殊规定			包件	散装	装卸和操作	作业			
4.3	4.3.5,6.8.4	9.1.1.2	1.1.3.6	7.2.4	7.3.3	7.5.11	8.5	5.3.2.3		3.1.2
(12)	(13)	(14)	(15)	(16)	(17)	(18)	(19)	(20)	(1)	(2)
L4BH	TU15 TE19	AT	2 (E)	V12		CV13 CV28	S9	60	2272	**N-乙基苯胺**
L4BH	TU15 TE19	AT	2 (E)	V12		CV13 CV28	S9	60	2273	**乙基苯胺**
L4BH	TU15 TE19	AT	2 (E)	V12		CV13 CV28	S9	60	2274	**N-乙基-N-苄基苯胺**
LGBF		FL	3 (D/E)	V12			S2	30	2275	**2-乙基丁醇**
L4BN		FL	3 (D/E)	V12			S2	38	2276	**2-乙基己胺**
LGBF		FL	2 (D/E)				S2 S20	339	2277	**甲基丙烯酸乙酯,稳定的**
LGBF		FL	2 (D/E)				S2 S20	33	2278	**正庚烯**
L4BH	TU15 TE19	AT	2 (E)	V12		CV13 CV28	S9	60	2279	**六氯丁二烯**
SGAV L4BN		AT	3 (E)	VC1 VC2 AP7				80	2280	**六亚甲基二胺,固体的**
L4BH	TU15 TE19	AT	2 (D/E)			CV13 CV28	S9 S19	60	2281	**1,6-己二异氰酸酯**
LGBF		FL	3 (D/E)	V12			S2	30	2282	**己醇类**
LGBF		FL	3 (D/E)	V12			S2	39	2283	**甲基丙烯酸异丁酯,稳定的**

联合国编号	名称和描述	类别	分类代码	包装类别	标志	特殊规定	有限和例外数量		容器			可移动罐柜和散装容器	
									包装指南	特殊包装规定	混合包装规定	指南	特殊规定
		3.1.2	2.2	2.2	2.1.1.3	5.2.2	3.3	3.4	3.5.1.2	4.1.4	4.1.4	4.1.10	4.2.5.2	4.2.5.3
(1)	(2)	(3a)	(3b)	(4)	(5)	(6)	(7a)	(7b)	(8)	(9a)	(9b)	(10)	(11)
2284	异丁腈	3	FT1	Ⅱ	3+6.1		1L	E2	P001 IBC02		MP19	T7	TP2
2285	异氰酸三氟甲基苯酯类	6.1	TF1	Ⅱ	6.1+3		100ml	E4	P001 IBC02		MP15	T7	TP2
2286	五甲基庚烷	3	F1	Ⅲ	3		5L	E1	P001 IBC03 LP01 R001		MP19	T2	TP1
2287	异庚烯类	3	F1	Ⅱ	3		1L	E2	P001 IBC02 R001		MP19	T4	TP1
2288	异己烯类	3	F1	Ⅱ	3		1L	E2	P001 IBC02 R001	B8	MP19	T11	TP1
2289	异佛尔酮二胺	8	C7	Ⅲ	8		5L	E1	P001 IBC03 LP01 R001		MP19	T4	TP1
2290	二异氰酸异佛尔酮酯	6.1	T1	Ⅲ	6.1		5L	E1	P001 IBC03 LP01 R001		MP19	T4	TP2
2291	铅化合物,可溶的,未另作规定的	6.1	T5	Ⅲ	6.1	199 274 535	5kg	E1	P002 IBC08 LP02 R001	B3	MP10	T1	TP33
2293	4-甲氧基-4-甲基-2-戊酮	3	F1	Ⅲ	3		5L	E1	P001 IBC03 LP01 R001		MP19	T2	TP1
2294	N-甲基苯胺	6.1	T1	Ⅲ	6.1		5L	E1	P001 IBC03 LP01 R001		MP19	T4	TP1
2295	氯乙酸甲酯	6.1	TF1	Ⅰ	6.1+3		0	E0	P001		MP8 MP17	T14	TP2
2296	甲基环己烷	3	F1	Ⅱ	3		1L	E2	P001 IBC02 R001		MP19	T4	TP1
2297	甲基环己酮	3	F1	Ⅲ	3		5L	E1	P001 IBC03 LP01 R001		MP19	T2	TP1

ADR 罐体		运输罐体车辆	运输类别(隧道限制代码)	运输特殊规定				危险性识别号	联合国编号	名称和描述
罐体代码	特殊规定			包件	散装	装卸和操作	作业			
4.3	4.3.5,6.8.4	9.1.1.2	1.1.3.6	7.2.4	7.3.3	7.5.11	8.5	5.3.2.3		3.1.2
(12)	(13)	(14)	(15)	(16)	(17)	(18)	(19)	(20)	(1)	(2)
L4BH	TU15	FL	2(D/E)			CV13 CV28	S2 S19	336	2284	异丁腈
L4BH	TU15 TE19	FL	2(D/E)			CV13 CV28	S2 S9 S19	63	2285	异氰酸三氟甲基苯酯类
LGBF		FL	3(D/E)	V12			S2	30	2286	五甲基庚烷
LGBF		FL	2(D/E)				S2 S20	33	2287	异庚烯类
LGBF		FL	2(D/E)				S2 S20	33	2288	异己烯类
L4BN		AT	3(E)	V12				80	2289	异佛尔酮二胺
L4BH	TU15 TE19	AT	2(E)	V12		CV13 CV28	S9	60	2290	二异氰酸异佛尔酮酯
SGAH L4BH	TU15 TE19	AT	2(E)	VC1 VC2 AP7		CV13 CV28	S9	60	2291	铅化合物,可溶的,未另作规定的
LGBF		FL	3(D/E)	V12			S2	30	2293	4-甲氧基-4-甲基-2-戊酮
L4BH	TU15 TE19	AT	2(E)	V12		CV13 CV28	S9	60	2294	N-甲基苯胺
L10CH	TU14 TU15 TE19 TE21	FL	1(C/D)			CV1 CV13 CV28	S2 S9 S14	663	2295	氯乙酸甲酯
LGBF		FL	2(D/E)				S2 S20	33	2296	甲基环己烷
LGBF		FL	3(D/E)	V12			S2	30	2297	甲基环己酮

联合国编号	名称和描述	类别	分类代码	包装类别	标志	特殊规定	有限和例外数量		容器			可移动罐柜和散装容器	
									包装指南	特殊包装规定	混合包装规定	指南	特殊规定
	3.1.2	2.2	2.2	2.1.1.3	5.2.2	3.3	3.4	3.5.1.2	4.1.4	4.1.4	4.1.10	4.2.5.2	4.2.5.3
(1)	(2)	(3a)	(3b)	(4)	(5)	(6)	(7a)	(7b)	(8)	(9a)	(9b)	(10)	(11)
2298	甲基环戊烷	3	F1	Ⅱ	3		1L	E2	P001 IBC02 R001		MP19	T4	TP1
2299	二氯乙酸甲酯	6.1	T1	Ⅲ	6.1		5L	E1	P001 IBC03 LP01 R001		MP19	T4	TP1
2300	2-甲基-5-乙基吡啶	6.1	T1	Ⅲ	6.1		5L	E1	P001 IBC03 LP01 R001		MP19	T4	TP1
2301	2-甲基呋喃	3	F1	Ⅱ	3		1L	E2	P001 IBC02 R001		MP19	T4	TP1
2302	5-甲基-2-己酮	3	F1	Ⅲ	3		5L	E1	P001 IBC03 LP01 R001		MP19	T2	TP1
2303	异丙烯基苯	3	F1	Ⅲ	3		5L	E1	P001 IBC03 LP01 R001		MP19	T2	TP1
2304	萘,熔融的	4.1	F2	Ⅲ	4.1	536	0	E0				T1	TP3
2305	硝基苯磺酸	8	C4	Ⅱ	8		1kg	E2	P002 IBC08	B4	MP10	T3	TP33
2306	硝基三氟甲苯类,液体的	6.1	T1	Ⅱ	6.1		100ml	E4	P001 IBC02		MP15	T7	TP2
2307	3-硝基-4-氯三氟甲苯	6.1	T1	Ⅱ	6.1		100ml	E4	P001 IBC02		MP10	T7	TP2
2308	亚硝基硫酸,液体的	8	C1	Ⅱ	8		1L	E2	P001 IBC02		MP15	T8	TP2
2309	辛二烯	3	F1	Ⅱ	3		1L	E2	P001 IBC02 R001		MP19	T4	TP1
2310	2,4-戊二酮	3	FT1	Ⅲ	3 +6.1		5L	E1	P001 IBC03 R001		MP19	T4	TP1
2311	氨基苯乙醚类	6.1	T1	Ⅲ	6.1	279	5L	E1	P001 IBC03 LP01 R001		MP19	T4	TP1

ADR 罐体		运输罐体车辆	运输类别（隧道限制代码）	运输特殊规定				危险性识别号	联合国编号	名称和描述
罐体代码	特殊规定			包件	散装	装卸和操作	作业			
4.3	4.3.5,6.8.4	9.1.1.2	1.1.3.6	7.2.4	7.3.3	7.5.11	8.5	5.3.2.3		3.1.2
(12)	(13)	(14)	(15)	(16)	(17)	(18)	(19)	(20)	(1)	(2)
LGBF		FL	2 (D/E)				S2 S20	33	2298	甲基环戊烷
L4BH	TU15 TE19	AT	2 (E)	V12		CV13 CV28	S9	60	2299	二氯乙酸甲酯
L4BH	TU15 TE19	AT	2 (E)	V12		CV13 CV28	S9	60	2300	**2-甲基-5-乙基吡啶**
LGBF		FL	2 (D/E)				S2 S20	33	2301	**2-甲基呋喃**
LGBF		FL	3 (D/E)	V12			S2	30	2302	**5-甲基-2-己酮**
LGBF		FL	3 (D/E)	V12			S2	30	2303	异丙烯基苯
LGBV	TU27 TE4 TE6	AT	3 (E)					44	2304	萘,熔融的
SGAN L4BN		AT	2 (E)	V11				80	2305	硝基苯磺酸
L4BH	TU15 TE19	AT	2 (D/E)			CV13 CV28	S9 S19	60	2306	硝基三氟甲苯类,液体的
L4BH	TU15 TE19	AT	2 (D/E)			CV13 CV28	S9 S19	60	2307	3-硝基-4-氯三氟甲苯
L4BN		AT	2 (E)					X80	2308	亚硝基硫酸,液体的
LGBF		FL	2 (D/E)				S2 S20	33	2309	辛二烯
L4BH	TU15	FL	3 (D/E)	V12		CV13 CV28	S2	36	2310	**2,4-戊二酮**
L4BH	TU15 TE19	AT	2 (E)	V12		CV13 CV28	S9	60	2311	氨基苯乙醚类

联合国编号	名称和描述	类别	分类代码	包装类别	标志	特殊规定	有限和例外数量		容器			可移动罐柜和散装容器	
									包装指南	特殊包装规定	混合包装规定	指南	特殊规定
		3.1.2	2.2	2.2	2.1.1.3	5.2.2	3.3	3.4	3.5.1.2	4.1.4	4.1.4	4.1.10	4.2.5.2	4.2.5.3
(1)	(2)	(3a)	(3b)	(4)	(5)	(6)	(7a)	(7b)	(8)	(9a)	(9b)	(10)	(11)
2312	苯酚,熔融的	6.1	T1	Ⅱ	6.1		0	E0				T7	TP3
2313	皮考啉类	3	F1	Ⅲ	3		5L	E1	P001 IBC03 LP01 R001		MP19	T4	TP1
2315	多氯联苯类,液体的	9	M2	Ⅱ	9	305	1L	E2	P906 IBC02		MP15	T4	TP1
2316	氰亚铜酸钠,固体的	6.1	T5	Ⅰ	6.1		0	E5	P002 IBC07		MP18	T6	TP33
2317	氰亚铜酸钠溶液	6.1	T4	Ⅰ	6.1		0	E5	P001		MP8 MP17	T14	TP2
2318	硫氢化钠,结晶水少于25%	4.2	S4	Ⅱ	4.2	504	0	E2	P410 IBC06		MP14	T3	TP33
2319	萜烯烃类,未另作规定的	3	F1	Ⅲ	3		5L	E1	P001 IBC03 LP01 R001		MP19	T4	TP1 TP29
2320	四亚乙基五胺	8	C7	Ⅲ	8		5L	E1	P001 IBC03 LP01 R001		MP19	T4	TP1
2321	三氯苯类,液体的	6.1	T1	Ⅲ	6.1		5L	E1	P001 IBC03 LP01 R001		MP19	T4	TP1
2322	三氯丁烯	6.1	T1	Ⅱ	6.1		100ml	E4	P001 IBC02		MP15	T7	TP2
2323	亚磷酸三乙酯	3	F1	Ⅲ	3		5L	E1	P001 IBC03 LP01 R001		MP19	T2	TP1
2324	三聚异丁烯	3	F1	Ⅲ	3		5L	E1	P001 IBC03 LP01 R001		MP19	T4	TP1
2325	1,3,5-三甲苯	3	F1	Ⅲ	3		5L	E1	P001 IBC03 LP01 R001		MP19	T2	TP1

ADR 罐体		运输罐体车辆	运输类别（隧道限制代码）	运输特殊规定				危险性识别号	联合国编号	名称和描述
罐体代码	特殊规定			包件	散装	装卸和操作	作业			
4.3	4.3.5,6.8.4	9.1.1.2	1.1.3.6	7.2.4	7.3.3	7.5.11	8.5	5.3.2.3		3.1.2
(12)	(13)	(14)	(15)	(16)	(17)	(18)	(19)	(20)	(1)	(2)
L4BH	TU15 TE19	AT	0 (D/E)			CV13	S9 S19	60	2312	苯酚,熔融的
LGBF		FL	3 (D/E)	V12			S2	30	2313	皮考啉类
L4BH	TU15	AT	0 (D/E)		VC1 VC2 AP9	CV1 CV13 CV28	S19	90	2315	多氯联苯类,液体的
S10AH	TU15 TE19	AT	1 (C/E)	V10		CV1 CV13 CV28	S9 S14	66	2316	氰亚铜酸钠,固体的
L10CH	TU14 TU15 TE19 TE21	AT	1 (C/E)			CV1 CV13 CV28	S9 S14	66	2317	氰亚铜酸钠溶液
SGAN		AT	2 (D/E)	V1				40	2318	硫氢化钠,结晶水少于25%
LGBF		FL	3 (D/E)	V12			S2	30	2319	萜烯烃类,未另作规定的
L4BN		AT	3 (E)	V12				80	2320	四亚乙基五胺
L4BH	TU15 TE19	AT	2 (E)	V12		CV13 CV28	S9	60	2321	三氯苯类,液体的
L4BH	TU15 TE19	AT	2 (D/E)			CV13 CV28	S9 S19	60	2322	三氯丁烯
LGBF		FL	3 (D/E)	V12			S2	30	2323	亚磷酸三乙酯
LGBF		FL	3 (D/E)	V12			S2	30	2324	三聚异丁烯
LGBF		FL	3 (D/E)	V12			S2	30	2325	1,3,5-三甲苯

联合国编号	名称和描述	类别	分类代码	包装类别	标志	特殊规定	有限和例外数量		容器			可移动罐柜和散装容器	
									包装指南	特殊包装规定	混合包装规定	指南	特殊规定
	3.1.2	2.2	2.2	2.1.1.3	5.2.2	3.3	3.4	3.5.1.2	4.1.4	4.1.4	4.1.10	4.2.5.2	4.2.5.3
(1)	(2)	(3a)	(3b)	(4)	(5)	(6)	(7a)	(7b)	(8)	(9a)	(9b)	(10)	(11)
2326	三甲基环己胺	8	C7	Ⅲ	8		5L	E1	P001 IBC03 LP01 R001		MP19	T4	TP1
2327	三甲基六亚甲基二胺	8	C7	Ⅲ	8		5L	E1	P001 IBC03 LP01 R001		MP19	T4	TP1
2328	三甲基六亚甲基二异氰酸酯类	6.1	T1	Ⅲ	6.1		5L	E1	P001 IBC03 LP01 R001		MP19	T4	TP2
2329	亚磷酸三甲酯	3	F1	Ⅲ	3		5L	E1	P001 IBC03 LP01 R001		MP19	T2	TP1
2330	十一烷	3	F1	Ⅲ	3		5L	E1	P001 IBC03 LP01 R001		MP19	T2	TP1
2331	氯化锌,无水的	8	C2	Ⅲ	8		5kg	E1	P002 IBC08 LP02 R001	B3	MP10	T1	TP33
2332	乙醛肟	3	F1	Ⅲ	3		5L	E1	P001 IBC03 LP01 R001		MP19	T4	TP1
2333	乙酸烯丙酯	3	FT1	Ⅱ	3+6.1		1L	E2	P001 IBC02		MP19	T7	TP1
2334	烯丙胺	6.1	TF1	Ⅰ	6.1+3	354	0	E0	P602		MP8 MP17	T20	TP2 TP35
2335	乙基烯丙基醚	3	FT1	Ⅱ	3+6.1		1L	E2	P001 IBC02		MP19	T7	TP1
2336	甲酸烯丙酯	3	FT1	Ⅰ	3+6.1		0	E0	P001		MP7 MP17	T14	TP2
2337	苯硫酚	6.1	TF1	Ⅰ	6.1+3	354	0	E0	P602		MP8 MP17	T20	TP2 TP35
2338	三氟甲苯	3	F1	Ⅱ	3		1L	E2	P001 IBC02 R001		MP19	T4	TP1

ADR 罐体		运输罐体车辆	运输类别(隧道限制代码)	运输特殊规定				危险性识别号	联合国编号	名称和描述
罐体代码	特殊规定			包件	散装	装卸和操作	作业			
4.3	4.3.5,6.8.4	9.1.1.2	1.1.3.6	7.2.4	7.3.3	7.5.11	8.5	5.3.2.3		3.1.2
(12)	(13)	(14)	(15)	(16)	(17)	(18)	(19)	(20)	(1)	(2)
L4BN		AT	3 (E)	V12				80	2326	三甲基环己胺
L4BN		AT	3 (E)	V12				80	2327	三甲基六亚甲基二胺
L4BH	TU15 TE19	AT	2 (E)	V12		CV13 CV28	S9	60	2328	三甲基六亚甲基二异氰酸酯类
LGBF		FL	3 (D/E)	V12			S2	30	2329	亚磷酸三甲酯
LGBF		FL	3 (D/E)	V12			S2	30	2330	十一烷
SGAV		AT	3 (E)	VC1 VC2 AP7				80	2331	氯化锌,无水的
LGBF		FL	3 (D/E)	V12			S2	30	2332	乙醛肟
L4BH	TU15	FL	2 (D/E)			CV13 CV28	S2 S19	336	2333	乙酸烯丙酯
L10CH	TU14 TU15 TE19 TE21	FL	1 (C/D)			CV1 CV13 CV28	S2 S9 S14	663	2334	烯丙胺
L4BH	TU15	FL	2 (D/E)			CV13 CV28	S2 S19	336	2335	乙基烯丙基醚
L10CH	TU14 TU15 TE21	FL	1 (C/E)			CV13 CV28	S2 S22	336	2336	甲酸烯丙酯
L10CH	TU14 TU15 TE19 TE21	FL	1 (C/D)			CV1 CV13 CV28	S2 S9 S14	663	2337	苯硫酚
LGBF		FL	2 (D/E)				S2 S20	33	2338	三氟甲苯

联合国编号	名称和描述	类别	分类代码	包装类别	标志	特殊规定	有限和例外数量		容器			可移动罐柜和散装容器	
									包装指南	特殊包装规定	混合包装规定	指南	特殊规定
	3.1.2	2.2	2.2	2.1.1.3	5.2.2	3.3	3.4	3.5.1.2	4.1.4	4.1.4	4.1.10	4.2.5.2	4.2.5.3
(1)	(2)	(3a)	(3b)	(4)	(5)	(6)	(7a)	(7b)	(8)	(9a)	(9b)	(10)	(11)
2339	2-溴丁烷	3	F1	Ⅱ	3		1L	E2	P001 IBC02 R001		MP19	T4	TP1
2340	2-溴乙基乙醚	3	F1	Ⅱ	3		1L	E2	P001 IBC02 R001		MP19	T4	TP1
2341	1-溴-3-甲基丁烷	3	F1	Ⅲ	3		5L	E1	P001 IBC03 LP01 R001		MP19	T2	TP1
2342	溴甲基丙烷类	3	F1	Ⅱ	3		1L	E2	P001 IBC02 R001		MP19	T4	TP1
2343	2-溴戊烷	3	F1	Ⅱ	3		1L	E2	P001 IBC02 R001		MP19	T4	TP1
2344	溴丙烷类	3	F1	Ⅱ	3		1L	E2	P001 IBC02 R001		MP19	T4	TP1
2344	溴丙烷类	3	F1	Ⅲ	3		5L	E1	P001 IBC03 LP01 R001		MP19	T2	TP1
2345	3-溴丙炔	3	F1	Ⅱ	3		1L	E2	P001 IBC02 R001		MP19	T4	TP1
2346	丁二酮	3	F1	Ⅱ	3		1L	E2	P001 IBC02 R001		MP19	T4	TP1
2347	丁硫醇	3	F1	Ⅱ	3		1L	E2	P001 IBC02 R001		MP19	T4	TP1
2348	丙烯酸丁酯类,稳定的	3	F1	Ⅲ	3		5L	E1	P001 IBC03 LP01 R001		MP19	T2	TP1
2350	甲基正丁基醚	3	F1	Ⅱ	3		1L	E2	P001 IBC02 R001		MP19	T4	TP1
2351	亚硝酸丁酯类	3	F1	Ⅱ	3		1L	E2	P001 IBC02 R001		MP19	T4	TP1

ADR 罐体		运输罐体车辆	运输类别（隧道限制代码）	运输特殊规定				危险性识别号	联合国编号	名称和描述
罐体代码	特殊规定			包件	散装	装卸和操作	作业			
4.3	4.3.5,6.8.4	9.1.1.2	1.1.3.6	7.2.4	7.3.3	7.5.11	8.5	5.3.2.3		3.1.2
(12)	(13)	(14)	(15)	(16)	(17)	(18)	(19)	(20)	(1)	(2)
LGBF		FL	2 (D/E)				S2 S20	33	2339	**2-溴丁烷**
LGBF		FL	2 (D/E)				S2 S20	33	2340	**2-溴乙基乙醚**
LGBF		FL	3 (D/E)	V12			S2	30	2341	**1-溴-3-甲基丁烷**
LGBF		FL	2 (D/E)				S2 S20	33	2342	**溴甲基丙烷类**
LGBF		FL	2 (D/E)				S2 S20	33	2343	**2-溴戊烷**
LGBF		FL	2 (D/E)				S2 S20	33	2344	**溴丙烷类**
LGBF		FL	3 (D/E)	V12			S2	30	2344	**溴丙烷类**
LGBF		FL	2 (D/E)				S2 S20	33	2345	**3-溴丙炔**
LGBF		FL	2 (D/E)				S2 S20	33	2346	**丁二酮**
LGBF		FL	2 (D/E)				S2 S20	33	2347	**丁硫醇**
LGBF		FL	3 (D/E)	V12			S2	39	2348	**丙烯酸丁酯类,稳定的**
LGBF		FL	2 (D/E)				S2 S20	33	2350	**甲基正丁基醚**
LGBF		FL	2 (D/E)				S2 S20	33	2351	**亚硝酸丁酯类**

联合国编号	名称和描述	类别	分类代码	包装类别	标志	特殊规定	有限和例外数量		容器			可移动罐柜和散装容器	
									包装指南	特殊包装规定	混合包装规定	指南	特殊规定
		3.1.2	2.2	2.2	2.1.1.3	5.2.2	3.3	3.4	3.5.1.2	4.1.4	4.1.4	4.1.10	4.2.5.2	4.2.5.3
(1)	(2)	(3a)	(3b)	(4)	(5)	(6)	(7a)	(7b)	(8)	(9a)	(9b)	(10)	(11)
2351	亚硝酸丁酯类	3	F1	Ⅲ	3		5L	E1	P001 IBC03 LP01 R001		MP19	T2	TP1
2352	丁基乙烯基醚,稳定的	3	F1	Ⅱ	3		1L	E2	P001 IBC02 R001		MP19	T4	TP1
2353	丁酰氯	3	FC	Ⅱ	3 +8		1L	E2	P001 IBC02		MP19	T8	TP2
2354	氯甲基乙基醚	3	FT1	Ⅱ	3 +6.1		1L	E2	P001 IBC02		MP19	T7	TP1
2356	2-氯丙烷	3	F1	Ⅰ	3		0	E3	P001		MP7 MP17	T11	TP2
2357	环己胺	8	CF1	Ⅱ	8 +3		1L	E2	P001 IBC02		MP15	T7	TP2
2358	环辛四烯	3	F1	Ⅱ	3		1L	E2	P001 IBC02 R001		MP19	T4	TP1
2359	二烯丙基胺	3	FTC	Ⅱ	3 +6.1 +8		1L	E2	P001 IBC02		MP19	T7	TP1
2360	二烯丙基醚	3	FT1	Ⅱ	3 +6.1		1L	E2	P001 IBC02		MP19	T7	TP1
2361	二异丁胺	3	FC	Ⅲ	3 +8		5L	E1	P001 IBC03 R001		MP19	T4	TP1
2362	1,1-二氯乙烷	3	F1	Ⅱ	3		1L	E2	P001 IBC02 R001		MP19	T4	TP1
2363	乙硫醇	3	F1	Ⅰ	3		0	E0	P001		MP7 MP17	T11	TP2
2364	正丙基苯	3	F1	Ⅲ	3		5L	E1	P001 IBC03 LP01 R001		MP19	T2	TP1
2366	碳酸二乙酯	3	F1	Ⅲ	3		5L	E1	P001 IBC03 LP01 R001		MP19	T2	TP1
2367	α-甲基戊醛	3	F1	Ⅱ	3		1L	E2	P001 IBC02 R001		MP19	T4	TP1

ADR 罐体		运输罐体车辆	运输类别（隧道限制代码）	运输特殊规定			作业	危险性识别号	联合国编号	名称和描述
罐体代码	特殊规定			包件	散装	装卸和操作				
4.3	4.3.5,6.8.4	9.1.1.2	1.1.3.6	7.2.4	7.3.3	7.5.11	8.5	5.3.2.3	3.1.2	
(12)	(13)	(14)	(15)	(16)	(17)	(18)	(19)	(20)	(1)	(2)
LGBF		FL	3 (D/E)	V12			S2	30	2351	亚硝酸丁酯类
LGBF		FL	2 (D/E)				S2 S20	339	2352	丁基乙烯基醚,稳定的
L4BH		FL	2 (D/E)				S2 S20	338	2353	丁酰氯
L4BH	TU15	FL	2 (D/E)			CV13 CV28	S2 S19	336	2354	氯甲基乙基醚
L4BN		FL	1 (D/E)				S2 S20	33	2356	2-氯丙烷
L4BN		FL	2 (D/E)				S2	83	2357	环己胺
LGBF		FL	2 (D/E)				S2 S20	33	2358	环辛四烯
L4BH	TU15	FL	2 (D/E)			CV13 CV28	S2 S19	338	2359	二烯丙基胺
L4BH	TU15	FL	2 (D/E)			CV13 CV28	S2 S19	336	2360	二烯丙基醚
L4BN		FL	3 (D/E)	V12			S2	38	2361	二异丁胺
LGBF		FL	2 (D/E)				S2 S20	33	2362	1,1-二氯乙烷
L4BN		FL	1 (D/E)				S2 S20	33	2363	乙硫醇
LGBF		FL	3 (D/E)	V12			S2	30	2364	正丙基苯
LGBF		FL	3 (D/E)	V12			S2	30	2366	碳酸二乙酯
LGBF		FL	2 (D/E)				S2 S20	33	2367	α-甲基戊醛

联合国编号	名称和描述	类别	分类代码	包装类别	标志	特殊规定	有限和例外数量		容器			可移动罐柜和散装容器	
									包装指南	特殊包装规定	混合包装规定	指南	特殊规定
		3.1.2	2.2	2.2	2.1.1.3	5.2.2	3.3	3.4	3.5.1.2	4.1.4	4.1.4	4.1.10	4.2.5.2	4.2.5.3
(1)	(2)	(3a)	(3b)	(4)	(5)	(6)	(7a)	(7b)	(8)	(9a)	(9b)	(10)	(11)
2368	α-蒎烯	3	F1	Ⅲ	3		5L	E1	P001 IBC03 LP01 R001		MP19	T2	TP1
2370	己烯	3	F1	Ⅱ	3		1L	E2	P001 IBC02 R001		MP19	T4	TP1
2371	异戊烯类	3	F1	Ⅰ	3		0	E3	P001		MP7 MP17	T11	TP2
2372	1,2-二(二甲基氨基)乙烷	3	F1	Ⅱ	3		1L	E2	P001 IBC02 R001		MP19	T4	TP1
2373	二乙氧基甲烷	3	F1	Ⅱ	3		1L	E2	P001 IBC02 R001		MP19	T4	TP1
2374	3,3-二乙氧基丙烯	3	F1	Ⅱ	3		1L	E2	P001 IBC02 R001		MP19	T4	TP1
2375	二乙硫	3	F1	Ⅱ	3		1L	E2	P001 IBC02 R001		MP19	T7	TP1
2376	2,3-二氢吡喃	3	F1	Ⅱ	3		1L	E2	P001 IBC02 R001		MP19	T4	TP1
2377	1,1-二甲氧基乙烷	3	F1	Ⅱ	3		1L	E2	P001 IBC02 R001		MP19	T7	TP1
2378	2-二甲氨基乙烷	3	FT1	Ⅱ	3+6.1		1L	E2	P001 IBC02		MP19	T7	TP1
2379	二甲基丁胺	3	FC	Ⅱ	3+8		1L	E2	P001 IBC02		MP19	T7	TP1
2380	1,3-二甲基二乙氧基硅烷	3	F1	Ⅱ	3		1L	E2	P001 IBC02 R001		MP19	T4	TP1
2381	二甲二硫	3	FT1	Ⅱ	3+6.1		1L	E0	P001 IBC02		MP19	T7	TP2 TP39
2382	二甲基肼,对称的	6.1	TF1	Ⅰ	6.1+3	354	0	E0	P602		MP8 MP17	T20	TP2 TP37
2383	二丙胺	3	FC	Ⅱ	3+8		1L	E2	P001 IBC02		MP19	T7	TP1

ADR 罐体		运输罐体车辆	运输类别（隧道限制代码）	运输特殊规定				危险性识别号	联合国编号	名称和描述
罐体代码	特殊规定			包件	散装	装卸和操作	作业			
4.3	4.3.5,6.8.4	9.1.1.2	1.1.3.6	7.2.4	7.3.3	7.5.11	8.5	5.3.2.3		3.1.2
(12)	(13)	(14)	(15)	(16)	(17)	(18)	(19)	(20)	(1)	(2)
LGBF		FL	3 (D/E)	V12			S2	30	2368	α-蒎烯
LGBF		FL	2 (D/E)				S2 S20	33	2370	己烯
L4BN		FL	1 (D/E)				S2 S20	33	2371	异戊烯类
LGBF		FL	2 (D/E)				S2 S20	33	2372	1,2-二(二甲基氨基)乙烷
LGBF		FL	2 (D/E)				S2 S20	33	2373	二乙氧基甲烷
LGBF		FL	2 (D/E)				S2 S20	33	2374	3,3-二乙氧基丙烯
LGBF		FL	2 (D/E)				S2 S20	33	2375	二乙硫
LGBF		FL	2 (D/E)				S2 S20	33	2376	2,3-二氢吡喃
LGBF		FL	2 (D/E)				S2 S20	33	2377	1,1-二甲氧基乙烷
L4BH	TU15	FL	2 (D/E)			CV13 CV28	S2 S19	336	2378	2-二甲氨基乙烷
L4BH		FL	2 (D/E)				S2 S20	338	2379	二甲基丁胺
LGBF		FL	2 (D/E)				S2 S20	33	2380	1,3-二甲基二乙氧基硅烷
L4BH	TU15	FL	2 (D/E)			CV13 CV28	S2 S22	336	2381	二甲二硫
L10CH	TU14 TU15 TE19 TE21	FL	1 (C/D)			CV1 CV13 CV28	S2 S9 S14	663	2382	二甲基肼,对称的
L4BH		FL	2 (D/E)				S2 S20	338	2383	二丙胺

联合国编号	名称和描述	类别	分类代码	包装类别	标志	特殊规定	有限和例外数量		容器			可移动罐柜和散装容器	
									包装指南	特殊包装规定	混合包装规定	指南	特殊规定
		3.1.2	2.2	2.2	2.1.1.3	5.2.2	3.3	3.4	3.5.1.2	4.1.4	4.1.4	4.1.10	4.2.5.2	4.2.5.3
(1)	(2)	(3a)	(3b)	(4)	(5)	(6)	(7a)	(7b)	(8)	(9a)	(9b)	(10)	(11)
2384	二正丙醚	3	F1	Ⅱ	3		1L	E2	P001 IBC02 R001		MP19	T4	TP1
2385	异丁酸乙酯	3	F1	Ⅱ	3		1L	E2	P001 IBC02 R001		MP19	T4	TP1
2386	1-乙基哌啶	3	FC	Ⅱ	3 +8		1L	E2	P001 IBC02		MP19	T7	TP1
2387	氟苯	3	F1	Ⅱ	3		1L	E2	P001 IBC02 R001		MP19	T4	TP1
2388	氟代甲苯类	3	F1	Ⅱ	3		1L	E2	P001 IBC02 R001		MP19	T4	TP1
2389	呋喃	3	F1	Ⅰ	3		0	E3	P001		MP7 MP17	T12	TP2
2390	2-碘丁烷	3	F1	Ⅱ	3		1L	E2	P001 IBC02 R001		MP19	T4	TP1
2391	碘甲基丙烷类	3	F1	Ⅱ	3		1L	E2	P001 IBC02 R001		MP19	T4	TP1
2392	碘丙烷类	3	F1	Ⅲ	3		5L	E1	P001 IBC03 LP01 R001		MP19	T2	TP1
2393	甲酸异丁酯	3	F1	Ⅱ	3		1L	E2	P001 IBC02 R001		MP19	T4	TP1
2394	丙酸异丁酯	3	F1	Ⅲ	3		5L	E1	P001 IBC03 LP01 R001		MP19	T2	TP1
2395	异丁酰氯	3	FC	Ⅱ	3 +8		1L	E2	P001 IBC02		MP19	T7	TP2
2396	甲基丙烯醛,稳定的	3	FT1	Ⅱ	3 +6.1		1L	E2	P001 IBC02		MP19	T7	TP1
2397	3-甲基-2-丁酮	3	F1	Ⅱ	3		1L	E2	P001 IBC02 R001		MP19	T4	TP1
2398	甲基叔丁基醚	3	F1	Ⅱ	3		1L	E2	P001 IBC02 R001		MP19	T7	TP1

ADR 罐体		运输罐体车辆	运输类别（隧道限制代码）	运输特殊规定				危险性识别号	联合国编号	名称和描述
罐体代码	特殊规定			包件	散装	装卸和操作	作业			
4.3	4.3.5,6.8.4	9.1.1.2	1.1.3.6	7.2.4	7.3.3	7.5.11	8.5	5.3.2.3		3.1.2
(12)	(13)	(14)	(15)	(16)	(17)	(18)	(19)	(20)	(1)	(2)
LGBF		FL	2 (D/E)				S2 S20	33	2384	二正丙醚
LGBF		FL	2 (D/E)				S2 S20	33	2385	异丁酸乙酯
L4BH		FL	2 (D/E)				S2 S20	338	2386	1-乙基哌啶
LGBF		FL	2 (D/E)				S2 S20	33	2387	氟苯
LGBF		FL	2 (D/E)				S2 S20	33	2388	氟代甲苯类
L4BN		FL	1 (D/E)				S2 S20	33	2389	呋喃
LGBF		FL	2 (D/E)				S2 S20	33	2390	2-碘丁烷
LGBF		FL	2 (D/E)				S2 S20	33	2391	碘甲基丙烷类
LGBF		FL	3 (D/E)	V12			S2	30	2392	碘丙烷类
LGBF		FL	2 (D/E)				S2 S20	33	2393	甲酸异丁酯
LGBF		FL	3 (D/E)	V12			S2	30	2394	丙酸异丁酯
L4BH		FL	2 (D/E)				S2 S20	338	2395	异丁酰氯
L4BH	TU15	FL	2 (D/E)			CV13 CV28	S2 S19	336	2396	甲基丙烯醛,稳定的
LGBF		FL	2 (D/E)				S2 S20	33	2397	3-甲基-2-丁酮
LGBF		FL	2 (D/E)				S2 S20	33	2398	甲基叔丁基醚

联合国编号	名称和描述	类别	分类代码	包装类别	标志	特殊规定	有限和例外数量		容器			可移动罐柜和散装容器	
									包装指南	特殊包装规定	混合包装规定	指南	特殊规定
		3.1.2	2.2	2.2	2.1.1.3	5.2.2	3.3	3.4	3.5.1.2	4.1.4	4.1.4	4.1.10	4.2.5.2	4.2.5.3
(1)	(2)	(3a)	(3b)	(4)	(5)	(6)	(7a)	(7b)	(8)	(9a)	(9b)	(10)	(11)
2399	1-甲基哌啶	3	FC	Ⅱ	3+8		1L	E2	P001 IBC02		MP19	T7	TP1
2400	异戊酸甲酯	3	F1	Ⅱ	3		1L	E2	P001 IBC02 R001		MP19	T4	TP1
2401	哌啶	8	CF1	Ⅰ	8+3		0	E0	P001		MP8 MP17	T10	TP2
2402	丙硫醇类	3	F1	Ⅱ	3		1L	E2	P001 IBC02 R001		MP19	T4	TP1
2403	乙酸异丙烯酯	3	F1	Ⅱ	3		1L	E2	P001 IBC02 R001		MP19	T4	TP1
2404	丙腈	3	FT1	Ⅱ	3+6.1		1L	E0	P001 IBC02		MP19	T7	TP1
2405	丁酸异丙酯	3	F1	Ⅲ	3		5L	E1	P001 IBC03 LP01 R001		MP19	T2	TP1
2406	异丁酸异丙酯	3	F1	Ⅱ	3		1L	E2	P001 IBC02 R001		MP19	T4	TP1
2407	氯甲酸异丙酯	6.1	TFC	Ⅰ	6.1+3+8	354	0	E0	P602		MP8 MP17		
2409	丙酸异丙酯	3	F1	Ⅱ	3		1L	E2	P001 IBC02 R001		MP19	T4	TP1
2410	1,2,3,6-四氢吡啶	3	F1	Ⅱ	3		1L	E2	P001 IBC02 R001		MP19	T4	TP1
2411	丁腈	3	FT1	Ⅱ	3+6.1		1L	E2	P001 IBC02		MP19	T7	TP1
2412	四氢噻吩	3	F1	Ⅱ	3		1L	E2	P001 IBC02 R001		MP19	T4	TP1
2413	原钛酸四丙酯	3	F1	Ⅲ	3		5L	E1	P001 IBC03 LP01 R001		MP19	T4	TP1
2414	噻吩	3	F1	Ⅱ	3		1L	E2	P001 IBC02 R001		MP19	T4	TP1

ADR 罐体		运输罐体车辆	运输类别（隧道限制代码）	运输特殊规定				危险性识别号	联合国编号	名称和描述
罐体代码	特殊规定			包件	散装	装卸和操作	作业			
4.3	4.3.5,6.8.4	9.1.1.2	1.1.3.6	7.2.4	7.3.3	7.5.11	8.5	5.3.2.3	3.1.2	
(12)	(13)	(14)	(15)	(16)	(17)	(18)	(19)	(20)	(1)	(2)
L4BH		FL	2 (D/E)				S2 S20	338	2399	1-甲基哌啶
LGBF		FL	2 (D/E)				S2 S20	33	2400	异戊酸甲酯
L10BH		FL	1 (D/E)				S2 S14	883	2401	哌啶
LGBF		FL	2 (D/E)				S2 S20	33	2402	丙硫醇类
LGBF		FL	2 (D/E)				S2 S20	33	2403	乙酸异丙烯酯
L4BH	TU15	FL	2 (D/E)			CV13 CV28	S2 S19	336	2404	丙腈
LGBF		FL	3 (D/E)	V12			S2	30	2405	丁酸异丙酯
LGBF		FL	2 (D/E)				S2 S20	33	2406	异丁酸异丙酯
			1 (D)			CV1 CV13 CV28	S2 S9 S14		2407	氯甲酸异丙酯
LGBF		FL	2 (D/E)				S2 S20	33	2409	丙酸异丙酯
LGBF		FL	2 (D/E)				S2 S20	33	2410	1,2,3,6-四氢吡啶
L4BH	TU15	FL	2 (D/E)			CV13 CV28	S2 S19	336	2411	丁腈
LGBF		FL	2 (D/E)				S2 S20	33	2412	四氢噻吩
LGBF		FL	3 (D/E)	V12			S2	30	2413	原钛酸四丙酯
LGBF		FL	2 (D/E)				S2 S20	33	2414	噻吩

联合国编号	名称和描述	类别	分类代码	包装类别	标志	特殊规定	有限和例外数量		容器			可移动罐柜和散装容器	
									包装指南	特殊包装规定	混合包装规定	指南	特殊规定
		3.1.2	2.2	2.2	2.1.1.3	5.2.2	3.3	3.4	3.5.1.2	4.1.4	4.1.4	4.1.10	4.2.5.2	4.2.5.3
(1)	(2)	(3a)	(3b)	(4)	(5)	(6)	(7a)	(7b)	(8)	(9a)	(9b)	(10)	(11)
2416	硼酸三甲酯	3	F1	Ⅱ	3		1L	E2	P001 IBC02 R001		MP19	T7	TP1
2417	碳酰氟	2	2TC		2.3 +8		0	E0	P200		MP9	(M)	
2418	四氟化硫	2	2TC		2.3 +8		0	E0	P200		MP9	(M)	
2419	溴三氟乙烯	2	2F		2.1	662	0	E0	P200		MP9	(M)	
2420	六氟丙酮	2	2TC		2.3 +8		0	E0	P200		MP9	(M)	
2421	三氧化二氮	2	2TOC				禁运						
2422	八氟-2-丁烯(制冷气体R1318)	2	2A		2.2	662	120ml	E1	P200		MP9	(M)	
2424	八氟丙烷(制冷气体R218)	2	2A		2.2	662	120ml	E1	P200		MP9	(M) T50	
2426	硝酸铵,液体的(热浓溶液)	5.1	O1		5.1	252 644	0	E0				T7	TP1 TP16 TP17
2427	氯酸钾,水溶液	5.1	O1	Ⅱ	5.1		1L	E2	P504 IBC02		MP2	T4	TP1
2427	氯酸钾,水溶液	5.1	O1	Ⅲ	5.1		5L	E1	P504 IBC02 R001		MP2	T4	TP1
2428	氯酸钠,水溶液	5.1	O1	Ⅱ	5.1		1L	E2	P504 IBC02		MP2	T4	TP1
2428	氯酸钠,水溶液	5.1	O1	Ⅲ	5.1		5L	E1	P504 IBC02 R001		MP2	T4	TP1
2429	氯酸钙,水溶液	5.1	O1	Ⅱ	5.1		1L	E2	P504 IBC02		MP2	T4	TP1
2429	氯酸钙,水溶液	5.1	O1	Ⅲ	5.1		5L	E1	P504 IBC02 R001		MP2	T4	TP1

ADR 罐体		运输罐体车辆	运输类别（隧道限制代码）	运输特殊规定				危险性识别号	联合国编号	名称和描述
罐体代码	特殊规定			包件	散装	装卸和操作	作业			
4.3	4.3.5,6.8.4	9.1.1.2	1.1.3.6	7.2.4	7.3.3	7.5.11	8.5	5.3.2.3		3.1.2
(12)	(13)	(14)	(15)	(16)	(17)	(18)	(19)	(20)	(1)	(2)
LGBF		FL	2 (D/E)					S2 S20	33	2416	硼酸三甲酯
PxBH(M)	TA4 TT9	AT	1 (C/D)			CV9 CV10 CV36		S14	268	2417	碳酰氟
			1 (D)			CV9 CV10 CV36		S14		2418	四氟化硫
PxBN(M)	TA4 TT9	FL	2 (B/D)			CV9 CV10 CV36		S2 S20	23	2419	溴三氟乙烯
PxBH(M)	TA4 TT9	AT	1 (C/D)			CV9 CV10 CV36		S14	268	2420	六氟丙酮
			禁运							2241	三氧化二氮
PxBN(M)	TA4 TT9	AT	3 (C/E)			CV9 CV10 CV36			20	2422	八氟-2-丁烯（制冷气体 R1318）
PxBN(M)	TA4 TT9	AT	3 (C/E)			CV9 CV10 CV36			20	2424	八氟丙烷（制冷气体 R218）
L4BV(+)	TU3 TU12 TU29 TC3 TE9 TE10 TA1	AT	0 (E)					S23	59	2426	硝酸铵,液体的(热浓溶液)
L4BN	TU3	AT	2 (E)			CV24			50	2427	氯酸钾,水溶液
LGBV	TU3	AT	3 (E)			CV24			50	2427	氯酸钾,水溶液
L4BN	TU3	AT	2 (E)			CV24			50	2428	氯酸钠,水溶液
LGBV	TU3	AT	3 (E)			CV24			50	2428	氯酸钠,水溶液
L4BN	TU3	AT	2 (E)			CV24			50	2429	氯酸钙,水溶液
LGBV	TU3	AT	3 (E)			CV24			50	2429	氯酸钙,水溶液

联合国编号	名称和描述	类别	分类代码	包装类别	标志	特殊规定	有限和例外数量		容器			可移动罐柜和散装容器	
									包装指南	特殊包装规定	混合包装规定	指南	特殊规定
	3.1.2	2.2	2.2	2.1.1.3	5.2.2	3.3	3.4	3.5.1.2	4.1.4	4.1.4	4.1.10	4.2.5.2	4.2.5.3
(1)	(2)	(3a)	(3b)	(4)	(5)	(6)	(7a)	(7b)	(8)	(9a)	(9b)	(10)	(11)
2430	烷基苯酚类,固体的,未另作规定的(包括 C_2-C_{12} 的同系物)	8	C4	Ⅰ	8		0	E0	P002 IBC07		MP18	T6	TP33
2430	烷基苯酚类,固体的,未另作规定的(包括 C_2-C_{12} 的同系物)	8	C4	Ⅱ	8		1kg	E2	P002 IBC08	B4	MP10	T3	TP33
2430	烷基苯酚类,固体的,未另作规定的(包括 C_2-C_{12} 的同系物)	8	C4	Ⅲ	8		5kg	E1	P002 IBC08 LP02 R001	B3	MP10	T1	TP33
2431	茴香胺	6.1	T1	Ⅲ	6.1		5L	E1	P001 IBC03 LP01 R001		MP19	T4	TP1
2432	N,N-二乙基苯胺	6.1	T1	Ⅲ	6.1	279	5L	E1	P001 IBC03 LP01 R001		MP19	T4	TP1
2433	氯硝基甲苯类,液体的	6.1	T1	Ⅲ	6.1		5L	E1	P001 IBC03 LP01 R001		MP19	T4	TP1
2434	二苄基二氯硅烷	8	C3	Ⅱ	8		0	E0	P010		MP15	T10	TP2 TP7
2435	乙基苯基二氯硅烷	8	C3	Ⅱ	8		0	E0	P010		MP15	T10	TP2 TP7
2436	硫代乙酸	3	F1	Ⅱ	3		1L	E2	P001 IBC02 R001		MP19	T4	TP1
2437	甲基苯基二氯硅烷	8	C3	Ⅱ	8		0	E0	P010		MP15	T10	TP2 TP7
2438	三甲基乙酰氯	6.1	TFC	Ⅰ	6.1+3+8		0	E0	P001		MP8 MP17	T14	TP2
2439	二氟化氢钠	8	C2	Ⅱ	8		1kg	E2	P002 IBC08	B4	MP10	T3	TP33
2440	(四)氯化锡五水合物	8	C2	Ⅲ	8		5kg	E1	P002 IBC08 LP02 R001	B3	MP10	T1	TP33

ADR 罐体		运输罐体车辆	运输类别（隧道限制代码）	运输特殊规定				危险性识别号	联合国编号	名称和描述
罐体代码	特殊规定			包件	散装	装卸和操作	作业			
4.3	4.3.5,6.8.4	9.1.1.2	1.1.3.6	7.2.4	7.3.3	7.5.11	8.5	5.3.2.3		3.1.2
(12)	(13)	(14)	(15)	(16)	(17)	(18)	(19)	(20)	(1)	(2)
S10AN L10BH		AT	1 (E)	V10			S20	88	2430	烷基苯酚类,固体的,未另作规定的(包括C_2-C_{12}的同系物)
SGAN L4BN		AT	2 (E)	V11				80	2430	烷基苯酚类,固体的,未另作规定的(包括C_2-C_{12}的同系物)
SGAV L4BN		AT	3 (E)	VC1 VC2 AP7				80	2430	烷基苯酚类,固体的,未另作规定的(包括C_2-C_{12}的同系物)
L4BH	TU15 TE19	AT	2 (E)	V12		CV13 CV28	S9	60	2431	茴香胺
L4BH	TU15 TE19	AT	2 (E)	V12		CV13 CV28	S9	60	2432	N,N-二乙基苯胺
L4BH	TU15 TE19	AT	2 (E)	V12		CV13 CV28	S9	60	2433	氯硝基甲苯类,液体的
L4BN		AT	2 (E)					X80	2434	二苄基二氯硅烷
L4BN		AT	2 (E)					X80	2435	乙基苯基二氯硅烷
LGBF		FL	2 (D/E)				S2 S20	33	2436	硫代乙酸
L4BN		AT	2 (E)					X80	2437	甲基苯基二氯硅烷
L10CH	TU14 TU15 TE19 TE21	FL	1 (C/D)			CV1 CV13 CV28	S2 S9 S14	663	2438	三甲基乙酰氯
SGAN		AT	2 (E)	V11				80	2439	二氟化氢钠
SGAV		AT	3 (E)	VC1 VC2 AP7				80	2440	(四)氯化锡五水合物

联合国编号	名称和描述	类别	分类代码	包装类别	标志	特殊规定	有限和例外数量		容器			可移动罐柜和散装容器	
									包装指南	特殊包装规定	混合包装规定	指南	特殊规定
	3.1.2	2.2	2.2	2.1.1.3	5.2.2	3.3	3.4	3.5.1.2	4.1.4	4.1.4	4.1.10	4.2.5.2	4.2.5.3
(1)	(2)	(3a)	(3b)	(4)	(5)	(6)	(7a)	(7b)	(8)	(9a)	(9b)	(10)	(11)
2441	三氯化钛,引火的或三氯化钛混合物,引火的	4.2	SC4	I	4.2+8	537	0	E0	P404		MP13		
2442	三氯乙酰氯	8	C3	II	8		0	E0	P001		MP15	T7	TP2
2443	三氯氧化钒	8	C1	II	8		1L	E0	P001 IBC02		MP15	T7	TP2
2444	四氯化钒	8	C1	I	8		0	E0	P802		MP8 MP17	T10	TP2
2446	硝基甲酚类,固体的	6.1	T2	III	6.1		5kg	E1	P002 IBC08 LP02 R001	B3	MP10	T1	TP33
2447	白磷,熔融的	4.2	ST3	I	4.2+6.1		0	E0				T21	TP3 TP7 TP26
2448	硫,熔融的	4.1	F3	III	4.1	538	0	E0				T1	TP3
2451	三氟化氮	2	2O		2.2+5.1	662	0	E0	P200		MP9	(M)	
2452	乙基乙炔,稳定的	2	2F		2.1	662	0	E0	P200		MP9	(M)	
2453	乙基氟(制冷气体R161)	2	2F		2.1	662	0	E0	P200		MP9	(M)	
2454	甲基氟(制冷气体R41)	2	2F		2.1	662	0	E0	P200		MP9	(M)	
2455	亚硝酸甲酯	2	2A				禁运						
2456	2-氯丙烯	3	F1	I	3		0	E3	P001		MP7 MP17	T11	TP2
2457	2,3-二甲基丁烷	3	F1	II	3		1L	E2	P001 IBC02 R001		MP19	T7	TP1
2458	己二烯类	3	F1	II	3		1L	E2	P001 IBC02 R001		MP19	T4	TP1
2459	2-甲基-1-丁烯	3	F1	I	3		0	E3	P001		MP7 MP17	T11	TP2

ADR 罐体		运输罐体车辆	运输类别（隧道限制代码）	运输特殊规定			危险性识别号	联合国编号	名称和描述
罐体代码	特殊规定			包件	散装	装卸和操作	作业		
4.3	4.3.5,6.8.4	9.1.1.2	1.1.3.6	7.2.4	7.3.3	7.5.11	8.5	5.3.2.3	3.1.2
(12)	(13)	(14)	(15)	(16)	(17)	(18)	(19)	(20)	(1)	(2)
			0 (E)	V1			S20		2441	三氯化钛,引火的或三氯化钛混合物,引火的
L4BN		AT	2 (E)					X80	2442	三氯乙酰氯
L4BN		AT	2 (E)					80	2443	三氯氧化钒
L10BH		AT	1 (E)				S20	X88	2444	四氯化钒
SGAHL4BH	TU15 TE19	AT	2 (E)	VC1 VC2 AP7		CV13 CV28	S9	60	2446	硝基甲酚类,固体的
L10DH(+)	TU14 TU16 TU21 TE3 TE21	AT	0 (B/E)				S20	446	2447	白磷,熔融的
LGBV(+)	TU27 TE4 TE6	AT	3 (E)					44	2448	硫,熔融的
PxBN(M)	TA4 TT9	AT	3 (C/E)			CV9 CV10 CV36		25	2451	三氟化氮
PxBN(M)	TA4 TT9	FL	2 (B/D)			CV9 CV10 CV36	S2 S20	239	2452	乙基乙炔,稳定的
PxBN(M)	TA4 TT9	FL	2 (B/D)			CV9 CV10 CV36	S2 S20	23	2453	乙基氟(制冷气体 R161)
PxBN(M)	TA4 TT9	FL	2 (B/D)			CV9 CV10 CV36	S2 S20	23	2454	甲基氟(制冷气体 R41)
禁运									2455	亚硝酸甲酯
L4BN		FL	1 (D/E)				S2 S20	33	2456	2-氯丙烯
LGBF		FL	2 (D/E)				S2 S20	33	2457	2,3-二甲基丁烷
LGBF		FL	2 (D/E)				S2 S20	33	2458	己二烯类
L4BN		FL	1 (D/E)				S2 S20	33	2459	2-甲基-1-丁烯

联合国编号	名称和描述	类别	分类代码	包装类别	标志	特殊规定	有限和例外数量		容器			可移动罐柜和散装容器	
									包装指南	特殊包装规定	混合包装规定	指南	特殊规定
		3.1.2	2.2	2.2	2.1.1.3	5.2.2	3.3	3.4	3.5.1.2	4.1.4	4.1.4	4.1.10	4.2.5.2	4.2.5.3
(1)	(2)	(3a)	(3b)	(4)	(5)	(6)	(7a)	(7b)	(8)	(9a)	(9b)	(10)	(11)
2460	2-甲基-2-丁烯	3	F1	Ⅱ	3		1L	E2	P001 IBC02		B8	MP19	T7	TP1
2461	甲基戊二烯类	3	F1	Ⅱ	3		1	E2	P001 IBC02 R001			MP19	T4	TP1
2463	氢化铝	4.3	W2	Ⅰ	4.3		0	E0	P403			MP2		
2464	硝酸铍	5.1	OT2	Ⅱ	5.1+6.1		1kg	E2	P002 IBC08		B4	MP2	T3	TP33
2465	二氯异氰脲酸,干的 或二异氰脲酸盐类	5.1	O2	Ⅱ	5.1	135	1kg	E2	P002 IBC08		B4	MP10	T3	TP33
2466	过氧化钾	5.1	O2	Ⅰ	5.1		0	E0	P503 IBC06			MP2		
2468	三氯异氰脲酸,干的	5.1	O2	Ⅱ	5.1		1kg	E2	P002 IBC08		B4	MP10	T3	TP33
2469	溴酸锌	5.1	O2	Ⅲ	5.1		5kg	E1	P002 IBC08 LP02 R001		B3	MP10	T1	TP33
2470	苯基乙腈,液体的	6.1	T1	Ⅲ	6.1		5L	E1	P001 IBC03 LP01 R001			MP19	T4	TP1
2471	四氧化锇	6.1	T5	Ⅰ	6.1		0	E5	P002 IBC07	PP30		MP18	T6	TP33
2473	对氨基苯胂酸钠	6.1	T3	Ⅲ	6.1		5kg	E1	P002 IBC08 LP02 R001		B3	MP10	T1	TP33
2474	硫光气	6.1	T1	Ⅰ	6.1	279 354	0	E0	P602			MP8 MP17	T20	TP2 TP37
2475	三氯化钒	8	C2	Ⅲ	8		5kg	E1	P002 IBC08 LP02 R001		B3	MP10	T1	TP33
2477	异硫氰酸甲酯	6.1	TF1	Ⅰ	6.1+3	354	0	E0	P602			MP8 MP17	T20	TP2 TP37

ADR 罐体		运输罐体车辆	运输类别（隧道限制代码）	运输特殊规定				危险性识别号	联合国编号	名称和描述
罐体代码	特殊规定			包件	散装	装卸和操作	作业			
4.3	4.3.5,6.8.4	9.1.1.2	1.1.3.6	7.2.4	7.3.3	7.5.11	8.5	5.3.2.3		3.1.2
(12)	(13)	(14)	(15)	(16)	(17)	(18)	(19)	(20)	(1)	(2)
L1.5BN		FL	2 (D/E)				S2 S20	33	2460	2-甲基-2-丁烯
LGBF		FL	2 (D/E)				S2 S20	33	2461	甲基戊二烯类
			1 (E)	V1		CV23	S20		2463	氢化铝
SGAN	TU3	AT	2 (E)	V11		CV24 CV28		56	2464	硝酸铍
SGAN	TU3	AT	2 (E)	V11		CV24		50	2465	二氯异氰脲酸,干的或二异氰脲酸盐类
			1 (E)	V10		CV24	S20		2466	过氧化钾
SGAN	TU3	AT	2 (E)	V11		CV24		50	2468	三氯异氰脲酸,干的
SGAV	TU3	AT	3 (E)	VC1 VC2 AP6 AP7		CV24		50	2469	溴酸锌
L4BH	TU15 TE19	AT	2 (E)	V12		CV13 CV28	S9	60	2470	苯基乙腈,液体的
S10AH	TU15 TE19	AT	1 (C/E)	V10		CV1 CV13 CV28	S9 S14	66	2471	四氧化锇
SGAHL4BH	TU15 TE19	AT	2 (E)	VC1 VC2 AP7		CV13 CV28	S9	60	2473	对氨基苯胂酸钠
L10CH	TU14 TU15 TE19 TE21	AT	1 (C/D)			CV1 CV13 CV28	S9 S14	66	2474	硫光气
SGAV		AT	3 (E)	VC1 VC2 AP7				80	2475	三氯化钒
L10CH	TU14 TU15 TE19 TE21	FL	1 (C/D)			CV1 CV13 CV28	S2 S9 S14	663	2477	异硫氰酸甲酯

联合国编号	名称和描述	类别	分类代码	包装类别	标志	特殊规定	有限数量	例外数量	容器 包装指南	容器 特殊包装规定	容器 混合包装规定	可移动罐柜和散装容器 指南	可移动罐柜和散装容器 特殊规定
	3.1.2	2.2	2.2	2.1.1.3	5.2.2	3.3	3.4	3.5.1.2	4.1.4	4.1.4	4.1.10	4.2.5.2	4.2.5.3
(1)	(2)	(3a)	(3b)	(4)	(5)	(6)	(7a)	(7b)	(8)	(9a)	(9b)	(10)	(11)
2478	异氰酸酯类,易燃的,有毒的,未另作规定的或异氰酸酯溶液,易燃的,有毒的,未另作规定的	3	FT1	Ⅱ	3+6.1	274 539	1L	E2	P001 IBC02		MP19	T11	TP2 TP27
2478	异氰酸酯类,易燃的,有毒的,未另作规定的或异氰酸酯溶液,易燃的,有毒的,未另作规定的	3	FT1	Ⅲ	3+6.1	274	5L	E1	P001 IBC03 R001		MP19	T7	TP1 TP28
2480	异氰酸甲酯	6.1	TF1	Ⅰ	6.1+3	354	0	E0	P601		MP2	T2	TP2
2481	异氰酸乙酯	6.1	TF1	Ⅰ	6.1+3	354	0	E0	P602		MP8 MP17	T20	TP2 TP37
2482	异氰酸正丙酯	6.1	TF1	Ⅰ	6.1+3	354	0	E0	P602		MP8 MP17	T20	TP2 TP37
2483	异氰酸异丙酯	6.1	TF1	Ⅰ	6.1+3	354	0	E0	P602		MP7 MP17	T20	TP2 TP37
2484	异氰酸叔丁酯	6.1	TF1	Ⅰ	6.1+3	354	0	E0	P602		MP8 MP17	T20	TP2 TP37
2485	异氰酸正丁酯	6.1	TF1	Ⅰ	6.1+3	354	0	E0	P602		MP8 MP17	T20	TP2 TP37
2486	异氰酸异丁酯	6.1	TF1	Ⅱ	3+6.1	354	0	E0	P602		MP8 MP17	T20	TP2 TP37
2487	异氰酸苯酯	6.1	TF1	Ⅰ	6.1+3	354	0	E0	P602		MP8 MP17	T20	TP2 TP37
2488	异氰酸环己酯	6.1	TF1	Ⅰ	6.1+3	354	0	E0	P602		MP8 MP17	T20	TP2 TP37
2490	二氯异丙醚	6.1	T1	Ⅱ	6.1		100ml	E4	P001 IBC02		MP15	T7	TP2

ADR 罐体		运输罐体车辆	运输类别（隧道限制代码）	运输特殊规定				危险性识别号	联合国编号	名称和描述
罐体代码	特殊规定			包件	散装	装卸和操作	作业			
4.3	4.3.5,6.8.4	9.1.1.2	1.1.3.6	7.2.4	7.3.3	7.5.11	8.5	5.3.2.3		3.1.2
(12)	(13)	(14)	(15)	(16)	(17)	(18)	(19)	(20)	(1)	(2)
L4BH	TU15	FL	2 (D/E)			CV13 CV28	S2 S19	336	2478	异氰酸酯类,易燃的,有毒的,未另作规定的或异氰酸酯溶液,易燃的,有毒的,未另作规定的
L4BH	TU15	FL	3 (D/E)	V12		CV13 CV28	S2	36	2478	异氰酸酯类,易燃的,有毒的,未另作规定的或异氰酸酯溶液,易燃的,有毒的,未另作规定的
L15CH	TU14 TU15 TE19 TE21	FL	1 (C/D)			CV1 CV13 CV28	S2 S9 S14	663	2480	异氰酸甲酯
L15CH	TU14 TU15 TE19 TE21	FL	1 (C/D)			CV1 CV13 CV28	S2 S9 S14	663	2481	异氰酸乙酯
L10CH	TU14 TU15 TE19 TE21	FL	1 (C/D)			CV1 CV13 CV28	S2 S9 S14	663	2482	异氰酸正丙酯
L10CH	TU14 TU15 TE19 TE21	FL	1 (C/D)			CV1 CV13 CV28	S2 S9 S14	663	2483	异氰酸异丙酯
L10CH	TU14 TU15 TE19 TE21	FL	1 (C/D)			CV1 CV13 CV28	S2 S9 S14	663	2484	异氰酸叔丁酯
L10CH	TU14 TU15 TE19 TE21	FL	1 (C/D)			CV1 CV13 CV28	S2 S9 S14	663	2485	异氰酸正丁酯
L10CH	TU14 TU15 TE19 TE21	FL	1 (C/D)			CV1 CV13 CV28	S2 S9 S14	663	2486	异氰酸异丁酯
L10CH	TU14 TU15 TE19 TE21	FL	1 (C/D)			CV1 CV13 CV28	S2 S9 S14	663	2487	异氰酸苯酯
L10CH	TU14 TU15 TE19 TE21	FL	1 (C/D)			CV1 CV13 CV28	S2 S9 S14	663	2488	异氰酸环己酯
L4BH	TU15 TE19	AT	2 (D/E)			CV13 CV28	S9 S19	60	2490	二氯异丙醚

联合国编号	名称和描述	类别	分类代码	包装类别	标志	特殊规定	有限和例外数量		容器			可移动罐柜和散装容器	
									包装指南	特殊包装规定	混合包装规定	指南	特殊规定
		3.1.2	2.2	2.2	2.1.1.3	5.2.2	3.3	3.4	3.5.1.2	4.1.4	4.1.4	4.1.10	4.2.5.2	4.2.5.3
(1)	(2)	(3a)	(3b)	(4)	(5)	(6)	(7a)	(7b)	(8)	(9a)	(9b)	(10)	(11)
2491	乙醇胺或乙醇胺溶液	8	C7	Ⅲ	8		5L	E1	P001 IBC03 LP01 R001		MP19	T4	TP1
2493	六亚甲基亚胺	3	FC	Ⅱ	3+8		1L	E2	P001 IBC02		MP19	T7	TP1
2495	五氟化碘	5.1	OTC	Ⅰ	5.1+6.1+8		0	E0	P200		MP2		
2496	丙酸酐	8	C3	Ⅲ	8		5L	E1	P001 IBC03 LP01 R001		MP19	T4	TP1
2498	1,2,3,6-四氢化苯甲醛	3	F1	Ⅲ	3		5L	E1	P001 IBC03 LP01 R001		MP19	T4	TP1
2501	三-(1-丫丙啶基)氧化膦溶液	6.1	T1	Ⅱ	6.1		100ml	E4	P001 IBC02		MP15	T7	TP2
2501	三-(1-丫丙啶基)氧化膦溶液	6.1	T1	Ⅲ	6.1		5L	E1	P001 IBC03 LP01 R001		MP19	T4	TP1
2502	正戊酰氯	8	CF1	Ⅱ	8+3		1L	E2	P001 IBC02		MP15	T7	TP2
2503	四氯化锆	8	C2	Ⅲ	8		5kg	E1	P002 IBC08 LP02 R001	B3	MP10	T1	TP33
2504	四溴乙烷	6.1	T1	Ⅲ	6.1		5L	E1	P001 IBC03 LP01 R001		MP19	T4	TP1
2505	氟化铵	6.1	T5	Ⅲ	6.1		5kg	E1	P0021 BC08 LP02 R001	B3	MP10	T1	TP33
2506	硫酸氢铵	8	C2	Ⅱ	8		1kg	E2	P0021 BC08	B4	MP10	T3	TP33
2507	氯铂酸,固体的	8	C2	Ⅲ	8		5kg	E1	P002 IBC08 LP02 R001	B3	MP10	T1	TP33

ADR 罐体		运输罐体车辆	运输类别（隧道限制代码）	运输特殊规定			作业	危险性识别号	联合国编号	名称和描述
罐体代码	特殊规定			包件	散装	装卸和操作				
4.3	4.3.5,6.8.4	9.1.1.2	1.1.3.6	7.2.4	7.3.3	7.5.11	8.5	5.3.2.3		3.1.2
(12)	(13)	(14)	(15)	(16)	(17)	(18)	(19)	(20)	(1)	(2)
L4BN		AT	3(E)	V12				80	2491	乙醇胺或乙醇胺溶液
L4BH		FL	2(D/E)				S2 S20	338	2493	六亚甲基亚胺
L10DH	TU3	AT	1(B/E)			CV24 CV28	S20	568	2495	五氟化碘
L4BN		AT	3(E)	V12				80	2496	丙酸酐
LGBF		FL	3(D/E)	V12			S2	30	2498	1,2,3,6-四氢化苯甲醛
L4BH	TU15 TE19	AT	2(D/E)			CV13 CV28	S9 S19	60	2501	三-(1-丫丙啶基)氧化膦溶液
L4BH	TU15 TE19	AT	2(E)	V12		CV13 CV28	S9	60	2501	三-(1-丫丙啶基)氧化膦溶液
L4BN		FL	2(D/E)				S2	83	2502	正戊酰氯
SGAV		AT	3(E)	VC1 VC2 AP7				80	2503	四氯化锆
L4BH	TU15 TE19	AT	2(E)	V12		CV13 CV28	S9	60	2504	四溴乙烷
SGAH	TU15 TE19	AT	2(E)	VC1 VC2 AP7		CV13 CV28	S9	60	2505	氟化铵
SGAV		AT	2(E)	V11	VC1 VC2 AP7			80	2506	硫酸氢铵
SGAV		AT	3(E)		VC1 VC2 AP7			80	2507	氯铂酸,固体的

联合国编号	名称和描述	类别	分类代码	包装类别	标志	特殊规定	有限和例外数量		容器			可移动罐柜和散装容器	
									包装指南	特殊包装规定	混合包装规定	指南	特殊规定
	3.1.2	2.2	2.2	2.1.1.3	5.2.2	3.3	3.4	3.5.1.2	4.1.4	4.1.4	4.1.10	4.2.5.2	4.2.5.3
(1)	(2)	(3a)	(3b)	(4)	(5)	(6)	(7a)	(7b)	(8)	(9a)	(9b)	(10)	(11)
2508	五氯化钼	8	C2	Ⅲ	8		5kg	E1	P002 IBC05 LP02 R001		B3	MP10	T1	TP33
2509	硫酸氢钾	8	C2	Ⅱ	8		1kg	E2	P002 IBC08		B4	MP10	T3	TP33
2511	2-氯丙酸	8	C3	Ⅲ	8		5L	E1	P001 IBC03 LP01 R001			MP19	T4	TP2
2512	氨基苯酚类（邻-，间-，对-）	6.1	T2	Ⅲ	6.1	279	5kg	E1	P002 IBC08 LP02 R001		B3	MP10	T1	TP33
2513	溴乙酰溴	8	C3	Ⅱ	8		1L	E2	P00 IBC02			MP15	T8	TP2
2514	溴苯	3	F1	Ⅲ	3		5L	E1	P001 IBC03 LP01 R001			MP19	T2	TP1
2515	溴仿	6.1	T1	Ⅲ	6.1		5L	E1	P001 IBC03 LP01 R001			MP19	T4	TP1
2516	四溴化碳	6.1	T2	Ⅲ	6.1		5kg	E1	P002 IBC08 LP02 R001		B3	MP10	T1	TP33
2517	1-氯-1,1-二氟乙烷(制冷气体 R142b)	2	2F		2.1	662	0	E0	P200			MP9	(M) T50	
2518	1,5,9-环十二碳三烯	6.1	T1	Ⅲ	6.1		5L	E1	P001 IBC03 LP01 R001			MP19	T4	TP1
2520	环辛二烯类	3	F1	Ⅲ	3		5L	E1	P001 IBC03 LP01 R001			MP19	T2	TP1
2521	双烯酮，稳定的	6.1	TF1	Ⅰ	6.1+3	354	0	E0	P602			MP8 MP17	T20	TP2 TP37

ADR 罐体		运输罐体车辆	运输类别(隧道限制代码)	运输特殊规定				危险性识别号	联合国编号	名称和描述
罐体代码	特殊规定			包件	散装	装卸和操作	作业			
4.3	4.3.5,6.8.4	9.1.1.2	1.1.3.6	7.2.4	7.3.3	7.5.11	8.5	5.3.2.3		3.1.2
(12)	(13)	(14)	(15)	(16)	(17)	(18)	(19)	(20)	(1)	(2)
SGAV		AT	3 (E)		VC1 VC2 AP7			80	2508	五氯化钼
SGAV		AT	2 (E)	V11	VC1 VC2 AP7			80	2509	硫酸氢钾
L4BN		AT	3 (E)	V12				80	2511	2-氯丙酸
SGAH L4BH	TU15 TE19	AT	2 (E)		VC1 VC2 AP7	CV13 CV28	S9	60	2512	氨基苯酚类(邻-,间-,对-)
L4BN		AT	2 (E)					X80	2513	溴乙酰溴
LGBF		FL	3 (D/E)	V12			S2	30	2514	溴苯
L4BH	TU15 TE19	AT	2 (E)	V12		CV13 CV28	S9	60	2515	溴仿
SGAH L4BH	TU15 TE19	AT	2 (E)		VC1 VC2 AP7	CV13 CV28	S9	60	2516	四溴化碳
PxBN(M)	TA4 TI9	FL	2 (B/D)			CV9 CV10 CV36	S2 S20	23	2517	1-氯-1,1-二氟乙烷(制冷气体 R142b)
L4BH	TU15 TE19	AT	2 (E)	V12		CV13 CV28	S9	60	2518	1,5,9-环十二碳三烯
LGBF		FL	3 (D/E)	V12			S2	30	2520	环辛二烯类
L10CH	TU14 TU15 TE19 TE21	FL	1 (C/D)			CV1 CV13 CV28	S2 S9 S14	663	2521	双烯酮,稳定的

联合国编号	名称和描述	类别	分类代码	包装类别	标志	特殊规定	有限和例外数量		容器			可移动罐柜和散装容器	
									包装指南	特殊包装规定	混合包装规定	指南	特殊规定
		3.1.2	2.2	2.2	2.1.1.3	5.2.2	3.3	3.4	3.5.1.2	4.1.4	4.1.4	4.1.10	4.2.5.2	4.2.5.3
(1)	(2)	(3a)	(3b)	(4)	(5)	(6)	(7a)	(7b)	(8)	(9a)	(9b)	(10)	(11)
2522	2-二甲基丙烯酸乙酯	6.1	T1	Ⅱ	6.1		100ml	E4	P001 IBC02		MP15	T7	TP2
2524	原甲酸乙酯	3	F1	Ⅲ	3		5L	E1	P001 IBC03 LP01 R001		MP19	T2	TP1
2525	草酸乙酯	6.1	T1	Ⅲ	6.1		5L	E1	P001 IBC03 LP01 R001		MP19	T4	TP1
2526	糠胺	3	FC	Ⅲ	3 +8		5L	E1	P001 IBC03 R001		MP19	T4	TP1
2527	丙烯酸异丁酯,稳定的	3	F1	Ⅲ	3		5L	E1	P001 IBC03 LP01 R001		MP19	T2	TP1
2528	异丁酸异丁酯	3	F1	Ⅲ	3		5L	E1	P001 IBC03 LP01 R001		MP19	T2	TP1
2529	异丁酸	3	FC	Ⅲ	3 +8		5L	E1	P001 IBC03 R001		MP19	T4	TP1
2531	甲基丙烯酸,稳定的	8	C3	Ⅱ	8		1L	E2	P001 IBC02 LP01		MP15	T7	TP1 TP18 TP30
2533	三氯乙酸甲酯	6.1	T1	Ⅲ	6.1		5L	E1	P001 IBC03 LP01 R001		MP19	T4	TP1
2534	甲基氯硅烷	2	2TFC		2.3 +2.1 +8		0	E0	P200		MP9	(M)	
2535	4-甲基吗啉(N-甲基吗啉)	3	FC	Ⅱ	3 +8		1L	E2	P001 IBC02		MP19	T7	TP1
2536	甲基四氢呋喃	3	F1	Ⅱ	3		1L	E2	P001 IBC02 R001		MP19	T4	TP1

ADR 罐体		运输罐体车辆	运输类别（隧道限制代码）	运输特殊规定				危险性识别号	联合国编号	名称和描述
罐体代码	特殊规定			包件	散装	装卸和操作	作业			
4.3	4.3.5,6.8.4	9.1.1.2	1.1.3.6	7.2.4	7.3.3	7.5.11	8.5	5.3.2.3		3.1.2
(12)	(13)	(14)	(15)	(16)	(17)	(18)	(19)	(20)	(1)	(2)
L4BH	TU15 TE19	AT	2 (D/E)			CV13 CV28	S9 S19	69	2522	**2－二甲基丙烯酸乙酯**
LGBF		FL	3 (D/E)	V12			S2	30	2524	原甲酸乙酯
L4BH	TU15 TE19	AT	2 (E)	V12		CV13 CV28	S9	60	2525	草酸乙酯
L4BN		FL	3 (D/E)	V12			S2	38	2526	糠胺
LGBF		FL	3 (D/E)	V12			S2	39	2527	丙烯酸异丁酯,稳定的
LGBF		FL	3 (D/E)	V12			S2	30	2528	异丁酸异丁酯
L4BN		FL	3 (D/E)	V12			S2	38	2529	异丁酸
L4BN		AT	2 (E)					89	2531	甲基丙烯酸,稳定的
L4BH	TU15 TE19	AT	2 (E)	V12		CV13 CV28	S9	60	2533	三氯乙酸甲酯
		FL	1 (B/D)			CV9 CV10 CV36	S2 S14	263	2534	甲基氯硅烷
L4BH		FL	2 (D/E)				S2 S20	338	2535	**4－甲基吗啉（N－甲基吗啉）**
LGBF		FL	2 (D/E)				S2 S20	33	2536	甲基四氢呋喃

联合国编号	名称和描述	类别	分类代码	包装类别	标志	特殊规定	有限和例外数量		容器			可移动罐柜和散装容器	
									包装指南	特殊包装规定	混合包装规定	指南	特殊规定
		3.1.2	2.2	2.2	2.1.1.3	5.2.2	3.3	3.4	3.5.1.2	4.1.4	4.1.4	4.1.10	4.2.5.2	4.2.5.3
(1)	(2)	(3a)	(3b)	(4)	(5)	(6)	(7a)	(7b)	(8)	(9a)	(9b)	(10)	(11)
2538	硝基萘	4.1	F1	Ⅲ	4.1		5kg	E1	P002 IBC08 LP02 R001		B3	MP10	T1	TP33
2541	萜品油烯	3	F1	Ⅲ	3		5L	E1	P001 IBC03 LP01 R001			MP19	T2	TP1
2542	三丁胺	6.1	T1	Ⅱ	6.1		100ml	E4	P001 IBC02			MP15	T7	TP2
2545	铪粉,干的	4.2	S4	Ⅰ	4.2	540	0	E0	P404			MP13		
2545	铪粉,干的	4.2	S4	Ⅱ	4.2	540	0	E2	P410 IBC06			MP14	T3	TP33
2545	铪粉,干的	4.2	S4	Ⅲ	4.2	540	0	E1	P002 IBC08 LP02 R001		B3	MP14	T1	TP33
2546	钛粉,干的	4.2	S4	Ⅰ	4.2	540	0	E0	P404			MP13		
2546	钛粉,干的	4.2	S4	Ⅱ	4.2	540	0	E2	P410 IBC06			MP14	T3	TP33
2546	钛粉,干的	4.2	S4	Ⅲ	4.2	540	0	E1	P002 IBC08 LP02 R001		B3	MP14	T1	TP33
2547	过氧化钠	5.1	O2	Ⅰ	5.1		0	E0	P503 IBC06			MP2		
2548	五氟化氯	2	2TOC		2.3 +5.1 +8		0	E0	P200			MP9		
2552	水合六氟丙酮,液体的	6.1	T1	Ⅱ	6.1		100ml	E4	P001 IBC02			MP15	T7	TP2
2554	甲基烯丙基氯	3	F1	Ⅱ	3		1L	E2	P001 IBC02 R001			MP19	T4	TP1
2555	含水的硝化纤维素(按质量含水不少于25%)	4.1	D	Ⅱ	4.1	541	0	E0	P406			MP2		
2556	含酒精的硝化纤维素(按质量含酒精不少于25%且按干重含氮不超过12.6%)	4.1	D	Ⅱ	4.1	541	0	E0	P406			MP2		

ADR 罐体		运输罐体车辆	运输类别（隧道限制代码）	运输特殊规定				危险性识别号	联合国编号	名称和描述
罐体代码	特殊规定			包件	散装	装卸和操作	作业			
4.3	4.3.5,6.8.4	9.1.1.2	1.1.3.6	7.2.4	7.3.3	7.5.11	8.5	5.3.2.3	3.1.2	
(12)	(13)	(14)	(15)	(16)	(17)	(18)	(19)	(20)	(1)	(2)
SGAV		AT	3 (E)		VC1 VC2			40	2538	硝基萘
LGBF		FL	3 (D/E)	V12			S2	30	2541	萜品油烯
L4BH	TU15 TE19	AT	2 (D/E)			CV13 CV28	S9 S19	60	2542	三丁胺
			0 (E)	V1			S20		2545	铪粉,干的
SGAN		AT	2 (D/E)	V1				40	2545	铪粉,干的
SGAN		AT	3 (E)	V1	VC1 VC2 AP1			40	2545	铪粉,干的
			0 (E)	V1			S20		2546	钛粉,干的
SGAN		AT	2 (D/E)	V1				40	2546	钛粉,干的
SGAN		AT	3 (E)	V1	VC1 VC2 AP1			40	2546	钛粉,干的
			1 (E)	V10		CV24	S20		2547	过氧化钠
			1 (D)			CV9 CV10 CV36	S14		2548	五氟化氯
L4BH	TU15 TE19	AT	2 (D/E)			CV13 CV28	S9 S19	60	2552	水合六氟丙酮,液体的
LGBF		FL	2 (D/E)				S2 S20	33	2554	甲基烯丙基氯
			2 (B)				S14		2555	含水的硝化纤维素（按质量含水不少于25%）
			2 (B)				S14		2556	含酒精的硝化纤维素（按质量含酒精不少于25%且按干重含氮不超过12.6%）

联合国编号	名称和描述	类别	分类代码	包装类别	标志	特殊规定	有限和例外数量		容器			可移动罐柜和散装容器	
									包装指南	特殊包装规定	混合包装规定	指南	特殊规定
		3.1.2	2.2	2.2	2.1.1.3	5.2.2	3.3	3.4	3.5.1.2	4.1.4	4.1.4	4.1.10	4.2.5.2	4.2.5.3
(1)	(2)	(3a)	(3b)	(4)	(5)	(6)	(7a)	(7b)	(8)	(9a)	(9b)	(10)	(11)
2557	硝化纤维素（按干重含氮不超过12.6%），混合物含或不含增塑剂，含或不含颜料	4.1	D	Ⅱ	4.1	241 541	0	E0	P406		MP2		
2558	表溴醇	6.1	TF1	Ⅰ	6.1+3		0	E0	P001		MP8 MP17	T14	TP2
2560	2-甲基-2-戊醇	3	F1	Ⅲ	3		5L	E1	P001 IBC03 LP01 R001		MP19	T2	TP1
2561	3-甲基-1-丁烯	3	F1	Ⅰ	3		0	E3	P001		MP7 MP17	T11	TP2
2564	三氯乙酸溶液	8	C3	Ⅱ	8		1L	E2	P001 IBC02		MP15	T7	TP2
2564	三氯乙酸溶液	8	C3	Ⅲ	8		5L	E1	P001 IBC03 LP01 R001		MP19	T4	TP1
2565	二环己胺	8	C7	Ⅲ	8		5L	E1	P001 IBC03 LP01 R001		MP19	T4	TP1
2567	五氯苯酚钠	6.1	T2	Ⅱ	6.1		500g	E4	P002 IBC08	B4	MP10	T3	TP33
2570	镉化合物	6.1	T5	Ⅰ	6.1	274 596	0	E5	P002 IBC07		MP18	T6	TP33
2570	镉化合物	6.1	T5	Ⅱ	6.1	274 596	500g	E4	P002 IBC08	B4	MP10	T3	TP33
2570	镉化合物	6.1	T5	Ⅲ	6.1	274 596	5kg	E1	P002 IBC08 LP02 R001	B3	MP10	T1	TP33
2571	烷基硫酸	8	C3	Ⅱ	8		1L	E2	P001 IBC02		MP15	T8	TP2 TP28
2572	苯肼	6.1	T1	Ⅱ	6.1		100ml	E4	P001 IBC02		MP15	T7	TP2
2573	氯酸铊	5.1	OT2	Ⅱ	5.1+6.1		1kg	E2	P002 IBC06		MP2	T3	TP33

ADR 罐体		运输罐体车辆	运输类别（隧道限制代码）	运输特殊规定				危险性识别号	联合国编号	名称和描述
罐体代码	特殊规定			包件	散装	装卸和操作	作业			
4.3	4.3.5,6.8.4	9.1.1.2	1.1.3.6	7.2.4	7.3.3	7.5.11	8.5	5.3.2.3		3.1.2
(12)	(13)	(14)	(15)	(16)	(17)	(18)	(19)	(20)	(1)	(2)
			2(B)				S14		2557	硝化纤维素（按干重含氮不超过12.6%），混合物含或不含增塑剂,含或不含颜料
L10CH	TU14 TU15 TE19 TE21	FL	1(C/D)			CV1 CV13 CV28	S2 S9 S14	663	2558	表溴醇
LGBF		FL	3(D/E)	V12			S2	30	2560	2-甲基-2-戊醇
L4BN		FL	1(D/E)				S2 S20	33	2561	3-甲基-1-丁烯
L4BN		AT	2(E)					80	2564	三氯乙酸溶液
L4BN		AT	3(E)	V12				80	2564	三氯乙酸溶液
L4BN		AT	3(E)	V12				80	2565	二环己胺
SGAH	TU15 TE19	AT	2(D/E)	V11		CV13 CV28	S9 S19	60	2567	五氯苯酚钠
S10AH L10CH	TU14 TU15 TE19 TE21	AT	1(C/E)	V10		CV1 CV13 CV28	S9 S14	66	2570	镉化合物
SGAH L4BH	TU15 TE19	AT	2(D/E)	V11		CV13 CV28	S9 S19	60	2570	镉化合物
SGAH L4BH	TU15 TE19	AT	2(E)	VC1 VC2 AP7		CV13 CV28	S9	60	2570	镉化合物
L4BN		AT	2(E)					80	2571	烷基硫酸
L4BH	TU15 TE19	AT	2(D/E)			CV13 CV28	S9 S19	60	2572	苯肼
SGAN	TU3	AT	2(E)	V11		CV24 CV28		56	2573	氯酸铊

联合国编号	名称和描述	类别	分类代码	包装类别	标志	特殊规定	有限和例外数量		容器			可移动罐柜和散装容器	
									包装指南	特殊包装规定	混合包装规定	指南	特殊规定
		3.1.2	2.2	2.2	2.1.1.3	5.2.2	3.3	3.4	3.5.1.2	4.1.4	4.1.4	4.1.10	4.2.5.2	4.2.5.3
(1)	(2)	(3a)	(3b)	(4)	(5)	(6)	(7a)	(7b)	(8)	(9a)	(9b)	(10)	(11)
2574	磷酸三甲苯酯（含邻位异构物大于3%）	6.1	T1	Ⅱ	6.1		100ml	E4	P001 IBC02		MP15	T7	TP2
2576	三溴氧化磷，熔融的	8	C1	Ⅱ	8		0	E0				T7	TP3
2577	苯乙酰氯	8	C3	Ⅱ	8		1L	E2	P001 IBC02		MP15	T7	TP2
2578	三氧化二磷	8	C2	Ⅲ	8		5kg	E1	P002 IBC08 LP02 R001	B3	MP10	T1	TP33
2579	哌嗪	8	C8	Ⅲ	8		5kg	E1	P001 IBC08 LP01 R001	B3	MP10	T1	TP33
2580	溴化铝溶液	8	C1	Ⅲ	8		5L	E1	P001 IBC03 LP01 R001		MP19	T4	TP1
2581	氯化铝溶液	8	C1	Ⅲ	8		5L	E1	P001 IBC03 LP01 R001		MP19	T4	TP1
2582	氯化铁溶液	8	C1	Ⅲ	8		5L	E1	P001 IBC03 LP01 R001		MP19	T4	TP1
2583	烷基磺酸，固体的或芳基磺酸，固体的，含游离硫酸大于5%	8	C2	Ⅱ	8		1kg	E2	P002 IBC08	B4	MP10	T3	TP33
2584	烷基磺酸，液体的或芳基磺酸，液体的，含游离硫酸大于5%	8	C1	Ⅱ	8		1L	E2	P001 IBC02		MP15	T8	TP2
2585	烷基磺酸，固体的或芳基磺酸，固体的，含游离硫酸不大于5%	8	C4	Ⅲ	8		5kg	E1	P002 IBC08 LP02 R001	B3	MP10	T1	TP33

ADR 罐体		运输罐体车辆	运输类别（隧道限制代码）	运输特殊规定				危险性识别号	联合国编号	名称和描述
罐体代码	特殊规定			包件	散装	装卸和操作	作业			
4.3	4.3.5,6.8.4	9.1.1.2	1.1.3.6	7.2.4	7.3.3	7.5.11	8.5	5.3.2.3		3.1.2
(12)	(13)	(14)	(15)	(16)	(17)	(18)	(19)	(20)	(1)	(2)
L4BH	TU15 TE19	AT	2 (D/E)			CV13 CV28	S9 S19	60	2574	磷酸三甲苯酯（含邻位异构物大于3%）
L4BN		AT	2 (E)					80	2576	三溴氧化磷,熔融的
L4BN		AT	2 (E)					80	2577	苯乙酰氯
SGAV		AT	3 (E)		VC1 VC2 AP7			80	2578	三氧化二磷
SGAV L4BN		AT	3 (E)		VC1 VC2 AP7			80	2579	哌嗪
L4BN		AT	3 (E)	V12				80	2580	溴化铝溶液
L4BN		AT	3 (E)	V12				80	2581	氯化铝溶液
L4BN		AT	3 (E)	V12				80	2582	氯化铁溶液
SGAN L4BN		AT	2 (E)	V11				80	2583	烷基磺酸,固体的或芳基磺酸,固体的,含游离硫酸大于5%
L4BN		AT	2 (E)					80	2584	烷基磺酸,液体的或芳基磺酸,液体的,含游离硫酸大于5%
SGAV		AT	3 (E)		VC1 VC2 AP7			80	2585	烷基磺酸,固体的或芳基磺酸,固体的,含游离硫酸不大于5%

联合国编号	名称和描述	类别	分类代码	包装类别	标志	特殊规定	有限和例外数量		容器			可移动罐柜和散装容器	
									包装指南	特殊包装规定	混合包装规定	指南	特殊规定
		3.1.2	2.2	2.2	2.1.1.3	5.2.2	3.3	3.4	3.5.1.2	4.1.4	4.1.4	4.1.10	4.2.5.2	4.2.5.3
(1)	(2)	(3a)	(3b)	(4)	(5)	(6)	(7a)	(7b)	(8)	(9a)	(9b)	(10)	(11)
2586	烷基磺酸,液体的 或芳基磺酸,液体的,含游离硫酸不大于5%	8	C3	Ⅲ	8		5L	E1	P001 IBC03 LP01 R001		MP19	T4	TP1
2587	苯醌	6.1	T2	Ⅱ	6.1		500g	E4	P002 IBC08	B4	MP10	T3	TP33
2588	农药类,固体的,有毒的,未另作规定的	6.1	T7	Ⅰ	6.1	61 274 648	0	E5	P002 IBC02		MP18	T6	TP33
2588	农药类,固体的,有毒的,未另作规定的	6.1	T7	Ⅱ	6.1	61 274 648	500g	E4	P002 IBC08	B4	MP10	T3	TP33
2588	农药类,固体的,有毒的,未另作规定的	6.1	T7	Ⅲ	6.1	61 274 648	5kg	E1	P002 IBC08 LP02 R001	B3	MP10	T1	TP33
2589	氯乙酸乙烯酯	6.1	TF1	Ⅱ	6.1 +3		100ml	E4	P001 IBC02		MP15	T7	TP2
2590	白石棉(温石棉,阳起石,直闪石,透闪石)	9	M1	Ⅲ	9	168 542	5kg	E1	P002 IBC08 R001	PP37 B4	MP10	T1	TP33
2591	氙,冷冻液体	2	3A		2.2	593	120ml	E1	P203		MP9	T75	TP5
2599	氯三氟甲烷和三氟甲烷共沸混合物,含氯三氟甲烷约60%(制冷气体R503)	2	2A		2.2	662	120ml	E1	P200		MP9	(M)	
2601	环丁烷	2	2F		2.1	662	0	E0	P200		MP9	(M)	
2602	二氯二氟甲烷和二氟乙烷共沸混合物,含二氯二氟甲烷约74%(制冷气体R500)	2	2A		2.2	662	120ml	E1	P200		MP9	(M) T50	
2603	环庚三烯	3	FT1	Ⅱ	3 +6.1		1L	E2	P001 IBC02		MP19	T7	TP1

ADR 罐体		运输罐体车辆	运输类别（隧道限制代码）	运输特殊规定				危险性识别号	联合国编号	名称和描述
罐体代码	特殊规定			包件	散装	装卸和操作	作业			
4.3	4.3.5,6.8.4	9.1.1.2	1.1.3.6	7.2.4	7.3.3	7.5.11	8.5	5.3.2.3	3.1.2	
(12)	(13)	(14)	(15)	(16)	(17)	(18)	(19)	(20)	(1)	(2)
L4BN		AT	3 (E)	V12				80	2586	烷基磺酸,液体的或芳基磺酸,液体的,含游离硫酸不大于5%
SGAH L4BH	TU15 TE19	AT	2 (D/E)	V11		CV13 CV28	S9 S19	60	2587	苯酚
S10AH L10CH	TU14 TU15 TE19 TE21	AT	1 (C/E)			CV1 CV13 CV28	S9 S14	66	2588	农药类,固体的,有毒的,未另作规定的
SGAH L4BH	TU15 TE19	AT	2 (D/E)	V11		CV13 CV28	S9 S19	60	2588	农药类,固体的,有毒的,未另作规定的
SGAH L4BH	TU15 TE19	AT	2 (E)		VC1 VC2 AP7	CV13 CV28	S9	60	2588	农药类,固体的,有毒的,未另作规定的
L4BH	TU15 TE19	FL	2 (D/E)			CV13 CV28	S2 S9 S19	63	2589	氯乙酸乙烯酯
SGAH	TU15	AT	3 (E)	V11		CV13 CV28		90	2590	白石棉(温石棉,阳起石,直闪石,透闪石)
RxBN	TU19 TA4 TT9	AT	3 (C/E)	V5		CV9 CV11 CV36	S20	22	2591	氩,冷冻液体
PxBN(M)	TA4 TT9	AT	3 (C/E)			CV9 CV10 CV36		20	2599	氯三氟甲烷和三氟甲烷共沸混合物,含氯三氟甲烷约60%(制冷气体R503)
PxBN(M)	TA4 TT9	FL	2 (B/D)			CV9 CV10 CV36	S2 S20	23	2601	环丁烷
PxBN(M)	TA4 TT9	AT	3 (C/E)			CV9 CV10 CV36		20	2602	二氯二氟甲烷和二氯二氟乙烷共沸混合物,含二氯二氟甲烷约74%(制冷气体R500)
L4BH	TU15	FL	2 (D/E)			CV13 CV28	S2 S19	336	2603	环庚三烯

联合国编号	名称和描述	类别	分类代码	包装类别	标志	特殊规定	有限和例外数量		容器			可移动罐柜和散装容器	
									包装指南	特殊包装规定	混合包装规定	指南	特殊规定
		3.1.2	2.2	2.2	2.1.1.3	5.2.2	3.3	3.4	3.5.1.2	4.1.4	4.1.4	4.1.10	4.2.5.2	4.2.5.3
(1)	(2)	(3a)	(3b)	(4)	(5)	(6)	(7a)	(7b)	(8)	(9a)	(9b)	(10)	(11)
2604	三氟化硼合二乙醚	8	CF1	Ⅰ	8+3		0	E0	P001		MP8 MP17	T10	TP2
2605	异氰酸甲氧基甲酯	6.1	TF1	Ⅰ	6.1+3	354	0	E0	P602		MP8 MP17	T20	TP2 TP37
2606	原硅酸甲酯	6.1	TF1	Ⅰ	6.1+3	354	0	E0	P602		MP8 MP17	T20	TP2 TP37
2607	丙烯醛二聚物,稳定的	3	F1	Ⅲ	3		5L	E1	P001 IBC03 LP01 R001		MP19	T2	TP1
2608	硝基丙烷类	3	F1	Ⅲ	3		5L	E1	P001 IBC03 LP01 R001		MP19	T2	TP1
2609	硼酸三烯丙酯	6.1	T1	Ⅲ	6.1		5L	E1	P001 IBC03 LP01 R001		MP19		
2610	三烯丙基胺	3	FC	Ⅲ	3+8		5L	E1	P001 IBC03 R001		MP19	T4	TP1
2611	丙氯醇	6.1	TF1	Ⅱ	6.1+3		100ml	E4	P001 IBC02		MP15	T7	TP2
2612	甲基丙基醚	3	F1	Ⅱ	3		1L	E2	P001 IBC02	B8	MP19	T7	TP2
2614	甲代烯丙基醇	3	F1	Ⅲ	3		5L	E1	P001 IBC03 LP01 R001		MP19	T2	TP1
2615	乙基丙基醚类	3	F1	Ⅱ	3		1L	E2	P001 IBC02 R001		MP19	T4	TP1
2616	硼酸三异丙酯	3	F1	Ⅱ	3		1L	E2	P001 IBC02 R001		MP19	T4	TP1
2616	硼酸三异丙酯	3	F1	Ⅲ	3		5L	E1	P001 IBC03 LP01 R001		MP19	T2	TP1

ADR 罐体		运输罐体车辆	运输类别(隧道限制代码)	运输特殊规定				危险性识别号	联合国编号	名称和描述
罐体代码	特殊规定			包件	散装	装卸和操作	作业			
4.3	4.3.5,6.8.4	9.1.1.2	1.1.3.6	7.2.4	7.3.3	7.5.11	8.5	5.3.2.3		3.1.2
(12)	(13)	(14)	(15)	(16)	(17)	(18)	(19)	(20)	(1)	(2)
L10BH		FL	1 (D/E)				S2 S14	883	2604	三氟化硼合二乙醚
L10CH	TU14 TU15 TE19 TE21	FL	1 (C/D)			CV1 CV13 CV28	S2 S9 S14	663	2605	异氰酸甲氧基甲酯
L10CH	TU14 TU15 TE19 TE21	FL	1 (C/D)			CV1 CV13 CV28	S2 S9 S14	663	2606	原硅酸甲酯
LGBF		FL	3 (D/E)	V12			S2	39	2607	丙烯醛二聚物,稳定的
LGBF		FL	3 (D/E)	V12			S2	30	2608	硝基丙烷类
L4BH	TU15 TE19	AT	2 (E)	V12		CV13 CV28	S9	60	2609	硼酸三烯丙酯
L4BN		FL	3 (D/E)	V12			S2	38	2610	三烯丙基胺
L4BH	TU15 TE19	FL	2 (D/E)			CV13 CV28	S2 S9 S19	63	2611	丙氯醇
L1.5BN		FL	2 (D/E)				S2 S20	33	2612	甲基丙基醚
LGBF		FL	3 (D/E)	V12			S2	30	2614	甲代烯丙基醇
LGBF		FL	2 (D/E)				S2 S20	33	2615	乙基丙基醚类
LGBF		FL	2 (D/E)				S2 S20	33	2616	硼酸三异丙酯
LGBF		FL	3 (D/E)	V12			S2	30	2616	硼酸三异丙酯

联合国编号	名称和描述	类别	分类代码	包装类别	标志	特殊规定	有限和例外数量		容器			可移动罐柜和散装容器	
									包装指南	特殊包装规定	混合包装规定	指南	特殊规定
		3.1.2	2.2	2.2	2.1.1.3	5.2.2	3.3	3.4	3.5.1.2	4.1.4	4.1.4	4.1.10	4.2.5.2	4.2.5.3
(1)	(2)	(3a)	(3b)	(4)	(5)	(6)	(7a)	(7b)	(8)	(9a)	(9b)	(10)	(11)
2617	甲基环己醇类,易燃的	3	F1	Ⅲ	3		5L	E1	P001 IBC03 LP01 R001		MP19	T2	TP1
2618	乙烯基甲苯类,稳定的	3	F1	Ⅲ	3		5L	E1	P001 IBC03 LP01 R001		MP19	T2	TP1
2619	苄基二甲胺	8	CF1	Ⅱ	8 +3		1L	E2	P001 IBC02		MP15	T7	TP2
2620	丁酸戊酯类	3	F1	Ⅲ	3		5L	E1	P001 IBC03 LP01 R001		MP19	T2	TP1
2621	乙酰甲基甲醇	3	F1	Ⅲ	3		5L	E1	P001 IBC03 LP01 R001		MP19	T2	TP1
2622	缩水甘油醛	3	FT1	Ⅱ	3 +6.1		1L	E2	P001 IBC02	B8	MP19	T7	TP1
2623	点火剂,固体的,含有易燃液体的	4.1	F1	Ⅲ	4.1		5kg	E1	P002 LP02 R001	PP15	MP11		
2624	硅化镁	4.3	W2	Ⅱ	4.3		500g	E2	P410 IBC07		MP14	T3	TP33
2626	氯酸水溶液,含氯酸不超过10%	5.1	O1	Ⅱ	5.1	613	1L	E0	P504 IBC02		MP2	T4	TP1
2627	亚硝酸盐类,无机的,未另作规定的	5.1	O1	Ⅱ	5.1	103 274	1kg	E2	P002 IBC08	B4	MP10	T3	TP33
2628	氟乙酸钾	6.1	T2	Ⅰ	6.1		0	E5	P002 IBC07		MP18	T6	TP33
2629	氟乙酸钠	6.1	T2	Ⅰ	6.1		0	E5	P002 IBC07		MP18	T6	TP33
2630	硒酸盐类或亚硒酸盐类	6.1	T5	Ⅰ	6.1	274	0	E5	P002 IBC07		MP18	T6	TP33
2642	氟乙酸	6.1	T2	Ⅰ	6.1		0	E5	P002 IBC07		MP18	T6	TP33

ADR 罐体		运输罐体车辆	运输类别（隧道限制代码）	运输特殊规定				危险性识别号	联合国编号	名称和描述
罐体代码	特殊规定			包件	散装	装卸和操作	作业			
4.3	4.3.5,6.8.4	9.1.1.2	1.1.3.6	7.2.4	7.3.3	7.5.11	8.5	5.3.2.3		3.1.2
(12)	(13)	(14)	(15)	(16)	(17)	(18)	(19)	(20)	(1)	(2)
LGBF		FL	3 (D/E)	V12			S2	30	2617	甲基环己醇类,易燃的
LGBF		FL	3 (D/E)	V12			S2	39	2618	乙烯基甲苯类,稳定的
L4BN		FL	2 (D/E)				S2	83	2619	苄基二甲胺
LGBF		FL	3 (D/E)	V12			S2	30	2620	丁酸戊酯类
LGBF		FL	3 (D/E)	V12			S2	30	2621	乙酰甲基甲醇
L4BH	TU15	FL	2 (D/E)			CV13 CV28	S2 S19	336	2622	缩水甘油醛
			4 (E)						2623	点火剂,固体的,含有易燃液体的
SGAN		AT	2 (D/E)	V1		CV23		423	2624	硅化镁
L4BN	TU3	AT	2 (E)			CV24		50	2626	氯酸水溶液,含氯酸不超过10%
SGAN	TU3	AT	2 (E)	V11		CV24		50	2627	亚硝酸盐类,无机的,未另作规定的
S10AH	TU15 TE19	AT	1 (C/E)	V10		CV1 CV13 CV28	S9 S14	66	2628	氟乙酸钾
S10AH	TU15 TE19	AT	1 (C/E)	V10		CV1 CV13 CV28	S9 S14	66	2629	氟乙酸钠
S10AH L10CH	TU14 TU15 TE19 TE21	AT	1 (C/E)	V10		CV1 CV13 CV28	S9 S14	66	2630	硒酸盐类或亚硒酸盐类
S10AH L10CH	TU14 TU15 TE19 TE21	AT	1 (C/E)	V10		CV1 CV13 CV28	S9 S14	66	2642	氟乙酸

联合国编号	名称和描述	类别	分类代码	包装类别	标志	特殊规定	有限和例外数量		容器			可移动罐柜和散装容器	
									包装指南	特殊包装规定	混合包装规定	指南	特殊规定
		3.1.2	2.2	2.2	2.1.1.3	5.2.2	3.3	3.4	3.5.1.2	4.1.4	4.1.4	4.1.10	4.2.5.2	4.2.5.3
(1)	(2)	(3a)	(3b)	(4)	(5)	(6)	(7a)	(7b)	(8)	(9a)	(9b)	(10)	(11)
2643	溴乙酸甲酯	6.1	T1	Ⅱ	6.1		100ml	E4	P001 IBC02		MP15	T7	TP2
2644	甲基碘	6.1	T1	Ⅰ	6.1	354	0	E0	P602		MP8 MP17	T20	TP2 TP37
2645	苯甲酰甲基溴	61	T2	Ⅱ	6.1		500g	E4	P002 IBC08	B4	MP10	T3	TP33
2646	六氯环戊二烯	6.1	T1	Ⅰ	6.1	354	0	E0	P602		MP8 MP17	T20	TP2 TP35
2647	丙二腈	6.1	T2	Ⅱ	6.1		500g	E4	P002 IBC08	B4	MP10	T3	TP33
2648	1,2-二溴-3-丁酮	6.1	T1	Ⅱ	6.1		100ml	E4	P001 IBC02		MP15		
2649	1,3-二氯丙酮	6.1	T2	Ⅱ	6.1		500g	E4	P002 IBC08	B4	MP10	T3	TP33
2650	1,1-二氯-1-硝基乙烷	6.1	T1	Ⅱ	6.1		100ml	E4	P001 IBC02		MP15	T7	TP2
2651	4,4-二氨基二苯基甲烷	6.1	T2	Ⅲ	6.1		5kg	E1	P002 IBC08 LP02 P001	B3	MP10	T1	TP33
2653	苄基碘	6.1	T1	Ⅱ	6.1		100ml	E4	P001 IBC02		MP15	T7	TP2
2655	氟硅酸钾	6.1	T5	Ⅲ	6.1		5kg	E1	P002 IBC08 LP02 P001	B3	MP10	T1	TP33
2656	喹啉	6.1	T1	Ⅲ	6.1		5L	E1	P001 IBC03 LP01 R001		MP19	T4	TP1
2657	二硫化硒	6.1	T5	Ⅱ	6.1		500g	E4	P002 IBC08	B4	MP10	T3	TP33
2659	氯乙酸钠	6.1	T2	Ⅲ	6.1		5kg	E1	P002 IBC08 LP02 R001	B3	MP10	T1	TP33
2660	硝基甲苯胺类（MONO）	6.1	T2	Ⅲ	6.1		5kg	E1	P002 IBC08 LP02 R001	B3	MP10	T1	TP33

ADR罐体		运输罐体车辆	运输类别（隧道限制代码）	运输特殊规定			作业	危险性识别号	联合国编号	名称和描述
罐体代码	特殊规定			包件	散装	装卸和操作				
4.3	4.3.5,6.8.4	9.1.1.2	1.1.3.6	7.2.4	7.3.3	7.5.11	8.5	5.3.2.3		3.1.2
(12)	(13)	(14)	(15)	(16)	(17)	(18)	(19)	(20)	(1)	(2)
L4BH	TU15 TE19	AT	2 (D/E)			CV13 CV28	S9 S19	60	2643	溴乙酸甲酯
L10CH	TU14 TU15 TE19 TE21	AT	1 (C/D)			CV1 CV13 CV28	S9 S14	66	2644	甲基碘
SGAH L4BH	TU15 TE19	AT	2 (D/E)	V11		CV13 CV28	S9 S19	60	2645	苯甲酰甲基溴
L10CH	TU14 TU15 TE19 TE21	AT	1 (C/D)			CV1 CV13 CV28	S9 S14	66	2646	六氯环戊二烯
SGAH L4BH	TU15 TE19	AT	2 (D/E)	V11		CV13 CV28	S9 S19	60	2647	丙二腈
L4BH	TU15 TE19	AT	2 (D/E)			CV13 CV28	S9 S19	60	2648	1,2－二溴－3－丁酮
SGAH L4BH	TU15 TE19	AT	2 (D/E)	V11		CV13 CV28	S9 S19	60	2649	1,3－二氯丙酮
L4BH	TU15 TE19	AT	2 (D/E)			CV13 CV28	S9 S19	60	2650	1,1－二氯－1－硝基乙烷
SGAH L4BH	TU15 TE19	AT	2 (E)	VC1 VC2 AP7		CV13 CV28	S9		60	2651	4,4－二氨基二苯基甲烷
L4BH	TU15 TE19	AT	2 (D/E)			CV13 CV28	S9 S19	60	2653	苄基碘
SGAH L4BH	TU15 TE19	AT	2 (E)	VC1 VC2 AP7		CV13 CV28	S9	60	2655	氟硅酸钾
L4BH	TU15 TE19	AT	2 (E)	V12		CV13 CV28	S9	60	2656	喹啉
SGAH L4BH	TU15 TE19	AT	2 (D/E)	V11		CV13 CV28	S9 S19	60	2657	二硫化硒
SGAH	TU15 TE19	AT	2 (E)	VC1 VC2 AP7		CV13 CV28	S9	60	2659	氯乙酸钠
SGAH L4BH	TU15 TE19	AT	2 (E)	VC1 VC2 AP7		CV13 CV28	S9	60	2660	硝基甲苯胺类（MONO）

联合国编号	名称和描述	类别	分类代码	包装类别	标志	特殊规定	有限和例外数量		容器			可移动罐柜和散装容器	
									包装指南	特殊包装规定	混合包装规定	指南	特殊规定
	3.1.2	2.2	2.2	2.1.1.3	5.2.2	3.3	3.4	3.5.1.2	4.1.4	4.1.4	4.1.10	4.2.5.2	4.2.5.3
(1)	(2)	(3a)	(3b)	(4)	(5)	(6)	(7a)	(7b)	(8)	(9a)	(9b)	(10)	(11)
2661	六氯丙酮	6.1	T1	Ⅲ	6.1		5L	E1	P001 IBC03 LP01 R001		MP19	T4	TP1
2664	二溴甲烷	6.1	T1	Ⅲ	6.1		5L	E1	P001 IBC03 LP01 R001		MP19	T4	TP1
2667	丁基甲苯类	6.1	T1	Ⅲ	6.1		5L	E1	P001 IBC03 LP01 R001		MP19	T4	TP1
2668	氯乙腈	6.1	TF1	Ⅰ	6.1+3	354	0	E0	P602		MP8 MP17	T20	TP2 TP37
2669	氯甲酚类溶液	6.1	T1	Ⅱ	6.1		100ml	E4	P001 IBC02		MP15	T7	TP2
2669	氯甲酚类溶液	6.1	T1	Ⅲ	6.1		5L	E1	P001 IBC03 LP01 R001		MP19	T7	TP2
2670	氰尿酰氯	8	C4	Ⅱ	8		1kg	E2	P002 IBC08	B4	MP10	T3	TP33
2671	氨基吡啶类（邻-,间-,对-)	6.1	T2	Ⅱ	6.1		500g	E4	P002 IBC08	B4	MP10	T3	TP33
2672	氨溶液,水溶液,在15℃时的相对密度为0.880至0.957,按质量含氨超过10%,但不超过35%	8	C5	Ⅲ	8	543	5L	E1	P001 IBC03 LP01 P001		MP19	T7	TP1
2673	2-氨基-4-氯苯酚	6.1	T2	Ⅱ	6.1		500g	E4	P002 IBC08	B4	MP10	T3	TP33
2674	氟硅酸钠	6.1	T5	Ⅲ	6.1		5kg	E1	P002 IBC08 LP02 R001	B3	MP10	T1	TP33
2676	锑化(三)氢	2	2TF		2.3+2.1		0	E0	P200		MP9		
2677	氢氧化铷溶液	8	C5	Ⅱ	8		1L	E2	P001 IBC02		MP15	T7	TP2

ADR 罐体		运输罐体车辆	运输类别（隧道限制代码）	运输特殊规定				危险性识别号	联合国编号	名称和描述
罐体代码	特殊规定			包件	散装	装卸和操作	作业			
4.3	4.3.5,6.8.4	9.1.1.2	1.1.3.6	7.2.4	7.3.3	7.5.11	8.5	5.3.2.3		3.1.2
(12)	(13)	(14)	(15)	(16)	(17)	(18)	(19)	(20)	(1)	(2)
L4BH	TU15 TE19	AT	2 (E)	V12		CV13 CV28	S9	60	2661	六氯丙酮
L4BH	TU15 TE19	AT	2 (E)	V12		CV13 CV28	S9	60	2664	二溴甲烷
L4BH	TU15 TE19	AT	2 (E)	V12		CV13 CV28	S9	60	2667	丁基甲苯类
L10CH	TU14 TU15 TE19 TE21	FL	1 (C/D)			CV1 CV13 CV28	S2 S9 S14	663	2668	氯乙腈
L4BH	TU15 TE19	AT	2 (D/E)			CV13 CV28	S9 S19	60	2669	氯甲酚类溶液
L4BH	TU15 TE19	AT	2 (E)	V12		CV13 CV28	S9	60	2669	氯甲酚类溶液
SGAN L4BN		AT	2 (E)	V11				80	2670	氰尿酰氯
SGAH L4BH	TU15 TE19	AT	2 (D/E)	V11		CV13 CV28	S9 S19	60	2671	氨基吡啶类 (邻-,间-,对-)
L4BN		AT	3 (E)	V12				80	2672	氨溶液,水溶液,在15℃时的相对密度为0.880至0.957,按质量含氨超过10%,但不超过35%
SGAH L4BH	TU15 TE19	AT	2 (D/E)	V11		CV13 CV28	S9 S19	60	2673	2-氨基-4-氯苯酚
SGAH L4BH	TU15 TE19	AT	2 (E)		VC1 VC2 AP7	CV13 CV28	S9	60	2674	氟硅酸钠
			1 (D)			CV9 CV10 CV36	S2 S14		2676	锑化(三)氢
L4BN		AT	2 (E)					80	2677	氢氧化铷溶液

联合国编号	名称和描述	类别	分类代码	包装类别	标志	特殊规定	有限和例外数量		容器			可移动罐柜和散装容器	
									包装指南	特殊包装规定	混合包装规定	指南	特殊规定
		3.1.2	2.2	2.2	2.1.1.3	5.2.2	3.3	3.4	3.5.1.2	4.1.4	4.1.4	4.1.10	4.2.5.2	4.2.5.3
(1)	(2)	(3a)	(3b)	(4)	(5)	(6)	(7a)	(7b)	(8)	(9a)	(9b)	(10)	(11)
2677	氢氧化铷溶液	8	C5	Ⅲ	8		5L	E1	P001 IBC03 LP01 R001			MP19	T4	TP1
2678	氢氧化铷	8	C6	Ⅱ	8		1kg	E2	P002 IBC08	B4	MP10	T3	TP33
2679	氢氧化锂溶液	8	C5	Ⅱ	8		1L	E2	P001 IBC02		MP15	T7	TP2
2679	氢氧化锂溶液	8	C5	Ⅲ	8		5L	E1	P001 IBC03 LP01 R001		MP19	T4	TP2
2680	氢氧化锂	8	C6	Ⅱ	8		1kg	E2	P002 IBC08	B4	MP10	T3	TP33
2681	氢氧化铯溶液	8	C5	Ⅱ	8		1L	E2	P001 IBC02		MP15	T7	TP2
2681	氢氧化铯溶液	8	C5	Ⅲ	8		5L	E1	P001 IBC03 LP01 R001		MP19	T4	TP1
2682	氢氧化铯	8	C6	Ⅱ	8		1kg	E2	P002 IBC08	B4	MP10	T3	TP33
2683	硫化铵溶液	8	CFT	Ⅱ	8 +3 +6.1		1L	E2	P001 IBC01		MP15	T7	TP2
2684	3-二乙氨基丙胺	3	FC	Ⅲ	3 +8		5L	E1	P001 IBC03 R001		MP19	T4	TP1
2685	N,N-二乙基乙撑二胺	8	CF1	Ⅱ	8 +3		1L	E2	P001 IBC02		MP15	T7	TP2
2686	2-二乙氨基乙醇	8	CF1	Ⅱ	8 +3		1L	E2	P001 IBC02		MP15	T7	TP2
2687	亚硝酸二环己铵	4.1	F3	Ⅲ	4.1		5kg	E1	P002 IBC08 LP02 R001	B3	MP11	T1	TP33
2688	1-溴-3-氯丙烷	6.1	T1	Ⅲ	6.1		5L	E1	P001 IBC03 LP01 R001		MP19	T4	TP1
2689	α-氯代丙三醇(3-氯-1,2-丙三醇)	6.1	T1	Ⅲ	6.1		5L	E1	P001 IBC03 LP01 R001		MP19	T4	TP1

ADR 罐体		运输罐体车辆	运输类别（隧道限制代码）	运输特殊规定				危险性识别号	联合国编号	名称和描述
罐体代码	特殊规定			包件	散装	装卸和操作	作业			
4.3	4.3.5,6.8.4	9.1.1.2	1.1.3.6	7.2.4	7.3.3	7.5.11	8.5	5.3.2.3	3.1.2	
(12)	(13)	(14)	(15)	(16)	(17)	(18)	(19)	(20)	(1)	(2)
L4BN		AT	3 (E)	V12				80	2677	氢氧化铷溶液
SGAN		AT	2 (E)	V11				80	2678	氢氧化铷
L4BN		AT	2 (E)					80	2679	氢氧化锂溶液
L4BN		AT	3 (E)	V12				80	2679	氢氧化锂溶液
SGAN		AT	2 (E)	V11				80	2680	氢氧化锂
L4BN		AT	2 (E)					80	2681	氢氧化铯溶液
L4BN		AT	3 (E)	V12				80	2681	氢氧化铯溶液
SGAN		AT	2 (E)	V11				80	2682	氢氧化铯
L4BN		FL	2 (D/E)			CV13 CV28	S2	86	2683	硫化铵溶液
L4BN		FL	3 (D/E)	V12			S2	38	2684	3-二乙氨基丙胺
L4BN		FL	2 (D/E)				S2	83	2685	N,N-二乙基乙撑二胺
L4BN		FL	2 (D/E)				S2	83	2686	2-二乙氨基乙醇
SGAV		AT	3 (E)	VC1 VC2				40	2687	亚硝酸二环己铵
L4BH	TU15 TE19	AT	2 (E)	V12		CV13 CV28	S9	60	2688	1-溴-3-氯丙烷
L4BH	TU15 TE19	AT	2 (E)	V12		CV13 CV28	S9	60	2689	α-氯代丙三醇(3-氯-1,2-丙三醇)

联合国编号	名称和描述	类别	分类代码	包装类别	标志	特殊规定	有限和例外数量		容器			可移动罐柜和散装容器	
									包装指南	特殊包装规定	混合包装规定	指南	特殊规定
		3.1.2	2.2	2.2	2.1.1.3	5.2.2	3.3	3.4	3.5.1.2	4.1.4	4.1.4	4.1.10	4.2.5.2	4.2.5.3
(1)	(2)	(3a)	(3b)	(4)	(5)	(6)	(7a)	(7b)	(8)	(9a)	(9b)	(10)	(11)
2690	N-正丁基咪唑	6.1	T1	Ⅱ	6.1		100ml	E4	P001 IBC02		MP15	T7	TP2
2691	五溴化磷	8	C2	Ⅱ	8		1kg	E0	P002 IBC08	B4	MP10	T3	TP33
2692	三溴化硼	8	C1	Ⅰ	8		0	E0	P602		MP8 MP17	T20	TP2
2693	亚硫酸氢盐类,水溶液(酸式亚硫酸盐类,水溶液),未另作规定的	8	C1	Ⅲ	8	274	5L	E1	P001 IBC03 LP01 R001		MP19	T7	TP1 TP28
2698	四氢化邻苯二甲酸酐,含马来酐大于0.05%	8	C4	Ⅲ	8	169	5kg	E1	P002 IBC08 LP02 R001	PP14 B3	MP10	T1	TP33
2699	三氟乙酸	8	C3	Ⅰ	8		0	E0	P001		MP8 MP17	T10	TP2
2705	1-戊醇	8	C9	Ⅱ	8		1L	E2	P001 IBC02		MP15	T7	TP2
2707	二甲基二恶烷类	3	F1	Ⅱ	3		1L	E2	P001 IBC02 R001		MP19	T4	TP1
2707	二甲基二恶烷类	3	F1	Ⅲ	3		5L	E1	P001 IBC03 LP01 R001		MP19	T2	TP1
2709	丁基苯类	3	F1	Ⅲ	3		5L	E1	P001 IBC03 LP01 R001		MP19	T2	TP1
2710	二丙基(甲)酮	3	F1	Ⅲ	3		5L	E1	P001 IBC03 LP01 R001		MP19	T2	TP1
2713	吖啶	6.1	T2	Ⅲ	6.1		5kg	E1	P002 IBC08 LP02 R001	B3	MP10	T1	TP33
2714	树脂酸锌	4.1	F3	Ⅲ	4.1		5kg	E1	P002 IBC06 R001		MP11	T1	TP33
2715	树脂酸铝	4.1	F3	Ⅲ	4.1		5kg	E1	P002 IBC06 R001		MP11	T1	TP33

ADR 罐体		运输罐体车辆	运输类别（隧道限制代码）	运输特殊规定				危险性识别号	联合国编号	名称和描述
罐体代码	特殊规定			包件	散装	装卸和操作	作业			
4.3	4.3.5,6.8.4	9.1.1.2	1.1.3.6	7.2.4	7.3.3	7.5.11	8.5	5.3.2.3		3.1.2
(12)	(13)	(14)	(15)	(16)	(17)	(18)	(19)	(20)	(1)	(2)
L4BH	TU15 TE19	AT	2 (D/E)			CV13 CV28	S9 S19	60	2690	N－正丁基咪唑
SGAN		AT	2 (E)	V11				80	2691	五溴化磷
L10BH		AT	1 (E)				S20	X88	2692	三溴化硼
L4BN		AT	3 (E)	V12				80	2693	亚硫酸氢盐类,水溶液(酸式亚硫酸盐类,水溶液),未另作规定的
SGAV L4BN		AT	3 (E)	VC1 VC2 AP7				80	2698	四氢化邻苯二甲酸酐,含马来酐大于0.05%
L10BH		AT	1 (E)				S20	88	2699	三氯乙酸
L4BN		AT	2 (E)					80	2705	1－戊醇
LGBF		FL	2 (D/E)				S2 S20	33	2707	二甲基二恶烷类
LGBF		FL	3 (D/E)	V12			S2	30	2707	二甲基二恶烷类
LGBF		FL	3 (D/E)	V12			S2	30	2709	丁基苯类
LGBF		FL	3 (D/E)	V12			S2	30	2710	二丙基(甲)酮
SGAH L4BH	TU15 TE19	AT	2 (E)	VC1 VC2 AP7		CV13 CV28	S9	60	2713	吖啶
SGAV		AT	3 (E)	VC1 VC2				40	2714	树脂酸锌
SGAV		AT	3 (E)	VC1 VC2				40	2715	树脂酸铝

联合国编号	名称和描述	类别	分类代码	包装类别	标志	特殊规定	有限和例外数量		容器			可移动罐柜和散装容器	
									包装指南	特殊包装规定	混合包装规定	指南	特殊规定
		3.1.2	2.2	2.2	2.1.1.3	5.2.2	3.3	3.4	3.5.1.2	4.1.4	4.1.4	4.1.10	4.2.5.2	4.2.5.3
(1)	(2)	(3a)	(3b)	(4)	(5)	(6)	(7a)	(7b)	(8)	(9a)	(9b)	(10)	(11)
2716	1,4-丁炔二醇	6.1	T2	Ⅲ	6.1		5kg	E1	P002 IBC08 LP02 R001	B3	MP10	T1	TP33
2717	樟脑,合成的	4.1	F1	Ⅲ	4.1		5kg	E1	P002 IBC08 LP02 R001	B3	MP10	T1	TP33
2719	溴酸钡	5.1	OT2	Ⅱ	5.1+6.1		1kg	E2	P002 IBC08	B4	MP2	T3	TP33
2720	硝酸铬	5.1	O2	Ⅲ	5.1		5kg	E1	P002 IBC08 LP02 R001	B3	MP10	T1	TP33
2721	氯酸铜	5.1	O2	Ⅱ	5.1		1kg	E2	P002 IBC08	B4	MP2	T3	TP33
2722	硝酸锂	5.1	O2	Ⅲ	5.1		5kg	E1	P002 IBC08 LP02 R001		MP10	T1	TP35
2723	氯酸镁	5.1	O2	Ⅱ	5.1		1kg	E2	P002 IBC08	B4	MP2	T3	TP33
2724	硝酸锰	5.1	O2	Ⅲ	5.1		5kg	E1	P002 IBC08 LP02 R001	B3	MP10	T1	TP33
2725	硝酸镍	5.1	O2	Ⅲ	5.1		5kg	E1	P002 IBC08 LP02 R001	B3	MP10	T1	TP33
2726	亚硝酸镍	5.1	O2	Ⅲ	5.1		5kg	E1	P002 IBC08 LP02 R001	B3	MP10	T1	TP33
2727	硝酸铊	6.1	TO2	Ⅱ	6.1+5.1		500g	E4	P002 IBC06		MP10	T3	TP33
2728	硝酸锆	5.1	O2	Ⅲ	5.1		5kg	E1	P002 IBC08 LP02 R001	B3	MP10	T1	TP33
2729	六氯苯	6.1	T2	Ⅲ	6.1		5kg	E1	P002 IBC08 LP02 R001	B3	MP10	T1	TP33

ADR 罐体		运输罐体车辆	运输类别（隧道限制代码）	运输特殊规定				危险性识别号	联合国编号	名称和描述
罐体代码	特殊规定			包件	散装	装卸和操作	作业			
4.3	4.3.5,6.8.4	9.1.1.2	1.1.3.6	7.2.4	7.3.3	7.5.11	8.5	5.3.2.3		3.1.2
(12)	(13)	(14)	(15)	(16)	(17)	(18)	(19)	(20)	(1)	(2)
SGAH L4BH	TU15 TE19	AT	2 (E)		VC1 VC2 AP7	CV13 CV28	S9	60	2716	1.4－丁炔二醇
SGAV		AT	3 (E)		VC1 VC2			40	2717	樟脑,合成的
SGAN	TU3	AT	2 (E)	V11		CV24 CV28		56	2719	溴酸钡
SGAV	TU3	AT	3 (E)		VC1 VC2 AP6 AP7	CV24		50	2720	硝酸铬
SGAV	TU3	AT	2 (E)	V11	VC1 VC2 AP6 AP7	CV24		50	2721	氯酸铜
SGAV	TU3	AT	3 (E)		VC1 VC2 AP6 AP7	CV24		50	2722	硝酸锂
SGAV	TU3	AT	2 (E)	V11	VC1 VC2 AP6 AP7	CV24		50	2723	氯酸镁
SGAV	TU3	AT	3 (E)		VC1 VC2 AP6 AP7	CV24		50	2724	硝酸锰
SGAV	TU3	AT	3 (E)		VC1 VC2 AP6 AP7	CV24		50	2725	硝酸镍
SGAV	TU3	AT	3 (E)		VC1 VC2 AP6 AP7	CV24		50	2726	亚硝酸镍
SGAH	TU15 TE19	AT	2 (D/E)	V11		CV13 CV28	S9 S19	65	2727	硝酸铊
SGAV	TU3	AT	3 (E)		VC1 VC2 AP6 AP7	CV24		50	2728	硝酸锆
SGAH	TU15 TE19	AT	2 (E)		VC1 VC2 AP7	CV13 CV28	S9	60	2729	六氯苯

联合国编号	名称和描述	类别	分类代码	包装类别	标志	特殊规定	有限和例外数量		容器			可移动罐柜和散装容器	
									包装指南	特殊包装规定	混合包装规定	指南	特殊规定
		3.1.2	2.2	2.2	2.1.1.3	5.2.2	3.3	3.4	3.5.1.2	4.1.4	4.1.4	4.1.10	4.2.5.2	4.2.5.3
(1)	(2)	(3a)	(3b)	(4)	(5)	(6)	(7a)	(7b)	(8)	(9a)	(9b)	(10)	(11)
2730	硝基茴香醚类,液体的	6.1	T1	Ⅲ	6.1	279	5L	E1	P001 IBC03 LP01 R001		MP19	T4	TP1
2732	硝基溴苯类,液体的	6.1	T1	Ⅲ	6.1		5L	E1	P001 IBC03 LP01 R001		MP19	T4	TP1
2733	胺类,易燃的,腐蚀的,未另作规定的或聚胺类,易燃的,腐蚀的,未另作规定的	3	FC	Ⅰ	3+8	274 544	0	E0	P001		MP7 MP17	T14	TP1 TP27
2733	胺类,易燃的,腐蚀的,未另作规定的或聚胺类,易燃的,腐蚀的,未另作规定的	3	FC	Ⅱ	3+8	274 544	1L	E2	P001 IBC02		MP19	T11	TP1 TP27
2733	胺类,易燃的,腐蚀的,未另作规定的或聚胺类,易燃的,腐蚀的,未另作规定的	3	FC	Ⅲ	3+8	274 544	5L	E1	P001 IBC03 R001		MP19	T7	TP1 TP28
2734	胺类,液体的,腐蚀的,易燃的,未另作规定的或聚胺类,液体的,腐蚀的,易燃的,未另作规定的	8	CF1	Ⅰ	8+3	274	0	E0	P001		MP8 MP17	T14	TP2 TP27
2734	胺类,液体的,腐蚀的,易燃的,未另作规定的或聚胺类,液体的,腐蚀的,易燃的,未另作规定的	8	CF1	Ⅱ	8+3	274	1L	E2	P001 IBC02		MP15	T11	TP2 TP27
2735	胺类,液体的,腐蚀的,未另作规定的或聚胺类,液体的,腐蚀的,未另作规定的	8	C7	Ⅰ	8	274	0	E0	P001		MP8 MP17	T14	TP2 TP27

ADR 罐体		运输罐体车辆	运输类别（隧道限制代码）	运输特殊规定				危险性识别号	联合国编号	名称和描述
罐体代码	特殊规定			包件	散装	装卸和操作	作业			
4.3	4.3.5,6.8.4	9.1.1.2	1.1.3.6	7.2.4	7.3.3	7.5.11	8.5	5.3.2.3		3.1.2
(12)	(13)	(14)	(15)	(16)	(17)	(18)	(19)	(20)	(1)	(2)
L4BH	TU15 TE19	AT	2 (E)	V12		CV13 CV28	S9	60	2730	硝基茴香醚类,液体的
L4BH	TU15 TE19	AT	2 (E)	V12		CV13 CV28	S9	60	2732	硝基溴苯类,液体的
L10CH	TU14 TE21	FL	1 (C/E)				S2 S20	338	2733	胺类,易燃的,腐蚀的,未另作规定的或聚胺类,易燃的,腐蚀的,未另作规定的
L4BH		FL	2 (D/E)				S2 S20	338	2733	胺类,易燃的,腐蚀的,未另作规定的或聚胺类,易燃的,腐蚀的,未另作规定的
L4BN		FL	3 (D/E)	V12			S2	38	2733	胺类,易燃的,腐蚀的,未另作规定的或聚胺类,易燃的,腐蚀的,未另作规定的
L10BH		FL	1 (D/E)				S2 S14	883	2734	胺类,液体的,腐蚀的,易燃的,未另作规定的或聚胺类,液体的,腐蚀的,易燃的,未另作规定的
L4BN		FL	2 (D/E)				S2	83	2734	胺类,液体的,腐蚀的,易燃的,未另作规定的或聚胺类,液体的,腐蚀的,易燃的,未另作规定的
L10BH		AT	1 (E)				S20	88	2735	胺类,液体的,腐蚀的,未另作规定的或聚胺类,液体的,腐蚀的,未另作规定的

联合国编号	名称和描述	类别	分类代码	包装类别	标志	特殊规定	有限和例外数量		容器			可移动罐柜和散装容器	
									包装指南	特殊包装规定	混合包装规定	指南	特殊规定
		3.1.2	2.2	2.2	2.1.1.3	5.2.2	3.3	3.4	3.5.1.2	4.1.4	4.1.4	4.1.10	4.2.5.2	4.2.5.3
(1)	(2)	(3a)	(3b)	(4)	(5)	(6)	(7a)	(7b)	(8)	(9a)	(9b)	(10)	(11)
2735	胺类,液体的,腐蚀的,未另作规定的或聚胺类,液体的,腐蚀的,未另作规定的	8	C7	Ⅱ	8	274	1L	E2	P001 IBC02		MP15	T11	TP1 TP27
2735	胺类,液体的,腐蚀的,未另作规定的或聚胺类,液体的,腐蚀的,未另作规定的	8	C7	Ⅲ	8	274	5L	E1	P001 IBC03 LP01 R001		MP19	T7	TP1 TP28
2738	N-丁基苯胺	6.1	T1	Ⅱ	6.1		100ml	E4	P001 IBC02		MP15	T7	TP2
2739	丁酸酐	8	C3	Ⅲ	8		5L	E1	P001 IBC03 LP01 R001		MP19	T4	TP1
2740	氯甲酸正丙酯	6.1	TFC	Ⅰ	6.1 +3 +8		0	E0	P602		MP8 MP17	T20	TP2
2741	次氯酸钡,含有效氯大于22%	5.1	OT2	Ⅱ	5.1 +6.1		1kg	E2	P002 IBC08	B4	MP2	T3	TP33
2742	氯甲酸酯类,有毒的,腐蚀的,易燃的,未另作规定的	6.1	TFC	Ⅱ	6.1 +3 +8	274 561	100ml	E4	P001 IBC01		MP15		
2743	氯甲酸丁酯	6.1	TFC	Ⅱ	6.1 +3 +8		100ml	E0	P001		MP15	T20	TP2
2744	氯甲酸环丁酯	6.1	TFC	Ⅱ	6.1 +3 +8		100ml	E4	P001 IBC01		MP15	T7	TP2
2745	氯甲酸氯甲酯	6.1	TC1	Ⅱ	6.1 +8		100ml	E4	P001 IBC02		MP15	T7	TP2
2746	氯甲酸苯酯	6.1	TC1	Ⅱ	6.1 +8		100ml	E4	P001 IBC02		MP15	T7	TP2
2747	氯甲酸叔丁基环己酯	6.1	T1	Ⅲ	6.1		5L	E1	P001 IBC03 LP01 R001		MP19	T4	TP1
2748	氯甲酸-2-乙基己酯	6.1	TC1	Ⅱ	6.1 +8		100ml	E4	P001 IBC02		MP15	T7	TP2

ADR 罐体		运输罐体车辆	运输类别（隧道限制代码）	运输特殊规定				危险性识别号	联合国编号	名称和描述
罐体代码	特殊规定			包件	散装	装卸和操作	作业			
4.3	4.3.5,6.8.4	9.1.1.2	1.1.3.6	7.2.4	7.3.3	7.5.11	8.5	5.3.2.3		3.1.2
(12)	(13)	(14)	(15)	(16)	(17)	(18)	(19)	(20)	(1)	(2)
L4BN		AT	2 (E)					80	2735	胺类,液体的,腐蚀的,未另作规定的或聚胺类,液体的,腐蚀的,未另作规定的
L4BN		AT	3 (E)	V12				80	2735	胺类,液体的,腐蚀的,未另作规定的或聚胺类,液体的,腐蚀的,未另作规定的
L4BH	TU15 TE19	AT	2 (D/E)			CV13 CV28	S9 S19	60	2738	N－丁基苯胺
L4BN		AT	3 (E)	V12				80	2739	丁酸酐
L10CH	TU14 TU15 TE19 TE21	FL	1 (C/D)			CV1 CV13 CV28	S2 S9 S14	668	2740	氯甲酸正丙酯
SGAN	TU3	AT	2 (E)	V11		CV24 CV28		56	2741	次氯酸钡,含有效氯大于22%
L4BH	TU15 TE19	FL	2 (D/E)			CV13 CV28	S2 S9 S19	638	2742	氯甲酸酯类,有毒的,腐蚀的,易燃的,未另作规定的
L4BH	TU15 TE19	FL	2 (D/E)			CV13 CV28	S2 S9 S19	638	2743	氯甲酸丁酯
L4BH	TU15 TE19	FL	2 (D/E)			CV13 CV28	S2 S9 S19	638	2744	氯甲酸环丁酯
L4BH	TU15 TE19	AT	2 (D/E)			CV13 CV28	S9 S19	68	2745	氯甲酸氯甲酯
L4BH	TU15 TE19	AT	2 (D/E)			CV13 CV28	S9 S19	68	2746	氯甲酸苯酯
L4BH	TU15 TE19	AT	2 (E)	V12		CV13 CV28	S9	60	2747	氯甲酸叔丁基环己酯
L4BH	TU15 TE19	AT	2 (D/E)			CV13 CV28	S9 S19	68	2748	氯甲酸－2－乙基己酯

联合国编号	名称和描述	类别	分类代码	包装类别	标志	特殊规定	有限和例外数量		容器			可移动罐柜和散装容器	
									包装指南	特殊包装规定	混合包装规定	指南	特殊规定
	3.1.2	2.2	2.2	2.1.1.3	5.2.2	3.3	3.4	3.5.1.2	4.1.4	4.1.4	4.1.10	4.2.5.2	4.2.5.3
(1)	(2)	(3a)	(3b)	(4)	(5)	(6)	(7a)	(7b)	(8)	(9a)	(9b)	(10)	(11)
2749	四甲基硅烷	3	F1	Ⅰ	3		0	E0	P001		MP7 MP17	T14	TP2
2750	1,3-二氯-2-丙醇	6.1	T1	Ⅱ	6.1		100ml	E4	P001 IBC02		MP15	T7	TP2
2751	二乙基硫代磷酰氯	8	C3	Ⅱ	8		1L	E2	P001 IBC02		MP15	T7	TP2
2752	1,2-环氧-3-乙氧基丙烷	3	F1	Ⅲ	3		5L	E1	P001 IBC03 LP01 R001		MP19	T2	TP1
2753	N-乙基苄基甲苯胺类,液体的	6.1	T1	Ⅲ	6.1		5L	E1	P001 IBC03 LP01 R001		MP19	T7	TP1
2754	N-乙基甲苯胺类	6.1	T1	Ⅱ	6.1		100ml	E4	P001 IBC02		MP15	T7	TP2
2757	氨基甲酸酯农药,固体的,有毒的	6.1	T7	Ⅰ	6.1	61 274 648	0	E5	P002 IBC07		MP18	T6	TP33
2757	氨基甲酸酯农药,固体的,有毒的	6.1	T7	Ⅱ	6.1	61 274 648	500g	E4	P002 IBC08	B4	MP10	T3	TP33
2757	氨基甲酸酯农药,固体的,有毒的	6.1	T7	Ⅲ	6.1	61 274 648	5kg	E1	P002 IBC08 LP02 R001	B3	MP10	T1	TP33
2758	氨基甲酸酯农药,液体的,易燃的,有毒的,闪点低于23℃	3	FT2	Ⅰ	3 +6.1	61 274	0	E0	P001		MP7 MP17	T14	TP2 TP27
2758	氨基甲酸酯农药,液体的,易燃的,有毒的,闪点低于23℃	3	FT2	Ⅱ	3 +6.1	61 274	1L	E2	P001 IBC02 R001		MP19	T11	TP2 TP27
2759	含砷农药,固体的,有毒的	6.1	T7	Ⅰ	6.1	61 274 648	0	E5	P002 IBC07		MP18	T6	TP33
2759	含砷农药,固体的,有毒的	6.1	T7	Ⅱ	6.1	61 274 648	500g	E4	P002 IBC08	B4	MP10	T3	TP33

ADR 罐体		运输罐体车辆	运输类别（隧道限制代码）	运输特殊规定				危险性识别号	联合国编号	名称和描述
罐体代码	特殊规定			包件	散装	装卸和操作	作业			
4.3	4.3.5,6.8.4	9.1.1.2	1.1.3.6	7.2.4	7.3.3	7.5.11	8.5	5.3.2.3		3.1.2
(12)	(13)	(14)	(15)	(16)	(17)	(18)	(19)	(20)	(1)	(2)
L4BN		FL	1 (D/E)				S2 S20	33	2749	四甲基硅烷
L4BH	TU15 TE19	AT	2 (D/E)			CV13 CV28	S9 S19	60	2750	**1,3-二氯-2-丙醇**
L4BN		AT	2 (E)					80	2751	二乙基硫代磷酰氯
LGBF		FL	3 (D/E)	V12			S2	30	2752	**1,2-环氧-3-乙氧基丙烷**
L4BH	TU15 TE19	AT	2 (E)	V12		CV13 CV28	S9	60	2753	N-乙基苄基甲苯胺类,液体的
L4BH	TU15 TE19	AT	2 (D/E)			CV13 CV28	S9 S19	60	2754	N-乙基甲苯胺类
S10AH L10CH	TU14 TU15 TE19 TE21	AT	1 (C/E)	V10		CV1 CV13 CV28	S9 S14	66	2757	氨基甲酸酯农药,固体的,有毒的
SGAH L4BH	TU15 TE19	AT	2 (D/E)	V11		CV13 CV28	S9 S19	60	2757	氨基甲酸酯农药,固体的,有毒的
SGAH L4BH	TU15 TE19	AT	2 (E)		VC1 VC2 AP7	CV13 CV28	S9	60	2757	氨基甲酸酯农药,固体的,有毒的
L10CH	TU14 TU15 TE21	FL	1 (C/E)			CV13 CV28	S2 S22	336	2758	氨基甲酸酯农药,液体的,易燃的,有毒的,闪点低于23℃
L4BH	TU15	FL	2 (D/E)			CV13 CV28	S2 S22	336	2758	氨基甲酸酯农药,液体的,易燃的,有毒的,闪点低于23℃
S10AH L10CH	TU14 TU15 TE19 TE21	AT	1 (C/E)	V10		CV1 CV13 CV28	S9 S14	66	2759	含砷农药,固体的,有毒的
SGAH L4BH	TU15 TE19	AT	2 (D/E)	V11		CV13 CV28	S9 S19	60	2759	含砷农药,固体的,有毒的

联合国编号	名称和描述	类别	分类代码	包装类别	标志	特殊规定	有限和例外数量		容器			可移动罐柜和散装容器	
									包装指南	特殊包装规定	混合包装规定	指南	特殊规定
	3.1.2	2.2	2.2	2.1.1.3	5.2.2	3.3	3.4	3.5.1.2	4.1.4	4.1.4	4.1.10	4.2.5.2	4.2.5.3
(1)	(2)	(3a)	(3b)	(4)	(5)	(6)	(7a)	(7b)	(8)	(9a)	(9b)	(10)	(11)
2759	含砷农药,固体的,有毒的	6.1	T7	Ⅲ	6.1	61 274 648	5kg	E1	P002 IBC08 LP02 R001		B3	MP10	T1	TP33
2760	含砷农药,液体的,易燃的,有毒的,闪点低于23℃	3	FT2	Ⅰ	3 +6.1	61 274	0	E0	P001			MP7 MP17	T14	TP2 TP27
2760	含砷农药,液体的,易燃的,有毒的,闪点低于23℃	3	FT2	Ⅱ	3 +6.1	61 274	1L	E2	P001 IBC02 R001			MP19	T11	TP2 TP27
2761	有机氯农药,固体的,有毒的	6.1	T7	Ⅰ	6.1	61 274 648	0	E5	P002 IBC07			MP18	T6	TP33
2761	有机氯农药,固体的,有毒的	6.1	T7	Ⅱ	6.1	61 274 648	500g	E4	P002 IBC08		B4	MP10	T3	TP33
2761	有机氯农药,固体的,有毒的	6.1	T7	Ⅲ	6.1	61 274 648	5kg	E1	P002 IBC08 LP02 R001		B3	MP10	T1	TP33
2762	有机氯农药,液体的,易燃的,有毒的,闪点低于23℃	3	FT2	Ⅰ	3 +6.1	61 274	0	E0	P001			MP7 MP17	T14	TP2 TP27
2762	有机氯农药,液体的,易燃的,有毒的,闪点低于23℃	3	FT2	Ⅱ	3 +6.1	61 274	1L	E2	P001 IBC02 R001			MP19	T11	TP2 TP27
2763	三嗪农药,固体的,有毒的	6.1	T7	Ⅰ	6.1	61 274 648	0	E5	P002 IBC07			MP18	T6	TP33
2763	三嗪农药,固体的,有毒的	6.1	T7	Ⅱ	61	61 274 648	500g	E4	P002 IBC08		B4	MP10	T3	TP33
2763	三嗪农药,固体的,有毒的	6.1	T7	Ⅲ	6.1	61 274 648	5kg	E1	P002 IBC08 R001		B3	MP10	T1	TP33
2764	三嗪农药,液体的,易燃的,有毒的,闪点低于23℃	3	FT2	Ⅰ	3 +6.1	61 274	0	E0	P001			MP7 MP17	T14	TP2 TP27

ADR 罐体		运输罐体车辆	运输类别（隧道限制代码）	运输特殊规定				危险性识别号	联合国编号	名称和描述
罐体代码	特殊规定			包件	散装	装卸和操作	作业			
4.3	4.3.5,6.8.4	9.1.1.2	1.1.3.6	7.2.4	7.3.3	7.5.11	8.5	5.3.2.3	3.1.2	
(12)	(13)	(14)	(15)	(16)	(17)	(18)	(19)	(20)	(1)	(2)
SGAH L4BH	TU15 TE19	AT	2 (E)		VC1 VC2 AP7	CV13 CV28	S9	60	2759	含砷农药,固体的,有毒的
L10CH	TU14 TU15 TE21	FL	1 (C/E)			CV13 CV28	S2 S22	336	2760	含砷农药,液体的,易燃的,有毒的,闪点低于23℃
L4BH	TU15	FL	2 (D/E)			CV13 CV28	S2 S22	336	2760	含砷农药,液体的,易燃的,有毒的,闪点低于23℃
S10AH L10CH	TU14 TU15 TE19 TE21	AT	1 (C/E)	V10		CV1 CV13 CV28	S9 S14	66	2761	有机氯农药,固体的,有毒的
SGAH L4BH	TU15 TE19	AT	2 (D/E)	V11		CV13 CV28	S9 S19	60	2761	有机氯农药,固体的,有毒的
SGAH L4BH	TU15 TE19	AT	2 (E)		VC1 VC2 AP7	CV13 CV28	S9	60	2761	有机氯农药,固体的,有毒的
L10CH	TU14 TU15 TE21	FL	1 (C/E)			CV13 CV28	S2 S22	336	2762	有机氯农药,液体的,易燃的,有毒的,闪点低于23℃
L4BH	TU15	FL	2 (D/E)			CV13 CV28	S2 S22	336	2762	有机氯农药,液体的,易燃的,有毒的,闪点低于23℃
S10AH L10CH	TU14 TU15 TE19 TE21	AT	1 (C/E)	V10		CV1 CV13 CV28	S9 S14	66	2763	三嗪农药,固体的,有毒的
SGAH L4BH	TU15 TE19	AT	2 (D/E)	V11		CV13 CV28	S9 S19	60	2763	三嗪农药,固体的,有毒的
SGAH L4BH	TU15 TE19	AT	2 (E)		VC1 VC2 AP7	CV13 CV28	S9	60	2763	三嗪农药,固体的,有毒的
L10CH	TU14 TU15 TE21	FL	1 (C/E)			CV13 CV28	S2 S22	336	2764	三嗪农药,液体的,易燃的,有毒的,闪点低于23℃

联合国编号	名称和描述	类别	分类代码	包装类别	标志	特殊规定	有限和例外数量		容器			可移动罐柜和散装容器	
									包装指南	特殊包装规定	混合包装规定	指南	特殊规定
	3.1.2	2.2	2.2	2.1.1.3	5.2.2	3.3	3.4	3.5.1.2	4.1.4	4.1.4	4.1.10	4.2.5.2	4.2.5.3
(1)	(2)	(3a)	(3b)	(4)	(5)	(6)	(7a)	(7b)	(8)	(9a)	(9b)	(10)	(11)
2764	三嗪农药,液体的,易燃的,有毒的,闪点低于23℃	3	FT2	Ⅱ	3+6.1	61 274	1L	E2	P001 IBC02 R001		MP19	T11	TP2 TP27
2771	硫代氨基甲酸酯农药,固体的,有毒的	6.1	T7	Ⅰ	6.1	61 274 648	0	E5	P002 IBC07		MP18	T6	TP33
2771	硫代氨基甲酸酯农药,固体的,有毒的	6.1	T7	Ⅱ	6.1	61 274 648	500g	E4	P002 IBC08	B4	MP10	T3	TP33
2771	硫代氨基甲酸酯农药,固体的,有毒的	6.1	T7	Ⅲ	6.1	61 274 648	5kg	E1	P002 IBC08 LP02 R001	B3	MP10	T1	TP33
2772	硫代氨基甲酸酯农药,液体的,易燃的,有毒的,闪点低于23℃	3	FT2	Ⅰ	3+6.1	61 274	0	E0	P001		MP7 MP17	T14	TP2 TP27
2772	硫代氨基甲酸酯农药,液体的,易燃的,有毒的,闪点低于23℃	3	FT2	Ⅱ	3+6.1	61 274	1L	E2	P001 IBC02 R001		MP19	T11	TP2 TP27
2775	铜基农药,固体的,有毒的	6.1	T7	Ⅰ	6.1	61 274 648	0	E5	P002 IBC07		MP18	T6	TP33
2775	铜基农药,固体的,有毒的	6.1	T7	Ⅱ	6.1	61 274 648	500g	E4	P002 IBC08	B4	MP10	T3	TP33
2775	铜基农药,固体的,有毒的	6.1	T7	Ⅲ	6.1	61 274 648	5kg	E1	P002 IBC08 LP02 R001	B3	MP10	T1	TP33
2776	铜基农药,液体的,易燃的,有毒的,闪点低于23℃	3	FT2	Ⅰ	3+6.1	61 274	0	E0	P001		MP7 MP17	T14	TP2 TP27
2776	铜基农药,液体的,易燃的,有毒的,闪点低于23℃	3	FT2	Ⅱ	3+6.1	61 274	1L	E2	P001 IBC02 R001		MP19	T11	TP2 MP27

ADR 罐体		运输罐体车辆	运输类别（隧道限制代码）	运输特殊规定				危险性识别号	联合国编号	名称和描述
罐体代码	特殊规定			包件	散装	装卸和操作	作业			
4.3	4.3.5,6.8.4	9.1.1.2	1.1.3.6	7.2.4	7.3.3	7.5.11	8.5	5.3.2.3		3.1.2
(12)	(13)	(14)	(15)	(16)	(17)	(18)	(19)	(20)	(1)	(2)
L4BH	TU15	FL	2 (D/E)			CV13 CV28	S2 S22	336	2764	三嗪农药,液体的,易燃的,有毒的,闪点低于23℃
S10AH L10CH	TU14 TU15 TE19 TE21	AT	1 (C/E)	V10		CV1 CV13 CV28	S9 S14	66	2771	硫代氨基甲酸酯农药,固体的,有毒的
SGAH L4BH	TU15 TE19	AT	2 (D/E)	V11		CV13 CV28	S9 S19	60	2771	硫代氨基甲酸酯农药,固体的,有毒的
SGAH L4BH	TU15 TE19	AT	2 (E)	VC1 VC2 AP7		CV13 CV28	S9	60	2771	硫代氨基甲酸酯农药,固体的,有毒的
L10CH	TU14 TU15 TE21	FL	1 (C/E)			CV13 CV28	S2 S22	336	2772	硫代氨基甲酸酯农药,液体的,易燃的,有毒的,闪点低于23℃
L4BH	TU15	FL	2 (D/E)			CV13 CV28	S2 S22	336	2772	硫代氨基甲酸酯农药,液体的,易燃的,有毒的,闪点低于23℃
S10AH L10CH	TU14 TU15 TE19 TE21	AT	1 (C/E)	V10		CV1 CV13 CV28	S9 S14	66	2775	铜基农药,固体的,有毒的
SGAH L4BH	TU15 TE19	AT	2 (D/E)	V11		CV13 CV28	S9 S19	60	2775	铜基农药,固体的,有毒的
SGAH L4BH	TU15 TE19	AT	2 (E)	VC1 VC2 AP7		CV13 CV28	S9	60	2775	铜基农药,固体的,有毒的
L10CH	TU14 TU15 TE21	FL	1 (C/E)			CV13 CV28	S2 S22	336	2776	铜基农药,液体的,易燃的,有毒的,闪点低于23℃
L4BH	TU15	FL	2 (D/E)			CV13 CV28	S2 S22	336	2776	铜基农药,液体的,易燃的,有毒的,闪点低于23℃

联合国编号	名称和描述	类别	分类代码	包装类别	标志	特殊规定	有限和例外数量		容器			可移动罐柜和散装容器	
									包装指南	特殊包装规定	混合包装规定	指南	特殊规定
		3.1.2	2.2	2.2	2.1.1.3	5.2.2	3.3	3.4	3.5.1.2	4.1.4	4.1.4	4.1.10	4.2.5.2	4.2.5.3
(1)	(2)	(3a)	(3b)	(4)	(5)	(6)	(7a)	(7b)	(8)	(9a)	(9b)	(10)	(11)
2777	汞基农药,固体的,有毒的	6.1	T7	Ⅰ	6.1	61 274 648	0	E5	P002 IBC07		MP18	T6	TP33
2777	汞基农药,固体的,有毒的	6.1	T7	Ⅱ	6.1	61 274 648	500g	E4	P002 IBC08	B4	MP10	T3	TP33
2777	汞基农药,固体的,有毒的	6.1	T7	Ⅲ	6.1	61 274 648	5kg	E1	P002 IBC08 LP02 R001	B3	MP10	T1	TP33
2778	汞基农药,液体的,易燃的,有毒的,闪点低于23℃	3	FT2	Ⅰ	3+6.1	61 274	0	E0	P001		MP7 MP17	T14	TP2 TP27
2778	汞基农药,液体的,易燃的,有毒的,闪点低于23℃	3	FT2	Ⅱ	3+6.1	61 274	1L	E2	P001 IBC02 R001		MP19	T11	TP2 TP27
2779	取代硝基苯酚农药,固体的,有毒的	6.1	T7	Ⅰ	6.1	61 274 648	0	E5	P002 IBC07		MP18	T6	TP33
2779	取代硝基苯酚农药,固体的,有毒的	6.1	T7	Ⅱ	6.1	61 274 648	500g	E4	P002 IBC08	B4	MP10	T3	TP33
2779	取代硝基苯酚农药,固体的,有毒的	6.1	T7	Ⅲ	6.1	61 274 648	5kg	E1	P002 IBC08 LP02 R001	B3	MP10	T1	TP33
2780	取代硝基苯酚农药,液体的,易燃的,有毒的,闪点低于23℃	3	FT2	Ⅰ	3+6.1	61 274	0	E0	P001		MP7 MP17	T14	TP2 TP27
2780	取代硝基苯酚农药,液体的,易燃的,有毒的,闪点低于23℃	3	FT2	Ⅱ	3+6.1	61 274	1L	E2	P001 IBC02 R001		MP19	T11	TP2 TP27
2781	联吡啶农药,固体的,有毒的	6.1	T7	Ⅰ	6.1	61 274 648	0	E5	P002 IBC07		MP18	T6	TP33
2781	联吡啶农药,固体的,有毒的	6.1	T7	Ⅱ	6.1	61 274 648	500g	E4	P002 IBC08	B4	MP10	T3	TP33

ADR 罐体		运输罐体车辆	运输类别（隧道限制代码）	运输特殊规定				危险性识别号	联合国编号	名称和描述
罐体代码	特殊规定			包件	散装	装卸和操作	作业			
4.3	4.3.5,6.8.4	9.1.1.2	1.1.3.6	7.2.4	7.3.3	7.5.11	8.5	5.3.2.3		3.1.2
(12)	(13)	(14)	(15)	(16)	(17)	(18)	(19)	(20)	(1)	(2)
S10AH L10CH	TU14 TU15 TE19 TE21	AT	1 (C/E)	V10		CV1 CV13 CV28	S9 S14	66	2777	汞基农药,固体的,有毒的
SGAH L4BH	TU15 TE19	AT	2 (D/E)	V11		CV13 CV28	S9 S19	60	2777	汞基农药,固体的,有毒的
SGAH L4BH	TU15 TE19	AT	2 (E)	VC1 VC2 AP7		CV13 CV28	S9	60	2777	汞基农药,固体的,有毒的
L10CH	TU14 TU15 TE21	FL	1 (C/E)			CV13 CV28	S2 S22	336	2778	汞基农药,液体的,易燃的,有毒的,闪点低于23℃
L4BH	TU15	FL	2 (D/E)			CV13 CV28	S2 S22	336	2778	汞基农药,液体的,易燃的,有毒的,闪点低于23℃
S10AH L10CH	TU14 TU15 TE19 TE21	AT	1 (C/E)	V10		CV1 CV13 CV28	S9 S14	66	2779	取代硝基苯酚农药,固体的,有毒的
SGAH L4BH	TU15 TE19	AT	2 (D/E)	V11		CV13 CV28	S9 S19	60	2779	取代硝基苯酚农药,固体的,有毒的
SGAH L4BH	TU15 TE19	AT	2 (E)	VC1 VC2 AP7		CV13 CV28	S9	60	2779	取代硝基苯酚农药,固体的,有毒的
L10CH	TU14 TU15 TE21	FL	1 (C/E)			CV13 CV28	S2 S22	336	2780	取代硝基苯酚农药,液体的,易燃的,有毒的,闪点低于23℃
L4BH	TU15	FL	2 (D/E)			CV13 CV28	S2 S22	336	2780	取代硝基苯酚农药,液体的,易燃的,有毒的,闪点低于23℃
S10AH L10CH	TU14 TU15 TE19 TE21	AT	1 (C/E)	V10		CV1 CV13 CV28	S9 S14	66	2781	联吡啶农药,固体的,有毒的
SGAH L4BH	TU15 TE19	AT	2 (D/E)	V11		CV13 CV28	S9 S19	60	2781	联吡啶农药,固体的,有毒的

联合国编号	名称和描述	类别	分类代码	包装类别	标志	特殊规定	有限和例外数量		容器			可移动罐柜和散装容器	
									包装指南	特殊包装规定	混合包装规定	指南	特殊规定
		3.1.2	2.2	2.2	2.1.1.3	5.2.2	3.3	3.4	3.5.1.2	4.1.4	4.1.4	4.1.10	4.2.5.2	4.2.5.3
(1)	(2)	(3a)	(3b)	(4)	(5)	(6)	(7a)	(7b)	(8)	(9a)	(9b)	(10)	(11)
2781	联吡啶农药,固体的,有毒的	6.1	T7	Ⅲ	6.1	61 274 648	5kg	E1	P002 IBC08 LP02 R001		B3	MP10	T1	TP33
2782	联吡啶农药,液体的,易燃的,有毒的,闪点低于23℃	3	FT2	Ⅰ	3+6.1	61 274	0	E0	P001			MP7 MP17	T14	TP2 TP27
2782	联吡啶农药,液体的,易燃的,有毒的,闪点低于23℃	3	FT2	Ⅱ	3+6.1	61 274	1L	E2	P001 IBC02 R001			MP19	T11	TP2 TP27
2783	有机磷农药,固体的,有毒的	6.1	T7	Ⅰ	6.1	61 274 648	0	E5	P002 IBC07			MP18	T6	TP33
2783	有机磷农药,固体的,有毒的	6.1	T7	Ⅱ	6.1	61 274 648	500g	E4	P002 IBC08		B4	MP10	T3	TP33
2783	有机磷农药,固体的,有毒的	6.1	T7	Ⅲ	6.1	61 274 648	5kg	E1	P002 IBC08 LP02 R001		B3	MP10	T1	TP33
2784	有机磷农药,液体的,易燃的,有毒的,闪点低于23℃	3	FT2	Ⅰ	3+6.1	61 274	0	E0	P001			MP7 MP17	T14	TP2 TP27
2784	有机磷农药,液体的,易燃的,有毒的,闪点低于23℃	3	FT2	Ⅱ	3+6.1	61 274	1L	E2	P001 IBC02 R001			MP19	T11	TP2 TP27
2785	4-硫杂戊醛	6.1	T1	Ⅲ	6.1		5L	E1	P001 IBC03 LP01 R001			MP19	T4	TP1
2786	有机锡农药,固体的,有毒的	6.1	T7	Ⅰ	6.1	61 274 648	0	E5	P002 IBC07			MP18	T6	TP33
2786	有机锡农药,固体的,有毒的	6.1	T7	Ⅱ	6.1	61 274 648	500g	E4	P002 IBC08		B4	MP10	T3	TP33

ADR 罐体		运输罐体车辆	运输类别（隧道限制代码）	运输特殊规定				危险性识别号	联合国编号	名称和描述
罐体代码	特殊规定			包件	散装	装卸和操作	作业			
4.3	4.3.5,6.8.4	9.1.1.2	1.1.3.6	7.2.4	7.3.3	7.5.11	8.5	5.3.2.3		3.1.2
(12)	(13)	(14)	(15)	(16)	(17)	(18)	(19)	(20)	(1)	(2)
SGAH L4BH	TU15 TE19	AT	2 (E)		VC1 VC2 AP7	CV13 CV28	S9	60	2781	联吡啶农药,固体的,有毒的
L10CH	TU14 TU15 TE21	FL	1 (C/E)			CV13 CV28	S2 S22	336	2782	联吡啶农药,液体的,易燃的,有毒的,闪点低于23℃
L4BH	TU15	FL	2 (D/E)			CV13 CV28	S2 S22	336	2782	联吡啶农药,液体的,易燃的,有毒的,闪点低于23℃
S10AH L10CH	TU14 TU15 TE19 TE21	AT	1 (C/E)	V10		CV1 CV13 CV28	S9 S14	66	2783	有机磷农药,固体的,有毒的
SGAH L4BH	TU15 TE19	AT	2 (D/E)	V11		CV13 CV28	S9 S19	60	2783	有机磷农药,固体的,有毒的
SGAH L4BH	TU15 TE19	AT	2 (E)		VC1 VC2 AP7	CV13 CV28	S9	60	2783	有机磷农药,固体的,有毒的
L10CH	TU14 TU15 TE21	FL	1 (C/E)			CV13 CV28	S2 S22	336	2784	有机磷农药,液体的,易燃的,有毒的,闪点低于23℃
L4BH	TU15	FL	2 (D/E)			CV13 CV28	S2 S22	336	2784	有机磷农药,液体的,易燃的,有毒的,闪点低于23℃
L4BH	TU15 TE19	AT	2 (E)	V12		CV13 CV28	S9	60	2785	4-硫杂戊醛
S10AH L10CH	TU14 TU15 TE19 TE21	AT	1 (C/E)	V10		CV1 CV13 CV28	S9 S14	66	2786	有机锡农药,固体的,有毒的
SGAH L4BH	TU15 TE19	AT	2 (D/E)	V11		CV13 CV28	S9 S19	60	2786	有机锡农药,固体的,有毒的

联合国编号	名称和描述	类别	分类代码	包装类别	标志	特殊规定	有限和例外数量		容器			可移动罐柜和散装容器	
									包装指南	特殊包装规定	混合包装规定	指南	特殊规定
	3.1.2	2.2	2.2	2.1.1.3	5.2.2	3.3	3.4	3.5.1.2	4.1.4	4.1.4	4.1.10	4.2.5.2	4.2.5.3
(1)	(2)	(3a)	(3b)	(4)	(5)	(6)	(7a)	(7b)	(8)	(9a)	(9b)	(10)	(11)
2786	有机锡农药,固体的,有毒的	6.1	T7	Ⅲ	6.1	61 274 648	5kg	E1	P002 IBC08 LP02 R001		B3	MP10	T1	TP33
2787	有机锡农药,液体的,易燃的,有毒的,闪点低于23℃	3	FT2	Ⅰ	3 +6.1	61 274	0	E0	P001		MP7 MP17	T14	TP2 TP27
2787	有机锡农药,液体的,易燃的,有毒的,闪点低于23℃	3	FT2	Ⅱ	3 +6.1	61 274	1L	E2	P001 IBC02 R001		MP19	T11	TP2 TP27
2788	有机锡化合物,液体的,未另作规定的	6.1	T3	Ⅰ	6.1	43 274	0	E5	P001		MP8 MP17	T14	TP2 TP27
2788	有机锡化合物,液体的,未另作规定的	6.1	T3	Ⅱ	6.1	43 274	100ml	E4	P001 IBC02		MP15	T11	TP2 TP27
2788	有机锡化合物,液体的,未另作规定的	6.1	T3	Ⅲ	6.1	43 274	5L	E1	P001 IBC03 LP01 R001		MP19	T7	TP2 TP28
2789	冰醋酸或乙酸溶液,按质量含酸超过80%	8	CF1	Ⅱ	8 +3		1L	E2	P001 IBC02		MP15	T7	TP2
2790	乙酸溶液,按质量含酸不低于50%但不超过80%	8	C3	Ⅱ	8		1L	E2	P001 IBC02		MP15	T7	TP2
2790	乙酸溶液,按质量含酸大于10%但小于50%	8	C3	Ⅲ	8	597 647	5L	E1	P001 IBC03 LP01 R001		MP19	T4	TP1
2793	黑色金属钻、刨、旋或切屑,易自热的	4.2	S4	Ⅲ	4.2	592	0	E1	P003 IBC08 LP02 R001	PP20 B3 B6	MP14		
2794	蓄电池,湿的,装有酸液,蓄存电的	8	C11		8	295 598	1L	E0	P801 P801a				
2795	蓄电池,湿的,装有碱液,蓄存电的	8	C11		8	295 598	1L	E0	P801 P801a				

ADR 罐体		运输罐体车辆	运输类别（隧道限制代码）	运输特殊规定				危险性识别号	联合国编号	名称和描述
罐体代码	特殊规定			包件	散装	装卸和操作	作业			
4.3	4.3.5,6.8.4	9.1.1.2	1.1.3.6	7.2.4	7.3.3	7.5.11	8.5	5.3.2.3		3.1.2
(12)	(13)	(14)	(15)	(16)	(17)	(18)	(19)	(20)	(1)	(2)
SGAH L4BH	TU15 TE19	AT	2 (E)		VC1 VC2 AP7	CV13 CV28	S9	60	2786	有机锡农药,固体的,有毒的
L10CH	TU14 TU15 TE21	FL	1 (C/E)			CV13 CV28	S2 S22	336	2787	有机锡农药,液体的,易燃的,有毒的,闪点低于23℃
L4BH	TU15	FL	2 (D/E)			CV13 CV28	S2 S22	336	2787	有机锡农药,液体的,易燃的,有毒的,闪点低于23℃
L10CH	TU14 TU15 TE19 TE21	AT	1 (C/E)			CV1 CV13 CV28	S9 S14	66	2788	有机锡化合物,液体的,未另作规定的
L4BH	TU15 TE19	AT	2 (D/E)			CV13 CV28	S9 S19	60	2788	有机锡化合物,液体的,未另作规定的
L4BH	TU15 TE19	AT	2 (E)	V12		CV13 CV28	S9	60	2788	有机锡化合物,液体的,未另作规定的
L4BN		FL	2 (D/E)				S2	83	2789	冰醋酸或乙酸溶液,按质量含酸超过80%
L4BN		AT	2 (E)					80	2790	乙酸溶液,按质量含酸不低于50%但不超过80%
L4BN		AT	3 (E)	V12				80	2790	乙酸溶液,按质量含酸大于10%但小于50%
			3 (E)	V1	VC1 VC2 AP1			40	2793	黑色金属钻、刨、旋或切屑,易自热的
			3 (E)		VC1 VC2 AP8			80	2794	蓄电池,湿的,装有酸液,蓄存电的
			3 (E)		VC1 VC2 AP8			80	2795	蓄电池,湿的,装有碱液,蓄存电的

联合国编号	名称和描述	类别	分类代码	包装类别	标志	特殊规定	有限和例外数量		容器			可移动罐柜和散装容器	
									包装指南	特殊包装规定	混合包装规定	指南	特殊规定
	3.1.2	2.2	2.2	2.1.1.3	5.2.2	3.3	3.4	3.5.1.2	4.1.4	4.1.4	4.1.10	4.2.5.2	4.2.5.3
(1)	(2)	(3a)	(3b)	(4)	(5)	(6)	(7a)	(7b)	(8)	(9a)	(9b)	(10)	(11)
2796	硫酸,含酸不超过51%或电池液,酸性	8	C1	Ⅱ	8		1L	E2	P001 IBC02		MP15	T8	TP2
2797	电池液,碱性的	8	C5	Ⅱ	8		1L	E2	P001 IBC02		MP15	T7	TP2 TP28
2798	苯基二氯化磷	8	C3	Ⅱ	8		1L	E0	P001 IBC02		MP15	T7	TP2
2799	苯基硫代磷酰二氯	8	C3	Ⅱ	8		1L	E0	P001 IBC02		MP15	T7	TP2
2800	蓄电池,湿的,不溢出,蓄存电的	8	C11		8	238 295 598	1L	E0	P003 P801a	PP16			
2801	染料,液体的,腐蚀性的,未另作规定的或染料中间体,液体的,腐蚀性的,未另作规定的	8	C9	Ⅰ	8	274	0	E0	P001		MP8 MP17	T14	TP2 TP27
2801	染料,液体的,腐蚀性的,未另作规定的或染料中间体,液体的,腐蚀性的,未另作规定的	8	C9	Ⅱ	8	274	1L	E2	P001 IBC02		MP15	T11	TP2 TP27
2801	染料,液体的,腐蚀性的,未另作规定的或染料中间体,液体的,腐蚀性的,未另作规定的	8	C9	Ⅲ	8	274	5L	E1	P001 IBC03 LP01 R001		MP19	T7	TP1 TP28
2802	氯化铜	8	C2	Ⅲ	8		5kg	E1	P002 IBC08 LP02 R001	B3	MP10	T1	TP33
2803	镓	8	C10	Ⅲ	8		5kg	E0	P800	PP41	MP10	T1	TP33
2805	氢化锂,熔凝固态	4.3	W2	Ⅱ	4.3		500g	E2	P410 IBC04	PP40	MP14	T3	TP33
2806	氮化锂	4.3	W2	Ⅰ	4.3		0	E0	P403 IBC04		MP2		
2807	磁化材料	9	M11				不受ADR限制						

ADR 罐体		运输罐体车辆	运输类别（隧道限制代码）	运输特殊规定				危险性识别号	联合国编号	名称和描述
罐体代码	特殊规定			包件	散装	装卸和操作	作业			
4.3	4.3.5,6.8.4	9.1.1.2	1.1.3.6	7.2.4	7.3.3	7.5.11	8.5	5.3.2.3	3.1.2	
(12)	(13)	(14)	(15)	(16)	(17)	(18)	(19)	(20)	(1)	(2)
L4BN		AT	2(E)					80	2796	硫酸,含酸不超过51%或电池液,酸性
L4BN		AT	2(E)					80	2797	电池液,碱性的
L4BN		AT	2(E)					80	2798	苯基二氯化磷
L4BN		AT	2(E)					80	2799	苯基硫代磷酰二氯
			3(E)	VC1 VC2 AP8				80	2800	蓄电池,湿的,不溢出,蓄存电的
L10BH		AT	1(E)				S20	88	2801	染料,液体的,腐蚀性的,未另作规定的或染料中间体,液体的,腐蚀性的,未另作规定的
L4BN		AT	2(E)					80	2801	染料,液体的,腐蚀性的,未另作规定的或染料中间体,液体的,腐蚀性的,未另作规定的
L4BN		AT	3(E)	V12				80	2801	染料,液体的,腐蚀性的,未另作规定的或染料中间体,液体的,腐蚀性的,未另作规定的
SGAV		AT	3(E)	VC1 VC2 AP7				80	2802	氯化铜
SGAV L4BN		AT	3(E)	VC1 VC2 AP7				80	2803	镓
SGAN		AT	2(D/E)	V1		CV23		423	2805	氢化锂,熔凝固态
			1(E)	V1		CV23	S20		2806	氮化锂
不受ADR限制									2807	磁化材料

联合国编号	名称和描述	类别	分类代码	包装类别	标志	特殊规定	有限和例外数量		容器			可移动罐柜和散装容器	
									包装指南	特殊包装规定	混合包装规定	指南	特殊规定
		3.1.2	2.2	2.2	2.1.1.3	5.2.2	3.3	3.4	3.5.1.2	4.1.4	4.1.4	4.1.10	4.2.5.2	4.2.5.3
(1)	(2)	(3a)	(3b)	(4)	(5)	(6)	(7a)	(7b)	(8)	(9a)	(9b)	(10)	(11)
2809	汞	8	CT1	Ⅲ	8+6.1	365	5kg	E0	P800		MP15		
2810	有毒液体,有机的,未另作规定的	6.1	T1	Ⅰ	6.1	274 315 614	0	E5	P001		MP8 MP17	T14	TP2 TP27
2810	有毒液体,有机的,未另作规定的	6.1	T1	Ⅱ	6.1	274 614	100ml	E4	P001 IBC02		MP15	T11	TP2 TP27
2810	有毒液体,有机的,未另作规定的	6.1	T1	Ⅲ	6.1	274 614	5L	E1	P001 IBC03 LP01 R001		MP19	T7	TP1 TP28
2811	有毒固体,有机的,未另作规定的	6.1	T2	Ⅰ	6.1	274 614	0	E5	P002 IBC07		MP18	T6	TP33
2811	有毒固体,有机的,未另作规定的	6.1	T2	Ⅱ	6.1	274 614	500g	E4	P002 IBC08	B4	MP10	T3	TP33
2811	有毒固体,有机的,未另作规定的	6.1	T2	Ⅲ	6.1	274 614	5kg	E1	P002 IBC08 LP02 R001	B3	MP10	T1	TP33
2812	铝酸钠,固体的	8	C6				不受ADR限制						
2813	遇水反应固体,未另作规定的	4.3	W2	Ⅰ	4.3	274	0	E0	P403 IBC99	PP83	MP2	T9	TP7 TP33
2813	遇水反应固体,未另作规定的	4.3	W2	Ⅱ	4.3	274	500g	E2	P410 IBC07	PP83	MP14	T3	TP33
2813	遇水反应固体,未另作规定的	4.3	W2	Ⅲ	4.3	274	1kg	E1	P410 IBC08 R001	PP83 B4	MP14	T1	TP33
2814	感染性物质,对人感染	6.2	I1		6.2	318	0	E0	P620		MP5		
2814	感染性物质,对人感染,液氮冷冻的	6.2	I1		6.2+2.2	318	0	E0	P620		MP5		
2814	感染性物质,对人感染(仅对动物材料)	6.2	I1		6.2	318	0	E0	P620		MP5	BK1 BK2	

ADR 罐体		运输罐体车辆	运输类别（隧道限制代码）	运输特殊规定				危险性识别号	联合国编号	名称和描述
罐体代码	特殊规定			包件	散装	装卸和操作	作业			
4.3	4.3.5,6.8.4	9.1.1.2	1.1.3.6	7.2.4	7.3.3	7.5.11	8.5	5.3.2.3	3.1.2	
(12)	(13)	(14)	(15)	(16)	(17)	(18)	(19)	(20)	(1)	(2)
L4BN		AT	3 (E)			CV13 CV28		86	2809	汞
L10CH	TU14 TU15 TE19 TE21	AT	1 (C/E)			CV1 CV13 CV28	S9 S14	66	2810	有毒液体,有机的,未另作规定的
L4BH	TU15 TE19	AT	2 (D/E)			CV13 CV28	S9 S19	60	2810	有毒液体,有机的,未另作规定的
L4BH	TU15 TE19	AT	2 (E)	V12		CV13 CV28	S9	60	2810	有毒液体,有机的,未另作规定的
S10AH L10CH	TU15 TE19	AT	1 (C/E)	V10		CV1 CV13 CV28	S9 S14	66	2811	有毒固体,有机的,未另作规定的
SGAH L4BH	TU15 TE19	AT	2 (D/E)	V11		CV13 CV28	S9 S19	60	2811	有毒固体,有机的,未另作规定的
SGAH L4BH	TU15 TE19	AT	2 (E)		VC1 VC2 AP7	CV13 CV28	S9	60	2811	有毒固体,有机的,未另作规定的
不受 ADR 限制									2812	铝酸钠,固体的
S10AN L10DH	TU4 TU14 TU22 TE21 TM2	AT	0 (B/E)	V1		CV23	S20	X423	2813	遇水反应固体,未另作规定的
SGAN		AT	0 (D/E)	V1		CV23		423	2813	遇水反应固体,未另作规定的
SGAN		AT	0 (E)	V1	VC1 VC2 AP3 AP4 AP5	CV23		423	2813	遇水反应固体,未另作规定的
			0 (E)			CV13 CV25 CV26 CV28	S3 S9 S15		2814	感染性物质,对人感染
			0 (E)			CV13 CV25 CV26 CV28	S3 S9 S15		2814	感染性物质,对人感染,液氮冷冻的
			0 (E)			CV13 CV25 CV26 CV28	S3 S9 S15	606	2814	感染性物质,对人感染(仅对动物材料)

联合国编号	名称和描述	类别	分类代码	包装类别	标志	特殊规定	有限和例外数量		容器			可移动罐柜和散装容器	
									包装指南	特殊包装规定	混合包装规定	指南	特殊规定
		3.1.2	2.2	2.2	2.1.1.3	5.2.2	3.3	3.4	3.5.1.2	4.1.4	4.1.4	4.1.10	4.2.5.2	4.2.5.3
(1)	(2)	(3a)	(3b)	(4)	(5)	(6)	(7a)	(7b)	(8)	(9a)	(9b)	(10)	(11)
2815	N-氨基乙基哌嗪	8	C7	Ⅲ	8		5L	E1	P001 IBC03 LP01 R001		MP19	T4	TP1
2817	二氟化氢铵溶液	8	CT1	Ⅱ	8+6.1		1L	E2	P001 IBC02		MP15	T8	TP2
2817	二氟化氢铵溶液	8	CT1	Ⅲ	8+6.1		5L	E1	P001 IBC03 R001		MP19	T4	TP1
2818	多硫化铵溶液	8	CT1	Ⅱ	8+6.1		1L	E2	P001 IBC02		MP15	T7	TP2
2818	多硫化铵溶液	8	CT1	Ⅲ	8+6.1		5L	E1	P001 IBC03 R001		MP19	T4	TP1
2819	酸式磷酸戊酯	8	C3	Ⅲ	8		5L	E1	P001 IBC03 LP01 R001		MP19	T4	TP1
2820	丁酸	8	C3	Ⅲ	8		5L	E1	P001 IBC03 LP01 R001		MP19	T4	TP1
2821	苯酚溶液	6.1	T1	Ⅱ	6.1		100ml	E4	P001 IBC02		MP15	T7	TP2
2821	苯酚溶液	6.1	T1	Ⅲ	6.1		5L	E1	P001 IBC03 LP01 R001		MP19	T4	TP1
2822	2-氯吡啶	6.1	T1	Ⅱ	6.1		100ml	E4	P001 IBC02		MP15	T7	TP2
2823	丁烯酸,固体的	8	C4	Ⅲ	8		5kg	E1	P002 IBC08 LP02 R001	B3	MP10	T1	TP33
2826	氯硫代甲酸乙酯	8	CF1	Ⅱ	8+3		0	E0	P001		MP15	T7	TP2
2829	己酸	8	C3	Ⅲ	8		5L	E1	P001 IBC03 LP01 R001		MP19	T4	TP1
2830	锂硅铁	4.3	W2	Ⅱ	4.3		500g	E2	P410 IBC07		MP14	T3	TP33

ADR 罐体		运输罐体车辆	运输类别（隧道限制代码）	运输特殊规定				危险性识别号	联合国编号	名称和描述
罐体代码	特殊规定			包件	散装	装卸和操作	作业			
4.3	4.3.5,6.8.4	9.1.1.2	1.1.3.6	7.2.4	7.3.3	7.5.11	8.5	5.3.2.3		3.1.2
(12)	(13)	(14)	(15)	(16)	(17)	(18)	(19)	(20)	(1)	(2)
L4BN		AT	3 (E)	V12				80	2815	N-氨基乙基哌嗪
L4DH	TU14 TE21	AT	2 (E)			CV13 CV28		86	2817	二氟化氢铵溶液
L4DH	TU14 TE21	AT	3 (E)	V12		CV13 CV28		86	2817	二氟化氢铵溶液
L4BN		AT	2 (E)			CV13 CV28		86	2818	多硫化铵溶液
L4BN		AT	3 (E)	V12		CV13 CV28		86	2818	多硫化铵溶液
L4BN		AT	3 (E)	V12				80	2819	酸式磷酸戊酯
L4BN		AT	3 (E)	V12				80	2820	丁酸
L4BH	TU15 TE19	AT	2 (D/E)			CV13 CV28	S9 S19	60	2821	苯酚溶液
L4BH	TU15 TE19	AT	2 (E)	V12		CV13 CV28	S9	60	2821	苯酚溶液
L4BH	TU15 TE19	AT	2 (D/E)			CV13 CV28	S9 S19	60	2822	2-氯吡啶
SGAV L4BN		AT	3 (E)	VC1 VC2 AP7				80	2823	丁烯酸,固体的
L4BN		FL	2 (D/E)				S2	83	2826	氯硫代甲酸乙酯
L4BN		AT	3 (E)	V12				80	2829	己酸
SGAN		AT	2 (D/E)	V1		CV23		423	2830	锂硅铁

联合国编号	名称和描述	类别	分类代码	包装类别	标志	特殊规定	有限和例外数量		容器			可移动罐柜和散装容器	
									包装指南	特殊包装规定	混合包装规定	指南	特殊规定
		3.1.2	2.2	2.2	2.1.1.3	5.2.2	3.3	3.4	3.5.1.2	4.1.4	4.1.4	4.1.10	4.2.5.2	4.2.5.3
(1)	(2)	(3a)	(3b)	(4)	(5)	(6)	(7a)	(7b)	(8)	(9a)	(9b)	(10)	(11)
2831	1,1,1-三氯乙烷	6.1	T1	Ⅲ	6.1		5L	E1	P001 IBC03 LP01 R001		MP19	T4	TP1
2834	亚磷酸	8	C2	Ⅲ	8		5kg	E1	P002 IBC08 LP02 R001	B3	MP10	T1	TP33
2835	氢化铝钠	4.3	W2	Ⅱ	4.3		500g	E0	P410 IBC04		MP14	T3	TP33
2837	硫酸氢盐水溶液	8	C1	Ⅱ	8		1L	E2	P001 IBC02		MP15	T7	TP2
2837	硫酸氢盐水溶液	8	C1	Ⅲ	8		5L	E1	P001 IBC03 LP01 R001		MP19	T4	TP1
2838	丁酸乙烯酯,稳定的	3	F1	Ⅱ	3		1L	E2	P001 IBC02 R001		MP19	T4	TP1
2839	丁间醇醛(2-羟基丁醛)	6.1	T1	Ⅲ	6.1		100ml	E4	P001 IBC02		MP15	T7	TP2
2840	丁醛肟	3	F1	Ⅲ	3		5L	E1	P001 IBC03 LP01 R001		MP19	T2	TP1
2841	二正戊胺	3	FT1	Ⅲ	3+6.1		5L	E1	P001 IBC03 R001		MP19	T4	TP1
2842	硝基乙烷	3	F1	Ⅲ	3		5L	E1	P001 IBC03 LP01 R001		MP19	T2	TP1
2844	钙锰硅合金	4.3	W2	Ⅲ	4.3		1kg	E1	P410 IBC08 R001	B4	MP14	T1	TP33
2845	引火液体,有机的,未另作规定的	4.2	S1	Ⅰ	4.2	274	0	E0	P400 PR1		MP2	T22	TP2 TP7
2846	引火固体,有机的,未另作规定的	4.2	S2	Ⅰ	4.2	274	0	E0	P404		MP13		
2849	3-氯-1-丙醇	6.1	T1	Ⅲ	6.1		5L	E1	P001 IBC03 LP01 R001		MP19	T4	TP1

ADR 罐体		运输罐体车辆	运输类别（隧道限制代码）	运输特殊规定				危险性识别号	联合国编号	名称和描述
罐体代码	特殊规定			包件	散装	装卸和操作	作业			
4.3	4.3.5,6.8.4	9.1.1.2	1.1.3.6	7.2.4	7.3.3	7.5.11	8.5	5.3.2.3		3.1.2
(12)	(13)	(14)	(15)	(16)	(17)	(18)	(19)	(20)	(1)	(2)
L4BH	TU15 TE19	AT	2 (E)	V12		CV13 CV28	S9	60	2831	1,1,1-三氯乙烷
SGAV		AT	3 (E)		VC1 VC2 AP7			80	2834	亚磷酸
SGAN		AT	2 (D/E)	V1		CV23		423	2835	氢化铝钠
L4BN		AT	2 (E)					80	2837	硫酸氢盐水溶液
L4BN		AT	3 (E)	V12				80	2837	硫酸氢盐水溶液
LGBF		FL	2 (D/E)				S2 S20	339	2838	丁酸乙烯酯,稳定的
L4BH	TU15 TE19	AT	2 (D/E)			CV13 CV28	S9 S19	60	2839	丁间醇醛(2-羟基丁醛)
LGBF		FL	3 (D/E)	V12			S2	30	2840	丁醛肟
L4BH	TU15	FL	3 (D/E)	V12		CV13 CV28	S2	36	2841	二正戊胺
LGBF		FL	3 (D/E)	V12			S2	30	2842	硝基乙烷
SGAN		AT	3 (E)	V1	VC1 VC2 AP3 AP4 AP5	CV23		423	2844	钙锰硅合金
L21DH	TU14 TC1 TE21 TM1	AT	0 (B/E)	V1			S20	333	2845	引火液体,有机的,未另作规定的
			0 (E)	V1			S20		2846	引火固体,有机的,未另作规定的
L4BH	TU15 TE19	AT	2 (E)	V12		CV13 CV28	S9	60	2849	3-氯-1-丙醇

联合国编号	名称和描述	类别	分类代码	包装类别	标志	特殊规定	有限和例外数量		容器			可移动罐柜和散装容器	
									包装指南	特殊包装规定	混合包装规定	指南	特殊规定
		3.1.2	2.2	2.2	2.1.1.3	5.2.2	3.3	3.4	3.5.1.2	4.1.4	4.1.4	4.1.10	4.2.5.2	4.2.5.3
(1)	(2)	(3a)	(3b)	(4)	(5)	(6)	(7a)	(7b)	(8)	(9a)	(9b)	(10)	(11)
2850	四聚丙烯	3	F1	Ⅲ	3		5L	E1	P001 JBC03 LP01 R001		MP19	T2	TP1
2851	三氟化硼合二水	8	C1	Ⅱ	8		1L	E2	P001 IBC02		MP15	T7	TP2
2852	二苦硫,湿的按质量含水不少于10%	4.1	D	Ⅰ	4.1	545	0	E0	P406	PP24	MP2		
2853	氟硅酸镁	6.1	T5	Ⅲ	6.1		5kg	E1	P002 IBC08 LP02 R001	B3	MP10	T1	TP33
2854	氟硅酸铵	6.1	T5	Ⅲ	6.1		5kg	E1	P002 IBC08 LP02 R001	B3	MP10	T1	TP33
2855	氟硅酸锌	6.1	T5	Ⅲ	6.1		5kg	E1	P002 IBC08 LP02 R001	B3	MP10	T1	TP33
2856	氟硅酸盐(酯)类,未另作规定的	6.1	T5	Ⅲ	6.1	274	5kg	E1	P002 IBC08 LP02 R001	B3	MP10	T1	TP33
2857	制冷机,装有非易燃、无毒气体或氨溶液(UN2672)	2	6A		2.2	119	0	E0	P003	PP32	MP9		
2858	金属锆,干的,精制的薄片、条或盘丝(厚度为18μm~254μm)	4.1	F3	Ⅲ	4.1	546	5kg	E1	P002 LP02 R001		MP11		
2859	偏钒酸铵	6.1	T5	Ⅱ	6.1		500g	E4	P002 IBC08	B4	MP10	T3	TP33
2861	多钒酸铵	6.1	T5	Ⅱ	6.1		500g	E4	P002 IBC08	B4	MP10	T3	TP33
2862	五氧化二钒,非熔凝状态的	6.1	T5	Ⅲ	6.1	600	5kg	E1	P002 IBC08 LP02 R001	B3	MP10	T1	TP33
2863	矾酸铵钠	6.1	T5	Ⅱ	6.1		500g	E4	P002 IBC08	B4	MP10	T3	TP33

ADR 罐体		运输罐体车辆	运输类别（隧道限制代码）	运输特殊规定				危险性识别号	联合国编号	名称和描述
罐体代码	特殊规定			包件	散装	装卸和操作	作业			
4.3	4.3.5,6.8.4	9.1.1.2	1.1.3.6	7.2.4	7.3.3	7.5.11	8.5	5.3.2.3		3.1.2
(12)	(13)	(14)	(15)	(16)	(17)	(18)	(19)	(20)	(1)	(2)
LGBF		FL	3 (D/E)	V12			S2	30	2850	四聚丙烯
L4BN		AT	2 (E)					80	2851	三氟化硼合二水
			1 (B)				S14		2852	二苦硫,湿的按质量含水不少于10%
SGAH L4BH	TU15 TE19	AT	2 (E)	VC1 VC2 AP7		CV13 CV28	S9	60	2853	氟硅酸镁
SGAH L4BH	TU15 TE19	AT	2 (E)	VC1 VC2 AP7		CV13 CV28	S9	60	2854	氟硅酸铵
SGAH L4BH	TU15 TE19	AT	2 (E)	VC1 VC2 AP7		CV13 CV28	S9	60	2855	氟硅酸锌
SGAH L4BH	TU15 TE19	AT	2 (E)	VC1 VC2 AP7		CV13 CV28	S9	60	2856	氟硅酸盐（酯）类,未另作规定的
			3 (E)			CV9			2857	制冷机,装有非易燃、无毒气体或氨溶液（UN2672）
			3 (E)	VC1 VC2				40	2858	金属锆,干的,精制的薄片、条或盘丝（厚度为18μm~254μm）
SGAH	TU15 TE19	AT	2 (D/E)	V11		CV13 CV28	S9 S19	60	2859	偏钒酸铵
SGAH	TU15 TE19	AT	2 (D/E)	V11		CV13 CV28	S9 S19	60	2861	多钒酸铵
SGAH	TU15 TE19	AT	2 (E)	VC1 VC2 AP7		CV13 CV28	S9	60	2862	五氧化二钒,非熔凝状态的
SGAH	TU15 TE19	AT	2 (D/E)	V11		CV13 CV28	S9 S19	60	2863	矾酸铵钠

联合国编号	名称和描述	类别	分类代码	包装类别	标志	特殊规定	有限和例外数量		容器			可移动罐柜和散装容器	
									包装指南	特殊包装规定	混合包装规定	指南	特殊规定
	3.1.2	2.2	2.2	2.1.1.3	5.2.2	3.3	3.4	3.5.1.2	4.1.4	4.1.4	4.1.10	4.2.5.2	4.2.5.3
(1)	(2)	(3a)	(3b)	(4)	(5)	(6)	(7a)	(7b)	(8)	(9a)	(9b)	(10)	(11)
2864	偏钒酸钾	6.1	T5	Ⅱ	6.1		500g	E4	P002 IBC08	 B4	MP10	T3	TP33
2865	硫酸胲	8	C2	Ⅲ	8		5kg	E1	P002 IBC08 LP02 R001	 B3	MP10	T1	TP33
2869	三氯化钛混合物	8	C2	Ⅱ	8		1kg	E2	P002 IBC08	 B4	MP10	T3	TP33
2869	三氯化钛混合物	8	C2	Ⅲ	8		5kg	E1	P002 IBC08 LP02 R001	 B3	MP10	T1	TP33
2870	氢硼化铝	4.2	SW	Ⅰ	4.2 +4.3		0	E0	P400		MP2	T21	TP7 TP33
2870	在装置中的氢硼化铝	4.2	SW	Ⅰ	4.2 +4.3		0	E0	P002	PP13	MP2		
2871	锑粉	6.1	T5	Ⅲ	6.1		5kg	E1	P002 IBC08 LP02 R001	 B3	MP10	T1	TP33
2872	二溴氯丙烷类	6.1	T1	Ⅱ	6.1		100ml	E4	P001 IBC02		MP15	T7	TP2
2872	二溴氯丙烷类	6.1	T1	Ⅲ	6.1		5L	E1	P001 IBC03 LP01 R001		MP19	T4	TP1
2873	二正丁氨基乙醇	6.1	T1	Ⅲ	6.1		5L	E1	P001 IBC03 LP01 R001		MP19	T4	TP1
2874	糠醇	6.1	T1	Ⅲ	6.1		5L	E1	P001 IBC03 LP01 R001		MP19	T4	TP1
2875	六氯苯	6.1	T2	Ⅲ	6.1		5kg	E1	P002 IBC08 LP02 R001	 B3	MP10	T1	TP33
2876	间苯二酚	6.1	T2	Ⅲ	6.1		5kg	E1	P002 IBC08 LP02 R001	 B3	MP10	T1	TP33

ADR 罐体		运输罐体车辆	运输类别（隧道限制代码）	运输特殊规定				危险性识别号	联合国编号	名称和描述
罐体代码	特殊规定			包件	散装	装卸和操作	作业			
4.3	4.3.5,6.8.4	9.1.1.2	1.1.3.6	7.2.4	7.3.3	7.5.11	8.5	5.3.2.3		3.1.2
(12)	(13)	(14)	(15)	(16)	(17)	(18)	(19)	(20)	(1)	(2)
SGAH	TU15 TE19	AT	2 (D/E)	V11		CV13 CV28	S9 S19	60	2864	偏钒酸钾
SGAV		AT	3 (E)		VC1 VC2 AP7			80	2865	硫酸肼
SGAN		AT	2 (E)	V11				80	2869	三氯化钛混合物
SGAV		AT	3 (E)		VC1 VC2 AP7			80	2869	三氯化钛混合物
L21DH	TU14 TC1 TE21 TM1	AT	0 (B/E)	V1			S20	X333	2870	氢硼化铝
			0 (E)	V1			S20		2870	在装置中的氢硼化铝
SGAH L4BH	TU15 TE19	AT	2 (E)		VC1 VC2 AP7	CV13 CV28	S9	60	2871	锑粉
L4BH	TU15 TE19	AT	2 (D/E)			CV13 CV28	S9 S19	60	2872	二溴氯丙烷类
L4BH	TU15 TE19	AT	2 (E)	V12		CV13 CV28	S9	60	2872	二溴氯丙烷类
L4BH	TU15 TE19	AT	2 (E)	V12		CV13 CV28	S9	60	2873	二正丁氨基乙醇
L4BH	TU15 TE19	AT	2 (E)	V12		CV13 CV28	S9	60	2874	糠醇
SGAH L4BH	TU15 TE19	AT	2 (E)		VC1 VC2 AP7	CV13 CV28	S9	60	2875	六氯苯
SGAH L4BH	TU15 TE19	AT	2 (E)		VC1 VC2 AP7	CV13 CV28	S9	60	2876	间苯二酚

联合国编号	名称和描述	类别	分类代码	包装类别	标志	特殊规定	有限和例外数量		容器			可移动罐柜和散装容器	
									包装指南	特殊包装规定	混合包装规定	指南	特殊规定
	3.1.2	2.2	2.2	2.1.1.3	5.2.2	3.3	3.4	3.5.1.2	4.1.4	4.1.4	4.1.10	4.2.5.2	4.2.5.3
(1)	(2)	(3a)	(3b)	(4)	(5)	(6)	(7a)	(7b)	(8)	(9a)	(9b)	(10)	(11)
2878	钛,海绵颗粒状或钛,海绵粉末状	4.1	F3	Ⅲ	4.1		5kg	E1	P002 IBC08 LP02 R001		B3	MP11	T1	TP33
2879	二氯氧化硒	8	CT1	Ⅰ	8+6.1		0	E0	P001			MP8 MP17	T10	TP2
2880	次氯酸钙,水合的或次氯酸钙,水合混合物,含水不少于5.5%,但不超过16%	5.1	O2	Ⅱ	5.1	314 322	1kg	E2	P002 IBC08		B4 B13	MP10		
2880	次氯酸钙,水合的或次氯酸钙,水合混合物,含水不少于5.5%,但不超过16%	5.1	O2	Ⅲ	5.1	314	5kg	E1	P002 IBC08 R001		B4 B13	MP10		
2881	金属催化剂,干的	4.2	S4	Ⅰ	4.2	274	0	E0	P404			MP13	T21	TP7 TP33
2881	金属催化剂,干的	4.2	S4	Ⅱ	4.2	274	0	E0	P410 IBC06			MP14	T3	TP33
2881	金属催化剂,干的	4.2	S4	Ⅲ	4.2	274	0	E1	P002 IBC08 LP02 R001		B3	MP14	T1	TP33
2900	感染性物质,只对动物感染	6.2	I2		6.2	318	0	E0	P620			MP5		
2900	感染性物质,只对动物感染,液氮冷藏的	6.2	I2		6.2+2.2	318	0	E0	P620			MP5		
2900	感染性物质,只对动物感染(仅对动物材料)	6.2	I2		6.2	318	0	E0	P620			MP5	BK1 BK2	
2901	氯化溴	2	2TOC		2.3+5.1+8		0	E0	P200			MP9	(M)	
2902	农药,液体的,有毒的,未另作规定的	6.1	T6	Ⅰ	6.1	61 274 648	0	E5	P001			MP8 MP17	T14	TP2 TP27

ADR 罐体		运输罐体车辆	运输类别（隧道限制代码）	运输特殊规定				危险性识别号	联合国编号	名称和描述
罐体代码	特殊规定			包件	散装	装卸和操作	作业			
4.3	4.3.5,6.8.4	9.1.1.2	1.1.3.6	7.2.4	7.3.3	7.5.11	8.5	5.3.2.3	3.1.2	
(12)	(13)	(14)	(15)	(16)	(17)	(18)	(19)	(20)	(1)	(2)
SGAV		AT	3 (E)			VC1 VC2		40	2878	钛，海绵颗粒状或钛，海绵粉末状
L10BH		AT	1 (C/D)			CV13 CV28	S14	X886	2879	二氯氧化硒
SGAN	TU3	AT	2 (E)	V11		CV24 CV35		50	2880	次氯酸钙，水合的或次氯酸钙，水合物混合物,含水不少于5.5%，但不超过16%
SGAV	TU3	AT	3 (E)		VC1 VC2 AP6 AP7	CV24 CV35		50	2880	次氯酸钙，水合的或次氯酸钙，水合物混合物，含水不少于5.5%，但不超过16%
		AT	0 (B/E)	V1			S20	43	2881	金属催化剂，干的
SGAN		AT	2 (D/E)	V1				40	2881	金属催化剂，干的
SGAN		AT	3 (E)	V1	VC1 VC2 AP1			40	2881	金属催化剂，干的
			0 (E)			CV13 CV25 CV26 CV28	S3 S9 S15		2900	感染性物质，只对动物感染
			0 (E)			CV13 CV25 CV26 CV28	S3 S9 S15		2900	感染性物质，只对动物感染，液氮冷藏的
			0 (E)			CV13 CV25 CV26 CV28	S3 S9 S15	606	2900	感染性物质，只对动物感染（仅对动物材料）
PxBH(M)	TA4 TT9	AT	1 (C/D)			CV9 CV10 CV36	S14	265	2901	氯化溴
L10CH	TU14 TU15 TE19 TE21	AT	1 (C/E)			CV1 CV13 CV28	S9 S14	66	2902	农药，液体的，有毒的，未另作规定的

联合国编号	名称和描述	类别	分类代码	包装类别	标志	特殊规定	有限和例外数量		容器			可移动罐柜和散装容器	
									包装指南	特殊包装规定	混合包装规定	指南	特殊规定
		3.1.2	2.2	2.2	2.1.1.3	5.2.2	3.3	3.4	3.5.1.2	4.1.4	4.1.4	4.1.10	4.2.5.2	4.2.5.3
(1)	(2)	(3a)	(3b)	(4)	(5)	(6)	(7a)	(7b)	(8)	(9a)	(9b)	(10)	(11)
2902	农药，液体的，有毒的，未另作规定的	6.1	T6	Ⅱ	6.1	61 274 648	100ml	E4	P001 IBC02		MP15	T11	TP2 TP27
2902	农药，液体的，有毒的，未另作规定的	6.1	T6	Ⅲ	6.1	61 274 648	5L	E1	P001 IBC03 LP01 R001		MP19	T7	TP2 TP28
2903	农药，液体的，有毒的，易燃的，未另作规定的，闪点不低于23℃	6.1	TF2	Ⅰ	6.1 +3	61 274	0	E5	P001		MP8 MP17	T14	TP2 TP27
2903	农药，液体的，有毒的，易燃的，未另作规定的，闪点不低于23℃	6.1	TF2	Ⅱ	6.1 +3	61 274	100ml	E4	P001 IBC02		MP15	T11	TP2 TP27
2903	农药，液体的，有毒的，易燃的，未另作规定的，闪点不低于23℃	6.1	TF2	Ⅲ	6.1 +3	61 274	5L	E1	P001 IBC03 R001		MP19	T7	TP2
2904	氯苯酚盐类，液体的或苯酚盐类，液体的	8	C9	Ⅲ	8		5L	E1	P001 IBC03 LP01 R001		MP19		
2905	氯苯酚盐类，固体的或苯酚盐类，固体的	8	C10	Ⅲ	8		5kg	E1	P002 IBC08 LP02 R001	B3	MP10	T1	TP33
2907	异山梨醇二硝酸酯混合物，含有不少于60%的乳糖、甘露糖、淀粉或磷酸氢钙	4.1	D	Ⅱ	4.1	127	0	E0	P406 IBC06	PP26 PP80 B12	MP2		
2908	放射性物质，例外包件-空包件	7				290	0	E0	见1.7	见4.1.9.1.3			
2909	放射性物质，例外包件-由天然铀、贫化铀或天然钍制成的物品	7				290	0	E0	见1.7	见4.1.9.1.3			
2910	放射性物质，例外的包件-限量物质	7				290 368	0	E0	见1.7	见4.1.9.1.3			

ADR 罐体		运输罐体车辆	运输类别（隧道限制代码）	运输特殊规定				危险性识别号	联合国编号	名称和描述
罐体代码	特殊规定			包件	散装	装卸和操作	作业			
4.3	4.3.5, 6.8.4	9.1.1.2	1.1.3.6	7.2.4	7.3.3	7.5.11	8.5	5.3.2.3	3.1.2	
(12)	(13)	(14)	(15)	(16)	(17)	(18)	(19)	(20)	(1)	(2)
L4BH	TU15 TE19	AT	2 (D/E)			CV13 CV28	S9 S19	60	2902	农药,液体的,有毒的,未另作规定的
L4BH	TU15 TE19	AT	2 (E)	V12		CV13 CV28	S9	60	2902	农药,液体的,有毒的,未另作规定的
L10CH	TU14 TU15 TE19 TE21	FL	1 (C/E)			CV1 CV13 CV28	S2 S9 S14	663	2903	农药,液体的,有毒的,易燃的,未另作规定的,闪点不低于23℃
L4BH	TU15 TE19	FL	2 (D/E)			CV13 CV28	S2 S9 S19	63	2903	农药,液体的,有毒的,易燃的,未另作规定的,闪点不低于23℃
L4BH	TU15 TE19	FL	2 (D/E)	V12		CV13 CV28	S2 S9	63	2903	农药,液体的,有毒的,易燃的,未另作规定的,闪点不低于23℃
L4BN		AT	3 (E)	V12				80	2904	氯苯酚盐类,液体的或苯酚盐类,液体的
SGAV L4BN		AT	3 (E)		VC1 VC2 AP7			80	2905	氯苯酚盐类,固体的或苯酚盐类,固体的
			2 (B)	V11			S14		2907	异山梨醇二硝酸酯混合物,含有不少于60%的乳糖、甘露糖、淀粉或磷酸氢钙
			4 (E)			CV33(见 1.7.1.5.1)	S5 S21		2908	放射性物质,例外包件－空包件
			4 (E)			CV33(见 1.7.1.5.1)	S5 S21		2909	放射性物质,例外包件－由天然铀、贫化铀或天然钍制成的物品
			4 (E)			CV33(见 1.7.1.5.1)	S5 S21		2910	放射性物质,例外的包件－限量物质

联合国编号	名称和描述	类别	分类代码	包装类别	标志	特殊规定	有限和例外数量		容器			可移动罐柜和散装容器	
									包装指南	特殊包装规定	混合包装规定	指南	特殊规定
	3.1.2	2.2	2.2	2.1.1.3	5.2.2	3.3	3.4	3.5.1.2	4.1.4	4.1.4	4.1.10	4.2.5.2	4.2.5.3
(1)	(2)	(3a)	(3b)	(4)	(5)	(6)	(7a)	(7b)	(8)	(9a)	(9b)	(10)	(11)
2911	放射性物质,例外包件-仪器或物品	7				290	0	E0	见1.7	见4.1.9.1.3			
2912	放射性物质,低比活度(LSA-I),非裂变的,或例外的可裂变	7			7X	172 317 325	0	E0	见2.2.7和4.1.9	见4.1.9.1.3		T5 见4.1.9.2.4	TP4
2913	放射性物质,表面被污染物体(SCO-I或SCO-II),非裂变,或例外的可裂变	7			7X	172 317 336	0	E0	见2.2.7和4.1.9	见4.1.9.1.3		见4.1.9.2.4	
2915	放射性物质,A型包件,非特殊形式,非裂变,或例外的可裂变	7			7X	172 317 325	0	E0	见2.2.7和4.1.9	见4.1.9.1.3			
2916	放射性物质,B(U)型包件,非裂变,或例外的可裂变	7			7X	172 317 325 337	0	E0	见2.2.7和4.1.9	见4.1.9.1.3			
2917	放射性物质,B(M)型包件,非裂变,或例外的可裂变	7			7X	172 317 325 337	0	E0	见2.2.7和4.1.9	见4.1.9.1.3			
2919	放射性物质,按特殊安排运输,非裂变,或例外的可裂变	7			7X	172 317 325	0	E0	见2.2.7和4.1.9	见4.1.9.1.3			
2920	腐蚀性液体,易燃的,未另作规定的	8	CF1	I	8+3	274	0	E0	P001		MP8 MP17	T14	TP2 TP27
2920	腐蚀性液体,易燃的,未另作规定的	8	CF1	II	8+3	274	1L	E2	P001 IBC02		MP15	T11	TP2 TP27
2921	腐蚀性固体,易燃的,未另作规定的	8	CF2	I	8+4.1	274	0	E0	P002 IBC05		MP18	T6	TP33

ADR 罐体		运输罐体车辆	运输类别（隧道限制代码）	运输特殊规定				危险性识别号	联合国编号	名称和描述
罐体代码	特殊规定			包件	散装	装卸和操作	作业			
4.3	4.3.5,6.8.4	9.1.1.2	1.1.3.6	7.2.4	7.3.3	7.5.11	8.5	5.3.2.3	3.1.2	
(12)	(13)	(14)	(15)	(16)	(17)	(18)	(19)	(20)	(1)	(2)
			4(E)			CV33(见1.7.1.5.1)	S5 S21		2911	放射性物质，例外包件-仪器或物品
S2.65AN(+)L2.65CN(+)	TU36 TT7 TM7	AT	0(E)		see 4.1.9.2.4	CV33	S6 S11 S21	70	2912	放射性物质,低比活度(LSA-Ⅰ),非裂变的,或例外的可裂变
			0(E)		see 4.1.9.2.4	CV33	S6 S11 S21	70	2913	放射性物质,表面被污染物体(SCO-Ⅰ或SCO-Ⅱ),非裂变,或例外的可裂变
			0(E)			CV33	S6 S11 S12 S21	70	2915	放射性物质,A型包件,非特殊形式,非裂变,或例外的可裂变
			0(E)			CV33	S6 S11 S21	70	2916	放射性物质,B(U)型包件,非裂变,或例外的可裂变
			0(E)			CV33	S6 S11 S21	70	2917	放射性物质,B(M)型包件,非裂变,或例外的可裂变
			0(-)			CV33	S6 S11 S21	70	2919	放射性物质,按特殊安排运输,非裂变,或例外的可裂变
L10BH		FL	1(D/E)				S2 S14	883	2920	腐蚀性液体,易燃的,未另作规定的
L4BN		FL	2(D/E)				S2	83	2920	腐蚀性液体,易燃的,未另作规定的
S10AN L10BH		AT	1(E)	V10			S14	884	2921	腐蚀性固体,易燃的,未另作规定的

联合国编号	名称和描述	类别	分类代码	包装类别	标志	特殊规定	有限和例外数量		容器			可移动罐柜和散装容器	
									包装指南	特殊包装规定	混合包装规定	指南	特殊规定
		3.1.2	2.2	2.2	2.1.1.3	5.2.2	3.3	3.4	3.5.1.2	4.1.4	4.1.4	4.1.10	4.2.5.2	4.2.5.3
(1)	(2)	(3a)	(3b)	(4)	(5)	(6)	(7a)	(7b)	(8)	(9a)	(9b)	(10)	(11)
2921	腐蚀性固体,易燃的,未另作规定的	8	CF2	Ⅱ	8+4.1	274	1kg	E2	P002 IBC08	B4	MP10	T3	TP33
2922	腐蚀性液体,有毒的,未另作规定的	8	CT1	Ⅰ	8+6.1	274	0	E0	P001		MP8 MP17	T14	TP2 TP27
2922	腐蚀性液体,有毒的,未另作规定的	8	CT1	Ⅱ	8+6.1	274	1L	E2	P001 IBC02		MP15	T7	TP2
2922	腐蚀性液体,有毒的,未另作规定的	8	CT1	Ⅲ	8+6.1	274	5L	E1	P001 IBC03 R001		MP19	T7	TP1 TP28
2923	腐蚀性固体,有毒的,未另作规定的	8	CT2	Ⅰ	8+6.1	274	0	E0	P002 IBC05		MP18	T6	TP33
2923	腐蚀性固体,有毒的,未另作规定的	8	CT2	Ⅱ	8+6.1	274	1kg	E2	P002 IBC08	B4	MP10	T3	TP33
2923	腐蚀性固体,有毒的,未另作规定的	8	CT2	Ⅲ	8+6.1	274	5kg	E1	P002 IBC08 R001	B3	MP10	T1	TP33
2924	易燃液体,腐蚀性的,未另作规定的	3	FC	Ⅰ	3+8	274	0	E0	P001		MP7 MP17	T14	TP2
2924	易燃液体,腐蚀性的,未另作规定的	3	FC	Ⅱ	3+8	274	1L	E2	P001 IBC02		MP19	T11	TP2 TP27
2924	易燃液体,腐蚀性的,未另作规定的	3	FC	Ⅲ	3+8	274	5L	E1	P001 IBC03 R001		MP19	T7	TP1 TP28
2925	易燃固体,腐蚀性的,有机的,未另作规定的	4.1	FC1	Ⅱ	4.1+8	274	1kg	E2	P002 IBC06		MP10	T3	TP33
2925	易燃固体,腐蚀性的,有机的,未另作规定的	4.1	FC1	Ⅲ	4.1+8	274	5kg	E1	P002 IBC06 R001		MP10	T1	TP33
2926	易燃固体,有毒的,有机的,未另作规定的	4.1	FT1	Ⅱ	4.1+6.1	274	1kg	E2	P002 IBC06		MP10	T3	TP33
2926	易燃固体,有毒的,有机的,未另作规定的	4.1	FT1	Ⅲ	4.1+6.1	274	5kg	E1	P002 IBC06 R001		MP10	T1	TP33

ADR 罐体		运输罐体车辆	运输类别（隧道限制代码）	运输特殊规定				危险性识别号	联合国编号	名称和描述
罐体代码	特殊规定			包件	散装	装卸和操作	作业			
4.3	4.3.5,6.8.4	9.1.1.2	1.1.3.6	7.2.4	7.3.3	7.5.11	8.5	5.3.2.3		3.1.2
(12)	(13)	(14)	(15)	(16)	(17)	(18)	(19)	(20)	(1)	(2)
SGAN L4BN		AT	2 (E)	V11				84	2921	腐蚀性固体，易燃的，未另作规定的
L10BH		AT	1 (C/D)			CV13 CV28	S14	886	2922	腐蚀性液体，有毒的，未另作规定的
L4BN		AT	2 (E)			CV13 CV28		86	2922	腐蚀性液体，有毒的，未另作规定的
L4BN		AT	3 (E)	V12		CV13 CV28		86	2922	腐蚀性液体，有毒的，未另作规定的
S10AN L10BH		AT	1 (E)	V10		CV13 CV28	S14	886	2923	腐蚀性固体，有毒的，未另作规定的
SGAN L4BN		AT	2 (E)	V11		CV13 CV28		86	2923	腐蚀性固体，有毒的，未另作规定的
SGAV L4BN		AT	3 (E)		VC1 VC2 AP7	CV13 CV28		86	2923	腐蚀性固体，有毒的，未另作规定的
L10CH	TU14 TE21	FL	1 (C/E)				S2 S20	338	2924	易燃液体，腐蚀性的，未另作规定的
L4BH		FL	2 (D/E)				S2 S20	338	2924	易燃液体，腐蚀性的，未另作规定的
L4BN		FL	3 (D/E)	V12			S2	38	2924	易燃液体，腐蚀性的，未另作规定的
SGAN		AT	2 (E)	V11				48	2925	易燃固体，腐蚀性的，有机的，未另作规定的
SGAN		AT	3 (E)					48	2925	易燃固体，腐蚀性的，有机的，未另作规定的
SGAN		AT	2 (E)	V11		CV28		46	2926	易燃固体，有毒的，有机的，未另作规定的
SGAN		AT	3 (E)			CV28		46	2926	易燃固体，有毒的，有机的，未另作规定的

联合国编号	名称和描述	类别	分类代码	包装类别	标志	特殊规定	有限和例外数量		容器			可移动罐柜和散装容器	
									包装指南	特殊包装规定	混合包装规定	指南	特殊规定
		3.1.2	2.2	2.2	2.1.1.3	5.2.2	3.3	3.4	3.5.1.2	4.1.4	4.1.4	4.1.10	4.2.5.2	4.2.5.3
(1)	(2)	(3a)	(3b)	(4)	(5)	(6)	(7a)	(7b)	(8)	(9a)	(9b)	(10)	(11)
2927	有毒液体,腐蚀性的,有机的,未另作规定的	6.1	TC1	Ⅰ	6.1+8	274 315	0	E5	P001		MP8 MP17	T14	TP2 TP27
2927	有毒液体,腐蚀性的,有机的,未另作规定的	6.1	TC1	Ⅱ	6.1+8	274	100ml	E4	P001 IBC02		MP15	T11	TP2 TP27
2928	有毒固体,腐蚀性的,有机的,未另作规定的	6.1	TC2	Ⅰ	6.1+8	274	0	E5	P002 IBC05		MP18	T6	TP33
2928	有毒固体,腐蚀性的,有机的,未另作规定的	6.1	TC2	Ⅱ	6.1+8	274	500g	E4	P002 IBC06		MP10	T3	TP33
2929	有毒液体,易燃的,有机的,未另作规定的	6.1	TF1	Ⅰ	6.1+3	274 315	0	E5	P001		MP8 MP17	T14	TP2 TP27
2929	有毒液体,易燃的,有机的,未另作规定的	6.1	TF1	Ⅱ	6.1+3	274	100ml	E4	P001 IBC02		MP15	T11	TP2 TP27
2930	有毒固体,易燃的,有机的,未另作规定的	6.1	TF3	Ⅰ	6.1+4.1	274	0	E5	P002 IBC05		MP18	T6	TP33
2930	有毒固体,易燃的,有机的,未另作规定的	61	TF3	Ⅱ	61+4.1	274	500g	E4	P002 IBC08	B4	MP10	T3	TP33
2931	硫酸氧钒	6.1	T5	Ⅱ	6.1		500g	E4	P002 IBC08	B4	MP10	T3	TP33
2933	2-氯丙酸甲酯	3	F1	Ⅲ	3		5L	E1	P001 IBC03 LP01 R001		MP19	T2	TP1
2934	2-氯丙酸异丙酯	3	F1	Ⅲ	3		5L	E1	P001 IBC03 LP01 R001		MP19	T2	TP1
2935	2-氯丙酸乙酯	3	F1	Ⅲ	3		5L	E1	P001 IBC03 LP01 R001		MP19	T2	TP1
2936	硫羟乳酸	6.1	T1	Ⅱ	6.1		100ml	E4	P001 IBC02		MP15	T7	TP2
2937	α-甲基苄基醇,液体的	6.1	T1	Ⅲ	6.1		5L	E1	P001 IBC03 LP01 R001		MP19	T4	TP1

ADR 罐体		运输罐体车辆	运输类别（隧道限制代码）	运输特殊规定				危险性识别号	联合国编号	名称和描述
罐体代码	特殊规定			包件	散装	装卸和操作	作业			
4.3	4.3.5,6.8.4	9.1.1.2	1.1.3.6	7.2.4	7.3.3	7.5.11	8.5	5.3.2.3		3.1.2
(12)	(13)	(14)	(15)	(16)	(17)	(18)	(19)	(20)	(1)	(2)
L10CH	TU14 TU15 TE19 TE21	AT	1 (C/E)			CV1 CV13 CV28	S9 S14	668	2927	有毒液体,腐蚀性的,有机的,未另作规定的
L4BH	TU15 TE19	AT	2 (D/E)			CV13 CV28	S9 S19	68	2927	有毒液体,腐蚀性的,有机的,未另作规定的
S10AH	TU14 TU15 TE19 TE21	AT	1 (C/E)	V10		CV1 CV13 CV28	S9 S14	668	2928	有毒固体,腐蚀性的,有机的,未另作规定的
SGAH L4BH	TU15 TE19	AT	2 (D/E)	V11		CV13 CV28	S9 S19	68	2928	有毒固体,腐蚀性的,有机的,未另作规定的
L10CH	TU14 TU15 TE19 TE21	FL	1 (C/D)			CV1 CV13 CV28	S2 S9 S14	663	2929	有毒液体,易燃的,有机的,未另作规定的
L4BH	TU15 TE19	FL	2 (D/E)			CV13 CV28	S2 S9 S19	63	2929	有毒液体,易燃的,有机的,未另作规定的
		AT	1 (C/E)	V10		CV1 CV13 CV28	S9 S14	664	2930	有毒固体,易燃的,有机的,未另作规定的
SGAH L4BH	TU15 TE19	AT	2 (D/E)	V11		CV13 CV28	S9 S19	64	2930	有毒固体,易燃的,有机的,未另作规定的
SGAH	TU15 TE19	AT	2 (D/E)	V11		CV13 CV28	S9 S19	60	2931	硫酸氧钒
LGBF		FL	3 (D/E)	V12			S2	30	2933	2－氯丙酸甲酯
LGBF		FL	3 (D/E)	V12			S2	30	2934	2－氯丙酸异丙酯
LGBF		FL	3 (D/E)	V12			S2	30	2935	2－氯丙酸乙酯
L4BH	TU15 TE19	AT	2 (D/E)			CV13 CV28	S9 S19	60	2936	硫羟乳酸
L4BH	TU15 TE19	AT	2 (E)	V12		CV13 CV28	S9	60	2937	α－甲基苄基醇,液体的

联合国编号	名称和描述	类别	分类代码	包装类别	标志	特殊规定	有限和例外数量		容器			可移动罐柜和散装容器	
									包装指南	特殊包装规定	混合包装规定	指南	特殊规定
		3.1.2	2.2	2.2	2.1.1.3	5.2.2	3.3	3.4	3.5.1.2	4.1.4	4.1.4	4.1.10	4.2.5.2	4.2.5.3
(1)	(2)	(3a)	(3b)	(4)	(5)	(6)	(7a)	(7b)	(8)	(9a)	(9b)	(10)	(11)
2940	9-磷杂二环壬烷类(环辛二烯膦类)	4.2	S2	Ⅱ	4.2		0	E2	P410 IBC06		MP14	T3	TP33
2941	氟苯胺类	6.1	T1	Ⅲ	6.1		5L	E1	P001 IBC03 LP01 R001		MP19	T4	TP1
2942	2-三氟甲基苯胺	6.1	T1	Ⅲ	6.1		5L	E1	P001 IBC03 LP01 R001		MP19		
2943	四氢化糠胺	3	F1	Ⅲ	3		5L	E1	P001 IBC03 LP01 R001		MP19	T2	TP1
2945	N-甲基丁胺	3	FC	Ⅱ	3 +8		1L	E2	P001 IBC02		MP19	T7	TP1
2946	2-氨基-5-二乙基氨基戊烷	6.1	T1	Ⅲ	6.1		5L	E1	P001 IBC03 LP01 R001		MP19	T4	TP1
2947	氯乙酸异丙酯	3	F1	Ⅲ	3		5L	E1	P001 IBC03 LP01 R001		MP19	T2	TP1
2948	3-三氟甲基苯胺	6.1	T1	Ⅱ	6.1		100ml	E4	P001 IBC02		MP15	T7	TP2
2949	硫氢化钠,含结晶水不低于25%	8	C6	Ⅱ	8	523	1kg	E2	P002 IBC08	B4	MP10	T7	TP2
2950	镁粒,经涂层的,粒径不小于149μm	4.3	W2	Ⅲ	4.3		1kg	E1	P410 IBC08 R001	B4	MP14	T1 BK2	TP33
2956	5-叔丁基-2,4,6-三硝基间二甲苯(二甲苯麝香)	4.1	SR1	Ⅲ	4.1	638	5kg	E0	P409		MP2		
2965	三氟化硼合二甲醚	4.3	WFC	Ⅰ	4.3 +3 +8		0	E0	P401		MP2	T10	TP2 TP7
2966	硫甘醇	6.1	T1	Ⅱ	6.1		100ml	E4	P001 IBC02		MP15	T7	TP2

ADR 罐体		运输罐体车辆	运输类别(隧道限制代码)	运输特殊规定				危险性识别号	联合国编号	名称和描述
罐体代码	特殊规定			包件	散装	装卸和操作	作业			
4.3	4.3.5,6.8.4	9.1.1.2	1.1.3.6	7.2.4	7.3.3	7.5.11	8.5	5.3.2.3		3.1.2
(12)	(13)	(14)	(15)	(16)	(17)	(18)	(19)	(20)	(1)	(2)
SGAN		AT	2 (D/E)	V1				40	2940	9-磷杂二环壬烷类(环辛二烯膦类)
L4BH	TU15 TE19	AT	2 (E)	V12		CV13 CV28	S9	60	2941	氟苯胺类
L4BH	TU15 TE19	AT	2 (E)	V12		CV13 CV28	S9	60	2942	2-三氟甲基苯胺
LGBF		FL	3 (D/E)	V12			S2	30	2943	四氢化糠胺
L4BH		FL	2 (D/E)				S2 S20	338	2945	N-甲基丁胺
L4BH	TU15 TE19	AT	2 (E)	V12		CV13 CV28	S9	60	2946	2-氨基-5-二乙基氨基戊烷
LGBF		FL	3 (D/E)	V12			S2	30	2947	氯乙酸异丙酯
L4BH	TU15 TE19	AT	2 (D/E)			CV13 CV28	S9 S19	60	2948	3-三氟甲基苯胺
SGAN L4BN		AT	2 (E)	V11				80	2949	硫氢化钠,含结晶水不低于25%
SGAN		AT	3 (E)	V1	VC2 AP4 AP5	CV23		423	2950	镁粒,经涂层的,粒径不小于149μm
			3 (D)			CV14	S24		2956	5-叔丁基-2,4,6-三硝基间二甲苯(二甲苯麝香)
L10DH	TU4 TU14 TU22 TE21 TM2	FL	0 (B/E)	V1		CV23	S2 S20	382	2965	三氟化硼合二甲醚
L4BH	TU15 TE19	AT	2 (D/E)			CV13 CV28	S9 S19	60	2966	硫甘醇

联合国编号	名称和描述	类别	分类代码	包装类别	标志	特殊规定	有限和例外数量		容器			可移动罐柜和散装容器	
									包装指南	特殊包装规定	混合包装规定	指南	特殊规定
		3.1.2	2.2	2.2	2.1.1.3	5.2.2	3.3	3.4	3.5.1.2	4.1.4	4.1.4	4.1.10	4.2.5.2	4.2.5.3
(1)	(2)	(3a)	(3b)	(4)	(5)	(6)	(7a)	(7b)	(8)	(9a)	(9b)	(10)	(11)
2967	氨基磺酸	8	C2	Ⅲ	8		5kg	E1	P002 IBC08 LP02 R001	B3	MP10	T1	TP33
2968	代森锰,稳定的或代森锰制品,稳定的,防自热的	4.3	W2	Ⅲ	4.3	547	1kg	E1	P002 IBC08 R001	B4	MP14	T1	TP33
2969	蓖麻籽、蓖麻片、蓖麻粉或蓖麻油渣	9	M11	Ⅱ	9	141	5kg	E2	P002 IBC08	PP34 B4	MP10	T3 BK1 BK2	TP33
2977	放射性物质,六氟化铀,可裂变的	7			7X +7E +8		0	E0	见2.2.7 和4.1.9	见 4.1.9.1.3			
2978	放射性物质,六氟化铀,非裂变或例外的可裂变	7			7X +8	317	0	E0	见2.2.7 和4.1.9	见 4.1.9.1.3			
2983	环氧乙烷(氧化乙烯)和氧化丙烯混合物,环氧乙烷(氧化乙烯)不超过30%	3	FT1	Ⅰ	3 +6.1		0	E0	P001		MP7 MP17	T14	TP2 TP7
2984	过氧化氢水溶液,含过氧化氢不少于8%,但少于20%(必要时加稳定剂)	5.1	O1	Ⅲ	5.1	65	5L	E1	P504 IBC02 R001	PP10 B5	MP15	T4	TP1 TP6 TP24
2985	氯硅烷类,易燃的,腐蚀的,未另作规定的	3	FC	Ⅱ	3 +8	548	0	E0	P010		MP19	T14	TP2 TP7 TP27
2986	氯硅烷类,腐蚀的,易燃的,未另作规定的	8	CF1	Ⅱ	8 +3	548	0	E0	P010		MP15	T14	TP2 TP7 TP27
2987	氯硅烷类,腐蚀的,未另作规定的	8	C3	Ⅱ	8	548	0	E0	P010		MP15	T14	TP2 TP7 TP27
2988	氯硅烷类,遇水反应,易燃的,腐蚀的,未另作规定的	4.3	WFC	Ⅰ	4.3 +3 +8	549	0	E0	P401	RR7	MP2	T14	TP2 TP7

ADR 罐体		运输罐体车辆	运输类别（隧道限制代码）	运输特殊规定				危险性识别号	联合国编号	名称和描述
罐体代码	特殊规定			包件	散装	装卸和操作	作业			
4.3	4.3.5,6.8.4	9.1.1.2	1.1.3.6	7.2.4	7.3.3	7.5.11	8.5	5.3.2.3		3.1.2
(12)	(13)	(14)	(15)	(16)	(17)	(18)	(19)	(20)	(1)	(2)
SGAV		AT	3 (E)		VC1 VC2 AP7			80	2967	氨基磺酸
SGAN		AT	0 (E)	V1	VC1 VC2 AP3 AP4 AP5	CV23		423	2968	代森锰,稳定的或代森锰制品,稳定的,防自热的
SGAV		AT	2 (E)	V11	VC1 VC2			90	2969	蓖麻籽、蓖麻片、蓖麻粉或蓖麻油渣
			0 (C)			CV33	S6 S11 S21	78	2977	放射性物质,六氟化铀,可裂变的
			0 (C)			CV33	S6 S11 S21	78	2978	放射性物质,六氟化铀,非裂变或例外的可裂变
L10CH	TU14 TU15 TE21	FL	1 (C/E)			CV13 CV28	S2 S22	336	2983	环氧乙烷(氧化乙烯)和氧化丙烯混合物,环氧乙烷(氧化乙烯)不超过30%
LGBV	TU3 TC2 TE8 TE11 TT1	AT	3 (E)			CV24		50	2984	过氧化氢水溶液,含过氧化氢不少于8%,但少于20%(必要时加稳定剂)
L4BH		FL	2 (D/E)				S2 S20	X338	2985	氯硅烷类,易燃的,腐蚀的,未另作规定的
L4BN		FL	2 (D/E)				S2	X83	2986	氯硅烷类,腐蚀的,易燃的,未另作规定的
L4BN		AT	2 (E)					X80	2987	氯硅烷类,腐蚀的,未另作规定的
L10DH	TU14 TU26 TE21 TM2 TM3	FL	0 (B/E)	V1		CV23	S2 S20	X338	2988	氯硅烷类,遇水反应,易燃的,腐蚀的,未另作规定的

555

联合国编号	名称和描述	类别	分类代码	包装类别	标志	特殊规定	有限和例外数量		容器			可移动罐柜和散装容器	
									包装指南	特殊包装规定	混合包装规定	指南	特殊规定
		3.1.2	2.2	2.2	2.1.1.3	5.2.2	3.3	3.4	3.5.1.2	4.1.4	4.1.4	4.1.10	4.2.5.2	4.2.5.3
(1)	(2)	(3a)	(3b)	(4)	(5)	(6)	(7a)	(7b)	(8)	(9a)	(9b)	(10)	(11)
2989	亚磷酸二氢铅(二盐基亚磷酸铅)	4.1	F3	Ⅱ	4.1		1kg	E2	P002 IBC08	B4	MP11	T3	TP33
2989	亚磷酸二氢铅(二盐基亚磷酸铅)	4.1	F3	Ⅲ	4.1		5kg	E1	P002 IBC08 LP02 R001	B3	MP11	T1	TP33
2990	救生设备,自动膨胀式	9	M5		9	296 635	0	E0	P905				
2991	氨基甲酸酯农药,液体的,有毒的,易燃的,闪点不低于23℃	6.1	TF2	Ⅰ	6.1+3	61 274	0	E5	P001		MP8 MP17	T14	TP2 TP27
2991	氨基甲酸酯农药,液体的,有毒的,易燃的,闪点不低于23℃	6.1	TF2	Ⅱ	6.1+3	61 274	100ml	E4	P001 IBC02		MP15	T11	TP2 TP27
2991	氨基甲酸酯农药,液体的,有毒的,易燃的,闪点不低于23℃	6.1	TF2	Ⅲ	6.1+3	61 274	5L	E1	P001 IBC03 R001		MP19	T7	TP2 TP28
2992	氨基甲酸酯农药,液体的,有毒的	6.1	T6	Ⅰ	6.1	61 274 648	0	E5	P001		MP8 MP17	T14	TP2 TP27
2992	氨基甲酸酯农药,液体的,有毒的	6.1	T6	Ⅱ	6.1	61 274 648	100ml	E4	P001 IBC02		MP15	T11	TP2 TP27
2992	氨基甲酸酯农药,液体的,有毒的	6.1	T6	Ⅲ	6.1	61 274 648	5L	E1	P001 IBC03 LP01 R001		MP19	T7	TP2 TP28
2993	含砷农药,液体的,有毒的,易燃的,闪点不低于23℃	6.1	TF2	Ⅰ	6.1+3	61 274	0	E5	P001		MP8 MP17	T14	TP2 TP27
2993	含砷农药,液体的,有毒的,易燃的,闪点不低于23℃	6.1	TF2	Ⅱ	6.1+3	61 274	100ml	E4	P001 IBC02		MP15	T11	TP2 TP27

ADR 罐体		运输罐体车辆	运输类别（隧道限制代码）	运输特殊规定				危险性识别号	联合国编号	名称和描述
罐体代码	特殊规定			包件	散装	装卸和操作	作业			
4.3	4.3.5,6.8.4	9.1.1.2	1.1.3.6	7.2.4	7.3.3	7.5.11	8.5	5.3.2.3		3.1.2
(12)	(13)	(14)	(15)	(16)	(17)	(18)	(19)	(20)	(1)	(2)
SGAN		AT	2 (E)	V11				40	2989	亚磷酸二氢铅（二盐基亚磷酸铅）
SGAV		AT	3 (E)		VC1 VC2			40	2989	亚磷酸二氢铅（二盐基亚磷酸铅）
			3 (E)						2990	救生设备,自动膨胀式
L10CH	TU14 TU15 TE19 TE21	FL	1 (C/E)			CV1 CV13 CV28	S2 S9 S14	663	2991	氨基甲酸酯农药,液体的,有毒的,易燃的,闪点不低于23℃
L4BH	TU15 TE19	FL	2 (D/E)			CV13 CV28	S2 S9 S19	63	2991	氨基甲酸酯农药,液体的,有毒的,易燃的,闪点不低于23℃
L4BH	TU15 TE19	FL	2 (D/E)	V12		CV13 CV28	S2 S9	63	2991	氨基甲酸酯农药,液体的,有毒的,易燃的,闪点不低于23℃
L10CH	TU14 TU15 TE19 TE21	AT	1 (C/E)			CV1 CV13 CV28	S9 S14	66	2992	氨基甲酸酯农药,液体的,有毒的
L4BH	TU15 TE19	AT	2 (D/E)			CV13 CV28	S9 S19	60	2992	氨基甲酸酯农药,液体的,有毒的
L4BH	TU15 TE19	AT	2 (E)	V12		CV13 CV28	S9	60	2992	氨基甲酸酯农药,液体的,有毒的
L10CH	TU14 TU15 TE19 TE21	FL	1 (C/E)			CV1 CV13 CV28	S2 S9 S14	663	2993	含砷农药,液体的,有毒的,易燃的,闪点不低于23℃
L4BH	TU15 TE19	FL	2 (D/E)			CV13 CV28	S2 S9 S19	63	2993	含砷农药,液体的,有毒的,易燃的,闪点不低于23℃

联合国编号	名称和描述	类别	分类代码	包装类别	标志	特殊规定	有限和例外数量		容器			可移动罐柜和散装容器	
									包装指南	特殊包装规定	混合包装规定	指南	特殊规定
	3.1.2	2.2	2.2	2.1.1.3	5.2.2	3.3	3.4	3.5.1.2	4.1.4	4.1.4	4.1.10	4.2.5.2	4.2.5.3
(1)	(2)	(3a)	(3b)	(4)	(5)	(6)	(7a)	(7b)	(8)	(9a)	(9b)	(10)	(11)
2993	含砷农药,液体的,有毒的,易燃的,闪点不低于23℃	6.1	TF2	Ⅲ	6.1+3	61 274	5L	E1	P001 IBC03 R001		MP19	T7	TP2 TP28
2994	含砷农药,液体的,有毒的	6.1	T6	Ⅰ	6.1	61 274 648	0	E5	P001		MP8 MP17	T14	TP2 TP27
2994	含砷农药,液体的,有毒的	6.1	T6	Ⅱ	6.1	61 274 648	100ml	E4	P001 IBC02		MP15	T11	TP2 TP27
2994	含砷农药,液体的,有毒的	6.1	T6	Ⅲ	6.1	61 274 648	5L	E1	P001 IBC03 LP01 R001		MP19	T7	TP2 TP28
2995	有机氯农药,液体的,有毒的,易燃的,闪点不低于23℃	6.1	TF2	Ⅰ	6.1+3	61 274	0	E5	P001		MP8 MP17	T14	TP2 TP27
2995	有机氯农药,液体的,有毒的,易燃的,闪点不低于23℃	6.1	TF2	Ⅱ	6.1+3	61 274	100ml	E4	P001 IBC02		MP15	T11	TP2 TP27
2995	有机氯农药,液体的,有毒的,易燃的,闪点不低于23℃	6.1	TF2	Ⅲ	6.1+3	61 274	5L	E1	P001 IBC03 R001		MP19	T7	TP2 TP28
2996	有机氯农药,液体的,有毒的	6.1	T6	Ⅰ	6.1	61 274 628	0	E5	P001		MP8 MP17	T14	TP2 TP27
2996	有机氯农药,液体的,有毒的	6.1	T6	Ⅱ	6.1	61 274 628	100ml	E4	P001 IBC02		MP15	T11	TP2 TP27
2996	有机氯农药,液体的,有毒的	6.1	T6	Ⅲ	6.1	61 274 628	5L	E1	P001 IBC03 LP01 R001		MP19	T7	TP2 TP28
2997	三嗪农药,液体的,有毒的,易燃的,闪点不低于23℃	6.1	TF2	Ⅰ	6.1+3	61 274	0	E5	P001		MP8 MP17	T14	TP2 TP27

ADR 罐体		运输罐体车辆	运输类别（隧道限制代码）	运输特殊规定				危险性识别号	联合国编号	名称和描述
罐体代码	特殊规定			包件	散装	装卸和操作	作业			
4.3	4.3.5,6.8.4	9.1.1.2	1.1.3.6	7.2.4	7.3.3	7.5.11	8.5	5.3.2.3		3.1.2
(12)	(13)	(14)	(15)	(16)	(17)	(18)	(19)	(20)	(1)	(2)
L4BH	TU15 TE19	FL	2 (D/E)	V12		CV13 CV28	S2 S9	63	2993	含砷农药,液体的,有毒的,易燃的,闪点不低于23℃
L10CH	TU14 TU15 TE19 TE21	AT	1 (C/E)			CV1 CV13 CV28	S9 S14	66	2994	含砷农药,液体的,有毒
L4BH	TU15 TE19	AT	2 (D/E)			CV13 CV28	S9 S19	60	2994	含砷农药,液体的,有毒的
L4BH	TU15 TE19	AT	2 (E)	V12		CV13 CV28	S9	60	2994	含砷农药,液体的,有毒的
L10CH	TU14 TU15 TE19 TE21	FL	1 (C/E)			CV1 CV13 CV28	S2 S9 S14	663	2995	有机氯农药,液体的,有毒的,易燃的,闪点不低于23℃
L4BH	TU15 TE19	FL	2 (D/E)			CV13 CV28	S2 S9 S19	63	2995	有机氯农药,液体的,有毒的,易燃的,闪点不低于23℃
L4BH	TU15 TE19	FL	2 (D/E)	V12		CV13 CV28	S2 S9	63	2995	有机氯农药,液体的,有毒的,易燃的,闪点不低于23℃
L10CH	TU14 TU15 TE19 TE21	AT	1 (C/E)			CV1 CV13 CV28	S9 S14	66	2996	有机氯农药,液体的,有毒的
L4BH	TU15 TE19	AT	2 (D/E)			CV13 CV28	S9 S19	60	2996	有机氯农药,液体的,有毒的
L4BH	TU15 TE19	AT	2 (E)	V12		CV13 CV28	S9	60	2996	有机氯农药,液体的,有毒的
L10CH	TU14 TU15 TE19 TE21	FL	1 (C/E)			CV1 CV13 CV28	S2 S9 S14	663	2997	三嗪农药,液体的,有毒的,易燃的,闪点不低于23℃

联合国编号	名称和描述	类别	分类代码	包装类别	标志	特殊规定	有限和例外数量		容器			可移动罐柜和散装容器	
									包装指南	特殊包装规定	混合包装规定	指南	特殊规定
	3.1.2	2.2	2.2	2.1.1.3	5.2.2	3.3	3.4	3.5.1.2	4.1.4	4.1.4	4.1.10	4.2.5.2	4.2.5.3
(1)	(2)	(3a)	(3b)	(4)	(5)	(6)	(7a)	(7b)	(8)	(9a)	(9b)	(10)	(11)
2997	三嗪农药,液体的,有毒的,易燃的,闪点不低于23℃	6.1	TF2	Ⅱ	6.1+3	61 274	100ml	E4	P001 IBC02		MP15	T11	TP2 TP27
2997	三嗪农药,液体的,有毒的,易燃的,闪点不低于23℃	6.1	TF2	Ⅲ	6.1+3	61 274	5L	E1	P001 IBC03 R001		MP19	T7	TP2 TP28
2998	三嗪农药,液体的,有毒的	6.1	T6	Ⅰ	6.1	61 274 648	0	E5	P001		MP8 MP17	T14	TP2 TP27
2998	三嗪农药,液体的,有毒的	6.1	T6	Ⅱ	6.1	61 274 648	100ml	E4	P001 IBC02		MP15	T11	TP2 TP27
2998	三嗪农药,液体的,有毒的	6.1	T6	Ⅲ	6.1	61 274 648	5L	E1	P001 IBC03 LP01 R001		MP19	T7	TP2 TP28
3005	硫代氨基甲酸酯农药,液体的,有毒的,易燃的,闪点不低于23℃	6.1	TF2	Ⅰ	6.1+3	61 274	0	E5	P001		MP8 MP17	T14	TP2
3005	硫代氨基甲酸酯农药,液体的,有毒的,易燃的,闪点不低于23℃	6.1	TF2	Ⅱ	6.1+3	61 274	100ml	E4	P001 IBC02		MP15	T11	TP2 TP27
3005	硫代氨基甲酸酯农药,液体的,有毒的,易燃的,闪点不低于23℃	6.1	TF2	Ⅲ	6.1+3	61 274	5L	E1	P001 IBC03 R001		MP19	T7	TP2 TP28
3006	硫代氨基甲酸酯农药,液体的,有毒的	6.1	T6	Ⅰ	6.1	61 274 648	0	E5	P001		MP8 MP17	T14	TP2
3006	硫代氨基甲酸酯农药,液体的,有毒的	6.1	T6	Ⅱ	6.1	61 274 648	100ml	E4	P001 IBC02		MP15	T11	TP2 TP27
3006	硫代氨基甲酸酯农药,液体的,有毒的	6.1	T6	Ⅲ	6.1	61 274 648	5L	E1	P001 IBC03 LP01 R001		MP19	T7	TP2 TP28

ADR 罐体		运输罐体车辆	运输类别（隧道限制代码）	运输特殊规定				危险性识别号	联合国编号	名称和描述
罐体代码	特殊规定			包件	散装	装卸和操作	作业			
4.3	4.3.5,6.8.4	9.1.1.2	1.1.3.6	7.2.4	7.3.3	7.5.11	8.5	5.3.2.3		3.1.2
(12)	(13)	(14)	(15)	(16)	(17)	(18)	(19)	(20)	(1)	(2)
L4BH	TU15 TE19	FL	2 (D/E)			CV13 CV28	S2 S9 S19	63	2997	三嗪农药,液体的,有毒的,易燃的,闪点不低于23℃
L4BH	TU15 TE19	FL	2 (D/E)	V12		CV13 CV28	S2S9	63	2997	三嗪农药,液体的,有毒的,易燃的,闪点不低于23℃
L10CH	TU14 TU15 TE19 TE21	AT	1 (C/E)			CV1 CV13 CV28	S9 S14	66	2998	三嗪农药,液体的,有毒的
L4BH	TU15 TE19	AT	2 (D/E)			CV13 CV28	S9 S19	60	2998	三嗪农药,液体的,有毒的
L4BH	TU15 TE19	AT	2 (E)	V12		CV13 CV28	S9	60	2998	三嗪农药,液体的,有毒的
L10CH	TU14 TU15 TE19 TE21	FL	1 (C/E)			CV1 CV13 CV28	S2 S9 S14	663	3005	硫代氨基甲酸酯农药,液体的,有毒的,易燃的,闪点不低于23℃
L4BH	TU15 TE19	FL	2 (D/E)			CV13 CV28	S2 S9 S19	63	3005	硫代氨基甲酸酯农药,液体的,有毒的,易燃的,闪点不低于23℃
L4BH	TU15 TE19	FL	2 (D/E)	V12		CV13 CV28	S2S9	63	3005	硫代氨基甲酸酯农药,液体的,有毒的,易燃的,闪点不低于23℃
L10CH	TU14 TU15 TE19 TE21	AT	1 (C/E)			CV1 CV13 CV28	S9 S14	66	3006	硫代氨基甲酸酯农药,液体的,有毒的
L4BH	TU15 TE19	AT	2 (D/E)			CV13 CV28	S9 S19	60	3006	硫代氨基甲酸酯农药,液体的,有毒的
L4BH	TU15 TE19	AT	2 (E)	V12		CV13 CV28	S9	60	3006	硫代氨基甲酸酯农药,液体的,有毒的

联合国编号	名称和描述	类别	分类代码	包装类别	标志	特殊规定	有限和例外数量		容器			可移动罐柜和散装容器	
									包装指南	特殊包装规定	混合包装规定	指南	特殊规定
	3.1.2	2.2	2.2	2.1.1.3	5.2.2	3.3	3.4	3.5.1.2	4.1.4	4.1.4	4.1.10	4.2.5.2	4.2.5.3
(1)	(2)	(3a)	(3b)	(4)	(5)	(6)	(7a)	(7b)	(8)	(9a)	(9b)	(10)	(11)
3009	铜基农药,液体的,有毒的,易燃的,闪点不低于23℃	6.1	TF2	Ⅰ	6.1+3	61 274	0	E5	P001		MP8 MP17	T14	TP2 TP27
3009	铜基农药,液体的,有毒的,易燃的,闪点不低于23℃	6.1	TF2	Ⅱ	6.1+3	61 274	100ml	E4	P001 IBC02		MP15	T11	TP2 TP27
3009	铜基农药,液体的,有毒的,易燃的,闪点不低于23℃	6.1	TF2	Ⅲ	6.1+3	61 274	5L	E1	P001 IBC03 R001		MP19	T7	TP2 TP28
3010	铜基农药,液体的,有毒的	6.1	T6	Ⅰ	6.1	61 274 648	0	E5	P001		MP8 MP17	T14	TP2 TP27
3010	铜基农药,液体的,有毒的	6.1	T6	Ⅱ	6.1	61 274 648	100ml	E4	P001 IBC02		MP15	T11	TP2 TP27
3010	铜基农药,液体的,有毒的	6.1	T6	Ⅲ	6.1	61 274 648	5L	E1	P001 IBC03 LP01 R001		MP19	T7	TP2 TP28
3011	汞基农药,液体的,有毒的,易燃的,闪点不低于23℃	6.1	TF2	Ⅰ	6.1+3	61 274	0	E5	P001		MP8 MP17	T14	TP2 TP27
3011	汞基农药,液体的,有毒的,易燃的,闪点不低于23℃	6.1	TF2	Ⅱ	6.1+3	61 274	100ml	E4	P001 IBC02		MP15	T11	TP2 TP27
3011	汞基农药,液体的,有毒的,易燃的,闪点不低于23℃	6.1	TF2	Ⅲ	6.1+3	61 274	5L	E1	P001 IBC03 R001		MP19	T7	TP2 TP28
3012	汞基农药,液体的,有毒的	6.1	T6	Ⅰ	6.1	61 274 648	0	E5	P001		MP8 MP17	T14	TP2 TP27
3012	汞基农药,液体的,有毒的	6.1	T6	Ⅱ	6.1	61 274 648	100ml	E4	P001 IBC02		MP15	T11	TP2 TP27

ADR 罐体		运输罐体车辆	运输类别（隧道限制代码）	运输特殊规定				危险性识别号	联合国编号	名称和描述
罐体代码	特殊规定			包件	散装	装卸和操作	作业			
4.3	4.3.5,6.8.4	9.1.1.2	1.1.3.6	7.2.4	7.3.3	7.5.11	8.5	5.3.2.3		3.1.2
(12)	(13)	(14)	(15)	(16)	(17)	(18)	(19)	(20)	(1)	(2)
L10CH	TU14 TU15 TE19 TE21	FL	1 (C/E)			CV1 CV13 CV28	S2 S9 S14	663	3009	铜基农药,液体的,有毒的,易燃的,闪点不低于23℃
L4BH	TU15 TE19	FL	2 (D/E)			CV13 CV28	S2 S9 S19	63	3009	铜基农药,液体的,有毒的,易燃的,闪点不低于23℃
L4BH	TU15 TE19	FL	2 (D/E)	V12		CV13 CV28	S2 S9	63	3009	铜基农药,液体的,有毒的,易燃的,闪点不低于23℃
L10CH	TU14 TU15 TE19 TE21	AT	1 (C/E)			CV1 CV13 CV28	S9 S14	66	3010	铜基农药,液体的,有毒的
L4BH	TU15 TE19	AT	2 (D/E)			CV13 CV28	S9 S19	60	3010	铜基农药,液体的,有毒的
L4BH	TU15 TE19	AT	2 (E)	V12		CV13 CV28	S9	60	3010	铜基农药,液体的,有毒的
L10CH	TU14 TU15 TE19 TE21	FL	1 (C/E)			CV1 CV13 CV28	S2 S9 S14	663	3011	汞基农药,液体的,有毒的,易燃的,闪点不低于23℃
L4BH	TU15 TE19	FL	2 (D/E)			CV13 CV28	S2 S9 S19	63	3011	汞基农药,液体的,有毒的,易燃的,闪点不低于23℃
L4BH	TU15 TE19	FL	2 (D/E)	V12		CV13 CV28	S2 S9	63	3011	汞基农药,液体的,有毒的,易燃的,闪点不低于23℃
L10CH	TU14 TU15 TE19 TE21	AT	1 (C/E)			CV1 CV13 CV28	S9 S14	66	3012	汞基农药,液体的,有毒的
L4BH	TU15 TE19	AT	2 (D/E)			CV13 CV28	S9 S19	60	3012	汞基农药,液体的,有毒的

联合国编号	名称和描述	类别	分类代码	包装类别	标志	特殊规定	有限和例外数量		容器			可移动罐柜和散装容器	
									包装指南	特殊包装规定	混合包装规定	指南	特殊规定
		3.1.2	2.2	2.2	2.1.1.3	5.2.2	3.3	3.4	3.5.1.2	4.1.4	4.1.4	4.1.10	4.2.5.2	4.2.5.3
(1)	(2)	(3a)	(3b)	(4)	(5)	(6)	(7a)	(7b)	(8)	(9a)	(9b)	(10)	(11)
3012	汞基农药,液体的,有毒的	6.1	T6	Ⅲ	6.1	61 274 648	5L	E1	P001 IBC03 LP01 R001		MP19	T7	TP2 TP28
3013	取代硝基苯酚农药,液体的,有毒的,易燃的,闪点不低于23℃	6.1	TF2	Ⅰ	6.1 +3	61 274	0	E5	P001		MP8 MP17	T14	TP2 TP27
3013	取代硝基苯酚农药,液体的,有毒的,易燃的,闪点不低于23℃	6.1	TF2	Ⅱ	6.1 +3	61 274	100ml	E4	P001 IBC02		MP15	T11	TP2 TP27
3013	取代硝基苯酚农药,液体的,有毒的,易燃的,闪点不低于23℃	6.1	TF2	Ⅲ	6.1 +3	61 274	5L	E1	P001 IBC03 R001		MP19	T7	TP2 TP28
3014	取代硝基苯酚农药,液体的,有毒的	6.1	T6	Ⅰ	6.1	61 274 648	0	E5	P001		MP8 MP17	T14	TP2 TP27
3014	取代硝基苯酚农药,液体的,有毒的	6.1	T6	Ⅱ	6.1	61 274 648	100ml	E4	P001 IBC02		MP15	T11	TP2 TP27
3014	取代硝基苯酚农药,液体的,有毒的	6.1	T6	Ⅲ	6.1	61 274 648	5L	E1	P001 IBC03 LP01 R001		MP19	T7	TP2 TP28
3015	联吡啶农药,液体的,有毒的,易燃的,闪点不低于23℃	6.1	TF2	Ⅰ	6.1 +3	61 274	0	E5	P001		MP8 MP17	T14	TP2 TP27
3015	联吡啶农药,液体的,有毒的,易燃的,闪点不低于23℃	6.1	TF2	Ⅱ	6.1 +3	61 274	100ml	E4	P001 IBC02		MP15	T11	TP2 TP27
3015	联吡啶农药,液体的,有毒的,易燃的,闪点不低于23℃	6.1	TF2	Ⅲ	6.1 +3	61 274	5L	E1	P001 IBC03 R001		MP19	T7	TP2 TP28
3016	联吡啶农药,液体的,有毒的	6.1	T6	Ⅰ	6.1	61 274 648	0	E5	P001		MP8 MP17	T14	TP2 TP27

ADR 罐体		运输罐体车辆	运输类别（隧道限制代码）	运输特殊规定				危险性识别号	联合国编号	名称和描述
罐体代码	特殊规定			包件	散装	装卸和操作	作业			
4.3	4.3.5,6.8.4	9.1.1.2	1.1.3.6	7.2.4	7.3.3	7.5.11	8.5	5.3.2.3		3.1.2
(12)	(13)	(14)	(15)	(16)	(17)	(18)	(19)	(20)	(1)	(2)
L4BH	TU15 TE19	AT	2 (E)	V12		CV13 CV28	S9	60	3012	汞基农药,液体的,有毒的
L10CH	TU14 TU15 TE19 TE21	FL	1 (C/E)			CV1 CV13 CV28	S2 S9 S14	663	3013	取代硝基苯酚农药,液体的,有毒的,易燃的,闪点不低于23℃
L4BH	TU15 TE19	FL	2 (D/E)			CV13 CV28	S2 S9 S19	63	3013	取代硝基苯酚农药,液体的,有毒的,易燃的,闪点不低于23℃
L4BH	TU15 TE19	FL	2 (D/E)	V12		CV13 CV28	S2 S9	63	3013	取代硝基苯酚农药,液体的,有毒的,易燃的,闪点不低于23℃
L10CH	TU14 TU15 TE19 TE21	AT	1 (C/E)			CV1 CV13 CV28	S9 S14	66	3014	取代硝基苯酚农药,液体的,有毒的
L4BH	TU15 TE19	AT	2 (D/E)			CV13 CV28	S9 S19	60	3014	取代硝基苯酚农药,液体的,有毒的
L4BH	TU15 TE19	AT	2 (E)	V12		CV13 CV28	S9	60	3014	取代硝基苯酚农药,液体的,有毒的
L10CH	TU14 TU15 TE19 TE21	FL	1 (C/E)			CV1 CV13 CV28	S2 S9 S14	663	3015	联吡啶农药,液体的,有毒的,易燃的,闪点不低于23℃
L4BH	TU15 TE19	FL	2 (D/E)			CV13 CV28	S2 S9 S19	63	3015	联吡啶农药,液体的,有毒的,易燃的,闪点不低于23℃
L4BH	TU15 TE19	FL	2 (D/E)	V12		CV13 CV28	S2 S9	63	3015	联吡啶农药,液体的,有毒的,易燃的,闪点不低于23℃
L10CH	TU14 TU15 TE19 TE21	AT	1 (C/E)			CV1 CV13 CV28	S9 S14	66	3016	联吡啶农药,液体的,有毒的

联合国编号	名称和描述	类别	分类代码	包装类别	标志	特殊规定	有限和例外数量		容器			可移动罐柜和散装容器	
									包装指南	特殊包装规定	混合包装规定	指南	特殊规定
		3.1.2	2.2	2.2	2.1.1.3	5.2.2	3.3	3.4	3.5.1.2	4.1.4	4.1.4	4.1.10	4.2.5.2	4.2.5.3
(1)	(2)	(3a)	(3b)	(4)	(5)	(6)	(7a)	(7b)	(8)	(9a)	(9b)	(10)	(11)
3016	联吡啶农药,液体的,有毒的	6.1	T6	Ⅱ	6.1	61 274 648	100ml	E4	P001 IBC02		MP15	T11	TP2 TP27
3016	联吡啶农药,液体的,有毒的	6.1	T6	Ⅲ	6.1	61 274 648	5L	E1	P001 IBC03 LP01 R001		MP19	T7	TP2 TP28
3017	有机磷农药,液体的,有毒的,易燃的,闪点不低于23℃	6.1	TF2	Ⅰ	6.1 +3	61 274	0	E5	P001		MP8 MP17	T14	TP2 TP27
3017	有机磷农药,液体的,有毒的,易燃的,闪点不低于23℃	6.1	TF2	Ⅱ	6.1 +3	61 274	100ml	E4	P001 IBC02		MP15	T11	TP2 TP27
3017	有机磷农药,液体的,有毒的,易燃的,闪点不低于23℃	6.1	TF2	Ⅲ	6.1 +3	61 274	5L	E1	P001 IBC03 R001		MP19	T7	TP2 TP28
3018	有机磷农药,液体的,有毒的	6.1	T6	Ⅰ	6.1	61 274 648	0	E5	P001		MP8 MP17	T14	TP2 TP27
3018	有机磷农药,液体的,有毒的	6.1	T6	Ⅱ	6.1	61 274 648	100ml	E4	P001 IBC02		MP15	T11	TP2 TP27
3018	有机磷农药,液体的,有毒的	6.1	T6	Ⅲ	6.1	61 274 648	5L	E1	P001 IBC03 LP01 R001		MP19	T7	TP2 TP28
3019	有机锡农药,液体的,有毒的,易燃的,闪点不低于23℃	6.1	TF2	Ⅰ	6.1 +3	61 274	0	E5	P001		MP8 MP17	T14	TP2 TP27
3019	有机锡农药,液体的,有毒的,易燃的,闪点不低于23℃	6.1	TF2	Ⅱ	6.1 +3	61 274	100ml	E4	P001 IBC02		MP15	T11	TP2 TP27
3019	有机锡农药,液体的,有毒的,易燃的,闪点不低于23℃	6.1	TF2	Ⅲ	6.1 +3	61 274	5L	E1	P001 IBC03 R001		MP19	T7	TP2 TP28

ADR 罐体		运输罐体车辆	运输类别（隧道限制代码）	运输特殊规定				危险性识别号	联合国编号	名称和描述
罐体代码	特殊规定			包件	散装	装卸和操作	作业			
4.3	4.3.5,6.8.4	9.1.1.2	1.1.3.6	7.2.4	7.3.3	7.5.11	8.5	5.3.2.3		3.1.2
(12)	(13)	(14)	(15)	(16)	(17)	(18)	(19)	(20)	(1)	(2)
L4BH	TU15 TE19	AT	2 (D/E)			CV13 CV28	S9 S19	60	3016	联吡啶农药,液体的,有毒的
L4BH	TU15 TE19	AT	2 (E)	V12		CV13 CV28	S9	60	3016	联吡啶农药,液体的,有毒的
L10CH	TU14 TU15 TE19 TE21	FL	1 (C/E)			CV1 CV13 CV28	S2 S9 S14	663	3017	有机磷农药,液体的,有毒的,易燃的,闪点不低于23℃
L4BH	TU15 TE19	FL	2 (D/E)			CV13 CV28	S2 S9 S19	63	3017	有机磷农药,液体的,有毒的,易燃的,闪点不低于23℃
L4BH	TU15 TE19	FL	2 (D/E)	V12		CV13 CV28	S2 S9	63	3017	有机磷农药,液体的,有毒的,易燃的,闪点不低于23℃
L10CH	TU14 TU15 TE19 TE21	AT	1 (C/E)			CV1 CV13 CV28	S9 S14	66	3018	有机磷农药,液体的,有毒的
L4BH	TU15 TE19	AT	2 (D/E)			CV13 CV28	S9 S19	60	3018	有机磷农药,液体的,有毒的
L4BH	TU15 TE19	AT	2 (E)	V12		CV13 CV28	S9	60	3018	有机磷农药,液体的,有毒的
L10CH	TU14 TU15 TE19 TE21	FL	1 (C/E)			CV1 CV13 CV28	S2 S9 S14	663	3019	有机锡农药,液体的,有毒的,易燃的,闪点不低于23℃
L4BH	TU15 TE19	FL	2 (D/E)			CV13 CV28	S2 S9 S19	63	3019	有机锡农药,液体的,有毒的,易燃的,闪点不低于23℃
L4BH	TU15 TE19	FL	2 (D/E)	V12		CV13 CV28	S2 S9	63	3019	有机锡农药,液体的,有毒的,易燃的,闪点不低于23℃

联合国编号	名称和描述	类别	分类代码	包装类别	标志	特殊规定	有限和例外数量		容器			可移动罐柜和散装容器	
									包装指南	特殊包装规定	混合包装规定	指南	特殊规定
		3.1.2	2.2	2.2	2.1.1.3	5.2.2	3.3	3.4	3.5.1.2	4.1.4	4.1.4	4.1.10	4.2.5.2	4.2.5.3
(1)	(2)	(3a)	(3b)	(4)	(5)	(6)	(7a)	(7b)	(8)	(9a)	(9b)	(10)	(11)
3020	有机锡农药,液体的,有毒的	6.1	T6	Ⅰ	6.1	61 274 648	0	E5	P001		MP8 MP17	T14	TP2 TP27
3020	有机锡农药,液体的,有毒的	6.1	T6	Ⅱ	6.1	61 274 648	100ml	E4	P001 IBC02		MP15	T11	TP2 TP27
3020	有机锡农药,液体的,有毒的	6.1	T6	Ⅲ	6.1	61 274 648	5L	E1	P001 IBC03 LP01 R001		MP19	T7	TP2 TP28
3021	农药,液体的,易燃的,有毒的,未另作规定的,闪点低于23℃	3	FT2	Ⅰ	3+6.1	61 274	0	E0	P001		MP7 MP17	T14	TP2 TP27
3021	农药,液体的,易燃的,有毒的,未另作规定的,闪点低于23℃	3	FT2	Ⅱ	3+6.1	61 274	1L	E2	P001 IBC02 R001		MP19	T11	TP2 TP27
3022	1,2-环氧丁烷,稳定的	3	F1	Ⅱ	3		1L	E2	P001 IBC02 R001		MP19	T4	TP1
3023	甲基-2-庚硫醇	6.1	TF1	Ⅰ	6.1+3	354	0	E0	P602		MP8 MP17	T20	TP2 TP35
3024	香豆素衍生物农药,液体的,易燃的,有毒的,闪点低于23℃	3	FT2	Ⅰ	3+6.1	61 274	0	E0	P001		MP7 MP17	T14	TP2 TP27
3024	香豆素衍生物农药,液体的,易燃的,有毒的,闪点低于23℃	3	FT2	Ⅱ	3+6.1	61 274	1L	E2	P001 IBC02 R001		MP19	T11	TP2 TP27
3025	香豆素衍生物农药,液体的,有毒的,易燃的,闪点不低于23℃	6.1	TF2	Ⅰ	6.1+3	61 274	0	E5	P001		MP8 MP17	T14	TP2 TP27
3025	香豆素衍生物农药,液体的,有毒的,易燃的,闪点不低于23℃	6.1	TF2	Ⅱ	6.1+3	61 274	100ml	E4	P001 IBC02		MP15	T11	TP2 TP27

ADR 罐体		运输罐体车辆	运输类别（隧道限制代码）	运输特殊规定				危险性识别号	联合国编号	名称和描述
罐体代码	特殊规定			包件	散装	装卸和操作	作业			
4.3	4.3.5,6.8.4	9.1.1.2	1.1.3.6	7.2.4	7.3.3	7.5.11	8.5	5.3.2.3		3.1.2
(12)	(13)	(14)	(15)	(16)	(17)	(18)	(19)	(20)	(1)	(2)
L10CH	TU14 TU15 TE19 TE21	AT	1 (C/E)			CV1 CV13 CV28	S9 S14	66	3020	有机锡农药，液体的，有毒的
L4BH	TU15 TE19	AT	2 (D/E)			CV13 CV28	S9 S19	60	3020	有机锡农药，液体的，有毒的
L4BH	TU15 TE19	AT	2 (E)	V12		CV13 CV28	S9	60	3020	有机锡农药，液体的，有毒的
L10CH	TU14 TU15 TE21	FL	1 (C/E)			CV13 CV28	S2 S22	336	3021	农药，液体的，易燃的，有毒的，未另作规定的，闪点低于23℃
L4BH	TU15	FL	2 (D/E)			CV13 CV28	S2 S22	336	3021	农药，液体的，易燃的，有毒的，未另作规定的，闪点低于23℃
LGBF		FL	2 (D/E)				S2 S20	339	3022	1,2-环氧丁烷，稳定的
L10CH	TU14 TU15 TE19 TE21	FL	1 (C/D)			CV1 CV13 CV28	S2 S9 S14	663	3023	甲基-2-庚硫醇
L10CH	TU14 TU15 TE21	FL	1 (C/E)			CV13 CV28	S2 S22	336	3024	香豆素衍生物农药，液体的，易燃的，有毒的，闪点低于23℃
L4BH	TU15	FL	2 (D/E)			CV13 CV28	S2 S22	336	3024	香豆素衍生物农药，液体的，易燃的，有毒的，闪点低于23℃
L10CH	TU14 TU15 TE19 TE21	FL	1 (C/E)			CV1 CV13 CV28	S2 S9 S14	663	3025	香豆素衍生物农药，液体的，有毒的，易燃的，闪点不低于23℃
L4BH	TU15 TE19	FL	2 (D/E)			CV13 CV28	S2 S9 S19	63	3025	香豆素衍生物农药，液体的，有毒的，易燃的，闪点不低于23℃

联合国编号	名称和描述	类别	分类代码	包装类别	标志	特殊规定	有限和例外数量		容器			可移动罐柜和散装容器	
									包装指南	特殊包装规定	混合包装规定	指南	特殊规定
		3.1.2	2.2	2.2	2.1.1.3	5.2.2	3.3	3.4	3.5.1.2	4.1.4	4.1.4	4.1.10	4.2.5.2	4.2.5.3
(1)	(2)	(3a)	(3b)	(4)	(5)	(6)	(7a)	(7b)	(8)	(9a)	(9b)	(10)	(11)
3025	香豆素衍生物农药,液体的,有毒的,易燃的,闪点不低于23℃	6.1	TF2	Ⅲ	6.1+3	61 274	5L	E1	P001 IBC03 R001		MP19	T7	TP1 TP28
3026	香豆素衍生物农药,液体的,有毒的	6.1	T6	Ⅰ	6.1	61 274 648	0	E5	P001		MP8 MP17	T14	TP2 TP27
3026	香豆素衍生物农药,液体的,有毒的	6.1	T6	Ⅱ	6.1	61 274 648	100ml	E4	P001 IBC02		MP15	T11	TP2 TP27
3026	香豆素衍生物农药,液体的,有毒的	6.1	T6	Ⅲ	6.1	61 274 648	5L	E1	P001 IBC03 LP01 R001		MP19	T7	TP1 TP28
3027	香豆素衍生物农药,固体的,有毒的	6.1	T7	Ⅰ	6.1	61 274 648	0	E5	P002 IBC07		MP18	T6	TP33
3027	香豆素衍生物农药,固体的,有毒的	6.1	T7	Ⅱ	6.1	61 274 648	500g	E4	P002 IBC08	B4	MP10	T3	TP33
3027	香豆素衍生物农药,固体的,有毒的	6.1	T7	Ⅲ	6.1	61 274 648	5kg	E1	P002 IBC08 LP02 R001	B3	MP10	T1	TP33
3028	蓄电池,干的,含固体氢氧化钾,蓄存电的	8	C11		8	295 304 598	2kg	E0	P801 P801a				
3048	磷化铝农药	6.1	T7	Ⅰ	6.1	153 648	0	E0	P002 IBC07		MP18	T6	TP33
3054	环己硫醇	3	F1	Ⅲ	3		5L	E1	P001 IBC03 LP01 R001		MP19	T2	TP1
3055	2-(2-氨基乙氧基)乙醇	8	C7	Ⅲ	8		5L	E1	P001 IBC03 LP01 R001		MP19	T4	TP1
3056	庚醛	3	F1	Ⅲ	3		5L	E1	P001 IBC03 LP01 R001		MP19	T2	TP1

ADR 罐体		运输罐体车辆	运输类别（隧道限制代码）	运输特殊规定				危险性识别号	联合国编号	名称和描述
罐体代码	特殊规定			包件	散装	装卸和操作	作业			
4.3	4.3.5,6.8.4	9.1.1.2	1.1.3.6	7.2.4	7.3.3	7.5.11	8.5	5.3.2.3		3.1.2
(12)	(13)	(14)	(15)	(16)	(17)	(18)	(19)	(20)	(1)	(2)
L4BH	TU15 TE19	FL	2 (D/E)	V12		CV13 CV28	S2 S9	63	3025	香豆素衍生物农药,液体的,有毒的,易燃的,闪点不低于23℃
L10CH	TU14 TU15 TE19 TE21	AT	1 (C/E)			CV1 CV13 CV28	S9 S14	66	3026	香豆素衍生物农药,液体的,有毒的
L4BH	TU15 TE19	AT	2 (D/E)			CV13 CV28	S9 S19	60	3026	香豆素衍生物农药,液体的,有毒的
L4BH	TU15 TE19	AT	2 (E)	V12		CV13 CV28	S9	60	3026	香豆素衍生物农药,液体的,有毒的
S10AH L10CH	TU14 TU15 TE19 TE21	AT	1 (C/E)	V10		CV1 CV13 CV28	S9 S14	66	3027	香豆素衍生物农药,固体的,有毒的
SGAH L4BH	TU15 TE19	AT	2 (D/E)	V11		CV13 CV28	S9 S19	60	3027	香豆素衍生物农药,固体的,有毒的
SGAH L4BH	TU15 TE19	AT	2 (E)	VC1 VC2 AP7		CV13 CV28	S9	60	3027	香豆素衍生物农药,固体的,有毒的
			3 (E)	VC1 VC2 AP8				80	3028	蓄电池,干的,含固体氢氧化钾,蓄存电的
S10AH	TU15 TE19	AT	1 (C/E)	V10		CV1 CV13 CV28	S9 S14	642	3048	磷化铝农药
LGBF		FL	3 (D/E)	V12			S2	30	3054	环己硫醇
L4BN		AT	3 (E)	V12				80	3055	2-(2-氨基乙氧基)乙醇
LGBF		FL	3 (D/E)	V12			S2	30	3056	庚醛

联合国编号	名称和描述	类别	分类代码	包装类别	标志	特殊规定	有限和例外数量		容器			可移动罐柜和散装容器	
									包装指南	特殊包装规定	混合包装规定	指南	特殊规定
	3.1.2	2.2	2.2	2.1.1.3	5.2.2	3.3	3.4	3.5.1.2	4.1.4	4.1.4	4.1.10	4.2.5.2	4.2.5.3
(1)	(2)	(3a)	(3b)	(4)	(5)	(6)	(7a)	(7b)	(8)	(9a)	(9b)	(10)	(11)
3057	三氟乙酰氯	2	2TC		2.3+8		0	E0	P200		MP9	T50	TP21
3064	硝化甘油酒精溶液,含硝化甘油大于1%,但不大于5%	3	D	Ⅱ	3	359	0	E0	P300		MP2		
3065	酒精饮料,按体积含酒精在70%以上	3	F1	Ⅱ	3		5L	E2	P001 IBC02 R001	PP2	MP19	T4	TP1
3065	酒精饮料,按体积含酒精超过24%但不超过70%	3	F1	Ⅲ	3	144 145 247	5L	E1	P001 IBC03 R001	PP2	MP19	T2	TP1
3066	涂料(包括油漆、真漆、瓷漆、着色剂、紫胶、清漆、虫胶清漆、液体填料和液体真漆基料)或涂料相关材料(包括涂料稀释剂或调稀剂)	8	C9	Ⅱ	8	163 367	1L	E2	P001 IBC02		MP15	T7	TP2 TP28
3066	涂料(包括油漆、真漆、瓷漆、着色剂、紫胶、清漆、虫胶清漆、液体填料和液体真漆基料)或涂料相关材料(包括涂料稀释剂或调稀剂)	8	C9	Ⅲ	8	163 367	5L	E1	P001 IBC03 R001		MP19	T4	TP1 TP29
3070	环氧乙烷(氧化乙烯)和二氯二氟甲烷混合物,含环氧乙烷(氧化乙烯)不超过12.5%	2	2A		2.2	662	120ml	E1	P200		MP9	(M) T50	
3071	硫醇类,液体的,有毒的,易燃的,未另作规定的或硫醇混合物,液体的,有毒的,易燃的,未另作规定的	6.1	TF1	Ⅱ	6.1+3	274	100ml	E4	P001 IBC02		MP15	T11	TP2 TP27

ADR 罐体		运输罐体车辆	运输类别（隧道限制代码）	运输特殊规定				危险性识别号	联合国编号	名称和描述
罐体代码	特殊规定			包件	散装	装卸和操作	作业			
4.3	4.3.5,6.8.4	9.1.1.2	1.1.3.6	7.2.4	7.3.3	7.5.11	8.5	5.3.2.3		3.1.2
(12)	(13)	(14)	(15)	(16)	(17)	(18)	(19)	(20)	(1)	(2)
PxBH(M)	TA4 TT9	AT	1 (C/D)			CV9 CV10 CV36	S14	268	3057	三氟乙酰氯
			2 (B)				S2 S14		3064	硝化甘油酒精溶液,含硝化甘油大于1%,但不大于5%
LGBF		FL	2 (D/E)				S2 S20	33	3065	酒精饮料,按体积含酒精在70%以上
LGBF		FL	3 (D/E)	V12			S2	30	3065	酒精饮料,按体积含酒精超过24%但不超过70%
L4BN		AT	2 (E)					80	3066	涂料（包括油漆、真漆、瓷漆、着色剂、紫胶、清漆、虫胶清漆、液体填料和液体真漆基料）或涂料相关材料（包括涂料稀释剂或调稀剂）
L4BN		AT	3 (E)	V12				80	3066	涂料（包括油漆、真漆、瓷漆、着色剂、紫胶、清漆、虫胶清漆、液体填料和液体真漆基料）或涂料相关材料（包括涂料稀释剂或调稀剂）
PxBN(M)	TA4 TT9	AT	3 (C/E)			CV9 CV10 CV36		20	3070	环氧乙烷（氧化乙烯）和二氯二氟甲烷混合物,含环氧乙烷（氧化乙烯）不超过12.5%
L4BH	TU15 TE19	FL	2 (D/E)			CV13 CV28	S2 S9 S19	63	3071	硫醇类,液体的,有毒的,易燃的,未另作规定的或硫醇混合物,液体的,有毒的,易燃的,未另作规定的

联合国编号	名称和描述	类别	分类代码	包装类别	标志	特殊规定	有限和例外数量		容器			可移动罐柜和散装容器	
									包装指南	特殊包装规定	混合包装规定	指南	特殊规定
		3.1.2	2.2	2.2	2.1.1.3	5.2.2	3.3	3.4	3.5.1.2	4.1.4	4.1.4	4.1.10	4.2.5.2	4.2.5.3
(1)	(2)	(3a)	(3b)	(4)	(5)	(6)	(7a)	(7b)	(8)	(9a)	(9b)	(10)	(11)
3072	救生设备,非自动膨胀式,装备中含有危险物品	9	M5		9	296 635	0	E0	P905				
3073	乙烯基吡啶类,稳定的	6.1	TFC	Ⅱ	6.1 +3 +8		100ml	E4	P001 IBC01		MP15	T7	TP2
3077	对环境有害的物质,固体的,未另作规定的	9	M7	Ⅲ	9	274 335 375 661	5kg	E1	P002 IBC08 LP02 R001	PP12 B3	MP10	T1 BK1 BK2	TP33
3078	铈,切屑或粗粉状	4.3	W2	Ⅱ	4.3	550	500g	E2	P410 IBC07		MP14	T3	TP33
3079	甲基丙烯腈,稳定的	3	TF1	Ⅰ	6.1 +3	354	0	E0	P602		MP8 MP17	T20	TP2 TP37
3080	异氰酸酯类,有毒的,易燃的,未另作规定的或异氰酸酯溶液,有毒的,易燃的,未另作规定的	6.1	TF1	Ⅱ	6.1 +3	274 551	100ml	E4	P001 IBC02		MP15	T11	TP2 TP27
3082	对环境有害的物质,液体的,未另作规定的	9	M6	Ⅲ	9	274 335 375 601	5L	E1	P001 IBC03 LP01 R001	PP1	MP19	T4	TP1 TP29
3083	氟化高氯酰(高氯酰氟)	2	2TO		2.3 +5.1		0	E0	P200		MP9	(M)	
3084	腐蚀性固体,氧化性,未另作规定的	8	CO2	Ⅰ	8 +5.1	274	0	E0	P002		MP18	T6	TP33
3084	腐蚀性固体,氧化性,未另作规定的	8	CO2	Ⅱ	8 +5.1	274	1kg	E2	P002 IBC06		MP10	T3	TP33
3085	氧化性固体,腐蚀性,未另作规定的	5.1	OC2	Ⅰ	5.1 +8	274	0	E0	P503		MP2		
3085	氧化性固体,腐蚀性,未另作规定的	5.1	OC2	Ⅱ	5.1 +8	274	1kg	E2	P002 IBC06		MP2	T3	TP33

ADR 罐体		运输罐体车辆	运输类别（隧道限制代码）	运输特殊规定				危险性识别号	联合国编号	名称和描述
罐体代码	特殊规定			包件	散装	装卸和操作	作业			
4.3	4.3.5,6.8.4	9.1.1.2	1.1.3.6	7.2.4	7.3.3	7.5.11	8.5	5.3.2.3		3.1.2
(12)	(13)	(14)	(15)	(16)	(17)	(18)	(19)	(20)	(1)	(2)
			3 (E)						3072	救生设备,非自动膨胀式,装备中含有危险物品
L4BH	TU15 TE19	FL	2 (D/E)			CV13 CV28	S2 S9 S19	638	3073	乙烯基吡啶类,稳定的
SGAV LGBV		AT	3 (E)	V13	VC1 VC2	CV13		90	3077	对环境有害的物质,固体的,未另作规定的
SGAN		AT	2 (D/E)	V1		CV23		423	3078	铈,切屑或粗粉状
L10CH	TU14 TU15 TE19 TE21	FL	1 (C/D)			CV1 CV13 CV28	S2 S9 S14	663	3079	甲基丙烯腈,稳定的
L4BH	TU15 TE19	FL	2 (D/E)			CV13 CV28	S2 S9 S19	63	3080	异氰酸酯类,有毒的,易燃的,未另作规定的或异氰酸酯溶液,有毒的,易燃的,未另作规定的
LGBV		AT	3 (E)	V12		CV13		90	3082	对环境有害的物质,液体的,未另作规定的
PxBH(M)	TA4 TT9	AT	1 (C/D)			CV9 CV10 CV36	S14	265	3083	氟化高氯酰(高氯酰氟)
S10AN L10BH		AT	1 (E)			CV24	S14	885	3084	腐蚀性固体,氧化性,未另作规定的
SGAN L4BN		AT	2 (E)	V11		CV24		85	3084	腐蚀性固体,氧化性,未另作规定的
			1 (E)			CV24	S20		3085	氧化性固体,腐蚀性,未另作规定的
SGAN	TU3	AT	2 (E)	V11		CV24		58	3085	氧化性固体,腐蚀性,未另作规定的

联合国编号	名称和描述	类别	分类代码	包装类别	标志	特殊规定	有限和例外数量		容器			可移动罐柜和散装容器	
									包装指南	特殊包装规定	混合包装规定	指南	特殊规定
		3.1.2	2.2	2.2	2.1.1.3	5.2.2	3.3	3.4	3.5.1.2	4.1.4	4.1.4	4.1.10	4.2.5.2	4.2.5.3
(1)	(2)	(3a)	(3b)	(4)	(5)	(6)	(7a)	(7b)	(8)	(9a)	(9b)	(10)	(11)
3085	氧化性固体,腐蚀性,未另作规定的	5.1	OC2	Ⅲ	5.1+8	274	5kg	E1	P002 IBC08 R001		B3	MP2	T1	TP33
3086	有毒固体,氧化性,未另作规定的	6.1	TO2	Ⅰ	6.1+5.1	274	0	E5	P002			MP18	T6	TP33
3086	有毒固体,氧化性,未另作规定的	6.1	TO2	Ⅱ	6.1+5.1	274	500g	E4	P002 IBC06			MP10	T3	TP33
3087	氧化性固体,有毒的,未另作规定的	5.1	OT2	Ⅰ	5.1+6.1	274	0	E0	P503			MP2		
3087	氧化性固体,有毒的,未另作规定的	5.1	OT2	Ⅱ	5.1+6.1	274	1kg	E2	P002 IBC06			MP2	T3	TP33
3087	氧化性固体,有毒的,未另作规定的	5.1	OT2	Ⅲ	5.1+6.1	274	5kg	E1	P002 IBC08 R001		B3	MP2	T1	TP33
3088	自热固体,有机的,未另作规定的	4.2	S2	Ⅱ	4.2	274	0	E2	P410 IBC06			MP14	T3	TP33
3088	自热固体,有机的,未另作规定的	4.2	S2	Ⅲ	4.2	274	0	E1	P002 IBC08 LP02 R001		B3	MP14	T1	TP33
3089	金属粉,易燃的,未另作规定的	4.1	F3	Ⅱ	4.1	552	1kg	E2	P002 IBC08		B4	MP11	T3	TP33
3089	金属粉,易燃的,未另作规定的	4.1	F3	Ⅲ	4.1	552	5kg	E1	P002 IBC08 R001		B4	MP11	T1	TP33
3090	锂蓄电池,包含锂合金蓄电池	9	M4		9	188 230 376 377 636	0	E0	P903 P908 P909 LP903 LP904					
3091	装在设备中的锂蓄电池或同设备包装在一起的锂蓄电池,包含锂合金蓄电池	9	M4		9	188 230 376 377 636	0	E0	P903 P908 P909 LP903 LP904					

名称和描述	联合国编号	危险性识别号	运输特殊规定				运输类别(隧道限制代码)	运输罐体车辆	ADR 罐体	
			作业	装卸和操作	散装	包件			特殊规定	罐体代码
3.1.2	5.3.2.3		8.5	7.5.11	7.3.3	7.2.4	1.1.3.6	9.1.1.2	4.3.5, 6.8.4	4.3
(2)	(1)	(20)	(19)	(18)	(17)	(16)	(15)	(14)	(13)	(12)
氧化性固体,腐蚀性,未另作规定的	3085	58		CV24			3 (E)	AT	TU3	SGAN
有毒固体,氧化性,未另规定的	3086	665	S9 S14	CV1 CV13 CV28			1 (C/E)	AT	TU14 TU15 TE19 TE21	S10AH L10CH
有毒固体,氧化性,未另规定的	3086	65	S9 S19	CV13 CV28		V11	2 (D/E)	AT	TU15 TE19	SGAH L4BH
氧化性固体,有毒的,未另作规定的	3087		S20	CV24 CV28			1 (E)			
氧化性固体,有毒的,未另作规定的	3087	56		CV24 CV28		V11	2 (E)	AT	TU3	SGAN
氧化性固体,有毒的,未另作规定的	3087	56		CV24 CV28			3 (E)	AT	TU3	SGAN
自热固体,有机的,未另作规定的	3088	40				V1	2 (D/E)	AT		SGAV
自热固体,有机的,未另作规定的	3088	40				V1	3 (E)	AT		SGAV
金属粉,易燃的,未另作规定的	3089	40				V11	2 (E)	AT		SGAN
金属粉,易燃的,未另作规定的	3089	40			VC1 VC2	V11	3 (E)	AT		SGAV
锂蓄电池,包含锂合金蓄电池	3090						2 (E)			
装在设备中的锂蓄电池或同设备包装在一起的锂蓄电池,包含锂合金蓄电池	3091						2 (E)			

联合国编号	名称和描述	类别	分类代码	包装类别	标志	特殊规定	有限和例外数量		容器			可移动罐柜和散装容器	
									包装指南	特殊包装规定	混合包装规定	指南	特殊规定
		3.1.2	2.2	2.2	2.1.1.3	5.2.2	3.3	3.4	3.5.1.2	4.1.4	4.1.4	4.1.10	4.2.5.2	4.2.5.3
(1)	(2)	(3a)	(3b)	(4)	(5)	(6)	(7a)	(7b)	(8)	(9a)	(9b)	(10)	(11)
3092	甲氧基-2-丙醇	3	F1	Ⅲ	3		5L	E1	P001 IBC03 LP01 R001		MP19	T2	TP1
3093	腐蚀性液体,氧化性,未另作规定的	8	CO1	Ⅰ	8+5.1	274	0	E0	P001		MP8 MP17		
3093	腐蚀性液体,氧化性,未另作规定的	8	CO1	Ⅱ	8+5.1	274	1L	E2	P001 IBC02		MP15		
3094	腐蚀性液体,遇水反应,未另作规定的	8	CW1	Ⅰ	8+4.3	274	0	E0	P001		MP8 MP17		
3094	腐蚀性液体,遇水反应,未另作规定的	8	CW1	Ⅱ	8+4.3	274	1L	E2	P001		MP15		
3095	腐蚀性固体,自热的,未另作规定的	8	CS2	Ⅰ	8+4.2	274	0	E0	P002		MP18	T6	TP33
3095	腐蚀性固体,自热的,未另作规定的	8	CS2	Ⅱ	8+4.2	274	1kg	E2	P002 IBC06		MP10	T3	TP33
3096	腐蚀性固体,遇水反应,未另作规定的	8	CW2	Ⅰ	8+4.3	274	0	E0	P002		MP18	T6	TP33
3096	腐蚀性固体,遇水反应,未另作规定的	8	CW2	Ⅱ	8+4.3	274	1kg	E2	P002 IBC06		MP10	T3	TP33
3097	易燃固体,氧化性,未另作规定的	4.1	FO				禁运						
3098	氧化性液体,腐蚀性,未另作规定的	5.1	OC1	Ⅰ	5.1+8	274	0	E0	P502		MP2		
3098	氧化性液体,腐蚀性,未另作规定的	5.1	OC1	Ⅱ	5.1+8	274	1L	E2	P504 IBC01		MP2		
3098	氧化性液体,腐蚀性,未另作规定的	5.1	OC1	Ⅲ	5.1+8	274	5L	E1	P504 IBC02 R001		MP2		
3099	氧化性液体,腐蚀性,未另作规定的	5.1	OT1	Ⅰ	5.1+6.1	274	0	E0	P502		MP2		

ADR 罐体		运输罐体车辆	运输类别（隧道限制代码）	运输特殊规定				危险性识别号	联合国编号	名称和描述
罐体代码	特殊规定			包件	散装	装卸和操作	作业			
4.3	4.3.5,6.8.4	9.1.1.2	1.1.3.6	7.2.4	7.3.3	7.5.11	8.5	5.3.2.3	3.1.2	
(12)	(13)	(14)	(15)	(16)	(17)	(18)	(19)	(20)	(1)	(2)
LGBF		FL	3 (D/E)	V12			S2	30	3092	甲氧基-2-丙醇
L10BH		AT	1 (E)			CV24	S14	885	3093	腐蚀性液体,氧化性,未另作规定的
L4BN		AT	2 (E)			CV24		85	3093	腐蚀性液体,氧化性,未另作规定的
L10BH		AT	1 (D/E)				S14	823	3094	腐蚀性液体,遇水反应,未另作规定的
L4BN		AT	2 (E)					823	3094	腐蚀性液体,遇水反应,未另作规定的
S10AN		AT	1 (E)				S14	884	3095	腐蚀性固体,自热的,未另作规定的
SGAN		AT	2 (E)	V11				84	3095	腐蚀性固体,自热的,未另作规定的
S10AN L10BH		AT	1 (E)				S14	842	3096	腐蚀性固体,遇水反应,未另作规定的
SGAN L4BN		AT	2 (E)	V11				842	3096	腐蚀性固体,遇水反应,未另作规定的
禁运									3097	易燃固体,氧化性,未另作规定的
			1 (E)			CV24	S20		3098	氧化性液体,腐蚀性,未另作规定的
			2 (E)			CV24			3098	氧化性液体,腐蚀性,未另作规定的
			3 (E)			CV24			3098	氧化性液体,腐蚀性,未另作规定的
			1 (E)			CV24 CV28	S20		3099	氧化性液体,腐蚀性,未另作规定的

联合国编号	名称和描述	类别	分类代码	包装类别	标志	特殊规定	有限和例外数量		容器			可移动罐柜和散装容器	
									包装指南	特殊包装规定	混合包装规定	指南	特殊规定
		3.1.2	2.2	2.2	2.1.1.3	5.2.2	3.3	3.4	3.5.1.2	4.1.4	4.1.4	4.1.10	4.2.5.2	4.2.5.3
(1)	(2)	(3a)	(3b)	(4)	(5)	(6)	(7a)	(7b)	(8)	(9a)	(9b)	(10)	(11)
3099	氧化性液体,有毒的,未另作规定的	5.1	OT1	Ⅱ	5.1+6.1	274	1L	E2	P504 IBC01		MP2		
3099	氧化性液体,有毒的,未另作规定的	5.1	OT1	Ⅲ	5.1+6.1	274	5L	E1	P504 IBC02 R001		MP2		
3100	氧化性固体,自热的,未另作规定的	5.1	OS				禁运						
3101	B型有机过氧化物,液体的	5.2	P1		5.2+1	122 181 274	25ml	E0	P520		MP4		
3102	B型有机过氧化物,固体的	5.2	P1		5.2+1	122 181 274	100g	E0	P520		MP4		
3103	C型有机过氧化物,液体的	5.2	P1		5.2	122 274	25ml	E0	P520		MP4		
3104	C型有机过氧化物,固体的	5.2	P1		5.2	122 274	100g	E0	P520		MP4		
3105	D型有机过氧化物,液体的	5.2	P1		5.2	122 274	125ml	E0	P520		MP4		
3106	D型有机过氧化物,固体的	5.2	P1		5.2	122 274	500g	E0	P520		MP4		
3107	E型有机过氧化物,液体的	5.2	P1		5.2	122 274	125ml	E0	P520		MP4		
3108	E型有机过氧化物,固体的	5.2	P1		5.2	122 274	500g	E0	P520		MP4		
3109	F型有机过氧化物,液体的	5.2	P1		5.2	122 274	125ml	E0	P520 IBC520		MP4	T23	
3110	F型有机过氧化物,固体的	5.2	P1		5.2	122 274	500g	E0	P520 IBC520		MP4	T23	TP33

名称和描述	联合国编号	危险性识别号	运输特殊规定				运输类别（隧道限制代码）	运输罐体车辆	ADR 罐体	
			作业	装卸和操作	散装	包件			特殊规定	罐体代码
3.1.2		5.3.2.3	8.5	7.5.11	7.3.3	7.2.4	1.1.3.6	9.1.1.2	4.3.5,6.8.4	4.3
(2)	(1)	(20)	(19)	(18)	(17)	(16)	(15)	(14)	(13)	(12)
氧化性液体，有毒的，未另作规定的	3099			CV24 CV28			2 (E)			
氧化性液体，有毒的，未另作规定的	3099			CV24 CV28			3 (E)			
氧化性固体，自热的，未另作规定的	3100		禁运							
B 型有机过氧化物,液体的	3101		S9 S17	CV15 CV20 CV22 CV24		V1 V5	1 (B)			
B 型有机过氧化物,固体的	3102		S9 S17	CV15 CV20 CV22 CV24		V1 V5	1 (B)			
C 型有机过氧化物,液体的	3103		S8 S18	CV15 CV20 CV22 CV24		V1	1 (D)			
C 型有机过氧化物,固体的	3104		S8 S18	CV15 CV20 CV22 CV24		V1	1 (D)			
D 型有机过氧化物,液体的	3105		S19	CV15 CV22 CV24		V1	2 (D)			
D 型有机过氧化物,固体的	3106		S19	CV15 CV22 CV24		V1	2 (D)			
E 型有机过氧化物,液体的	3107			CV15 CV22 CV24		V1	2 (D)			
E 型有机过氧化物,固体的	3108			CV15 CV22 CV24		V1	2 (D)			
F 型有机过氧化物,液体的	3109	539		CV15 CV22 CV24		V1	2 (D)	AT	TU3 TU13 TU30 TE12 TA2 TM4	L4BN(+)
F 型有机过氧化物,固体的	3110	539		CV15 CV22 CV24		V1	2 (D)	AT	TU3 TU13 TU30 TE12 TA2 TM4	S4AN(+)

联合国编号	名称和描述	类别	分类代码	包装类别	标志	特殊规定	有限和例外数量		容器			可移动罐柜和散装容器	
									包装指南	特殊包装规定	混合包装规定	指南	特殊规定
		3.1.2	2.2	2.2	2.1.1.3	5.2.2	3.3	3.4	3.5.1.2	4.1.4	4.1.4	4.1.10	4.2.5.2	4.2.5.3
(1)	(2)	(3a)	(3b)	(4)	(5)	(6)	(7a)	(7b)	(8)	(9a)	(9b)	(10)	(11)
3111	B型有机过氧化物,液体的,控温的	5.2	P2		5.2+1	122 181 274	0	E0	P520		MP4		
3112	B型有机过氧化物,固体的,控温的	5.2	P2		5.2+1	122 181 274	0	E0	P520		MP4		
3113	C型有机过氧化物,液体的,控温的	5.2	P2		5.2	122 274	0	E0	P520		MP4		
3114	C型有机过氧化物,固体的,控温的	5.2	P2		5.2	122 274	0	E0	P520		MP4		
3115	D型有机过氧化物,液体的,控温的	5.2	P2		5.2	122 274	0	E0	P520		MP4		
3116	D型有机过氧化物,固体的,控温的	5.2	P2		5.2	122 274	0	E0	P520		MP4		
3117	E型有机过氧化物,液体的,控温的	5.2	P2		5.2	122 274	0	E0	P520		MP4		
3118	E型有机过氧化物,固体的,控温的	5.2	P2		5.2	122 274	0	E0	P520		MP4		
3119	F型有机过氧化物,液体的,控温的	5.2	P2		5.2	122 274	0	E0	P520 IBC520		MP4	T23	
3120	F型有机过氧化物,固体的,控温的	5.2	P2		5.2	122 274	0	E0	P520 IBC520		MP4	T23	TP33

ADR 罐体		运输罐体车辆	运输类别（隧道限制代码）	运输特殊规定				危险性识别号	联合国编号	名称和描述
罐体代码	特殊规定			包件	散装	装卸和操作	作业			
4.3	4.3.5,6.8.4	9.1.1.2	1.1.3.6	7.2.4	7.3.3	7.5.11	8.5	5.3.2.3	3.1.2	
(12)	(13)	(14)	(15)	(16)	(17)	(18)	(19)	(20)	(1)	(2)
			1 (B)	V8		CV15 CV20 CV21 CV22 CV24	S4 S9 S16		3111	B 型有机过氧化物,液体的,控温的
			1 (B)	V8		CV15 CV20 CV21 CV22 CV24	S4 S9 S16		3112	B 型有机过氧化物,固体的,控温的
			1 (D)	V8		CV15 CV20 CV21 CV22 CV24	S4 S8 S17		3113	C 型有机过氧化物,液体的,控温的
			1 (D)	V8		CV15 CV20 CV21 CV22 CV24	S4 S8 S17		3114	C 型有机过氧化物,固体的,控温的
			1 (D)	V8		CV15 CV21 CV22 CV24	S4 S18		3115	D 型有机过氧化物,液体的,控温的
			1 (D)	V8		CV15 CV21 CV22 CV24	S4 S18		3116	D 型有机过氧化物,固体的,控温的
			1 (D)	V8		CV15 CV21 CV22 CV24	S4 S19		3117	E 型有机过氧化物,液体的,控温的
			1 (D)	V8		CV15 CV21 CV22 CV24	S4 S19		3118	E 型有机过氧化物,固体的,控温的
L4BN(+)	TU3 TU13 TU30 TE12 TA2 TM4	AT	1 (D)	V8		CV15 CV21 CV22 CV24	S4	539	3119	F 型有机过氧化物,液体的,控温的
S4AN(+)	TU3 TU13 TU30 TE12 TA2 TM4	AT	1 (D)	V8		CV15 CV21 CV22 CV24	S4	539	3120	F 型有机过氧化物,固体的,控温的

联合国编号	名称和描述	类别	分类代码	包装类别	标志	特殊规定	有限和例外数量		容器			可移动罐柜和散装容器	
									包装指南	特殊包装规定	混合包装规定	指南	特殊规定
		3.1.2	2.2	2.2	2.1.1.3	5.2.2	3.3	3.4	3.5.1.2	4.1.4	4.1.4	4.1.10	4.2.5.2	4.2.5.3
(1)	(2)	(3a)	(3b)	(4)	(5)	(6)	(7a)	(7b)	(8)	(9a)	(9b)	(10)	(11)
3121	氧化性固体,遇水反应,未另作规定的	5.1	OW				禁运						
3122	有毒液体,氧化性,未另作规定的	6.1	TO1	Ⅰ	6.1+5.1	274 315	0	E0	P001		MP8 MP17		
3122	有毒液体,氧化性,未另作规定的	6.1	TO1	Ⅱ	6.1+5.1	274	100ml	E4	P001 IBC02		MP15		
3123	有毒液体,遇水反应,未另作规定的	6.1	TW1	Ⅰ	6.1+4.3	274 315	0	E0	P099		MP8 MP17		
3123	有毒液体,遇水反应,未另作规定的	6.1	TW1	Ⅱ	6.1+4.3	274	100ml	E4	P001 IBC02		MP15		
3124	有毒固体,自热的,未另作规定的	6.1	TS	Ⅰ	6.1+4.2	274	0	E0	P002		MP18	T6	TP33
3124	有毒固体,自热的,未另作规定的	6.1	TS	Ⅱ	6.1+4.2	274	0	E4	P002 IBC06		MP10	T3	TP33
3125	有毒固体,遇水反应,未另作规定的	6.1	TW2	Ⅰ	6.1+4.3	274	0	E5	P099		MP18	T6	TP33
3125	有毒固体,遇水反应,未另作规定的	6.1	TW2	Ⅱ	6.1+4.3	274	500g	E4	P002 IBC06		MP10	T3	TP33
3126	自热固体,腐蚀性,有机的,未另作规定的	4.2	SC2	Ⅱ	4.2+8	274	0	E2	P410 IBC05		MP14	T3	TP33
3126	自热固体,腐蚀性,有机的,未另作规定的	4.2	SC2	Ⅲ	4.2+8	274	0	E1	P002 IBC08 R001	B3	MP14	T1	TP33
3127	自热固体,氧化性,未另作规定的	4.2	SO				禁运						
3128	自热固体,有毒的,有机的,未另作规定的	4.2	ST2	Ⅱ	4.2+6.1	274	0	E2	P410 IBC05		MP14	T3	TP33
3128	自热固体,有毒的,有机的,未另作规定的	4.2	ST2	Ⅲ	4.2+6.1	274	0	E1	P002 IBC08 R001	B3	MP14	T1	TP33
3129	遇水反应液体,腐蚀性未另作规定的	4.3	WC1	Ⅰ	4.3+8	274	0	E0	P402	RR7 RR8	MP2	T14	TP2 TP7

ADR 罐体		运输罐体车辆	运输类别（隧道限制代码）	运输特殊规定				危险性识别号	联合国编号	名称和描述
罐体代码	特殊规定			包件	散装	装卸和操作	作业			
4.3	4.3.5,6.8.4	9.1.1.2	1.1.3.6	7.2.4	7.3.3	7.5.11	8.5	5.3.2.3		3.1.2
(12)	(13)	(14)	(15)	(16)	(17)	(18)	(19)	(20)	(1)	(2)
禁运									3121	氧化性固体，遇水反应，未另作规定的
L10CH	TU14 TU15 TE19 TE21	AT	1 (C/E)			CV1 CV13 CV28	S9 S14	665	3122	有毒液体，氧化性，未另作规定的
L4BH	TU15 TE19	AT	2 (D/E)			CV13 CV28	S9 S19	65	3122	有毒液体，氧化性，未另作规定的
L10CH	TU14 TU15 TE19 TE21	AT	1 (C/E)			CV1 CV13 CV28	S9 S14	623	3123	有毒液体，遇水反应，未另作规定的
L4BH	TU15 TE19	AT	2 (D/E)			CV13 CV28	S9 S19	623	3123	有毒液体，遇水反应，未另作规定的
S10AH L10CH	TU14 TU15 TE19 TE21	AT	1 (C/E)			CV1 CV13 CV28	S9 S14	664	3124	有毒固体，自热的，未另作规定的
SGAH L4BH	TU15 TE19	AT	2 (D/E)	V11		CV13 CV28	S9 S19	64	3124	有毒固体，自热的，未另作规定的
S10AH L10CH	TU14 TU15 TE19 TE21	AT	1 (C/E)			CV1 CV13 CV28	S9 S14	642	3125	有毒固体，遇水反应，未另作规定的
SGAH L4BH	TU15 TE19	AT	2 (D/E)	V11		CV13 CV28	S9 S19	642	3125	有毒固体，遇水反应，未另作规定的
SGAN		AT	2 (D/E)	V1				48	3126	自热固体，腐蚀性，有机的，未另作规定的
SGAN		AT	3 (E)	V1				48	3126	自热固体，腐蚀性，有机的，未另作规定的
禁运									3127	自热固体，氧化性，未另作规定的
SGAN		AT	2 (D/E)	V1		CV28		46	3128	自热固体，有毒的，有机的，未另作规定的
SGAN		AT	3 (E)	V1		CV28		46	3128	自热固体，有毒的，有机的，未另作规定的
L10DH	TU14 TE21 TM2	AT	0 (B/E)	V1		CV23	S20	X382	3129	遇水反应液体，腐蚀性未另作规定的

联合国编号	名称和描述	类别	分类代码	包装类别	标志	特殊规定	有限和例外数量		容器			可移动罐柜和散装容器	
									包装指南	特殊包装规定	混合包装规定	指南	特殊规定
		3.1.2	2.2	2.2	2.1.1.3	5.2.2	3.3	3.4	3.5.1.2	4.1.4	4.1.4	4.1.10	4.2.5.2	4.2.5.3
(1)	(2)	(3a)	(3b)	(4)	(5)	(6)	(7a)	(7b)	(8)	(9a)	(9b)	(10)	(11)
3129	遇水反应液体,腐蚀性,未另作规定的	4.3	WC1	Ⅱ	4.3+8	274	500ml	E0	P402 IBC01 PR1	RR7 RR8	MP15	T11	TP2 TP7
3129	遇水反应液体,腐蚀性,未另作规定的	4.3	WC1	Ⅲ	4.3+8	274	1L	E1	P001 IBC02 R001		MP15	T7	TP2 TP7
3130	遇水反应液体,有毒的,未另作规定的	4.3	WT1	Ⅰ	4.3+6.1	274	0	E0	P402	RR4 RR8	MP2		
3130	遇水反应液体,有毒的,未另作规定的	4.3	WT1	Ⅱ	4.3+6.1	274	500ml	E0	P402 IBC01	RR4 RR8 BB1	MP15		
3130	遇水反应液体,有毒的,未另作规定的	4.3	WT1	Ⅲ	4.3+6.1	274	1L	E1	P001 IBC02 R001		MP15		
3131	遇水反应液体,腐蚀性,未另作规定的	4.3	WC2	Ⅰ	4.3+8	274	0	E0	P403		MP2	T9	TP7 TP33
3131	遇水反应固体,腐蚀性,未另作规定的	4.3	WC2	Ⅱ	4.3+8	274	500g	E2	P410 IBC06		MP14	T3	TP33
3131	遇水反应固体,腐蚀性,未另作规定的	4.3	WC2	Ⅲ	4.3+8	274	1kg	E1	P410 IBC08 R001	B4	MP14	T1	TP33
3132	遇水反应固体,易燃的,未另作规定的	4.3	WF2	Ⅰ	4.3+4.1	274	0	E0	P403 IBC99		MP2		
3132	遇水反应固体,易燃的,未另作规定的	4.3	WF2	Ⅱ	4.3+4.1	274	500g	E2	P410 IBC04		MP14	T3	TP33
3132	遇水反应固体,易燃的,未另作规定的	4.3	WF2	Ⅲ	4.3+4.1	274	1kg	E1	P410 IBC06		MP14	T1	TP33
3133	遇水反应固体,氧化的,未另作规定的	4.3	WO				禁运						
3134	遇水反应固体,有毒的,未另作规定的	4.3	WT2	Ⅰ	4.3+6.1	274	0	E0	P403		MP2		
3134	遇水反应固体,有毒的,未另作规定的	4.3	WT2	Ⅱ	4.3+6.1	274	500g	E2	P410 IBC05		MP14	T3	TP33

ADR 罐体		运输罐体车辆	运输类别（隧道限制代码）	运输特殊规定				危险性识别号	联合国编号	名称和描述
罐体代码	特殊规定			包件	散装	装卸和操作	作业			
4.3	4.3.5,6.8.4	9.1.1.2	1.1.3.6	7.2.4	7.3.3	7.5.11	8.5	5.3.2.3	3.1.2	
(12)	(13)	(14)	(15)	(16)	(17)	(18)	(19)	(20)	(1)	(2)
L4DH	TU14 TE21 TM2	AT	0 (D/E)	V1		CV23			382	3129	遇水反应液体,腐蚀性,未另作规定的
L4DH	TU14 TE21 TM2	AT	0 (E)	V1		CV23			382	3129	遇水反应液体,腐蚀性,未另作规定的
L10DH	TU14 TE21 TM2	AT	0 (B/E)	V1		CV23 CV28		S20	X362	3130	遇水反应液体,有毒的,未另作规定的
L4DH	TU14 TE21 TM2	AT	0 (D/E)	V1		CV23 CV28			362	3130	遇水反应液体,有毒的,未另作规定的
L4DH	TU14 TE21 TM2	AT	0 (E)	V1		CV23 CV28			362	3130	遇水反应液体,有毒的,未另作规定的
S10AN L10DH	TU4 TU14 TU22 TE21 TM2	AT	0 (B/E)	V1		CV23		S20	X482	3131	遇水反应液体,腐蚀性,未另作规定的
SGAN		AT	0 (D/E)	V1		CV23			482	3131	遇水反应固体,腐蚀性,未另作规定的
SGAN		AT	0 (E)	V1		CV23			482	3131	遇水反应固体,腐蚀性,未另作规定的
			0 (B/E)	V1		CV23		S20		3132	遇水反应固体,易燃的,未另作规定的
SGAN L4DH	TU14 TE21 TM2	AT	0 (D/E)	V1		CV23			423	3132	遇水反应固体,易燃的,未另作规定的
SGAN L4DH	TU14 TE21 TM2	AT	0 (E)	V1		CV23			423	3132	遇水反应固体,易燃的,未另作规定的
禁运										3133	遇水反应固体,氧化的,未另作规定的
			0 (E)	V1		CV23 CV28		S20		3134	遇水反应固体,有毒的,未另作规定的
SGAN		AT	0 (D/E)	V1		CV23 CV28			462	3134	遇水反应固体,有毒的,未另作规定的

联合国编号	名称和描述	类别	分类代码	包装类别	标志	特殊规定	有限和例外数量		容器			可移动罐柜和散装容器	
									包装指南	特殊包装规定	混合包装规定	指南	特殊规定
		3.1.2	2.2	2.2	2.1.1.3	5.2.2	3.3	3.4	3.5.1.2	4.1.4	4.1.4	4.1.10	4.2.5.2	4.2.5.3
(1)	(2)	(3a)	(3b)	(4)	(5)	(6)	(7a)	(7b)	(8)	(9a)	(9b)	(10)	(11)
3134	遇水反应固体,有毒的,未另作规定的	4.3	WT2	Ⅲ	4.3+6.1	274	1kg	E1	P410 IBC08 R001		B4	MP14	T1	TP33
3135	遇水反应固体,自热的,未另作规定的	4.3	WS	Ⅰ	4.3+4.2	274	0	E0	P403			MP2		
3135	遇水反应固体,自热的,未另作规定的	4.3	WS	Ⅱ	4.3+4.2	274	0	E2	P410 IBC05			MP14	T3	TP33
3135	遇水反应固体,自热的,未另作规定的	4.3	WS	Ⅲ	4.3+4.2	274	0	E1	P410 IBC08		B4	MP14	T1	TP33
3136	三氟甲烷,冷冻液体	2	3A		2.2	593	120ml	E1	P203			MP9	T75	TP5
3137	氧化性固体,易燃的,未另作规定的	5.1	OF				禁运							
3138	乙烯、乙炔和丙烯混合物,冷冻液体,含乙烯至少71.5%,含乙炔不超过22.5%,含丙烯不超过6%	2	3F		2.1		0	E0	P203			MP9	T75	TP5
3139	氧化性液体,未另作规定的	5.1	O1	Ⅰ	5.1	274	0	E0	P502			MP2		
3139	氧化性液体,未另作规定的	5.1	O1	Ⅱ	5.1	274	1L	E2	P504 IBC02			MP2		
3139	氧化性液体,未另作规定的	5.1	O1	Ⅲ	5.1	274	5L	E1	P504 IBC02 R001			MP2		
3140	生物碱类,液体的,未另作规定的或生物碱盐类,液体的,未另作规定的	6.1	T1	Ⅰ	6.1	43 274	0	E5	P001			MP8 MP17		
3140	生物碱类,液体的,未另作规定的或生物碱盐类,液体的,未另作规定的	6.1	T1	Ⅱ	6.1	43 274	100ml	E4	P001 IBC02			MP15		

ADR 罐体		运输罐体车辆	运输类别（隧道限制代码）	运输特殊规定				危险性识别号	联合国编号	名称和描述
罐体代码	特殊规定			包件	散装	装卸和操作	作业			
4.3	4.3.5,6.8.4	9.1.1.2	1.1.3.6	7.2.4	7.3.3	7.5.11	8.5	5.3.2.3	3.1.2	
(12)	(13)	(14)	(15)	(16)	(17)	(18)	(19)	(20)	(1)	(2)
SGAN		AT	0 (E)	V1		CV23 CV28		462	3134	遇水反应固体,有毒的,未另作规定的
			1 (B/E)	V1		CV23	S20		3135	遇水反应固体,自热的,未另作规定的
SGAN L4DH	TU14 TE21 TM2	AT	2 (D/E)	V1		CV23		423	3135	遇水反应固体,自热的,未另作规定的
SGAN L4DH	TU14 TE21 TM2	AT	3 (E)	V1		CV23		423	3135	遇水反应固体,自热的,未另作规定的
RxBN	TU19 TA4 TT9	AT	3 (C/E)	V5		CV9 CV11 CV36	S20	22	3136	三氟甲烷,冷冻液体
禁运									3137	氧化性固体,易燃的,未另作规定的
RxBN	TU18 TA4 TT9	FL	2 (B/D)	V5		CV9 CV11 CV36	S2 S17	223	3138	乙烯、乙炔和丙烯混合物,冷冻液体,含乙烯至少71.5%,含乙炔不超过22.5%,含丙烯不超过6%
			1 (E)			CV24	S20		3139	氧化性液体,未另作规定的
			2 (E)			CV24			3139	氧化性液体,未另作规定的
			3 (E)			CV24			3139	氧化性液体,未另作规定的
L10CH	TU14 TU15 TE19 TE21	AT	1 (C/E)			CV1 CV13 CV28	S9 S14	66	3140	生物碱类,液体的,未另作规定的或生物碱盐类,液体的,未另作规定的
L4BH	TU15 TE19	AT	2 (D/E)			CV13 CV28	S9 S19	60	3140	生物碱类,液体的,未另作规定的或生物碱盐类,液体的,未另作规定的

联合国编号	名称和描述	类别	分类代码	包装类别	标志	特殊规定	有限和例外数量		容器			可移动罐柜和散装容器	
									包装指南	特殊包装规定	混合包装规定	指南	特殊规定
		3.1.2	2.2	2.2	2.1.1.3	5.2.2	3.3	3.4	3.5.1.2	4.1.4	4.1.4	4.1.10	4.2.5.2	4.2.5.3
(1)	(2)	(3a)	(3b)	(4)	(5)	(6)	(7a)	(7b)	(8)	(9a)	(9b)	(10)	(11)
3140	生物碱类,液体的,未另作规定的或生物碱盐类,液体的,未另作规定的	6.1	T1	Ⅲ	6.1	43 274	5L	E1	P001 IBC03 LP01 R001		MP19		
3141	锑化合物,无机的,液体的,未另作规定的	6.1	T4	Ⅲ	6.1	45 274 512	5L	E1	P001 IBC03 LP01 R001		MP19		
3142	消毒剂,液体的,有毒的,未另作规定的	6.1	T1	Ⅰ	6.1	274	0	E5	P001		MP8 MP17		
3142	消毒剂,液体的,有毒的,未另作规定的	6.1	T1	Ⅱ	6.1	274	100ml	E4	P001 IBC02		MP15		
3142	消毒剂,液体的,有毒的,未另作规定的	6.1	T1	Ⅲ	6.1	274	5L	E1	P001 IBC03 LP01 R001		MP19		
3143	染料,固体的,有毒的,未另作规定的或染料中间体,固体,有毒的,未另作规定的	6.1	T2	Ⅰ	6.1	274	0	E5	P002 IBC07		MP18	T6	TP33
3143	染料,固体的,有毒的,未另作规定的或染料中间体,固体,有毒的,未另作规定的	6.1	T2	Ⅱ	6.1	274	500g	E4	P002 IBC08	B4	MP10	T3	TP33
3143	染料,固体的,有毒的,未另作规定的或染料中间体,固体,有毒的,未另作规定的	6.1	T2	Ⅲ	6.1	274	5kg	E1	P002 IBC08 LP02 R001	B3	MP10	T1	TP33
3144	烟碱化合物,液体的,未另作规定的或烟碱制剂,液体的,未另作规定的	6.1	T1	Ⅰ	6.1	43 274	0	E5	P001		MP8 MP17		
3144	烟碱化合物,液体的,未另作规定的或烟碱制剂,液体的,未另作规定的	6.1	T1	Ⅱ	6.1	43 274	100ml	E4	P001 IBC02		MP15		

ADR 罐体		运输罐体车辆	运输类别（隧道限制代码）	运输特殊规定				危险性识别号	联合国编号	名称和描述
罐体代码	特殊规定			包件	散装	装卸和操作	作业			
4.3	4.3.5,6.8.4	9.1.1.2	1.1.3.6	7.2.4	7.3.3	7.5.11	8.5	5.3.2.3		3.1.2
(12)	(13)	(14)	(15)	(16)	(17)	(18)	(19)	(20)	(1)	(2)
L4BH	TU15 TE19	AT	2 (E)	V12		CV13 CV28	S9	60	3140	生物碱类,液体的,未另作规定的或生物碱盐类,液体的,未另作规定的
L4BH	TU15 TE19	AT	2 (E)	V12		CV13 CV28	S9	60	3141	锑化合物,无机的,液体的,未另作规定的
L10CH	TU14 TU15 TE19 TE21	AT	1 (C/E)			CV1 CV13 CV28	S9 S14	66	3142	消毒剂,液体的,有毒的,未另作规定的
L4BH	TU15 TE19	AT	2 (D/E)			CV13 CV28	S9 S19	60	3142	消毒剂,液体的,有毒的,未另作规定的
L4BH	TU15 TE19	AT	2 (E)	V12		CV13 CV28	S9	60	3142	消毒剂,液体的,有毒的,未另作规定的
S10AH L10CH	TU15 TE19	AT	1 (C/E)	V10		CV1 CV13 CV28	S9 S14	66	3143	染料,固体的,有毒的,未另作规定的或染料中间体,固体的,有毒的,未另作规定的
SGAH L4BH	TU15 TE19	AT	2 (D/E)	V11		CV13 CV28	S9 S19	60	3143	染料,固体的,有毒的,未另作规定的或染料中间体,固体的,有毒的,未另作规定的
SGAH L4BH	TU15 TE19	AT	2 (E)		VC1 VC2 AP7	CV13 CV28	S9	60	3143	染料,固体的,有毒的,未另作规定的或染料中间休,固体的,有毒的,未另作规定的
L10CH	TU14 TU15 TE19 TE21	AT	1 (C/E)			CV1 CV13 CV28	S9 S14	66	3144	烟碱化合物,液体的,未另作规定的或烟碱制剂,液体的,未另作规定的
L4BH	TU15 TE19	AT	2 (D/E)			CV13 CV28	S9 S19	60	3144	烟碱化合物,液体的,未另作规定的或烟碱制剂,液体的,未另作规定的

联合国编号	名称和描述	类别	分类代码	包装类别	标志	特殊规定	有限和例外数量		容器			可移动罐柜和散装容器	
									包装指南	特殊包装规定	混合包装规定	指南	特殊规定
	3.1.2	2.2	2.2	2.1.1.3	5.2.2	3.3	3.4	3.5.1.2	4.1.4	4.1.4	4.1.10	4.2.5.2	4.2.5.3
(1)	(2)	(3a)	(3b)	(4)	(5)	(6)	(7a)	(7b)	(8)	(9a)	(9b)	(10)	(11)
3144	烟碱化合物,液体的,未另作规定的或烟碱制剂,液体的,未另作规定的	6.1	T1	Ⅲ	6.1	43 274	5L	E1	P001 IBC03 LP01 R001		MP19		
3145	烷基苯酚类,液体的,未另作规定的(包括C2~C12同系物)	8	C3	Ⅰ	8		0	E0	P001		MP8 MP17	T14	TP2
3145	烷基苯酚类,液体的,未另作规定的(包括C2~C12同系物)	8	C3	Ⅱ	8		1L	E2	P001 IBC02		MP15	T11	TP2 TP27
3145	烷基苯酚类,液体的,未另作规定的(包括C2~C12同系物)	8	C3	Ⅲ	8		5L	E1	P001 IBC03 LP01 R001		MP19	T7	TP1 TP28
3146	有机锡化合物,固体的,未另作规定的	6.1	T3	Ⅰ	6.1	43 274	0	E5	P002 IBC07		MP18	T6	TP33
3146	有机锡化合物,固体的,未另作规定的	6.1	T3	Ⅱ	6.1	43 274	500g	E4	P002 IBC08	B4	MP10	T3	TP33
3146	有机锡化合物,固体的,未另作规定的	6.1	T3	Ⅲ	6.1	43 274	5kg	E1	P002 IBC08 LP02 R001	B3	MP10	T1	TP33
3147	染料,固体的,腐蚀的,未另作规定的或染料中间体,固体的,腐蚀的,未另作规定的	8	C10	Ⅰ	8	274	0	E0	P002 IBC07		MP18	T6	TP33
3147	染料,固体的,腐蚀的,未另作规定的或染料中间体,固体的,腐蚀的,未另作规定的	8	C10	Ⅱ	8	274	1kg	E2	P002 IBC08	B4	MP10	T3	TP33
3147	染料,固体的,腐蚀的,未另作规定的或染料中间体,固体的,腐蚀的,未另作规定的	8	C10	Ⅲ	8	274	5kg	E1	P002 IBC08 LP02 R001	B3	MP10	T1	TP33

ADR 罐体		运输罐体车辆	运输类别（隧道限制代码）	运输特殊规定				危险性识别号	联合国编号	名称和描述
罐体代码	特殊规定			包件	散装	装卸和操作	作业			
4.3	4.3.5, 6.8.4	9.1.1.2	1.1.3.6	7.2.4	7.3.3	7.5.11	8.5	5.3.2.3		3.1.2
(12)	(13)	(14)	(15)	(16)	(17)	(18)	(19)	(20)	(1)	(2)
L4BH	TU15 TE19	AT	2 (E)	V12		CV13 CV28	S9	60	3144	烟碱化合物,液体的,未另作规定的或烟碱制剂,液体的,未另作规定的
L10BH		AT	1 (E)				S20	88	3145	烷基苯酚类,液体的,未另作规定的(包括 C2~C12 同系物)
L4BN		AT	2 (E)					80	3145	烷基苯酚类,液体的,未另作规定的(包括 C2~C12 同系物)
L4BN		AT	3 (E)	V12				80	3145	烷基苯酚类,液体的,未另作规定的(包括 C2~C12 同系物)
S10AH L10CH	TU14 TU15 TE19 TE21	AT	1 (C/E)	V10		CV1 CV13 CV28	S9 S14	66	3146	有机锡化合物,固体的,未另作规定的
SGAH L4BH	TU15 TE19	AT	2 (D/E)	V11		CV13 CV28	S9 S19	60	3146	有机锡化合物,固体的,未另作规定的
SGAH L4BH	TU15 TE19	AT	2 (E)	VC1 VC2 AP7		CV13 CV28	S9	60	3146	有机锡化合物,固体的,未另作规定的
S10AN L10BH		AT	1 (E)	V10			S20	88	3147	染料,固体的,腐蚀的,未另作规定的或染料中间体,固体的,腐蚀的,未另作规定的
SGAN L4BN		AT	2 (E)	V11				80	3147	染料,固体的,腐蚀的,未另作规定的或染料中间体,固体的,腐蚀的,未另作规定的
SGAV L4BN		AT	3 (E)	VC1 VC2 AP7				80	3147	染料,固体的,腐蚀的,未另作规定的或染料中间体,固体的,腐蚀的,未另作规定的

联合国编号	名称和描述	类别	分类代码	包装类别	标志	特殊规定	有限和例外数量		容器			可移动罐柜和散装容器	
									包装指南	特殊包装规定	混合包装规定	指南	特殊规定
		3.1.2	2.2	2.2	2.1.1.3	5.2.2	3.3	3.4	3.5.1.2	4.1.4	4.1.4	4.1.10	4.2.5.2	4.2.5.3
(1)	(2)	(3a)	(3b)	(4)	(5)	(6)	(7a)	(7b)	(8)	(9a)	(9b)	(10)	(11)
3148	遇水反应液体,未另作规定的	4.3	W1	Ⅰ	4.3	274	0	E0	P402	RR8	MP2	T13	TP2 TP7 TP38
3148	遇水反应液体,未另作规定的	4.3	W1	Ⅱ	4.3	274	500ml	E2	P402 IBC01	RR8	MP15	T7	TP2 TP7
3148	遇水反应液体,未另作规定的	4.3	W1	Ⅲ	4.3	274	1L	E1	P001 IBC02 R001		MP15	T7	TP2 TP7
3149	过氧化氢和过氧乙酸混合物,含酸类、水及不超过5%的过氧乙酸,稳定的	5.1	OC1	Ⅱ	5.1 +8	196 553	1L	E2	P504 IBC02	PP10 B5	MP15	T7	TP2 TP6 TP24
3150	装置,小型的,以烃类气体为动力的或给小型装置补充烃类气体的充气罐,带有释放装置	2	6F		2.1		0	E0	P209		MP9		
3151	多卤联苯类,液体的或多卤三联苯类,液体的	9	M2	Ⅱ	9	203 305	1L	E2	P906 IBC02		MP15		
3152	多卤联苯类,固体的或多卤三联苯类,固体的	9	M2	Ⅱ	9	203 305	1kg	E2	P906 IBC08	B4	MP10	T3	TP33
3153	全氟(甲基乙烯基醚)	2	2F		2.1	662	0	E0	P200		MP9	(M) T50	
3154	全氟(乙基乙烯基醚)	2	2F		2.1	662	0	E0	P200		MP9	(M)	
3155	五氯酚	6.1	T2	Ⅱ	6.1	43	500g	E4	P002 IBC08	B4	MP10	T3	TP33
3156	压缩气体,氧化性,未另作规定的	2	1O		2.2 +5.1	274 655 662	0	E0	P200		MP9	(M)	
3157	液化气体,氧化性,未另作规定的	2	2O		2.2 +5.1	274 662	0	E0	P200		MP9	(M)	

ADR 罐体		运输罐体车辆	运输类别(隧道限制代码)	运输特殊规定				危险性识别号	联合国编号	名称和描述
罐体代码	特殊规定			包件	散装	装卸和操作	作业			
4.3	4.3.5,6.8.4	9.1.1.2	1.1.3.6	7.2.4	7.3.3	7.5.11	8.5	5.3.2.3		3.1.2
(12)	(13)	(14)	(15)	(16)	(17)	(18)	(19)	(20)	(1)	(2)
L10DH	TU14 TE21 TM2	AT	0 (B/E)	V1		CV23	S20	X323	3148	遇水反应液体,未另作规定的
L4DH	TU14 TE21 TM2	AT	0 (D/E)	V1		CV23		323	3148	遇水反应液体,未另作规定的
L4DH	TU14 TE21 TM2	AT	0 (E)	V1		CV23		323	3148	遇水反应液体,未另作规定的
L4BV(+)	TU3 TC2 TE8 TE11 TT1	AT	2 (E)			CV24		58	3149	过氧化氢和过氧乙酸混合物,含酸类、水及不超过5%的过氧乙酸,稳定的
			2 (D)			CV9	S2		3150	装置,小型的,以烃类气体为动力或给小型装置补充烃类气体的充气罐,带有释放装置
L4BH	TU15	AT	0 (D/E)		VC1 VC2 AP9	CV1 CV13 CV28	S19	90	3151	多卤联苯类,液体的或多卤三联苯类,液体的
S4AH L4BH	TU15	AT	0 (D/E)	V11	VC1 VC2 AP9	CV1 CV13 CV28	S19	90	3152	多卤联苯类,固体的或多卤三联苯类,固体的
PxBN(M)	TA4 TT9	FL	2 (B/D)			CV9 CV10 CV36	S2 S20	23	3153	全氟(甲基乙烯基醚)
PxBN(M)	TA4 TT9	FL	2 (B/D)			CV9 CV10 CV36	S2 S20	23	3154	全氟(乙基乙烯基醚)
SGAH	TU15 TE19	AT	2 (D/E)	V11		CV13 CV28	S9 S19	60	3155	五氯酚
CxBN(M)	TA4 TT9	AT	3 (E)			CV9 CV10 CV36		25	3156	压缩气体,氧化性,未另作规定的
PxBN(M)	TA4 TT9	AT	3 (C/E)			CV9 CV10 CV36		25	3157	液化气体,氧化性,未另作规定的

联合国编号	名称和描述	类别	分类代码	包装类别	标志	特殊规定	有限和例外数量		容器			可移动罐柜和散装容器	
									包装指南	特殊包装规定	混合包装规定	指南	特殊规定
	3.1.2	2.2	2.2	2.1.1.3	5.2.2	3.3	3.4	3.5.1.2	4.1.4	4.1.4	4.1.10	4.2.5.2	4.2.5.3
(1)	(2)	(3a)	(3b)	(4)	(5)	(6)	(7a)	(7b)	(8)	(9a)	(9b)	(10)	(11)
3158	气体,冷冻液体,未另作规定的	2	3A		2.2	274 593	120ml	E1	P203		MP9	T75	TP5
3159	1,1,1,2-四氟乙烷(制冷气体R134a)	2	2A		2.2	662	120ml	E1	P200		MP9	(M) T50	
3160	液化气体,有毒的,易燃的,未另作规定的	2	2TF		2.3+2.1	274	0	E0	P200		MP9	(M)	
3161	液化气体,易燃的,未另作规定的	2	2F		2.1	274 662	0	E0	P200		MP9	(M) T50	
3162	液化气体,有毒的,未另作规定的	2	2T		2.3	274	0	E0	P200		MP9	(M)	
3163	液化气体,未另作规定的	2	2A		2.2	274 662	120ml	E1	P200		MP9	(M) T50	
3164	气压或液压物品(含非易燃气体)	2	6A		2.2	283 371 594	120ml	E0	P003		MP9		
3165	飞行器液压动力装置燃料箱(装有无水肼和甲基肼的混合液)(M86燃料)	3	FTC	I	3+6.1+8		0	E0	P301		MP7		
3166	内燃发动机或以易燃气体驱动的车辆,或以易燃液体驱动的车辆	9	M11		不受ADR限制								
3167	气体样品,不加压的,易燃的,未另作规定的,非冷冻液体	2	7F		2.1		0	E0	P201		MP9		
3168	气体样品,不加压的,有毒的,易燃的,未另作规定的,非冷冻液体	2	7TF		2.3+2.1		0	E0	P201		MP9		

ADR 罐体		运输罐体车辆	运输类别（隧道限制代码）	运输特殊规定				危险性识别号	联合国编号	名称和描述
罐体代码	特殊规定			包件	散装	装卸和操作	作业			
4.3	4.3.5,6.8.4	9.1.1.2	1.1.3.6	7.2.4	7.3.3	7.5.11	8.5	5.3.2.3	3.1.2	
(12)	(13)	(14)	(15)	(16)	(17)	(18)	(19)	(20)	(1)	(2)
RxBN	TU19 TA4 TT9	AT	3 (C/E)	V5		CV9 CV11 CV36	S20	22	3158	气体,冷冻液体,未另作规定的
PxBN(M)	TA4 TT9	AT	3 (C/E)			CV9 CV10 CV36		20	3159	**1,1,1,2－四氟乙烷(制冷气体 R134a)**
PxBH(M)	TU6 TA4 TT9	FL	1 (B/D)			CV9 CV10 CV36	S2 S14	263	3160	液化气体,有毒,易燃,未另作规定的
PxBN(M)	TA4 TT9	FL	2 (B/D)			CV9 CV10 CV36	S2 S20	23	3161	液化气体,易燃的,未另作规定的
PxBH(M)	TU6 TA4 TT9	AT	1 (C/D)			CV9 CV10 CV36	S14	26	3162	液化气体,有毒的,未另作规定的
PxBN(M)	TA4 TT9	AT	3 (C/E)			CV9 CV10 CV36		20	3163	液化气体,未另作规定的
			3 (E)			CV9			3164	气压或液压物品(含非易燃气体)
			1 (E)			CV13 CV28	S2 S19		3165	飞行器液压动力装置燃料箱(装有无水肼和甲基肼的混合液)(M86 燃料)
			不受 ADR 限制						3166	内燃发动机或以易燃气体驱动的车辆,或以易燃液体驱动的车辆
			2 (D)			CV9	S2		3167	气体样品,不加压的,易燃的,未另作规定的,非冷冻液体
			1 (D)			CV9	S2		3168	气体样品,不加压的,有毒的,易燃的,未另作规定的,非冷冻液体

联合国编号	名称和描述	类别	分类代码	包装类别	标志	特殊规定	有限和例外数量		容器			可移动罐柜和散装容器	
									包装指南	特殊包装规定	混合包装规定	指南	特殊规定
		3.1.2	2.2	2.2	2.1.1.3	5.2.2	3.3	3.4	3.5.1.2	4.1.4	4.1.4	4.1.10	4.2.5.2	4.2.5.3
(1)	(2)	(3a)	(3b)	(4)	(5)	(6)	(7a)	(7b)	(8)	(9a)	(9b)	(10)	(11)
3169	气体样品,不加压的,有毒的,未另作规定的,非冷冻液体	2	7T		2.3		0	E0	P201		MP9		
3170	铝熔炼副产品或铝再熔副产品	4.3	W2	Ⅱ	4.3	244	500g	E2	P410 IBC07		MP14	T3 BK1 BK2	TP33
3170	铝熔炼副产品或铝再熔副产品	4.3	W2	Ⅲ	4.3	244	1kg	E1	P002 IBC08 R001		B4	MP14	T1 BK1 BK2	TP33
3171	电池驱动的车辆或电池驱动的设备	9	M11				不受ADR限制,见3.3章特殊规定240						
3172	毒素,从生物源中提取的,液体的,未另作规定的	6.1	T1	Ⅰ	6.1	210 274	0	E5	P001		MP8 MP17		
3172	毒素,从生物源中提取的,液体的,未另作规定的	6.1	T1	Ⅱ	6.1	210 274	100ml	E4	P001 IBC02		MP15		
3172	毒素,从生物源中提取的,液体的,未另作规定的	6.1	T1	Ⅲ	6.1	210 274	5L	E1	P001 IBC03 LP01 R001		MP19		
3174	二硫化钛	4.2	S4	Ⅲ	4.2		0	E1	P002 IBC08 LP02 R001		B3	MP14	T1	TP33
3175	含易燃液体的固体,未另作规定的	4.1	F1	Ⅱ	4.1	216 274 601	1kg	E2	P002 IBC06 R001	PP9	MP11	T3 BK1 BK2	TP33
3176	易燃固体,有机的,熔融的,未另作规定的	4.1	F2	Ⅱ	4.1	274	0	E0				T3	TP3 TP26
3176	易燃固体,有机的,熔融的,未另作规定的	4.1	F2	Ⅲ	4.1	274	0	E0				T1	TP3 TP26
3178	易燃固体,无机的,未另作规定的	4.1	F3	Ⅱ	4.1	274	1kg	E2	P002 IBC08		B4	MP11	T3	TP33
3178	易燃固体,无机的,未另作规定的	4.1	F3	Ⅲ	4.1	274	5kg	E1	P002 IBC08 LP02 R001		B3	MP11	T1	TP33

ADR 罐体		运输罐体车辆	运输类别（隧道限制代码）	运输特殊规定				危险性识别号	联合国编号	名称和描述
罐体代码	特殊规定			包件	散装	装卸和操作	作业			
4.3	4.3.5,6.8.4	9.1.1.2	1.1.3.6	7.2.4	7.3.3	7.5.11	8.5	5.3.2.3		3.1.2
(12)	(13)	(14)	(15)	(16)	(17)	(18)	(19)	(20)	(1)	(2)
			1 (D)			CV9			3169	气体样品,不加压的,有毒的,未另作规定的,非冷冻液体
SGAN		AT	2 (D/E)	V1	VC1 VC2 AP2	CV23 CV37		423	3170	铝熔炼副产品或铝再熔副产品
SGAN		AT	3 (E)	V1	VC1 VC2 AP2	CV23 CV37		423	3170	铝熔炼副产品或铝再熔副产品
不受ADR限制,见3.3章特殊规定240									3171	电池驱动的车辆或电池驱动的设备
L10CH	TU14 TU15 TE19 TE21	AT	1 (C/E)			CV1 CV13 CV28	S9 S14	66	3172	毒素,从生物源中提取的,液体的,未另作规定的
L4BH	TU15 TE19	AT	2 (D/E)			CV13 CV28	S9 S19	60	3172	毒素,从生物源中提取的,液体的,未另作规定的
L4BH	TU15 TE19	AT	2 (E)	V12		CV13 CV28	S9	60	3172	毒素,从生物源中提取的,液体的,未另作规定的
SGAN		AT	3 (E)	V1				40	3174	二硫化钛
		AT	2 (E)	V11	VC1 VC2 AP2			40	3175	含易燃液体的固体,未另作规定的
LCBV	TU27 TE4 TE6	AT	2 (E)					44	3176	易燃固体,有机的,熔融的,未另作规定的
LGBV	TU27 TE4 TE6	AT	3 (E)					44	3176	易燃固体,有机的,熔融的,未另作规定的
SGAN		AT	2 (E)	V11				40	3178	易燃固体,无机的,未另作规定的
SGAV		AT	3 (E)		VC1 VC2			40	3178	易燃固体,无机的,未另作规定的

联合国编号	名称和描述	类别	分类代码	包装类别	标志	特殊规定	有限和例外数量		容器			可移动罐柜和散装容器	
									包装指南	特殊包装规定	混合包装规定	指南	特殊规定
	3.1.2	2.2	2.2	2.1.1.3	5.2.2	3.3	3.4	3.5.1.2	4.1.4	4.1.4	4.1.10	4.2.5.2	4.2.5.3
(1)	(2)	(3a)	(3b)	(4)	(5)	(6)	(7a)	(7b)	(8)	(9a)	(9b)	(10)	(11)
3179	易燃固体,有毒,无机的,未另作规定的	4.1	FT2	Ⅱ	4.1+6.1	274	1kg	E2	P002 IBC06		MP10	T3	TP33
3179	易燃固体,有毒,无机的,未另作规定的	4.1	FT2	Ⅲ	4.1+6.1	274	5kg	E1	P002 IBC06 R001		MP10	T1	TP33
3180	易燃固体,腐蚀性的,无机的,未另作规定的	4.1	FC2	Ⅱ	4.1+8	274	1kg	E2	P002 IBC06		MP10	T3	TP33
3180	易燃固体,腐蚀性的,无机的,未另作规定的	4.1	FC2	Ⅲ	4.1+8	274	5kg	E1	P002 IBC06 R001		MP10	T1	TP33
3181	有机化合物的金属盐,易燃的,未另作规定的	4.1	F3	Ⅱ	4.1	274	1kg	E2	P002 IBC08	B4	MP11	T3	TP33
3181	有机化合物的金属盐,易燃的,未另作规定的	4.1	F3	Ⅲ	4.1	274	5kg	E1	P002 IBC08 LP02 R001	B3	MP11	T1	TP33
3182	金属氢化物,易燃的,未另作规定的	41	F3	Ⅱ	4.1	274 554	1kg	E2	P410 IBC04	PP40	MP11	T3	TP33
3182	金属氢化物,易燃的,未另作规定的	4.1	F3	Ⅲ	4.1	274 554	5kg	E1	P002 IBC04 R001		MP11	T1	TP33
3183	自热液体,有机的,未另作规定的	4.2	S1	Ⅱ	4.2	274	0	E2	P001 IBC02		MP15		
3183	自热液体,有机的,未另作规定的	4.2	S1	Ⅲ	4.2	274	0	E1	P001 IBC02 R001		MP15		
3184	自热液体,有毒,有机的,未另作规定的	4.2	ST1	Ⅱ	4.2+6.1	274	0	E2	P402 IBC02		MP15		
3184	自热液体,有毒,有机的,未另作规定的	4.2	ST1	Ⅲ	4.2+6.1	274	0	E1	P001 IBC02 R001		MP15		
3185	自热液体,腐蚀性的,有机的,未另作规定的	4.2	SC1	Ⅱ	4.2+8	274	0	E2	P402 IBC02		MP15		
3185	自热液体,腐蚀性的,有机的,未另作规定的	4.2	SC1	Ⅲ	4.2+8	274	0	E1	P001 IBC02 R001		MP15		

ADR 罐体		运输罐体车辆	运输类别（隧道限制代码）	运输特殊规定			作业	危险性识别号	联合国编号	名称和描述
罐体代码	特殊规定			包件	散装	装卸和操作				
4.3	4.3.5,6.8.4	9.1.1.2	1.1.3.6	7.2.4	7.3.3	7.5.11	8.5	5.3.2.3		3.1.2
(12)	(13)	(14)	(15)	(16)	(17)	(18)	(19)	(20)	(1)	(2)
SGAN		AT	2 (E)	V11		CV28		46	3179	易燃固体,有毒的,无机的,未另作规定的
SGAN		AT	3 (E)			CV28		46	3179	易燃固体,有毒的,无机的,未另作规定的
SGAN		AT	2 (E)	V11				48	3180	易燃固体,腐蚀性的,无机的,未另作规定的
SGAN		AT	3 (E)					48	3180	易燃固体,腐蚀性的,无机的,未另作规定的
SGAN		AT	2 (E)	V11				40	3181	有机化合物的金属盐,易燃的,未另作规定的
SGAV		AT	3 (E)		VC1 VC2			40	3181	有机化合物的金属盐,易燃的,未另作规定的
SGAN		AT	2 (E)					40	3182	金属氢化物,易燃的,未另作规定的
SGAV		AT	3 (E)		VC1 VC2			40	3182	金属氢化物,易燃的,未另作规定的
L4DH	TU14 TE21	AT	2 (D/E)	V1				30	3183	自热液体,有机的,未另作规定的
L4DH	TU14 TE21	AT	3 (E)	V1				30	3183	自热液体,有机的,未另作规定的
L4DH	TU14 TE21	AT	2 (D/E)	V1		CV28		36	3184	自热液体,有毒的,有机的,未另作规定的
L4DH	TU14 TE21	AT	3 (E)	V1		CV28		36	3184	自热液体,有毒的,有机的,未另作规定的
L4DH	TU14 TE21	AT	2 (D/E)	V1				38	3185	自热液体,腐蚀性的,有机的,未另作规定的
L4DH	TU14 TE21	AT	3 (E)	V1				38	3185	自热液体,腐蚀性的,有机的,未另作规定的

联合国编号	名称和描述	类别	分类代码	包装类别	标志	特殊规定	有限和例外数量		容器			可移动罐柜和散装容器	
									包装指南	特殊包装规定	混合包装规定	指南	特殊规定
		3.1.2	2.2	2.2	2.1.1.3	5.2.2	3.3	3.4	3.5.1.2	4.1.4	4.1.4	4.1.10	4.2.5.2	4.2.5.3
(1)	(2)	(3a)	(3b)	(4)	(5)	(6)	(7a)	(7b)	(8)	(9a)	(9b)	(10)	(11)
3186	自热液体,无机的,未另作规定的	4.2	S3	Ⅱ	4.2	274	0	E2	P001 IBC02		MP15		
3186	自热液体,无机的,未另作规定的	4.2	S3	Ⅲ	4.2	274	0	E1	P001 IBC02 R001		MP15		
3187	自热液体,有毒,无机的,未另作规定的	4.2	ST3	Ⅱ	4.2 +6.1	274	0	E2	P402 IBC02		MP15		
3187	自热液体,有毒,无机的,未另作规定的	4.2	ST3	Ⅲ	4.2 +6.1	274	0	E1	P001 IBC02 R001		MP15		
3188	自热液体,腐蚀性的,无机的,未另作规定的	4.2	SC3	Ⅱ	4.2 +8	274	0	E2	P402 IBC02		MP15		
3188	自热液体,腐蚀性的,无机的,未另作规定的	4.2	SC3	Ⅲ	4.2 +8	274	0	E1	P001 IBC02 R001		MP15		
3189	金属粉,自热的,未另作规定的	4.2	S4	Ⅱ	4.2	274 555	0	E2	P410 IBC06		MP14	T3	TP33
3189	金属粉,自热的,未另作规定的	4.2	S4	Ⅲ	4.2	274 555	0	E1	P002 IBC08 LP02 R001	B3	MP14	T1	TP33
3190	自热固体,无机的,未另作规定的	4.2	S4	Ⅱ	4.2	274	0	E2	P410 IBC06		MP14	T3	TP33
3190	自热固体,无机的,未另作规定的	4.2	S4	Ⅲ	4.2	274	0	E1	P002 IBC08 LP02 R001	B3	MP14	T1	TP33
3191	自热固体,有毒,无机的,未另作规定的	4.2	ST4	Ⅱ	4.2 +6.1	274	0	E2	P410 IBC05		MP14	T3	TP33
3191	自热固体,有毒,无机的,未另作规定的	4.2	ST4	Ⅲ	4.2 +6.1	274	0	E1	P002 IBC08 R001	B3	MP14	T1	TP33
3192	自热固体,腐蚀的,无机的,未另作规定的	4.2	SC4	Ⅱ	4.2 +8	274	0	E2	P410 IBC05		MP14	T3	TP33
3192	自热固体,腐蚀的,无机的,未另作规定的	4.2	SC4	Ⅲ	4.2 +8	274	0	E1	P002 IBC08 R001	B3	MP14	T1	TP33

ADR 罐体		运输罐体车辆	运输类别（隧道限制代码）	运输特殊规定				危险性识别号	联合国编号	名称和描述
罐体代码	特殊规定			包件	散装	装卸和操作	作业			
4.3	4.3.5,6.8.4	9.1.1.2	1.1.3.6	7.2.4	7.3.3	7.5.11	8.5	5.3.2.3	3.1.2	
(12)	(13)	(14)	(15)	(16)	(17)	(18)	(19)	(20)	(1)	(2)
L4DH	TU14 TE21	AT	2 (D/E)	V1				30	3186	自热液体,无机的,未另作规定的
L4DH	TU14 TE21	AT	3 (E)	V1				30	3186	自热液体,无机的,未另作规定的
L4DH	TU14 TE21	AT	2 (D/E)	V1		CV28		36	3187	自热液体,有毒的,无机的,未另作规定的
L4DH	TU14 TE21	AT	3 (E)	V1		CV28		36	3187	自热液体,有毒的,无机的,未另作规定的
L4DH	TU14 TE21	AT	2 (D/E)	V1				38	3188	自热液体,腐蚀性的,无机的,未另作规定的
L4DH	TU14 TE21	AT	3 (E)	V1				38	3188	自热液体,腐蚀性的,无机的,未另作规定的
SGAN		AT	2 (D/E)	V1				40	3189	金属粉,自热的,未另作规定的
SGAN		AT	3 (E)	V1	VC1 VC2 AP1			40	3189	金属粉,自热的,未另作规定的
SGAN		AT	2 (D/E)	V1				40	3190	自热固体,无机的,未另作规定的
SGAN		AT	3 (E)	V1	VC1 VC2 AP1			40	3190	自热固体,无机的,未另作规定的
SGAN		AT	2 (D/E)	V1		CV28		46	3191	自热固体,有毒的,无机的,未另作规定的
SGAN		AT	3 (E)	V1		CV28		46	3191	自热固体,有毒的,无机的,未另作规定的
SGAN		AT	2 (D/E)	V1				48	3192	自热固体,腐蚀性的,无机的,未另作规定的
SGAN		AT	3 (E)	V1				48	3192	自热固体,腐蚀性的,无机的,未另作规定的

联合国编号	名称和描述	类别	分类代码	包装类别	标志	特殊规定	有限和例外数量		容器			可移动罐柜和散装容器	
									包装指南	特殊包装规定	混合包装规定	指南	特殊规定
		3.1.2	2.2	2.2	2.1.1.3	5.2.2	3.3	3.4	3.5.1.2	4.1.4	4.1.4	4.1.10	4.2.5.2	4.2.5.3
(1)	(2)	(3a)	(3b)	(4)	(5)	(6)	(7a)	(7b)	(8)	(9a)	(9b)	(10)	(11)
3194	引火液体,无机的,未另作规定的	4.2	S3	Ⅰ	4.2	274	0	E0	P400			MP2		
3200	引火固体,无机的,未另作规定的	4.2	S4	Ⅰ	4.2	274	0	E0	P404		MP13	T21	TP7 TP33
3205	碱土金属醇化物,未另作规定的	4.2	S4	Ⅱ	4.2	183 274	0	E2	P410 IBC06		MP14	T3	TP33
3205	碱土金属醇化物,未另作规定的	4.2	S4	Ⅲ	4.2	183 274	0	E1	P002 IBC08 LP02 R001		B3	MP14	T1	TP33
3206	碱金属醇化物,自热的,腐蚀性的,未另作规定的	4.2	SC4	Ⅱ	4.2 +8	182 274	0	E2	P410 IBC05		MP14	T3	TP33
3206	碱金属醇化物,自热的,腐蚀性的,未另作规定的	4.2	SC4	Ⅲ	4.2 +8	183 274	0	E1	P002 IBC08 R001		B3	MP14	T1	TP33
3208	金属物质,遇水反应的,未另作规定的	4.3	W2	Ⅰ	4.3	274 557	0	E0	P403 IBC99			MP2		
3208	金属物质,遇水反应的,未另作规定的	4.3	W2	Ⅱ	4.3	274 557	500g	E0	P410 IBC07		MP14	T3	TP33
3208	金属物质,遇水反应的,未另作规定的	4.3	W2	Ⅲ	4.3	274 557	1kg	E1	P410 IBC08 R001		B4	MP14	T1	TP33
3209	金属物质,遇水反应的,自热的,未另作规定的	4.3	WS	Ⅰ	4.3 +4.2	274 558	0	E0	P403			MP2		
3209	金属物质,遇水反应的,自热的,未另作规定的	4.3	WS	Ⅱ	4.3 +4.2	274 558	0	E2	P410 IBC05		MP14	T3	TP33
3209	金属物质,遇水反应的,自热的,未另作规定的	4.3	WS	Ⅲ	4.3 +4.2	274 558	0	E1	P410 IBC08 R001		B4	MP14	T1	TP33
3210	氯酸盐类,无机的,水溶液,未另作规定的	5.1	O1	Ⅱ	5.1	274 351	1L	E2	P504 IBC02		MP2	T4	TP1

ADR 罐体		运输罐体车辆	运输类别（隧道限制代码）	运输特殊规定				危险性识别号	联合国编号	名称和描述
罐体代码	特殊规定			包件	散装	装卸和操作	作业			
4.3	4.3.5,6.8.4	9.1.1.2	1.1.3.6	7.2.4	7.3.3	7.5.11	8.5	5.3.2.3		3.1.2
(12)	(13)	(14)	(15)	(16)	(17)	(18)	(19)	(20)	(1)	(2)
L21DH	TU14 TC1 TE21 TM1	AT	0 (B/E)	V1			S20	333	3194	引火液体,无机的,未另作规定的
		AT	0 (B/E)	V1			S20	43	3200	引火固体,无机的,未另作规定的
SGAN		AT	2 (D/E)	V1				40	3205	碱土金属醇化物,未另作规定的
SGAN		AT	3 (E)	V1				40	3205	碱土金属醇化物,未另作规定的
SGAN		AT	2 (D/E)	V1				48	3206	碱金属醇化物,自热的,腐蚀性的,未另作规定的
SGAN		AT	3 (E)	V1				48	3206	碱金属醇化物,自热的,腐蚀性的,未另作规定的
			1 (E)	V1		CV23	S20		3208	金属物质,遇水反应,未另作规定的
SGAN		AT	2 (D/E)	V1		CV23		423	3208	金属物质,遇水反应,未另作规定的
SGAN		AT	3 (E)	V1	VC1 VC2 AP3 AP4 AP5	CV23		423	3208	金属物质,遇水反应,未另作规定的
			1 (E)	V1		CV23	S20		3209	金属物质,遇水反应的,自热的,未另作规定的
SGAN		AT	2 (D/E)	V1		CV23		423	3209	金属物质,遇水反应的,自热的,未另作规定的
SGAN		AT	3 (E)	V1	VC1 VC2 AP3 AP4 AP5	CV23		423	3209	金属物质,遇水反应的,自热的,未另作规定的
L4BN	TU3	AT	2 (E)			CV24		50	3210	氯酸盐类,无机的,水溶液,未另作规定的

联合国编号	名称和描述	类别	分类代码	包装类别	标志	特殊规定	有限和例外数量		容器			可移动罐柜和散装容器	
									包装指南	特殊包装规定	混合包装规定	指南	特殊规定
		3.1.2	2.2	2.2	2.1.1.3	5.2.2	3.3	3.4	3.5.1.2	4.1.4	4.1.4	4.1.10	4.2.5.2	4.2.5.3
(1)	(2)	(3a)	(3b)	(4)	(5)	(6)	(7a)	(7b)	(8)	(9a)	(9b)	(10)	(11)
3210	氯酸盐类,无机的,水溶液,未另作规定的	5.1	O1	Ⅲ	5.1	274 351	5L	E1	P504 IBC02 R001		MP2	T4	TP1
3211	高氯酸盐类,无机的,水溶液,未另作规定的	5.1	O1	Ⅱ	5.1		1L	E2	P504 IBC02		MP2	T4	TP1
3211	高氯酸盐类,无机的,水溶液,未另作规定的	5.1	O1	Ⅲ	5.1		5L	E1	P504 IBC02 R001		MP2	T4	TP1
3212	次氯酸盐类,无机的,未另作规定的	5.1	O2	Ⅱ	5.1	274 349	1kg	E2	P002 IBC08	B4	MP10	T3	TP33
3213	溴酸盐类,无机的,水溶液,未另作规定的	5.1	O1	Ⅱ	5.1	274 350	1L	E2	P504 IBC02		MP2	T4	TP1
3213	溴酸盐类,无机的,水溶液,未另作规定的	5.1	O1	Ⅲ	5.1	274 350	5L	E1	P504 IBC02 R001		MP15	T4	TP1
3214	高锰酸盐类,无机的,水溶液,未另作规定的	5.1	O1	Ⅱ	5.1	274 353	1L	E2	P504 IBC02		MP2	T4	TP1
3215	过硫酸盐类,无机的,未另作规定的	5.1	O2	Ⅲ	5.1		5kg	E1	P002 IBC08 LP02 R001	B3	MP10	T1	TP33
3216	过硫酸盐类,无机的,水溶液,未另作规定的	5.1	O1	Ⅲ	5.1		5L	E1	P504 IBC02 R001		MP15	T4	TP1 TP29
3218	硝酸盐类,无机的,水溶液,未另作规定的	5.1	O1	Ⅱ	5.1	270 511	1L	E2	P504 IBC02		MP15	T4	TP1
3218	硝酸盐类,无机的,水溶液,未另作规定的	5.1	O1	Ⅲ	5.1	270 511	5L	E1	P504 IBC02 R001		MP15	T4	TP1
3219	亚硝酸盐类,无机的,水溶液,未另作规定的	5.1	O1	Ⅱ	5.1	103 274	1L	E2	P504 IBC01		MP15	T4	TP1
3219	亚硝酸盐类,无机的,水溶液,未另作规定的	5.1	O1	Ⅲ	5.1	103 274	5L	E1	P504 IBC02 R001		MP15	T4	TP1

ADR 罐体		运输罐体车辆	运输类别（隧道限制代码）	运输特殊规定				危险性识别号	联合国编号	名称和描述
罐体代码	特殊规定			包件	散装	装卸和操作	作业			
4.3	4.3.5,6.8.4	9.1.1.2	1.1.3.6	7.2.4	7.3.3	7.5.11	8.5	5.3.2.3		3.1.2
(12)	(13)	(14)	(15)	(16)	(17)	(18)	(19)	(20)	(1)	(2)
LGBV	TU3	AT	3 (E)			CV24		50	3210	氯酸盐类,无机的,水溶液,未另作规定的
L4BN	TU3	AT	2 (E)			CV24		50	3211	高氯酸盐类,无机的,水溶液,未另作规定的
LGBV	TU3	AT	3 (E)			CV24		50	3211	高氯酸盐类,无机的,水溶液,未另作规定的
SGAN	TU3	AT	2 (E)	V11		CV24		50	3212	次氯酸盐类,无机的,未另作规定的
L4BN	TU3	AT	2 (E)			CV24		50	3213	溴酸盐类,无机的,水溶液,未另作规定的
LGBV	TU3	AT	3 (E)			CV24		50	3213	溴酸盐类,无机的,水溶液,未另作规定的
L4BN	TU3	AT	2 (E)			CV24		50	3214	高锰酸盐类,无机的,水溶液,未另作规定的
SGAV	TU3	AT	3 (E)	VC1 VC2 AP6 AP7		CV24		50	3215	过硫酸盐类,无机的,未另作规定的
LGBV	TU3	AT	3 (E)			CV24		50	3216	过硫酸盐类,无机的,水溶液,未另作规定的
L4BN	TU3	AT	2 (E)			CV24		50	3218	硝酸盐类,无机的,水溶液,未另作规定的
LGBV	TU3	AT	3 (E)			CV24		50	3218	硝酸盐类,无机的,水溶液,未另作规定的
L4BN	TU3	AT	2 (E)			CV24		50	3219	亚硝酸盐类,无机的,水溶液,未另作规定的
LGBV	TU3	AT	3 (E)			CV24		50	3219	亚硝酸盐类,无机的,水溶液,未另作规定的

联合国编号	名称和描述	类别	分类代码	包装类别	标志	特殊规定	有限和例外数量		容器			可移动罐柜和散装容器	
									包装指南	特殊包装规定	混合包装规定	指南	特殊规定
		3.1.2	2.2	2.2	2.1.1.3	5.2.2	3.3	3.4	3.5.1.2	4.1.4	4.1.4	4.1.10	4.2.5.2	4.2.5.3
(1)	(2)	(3a)	(3b)	(4)	(5)	(6)	(7a)	(7b)	(8)	(9a)	(9b)	(10)	(11)
3220	五氟乙烷(制冷气体 R125)	2	2A		2.2	662	120ml	E1	P200		MP9	(M) T50	
3221	B 型自反应液体	4.1	SR1		4.1 +1	181 194 274	25ml	E0	P520	PP21	MP2		
3222	B 型自反应固体	4.1	SR1		4.1 +1	181 194 274	100g	E0	P520	PP21	MP2		
3223	C 型自反应液体	4.1	SR1		4.1	194 274	25ml	E0	P520	PP21	MP2		
3224	C 型自反应固体	4.1	SR1		4.1	194 274	100g	E0	P520	PP21	MP2		
3225	D 型自反应液体	4.1	SR1		4.1	194 274	125ml	E0	P520		MP2		
3226	D 型自反应固体	4.1	SR1		4.1	194 274	500g	E0	P520		MP2		
3227	E 型自反应液体	4.1	SR1		4.1	194 274	125ml	E0	P520		MP2		
3228	E 型自反应固体	4.1	SR1		4.1	194 274	500g	E0	P520		MP2		
3229	F 型自反应液体	4.1	SR1		4.1	194 274	125ml	E0	P520 IBC99		MP2	T23	
3230	F 型自反应固体	4.1	SR1		4.1	194 274	500g	E0	P520 IBC99		MP2	T23	
3231	B 型自反应液体,控温的	4.1	SR2		4.1 +1	181 194 274	0	E0	P520	PP21	MP2		
3232	B 型自反应固体,控温的	4.1	SR2		4.1 +1	181 194 274	0	E0	P520	PP21	MP2		
3233	C 型自反应液体,控温的	4.1	SR2		4.1	194 274	0	E0	P520	PP21	MP2		
3234	C 型自反应固体,控温的	4.1	SR2		4.1	194 274	0	E0	P520	PP21	MP2		

ADR 罐体		运输罐体车辆	运输类别（隧道限制代码）	运输特殊规定				危险性识别号	联合国编号	名称和描述
罐体代码	特殊规定			包件	散装	装卸和操作	作业			
4.3	4.3.5,6.8.4	9.1.1.2	1.1.3.6	7.2.4	7.3.3	7.5.11	8.5	5.3.2.3	3.1.2	
(12)	(13)	(14)	(15)	(16)	(17)	(18)	(19)	(20)	(1)	(2)
PxBN(M)	TA4 TT9	AT	3 (C/E)			CV9 CV10 CV36		20	3220	五氟乙烷(制冷气体 R125)
			1 (B)	V1		CV15 CV20 CV22	S9 S17		3221	B 型自反应液体
			1 (B)	V1		CV15 CV20 CV22	S9 S17		3222	B 型自反应固体
			1 (D)	V1		CV15 CV20 CV22	S8 S18		3223	C 型自反应液体
			1 (D)	V1		CV15 CV20 CV22	S8 S18		3224	C 型自反应固体
			2 (D)	V1		CV15 CV22	S19		3225	D 型自反应液体
			2 (D)	V1		CV15 CV22	S19		3226	D 型自反应固体
			2 (D)	V1		CV15 CV22			3227	E 型自反应液体
			2 (D)	V1		CV15 CV22			3228	E 型自反应固体
		AT	2 (D)	V1		CV15 CV22		40	3229	F 型自反应液体
		AT	2 (D)	V1		CV15 CV22		40	3230	F 型自反应固体
			1 (B)	V8		CV15 CV20 CV21 CV22	S4 S9 S16		3231	B 型自反应液体,控温的
			1 (B)	V8		CV15 CV20 CV21 CV22	S4 S9 S16		3232	B 型自反应固体,控温的
			1 (D)	V8		CV15 CV20 CV21 CV22	S4 S8 S17		3233	C 型自反应液体,控温的
			1 (D)	V8		CV15 CV20 CV21 CV22	S4 S8 S17		3234	C 型自反应固体,控温的

联合国编号	名称和描述	类别	分类代码	包装类别	标志	特殊规定	有限数量	例外数量	容器 包装指南	容器 特殊包装规定	容器 混合包装规定	可移动罐柜和散装容器 指南	可移动罐柜和散装容器 特殊规定
		3.1.2	2.2	2.2	2.1.1.3	5.2.2	3.3	3.4	3.5.1.2	4.1.4	4.1.4	4.1.10	4.2.5.2	4.2.5.3
(1)	(2)	(3a)	(3b)	(4)	(5)	(6)	(7a)	(7b)	(8)	(9a)	(9b)	(10)	(11)
3235	D型自反应液体,控温的	4.1	SR2		4.1	194 274	0	E0	P520		MP2		
3236	D型自反应固体,控温的	4.1	SR2		4.1	194 274	0	E0	P520		MP2		
3237	E型自反应液体,控温的	4.1	SR2		4.1	194 274	0	E0	P520		MP2		
3238	E型自反应固体,控温的	4.1	SR2		4.1	194 274	0	E0	P520		MP2		
3239	F型自反应液体,控温的	4.1	SR2		4.1	194 274	0	E0	P520		MP2	T23	
3240	F型自反应固体,控温的	4.1	SR2		4.1	194 274	0	E0	P520		MP2	T23	
3241	2-溴-2-硝基丙烷-1,3-二醇	4.1	SR1	Ⅲ	4.1	638	5kg	E1	P520 IBC08	PP22 B3	MP2		
3242	偶氮(二)甲酰胺	4.1	SR1	Ⅱ	4.1	215 638	1kg	E0	P409		MP2	T3	TP33
3243	含有毒液体的固体,未另作规定的	6.1	T9	Ⅱ	6.1	217 274 601	500g	E4	P002 IBC02	PP9	MP10	T3 BK1 BK2	TP33
3244	含腐蚀性液体的固体,未另作规定的	8	C10	Ⅱ	8	218 274	1kg	E2	P002 IBC05	PP9	MP10	T3 BK1 BK2	TP33
3245	基因改变的微生物或基因改变的生物	9	M8		9	219 637	0	E0	P904 IBC08		MP6		
3245	基因改变的微生物或基因改变的生物,液氮冷藏的	9	M8		9 +2.2	219 637	0	E0	P904 IBC08		MP6		
3246	甲磺酰氯	6.1	TC1	Ⅰ	6.1 +8	354	0	E0	P602		MP8 MP17	T20	TP2 TP37

ADR 罐体		运输罐体车辆	运输类别（隧道限制代码）	运输特殊规定				危险性识别号	联合国编号	名称和描述
罐体代码	特殊规定			包件	散装	装卸和操作	作业			
4.3	4.3.5,6.8.4	9.1.1.2	1.1.3.6	7.2.4	7.3.3	7.5.11	8.5	5.3.2.3		3.1.2
(12)	(13)	(14)	(15)	(16)	(17)	(18)	(19)	(20)	(1)	(2)
			1 (D)	V8		CV15 CV21 CV22	S4 S18		3235	D型自反应液体,控温的
			1 (D)	V8		CV15 CV21 CV22	S4 S18		3236	D型自反应固体,控温的
			1 (D)	V8		CV15 CV21 CV22	S4 S19		3237	E型自反应液体,控温的
			1 (D)	V8		CV15 CV21 CV22	S4 S19		3238	E型自反应固体,控温的
		AT	1 (D)	V8		CV15 CV21 CV22	S4	40	3239	F型自反应液体,控温的
		AT	1 (D)	V8		CV15 CV21 CV22	S4	40	3240	F型自反应固体,控温的
			3 (D)			CV14	S24		3241	2-溴-2-硝基丙烷-1,3-二醇
		AT	2 (D)			CV14	S24	40	3242	偶氮(二)甲酰胺
SGAH	TU15 TE19	AT	2 (D/E)	VC1 VC2 AP7		CV13 CV28	S9 S19	60	3243	含有毒液体的固体,未另作规定的
SGAV		AT	2 (E)	VC1 VC2 AP7				80	3244	含腐蚀性液体的固体,未另作规定的
			2 (E)			CV1 CV13 CV26 CV27 CV28	S17		3245	基因改变的微生物或基因改变的生物
			2 (E)			CV1 CV13 CV26 CV27 CV28	S17		3245	基因改变的微生物或基因改变的生物,液氮冷藏的
L10CH	TU14 TU15 TE19 TE21	AT	1 (C/D)			CV1 CV13 CV28	S9 S14	668	3246	甲磺酰氯

联合国编号	名称和描述	类别	分类代码	包装类别	标志	特殊规定	有限和例外数量		容器			可移动罐柜和散装容器	
									包装指南	特殊包装规定	混合包装规定	指南	特殊规定
	3.1.2	2.2	2.2	2.1.1.3	5.2.2	3.3	3.4	3.5.1.2	4.1.4	4.1.4	4.1.10	4.2.5.2	4.2.5.3
(1)	(2)	(3a)	(3b)	(4)	(5)	(6)	(7a)	(7b)	(8)	(9a)	(9b)	(10)	(11)
3247	过氧硼酸钠,无水的	5.1	O2	Ⅱ	5.1		1kg	E2	P002 IBC08	B4	MP2	T3	TP33
3248	医药,液体的,易燃的,有毒的,未另作规定的	3	FT1	Ⅱ	3+6.1	220 221 601	1L	E2	P001		MP19		
3248	医药,液体的,易燃的,有毒的,未另作规定的	3	FT1	Ⅲ	3+6.1	220 221 601	5L	E1	P001 R001		MP19		
3249	医药,固体的,有毒的,未另作规定的	6.1	T2	Ⅱ	6.1	221 601	500g	E4	P002		MP10	T3	TP33
3249	医药,固体的,有毒的,未另作规定的	6.1	T2	Ⅲ	6.1	221 601	5kg	E1	P002 LP02 R001		MP10	T1	TP33
3250	氯乙酸,熔融的	6.1	TC1	Ⅱ	6.1+8		0	E0				T7	TP3 TP28
3251	异山梨醇-5-单硝酸酯	4.1	SR1	Ⅲ	4.1	226 638	5kg	E0	P409		MP2		
3252	二氟甲烷(制冷气体R32)	2	2F		2.1	662	0	E0	P200		MP9	(M) T50	
3253	三氧硅酸二钠	8	C6	Ⅲ	8		5kg	E1	P002 IBC08 LP02 R001	B3	MP10	T1	TP33
3254	三丁基磷烷	4.2	S1	Ⅰ	4.2		0	E0	P400		MP2	T21	TP2 TP7
3255	次氯酸叔丁酯	4.2	SC1				禁运						
3256	加热液体,易燃的,未另作规定的,闪点高于60℃,温度等于或高于其闪点低于100℃	3	F2	Ⅲ	3	274 560	0	E0	P099 IBC99		MP2	T3	TP3 TP29
3256	加热液体,易燃的,未另作规定的,闪点高于100℃,(包括熔融金属,熔盐,等),在温度高于190℃填充	3	F2	Ⅲ	3	274 560	0	E0	P099 IBC99		MP2	T3	TP3 TP29

ADR 罐体		运输罐体车辆	运输类别（隧道限制代码）	运输特殊规定				危险性识别号	联合国编号	名称和描述
罐体代码	特殊规定			包件	散装	装卸和操作	作业			
4.3	4.3.5,6.8.4	9.1.1.2	1.1.3.6	7.2.4	7.3.3	7.5.11	8.5	5.3.2.3		3.1.2
(12)	(13)	(14)	(15)	(16)	(17)	(18)	(19)	(20)	(1)	(2)
SGAN	TU3	AT	2 (E)	V11		CV24		50	3247	过氧硼酸钠,无水的
L4BH	TU15	FL	2 (D/E)			CV13 CV28	S2 S19	336	3248	医药,液体的,易燃的,有毒的,未另作规定的
L4BH	TU15	FL	3 (D/E)			CV13 CV28	S2	36	3248	医药,液体的,易燃的,有毒的,未另作规定的
SGAH L4BH	TU15 TE19	AT	2 (D/E)			CV13 CV28	S9 S19	60	3249	医药,固体的,有毒的,未另作规定的
SGAH L4BH	TU15 TE19	AT	2 (E)		VC1 VC2 AP7	CV13 CV28	S9	60	3249	医药,固体的,有毒的,未另作规定的
L4BH	TU15 TC4 TE19	AT	0 (D/E)			CV13	S9 S19	68	3250	氯乙酸,熔融的
			3 (D)			CV14	S24		3251	异山梨醇-5-单硝酸酯
PxBN(M)	TA4 TT9	FL	2 (B/D)			CV9 CV10 CV36	S2 S20	23	3252	二氟甲烷(制冷气体R32)
SGAV		AT	3 (E)		VC1 VC2 AP7			80	3253	三氧硅酸二钠
		AT	0 (B/E)	V1			S20	333	3254	三丁基磷烷
禁运									3255	次氯酸叔丁酯
LGAV	TU35 TE24	FL	3 (D/E)				S2	30	3256	加热液体,易燃的,未另作规定的,闪点高于60℃,温度等于或高于其闪点低于100℃
LGAV	TU35 TE24	FL	3 (D/E)				S2	30	3256	加热液体,易燃的,未另作规定的,闪点高于100℃,(包括熔融金属,熔盐,等),在温度高于190℃填充

联合国编号	名称和描述	类别	分类代码	包装类别	标志	特殊规定	有限和例外数量		容器			可移动罐柜和散装容器	
									包装指南	特殊包装规定	混合包装规定	指南	特殊规定
		3.1.2	2.2	2.2	2.1.1.3	5.2.2	3.3	3.4	3.5.1.2	4.1.4	4.1.4	4.1.10	4.2.5.2	4.2.5.3
(1)	(2)	(3a)	(3b)	(4)	(5)	(6)	(7a)	(7b)	(8)	(9a)	(9b)	(10)	(11)
3257	加热液体,未另作规定的,温度等于或高于100℃并低于其闪点(包括熔融金属、熔融盐类等)在温度高于190℃时填充	9	M9	Ⅲ	9	274 643	0	E0	P099 IBC99			T3	TP3 TP29
3257	加热液体,未另作规定的,温度等于或高于100℃并低于其闪点(包括熔融金属、熔融盐类等)在温度低于190℃时填充	9	M9	Ⅲ	9	274 643	0	E0	P099 IBC99			T3	TP3 TP29
3258	加热固体,未另作规定的,温度等于或高于240℃	9	M10	Ⅲ	9	274 643	0	E0	P099 IBC99				
3259	胺类,固体的,腐蚀的,未另作规定的或聚胺类,固体的,腐蚀的,未另作规定的	8	C8	Ⅰ	8	274	0	E0	P002 IBC07		MP18	T6	TP33
3259	胺类,固体的,腐蚀的,未另作规定的或聚胺类,固体的,腐蚀的,未另作规定的	8	C8	Ⅱ	8	274	1kg	E2	P002 IBC08	B4	MP10	T3	TP33
3259	胺类,固体的,腐蚀的,未另作规定的或聚胺类,固体的,腐蚀的,未另作规定的	8	C8	Ⅲ	8	274	5kg	E1	P002 IBC08 LP02 R001	B3	MP10	T1	TP33
3260	腐蚀性固体,酸性的,无机的,未另作规定的	8	C2	Ⅰ	8	274	0	E0	P002 IBC07		MP18	T6	TP33
3260	腐蚀性固体,酸性的,无机的,未另作规定的	8	C2	Ⅱ	8	274	1kg	E2	P002 IBC08	B4	MP10	T3	TP33

ADR 罐体		运输罐体车辆	运输类别(隧道限制代码)	运输特殊规定				危险性识别号	联合国编号	名称和描述
罐体代码	特殊规定			包件	散装	装卸和操作	作业			
4.3	4.3.5,6.8.4	9.1.1.2	1.1.3.6	7.2.4	7.3.3	7.5.11	8.5	5.3.2.3	3.1.2	
(12)	(13)	(14)	(15)	(16)	(17)	(18)	(19)	(20)	(1)	(2)
LGAV	TU35 TC7 TE6 TE14 TE18 TE24	AT	3 (D)		VC3			99	3257	加热液体,未另作规定的,温度等于或高于100℃并低于其闪点(包括熔融金属、熔融盐类等)在温度高于190℃时填充
LGAV	TU35 TC7 TE6 TE14 TE24	AT	3 (D)		VC3			99	3257	加热液体,未另作规定的,温度等于或高于100℃并低于其闪点(包括熔融金属、熔融盐类等)在温度低于190℃时填充
			3 (D)		VC3			99	3258	加热固体,未另作规定的,温度等于或高于240℃
S10AN L10BH		AT	1 (E)	V10			S20	88	3259	胺类,固体的,腐蚀的,未另作规定的或聚胺类,固体的,腐蚀的,未另作规定的
SGAN L4BN		AT	2 (E)	V11				80	3259	胺类,固体的,腐蚀的,未另作规定的或聚胺类,固体的,腐蚀的,未另作规定的
SGAV L4BN		AT	3 (E)	VC1 VC2 AP7				80	3259	胺类,固体的,腐蚀的,未另作规定的或聚胺类,固体的,腐蚀的,未另作规定的
S10AN		AT	1 (E)	V10			S20	88	3260	腐蚀性固体,酸性的,无机的,未另作规定的
SGAN		AT	2 (E)	V11				80	3260	腐蚀性固体,酸性的,无机的,未另作规定的

联合国编号	名称和描述	类别	分类代码	包装类别	标志	特殊规定	有限和例外数量		容器			可移动罐柜和散装容器	
									包装指南	特殊包装规定	混合包装规定	指南	特殊规定
		3.1.2	2.2	2.2	2.1.1.3	5.2.2	3.3	3.4	3.5.1.2	4.1.4	4.1.4	4.1.10	4.2.5.2	4.2.5.3
(1)	(2)	(3a)	(3b)	(4)	(5)	(6)	(7a)	(7b)	(8)	(9a)	(9b)	(10)	(11)
3260	腐蚀性固体,酸性的,无机的,未另作规定的	8	C2	Ⅲ	8	274	5kg	E1	P002 IBC08 LP02 R001		B3	MP10	T1	TP33
3261	腐蚀性固体,酸性的,有机的,未另作规定的	8	C4	Ⅰ	8	274	0	E0	P002 IBC07			MP18	T6	TP33
3261	腐蚀性固体,酸性的,有机的,未另作规定的	8	C4	Ⅱ	8	274	1kg	E2	P002 IBC08	B4	MP10	T3	TP33
3261	腐蚀性固体,酸性的,有机的,未另作规定的	8	C4	Ⅲ	8	274	5kg	E1	P002 IBC08 LP02 R001	B3	MP10	T1	TP33
3262	腐蚀性固体,碱性的,无机的,未另作规定的	8	C6	Ⅰ	8	274	0	E0	P002 IBC07		MP18	T6	TP33
3262	腐蚀性固体,碱性的,无机的,未另作规定的	8	C6	Ⅱ	8	274	1kg	E2	P002 IBC08	B4	MP10	T3	TP33
3262	腐蚀性固体,碱性的,无机的,未另作规定的	8	C6	Ⅲ	8	274	5kg	E1	P002 IBC08 LP02 R001	B3	MP10	T1	TP33
3263	腐蚀性固体,碱性的,有机的,未另作规定的	8	C8	Ⅰ	8	274	0	E0	P002 IBC07		MP18	T6	TP33
3263	腐蚀性固体,碱性的,有机的,未另作规定的	8	C8	Ⅱ	8	274	1kg	E2	P002 IBC08	B4	MP10	T3	TP33
3263	腐蚀性固体,碱性的,有机的,未另作规定的	8	C8	Ⅲ	8	274	5kg	E1	P002 IBC08 LP02 R001	B3	MP10	T1	TP33
3264	腐蚀性液体,酸性的,无机的,未另作规定的	8	C1	Ⅰ	8	274	0	E0	P001		MP8 MP17	T14	TP2 TP27
3264	腐蚀性液体,酸性的,无机的,未另作规定的	8	C1	Ⅱ	8	274	1L	E2	P001 IBC02		MP15	T11	TP2 TP27
3264	腐蚀性液体,酸性的,无机的,未另作规定的	8	C1	Ⅲ	8	274	5L	E1	P001 IBC03 LP01 R001		MP19	T7	TP1 TP28

ADR 罐体		运输罐体车辆	运输类别（隧道限制代码）	运输特殊规定				危险性识别号	联合国编号	名称和描述
罐体代码	特殊规定			包件	散装	装卸和操作	作业			
4.3	4.3.5,6.8.4	9.1.1.2	1.1.3.6	7.2.4	7.3.3	7.5.11	8.5	5.3.2.3		3.1.2
(12)	(13)	(14)	(15)	(16)	(17)	(18)	(19)	(20)	(1)	(2)
SGAV		AT	3 (E)		VC1 VC2 AP7			80	3260	腐蚀性固体,酸性的,无机的,未另作规定的
S10AN L10BH		AT	1 (E)	V10			S20	88	3261	腐蚀性固体,酸性的,有机的,未另作规定的
SGAN L4BN		AT	2 (E)	V11				80	3261	腐蚀性固体,酸性的,有机的,未另作规定的
SGAV L4BN		AT	3 (E)		VC1 VC2 AP7			80	3261	腐蚀性固体,酸性的,有机的,未另作规定的
S10AN L10BH		AT	1 (E)	V10			S20	88	3262	腐蚀性固体,碱性的,无机的,未另作规定的
SGAN L4BN		AT	2 (E)	V11				80	3262	腐蚀性固体,碱性的,无机的,未另作规定的
SGAV L4BN		AT	3 (E)		VC1 VC2 AP7			80	3262	腐蚀性固体,碱性的,无机的,未另作规定的
S10AN L10BH		AT	1 (E)	V10			S20	88	3263	腐蚀性固体,碱性的,有机的,未另作规定的
SGAN L4BN		AT	2 (E)	V11				80	3263	腐蚀性固体,碱性的,有机的,未另作规定的
SGAV L4BN		AT	3 (E)		VC1 VC2 AP7			80	3263	腐蚀性固体,碱性的,有机的,未另作规定的
L10BH		AT	1 (E)				S20	88	3264	腐蚀性液体,酸性的,无机的,未另作规定的
L4BN		AT	2 (E)					80	3264	腐蚀性液体,酸性的,无机的,未另作规定的
L4BN		AT	3 (E)	V12				80	3264	腐蚀性液体,酸性的,无机的,未另作规定的

联合国编号	名称和描述	类别	分类代码	包装类别	标志	特殊规定	有限和例外数量		容器			可移动罐柜和散装容器	
									包装指南	特殊包装规定	混合包装规定	指南	特殊规定
		3.1.2	2.2	2.2	2.1.1.3	5.2.2	3.3	3.4	3.5.1.2	4.1.4	4.1.4	4.1.10	4.2.5.2	4.2.5.3
(1)	(2)	(3a)	(3b)	(4)	(5)	(6)	(7a)	(7b)	(8)	(9a)	(9b)	(10)	(11)
3265	腐蚀性液体,酸性的,有机的,未另作规定的	8	C3	Ⅰ	8	274	0	E0	P001		MP8 MP17	T14	TP2 TP27
3265	腐蚀性液体,酸性的,有机的,未另作规定的	8	C3	Ⅱ	8	274	1L	E2	P001 IBC02		MP15	T11	TP2 TP27
3265	腐蚀性液体,酸性的,有机的,未另作规定的	8	C3	Ⅲ	8	274	5L	E1	P001 IBC03 LP01 R001		MP19	T7	TP1 TP28
3266	腐蚀性液体,碱性的,无机的,未另作规定的	8	C5	Ⅰ	8	274	0	E0	P001		MP8 MP17	T14	TP2 TP27
3266	腐蚀性液体,碱性的,无机的,未另作规定的	8	C5	Ⅱ	8	274	1L	E2	P001 IBC02		MP15	T11	TP2 TP27
3266	腐蚀性液体,碱性的,无机的,未另作规定的	8	C5	Ⅲ	8	274	5L	E1	P001 IBC03 LP01 R001		MP19	T7	TP1 TP28
3267	腐蚀性液体,碱性的,有机的,未另作规定的	8	C7	Ⅰ	8	274	0	E0	P001		MP8 MP17	T14	TP2 TP27
3267	腐蚀性液体,碱性的,有机的,未另作规定的	8	C7	Ⅱ	8	274	1L	E2	P001 IBC02		MP15	T11	TP2 TP27
3267	腐蚀性液体,碱性的,有机的,未另作规定的	8	C7	Ⅲ	8	274	5L	E1	P001 IBC03 LP01 R001		MP19	T7	TP1 TP28
3268	气囊充气器或气囊装置或椅座安全带预张紧装置	9	M5		9	280 289	0	E0	P902 LP902				
3269	聚酯树脂器材	3	F3	Ⅱ	3	236 340	5L	E0	P302 R001				
3269	聚酯树脂器材	3	F3	Ⅲ	3	236 340	5L	E0	P302 R001				
3270	硝化纤维素膜过滤器,按干重含氮不超过12.6%	4.1	F1	Ⅱ	4.1	237 286	1kg	E2	P411		MP11		

ADR 罐体		运输罐体车辆	运输类别（隧道限制代码）	运输特殊规定				危险性识别号	联合国编号	名称和描述
罐体代码	特殊规定			包件	散装	装卸和操作	作业			
4.3	4.3.5,6.8.4	9.1.1.2	1.1.3.6	7.2.4	7.3.3	7.5.11	8.5	5.3.2.3	3.1.2	
(12)	(13)	(14)	(15)	(16)	(17)	(18)	(19)	(20)	(1)	(2)
L10BH		AT	1 (E)				S20	88	3265	腐蚀性液体,酸性的,有机的,未另作规定的
L4BN		AT	2 (E)					80	3265	腐蚀性液体,酸性的,有机的,未另作规定的
L4BN		AT	3 (E)	V12				80	3265	腐蚀性液体,酸性的,有机的,未另作规定的
L10BH		AT	1 (E)				S20	88	3266	腐蚀性液体,碱性的,无机的,未另作规定的
L4BN		AT	2 (E)					80	3266	腐蚀性液体,碱性的,无机的,未另作规定的
L4BN		AT	3 (E)	V12				80	3266	腐蚀性液体,碱性的,无机的,未另作规定的
L10BH		AT	1 (E)				S20	88	3267	腐蚀性液体,碱性的,有机的,未另作规定的
L4BN		AT	2 (E)					80	3267	腐蚀性液体,碱性的,有机的,未另作规定的
L4BN		AT	3 (E)	V12				80	3267	腐蚀性液体,碱性的,有机的,未另作规定的
			4 (E)						3268	气囊充气器或气囊装置或椅座安全带预张紧装置
			2 (E)				S2 S20		3269	聚酯树脂器材
			3 (E)				S2		3269	聚酯树脂器材
			2 (E)						3270	硝化纤维素膜过滤器,按干重含氮不超过12.6%

联合国编号	名称和描述	类别	分类代码	包装类别	标志	特殊规定	有限和例外数量		容器			可移动罐柜和散装容器	
									包装指南	特殊包装规定	混合包装规定	指南	特殊规定
		3.1.2	2.2	2.2	2.1.1.3	5.2.2	3.3	3.4	3.5.1.2	4.1.4	4.1.4	4.1.10	4.2.5.2	4.2.5.3
(1)	(2)	(3a)	(3b)	(4)	(5)	(6)	(7a)	(7b)	(8)	(9a)	(9b)	(10)	(11)
3271	醚类,未另作规定的	3	F1	Ⅱ	3	274	1L	E2	P001 IBC02 R001		MP19	T7	TP1 TP8 TP28
3271	醚类,未另作规定的	3	F1	Ⅲ	3	274	5L	E1	P001 IBC03 LP01 R001		MP19	T4	TP1 TP29
3272	酯类,未另作规定的	3	F1	Ⅱ	3	274 601	1L	E2	P001 IBC02 R001		MP19	T7	TP1 TP8 TP28
3272	酯类,未另作规定的	3	F1	Ⅲ	3	274 601	5L	E1	P001 IBC03 LP01 R001		MP19	T4	TP1 TP29
3273	腈类,易燃的,有毒的,未另作规定的	3	FT1	Ⅰ	3 +6.1	274	0	E0	P001		MP7 MP17	T14	TP2 TP27
3273	腈类,易燃的,有毒的,未另作规定的	3	FT1	Ⅱ	3 +6.1	274	1L	E2	P001 IBC02		MP19	T11	TP2 TP27
3274	醇化物溶液,未另作规定的,溶于乙醇中	3	FC	Ⅱ	3 +8	274	1L	E2	P001 IBC02		MP19		
3275	腈类,有毒的,易燃的,未另作规定的	6.1	TF1	Ⅰ	6.1 +3	274 315	0	E5	P001		MP8 MP17	T14	TP2 TP27
3275	腈类,有毒的,易燃的,未另作规定的	6.1	TF1	Ⅱ	6.1 +3	274	100ml	E4	P001 IBC02		MP15	T11	TP2 TP27
3276	腈类,有毒的,液体的,未另作规定的	6.1	T1	Ⅰ	6.1	274 315	0	E5	P001		MP8 MP17	T14	TP2 TP27
3276	腈类,有毒的,液体的,未另作规定的	6.1	T1	Ⅱ	6.1	274	100ml	E4	P001 IBC02		MP15	T11	TP2 TP27
3276	腈类,有毒的,液体的,未另作规定的	6.1	T1	Ⅲ	6.1	274	5L	E1	P001 IBC03 LP01 R001		MP19	T7	TP1 TP28
3277	氯甲酸酯类,有毒的,腐蚀的,未另作规定的	6.1	TC1	Ⅱ	6.1 +8	274 561	100ml	E4	P001 IBC02		MP15	T8	TP2 TP28

ADR 罐体		运输罐体车辆	运输类别(隧道限制代码)	运输特殊规定				危险性识别号	联合国编号	名称和描述
罐体代码	特殊规定			包件	散装	装卸和操作	作业			
4.3	4.3.5,6.8.4	9.1.1.2	1.1.3.6	7.2.4	7.3.3	7.5.11	8.5	5.3.2.3		3.1.2
(12)	(13)	(14)	(15)	(16)	(17)	(18)	(19)	(20)	(1)	(2)
LGBF		FL	2 (D/E)				S2 S20	33	3271	醚类,未另作规定的
LGBF		FL	3 (D/E)	V12			S2	30	3271	醚类,未另作规定的
LGBF		FL	2 (D/E)				S2 S20	33	3272	酯类,未另作规定的
LGBF		FL	3 (D/E)	V12			S2	30	3272	酯类,未另作规定的
L10CH	TU14 TU15 TE21	FL	1 (C/E)			CV13 CV28	S2 S22	336	3273	腈类,易燃的,有毒的,未另作规定的
L4BH	TU15	FL	2 (D/E)			CV13 CV28	S2 S22	336	3273	腈类,易燃的,有毒的,未另作规定的
L4BH		FL	2 (D/E)				S2 S20	338	3274	醇化物溶液,未另作规定的,溶于乙醇中
L10CH	TU14 TU15 TE19 TE21	FL	1 (C/D)			CV1 CV13 CV28	S2 S9 S14	663	3275	腈类,有毒的,易燃的,未另作规定的
L4BH	TU15 TE19	FL	2 (D/E)			CV13 CV28	S2 S9 S19	63	3275	腈类,有毒的,易燃的,未另作规定的
L10CH	TU14 TU15 TE19 TE21	AT	1 (C/E)			CV1 CV13 CV28	S9 S14	66	3276	腈类,有毒的,液体的,未另作规定的
L4BH	TU15 TE19	AT	2 (D/E)			CV13 CV28	S9 S19	60	3276	腈类,有毒的,液体的,未另作规定的
L4BH	TU15 TE19	AT	2 (E)	V12		CV13 CV28	S9	60	3276	腈类,有毒的,液体的,未另作规定的
L4BH	TU15 TE19	AT	2 (D/E)			CV13 CV28	S9 S19	68	3277	氯甲酸酯类,有毒的,腐蚀的,未另作规定的

联合国编号	名称和描述	类别	分类代码	包装类别	标志	特殊规定	有限和例外数量		容器			可移动罐柜和散装容器	
									包装指南	特殊包装规定	混合包装规定	指南	特殊规定
		3.1.2	2.2	2.2	2.1.1.3	5.2.2	3.3	3.4	3.5.1.2	4.1.4	4.1.4	4.1.10	4.2.5.2	4.2.5.3
(1)	(2)	(3a)	(3b)	(4)	(5)	(6)	(7a)	(7b)	(8)	(9a)	(9b)	(10)	(11)
3278	有机磷化合物,有毒的,液体的,未另作规定的	6.1	T1	Ⅰ	6.1	43 274 315	0	E5	P001		MP8 MP17	T14	TP2 TP27
3278	有机磷化合物,有毒的,液体的,未另作规定的	6.1	T1	Ⅱ	6.1	43 274	100ml	E4	P001 IBC02		MP15	T11	TP2 TP27
3278	有机磷化合物,有毒的,液体的,未另作规定的	6.1	T1	Ⅲ	6.1	43 274	5L	E1	P001 IBC03 LP01 R001		MP19	T7	TP1 TP28
3279	有机磷化合物,有毒的,易燃的,未另作规定的	6.1	TF1	Ⅰ	6.1 +3	43 274 315	0	E5	P001		MP8 MP17	T14	TP2 TP27
3279	有机磷化合物,有毒的,易燃的,未另作规定的	6.1	TF1	Ⅱ	6.1 +3	43 274	100ml	E4	P001		MP15	T11	TP2 TP27
3280	有机砷化合物,液体的,未另作规定的	6.1	T3	Ⅰ	6.1	274 315	0	E5	P001		MP8 MP17	T14	TP2 TP27
3280	有机砷化合物,液体的,未另作规定的	6.1	T3	Ⅱ	6.1	274	100ml	E4	P001 IBC02		MP15	T11	TP2 TP27
3280	有机砷化合物,液体的,未另作规定的	6.1	T3	Ⅲ	6.1	274	5L	E1	P001 IBC03 LP01 R001		MP19	T7	TP1 TP28
3281	羰基金属,液体的,未另作规定的	6.1	T3	Ⅰ	6.1	274 315 562	0	E5	P601		MP8 MP17	T14	TP2 TP27
3281	羰基金属,液体的,未另作规定的	6.1	T3	Ⅱ	6.1	274 562	100ml	E4	P001 IBC02		MP15	T11	TP2 TP27
3281	羰基金属,液体的,未另作规定的	6.1	T3	Ⅲ	6.1	274 562	5L	E1	P001 IBC03 LP01 R001		MP19	T7	TP1 TP28
3282	有机金属化合物,有毒的,液体的,未另作规定的	6.1	T3	Ⅰ	6.1	274 562	0	E5	P001		MP8 MP17	T14	TP2 TP27
3282	有机金属化合物,有毒的,液体的,未另作规定的	6.1	T3	Ⅱ	6.1	274 562	100ml	E4	P001 IBC02		MP15	T11	TP2 TP27

ADR 罐体		运输罐体车辆	运输类别（隧道限制代码）	运输特殊规定				危险性识别号	联合国编号	名称和描述
罐体代码	特殊规定			包件	散装	装卸和操作	作业			
4.3	4.3.5,6.8.4	9.1.1.2	1.1.3.6	7.2.4	7.3.3	7.5.11	8.5	5.3.2.3		3.1.2
(12)	(13)	(14)	(15)	(16)	(17)	(18)	(19)	(20)	(1)	(2)
L10CH	TU14 TU15 TE19 TE21	AT	1 (C/E)			CV1 CV13 CV28	S9 S14	66	3278	有机磷化合物,有毒的,液体的,未另作规定的
L4BH	TU15 TE19	AT	2 (D/E)			CV13 CV28	S9 S19	60	3278	有机磷化合物,有毒的,液体的,未另作规定的
L4BH	TU15 TE19	AT	2 (E)	V12		CV13 CV28	S9	60	3278	有机磷化合物,有毒的,液体的,未另作规定的
L10CH	TU14 TU15 TE19 TE21	FL	1 (C/D)			CV1 CV13 CV28	S2 S9 S14	663	3279	有机磷化合物,有毒的,易燃的,未另作规定的
L4BH	TU15 TE19	FL	2 (D/E)			CV13 CV28	S2 S9 S19	63	3279	有机磷化合物,有毒的,易燃的,未另作规定的
L10CH	TU14 TU15 TE19 TE21	AT	1 (C/E)			CV1 CV13 CV28	S9 S14	66	3280	有机砷化合物,液体的,未另作规定的
L4BH	TU15 TE19	AT	2 (D/E)			CV13 CV28	S9 S19	60	3280	有机砷化合物,液体的,未另作规定的
L4BH	TU15 TE19	AT	2 (E)	V12		CV13 CV28	S9	60	3280	有机砷化合物,液体的,未另作规定的
L10CH	TU14 TU15 TE19 TE21	AT	1 (C/E)			CV1 CV13 CV28	S9 S14	66	3281	羰基金属,液体的,未另作规定的
L4BH	TU15 TE19	AT	2 (D/E)			CV13 CV28	S9 S19	60	3281	羰基金属,液体的,未另作规定的
L4BH	TU15 TE19	AT	2 (E)	V12		CV13 CV28	S9	60	3281	羰基金属,液体的,未另作规定的
L10CH	TU14 TU15 TE19 TE21	AT	1 (C/E)			CV1 CV13 CV28	S9 S14	66	3282	有机金属化合物,有毒的,液体的,未另作规定的
L4BH	TU15 TE19	AT	2 (D/E)			CV13 CV28	S9 S19	60	3282	有机金属化合物,有毒的,液体的,未另作规定的

联合国编号	名称和描述	类别	分类代码	包装类别	标志	特殊规定	有限和例外数量		容器			可移动罐柜和散装容器	
									包装指南	特殊包装规定	混合包装规定	指南	特殊规定
		3.1.2	2.2	2.2	2.1.1.3	5.2.2	3.3	3.4	3.5.1.2	4.1.4	4.1.4	4.1.10	4.2.5.2	4.2.5.3
(1)	(2)	(3a)	(3b)	(4)	(5)	(6)	(7a)	(7b)	(8)	(9a)	(9b)	(10)	(11)
3282	有机金属化合物,有毒的,液体的,未另作规定的	6.1	T3	Ⅲ	6.1	274 562	5L	E1	P001 IBC03 LP01 R001		MP19	T7	TP1 TP28
3283	硒化合物,固体的,未另作规定的	6.1	T5	Ⅰ	6.1	274 563	0	E5	P002 IBC07		MP18	T6	TP33
3283	硒化合物,固体的,未另作规定的	6.1	T5	Ⅱ	6.1	274 563	500g	E4	P002 IBC08		MP10	T3	TP33
										B4			
3283	硒化合物,固体的,未另作规定的	6.1	T5	Ⅲ	6.1	274 563	5kg	E1	P002 IBC08 LP02 R001	B3	MP10	T1	TP33
3284	碲化合物,未另作规定的	6.1	T5	Ⅰ	6.1	274	0	E5	P002 IBC07		MP18	T6	TP33
3284	碲化合物,未另作规定的	6.1	T5	Ⅱ	6.1	274	500g	E4	P002 IBC08	B4	MP10	T3	TP33
3284	碲化合物,未另作规定的	6.1	T5	Ⅲ	6.1	274	5kg	E1	P002 IBC08 LP02 R001	B3	MP10	T1	TP33
3285	钒化合物,未另作规定的	6.1	T5	Ⅰ	6.1	274 564	0	E5	P002 IBC07		MP18	T6	TP33
3285	钒化合物,未另作规定的	6.1	T5	Ⅱ	6.1	274 564	500g	E4	P002 IBC08	B4	MP10	T3	TP33
3285	钒化合物,未另作规定的	6.1	T5	Ⅲ	6.1	274 564	5kg	E1	P002 IBC08 LP02 R001	B3	MP10	T1	TP33
3286	易燃液体,有毒的,腐蚀性的,未另作规定的	3	FTC	Ⅰ	3 +6.1 +8	274	0	E0	P001		MP7 MP17	T14	TP2 TP27
3286	易燃液体,有毒的,腐蚀性的,未另作规定的	3	FTC	Ⅱ	3 +6.1 +8	274	1L	E2	P001 IBC02		MP19	T11	TP2 TP27
3287	有毒液体,无机的,未另作规定的	6.1	T4	Ⅰ	6.1	274 315	0	E5	P001		MP8 MP17	T14	TP2 TP27

ADR 罐体		运输罐体车辆	运输类别（隧道限制代码）	运输特殊规定				危险性识别号	联合国编号	名称和描述
罐体代码	特殊规定			包件	散装	装卸和操作	作业			
4.3	4.3.5,6.8.4	9.1.1.2	1.1.3.6	7.2.4	7.3.3	7.5.11	8.5	5.3.2.3		3.1.2
(12)	(13)	(14)	(15)	(16)	(17)	(18)	(19)	(20)	(1)	(2)
L4BH	TU15 TE19	AT	2 (E)	V12		CV13 CV28	S9	60	3282	有机金属化合物,有毒的,液体的,未另作规定的
S10AH L10CH	TU14 TU15 TE19 TE21	AT	1 (C/E)	V10		CV1 CV13 CV28	S9 S14	66	3283	硒化合物,固体的,未另作规定的
SGAH L4BH	TU15 TE19	AT	2 (D/E)	V11		CV13 CV28	S9 S19	60	3283	硒化合物,固体的,未另作规定的
SGAH L4BH	TU15 TE19	AT	2 (E)		VC1 VC2 AP7	CV13 CV28	S9	60	3283	硒化合物,固体的,未另作规定的
S10AH L10CH	TU14 TU15 TE19 TE21	AT	1 (C/E)	V10		CV1 CV13 CV28	S9 S14	66	3284	碲化合物,未另作规定的
SGAH L4BH	TU15 TE19	AT	2 (D/E)	V11		CV13 CV28	S9 S19	60	3284	碲化合物,未另作规定的
SGAH L4BH	TU15 TE19	AT	2 (E)		VC1 VC2 AP7	CV13 CV28	S9	60	3284	碲化合物,未另作规定的
S10AH L10CH	TU14 TU15 TE19 TE21	AT	1 (C/E)	V10		CV1 CV13 CV28	S9 S14	66	3285	钒化合物,未另作规定的
SGAH L4BH	TU15 TE19	AT	2 (D/E)	V11		CV13 CV28	S9 S19	60	3285	钒化合物,未另作规定的
SGAH L4BH	TU15 TE19	AT	2 (E)		VC1 VC2 AP7	CV13 CV28	S9	60	3285	钒化合物,未另作规定的
L10CH	TU14 TU15 TE21	FL	1 (C/E)			CV13 CV28	S2 S22	368	3286	易燃液体,有毒的,腐蚀性的,未另作规定的
L4BH	TU15	FL	2 (D/E)			CV13 CV28	S2 S22	368	3286	易燃液体,有毒的,腐蚀性的,未另作规定的
L10CH	TU14 TU15 TE19 TE21	AT	1 (C/E)			CV1 CV13 CV28	S9 S14	66	3287	有毒液体,无机的,未另作规定的

联合国编号	名称和描述	类别	分类代码	包装类别	标志	特殊规定	有限和例外数量		容器			可移动罐柜和散装容器	
									包装指南	特殊包装规定	混合包装规定	指南	特殊规定
	3.1.2	2.2	2.2	2.1.1.3	5.2.2	3.3	3.4	3.5.1.2	4.1.4	4.1.4	4.1.10	4.2.5.2	4.2.5.3
(1)	(2)	(3a)	(3b)	(4)	(5)	(6)	(7a)	(7b)	(8)	(9a)	(9b)	(10)	(11)
3287	有毒液体,无机的,未另作规定的	6.1	T4	Ⅱ	6.1	274	100ml	E4	P001 IBC02		MP15	T11	TP2 TP27
3287	有毒液体,无机的,未另作规定的	6.1	T4	Ⅲ	6.1	274	5L	E1	P001 IBC03 LP01 R001		MP19	T7	TP1 TP28
3288	有毒固体,无机的,未另作规定的	6.1	T5	Ⅰ	6.1	274	0	E5	P002 IBC07		MP18	T6	TP33
3288	有毒固体,无机的,未另作规定的	6.1	T5	Ⅱ	6.1	274	500g	E4	P002 IBC08	B4	MP10	T3	TP33
3288	有毒固体,无机的,未另作规定的	6.1	T5	Ⅲ	6.1	274	5kg	E1	P002 IBC08 LP02 R001	B3	MP10	T1	TP33
3289	有毒液体,腐蚀性,无机的,未另作规定的	6.1	TC3	Ⅰ	6.1 +8	274 315	0	E5	P001		MP8 MP17	T14	TP2 TP27
3289	有毒液体,腐蚀性,无机的,未另作规定的	6.1	TC3	Ⅱ	6.1 +8	274	100ml	E4	P001 IBC02		MP15	T11	TP2 TP27
3290	有毒固体,腐蚀性,无机的,未另作规定的	6.1	TC4	Ⅰ	6.1 +8	274	0	E5	P002 IBC05		MP18	T6	TP33
3290	有毒固体,腐蚀性,无机的,未另作规定的	6.1	TC4	Ⅱ	6.1 +8	274	500g	E4	P002 IBC06		MP10	T3	TP33
3291	诊疗废物,未具体说明的,未另作规定的或(生物)医学废物,未另作规定的或管制下的医疗废物,未另作规定的	6.2	I3	Ⅱ	6.2	565	0	E0	P621 IBC620 LP621		MP6	BK2	
3291	诊疗废物,未具体说明的,未另作规定的或(生物)医学废物,未另作规定的或管制下的医疗废物,未另作规定的,液态氮冷冻的	6.2	I3	Ⅱ	6.2 +2.2	565	0	E0	P621 IBC620 LP621		MP6		

ADR 罐体		运输罐体车辆	运输类别（隧道限制代码）	运输特殊规定				危险性识别号	联合国编号	名称和描述
罐体代码	特殊规定			包件	散装	装卸和操作	作业			
4.3	4.3.5,6.8.4	9.1.1.2	1.1.3.6	7.2.4	7.3.3	7.5.11	8.5	5.3.2.3	3.1.2	
(12)	(13)	(14)	(15)	(16)	(17)	(18)	(19)	(20)	(1)	(2)
L4BH	TU15 TE19	AT	2 (D/E)			CV13 CV28	S9 S19	60	3287	有毒液体,无机的,未另作规定的
L4BH	TU15 TE19	AT	2 (E)	V12		CV13 CV28	S9	60	3287	有毒液体,无机的,未另作规定的
S10AH L10CH	TU14 TU15 TE19 TE21	AT	1 (C/E)	V10		CV1 CV13 CV28	S9 S14	66	3288	有毒固体,无机的,未另作规定的
SGAH L4BH	TU15 TE19	AT	2 (D/E)	V11		CV13 CV28	S9 S19	60	3288	有毒固体,无机的,未另作规定的
SGAH L4BH	TU15 TE19	AT	2 (E)		VC1 VC2 AP7	CV13 CV28	S9	60	3288	有毒固体,无机的,未另作规定的
L10CH	TU14 TU15 TE19 TE21	AT	1 (C/E)			CV1 CV13 CV28	S9 S14	668	3289	有毒液体,腐蚀性的,无机的,未另作规定的
L4BH	TU15 TE19	AT	2 (D/E)			CV13 CV28	S9 S19	68	3289	有毒液体,腐蚀性的,无机的,未另作规定的
S10AH L10CH	TU15 TE19	AT	1 (C/E)	V10		CV1 CV13 CV28	S9 S14	668	3290	有毒固体,腐蚀性的,无机的,未另作规定的
SGAH L4BH	TU15 TE19	AT	2 (D/E)	V11		CV13 CV28	S9 S19	68	3290	有毒固体,腐蚀性的,无机的,未另作规定的
S4AH L4BH	TU15 TE19	AT	2 (−)	V1	VC3	CV13 CV25 CV28	S3	606	3291	诊疗废物,未具体说明的,未另作规定的或(生物)医学废物,未另作规定的或管制下的医疗废物,未另作规定的
			2 (−)	V1		CV13 CV25 CV28	S3		3291	诊疗废物,未具体说明的,未另作规定的或(生物)医学废物,未另作规定的或管制下的医疗废物,未另作规定的,液态氮冷冻的

联合国编号	名称和描述	类别	分类代码	包装类别	标志	特殊规定	有限和例外数量		容器			可移动罐柜和散装容器	
									包装指南	特殊包装规定	混合包装规定	指南	特殊规定
		3.1.2	2.2	2.2	2.1.1.3	5.2.2	3.3	3.4	3.5.1.2	4.1.4	4.1.4	4.1.10	4.2.5.2	4.2.5.3
(1)	(2)	(3a)	(3b)	(4)	(5)	(6)	(7a)	(7b)	(8)	(9a)	(9b)	(10)	(11)
3292	蓄电池,含有钠或电池,含有钠	4.3	W3		4.3	239 295	0	E0	P408				
3293	肼,水溶液,按质量含肼不超过37%	6.1	T4	Ⅲ	6.1	566	5L	E1	P001 IBC03 LP01 R001		MP19	T4	TP1
3294	氰化氢酒精溶液,含氰化氢不超过45%	6.1	TF1	Ⅰ	6.1 +3	610	0	E0	P601		MP8 MP17	T14	TP2
3295	烃类,液体的,未另作规定的	3	F1	Ⅰ	3		500ml	E3	P001		MP7 MP17	T11	TP1 TP8 TP28
3295	烃类,液体的,未另作规定的(50℃时,蒸气压大于110kPa)	3	F1	Ⅱ	3	640C	1L	E2	P001		MP19	T7	TP1 TP8 TP28
3295	烃类,液体的,未另作规定的(50℃时,蒸气压不大于110kPa)	3	F1	Ⅱ	3	640D	1L	E2	P001 IBC02 R001		MP19	T7	TP1 TP8 TP28
3295	烃类,液体的,未另作规定的	3	F1	Ⅲ	3		5L	E1	P001 IBC03 LP01 R001		MP19	T4	TP1 TP29
3296	七氟丙烷(制冷气体R227)	2	2A		2.2	662	120ml	E1	P200		MP9	(M) T50	
3297	环氧乙烷(氧化乙烯)和氯四氟乙烷混合物,含环氧乙烷(氧化乙烯)不超过8.8%	2	2A		2.2	662	120ml	E1	P200		MP9	(M) T50	
3298	环氧乙烷(氧化乙烯)和五氟乙烷混合物,含环氧乙烷(氧化乙烯)不超过7.9%	2	2A		2.2	662	120ml	E1	P200		MP9	(M) T50	

ADR 罐体		运输罐体车辆	运输类别（隧道限制代码）	运输特殊规定			作业	危险性识别号	联合国编号	名称和描述
罐体代码	特殊规定			包件	散装	装卸和操作				
4.3	4.3.5,6.8.4	9.1.1.2	1.1.3.6	7.2.4	7.3.3	7.5.11	8.5	5.3.2.3		3.1.2
(12)	(13)	(14)	(15)	(16)	(17)	(18)	(19)	(20)	(1)	(2)
			2 (E)	V1		CV23			3292	蓄电池,含钠或电池,含有钠
L4BH	TU15 TE19	AT	2 (E)	V12		CV13 CV28	S9	60	3293	肼,水溶液,按质量含肼不超过37%
L15DH(+)	TU14 TU15 TE19 TE21	FL	0 (C/D)			CV1 CV13 CV28	S2 S9 S14	663	3294	氰化氢酒精溶液,含氰化氢不超过45%
L4BN		FL	1 (D/E)				S2 S20	33	3295	烃类,液体的,未另作规定的
L1.5BN		FL	2 (D/E)				S2 S20	33	3295	烃类,液体的,未另作规定的(50℃时,蒸气压大于110kPa)
LGBF		FL	2 (D/E)				S2 S20	33	3295	烃类,液体的,未另作规定的(50℃时,蒸气压不大于110kPa)
LGBF		FL	3 (D/E)	V12			S2	30	3295	烃类,液体的,未另作规定的
PxBN(M)	TA4 TT9	AT	3 (C/E)			CV9 CV10 CV36		20	3296	七氟丙烷(制冷气体R227)
PxBN(M)	TA4 TT9	AT	3 (C/E)			CV9 CV10 CV36		20	3297	环氧乙烷(氧化乙烯)和氯四氟乙烷混合物,含环氧乙烷(氧化乙烯)不超过8.8%
PxBN(M)	TA4 TT9	AT	3 (C/E)			CV9 CV10 CV36		20	3298	环氧乙烷(氧化乙烯)和五氟乙烷混合物,含环氧乙烷(氧化乙烯)不超过7.9%

联合国编号	名称和描述	类别	分类代码	包装类别	标志	特殊规定	有限和例外数量		容器			可移动罐柜和散装容器	
									包装指南	特殊包装规定	混合包装规定	指南	特殊规定
	3.1.2	2.2	2.2	2.1.1.3	5.2.2	3.3	3.4	3.5.1.2	4.1.4	4.1.4	4.1.10	4.2.5.2	4.2.5.3
(1)	(2)	(3a)	(3b)	(4)	(5)	(6)	(7a)	(7b)	(8)	(9a)	(9b)	(10)	(11)
3299	环氧乙烷(氧化乙烯)和四氟乙烷混合物,含环氧乙烷(氧化乙烯)不超过5.6%	2	2A		2.2	662	120ml	E1	P200		MP9	(M) T50	
3300	环氧乙烷(氧化乙烯)和二氧化碳混合物,含环氧乙烷(氧化乙烯)超过87%	2	2TF		2.3 +2.1		0	E0	P200		MP9	(M)	
3301	腐蚀性液体,自热的,未另作规定的	8	CS1	Ⅰ	8 +4.2	274	0	E0	P001		MP8 MP17		
3301	腐蚀性液体,自热的,未另作规定的	8	CS1	Ⅱ	8 +4.2	274	0	E2	P001		MP15		
3302	丙烯酸-2-二甲氨基乙酯	6.1	T1	Ⅱ	6.1		100ml	E4	P001 IBC02		MP15	T7	TP2
3303	压缩气体,有毒的,氧化性的,未另作规定的	2	1TO		2.3 +5.1	274	0	E0	P200		MP9	(M)	
3304	压缩气体,有毒的,腐蚀性的,未另作规定的	2	1TC		2.3 +8	274	0	E0	P200		MP9	(M)	
3305	压缩气体,有毒的,易燃的,腐蚀性的,未另作规定的	2	1TFC		2.3 +2.1 +8	274	0	E0	P200		MP9	(M)	
3306	压缩气体,有毒的,氧化性的,腐蚀性的,未另作规定的	2	1TOC		2.3 +5.1 +8	274	0	E0	P200		MP9	(M)	
3307	液化气体,有毒的,氧化性的,未另作规定的	2	2TO		2.3 +5.1	274	0	E0	P200		MP9	(M)	
3308	液化气体,有毒的,腐蚀性的,未另作规定的	2	2TC		2.3 +8	274	0	E0	P200		MP9	(M)	

ADR 罐体		运输罐体车辆	运输类别（隧道限制代码）	运输特殊规定				危险性识别号	联合国编号	名称和描述
罐体代码	特殊规定			包件	散装	装卸和操作	作业			
4.3	4.3.5,6.8.4	9.1.1.2	1.1.3.6	7.2.4	7.3.3	7.5.11	8.5	5.3.2.3		3.1.2
(12)	(13)	(14)	(15)	(16)	(17)	(18)	(19)	(20)	(1)	(2)
PxBN(M)	TA4 TT9	AT	3 (C/E)			CV9 CV10 CV36		20	3299	环氧乙烷(氧化乙烯)和四氟乙烷混合物,含环氧乙烷(氧化乙烯)不超过5.6%
PxBH(M)	TA4 TT9	FL	1 (B/D)			CV9 CV10 CV36	S2 S14	263	3300	环氧乙烷(氧化乙烯)和二氧化碳混合物,含环氧乙烷(氧化乙烯)超过87%
L10BH		AT	1 (E)				S14	884	3301	腐蚀性液体,自热的,未另作规定的
L4BN		AT	2 (E)					84	3301	腐蚀性液体,自热的,未另作规定的
L4BH	TU15 TE19	AT	2 (D/E)			CV13 CV28	S9 S19	60	3302	丙烯酸-2-二甲氨基乙酯
CxBH(M)	TU6 TA4 TT9	AT	1 (C/D)			CV9 CV10 CV36	S14	265	3303	压缩气体,有毒的,氧化性的,未另作规定的
CxBH(M)	TU6 TA4 TT9	AT	1 (C/D)			CV9 CV10 CV36	S14	268	3304	压缩气体,有毒的,腐蚀性的,未另作规定的
CxBH(M)	TU6 TA4 TT9	FL	1 (B/D)			CV9 CV10 CV36	S2 S14	263	3305	压缩气体,有毒的,易燃的,腐蚀性的,未另作规定的
CxBH(M)	TU6 TA4 TT9	AT	1 (C/D)			CV9 CV10 CV36	S14	265	3306	压缩气体,有毒的,氧化性的,腐蚀性的,未另作规定的
PxBH(M)	TU6 TA4 TT9	AT	1 (C/D)			CV9 CV10 CV36	S14	265	3307	液化气体,有毒的,氧化性的,未另作规定的
PxBH(M)	TU6 TA4 TT9	AT	1 (C/D)			CV9 CV10 CV36	S14	268	3308	液化气体,有毒的,腐蚀性的,未另作规定的

联合国编号	名称和描述	类别	分类代码	包装类别	标志	特殊规定	有限和例外数量		容器			可移动罐柜和散装容器	
									包装指南	特殊包装规定	混合包装规定	指南	特殊规定
	3.1.2	2.2	2.2	2.1.1.3	5.2.2	3.3	3.4	3.5.1.2	4.1.4	4.1.4	4.1.10	4.2.5.2	4.2.5.3
(1)	(2)	(3a)	(3b)	(4)	(5)	(6)	(7a)	(7b)	(8)	(9a)	(9b)	(10)	(11)
3309	液化气体,有毒的,易燃的,腐蚀的,未另作规定的	2	2TFC		2.3+2.1+8	274	0	E0	P200		MP9	(M)	
3310	液化气体,有毒的,氧化性的,腐蚀的,未另作规定的	2	2TOC		2.3+5.1+8	274	0	E0	P200		MP9	(M)	
3311	气体,冷冻液态,氧化性的,未另作规定的	2	3O		2.2+5.1	274	0	E0	P203		MP9	T75	TP5 TP22
3312	气体,冷冻液态,易燃的,未另作规定的	2	3F		2.1	274	0	E0	P203		MP9	T75	TP5
3313	有机颜料,自热的	4.2	S2	Ⅱ	4.2		0	E2	P002 IBC08	B4	MP14	T3	TP33
3313	有机颜料,自热的	4.2	S2	Ⅲ	4.2		0	E1	P002 IBC08 LP02 R001	B3	MP14	T1	TP33
3314	塑料模料,呈柔软块团,薄片或被挤压成丝状,会放出易燃蒸气	9	M3	Ⅲ	None	207 633	5kg	E1	P002 IBC08 R001	PP14 B3 B6	MP10		
3315	化学样品,有毒的	6.1	T8	Ⅰ	6.1	250	0	E0	P099		MP8 MP17		
3316	化学品箱或急救箱	9	M11	Ⅱ	9	251 340	见P251	见P340	P901				
3316	化学品箱或急救箱	9	M11	Ⅲ	9	251 340	见P251	见P340	P901				
3317	2-氨基-4,6-二硝基苯酚,湿的,按质量含水不少于20%	4.1	D	Ⅰ	4.1		0	E0	P406	PP26	MP2		

ADR 罐体		运输罐体车辆	运输类别（隧道限制代码）	运输特殊规定			危险性识别号	联合国编号	名称和描述
罐体代码	特殊规定			包件	散装	装卸和操作	作业		
4.3	4.3.5,6.8.4	9.1.1.2	1.1.3.6	7.2.4	7.3.3	7.5.11	8.5	5.3.2.3	3.1.2
(12)	(13)	(14)	(15)	(16)	(17)	(18)	(19)	(20)	(1)	(2)
PxBH(M)	TU6 TA4 TT9	FL	1 (B/D)			CV9 CV10 CV36	S2 S14	263	3309	液化气体,有毒的,易燃的,腐蚀的,未另作规定的
PxBH(M)	TU6 TA4 TT9	AT	1 (C/D)			CV9 CV10 CV36	S14	265	3310	液化气体,有毒的,氧化性的,腐蚀的,未另作规定的
RxBN	TU7 TU19 TA4 TT9	AT	3 (C/E)	V5		CV9 CV11 CV36	S20	225	3311	气体,冷冻液态,氧化性的,未另作规定的
RxBN	TU18 TA4 TT9	FL	2 (B/D)	V5		CV9 CV11 CV36	S2 S17	223	3312	气体,冷冻液态,易燃的,未另作规定的
SGAV		AT	2 (D/E)	V1				40	3313	有机颜料,自热的
SGAV		AT	3 (E)	V1				40	3313	有机颜料,自热的
			3 (D/E)		VC1 VC2 AP2			90	3314	塑料模料,呈柔软块团,薄片或被挤压成丝状,会放出易燃蒸气
			1 (C/E)			CV1 CV13 CV28	S9 S14		3315	化学样品,有毒的
			2 (E)						3316	化学品箱或急救箱
			3 (E)						3316	化学品箱或急救箱
			1 (B)				S14		3317	2-氨基-4,6-二硝基苯酚,湿的,按质量含水不少于20%

联合国编号	名称和描述	类别	分类代码	包装类别	标志	特殊规定	有限数量	例外数量	容器 包装指南	容器 特殊包装规定	容器 混合包装规定	可移动罐柜和散装容器 指南	可移动罐柜和散装容器 特殊规定
	3.1.2	2.2	2.2	2.1.1.3	5.2.2	3.3	3.4	3.5.1.2	4.1.4	4.1.4	4.1.10	4.2.5.2	4.2.5.3
(1)	(2)	(3a)	(3b)	(4)	(5)	(6)	(7a)	(7b)	(8)	(9a)	(9b)	(10)	(11)
3318	氨溶液,水溶液在15℃时相对密度小于0.880,含氨量大于50%	2	4TC		2.3+8	23	0	E0	P200		MP9	(M)T50	
3319	硝化甘油混合物,退敏的,固体的,未另作规定的,按质量含硝化甘油大于2%,但不大于10%	4.1	D	Ⅱ	4.1	272 274	0	E0	P099 IBC99		MP2		
3320	硼氢化钠和氢氧化钠溶液,按质量含硼氢化钠不超过12%,含氢氧化钠不超过40%	8	C5	Ⅱ	8		1L	E2	P001 IBC02		MP15	T7	TP2
3320	硼氢化钠和氢氧化钠溶液,按质量含硼氢化钠不超过12%,含氢氧化钠不超过40%	8	C5	Ⅲ	8		5L	E1	P001 IBC03 LP01 R001		MP19	T4	TP2
3321	放射性物质,低比活度(LSA-Ⅱ),非裂变或例外的可裂变	7			7X	172 317 325 336	0	E0	见2.2.7和4.1.9	见4.1.9.1.3		T5	TP4
3322	放射性物质,低比活度(LSA-Ⅲ),非裂变或例外的可裂变	7			7X	172 317 325 336	0	E0	见2.2.7和4.1.9	见4.1.9.1.3		T5	TP4
3323	放射性物质,C型包件,非裂变或例外的可裂变	7			7X	172 317 325	0	E0	见2.2.7和4.1.9	见4.1.9.1.3			
3324	放射性物质,低比活度(LSA-Ⅱ),可裂变的	7			7X+7E	172 326 336	0	E0	见2.2.7和4.1.9	见4.1.9.1.3			
3325	放射性物质,低比活度(LSA-Ⅲ),可裂变的	7			7X+7E	172 326 336	0	E0	见2.2.7和4.1.9	见4.1.9.1.3			

ADR 罐体		运输罐体车辆	运输类别（隧道限制代码）	运输特殊规定				危险性识别号	联合国编号	名称和描述
罐体代码	特殊规定			包件	散装	装卸和操作	作业			
4.3	4.3.5,6.8.4	9.1.1.2	1.1.3.6	7.2.4	7.3.3	7.5.11	8.5	5.3.2.3		3.1.2
(12)	(13)	(14)	(15)	(16)	(17)	(18)	(19)	(20)	(1)	(2)
PxBH(M)	TA4 TT9	AT	1 (C/D)			CV9 CV10	S14	268	3318	**氨溶液,水溶液在15℃时相对密度小于0.880,含氨量大于50%**
			2 (B)				S14		3319	**硝化甘油混合物,退敏的,固体的,未另作规定的,按质量含硝化甘油大于2%,但不大于10%**
L4BN		AT	2 (E)					80	3320	**硼氢化钠和氢氧化钠溶液,按质量含硼氢化钠不超过12%,含氢氧化钠不超过40%**
L4BN		AT	3 (E)	V12				80	3320	**硼氢化钠和氢氧化钠溶液,按质量含硼氢化钠不超过12%,含氢氧化钠不超过40%**
S2.65AN(+) L2.65CN(+)	TU36 TT7 TM7	AT	0 (E)			CV33	S6 S11 S21	70	3321	**放射性物质,低比活度(LSA-Ⅱ),非裂变或例外的可裂变**
S2.65AN(+) L2.65CN(+)	TU36 TT7 TM7	AT	0 (E)			CV33	S6 S11 S21	70	3322	**放射性物质,低比活度(LSA-Ⅲ),非裂变或例外的可裂变**
			0 (E)			CV33	S6 S11 S21	70	3323	**放射性物质,C型包件,非裂变或例外的可裂变**
			0 (E)			CV33	S6 S11 S21	70	3324	**放射性物质,低比活度(LSA-Ⅱ),可裂变的**
			0 (E)			CV33	S6 S11 S21	70	3325	**放射性物质,低比活度(LSA-Ⅲ),可裂变的**

联合国编号	名称和描述	类别	分类代码	包装类别	标志	特殊规定	有限和例外数量		容器		可移动罐柜和散装容器	
									包装指南	特殊包装规定	混合包装规定	指南	特殊规定
	3.1.2	2.2	2.2	2.1.1.3	5.2.2	3.3	3.4	3.5.1.2	4.1.4	4.1.4	4.1.10	4.2.5.2	4.2.5.3
(1)	(2)	(3a)	(3b)	(4)	(5)	(6)	(7a)	(7b)	(8)	(9a)	(9b)	(10)	(11)
3326	放射性物质,表面被污染物体(SCO-I或SCO-II),可裂变的	7			7X+7E	172 336	0	E0	见2.2.7和4.1.9	见4.1.9.1.3			
3327	放射性物质,A型包件,可裂变的,非特殊形式	7			7X+7E	172 326	0	E0	见2.2.7和4.1.9	见4.1.9.1.3			
3328	放射性物质,B(U)型包件,可裂变的	7			7X+7E	172 326 337	0	E0	见2.2.7和4.1.9	见4.1.9.1.3			
3329	放射性物质,B(M)型包件,可裂变的	7			7X+7E	172 326 337	0	E0	见2.2.7和4.1.9	见4.1.9.1.3			
3330	放射性物质,C型包件,可裂变的	7			7X+7E	172 326	0	E0	见2.2.7和4.1.9	见4.1.9.1.3			
3331	放射性物质,按照特殊安排运输的,可裂变的	7			7X+7E	172 326	0	E0	见2.2.7和4.1.9	见4.1.9.1.3			
3332	放射性物质,A型包件,特殊形式,非裂变,或例外的可裂变	7			7X	172 317	0	E0	见2.2.7和4.1.9	见4.1.9.1.3			
3333	放射性物质,A型包件,特殊形式,可裂变的	7			7X+7E	172	0	E0	见2.2.7和4.1.9	见4.1.9.1.3			
3334	空运受管制的液体,未另作规定的	9	M11				不受ADR限制						
3335	空运受管制的固体,未另作规定的	9	M11				不受ADR限制						
3336	硫醇类,液体的,易燃的,未另作规定的或硫醇混合物,液体的,易燃的,未另作规定的	3	F1	I	3	274	0	E0	P001		MP7 MP17	T11	TP2

联合国编号	名称和描述	ADR 罐体 罐体代码	ADR 罐体 特殊规定	运输罐体车辆	运输类别(隧道限制代码)	运输特殊规定 包件	运输特殊规定 散装	运输特殊规定 装卸和操作	运输特殊规定 作业	危险性识别号
3.1.2	3.1.2	4.3	4.3.5,6.8.4	9.1.1.2	1.1.3.6	7.2.4	7.3.3	7.5.11	8.5	5.3.2.3
(1)	(2)	(12)	(13)	(14)	(15)	(16)	(17)	(18)	(19)	(20)
3326	放射性物质,表面被污染物体(SCO-I或SCO-II),可裂变的				0(E)			CV33	S6 S11 S21	70
3327	放射性物质,A型包件,可裂变的,非特殊形式				0(E)			CV33	S6 S11 S21	70
3328	放射性物质,B(U)型包件,可裂变的				0(E)			CV33	S6 S11 S21	70
3329	放射性物质,B(M)型包件,可裂变的				0(E)			CV33	S6 S11 S21	70
3330	放射性物质,C型包件,可裂变的				0(E)			CV33	S6 S11 S21	70
3331	放射性物质,按照特殊安排运输的,可裂变的				0(-)			CV33	S6 S11 S21	70
3332	放射性物质,A型包件,特殊形式,非裂变,或例外的可裂变				0(E)			CV33	S6 S11 S12 S21	70
3333	放射性物质,A型包件,特殊形式,可裂变的				0(E)			CV33	S6 S11 S21	70
3334	空运受管制的液体,未另作规定的	不受 ADR 限制								
3335	空运受管制的固体,未另作规定的	不受 ADR 限制								
3336	硫醇类,液体的,易燃的,未另作规定的或硫醇混合物,液体的,易燃的,未另作规定的	L4BN		FL	1(D/E)				S2 S20	33

联合国编号	名称和描述	类别	分类代码	包装类别	标志	特殊规定	有限和例外数量		容器			可移动罐柜和散装容器	
									包装指南	特殊包装规定	混合包装规定	指南	特殊规定
	3.1.2	2.2	2.2	2.1.1.3	5.2.2	3.3	3.4	3.5.1.2	4.1.4	4.1.4	4.1.10	4.2.5.2	4.2.5.3
(1)	(2)	(3a)	(3b)	(4)	(5)	(6)	(7a)	(7b)	(8)	(9a)	(9b)	(10)	(11)
3336	硫醇类,液体的,易燃的,未另作规定的或硫醇混合物,液体的,易燃的,未另作规定的(50℃时,蒸气压大于110kPa)	3	F1	Ⅱ	3	274 640C	1L	E2	P001		MP19	T7	TP1 TP8 TP28
3336	硫醇类,液体的,易燃的,未另作规定的或硫醇混合物,液体的,易燃的,未另作规定的(50℃时,蒸气压不大于110kPa)	3	F1	Ⅱ	3	274 640D	1L	E2	P001 IBC02 R001		MP19	T7	TP1 TP8 TP28
3336	硫醇类,液体的,易燃的,未另作规定的或硫醇混合物,液体的,易燃的,未另作规定的	3	F1	Ⅲ	3	274	5L	E1	P001 IBC03 LP01 R001		MP19	T4	TP1 TP29
3337	制冷气体 R404A	2	2A		2.2	662	120ml	E1	P200		MP9	(M) T50	
3338	制冷气体 R407A	2	2A		2.2	662	120ml	E1	P200		MP9	(M) T50	
3339	制冷气体 R407B	2	2A		2.2	662	120ml	E1	P200		MP9	(M) T50	
3340	制冷气体 R407C	2	2A		2.2	662	120ml	E1	P200		MP9	(M) T50	
3341	二氧化硫脲	4.2	S2	Ⅱ	4.2		0	E2	P002 IBC06		MP14	T3	TP33
3341	二氧化硫脲	4.2	S2	Ⅲ	4.2		0	E1	P002 IBC08 LP02 R001	B3	MP14	T1	TP33
3342	黄原酸盐类	4.2	S2	Ⅱ	4.2		0	E2	P002 IBC06		MP14	T3	TP33
3342	黄原酸盐类	4.2	S2	Ⅲ	4.2		0	E1	P002 IBC08 LP02 R001	B3	MP14	T1	TP33

ADR 罐体		运输罐体车辆	运输类别(隧道限制代码)	运输特殊规定				危险性识别号	联合国编号	名称和描述
罐体代码	特殊规定			包件	散装	装卸和操作	作业			
4.3	4.3.5,6.8.4	9.1.1.2	1.1.3.6	7.2.4	7.3.3	7.5.11	8.5	5.3.2.3		3.1.2
(12)	(13)	(14)	(15)	(16)	(17)	(18)	(19)	(20)	(1)	(2)
L1.5BN		FL	2 (D/E)				S2 S20	33	3336	硫醇类,液体的,易燃的,未另作规定的或硫醇混合物,液体的,易燃的,未另作规定的(50℃时,蒸气压大于110kPa)
LGBF		FL	2 (D/E)				S2 S20	33	3336	硫醇类,液体的,易燃的,未另作规定的或硫醇混合物,液体的,易燃的,未另作规定的(50℃时,蒸气压不大于110kPa)
LGBF		FL	3 (D/E)	V12			S2	30	3336	硫醇类,液体的,易燃的,未另作规定的或硫醇混合物,液体的,易燃的,未另作规定的
PxBN(M)	TA4 TT9	AT	3 (C/E)			CV9 CV10 CV36		20	3337	制冷气体 **R404A**
PxBN(M)	TA4 TT9	AT	3 (C/E)			CV9 CV10 CV36		20	3338	制冷气体 **R407A**
PxBN(M)	TA4 TT9	AT	3 (C/E)			CV9 CV10 CV36		20	3339	制冷气体 **R407B**
PxBN(M)	TA4 TT9	AT	3 (C/E)			CV9 CV10 CV36		20	3340	制冷气体 **R407C**
SGAV		AT	2 (D/E)	V1				40	3341	二氧化硫脲
SGAV		AT	3 (E)	V1				40	3341	二氧化硫脲
SGAV		AT	2 (D/E)	V1				40	3342	黄原酸盐类
SGAV		AT	3 (E)	V1				40	3342	黄原酸盐类

联合国编号	名称和描述	类别	分类代码	包装类别	标志	特殊规定	有限和例外数量		容器			可移动罐柜和散装容器	
									包装指南	特殊包装规定	混合包装规定	指南	特殊规定
	3.1.2	2.2	2.2	2.1.1.3	5.2.2	3.3	3.4	3.5.1.2	4.1.4	4.1.4	4.1.10	4.2.5.2	4.2.5.3
(1)	(2)	(3a)	(3b)	(4)	(5)	(6)	(7a)	(7b)	(8)	(9a)	(9b)	(10)	(11)
3343	硝化甘油混合物,退敏的,液体的,易燃的,未另作规定的,按质量含硝化甘油不超过30%	3	D		3	274 278	0	E0	P099		MP2		
3344	季戊四醇四硝酸酯(泰安炸药,季戊炸药,PETN)混合物,退敏的,固体的,未另作规定的,按质量含季戊四醇四硝酸酯大于10%,但不大于20%	4.1	D	Ⅱ	4.1	272 274	0	E0	P099		MP2		
3345	苯氧基乙酸衍生物农药,固体的,有毒的	6.1	T7	Ⅰ	6.1	61 274 648	0	E5	P002 IBC07		MP18	T6	TP33
3345	苯氧基乙酸衍生物农药,固体的,有毒的	6.1	T7	Ⅱ	6.1	61 274 648	500g	E4	P002 IBC08	B4	MP10	T3	TP33
3345	苯氧基乙酸衍生物农药,固体的,有毒的	6.1	T7	Ⅲ	6.1	61 274 648	5kg	E1	P002 IBC08 LP02 R001	B3	MP10	T1	TP33
3346	苯氧基乙酸衍生物农药,液体的,易燃的,有毒的,闪点低于23℃	3	FT2	Ⅰ	3 +6.1	61 274	0	E0	P001		MP7 MP17	T14	TP2 TP27
3346	苯氧基乙酸衍生物农药,液体的,易燃的,有毒的,闪点低于23℃	3	FT2	Ⅱ	3 +6.1	61 274	1L	E2	P001 IBC02 R001		MP19	T11	TP2 TP27
3347	苯氧基乙酸衍生物农药,液体的,有毒的,易燃的,闪点不低于23℃	6.1	TF2	Ⅰ	6.1 +3	61 274	0	E5	P001		MP8 MP17	T14	TP2 TP27
3347	苯氧基乙酸衍生物农药,液体的,有毒的,易燃的,闪点不低于23℃	6.1	TF2	Ⅱ	6.1 +3	61 274	100ml	E4	P001 IBC02		MP15	T11	TP2 TP27

ADR 罐体		运输罐体车辆	运输类别(隧道限制代码)	运输特殊规定			作业	危险性识别号	联合国编号	名称和描述
罐体代码	特殊规定			包件	散装	装卸和操作				
4.3	4.3.5,6.8.4	9.1.1.2	1.1.3.6	7.2.4	7.3.3	7.5.11	8.5	5.3.2.3		3.1.2
(12)	(13)	(14)	(15)	(16)	(17)	(18)	(19)	(20)	(1)	(2)
			0(B)				S2 S14		3343	硝化甘油混合物,退敏的,液体的,易燃的,未另作规定的,按质量含硝化甘油不超过30%
			2(B)				S14		3344	季戊四醇四硝酸酯(泰安炸药,季戊炸药,PETN)混合物,退敏的,固体的,未另作规定的,按质量含季戊四醇四硝酸酯大于10%,但不大于20%
S10AH L10CH	TU14 TU15 TE19 TE21	AT	1(C/E)	V10		CV1 CV13 CV28	S9 S14	66	3345	苯氧基乙酸衍生物农药,固体的,有毒的
SGAH L4BH	TU15 TE19	AT	2(D/E)	V11		CV13 CV28	S9 S19	60	3345	苯氧基乙酸衍生物农药,固体的,有毒的
SGAH L4BH	TU15 TE19	AT	2(E)		VC1 VC2 AP7	CV13 CV28	S9	60	3345	苯氧基乙酸衍生物农药,固体的,有毒的
L10CH	TU14 TU15 TE21	FL	1(C/E)			CV13 CV28	S2 S22	336	3346	苯氧基乙酸衍生物农药,液体的,易燃的,有毒的,闪点低于23℃
L4BH	TU15	FL	2(D/E)			CV13 CV28	S2 S22	336	3346	苯氧基乙酸衍生物农药,液体的,易燃的,有毒的,闪点低于23℃
L10CH	TU14 TU15 TE19 TE21	FL	1(C/E)			CV1 CV13 CV28	S2 S9 S14	663	3347	苯氧基乙酸衍生物农药,液体的,有毒的,易燃的,闪点不低于23℃
L4BH	TU15 TE19	FL	2(D/E)			CV13 CV28	S2 S9 S19	63	3347	苯氧基乙酸衍生物农药,液体的,有毒的,易燃的,闪点不低于23℃

联合国编号	名称和描述	类别	分类代码	包装类别	标志	特殊规定	有限和例外数量		容器			可移动罐柜和散装容器	
									包装指南	特殊包装规定	混合包装规定	指南	特殊规定
	3.1.2	2.2	2.2	2.1.1.3	5.2.2	3.3	3.4	3.5.1.2	4.1.4	4.1.4	4.1.10	4.2.5.2	4.2.5.3
(1)	(2)	(3a)	(3b)	(4)	(5)	(6)	(7a)	(7b)	(8)	(9a)	(9b)	(10)	(11)
3347	苯氧基乙酸衍生物农药,液体的,有毒,易燃的,闪点不低于23℃	6.1	TF2	Ⅲ	6.1+3	61 274	5L	E1	P001 IBC03 R001		MP19	T7	TP2 TP28
3348	苯氧基乙酸衍生物农药,液体的,有毒的	6.1	T6	Ⅰ	6.1	61 274 648	0	E5	P001		MP8 MP17	T14	TP2 TP27
3348	苯氧基乙酸衍生物农药,液体的,有毒的	6.1	T6	Ⅱ	6.1	61 274 648	100ml	E4	P001 IBC02		MP15	T11	TP2 TP27
3348	苯氧基乙酸衍生物农药,液体的,有毒的	6.1	T6	Ⅲ	6.1	61 274 648	5L	E1	P001 IBC03 LP01 R001		MP19	T7	TP2 TP28
3349	拟除虫菊酯农药,固体的,有毒的	6.1	T7	Ⅰ	6.1	61 274 648	0	E5	P002 IBC07		MP18	T6	TP33
3349	拟除虫菊酯农药,固体的,有毒的	6.1	T7	Ⅱ	6.1	61 274 648	500g	E4	P002 IBC08	B4	MP10	T3	TP33
3349	拟除虫菊酯农药,固体的,有毒的	6.1	T7	Ⅲ	6.1	61 274 648	5kg	E1	P002 IBC08 LP02 R001	B3	MP10	T1	TP33
3350	液态拟除虫菊酯农药,易燃,毒性,闪点低于23℃	3	FT2	Ⅰ	3+6.1	61 274	0	E0	P001		MP7 MP17	T14	TP2 TP27
3350	液态拟除虫菊酯农药,易燃,毒性,闪点低于23℃	3	FT2	Ⅱ	3+6.1	61 274	1L	E2	P001 IBC02 R001		MP19	T11	TP2 TP27
3351	液态拟除虫菊酯农药,易燃,毒性,闪点不低于23℃	6.1	TF2	Ⅰ	6.1+3	61 274	0	E5	P001		MP8 MP17	T14	TP2 TP27
3351	液态拟除虫菊酯农药,易燃,毒性,闪点不低于23℃	6.1	TF2	Ⅱ	6.1+3	61 274	100ml	E4	P001 IBC02		MP15	T11	TP2 TP27
3351	液态拟除虫菊酯农药,易燃,毒性,闪点不低于23℃	6.1	TF2	Ⅲ	6.1+3	61 274	5L	E1	P001 IBC03 R001		MP19	T7	TP2 TP28

ADR 罐体		运输罐体车辆	运输类别（隧道限制代码）	运输特殊规定				危险性识别号	联合国编号	名称和描述
罐体代码	特殊规定			包件	散装	装卸和操作	作业			
4.3	4.3.5,6.8.4	9.1.1.2	1.1.3.6	7.2.4	7.3.3	7.5.11	8.5	5.3.2.3		3.1.2
(12)	(13)	(14)	(15)	(16)	(17)	(18)	(19)	(20)	(1)	(2)
L4BH	TU15 TE19	FL	2 (D/E)	V12		CV13 CV28	S2 S9	63	3347	苯氧基乙酸衍生物农药，液体的，有毒的，易燃的，闪点不低于23℃
L10CH	TU14 TU15 TE19 TE21	AT	1 (C/E)			CV1 CV13 CV28	S9 S14	66	3348	苯氧基乙酸衍生物农药，液体的，有毒的
L4BH	TU15 TE19	AT	2 (D/E)			CV13 CV28	S9 S19	60	3348	苯氧基乙酸衍生物农药，液体的，有毒的
L4BH	TU15 TE19	AT	2 (E)	V12		CV13 CV28	S9	60	3348	苯氧基乙酸衍生物农药，液体的，有毒的
S10AH L10CH	TU14 TU15 TE19 TE21	AT	1 (C/E)	V10		CV1 CV13 CV28	S9 S14	66	3349	拟除虫菊酯农药，固体的，有毒的
SGAH L4BH	TU15 TE19	AT	2 (D/E)	V11		CV13 CV28	S9 S19	60	3349	拟除虫菊酯农药，固体的，有毒的
SGAH L4BH	TU15 TE19	AT	2 (E)		VC1 VC2 AP7	CV13 CV28	S9	60	3349	拟除虫菊酯农药，固体的，有毒的
L10CH	TU14 TU15 TE21	FL	1 (C/E)			CV13 CV28	S2 S22	336	3350	液态拟除虫菊酯农药，易燃，毒性，闪点低于23℃
L4BH	TU15	FL	2 (D/E)			CV13 CV28	S2 S22	336	3350	液态拟除虫菊酯农药，易燃，毒性，闪点低于23℃
L10CH	TU14 TU15 TE19 TE21	FL	1 (C/E)			CV1 CV13 CV28	S2 S9 S14	663	3351	液态拟除虫菊酯农药，易燃，毒性，闪点不低于23℃
L4BH	TU15 TE19	FL	2 (D/E)			CV13 CV28	S2 S9 S19	63	3351	液态拟除虫菊酯农药，易燃，毒性，闪点不低于23℃
L4BH	TU15 TE19	FL	2 (D/E)	V12		CV13 CV28	S2 S9	63	3351	液态拟除虫菊酯农药，易燃，毒性，闪点不低于23℃

联合国编号	名称和描述	类别	分类代码	包装类别	标志	特殊规定	有限和例外数量		容器			可移动罐柜和散装容器	
									包装指南	特殊包装规定	混合包装规定	指南	特殊规定
	3.1.2	2.2	2.2	2.1.1.3	5.2.2	3.3	3.4	3.5.1.2	4.1.4	4.1.4	4.1.10	4.2.5.2	4.2.5.3
(1)	(2)	(3a)	(3b)	(4)	(5)	(6)	(7a)	(7b)	(8)	(9a)	(9b)	(10)	(11)
3352	液态拟除虫菊酯农药,毒性	6.1	T6	Ⅰ	6.1	61 274 648	0	E5	P001		MP8 MP17	T14	TP2 TP27
3352	液态拟除虫菊酯农药,毒性	6.1	T6	Ⅱ	6.1	61 274 648	100ml	E4	P001 IBC02		MP15	T11	TP2 TP27
3352	液态拟除虫菊酯农药,毒性	6.1	T6	Ⅲ	6.1	61 274 648	5L	E1	P001 IBC03 LP01 R001		MP19	T7	TP2 TP28
3354	气体杀虫剂,易燃,未另作规定的	2	2F		2.1	274 662	0	E0	P200		MP9	(M)	
3355	气体杀虫剂,毒性,易燃,未另作规定的	2	2TF		2.3+2.1	274	0	E0	P200		MP9	(M)	
3356	化学氧气发生器	5.1	O3		5.1	284	0	E0	P500		MP2		
3357	液态硝化甘油混合物,减敏的,未另作规定的,按质量含硝化甘油不大于30%	3	D	Ⅱ	3	274 288	0	E0	P099		MP2		
3358	制冷机,装有易燃无毒液化气体	2	6F		2.1	291	0	E0	P003	PP32	MP9		
3359	熏蒸过的货物运输装置	9	M11			302							
3360	纤维,植物的,干的	4.1	F1			不受ADR限制							
3361	氯硅烷类,有毒的,腐蚀性,未另作规定的	6.1	TC1	Ⅱ	6.1+8	274	0	E0	P010		MP15	T14	TP2 TP7 TP27
3362	氯硅烷类,有毒的,腐蚀性,易燃的,未另作规定的	6.1	TFC	Ⅱ	6.1+3+8	274	0	E0	P010		MP15	T14	TP2 TP7 TP27
3363	机器中的危险货物或仪器中的危险货物	9	M11			不受ADR限制[见1.1.3.1(b)]							
3364	三硝基苯酚(苦味酸),湿的,按质量含水不低于10%	4.1	D	Ⅰ	4.1		0	E0	P406	PP24	MP2		

ADR 罐体		运输罐体车辆	运输类别（隧道限制代码）	运输特殊规定				危险性识别号	联合国编号	名称和描述
罐体代码	特殊规定			包件	散装	装卸和操作	作业			
4.3	4.3.5,6.8.4	9.1.1.2	1.1.3.6	7.2.4	7.3.3	7.5.11	8.5	5.3.2.3		3.1.2
(12)	(13)	(14)	(15)	(16)	(17)	(18)	(19)	(20)	(1)	(2)
L10CH	TU14 TU15 TE19 TE21	AT	1 (C/E)			CV1 CV13 CV28	S9 S14	66	3352	液态拟除虫菊酯农药,毒性
L4BH	TU15 TE19	AT	2 (D/E)			CV13 CV28	S9 S19	60	3352	液态拟除虫菊酯农药,毒性
L4BH	TU15 TE19	AT	2 (E)	V12		CV13 CV28	S9	60	3352	液态拟除虫菊酯农药,毒性
PxBN(M)	TA4 TT9	FL	2 (B/D)			CV9 CV10 CV36	S2 S20	23	3354	气体杀虫剂,易燃,未另作规定的
PxBH(M)	TU6 TA4 TT9	FL	1 (B/D)			CV9 CV10 CV36	S2 S14	263	3355	气体杀虫剂,毒性,易燃,未另作规定的
			2 (E)			CV24			3356	化学氧气发生器
			2 (B)				S2 S14		3357	液态硝化甘油混合物,减敏的,未另作规定的,按质量含硝化甘油不大于30%
			2 (D)			CV9	S2		3358	制冷机,装有易燃无毒液化气体
			(-)						3359	熏蒸过的货物运输装置
不受 ADR 限制									3360	纤维,植物的,干的
L4BH	TU15 TE19	AT	2 (D/E)			CV13 CV28	S9 S19	68	3361	氯硅烷类,有毒的,腐蚀性,未另作规定的
L4BH	TU15 TE19	FL	2 (D/E)			CV13 CV28	S2 S9 S19	638	3362	氯硅烷类,有毒的,腐蚀性,易燃的,未另作规定的
不受 ADR 限制[见1.1.3.1(b)]									3363	机器中的危险货物或仪器中的危险货物
			1 (B)				S14		3364	三硝基苯酚(苦味酸),湿的,按质量含水不低于10%

联合国编号	名称和描述	类别	分类代码	包装类别	标志	特殊规定	有限和例外数量		容器			可移动罐柜和散装容器	
									包装指南	特殊包装规定	混合包装规定	指南	特殊规定
	3.1.2	2.2	2.2	2.1.1.3	5.2.2	3.3	3.4	3.5.1.2	4.1.4	4.1.4	4.1.10	4.2.5.2	4.2.5.3
(1)	(2)	(3a)	(3b)	(4)	(5)	(6)	(7a)	(7b)	(8)	(9a)	(9b)	(10)	(11)
3365	三硝基氯苯（苦基氯），湿的，按质量含水不低于10%	4.1	D	Ⅰ	4.1		0	E0	P406	PP24	MP2		
3366	三硝基甲苯（TNT），湿的，按质量含水不低于10%	4.1	D	Ⅰ	4.1		0	E0	P406	PP24	MP2		
3367	三硝基苯，湿的，按质量含水不低于10%	4.1	D	Ⅰ	4.1		0	E0	P406	PP24	MP2		
3368	三硝基苯甲酸，湿的，按质量含水不低于10%	4.1	D	Ⅰ	4.1		0	E0	P406	PP24	MP2		
3369	二硝基邻甲苯酚钠，湿的，按质量含水不低于10%	4.1	DT	Ⅰ	4.1+6.1		0	E0	P406	PP24	MP2		
3370	硝酸脲，湿的，按质量含水不低于10%	4.1	D	Ⅰ	4.1		0	E0	P406	PP78	MP2		
3371	2-甲基丁醛	3	F1	Ⅱ	3		1L	E2	P001 IBC02 R001		MP19	T4	TP1
3373	生物学物质，B类	6.2	I4		6.2	319	0	E0	P650			T1	TP1
3373	生物学物质，B类	6.2	I4		6.2	319	0	E0	P650			T1 BK1 BK2	TP1
3374	乙炔，无溶剂	2	2F		2.1	662	0	E0	P200		MP9		
3375	硝酸铵乳液或悬浮液或凝胶，爆破炸药中间体	5.1	O1	Ⅱ	5.1	309	0	E2	P505 IBC02	B16	MP2	T1	TP1 TP9 TP17 TP32
3375	硝酸铵乳液或悬浮液或凝胶，爆破炸药中间体	5.1	O2	Ⅱ	5.1	309	0	E2	P505 IBC02	B16	MP2	T1	TP1 TP9 TP17 TP32
3376	4-硝基苯肼，按质量含水不低于30%	4.1	D	Ⅰ	4.1		0	E0	P406	PP26	MP2		

ADR 罐体		运输罐体车辆	运输类别（隧道限制代码）	运输特殊规定				危险性识别号	联合国编号	名称和描述
罐体代码	特殊规定			包件	散装	装卸和操作	作业			
4.3	4.3.5,6.8.4	9.1.1.2	1.1.3.6	7.2.4	7.3.3	7.5.11	8.5	5.3.2.3		3.1.2
(12)	(13)	(14)	(15)	(16)	(17)	(18)	(19)	(20)	(1)	(2)
			1 (B)				S14		3365	三硝基氯苯（苦基氯），湿的，按质量含水不低于10%
			1 (B)				S14		3366	三硝基甲苯（TNT），湿的，按质量含水不低于10%
			1 (B)				S14		3367	三硝基苯，湿的，按质量含水不低于10%
			1 (B)				S14		3368	三硝基苯甲酸，湿的，按质量含水不低于10%
			1 (B)			CV13 CV28	S14		3369	二硝基邻甲苯酚钠，湿的，按质量含水不低于10%
			1 (B)				S14		3370	硝酸脲，湿的，按质量含水不低于10%
LGBF		FL	2 (D/E)				S2 S20	33	3371	2-甲基丁醛
L4BH	TU15 TU37 TE19	AT	(-)				S3	606	3373	生物学物质，B类
L4BH	TU15 TU37 TE19	AT	— (-)				S3	606	3373	生物学物质，B类
			2 (D)			CV9 CV10 CV36	S2 S20		3374	乙炔，无溶剂
LGAV(+)	TU3 TU12 TU39 TE10 TE23 TA1 TA3	AT	2 (E)			CV24	S9 S23	50	3375	硝酸铵乳液或悬浮液或凝胶，爆破炸药中间体
SGAV(+)	TU3 TU12 TU39 TE10 TE23 TA1 TA3	AT	2 (E)			CV24	S9 S23	50	3375	硝酸铵乳液或悬浮液或凝胶，爆破炸药中间体
			1 (B)	V1			S14		3376	4-硝基苯肼，按质量含水不低于30%

联合国编号	名称和描述	类别	分类代码	包装类别	标志	特殊规定	有限数量	例外数量	容器 包装指南	容器 特殊包装规定	容器 混合包装规定	可移动罐柜和散装容器 指南	可移动罐柜和散装容器 特殊规定
		3.1.2	2.2	2.2	2.1.1.3	5.2.2	3.3	3.4	3.5.1.2	4.1.4	4.1.4	4.1.10	4.2.5.2	4.2.5.3
(1)	(2)	(3a)	(3b)	(4)	(5)	(6)	(7a)	(7b)	(8)	(9a)	(9b)	(10)	(11)
3377	过硼酸钠一水合物	5.1	O2	Ⅲ	5.1		5kg	E1	P002 IBC08 LP02 R001	B3	MP10	T1 BK1 BK2	TP33
3378	过氧碳酸钠水合物	5.1	O2	Ⅱ	5.1		1kg	E2	P002 IBC08	B4	MP10	T3 BK1 BK2	TP33
3378	过氧碳酸钠水合物	5.1	O2	Ⅲ	5.1		5kg	E1	P002 IBC08 LP02 R001	B3	MP10	T1 BK1 BK2	TP33
3379	退敏爆炸品,液体的,未另作规定的	3	D	Ⅰ	3	274 311	0	E0	P099		MP2		
3380	退敏爆炸品,固体的,未另作规定的	4.1	D	Ⅰ	4.1	274 311	0	E0	P099		MP2		
3381	吸入毒性液体,未另作规定的,LC_{50} 低于或等于 $200ml/m^3$,且饱和蒸气浓度大于或等于$500LC_{50}$	6.1	T1 或 T4	Ⅰ	6.1	274	0	E0	P601		MP8 MP17	T22	TP2
3382	吸入毒性液体,未另作规定的,LC_{50} 低于或等于 $1000ml/m^3$,且饱和蒸气浓度大于或等于$10LC_{50}$	6.1	T1 或 T4	Ⅰ	6.1	274	0	E0	P602		MP8 MP17	T20	TP2
3383	吸入毒性液体,易燃的,未另作规定的,LC_{50} 低于或等于 $200ml/m^3$,且饱和蒸气浓度大于或等于$500LC_{50}$	6.1	TF1	Ⅰ	6.1 +3	274	0	E0	P601		MP8 MP17	T22	TP2
3384	吸入毒性液体,易燃,未另作规定的,LC_{50} 低于或等于 $1000ml/m^3$,且饱和蒸气浓度大于或等于$10LC_{50}$	6.1	TF1	Ⅰ	6.1 +3	274	0	E0	P602		MP8 MP17	T20	TP2

ADR 罐体		运输罐体车辆	运输类别（隧道限制代码）	运输特殊规定				危险性识别号	联合国编号	名称和描述
罐体代码	特殊规定			包件	散装	装卸和操作	作业			
4.3	4.3.5,6.8.4	9.1.1.2	1.1.3.6	7.2.4	7.3.3	7.5.11	8.5	5.3.2.3		3.1.2
(12)	(13)	(14)	(15)	(16)	(17)	(18)	(19)	(20)	(1)	(2)
SGAV	TU3	AT	3 (E)		VC1 VC2 AP6 AP7	CV24		50	3377	过硼酸钠一水合物
SGAV	TU3	AT	2 (E)	V11	VC1 VC2 AP6 AP7	CV24		50	3378	过氧碳酸钠水合物
SGAV	TU3	AT	3 (E)		VC1 VC2 AP6 AP7	CV24		50	3378	过氧碳酸钠水合物
			1 (B)				S2 S14		3379	退敏爆炸品，液体的，未另作规定的
			1 (B)				S14		3380	退敏爆炸品，固体的，未另作规定的
L15CH	TU14 TU15 TE19 TE21	AT	1 (C/D)			CV1 CV13 CV28	S9 S14	66	3381	吸入毒性液体，未另作规定的，LC_{50}低于或等于$200ml/m^3$，且饱和蒸气浓度大于或等于$500LC_{50}$
L10CH	TU14 TU15 TE19 TE21	AT	1 (C/D)			CV1 CV13 CV28	S9 S14	66	3382	吸入毒性液体，未另作规定的，LC_{50}低于或等于$1000ml/m^3$，且饱和蒸气浓度大于或等于$10LC_{50}$
L15CH	TU14 TU15 TE19 TE21	FL	1 (C/D)			CV1 CV13 CV28	S2 S9 S14	663	3383	吸入毒性液体，易燃的，未另作规定的，LC_{50}低于或等于$200ml/m^3$，且饱和蒸气浓度大于或等于$500LC_{50}$
L10CH	TU14 TU15 TE19 TE21	FL	1 (C/D)			CV1 CV13 CV28	S2 S9 S14	663	3384	吸入毒性液体，易燃，未另作规定的，LC_{50}低于或等于$1000ml/m^3$，且饱和蒸气浓度大于或等于$10LC_{50}$

联合国编号	名称和描述	类别	分类代码	包装类别	标志	特殊规定	有限和例外数量		容器			可移动罐柜和散装容器	
									包装指南	特殊包装规定	混合包装规定	指南	特殊规定
		3.1.2	2.2	2.2	2.1.1.3	5.2.2	3.3	3.4	3.5.1.2	4.1.4	4.1.4	4.1.10	4.2.5.2	4.2.5.3
(1)	(2)	(3a)	(3b)	(4)	(5)	(6)	(7a)	(7b)	(8)	(9a)	(9b)	(10)	(11)
3385	吸入毒性液体,遇水反应,未另作规定的,LC_{50}低于或等于$200ml/m^3$,且饱和蒸气浓度大于或等于$500LC_{50}$	6.1	TW1	I	6.1+4.3	274	0	E0	P601		MP8 MP17	T22	TP2
3386	吸入毒性液体,遇水反应,未另作规定的,LC_{50}低于或等于$1000ml/m^3$,且饱和蒸气浓度大于或等于$10LC_{50}$	6.1	TW1	I	6.1+4.3	274	0	E0	P602		MP8 MP17	T20	TP2
3387	吸入毒性液体,氧化性,未另作规定的,LC_{50}低于或等于$200ml/m^3$,且饱和蒸气浓度大于或等于$500LC_{50}$	6.1	TO1	I	6.1+5.1	274	0	E0	P601		MP8 MP17	T22	TP2
3388	吸入毒性液体,氧化性,未另作规定的,LC_{50}低于或等于$1000ml/m^3$,且饱和蒸气浓度大于或等于$10LC_{50}$	6.1	TO1	I	6.1+5.1	274	0	E0	P602		MP8 MP17	T20	TP2
3389	吸入毒性液体,腐蚀性,未另作规定的,LC_{50}低于或等于$200ml/m^3$,且饱和蒸气浓度大于或等于$500LC_{50}$	6.1	TC1 或 TC3	I	6.1+8	274	0	E0	P601		MP8 MP17	T22	TP2
3390	吸入毒性液体,腐蚀性,未另作规定的,LC_{50}低于或等于$1000ml/m^3$,且饱和蒸气浓度大于或等于$10LC_{50}$	6.1	TC1 或 TC3	I	6.1+8	274	0	E0	P602		MP8 MP17	T20	TP2

ADR 罐体		运输罐体车辆	运输类别（隧道限制代码）	运输特殊规定				危险性识别号	联合国编号	名称和描述
罐体代码	特殊规定			包件	散装	装卸和操作	作业			
4.3	4.3.5,6.8.4	9.1.1.2	1.1.3.6	7.2.4	7.3.3	7.5.11	8.5	5.3.2.3		3.1.2
(12)	(13)	(14)	(15)	(16)	(17)	(18)	(19)	(20)	(1)	(2)
L15CH	TU14 TU15 TE19 TE21	AT	1 (C/D)			CV1 CV13 CV28	S9 S14	623	3385	吸入毒性液体,遇水反应,未另作规定的,LC_{50}低于或等于$200ml/m^3$,且饱和蒸气浓度大于或等于$500LC_{50}$
L10CH	TU14 TU15 TE19 TE21	AT	1 (C/D)			CV1 CV13 CV28	S9 S14	623	3386	吸入毒性液体,遇水反应,未另作规定的,LC_{50}低于或等于$1000ml/m^3$,且饱和蒸气浓度大于或等于$10LC_{50}$
L15CH	TU14 TU15 TE19 TE21	AT	1 (C/D)			CV1 CV13 CV28	S9 S14	665	3387	吸入毒性液体,氧化性,未另作规定的,LC_{50}低于或等于$200ml/m^3$,且饱和蒸气浓度大于或等于$500LC_{50}$
L10CH	TU14 TU15 TE19 TE21	AT	1 (C/D)			CV1 CV13 CV28	S9 S14	665	3388	吸入毒性液体,氧化性,未另作规定的,LC_{50}低于或等于$1000ml/m^3$,且饱和蒸气浓度大于或等于$10LC_{50}$
L15CH	TU14 TU15 TE19 TE21	AT	1 (C/D)			CV1 CV13 CV28	S9 S14	668	3389	吸入毒性液体,腐蚀性,未另作规定的,LC_{50}低于或等于$200ml/m^3$,且饱和蒸气浓度大于或等于$500LC_{50}$
L10CH	TU14 TU15 TE19 TE21	AT	1 (C/D)			CV1 CV13 CV28	S9 S14	668	3390	吸入毒性液体,腐蚀性,未另作规定的,LC_{50}低于或等于$1000ml/m^3$,且饱和蒸气浓度大于或等于$10LC_{50}$

联合国编号	名称和描述	类别	分类代码	包装类别	标志	特殊规定	有限和例外数量		容器			可移动罐柜和散装容器	
									包装指南	特殊包装规定	混合包装规定	指南	特殊规定
	3.1.2	2.2	2.2	2.1.1.3	5.2.2	3.3	3.4	3.5.1.2	4.1.4	4.1.4	4.1.10	4.2.5.2	4.2.5.3
(1)	(2)	(3a)	(3b)	(4)	(5)	(6)	(7a)	(7b)	(8)	(9a)	(9b)	(10)	(11)
3391	有机金属物质,固体的,引火的	4.2	S5	I	4.2	274	0	E0	P404	PP86	MP2	T21	TP7 TP33 TP36
3392	有机金属物质,液体的,引火的	4.2	S5	I	4.2	274	0	E0	P400	PP86	MP2	T21	TP2 TP7 TP36
3393	有机金属物质,遇水反应,固体的,引火的	4.2	SW	I	4.2+4.3	274	0	E0	P404	PP86	MP2	T21	TP7 TP33 TP36 TP41
3394	有机金属物质,遇水反应,液体的,引火的	4.2	SW	I	4.2+4.3	274	0	E0	P400	PP86	MP2	T21	TP2 TP7 TP36 TP41
3395	有机金属物质,遇水反应,固体的	4.3	W2	I	4.3	274	0	E0	P403		MP2	T9	TP7 TP33 TP36 TP41
3395	有机金属物质,遇水反应,固体的	4.3	W2	II	4.3	274	500g	E2	P410 IBC04		MP14	T3	TP33 TP36 TP41
3395	有机金属物质,遇水反应,固体的	4.3	W2	III	4.3	274	1kg	E1	P410 IBC06		MP14	T1	TP33 TP36 TP41
3396	有机金属物质,固体的,遇水反应,易燃	4.3	WF2	I	4.3+4.1	274	0	E0	P403		MP2	T9	TP7 TP33 TP36 TP41
3396	有机金属物质,固体的,遇水反应,易燃的	4.3	WF2	II	4.3+4.1	274	500g	E2	P410 IBC04		MP14	T3	TP33 TP36 TP41
3396	有机金属物质,固体的,遇水反应,易燃的	4.3	WF2	III	4.3+4.1	274	1kg	E1	P410 IBC06		MP14	T1	TP33 TP36 TP41
3397	有机金属物质,固体的,遇水反应,自热性	4.3	WS	I	4.3+4.2	274	0	E0	P403		MP2	T9	TP7 TP33 TP36 TP41
3397	有机金属物质,固体的,遇水反应,自热性	4.3	WS	II	4.3+4.2	274	500g	E2	P410 IBC04		MP14	T3	TP33 TP36 TP41

ADR 罐体		运输罐体车辆	运输类别（隧道限制代码）	运输特殊规定				危险性识别号	联合国编号	名称和描述
罐体代码	特殊规定			包件	散装	装卸和操作	作业			
4.3	4.3.5,6.8.4	9.1.1.2	1.1.3.6	7.2.4	7.3.3	7.5.11	8.5	5.3.2.3		3.1.2
(12)	(13)	(14)	(15)	(16)	(17)	(18)	(19)	(20)	(1)	(2)
L21DH	TU4 TU14 TU22 TC1 TE21 TM1	AT	0 (B/E)	V1			S20	43	3391	有机金属物质,固体的,引火的
L21DH	TU4 TU14 TU22 TC1 TE21 TM1	AT	0 (B/E)	V1			S20	333	3392	有机金属物质,液体的,引火的
L21DH	TU4 TU14 TU22 TC1 TE21 TM1	AT	0 (B/E)	V1			S20	X432	3393	有机金属物质,遇水反应,固体的,引火的
L21DH	TU4 TU14 TU22 TC1 TE21 TM1	AT	0 (B/E)	V1			S20	X333	3394	有机金属物质,遇水反应,液体的,引火的
S10AN L10DH	TU4 TU14 TU22 TE21 TM2	AT	1 (B/E)	V1		CV23	S20	X423	3395	有机金属物质,遇水反应,固体的
SGAN L4DH	TU14 TE21 TM2	AT	2 (D/E)	V1		CV23		423	3395	有机金属物质,遇水反应,固体的
SGAN L4DH	TU14 TE21 TM2	AT	3 (E)	V1		CV23		423	3395	有机金属物质,遇水反应,固体的
S10AN L10DH	TU4 TU14 TU22 TE21 TM2	AT	0 (B/E)	V1		CV23	S20	X423	3396	有机金属物质,固体的,遇水反应,易燃
SGAN L4DH	TU14 TE21 TM2	AT	0 (D/E)	V1		CV23		423	3396	有机金属物质,固体的,遇水反应,易燃的
SGAN L4DH	TU14 TE21 TM2	AT	0 (E)	V1		CV23		423	3396	有机金属物质,固体的,遇水反应,易燃的
S10AN L10DH	TU14 TE21 TM2	AT	1 (B/E)	V1		CV23	S20	X423	3397	有机金属物质,固体的,遇水反应,自热性
SGAN L4DH		AT	2 (D/E)	V1		CV23		423	3397	有机金属物质,固体的,遇水反应,自热性

联合国编号	名称和描述	类别	分类代码	包装类别	标志	特殊规定	有限数量	例外数量	容器 包装指南	容器 特殊包装规定	容器 混合包装规定	可移动罐柜和散装容器 指南	可移动罐柜和散装容器 特殊规定
		3.1.2	2.2	2.2	2.1.1.3	5.2.2	3.3	3.4	3.5.1.2	4.1.4	4.1.4	4.1.10	4.2.5.2	4.2.5.3
(1)	(2)	(3a)	(3b)	(4)	(5)	(6)	(7a)	(7b)	(8)	(9a)	(9b)	(10)	(11)
3397	有机金属物质,固体的,遇水反应,自热性	4.3	WS	III	4.3+4.2	274	1kg	E1	P410 IBC06		MP14	T1	TP33 TP36 TP41
3398	有机金属物质,遇水反应,液体的	4.3	W1	I	4.3	274	0	E0	P402		MP2	T13	TP2 TP7 TP36 TP41
3398	有机金属物质,遇水反应,液体的	4.3	W1	II	4.3	274	500ml	E2	P001 IBC01		MP15	T7	TP2 TP7 TP36 TP41
3398	有机金属物质,遇水反应,液体的	4.3	W1	III	4.3	274	1L	E1	P001 IBC02		MP15	T7	TP2 TP7 TP36 TP41
3399	有机金属物质,遇水反应,易燃的,液体的	4.3	WF1	I	4.3+3	274	0	E0	P402		MP2	T13	TP2 TP7 TP36 TP41
3399	有机金属物质,遇水反应,易燃的,液体的	4.3	WF1	II	4.3+3	274	500ml	E2	P001 IBC01		MP15	T7	TP2 TP7 TP36 TP41
3399	有机金属物质,遇水反应,易燃的,液体的	4.3	WF1	III	4.3+3	274	1L	E1	P001 IBC02 R001		MP15	T7	TP2 TP7 TP36 TP41
3400	有机金属物质,固体的,自热性	4.2	S5	II	4.2	274	500g	E2	P410 IBC06		MP14	T3	TP33 TP36
3400	有机金属物质,固体的,自热性	4.2	S5	III	4.2	274	1kg	E1	P002 IBC08		MP14	T1	TP33 TP36
3401	碱金属汞齐,固体的	4.3	W2	I	4.3	182	0	E0	P403		MP2	T9	TP7 TP33
3402	碱土金属汞齐,固体的	4.3	W2	I	4.3	183 506	0	E0	P403		MP2	T9	TP7 TP33
3403	钾金属合金,固体的	4.3	W2	I	4.3		0	E0	P403		MP2	T9	TP7 TP33
3404	钾钠合金,固体的	4.3	W2	I	4.3		0	E0	P403		MP2	T9	TP7 TP33
3405	氯酸钡溶液	5.1	OT1	II	5.1+6.1		1L	E2	P504 IBC02		MP2	T4	TP1
3405	氯酸钡溶液	5.1	OT1	III	5.1+6.1		5L	E1	P001 IBC02		MP2	T4	TP1

名称和描述	联合国编号	危险性识别号	运输特殊规定				运输类别（隧道限制代码）	运输罐体车辆	ADR 罐体	
			包件	散装	装卸和操作	作业			特殊规定	罐体代码
3.1.2		5.3.2.3	7.2.4	7.3.3	7.5.11	8.5	1.1.3.6	9.1.1.2	4.3.5,6.8.4	4.3
(2)	(1)	(20)	(16)	(17)	(18)	(19)	(15)	(14)	(13)	(12)
有机金属物质,固体的,遇水反应,自燃性	3397	423	V1		CV23		3 (E)	AT		SGAN L4DH
有机金属物质,遇水反应,液体的	3398	X323	V1		CV23	S20	0 (B/E)	AT	TU4 TU14 TU22 TE21 TM2	L10DH
有机金属物质,遇水反应,液体的	3398	323	V1		CV23		0 (D/E)	AT	TU14 TE21 TM2	L4DH
有机金属物质,遇水反应,液体的	3398	323	V1		CV23		0 (E)	AT	TU14 TE21 TM2	L4DH
有机金属物质,遇水反应,易燃的,液体的	3399	X323	V1		CV23	S2 S20	0 (B/E)	FL	TU4 TU14 TU22 TE21 TM2	L10DH
有机金属物质,遇水反应,易燃的,液体的	3399	323	V1		CV23	S2	0 (D/E)	FL	TU4 TU14 TU22 TE21 TM2	L4DH
有机金属物质,遇水反应,易燃的,液体的	3399	323	V1		CV23	S2	0 (E)	FL	TU14 TE21 TM2	L4DH
有机金属物质,固体的,自燃性	3400	40	V1				2 (D/E)	AT		SGAN L4BN
有机金属物质,固体的,自燃性	3400	40	V1				3 (E)	AT		SGAN L4BN
碱金属汞齐,固体的	3401	X423	V1		CV23	S20	1 (B/E)	AT	TU1 TE5 TT3 TM2	L10BN(+)
碱土金属汞齐,固体的	3402	X423	V1		CV23	S20	1 (B/E)	AT	TU1 TE5 TT3 TM2	L10BN(+)
钾金属合金,固体的	3403	X423	V1		CV23	S20	1 (B/E)	AT	TU1 TE5 TT3 TM2	L10BN(+)
钾钠合金,固体的	3404	X423	V1		CV23	S20	1 (B/E)	AT	TU1 TE5 TT3 TM2	L10BN(+)
氯酸钡溶液	3405	56			CV24 CV28		2 (E)	AT	TU3	L4BN
氯酸钡溶液	3405	56			CV24 CV28		3 (E)	AT	TU3	LGBV

联合国编号	名称和描述	类别	分类代码	包装类别	标志	特殊规定	有限和例外数量		容器			可移动罐柜和散装容器	
									包装指南	特殊包装规定	混合包装规定	指南	特殊规定
		3.1.2	2.2	2.2	2.1.1.3	5.2.2	3.3	3.4	3.5.1.2	4.1.4	4.1.4	4.1.10	4.2.5.2	4.2.5.3
(1)	(2)	(3a)	(3b)	(4)	(5)	(6)	(7a)	(7b)	(8)	(9a)	(9b)	(10)	(11)
3406	高氯酸钡溶液	5.1	OT1	Ⅱ	5.1+6.1		1L	E2	P504 IBC02		MP2	T4	TP1
3406	高氯酸钡溶液	5.1	OT1	Ⅲ	5.1+6.1		5L	E1	P001 IBC02		MP2	T4	TP1
3407	氯酸盐和氯化镁混合物溶液	5.1	O1	Ⅱ	5.1		1L	E2	P504 IBC02		MP2	T4	TP1
3407	氯酸盐和氯化镁混合物溶液	5.1	O1	Ⅲ	5.1		5L	E1	P504 IBC02		MP2	T4	TP1
3408	高氯酸铅溶液	5.1	OT1	Ⅱ	5.1+6.1		1L	E2	P504 IBC02		MP2	T4	TP1
3408	高氯酸铅溶液	5.1	OT1	Ⅲ	5.1+6.1		5L	E1	P001 IBC02		MP2	T4	TP1
3409	氯硝基苯类,液体的	6.1	T1	Ⅱ	6.1	279	100ml	E4	P001 IBC02		MP15	T7	TP2
3410	4-氯邻甲苯胺盐酸盐溶	6.1	T1	Ⅲ	6.1		5L	E1	P001 IBC03 R001		MP19	T4	TP1
3411	β-萘胺溶液	6.1	T1	Ⅱ	6.1		100ml	E4	P001 IBC02		MP15	T7	TP2
3411	β-萘胺溶液	6.1	T1	Ⅲ	6.1		5L	E1	P001 IBC02		MP19	T7	TP2
3412	甲酸,按质量含酸不小于10%,但不大于85%	8	C3	Ⅱ	8		1L	E2	P001 IBC02		MP15	T7	TP2
3412	甲酸,按质量含酸不小于5%,但小于10%	8	C3	Ⅲ	8		5L	E1	P001 IBC03 LP01 R001		MP19	T4	TP1
3413	氰化钾溶液	6.1	T4	Ⅰ	6.1		0	E5	P001		MP8 MP17	T14	TP2
3413	氰化钾溶液	6.1	T4	Ⅱ	6.1		100ml	E4	P001 IBC02		MP15	T11	TP2 TP27
3413	氰化钾溶液	6.1	T4	Ⅲ	6.1		5L	E1	P001 IBC03 LP01 R001		MP19	T7	TP2 TP28
3414	氰化钠溶液	6.1	T4	Ⅰ	6.1		0	E5	P001		MP8 MP17	T14	TP2
3414	氰化钠溶液	6.1	T4	Ⅱ	6.1		100ml	E4	P001 IBC02		MP15	T11	TP2 TP27

罐体代码	特殊规定	运输罐体车辆	运输类别（隧道限制代码）	包件	散装	装卸和操作	作业	危险性识别号	联合国编号	名称和描述
4.3	4.3.5, 6.8.4	9.1.1.2	1.1.3.6	7.2.4	7.3.3	7.5.11	8.5	5.3.2.3	3.1.2	
(12)	(13)	(14)	(15)	(16)	(17)	(18)	(19)	(20)	(1)	(2)
L4BN	TU3	AT	2 (E)			CV24 CV28		56	3406	高氯酸钡溶液
LGBV	TU3	AT	3 (E)			CV24 CV28		56	3406	高氯酸钡溶液
L4BN	TU3	AT	2 (E)			CV24		50	3407	氯酸盐和氯化镁混合物溶液
LGBV	TU3	AT	3 (E)			CV24		50	3407	氯酸盐和氯化镁混合物溶液
L4BN	TU3	AT	2 (E)			CV24 CV28		56	3408	高氯酸铅溶液
LGBV	TU3	AT	3 (E)			CV24 CV28		56	3408	高氯酸铅溶液
L4BH	TU15 TE19	AT	2 (D/E)			CV13 CV28	S9 S19	60	3409	氯硝基苯类,液体的
L4BH	TU15 TE19	AT	2 (E)	V12		CV13 CV28	S9	60	3410	4-氯邻甲苯胺盐酸盐溶
L4BH	TU15 TE19	AT	2 (D/E)			CV13 CV28	S9 S19	60	3411	β-萘胺溶液
L4BH	TU15 TE19	AT	2 (E)			CV13 CV28	S9	60	3411	β-萘胺溶液
L4BN		AT	2 (E)					80	3412	甲酸,按质量含酸不小于10%,但不大于85%
L4BN		AT	3 (E)	V12				80	3412	甲酸,按质量含酸不小于5%,但小于10%
L10CH	TU14 TU15 TE19 TE21	AT	1 (C/E)			CV1 CV13 CV28	S9 S14	66	3413	氰化钾溶液
L4BH	TU15 TE19	AT	2 (D/E)			CV13 CV28	S9 S19	60	3413	氰化钾溶液
L4BH	TU15 TE19	AT	2 (E)	V12		CV13 CV28	S9	60	3413	氰化钾溶液
L10CH	TU14 TU15 TE19 TE21	AT	1 (C/E)			CV1 CV13 CV28	S9 S14	66	3414	氰化钠溶液
L4BH	TU15 TE19	AT	2 (D/E)			CV13 CV28	S9 S19	60	3414	氰化钠溶液

联合国编号	名称和描述	类别	分类代码	包装类别	标志	特殊规定	有限和例外数量		容器			可移动罐柜和散装容器	
									包装指南	特殊包装规定	混合包装规定	指南	特殊规定
		3.1.2	2.2	2.2	2.1.1.3	5.2.2	3.3	3.4	3.5.1.2	4.1.4	4.1.4	4.1.10	4.2.5.2	4.2.5.3
(1)	(2)	(3a)	(3b)	(4)	(5)	(6)	(7a)	(7b)	(8)	(9a)	(9b)	(10)	(11)
3414	氰化钠溶液	6.1	T4	Ⅲ	6.1		5L	E1	P001 IBC03 LP01 R001		MP19	T7	TP2 TP28
3415	氟化钠溶液	6.1	T4	Ⅲ	6.1		5L	E1	P001 IBC03 LP01 R001		MP19	T4	TP1
3416	氯乙酰苯,液体的	6.1	T1	Ⅱ	6.1		0	E0	P001 IBC02		MP15	T7	TP2
3417	甲苄基溴,固体的	6.1	T2	Ⅱ	6.1		0	E4	P002 IBC08	B4	MP10	T3	TP33
3418	2,4-甲苯二胺溶液	6.1	T1	Ⅲ	6.1		5L	E1	P001 IBC03 LP01 R001		MP19	T4	TP1
3419	三氟化硼合乙酸,固体的	8	C4	Ⅱ	8		1kg	E2	P002 IBC08	B4	MP10	T3	TP33
3420	三氟化硼合丙酸,固体的	8	C4	Ⅱ	8		1kg	E2	P002 IBC08	B4	MP10	T3	TP33
3421	二氟化氢钾溶液	8	CT1	Ⅱ	8+6.1		1L	E2	P001 IBC02		MP15	T7	TP2
3421	二氟化氢钾溶液	8	CT1	Ⅲ	8+6.1		5L	E1	P001 IBC03 R001		MP19	T4	TP1
3422	氟化钾溶液	6.1	T4	Ⅲ	6.1		5L	E1	P001 IBC03 LP01 R001		MP19	T4	TP1
3423	氢氧化四甲铵,固体的	8	C8	Ⅱ	8		1kg	E2	P002 IBC08	B4	MP10	T3	TP33
3424	二硝基邻甲酚铵溶液	6.1	T1	Ⅱ	6.1		100ml	E4	P001 IBC02		MP15	T7	TP2
3424	二硝基邻甲酚铵溶液	6.1	T1	Ⅲ	6.1		5L	E1	P001 IBC02		MP19	T7	TP2
3425	溴乙酸,固体的	8	C4	Ⅱ	8		1kg	E2	P002 IBC08	B4	MP10	T3	TP33
3426	丙烯酰胺溶液	6.1	T1	Ⅲ	6.1		5L	E1	P001 IBC03 LP01 R001		MP19	T4	TP1

ADR 罐体		运输罐体车辆	运输类别（隧道限制代码）	运输特殊规定				危险性识别号	联合国编号	名称和描述
罐体代码	特殊规定			包件	散装	装卸和操作	作业			
4.3	4.3.5,6.8.4	9.1.1.2	1.1.3.6	7.2.4	7.3.3	7.5.11	8.5	5.3.2.3		3.1.2
(12)	(13)	(14)	(15)	(16)	(17)	(18)	(19)	(20)	(1)	(2)
L4BH	TU15 TE19	AT	2 (E)	V12		CV13 CV28	S9	60	3414	氰化钠溶液
L4BH	TU15 TE19	AT	2 (E)	V12		CV13 CV28	S9	60	3415	氟化钠溶液
L4BH	TU15 TE19	AT	2 (D/E)			CV13 CV28	S9 S19	60	3416	氯乙酰苯,液体的
SGAH L4BH	TU15 TE19	AT	2 (D/E)	V11		CV13 CV28	S9 S19	60	3417	甲苄基溴,固体的
L4BH	TU15 TE19	AT	2 (E)	V12		CV13 CV28	S9	60	3418	2,4-甲苯二胺溶液
SGAN L4BN		AT	2 (E)	V11				80	3419	三氟化硼合乙酸,固体的
SGAN L4BN		AT	2 (E)	V11				80	3420	三氟化硼合丙酸,固体的
L4DH	TU14 TE21	AT	2 (E)			CV13 CV28		86	3421	二氟化氢钾溶液
L4DH	TU14 TE21	AT	3 (E)	V12		CV13 CV28		86	3421	二氟化氢钾溶液
L4BH	TU15 TE19	AT	2 (E)	V12		CV13 CV28	S9	60	3422	氟化钾溶液
SGAN L4BN		AT	2 (E)	V11				80	3423	氢氧化四甲铵,固体的
L4BH	TU15 TE19	AT	2 (D/E)			CV13 CV28	S9 S19	60	3424	二硝基邻甲酚铵溶液
L4BH	TU15 TE19	AT	2 (E)			CV13 CV28	S9	60	3424	二硝基邻甲酚铵溶液
SGAN L4BN		AT	2 (E)	V11				80	3425	溴乙酸,固体的
L4BH	TU15 TE19	AT	2 (E)	V12		CV13 CV28	S9	60	3426	丙烯酰胺溶液

联合国编号	名称和描述	类别	分类代码	包装类别	标志	特殊规定	有限和例外数量		容器			可移动罐柜和散装容器	
									包装指南	特殊包装规定	混合包装规定	指南	特殊规定
		3.1.2	2.2	2.2	2.1.1.3	5.2.2	3.3	3.4	3.5.1.2	4.1.4	4.1.4	4.1.10	4.2.5.2	4.2.5.3
(1)	(2)	(3a)	(3b)	(4)	(5)	(6)	(7a)	(7b)	(8)	(9a)	(9b)	(10)	(11)
3427	氯苯甲基氯,固体的	6.1	T2	Ⅲ	6.1		5kg	E1	P002 IBC08 LP02 R001	B3	MP10	T1	TP33
3428	异氰酸-3-氯-4-甲基苯酯,固体的	6.1	T2	Ⅱ	6.1		500g	E4	P002 IBC08	B4	MP10	T3	TP33
3429	氯甲苯胺类,液体的	6.1	T1	Ⅲ	6.1		5L	E1	P001 IBC03 LP01 R001		MP19	T4	TP1
3430	二甲苯酚类,液体的	6.1	T1	Ⅱ	6.1		100ml	E4	P001 IBC02		MP15	T7	TP2
3431	硝基三氟甲苯类,固体的	6.1	T2	Ⅱ	6.1		500g	E4	P002 IBC08	B4	MP10	T3	TP33
3432	多氯联苯类,固体的	9	M2	Ⅱ	9	305	1kg	E2	P906 IBC08	B4	MP10	T3	TP33
3434	硝基甲(苯)酚类,液体的	6.1	T1	Ⅲ	6.1		5L	E1	P001 IBC03 LP01 R001		MP19	T4	TP1
3436	水合六氟丙酮,固体的	6.1	T2	Ⅱ	6.1		500g	E4	P002 IBC08	B4	MP10	T3	TP33
3437	氯甲酚类,固体的	6.1	T2	Ⅱ	6.1		500g	E4	P002 IBC08	B4	MP10	T3	TP33
3438	α-甲基苄基醇,固体的	6.1	T2	Ⅲ	6.1		5kg	E1	P002 IBC08 LP02 R001	B3	MP10	T1	TP33
3439	腈类,有毒的,固体的,未另作规定的	6.1	T2	Ⅰ	6.1	274	0	E5	P002 IBC07		MP18	T6	TP33
3439	腈类,有毒的,固体的,未另作规定的	6.1	T2	Ⅱ	6.1	274	500g	E4	P002 IBC08	B4	MP10	T3	TP33
3439	腈类,有毒的,固体的,未另作规定的	6.1	T2	Ⅲ	6.1	274	5kg	E1	P002 IBC08 LP02 R001	B3	MP10	T1	TP33
3440	硒化合物,液体的,未另作规定的	6.1	T4	Ⅰ	6.1	274 563	0	E5	P001		MP8 MP17	T14	TP2 TP27

ADR 罐体		运输罐体车辆	运输类别（隧道限制代码）	运输特殊规定				危险性识别号	联合国编号	名称和描述
罐体代码	特殊规定			包件	散装	装卸和操作	作业			
4.3	4.3.5,6.8.4	9.1.1.2	1.1.3.6	7.2.4	7.3.3	7.5.11	8.5	5.3.2.3		3.1.2
(12)	(13)	(14)	(15)	(16)	(17)	(18)	(19)	(20)	(1)	(2)
SGAH L4BH	TU15 TE19	AT	2 (E)		VC1 VC2 AP7	CV13 CV28	S9	60	3427	氯苯甲基氯,固体的
SGAH L4BH	TU15 TE19	AT	2 (D/E)	V11		CV13 CV28	S9 S19	60	3428	异氰酸-3-氯-4-甲基苯酯,固体的
L4BH	TU15 TE19	AT	2 (E)	V12		CV13 CV28	S9	60	3429	氯甲苯胺类,液体的
L4BH	TU15 TE19	AT	2 (D/E)			CV13 CV28	S9 S19	60	3430	二甲苯酚类,液体的
SGAH L4BH	TU15 TE19	AT	2 (D/E)	V11		CV13 CV28	S9 S19	60	3431	硝基三氟甲苯类,固体的
S4AH L4BH	TU15	AT	0 (D/E)	V11	VC1 VC2 AP9	CV1 CV13 CV28	S19	90	3432	多氯联苯类,固体的
L4BH	TU15 TE19	AT	2 (E)	V12		CV13 CV28	S9	60	3434	硝基甲(苯)酚类,液体的
SGAH L4BH	TU15 TE19	AT	2 (D/E)	V11		CV13 CV28	S9 S19	60	3436	水合六氟丙酮,固体的
SGAH L4BH	TU15 TE19	AT	2 (D/E)	V11		CV13 CV28	S9 S19	60	3437	氯甲酚类,固体的
SGAH L4BH	TU15 TE19	AT	2 (E)		VC1 VC2 AP7	CV13 CV28	S9	60	3438	α-甲基苄基醇,固体的
S10AH L10CH	TU14 TU15 TE19 TE21	AT	1 (C/E)	V10		CV1 CV13 CV28	S9 S14	66	3439	腈类,有毒的,固体的,未另作规定的
SGAH L4BH	TU15 TE19	AT	2 (D/E)	V11		CV13 CV28	S9 S19	60	3439	腈类,有毒的,固体的,未另作规定的
SGAH L4BH	TU15 TE19	AT	2 (E)		VC1 VC2 AP7	CV13 CV28	S9	60	3439	腈类,有毒的,固体的,未另作规定的
L10CH	TU14 TU15 TE19 TE21	AT	1 (C/E)			CV1 CV13 CV28	S9 S14	66	3440	硒化合物,液体的,未另作规定的

联合国编号	名称和描述	类别	分类代码	包装类别	标志	特殊规定	有限和例外数量		容器			可移动罐柜和散装容器	
									包装指南	特殊包装规定	混合包装规定	指南	特殊规定
		3.1.2	2.2	2.2	2.1.1.3	5.2.2	3.3	3.4	3.5.1.2	4.1.4	4.1.4	4.1.10	4.2.5.2	4.2.5.3
(1)	(2)	(3a)	(3b)	(4)	(5)	(6)	(7a)	(7b)	(8)	(9a)	(9b)	(10)	(11)
3440	硒化合物,液体的,未另作规定的	6.1	T4	Ⅱ	6.1	274 563	100ml	E4	P001 IBC02		MP15	T11	TP2 TP27
3440	硒化合物,液体的,未另作规定的	6.1	T4	Ⅲ	6.1	274 563	5L	E1	P001 IBC03 R001		MP19	T7	TP1 TP28
3441	二硝基氯苯类,固体的	6.1	T2	Ⅱ	6.1	279	500g	E4	P002 IBC08	B4	MP10	T3	TP33
3442	二氯苯胺类,固体的	6.1	T2	Ⅱ	6.1	279	500g	E4	P002 IBC08	B4	MP10	T3	TP33
3443	二硝基苯类,固体的	6.1	T2	Ⅱ	6.1		500g	E4	P002 IBC08	B4	MP10	T3	TP33
3444	烟碱盐酸盐,固体的	6.1	T2	Ⅱ	6.1	43	500g	E4	P002 IBC08	B4	MP10	T3	TP33
3445	硫酸烟碱盐,固体的	6.1	T2	Ⅱ	6.1		500g	E4	P002 IBC08	B4	MP10	T3	TP33
3446	硝基甲苯类,固体的	6.1	T2	Ⅱ	6.1		500g	E4	P002 IBC08	B4	MP10	T3	TP33
3447	硝基二甲苯类,固体的	6.1	T2	Ⅱ	6.1		500g	E4	P002 IBC08	B4	MP10	T3	TP33
3448	催泪性物质,固体的,未另作规定的	6.1	T2	Ⅰ	6.1	274	0	E0	P002		MP18	T6	TP33
3448	催泪性物质,固体的,未另作规定的	6.1	T2	Ⅱ	6.1	274	0	E0	P002 IBC08	B4	MP10	T3	TP33
3449	溴苄基氰类,固体的	6.1	T2	Ⅰ	6.1	138	0	E5	P002		MP18	T6	TP33
3450	二苯氯胂,固体的	6.1	T3	Ⅰ	6.1		0	E0	P002 IBC07		MP18	T6	TP33
3451	甲苯胺类,固体的	6.1	T2	Ⅱ	6.1	279	500g	E4	P002 IBC08	B4	MP10	T3	TP33
3452	二甲苯胺类,固体的	6.1	T2	Ⅱ	6.1		500g	E4	P002 IBC08	B4	MP10	T3	TP33
3453	磷酸,固体的	8	C2	Ⅲ	8		5kg	E1	P002 IBC08 LP02 R001	B3	MP10	T1	TP33
3454	二硝基甲苯类,固体的	6.1	T2	Ⅱ	6.1		500g	E4	P002 IBC08	B4	MP10	T3	TP33

ADR 罐体		运输罐体车辆	运输类别(隧道限制代码)	运输特殊规定				危险性识别号	联合国编号	名称和描述
罐体代码	特殊规定			包件	散装	装卸和操作	作业			
4.3	4.3.5,6.8.4	9.1.1.2	1.1.3.6	7.2.4	7.3.3	7.5.11	8.5	5.3.2.3		3.1.2
(12)	(13)	(14)	(15)	(16)	(17)	(18)	(19)	(20)	(1)	(2)
L4BH	TU15 TE19	AT	2 (D/E)			CV13 CV28	S9 S19	60	3440	硒化合物,液体的,未另作规定的
L4BH	TU15 TE19	AT	2 (E)	V12		CV13 CV28	S9	60	3440	硒化合物,液体的,未另作规定的
SGAH L4BH	TU15 TE19	AT	2 (D/E)	V11		CV13 CV28	S9 S19	60	3441	二硝基氯苯类,固体的
SGAH L4BH	TU15 TE19	AT	2 (D/E)	V11		CV13 CV28	S9 S19	60	3442	二氯苯胺类,固体的
SGAH L4BH	TU15 TE19	AT	2 (D/E)	V11		CV13 CV28	S9 S19	60	3443	二硝基苯类,固体的
SGAH	TU15 TE19	AT	2 (D/E)	V11		CV13 CV28	S9 S19	60	3444	烟碱盐酸盐,固体的
SGAH	TU15 TE19	AT	2 (D/E)	V11		CV13 CV28	S9 S19	60	3445	硫酸烟碱盐,固体的
SGAH L4BH	TU15 TE19	AT	2 (D/E)	V11		CV13 CV28	S9 S19	60	3446	硝基甲苯类,固体的
SGAH L4BH	TU15 TE19	AT	2 (D/E)	V11		CV13 CV28	S9 S19	60	3447	硝基二甲苯类,固体的
S10AH L10CH	TU14 TU15 TE19 TE21	AT	1 (C/E)			CV1 CV13 CV28	S9 S14	66	3448	催泪性物质,固体的,未另作规定的
SGAH L4BH	TU15 TE19	AT	2 (D/E)	V11		CV13 CV28	S9 S19	60	3448	催泪性物质,固体的,未另作规定的
S10AH L10CH	TU15 TE19	AT	1 (C/E)			CV1 CV13 CV28	S9 S14	66	3449	溴苄基氰类,固体的
S10AH L10CH	TU15 TE19	AT	1 (C/E)	V10		CV1 CV13 CV28	S9 S14	66	3450	二苯氯胂,固体的
SGAH L4BH	TU15 TE19	AT	2 (D/E)	V11		CV13 CV28	S9 S19	60	3451	甲苯胺类,固体的
SGAH L4BH	TU15 TE19	AT	2 (D/E)	V11		CV13 CV28	S9 S19	60	3452	二甲基苯胺类,固体的
SGAV L4BN		AT	3 (E)	VC1 VC2 AP7				80	3453	磷酸,固体的
SGAH L4BH	TU15 TE19	AT	2 (D/E)	V11		CV13 CV28	S9 S19	60	3454	二硝基甲苯类,固体的

联合国编号	名称和描述	类别	分类代码	包装类别	标志	特殊规定	有限和例外数量		容器			可移动罐柜和散装容器	
									包装指南	特殊包装规定	混合包装规定	指南	特殊规定
		3.1.2	2.2	2.2	2.1.1.3	5.2.2	3.3	3.4	3.5.1.2	4.1.4	4.1.4	4.1.10	4.2.5.2	4.2.5.3
(1)	(2)	(3a)	(3b)	(4)	(5)	(6)	(7a)	(7b)	(8)	(9a)	(9b)	(10)	(11)
3455	甲酚类,固体的	6.1	TC2	Ⅱ	6.1+8		500g	E4	P002 IBC08		B4	MP10	T3	TP33
3456	亚硝基硫酸,固体的	8	C2	Ⅱ	8		1kg	E2	P002 IBC08		B4	MP10	T3	TP33
3457	氯硝基甲苯类,固体的	6.1	T2	Ⅲ	6.1		5kg	E1	P002 IBC08 LP02 R001		B3	MP10	T1	TP33
3458	硝基茴香醚类,固体的	6.1	T2	Ⅲ	6.1	279	5kg	E1	P002 IBC08 LP02 R001		B3	MP10	T1	TP33
3459	硝基溴苯类,固体的	6.1	T2	Ⅲ	6.1		5kg	E1	P002 IBC08 LP02 R001		B3	MP10	T1	TP33
3460	N-乙基苄基甲苯胺类,固体的	6.1	T2	Ⅲ	6.1		5kg	E1	P002 IBC08 LP02 R001		B3	MP10	T1	TP33
3462	毒素,从生物源中提取的,固体的,未另作规定的	6.1	T2	Ⅰ	6.1	210 274	0	E5	P002 IBC07			MP18	T6	TP33
3462	毒素,从生物源中提取的,固体的,未另作规定的	6.1	T2	Ⅱ	6.1	210 274	500g	E4	P002 IBC08		B4	MP10	T3	TP33
3462	毒素,从生物源中提取的,固体的,未另作规定的	6.1	T2	Ⅲ	6.1	210 274	5kg	E1	P002 IBC08 R001		B3	MP10	T1	TP33
3463	丙酸,按质量含酸不小于90%	8	CF1	Ⅱ	8+3		1L	E2	P001 IBC02			MP15	T7	TP2
3464	有机磷化合物,有毒的,固体的,未另作规定的	6.1	T2	Ⅰ	6.1	43 274	0	E5	P002 IBC07			MP18	T6	TP33
3464	有机磷化合物,有毒的,固体的,未另作规定的	6.1	T2	Ⅱ	6.1	43 274	500g	E4	P002 IBC08		B4	MP10	T3	TP33
3464	有机磷化合物,有毒的,固体的,未另作规定的	6.1	T2	Ⅲ	6.1	43 274	5kg	E1	P002 IBC08 LP02 R001		B3	MP10	T1	TP33
3465	有机砷化合物,固体的,未另作规定的	6.1	T3	Ⅰ	6.1	274	0	E5	P002 IBC07			MP18	T6	TP33

ADR 罐体		运输罐体车辆	运输类别（隧道限制代码）	运输特殊规定				危险性识别号	联合国编号	名称和描述
罐体代码	特殊规定			包件	散装	装卸和操作	作业			
4.3	4.3.5,6.8.4	9.1.1.2	1.1.3.6	7.2.4	7.3.3	7.5.11	8.5	5.3.2.3		3.1.2
(12)	(13)	(14)	(15)	(16)	(17)	(18)	(19)	(20)	(1)	(2)
SGAH L4BH	TU15 TE19	AT	2 (D/E)	V11		CV13 CV28	S9 S19	68	3455	甲酚类，固体的
SGAN L4BN		AT	2 (E)	V11				X80	3456	亚硝基硫酸，固体的
SGAH L4BH	TU15 TE19	AT	2 (E)		VC1 VC2 AP7	CV13 CV28	S9	60	3457	氯硝基甲苯类，固体的
SGAH L4BH	TU15 TE19	AT	2 (E)		VC1 VC2 AP7	CV13 CV28	S9	60	3458	硝基茴香醚类，固体的
SGAH L4BH	TU15 TE19	AT	2 (E)		VC1 VC2 AP7	CV13 CV28	S9	60	3459	硝基溴苯类，固体的
SGAH L4BH	TU15 TE19	AT	2 (E)		VC1 VC2 AP7	CV13 CV28	S9	60	3460	N-乙基苄基甲苯胺类，固体的
S10AH L10CH	TU15 TE19	AT	1 (C/E)	V10		CV1 CV13 CV28	S9 S14	66	3462	毒素，从生物源中提取的，固体的，未另作规定的
SGAH L4BH	TU15 TE19	AT	2 (D/E)	V11		CV13 CV28	S9 S19	60	3462	毒素，从生物源中提取的，固体的，未另作规定的
SGAH L4BH	TU15 TE19	AT	2 (E)		VC1 VC2 AP7	CV13 CV28	S9	60	3462	毒素，从生物源中提取的，固体的，未另作规定的
L4BN		FL	2 (D/E)				S2	83	3463	丙酸，按质量含酸不小于90%
S10AH L10CII	TU14 TU15 TE19 TE21	AT	1 (C/E)	V10		CV1 CV13 CV28	S9 S14	66	3464	有机磷化合物，有毒的，固体的，未另作规定的
SGAH L4BH	TU15 TE19	AT	2 (D/E)	V11		CV13 CV28	S9 S19	60	3464	有机磷化合物，有毒的，固体的，未另作规定的
SGAH L4BH	TU15 TE19	AT	2 (E)		VC1 VC2 AP7	CV13 CV28	S9	60	3464	有机磷化合物，有毒的，固体的，未另作规定的
S10AH L10CH	TU14 TU15 TE19 TE21	AT	1 (C/E)	V10		CV1 CV13 CV28	S9 S14	66	3465	有机砷化合物，固体的，未另作规定的

联合国编号	名称和描述	类别	分类代码	包装类别	标志	特殊规定	有限和例外数量		容器			可移动罐柜和散装容器	
									包装指南	特殊包装规定	混合包装规定	指南	特殊规定
	3.1.2	2.2	2.2	2.1.1.3	5.2.2	3.3	3.4	3.5.1.2	4.1.4	4.1.4	4.1.10	4.2.5.2	4.2.5.3
(1)	(2)	(3a)	(3b)	(4)	(5)	(6)	(7a)	(7b)	(8)	(9a)	(9b)	(10)	(11)
3465	有机砷化合物,固体的,未另作规定的	6.1	T3	Ⅱ	6.1	274	500g	E4	P002 IBC08		B4	MP10	T3	TP33
3465	有机砷化合物,固体的,未另作规定的	6.1	T3	Ⅲ	6.1	274	5kg	E1	P002 IBC08 LP02 R001	B3	MP10	T1	TP33
3466	羰基金属,固体的,未另作规定的	6.1	T3	Ⅰ	6.1	274 562	0	E5	P002 IBC07		MP18	T6	TP33
3466	羰基金属,固体的,未另作规定的	6.1	T3	Ⅱ	6.1	274 562	500g	E4	P002 IBC08	B4	MP10	T3	TP33
3466	羰基金属,固体的,未另作规定的	6.1	T3	Ⅲ	6.1	274 562	5kg	E1	P002 IBC08 LP02 R001	B3	MP10	T1	TP33
3467	有机金属化合物,固体的,有毒的,未另作规定的	6.1	T3	Ⅰ	6.1	274 562	0	E5	P002 IBC07		MP18	T6	TP33
3467	有机金属化合物,固体的,有毒的,未另作规定的	6.1	T3	Ⅱ	6.1	274 562	500g	E4	P002 IBC08	B4	MP10	T3	TP33
3467	有机金属化合物,固体的,有毒的,未另作规定的	6.1	T3	Ⅲ	6.1	274 562	5kg	E1	P002 IBC08 LP02 R001	B3	MP10	T1	TP33
3468	金属氢化物储存系统内的氢或包括在设备内的金属氢化物储存系统内的氢,或和设备包装在一起的金属氢化物储存系统内的氢	2	1F		2.1	321 356	0	E0	P205		MP9		
3469	涂料,易燃的,腐蚀的(包括油漆、真漆、瓷漆、着色剂、紫胶溶液、清漆、虫胶清漆和液体真漆基料)或油漆相关材料(包括油漆稀释剂和调稀剂)	3	FC	Ⅰ	3 +8	163 367	0	E0	P001		MP7 MP17	T11	TP2 TP27

ADR 罐体		运输罐体车辆	运输类别（隧道限制代码）	运输特殊规定				危险性识别号	联合国编号	名称和描述
罐体代码	特殊规定			包件	散装	装卸和操作	作业			
4.3	4.3.5,6.8.4	9.1.1.2	1.1.3.6	7.2.4	7.3.3	7.5.11	8.5	5.3.2.3		3.1.2
(12)	(13)	(14)	(15)	(16)	(17)	(18)	(19)	(20)	(1)	(2)
SGAH L4BH	TU15 TE19	AT	2 (D/E)	V11		CV13 CV28	S9 S19	60	3465	有机砷化合物,固体的,未另作规定的
SGAH L4BH	TU15 TE19	AT	2 (E)		VC1 VC2 AP7	CV13 CV28	S9	60	3465	有机砷化合物,固体的,未另作规定的
S10AH L10CH	TU14 TU15 TE19 TE21	AT	1 (C/E)	V10		CV1 CV13 CV28	S9 S14	66	3466	羰基金属,固体的,未另作规定的
SGAH L4BH	TU15 TE19	AT	2 (D/E)	V11		CV13 CV28	S9 S19	60	3466	羰基金属,固体的,未另作规定的
SGAH L4BH	TU15 TE19	AT	2 (E)		VC1 VC2 AP7	CV13 CV28	S9	60	3466	羰基金属,固体的,未另作规定的
S10AH L10CH	TU14 TU15 TE19 TE21	AT	1 (C/E)	V10		CV1 CV13 CV28	S9 S14	66	3467	有机金属化合物,固体的,有毒的,未另作规定的
SGAH L4BH	TU15 TE19	AT	2 (D/E)	V11		CV13 CV28	S9 S19	60	3467	有机金属化合物,固体的,有毒的,未另作规定的
SGAH L4BH	TU15 TE19	AT	2 (E)		VC1 VC2 AP7	CV13 CV28	S9	60	3467	有机金属化合物,固体的,有毒的,未另作规定的
			2 (D)			CV9 CV10 CV36	S2 S20		3468	金属氢化物储存系统内的氢或包括在设备内的金属氢化物储存系统内的氢,或和设备包装在一起的金属氢化物储存系统内的氢
L10CH	TU14 TE21	FL	1 (C/E)				S2 S20	338	3469	涂料,易燃的,腐蚀的(包括油漆、真漆、瓷漆、着色剂、紫胶溶液、清漆、虫胶清漆和液体真漆基料)或油漆相关材料(包括油漆稀释剂和调稀剂)

联合国编号	名称和描述	类别	分类代码	包装类别	标志	特殊规定	有限和例外数量		容器			可移动罐柜和散装容器	
									包装指南	特殊包装规定	混合包装规定	指南	特殊规定
		3.1.2	2.2	2.2	2.1.1.3	5.2.2	3.3	3.4	3.5.1.2	4.1.4	4.1.4	4.1.10	4.2.5.2	4.2.5.3
(1)	(2)	(3a)	(3b)	(4)	(5)	(6)	(7a)	(7b)	(8)	(9a)	(9b)	(10)	(11)
3469	涂料,易燃的,腐蚀的(包括油漆、真漆、瓷漆、着色剂、紫胶溶液、清漆、虫胶清漆和液体真漆基料)或油漆相关材料(包括油漆稀释剂和调稀剂)	3	FC	Ⅱ	3+8	163 367	1L	E2	P001 IBC02		MP19	T7	TP2 TP8 TP28
3469	涂料,易燃的,腐蚀的(包括油漆、真漆、瓷漆、着色剂、紫胶溶液、清漆、虫胶清漆或液体真漆基料)或油漆相关材料(包括油漆稀释剂和调稀剂)	3	FC	Ⅲ	3+8	163 367	5L	E1	P001 IBC03 R001		MP19	T4	TP1 TP29
3470	涂料,腐蚀的,易燃的(包括油漆、真漆、瓷漆、着色剂、紫胶溶液、清漆、虫胶清漆和液体真漆基料)或油漆相关材料,腐蚀的,易燃的(包括油漆稀释剂和调稀剂)	8	CF1	Ⅱ	8+3	163 367	1L	E2	P001 IBC02		MP15	T7	TP2 TP8 TP28
3471	二氟氢化物溶液,未另作规定的	8	CT1	Ⅱ	8+6.1		1L	E2	P001 IBC02		MP15	T7	TP2
3471	二氟化氢溶液,未另作规定的	8	CT1	Ⅲ	8+6.1		5L	E1	P001 IBC03 R001		MP19	T4	TP1
3472	丁烯酸,液体的	8	C3	Ⅲ	8		5L	E1	P001 IBC03 LP01 R001		MP19	T4	TP1
3473	燃料电池筒,或设备中含有的燃料电池筒或与设备装在一起的燃料电池筒,含有易燃液体	3	F3		3	328	1L	E0	P004				

668

ADR 罐体		运输罐体车辆	运输类别（隧道限制代码）	运输特殊规定				危险性识别号	联合国编号	名称和描述
罐体代码	特殊规定			包件	散装	装卸和操作	作业			
4.3	4.3.5,6.8.4	9.1.1.2	1.1.3.6	7.2.4	7.3.3	7.5.11	8.5	5.3.2.3		3.1.2
(12)	(13)	(14)	(15)	(16)	(17)	(18)	(19)	(20)	(1)	(2)
L4BH		FL	2 (D/E)				S2 S20	338	3469	涂料,易燃的,腐蚀的（包括油漆、真漆、瓷漆、着色剂、紫胶溶液、清漆、虫胶清漆和液体真漆基料）或油漆相关材料（包括油漆稀释剂和调稀剂）
L4BN		FL	3 (D/E)	V12			S2	38	3469	涂料,易燃的,腐蚀的（包括油漆、真漆、瓷漆、着色剂、紫胶溶液、清漆、虫胶清漆或液体真漆基料）或油漆相关材料（包括油漆稀释剂和调稀剂）
L4BN		FL	2 (D/E)				S2	83	3470	涂料,腐蚀的,易燃的（包括油漆、真漆、瓷漆、着色剂、紫胶溶液、清漆,虫胶清漆和液体真漆基料）或油漆相关材料,腐蚀的,易燃的（包括油漆稀释剂和调稀剂）
L4DH	TU14 TE21	AT	2 (E)			CV13 CV28		86	3471	二氟氢化物溶液,未另作规定的
L4DH	TU14 TE21	AT	3 (E)	V12		CV13 CV28		86	3471	二氟化氢溶液,未另作规定的
L4BN		AT	3 (E)	V12				80	3472	丁烯酸,液体的
			3 (E)				S2		3473	燃料电池筒,或设备中含有的燃料电池筒或与设备装在一起的燃料电池筒,含有易燃液体

联合国编号	名称和描述	类别	分类代码	包装类别	标志	特殊规定	有限和例外数量		容器			可移动罐柜和散装容器	
									包装指南	特殊包装规定	混合包装规定	指南	特殊规定
	3.1.2	2.2	2.2	2.1.1.3	5.2.2	3.3	3.4	3.5.1.2	4.1.4	4.1.4	4.1.10	4.2.5.2	4.2.5.3
(1)	(2)	(3a)	(3b)	(4)	(5)	(6)	(7a)	(7b)	(8)	(9a)	(9b)	(10)	(11)
3474	1-羟基苯并三唑,无水的,湿的,按质量含水不少于20%	4.1	D	Ⅰ	4.1		0	E0	P406	PP48	MP2		
3475	乙醇和汽油混合物或酒精和汽油混合物,含乙醇10%以上	3	F1	Ⅱ	3	333 363 664	1L	E2	P001 IBC02		MP19	T4	TP1
3476	燃料电池筒或设备中含有的燃料电池筒或与设备合装在一起的燃料电池筒,含有遇水反应物质	4.3	W3		4.3	328 334	500ml 或500g	E0	P004				
3477	燃料电池筒或设备中含有的燃料电池筒与设备合装在一起的燃料电池筒,含有腐蚀性物质	8	C11		8	328 334	1L 或1kg	E0	P004				
3478	燃料电池筒或设备中含有的燃料电池筒或与设备合装在一起的燃料电池筒,含有液化的易燃气体	2	6F		2.1	328 338	120ml	E0	P004				
3479	燃料电池筒或设备中含有的燃料电池筒或与设备合装在一起的燃料电池筒,在金属氢化物内含有氢气	2	6F		2.1	328 339	120ml	E0	P004				
3480	锂离子电池(包括锂离子聚合体电池)	9	M4		9	188 230 310 348 376 377 636	0	E0	P903 P908 P909 LP903 LP904				

ADR 罐体		运输罐体车辆	运输类别（隧道限制代码）	运输特殊规定				危险性识别号	联合国编号	名称和描述
罐体代码	特殊规定			包件	散装	装卸和操作	作业			
4.3	4.3.5,6.8.4	9.1.1.2	1.1.3.6	7.2.4	7.3.3	7.5.11	8.5	5.3.2.3	3.1.2	
(12)	(13)	(14)	(15)	(16)	(17)	(18)	(19)	(20)	(1)	(2)
			1 (B)				S17		3474	**1－羟基苯并三唑,无水的,湿的,按质量含水不少于20%**
LGBF		FL	2 (D/E)				S2 S20	33	3475	**乙醇和汽油混合物或酒精和汽油混合物,含乙醇10%以上**
			3 (E)	V1		CV23			3476	**燃料电筒或设备中含有的燃料电池筒或与设备合装在一起的燃料电池筒,含有遇水反应物质**
			3 (E)						3477	**燃料电池筒或设备中含有的燃料电池筒与设备合装在一起的燃料电池筒,含有腐蚀性物质**
			2 (D)			CV9 CV12	S2		3478	**燃料电池筒或设备中含有的燃料电池筒或与设备合装在一起的燃料电池筒,含有液化的易燃气体**
			2 (D)			CV9 CV12	S2		3479	**燃料电池筒或设备中含有的燃料电池筒或与设备合装在一起的燃料电池筒,在金属氢化物内含有氢气**
			2 (E)						3480	**锂离子电池（包括锂离子聚合体电池）**

联合国编号	名称和描述	类别	分类代码	包装类别	标志	特殊规定	有限和例外数量		容器			可移动罐柜和散装容器	
									包装指南	特殊包装规定	混合包装规定	指南	特殊规定
		3.1.2	2.2	2.2	2.1.1.3	5.2.2	3.3	3.4	3.5.1.2	4.1.4	4.1.4	4.1.10	4.2.5.2	4.2.5.3
(1)	(2)	(3a)	(3b)	(4)	(5)	(6)	(7a)	(7b)	(8)	(9a)	(9b)	(10)	(11)
3481	设备中含有的锂离子电池或与设备合装在一起的锂离子电池（包括锂离子聚合体电池）	9	M4		9	188 230 348 376 377 360 636	0	E0	P903 P908 P909 LP903 LP904				
3482	碱金属分散体,易燃,或碱土金属分散体,易燃	4.3	WF1	I	4.3 +3	182 183 506	0	E0	P402	RR8	MP2		
3483	发动机燃料抗爆剂,易燃	6.1	TF1	I	6.1 +3		0	E0	P602		MP8 MP17	T14	TP2
3484	肼水溶液,易燃,按质量含肼超过37%	8	CFT	I	8 +3 +6.1	530	0	E0	P001		MP8 MP17	T10	TP2
3485	次氯酸钙,干的,腐蚀性,或次氯酸钙混合物,干的,腐蚀性,含有效氯大于39%（有效氧8.8%）	5.1	OC2	II	5.1 +8	314	1kg	E2	P002 IBC08	B4 B13	MP2		
3486	次氯酸钙混合物,干的,腐蚀性,含有效氯10%~39%	5.1	OC2	III	5.1 +8	314	5kg	E1	P002 IBC08 LP02 R001	B3 B13 L3	MP2		
3487	次氯酸钙水合物,腐蚀性,或次氯酸钙水合混合物,腐蚀性,含水不低于5.5%但不高于16%	5.1	OC2	II	5.1 +8	314 322	1kg	E2	P002 IBC08	B4 B13	MP2		
3487	次氯酸钙水合物,腐蚀性,或次氯酸钙水合混合物,腐蚀性,含水不低于5.5%但不高于16%	5.1	OC2	III	5.1 +8	314	5kg	E1	P002 IBC08 R001	B4 B13	MP2		

ADR 罐体		运输罐体车辆	运输类别（隧道限制代码）	运输特殊规定				危险性识别号	联合国编号	名称和描述
罐体代码	特殊规定			包件	散装	装卸和操作	作业			
4.3	4.3.5,6.8.4	9.1.1.2	1.1.3.6	7.2.4	7.3.3	7.5.11	8.5	5.3.2.3		3.1.2
(12)	(13)	(14)	(15)	(16)	(17)	(18)	(19)	(20)	(1)	(2)
			2(E)						3481	设备中含有的锂离子电池或与设备合装在一起的锂离子电池（包括锂离子聚合体电池）
L10BN(+)	TU1 TE5 TT3 TM2	FL	1(B/E)	V1		CV23	S2 S20	X323	3482	碱金属分散体,易燃,或碱土金属分散体,易燃
L10CH	TU14 TU15 TE19 TE21 TT6	FL	1(C/D)			CV1 CV13 CV28	S2 S9 S14	663	3483	发动机燃料抗爆剂,易燃
L10BH		FL	1(C/D)			CV13 CV28	S2 S14	886	3484	肼水溶液,易燃,按质量含肼超过37%
SGAN	TU3	AT	2(E)	V11		CV24 CV35		58	3485	次氯酸钙,干的,腐蚀性,或次氯酸钙混合物,干的,腐蚀性,含有效氯大于39%（有效氧8.8%）
SGAN	TU3	AT	3(E)			CV24 CV35		58	3486	次氯酸钙混合物,干的,腐蚀性,含有效氯10%~39%
SGAN	TU3	AT	2(E)	V11		CV24 CV35		58	3487	次氯酸钙水合物,腐蚀性,或次氯酸钙水合混合物,腐蚀性,含水不低于5.5%但不高于16%
SGAN	TU3	AT	3(E)			CV24 CV35		58	3487	次氯酸钙水合物,腐蚀性,或次氯酸钙水合混合物,腐蚀性,含水不低于5.5%但不高于16%

联合国编号	名称和描述	类别	分类代码	包装类别	标志	特殊规定	有限和例外数量		容器			可移动罐柜和散装容器	
									包装指南	特殊包装规定	混合包装规定	指南	特殊规定
		3.1.2	2.2	2.2	2.1.1.3	5.2.2	3.3	3.4	3.5.1.2	4.1.4	4.1.4	4.1.10	4.2.5.2	4.2.5.3
(1)	(2)	(3a)	(3b)	(4)	(5)	(6)	(7a)	(7b)	(8)	(9a)	(9b)	(10)	(11)
3488	吸入毒性,液体,易燃,腐蚀性,未另作规定的,LC_{50}低于或等于200ml/m³,且饱和蒸气浓度大于或等于500LC_{50}	6.1	TFC	I	6.1+3+8	274	0	E0	P601		MP8 MP17	T22	TP2
3489	吸入毒性,液体,易燃,腐蚀性,未另作规定的,LC_{50}低于或等于1000ml/m³,饱和蒸气浓度大于或等于10LC_{50}	6.1	TFC	I	6.1+3+8	274	0	E0	P602		MP8 MP17	T20	TP2
3490	吸入毒性,液体,遇水反应,易燃,未另作规定的,LC_{50}低于或等于200ml/m³,饱和蒸气浓度大于或等于500 LC_{50}	6.1	TFW	I	6.1+3+4.3	274	0	E0	P601		MP8 MP17	T22	TP2
3491	吸入毒性,液体,遇水反应,易燃,未另作规定的,LC_{50}低于或等于1000ml/m³,饱和蒸气浓度大于或等于10LC_{50}	6.1	TFW	I	6.1+3+4.3	274	0	E0	P602		MP8 MP17	T20	TP2
3494	含硫原油,易燃,毒性	3	FT1	I	3+6.1	343	0	E0	P001		MP7 MP17	T14	TP2
3494	含硫原油,易燃,毒性	3	FT1	II	3+6.1	343	1L	E2	P001 IBC02		MP19	T7	TP2
3494	含硫原油,易燃,毒性	3	FT1	III	3+6.1	343	5L	E1	P001 IBC03 R001		MP19	T4	TP1
3495	碘	8	CT2	III	8+6.1	279	5kg	E1	P002 IBC08 R001	B3	MP10	T1	TP33
3496	镍/金属氢化物蓄电池组(镍氢电池组)	9	M11				不受ADR限制						

674

ADR 罐体		运输罐体车辆	运输类别（隧道限制代码）	运输特殊规定				危险性识别号	联合国编号	名称和描述
罐体代码	特殊规定			包件	散装	装卸和操作	作业			
4.3	4.3.5,6.8.4	9.1.1.2	1.1.3.6	7.2.4	7.3.3	7.5.11	8.5	5.3.2.3		3.1.2
(12)	(13)	(14)	(15)	(16)	(17)	(18)	(19)	(20)	(1)	(2)
L15CH	TU14 TU15 TE19 TE21	FL	1 (C/D)			CV1 CV13 CV28	S2 S9 S14	663	3488	吸入毒性,液体,易燃,腐蚀性,未另作规定的,LC_{50}低于或等于200ml/m³,且饱和蒸气浓度大于或等于500 LC_{50}
L10CH	TU14 TU15 TE19 TE21	FL	1 (C/D)			CV1 CV13 CV28	S2 S9 S14	663	3489	吸入毒性,液体,易燃,腐蚀性,未另作规定的,LC_{50}低于或等于1000ml/m³,饱和蒸气浓度大于或等于10LC_{50}
L15CH	TU14 TU15 TE19 TE21	FL	1 (C/D)			CV1 CV13 CV28	S2 S9 S14	623	3490	吸入毒性,液体,遇水反应,易燃,未另作规定的,LC_{50}低于或等于200ml/m³,饱和蒸气浓度大于或等于500 LC_{50}
L10CH	TU14 TU15 TE19 TE21	FL	1 (C/D)			CV1 CV13 CV28	S2 S9 S14	623	3491	吸入毒性,液体,遇水反应,易燃,未另作规定的,LC_{50}低于或等于1000ml/m³,饱和蒸气浓度大于或等于10LC_{50}
L10CH	TU14 TU15 TE21	FL	1 (C/E)			CV13 CV28	S2 S22	336	3494	含硫原油,易燃,毒性
L4BH	TU15	FL	2 (D/E)			CV13 CV28	S2 S19	336	3494	含硫原油,易燃,毒性
L4BH	TU15	FL	3 (D/E)	V12		CV13 CV28	S2	36	3494	含硫原油,易燃,毒性
SGAV L4BN		AT	3 (E)		VC1 VC2 AP7	CV13 CV28		86	3495	碘
不受ADR限制									3496	镍/金属氢化物蓄电池组(镍氢电池组)

联合国编号	名称和描述	类别	分类代码	包装类别	标志	特殊规定	有限和例外数量		容器			可移动罐柜和散装容器	
									包装指南	特殊包装规定	混合包装规定	指南	特殊规定
	3.1.2	2.2	2.2	2.1.1.3	5.2.2	3.3	3.4	3.5.1.2	4.1.4	4.1.4	4.1.10	4.2.5.2	4.2.5.3
(1)	(2)	(3a)	(3b)	(4)	(5)	(6)	(7a)	(7b)	(8)	(9a)	(9b)	(10)	(11)
3497	磷虾粉	4.2	S2	Ⅱ	4.2	300	0	E2	P410 IBC06		MP14	T3	TP33
3497	磷虾粉	4.2	S2	Ⅲ	4.2	300	0	E1	P002 IBC08 LP02 R001	B3	MP14	T1	TP33
3498	一氯化碘,液态	8	C1	Ⅱ	8		1L	E0	P001 IBC02		MP15	T7	TP2
3499	电容器双层带电(储存电能的能力大于0.3Wh)	9	M11		9	361	0	E0	P003				
3500	加压化学品,未另作规定的	2	8A		2.2	274 659	0	E0	P206		MP9	T50	TP4 TP40
3501	加压化学品,易燃,未另作规定的	2	8F		2.1	274 659	0	E0	P206	PP89	MP9	T50	TP4 TP40
3502	加压化学品,毒性,未另作规定的	2	8T		2.2+6.1	274 659	0	E0	P206	PP89	MP9	T50	TP4 TP40
3503	加压化学品,腐蚀性,未另作规定的	2	8C		2.2+8	274 659	0	E0	P206	PP89	MP9	T50	TP4 TP40
3504	加压化学品,易燃,毒性,未另作规定的	2	8TF		2.1+6.1	274 659	0	E0	P206	PP89	MP9	T50	TP4 TP40
3505	加压化学品,易燃,腐蚀性,未另作规定的	2	8FC		2.1+8	274 659	0	E0	P206	PP89	MP9	T50	TP4 TP40
3506	介于制成品中的汞	8	CT3		8+6.1	366	5kg	E0	P003	PP90	MP15		
3507	六氟化铀,放射性物质,例外包件,每个包件小于0.1kg,非易裂变的或不属于易裂变的	8		Ⅰ	8	317 369	0	E0	P805				

罐体代码	特殊规定	运输罐体车辆	运输类别(隧道限制代码)	包件	散装	装卸和操作	作业	危险性识别号	联合国编号	名称和描述
ADR 罐体				运输特殊规定						
4.3	4.3.5,6.8.4	9.1.1.2	1.1.3.6	7.2.4	7.3.3	7.5.11	8.5	5.3.2.3		3.1.2
(12)	(13)	(14)	(15)	(16)	(17)	(18)	(19)	(20)	(1)	(2)
SGAN		AT	2 (D/E)	V1				40	3497	磷虾粉
SGAV		AT	3 (E)	V1	VC1 VC2 AP1			40	3497	磷虾粉
L4BN		AT	2 (E)					80	3498	一氯化碘,液态
			4 (E)						3499	电容器双层带电(储存电能的能力大于0.3Wh)
		AT	3 (C/E)			CV9 CV10 CV12 CV36		20	3500	加压化学品,未另作规定的
		FL	2 (B/D)			CV9 CV10 CV12 CV36	S2	23	3501	加压化学品,易燃,未另作规定的
		AT	1 (C/D)			CV9 CV10 CV12 CV28 CV36		26	3502	加压化学品,毒性,未另作规定的
		AT	1 (C/D)			CV9 CV10 CV12 CV36		28	3503	加压化学品,腐蚀性,未另作规定的
		FL	1 (B/D)			CV9 CV10 CV12 CV28 CV36	S2	263	3504	加压化学品,易燃,毒性,未另作规定的
		FL	1 (B/D)			CV9 CV10 CV12 CV36	S2	238	3505	加压化学品,易燃,腐蚀性,未另作规定的
			3 (E)			CV13 CV28			3506	介于制成品中的汞
			1 (D)			See SP 369	S21		3507	六氟化铀,放射性物质,例外包件,每个包件小于0.1千克,非易裂变的或不属于易裂变的

677

联合国编号	名称和描述	类别	分类代码	包装类别	标志	特殊规定	有限和例外数量		容器			可移动罐柜和散装容器	
									包装指南	特殊包装规定	混合包装规定	指南	特殊规定
		3.1.2	2.2	2.2	2.1.1.3	5.2.2	3.3	3.4	3.5.1.2	4.1.4	4.1.4	4.1.10	4.2.5.2	4.2.5.3
(1)	(2)	(3a)	(3b)	(4)	(5)	(6)	(7a)	(7b)	(8)	(9a)	(9b)	(10)	(11)
3508	电容器,非对称的(储存电能的能力大于0.3Wh)	9	M11		9	372	0	E0	P003				
3509	废弃空容器,未清洗	9	M11		9	663	0	E0	P003 IBC08 LP02	RR9 BB3 LL1		BK2	
3510	吸附气体,易燃,未另作规定的	2	9F		2.1	274	0	E0	P208		MP9		
3511	吸附气体,未另作规定的	2	9A		2.2	274	0	E0	P208		MP9		
3512	吸附气体,毒性,未另作规定的	2	9T		2.3	274	0	E0	P208		MP9		
3513	吸附气体,氧化性,未另作规定的	2	9O		2.2+5.5	274	0	E0	P208		MP9		
3514	吸附气体,毒性,易燃,未另作规定的	2	9TF		2.3+2.1	274	0	E0	P208		MP9		
3515	吸附气体,毒性,氧化性,未另作规定的	2	9TO		2.3+5.1	274	0	E0	P208		MP9		
3516	吸附气体,毒性,腐蚀性,未另作规定的	2	9TC		2.3+8	274	0	E0	P208		MP9		
3517	吸附气体,毒性易燃,腐蚀性,未另作规定的	2	9TFC		2.3+2.1+8	274	0	E0	P208		MP9		
3518	吸附气体,毒性,氧化性,腐蚀性,未另作规定的	2	9TOC		2.3+5.1+8	274	0	E0	P208		MP9		
3519	三氟化硼,吸附的	2	9TC		2.3+8		0	E0	P208		MP9		
3520	氯,吸附的	2	9TOC		2.3+5.1+8		0	E0	P208		MP9		

ADR 罐体		运输罐体车辆	运输类别（隧道限制代码）	运输特殊规定				危险性识别号	联合国编号	名称和描述
罐体代码	特殊规定			包件	散装	装卸和操作	作业			
4.3	4.3.5,6.8.4	9.1.1.2	1.1.3.6	7.2.4	7.3.3	7.5.11	8.5	5.3.2.3	3.1.2	
(12)	(13)	(14)	(15)	(16)	(17)	(18)	(19)	(20)	(1)	(2)
			4 (E)						3508	电容器,非对称的(储存电能的能力大于0.3Wh)
			4 (E)	VC2 AP10				90	3509	废弃空容器,未清洗
			2 (D)			CV9 CV10 CV36	S2		3510	吸附气体,易燃,未另作规定的
			3 (E)			CV9 CV10 CV36			3511	吸附气体,未另作规定的
			1 (D)			CV9 CV10 CV36	S14		3512	吸附气体,毒性,未另作规定的
			3 (E)			CV9 CV10 CV36			3513	吸附气体,氧化性,未另作规定的
			1 (D)			CV9 CV10 CV36	S2 S14		3514	吸附气体,毒性,易燃,未另作规定的
			1 (D)			CV9 CV10 CV36	S14		3515	吸附气体,毒性,氧化性,未另作规定的
			1 (D)			CV9 CV10 CV36	S14		3516	吸附气体,毒性,腐蚀性,未另作规定的
			1 (D)			CV9 CV10 CV36	S2 S14		3517	吸附气体,毒性易燃,腐蚀性,未另作规定的
			1 (D)			CV9 CV10 CV36	S14		3518	吸附气体,毒性,氧化性,腐蚀性,未另作规定的
			1 (D)			CV9 CV10 CV36	S14		3519	三氟化硼,吸附的
			1 (D)			CV9 CV10 CV36	S14		3520	氯,吸附的

联合国编号	名称和描述	类别	分类代码	包装类别	标志	特殊规定	有限和例外数量		容器			可移动罐柜和散装容器	
									包装指南	特殊包装规定	混合包装规定	指南	特殊规定
	3.1.2	2.2	2.2	2.1.1.3	5.2.2	3.3	3.4	3.5.1.2	4.1.4	4.1.4	4.1.10	4.2.5.2	4.2.5.3
(1)	(2)	(3a)	(3b)	(4)	(5)	(6)	(7a)	(7b)	(8)	(9a)	(9b)	(10)	(11)
3521	四氟化硅,吸附的	2	9TC		2.3+8		0	E0	P208		MP9		
3522	胂,吸附的	2	9TF		2.3+2.1		0	E0	P208		MP9		
3523	锗烷,吸附的	2	9TF		2.3+2.1		0	E0	P208		MP9		
3524	五氟化磷,吸附的	2	9TC		2.3+8		0	E0	P208		MP9		
3525	磷化氢,吸附的	2	9TF		2.3+2.1		0	E0	P208		MP9		
3526	硒化氢,吸附的	2	9TF		2.3+2.1		0	E0	P208		MP9		

ADR 罐体		运输罐体车辆	运输类别（隧道限制代码）	运输特殊规定				危险性识别号	联合国编号	名称和描述
罐体代码	特殊规定			包件	散装	装卸和操作	作业			
4.3	4.3.5,6.8.4	9.1.1.2	1.1.3.6	7.2.4	7.3.3	7.5.11	8.5	5.3.2.3		3.1.2
(12)	(13)	(14)	(15)	(16)	(17)	(18)	(19)	(20)	(1)	(2)
			1 (D)			CV9 CV10 CV36	S14		3521	四氟化硅,吸附的
			1 (D)			CV9 CV10 CV36	S2 S14		3522	胂,吸附的
			1 (D)			CV9 CV10 CV36	S2 S14		3523	锗烷,吸附的
			1 (D)			CV9 CV10 CV36	S14		3524	五氟化磷,吸附的
			1 (D)			CV9 CV10 CV36	S2 S14		3525	磷化氢,吸附的
			1 (D)			CV9 CV10 CV36	S2 S14		3526	硒化氢,吸附的

3.2.2 表 B　ADR 物质和物品的字母索引

该索引是根据3.2.1中表A列出的物质和物品的字母列表,并不组成ADR的一个完整的部分。该索引没有得到内陆运输委员会危险货物运输工作组的核对和批准,也没有得到ADR协约成员的正式承认。在欧洲联合国经济委员会秘书处的周全考虑下,为方便附录A和B的解释,避免冲突,编制了该索引,但在认真贯彻执行附录中权威性的规定时,该索引不可作为替代物。仅ADR和其附表具有合法效益。

注1:为决定字母的顺序,以下信息将被忽略,尽管它是组成正式运输名称的一部分:数字;希腊字母;缩写"sec"和"tert";以及字母"N"(氮),"n"(正规),"o"(邻位)"m"(其中,之后),"p"(侧面),以及"N.O.S."。

注2:物质或物品的名称用粗体大写字母(中文黑体)表示时指正式运输名称(见3.1.2)。

注3:在单词"见"前的物质和物品名称用粗体大写字母(中文黑体)表示时,指选择的正式运输名称或一个正式运输名称的一部分(PCBs 除外)(见3.1.2.1)。

注4:在单词"见"前的小写字母(中文宋体)词目表示该条目不是一个正式运输名称,是一个同义词。

注5:当一个词目以部分大写粗体(中文黑体)和部分小写(中文宋体)表示,则该词目的后部分不是该正式运输名称的一部分(见3.1.2.1)。

注6:针对文件和包件标签,正式运输名称可能以单、复数的恰当形式表示(见3.1.2.3)。

注7:要准确的确定一个正式运输名称,见3.1.2。

Accumulators, electric, see	蓄电池,带电的,见	2794	8	
		2795	8	
		2800	8	
		3028	8	
		3292	4.3	
ACETAL	乙缩醛	1088	3	
ACETALDEHYDE	乙醛	1089	3	
ACETALDEHYDE AMMONIA	乙醛合氨	1841	9	
ACETALDEHYDE OXIME	乙醛肟	2332	3	
ACETIC ACID, GLACIAL	冰醋酸	2789	8	
ACETIC ACID SOLUTION, more than 10% but not more than 80% acid, by mass	乙酸溶液,按质量含酸大于10%但不超过80%	2790	8	
ACETIC ACID SOLUTION, more than 80% acid, by mass	乙酸溶液,按质量含酸超过80%	2790	8	
ACETIC ANHYDRIDE	乙酸酐	1715	8	
Acetoin, see	3-羟基丁酮-[2]（乙偶姻）,见	2621	3	
ACETONE	丙酮(丙酮溶液)	1090	3	
ACETONE CYANOHYDRIN, STABILIZED	丙酮合氰化氢,稳定的	1541	6.1	
ACETONE OILS	丙酮油类	1091	3	
ACETONITRILE	乙腈	1648	3	
ACETYL BROMIDE	乙酰溴	1716	8	
ACETYL CHLORIDE	乙酰氯	1717	3	
ACETYLENE, DISSOLVED	乙炔,溶解的	1001	2	
ACETYLENE, SOLVENT FREE	乙炔,无溶剂	3374	2	
Acetylene tetrabromide, see	乙炔化四溴,见	2504	6.1	
Acetylene tetrachloride, see	乙炔化四氯,见	1702	6.1	
ACETYL IODIDE	乙酰碘	1898	8	
ACETYL METHYL CARBINOL	乙酰甲基甲醇	2621	3	
Acid butyl phosphate, see	酸式磷酸丁酯,见	1718	8	
Acid mixture, hydrofluoric and sulphuric, see	混合酸类,氢氟酸和硫酸,见	1786	8	
Acid mixture, nitrating acid, see	混合酸类,硝化酸,见	1796	8	
Acid mixture, spent, nitrating acid, see	混合酸类,废的,硝化酸	1826	8	
Acraldehyde, inhibited, see	丙炔醛,抑制的,见	1092	6.1	
ACRIDINE	吖啶	2713	6.1	
ACROLEIN DIMER, STABILIZED	丙烯醛二聚物,稳定的	2607	3	
ACROLEIN, STABILIZED	丙烯醛,稳定的	1092	6.1	
ACRYLAMIDE, SOLID	丙烯酰胺,固体的	2074	6.1	
ACRYLAMIDE SOLUTION	丙烯酰胺溶液	3426	6.1	
ACRYLIC ACID, STABILIZED	丙烯酸,稳定的	2218	8	
ACRYLONITRILE, STABILIZED	丙烯腈,稳定的	1093	3	
Actinolite, see	阳起石,见	2212	9	
Activated carbon, see	活性碳,见	1362	4.2	
Activated charcoal, see	活性木碳,见	1362	4.2	
ADHESIVES containing flammable liquid	胶黏剂类,含有易燃液体	1133	3	
ADIPONITRILE	己二腈	2205	6.1	

续上表

ADSORBED GAS, FLAMMABLE, N.O.S.	吸附气体,易燃,未另作规定的	3510	2	
ADSORBED GAS, N.O.S.	吸附气体,未另作规定的	3511	2	
ADSORBED GAS, OXIDIZING, N.O.S.	吸附气体,氧化性,未另作规定的	3513	2	
ADSORBED GAS, TOXIC, CORROSIVE, N.O.S.	吸附气体,毒性,腐蚀性,未另作规定的	3516	2	
ADSORBED GAS, TOXIC, FLAMMABLE, CORROSIVE, N.O.S.	吸附气体,毒性易燃,腐蚀性,未另作规定的	3517	2	
ADSORBED GAS, TOXIC, FLAMMABLE, N.O.S.	吸附气体,毒性,易燃,未另作规定的	3514	2	
ADSORBED GAS, TOXIC, N.O.S.	吸附气体,毒性,未另作规定的	3512	2	
ADSORBED GAS, TOXIC, OXIDIZING, CORROSIVE, N.O.S.	吸附气体,毒性,氧化性,腐蚀性,未另作规定的	3518	2	
ADSORBED GAS, TOXIC, OXIDIZING, N.O.S.	吸附气体,毒性,氧化性,未另作规定的	3515	2	
Aeroplane flares, see	空投照明弹,见	0093	1	
		0403	1	
		0404	1	
		0420	1	
		0421	1	
AEROSOLS	烟雾剂	1950	2	
AGENT, BLASTING, TYPE B	B型爆炸剂,见	0331	1	
AGENT, BLASTING, TYPE E	E型爆炸剂,见	0332	1	
Air bag inflators, see	气囊气体发生器,见	0503	1	
		3268	9	
Air bag modules, see	气囊模件,见	0503	1	
		3268	9	
AIR, COMPRESSED	空气,压缩的	1002	2	
Aircraft evacuation slides, see	飞机救生滑梯,见	2990	9	
AIRCRAFT HYDRAULIC POWER UNIT FUEL TANK (containing a mixture of anhydrous hydrazine and methylhydrazine) (M86 fuel)	飞行器液压动力装置燃料箱(装有无水肼和甲基肼的混合液)(86燃料)	3165	3	
Aircraft survival kits, see	飞机救生袋,见	2990	9	
AIR, REFRIGERATED LIQUID	空气,冷冻液体	1003	2	
ALCOHOLATES SOLUTION, N.O.S., in alcohol	醇化物溶液,未另作规定的,溶于乙醇中	3274	3	
Alcohol, denatured, see	变性酒精,见	1986	3	
		1987	3	
Alcohol, industrial, see	工业酒精,见	1986	3	
		1987	3	
ALCOHOLS, N.O.S.	醇类,未另作规定的	1987	3	
ALCOHOLS, FLAMMABLE, TOXIC, N.O.S.	醇类,易燃,毒性,未另作规定的	1986	3	
ALCOHOLIC BEVERAGES, with more than 24% but not more than 70% alcohol by volume	酒精饮料,按体积含酒精超过24%但不超过70%	3065	3	
ALCOHOLIC BEVERAGES, with more than 70% alcohol by volume	酒精饮料,按体积含酒精在70%以上	3065	3	
Aldehyde, see	醛,见	1989	3	
ALDEHYDES, N.O.S.	醛类,未另作规定的	1989	3	

续上表

ALDEHYDES, FLAMMABLE, TOXIC, N.O.S.	醛类,易燃的,有毒的,未另作规定的	1988	3	
ALDOL	丁间醇醛(2-羟基丁醛)	2839	6.1	
ALKALI METAL ALCOHOLATES, SELF-HEATING, CORROSIVE, N.O.S.	碱金属醇化物,自热的,腐蚀性的,未另作规定的	3206	4.2	
ALKALI METAL ALLOY, LIQUID, N.O.S.	碱金属合金,液体的,未另作规定的	1421	4.3	
ALKALI METAL AMALGAM, LIQUID	碱金属汞齐,液体的	1389	4.3	
ALKALI METAL AMALGAM, SOLID	碱金属汞齐,固体的	3401	4.3	
ALKALI METAL AMIDES	氨基碱金属	1390	4.3	
ALKALI METAL DISPERSION or ALKALINE EARTH METAL DISPERSION	碱金属分散体或碱土金属分散体	1391	4.3	
ALKALI METAL DISPERSION, FLAMMABLE or ALKALINE EARTH METAL DISPERSION, FLAMMABLE	碱金属分散体,易燃,或碱土金属分散体,易燃	3482	4.3	
Alkaline corrosive battery fluid, see	碱性腐蚀性电池液,见	2797	8	
ALKALINE EARTH METAL ALCOHOLATES, N.O.S.	碱土金属醇化物,未另作规定的	3205	4.2	
ALKALINE EARTH METAL ALLOY, N.O.S.	碱土金属合金,未另作规定的	1393	4.3	
ALKALINE EARTH METAL AMALGAM, LIQUID	碱土金属汞齐,液体的	1392	4.3	
ALKALINE EARTH METAL AMALGAM, SOLID	固态碱土金属汞齐	3402	4.3	
ALKALINE EARTH METAL DISPERSION	碱土金属分散体	1391	4.3	
ALKALINE EARTH METAL DISPERSION, FLAMMABLE	碱土金属分散体,易燃的	1391	4.3	
ALKALOIDS, LIQUID, N.O.S.	生物碱类,液体的,未另作规定的	3140	6.1	
ALKALOIDS, SOLID, N.O.S.	生物碱类,固体的,未另作规定的	1544	6.1	
ALKALOID SALTS, LIQUID, N.O.S.	生物碱盐类,液体的,未另作规定的	3140	6.1	
ALKALOID SALTS, SOLID, N.O.S.	生物碱盐类,固体的,未另作规定的	1544	6.1	
Alkyl aluminium halides, see	卤化烷基铝,见	3394	4.2	
ALKYLPHENOLS, LIQUID, N.O.S. (including C_2-C_{12} homologues)	烷基苯酚类,液体的,未另作规定的(包括$C_2\sim C_{12}$同系物)	3145	8	
ALKYLPHENOLS, SOLID, N.O.S. (including C_2-C_{12} homologues)	烷基苯酚类,固体的,未另作规定的(包括C_2-C_{12}的同系物)	2430	8	
ALKYLSULPHONIC ACIDS, LIQUID or ARYLSULPHONIC ACIDS, LIQUID with more than 5% free sulphuric acid	烷基磺酸,液体的或芳基磺酸,液体的,含游离硫酸大于5%	2584	8	
ALKYLSULPHONIC ACIDS, LIQUID or ARYLSULPHONIC ACIDS, LIQUID with not more than 5% free sulphuric acid	烷基磺酸,液体的或芳基磺酸,液体的,含游离硫酸不大于5%	2586	8	
ALKYLSULPHONIC ACIDS, SOLID or ARYLSULPHONIC ACIDS, SOLID with more than 5% free sulphuric acid	烷基磺酸,固体的或芳基磺酸,固体的,含游离硫酸大于5%	2583	8	
ALKYLSULPHONIC ACIDS, SOLID or ARYLSULPHONIC ACIDS, SOLID with not more than 5% free sulphuric acid	烷基磺酸,固体的或芳基磺酸,固体的,含游离硫酸不大于5%	2585	8	
ALKYLSULPHURIC ACIDS	烷基硫酸	2571	8	
Allene, see	丙二烯,见	2200	2	
ALLYL ACETATE	乙酸烯丙酯	2333	3	
ALLYL ALCOHOL	烯丙醇	1098	6.1	
ALLYLAMINE	烯丙胺	2334	6.1	
ALLYL BROMIDE	烯丙基溴	1099	3	

ALLYL CHLORIDE	烯丙基氯	1100	3	
Allyl chlorocarbonate, see	氯碳酸烯丙酯,见	1722	6.1	
ALLYL CHLOROFORMATE	氯甲酸烯丙酯	1722	6.1	
ALLYL ETHYL ETHER	乙基烯丙基醚	2335	3	
ALLYL FORMATE	甲酸烯丙酯	2336	3	
ALLYL GLYCIDYL ETHER	烯丙基缩水甘油醚	2219	3	
ALLYL IODIDE	烯丙基碘	1723	3	
ALLYL ISOTHIOCYANATE, STABILIZED	异硫氰酸烯丙酯,稳定的	1545	6.1	
ALLYLTRICHLOROSILANE, STABILIZED	烯丙基三氯硅烷,稳定的	1724	8	
Aluminium alkyls, see	烷基铝,见	3394	4.2	
Aluminium alkyl halides, liquid, see	液态卤化烷基铝,见	3394	4.2	
Aluminium alkyl halides, solid, see	固态卤化烷基铝,见	3393	4.2	
Aluminium alkyl hydrides, see	氢化烷基铝,见	3394	4.2	
ALUMINIUM BOROHYDRIDE	氢硼化铝	2870	4.2	
ALUMINIUM BOROHYDRIDE IN DEVICES	在装置中的氢硼化铝	2870	4.2	
ALUMINIUM BROMIDE, ANHYDROUS	溴化铝,无水的	1725	8	
ALUMINIUM BROMIDE SOLUTION	溴化铝溶液	2580	8	
ALUMINIUM CARBIDE	碳化铝	1394	4.3	
ALUMINIUM CHLORIDE, ANHYDROUS	氯化铝,无水的	1726	8	
ALUMINIUM CHLORIDE SOLUTION	氯化铝溶液	2581	8	
Aluminium dross, see	铝渣,见	3170	4.3	
ALUMINIUM FERROSILICON POWDER	硅铁铝粉	1395	4.3	
ALUMINIUM HYDRIDE	氢化铝	2463	4.3	
ALUMINIUM NITRATE	硝酸铝	1438	5.1	
ALUMINIUM PHOSPHIDE	磷化铝	1397	4.3	
ALUMINIUM PHOSPHIDE PESTICIDE	磷化铝农药	3048	6.1	
ALUMINIUM POWDER, COATED	铝粉,有涂层的	1309	4.1	
ALUMINIUM POWDER, UNCOATED	铝粉,未经涂层的	1396	4.3	
ALUMINIUM REMELTING BYPRODUCTS	铝再熔副产品	3170	4.3	
ALUMINIUM RESINATE	树脂酸铝	2715	4.1	
ALUMINIUM SILICON POWDER, UNCOATED	硅铝粉,未经涂层的	1398	4.3	
ALUMINIUM SMELTING BY-PRODUCTS	铝熔炼副产品	3170	4.3	
Amatols, see	硝铵、三硝基甲苯炸药,见	0082	1	
AMINES, FLAMMABLE, CORROSIVE, N.O.S	胺类,易燃的,腐蚀的,未另作规定的	2733	3	
AMINES, LIQUID, CORROSIVE, N.O.S.	胺类,液体的,腐蚀的,未另作规定的	2735	8	
AMINES, LIQUID, CORROSIVE, FLAMMABLE, N.O.S.	胺类,液体的,腐蚀的,易燃的,未另作规定的	2734	8	
AMINES, SOLID, CORROSIVE, N.O.S.	胺类,固体的,腐蚀的,未另作规定的	3259	8	
Aminobenzene, see	氨基苯,见	1547	6.1	
2-Aminobenzotrifluoruride, see	2-氨基苄川三氟,见	2942	6.1	
3-Aminobenzotrifluoruride, see	3-氨基苄川三氟,见	2948	6.1	
Aminobutane, see	氨基丁烷,见	1125	3	
2-AMINO-4-CHLOROPHENOL	2-氨基-4-氯苯酚	2673	6.1	

续上表

English	中文	UN	Class
2 – AMINO – 5 – DIETHYLAMINOPENTANE	2－氨基－5－二乙基氨基戊烷	2946	6.1
2 – AMINO – 4,6 – DINITROPHENOL, WETTED with not less than 20% water, by mass	2－氨基－4,6－二硝基酚,湿的,按质量含水不少于20%	3317	4.1
2 – (2 – AMINOETHOXY) ETHANOL	2－(2－氨基乙氧基)乙醇	3055	8
N – AMINOETHYLPIPERAZINE	N－氨乙基哌嗪	2815	8
1 – Amino – 2 – nitrobenzene, see	1－氨基－2－硝基苯,见	1661	6.1
1 – Amino – 3 – nitrobenzene, see	1－氨基－3－硝基苯,见	1661	6.1
1 – Amino – 4 – nitrobenzene, see	1－氨基－4－硝基苯,见	1661	6.1
AMINOPHENOLS (o –, m –, p –)	氨基苯酚类(邻－,间－,对－)	2512	6.1
AMINOPYRIDINES (o –, m –, p –)	氨基吡啶类	2671	6.1
AMMONIA, ANHYDROUS	氨,无水的	1005	2
AMMONIA SOLUTION, relative density between 0.880 and 0.957 at 15℃ in water, with more than 10% but not more than 35% ammonia	氨溶液,水溶液在15℃时的相对密度为0.880至0.957,按质量含氨超过10%,但不超过35%	2672	8
AMMONIA SOLUTION, relative density less than 0.880 at 15℃ in water, with more than 35% but not more than 50% ammonia	氨溶液,15℃时相对密度低于0.880,含氨量超过35%,但不超过50%	2073	2
AMMONIA SOLUTION, relative density less than 0.880 at 15℃ in water, with more than 50% ammonia	氨溶液,15℃时相对密度低于0.880含氨量超过50%	3318	2
AMMONIUM ARSENATE	砷酸铵	1546	6.1
AMMONIUM DICHROMATE	重铬酸铵	1439	5.1
Ammonium bifluoride solid, see	固态氟化氢铵,见	1727	8
AMMONIUM HYDROGENDIFLUORIDE SOLUTION	二氟化氢铵溶液	2817	8
AMMONIUM HYDROGEN SULPHATE	硫酸氢铵	2506	8
Ammonium bisulphite solution, see	亚硫酸氢铵溶液,见	2693	8
AMMONIUM DICHROMATE	重铬酸铵	1439	5.1
AMMONIUM DINITRO – o – CRESOLATE, SOLID	二硝基－邻－甲酚铵,固体的	1843	6.1
AMMONIUM DINITRO – o – CRESOLATE SOLUTION	二硝基邻甲酚铵溶液	3424	6.1
AMMONIUM FLUORIDE	氟化铵	2505	6.1
AMMONIUM FLUORO – SILICATE	氟硅酸铵	2854	6.1
Ammonium hexafluorosilicate, see	六氟硅酸铵,见	2854	6.1
AMMONIUM HYDROGENDIFLUORIDE, SOLID	二氟化氢铵,固体的	1727	8
AMMONIUM HYDROGENDIFLUORIDE SOLUTION	二氟化氢铵溶液	2817	8
AMMONIUM HYDROGEN SULPHATE	硫酸氢铵	2506	8
Ammonium hydrosulphide solution (treat as ammonium sulphide solution), see	氢硫化铵溶液(按硫化铵溶液处置),见	2683	8
AMMONIUM METAVANADATE	偏钒酸铵	2859	6.1
AMMONIUM NITRATE	硝酸铵	0222	1
AMMONIUM NITRATE, with not more than 0.2% combustible substances, including any organic substance calculated as carbon, to the exclusion of any other added substance	硝酸铵,含可燃物质不大于0.2%,包括以碳计算的任何有机物质,但不包括任何其他添加物质	1942	5.1
AMMONIUM NITRATE EMULSION, intermediate for blasting explosives, liquid	硝酸铵乳胶,爆破炸药的中间体,液体	3375	5.1

续上表

AMMONIUM NITRATE EMULSION, intermediate for blasting explosives, solid	硝酸铵乳胶,爆破炸药的中间体,固体	3375	5.1	
Ammonium nitrate explosive, see	硝酸铵炸药,见	0082	1	
		0331	1	
AMMONIUM NITRATE BASED FERTILIZER	硝酸铵基化肥	2067	5.1	
Ammonium nitrate based fertilizer, uniform mixtures of the nitrogen/phosphate, nitrogen/potash or nitrogen/phosphate/potash type, containing not more than 70% ammonium nitrate and not more than 0.4% total combustible/organic material calculated as carbon or with not more than 45% ammonium nitrate and unrestricted combustible material	硝酸铵基化肥。含有不超过70%的硝酸铵和不超过0.4%碳或不超过45%硝酸铵和不受限制的可燃材料的总可燃/有机材料	2071	9	不受ADR限制
AMMONIUM NITRATE GEL, intermediate for blasting explosives, solid	硝酸铵凝胶,爆破炸药中间体,液体	3375	5.1	
AMMONIUM NITRATE GEL, intermediate for blasting explosives, solid	硝酸铵凝胶,爆破炸药中间体,固体	3375	5.1	
AMMONIUM NITRATE, LIQUID, hot concentrated solution, in a concentration of more than 80% but not more than 93%	硝酸铵,液体的(热浓溶液),浓度大于80%,但不超过93%	2426	5.1	
AMMONIUM NITRATE SUSPENSION, intermediate for blasting explosives, liquid	硝酸铵悬浮体,爆破炸药中间体,液体	3375	5.1	
AMMONIUM NITRATE SUSPENSION, intermediate for blasting explosives, solid	硝酸铵悬浮体,爆破炸药中间体,固体	3375	5.1	
AMMONIUM PERCHLORATE	高氯酸铵	0402	1	
AMMONIUM PERCHLORATE	高氯酸铵	1442	5.1	
Ammonium permanganate, see	高锰酸铵,见	1482	5.1	
AMMONIUM PERSULPHATE	过硫酸铵	1444	5.1	
AMMONIUM PICRATE dry or wetted with less than 10% water, by mass	苦味酸铵,干的或湿的,按质量含水低于10%	0004	1	
AMMONIUM PICRATE, WETTED with not less than 10% water, by mass	苦味酸铵,湿的,按质量含水不少于10%	1310	4.1	
AMMONIUM POLYSULPHIDE SOLUTION	多硫化铵溶液	2818	8	
AMMONIUM POLYVANADATE	多钒酸铵	2861	6.1	
Ammonium silicofluoride, see	氟硅酸铵,见	2854	6.1	
AMMONIUM SULPHIDE SOLUTION	硫化铵溶液	2683	8	
Ammunition, blank, see	弹药,空包弹,见	0014	1	
		0326	1	
		0327	1	
		0338	1	
		0413	1	
Ammunition, fixed	弹药,定装	0005	1	
Ammunition, semi-fixed	弹药,半定装	0006	1	
Ammunition, separate loading, see	弹药,分装,见	0007	1	
		0321	1	
		0348	1	
		0412	1	

续上表

AMMUNITION, ILLUMINATING with or without burster, expelling charge or propelling charge	照明弹药,带或不带起爆装置、发射剂或推进剂	0171	1	
AMMUNITION, ILLUMINATING with or without burster, expelling charge or propelling charge	照明弹药,带或不带起爆装置、发射剂或推进剂	0254	1	
AMMUNITION, ILLUMINATING with or without burster, expelling charge or propelling charge	照明弹药,带或不带起爆装置、发射剂或推进剂	0297	1	
AMMUNITION, INCENDIARY, liquid or gel, with burster, expelling charge or propelling charge	燃烧弹药,液体或胶体,带起爆药、发射药或推进药	0247	1	
AMMUNITION, INCENDIARY with or without burster, expelling charge or propelling charge	燃烧弹药,带或不带起爆装置、发射剂或推进剂	0009	1	
AMMUNITION, INCENDIARY with or without burster, expelling charge or propelling charge	燃烧弹药,带或不带起爆装置、发射剂或推进剂	0010	1	
AMMUNITION, INCENDIARY with or without burster, expelling charge or propelling charge	燃烧弹药,带或不带起爆装置、发射剂或推进剂	0300	1	
Ammunition, incendiary (wateractivated contrivances) with burster expelling charge or propelling charge, see	燃烧弹药(水激活装置),带起爆药、发射药或推进药,见	0248	1	
		0249	1	
AMMUNITION, INCENDIARY, WHITE PHOSPHORUS with burster, expelling charge or propelling charge	白磷燃烧弹药,带起爆装置、发射剂或推进剂	0243	1	
AMMUNITION, INCENDIARY, WHITE PHOSPHORUS with burster, expelling charge or propelling charge	白磷燃烧弹药,带起爆装置、发射剂或推进剂	0244	1	
Ammunition, industrial, see	弹药,工业用,见	0275	1	
		0276	1	
		0277	1	
		0278	1	
		0323	1	
		0381	1	
Ammunition, lachrymatory, see	催泪弹药,见	0018	1	
		0019	1	
		0301	1	
		2017	1	
AMMUNITION, PRACTICE	练习用弹药	0362	1	
AMMUNITION, PRACTICE	练习用弹药	0488	1	
AMMUNITION, PROOF	测试用弹药(试验用弹药)	0363	1	
AMMUNITION, SMOKE with or without burster, expelling charge or propelling charge	发烟弹药(烟幕弹),带或不带起爆装置、发射剂或推进剂	0015	1	
		0016	1	
		0303	1	
Ammunition, smoke (water-activated contrivances), white phosphorus with burster, expelling charge or propelling charge, see	白磷发烟弹药(水激活装置),带起爆药、发射药或推进药,见	0248	1	
Ammunition, smoke (water-activated contrivances), without white phosphorus or phosphides with burster, expelling charge or propelling charge, see	发烟弹药(水激活装置),带起爆药、发射药或推进药,见	0249	1	

续上表

AMMUNITION, SMOKE, WHITE PHOSPHORUS with burster, expelling charge or propelling charge	白磷发烟弹药（白磷烟幕弹），带起爆装置、发射剂或推进剂	0245	1	
AMMUNITION, SMOKE, WHITE PHOSPHORUS with burster, expelling charge or propelling charge	白磷发烟弹药（白磷烟幕弹），带起爆装置、发射剂或推进剂	0246	1	
Ammunition, sporting, see	体育运动用弹药，见	0012	1	
		0328	1	
		0339	1	
		0417	1	
AMMUNITION, TEAR-PRODUCING, NON-EXPLOSIVE without burster or expelling charge, non-fuzed	弹药，催泪的，非爆炸性的，不带起爆装置或发射剂，无引信的	2017	6.1	
AMMUNITION, TEAR-PRODUCING with burster, expelling charge or propelling charge	催泪弹药（催泪弹），带起爆装置、发射药或推进剂	0018	1	
AMMUNITION, TEAR-PRODUCING with burster, expelling charge or propelling charge	催泪弹药（催泪弹），带起爆装置、发射剂或推进剂	0019	1	
AMMUNITION, TEAR-PRODUCING with burster, expelling charge or propelling charge	催泪弹药（催泪弹），带起爆装置、发射剂或推进剂	0301	1	
AMMUNITION, TOXIC with burster, expelling charge or propelling charge	毒性弹药（毒气弹），带起爆装置、发射剂或推进剂	0020	1	禁运
AMMUNITION, TOXIC with burster, expelling charge or propelling charge	毒性弹药（毒气弹），带起爆装置、发射剂或推进剂	0021	1	禁运
Ammunition, toxic (water-activated contrivances) with burster, expelling charge or propelling charge, see	毒性弹药（水激活装置），带起爆药、发射药或推进药，见	0248		
		0249		
AMMUNITION, TOXIC, NON-EXPLOSIVE without burster or expelling charge, non-fuzed	弹药，有毒的，非爆炸性的，不带起爆装置或发射剂，无引信的	2016	6.1	
Amosite, see	铁石棉，见	2212	9	
Amphibole asbestos, see	闪石，石棉，见	2212	9	
AMYL ACETATES	乙酸戊酯	1104	3	
AMYL ACID PHOSPHATE	酸式磷酸戊酯	2819	8	
Amyl aldehyde, see	戊醛，见	2058	3	
AMYLAMINE	戊胺类	1106	3	
AMYL BUTYRATES	丁酸戊酯类	2620	3	
AMYL CHLORIDE	戊基氯	1107	3	
n-AMYLENE, see	正戊烯，见	1108	3	
AMYL FORMATES	甲酸戊酯类	1109	3	
AMYL MERCAPTAN	戊硫醇类	1111	3	
n-AMYL METHYL KETONE	甲基戊基（甲）酮	1110	3	
AMYL NITRATE	硝酸戊酯类	1112	3	
AMYL NITRITE	亚硝酸戊酯	1113	3	
AMYLTRICHLOROSILANE	戊基三氯硅烷	1728	8	
Anaesthetic ether, see	麻醉乙醚，见	1155	3	
ANILINE	苯胺	1547	6.1	

续上表

Aniline chloride, see	氯化苯胺,见	1548	6.1	
ANILINE HYDROCHLORIDE	盐酸苯胺	1548	6.1	
Aniline oil, see	苯胺油,见	1547	6.1	
Aniline salt, see	苯胺盐,见	1548	6.1	
ANISIDINES	茴香胺	2431	6.1	
ANISOLE	茴香醚	2222	3	
ANISOYL CHLORIDE	茴香酰氯	1729	8	
Anthophyllite, see	直闪石,见	2212	9	
Antimonous chloride, see	氯化亚锑,见	1733	8	
ANTIMONY COMPOUND, INORGANIC, LIQUID, N.O.S.	锑化合物,无机的,液体的,未另作规定的	3141	6.1	
ANTIMONY COMPOUND, INORGANIC, SOLID, N.O.S.	锑化合物,无机的,固体的,未另作规定的	1549	6.1	
Antimony hydride, see	氢化锑,见	2676	2	
ANTIMONY LACTATE	乳酸锑	1550	6.1	
Antimony(Ⅲ) lactate, see	乳酸(三价)锑,见	1550	6.1	
ANTIMONY PENTACHLORIDE, LIQUID	五氯化锑,液体的	1730	8	
ANTIMONY PENTACHLORIDE SOLUTION	五氯化锑溶液	1731	8	
ANTIMONY PENTAFLUORIDE	五氟化锑	1732	8	
Antimony perchloride, liquid, see	液态高氯化锑,见	1730	8	
ANTIMONY POTASSIUM TARTRATE	酒石酸氧锑钾	1551	6.1	
ANTIMONY POWDER	锑粉	2871	6.1	
ANTIMONY TRICHLORIDE	三氯化锑	1733	8	
A.n.t.u., see	安妥(α-萘硫脲),见	1651	6.1	
ARGON, COMPRESSED	氩,压缩的	1006	2	
ARGON, REFRIGERATED LIQUID	氩,冷冻液体	1951	2	
Arsenates, n.o.s., see	砷酸盐,未另作规定的,见	1556	6.1	
		1557	6.1	
ARSENIC	砷	1558	6.1	
ARSENIC ACID, LIQUID	砷酸,液体的	1553	6.1	
ARSENIC ACID, SOLID	砷酸,固体的	1554	6.1	
ARSENICAL DUST	砷粉尘	1562	6.1	
Arsenical flue dust, see	砷烟道尘,见	1562	6.1	
ARSENICAL PESTICIDE, LIQUID, FLAMMABLE, TOXIC, flash-point less than 23℃	含砷农药,液体的,易燃的,有毒的,闪点低于23℃	2760	3	
ARSENICAL PESTICIDE, LIQUID, TOXIC	含砷农药,液体的,有毒的	2994	6.1	
ARSENICAL PESTICIDE, LIQUID, TOXIC, FLAMMABLE, flash-point not less than 23℃	含砷农药,液体的,有毒的,易燃的,闪点不低于23℃	2993	6.1	
ARSENICAL PESTICIDE, SOLID, TOXIC	含砷农药,固体的,有毒的	2759	6.1	
ARSENIC BROMIDE	溴化砷	1555	6.1	
Arsenic(Ⅲ) bromide, see	溴化(三价)砷,见	1555	6.1	
Arsenic chloride, see	氯化砷,见	1560	6.1	

续上表

ARSENIC COMPOUND, LIQUID, N.O.S., inorganic, including: Arsenates, n.o.s., Arsenites, n.o.s.; and Arsenic sulphides, n.o.s.	液态砷化合物,未另作规定的,无机物,包括:砷酸盐,未另作规定的;亚砷酸盐,未另作规定的;硫化砷,未另作规定的	1556	6.1	
ARSENIC COMPOUND, SOLID, N.O.S., inorganic, including: Arsenates, n.o.s.; Arsenites, n.o.s.; and Arsenic sulphides, n.o.s.	固态砷化合物,未另作规定的,无机物,包括:砷酸盐,未另作规定的;亚砷酸盐,未另作规定的;硫化砷,未另作规定的	1557	6.1	
Arsenic(Ⅲ) oxide, see	三氧化二砷,见	1561	6.1	
Arsenic(Ⅴ) oxide, see	五氧化二砷,见	1559	6.1	
ARSENIC PENTOXIDE	五氧化二砷	1559	6.1	
Arsenic sulphides, see	硫化砷,见	1556	6.1	
		1557	6.1	
ARSENIC TRICHLORIDE	三氯化砷	1560	6.1	
ARSENIC TRIOXIDE	三氧化二砷	1561	6.1	
Arsenious chloride, see	三氯化砷,见	1560	6.1	
Arsenites, n.o.s., see	亚砷酸盐,未另作规定的,见	1556	6.1	
		1557	6.1	
Arsenous chloride, see	三氯化砷,见	1560	6.1	
ARSINE	胂	2188	2	
ARSINE, ADSORBED	胂,吸附的	3522	2	
ARTICLES, EEI, see	极端不敏感爆炸性物品,见	0486	1	
ARTICLES, EXPLOSIVE, EXTREMELY INSENSITIVE (ARTICLES, EEI)	爆炸性物品,极不敏感的	0486	1	
ARTICLES, EXPLOSIVE, N.O.S.	爆炸性物品,未另作规定的	0349	1	
		0350	1	
		0351	1	
		0352	1	
		0353	1	
		0354	1	
		0355	1	
		0356	1	
		0462	1	
		0463	1	
		0464	1	
		0465	1	
		0466	1	
		0467	1	
		0468	1	
		0469	1	
		0470	1	
		0471	1	
		0472	1	
ARTICLES, PRESSURIZED, HYDRAULIC (containing non-flammable gas)	液压物品(含非易燃气体)	3164	2	

ARTICLES, PRESSURIZED, PNEUMATIC (containing non-flammable gas)	气压物品(含非易燃气体)	3164	2	
ARTICLES, PYROPHORIC	引火物品	0380	1	
ARTICLES, PYROTECHNIC for technical purposes	烟火制品,用于产生技术效果	0428	1	
		0429	1	
		0430	1	
		0431	1	
		0432	1	
ARYLSULPHONIC ACIDS, LIQUID with more than 5% free sulphuric acid	液态烷基磺酸,含游离硫酸大于5%	2584	8	
ARYLSULPHONIC ACIDS, LIQUID with not more than 5% free sulphuric acid	液态烷基磺酸,含游离硫酸不大于5%	2586	8	
ARYLSULPHONIC ACIDS, SOLID with more than 5% free sulphuric acid	固态烷基磺酸,含游离硫酸大于5%	2583	8	
ARYLSULPHONIC ACIDS, SOLID with not more than 5% free sulphuric acid	固态烷基磺酸,含游离硫酸不大于5%	2585	8	
ASBESTOS, AMPHIBOLE (amosite, tremolite, actinolite, anthophyllite, crocidolite)	蓝石棉(青石棉)或棕石棉(铁石棉)	2212	9	
ASBESTOS, CHRYSOTILE	白石棉(温石棉,阳起石,直闪石,透闪石)	2590	9	
Asphalt, with a flash-point above 60℃, at or above its flash-point, see	沥青,闪点高于60℃,温度等于或大于其闪点	3256	3	
Asphalt, at or above 100℃ and below its flash-point, see	沥青,温度等于或大于100℃,低于其闪点,见	3257	9	
Aviation regulated liquid, n.o.s.	硫醇类,液体的,易燃的,未另作规定的或硫醇混合物,液体的,易燃的,未另作规定的	3334	9	不受ADR限制
Aviation regulated solid, n.o.s.	硫醇类,液体的,易燃的,未另作规定的或硫醇混合物,液体的,易燃的,未另作规定的	3335	9	不受ADR限制
AZODICARBONAMIDE	偶氮(二)甲酰胺	3242	4.1	
Bag charges, see	火药包,见	0242	1	
		0279	1	
		0414	1	
Ballistite, see	无烟火药,见	0160	1	
		0161	1	
Bangalore torpedoes, see	爆破筒,见	0136		
		0137		
		0138		
		0294		
BARIUM	钡	1400	4.3	
BARIUM ALLOYS, PYROPHORIC	钡合金类,引火的	1854	4.2	
BARIUM AZIDE, dry or wetted with less than 50% water, by mass	叠氮化钡,干的或湿的,按质量含水少于50%	0224	1	
BARIUM AZIDE, WETTED with not less than 50% water, by mass	叠氮化钡,湿的,按质量含水不低于50%	1571	4.1	

续上表

Barium binoxide, see	过氧化钡,见	1449	5.1	
BARIUM BROMATE	溴酸钡	2719	5.1	
BARIUM CHLORATE, SOLID	氯酸钡,固体的	1445	5.1	
BARIUM CHLORATE SOLUTION	氯酸钡溶液	3405	5.1	
BARIUM COMPOUND, N.O.S.	钡化合物,未另作规定的	1564	6.1	
BARIUM CYANIDE	氰化钡	1565	6.1	
Barium dioxide, see	过氧化钡,见	1449	5.1	
BARIUM HYPOCHLORITE with more than 22% available chlorine	次氯酸钡,含有效氯大于22%	2741	5.1	
BARIUM NITRATE	硝酸钡	1446	5.1	
BARIUM OXIDE	氧化钡	1884	6.1	
BARIUM PERCHLORATE, SOLID	高氯酸钡,固体的	1447	5.1	
BARIUM PERCHLORATE SOLUTION	高氯酸钡溶液	3406	5.1	
BARIUM PERMANGANATE	高锰酸钡	1448	5.1	
BARIUM PEROXIDE	过氧化钡	1449	5.1	
Barium selenate, see	硒酸钡,见	2630	6.1	
Barium selenite, see	亚硒酸钡,见	2630	6.1	
Barium superoxide, see	过氧化钡,见	1449	5.1	
BATTERIES, CONTAINING SODIUM, or CELLS, CONTAINING SODIUM	蓄电池,含有钠或电池,含有钠	3292	4.3	
BATTERIES, DRY, CONTAINING POTASSIUM HYDROXIDE SOLID, electric storage	蓄电池,干的,含固体氢氧化钾,蓄存电的	3028	8	
Batteries, nickel – metal hydride	镍/金属氢化物蓄电池组（镍氢电池组）	3496	9	不受ADR限制
BATTERIES, WET, FILLED WITH ACID, electric storage	蓄电池,湿的,装有酸液,蓄存电的	2794	8	
BATTERIES, WET, FILLED WITH ALKALI, electric storage	蓄电池,湿的,装有碱液,蓄存电的	2795	8	
BATTERIES, WET, NON – SPILLABLE, electric storage	蓄电池,湿的,不溢出的,蓄存电的	2800	8	
BATTERY FLUID, ACID	电池液,酸性的	2796	8	
BATTERY FLUID, ALKALI	电池液,碱性的	2797	8	
Battery – powered vehicle or Battery – powered equipment	电池驱动的车辆或电池驱动的设备	3171	9	不受ADR限制 见3.3章特殊规定
BENZALDEHYDE	苯甲醛	1990	9	
BENZENE	苯	1114	3	
BENZENESULPHONYL CHLORIDE	苯磺酰氯	2225	8	
Benzenethiol, see	苯硫酚,见	2337	6.1	
BENZIDINE	联苯胺	1885	6.1	
Benzol, see	苯,见	1114	3	
Benzolene, see	苯烯,见	1268	3	
BENZONITRILE	苄腈	2224	6.1	
BENZOQUINONE	苯醌	2587	6.1	
Benzosulphochloride, see	苯磺酰氯,见	2225	8	

续上表

BENZOTRICHLORIDE	三氯甲苯	2226	8	
BENZOTRIFLUORIDE	三氟甲苯	2338	3	
BENZOYL CHLORIDE	苯甲酰氯	1736	8	
BENZYL BROMIDE	苄基溴	1737	6.1	
BENZYL CHLORIDE	苄基氯	1738	6.1	
Benzyl chlorocarbonate, see	氯碳酸苄酯,见	1739	8	
BENZYL CHLOROFORMATE	氯甲酸苄酯	1739	8	
Benzyl cyanide, see	苄基氰,见	2470	6.1	
BENZYLDIMETHYLAMINE	苄基二甲胺	2619	8	
BENZYLIDENE CHLORIDE	二氯甲基苯	1886	6.1	
BENZYL IODIDE	苄基碘	2653	6.1	
BERYLLIUM COMPOUND, N.O.S.	铍化合物,未另作规定的	1566	6.1	
BERYLLIUM NITRATE	硝酸铍	2464	5.1	
BERYLLIUM POWDER	铍粉	1567	6.1	
Bhusa	碎稻草和稻壳	1327	4.1	不受ADR限制
BICYCLO[2.2.1]HEPTA-2,5-DIENE, STABILIZED (2,5-NORBORNADIENE, STABILIZED)	二环[2,2,1]庚-2,5-二烯,稳定的(2,5-降冰片二烯,稳定的)	2251	3	
Bifluorides, n.o.s., see	氟氢化物,未另作规定的,见	1740	8	
BIOLOGICAL SUBSTANCE, CATEGORY B	生物学物质,B类	3373	6.2	
(BIO)MEDICAL WASTE, N.O.S.	(生物)医学废弃物,未另作规定的	3291	6.2	
BIPYRIDILIUM PESTICIDE, LIQUID, FLAMMABLE, TOXIC, flash-point less than 23℃	联吡啶农药,液体的,易燃的,有毒,闪点低于23℃	2782	3	
BIPYRIDILIUM PESTICIDE, LIQUID, TOXIC	联吡啶农药,液体的,有毒的	3016	6.1	
BIPYRIDILIUM PESTICIDE, LIQUID, TOXIC, FLAMMABLE, flash-point not less than 23℃	联吡啶农药,液体的,有毒的,易燃的,闪点不低于23℃	3015	6.1	
BIPYRIDILIUM PESTICIDE, SOLID, TOXIC	联吡啶农药,固体的,有毒的	2781	6.1	
BISULPHATES, AQUEOUS SOLUTION	硫酸氢盐水溶液	2837	8	
BISULPHITES, AQUEOUS SOLUTION, N.O.S.	亚硫酸氢盐类,水溶液(酸式亚硫酸盐类,水溶液),未另作规定的	2693	8	
Bitumen, with a flash-point above 60℃, at or above its flash-point, see	沥青,闪点高于60℃,温度等于或高于其闪点,见	3256	3	
Bitumen, at or above 100℃ and below its flash-point, see	沥青,温度等于或高于100℃,低于其闪点,见	3257	9	
BLACK POWDER(GUNPOWDER), COMPRESSED	黑火药(火药),压缩的	0028	1	
BLACK POWDER(GUNPOWDER), granular or as a meal	黑火药(火药),颗粒状或粗粉状	0027	1	
BLACK POWDER(GUNPOWDER), IN PELLETS	丸状黑火药(火药)	0028	1	
Blasting cap assemblies, see	爆破雷管组件,见	0360	1	
		0361	1	
Blasting caps, electric, see	电引爆爆破雷管,见	0030	1	
		0255	1	
		0456	1	
Blasting caps, non electric, see	非电引爆爆破雷管,见	0029	1	

695

		0267	1	
		0455	1	
Bleaching powder, see	漂白粉,见	2208	5.1	
BOMBS with bursting charge	炸弹,带有爆炸装药	0033	1	
		0034	1	
		0035	1	
		0291	1	
Bombs, illuminating, see	照明弹,见	0254	1	
BOMBS, PHOTO-FLASH	摄影闪光弹	0037	1	
		0038	1	
		0039	1	
		0299	1	
BOMBS, SMOKE, NON-EXPLOSIVE with corrosive liquid, without initiating device	烟雾弹,非爆炸性的,含腐蚀性液体,无引爆装置	2028	8	
Bombs, target identification, see	炸弹,识别目标用,见	0171	1	
		0254	1	
		0297	1	
BOMBS WITH FLAMMABLE LIQUID with bursting charge	装有易燃液体的炸弹,带爆炸装药	0399	1	
		0400	1	
BOOSTERS WITH DETONATOR	助爆管,带雷管	0225	1	
		0268	1	
BOOSTERS without detonator	助爆管,不带雷管	0042	1	
		0283	1	
Borate and chlorate mixture, see	硼酸盐和氯酸盐混合物,见	1458	5.1	
BORNEOL	莰醇(冰片,龙脑)	1312	4.1	
BORON TRIBROMIDE	三溴化硼	2692	8	
BORON TRICHLORIDE	三氯化硼	1741	2	
BORON TRIFLUORIDE ACETIC ACID COMPLEX, LIQUID	三氟化硼乙酸络合物,液体的	1742	8	
BORON TRIFLUORIDE ACETIC ACID COMPLEX, SOLID	三氟化硼合乙酸,固体的	3419	8	
BORON TRIFLUORIDE	三氟化硼	1008	2	
BORON TRIFLUORIDE, ADSORBED	三氟化硼,吸附的	3519	2	
BORON TRIFLUORIDE DIETHYL ETHERATE	三氟化硼合二乙醚	2604	8	
BORON TRIFLUORIDE DIHYDRATE	三氟化硼合二水	2851	8	
BORON TRIFLUORIDE DIMETHYL ETHERATE	三氟化硼合二甲醚	2965	4.3	
BORON TRIFLUORIDE PROPIONIC ACID COMPLEX, LIQUID	三氟化硼丙酸络合物,液体的	1743	8	
BORON TRIFLUORIDE PROPIONIC ACID COMPLEX, SOLID	三氟化硼合丙酸,固体的	3420	8	
BROMATES, INORGANIC, N.O.S.	溴酸盐,无机的,未另作规定的	1450	5.1	
BROMATES, INORGANIC, AQUEOUS SOLUTION, N.O.S.	溴酸盐类,无机的,水溶液,未另作规定的	3213	5.1	
BROMINE	溴	1744	8	
BROMINE CHLORIDE	氯化溴	2901	2	

续上表

BROMINE PENTAFLUORIDE	五氟化溴	1745	5.1	
BROMINE SOLUTION	溴溶液	1744	8	
BROMINE TRIFLUORIDE	三氟化溴	1746	5.1	
BROMOACETIC ACID,SOLID	溴乙酸,固体的	3425	8	
BROMOACETIC ACID SOLUTION	溴乙酸溶液	1938	8	
BROMOACETONE	溴丙酮	1569	6.1	
omega – Bromoacetone,see	ω－溴乙酰苯,见	2645	6.4	
BROMOACETYL BROMIDE	溴乙酰溴	2513	8	
BROMOBENZENE	溴苯	2514	3	
BROMOBENZYL CYANIDES,LIQUID	溴苄基氰类,液体的	1694	6.1	
BROMOBENZYL CYANIDES,SOLID	溴苄基氰类,固体的	3449	6.1	
1 – BROMOBUTANE	1－溴丁烷	1126	3	
2 – BROMOBUTANE	2－溴丁烷	2339	3	
BROMOCHLOROMETHANE	溴氯甲烷	1887	6.1	
1 – BROMO – 3 – CHLOROPROPANE	1－溴－3－氯丙烷	2688	6.1	
1 – Bromo – 2,3 – epoxypropane,see	1－溴－2,3－环氧丙烷,见	2558	6.1	
Bromoethane,see	溴乙烷,见	1891	6.1	
2 – BROMOETHYL ETHYL ETHER	2－溴乙基乙醚	2340	3	
BROMOFORM	溴仿	2515	6.1	
Bromomethane,see	溴代甲烷,见	1062	2	
1 – BROMO – 3 – METHYLBUTANE	1－溴－3－甲基丁烷	2341	3	
BROMOMETHYL – PROPANES	溴甲基丙烷类	2342	3	
2 – BROMO – 2 – NITROPROPANE – 1,3 – DIOL	2－溴－2－硝基丙烷－1,3－二醇	3241	4.1	
2 – BROMOPENTANE	溴戊烷	2343	3	
BROMOPROPANES	溴丙烷类	2344	3	
3 – BROMOPROPYNE	3－溴丙炔	2345	3	
BROMOTRIFLUORO – ETHYLENE	溴三氟乙烯	2419	2	
BROMOTRIFLUORO – METHANE (REFRIGERANT GAS R 13B1)	溴三氟甲烷(制冷气体,R 13B1)	1009	2	
BRUCINE	番木鳖碱(二甲氧基马钱子碱)	1570	6.1	
BURSTERS,explosive	起爆装置,爆炸性	0043	1	
BUTADIENES AND HYDROCARBON MIXTURE,STABILIZED, having a vapour pressure at 70℃ not exceeding 1.1 Mpa (11 bar) and a density at 50℃ not lower than 0.525 kg/l	丁二烯与烃的混合物,稳定的,70℃蒸气压不超过1.1 MPa (11 bar),50℃密度不低于0.525kg/l	1010	2	
BUTADIENES,STABILIZED, (1,2 – butadiene)	丁二烯,稳定的(1,2－丁二烯)	1010	2	
BUTADIENES,STABILIZED, (1,3 – butadiene)	丁二烯,稳定的(1,3－丁二烯)	1010	2	
BUTANE	丁烷	1011	2	
BUTANEDIONE	丁二酮	2346	3	
Butane – 1 – thiol,see	丁－1－硫醇,见	2347	3	
BUTANOLS	丁醇类	1120	3	
1 – Butanol,see	1－丁醇,见	1120	3	
Butan – 2 – ol,see	2－丁醇,见	1120	3	
Butanol,secondary,see	仲丁醇,见	1120	3	

续上表

Butanol, tertiary, see	叔丁醇,见	1120	3	
Butanone, see	丁酮,见	1193	3	
2 – Butenal, see	2 – 丁烯醛,见	1143	6.1	
Butene, see	丁烯,见	1012	2	
Bute – 1 – ene – 3 – one, see	1 – 丁烯 – 3 – 酮,见	1251	3	
1,2 – Buteneoxide, see	1,2 – 氧化丁烯,见	3022	3	
2 – Buten – 1 – ol, see	2 – 丁烯 – 1 – 醇,见	2614	3	
BUTYL ACETATES	乙酸丁酯类	1123	3	
Butyl acetate, secondary, see	乙酸仲丁酯,见	1123	3	
BUTYL ACID PHOSPHATE	酸式磷酸丁酯(磷酸二氢丁酯)	1718	8	
BUTYL ACRYLATES, STABILIZED	丙烯酸丁酯类,稳定的	2348	3	
Butyl alcohols, see	丁醇,见	1120	3	
n – BUTYLAMINE	正丁胺	1125	3	
N – BUTYLANILINE	**N – 丁基苯胺**	2738	6.1	
sec – Butyl benzene, see	仲丁基苯,见	2709	3	
BUTYLBENZENES	丁基苯类	2709	3	
n – Butyl bromide, see	正丁基溴,见	1126	3	
n – Butyl chloride, see	正丁基氯,见	1127	3	
n – BUTYL CHLOROFORMATE	氯甲酸正丁酯	2743	6.1	
tert – BUTYLCYCLOHEXYL CHLOROFORMATE	氯甲酸叔丁基环己酯	2747	6.1	
BUTYLENES MIXTURE or 1 – BUTYLENE or cis – 2 – BUTYLENE or trans – 2 – BUTYLENE	丁烯	1012	2	
1,2 – BUTYLENE OXIDE, STABILIZED	**1,2 – 环氧丁烷,稳定的**	3022	3	
Butyl ethers, see	丁基醚,见	1149	3	
Butyl ethyl ether, see	乙基·丁基醚,见	1179	3	
n – BUTYL FORMATE	甲酸正丁酯	1128	3	
tert – BUTYL HYPOCHLORITE	次氯酸叔丁酯	3255	4.2	禁止运输
N,n – BUTYLIMIDAZOLE	**N – 正丁基咪唑**	2690	6.1	
N,n – Butyliminazole, see	N – 正丁基咪唑,见	2690	6.1	
n – BUTYL ISOCYANATE	异氰酸正丁酯	2485	6.1	
tert – BUTYL ISOCYANATE	异氰酸叔丁酯	2484	6.1	
Butyl lithium, see	丁基锂,见	3394	4.2	
BUTYL MERCAPTAN	丁硫醇类	2347	3	
n – BUTYL METHACRYLATE, STABILIZED	甲基丙烯酸正丁酯,稳定的	2227	3	
BUTYL METHYL ETHER	甲基正丁基醚	2350	3	
BUTYL NITRITES	亚硝酸丁酯类	2351	3	
Butylphenols, liquid, see	液态烷基苯酚,见	3145	8	
Butylphenols, solid, see	固态烷基苯酚,见	2430	8	
BUTYL PROPIONATES	丙酸丁酯类	1914	3	
p – tert – Butyltoluene, see	对叔丁基甲苯,见	2667	6.1	
BUTYLTOLUENES	丁基甲苯类	2667	6.1	
BUTYLTRICHLOROSILANE	丁基三氯硅烷	1747	8	
5 – tert – BUTYL – 2,4,6 – TRINITRO – m – XYLENE	**5 – 叔丁基 – 2,4,6 – 三硝基间二甲苯**	2956	4.1	

BUTYL VINYL ETHER, STABILIZED	丁基乙烯基醚,稳定的	2352	3	
But-1-yne, see	丁炔-1,见	2452	2	
1,4-BUTYNEDIOL	1.4-丁炔二醇	2716	6.1	
2-Butyne-1,4-diol, see	2-丁炔-1,4-二醇,见	2716	6.1	
BUTYRALDEHYDE	丁醛	1129	3	
BUTYRALDOXIME	丁醛肟	2840	3	
BUTYRIC ACID	丁酸	2820	8	
BUTYRIC ANHYDRIDE	丁酸酐	2739	8	
Butyrone, see	庚酮-[4],见	2710	3	
BUTYRONITRILE	丁腈	2411	3	
Butyroyl chloride, see	丁酰氯,见	2353	3	
BUTYRYL CHLORIDE	丁酰氯	2353	3	
Cable cutters, explosive, see	爆炸式电缆切割器,见	0070	1	
CACODYLIC ACID	卡可基酸	1572	6.1	
CADMIUM COMPOUND	镉化合物	2570	6.1	
CAESIUM	铯	1407	4.3	
CAESIUM HYDROXIDE	氢氧化铯	2682	8	
CAESIUM HYDROXIDE SOLUTION	氢氧化铯溶液	2681	8	
CAESIUM NITRATE	硝酸铯	1451	5.1	
Caffeine, see	咖啡碱(咖啡因),见	1544	6.1	
Cajeputene, see	白千层萜烯,见	2052	3	
CALCIUM	钙	1401	4.3	
CALCIUM ALLOYS, PYROPHORIC	发火钙合金	1855	4.2	
CALCIUM ARSENATE	砷酸钙	1573	6.1	
CALCIUM ARSENATE AND CALCIUM ARSENITE MIXTURE, SOLID	砷酸钙和亚砷酸钙的混合物,固体的	1574	6.1	
Calcium bisulphite solution, see	酸式亚硫酸盐溶液,见	2693	8	
CALCIUM CARBIDE	碳化钙	1402	4.3	
CALCIUM CHLORATE	氯酸钙	1452	5.1	
CALCIUM CHLORATE, AQUEOUS SOLUTION	氯酸钙,水溶液	2429	5.1	
CALCIUM CHLORITE	亚氯酸钙	1453	5.1	
CALCIUM CYANAMIDE with more than 0.1% calcium carbide	氰氨化钙,含碳化钙超过0.1%	1403	4.3	
CALCIUM CYANIDE	氰化钙	1575	6.1	
CALCIUM DITHIONITE (CALCIUM HYDROSULPHITE)	连二亚硫酸钙(亚硫酸氢钙)	1923	4.2	
CALCIUM HYDRIDE	氢化钙	1404	4.3	
CALCIUM HYDROSULPHITE, see	亚硫酸氢钙,见	1923	4.2	
CALCIUM HYPOCHLORITE, DRY with more than 39% available chlorine (8.8% available oxygen)	次氯酸钙,干的,含有效氯大于39%(有效氧8.8%)	1748	5.1	
CALCIUM HYPOCHLORITE, DRY, CORROSIVE or CALCIUM HYPOCHLORITE MIXTURE, DRY, CORROSIVE with more than 39% available chlorine (8.8% available oxygen)	次氯酸钙,干的,腐蚀性,或 次氯酸钙混合物,干的,腐蚀性,含有效氯大于39%(有效氧8.8%)	3485	5.1	

续上表

CALCIUM HYPOCHLORITE, HYDRATED with not less than 5.5% but not more than 16% water	水合次氯酸钙,含水大于5.5%但不超过16%	2880	5.1	
CALCIUM HYPOCHLORITE, HYDRATED MIXTURE with not less than 5.5% but not more than 16% water	水合次氯酸钙混合物,含水大于5.5%但不超过16%	2880	5.1	
CALCIUM HYPOCHLORITE, HYDRATED, CORROSIVE with not less than 5.5% but not more than 16% water	水合次氯酸钙,腐蚀性,含水大于5.5%但不超过16%	3487	5.1	
CALCIUM HYPOCHLORITE,HYDRATED MIXTURE,CORROSIVE with not less than 5.5% but not more than 16% water	水合次氯酸钙混合物,腐蚀性,含水5.5%但不超过16%	3487	5.1	
CALCIUM HYPOCHLORITE MIXTURE, DRY with more than 10% but not more than 39% available chlorine	次氯酸钙混合物,干,含有效氯大于10%但不超过39%	2208	5.1	
CALCIUM HYPOCHLORITE, DRY or CALCIUM HYPOCHLORITE MIXTURE,DRY with more than 39% available chlorine（8.8% available oxygen）	次氯酸钙,干的或次氯酸钙混合物,干的,含有效氯大于39%(有效氧8.8%)	1748	5.1	
CALCIUM HYPOCHLORITE MIXTURE, DRY, CORROSIVE with more than 10% but not more than 39% available chlorine	次氯酸钙混合物,干,腐蚀性,含有效氯10%～39%	3486	5.1	
CALCIUM HYPOCHLORITE MIXTURE, DRY, CORROSIVE with more than 39% available chlorine（8.8% available oxygen）	次氯酸钙,干,腐蚀性,含有效氯大于39%（有效氧8.8%）	3485	5.1	
CALCIUM MANGANESE SILICON	钙锰硅合金	2844	4.3	
CALCIUM NITRATE	硝酸钙	1454	5.1	
Calcium oxide	氧化钙	1910	8	
CALCIUM PERCHLORATE	高氯酸钙	1455	5.1	
CALCIUM PERMANGANATE	高锰酸钙	1456	5.1	
CALCIUM PEROXIDE	过氧化钙	1457	5.1	
CALCIUM PHOSPHIDE	二磷化三钙	1360	4.3	
CALCIUM, PYROPHORIC	发火钙金属	1855	4.2	
CALCIUM RESINATE	树脂酸钙	1313	4.1	
CALCIUM RESINATE, FUSED	树脂酸钙,熔凝的	1314	4.1	
Calcium selenate, see	硒酸钙,见	2630	6.1	
CALCIUM SILICIDE	硅化钙	1405	4.3	
Calcium silicon, see	硅钙合金,见	1405	4.3	
Calcium superoxide, see	过氧化钙,见	1457	5.1	
CAPACITOR, ASYMMETRIC（with an energy storage capacity greater than 0.3Wh）	电容器,非对称的(储电能力大于0.3Wh)	3508	9	
CAPACITOR, ELECTRIC DOUBLE LAYER（with an energy storage capacity greater than 0.3Wh）	双电层电容器(储电能力不大于0.3Wh)	3499	9	
Camphanone, see	茨烷酮,见	2717	4.1	
CAMPHOR OIL	樟脑油	1130	3	
CAMPHOR, synthetic	樟脑,合成的	2717	4.1	
CAPROIC ACID	己酸	2829	8	
CARBAMATE PESTICIDE, LIQUID, FLAMMABLE, TOXIC, flash-point less than 23℃	氨基甲酸酯农药,液体的,易燃的,有毒的,闪点低于23℃	2758	3	
CARBAMATE PESTICIDE, LIQUID, TOXIC	氨基甲酸酯农药,液体的,有毒的	2992	6.1	

续上表

CARBAMATE PESTICIDE, LIQUID, TOXIC, FLAMMABLE, flash–point not less than 23℃	氨基甲酸酯农药,液体的,有毒的,易燃的,闪点不低于23℃	2991	6.1	
CARBAMATE PESTICIDE, SOLID, TOXIC	氨基甲酸酯农药,固体的,有毒的	2757	6.1	
Carbolic acid, see	石碳酸(苯酚),见	1671	6.1	
		2312	6.1	
		2821	6.1	
CARBON, animal or vegetable origin	碳,来源于动物或植物	1361	4.2	
CARBON, ACTIVATED	碳,活性的	1362	4.2	
CARBON DISULPHIDE	二硫化碳	1131	3	
Carbon black (animal or vegetable origin), see	碳,来源于动物或植物	1361	4.2	
CARBON DIOXIDE	二氧化碳	1013	2	
Carbon dioxide and ethylene oxide mixture, see	二氧化碳和环氧乙烷混合物,见	1041	2	
		1952	2	
		3300	2	
CARBON DIOXIDE, REFRIGERATED LIQUID	二氧化碳,冷冻液体	2187	2	
Carbon dioxide, solid (Dry ice)	二氧化碳,固体的(干冰)	1845	9	不受ADR限制(当用作冷却剂时,参考5.5.3)
CARBON DISULPHIDE	二硫化碳	1131	3	
Carbonic anhydride, see	碳酸酐,见	1013	2	
		1845	9	
		2187	2	
CARBON MONOXIDE, COMPRESSED	一氧化碳,压缩的	1016	2	
Carbon oxysulphide, see	氧硫化羰,见	2204	2.3	
CARBON TETRABROMIDE	四溴化碳	2516	6.1	
CARBON TETRACHLORIDE	四氯化碳	1846	6.1	
Carbonyl chloride, see	碳酰氯(光气),见	1076	2	
CARBONYL FLUORIDE	碳酰氟	2417	2	
CARBONYL SULPHIDE	硫化碳酰	2204	2	
Cartridge cases, empty, primed, see	空弹壳,带底火的,见	0055	1	
		0379	1	
Cartridges, actuating, for fire extinguisher or apparatus valve, see	起动用弹药筒,用于灭火器或器械阀门,见	0275	1	
		0276	1	
		0323	1	
		0381	1	
Cartridges, explosive, see	子(炮)弹,爆炸性,见	0048	1	
CARTRIDGES, FLASH	闪光弹	0049	1	
		0050	1	
CARTRIDGES FOR TOOLS, BLANK	工具弹,空包弹	0014	1	
CARTRIDGES FOR WEAPONS with bursting charge	武器弹药筒,带有爆炸装药	0005	1	

续上表

		0006	1	
		0007	1	
		0321	1	
		0348	1	
		0412	1	
CARTRIDGES FOR WEAPONS,BLANK	武器子(炮)弹,空包弹	0014	1	
		0326	1	
		0327	1	
		0338	1	
		0413	1	
CARTRIDGES FOR WEAPONS,INERT PROJECTILE	武器子(炮)弹,带惰性弹头	0012	1	
		0328	1	
		0339	1	
		0417	1	
Cartridges,illuminating,see	照明弹,见	0171	1	
		0254	1	
		0297	1	
CARTRIDGES,OIL WELL	弹药筒,油井用	0277	1	
		0278	1	
CARTRIDGES,POWER DEVICE	弹药筒,动力装置用	0275	1	
		0276	1	
		0323	1	
		0381	1	
CARTRIDGES,SIGNAL	信号弹药筒	0054	1	
		0312	1	
		0405	1	
CARTRIDGES FOR WEAPONS,INERT PROJECTILE or CARTRIDGES,SMALL ARMS	武器弹药筒,带惰性弹头或轻武器弹药筒	0012	1	
		0339	1	
		0417	1	
CARTRIDGES FOR WEAPONS,BLANK or CARTRIDGES,SMALL ARMS,BLANK or CARTRIDGE FOR TOOLS,BLANK	武器弹药筒,无弹头或轻武器弹药筒,无弹头	0014	1	
		0327	1	
		0338	1	
Cartridges,starter,jet engine,see	喷射发动机起动装置的弹药筒,见	0275	1	
		0276	1	
		0323	1	
		0381	1	
CASES,CARTRIDGE,EMPTY,WITH PRIMER	空弹药筒壳,带有起爆器	0055	1	
		0379	1	
CASES,COMBUSTIBLE,EMPTY,WITHOUT PRIMER	可燃空药筒,不带起爆器	0446	1	
		0447	1	
Casinghead gasoline,see	压凝汽油,见	1203	3	

续上表

CASTOR BEANS	蓖麻籽	2969	9	
CASTOR FLAKE	蓖麻片	2969	9	
CASTOR MEAL	蓖麻粉	2969	9	
CASTOR POMACE	蓖麻油渣	2969	9	
CAUSTIC ALKALI LIQUID, N.O.S.	苛性碱液体,未另作规定的	1719	8	
Caustic potash, see	苛性钾,见	1814	8	
Caustic soda, see	苛性钠,见	1824	8	
Caustic soda liquor, see	苛性钠溶液,见	1824	8	
CELLS, CONTAINING SODIUM	含钠电池	3292	4.3	
CELLULOID in block, rods, rolls, sheets, tubes, etc., except scrap	赛璐珞,块、棒、卷、片、管等,碎屑除外	2000	4.1	
CELLULOID, SCRAP	赛璐珞,碎屑	2002	4.2	
Cement, see	粘合剂,见	1133	3	
CERIUM, slabs, ingots or rods	铈,板、锭或棒状	1333	4.1	
CERIUM, turnings or gritty powder	铈,切屑或粗粉状	3078	4.3	
Cer mishmetall, see	含铈的稀土元素合金,见	1323	4.1	
Charcoal, activated, see	活性碳,见	1362	4.1	
Charcoal, non-activated, see	非活性碳,见	1361	4.2	
CHARGES, BURSTING, PLASTICS BONDED	塑料胶黏炸药	0457	1	
		0458	1	
		0459	1	
		0460	1	
CHARGES, DEMOLITION	爆破炸药	0048	1	
CHARGES, DEPTH	深水炸弹	0056	1	
Charges, expelling, explosive, for fire extinguishers, see	灭火器用,见	0275	1	
		0276	1	
		0323	1	
		0381	1	
CHARGES, EXPLOSIVE, COMMERCIAL without detonator	商品爆炸装药,无雷管	0442	1	
		0443	1	
		0444	1	
		0445	1	
CHARGES, PROPELLING	推进剂	0271	1	
		0272	1	
		0415	1	
		0491	1	
CHARGES, PROPELLING, FOR CANNON	火炮发射剂	0242	1	
		0279	1	
		0414	1	
CHARGES, SHAPED, FLEXIBLE, LINEAR	聚能装药,柔性,线型	0237	1	
		0288	1	
CHARGES, SHAPED, without detonator	聚能装药,不带雷管	0059	1	

续上表

		0439	1	
		0440	1	
		0441	1	
CHARGES, SUPPLEMENTARY, EXPLOSIVE	补助性爆炸装药	0060	1	
CHEMICAL KIT	化学品箱	3316	9	
CHEMICAL SAMPLE, TOXIC	化学样品,毒性	3315	6.1	
CHEMICAL UNDER PRESSURE, N.O.S.	加压化学品,未另作规定的	3500	2	
CHEMICAL UNDER PRESSURE, CORROSIVE, N.O.S.	加压化学品,腐蚀性,未另作规定的	3503	2	
CHEMICAL UNDER PRESSURE, FLAMMABLE, N.O.S.	加压化学品,易燃,未另作规定的	3501	2	
CHEMICAL UNDER PRESSURE, FLAMMABLE, CORROSIVE, N.O.S.	加压化学品,易燃,腐蚀性,未另作规定的	3505	2	
CHEMICAL UNDER PRESSURE, FLAMMABLE, TOXIC, N.O.S.	加压化学品,易燃,毒性,未另作规定的	3504	2	
CHEMICAL UNDER PRESSURE, TOXIC, N.O.S.	加压化学品,毒性,未另作规定的	3502	2	
Chile saltpetre, see	硝酸钠(智利硝石),见	1498	5.1	
CHLORAL, ANHYDROUS, STABILIZED	氯醛,无水的,稳定的	2075	6.1	
CHLORATE AND BORATE MIXTURE	氯酸盐和硼酸盐的混合物	1458	5.1	
CHLORATE AND MAGNESIUM CHLORIDE MIXTURE, SOLID	氯酸盐和氯化镁的混合物,固体的	1459	5.1	
CHLORATE AND MAGNESIUM CHLORIDE MIXTURE SOLUTION	氯酸盐和氯化镁混合物溶液	3407	5.1	
CHLORATES, INORGANIC, N.O.S.	氯酸盐类,无机的,未另作规定的	1461	5.1	
CHLORATES, INORGANIC, AQUEOUS SOLUTION, N.O.S.	氯酸盐类,无机的,水溶液,未另作规定的	3210	5.1	
CHLORIC ACID, AQUEOUS SOLUTION with not more than 10% chloric acid	氯酸水溶液,含氯酸不超过10%	2626	5.1	
CHLORINE	氯气	1017	2	
CHLORINE, ADSORBED	氯,吸附的	3520	2	
CHLORINE PENTAFLUORIDE	五氟化氯	2548	2	
CHLORINE TRIFLUORIDE	三氟化氯	1749	2	
CHLORITES, INORGANIC, N.O.S.	亚氯酸盐类,无机的,未另作规定的	1462	5.1	
CHLORITE SOLUTION	亚氯酸盐溶液	1908	8	
Chloroacetaldehyde, see	氯乙醛,见	2232	6.1	
CHLOROACETIC ACID, MOLTEN	氯乙酸,熔融的	3250	6.1	
CHLOROACETIC ACID, SOLID	氯乙酸,固体的	1751	6.1	
CHLOROACETIC ACID SOLUTION	氯乙酸溶液	1750	6.1	
CHLOROACETONE, STABILIZED	氯丙酮,稳定的	1695	6.1	
CHLOROACETONITRILE	氯乙腈	2668	6.1	
CHLOROACETO-PHENONE, LIQUID	氯乙酰苯,液体的	3416	6.1	
CHLOROACETOPHENONE, SOLID	氯乙酰苯,固体的	1697	6.1	
CHLOROACETYL CHLORIDE	氯乙酰氯	1752	6.1	
CHLOROANILINES, LIQUID	氯苯胺类,液体的	2019	6.1	
CHLOROANILINES, SOLID	氯苯胺类,固体的	2018	6.1	
CHLOROANISIDINES	氯代茴香胺类	2233	6.1	

续上表

CHLOROBENZENE	氯苯	1134	3	
CHLOROBENZOTRI – FLUORIDES	三氟甲基氯苯类	2234	3	
CHLOROBENZYL CHLORIDES, LIQUID	氯苯甲基氯,液体的	2235	6.1	
CHLOROBENZYL CHLORIDES, SOLID	氯苯甲基氯,固体的	3427	6.1	
1 – Chloro – 3 – bromopropane, see	1 – 溴 – 3 – 氯丙烷,见	2688	6.1	
1 – Chlorobutane, see	1 – 氯丁烷,见	1127	3	
2 – Chlorobutane, see	2 – 氯丁烷,见	1127	3	
CHLOROBUTANES	氯丁烷	1127	3	
CHLOROCRESOLS SOLUTION	氯甲酚类溶液	2669	6.1	
CHLOROCRESOLS, SOLID	氯甲酚类,固体的	3437	6.1	
CHLORODIFLUOROBROMO – METHANE (REFRIGERANT GAS R 12B1)	二氟氯溴甲烷(制冷气体R12B1)	1974	2	
1 – CHLORO – 1,1 – DIFLUOROETHANE	1 – 氯 – 1,1 – 二氟乙烷	2517	2	
CHLORODIFLUORO – METHANE (REFRIGERANT GAS R 22)	氯二氟甲烷(制冷气体,R 22)	1018	2	
CHLORODIFLUORO – METHANE AND CHLOROPENTAFLUORO – ETHANE MIXTURE with fixed boiling point, with approximately 49% chlorodifluoromethane (REFRIGERANT GAS R 502)	氯二氟甲烷和氯五氟乙烷的混合物,具有固定沸点,含有约49%氯二氟甲烷(制冷气体R 502)	1973	2	
3 – Chloro – 1,2 – dihydroxypropane, see	3 – 氯 – 1,2 – 二羟基丙烷,见	2689	6.1	
Chlorodimethyl ether, see	氯二甲醚,见	1239	6.1	
CHLORODINITRO – BENZENES, LIQUID	二硝基氯苯类,液体的	1577	6.1	
CHLORODINITROBENZENES, SOLID	二硝基氯苯类,固体的	3441	6.1	
2 – CHLOROETHANAL	2 – 氯乙醛	2232	6.1	
Chloroethane, see	氯乙烷,见	1037	2	
Chloroethane nitrile, see	氯乙腈,见	2668	6.1	
2 – Chloroethanol, see	2 – 氯乙醇,见	1135	6.1	
CHLOROFORM	氯仿(三氯甲烷)	1888	6.1	
CHLOROFORMATES, TOXIC, CORROSIVE, N.O.S.	氯甲酸酯类,有毒的,腐蚀的,未另作规定的	3277	6.1	
CHLOROFORMATES, TOXIC, CORROSIVE, FLAMMABLE, N.O.S.	氯甲酸酯类,有毒的,腐蚀的,易燃的,未另作规定的	2742	6.1	
Chloromethane, see	甲基氯,见	1063	2	
1 – Chloro – 3 – methylbutane, see	1 – 氯 – 3 – 甲基丁烷,见	1107	3	
2 – Chloro – 2 – methylbutane, see	2 – 氯 – 2 – 甲基丁烷,见	1107	3	
CHLOROMETHYL CHLOROFORMATE	氯甲酸氯甲酯	2745	6.1	
Chloromethyl cyanide, see	氯甲基氰,见	2668	6.1	
CHLOROMETHYL ETHYL ETHER	氯甲基·乙基醚	2354	3	
Chloromethyl methyl ether, see	氯甲基·甲基醚,见	1239	6.1	
3 – CHLORO – 4 – METHYLPHENYL ISOCYANATE, LIQUID	液态异氰酸3 – 氯 – 4 – 甲苯酯	2236	6.1	
3 – CHLORO – 4 – METHYLPHENYL ISOCYANATE, SOLID	固态异氰酸3 – 氯 – 4 – 甲苯酯	3428	6.1	
3 – Chloro – 2 – methylprop – 1 – ene, see	3 – 氯 – 2 – 甲基 – 1 – 丙烯,见	2554	3	
CHLORONITROANILINES	氯硝基苯胺类	2237	6.1	

续上表

CHLORONITROBENZENES, LIQUID	氯硝基苯类,液体的	3409	6.1	
CHLORONITROBENZENES, SOLID	氯硝基苯类,固体的	1578	6.1	
CHLORONITROTOLUENES, LIQUID	氯硝基甲苯类,液体的	2433	6.1	
CHLORONITROTOLUENES, SOLID	氯硝基甲苯类,固体的	3457	6.1	
CHLOROPENTAFLUORO – ETHANE(REFRIGERANT GAS R115)	氯五氟乙烷(制冷气体,R115)	1020	2	
CHLOROPHENOLATES, LIQUIDor PHENOLATES, LIQUID	氯苯酚盐类,液体的或苯酚盐类,液体的	2904	8	
CHLOROPHENOLATES, SOLID orPHENOLATES, SOLID	氯苯酚盐类,固体的或苯酚盐类,固体的	2905	8	
CHLOROPHENOLS, LIQUID	氯苯酚类,液体的	2021	6.1	
CHLOROPHENOLS, SOLID	氯苯酚类,固体的	2020	6.1	
CHLOROPHENYL – TRICHLOROSILANE	氯苯基三氯硅烷	1753	8	
CHLOROPICRIN	三氯硝基甲烷(氯化苦)	1580	6.1	
CHLOROPICRIN AND METHYL BROMIDE MIXTURE with more than 2% chloropicrin	三氯硝基甲烷和甲基溴混合物,含三氯硝基甲烷超过2%	1581	2	
CHLOROPICRIN AND METHYL CHLORIDE MIXTURE	三氯硝基甲烷和甲基氯,混合物	1582	2	
CHLOROPICRIN MIXTURE, N.O.S.	三氯硝基甲烷混合物,未另作规定的	1583	6.1	
CHLOROPLATINIC ACID, SOLID	氯铂酸,固体的	2507	8	
CHLOROPRENE, STABILIZED	氯丁二烯,稳定的	1991	3	
1 – CHLOROPROPANE	1 – 氯丙烷	1278	3	
2 – CHLOROPROPANE	2 – 氯丙烷	2356	3	
3 – Chloro – propanediol – 1,2, see	3 – 氯 – 1,2 – 丙三醇,见	2689	6.1	
3 – CHLOROPROPANOL – 1	3 – 氯 – 1 – 丙醇	2849	6.1	
2 – CHLOROPROPENE	2 – 氯丙烯	2456	3	
3 – Chloropropene, see	3 – 氯丙烯,见	1100	3	
3 – Chloroprop – 1 – ene, see	3 – 氯 – 1 – 丙烯,见	1100	3	
2 – CHLOROPROPIONIC ACID	2 – 氯丙酸	2511	8	
2 – CHLOROPYRIDINE	2 – 氯吡啶	2822	6.1	
CHLOROSILANES, CORROSIVE, N.O.S.	氯硅烷类,腐蚀的,未另作规定的	2987	8	
CHLOROSILANES, CORROSIVE, FLAMMABLE, N.O.S.	氯硅烷类,腐蚀的,易燃的,未另作规定的	2986	8	
CHLOROSILANES, FLAMMABLE, CORROSIVE, N.O.S.	氯硅烷类,易燃的,腐蚀的,未另作规定的	2985	3	
CHLOROSILANES, TOXIC, CORROSIVE, N.O.S.	氯硅烷类,有毒的,腐蚀性,未另作规定的	3361	6.1	
CHLOROSILANES, TOXIC, CORROSIVE, FLAMMABLE, N.O.S.	氯硅烷类,有毒的,腐蚀性,易燃的,未另作规定的	3362	6.1	
CHLOROSILANES, WATER – REACTIVE, FLAMMABLE, CORROSIVE, N.O.S.	氯硅烷类,遇水反应,易燃的,腐蚀的,未另作规定的	2988	4.3	
CHLOROSULPHONIC ACID(with or without sulphur trioxide)	氯磺酸(含或不含三氧化硫)	1754	8	
1 – CHLORO – 1,2,2,2 – TETRAFLUOROETHANE	四氟氯乙烷	1021	2	
CHLOROTOLUENES	氯甲苯类	2238	3	
4 – CHLORO – o – TOLUIDINE YDROCHLORIDE, SOLID	4 – 固态盐酸盐对氯邻甲苯胺	1579	6.1	
4 – CHLORO – o – TOLUIDINE YDROCHLORIDE, SOLUTION	盐酸盐对氯邻甲苯胺溶液	3410	6.1	
CHLOROTOLUIDINES, LIQUID	氯甲苯胺类,液体的	3429	6.1	

CHLOROTOLUIDINES SOLID	氯甲苯胺类,固体	3429	6.1	
1 - CHLORO - 2,2,2 - TRIFLUOROETHANE	三氟氯乙烷	1983	2	
Chlorotrifluoroethylene, see	三氟氯乙烯,见	1082	2	
CHLOROTRIFLUORO - METHANE (REFRIGERANT GAS R 13)	氯三氟甲烷(制冷气体,R 13)	1022	2	
CHLOROTRIFLUORO - METHANE AND TRIFLUOROMETHANE AZEOTROPIC MIXTURE with approximately 60% chlorotrifluoromethane(REFRIGERANT GAS R 503)	氯三氟甲烷和三氟甲烷共沸混合物,含氯三氟甲烷约60%(制冷气体 R 503)	2599	2	
Chromic acid, solid, see	固态铬酸,见	1463	5.1	
CHROMIC ACID SOLUTION	铬酸溶液	1755	8	
CHROMIUM TRIOXIDE, ANHYDROUS	三氧化铬,无水的	1463	5.1	
CHROMIC FLUORIDE, SOLID	氟化铬,固体的	1756	8	
CHROMIC FLUORIDE SOLUTION	氟化铬溶液	1757	8	
Chromic nitrate, see	硝酸铬,见	2720	5.1	
CHROMIUM OXYCHLORIDE	氯氧化铬	1758	8	
Chromium (Ⅲ) fluoride, solid, see	固态氟化(三价)铬,见	1756	8	
CHROMIUM NITRATE	硝酸铬	2720	5.1	
Chromium (Ⅲ) nitrate, see	硝酸(三价)铬,见	2720	5.1	
CHROMIUM OXYCHLORIDE	氯氧化铬	1758	8	
CHROMIUM TRIOXIDE, ANHYDROUS	无水三氧化铬	1463	5.1	
CHROMOSULPHURIC ACID	铬硫酸	2240	8	
Chryosotile, see	温石棉,见	2590	9	
Cinene, see	苧烯,见	2052	3	
Cinnamene, see	苯乙烯,见	2055	3	
Cinnamol, see	苯乙烯,见	2055	3	
CLINICAL WASTE, UNSPECIFIED, N.O.S. or (BIO) MEDICAL WASTE, N.O.S. or REGULATED MEDICAL WASTE, N.O.S.	诊疗废物,未具体说明的,未另作规定的或(生物)医学废物,未另作规定的或管制下的医疗废物,未另作规定的	3291	6.2	
COAL GAS, COMPRESSED	煤气,压缩的	1023	2	
COAL TAR DISTILLATES, FLAMMABLE	煤焦油馏出物,易燃的	1136	3	
Coal tar naphtha, see	煤焦油石脑油,见	1268	3	
Coal tar oil, see	煤焦油,见	1136	3	
COATING SOLUTION (includes surface treatments or coatings used for industrial or other purposes such as vehicle under coating, drum or barrel lining)	涂料溶液(包括用于工业或其他用途的表面处理剂或涂料,例如车辆的底漆,圆桶或琵琶桶的面料)(无黏度的)非黏性的	1139	3	
COBALT NAPHTHENATES, POWDER	环烷酸钴,粉状	2001	4.1	
COBALT RESINATE, PRECIPITATED	树脂酸钴,沉淀的	1318	4.1	
Cocculus, see	木防己属,见	3172	6.1	
		3462	6.1	
Collodion cottons, see	胶棉,见	0340	1	
		0341	1	
		0342	1	
		2059	3	

续上表

		2555	4.1	
		2556	4.1	
		2557	4.1	
COMPONENTS, EXPLOSIVE TRAIN, N.O.S.	爆药导火装置系列元件,未另作规定的	0382	1	
		0383	1	
		0384	1	
		0461	1	
Composition B, see	B型熔注炸药,见	0118	1	
COMPRESSED GAS, N.O.S.	压缩气体,未另作规定的	1956	2	
COMPRESSED GAS, FLAMMABLE, N.O.S.	压缩气体,易燃的,未另作规定的	1954	2	
COMPRESSED GAS, OXIDIZING, N.O.S.	压缩气体,氧化性,未另作规定的	3156	2	
COMPRESSED GAS, TOXIC, N.O.S.	压缩气体,有毒的,未另作规定的	1955	2	
COMPRESSED GAS, TOXIC, CORROSIVE, N.O.S.	压缩气体,有毒的,易燃的,腐蚀性的,未另作规定的	3304	2	
COMPRESSED GAS, TOXIC, FLAMMABLE, N.O.S.	压缩气体,有毒的,易燃的,未另作规定的	1953	2	
COMPRESSED GAS, TOXIC, FLAMMABLE, CORROSIVE, N.O.S.	压缩气体,有毒的,氧化性的,腐蚀性的,未另作规定的	3305	2	
COMPRESSED GAS, TOXIC, OXIDIZING, N.O.S.	压缩气体,有毒的,腐蚀性的,未另作规定的	3303	2	
COMPRESSED GAS, TOXIC, OXIDIZING, CORROSIVE, N.O.S.	液化气体,有毒的,氧化性的,未另作规定的	3306	2	
CONTRIVANCES, WATER – ACTIVATED with burster, expelling charge or propelling charge	水激活装置,带起爆装置、发射剂或推进剂	0248	1	
		0249	1	
COPPER ACETOARSENITE	乙酰亚砷酸铜	1585	6.1	
COPPER ARSENITE	亚砷酸铜	1586	6.1	
Copper(Ⅱ) arsenite, see	亚砷酸(二价)铜,见	1586	6.1	
COPPER BASED PESTICIDE, LIQUID, FLAMMABLE, TOXIC, flash – point less than 23℃	铜基农药,液体的,易燃的,有毒的,闪点低于23℃	2776	3	
COPPER BASED PESTICIDE, LIQUID, TOXIC	铜基农药,液体的,有毒的	3010	6.1	
COPPER BASED PESTICIDE, LIQUID, TOXIC, FLAMMABLE, flash – point not less than 23℃	铜基农药,液体的,易燃的,闪点不低于23℃	3009	6.1	
COPPER BASED PESTICIDE, SOLID, TOXIC	铜基农药,固体的,有毒的	2775	6.1	
COPPER CHLORATE	氯酸铜	2721	5.1	
Copper(Ⅱ) chlorate, see	氯酸(二价)铜,见	2721	5.1	
COPPER CHLORIDE	氯化铜	2802	8	
COPPER CYANIDE	氰化铜	1587	6.1	
Copper selenate, see	硒酸铜,见	2630	6.1	
Copper selenite, see	亚硒酸铜,见	2630	6.1	
COPRA	干椰子肉	1363	4.2	
CORD, DETONATING, flexible	导爆索,柔性	0065	1	
	导爆索,柔性	0289	1	
CORD (FUSE), DETONATING, metal clad	导爆索(引信),包金属的	0102	1	
	导爆索(引信),包金属的	0290	1	

CORD (FUSE), DETONATING, MILD EFFECT, metal clad	导爆索(引信),弱效应,包金属的	0104	1	
CORD, IGNITER	点火索	0066	1	
Cordite, see	柯达炸药(硝棉),见	0160	1	
		0161	1	
CORROSIVE LIQUID, N.O.S.	腐蚀性液体,未另作规定的	1760	8	
CORROSIVE LIQUID, ACIDIC, INORGANIC, N.O.S.	腐蚀性液体,酸性的,无机的,未另作规定的	3264	8	
CORROSIVE LIQUID, ACIDIC, ORGANIC, N.O.S.	腐蚀性液体,酸性的,有机的,未另作规定的	3265	8	
CORROSIVE LIQUID, BASIC, INORGANIC, N.O.S.	腐蚀性液体,碱性的,无机的,未另作规定的	3266	8	
CORROSIVE LIQUID, BASIC, ORGANIC, N.O.S.	腐蚀性液体,碱性的,有机的,未另作规定的	3267	8	
CORROSIVE LIQUID, FLAMMABLE, N.O.S.	腐蚀性液体,易燃的,未另作规定的	2920	8	
CORROSIVE LIQUID, OXIDIZING, N.O.S.	腐蚀性液体,氧化性,未另作规定的	3093	8	
CORROSIVE LIQUID, SELF-HEATING, N.O.S.	丙烯酸-2-二甲氨基乙酯	3301	8	
CORROSIVE LIQUID, TOXIC, N.O.S.	腐蚀性液体,有毒的,未另作规定的	2922	8	
CORROSIVE LIQUID, WATER-REACTIVE, N.O.S.	腐蚀性液体,遇水反应,未另作规定的	3094	8	
CORROSIVE SOLID, N.O.S.	腐蚀性固体,未另作规定的	1759	8	
CORROSIVE SOLID, ACIDIC, INORGANIC, N.O.S.	腐蚀性固体,酸性的,无机的,未另作规定的	3260	8	
CORROSIVE SOLID, ACIDIC, ORGANIC, N.O.S.	腐蚀性固体,酸性的,有机的,未另作规定的	3261	8	
CORROSIVE SOLID, BASIC, INORGANIC, N.O.S.	腐蚀性固体,碱性的,无机的,未另作规定的	3262	8	
CORROSIVE SOLID, BASIC, ORGANIC, N.O.S.	腐蚀性固体,碱性的,有机的,未另作规定的	3263	8	
CORROSIVE SOLID, FLAMMABLE, N.O.S.	腐蚀性固体,易燃的,未另作规定的	2921	8	
CORROSIVE SOLID, OXIDIZING, N.O.S.	腐蚀性固体,氧化性,未另作规定的	3084	8	
CORROSIVE SOLID, SELF-HEATING, N.O.S.	腐蚀性固体,自热的,未另作规定的	3095	8	
CORROSIVE SOLID, TOXIC, N.O.S.	腐蚀性固体,有毒的,未另作规定的	2923	8	
CORROSIVE SOLID, WATER-REACTIVE, N.O.S.	腐蚀性固体,遇水反应,未另作规定的	3096	8	
COTTON WASTE, OILY	废棉,含油的	1364	4.2	
COTTON, WET	棉花,湿的	1365	4.2	
COUMARIN DERIVATIVE PESTICIDE, LIQUID, FLAMMABLE, TOXIC, flash-point less than 23℃	香豆素衍生物农药,液体的,易燃的,有毒的,闪点低于23℃	3024	3	
COUMARIN DERIVATIVE PESTICIDE, LIQUID, TOXIC	香豆素衍生物农药,液体的,有毒的	3026	6.1	
COUMARIN DERIVATIVE PESTICIDE, LIQUID, TOXIC, FLAMMABLE, flash-point not less than 23℃	香豆素衍生物农药,液体的,有毒的,易燃的,闪点不低于23℃	3025	6.1	
COUMARIN DERIVATIVE PESTICIDE, SOLID, TOXIC	香豆素衍生物农药,固体的,有毒的	3027	6.1	
Creosote, see	杂酚油,见	2810	6.1	
Creosote salts, see	杂酚盐,见	1334	4.1	
CRESOLS, LIQUID	甲酚类,液体的	2076	6.1	
CRESOLS, SOLID	甲酚类,固体的	3455	6.1	
CRESYLIC ACID	甲苯基酸	2022	6.1	
Crocidolite, see	青石棉,见	2212	9	
CROTONALDEHYDE or CROTONALDEHYDE, STABILIZED	巴豆醛或丁烯醛,稳定的	1143	6.1	
CROTONIC ACID, LIQUID	丁烯酸,液体的	3472	8	
CROTONIC ACID, SOLID	丁烯酸,固体的	2823	8	

续上表

Crotonic aldehyde / Crotonic ldehyde, stabilized, see	丁烯醛(巴豆醛)/丁烯醛(巴豆醛),稳定的,见	1143	6.1	
CROTONYLENE	巴豆炔	1144	3	
Crude naphtha, see	粗石脑油,见	1268	3	
Cumene, see	枯烯(异丙基苯),见	1918	3	
Cupric chlorate, see	氯酸铜,见	2721	5.1	
CUPRIETHYLENEDIAMINE SOLUTION	铜乙二胺溶液	1761	8	
Cutback bitumen, with a flash-point not greater than 60℃, see	稀释沥青,闪点不高于60℃,见	1999	3	
Cutback bitumen, with a flash-point above 60℃, at or above its flashpoint, see	稀释沥青,闪点高于60℃,温度等于或高于其闪点,见	3256	3	
Cutback bitumen, at or above 100℃ and below its flash-point, see	稀释沥青,温度等于或高于100℃,低于其闪点,见	3257	9	
CUTTERS, CABLE, EXPLOSIVE	爆炸性电缆切割器	0070	1	
CYANIDE SOLUTION, N.O.S.	氰化物溶液,未另作规定的	1935	6.1	
CYANIDES, INORGANIC, SOLID, N.O.S.	氰化物,无机的,固体的,未另作规定的	1588	6.1	
Cyanides, organic, flammable, toxic, n.o.s., see	有机氰化物,易燃,毒性,未另作规定的,见	3273	3	
Cyanides, organic, toxic, n.o.s., see	有机氰化物,毒性,未另作规定的,见	3276	6.1	
		3439	6.1	
Cyanides, organic, toxic, flammable, n.o.s., see	有机氰化物,毒性,易燃,未另作规定的,见	3275	6.1	
Cyanoacetonitrile, see	氰基乙腈,见	2647	6.1	
CYANOGEN	氰	1026	2	
CYANOGEN BROMIDE	溴化氰	1889	6.1	
CYANOGEN CHLORIDE, STABILIZED	氯化氰,稳定的	1589	2	
CYANURIC CHLORIDE	氰尿酰氯	2670	8	
CYCLOBUTANE	环丁烷	2601	2	
CYCLOBUTYL CHLOROFORMATE	氯甲酸环丁酯	2744	6.1	
1,5,9-CYCLODODECATRIENE	1,5,9-环十二碳三烯	2518	6.1	
CYCLOHEPTANE	环庚烷	2241	3	
CYCLOHEPTATRIENE	环庚三烯	2603	3	
1,3,5-Cycloheptatriene, see	环庚-1,3,5三烯,见	2603	3	
CYCLOHEPTENE	环庚烯	2242	3	
1,4-Cyclohexadienedione, see	1,4-环己二烯二酮,见	2587	6.1	
CYCLOHEXANE	环己烷	1145	3	
Cyclehexanethiol, see	环己烷硫醇,见	3054	3	
CYCLOHEXANONE	环己酮	1915	3	
CYCLOHEXENE	环己烯	2256	3	
CYCLOHEXENYLTRICHLORO-SILANE	环己烯基三氯硅烷	1762	8	
CYCLOHEXYL ACETATE	乙酸环己酯	2243	3	
CYCLOHEXYLAMINE	环己胺	2357	8	
CYCLOHEXYL ISOCYANATE	异氰酸环己酯	2488	6.1	
CYCLOHEXYL MERCAPTAN	环己硫醇	3054	3	
CYCLOHEXYLTRICHLORO-SILANE	环己基三氯硅烷	1763	8	

续上表

英文名称	中文名称	UN号	类别	备注
CYCLOTRIMETHYLENE TRINITRAMINE AND YCLO-TETRAMETHYLENETETRANITRAMINE MIXTURE, DE-SENSITIZED with not less than 10% phlegmatizer, by mass, see	环三亚甲基三硝胺与环四亚甲基四硝胺的混合物,减敏的,按质量含减敏剂不低于10%,见	0391	1	
CYCLOTRIMETHYLENE – TRINITRAMINE, DESENSITIZED	环三亚甲基三硝胺,减敏的	0483	1	
CYCLOTRIMETHYLENE – TRINITRAMINE, WETTED with not less than 5% water, by mass	环三亚甲基三硝胺,湿的,按质量含水不低于15%	0072	1	
CYMENES	伞花烃	2046	3	
Cymol, see	甲基·异丙基苯(伞花烃),见	2046	3	
Deanol, see	脱对丙烯基苯酚,见	2051	8	
DANGEROUS GOODS IN MACHINERY	机器中的危险货物	3363	9	不受ADR限制见1.1.3.1(6)
DECABORANE	癸硼烷	1868	4.1	
DECAHYDRONAPHTHA – LENE	十氢化萘	1147	3	
Decalin, see	萘烷,见	1147	3	
n – DECANE	正癸烷	2247	3	
DEFLAGRATING METAL SALTS OF AROMATIC NI-TRODERIVATIVES, N.O.S.	芬香族硝基衍生物的爆燃性金属盐,未另作规定的	0132	1	
Depth charge, see	深水炸药,见	0056	1	
DESENSITIZED EXPLOSIVE, LIQUID, N.O.S.	液态减敏爆炸物,未另作规定的	3379	3	
DESENSITIZED EXPLOSIVE, SOLID, N.O.S.	固态减敏爆炸物,未另作规定的	3380	4.1	
Detonating relays, see	引爆继电器,见	0029	1	
		0267	1	
		0360	1	
		0361	1	
		0455	1	
		0500	1	
DETONATOR ASSEMBLIES, NON – ELECTRIC for blasting	非电引爆雷管组件,爆破用	0360	1	
		0361	1	
		0500	1	
DETONATORS FOR AMMUNITION	弹药用雷管	0073	1	
		0364	1	
		0365	1	
		0366	1	
DETONATORS, ELECTRIC for blasting	电引爆雷管,爆破用	0030	1	
		0255	1	
		0456	1	
DETONATORS, NON – ELECTRIC for blasting	非电引爆雷管,爆破用	0029	1	
		0267	1	
		0455	1	
DEUTERIUM, COMPRESSED	压缩氘(重氢)	1957	2	
DEVICES, SMALL, HYDROCARBON GAS POWERED with release device	以烃类气体作能源的小型装置,带有释放装置	3150	2	

续上表

DIACETONE ALCOHOL	双丙酮醇	1148	3	
DIALLYLAMINE	二烯丙基胺	2359	3	
DIALLYL ETHER	二烯丙基醚	2360	3	
4,4′- DIAMINODIPHENYL - METHANE	4,4-二氨基二苯基甲烷	2651	6.1	
1,2 - Diaminoethane, see	1,2-二氨基乙烷,见	1604	8	
Diaminopropylamine, see	二氨基丙胺,见	2269	8	
DI - n - AMYLAMINE	二正戊胺	2841	3	
DIAZODINITROPHENOL, WETTED with not less than 40% water, or mixture of alcohol and water, by mass	二硝基重氮苯酚,湿的,按质量含水或水和酒精的混合物不少于40%	0074	1	
Dibenzopyridine, see	二苯并吡啶,见	2713	6.1	
DIBENZYL - DICHLOROSILANE	二苄基二氯硅烷	2434	8	
DIBORANE	乙硼烷	1911	2	
1,2 - DIBROMOBUTAN - 3 - ONE	1,2-二溴-3-丁酮	2648	6.1	
DIBROMOCHLORO - PROPANES	二溴氯丙烷类	2872	6.1	
1,2 - Dibromo - 3 - chloropropane, see	1,2-二溴-3-氯丙烷,见	2872	6.1	
DIBROMODIFLUORO - METHANE	二溴二氟甲烷	1941	9	
DIBROMOMETHANE	二溴甲烷	2664	6.1	
DI - n - BUTYLAMINE	二正丁胺	2248	8	
DIBUTYLAMINOETHANOL	二正丁氨基乙醇	2873	6.1	
2 - Dibutylaminoethanol, see	2-二丁氨基乙醇,见	2873	6.1	
N,N - Di - n - butylaminoethanol, see	N,N-二正丁氨基乙醇,见	2873	6.1	
DIBUTYL ETHERS	二丁醚类	1149	3	
DICHLOROACETIC ACID	二氯乙酸	1764	8	
1,3 - DICHLOROACETONE	1,3-二氯丙酮	2649	6.1	
DICHLOROACETYL CHLORIDE	二氯乙酰氯	1765	8	
DICHLOROANILINES, LIQUID	二氯苯胺类,液体的	1590	6.1	
DICHLOROANILINES, SOLID	二氯苯胺类,固体的	3442	6.1	
o - DICHLOROBENZENE	邻二氯苯	1591	6.1	
2,2′- DICHLORODIETHYL ETHER	2,2′-二氯二乙醚	1916	6.1	
DICHLORODIFLUORO - METHANE (REFRIGERANT GAS R 12)	二氯二氟甲烷(制冷气体,R12)	1028	2	
DICHLORODIFLUORO - METHANE AND 1,1 - DIFLUOROETHANE AZEOTROPIC MIXTURE with approximately 74% dichlorodifluoromethane (REFRIGERANT GAS R 500)	二氯二氟甲烷和二氟乙烷共沸混合物,含二氯二氟甲烷约74%(制冷气体R500)	2602	2	
Dichlorodifluoromethane and ethylene oxide mixture, see	二氯二氟甲烷和环氧乙烷混合物,见	3070	2	
DICHLORODIMETHYL ETHER, SYMMETRICAL	二氯二甲醚,对称的	2249	6.1	禁运
1,1 - DICHLOROETHANE	二氯乙烷	2362	3	
1,2 - Dichloroethane, see	1,2-二氯乙烷,见	1184	3	
1,2 - DICHLOROETHYLENE	1,2-二氯乙烯	1150	3	
Di (2 - chloroethyl) ether, see	二(2-氯乙)醚,见	1916	6.1	
DICHLOROFLUORO - METHANE (REFRIGERANT GAS R 21)	二氯一氟甲烷(制冷气体,R21)	1029	2	
alpha - Dichlorohydrin, see	α-二氯丙醇,见	2750	6.1	

续上表

DICHLOROISOCYANURIC ACID, DRY	二氯异氰脲酸,干的	2465	5.1	
DICHLOROISOCYANURIC ACID SALTS	二异氰脲酸盐类	2465	5.1	
DICHLOROISOPROPYL ETHER	二氯异丙醚	2490	6.1	
DICHLOROMETHANE	二氯甲烷	1593	6.1	
1,1 – DICHLORO – 1 – NITROETHANE	**1,1－二氯－1－硝基乙烷**	2650	6.1	
DICHLOROPENTANES	二氯戊烷类	1152	3	
Dichlorophenol, see	二氯苯酚,见	2020	6.1	
		2021	6.1	
DICHLOROPHENYL ISOCYANATES	异氰酸二氯苯酯类	2250	6.1	
DICHLOROPHENYL – TRICHLOROSILANE	二氯苯基三氯硅烷	1766	8	
1,2 – DICHLOROPROPANE	**1,2－二氯丙烷**	1279	3	
1,3 – DICHLOROPROPANOL – 2	**1,3－二氯－2－丙醇**	2750	6.1	
1,3 – Dichloro – 2 – propanone, see	1,3－二氯－2－丙酮,见	2649	6.1	
DICHLOROPROPENES	二氯丙烯类	2047	3	
DICHLOROSILANE	二氯硅烷	2189	2	
1,2 – DICHLORO – 1,1,2,2 – TETRAFLUOROETHANE	**1,2－二氯－1,1,2,2－四氟乙烷**	1958	2	
Dichloro – s – triazine – 2,4,6 – trione, see	二氯对称三嗪三酮,见	2465	5.1	
1,4 – Dicyanobutane, see	1,4－二氰基丁烷,见	2205	6.1	
Dicycloheptadiene, see	二环庚二烯,见	2251	3	
DICYCLOHEXYLAMINE	二环己胺	2565	8	
Dicyclohexylamine nitrite, see	亚硝酸二环己铵,见	2687	4.1	
DICYCLOHEXYL – AMMONIUM NITRITE	亚硝酸二环己铵	2687	4.1	
DICYCLOPENTADIENE	二聚环戊二烯(双茂)	2048	3	
1,2 – DI – (DIMETHYLAMINO) ETHANE	**1,2－二－(二甲氨基)乙烷**	2372	3	
DIDYMIUM NITRATE	硝酸钕错	1465	5.1	
DIESEL FUEL complying with standard EN 590:2004 or GAS OIL or HEATING OIL, LIGHT with a flash – point as specified in EN 590:2009 + A1:2010	柴油,符合 EN 590:2004 标准的,或瓦斯油或轻质燃料油,其闪点列入 EN 590:2009 + A1:2010 的	1202	3	
1,1 – Diethoxyethane, see	1,1－二乙氧基乙烷,见	1088	3	
1,2 – Diethoxyethane, see	1,2－二乙氧基乙烷,见	1153	3	
DIETHOXYMETHANE	二乙氧基甲烷	2373	3	
3,3 – DIETHOXYPROPENE	**3,3－二乙氧基丙烯**	2374	3	
DIETHYLAMINE	二乙胺	1154	3	
2 – DIETHYLAMINO – ETHANOL	**2－二乙氨基乙醇**	2686	8	
3 – DIETHYLAMINOPROPYL – AMINE	**3－二乙氨基丙胺**	2684	3	
N,N – DIETHYLANILINE	**N,N－二乙基苯胺**	2432	6.1	
DIETHYLBENZENE	二乙基苯类	2049	3	
Diethylcarbinol, see	二乙基甲醇,见	1105	3	
DIETHYL CARBONATE	碳酸二乙酯	2366	3	
DIETHYLDICHLORO – SILANE	二乙基二氯硅烷	1767	8	
Diethylenediamine, see	二乙撑二胺,见	2579	8	

续上表

DIETHYLENEGLYCOL DINITRATE, DESENSITIZED with not less than 25% non-volatile, water-insoluble phlegmatizer, by mass	二甘醇二硝酸酯,减敏的,按质量含不挥发、不溶于水的减敏剂不少于25%	0075	1	
DIETHYLENETRIAMINE	二亚乙基三胺	2079	8	
N,N-Diethylethanolamine, see	N,N-二乙基乙醇胺,见	2686	3	
DIETHYL ETHER	二乙醚	1155	3	
N,N-DIETHYLETHYLENEDIAMINE	**N,N-二乙基撑二胺**	2685	8	
Di-(2-ethylhexyl) phosphoric acid, see	二-(2-乙基己基)磷酸,见	1902	8	
DIETHYL KETONE	二乙酮	1156	3	
DIETHYL SULPHATE	硫酸二乙酯	1594	6.1	
DIETHYL SULPHIDE	二乙硫醚(二乙硫)	2375	3	
DIETHYLTHIO-PHOSPHORYL CHLORIDE	二乙基硫代磷酰氯	2751	8	
Diethylzinc, see	二乙基锌,见	3394	4.2	
2,4-Difluoroaniline, see	2,4-二氟苯胺,见	2941	6.1	
Difluorochloroethane, see	二氟氯乙烷,见	2517	2	
1,1-DIFLUOROETHANE(REFRIGERANT GAS R 152a)	1,1-二氟乙烷(制冷气体,R 152a)	1030	2	
1,1-DIFLUOROETHYLENE(REFRIGERANT GAS R 1132a)	**1,1-二氟乙烯(制冷气体 R 1132a)**	1959	2	
DIFLUOROMETHANE(REFRIGERANT GAS R 32)	二氟甲烷(制冷气体 R 32)	3252	2	
Difluoromethane, pentafluoroethane, and 1,1,1,2-tetrafluoroethane zeotropic mixture with approximately 10% difluoromethane and 70% pentafluoroethane, see	二氟甲烷、五氟乙烷和1,1,1,2-四氟乙烷的非共沸混合物,含有约10%的二氟甲烷和70%的五氟乙烷,见	3339	2	
Difluoromethane, pentafluoroethane, and 1,1,1,2-tetrafluoroethane zeotropic mixture with approximately 20% difluoromethane and 40% pentafluoroethane, see	二氟甲烷、五氟乙烷和1,1,1,2-四氟乙烷的非共沸混合物,含有约20%的二氟甲烷和40%的五氟乙烷,见	3338	2	
Difluoromethane, pentafluoroethane, and 1,1,1,2-tetrafluoroethane zeotropic mixture with approximately 23% difluoromethane and 25% pentafluoroethane, see	二氟甲烷、五氟乙烷和1,1,1,2-四氟乙烷的非共沸混合物,含有约23%的二氟甲烷和25%的五氟乙烷,见	3340	2	
DIFLUOROPHOSPHORIC ACID, ANHYDROUS	二氟磷酸,无水的	1768	8	
2,3-DIHYDROPYRAN	**2,3-二氢吡喃**	2376	3	
DIISOBUTYLAMINE	二异丁胺	2361	3	
DIISOBUTYLENE, ISOMERIC COMPOUNDS	二异丁烯类,异构化合物	2050	3	
alpha-Diisobutylene, see	α-二异丁烯,见	2050	3	
beta-Diisobutylene, see	β-二异丁烯,见	2050	3	
DIISOBUTYL KETONE	二异丁基(甲)酮	1157	3	
DIISOOCTYL ACID PHOSPHATE	酸式磷酸二异辛酯	1902	8	
DIISOPROPYLAMINE	二异丙胺	1158	3	
DIISOPROPYL ETHER	二异丙基醚	1159	3	
DIKETENE, STABILIZED	双烯酮,稳定的	2521	6.1	
1,1-DIMETHOXYETHANE	二甲氧基乙烷	2377	3	
1,2-DIMETHOXYETHANE	**1,2-二甲氧基乙烷**	2252	3	
Dimethoxystrychnine, see	二甲氧基马钱子碱,见	1570	6.1	
DIMETHYLAMINE, ANHYDROUS	无水二甲胺	1032	2	

续上表

DIMETHYLAMINE AQUEOUS SOLUTION	二甲胺,水溶液	1160	3	
2 – DIMETHYLAMINO – ACETONITRILE	2 – 二甲氨基乙烷	2378	3	
2 – DIMETHYLAMINO – ETHANOL	2 – 二甲基氨基乙醇	2051	8	
2 – DIMETHYLAMINOETHYL ACRYLATE	丙烯酸 – 2 – 二甲氨基乙酯	3302	6.1	
2 – DIMETHYLAMINOETHYL METHACRYLATE	甲基丙烯酸(2 – 二甲氨基)乙酯	2522	6.1	
N,N – DIMETHYLANILINE	N,N – 二甲基苯胺	2253	6.1	
Dimethylarsenic acid,see	二甲胂酸,见	1572	6.1	
N,N – Dimethylbenzylamine,see	N,N – 二甲苄基胺,见	2619	8	
2,3 – DIMETHYLBUTANE	2,3 – 二甲基丁烷	2457	3	
1,3 – DIMETHYLBUTYLAMINE	二甲基丁胺	2379	3	
DIMETHYLCARBAMOYL CHLORIDE	二甲基氨基甲酰氯	2262	8	
DIMETHYL CARBONATE	碳酸二甲酯	1161	3	
DIMETHYL – CYCLOHEXANES	二甲基环己烷类	2263	3	
N,N – DIMETHYLCYCLOHEXYLAMINE	N,N – 二甲基环己胺	2264	8	
DIMETHYLDICHLORO – SILANE	二甲基二氯硅烷	1162	3	
DIMETHYLDIETHOXY – SILANE	二甲基二乙氧基硅烷	2380	3	
DIMETHYLDIOXANES	二甲基二恶烷类	2707	3	
DIMETHYL DISULPHIDE	二甲二硫	2381	3	
Dimethylethanolamine,see	二甲基乙醇氨,见	2051	8	
DIMETHYL ETHER	二甲醚	1033	2	
N,N – DIMETHYLFORMAMIDE	N,N – 二甲基甲酰胺	2265	3	
DIMETHYLHYDRAZINE,SYMMETRICAL	二甲基肼,对称的	2382	6.1	
DIMETHYLHYDRAZINE,UNSYMMETRICAL	二甲肼,不对称	1163	6.1	
1,1 – Dimethylhydrazine,see	1,1 – 二甲肼,见	1163	6.1	
N,N – Dimethyl – 4 – nitrosoaniline,see	N,N – 二甲基 – 4 – 亚硝基苯胺,见	1369	4.2	
2,2 – DIMETHYLPROPANE	2,2 – 二甲基丙烷	2044	2	
DIMETHYL – N – PROPYLAMINE	二甲基 – N – 丙胺	2266	3	
DIMETHYL SULPHATE	硫酸二甲酯	1595	6.1	
DIMETHYL SULPHIDE	二甲硫	1164	3	
DIMETHYL THIOPHOSPHORYL CHLORIDE	二甲基硫代磷酰氯	2267	6.1	
Dimethylzinc,see	二甲锌,见	3394	4.2	
DINITROGLYCOLURIL (DINGU)	二硝基甘脲(DINGU)	0489	1	
DINITROANILINES	二硝基苯胺类	1596	6.1	
DINITROBENZENES,LIQUID	二硝基苯类,液体的	1597	6.1	
DINITROBENZENES,SOLID	二硝基苯类,固体的	3443	6.1	
Dinitrochlorobenzene,see	二硝基氯苯,见	1577	6.1	
		3441	6.1	
DINITRO – o – CRESOL	二硝基邻甲酚	1598	6.1	
DINITROGEN TETROXIDE(NITROGEN DIOXIDE)	四氧化二氮(二氧化氮)	1067	2	
DINITROGLYCOLURIL	二硝基甘脲	0489	1	
DINITROPHENOL,dry or wetted with less than 15% water,by mass	二硝基苯酚,干的或湿的,按质量含水低于15%	0076	1	

续上表

DINITROPHENOL SOLUTION	二硝基苯酚溶液	1599	6.1	
DINITROPHENOL,WETTED with not less than 15% water,by mass	二硝基苯酚,湿的,按质量含水不低于15%	1320	4.1	
DINITROPHENOLATES,alkali metals,dry or wetted with less than 15% water,by mass	二硝基苯酚盐类,碱金属,干的或湿的,按质量含水少于15%	0077	1	
DINITROPHENOLATES, WETTED with not less than 15% water,by mass	二硝基苯酚盐,湿的,按质量含水不少于15%	1321	4.1	
DINITRORESORCINOL,dry or wetted with less than 15% water,by mass	二硝基间苯二酚,干的或湿的,按质量含水少于15%	0078	1	
DINITRORESORCINOL, WETTED with not less than 15% water,by mass	二硝基间苯二酚,湿的,按质量含水不少于15%	1322	4.1	
DINITROSOBENZENE	二亚硝基苯	0406	1	
Dinitrotoluene mixed with sodium chlorate,see	二硝基甲苯,混有氯酸钠,见	0083	1	
DINITROTLUENES,LIQUID	二硝基甲苯类,液体的	2038	6.1	
DINITROTLUENES,MOLTEN	二硝基甲苯类,熔融的	1600	6.1	
DINITROTLUENES,SOLID	二硝基甲苯类,固体的	3454	6.1	
DIOXANE	二恶烷	1165	3	
DIOXOLANE	二氧戊杯	1166	3	
DIPENTENE	二聚戊烯	2052	3	
DIPHENYLAMINE CHLOROARSINE	二苯胺氯胂	1698	6.1	
DIPHENYLCHLORO – ARSINE,LIQUID	二苯氯胂,液体的	1699	6.1	
DIPHENYLCHLORO – ARSINE,SOLID	二苯氯胂,固体的	3450	6.1	
DIPHENYLDICHLORO – SILANE	二苯基二氯硅烷	1769	8	
DIPHENYLMETHYL BROMIDE	二苯甲基溴	1770	8	
DIPICRYLAMINE,see	二苦胺,见	0079	1	
DIPICRYL SULPHIDE,dry or wetted with less than 10% water,by mass	二苦硫,干的或湿的,按质量含水少于10%	0401	1	
DIPICRYL SULPHIDE,WETTED with not less than 10% water,by mass	二苦硫,湿的,按质量含水不少于10%	2852	4.1	
DIPROPYLAMINE	二丙胺	2383	3	
Dipropylene triamine,see	二丙撑三胺,见	2269	8	
DI – n – PROPYL ETHER	二正丙醚	2384	3	
DIPROPYL KETONE	二丙酮	2710	3	
DISINFECTANT,LIQUID,CORROSIVE,N.O.S.	消毒剂,液体的,腐蚀性的,未另作规定的	1903	8	
DISINFECTANT,LIQUID,TOXIC,N.O.S.	消毒剂,液体的,有毒的,未另作规定的	3142	6.1	
DISINFECTANT,SOLID,TOXIC,N.O.S.	消毒剂,固体的,有毒的,未另作规定的	1601	6.1	
DISODIUM TRIOXOSILICATE	三氧硅酸二钠	3253	8	
DIVINYL ETHER,STABILIZED	二乙烯基醚,稳定的	1167	3	
DODECYLTRICHLORO – SILANE	十二烷基三氯硅烷	1771	8	
Dry ice,see	干冰,见	1845	9	不受ADR限制
DYE INTERMEDIATE,LIQUID,CORROSIVE,N.O.S.	染料中间体,液体的,腐蚀性的,未另作规定的	2801	8	

续上表

DYE, LIQUID, TOXIC, N.O.S. or DYE INTERMEDIATE, LIQUID, TOXIC, N.O.S.	或染料中间体,液体的,有毒的,未另作规定的	1602	6.1	
DYE, SOLID, CORROSIVE, N.O.S. or DYE INTERMEDIATE, SOLID, CORROSIVE, N.O.S.	染料,固体的,腐蚀的,未另作规定的或染料中间体,固体的,腐蚀的,未另作规定的	3147	8	
DYE INTERMEDIATE, SOLID, TOXIC, N.O.S.	染料中间体,固体的,有毒的,未另作规定的	3143	6.1	
DYE, LIQUID, CORROSIVE, N.O.S.	染料,液体的,腐蚀性的,未另作规定的	2801	8	
DYE INTERMEDIATE, LIQUID, TOXIC, N.O.S.	液态染料中间产品,毒性,未另作规定的	1602	6.1	
DYE INTERMEDIATE, SOLID, CORROSIVE, N.O.S.	固态染料中间产品,腐蚀性,未另作规定的	3147	8	
DYE, SOLID, TOXIC, N.O.S.	染料,固体的,有毒的,未另作规定的	3143	6.1	
Dynamite, see	达纳炸药,见	0081	1	
Electric storage batteries, see	蓄电池组,见	2794	8	
		2795	8	
		2800	8	
		3028	8	
Electrolyte (acid or alkaline) for batteries, see	电解液(酸或碱),电池组用,见	2796	8	
		2797	8	
ELEVATED TEMPERATURE LIQUID, N.O.S., at or above 100℃ and below its flash-point (including molten metals, molten salts, etc.)	加热液体,未另作规定的,温度等于或高于100℃并低于其闪点(包括熔融金属、熔融盐类等)	3257	9	
ELEVATED TEMPERATURE LIQUID, FLAMMABLE, N.O.S. with flashpoint above 60℃, at or above its flash-point and at or above 100℃	加热液体,易燃的,未另作规定的,闪点高于60℃,温度等于或高于其闪点,等于或高于100℃	3256	3	
ELEVATED TEMPERATURE LIQUID, FLAMMABLE, N.O.S. with flashpoint above 60℃, at or above its flash-point and below 100℃	加热液体,易燃的,未另作规定的,闪点高于60℃,温度等于或高于其闪点,低于100℃	3256	3	
ELEVATED TEMPERATURE SOLID, N.O.S., at or above 240℃	加热固体,未另作规定的,温度等于或高于240℃	3258	9	
Empty battery-vehicle, uncleaned	空电池车辆,未清洗的			见4.3.2.4,5.1.3和5.4.1.1.6
Empty IBC, uncleaned	空中型散装容器,未清洗的			见4.1.1.11,5.1.3和5.4.1.1.6
Empty large packaging, uncleaned	空大型包装,未清洗的			见4.1.1.11,5.1.3和5.4.1.1.6
Empty MEGC, uncleaned	空多单元气体容器,未清洗的			见4.3.2.4,5.1.3和5.4.1.1.6
Empty packaging, uncleaned	空包装,未清洗的			见4.1.1.11,5.1.3和5.4.1.1.6
Empty receptacle, uncleaned	空容器,未清洗的			见5.1.3和5.4.1.1.6

续上表

Empty tank, uncleaned	空罐体,未清洗的			见4.3.2.4, 5.1.3 和 5.4.1.1.6
Empty vehicle, uncleaned	空车辆,未清洗的			见5.1.3 和 5.4.1.1.6
Enamel, see	瓷漆,见	1263	3	
		3066	8	
		3469	3	
		3470	8	
Engine, fuel cell, flammable gas powered	燃料电池发动机,易燃气体驱动	3166	9	不受ADR限制
Engine, fuel cell, flammable liquid powered	燃料电池发动机,易燃液体驱动	3166	9	不受ADR限制
Engine, internal combustion	内燃发动机	3166	9	不受ADR限制
Engines, rocket, see	火箭发动机,见	0250	1	
		0322	1	
ENVIRONMENTALLY HAZARDOUS SUBSTANCE, LIQUID, N.O.S.	对环境有害的物质,液体的,未另作规定的	3082	9	
ENVIRONMENTALLY HAZARDOUS SUBSTANCE, SOLID, N.O.S.	对环境有害的物质,固体的,未另作规定的	3077	9	
EPIBROMOHYDRIN	表溴醇	2558	6.1	
EPICHLOROHYDRIN	表氯醇	2023	6.1	
1,2 - Epoxybutane, stabilized, see	1,2 - 环氧丁烷,稳定的,见	3022	3	
Epoxyethane, see	环氧乙烷,见	1040	2	
1,2 - EPOXY - 3 - ETHOXYPROPANE	1,2 - 环氧 - 3 - 乙氧基丙烷	2752	3	
2,3 - Epoxy - 1 - propanal, see	2,3 - 环氧 - 1 - 丙醛,见	2622	3	
2,3 - Epoxypropyl ethyl ether, see	2,3 - 环氧丙基乙醚,见	2752	3	
ESTERS, N.O.S.	酯类,未另作规定的	3272	3	
ETHANE	乙烷	1035	2	
ETHANE, REFRIGERATED LIQUID	乙烷,冷冻液体	1961	2	
Ethanethiol, see	乙硫醇,见	2363	3	
ETHANOL (ETHYL ALCOHOL) or ETHANOL SOLUTION (ETHYL ALCOHOL SOLUTION)	乙醇或乙醇溶液	1170	3	
ETHANOL AND GASOLINE MIXTURE or ETHANOL AND MOTOR SPIRIT MIXTURE or ETHANOL AND PETROL MIXTURE, with more than 10% ethanol	乙醇和汽油混合物或酒精和汽油混合物,含乙醇10%以上	3475	3	
ETHANOL SOLUTION (ETHYL ALCOHOL SOLUTION)	乙二醇 - 乙醚	1170	3	
ETHANOLAMINE	乙醇胺	2491	8	
ETHANOLAMINE SOLUTION	乙醇胺溶液	2491	8	
Ether, see	乙醚,见	1155	3	

ETHERS, N.O.S.	醚类，未另作规定的	3271	3	
2 - Ethoxyethanol, see	2 - 乙氧基乙醇，见	1171	3	
2 - Ethoxyethyl acetate, see	2 - 乙氧基乙酸乙酯，见	1172	3	
Ethoxy propane - 1, see	乙氧基 - 1 - 丙烷，见	2615	3	
ETHYL ACETATE	乙酸乙酯	1173	3	
ETHYLACETYLENE, STABILIZED	乙基乙炔，稳定的	2452	2	
ETHYL ACRYLATE, STABILIZED	丙烯酸乙酯，稳定的	1917	3	
ETHYL ALCOHOL, see	乙醇，见	1170	3	
ETHYL ALCOHOL SOLUTION, see	乙醇溶液，见	1170	3	
ETHYLAMINE	乙胺	1036	2	
ETHYLAMINE, AQUEOUS SOLUTION with not less than 50% but not more than 70% ethylamine	乙胺水溶液，乙胺含量50% - 70%	2270	3	
ETHYL AMYL KETONE	乙基戊基酮类（乙戊酮）	2271	3	
N - ETHYLANILINE	N - 乙基苯胺	2272	3	
2 - ETHYLANILINE	2 - 乙基苯胺	2273	3	
ETHYLBENZENE	乙苯	1175	3	
N - ETHYL - N - BENZYLANILINE	N - 乙基 - N - 苄基苯胺	2274	6.1	
N - ETHYLBENZYLTOLUIDINES, LIQUID	液态 N - 乙基苄基甲苯胺	2753	6.1	
N - ETHYLBENZYLTOLUIDINES, SOLID	固态 N - 乙基苄基甲苯胺	3460	6.1	
ETHYL BORATE	硼酸乙酯	1176	3	
ETHYL BROMIDE	乙基溴	1891	6.1	
ETHYL BROMOACETATE	溴乙酸乙酯	1603	6.1	
2 - ETHYLBUTANOL	2 - 乙基丁醇	2275	3	
2 - ETHYLBUTYL ACETATE	乙酸 - 2 - 乙基丁酯	1177	3	
ETHYL BUTYL ETHER	乙基丁基醚	1179	3	
2 - ETHYLBUTYRALDEHYDE	2 - 乙基丁醛	1178	3	
ETHYL BUTYRATE	丁酸乙酯	1180	3	
ETHYL CHLORIDE	乙基氯	1037	2	
ETHYL CHLOROACETATE	氯乙酸乙酯	1181	6.1	
Ethyl chlorocarbonate, see	氯甲酸乙酯，见	1182	6.1	
ETHYL CHLOROFORMATE	氯甲酸乙酯	1182	6.1	
Ethyl - alpha - chloropropionate, see	α - 氯丙酸乙酯，见	2935	3	
ETHYL CHLOROTHIOFORMATE	氯硫代甲酸乙酯	2826	8	
ETHYL CROTONATE	丁烯酸乙酯	1862	3	
ETHYLDICHLOROARSINE	乙基二氯胂	1892	6.1	
ETHYLDICHLOROSILANE	乙基二氯硅烷	1183	4.3	
ETHYLENE, ACETYLENE AND PROPYLENE MIXTURE, REFRIGERATED LIQUID containing at least 71.5% ethylene with not more than 22.5% acetylene and not more than 6% propylene	冷冻液态乙烯、乙炔和丙烯混合物，含乙烯至少71.5%，乙炔不多于22.5%，丙烯不多于6%	3138	2	
ETHYLENE CHLOROHYDRIN	2 - 氯乙醇	1135	6.1	
ETHYLENE	乙烯	1962	2	
ETHYLENEDIAMINE	1,2 - 乙二胺（乙撑二胺）	1604	8	

续上表

ETHYLENE DIBROMIDE	二溴化乙烯	1605	6.1	
Ethylene dibromide and methyl bromide, liquid mixture, see	二溴化乙烯和溴甲烷的液态混合物,见	1647	6.1	
ETHYLENE DICHLORIDE	二氯化乙烯	1184	3	
ETHYLENE GLYCOL DIETHYL ETHER	乙二醇二乙醚	1153	3	
ETHYLENE GLYCOL MONOETHYL ETHER	乙二醇－乙醚	1171	3	
ETHYLENE GLYCOL MONOETHYL ETHER ACETATE	乙酸乙二醇－乙醚酯	1172	3	
ETHYLENE GLYCOL MONOMETHYL ETHER	乙二醇－甲醚	1188	3	
ETHYLENE GLYCOL MONOMETHYL ETHER ACETATE	乙酸乙二醇－甲醚酯	1189	3	
ETHYLENEIMINE, STABILIZED	乙撑亚胺,稳定的	1185	6.1	
ETHYLENE OXIDE	环氧乙烷	1040	2	
ETHYLENE OXIDE AND CARBON DIOXIDE MIXTURE with more than 87% ethylene oxide	环氧乙烷(氧化乙烯)和二氧化碳混合物,含环氧乙烷(氧化乙烯)超过87%	3300	2	
ETHYLENE OXIDE AND CARBON DIOXIDE MIXTURE with more than 9% but not more than 87% ethylene oxide	环氧乙烷和二氧化碳的混合物,含有环氧乙烷9%以上,但不超过87%	1041	2	
ETHYLENE OXIDE AND CARBON DIOXIDE MIXTURE with not more than 9% ethylene oxide	二氧化碳和环氧乙烷的混合物,含环氧乙烷不超过9%	1952	2	
ETHYLENE OXIDE AND CHLOROTETRAFLUORO－ETHANE MIXTURE with not more than 8.8% ethylene oxide	环氧乙烷(氧化乙烯)和氯四氟乙烷混合物,含环氧乙烷(氧化乙烯)不超过8.8%	3297	2	
ETHYLENE OXIDE AND DICHLORODIFLUORO－METHANE MIXTURE with not more than 12.5% ethylene oxide	环氧乙烷(氧化乙烯)和二氯二氟甲烷合物,含环氧乙烷(氧化乙烯)不超过12.5%	3070	2	
ETHYLENE OXIDE AND PENTAFLUOROETHANE MIXTURE with not more than 7.9% ethylene oxide	环氧乙烷(氧化乙烯)和五氟乙烷混合物,含环氧乙烷(氧化乙烯)不超过7.9%	3298	2	
ETHYLENE OXIDE AND PROPYLENE OXIDE MIXTURE, not more than 30% ethylene oxide	环氧乙烷(氧化乙烯)和氧化丙烯混合物,环氧乙烷(氧化乙烯)不超过30%	2983	3	
ETHYLENE OXIDE AND TETRAFLUOROETHANE MIXTURE with not more than 5.6% ethylene oxide	环氧乙烷(氧化乙烯)和四氟乙烷混合物,含环氧乙烷(氧化乙烯)不超过5.6%	3299	2	
ETHYLENE OXIDE WITH NITROGEN up to a total pressure of 1 MPa (10 bar) at 50℃	环氧乙烷,或含有氮的环氧乙烷,在50℃时最高总压力为1MPa(10bar)	1040	2	
ETHYLENE, REFRIGERATED LIQUID	乙烯,冷冻液体	1038	2	
ETHYL ETHER, see	乙醚,见	1155	3	
ETHYL FLUORIDE	乙基氟	2453	2	
ETHYL FORMATE	甲酸乙酯	1190	3	
2－ETHYLHEXYLAMINE	乙基己胺	2276	3	
2－ETHYLHEXYL CHLOROFORMATE	氯甲酸－2－乙基己酯	2748	6.1	
Ethylidene chloride, see	乙叉二氯,见	2362	3	
ETHYL ISOBUTYRATE	异丁酸乙酯	2385	3	
ETHYL ISOCYANATE	异氰酸乙酯	2481	6.1	
ETHYL LACTATE	乳酸乙酯	1192	3	
ETHYL MERCAPTAN	乙硫醇	2363	3	
ETHYL METHACRYLATE, STABILIZED	甲基丙烯酸乙酯,稳定的	2277	3	
ETHYL METHYL ETHER	甲乙醚	1039	2	
ETHYL METHYL KETONE	乙基甲基酮	1193	3	
ETHYL NITRITE SOLUTION	亚硝酸乙酯溶液	1194	3	

续上表

ETHYL ORTHOFORMATE	原甲酸乙酯	2524	3	
ETHYL OXALATE	草酸乙酯	2525	6.1	
ETHYLPHENYL – DICHLOROSILANE	乙基苯基二氯硅烷	2435	8	
1 – ETHYLPIPERIDINE	乙基哌啶	2386	3	
ETHYL PROPIONATE	丙酸乙酯	1195	3	
ETHYL PROPYL ETHER	乙基丙基醚（乙丙醚）	2615	3	
Ethyl silicate, see	硅酸乙酯，见	1292	3	
Ethyl sulphate, see	硫酸乙酯，见	1594	6.1	
N – ETHYLTOLUIDINES	N – 乙基甲苯胺	2754	6.1	
ETHYLTRICHLOROSILANE	乙基三氯硅烷	1196	3	
EXPLOSIVE, BLASTING, TYPE A	爆破炸药，A 型	0081	1	
EXPLOSIVE, BLASTING, TYPE B	爆破炸药，B 型	0082	1	
		0331	1	
EXPLOSIVE, BLASTING, TYPE C	爆破炸药，C 型	0083	1	
EXPLOSIVE, BLASTING, TYPE D	爆破炸药，D 型	0084	1	
EXPLOSIVE, BLASTING, TYPE E	爆破炸药，E 型	0241	1	
		0332	1	
Explosives, emulsion, see	乳胶炸药，见	0241	1	
		0332	1	
Explosive, seismic, see	地震炸药，见	0081	1	
		0082	1	
		0083	1	
		0331	1	
Explosive, slurry, see	浆状炸药，见	0241	1	
		0332	1	
Explosive, water gel, see	水凝胶炸药，见	0241	1	
		0332	1	
EXTRACTS, AROMATIC, LIQUID	萃取香料，液体的	1169	3	
EXTRACTS, FLAVOURING, LIQUID	萃取调味品，液体的	1197	3	
FABRICS, ANIMAL, N.O.S. with oil	动物纤维织品，未另作规定的，含油	1373	4.2	
FABRICS IMPREGNATED WITH WEAKLY NITRATED NITROCELLULOSE, N.O.S.	纤维织品，浸过轻度硝化的硝化纤维素，未另作规定的	1353	4.1	
FABRICS, SYNTHETIC, N.O.S. with oil	合成纤维织品，未另作规定的，含油	1373	4.2	
FABRICS, VEGETABLE, N.O.S. with oil	植物纤维织品，未另作规定的，含油	1373	4.2	
FERRIC ARSENATE	砷酸铁	1606	6.1	
FERRIC ARSENITE	亚砷酸铁	1607	6.1	
FERRIC CHLORIDE, ANHYDROUS	氯化铁，无水的	1773	8	
FERRIC CHLORIDE SOLUTION	氯化铁溶液	2582	8	
FERRIC NITRATE	硝酸铁	1466	5.1	
FERROCERIUM	铁铈齐	1323	4.1	
FERROSILICON with 30% or more but less than 90% silicon	硅铁，含硅不小于 30%，但小于 90%	1408	4.3	
FERROUS ARSENATE	砷酸亚铁	1608	6.1	

续上表

FERROUS METAL BORINGS in a form liable to self-heating	黑色金属镗屑,易自热	2793	4.2	
FERROUS METAL CUTTINGS in a form liable to self-heating	黑色金属切屑,易自热	2793	4.2	
FERROUS METAL SHAVINGS in a form liable to self-heating	黑色金属刨屑,易自热	2793	4.2	
FERROUS METAL TURNINGS in a form liable to self-heating	黑色金属旋屑,易自热	2793	4.2	
FERTILIZER AMMONIATING SOLUTION with free ammonia	充氨溶液肥料,含有游离氨	1043	2	
Fertilizer with ammonium nitrate, n. o. s., see	化肥,含有硝酸铵,未另作规定的,见	2067	5.1	
Fibres, animal or fibres, vegetable burnt, wet or damp	动物纤维或植物纤维,焦的、湿的或潮的	1372	4.2	不受ADR限制
FIBRES or FABRICS, ANIMAL or VEGETABLE or SYNTHETIC, N. O. S. with oil	动物或植物或合成的纤维或纤维制品未另作规定的,含油的	1373	4.2	
FIBRES or FABRICS IMPREGNATED WITH WEAKLY NITRATED NITROCELLULOSE, N. O. S.	纤维或纤维织品,浸过轻度硝化的硝化纤维素,未另作规定的	1353	4.1	
FIBRES, SYNTHETIC, N. O. S. with oil	合成纤维,未另作规定的,含油	1373	4.2	
FIBRES, VEGETABLE burnt, wet or damp	植物纤维,烧过的、湿的或潮的	1372	4.2	不受ADR限制
Fibres, vegetable, dry	纤维,植物的,干的	3360	4.1	不受ADR限制
FIBRES, VEGETABLE, N. O. S. with oil	植物纤维,未另作规定的,含油	1373	4.2	
Films, nitrocellulose base, from which gelatin has been removed; film scrap, see	胶片,以硝化纤维素为基料,除去明胶的;碎胶片,见	2002	4.2	
FILMS, NITROCELLULOSEBASE, gelatincoated, exceptscrap	胶片,以硝化纤维素为基料,涂有明胶的,碎胶片除外	1324	4.1	
Filler, liquid, see	填料,液体,见	1263	3	
		3066	8	
		3469	3	
		3470	8	
FIREEXTINGUISHERCHARGES, corrosiveliquid	灭火器起动剂,腐蚀性液体	1774	8	
Fire extinguisher charges, expelling, explosive, see	灭火器起动剂,推进的,爆炸性的,见	0275	1	
		0276	1	
		0323	1	
		0381	1	
FIREEXTINGUISHERS with compressedorliquefiedgas	灭火器,含有压缩或液化气体	1044	2	
FIRELIGHTERS, SOLID with flammable liquid	点火剂,固体的,含有易燃液体的	2623	4.1	
FIREWORKS	烟花	0333	1	见2.2.1.1.7
		0334	1	
		0335	1	
		0336	1	
		0337	1	
FIRST AID KIT	急救箱	3316	9	
Fishmeal, stabilized	鱼粉,稳定的	2216	9	不受ADR限制

续上表

FISHMEAL, UNSTABILIZED	鱼粉,未稳定的	1374	4.2	
Fishscrap, stabilized, see	鱼屑,稳定的,见	2216	9	不受ADR限制
FISHSCRAP, UNSTABILIZED, see	鱼渣,未稳定的,见	1374	4.2	
Flammable gas in lighters, see	打火机中的易燃气体,见	1057	2	
FLAMMABLE LIQUID, N.O.S.	易燃液体,未另作规定的	1993	3	
FLAMMABLELIQUID, CORROSIVE, N.O.S.	易燃液体,腐蚀性的,未另作规定的	2924	3	
FLAMMABLELIQUID, TOXIC, N.O.S.	易燃液体,未另作规定的	1992	3	
FLAMMABLELIQUID, TOXIC, CORROSIVE, N.O.S.	易燃液体,有毒的,腐蚀性的,未另作规定的	3286	3	
FLAMMABLESOLID, CORROSIVE, INORGANIC, N.O.S.	易燃固体,腐蚀性的,无机的,未另作规定的	3180	4.1	
FLAMMABLESOLID, CORROSIVE, ORGANIC, N.O.S.	易燃固体,腐蚀性的,有机的,未另作规定的	2925	4.1	
FLAMMABLESOLID, INORGANIC, N.O.S.	易燃固体,无机的,未另作规定的	3178	4.1	
FLAMMABLESOLID, ORGANIC, N.O.S.	易燃固体,有机的,未另作规定的	1325	4.1	
FLAMMABLESOLID, ORGANIC, MOLTEN, N.O.S.	易燃固体,有机的,熔融的,未另作规定的	3176	4.1	
FLAMMABLESOLID, OXIDIZING, N.O.S.	易燃固体,氧化性,未另作规定的	3097	4.1	禁运
FLAMMABLESOLID, TOXIC, INORGANIC, N.O.S.	易燃固体,有毒的,无机的,未另作规定的	3179	4.1	
FLAMMABLESOLID, TOXIC, ORGANIC, N.O.S.	易燃固体,有毒的,有机的,未另作规定的	2926	4.1	
FLARES, AERIAL	空投照明弹	0093	1	
		0403	1	
		0404	1	
		0420	1	
		0421	1	
Flares, highway, Flares, distress, small, Flares, railway or highway, see	照明弹,公路用,小型,遇险求救用,铁路或公路用见	0191	1	
		0373	1	
FLARES, SURFACE	地面照明弹	0092	1	
		0418	1	
		0419	1	
Flares, water-activated, see	照明弹,水激活的,见	0248	1	
		0249	1	
FLASHPOWDER	闪光粉	0094	1	
		0305	1	
Flue dusts, toxic, see	烟道尘,毒性,见	1562	6.1	
Fluoric acid, see	氟酸,见	1790	8	
FLUORINE, COMPRESSED	氟,压缩的	1045	2	
FLUOROACETICACID	氟乙酸	2642	6.1	
FLUOROANILINES	氟苯胺类	2941	6.1	
2-Fluoroaniline, see	2-氟苯胺,见	2941	6.1	
4-Fluoroaniline, see	4-氟苯胺,见	2941	6.1	
o-Fluoroaniline, see	邻氟苯胺,见	2941	6.1	
p-Fluoroaniline, see	对氟苯胺,见	2941	6.1	
FLUOROBENZENE	氟苯	2387	3	
FLUOROBORICACID	氟硼酸	1775	8	

续上表

Fluoroethane, see	氟代乙烷,见	2453	2	
Fluoroform, see	三氟甲烷,见	1984	2	
Fluoromethane, see	氟代甲烷,见	2454	2	
FLUOROPHOSPHORICACID, ANHYDROUS	氟磷酸,无水的	1776	8	
FLUOROSILICATES, N.O.S.	氟硅酸盐(酯)类,未另作规定的	2856	6.1	
FLUOROSILICICACID	氟硅酸	1778	8	
FLUOROSULPHONICACID	氟磺酸	1777	8	
FLUOROTOLUENES	氟代甲苯类	2388	3	
FORMALDEHYDESOLUTION with not less than 25% formaldehyde	甲醛溶液,含甲醛不少于25%	2209	8	
FORMALDEHYDESOLUTION, FLAMMABLE	甲醛溶液,易燃	1198	3	
Formalin, see	福尔马林,见	1198	3	
		2209	8	
Formamidine sulphinic acid, see	甲脒亚磺酸,见	3341	4.2	
FORMICACID with more than 85% acid by mass	甲酸,按质量含酸大于85%	1779	8	
FORMIC ACID with not more than 85% acid by mass	甲酸,按质量含酸不大于85%	3412	8	
Formic aldehyde, see	甲醛,见	1198	3	
		2209	8	
2-Formyl-3,4-dihydro-2H-pyran, see	2-甲酰-3,4-二氢-2H-吡喃,见	2607	3	
FRACTURINGDEVICES, EXPLOSIVE without detonator, for oilwells	爆炸式压裂装置,油井用,不带雷管	0099	1	
FUEL, AVIATION, TURBINE ENGINE	航空燃料,涡轮发动机用	1863	3	
FUEL CELL CARTRIDGES	燃料电池盒	3478	2	
		3479	2	
		3473	3	
		3476	4.3	
		3477	8	
FUEL CELL CARTRIDGES CONTAINED IN EQUIPMENT	装在设备上的燃料电池盒	3478	2	
		3479	2	
		3473	3	
		3476	4.3	
		3477	8	
FUEL CELL CARTRIDGES PACKED WITH EQUIPMENT	与设备包装在一起的燃料电池盒	3478	2	
		3479	2	
		3473	3	
		3476	4.3	
		3477	8	
Fumaroyl dichloride, see	富马酰二氯,见	1780	3	
FUMARYLCHLORIDE	富马酰氯(反丁烯二酰氯)	1780	8	
FUMIGATEDCARGO TRANSPORTUNIT	熏蒸过的货物运输装置	3359	9	
FURALDEHYDES	糠醛	1199	6.1	

续上表

FURAN	呋喃	2389	3	
FURFURYLALCOHOL	糠醇	2874	6.1	
FURFURYLAMINE	糠胺	2526	3	
Furyl carbinol, see	糠甲醇,见	2874	6.1	
FUSE, DETONATING, metal clad	导爆索(信管),包金属的	0102	1	
		0290	1	
FUSE, DETONATING, MILD EFFECT, metal clad, see	弱效应导爆索(信管),包金属的,见	0104	1	
FUSE, IGNITER, tubular, metalclad	点火索,管状,包金属的	0103	1	
FUSE, NON-DETONATING	导火索,非起爆的	0101	1	
FUSELOIL	杂醇油	1201	3	
FUSE, SAFETY	安全导火索	0105	1	
Fuze, combination, percussion or time, see	引信,组合的,击发的,定时的,见	0106	1	
		0107	1	
		0257	1	
		0316	1	
		0317	1	
		0367	1	
		0368	1	
FUZES, DETONATING	起爆引信	0106	1	
		0107	1	
		0257	1	
		0367	1	
FUZES, DETONATING with protective features	起爆引信,带有保险装置	0408	1	
		0409	1	
		0410	1	
FUZES, IGNITING	点火引信	0316	1	
		0317	1	
		0368	1	
GALLIUM	镓	2803	8	
GAS CARTRIDGES without a release device, non-refillable, see	蓄气筒,无释放装置,不能再充气的,见	2037	2	
Gas drips, hydrocarbon, see	液滴汽油,碳氢化合物,见	3295	3	
CAS OIL	瓦斯油	1202	3	
GASOLINE	汽油	1203	3	
GASOLINE AND ETHANOL MIXTURE	乙醇和汽油混合物	3475	3	
Gasoline, casinghead, see	压凝汽油,见	1203	3	
GAS, REFRIGERATED LIQUID, N.O.S.	冷冻液态气体,未另作规定的	3158	2	
GAS, REFRIGERATED LIQUID, FLAMMABLE, N.O.S.	冷冻液态气体,易燃,未另作规定的	3312	2	
GAS, REFRIGERATED LIQUID, OXIDIZING, N.O.S.	冷冻液态气体,氧化性,未另作规定的	3311	2	
GASSAMPLE, NON-PRESSURIZED, FLAMMABLE, N.O.S., not refrigerated liquid	气体样品,不加压的,易燃的,未另作规定的,非冷冻液体	3167	2	
GASSAMPLE, NON-PRESSURIZED, TOXIC, N.O.S., not refrigerated liquid	气体样品,不加压的,有毒的,未另作规定的,非冷冻液体	3169	2	

续上表

GAS SAMPLE, NON - PRESSURIZED, TOXIC, FLAMMABLE, N.O.S., not refrigerated liquid	气体样品,不加压的,有毒的,易燃的,未另作规定的,非冷冻液体	3168	2	
Gelatin, blasting, see	爆胶,见	0081	1	
Gelatin, dynamites, see	胶质炸药,见	0081	1	
GENETICALLY MODIFIED MICROORGANISMS	基因改变的微生物	3245	9	
GENETICALLY MODIFIED ORGANISMS	基因改变的生物	3245	9	
GERMANE	锗烷	2192	2	
GERMANE, ADSORBED	锗烷,吸附的	3523	2	
Germanium hydride, see	氢化锗,见	2192	2	
Glycer - 1,3 - dichlorohydrin, see	丙三醇-1,3-二氯乙醇,见	2750	6.1	
GLYCEROL alpha - MONOCHLOROHYDRIN	α-氯代丙三醇(3-氯-1,2-丙三醇)	2689	6.1	
Glyceryl trinitrate, see	硝化甘油,见	0143	1	
		0144	1	
		1204	3	
		3064	3	
GLYCIDALDEHYDE	缩水甘油醛	2622	3	
GRENADES, hand or rifle, with bursting charge	手榴弹或枪榴弹,带有爆炸装药	0284	1	
		0285	1	
		0292	1	
		0293	1	
Grenades, illuminating, see	照明弹,见	0171	1	
		0254	1	
		0297	1	
GRENADES, PRACTICE, hand or rifle	手榴弹或枪榴弹,练习用	0110	1	
		0318	1	
		0372	1	
		0452	1	
Grenades, smoke, see	烟幕弹,见	0015	1	
		0016	1	
		0245	1	
		0246	1	
		0303	1	
GUANIDINE NITRATE	硝酸胍	1467	5.1	
GUANYLNITROSAMINO- GUANYLIDENEHYDRAZINE, WETTED with not less than 30% water, by mass	脒基·亚硝胺基脒基肼,湿的,按质量含水不少于30%	0113	1	
GUANYLNITROSAMINO - GUANYLTETRAZENE (TETRAZENE), WETTED with not less than 30% water, or mixture of alcohol and water, by mass	脒基·亚硝胺基脒基四氮烯(四氮烯),湿的,按质量含水,或水和酒精的混合物不少于30%	0114	1	
GUNPOWDER, COMPRESSED, see	压缩黑火药,见	0028	1	
GUNPOWDER, granular or as a meal, see	火药,颗粒状或粉状,见	0027	1	
GUNPOWDER, IN PELLETS, see	丸状火药,见	0028	1	
Gutta percha solution, see	杜仲胶溶液,见	1287	3	
HAFNIUM POWDER, DRY	铪粉,干的	2545	4.2	

续上表

HAFNIUMPOWDER, WETTED with not less than 25% water	铪粉,湿的,含水量不少于25%(所含过量的水必须看得出来)(a)机械方法生产的,粒径小于53μm;或(b)化学方法生产的,粒径小于840μm	1326	4.1	
Hay, StraworBhusa	干草、禾秆或碎稻草和稻壳	1327	4.1	不受ADR限制
HEATING OIL, LIGHT	轻质燃料油	1202	3	
Heavy hydrogen, see	重氢,见	1957	2	
HELIUM, COMPRESSED	氦,压缩的	1046	2	
HELIUM, REFRIGERATED LIQUID	氦,冷冻液体	1963	2	
HEPTAFLUOROPROPANE(REFRIGERANTGASR227)	七氟丙烷(制冷气体R227)	3296	2	
n-HEPTALDEHYDE	正庚醛	3056	3	
n-Heptanal, see	正庚醛,见	3056	3	
HEPTANES	庚烷类	1206	3	
4-Heptanone, see	4-庚酮,见	2710	3	
n-HEPTENE	正庚烯	2278	3	
HEXACHLOROACETONE	六氯丙酮	2661	6.1	
HEXACHLOROBENZENE	六氯苯	2729	6.1	
HEXACHLOROBUTADIENE	六氯丁二烯	2279	6.1	
Hexachloro-1,3-butadiene, see	六氯-1,3丁二烯,见	2279	6.1	
HEXACHLOROCYCLO-PENTADIENE	六氯环戊二烯	2646	6.1	
HEXACHLOROPHENE	六氯苯	2875	6.1	
Hexachloro-2-propanone, see	六氯-2-丙酮,见	2661	6.1	
HEXADECYLTRICHLORO-SILANE	十六烷基三氯硅烷	1781	8	
HEXADIENES	己二烯类	2458	3	
HEXAETHYLTETRAPHOSPHATE	四磷酸六乙酯	1611	6.1	
HEXAETHYLTETRAPHOSPHATE ANDCOMPRESSEDGAS MIXTURE	四磷酸六乙酯和压缩气体混合物	1612	2	
HEXAFLUOROACETONE	六氟丙酮	2420	2	
HEXAFLUOROACETONE HYDRATE, LIQUID	水合六氟丙酮,液体的	2552	6.1	
HEXAFLUOROACETONE HYDRATE, SOLID	水合六氟丙酮,固体的	3436	6.1	
HEXAFLUOROETHANE(REFRIGERANTGASR116)	六氟乙烷(制冷气体R116)	2193	2	
HEXAFLUORO-PHOSPHORIC ACID	六氟磷酸	1782	8	
HEXAFLUOROPROPYLENE(REFRIGERANTGASR1216)	六氟丙烯(制冷气体R1216)	1858	2	
Hexahydrocresol, see	六氢甲酚,见	2617	3	
Hexahydromethyl phenol, see	甲基环乙醇,(四基苯酚),见	2617	3	
HEXALDEHYDE	己醛	1207	3	
HEXAMETHYLENEDIAMINE, SOLID	固态六亚甲基二胺	2280	8	
HEXAMETHYLENEDIAMINE SOLUTION	六亚甲基二胺溶液	1783	8	
HEXAMETHYLENE DIISOCYANATE	1,6-己二异氰酸酯	2281	6.1	
HEXAMETHYLENEIMINE	六亚甲基亚胺	2493	3	
HEXAMETHYLENETE-TRAMINE	环六亚甲基四胺	1328	4.1	
Hexamine, see	六胺,见	1328	4.1	

续上表

HEXANES	己烷类	1208	3	
HEXANITRODIPHENYL-AMINE(DIPICRYLAMINE; HEXYL)	六硝基二苯胺(二苦胺)(六硝炸药)	0079	1	
HEXANITROSTILBENE	六硝基芪	0392	1	
Hexanoic acid, see	己酸,见	2829	8	
HEXANOLS	己醇类	2282	3	
1-HEXENE	己烯	2370	3	
HEXOGEN AND CYCLOTETRAMETHYLENETETRANITRAMINE MIXTURE, WETTED with not less than 15% water, by mass or DESENSITIZED with not less than 10% phlegmatiser by mass, see	环三亚甲基三硝胺(旋风炸药;黑索金;RDX)与环四亚甲基四硝胺(HMX;奥克托金炸药)的混合物,湿的,按重量含水不低于15%;或减敏的,按重量含减敏剂不低于10%,见	0391	1	
HEXOGEN, DESENSITIZED, see	环三亚甲基三硝胺(旋风炸药;黑索金;RDX),减敏的,见	0483	1	
HEXOGEN, WETTED with not less than 15% water, by mass, see	环三亚甲基三硝胺(旋风炸药,黑索金,RDX),湿的,按重量含水不低于15%,见	0072	1	
HEXOLITE(HEXOTOL), dry or wetted with less than 15% water, by mass	黑克索利特炸药(黑梯炸药),干的或湿的,按质量含水少于15%	0118	1	
HEXOLITE(HEXOTOL), dry or wetted with less than 15% water, by mass, see	黑克索利特炸药(黑梯炸药),干的或湿的,按质量含水少于15%	0118	1	
HEXOTONAL	黑沙托纳炸药	0393	1	
HEXOTONAL, cast, see	黑沙托纳炸药,铸件,见	0393	1	
HEXYL, see	六硝炸药,见	0079	1	
HEXYLTRICHLOROSILANE	己基三氯硅烷	1784	8	
HMX, see	环四亚甲基四硝胺,见	0391	1	
HMX, DESENSITIZED, see	环四亚甲基四硝胺,减敏的,见	0484	1	
HMX, WETTED with not less than 15% water, by mass, see	环四亚甲基四硝胺,湿的,按重量含水不低于15%,见	0226	1	
HYDRAZINE, ANHYDROUS	无水肼	2029	8	
HYDRAZINE AQUEOUS SOLUTION, with more than 37% hydrazine by mass	肼,水溶液,按质量含肼量大于37%	2030	8	
HYDRAZINE, AQUEOUS SOLUTION with not more than 37% hydrazine, by mass	肼,水溶液,按质量含肼不超过37%	3293	6.1	
HYDRAZINE AQUEOUS SOLUTION, FLAMMABLE with more than 37% hydrazine, by mass	肼水溶液,易燃,按质量含肼超过37%	3484	8	
Hydrides, metal, water-reactive, n.o.s., see	金属氢化物,遇水反应,未另作规定的,见	1409	4.3	
Hydriodic acid, anhydrous, see	无水碘化氢,见	2197	2	
HYDRIODIC ACID	氢碘酸	1787	8	
HYDROBROMIC ACID	氢溴酸	1788	8	
HYDROCARBON GAS MIXTURE, COMPRESSED, N.O.S.	烃类气体混合物,压缩的,未另作规定的	1964	2	
HYDROCARBON GAS MIXTURE, LIQUEFIED, N.O.S. such as mixtures A, A01, A02, A0, A1, B1, B2, B or C	烃类气体混合物,液化的,未另作规定的	1965	2	
HYDROCARBON GAS REFILLS FOR SMALL DEVICES with release device	小型装置的烃类气体充气罐,带有释放装置	3150	2	

续上表

HYDROCARBONS, LIQUID, N.O.S.	烃类,液体的,未另作规定的	3295	3	
HYDROCHLORICACID	氢氯酸	1789	8	
HYDROCYANICACID, AQUEOUS SOLUTION (HYDROGEN CYANIDE, AQUEOUSSOLUTION) with not more than 20% hydrogen cyanide	氰氢酸,水溶液(氰化氢,水溶液),氰化氢含量不超过20%	1613	6.1	
HYDROFLUORICACID with more than 60% but not more than 85% hydrogen fluoride	氢氟酸溶液,含氟化氢不超过60%,不高于85%	1790	8	
HYDROFLUORICACID with more than 85% hydrogen fluoride	氢氟酸溶液,含氟化氢超过85%	1790	8	
HYDROFLUORICACID withnot more than 60% hydrogen fluoride	氢氟酸溶液,含氟化氢不超过60%	1790	8	
HYDROFLUORICACIDAND SULPHURICACIDMIXTURE	氢氟酸和硫酸混合物	1786	8	
Hydrofluoroboric acid, see	氢氟硼酸,见	1775	8	
Hydrofluorosilicic acid, see	氢氟硅酸,见	1778	8	
HYDROGENANDMETHANE MIXTURE, COMPRESSED	氢气和甲烷混合物,压缩的	2034	2	
Hydrogen arsenide, see	砷化氢,见	2188	2	
HYDROGENBROMIDE, ANHYDROUS	溴化氢,无水的	1048	2	
Hydrogen bromide solution, see	溴化氢溶液,见	1788	8	
HYDROGENCHLORIDE, ANHYDROUS	氯化氢,无水的	1050	2	
HYDROGENCHLORIDE, REFRIGERATEDLIQUID	氯化氢,冷冻液体	2186	2	禁运
HYDROGEN, COMPRESSED	压缩氢	1049	2	
HYDROGEN CYANIDE, AQUEOUS SOLUTION with not more than 20% hydrogen cyanide, see	氰化氢水溶液,含氰化氢不大于20%,见	1613	6.1	
HYDROGENCYANIDE, SOLUTIONINALCOHOL with not more than 45% hydrogen cyanide	氰化氢酒精溶液,含氰化氢不超过45%	3294	6.1	
HYDROGENCYANIDE, STABILIZED containing less than 3% water	氰化氢,稳定的,含水少于3%	1051	6.1	
HYDROGENCYANIDE, STABILIZED, containing less than 3% water and absorbedinaporous inertmaterial	氰化氢,稳定的,含水量低于3%,并被多孔惰性材料吸收	1614	6.1	
HYDROGENDIFLUORIDES, SOLID, N.O.S.	固态二氟氢化物,未另作规定的	1740	8	
HYDROGENDIFLUORIDES, SOLUTION, N.O.S.	二氟氢化物溶液,未另作规定的	3471	8	
HYDROGENFLUORIDE, ANHYDROUS	氟化氢,无水的	1052	8	
Hydrogen fluoride solution, see	氟化氢溶液,见	1790	8	
HYDROGEN IN A METAL HYDRIDE STORAGE SYSTEM	金属氢储存系统中的氢	3468	2	
HYDROGEN IN A METAL HYDRIDE STORAGE SYSTEM CONTAINED IN EQUIPMENT	装在设备上的金属氢储存系统所含的氢	3468	2	
HYDROGEN IN A METAL HYDRIDE STORAGE SYSTEM PACKED WITH EQUIPMENT	与设备包装在一起的金属氢储存系统所含的氢	3468	2	
HYDROGENIODIDE, ANHYDROUS	碘化氢,无水的	2197	2	
Hydrogen iodide solution, see	碘化氢溶液,见	1787	8	
HYDROGENPEROXIDEAND PEROXYACETICACIDMIXTURE withacid(s), water and not more than 5% peroxyaceticacid, STABILIZED	过氧化氢和过氧乙酸混合物,含酸类、水及不超过5%的过氧乙酸,稳定的	3149	5.1	
HYDROGENPEROXIDE, AQUEOUSSOLUTION with not less than 8% but less than 20% hydrogen peroxide (stabilizedas necessary)	过氧化氢水溶液,含过氧化氢不少于8%,但少于20%(必要时加稳定剂)	2984	5.1	

续上表

HYDROGENPEROXIDE, AQUEOUSSOLUTION with not less than 20% but not more than 60% hydrogenperoxide(stabilizedas necessary)	过氧化氢水溶液,含不少于20%但不大于60%的过氧化氢(必要时加稳定剂)	2014	5.1	
HYDROGENPEROXIDE, AQUEOUSSOLUTION, STABILIZED with more than 60% hydrogenperoxide and not more than 70% hydrogenperoxide	过氧化氢,稳定的,或过氧化氢水溶液,稳定的,含大于60%的过氧化氢,且小于70%	2015	5.1	
HYDROGENPEROXIDE, AQUEOUSSOLUTION, STABILIZED with more than 70% hydrogenperoxide	过氧化氢,稳定的,或过氧化氢水溶液,稳定的,含大于70%的过氧化氢	2015	5.1	
HYDROGEN, REFRIGERATED LIQUID	冷冻液态氢	1966	2	
HYDROGENSELENIDE, ADSORBED	硒化氢,吸附的	3526	2	
HYDROGENSELENIDE, ANHYDROUS	硒化氢,无水的	2202	2	
Hydrogen silicide, see	硅化氢,见	2203	2	
HYDROGENSULPHIDE	硫化氢	1053	2	
Hydroselenic acid, see	氢硒酸,见	2202	2	
Hydrosilicofluoric acid, see	氢化硅氟酸,见	1778	8	
1-HYDROXYBENZOTRIAZOLE, ANHYDROUS, dry or wetted with less than 20% water, by mass	羟基苯丙三唑,无水的,干或湿的,按重量含水小于20%	0508	1	
1-HYDROXYBENZOTRIAZOLE MONOHYDRATE	1-羟基苯并三唑,无水的,湿的,按质量含水不少于20%	3474	4.1	
3-Hydroxybutan-2-one, see	3-羟基-2-丁酮,见	2621	3	
HYDROXYLAMINESULPHATE	硫酸胲	2865	8	
1-Hydroxy-3-methyl-2-penten-4-yne, see	1-羟基-3-甲基-2-戊烯-4-炔,见	2705	8	
3-Hydroxyphenol, see	3-羟基苯酚,见	2876	6.1	
HYPOCHLORITES, INORGANIC, N.O.S.	次氯酸盐类,无机的,未另作规定的	3212	5.1	
HYPOCHLORITE SOLUTION	次氯酸盐溶液	1791	8	
IGNITERS	点火器	0121	1	
		0314	1	
		0315	1	
		0325	1	
		0454	1	
3,3'-IMINODIPROPYLAMINE	3,3'-亚氨基二丙胺	2269	8	
Indiarubber, see	印度橡胶,见	1287	3	
INFECTIOUSSUBSTANCE, AFFECTINGANIMALSonly	感染性物质,只对动物感染	2900	6.2	
INFECTIOUSSUBSTANCE, AFFECTINGHUMANS	感染性物质,对人感染	2814	6.2	
Ink, printer's, flammable, see	印刷油墨,易燃,见	1210	3	
INSECTICIDEGAS, N.O.S.	气体杀虫剂,未另作规定的	1968	2	
INSECTICIDEGAS, FLAMMABLE, N.O.S.	气体杀虫剂,易燃,未另作规定的	3354	2	
INSECTICIDEGAS, TOXIC, N.O.S.	气体杀虫剂,有毒的,未另作规定的	1967	2	
INSECTICIDEGAS, TOXIC, FLAMMABLE, N.O.S.	气体杀虫剂,毒性,易燃,未另作规定的	3355	2	
IODINE	碘	3495	8	
IODINEMONOCHLORIDE, LIQUID	一氯化碘,液态	3498	8	
IODINEMONOCHLORIDE, SOLID	一氯化碘,固态	1792	8	
IODINEPENTAFLUORIDE	五氟化碘	2495	5.1	

续上表

2-IODOBUTANE	碘丁烷	2390	3	
Iodomethane, see	碘甲烷,见	2644	6.1	
IODOMETHYLPROPANES	碘甲基丙烷类	2391	3	
IODOPROPANES	碘丙烷类	2392	3	
alpha-Iodotoluene, see	α-碘甲苯,见	2653	6.1	
I.p.d.i., see	二异氰酸异佛尔酮酯,见	2290	6.1	
Iron chloride, anhydrous, see	无水氯化铁,见	1773	8	
Iron (III) chloride, anhydrous, see	无水氯化(三价)铁,见	1773	8	
Iron chloride solution, see	氯化铁溶液,见	2582	8	
IRONOXIDE, SPENTorIRON SPONGE, SPENTobtained-fromcoal gaspurification	氧化铁,废的或海绵状铁,废的,从提纯煤气中取得	1376	4.2	
IRONPENTACARBONYL	五羰基铁	1994	6.1	
Iron perchloride, anhydrous, see	无水高氯化铁,见	1773	8	
Iron powder, pyrophoric, see	铁粉,发火的,见	1383	4.2	
Iron sesquichloride, anhydrous, see	无水三氯化二铁,见	1773	8	
IRON SPONGE, SPENT obtained from coal gas purification	废海绵状铁,从提纯煤气获得的	1376	4.2	
Iron swarf, see	细铁屑,见	2793	4.2	
ISOBUTANE	异丁烷	1969	2	
ISOBUTANOL(ISOBUTYL ALCOHOL)	异丁醇	1212	3	
Isobutene, see	异丁烯,见	1055	2	
ISOBUTYLACETATE	乙酸异丁酯	1213	3	
ISOBUTYLACRYLATE, STABILIZED	丙烯酸异丁酯,稳定的	2527	3	
ISOBUTYL ALCOHOL, see	异丁醇,见	1212	3	
ISOBUTYL ALDEHYDE, see	异丁醛,见	2045	3	
ISOBUTYLAMINE	异丁胺	1214	3	
ISOBUTYLENE	异丁烯	1055	2	
ISOBUTYLFORMATE	甲酸异丁酯	2393	3	
ISOBUTYLISOBUTYRATE	异丁酸异丁酯	2528	3	
ISOBUTYLISOCYANATE	异氰酸异丁酯	2486	6.1	
ISOBUTYLMETHACRYLATE, STABILIZED	甲基丙烯酸异丁酯,稳定的	2283	3	
ISOBUTYLPROPIONATE	丙酸异丁酯	2394	3	
ISOBUTYRALDEHYDE	异丁醛	2045	3	
ISOBUTYRICACID	异丁酸	2529	3	
ISOBUTYRONITRILE	异丁腈	2284	3	
ISOBUTYRYLCHLORIDE	异丁酰氯	2395	3	
ISOCYANATES, FLAMMABLE, TOXIC, N.O.S.	异氰酸酯类,易燃的,有毒的,未另作规定的	2478	3	
ISOCYANATES, TOXIC, N.O.S.	异氰酸酯类,有毒的,未另作规定的	2206	6.1	
ISOCYANATES, TOXIC, FLAMMABLE, N.O.S.	异氰酸酯类,有毒的,易燃的,未另作规定的	3080	6.1	
ISOCYANATE SOLUTION, FLAMMABLE, TOXIC, N.O.S.	异氰酸酯溶液,易燃,毒性,未另作规定的	2478	3	
ISOCYANATESOLUTION, TOXIC, N.O.S.	异氰酸酯溶液,有毒的,未另作规定的	2206	6.1	
ISOCYANATE SOLUTION, TOXIC, FLAMMABLE, N.O.S.	异氰酸酯溶液,毒性,易燃,未另作规定的	3080	6.1	
ISOCYANATOBENZO-TRIFLUORIDES	异氰酸三氟甲基苯酯类	2285	6.1	

续上表

3 - Isocyanatomethyl - 3,5,5 - trimethylcyclohexyl isocyanate, see	异氰酸 - 3 - 异氰酸甲基 - 3,5,5 - 三甲基环己酯,见	2290	6.1	
Isododecane, see	异十二烷,见	2286	3	
ISOHEPTENE	异庚烯类	2287	3	
ISOHEXENE	异己烯类	2288	3	
Isooctane, see	异辛烷,见	1262	3	
ISOOCTENES	异辛烯类	1216	3	
Isopentane, see	异戊烷,见	1265	3	
ISOPENTENES	异戊烯类	2371	3	
Isopentylamine, see	异戊胺,见	1106	3	
Isopentyl nitrite, see	亚硝酸戊酯,见	1113	3	
ISOPHORONEDIAMINE	异佛尔酮二胺	2289	8	
ISOPHORONEDIISOCYANATE	二异氰酸异佛尔酮酯	2290	6.1	
ISOPRENE, STABILIZED	异戊二烯,稳定的	1218	3	
ISOPROPANOL(ISOPROPYL ALCOHOL)	异丙醇	1219	3	
ISOPROPENYLACETATE	乙酸异丙烯酯	2403	3	
ISOPROPENYLBENZENE	异丙烯基苯	2303	3	
ISOPROPYLACETATE	乙酸异丙酯	1220	3	
ISOPROPYLACIDPHOSPHATE	酸式磷酸异丙酯	1793	8	
ISOPROPANOL	异丙醇	1219	3	
ISOPROPYLAMINE	异丙胺	1221	3	
ISOPROPYLBENZENE	异丙基苯	1918	3	
ISOPROPYLBUTYRATE	丁酸异丙酯	2405	3	
Isopropyl chloride, see	异丙基氯,见	2356	3	
ISOPROPYLCHLOROACETATE	氯乙酸异丙酯	2947	3	
ISOPROPYLCHLOROFORMATE	氯甲酸异丙酯	2407	6.1	
ISOPROPYL 2 - CHLOROPROPIONATE	2 - 氯丙酸异丙酯	2934	3	
Isopropyl - alpha - chloropropionate, see	α - 氯丙酸异丙酯,见	2934	3	
Isopropyl ether, see	异丙醚,见	1159	3	
Isopropylethylene, see	异丙基乙烯,见	2561	3	
Isopropyl formate, see	甲酸异丙酯,见	1281	3	
ISOPROPYLISOBUTYRATE	异丁酸异丙酯	2406	3	
ISOPROPYLISOCYANATE	异氰酸异丙酯	2483	6.1	
Isopropyl mercaptan, see	异丙硫醇,见	2402	3	
ISOPROPYLNITRATE	硝酸异丙酯	1222	3	
ISOPROPYLPROPIONATE	丙酸异丙酯	2409	3	
Isolpropyltoluene, see	异丙基甲苯,见	2046	3	
Isopropyltoluol, see	异丙基甲苯,见	2046	3	
ISOSORBIDEDINITRATE MIXTUREwith not less than 60% lactose, mannose, starchorcalcium hydrogenphosphate	异山梨醇二硝酸酯混合物,含有不少于60%的乳糖、甘露糖、淀粉或磷酸氢钙	2907	4.1	
ISOSORBIDE - 5 - MONONITRATE	异山梨醇 - 5 - 单硝酸酯	3251	4.1	
Isovaleraldehyde, see	异戊醛,见	2058	3	

续上表

JETPERFORATINGGUNS, CHARGED, oilwell, without detonator	装药的喷射式钻孔枪,油井用,无雷管	0124	1	
JETPERFORATINGGUNS, CHARGED, oilwell, without detonator	装药的喷射式钻孔枪,油井用,无雷管	0494	1	
Jet tappers, without detonator, see	喷射式钻孔器,不带雷管,见	0059	1	
KEROSENE	煤油	1223	3	
KETONES, LIQUID, N.O.S.	酮类,液体的,未另作规定的	1224	3	
KRILLMEAL	磷虾粉	3497	4.2	
KRYPTON, COMPRESSED	氪,压缩的	1056	2	
KRYPTON, REFRIGERATED LIQUID	氪,冷冻液体	1970	2	
Lacquer, see	喷漆,见	1263	3	
		3066	8	
		3469	3	
		3470	8	
Lacquer base, liquid, see	喷漆基料,液体,见	1263	3	
		3066	8	
		3469	3	
		3470	8	
Lacquer base or lacquer chips, nitrocellulose, dry, see	喷漆基料或屑,硝化纤维素,干的,见	2557	4.1	
Lacquer base or lacquer chips, plastic, wet with alcohol or solvent, see	喷漆基料或屑,增塑的,用酒精或溶剂润湿,见	1263	3	
		2059	3	
		2555	4.1	
		2556	4.1	
LEADACETATE	乙酸铅	1616	6.1	
Lead (II) acetate, see	乙酸(二价)铅,见	1616	6.1	
LEADARSENATES	砷酸铅类	1617	6.1	
LEADARSENITES	亚砷酸铅类	1618	6.1	
LEADAZIDE, WETTED with not less than 20% water, or mixture of alcohol and water, by mass	叠氮化铅,湿的,按质量含水,或水和酒精的混合物不少于20%	0129	1	
Lead chloride, solid, see	固态氯化铅,见	2291	6.1	
LEADCOMPOUND, SOLUBLE, N.O.S.	铅化合物,可溶的,未另作规定的	2291	6.1	
LEADCYANIDE	氰化铅	1620	6.1	
Lead (II) cyanide	氰化(二价)铅	1620	6.1	
LEADDIOXIDE	二氧化铅	1872	5.1	
LEADNITRATE	硝酸铅	1469	5.1	
Lead (II) nitrate	硝酸(二价)铅	1469	5.1	
LEAD PERCHLORATE, SOLID	固态高氯酸铅	1470	5.1	
LEADPERCHLORATESOLUTION	高氯酸铅溶液	3408	5.1	
Lead (II) perchlorate	高氯酸(二价)铅	1470	5.1	
		3408	5.1	
Lead peroxide, see	过氧化铅,见	1872	5.1	
LEADPHOSPHITE, DIBASIC	亚磷酸二氢铅(二盐基亚磷酸铅)	2989	4.1	

续上表

LEADSTYPHNATE(LEAD TRINITRORESORCINATE), WETTED with not less than 20% water, ormixture of alcohol and water, by mass	收敛酸铅(三硝基间苯二酚铅),湿的,按质量含水或水和酒精的混合物不少于20%	0130	1	
LEADSULPHATE with more than 3% free acid	硫酸铅,含游离酸大于3%	1794	8	
Lead tetraethyl, see	四乙基铅,见	1649	6.1	
Lead tetramethyl, see	四甲基铅,见	1649	6.1	
LEAD TRINITRORESORCINATE, WETTED, see	三硝基间苯二酚铅,湿的,见	0130	1	
LIFE-SAVINGAPPLIANCESNOT SELF-INFLATING containing dangerous goods as equipment	救生设备,非自动膨胀式,装备中含有危险物品	3072	9	
LIFE-SAVINGAPPLIANCES, SELF INFLATING	救生设备,自动膨胀式	2990	9	
LIGHTERREFILLS containing flammable gas	打火机充气筒,装有易燃气体	1057	2	
LIGHTERS containing flammable gas	打火机,装有易燃气体	1057	2	
LIGHTERS, FUSE	点火器,导火索用(导火索点火器)	0131	1	
Limonene, inactive, see	苎烯,无活性的,见	2052	3	
LIQUEFIEDGAS, N.O.S.	液化气体,未另作规定的	3163	2	
LIQUEFIEDGAS, FLAMMABLE, N.O.S.	液化气体,易燃的,未另作规定的	3161	2	
LIQUEFIED GASES, non-flammable, charged with nitrogen, carbon dioxide or air	液化气体,非易燃,充有氮、二氧化碳或空气	1058	2	
LIQUEFIEDGAS, OXIDIZING, N.O.S.	液化气体,氧化性,未另作规定的	3157	2	
LIQUEFIED GAS, TOXIC, N.O.S.	液化气体,毒性,未另作规定的	3162	2	
LIQUEFIEDGAS, TOXIC, CORROSIVE, N.O.S.	液化气体,有毒的,腐蚀的,未另作规定的	3308	2	
LIQUEFIEDGAS, TOXIC, FLAMMABLE, N.O.S.	液化气体,有毒的,易燃的,未另作规定的	3160	2	
LIQUEFIEDGAS, TOXIC, FLAMMABLE, CORROSIVE, N.O.S.	液化气体,有毒的,易燃的,腐蚀的,未另作规定的	3309	2	
LIQUEFIEDGAS, TOXIC, OXIDIZING, N.O.S.	液化气体,有毒的,氧化性的,未另作规定的	3307	2	
LIQUEFIEDGAS, TOXIC, OXIDIZING, CORROSIVE, N.O.S.	液化气体,氧化性的,腐蚀性的,未另作规定的	3310	2	
Liquefied petroleum gas, see	液化石油气,见	1075	2	
Liquid filler, see	液态填料	1263	3	
		3066	8	
		3469	3	
		3470	8	
Liquid lacquer base, see	液态喷漆基料	1263	3	
		3066	8	
		3469	3	
		3470	8	
LITHIUM	锂	1415	4.3	
Lithium alkyls, liquid, see	液态烷基锂,见	3394	4.2	
Lithium alkyls, solid, see	固态烷基锂,见	3393	4.2	
LITHIUMALUMINIUMHYDRIDE	氢化铝锂	1410	4.3	
LITHIUMALUMINIUMHYDRIDE, ETHEREAL	氢化铝锂的醚溶液	1411	4.3	
LITHIUMBOROHYDRIDE	氢硼化锂	1413	4.3	
LITHIUMFERROSILICON	锂硅铁	2830	4.3	

续上表

LITHIUMHYDRIDE	氢硼化锂	1414	4.3	
LITHIUMHYDRIDE, FUSED SOLID	氢化锂,熔凝固态	2805	4.3	
LITHIUMHYDROXIDE	氢氧化锂	2680	8	
LITHIUMHYDROXIDE SOLUTION	氢氧化锂溶液	2679	8	
LITHIUMHYPOCHLORITE, DRY	次氯酸锂,干的	1471	5.1	
LITHIUMHYPOCHLORITE MIXTURE	次氯酸锂混合物	1471	5.1	
Lithium in cartouches, see	锂,弹药筒用,见	1415	4.3	
LITHIUMIONBATTERIES (including lithiumionpolymer batteries)	锂离子电池(包括锂离子聚合体电池)	3480	9	
LITHIUMIONBATTERIES CONTAINEDINEQUIPMENT (including lithiumionpolymer batteries)	设备中含有的锂离子电池(包括锂离子聚合体电池)	3481	9	
LITHIUMIONBATTERIES PACKEDWITHEQUIPMENT (including lithiumionpolymer batteries)	与设备合装在一起的锂离子电池(包括锂离子聚合体电池)	3481	9	
LITHIUMMETALBATTERIES(including lithiumalloy batteries)	锂蓄电池,包含锂合金蓄电池	3090	9	
LITHIUMMETALBATTERIES CONTAINEDINEQUIPMENT(including lithiumalloy batteries)	装在设备中的锂蓄电池,包含锂合金蓄电池	3091	9	
LITHIUMMETALBATTERIES PACKEDWITHEQUIPMENT (including lithiumalloy batteries)	同设备包装在一起的锂蓄电池,包含锂合金蓄电池	3091	9	
LITHIUMNITRATE	硝酸锂	2722	5.1	
LITHIUMNITRIDE	氮化锂	2806	4.3	
LITHIUMPEROXIDE	过氧化锂	1472	5.1	
Lithium silicide, see	硅化锂,见	1417	4.3	
LITHIUMSILICON	硅锂	1417	4.3	
L.n.g., see	液化天然气,见	1972	2	
LONDONPURPLE	伦敦紫	1621	6.1	
L.p.g., see	液化石油气,见	1075	2	
Lye, see	碱液,见	1823	8	
Lythene, see	石油精,见	1268	3	
MAGNESIUM in pellets, turnings or ribbons	镁金属,丸状、旋屑或带状,含镁大于50%	1869	4.1	
Magnesium alkyls, see	烷基镁,见	3394	4.2	
MAGNESIUM ALLOYS with more than 50% magnesium in pellets, turnings or ribbons	镁合金,丸状、旋屑或带状,含镁大于50%	1869	4.1	
MAGNESIUM ALLOYS POWDER	镁合金粉	1418	4.3	
MAGNESIUMALUMINIUM PHOSPHIDE	磷化铝镁	1419	4.3	
MAGNESIUMARSENATE	砷酸镁	1622	6.1	
Magnesium bisulphite solution, see	酸式亚硫酸盐水溶液,见	2693	8	
MAGNESIUMBROMATE	溴酸镁	1473	5.1	
MAGNESIUMCHLORATE	氯酸镁	2723	5.1	
Magnesium chloride and chlorate mixture, see	氯化镁和氯酸镁混合物,见	1459	5.1	
		3407	5.1	
MAGNESIUMDIAMIDE	二氨基镁	2004	4.2	
Magnesium diphenyl, see	二苯基镁,见	3393	4.2	

MAGNESIUMFLUOROSILICATE	氟硅酸镁	2853	6.1	
MAGNESIUMGRANULES, COATED, particlesize not less than 149microns	镁粒,经涂层的,粒径不小于149微米	2950	4.3	
MAGNESIUMHYDRIDE	氢化镁	2010	4.3	
MAGNESIUMNITRATE	硝酸镁	1474	5.1	
MAGNESIUMPERCHLORATE	高氯酸镁	1475	5.1	
MAGNESIUMPEROXIDE	过氧化镁	1476	5.1	
MAGNESIUMPHOSPHIDE	磷化镁	2011	4.3	
MAGNESIUMPOWDER	镁粉	1418	4.3	
Magnesium scrap, see	镁屑,见	1869	4.1	
MAGNESIUMSILICIDE	硅化镁	2624	4.3	
Magnesium silicofluoride, see	氟硅化镁,见	2853	6.1	
Magnetizedmaterial	磁化材料	2807	9	不受ADR限制
MALEICANHYDRIDE	马来酐,熔融的	2215	8	
MALEICANHYDRIDE, MOLTEN	马来酐	2215	8	
Malonic dinitrile, see	丙二腈,见	2647	6.1	
Malonodinitrile, see	丙二腈,见	2647	6.1	
MALONONITRILE	丙二腈	2647	6.1	
MANEB	代森锰	2210	4.2	
MANEB PREPARATION with not less than 60% maneb	代森锰制品,代森锰含量不低于60%	2210	4.2	
MANEB PREPARATION, STABILIZED against self-heating	代森锰制品,稳定的,防自热的	2968	4.3	
MANEB, STABILIZED against self-heating	代森锰,稳定的,防自热的	2968	4.3	
Manganese ethylene-didithiocarbamate, see	乙撑-双-二硫代氨基甲酸锰,见	2210	4.2	
Manganese ethylene-1,2-dithiocarbamate, see	乙撑-1,2-双-二硫代氨基甲酸锰,见	2210	4.2	
MANGANESENITRATE	硝酸锰	2724	5.1	
Manganese (II) nitrate, see	硝酸(二价)锰,见	2724	5.1	
MANGANESERESINATE	树脂酸锰	1330	4.1	
Manganous nitrate, see	硝酸锰,见	2724	5.1	
MANNITOLHEXANITRATE(NITROMANNITE), WETTED with not less than 40%water, ormixture of alcohol and water, by mass	甘露糖醇六硝酸酯(硝化甘露醇),湿的,按质量含水或水和酒精的混合物不少于40%	0133	1	
MATCHES, FUSEE	火柴,耐风的	2254	4.1	
MATCHES, SAFETY(book, cardor strikeonbox)	火柴,安全型的(纸板式,卡式或盒式的)	1944	4.1	
MATCHES, 'STRIKEANYWHERE'	火柴,"随处划燃的"	1331	4.1	
MATCHES, WAX'VESTA'	火柴,涂蜡的	1945	4.1	
MEDICAL WASTE, N.O.S.	医院诊所废弃物,未另作规定的	3291	6.2	
MEDICINE, LIQUID, FLAMMABLE, TOXIC, N.O.S.	医药,液体的,易燃的,有毒的,未另作规定的	3248	3	
MEDICINE, LIQUID, TOXIC, N.O.S.	医药,液体的,有毒的,未另作规定的	1851	6.1	
MEDICINE, SOLID, TOXIC, N.O.S.	医药,固体的,有毒的,未另作规定的	3249	6.1	
p-Mentha-1,8-diene, see	对孟-1,8-二烯,见	2052	8	
MERCAPTANS, LIQUID, FLAMMABLE, N.O.S.	硫醇类,液体的,易燃的,未另作规定的	3336	3	
MERCAPTANS, LIQUID, FLAMMABLE, TOXIC, N.O.S.	硫醇类,液体的,易燃的,有毒的,未另作规定的	1228	3	

续上表

MERCAPTANMIXTURE, LIQUID, TOXIC, FLAMMABLE,N.O.S.	硫醇混合物,液体的,有毒的,易燃的,未另作规定的	3071	6.1	
MERCAPTAN MIXTURE, LIQUID, FLAMMABLE, N.O.S.	液态硫醇混合物,易燃,未另作规定的	3336	3	
MERCAPTAN MIXTURE, LIQUID, FLAMMABLE, TOXIC, N.O.S.	液态硫醇混合物,易燃,毒性,未另作规定的	1228	3	
MERCAPTAN MIXTURE, LIQUID, TOXIC, FLAMMABLE, N.O.S.	液态硫醇混合物,毒性,易燃,未另作规定的	3071	6.1	
2 – Mercaptoethanol, see	2 – 巯基乙醇,见	2966	6.1	
2 – Mercaptopropionic acid, see	2 – 巯基丙酸,见	2936	6.1	
5 – MERCAPTOTETRAZOL – 1 – ACETICACID	5 – 巯基四唑 – 1 – 乙酸	0448	1	
MERCURICARSENATE	砷酸汞	1623	6.1	
MERCURICCHLORIDE	氯化汞	1624	6.1	
MERCURICNITRATE	硝酸汞	1625	6.1	
MERCURICPOTASSIUM CYANIDE	氰化汞钾	1626	6.1	
Mercuric sulphate, see	硫酸汞,见	1645	6.1	
Mercurol, see	核酸汞,见	1639	6.1	
Mercurous bisulphate, see	硫酸氢亚汞,见	1645	6.1	
Mercurous chloride, see	氯化亚汞(甘汞),见	2025	6.1	
MERCUROUSNITRATE	硝酸亚汞	1627	6.1	
Mercurous sulphate, see	硫酸亚汞,见	1645	6.1	
MERCURY	汞	2809	8	
MERCURYACETATE	乙酸汞	1629	6.1	
MERCURYAMMONIUM CHLORIDE	氯化汞铵	1630	6.1	
MERCURYBASEDPESTICIDE, LIQUID, FLAMMABLE, TOXIC, flash – point less than 23℃	汞基农药,液体的,易燃的,有毒的,闪点低于23℃	2778	3	
MERCURYBASEDPESTICIDE, LIQUID,TOXIC	汞基农药,液体的,有毒的	3012	6.1	
MERCURYBASEDPESTICIDE, LIQUID, TOXIC, FLAMMABLE, flash – point not less than 23℃	汞基农药,液体的,有毒的,易燃的,闪点不低于23℃	3011	6.1	
MERCURYBASEDPESTICIDE, SOLID,TOXIC	汞基农药,固体的,有毒的	2777	6.1	
MERCURYBENZOATE	苯甲酸汞	1631	6.1	
Mercury bichloride, see	二氯化汞,见	1624	6.1	
MERCURYBROMIDES	溴化汞类	1634	6.1	
MERCURYCOMPOUND,LIQUID, N.O.S.	汞化合物,液体的,未另作规定的	2024	6.1	
MERCURYCOMPOUND,LIQUID, N.O.S.	汞化合物,液体的,未另作规定的	2024	6.1	
MERCURYCOMPOUND,SOLID, N.O.S.	汞化合物,固体的,未另作规定的	2025	6.1	
MERCURYCONTAINEDIN MANUFACTUREDARTICLES	介于制成品中的汞	3506	8	
MERCURYCYANIDE	氰化汞	1636	6.1	
MERCURYFULMINATE, WETTED with not less than 20% water, ormixture of alcohol and water, by mass	雷酸汞,湿的,按质量含水,或水和酒精的混合物不少于20%	0135	1	
MERCURYGLUCONATE	葡萄糖酸汞	1637	6.1	
MERCURYIODIDE	碘化汞	1638	6.1	

MERCURYNUCLEATE	核酸汞	1639	6.1	
MERCURYOLEATE	油酸汞	1640	6.1	
MERCURYOXIDE	氧化汞	1641	6.1	
MERCURYOXYCYANIDE, DESENSITIZED	氰氧化汞,退敏的	1642	6.1	
MERCURYPOTASSIUMIODIDE	碘化汞钾	1643	6.1	
MERCURYSALICYLATE	水杨酸汞	1644	6.1	
MERCURYSULPHATE	硫酸汞	1645	6.1	
MERCURYTHIOCYANATE	硫氰酸汞	1646	6.1	
Mesitylene, see	莱(1,3,5-三甲基苯),见	2325	3	
MESITYLOXIDE	异亚丙基丙酮(莱基化氧)	1229	3	
Metal alkyl halides, water-reactive, n.o.s./Metal aryl halides, waterreactive, n.o.s., see	卤化烷基金属,遇水反应,未另作规定的/卤化烷基金属,遇水反应,未另作规定的,见	3394	4.2	
Metal alkyl hydrides, water-reactive, n.o.s./Metal aryl hydrides, waterreactive, n.o.s., see	氢化烷基金属,遇水反应,未另作规定的/氢化烷基金属,遇水反应,未另作规定的,见	3394	4.2	
Metal alkyls, water-reactive, n.o.s./Metal aryls, water-reactive, n.o.s., see	烷基金属,遇水反应,未另作规定的/烷基金属,遇水反应,未另作规定的,见	3393	4.2	
METALCARBONYLS, LIQUID, N.O.S.	羰基金属,液体的,未另作规定的	3281	6.1	
METALCARBONYLS, SOLID, N.O.S.	羰基金属,固体的,未另作规定的	3466	6.1	
METALCATALYST, DRY	金属催化剂,干的	2881	4.2	
METALCATALYST, WETTED with a visible excess of liquid	金属催化剂,湿的,含有可见的过量液体	1378	4.2	
METALDEHYDE	聚乙醛	1332	4.1	
METALHYDRIDES, FLAMMABLE, N.O.S.	金属氢化物,易燃的,未另作规定的	3182	4 1	
METALHYDRIDES, WATER-REACTIVE, N.O.S.	金属氢化物,遇水反应的,未另作规定的	1409	4.3	
METALLIC SUBSTANCE, WATERREACTIVE, N.O.S.	金属物质,遇水反应,未另作规定的	3208	4.3	
METALLIC SUBSTANCE, WATERREACTIVE, SELF-HEATING, N.O.S.	金属物质,遇水反应,自热性,未另作规定的	3209	4.3	
METALPOWDER, FLAMMABLE, N.O.S.	金属粉,易燃的,未另作规定的	3089	4.1	
METALPOWDER, SELF-HEATING, N.O.S.	金属粉,自热的,未另作规定的	3189	4.2	
METALSALTSOFORGANIC COMPOUNDS, FLAMMABLE, N.O.S.	有机化合物的金属盐,易燃的,未另作规定的	3181	4.1	
METHACRYLALDEHYDE, STABILIZED	甲基丙烯醛,稳定的	2396	3	
METHACRYLICACID, STABILIZED	甲基丙烯酸,稳定的	2531	8	
METHACRYLONITRILE, STABILIZED	甲基丙烯腈,稳定的	3079	6.1	
METHALLYLALCOHOL	甲代烯丙基醇	2614	3	
Methanal, see	甲醛,见	1198	3	
		2209	8	
Methane and hydrogen mixture, see	甲烷和氢的混合物,见	2034	2	
METHANE, COMPRESSED or NATURALGAS, COMPRESSED with high methanecontent	甲烷,压缩的或天然气,压缩的,甲烷含量高的	1971	2	
METHANE, REFRIGERATED LIQUID or NATURALGAS, REFRIGERATEDLIQUID with high methanecontent	甲烷,冷冻液体或天然气,冷冻液体,甲烷含量高的	1972	2	
METHANESULPHONYL CHLORIDE	甲磺酰氯	3246	6.1	
METHANOL	甲醇	1230	3	

续上表

2 - Methoxyethyl acetate, see	2-甲氧基乙基乙酸酯,见	1189	3	
METHOXYMETHYL ISOCYANATE	异氰酸甲氧基甲酯	2605	6.1	
4 - METHOXY - 4 - METHYLPENTAN - 2 - ONE	4-甲氧基-4-甲基-2-戊酮	2293	3	
1 - Methoxy - 2 - nitrobenzene, see	1-甲氧基-2-硝基苯,见	2730	6.1	
		3458	6.1	
1 - Methoxy - 3 - nitrobenzene, see	1-甲氧基-3-硝基苯,见	2730	6.1	
		3458	6.1	
1 - Methoxy - 4 - nitrobenzene, see	1-甲氧基-4-硝基苯,见	2730	6.1	
		3458	6.1	
1 - METHOXY - 2 - PROPANOL	1-甲氧基-2-丙醇	3092	3	
METHYLACETATE	乙酸甲酯	1231	3	
METHYLACETYLENE AND PROPADIENE MIXTURE, STABILIZED	甲基乙炔和丙二烯混合物,稳定的	1060	2	
beta - Methyl acrolein, see	β-甲基丙烯醛,见	1143	6.1	
METHYLACRYLATE, STABILIZED	丙烯酸甲酯,稳定的	1919	3	
METHYLAL	甲醛缩二甲醇(甲缩醛)	1234	3	
Methyl alcohol, see	甲醇,见	1230	3	
Methyl allyl alcohol, see	甲基丙烯醇,见	2614	3	
METHYLALLYL CHLORIDE	甲基烯丙基氯	2554	3	
METHYLAMINE, ANHYDROUS	无水甲胺	1061	2	
METHYLAMINE, AQUEOUS SOLUTION	甲胺水溶液	1235	3	
METHYLAMYL ACETATE	乙酸甲基戊酯	1233	3	
Methyl amyl alcohol, see	甲基戊醇,见	2053	3	
Methyl amyl ketone, see	甲基·戊基酮,见	1110	3	
N - METHYLANILINE	N-甲基苯胺	2294	6.1	
Methylated spirit, see	甲基化酒精,见	1986	3	
		1987	3	
alpha - METHYLBENZYL ALCOHOL, LIQUID	液态α-甲基苄基醇	2937	6.1	
alpha - METHYLBENZYL ALCOHOL, SOLID	固态α-甲基苄基醇	3438	6.1	
METHYL BROMIDE with not more than 2% chloropicrin	甲基溴,含有不大于2%的三氯硝基甲烷	1062	2	
Methyl bromide and chloropicrin mixture, see	甲基溴和三氯硝基甲烷混合物,见	1581	2	
METHYLBROMIDEAND ETHYLENEDIBROMIDE MIXTURE, LIQUID	液态甲基溴和二溴化乙烯混合物	1647	6.1	
METHYLBROMOACETATE	溴乙酸甲酯	2643	6.1	
2 - METHYLBUTANAL	2-甲基丁醛	3371	3	
3 - METHYLBUTAN - 2 - ONE	3-甲基-2-丁酮	2397	3	
2 - METHYL - 1 - BUTENE	2-甲基-1-丁烯	2459	3	
2 - METHYL - 2 - BUTENE	2-甲基-2-丁烯	2460	3	
3 - METHYL - 1 - BUTENE	3-甲基-1-丁烯	2561	3	
N - METHYLBUTYLAMINE	N-甲基丁胺	2945	3	
METHYL tert - BUTYL ETHER	甲基·叔丁基醚	2398	3	
METHYLBUTYRATE	丁酸甲酯	1237	3	

续上表

METHYLCHLORIDE	甲基氯	1063	2	
Methyl chloride and chloropicrin mixture, see	甲基氯和三氯硝基甲烷混合物,见	1582	2	
METHYLCHLORIDEAND METHYLENECHLORIDE MIXTURE	甲基氯和二氯甲烷混合物	1912	2	
METHYLCHLOROACETATE	氯乙酸甲酯	2295	6.1	
Methyl chlorocarbonate, see	氯碳酸甲酯,见	1238	6.1	
Methyl chloroform, see	甲基氯仿,见	2831	6.1	
METHYLCHLOROFORMATE	氯甲酸甲酯	1238	6.1	
METHYLCHLORO－METHYL ETHER	甲基氯甲基醚	1239	6.1	
METHYL 2－CHLOROPROPIONATE	2－氯丙酸甲酯	2933	3	
Methyl alpha－chloropropionate, see	α－氯丙酸甲酯,见	2933	3	
METHYLCHLOROSILANE	甲基氯硅烷	2534	2	
Methyl cyanide, see	甲基氰,见	1648	3	
METHYLCYCLOHEXANE	甲基环己烷	2296	3	
METHYLCYCLOHEXANOLS, flammable	甲基环乙醇,易燃	2617	3	
METHYLCYCLOHEXANONE	甲基环己酮	2297	3	
METHYLCYCLOPENTANE	甲基环戊烷	2298	3	
METHYLDICHLOROACETATE	二氯乙酸甲酯	2299	6.1	
METHYLDICHLOROSILANE	甲基二氯硅烷	1242	4.3	
Methylene bromide, see	二溴甲烷,见	2664	6.1	
Methylene chloride, see	二氯甲烷,见	1593	6.1	
Methylene chloride and methyl chloride mixture, see	二氯甲烷和氯甲烷混合物,见	1912	2	
Methylene cyanide, see	亚甲基二腈,见	2647	6.1	
p,p'－Methylene dianiline, see	对,对'－甲撑替二苯胺,见	2651	6.1	
Methylene dibromide, see	二溴甲烷,见	2664	6.1	
2,2'－Methylene－di－(3,4,6－trichlorophenol), see	2,2'－亚甲基－二－(3,4,6－三氯苯酚),见	2875	6.1	
Methyl ethyl ether, see	甲基·乙基醚,见	1039	2	
METHYL ETHYL KETONE, see	乙基·甲基酮,见	1193	3	
2－METHYL－5－ETHYLPYRIDINE	2－甲基－5－乙基吡啶	2300	6.1	
METHYLFLUORIDE(REFRIGERANTGASR41)	甲基氟(制冷气体R41)	2454	2	
METHYLFORMATE	甲酸甲酯	1243	3	
2－METHYLFURAN	2－甲基呋喃	2301	3	
Methyl glycol, see	甲基乙二醇,见	1188	3	
Methyl glycol acetate, see	甲基乙二醇乙酸酯,见	1189	3	
2－METHYL－2－HEPTANETHIOL	2－甲基－2－庚硫醇	3023	6.1	
5－METHYLHEXAN－2－ONE	5－甲基－2－己酮	2302	3	
METHYLHYDRAZINE	甲基肼	1244	6.1	
METHYLIODIDE	甲基碘	2644	6.1	
METHYL ISOBUTYL CARBINOL	甲基异丁基甲醇	2053	3	
METHYLISOBUTYLKETONE	甲基异丁基(甲)酮	1245	3	
METHYLISOCYANATE	异氰酸甲酯	2480	6.1	

续上表

METHYLISOPROPENYL KETONE, STABILIZED	甲基异丙烯基(甲)酮,稳定的	1246	3	
METHYLISOTHIOCYANATE	异硫氰酸甲酯	2477	6.1	
METHYLISOVALERATE	异戊酸甲酯	2400	3	
METHYLMAGNESIUM BROMIDEINETHYLETHER	溴化甲基镁的乙醚溶液	1928	4.3	
METHYLMERCAPTAN	甲硫醇	1064	2	
Methyl mercaptopropionaldehyde, see	甲基氢硫基丙炔醛,见	2785	6.1	
METHYLMETHACRYLATE MONOMER, STABILIZED	甲基丙烯酸甲酯,单体,稳定的	1247	3	
4 - METHYLMORPHOLINE	4 - 甲基吗啉	2535	3	
N - METHYLMORPHOLINE, see	N - 甲基吗啉,见	2535	3	
METHYLNITRITE	亚硝酸甲酯	2455	2	禁止运输
METHYLORTHOSILICATE	原硅酸甲酯	2606	6.1	
METHYLPENTADIENE	甲基戊二烯	2461	3	
Methylpentanes, see	甲基戊烷,见	1208	3	
2 - METHYLPENTAN - 2 - OL	2 - 甲基 - 2 - 戊醇	2560	3	
4 - Methylpentan - 2 - ol, see	4 - 甲基 - 2 - 戊醇,见	2053	3	
3 - Methyl - 2 - penten - 4ynol, see	3 - 甲基 - 2 - 戊烯 - 4 - 炔醇,见	2705	8	
METHYLPHENYLDICHLOROSILANE	甲基苯基二氯硅烷	2437	8	
2 - Methyl - 2 - phenylpropane, see	2 - 甲基 - 2 - 苯基丙烷,见	2709	3	
1 - METHYLPIPERIDINE	1 - 甲基哌啶	2399	3	
METHYLPROPIONATE	丙酸甲酯	1248	3	
Methylpropylbenzene, see	甲基丙基苯,见	2046	3	
METHYLPROPYLETHER	甲基丙基醚	2612	3	
METHYLPROPYLKETONE	甲基丙基(甲)酮	1249	3	
Methyl pyridines, see	甲基吡啶,见	2313	3	
Methylstyrene, inhibited, see	基甲苯乙烯,抑制的,见	2618	3	
alpha - Methylstyrene, see	α - 甲基苯乙烯,见	2303	3	
Methyl sulphate, see	硫酸甲酯,见	1595	6.1	
Methyl sulphide, see	二甲硫,见	1164	3	
METHYLTETRAHYDROFURAN	甲基四氢呋喃	2536	3	
METHYLTRICHLOROACETATE	三氯乙酸甲酯	2533	6.1	
METHYLTRICHLOROSILANE	甲基三氯硅烷	1250	3	
alpha - METHYLVALERALDEHYDE	α - 甲基戊醛	2367	3	
Methyl vinyl benzene, inhibited, see	甲基乙烯基苯,抑制的,见	2618	3	
METHYLVINYLKETONE, STABILIZED	甲基乙烯基甲酮,稳定的	1251	6.1	
M. i. b. c., see	甲基异丁基甲醇,见	2053	3	
MINES with bursting charge	地(水)雷,带起爆装药	0136	1	
		0137	1	
		0138	1	
		0294	1	
Mirbane oil, see	密班油,见	1662	6.1	
Missiles, guided, see	导弹,见	0180	1	
		0181	1	

续上表

		0182	1	
		0183	1	
		0295	1	
		0397	1	
		0398	1	
		0436	1	
		0437	1	
		0438	1	
Mixtures A, A01, A02, A0, A1, B1, B2, B or C, see	混合物A,A01,A02,A0,A1,B1,B2,B or C,见	1965	2	
Mixture F1, mixture F2 or mixture F3, see	混合物F1,混合物F2,混合物F3,见	1078	2	
MIXTURES OF 1,3 – BUTADIENE AND HYDROCARBONS, STABILIZED, having a vapour pressure at 70℃ not exceeding 1.1 MPa (11 bar) and a density at 50℃ not lower than 0.525 kg/l	1,3－丁二烯和碳氢混合物,稳定的,70℃蒸气压不超过1.1MPa,50℃密度不低于0.525kg/l	1010	2	
Mixture P1 or mixture P2, see	混合物P1或混合物P2,见	1060	2	
MOLYBDENUM PENTACHLORIDE	五氯化钼	2508	8	
Monochloroacetic acid, see	一氯代乙酸,见	1750	6.1	
		1751	6.1	
Monochlorobenzene, see	氯苯,见	1134	3	
Monochlorodifluoromethane, see	一氯二氟甲烷,见	1018	2	
Monochlorodifluoromethane and monochloropentafluoroethane mixture, see	一氯二氟甲烷和一氯五氟乙烷混合物,见	1973	2	
Monochlorodifluoromonobromomethane, see	一氯二氟一溴甲烷,见	1974	2	
Monochloropentafluoroethane and monochlorodifluoromethane mixture, see	一氯五氟乙烷和一氯二氟甲烷混合物,见	1973	2	
Monoethylamine, see	一乙胺,见	1036	2	
MONONITROTOLUIDINES, see	一硝基甲苯胺,见	2660	6.1	
Monopropylamine, see	一丙胺,见	1277	3	
MORPHOLINE	吗啉	2054	8	
MOTOR FUEL ANTI – KNOCK MIXTURE	发动机燃料抗爆剂	1649	6.1	
MOTOR FUEL ANTI – KNOCK MIXTURE, FLAMMABLE	发动机燃料抗爆剂,易燃	3483	6.1	
MOTOR SPIRIT	车用汽油	1203	3	
MOTOR SPIRIT AND ETHANOL MIXTURE	汽油和乙醇混合物	3475	3	
Muriatic acid, see	盐酸,见	1789	8	
MUSK XYLENE, see	二甲苯麝香,见	2956	4.1	
Mysorite, see	迈索赖特石棉,见	2212	9	
Naphta, see	石脑油,见	1268	3	
Naphta, petroleum, see	石脑油,见	1268	3	
Naphta, solvent, see	石脑油,溶剂,见	1268	3	
NAPHTHALENE, CRUDE	萘,粗制的	1334	4.1	
NAPHTHALENE, MOLTEN	萘,熔融的	2304	4.1	
NAPHTHALENE, REFINED	萘,精制的	1334	4.1	

alpha – NAPHTHYLAMINE	α-萘胺	2077	6.1	
beta – NAPHTHYLAMINE, SOLID	β-萘胺,固态	1650	6.1	
beta – NAPHTHYLAMINE SOLUTION	β-萘胺溶液	3411	6.1	
NAPHTHYLTHIOUREA	萘硫脲	1651	6.1	
1 – Naphthylthiourea, see	1-萘硫脲,见	1651	6.1	
NAPHTHYLUREA	萘脲	1652	6.1	
NATURAL GAS, COMPRESSED with high methane content	甲烷含量高的压缩天然气	1971	2	
NATURAL GAS, REFRIGERATED LIQUID with high methane content	甲烷含量高的冷冻液态天然气	1972	2	
Natural gasoline, see	天然汽油,见	1203	3	
Neohexane, see	新己烷,见	1208	3	
NEON, COMPRESSED	氖,压缩的	1065	2	
NEON, REFRIGERATEDLIQUID	氖,冷冻液体	1913	2	
Neothyl, see	新基(甲基丙基醚),见	2612	3	
NICKELCARBONYL	羰基镍	1259	6.1	
NICKELCYANIDE	氰化镍	1653	6.1	
Nickel (II) cyanide, see	氰化(二价)镍,见	1653	6.1	
NICKELNITRATE	硝酸镍	2725	5.1	
Nickel (II) nitrate, see	硝酸(二价)镍,见	2725	5.1	
NICKELNITRITE	亚硝酸镍	2726	5.1	
Nickel (II) nitrite, see	亚硝酸(二价)镍,见	2726	5.1	
Nickelous nitrate, see	硝酸镍,见	2725	5.1	
Nickelous nitrite, see	亚硝酸镍,见	2726	5.1	
Nickel tetracarbonyl, see	四羰基镍,见	1259	6.1	
NICOTINE	烟碱(尼古丁)	1654	6.1	
NICOTINECOMPOUND, LIQUID, N. O. S.	烟碱化合物,液体的,未另作规定的	3144	6.1	
NICOTINECOMPOUND, SOLID, N. O. S.	烟碱化合物,固体的,未另作规定的	1655	6.1	
NICOTINEHYDROCHLORIDE, LIQUID	烟碱盐酸盐,液体的	1656	6.1	
NICOTINEHYDROCHLORIDE, SOLID	烟碱盐酸盐,固体的	3444	6.1	
NICOTINEHYDROCHLORIDE, SOLUTION	烟碱盐酸盐,溶液	1656	6.1	
NICOTINE PREPARATION, LIQUID, N. O. S.	烟碱制剂,液体的,未另作规定的	3144	6.1	
NICOTINE PREPARATION, SOLID, N. O. S.	烟碱制剂,固体的,未另作规定的	1655	6.1	
NICOTINESALICYLATE	水杨酸烟碱	1657	6.1	
NICOTINESULPHATE, SOLID	硫酸烟碱盐,固体的	3445	6.1	
NICOTINESULPHATE, SOLUTION	硫酸烟碱溶液	1658	6.1	
NICOTINETARTRATE	酒石酸烟碱	1659	6.1	
NITRATES, INORGANIC, N. O. S.	硝酸盐类,无机的,未另作规定的	1477	5.1	
NITRATES, INORGANIC, AQUEOUSSOLUTION, N. O. S.	硝酸盐类,无机的,水溶液,未另作规定的	3218	5.1	
NITRATINGACIDMIXTUREwith more than 50% nitricacid	硝化酸混合物,含硝酸超过50%	1796	8	
NITRATINGACIDMIXTUREwith not more than 50% nitricacid	硝化酸混合物,含硝酸不超过50%	1796	8	
NITRATINGACIDMIXTURE, SPENT, with more than 50% nitricacid	硝化酸混合物,用过的,含硝酸超过50%	1826	8	

NITRATINGACIDMIXTURE, SPENT, with not more than 50% nitricacid	硝化酸混合物,用过的,含硝酸不超过50%	1826	8	
NITRICACID, otherthanred fuming, with at least 65%, butnot morethan 70% nitricacid	硝酸,发红烟的除外,含硝酸至少65%但不超过70%	2031	8	
NITRICACID, otherthanred fuming, with less than 65% nitricacid	硝酸,发红烟除外,含硝酸少于65%	2031	8	
NITRICACID, otherthanred fuming, with more than 70% nitric acid	硝酸,发红烟的除外,含硝酸超过70%	2031	8	
NITRICACID, REDFUMING	硝酸,发红烟的	2032	8	
NITRICOXIDE, COMPRESSED	一氧化氮,压缩的	1660	2	
NITRICOXIDEAND DINITROGENTETROXIDE MIXTURE	一氧化氮和四氧化二氮混合物	1975	2	
NITRICOXIDE AND NITROGEN DIOXIDE MIXTURE, see	一氧化氮和二氧化氮混合物,见	1975	2	
NITRILES, FLAMMABLE, TOXIC, N.O.S.	腈类,易燃的,有毒的,未另作规定的	3273	3	
NITRILES, LIQUID, TOXIC, N.O.S.	腈类,有毒的,液体的,未另作规定的	3276	6.1	
NITRILES, SOLID, TOXIC, N.O.S.	腈类,有毒的,固体的,未另作规定的	3439	6.1	
NITRILES, TOXIC, FLAMMABLE, N.O.S.	腈类,有毒的,易燃的,未另作规定的	3275	6.1	
NITRITES, INORGANIC, N.O.S.	亚硝酸盐类,无机的,未另作规定的	2627	5.1	
NITRITES, INORGANIC, AQUEOUSSOLUTION, N.O.S.	亚硝酸盐类,无机的,水溶液,未另作规定的	3219	5.1	
NITROANILINES(o-,m-,p-)	硝基苯胺类(邻-、间-、对-)	1661	6.1	
NITROANISOLES, LIQUID	硝基茴香醚类,液体的	2730	6.1	
NITROANISOLES, SOLID	硝基茴香醚类,固体的	3458	6.1	
NITROBENZENE	硝基苯	1662	6.1	
Nitrobenzene bromide, see	溴化硝基苯,见			
NITROBENZENE-SULPHONIC ACID	硝基苯磺酸	2305	8	
Nitrobenzol, see	硝基苯,见	1662	6.1	
5-NITROBENZOTRIAZOL	5-硝基苯丙三唑	0385	1	
NITROBENZOTRI-FLUORIDES, LIQUID	硝基三氟甲苯类,液体的	2306	6.1	
NITROBENZO-TRIFLUORIDES, SOLID	硝基三氟甲苯类,固体的	3431	6.1	
NITROBROMOBENZENES, LIQUID	硝基溴苯类,液体的	2732	6.1	
NITROBROMOBENZENES, SOLID	硝基溴苯类,固体的	3459	6.1	
NITROCELLULOSE, dry or wetted with less than 25% water (or alcohol), by mass	硝化纤维素,干的,或湿的,按重量含水(或酒精)低于25%	0340	1	
NITROCELLULOSE, unmodified or plasticized with less than 18% plasticizing substance, by mass	硝化纤维素,未改型的,或增塑的,按重量含有低于18%的增塑剂	0341	1	
NITROCELLULOSEMEMBRANE FILTERS, with not more than 12.6% nitrogen, by dry mass	硝化纤维素膜过滤器,按干重含氮不超过12.6%	3270	4.1	
NITROCELLULOSE, with not more than 12.6% nitrogen, by dry mass, MIXTURE WITH PLASTICIZER, WITH PIGMENT	硝化纤维素,按干重含氮不超过12.6%,含增塑剂,含颜料的混合物	2557	4.1	
NITROCELLULOSE, with not more than 12.6% nitrogen, by dry mass, MIXTURE WITH PLASTICIZER, WITHOUT PIGMENT	硝化纤维素,按干重含氮不超过12.6%,含增塑剂、不含颜料混合物	2557	4.1	

续上表

NITROCELLULOSE, with not more than 12.6% nitrogen, by dry mass, MIXTURE WITHOUT PLASTICIZER, WITH PIGMENT	硝化纤维素,按干重含氮不超过12.6%,不含增塑剂、含颜料混合物	2557	4.1	
NITROCELLULOSE, with not more than 12.6% nitrogen, by dry mass, MIXTURE WITHOUT PLASTICIZER, WITHOUT PIGMENT	硝化纤维素,按干重含氮不超过12.6%,不含增塑剂、不含颜料混合物	2557	4.1	
NITROCELLULOSE, PLASTICIZED with not less than 18% plasticizingsubstance, by mass	硝化纤维素(硝化棉),增塑的,按质量含增塑剂不少于18%	0343	1	
NITROCELLULOSESOLUTION, FLAMMABLE with not more than 12.6% nitrogen, by dry mass, and not more than 55% nitrocellulose	硝化纤维素溶液,易燃的,按干重含氮不超过12.6%,且含硝化纤维素不超过55%	2059	3	
NITROCELLULOSE,WETTED with not less than 25% alcohol, by mass	硝化纤维素(硝化棉),湿的,按质量含酒精不少于25%	0342	1	
NITROCELLULOSEWITH ALCOHOL(not less than 25% alcohol, by mass, and not more than 12.6% nitrogen, by dry mass)	含酒精的硝化纤维素(按质量含酒精不少于25%且按干重含氮不超过12.6%)	2556	4.1	
NITROCELLULOSEWITHWATER(not less than 25% water, by mass)	含水的硝化纤维素(按质量含水不少于25%)	2555	4.1	
Nitrochlorobenzenes, see	硝基氯苯,见	1578	6.1	
		3409	6.1	
3 - NITRO - 4 - CHLOROBENZOTRIFLUORIDE	3-硝基-4-氯三氟甲基苯	2307	6.1	
NITROCRESOLS,LIQUID	硝基甲(苯)酚类,液体的	3434	6.1	
NITROCRESOLS,SOLID	硝基甲酚类,固体的	2446	6.1	
NITROETHANE	硝基乙烷	2842	3	
NITROGEN, COMPRESSED	氮气,压缩的	1066	2	
NITROGEN DIOXIDE, see	四氧化二氮,见	1067	2	
NITROGEN, REFRIGERATED LIQUID	氮气,冷冻液体	1977	2	
NITROGENTRIFLUORIDE	三氟化氮	2451	2	
NITROGENTRIOXIDE	三氧化二氮	2421	2	禁运
NITROGLYCERIN, DESENSITIZED with not less than 40% non - volatile water - insoluble phlegmatizer, by mass	减敏硝化甘油,按重量含有不低于40%不挥发、不溶于水的减敏剂	0143	1	
NITROGLYCERINMIXTURE, DESENSITIZED,LIQUID, N.O.S. with not more than 30% nitroglycerin, by mass	液态硝化甘油混合物,减敏的,未另作规定的,按重量含硝化甘油不大于30%	3357	3	
NITROGLYCERINMIXTURE, DESENSITIZED, LIQUID, FLAMMABLE, N.O.S. with not more than 30% nitroglycerin, by mass	硝化甘油混合物,退敏的,液体的,易燃的,未另作规定的,按质量含硝化甘油不超过30%	3343	3	
NITROGLYCERINMIXTURE, DESENSITIZED, SOLID, N.O.S. with more than 2% but not more than 10% nitroglycerin, by mass	硝化甘油混合物,退敏的,液体的,易燃的,未另作规定的,按质量含硝化甘油超过2%,但不超过10%	3319	4.1	
NITROGLYCERIN, SOLUTIONIN ALCOHOL with more than 1% but not more than 5% nitroglycerin	硝化甘油酒精溶液,含硝化甘油大于1%,但不大于5%	3064	3	
NITROGLYCERINSOLUTIONIN ALCOHOL with more than 1% but not more than 10% nitroglycerin	硝化甘油酒精溶液,含硝化甘油1%~10%	0144	1	
NITROGLYCERINSOLUTIONIN ALCOHOL with not more than 1% nitroglycerin	硝化甘油酒精溶液,含硝化甘油不超过1%	1204	3	

续上表

NITROGUANIDINE(PICRITE), dry or wetted with less than 20% water, by mass	硝基胍(橄苦岩),干的或湿的,按质量含水少于20%	0282	1	
NITROGLYCERIN, DESENSITIZED with not less than 40% non-volatile water-insoluble phlegmatizer, by mass	硝化甘油,退敏的,按质量含不挥发、不溶于水的减敏剂不少于40%	0143	1	
NITROGUANIDINE(PICRITE), WETTED with not less than 20% water, by mass	硝基胍(橄苦岩),湿的,按质量含水不少于20%	1336	4.1	
NITROHYDROCHLORICACID	硝化酸混合物,含硝酸不超过50%	1798	8	禁运
NITROMANNITE, WETTED, see	硝化甘露醇,湿的,见	0133	1	
NITROMETHANE	硝基甲烷	1261	3	
Nitromuriatic acid, see	王水,见	1798	8	
NITRONAPHTHALENE	硝基萘	2538	4.1	
NITROPHENOLS(o-,m-,p-)	硝基苯酚类(邻-、间-、对-)	1663	6.1	
4-NITROPHENYL-HYDRAZINE, with not less than 30% water, by mass	4-硝基苯肼,按质量含水不低于30%	3376	4.1	
NITROPROPANES	硝基丙烷类	2608	3	
p-NITROSODIMETHYLANILINE	对亚硝基二甲基苯胺	1369	4.2	
NITROSTARCH, dry or wetted with less than 20% water, by mass	硝化淀粉,干的或湿的,按质量含水少于20%	0146	1	
NITROSTARCH, WETTED with not less than 20% water, by mass	硝化淀粉,湿的,按质量含水不少于20%	1337	4.1	
NITROSYLCHLORIDE	氯化亚硝酰	1069	2	
NITROSYLSULPHURICACID, LIQUID	亚硝基硫酸,液体的	2308	8	
NITROSYLSULPHURICACID, SOLID	亚硝基硫酸,固体的	3456	8	
NITROTOLUENES, LIQUID	硝基甲苯类,液体的	1664	6.1	
NITROTOLUENES, SOLID	硝基甲苯类,固体的	3446	6.1	
NITROTOLUIDINES(MONO)	硝基甲苯胺类(MONO)	2660	6.1	
NITROTRIAZOLONE(NTO)	硝基三唑酮(NTO)	0490	1	
NITRO UREA	硝基脲	0147	1	
NITROUSOXIDE	一氧化二氮	1070	2	
NITROUSOXIDE, REFRIGERATEDLIQUID	一氧化二亚氮,冷冻液体	2201	2	
NITROXYLENES, LIQUID	硝基二甲苯类,液体的	1665	6.1	
NITROXYLENES, SOLID	硝基二甲苯类,固体的	3447	6.1	
Non-activated carbon, see	非活性碳,见	1361	4.2	
Non-activated charcoal, see	非活性木碳,见	1361	4.2	
NONANES	壬烷类	1920	3	
NONYLTRICHLOROSILANE	壬基三氯硅烷	1799	8	
2,5-NORBORNADIENE, STABILIZED, see	2,5-降冰片二烯(二环庚二烯),稳定的,见	2251	3	
Normal propyl alcohol, see	正丙醇,见	1274	3	
NTO, see	硝基三唑酮,见	0490	1	
OCTADECYLTRICHLORO-SILANE	十八烷基三氯硅烷	1800	8	
OCTADIENES	辛二烯	2309	3	
OCTAFLUOROBUT-2-ENE (REFRIGERANTGAS R1318)	八氟-2-丁烯(制冷气体R1318)	2422	2	
OCTAFLUOROCYCLO-BUTANE (REFRIGERANT-GASRC318)	八氟环丁烷(制冷气体RC318)	1976	2	

续上表

OCTAFLUOROPROPANE（REFRIGERANTGASR218）	八氟丙烷(制冷气体 R218)	2424	2	
OCTANES	辛烷类	1262	3	
OCTOGEN, see	奥克托金炸药,见	0226	1	
		0391	1	
		0484	1	
OCTOL, dry or wetted with less than 15% water, by mass, see	奥可托尔炸药,干的或湿的,按质量含水少于15%,见	0266	1	
OCTOLITE, dry or wetted with less than 15% water, by mass	奥克托利特炸药,干的或湿的,按质量含水少于15%	0266	1	
OCTONAL	奥克托纳炸药(奥梯铝炸药)	0496	1	
OCTYLALDEHYDES	辛醛类	1191	3	
tert–Octyl mercaptan, see	叔辛基硫醇,见	3023	6.1	
OCTYLTRICHLOROSILANE	十八烷基三氯硅烷	1801	8	
Oenanthol, see	庚醛,见	3056	3	
OILGAS, COMPRESSED	油气,压缩的	1071	2	
Oleum, see	发烟硫酸,见	1831	8	
ORGANICPEROXIDE TYPEB, LIQUID	B 型有机过氧化物,液体的	3101	5.2	
ORGANICPEROXIDE TYPEB, LIQUID, TEMPERATURE CONTROLLED	B 型有机过氧化物,液体的,控温的	3111	5.2	
ORGANICPEROXIDETYPEB, SOLID	B 型有机过氧化物,固体的	3102	5.2	
ORGANICPEROXIDE TYPEB, SOLID, TEMPERATURE CONTROLLED	B 型有机过氧化物,固体的,控温的	3112	5.2	
ORGANICPEROXIDE TYPEC, LIQUID	C 型有机过氧化物,液体的	3103	5.2	
ORGANICPEROXIDE TYPEC, LIQUID, TEMPERATURE CONTROLLED	C 型有机过氧化物,液体的,控温的	3113	5.2	
ORGANICPEROXIDE TYPEC, SOLID	C 型有机过氧化物,固体的	3104	5.2	
ORGANICPEROXIDE TYPEC, SOLID, TEMPERATURE CONTROLLED	C 型有机过氧化物,固体的,控温的	3114	5.2	
ORGANICPEROXIDE TYPED, LIQUID	D 型有机过氧化物,液体的	3105	5.2	
ORGANICPEROXIDE TYPED, LIQUID, TEMPERATURE CONTROLLED	D 型有机过氧化物,液体的,控温的	3115	5.2	
ORGANICPEROXIDE TYPED, SOLID	D 型有机过氧化物,固体的	3106	5.2	
ORGANIC PEROXIDE TYPE D, SOLID, TEMPERATURE CONTROLLED	固态 D 型有机过氧化物,控温的	3116	5.2	
ORGANICPEROXIDE TYPEE, LIQUID	E 型有机过氧化物,液体的	3107	5.2	
ORGANICPEROXIDE TYPEE, LIQUID, TEMPERATURE CONTROLLED	E 型有机过氧化物,液体的,控温的	3117	5.2	
ORGANICPEROXIDE TYPEE, SOLID	E 型有机过氧化物,固体的	3108	5.2	
ORGANICPEROXIDE TYPEE, SOLID, TEMPERATURE CONTROLLED	E 型有机过氧化物,固体的,控温的	3118	5.2	
ORGANICPEROXIDE TYPEF, LIQUID	F 型有机过氧化物,液体的	3109	5.2	
ORGANICPEROXIDE TYPEF, LIQUID, TEMPERATURE CONTROLLED	F 型有机过氧化物,液体的,控温的	3119	5.2	

续上表

ORGANICPEROXIDE TYPEF,SOLID	F 型有机过氧化物,固体的	3110	5.2	
ORGANICPEROXIDE TYPEF, SOLID, TEMPERATURE CONTROLLED	F 型有机过氧化物,固体的,控温的	3120	5.2	
Organic peroxides, see Table 11.3 for an alphabetical list of currently assigned organic peroxides and see	有机过氧化物,见表11.3,按英文字母排列的现已划定的有机过化物一览表,并见	3101 – 3120	5.2	
ORGANICPIGMENTS,SELF – HEATING	有机颜料,自热的	3313	4.2	
ORGANOARSENICCOMPOUND, LIQUID, N.O.S.	有机砷化合物,液体的,未另作规定的	3280	6.1	
ORGANOARSENICCOMPOUND, SOLID, N.O.S.	有机砷化合物,固体的,未另作规定的	3465	6.1	
ORGANOCHLORINEPESTICIDE, LIQUID, FLAMMABLE,TOXIC, flash – point less than 23℃	有机氯农药,液体的,易燃的,有毒的,闪点低于23℃	2762	3	
ORGANOCHLORINEPESTICIDE, LIQUID,TOXIC	有机氯农药,液体的,有毒的	2996	6.1	
ORGANOCHLORINEPESTICIDE, LIQUID, TOXIC, FLAMMABLE, flash – point not less than 23℃	有机氯农药,液体的,有毒的,易燃的,闪点不低于23℃	2995	6.1	
ORGANOCHLORINEPESTICIDE, SOLID,TOXIC	有机氯农药,固体的,有毒的	2761	6.1	
ORGANOMETALLIC COMPOUND,LIQUID,TOXIC, N.O.S.	有机金属化合物,有毒的,液体的,未另作规定的	3282	6.1	
ORGANOMETALLIC COMPOUND,SOLID,TOXIC, N.O.S.	有机金属化合物,固体的,有毒的,未另作规定的	3467	6.1	
Organometallic compound, solid, water – reactive, flammable, n.o.s., see	有机金属化合物,固体的,遇水反应,易燃,未另作规定的,见	3396	4.3	
Organometallic compound or Organometallic compound solution or Organometallic compound dispersion, water – reactive, flammable, n.o.s., see	有机金属化合物,或有机金属化合物溶液,或有机金属化合物烟雾,遇水反应,易燃的,未另作规定的,见	3399	4.3	
ORGANOMETALLIC SUBSTANCE, LIQUID, PYROPHORIC	有机金属物质,液体的,引火的	3392	4.2	
ORGANOMETALLIC SUBSTANCE, SOLID, PYROPHORIC	有机金属物质,固体的,引火的	3391	4.2	
ORGANOMETALLIC SUBSTANCE, SOLID, SELF-HEATING	有机金属物质,固体的,自热性	3400	4.2	
ORGANOMETALLIC SUBSTANCE, LIQUID, PYROPHORIC,WATER-REACTIVE	有机金属物质,遇水反应,液体的,引火的	3394	4.2	
ORGANOMETALLIC SUBSTANCE, SOLID, PYROPHORIC,WATER-REACTIVE	有机金属物质,遇水反应,固体的,引火的	3393	4.2	
ORGANOMETALLIC SUBSTANCE,LIQUID,WATER-REACTIVE	有机金属物质,遇水反应,液体的	3398	4.3	
ORGANOMETALLIC SUBSTANCE,SOLID,WATER-REACTIVE	有机金属物质,遇水反应,固体的	3395	4.3	
ORGANOMETALLIC SUBSTANCE, LIQUID, WATER – REACTIVE,FLAMMABLE	有机金属物质,遇水反应,易燃的,液体的	3399	4.3	
ORGANOMETALLIC SUBSTANCE, SOLID, WATER – REACTIVE,FLAMMABLE	有机金属物质,固体的,遇水反应,易燃	3396	4.3	
ORGANOMETALLIC SUBSTANCE, SOLID, WATER – REACTIVE,SELF – HEATING	有机金属物质,固体的,遇水反应,自热性	3397	4.3	

续上表

ORGANOPHOSPHORUS COMPOUND, LIQUID, TOXIC, N.O.S.	有机磷化合物,有毒的,液体的,未另作规定的	3278	6.1	
ORGANOPHOSPHORUS COMPOUND, SOLID, TOXIC, N.O.S.	有机磷化合物,有毒的,固体的,未另作规定的	3464	6.1	
ORGANOPHOSPHORUS COMPOUND, TOXIC, FLAMMABLE, N.O.S.	有机磷化合物,有毒的,易燃的,未另作规定的	3279	6.1	
ORGANOPHOSPHORUS PESTICIDE, LIQUID, FLAMMABLE, TOXIC, flash-point less than 23℃	有机磷农药,液体的,易燃的,有毒的,闪点低于23℃	2784	3	
ORGANOPHOSPHORUS PESTICIDE, LIQUID, TOXIC	有机磷农药,液体的,有毒的	3018	6.1	
ORGANOPHOSPHORUS PESTICIDE, LIQUID, TOXIC, FLAMMABLE, flash-point not less than 23℃	有机磷农药,液体的,易燃的,闪点不低于23℃	3017	6.1	
ORGANOPHOSPHORUS PESTICIDE, SOLID, TOXIC	有机磷农药,固体的,有毒的	2783	6.1	
ORGANOTINCOMPOUND, LIQUID, N.O.S.	有机锡化合物,液体的,未另作规定的	2788	6.1	
ORGANOTINCOMPOUND, SOLID, N.O.S.	有机锡化合物,固体的,未另作规定的	3146	6.1	
ORGANOTINPESTICIDE, LIQUID, FLAMMABLE, TOXIC, flash-point less than 23℃	有机锡农药,液体的,易燃的,有毒的,闪点低于23℃	2787	3	
ORGANOTINPESTICIDE, LIQUID, TOXIC	有机锡农药,液体的,有毒的	3020	6.1	
ORGANOTINPESTICIDE, LIQUID, TOXIC, FLAMMABLE, flash-point not less than 23℃	有机锡农药,液体的,易燃的,闪点不低于23℃	3019	6.1	
ORGANOTINPESTICIDE, SOLID, TOXIC	有机锡农药,固体的,有毒的	2786	6.1	
Orthophospohoric acid, see	正磷酸,见	1805	8	
OSMIUMTETROXIDE	四氧化锇	2471	6.1	
OXIDIZINGLIQUID, N.O.S.	氧化性液体,未另作规定的	3139	5.1	
OXIDIZINGLIQUID, CORROSIVE, N.O.S.	氧化性液体,腐蚀性,未另作规定的	3098	5.1	
OXIDIZINGLIQUID, TOXIC, N.O.S.	氧化性液体,腐蚀性,未另作规定的	3099	5.1	
OXIDIZINGSOLID, N.O.S.	氧化性固体,未另作规定的	1479	5.1	
OXIDIZINGSOLID, CORROSIVE, N.O.S.	氧化性固体,腐蚀性,未另作规定的	3085	5.1	
OXIDIZINGSOLID, FLAMMABLE, N.O.S.	氧化性固体,易燃的,未另作规定的	3137	5.1	禁运
OXIDIZINGSOLID, SELF-HEATING, N.O.S.	氧化性固体,自热的,未另作规定的	3100	5.1	禁运
OXIDIZINGSOLID, TOXIC, N.O.S.	氧化性固体,有毒的,未另作规定的	3087	5.1	
OXIDIZINGSOLID, WATER-REACTIVE, N.O.S.	氧化性固体,遇水反应,未另作规定的	3121	5.1	禁运
Oxirane, see	环氧乙烷,见	1040	2	
OXYGEN, COMPRESSED	氧气,压缩的	1072	2	
OXYGEN DIFLUORIDE, COMPRESSED	压缩二氟化氧	2190	2	
OXYGEN GENERATOR, CHEMICAL	化学氧气发生器	3356	5.1	
OXYGEN, REFRIGERATED LIQUID	氧气,冷冻液体	1073	2	
1-Oxy-4-nitrobenzene, see	1-氧基-4-硝基苯,见	1663	6.1	
PACKAGINGS, DISCARDED, EMPTY, UNCLEANED	废弃空容器,未清洗	3509	9	
PAINT (including paint, lacquer, enamel, stain, shellac, varnish, polish, liquid filler and liquid lacquer base)	涂料(包括色漆、喷漆、搪瓷、着色剂、虫胶、清漆、抛光剂、液态填料和液态喷漆基料)	1263	3	
		3066	8	
		3469	3	
		3470	8	

续上表

PAINT RELATED MATERIAL (including paint thinning and reducing compound)	涂料的相关材料（包括涂料稀释剂或冲淡剂）	1263	3	
		3066	8	
		3469	3	
		3470	8	
Paint thinning and reducing compound, see	涂料稀释剂或冲淡剂,见	1263	3	
		3066	8	
		3469	3	
		3470	8	
PAPER, UNSATURATED OIL TREATED, incompletely dried (including carbon paper)	纸,经不饱和油处理的,未干透的（包括复写纸）	1379	4.2	
Paraffin, see	石蜡,见	1223	3	
PARAFORMALDEHYDE	仲甲醛	2213	4.1	
PARALDEHYDE	仲乙醛（三聚乙醛）	1264	3	
PCBs, see	多氯联苯,见	2315	9	
		3432	9	
PENTABORANE	戊硼烷	1380	4.2	
PENTACHLOROETHANE	五氯乙烷	1669	6.1	
PENTACHLOROPHENOL	五氯酚	3155	6.1	
PENTAERYTHRITE TETRANITRATE (PENTAERYTHRITOL TETRANITRATE; PETN) with not less than 7% wax, by mass	季戊四醇四硝酸酯（泰安炸药；季戊炸药）,按质量含蜡不少于7%	0411	1	
PENTAERYTHRITE TETRANITRATE, DESENSITIZED with not less than 15% phlegmatizer, by mass	季戊四醇四硝酸酯,减敏的,按重量含有不低于15%的减敏剂	0150	1	
PENTAERYTHRITE TETRANITRATE (PENTAERYTHRITOL TETRANITRATE; PETN) MIXTURE, DESENSITIZED, SOLID, N.O.S. with more than 10% but not more than 20% PETN, by mass	季戊四醇四硝酸酯（泰安炸药,季戊炸药,PETN）混合物,退敏的,固体的,未另作规定的,按质量含季戊四醇四硝酸酯大于10%,但不大于20%	3344	4.1	
PENTAERYTHRITE TETRANITRATE, WETTED with not less than 25% water, by mass	季戊四醇四硝酸酯,湿的,按重量含水不低于25%	0150	1	
PENTAERYTHRITOL TETRANITRATE, see	季戊四醇四硝酸酯,见	0150	1	
		0411	1	
		3344	4.1	
PENTAFLUOROETHANE	五氟乙烷	3220	2	
Pentafluoroethane, 1,1,1-trifluoroethane, and 1,1,1,2-tetrafluoroethane zeotropic mixture with approximately 44% pentafluoroethane and 52% 1,1,1-trifluoroethane, see	五氟乙烷、1,1,1-三氟乙烷和1,1,1,2-四氟乙烷的非共沸混合物,含有约44%的五氟乙烷和52%的1,1,1-三氟乙烷,见	3337	2	
PENTAMETHYLHEPTANE	五甲基庚烷	2286	3	
Pentanal, see	戊醛,见	2058	3	
PENTANE-2,4-DIONE	2,4-戊二酮	2310	3	
PENTANES, liquid	戊烷类,液体	1265	3	
n-Pentane, see	正戊烷,见	1265	3	
PENTANOLS	戊醇类	1105	3	

续上表

3 – Pentanol, see	3-戊醇,见	1105	3	
1 – PENTENE	1-戊烯	1108	3	
1 – PENTOL	1-戊醇	2705	8	
PENTOLITE, dry or wetted with less than 15% water, by mass	太梯(喷妥)炸药,干的或湿的,按质量含水少于15%	0151	1	
Pentyl nitrite, see	亚硝酸戊酯,见	1113	3	
PERCHLORATES, INORGANIC, N.O.S.	无机高氯酸盐,未另作规定的	1481	5.1	
PERCHLORATES, INORGANIC, AQUEOUS SOLUTION, N.O.S.	高氯酸盐类,无机的,水溶液,未另作规定的	3211	5.1	
PERCHLORIC ACID with more than 50% but not more than 72% acid, by mass	高氯酸,按质量含酸大于50%但不大于72%	1873	5.1	
PERCHLORIC ACID with not more than 50% acid, by mass	高氯酸,按质量含酸不超过50%	1802	8	
Perchlorobenzene, see	全氯苯,见	2729	6.1	
Perchlorocyclopentadiene, see	全氯环戊二烯,见	2646	6.1	
Perchloroethylene, see	全氯乙烯,见	1897	6.1	
PERCHLOROMETHYL MERCAPTAN	全氯甲硫醇	1670	6.1	
PERCHLORYL FLUORIDE	氟化高氯酰(高氯酰氟)	3083	2	
Perfluoroacetyl chloride, see	全氟乙酰氯,见	3057	2	
PERFLUORO (ETHYLVINYL ETHER)	全氟(乙基乙烯基醚)	3154	2	
PERFLUORO (METHYLVINYL ETHER)	全氟(甲基乙烯基醚)	3153	2	
Perfluoropropane, see	全氟丙烷,见	2424	2	
PERFUMERY PRODUCTS with flammable solvents	香料制品,含易燃液体	1266	3	
PERMANGANATES, INORGANIC, N.O.S.	高锰酸盐类,无机的,未另作规定的	1482	5.1	
PERMANGANATES, INORGANIC, AQUEOUS SOLUTION, N.O.S.	高锰酸盐类,无机的,水溶液,未另作规定的	3214	5.1	
PEROXIDES, INORGANIC, N.O.S.	过氧化物,无机的,未另作规定的	1483	5.1	
PERSULPHATES, INORGANIC, N.O.S.	过硫酸盐类,无机的,未另作规定的	3215	5.1	
PERSULPHATES, INORGANIC, AQUEOUS SOLUTION, N.O.S.	过硫酸盐类,无机的,水溶液,未另作规定的	3216	5.1	
PESTICIDE, LIQUID, FLAMMABLE, TOXIC, N.O.S., flash – point less than 23℃	农药,液体的,易燃的,有毒的,未另作规定的,闪点低于23℃	3021	3	
PESTICIDE, LIQUID, TOXIC, N.O.S.	农药,液体的,有毒的,未另作规定的	2902	6.1	
PESTICIDE, LIQUID, TOXIC, FLAMMABLE, N.O.S., flash point not less than 23℃	农药,液体的,有毒的,易燃的,未另作规定的,闪点不低于23℃	2903	6.1	
PESTICIDE, SOLID, TOXIC, N.O.S.	农药类,固体的,有毒的,未另作规定的	2588	6.1	
Pesticide, toxic, under compressed gas, n.o.s, see	农药,毒性,有压缩气的,未另作规定的,见	1950	2	
PETN, see	季戊炸药,见	0150	1	
		0411	1	
		3344	4.1	
PETN/TNT, see	季戊炸药和梯恩梯炸药混合物,见	0151	1	
PETROL	汽油	1203	3	
Petrol and ethanol mixture, with more than 10% ethanol, see	汽油和乙醇混合物,乙醇含量超过10%,见	3475	3	
PETROLEUM CRUDE OIL	石油原油	1267	3	

PETROLEUM DISTILLATES, N. O. S.	石油馏出物,未另作规定的	1268	3	
Petroleum ether, see	石油醚,见	1268	3	
PETROLEUM GASES, LIQUEFIED	液化石油气	1075	2	
Petroleum naphtha, see	石脑油,见	1268	3	
Petroleum oil, see	石油润滑油,见	1268	3	
PETROLEUM PRODUCTS, N. O. S.	石油产品,未另作规定的	1268	3	
Petroleum raffinate, see	石油残液(石油提余液),见	1268	3	
PETROLEUMSOURCRUDEOIL, FLAMMABLE, TOXIC	含硫原油,易燃,毒性	3494	3	
Petroleum spirit, see	石油精,见	1268	3	
PHENACYLBROMIDE	苯甲酰甲基溴	2645	6.1	
PHENETIDINES	氨基苯乙醚类	2311	6.1	
PHENOLATES, LIQUID	液态氯苯酚盐或液态苯酚盐	2904	8	
PHENOLATES, SOLID	固态氯苯酚盐或固态苯酚盐	2905	8	
PHENOL, MOLTEN	苯酚,熔融的	2312	6.1	
PHENOL, SOLID	苯酚,固体的	1671	6.1	
PHENOLSOLUTION	苯酚溶液	2821	6.1	
PHENOLSULPHONICACID, LIQUID	苯酚磺酸,液体的	1803	8	
PHENOXYACETICACID DERIVATIVEPESTICIDE, LIQUID, FLAMMABLE, TOXIC, flash-point less than 23℃	苯氧基乙酸衍生物农药,液体的,易燃的,有毒的,闪点低于23℃	3346	3	
PHENOXYACETICACID DERIVATIVEPESTICIDE, LIQUID, TOXIC	苯氧基乙酸衍生物农药,液体的,有毒的	3348	6.1	
PHENOXYACETICACID DERIVATIVEPESTICIDE, LIQUID, TOXIC, FLAMMABLE, flash-point not less than 23℃	苯氧基乙酸衍生物农药,液体的,有毒的,易燃的,闪点不低于23℃	3347	6.1	
PHENOXYACETICACID DERIVATIVEPESTICIDE, SOLID, TOXIC	苯氧基乙酸衍生物农药,固体的,有毒的	3345	6.1	
PHENYLACETONITRILE, LIQUID	苯基乙腈,液体的	2470	6.1	
PHENYLACETYLCHLORIDE	苯乙酰氯	2577	8	
Phenylamine, see	苯胺,见	1547	6.1	
1-Phenylbutane, see	1-苯基丁烷,见	2709	3	
2-Phenylbutane, see	2-苯基丁烷,见	2709	3	
PHENYLCARBYLAMINE CHLORIDE	苯胩化二氯	1672	6.1	
PHENYLCHLOROFORMATE	氯甲酸苯酯	2746	6.1	
Phenyl cyanide, see	苯基氰,见	2224	6.1	
PHENYLENEDIAMINES(o-,m-,p-)	苯二胺类(邻-,间-,对-)	1673	6.1	
Phenylethylene, see	苯乙烯,见	2055	3	
PHENYLHYDRAZINE	苯肼	2572	6.1	
PHENYLISOCYANATE	异氰酸苯酯	2487	6.1	
Phenylisocyanodichloride, see	二氯化苯异氰,见	1672	6.1	
PHENYLMERCAPTAN	苯硫酚	2337	6.1	
PHENYLMERCURICACETATE	乙酸苯汞	1674	6.1	
PHENYLMERCURIC COMPOUND, N. O. S.	苯汞化合物,未另作规定的	2026	6.1	
PHENYLMERCURIC COMPOUND, N. O. S.	苯汞化合物,未另作规定的	2026	6.1	
PHENYLMERCURICHYDROXIDE	氢氧化苯汞	1894	6.1	

续上表

PHENYLMERCURICNITRATE	硝酸苯汞	1895	6.1	
PHENYLPHOSPHORUS DICHLORIDE	苯基二氯化磷	2798	8	
PHENYLPHOSPHORUS THIODICHLORIDE	苯基硫代磷酰二氯	2799	8	
2 - Phenylpropene, see	2 - 苯丙烯,见	2303	3	
PHENYLTRICHLORO - SILANE	苯基三氯硅烷	1804	8	
PHOSGENE	光气	1076	2	
9 - PHOSPHABICYCLO - NONANES (CYCLOOCTA-DIENE PHOSPHINES)	9 - 磷杂二环壬烷类(环辛二烯膦类)	2940	4.2	
PHOSPHINE	磷化氢	2199	2	
PHOSPHINE, ADSORBED	磷化氢,吸附的	3525	2	
Phosphoretted hydrogen, see	磷的氢化物,见	2199	2	
PHOSPHORICACID, SOLUTION	磷酸溶液	1805	8	
PHOSPHORICACID, SOLID	磷酸,固体的	3453	8	
Phosphoric acid, anhydrous, see	无水磷酸,见	1807	8	
PHOSPHOROUSACID	亚磷酸	2834	8	
PHOSPHORUS, AMORPHOUS	非晶形磷	1338	4.1	
Phosphorus bromide, see	溴化磷,见	1808	8	
Phosphorus chloride, see	氯化磷,见	1809	6.1	
PHOSPHORUSHEPTASULPHIDE, free from yellow and white phosphorus	七硫化四磷,不含黄磷或白磷	1339	4.1	
PHOSPHORUSOXYBROMIDE	三溴氧化磷,固体的	1939	8	
PHOSPHORUSOXYBROMIDE, MOLTEN	三溴氧化磷,熔融的	2576	8	
PHOSPHORUS OXYCHLORIDE	三氯化磷	1810	6.1	
PHOSPHORUSPENTABROMIDE	五溴化磷	2691	8	
PHOSPHORUSPENTACHLORIDE	磷酸溶液	1806	8	
PHOSPHORUSPENTAFLUORIDE	五氟化磷	2198	2	
PHOSPHORUSPENTAFLUORIDE, ADSORBED	五氟化磷,吸附的	3524	2	
PHOSPHORUSPENTASULPHIDE, free from yellow and white phosphorus	五硫化二磷,不含黄磷或白磷	1340	4.3	
PHOSPHORUSPENTOXIDE	五氯化磷	1807	8	
PHOSPHORUSSESQUISULPHIDE, free from yellow and white phosphorus	三硫化四磷,不含黄磷或白磷	1341	4.1	
Phosphorus (V) sulphide, free from yellow and white phosphorus, see	五硫化二磷,不含黄磷和白磷,见	1340	4.3	
Phosphorus sulphochloride, see	三氯硫化磷,见	1837	8	
PHOSPHORUSTRICHLORIDE	三溴化磷	1808	8	
PHOSPHORUS TRICHLORIDE	三氯化磷	1809	6.1	
PHOSPHORUSTRIOXIDE	三氧化二磷	2578	8	
PHOSPHORUSTRISULPHIDE, free from yellow and white phosphorus	三硫化二磷,不含黄磷或白磷	1343	4.1	
PHOSPHORUS, WHITE, DRY	白磷,干的	1381	4.2	
PHOSPHORUS, WHITE IN SOLUTION	白磷,浸在溶液中	1381	4.2	
PHOSPHORUS, WHITE, MOLTEN	白磷,熔融的	2447	4.2	

续上表

PHOSPHORUS, WHITE, UNDER WATER	白磷,浸在水中	1381	4.2	
PHOSPHORUS, YELLOW, DRY	黄磷,干的	1381	4.2	
PHOSPHORUS, YELLOW, IN SOLUTION	黄磷,浸在溶液中	1381	4.2	
PHOSPHORUS, YELLOW, UNDER WATER	黄磷,浸在水中	1381	4.2	
Phosphoryl chloride, see	磷酰氯,见	1810	6.1	
PHTHALIC ANHYDRIDE with more than 0.05% of maleic anhydride	邻苯二甲酸酐,含超过0.05%的马来酐	2214	8	
PICOLINES	皮考啉类	2313	3	
PICRAMIDE, see	苦基胺,见	0153	1	
PICRIC ACID, WETTED, see	苦味酸,湿的,见	1344	4.1	
		3364	4.1	
PICRITE, see	橄苦岩,见	0282	1	
PICRITE, WETTED, see	橄苦岩,湿的,见	1336	4.1	
Picrotoxin, see	苦毒,见	3172	6.1	
		3462	6.1	
PICRYL CHLORIDE, see	苦基氯,见	0155	1	
PICRYL CHLORIDE, WETTED, see	苦基氯,湿的,见	3365	4.1	
alpha-PINENE	α-蒎烯	2368	3	
PINE OIL	松油	1272	3	
PIPERAZINE	哌嗪	2579	8	
PIPERIDINE	哌啶	2401	8	
Pivaloyl chloride, see	三甲基酰氯,见	2438	6.1	
Plastic explosives, see	塑料炸药,见	0084	1	
PLASTICS MOULDING COMPOUND in dough, sheet or extruded rope form evolving flammable vapour	塑料造型化合物,呈揉塑团、薄片或挤压出的绳索状,会放出易燃蒸气	3314	9	
PLASTICS, NITROCELLULOSE-BASED, SELF-HEATING, N.O.S.	塑料,以硝化纤维素为基质的,自热的,未另作规定的	2006	4.2	
Polish, see	光泽剂,见	1263	3	
		3066	8	
		3469	3	
		3470	8	
POLYAMINES, FLAMMABLE, CORROSIVE, N.O.S.	聚胺,易燃,腐蚀性,未另作规定的	2733	3	
POLYAMINES, LIQUID, CORROSIVE, N.O.S.	液态聚胺,腐蚀性,未另作规定的	2735	8	
POLYAMINES, LIQUID, CORROSIVE, FLAMMABLE, N.O.S.	液态聚胺,腐蚀性,易燃,未另作规定的	2734	8	
POLYAMINES, SOLID, CORROSIVE, N.O.S.	固态聚胺,腐蚀性,未另作规定的	3259	8	
POLYCHLORINATED BIPHENYLS, LIQUID	多氯联苯类,液体的	2315	9	
POLYCHLORINATED BIPHENYLS, SOLID	多氯联苯类,固体的	3432	9	
POLYESTER RESIN KIT	聚酯树脂器材	3269	3	
POLYHALOGENATED BIPHENYLS, LIQUID	液态多卤三联苯	3151	9	
POLYHALOGENATED BIPHENYLS, SOLID	固态多卤三联苯	3152	9	
POLYHALOGENATED TERPHENYLS, LIQUID	液态多卤三联苯	3151	9	
POLYHALOGENATED TERPHENYLS, SOLID	固态多卤三联苯	3152	9	

续上表

POLYMERICBEADS, EXPANDABLE, evolvingflammable vapour	聚苯乙烯珠体,可膨胀的,会放出易燃蒸气	2211	9	
Polystyrene beads, expandable, see	聚苯乙烯珠粒料,可膨胀,见	2211	9	
POTASSIUM	钾	2257	4.3	
POTASSIUMARSENATE	砷酸钾	1677	6.1	
POTASSIUMARSENITE	亚砷酸钾	1678	6.1	
Potassium bifluoride, see	氟化氢钾,见	1811	8	
Potassium bisulphate, see	硫酸氢钾,见	2509	8	
Potassium bisulphite solution, see	酸式亚硫酸钾溶液,见	2693	8	
POTASSIUMBOROHYDRIDE	氢硼化钾	1870	4.3	
POTASSIUMBROMATE	溴酸钾	1484	5.1	
POTASSIUMCHLORATE	溴酸钾	1485	5.1	
POTASSIUMCHLORATE, AQUEOUSSOLUTION	氯酸钾,水溶液	2427	5.1	
Potassium chlorate mixed with mineral oil, see	氯酸钾和矿物油的混合物,见	0083	1	
POTASSIUMCUPROCYANIDE	氰亚铜酸钾	1679	6.1	
POTASSIUMCYANIDE, SOLID	氰化钾,固体的	1680	6.1	
POTASSIUMCYANIDE SOLUTION	氰化钾溶液	3413	6.1	
POTASSIUM CUPROCYANIDE	氰亚铜酸钾	1679	6.1	
POTASSIUMDITHIONITE(POTASSIUMHYDROSULPHITE)	连二亚硫酸钾(亚硫酸氢钾)	1929	4.2	
POTASSIUM FLUORIDE, SOLID	固态氟化钾	1812	6.1	
POTASSIUMFLUORIDE SOLUTION	氟化钾溶液	3422	6.1	
POTASSIUMFLUOROACETATE	氟乙酸钾	2628	6.1	
POTASSIUMFLUOROSILICATE	氟硅酸钾	2655	6.1	
Potassium hexafluorosilicate, see	六氟硅酸钾,见	2655	6.1	
Potassium hydroxide, see	氢氧化钾,见	1814	8	
POTASSIUMFLUORIDE, SOLID	二氟化氢钾,固体的	1811	8	
POTASSIUM HYDROGENDIFLUORIDE SOLUTION	二氟化氢钾溶液	3421	8	
POTASSIUMHYDROGEN SULPHATE	硫酸氢钾	2509	8	
POTASSIUM HYDROSULPHITE, see	亚硫酸氢钾,见	1929	4.2	
Potassium hydroxide, liquid, see	液态氢氧化钾,见	1814	8	
POTASSIUM HYDROXIDE, SOLID	固态氢氧化钾	1813	8	
POTASSIUM HYDROXIDE SOLUTION	氢氧化钾溶液	1814	8	
POTASSIUMMETALALLOYS, LIQUID	钾金属合金,液体的	1420	4.3	
POTASSIUMMETALALLOYS, SOLID	钾金属合金,固体的	3403	4.3	
POTASSIUMMETAVANADATE	偏钒酸钾	2864	6.1	
POTASSIUMMONOXIDE	氧化钾	2033	8	
POTASSIUMNITRATE	硝酸钾	1486	5.1	
Potassium nitrate and sodium nitrate mixture, see	硝酸钾和硝酸钠混合物,见	1499	5.1	
POTASSIUMNITRATEAND SODIUMNITRITEMIXTURE	硝酸钾和亚硝酸钠的混合物	1487	5.1	
POTASSIUMNITRITE	亚硝酸钾	1488	5.1	
POTASSIUMPERCHLORATE	高氯酸钾	1489	5.1	
POTASSIUMPERMANGANATE	高锰酸钾	1490	5.1	
POTASSIUMPEROXIDE	过氧化钾	1491	5.1	

POTASSIUMPERSULPHATE	过硫酸钾	1492	5.1	
POTASSIUMPHOSPHIDE	磷化钾	2012	4.3	
Potassium selenate, see	硒酸钾,见	2630	6.1	
Potassium selenite, see	亚硒酸钾,见	2630	6.1	
Potassium silicofluoride, see	氟硅酸钾,见	2655	6.1	
POTASSIUMSODIUMALLOYS, LIQUID	钾钠合金,液体的	1422	4.3	
POTASSIUMSODIUMALLOYS, SOLID	钾钠合金,固体的	3404	4.3	
POTASSIUM SULPHIDE with less than 30% water of crystallization	硫化钾,含结晶水低于30%	1382	4.2	
POTASSIUM SULPHIDE, ANHYDROUS	无水硫化钾	1382	4.2	
POTASSIUMSULPHIDE, HYDRATED with not less than 30% water of crystallization	硫化钾,水合的,含结晶水不低于30%	1847	8	
POTASSIUMSUPEROXIDE	过氧化钾	2466	5.1	
Potassium tetracyanomercurate (Ⅱ), see	四氰(二价)汞酸钾,见	1626	6.1	
POWDERCAKE(POWDER PASTE), WETTED with not less than 17% alcohol, by mass	块状火药(糊状火药),湿的,按质量含酒精不少于17%	0433	1	
POWDERCAKE(POWDER PASTE), WETTED with not less than 25% water, by mass	块状火药(糊状火药),湿的,按质量含水不少于25%	0159	1	
POWDER PASTE, see	糊状火药,见	0159	1	
		0433	1	
POWDER, SMOKELESS	无烟火药	0160	1	
		0161	1	
		0509	1	
Power devices, explosive, see	动力装置,爆炸式,见	0275	1	
		0276	1	
		0323	1	
		0381	1	
PRIMERS, CAPTYPE	起爆器,帽状	0044	1	
		0377	1	
		0378	1	
Primers, small arms, see	轻武器底火,见	0044	1	
PRIMERS, TUBULAR	起爆器,管状	0319	1	
		0320	1	
		0376	1	
PRINTINGINK, flammableor PRINTINGINKRELATED MATERIAL (including printingink thinningorreducingcompound), flammable	印刷油墨,易燃的 或印刷油墨相关材料(包括印刷油墨稀释剂或调稀剂)易燃的	1210	3	
Projectiles, illuminating, see	照明射弹,见	0171	1	
		0254	1	
		0297	1	
PROJECTILES, inert with tracer	射弹,惰性带曳光剂	0345	1	
		0424	1	
		0425	1	

续上表

PROJECTILES with bursteror expelling charge	射弹,带起爆装置或发射剂	0346	1	
		0347	1	
		0426	1	
		0427	1	
		0434	1	
		0435	1	
PROJECTILES with bursting charge	射弹,带有爆炸装药	0167	1	
		0168	1	
		0169	1	
		0324	1	
		0344	1	
PROPADIENE,STABILIZED	丙二烯,稳定的	2200	2	
Propadiene and methyl acetylene mixture, stabilized, see	丙二烯和甲基乙炔混合物,稳定的,见	1060	2	
PROPANE	丙烷	1978	2	
PROPANETHIOLS	丙硫醇类	2402	3	
n-PROPANOL	正丙醇	1274	3	
PROPELLANT, LIQUID	推进剂,液体的	0495	1	
		0497	1	
PROPELLANT, SOLID	推进剂,固体的	0498	1	
		0499	1	
		0501	1	
Propellant with a single base	推进剂,单基	0160	1	
Propellant with a double base, Propellant with a triple base, see	推进剂,双基,推进剂,三基,见	0161	1	
Propene, see	丙烯,见	1077	2	
PROPIONALDEHYDE	丙醛	1275	3	
PROPIONICACID with not less than 10% and less than 90% acid by mass	丙酸,按质量含酸不小于10%和小于90%	1848	8	
PROPIONICACID with not less than 90% acid by mass	丙酸,按质量含酸不小于90%	3463	8	
PROPIONICANHYDRIDE	丙酸酐	2496	8	
PROPIONITRILE	丙腈	2404	3	
PROPIONYL CHLORIDE	丙酰氯	1815	3	
n-PROPYL ACETATE	乙酸正丙酯	1276	3	
PROPYL ALCOHOL, NORMAL, see	正丙醇,见	1274	3	
PROPYLAMINE	丙胺	1277	3	
n-PROPYLBENZENE	正丙基苯	2364	3	
Propyl chloride, see	丙基氯,见	1278	3	
n-PROPYL CHLOROFORMATE	氯甲酸正丙酯	2740	6.1	
PROPYLENE	丙烯	1077	2	
PROPYLENECHLOROHYDRIN	丙氯醇	2611	6.1	
1,2-PROPYLENEDIAMINE	1,2-二氨基丙烷	2258	8	
Propylene dichloride, see	二氯化丙烯,见	1279	3	

续上表

PROPYLENEIMINE, STABILIZED	丙烯亚胺,稳定的	1921	3	
PROPYLENEOXIDE	氧化丙烯	1280	3	
PROPYLENETETRAMER	四聚丙烯	2850	3	
Propylene trimer, see	三聚丙烯,见	2057	3	
PROPYL FORMATES	甲酸丙酯	1281	3	
n – PROPYL ISOCYANATE	异氰酸正丙酯	2482	6.1	
Propyl mercaptan, see	丙硫醇,见	2402	3	
n – PROPYL NITRATE	硝酸正丙酯	1865	3	
PROPYLTRICHLOROSILANE	丙基三氯硅烷	1816	8	
Pyrazine hexahydride, see	六羟对二氮杂苯,见	2579	8	
PYRETHROIDPESTICIDE, LIQUID, FLAMMABLE, TOXIC, flash – point less than 23℃	液态拟除虫菊酯农药,易燃,毒性,闪点低于23℃	3350	3	
PYRETHROIDPESTICIDE, LIQUID, TOXIC	液态拟除虫菊酯农药,毒性	3352	6.1	
PYRETHROIDPESTICIDE, LIQUID, TOXIC, FLAMMABLE, flash – point not less than 23℃	液态拟除虫菊酯农药,易燃,毒性,闪点不低于23℃	3351	6.1	
PYRETHROIDPESTICIDE, SOLID, TOXIC	拟除虫菊酯农药,固体的,有毒的	3349	6.1	
PYRIDINE	吡啶	1282	3	
PYROPHORIC ALLOY, N.O.S.	引火合金,未另作规定的	1383	4.2	
Pyrophoric organometallic compound, water – reactive, n.o.s., liquid, see	引火有机金属化合物,遇水反应,未另作规定的,液体,见	3394	4.2	
Pyrophoric organometallic compound, water – reactive, n.o.s., solid, see	引火有机金属化合物,遇水反应,未另作规定的,固体,见	3393	4.2	
PYROPHORICLIQUID, INORGANIC, N.O.S.	引火液体,无机的,未另作规定的	3194	4.2	
PYROPHORICLIQUID, ORGANIC, N.O.S.	引火液体,有机的,未另作规定的	2845	4.2	
PYROPHORICMETAL, N.O.S. or PYROPHORICALLOY, N.O.S.	引火金属,为另作规定的;引火合金,未另作规定的	1383	4.2	
PYROPHORICSOLID, INORGANIC, N.O.S.	引火固体,无机的,未另作规定的	3200	4.2	
PYROPHORICSOLID, ORGANIC, N.O.S.	引火固体,有机的,未另作规定的	2846	4.2	
PYROSULPHURYL CHLORIDE	焦硫酰二氯	1817	8	
Pyroxylin solution, see	火棉溶液,见	2059	3	
PYRROLIDINE	吡咯烷	1922	3	
QUINOLINE	喹啉	2656	6.1	
Quinone, see	醌,见	2587	6.1	
RADIOACTIVEMATERIAL, EXCEPTEDPACKAGE – ARTICLESMANUFACTURED FROMNATURALURANIUMor DEPLETEDURANIUMor NATURALTHORIUM	放射性物质,例外包件 – 由天然铀、贫化铀或天然钍制成的物品	2909	7	
RADIOACTIVEMATERIAL, EXCEPTEDPACKAGE – EMPTY PACKAGING	放射性物质,例外包件 – 空包件	2908	7	
RADIOACTIVEMATERIAL, EXCEPTEDPACKAGE – INSTRUMENTSorARTICLES	放射性物质,例外包件 – 仪器或物品	2911	7	
RADIOACTIVEMATERIAL, EXCEPTEDPACKAGE – LIMITED QUANTITYOFMATERIAL	放射性物质,例外的包件 – 限量物质	2910	7	

续上表

RADIOACTIVEMATERIAL, LOW SPECIFICACTIVITY (LSA-Ⅰ), nonfissile or fissile-excepted	放射性物质,低比活度(LSA-Ⅰ),非裂变的,或例外的可裂变	2912	7	
RADIOACTIVEMATERIAL, LOW SPECIFICACTIVITY (LSA-Ⅱ), FISSILE	放射性物质,低比活度(LSA-Ⅱ),可裂变的	3324	7	
RADIOACTIVEMATERIAL, LOW SPECIFICACTIVITY (LSA-Ⅱ), nonfissile or fissile-excepted	放射性物质,低比活度(LSA-Ⅱ),非裂变或例外的可裂变	3321	7	
RADIOACTIVEMATERIAL, LOW SPECIFICACTIVITY, (LSA-Ⅲ), FISSILE	放射性物质,低比活度(LSA-Ⅲ),可裂变的	3325	7	
RADIOACTIVEMATERIAL, LOW SPECIFICACTIVITY (LSA-Ⅲ), nonfissile or fissile-excepted	放射性物质,低比活度(LSA-Ⅲ),非裂变或例外的可裂变	3322	7	
RADIOACTIVEMATERIAL, SURFACECONTAMINATED OBJECTS(SCO-IorSCO-Ⅱ), FISSILE	放射性物质,表面被污染物体(SCO-Ⅰ或SCO-Ⅱ),可裂变的	3326	7	
RADIOACTIVEMATERIAL, SURFACECONTAMINATED OBJECTS(SCO-IorSCO-Ⅱ), nonfissile or fissile-excepted	放射性物质,表面被污染物体(SCO-Ⅰ或SCO-Ⅱ),非裂变,或例外的可裂变	2913	7	
RADIOACTIVEMATERIAL, TRANSPORTEDUNDER-SPECIAL ARRANGEMENT, FISSILE	放射性物质,按照特殊安排运输的,可裂变的	3331	7	
RADIOACTIVEMATERIAL, TRANSPORTEDUNDER-SPECIAL ARRANGEMENT, nonfissile or fissile-excepted	放射性物质,按特殊安排运输,非裂变,或例外的可裂变	2919	7	
RADIOACTIVEMATERIAL, TYPE APACKAGE, FISSILE, non-special form	放射性物质,A型包件,可裂变的,非特殊形式	3327	7	
RADIOACTIVEMATERIAL, TYPE APACKAGE, non-specialform, nonfissile or fissile-excepted	放射性物质,A型包件,非特殊形式,非裂变,或例外的可裂变	2915	7	
RADIOACTIVEMATERIAL, TYPE APACKAGE, SPECIALFORM, FISSILE	空放射性物质,A型包件,特殊形式,可裂变的	3333	7	
RADIOACTIVEMATERIAL, TYPE APACKAGE, SPECIALFORM, nonfissile or fissile-excepted	放射性物质,A型包件,特殊形式,非裂变,或例外的可裂变	3332	7	
RADIOACTIVEMATERIAL, TYPE B(M)PACKAGE, FISSILE	放射性物质,B(M)型包件,可裂变的	3329	7	
RADIOACTIVEMATERIAL, TYPE B(M) PACKAGE, nonfissile or fissile-excepted	放射性物质,B(M)型包件,非裂变,或例外的可裂变	2917	7	
RADIOACTIVEMATERIAL, TYPE B(U)PACKAGE, FISSILE	放射性物质,B(U)型包件,可裂变的	3328	7	
RADIOACTIVEMATERIAL, TYPE B(U) PACKAGE, nonfissile or fissile-excepted	放射性物质,B(U)型包件,非裂变,或例外的可裂变	2916	7	
RADIOACTIVEMATERIAL, TYPE CPACKAGE, FISSILE	放射性物质,C型包件,可裂变的	3330	7	
RADIOACTIVEMATERIAL, TYPE CPACKAGE, nonfissile or fissile-excepted	放射性物质,C型包件,非裂变或例外的可裂变	3323	7	
RADIOACTIVEMATERIAL, URANIUMHEXAFLUORIDE, FISSILE	放射性物质,六氟化铀,可裂变的	2977	7	
RADIOACTIVEMATERIAL, URANIUMHEXAFLUORIDE, nonfissile or fissile-excepted	放射性物质,六氟化铀,非裂变或例外的可裂变	2978	7	
Rags, oily	破布,粘渍油的	1856	4.2	不受ADR限制

续上表

RDX, see	旋风炸药,见	0072	1	
		0391	1	
		0483	1	
RECEPTACLES, SMALL, CONTAINING GAS without a release device, non-refillable	容器,小型的,装有气体的,没有释放装置,不能再充气的	2037	2	
Red phosphorus, see	赤磷,见	1338	4.1	
REFRIGERANT GAS, N.O.S., such as mixture F1, mixture F2 or mixture F3	制冷气体,未另作规定的	1078	2	
REFRIGERANT GAS R12, see	制冷气体 R12,见	1028	2	
REFRIGERANT GAS R12B1, see	制冷气体 R12B1,见	1974	2	
REFRIGERANT GAS R13, see	制冷气体 R13,见	1022	2	
REFRIGERANT GAS R13B1, see	制冷气体 R13B1,见	1009	2	
REFRIGERANT GAS R14, see	制冷气体 R14,见	1982	2	
REFRIGERANT GAS R21, see	制冷气体 R21,见	1029	2	
REFRIGERANT GAS R22, see	制冷气体 R22,见	1018	2	
REFRIGERANT GAS R23, see	制冷气体 R23,见	1984	2	
REFRIGERANT GAS R32, see	制冷气体 R32,见	3252	2	
REFRIGERANT GAS R40, see	制冷气体 R40,见	1063	2	
REFRIGERANT GAS R41, see	制冷气体 R41,见	2454	2	
REFRIGERANT GAS R114, see	制冷气体 R114,见	1958	2	
REFRIGERANT GAS R115, see	制冷气体 R115,见	1020	2	
REFRIGERANT GAS R116, see	制冷气体 R116,见	2193	2	
REFRIGERANT GAS R124, see	制冷气体 R124,见	1021	2	
REFRIGERANT GAS R125, see	制冷气体 R125,见	3220	2	
REFRIGERANT GAS R133a, see	制冷气体 R133a,见	1983	2	
REFRIGERANT GAS R134a, see	制冷气体 R134a,见	3159	2	
REFRIGERANT GAS R142b, see	制冷气体 R142b,见	2517	2	
REFRIGERANT GAS R143a, see	制冷气体 R143a,见	2035	2	
REFRIGERANT GAS R152a, see	制冷气体 R152a,见	1030	2	
REFRIGERANT GAS R161, see	制冷气体 R161,见	2453	2	
REFRIGERANT GAS R218, see	制冷气体 R218,见	2424	2	
REFRIGERANT GAS R227, see	制冷气体 R227,见	3296	2	
REFRIGERANT GAS R404A	制冷气体 R404A	3337	2	
REFRIGERANT GAS R407A	制冷气体 R407A	3338	2	
REFRIGERANT GAS R407B	制冷气体 R407B	3339	2	
REFRIGERANT GAS R407C	制冷气体 R407C	3340	2	
REFRIGERANT GAS R500, see	制冷气体 R500,见	2602	2	
REFRIGERANT GAS R502, see	制冷气体 R502,见	1973	2	
REFRIGERANT GAS R503, see	制冷气体 R503,见	2599	2	
REFRIGERANT GAS R1132a, see	制冷气体 R1132a,见	1959	2	
REFRIGERANT GAS R1216, see	制冷气体 R1216,见	1858	2	
REFRIGERANT GAS R1318, see	制冷气体 R1318,见	2422	2	
REFRIGERANT GAS RC318, see	制冷气体 RC318,见	1976	2	

续上表

REFRIGERATINGMACHINES containing flammable, non-toxic, liquefiedgas	制冷机,装有易燃无毒液化气体	3358	2	
REFRIGERATINGMACHINES containingnon-flammable, non-toxic gasesorammoniasolutions(UN 2672)	制冷机,装有非易燃、无毒气体或氨溶液(UN2672)	2857	2	
REGULATED MEDICAL WASTE, N.O.S.	管制的医学废弃物,未另作规定的	3291	6.2	
RELEASEDEVICES, EXPLOSIVE	爆炸式脱离装置	0173	1	
RESINSOLUTION, flammable	树脂溶液,易燃的	1866	3	
Resorcin, see	雷琐酚,见	2876	6.1	
RESORCINOL	间苯二酚	2876	6.1	
RIVETS, EXPLOSIVE	爆炸式铆钉	0174	1	
Road oil, with a flash-point not greater than 60℃, see	铺路沥青,闪点不高于60℃,见	1999	3	
Road oil, with a flash-point above 60℃, at or above its flash-point, see	铺路沥青,闪点高于60℃,等于或高于其闪点,见	3256	3	
Road oil, at or above 100℃ and below its flash-point, see	铺路沥青,等于或高于100℃,低于其闪点,见	3257	3	
ROCKETMOTORS	火箭发动机	0186	1	
		0280	1	
		0281	1	
ROCKETMOTORS, LIQUID FUELLED	火箭发动机,液体燃料	0395	1	
		0396	1	
ROCKETMOTORSWITH HYPERGOLICLIQUIDS with or without expelling charge	火箭发动机,带有双组分液体燃料,带或不带发射剂	0250	1	
		0322	1	
ROCKETS with burstingcharge	火箭,带有爆炸装药	0180	1	
		0181	1	
		0182	1	
		0295	1	
ROCKETS with expellingcharge	火箭,带发射剂	0436	1	
		0437	1	
		0438	1	
ROCKETS with inerthead	火箭,带惰性弹头	0183	1	
		0502	1	
ROCKETS, LINE-THROWING	火箭,抛绳用	0238	1	
		0240	1	
		0453	1	
ROCKETS, LIQUIDFUELLED with burstingcharge	火箭,液体燃料,带有爆炸装药	0397	1	
		0398	1	
ROSINOIL	松香油	1286	3	
RUBBERSCRAP, powdered or granulated	废橡胶,粉状或颗粒状	1345	4.1	
RUBBER SHODDY, powdered or granulated	废橡胶,粉状或颗粒状	1345	4.1	
RUBBERSOLUTION	橡胶溶液	1287	3	
RUBIDIUM	铷	1423	4.3	
RUBIDIUMHYDROXIDE	氢氧化铷	2678	8	

续上表

RUBIDIUMHYDROXIDE SOLUTION	氢氧化铷溶液	2677	8	
Rubidium nitrate, see	硝酸铷,见	1477	5.1	
SAFETYDEVICES, electrically initiated	气囊充气器或气囊装置或椅座安全带预张紧装置	3268	9	
SAFETYDEVICES, PYROTECHNIC	气囊充气器或气囊装置或座椅安全带预张紧装置	0503	1	
Saltpetre, see	硝石,见	1486	5.1	
SAMPLES, EXPLOSIVE, otherthan initiatingexplosive	爆炸性物质样品,起爆药除外	0190	1	
Sand acid, see	砂酸,见	1778	8	
Seat-belt pretensioners, see	安全带预拉装置,见	0503	1	
		3268	9	
SEEDCAKE with more than 1.5% oil and not more than 11% moisture	种子油饼,含油超过1.5%,含水不超过11%	1386	4.2	
SEEDCAKE with not more than 1.5% oil and not more than 11% moisture	种子饼,含油不超过1.5%,且水份含量不超过11%	2217	4.2	
Seed expellers, see	种子螺旋式榨油机,见	1386	4.2	
		2217	4.2	
SELENATES	硒酸盐类	2630	6.1	
SELENICACID	硒酸	1905	8	
SELENITES	亚硒酸盐类	2630	6.1	
SELENIUMCOMPOUND, LIQUID, N.O.S.	硒化合物,液体的,未另作规定的	3440	6.1	
SELENIUMCOMPOUND, SOLID, N.O.S.	硒化合物,固体的,未另作规定的	3283	6.1	
SELENIUMDISULPHIDE	二硫化硒	2657	6.1	
SELENIUMHEXAFLUORIDE	六氟化硒	2194	2	
SELENIUMOXYCHLORIDE	二氯氧化硒	2879	8	
SELF-HEATINGLIQUID, CORROSIVE, INORGANIC, N.O.S.	自热液体,腐蚀性的,无机的,未另作规定的	3188	4.2	
SELF-HEATINGLIQUID, CORROSIVE, ORGANIC, N.O.S.	自热液体,腐蚀性的,有机的,未另作规定的	3185	4.2	
SELF-HEATINGLIQUID, INORGANIC, N.O.S.	自热液体,无机的,未另作规定的	3186	4.2	
SELF-HEATINGLIQUID, ORGANIC, N.O.S.	自热液体,有机的,未另作规定的	3183	4.2	
SELF-HEATINGLIQUID, TOXIC, INORGANIC, N.O.S.	自热液体,有毒的,无机的,未另作规定的	3187	4.2	
SELF-HEATINGLIQUID, TOXIC, ORGANIC, N.O.S.	自热液体,有毒的,有机的,未另作规定的	3184	4.2	
SELF-HEATINGSOLID, CORROSIVE, INORGANIC, N.O.S.	自热固体,腐蚀的,无机的,未另作规定的	3192	4.2	
SELF-HEATINGSOLID, CORROSIVE, ORGANIC, N.O.S.	自热固体,腐蚀性,有机的,未另作规定的	3126	4.2	
SELF-HEATINGSOLID, INORGANIC, N.O.S.	自热固体,无机的,未另作规定的	3190	4.2	
SELF-HEATINGSOLID, ORGANIC, N.O.S.	自热固体,有机的,未另作规定的	3088	4.2	
SELF-HEATINGSOLID, OXIDIZING, N.O.S	自热固体,氧化性,未另作规定的	3127	4.2	禁运
SELF-HEATINGSOLID, TOXIC, INORGANIC, N.O.S.	自热固体,有毒的,无机的,未另作规定的	3191	4.2	
SELF-HEATINGSOLID, TOXIC, ORGANIC, N.O.S.	自热固体,有毒的,有机的,未另作规定的	3128	4.2	
SELF-REACTIVELIQUID TYPEB	B型自反应液体	3221	4.1	
SELF-REACTIVELIQUID TYPEB, TEMPERATURE CONTROLLED	B型自反应液体,控温的	3231	4.1	

续上表

SELF-REACTIVELIQUID TYPEC	C型自反应液体	3223	4.1	
SELF-REACTIVELIQUID TYPEC, TEMPERATURE CONTROLLED	C型自反应液体,控温的	3233	4.1	
SELF-REACTIVELIQUID TYPED	D型自反应液体	3225	4.1	
SELF-REACTIVELIQUID TYPED, TEMPERATURE CONTROLLED	D型自反应液体,控温的	3235	4.1	
SELF-REACTIVELIQUID TYPEE	E型自反应液体	3227	4.1	
SELF-REACTIVELIQUID TYPEE, TEMPERATURE CONTROLLED	E型自反应液体,控温的	3237	4.1	
SELF-REACTIVELIQUID TYPEF	F型自反应液体	3229	4.1	
SELF-REACTIVELIQUID TYPEF, TEMPERATURE CONTROLLED	F型自反应液体,控温的	3239	4.1	
SELF-REACTIVESOLID TYPEB	B型自反应固体	3222	4.1	
SELF-REACTIVESOLID TYPEB, TEMPERATURE CONTROLLED	B型自反应固体,控温的	3232	4.1	
SELF-REACTIVESOLID TYPEC	C型自反应固体	3224	4.1	
SELF-REACTIVESOLID TYPEC, TEMPERATURE CONTROLLED	C型自反应固体,控温的	3234	4.1	
SELF-REACTIVESOLID TYPED	D型自反应固体	3226	4.1	
SELF-REACTIVESOLID TYPED, TEMPERATURE CONTROLLED	D型自反应固体,控温的	3236	4.1	
SELF-REACTIVESOLID TYPEE	E型自反应固体	3228	4.1	
SELF-REACTIVESOLID TYPEE, TEMPERATURE CONTROLLED	E型自反应固体,控温的	3238	4.1	
SELF-REACTIVESOLID TYPEF	F型自反应固体	3230	4.1	
SELF-REACTIVESOLID TYPEF, TEMPERATURE CONTROLLED	F型自反应固体,控温的	3240	4.1	
SHALEOIL	页岩油	1288	3	
Shaped charges, see	聚能装药,见	0059	1	
		0439	1	
		0440	1	
		0441	1	
Shellac, see	虫漆,见	1263	3	
		3066	8	
		3469	3	
		3470	8	
SIGNALDEVICES, HAND	信号装置,手持的	0191	1	
		0373	1	
SIGNALS, DISTRESS, ship	遇险求救信号器,船舶用	0194	1	
		0195	1	
		0505	1	
		0506	1	
Signals, distress, ship, water-activated, see	船舶遇险求救信号器,水激活装置,见	0249	1	

续上表

SIGNALS,RAILWAYTRACK, EXPLOSIVE	信号器,铁路轨道用,爆炸性的	0192	1	
		0193	4.1	
		0492	1	
		0493	1	
SIGNALS,SMOKE	信号器,发烟的	0196	1	
		0197	1	
		0313	1	
		0487	1	
		0507	1	
SILANE	硅烷	2203	2	
Silicofluoric acid, see	硅氟酸,见	1778	8	
Silicofluorides, n.o.s., see	氟硅酸盐,未另作规定的,见	2856	6.1	
Silicon chloride, see	氯化硅,见	1818	8	
SILICONPOWDER,AMORPHOUS	硅粉,非晶形的	1346	4.1	
SILICON TETRACHLORIDE	四氯化硅	1818	8	
SILICONTETRAFLUORIDE	四氟化硅	1859	2	
SILICONTETRAFLUORIDE, ADSORBED	四氟化硅,吸附的	3521	2	
SILVERARSENITE	亚砷酸银	1683	6.1	
SILVERCYANIDE	氰化银	1684	6.1	
SILVERNITRATE	硝酸银	1493	5.1	
SILVERPICRATE,WETTED with not less than 30% water, by mass	苦味酸银,湿的,按质量含水不少于30%	1347	4.1	
SLUDGEACID	淤渣硫酸	1906	8	
SODALIME with more than 4% sodiumhydroxide	碱石灰,含氢氧化钠超过4%	1907	8	
SODIUM	钠	1428	3	
Sodiumaluminate,solid	铝酸钠,固体的	2812	8	不受ADR限制
SODIUMALUMINATESOLUTION	铝酸钠溶液	1819	8	
SODIUMALUMINIUMHYDRIDE	氢化铝钠	2835	4.3	
SODIUMAMMONIUM VANADATE	矾酸铵钠	2863	6.1	
SODIUMARSANILATE	对氨基苯胂酸钠	2473	6.1	
SODIUMARSENATE	砷酸钠	1685	6.1	
SODIUMARSENITE, AQUEOUS SOLUTION	亚砷酸钠,水溶液	1686	6.1	
SODIUMARSENITE, SOLID	亚砷酸钠,固体的	2027	6.1	
SODIUMAZIDE	叠氮化钠	1687	6.1	
Sodium bifluoride, see	氟化氢钠,见	2439	8	
Sodium binoxide, see	过氧化钠,见	1504	5.1	
Sodium bisulphite solution, see	酸式亚硫酸钠溶液,见	2693	8	
SODIUMBOROHYDRIDE	氢硼化钠	1426	4.3	
SODIUMBOROHYDRIDEAND SODIUMHYDROXIDE SOLUTION,with not more than 12% sodiumborohydride and not more than 40% sodiumhydroxideby mass	硼氢化钠和氢氧化钠溶液,按重量含硼氢化钠不大于12%,含氢氧化钠不大于40%	3320	8	
SODIUMBROMATE	溴酸钠	1494	5.1	

续上表

SODIUMCACODYLATE	二甲胂酸钠(卡可酸钠)	1688	6.1	
SODIUMCARBONATE PEROXYHYDRATE	过氧碳酸钠水合物	3378	5.1	
SODIUMCHLORATE	氯酸钠	1495	5.1	
SODIUMCHLORATE,AQUEOUS SOLUTION	氯酸钠,水溶液	2428	5.1	
Sodium chlorate mixed with dinitrotoluene, see	氯酸钠与二硝基甲苯的混合物,见	0083	1	
SODIUMCHLORITE	亚氯酸钠	1496	5.1	
SODIUMCHLOROACETATE	氯乙酸钠	2659	6.1	
SODIUMCUPROCYANIDE, SOLID	氰亚铜酸钠,固体的	2316	6.1	
SODIUMCUPROCYANIDE SOLUTION	氰亚铜酸钠溶液	2317	6.1	
SODIUMCYANIDE,SOLID	氰化钠,固体的	1689	6.1	
SODIUMCYANIDESOLUTION	氰化钠溶液	3414	6.1	
Sodium dicyanocuprate (I), solid, see	固态二氰(一价)铜酸钠,见	2316	6.1	
Sodium dicyanocuprate (I) solution, see	二氰(一价)铜酸钠溶液,见	2317	6.1	
Sodium dimethylarsenate, see	二甲胂酸钠,见	1688	6.1	
SODIUMDINITRO－o－CRESOLATE,dry or wetted with less than 15% water,by mass	二硝基邻甲酚钠,干的或湿的,按质量含水少于15%	0234	1	
SODIUMDINITRO－o－CRESOLATE,WETTED with not less than 10% water,by mass	二硝基邻甲苯酚钠,湿的,按质量含水不低于10%	3369	4.1	
SODIUMDINITRO－o－CRESOLATE,WETTED with not less than 15% water,by mass	二硝基邻甲酚钠,湿的,按质量含水不少于15%	1348	4.1	
Sodium dioxide, see	过氧化钠,见	1504	5.1	
SODIUMDITHIONITE(SODIUM HYDROSULPHITE)	金属催化剂,湿的,含有可见的过量液体	1384	4.2	
SODIUMFLUORIDE,SOLID	氟化钠,固体的	1690	6.1	
SODIUMFLUORIDESOLUTION	氟化钠溶液	3415	6.1	
SODIUMFLUOROACETATE	氟乙酸钠	2629	6.1	
SODIUMFLUOROSILICATE	氟硅酸钠	2674	6.1	
Sodium hexafluorosilicate, see	六氟硅酸钠,见	2674	6.1	
SODIUMHYDROXIDESOLUTION	氢氧化钠溶液	1824	8	
SODIUMHYDRIDE	氢化钠	1427	4.3	
Sodium hydrogen 4－aminophenylarsenate, see	4-氨苯基砷酸氢钠,见	2473	6.1	
SODIUM HYDROGENDIFLUORIDE	二氟化氢钠	2439	8	
SODIUMHYDROSULPHIDE with less than 25% water of crystallization	硫氢化钠,结晶水少于25%	2318	4.2	
SODIUMHYDROSULPHIDE, HYDRATED with not less than 25% water of crystallization	硫氢化钠,含结晶水不低于25%	2949	8	
SODIUM HYDROSULPHITE, see	连二亚硫酸氢钠,见	1384	4.2	
SODIUMHYDROXIDESOLUTION	氢氧化钠,固体的	1823	8	
SODIUM HYDROXIDE SOLUTION	氢氧化钠溶液	1824	8	
Sodium metasilicate pentahydrate, see	硅酸钠五水合物,见	3253	8	
SODIUM METHYLATE	甲醇钠	1431	4.2	
SODIUMMETHYLATE SOLUTIONinalcohol	甲醇钠的酒精溶液	1289	3	
SODIUMMONOXIDE	氢氧化钠溶液	1825	8	

SODIUMNITRATE	硝酸钠	1498	5.1	
SODIUMNITRATEAND POTASSIUMNITRATEMIXTURE	硝酸钠和硝酸钾混合物	1499	5.1	
SODIUMNITRITE	亚硝酸钠	1500	5.1	
Sodium nitrite and potassium nitrate mixture, see	亚硝酸钠和硝酸钾混合物,见	1487	5.1	
SODIUM PENTACHLOROPHENATE	五氯苯酚钠	2567	6.1	
SODIUMPERBORATE MONOHYDRATE	过硼酸钠一水合物	3377	5.1	
SODIUMPERCHLORATE	高氯酸钠	1502	5.1	
SODIUMPERMANGANATE	高锰酸钠	1503	5.1	
SODIUMPEROXIDE	过氧化钠	1504	5.1	
SODIUMPEROXOBORATE, ANHYDROUS	过氧硼酸钠,无水的	3247	5.1	
SODIUMPERSULPHATE	过硫酸钠	1505	5.1	
SODIUMPHOSPHIDE	磷化锡	1432	4.3	
SODIUMPICRAMATE, dryor wetted with less than 20% water, by mass	苦氨酸钠,干的或湿的,按质量含水少于20%	0235	1	
SODIUMPICRAMATE, WETTED with not less than 20% water, by mass	苦氨酸钠,湿的,按质量含水不少于20%	1349	4.1	
Sodium potassium alloys, liquid, see	钾钠合金,液体的,见	1422	4.3	
Sodium selenate, see	硒酸钠,见	2630	6.1	
Sodium selenite, see	亚硒酸钠,见	2630	6.1	
Sodium silicofluoride, see	氟硅酸钠,见	2674	6.1	
SODIUMSULPHIDE, ANHYDROUS	硫化钠,无水的	1385	4.2	
SODIUM SULPHIDE with less than 30% water of crystallization	硫化钠,含结晶水少于30%	1385	4.2	
SODIUMSULPHIDE, HYDRATED with not less than 30% water	硫化钠,水合的,含至少30%的水	1849	8	
SODIUMSUPEROXIDE	过氧化钠	2547	5.1	
SOLIDSCONTAINING CORROSIVELIQUID, N.O.S.	含腐蚀性液体的固体,未另作规定的	3244	8	
SOLIDS or mixtures of solids (such aspreparationsand-wastes) CONTAININGFLAMMABLE LIQUID, N.O.S. having a flashpoint up to 60℃	含易燃液体的固体,未另作规定的,闪点高于60℃	3175	4.1	
SOLIDSCONTAININGTOXIC LIQUID, N.O.S.	含有毒液体的固体,未另作规定的	3243	6.1	
Solvents, flammable, n.o.s., see	溶剂,未另作规定的,见	1993	3	
Solvents, flammable, toxic, n.o.s., see	溶剂,易燃,毒性,未另作规定的,见	1992	3	
SOUNDINGDEVICES, EXPLOSIVE	声测装置,爆炸性的	0204	1	
		0296	1	
		0374	1	
		0375	1	
Squibs, see	小型点火器,见	0325	1	
		0454	1	
Stain, see	着色剂,见	1263	3	
		3066	8	
		3469	3	
		3470	8	
STANNIC CHLORIDE, ANHYDROUS	无水四氯化锡	1827	8	

STANNICCHLORIDE PENTAHYDRATE	(四)氯化锡五水合物	2440	8	
STANNIC PHOSPHIDES	磷化锡	1433	4.3	
Steel swarf, see	铁屑,见	2793	4.2	
STIBINE	锑化(三)氢	2676	2	
STRAW	禾秆	1327	4.1	不受ADR限制
Strontium alloys, pyrophoric, see	发火锶合金,见	1383	4.2	
STRONTIUMARSENITE	亚砷酸锶	1691	6.1	
STRONTIUMCHLORATE	氯酸锶	1506	5.1	
Strontium dioxide, see	二氧化锶,见	1509	5.1	
STRONTIUMNITRATE	硝酸锶	1507	5.1	
STRONTIUMPERCHLORATE	高氯酸锶	1508	5.1	
STRONTIUMPEROXIDE	过氧化锶	1509	5.1	
STRONTIUMPHOSPHIDE	磷化锶	2013	4.3	
STRYCHNINE	马钱子碱	1692	6.1	
STRYCHNINE SALTS	马钱子碱盐类	1692	6.1	
STYPHNIC ACID, see	收敛酸,见	0219	1	
		0394	1	
STYRENEMONOMER, STABILIZED	苯乙烯单体,稳定的	2055	3	
SUBSTANCES, EVI, N.O.S., see	非常不敏感爆炸性物质,未另作规定的,见	0482	1	
SUBSTANCES, EXPLOSIVE, N.O.S.	爆炸性物品,未另作规定的	0357	1	
		0358	1	
		0359	1	
		0473	1	
		0474	1	
		0475	1	
		0476	1	
		0477	1	
		0478	1	
		0479	1	
		0480	1	
		0481	1	
		0485	1	
SUBSTANCES, EXPLOSIVE, VERYINSENSITIVE(SUBSTANCES,EVI), N.O.S.	爆炸性物质,极不敏感,未另作规定的	0482	1	
Substances liable to spontaneous combustion, n.o.s., see	易于自燃的物质,未另作规定的,见	2845	4.2	
		2846	4.2	
		3194	4.2	
		3200	4.2	
SUBSTITUTEDNITROPHENOL PESTICIDE, LIQUID, FLAMMABLE,TOXIC,flash-point less than 23℃	取代硝基苯酚农药,液体的,易燃的,有毒的,闪点低于23℃	2780	3	
SUBSTITUTEDNITROPHENOL PESTICIDE, LIQUID, TOXIC	取代硝基苯酚农药,液体的,有毒的	3014	6.1	

续上表

SUBSTITUTEDNITROPHENOL PESTICIDE, LIQUID, TOXIC, FLAMMABLE, flash–point not less than 23℃	取代硝基苯酚农药,液体的,有毒的,易燃的,闪点不低于23℃	3013	6.1	
SUBSTITUTEDNITROPHENOL PESTICIDE,SOLID,TOXIC	取代硝基苯酚农药,固体的,有毒的	2779	6.1	
SULPHAMICACID	氨基磺酸	2967	8	
SULPHUR	硫	1350	4.1	
SULPHUR CHLORIDES	氯化硫	1828	8	
Sulphur dichloride, see	氯化硫,见	1828	8	
SULPHURDIOXIDE	二氧化硫	1079	2	
Sulphuretted hydrogen, see	硫化氢,见	1053	2	
SULPHURHEXAFLUORIDE	六氟化硫	1080	2	
SULPHURICACID with more than 51% acid	硫酸,含酸超过51%	1830	8	
SULPHURICACID with not more than 51% acid or BATTERYFLUID, ACID	硫酸,含酸不超过51%或电池液,酸性	2796	8	
SULPHURICACID, FUMING	硫酸,发烟的	1831	8	
SULPHURICACID,SPENT	硫酸,用过的	1832	8	
Sulphuric and hydrofluoric acid mixture, see	硫酸和氢氟酸混合物,见	1786	8	
SULPHUR, MOLTEN	硫,熔融的	2448	4.1	
SULPHURTRIOXIDE, STABILIZED	氯化硫类	1828	8	
SULPHUROUSACID	亚硫酸	1833	8	
SULPHURTETRAFLUORIDE	四氟化硫	2418	2	
SULPHURTRIOXIDE, STABILIZED	三氧化硫,稳定的	1829	8	
SULPHURYLCHLORIDE	硫酰氯	1834	6.1	
SULPHURYLFLUORIDE	硫酰氟	2191	2	
Talcum with tremolite and/or actinolite, see	滑石,带有透闪石和/或阳起石,见	2212	9	
TARS,LIQUID, including roadoils, and cutbackbitumens, with a flashpoint not greater than 60℃	焦油类,液体的,包括筑路沥青、柏油、沥青和稀释沥青,闪点不高于60℃	1999	3	
Tars, liquid, with a flash–point above 60℃, at or above its flash–point, see	焦油类,液体的,闪点高于60℃,等于或高于其闪点,见	3256	3	
Tars, liquid, at or above 100℃ and below its flash–point, see	焦油类,液体的,等于或高于100℃,低于其闪点,见	3257	9	
Tartar emetic, see	吐酒石,见	1551	6.1	
TEARGASCANDLES	催泪性毒气筒	1700	6.1	
TEARGASSUBSTANCE,LIQUID, N.O.S.	催泪性毒气物质,液体的,未另作规定的	1693	6.1	
TEARGASSUBSTANCE,SOLID, N.O.S.	催泪性物质,固体的,未另作规定的	3448	6.1	
TELLURIUMCOMPOUND,N.O.S.	碲化合物,未另作规定的	3284	6.1	
TELLURIUMHEXAFLUORIDE	六氟化碲	2195	2	
TERPENEHYDROCARBONS, N.O.S.	萜烯烃类,未另作规定的	2319	3	
TERPINOLENE	萜品油烯	2541	3	
TETRABROMOETHANE	四溴乙烷	2504	6.1	
1,1,2,2 – TETRACHLOROETHANE	1,1,2,2 – 四氯乙烷	1702	6.1	
TETRACHLOROETHYLENE	四氯乙烯	1897	6.1	
TETRAETHYL DITHIOPYROPHOSPHATE	二硫代焦磷酸四乙酯	1704	6.1	
TETRAETHYLENE – PENTAMINE	四亚乙基五胺	2320	8	

Tetraethyl lead, see	四乙基铅,见	1649	6.1	
TETRAETHYLSILICATE	硅酸四乙酯	1292	3	
Tetraethyoxysilane, see	四乙氧基硅烷,见	1292	3	
Tetrafluorodichloroethane, see	四氟二氯乙烷,见	1958	2	
1,1,1,2 – TETRAFLUOROETHANE (REFRIGERANT-GAS R134a)	1,1,1,2 – 四氟乙烷(制冷气体 R134a)	3159	2	
TETRAFLUOROETHYLENE, STABILIZED	四氟乙烯,稳定的	1081	2	
TETRAFLUOROMETHANE(REFRIGERANTGASR14)	四氟甲烷(制冷气体 R14)	1982	2	
1,2,3,6 – TETRAHYDROBENZAL – DEHYDE	1,2,3,6 – 四氢化苯甲醛	2498	3	
TETRAHYDROFURAN	四氢呋喃	2056	3	
TETRAHYDROFURFURYL – AMINE	四氢化糠胺	2943	3	
Tetrahydro – 1,4 – oxazine, see	四氢 – 1,4 – 氧氮杂芑,见	2054	3	
TETRAHYDROPHTHALIC ANHYDRIDES with more than 0.05% of maleicanhydride	四氢化邻苯二甲酸酐,含马来酐大于 0.05%	2698	8	
1,2,3,6 – TETRAHYDROPYRIDINE	1,2,3,6 – 四氢吡啶	2410	3	
TETRAHYDROTHIOPHENE	四氢噻吩	2412	3	
Tetramethoxysilane, see	四甲氧基硅烷,见	2606	6.1	
TETRAMETHYL – AMMONIUM HYDROXIDE,SOLID	氢氧化四甲铵,固体的	3423	8	
TETRAMETHYL – AMMONIUM HYDROXIDESOLUTION	氢氧化四甲铵溶液	1835	8	
Tetramethylene, see	四甲撑,见	2601	2	
Tetramethylene cyanide, see	四甲撑氰,见	2205	6.1	
Tetramethyl lead, see	四甲基铅,见	1649	6.1	
TETRAMETHYLSILANE	四甲基硅烷	2749	3	
TETRANITROANILINE	四硝基苯胺	0207	1	
TETRANITROMETHANE	四硝基甲烷	1510	6.1	
TETRAPROPYL ORTHOTITANATE	原钛酸四丙酯	2413	3	
TETRAZENE, WETTED with not less than 30% water, or mixture of alcohol and water, by mass,see	四氮烯,湿的,水含量不低于30%,或者酒精和水的混合物,见	0114	1	
TETRAZOL – 1 – ACETICACID	四唑 – 1 – 乙酸	0407	1	
1H – TETRAZOLE	1H – 四唑	0504	1	
TETRYL, see	特屈儿炸药,见	0208	1	
Textilewaste, wet	废纺织品,湿的	1857	4.2	不受 ADR 限制
THALLIUMCHLORATE	氯酸铊	2573	5.1	
Thallium (Ⅰ) chlorate, see	氯酸(一价)铊,见	2573	5.1	
THALLIUMCOMPOUND, N.O.S.	铊化合物,未另作规定的	1707	6.1	
THALLIUMNITRATE	硝酸铊	2727	6.1	
Thallium (Ⅰ) nitrate, see	硝酸(一价)铊,见	2727	6.1	
Thallous chlorate, see	氯酸亚铊,见	2573	5.1	
4 – THIAPENTANAL	4 – 硫杂戊醛	2785	6.1	
Thia – 4 – pentanal, see	4 – 硫杂戊醛,见	2785	6.1	

续上表

THIOACETICACID	硫代乙酸	2436	3	
THIOCARBAMATEPESTICIDE, LIQUID, FLAMMABLE, TOXIC, flash－point less than 23℃	硫代氨基甲酸酯农药,液体的,易燃的,有毒的,闪点低于23℃	2772	3	
THIOCARBAMATEPESTICIDE, LIQUID,TOXIC	硫代氨基甲酸酯农药,液体的,有毒的	3006	6.1	
THIOCARBAMATEPESTICIDE, LIQUID, TOXIC, FLAMMABLE, flash－point not less than23℃	硫代氨基甲酸酯农药,液体的,有毒的,易燃的,闪点不低于23℃	3005	6.1	
THIOCARBAMATEPESTICIDE, SOLID,TOXIC	硫代氨基甲酸酯农药,固体的,有毒的	2771	6.1	
THIOGLYCOL	硫甘醇	2966	6.1	
THIOGLYCOLICACID	巯基乙酸	1940	8	
THIOLACTICACID	硫羟乳酸	2936	6.1	
THIONYLCHLORIDE	亚硫酰(二)氯	1836	8	
THIOPHENE	噻吩	2414	3	
Thiophenol, see	苯硫酚,见	2337	6.1	
THIOPHOSGENE	硫光气	2474	6.1	
THIOPHOSPHORYLCHLORIDE	硫代磷酰氯	1837	8	
THIOUREADIOXIDE	二氧化硫脲	3341	4.2	
Tin (IV) chloride, anhydrous, see	无水四氯化锡,见	1827	8	
Tin (IV) chloride pentahydrate, see	四氯化锡五水合物,见	2440	8	
TINCTURES, MEDICINAL	酊剂类,医药用	1293	3	
Tin tetrachloride, see	四氯化锡,见	1827	8	
TITANIUMDISULPHIDE	二硫化钛	3174	4.2	
TITANIUMHYDRIDE	氢化钛	1871	4.1	
TITANIUMPOWDER, DRY	钛粉,干的	2546	4.2	
TITANIUMPOWDER,WETTED with not less than 25% water	钛粉,湿的,含水不少于25%	1352	4.1	
TITANIUMSPONGEGRANULES	钛,海绵颗粒状	2878	4.1	
TITANIUMSPONGEPOWDERS	钛,海绵粉末状	2878	4.1	
TITANIUMTETRACHLORIDE	四氯化钛	1838	6.1	
TITANIUMTRICHLORIDE MIXTURE	三氯化钛混合物	2869	8	
TITANIUM TRICHLORIDEMIXTURE, PYROPHORIC	三氯化钛混合物,引火的	2441	4.2	
TITANIUMTRICHLORIDE, PYROPHORIC	三氯化钛,引火的	2441	4.2	
TNT, see	梯恩梯,见	0209	1	
		0388	1	
		0389	1	
TNT mixed with aluminium, see	梯恩梯,混有铝粉,见	0390	1	
TNT, WETTED with not less than 30% water,by mass,see	梯恩梯,湿的,水含量不低于30%,见	1356	4.1	
TNT, WETTED with not less than 10% water,by mass,see	梯恩梯,湿的,水含量不低于10%,见	3366	4.1	
Toe puffs, nitrocellulose base, see	靴鞋尖衬,以硝化纤维素为基料,见	1353	4.1	
TOLUENE	甲苯	1294	3	
TOLUENEDIISOCYANATE	甲苯二异氰酸酯	2078	6.1	
TOLUIDINES, LIQUID	甲苯胺类,液体的	1708	6.1	
TOLUIDINES, SOLID	甲苯胺类,固体的	3451	6.1	
TOLUENE	甲苯	1294	3	

续上表

2,4 - TOLUYLENEDIAMINE, SOLID	2,4 - 甲苯二胺,固体的	1709	6.1	
2,4 - TOLUYLENEDIAMINE SOLUTION	2,4 - 甲苯二胺溶液	3418	6.1	
Toluylene diisocyanate, see	甲代苯二异氰酸酯,见	2078	6.1	
Tolylene diisocyanate, see	甲苯二异氰酸酯,见	2078	6.1	
Tolylethylene, inhibited, see	甲苯乙烯,抑制的,见	2618	3	
TORPEDOES with burstingcharge	鱼雷,带有爆炸装药	0329	1	
		0330	1	
		0451	1	
TORPEDOES, LIQUIDFUELLED with inerthead	鱼雷,液体燃料,带惰性弹头	0450	1	
TORPEDOES, LIQUIDFUELLED with or without bursting-charge	鱼雷,液体燃料,带或不带爆炸装药	0449	1	
TOXIC BY INHALATION LIQUID, N.O.S. with an LC_{50} lower than or equal to 200 ml/m^3 and saturated vapour concentration greater than or equal to 500 LC50	吸入毒性液体,未另作规定的,LC_{50}低于或等于200 ml/m^3,且饱和蒸气浓度大于或等于500LC_{50}	3381	6.1	
TOXIC BY INHALATION LIQUID, N.O.S. with an LC_{50} lower than or equal to 1000 ml/m^3 and saturated vapour concentration greater than or equal to 10 LC50	吸入毒性液体,未另作规定的,LC_{50}低于或等于1000 ml/m^3,且饱和蒸气浓度大于或等于10LC_{50}	3382	6.1	
TOXICBYINHALATIONLIQUID, CORROSIVE, N.O.S. with an LC_{50} lower than or equal to 200ml/m^3 and saturated vapour concentration greater than or equal to 500LC_{50}	吸入毒性液体,腐蚀性,未另作规定的,LC_{50}低于或等于200ml/m^3,且饱和蒸气浓度大于或等于500LC_{50}	3389	6.1	
TOXICBYINHALATIONLIQUID, CORROSIVE, N.O.S. with an LC_{50} lower than or equal to 1000ml/m^3 and saturated vapour concentration greater than or equal to 10LC_{50}	吸入毒性液体,腐蚀性,未另作规定的,LC_{50}低于或等于1000 ml/m^3,且饱和蒸气浓度大于或等于10LC_{50}	3390	6.1	
TOXICBYINHALATIONLIQUID, FLAMMABLE, N.O.S. with an LC_{50} lower than or equal to 200ml/m^3 and saturated vapour concentration greater than or equal to 500LC_{50}	吸入毒性液体,易燃的,未另作规定的,LC_{50}低于或等于200ml/m^3,且饱和蒸气浓度大于或等于500LC_{50}	3383	6.1	
TOXICBYINHALATIONLIQUID, FLAMMABLE, N.O.S. with an LC_{50} lower than or equal to 1000ml/m^3 and saturated vapour concentration greater than or equal to 10LC_{50}	吸入毒性液体,易燃,未另作规定的,LC_{50}低于或等于1000ml/m^3,且饱和蒸气浓度大于或等于10LC_{50}	3384	6.1	
TOXICBYINHALATIONLIQUID, FLAMMABLE, CORROSIVE, N.O.S. with an LC_{50} lower than or equal to 200ml/m^3 and saturated vapour concentration greater than or equal to 500LC_{50}	吸入毒性,液体,易燃,腐蚀性,未另作规定的,LC_{50}低于或等于200 ml/m^3,且饱和蒸气浓度大于或等于500LC_{50}	3488	6.1	
TOXICBYINHALATIONLIQUID, FLAMMABLE, CORROSIVE, N.O.S. with an LC_{50} lower than or equal to 1000ml/m^3 and saturated vapour concentration greater than or equal to 10LC_{50}	吸入毒性,液体,易燃,腐蚀性,未另作规定的,LC_{50}低于或等于1000 ml/m^3,饱和蒸气浓度大于或等于10LC_{50}	3489	6.1	
TOXICBYINHALATIONLIQUID, OXIDIZING, N.O.S. with an LC_{50} lower than or equal to 200ml/m^3 and saturated vapour concentration greater than or equal to 500LC_{50}	吸入毒性液体,氧化性,未另作规定的,LC_{50}低于或等于200ml/m^3,且饱和蒸气浓度大于或等于500LC_{50}	3387	6.1	
TOXICBYINHALATIONLIQUID, OXIDIZING, N.O.S. with an LC_{50} lower than or equal to 1000ml/m^3 and saturated vapour concentration greater than or equal to 10LC_{50}	吸入毒性液体,氧化性,未另作规定的,LC_{50}低于或等于1000ml/m^3,且饱和蒸气浓度大于或等于10LC_{50}	3388	6.1	
TOXICBYINHALATIONLIQUID, WATER - REACTIVE, N.O.S. with an LC_{50} lower than or equal to 200ml/m^3 and saturated vapour concentration greater than or equal to 500LC_{50}	吸入毒性液体,遇水反应,未另作规定的,LC_{50}低于或等于200ml/m^3,且饱和蒸气浓度大于或等于500LC_{50}	3385	6.1	

续上表

TOXICBYINHALATIONLIQUID, WATER–REACTIVE, N.O.S. with an LC_{50} lower than or equal to $1000ml/m^3$ and saturated vapour concentration greater than or equal to $10LC_{50}$	吸入毒性液体,遇水反应,未另作规定的,LC_{50}低于或等于$1000ml/m^3$,且饱和蒸气浓度大于或等于$10LC_{50}$	3386	6.1	
TOXICBYINHALATIONLIQUID, WATER–REACTIVE, FLAMMABLE, N.O.S. with an LC_{50} lower than or equal to $200ml/m^3$ and saturated vapour concentration greater than or equal to $500LC_{50}$	吸入毒性,液体,遇水反应,易燃,未另作规定的,LC_{50}低于或等于$200ml/m^3$,饱和蒸气浓度大于或等于$500LC_{50}$	3490	6.1	
TOXICBYINHALATIONLIQUID, WATER–REACTIVE, FLAMMABLE, N.O.S. with an LC_{50} lower than or equal to $1000ml/m^3$ and saturated vapour concentration greater than or equal to $10LC_{50}$	吸入毒性,液体,遇水反应,易燃,未另作规定的,LC_{50}低于或等于$1000ml/m^3$,饱和蒸气浓度大于或等于$10LC_{50}$	3491	6.1	
TOXICLIQUID, CORROSIVE, INORGANIC, N.O.S.	有毒液体,腐蚀性的,无机的,未另作规定的	3289	6.1	
TOXICLIQUID, CORROSIVE, ORGANIC, N.O.S.	有毒液体,腐蚀性的,有机的,未另作规定的	2927	6.1	
TOXICLIQUID, FLAMMABLE, ORGANIC, N.O.S.	有毒液体,易燃的,有机的,未另作规定的	2929	6.1	
TOXICLIQUID, INORGANIC, N.O.S.	有毒液体,无机的,未另作规定的	3287	6.1	
TOXICLIQUID, ORGANIC, N.O.S.	有毒液体,有机的,未另作规定的	2810	6.1	
TOXICLIQUID, OXIDIZING, N.O.S.	有毒液体,氧化性的,未另作规定的	3122	6.1	
TOXICLIQUID, WATER–REACTIVE, N.O.S.	有毒液体,遇水反应,未另作规定的	3123	6.1	
TOXICSOLID, CORROSIVE, INORGANIC, N.O.S.	有毒固体,腐蚀性的,无机的,未另作规定的	3290	6.1	
TOXICSOLID, CORROSIVE, ORGANIC, N.O.S.	有毒固体,腐蚀性的,有机的,未另作规定的	2928	6.1	
TOXICSOLID, FLAMMABLE, ORGANIC, N.O.S.	有毒固体,易燃的,有机的,未另作规定的	2930	6.1	
TOXICSOLID, INORGANIC, N.O.S.	有毒固体,无机的,未另作规定的	3288	6.1	
TOXICSOLID, ORGANIC, N.O.S.	有毒固体,有机的,未另作规定的	2811	6.1	
TOXICSOLID, OXIDIZING, N.O.S.	有毒固体,氧化性的,未另作规定的	3086	6.1	
TOXICSOLID, SELF–HEATING, N.O.S.	有毒固体,自热的,未另作规定的	3124	6.1	
TOXICSOLID, WATER–REACTIVE, N.O.S.	有毒固体,遇水反应,未另作规定的	3125	6.1	
TOXINS, EXTRACTEDFROM LIVINGSOURCES, LIQUID, N.O.S.	毒素,从生物源中提取的,液体的,未另作规定的	3172	6.1	
TOXINS, EXTRACTEDFROM LIVINGSOURCES, SOLID, N.O.S.	毒素,从生物源中提取的,固体的,未另作规定的	3462	6.1	
TRACERSFORAMMUNITION	弹药曳光剂	0212	1	
		0306	1	
Tremolite, see	透闪石,见	2212	9	
TRIALLYLAMINE	三烯丙基胺	2610	3	
TRIALLYLBORATE	硼酸三烯丙酯	2609	6.1	
TRIAZINEPESTICIDE, LIQUID, FLAMMABLE, TOXIC, flash–point less than 23℃	三嗪农药,液体的,易燃的,有毒的,闪点低于23℃	2764	3	
TRIAZINEPESTICIDE, LIQUID, TOXIC	三嗪农药,液体的,有毒的	2998	6.1	
TRIAZINEPESTICIDE, LIQUID, TOXIC, FLAMMABLE, flash–point not less than 23℃	三嗪农药,液体的,有毒的,易燃的,闪点不低于23℃	2997	6.1	
TRIAZINEPESTICIDE, SOLID, TOXIC	三嗪农药,固体的,有毒的	2763	6.1	
Tribromoborane, see	三溴甲硼烷,见	2692	8	
TRIBUTYLAMINE	三丁胺	2542	6.1	

TRIBUTYLPHOSPHANE	三丁基磷烷	3254	4.2	
Trichloroacetaldehyde, see	三氯乙醛,见	2075	6.1	
TRICHLOROACETICACID	三氯乙酸,固体的	1839	8	
TRICHLOROACETICACID SOLUTION	三氯乙酸溶液	2564	8	
Trichlororaceticaldehyde, see	三氯乙酰乙醛,见	2075	6.1	
TRICHLOROACETYLCHLORIDE	三氯乙酰氯	2442	8	
TRICHLOROBENZENES, LIQUID	三氯苯类,液体的	2321	6.1	
TRICHLOROBUTENE	三氯丁烯	2322	6.1	
1,1,1 - TRICHLOROETHANE	1,1,1 - 三氯乙烷	2831	6.1	
TRICHLOROETHYLENE	三氯乙烯	1710	6.1	
TRICHLOROISOCYANURIC ACID, DRY	三氯异氰脲酸,干的	2468	5.1	
Trichloronitromethane, see	三氯硝基甲烷,见	1580	6.1	
TRICHLOROSILANE	三氯硅烷	1295	4.3	
1,3,5 - Trichloro - s - triazine - 2,4,6 - trione, see	1,3,5 - 三氯 - 对称 - 三嗪 - 2,4,6 - 三酮,见	2468	5.1	
2,4,6 - Trichloro - 1,3,5 - triazine, see	2,4,6 - 三氯 - 1,3,5 - 三嗪,见	2670	8	
TRICRESYLPHOSPHATE with more than 3% orthoisomer	磷酸三甲苯酯,含邻位异构物大于3%	2574	6.1	
TRIETHYLAMINE	三乙胺	1296	3	
Triethyl borate, see	硼酸三乙酯,见	1176	3	
TRIETHYLENETETRAMINE	三亚乙基四胺	2259	8	
Triethyl orthoformate, see	原甲酸三乙酯,见	2524	3	
TRIETHYLPHOSPHITE	亚磷酸三乙酯	2323	3	
TRIFLUOROACETICACID	三氟乙酸	2699	8	
TRIFLUOROACETYLCHLORIDE	三氟乙酰氯	3057	2	
Trifluorobromomethane, see	三氟溴甲烷,见	1009	2	
Trifluorochloroethane, see	三氟氯乙烷,见	1983	2	
TRIFLUOROCHLORO - ETHYLENE, STABILIZED (REFRIGERANTGASR1113)	三氟氯乙烯,稳定的	1082	2	
Trifluorochloromethane, see	三氟氯甲烷,见	1022	2	
1,1,1 - TRIFLUOROETHANE	1,1,1 - 三氟乙烷	2035	2	
TRIFLUOROMETHANE	三氟甲烷	1984	2	
TRIFLUOROMETHANE, REFRIGERATEDLIQUID	三氟甲烷,冷冻液体	3136	2	
2 - TRIFLUOROMETHYL - ANILINE	2 - 三氟甲基苯胺	2942	6.1	
3 - TRIFLUOROMETHYL - ANILINE	3 - 三氟甲基苯胺	2948	6.1	
TRIISOBUTYLENE	三聚异丁烯	2324	3	
TRIISOPROPYLBORATE	硼酸三异丙酯	2616	3	
TRIMETHYLACETYLCHLORIDE	三甲基乙酰氯	2438	6.1	
TRIMETHYLAMINE, ANHYDROUS	三甲胺,无水的	1083	2	
TRIMETHYLAMINE, AQUEOUS SOLUTION, not more than 50% trimethylamine, by mass	三甲胺,水溶液,按质量含三甲胺不超过50%	1297	3	
1,3,5 - TRIMETHYLBENZENE	1,3,5 - 三甲苯	2325	3	
TRIMETHYLBORATE	硼酸三甲酯	2416	3	
TRIMETHYLCHLORO - SILANE	三甲基氯硅烷	1298	3	

TRIMETHYLCYCLO – HEXYLAMINE	三甲基环己胺	2326	8	
Trimethylene chlorobromide, see	3-氯-1-溴丙烷,见	2688	6.1	
TRIMETHYLHEXA – METHYLENEDIAMINES	三甲基六亚甲基二胺	2327	8	
TRIMETHYLHEXA – METHYLENE DIISOCYANATE	三甲基六亚甲基二异氰酸酯类	2328	6.1	
2,4,4 – Trimethylpentene – 1, see	2,4,4-三甲基-1-戊烯,见	2050	3	
2,4,4 – Trimethylpentene – 2, see	2,4,4-三甲基-2-戊烯,见	2050	3	
TRIMETHYLPHOSPHITE	亚磷酸三甲酯	2329	3	
TRINITROANILINE(PICRAMIDE)	三硝基苯胺	0153	1	
TRINITROANISOLE	三硝基苯甲醚	0213	1	
TRINITROBENZENE, dry or wetted with less than 30% water, by mass	三硝基苯,干的或湿的,按质量含水少于30%	0214	1	
TRINITROBENZENE, WETTED with not less than 10% water, by mass	三硝基苯,湿的,按质量含水不低于10%	3367	4.1	
TRINITROBENZENE, WETTED with not less than 30% water, by mass	三硝基苯,湿的,按质量含水不少于30%	1354	4.1	
TRINITROBENZENE – SULPHONIC ACID	三硝基苯磺酸	0386	1	
TRINITROBENZOICACID, dry or wetted with less than 30% water, by mass	三硝基苯甲酸,干的或湿的,按质量含水少于30%	0215	4.1	
TRINITROBENZOICACID, WETTED with not less than 10% water, by mass	三硝基苯甲酸,湿的,按质量含水不低于10%	3368	4.1	
TRINITROBENZOICACID, WETTED with not less than 30% water, by mass	三硝基苯甲酸,湿的,按质量含水不少于30%	1355	4.1	
TRINITROCHLORO – BENZENE	三硝基氯苯	0155	1	
TRINITROCHLOROBENZENE, WETTED with not less than 10% water, by mass	三硝基氯苯,湿的,按质量含水不低于10%	3365	4.1	
TRINITRO – m – CRESOL	三硝基间甲苯酚	0216	1	
TRINITROFLUORENONE	三硝基芴酮	0387	1	
TRINITRONAPHTHALENE	三硝基萘	0217	1	
TRINITROPHENETOLE	三硝基苯乙醚	0218	1	
TRINITROPHENOL, dry or wetted with less than 30% water, by mass	三硝基苯酚,干的或湿的,按质量含水少于30%	0154	1	
TRINITROPHENOL, WETTED with not less than 30% water, by mass	三硝基苯酚,湿的,按质量含水不少于30%	1344	4.1	
TRINITROPHENOL, WETTED with not less than 10% water, by mass	三硝基苯酚,湿的,按质量含水不低于10%	3364	4.1	
TRINITROPHENYLMETHYL – NITRAMINE	三硝基苯基甲硝胺	0208	1	
TRINITRORESORCINOL, dry or wetted with less than 20% water, or mixture of alcohol and water, by mass	三硝基间苯二酚,干的或湿的,按质量含水或水和酒精的混合物少于20%	0219	1	
TRINITRORESORCINOL, WETTED with not less than 20% water, or mixture of alcohol and water, by mass	三硝基间苯二酚,湿的,按质量含水或酒精与水的混合物不少于20%	0394	1	
TRINITROTOLUENE(TNT), dry or wetted with less than 30% water, by mass	三硝基甲苯(TNT),干的或湿的,按质量含水低于30%	0209	1	

TRINITROTOLUENE(TNT) AND HEXANITROSTILBENEMIXTURE	三硝基甲苯（TNT）和六硝基芪的混合物	0388	1
TRINITROTOLUENE(TNT) MIXTURECONTAINING TRINITROBENZENEAND HEXANITROSTILBENE	含三硝基苯和六硝基芪的三硝基甲苯（TNT）混合物	0389	1
TRINITROTOLUENE(TNT) AND TRINITROBENZENEMIXTURE	三硝基甲苯（TNT）和三硝基苯的混合物	0388	1
TRINITROTOLUENE(TNT), WETTED with not less than 10% water, by mass	三硝基甲苯（TNT），湿的，按质量含水不低于10%	3366	4.1
TRINITROTOLUENE(TNT), WETTED with not less than 30% water, by mass	三硝基甲苯（TNT），湿的，按质量含水不少于30%	1356	4.1
TRIPROPYLAMINE	三丙胺	2260	3
TRIPROPYLENE	三聚丙烯	2057	3
TRIS-(1-AZIRIDINYL) PHOSPHINEOXIDESOLUTION	三-(1-丫丙啶基)氧化膦溶液	2501	6.1
TRITONAL	特里托纳尔炸药(梯铝炸药)	0390	1
Tropilidene, see	环庚三烯，见	2603	3
TUNGSTENHEXAFLUORIDE	六氟化钨	2196	2
TURPENTINE	松节油	1299	3
TURPENTINESUBSTITUTE	松节油代用品	1300	3
UNDECANE	十一烷	2330	3
URANIUMHEXAFLUORIDE, RADIOACTIVEMATERIAL, EXCEPTEDPACKAGE, less than 0.1kg perpackage, nonfissileor fissile-excepted	六氟化铀，放射性物质，例外包件，每个包件小于0.1kg，非易裂变的或不属于易裂变的	3507	8
UREAHYDROGENPEROXIDE	过氧化氢脲	1511	5.1
UREANITRATE, dryorwettedwith less than 20% water, by mass	硝酸脲，干的或湿的，按质量含水少于20%	0220	1
UREANITRATE, WETTED with not less than 10% water, by mass	硝酸脲，湿的，按质量含水不低于10%	3370	4.1
UREANITRATE, WETTED with not less than 20% water, by mass	硝酸脲，湿的，按质量含水不少于20%	1357	4.1
Valeral, see	戊醛，见	2058	3
VALERALDEHYDE	戊醛	2058	3
n-Valeraldehyde, see	正戊醛，见	2058	3
Valeric aldehyde, see	戊醛，见	2058	3
VALERYLCHLORIDE	正戊酰氯	2502	8
VANADIUMCOMPOUND, N.O.S.	钒化合物，未另作规定的	3285	6.1
Vanadium (Ⅳ) oxide sulphate, see	硫酸氧化(四价)钒，见	2931	6.1
VANADYLSULPHATE	硫酸氧钒	2931	6.1
VANADIUMOXYTRICHLORIDE	三氯氧化钒	2443	8
VANADIUMPENTOXIDE, non-fusedform	五氧化二钒，非熔凝状态的	2862	6.1
VANADIUMTETRACHLORIDE	四氯化钒	2444	8
VANADIUMTRICHLORIDE	三氯化钒	2475	8
Vanadium oxysulphate, see	硫酸氧化钒，见	2931	6.1
Varnish, see	清漆，见	1263	3
		3066	8
		3469	3

续上表

		3470	8	
Vehicle, flammable gas powered	易燃气体动力车辆	3166	9	不受ADR限制
Vehicle, flammable liquid powered	易燃液体动力车辆	3166	9	不受ADR限制
Vehicle, fuel cell, flammable gas powered	燃料电池、易燃气体动力车辆	3166	9	不受ADR限制
Vehicle, fuel cell, flammable liquid powered	燃料电池、易燃液体动力车辆	3166	9	不受ADR限制
Villiaumite, see	氟盐,见	1690	6.1	
VINYLACETATE, STABILIZED	乙酸乙烯酯,稳定的	1301	3	
Vinylbenzene, see	乙烯基苯,见	2055	3	
VINYLBROMIDE, STABILIZED	乙烯基溴(溴代乙烯),稳定的	1085	2	
VINYLBUTYRATE, STABILIZED	丁酸乙烯酯,稳定的	2838	3	
VINYLCHLORIDE, STABILIZED	乙烯基氯(氯乙烯),稳定的	1086	2	
VINYLCHLOROACETATE	氯乙酸乙烯酯	2589	6.1	
VINYLETHYLETHER, STABILIZED	乙烯基乙基醚,稳定的	1302	3	
VINYLFLUORIDE, STABILIZED	乙烯基氟,稳定的	1860	2	
VINYLIDENE CHLORIDE, STABILIZED	乙烯叉二氯,稳定的	1303	3	
VINYLISOBUTYLETHER, STABILIZED	乙烯基,异丁基醚,稳定的	1304	3	
VINYLMETHYLETHER, STABILIZED	乙烯基甲基醚,稳定的	1087	2	
VINYLPYRIDINES, STABILIZED	乙烯基吡啶类,稳定的	3073	6.1	
VINYLTOLUENES, STABILIZED	乙烯基甲苯类,稳定的	2618	3	
VINYLTRICHLOROSILANE	乙烯基三氯硅烷	1305	3	
Warheads for guided missiles, see	制导导弹弹头,见	0286	1	
		0287	1	
		0369	1	
		0370	1	
		0371	1	
WARHEADS, ROCKET with burster or expelling charge	火箭弹头,带起爆装药或发射装药	0370	1	
		0371	1	
WARHEADS, ROCKET with bursting charge	火箭弹头,带起爆装药	0286	1	
		0287	1	
		0369	1	
WARHEADS, TORPEDO with bursting charge	鱼雷弹头,带有爆炸装药	0221	1	
WATER – REACTIVELIQUID, N.O.S.	遇水反应液体,未另作规定的	3148	4.3	
WATER – REACTIVELIQUID, CORROSIVE, N.O.S.	遇水反应液体,腐蚀性,未另作规定的	3129	4.3	
WATER – REACTIVELIQUID, TOXIC, N.O.S.	遇水反应液体,腐蚀性,未另作规定的	3130	4.3	
WATER – REACTIVESOLID, N.O.S.	遇水反应固体,未另作规定的	2813	4.3	
WATER – REACTIVESOLID, CORROSIVE, N.O.S.	遇水反应固体,腐蚀性,未另作规定的	3131	4.3	
WATER – REACTIVESOLID, FLAMMABLE, N.O.S.	遇水反应固体,易燃的,未另作规定的	3132	4.3	
WATER – REACTIVESOLID, OXIDIZING, N.O.S.	遇水反应固体,氧化的,未另作规定的	3133	4.3	禁运

WATER-REACTIVESOLID,SELF-HEATING,N.O.S.	遇水反应固体,自热的,未另作规定的	3135	4.3	
WATER-REACTIVESOLID,TOXIC,N.O.S.	遇水反应固体,有毒的,未另作规定的	3134	4.3	
White arsenic, see	砒霜,见	1561	6.1	
White spirit, see	石油溶剂,见	1300	3	
WOODPRESERVATIVES,LIQUID	木材防腐剂,液体的	1306	3	
Woolwaste,wet	废羊毛,湿的	1387	4.2	不受ADR限制
XANTHATES	黄原酸盐类	3342	4.2	
XENON	氙	2036	2	
XENON,REFRIGERATEDLIQUID	氙,冷冻液体	2591	2	
XYLENES	二甲苯类	1307	3	
XYLENOLS,LIQUID	二甲苯酚类,液体的	3430	6.1	
XYLENOLS,SOLID	二甲基苯酚类,固体的	2261	6.1	
XYLIDINES,LIQUID	二甲基苯胺类,液体的	1711	6.1	
XYLIDINES,SOLID	二甲基苯胺类,固体的	3452	6.1	
XYLENES	二甲苯	1307	3	
XYLYLBROMIDE,LIQUID	甲苄基溴,液体的	1701	6.1	
XYLYLBROMIDE,SOLID	甲苄基溴,固体的	3417	6.1	
ZINCAMMONIUMNITRITE	亚硝酸锌铵	1512	5.1	
ZINCARSENATE	砷酸锌	1712	6.1	
ZINCARSENATE ANDZINCARSENITEMIXTURE	砷酸锌和亚砷酸锌的混合物	1712	6.1	
ZINC ARSENITE	亚砷酸锌	1712	6.1	
ZINCASHES	锌粉或锌粉尘	1435	4.3	
Zinc bisulphite solution, see	酸式亚硫酸锌溶液,见	2693	8	
ZINCBROMATE	溴酸锌	2469	5.1	
ZINCCHLORATE	氯酸锌	1513	5.1	
ZINCCHLORIDE,ANHYDROUS	氯化锌,无水的	2331	8	
ZINCCHLORIDESOLUTION	氯化锌溶液	1840	8	
ZINCCYANIDE	氰化锌	1713	6.1	
ZINCDITHIONITE(ZINC HYDROSULPHITE)	连二亚硫酸锌(亚硫酸氢锌)	1931	9	
ZINCDUST	锌粉尘	1436	4.3	
ZINCFLUOROSILICATE	氟硅酸锌	2855	6.1	
Zinc hexafluorosilicate, see	六氟硅酸锌,见	2855	6.1	
ZINC HYDROSULPHITE, see	亚硫酸氢锌,见	1931	9	
ZINCNITRATE	硝酸锌	1514	5.1	
ZINCPERMANGANATE	高锰酸锌	1515	5.1	
ZINCPEROXIDE	过氧化锌	1516	5.1	
ZINCPHOSPHIDE	磷化锌	1714	4.3	
ZINCPOWDER	锌粉	1436	4.3	
ZINCRESINATE	树脂酸锌	2714	4.1	
Zinc selenate, see	硒酸锌,见	2630	4.1	
Zinc selenite, see	亚硒酸锌,见	2630	4.1	

续上表

Zinc silicofluoride, see	氟硅酸锌,见	2855	6.1	
ZIRCONIUM, DRY, coiled wire, finished metal sheets, strip (thinner than 254 microns but not thinner than 18 microns)	金属锆,干的,精制的薄片、条或盘丝(厚度为18微米~254微米)	2858	4.1	
ZIRCONIUM, DRY, finished sheets, strip or coiled wire	锆,干的,精制的薄片、条和盘丝	2009	4.2	
ZIRCONIUM HYDRIDE	氢化锆	1437	4.1	
ZIRCONIUM NITRATE	硝酸锆	2728	5.1	
ZIRCONIUM PICRAMATE, dry or wetted with less than 20% water, by mass	苦氨酸锆,干的或湿的,按质量含水少于20%	0236	1	
ZIRCONIUM PICRAMATE, WETTED with not less than 20% water, by mass	苦氨酸锆,湿的,按质量含水不少于20%	1517	4.1	
ZIRCONIUM POWDER, DRY	锆粉,干的	2008	4.2	
ZIRCONIUM POWDER, WETTED with not less than 25% water	锆粉,湿的,含水不少于25%	1358	4.1	
ZIRCONIUM SCRAP	锆,碎屑	1932	4.2	
ZIRCONIUM SUSPENDED IN A FLAMMABLE LIQUID	金属锆,悬浮在易燃液体中	1308	3	
ZIRCONIUM TETRACHLORIDE	四氯化锆	2503	8	

第3.3章 适用于某些物质或物品的特殊规定

3.3.1	3.2章表A第(6)栏列出的与物质或物品有关的特殊规定,其意义和要求如下。
16	用以进行试验、分类、研究和发展、质量控制或作为商业样品的新的或现有的爆炸性物质或物品的样品可以按照主管机关(见2.2.1.1.3)的指示运输。未湿润或未减敏的爆炸品样品,应装入主管机关规定的小包件,质量限制在10kg内。湿润的或减敏的爆炸品样品,质量限制在25kg内。
23	即使该物质有易燃危险,但该危险只是在满足密闭区内有猛烈火烧的条件时才显示出来。
32	当该物质呈任何其他形状时,不受ADR限制。
37	该物质如有涂层,即不受ADR限制。
38	该物质如含碳化钙不大于0.1%,即不受ADR限制。
39	该物质如含硅低于30%或不低于90%,即不受ADR限制。
43	该物质作为农药托运时应在有关农药条目之下并按有关农药规定运输(见2.2.61.1.10~2.2.61.1.11.2)
45	锑的硫化物和氧化物,如按总质量计算含砷量不大于0.5%,即不受ADR限制。
47	铁氰化物和亚铁氰化物不受ADR限制。
48	该物质如含氰氢酸大于20%,除非经主管机关特别批准,否则禁止运输。
59	该物质如含镁不大于50%,即不受ADR限制。
60	该物质如浓度大于72%,除非经主管机关特别批准,否则禁止运输。
61	作为正式运输名称之补充的技术名称必须是国际标准化组织所定通用名称、列于《世界卫生组织建议的农药按危险性的分类和分类准则》中的其他名称或有效成分物质的名称(见3.1.2.8.1和3.1.2.8.1.1)。
62	该物质如含氢氧化钠不大于4%,即不受ADR限制。
65	过氧化氢水溶液如含过氧化氢少于8%,即不受ADR限制。
66	朱砂不受ADR限制。
103	禁止运输亚硝酸铵以及铵盐和无机亚硝酸盐的混合物。
105	符合UN 2556或UN 2557的硝化纤维素可划归第4.1类。
113	化学性质不稳定的混合物禁止运输。
119	制冷机器包括专门为内隔间低温保藏食品或其他物品而设计的各种机器或其他设备,以及空调装置。制冷机器如果含属于第2类A或O类(根据2.2.2.1.3)气体的量少于12kg或所含氨溶液(UN 2672)少于12L时,即不受ADR限制。
122	每一种现已划定的有机过氧化物配制品的次要危险性、控制温度和危急温度(如果有的话)、类属条目编号载于2.2.52.4中。
123	(保留)
127	其他惰性物质或惰性物质混合物可由主管机关确定是否适用本条目,前提条件是该惰性物质具有同样的减敏性质。
131	减敏物质的敏感度应明显低于干的季戊炸药。
135	二氯异氰脲酸的二水合钠盐不受ADR限制。

138 对溴苄基氰不受 ADR 限制。

141 经过充分地热处理而使其在运输期间不呈现任何危险性的产品,不受 ADR 限制。

142 采用溶剂提过油的大豆粗粉,若含油不超过 1.5%,含水不超过 11%,且基本上不含有易燃溶剂时,不受 ADR 限制。

144 按体积含酒精不超过 24% 的水溶液,不受 ADR 限制。

145 除空运外,Ⅲ类包装的酒精饮料如采用不超过 250L 的容器装运,即不受 ADR 限制。

152 该物质的分类将随粒径和容器的不同而异,但界线未曾以试验方式加以确定。适当的分类必须符合 2.2.1 的要求。

153 本条目仅适用于下述物质:经试验证明,物质与水接触时既不燃烧,也不表现出自燃的倾向,且所放出的气体混合物是不易燃的。

162 (删除)

163 在危险货物一览表中用名称具体列出的物质不得按本条目运输。按本条目运输的物质可含有不超过 20% 的硝化纤维素,但硝化纤维素按干重的含氮量不得超过 12.6%。

168 如石棉浸没或固定于天然或人造黏合剂(如水泥、塑料、沥青、树脂或矿石)中以致其在运输过程中逸出的可吸入石棉纤维数量不会造成危险,即不受 ADR 限制。含有石棉又未达到这一要求的制成品,如其包装可使其在运输过程中逸出的可吸入石棉纤维数量不会造成危险,也不受 ADR 限制。

169 固态邻苯二甲酸酐和四氢化邻苯二甲酸酐如含马来酸酐不超过 0.05%,即不受 ADR 限制。熔融邻苯二甲酸酐如温度高于其闪点且含马来酸酐不超过 0.05%,应划入 UN 3256。

172 具有次要危险性的放射性物质必须:

(a) 应适用第 2 部分规定中对应于最突出次要危险性的包装类别标准,酌情将其划为Ⅰ类、Ⅱ类或Ⅲ类包装;

(b) 包件应贴有与物质所显示的每一种次要危险性相对应的次要危险性标签;对应的揭示牌必须按照 5.3.1 的有关规定,贴在运输装置上;

(c) 在票据或包件标记上,除正式运输名称外,还必须在括号中补充说明对构成次要危险起最大作用的成分名称;

(d) 危险货物运输单据应在标识第 7 类的数字"7"后,在括号内注明所有次要危险性对应的标志式样编号以及按照 5.4.1.1.1(D)规定的包装类别。

对于包装,见 4.1.9.1.5。

177 硫酸钡不受 ADR 限制。

178 该名称仅在危险货物一览表上无其他适当名称并且经有关主管机关批准后,方可使用(见 2.2.1.1.3)。

181 含有此类物质的包装上应贴有"爆炸品"次要危险性标签(见 5.2.2.2.2)。而当试验数据证实该物质在这种容器中不呈现出爆炸性能(见 5.2.2.1.9),起运国的主管机关准许不贴这种标签时,视为特殊包装处理。

182 碱金属包括锂、钠、铷和铯。

183 碱土金属包括镁、钙、锶和钡。

186 在确定硝酸铵含量时,所有硝酸根离子,只要混合物中存在等效分子的铵离子,都应计入硝酸铵含量。

188 交付运输的电池和电池组如满足下列要求,即不作为危险货物运输:
- (a) 对于锂金属或锂合金电池,锂含量不超过1g,对于锂离子电池,瓦时额定值不超过20Wh;
- (b) 对于锂金属或锂合金电池组,合计锂含量不超过2g,对于锂离子电池组,瓦时额定值不超过100Wh。适用本条目的锂离子电池组,须在外壳上标明瓦时额定值,2009年1月1日前制造的锂离子电池组除外,该日期前制造的锂离子电池组可在2010年12月31日前根据本条目特殊规定运输而无须作此标记;
- (c) 单个电池或电池组都需经证明符合2.2.9.1.7的规定(a)和(e);
- (d) 除安装在设备上的电池和电池组,应使用内包装包装,将电池和电池组完全包裹。应防止电池和电池组发生短路,包括防止在同一容器内与导电材料接触而导致的短路。内包装应放置于符合4.1.1.1、4.1.1.2和4.1.1.5规定的坚固外包装内;
- (e) 安装在设备上的电池和电池组,应防止受到损坏和发生短路,设备应配备防止发生意外启动的有效装置。当电池组安装在设备上时,除非安装电池组的设备对其已有相当的保护,否则设备应使用坚固的外包装包装,容器的制造应采用足够强度的适当材料,容器的设计应与容器的容量和用途相符;
- (f) 除非包件内的纽扣电池是安装在设备(包括电路板)上的、设备安装的电池不超过四个或是设备安装的电池组不超过两个,否则每个包件均应作以下标记:
  - (ⅰ) 根据情况,标明包件内装有"锂金属"或"锂离子"电池或电池组;
  - (ⅱ) 标明包件应小心轻放,如包件损坏,有着火的危险;
  - (ⅲ) 标明如包件损坏,须遵守的特别程序,包括检查和必要时的重新包装;
  - (ⅳ) 了解该包件其他情况的电话号码;
- (g) 每批交运的货物,包含一个或多个按(f)标记的包件时,应附带一份包括以下内容的单据:
  - (ⅰ) 根据情况,标明包件内装有"锂金属"或"锂离子"电池或电池组;
  - (ⅱ) 标明包件应小心轻放,如包件损坏,有着火的危险;
  - (ⅲ) 标明如包件损坏,须遵守的特别程序,包括检查和必要时的重新包装;
  - (ⅳ) 了解该批货物其他情况的电话号码;
- (h) 除安装在设备上的电池组外,每个包件应确保:在从任何方向进行1.2m跌落试验时,都能够不使其中所装的电池或电池组受损,不使内装物移动以致电池组与电池组(或电池与电池)互相接触,并且没有内装物释出;
- (i) 除非电池组安装在设备上或与设备包装在一起,否则包件总重不得超过30kg。
  锂金属电池组和锂离子电池组条目单列,以便于使用具体运输方式运输这类电池组,也便于采取不同的应急措施。

190 喷雾器应有防意外排放的保护装置。仅装有无毒性成分且容量不超过

50mL 的喷雾器不受 ADR 限制。

191　装有气体的小型容器可视作与喷雾器类似,但不带释放装置。仅装有无毒性成分且容量不超过 50mL 的容器不受 ADR 限制。

194　每一种现已划定的自反应物质的控制温度和危急温度(如果有的话)和类属条目编号载于 2.2.41.4 中。

196　此配制品应满足《试验和标准手册》第Ⅱ部分 20.4.2(g)规定的标准,但不需要用 A 型稀释剂减敏。未满足这些标准的配制品应按照第 5.2 类的规定运输(见 2.2.52.4)。

198　硝化纤维素含量不超过 20% 的硝化纤维素溶液,可视情况作为涂料或印刷油墨运输。见 UN 1210、UN 1263、UN 1266、UN 3066、UN 3469 和 UN 3470。

199　铅化合物以 1:1000 的比例与 0.07M 的氢氯酸混合,并在 23℃±2℃ 的温度下搅拌 1h,如果溶解度等于或小于 5%,则视为不溶解。见 ISO3711:1990 "铅铬酸铅染料及铬酸铅—钼酸盐染料—试验说明及方法"。

201　打火机和打火机加油器应符合其充装时所在国家的相关规定,且应具备防意外泄漏的保护装置。气体的液化部分不得超过容器容量的 85%(15℃时)。容器,包括封闭装置,应能够承受两倍于液化石油气压力(55℃时)的内压。阀门装置和点火装置应牢固密封、缚好或以其他方式关紧,或其设计能防止在运输期间装置被起动或者油气泄漏。打火机内装的液化石油气不得超过 10g。打火机加油器内装的液化石油气不得超过 65g。

注:单独收集废打火机应遵守3.3 章特殊规定654。

203　本条目不得用于 UN 2315 的多氯联苯。

204　(删除)

205　本条目不得用于 UN 3155 的五氯苯酚。

207　聚合珠粒和制模化合物可以是由聚苯乙烯、聚甲基丙烯酸甲酯或其他聚合物质制成的。

208　商品级的硝酸钙化肥,当其成分主要是复盐(硝酸钙和硝酸铵),且硝酸铵的含量不超过 10% 和至少有 12% 的结晶水时,不受 ADR 限制。

210　从含有感染性物质的植物、动物或细菌等来源提取的毒素,或包含在感染性物质中的毒素,应划入第 6.2 类。

215　本条目仅适用于自加速分解温度高于 75℃ 的工业纯物质或其配制品,不适用于自反应物质的配制品(关于自反应物质,见 2.4.4.14)。偶氮甲酰胺含量按质量不超过 35%,且含惰性物质至少 65% 的同质混合物不作为危险货物运输,除非其满足其他危险性类别和项别的标准。

216　不受 ADR 限制的固体和易燃液体的混合物可在本条目下运输,而无须先适用第 4.1 类的分类标准,但在装货时或在容器或运输装置关闭时应无可见的游离液体。每一种运输装置用作散货容器时必须是不漏的。装有少于 10mL 被固态物质吸收的Ⅱ类或Ⅲ类包装易燃液体的密封小包件,如小包件内无游离液体即不受 ADR 限制。

217　非危险货物的固体和毒性液体的混合物可在本条目下运输,而无须先适用第 6.1 类的分类标准,但在装货时或在容器或运输装置关闭时应无可见的游离液体。运输装置采用散货容器时应密封。本条目不得用于含有Ⅰ类包装液体的固体。

218　非危险货物的固体和腐蚀性液体的混合物可在本条目下运输,而无须先适用第 8 类的分类标准,但在装货时或在容器或运输装置关闭时应无可见的游离液体。运输装置采用散货容器时应密封。

219 经过基因修改的微生物(转基因微生物)和经过基因修改的生物体(转基因生物体),除了根据4.1.4.1包装指南P904包装并作标记外,可免除ADR的任何其他要求。

符合列入第6.1类毒性物质或第6.2类(见2.2.61.1和2.2.62.1)感染性物质定义和标准的转基因微生物或转基因生物体,应适用毒性物质或感染性物质的危险货物运输要求。

220 溶液或混合物易燃液体成分的技术名称应在正式运输名称之后的括弧内注明。

221 本条目不适用于Ⅰ类包装的物质。

224 适用本条目的物质,除非能够由试验证明在凝固状态下的敏感性不高于其在液体状态下的敏感性,否则在正常运输条件下应保持液态。适用本条目的物质在温度高于－15℃时,不得凝固。

225 本条目下的灭火器可包括安装好的起动弹药筒(1.4C 或 1.4S 项的动力装置用弹药筒),而不改变根据2.2.2.1.3规定的第2类中A或O类的分类,条件是每个灭火器的爆燃(推进)炸药总量不超过3.2 g。灭火器制造、试验、批准和标签必须符合起运国适用的规定。

注:"起运国的相关规定"是指在起运国所适用的规定或在使用国所适用的规定。

本条款下的灭火设备包括:
(a) 人工搬运和操作的便携式灭火器;
(b) 安装在飞机上的灭火器;
(c) 人工搬运的轮式灭火器;
(d) 轮式或安装在轮式平台上的灭火设备或机器,或由类似(小型)拖车运输的灭火器装置;和
(e) 由不带滚轮的压力桶和设备组成的灭火器,搬运时须使用叉车或吊车。

注:包含上述灭火设备或固定消防设备中所使用气体的压力容器应满足6.2章,以及所有这些压力容器在单独运输时所涉及的对相关气体的要求。

226 不挥发、非易燃的减敏剂含量不低于30%的此类物质的配制品不受ADR限制。

227 当用水和无机惰性物质减敏时,硝酸脲的含量按质量不得超过75%,并且混合物在进行《试验和标准手册》第Ⅰ部分的系列1(a)试验时不会起爆。

228 不符合易燃气体(见2.2.2.1.5)标准的混合物应按UN 3163运输。

230 锂电池和电池组如符合2.2.9.1.7的规定,可按本条目运输。

235 本条目适用于装有第1类爆炸性物质并且也可能装有其他类危险货物的物品。该物品指用作救生用的车辆安全气囊气体发生器或安全气囊模块或安全带卷收器。

236 聚酯树脂器材包括两个组成部分:基底材料(第3类,Ⅱ类或Ⅲ类包装)和活化剂(有机过氧化物)。有机过氧化物必须是D型、E型或F型,不需要温度控制。根据适用于基底材料的第3类的标准,包装类别必须是Ⅱ类或Ⅲ类包装。危险货物一览表第(7)栏列出的数量限制适用于基底材料。

237 滤膜,包括运输时所用的分隔纸、覆盖或背衬材料等,须在进行《试验和标准手册》第Ⅰ部分试验系列1(a)试验时不易传播爆炸。

此外,主管机关可根据适当的燃烧速率试验结果,同时考虑到《试验和标准

手册》第Ⅲ部分3.3.2.1的标准试验,决定交运形式的硝化纤维素滤膜不须受 ADR 适用于第4.1类易燃固体的规定限制。

238 (a) 电池如果能够经受下述的振动试验和压差试验而没有电池液泄漏,则可认为是密封的。

振动试验: 电池牢固地夹在振动机平台上,施加振幅为 0.8 mm(最大总偏移 1.6 mm)的简谐振动。频率在 10～55 Hz 之间按 1 Hz/min 变化。对电池的各安装位置(振动方向)来回施加全部振动频率范围,所需时间是 95±5 min。对电池的三个互相垂直的位置(包括注入孔和排气孔(如有的话)的倒转位置)都进行相同时间的试验。

压差试验: 在振动试验之后,将电池在 24℃±4℃ 下存放 6 h,同时施加至少 88 kPa 的压差。对电池的三个互相垂直的位置(包括注入孔和排气孔(如有的话)的倒转位置)均进行至少 6 h 的试验。

(b) 密封的电池如满足下列条件,则不作为危险货物运输:在温度 55℃ 时,电解液不会从破裂的或有裂缝的外壳流出并且不存在可能发生泄漏的游离液体;而且交付运输的包装已经对电极作了防短路保护。

239 电池组或电池不得含有钠、硫和/或多硫化合物以外的危险货物。在运输温度下,若电池组或电池中存在液态钠元素,则不得交付运输,除非得到有关主管机关批准并且在其确定的运输条件下运输。

电池应封装在可以把危险货物完全密闭的金属外壳内,其构造和封闭方式能防止危险货物在正常运输条件下发生泄漏。

电池组包括的多个电池应完全封装在金属保护外壳内,其构造和封闭方式应能防止危险货物在正常运输条件下发生泄漏。

240 见 2.2.9.1.7 最后的注。

241 配制品的配制方式必须使它在运输过程中保持均匀不分离。硝化纤维素含量低的配制品如分别根据《试验和标准手册》第Ⅰ部分试验系列 1(a)、2(b) 和 2(c) 试验,其在规定的封闭条件下加热有起爆、爆燃或爆炸的可能性时不显示危险性质,而且根据《试验和标准手册》第Ⅲ部分 3.3.2.1.4 中的试验 N.1 进行试验时证明不是易燃固体(片屑在必要时压碎并筛滤至粒径小于 1.25mm),即不受 ADR 限制。

242 硫黄如做成某种形状(如小球、颗粒、丸状、锭状或薄片),不受 ADR 限制。

243 火花点火式发动机(如汽车发动机、固定发动机和其他发动机)使用的各种汽油和燃油,不论挥发性如何,均划入本条目。

244 本条目包括例如铝浮渣、铝撇渣、用过的阴极、用过的电解槽衬料和铝盐渣。

247 按体积含酒精 24%～70% 的酒精饮料如作为制造工序的一部分运输,可酌情装在容量 250～500 L、符合 4.1.1 一般规定的木制琵琶桶中运输,但应符合下列条件:

(a) 木桶在盛装之前应进行检查并紧固;
(b) 考虑到液体的膨胀性,应留有足够的空隙(不少于 3%);
(c) 木桶运输时桶口应朝上;
(d) 木桶应放在符合 1972 年修订的《国际集装箱安全公约》要求的集装箱中运输。每个木桶应固定在专用的托架上并用适当方法楔住,以防在运输过程发生移动。

249 铁含量至少 10%、进行过防腐蚀稳定处理的铈铁合金不受 ADR 限制。

250 本条目只能用于与《关于禁止发展、生产、储存和使用化学式器和销毁此种式器的公约》的执行情况有关的分析提取的化学品样品。按本条目运输的物质必须依据禁止化学武器组织规定的保管链和安全程序。

化学品样品只有经主管机关或禁止化学武器组织总干事事先批准并且该样品符合以下要求才可以运输：

(a) 按照《国际民航组织危险货物空中安全运输技术指示》的包装指示623包装（见补充S-3-8）；

(b) 在运输过程中，随带一份运输批准书复印件，表明数量限制和包装要求。

251 "化学品箱或急救箱"条目，拟适用于装少量的医疗、分析或试验用的各种危险货物的箱子或盒子等。这种箱子不得装有3.2章表A第(7)栏中列出"0"数量的危险货物。

各组成部分不得发生危险反应（见1.2.1）。任何一个箱子中的危险货物的总数量不得超过1L或1kg。为整个箱子划定的包装类别必须是箱中任何一种物质被划定的最严格的包装类别。为急救或业务目的而在车辆上运输的箱子不受ADR限制。

252 假如硝酸铵在一切运输条件下均为溶液，含可燃物质不超过0.2%、浓度不超过80%的硝酸铵水溶液不受ADR限制。

266 当这种物质所含的酒精、水或减敏剂比规定的少时，除非得到主管机关特别批准，否则不得运输（见2.2.1.1）。

267 含有氯酸盐的任何C型爆破炸药必须与含有硝酸铵或其他铵盐的爆炸品隔开。

270 第5.1类无机固态硝酸盐物质的水溶液，如溶液中物质的浓度在运输过程中碰到的最低温度下不大于饱和限度的80%，即被认为不符合第5.1类的标准。

271 乳糖或葡萄糖或类似材料可以用作减敏剂，只要该物质按质量含有不少于90%的减敏剂。主管机关可根据至少三个准备好供运输的包件进行《试验和标准手册》第Ⅰ部分试验系列6(c)试验的结果允许将这些混合物划入第4.1类。按质量含减敏剂至少98%的混合物不受ADR限制。装有按质量含减敏剂不少于90%的混合物的包件不需要贴"毒性"次要危险性标签（6.1号样签）。

272 该物质除非得到主管机关特别批准，否则不得按第4.1类的规定运输（见UN 0143）。

273 加有防止自热稳定剂的代森锰和代森锰制剂，如能通过试验证明体积为$1m^3$的物质不自燃，并且当样品保持在温度不低于75℃±2℃且时长24h后，样品中心的温度不超过200℃，就不需要划入第4.2类。

274 适用于3.1.2.8的规定

278 该物质的分类和运输须由主管机关根据对准备好供运输的包件进行《试验和标准手册》第Ⅰ部分试验系列2和试验系列6(c)试验的结果给予批准（见2.2.1.1）。主管机关必须根据2.2.3对试验系列6(c)试验所用的包件类型划定包装类别。

279 物质划入该类别或包装类别所依据的是经验而不是严格应用ADR所定的分类标准。

280 本条目适用于用作救生用的车辆安全气囊气体发生器或安全气囊模块或安全带卷收器，并且装有第1类爆炸性物质或其他类危险货物的物品，并且在作为部件运输时以及在这些物品提交运输时已按照《试验和标准手册》第 I 部分试验系列 6(c) 进行过试验,其结果是装置没有爆炸、装置外壳或压力容器没有碎裂,在装置紧邻处进行救火或其他应急行动时,不会发生明显妨碍应急行动的抛射危险或热效应。本条目不适用于特殊规定 296(未另作规定的,UN 2990 和 UN 3072)描述的救生设备。

282 (删除)

283 装有气体、拟用作减振器的物品,包括撞击缓冲器,或空气弹簧,不受 ADR 限制,但每一物品须符合下列条件:

    (a) 气隙容积不大于 1.6L,充气压力不超过 28MPa(280bar),气隙容积 (L) 和充气压力 (bar) 的乘积不大于 80[即 0.5L 气隙和 16MPa (160bar) 充气压力,1L 气隙和 8MPa(80bar) 充气压力,1.6L 气隙和 5MPa(50bar) 充气压力,0.28L 气隙和 28MPa(280bar) 充气压力];

    (b) 20℃时的最小暴烈压力:气隙容积不大于 0.5L 的产品,最小暴裂压力为充气压力的 4 倍,气隙容积大于 0.5L 的产品,最小暴裂压力为充气压力的 5 倍;

    (c) 所用制造材料破裂时不会变成碎片;

    (d) 按照主管机关可以接受的质量保证标准制造;和

    (e) 设计型号已经过火烧试验证明物品通过火灼分解型密封装置或其他降压装置降低压力,因此物品不会破裂,并且物品不会飞速上升。

见 1.1.3.2(d) 机动车辆设备操作条例。

284 含氧化性物质的化学氧气发生器必须符合下列条件:

    (a) 含有爆炸式启动装置的发生器只有在根据 ADR 2.2.1.1.1(b) 被排除于第 1 类之外时才可按本条目运输;

    (b) 发生器在无容器的情况下必须能通过从 1.8m 高度以最易受损部位跌落在坚硬、无弹性、平坦的水平表面上的试验,既不漏失内装物,也不造成启动;和

    (c) 有启动装置的发生器必须至少有两种能防意外启动的有效装置。

286 本条目包括的硝化纤维素滤膜,如每片滤膜的质量不超过 0.5g 而且分别装在一个物品或一个密封小包件中,即不受 ADR 限制。

288 该物质不得进行分类和运输,除非主管机关根据对准备好供运输的包件进行《试验和标准手册》第 I 部分系列 2 和系列 6(c) 试验得出的结果予以批准(见 2.2.1.1)。

289 装于车辆中或装于转向杆、车门镶板、车座等车辆部件内的气袋或安全带,不受 ADR 限制。

290 本条目放射性材料若符合第 2 部分规定的其他类别或项别的定义和标准时,应根据以下条件分类:

    (a) 符合 3.5 章例外数量危险货物标准的物质,其包装应符合 3.5.2 和满足 3.5.3 的测试要求。1.7.1.5 中提及的放射性物质例外包件的所有其他要求都适用,没有提及其他类别;

    (b) 如果数量超过 3.5.1.2 中规定的限值,该物质应按照最主要的次要危险性分类。运输单据将描述该物质的联合国编号和适用的正式运输名称及其他类补充的适用于 3.2 章表 A 第(2)栏放射性例外包件的名称,且该物质应按照适用于该联合国编号的规定进行。在运输单据中显示的信息举例如下:

"UN 1993,易燃液体,未另作规定的(乙醇和甲苯混合物),放射性物质,例外包件 — 材料数量有限,3,PG Ⅱ"。

此外,2.2.7.2.4.1 的要求应适用;

(c) 3.4 章中对有限数量包装的危险货物运输的规定,不适用于按分项(b)分类的物质;

(d) 当该物质满足豁免规定,区别于其他所有类别的危险货物,应按照适用于第 7 类物质的联合国编号及 1.7.1.5 的要求的特殊规定分类。

291 易燃液肥气体必须封装在制冷机部件内。这些部件的设计和试验必须达到制冷机工作压强的三倍。制冷机的设计和制造必须能够盛装液化气体并使保压部件在正常运输条件下不会有爆开或破裂的危险。制冷机和制冷机部件所装的液化气体如少于 12kg 即不受 ADR 限制。

292 (删除)

293 适用于各种火柴的定义如下:

(a) 耐风火柴是用摩擦敏感的点火剂和燃烧火焰很小或无火焰但温度很高的烟火材料配制成火架头的火柴;

(b) 安全火柴是与盒、册或卡结合或附在其上,只有在特别处理的表面上摩擦才能点燃的火柴;

(c) 可随处划燃火柴是在硬表面上摩擦可以点燃的火柴;

(d) "维斯塔"火柴是在特别处理的表面上或硬表面上摩擦都可以点燃的火柴。

295 若货盘贴有适当的标记和标志,电池组不需要个别地作标记和贴标签。

296 该条目适用于救生设备,例如救生筏,个人漂浮装置和自充气滑板等。UN 2990 适用于自充气设备和 UN 3072 适用于非自充气救生设备。

救生设备可包括:

(a) 信号装置(第 1 类),其中可能包括单独包装的烟和照明信号弹,以防止它们被不经意地激活;

(b) 对于 UN 2990,墨盒,1.4 项动力装置,配装组 S,用以自充气设备,并规定各设备的爆炸物质量不得超过 3.2g;

(c) 根据 2.2.2.1.3 第 2 类压缩或液化气体,A 或 O 类;

(d) 电气蓄电池(第 8 类)和锂电池(第 9 类);

(e) 含有少量的危险品急救箱或修理包(例如:第 3,4.1,5.2,8 或 9 类物质);

(f) "在任何地方撞击"装在包装,以防止它们被无意中激活。

具有强劲硬质外容器,最大总质量 40kg,仅含有第 2 类压缩或液化气体等,A 或 O 类,在容器容量不高于 120mL,仅用于器具的激活目的安装的救生设备,也不受 ADR 限制。

298 (删除)

300 鱼粉或鱼屑如在装载时温度超过 35℃或者比周围温度高出 5℃(以较高者为准),不得运输。

302 未装载其他危险货物熏蒸过的货物运输装置,仅受 5.5.2 的规定限制。

303 容器应划入所装气体或气体混合物按照 2.2.2 的规定确定的项别和次要危险性。

304 若干电池组所装的腐蚀性电解液在电池组外壳有裂缝时不会流出电池组,即不受 ADR 限制。

305 该物质如浓度不大于 50 mg/kg,即不受 ADR 限制。

306 本条目仅适用于根据试验系列 2(见《试验和标准手册》第Ⅰ部分)进行试验时不显示第 1 类爆炸性质的物质。

307 本条目仅适用于以硝酸铵为主要成分且组成限值符合下列条件之一的均匀混合物:
- (a) 不小于90%的硝酸铵、总数不大于0.2%的可燃物质(以碳计算的有机物质)以及任何不与硝酸铵反应的无机添加物质;
- (b) 小于90%但大于70%的硝酸铵与其他无机物质混合,或者大于80%但小于90%的硝酸铵与碳酸钙和/或白云石和/或矿物硫酸钙混合,以及总数不大于0.4%的可燃物质(以碳计算的有机物质);
- (c) 含有硝酸铵;以及硫酸铵混合物的氮类硝酸铵基化肥,含有大于45%但小于70%的硝酸铵;以及总数不大于0.4%的可燃物质(以碳计算的有机物质),但硝酸铵和硫酸铵的含量之和大于70%。

309 本条目适用于由硝酸铵和燃料的混合物组成的未敏化乳胶、悬浮体和凝胶。其在进一步加工后可用于生产 E 型爆破炸药。

乳胶混合物一般含有下列成分:60%~85%硝酸铵,5%~30%水,2%~8%燃料,0.5%~4%乳化剂,0%~10%可溶防燃剂和微量添加剂。其他无机硝酸盐可取代部分硝酸铵。

悬浮体和凝胶混合物一般含有下列成分:60%~85%硝酸铵,0%~5%高氯酸钠或高氯酸钾,0%~17%硝酸六胺或硝酸-甲胺,5%~30%水,2%~15%燃料,0.5%~4%稠化剂,0%~10%可溶防燃剂和微量添加剂。其他无机硝酸盐可取代部分硝酸铵。

物质应顺利通过《试验和标准手册》第Ⅰ部分试验系列 8,并得到有关主管机关的批准。

310 若满足下列条件,《试验和标准手册》38.3 的试验要求不适用于少于 100 个电池和电池组的生产批次,也不适用于为进行试验而运输的预生产的锂电池和电池组原型:
- (a) 电池和电池组运输时所用的外容器是符合Ⅰ类包装容器标准的金属、塑料或胶合板桶或金属、塑料或木制箱;
- (b) 每个电池和电池组都单独包装在外容器内的独立内容器中,并用不燃烧、不导电的衬垫材料包围。

311 该物质未经有关主管机关根据《试验和标准手册》第Ⅰ部分相关试验的结果予以批准,不得运输。容器应确保稀释液的百分比在运输过程中的任何时刻都不低于有关主管机关批准时规定的水平。

312 (删除)

313 (保留)

314 (a) 该物质有可能在较高的温度下发热分解。产生分解的原因可能是热或有杂质(如金属粉末(铁、锰、钴、镁)及其化合物);
- (b) 在运输过程中,该物质应避免直接日照和一切热源,并应置于充分通风的场所。

315 本条目不适用于满足吸入毒性标准的,符合 2.2.61.1.8 Ⅰ类包装的第 6.1 类物质。

316 本条目仅适用于以非易裂变形式运输的、干的次氯酸钙。

317 "例外的易裂变"仅适用于符合 6.4.11.2 的包件。

318	正式运输名称应附带技术名称。技术名称(见3.1.2.8)无须在包件上写明。如对运输的感染性物质尚不了解,但怀疑可能符合列入A类的标准,划为UN 2814或UN 2900,应在运输单据上正式运输名称之后在括号内注明"怀疑为A类感染性物质",但无须在外包装上注明。
319	根据包装指南P650包装和标记的物质,不受ADR的限制。
320	(删除)
321	应始终认为储存系统载有氢。
322	以非易裂变形式运输时,货物可划入Ⅲ类包装。
323	(保留)
324	该物质在浓度不大于99%时需加稳定剂。
325	若为非易裂变或例外的易裂变六氟化铀,则应划入UN 2978。
326	若为易裂变六氟化铀,则应划入UN 2977。
327	用于再加工或处理而按照5.4.1.4.3(c)托运的废弃喷雾器,可在本条目下运输。无须为该类废弃喷雾器安置防止意外释放的保护装置,但须采取措施防止因压力升高造成危险并防止对周围空气造成危害。废弃喷雾器,渗漏或严重变形的除外,应按照包装指南P207和特殊包装规定PP87,或者包装指南LP02和特殊包装规定L2包装。渗漏或严重变形的喷雾器,应装在救助容器内运输,且须采取适当措施,确保不会出现压力升高而造成危险。废弃喷雾器不得装在密闭的货物集装箱中运输。 *注:对于海上运输,废弃喷雾器不得在密闭容器中运输。*
328	本条目适用于燃料电池盒,包括安装在设备上的及与设备包装在一起的燃料电池盒。安装在燃料电池系统中的或作为燃料电池系统组成部分的燃料电池盒,均视为安装在设备上的燃料电池盒。燃料电池盒指储存燃料、通过阀门控制向燃料电池释放燃料的物品。燃料电池盒,包括安装在设备上的燃料电池,其设计和制造,在正常运输条件下应能够防止燃料泄漏。 使用液体燃料的燃料电池盒,其设计型号应通过100kPa(表压)的内部压力试验而不发生泄漏。 含有金属氢化物的燃料电池盒,应符合特殊规定339,除此种电池盒外,其他各种燃料电池盒的设计型号,都应标明在最有可能造成装载系统破坏的方向上,且能够通过在坚硬表面上进行的1.2 m跌落试验而无内装物外漏。 当锂金属或锂离子电池都包含在燃料电池系统内时,货物应按本条目及适用于在此项下装在设备中的UN 3481锂离子电池的,或装在设备中的UN 3091锂金属电池的相应条目托运。
329	(保留)
330	(删除)
331	(保留)
332	六水硝酸镁不受ADR限制。
333	用于火花点火式发动机(如汽车、固定发动机和其他发动机)的各种酒精与汽油的混合物,无论其挥发性如何,均应划入本条目。
334	燃料电池盒可含有活化剂,但应装在两个独立的装置中以防运输过程中与燃料意外混合。
335	不作为危险货物运输的固体混合物,以及对环境有危险性的液体或固体,其类别应划入UN 3077,若在装载物质时,或已被装在封闭容器或运输装置中后,表面无自由液体,可在本条目下运输。每个危险货物运输装置在作为散

装货箱使用时,应防止泄漏。若在装载混合物时,或已被装在封闭容器或运输装置中后,表面无自由液体,该混合物应划入 UN 3082。装载有对环境有危险性的液体,容量小于 10mL,用固体物质吸收后,包装或物品表面无自由液体,或装载有对环境有危险性的固体,质量小于 10 g 的密封小包装或物品,不受 ADR 限制。

336 装有不可燃固态 Ⅱ 类低比活度物质(LSA - Ⅱ)或 Ⅲ 类低比活度物质(LSA - Ⅲ)的单个包件,空运时放射性活度不得大于 3000 A2。

337 B(U)型和 B(M)型包件,空运时所含的放射性强度不得大于下述规定的数值:

(a) 对于低弥散放射性物质:认可证书规定的包件设计允许值;
(b) 对于特殊形式放射性物质:3000 A1 或 100000 A2,其中较低者;
(c) 对于所有其他放射性物质:3000 A2。

338 按设计装有可燃液化气体、在本条目下运输的每个燃料电池盒,应满足下列条件:

(a) 能够在 55℃ 条件下,承受至少两倍于内装物平衡压力的压力,而不发生泄漏或破裂;
(b) 装载的可燃液化气体不超过 200 mL,蒸气压力在 55℃ 时不超过 1000kPa;
(c) 通过 6.2.6.3.1 中所述的热水槽试验。

339 在本条目下运输含有氢的金属氢化物的燃料电池盒,其水容量应小于或等于 120mL。

燃料电池盒内的压力,在 55℃ 时不得超过 5 MPa。其设计应能够承受 55℃ 时两倍于燃料盒设计压力的压力,或 55℃ 时高于燃料盒设计压力 200 kPa 的压力,取二者中较高者。进行该试验所需的压力,见"跌落试验"和"氢循环试验"中的"最低瓶体爆裂压力"。

填装燃料电池盒,应按照制造商规定的程序进行。制造商应为每一个燃料电池盒提供以下信息:

(a) 在第一次填装和重装燃料电池盒之前的检查程序;
(b) 应了解的安全注意事项和可能的危险;
(c) 确定何时达到额定容量的方法;
(d) 最低和最高压力范围;
(e) 最低和最高温度范围;
(f) 第一次填装和重装应满足的所有其他要求,包括第一次填装和重装应使用的设备类型。

燃料电池盒的设计和制造,在正常运输条件下应防止燃料的泄漏。每种燃料盒的设计型号,包括作为燃料电池组成部分的燃料盒,应接受并通过以下试验:

跌落试验:

在 4 个不同方向,从 1.8m 高度向坚硬表面跌落的试验:

(a) 垂直方向,装有封闭阀门装置的一端;
(b) 垂直方向,装有封闭阀门装置相反的一端;
(c) 水平方向,跌向一个直径 38mm 且位置向上的钢制尖端体;
(d) 45°角方向,装有封闭阀门装置的一端。

在电池盒装至其额定充装压力时,在所有可能发生泄漏的位置,使用肥皂泡溶液或以其他等效方法检查,不得有泄漏。随后,对燃料电池盒进行静水加压,直至破坏。试验记录的爆裂压力,应高于最低壳体爆裂压力的85%。

耐火试验:

燃料电池盒在装入的氢达到额定容量后,应通过耐火试验。电池盒的设计,本身可包括一个排放装置。如出现以下结果之一,可认为电池盒已通过耐火试验:

(a) 内部压力排空到零表压,未出现破裂;

(b) 电池盒耐火至少达20 min,未出现破裂。

氢循环试验:

本试验目的是保证在使用过程中不会超出燃料电池盒的设计应力极限。燃料电池盒应循环充装,从不超过额定氢容量的5%,到不少于额定氢容量的95%,再减到不超过额定氢容量的5%。充装时应使用额定的充装压力,温度保持在作业温度范围。循环充装应继续进行,至少达到100个循环。循环试验之后,燃料电池盒应当充满,并测量电池盒显示的水容量。如果经过循环测试的电池盒所显示的水容量不超过未经过循环试验的电池盒在被充装到额定容量95%、压力增加到最低外壳破裂压力的75%时所显示的水容量,则可认为电池盒的设计已通过氢循环试验。

产品的防漏试验:

每个燃料电池盒都应在15℃±5℃、压力达到额定负载压力的条件下接受防漏试验。使用肥皂泡沫溶液或其他等效的手段,在一切可能发生泄漏的地方检测确定,不得出现泄漏。

每个燃料电池盒应将以下信息作永久标记:

(a) 以兆帕(MPa)表示的额定负载压力;

(b) 制造商的燃料电池序列编号,或唯一的识别码;

(c) 根据最长使用寿命确定的日期(年份四位数、月份两位数)。

340　在内容器中装有危险货物,但数量不超过3.2章表A第(7b)栏中对具体物质规定的例外数量限值的化学品箱、急救箱和聚酯树脂箱可按3.5章运输。虽然3.2章表A第(7b)栏中未对第5.2类物质单独规定例外数量,但可划入编码E2(见3.5.1.2)并在此类化学品箱和急救箱中运输。

341　(保留)

342　针对只在消毒装置中使用的玻璃内容器(如安瓿或小盒),当每个内容器盛装的环氧乙烷少于30 mL且每个外容器盛装量不多于300 mL时,尽管3.2章表A第(7b)栏中的规定为"E0",在满足以下条件时,仍可按3.5章例外数量包装的危险货物规定运输:

(a) 充装后,每个玻璃内容器确定无泄漏:将玻璃内容器放入热水槽中,温度和时间足以保证达到内部压力等于环氧乙烷在55℃时的蒸气压力。任何玻璃内容器在此项试验中显示泄漏、变形或其他缺陷,均不得按本条目特殊规定的条件运输;

(b) 除3.5.2要求的包装外,每个玻璃内容器均应放在一个密封的适用于环氧乙烷的塑料袋中,塑料袋能够在环氧乙烷发生破裂或泄漏时承载内装物;

(c) 每个玻璃内容器均有在容器发生损坏的情况下(如挤压)防止塑料袋被刺破的保护措施(如外套或衬垫)。

343　本条目适用于含硫化氢的原油,其硫化氢含量可因从原油中散发出的气体而引起吸入性危险。包装类别的划定应根据所呈现的危险程度,按易燃性危险和吸入性危险确定。

344 应符合6.2.6的规定。

345 装入开放式,最大容量为1L,双层玻璃构造,内层和外层之间抽空(真空绝热)的低温容器的气体,不受ADR限制,条件是每个容器均放在有适当衬垫或吸收材料的可保护低温容器不受碰撞损坏的外容器中运输。

346 符合4.1.4.1中包装指南P203的要求,未盛载除UN 1977冷冻液态氮外的其他危险货物,且冷冻液态氮可完全被多孔材料吸收的开放式低温容器,不受ADR限制。

347 本条目仅适用于当《试验和标准手册》第Ⅰ部分试验系列6(d)的结果显示,运输中发生的任何危险效应均局限于包件内时的情况。

348 2011年12月31日后生产的电池,须在外壳上标记瓦时容量。

349 禁止运输次氯酸盐与铵盐的混合物。UN 1791次氯酸盐溶液属第8类物质。

350 禁止运输溴化铵及其水溶液,以及溴酸盐与铵盐的混合物。

351 禁止运输氯酸铵及其水溶液,以及氯酸盐与铵盐的混合物。

352 禁止运输亚氯酸铵及其水溶液,以及亚氯酸盐与铵盐的混合物。

353 禁止运输高锰酸铵及其水溶液,以及高锰酸与铵盐的混合物。

354 本条目适用于吸入性毒性物质。

355 本条目下运输的紧急情况下使用的氧气瓶,可包括安装好的起动弹药筒(1.4项的弹药筒、动力器件,配装组C或S),无须改变2.2项的分类,条件是每个氧气瓶的爆燃(推进)炸药总量不超过3.2 g。准备运输装有起动弹药筒的氧气瓶,应有防止意外启动的有效装置。

356 装在运输工具上,或装在整套运输工具组件上,以及准备装在运输工具上的金属氢储存系统,在接受运输前应得到有关起运国❶主管机关的批准。运输单证应包括包件已得到有关主管机关批准的说明,或每批托运货物均应附带的有关主管机关的批文。

357 若原油含有硫化氢,且含量可因从原油中散发出的气体而引起吸入性危险的,应按"UN 3494,含硫原油,易燃,毒性"条目托运。

358 硝化甘油酒精溶液,含硝化甘油超过1%但不大于5%,可划为第3类,UN 3064,但必须符合4.1.4.1中包装指南P300的所有要求。

359 硝化甘油酒精溶液,含硝化甘油超过1%但不大于5%,如不符合4.1.4.1中包装指南P300的所有要求,应划为第1类,UN 0144。

360 完全以锂金属电池组或锂离子电池组为动力的车辆,应按"UN 3171,电池动力车辆"分类。

361 本条适用于储能量大于0.3 Wh的双电层电容器。储能量为0.3 Wh或以下的双电层电容器不受ADR限制。储能量指以标称电压和电容量计算所得的电容器储存能量。所有适用于本条目的电容器,包括不符合任何危险货物类别或项别分类标准的含有一种电解质的电容器,都必须符合以下标准:

(a) 非安装在设备上的电容器,必须在未充电的状态下运输。安装在设备上的电容器,或在未充电的状态下运输,或采取防止短路的保护措施。

(b) 每个电容器都应采取以下保护措施,防止在运输过程中可能发生短路的危险:

---

❶ 如果该起运国不是ADR的缔约方,其批准应得到ADR缔约方主管机关的认可。

(ⅰ) 当电容器的储能量小于等于 10Wh 时，或当一个模块里的每个电容器的储能量小于等于 10Wh 时，电容器或模块应采取防止短路的保护措施，或以金属带连接两极；和

(ⅱ) 当单独的电容器或一个模块里的每个电容器的储能量大于 10Wh 时，电容器或模块应以金属带连接两极；

(c) 含有危险品的电容器，在设计上必须能够承受 95kPa 的压力差；

(d) 电容器的设计和制造必须能够通过一个排气孔或电容器外壳上的一个弱点，安全地释放在使用过程中可能形成的压力。排气时任何液体必须释放在容器内或安装电容器的设备内；且

(e) 电容器须用 Wh 标记储能量。

含有一种电解质但不符合危险货物任何类或项分类标准的电容器，包括安装在设备上的电容器，不受 ADR 其他规定的限制。

含有一种电解质、符合危险货物任何类或项分类标准的电容器，储能量等于或小于 10Wh 的，如在不加包装的情况下，能够通过在坚硬表面上进行的 1.2m 跌落试验而无内装物外漏，则不受 ADR 其他规定的限制。

含有一种电解质、符合危险货物任何类或项分类标准的电容器，没有安装在设备上，储能量大于 10Wh，受 ADR 限制。

安装在设备上并含有一种电解质、符合危险货物任何类或项分类标准的电容器，不受 ADR 其他规定的限制，条件是设备必须包装在坚固的外容器中，外容器以适当材料制造，针对容器的指定用途有足够的强度和适当的设计，可防止运输过程中电容器意外工作。带电容器的大型、牢靠设备，如装载电容器的设备已经为之提供了同等安全的保护，可在不加包装的情况下进行运输，或放在托盘上运输。

注：设计上保持一端电压的电容器（如不对称电容器），不在本条范围之内。

362 （保留）

363 本条款也适用于液体燃料，受 1.1.3.3 豁免的物品除外。这些液体燃料需超过 3.2 章表 A 第(7a)栏所述的数量，燃料的装载装置是设备或机器（如发电机、压缩机、供热机组等）原设计类型中不可或缺的一部分。如果它们满足下列条件，则不适用于 ADR 的其他规定。

(a) 燃料的装载装置需遵守起运国主管机关的制造要求[1]；

(b) 装载装置上的任何阀门或开口，在装载危险货物后，在运输过程中必须关闭；

(c) 机器或设备应取一个能够防止危险品意外泄漏的方向，加以固定，确保能够限制机器或设备在运输过程中发生任何移动以致改变方向或造成损坏；

(d) 当装载装置的容量大于 60L，但不超过 450L 时，装载装置应根据 5.2.2 在外侧的一边贴有标志。当装载装置的容量大于 450L，但不超过 1500L 时，装载装置应根据 5.2.2 在外侧四边贴有标志。

(e) 当装载装置的容量大于 1500L 时，装载装置应根据 5.3.1.1 在外侧四边张贴揭示牌。运输应满足 5.4.1 的要求，并且在运输单据中注明下列额外声明："根据特殊规定 363 运输"。

364 本项物品只能根据 3.4 章的规定运输，条件是主管机关确定，提交运输的包

---

[1] 例如，遵守 2006 年 5 月 17 日欧盟机械议会上的 2006/42/EC 指令，以及修订的 95/16/EC 指令（2006 年 6 月 9 日欧共体官方刊物第 L157 号第 24~86 页）。

件能够通过根据《试验和标准手册》第Ⅰ部分试验系列6(d)所做的试验。

365　批量制造的含有汞的仪器和物品，见UN 3506。

366　批量制造的含汞不超过1 kg的仪器和物品，不受ADR限制。

367　单据的目的：

正式运输名称"涂料相关材料"，可用于在同一包件中既有"涂料"，又有"涂料相关材料"包件的托运；

正式运输名称"涂料相关材料，腐蚀性，易燃"，可用于在同一包件中既有含"涂料，腐蚀性，易燃"的包件，又有含"涂料相关材料，腐蚀性，易燃"包件的托运；

正式运输名称"涂料相关材料，易燃，腐蚀性"，可用于在同一包件中既有含"涂料，易燃，腐蚀性"的包件，又有含"涂料相关材料，易燃，腐蚀性"包件的托运；和

正式运输名称"印刷油墨相关材料"，可用于在同一包件中既有含"印刷油墨"的包件，又有含"印刷油墨相关材料"包件的托运。

368　不裂变或例外的易裂变的六氟化铀，材料应按UN 3507或UN 2978分类。

369　根据2.1.3.5.3(a)，这种放在例外包件中的带有腐蚀性的放射性材料，应划为第8类——带有次要危险性的放射性材料。

六氟化铀只有在满足2.2.7.2.4.1.2、2.2.7.2.4.1.5、2.2.7.2.4.5.2中的条件，以及2.2.7.2.3.6中例外的易裂变材料条件的情况下，方可在本条下分类。除运输第8类物质必须适用的各项规定外，还必须适用5.1.3.2、5.1.5.2.2、5.1.5.4.1(b)、7.5.11 CV33 (3.1)，(5.1)~(5.4)，和(6)的规定。

不要求显示第7类的标志。

370　本条适用于：

—硝酸铵，含可燃物质大于0.2%，包括以碳计算的任何有机物质，但不包括任何其他添加物质；和

—硝酸铵，含可燃物质不大于0.2%，包括以碳计算的任何有机物质，但不包括任何其他添加物质，根据试验系列2(见《试验和标准手册》第Ⅰ部分)所做试验，结果显示因太不敏感而不能划为第1类的物质。另见UN 1942。

371　(1) 本条也适用于含小型压力容器的物品，压力容器配有释放装置。这类物品必须符合以下要求：

(a) 压力容器的水容量不超过0.5L，工作压力在15℃时不超过2.5MPa(25bar)；

(b) 压力容器的最小爆冲压力，至少应为15℃时气体压力的4倍；

(c) 每件物品在制造上应保证在正常装卸、包装、运输和使用条件下避免意外起火或泄漏。可通过外加联结启动器的锁定装置实现这一目的；

(d) 每件物品在制造上应保证能够防止压力容器或压力容器的部件发生危险迸射；

(e) 每件压力容器制造使用的材料，不得在断裂时破成碎片；

(f) 物品的设计型号须经过火烧试验。此项试验须适用《试验和标准手册》16.6.1.2（g项除外)、16.6.1.3.1~16.6.1.3.6、16.6.1.3.7(b)和16.6.1.3.8的规定。试验应显示物品可通过火灼分解型密封材料或其他压力释放装置释放压力，且压力容器不产生碎片，物品或物品的碎片不会抛射到10m以外；

(g) 物品的设计型号必须经过以下试验。使用一个刺激装置启动

一个放在容器中间位置的物品。不得在包件外部造成危险影响,如包件破裂、金属碎片或容器穿透容器。

(2) 制造商应提供设计类型、制造,以及试验和试验结果的技术文件。制造商应采用程序,确保系列生产的物品质量良好,符合设计类型,并能满足(1)中的要求。制造商应在主管机关索要时,提供上述资料。

372 本条适用于储能量大于 0.3 Wh 的不对称电容器。储能量为 0.3 Wh 或以下的双电层电容器,不受 ADR 限制。

储能量指一个电容器中储存的能量,按下式计算:

$$Wh = 1/2 C_N (U_R^2 - U_L^2) \times (1/3600)$$

采用标称容量(CN)、标称电压(UR)和额定电压下限(UL)。

所有适用本条的不对称电容器,都必须符合以下条件:

(a) 电容器或模块必须采取保护措施,防止发生短路;

(b) 电容器的设计和制造必须能够安全地释放使用过程中可能形成的压力,通过一个排气孔或电容器外壳上的一个弱点。排气时释放出来的任何液体,必须保持在容器内或安装电容器的设备内;

(c) 电容器必须标记储能量,以瓦时(Wh)表示;

(d) 含有一种电解质且该电解质符合危险货物任何分类标准的电容器;

含有一种电解质但不符合危险货物任何分类标准的电容器,包括配置在模块上或安装在设备上的电容器,不受 ADR 其他规定的限制。

含有一种电解质且该电解质符合危险货物任何分类标准的电容器,储能量等于或小于 20 Wh,包括配置在模块上的电容器,如在不加包装的情况下,能够在坚硬表面上承受 1.2 m 的跌落试验而无内装物损失,则不受 ADR 其他规定的限制。

含有一种电解质且该电解质符合危险货物任何分类标准的电容器,没有安装在设备上,储能量大于 20Wh,须受 ADR 的限制。

安装在设备上、含有一种电解质且该电解质符合危险货物任何分类标准的电容器,不受 ADR 其他规定的限制,条件是设备必须包装在坚固的外容器中,外容器以适当材料制造,对容器的指定用途而言有足够的强度和适当的设计,可防止运输过程中电容器意外工作。带电容器的大型、牢靠设备,如装载电容器的设备已经为之提供了同等安全的保护,可在不加包装的情况下提交运输,或放在托盘上运输。

注:不论本条特殊规定如何,含有第8类碱性电解液的镍碳不对称电容器,须按"UN 2795,电池组,湿的,装有碱液蓄电"运输。

373 含有不加压的三氟化硼气休的中子辐射探测器,可根据本条运输,但必须满足以下条件:

(a) 每个辐射探测器都必须满足以下条件:

(ⅰ) 每个探测器内的压力在20℃时不超过105kPa 绝对值;

(ⅱ) 每个探测器的气体量不得超过13g;

(ⅲ) 每个探测器的生产都必须按照注册的质量保证方案进行;

注:可参见 ISO 9001:2008。

(ⅳ) 每个中子辐射探测器都必须是钎焊金属陶瓷馈通组件式的金属结构。探测器的最小爆冲压力,根据设计类型的合格试验结果,应为 1800kPa;和

(ⅴ) 每个探测器均须在充气前做 1×10^{-10} cm^3/s 的密封标准试验。

  (b) 作为单个组件运输的辐射探测器,应按以下方式运输:
    (ⅰ) 探测器应包装在密封的塑料衬里中,有足够的吸收材料,可吸收全部气体内装物;
    (ⅱ) 探测器应包装在坚固的外容器中。完成的包件应能够承受1.8m的跌落试验,探测器无气体内装物泄漏;
    (ⅲ) 每件外容器内所有探测器的气体总量,不超过52g;
  (c) 内装探测器的整套中子辐射探测器系统,满足(a)中的条件,应按以下条件运输:
    (ⅰ) 探测器应装在坚固、密封的外壳中;
    (ⅱ) 外壳内应有吸收材料,且足以吸收全部气体内装物;
    (ⅲ) 整套系统应包装在坚固的外容器中,外容器能够承受1.8m的跌落试验而无泄漏,除非系统的外壳另有同等程度的保护。

  4.1.4.1中的包装指南P200不适用。

  运输票据应包括以下说明:"根据特殊规定373运输"。

  含有不超过1g三氟化硼的中子辐射探测器,包括带玻璃焊接接头的探测器,不受ADR限制,但必须满足(a)中的要求,并按(b)包装。带有这类探测器的辐射探测系统,不受ADR限制,但必须按(c)进行包装。

374 (删除)

375 这些物质放在单容器或放在组合容器中运输,组合容器中的每个单容器或内容器的净容量,液体在5L或以下,固体在5kg或以下,不受ADR任何其他规定的限制,但容器必须符合4.1.1.1、4.1.1.2和4.1.1.4~4.1.1.8的一般规定。

376 确认已经损坏或有残缺的锂离子电池或电池组和锂金属电池或电池组,已达不到根据《试验和标准手册》相关规定所作试验类型的标准,须遵守本条特殊规定的要求。

  对本条特殊规定而言,这些要求可包括但并不限于:

  ——确定在安全方面有缺陷的电池或电池组;

  ——发现有泄漏或漏气的电池或电池组;

  ——在运输前无法做出准确判断的电池或电池组;或

  ——存在整体或机械损害的电池或电池组。

  注:在评估电池是否受损或存在缺陷时,电池的类型和此前的使用和非正常使用均应考虑在内。

  电池和电池组应根据UN 3090、UN 3091、UN 3480和UN 3481适用的规定运输,特殊规定230和本条特殊规定另有规定的情况除外。

  包件应根据情况作如下标记:"损坏/残次品锂离子电池组"或"损坏/残次品锂金属电池组"。

  电池和电池组应根据情况,按4.1.4.1中的包装规范P908,或按4.1.4.3中的包装指南LP904进行包装。

  在正常运输条件下可能迅速解体、发生危险反应、起火或有形成高温危险,或有排放有毒、腐蚀性或易燃气体或蒸气危险的电池或电池组,不得提交运输,除非符合主管机关明文规定的条件。

377 锂离子电池和电池组,锂金属电池和电池组,以及带有这种电池和电池组的设备,运往处理或回收点,与带锂或不带锂的电池组一起包装,可按4.1.4.1中的包装指南P909进行包装。

这类电池和电池组不受2.2.9.1.7(a)~(e)要求的限制。

包件应作标记:"准备处理的锂电池组"或"准备回收的锂电池组"。

确定已经损坏或有残缺的电池组,应按特殊规定376运输,并根据情况,按4.1.4.1的包装规范P908或按4.1.4.3的包装指南LP904包装。

378~499　（保留）

500　（删除）

501　熔融萘,见UN 2304。

502　UN 2006塑料,以硝化纤维为基料,自热性,未别作规定的,以及UN 2002塞璐璐都属于第4.2类物质。

503　磷,白色,熔融的,见UN 2447。

504　UN 1847,水合硫酸钾,含结晶水不低于30%;UN 1849,水合硫酸钠,含结晶水不低于30%;UN 2949,含结晶水不低于25%,都属于第8类物质。

505　UN 2004,二氨基镁,属于第4.2类物质。

506　引火状态的碱土金属或碱土金属合金,属于第4.2类物质。

UN 1869,镁金属或镁合金,丸状、旋屑或带状,含镁大于50%,属于第4.1类物质。

507　UN 3048,磷化铝农药,含有能抑制有毒可燃性气体产生的添加物,属于第6.1类物质。

508　UN 1871,氢化钛,UN 1437,氢化锆,属于第4.1类物质。UN 2870,氢硼化铝,属于第4.2类物质。

509　UN 1908,亚氯酸盐溶液,属于第8类物质。

510　UN 1775,铬酸溶液,属于第8类物质。

511　UN 1625,硝酸汞,UN 1627,硝酸亚汞;UN 2727,硝酸铊,属于第6.1类物质;硝酸钍,固态,六水硝酸铀酰溶液或硝酸铀酰,固态,属于第7类物质。

512　UN 1730,液态五氧化锑,UN 1731,五氧化锑溶液,UN 1732,五氧化锑,UN 1733,三氧化锑,属于第8类物质。

513　UN 0224,叠氮化钡,干的或湿的,按质量含水少于50%,按质量是第1类,UN 1571,叠氮化钡的物质,干的或湿的,按质量含水不少于50%,属于第4.1类。UN 1854,钡合金,发火,属于第4.2类物质。UN 1445,氯酸钡,固体,UN 1446,硝酸钡,UN 1447,高氯酸钡,固体,UN 1448,锰酸钡,UN 1449,过氧化钡,UN 2719,溴酸钡,UN 2741,次氯酸盐钡超过22%有效氯,UN 3405,钡氯酸盐,UN 3406,高氯酸钡,属于第5.1类物质。UN 1565,氰化钡和UN 1884氧化钡,属于第6.1类物质。

514　UN 2464,硝酸铵,第5.1类物质。

515　UN 1581,三氯硝酸甲烷和溴甲烷的混合物,UN 1582,三氯硝酸甲烷和氯甲烷的混合物都为第2类物质。

516　UN 1912,氯甲烷和二氯甲烷混合物,为第2类物质。

517　UN 1690,氰化钠,UN 1812,氟化钾,UN 2505,氟化铵,UN 2674,氟硅酸钠,UN 2856,氟硅酸盐,未另作规定的,UN 3415氟化钠,UN 3422氟化钾,都为第6.1类物质。

518　UN 1463,无水三氧化铬(铬酸,固态),第5.1类物质。

519　UN 1048,无水溴化氰,第2类物质。

520　UN 1050,无水溴化氰,第2类物质。

521　固态亚氯酸盐和次氯酸盐,第5.1类物质。

522 UN 1873,高氯酸,按质量含酸为50%~72%,属于第5.1类物质。高氯酸溶液,按质量含高于72%的酸,或高氯酸和除水以外的其他液体的混合物,不受理运输。

523 UN 1382,无水硫酸钾,UN 1385,无水硫酸钠,结晶水少于30%,UN 2318,氢硫化钠,含结晶水低于25%,都为第4.2类物质。

524 UN 2858,精整锆金属制品,厚度大于等于18μm,第4.1类物质。

525 无机氰化物溶液,总氰离子含量超过30%的应被归于Ⅰ类包装中,溶液中总氰离子含量在3%~30%的属于Ⅱ类包装,溶液中氰离子含量在0.3%~3%之间的为Ⅲ类包装。

526 UN 2000,塞璐璐,第4.1类物质。

528 UN 1353,纤维或纤维制品,经过轻度硝化的硝化纤维,非自燃物质属于第4.1类。

529 UN 0135,雷酸汞,湿的,按质量或酒精和水的混合物不少于20%的,属于第1类物质。氯化亚汞(甘汞),属于第9类物质(UN 3077)。

530 UN 3293,肼水溶液,按质量含肼不超过37%,属于第6.1类物质。

531 不论它们的氮成分是什么,此混合物的闪点低于23℃,且含大于55%的硝化纤维,以及含不超过55%硝化纤维,其氮含量高于12.6%(干基)的,属于第1类物质(见UN 0340或0342)或第4.1类物质。

532 UN 2672,氨溶液,含10%~35%的氨,属于第8类物质。

533 UN 1198,甲醛溶液,易燃,属于第3类物质。甲醛溶液,不易燃,含少于25%的甲醛,不受ADR限制。

534 在某些气候条件下,汽油在50℃时的气压高于110kPa(1.10bar),但不高于150kPa(1.50bar),仍被认为是在50℃下气压不高于110kPa(1.10bar)的物质。

535 UN 1469,硝酸铅,UN 1470,高氯酸铅,属于第5.1类物质。

536 萘,固态,见UN 1334。

537 UN 2869,三氯化钛混合物,不会引火,属于第8类物质。

538 硫(固态),见UN 1350。

539 异氰酸盐溶液,闪点不低于23℃,属于第6.1类物质。

540 UN 1326,铪粉,湿的,UN 1352,钛粉,湿的,UN 1358,锆粉,湿的,含水不少于25%,都为第4.1类物质。

541 硝化纤维混合物,若含水量、乙醇量或增塑剂量低于规定限制的被认为是第1类物质。

542 含透闪石或/和阳起石的滑石包括在该项中。

543 UN 1005,无水氨;UN 3317,氨溶液,含氨量大于50%;UN 2073,氨溶液,含氨量35%~50%,属于第2类物质;含氨量不超过10%的氨溶液,不受ADR限制。

544 UN 1032,无水二甲胺,UN 1036,乙胺;UN 1061,无水甲胺;UN 1083,无水三甲胺,都属于第2类物质。

545 UN 0401,二苦硫,湿的,按质量含水低于10%的属于第1类物质。

546 UN 2009,锆金属,干的,精整薄板,带材或成卷线材,厚度小于18μm的属于第4.2类物质,锆金属,干的,精整薄板,带材或成卷线材,厚度大于等于254μm的不受ADR限制。

547 UN 2210,代森锰或代森锰制剂,自热型,为第4.2类物质。

548　遇水能产生可燃气体的氯硅烷为第4.3类物质。

549　闪点低于23℃,遇水不产生可燃气体的氯硅烷,属于第3类物质;闪点等于或高于23℃,遇水不产生可燃气体的氯硅烷,属于第8类物质。

550　UN 1333,铈,板、锭或棒,属于第4.1类物质。

551　闪点低于23℃的异氰酸盐溶液属于第3类物质。

552　粉状或其他形态的,易产生自燃现象的金属和合金属属于第4.2类物质。粉状或其他可燃状态的金属及合金,遇水产生可燃气体的属于第4.3类物质。

553　过氧化氢和过氧化化乙酸的混合物在实验检测时(见《试验和标准手册》第Ⅲ部分,20),于成穴状态下,不应产生爆炸、暴燃现象。在限定条件下加热不应有任何反应,也不应出现任何易爆炸、粉状物。配方应具有热稳定性(对于50kg的包装,其自加速降解温度应达到60℃)不应有任何反应,也不应出现任何易爆炸粉状物。配方应具有热稳定性(对于50kg的包装,其自加速解温度应达到60℃,甚至更高),为达到减敏目的,应使用与过氧化乙酸一致的液体,不符合这些规定的配方被认为是第5.2类物质[见《试验和标准手册》第Ⅱ部分,20.4.3(g)]。

554　遇水产生可燃气体的金属氢化物的金属氢化物属于第4.3类物质。UN 2870,氢硼化铝或装置中的氢硼化铝属于第4.2类物质。

555　非自燃状态,无毒的灰状或粉状金属,遇水产生可燃气体的被认为是第4.3类物质。

556　能自燃的有机金属化合物及其溶液,属于第4.2类物质;含一定浓度的有机金属化合物,遇水不产生危险量可燃性气体,也不会自燃的可燃溶液,属于第3类物质。

557　可引火状态的灰状或粉状金属为第4.2类物质。

558　可引火状态的灰状或粉状金属为第4.2类物质;遇水不产生可燃性气体,不致引火或自热的,但易燃的金属或合金为第4.1类物质。

559　(删除)

560　UN 3257,高温液体,未另作规定,温度高于或等于100℃,低于其闪点(包括熔融金属,熔融盐类等),属于第9类物质。

561　具有强腐蚀性的氯酸钾,第8类物质。

562　能自燃的有机金属化合物属于第4.2类物质;遇水反应且可燃的有机金属化合物为第4.3类物质。

563　UN 1905,硒酸,第8类物质。

564　UN 2443,三氯氧化钒,UN 2444,四氯化钒,UN 2475,三氯化钒,属于第8类物质。

565　来源于医疗/兽医行业对人/动物处理后以及生物研究后产生的非专一性的废物或包括曾含传染性物质的生物研究废物不受第6.2类规定限制。

566　UN 2030,水合肼和肼水溶液,按质量含肼37%~64%,属于第8类物质。

567　(删除)

568　水含量低于限定值的叠氮化钡,为第1类物质,UN 0224。

569~579　(保留)

580　(删除)

581　此项包括含烃类物质的甲基乙炔、丙二烯混合物,例如:
混合物P1,含体积不超过63%的甲基乙炔、丙二烯和体积不超过24%的丙烷和丙烯,C_4—饱和烃的体积百分含量不少于14%。

混合物P2,含体积不超过48%的甲基乙炔、丙二烯和体积不超过50%的丙烷和丙烯,C_4—饱和烃的体积百分含量不少于5%。

以及丙二烯和1%～4%甲基乙炔的混合物。

遇到相关条例时,为了符合运输文件(5.4.1.1)的需要,术语"混合物P1"可以作为技术词使用。

582　此项包括以字母R...表示的气体混合物和其他的物质,例如:

混　合　物	70℃下最大气压 (MPa)	50℃时的最小密度 (kg/L)	符合运输文件 (5.4.1.1)的术语
F1	1.3	1.30	"混合物F1"
F2	1.9	1.21	"混合物F2"
F3	3.0	1.09	"混合物F3"

注1:三氯氟代甲烷(制冷气R11),1,1,2-三氯-1,2,2-三氟代乙烷(制冷气R113),1,1,1-三氯-2,2,2-三氟代乙烷(制冷气R113a),1-氯-1,2,2-三氟代乙烷(制冷气R133),以及1-氯-1,1,2-三氟代乙烷(制冷气R133b),不属于第2类物质,然而它们可以作为混合物F1到F3的组成物。

注2:该参考密度对应二氯一氟甲烷的密度(1.30kg/L),二氯二氟甲烷(1.21kg/L)和氯二氟甲烷(1.09kg/L)。

583　此项包括混合物和其他的物质,例如:

混　合　物	70℃下最大气压 (MPa)	50℃时的最小密度 (kg/L)	符合运输文件 (5.4.1.1)的术语
A	1.1	0.525	"混合物A"或"丁烷"
A01	1.6	0.516	"混合物A01"或"丁烷"
A02	1.6	0.505	"混合物A02"或"丁烷"
A0	1.6	0.495	"混合物A0"或"丁烷"
A1	2.1	0.485	"混合物A1"
B1	2.6	0.474	"混合物B1"
B2	2.6	0.463	"混合物B2"
B	2.6	0.450	"混合物B"
C	3.1	0.440	"混合物C"或"丙烷"

罐内运输时,商品名"丁烷"或"丙烷"仅能用作补充词。

584　当在以下条件时,该气体不受ADR限制:

—当它为气态时;

—含有不超过0.5%的空气;

—储存在没有瑕疵的金属容器中(磷酸二氢钠和碳酸氢钠的混合物,发泡的),因为这些瑕疵会减少容器的承受力;

—保证容器中密封圈的防漏性;

—每个容器中装有不超过25g的该气体;

—容器中每立方厘米含有不超过0.75g的该气体。

585　(删除)

586　铪、钛和锆粉应含可见的过量的水分,铪、钛和锆粉,湿的,机械制造的粒径大于等于53μm,或化学制造的粒径在840μm或大于此粒径的不受ADR

限制。

587　硬脂酸钡和钛酸钡不受 ADR 限制。

588　固态的水合溴化铝和水合氯化铝不受本限制。

589　（删除）

590　六水氯化铁不受 ADR 限制。

591　含不超过 3% 游离酸的硫酸铝不受 ADR 限制。

592　装过此种物质的未清洗空容器（包括空 IBCs 和大容器），空罐体车、空的可拆卸的罐体、空的便携式罐体、空罐体容器以及空的小容器不受 ADR 限制。

593　冷藏的气体如医药或生物制品如果遵照 4.1.4.1 中 P203(11) 的包装说明储放在双层容器中，则不受 ADR 限制。

594　根据起运国的规定进行生产和充装的下列物质不受 ADR 限制：
（a）　UN 1044 防漏电保护的灭火器，当：
　　　—灭火器包装在坚硬的外包装；或
　　　—满足 4.1.4.1 包装指南 P003 中特别包装规定 PP91 的大型灭火器；
（b）　UN 3164 气压或液压物品，设计能够承受比外力、内力及制造而产生的内部气压更大的应力，当包装在坚硬的外包装时。

注："起运国的相关规定"指在起运国所适用的规定或在使用国所适用的规定。

596　镉颜料，如硫化镉、硫代硒化镉及含高脂肪酸的镉盐（如硬脂酸镉），不受 ADR 限制。

597　含质量不超过 10% 纯酸的醋酸溶液，不受 ADR 限制。

598　以下物品不受 ADR 限制：
（a）　新蓄电池，当
　　　—采取某种安全措施保护以防它们滑动、跌落或被损伤；
　　　—除非可以堆积，如放在货盘上，否则有专用的运输设备；
　　　—外层有少量的酸、碱，不致引起危险；
　　　—有防短路的保护措施。
（b）　旧蓄电池，当
　　　—它们的外壳未被破坏；
　　　—采取安全措施防止它们堆积在货盘上时产生漏电、滑动、跌落或被损伤现象；
　　　—物品外壳有少量的酸、碱，不致引起危险；
　　　—有防短路保护措施。
"旧蓄电池"指蓄电池在它们的使用期未进行回收的电池。

599　（删除）

600　熔融和结晶的五氧化二钒不受 ADR 限制。

601　医药产品，如化妆品、药物、内服药，它们的加工及所装的包装包件种类是用于零售及批发给个人或家庭消费的，不受 ADR 限制。

602　没有游离黄磷和白磷的硫化磷，不受理运输。

603　不符合 UN 1051 或 UN 1614 描述的无水氢化氰，不受理运输；含少于 3% 水份且 pH 值为 2.5 ±0.5，液体清而无色的氢化氰（氢氰酸）是稳定的。

604~606　（删除）

607　硝酸钾、硝酸钠与铵盐的混合物不受理运输。

608　（删除）

609 含有可燃性杂质的四硝基甲烷不受理运输。

610 当某种物质含超过45%氢化氰时,禁止运输。

611 含超过0.2%可燃物质(包括任何有机含碳物质)的硝酸铵不受理运输,除非它是第1类物质或物品的组成部分。

612 (保留)

613 含超过10%氯酸的氯酸溶液以及氯酸与任何除水以外的液体的混合物不受理运输。

614 根据2.2.61.1的标准,若某浓度的2,3,7,8-四氯二苯-p-二氧(杂)芑(TC-DD)被认为是高毒性的就不受理运输。

615 (保留)

616 含超过40%硝酸酯的物质应进行2.3.1内专门的安全渗出实验。

617 除了爆炸物的种类,特殊爆炸物的商品名也应在容器上标明,并且在运输文件上详细说明。

618 在含1,2-丁二烯的容器中,气相的含氧量不应超过$50mL/m^3$。

619~622 (保留)

623 UN 1829 三氧化硫应被抑制,99.95%或更纯的三氧化硫,当罐体内无抑制剂且它的温度保持在32.5℃或更高时可以运输,当罐体内无抑制剂且最低温度为32.5℃,运输此物质时,应在运输文件上说明"在最低温度32.5℃运输"。

624 硝酸铵或可燃物质的量超过标定值的肥料不受理运输,除非符合第1类的条件。硝酸铵含量低于限定值的肥料不受ADR限制。

在硝酸铵肥料中,均一的氮/磷或氮/钾型非分离混合物或完全的氮/磷/钾型肥料,氮离子与铵离子之比小于10%的不受ADR限制,若:

(a) 它们的硝酸铵含量不超过70%,总可燃物质含量不超过0.4%;

(b) 它们的硝酸铵含量不超过45%,不考虑可燃性物质的含量。

625 含有这些物品的容器应该清晰地标明"UN 1950 气溶胶"

626~627 (保留)

628 均一的硝酸铵及其添加物(相对于硝酸铵属于无机、惰性物质)的非分离混合物,含不少于90%硝酸铵和不超过0.2%可燃性物质(不包括含碳有机物)或含70%~90%硝酸铵和不超过0.4%可燃性物质。

629 均一的硝酸铵、碳酸铵的非分离混合物,含80%~90%硝酸铵及不超过0.4%的可燃性物质。

630 均一的硝酸铵和硫酸铵的非分离混合物,含45%~70%的硝酸铵和不超过0.4%的可燃性物质。

631 均一的氮/磷和氮/钾型非分离混合物,或完全的氮/磷/钾型肥料,含70%~90%的硝酸铵和不超过0.4%的可燃性物质。

632 被认定为可燃性引火的物质。

633 含有此类物质的包件和小容器上应标有以下标记"远离任何火源",并且这个标记应以运输国家的官方语言书写。倘若它的语言不是英语、法语或德语,就以英语、法语或德语书写,除非在运输操作过程中国家间达成了协议使用其他语言。

634 (删除)

635 包件中含有此类物质的不需要标9号样签,除非该物质被容器、板条箱或其他工具完全封住而使该物质不易被辨出。

636 （a） 在有起运国主管机关的批准下,每个电池中所含的锂或锂合金的量可升至60g,每个容器中可含超过250g的锂或锂合金。主管机关应确定运输条件以及检测的类型和持续时间。如果起运国不是 ADR 的合约伙伴国,该项批准应以运输国的官方语言书写。倘若它的语言不是英语、法语或德语,就以英语、法语或德语书写,除非在运输操作过程中国家间达成了协议使用其他语言;

（b） 设备中所含的电池在运输过程中不应放电至开路电压低于 2V 或为未放电时的 2/3,无论哪个都认为是过低;

（c） 包件含有在无标记容器中使用电池的,应标有"使用锂电池"的字样;

（d） 不符合这项特殊规定和/或特殊规定 188、230、287 要求的物品不受理运输。

637 通常改良过的微生物是指那些对人畜无害,但会以一种在自然条件下不会发生的方式改变动、植物及微生物的生态环境。通常经批准用于释放到环境中去的改良过的微生物不受第 9 类规定所限❶。

活的脊椎或非脊椎动物不应用于运输属于这个 UN 编码的物质,除非此物质无其他运输方式。

当运输属于这类 UN 编码的物质时,应给予恰当的信息,如"在 +2℃/+4℃"下冷藏或"以冷冻状态运输"或"不得冷冻"。

638 与自反应物质相关的物质（见 2.2.41.1.19）。

639 见 2.2.2.3 分类号 2F,UN 1965,注 2。

640 根据 3.2 章表 A 第(2)栏物质的物理和技术特性,确定运输同一包装类别物质的 ADR 罐体的不同罐体代码。

为了识别罐体中产品的物理和技术特性,以下内容需要补充到运输单据的特殊要求中,仅当以 ADR 罐体运输时:

"特殊规定 640X","X"代表在 3.2 章表 A 第(6)栏特殊规定 640 后的大写字母;

当装运特定 UN 编号和包装类物质的罐体满足最严格的要求时,这些特殊要求可以省略。

642 除了 1.1.4.2 的许可外,UN 规则的此项条目不应用于运输含游离氨的有机氨溶液肥料。

643 石头或沥青粒料的混合物第 9 类不受 ADR 限制。

644 此类物质准予运输,当
—含此类物质在 10% 的水溶液的 pH 值在 5~7 之间。
—溶液不含质量超过 0.2% 的可燃物质或含氯量超过 0.02% 的含氯化合物。

645 3.2 章表 A 第(3b)栏所提到的分类代码仅可在运输前、经 ADR 缔约方的主管机关许可后使用。许可应以分类批准证书[见 5.4.1.2.1(g)]书面获取,并提供专有的证书号。当根据 2.2.1.1.7.2 要求的程序进行分类时,主管机关会要求根据《试验和标准手册》第 I 部分试验系列 6 所得到的测算数据进行默认分类。

646 通过水蒸气活化法得到的碳不适用 ADR 的要求。

647 不高于 25% 纯酸度的醋和醋酸食品的运输仅需满足以下要求:

---

❶ 见欧洲议会和理事会的 2001/18/EC 指令部分 C 中有关有意释放转基因生物到环境中的法律,同时废除理事会的 90/220/EEC 指令(2001 年 4 月 17 日欧共体官方刊物第 L106 号第 8~14 页),其中规定了欧洲共同体的授权程序。

(a) 中型散装容器、大型包装和罐体,应采用永久耐醋/醋酸腐蚀的不锈钢或塑料材料生产;

(b) 中型散装容器、大型包装和罐体,应至少每年一次由业主进行目视检查。检查结果应记录在案,并至少保存一年。损坏的中型散装容器、大型包装和罐体,不应充装;

(c) 中型散装容器、大型包装和罐体,充装时应确保没有产品泄漏或附着在外表面;

(d) 密封件应对醋/醋酸食品有耐腐蚀性。中型散装容器、大型包装和罐体,应由包装人或充装人进行密封,从而确保在正常运输情况下不会有泄漏;

(e) 如满足4.1.1.1,4.1.1.2,4.1.1.4,4.1.1.5,4.1.1.6、4.1.1.7和4.1.1.8的一般包装要求,则可以使用由玻璃或塑料制成的内包装的组合包装(见4.1.4.1包装指南P001)。

ADR的其他规定不适用。

648 经过杀虫剂浸透的材料,比如纤维板,纸条,棉花球,塑料片,用于密闭包装时,不适用ADR的规定。

649 (删除)

650 废弃物包括包装残留物、固态残留物和涂料液态残留物,可按Ⅱ类包装进行运输。除了UN 1263 Ⅱ类包装的规定以外,废弃物也可按以下要求包装和运输:

(a) 废弃物可按照4.1.4.1包装指南P002或4.1.4.2包装指南IBC06进行打包;

(b) 若有完整的硬质集合包装,废弃物可以包装在13H3,13H4 and 13H5柔性IBCs包装;

(c) 上述(a)和(b)中的包装和中型散装容器可以按照6.1章或6.5章的要求进行试验,达到Ⅱ类包装固体的要求。试验时应充装有代表性的拟装运的废弃物;

(d) 侧帘车辆、封闭式集装箱或软开顶大型集装箱进行散装运输时,允许都是完整的硬壁。车体或箱体应当防漏或有防漏功能,譬如采用恰当且足够坚固的内衬;

(e) 假如废弃物按以下特殊规定的情况运输,那么货物应当按照5.4.1.1.3的要求在运输单据中声明如下:

"UN 1263 废弃涂料,3,Ⅱ,(D/E)"或

"UN 1263 废弃涂料,3,PG Ⅱ,(D/E)"

651 假如每运输单元的净炸药量不超过4000kg,每辆车净炸药量不超过3000kg,那么特别条款V2(1)不适用。

652 奥氏体不锈钢、铁素体、奥氏体钢(双相钢)和焊接钛容器不符合6.2章要求但已经依据国家航空特殊条款建造且批准,用作热气球或热气飞船燃料容器,开始服役日期(初始检验日期)在2004年6月1日前并符合以下情况的,可通过道路运输:

(a) 遵守6.2.1通用条款;

(b) 容器的设计和建造经由国家航空运输管理局批准用于航空用途;

(c) 作为6.2.3.1.2的一项豁免条款,计算压力应当源自减少后的最大环境温度40℃,在这种情况下:

(ⅰ) 作为6.2.5.1的一项豁免条款,气瓶应由轧制和退火的工业纯钛,最小要求:Rm >450 MPa, ε_A > 20% (ε_A = 断后伸长率);

(ⅱ) 奥氏体不锈钢和铁素体、奥氏体钢(双相钢)气瓶在减少后最大环境温度40℃计算压力时最小保证屈服强度(Re)的85%;

(ⅲ) 容器应装有压力释放装置,设定压力2.6MPa(26bar),试验压力不低于3MPa(30bar);

(d) 当(c)豁免无法应用,容器应按参考温度65℃设计,并应当配备一套由使用国主管机关规定设定压力的压力释放装置;

(e) 容器的主体应当在外部覆有防水保护层(至少25mm厚,由结构细胞泡沫或类似的材料制成);

(f) 在运输期间,容器应牢牢固定在板条箱或额外的安全装置上;

(g) 容器应当有一个清晰可见的标志,说明容器仅供在热气球和热空气飞艇中使用;

(h) 服务的持续时间(从最初的检验日期)不应超过25年。

653 运输气体气瓶的试验压力与容积的乘积最大15.2 MPa . L(152 bar. litre),如果满足下列条件,气瓶的运输不适用于ADR的其他规定:

—遵守气瓶的制造和测试规定;

—气瓶的外层包装至少满足第4部分的组合包装要求。4.1.1.1,4.1.1.2和4.1.1.5~4.1.1.7的一般包装规定应当遵守;

—气瓶不能同其他危险物品一起混装;

—包件的总质量不超过30kg;和

—每个包件明显并持久地标有"UN 1006"压缩的氩气,"UN 1013"二氧化碳,"UN 1046"压缩的氦气或"UN 1066"为压缩的氮气。这个标记应在一个100mm×100mm的菱形区域内。

654 单独收集并按照5.4.1.1.3托运的废打火机,如果用于废物处理,根据此条款可以运输。如果采取了措施来防止危险的压力和环境,不需要防止无意排放。

废打火机,除了泄漏或严重变形的,应当按照包装指南P003的要求包装,且要满足下列规定:

—仅使用最大容量60L的刚性包装;

—包装应注满水或任何其他适当的防护材料,以避免点火;

—在正常情况下,打火机的运输,所有点火设备应完全覆盖防护材料;

—包装材料应充分通风,防止形成易燃的环境和压力;

—包装须在通风或敞开式车辆或开顶集装箱内。

泄漏或严重畸形的打火机,如果提供适当的措施来确保没有危险积聚的压力,可以用救助包装的形式运输。

注:特别规定201 和4.1.4.1 中包装指南P002 的特殊包装条款PP84 和RR5 不适用于废打火机。

655 根据97/23／EC指令进行设计、生产、许可、标记的气瓶及其关闭装置,当用于呼吸装置时,若符合6.2.1.6.1中规定的检查和试验的要求和4.1.4.1中包装指南P200的试验间隔要求时,可以不遵守6.2章规定进行运输。液压测试的压力应按照97/23／EC指令标记在气瓶上❶。

---

❶ 1997年5月29日欧洲议会和理事会的97/23/EC指令中有关各成员国针对压力设备(PED)的法律(1997年7月9日欧盟官方刊物第L181号第1~55页)。

656 (删除)

657 本条目仅用于技术上纯物质；液化石油气的混合物成分，请见 UN 1965、UN 1075或 2.2.2.3 中的注 2。

658 遵守 EN ISO 9994:2006 + A1:2008"打火机 安全规范"的 UN 1057 打火机和 UN 1057 打火机加油器，仅满足 3.4.1(a) ~ (h)，3.4.2(除了最大总重达到30kg)，3.4.3(除了最大总重达到20kg)，3.4.11 和 3.4.12，可以进行运输，且满足以下条件：

(a) 包件总质量不大于 10kg；

(b) 每车包件总质量重不超过 100 kg；

(c) 适用时，每个外包装清晰持久地标有"UN 1057 打火机"和"UN 1057 打火机加油器"。

659 根据 3.2 章表 A 第(9a)栏和第(11)栏中 PP86 或 TP7、需要排出蒸气空间中的空气的物质，不能按照此 UN 编号运输，但可按照 3.2 章表 A 中所列的自身的 UN 编号运输。

注：见 2.2.2.1.7。

660 对于设计用来安装在机动车上燃料气体装载系统的运输，子条款 4.1.4.1、5.2 章、5.4 章和 6.2 章的规定不适用，若符合下列条件：

(a) 如适用，燃料气体装载系统应符合 ECE 法规 67 号第 2 修订版❶、ECE 法规第 110 号第 1 修订版❷或 ECE 法规第 115 号❸或 EC 79/2009 号❹与 EU 406/2010 号❺的要求；

(b) 燃料气体装载系统必须防漏，不得有影响其安全性的任何的外部损坏；

注1：标准可以在《ISO 11623:2002 可运输储气瓶—复合储气瓶的定期检测和测试》（或 ISO DIS 19078《储气瓶—气瓶安装检测和天然气作燃料机动车路上储存用高压储气瓶鉴定》）。

注2：如果燃料气体装载系统不能防漏或装得过满，或者如果有外在可能影响其安全的损害，应仅在符合 ADR 的救助压力容器中运输。

(c) 如果燃料气体装载系统同一条线上配有两个或有多个阀门，两个阀门应达到气密状态，以保证正常运输条件下不漏气。如果只有一个阀存在或仅一个阀正常工作，所有除减压装置开口外的开口均应这样封闭，以保证正常运输条件下不漏气；

(d) 燃料气体装载系统运输时，应防止阻塞压力释放装置、损坏阀门和其他任何燃料密闭系统的加压部分，以及在正常运输状态下意外释放气体。燃料气体装载系统应固定，以防止打滑，滚动或垂直移动；

(e) 燃料气体装载系统应满足 4.1.6.8(a)、(b)、(c)、(d)、(e)的规定；

---

❶ 1997 年 5 月 29 日欧洲议会和理事会的 97/23/EC 指令中各成员国有关压力设备的法律（1997 年 7 月 9 日欧共体官方刊物第 L181 号第 1~55 页）。欧洲经济委员会第 67 号条例（关于：Ⅰ.批准在其驱动系统中使用液化石油气的机动车辆特殊装置的统一规定；Ⅱ.就该装置的安装方面批准在其驱动系统中使用液化石油气的机动车辆的统一规定）。

❷ 欧洲经济委员会第 110 号条例（关于：Ⅰ.批准在其驱动系统使用压缩天然气（CNG）的机动车的特殊部件；Ⅱ.就已批准的特殊部件的安装方面批准在其驱动系统中使用压缩天然气（CNG）的机动车的统一规定）。

❸ 欧洲经济委员会第 115 号条例（关于批准：Ⅰ.在其驱动系统中使用液化石油气（LPG）的机动车辆上安装的特殊液化石油气加注系统；Ⅱ.在其驱动系统中使用压缩天然气（CNG）的机动车辆上安装的特殊压缩天然气加注系统的统一规定）。

❹ 有关氢动力汽车类型认定的 2009 年 1 月 14 日欧洲议会和理事会第 79/2009 号条例和经修订的指令 2007/46/EC。

❺ 有关氢动力汽车类型认定的欧洲议会和理事会第 79/2009 号执行条例在 2010 年 4 月 26 日通过的欧委会第 406/2010 号条例。

(f) 其标记和标志应满足 5.2 章的规定,除非燃料气体装载系统放在吊提装置中托运,如果是这样,吊提装置也需要粘贴该标记和标志;

(g) 单据

每批符合本特殊规定的运输均应附有运输单据,其至少包含以下信息:

(ⅰ) 燃料气体装载系统中气体的联合国编号,前加字母"UN";

(ⅱ) 气体的正式运输名称;

(ⅲ) 标志式样号;

(ⅳ) 燃料气体装载系统的数量;

(ⅴ) 若是液化气体,每个燃料气体装载系统的净重(用 kg 表示);若是压缩气体,每个燃料气体装载系统的水容积和公称工作压力;

(ⅵ) 发货人及收货人的名称及地址;

(ⅰ) 至(ⅴ)应当按照下面的示例:

例 1：UN 1971 天然气,压缩,2.1,1 燃料气体装载系统,50L,20MPa(200bar)。

例 2：UN 1965 油气混合气体,液化,未另作规定的,2.1,3 燃料气体装载系统,均净重 15kg。

注：ADR 的所有其他条款应适用。

661　(删除)

662　仅在船舶或飞机使用、应用于填充或检查和后续回收的气瓶,可以不符合 6.2 章规定,条件是气瓶的设计及制造符合批准国主管机关认可的标准和所有 ADR 其他相关要求。

ADR 应满足的条件包括:

(a) 气瓶运输时,应有符合 4.1.6.8 的阀门保护;

(b) 气瓶标记和标志应符合 5.2.1 和 5.2.2；

(c) 应符合 4.1.4.1 包装指南 P200 中所有相关充装要求。

运输单据应包括以下语句："按照特殊规定 662 执行"。

663　本条仅用于包装,大型包装或中型散装容器,或部件,其中装有危险货物,这些容器是要对其进行处置,回收或再利用的,而不是翻新,维修,日常维护,重新制造,或再使用的,同时容器交付使用时,要已被清空到只有一些危险货物的残留物附着在容器上。

适用范围:

废弃未清洗空的包装的残留物只能是第 3,4.1,5.1,6.1,8 或 9 类危险货物。此外,他们不得:

—属于Ⅰ类包装的物质或 3.2 章表 A 第(7a)栏显示"0"的物质;

—被划分为第 3 类或第 4.1 类的退敏爆炸性物质;

—被划为第 4.1 类的自反应物质;

—放射性材料;

—石棉(UN 2212 和 UN 2590),多氯联苯(UN 2315 和 UN 3432),多卤联苯和多卤三联苯(UN 3151 和 UN 3152)。

一般规定:

带有主要危险性或次要危险性为第 5.1 类的残留物的、废弃未清洗空的包装,不得与其他废弃未清洗空的包装混装在一起,或不得与其他废弃未清洗空的包装装载在同一容器、车辆或散货集装箱。

文件化的分类程序应在装载现场实施,以确保适用于此项规定。

注:ADR 所有其他条款均适用。

664 本条目下,由固定式罐体(罐式车辆)或可拆卸式罐体运输危险品时,这些罐体可以有下列附加设备:

附加设备是:

— 是辅助设备的一部分,用于 UN 1202、UN 1993 Ⅲ类包装、UN 3082 添加剂的装卸,或者罐体的非危险货物的装卸;

— 包括如连接管和软管,关闭装置,泵和计量装置的部件,这些部件永久连接到罐体辅助设备的卸料装置;

— 包括装载装置,它是壳体的一个组成部分,或永久地固定在罐或罐式车辆的外部。

另外,附加设备可以有接口用于连接包装。在后一种情况下,包装本身不被认为是附加设备的一部分。

根据配置情况适用于下列条件:

(a) 装载装置的制造:

(ⅰ) 作为壳体的组成部分(例如罐体隔舱),应当符合 6.8 章的有关规定;

(ⅱ) 当永久固定在罐体或罐式车辆的外部时,不需要按照 ADR 规定,但应该满足下列规定:

应当由金属材料制成并符合下列表格中最小壁厚要求。

物 质	最小壁厚[a]
奥氏体不锈钢	2.5mm
其他钢材	3mm
铝合金	4mm
99.80% 的纯铝	6mm

[a] 装载装置用双壁时,外层壁厚和内层壁厚之和应当符合规定的壁厚。

焊接应按照 6.8.2.1.23 进行;

(ⅲ) 连接附加设备的包装应是金属包装,且满足 6.1 章相关制造要求,并适用于有关附加装置;

(b) 罐体许可

对于装有附加设备或拟装有附加设备,附加设备不包括在罐体原型形式许可,6.8.2.3.4 规定应适用;

(c) 装载装置和附加设备的使用

(ⅰ) 在(a)(ⅰ)情况下,没有额外的要求;

(ⅱ) 在(a)(ⅱ)情况下,每车装载装置总容量不应超过 400L;

(ⅲ) 在(a)(ⅲ)情况下,7.5.7.5 和 8.3.3 不应适用。包装仅在罐体装卸时,连接到附加设备。运输过程中,连接器和关闭装置应关闭,不得泄漏;

(d) 附加设备测试

6.8.2.4 规定适用于附加设备。然而,在(a)(ⅱ)情况下,罐体初始、中间或定期检验时,附加设备的装载装置应进行外部目视检查和防漏试验。防漏试验的试验压力至少 20mPa(0.2bar)。

注:(a)(ⅲ)描述的包装应遵守 ADR 的相关规定。

(e) 运输单据

运输单据中增加 5.4.1.1.1(a)~(d)要求的信息。"按特别规定 664 要求运输"也应加在运输单据上。

(f) 驾驶员培训

已按照 8.2.1 要求接受此类物质运输培训的驾驶员,当运输相应添加剂时,不需要接受额外培训。

(g) 揭示牌或标记

按照 5.3 章,在本条目下运输此类物质的固定式罐体或可拆卸式罐体的揭示牌或标记,不受是否有附加设备或添加剂的影响。

第 3.4 章 有限数量包装的危险货物

3.4.1　本章列出了适用于运输有限数量包装的某些类别危险货物的规定。3.2 章表 A 第(7a)栏为每种物质规定了适用于内包装或物品的数量限制。此外,不允许按照本章运输的条目,在本栏中用"0"表示。

有限数量的危险货物,按限量包装,符合本章规定,除以下各部分的相关规定外,不再受 ADR 任何其他规定的限制:

(a) 第 1 部分,1.1、1.2、1.3、1.4、1.5、1.6、1.8 和 1.9 章;

(b) 第 2 部分;

(c) 第 3 部分,3.1、3.2 和 3.3 章(除特殊规定 61、178、181、220、274、625、633 和 650(e)之外);

(d) 第 4 部分,4.1.1.1、4.1.1.2、4.1.1.4~4.1.1.8;

(e) 第 5 部分:5.1.2.1(a)(ⅰ)和(b)、5.1.2.2、5.1.2.3、5.2.1.9 和 5.4.2;

(f) 第 6 部分,6.1.4 和 6.2.5.1、6.2.6.1~6.2.6.3 的制造要求;

(g) 第 7 部分,7.1 章,和 7.2.1、7.2.2、7.5.1(除 7.5.1.4 之外)、7.5.2.4、7.5.7、7.5.8 和 7.5.9;

(h) 8.6.3.3 和 8.6.4。

3.4.2　危险货物只能装在有合适外包装的内包装中。可使用中间包装。此外,对于属 1.4 项配装组 S 的物品,必须完全遵守 4.1.5 的规定。运输喷雾器或"装气体的小型容器"等物品时,无须使用内包装。包件的总毛重不得超过 30kg。

3.4.3　除 1.4 项配装组 S 的物品外,符合 4.1.1.1、4.1.1.2 和 4.1.1.4~4.1.1.8 规定条件的收缩包装或拉伸包装托盘,可以作为装有按照本章运输的危险货物物品或内包装的外包装接受。但易碎或易破的内包装,如玻璃、瓷器、粗陶瓷或某些塑料等制造的内包装,应放在符合 4.1.1.1、4.1.1.2 和 4.1.1.4~4.1.1.8 规定的中间包装中,其设计必须符合 6.1.4 的制造要求。包件的总毛重不得超过 20kg。

3.4.4　装有第 8 类、Ⅱ类包装液态货物的玻璃、瓷器或粗陶瓷内包装,必须放在相容的坚硬中间包装内。

3.4.5 和 3.4.6　(删除)

3.4.7　内装有限数量危险货物包件的标记

3.4.7.1　除空运外,内装有限数量危险货物的包件必须显示图 3.4.7.1 中的标记:

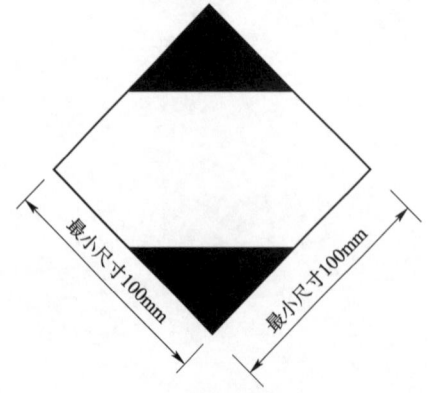

图 3.4.7.1　内装有限数量危险货物包件的标记

标记必须清晰可见,并能承受露天暴露而不明显减低效果。

标记应为正方形,取45°(菱形)摆放。上下部分和边线应为黑色,中心区域为白色或适当反差底色,最小尺寸为100mm×100mm,菱形边线的最小宽度为2mm。在未明确规定尺寸的情况下,如包件的大小需要,所有要素均应与图示比例大致相当。

3.4.7.2　如包件的大小需要,图3.4.7.1所示的外围尺寸可以缩小,但不得小于50 mm × 50mm,而且标记仍必须清晰可见。菱形边线的宽度可以缩小,但不得小于1mm。

3.4.8　内装有限数量危险货物符合国际民航组织《危险品航空安全运输技术细则》第3部分第4章规定的包件标记要求

3.4.8.1　内装危险货物、包装符合国际民航组织《危险品航空安全运输技术细则》第3部分第4章规定的包件,可作图3.4.8.1所示标记,证明符合其中的规定:

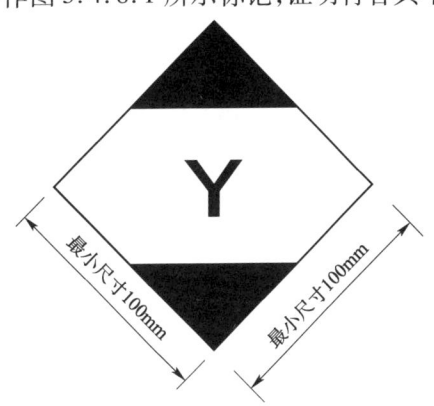

图3.4.8.1　内装有限数量危险货物、符合国际民航组织《危险品航空安全运输技术细则》第3部分第4章规定的包件标记

标记必须清晰可见,并能承受露天暴露而不明显减低效果。

标记应为正方形,取45°(菱形)摆放。上下部分和边线应为黑色,中心区域为白色或适当反差底色,最小尺寸为100mm×100mm,菱形边线的最小宽度为2mm。符号"Y"置于标记中央,须清晰可见。在未明确规定尺寸的情况下,如包件的大小需要,所有要素均应与图示比例大致相当。

3.4.8.2　如包件的大小需要,图3.4.8.1所示的外围尺寸可以缩小,但不得小于50mm × 50mm,且标记仍必须清晰可见。菱形边线的宽度可以缩小,但不得小于1mm。符号"Y"应保持与图3.4.8.1所示大致相应的比例。

3.4.9　装有危险货物并有3.4.8所示标记的包件,不论是否还有其他空运标记和标签,应视为符合3.4.1的相应规定和3.4.2～3.4.4的规定,无须另作3.4.7所示的标记。

3.4.10　内装有限数量危险货物、带有3.4.7所示标记的包件,符合国际民航组织《危险品航空安全运输技术细则》第5和第6部分规定的所有必须的标记和标志,应视为符合3.4.1的相应规定和3.4.2～3.4.4的规定。

3.4.11　当装有有限数量危险货物的包件被放在一个集合包装内时,5.1.2的规定应该遵守。此外,集合包装必须标明本章所要求的标记,除非集合包装内每一项危险货物的标记均清晰可见。只有在集合包装内载有未按有限数量包装的其他危险货物时,才适用5.1.2.1(a)(ⅱ)和5.1.2.4中的规定,且只适用于其他那些危险货物。

3.4.12　运输前,托运人应以可追溯表单的形式告知承运人有限数量危险货物的总毛重。

3.4.13　(a)　当运输单元里有限数量危险货物的总毛重>12t时,应按3.4.15的规定,在运输单元的前部和后部贴上揭示牌,除非运输单元里装有其他危险货物,需按5.3.2的规定贴上橘色揭示牌。后者的情况下,运输单元只需贴上橘色揭示牌,或者5.3.2规定的橙色揭示牌和3.4.15规定的揭示牌同时贴上。

(b) 当集装箱装载有限数量危险货物的总毛重>12t时,应按3.4.15的规定,在集装箱的4面应贴上揭示牌,除非运输单元里装有其他危险货物,需按5.3.1的规定贴上揭示牌。后者的情况下,集装箱只需按5.3.1的规定贴上揭示牌,或者按5.3.1规定的揭示牌和3.4.15规定的揭示牌同时贴上。运输单位无须贴揭示牌,除非不能从外面清晰地看到集装箱上的揭示牌。后者的情况下,在运输单元的前部和后部贴上同样的揭示牌。

3.4.14　当运输单元里有限数量危险货物的总毛重≤8t时,3.4.13的规定可以免除。

3.4.15　标志牌应遵守3.4.7的规定,除了最小尺寸为250mm×250mm。

第3.5章 例外数量包装的危险货物

3.5.1 例外数量

3.5.1.1 部分类别的危险货物(但不包括物品),可有一定的例外数量,除以下方面外,满足本章之规定,可不受ADR任何其他规定的限制:
(a) 1.3章中的培训要求;
(b) 第2部分,分类,分类程序和包装组标准;
(c) 第4部分中4.1.1.1、4.1.1.2、4.1.1.4和4.1.1.6的包装要求。

注:在有放射性物质的情况下,须适用1.7.1.5 对放射性物质使用例外包件运输的要求。

3.5.1.2 根据本章的规定,可作为例外数量运输的危险货物,在3.2章表A第(7b)栏中,使用以下字母数字编码表示:

编码	每件内容器的最大净装载量 (固体为g,液体和气体为mL)	每件外容器的最大净装载量 (固体为g,液体和气体为mL) 在混装的情况下为g和mL之总和)
E0	不适用例外数量运输	
E1	30	1000
E2	30	500
E3	30	300
E4	1	500
E5	1	300

对气体而言,内包装标明的容量系指内容器的水容量;外包装标明的容量,系指在一件外包装内所有内包装水容量之总和。

3.5.1.3 当例外数量的危险货物划定的编码不同但包装在一起时,每件外包装的总数量,应限于要求最严的编码所规定的数量。

3.5.1.4 确定编码为E1、E2、E4和E5的例外数量的危险货物,且每个内包装中所含材料的最大净数量,液体限于1mL,固体限于1g,每个外包装中所盛危险货物的最大净数量,固体不超过100g,液体不超过100mL,只需遵守:
(a) 3.5.2 的规定得到满足,且如果内包装已牢靠地装入带衬垫材料的外包装,在正常运输条件下不会破裂、穿孔或内装物泄漏,可无须再加中间包装。对于液体,外容器必须含有足够的吸收材料,可吸收内包装的全部内装物;
(b) 已遵守3.5.3 的规定。

3.5.2 包装

用于运输例外数量危险货物的包装,须符合以下要求:
(a) 必须使用内包装,内包装的制造必须使用塑料(在用于液体危险货物时,其厚度不得小于0.2 mm),或玻璃、瓷器、石器、陶器或金属(也见4.1.1.2),每个内包装的封口必须使用金属丝、胶带或其他可靠手段紧固;任何带有模压螺纹瓶颈的容器,必须配有防漏的螺纹型瓶盖。封口必须能够耐内装物的腐蚀；

(b) 每个内包装都必须牢靠地装在带衬垫材料的中间包装中，使之在正常运输条件下不会破裂、穿孔或内装物泄漏。在发生破裂或泄漏的情况下，不论包件的方向如何，中间包装都必须能够完全盛载内装物。装载液态危险货物的中间包装，必须含有足够的吸收材料，可吸收内包装的全部内装物。在这种情况下，吸收材料可以是衬垫材料。危险货物不得与衬垫材料、吸收材料和包装材料产生危险反应，或降低材料的完整性或作用；

(c) 中间包装应牢靠地包装在坚固、硬质的外包装内（木材、纤维板或其他同样坚固的材料）；

(d) 每种型号的包装，都必须符合 3.5.3 的规定；

(e) 每个包件的尺寸，必须保证有足够的地方做所有必要的标记；和

(f) 可以使用集合包装，并可包括危险货物包件，或不受 ADR 限制的货物。

3.5.3　包件的测试

3.5.3.1　准备运输的完整包件，包括内包装，装载固体物质不小于其容量的 95%，或液体物质不小于其容量的 98%，经测试并作适当记录，表明能承受以下试验，而不发生任何内包装的破裂或泄漏，不严重影响其使用：

(a) 1.8m 的高度向坚硬、无弹性、平坦而水平的表面跌落：

(ⅰ) 如试样的形状是方形，应从以下每个方向跌落：
——底部平跌；
——顶部平跌；
——最长侧面平跌；
——最短侧面平跌；
——棱角着地；

(ⅱ) 如试样的形状是鼓形，应从以下每个方向跌落：
——顶部凸边斜着落地，重心在撞击点正上方；
——底部凸边斜着落地；
——侧面平着落地；

注：以上的每次跌落试验，可使用不同但完全一样的包件。

(b) 向上表面施加压力 24h，力度相当于同样包件垛高 3m 的总质量（包括试样）。

3.5.3.2　进行本项试验，包装内准备运输的物质，可用其他物质替代，除非这样做将使试验结果失效。对于固体，在使用其他物质时，必须与拟运输的物质具有相同的物理特性（质量、颗粒大小等）。在液体的跌落试验中，在使用其他物质时，其相对密度（比重）和黏度，应接近于拟运输的物质。

3.5.4　包件的标记

3.5.4.1　根据本章准备的装有例外数量危险货物的包件，应永久、清楚地做上图 3.5.4.2 中显示的标记。标记应显示主要危险类别，或如果已经划定，包件内所装每一项危险货物所属的项。如果包件没有在其他地方显示发货人或收货人的姓名，这个信息也应列入标记内。

3.5.4.2　*例外数量标记*

3.5.4.3　装有例外数量危险货物的集合包装，也应显示 3.5.4.1 要求的标记，除非可以清楚地从集合包装看到包件上的这一标记。

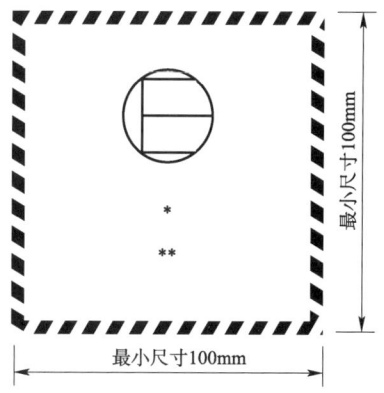

图 3.5.4.2　例外数量标记

＊此处显示类别,或如果已经划定,显示项别。

＊＊如果包件没有在其他位置显示发货人或收货人的姓名,则在此处显示。

标记应为正方形。影线和符号使用同一颜色,黑色或红色,放在白色或适当反差底色上。最小尺寸应为 100mm ×100mm。在未明确规定尺寸的情况下,所有要素均应与图示比例大致相当。

3.5.5　任何车辆或集装箱可装载的包件的最大数量

任何车辆或集装箱所能装载的包件,最大数量不得超过1000个。

3.5.6　单据

如果单据(如提单或空运货单)显示有例外数量的危险货物,则应注明"例外数量的危险货物",并注明包件的数量。

当代交通运输领域经典译丛

European Agreement Concerning the International Carriage of Dangerous Goods by Road

危险货物
国际道路运输欧洲公约

（2015年版）下册

联合国欧洲经济委员会 编
交通运输部运输服务司 译

第1部分
一般规定

第2部分
分类

第3部分
危险货物一览表，特殊规定，有限数量和例外数量危险货物的豁免

第4部分
包装和罐体规定

第5部分
托运程序

第6部分
包装、中型散装容器（IBCs）、大型包装、罐体和散装容器的制造和试验要求

第7部分
运输、装卸及操作条件的规定

第8部分
车组人员、设备、作业和单据的要求

第9部分
车辆制造和批准的要求

内 容 提 要

本书是联合国欧洲经济委员会根据联合国《关于危险货物运输的建议书》编制的危险货物国际道路运输欧洲公约,该公约共分为2个附录,包括危险物质和物品的一般规定和要求、关于运输设备和运输作业的规定,具体又分为9个部分,主要有危险货物的一般规定,分类,危险货物一览表,包装和罐体规定,托运程序,包装等的制造和试验要求,运输,装卸及操作条件的规定,以及运输车组人员、设备、作业和单据的要求,车辆制造和批准的要求。

本书可供我国从事危险货物道路运输及相关活动的人员,以及管理、研究人员借鉴使用。

图书在版编目(CIP)数据

危险货物国际道路运输欧洲公约:2015年版 / 联合国欧洲经济委员会编;交通运输部运输服务司译. —北京:人民交通出版社股份有限公司,2016.4
ISBN 978-7-114-12859-2

Ⅰ.①危… Ⅱ.①联… ②交… Ⅲ.①道路运输—国际货运—危险货物运输—国际条约—欧洲 Ⅳ.①U294.8

中国版本图书馆CIP数据核字(2016)第045390号

书　　名:	危险货物国际道路运输欧洲公约(2015年版)　下册
著 作 者:	联合国欧洲经济委员会
译　　者:	交通运输部运输服务司
责任编辑:	董　倩
出版发行:	人民交通出版社股份有限公司
地　　址:	(100011)北京市朝阳区安定门外外馆斜街3号
网　　址:	http://www.ccpress.com.cn
销售电话:	(010)59757973
总 经 销:	人民交通出版社股份有限公司发行部
经　　销:	各地新华书店
印　　刷:	北京盛通印刷股份有限公司
开　　本:	880×1230　1/16
印　　张:	82.25
字　　数:	2624千
版　　次:	2016年4月　第1版
印　　次:	2016年4月　第1次印刷
书　　号:	ISBN 978-7-114-12859-2
定　　价:	590.00元(上、下册合计)

(有印刷、装订质量问题的图书由本公司负责调换)

序

危险货物种类繁多、用途广泛，在促进经济社会发展、提高我们生活质量的同时，也对人类的安全、健康及我们赖以生存的环境构成了严峻挑战。危险货物运输管理既是一个安全问题，也是一个社会问题，世界各国对此都高度重视。1957年，联合国欧洲经济委员会从保障危险货物道路运输安全、促进经济社会可持续发展的角度，制定了《危险货物国际道路运输欧洲公约》（ADR）。ADR参照国际规章范本要求，吸取各国管理经验之长，兼收并蓄，与时俱进，对危险货物道路运输所涉及的分类鉴定、包装容器、托运程序、运输操作等各环节进行了系统规定，为47个缔约国规范境内及跨境危险货物道路运输管理提供了一个国际法律框架和技术规章。近50年的实践证明，ADR具有非常强的科学性、合理性及有效性，对保障缔约国危险货物安全便利运输发挥了极为重要的作用。

改革开放以来，我国危险货物道路运输呈快速发展态势，2015年全国共有危险货物道路运输企业1.1万家，车辆31万辆，从业人员120万人，完成危险货物运输量约10亿吨，占各种运输方式的60%以上，居全球第二位。近年来，我国危险货物道路运输管理持续加强，安全形势持续向好，但形势依然严峻，事故频发多发的势头没有得到根本性的遏制。这些事故暴露出我国危险货物道路运输管理中仍存在法规体系不健全、标准体系不完善、运营管理不规范、从业人员培训不到位等突出问题，迫切需要深入系统研究，尽快加以解决。

习近平总书记指出，发展决不能以牺牲人的生命为代价，必须坚持安全发展，堵塞各类安全漏洞，坚决遏制重特大事故频发势头。为此，我们对标国际，组织有关专家历时一年对ADR进行了编译，以期通过学习借鉴ADR的经验做法，健全完善我国危险货物道路运输的管理制度体系，全面提升行业安全管理水平。希望各级危险货物道路运输及相关行业管理部门、运营企业、广大从业人员能够认真研读、消化吸收，将发达国家的先进理念和有效做法，转化到行业管理及运营操作的实际工作中去，健全完善行业的安全管理制度体系。同时，也希望相关科研机构、高等院校研究人员和龙头企业技术管理人员能够吸收世界各国的经验，结合我国实际，进一步深化对危险货物道路运输的研究，为改进完善我国危险货物道路运输管理制度体系提供更有力支撑。

交通运输部党组成员兼运输服务司司长 刘小明

2016年4月15日

编译说明

经过一年的辛勤努力，ADR翻译工作终于完成了。ADR各部分翻译分工如下。

第一部分：沈小燕、刘浩学、吴迪；第二部分：李东红、周鹭；第三部分：段晓瑞、彭建华；第四部分：钱大琳、钱振伟、于露、刘真意、杨婷婷、邝修远；第五部分：范文姬、吴金中、黄诗音；第六部分：陈朝晖、王昊旸、周伟明、罗永欣、肖学文、滕俊华；第七、八部分：彭建华、耿红、姜一洲；第九部分：任春晓、周炜。

寿比南、王和、赖永才、李晓青对部分章节进行了审改。战榆林、余兴源、张强、席锦池、吴金中，最后阅读了统稿并提出了修改建议。

首先，感谢德国联邦交通与数字基础设施部海尔姆特·莱恩（Helmut Rein）先生，正是他于2014年12月在中国举行的研讨会上对ADR的全面介绍，特别是针对与会中国专家提出的许多问题做了耐心及令人满意的解答，使我们意识到翻译、学习、借鉴ADR的必要性。一个多月后ADR翻译工作正式启动。同时，也感谢德国国际合作机构，特别是李静竹女士，为邀请海尔姆特·莱恩先生来华所作的努力，以及在翻译过程中给予的帮助。

其次，感谢所有参与翻译的人员，他们本着强烈的行业责任感，牺牲了大量的休息时间，耐心细致地进行工作。同时，也感谢这些翻译人员所在单位的支持，特别是交通运输部科学研究院、交通运输部公路科学研究院、交通运输部水运科学研究院、长安大学、北京交通大学、中国石油和化学工业联合会、全国锅炉压力容器标准化技术委员会、中国特种设备检测研究院、中国船级社及巴斯夫（中国）有限公司。

最后，感谢人民交通出版社股份有限公司，特别是董倩编辑，为翻译及最终编辑工作提供的支持。

需要说明的是，由于ADR每两年修订一次，修订中需要删除或增加一些内容，为保持序号编排相对固定，便于查找使用，对已经删除的内容，文本中仍通过"（保留）"、"（删除）"形式予以保留，请读者注意。

由于水平有限，翻译稿难免有诸多不足之处，希望各位读者悉心指正，有条件的，建议使用中同时参看英文原版。

交通运输部运输服务司

联合国欧洲经济委员会(UNECE)

联合国欧洲经济委员会是联合国的5个区域委员会之一,隶属于联合国经济及社会理事会(ECOSOC)。联合国欧洲经济委员会成立于1947年,目的是帮助重建战后欧洲,发展经济,加强欧洲国家之间以及同世界其他国家的经济关系。冷战期间,联合国欧洲经济委员会是东西方经济对话和合作的唯一平台。尽管冷战期间的局势非常复杂,联合国欧洲经济委员会还是取得了显著成就,达成了许多共识和标准化协议。

在冷战后期,联合国欧洲经济委员会不仅接收了许多新成员国加入,同时也具备了新的职能。自20世纪90年代初以来,该组织一直专注于利用其统一经验来促进中欧和东欧国家转型并融入全球市场。

联合国欧洲经济委员会是来自西欧、东欧、中欧、北美洲的国家以及中亚各国(共56个国家)聚会的论坛,共同探讨如何强化经济合作手段。该合作涉及经济、统计、环境、运输、贸易、可持续能源、木材和居住。联合国欧洲经济委员会提供一个公约、条例、标准制定和统一的区域性框架,委员会专家则以咨询服务、培训研讨会和学习班等形式,为东南欧各国和独联体提供技术帮助,各国可在这些活动中分享各自的经验和最佳实践。

联合国欧洲经济委员会运输部

联合国欧洲经济委员会内陆运输委员会(ITC)致力于推动人员和货物的国际内陆运输。它旨在提高运输行业的竞争力、安全性、能源效率和安保性。与此同时,它着力于减少运输活动对环境的不利影响,并有效地促进可持续发展。ITC 是一个:

——欧洲和欧洲以外的多边运输标准和公约的中心,如,全球危险货物运输和道路车辆制造规范
——技术帮助和最佳实践交流的平台
——多国投资计划的推进者
——运输和贸易便利化措施的实质性合作伙伴
——历史交通统计数据中心。

60 多年来,ITC 提供了一个政府间的合作平台。该平台旨在促进和发展国际运输。该平台的主要成果是编制了 50 多个国际公约,为发展国际道路运输、铁路运输、内河水运和多式联运,以及危险货物运输车辆制造,提供了一个国际法律框架和技术规章。

考虑到交通行业及其监管机构的需要,联合国欧洲经济委员会提供了一个类似的简易化和安全性问题的平衡方法和处理方式。

前　言

通则

《危险货物国际道路运输欧洲公约》(ADR)是在联合国欧洲经济委员会的主持下编制的,于1957年9月30日在日内瓦完成,并于1968年1月29日生效。1975年8月21日,在纽约又按照公约修正案14(3)进行了修改,并于1985年4月19日生效。

依据本公约第2条,附录A中禁止运输的危险货物不应进行国际运输,准许其他危险货物进行国际运输时,应遵守:

——附录A中规定的条件,尤其是其包装和标签;

——附录B中规定的条件,尤其是承运该货物的车辆制造、设备和运输作业。

然而,根据第4条,每个缔约方可依据非货物运输安全方面的原因,保留其控制或禁止危险货物进入其领土的权利。缔约方也可通过双边或多边协议使附录A中禁止国际运输的危险货物在满足一定条件的情况下,或者附录A中许可国际运输的危险货物在比附录A和B规定的条件宽松的情况下,可在其领土上运输。

ADR生效后会按计划修订和更新附录A和B。

附录A和B的结构

在欧洲经济委员会第51届内陆运输委员会会议(1992年10月26日~30日)上,危险货物运输工作小组(WP.15)决定根据国际道路运输联盟(TRANS/WP.15/124,paras.100~108)的建议重新调整ADR,使条款更易理解和适用,使其不仅更容易应用于ADR范围内的国际道路运输业务,也便于欧洲各国依据其国内或欧共体立法而进行的国内运输,并最终确保在整个欧洲具有统一的监管框架。它认为明确运输链中各参与方的责任是有必要的,以便更系统地划分各参与方的要求,以及将ADR中的法律要求与可达到该要求且适用的欧洲或国际标准区分开。

本公约的结构与联合国《关于危险货物运输的建议书　规章范本》、《国际海运危险货物规则》(IM-DG Code)以及《国际铁路运输危险货物规则》(RID)一致。

本公约共分9个部分,按照公约第2条,分为2个附录,结构如下所示。

附录A　关于危险物质和物品的一般规定和要求

第1部分　一般规定

第2部分　分类

第3部分　危险货物一览表,特殊规定,有限数量和例外数量危险货物的豁免

第4部分　包装和罐体规定

第5部分　托运程序

第6部分　包装、中型散装容器(IBCs)、大型包装、罐体和散装容器的制造和试验要求

第7部分　运输、装卸及操作条件的规定

附录B　关于运输设备和运输作业的规定

第8部分　车组人员、设备、作业和单据的要求

第9部分　车辆制造和批准的要求

第1部分为最基础部分,包括一般规定和定义。因其包括了所有在其他部分使用的术语定义,准确定义了ADR的适用范围,包括豁免的可能性和其他条例的适用性。它还包括了有关培训、免除、过渡措施、各参与方安全义务、控制措施、安全顾问、运输危险货物的通行隧道限制以及安保等条款。

3.2章表A对ADR修订版很重要,它包含了按照联合国编号顺序列表的危险货物。一旦危险物质

的联合国编号被确定,该表即提供了交叉引用适用该物质或物品运输的特定要求,以及可定位这些特定要求的章节。除了特定要求外,还应牢记与其相关的一般要求和适用所有部分的分类要求。

当联合国编号未知时,为了便于查找表 A,秘书处在 3.2 章表 B 中添加了按照字母顺序排序的危险货物联合国编号索引。表 B 并非是 ADR 的官方部分,出版时添加上仅为方便参考。

当已知或怀疑为危险货物,但在表 A 或表 B 中未发现其名称时,应根据第 2 部分对其进行分类。第 2 部分包含了所有判定该货物是否危险以及应分配什么联合国编号的相关程序和准则。

适用文本

该版本(2015 年版 ADR)于 2015 年 1 月 1 日生效,其考虑了 WP. 15 于 2012 年、2013 年、2014 年采纳的所有新的修正案,即根据公约修正案 14(3),由缔约方接受的 ECE/TRANS/WP. 15/222 -/Corr. 1 和 -/Corr. 2,以及 ECE/TRANS/WP. 15/222/Add. 1 和 -/Corr. 1。然而,由于附录 A 的 1.6.1.1 提出的过渡措施,以前的 ADR 版本(2013 年版 ADR)可继续使用至 2015 年 6 月 30 日。

领土适用性

ADR 是国家之间的公约,不具备整体执行权。实践中,道路检查由缔约方执行,其主管机关可依照其国内法律对违法者采取法律行动。ADR 本身未提出任何处罚措施。该版本出版时,ADR 缔约方包括阿尔巴尼亚、安道尔、奥地利、阿塞拜疆、白俄罗斯、比利时、波黑、保加利亚、克罗地亚、塞浦路斯、捷克共和国、丹麦、爱沙尼亚、芬兰、法国、德国、希腊、匈牙利、冰岛、爱尔兰、意大利、哈萨克斯坦、拉脱维亚、立陶宛、卢森堡、马耳他、黑山、摩洛哥、荷兰、挪威、波兰、葡萄牙、摩尔多瓦共和国、罗马尼亚、俄罗斯联邦、塞尔维亚、斯洛伐克、斯洛文尼亚、西班牙、瑞典、瑞士、塔吉克斯坦、前南斯拉夫的马其顿共和国、土耳其、突尼斯、乌克兰、英国。

ADR 适用于在上述至少 2 个以上缔约方领土之间进行的运输作业。此外,应注意到,为了欧盟的统一和自由贸易,ADR 附录 A 和 B 已被欧盟成员国采纳作为其境内和跨境危险货物道路运输规章的基础(2008 年 9 月 24 日,欧洲议会和理事会关于内陆危险货物运输的 2008/68/EC 指令,已修订)。一些非欧盟成员国也采用 ADR 的附录 A 和 B 作为其国家法规的基础。

附加实用信息

任何有关 ADR 使用的咨询均可直接向有关主管机关查询。额外信息可在 UNECE 运输部网站上找到,网址如下:

http://www.unece.org/trans/danger.htm

该网站会定期更新,包含如下信息:
—ADR 的基本信息
—公约(无附录)
—签名协议
—ADR 的现状
—受托人通知
—国家信息(主管机关,通知)
—语言版本(ADR 书面说明)
—多边公约
—ADR2015 年版(文件)
—ADR2013 年版(文件)
—ADR2013 年版(修订)
—以前版本(文件和修订)
—出版详情和勘误

目　录

上　册

危险货物国际道路运输欧洲公约(ADR) ……………………………………………………… 1

签署备忘录 ……………………………………………………………………………………… 5

附录 A　关于危险物质和物品的一般规定和要求 …………………………………………… 7

第 1 部分　一般规定 ………………………………………………………………………… 9

第 1.1 章　适用范围 …………………………………………………………………… 11
　1.1.1　结构 …………………………………………………………………………… 11
　1.1.2　范围 …………………………………………………………………………… 11
　1.1.3　豁免 …………………………………………………………………………… 12
　1.1.4　其他规定的适用性 …………………………………………………………… 16
　1.1.5　标准的适用 …………………………………………………………………… 17

第 1.2 章　定义和度量单位 …………………………………………………………… 18
　1.2.1　定义 …………………………………………………………………………… 18
　1.2.2　度量单位 ……………………………………………………………………… 32

第 1.3 章　与危险货物运输相关的人员培训 ………………………………………… 35
　1.3.1　适用范围 ……………………………………………………………………… 35
　1.3.2　培训的种类 …………………………………………………………………… 35
　1.3.3　记录 …………………………………………………………………………… 35

第 1.4 章　参与方的安全义务 ………………………………………………………… 36
　1.4.1　一般安全措施 ………………………………………………………………… 36
　1.4.2　主要参与方的义务 …………………………………………………………… 36
　1.4.3　其他参与方的义务 …………………………………………………………… 37

第 1.5 章　免除 ………………………………………………………………………… 40
　1.5.1　临时免除 ……………………………………………………………………… 40
　1.5.2　(保留) ………………………………………………………………………… 40

第 1.6 章　过渡措施 …………………………………………………………………… 41
　1.6.1　总则 …………………………………………………………………………… 41
　1.6.2　第 2 类压力容器和容器 ……………………………………………………… 43
　1.6.3　固定式罐体(罐式车辆)、可拆卸式罐体和管束式车辆 …………………… 44
　1.6.4　罐式集装箱、可移动罐柜和多单元气体容器(MEGCs) …………………… 46
　1.6.5　车辆 …………………………………………………………………………… 49

	1.6.6	第7类放射性物质	50

第1.7章　第7类物质的一般要求 … 52

- 1.7.1 适用范围 … 52
- 1.7.2 防辐射计划 … 53
- 1.7.3 管理制度 … 53
- 1.7.4 特别安排 … 54
- 1.7.5 具有其他危险性的放射性物质 … 54
- 1.7.6 不遵守 … 54

第1.8章　确保符合安全要求的检查和其他支持措施 … 55

- 1.8.1 危险货物的行政监管 … 55
- 1.8.2 行政监管互助 … 55
- 1.8.3 安全顾问 … 55
- 1.8.4 主管机关及其指定机构名单 … 58
- 1.8.5 危险货物的事故报告 … 58
- 1.8.6 对于申请1.8.7中符合性评价、定期检验、中间检验及特殊检查的管理控制 … 63
- 1.8.7 符合性评价和定期检验的程序 … 64
- 1.8.8 盛装气体的小容器(储气筒)的符合性评价程序 … 69

第1.9章　主管机关的运输限制 … 72

- 1.9.5 隧道限制 … 72

第1.10章　安保规定 … 75

- 1.10.1 一般规定 … 75
- 1.10.2 安保培训 … 75
- 1.10.3 对有严重后果的危险货物的规定 … 75

第2部分　分类 … 79

第2.1章　一般规定 … 81

- 2.1.1 介绍 … 81
- 2.1.2 分类原则 … 82
- 2.1.3 未列出名称的物质分类,包括溶液和混合物(例如配制品和废品) … 82
- 2.1.4 样品的分类 … 87
- 2.1.5 废弃的、空的、未清洗的包装分类 … 88

第2.2章　分类的特殊规定 … 89

- 2.2.1 第1类　爆炸物质和物品 … 89
- 2.2.2 第2类　气体 … 106
- 2.2.3 第3类　易燃液体 … 113
- 2.2.41 第4.1类　易燃固体、自反应物质及固态退敏爆炸品 … 117
- 2.2.42 第4.2类　易于自燃的物质 … 124
- 2.2.43 第4.3类　遇水放出易燃气体的物质 … 127
- 2.2.51 第5.1类　氧化性物质 … 129
- 2.2.52 第5.2类　有机过氧化物 … 133
- 2.2.61 第6.1类　毒性物质 … 148
- 2.2.62 第6.2类　感染性物质 … 157

2.2.7	第7类　放射性物质	162
2.2.8	第8类　腐蚀性物质	186
2.2.9	第9类　杂项危险物质和物品	191

第2.3章　试验方法 ... 204

2.3.0	概述	204
2.3.1	A型爆破炸药的渗透试验	204
2.3.2	关于第4.1类硝化纤维混合物的试验	204
2.3.3	涉及第3类易燃液体、第6.1类和第8类的试验	206
2.3.4	流度(流动性)测定试验	208
2.3.5	第4.2类和第4.3类中的金属有机物质的分类	208

第3部分　危险货物一览表，特殊规定，有限数量和例外数量危险货物的豁免 ... 211

第3.1章　通则 ... 213

3.1.1	介绍	213
3.1.2	正式运输名称	213
3.1.3	溶液或混合物	214

第3.2章　危险货物一览表 ... 216

3.2.1	表A　危险货物一览表	216
3.2.2	表B　ADR物质和物品的字母索引	682

第3.3章　适用于某些物质或物品的特殊规定 ... 779

第3.4章　有限数量包装的危险货物 ... 810

3.4.7	内装有限数量危险货物包件的标记	810
3.4.8	内装有限数量危险货物符合国际民航组织《危险品航空安全运输技术细则》第3部分第4章规定的包件标记要求	811

第3.5章　例外数量包装的危险货物 ... 813

3.5.1	例外数量	813
3.5.2	包装	813
3.5.3	包件的测试	814
3.5.4	包件的标记	814
3.5.5	任何车辆或集装箱可装载的包件的最大数量	815
3.5.6	单据	815

下　册

第4部分　包装和罐体规定 ... 817

第4.1章　包装、中型散装容器(IBCs)和大型包装的使用 ... 819

4.1.1	危险货物包装、中型散装容器和大型包装的一般规定	819
4.1.2	使用中型散装容器的附加一般规定	842
4.1.3	有关包装指南的一般规定	843
4.1.4	包装规定一览表	845
4.1.5	第1类危险货物的特殊包装规定	909

4.1.6　第2类危险货物和其他类危险货物的特殊包装规定(对应于P200) ……………… 910
　　4.1.7　有机过氧化物(第5.2类)和第4.1类自反应物质的特殊包装规定 …………… 913
　　4.1.8　传染性物质(第6.2类)的特殊包装规定 ……………………………………… 914
　　4.1.9　放射性物质的特殊包装规定 …………………………………………………… 915
　　4.1.10　混合包装的特殊规定 …………………………………………………………… 917

第4.2章　可移动罐柜和UN多单元气体容器(MEGCs)的使用 …………………………… 922
　　4.2.1　使用可移动罐柜运输第3～9类物质的一般规定 ……………………………… 922
　　4.2.2　使用可移动罐柜运输非冷冻液化气体和承压化学品的一般规定 …………… 925
　　4.2.3　使用可移动罐柜运输冷冻液化气体的一般规定 ……………………………… 926
　　4.2.4　使用多单元气体容器(MEGCs)的一般规定 …………………………………… 927
　　4.2.5　可移动罐柜指南和特殊规定 …………………………………………………… 928

第4.3章　固定式罐体(罐式车辆)、可拆卸式罐体、罐式集装箱,以及金属罐式交换箱体、
　　　　管束式车辆和多单元气体容器(MEGCs)的使用 ………………………………… 940
　　4.3.1　范围 ………………………………………………………………………………… 940
　　4.3.2　适用于所有类别物质的规定 …………………………………………………… 940
　　4.3.3　适用于第2类物质的特殊规定 ………………………………………………… 942
　　4.3.4　适用于第1类、第3～9类物质的特殊规定 …………………………………… 952
　　4.3.5　特殊规定 …………………………………………………………………………… 960

第4.4章　纤维增强塑料(FRP)罐体、固定式罐体(罐式车辆)、可拆卸式罐体、罐式集装箱
　　　　和罐式交换箱体的使用 ……………………………………………………………… 963
　　4.4.1　概述 ………………………………………………………………………………… 963
　　4.4.2　作业 ………………………………………………………………………………… 963

第4.5章　真空操作危废罐的使用 …………………………………………………………… 964
　　4.5.1　使用 ………………………………………………………………………………… 964
　　4.5.2　作业 ………………………………………………………………………………… 964

第4.6章　(保留) ……………………………………………………………………………… 965

第4.7章　移动式爆炸品制造单元的使用 …………………………………………………… 966
　　4.7.1　使用 ………………………………………………………………………………… 966
　　4.7.2　作业 ………………………………………………………………………………… 966

第5部分　托运程序 …………………………………………………………………………… 967

第5.1章　一般规定 …………………………………………………………………………… 969
　　5.1.1　适用和一般规定 …………………………………………………………………… 969
　　5.1.2　使用集合包装 ……………………………………………………………………… 969
　　5.1.3　未清洗空的包装[包括中型散装容器(IBCs)和大型包装]、罐体、MEMUs、车辆
　　　　　　和散货集装箱 ……………………………………………………………………… 969
　　5.1.4　混合包装 …………………………………………………………………………… 969
　　5.1.5　对第7类危险货物的一般规定 …………………………………………………… 970

第5.2章　标记和标志 ………………………………………………………………………… 975
　　5.2.1　包件的标记 ………………………………………………………………………… 975
　　5.2.2　包件的标志 ………………………………………………………………………… 978

第5.3章 集装箱、MEGCs、MEMUs、罐式集装箱、可移动罐柜和车辆的揭示牌和标记 … 986
- 5.3.1 揭示牌 … 986
- 5.3.2 橙色标记牌 … 988
- 5.3.3 高温物质标记 … 993
- 5.3.4 (保留) … 994
- 5.3.5 (保留) … 994
- 5.3.6 环境危害物质标记 … 994

第5.4章 单据 … 995
- 5.4.0 一般规定 … 995
- 5.4.1 危险货物运输单据及其信息内容 … 995
- 5.4.2 大型集装箱或车辆装载证明 … 1002
- 5.4.3 应急指南 … 1002
- 5.4.4 危险货物运输单据留存 … 1009
- 5.4.5 危险货物多式联运实例 … 1009

第5.5章 特殊规定 … 1010
- 5.5.1 (删除) … 1010
- 5.5.2 适用熏蒸货物运输单元的特殊规定(UN 3359) … 1010
- 5.5.3 包件、车辆和集装箱中包含存在窒息风险的、用于冷却或调节温度的物质[例如干冰(UN 1845)或冷冻液态氮(UN 1977)或冷冻液态氩(UN 1951)]时所适用的特殊规定 … 1011

第6部分 包装、中型散装容器(IBCs)、大型包装、罐体和散装容器的制造和试验要求 … 1015

第6.1章 包装的制造和试验要求 … 1017
- 6.1.1 概述 … 1017
- 6.1.2 包装类型的指定代码 … 1017
- 6.1.3 标记 … 1020
- 6.1.4 包装的要求 … 1023
- 6.1.5 包装的试验要求 … 1032
- 6.1.6 根据6.1.5.2.6和6.5.6.3.5用于验证聚乙烯包装(包括IBCs)化学相容性的标准液体 … 1038

第6.2章 压力容器、气溶胶喷罐和盛装气体的小容器(储气筒)和盛装易燃液化气体的燃料盒制造和试验要求 … 1041
- 6.2.1 一般要求 … 1041
- 6.2.2 UN压力容器的要求 … 1044
- 6.2.3 非UN压力容器一般要求 … 1057
- 6.2.4 按照引用标准进行设计、制造和试验的非UN压力容器要求 … 1060
- 6.2.5 对不按引用标准设计、制造和试验的非UN压力容器的要求 … 1065
- 6.2.6 对气溶胶喷罐、盛装气体的小容器(储气筒)和盛装可燃液化气体的燃料盒的一般要求 … 1068

第6.3章 第6.2类A级感染性物质包装的制造和试验要求 … 1071
- 6.3.1 概述 … 1071

6.3.2	包装要求	1071
6.3.3	表示包装类型的代码	1071
6.3.4	标记	1071
6.3.5	包装的试验要求	1072

第6.4章 用于放射性物质包件的制造、试验以及对该类放射性物质的批准要求 ... 1076

6.4.1	（保留）	1076
6.4.2	一般要求	1076
6.4.3	（保留）	1076
6.4.4	对例外包件的要求	1076
6.4.5	对工业包件的要求	1077
6.4.6	对盛装六氟化铀包件的要求	1077
6.4.7	对 A 型包件的要求	1078
6.4.8	对 B(U)型包件的要求	1079
6.4.9	对 B(M)型包件的要求	1080
6.4.10	对 C 型包件的要求	1080
6.4.11	对盛装易裂变材料的包件的要求	1081
6.4.12	试验程序和遵章证明	1084
6.4.13	包容系统和屏蔽的完好性试验及临界安全的评估	1084
6.4.14	跌落试验用靶	1085
6.4.15	验证承受正常运输条件能力的试验	1085
6.4.16	用于装液体和气体的 A 型包件的附加试验	1085
6.4.17	验证承受运输过程中事故条件能力的试验	1086
6.4.18	含超过 $10^5 A_2$ 的 B(U)型和 B(M)型包件以及 C 型包件的强化水浸没试验	1087
6.4.19	装有易裂变材料的包件的水泄漏试验	1087
6.4.20	C 型包件的试验	1087
6.4.21	对用于装载大于或等于 0.1kg 六氟化铀包装的检查	1087
6.4.22	包件设计和材料的批准	1088
6.4.23	放射性物质运输的申请和批准	1089

第6.5章 中型散装容器（IBCs）的制造和试验要求 ... 1097

6.5.1	一般要求	1097
6.5.2	标记	1099
6.5.3	制造要求	1101
6.5.4	试验、发证和检验	1102
6.5.5	中型散装容器的特殊要求	1103
6.5.6	中型散装容器的试验要求	1108

第6.6章 大型包装的制造和试验要求 ... 1117

6.6.1	概述	1117
6.6.2	表示大型包装类型的代码	1117
6.6.3	标记	1117
6.6.4	大型包装的具体要求	1119
6.6.5	大型包装的试验要求	1121

第6.7章 可移动罐柜和 UN 多单元气体容器（MEGCs）的设计、制造、检验和试验要求 ... 1125

6.7.1	适用和一般要求	1125

6.7.2	拟装运第1类、第3~9类物质的可移动罐柜的设计、制造、检验和试验要求	1125
6.7.3	拟装运非冷冻液化气体的可移动罐柜的设计、制造、检验和试验要求	1139
6.7.4	拟装运冷冻液化气体的可移动罐柜的设计、制造、检验和试验要求	1150
6.7.5	拟装运用于非冷冻气体运输的UN多单元气体容器(MEGCs)的设计、制造、检验和试验要求	1160

第6.8章 由金属材料制成壳体的固定式罐体(罐式车辆)、可拆卸式罐体、罐式集装箱和罐式交换箱体以及管束式车辆和多单元气体容器(MEGCs)的制造、配备、型式认可、检验、试验和标记要求 … 1167

- 6.8.1 适用范围 … 1167
- 6.8.2 适用于所有类别危险货物的要求 … 1167
- 6.8.3 适用于第2类物质的特殊要求 … 1183
- 6.8.4 特殊条款 … 1190
- 6.8.5 试验压力不低于1MPa(10bar)的焊接固定式罐体、焊接可拆卸式罐体、罐式集装箱等焊接壳体的材料和制造相关要求,以及用于运输第2类冷冻液化气体的焊接固定式罐体、焊接可拆卸式罐体、罐式集装箱等焊接壳体的材料和制造相关要求 … 1196

第6.9章 纤维增强塑料(FRP)的固定式罐体(罐式车辆)、可拆卸式罐体、罐式集装箱和罐式交换箱体的设计、制造、配备、型式认可、试验和标记要求 … 1200

- 6.9.1 通用要求 … 1200
- 6.9.2 制造 … 1200
- 6.9.3 配件 … 1203
- 6.9.4 型式试验及认可 … 1203
- 6.9.5 检验 … 1204
- 6.9.6 标记 … 1205

第6.10章 真空操作危废罐的制造、配备、型式认可、检验和标记要求 … 1206

- 6.10.1 一般规定 … 1206
- 6.10.2 制造 … 1206
- 6.10.3 配件 … 1206
- 6.10.4 检验 … 1208

第6.11章 散装容器的设计、制造、检验及试验要求 … 1209

- 6.11.1 (预留) … 1209
- 6.11.2 应用及通用要求 … 1209
- 6.11.3 用于BK1或BK2散装容器的符合国际集装箱安全公约(CSC)的容器设计、制造、检验及试验要求 … 1209
- 6.11.4 BK1或BK2类散装容器的不同于国际集装箱安全公约(CSC)要求的容器设计、制造及批准技术要求 … 1210

第6.12章 移动式爆炸品制造单元(MEMUs)的罐体、散装容器及爆炸物用特殊隔仓的制造、配备、型式认可、检验、试验和标记要求 … 1211

- 6.12.1 范围 … 1211
- 6.12.2 通用条款 … 1211
- 6.12.3 罐体 … 1211
- 6.12.4 设备配件 … 1212
- 6.12.5 爆炸物特殊隔仓 … 1212

第7部分　运输、装卸及操作条件的规定 ……………………………………………………… 1213

第7.1章　一般规定 …………………………………………………………………………… 1215

第7.2章　运输包件的有关规定 ……………………………………………………………… 1216

第7.3章　散装运输的有关规定 ……………………………………………………………… 1219

 7.3.1 一般规定 ……………………………………………………………………………… 1219

 7.3.2 7.3.1.1（a）中危险货物的散装运输规定 …………………………………………… 1220

 7.3.3 适用于7.3.1.1（b）相关规定的散装运输规定 ……………………………………… 1221

第7.4章　罐装运输的相关规定 ……………………………………………………………… 1224

第7.5章　装卸与操作的有关规定 …………………………………………………………… 1225

 7.5.1 有关装卸载和操作的一般规定 ……………………………………………………… 1225

 7.5.2 混合装载的禁止性条款 ……………………………………………………………… 1225

 7.5.3 （保留） ………………………………………………………………………………… 1227

 7.5.4 对食品、其他消费物质及动物饲料的预防措施 …………………………………… 1227

 7.5.5 对运输量的限制 ……………………………………………………………………… 1227

 7.5.6 （保留） ………………………………………………………………………………… 1228

 7.5.7 操作和堆放 …………………………………………………………………………… 1228

 7.5.8 卸载后的清洗 ………………………………………………………………………… 1229

 7.5.9 禁止吸烟 ……………………………………………………………………………… 1229

 7.5.10 预防静电 ……………………………………………………………………………… 1229

 7.5.11 适用于特定种类或特殊货物的附加规定 …………………………………………… 1229

附录B　关于运输设备和运输作业的规定 ……………………………………………………… 1237

第8部分　车组人员、设备、作业和单据的要求 ……………………………………………… 1239

第8.1章　运输单元及其设备配备一般规定 ………………………………………………… 1241

 8.1.1 运输单元 ……………………………………………………………………………… 1241

 8.1.2 运输单元上所携带的单据 …………………………………………………………… 1241

 8.1.3 揭示牌和标记 ………………………………………………………………………… 1241

 8.1.4 灭火器具 ……………………………………………………………………………… 1241

 8.1.5 用于个人防护的多种装备和设备 …………………………………………………… 1242

第8.2章　车组人员培训的有关规定 ………………………………………………………… 1243

 8.2.1 驾驶员培训的范围和一般规定 ……………………………………………………… 1243

 8.2.2 驾驶员培训的特殊规定 ……………………………………………………………… 1243

 8.2.3 根据8.2.1的要求对危险货物道路运输相关人员（不包括持有培训证书的驾驶员）的培训 ………………………………………………………………………………………… 1247

第8.3章　车组成员应遵守的各项规定 ……………………………………………………… 1248

 8.3.1 乘客 …………………………………………………………………………………… 1248

 8.3.2 灭火装置的使用 ……………………………………………………………………… 1248

 8.3.3 禁止打开包件 ………………………………………………………………………… 1248

 8.3.4 便携式照明装置 ……………………………………………………………………… 1248

 8.3.5 禁止吸烟 ……………………………………………………………………………… 1248

8.3.6	装卸过程中发动机的运转	1248
8.3.7	停车中制动装置和制轮楔的使用	1248
8.3.8	线缆的使用	1248

第8.4章 车辆监护的有关规定 ············ 1249

第8.5章 对特殊类别或物质的附加规定 ············ 1250

第8.6章 运载危险货物车辆通过公路隧道的限制 ············ 1253

8.6.1	一般规定	1253
8.6.2	运载危险货物的车辆通行的道路标志和信号	1253
8.6.3	隧道限制代码	1253
8.6.4	对通过隧道运载危险货物运输单位的限制	1253

第9部分 车辆制造和批准的要求 ············ 1255

第9.1章 车辆批准的范围、定义及要求 ············ 1257

9.1.1	范围和定义	1257
9.1.2	对EX/Ⅱ、EX/Ⅲ、FL、OX、AT型车辆及移动爆炸品制造单元(MEMU)的批准	1258
9.1.3	批准证书	1259

第9.2章 车辆制造要求 ············ 1261

9.2.1	符合性要求	1261
9.2.2	电气装置	1262
9.2.3	制动设备	1264
9.2.4	防火要求	1264
9.2.5	限速器	1265
9.2.6	挂车耦合装置	1265

第9.3章 运输包件的爆炸性物质和物品(第1类)EX/Ⅱ或EX/Ⅲ型成品车或完整车辆附加技术要求 ············ 1266

9.3.1	车辆制造材料要求	1266
9.3.2	燃油加热器	1266
9.3.3	EX/Ⅱ型车辆	1266
9.3.4	EX/Ⅲ型车辆	1266
9.3.5	发动机和货舱	1266
9.3.6	外部热源和货舱	1267
9.3.7	电气装置	1267

第9.4章 用于运输包件危险货物的成品车或完整车辆(不包括EX/Ⅱ和EX/Ⅲ型)的车体制造附加技术要求 ············ 1268

第9.5章 用于运输散货固体危险货物的成品车或完整车辆的车体制造附加技术要求 ············ 1269

第9.6章 用于运输温度控制物质的成品车或完整车辆的附加技术要求 ············ 1270

第9.7章 针对固定式罐体(罐式车辆)、管束式车辆、用于运输容积大于$1m^3$危险货物可拆卸式罐体或体积大于$3m^3$的罐式集装箱、移动罐柜或MEGCS成品车或完整车辆(EX/Ⅲ、FL、OX和AT型车辆)附加要求 ············ 1271

9.7.1	一般要求	1271
9.7.2	对罐体的要求	1271

9.7.3	固紧件	1271
9.7.4	FL 型车辆接地	1271
9.7.5	罐车的稳定性	1271
9.7.6	车辆后防护	1272
9.7.7	燃油加热器	1272
9.7.8	电气装置	1272
9.7.9	对 EX/III 型车辆的附件安全要求	1273

第 9.8 章 移动式爆炸品制造单元(MEMU)成品车或完整车辆附加要求 ······ 1274

9.8.1	一般要求	1274
9.8.2	罐体和散装容器要求	1274
9.8.3	移动式爆炸品制造单元(MEMU)的接地要求	1274
9.8.4	移动式爆炸品制造单元(MEMU)的稳定性	1274
9.8.5	移动式爆炸品制造单元(MEMU)的后部防护	1274
9.8.6	燃油加热器	1274
9.8.7	附加安全要求	1275
9.8.8	附加安全保障要求	1275

第 4 部分　包装和罐体规定

第4.1章 包装、中型散装容器(IBCs)和大型包装的使用

4.1.1 危险货物包装、中型散装容器和大型包装的一般规定

注:对于第2类、第6.2类和第7类货物的包装,本节的一般规定,仅在4.1.8.2(第6.2类)4.1.9.1.5(第7类)注明的情况下,及在4.1.4中适用的包装指南(第2类的包装指南P201和LP02,以及第6.2类的包装指南P620、P621、IBC620和LP621)范围内适用。

4.1.1.1　危险货物必须装在质量良好的包装中,包括中型散装容器和大型包装,包装必须足够坚固,能够承受运输过程中通常遇到的冲击和荷载,包括货物运输装置之间、货物运输装置与仓库之间的转运,以及任何为人工或机械操作而进行的托盘或外包装的搬离工作。包装,包括中型散装容器和大型包装的制造和封闭,必须能够在运输时防止因正常运输条件下的振动,或由于温度、湿度或压力的变化(例如不同海拔产生的压力),造成任何内装物的损失。包装,包括中型散装容器和大型包装,必须按照制造商提供的资料封闭。在运输过程中不得有任何危险残留物黏附在包装、中型散装容器和大型包装外面。这些规定相应地适用于新的、再次使用的、修理过的或改制的包装,以及新的、再次使用的、修理过的或改制的中型散装容器和新的、再次使用的或改制的大型包装。

4.1.1.2　包装,包括中型散装容器和大型包装与危险货物直接接触的各个部位:
(a) 不得受到危险货物的影响或其强度被危险货物明显地减弱;
(b) 不得在件内造成危险的效应,例如促使危险货物起反应或与危险货物起反应;
(c) 在正常的运输条件下,不得发生可能造成危险的危险货物渗透。
必要时,这些部位应有适当的内涂层或经过适当的处理。

注:由聚乙烯制成的塑料包装材料的化学兼容性(包括中型散装容器),见4.1.1.21。

4.1.1.3　除非ADR另有规定,包装,包括中型散装容器和大型包装,内包装除外,必须符合相应的设计型号,而该设计型号已顺利通过第6.1.5、6.3.5、6.5.6或6.6.5要求的试验。不需要试验的包装见6.1.1.3。

4.1.1.4　若包装,包括中型散装容器和大型包装内装的是液体,应留有足够的未满空间,以保证不会由于在运输过程中很可能发生的温度变化,造成液体膨胀而使容器泄漏或永久变形。除非规定有具体要求,否则液体不得在55℃温度下装满包装。但中型散装容器应留有足够的未满空间,以确保在平均整体温度为50℃时,中型散装容器的充装度不超过其水容量的98%。除非有特殊说明,在15℃的充装温度下,最大充装度按以下细则计算:

(a)

物质的沸点(开始沸腾的温度点)℃	<60	≥60 <100	≥100 <200	≥200 <300	≥300
充装度(包装体积的百分数)%	90	92	94	96	98

或

(b) 充装度 $= \dfrac{98}{1+\alpha(50-t_F)}\%$ 包装容量。

其中,α代表液体物质在15℃~50℃之间体积膨胀的平均系数,也就是35℃时体积的最大增加量。

α 以根据右边的公式计算: $\alpha = \dfrac{d_{15} - d_{50}}{35 \times d_{50}}$

d_{15} 和 d_{50} 分别是液体物质在 15℃ 和 50℃ 时的相对密度, t_F 是液体充装时的平均温度。

4.1.1.5　内包装在外包装中的放置方式,应做到在正常运输条件下,不会破裂、被刺穿或其内装物漏到外包装中。装有液体的内包装,包装后封闭装置应朝上,且在外包装内的摆放位置应与5.2.1.9要求的方向标记一致。对于那些易于破裂或易被刺破的内包装,例如,用玻璃、陶瓷、粗陶瓷或某些塑料制成的内包装,应使用适当衬垫材料固定在外包装中。内装物的任何泄漏,均不得对衬垫材料或外包装的保护性能造成严重破坏。

4.1.1.5.1　如组合包装的外包装或大型包装充装不同类型的内包装并顺利通过试验,则这些各不相同的内包装也可合装在此外包装或大型包装中。此外,在保持性能水平相同的条件下,可不必对包件再做试验,而允许使用下列变化的内包装:

(a) 可使用尺寸相同或较小的内包装,条件是:
　　(ⅰ) 内包装的设计与试验过的内包装相似(例如形状为圆形、长方形等);
　　(ⅱ) 内包装的制造材料(玻璃、塑料、金属等)承受冲击力或堆码力的能力等于或者大于原先试验过的内包装;
　　(ⅲ) 内包装有相同或较小的开口,封闭装置设计相似(如螺母、摩擦盖等);
　　(ⅳ) 用足够多的额外垫衬材料充装空隙,防止内包装明显移动;
　　(ⅴ) 内包装在外包装中放置的方向与试验过的包件相同;
(b) 使用较少数量的经过试验内包装,或上文(a)中所述的替代型号内包装,条件是用足够的衬垫材料充装空隙处,防止内包装明显移动。

4.1.1.5.2　可以在包装指南的要求之外,在外包装内再增加一个补充包装(例如一个中间包装,或在相应的内包装里加一个容器),条件是应满足所有相关要求,包括4.1.1.3中的要求,以及必要时使用适当的衬垫材料,防止包装内发生移动。

4.1.1.6　危险货物不得与其他货物或其他危险货物放置在同一个外包装或在大型包装中,如果它们彼此会起危险反应并造成:

(a) 燃烧和/或放出大量的热;
(b) 放出易燃、毒性或窒息性气体;
(c) 产生腐蚀性物质;
(d) 产生不稳定物质。

注:混合包装的特殊规定,见4.1.10。

4.1.1.7　装有潮湿或稀释物质的包装,封闭装置应使液体(水、溶剂或减敏剂)的百分率在运输过程中不会下降到规定的限度以下。

4.1.1.7.1　如中型散装容器上串联地安装两个以上的封闭系统,离所运物质最近的那个系统应先封闭。

4.1.1.8　如果由于内装物释放气体而使包装内产生压力(由于温度增加或其他原因),在释放的气体不会引起毒性、易燃性及排放量等问题而造成危险时,包装或中型散装容器可安装通气孔。

如果由于内装物的正常分解而引起危险的高压时,须安装通气孔装置。包装或中型散装容器在运输状态下,其通气装置的设计须能保证在正常运输条件下防止液体的渗漏和异物的渗漏。

注:空运时,不允许包件排气。

4.1.1.8.1　液体只能装入对正常运输条件下可能产生的内压具有适当承受力的内包装。

4.1.1.9 新的、改制的、再次使用的包装、中型散装容器和大型包装,或修整过的或经过定期检修的包装和修理过的中型散装容器必须能酌情通过6.1.5、6.3.5、6.5.6和6.6.5规定的试验。在装货和移交运输之前,应对每个包装,包括中型散装容器和大型包装进行检查,确保无腐蚀、污染或其他破损,应检查每个中型散装容器应检查其辅助设备是否正常工作。当包装显示出的强度与批准的设计型号相比有下降的迹象时,不得再使用,或应予以整修使之能够通过设计型号试验。任何显示出与经试验过的设计型号相比强度已有下降现象的中型散装容器,不得或使用,或者应整修或定期检修,使之能够承受设计型号试验。

4.1.1.10 液体仅能装入对正常运输条件下可能产生的内部压力具有适当承受力的包装、中型散装容器。标有6.1.3.1(d)和6.5.2.2.1分别要求的液压试验压力的包装和中型散装容器,仅能充装有下述蒸气压力的液体:

(a) 根据15℃的充装温度和4.1.1.4要求的最大充装度确定的包装或中型散装容器内的总表压(即充装物质的蒸气压加空气或其他惰性气体的分压,减去100kPa),在55℃时不超过标记试验压力的2/3;

(b) 在50℃时,小于标记试验压力加100kPa之和的4/7;或

(c) 在55℃时,小于标记试验压力加100kPa之和的2/3。

用于装运液体的中型散装容器,不得用于装运在50℃时蒸气压力大于110kPa(1.1bar)或在55℃时大于130kPa(1.3bar)的液体。

计算包装(包括中型散装容器)所需的标记试验压力实例 表4.1.1.10(c)

联合国编号	名称	类别	包装类别	V_{p55} (kPa)	$V_{p55} \times 1.5$ (kPa)	$(V_{p55} \times 1.5)$ -100 (kPa)	6.1.5.5.4(c)要求的所需最小试验压力(表压)(kPa)	包装上应标明的最小试验压力(表压)(kPa)
2056	四氢呋喃	3	Ⅱ	70	105	5	100	100
2247	正癸烷	3	Ⅲ	1.4	2.1	−97.9	100	100
1593	二氯甲烷	6.1	Ⅲ	164	246	146	146	150
1155	二乙醚	3	Ⅰ	199	299	199	199	250

注1:纯液体在55℃时的蒸气压(V_{p55})往往可以从科学书上的表中得到。

注2:表中指的只是使用4.1.1.10(c),亦即标记试验压力应大力55℃时的蒸气压乘以1.5减去100kPa。例如,当正癸烷的试验压力按照6.1.5.5.4(a)确定时,其最小标记试验压力可能低些。

注3:根据6.1.5.5.5,二乙醚所需的最小试验压力是250kPa。

4.1.1.11 装过危险物质的空包装,包括中型散装容器和大型包装,应按ADR对装有该物质的包装按所要求的同样方式进行处理,除非已采取适当措施消除任何危险性。

注:对这些运输包装进行处理时,在满足3.3章特殊规定663的情况下,应遵守UN 3509的运输规定。

4.1.1.12 按照6.1章的规定充装液体的每个包装,应在下列情况下成功通过适当的密封性试验,并且能够达到6.1.5.4.3所述的适当试验水平:

(a) 在第一次用于运输之前;

(b) 任何包装在改制或整修之后,再次用于运输之前。

在进行这项试验时,中型散装容器不必装有自己的封闭装置。如试验结果不会受到影响,复合包装或中型散装容器的内容器可在不用外包装的情况下进行试验。

以下的包装是不需要试验的:

——对组合包装或大包装的内包装;

——对标有(RID/ADR)的复合包装(玻璃或瓷器),其内容器与6.1.3.1(a)(ⅱ)一致;

——对标有(RID/ADR)的轻型标准金属包装与6.1.3.1(a)(ⅱ)一致。

4.1.1.13	用于装载固体物质的包装,包括中型散装容器,如果该固体物质在运输中有可能遇到的温度下变成液体,那么这种包装还须具备装载该物质液态的能力。
4.1.1.14	用于装粉末或颗粒状物的包装,包括中型散装容器,应防筛漏或配备衬里。
4.1.1.15	对于塑料桶和罐、刚性塑料中型散装容器和带塑料内容器的复合中型散装容器,除非主管机关另有批准,否则允许运输危险物质使用期应是从容器制造日起5年,除非由于所运输物质的性质,规定了更短的使用期。
4.1.1.16	在使用冰作为冷却剂的情况下,不得影响包装的完好。
4.1.1.17	按照6.1.3,6.2.2.7,6.2.2.8,6.3.1,6.5.2,6.6.3 标记的包装,IBCs 和大型包装,虽然是 ADR 非缔约方认可的,但仍可以在 ADR 缔约方内适用。

4.1.1.18 *爆炸品、自反应物质和有机过氧化物*

除非 ADR 中另有相反的具体规定,第1类货物、第4.1类自反应物质和第5.1类有机过氧化物所使用的中型散装容器和大型包装,应符合中等危险类别(Ⅱ类包装)的规定。

4.1.1.19 *救助包装(大型救助包装)的使用*

4.1.1.19.1	损坏、有缺陷、渗漏或不合格的包件,或者溢出或漏出的危险货物,可以装在6.1.5.1.11 提到的救助包装或6.6.5.1.9 提到的大型救助包装中运输。当然,这并不排除按照4.1.1.19.2 和4.1.1.19.3 的条件,使用适当类型和性能水平的较大尺寸的包装(包括中型散装容器和大型包装)。
4.1.1.19.2	应采取适当措施,防止损坏或渗漏的包件在救助包装内过分移动。当救助包装装有液体时,应添加足够的惰性吸收材料以消除游离液体的出现。
4.1.1.19.3	应采取适当措施,确保不会造成危险压力升高。

4.1.1.20 *救助压力容器的使用*

| 4.1.1.20.1 | 损坏、有缺陷、渗漏或不合格的压力容器,可根据6.2.3.11 使用救助压力容器。

注:按照5.1.2,救助压力容器可作为集合包件使用。当用作集合包件时,应根据5.1.2.1 而不是5.2.1.3 来做标记。 |
| 4.1.1.20.2 | 压力容器应放在适当大小的救助压力容器内。同一个救助压力容器内可以放一个以上的压力容器,但应确定内装物已知,并且内装物彼此之间不会发生危险反应(见4.1.1.6)。应采取措施,如隔断、固定或加衬垫,防止压力容器在救助压力容器内移动。 |
| 4.1.1.20.3 | 压力容器只能放在符合下列条件的救助压力容器内:

(a) 救助压力容器符合6.2.3.11,并附有一份批准书;

(b) 救助压力容器直接接触或可能直接接触危险货物的部分,不会因危险货物而受到影响或降低功能,且不会造成危险影响(如发生催化反应或与危险货物发生反应);

(c) 充装的压力容器,其内装物的压力和数量应有限度,万一全部泄漏到救助压力容器中,救助压力容器在65℃时的压力不超过救助压力容器的试验压力[气体的情况,见4.1.4.1的包装指南 P200(3)]。应考虑到充装的设备和衬垫等会造成救助压力容器可用水容量减少的情况。 |
| 4.1.1.20.4 | 对所载压力容器内的危险货物适用的正式运输名称、UN 编号和前面的字母"UN"以及5.2章中对包件要求的标志,均适用于提交运输的救助压力容器。 |
| 4.1.1.20.5 | 救助压力容器每次使用后,都应清洗、消毒,并用肉眼检查内外表面。救助压力容器应依据6.2.3.5,至少每5年进行一次定期检验和试验。 |

4.1.1.21 *将充装物质同化为标准溶液,验证塑料包装、中型散装容皿的兼容性*

4.1.1.21.1 *范围*

如果6.1.5.2.6 中的聚乙烯包装和6.5.6.3.5 中的聚乙烯中型散装容器的特定设计型号,已经使用这些标准液体按照6.1.5 或6.5.6,包括6.1.6,进行了试验,并符合4.1.1.21.2的条件,(这些包装的)充装物质的化学兼容性,可按照4.1.1.21.3~4.1.1.21.5的流程和表4.1.1.21.6中的同化列表,将其同化为标准液体后得到验证。若按照本小节不能完成同化过程,则该容器的化学兼容性需要通过按照6.1.5.2.5设计型号试验进行,或通过实验室的试验进行。在实验室,进行包装的实验需要按照6.1.5.2.7的规定,进行中型散装容器的实验室实验则需要按照6.5.6.3.3和6.5.6.3.6的规定。

注:无论本小节的规定如何,对于特定的充装物质,包装(包括中型散装容器)的使用,受3.2章表A以及4.1章包装指南的限制。

4.1.1.21.2　　*条件*

充装物质的相对密度不能超过在根据6.1.5.3.5或6.5.6.9.4进行用来确定跌落高度的跌落试验时,或者根据6.1.5.6及有必要时根据6.5.6.6进行用来确定质量的堆码压力试验时所采用的标准溶液的密度。50℃或55℃温度下充装物质的蒸气压不应超过在根据6.1.5.5.4或6.5.6.8.4.2进行用来确定压力的内压试验时所采用的标准溶液的蒸气压。在充装物质多种标准溶液的混合溶液时,充装物质的相应数值(相对密度,蒸气压)不应超过标准溶液在满足相应跌落高度,堆码质量及内部试验压力等情况下的最小数值。

例:UN 1736的苯甲酰氯被同化为"烃的混合物和湿溶液"的标准混合液,它在50℃时蒸气压为0.34kPa,相对密度为1.2。塑料桶和罐的设计型号实验通常按最基本要求试验水平进行。事实上这意味着,堆码试验在确定堆码载荷时,通常将烃的混合物的相对密度设置为1.0、湿溶液(定义见6.1.6)的相对密度设置为1.2。结果,对于苯甲酰氯液,无法证实这种经过试验的设计型号的化学兼容性,因为充装了标准液体"烃的混合物"的设计型号的试验水平不充分。(由于大多数情况下,所施加的内部液压试验压力不低于100kPa,因此按照4.1.1.10,苯甲酰氯的蒸气压已满足上述条件)。

充装物质的所有成分,可以是溶液、混合物或湿溶液,如洗涤剂和消毒剂中的湿润剂,无论有害还是无害,都应该被同化成标准液体。

4.1.1.21.3　　*同化过程*

应该按照如下步骤将充装物质对应到表4.1.1.21.6所列的物质或物质组(也可参照图4.1.1.21.1):

(a) 根据第2部分的标准和程序,对充装物质的危险性进行分类(进而确定UN编号和包装类别);

(b) 如果可以确定充装物质的UN编号和包装类别,见表4.1.1.21.6第(1)栏中的UN编号;

(c) 如果这个UN编号的条目多于1个,选择与表4.1.1.21.6中第(2a)、(2b)、(4)栏的包装类别、浓度、闪点、非危险组分等相同的行。

如果这一步无法进行,包装的化学兼容性应由6.1.5.2.5或6.1.5.2.7验证,中型散装容器的化学兼容性由6.5.6.3.3或6.5.6.3.6验证(但是对于水溶液的化学兼容性,见4.1.1.21.4);

(d) 如果由(a)确定的UN编号和包装类别不在同化列表中,包装的化学兼容性应由6.1.5.2.5或6.1.5.2.7验证,中型散装容器的化学兼容性由6.5.6.3.3或6.5.6.3.6验证;

(e) 如果所选行的第(5)栏是"类属条目的同化规则",那么同化过程按照4.1.1.21.5描述的步骤进行;

(f) 如果所选行的第(5)栏列出了标准液体或标准液体的混合物,并且针对该标准溶液的设计型号已经得到许可,则该充装液体的化学兼容性可视作已经得到了符合4.1.1.21.1和4.1.1.21.2要求的验证。

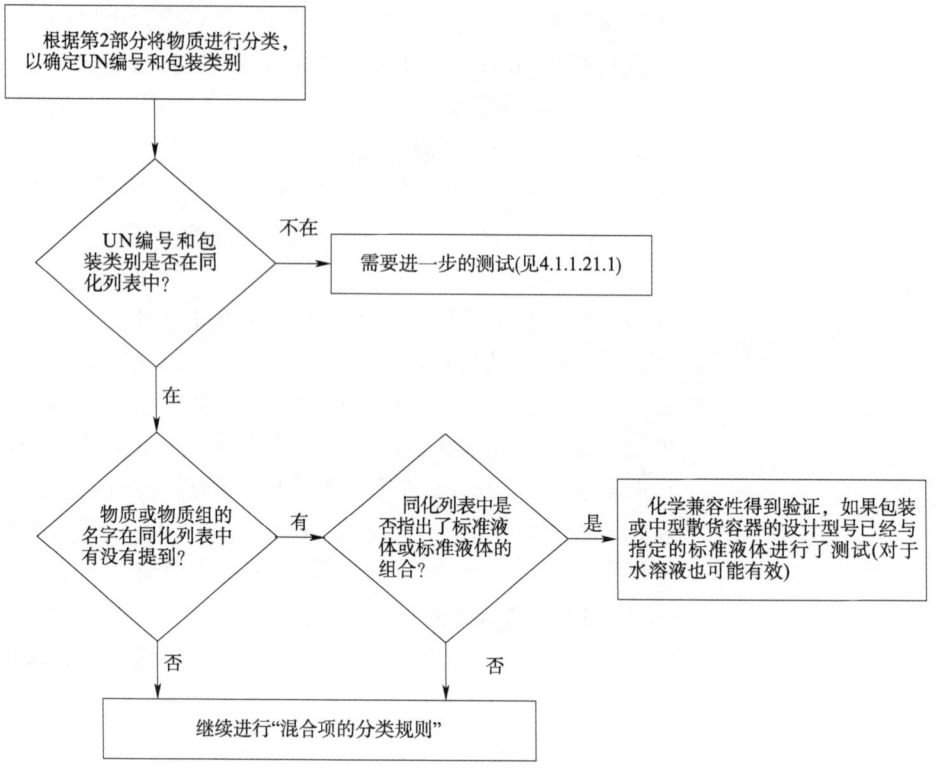

图4.1.1.21.1 将充装物质等同标准溶液为标准液体的流程

4.1.1.21.4 *水溶液*

如果满足下列条件,物质或物质组的水溶液除了可以按照4.1.1.21.3被同化成某种标准溶液,还可以被等同化成另一种(些)标准液体:

(a) 按照2.1.3.3的标准,水溶液能有与(表中)所列物质相同的UN编号;且

(b) 除非在4.1.1.21.6中的同化列表中列出了名称,该水溶液是未列明的;

(c) 危险物质和溶剂之间不发生化学反应。

例:UN 1120 叔丁醇的水溶液:

— 在同化列表中,纯的叔丁醇本身可以被划分成标准液体"乙酸"。

— 根据2.1.3.3,能将叔丁醇的水溶液归类为UN 1120 丁醇,因为叔丁醇的水溶液与其纯物质丁醇的类别、包装类别和物理状态没有区别。此外,"1120 丁醇"没有被明确限定为纯物质,这些物质的水溶液名称没有在3.2章表A和等同化列表中列出。

— UN 1120 丁醇在正常的运输条件下不和水发生反应。

因此,UN 1120 丁醇的水溶液可以被划分为标准液体"乙酸"。

4.1.1.21.5 *类属条目的同化规则*

对于充装物质在等同标准溶液表中第(5)栏显示为"类属条目的同化规则"的情况,应按如下步骤进行(见图4.1.1.21.2)且满足一定条件:

(a) 按照4.1.1.21.3的同化过程,并考虑4.1.1.21.2中的条件,同化对溶液、混合物或试剂的每一个危险成分。在类属条目情况下,对高密度聚乙烯没有有害影响的组分可以被忽略(如:UN 1263的涂料或涂料相关材料中的固体颜料);

(b) 如果出现下列情况,溶液、混合物或试剂不能同化为标准液体:

(ⅰ) 一种或多种危险组分的UN编号和包装类别没有出现在同化列

表中；

(ⅱ) 一种或多种组分的在第(5)栏显示的是"类属条目的同化规则"；

(ⅲ) (UN 2059 的硝化纤维素溶液,易燃除外)一种或多种危险组分的分类代码不同于溶液,混合物或试剂的；

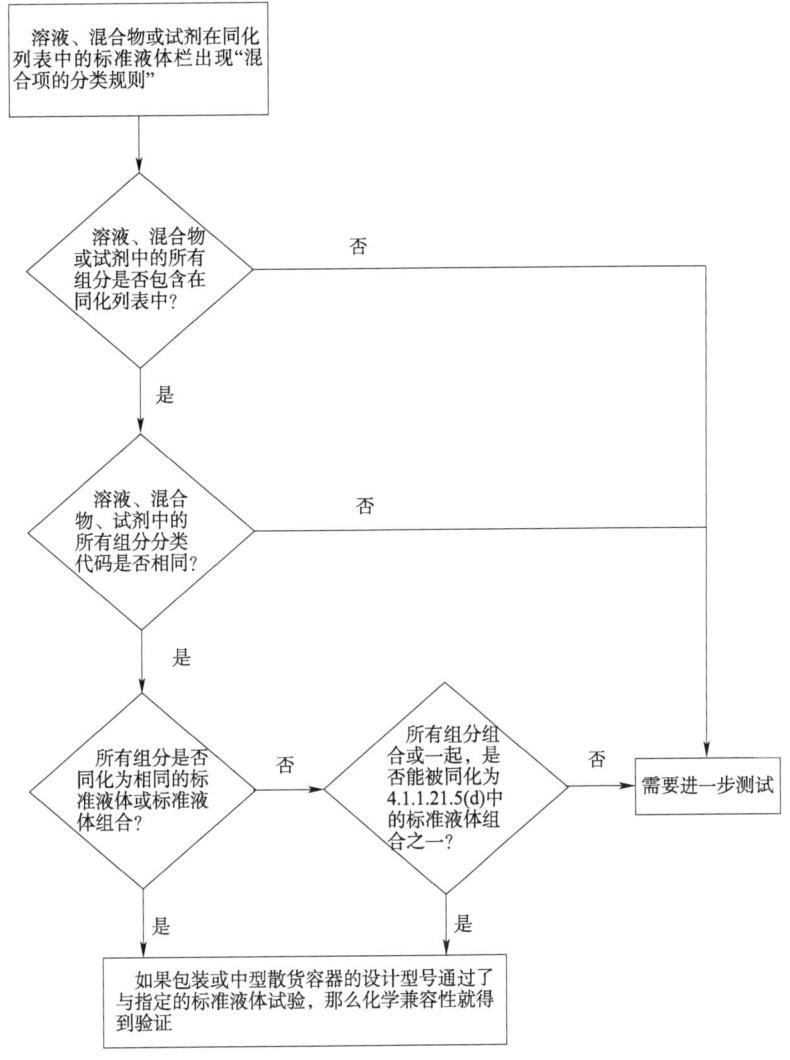

图 4.1.1.21.2 "类属条目规则"流程图

(c) 如果所有的危险组分都出现在同化列表中,各组分的分类代码和溶液、混合物或试剂的分类代码相一致,且所有的危险组分的第(5)栏中的标准液体或标准液体的组合是相同的,溶液、混合液或试剂的化学兼容性可被视为考虑了 4.1.1.21.1 和 4.1.1.21.2 的要求,并得到验证；

(d) 如果所有的危险组分都出现在同化列表中,各组分的分类代码和溶液、混合物或试剂的分类代码相一致,但是各组分在第(5)栏中的标准液体是不同的,仅对以下标准液体组合的化学兼容性可以被视为考虑到 4.1.1.21.1 和 4.1.1.21.2 的要求,并得到验证：

(ⅰ) 水/硝酸 55%；除分类代码 C1 的无机酸,它的标准液体为"水"；

(ⅱ) 水/湿溶液；

(ⅲ) 水/乙酸；

(ⅳ) 水/烃的混合物；

(ⅴ) 水/乙酸正丁酯/饱和乙酸正丁酯溶液；

(e) 在本条规则中,除了(d)中的那些和所有(b)中那些,其他标准液体的组合,其化学兼容性不被视为得到验证。在这种情况下,用其他方法验证化学兼容性[见4.1.1.21.3(d)]。

例1:UN 1940"巯基乙酸"(占50%)和UN 2531"甲基丙烯酸,稳定的"(占50%)的混合物;混合物的类别:UN 3265"有机酸性腐蚀性液体,未另作规定的"。

——组分的UN编号和混合物的UN编号都在同化列表中;

——组分和混合物有相同的分类代码:C3;

——UN 1940"巯基乙酸"被等同标准溶液为标准液体"乙酸",UN 2531"甲基丙烯酸,稳定的"被等同标准溶液为"乙酸正丁酯/饱和乙酸正丁酯溶液"。根据(d),这是一个不可接受的标准液体的组合,因此需要用其他方法来验证其化学兼容性。

例2:UN 1793"酸式磷酸异丙酯"(占50%)和UN 1803"液态苯酚磺酸"(占50%)的混合物;混合物的类别:UN 3265"有机酸性腐蚀性液体,未另作规定的"。

——组分的UN编号和混合物的UN编号都在同化列表中;

——组分和混合物有相同的分类代码:C3;

——UN 1793"酸式磷酸异丙酯"被同化为标准液体"湿溶液",UN 1803"液态苯酚磺酸"被同化为"水"。根据(d),这是一个可接受的标准液体的组合。因此,如果包装的设计型号被许可充装"湿溶液"和"水",就能用此方法验证混合物的化学兼容性。

可接受的标准液体组合:

水/硝酸55%,不包括分类代码C1的无机酸,它被分配到标准液体"水";

水/湿溶液;

水/乙酸;

水/烃的混合物;

水/乙酸正丁酯/饱和乙酸正丁酯溶液

4.1.1.21.6　同化列表

下表(同化列表)危险物质按照UN编号的顺序排列,每一行代表一种危险物质,这种危险物质可以是带有指定UN编号的单一条目或类属条目。然而,如果一些物质有相同的UN编号,但是名称不同(如一组物质的同分异构体)、理化性质不同、运输条件不同时,可以用连续的几行表示同样的UN编号。在这种情况下,特定包装类别的单一条目或类属条目被排在连续行的最后一行。

本小节中,类似3.2章表A结构的表4.1.1.21.6,其第(1)~(4)列可以用来确定物质,最后一列显示能被同化的标准液体。

每一栏的注解:

第(1)栏　UN编号

包含UN编号:

——对于危险物质来说,如果危险物质有自己特定的UN编号;

——对于未列明类属条目的危险物质,按照第2部分的标准(决策树)进行划分。

第(2a)栏　正式运输名称或技术名称

包含物质的名称,单一条目的名称(可以包含多种同分异构体)或类属条目的名称。指定的名称可以和正式运输名称不同。

第(2b)栏　描述

包含一个描述性的文本来说明条目的范围,当物质的类别/运输条件/化学兼容性有变化时。

第(3a)栏　类别

包含代表危险物质类别的数字。这个类别数字和第2部分的流程和标准相一致。

第(3b)栏 分类代码
包含危险物质的分类代码和第2部分的流程和标准相一致。

第(4)栏 包装类别
包含代表包装类别的数字(Ⅰ,Ⅱ或Ⅲ)和第2部分的流程和标准相一致。一些物质没有给定包装类别。

第(5)栏 标准液体
这一列作为明确的信息,或者显示物质被同化的标准液体或者是被同化的标准液体的组合,或者是指向4.1.1.21.5确定的类属条目同化规则。

同化列表 表4.1.1.21.6

UN编号	正式运输名称或技术名称3.1.2	描述 3.1.2	类别 2.2	分类代码 2.2	包装类别 2.1.1.3	标准液体
(1)	(2a)	(2b)	(3a)	(3b)	(4)	(5)
1090	丙酮		3	F1	Ⅱ	烃的混合物 **备注**:只有在用于运输的外层包装物质的渗透性处于可接受水平内时适用
1093	丙烯腈,稳定的		3	FT1	Ⅰ	乙酸正丁酯/饱和乙酸正丁酯溶液
1104	乙酸戊酯	纯粹的同分异构体和异构混合物	3	F1	Ⅲ	乙酸正丁酯/饱和乙酸正丁酯溶液
1105	戊醇	纯粹的同分异构体和异构混合物	3	F1	Ⅱ/Ⅲ	乙酸正丁酯/饱和乙酸正丁酯溶液
1106	戊胺	纯粹的同分异构体和异构混合物	3	FC	Ⅱ/Ⅲ	烃的混合物和湿溶液
1109	甲酸戊酯	纯粹的同分异构体和异构混合物	3	F1	Ⅲ	乙酸正丁酯/饱和乙酸正丁酯溶液
1120	丁醇	纯粹的同分异构体和异构混合物	3	F1	Ⅱ/Ⅲ	乙酸
1123	乙酸丁酯	纯粹的同分异构体和异构混合物	3	F1	Ⅱ/Ⅲ	乙酸正丁酯/饱和乙酸正丁酯溶液
1125	正丁胺		3	FC	Ⅱ	烃的混合物和湿溶液
1128	甲酸正丁酯		3	F1	Ⅱ	乙酸正丁酯/饱和乙酸正丁酯溶液
1129	丁醛		3	F1	Ⅱ	烃的混合物
1133	黏合剂	含易燃液体	3	F1	Ⅰ/Ⅱ/Ⅲ	类属条目同化规则
1139	涂料溶液	包括用于工业或其他用途的表面处理剂或涂料,例如车辆的底漆、圆桶或琵琶桶的面料	3	F1	Ⅰ/Ⅱ/Ⅲ	类属条目同化规则
1145	环己烷		3	F1	Ⅱ	烃的混合物
1146	环戊烷		3	F1	Ⅱ	烃的混合物
1153	乙二醇—乙醚		3	F1	Ⅲ	乙酸正丁酯/饱和乙酸正丁酯溶液和烃的混合物
1154	二乙胺		3	FC	Ⅱ	烃的混合物和湿溶液
1158	二异丙胺		3	FC	Ⅱ	烃的混合物和湿溶液
1160	二甲胺水溶液		3	FC	Ⅱ	烃的混合物和湿溶液
1165	二恶烷		3	F1	Ⅱ	烃的混合物
1169	液态萃取香料		3	F1	Ⅱ/Ⅲ	类属条目同化规则
1170	乙醇或乙醇溶液	水溶液	3	F1	Ⅱ/Ⅲ	乙酸

续上表

UN 编号	正式运输名称或技术名称 3.1.2	描述 3.1.2	类别 2.2	分类代码 2.2	包装类别 2.1.1.3	标准液体
(1)	(2a)	(2b)	(3a)	(3b)	(4)	(5)
1171	乙二醇—乙醚		3	F1	Ⅲ	乙酸正丁酯/饱和乙酸正丁酯溶液和烃的混合物
1172	乙酸乙二醇—乙醚酯		3	F1	Ⅲ	乙酸正丁酯/饱和乙酸正丁酯溶液和烃的混合物
1173	乙酸乙酯		3	F1	Ⅱ	乙酸正丁酯/饱和乙酸正丁酯溶液
1177	乙酸-2-乙基丁酯		3	F1	Ⅲ	乙酸正丁酯/饱和乙酸正丁酯溶液
1178	2-乙基丁醛		3	F1	Ⅱ	烃的混合物
1180	丁酸乙酯		3	F1	Ⅲ	乙酸正丁酯/饱和乙酸正丁酯溶液
1188	乙二醇—甲醚		3	F1	Ⅲ	乙酸正丁酯/饱和乙酸正丁酯溶液和烃的混合物
1189	乙酸乙二醇—甲醚酯		3	F1	Ⅲ	乙酸正丁酯/饱和乙酸正丁酯溶液和烃的混合物
1190	甲酸乙酯		3	F1	Ⅱ	乙酸正丁酯/饱和乙酸正丁酯溶液
1191	辛醛	纯粹的同分异构体和异构混合物	3	F1	Ⅲ	烃的混合物
1192	乳酸乙酯		3	F1	Ⅲ	乙酸正丁酯/饱和乙酸正丁酯溶液
1195	丙酸乙酯		3	F1	Ⅱ	乙酸正丁酯/饱和乙酸正丁酯溶液
1197	液态萃取调味剂		3	F1	Ⅱ/Ⅲ	类属条目同化规则
1198	甲醛溶液,易燃	水溶液,闪点 23℃～60℃之间	3	FC	Ⅲ	乙酸
1202	柴油	符合标准 EN 590:2009 + A1:2010 或闪点不高于 100℃	3	F1	Ⅲ	烃的混合物
1202	瓦斯油	闪点不高于 100℃	3	F1	Ⅲ	烃的混合物
1202	轻质燃料油	特轻	3	F1	Ⅲ	烃的混合物
1202	轻质燃料油	符合标准 EN 590:2009 + A1:2010 或闪点不高于 100℃	3	F1	Ⅲ	烃的混合物
1203	车用汽油或汽油		3	F1	Ⅱ	烃的混合物
1206	庚烷	纯粹的同分异构体和异构混合物	3	F1	Ⅱ	烃的混合物
1207	己醛	正己醛	3	F1	Ⅲ	烃的混合物
1208	己烷	纯粹的同分异构体和异构混合物	3	F1	Ⅱ	烃的混合物
1210	印刷油墨或印刷油墨相关材料	易燃,包括印刷油墨稀释剂或还原剂	3	F1	Ⅰ/Ⅱ/Ⅲ	类属条目同化规则
1212	异丁醇		3	F1	Ⅲ	乙酸
1213	乙酸异丁酯		3	F1	Ⅱ	乙酸正丁酯/饱和乙酸正丁酯溶液
1214	异丁胺		3	FC	Ⅱ	烃的混合物和湿溶液
1216	异辛烯	纯粹的同分异构体和异构混合物	3	F1	Ⅱ	烃的混合物
1219	异丙醇		3	F1	Ⅱ	乙酸
1220	乙酸异丙酯		3	F1	Ⅱ	乙酸正丁酯/饱和乙酸正丁酯溶液
1221	异丙胺		3	FC	Ⅰ	烃的混合物和湿溶液

续上表

UN编号	正式运输名称或技术名称3.1.2	描述 3.1.2	类别 2.2	分类代码 2.2	包装类别 2.1.1.3	标准液体
(1)	(2a)	(2b)	(3a)	(3b)	(4)	(5)
1223	煤油		3	F1	Ⅲ	烃的混合物
1224	3,3-二甲基-2-丁酮		3	F1	Ⅱ	烃的混合物
1224	液态酮类,未另作规定的		3	F1	Ⅱ/Ⅲ	类属条目同化规则
1230	甲醇		3	FT1	Ⅱ	乙酸
1231	乙酸甲酯		3	F1	Ⅱ	乙酸正丁酯/饱和乙酸正丁酯溶液
1233	乙酸甲基戊酯		3	F1	Ⅲ	乙酸正丁酯/饱和乙酸正丁酯溶液
1235	甲胺水溶液		3	FC	Ⅱ	烃的混合物和湿溶液
1237	乙酸甲酯		3	F1	Ⅱ	乙酸正丁酯/饱和乙酸正丁酯溶液
1247	单体丙烯酸甲酯,稳定的		3	F1	Ⅱ	乙酸正丁酯/饱和乙酸正丁酯溶液
1248	丙酸甲酯		3	F1	Ⅱ	乙酸正丁酯/饱和乙酸正丁酯溶液
1262	辛烷	纯粹的同分异构体和异构混合物	3	F1	Ⅱ	烃的混合物
1263	涂料或涂料的相关材料	包括色漆、喷漆、搪瓷、着色剂、虫胶、清漆、抛光剂、液态填料和液态喷漆基料包括涂料稀释剂或冲淡剂	3	F1	Ⅰ/Ⅱ/Ⅲ	类属条目同化规则
1265	戊烷	正戊烷	3	F1	Ⅱ	烃的混合物
1266	香料制品	含有易燃溶剂	3	F1	Ⅱ/Ⅲ	类属条目同化规则
1268	煤焦油石脑油	50℃时的蒸气压不高于110kPa	3	F1	Ⅱ	烃的混合物
1268	石油馏出物,未另作规定的 或石油产品,未另作规定的		3	F1	Ⅰ/Ⅱ/Ⅲ	类属条目同化规则
1274	正丙醇		3	F1	Ⅱ/Ⅲ	乙酸
1275	丙醛		3	F1	Ⅱ	烃的混合物
1276	乙酸正丙酯		3	F1	Ⅱ	乙酸正丁酯/饱和乙酸正丁酯溶液
1277	丙胺	正丙胺	3	FC	Ⅱ	烃的混合物和湿溶液
1281	甲酸丙酯	纯粹的同分异构体和异构混合物	3	F1	Ⅱ	乙酸正丁酯/饱和乙酸正丁酯溶液
1282	吡啶		3	F1	Ⅱ	烃的混合物
1286	松香油		3	F1	Ⅱ/Ⅲ	类属条目同化规则
1287	橡胶溶液		3	F1	Ⅱ/Ⅲ	类属条目同化规则
1296	三乙胺		3	FC	Ⅱ	烃的混合物和湿溶液
1297	三甲胺水溶液	按重量含三甲胺不大于50%	3	FC	Ⅰ/Ⅱ/Ⅲ	烃的混合物和湿溶液
1301	乙酸乙烯酯,稳定的		3	F1	Ⅲ	乙酸正丁酯/饱和乙酸正丁酯溶液
1306	液态木材防腐剂		3	F1	Ⅱ/Ⅲ	类属条目同化规则
1547	苯胺		6.1	T1	Ⅱ	乙酸

续上表

UN编号	正式运输名称或技术名称3.1.2	描述3.1.2	类别2.2	分类代码2.2	包装类别2.1.1.3	标准液体
(1)	(2a)	(2b)	(3a)	(3b)	(4)	(5)
1590	液态二氯苯胺	纯粹的同分异构体和异构混合物	6.1	T1	Ⅱ	乙酸
1602	液态染料,毒性,未另作规定的或液态染料中间产品,毒性,未另作规定的		6.1	T1	Ⅰ/Ⅱ/Ⅲ	类属条目同化规则
1604	1,2-乙二胺		8	CF1	Ⅱ	烃的混合物和湿溶液
1715	乙酸酐		8	CF1	Ⅱ	乙酸
1717	乙酰氯		3	FC	Ⅱ	乙酸正丁酯/饱和乙酸正丁酯溶液
1718	磷酸二氢丁酯		8	C3	Ⅲ	湿溶液
1719	硫化氢	水溶液	8	C5	Ⅲ	乙酸
1719	苛性碱液体,未另作规定的	无机的	8	C5	Ⅱ/Ⅲ	类属条目同化规则
1730	液态五氯化锑	纯的	8	C1	Ⅱ	水
1736	苯酰氯		8	C3	Ⅱ	烃的混合物和湿溶液
1750	氯乙酸溶液	水溶液	6.1	TC1	Ⅱ	乙酸
1750	氯乙酸溶液	一氯乙酸和二氯乙酸的混合物	6.1	TC1	Ⅱ	乙酸
1752	氯乙酰氯		6.1	TC1	Ⅰ	乙酸正丁酯/饱和乙酸正丁酯溶液
1755	铬酸溶液		8	C1	Ⅱ/Ⅲ	硝酸
1760	氰胺	溶液中氰胺含量不高于50%	8	C9	Ⅱ	水
1760	O,O-二乙基硫代膦酸酯		8	C9	Ⅱ	乙酸正丁酯/饱和乙酸正丁酯溶液
1760	二硫代磷酸-O,O-二(1-甲基乙基)酯		8	C9	Ⅱ	乙酸正丁酯/饱和乙酸正丁酯溶液
1760	O,O-二丙基二硫膦酸		8	C9	Ⅱ	乙酸正丁酯/饱和乙酸正丁酯溶液
1760	腐蚀性液体,未另作规定的	闪点高于60℃	8	C9	Ⅰ/Ⅱ/Ⅲ	类属条目同化规则
1761	铜乙二胺溶液	水溶液	8	CT1	Ⅱ/Ⅲ	烃的混合物和湿溶液
1764	二氯乙酸		8	C3	Ⅱ	乙酸
1775	氟硼酸	溶液中的含量不高于50%	8	C1	Ⅱ	水
1778	氟硅酸		8	C1	Ⅱ	水
1779	甲酸	按质量含酸大于85%	8	C3	Ⅱ	乙酸
1783	六亚甲基二胺溶液	水溶液	8	C7	Ⅱ/Ⅲ	烃的混合物和湿溶液
1787	氢碘酸	水溶液	8	C1	Ⅱ/Ⅲ	水
1788	氢溴酸	水溶液	8	C1	Ⅱ/Ⅲ	水

续上表

UN编号	正式运输名称或技术名称3.1.2	描述 3.1.2	类别 2.2	分类代码 2.2	包装类别 2.1.1.3	标准液体
(1)	(2a)	(2b)	(3a)	(3b)	(4)	(5)
1789	氢氯酸	溶液中氯化氢含量不高于38%	8	C1	Ⅱ/Ⅲ	水
1790	氢氟酸	含氟化氢大于60%	8	CT1	Ⅱ	水允许使用日期:不超过2年
1791	次氯酸盐溶液	水溶液,通常在贸易中包含润湿剂	8	C9	Ⅱ/Ⅲ	硝酸和湿溶液
1791	次氯酸盐溶液	水溶液	8	C9	Ⅱ/Ⅲ	硝酸*

* 对于UN 1791:试验只在排气的条件下进行。如果试验以硝酸为标准液体,就应使用耐酸的通风口和衬垫。如果试验的液体是次氯酸盐溶液,通风口和衬垫的设计类型相同,耐次氯酸(如硅橡胶)但不耐硝酸,也是允许的。

1793	酸式磷酸异丙酯		8	C3	Ⅲ	湿溶液
1802	高氯酸	按质量含酸不超过50%	8	CO1	Ⅱ	水
1803	液态苯酚磺酸	异构混合物	8	C3	Ⅱ	水
1805	磷酸溶液		8	C1	Ⅱ	水
1814	氢氧化钾溶液	水溶液	8	C5	Ⅱ/Ⅲ	水
1824	氢氧化钠溶液	水溶液	8	C5	Ⅱ/Ⅲ	水
1830	硫酸	含酸大于51%	8	C1	Ⅱ	水
1832	硫酸废液	化学性能稳定	8	C1	Ⅱ	水
1833	亚硫酸		8	C1	Ⅱ	水
1835	氢氧化四甲铵溶液	水溶液,闪点高于60℃	8	C7	Ⅱ	水
1840	氯化锌溶液	水溶液	8	C1	Ⅲ	水
1848	丙酸	按质量含酸10%~90%	8	C3	Ⅲ	乙酸正丁酯/饱和乙酸正丁酯溶液
1862	丁烯酸乙酯		3	F1	Ⅲ	乙酸正丁酯/饱和乙酸正丁酯溶液
1863	航空燃料,涡轮发动机用		3	F1	Ⅰ/Ⅱ/Ⅲ	烃的混合物
1866	树脂溶液	易燃	3	F1	Ⅰ/Ⅱ/Ⅲ	类属条目同化规则
1902	酸式磷酸二异辛酯		8	C3	Ⅲ	湿溶液
1906	淤渣硫酸		8	C1	Ⅱ	硝酸
1908	亚氯酸盐溶液	水溶液	8	C9	Ⅱ/Ⅲ	乙酸
1914	丙酸丁酯		3	F1	Ⅲ	乙酸正丁酯/饱和乙酸正丁酯溶液
1915	环己酮		3	F1	Ⅲ	烃的混合物
1917	丙烯酸乙酯		3	F1	Ⅱ	乙酸正丁酯/饱和乙酸正丁酯溶液
1919	丙烯酸甲酯		3	F1	Ⅱ	乙酸正丁酯/饱和乙酸正丁酯溶液
1920	壬烷	纯粹的同分异构体和异构混合物,闪点在23℃~60℃之间	3	F1	Ⅲ	烃的混合物
1935	氰化物溶液,未另作规定的	无机的	6.1	T4	Ⅰ/Ⅱ/Ⅲ	水
1940	巯基乙酸		8	C3	Ⅱ	乙酸
1986	醇类,易燃,毒性,未另作规定的		3	FT1	Ⅰ/Ⅱ/Ⅲ	类属条目同化规则

续上表

UN 编号	正式运输名称或技术名称 3.1.2	描述 3.1.2	类别 2.2	分类代码 2.2	包装类别 2.1.1.3	标 准 液 体
(1)	(2a)	(2b)	(3a)	(3b)	(4)	(5)
1987	环己醇	纯工业的	3	F1	Ⅲ	乙酸
1987	醇类,未另作规定的		3	F1	Ⅱ/Ⅲ	类属条目同化规则
1988	醛类,易燃,毒性,未另作规定的		3	FT1	Ⅰ/Ⅱ/Ⅲ	类属条目同化规则
1989	醛类,未另作规定的		3	F1	Ⅰ/Ⅱ/Ⅲ	类属条目同化规则
1992	2,6-二甲基吗啉		3	FT1	Ⅲ	烃的混合物
1992	易燃液体,毒性,未另作规定的		3	FT1	Ⅰ/Ⅱ/Ⅲ	类属条目同化规则
1993	丙酸乙烯酯		3	F1	Ⅱ	乙酸正丁酯/饱和乙酸正丁酯溶液
1993	丙二醇甲醚乙酸酯		3	F1	Ⅲ	乙酸正丁酯/饱和乙酸正丁酯溶液
1993	易燃液体,为另作规定的		3	F1	Ⅰ/Ⅱ/Ⅲ	类属条目同化规则
2014	过氧化氢水溶液	过氧化氢含量20%~60%(必要时加稳定剂)	5.1	OC1	Ⅱ	硝酸
2022	甲苯基酸(甲苯酚)		6.1	TC1	Ⅱ	乙酸
2030	肼水溶液	按质量含肼量在37%~64%之间				水
2030	水合肼	溶液含肼64%	8	CT1	Ⅱ	水
2031	硝酸	发红烟的除外,含硝酸不大于55%	8	CO1	Ⅱ	硝酸
2045	异丁醛		3	F1	Ⅱ	烃的混合物
2050	二聚异丁烯异构物		3	F1	Ⅱ	烃的混合物
2053	甲基异丁基甲醇		3	F1	Ⅲ	乙酸
2054	吗啉		8	CF1	Ⅰ	烃的混合物
2057	三聚丙烯		3	F1	Ⅱ/Ⅲ	烃的混合物
2058	戊醛	纯粹的同分异构体和异构混合物	3	F1	Ⅱ	烃的混合物
2059	硝化纤维素溶液,易燃		3	D	Ⅰ/Ⅱ/Ⅲ	类属条目同化规则:与一般步骤不同,这条规则能运用于F1类的溶剂
2075	无水氯醛,稳定的		6.1	T1	Ⅱ	湿溶液
2076	液体甲酚	纯粹的同分异构体和异构混合物	6.1	TC1	Ⅱ	乙酸
2078	甲苯二异氰酸酯	液体	6.1	T1	Ⅱ	乙酸正丁酯/饱和乙酸正丁酯溶液
2079	二乙撑三胺		8	C7	Ⅱ	烃的混合物
2209	甲醛溶液	溶液中甲醛含量37%,甲醇含量8%~10%	8	C9	Ⅲ	乙酸
2209	甲醛溶液	水溶液,甲醛含量不低于25%	8	C9	Ⅲ	水

续上表

UN编号	正式运输名称或技术名称3.1.2	描述 3.1.2	类别 2.2	分类代码 2.2	包装类别 2.1.1.3	标 准 液 体
(1)	(2a)	(2b)	(3a)	(3b)	(4)	(5)
2218	丙烯酸,稳定的		8	CF1	Ⅱ	乙酸正丁酯/饱和乙酸正丁酯溶液
2227	甲基丙烯酸正丁酯,稳定的		8	F1	Ⅲ	乙酸正丁酯/饱和乙酸正丁酯溶液
2235	氯苯甲基氯,液态	4-氯氯苄	6.1	T2	Ⅲ	烃的混合物
2241	环庚烷		3	F1	Ⅱ	烃的混合物
2242	环庚烯		3	F1	Ⅱ	烃的混合物
2243	乙酸环己酯		3	F1	Ⅲ	乙酸正丁酯/饱和乙酸正丁酯溶液
2244	环戊醇		3	F1	Ⅲ	乙酸
2245	环戊酮		3	F1	Ⅲ	烃的混合物
2247	正癸烷		3	F1	Ⅲ	烃的混合物
2248	二正丁胺		3	CF1	Ⅱ	烃的混合物
2258	丙邻二胺(1,2-二氨基丙烷)		3	CF1	Ⅱ	烃的混合物和湿溶液
2259	三亚乙基四胺		8	C7	Ⅱ	水
2260	三苯胺		3	FC	Ⅲ	烃的混合物和湿溶液
2263	二甲基环己烷	纯粹的同分异构体和异构混合物	3	F1	Ⅱ	烃的混合物
2264	N,N-二甲基环己胺		8	CF1	Ⅱ	烃的混合物和湿溶液
2265	N,N-二甲基甲酰胺		3	F1	Ⅲ	乙酸正丁酯/饱和乙酸正丁酯溶液
2266	N-二甲基丙胺		3	FC	Ⅱ	烃的混合物和湿溶液
2269	三丙撑三胺		8	C7	Ⅲ	烃的混合物和湿溶液
2270	乙胺水溶液	乙胺含量50%~70%,闪点低于23℃,腐蚀性或轻微腐蚀性	3	FC	Ⅱ	烃的混合物和湿溶液
2275	2-乙基丁醇		3	F1	Ⅲ	乙酸正丁酯/饱和乙酸正丁酯溶液
2276	2-乙基己胺		3	FC	Ⅲ	烃的混合物和湿溶液
2277	甲基丙烯酸乙酯,稳定的		3	F1	Ⅱ	乙酸正丁酯/饱和乙酸正丁酯溶液
2278	正庚烯		3	F1	Ⅱ	烃的混合物
2282	己醇	纯粹的同分异构体和异构混合物	3	F1	Ⅲ	乙酸正丁酯/饱和乙酸正丁酯溶液
2283	甲基丙烯酸异丁酯,稳定的		3	F1	Ⅲ	乙酸正丁酯/饱和乙酸正丁酯溶液
2286	五甲基庚烷		3	F1	Ⅲ	烃的混合物
2287	异庚烯		3	F1	Ⅱ	烃的混合物
2288	异己烯		3	F1	Ⅱ	烃的混合物
2289	异佛尔酮二胺		8	C7	Ⅲ	烃的混合物和湿溶液
2293	4-甲氧基-4-甲基-2-戊酮		3	F1	Ⅲ	烃的混合物

UN编号	正式运输名称或技术名称3.1.2	描述 3.1.2	类别 2.2	分类代码 2.2	包装类别 2.1.1.3	标准液体
(1)	(2a)	(2b)	(3a)	(3b)	(4)	(5)
2296	甲基环己烷		3	F1	II	烃的混合物
2297	甲基环己酮	纯粹的同分异构体和异构混合物	3	F1	III	烃的混合物
2298	甲基环戊烷		3	F1	II	烃的混合物
2302	5-甲基-2-己酮		3	F1	III	烃的混合物
2308	液态亚硝基硫酸		8	C1	II	水
2309	辛二烯		3	F1	II	烃的混合物
2313	甲基吡啶	纯粹的同分异构体和异构混合物	3	F1	III	烃的混合物
2317	氰亚酮酸钠溶液	水溶液	6.1	T4	I	水
2320	四亚乙基五胺		8	C7	III	烃的混合物和湿溶液
2324	三聚异丁烯	C12 和 monoolefines 的混合物,闪点 23℃~60℃之间	3	F1	III	烃的混合物
2326	三甲基环己胺		8	C7	III	烃的混合物和湿溶液
2327	三甲基六亚甲基二胺		8	C7	III	烃的混合物和湿溶液
2330	十一烷		3	F1	III	烃的混合物
2336	甲酸烯丙酯		3	FT1	I	乙酸正丁酯/饱和乙酸正丁酯溶液
2348	丙烯酸丁酯,稳定的	纯粹的同分异构体和异构混合物	3	F1	III	乙酸正丁酯/饱和乙酸正丁酯溶液
2357	环己胺	闪点 23℃~60℃之间	8	CF1	II	烃的混合物和湿溶液
2361	二异丁胺		3	FC	III	烃的混合物和湿溶液
2366	碳酸二乙酯		3	F1	III	乙酸正丁酯/饱和乙酸正丁酯溶液
2367	α-甲基戊醛		3	F1	II	烃的混合物
2370	1-己烯		3	F1	II	烃的混合物
2372	1,2-二-(二甲氨基)己烷		3	F1	II	烃的混合物和湿溶液
2379	1,3-二甲基丁胺		3	FC	II	烃的混合物和湿溶液
2383	二丙胺		3	FC	II	烃的混合物和湿溶液
2385	异丁酸乙酯		3	F1	II	乙酸正丁酯/饱和乙酸正丁酯溶液
2393	甲酸异丁酯		3	F1	II	乙酸正丁酯/饱和乙酸正丁酯溶液
2394	丙酸异丁酯	闪点 23℃~60℃之间	3	F1	III	乙酸正丁酯/饱和乙酸正丁酯溶液
2396	甲基丙烯醛,稳定的		3	FT1	II	烃的混合物
2400	异戊酸甲酯		3	F1	II	乙酸正丁酯/饱和乙酸正丁酯溶液
2401	哌啶		8	CF1	I	烃的混合物和湿溶液
2403	乙酸异丙烯酯		3	F1	II	乙酸正丁酯/饱和乙酸正丁酯溶液
2405	丁酸异丙酯		3	F1	III	乙酸正丁酯/饱和乙酸正丁酯溶液
2406	异丁酸异丙酯		3	F1	II	乙酸正丁酯/饱和乙酸正丁酯溶液
2409	丙酸异丙酯		3	F1	II	乙酸正丁酯/饱和乙酸正丁酯溶液

续上表

UN编号	正式运输名称或技术名称3.1.2	描述 3.1.2	类别 2.2	分类代码 2.2	包装类别 2.1.1.3	标准液体
(1)	(2a)	(2b)	(3a)	(3b)	(4)	(5)
2410	1,2,3,6-四氢吡啶		3	F1	Ⅱ	烃的混合物
2427	氯酸钾水溶液		5.1	O1	Ⅱ/Ⅲ	水
2428	氯酸钠水溶液		5.1	O1	Ⅱ/Ⅲ	水
2429	氯酸钙水溶液		5.1	O1	Ⅱ/Ⅲ	水
2436	硫代乙酸		3	F1	Ⅱ	乙酸
2457	2,3-二甲基丁烷		3	F1	Ⅱ	烃的混合物
2491	乙醇胺		8	C7	Ⅲ	湿溶液
2491	乙醇胺溶液	水溶液	8	C7	Ⅲ	湿溶液
2496	丙酸酐		8	C3	Ⅲ	乙酸正丁酯/饱和乙酸正丁酯溶液
2524	原甲酸乙酯		3	F1	Ⅲ	乙酸正丁酯/饱和乙酸正丁酯溶液
2526	糠胺		3	FC	Ⅲ	烃的混合物和湿溶液
2527	丙烯酸异丁酯,稳定的		3	F1	Ⅲ	乙酸正丁酯/乙酸正丁酯饱和润湿溶液
2528	异丁酸异丁酯		3	F1	Ⅲ	乙酸正丁酯/乙酸正丁酯饱和润湿溶液
2529	异丁酸		3	FC	Ⅲ	乙酸正丁酯/乙酸正丁酯饱和润湿溶液
2531	甲基丙烯酸,稳定的		8	C3	Ⅱ	乙酸正丁酯/乙酸正丁酯饱和润湿溶液
2542	三丁胺		6.1	T1	Ⅱ	烃类的混合物
2560	2-甲基-2-戊醇		3	F1	Ⅲ	乙酸正丁酯/乙酸正丁酯饱和润湿溶液
2564	三氯乙酸溶液	水溶液	8	C3	Ⅱ/Ⅲ	乙酸
2565	二环己胺		8	C7	Ⅲ	烃类和润湿液的混合物
2571	乙基硫酸		8	C3	Ⅱ	乙酸正丁酯/乙酸正丁酯饱和润湿溶液
2571	烷基硫酸		8	C3	Ⅱ	类属条目同化规则
2580	溴化铝溶液	水溶液	8	C1	Ⅲ	水
2581	氯化铝溶液	水溶液	8	C1	Ⅲ	水
2582	氯化铁溶液	水溶液	8	C1	Ⅲ	水
2584	甲磺酸	含游离硫酸大于5%	8	C1	Ⅱ	水
2584	液态烷基磺酸	含游离硫酸大于5%	8	C1	Ⅱ	乙酸正丁酯/乙酸正丁酯饱和润湿溶液
2584	苯磺酸	含游离硫酸大于5%	8	C1	Ⅱ	水
2584	甲苯磺酸	含游离硫酸大于5%	8	C1	Ⅱ	水
2584	液态芳基磺酸	含游离硫酸大于5%	8	C1	Ⅱ	乙酸正丁酯/乙酸正丁酯饱和润湿溶液
2586	甲磺酸	含游离硫酸不大于5%	8	C1	Ⅲ	水
2586	液态烷基磺酸	含游离硫酸不大于5%	8	C1	Ⅲ	乙酸正丁酯/乙酸正丁酯饱和润湿溶液

续上表

UN编号	正式运输名称或技术名称3.1.2	描述3.1.2	类别2.2	分类代码2.2	包装类别2.1.1.3	标准液体
(1)	(2a)	(2b)	(3a)	(3b)	(4)	(5)
2586	苯磺酸	含游离硫酸不大于5%	8	C1	Ⅲ	水
2586	甲苯磺酸	含游离硫酸不大于5%	8	C1	Ⅲ	水
2586	液态芳基磺酸	含游离硫酸不大于5%	8	C1	Ⅲ	乙酸正丁酯/乙酸正丁酯饱和润湿溶液
2610	三烯丙胺		3	FC	Ⅲ	烃类和润湿液的混合物
2614	甲代烯丙醇		3	F1	Ⅲ	乙酸
2617	甲基环乙醇	纯粹的同分异构体和异构混合物,闪点23℃～60℃之间	3	F1	Ⅲ	乙酸
2619	苄基二甲胺		8	CF1	Ⅱ	烃类和润湿液的混合物
2620	丁酸戊酯	纯粹的同分异构体和异构混合物,闪点23℃～60℃之间	3	F1	Ⅲ	乙酸正丁酯/乙酸正丁酯饱和润湿溶液
2622	缩水甘油醛	闪点低于23℃	3	FT1	Ⅱ	烃类的混合物
2626	氯酸水溶液	含氯酸不大于10%	5.1	O1	Ⅱ	硝酸
2656	喹啉	闪点高于60℃	6.1	T1	Ⅲ	水
2672	氨溶液	水溶液在15℃时的相对密度为0.880～0.975,含氨量10%～35%	8	C5	Ⅲ	水
2683	硫化铵溶液	水溶液,闪点23℃～60℃之间	8	CFT	Ⅱ	乙酸
2684	3-二乙氨基丙胺		3	FC	Ⅲ	烃类和润湿液的混合物
2685	N,N-二乙基乙撑二胺		8	CF1	Ⅱ	烃类和润湿液的混合物
2693	酸式亚硫酸盐水溶液,未另作规定的	无机	8	C1	Ⅲ	水
2707	二甲基二恶烷	纯粹的同分异构体和异构混合物	3	F1	Ⅱ/Ⅲ	烃类的混合物
2733	胺,易燃,腐蚀性,未另作规定的或聚胺,易燃,腐蚀性,未另作规定的		3	FC	Ⅰ/Ⅱ/Ⅲ	烃类和润湿液的混合物
2734	二仲丁胺		8	CF1	Ⅱ	烃类的混合物
2734	液态胺,腐蚀性,易燃,未另作规定的或液态聚胺,腐蚀性,易燃,未另作规定的		8	CF1	Ⅰ/Ⅱ	烃类和润湿液的混合物
2735	液态胺,腐蚀性,未另作规定的或液态聚胺,腐蚀性,未另作规定的		8	C7	Ⅰ/Ⅱ/Ⅲ	烃类和润湿液的混合物
2739	丁酸酐		8	C3	Ⅲ	乙酸正丁酯/乙酸正丁酯饱和润湿溶液

续上表

UN编号	正式运输名称或技术名称3.1.2	描述 3.1.2	类别 2.2	分类代码 2.2	包装类别 2.1.1.3	标准液体
(1)	(2a)	(2b)	(3a)	(3b)	(4)	(5)
2789	冰醋酸，或乙酸溶液	水溶液，按质量含酸大于80%	8	CF1	Ⅱ	乙酸
2790	乙酸溶液	水溶液，按质量含酸50%～80%	8	C3	Ⅱ/Ⅲ	乙酸
2796	硫酸	含酸不超过51%	8	C1	Ⅱ	水
2797	碱性电池液	氢氧化钠/钾水溶液	8	C5	Ⅱ	水
2810	2-氯-6-氟苄氯	稳定	6.1	T1	Ⅲ	烃类的混合物
2815	N-氨乙基哌嗪		8	C7	Ⅲ	烃类和润湿液的混合物
2818	多硫化铵溶液	水溶液	8	CT1	Ⅱ/Ⅲ	乙酸
2819	酸式磷酸戊酯		8	C3	Ⅲ	润湿液
2820	丁酸	正丁酸	8	C3	Ⅲ	乙酸正丁酯/乙酸正丁酯饱和润湿溶液
2821	苯酚溶液	水溶液，有毒，非碱性	6.1	T1	Ⅱ/Ⅲ	乙酸
2829	己酸	正己酸	8	C3	Ⅲ	乙酸正丁酯/乙酸正丁酯饱和润湿溶液
2837	硫酸氢盐水溶液		8	C1	Ⅱ/Ⅲ	水
2838	丁酸乙烯酯，稳定		3	F1	Ⅱ	乙酸正丁酯/乙酸正丁酯饱和润湿溶液
2841	二正戊胺		3	F1	Ⅲ	烃类的混合物
2850	四聚丙烯	C12和monooLefines的混合物，闪点23℃～60℃之间	3	F1	Ⅲ	烃类的混合物
2873	二丁氨基乙醇	N,N-二正丁胺乙醇	6.1	T1	Ⅲ	乙酸
2874	糖醇		6.1	T1	Ⅲ	乙酸
2920	O,O-二乙基二硫代磷酸	闪点23℃～60℃之间	8	CF1	Ⅱ	乙酸正丁酯/乙酸正丁酯饱和润湿溶液
2920	O,O-二甲基二硫代磷酸	闪点23℃～60℃之间	8	CF1	Ⅱ	润湿液
2920	溴化氢	33%冰乙酸溶液中	8	CF1	Ⅱ	润湿液
2920	羟化四甲铵	水溶液，闪点23℃～60℃之间	8	CF1	Ⅱ	水
2920	腐蚀性液体，易燃，未另作规定的		8	CF1	Ⅰ/Ⅱ	类属条目同化规则
2922	硫化铵	水溶液，闪点高于60℃	8	CT1	Ⅱ	水
2922	甲酚	碱性水溶液，钠和钾的甲酚混合物	8	CT1	Ⅱ	乙酸
2922	苯酚	碱性水溶液，钠和钾的苯酚混合物	8	CT1	Ⅱ	乙酸
2922	氟氢化钠	水溶液	8	CT1	Ⅲ	水
2922	腐蚀性液体，毒性，未另作规定的		8	CT1	Ⅰ/Ⅱ/Ⅲ	类属条目同化规则

续上表

UN编号	正式运输名称或技术名称3.1.2	描述 3.1.2	类别 2.2	分类代码 2.2	包装类别 2.1.1.3	标 准 液 体
(1)	(2a)	(2b)	(3a)	(3b)	(4)	(5)
3145	丁基酚	液体,未另作规定的	8	C3	Ⅰ/Ⅱ/Ⅲ	乙酸
3145	液态烷基苯酚,未另作规定的	包括C_2-C_{12}的同系物	8	C3	Ⅰ/Ⅱ/Ⅲ	乙酸正丁酯/乙酸正丁酯饱和润湿溶液
3149	过氧化氢和过氧乙酸混合物,稳定的	含 UN 2790 乙酸、UN 2796 硫酸和/或 UN 1805 磷酸、水和不超过5%的过氧乙酸	5.1	OC1	Ⅱ	润湿液和硝酸
3210	无机氯酸盐水溶液,未另作规定的		5.1	O1	Ⅱ/Ⅲ	水
3211	无机高氯酸盐水溶液,未另作规定的		5.1	O1	Ⅱ/Ⅲ	水
3213	无机溴酸盐水溶液,未另作规定的		5.1	O1	Ⅱ/Ⅲ	水
3214	无机高锰酸盐水溶液,未另作规定的		5.1	O1	Ⅱ	水
3216	无机过硫酸盐水溶液,未另作规定的		5.1	O1	Ⅱ/Ⅲ	润湿液
3218	无机硝酸盐水溶液,未另作规定的		5.1	O1	Ⅱ/Ⅲ	水
3219	无机亚硝酸盐水溶液,未另作规定的		5.1	O1	Ⅱ/Ⅲ	水
3264	氯化铜	水溶液,轻微腐蚀性	8	C1	Ⅲ	水
3264	硫酸羟胺	25%水溶液	8	C1	Ⅲ	水
3264	亚磷酸	水溶液	8	C1	Ⅲ	水
3264	无机酸性腐蚀性液体,未另作规定的	闪点高于60℃	8	C1	Ⅰ/Ⅱ/Ⅲ	类属条目同化规则;不适用含有 UN 1830,1832,1906 和 2308 的混合物
3265	甲氧基乙酸		8	C1	Ⅰ	乙酸正丁酯/乙酸正丁酯饱和润湿溶液
3265	烯丙基琥珀酸酐		8	C1	Ⅱ	乙酸正丁酯/乙酸正丁酯饱和润湿溶液
3265	二硫醇二羟基乙酸		8	C1	Ⅱ	乙酸正丁酯/乙酸正丁酯饱和润湿溶液
3265	磷酸二丁酯	单和二丁基磷酸酯混合物	8	C3	Ⅲ	润湿液
3265	辛酸		8	C3	Ⅲ	乙酸正丁酯/乙酸正丁酯饱和润湿溶液
3265	异戊酸		8	C3	Ⅲ	乙酸正丁酯/乙酸正丁酯饱和润湿溶液
3265	壬酸		8	C3	Ⅲ	乙酸正丁酯/乙酸正丁酯饱和润湿溶液

续上表

UN编号	正式运输名称或技术名称3.1.2	描述3.1.2	类别2.2	分类代码2.2	包装类别2.1.1.3	标准液体
(1)	(2a)	(2b)	(3a)	(3b)	(4)	(5)
3265	丙酮酸		8	C3	Ⅲ	乙酸正丁酯/乙酸正丁酯饱和润湿溶液
3265	正戊酸		8	C3	Ⅲ	乙酸正丁酯/乙酸正丁酯饱和润湿溶液
3265	有机酸性腐蚀性液体,未另作规定的	闪点高于60℃	8	C3	Ⅰ/Ⅱ/Ⅲ	类属条目同化规则
3266	硫氢化钠	水溶液	8	C5	Ⅱ	乙酸
3266	硫化钠	水溶液,轻微腐蚀性	8	C5	Ⅲ	乙酸
3266	无机碱性腐蚀性液体,未另作规定的	闪点高于60℃	8	C5	Ⅰ/Ⅱ/Ⅲ	类属条目同化规则
3267	N-丁基二乙醇胺		8	C7	Ⅱ	烃类和润湿液的混合物
3267	有机碱性腐蚀性液体,未另作规定的	闪点高于60℃	8	C7	Ⅰ/Ⅱ/Ⅲ	类属条目同化规则
3271	乙二醇单丁醚	闪点60℃	3	F1	Ⅲ	乙酸
3271	醚类,未另作规定的		3	F1	Ⅱ/Ⅲ	类属条目同化规则
3272	丙烯酸叔丁酯		3	F1	Ⅱ	乙酸正丁酯/乙酸正丁酯饱和润湿溶液
3272	丙酸异丁酯	闪点低于23℃	3	F1	Ⅱ	乙酸正丁酯/乙酸正丁酯饱和润湿溶液
3272	戊酸甲酯		3	F1	Ⅱ	乙酸正丁酯/乙酸正丁酯饱和润湿溶液
3272	原甲酸三甲酯		3	F1	Ⅱ	乙酸正丁酯/乙酸正丁酯饱和润湿溶液
3272	戊酸乙酯		3	F1	Ⅲ	乙酸正丁酯/乙酸正丁酯饱和润湿溶液
3272	异戊酸异丁酯		3	F1	Ⅲ	乙酸正丁酯/乙酸正丁酯饱和润湿溶液
3272	丙酸正戊酯		3	F1	Ⅲ	乙酸正丁酯/乙酸正丁酯饱和润湿溶液
3272	丁酸丁酯		3	F1	Ⅲ	乙酸正丁酯/乙酸正丁酯饱和润湿溶液
3272	乳酸甲酯		3	F1	Ⅲ	乙酸正丁酯/乙酸正丁酯饱和润湿溶液
3272	酯类,未另作规定的		3	F1	Ⅱ/Ⅲ	类属条目同化规则
3287	亚硝酸钠	40%水溶液	6.1	T4	Ⅲ	水
3287	无机毒性液体,未另作规定的		6.1	T4	Ⅰ/Ⅱ/Ⅲ	类属条目同化规则
3291	医院诊所废弃物,未具体说明的,未另作规定的	液体	6.2	I3	Ⅱ	水

易于变为液体的固体。

4.1.3.5 如果本章的包装指南允许使用某一特定型号的包装(例如4G;1A2),带有相同包装识别代码的包装,按照第6部分的要求在后面附加字母"V"、"U"或"W"者(例如4GV、4GU或4GW;1A2V、1A2U或1A2W),也可按照有关包装指南,在适用于使用该型号包装的相同条件和限制下使用。例如,只要标有"4G"的组合包装允许使用,标有"4GV"的组合包装就可以使用,但应符合有关包装指南对内容器型号和数量限制的要求。

4.1.3.6　　*装液体和固体的压力容器*

4.1.3.6.1 除非本规定另有说明,压力容器应符合下述规定:

(a) 符合6.2章的适用要求;或

(b) 如满足4.1.3.6的规定,适用压力容器起运国使用的有关设计、结构、试验、制造和检查的国家或国际标准;并且对于金属气瓶、气筒、压力桶、气瓶捆包和救助压力容器在制造上,应保证具有如下的最小爆裂比(爆裂压力除以试验压力):

(i) 可再充装压力容器为1.50;

(ii) 不可再充装压力容器为2.00。

压力容器用于运输除:爆炸品、热不稳定物质、有机过氧化物、自反应物质、由于化学反应释放气体引起压力显著变化的物质和放射性材料以外的所有液体和固体(除非4.1.9许可)。

本小节不适用于4.1.4.1包装指南P200表3中提到的物质。

4.1.3.6.2 每个压力容器设计型号应经制造国主管机关批准,或符合6.2章所述的要求。

4.1.3.6.3 除非另有说明,应使用试验压力最小0.6MPa的压力容器。

4.1.3.6.4 除非另有说明,压力容器可配备紧急降压装置,以避免充装过满或火灾时发生爆裂。压力容器阀的设计和制造,应使之本身能够承受损坏而不泄漏内装物,或者应通过4.1.6.8(a)~(e)所述的方法之一加以保护,以防损坏,造成压力容器内装物意外泄漏。

4.1.3.6.5 充装度不得超过压力容器在50℃时的容量的95%。应留有足够的未满空间,以便确保压力容器在55℃时不会充满液体。

4.1.3.6.6 除非另有说明,压力容器应每隔5年进行一次定期检验和试验。定期检验应包括外部检验、内部检验,或主管机关批准的替代方法、压力试验或主管机关同意的同等有效的无破坏性试验方法,包括检验所有附件(例如阀门的密封性、易熔元件的紧急降压阀)。压力容器不得在定期检验和试验到期之后充装,但可以在该时限期满后运输。压力容器的修理应符合4.1.6.11的要求。

4.1.3.6.7 充装前,装货人应对压力容器进行检查,确定压力容器可用于待装运物质,并符合ADR要求的规定。断流阀在装货后应封闭,并在运输中保持封闭。托运人应核实封闭装置和设备无泄漏。

4.1.3.6.8 可重复充装的压力容器,除非已经过必要的措施改变用途,不得充装与原来所装的物质不同的物质。

4.1.3.6.9 4.1.3.6规定(不符合6.2章的要求)的充装液体和固体的压力容器,应按照制造国主管机关的要求作标记。

4.1.3.7 相应的包装指南中未明确地允许使用的包装或中型散装容器,不得用于运输物质或物品,除非得到按照1.5.1缔约双方之间同意的一个临时免除特别批准。

4.1.3.8　　*第1类物品以外的无包装物品*

4.1.3.8.1 如果不能够按照6.1章或6.6章的要求包装大型坚固物品,而且在空载下未清洗和无包装运输,则起运国❶的主管机关可以批准这种运输。但主管机关须考虑到:

---

❶ 如果起运国不是ADR的缔约方,应委托与ADR缔约的一个国家的主管机关送达。

(a) 大型坚固物品应坚固,足以承受运输过程中通常碰到的冲击和装卸,包括货物运输装置之间和货物运输装置与仓库之间的转运,以及被人工或机械操作从托盘上卸下;

(b) 大型坚固物品的所有封闭装置和孔口应密封,这样在正常运输条件下不应因振动或因温度、湿度或压力变化(例如因纬度不同造成的)引起内装物的任何遗漏。不得有危险的残余物黏附在大型坚固物品外部;

(c) 与危险货物直接接触的大型坚固物品部位:
　　(ⅰ) 不得受这些危险货物的影响或明显地变弱;和
　　(ⅱ) 不得造成危险效应,例如促使危险货物起反应或与危险货物起反应;

(d) 装有液体的大型坚固物品应仔细地堆装和紧固,以确保物品在运输过程中不会发生渗漏或永久变形;

(e) 它们应固定在托架上,或装入板条箱或其他搬运装置或运输装置或集装箱中,使其在正常运输条件下不会松动。

4.1.3.8.2　主管机关按照4.1.3.8.1的规定批准的无包装物品应遵守第5部分的托运程序。此外,这类物品的发货人应确保大型坚固物品运输时附带有任何此类批准书。

注:大型坚固物品可包括柔性燃料容器系统、军用设备、装有危险货物超过3.4.1规定有限数量限值的机器或设备。

4.1.4　包装规定一览表

注:虽然下面的包装说明使用与IMDG和规章范本相同的编号系统,但是读者应该清楚,在ADR中一些细节可能是不同的。

4.1.4.1　*使用包装(中型散装容器和大型包装除外)的包装指南*

P001	包装指南(液体)			P001
允许使用下列包装,但须符合4.1.1和4.1.3的一般规定:				
组　合　包　装		最大容量/净质量(见4.1.3.3)		
内　包　装	外　包　装	Ⅰ类包装	Ⅱ类包装	Ⅲ类包装
玻璃 10L 塑料 30L 金属 40L	桶			
	钢(1A1,1A2)	250kg	400kg	400kg
	铝(1B1,1B2)	250kg	400kg	400kg
	其他金属(1N1,1N2)	250kg	400kg	400kg
	塑料(1H1,1H2)	250kg	400kg	400kg
	胶合板(1D)	150kg	400kg	400kg
	纤维质(1G)	75kg	400kg	400kg
	箱			
	钢(4A)	250kg	400kg	400kg
	铝(4B)	250kg	400kg	400kg
	其他金属(4N)	250kg	400kg	400kg
	天然木(4C1,4C2)	150kg	400kg	400kg
	胶合板(4D)	150kg	400kg	400kg
	再生木(4F)	75kg	400kg	400kg
	纤维板(4G)	75kg	400kg	400kg
	泡沫塑料(4H1)	60kg	60kg	60kg
	硬塑料(4H2)	150kg	400kg	400kg
	罐			
	钢((3A1,3A2)	120kg	120kg	120kg
	铝(3B1,3B2)	120kg	120kg	120kg
	塑料(3H1,3H2)	120kg	120kg	120kg

续上表

P002	包装指南(固体)			P002
单 一 包 装	Ⅰ类包装	Ⅱ类包装	Ⅲ类包装	
再生木(4F)^e	不允许	400kg	400kg	
天然木,箱壁防筛漏(4C2)^e	不允许	400kg	400kg	
纤维板(4G)^e	不允许	400kg	400kg	
硬塑料(4H2)^e	不允许	400kg	400kg	
袋 袋(5H3,5H4,5L3,5M2)^e	不允许	50kg	50kg	
复 合 包 装				
塑料容器外加钢、铝、胶合板、纤维质或塑料桶(6HA1,6HB1,6HG1^e,6HD1^e 或 6HH1)	400kg	400kg	400kg	
塑料容器外加钢或铝板条箱或箱、木箱、胶合板箱、纤维板箱或硬塑料箱(6HA2,6HB2,6HC,6HD2^e,6HG2^e 或 6HH2)	75kg	75kg	75kg	
玻璃容器外加钢、铝、胶合板或纤维质桶(6PA1,6PB1,6PD1^e 或 6PG1^e)或外加钢、铝板条箱、箱,或外加木质或纤维板箱或外加柳条篮(6PA2,6PB2,6PC,6PG2^e 或 6PD2^e)或外加硬塑料或泡沫塑料容器(6PH1 或 6PH2^e)	75kg	75kg	75kg	
压力容器,但须符合4.1.3.6的一般规定。				

特殊包装规定:

PP6 (删除)

PP7 对于 UN 2000,赛璐璐也可以无包装放在托盘上,用塑料膜包裹并用适当方法紧固,如钢条等,作为封闭车辆或集装箱的完全载荷。每个托盘不得超过1000kg。

PP8 对于 UN 2002,包装的构造应保证不会发生爆炸,可通过增加内压来实现。气瓶,管和压力桶不得用于盛装这类物质。

PP9 对于 UN 3175,UN 3243 和 UN 3244,包装应是符合通过Ⅱ类包装性能水平密封性试验的设计型号。对于 UN 3175,当密封袋中的液体已全部被其中的固体物质吸收时,无须作密封试验。

PP11 对于 UN 1309,Ⅲ类包装和 UN 1362,允许使用5H1、5L1 和 5M1 袋,但须用塑料袋作为集合包装和用收缩或拉伸包裹物包在托盘上。

PP12 对于 UN 1361、UN 2213 和 UN 3077,如装在封闭车辆或集装箱中运送,允许使用5H1、5L1 和 5M1 袋。

PP13 对于划入 UN 2870 的物品,只允许使用符合Ⅰ类包装性能水平的组合包装。

PP14 对于 UN 2211、UN 2698 和 UN 3314,包装不需要符合6.1章的性能试验。

PP15 对于 UN 1324 和 UN 2623,包装应符合Ⅲ类包装的性能水平。

PP20 对于 UN 2217,可以使用任何防筛漏、抗扯裂的容器。

PP30 对于 UN 2471,不允许使用纸或纤维质内包装。

PP34 对于 UN 2969(全籽),允许使用5H1、5L1 和 5M1 袋。

PP37 对于 UN 2590 和 UN 2212,允许使用5M1 袋。所有各种型号的袋,都应装在密闭的货物运输装置中或放在密闭的刚性集合包装内运输。

PP38 对于 UN 1309,Ⅱ类包装,仅在密闭货物运输装置中才允许使用袋。

PP84 对于 UN 1057,需使用符合Ⅱ类包装性能的刚性外包装。包装的设计、制造和摆放方法,应防止装置的移动、意外点火、或易燃气体和液体的意外泄漏。

注:对于单独收集废打火机见3.3章特殊规定654。

具体到 RID 和 ADR 的特殊包装规定:

RR5 尽管有特殊包装规定 PP84,如果件的总质量不超过10kg,只需要符合4.1.1.1、4.1.1.2 和 4.1.1.5 到 4.1.1.7 的一般规定。

注:对于单独收集废打火机见3.3章特殊规定654。

^e 这些包装不得用于充装运送过程中可以变成液体的物质(见4.1.3.4)。

P003	包 装 指 南	P003

危险货物应放在适当的外包装中,包装应符合 4.1.1.1、4.1.1.2、4.1.1.4、4.1.1.8 和 4.1.3 的规定,其设计应符合 6.1.4 的结构要求。使用的外包装应采用适当材料制造,相对于包装的容量和用途而言,有足够的强度和相应的设计。如果使用本包装指南运输物品或组合包装的内包装,包装的设计和构造应能防止物品在正常运送条件下意外泄漏。

特殊包装规定:

PP16　对于 UN 2800,电池应加以保护以防在包装内发生短路。

　　　注1:作为机械或电子设备操作必要组成部分的防漏液电池,应确保固定于设备的电池盒中,防止损坏和避免短路。

　　　注2:对于废旧电池(UN 2800),见 P801a。

PP17　对于 UN 2037,纤维板包装的包件,净质量不得超过 55kg,其他包装净质量不得超过 125kg。

PP19　对于 UN 1327、1364、1365、1856 和 3360,允许以捆包形式运输。

PP20　对于 UN 1363、1386、1408 和 2793,可以使用任何防筛漏、抗扯裂的容器。

PP32　对于 UN 2857 和 UN 3358,可以无包件、放在板条箱中或在适当的集合包装中运输。

PP87　(删除)

PP88　(删除)

PP90　对于 UN 3506,应使用密封衬里,或使用坚固的、用防水银渗漏材料制成的防漏和防穿透的袋,保证无论包件的位置和方向如何,均能防止物质从包件中漏出。

PP91　对于 UN 1044,大型灭火器也可在无包件的情况下运送,但应满足 4.1.3.8(a)~(e)中的要求,阀门应根据 4.1.6.1.8(a)~(d)中的一种方法加以保护,其他装在灭火器上的设备也应加以保护,防止意外启动。对于本项特殊包装规定而言,"大型灭火器"是指 3.3 章特殊规定 225 缩排(c)~(e)所描述的灭火器。

具体到 RID 和 ADR 的特殊包装规定:

RR6　对于 UN 2037 整车运输的情况,金属材质的容器也能如下包装:货物应按固定单元分组分别置于托盘中,并使用合适塑料封皮固定在原位。每单元货物应堆叠起来并合适地束缚在货盘上。

RR9　对于 UN 3509,包装无须满足 4.1.1.3 的要求。

　　　包装应满足 6.1.4 的要求,其应该是防筛漏的或用配有防筛漏的、耐穿刺的密封衬里或密封袋。

　　　当运输过程中唯一的残留物是固体时,并且该固体在可以遇到的温度下都不易变成液体,可以使用柔性包装。

　　　当存在液体残留物时,应使用能提供固定方法(例如吸收性材料)的硬制包装。

　　　在装货和移交之前,应检查每个包装以确保它没有被腐蚀,污染或其他损害。若包装显示出任何强度降低的迹象,都不应再被使用(轻微凹陷和划痕不被视为包装强度的降低)。

　　　用于运输第 5.1 类的残留废弃的空包装,应该经过制造或改造使得货物不能接触到木材或任何其他可燃材料。

P004	包 装 指 南	P004

本指南适用于 UN 3473、3476、3477、3478 和 3479。

允许使用下列包装:

(1) 对于燃料盒,须符合 4.1.1.1、4.1.1.2、4.1.1.3、4.1.1.6 和 4.1.3 的一般规定:

　　桶(1A2、1B2、1N2、1H2、1D、1G);

　　箱(4A、4B、4N、4C1、4C2、4D、4F、4G、4H1、4H2);

　　罐(3A2、3B2、3H2)。

　　包装须达到 Ⅱ 类包装的性能要求。

(2) 与设备包装在一起的燃料盒:符合 4.1.1.1、4.1.1.2、4.1.1.6 和 4.1.3 之一般规定的坚固外包装。

　　当燃料盒与设备包装在一起时,燃料盒应包在内包装中,或放在有衬垫材料或间隔的外包装中,保护燃料盒不会因移动或外包装中内装物位置的变化而造成损坏。

　　避免在外包装中移动固定设备。

　　对于本包装指南而言,"设备"是指与燃料盒包装在一起靠其供电作业的仪器。

(3) 装在设备上的燃料盒:符合 4.1.1.1、4.1.1.2、4.1.1.6 和 4.1.3 之一般规定的坚固外包装。

　　装有燃料盒的大型坚固设备(见 4.1.3.8),可无包件运输。装在设备上的燃料盒,整套装置应采取保护措施,避免发生短路或设备意外启动。

P112(b)	包 装 指 南 (粉末以外的干的固态1.1D)	P112(b)
允许使用下列包装,但须符合4.1.1、4.1.3的一般包装规定和4.1.5的特殊包装规定。		
内包装 袋 　牛皮纸 　多层防水纸 　塑料 　纺织品 　涂胶纺织品 　编织塑料	中间包装 袋(只用于0150) 　塑料 　纺织品,塑料涂层或衬里	外包装 袋 　防筛漏编织塑料(5H2) 　防水编织塑料(5H3) 　塑料薄膜(5H4) 　防筛漏纺织品(5L2) 　防水纺织品(5L3) 　多层防水纸(5M2) 箱 　钢(4A) 　铝(4B) 　其他金属(4N) 　普通天然木(4C1) 　防筛漏天然木(4C2) 　胶合板(4D) 　再生木(4F) 　纤维板(4G) 　泡沫塑料(4H1) 　硬塑料(4H2) 桶 　钢(1A1,1A2) 　铝(1B1,1B2) 　其他金属(1N1,1N2) 　胶合板(1D) 　纤维质(1G) 　塑料(1H1,1H2)

特殊包装规定:
PP26　对于UN 0004、0076、0078、0154、0216、0219和0386,包装应是无铅的。
PP46　对于UN 0209,建议用防筛漏袋(5H2)盛装干燥的片状或颗粒状梯恩梯,最大净质量30kg。
PP47　对于UN 0222,如外包装是袋时,无须内包装。

P112(c)	包 装 指 南 (干状固态粉末1.1D)	P112(c)
允许使用下列包装,但须符合4.1.1、4.1.3的一般包装规定和4.1.5的特殊包装规定。		
内包装 袋 　多层防水纸 　塑料 　编织塑料 容器 　纤维板 　金属 　塑料 　木质	中间包装 袋 　多层防水纸,带塑料衬里 容器 　金属 　塑料 　木质	外包装 箱 　钢(4A) 　铝(4B) 　其他金属(4N) 　普通天然木(4C1) 　防筛漏天然木(4C2) 　胶合板(4D) 　再生木(4F) 　纤维板(4G) 　泡沫塑料(4H1) 　硬塑料(4H2) 桶 　钢(1A1,1A2) 　铝(1B1,1B2) 　其他金属(1N1,1N2) 　胶合板(1D) 　纤维质(1G) 　塑料(1H1,1H2)

续上表

P112(c)	包 装 指 南 (干状固态粉末 1.1D)	P112(c)
附加要求： 1. 用桶作为外包装时，不需要内包装。 2. 包装应是防筛漏的。		
特殊包装规定： PP26　对于 UN 0004、0076、0078、0154、0216、0219 和 0386，包装应是无铅的。 PP46　对于 UN 0209，建议用防筛漏袋(5H2)盛装干燥的片状或颗粒状梯恩梯，最大净质量30kg。 PP48　对于 UN 0504，不得使用金属包装。		

P113	包 装 指 南	P113
允许使用下列包装，但须符合4.1.1,4.1.3的一般包装规定和4.1.5的特殊包装规定。		
内包装 袋 　纸 　塑料 　涂胶纺织品 容器 　纤维板 　金属 　塑料 　木质	中间包装 不需要	外包装 箱 　钢(4A) 　铝(4B) 　其他金属(4N) 　普通天然木(4C1) 　天然木,箱壁防筛漏(4C2) 　胶合板(4D) 　再生木(4F) 　纤维板(4G) 　硬塑料(4H2) 桶 　钢(1A1,1A2) 　铝(1B1,1B2) 　其他金属(1N1,1N2) 　胶合板(1D) 　纤维质(1G) 　塑料(1H1,1H2)
附加要求： 包装应是防筛漏的。		
特殊包装规定： PP49　对于 UN 0094 和 0305，内包装所装的物质不得超过50g。 PP50　对于 UN 0027，如用桶作为外包装即不需要内包装。 PP51　对于 UN 0028，牛皮纸或蜡纸包皮可用作内包装。		

P114(a)	包 装 指 南 (湿的固体)	P114(a)
允许使用下列包装，但须符合4.1.1、4.1.3的一般包装规定和4.1.5的特殊包装规定。		
内包装 袋 　塑料 　纺织品 　编织塑料 容器 　金属 　塑料 　木质	中间包装 袋 　塑料 　纺织品,塑料涂层或衬里 容器 　金属 　塑料 间隔 　木质	外包装 箱 　钢(4A) 　钢或铝以外的金属(4N) 　普通天然木(4C1) 　天然木,箱壁防筛漏(4C2) 　胶合板(4D) 　再生木(4F) 　纤维板(4G) 　硬塑料(4H2) 桶 　钢(1A1,1A2) 　铝(1B1,1B2) 　其他金属(1N1,1N2) 　胶合板(1D) 　纤维质(1G) 　塑料(1H1,1H2)

续上表

P114(a)	包 装 指 南	P114(a)
	(湿的固体)	

附加要求：
如用防漏活动盖作为外包装，则无须中间包装。

特殊包装规定：
PP26　对于 UN 0077、0132、0234、0235 和 0236，包装应是无铅的。
PP43　对于 UN 0342，如用金属桶(1A1、1A2、1B1、1B2、1N1 或 1N2)或塑料桶(1H1 或 1H2)作为外包装，则无须内包装。

P114(b)	包 装 指 南	P114(b)
	(干的固态)	

允许使用下列包装，但须符合 4.1.1、4.1.3 的一般包装规定和 4.1.5 的特殊包装规定。

内包装	中间包装	外包装
袋	不需要	箱
牛皮纸		普通天然木(4C1)
塑料		天然木，箱壁防筛漏(4C2)
防筛漏纺织品		胶合板(4D)
防筛漏编织塑料		再生木(4F)
容器		纤维板(4G)
纤维板		桶
金属		钢(1A1,1A2)
纸		铝(1B1,1B2)
塑料		其他金属(1N1,1N2)
防筛漏编织塑料		胶合板(1D)
木质		纤维质(1G)
		塑料(1H1,1H2)

特殊包装规定：
PP26　对于 UN 0077、0132、0234、0235 和 0236，包装应是无铅的。
PP48　对于 UN 0508 和 0509，不得使用金属包装。
PP50　对于 UN 0160、0161 和 0508，如果用桶作为外包装，可不一定使用内包装。
PP52　对于 UN 0160 和 0161，如用金属桶(1A1、1A2、1B1、1B2、1N1 或 1N2)作为外包装，金属包装的构造应能防止由于内部或外部原因造成内部压力增加而发生爆炸的危险。

P115	包 装 指 南	P115

允许使用下列包装，但须符合 4.1.1、4.1.3 的一般包装规定和 4.1.5 的特殊包装规定。

内包装	中间包装	外包装
容器	袋	箱
塑料	塑料，在金属容器中	普通天然木(4C1)
木质	桶	天然木，箱壁防筛漏(4C2)
	金属	胶合板(4D)
	容器	再生木(4F)
	木质	桶
		钢(1A1,1A2)
		铝(1B1,1B2)
		其他金属(1N1,1N2)
		胶合板(1D)
		纤维质(1G)
		塑料(1H1,1H2)

续上表

P115	包 装 指 南	P115
特殊包装规定：		

PP45　对于 UN 0144,不需要中间包装。

PP53　对于 UN 0075、0143、0495 和 0497,如用箱作为外包装,内包装应有用胶布粘牢的螺母封闭装置,每一内包装的容量不得超过 5L。各内包装周围应用非易燃吸收衬垫材料包起来。吸收衬垫材料的数量应足以吸收内装的液体。金属包装应用衬垫材料互相隔开。如果外包装是箱,每个包件所装的推进剂净质量不得超过 30kg。

PP54　对于 UN 0075、0143、0495 和 0497,如用桶作为外包装,而且中间包装是桶,周围应用非易燃衬垫材料包起来,其数量应足以吸收内装的液体。由一个塑料容器装入一个金属桶组成的复合包装可以用来取代内包装和中间包装。每个包件所装的推进剂净体积不得超过 120L。

PP55　对于 UN 0144,应填塞吸收衬垫材料。

PP56　对于 UN 0144,金属容器可用作内包装。

PP57　对于 UN 0075、0143、0495 和 0497,如用箱作为外包装,应用袋作为中间包装。

PP58　对于 UN 0075、0143、0495 和 0497,如用桶作为外包装,应用桶作为中间包装。

PP59　对于 UN 0144,纤维板箱(4G)可用作外包装。

PP60　对于 UN 0144,不得使用铝桶(1B1 和 1B2)和钢或铝以外的金属桶(1N1 和 1N2)。

P116	包 装 指 南		P116
允许使用下列包装,但须符合 4.1.1、4.1.3 的一般包装规定和 4.1.5 的特殊包装规定。			
内包装	中间包装	外包装	
袋 　防水和防油纸 　塑料 　纺织品,塑料涂层或衬里 　防筛漏编织塑料 容器 　防水纤维板 　金属 　塑料 包皮 　防水纸 　蜡纸 　塑料	不需要	袋 　编织塑料(5H1,5H2,5H3) 　多层防水纸(5M2) 　塑料薄膜(5H4) 　防筛漏纺织品(5L2) 　防水纺织品(5L3) 箱 　钢(4A) 　铝(4B) 　其他金属(4N) 　普通天然木(4C1) 　天然木,箱壁防筛漏(4C2) 　胶合板(4D) 　再生木(4F) 　纤维板(4G) 　硬塑料(4H2) 桶 　钢(1A1,1A2) 　铝(1B1,1B2) 　其他金属(1N1,1N2) 　胶合板(1D) 　纤维质(1G) 　塑料(1H1,1H2) 罐 　钢(3A1,3A2) 　塑料(3H1,3H2)	
特殊包装规定：			

PP61　对于 UN 0082、0241、0331 和 0332,如用防漏可拆卸桶顶的桶作为外包装,即不需要内包装。

PP62　对于 UN 0082、0241、0331 和 0332,如爆炸品装在不透液体的材料内,即不需要内包装。

PP63　对于 UN 0081,如装在不透硝酸酯的刚性塑料内,即不需要内包装。

PP64　对于 UN 0331,如用袋(5H2)、(5H3)或(5H4)作为外包装,即不需要内包装。

PP65　（删除）

PP66　对于 UN 0081,不得用袋作为外包装。

P130	包 装 指 南	P130
允许使用下列包装,但须符合4.1.1、4.1.3的一般包装规定和4.1.5的特殊包装规定。		
内包装 不需要	中间包装 不需要	外包装 箱 钢(4A) 铝(4B) 其他金属(4N) 普通天然木(4C1) 天然木,箱壁防筛漏(4C2) 胶合板(4D) 再生木(4F) 纤维板(4G) 泡沫塑料(4H1) 硬塑料(4H2) 桶 钢(1A1,1A2) 铝(1B1,1B2) 其他金属(1N1,1N2) 胶合板(1D) 纤维质(1G) 塑料(1H1,1H2)

特殊包装规定:

PP67 以下规定适用于 UN 0006、0009、0010、0015、0016、0018、0019、0034、0035、0038、0039、0048、0056、0137、0138、0168、0169、0171、0181、0182、0183、0186、0221、0243、0244、0245、0246、0254、0280、0281、0286、0287、0297、0299、0300、0301、0303、0321、0328、0329、0344、0345、0346、0347、0362、0363、0370、0412、0424、0425、0434、0435、0436、0437、0438、0451、0488 和 0502:通常用于军事目的的大型、坚固爆炸性物品,如不带引发装置或者带有至少包含两种有效保护装置的引发装置,可以无包件运输。当这类物品带有推进剂或可自推进时,其引发系统应带有可防止在正常运输条件下碰到刺激源的保护装置。对无包件物品做试验系列 4 的试验,如得到负结果,表明该物品可以考虑无包件运输。这种无包件物品可以固定在筐架上或装入板条箱,或其他适宜的搬运装置。

P131	包 装 指 南	P131
允许使用下列包装,但须符合4.1.1、4.1.3的一般包装规定和4.1.5的特殊包装规定。		
内包装 袋 纸 塑料 容器 纤维板 金属 塑料 木质 卷筒	中间包装 不需要	外包装 箱 钢(4A) 铝(4B) 其他金属(4N) 普通天然木(4C1) 天然木,箱壁防筛漏(4C2) 硬塑料(4H2) 胶合板(4D) 再生木(4F) 纤维板(4G) 桶 钢(1A1,1A2) 铝(1B1,1B2) 其他金属(1N1,1N2) 胶合板(1D) 纤维质(1G) 塑料(1H1,1H2)

特殊包装规定:

PP68 对于 UN 0029、0267 和 0455,袋和卷筒不得用作内包装。

P132(a)	包 装 指 南	P132(a)
	（由含有起爆炸药的封闭金属、塑料或纤维板外壳构成的，或者由黏结起爆炸药构成的物品）	

允许使用下列包装，但须符合4.1.1、4.1.3的一般包装规定和4.1.5的特殊包装规定。

内包装	中间包装	外包装
不需要	不需要	箱
		钢(4A)
		铝(4B)
		其他金属(4N)
		普通天然木(4C1)
		天然木，箱壁防筛漏(4C2)
		胶合板(4D)
		再生木(4F)
		纤维板(4G)
		硬塑料(4H2)

P132(b)	包 装 指 南	P132(b)
	（无封闭外壳的物品）	

允许使用下列包装，但须符合4.1.1、4.1.3的一般包装规定和4.1.5的特殊包装规定。

内包装	中间包装	外包装
容器	不需要	箱
纤维板		钢(4A)
金属		铝(4B)
塑料		其他金属(4N)
木质		普通天然木(4C1)
包皮		天然木，箱壁防筛漏(4C2)
纸		胶合板(4D)
塑料		再生木(4F)
		纤维板(4G)
		硬塑料(4H2)

P133	包 装 指 南	P133

允许使用下列包装，但须符合4.1.1、4.1.3的一般包装规定和4.1.5的特殊包装规定。

内包装	中间包装	外包装
容器	容器	箱
纤维板	纤维板	钢(4A)
金属	金属	铝(4B)
塑料	塑料	其他金属(4N)
木质	木质	普通天然木(4C1)
托盘，装有分隔板		天然木，箱壁防筛漏(4C2)
纤维板		胶合板(4D)
塑料		再生木(4F)
木质		纤维板(4G)
		硬塑料(4H2)

附加要求：
只有在内包装是托盘时，才需要容器作为中间包装。

特殊包装规定：
PP69　对于 UN 0043、0212、0225、0268 和 0306，托盘不得用作内包装。

P134	包 装 指 南	P134
允许使用下列包装,但须符合4.1.1、4.1.3的一般包装规定和4.1.5的特殊包装规定。		

内包装
袋
  防水
容器
  纤维板
  金属
  塑料
  木质
包皮
  波纹纤维板
管
  纤维板
	中间包装
	不需要
		外包装
		箱
		  钢(4A)
		  铝(4B)
		  其他金属(4N)
		  普通天然木(4C1)
		  天然木,箱壁防筛漏(4C2)
		  胶合板(4D)
		  再生木(4F)
		  纤维板(4G)
		  泡沫塑料(4H1)
		  硬塑料(4H2)
		桶
		  钢(1A1,1A2)
		  铝(1B1,1B2)
		  其他金属(1N1,1N2)
		  胶合板(1D)
		  纤维质(1G)
		  塑料(1H1,1H2)

P135	包 装 指 南	P135
允许使用下列包装,但须符合4.1.1、4.1.3的一般包装规定和4.1.5的特殊包装规定。		

内包装
袋
  纸
  塑料
容器
  纤维板
  金属
  塑料
  木质
包皮
  纸
  塑料
	中间包装
	不需要
		外包装
		箱
		  钢(4A)
		  铝(4B)
		  其他金属(4N)
		  普通天然木(4C1)
		  天然木,箱壁防筛漏(4C2)
		  胶合板(4D)
		  再生木(4F)
		  纤维板(4G)
		  泡沫塑料(4H1)
		  硬塑料(4H2)
		桶
		  钢(1A1,1A2)
		  铝(1B1,1B2)
		  其他金属(1N1,1N2)
		  胶合板(1D)
		  纤维质(1G)
		  塑料(1H1,1H2)

P136	包 装 指 南	P136
允许使用下列包装,但须符合4.1.1、4.1.3的一般包装规定和4.1.5的特殊包装规定。			
内包装	中间包装	外包装

袋
  塑料
  纺织品
箱
  纤维板
  塑料
  木质
外包装中的分隔板
	不需要	箱
		  钢(4A)
		  铝(4B)
		  其他金属(4N)
		  普通天然木(4C1)
		  天然木,箱壁防筛漏(4C2)
		  胶合板(4D)
		  再生木(4F)
		  纤维板(4G)
		  硬塑料(4H2)
		桶
		  钢(1A1,1A2)
		  铝(1B1,1B2)
		  其他金属(1N1,1N2)
		  胶合板(1D)
		  纤维质(1G)
		  塑料(1H1,1H2)

P137	包 装 指 南	P137
允许使用下列包装,但须符合4.1.1、4.1.3的一般包装规定和4.1.5的特殊包装规定。			
内包装	中间包装	外包装

袋
  塑料
箱
  纤维板
  木质
管
  纤维板
  金属
  塑料
外包装中的分隔板
	不需要	箱
		  钢(4A)
		  铝(4B)
		  其他金属(4N)
		  普通天然木(4C1)
		  天然木,箱壁防筛漏(4C2)
		  硬塑料(4H2)
		  胶合板(4D)
		  再生木(4F)
		  纤维板(4G)
		桶
		  钢(1A1,1A2)
		  铝(1B1,1B2)
		  其他金属(1N1,1N2)
		  胶合板(1D)
		  纤维质(1G)
		  塑料(1H1,1H2)

特殊包装规定: PP70 对于 UN 0059、0439、0440 和 0441,当聚能装药单个包装时,锥形腔应面朝下并在包件上标明"这面朝上"。当聚能装药成双地包装时,锥形腔应面朝内,以便在意外引发时最大限度地减少喷射效应。			

P138	包 装 指 南	P138
允许使用下列包装,但须符合4.1.1、4.1.3的一般包装规定和4.1.5的特殊包装规定。			
内包装 袋 　塑料	中间包装 不需要	外包装 箱 　钢(4A) 　铝(4B) 　其他金属(4N) 　普通天然木(4C1) 　天然木,箱壁防筛漏(4C2) 　胶合板(4D) 　再生木(4F) 　纤维板(4G) 　硬塑料(4H2) 桶 　钢(1A1,1A2) 　铝(1B1,1B2) 　其他金属(1N1,1N2) 　胶合板(1D) 　纤维质(1G) 　塑料(1H1,1H2)

附加要求:
如物品的两端是封住的,即不需要内包装。

P139	包 装 指 南	P139
允许使用下列包装,但须符合4.1.1、4.1.3的一般包装规定和4.1.5的特殊包装规定。			
内包装 袋 　塑料 容器 　纤维板 　金属 　塑料 　木质 卷筒 包皮 　纸 　塑料	中间包装 不需要	外包装 箱 　钢(4A) 　铝(4B) 　其他金属(4N) 　普通天然木(4C1) 　天然木,箱壁防筛漏(4C2) 　胶合板(4D) 　再生木(4F) 　纤维板(4G) 　硬塑料(4H2) 桶 　钢(1A1,1A2) 　铝(1B1,1B2) 　其他金属(1N1,1N2) 　胶合板(1D) 　纤维质(1G) 　塑料(1H1,1H2)

特殊包装规定:
PP71　对于 UN 0065、0102、0104、0289 和0290,导爆索端部应密封,例如用塞子紧紧塞住使炸药不能漏出。软的导爆索端部应束紧。
PP72　对于 UN 0065 和0289,如果是成卷的即不需要内包装。

P140	包 装 指 南	P140
允许使用下列包装,但须符合4.1.1、4.1.3的一般包装规定和4.1.5的特殊包装规定。		
内包装 袋 　塑料 容器 　木质 卷筒 包皮 　牛皮纸 　塑料	中间包装 不需要	外包装 箱 　钢(4A) 　铝(4B) 　其他金属(4N) 　普通天然木(4C1) 　天然木,箱壁防筛漏(4C2) 　胶合板(4D) 　再生木(4F) 　纤维板(4G) 　硬塑料(4H2) 桶 　钢(1A1,1A2) 　铝(1B1,1B2) 　其他金属(1N1,1N2) 　胶合板(1D) 　纤维质(1G) 　塑料(1H1,1H2)
特殊包装规定: PP73　对于UN 0105,如果两端是封住的,即不需要内包装。 PP74　对于UN 0101,包装应是防筛漏的,但引信由纸管包着并且管的两端有活动盖盖着的情况除外。 PP75　对于UN 0101,不得使用钢、铝或其他金属材料的箱或桶。		

P141	包 装 指 南	P141
允许使用下列包装,但须符合4.1.1、4.1.3的一般包装规定和4.1.5的特殊包装规定。		
内包装 容器 　纤维板 　金属 　塑料 　木质 托盘,装有分隔板 　塑料 　木质 外包装中的分隔板	中间包装 不需要	外包装 箱 　钢(4A) 　铝(4B) 　其他金属(4N) 　普通天然木(4C1) 　天然木,箱壁防筛漏(4C2) 　胶合板(4D) 　再生木(4F) 　纤维板(4G) 　硬塑料(4H2) 桶 　钢(1A1,1A2) 　铝(1B1,1B2) 　其他金属(1N1,1N2) 　胶合板(1D) 　纤维质(1G) 　塑料(1H1,1H2)

P142	包 装 指 南	P142
允许使用下列包装,但须符合4.1.1、4.1.3的一般包装规定和4.1.5的特殊包装规定。		
内包装	中间包装	外包装
袋	不需要	箱
纸		钢(4A)
塑料		铝(4B)
容器		其他金属(4N)
纤维板		普通天然木(4C1)
金属		天然木,箱壁防筛漏(4C2)
塑料		胶合板(4D)
木质		再生木(4F)
包皮		纤维板(4G)
纸		硬塑料(4H2)
托盘,装有分隔板		桶
塑料		钢(1A1,1A2)
		铝(1B1,1B2)
		其他金属(1N1,1N2)
		胶合板(1D)
		纤维质(1G)
		塑料(1H1,1H2)

P143	包 装 指 南	P143
允许使用下列包装,但须符合4.1.1、4.1.3的一般包装规定和4.1.5的特殊包装规定。		
内包装	中间包装	外包装
袋	不需要	箱
牛皮纸		钢(4A)
塑料		铝(4B)
纺织品		其他金属(4N)
涂胶纺织品		普通天然木(4C1)
容器		天然木,箱壁防筛漏(4C2)
纤维板		胶合板(4D)
金属		再生木(4F)
塑料		纤维板(4G)
木质		硬塑料(4H2)
托盘,装有分隔板		桶
塑料		钢(1A1,1A2)
木质		铝(1B1,1B2)
		其他金属(1N1,1N2)
		胶合板(1D)
		纤维质(1G)
		塑料(1H1,1H2)

附加要求:

上述内包装和外包装可用复合包装(6HH2)(塑料容器加上硬外箱)取代。

特殊包装规定:

PP76 对于UN 0271、0272、0415和0491,如果使用金属包装,金属包装的结构应能防止由于内部或外部原因造成内部压力增加而发生爆炸的危险。

P144	包 装 指 南	P144
允许使用下列包装,但须符合4.1.1、4.1.3的一般包装规定和4.1.5的特殊包装规定		
内包装 容器 　　纤维板 　　金属 　　塑料 　　木材 外包装中的分隔板	中间包装 不需要	外包装 箱 　　钢(4A) 　　铝(4B) 　　其他金属(4N) 　　普通天然木(4C1),带金属衬里 　　胶合板(4D),带金属衬里 　　再生木(4F),带金属衬里 　　泡沫塑料(4H1) 　　硬塑料(4H2) 桶 　　钢(1A1,1A2) 　　铝(1B1,1B2) 　　其他金属(1N1,1N2) 　　塑料(1H1,1H2)

特殊包装规定:
PP77　对于UN 0248和0249,包装应有防进水的保护装置。当水激活装置无包装运输时,应配备至少两种不同的防进水保护装置。

P200	包 装 指 南	P200

包装种类:气瓶、气筒,压力桶和管束
如果气瓶、气筒、压力桶和管束满足4.1.6中的特殊包装要求及以下(1)~(9)的要求,以及当涉及表1、表2或表3所列特殊包装要求;满足以下(10)的相关特殊包装要求,它们被批准使用:
一般情况
(1)　压力容器应该是封闭和防泄漏的,以防止气体漏出;
(2)　压力容器如装有表中列出的 LC_{50} 小于或等于200mL/m³(ppm)的毒性物质,不得配备降压装置。用于运输UN 1013(二氧化碳)和UN 1070(氧化亚氮)的压力容器应配备降压装置;
(3)　以下三个表格适用于压缩气体(表1)、液化和溶解气体(表2)和非第2类物质(表3)。这些表格列出下列资料:
　　(a)　物质的UN编号、名称和说明以及分类;
　　(b)　毒性物质的 LC_{50};
　　(c)　物质可以使用的压力容器类型,用字母"X"表示;
　　(d)　压力容器定期检验的最长试验间隔;
　　　　注:使用复合材料的压力容器,定期检验的间隔应由批准该容器的主管机关决定;
　　(e)　压力容器的最大试验压力;
　　(f)　压缩气体压力容器的最大工作压力(如没有给定数值,工作压力不得超过试验压力的2/3)或液化和溶解气体取决于试验压力的最大充装率;
　　(g)　专适用于某一物质的特殊包装容器;
试验压力、充装率和充装要求
(4)　需要的最小试验压力为1MPa(10bar);
(5)　压力容器的充装,绝对不得超过下列要求允许的限值:
　　(a)　对于压缩气体,压力容器的工作压力不得大于试验压力的2/3。对这一工作压力上限的限制是由(4)中的特殊包装规定"o"规定的。在65℃时的内压绝对不得超过试验压力;
　　(b)　对于高压液化气体,压力容器的充装率应保证65℃时的稳定压力不得超过试验压力。
　　　　允许使用表中所列数值以外的试验压力和充装率,但适用(4)中的特殊包装规定"o"的情况除外,且条件是:
　　　　(i)在标准(4)中,在适用特殊包装规定"r"的情况下,符合有关规定;或
　　　　(ii)在所有其他情况下均符合上述标准。

续上表

| P200 | 包 装 指 南 | P200 |

无法得到有关数据的高压液化气体和气体混合物,最大充装率(FR)按下式确定:

$$FR = 8.5 \times 10^{-4} \times d_g \times p_h$$

式中:FR——最大充装率;

d_g——气体密度(在15℃,1 bar)(kg/m³);

p_h——最小试验压力(bar)。

如果气体密度未知,最大充装率按下式确定:

$$FR = \frac{p_h \times MM \times 10^{-3}}{R \times 338}$$

式中:FR——最大充装率;

p_h——最小试验压力(bar);

MM——分子质量(g/mol);

R——8.31451×10^{-2}(bar·L·mol^{-1}·K^{-1})(气体常数)。

对于气体混合物,须取平均分子质量,同时考虑到各种成分的体积浓度;

(c) 对于低压液化气体,每升水容量的最大内装物质量(充装系数)应等于0.95乘以50℃时的液相密度;此外,液相不得在低于60℃的任何温度下装满压力容器。压力容器的试验压力应至少等于65℃时的液体蒸气压力(绝对值)减去100kPa(1bar);

无法得到有关数据的低压液化气体和气体混合物,最大充装率按下式确定:

$$FD = (0.0032 \times BP - 0.24) \times d_L$$

式中:FD——最大充装率;

BP——沸点(K氏温度);

d_L——液体在沸点时的密度(kg/L)。

(d) 对于UN 1001(溶解乙炔)和UN 3374(乙炔,无溶剂),见(10)中的特殊包装规定"P";

(6) 其他的试验压力和充装率,满足以上(4)和(5)段落的一般要求即可使用;

(7) (a) 有专门配置的中心实施压力容器充装,其执业资格人员使用合适的程序。

程序应该包括以下检查:

—符合容器和附件的规定;

—所运输产品的相容性;

—没有影响安全的危害;

—符合合适的充装程序或充装压力;

—标记和识别规定;

(b) 充装在气瓶中的液化石油气应是高质量的;其应符合ISO 9162:1989 中说明的腐蚀性限制;

定期检验

(8) 可以重复装的压力容器应该按照6.2.1.6和6.2.3.5的要求进行定期检查;

(9) 如果对某些物质的特殊要求不在下面的表中,应该进行定期检验:

(a) 运输分类代码为1T、1TF、1TO、1TC、1TFC、1TOC、2T、2TO、2TF、2TC、2TFC、2TOC、4A、4F和4TC 的气体的压力容器,每5年检查一次;

(b) 运输其他类物质的压力容器,每5年检查一次;

(c) 对用于运输分类代码为1A、1O、1F、2A、2O和2F的气体的压力容器,每10年检查一次;

复合材料制造的压力容器(复合压力容器)应定期检查,检查间隔由主管机关或签发该类型许可的机关指定的机构决定;

特殊包装规定

(10) *材料相容性*

a: 应使用铝合金压力容器。

b: 应使用铜阀门。

c: 与内装物接触的金属部位应含有超过65%的铜。

d: 使用钢压力容器时,只能使用符合6.2.2.7.4(p)、贴有"H"标记的压力容器。

LC_{50} 小于或等于200mL/m³(ppm)的毒性物质的要求

k: 阀门出口应配备能够保持压力的气密塞或带螺纹的盖,螺纹与阀门出口的螺纹相配,且其制造材料不易被压力容器所充装的物质腐蚀。

管束内的每一气瓶应配备单独的阀门,并且阀门在运输过程中应封闭。在装货之后,管道应排空、清洗并塞住。

P200	包 装 指 南	P200

装有 UN 1045 压缩氟的捆包,可在水容量总和不超过 150L 的气瓶组合上装配隔绝阀门,而不必在每个气瓶上装配隔绝阀门。

气瓶和捆包内的单个气瓶,应符合以下条件:试验压力大于或等于 200MPa(200bar);最小壁厚铝合金为 3.5mm,钢为 2mm。不符合这些要求的单个气瓶,应装在能适当保护气瓶及其配件并符合 I 类包装性能水平的硬质外包装中运输。压力桶应具有主管机关规定的最小壁厚。

压力容器不得配备减压装置。

气瓶和捆包内的个别气瓶的最大水容量限于 85L。

每个阀门都应能够承受压力容器的试验压力,并以锥形螺纹或其他满足 ISO 10692-2:2001 要求的方式直接通到压力容器。

每个阀门应是带有无穿孔隔膜的无衬垫型号,或者是能防止通过衬垫渗漏的型号。

不允许用小瓶管运输。

每个压力容器应在装货后进行渗漏试验。

气体的特殊规定

l: UN 1040(环氧乙炔)也可装在气密封接的玻璃或金属内包装内,然后适当地加衬垫放在符合 I 类包装性能水平的纤维板、木质或金属箱中。允许装入任何玻璃内包装的最大质量是 30g,允许装入任何金属内包装的最大质量是 200g。在装货之后,每个内包装应按下述方法确定是不漏的:把内包装放在温度够高的热水槽内,放的时间够长,足以确保内压达到环氧乙炔在 55℃时的蒸气压。任何外包装的最大净质量不得超过 2.5kg。

m: 压力容器不得装至工作压力超过 50kPa(5bar)。

n: 捆包内的气瓶组合和单个气瓶,充装的气体不得超过 5kg。当捆包内充装 UN 1045 压缩氟、根据特殊包装规定"k"分成若干组气瓶时,每个气瓶组所装的气体不得超过 5kg。

o: 绝对不得超过表中所列的工作压力或充装率。

p: 对于 UN 1001(溶解乙炔)和 UN 3374(乙炔,无溶剂):气瓶应充满均匀的单块多孔物质;工作压力和乙炔数量不得超过批准书或 ISO 3807-1:2000 或 ISO 3807-2:2000 中酌情规定的数值。

对于 UN 1001(溶解乙炔):气瓶应装有批准书中规定数量的丙酮或合适溶剂(酌情见 ISO 3807-1:2000 或 ISO 3807-2:2000);配备降压装置或用管道连接在一起的气瓶应直立着运输。

或者对于 UN 1001(溶解乙炔):非 UN 压力容器气瓶充满非单块多孔材料;工作压力、乙炔量和溶剂量不能超过批准的规定值。气瓶定期检查的最大试验周期不能超过 5 年。

试验压力 520kPa(52bar)仅适用于符合 ISO 3807-2:2000 的气瓶。

q: 装有发火气体或含有 1% 以上发火化合物的易燃气体混合物的压力容器,应配备气塞或盖。当这些压力容器用一根管道连接在一个捆包内时,每个压力容器应配备单独的阀门并且阀门在运输过程中应封闭,管道出口阀门应配备气塞或盖。气塞或盖应带有与阀门口匹配的螺纹。不允许用小瓶管运输。

r: 对这种气体充装率的限制,应为在发生完全分解时,产生的压力不超过压力容器试验压力的 2/3。

ra: 这种气体还可装入符合以下条件的小瓶管中:

(a) 每个小瓶管中的气体不得超过 150g;

(b) 小瓶管不得有可以影响其强度的残疵;

(c) 应有额外装置确保封口的防漏性(盖、冠、封条、封皮等),能够防止运输过程中封口的任何泄漏;

(d) 小瓶管应置于一个有足够强度的外包装中,包件质量不得超过 75kg。

s: 铝合金压力容器应:

仅配备黄铜或不锈钢阀门;和

按照 ISO 11621:1997 清洗并且不沾染油。

ta: 其他的标准适用于运输 UN 1965 物质的充装了的铁制气瓶:

(a) 经实施运输的国家主管机关同意;和

(b) 按照主管机关认可的国家规则或标准的规定。

当充装标准与 P200(5)不同时,运输文献应包括"运输与包装指南 P200 一致,特殊包装要求 ta"的声明和用于计算充装度的参考温度批示。

定期检查

u: 如果压力容器的铝合金进行过 ISO 7866:2012 规定的应力腐蚀试验,铝合金压力容器的定期试验间隔可延长至 10 年。

ua: 如果这个包装指南第(13)的规定适用,铝合金气瓶和管束的定期试验间隔可延长至 15 年。这一规定不适用于铝合金 AA 6351 制造的气瓶。对于混合物,倘若混合物中每一单独气体在表 1 或表 2 中的特殊包装规定中包含"ua",ua 这一规定是适用的。

v: (1) 钢气瓶的定期试验间隔,除了可重装焊接钢气瓶充装 UN 1011、1075、1965、1969 或 1978,可延长至 15 年:

续上表

| P200 | 包 装 指 南 | P200 |

(a) 经定期检查和实施运输的所在国的主管机关同意;和
(b) 按照主管机关认可的技术规则或标准的要求。

(2) 如果可适用这个包装指南第(12)条的规定,对于充装 UN 1011、1075、1965、1969 或 1978 的可重装焊接钢气瓶,定期试验间隔可延长至 15 年。

va：配有根据 EN ISO 15996:2005 + A1:2007 设计和试验的剩余压力阀(RPVs)(见下面的注意)的无缝钢气瓶,以及装有根据 EN ISO 15996:2005 + A1:2007 试验的有剩余压力设备的主阀的无缝钢管束,如果适用这项包装指南第(13)条的规定,定期试验间隔可延长至 15 年。对于混合物,倘若混合物中每一单独气体在表 1 或表 2 中的特殊包装规定中包含"va",va 这一规定是适用的。

注：剩余压力阀(RPV)是一个封口,它包含一个剩余压力设备,通过在气瓶内压和阀出口压力之间保持一个确定的差值来防止污染物进入。为了防止液体从高压源逆流到气瓶内,单向阀(NRV)功能应并入剩余压力设备或作为气瓶阀中的一个独立附加设备,如校准器。

对"未另作规定的"说明和混合物的要求

z：压力容器及其配件的制造材料应与内装物相容,并且不会与内装物起作用产生有害的或危险的化合物。

试验压力和充装率应按照(5)的有关要求计算。

LC_{50} 小于或等于 200mL/m³ 的毒性物质,不得装入气筒、压力桶或 MEGC 运输,并且应符合特殊包装规定"k"的要求。不过,UN 1975 一氧化氮和四氧化二氮混合物可装入压力桶运输。

装有发火气体或含有 1% 以上发火化合物的易燃气体混合物的压力容器应符合特殊包装规定"q"的要求。

应采取必要措施防止在运输过程中发生危险的反应(例如聚合或分解),如有需要,应要求加稳定剂或添加抑制剂。

含有 UN 1911(乙硼烷)的混合物的充装情况应是:在乙硼烷完全分解的情况下,压力不超过压力容器试验压力的 2/3。

含有 UN 2192 锗烷的混合物,不包括在氢或氮中含锗烷 35% 以上,或在氦或氩中含锗烷 28% 以上的混合物,充装时的压力容器,应为在锗烷发生完全分解时,产生的压力不超过压力容器试验压力的 2/3。

对非第 2 类物质的要求

ab：压力容器应该满足以下条件：
（ⅰ）压力试验应该包括压力容器内部和附件；
（ⅱ）此外,抗腐蚀性应该每 2 年用合适的仪器(如超声波)检查一次；
（ⅲ）壁厚不少于 3mm。

ac：试验和检查应在主管机关批准的专家的监督下实施。

ad：压力容器应该满足以下条件：
（ⅰ）压力容器的设计压力不应小于 2.1MPa(21bar)(表压)；
（ⅱ）除了标识可重充装容器,压力容器的标识应该具有以下明确易读和耐用的特点：
—根据 3.1.2 的物质的 UN 编号和正式运输名称；
—充装后压力容器的最大允许质量和毛重,包括充装中的附近,或总质量。

(11) 当应用下列标准时,应该考虑符合这种包装指南的适用性要求：

实用性要求	引用标准	标准名称
(7)	EN 1919:2000	可运输的气瓶。液化气(不包括乙炔和液化石油气)。填充时的检验
(7)	EN 1920:2000	可运输的气瓶。压缩气体(不包括乙炔)。填充时的检验
(7)	EN 13365:2002 + A1:2005	可运输的储气瓶。永久气体和液化气体(乙炔除外)用钢瓶组件。灌装时的检验
(7)和(10)ta(b)	EN 1439:2008(除 3.5 和附件 G)	液化石油气(LPG)设备和附件。LPG 钢瓶罐装前、罐装中以及灌装后的检验程序
(7)和(10)ta(b)	EN 14794:2005	液化石油气设备和附件。液化石油气(LPG)用可运输和可再填充的铝储气瓶。填充前后和充装过程的检查规程
(10)p	EN 12755:2000	可运输气瓶—乙炔气瓶充装条件
(10)p	EN ISO 11372:2011	气瓶—乙炔气瓶—充装条件和充装检查(ISO 11372:2011)
(10)p	EN ISO 13088:2012	气瓶—乙炔气瓶束—充装条件和充装检查(ISO 13088:2012)

(12) 如果以下规定适用时,根据第(10)条的特殊包装规定 V(2),可重复充装焊接钢气瓶的检验周期,可以为 15 年：

1. 一般规定

1.1 对于此部分的应用,主管机关不应该将其任务和职责委派给 Xb 机构(B 类型的检验机构)或者 IS 机构(内部检验服务机构)。

续上表

| P200 | 包装指南 | P200 |

1.2 气瓶所有者应向主管机关申请允许其气瓶具有15年检验间隔,并且证明其符合第2、3和4条的要求。

1.3 自1999年1月1日,生产的气瓶应符合以下标准:

—EN 1442;或

—EN 13322-1;或

—理事会指令84/527/EEC❶的附件Ⅰ,1~3部分。

使用6.2.4的表。

在2009年1月1日之前生产的符合ADR标准按照主管机关认可的技术标准的其他气瓶,如果在使用过程中其安全性符合ADR的规定,可以被允许15年检查间隔。

1.4 所有者应该提交书面证据给主管机关,证明气瓶第1.3条的规定。主管机关应该核实这些条件是否满足。

1.5 主管机关应检查是否满足并正确应用第2和3条的规定。如果满足所有规定,应授予气瓶15年检查间隔。在这一授权中,气瓶类型(按照批准类型的说明)或者气瓶组(见注释)应该被清楚地确定。授权应该向所有者传达。主管机关应保留备份。所有者应保留授权文件15年。

注:气瓶组是由同一时期的气瓶组成,在此期间ADR和主管机关可接受的技术规则,没有技术内容上的改变。如:相同设计和体积的气瓶,符合于1985年1月1日和1988年12月1日ADR的规定,且结合同时期主管机关批准的技术规则,按照本段的规定则可形成一组。

1.6 主管机关应监督气瓶所有者遵守ADR的规定和适当的授权,但是至少每3年或当程序被修改时进行一次。

2. 作业规定

2.1 被批准15年定期检验的气瓶,只能在遵循同样的充装中心进行充装,以保证满足并正确实施这个包装指南的第(7)条的所有规定和EN 1439:2008的要求和职责。

2.2 主管机关应核实这些要求是否被满足并适当对其进行检查,但是至少每3年或当程序被修改时进行。

2.3 所有者应提供书面证据给主管机关,证明充装中心符合2.1的规定。

2.4 如果一个充装中心位于ADR不同的成员国,所有者应提供额外的书面证明,证明充装中心是被相应的ADR成员国主管机关监督。

2.5 为防止内部腐蚀,只有潜在污染率极低的高质量气体充装在气瓶中。其应符合ISO 9162:1989中说明的腐蚀性限制。

3. 资格和定期检查规定

3.1 在使用中的一类或一组气瓶,已经准许并实施15年检查间隔的,应该服从6.2.3.5的定期检查规定。

注:气瓶组的定义见1.5的注。

3.2 如果一个15年检查间隔的气瓶,在定期检查期间水压检查失败,如破裂或泄漏,所有者应该调查并制作一份失败原因和其他气瓶(如同类型的或同组的)是否受到影响的报告。对于后者,所有者应该报告主管机关。主管机关随后应做出适当的处理决定,并相应地报告所有ADR成员国的主管机关。

3.3 如果检查到在标准应用中(见1.3)定义的内部腐蚀,气瓶应停止使用,并不允许被批准进行任何后续的充装和运输。

3.4 被批准为15年检查间隔的气瓶,应该仅安装根据EN 13152:2001+A1:2003、EN13153:2001+A1:2003、EN ISO 14245:2010或EN ISO15995:2010设计和制造的阀,阀的最短使用周期是15年。在一个定期检查周期之后,应该安装一个新的阀,除了根据EN 14912:2005翻新或检查的人工操作阀,如果适合于另一个15年的使用周期,可以被重新安装。翻新或检查只能由阀的生产者实施,或者由一个有资质的企业根据其技术说明并在质量文件体系下进行这项工作。

4. 标志

按照本段落已经被批准的15年定期检查间隔的气瓶,应该额外清晰明了地加注标志"P15Y"。如果气瓶没有被批准为15年检查间隔,应取下这一标志。

注:符合1.6.2.9和1.6.2.10的过渡性规定或本包装说明第(10)条的特殊包装规定v(1)的气瓶,不能使用这一标志。

(13) 如果满足以下规定,可认定无缝钢和铝合金气瓶和管束的15年定期检查间隔与第(10)条的特殊包装规定ua或va一致:

1. 一般规定

1.1 对于这一段的应用,主管机关不能将其任务和职责授权于Xb机构(类型为B的检验机构)或IS机构(内部检验服务机构)。

1.2 气瓶或管束所有者应符合主管机关允许的15年检验间隔,并且证明符合第2、3和4条的要求。

1.3 自1999年1月1日,生产的气瓶应符合以下标准:

—EN 1964-1或1964-2;或

—EN 1975;或

—EN ISO 9809-1或EN ISO 9809-2;或

---

❶ 理事会指令是基于成员国关于焊接非合金钢气瓶的相似法案,发布在欧盟官方杂志1984年11月19日第300期。

续上表

| P200 | 包 装 指 南 | P200 |

—EN ISO 7866；或

—理事会指令 84/525/EEC❶ 和 84/526/EEC❷ 的附件Ⅰ，1～3 部分。

在生产时适用（也见 6.2.4.1 的表）。

在 2009 年 1 月 1 日之前生产的其他气瓶，如果在使用过程中其安全性符合 ADR 的规定，可以 15 年为检查间隔。

注：如果气瓶已经根据符合的重新评估程序被重新评估，这一规定被认为是满足的，其中重新评估程序在2010 年6 月16 日的欧盟2010 年第35 指令的附件Ⅲ或1999 年4 月29 日的欧共体1999 年第36 指令的附件Ⅳ部分Ⅱ中有描述。

用 6.2.2.7.2(a)中规定的 UN 包装符号进行标记的气瓶和管束，不应该被允许 15 年定期检查间隔。

1.4 管束的构造不能造成气瓶之间沿着其纵轴的连接导致外部腐蚀。支撑和限制皮带捆绑应将气瓶腐蚀风险降到最低。用于支撑的减振材料仅在可以有效消除吸水时允许使用。合适材料的例子有防水带和橡胶。

1.5 所有者应该提交书面证据给主管机关，证明气瓶符合 1.3 的规定。主管机关应该核实这些条件是否满足。

1.6 主管机关应检查是否满足并正确应用第 2 和 3 条的规定。如果满足所有规定，应授予气瓶或管束 15 年定期检查间隔。在这一授权中，气瓶组（见下面注）应该被清楚的确定。授权应该向所有者传达。主管机关应保留备份。所有者应保留授权文件 15 年。

注：气瓶组是由同一时期的气瓶组成，在此期间ADR 规定和主管机关可接受的技术规则，没有技术内容上的改变。如：相同设计和体积的气瓶，符合1985 年1 月1 日到1988 年12 月1 日ADR 的规定，且符合同时期主管机关接受的技术规则，按照本段的规定则可形成一组。

1.7 气瓶所有者应保证遵守 ADR 的规定和适当的授权，并根据要求向主管机关说明是按要求执行的，但是至少每 3 年或当程序有关键性修改时向主管机关说明一次。

2. 作业规定

2.1 被批准具有 15 年定期检验间隔的气瓶或管束，只能在应用一套文件化质量体系的充装中心进行充装，以保证满足并正确实施该包装指南第(7)条的所有规定和 EN 1919：2000、EN 1920：2000 或 EN 13365：2002 的要求和职责。根据 ISO 9000（系列）或其等价体系，质量体系应该被一个由主管机关承认的独立机构认可。这包括对气瓶、管束和阀门在充装前、后，充装过程的检查程序。

2.2 没有剩余压力阀的、具有 15 年定期检查间隔的铝合金气瓶和管束，应该根据文件化程序在每次充装前进行检查，至少包括以下程序：

- 打开气瓶阀或管束主阀去检查剩余压力；
- 如果气体被排放，气瓶或管束可以被充满；
- 如果没有气体被排放，应该针对污染物对气瓶或管束的内部条件进行检查；
- 如果没有检查到污染物，气瓶或管束可以被充满；
- 如果检查到污染物，应该实施校正措施。

2.3 配备剩余压力阀的无缝钢气瓶和配备有剩余压力装备的主阀的无缝钢管束，允许定期检查间隔为 15 年，应该根据文件化程序优先检查每一个充满的气瓶，至少包括以下程序：

- 打开气瓶阀或管束主阀去检查剩余压力；
- 如果气体被排放，气瓶或管束可以被充满；
- 如果没有气体被排放，应检查剩余压力装备的功能；
- 如果检查显示剩余压力装备没有保留压力，应该针对污染物检查气瓶或管束的内部条件；
- 如果检查显示剩余压力装备有保留压力，气瓶或管束可以被充满。

如果没有检查到污染物，剩余压力装备被修理或更换后，气瓶或管束可以被充满；

如果检查到污染物，应该实施校正措施。

2.4 为防止内部腐蚀，气瓶或管束中应充装潜在污染率极低的高质量气体。如果依照 EN ISO 11114－1：2012 和 EN ISO 11114－2：2013 气体或材料的兼容性是可接受的，并且气体质量符合 EN ISO 14175：2008 的规格，或者对于没有涉及的气体，标准上满足 99.5% 的最小体积纯度和 40mL/m^3（ppm）最大含湿量，即被认为是满足要求的。对于一氧化二氮的值，应该是 98% 的最小体积纯度和 70mL/m^3（ppm）最大含湿量。

2.5 所有者应该保证满足 2.1～2.4 的要求，并应主管机关的要求提供文件证明，但是至少每 3 年或当程序有关键性修改时进行。

2.6 如果一个充装中心处于不同的 ADR 成员国，所有者应主管机关的要求提供额外的文件证明，证明充装中心是被相应的 ADR 成员国主管机关监督。也见 1.2。

---

❶ 理事会指令是基于成员国关于无缝钢气瓶的相似法案，发布在欧盟官方杂志 1984 年 11 月 19 日第 300 期。

❷ 理事会指令是基于成员国关于无缝的、非铝合金及铝合金气瓶的相似法案，发布在欧盟官方杂志 1984 年 11 月 19 日第 300 期。

| P200 | 包装指南 | | | | | | | | | | P200 |

3. 资格和定期检查规定

3.1 在使用中的气瓶和管束,对于从最后定期检查日期到主管机关认可期间所遇到的如第2条的情况,它们的检查周期可从最后定期检查日期延长到15年。否则,试验周期从10~15年的改变应在定期检查时进行。定期检查报告应该表明这个气瓶或管束配备了合适的剩余压力装备。其他文件证明应该被主管机关接受。

3.2 如果一个15年检查间隔的气瓶,在定期检查期间压力试验失败,破裂或泄漏,或者通过非破坏性试验(NDT)检查到一个严重的缺陷,所有者应该调查并制作一份失败原因和其他气瓶(如同类型的或同组的)是否受到影响的报告。对于后者,所有者应该报告主管机关。主管机关随后应做出适当的处理决定,并相应地报告所有ADR成员国的主管机关。

3.3 如果检查到6.2.4中涉及的定期检查标准所定义的内部腐蚀和其他缺陷,气瓶应停止使用,并不允许被批准进行任何后续的充装和运输。

3.4 被批准为15年检查间隔的气瓶或管束,在生产时(也见6.2.4.1的表)应该仅安装根据EN 849或EN ISO 10297设计和制造的合适的阀。在一个定期检查周期之后,应该安装一个新的阀,除了根据EN ISO 22434:2011翻新或检查合格的阀,可以被重新安装。

4. 标志

按照本段落已被批准的15年定期检查间隔的气瓶和管束,应按照5.2.1.6(c)部分的规定确定下一次定期检查的日期(年),同时应额外清晰明了地加注标志"P15Y"。如果气瓶或管束没有被批准为15年检查间隔,应取下这一标志。

压 缩 气 体

表1

UN编号	名称和说明	分类代码	LC_{50} mL/m³	气瓶	气筒	压力桶	管束	试验周期,年a	试验压力,barb	最大工作压力,barb	特殊包装要求
1002	压缩空气	1A		X	X	X	X	10			ua,va
1006	压缩氩	1A		X	X	X	X	10			ua,va
1016	压缩一氧化碳	1TF	3760	X	X	X	X	5			u
1023	压缩煤气	1TF		X	X	X	X	5			
1045	压缩氟	1TOC	185	X			X	5	200	30	a,k,n,o
1046	压缩氖	1A		X	X	X	X	10			ua,va
1049	压缩氢	1F		X	X	X	X	10			d,ua,va
1056	压缩氪	1A		X	X	X	X	10			ua,va
1065	压缩氖	1A		X	X	X	X	10			ua,va
1066	压缩氮	1A		X	X	X	X	10			ua,va
1071	压缩油气	1TF		X	X	X	X	5			
1072	压缩氧	1O		X	X	X	X	10			s,ua,va
1612	四磷酸六乙酯和压缩气体混合物	1T		X	X	X	X	5			z
1660	压缩一氧化碳	1TOC	115	X			X	5	225	33	k,o
1953	压缩气体,毒性,易燃,未另作规定的	1TF	≤5000	X	X	X	X	5			z
1954	压缩气体,易燃,未另作规定的	1F		X	X	X	X	10			z,ua,va
1955	压缩气体,毒性,未另作规定的	1T	≤5000	X	X	X	X	5			z
1956	压缩气体,未另作规定的	1A		X	X	X	X	10			z,ua,va
1957	压缩氘(重氢)	1F		X	X	X	X	10			d,ua,va
1964	压缩烃类气体混合物,未另作规定的	1F		X	X	X	X	10			z,ua,va

P200	包　装　指　南										P200
UN编号	名称和说明	分类代码	LC_{50} mL/m³	气瓶	气筒	压力桶	管束	试验周期, 年[a]	试验压力, bar[b]	最大工作压力, bar[b]	特殊包装要求
1971	压缩甲烷或甲烷含量高的压缩天然气	1F		X	X	X	X	10			ua,va
2034	压缩氢和甲烷混合物	1F		X	X	X	X	10			d,ua,va
2190	压缩二氟化氧	1TOC	2.6	X			X	5	200	30	a,k,n,o
3156	压缩气体,氧化性,未另作规定的	1O		X	X	X	X	10			z,ua,va
3303	压缩气体,毒性,氧化性,未另作规定的	1TO	≤5000	X	X	X	X	5			z
3304	压缩气体,毒性,腐蚀性,未另作规定的	1TC	≤5000	X	X	X	X	5			z
3305	压缩气体,毒性,易燃,腐蚀性,未另作规定的	1TFC	≤5000	X	X	X	X	5			z
3306	压缩气体,毒性,氧化性,腐蚀性,未另作规定的	1TOC	≤5000	X	X	X	X	5			z

[a] 不适用于复合材料制作的压力容器。
[b] 在条目空白的情况下,工作压力不得超过试验压力的2/3。

液化气体和溶解气体　　表2

UN编号	名称和说明	分类代码	LC_{50} mL/m³	气瓶	气筒	压力桶	管束	试验周期, 年[a]	试验压力, bar	充装率	特殊包装要求
1001	溶解乙炔	4F		X			X	10	60		c,p
1005	无水氨	2TC	4000	X	X	X	X	5	29	0.54	b,ra
1008	三氟化硼	2TC	378	X	X	X	X	5	225 300	0.715 0.86	a
1009	溴三氟甲烷(制冷气体 R 13B1)	2A		X	X	X	X	10	42 120 250	1.13 1.44 1.60	ra ra ra
1010	丁二烯,稳定的(1,2-丁二烯),或	2F		X	X	X	X	10	10	0.59	ra
1010	丁二烯,稳定的(1,3-丁二烯),或	2F		X	X	X	X	10	10	0.55	ra
1010	丁二烯和烃类混合物,稳定的,含丁二烯40%以上	2F		X	X	X	X	10	10	0.50	ra,v,z
1011	丁烷	2F		X	X	X	X	10	10	0.52	ra,v
1012	丁烯(丁烯混合物)或	2F		X	X	X	X	10	10	0.50	ra,z

续上表

P200				包 装 指 南							P200
UN编号	名称和说明	分类代码	LC_{50} mL/m³	气瓶	气筒	压力桶	管束	试验周期,年[a]	试验压力,bar	充装率	特殊包装要求
1012	丁烯(1-丁烯)或	2F		X	X	X	X	10	10	0.53	
1012	丁烯(顺-2-丁烯)或	2F		X	X	X	X	10	10	0.55	
1012	丁烯(反-2-丁烯)	2F		X	X	X	X	10	10	0.54	
1013	二氧化碳	2A		X	X	X	X	10	190 250	0.68 0.76	ra,ua,va ra,ua,va
1017	氯	2TOC	293	X	X	X	X	5	22	1.25	a,ra
1018	二氟氯甲烷(制冷气体R 22)	2A		X	X	X	X	10	27	1.03	ra
1020	五氟氯乙烷(制冷气体R 115)	2A		X	X	X	X	10	25	1.05	ra
1021	1-氯-1,2,2,2-四氟氯乙烷(制冷气体R 124)	2A		X	X	X	X	10	11	1.20	ra
1022	三氟氯甲烷(制冷气体R 13)	2A		X	X	X	X	10	100 120 190 250	0.83 0.90 1.04 1.11	ra ra ra ra
1026	氰	2TF	350	X	X	X	X	5	100	0.70	ra,u
1027	环丙烷	2F		X	X	X	X	10	18	0.55	ra
1028	二氯二氟甲烷(制冷气体R 12)	2A		X	X	X	X	10	16	1.15	ra
1029	二氯二氟甲烷(制冷气体R 21)	2A		X	X	X	X	10	10	1.23	ra
1030	1,1,-二氟乙烷(制冷气体R 152a)	2F		X	X	X	X	10	16	0.79	ra
1032	无水二甲胺	2F		X	X	X	X	10	10	0.59	b,ra
1033	二甲醚	2F		X	X	X	X	10	18	0.58	ra
1035	乙烷	2F		X	X	X	X	10	95 120 300	0.25 0.30 0.40	ra ra ra
1036	乙胺	2F		X	X	X	X	10	10	0.61	b,ra
1037	乙基氯	2F		X	X	X	X	10	10	0.80	a,ra
1039	甲乙醚	2F		X	X	X	X	10	10	0.64	ra
1040	环氧乙烷,或含氮环氧乙烷,在50℃时最高总压力为1MPa(10bar)	2TF	2900	X	X	X	X	5	15	0.78	L,ra
1041	环氧乙烷和二氧化碳混合物,环氧乙烷含量9%~87%	2F		X	X	X	X	10	190 250	0.66 0.75	ra ra
1043	充氮溶液化肥,含有游离氨	4A		X		X	X	5			b,z

续上表

P200				包 装 指 南							P200
UN编号	名称和说明	分类代码	LC_{50} mL/m³	气瓶	气筒	压力桶	管束	试验周期,年[a]	试验压力,bar	充装率	特殊包装要求
1048	无水溴化氢	2TC	2860	X	X	X	X	5	60	1.51	a,d,ra
1050	无水氯化氢	2TC	2810	X	X	X	X	5	100 120 150 200	0.30 0.56 0.67 0.74	a,d,ra a,d,ra a,d,ra a,d,ra
1053	硫化氢	2TF	712	X	X	X	X	5	48	0.67	d,ra,u
1055	异丁烯	2F		X	X	X	X	10	10	0.52	ra
1058	液化气体,非易燃,充有氮、二氧化碳或空气	2A			X	X	X	10			ra
1060	甲基乙炔和丙二烯混合物,稳定的,或	2F		X	X	X	X	10			c,ra,z
	丙二烯含1%~4%甲基乙炔	2F		X	X	X	X	10	22	0.52	c,ra
	混合物P1	2F		X	X	X	X	10	30	0.49	c,ra
	混合物P2	2F		X	X	X	X	10	24	0.47	c,ra
1061	无水甲胺	2F		X	X	X	X	10	13	0.58	b,ra
1062	甲基溴,三氯硝基甲烷含量大于2%	2T	850	X	X	X	X	5	10	1.51	a
1063	甲基氯(制冷气体R 40)	2F		X	X	X	X	10	17	0.81	a,ra
1064	甲硫醇	2TF	1350	X	X	X	X	5	10	0.78	d,ra,u
1067	四氧化二氮(二氧化氮)	2TOC	115	X		X	X	5	10	1.30	k
1069	氯化亚硝酸	2TC	35	X			X	5	13	1.10	k,ra
1070	氧化亚氮	2O		X	X	X	X	10	180 225 250	0.68 0.74 0.75	ua,va ua,va ua,va
1075	液化石油气	2F		X	X	X	X	10			v,z
1076	光气	2TC	5	X	X	X	X	5	20	1.23	a,k,ra
1077	丙烯	2F		X	X	X	X	10	27	0.43	ra
1078	制冷气体,未另作规定的	2A		X	X	X	X	10			ra,z
	混合物F1	2A		X	X	X	X	10	12	1.23	
	混合物F2	2A		X	X	X	X	10	18	1.15	
	混合物F3	2A		X	X	X	X	10	29	1.03	
1079	二氧化硫	2TC	2520	X	X	X	X	5	12	1.23	ra
1080	六氟化硫	2A		X	X	X	X	10	70 140 160	1.06 1.34 1.38	ra,ua,va ra,ua,va ra,ua,va
1081	四氟乙烯,稳定的	2F		X	X	X	X	10	200		m,o,ra
1082	三氟氯乙烯,稳定的(制冷气体R 1113)	2TF	2000	X	X	X	X	5	19	1.14	ra,u

续上表

P200				包 装 指 南						P200
UN编号	名称和说明	分类代码	LC_{50} mL/m³	气瓶	气筒	压力桶	管束	试验周期,年[a]	试验压力,bar	充装率	特殊包装要求
1083	无水三甲胺	2F		X	X	X	X	10	10	0.56	b,ra
1085	乙烯基溴,稳定的	2F		X	X	X	X	10	10	1.37	a,ra
1086	乙烯基氯,稳定的	2F		X	X	X	X	10	12	0.81	a,ra
1087	乙烯基甲基醚,稳定的	2F		X	X	X	X	10	10	0.67	ra
1581	三氯硝基甲烷和溴甲烷混合物,三氯硝基甲烷含量大于2%	2T	850	X	X	X	X	5	10	1.51	a
1582	三氯硝基甲烷和氯甲烷混合物	2T		X	X	X	X	5	17	0.81	a
1589	氯化氰,稳定的	2TC	80	X		X		5	20	1.03	k
1741	三氯化硼	2TC	2541	X	X	X	X	5	10	1.19	a,ra
1749	三氟化氯	2TOC	299	X	X	X	X	5	30	1.40	a
1858	六氟丙烯(制冷气体 R1216)	2A		X	X	X	X	10	22	1.11	ra
1859	四氟化硅	2TC	450	X	X	X	X	5	200 300	0.74 1.10	a
1860	乙烯基氟,稳定的	2F		X	X	X	X	10	250	0.64	a,ra
1911	乙硼烷	2TF	80	X			X	5	250	0.07	d,k,o
1912	氯甲烷和二氯甲烷混合物	2F		X	X	X	X	10	17	0.81	a,ra
1952	环氧乙烷和二氧化碳混合物,含环氧乙烷不大于9%	2A		X	X	X	X	10	190 250	0.66 0.75	ra ra
1958	1,2-二氟-1,1,2,2-四氟乙烷(制冷气体 R 114)	2A		X	X	X	X	10	10	1.30	ra
1959	1,1-二氟乙烯(制冷气体 R 1132a)	2F		X	X	X	X	10	250	0.77	ra
1962	乙烯	2F		X	X	X	X	10	225 300	0.34 0.38	
1965	液化烃类气体混合物,为另作规定的	2F		X	X	X	X	10		[b]	ra,ta,v,z
	混合物 A	2F						10	10	0.50	
	混合物 A01	2F						10	15	0.49	
	混合物 A02	2F						10	15	0.48	
	混合物 A0	2F						10	15	0.47	
	混合物 A1	2F						10	20	0.46	
	混合物 B1	2F						10	25	0.45	
	混合物 B2	2F						10	25	0.44	
	混合物 B	2F						10	25	0.43	
	混合物 C	2F						10	30	0.42	

续上表

UN编号	名称和说明	分类代码	LC_{50} mL/m³	气瓶	气筒	压力桶	管束	试验周期,年[a]	试验压力,bar	充装率	特殊包装要求
1967	气体杀虫剂,毒性,未另作规定的	2T		X	X	X	X	5			z
1968	气体杀虫剂,未另作规定的	2A		X	X	X	X	10			ra,z
1969	异丁烷	2F		X	X	X	X	10	10	0.49	ra,v
1973	二氟氯甲烷和五氟氯乙烷混合物,有固定沸点,前者约占49%(制冷气体R 502)	2A		X	X	X	X	10	31	1.01	ra
1974	二氟氯溴甲烷(制冷气体R 12B1)	2A		X	X	X	X	10	10	1.61	ra
1975	一氧化氮和四氧化二氮混合化合物(一氧化氮和二氧化氮混合物)	2TOC	115	X		X	X	5			k,z
1976	八氟环丁烷(制冷气体RC 318)	2A		X	X	X	X	10	11	1.32	ra
1978	丙烷	2F		X	X	X	X	10	23	0.43	ra,v
1982	四氟甲烷(制冷气体R 14)	2A		X	X	X	X	10	200 300	0.71 0.90	
1983	1-氯-2,2,2-三氟乙烷(制冷气体R 133a)	2A		X	X	X	X	10	10	1.18	ra
1984	三氟甲烷(制冷气体R 23)	2A		X	X	X	X	10	190 250	0.88 0.96	ra ra
2035	1,1,1-三氟乙烷(制冷气体R 143a)	2A		X	X	X	X	10	35	0.73	ra
2036	氙	2A		X	X	X	X	10	130	1.28	
2044	2,2-二甲基丙烷	2F		X	X	X	X	10	10	0.53	ra
2073	氨溶液,水溶液在15℃时的相对密度小于0.880	4A									
	含氨量35%~40%	4A		X	X	X	X	5	10	0.80	b
	含氨量40%~50%	4A		X	X	X	X	5	12	0.77	b
2188	胂	2TF	20	X			X	5	42	1.10	d,k
2189	二氯硅烷	2TFC	314	X	X	X	X	5	10 200	0.90 1.08	a
2191	硫酰氟	2T	3020	X	X	X	X	5	50	1.10	u
2192	锗烷[c]	2TF	620	X	X	X	X	5	250	0.064	d,ra,r,q
2193	六氟乙烷(制冷气体R 116)	2A		X			X	10	200	1.13	

续上表

P200				包 装 指 南							P200
UN编号	名称和说明	分类代码	LC_{50} mL/m³	气瓶	气筒	压力桶	管束	试验周期,年[a]	试验压力,bar	充装率	特殊包装要求
2194	六氟化硒	2TC	50	X			X	5	36	1.46	k,ra
2195	六氟化碲	2TC	25	X			X	5	20	1.00	k,ra
2196	六氟化钨	2TC	160	X			X	5	10	3.08	a,k,ra
2197	无水碘化氢	2TC	2860	X	X	X	X	5	23	2.25	a,d,ra
2198	五氟化磷	2TC	190	X			X	5	200 300	0.90 1.25	k k
2199	磷化氢(膦)	2TF	20	X			X	5	225 250	0.90 1.25	d,k,q,ra d,k,q,ra
2200	丙二烯,稳定的	2F		X	X	X	X	10	22	0.50	ra
2202	无水硒化氢	2TF	2	X			X	5	31	1.60	
2203	硅烷[c]	2F		X	X	X	X	10	225 250	0.32 0.36	q q
2204	硫化羰	2TF	1700	X	X	X	X	5	30	0.87	ra,u
2417	碳酰氟	2TC	360	X	X	X	X	5	200 300	0.47 0.70	
2418	四氟化硫	2TC	40	X			X	5	30	0.91	a,k,ra
2419	溴三氟乙烯	2F		X	X	X	X	10	10	1.19	ra
2420	六氟丙酮	2TC	470	X	X	X	X	5	22	1.08	ra
2421	三氧化二氮	2TOC				禁 止 运 输					
2422	八氟-2-丁烯(制冷气体 R 1318)	2A		X	X	X	X	10	12	1.34	ra
2424	八氟丙烷(制冷气体 R 218)	2A		X	X	X	X	10	25	1.04	ra
2451	三氟化氮	2O		X	X	X	X	10	200	0.50	
2452	乙基乙炔,稳定的	2F		X	X	X	X	10	10	0.57	c,ra
2453	乙基氟(制冷气体 R 161)	2F		X	X	X	X	10	30	0.57	ra
2454	甲基氟(制冷气体 R 41)	2F		X	X	X	X	10	300	0.63	ra
2455	亚硝酸甲酯	2A				禁 止 运 输					
2517	1-氯-1,1-二氟乙烷(制冷气体 R 142b)	2F		X	X	X	X	10	10	0.99	ra
2534	甲基氯硅烷	2TFC	600	X	X	X	X	5			ra,z
2548	五氟化氯	2TOC	122	X			X	5	13	1.49	a,k
2599	三氟氯甲烷和三氟甲烷的共沸混合物,含三氟氯甲烷约60%(制冷气体 R 503)	2A		X	X	X	X	10	31 42 100	0.12 0.17 0.64	ra ra ra
2601	环丁烷	2F		X	X	X	X	10	10	0.63	ra

续上表

UN编号	名称和说明	分类代码	LC_{50} mL/m³	气瓶	气筒	压力桶	管束	试验周期,年[a]	试验压力,bar	充装率	特殊包装要求
2602	二氯二氟甲烷和二氟乙烷的共沸混合物,含二氯二氟甲烷约74%（制冷气体R 500）	2A		X	X	X	X	10	22	1.01	ra
2676	锑化氢	2TF	20	X			X	5	200	0.49	k,ra,r
2901	氯化溴	2TOC	290	X	X	X	X	5	10	1.50	a
3057	三氟乙酰氯	2TC	10	X	X	X	X	5	17	1.17	k,ra
3070	环氧乙烷和二氯二氟甲烷混合物,含环氧乙烷不大于12.5%	2A		X	X	X	X	10	18	1.09	ra
3083	高氯酰氟	2TO	770	X	X	X	X	5	33	1.21	u
3153	全氟（甲基乙烯基醚）	2F		X	X	X	X	10	20	0.75	ra
3154	全氟（乙基乙烯基醚）	2F		X	X	X	X	10	10	0.98	ra
3157	液化气体,氧化性,未另作规定的	2O		X	X	X	X	10			z
3159	1,1,1,2-四氟乙烷（制冷气体R 134a）	2A		X	X	X	X	10	18	1.05	ra
3160	液化气体,毒性,易燃,未另作规定的	2TF	≤5000	X	X	X	X	5			ra,z
3161	液化气体,易燃,未另作规定的	2F		X	X	X	X	10			ra,z
3162	液化气体,毒性,未另作规定的	2T	≤5000	X	X	X	X	5			z
3163	液化气体,未另作规定的	2A		X	X	X	X	10			ra,z
3220	五氟乙烷（制冷气体R 125）	2A		X	X	X	X	10	49 35	0.95 0.87	ra ra
3252	二氟甲烷（制冷气体R 32）	2F		X	X	X	X	10	48	0.78	ra
3296	七氟丙烷（制冷气体R 227）	2A		X	X	X	X	10	13	1.21	ra
3297	环氧乙烷和四氟氯乙烷混合物,含环氧乙烷不超过8.8%	2A		X	X	X	X	10	10	1.16	ra
3298	环氧乙烷和五氟乙烷混合物,含环氧乙烷不超过7.9%	2A		X	X	X	X	10	26	1.02	ra
3299	环氧乙烷和四氟乙烷混合物,含环氧乙烷不超过5.6%	2A		X	X	X	X	10	17	1.03	ra

续上表

P200					包　装　指　南							P200
UN编号	名称和说明	分类代码	LC_{50} mL/m³	气瓶	气筒	压力桶	管束	试验周期,年[a]	试验压力,bar	充装率	特殊包装要求
3300	环氧乙烷和二氧化碳混合物,含环氧乙烷不超过87%	2TF	大于2900	X	X	X	X	5	28	0.73	ra
3307	液化气体,毒性,氧化性,未另作规定	2TO	≤5000	X	X	X	X	5			z
3308	液化气体,毒性,腐蚀性,未另作规定	2TC	≤5000	X	X	X	X	5			ra,z
3309	液化气体,毒性,易燃,腐蚀性,未另作规定	2TFC	≤5000	X	X	X	X	5			ra,z
3310	液化气体,毒性,氧化性,腐蚀性,未另作规定	2TOC	≤5000	X	X	X	X	5			z
3318	氨溶液,水溶液在15℃时相对密度小于0.880,含氨量大于50%	4TC		X	X	X	X	5			b
3337	制冷气体 R 404A(五氟乙烷,1,1,1-三氟乙烷和1,1,1,2-四氟乙烷的非共沸混合物,大约包含44%的五氟乙烷和52%的1,1,1,-三氟乙烷)	2A		X	X	X	X	10	36		ra
3338	制冷气体 R 407A(二氟甲烷、五氟乙烷和1,1,1,2-四氟乙烷非共沸混合物,大约包含20%的二氟甲烷和40%的五氟乙烷)	2A		X	X	X	X	10	32		ra
3339	制冷气体 R 407B(二氟甲烷、五氟乙烷和1,1,1,2-四氟乙烷非共沸混合物,大约包含10%的二氟甲烷和70%的五氟乙烷)	2A		X	X	X	X	10	33		ra
3340	制冷气体 R 407C(二氟甲烷、五氟乙烷和1,1,1,2-四氟乙烷非共沸混合物,大约包含23%的二氟甲烷和25%的五氟乙烷)	2A		X	X	X	X	10	30		ra

续上表

UN编号	名称和说明	分类代码	LC_{50} mL/m³	气瓶	气筒	压力桶	管束	试验周期,年[a]	试验压力,bar	充装率	特殊包装要求
3354	气体杀虫剂,易燃,未另作规定	2F		X	X	X	X	10			ra,z
3355	气体杀虫剂,毒性,易燃,未另作规定	2TF		X	X	X	X	5			ra,z
3374	乙炔,无溶剂	2F		X			X	5	60		c,p

[a] 不适用于复合材料构成的压力容器。

[b] 对于UN编号为1965的混合气体,每升容量的最大允许充装量如下:

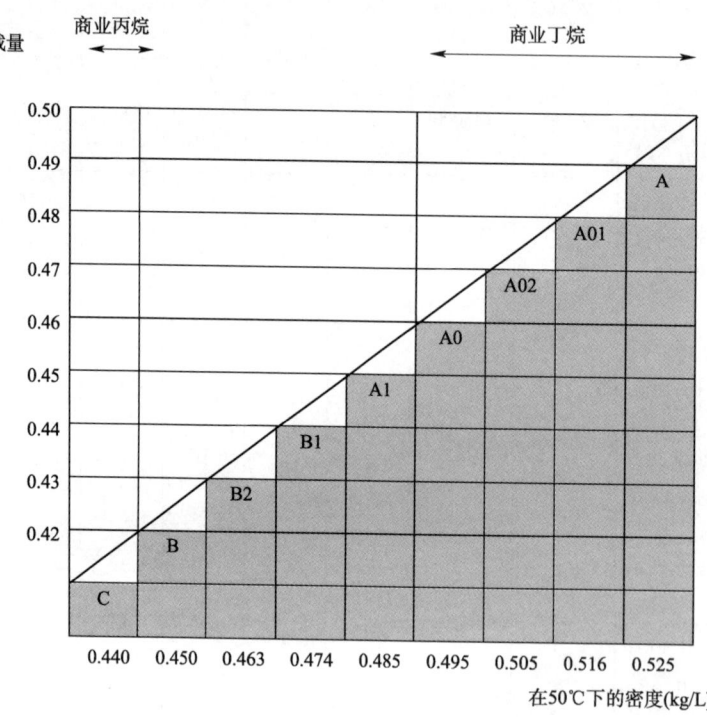

[c] 被认为是自燃。

[d] 被认为是有毒的,LC_{50}的值仍有待确定。

不属于第2类的物质   表3

UN编号	名称和说明	级别	分类代码	LC_{50} mL/m³	气瓶	气筒	压力桶	管束	试验周期,年[a]	试验压力,bar	充装率	特殊包装规定
1051	氰化氢,稳定的,含水少于3%	6.1	TF1	40	X			X	5	100	0.55	k
1052	无水氟化氢	8	CT1	966	X		X	X	5	10	0.84	a,ab,ac
1745	五氟化溴	5.1	OTC	25	X		X	X	5	10	[b]	k,ab,ad
1746	三氟化溴	5.1	OTC	50	X		X	X	5	10	[b]	k,ab,ad
1790	氢氟酸,溶液,85%以上的氢氟酸	8	CT1	966	X		X	X	5	10	0.84	ab,ac
2495	五氟化碘	5.1	OTC	120	X		X	X	5	10	[b]	k,ab,ad

[a] 不适用于复合材料构成的压力容器。

[b] 需要有按体积计算至少8%的未满空间。

P201	包 装 指 南	P201
本指南适用于 UN 3167、3168 和 3169。		
允许使用下列包装:		
(1) 气瓶和气体容器应须符合主管机关批准的制造、试验和充装要求。		

(2) 下列组合包装,但应符合 4.1.1 和 4.1.3 的一般规定:
 外包装:
   桶(1A1,1A2,1B1,1B2,1N1,1N2,1H1,1H2,1D,1G);
   箱(4A,4B,4N,4C1,4C2,4D,4F,4G,4H1,4H2);
   罐(3A1,3A2,3B1,3B2,3H1,3H2)。
 内包装:
   (a) 对于非毒性气体,密封的玻璃或金属内包装,每个包件最大容量 5 L;
   (b) 对于毒性气体,密封的玻璃或金属内包装,每个包件最大容量 1 L。
 包装须符合Ⅲ类包装的性能水平。		

P202	包 装 指 南	P202
(保留)		

P203	包 装 指 南	P203
本指南适用于第 2 类冷冻液化气体。		
对封闭式深冷容器的要求:		
(1) 应符合特殊包装规定的 4.1.6。		
(2) 应符合 6.2 章的要求。		
(3) 封闭式深冷容器应该是隔热的,因此表面不会结霜。		

(4) 压力试验
 充装冷冻液体的封闭式深冷容器至少须承受以下最低试验压力:
   (a) 真空隔温的封闭式深冷容器,试验压力不得低于容器满载后,包括在装卸过程中,内部最大压力之和的 1.3 倍再加 100kPa(1bar);
   (b) 其他封闭式深冷容器,试验压力不得低于容器满载后内部最大压力的 1.3 倍,并应考虑在充装和取出过程中形成的压力。		

(5) 充装度 对非易燃性、无毒的冷冻液化气体(分类代码 3A 和 3O),在充装温度和 100kPa(1bar)加压下的液态体积,不得超过压力容器容水量的 98%。 易燃冷冻液化气(分类代码 3F)的充装度,应保持低于一个水平,假如将内装物的温度提高到其蒸气压力达到安全阀的开启压力时,液相体积在该温度下将达到容水量的 98%。		
(6) 减压装置 封闭式深冷容器应至少安装一个减压装置。		
(7) 相容性 确保结合点密封且封口的密闭材料与内装物相匹配。如准备将容器用于运输氧化性气体(分类代码 3O),使用的材料不应与那些气体发生危险反应。		

(8) 定期检查
   (a) 根据 6.2.1.6.3 对减压阀所作的定期检查和试验间隔不得超过 5 年;
   (b) 根据 6.2.3.5.2 对非 UN 封闭深冷容器的定期检查和实验间隔不得超过 10 年。		

对敞开式深冷容器的要求:		
只有以下分类准则为 3A 的非氧化性冷冻液化气方可用敞开式深冷容器运输:UN 1913、1951、1963、1970、1977、2591、3136 和 3158。		
敞开式深冷容器的制造应满足以下要求:		
(1) 容器的设计、制造、试验和装备,须使它们能够承受正常使用和在正常运输条件下应承受的一切状况,包括疲劳。		
(2) 容量不得超过 450L。		
(3) 容器应双层构造,内外壁之间抽空(真空绝热)。绝热应能防止在容器的外表面形成冰霜。		
(4) 制造材料的机械性能应适合使用温度。		
(5) 与危险货物直接接触的材料,不得受到将要运输的危险货物的影响或减弱强度,并且不会造成危险效应,如对危险货物起催化反应或与危险货物起反应。		
(6) 双层玻璃构造的容器,应放在有适当衬垫或吸收材料的外容器内,能够承受正常运输条件下可以遇到的压力和撞击。		
(7) 容器的设计,应在运输过程中保持直立状态,即容器底座较小的横向尺寸应大于满载后的重心高度,或将其安置在平衡环上。		

续上表

P203	包 装 指 南	P203

(8) 容器的开口应安装能够使气体外逸的装置,防止任何液体溅出,并妥善安装,保证在运输过程中不脱落。
(9) 敞开式深冷容器应带有以下永久性标记,如印戳、镌刻或蚀刻:
　　—制造商名称和地址;
　　—型号或名称;
　　—序列号或批号;
　　—容器准备盛装气体的 UN 编号和正式运输名称;
　　—以 L 表示的容器容量。

P204	包 装 指 南	P204

(删除)

P205	包 装 指 南	P205

本指南适用于 UN3468。
(1) 金属氢储存系统应符合特殊包装规定中的 4.1.6。
(2) 本包装指南,只包括水容量不超过 150L、最大升温压力不超过 25kPa 的压力容器。
(3) 符合 6.2 章充装气体的压力容器制造和试验要求的金属氢储存系统,只能用于氢的运输。
(4) 在使用钢制压力容器或带钢衬里的复合压力容器时,只能使用根据 6.2.2.9.2(j)带有"H"标记的压力容器。
(5) 金属氢储存系统应符合 ISO 16111:2008 对可运输的金属氢储存系统规定的维护条件、设计标准、额定容量、类型试验、批量试验、例行试验、试验压力、额定充装压力,和对减压装置的规定,并根据 6.2.2.5 评估是否符合规定及是否给予批准。
(6) 金属氢储存系统充装氢时的压力不得超过按 ISO 16111:2008 规定、在系统的永久标记上显示的额定充装压力。
(7) 金属氢储存系统的定期试验要求,应按 ISO 16111:2008 的规定,根据 6.2.2.6 进行,定期检查的间隔不得超过 5 年。

P206	包 装 指 南	P206

本指南适用于 UN 3500,3501,3502,3503,3504 和 3505。
除非在 ADR 中另有说明,允许使用符合 6.2 章有关要求的气瓶和压力桶。
(1) 应满足 4.1.6 的一般包装要求。
(2) 定期检查的试验间隔期最长为 5 年。
(3) 气瓶和压力桶的充装,要求在 50℃时非气相部分不得超过其水容量的 95%,在 60℃时不得全部充满。充装后,在 65℃条件下的内部压力不得超过气瓶和压力桶的试验压力。蒸气压力和所有物质在气瓶和压力桶内的体积膨胀也应考虑在内。
(4) 推进剂的最低试验压力应按 P200 的规定,但不得低于 2MPa(20bar)。

附加要求:
气瓶和压力桶在提交运输时,不得连接喷洒设备,如软管和杆的组件。

特殊包装规定:
PP89　对于 UN 3501,3502,3503,3504 或 3505,可不考虑 4.1.6.9(b)的规定,使用不可再充装的气瓶,其水容量以 L 表示,不得超过 1000L 除以试验压力(bar)之商,但制造标准的容量和压力限制应符合 ISO 11118:1999,该标准的限制为最大容量 50L。

P207	包 装 指 南	P207

本指南适用于 UN 1950。
允许使用下列容器,但须符合 4.1.1 和 4.1.3 的一般规定:
(a) 桶(1A1,1A2,1B1,1B2,1N1,1N2,1H1,1H2,1D,1G);
　　箱(4A,4B,4N,4C1,4C2,4D,4F,4G,4H1,4H2)。
　　包装须符合 Ⅱ 类包装的性能水平。
(b) 以下最大净质量的硬质外容器:
　　纤维板　　55kg
　　其他板材　125kg
　　无须符合 4.1.1.3 的规定。
包装的设计和制造,应能够防止在正常运输条件下喷雾器移动和意外释放。

特殊包装规定:
PP87　按特殊规定 327 运输的 UN 1950 的废弃喷雾器,包装应能够保持运输过程中可以外溢的所有自由液体,例如使用吸收材料。包装应充分通风,防止形成易燃环境和压力升高。

对 RID 和 ADR 的特殊包装规定:
RR6　UN1950 整车运输的情况下,金属制品可以如下包装:这些物品应该在托盘上组合成一个单位堆放,并固定在托盘上,用合适的塑料覆盖这些物品。

| P208 | 包 装 指 南 | P208 |

本指南适用于第 2 类吸附气体。

(1) 允许使用下列包装,但应符合 4.1.6.1 的一般规定:6.2 章规定的气瓶,并且符合 ISO 11513:2011 或 ISO 9809-1:2010。
(2) 每一个已充装的气瓶,在20℃时压力应小于101.3kPa,在50℃时小于300kPa。
(3) 气瓶的最小试验压力为2.1MPa(21bar)。
(4) 气瓶的最小爆破压力为9.45(94.5bar)。
(5) 已充装的气瓶,内部压力在65℃时不得超过气瓶的试验压力。
(6) 吸收材料应与气瓶匹配,不能与所吸收的气体形成有害的或危险的化合物。气体与吸收材料结合后不得影响或削弱气瓶,或造成危险反应(如催化反应)。
(7) 每次充装都要对吸收材料的质量进行检查,确保提交运输的吸附气体包件每次均能符合本包装指南对压力和化学稳定性的要求。
(8) 吸收材料无须达到 ADR 任何类或项的标准。
(9) 装有 LC_{50} 小于或等于 $200mL/m^3$(ppm)(见表1)毒性物质的气瓶和封闭装置,应符合以下要求:
 (a) 阀门出口应配备能够保持压力的气密塞或带螺纹的盖,螺纹与阀门出口的螺纹相吻合;
 (b) 每个阀门应是带有无穿孔隔膜的无衬垫型号,或者是能防止通过衬垫渗漏的型号;
 (c) 每个气瓶和封闭装置应在装货后进行渗漏试验;
 (d) 每个阀门都应能承受气瓶的试验压力,并以锥形螺纹或其他满足 ISO 10692-2:2001 要求的方式直接通到气瓶;
 (e) 气瓶和阀门不得配备减压装置。
(10) 充装发火气体的气瓶阀门,应配备与阀门口螺纹匹配的气密塞或盖。
(11) 充装程序应根据 ISO 11513:2011 的附件 A。
(12) 定期检查的间隔时间最多为5年。
(13) 针对某一物质的特殊包装规定(见表1)

材料相容性
a:不得使用铝合金气瓶。
d:使用钢气瓶时,只能使用符合 6.2.2.7.4(p)、贴有"H"标记的气瓶。
气体的特殊规定
r:对这种气体的充装限制,应为在发生完全分解时,产生的压力不超过气瓶试验压力的2/3。
未另作规定的吸附气体的材料相容性
z:气瓶及其配件的制造材料应与内装物相容,并且不会与内装物起反应,产生有害或危险化合物。

吸 附 气 体 表1

UN 编号	名称和说明	分类准则	LC_{50} mL/m³	特殊包装规定
3510	吸附气体,易燃,未另作规定的	9F		z
3511	吸附气体,未另作规定的	9A		z
3512	吸附气体,毒性,未另作规定的	9T	≤5000	z
3513	吸附气体,氧化性,未另作规定的	9O		z
3514	吸附气体,毒性,易燃,未另作规定的	9TF	≤5000	z
3515	吸附气体,毒性,氧化性,未另作规定的	9TO	≤5000	z
3516	吸附气体,毒性,腐蚀性,未另作规定的	9TC	≤5000	z
3517	吸附气体,毒性,易燃,腐蚀性,未另作规定的	9TFC	≤5000	z
3518	吸附气体,毒性,氧化性,腐蚀性,未另作规定的	9TOC	≤5000	z
3519	三氟化硼,吸附的	9TC	387	a
3520	氯,吸附的	9TOC	293	a
3521	四氟化硅,吸附的	9TC	450	a
3522	胂,吸附的	9TF	20	d
3523	锗烷,吸附的	9TF	620	d,r
3524	五氟化磷,吸附的	9TC	190	d
3525	磷化氢,吸附的	9TF	20	d
3526	硒化氢,吸附的	9TF	2	d

P209	包 装 指 南	P209
本包装指南适用于 UN 3150 的设备,小型、烃类气体发电设备或注满烃类气体的小型设备。			
(1) 应用时,应满足 4.1.6 特殊包装规定。		
(2) 这些充装的物质应该符合国家规定。		
(3) 设备和充装物外包装应该符合 6.1.4 检验并与 6.1 章 Ⅱ 类包装一致		

P300	包 装 指 南	P300
本指南适用于 UN 3064。		
允许使用下列容器,但须符合 4.1.1 和 4.1.3 的一般规定:由每个容量不超过 1L 的金属罐内容器和所装溶液不超过 5L 的外木箱 (4C1,4C2,4D 或 4F) 组成的组合包装。		
附加要求:		
1. 金属罐应完全由吸收衬垫材料包围。		
2. 整个木箱应用不会渗透水和硝化甘油的适当材料作内衬。		

P301	包 装 指 南	P301
本指南适用于 UN 3165。		
允许使用下列包装,但须符合 4.1.1 和 4.1.3 的一般规定:		
(1) 用管材制成并有焊接端头的铝压力容器。		
这种容器内盛装燃料的主要装置是一个焊接的铝制内胆,最大内容积 46L。外容器的最小设计表压应达到 1275kPa,最小爆裂表压 2755 kPa。		
每个容器应在制造过程中和在派送前作泄漏检验,检验结果不得有任何泄漏。整个内容器装置应牢固地装在密封的坚固金属外容器中,用蛭石等非易燃缓冲材料包装,能够充分保护所有配件。每个装置和包件所充装的燃料最多 42L。		
(2) 铝压力容器		
这种容器内盛装燃料的主要装置是一个带弹性胆囊的焊接气密燃料隔舱,胆囊的最大内容积 46L。		
压力容器的最小设计表压为 2860kPa,最小爆破表压 5170kPa。		
每个容器在制造过程中和在派送前都应作泄漏检验,并且应牢固地装在密封的坚固金属外容器中,用蛭石等非易燃缓冲材料包装,能够充分保护所有配件。每个装置和包件所装的燃料最多 42L。		

P302	包 装 指 南	P302
本指南适用于 UN 3269。		
允许使用下列包装,但须符合 4.1.1 和 4.1.3 的一般规定:		
外包装		
桶(1A1,1A2,1B1,1B2,1N1,1N2,1H1,1H2,1D,1G);		
箱(4A,4B,4N,4C1,4C2,4D,4F,4G,4H1,4H2);		
罐(3A1,3A2,3B1,3B2,3H1,3H2);		
内包装		
活化剂(有机过氧化物)如为液体,每个内包装的最大充装量为 125mL,如为固体,每个内包装的最大充装量为 500g。		
基料和活化剂应分开单独包装在内包装中。		
各部分可放在同一外包装中,条件是在万一发生泄漏时彼此之间不会发生危险的反应。		
包装应按对基料适用的第 3 类标准,达到 Ⅱ 或 Ⅲ 类包装类别的性能水平。		

P400	包 装 指 南	P400
允许使用下列包装,但须符合 4.1.1 和 4.1.3 的一般规定:		
(1) 压力容器,但须符合 4.1.3.6 的一般规定。它们应用钢制造,并且在压力不小于 1MPa(10bar,表压)的条件下进行首次试验和每隔 10 年进行定期试验。在运输过程中,液体应在表压不小于 20kPa(0.2bar) 的一层惰性气体覆盖下。		
(2) 箱(4A,4B,4N,4C1,4C2,4D,4F 或 4G)、桶(1A1,1A2,1B1,1B2,1N1,1N2,1D 或 1G) 或罐(3A1,3A2,3B1 或 3B2),内装每个容量不大于 1L 的带玻璃或金属内包装的密封金属盒,有带垫圈的螺纹封闭装置。内包装四周应有数量足以吸收全部内装物的干的非易燃吸收性材料作衬垫。内包装的充装度不得超过其容量的 90%。外包装应有 125kg 的最大净质量。		
(3) 钢、铝或金属桶(1A1,1A2,1B1,1B2,1N1 或 1N2)、罐(3A1,3A2,3B1 或 3B2) 或箱(4A,4B 或 4N) 最大净质量 150kg,内装容量不大于 4L 的密封金属盒,有带垫圈的螺纹封闭装置。内包装四周应有数量足以吸收全部内装物的干燥的非易燃吸收性材料作衬垫。每层内容器除了衬垫材料外应用分隔板隔开。内包装的充装度不得超过其容量的 90%。		
特殊包装规定:		
PP86 对于 UN 3392 和 3394,用氮或其他办法将空气从蒸发空间清除。		

P401	包装指南	P401

允许使用下列包装,但须符合 4.1.1 和 4.1.3 的一般规定:
(1) 压力容器,但须符合 4.1.3.6 的一般规定。它们应用钢制造,并且在压力不小于 0.6MPa(6bar,表压)的条件下进行首次试验和每隔 10 年进行定期试验。在运输过程中,液体应在表压不小于 20kPa(0.2bar)的一层惰性气体覆盖下。
(2) 组合包装:
  外包装:
    桶(1A1,1A2,1B1,1B2,1N1,1N2,1H1,1H2,1D,1G);
    箱(4A,4B,4N,4C1,4C2,4D,4F,4G,4H1,4H2);
    罐(3A1,3A2,3B1,3B2,3H1,3H2)。
  内包装:
    有螺纹封闭装置的玻璃、金属或塑料内包装,最大容量1L。
    每个内包装都应用惰性衬垫和吸收材料包裹,其数量足以吸收全部内装物。
    每个外包装的最大净质量不超过 30kg。

对 RID 和 ADR 的特殊包装规定:
RR7　对于 UN 1183,1242,1295 和 2988,压力容器每 5 年需检验。

P402	包装指南	P402

允许使用下列包装,但须符合 4.1.1 和 4.1.3 的一般规定:
(1) 可以使用压力容器,但须符合 4.1.3.6 的一般规定。它们应用钢制造,并且在压力不小于 0.6MPa(6bar,表压)的条件下进行首次试验和每隔 10 年进行定期试验。在运输过程中,液体应在表压不小于 20kPa(0.2bar)的一层惰性气体覆盖下。
(2) 组合包装:
  外包装:
    桶(1A1,1A2,1B1,1B2,1N1,1N2,1H1,1H2,1D,1G);
    箱(4A,4B,4N,4C1,4C2,4D,4F,4G,4H1,4H2);
    罐(3A1,3A2,3B1,3B2,3H1,3H2)。
  最大净质量如下的内包装:
    玻璃　　　　　　　10kg
    金属或塑料　　　　15kg
  每个内包装都应装有带螺纹的封口。
  每个内包装都应用惰性衬垫和吸收材料包裹,其数量足以吸收全部内装物。
  每个外包装的最大净质量不超过 125kg。
(3) 最大容量 250L 的钢桶(1A1)。
(4) 复合包装,由放在钢或铝桶中的塑料容器组成(6HA1 或 6HB1),最大容量 250L。

对 RID 和 ADR 的特殊包装规定:
RR4　对于 UN 3130,容器的开口应该有两道密封,其中每一个都应用螺钉或者其他相似方式拧紧。
RR7　对于 UN 3129,压力容器每 5 年需检验。
RR8　对于 UN 1389,1391,1411,1421,1928,3129,3130,3148 和 3482,压力容器应通过初始检查,并且后续需定期检查,检查压力应不小于 1MPa(10bar)。

P403	包 装 指 南	P403

允许使用下列包装,但须符合4.1.1和4.1.3的一般规定:

组 合 包 装		最大净质量
内 包 装	外 包 装	
玻璃 2kg 塑料 15kg 金属 20kg 内包装应密封 (如用胶带或螺纹封闭装置)	桶	
	钢(1A1,1A2)	400kg
	铝(1B1,1B2)	400kg
	其他金属(1N1,1N2)	400kg
	塑料(1H1,1H2)	400kg
	胶合板(1D)	400kg
	纤维质(1G)	400kg
	箱	
	钢(4A)	400kg
	铝(4B)	400kg
	其他金属(4N)	400kg
	天然木(4C1)	250kg
	天然木,箱壁防筛漏(4C2)	250kg
	胶合板(4D)	250kg
	再生木(4F)	125kg
	纤维板(4G)	125kg
	泡沫塑料(4H1)	60kg
	硬塑料(4H2)	250kg
	罐	
	钢(3A1,3A2)	120kg
	铝(3B1,3B2)	120kg
	塑料(3H1,3H2)	120kg
单 一 包 装		
桶 钢(1A1,1A2)		250kg
铝(1B1,1B2)		250kg
钢或铝以外的金属(1N1,1N2)		250kg
塑料(1H1,1H2)		250kg
罐 钢(3A1,3A2)		120kg
铝(3B1,3B2)		120kg
塑料(3H1,3H2)		120kg
复合包装 塑料容器在钢或铝桶中(6HA1 或 6HB1)		250kg
塑料容器在纤维质、塑料或胶合板桶中(6HG1,6HH1 或 6HD1)		75kg
塑料容器在钢、铝、木质、胶合板、纤维板或硬塑料箱中(6HA2,6HB2,6HC,6HD2,6HG2 或 6HH2)		75kg
压力容器应符合4.1.3.6的一般规定。		
附加要求: 包装应密封。		
特殊包装规定: PP83 对于 UN 2813,为防止温度升高,运输包装可使用防水袋,袋内盛装的物质不超过20g。每个防水袋应放在一个塑料袋中,密封后放入中间包装。外包装中充装的物质不得超过400g。包装中不得装入可能会与遇水反应物质发生反应的水或液体。		

P404	包 装 指 南	P404
本指南适用于发火固体:UN 1383,1854,1855,2008,2441,2545,2546,2846,2881,3200,3391 和 3393。		
允许使用下列包装,但须符合 4.1.1 和 4.1.3 的一般规定: (1) 组合包装 　　外包装：（1A1,1A2,1B1,1B2,1N1,1N2,1H1,1H2,1D,1G,4A,4B,4N,4C1,4C2,4D,4F,4G 或 4H2） 　　内包装： 单个最大净质量 15kg 的金属容器。内包装应密封并有螺纹封闭装置。 　　　　　　单个最大净质量 1kg 的玻璃容器,有带垫圈的螺纹封闭装置,四周加衬垫,放在密封的金属盒内。 所有外包装的最大总质量为 125kg。 (2) 金属包装:(1A1,1A2,1B1,1N1,1N2,3A1,3A2,3B1 和 3B2)。最大总质量:150kg (3) 复合包装:塑料容器放在钢或铝桶中(6HA1 或 6HB1),最大总质量:150kg 压力容器,但须符合 4.1.3.6 的一般规定。		
特殊包装规定: PP86　对于 UN 3391 和 3393,应用氮或其他办法清除蒸发空间中的空气。		

P405	包 装 指 南	P405
本指南适用于 UN 1381。		
允许使用下列包装,但须符合 4.1.1 和 4.1.3 的一般规定: (1) 对于 UN 1381,湿磷 　　（a） 组合包装 　　　　外包装:(4A,4B,4N,4C1,4C2,4D 或 4F);最大净质量:75kg。 　　　　内包装： 　　　　（ⅰ） 密封的金属盒,最大净质量 15kg;或 　　　　（ⅱ） 四周有数量足以吸收全部内装物的干的非易燃吸收性材料作衬垫的玻璃内包装,最大净质量 2kg;或 　　（b） 桶(1A1,1A2,1B1,1B2,1N1 或 1N2);最大净质量:400kg。 　　　　罐(3A1 或 3B1);最大净质量:120kg。 　　这些包装应能够通过 6.1.5.4 规定的 Ⅱ 类包装性能水平的密封性试验。 (2) 对于 UN 1381,干磷 　　（a） 熔凝状态,桶(1A2,1B2 或 1N2),最大净质量 400kg;或 　　（b） 按主管机关的规定装在运输时无第 1 类成分的射弹或硬壳物品中。		

P406	包 装 指 南	P406
允许使用下列包装,但须符合 4.1.1 和 4.1.3 的一般规定: (1) 组合包装 　　外包装:(4C1,4C2,4D,4F,4G,4H1,4H2,1G,1D,1H1,1H2,3H1 或 3H2); 　　内包装:防水包装。 (2) 内有防水袋、塑料膜衬里或防水涂层的塑料、胶合板或纤维板桶(1H2,1D 或 1G)或箱(4A,4B,4N,4C1,4D,4F,4C2,4G 和 4H2)。 (3) 金属桶(1A1,1A2,1B1,1B2,1N1 或 1N2),塑料桶(1H1 或 1H2),金属罐(3A1,3A2,3B1 或 3B2),塑料罐(3H1 或 3H2),塑料容器在钢或铝桶中(6HA1 或 6HB1),塑料容器在纤维质、塑料或胶合板桶中(6HG1,6HH1 或 6HD1),塑料容器在钢、铝、木质、胶合板、纤维板或硬塑料箱中(6HA2,6HB2,6HC,6HD2,6HG2 或 6HH2)。		
附加要求: 1. 包装的设计和构造应能防止水或酒精含量或减敏剂含量的减损。 2. 包装的构造和封闭方式应能避免爆炸性超压或压力上升超过 300kPa(3bar)。		
特殊包装规定: PP24　UN 2852,3364,3365,3366,3367,3368 和 3369 装运数量不得超过每件 500g。 PP25　UN 1347 装运数量不得超过每件 15kg。 PP26　对于 UN 1310,1320,1321,1322,1344,1347,1348,1349,1517,2907,3317 和 3376,包装应是无铅的。 PP48　对于 UN 3474,不得使用金属包装。 PP78　UN 3370 装运数量不得超过每件 11.5kg。 PP80　对于 UN 2907,包装须符合 Ⅱ 类包装性能水平。不得使用符合 Ⅰ 类包装试验标准的包装。		

P407	包 装 指 南	P407

本指南适用于 UN 1331,1944,1945 和 2254。

允许使用下列包装,但须符合 4.1.1 和 4.1.3 的一般规定:

外包装:
    桶(1A1,1A2,1B1,1B2,1N1,1N2,1H1,1H2,1D,1G);
    箱(4A,4B,4N,4C1,4C2,4D,4F,4G,4H1,4H2);
    罐(3A1,3A2,3B1,3B2,3H1,3H2)。

内包装:
    火柴应放在安全、紧密封装的内包装中,防止在正常运输条件下意外点燃。

包件的最大毛重不得超过 45kg,但纤维板箱不得超过 30kg。

包装须符合Ⅲ类包装的性能水平。

特殊包装规定:

  PP27 UN 1331,可随处划燃火柴不得与安全火柴或维斯塔蜡火柴以外的任何其他危险货物装在同一外包装内,后两种火柴应装在另外的内包装中。内包装所装的可随处划燃火柴不得超过 700 根。

P408	包 装 指 南	P408

本指南适用于 UN 3292。

允许使用下列包装,但须符合 4.1.1 和 4.1.3 的一般规定:

(1) 电池:
    桶(1A2,1B2,1N2,1H2,1D,1G);
    箱(4A,4B,4N,4C1,4C2,4D,4F,4G,4H1,4H2);
    罐(3A2,3B2,3H2)。

应有足够的衬垫材料,防止电池之间互相接触和电池与外包装内表面之间互相接触,确保在运输中电池不会在外包装内移动,造成危险。

包装须符合Ⅱ类包装的性能水平。

(2) 电池组可以不加包装运输,或放在保护性外壳(例如完全封闭的或木条制的板条箱)中运输。电极不得支承其他电池组的质量,或与电池组装在一起的其他材料的质量。

包装无须满足 4.1.1.3 的要求。

附加要求:

电池和电池组应装有防短路的保护装置,采取的绝缘措施应能够防止短路。

P409	包 装 指 南	P409

本指南适用于 UN 2956,3242 和 3251。

允许使用下列包装,但须符合 4.1.1 和 4.1.3 的一般规定:

(1) 纤维质桶(1G)可配备衬里或涂层;最大净质量 50kg。
(2) 组合包装:内装单个塑料袋的纤维板箱(4G);最大净质量 50kg。
(3) 组合包装:有每个最多装 5kg 的塑料内包装的纤维板箱(4G)或纤维质桶(1G);最大净质量 25kg。

P410	包 装 指 南	P410

允许使用下列包装,但须符合 4.1.1 和 4.1.3 的一般规定:

组 合 包 装		最 大 净 重	
内 包 装	外 包 装	Ⅱ类包装	Ⅲ类包装
	桶		
玻璃 10kg	钢(1A1,1A2)	400kg	400kg
塑料[a] 30kg	铝(1B1,1B2)	400kg	400kg
金属 40kg	其他金属(1N1,1N2)	400kg	400kg
纸[a,b] 10kg	塑料(1H1,1H2)	400kg	400kg
纤维质[a,b] 10kg	胶合板(1D)	400kg	400kg
	纤维质(1G)[a]	400kg	400kg

续上表

P410	包装指南		P410
组 合 包 装		最 大 净 重	
内 包 装	外 包 装	Ⅱ类包装	Ⅲ类包装
	箱		
	钢(4A)	400kg	400kg
	铝(4B)	400kg	400kg
	其他金属(4N)	400kg	400kg
	天然木(4C1)	400kg	400kg
	天然木,箱壁防筛漏(4C2)	400kg	400kg
	胶合板(4D)	400kg	400kg
	再生木(4F)	400kg	400kg
	纤维板(4G)[a]	400kg	400kg
	泡沫塑料(4H1)	60kg	60kg
	硬塑料(4H2)	400kg	400kg
	罐		
	钢(3A1,3A2)	120kg	120kg
	铝(3B1,3B2)	120kg	120kg
	塑料(3H1,3H2)	120kg	120kg
单 一 包 装			
桶 钢(1A1 或 1A2)		400kg	400kg
铝(1B1 或 1B2)		400kg	400kg
钢或铝以外的金属(1N1 或 1N2)		400kg	400kg
塑料(1H1 或 1H2)		400kg	400kg
罐			
钢(3A1 或 3A2)		120kg	120kg
铝(3B1 或 3B2)		120kg	120kg
塑料(3H1 或 3H2)		120kg	120kg
箱			
钢(4A)[c]		400kg	400kg
铝(4B)[c]		400kg	400kg
其他金属(4N)[c]		400kg	400kg
天然木(4C1)[c]		400kg	400kg
胶合板(4D)[c]		400kg	400kg
再生木(4F)[c]		400kg	400kg
天然木,箱壁防筛漏(4C2)[c]		400kg	400kg
纤维板(4G)[c]		400kg	400kg
硬塑料(4H2)[c]		400kg	400kg
袋 袋(5H3,5H4,5L3,5M2)[c,d]		50kg	50kg

[a] 包装应防筛漏。
[b] 如果装运的物质在运输过程中可以变成液体,不得使用这些内包装。
[c] 这些包装不得用于充装运输过程中可以变成液体的物质
[d] 这些包装仅能用于封闭式车辆或容器运输Ⅱ类包装物质。

续上表

P410	包 装 指 南		P410
	组 合 包 装	最 大 净 重	
		Ⅰ类包装	Ⅱ类包装
	塑料容器在钢、铝、纤维质、塑料或胶合板桶中(6HA1,HB1, 6HG1,6HD1,6HH1)	400kg	400kg
	塑料容器在钢、铝、木质、胶合板、纤维板或硬塑料箱中(6HA2, 6HB2,6HC,6HD2,6HG2 或 6HH2)	75kg	75kg
	玻璃容器在钢、铝、纤维质或胶合板桶中(6PA1,6PB1,6PD1 或 6PG1),或在钢、铝、木质或纤维板箱、柳条篮中(6PA2,6PB2,6PC, 6PD2,或 6PG2),或在硬塑料或泡沫塑料包装中(6PH1 或 6PH2)	75kg	75kg

压力包装,但须符合 4.1.3.6 的一般规定。

特殊包装规定:
PP39 对于 UN 1378,金属包装必须要有通风设备。
PP40 对于 UN 1326,1352,1358,1395,1396,1436,1437,1871,2805,和 3182 不得使用袋子用于Ⅰ类包装。
PP83 对于 UN 2813,为防止温度升高而采用内装不超过 20g 物质的防水袋,可做包装运输。每个防水袋应装入一个塑料袋中密封后,再放入一个中间包装,外包装的容量不得超过 400g 物质。包装中不得装入可能会与遇水反应物质发生反应的水或液体。

P411	包 装 指 南	P411

本指南适用于 UN 3270。

允许使用下列包装,但须符合 4.1.1 和 4.1.3 的一般规定:
  桶(1A1,1B2,1N2,1H2,1D,1G);
  箱(4A,4B,4C1,4C2,4D,4F,4G,4H1,4H2);
  罐(3A2,3B2,3H2)。
条件是不得因内部压力增加而有可以发生爆炸。
最大净质量不得超过 30kg。

P500	包 装 指 南	P500

本指南适用于 UN 3356。

允许使用下列包装,但须符合 4.1.1 和 4.1.3 的一般规定:
  桶(1A2,1B2,1N2,1H2,1D,1G);
  箱(4A,4B,4N,4C1,4C2,4D,4F,4G,4H1,4H2);
  罐(3A2,3B2,3H2)。
包装须符合Ⅱ类包装的性能水平。
装运发生器的包件,在包件中有一个发生器开动时应满足下列要求:
(a) 包件中的其他发生器不会开动;
(b) 包装材料不会点燃;和
(c) 整个包件的外表面温度不超过 100℃。

P501	包 装 指 南		P501

本指南适用于 UN 2015。

允许使用下列包装,但须符合 4.1.1 和 4.1.3 的一般规定:

	组 合 包 装	内包装最大容量	外包装最大容量
(1)	箱(4A,4B,4N,4C1,4C2,4D,4H2)或桶(1A1,1A2,1B1, 1B2,1N1,1N2,1H1,1H2,1D)或罐(3A1,3A2,3B1,3B2, 3H1,3H2),带玻璃、塑料或金属内包装	5L	125kg
(2)	纤维板箱(4G)或纤维质桶(1G),每个都装在塑料袋中的塑料或金属内包装	2L	50kg

续上表

P501	包 装 指 南	P501
单 一 包 装		最大容量
桶 钢(1A1) 铝(1B1) 钢或铝以外的金属(1N1) 塑料(1H1)		250L
罐 钢(3A1) 铝(3B1) 塑料(3H1)		60L
复合包装 塑料容器在钢或铝桶中(6HA1,6HB1) 塑料容器在纤维质、塑料或胶合板桶中(6HG1,6HH1,6HD1) 塑料容器在钢、铝、木质、胶合板、纤维板或硬塑料箱中(6HA2,6HB2,6HC,6HD2,6HG2,或6HH2) 玻璃容器在钢、铝、纤维质或胶合板桶中(6PA1,6PB1,6PD1或6PG1),或在钢、铝、木质或纤维板箱、柳条篮中(6PA2,6PB2,6PC,6PG2或6PD2),或在硬塑料或泡沫塑料包装中(6PH1或6PH2)。		250L 250L 60L 60L
附加要求： 1. 包装最大装到包装的90%。 2. 包装应有排气孔。		

P502	包 装 指 南		P502
允许使用下列包装,但须符合4.1.1和4.1.3的一般规定。			
组 合 包 装			最大净质量
内 包 装	外 包 装		
玻璃 5L 金属 5L 塑料 5L	桶 　　钢(1A1,1A2) 　　铝(1B1,1B2) 　　其他金属(1N1,1N2) 　　胶合板(1D) 　　纤维质(1G) 　　塑料(1H1,1H2) 箱 　　钢(4A) 　　铝(4B) 　　其他金属(4N) 　　天然木(4C1) 　　天然木、箱壁防筛漏(4C2) 　　胶合板(4D) 　　再生木(4F) 　　纤维板(4G) 　　泡沫塑料(4H1) 　　硬塑料(4H2)		125kg 125kg 125kg 125kg 125kg 125kg 125kg 125kg 125kg 125kg 125kg 125kg 125kg 125kg 60kg 125kg

续上表

P502	包 装 指 南	P502
单 一 包 装		最大容量
桶 　　钢(1A1) 　　铝(1B1) 　　塑料(1H1)		250L
罐 　　钢(3A1) 　　铝(3B1) 　　塑料(3H1)		60L
复合包装 　塑料容器在钢或铝桶中(6HA1,6HB1) 　塑料容器在纤维质、塑料或胶合板桶中(6HG1,6HH1,6HD1) 　塑料容器在钢、铝、木质、胶合板、纤维板或硬塑料箱中(6HA2,6HB2,6HC,6HD2,6HG2 　或6HH2) 　玻璃容器在钢、铝、纤维质或胶合板桶中(6PA1,6PB1,6PD1 或 6PG1),或在钢、铝、木质 　或纤维板箱、柳条箱中(6PA2,6PB2,6PC,6PG2 或 6PD2),或在硬塑料或泡沫塑料包装中 　(6PH1 或 6PH2)		250L 250L 60L 60L
特殊包装规定: PP28　对于 UN 1873,组合包装只允许使用玻璃内包装,复合包装只允许使用玻璃内容器。		

P503	包 装 指 南		P503
允许使用下列包装,但须符合4.1.1 和 4.1.3 的一般规定。			
组 合 包 装			
内 包 装	外 包 装		最大净质量
玻璃　5kg 金属　5kg 塑料　5kg	桶 　钢(1A1,1A2) 　铝(1B1,1B2) 　其他金属(1N1,1N2) 　胶合板(1D) 　纤维质(1G) 　塑料(1H1,1H2)		125kg 125kg 125kg 125kg 125kg 125kg
	箱 　钢(4A) 　铝(4B) 　其他金属(4N) 　天然木(4C1) 　天然木、箱壁防筛漏(4C2) 　胶合板(4D) 　再生木(4F) 　纤维板(4G) 　泡沫塑料(4H1) 　硬塑料(4H2)		125kg 125kg 125kg 125kg 125kg 125kg 125kg 40kg 60kg 125kg
单 一 包 装			
金属桶(1A1,1A2,1B1,1B2,1N1 或 1N2),最大净重250kg。 纤维板(1G)或胶合板桶(1D),配有内衬里,最大净重200kg。			

P504	包 装 指 南	P504
允许使用下列包装,但须符合4.1.1和4.1.3的一般规定。		
组合包装		最大净质量
(1) 外包装为1A1,1A2,1B1,1B2,1N1,1N2,1H1,1H2,1D,1G,4A,4B,4N,4C1,4C2,4D,4F,4G,4H2的玻璃容器,最大容量为5L		75kg
(2) 外包装为1A1,1A2,1B1,1B2,1N1,1N2,1H1,1H2,1D,1G,4A,4B,4N,4C1,4C2,4D,4F,4G,4H2的塑料容器,最大容量为30L		75kg
(3) 外包装为1G,4F或4G的金属容器,最大容量为40L		125kg
(4) 外包装为1A1,1A2,1B1,1B2,1N1,1N2,1H1,1H2,1D,4A,4B,4N,4C1,4C2,4D,4H2的金属容器,最大容量为40L		225kg
单 一 包 装		最大容量
桶		
钢,不可拆卸桶顶(1A1)		250L
钢,可拆卸桶顶(1A2)		250L
铝,不可拆卸桶顶(1B1)		250L
铝,可拆卸桶顶(1B2)		250L
钢或铝以外的金属,不可拆卸桶顶(1N1)		250L
钢或铝以外的金属,可拆卸桶顶(1N2)		250L
塑料,不可拆卸桶顶(1H1)		250L
塑料,可拆卸桶顶(1H2)		250L
罐		
钢,不可拆卸罐顶(3A1)		60L
钢,可拆卸罐顶(3A2)		60L
铝,不可拆卸罐顶(3B1)		60L
铝,可拆卸罐顶(3B2)		60L
塑料,不可拆卸罐顶(3H1)		60L
塑料,可拆卸罐顶(3H2)		60L
复合包装		
塑料容器在钢或铝桶中(6HA1,6HB1,)		250L
塑料容器在纤维质、塑料或胶合板桶中(6HG1,6HH1,6HD1)		120L
塑料容器在钢、铝、木质、胶合板、纤维板或硬塑料箱中(6HA2,6HB2,6HC,6HD2,6HG2或6HH2)		60L
玻璃容器在钢、铝、纤维质或胶合板桶中(6PA1,6PB1,6PD1或6PG1),或在钢、铝、木质或纤维板箱、柳条篮中(6PA2,6PB2,6PC,6PG2或6PD2),或在硬塑料或泡沫塑料包装中(6PH1或6PH2)		60L
特殊包装规定:		
PP10 对于UN 2014,2984和3149,包装应带通气阀门。		

P505	包 装 指 南		P505
本指南适用于UN 3375。			
允许使用下列包装,但须符合4.1.1和4.1.3的一般规定。			
组合包装		内包装最大容量	外包装最大容量
箱(4B,4C1,4C2,4D,4G,4H2)或桶(1B2,1G,1N2,1H2,1D)或罐(3B2,3H2),带玻璃、塑料或金属内包装		5L	125kg
单 一 包 装		最大容量	
桶			
铝(1B1,1B2)		250L	
塑料(1H1,1H2)		250L	
罐			
铝(3B1,3B2)		60L	
塑料(3H1,3H2)		60L	
复合包装			
塑料容器在铝桶中(6HB1)		250L	
塑料容器在纤维质、塑料或胶合板桶中(6HG1,6HH1,6HD1)		250L	
塑料容器在铝板条箱或箱中,或塑料容器在木质、胶合板、纤维板或硬塑料箱中(6HB2,6HC,6HD2,6HG2或6HH2)		60L	
玻璃容器在钢、纤维质或胶合板桶中(6PB1,6PG1,6PD1),或在硬塑料或泡沫塑料容器中(6PH1或6PH2),在铝板条箱或箱中,或在木质或纤维板箱、柳条箱中(6PB2,6PC,6PG2或6PD2)		60L	

P520	包 装 指 南	P520

本指南适用于第5.2类有机过氧化物和第4.1类自反应物质

允许使用下列包装,但须符合4.1.1和4.1.3的一般规定和4.1.7的特殊规定。

包装方法用OP1～OP8表示。每个现已划定的有机过氧化物和自反应物质适用的包装方法列在2.2.41.4和2.2.52.4中。为每种包装方法规定的数量,是每个包件允许充装的最大数量。允许使用下列包装:

(1) 外包装包括箱(4A,4B,4N,4C1,4C2,4D,4F,4G,4H1和4H2)、桶(1A1,1A2,1B1,1B2,1G,1H1,1H2和1D)和罐(3A1,3A2,3B1,3B2,3H1和3H2)的组合包装;

(2) 包括桶(1A1,1A2,1B1,1B2,1G,1H1,1H2和1D)和罐(3A1,3A2,3B1,3B2,3H1和3H2)的单包装;

(3) 带塑料内包装的复合包装(6HA1,6HA2,6HB1,6HB2,6HC,6HD1,6HD2,6HG1,6HG2,6HH1和6HH2)。

包装方法 OP1 至 OP8 每个包装/包件[a]的最大充装量								
最大充装量 \ 包装方法	OP1	OP2[a]	OP3	OP4[a]	OP5	OP6	OP7	OP8
装固体和组合包装(装液体和固体)的最大质量(kg)	0.5	0.5/10	5	5/25	25	50	50	400[b]
装液体的最大容量[c](L)	0.5	—	5	—	30	60	60	225[d]

[a] 如果有两个数值,第一个数值适用于每个内包装的最大净重,第二个数值适用于整个包件的最大净质量。

[b] 罐为60kg/箱为200kg,在带有外包装的组合包装中,固体为400kg,组合包装由箱(4C1,4C2,4F,4G,4H1和4H2)和塑料或纤维质内包装类别成,最大净质量25kg。

[c] 黏性液体如不符合1.2.1所载的"液体"定义中规定的标准,应作为固体处理。

[d] 罐为60L。

附加要求:
1. 金属包装,包括组合包装的内包装和组合包装或复合包装的外包装,只能用于包装方法OP7和OP8。
2. 在组合包装中,玻璃容器只能作为内包装用,充装固体最大容量0.5kg,液体0.5L。
3. 组合包装中使用的衬垫材料应不是易燃物。
4. 需要贴"爆炸品"次要危险性标志(1号式样,见5.2.2.2.2)的有机过氧化物或自反应物质的包装也应符合4.1.5.10和4.1.5.11所载的规定。

特殊包装规定:

PP21 对于某些B型或C型自反应物质,如UN 3221,3222,3223,3224,3231,3232,3233和UN3234,应使用比包装方法OP5或OP6分别允许的更小的包装(见4.1.7和2.2.41.4)。

PP22 UN 3241,2-溴-2-硝基丙烷-1,3-二醇,应按照包装方法OP6包装。

P600	包 装 指 南	P600

本指南适用于UN 1700,2016和2017。

允许使用下列包装,但须符合4.1.1和4.1.3的一般规定:

外包装:(1A1,1A2,1B1,1B2,1N1,1N2,1H1,1H2,1D,1G,4A,4B,4N,4C1,4C2,4D,4F,4G,4H2),符合Ⅱ类包装的性能水平。物品应单独包装,并用分隔板、内包装或衬垫材料互相隔开,以防在正常运输条件下意外漏出。

最大净质量:75kg。

P601	包 装 指 南	P601

允许使用下列包装,但须符合4.1.1和4.1.3的一般规定,并且包装是密封的:

(1) 最大总重15kg的组合包装,其构成如下:
—— 一个或多个玻璃内包装,每个最大净容量1L,充装度不超过其容量的90%;其封闭装置可采用任何方法机械地固定,能够防止在运输过程中因撞击或振动而倒转或松动,每个内包装
—— 与足以吸收玻璃内包装全部内装物的衬垫和吸收材料一起放在金属容器内,再装入
—— 1A1,1A2,1B1,1B2,1N1,1N2,1H1,1H2,1D,1G,4A,4B,4N,4C1,4C2,4D,4F,4G或4H2外包装。

续上表

P601	包 装 指 南	P601

(2) 组合包装：由容量不超过5L的金属或塑料组成，用足以吸收全部内装物的吸收材料和惰性衬垫材料包装，再装入1A1,1A2, 1B1,1B2,1N1,1N2,1H1,1H2,1D,1G,4A,4B,4N,4C1,4C2,4D,4F,4G 或 4H2 等外包装内，最大总质量75kg，内包装的充装度不得超过其容量的90%。每个内包装的封闭装置，应用任何能够防止封闭装置因运输过程中的撞击或振动而倒转或松动的装置机械地固定住。

(3) 包装包括：

外包装

钢桶或塑料桶(1A1,1A2,1H1 或 1H2)，按6.1.5的试验要求经过试验，试验质量相当于组装好的包件质量，或为准备加装内包装的包装，或为准备充装固体或液体的单一包装，并做出相应标记。

内包装

桶和复合包装(1A1,1B1,1N1,1H1 和 6HA1)，符合6.1适用于单包装的要求，并符合下述条件：

(a) 液压试验应在至少0.3MPa(表压)的压力下进行；

(b) 设计和生产密封性试验应在30kPa(表压)的试验压力下进行；

(c) 应用惰性缓冲衬垫材料围着包装的四周把它们同外桶隔离；

(d) 其容量不得超过125L；

(e) 封闭装置应是如下的螺旋帽型：

 (ⅰ) 用任何能够防止封闭装置因运输过程中的撞击或振动而倒转或松动的装置机械地固定；和

 (ⅱ) 配备密封盖。

(f) 外包装和内包装应在不超过两年半的时间间隔内定期按照(b)进行密封性试验；

(g) 主管机关应至少每3年对完整的包装外观满意度进行检查；和

(h) 外包装和内包装应字迹清楚、耐久地标明下述资料：

 (ⅰ) 初次试验和最近一次定期试验和检查的日期(月，年)；

 (ⅱ) 进行试验和检查者的专家的印章。

(4) 压力容器，但须符合4.1.3.6的一般规定。它们应在压力不小于1MPa(10bar,表压)的条件下进行首次试验和每隔10年进行定期试验。压力容器不得配备任何降压装置。装有LC_{50}小于或等于$200mL/m^3$的吸入毒性液体的每个压力容器，应符合下列条件的塞或阀门封闭：

(a) 每个塞或阀门应有直接与压力容器相连的锥形螺纹接头，并且应能够承受压力容器的试验压力而不损坏或泄漏；

(b) 每个阀门应是有无穿孔薄膜的无衬垫型号，但对于腐蚀性物质，阀门可以是有衬垫型号，由垫圈接合固定在阀门壳体或压力容器上的密封帽确保装配的密封性，以防物质通过衬垫材料流失；

(c) 每个阀门出口应用螺纹帽或螺纹实心塞和惰性衬垫材料密封；

(d) 压力容器、阀门、塞、出口帽、封口、密封垫的制造材料应是彼此相容的，并且与内装物相容。

任何部位壁厚小于2.0mm的每个压力容器和没有配备阀门保护装置的每个压力容器，应装在外包装中运输。压力容器不得用管道相连或互相连接。

特殊包装规定：

PP82 （删除）

针对RID和ADR特殊包装规定：

RR3 （删除）

RR7 对于 UN 1251，压力容器应通过每5年的检验。

RR10 对于 UN 1614，当由惰性多孔材料完全吸收，应包装在容量不超过7.5L的金属容器中，放置在木箱中，以此方式使它们不得与其他彼此接触。该容器应完全充装多孔材料，该材料即使在温度到达50℃时，经过长时间使用或冲击下也不得晃落或形成危险的空间。

P602	包 装 指 南	P602

允许使用下列包装，但须符合4.1.1和4.1.3的一般规定，并且包装是密封的：

(1) 最大总质量15kg的组合包装，其构成如下：

— 一个或多个玻璃内包装，每个最大净容量1L，充装率不超过其容量的90%，其封闭装置可采用任何方法机械地固定，能够防止在运输过程中因撞击或振动而倒转或松动，每个内包装

— 与足以吸收玻璃内包装全部内装物的衬垫和吸收材料一起放在金属容器内，再装入

— 1A1,1A2,1B1,1B2,1N1,1N2,1H1,1H2,1D,1G,4A,4B,4N,4C1,4C2,4D,4F,4G 或 4H2 外包装。

续上表

P602	包 装 指 南	P602

(2) 组合包装,由容量不超过5L的金属或塑料内包装类别成,用足以吸收全部内装物的吸收材料和惰性衬垫材料单独包装,再装入1A1,1A2,1B1,1B2,1N1,1N2,1H1,1H2,1D,1G,4A,4B,4N,4C1,4C2,4D,4F,4G或4H2等外包装,最大总质量75kg。内包装的充装度不得超过其容量的90%。每个内包装的封闭装置,应用任何能够防止封闭装置因运输过程中的撞击或振动而倒转或松动的装置机械地固定住。内包装的容量不得超过5L。

(3) 桶和复合包装(1A1,1B1,1N1,1H1,6HA1和6HH1),须符合下述条件
    (a) 液试验应在至少30kPa(0.3bar)(表压)的力下进行;
    (b) 设计和生产密封性试验应在30kPa(0.30bar)的试验力下进行;和
    (c) 封闭装置应是如下的螺旋帽型:
        (ⅰ) 用任何能够防止封闭装置因运输过程中的撞击或振动而倒转或松动的装置机械地固定住;和
        (ⅱ) 配备密封盖。

(4) 压力容器,但须符合4.3.6的一般规定。它们应在压力不小于1MPa(10bar,表压)的条件下进行首次试验和每隔10年进行定期试验。压力容器不得配备任何降压装置。装有 LC_{50} 小于或等于200mL/m³的吸入毒性液体的每个压力容器,应用符合下列条件的塞或阀门封闭;
    (a) 每个塞或阀门应有直接与压力容器相连的锥形螺纹接头,并且应能够承受压力容器的试验压力而不损坏或泄漏;
    (b) 每个阀门应是有无穿孔薄膜的无衬垫型号,但对于腐蚀性物质,阀门可以是有衬垫型号,由垫圈接合固定在阀门壳体或压力容器上的密封帽确保装配的密封性,以防物质通过衬垫材料流失;
    (c) 每个阀门出口应用螺纹帽或螺纹实心塞和惰性衬垫材料密封;
    (d) 压力容器、阀门、塞、出口帽、封口、密封垫的制造材料应是彼此相容的,并且与内装物相容。

任何部位壁厚小于2.0mm的每个压力容器和没有配备阀门保护装置的每个压力容器,应装在外包装中运输。压力容器不得用管道和连或互相连接。

P620	包 装 指 南	P620

本指南适用于UN 2814和2900。

允许使用下列包装,但须符合4.1.8的特殊包装规定;

符合6.3章的要求并因此得到批准的如下组成的包装:

(a) 内包装包括:
    (ⅰ) 防漏的主容器;
    (ⅱ) 一个防漏的辅助包装;
    (ⅲ) 除了装固态感染性物质的情况外,(各)主容器和辅助包装之间有足够的吸收材料,能将全部内装物吸收;如果多个主容器置于一个辅助包装中,应将它们分别包扎,或者分开,以防相互接触;

(b) 一个硬质外包装,
    桶(1A1,1A2,1B1,1B2,1N1,1N2,1H1,1H2,1D,1G);
    箱(4A,4B,4N,4C1,4C2,4D,4F,4G,4H1,4H2);
    罐(3A1,3A2,3B1,3B2,3H1,3H2)。

其最小外部尺寸应不小于100mm。

附加要求:

1. 装有感染性物质的内包装不得与装有不相关种类货物的内包装合装在一起。完整包件可按照1.2.1和5.1.2的规定集合包装,这种集合包装可装有干冰。

2. 除特殊托运货物,如完整器官,需用特殊包装外,应适用下列附加要求:
    (a) 在环境温度或较高温度下交运的物质。主容器应是玻璃的、金属的或塑料的。应有保证密封的有效装置,例如加热密封、加防护罩的塞子或金属卷边密封。如果用螺旋盖,应采用有效的密封办法,如胶带、石蜡封口带或预制闭锁装置;
    (b) 冷藏或冷冻交运的物质。冰、干冰或其他制冷剂,应放置在辅助包装的周围,或者放在装有一个或多个完整包件的集合包装内,按照6.3.3作标记的外包装内。应有内部支撑以使辅助包装或包件在冰或干冰消失后仍固定在原有位置上。如使用冰,外包装或集合包装应是防漏的。如使用干冰,外包装或集合包装应能排放二氧化碳气体。主容器和辅助包装在所使用致冷剂的温度下应保持完好;
    (c) 放在液态氮中交运的物质。应使用能经受很低温度的塑料主容器。辅助包装也应能经受非常低的温度,且在大多数情况下需要个别地套在主容器上,也应符合托运液态氮的规定。主容器和辅助包装在液态氮的温度下应保持完好;
    (d) 冻干物质也可放在主容器中运输,主容器应是加热熔封的玻璃安瓿瓶,或者有金属封口的用橡皮塞塞住的小玻璃瓶。

3. 不管交运货物的预定温度是多少,主容器或辅助包装应能经受产生不小于95kPa压差的内部压力和 -40~55℃之间的温度,不至于泄漏。

4. 其他危险货物不得与第6.2类感染性物质装在同一包装内,除非为了下列目的有此需要:维持感染性物质的活力、稳定或防止它们变质或抑制它们的危险性。30mL或更少的第3、第8或第9类危险货物,可装入每个装有感染性物质的主容器。这些少量的第3、第8或第9类危险货物,按本包装指南包装后,无须再满足ADR的任何其他要求。

5. 起点国家[a]的主管机关可根据4.1.8.7的规定,批准其他运输动物材料的包装。

    [a] 如果起运国不是ADR的缔约方,应委托与ADR缔约的第一个国家的主管机关送达。

P621	包 装 指 南	P621

本指南适用于 UN 3291。

允许使用下列包装,但须符合 4.11(4.1.1.15 除外)和 4.1.3 的一般规定:
(1) 此外,应有足够的吸收材料,足以吸收存在的全部液体,并且包装应能够保持住液体:
  桶(1A2,1B2,1N2,1H2,1D,1G);
  箱(4A1,4B,4N,4C1,4C2,4D,4F,4G,4H1,4H2);
  罐(3A2,3B2,3H2)。
  包装须符合装固体的Ⅱ类包装性能水平。
(2) 装有更大量液体的包件:
  桶(1A1,1A2,1B1,1B2,1N1,1N2,1H1,1H2,1D,1G);
  罐(3A1,3A2,3B1,3B2,3H1,3H2);
  复合包装(6HA1,6HB1,6HG1,6HH1,6HD1,6HA2,6HB2,6HC,6HD2,6HG2,6HH2,6PA1,6PB1,6PG1,6PD1,6PH1,6PH2,6PA2,6PB2,6PC,6PG2 或 6PD2)。
  包装须符合盛装液体的Ⅱ类包装的性能水平。

附加要求:
用于装尖利物体,例如破玻璃和针头的包装,在根据 6.1 章规定的性能试验中,应能防刺穿并能留住液体。

P650	包 装 指 南	P650

本指南适用于 UN 3373。

(1) 包装应质量可靠、坚固,足以承受运输过程中经常遇到的冲击和荷载,包括货物运输装置之间和货物运输装置与仓库之间的搬运,以及为人力或机械操作搬离托盘或外包装。包装的结构和密封状况,应能防止正常运输条件下由于振动或由于温度、湿度或压力变化而可能造成的任何内装物损失。
(2) 包装应至少由三部分组成:
  (a) 主容器;
  (b) 辅助包装;和
  (c) 外包装。
  其中辅助包装或者外包装应是硬质的。
(3) 主容器装入辅助包装的方式,应使它们在正常运输条件下不会破裂、被刺破,或把其内装物漏进辅助包装。辅助包装应用适当的衬垫材料固定在外包装内。内装物的任何渗漏不得损害衬垫材料或外包装的完整。
(4) 运输时应在外包装的外表面以鲜明的背景颜色清楚地显示以下标记。标记应是以 45°角度斜放的最小尺寸为 50mm×50mm 的方形(菱形),边线宽度至少为 2mm,字母和数字至少 6mm 高。正式运输名称"B 类生物质",应用至少 6mm 高的字体标示在外包装上菱形标记的旁边。

(5) 外包装至少有一个表面尺寸不得小于 100mm×100mm。
(6) 准备好的包件应能够顺利地通过 ADR6.3.5.2 规定的 6.3.5.3 中,跌落高 1.2m。在按适当顺序跌落后,主容器不得有泄漏,必要时辅助包装里应有吸收材料保护主容器。
(7) 充装液体物质:
  (a) 主容器应防漏;
  (b) 辅助包装应防漏;
  (c) 如果多个易碎主容器放置在一个辅助包装内,它们应分别包扎或隔开,以防互相接触;
  (d) 吸收材料应放在主容器与辅助包装之间。吸收材料应足够吸收主容器的全部内装物,使任何液体物质的泄漏不会损坏衬垫材料或外包装的完整;
  (e) 主容器或辅助包装应在无泄漏的情况下能够承受 95kPa(0.95bar)的内压。

续上表

P650	包 装 指 南	P650
(8) 充装固体物质：		
(a) 主容器应防筛漏；		
(b) 辅助包装应防筛漏；		
(c) 如果多个易碎主容器放置在一个辅助包装内,它们应分别包扎或隔开,以防互相接触；		
(d) 如果对主容器在运输过程中是否可以存在残留液体有任何疑问,那么应使用适合装液体的包装,包括吸收材料。		
(9) 冷藏或冷冻样品：冰、干冰和液氮：		
(a) 当使用干冰或液氮作为冷却剂时,须适用5.5.3的要求,使用时,冰应放在辅助包装之外,或放在外包装或集合包装之内,应有内部支撑,将辅助包装固定在原始位置上。如使用冰,外包装或集合包装应防漏。		
(b) 主容器和辅助包装须在使用的制冷剂的温度下,以及在可以出现失去制冷的温度和压力下保持完好无损。		
(10) 当包件放在集合包装中时,本包装指南要求的包件标记,应仍然清晰可见,或者加贴在集合包装外面。		
(11) 划为UN 3373的感染性物质按本包装指南包装并加标后,不再受ADR中任何其他要求的限制。		
(12) 包装制造商和随后的分销人应向托运人或准备包件的人(如病人)提供清楚的装填和封闭这类包件的说明,以保证包件的正确包装和运输。		
(13) 其他危险货物不得与第6.2类感染性物质装在同一包装内,除非为了下列目的有此需要维持感染性物质的活力、稳定或防止它们变质或抑制它们的危险性。30mL或更少的第3类、第8类或第9类危险货物可装入每个装有感染性物质的主容器。当这些少量的危险货物按照本包装指南与感染性物质装在一起时,不需要满足ADR的其他要求。		
(14) 如果任何物质发生泄漏,并已洒在车辆或集装箱中,在被彻底清洗前不得再次使用,必要时需要消毒或净化。应该检查同一车辆或集装箱中运输的其他货物或物品,是否被污染。		
附加要求：		
起运国ᵃ的主管机关可根据4.1.8.7的规定,批准其他运输动物材料的可选包装。		
ᵃ 如果起运国不是ADR的缔约方,应委托与ADR缔约的第一个国家的主管机关送达。		

P800	包 装 指 南	P800
本指南适用于UN 2803和2809。		
允许使用下列包装,但须符合4.1.1和4.1.3的一般规定：		
(1) 压力容器,但须符合4.1.3.6的一般规定；		
(2) 带螺纹封闭装置、容量不超过3L的钢瓶或钢罐；或		
(3) 符合下列要求的组合包装：		
(a) 内包装是用玻璃、金属或硬塑料制造的,用于盛装液体,每个最大净重15kg；		
(b) 内包装用足够的衬垫材料包着以防破裂；		
(c) 内包装或外包装有用防漏和防刺穿的坚固材料制作的内衬或袋,不透内装物并且完全包围着内装物使它不管包件的放置方向为何都不会从包件漏出。		
(d) 允许使用下列外包装和最大净重。		

外 包 装	最大净重
桶	
钢(1A1,1A2)	400kg
钢或铝以外的其他金属(4N)	400kg
塑料(1H1,1H2)	400kg
胶合板(1D)	400kg
纤维质(1G)	400kg
箱	
钢(4A)	400kg
钢或铝以外的其他金属(1N1,1N2)	400kg
天然木(4C1)	250kg
天然木,箱壁防筛漏(4C2)	250kg
胶合板(4D)	250kg
再生木(4F)	125kg
纤维板(4G)	125kg
泡沫塑料(4H1)	60kg
硬塑料(4H2)	125kg

特殊包装规定：

PP41 对于UN 2803,如果需要在低温下运输镓以便使它完全保持固体状态,上述包装可集合包装在有干冰或其他制冷装置的坚固、防水的外包装中。如果使用制冷剂,镓包装使用的所有上述材料都不得与制冷剂起化学和物理反应,并且在所使用制冷剂的低温下能耐撞击。如果使用干冰,外包装应能够释放二氧化碳气体。

P801	包 装 指 南	P801
本指南适用于 UN 2794,2795 或 3028 的新旧电池。			

允许使用下列包装,但须符合 4.1.1(4.1.1.3 除外)和 4.1.3 的一般规定:
(1) 硬外包装;
(2) 木板条箱;
(3) 托盘。

附加要求:
1. 电池应有防短路的保护装置。
2. 堆叠的电池应用一层不导电的材料隔开,分层适当固定好。
3. 电池电极不得支承其他叠加电池的质量。
4. 电池应包装好或固定好,防止意外移动。使用的任何缓冲材料应是惰性的。

P801a	包 装 指 南	P801a
本指南适用于 UN 2794,2795,2800 和 3028 的废旧电池。			

不锈钢或容量可达 1m³ 的固体塑料电池盒适用以下规定:
(1) 电池盒须能抵抗含在蓄电池的腐蚀性物质。
(2) 在正常运输条件下,腐蚀性的物质不得从电池盒泄漏,其他物质(如水)不得进入电池箱。包含在蓄电池中的危险腐蚀性残留物,不得黏附在电池箱的外面。
(3) 电池箱不得充装高度大于它们的侧面高度的蓄电池。
(4) 不得将含有化学物质的蓄电池或其他可以相互产生危险反应的物品的放置在一个电池箱中。
(5) 电池箱应:
 (a) 覆盖;或
 (b) 在封闭或铁皮车辆或集装箱运输。

P802	包 装 指 南	P802
本指南适用于 UN 2794,2795,2800 和 3028 的废旧电池。			

允许使用下列包装,但须符合 4.1.1 和 4.1.3 的一般规定:
(1) 组合包装:
 外包装:1A1,1A2,1B1,1B2,1N1,1N2,1H1,1H2,1D,1G,4A,4B,4N,4C1,4C2,4D,4F,4G 或 4H2;
 最大净质量:75kg。
 内包装:玻璃或塑料;最大容量:10L。
(2) 组合包装:
 外包装:1A1,1A2,1B1,1B2,1N1,1N2,1H1,1H2,1D,1G,4A,4B,4N,4C1,4C2,4D,4F,4G 或 4H2;
 最大净质量:125kg。
 内包装:金属;最大容量:40L。
(3) 复合包装:玻璃容器在钢、铝或胶合板桶中(6PA1,6PB1 或 6PD1)或在钢、铝或木箱、柳条篮中(6PA2,6PB2,6PC 或 6PD2),或硬塑料包装中(6PH2);最大容量:60L。
(4) 铁桶(1A1),最大容量 250L。
(5) 压力容器,但须符合 4.1.3.6 的一般规定。

P803	包 装 指 南	P803
本指南适用于 UN 2028。			

允许使用下列包装,但须符合 4.1.1 和 4.1.3 的一般规定:
(1) 桶(1A2,1B2,1N2,1H2,1D,1G);
(2) 箱(4A,4B,4N,4C1,4C2,4D,4F,4G,4H2)。
最大净质量:75kg。
物品应个别包装并且用隔板、内包装或衬垫材料互相隔开,以防在正常运输条件下无意中漏出。

P804	包 装 指 南	P804

本指南适用于 UN 1744。

允许使用下列包装,但须符合 4.1.1 和 4.1.3 的一般规定,并且包装密封:
(1) 组合包装,最大总质量25kg,由一个或多个玻璃内包装类别成,每个内包装的最大容量为1.3L,充装不超过其容量的90%;包装的封口应机械地固定,能够防止在运输过程中由于碰撞或振动而倒转或松动,并单独放入配有足以吸收玻璃内包装全部内装物的衬垫材料和吸收材料的金属或硬塑料容器,再将其装入 1A1,1A2,1B1,1B2,1N1,1N2,1H1,1H2,1D,1G,4A,4B,4N,4C1,4C2,4D,4F,4G 或 4H2 等外包装。
(2) 组合包装,由容量不超过5L的金属或聚偏二氟乙烯(PVDF)内包装类别成,用足以吸收全部内装物的吸收材料和惰性衬垫材料单独装,再将其装入 1A1,1A2,1B1,1B2,1N1,1N2,1H1,1H2,1D,1G,4A,4B,4N,4C1,4C2,4D,4F,4G 或 4H2 等包装,最大总质量75kg。内包装的充装,不得超过其容量的90%。每个内包装的封口须用任何装置机械地固定,防止在运输过程中由于碰撞或振动发生倒转或松动;
(3) 包装包括:
外包装:
钢桶或塑料桶(1A1,1A2,1H1 或 1H2),按 6.1.5 的试验要求以相当于组装好的包件进行试验,可作为准备盛装内包装的包装,也可为直接充装固体或液体的单一包装,并做出相应记。
内包装
桶和复合包装(1A1,1B1,1N1,1H1 和 6HA1),符合 6.1 章适用于单包装的要求,并符合下述条件;
　(a) 液压试验应在至少 300kPa(3bar)的压力下进行;
　(b) 设计和生产密封性试验应在 30kPa(0.3bar)的试验压力下进行;
　(c) 应用惰性缓冲衬垫材料围着内包装的四周把它们同外桶隔离;
　(d) 容量不得超过125L;和
　(e) 封闭装置应是如下的螺旋帽型;
　　(ⅰ) 用任何能够防止封闭装置因运输过程中的撞击或振动而倒转或松动的装置机械地固定住;和
　　(ⅱ) 配备密封盖;
　(f) 外包装和内包装应进行定期检查并按照(b)进行密封性试验,时间间隔最长两年半;和
　(g) 外包装和内包装应字迹清楚、耐久地标明下述资料;
　　(ⅰ) 初次试验和最近一次定期试验的日期(月、年);
　　(ⅱ) 进行试验和检查者的名称和指定代号。
(4) 压力容器,但须符合 4.1.3.6 的一般规定。
　(a) 它们应在压力不小于1MPa(10bar,表压)的条件下进行首次试验,以后每隔10年进行定期试验;
　(b) 应定期接受内部检查和防漏试验,间隔不得超过两年半;
　(c) 不得配备任何减压装置;
　(d) 每个压力容器应用带二级封闭装置的塞或阀封口;和
　(e) 压力容器及其阀门、塞、盖、封口和密封垫的制造材料,应彼此并与内装物相容。

P805	包 装 指 南	P805

本指南适用于 UN 3507。

允许使用下列包装,但须符合 4.1.1 和 4.1.3 的一般规定及 4.1.9.1.2、4.1.9.1.4 和 4.1.9.1.7 的特殊包装规定;
包装由以下部分组成:
(a) 金属或塑料主容器;放在
(b) 一个防漏的辅助包装中;再放入
(c) 一个硬质外包装中:
桶(1A2,1B2,1N2,1H2,1D,1G);
箱(4A,4B,4C1,4C2,4D,4F,4G,4H1,4H2);
罐(3A2,3B2,3H2)。

附加要求:
1. 主要的内容器装在辅助包装中,包装方式应保证在正常运输条件下不会破裂、刺破,或内装物漏进辅助包装。辅助包装应用适当的衬垫材料固定在外包装内,防止移动。如果多个主容器置于一个辅助包装中,应将它们分别包裹或分隔开,防止相互接触。
2. 内装物须符合 2.2.7.2.4.5.2 的规定。
3. 应满足 6.4.4 的规定。

特殊包装规定:
对于例外的易裂变材料,应满足 2.2.7.2.3.5 和 6.4.11.2 中规定的限值。

P900	包 装 指 南	P900
(保留)		

P901	包 装 指 南	P901

本指南适用于 UN 3316。

允许使用下列组合包装,但须符合 4.1.1 和 4.1.3 的一般规定:
　　桶(1A1,1A2,1B1,1B2,1N1,1N2,1H1,1H2,1D,1G);
　　箱(4A,4B,4N,4C1,4C2,4D,4F,4G,4H1,4H2);
　　罐(3A1,3A2,3B1,3B2,3H1,3H2)。

包装应符合对整个箱子适用的包装类别的性能水平(见 3.3.1,特殊规定 251)。如果箱中只有危险货物,而且没有划定危险类别,包装须符合Ⅱ类包装的性能水平。

每个外包装所装危险品的量:10kg,不包括用作制冷剂的任何固态二氧化碳(干冰)。

附加要求:

用品箱/包中的危险货物,应装入内包装,内包装的容量不得超过 250ml 或 250g,并且应与箱中的其他材料隔绝。

P902	包 装 指 南	P902

本指南适用于 UN3268。

包装物品:

允许使用下列包装,但须符合 4.1.1 和 4.1.3 的一般规定:
　　桶(1A2,1B2,1N2,1H2,1D,1G);
　　箱(4A,4B,4N,4C1,4C2,4D,4F,4G,4H1,4H2);
　　罐(3A2,3B2,3H2)。

包装须符合Ⅲ类包装的性能水平。

包装的设计和制造,应能防止在正常运输条件下物品移动和意外启动。

无包装物品:

物品也可以在无包装的条件下,放在专用的搬运装置、车辆或集装箱中,从制造厂运到组装厂。

附加要求:

任何压力容器都应符合主管机关对其中所装物质规定的要求。

P903	包 装 指 南	P903

本指南适用于 UN 3090,3091,3480 和 3481。

允许使用下列包装,但须符合 4.1.1 和 4.1.3 一般规定:

(1) 电池和电池组:
　　桶(1A2,1B2,1N2,1H2,1D,1G);
　　箱(4A,4B,4N,4C1,4C2,4D,4F,4G,4H1,4H2);
　　罐(3A2,3B2,3H2)。
　　包装在包装中的电池或电池组,应采取保护措施,防止电池或电池组因在包装中的晃动或位置变化而造成损坏。
　　包装须符合Ⅱ类包装的性能水平。

(2) 对于总重在12kg 或以上,采用坚固、耐碰撞外壳的电池或电池组,以及这类电池或电池组的集合,还需:
　　(a) 坚固的外包装;
　　(b) 保护外罩(如完全封闭的或木制的板条箱);或
　　(c) 放在货板上或其他搬运装置中。
　　电池或电池组应加以固定,防止意外移动,电极不得支承其他叠放物品的质量。
　　包装无须符合 4.1.1.3 的要求。

(3) 与设备包装在一起的电池或电池组:
　　包装符合本包装指南第(1)段的要求,然后与设备一起放在外包装中;或
　　包装将电池或电池组完全裹的包袋,然后再与设备一起放在符合本包装指南第(1)段要求的包装中。
　　设备应固定,不得在外包装中移动。
　　在本包装指南中,"设备"是指需要与锂金属电池或电池组,或锂离子电池或电池组包装在一起供其运转的仪器。

899

续上表

P903	包 装 指 南	P903

(4) 装在设备中的电池或电池组：
以适当材料制造的坚固外包装，对于包装的容量和用途而言，要有足够强度和相应的设计。设备的制造应能防止在运输过程中意外启动。包装无须满足4.1.1.3的要求。
大型设备，如其中的电池或电池组已得到设备同等程度的保护，可在无包装的条件下或放在货板上运输。
无线电射频识别标签、手表和温度记录器等不可能造成危险热生成的装置，在有意开启的情况下，可放在坚固的外包装中运输。

附加要求：
须防止电池或电池组短路。

P903a	包 装 指 南	P903a

（删除）

P903b	包 装 指 南	P903b

（删除）

P904	包 装 指 南	P904

本包装指南适用于UN 3245。

允许使用下列包装：
(1) 满足4.1.1.1、4.1.1.2、4.1.1.4、4.1.1.8和4.1.3的规定，并按照6.1.4要求设计的包装，须使用按照其包装容积和用途进行设计，并采用具有足够强度的材料制造的外包装，如果该指南用于组合包装的内包装运输，包装须采取能防止正常运输条件下意外排放的设计并制造。
(2) 无须符合第6部分包装试验要求，但应符合以下条件：
　　（a） 内包装包括：
　　　　（ⅰ） 主容器和辅助包装，主容器或辅助包装应液体防漏，对固体防撒；
　　　　（ⅱ） 盛装液体时，主容器与辅助包装之间应放置吸收材料，吸收材料应足够吸收主容器的全部内装物，使任何液体物质的泄漏不会损坏衬垫材料或外包装的完整；
　　　　（ⅲ） 如果多个易碎主容器放置在一个辅助包装内，它们应分别包扎或隔开，以防互相接触。
　　（b） 外包装应足够坚固以满足其容量、质量和用途，最小外部尺寸至少应为100mm。

运输时，应在外包装的外表面以反差鲜明的背景颜色清楚地显示以下标记。标记应是以45°角度斜放的方形（菱形），每边长度至少50mm，边线宽度至少2mm，字母和数字至少6mm高。

附加要求：
冰、干冰和液氮
当使用干冰或液氮作为冷却剂时，须适用5.5.3的要求。使用时，冰应放在辅助包装之外，或放在外包装或集合包装之内。应有内部支撑，将辅助包装固定在原始位置上。如使用冰，外包装或集合包装应防漏。

P905	包 装 指 南	P905

本指南适用于 UN 2990 和 3072。

允许使用任何合适的包装,但须符合 4.1.1 和 4.1.3 的一般规定,但包装不需要符合第 6 部分的要求。

当救生设备是造来纳入或装在防水的刚性外壳(例如救生船)中时,它们可以无包装运输。

附加要求:
1. 所有作为装载装置内的危险物质和物品须被固定以防止意外移动。此外:
    (a) 第 1 类信号装置应装在塑料或纤维板内包装中;
    (b) 非易燃、无毒气体应装在主管机关规定的气瓶内,气瓶可与救生设备连接起来;
    (c) 蓄电池(第 8 类)和锂电池(第 9 类)应断路或绝缘并固定好,以防液体溢出;和
    (d) 少量其他危险物质(例如第 3 类、第 4.1 类和第 5.2 类)应装在坚固的内包装中。
2. 运输和容器的准备工作应包括防止救生设备意外膨胀的措施。

P906	包 装 指 南	P906

本指南适用于 UN 2315,3151,3152 和 3432。

允许使用下列包装,但须符合 4.1.1 和 4.1.3 的一般规定:
(1) 含有多氯联苯、多卤联苯或多卤三联苯,或被这些物质污染的液体和固体:酌情使用 P001 或 P002 规定的包装。
(2) 对于变压器和电容器及其他装置:
    (a) 符合包装指南 P001 或 P002 的包装,物品应以适当的衬垫材料固定,防止在正常运输条件下意外晃动;或
    (b) 防漏包装应除装置外还能够盛装其中所含液态多氯联苯、多卤联苯或多卤三联苯数量至少 1.25 倍的液体,包装内应有足够的吸收材料,足以吸收装置内所含液体数量的至少 1.1 倍,一般而言,变压器和电容器应用防漏金属包装装运,包装应能够盛装除变压器和电容器外,其中所含液体数量的至少 1.25 倍。

尽管有上述规定,未按照 P001 和 P002 包装的液体和固体以及无包装的变压器和电容器,仍可以装在配备防漏金属托盘的货物运输装置中运输,托盘的高度至少 800mm,并带有足够数量的惰性吸收材料,足以吸收 1.1 倍任何游离液体。

附加要求:
应采取适当措施将变压器和电容器密封,以防在正常运输条件下出现渗漏。

P908	包 装 指 南	P908

本指南适用于运输 UN 3090,3091,3480 和 3481 的损坏/残次品锂离子电池、电池组和损坏/残次品锂金属电池、电池组,包括装在设备上的电池和电池组。

允许使用下列包装,但须符合 4.1.1 和 4.1.3 的一般规定:
对于电池和电池组和装在设备上的电池和电池组:
    桶(1A2,1B2,1N2,1H2,1D,1G)
    箱(4A,4B,4N,4C1,4C2,4D,4F,4G,4H1,4H2)
    罐(3A2,3B2,3H2)
包装须符合 II 类包装的性能水平。
1. 每个损坏/残次品电池或电池组,或装有这种电池或电池组的设备,应单独包装在内包装中,然后放在一个外包装内。内包装或外包装应当防漏,防止可能发生的电解液泄漏。
2. 每个内包装的四周应放置足够的不可燃和不导电的绝缘材料,防止发热而造成危险。
3. 密封包装应根据情况安装通风装置。
4. 应采取适当措施,尽量减小振动和撞击的影响,防止电池或电池组在包件内晃动,在运输过程中造成进一步损坏和形成危险状况。可使用不可燃和不导电的衬垫材料满足这项要求。
5. 评估可燃性,应根据设计或制造包件的国家承认的标准。

对于泄漏的电池或电池组,应在内包装或外包装中添加足够的惰性吸收材料,能够吸收所有漏出的电解液。

净质量超过 30kg 的电池或电池组,应限制每个外包装只装一个电池或电池组。

附加要求:
须防止电池或电池组短路。

P909	包 装 指 南	P909

本指南适用于运输待处理或回收的 UN 编号 3090,3091,3480 和 3481 物品,包括与不含锂的电池组包装在一起或单独包装的情况。

(1) 电池和电池组应按以下要求包装:
 (a) 允许使用下列包装,但须符合 4.1.1 和 4.1.3 的一般规定:
  桶(1A2,1B2,1N2,1H2,1D,1G);
  箱(4A,4B,4N,4C1,4C2,4D,4F,4G,4H2);和
  罐(3A2,3B2,3H2)。
 (b) 包装须符合 Ⅱ 类包装的性能水平。
 (c) 金属包装应安装不导电的衬里材料(如塑料),对于包装的用途而言有足够的强度。

(2) 然而,额定瓦时不超过 20Wh 的锂离子电池、额定瓦时不超过 100Wh 的锂离子电池组、锂含量不超过 1g 的锂金属电池和总计锂含量不超过 2g 的锂金属电池组,可按以下要求包装:
 (a) 符合 4.1.1 和 4.1.3 的一般规定(4.1.1.3 除外),总质量最大 30kg 的坚固外包装。
 (b) 金属包装应安装不导电的衬里材料(如塑料),对于包装的用途而言有足够的强度。

(3) 装在设备中的电池和电池组,可使用以适当材料制造的坚固外包装,对于包装的容量和用途而言,有足够的强度和相应的设计。包装无须满足 4.1.1.3 的要求。大型设备,如其中的电池或电池组已得到设备同等程度的保护,可在无包装的条件下或放在货板上运输。

(4) 此外,对于总重在 12kg 或以上,采用坚固、耐碰撞外壳的电池或电池组,可使用以适当材料制造的坚固外包装,对于包装的容量和用途而言,有足够的强度和相应的设计。包装无须符合 4.1.1.3 的要求。

附加要求:
1. 电池和电池组的设计和包装应能防止短路,防止发热造成危险。
2. 防止短路和危险发热的保护装置包括但不限于:
 — 对电池组电极的单独保护,
 — 防止电池和电池组相互接触的内包装,
 — 电极凹陷的电池组,以防发生短路,或
 — 使用不导电和不燃烧的衬垫材料,填满包装中电池或电池组之间的空隙
3. 电池和电池组应在外包装中固定,防止运输过程中过分晃动(例如使用不可燃和不导电的衬垫材料,或使用紧密封口的塑料袋)。

R001	包 装 指 南	R001

允许使用下列包装,但须符合 4.1.1 和 4.1.3 的一般规定:

轻型标准金属包装	最大容量/最大净重		
	Ⅰ 类包装	Ⅱ 类包装	Ⅲ 类包装
不可拆卸顶盖(0A1)	不允许	40L/50g	40L/50kg
可拆卸顶盖(0A2)[a]	不允许	40L/50kg	40L/50kg

[a] 对 UN 1261 硝基甲烷不允许。

注1:此指南适用于固体和液体(在设计类型经过适当试验和标记的条件下)。
注2:对Ⅱ类包装中的第3类物质,这些包装仅适用于没有潜在危险50℃时蒸气压不超过110kPa的物质,以及有轻微毒性的杀虫剂。

4.1.4.2   *使用中型散装容器的包装指南*

IBC01	包 装 指 南	IBC01

允许使用下列中型散装容器,但须符合 4.1.1、4.1.2 和 4.1.3 的一般规定:
金属(31A、31B 和 31N)。

针对 RID 和 ADR 的特殊包装规定:
BB1 对 UN 3130,应当按顺序使用两套装置来紧密封闭容器开口,其中的一套应当以平衡的方式旋紧或加固。

IBC02	包 装 指 南	IBC02

允许使用下列中型散装容器,但须符合 4.1.1、4.1.2 和 4.1.3 的一般规定:
(1) 金属(31A、31B 和 31N);
(2) 刚性塑料(31H1 和 31H2);
(3) 复合(31HZ1)。

续上表

IBC02	包 装 指 南	IBC02

特殊包装规定：

B5　对于 UN 1791、2014、2984 和 3149，中型散装容器应配备在运输过程中能够排气的装置。排气装置的进气口应位于运输过程中中型散装容器在最大充装条件下的蒸气空间。

B7　对于 UN 1222 和 1865，不允许使用容量大于 450L 的中型散装容器，因为这些物质大量运输时有爆炸的可能性。

B8　纯的这一物质不得用中型散装容器运输，因为已知它的蒸气压在 50℃时大于 110kPa 或在 55℃时大于 130kPa。

B15　含硝酸 55% 以上的 UN 2031，允许使用的刚性塑料散装容器和带刚性塑料内容器的复合中型散装容器，应为制造日期起两年。

B16　对于 UN 3375，未经主管机关批准，不得使用 31A 和 31N 型中型散装容器。

针对 RID 和 ADR 的特殊包装规定：

BB2　对 UN 1203，尽管有特殊规定 534（见 3.3.1），中型散装容器只能用于当实际蒸气压在 50℃不超过 110kPa，或在 55℃不大于 130kPa 的情况。

BB4　对 UN 1133、1139、1169、1197、1210、1263、1266、1286、1287、1306、1866、1993 和 1999，按照 2.2.3.1.4 规定：Ⅲ类包装不允许使用容量大于 450L 的中型散装容器。

IBC03	包 装 指 南	IBC03

允许使用下列中型散装容器，但须符合 4.1.1、4.1.2 和 4.1.3 的一般规定：

（1）　金属（31A、31B 和 31N）；

（2）　刚性塑料（31H1 和 31H2）；

（3）　复合（31HZ1 和 31HA2、31HB2、31HN2、31HD2 和 31HH2）。

特殊包装规定：

B8　纯的这一物质不得用中型散装容器运输，因为已知它的蒸气压在 50℃时大于 110kPa 或在 55℃时大于 130kPa。

IBC04	包 装 指 南	IBC04

允许使用下列中型散装容器，但须符合 4.1.1、4.1.2 和 4.1.3 的一般规定：

金属（11A、11B、11N、21A、21B、21N、31A、31B 和 31N）。

IBC05	包 装 指 南	IBC05

允许使用下列中型散装容器，但须符合 4.1.1、4.1.2 和 4.1.3 的一般规定：

（1）　金属（11A、11B、11N、21A、21B、21N、31A、31B 和 31N）；

（2）　刚性塑料（11H1、11H2、21H1、21H2、31H1 和 31H2）；

（3）　复合（11HZ1、21HZ1 和 31HZ1）。

IBC06	包 装 指 南	IBC06

允许使用下列中型散装容器，但须符合 4.1.1、4.1.2 和 4.1.3 的一般规定：

（1）　金属（11A、11B、11N、21A、21B、21N、31A、31B 和 31N）；

（2）　刚性塑料（11H1、11H2、21H1、21H2、31H1 和 31H2）；

（3）　复合（11HZ1、11HZ2、21HZ1、21HZ2 和 31HZ1）。

附加要求：

当固体在运输过程中可以变成液体时，见 4.1.3.4。

特殊包装规定：

B12　对于 UN 2907，中型散装容器应符合Ⅱ类包装的性能水平。不得使用符合Ⅰ类包装试验标准的中型散装容器。

IBC07	包 装 指 南	IBC07

允许使用下列中型散装容器，但须符合 4.1.1、4.1.2 和 4.1.3 的一般规定：

（1）　金属（11A、11B、11N、21A、21B、21N、31A、31B 和 31N）；

（2）　刚性塑料（11H1、11H2、21H1、21H2、31H1 和 31H2）；

（3）　复合（11HZ1、11HZ2、21HZ1、21HZ2 和 31HZ1）；

（4）　木制（11C、11D 和 11F）。

附加要求：

1.　当固体在运输过程中可以变成液体时，见 4.1.3.4。

2.　木制中型散装容器的衬里应是防撒漏的。

IBC08	包 装 指 南	IBC08

允许使用下列中型散装容器，但须符合 4.1.1、4.1.2 和 4.1.3 的一般规定：
(1) 金属（11A、11B、11N、21A、21B、21N、31A、31B 和 31N）；
(2) 刚性塑料（11H1、11H2、21H1、21H2、31H1 和 31H2）；
(3) 复合（11HZ1、11HZ2、21HZ1、21HZ2 和 31HZ1）；
(4) 纤维板（11G）；
(5) 木制（11C、11D 和 11F）；
(6) 柔性（13H1、13H2、13H3、13H4、13H5、13L1、13L2、13L3、13L4、13M1 或 13M2）。

附加要求：
当固体在运输过程中可以变成液体时，见 4.1.3.4。

特殊包装规定：
B3　柔性中型散装容器应是防撒漏和防水的，或者配有防撒漏和防水的衬里。
B4　柔性、纤维板或木制中型散装容器应是防撒漏和防水的，或者配有防撒漏和防水的衬里。
B6　对于 UN 1363、1364、1365、1386、1408、1841、2211、2217、2793 和 3314，中型散装容器不需要符合 6.5 章的中型散装容器试验要求。
B13　*注：对于 UN 1748、2208、2880、3485、3486 和 3487，根据 IMDG 代码，禁止用中型散装容器海运。*

针对 RID 和 ADR 的特殊包装规定：
BB3　对于 UN 3509，中型散装容器无须符合 4.1.1.3 的要求。
　　　中型散装容器应满足 6.5.5 的要求，使用防撒漏或配有防撒漏的、耐穿刺的密封衬里或密封袋。
　　　当唯一的残留物是固体，且在运输过程中可以遇到的温度下都不容易变成液体时，可以使用柔性中型散装容器。
　　　当液体残留物存在时，应使用能提供固定方法（例如吸收材料）的刚性中型散装容器。
　　　在装货和移交之前，应检查每个中型散装容器以确保它没有被腐蚀、污染或其他损害。若中型散装容器显示出任何强度降低的迹象，都将不再被使用（轻微凹陷和划痕不被视为降低了中型散装容器的强度）。
　　　中型散装容器用于运输废弃的、空的、有第5.1类中不清洗残留物的包装时，应该经过制造或改造使得货物不能接触到木材或任何其他可燃材料。

IBC99	包 装 指 南	IBC99

只能使用主管机关批准可对这类货物使用的中型散装容器。每批托运货物应附有主管机关批准的副本，或在运输单证中注明包装已得到主管机关的批准。

IBC100	包 装 指 南	IBC100

本指南适用于 UN 0082、0222、0241、0331 和 0332。

允许使用下列中型散装容器，但须符合 4.1.1、4.1.2 和 4.1.3 的一般规定和 4.1.5 的特殊规定：
(1) 金属（11A、11B、11N、21A、21B、21N、31A、31B 和 31N）；
(2) 柔性（13H2、13H3、13H4、13L2、13L3、13L4 和 13M2）；
(3) 刚性塑料（11H1、11H2、21H1、21H2、31H1 和 31H2）；
(4) 复合（11HZ1、11HZ2、21HZ1、21HZ2、31HZ1 和 31HZ2）。

附加要求：
1.　中型散装容器只能用于装自由流动的物质。
2.　柔性中型散装容器只能用于装固体。

特殊包装规定：
B3　对于 UN 0222，柔性中型散装容器应是防撒漏和防水的，或配有防撒漏和防水的衬里。
B9　对于 UN 0082，只有当物质是硝酸铵或其他无机硝酸盐与非爆炸性成分的其他易燃物质的混合物时，才能使用本包装指南。这种炸药不得含有硝化甘油、类似的液态有机硝酸盐或氯酸盐。不准使用金属中型散装容器。
B10　对于 UN 0241，本包装指南只能用于以下物质：其基本成分是水，并有高比例的硝酸铵或其他氧化性物质，且部分或全部处于溶解状态。其他成分可包括碳氢化合物或铝粉，但不得包括硝基衍生物，例如三硝基甲苯。不准使用金属中型散装容器。
B17　对于 UN 0222，不允许使用金属中型散装容器。

IBC520	包装指南				IBC520

本指南适用于F型有机过氧化物和自反应物质。

允许使用以下列出的中型散装容器充装所列的制剂,但须符合4.1.1、4.1.2和4.1.3的一般规定和4.1.7.2的特殊规定。

下表未列出的制剂,只能使用主管机关批准的中型散装容器(见4.1.7.2.2)。

UN编号	有机过氧化物	中型散装容器型号	最大容量（L/kg）	控制温度	危急温度
3109	液态F型有机过氧化物				
	叔丁基过氧化氢,浓度不大于72%,含水	31A	1250		
	过乙酸叔丁酯,浓度不大于32%,在A型稀释剂中	31A 31HA1	1250 1000		
	过氧苯甲酸叔丁酯,浓度不大于32%,在A型稀释剂中	31A	1250		
	过-3,5,5-三甲基乙酸叔丁酯,浓度不大于37%,在A型稀释剂中	31A 31HA1	1250 1000		
	枯基过氧氢,浓度不大于90%,在A型稀释剂中	31HA1	1250		
	过氧化二苯甲酰,浓度不大于42%,在水中稳定弥散	31H1	1000		
	二叔丁基过氧化物,浓度不大于52%,在A型稀释剂中	31A 31HA1	1250 1000		
	1,1-二叔丁基过氧基环乙烷,浓度不大于42%,在A型稀释剂中	31H1	1000		
	1,1-二-(叔丁基过氧)环己烷,浓度不大于37%,在A型稀释剂中	31A	1250		
	过氧化二月桂酰,浓度不大于42%,在水中稳定弥散	31HA1	1000		
	异丙枯基过氧氢,浓度不大于72%,在A型稀释剂中	31HA1	1250		
	对孟基化过氧氢,浓度不大于72%,在A型稀释剂中	31HA1	1250		
	过乙酸,稳定的,浓度不大于17%	31A 31H1 31H2 31HA1	1500 1500 1500 1500		
3110	固态F型有机过氧化物				
	过氧化二枯基	31A 31H1 31HA1	2000		
3119	液态F型有机过氧化物,控制温度的				
	过氧化叔戊基新戊酸酯,浓度不大于32%,在A型稀释剂中	31A	1250	+10℃	+15℃
	过-2-乙基乙酸叔丁酯,浓度不大于32%,在B型稀释剂中	31HA1 31A	1000 1250	+30℃ +30℃	+35℃ +35℃
	叔丁基过氧新癸酸酯,浓度不大于32%,在A型稀释剂中	31A	1250	0℃	+10℃
	过氧化新癸酸叔丁酯,浓度不大于52%,在水中稳定弥散	31A	1250	-5℃	+5℃
	过新戊酸叔丁酯,浓度不大于27%,在B型稀释剂中	31HA1 31A	1000 1250	+10℃ +10℃	+15℃ +15℃
	过氧化新癸酸异丙苯酯,浓度不大于52%,在水中稳定弥散	31A	1250	-15℃	-5℃

续上表

IBC520	包 装 指 南				IBC520
UN 编号	有机过氧化物	中型散装容器型号	最大容量(L/kg)	控制温度	危急温度
3119	叔丁基过氧新癸酸酯,浓度不大于42%,在水中稳定弥散	31A	1250	-5℃	+5℃
	二-(4-叔丁基环乙基)过氧重碳酸酯,浓度不大于42%,在水中稳定弥散	31HA1	1000	+30℃	+35℃
	联十六烷基过氧重碳酸酯,浓度不大于42%,在水中稳定弥散	31HA1	1000	+30℃	+35℃
	二-(2-新癸酰过氧异丙基)苯,浓度不大于42%,在水中稳定弥散	31A	1250	-15℃	-5℃
	3-羟基-过氧化新癸酸1,1-二甲基丁基,浓度不大于52%,在水中稳定弥散	31A	1250	-15℃	-5℃
	过二碳酸二-(2-乙基己)酯,浓度不大于62%,在水中稳定弥散	31A	1250	-20℃	-10℃
	二肉豆蔻基过氧重碳酸酯,浓度不大于42%,在水中稳定弥散	31HA1	1000	+15℃	+20℃
	二-(3,5,5-三甲基己酰)过氧化物,浓度不大于52%,在A型稀释剂中	31HA1 31A	1000 1250	+10℃ +10℃	+15℃ +15℃
	二-(3,5,5-三甲基己酰)过氧化物,浓度不大于52%,在水中稳定弥散	31A	1250	+10℃	+15℃
	1,1,3,3-四甲基丁基过氧新癸酸酯,浓度不大于52%,在水中稳定弥散	31A 31HA1	1250 1000	-5℃ -5℃	+5℃ +5℃
	过氧化二碳酸二环己酯,浓度不大于42%,在水中稳定弥散	31A	1250	+10℃	+15℃
	过氧化(二)异丁酰,不超过28%,在水中稳定分布	31HA1 31A	1000 1250	-20℃ -20℃	-10℃ -10℃
	过氧化(二)异丁酰,不超过42%,在水中稳定分布	31HA1 31A	1000 1250	-25℃ -25℃	-15℃ -15℃
3120	固态F型有机过氧化物,温度受控制的未列出详细描述				

附加要求:
1. 中型散装容器应配备能够在运输过程中排气的装置。降压装置的进气口应位于运输过程中中型散装容器在最大充装条件下的蒸气空间。
2. 为防止金属中型散装容器或包有完整金属外壳的复合中型散装容器发生爆炸破裂,紧急降压装置的设计,应能够将自加速分解或货箱被火焰吞没不少于1h内产生的分解物和蒸气全部排放掉(按4.2.1.13.8中的公式计算)。本包装指南所列的控制温度和危急温度,是根据无隔热的中型散装容器计算的。有机过氧化物按照本指南装入中型散装容器托运时,发货人有责任确保:
(a) 中型散装容器上安装的安全降压装置和紧急降压装置,在设计上充分考虑到有机过氧化物自加速分解和货箱被火焰吞没的情况;和
(b) 适用时,显示的控制温度和危急温度应适当,并考虑了使用的中型散装容器的设计(例如隔热)。

IBC620	包 装 指 南	IBC620
本指南适用于UN 3291。		
允许使用下列中型散装容器,但须符合4.1.1(4.1.1.15除外)、4.1.2和4.1.3的一般规定:		
符合Ⅱ类包装性能水平的刚性、防漏中型散装容器。		

附加要求:
1. 应有足够吸收中型散装容器所含全部液体的吸收材料。
2. 中型散装容器应能够留住液体。
3. 用于装破玻璃和针头等尖利物体的中型散装容器应能防刺穿。

4.1.4.3 *使用大型包装的包装指南*

LP01	包　装　指　南				LP01
允许使用下列大型包装,但须符合 4.1.1 和 4.1.3 的一般规定:					
内　包　装	大型外包装	Ⅰ类包装	Ⅱ类包装	Ⅲ类包装	
玻璃 10L 塑料 30L 金属 40L	钢(50A) 铝(50B) 钢或铝以外的金属(50N) 刚性塑料(50H) 天然木(50C) 胶合板(50D) 再生木(50F) 纤维板(50G)	不允许	不允许	最大容量 3m³	

LP02	包　装　指　南				LP02
允许使用下列大型包装,但须符合 4.1.1 和 4.1.3 的一般规定:					
内　包　装	大型外包装	Ⅰ类包装	Ⅱ类包装	Ⅲ类包装	
玻璃　　 10kg 塑料[b]　 50kg 金属　　 50kg 纸[a b]　 50kg 纤维质[a b] 50kg	钢(50A) 铝(50B) 钢或铝以外的金属(50N) 刚性塑料(50H) 天然木(50C) 胶合板(50D) 再生木(50F) 纤维板(50G) 柔性塑料(51H)[c]	不允许	不允许	最大容量 3m³	

[a] *这些内包装不得用于充装运输过程中可以变成液体的物质。*
[b] *内包装应防撒漏。*
[c] *只能与软体内包装合用。*

特殊包装规定:
L2　对于 UN 1950 喷雾器,大型包装应符合Ⅲ类包装的性能水平。装废弃喷雾器的大型包装,按照特殊规定 327 运输时,应另外有能留住在运输过程中可以流出的任何游离液体的装置,例如吸收材料。
L3　*注:UN 2208 和 3486,禁止用大型包装海运。*

针对于 RID 和 ADR 的特殊包装规定:
LL1　对于 UN 3509,大型包装无须符合 4.1.1.3 的要求。
　　大型包装应满足 6.6.4 的要求,使用防撒漏或配有防撒漏的、耐穿刺的密封衬里或密封袋。
　　当唯一的残留物是固体,且在运输过程中可以遇到的温度下都不容易变成液体时,可以使用柔性大型包装。
　　当液体残留物存在时,应使用能提供固定方法(例如吸收材料)的刚性大型包装。
　　在装货和移交之前,应检查每个大型包装以确保它没有被腐蚀,污染或其他损害。若大型包装显示出任何强度降低的迹象,都将不再被使用(轻微凹陷和划痕不被视为降低了大型包装的强度)。
　　大型包装用于运输废弃的、空的、有第 5.1 类中未清洗残留物的包装时,应该经过制造或改造使得货物不能接触到木材或任何其他可燃材料。

LP99	包　装　指　南	LP99
只能使用主管机关批准用于这类货物的大型包装。每批托运货物均须附有主管机关批准的副本,或在运输单证中注明包装已得到主管机关的批准。		

LP101	包 装 指 南	LP101

允许使用下列包装,但须符合4.1.1和4.1.3的一般规定和4.1.5的特殊规定。

内 包 装	中 间 包 装	外 包 装
不需要	不需要	钢(50A)
		铝(50B)
		钢或铝以外的金属(50N)
		刚性塑料(50H)
		天然木(50C)
		胶合板(50D)
		再生木(50F)
		纤维板(50G)

特殊包装规定:
L1 对于 UN 0006,0009,0010,0015,0016,0018,0019,0034,0035,0038,0039,0048,0056,0137,0138,0168,0169,0171,0181,0182,0183,0186,0221,0243,0244,0245,0246,0254,0280,0281,0286,0287,0297,0299,0300,0301,0303,0321,0328,0329,0344,0345,0346,0347,0362,0363,0370,0412,0424,0425,0434,0435,0436,0437,0438,0451,0488 和 0502:

通常用于军事目的的大型坚固爆炸性物品,如不带引发装置或者带有至少包含两种有效保护装置的引发装置,可以无包装运输。当这类物品带有推进剂或者是自推进的时,其引发系统应有防止在正常运输条件下碰到刺激源的保护装置。对无包装物品进行试验系列4,如得到负结果,表明该物品可以考虑无包装运输。这种无包装物品可以固定在筐架上或装入板条箱或其他适宜的搬运装置。

LP102	包 装 指 南	LP102

允许使用下列包装,但须符合4.1.1和4.1.3的一般规定和4.1.5的特殊规定。

内 包 装	中 间 包 装	外 包 装
袋	不需要	钢(50A)
防水		铝(50B)
容器		钢或铝以外的金属(50N)
纤维板		硬塑料(50H)
金属		天然木(50C)
塑料		胶合板(50D)
木质		再生木(50F)
包皮		纤维板(50G)
波纹纤维板		
管		
纤维板		

LP621	包 装 指 南	LP621

本指南适用于 UN 3291。

允许使用下列大型包装,但须符合4.1.1和4.1.3的一般规定:
(1) 装入内包装的医院诊所废弃物:符合6.6章规定的装固体、Ⅱ类包装性能水平要求的刚性防漏大型包装,但须有足够的吸收材料以吸收存在的全部液体,并且大型包装能够留住液体。
(2) 装有大量液体的包件:符合6.6章规定的装液体、Ⅱ类包装性能水平要求的刚性大型包装。

附加要求:
准备充装尖利物体如碎玻璃和针头等的大型包装,在6.6章规定的性能试验条件下应能防刺穿并能留住液体。

LP902	包 装 指 南	LP902

本指南适用于 UN 3268。

包装物品:
允许使用下列包装,但须符合4.1.1和4.1.3的一般规定:
符合Ⅲ类包装性能水平的包装。包装的设计和制造应能防止物品晃动和在正常运输条件下意外启动。

无包装物品:
物品也可以无包装放在专用的搬运装置、车辆或集装箱中从制造厂运到组装厂。

附加要求:
所有压力容器都应符合主管机关对该压力容器所装物质规定的要求。

LP903	包 装 指 南	LP903

本指南适用于 UN 3090,3091,3480 和 3481。

单个的电池组,包括装在设备上的电池组,允许使用下列大型包装,但应符合 4.1.1 和 4.1.3 的一般规定:
以下材料制成的刚性大型包装,符合Ⅱ类包装的性能水平:
  钢(50A);
  铝(50B);
  钢或铝以外的金属(50N);
  刚性塑料(50H);
  天然木(50C);
  胶合板(50D);
  再生木(50F);
  刚性纤维板(50G)。
电池组应进行包装,加以保护,防止因电池组在大型包装中晃动或位置变化而造成损坏。

附加要求:
须防止电池或电池组短路。

LP904	包 装 指 南	LP904

本指南适用于运输 UN 3090,3091,3480 和 3481 的单个的损坏或残次品电池组,包括装在设备上的电池组。

单个损坏或残次品电池组和装在设备上的单个损坏或残次品电池组,允许使用下列大型包装,但应符合 4.1.1 和 4.1.3 的一般规定:
对于电池组和装在设备上的电池组,大型包装由以下材料制成:
  钢(50A)
  铝(50B)
  钢或铝以外的金属(50N)
  刚性塑料(50H)
  胶合板(50D)
包装须符合Ⅱ类包装的性能水平。
1. 每个损坏或残次品电池组或装有这类电池组的设备,应单独包装在一个内包装中,然后放在一个外包装内。内包装或外包装应当防漏,防止可以发生电解液泄漏。
2. 每个内包装的四周应放置足够的不可燃和不导热的绝缘材料,防止生产热而造成危险。
3. 密封包装应根据情况安装通风装置。
4. 应采取适当措施,尽量减小振动和撞击的影响,防止电池组在包件内晃动,在运输过程中造成进一步破坏和形成危险状况。也可使用不可燃和不导热的衬垫材料满足这项要求。
5. 评估可燃性,应根据设计或制造包装的国家承认的标准。
对于泄漏的电池组,应在内包装或外包装中添加足够的惰性吸收材料,足以吸收所有漏出的电解液。

附加要求:
须防止电池或电池组短路。

4.1.4.4　　　　　（删除）

4.1.5　　第 1 类危险货物的特殊包装规定

4.1.5.1　　　　　应符合 4.1.1 的一般规定。

4.1.5.2　　　　　第 1 类危险货物的所有包装的设计和建造应达到以下要求:
　　　　　　　　（a）　能够保护爆炸品,使它们在正常运输条件下,包括在可预见的温度、湿度和压力发生变化时,不会漏出,也不会增加无意引燃或引发的危险;
　　　　　　　　（b）　完整的包件在正常运输条件下可以安全搬动;和
　　　　　　　　（c）　包件能够承受运输过程中可预见的堆加在它们之上的任何荷重,不会因此而增加爆炸品具有的危险性,容器的保护功能不会受到损害,容器变形的方式或程度不致于降低其强度或造成堆垛的不稳定。

4.1.5.3	所有准备运输的爆炸性物质和货物应已按照 2.2.1 所载的程序加以分类。
4.1.5.4	第 1 类货物必须按照危险货物一览表第(8)栏中所示、4.1.4 中详细规定的适当的包装规范包装。
4.1.5.5	除非 ADR 另有规定,容器,包括中型散装容器和大型包装,必须符合 6.1 章、6.5 章或 6.6 章的相应要求,达到 II 类包装的试验要求。
4.1.5.6	装液态爆炸品的容器,封闭装置必须有防渗漏的双重保护设备。
4.1.5.7	金属桶的封口装置应包括相配的垫圈;如果封口装置包含螺纹,应防止爆炸性物质进入螺纹。
4.1.5.8	可溶于水的物质的包装应当是防水的。减敏或退敏物质应被封闭以防止运输过程中浓度改变。
4.1.5.9	当包装中含有在运输途中可能结冰的双层充水外壳装置时,须在水中加足量的防冻剂,以防运输途中水结冰。由于易燃性而可能引起火灾危险的防冻剂不得使用。
4.1.5.10	如果内包装不能防止爆炸性物质与金属接触,不得将以金属为原料且没有保护层的钉子、U 形钉或其它封闭装置插到外包装内部。
4.1.5.11	在正常运输状态下,内包装、填充物和衬垫材料及将爆炸性物质或物品放入包件内的方式,都须确保所装爆炸性物质或物品在外包装内不会松动。须防止物品中的金属成分与金属包装接触;含有爆炸性物质且未有封闭外壳的物品,须彼此间隔放置以防摩擦和碰撞。另外还可以用衬垫、托盘、内外包装里的分隔物、模衬或容器达到上述目的。
4.1.5.12	包装的制作材料须与包件内所装爆炸品相容,且不渗透,以防爆炸物质与其相互反应或渗漏,从而导致爆炸品在运输途中发生危险,或危险类别或配装类发生变化。
4.1.5.13	应当防止爆炸性物质进入有接缝包装的凹处。
4.1.5.14	禁止使用易于产生并积累足够静电的塑料包装,以防放电时导致包装内的爆炸性物质或物品引爆、着火或发生反应。
4.1.5.15	对于大型坚固的军用爆炸品,如果不带有起爆装置,或有起爆装置但具有至少两种有效的保护装置,可以无包装运输。当这些爆炸品带有推进药或自推进装置的时候,在正常运输状态下,须对其点火系统加以保护,防止在运输途中被激发。在《试验与标准手册》试验系列 4 中对未经包装物品的试验结果为否定时,此种物品在运输中可不予包装,而且该种物品可以固定在吊架上或装到板条箱里或采用其它的易于装卸的装置,而且其贮存条件和发射装置的性能应能确保该物品在一般运输条件下不会发生松散的现象。
4.1.5.16	不得装在由于热效应或其他效应引起的内部和外部压力差可能导致爆炸或造成包件破裂的内容器或外容器中。
4.1.5.17	不管何时松散的爆炸性物质或者外露或部分外露货物的爆炸性部分可以与金属包装的内表面接触(1A1,1A2,1B1,1B2,4A,4B 以及金属容器),金属包装都应配有内部的衬垫或涂层(见 4.1.1.2)。
4.1.5.18	任何爆炸品都可使用包装指南 P101,只要包件得到主管机关的批准,而不管容器是否符合危险货物一览表中给定的包装指南。
4.1.6	**第 2 类危险货物和其他类危险货物的特殊包装规定(对应于 P200)**
4.1.6.1	本节会展示对应于 P200 可用于第 2 类危险货物以及其他类危险货物(例如 UN1051 氰化氢,稳定态)运输的压力容器以及敞开式深冷容器的一般要求。压力

容器应被构造并封闭成以避免由运输过程中的正常问题造成的任何包含物的流失,包括由振动造成的,或由温度、湿度或压力变化造成的(例如由海拔变化所造成的)。

4.1.6.2　压力容器和敞开式深冷容器与危险货物直接接触的部分不能受危险货物所影响或损坏并且不能产生危险后果(例如催化某种反应或与危险货物发生反应)(同样见本节结尾的表格中的标准)。

4.1.6.3　应根据6.2.1.2的要求和4.1.4.1的相关包装指南的要求来选择压力容器(包括其封口装置和敞开式深冷容器)充装一种气体或混合气体。本子节可应用于作为MEGC和管束式车辆组成部分的压力容器。

4.1.6.4　一个可重复充装的压力容器的使用变化应包括清空、清洗和抽干到安全操作程度(同样见本节结尾的表格中的标准)。另外,曾经充装过第8类腐蚀性物质或其他类具有次要的腐蚀性风险的物质的压力容器不能被批准进行第2类危险货物的运输,除非对其进行了6.2.1.6和6.2.3.5中详述的相关必要检查和试验。

4.1.6.5　充装之前,包装人应对压力容器或敞开式深冷容器进行检查,并确保压力容器或敞开式深冷容器符合规定充装相关物质和承运某种推进剂(在一定压力下某种化学物作用下稳定)。完成充装后切断阀应是关闭的并且在运输过程中保持关闭。托运人应核查封装以及设备没有泄漏。

注:除非运输的物质从属于P200的特殊包装规定"k"或"q",装于管束上的切断阀在运输过程中才能是打开的。

4.1.6.6　应根据工作压力、充装度和针对特定充装物质的合适的包装指南中的规定充装压力容器和敞开式深冷容器。活性气体和混合气体的充装压力应满足如果发生气体的完全分解,容器压力不会超过工作压力。管束的充装压力不能超过此管束中任何一个气瓶的工作压力。

4.1.6.7　压力容器(包括其封口装置)应符合6.2章中详细说明的设计、生产、检查和试验要求。在外包装是符合规定的情况下,压力容器和敞开式深冷容器从内部看也应该是绝对安全的。除非在包装指南中有另外的详细说明,一个外包装内的一个或多个内包装应是相互隔绝的。

4.1.6.8　阀门的设计和生产应满足其自身能够承受足够的伤害而不造成充装物的泄漏或者避免造成压力容器充装物的无意泄漏,可通过以下方法达到(同样见本节结尾的标准用表):

(a)　阀门置于压力容器的颈项内,并利用螺纹塞或盖保护;

(b)　阀门有帽保护,帽应有足够大小的泄漏孔以在发生阀门处泄漏的情况时有效排除气体;

(c)　阀门由遮盖物或挡板保护;

(d)　压力容器在支架上运输(例如管束);或

(e)　压力容器要在保护盒中运输,对于UN压力容器,其用于运输的包装能够满足6.1.5.3中详细说明的掉落试验的I类包装的表现等级。

4.1.6.9　不可重复充装的压力容器应:

(a)　装在箱或板条箱等外容器中,或装在收缩包装托盘或拉伸包装托盘中运输;

(b)　在充装易燃或有毒气体的情况下,其容水量应小于等于1.25L;

(c)　不能用于装LC_{50}小于等于$200mL/m^3$的毒性气体;和

(d)　使用后不能再维修。

4.1.6.10　可重复充装的压力容器和深冷容器应根据6.2.1.6和6.2.3.5.1对于非UN充装容器的规定以及P200、P205或P206进行检查以判定是否可用。封闭式深冷容器的压力释放阀应符合6.2.1.6.3和P203的定期检查和试验规定。压力容器在定期检查到期后不能进行充装,但可以在以进行检查和清理为目的的时限期满后进行运输,包括中间运输作业。

4.1.6.11　维修要求应与可用的设计和生产标准所要求的制造和试验要求相一致并且只有在满足6.2章给定的相关定期检查标准所展示的情况时才被允许。除了封闭式深冷容器夹套外,压力容器出现以下任何一种情况,不得维修:
（a）　焊接点破裂或其他焊接问题;
（b）　器壁破裂;
（c）　容器器壁、头部或底部材料的泄漏或缺陷。

4.1.6.12　以下几种情况,容器不能用于充装:
（a）　受到一定程度的伤害以至于容器的完整性或者设备的功能受到了影响;
（b）　在容器及其功能设备经检查证明处于正常工作状态之前;和
（c）　在必要的证书、二次检验和充装测评都到位之前。

4.1.6.13　以下几种情况,充装的容器不能进行运输:
（a）　在泄漏的情况下;
（b）　受到一定程度的伤害以至于容器的完整性或者设备的功能受到了影响;
（c）　在容器及其功能设备经检查证明处于正常工作状态之前;和
（d）　在必要的证书、二次检验和充装测评都到位之前。

4.1.6.14　所有者基于主管机关合理的要求下,应通过主管机关能够简单理解的方式,提供能够证明其压力容器可用性的所有必要信息。所有者应按要求配合主管机关完成任何措施以排除其压力容器的不可用性。

4.1.6.15　对于 UN 压力容器,适用于 ISO 标准。对于其他压力容器,如果适用下列标准,则视为满足4.1.6所述要求:

可用段落	标准号	标准名称
4.1.6.2	ISO 11114-1:2012	气体气瓶—气瓶和阀门材料与气体充装物的兼容性—第一部分:金属材料
	ISO 11114-2:2000	可运输气体气瓶—气瓶和阀门材料与气体充装物的兼容性—第二部分:非金属材料
4.1.6.4	ISO 11621:1997	气体气瓶—气体服务的变化过程 注:该ISO 标准的EN 版本同样满足要求并能够使用
4.1.6.8 带固有保护的阀门	ISO 10297:2006 附录 A	气体气瓶—可重复充装气体气瓶阀门—规格和类型试验 注:该ISO 标准的EN 版本同样满足要求并能够使用
	EN 13152:2001 + A1:2003	LPG 气瓶自封闭阀门的试验和规格
	EN 13153:2001 + A1:2003	LPG 气瓶人工操作阀门的试验和规格
	EN ISO 14245:2010	气体气瓶—LPG 气瓶自封闭阀门的试验和规格（ISO 14245:2006）
	EN ISO 15995:2010	气体气瓶—LPG 气瓶人工操作阀门的试验和规格（ISO 15995:2006）
4.1.6.8(b)和(c)	ISO 11117:1998 或 ISO 11117:2008 + Cor 1:2009	气体气瓶—工业及医药气体气瓶的阀门保护罩和阀门护圈—设计、制造和试验
	EN 962:1996 + A2:2000	工业及医药气体气瓶的阀门保护罩和阀门护圈—设计、制造和试验
	ISO 16111:2008	可运输气体储存设备—可逆金属氢化物所含的氢元素

4.1.7 有机过氧化物(第5.2类)和第4.1类自反应物质的特殊包装规定

4.1.7.0.1 对于有机过氧化物,所有容器应"有效地封闭"。如果包件内可能因释放气体而产生较大的内压,可以配备排气孔,但排放的气体不得造成危险,否则装载度必须加以限制。任何排气装置的结构必须使包件直立时液体不会漏出,并且必须能够防止杂质进入。如果有外包装,其设计必须使它不会干扰排气装置的作用。

4.1.7.1 *包装的使用(中型散装容器除外)*

4.1.7.1.1 有机过氧化物和自反应物质的包装应符合6.1章的要求并且满足Ⅱ类包装的试验要求。

4.1.7.1.2 有机过氧化物和自反应物质的包装方法列在包装指南P520中,并用OP1至OP8表示。为每种包装方法规定的数量是每个包件允许装载的最大数量。

4.1.7.1.3 对于现有的有机过氧化物和自反应物质,各自的适用包装方法列于2.2.41.4和2.2.52.4。

4.1.7.1.4 对于新型有机过氧化物、新型自反应物质或者当前有机过氧化物或自反应物质的新型方程式组合,应通过下面的过程来确定合适的包装方法:

(a) B型有机过氧化物或B型自反应物质:
应使用包装方法OP5,同时有机过氧化物(或自反应物质)在符合包装方法的包装中满足《试验和标准手册》20.4.3(b)[resp. 20.4.2(b)]的标准。如果有机过氧化物(或自反应物质)所能满足标准的包装小于包装方法OP5规定的包装(即OP1到OP4中所列出的包装),那么相应地也要选择OP号码更小的包装方法;

(b) C型有机过氧化物或C型自反应物质:
应使用包装方法OP6,同时有机过氧化物(或自反应物质)在符合包装方法的包装中满足《试验和标准手册》20.4.3(c)[resp. 20.4.2(c)]的标准。如果有机过氧化物(或自反应物质)所能满足标准的包装小于包装方法OP6规定的包装,那么相应地也要选择OP号码更小的包装方法。

(c) D型有机过氧化物或D型自反应物质:
这一类型有机过氧化物或自反应物质应使用包装方法OP7;

(d) E型有机过氧化物或E型自反应物质:
这一类型有机过氧化物或自反应物质应使用包装方法OP8;

(e) F型有机过氧化物或F型自反应物质
这一类型有机过氧化物或自反应物质应使用包装方法OP。

4.1.7.2 *中型散装容器(IBC)的使用*

4.1.7.2.1 按照包装指南,列于包装指南IBC520中的现有有机过氧化物可以使用中型散装容器运输。中型散装容器应符合6.5章的要求并且满足Ⅱ类包装的试验要求。

4.1.7.2.2 其他F型有机过氧化物和F型自反应物质可按产地国主管机关确定的条件装在中型散装容器里运输,如该主管机关根据适当试验的结果确信这种运输可以安全地进行。且进行的试验应包含以下几点:

(a) 证明有机过氧化物(或自反应物质)符合2.5.3.3.2(f)规定的分类原则,即图2.5.1出口框F(或2.4.2.3.3.2(f),图2.4.1出口框F);

(b) 证明在运输期间通常与物质接触的所有材料都具有相容性;

(c) 需确定适用情况下从SADT得到的关于产品在中型散装容器中运输的控制温度和紧急温度;

(d) 需设计适用情况下的压力和紧急释放设备;和

(e) 需确定任何关于货物安全运输的特殊要求。

如果起运国不是 ADR 的缔约方,那么其分类情况和运输条件应委托 ADR 的第一缔约方的主管机关进行批准。

4.1.7.2.3 需要考虑的紧急情况是物质的自加速分解和火焰吞没。为了防止带有完整金属包装的金属或复合中型散装容器的爆炸性破裂,应急降压装置的设计必须能将自加速分解期间或按 4.2.1.13.8 所给的公式计算的被火焰完全吞没不少一小时内产生的所有分解物和蒸气排放掉。

4.1.8 传染性物质(第 6.2 类)的特殊包装规定

4.1.8.1 传染性物质的托运人应保证包件满足其到达目的地时处于良好的状态并且在运输过程中对人或动物都不构成危险。

4.1.8.2 在 1.2.1 中的定义以及 4.1.1.1~4.1.1.17 的一般规定,除 4.1.1.3,4.1.1.9~4.1.1.12 和 4.1.1.15 外,都适用于传染性物质的包件。但是,液体只能装入对正常运输条件下可能产生的内部压力具有适当承受力的容器。

4.1.8.3 在辅助包装与外包装之间应附上将包装内容按编号记录的表单。在需要运输的传染性物质未知的情况下,但其可以满足品类 A 的相关标准,"疑为品类 A 传染性物质"的文字需要被显示在外包装内的单据上,为明显起见,跟着写上适当的运送名称。

4.1.8.4 在空包装回到托运人那里或去往任何其他地方之前,空包装应经过消毒达到没有任何风险的要求,并且任何显示该包装曾装有传染性物质的标志或标记都应被移除或擦去。

4.1.8.5 如果保持同等水平的性能,放在辅助容器内的主贮器允许有如下变动而不需要对整个包件进一步试验:

(a) 与试验过的主容器相比尺寸相等或者更小的容器在满足以下几种情况下可以被使用:

(ⅰ) 主容器与已试验容器设计相似(例如形状:圆形,矩形等);

(ⅱ) 主容器的生产材料(例如玻璃,塑料,金属)承受冲击和堆垛压力的能力等于或优于已试验的容器;

(ⅲ) 主容器有相同或更小的开口以及封口的设计是相同的(例如螺母,摩擦盖等)。

(ⅳ) 用足够的额外缓冲材料来充装空当并且防止主容器的关键晃动;和

(ⅴ) 主容器经过与已试验的包件相同的工艺装入辅助包装;

(b) 已试验的主容器或者以上(a)中定义的主容器的几种类型中,较少数量被用以充装足够的缓冲物来填补空当并且防止主容器的关键移动。

4.1.8.6 段落 4.1.8.1~4.1.8.5 只适用于品类 A 的传染性物质(UN 2814 和 2900)。它们不适用于 UN 3373 生物物质,品类 B(见 P650 的 4.1.4.1),同样不适用于 UN 3291 临床废物,不详,未另作规定的或(生物)医药废物,未另作规定的或管制医药废物,未另作规定的

4.1.8.7 对于动物材料的运输,没有在可适用包装指南中详细规定的包装或中型散装容器,除非经起运国❶主管机关特别批准并满足以下条件,其不能用于运输此类物质或货物:

(a) 可选包装符合本部分的一般要求;

---

❶ 如果起运国不是 ADR 的缔约方,那么应委托 ADR 的第一缔约方的主管机关进行批准。

(b) 有3.2章表A第8栏展示的包装指南给定的同时,可选包装满足第6部分的要求;

(c) 起运国的主管机关决定可选的包装具备的安全等级,满足此类货物按照3.2章表A第8栏展示的特别包装指南中给定的方法进行包装;和

(d) 一次主管机关的批文随附每一次运单或运输文件,该批文包括获得批准的可替代包装说明。

4.1.9 放射性物质的特殊包装规定

4.1.9.1 概要

4.1.9.1.1 放射性物质、容器和包件必须符合6.4章的要求。包件中放射性物质的数量不得超过2.7.2.2、2.7.2.4.1、2.7.2.4.4、2.7.2.4.5、2.7.2.4.6、3.3章的特别规定336和4.1.9.3中规定的限值。

ADR所涵盖的放射性物质包件的种类有:

(a) 其他类包件(见1.7.1.5);
(b) 工业包件类型1(类型IP-1);
(c) 工业包件类型2(类型IP-2);
(d) 工业包件类型3(类型IP-3);
(e) 类型A包件;
(f) 类型B(U)包件;
(g) 类型B(M)包件;
(h) 类型C包件。

装有易裂变材料或六氟化铀的包件必须符合附加要求。

4.1.9.1.2 任何包件外表面的非固定污染必须保持在尽可能低的水平上,在例行运输条件下,这种污染不得超过下述限值:

(a) β和γ发射体以及低毒性α发射体:$4Bq/cm^2$;和
(b) 所有其他α发射体:$0.4Bq/cm^2$。

这些限值适用于表面任何部分任何$300cm^2$面积的平均值。

4.1.9.1.3 包件不能包含任何除对于放射性物质使用必要以外的东西。在设计适用运输过程的正常问题下,包件中货物与包件之间的相互作用不应降低包件的安全性。

4.1.9.1.4 除了在7.5.11,CV33中提到的以外,集合包装、集装箱、罐体、中型散装容器以及车辆的外部和内部表面上的非固定污染量的等级,不应超出4.1.9.1.2详细给出的限制。

4.1.9.1.5 对于放射性物质具有的其他危险属性,包件设计时应予以考虑。包装于无须经过主管机关批准的包装中的带有次要危险性的放射性物质,应使用符合第6部分相关章节以及4.1、4.2、4.3章对于该次要危险性所给出的要求的包装、中型散装容器、罐体或散装容器进行运输。

4.1.9.1.6 在包装第一次被用于运输放射性物质之前,应证实其详细生产设计能够确保符合ADR的相关规定以及任何适用的批准证书。在适用的条件下,同样应该满足以下要求:

(a) 如果包容系统的设计气压超过35kPa(标准尺寸),应当确保每个包装的包容系统满足关于该气压下能够保持系统完整性的系统容量的经批准的设计要求;

(b) 每个准备用作B(U)型、B(M)型或C型包件的容器和每个准备用于盛装易裂变材料的容器,必须确保其屏蔽和盛装系统的效能,以及必要时盛装系

统的导热性和效能,均在所批准设计的适用限值或规定限值以内;

(c) 每个准备用于盛装易裂变材料的容器,必须确保其临界安全装置有效,处于设计所适用的限值或规定的限值范围内,特别是在为符合6.4.11.1的要求而特意装入中子毒物的情况下,必须进行检查,确认这些中子毒物的存在和分布。

4.1.9.1.7　任何包件在每次装运前都必须确保包件中没有:

(a) 非包件设计所规定的放射性核素;以及

(b) 在外形、物理或化学形态方面有别于包件设计所规定的内装物。

4.1.9.1.8　每次装运前,任何包件都必须确保 ADR 范本的相关规定和适用批准证书中规定的各项要求均已得到满足。在适用的情况下,还必须满足下述要求:

(a) 必须确保按照6.4.2.3的规定,已拆除不符合6.4.2.2要求的附加起吊装置,或使其不能用于起吊包件;

(b) 每个 B(U)型、B(M)型和 C 型包件均必须先存放一段时间,直至达到足够接近平衡的条件,表明其温度和压力已符合装运要求,除非对这些要求提请的免管已得到单方批准;

(c) 每个 B(U)型、B(M)型和 C 型包件,必须通过检查和/或适当的测试,确保盛载系统中所有可能泄漏放射性内容物的封盖、阀门和其他开孔均已严加密闭,必要时密封的方式应显示已经达到6.4.8.8和6.4.10.3的要求;

(d) 盛装易裂变材料的包件,必须进行6.4.11.5(b)规定的测量和6.4.11.8规定的试验,验证每个包件的密闭情况。

4.1.9.1.9　发货人还必须持有所有如何正确封闭包件,以及根据批准证书的要求,在进行任何装运之前必须完成的一切装运准备工作的说明书。

4.1.9.1.10　任何包件或外包装的运输指数均不得超过10,而任何包件或外包装的临界安全指数均不得超过50,但按独家使用方式运输的托运货物除外。

4.1.9.1.11　除了在7.5.11,CV33(3.5)(a)中详述的特殊情况下运输的包件或集合包件,包装或集合包件任何外表面上的任意一点的辐射等级的最大值应不超过2mSv/h。

4.1.9.1.12　按独家使用方式运输的包件或外包装,任何外表面上任一位置的最高辐射水平不得超过10mSv/h。

4.1.9.2　*LSA 物质和SCO 运输的要求和控制*

4.1.9.2.1　单个 IP-1 型包件、IP-2 型包件、IP-3 型包件,或一个物件或一批物件中的 LSA 物质或 SCO 的数量,必须酌情予以限制,使该物质、物件或整批物件在无屏蔽的情况下,距其3米处的外部辐射水平不超过10mSv/h。

4.1.9.2.2　对于是或包含裂变材料的 LSA 物质或 SCO,其不被排除在2.2.7.2.3.5之外,应满足7.5.11,CV33(4.1)和(4.2)的适用要求。

4.1.9.2.3　对于是或包含裂变材料的 LSA 物质或 SCO,应满足6.4.11.1的适用要求。

4.1.9.2.4　Ⅰ类低比活度(LSA-1)物质和Ⅰ类表面污染物体(SCO-I),可在下列条件下无包装运输:

(a) 除矿石之外的所有无包装材料,只含天然存在的放射性核素,在运输时必须保证,在例行运输条件下,放射性内装物不会从运输工具中漏出,屏蔽不得出现任何失效;

(b) 每个运输工具必须是独家使用,除非只运输Ⅰ类表面污染物体(SCO-I),而且其可接触及

不可接触表面的污染不超过2.7.1.2规定的适用水平的10倍;

(c) 对于 SCO-I,如怀疑其不可接触表面的非固定污染超过2.7.2.3.2(a)

（一）规定的数值，必须采取措施，确保放射性物质不释放到运输工具里；

(d) 无包装的易裂变材料必须满足 2.7.2.3.5(e)的要求。

4.1.9.2.5　　　　　LSA 物质和 SCO，除非 4.1.9.2.4 中另有规定，否则必须按照下表进行包装：

LSA 物质和 SCO 的工业包装要求　　　　　表 4.1.9.2.5

放射性物质	工业包装类型	
	专用	非专用
LSA-Ⅰ 　固态[a] 　液态	 Type IP-1 Type IP-1	 Type IP-1 Type IP-2
LSA-Ⅱ 　固态 　液态和气态	 Type IP-2 Type IP-2	 Type IP-2 Type IP-3
LSA-Ⅲ	Type IP-2	Type IP-3
SCO-Ⅰ[a]	Type IP-1	Type IP-1
SCO-Ⅱ	Type IP-2	Type IP-2

[a] 在4.1.9.2.4 中详述的情况下，LSA-Ⅰ 和SCO-Ⅰ 可以进行无包装运输。

4.1.9.3　含裂变材料的包件

盛装易裂变材料的包件，内装物必须符合 ADR 有关包件设计的具体规定，或批准书中的有关规定。

4.1.10　混合包装的特殊规定

4.1.10.1　　如果按照本节混合包装规定，不同的危险货物或者危险货物与其他货物可以共同包装在符合 6.1.4.21 组合包装内，保证它们不会产生危险性反应，并且符合本章中的所有其他相关规定。

***注1**:同样见4.1.1.5 和4.1.1.6。*

***注2**:对于放射性物质,见4.1.9。*

4.1.10.2　　除了只含第 1 类货物或只含第 7 类货物的包件，如果使用木板或纤维板箱作为外包装，单个包含不同类货物的包件质量不能超过 100kg。

4.1.10.3　　除非有依据 4.10.4 的特殊规定，同类和相同分类代码的危险货物可以包装在一起。

4.1.10.4　　适用于该条目的货物与同样包装的其他货物混合包装。

MP1　　只能与同一配装组中的相同类型的货物包装在一起。

MP2　　不应与其他货物包装在一起。

MP3　　允许 UN 1873 与 UN 1802 的混合包装。

MP4　　不应与其他类的货物或者不符合 ADR 要求的货物包装在一起。但是，如果对于第 3 类物质该有机过氧化物是一个坚硬的或化合物系统，则允许与这些第 3 类物质混合包装。

MP5　　在符合 P620 的前提下 UN 2814 与 UN 2900 可共同包装在同一个组合包装内。它们不应与其他货物包装在一起：这不适用于根据 P650 包装的 UN 3373 生物物质、品类 B 或者作为冷却剂的物质，如干冰或冷却的液态氮。

MP6　　不应与其他货物包装在一起。这不适用于作为冷却剂的物质，如干冰或冷却的液态氮。

MP7　　在每个内包装容量不超过 5L 的情况下，可与以下货物按照 6.1.4.21 组合包装：

—对其允许进行混合包装且其他分类代码中同类的货物；或

—不符合 ADR 要求的货物，假设它们不会进行危险反应。

MP8　在每个内包装容量不超过 3L 的情况下，可与以下货物按照 6.1.4.21 组合包装：

—对其允许进行混合包装且其他分类代码中同类的货物；或

—不符合 ADR 要求的货物，假设它们不会进行危险反应。

MP9　可与以下货物按照 6.1.4.21 组合包装：

—第 2 类的其他货物；

—对其允许进行混合包装且其他类货物；或

—不符合 ADR 要求的货物，假设它们不会进行危险反应。

MP10　在每个内包装质量不超过 5kg 的情况下，可与以下货物按照 6.1.4.21 组合包装：

—对其允许进行混合包装且其他分类代码中同类的货物；或

—不符合 ADR 要求的货物，假设它们不会进行危险反应。

MP11　在每个内包装质量不超过 5kg 的情况下，可与以下货物按照 6.1.4.21 组合包装：

—对其允许进行混合包装且其他分类代码中同类的货物（除第 5.1 类中组 1 或组 2 的物质）；或

—不符合 ADR 要求的货物，假设它们不会进行危险反应。

MP12　在每个内包装质量不超过 5kg 的情况下，可与以下货物按照 6.1.4.21 组合包装：

—对其允许进行混合包装且其他分类代码中同类的货物（除第 5.1 类中组 1 或组 2 的物质）；或

—不符合 ADR 要求的货物，假设它们不会进行危险反应。

包装箱不得超过 45kg，如果纤维硬纸盒用于外包装的时候，包装箱质量不得超过 27kg。

MP13　在每个内包装和每个包件质量不超过 3kg 的情况下，可与以下货物按照 6.1.4.21 组合包装：

—对其允许进行混合包装且其他分类代码中同类的货物；或

—不符合 ADR 要求的货物，假设它们不会进行危险反应。

MP14　在每个内包装质量不超过 6kg 的情况下，可与以下货物按照 6.1.4.21 组合包装：

—对其允许进行混合包装且其他分类代码中同类的货物；或

—不符合 ADR 要求的货物，假设它们不会进行危险反应。

MP15　在每个内包装容量不超过 3L 的情况下，可与以下货物按照 6.1.4.21 组合包装：

—对其允许进行混合包装且其他分类代码中同类的货物；或

—不符合 ADR 要求的货物，假设它们不会进行危险反应。

MP16　在每个内包装和每个包件容量不超过 3L 的情况下，可与以下货物按照 6.1.4.21 组合包装：

—对其允许进行混合包装且其他分类代码中同类的货物；或

—不符合 ADR 要求的货物，假设它们不会进行危险反应。

MP17　在每个内包装和每个包件容量不超过 0.5L 和 1L 的情况下，可与以下货物按照 6.1.4.21 组合包装：

—对其允许进行混合包装且除第 7 类的其他类货物；或

—不符合 ADR 要求的货物，假设它们不会进行危险反应。

MP18 在每个内包装和每个包件质量不超过 0.5kg 和 1kg 的情况下，可与以下货物按照 6.1.4.21 组合包装：

—对其允许进行混合包装且除第 7 类的其他类货物；或

—不符合 ADR 要求的货物，假设它们不会进行危险反应。

MP19 在每个内包装容量不超过 5L 的情况下，可与以下货物按照 6.1.4.21 组合包装：

—对其允许进行混合包装且其他分类代码中同类的货物；或

—不符合 ADR 要求的货物，假设它们不会进行危险反应。

MP20 可以把相同的 UN 编号的货物包装在一起。

不用将不同 UN 编号的货物包装在一起，除非这些货物符合 MP24 特殊条款的允许。

不用和其他类别的货物或者不符合 ADR 要求的货物存放在一起。

MP21 可以把相同的 UN 编号的货物包装在一起。

不用将不同 UN 编号的货物包装在一起，除非：

（a） 因为这些货物自身的起爆方式

（ⅰ） 假设这些起爆方式在一般的运输条件下不会采用；或

（ⅱ） 这样的起爆方式至少有两种有效保护机制来确保在偶然的运送过程中的意外情况时不会产生爆炸；或

（ⅲ） 当这些起爆方式没有两种以上的保护机制的时候（例如分配给相同组 B 中的起爆方式），根据起运国❶主管机关的规定在正常的运送方式下突发事件中不会造成货物的爆炸。

（b） 相同组 C,D 和 E 中的货物。

不用和其他类别的货物或者不符合 ADR 要求的货物包装在一起。

当货物按照该特殊规定包装在一起时，运输单据中对货物的描述应考虑依据 2.2.1.1 中包件分类的可能的修订，见 5.4.1.2.1(b)。

MP22 可以把相同的 UN 编号的货物包装在一起。

一定不能将第 1 类具有不同 UN 编号的货物存放在一起，除非

（a） 这些货物具有他们自己的起爆方式，并且假设这些起爆方式在一般的运输条件下不会采用；或

（b） 具有相同组 C,D 和 E 的条款；或

（c） 如果被 MP24 特殊条款规定。

不用和其他类别的货物或者不符合 ADR 要求的货物包装在一起。

当货物按照该特殊规定包装在一起时，运输单据中对货物的描述应考虑依据 2.2.1.1 中包件分类的可能的修订，见 5.4.1.2.1(b)。

MP23 可以把相同的 UN 编号的货物包装在一起。

一定不能将第 1 类具有不同 UN 编号的货物存放在一起，除非

（a） 这些货物具有他们自己的起爆方式，并且假设这些起爆方式在一般的运输条件下不会启动；或

（b） 如果被 MP24 特殊条款规定。

---

❶ 如果起运国不是 ADR 的缔约方，那么其批准请求应委托 ADR 的第一缔约方的主管机关进行批准。

不用和其他类别的货物或者不符合 ADR 要求的货物存放在一起。

当货物按照该特殊规定包装在一起时,运输单据中对货物的描述应考虑依据 2.2.1.1 中包件分类可能的修订,见 5.4.1.2.1(b)。

MP24 可以在以下的几种情况下,将下面表格中的 UN 编号的货物存放在一起:

如果字母 A 出现在表格中,具有这些 UN 编号的货物在没有特殊质量要求的情况下可以存放于相同的包件中。

如果字母 B 出现在表格中,具有这些 UN 编号的货物可以在易爆物质量不超过 50kg 的情况下存放于相同的包件中。

当货物按照该特殊规定包装在一起时,运输单据中对货物的描述应考虑依据 2.2.1.1 中包件分类的可能的修订,见 5.4.1.2.1(b)。

UN 编号	0012	0014	0027	0028	0044	0054	0160	0161	0186	0191	0194	0195	0197	0238	0240	0312	0333	0334	0335	0336	0337	0373	0405	0428	0429	0430	0431	0432	0505	0506	0507
0012																															
0014	A																														
0027																															
0028			B																												
0044			B	B																											
0054																															
0160				B	B																										
0161			B	B		B																									
0186					B	B																									
0191					B	B		B																							
0194					B	B		B	B																						
0195					B	B		B	B	B																					
0197					B	B		B	B	B	B																				
0238					B	B		B	B	B	B	B																			
0240					B	B		B	B	B	B	B	B																		
0312						B			B	B	B	B	B	B	B																
0333																															
0334																	A														
0335																	A	A													
0336																	A	A	A												
0337																	A	A	A	A											
0373					B	B			B	B	B	B	B	B	B	B															
0405					B	B			B	B	B	B	B	B	B	B						B									
0428					B	B			B	B	B	B	B	B	B	B						B	B								
0429					B	B			B	B	B	B	B	B	B	B						B	B	B							
0430					B	B			B	B	B	B	B	B	B	B						B	B	B	B						
0431					B	B			B	B	B	B	B	B	B	B						B	B	B	B	B					
0432					B	B			B	B	B	B	B	B	B	B						B	B	B	B	B	B				
0505					B	B			B	B	B	B	B	B	B	B						B	B	B	B	B	B	B			
0506					B	B			B	B	B	B	B	B	B	B						B	B	B	B	B	B	B	B		
0507					B	B			B	B	B	B	B	B	B	B						B	B	B	B	B	B	B	B	B	

第4.2章 可移动罐柜和 UN 多单元气体容器(MEGCs)的使用

注1：*对于固定式罐体(罐式车辆)、可拆卸式罐体、罐体集装箱、以及由金属材料制成壳体的罐式交换箱体、管束式车辆和多单元气体容器(MEGCs)见4.3章；对于纤维增强塑料罐体见4.4章；真空操作危废罐见4.5章。*

注2：*按6.7章适用的规定进行标记的可移动罐柜和UN MEGCs，尽管是由非ADR缔约方批准的，但仍可用于ADR的运输。*

4.2.1 使用可移动罐柜运输第3~9类物质的一般规定

4.2.1.1 本节规定对使用可移动罐柜运输第1、3、4、5、6、7、8、9类物质适用的一般要求。除这些一般要求外，可移动罐柜的设计、制造、检查和试验还应符合6.7.2详细规定的要求。用于运输这些物质的可移动罐柜应符合3.2章表A第(10)栏列出、并在4.2.5.2.6(T1~T23)中说明的适用可移动罐柜指南，并且应符合3.2章表A第(11)栏和4.2.5.3给每种物质划定的可移动罐柜特殊规定。

4.2.1.2 可移动罐柜应有充分保护，以防运输过程中因横向和纵向冲击和倾覆而损坏罐壳和辅助设备。如罐壳和辅助设备结构能承受冲击或倾覆，则不需作这样的保护。这种保护的示例见6.7.2.17.5。

4.2.1.3 有些化学性质不稳定的物质，只能在采取必要措施防止在运输过程中发生危险的分解、变态或聚合反应时，方准运输。为此，应特别注意确保罐体不含任何可以促进这些反应的物质。

4.2.1.4 罐壳(不包括开口及其封闭装置)或隔热层外表面温度在运输中不得超过70℃。必要时，罐壳应采取隔热措施。

4.2.1.5 未经清洗和放气的空可移动罐柜应按照仍装有原先所装物质一样的要求办理。

4.2.1.6 可相互起危险反应的物质不得装在相同或相邻的罐壳隔仓内运输("危险反应"定义见1.2.1)。

4.2.1.7 主管机关或其授权机构为每个可移动罐柜签发的设计批准证书、试验报告以及列明首次检查和试验结果的证书，应由主管机关或其授权机构与所有人分别保管。所有人在任何主管机关要求时必须能提供这种文件。

4.2.1.8 除非装运的(各)物质名称写在6.7.2.20.2所述的金属标牌上，否则6.7.2.18.1所述的证书副本应在主管机关或其授权单位提出要求时提供，并酌情同发货人、收货人或代理商随时提供。

4.2.1.9 充装度

4.2.1.9.1 装货前，托运人应确保所用的是合适的可移动罐柜，而用可移动罐柜未充装在与罐壳材料、垫圈、辅助设备及任何防护衬料接触时可以与之发生危险的反应从而形成危险产物或明显免除这些材料强度的物质。托运人可以就物质与可移动罐柜是否相容征求物质生产商及主管机关的意见。

4.2.1.9.1.1 可移动罐柜充装不得超过4.2.1.9.2~4.2.1.9.6规定的限度。4.2.1.9.2、4.2.1.9.3或4.2.1.9.5.1对个别物质的适用性见4.2.5.2.6或4.2.5.3及3.2章表A第(10)栏或第(11)栏内的适用便携体指南或特殊规定。

4.2.1.9.2 一般采用的最大充装度(%)按下式计算：

$$充装度 = \frac{97}{1+\alpha(t_r - t_f)}$$

4.2.1.9.3	对于Ⅰ类和Ⅱ类包装的第6.1类和第8类液体及在65℃时绝对蒸气压超过175kPa(1.75bar)的液体,其最大充装度(%)按下式计算:

$$充装度 = \frac{95}{1 + \alpha(t_r - t_f)}$$

4.2.1.9.4	以上两式中,α是液体在装货过程平均温度(t_f)与运输过程最高平均整体温度(t_r)(均为℃)之间的平均体积膨胀系数。液体在环境条件下运输时,α可按下式计算:

$$\alpha = \frac{d_{15} - d_{50}}{35 d_{50}}$$

式中d_{15}和d_{50}分别为液体在15℃和50℃时的密度。

4.2.1.9.4.1	最高平均整体温度(t_r)取50℃,但在温和气候条件下或极端气候条件下运输时,有关主管机关可酌情同意取较低或要求取较高的温度值。
4.2.1.9.5	4.2.1.9.2~4.2.1.9.4.1的规定不适用于充装在运输过程中保持温度高于50℃(例如使用加温装置)的物质的可移动罐柜。装有加温装置的可移动罐柜应使用温度调节器,确保最大充装度在运输过程中的任何时候都不大于整个容积的95%。
4.2.1.9.5.1	高温条件下运输的液体和温度处于熔点之上的固体最大充装度(%)按下式计算:

$$充装度 = 95 \frac{d_r}{d_f}$$

式中d_f和d_r分别为液体在装货过程平均温度下的密度和运输过程最高平均整体温度下的密度。

4.2.1.9.6	下列情况的可移动罐柜不得交运:
	(a) 充装20℃时加热物质在运输过程中物质的最高温度下黏度低于2680mm²/s的液体且充装度大于20%但小于80%,除非可移动罐柜的罐壳用隔板或防波板隔开,隔成若干容量不超过7500L的舱;
	(b) 罐壳外部或其辅助设备上黏附有原来充装的残余物质;
	(c) 渗漏或损坏到可移动罐柜或其起吊或紧固附件的完整性可以受到影响时;以及
	(d) 除非对其辅助设备进行过检查并且确认其工作状态良好。
4.2.1.9.7	可移动罐柜的叉车插口在罐体装货时应关闭。这一规定不适用于按照6.7.3.13.4不需要配备叉车插口关闭装置的可移动罐柜。
4.2.1.10	***使用可移动罐柜运输第3类物质的附加规定***
4.2.1.10.1	用于运输易燃液体的所有可移动罐柜应是密闭的,并按照6.7.2.8~6.7.2.15的要求装有降压装置。
4.2.1.10.1.1	仅用于用于陆运的可移动罐柜,4.3章可以允许使用开口排气系统。
4.2.1.11	***使用可移动罐柜运输第4类物质(第4.1类自反应物质除外)的附加规定***
	(保留)
	注:关于第4.1类自反应物质,见4.2.1.13.1
4.2.1.12	***使用可移动罐柜运输第5.1类物质的附加规定***
	(保留)
4.2.1.13	***使用可移动罐柜运输第5.2类物质和第4.1类自反应物质的附加规定***
4.2.1.13.1	对每种物质都应进行试验,并将报告提交起运国主管机关核准。应向到达地国主管机关寄送关于该物质的通知书。通知书应包含有关的运输资料并附上载有试验结果的报告。进行的试验应包括能达到下述目的的必要试验:
	(a) 证明在运输期间通常与该物质接触的所有材料都具有相容性;
	(b) 提供设计安全降压和紧急降压装置所需的数据,同时考虑到可移动罐柜的设计特征。安全运输该物质所需的任何附加规定,应清楚地写在报告里。

4.2.1.13.2	下述规定适用于运输自加速分解温度为55℃或更高的F型有机过氧化物或F型自反应物质的可移动罐柜。如果这些规定同6.7.2中的规定相冲突,则以这些规定为准。须考虑的紧急情况是物质的自加速分解和4.2.1.13.8所述的被火焰吞没的情况。
4.2.1.13.3	用可移动罐柜运输自加速分解温度低于55℃的有机过氧化物或自反应物质的附加规定,由产地国主管机关加以规定。应将这些有关规定的通告书寄送目的地国主管机关。
4.2.1.13.4	可移动罐柜的设计应能承受至少0.4MPa(4bar)的试验压力。
4.2.1.13.5	可移动罐柜应装有温度感测装置。
4.2.1.13.6	可移动罐柜应装有安全降压装置和应急降压装置。也可使用真空降压装置。安全降压装置起作用时的压力应根据物质的性质和可移动罐柜的构造特征确定。罐壳上不允许使用易熔塞。
4.2.1.13.7	安全降压装置应装有弹簧阀,以防止可移动罐柜内大量积聚在50℃时产生的分解物和蒸气。降压阀的能力和开始泄气时的压力应根据4.2.1.13.1规定的试验结果确定。但在任何情况下起始释放压力都不得导致液体在可移动罐柜倾覆时从阀门中流出。
4.2.1.13.8	紧急降压装置可以是弹簧式的或易碎式的或两者的组合,其设计应能将罐体被火焰完全吞没不少于一小时内产生的分解物和蒸气全部排放掉,具体按下式计算:

$$q = 70961 \times F \times A^{0.82}$$

式中:q——吸热率(W);

A——沾湿面积(m^2);

F——隔热系数1;或非隔热型罐体

$$F = \frac{U(923-T)}{47032}, 隔热型罐体$$

式中:K——隔热层导热率($W \cdot m^{-1} \cdot K^{-1}$);

L——隔热层厚度(m);

U——K/L = 隔热层热传导系数($W \cdot m^{-2} \cdot K^{-1}$);

T——物质在降压释放条件下的温度(K)。

应急降压装置开始泄气时的压力应高于4.2.1.13.7所规定者并根据4.2.1.13.1所述的试验结果确定,紧急降压装置的尺寸应能够确保可移动罐柜内的最大压力决不超过其试验压力,

注:确定紧急降压装置大小的方法的一个例子载于《试验和标准手册》附录5。

4.2.1.13.9	对于隔热的可移动罐柜,在确定其紧急降压装置的能力和定位时应假设罐体表面积1%的隔热材料脱落。
4.2.1.13.10	真空降压装置和弹簧阀应配有防火罩。应适当考虑到防火罩会减低降压能力。
4.2.1.13.11	阀门和外部管道等辅助设备的安排应使它们在可移动罐柜装货后不会有物质残留其中。
4.2.1.13.12	可移动罐柜可加以隔热,或采用遮阳罩保护。如果可移动罐柜内装物质的自加速分解温度为55℃或更低,或可移动罐柜为铝结构,则可移动罐柜应完全隔热。外表面应涂白色涂料或发亮金属。
4.2.1.13.13	15℃时的充装度不须超过90%。
4.2.1.13.14	6.7.2.20.2所要求的标记应包含UN编号和技术名称加核准的有关物质浓度。
4.2.1.13.15	4.2.5.2.6内可移动罐柜指南T23具体列出的有机过氧化物和自反应物质可用可移动罐柜运输。
4.2.1.14	***使用可移动罐柜运输第6.1类物质的附加规定***

（保留）

4.2.1.15 *使用可移动罐柜运输第6.2 类物质的附加规定*
（保留）

4.2.1.16 *使用可移动罐柜运输第7 类物质的附加规定*

4.2.1.16.1　用于运输放射性物质的可移动罐柜不得用于运输其他货物。

4.2.1.16.2　可移动罐柜的充装度不得超过90%或经主管机关批准的任何其他数值。

4.2.1.17 *使用可移动罐柜运输第8 类物质的附加规定*

4.2.1.17.1　运输第8类物质所用的可移动罐柜的安全降压装置应定期检查,间隔期不得超过1年。

4.2.1.18 *使用可移动罐柜运输第9 类物质的附加规定*
（保留）

4.2.1.19 *使用可移动罐柜运输在熔点之上的固体的附加规定*

4.2.1.19.1　在物质的熔点以上运输或要求运输的固体物质,危险货物一览表第(10)栏中未标明可移动罐体指南,或标明的可移动罐体指南不适用于在熔点以上的温度运输者,可在以下条件下用可移动罐体运输,即该固体物质的分类属第4.1、4.2、4.3、5.1 或6.1 类,或属第8 或第9 类,且除第6.1 类或第8 类外没有其他次要危险性,属Ⅰ或Ⅱ类包装。

4.2.1.19.2　除非在3.2 章危险货物一览表中另有说明,否则在固体物质的熔点以上运输这类物质使用的可移动罐体指南,需符合 Ⅲ 类包装的固体物质可移动罐体指南 T4 的规定,或Ⅱ类包装的固体物质 T7 的规定。也可根据 4.2.5.2.5 选择具有相当或更高安全度的可移动罐体指南。最大充装度(%)应根据 4.2.1.9.5(TP3)决定。

4.2.2　使用可移动罐柜运输非冷冻液化气体和承压化学品的一般规定

4.2.2.1　本节规定对使用可移动罐柜运输非冷冻液化气体和承压化学品适用的一般要求。

4.2.2.2　可移动罐柜应符合6.7.3 详细规定的设计、制造、检查和试验要求。用于运输非冷冻液化气体和承压化学品的可移动罐柜应符合4.2.5.2.6 所载述的可移动罐柜指南T50,并符合3.2 章表A 第(11)栏列出并在4.2.5.3 中说明的给特定非冷冻液化气体划定的可移动罐柜特殊规定。

4.2.2.3　可移动罐柜应有充分保护,以防运输过程中因横向和纵向冲击和倾覆而损坏罐壳和辅助设备。如罐壳和辅助设备构造能承受冲击或倾覆,则不需作这样的保护。这种保护的示例见6.7.3.13.5。

4.2.2.4　有些化学性质不稳定的非冷冻液化气体,只能在采取必要措施防止在运输过程中发生的危险的分解、变态或聚合反应时,方准运输。为此,应特别注意确保罐体不含任何可以促进这些反应的物质。

4.2.2.5　除非装运的气体名称写在6.7.3.16.2 所述的金属标牌上,否则在主管机关提出要求时必须提供6.7.3.14.1 所述的证书,根据情况由发货人、收货人或代理商及时提供。

4.2.2.6　未经清洗和放气的空可移动罐柜应按照仍装有原先所装非冷冻液化气体一样的要求办理。

4.2.2.7 *充装*

4.2.2.7.1　装货前,托运人应确保所用的是核准用于待运非冷冻液化气体的可移动罐柜,而且未充装在与罐壳材料、垫圈和辅助设备接触时可以与之发生危险的反应从而形成危险产物或明显免除这些材料强度的非冷冻液化气体。装货过程中,非冷冻液化气体的温度应在设计温度范围限度之内。

4.2.2.7.2	罐体每升容积所装的非冷冻液化气体的最大质量(kg/L)不得超过该非冷冻液化气体在50℃时的密度乘以0.95。此外,在60℃时罐体内不得达到液体满容量。
4.2.2.7.3	可移动罐柜的充装量不得超过其最大允许总重和对每种待运气体规定的最大允许载重。
4.2.2.8	下列情况的可移动罐柜不得交运:
	(a) 未装满的情况,可以由于可移动罐柜内的液涌造成过大的液体冲击力;
	(b) 罐体渗漏;
	(c) 损坏到可以影响可移动罐柜或其起吊或紧固装置完整性的程度;以及
	(d) 除非对其辅助设备进行过的检查并且确认工作状态良好。
4.2.2.9	可移动罐柜的叉车插口在罐体装货时应关闭。这一规定不适用于按照6.7.3.13.4不需要配备叉车插口关闭装置的可移动罐柜。

4.2.3 使用可移动罐柜运输冷冻液化气体的一般规定

4.2.3.1	本节规定对使用可移动罐柜运输冷冻液化气体适用的一般要求。
4.2.3.2	可移动罐柜应符合6.7.4详细规定的设计、制造、检查和试验要求。用于运输冷冻液化气体的可移动罐柜应符合4.2.5.2.6所载述的可移动罐柜指南T75,并符合3.2章表A第(11)栏列出并在4.2.5.3中说明的给每种物质划定的可移动罐柜特殊规定。
4.2.3.3	可移动罐柜必须有充分保护,以防运输过程中因横向和纵向冲击和倾覆而损坏罐壳和辅助设备。如罐壳和辅助设备构造能承受冲击或倾覆,则不需作这样的保护。这种保护的示例见6.7.4.12.5。
4.2.3.4	除非装运的(各种)气体名称写在6.7.4.15.2所述的金属标牌上,否则6.7.4.13.1所述的证书副本应在主管机关提出要求时提供,并酌情由发货人、收货人或代理商迅速提供。
4.2.3.5	未经洗刷和放气的空可移动罐柜,必须按照仍装有原先所装物质一样的要求办理。
4.2.3.6	***充装***
4.2.3.6.1	装货前,托运人应确保所用的是核准用于待运冷冻液化气体的可移动罐柜,而且可移动罐柜未充装与罐壳材料、垫圈和辅助设备接触时可以与之发生危险的反应从而形成危险产物或明显减损这些材料强度的冷冻液化气体。装货过程中,冷冻液化气体的温度应在设计温度范围限度之内。
4.2.3.6.2	估计初始充装率时应考虑到预计行程,包括遇到的任何延误在内所需的维持时间。除4.2.3.6.3和4.2.3.6.4规定的情况外,罐体的初始充装度应使内装物(氦除外)在温度上升到蒸气压力等于最大允许工作压力时,液体所占体积不超过98%。
4.2.3.6.3	用于运输氦的罐体可充装至但不超过安全降压装置入口。
4.2.3.6.4	在预定运输时间大大短于保留时间,计算应按主管机关核准,可允许使用较高的初始充装度。
4.2.3.7	***实际保留时间***
4.2.3.7.1	每次行程都应计算实际保留时间,计算应按主管机关承认的程序依据下列各项进行:
	(a) 待运冷冻液化气体的参考保留时间(见6.7.4.2.8.1)(在6.7.4.15.1所述的标牌上标明);
	(b) 实际充装密度;
	(c) 实际充装压力;
	(d) (各)限压装置的最低设定压力。
4.2.3.7.2	实际保留时间应按6.7.4.15.2的规定标在可移动罐柜上或牢固地固定在可移动

罐柜上的金属标牌上。

4.2.3.8 下列情况的可移动罐柜不得交运：
（a） 未装满的情况,可以由于可移动罐柜内的液涌造成过大的液体冲击力；
（b） 渗漏；
（c） 损坏到可以影响可移动罐柜或其他起吊或紧固装置的完整性的程度：
（d） 除非对其辅助设备进行过检查并确认其工作状态良好；
（e） 除非已按4.2.3.7确定所运冷冻液化气体的实际保留时间并且按6.7.4.15.2对可移动罐柜作了标记；以及
（f） 除非计入可以遇到的延误运输时间不超过实际保留时间。

4.2.3.9 可移动罐柜的叉车插口在罐体装货时应关闭。这一规定不适用于按照6.7.4.12.4不需要配备叉车插口关闭装置的可移动罐柜。

4.2.4 使用多单元气体容器(MEGCs)的一般规定

4.2.4.1 本节提供了适用于采用多元素气体容器(MEGC)运输6.7.5提到的非冷冻气体的总体要求。

4.2.4.2 MEGCs应符合6.7.5详细规定的设计、制造、检查和试验要求。MEGCs的内装物应当按照载于包装4.1.4.1和6.2.1.6中的指令P200的规定进行定期检查。

4.2.4.3 在运输过程中，MEGC应加以保护，防止损坏单元和辅助设备的单元和辅助设备维修设备造成的构造导致能承受冲击或倾覆,他们不需要这样的保护这种方法。案例见6.7.5.10.4。

4.2.4.4 MEGCs的定期检验和检查要求载于6.7.5.12 MEGCs或其单元不得在定期检查期限前收取或充装,但期限届满后可以进行运输。

4.2.4.5 *充装度*

4.2.4.5.1 充装之前,对MEGCs进行检查以确保其是被授权的气体而且满足ADR的适用条款。

4.2.4.5.2 MEGCs的充装应当依据工作压力、充装度和4.1.4.1的特定气体包装指南P200规定的条文要充装到每个单元。在任何情况下,充装的一个多单元气体容器或一组单元要超过任何给定单元的最低工作压力的单位。

4.2.4.5.3 充装时不得超过MEGCs的最大允许总质量。

4.2.4.5.4 在装货后隔离阀应封闭,运输过程中保持封闭。有毒气体(基团T,TF,TC,TO,TFC和TOC的气体)将仅在每个元件都装有一个隔离阀的MEGCs中运输。

4.2.4.5.5 充装口应该由盖或塞封闭。封闭装置和设备的密封性通过充装物充装后进行验证。

4.2.4.5.6 下列情况的MEGCs不得交运：
（a） 损坏程度达到可能影响压力贮器或其结构装置或辅助设备的完整性；
（b） 除非压力贮器及其结构装置或辅助设备经过检查,认定工作状态良好；和
（c） 除非所需的证明、再试验和装载标记清晰可见。

4.2.4.6 已充装的MEGCs不得交付运输；
（a） 泄漏时；
（b） 损坏程度达到可能影响压力贮器或其结构装置或辅助设备的完整性；
（c） 除非压力贮器及其结构装置或辅助设备经过检查被认定工作状态良好；和
（d） 除非所需的证明,再试验和充装标记清晰可见。

4.2.4.7 那些没有被清洗的空MEGC清洗后,应与充装了以前的物质的MEGC具备相同的要求。

4.2.5 可移动罐柜指南和特殊规定

4.2.5.1 概述

4.2.5.1.1 本节载列对允许用可移动罐柜运输的危险货物适用的可移动罐柜指南和特殊规定,每一可移动罐柜指南用一个字母—数字符号表示(例如 T1)。3.2 章表 A 第(10)栏所列者为允许用可移动罐柜运输的每一物质应使用的可移动罐柜指南。如一特定危险货物条目的第(10)栏未列出可移动罐柜指南,即不允许用可移动罐柜运输此种物质,除非主管机关按照 6.7.1.3 的规定给予批准。3.2 章表 A 第(11)栏列出了给特定危险货物划定的可移动罐柜特殊规定。每一可移动罐柜特殊规定都以一个字母—数字符号表示(例如 TP1)。可移动罐柜特殊规定一览表见 4.2.5.3。

注:3.2 章表A 第(10)栏列出了以字母 M 标记的 MEGCs 的气体。

4.2.5.2 可移动罐柜指南

4.2.5.2.1 可移动罐柜指南适用于第 1~9 类危险货物,可移动罐柜指南提供与适用于特定物质的可移动罐柜规定有关的具体资料。除了应符合本章的一般规定和 6.7 章的一般要求外,也应符合这些规定。

4.2.5.2.2 对于第 1 类和第 3~9 类物质,可移动罐柜指南列明适用的最低试验压力、最小罐壳厚度(参考钢)、底开要求和安全降压要求。T23 列出了允许用可移动罐柜运输的第 4.1 类自反应物质和第 5.2 类有机过氧化物,同时列有适用的控制温度和危险温度。

4.2.5.2.3 非冷冻液化气体适用可移动罐柜指南 T50。T50 规定允许用可移动罐柜运输的非冷冻液化气体的最大允许工作压力、底开要求、安全降压要求和充装度要求。

4.2.5.2.4 冷冻液化气体适宜用可移动罐柜指南 T75。

4.2.5.2.5 *确定合适的可移动罐柜指南*

当一特定危险货物条目第(10)栏注明某一特定可移动罐柜指南时,试验压力更高、罐壳厚度更大、底开装置和安全降压装置更严格的其他可移动罐柜也可以使用。可适用以下准则确定可用于运输特定物质的适当可移动罐柜:

指定的便携式罐体指南	也允许使用的可移动罐柜指南
T1	T2,T3,T4,T5,T6,T7,T8,T9,T10,T11,T12,T13,T14,T15,T16,T17,T18,T19,T20,T21,T22
T2	T4,T5,T7,T8,T9,T10,T11,T12,T13,T14,T15,T16,T17,T18,T19,T20,T21,T22
T3	T4,T5,T6,T7,T8,T9,T10,T11,T12,T13,T14,T15,T16,T17,T18,T19,T20,T21,T22
T4	T5,T7,T8,T9,T10,T11,T12,T13,T14,T15,T16,T17,T18,T19,T20,T21,T22
T5	T10,T14,T19,T20,T22
T6	T7,T8,T9,T10,T11,T12,T13,T14,T15,T16,T17,T18,T19,T20,T21,T22
T7	T8,T9,T10,T11,T12,T13,T14,T15,T16,T17,T18,T19,T20,T21,T22
T8	T9,T10,T13,T14,T19,T20,T21,T22
T9	T10,T13,T14,T19,T20,T21,T22
T10	T14,T19,T20,T22
T11	T12,T13,T14,T15,T16,T17,T18,T19,T20,T21,T22
T12	T14,T16,T18,T19,T20,T22
T13	T14,T19,T20,T21,T22
T14	T19,T20,T22
T15	T16,T17,T18,T19,T20,T21,T22

续上表

指定的便携式罐体指南	也允许使用的可移动罐柜指南
T16	T18,T19,T20,T22
T17	T18,T19,T20,T21,T22
T18	T19,T20,T22
T19	T20,T22
T20	T22
T21	T22
T22	无
T23	无

4.2.5.2.6　可移动罐柜指南

可移动罐柜指南详细说明了可移动罐柜在用于运输具体物质时适用的要求。可移动罐柜指南 T1～T22 详细说明了适用的最低试验压力、最低罐壳厚度（毫米参考钢）和安全降压要求和底开要求。

T1～T22		可移动罐柜指南		T1～T22
这些可移动罐柜指南适用于第1类和第3～9类液态和固态物质,应符合4.2.1的一般规定和6.7.2的要求。				
可移动罐柜指南	最低试验压力 （bar）	最小罐壳厚度 （单位:mm/参考钢） （见6.7.2.4）	安全降压要求[a] （见6.7.2.8）	底部开口规定[b] （见6.7.2.6）
T1	1.5	见6.7.2.4.2	正常	见6.7.2.6.2
T2	1.5	见6.7.2.4.2	正常	见6.7.2.6.3
T3	2.65	见6.7.2.4.2	正常	见6.7.2.6.2
T4	2.65	见6.7.2.4.2	正常	见6.7.2.6.3
T5	2.65	见6.7.2.4.2	见6.7.2.8.3	不允许
T6	4	见6.7.2.4.2	正常	见6.7.2.6.2
T7	4	见6.7.2.4.2	正常	见6.7.2.6.3
T8	4	见6.7.2.4.2	正常	不允许
T9	4	6mm	正常	不允许
T10	4	6mm	见6.7.2.8.3	不允许
T11	6	见6.7.2.4.2	正常	见6.7.2.6.3
T12	6	见6.7.2.4.2	见6.7.2.8.3	见6.7.2.6.3
T13	6	6mm	正常	不允许
T14	6	6mm	见6.7.2.8.3	不允许
T15	10	见6.7.2.4.2	正常	见6.7.2.6.3
T16	10	见6.7.2.4.2	见6.7.2.8.3	见6.7.2.6.3
T17	10	6mm	正常	见6.7.2.6.3
T18	10	6mm	见6.7.2.8.3	见6.7.2.6.3
T19	10	6mm	见6.7.2.8.3	不允许
T20	10	8mm	见6.7.2.8.3	不允许
T21	10	10mm	正常	不允许
T22	10	10mm	见6.7.2.8.3	不允许

[a] 当标明"正常"时,除6.7.2.8.3之外,6.7.2.8的所有要求均需适用。
[b] 当本栏注明"不允许"时,如运输的物质为液体,则不得底开(见6.7.2.6.1)。如在正常运输条件下,运输的物质在可能遇到的任何温度条件下始终保持固体状态,允许符合6.7.2.6.2要求的底开。

| T23 | 可移动罐柜指南 | | | | | | | T23 |

本可移动罐柜指南适用于第4.1类自反应物质和第5.2类有机过氧化物。应符合4.2.1的一般规定和6.7.2的要求,此外还应符合4.2.1.13中具体针对第4.1类自反应物质和第5.2类有机过氧化物的规定。

UN编号	物质	最低试验压力(bar)	最小罐壳厚度(单位: mm/参考钢)	底开要求	安全降压要求	充装度	控制温度	危险温度
3109	液态F型有机过氧化物 叔丁基过氧氢[a],水中,浓度不大于72% 枯基过氧氢,在A型稀释剂中,浓度不大于90% 二叔丁基过氧化物,在A型稀释剂中,浓度不大于32% 异丙枯基过氧氢,在A型稀释剂中,浓度不大于72% 对孟基过氧氢,在A型稀释剂中,浓度不大于72% 蒎基过氧氢,在A型稀释剂中,浓度不大于50%	4	见 6.7.2.4.2	见 6.7.2.6.3	见 6.7.2.8.2 4.2.1.13.6 4.2.1.13.7 4.2.1.13.8	见 4.2.1.13.13		
3110	固态F型有机过氧化物 二枯基过氧化物[b]	4	见 6.7.2.4.2	见 6.7.2.6.3	见 6.7.2.8.2 4.2.1.13.6 4.2.1.13.7 4.2.1.13.8	见 4.2.1.13.13		
3119	有机过氧化物,F型,液体,温控	4	见 6.7.2.4.2	见 6.7.2.6.3	见 6.7.2.8.2 4.2.1.13.6 4.2.1.13.7 4.2.1.13.8	见 4.2.1.13	[c]	[c]
	叔戊过氧,在A型稀释剂不超过47%						-10℃	-5℃
	过氧乙酸叔丁酯,在B型稀释剂中不超过32%						+30℃	+35℃
	叔丁基过氧-2-乙基己酸酯,不超过32%,在B型稀释剂						+15℃	+20℃
3119	叔丁基过氧化新戊酸酯,在B型稀释剂中,浓度不大于27%						+5℃	+10℃
	叔丁基过氧-3,5,5-三甲基己酸酯,在B型稀释剂中,浓度不大于32%						+35℃	+40℃
	二-(3,5,5-三甲基己酰)过氧化物在A型稀释剂中浓度不大于38%						0℃	+5℃
	蒸馏F型过乙酸稳定的[d]						+30℃	+35℃
3120	固态F型有机过氧化物,控制温度的	4	见 6.7.2.4.2	见 6.7.2.6.3	见 6.7.2.8.2 4.2.1.13.6 4.2.1.13.7 4.2.1.13.8	见 4.2.1.13.13	[c]	[c]
3229	F型自反应液体	4	见 6.7.2.4.2	见 6.7.2.6.3	见 6.7.2.8.2 4.2.1.13.6 4.2.1.13.7 4.2.1.13.8	见 4.2.1.13.13		

续上表

T23				可移动罐柜指南				T23
UN编号	物 质	最低试验压力（bar）	最小罐壳厚度（单位：mm/参考钢）	底开要求	安全降压要求	充装度	控制温度	危险温度
3230	F型自反应固体	4	见6.7.2.4.2	见6.7.2.6.3	见6.7.2.8.2 4.2.1.13.6 4.2.1.13.7 4.2.1.13.8	见4.2.1.13.13		
3239	F型自反应液体,控制温度的	4	见6.7.2.4.2	见6.7.2.6.3	见6.7.2.8.2 4.2.1.13.6 4.2.1.13.7 4.2.1.13.8	见4.2.1.13.13	c	c
3240	F型自反应固体,控制温度的	4	见6.7.2.4.2	见6.7.2.6.3	见6.7.2.8.2 4.2.1.13.6 4.2.1.13.7 4.2.1.13.8	见4.2.1.13.13	c	c

[a] 前提是已采取措施达到安全等值量65% 叔丁基过氧化氢和35% 水。
[b] 每个可移动罐柜最多装2000kg。
[c] 经主管机关批准。
[d] 制剂过氧乙酸水合物的浓度在不超过与41% 时,其总活性氧（过氧乙酸+H_2O_2）≤9.5% ,其满足《试验和标准手册》20.4 的标准的蒸馏而得,20.4.3 (f) 所示。要求"腐蚀性"次要危险性的标语牌（型号8 ,见5.2.2.2.2 ）。

T50		可移动罐柜指南			T50
本可移动罐柜指南适用于非冷冻液化气体和承压化学品（UN 3500,3501,3502,3503,3504 和3505）。应符合4.2.2 的一般规定和6.7.3 的要求。					
UN编号	非冷冻液化气体	最大允许工作压力（bar）：小型；无遮蔽型；遮阳型；隔热型[a]	液面以下开口	安全降压要求[b]（见6.7.3.7）	最大充装率
1005	无水氨	29.0 25.7 22.0 19.7	允许	见6.7.3.7.3	0.53
1009	溴三氟甲烷（制冷气体R 1381）	38.0 34.0 30.0 27.5	允许	正常	1.13
1010	丁二烯,稳定的	7.5 7.0 7.0 7.0	允许	正常	0.55
1010	丁二烯和烃的混合物,稳定的	见在6.7.3.1 中的MAWP 定义	允许	正常	见4.2.2.7
1011	丁烷	7.0 7.0 7.0 7.0	允许	正常	0.51

续上表

T50		可移动罐柜指南			T50
UN 编号	非冷冻液化气体	最大允许工作压力(bar):小型;无遮蔽型;遮阳型;隔热型[a]	液面以下开口	安全降压要求[b]（见6.7.3.7）	最大充装率
1012	丁烯	8.0 7.0 7.0 7.0	允许	正常	0.53
1017	氯	19.0 17.0 15.0 13.5	不允许	见 6.7.3.7.3	1.25
1018	二氟氯甲烷(制冷气体 R 22)	26.0 24.0 21.0 19.0	允许	正常	1.03
1020	五氟氯甲烷(制冷气体 R 115)	23.0 20.0 18.0 16.0	允许	正常	1.06
1021	1-氯-1,2,2,2-四氟乙烷(制冷气体(R 124))	10.3 9.8 7.9 7.0	允许	正常	1.20
1027	环丙烷	18.0 16.0 14.5 13.0	允许	正常	0.53
1028	二氯二氟甲烷(制冷气体 R 12)	16.0 15.0 13.0 11.5	允许	正常	1.15
1029	二氯氟甲烷(制冷气体 R 21)	7.0 7.0 7.0 7.0	允许	正常	1.23
1030	1,1-二氟乙烷(制冷气体 R 152a)	16.0 14.0 12.4 11.0	允许	正常	0.79
1032	无水二甲胺	7.0 7.0 7.0 7.0	允许	正常	0.59
1033	二甲醚	15.5 13.8 12.0 10.6	允许	正常	0.58

续上表

T50		可移动罐柜指南			T50
UN 编号	非冷冻液化气体	最大允许工作压力（bar）：小型；无遮蔽型；遮阳型；隔热型[a]	液面以下开口	安全降压要求[b]（见6.7.3.7）	最大充装率
1036	乙胺	7.0 7.0 7.0 7.0	允许	正常	0.61
1037	乙基氯	7.0 7.0 7.0 7.0	允许	正常	0.80
1040	含氮环氧乙烷，在50℃时最高总压力为1MPa（10bar）	— — — 10.0	不允许	见6.7.3.7.3	0.78
1041	环氧乙烷和二氧化碳混合物，环氧乙烷含量9%～87%	见6.7.3.1最大允许工作压力定义	允许	正常	见4.2.2.7
1055	异丁烯	8.1 7.0 7.0 7.0	允许	正常	0.52
1060	甲基乙炔和丙二烯混合物，稳定的	28.0 24.5 22.0 20.5	允许	正常	0.43
1061	无水甲胺	10.8 9.6 7.8 7.0	允许	正常	0.58
1062	甲基溴，用不超过2%氯化苦	7.0 7.0 7.0 7.0	允许	见6.7.3.7.3	1.51
1063	甲基氯（制冷气体R40）	14.5 12.7 11.3 10.0	允许	正常	0.81
1064	甲硫醇	7.0 7.0 7.0 7.0	不允许	见6.7.3.7.3	0.78
1067	四氧化二氮	7.0 7.0 7.0 7.0	不允许	见6.7.3.7.3	1.30

续上表

T50		可移动罐柜指南			T50
UN编号	非冷冻液化气体	最大允许工作压力(bar):小型;无遮蔽型;遮阳型;隔热型[a]	液面以下开口	安全降压要求[b]（见6.7.3.7）	最大充装率
1075	液化石油气	见6.7.3.1最大允许工作压力定义	允许	正常	见4.2.2.7
1077	丙烯	28.0 24.5 22.0 20.0	允许	正常	0.43
1078	制冷气体，未另作规定的	见6.7.3.1最大允许工作压力定义	允许	正常	见4.2.2.7
1079	二氧化硫	11.6 10.3 8.5 7.6	不允许	见6.7.3.7.3	1.23
1082	三氟氯乙烯,稳定的（制冷气体R 1113）	17.0 15.0 13.1 11.6	不允许	见6.7.3.7.3	1.13
1083	无水三甲胺	7.0 7.0 7.0 7.0	允许	正常	0.56
1085	乙烯基溴,稳定的	7.0 7.0 7.0 7.0	允许	正常	1.37
1086	乙烯基氯,稳定的	10.6 9.3 8.0 7.0	允许	正常	0.81
1087	乙烯基甲基醚,稳定的	7.0 7.0 7.0 7.0	允许	正常	0.67
1581	三氯硝基甲烷和氯甲烷混合物和超过2%氯化苦	7.0 7.0 7.0 7.0	不允许	见6.7.3.7.3	1.51
1582	三氯硝基甲烷和氯甲烷混合物	19.2 16.9 15.1 13.1	不允许	见6.7.3.7.3	0.81
1858	六氟丙烯（制冷气体R 1216）	19.2 16.9 15.1 13.1	允许	正常	1.11

续上表

T50		可移动罐柜指南			T50
UN 编号	非冷冻液化气体	最大允许工作压力 (bar):小型;无遮蔽型;遮阳型;隔热型[a]	液面以下开口	安全降压要求[b] (见6.7.3.7)	最大充装率
1912	氯甲烷和二氯甲烷混合物	15.2 13.0 11.6 10.1	允许	正常	0.81
1958	1,2-二氯-1,1,2,2-四氟乙烷(制冷气体R 114)	7.0 7.0 7.0 7.0	允许	正常	1.30
1965	液化烃类气体混合物,未另作规定的	见6.7.3.1 最大允许工作压力定义	允许	正常	见4.2.2.7
1969	异丁烷	8.5 7.5 7.0 7.0	允许	正常	0.49
1973	二氟氯甲烷和五氟氯乙烷混合物,有固定沸点,含二氟氯甲烷约49%(制冷气体R 502)	28.3 25.3 22.8 20.3	允许	正常	1.05
1974	二氟氯溴甲烷(制冷气体R 12B1)	7.4 7.0 7.0 7.0	允许	正常	1.61
1976	八氟环丁烷(制冷气体RC 318)	8.8 7.8 7.0 7.0	允许	正常	1.34
1978	丙烷	22.5 20.4 18.0 16.5	允许	正常	0.42
1983	1-氯-2,2,2-三氟乙烷(制冷气体R 133a)	7.0 7.0 7.0 7.0	允许	正常	1.18
2035	1,1,1-三氟乙烷(制冷气体R 143a)	31.0 27.5 24.2 21.8	允许	正常	0.76
2424	八氟丙烷(制冷气体R 218)	23.1 20.8 18.6 16.6	允许	正常	1.07

续上表

T50	可移动罐柜指南				T50
UN编号	非冷冻液化气体	最大允许工作压力(bar):小型;无遮蔽型;遮阳型;隔热型[a]	液面以下开口	安全降压要求[b]（见6.7.3.7）	最大充装率
2517	1-氯-1,1-二氟乙烷（制冷气体 R 142b）	8.9 7.8 7.0 7.0	允许	正常	0.99
2602	二氯二氟甲烷和二氟乙烷的共沸混合物,含二氯二氟甲烷约74%（制冷气体 R 500）	20.0 18.0 16.0 14.5	允许	正常	1.01
3057	三氟乙酰氯	14.6 12.9 11.3 9.9	不允许	见6.7.3.7.3	1.17
3070	环氧乙烷和二氯二氟甲烷混合物,含环氧乙烷不大于12.5%	14.0 12.0 11.0 9.0	允许	见6.7.3.7.3	1.09
3153	全氟（甲基乙烯基醚）	14.3 13.4 11.2 10.2	允许	正常	1.14
3159	1,1,1,2-四氟乙烷（制冷气体 R 134a）	17.7 15.7 13.8 12.1	允许	正常	1.04
3161	液化气体,易燃,未另作规定的	见6.7.3.1最大允许工作量压力定义	允许	正常	见4.2.2.7
3163	液化气体,未另作规定的	见6.7.3.1最大允许工作量压力定义	允许	正常	见4.2.2.7
3220	五氟乙烷（制冷气体 R 125）	34.4 30.8 27.5 24.5	允许	正常	0.87
3252	二氟甲烷（制冷气体 R 32）	43.0 39.0 34.4 30.5	允许	正常	0.78
3296	七氯丙烷（制冷气体 R 227）	16.0 14.0 12.5 11.0	允许	正常	1.20
3297	环氧乙烷和四氟氯乙烷混合物,含环氧乙烷不超过8.8%	8.1 7.0 7.0 7.0	允许	正常	1.16

续上表

T50		可移动罐柜指南			T50
UN 编号	非冷冻液化气体	最大允许工作压力（bar）：小型；无遮蔽型；遮阳型；隔热型[a]	液面以下开口	安全降压要求[b]（见6.7.3.7）	最大充装率
3298	环氧乙烷和五氟乙烷混合物，含环氧乙烷不超过7.9%	25.9 23.4 20.9 18.6	允许	正常	1.02
3299	环氧乙烷和四氟乙烷混合物，含环氧乙烷不超过5.6%	16.7 14.7 12.9 11.2	允许	正常	1.03
3318	氨溶液，水溶液在15℃时相对密度小于0.880，含氨量大于50%	见6.7.3.1 最大允许工作压力定义	允许	见6.7.3.7.3	见4.2.2.7
3337	制冷气体 R 404A	31.6 28.3 25.3 22.5	允许	正常	0.82
3338	制冷气体 R407A	31.3 28.1 25.1 22.4	允许	正常	0.94
3339	制冷气体 R 407B	33.0 29.6 26.5 23.6	允许	正常	0.93
3340	制冷气体 R 407C	29.9 26.8 23.9 21.3	允许	正常	0.95
3500	加压化学，未另作规定的	见6.7.3.1 MAWP 定义	允许	见6.7.3.7.3	TP4[c]
3501	加压化学，易燃的，未另作规定的	见6.7.3.1 MAWP 定义	允许	见6.7.3.7.3	TP4[c]
3502	加压化学，有毒的，未另作规定的	见6.7.3.1 MAWP 定义	允许	见6.7.3.7.3	TP4[c]
3503	加压化学，腐蚀性的，未另作规定的	见6.7.3.1 MAWP 定义	允许	见6.7.3.7.3	TP4[c]
3504	加压化学，易燃的，有毒的，未另作规定的	见6.7.3.1 MAWP 定义	允许	见6.7.3.7.3	TP4[c]
3505	加压化学，易燃的，腐蚀性的，未另作规定的	见6.7.3.1 MAWP 定义	允许	见6.7.3.7.3	TP4[c]

[a] "小型"指罐体外壳直径1.5m 或以下；"无遮蔽形"指罐体外壳直径1.5m 以上，无隔热或遮阳罩（6.7.3.2.12）；"遮阳形"指罐体外壳直径1.5m 以上，带遮阳罩（6.7.3.2.12）；"隔热形"指罐体外壳直径1.5m 以上，带隔热罩（6.7.3.2.12）；（见6.7.3.1 中的"设计参考温度"定义）。

[b] 安全降压要求栏中的"正常"一词，表示无须6.7.3.7.3 中规定的易碎盘。

[c] UN 3500，3501，3502，3503，3504 和3505，充盈的程度应被视为代替最大充装率。

本可移动罐柜指南适用于冷冻液化气体,必须符合 4.2.3 的一般规定和 6.7.4 的要求。

4.2.5.3 可移动罐柜特殊规定

给某些物质划定的可移动罐柜特殊规定是为了补充或取代可移动罐柜指南中所做的规定或 6.7 章中的要求。可移动罐柜特殊规定以字母 TP(罐体规定)为开头的字母数字符号表示,在 3.2 章表 A 第(11)栏中为具体物质标明此种规定。以下是可移动罐柜特殊规定一览:

TP1　　不得超过 4.2.1.9.2 规定的充装度:

$$充装度 = \frac{97}{1+\alpha(t_r - t_f)}$$

TP2　　不得超过 4.2.1.9.3 规定的充装度:

$$充装度 = \frac{95}{1+\alpha(t_r - t_f)}$$

TP3　　在熔点以上运输的固体和高温液体,最大充装度(%)应根据 4.2.1.9.5 决定:

$$充装度 = 95\frac{d_r}{d_f}$$

TP4　　充装度不得超过 90% 或主管机关核准的任何其他数值(见 4.2.1.16.2)。

TP5　　需满足 4.2.3.6 规定的充装度。

TP6　　为防罐体在发生任何情况包括被火焰吞没时爆裂,必须配备与罐体容量及所运物质性质相称的安全降压装置。该装置必须与所运物质相容。

TP7　　必须使用氮或其他办法除去蒸气空间内的空气。

TP8　　所运物质闪点高于 0℃ 时,可移动罐柜的试验压力可降至 150kPa(1.5bar)。

TP9　　在这一名称下的物质应得到主管机关核准方可用可移动罐柜运输。

TP10　　要求使用不少于 5mm 厚的铅衬里(必须每年测试)或主管机关核准的另一种合适的衬里材料。

TP12　　(删除)

TP13　　(保留)

TP16　　罐体必须有特殊装置,以防正常运输条件下压力不足或压力过大。这种装置必须经主管机关核准。安全降压要求如 6.7.2.8.3 所述,以防止物质在安全降压阀中形成结晶。

TP17　　罐体隔热只能用非易燃无机材料。

TP18　　温度必须保持在 18℃~40℃ 之间。装固化甲基丙烯酸的可移动罐柜不得在运输过程中重新加热。

TP19　　算得的罐壳厚度必须应加 3mm。在两次定期液压试验之间的中间点应作罐壳厚度超声波检查。

TP20　　这种物质只能用隔热罐体在氮气层之下运输。

TP21　　罐壳厚度不得少于 8mm。最少每隔 2.5 年必须对罐体作液压试验和内部检查。

TP22　　铰链或其他装置的润滑材料必须是不忌氧材料。

TP23　　允许在主管机关规定的特殊条件下运输。

TP24　　可移动罐柜可在罐壳最大充装条件下的蒸气空间位置配备一个装置,以防所运物质缓慢分解造成的过度压力升高。这种装置也必须能防止在罐体倾覆时液体过量渗漏或异物进入罐体。这种装置必须经主管机关或其授权单位批准。

TP25　纯度等于或大于 99.95% 的三氧化硫,如果温度维持在等于或高于 32.5℃,可不加抑制剂装在罐体运输。

TP26　在加热条件下运输时,加热装置必须装在罐壳外面。对于 UN3176,这一要求只有在物质与水危险地起反应时才适用。

TP27　如果证明试验压力等于或低于 400kPa(4bar),根据 6.7.2.1 的试验压力定义是可以接受的,那么可以使用最低试验压力 400kPa(4bar)的可移动罐柜。

TP28　如果证明试验压力等于或低于 265kPa(2.65bar),根据 6.7.2.1 的试验压力定义是可以接受的,那么可以使用最低试验压力 265kPa(2.65bar)的可移动罐柜。

TP29　如果证明试验压力等于或低于 150kPa(1.5bar),根据 6.7.2.1 的试验压力定义是可以接受的,那么可以使用最低试验压力为 150kPa(1.5bar)的可移动罐柜。

TP30　这种物质必须用隔热罐体运输。

TP31　只有固态的这种物质可用罐体运输。

TP32　对于 UN 0331,0332 和 3375,满足以下条件时可使用移动缺罐柜:

(a) 为避免不必要的密闭,每个用金属制造的可移动罐柜应安装一个减压装置,可以是自复弹簧载荷型的,也可以是易碎盘或易熔元件。确定排放压和破裂压力,应根据情况,对最低试验压力 400kPa(4bar)以上的可移动罐柜,排放压或破裂压力不应大于 265kPa(2.65bar);

(b) 仅对 UN3375 而言,必须证明其适合使用罐体运输。评估这种适应性的一个办法是《试验和标准手册》18.7 试验系列 8 试验 8(d);

(c) 不应让物质在可移动罐柜中作任何长时间可能造成结块的存放。必须采取适当措施,避免物质在罐体中积聚和结块。

TP33　对这类物质划定的可移动罐柜指南,适用于颗粒和粉状固体,以及在熔点以上温度装卸但冷却后以固体物质运输的固体。在熔点以上运输的固体,见 4.2.1.19。

TP34　如果可移动罐柜在 6.7.4.15.1 规定的标牌上印有"不适用于铁路运输"的标记,并在外壳的两侧均用至少 10cm 高的字母标明,则该可移动罐柜无须接受 6.7.4.14.1 中的撞击试验。

TP35　ADR 中有关可移动罐柜指南 T14 可继续适用到 2014 年 12 月 31 日。

TP36　可移动罐柜可在蒸气空间使用易熔元件。

TP37　可移动罐柜指南 T14 可继续适用到 2016 年 12 月 31 日,在该日期之前:

(a) UN 1810、2474 和 2668,可适用 T7;

(b) UN 2486,可适用 T8;和

(c) UN 1838,可适用 T10。

TP38　ADR 中有关可移动罐柜指南 T9 可以继续适用到 2018 年 12 月 31 日。

TP39　ADR 中有关可移动罐柜指南 T4 可继续适用到 2018 年 12 月 31 日。

TP40　可移动罐柜在连接喷洒设备时不得运输。

TP41　每两年半一次的内部检查可以免除,或改用主管机关或其授权机构规定的其他试验方法或检查程序,条件是可移动罐柜专门用于运输本项罐体特殊规定指定的有机金属物质。但若满足 6.7.2.19.7 中的条件,则必须进行检查。

第4.3章 固定式罐体(罐式车辆)、可拆卸式罐体、罐式集装箱,以及金属罐式交换箱体、管束式车辆和多单元气体容器(MEGCs)的使用

注:可移动罐柜和MEGCs 见4.2 章;纤维增强塑料罐体见4.4 章。

4.3.1   范围

4.3.1.1   本节所有规定都适用于固定式罐体(罐式车辆)、可拆卸式罐体和管束式车辆,以及罐式集装箱、罐式交换箱体和 MEGCs。在单一表栏中的规定仅适用于:
固定式罐体(罐式车辆)、可拆卸式罐体和管束式车辆(左边的表栏);
罐式集装箱、罐式交换箱体和 MEGCs(右边的表栏)。

4.3.1.2   这些规定适用于:

固定式罐体(罐式车辆)、可拆卸式罐体和管束式车辆	罐式集装箱、罐式交换箱体和 MEGCs

用于运输气体、液体、粉状或粒状物质。

4.3.1.3   4.3.2 列出了适用于固定式罐体(罐式车辆)、可拆卸式罐体、罐式集装箱和罐式交换箱体运输的规定,这些规定用于装运所有类别物质,还列出适用于管束式车辆和 MEGCs 进行运输的规定,该规定用于装运第 2 类气体。4.3.3 和 4.3.4 所包含的特殊规定是4.3.2 规定的增加或修改。

4.3.1.4   关于制造、装备、型式认可、试验和标记的要求见6.8 章。

4.3.1.5   关于该章应用的过渡措施见:

1.6.3	1.6.4

4.3.2   适用于所有类别物质的规定

4.3.2.1   使用

4.3.2.1.1   在运用4.3.3.1.1 和4.3.4.1.1 在3.2 章表 A 第(12)栏中规定的罐体代码情况下,ADR 中规定的物质才能使用固定式罐体(罐式车辆)、可拆卸式罐体和管束式车辆,以及罐式集装箱、罐式交换箱体和 MEGCs 进行运输。

4.3.2.1.2   3.2 章表 A 中第(12)栏以代码形式注明罐体、管束式车辆、MEGCs 类型,4.3.3.1.1(作为第2 类物质运输)和4.3.4.1.1(作为第3~9 类物质运输)给出了代码的四部分解释。

4.3.2.1.3   依据4.3.2.1.2 所要求的类型符合最低严格制造要求,危险物质,除非本章或6.8 章有其他说明,若罐体代码中关于填料或卸料口或安全阀/设备部分,描述了较高的最小计算压力,或较严格的要求,则可以使用这类罐体(第 2 类物质见4.3.3.1.1,第 3~9 类物质见4.3.4.1.1)。

4.3.2.1.4   对于某种物质,罐体、管束式车辆、MEGCs 都遵从附加规定,这些附加规定作为特殊规定包含在3.2 章表 A 第(13)栏中。

4.3.2.1.5   罐体、管束式车辆、MEGCs 不允许充装任何危险物质,除了6.8.2.3.1 中批准运输的物质和罐壳、垫圈、设备以及保护性加衬里等材料不发生危险反应(见1.2.1

中"危险反应")生成危险产物或严重腐蚀这些材料的危险物质❶。

4.3.2.1.6　运输过危险物质的罐体不能装运食品,除非经过必要的步骤处理以防止对公众产生任何伤害。

4.3.2.1.7　所有人或经营人应保存罐体记录,在主管机关的要求下,能提供罐体记录。在罐体生命期内保存罐体记录,并且在罐体停止使用后的15个月内都要一直保留。

在罐体的生命期间发生所有人或经营人的变更时,罐体记录应转移到新的所有人或经营人。

依据6.8.2.4.5或6.8.3.4.16,在定期检验或特殊检查时,罐体记录或所有必要文件等应能够提供给专业人员用于对罐体进行试验、检验和检查。

4.3.2.2　充装度

4.3.2.2.1　在室温下运输液体,罐体充装度不能超过以下规定:

(a) 对于易燃物质、对环境有害的物质和易燃且对环境有害的物质,而无次要危险性(如毒性或腐蚀性),罐体具有通风系统或安全阀(甚至优先安有防爆膜):

$$充装度 = \frac{100}{1 + \alpha(50 - t_F)}\% 容量$$

(b) 对于有毒或腐蚀性物质(是否易燃或对环境有害),罐体具有通风系统或安全阀(甚至优先安有防爆膜):

$$充装度 = \frac{98}{1 + \alpha(50 - t_F)}\% 容量$$

(c) 对于可燃物质、对环境有害的物质和轻度毒性或腐蚀性物质(是否易燃或对环境有害),密封罐体没有安全设备:

$$充装度 = \frac{97}{1 + \alpha(50 - t_F)}\% 容量$$

(d) 对于高毒性、毒性、高度腐蚀性或腐蚀性物质(是否易燃或对环境有害),密封罐体没有安全设备:

$$充装度 = \frac{95}{1 + \alpha(50 - t_F)}\% 容量$$

4.3.2.2.2　在以上公式中,α是液体在15~50℃之间的平均体积膨胀系数,也就是35℃下的最大变化。

α用以下公式计算:

$$\alpha = \frac{d_{15} - d_{50}}{35 d_{50}}$$

d_{15}和d_{50}分别是液体在15℃和50℃时的密度,t_f是液体在充装过程中的平均温度。

4.3.2.2.3　以上4.3.2.2.1(a)和(d)中的规定不适用于其内容物在运输过程中需要使用加热设备维持温度50℃以上的罐体。在这种情况下,开始的充装度应不高于罐体容量的95%,充装温度也不能超过,同时在运输过程中温度保持稳定。

4.3.2.2.4　运载液态物质、液化气体、冷冻液化气体的罐体,在没有被分仓隔板或防波板分成容量不超过7500L的若干仓的情况下,其充装量应不低于其容量的80%或不超

---

❶ 应咨询物质的生产厂商以及主管机关,以获得他们关于危险物质与罐体、管束式车辆和MEGCs相容性指导。

过20%。

这一规定并不适用于：

— 20℃时,液体的运动黏度至少为2680mm²/s;

—充装温度下,熔融物质的运动黏度至少为2680mm²/s;

— UN 1963 氦,冷藏,液态和 UN 1966 氢,冷冻冷藏,液体。

4.3.2.3 *作业*

4.3.2.3.1 罐壳在使用期内,壳壁厚度应不小于下列规定的最小值：

6.8.2.1.17 ~ 6.8.2.1.21	6.8.2.1.17 ~ 6.8.1.20
4.3.2.3.2	运输期间,罐式集装箱/MEGCs 应利用车辆上或者罐式集装箱/MEGCs 的配件加以充分保护,防止纵向和横向的碰撞以及侧翻；如果罐式集装箱//MEGCs 包括设备设施,是按照防止纵向和横向的碰撞以及侧翻要求制造的,那就不必按照上述方法保护。

4.3.2.3.3 罐体、管束式车辆和 MEGCs 在充装和卸出时,要采取适当措施防止危险数量的气体和蒸气泄漏。罐体、管束式车辆和 MEGCs 应密闭以防止内容物失控溢出。底部卸料罐的开口应该用螺纹塞、盲法兰或其他等效装置密闭。罐体、管束式车辆和 MEGCs 封闭装置的防漏应由充装人在罐体充装后检查。该项也适用于汲取管的上部。

4.3.2.3.4 当几道封闭装置串联在一起时,最靠近充装物质的应首先关闭。

4.3.2.3.5 在运输过程中,充装物质的危险残留物不能黏附在罐体的外部。

4.3.2.3.6 可能互相发生危险反应的物质不能在罐体的毗邻隔仓内运输。

隔仓隔板厚度不小于罐体壁厚时,发生危险反应的物质能在罐体的相邻隔仓内运输。这些物质也可以分别充装于有间隔的或被空隔仓隔开的隔仓内。

4.3.2.4 *未经清洗的空罐体,管束式车辆和MEGCs*

注:对于未经清洗的空罐、管束式车辆和MEGC,适用于4.3.5 的特殊规定TU1,TU2,TU4,TU16 和TU35。

4.3.2.4.1 在运输过程中,充装物质的危险残留物不能黏附在罐体的外层。

4.3.2.4.2 未经清洗的空罐体、管束式车辆和 MEGCs,应按其满载时的方式进行密闭和防漏后方可接受运输。

4.3.2.4.3 未经清洗的空罐体、管束式车辆和 MEGCs 未按满载时的方式进行密封,并且不符合 ADR 的规定的情况下,出于适当安全的考虑,应该就近将其运到适宜清洗和修理的场地。如果采取了适当措施确保能够达到与 ADR 规定同等的安全性以及防止危险货物的不可控泄漏,这样的运输才是充分安全的。

4.3.2.4.4 未经清洗的空的固定式罐体（罐式车辆）、可拆卸式罐体、管束式车辆、罐式集装箱、金属罐式交换箱体以及 MEGCs,在 6.8.2.4.2 和 6.8.2.4.3 中制定的使用期限期满之后通过检查,也可用于运输。

4.3.3 **适用于第 2 类物质的特殊规定**

4.3.3.1 *罐体的代码和等级*

4.3.3.1.1 *罐体、管束式车辆和MEGCs 的代码*

3.2 章表 A 第(12)栏所示代码（罐体代码）的 4 个部分具有以下意义：

部分	种类	罐 体 代 码
1	罐体、管束式车辆或 MEGCs	C = 针对压缩气体的罐体、管束式车辆或 MEGCs； P = 针对液化气体或高压液化气体的罐体、管束式车辆或 MEGCs； R = 针对冷冻液化气体的罐体
2	计算压力	X = 按照 4.3.3.2.5 表中最小相关试验压力；或 22 = 最小计算压力（bar）
3	开口（见 6.8.2.2 和 6.8.3.2）	B = 充装或卸载开口在底部，具有 3 层密闭装置的罐体；或开口在液体或压缩气体表面下的管束式车辆或 MEGCs； C = 清洗口在液面下部，充装或卸载开口在上部，具有 3 层密闭装置的罐体； D = 充装或卸载开口在上部，具有 3 层密闭装置的罐体；或在液面下无开口的管束式车辆或 MEGCs
4	安全阀/装置	N = 按照 6.8.3.2.9 或 6.8.3.2.10 没有密封关闭的具有安全阀的罐体、管束式车辆或 MEGCs； H = 密封关闭的罐体、管束式车辆或 MEGCs（见 1.2.1）

注1：3.2 章表A 中第(13)栏针对特定气体的特殊规定TU17 指该气体只能用管束式车辆或MEGCs 运输。

注2：3.2 章表A 中第(13)栏针对特定气体的特殊规定TU40 指该气体只能用管束式车辆或MEGCs 运输。

注3：罐体本身标示压力或在标牌上的压力不能小于"X "或最小计算压力值。

4.3.3.1.2　　*罐体等级*

罐体代码	适用本代码物质的其他罐体代码
C∗BN	C#BN, C#CN, C#DN, C#BH, C#CH, C#DH
C∗BH	C#BH, C#CH, C#DH
C∗CN	C#CN, C#DN, C#CH, C#DH
C∗CH	C#CH, C#DH
C∗DN	C#DN, C#DH
C∗DH	C#DH
P∗BN	P#BN, P#CN, P#DN, P#BH, P#CH, P#DH
P∗BH	P#BH, P#CH, P#DH
P∗CN	P#CN, P#DN, P#CH, P#DH
P∗CH	P#CH, P#DH
P∗DN	P#DN, P#DH
P∗DH	P#DH
R∗BN	P#BN, R#CN, R#DN
R∗CN	R#CN, R#DN
R∗DN	R#DN

以#表示的数字等于或大于以∗表示的数字。

注：该罐体级别对每一条目未考虑任何特殊规定（见4.3.5 和6.8.4 ）

4.3.3.2　　**充装条件及试验压力**

4.3.3.2.1　　对用于运输临界温度低于 −50℃ 的压缩气体，其罐体的试验压力是在1.2.1 中限定的压力包装工作压力的1.5 倍。

4.3.3.2.2　　罐体的试验压力对用于运输下列物质：

—高压液化气;以及

—溶解气体。

如果罐壳充装的每升容量物质达到最大质量,对55℃时的绝热罐体或65℃时的非绝热罐体而言,物质对罐壳的压力不能超过试验压力。

4.3.3.2.3 　　对用于运输的低压液化气,罐体的试验压力应为:

(a) 对于保温罐体,不低于60℃时蒸气压强减去0.1MPa(1bar),且不小于1MPa(10bar);

(b) 对于非保温罐体,不低于65℃时蒸气压强减去0.1MPa(1bar),且不小于1MPa(10bar)。

每升容量物质的最大许可质量按以下公式计算:

每升容量物质的最大许可质量 = 0.95 × 50℃时的液体密度(kg/L)

并且60℃以下时仍保有气相空间。

若罐体直径不超过1.5m,应用于4.1.4.1中包装指南P200中的试验及每升容量物质的最大许可质量。

4.3.3.2.4 　　用于运输冷冻液化气体的罐体,其试验压力应不低于罐体最大许可工作压力的1.3倍和罐体标示的压力不低于300kPa(3bar)(表压);对于真空绝缘的罐体,其试验压力应不小于最大许可工作压力与100kPa(1bar)之和的1.3倍。

4.3.3.2.5 　　适用于固定式罐体(罐式车辆)、管束式车辆、可拆卸式罐体、罐式集装箱或MEGCs的罐体最小试验压力也适用于充装率。

对于另未列明条目下的气体及气体混合物,其试验压力及每升物质的最大许可质量应由主管机关专门批准。

对于压缩气体或高压液化气体,罐体的试验压力应低于表中所示的压力,还应当由主管机关批准专家制定一个更低的最大充装值。对于绝热罐体,物质在55℃对罐体的压力不能超过罐体表面标注的试验压力。

UN编号	名　　称	分类代码	罐体最小试验压力				每升容量的最大许可质量
			绝　热		非绝热		
			MPa	kg	MPa	bar	kg
1001	溶解乙炔	4F	仅在管束式车辆和MEGCs中				
1002	压缩空气	1A	见4.3.3.2.1				
1003	冷冻液态空气	3O	见4.3.3.2.4				
1005	无水氨	2TC	2.6	26	2.9	29	0.53
1006	压缩氩	1A	见4.3.3.2.1				
1008	三氟化硼	2TC	22.5	225	22.5	225	0.715
			30	300	30	300	0.86
1009	溴三氟甲烷(制冷气体R 13R1)	2A	12	120			1.50
					4.2	42	1.13
					12	120	1.44
					25	250	1.60
1010	丁二烯,稳定的(1,2-丁二烯)或	2F	1	10	1	10	0.59
1010	丁二烯,稳定的(1,3-丁二烯)	2F	1	10	1	10	0.55
1010	丁二烯和烃类,混合物,稳定	2F	1	10	1	10	0.50

续上表

UN编号	名称	分类代码	罐体最小试验压力				每升容量的最大许可质量
			绝热		非绝热		
			MPa	kg	MPa	bar	kg
1011	丁烷	2F	1	10	1	10	0.51
1012	1-丁烯或	2F	1	10	1	10	0.53
1012	反式-2-丁烯或	2F	1	10	1	10	0.54
1012	顺式-2-丁烯或	2F	1	10	1	10	0.55
1012	丁烯混合物	2F	1	10	1	10	0.50
1013	二氧化碳	2A	19	190			0.73
			22.5	225			0.78
					19	190	0.66
					25	250	0.75
1016	压缩一氧化碳	1TF	见4.3.3.2				
1017	氯	2TOC	1.7	17	1.9	19	1.25
1018	氯二氟甲烷（制冷气体R 22）	2A	2.4	24	2.6	26	1.03
1020	五氟氯乙烷（制冷气体R 115）	2A	2	20	2.3	23	1.08
1021	1-氯-1,2,2,2-四氟乙烷（制冷气体R 124）	2A	1	10	1.1	11	1.2
1022	三氟氯甲烷（制冷气体R 13）	2A	12	120			0.96
			22.5	225			1.12
					10	100	0.83
					12	120	0.90
					19	190	1.04
					25	250	1.10
1023	压缩煤气	TF	见4.3.3.2.1				
1026	氰	2TF	10	100	10	100	0.70
1027	环丙烷	2F	1.6	16	1.8	18	0.53
1028	二氯二氟甲烷（制冷气体R 12）	2A	1.5	15	1.6	16	1.15
1029	二氯氟甲烷（制冷气体R 21）	2A	1	10	1	10	1.23
1030	1,1-二氟乙烷（制冷气体R 152a）	2F	1.4	14	1.6	16	0.79
1032	无水二甲胺	2F	1	10	1	10	0.59
1033	二甲醚	2F	1.4	14	1.6	16	0.58
1035	乙烷	2F	12	120			0.32
			9.5	95			0.25
			12	120			0.29
			30	300			0.39
1036	乙胺	2F	1	10	1	10	0.61
1037	乙基氯	2F	1	10	1	10	0.8
1038	冷冻液态乙烯	2F	见4.3.3.2.4				
1039	甲乙醚	2F	1	10	1	10	0.64
1040	环氧乙烷,或含氮环氧乙烷在50℃时最高总压力为1MPa（10bar）	2TF	1.5	15	1.5	15	0.78

续上表

UN编号	名称	分类代码	罐体最小试验压力				每升容量的最大许可质量
			绝热		非绝热		
			MPa	kg	MPa	bar	kg
1041	环氧乙烷和二氧化碳混合物,环氧乙烷含量9%~87%	2F	2.4	24	2.6	26	0.73
1046	压缩氦	1A	见4.3.3.2.1				
1048	无水溴化氢	2TC	5	50	5.5	55	1.54
1049	压缩氢	1F	见4.3.3.2.1				
1050	无水氯化氢	2TC	12	120			0.69
					10	100	0.30
					12	120	0.56
					15	150	0.67
					20	200	0.74
1053	硫化氢	2TF	4.5	45	5	50	0.67
1055	异丁烯	2F	1	10	1	10	0.52
1056	压缩氪	1A	见4.3.3.2.1				
1058	液化气体,非易燃,充有氮二氧化碳或空气	2A	1.5×充罐压力.见4.3.3.2.2或4.3.3.2.3				
1060	甲基乙炔和丙二烯混合物,稳定的	2F	见4.3.3.2.2或4.3.3.2.3				
	混合P1	2F	2.5	25	2.8	28	0.49
	混合P2	2F	2.2	22	2.3	23	0.47
	丙二烯与1%~4%的甲基乙炔	2F	2.2	22	2.2	22	0.50
1061	无水甲胺	2F	1	10	1.1	11	0.58
1062	甲基溴,含有不大于2%的三氯硝基甲烷	2T	1	10	1	10	1.51
1063	甲基氯(制冷气体R 40)	2F	1.3	13	1.5	15	0.81
1064	甲硫醇	2TF	1	10	1	10	0.78
1065	压缩氖	1A	见4.3.3.2.1				
1066	压缩氮	1A	见4.3.3.2.1				
1067	四氧化二氮(二氧化氮)	2TOC	仅在管束式车辆和MEGCs中				
1070	氧化亚氮	2O	22.5	225			0.78
					18	180	0.68
					22.5	225	0.74
1071	压缩油气	1TF	见4.3.3.2.1				
1072	压缩氧	1O	见4.3.3.2.1				
1073	冷冻液态氧	3O	见4.3.3.2.4				
1075	液化石油气	2F	见4.3.3.2.2或4.3.3.2.3				
1076	光气	2TC	仅在管束式车辆和MEGCs中				
1077	丙烯	2F	2.5	25	2.7	27	0.43

续上表

UN 编号	名　称	分类代码	罐体最小试验压力				每升容量的最大许可质量
			绝　热		非　绝　热		
			MPa	kg	MPa	bar	kg
1078	制冷气体,未另作规定的,例如	2A					
	混合 F1	2A	1	10	1.1	11	1.23
	混合 F2	2A	1.5	15	1.6	16	1.15
	混合 F3	2A	2.4	24	2.7	27	1.03
	其他混合	2A	见 4.3.3.2.2 或 4.3.3.2.3				
1079	二氧化硫	2TC	1	10	1.2	12	1.23
1080	六氟化硫	2A	12	120			1.34
					7	70	1.04
					14	140	1.33
					16	160	1.37
1081	四氟乙烯,稳定	2F	仅在管束式车辆和 MEGCs 中				
1082	三氟氯乙烯,稳定的	2TF	1.5	15	1.7	17	1.13
1083	无水三甲胺	2F	1	10	1	10	0.56
1085	乙烯基溴,稳定的	2F	1	10	1	10	1.37
1086	乙烯基氯,稳定的	2F	1	10	1.1	11	0.81
1087	乙烯基·甲基醚,稳定的	2F	1	10	1	10	0.67
1581	三氯硝基甲烷和甲基溴混合物,含三氯硝基甲烷大于2%	2T	1	10	1	10	1.51
1582	三氯硝基甲烷和甲基氯混合物	2T	1.3	13	1.5	15	0.81
1612	四磷酸六乙酯和压缩气体混合物	1T	见 4.3.3.2.1				
1749	三氟化氯	2TOC	3	30	3	30	1.40
1858	六氟丙烯(制冷气体 R 1216)	2A	1.7	17	1.9	19	1.11
1859	四氟化硅	2TC	20	200	20	200	0.74
			30	300	30	300	1.10
1860	乙烯基氟,稳定的	2F	12	120			0.58
			22.5	225			0.65
					25	250	0.64
1912	甲基氯和二氯甲烷混合物	2F	1.3	13	1.5	15	0.81
1913	冷冻液态氖	3A	见 4.3.3.2.4				
1951	冷冻液态氩	3A	见 4.3.3.2.4				
1952	环氧乙烷和二氧化碳混合物,含环氧乙烷不大于9%	2A	19	190	19	190	0.66
			25	250	25	250	0.75
1953	压缩气体,毒性,易燃,未另作规定的[a]	1TF	见 4.3.3.2.1 或 4.3.3.2.2				
1954	压缩气体,易燃,未另作规定的	1F	见 4.3.3.2.1 或 4.3.3.2.2				
1955	压缩气体,毒性,未另作规定的[a]	1T	见 4.3.3.2.1 或 4.3.3.2.2				
1956	压缩气体,未另作规定的	1A	见 4.3.3.2.1 或 4.3.3.2.2				

续上表

UN编号	名　称	分类代码	罐体最小试验压力				每升容量的最大许可质量
			绝　热		非　绝　热		
			MPa	kg	MPa	bar	kg
1957	压缩氘(重氢)	1F	见4.3.3.2.1				
1958	1,2-二氯-1,1,2,2-四氟乙烷(制冷气体R 114)	2A	1	10	1	10	1.3
1959	1,1-二氟乙烯(制冷气体R 1132a)	2F	12	120			0.66
			22.5	225			0.78
					25	250	0.77
1961	冷冻液态乙烷	3F	见4.3.3.2.4				
1962	乙烯	2F	12	120			0.25
			22.5	225			0.36
					22.5	225	0.34
					30	300	0.37
1963	冷冻液态氦	3A	见4.3.3.2.4				
1964	压缩烃类气体混合物,未另作规定的	1F	见4.3.3.2.1或4.3.3.2.2				
1965	液化烃类气体混合物,未另作规定的	2F					
	混合物A	2F	1	10	1	10	0.50
	混合物A01	2F	1.2	12	1.4	14	0.49
	混合物A02	2F	1.2	12	1.4	14	0.48
	混合物A0	2F	1.2	12	1.4	14	0.47
	混合物A1	2F	1.6	16	1.8	18	0.46
	混合物B1	2F	2	20	2.3	23	0.45
	混合物B2	2F	2	20	2.3	23	0.44
	混合物B	2F	2	20	2.3	23	0.43
	混合物C	2F	2.5	25	2.7	27	0.42
	其他混合物	2F	见4.3.3.2.2 见4.3.3.2.3				
1966	冷冻液态氢	3F	见4.3.3.2.4				
1967	气体杀虫剂,毒性,未另作规定的[a]	2T	见4.3.3.2.2或4.3.3.2.3				
1968	气体杀虫剂,未另作规定的	2A	见4.3.3.2.2或4.3.3.2.3				
1969	异丁烷	2F	1	10	1	10	0.49
1970	冷冻液态氪	3A	见4.3.3.2.4				
1971	压缩甲烷或甲烷含量高的压缩天然气	1F	见4.3.3.2.1				
1972	冷冻液态甲烷或含量高的冷冻液态天然气	3F	见4.3.3.2.4				
1983	1-氯-2,2,2-三氧乙烷(制冷气体R 133a)	2A	1	10	1	10	1.18
1973	二氟氯甲烷和五氟氯乙烷混合物,有固定沸点,前者约占49%(制冷气体R 502)	2A	2.5	25	2.8	28	1.05

续上表

UN编号	名　称	分类代码	罐体最小试验压力 绝热 MPa	罐体最小试验压力 绝热 kg	罐体最小试验压力 非绝热 MPa	罐体最小试验压力 非绝热 bar	每升容量的最大许可质量 kg
1974	二氟氯溴甲烷(制冷气体 R 12B1)	2A	1	10	1	10	1.61
1976	八氟环丁烷(制冷气体 RC 318)	2A	1	10	1	10	1.34
1977	冷冻液态氮	3A	见4.3.3.2.4				
1978	丙烷	2F	2.1	21	2.3	23	0.42
1982	四氟甲烷(制冷气体 R 14)	2A	20	200	20	200	0.62
			30	300	30	300	0.94
1983	1-氯-2,2,2-三氟乙烷(制冷气体 R 133a)	2A	1	10	1	10	1.18
1984	三氟甲烷(制冷气体 R 23)	2A	19	190			0.92
			25	250			0.99
					19	190	0.87
					25	250	0.95
2034	压缩氢和甲烷混合物	1F	见4.3.3.2.1				
2035	1,1,1-三氟乙烷(制冷气 R 143a)	2F	2.8	28	3.2	32	0.79
2036	压缩氙	2A	12	120			1.30
					13	130	1.24
2044	2,2-二甲基丙烷	2F	1	10	1	10	0.53
2073	氨溶液,水溶液在15℃时的相对密度小于0.880 含氨量35%～40% 含氨量40%～50%	4A	1	10	1	10	0.80
			1.2	12	1.2	12	0.77
2187	冷冻液态二氧化碳	3A	见4.3.3.2.4				
2189	二氯硅烷	2TFC	1	10	1	10	0.90
2191	硫酰氟	2T	5	50	5	50	1.1
2193	六氟乙烷(制冷气体 R 116)	2A	16	160			1.28
			20	200			1.34
					20	200	1.10
2197	无水碘化氢	2TC	1.9	19	2.1	21	2.25
2200	丙二烯,稳定的	2F	1.8	18	2.0	20	0.50
2201	冷冻液态氧化氩氮	3O	见4.3.3.2.4				
2203	压缩硅烷[b]	2F	22.5	225	22.5	225	0.32
			25	250	25	250	0.36
2204	硫化羰	2TF	2.7	27	3.0	30	0.84
2417	碳酰氟	2TC	20	200	20	200	0.47
			30	300	30	300	0.70
2419	溴三氟乙烯	2F	1	10	1	10	1.19
2420	六氟丙酮	2TC	1.6	16	1.8	18	1.08
2422	八氟-2-丁烯(制冷气体 R 1318)	2A	1	10	1	10	1.34

续上表

UN编号	名 称	分类代码	罐体最小试验压力				每升容量的最大许可质量
			绝热		非绝热		
			MPa	kg	MPa	bar	kg
2424	八氟丙烷(制冷气体 R 218)	2A	2.1	21	2.3	23	1.07
2451	压缩三氟化氮	2O	20	200	20	200	0.50
			30	300	30	300	0.75
2452	乙基乙炔,稳定的	2F	1	10	1	10	0.57
2453	乙基氟(制冷气体 R 161)	2F	2.1	21	2.5	25	0.57
2454	甲基氟(制冷气体 R 41)	2F	30	300	30	300	0.36
2517	1-氯-1,1-二氟乙烷(制冷气体 R 142b)	2F	1	10	1	10	0.99
2591	冷冻液态氙	3A	见 4.3.3.2.4				
2599	三氟氯甲烷和三氟甲烷的共沸混合物,含三氟氯甲烷约60%(制冷气体 R 503)	2A	3.1	31	3.1	31	0.11
			4.2	42			0.21
			10	100			0.76
					4.2	42	0.20
					10	100	0.66
2601	环丁烷	2F	1	10	1	10	0.63
2602	二氯二氟甲烷和二氟乙烷的共沸混合物,含二氯二氟甲烷约74%(制冷气体 R 500)	2A	1.8	18	2	20	1.01
2901	氯化溴	2TOC	1	10	1	10	1.50
3057	三氟乙酰氯	2TC	1.3	13	1.5	15	1.17
3070	环氧乙烷和二氯二氟甲烷混合物,含环氧乙烷不大于12.5%	2A	1.5	15	1.6	16	1.09
3083	氟化高氯酰(高氯酰氟)	2TO	2.7	27	3.0	30	1.21
3136	冷冻液态三氟甲烷	3A	见 4.3.3.2.4				
3138	冷冻液体乙烯、乙炔和丙烯混合物,含乙烯至少71.5%,乙炔不多于22.5%,丙烯不多于6%	3F	见 4.3.3.2.4				
3153	全氟(甲基乙烯基醚)	2F	1.4	14	1.5	15	1.14
3154	全氟(乙基乙烯基醚)	2F	1	10	1	10	0.98
3156	压缩气体,氧化性,未另作规定的	1O	见 4.3.3.2.1 或 4.3.3.2.2				
3157	液化气体氧化性,未另作规定的	2O	见 4.3.3.2.2 或 4.3.3.2.3				
3158	冷冻液态气体,未另作规定的	3A	见 4.3.3.2.4				
3159	1,1,1,2-四氟乙烷(制冷气体 R 134a)	2A	1.6	16	1.8	18	1.04
3160	液化气体,毒性,易燃,未另作规定的[a]	2TF	见 4.3.3.2.2 或 4.3.3.2.3				
3161	液化气体易燃,未另作规定的	2F	见 4.3.3.2.2 或 4.3.3.2.3				

续上表

UN编号	名称	分类代码	罐体最小试验压力				每升容量的最大许可质量
			绝热		非绝热		
			MPa	kg	MPa	bar	kg
3162	液化气体,毒性,未另作规定的[a]	2T	见4.3.3.2.2或4.3.3.2.3				
3163	液化气体未另作规定的	2A	见4.3.3.2.2或4.3.3.2.3				
3220	五氟乙烷(制冷气体R 125)	2A	4.1	41	4.9	49	0.95
3252	三氟甲烷(制冷气体R 32)	2F	3.9	39	4.3	43	0.78
3296	七氟丙烷(制冷气体R 227)	2A	1.4	14	1.6	16	1.20
3297	环氧乙烷和四氟氯乙烷混合物,含环氧乙烷不超过8.8%	2A	1	10	1	10	1.16
3298	环氧乙烷和五氟乙烷混合物,含环氧乙烷不超过7.9%	2A	2.4	24	2.6	26	1.02
3299	环氧乙烷和四氟乙烷混合物,含环氧乙烷不超过5.6%	2A	1.5	15	1.7	17	1.03
3300	环氧乙烷和二氧化碳混合物,含环氧乙烷不超过87%	2TF	2.8	28	2.8	28	0.73
3303	压缩气体,毒性,氧化性,未另作规定的[a]	1TO	见4.3.3.2.1或4.3.3.2.2				
3304	压缩气体,毒性,腐蚀性,未另作规定的[a]	1TC	见4.3.3.2.1或4.3.3.2.2				
3305	压缩气体,毒性,易燃,腐蚀性,未另作规定的[a]	1TFC	见4.3.3.2.1或4.3.3.2.2				
3306	压缩气体,毒性,氧化性,腐蚀性,未另作规定的[a]	1TOC	见4.3.3.2.1或4.3.3.2.2				
3307	液化气体,毒性,氧化性,未另作规定的[a]	2TO	见4.3.3.2.2或4.3.3.2.3				
3308	液化气体,毒性,腐蚀性,未另作规定的[a]	2TC	见4.3.3.2.2或4.3.3.2.3				
3309	液化气体,毒性,易燃,腐蚀性,未另作规定的[a]	2TFC	见4.3.3.2.2或4.3.3.2.3				
3310	液化气体,毒性,氧化性,腐蚀性,未另作规定的[a]	2TOC	见4.3.3.2.2或4.3.3.2.3				
3311	冷冻液态气体,氧化性,未另作规定的	3O	见4.3.3.2.4				
3312	冷冻液态气体,易燃,未另作规定的	3F	见4.3.3.2.4				
3318	氨溶液水溶液在15℃时相对密度小于0.880,含氨量大于50%	4TC	见4.3.3.2.2				
3337	制冷气体R 404A	2A	2.9	29	3.2	32	0.84
3338	制冷气体R 407A	2A	2.8	28	3.2	32	0.95
3339	制冷气体R 407B	2A	3.0	30	3.3	33	0.95

续上表

UN 编号	名 称	分类代码	罐体最小试验压力				每升容量的最大许可质量
			绝热		非绝热		
			MPa	kg	MPa	bar	kg
3340	制冷气体 R 407C	2A	2.7	27	3.0	30	0.95
3354	气体杀虫剂,易燃,未另作规定的	2F	见 4.3.3.2.2 或 4.3.3.2.3				
3355	气体杀虫剂,毒性,易燃,未另作规定的[a]	2TF	见 4.3.3.2.2 或 4.3.3.2.3				

[a] 如果 LC_{50} 等于或大于200ppm 时允许。
[b] 认为是自燃。

4.3.3.3 *作业*

4.3.3.3.1 当批准罐体、管束式车辆或 MEGCs 运输不同气体时,若改变运输的物质,为保证足够的安全使用,需要对其进行排空、清洗、再排空的作业。

4.3.3.3.2 当罐体、管束式车辆或 MEGC 在被投入运输时,仅仅在6.8.3.5.6中,所有关于其他气体的特殊说明都将被遮盖。

4.3.3.3.3 所有管束式车辆或 MEGCs 的所有单元只应包含一种同类气体。

4.3.3.3.4 当外部压力可以大于罐体对外压力的承受力(例如,由于低环境温度)时,应采取适当措施保护装有低压液化气体的罐体,降低其变形的风险,例如充装氮气或其他惰性气体保持足够的容器内压力。

4.3.3.4 (保留)

4.3.4 **适用于第1类、第3~9类物质的特殊规定**

4.3.4.1 *代码,合理方法及罐体级别*

4.3.4.1.1 *罐体代码*

3.2 章表 A 第(12)栏所示代码(罐体代码)的4个部分含义如下:

部分	种 类	罐 体 代 码
1	罐体类型	L = 针对液态物质的罐体(液体或固体以熔化状态移交运输); S = 针对固态物质的罐体(粉状或粒状)
2	计算压力	G = 按照 6.8.2.1.14 的一般要求规定的最小计算压力;或1.5;2.65;4;10;15 或 21 = 以 bar 表示的最小计算压力(见6.8.2.1.14)
3	开口(见6.8.2.2)	A = 充装和卸载开口在底部,具有 2 道封闭装置的罐体; B = 充装或卸载开口在底部,具有 3 道封闭装置的罐体; C = 仅清洗口在液面下部,充装或卸载开口在上部的罐体; D = 液面下无开口,充装或卸载开口在上部的罐体
4	安全阀/装置	V = 按照 6.8.2.2.6 具有呼吸装置,但无防止火焰传播装置的罐体,或无防爆压装置的罐体; F = 按照 6.8.2.2.6 具有呼吸装置,安装了防止火焰传播装置的罐体,或具有防爆压装置的罐体; N = 按照 6.8.2.2.6 不具有呼吸装置和密封关闭的罐体; H = 密封关闭的罐体(见1.2.1)

4.3.4.1.2 为物质组和罐体级别设定 ADR 中罐体代码。

注:没有包括在合理方法表格中的一些物质和物质组(见4.3.4.1.3)。

罐体代码	合理方法 物质组		
	类别	分类代码	包装类别
液体 LGAV	3	F2	Ⅲ
	9	M2	Ⅲ
LGBV	4.1	F2	Ⅱ,Ⅲ
	5.1	O1	Ⅲ
	9	M6	Ⅲ
		M11	Ⅲ
	罐体代码为和LGAV的物质组		
LGBF	3	F1	Ⅱ 蒸气压力在50℃≤1.1bar
		F1	Ⅲ
		D	Ⅱ 蒸气压力在50℃≤1.1bar
		D	Ⅲ
	罐体代码为LGAV和LGBV的物质组		
L1.5BN	3	F1	Ⅱ 蒸气压力在50℃>1.1bar
		F1	Ⅲ 闪光点<23℃,黏滞,蒸气压力在50℃>1.1bar,沸点>35℃
		D	Ⅱ 蒸气压力在50℃>1.1bar
	罐体代码为LGAV、LGBV和LGBF的物质组		
L4BN	3	F1	Ⅰ,Ⅲ沸点≤35℃
		FC	Ⅲ
		D	Ⅰ
	5.1	O1	Ⅰ,Ⅱ
		OT1	Ⅰ
	8	C1	Ⅱ,Ⅲ
		C3	Ⅱ,Ⅲ
		C4	Ⅱ,Ⅲ
		C5	Ⅱ,Ⅲ
		C7	Ⅱ,Ⅲ
		C8	Ⅱ,Ⅲ
		C9	Ⅱ,Ⅲ
		C10	Ⅱ,Ⅲ
		CF1	Ⅱ
		CF2	Ⅱ
		CS1	Ⅱ
		CW1	Ⅱ

合 理 方 法

续上表

罐体代码	合 理 方 法		
	物 质 组		
	类别	分类代码	包装类别
L4BN	8	CW2	Ⅱ
		CO1	Ⅱ
		CO2	Ⅱ
		CT1	Ⅱ,Ⅲ
		CT2	Ⅱ,Ⅲ
		CFT	Ⅱ
	9	M11	Ⅲ
	罐体代码为LGAV、LGBV、LGBF和L1.5BN的物质组		
L4BH	3	FT1	Ⅱ,Ⅲ
		FT2	Ⅱ
		FC	Ⅱ
		FTC	Ⅱ
	6.1	T1	Ⅱ,Ⅲ
		T2	Ⅱ,Ⅲ
		T3	Ⅱ,Ⅲ
		T4	Ⅱ,Ⅲ
		T5	Ⅱ,Ⅲ
		T6	Ⅱ,Ⅲ
		T7	Ⅱ,Ⅲ
		TF1	Ⅱ
		TF2	Ⅱ,Ⅲ
		TF3	Ⅱ
		TS	Ⅱ
		TW1	Ⅱ
		TW2	Ⅱ
		TO1	Ⅱ
		TO2	Ⅱ
		TC1	Ⅱ
		TC2	Ⅱ
		TC3	Ⅱ
		TC4	Ⅱ
		TFC	Ⅱ
	6.2	I3	Ⅱ
		I4	
	9	M2	Ⅱ
	罐体代码为LGBV、LGAV、L1.5BN和L4BN、LGBF的物质组		

续上表

罐体代码	合 理 方 法		
	物 质 组		
	类别	分类代码	包装类别
L4DH	4.2	S1	Ⅱ，Ⅲ
		S3	Ⅱ，Ⅲ
		ST1	Ⅱ，Ⅲ
		ST3	Ⅱ，Ⅲ
		SC1	Ⅱ，Ⅲ
		SC3	Ⅱ，Ⅲ
	4.3	W1	Ⅱ，Ⅲ
		WF1	Ⅱ，Ⅲ
		WT1	Ⅱ，Ⅲ
		WC1	Ⅱ，Ⅲ
	8	CT1	Ⅱ，Ⅲ
	罐体代码为 LGAV、LGBV、LGBF、L1.5BN、L4BN 和 L4BH 的物质组		
L10BH	8	C1	Ⅰ
		C3	Ⅰ
		C4	Ⅰ
		C5	Ⅰ
		C7	Ⅰ
		C8	Ⅰ
		C9	Ⅰ
		C10	Ⅰ
		CF1	Ⅰ
		CF2	Ⅰ
		CS1	Ⅰ
		CW1	Ⅰ
		CO1	Ⅰ
		CO2	Ⅰ
		CT1	Ⅰ
		CT2	Ⅰ
		COT	Ⅰ
	罐体代码为 LGAV、LGBV、LGBF、L1.5BN、L4BN 和 L4BH 的物质组		

续上表

罐体代码	合 理 方 法			
	物 质 组			
	类别	分类代码		包装类别
L10CH	3	FT1		I
		FT2		I
		FC		I
		FTC		I
	6.1*	T1		I
		T2		I
		T3		I
		T4		I
		T5		I
		T6		I
		T7		I
		TF1		I
		TF2		I
		TF3		I
		TS		I
		TW1		I
		TO1		I
		TC1		I
		TC2		I
		TC3		I
		TC4		I
		TFC		I
		TFW		I
	罐体代码为LGAV、LGBV、LGBF、L1.5BN、L4BN、L4BH和L10BH的物质组			
	* 含有LC_{50}物质≤200mL/m^3并且饱和蒸气浓度≥500 LC_{50}，需要被划分为罐体代码L15CH。			
L10DH	4.3	W1		I
		WF1		I
		WT1		I
		WC1		I
		WFC		I
	5.1	OTC		I
	8	CT1		I
	罐体代码为LGAV、LGBV、LGBF、L1.5BN、L4BN、L4BH、L4DH、L10BH和L10CH的物质组			

续上表

罐体代码	合理方法		
	物 质 组		
	类别	分类代码	包装类别
L15CH	3	FT1	I
	6.1**	T1	I
		T4	I
		TF1	I
		TW1	I
		TO1	I
		TC1	I
		TC3	I
		TFC	I
		TFW	I
	罐体代码为 LGAV、LGBV、LGBF、L1.5BN、L4BN、L4BH、L10BH 和 L10CH 的物质组		
	** 含有 LC_{50} 物质≤200mL/m³ 并且饱和蒸气浓度≥500 LC_{50},需要被划分罐体代码L15CH。		
L21DH	4.2	S1	I
		S3	I
		SW	I
		ST3	I
	罐体代码为 LGAV、LGBV、LGBF、L1.5BN、L4BN、L4BH、L4DH、L10BH、L10CH、LDH 和 L15CH 的物质组		
SOLIDS SGAV	4.1	F1	Ⅲ
		F3	Ⅲ
	4.2	S2	Ⅱ,Ⅲ
		S4	Ⅲ
	5.1	O2	Ⅱ,Ⅲ
	8	C2	Ⅱ,Ⅲ
		C4	Ⅲ
		C6	Ⅲ
		C8	Ⅲ
		C10	Ⅱ,Ⅲ
		CT2	Ⅲ
	9	M7	Ⅲ
		M11	Ⅱ,Ⅲ
SGAN	4.1	F1	Ⅱ
		F3	Ⅱ
		FT1	Ⅱ,Ⅲ
		FT2	Ⅱ,Ⅲ
		FC1	Ⅱ,Ⅲ
		FC2	Ⅱ,Ⅲ
	4.2	S2	Ⅱ
		S4	Ⅱ,Ⅲ
		ST2	Ⅱ,Ⅲ

续上表

罐体代码	合 理 方 法			
	物 质 组			
	类别	分类代码		包装类别
SGAN	4.2	ST4		Ⅱ,Ⅲ
		SC2		Ⅱ,Ⅲ
		SC4		Ⅱ,Ⅲ
	4.3	W2		Ⅱ,Ⅲ
		WF2		Ⅱ
		WS		Ⅱ,Ⅲ
		WT2		Ⅱ,Ⅲ
		WC2		Ⅱ,Ⅲ
	5.1	O2		Ⅱ,Ⅲ
		OT2		Ⅱ,Ⅲ
		OC2		Ⅱ,Ⅲ
	8	C2		Ⅱ
		C4		Ⅱ
		C6		Ⅱ
		C8		Ⅱ
		C10		Ⅱ
		CF2		Ⅱ
		CS2		Ⅱ
		CW2		Ⅱ
		CO2		Ⅱ
		CT2		Ⅱ
	9	M3		Ⅲ
	罐体代码为 SGAV 的物质组			
SGAH	6.1	T2		Ⅱ,Ⅲ
		T3		Ⅱ,Ⅲ
		T5		Ⅱ,Ⅲ
		T7		Ⅱ,Ⅲ
		T9		Ⅱ
		TF3		Ⅱ
		TS		Ⅱ
		TW2		Ⅱ
		TO2		Ⅱ
		TC2		Ⅱ
		TC4		Ⅱ
	9	M1		Ⅱ,Ⅲ
	罐体代码为 LGAV、LGBV、LGBF、L1.5BN、L4BN 和 L4BH 的物质组			
S4AH	6.2	I3		Ⅱ
	9	M2		Ⅱ
	罐体代码为 SGAV、SGAN 和 SGAH 的物质组			

续上表

罐体代码	合理方法			
	物质组			
	类别	分类代码	包装类别	
S10AN	8	C2	I	
		C4	I	
		C6	I	
		C8	I	
		C10	I	
		CF2	I	
		CS2	I	
		CW2	I	
		CO2	I	
		CT2	I	
	罐体代码为 SGAV 和 SGAN 的物质组			
S10AH	6.1	T2	I	
		T3	I	
		T5	I	
		T7	I	
		TS	I	
		TW2	I	
		TO2	I	
		TC2	I	
		TC4	I	
	罐体代码为 SGAV、SGAN、SGAH 和 S10AN 的物质组			

罐体级别

有不同于合理方法表格中或 3.2 章表 A 中罐体代码的罐体,如果罐体代码的每个元素(数字或字母)代表的安全水平,根据下列递增的顺序,至少等同于 3.2 章表 A 中罐体代码对应元素代表的,可以使用。

第一部分:罐体的类型

S→L

第二部分:计算压力

G→1.5→2.65→4→10→15→21bar

第三部分:开口

A→B→C→D

第四部分:安全阀门/设备

V→F→N→H

例如:罐体代码 L10CN 的罐体被核准运输罐体代码 L4BN 被划分的的物质;罐体代码 L4BN 的罐体被核准运输罐体代码 SGAV 被划分的物质。

注:罐体级别没有考虑相应条目的特殊规定(见4.3.5 和6.8.4)。

4.3.4.1.3	3.2 章表 A 第(12)栏罐体代码出现"＋"的下列物质和物质组遵从特殊规定。对于其它物质和物质组,罐体是不允许的,除非批准。依据 4.3.4.1.2 表中底部的规定,较高数值的罐体如果满足 3.2 章表 A 第(13)栏特殊规定,应可以使用。
	(a) 第1类:

1.5 项 UN 10331 爆炸,爆破,B 型:代码 S2.65AN;

(b) 第4.1类:

UN 2448 熔融硫黄:代码 LGBV;

(c) 第4.2类:

UN 1381 白磷或黄磷,干的,或浸在水中或溶液中和 UN 2447 熔融白磷或黄磷:代码 L10DH;

(d) 第4.3类:

UN 1389 碱金属汞齐、UN 1391 碱金属分散体和碱土金属分散体、UN 1392 碱土金属汞齐、UN 1415 锂、UN 1420 锂金属合金、UN 1421 液态碱金属合金,未另做规定的、UN 1422 钾钠合金、UN 1428 钠、UN 2257 钾:代码 L10BN;

UN 1407 铯和 UN 1423 铷:代码 L10CH;

(e) 第5.1类:

UN 1873 高氯酸,按质量含酸50%~72%:编号 L4DN;

UN 2015 过氧化氢水溶液,稳定的,过氧化氢含量大于70%:编号 L4DV;

UN 2015 过氧化氢水溶液,稳定的,过氧化氢含量60%~70%:编号 L4BV;

UN 2014 过氧化氢水溶液,过氧化氢含量20%~60%和 UN 3149 过氧化氢和过乙酸混合物,稳定的:代码 L4BV;

(f) 第5.2类:

UN 3109 液态 F 型有机过氧化物、UN 3119 液态 F 型有机过氧化物,控制温度的:代码 L4BN;

UN 3110 固态 F 型有机过氧化物和 UN 3120 固态 F 型有机过氧化物,控制温度的:代码 S4AN;

(g) 第6.1类:

UN 1613 氢氰酸水溶液和 UN 3294 氰化氢酒精溶液:代码 L15DH;

(h) 第7类:

所有物质:特殊罐体;

对液态的最低需求:编号 L2.65CN;对于固态:代码 S3,65AN

尽管有这段的一般要求,但是用于放射物质的罐体也可以用于符合5.1.3.2要求的货物运输。

(i) 第8类:

UN 1052 无水氟化氢和 UN 1790 氢氟酸,溶液,含氢氟酸大于85%:代码 L21DH;

UN 1744 溴或溴溶液:代码 L21DH;

UN 1791 次氯酸盐溶液、UN 1a08 皿氯酸盐溶液:代码 L4BV。

4.3.4.2 **一般规定**

4.3.4.2.1 运输过程中,充装热物质的罐体或热绝缘装置外表面温度不应超过70℃。

4.3.4.2.2 运载工具内相互独立但又有连接两个罐体之间的连接管,在运输过程中应为排空状态。和罐壳相连的非永久性充装和排卸软管,在运输过程中也应为排空状态。

4.3.4.2.3 (保留)

4.3.5 **特殊规定**

3.2 章表 A 第(13)栏中特殊规定的要求:

TU1	液体完全固化和盖一层惰性气体时,罐体才可以移交运输。含有这些物质的未清洗的空罐体应当充装惰性气体。
TU2	物质上面应当被惰性气体覆盖。含有这些物质的未清洗的空罐体应当充装惰性气体。
TU3	壳的内部和所有容易与物质接触的部件都应当保持清洗。与物质发生危险反应的润滑剂不允许用于泵、阀或其他装置。
TU4	运输时,这些物质都应当在一层惰性气体之下,该气体压力不应低于50kPa(0.5bar)。含有这些物质的未清洗的空罐体移交运输时,只有在充装压力至少为50kPa(0.5bar)的惰性气体时,才能被运输。
TU5	(保留)
TU6	当罐体、管束式车辆和MEGCs含有低于200ppm的LC_{50}时,不允许运输。
TU7	用于接头防漏或封装装置保养的物质应当与充装物质相兼容。
TU8	铝合金罐体不应用于运输,除非这类罐体仅仅是为了运输并且乙醛中不含有酸。
TU9	温度在50℃时蒸气压高于110kPa(0.5bar)而低于150kPa(0.5bar)的UN 1023汽油可以用根据6.8.2.1.14设计并且具有符合6.8.2.2.6要求的装备。
U10	(保留)
TU11	充装时,物质的温度不能超过60℃。若没有阴火而且满足下面条件,最大的充装温度可以为80℃。在充装后,该罐体应该被加压(如压缩空气)检测其密封性,以确保在运输过程中,不会泄压。在卸载之前,将检查罐体内的压强是否还是大气压之上。如果不是,在卸载之前应该先充入惰性气体。
TU12	改运其他物质时,在运输之前和之后,应当彻底清除壳和装备上的残留物。
TU13	充装时,罐体不应当含有杂质。在充装或卸载后,如阀和外部的管子都应当清空。
TU14	运输时,应当锁上密闭装置的保护盖。
TU15	罐体不允许用于运输食品物质、消耗物品或动物饲料。
TU16	未清洗的罐体,移交运输时,可以进行以下处理: —充装氮气;或 —充装不少于容量96%而不多于98%的水;在10月1日和次年3月31日之间,其中应当含有足够的使其在运输时不结冰的抗冻剂;抗冻剂应当是无腐蚀的,并且不容易与磷发生反应。
TU17	只能使用管束式车辆或由容器组成的MECGs的运输。
TU18	充装度应当保持在这样的一个水平之下:如果被充装物的温度升高到蒸气压等于安全阀的开放压时的温度,液体的体积将达到该温度时罐体容量的95%。4.3.2.3.4的规定不能使用。
TU19	在一定充装温度和压力时,罐体可以充装到98%。4.3.2.3.4的规定不能使用。
TU20	(保留)
TU21	如果水用作保护剂,充装时物质应当被深度不少于12cm水层淹没;60℃时的充装度不应超过98%。如果氮气用作保护剂,60℃时的充装度不应超过96%。剩余空间应当以氮气充装,即使冷却后,压力也绝不能降到大气压之下。罐体应当密闭而不会发生气体泄漏。

TU22	罐体不允许充装超过容量的90%;当液体的平均温度为50℃时,应当保持5%的安全预留空间。
TU23	充装以质量为单位计算,充装度不应超过每升容量0.93kg。充装以容积为单位计算,充装度不应超过85%。
TU24	充装以质量为单位计算,充装度不应超过每升容量0.95kg。充装以容积为单位计算,充装度不应超过85%。
TU25	充装以质量为单位计算,充装度不应超过每升容量1.14kg。充装以容积为单位计算,充装度不应超过85%。
TU26	充装度不应超过85%。
TU27	罐体不允许充装超过容量的98%。
TU28	在参考温度为15℃时,罐体不允许充装超过容量的95%。
TU29	罐体不允许充装超过它们容量的97%,而且充装后的温度不能超过140℃。
TU30	罐体应当根据该类罐体检查报告进行充装,充装量不允许超过容量的90%。
TU31	罐体充装量不允许超过1kg。
TU32	罐体充装量不应超过容量的88%。
TU33	罐体充装应当为容量的88%~92%,或每升2.86kg。
TU34	罐体充装量每升不应超过0.84kg。
TU35	含有这些不符合ADR要求物质的未经清洗的空固定式罐体(罐式车辆)、可拆卸式罐体和空罐体容器,应当尽可能采取措施使其避免发生危险。
TU36	根据4.3.2.2,在参考温度为15℃时,罐体不允许充装超过它们容量的93%。
TU37	罐体被限于运输病原体物质,由于病原体物质不同于危险货物,暴露时可能产生严重流行性感染,应该采取有效的处理和预防的措施,感染传播的风险是有限的(轻度的个体风险和低度的社会风险)。
TU38	(保留)
TU39	应说明罐体载运该物质的适装性,评价适装性的方法应当被主管机关任何,一种合适的方法是试验系列8试验8(d)(见《试验和标准手册》第Ⅰ部分18.7)。 无论何时罐体内不应当存留可能会结块的物质,应当采用适当的措施去避免沉淀物在罐体内结块或积聚。
TU40	只能用集装束车辆或MEGCs运输,它的单元由无缝容器组成。
TU41	通过运输,应说明罐体载运该物质的适装性满足有关国家的主管机关要求。评价适装性的方法应当被任何ADR缔约方认可,非ADR缔约方主管机关签发的认证,这个认证是根据ADR,RID,ADN或IMDG代码按照适当的流程签发的。 无论何时罐体内不应当存留可能会结块的物质,应当采用适当的措施去避免沉淀物在罐体内结块或积聚。

第4.4章 纤维增强塑料(FRP)罐体、固定式罐体(罐式车辆)、可拆卸式罐体、罐式集装箱和罐式交换箱体的使用

注:可移动罐柜和UN 多单元气体容器(MEGCs)的使用规定,见4.2 章;固定式罐体(罐式车辆)的使用规定、可拆卸式罐体、罐式集装箱和罐式交换箱体和管束式车辆以及非UN 多单元气体容器(MEGCs)的使用规定,见4.3 章;真空操作危废罐的使用规定,见4.5 章。

4.4.1 概述

仅当符合下述条件时,方可使用纤维增强塑料(FRP)罐体运输危险物质:

(a) 该物质属于第 3,5.1,6.1,6.2,8,9 类;
(b) 该物质在50℃时的最大蒸气压(绝对压力)不超过 110kPa(1.1bar);
(c) 使用金属罐体运输物质应依照 4.3.2.1.1 授权;
(d) 3.2 章表A 第(12)栏显示的该物质罐体代码的第二位代码,给出的计算压力不能超过 400kPa(4bar)(依旧见4.3.4.1.1);并且
(e) 该罐符合 6.9 章适用于物质的运输规定。

4.4.2 作业

4.4.2.1　4.3.2.1.5~4.3.2.2.4,4.3.2.3.3~4.3.2.3.6,4.3.2.4.1,4.3.2.4.2,4.3.4.1 和 4.3.4.2 的条款应用适用。

4.4.2.2　充装时,载运物质的温度不应超过 6.9.6 规定的罐体壁板最大温度。

4.4.2.3　用金属罐体运输,还应符合 4.3.5 的特殊规定(TU),如 3.2 章表 A 第(13)栏所示。

第4.5章 真空操作危废罐的使用

注：可移动罐柜和UN 多单元气体容器(MEGCs)，见4.2 章；固定式罐体(罐式车辆)、可拆卸式罐体、罐式集装箱和罐式交换箱体(以上四者均带有金属材料制成的外壳)和管束式车辆以及非UN 多单元气体容器(MEGCs)，见4.3 章；纤维增强塑料罐体，见4.4 章。

4.5.1 使用

4.5.1.1　包含第3、4.1、5.1、6.1、6.2、8 或9 类物质的废物可以遵照6.10 章装于真空操作危废罐，如果根据4.3 章允许它们使用固定式罐体(罐式车辆)、可拆卸式罐体、罐式集装箱和罐式交换箱体运输。由对应于3.2 章表A 第(12)栏罐体代码L4BH 或者在4.3.4.1.2 层级下允许的另一个罐体代码的物质组成的危废废物，可以装于罐体代码第三部分字母标有"A"或者"B"的真空操作废物罐中，如符合9.1.3.5 的No.9.5 车辆批准证书所示。

4.5.1.2　非危废物质可以依据4.5.1.1 提及的相同条件下装于真空操作危废罐。

4.5.2 作业

4.5.2.1　适用4.3 章除去4.3.2.2.4 和4.3.2.3.3 那些真空操作危废罐的条款和4.5.2.2~4.5.2.6 的补充条款。

4.5.2.2　对于运输液体满足第3 类闪点标准的液体，真空操作危废罐应通过在较低平面冲入罐体的充装设备灌冲。应采取措施尽量少产生喷雾。

4.5.2.3　当利用空气压力排出闪点低于23℃ 的易燃液体时，最大允许压力为100kPa（1bar）。

4.5.2.4　使用配有内部活塞运行作为隔仓壁的罐体仅当在壁(活塞)的任一侧上的物质彼此不会发生危险的反应(见4.3.2.3.6)时才被允许。

4.5.2.5　(保留)

4.5.2.6　当可以提供一个点火源的真空泵/排气部用于充装或排出易燃液体时，须采取预防措施，以避免点燃该物质或避免罐体外点火的影响的传播。

第4.6章 （保留）

第4.7章 移动式爆炸品制造单元的使用

注1：包装，见4.1章；可移动罐柜，见4.2章；由金属材料制成壳体的固定式罐体（罐式车辆）、可拆卸式罐体、罐式集装箱和罐式交换箱体，见4.3章；纤维增强塑料（FRP）罐，见4.4章；真空操作危废罐，见4.5章。

注2：有关制造，设备，型式认可，试验和标记要求，见6.7，6.8，6.9，6.11和6.12章。

4.7.1　使用

4.7.1.1　第3、5.1、6.1和8类物质符合6.12章可装于移动式爆炸品制造单元,如果依据4.2章允许运输,则可采用可移动罐柜；如果依据4.3章允许运输,可采用固定式罐体（罐式车辆）、可拆卸式罐体、罐式集装箱和罐式交换箱体；如果依据4.4章允许运输,可采用纤维增强塑料（FR）罐体；如果依据7.3章允许运输,可采用散货集装箱。

4.7.1.2　经主管机关批准（见7.5.5.2.3）的爆炸性物质或第1类带包装的物品,如果它们的包装是4.1章允许的,并且它们的运输是7.2章和7.5章允许的,可以包装运输,装于符合6.12.5要求的隔仓。

4.7.2　作业

4.7.2.1　以下条款适用于依据6.12章的罐体作业：

(a) 罐的容量为1000L或以上,4.2、4.3或者4.4章（不包括4.3.1.4,4.3.2.3.1,4.3.3和4.3.4）适用于移动爆炸物制造单元运输的条款,并且由4.7.2.2,4.7.2.3,4.7.2.4的规定进行补充说明；

(b) 罐的容量小于1000L,4.2、4.3或者4.4章（不包括4.3.1.4,4.3.2.1,4.3.2.3.1,4.3.3和4.3.4）适用于移动爆炸物制造单元运输的条款,并且由4.7.2.2,4.7.2.3,4.7.2.4的规定进行补充说明；

4.7.2.2　在壳体的使用周期内,其厚度不应低于规定的适当结构要求的最小值。

4.7.2.3　无论是否永久连接,柔性软管和料斗在运输中不应装有混合致敏爆炸性物质。

4.7.2.4　当适用于罐体运输时,也应符合4.3.5的特殊规定（TU）,如3.2章表A第（13）栏所示。

4.7.2.5　操作者应当确保在运输过程中使用9.8.8中指定的锁。

第5部分 托运程序

第5部 一般演題

第 5.1 章 一 般 规 定

5.1.1 适用和一般规定

本部分阐述了危险货物托运的相关规定,包括包装标记、标志、单据,以及某些特定情况下(申请)托运许可和预先报备等内容。

5.1.2 使用集合包装

5.1.2.1 （a） 集合包装须符合以下要求：
  （ⅰ） 标记字样"集合包装"；
  （ⅱ） 按照5.2.1.1和5.2.1.2对包件的要求,标注危险货物联合国编号（以"UN"开头,简称"UN 编号"）；按照5.2.2对包件的要求,贴标志；如果托运的货物具有环境危害性,应按照5.2.1.8对包件的要求,在集合包装上粘贴内装的每一项危险货物的环境危害物质标记。

除5.2.2.1.11要求之外,所有危险货物对应的UN编号、标志、环境危害物质标记在集合包装上应清晰可见。如果不同包件内装的危险货物有同样的UN编号、标志或环境危害物质标记,则粘贴一次即可。

"集合包装"字样应使用起运国官方语言,至少12mm高,且清晰可见。如果起运国官方语言不是英语、法语或德语,"集合包装"字样可使用上述三种语言中的一种（起运国和到达国另有协议的除外）。

（b） 方向箭头（见5.2.1.9）应标记在集合包装的2个相对侧面。集合包装内所有包件应按5.2.1.9.1的要求粘贴相应标记,保证标记清晰可见。

5.1.2.2 集合包装内载的每个危险货物包件,必须遵守 ADR 的适用规定。集合包装不得损害每一内装包件的设计功能。

5.1.2.3 每一包件都应按照5.2.1.9的要求粘贴方向标记。当包件放在集合包装或者大型包装内时,其放置方向应与方向标记一致。

5.1.2.4 对于混装的有关限制规定也适用于集合包装。

5.1.3 **未清洗空的包装[包括中型散装容器（IBCs）和大型包装]、罐体、MEMUs、车辆和散货集装箱**

5.1.3.1 除第7类危险货物之外,未清洗空的包装（包括IBCs和大型包装）、罐体（包括罐式车辆、管束式车辆、可拆卸式罐体、可移动罐柜、罐式集装箱、多单元气体容器（MEGCs））、MEMUs、车辆和散货集装箱上应粘贴与载货时相同的标记和标志。
注:单据要求见5.4章。

5.1.3.2 用于运输放射性物质的集装箱、罐体、IBCs,以及其他包装和集合包装,不得用于储存或运输其他货物,除非（放射性物质的）β发射体、γ发射体以及低毒性α发射体低于$0.4Bq/cm^2$水平,以及所有其他α发射体低于$0.04Bq/cm^2$水平。

5.1.4 混合包装

外包装内装两种或更多危险货物时,该包件须按每种内装物的要求粘贴标记和标志。如果多种危险货物的标志是一样的,粘贴一次即可。

5.1.5 对第7类危险货物的一般规定

5.1.5.1 *装运批准和报备*

5.1.5.1.1 *概述*

除6.4章所述的包件设计批准之外,某些情况下(见5.1.5.1.2和5.1.5.13)装运需经多方批准。某些情况下还需要将装运任务向主管机关报备(见5.1.5.1.4)。

【译注:*多方批准指起始地、途经地和目的地相关部门的批准*】

5.1.5.1.2 *装运批准*

下述事项必须经多方批准:

(a) 不符合6.4.7.5的要求或设计上允许受控制间歇性排气的B(M)型包件的装运;

(b) 放射性活度大于$3000A_1$或$3000A_2$(视情况而定),或大于1000TBq(以较小者为准)的放射性物质的B(M)型包件的装运;

(c) 装运易裂变材料的包件,如果单辆车(或单个集装箱)内各包件的临界安全指数总和超过50。

但主管机关可以根据设计批准书中的特殊规定(见5.1.5.2.1),在没有装运批准书的情况下批准货物进入或途经本国进行运输。

5.1.5.1.3 *特别安排的装运批准*

不符合ADR所有适用要求的托运货物,主管机关可以做出相应规定,使其可以在特别的安排下运输(见1.7.4)。

5.1.5.1.4 *报备*

发生以下情况,需向主管机关报备:

(a) 在需要主管机关批准的任何包件的首次装运前,托运人必须确保将适用于该包件设计的相关主管机关的批准证书副本,提交给起运国的主管机关和托运货物拟进入或途经的每个国家的主管机关。托运人不必等候主管机关的回执再开始托运货物,主管机关也无须在收到批准证书副本后邮寄回执;

(b) 装运下列每类包件时:

 (ⅰ) 装有放射性活度大于$3000A_1$或$3000A_2$(视情况而定)或大于1000TBq(以较小者为准)的放射性物质的C型包件;

 (ⅱ) 装有放射性活度大于$3000A_1$或$3000A_2$(视情况而定)或大于1000TBq(以较小者为准)的放射性物质的B(U)型包件;

 (ⅲ) B(M)型包件;

 (ⅳ) 特别安排下的装运;

 托运人必须向起运国主管机关和托运货物拟进入和途经的每个国家的主管机关报备。报备表必须在装运开始前递交给主管机关,最好至少提前7天递交。

(c) 如果装运批准申请书中已包含(报备)所要求的信息,则托运人不必单独递交一份报备表(见6.4.23.2);

(d) 托运货物报备表必须包括:

 (ⅰ) 能够用来识别一个或多个包件的必要信息,包括所有相应的(设计批准)证书编号和识别标记;

 (ⅱ) 装运日期、预计到达日期及预定的运输路线;

(ⅲ) 放射性物质或核素的名称；

(ⅳ) 放射性物质的物理形态和化学形态的描述，或者说明其是否为特殊形式放射性物质或低弥散放射性物质；

(ⅴ) 放射性内装物在运输期间的最大放射性活度，以贝克勒尔(Bq)为单位，加适当的国际单位制符号表示(见1.2.2.1)。可用易裂变材料质量(用克或其倍数为单位表示)，或用混合物中每一种易裂变核素的质量，代替放射性活度。

5.1.5.2 *主管机关颁发的批准证书*

5.1.5.2.1 以下情况需要主管机关颁发批准证书：

(a) 以下物质的包件设计，需主管机关颁发批准证书：

(ⅰ) 特殊形式放射性物质；

(ⅱ) 低弥散性放射性物质；

(ⅲ) 除2.2.7.2.3.5(f)要求之外的易裂变物质；

(ⅳ) 内装0.1kg或更多六氟化铀的包件；

(ⅴ) 内装易裂变材料的包件，2.2.7.2.3.5,6.4.11.2或6.4.11.3例外情况中的除外；

(ⅵ) B(U)型包件和B(M)型包件；

(ⅶ) C型包件；

(b) 特别安排；

(c) 某些装运任务(见5.1.5.1.2)；

(d) 未列入表2.2.7.2.2.1[见2.2.7.2.2.2(a)]中的某个放射性核素，需按照2.2.7.2.2.1的要求，确定放射性核素基本值；

(e) 对于包含放射性物质的仪器和设备的豁免运输[见2.2.7.2.2.2(b)]，相应的放射性活度限值。

必须确认批准证书的申请满足相应要求。设计批准证书应有相应的识别标记。

包件设计批准证书和装运批准证书可以合并为一个证书。

证书和证书申请必须满足6.4.23的要求。

5.1.5.2.2 托运人必须持有每个批准证书的副本。

5.1.5.2.3 对于不需要主管机关颁发批准证书的包件设计，在有关主管机关提出要求时，托运人必须向其提供文件证明，表明包件设计符合所有相应要求，以便其进行检查。

5.1.5.3 *确定运输指数(TI)和临界安全指数(CSI)*

5.1.5.3.1 包件、集合包装、集装箱，或无包装的Ⅰ类低比活度物质(LSA-I)或Ⅰ类表面污染物体(SCO-I)的运输指数(TI)，必须按照下列规定计算：

(a) 确定距包件、集合包装、集装箱，或无包装的LSA-I和SCO-I的外表面1m处的最高辐射水平[以豪西弗特/小时(mSv/h)为单位]。所确定的辐射水平乘以100得到的数值即为运输指数。对于铀和钍矿石及其精矿，在距货载物外表面1m处任一位置的最大辐射水平如下：

—铀和钍矿石，以及其物理精矿的最大辐射水平为0.4mSv/h；

—钍的化学精矿的最大辐射水平为0.3mSv/h；

—铀的化学精矿(六氟化铀除外)的最大辐射水平为0.02mSv/h；

(b) 对于罐体、集装箱和无包装的LSA-I和SCO-I，根据步骤(a)确定的数值必须乘以表5.1.5.3.1所列的相应乘数因子；

(c) 根据步骤(a)和(b)得到的数值必须舍入到第一位小数(例如，1.13变为1.2)，但小于等于0.05的数值可视为0。

罐体、集装箱、无包装的 LSA-I 和 SCO-I 的乘数因子　　表 5.1.5.3.1

货载尺寸[a]	乘数因子
货载尺寸≤1m²	1
1m² < 货载尺寸≤5m²	2
5m² < 货载尺寸≤20m²	3
20m² < 货载尺寸	10

[a] 所测量的货载物的最大截面积。

5.1.5.3.2　每一集合包装、集装箱或车辆的运输指数,为所含全部包件的运输指数之和,或者通过直接测量辐射水平确定。但非刚性集合包装的情况除外;非刚性集合包装的运输指数只能为所含全部包件的运输指数之和。

5.1.5.3.3　每一集合包装或者集装箱的临界安全指数,为所含全部包件的临界安全指数（CSIs）之和。确定一批托运货物或一辆载货车辆的临界安全指数总和,也须遵照同样的规定。

5.1.5.3.4　包件、集合包装和集装箱必须按照表 5.1.5.3.4 中的特殊条件,以及以下要求确定分类,为Ⅰ级－白色、Ⅱ级－黄色或Ⅲ级－黄色中任一类。

【译注:包件、集合包装和集装箱的分级应为Ⅰ级－白色、Ⅱ级－黄色或Ⅲ级－黄色,category Ⅰ－WHITE ,Ⅱ－YELLOW or Ⅲ－YELLOW,参照 GB 11806－2004 中 6.11 的定义。】

(a) 在确定包件、集合包装或集装箱的分级时,不需考虑运输指数和表面辐射水平两个条件。当运输指数满足某一级别的条件,而表面辐射水平却满足另一级别的条件时,必须将包件、集合包装或集装箱归为级别较高的一级。这里,Ⅰ级－白色为最低级别;

(b) 必须按照 5.1.5.3.1 和 5.1.5.3.2 的规定确定运输指数;

(c) 如果表面辐射水平超过 2mSv/h,则包件或集合包装必须按照独家使用方式并酌情根据 7.5.11,CV33(1.3)和(3.5)(a)的规定运输;

(d) 特别安排下运输的包件,应划归为Ⅲ级－黄色,5.1.5.3.5 规定的情况除外;

(e) 如含有包件的集合包装或集装箱是在特别安排下运输的,必须划归为Ⅲ级－黄色,5.1.5.3.5 规定的情况除外。

包件、集合包装和集装箱的分级　　表 5.1.5.3.4

条　件		级　别
运输指数	外表面任一位置的最高辐射水平	
0[a]	小于等于 0.005mSv/h	Ⅰ级－白色
大于0,小于等于 1[a]	大于 0.005mSv/h,小于等于 0.5mSv/h	Ⅱ级－黄色
大于 1,小于等于 10	大于 0.5mSv/h,小于等于 2mSv/h	Ⅲ级－黄色
大于 10	大于 2mSv/h,小于等于 10mSv/h	Ⅲ级－黄色[b]

[a] 如果得到的运输指数小于等于 0.05,则依据 5.1.5.3.1(c)的规定,此数值可视为 0。
[b] 必须按独家使用方式运输,集装箱运输除外[见 7.5.11 CV33(3.3)表 D]。

5.1.5.3.5　如果从事国际运输的包件,需要主管机关对设计和装运给予批准,而因装运要求,各国采用的批准类型不同,则对应级别须按原设计国的批准证书为准。

5.1.5.4　第 7 类放射性物质例外包件的具体规定

5.1.5.4.1　第 7 类放射性物质的例外包件,必须在包装外部醒目、耐久地标记以下内容:

(a) 以字母"UN"打头的联合国编号;

(b) 托运人或收货人,或两者的识别标志;

	（c） 许可总质量（如果该质量超过50kg）。
5.1.5.4.2	5.4章的单据规定不适用于第7类放射性物质的例外包件,但以下要求除外:
	（a） 运输单据,如提货单、航空货运提单或CMR（国际道路货物运输合同公约）、CIM（国际铁路货物运输公约）、托运单等其他类似单据,需在单据上显示联合国编号（冠以字母"UN"）、托运人和收货人的名称和地址,以及每个主管机关批准证书的识别标记（如果需要）（见5.4.1.2.5.1(g)）;
	（b） 如果符合5.4.1.2.5.1(g)、5.4.1.2.5.3和5.4.1.2.5.4的相关要求,必须从其规定;
	（c） 符合5.4.2和5.4.4的要求。
5.1.5.4.3	如果符合5.2.1.7.8和5.2.2.1.11.5的相关要求,必须从其规定。
5.1.5.5	***批准和提前报备要求的总结***

注1:需主管机关批准包件设计的任何包件首次装运前,托运人必须保证批准证书副本已经递交到途经的每一国家的主管机关[见5.1.5.1.4 1)]。

注2:如果托运（放射性活度）超过$3 \times 10^3 A_1$,或$3 \times 10^3 A_2$,或1 000 TBq的内装物,需报备[见5.1.5.1.4 2)]。

注3:如果托运（放射性活度）超过$3 \times 10^3 A_1$,或$3 \times 10^3 A_2$,或1 000 TBq的货物,或者设计上允许受控间歇性排气,需申请多方批准(见5.1.5.1)。

注4:运输该物质的适用包件见批准和提前报备规定。

项 目	联合国编号	主管机关批准要求		托运人是否需要在装运前向起运国和途经国的主管机关报备	参 考
		起运国	途经国[a]		
未列入A_1和A_2值的计算	—	Yes	Yes	No	—
例外包件 —包件设计 —装运	2908,2909, 2910,2911	No No	No No	No No	—
LSA物质[b]和SCO[b],工业包件类型1,2或3,非裂变物质和除裂变物质以外的物质 —包件设计 —装运	2912,2913, 3321,3322	No No	No No	No No	—
A型包件[b],非裂变物质和除裂变物质以外的物质 —包件设计 —装运	2915,3332	No No	No No	No No	—
B(U)型包件[b],非裂变物质和除裂变物质以外的物质 —包件设计 —装运	2916	Yes No	No No	见注1 见注2	5.1.5.1.4(b), 5.1.5.2.1(a), 6.4.22.2
B(M)型包件[b],非裂变物质和除裂变物质以外的物质 —包装设计 —装运	2917	Yes 见注3	Yes 见注3	No Yes	5.1.5.1.4(b), 5.1.5.2.1(a), 5.1.5.1.2, 6.4.22.3
C型包件[b],非裂变物质和除裂变物质以外的物质 —包件设计 —装运	3323	Yes No	No No	见注1 见注2	5.1.5.1.4(b), 5.1.5.2.1(a), 6.4.22.2

续上表

项 目	联合国编号	主管机关批准要求		托运人是否需要在装运前向起运国和途经国的主管机关报备	参 考
		起运国	途经国[a]		
易裂变物质包件 —包件设计 —装运 —临界安全指数总和小于等于50 —临界安全指数总和大于50	2977,3324, 3325,3326, 3327,3328, 3329,3330, 3331,3333	Yes[c] No[d] No[d] Yes	Yes[c] No[d] No[d] Yes	No 见注2 见注2	5.1.5.2.1(a), 5.1.5.1.2, 6.4.22.4, 6.4.22.5
特殊形式放射性物质 —包件设计 —装运	— 见注4	Yes 见注4	No 见注4	No 见注4	1.6.6.4, 5.1.5.2.1(a) 6.4.22.5
低弥散性放射性物质 —包件设计 —装运	— 见注4	Yes 见注4	No 见注4	No 见注4	5.1.5.2.1(a), 6.4.22.3
包含0.1kg或更多六氟化铀的包件 —包件设计 —装运	— 见注4	Yes 见注4	No 见注4	No 见注4	5.1.5.2.1(a), 6.4.22.1
特别安排 —装运	2919,3331	Yes	Yes	Yes	1.7.4.2, 5.1.5.2.1(b), 5.1.5.1.4(b)
包件设计批准作为过渡措施	—	见1.6.6	见1.6.6	见注1	1.6.6.1, 1.6.6.2, 5.1.5.1.4(b), 5.1.5.2.1(a), 5.1.5.1.2

[a] 托运货物起运、途经或到达国。
[b] 如果放射性内装物是易裂变物质但不是包件规定例外情况,则需按照易裂变物质包件要求运输(见6.4.11)。
[c] 易裂变物质的包件设计可能还要求符合表中其他项的批准要求。
[d] 装运可能要求符合表中其他项的批准要求。

第 5.2 章　标记和标志

5.2.1　包件的标记

注：包装、大型包装、气体容器和IBCs 的有关制造、测试以及批准的标记要求，见第6 部分。

5.2.1.1　除非 ADR 中另有规定,危险货物对应的联合国编号(以"UN"打头)必须醒目而耐久的标记在每个包件上。字母"UN"和联合国编号的高度至少为12mm。对于最大容量为30L,或者最大净重为30kg 的包件,或最大水容积为60L 的气瓶,其标记高度应至少为6mm；对于容积在5L 或净重在5kg 以下的包件,应选用适当大小的标记。如果是无包装物品,标记必须粘贴在物品上、托架上,或其装卸、储存或发射装置上。

5.2.1.2　本章要求的所有包件标记：
（a）　必须清晰、可见且易读；
（b）　必须能够经受日晒雨淋而不显著减弱其功能。

5.2.1.3　救助包装和救助压力容器必须另外标明"救助"二字,"救助"标记的高度至少为12mm。

5.2.1.4　容量超过450L 的中型散装容器和大型包装,必须在相对的两侧面都做标记。

5.2.1.5　*第1 类危险货物的特殊规定*
对第1 类危险货物,必须在每个包件上标明符合3.1.2 要求的正式运输名称。标记必须清晰可见且不易磨损,标记语言为起运国的官方语言。如果起运国官方语言不是英语、法语或德语,则须使用上述三种语言中的一种(起运国和到达国另有协议的除外)。

5.2.1.6　*第2 类危险货物的特殊规定*
可再充装容器应清晰醒目且耐久地标记以下内容：
（a）　按照3.1.2 要求确定的气体或混合气体的联合国编号和正式运输名称。
对未另作规定的一般性条目(N.O.S.)下分类的气体,除了显示联合国编号外,还应标记气体的技术名称❶。
如果运输混合气体,必须标记混合气体中最具有危害性的一种或两种成分；
（b）　如果充装压缩气体和液化气体,应标记其最大充装质量、容器的自重(含充装时连接在容器上的配件),或总质量；
（c）　容器下次检验的日期(年)。

这些标记可以镌刻或者显示在耐用的信息盘或标志上,并挂在容器外表面上；或者用镌刻等方式清晰可见地标记在容器上。

注1：相关规定见6.2.2.7。
注2：对于不可再充装容器,见6.2.2.8。

---

❶　以下任一名称可以代替技术名称：
　– UN 1078 的制冷剂,未另作规定的：混合气体 F1,混合气体 F2,混合气体 F3；
　– UN 1060 的甲基乙炔和丙二烯混合物,稳定的：混合气体 P1,混合气体 P2；
　– UN 1965 的烃类气体混合物,液化的,未另作规定的：混合气体 A 或丁烷气,混合气体 A01 或丁烷气,混合气体 A02 或丁烷气,混合气体 A0 或丁烷气,混合气体 A1,混合气体 B1,混合气体 B2,混合气体 B,混合气体 C 或丙烷气；
　– UN 1010 的丁二烯,稳定的：1,2 - 丁二烯,稳定的,1,3 - 丁二烯,稳定的。

5.2.1.7		**放射性物质的特殊标记规定**
5.2.1.7.1		每个包件必须在其包装外部标以醒目、耐久且易于托运人或收货人(或两者)识别的标记。每个集合包装必须在外部标以醒目、耐久且易于托运人或收货人(或两者)识别的标记,除非集合包装内所有包件的这些标记都清晰可见。
5.2.1.7.2		每个包件(例外包件除外)必须在其包装外部醒目、耐久地标有以"UN"打头的联合国编号和正式运输名称。例外包件的标记必须满足 5.1.5.4.1 的要求。
5.2.1.7.3		总重超过 50kg 的包件,必须在其包装外部醒目、耐久地标记许可总重。
5.2.1.7.4		每个包件应符合以下要求:
	(a)	符合 IP-1 型、IP-2 型或 IP-3 型的包件设计,必须在包装外部醒目、耐久地标明"IP-1 型"、"IP-2 型"或"IP-3 型"标记;
	(b)	符合 A 型的包件设计,必须在包装外部醒目、耐久地标明"A 型"标记;
	(c)	符合 IP-2 型、IP-3 型或 A 型的包件设计,必须在包装外部醒目、耐久地标记原设计国的国际车辆注册代码(VRI 代码)❶,以及制造商名称,或原设计国主管机关规定的其他包装识别标记。
5.2.1.7.5		根据 5.1.5.2.1,6.4.22.1~6.4.22.4,6.4.23.4~6.4.23.7 和 6.4.24.2 中一段或若干段规定,符合所批准设计要求的每个包件,必须在包件外醒目、耐久地标记以下信息:
	(a)	主管机关为该设计所分配的识别标记;
	(b)	符合该设计的唯一识别每个包装的序列号;
	(c)	如为 B(U)型、B(M)型或 C 型包件设计,应标明"B(U)型"、"B(M)型"或"C 型"标记。
5.2.1.7.6		符合 B(U)型、B(M)型或 C 型包件设计的每个包件,必须在其能防火、防水的最外层容器的外表面用凹凸印、压印或其他防火、防水的方式醒目地标明如下图所示的三叶形符号标记。

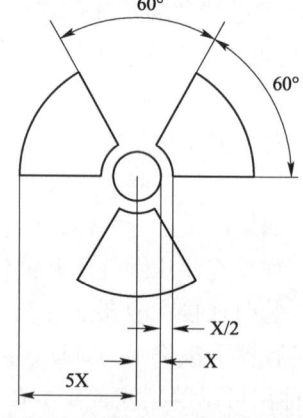

基于半径 X 的中心圆以及三叶形符号
半径 X 的最小允许尺寸为 4mm

5.2.1.7.7	LSA-1 物质或 SCO-1 物质,如装在容器内或在包裹材料里,并且按 4.1.9.2.3 要求的独家使用方式运输,可在这些容器或包裹材料的外表面相应地粘贴"放射性 LSA-1"或"放射性 SCO-1"标记。
5.2.1.7.8	若从事国际运输的包件需要主管机关对设计和装运给予批准,而因装运要求途经各国实施的批准类型不同,则须按原设计国的批准证书(类型)做标记。
5.2.1.8	**环境危害物质标记特殊规定**
5.2.1.8.1	凡装有符合 2.2.9.1.10 规定的环境危害物质的包件,须有粘贴环境危害物质的

---

❶ 道路运输维也纳公约(1968)中规定了从事国际道路运输的机动车辆区分标志。

耐久标记(见 5.2.1.8.3)。若单个包装和组合包装的内包装满足以下条件,则可不粘贴环境危害物质标记:

—装运液体,容量等于或少于5L;或

—装运固体,净重等于或少于5kg。

5.2.1.8.2　环境危害物质标记必须位于5.2.1.1要求的各种标记附近,且必须满足5.2.1.2和5.2.1.4的要求。

5.2.1.8.3　环境危害物质标记须如图5.2.1.8.3所示。

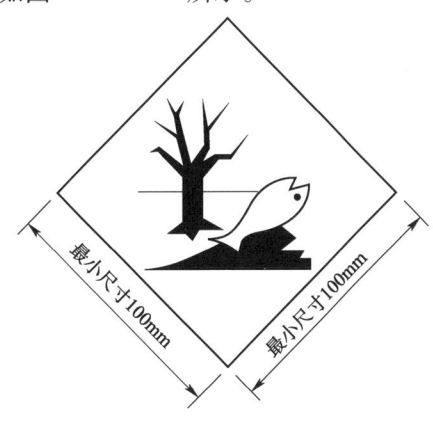

图5.2.1.8.3　环境危害物质标记

标记为与水平线呈45°角的正方形(菱形)。符号(鱼和树)为黑色,底色为白底或其他反差鲜明的颜色。最小尺寸为100mm×100mm,菱形边线的最小宽度为2mm。如果包件的尺寸较小,标记的尺寸/边线宽度可以压缩,但标记必须清晰可见。在未明确规定(标记)尺寸情况下,所有要素均应与图示比例大致相当。

注:包件除了必须满足环境危害物质标记的各项要求之外,还需符合5.2.2的标志规定。

5.2.1.9　　*方向箭头*

5.2.1.9.1　在包件上,必须清楚地粘贴与图5.2.1.9.1-1或图5.2.1.9.1-2所示相似的方向箭头标记,或者粘贴符合ISO 780:1997规定的方向箭头标记。方向箭头标记必须粘贴在包件相对的两个垂直面上,箭头显示正确的朝上方向。方向箭头标记必须为长方形,尺寸与包件的尺寸相当,且清晰可见。可选择在方向箭头的外围加上长方形边框。满足5.2.1.9.2规定的下列包装除外:

—内包装装有液态危险货物的组合包装;

—配有通风口的单独包装;

—拟装运冷冻液化气体的深冷容器。

【译注:ISO 780 – 1997 *Packaging – Pictorial marking for handling of goods*(包装—货物搬运的图形标志)。】

 或

图 5.2.1.9.1-1　　　　　图 5.2.1.9.1-2

两个黑色或红色箭头,底色为白色或其他反差鲜明的颜色。

长方形边框可选。

所有要素均应与图示比例大致相当。

5.2.1.9.2 　　下列情况不需要粘贴方向箭头标记：
(a) 内装压力容器的外包装（深冷容器除外）；
(b) 装有危险货物的内包装置于外包装之中，每一内包装的装载量不超过 120ml，内包装和外包装之间有充足的吸收材料，足以吸收内包装中的全部液态危险货物；
(c) 内装主容器的外包装，主容器内含有第 6.2 类感染性物质，且每一主容器的装载量不超过 50ml；
(d) 内装第 7 类放射性物质的 IP-2 型、IP-3 型、A 型、B(U)型、B(M)型或 C 型包件；
(e) 所载物品在任何方向上都不会泄漏的外包装（如温度计中的酒精或汞，喷雾器等）；或
(f) 所装危险货物密封在内包装中的外包装，且每一内包装的装载量不超过 500ml。

5.2.1.9.3 　　用于表示包件正确放置方向以外的其他箭头，不应展示在按本节做标记的包件上。

5.2.2 包件的标志

5.2.2.1 *标志规定*

5.2.2.1.1 　　3.2 章表 A 所列出的每一物质或物品，必须粘贴有表 A 第(5)栏规定的标志。但第(6)栏中的特殊规定除外。

5.2.2.1.2 　　如果包件的标记不易磨损，并能准确反映货物的潜在危险性，则可用该标记代替标志。

5.2.2.1.3～5.2.2.1.5 （保留）

5.2.2.1.6 　　除满足 5.2.2.2.1.2 规定的要求外，每一标志必须满足下列要求：
(a) 在包件尺寸足够大的情况下，标志可与标记贴在包件的同一表面上；对装有第 1 类和第 7 类物质的包件，标志可粘贴在包件表面并紧邻正式运输名称；
(b) 粘贴在包件上不会被包装任何部分或者任何其他标志或标记盖住或遮住的地方；
(c) 当需要粘贴多个标志时，彼此紧邻粘贴。

当包件形状不规则或尺寸太小以致标志无法完好地粘贴在包件上时，标志可用可靠的系挂方式或其他适用办法。

5.2.2.1.7 　　对容量超过 450L 的中型散装容器和大型包装，必须在其相对的两侧面贴标志。

5.2.2.1.8 　　（保留）

5.2.2.1.9 　　*自反应物质和有机过氧化物标志的特殊规定*
(a) 符合 4.1 号式样的标志表明内装物可能是易燃的，因此，不需要另粘贴符合 3 号式样的标志。另外，B 型自反应物质的包件必须粘贴有符合 1 号式样的标志，除非试验数据证明在此类包装中的自反应物质不具有爆炸性，并经主管机关获准免贴此类标志；
【译注：式样，model，GB 190 中称为图形】
(b) 符合 5.2 号式样的标志表明内装物可能是易燃的，因此，不需要另粘贴符合 3 号式样的标志。此外，还必须粘贴下列标志：
（i） B 型过氧化物必须粘贴符合 1 号式样的标志，除非试验数据证明在此类包装中的有机过氧化物不具有爆炸性，并经主管机关获准免贴

此类标志；

(ii) 当符合第 8 类危险货物 I 类包装或 II 类包装的包装标准时,需粘贴符合 8 号式样的标志。

对品名中所提到的自反应物质和有机过氧化物,分别按照 2.2.41.4 和 2.2.52.4 中列明的规定粘贴相应标志。

5.2.2.1.10	*感染性物质包件标志的特殊规定*
	除符合 6.2 号式样的标志外,感染性物质包件还必须粘贴与内装物性质相符的其他标志。
5.2.2.1.11	*放射性物质标志的特殊规定*
5.2.2.1.11.1	除按照 5.3.1.1.3 使用放大标志的情况外,内装放射性物质的每个包件、集合包装和集装箱,必须根据相应的类别,对应粘贴符合 7A 号、7B 号或 7C 号式样的标志。标志须粘贴在包件或集合包装外部 2 个相对侧面,或粘贴在集装箱或罐体外部的所有 4 个侧面。此外,内装易裂变材料(2.2.7.2.3.1 规定的易裂变材料除外)的每个包件、集合包装和集装箱,必须粘贴符合 7E 号式样的标志。这类标志根据相关的要求,必须粘贴在相应的 7A 号、7B 号或 7C 号式样标志旁边。标志不得遮盖住 5.2.1 中规定的标记。任何与内装物无关的标志必须去除或遮蔽。
5.2.2.1.11.2	符合相应的 7A 号、7B 号或 7C 号式样的每一标志,必须填写以下资料:

(a) 内装物：

(i) 除 LSA-I 材料外,以表 2.2.7.2.2.1 中规定的符号表示的放射性核素名称。对于放射性核素混合物,必须将限制最严的那些核素都列在该栏内直到写满为止。必须在放射性核素名称后面注明 LSA 或 SCO 的类别。为此,必须使用"LSA-II","LSA-III","SCO-I"及"SCO-II"等符号;

(ii) 对于 LSA-I 材料,仅需填写符号"LSA-I",无须填写放射性核素的名称;

(b) 放射性活度：放射性内装物在运输期间的最大放射性活度,以贝克勒尔(Bq)为单位加相应的国际单位制词头符号(见 1.2.2.1)表示。对于易裂变材料,可用易裂变核素的总质量代替放射性活度,这里易裂变核素的总质量可用克或其倍数为单位表示;

(c) 对于集合包装和集装箱,必须在标志的"内装物"一栏和"放射性活度"一栏中分别填写上述(a)和(b)所要求填写的资料,但混合装载含不同放射性核素的包件的集合包装或集装箱除外,在标志上的这两栏里可填写为"见运输单据";

(d) 运输指数：按 5.1.5.3.1 和 5.1.5.3.2 确定的数值(I 级 – 白色的标志不需要填写"运输指数")。

5.2.2.1.11.3	符合 7E 号式样的每个标志,必须填写临界安全指数(CSI)。临界安全指数应由主管机关签发并在货物运输途经国和抵达国相应的批准证书上列明,或符合 6.4.11.2 或 6.4.11.3 的规定。
5.2.2.1.11.4	对于集合包装和集装箱,符合 7E 号式样的标志必须填写其中装载所有包件的临界安全指数总和。
5.2.2.1.11.5	若从事国际运输的包件需要主管机关对设计和装运给予批准,而途经各国对装运要求的批准类型各不相同,则须按原设计国的批准证书(类型)粘贴标志。
5.2.2.2	**标志规定**
5.2.2.2.1	标志必须满足本节规定,并在颜色、符号和基本格式方面与 5.2.2.2.2 所示的标

志式样相一致。其他运输方式中规定的相应式样标志,如果细微差异不影响标志的主要含义,也可以使用。

注：必要时,5.2.2.2.2 所示的标志可按照5.2.2.2.1.1 的规定用虚线标出外缘。标志贴在反衬底色上时则不需标出虚线外缘。

5.2.2.2.1.1　　标志构图如图5.2.2.2.1.1所示。

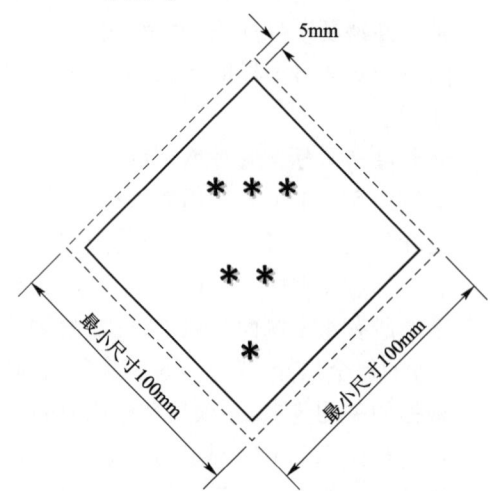

图5.2.2.2.1.1　类/项标志

* 对第4.1类、第4.2类和第4.3类危险货物,图底角显示数字"4"。对第6.1类和第6.2类危险货物,图底角显示数字"6"。

** 标志的下半部分必须(如果是强制的)或可以(如果是可选的)显示附加文字/数字/字母。

*** 标志的上半部分显示类号或项号;对1.4、1.5和1.6项,显示项号;对符合7E号式样的标志,显示"易裂变"字样。

5.2.2.2.1.1.1　　标志必须贴在对比鲜明的底色上,或用虚线或实线标出外缘。

5.2.2.2.1.1.2　　标志形状为与水平线呈45°角的正方形(菱形),尺寸最小为100mm×100mm,菱形边缘内部线条的最小宽度为2mm。边缘内侧的线为平行线,平行线边缘与菱形边缘之间的距离为5mm。标志上半部分边缘内部直线的颜色与符号相同,而标志下半部分边缘内部直线与底角的类号或项号的颜色一致。在未明确规定尺寸的情况下,所有要素均应与构图的比例大致相当。

5.2.2.2.1.1.3　　如包件的尺寸较小,标志的尺寸可以缩小,但符号和标志中其他要素必须清晰可见。标志边缘内部直线与标志外缘线之间的距离为5mm。边缘内部直线宽度应为2mm。气瓶的标志尺寸应符合5.2.2.2.1.2的规定。

5.2.2.2.1.2　　内装第2类危险货物的气瓶,可根据其形状、放置方向和运输固定装置,贴上类似本节所规定的标志和环境危害物质标记。标志大小可按照 ISO7225:2005"气瓶-警示标志"的规定予以缩小,以便贴在气瓶的非圆柱体部分(肩部)。

【译注:ISO7225:2005"气瓶-警示标志",我国等效采用"气瓶警示标志 GB 16804—2011"】

尽管5.2.2.1.6对标志位置做出了规定,标志和环境危害物质标记(见 5.2.1.8.3)可以与 ISO 7225:2005 规定的部分内容重叠。但在任何情况下,主要危险性标志和任何标志上的编号均应完全可见且符号易于辨认。

内装第2类气体的未清洗空的压力容器在运输期间可以使用废弃的或损坏的标志,以便在适当情况下重新充装或对容器进行检查。使用新标志时应符合当地法规或压力容器处理规定。

5.2.2.2.1.3　　除第1类1.4项、1.5项和1.6项标志外,标志的上半部分必须为图形符号,下半部分需包含以下内容:

(a) 第1、2、3、5.1、5.2、7、8 和 9 类物质的类号或项号;
(b) 第4.1、4.2 和 4.3 类,显示数字"4";
(c) 第6.1 和 6.2 类,显示数字"6"。

根据 5.2.2.2.1.5 的规定,标志可包含文字,如 UN 编号或说明危险性的文字(如"易燃"),但这些文字不得遮盖或妨碍看到标志上其他必需的标志要素。

5.2.2.2.1.4　此外,除 1.4 项、1.5 项和 1.6 项外,第 1 类的标志须在下半部分、分类数字上方,标明物质或物品的项号和配装组字母。1.4 项、1.5 项和 1.6 项的标志,须在上半部分标明项号,在下半部分标明类号和配装组字母。

5.2.2.2.1.5　第 7 类以外的标志,在符号下的空白处填写的文字(类号或项号除外)必须仅限于表明材料的危险性和搬运的注意事项。

5.2.2.2.1.6　所有标志上的符号、文字和数字必须清晰可见和不易磨损,并以黑色显示,但下述情况除外:
(a) 第 8 类的标志,文字和类号用白色显示;
(b) 标志底色为绿色、红色或蓝色时,符号、文字和数字需用白色;
(c) 第 5.2 类的标志,符号可用白色显示;
(d) 贴在装有 UN 1011、1075、1965 和 1978 气体的气瓶和气筒上的符合 2.1 号式样的标志,可以容器的颜色作为底色,但需和符号、文字等有足够的颜色反差。

5.2.2.2.1.7　所有标志必须能够经受风吹雨淋日晒,并保持基本不受影响。

5.2.2.2.2　标志式样

第 1 类　爆炸性物质或物品

(No. 1)

1.1 项、1.2 项和 1.3 项

符号(爆炸的炸弹):黑色;底色:橙色;数字"1"写在底角

(No. 1.4)　　　　　(No. 1.5)　　　　　(No. 1.6)

1.4 项　　　　　　1.5 项　　　　　　1.6 项

底色:橙色;数字:黑色;数字高约 30mm、宽约 5mm
(标志尺寸为 100mm × 100mm);数字"1"写在底角

＊＊项号的位置;如果爆炸性是次要危险性,此处为空白。

＊配装组字母的位置;如果爆炸性是次要危险性,此处为空白。

第 2 类　气体

(No. 2.1)

易燃气体

符号(火焰):黑色或白色(5.2.2.2.1.6(d)规定的情况除外);
底色:红色;数字"2"写在底角

(No. 2.2)

非易燃无毒气体

符号(气瓶):黑色或白色;底色:绿色;数字"2"写在底角

(No.2.3)

毒性气体

符号(骷髅和两根交叉的大腿骨):黑色;底色:白色;数字"2"写在底角

第 3 类　易燃液体

(No. 3)

符号(火焰):黑色或白色;底色:红色;数字"3"写在底角

第4.1类 易燃固体、自反应物质和固态退敏爆炸品

(No.4.1)

符号(火焰):黑色;底色:白色,并带有7条红色的垂直条纹;
数字"4"写在底角

第4.2类 易自燃的物质

(No.4.2)

符号(火焰):黑色;底色:上半部分为白色,下半部分为红色;
数字"4"写在底角

第4.3类 遇水放出易燃气体的物质

(No.4.3)

符号(火焰):黑色或白色;底色:蓝色;数字"4"写在底角

第5.1类 氧化性物质

(No.5.1)

符号(圆圈上一团火焰):黑色;底色:黄色;数字"5.1"写在底角

第5.2类 有机过氧化物

(No.5.2)

符号(火焰):黑色或白色;底色:上半部分红色,下半部分黄色;数字"5.2"写在底角

第6.1类 毒性物质

(No.6.1)

符号(骷髅和两根交叉的大腿骨):黑色;底色:白色;数字"6"写在底角

第6.2类 感染性物质

(No.6.2)

标志下半部分可写入"感染性物质"和"如有破损或渗漏,立即通知公共卫生机构";

符号(3个新月形重叠在一个圆圈上)和文字:黑色;底色:白色;数字"6"写在底角

第7类 放射性物质

(No. 7A)

Ⅰ级-白色

符号(三叶形):黑色;底色:白色;文字(必须有):黑色,在标志下半部分写上"放射性"、"内装物…"、"活度…",
在"放射性"字样之后必须加一红杠;数字"7"写在底角

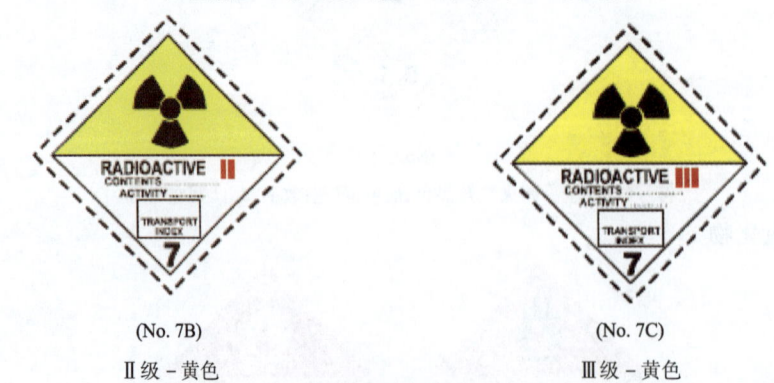

(No. 7B)   (No. 7C)

Ⅱ级-黄色   Ⅲ级-黄色

符号(三叶形):黑色;

底色:上半部分黄色带白边,下半部分白色;

文字(必须有):黑色,在标志下半部分写有"放射性"、"内装物…"、"活度…",

在一个黑边框格内写上"运输指数"

在"放射性"字样后面必须有两条垂直红杠　　在"放射性"字样后面必须有三条垂直红杠
数字"7"写在底角

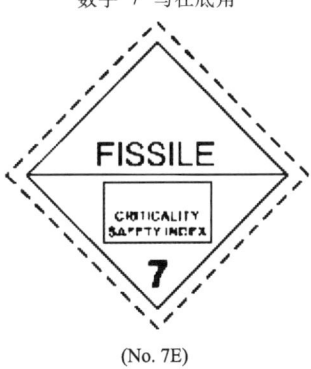

(No. 7E)

底色:白色;文字(必须有):黑色,在标志上半部分写"易裂变",
在标志下半部分的一个黑边框架内写"临界安全指数";数字"7"写在底角

第8类　腐蚀性物质

(No. 8)

符号(从两个玻璃器皿中溢出的液体腐蚀着一只手和一块金属):黑色;底色:
上半部分为白色,下半部分为黑色带白边;数字"8"写在底角

第9类　杂项危险物质和物品

(No. 9)

符号(上半部分为七条垂直条纹):黑色;底色:白色;下划线数字"9"写在底角

第5.3章 集装箱、MEGCs、MEMUs、罐式集装箱、可移动罐柜和车辆的揭示牌和标记

注:在运输链中(包括海运),集装箱、MEGCs、罐式集装箱、可移动罐柜的标记和揭示牌见1.1.4.2.1。如果符合1.1.4.2.1(c)的规定,则本章仅有5.3.1.3 和 5.3.1.1 适用。

5.3.1	**揭示牌**
5.3.1.1	*一般规定*
5.3.1.1.1	根据本节规定,揭示牌必须固定在集装箱、MEGCs、MEMUs、罐式集装箱、可移动罐柜和车辆的外表面。揭示牌必须与3.2 章表A 第(5)、(6)栏中,集装箱、MEGCs、MEMUs、罐式集装箱、可移动罐柜和车辆中所装运危险货物时要求的标志一致,固定于适当位置,且符合5.3.1.7 要求的规格。揭示牌的底色必须与符号有强烈的颜色对比,或者用虚线或实线标出边缘。
5.3.1.1.2	装运第1类物质的车辆、集装箱或MEMUs的特殊隔仓,如物质或物品属于两种或多种配装组,那么在其揭示牌上不需注明配装组。如运输的物质或物品属于多个项别时,只需要固定最高危险性项别对应的揭示牌,危险性顺序如下: 1.1(危险性最高),1.5,1.2,1.3,1.6,1.4(危险性最低)。 当1.5D项物质和1.2项的物质或物品一起运输时,车辆或集装箱需贴满足1.1 项要求的揭示牌。 装运任意数量的1.4项、配装组S的爆炸品时,不需要固定揭示牌。
5.3.1.1.3	装运第7类物质时,主要危险性揭示牌应符合5.3.1.7.2 所规定的7D 号式样。装运例外包件的车辆或集装箱,小型集装箱,不需要贴该类揭示牌。 当车辆、集装箱、MEGCs、罐式集装箱或可移动罐柜需要同时粘贴第7类标志和揭示牌时,允许使用与7A 号、7B 号、7C 号标志式样相一致的加大号标志,取代同一用途的7D 号式样揭示牌。这种情况下,标志的尺寸不得小于250mm×250mm。
5.3.1.1.4	对于装有多于一类危险货物的集装箱、MEGCs、MEMUs、罐式集装箱、可移动罐柜或车辆,如果危险性已在主要危险性或次要危险性揭示牌上显示,则不需要再固定(其余)次要危险性揭示牌。
5.3.1.1.5	当揭示牌与装运的危险物质或其残留物无关时,需移除或遮盖。
5.3.1.1.6	当揭示牌固定在折叠板上时,其设计及固定方法,应确保在运输过程中不会折损或松落(尤其是遭遇冲击或遇到意外情况)。
5.3.1.2	***集装箱、MEGCs、罐式集装箱和可移动罐柜的揭示牌*** *注:该节不适用于交换箱体,但适用于罐式交换箱体,或道路/铁路组合运输的交换箱体。* 揭示牌必须固定在集装箱、MEGCs、罐式集装箱和可移动罐柜的每个侧壁和两端。装载两种或两种以上危险货物的多隔仓罐式集装箱或可移动罐柜,必须在隔仓相应位置的侧边上固定相应揭示牌;同时,两侧壁固定的每种揭示牌同时也应固定在罐式集装箱和可移动柜罐的两端。

5.3.1.3 **装运集装箱、MEGCs、罐式集装箱和可移动罐柜车辆的揭示牌**

注:本节不适用于装运交换箱体车辆的揭示牌,但适用于装运罐式交换箱体或道路/铁路组合运输交换箱体的车辆,这类车辆见5.3.1.5。

如果从运输车辆外面看不到固定于集装箱、MEGCs、罐式集装箱或可移动罐柜上的揭示牌,则同样的揭示牌也应固定在车辆的两个外侧壁和尾部。否则,就不必在运输车辆上固定揭示牌。

5.3.1.4 **运输散装货物的车辆、罐式车辆、管束式车辆、MEMUs 和可拆卸式罐体的揭示牌**

5.3.1.4.1 揭示牌应固定在车辆的两个外侧壁和尾部。

罐式车辆或可拆卸式罐体有多个隔仓,并装有两种或两种以上危险货物时,则应在两侧壁上,沿着每一隔仓相应位置,固定相应的揭示牌。两侧边固定的每种揭示牌,同时也应固定在车辆尾部。如果所有隔仓固定的揭示牌是相同的,则这些揭示牌仅需在车辆的两个外侧壁和尾部固定一次即可。

当同一隔仓需要固定多个揭示牌时,这些揭示牌应紧邻。

注:在符合ADR 的运输过程中或运输结束后,装运罐体的半挂车与牵引车分离,装载到海船或内河船舶上时,揭示牌也必须固定在半挂车的前端。

5.3.1.4.2 罐式 MEMUs 和散装容器应按照5.3.1.4.1 的要求固定与内装物对应的揭示牌。如果罐体的容量小于1000L,揭示牌可用符合5.2.2.2 的标志代替。

5.3.1.4.3 对于装运包含第1 类物质或物品包件的 MEMUs(1.4 项对应的配装组 S 除外),揭示牌需固定在 MEMU 的两个外壁和后端。

内装爆炸品的特殊隔仓需按照5.3.1.1.2 的要求固定揭示牌。但5.3.1.1.2 的最后一句不适用。

5.3.1.5 **仅装运包件的车辆揭示牌**

注:该小节也同样适用于内装包件的交换箱体的车辆,道路/铁路组合运输除外。道路/铁路组合运输见5.3.1.2 和5.3.1.3。

5.3.1.5.1 装运含有第1 类物质或物品包件的车辆(1.4 项对应的配装组 S 除外),揭示牌需固定于车辆的2 个外侧壁和后端。

5.3.1.5.2 装运含有第7 类放射性物质包件或 IBCs(特殊包件除外)的车辆,揭示牌需固定于车辆的两个外侧壁和后端。

5.3.1.6 **空的罐式车辆、管束式车辆、MEGCs、MEMUs、罐式集装箱、可移动罐柜以及空车和散装集装箱的揭示牌**

5.3.1.6.1 对空的罐式车辆、可拆卸式罐体、管束式车辆、MEGCs、MEMUs、罐式集装箱和未清洗和未除气的可移动罐柜,以及未清洗空的车辆和散装集装箱,都应继续固定上一次运输所固定的揭示牌。

5.3.1.7 **揭示牌的规格**

5.3.1.7.1 除5.3.1.7.2 规定的第7 类揭示牌和5.3.6.2 规定的环境危害物质标记之外,揭示牌构图如图5.3.1.7.1 所示。

揭示牌为与水平面呈45°角的正方形(菱形),最小尺寸为250mm×250mm,内有一条边缘平行线、距揭示牌边缘距离为12.5mm。符号和边缘内侧的线,颜色应与待运危险货物类号或项号的标志颜色一致。类号或项号的符号,其位置和尺寸应与5.2.2.2 规定的待运危险货物对应的类号或项号成比例。揭示牌应符合5.2.2.2 中有关标志的规定,显示待运危险货物类号或项号(对第1 类货物,还应标明配装组字母),数字高度不小于25mm。在未明确规定尺寸的情况下,所有要素均应与构图比例大致相当。

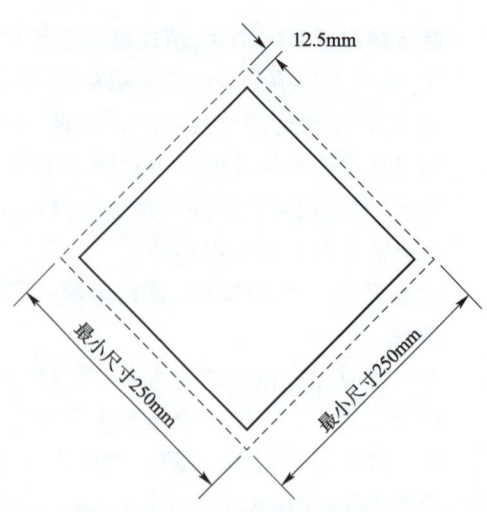

图 5.3.1.7.1　揭示牌（第 7 类除外）

5.3.1.7.2　第 7 类揭示牌的最小尺寸应为 250mm×250mm，内有一条距离边缘 5mm 且与其平行的黑线，其他方面必须如下图所示（7D 号式样）。数字"7"高度不小于 25mm。揭示牌底色上半部分为黄色，下半部分为白色，三叶形和文字颜色为黑色。揭示牌下半部分的"放射性"字样是可选的，也可用于标明托运货物的相应联合国编号。

第 7 类放射性物质的揭示牌

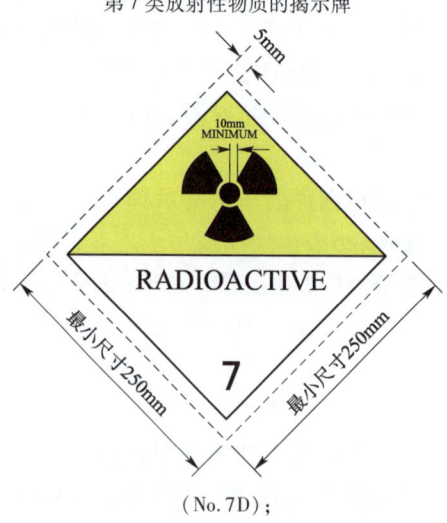

（No.7D）；

符号（三叶形）：黑色；底色：上半部分黄色带白边，下半部分白色；
下半部分标明"放射性"或者对应的联合国编号（必要时），数字"7"写在底角

5.3.1.7.3　对于容量不超过 3m³ 的罐体以及小型集装箱，揭示牌可由 5.2.2.2 规定的标志替代。如果这些标志从车辆外部不可见，按照 5.3.1.7.1 的规定，揭示牌需固定在车辆的两侧壁和尾部。

5.3.1.7.4　装运第 1 类和第 7 类物质的车辆，如果车辆的大小和结构没有足够的表面固定揭示牌，揭示牌的每条边可缩减到 100mm。

5.3.2　橙色标记牌

5.3.2.1　*橙色标记牌的一般规定*

5.3.2.1.1　装运危险货物的运输单元需固定两个符合 5.3.2.2.1 规定的矩形橙色标记牌。该标记牌应制成竖板，一个固定在运输单元前部，一个固定在运输单元后部，两个竖板应垂直于运输单元的纵轴，并且清晰可见。

如果一辆运输危险货物的挂车在运输期间与牵引车分离，橙色标记牌仍需固定于

挂车后部。如果罐体上粘贴有符合5.3.2.1.3规定的标记,橙色标记牌显示内容需与罐体运输的主要危险性的物质相一致。

5.3.2.1.2　对于3.2章表A第(20)栏中给出危险性识别号的危险货物,用罐式车辆、管束式车辆或含有一个或多个罐体的运输单元运输时,应在罐体、罐体隔仓或管束式车辆每个单元的两侧固定清晰可见、平行于车辆纵轴线的橙色标记牌,并应符合5.3.2.1.1的规定。对于罐体、罐体隔仓或管束式车辆每个单元中运输的物质,这些橙色标记牌必须标明与3.2章表A第(20)栏相一致的危险性识别号和与第(1)栏相一致的UN编号。对于MEMUs,只有容量在1000L以上的罐体和散装容器才需遵守以上要求。

5.3.2.1.3　对于罐式车辆或含有一个或多个罐体的运输单元,装载物质为UN 1202、1203或1223,或者UN 1268或1863的航空燃料时,如果橙色标记牌已按照5.3.2.1.1的规定标明了主要危险性物质(也就是具有最低闪点的物质)的危险性识别号和UN编号,并固定在车辆的前部和尾部,则不需要固定5.3.2.1.2中所规定的橙色标记牌。

5.3.2.1.4　对于3.2章表A第(20)栏中给出危险性识别号的危险货物,若为无包装固体或物品,或有包装的放射性货物(仅有一个UN编号并按独家使用方式运输),当用运输单元和集装箱运输时,应在运输单元和集装箱的两侧,固定清晰可见、平行于车辆纵轴线的橙色标记牌,并应符合5.3.2.1.1的规定。这些橙色标记牌必须标明与3.2章表A第(20)栏相一致的危险性识别号和与第(1)栏相一致的UN编号。

5.3.2.1.5　如果橙色标记牌(见5.3.2.1.2和5.3.2.1.4)固定在集装箱、罐式集装箱、MEGCs或可移动罐柜上,从运输车辆外部不能够清晰可见,则这些标记牌也需固定在车辆两侧壁。

注:对于封闭式车辆和侧帘车辆,装载最大容量为3000L的罐体,则本段有关橙色标记牌的要求不适用。

5.3.2.1.6　当运输单元载有非危险物质的同时仅装有一种危险物质,如果在车辆的前部和尾部固定有符合5.3.2.1.1规定的橙色标记牌,并满足3.2章表A第(20)栏中危险性识别号和第(1)栏中UN编号的要求,则5.3.2.1.2、5.3.2.1.4和5.3.2.1.5所规定的橙色标记牌不需要。

5.3.2.1.7　5.3.2.1.1～5.3.2.1.5的要求也适用于固定或可拆卸式空罐体,管束式车辆,罐式集装箱,可移动罐柜,未清洗的、未除气或未洗消的MEGCs,未清洗的MEMU,未清洗和未洗消的空车辆或散装集装箱。

5.3.2.1.8　当橙色标记牌与装运的危险货物或残留物无关时,应移除或遮盖。如果标记牌被遮盖,应确保遮盖物在大火中烧15min后仍完整、没有损坏。

5.3.2.2　橙色标记牌的规格

5.3.2.2.1　橙色标记牌应是可反光的,板底长40cm、高30cm,并有15mm宽的黑色边缘线。使用的材料应可经受风吹雨淋日晒,具耐久性。标记牌应保证放火中烧15min后仍不会脱落。不管车辆方向如何变化,橙色标记牌应保持原有固定状态。橙色标记牌中间可由一条15mm粗的黑色横线将其分为两部分。

如果车辆的尺寸和结构没有足够大的表面固定这些橙色标记牌,标记牌的底板长度最小可被缩小到300mm、高度缩小到120mm、黑边缩小到10mm。这种情况下,5.3.2.1.1规定的两个橙色标记牌可采用在规定范围内的不同尺寸。

当尺寸缩小的橙色标记牌应用于独家使用方式运输的放射性物质包件时,仅需显示UN编号。5.3.2.2.2中规定的数字尺寸可以缩小,高度可缩小到65mm,线条宽度可缩小到 10mm。

对于运输散装固体物质的集装箱和罐式集装箱、MEGCs 和可移动罐柜,5.3.2.1.2、5.3.2.1.4 和 5.3.2.1.5 规定的橙色标记牌可以用自粘、喷涂或其他等效方式。可替代的标记应符合本小节的规格要求,5.3.2.2.1 和 5.3.2.2.2 中耐火性规定除外。

注:正常情况下,橙色标记牌的颜色应由色品坐标表示,位于以下坐标组合形成的色品图区域内。

色品图区域内各角的色品坐标				
x	0.52	0.52	0.578	0.618
y	0.38	0.40	0.422	0.38

反光色的亮度因子:$\beta > 0.12$。
在0°观测,参比中心E,C 类标准光,垂直入射45°。
在0.2°观测,5°照明角度下反射光强系数:小于20 坎德。

5.3.2.2.2　　危险性识别号和 UN 编号由 100mm 高、15mm 粗的黑色数字组成。危险性识别号应刻于标记牌的上部,UN 编号刻于标记牌的下部;中间由一条水平的黑线隔离。黑线宽度为 15mm,且在板的中间从一边延伸到另一边(见 5.3.2.2.3)。危险性识别号和 UN 编号应清晰可见,放在火中烧 15min 后仍清晰可见。如果危险性识别号和 UN 编号采用可替换的数字和字母,则必须保证在运输过程中以及车辆方向保持不变的情况下,数字和字母的位置保持不变。

5.3.2.2.3　　带有危险性识别号和 UN 编号的橙色标记牌实例

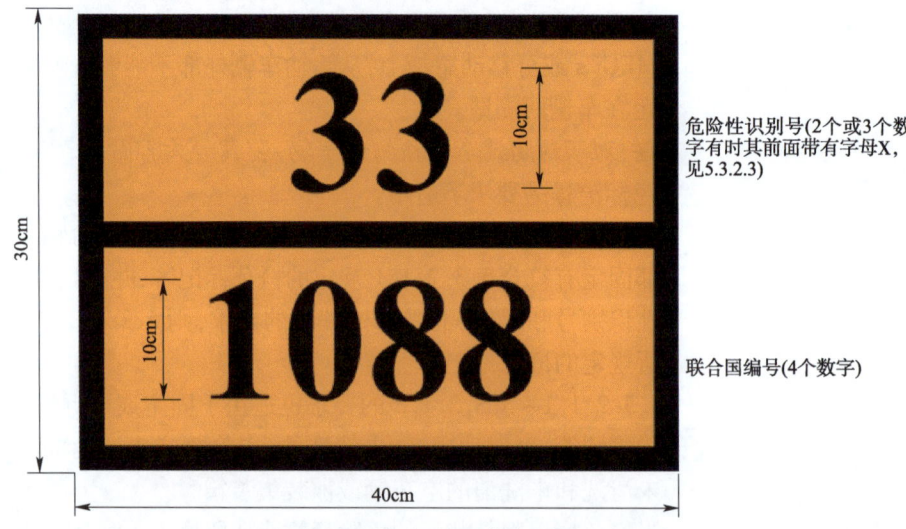

底色:橙色;边缘、水平线和数字为黑色,15mm 宽

5.3.2.2.4　　本小节允许的尺寸浮动范围为 ± 10%。

5.3.2.2.5　　当橙色标记牌固定在折叠板上时,其设计和固定方法,应确保在运输过程中,橙色标记牌不会折损或松落(尤其是遭遇冲击或遇到意外情况)。

5.3.2.3　　危险性识别号的含义

5.3.2.3.1　　危险性识别号由 2 或 3 个数字组成。一般情况下,数字表示以下危险性:
　　2　　由压力或化学反应导致的气体泄漏;
　　3　　液体(蒸气)、气体和自加热液体的易燃性;
　　4　　固体或自加热固体的易燃性;
　　5　　氧化(火加强型)作用;
　　6　　毒性或感染性危险;
　　7　　放射性;

8 腐蚀性；

9 自发剧烈反应的危险。

注： *数字9 代表自发剧烈反应引起的危险，包括物质本身性质具有爆炸性而产生的爆炸可能性，分解和聚合反应后释放大量的热或易燃和/或有毒气体。*

数字双写表示对特别危害性的强调。

某一物质的危害性由单个数字表示时，后面加0。

但是，以下数字组合具有特殊含义：22，323，333，362，382，423，44，446，462，482，539，606，623，642，823，842，90和99，见5.3.2.3.2。

如果某种危险性识别号以"X"打头，表示该物质会与水发生危险反应。对于这类物质，水只能在专家的允许下使用。

对于第1类物质，3.2章表A第(3b)栏的分类码可作为危险性识别号。分类码包含以下内容：

—2.2.1.1.5 规定的项号；

—2.2.1.1.6 规定的配装组字母。

5.3.2.3.2　3.2章表A第(20)栏中的危险性识别号具有以下含义：

20	导致窒息的气体或无次要危险性的气体
22	冷冻液化气体，窒息性
223	冷冻液化气体，易燃性
225	冷冻液化气体，氧化性（火加强型）
23	易燃性气体
238	气体，易燃且具有腐蚀性
239	易燃气体，能自发引起剧烈反应
25	氧化性（火加强型）气体
26	毒性气体
263	毒性气体，易燃性
265	毒性气体，氧化性（火加强型）
268	毒性气体，腐蚀性
28	气体，腐蚀性
30	易燃液体（闪点在23℃～60℃之间，包含23℃和60℃在内）或易燃液体，或闪点在60℃以上，在等于或高于其闪点的温度下呈融化状态的固体，或自加热液体
323	遇水反应的易燃液体，释放易燃气体
X323	遇水发生危险反应的易燃液体，释放易燃气体❶
33	高易燃性液体（闪点低于23℃）
333	自燃液体
X333	遇水发生危险反应的自燃液体❶
336	高易燃性液体，毒性
338	高易燃性液体，腐蚀性
X338	高易燃性液体，腐蚀性，遇水有危险反应❶
339	高易燃性液体，自发引起剧烈反应
36	易燃性液体（闪点在23℃到60℃之间，包含23℃和60℃在内），轻微毒性，或自加热液体，毒性

---

❶ 水仅能在专家允许后使用。

362	易燃液体,毒性,遇水反应,释放可燃气体
X362	易燃毒性液体,遇水发生危险反应,释放易燃气体❶
368	易燃液体,毒性,腐蚀性
38	易燃液体(闪点在23℃和60℃之间,包含23℃和60℃在内),轻微腐蚀性或自加热液体,腐蚀性
382	易燃液体,腐蚀性,遇水反应,释放易燃气体
X382	易燃液体,腐蚀性,遇水发生危险反应,释放易燃气体❶
39	易燃液体,自发引起剧烈反应
40	易燃固体,或自反应物质,或自加热物质
423	遇水反应的固体,释放易燃气体,或遇水反应的易燃固体,释放易燃气体或遇水反应的自加热固体,释放易燃气体
X423	遇水发生危险反应的固体,释放易燃气体,或遇水发生危险反应的易燃固体,释放易燃气体,遇水发生危险反应的自加热固体,释放易燃气体❶
43	自发易燃(自燃)的固体
X432	遇水发生危险反应的自发易燃(自燃)固体,释放易燃气体❶
44	易燃固体,在高温下呈融化状态
446	易燃固体,毒性,在高温下呈融化状态
46	易燃或自加热固体,毒性
462	遇水反应的毒性固体,释放易燃气体
X462	遇水发生危险反应的固体,释放有毒气体❶
48	易燃或自加热固体,腐蚀性
482	遇水反应的腐蚀性固体,释放易燃气体
X482	遇水发生危险反应的固体,释放腐蚀性气体❶
50	氧化性(火加强型)物质
539	易燃有机过氧化物
55	强氧化性(火加强型)物质
556	强氧化性(火加强型)物质,毒性
558	强氧化性(火加强型)物质,腐蚀性
559	强氧化性(火加强型)物质,能自发引起剧烈反应
56	氧化性物质(火加强型),毒性
568	氧化性物质(火加强型),毒性,腐蚀性
58	氧化性物质(火加强型),腐蚀性
59	氧化性物质(火加强型),能自发引起剧烈反应
60	毒性或轻微毒性物质
606	感染性物质
623	遇水反应的毒性液体,释放易燃气体
63	毒性物质,易燃(闪点在23℃和60℃之间,包含23℃和60℃在内)
638	毒性物质,易燃(闪点在23℃和60℃之间,包含23℃和60℃在内),腐蚀性
639	毒性物质,易燃(闪点不高于60℃),能自发引起剧烈反应
64	毒性固体,易燃火自加热
642	遇水反应的毒性固体,释放易燃气体

❶ 水仅能在专家允许后使用。

65	毒性物质,氧化性(火加强型)
66	高度毒性物质
663	高度毒性物质,易燃(闪点不高于60℃)
664	高度毒性固体,易燃或自加热
665	高毒性物质,氧化性(火加强型)
668	高毒性物质,腐蚀性
X668	高毒性物质,腐蚀性,遇水发生危险反应❶
669	高毒性物质,能自发引起剧烈反应
68	毒性物质,腐蚀性
69	毒性火轻微毒性物质,能自发引起剧烈反应
70	放射性材料
78	放射性材料,腐蚀性
80	腐蚀性或轻微腐蚀性物质
X80	腐蚀性或轻微腐蚀性物质,遇水产生危险反应❶
823	遇水反应的腐蚀性液体,释放易燃气体
83	腐蚀性或轻微腐蚀性物质,易燃(闪点在23℃和60℃之间,包含23℃和60℃在内)
X83	腐蚀性或轻微腐蚀性物质,易燃(闪点在23℃和60℃之间,包含23℃和60℃在内),遇水发生危险反应
839	腐蚀性或轻微腐蚀性物质,易燃(闪点在23℃和60℃之间,包含23℃和60℃在内),自发引起剧烈反应
X839	腐蚀性或轻微腐蚀性物质,易燃(闪点在23℃和60℃之间,包含23℃和60℃在内),自发引起剧烈反应,遇水发生危险反应
84	腐蚀性固体,易燃或自发热
842	遇水反应的腐蚀性固体,放射易燃气体
85	腐蚀性或轻微腐蚀性物质,氧化性(火加强型)
856	腐蚀性或轻微腐蚀性物质,氧化性(火加强型)和毒性
86	腐蚀性或轻微腐蚀性物质,毒性
88	高度腐蚀性物质
X88	轻微腐蚀性物质,遇水发生危险反应❶
883	高度腐蚀性物质,易燃性(闪点在23℃和60℃之间,包含23℃和60℃在内)
884	高度腐蚀性固体,易燃或自加热
885	高度腐蚀性物质,氧化性(火加强型)
886	高腐蚀性物质,毒性
X886	高度腐蚀性物质,毒性,遇水发生危险反应❶
89	腐蚀性或轻微腐蚀性物质,能自发引起剧烈反应
90	环境危害物质,混杂危险物质
99	在高温环境中运输的混杂危险物质

5.3.3 高温物质标记

罐式车辆、罐式集装箱、可移动罐柜、特种车辆或集装箱或装载特殊装备的车辆或

---

❶ 水仅能在专家允许后使用。

集装箱,运输或配送温度等于或高于100℃的液态物质或温度等于或高于240℃的固态物质时,必须在车辆的两外侧壁和尾部,集装箱、罐式集装箱、可移动罐柜的两侧和两端粘贴高温物质标记。标记构图如图5.3.3所示。

图5.3.3 高温物质标记

标记为等边三角形。标记颜色为红色。每边长至少为250mm。
在未明确规定尺寸的情况下,所有要素均应与图示比例大致相当。

5.3.4	(保留)
5.3.5	(保留)
5.3.6	**环境危害物质标记**
5.3.6.1	内装满足2.2.9.1.10要求的环境危害物质的集装箱、MEGCs、罐式集装箱、可移动罐柜和车辆,必须按照5.3.1有关揭示牌的规定,加贴满足5.2.1.8.3规定的环境危害物质标记。
5.3.6.2	在集装箱、MEGCs、罐式集装箱、可移动罐柜和车辆上粘贴的环境危害物质标记,应符合5.2.1.8.3和图5.2.1.8.3的规定,但尺寸不应小于250mm×250mm。5.3.1中其他有关揭示牌的规定适用于对标记做相应的修正。

第5.4章 单 据

5.4.0　一般规定

5.4.0.1　任何 ADR 规定的货物运输都应随车携带本章所描述的单据,另有规定的除外。
注:应随车携带的单据列表见8.1.2。

5.4.0.2　如果电子数据采集、储存和处理能够满足运输过程中数据的有效性和可用性的合规要求,或者至少在某种意义上与纸质单据相当,则允许使用电子数据处理(Electronic Data Processing,EDP)或电子数据交换(Electronic Data Interchange,EDI)作为纸质单据的补充或替代手段。

5.4.0.3　如果托运人通过 EDP 或 EDI 向承运人提供危险货物运输信息,托运人应能以纸质单据的方式向承运人提供这些信息,且信息顺序应符合本章要求。

5.4.1　危险货物运输单据及其信息内容

5.4.1.1　*运输单据的基本信息*

5.4.1.1.1　对于每一次托运的危险物质、材料或物品,运输单据(一个或多个)应包含以下信息:

(a) 冠以"UN"的 UN 编号;

(b) 根据3.1.2 确定的正式运输名称,对于类属和未另作规定的运输名称,按照3.1.2.8.1的规定将技术名称放在运输名称后面的圆括号内(见3.1.2.8.1.1);

(c) 一对于第 1 类物质和物品:

　　3.2 章表 A 第(3b)栏规定的分类代码;

　　根据 3.2 章表 A 第(5)栏,标志式样号(除 1.4、1.5 和 1.6 项以外)须写在分类码之后的圆括号内;

一对于第 7 类放射性物质:类号为"7";

注:带有次要危险性的放射性物质,可见3.3 章特殊规定172。

一对于其他类的物质和物品:

　　根据 3.2 章表 A 第(5)栏规定的标志式样号或第(6)栏中相应的特殊规定。当有多于一个标志式样号时,第一个数字后面的数字应放在圆括号内。对于在 3.2 章表 A 第(5)栏中没有对应标志式样号的物质和物品,需用第(3a)栏对应的类别号替代。

(d) 危险货物包装类别,可在前面加上"PG"或按照5.4.1.4.1规定使用的语言"包装类别"首字母;

注:对具有次要危险性的第7 类放射性物质,见3.3 章特殊规定172 (d)。

(e) 适用情况下,可注明包件数量和描述文字,联合国包装代码仅能用于补充说明包件种类(例如,一箱(4G));

注:组合包装的外包装内每一内包装的数量、类型和容量不要求列出。

(f) 不同联合国编号对应的每一项危险货物的总数量(根据具体情况填写体积或毛重,或净重),正式运输名称,或包装类别(如果要求);

注1:按照1.1.3.6 的规定,每一运输类别中危险货物的总量需按照1.1.3.6.3 的要求标注在运输单据中。

注2：对于装于机器或设备中的危险货物,显示的数量应是内装危险货物的总数量,单位为千克或升。

(g) 托运人的名称和地址；

(h) 收货人(单个或多个)的名称和地址。如果在开始运输时不能确定多个收货人信息,经相关主管机关同意,可在单据上标记"在途销售"；

(i) 任何特殊协议条款所要求的声明；

(j) (保留)

(k) 如果该货物包括3.2章表A第(15)栏的隧道限制代码,应以字母的形式标注。如果下达运输任务时,已经知道该路线不会经过对危货运输有限制的隧道,隧道限制代码不需要标注在运输单据上。

运输单据上要求显示的信息位置和顺序是可选的,但是,(a),(b),(c),(d)和(k)需按照上文所列的顺序写出[例如,(a),(b),(c),(d),(k)],不夹杂其他信息。ADR另有规定的情况除外。

危险货物描述实例为：

"UN 1098 烯丙醇,6.1 (3),I,(C/D)"或

"UN 1098 烯丙醇,6.1 (3),PG I,(C/D)"

5.4.1.1.2	运输单据上要求的信息需清晰、易辨。
	虽然在3.1章和3.2章表A中使用大写字母(英文用大写字母,中文用黑体字)表示该内容是正式运输名称的一部分,在本章中同时使用大写、小写字母(英文用小写字母,中文用宋体字)表示运输单据要求的信息,但在填写运输单据时,可以自行选择用大写或小写字母[5.4.1.1.1 (k)规定除外]。
5.4.1.1.3	*危险废物的特殊规定*
	如果运载的危险货物是危险废物(放射性废弃物除外),则必须在正式运输名称之前加上"废弃物"字样,除非这已经是正式运输名称的一部分。例如：
	"UN 1230 废弃物 甲醇,3 (6.1),Ⅱ,(D/E)",或
	"UN 1230 废弃物 甲醇,3 (6.1),PG Ⅱ,(D/E)",或
	"UN 1993 废弃物 易燃液体,未另作规定的(甲苯和乙醇),3,Ⅱ,(D/E)",或
	"UN 1993 废弃物 易燃液体,未另作规定的(甲苯和乙醇),3,PG Ⅱ,(D/E)"。
	根据2.1.3.5.5中对废弃物的规定,以下内容应按照5.4.1.1.1(a)~(d)和(k)的规定增加到危险货物描述中。
	"符合2.1.3.5.5要求的废弃物"(例如,"UN 3264,腐蚀性液体,酸性的,无机的,未另作规定的,8,Ⅱ,(E),符合2.1.3.5.5要求的废弃物")
	3.3章特殊规定274中描述的技术名称不需要添加。
5.4.1.1.4	(删除)
5.4.1.1.5	*救助包装和救助压力容器的特殊规定*
	危险货物内装于救助包装或救助压力容器中运输时,必须在运输单据中危险货物描述后面注明"救助包装"或"救助压力容器"。
5.4.1.1.6	*对于未清洗的、空载包装和装载装置的特殊规定*
5.4.1.1.6.1	对于未清洗的、空载包装和装载装置,内含除第7类之外的危险货物残留物,则应在运输单据中危险货物描述的前面或后面加上"未清洗空的"或"最近装载货物残余物"字样。危险货物描述应符合5.4.1.1.1(a)~(d)和(k)的要求。这里,5.4.1.1.1(f)不适用。
5.4.1.1.6.2	某些情况下,5.4.1.1.6.1的特殊规定可以由5.4.1.1.6.2.1、5.4.1.1.6.2.2或5.4.1.1.6.2.3的规定替代。

5.4.1.1.6.2.1　对于未清洗空的包装,包括容积超过1000L的未清洗的气体容器,内装除第7类之外的危险货物残留物,适当情况下可在剩余装载货物[根据5.4.1.1.1(c)]信息前加"空包装""空容器""空IBC"或"空大型包装"字样,来代替5.4.1.1.1(a),(b),(c),(d),(e)和(f)要求的货物详情描述。

实例:"空包装,6.1(3)"。

此外,如果装载的剩余危险货物是第2类货物,5.4.1.1.1(c)中描述的信息可以由数字"2"代替。

5.4.1.1.6.2.2　对除包装之外的未清洗的空装载装置(包含除第7类之外的危险货物残留物),和容积超过1000L的未清洗的气体容器,适当情况下,根据5.4.1.1.1(a)~(d)和(k)规定,在开头加上"空罐式车辆""可拆卸式空罐体""空罐式集装箱""空可移动罐柜""空管束式车辆""空MEGC""空MEMU""空车辆""空集装箱"或"空容器"字样,随后加上"最近装载"字样。但是,5.4.1.1.1(f)的规定不适用。

实例:

"空罐式车辆,最近装载:UN 1098 烯丙醇,6.1 (3),Ⅰ,(C/D)"或

"空罐式车辆,最近装载:UN 1098 烯丙醇,6.1 (3),PG Ⅰ,(C/D)"

5.4.1.1.6.2.3　将含除第7类之外的危险货物剩余物的未清洗的空装载装置返还给托运人时,满载时的运输单据也需要同时提供。这时,数量可不显示(可通过空白、强调或其他方式),或显示为"空,未清洗返回"。

5.4.1.1.6.3　(a) 如果未清洗的空罐体、管束式车辆和MEGCs被运到距离清洗或修理场所最近的地方,根据4.3.2.4.3的规定,应在运输单据上加上"依据4.3.2.4.3 运输"这一额外条目;

(b) 如果未清洗的空车辆和空集装箱被运到距离清洗或修理场所最近的地方,根据7.5.8.1的规定,应在运输单据上加上"依据7.5.8.1 运输"这一额外条目。

5.4.1.1.6.4　对于固定罐体(罐式车辆)、可拆卸式罐体、管束式车辆、罐式集装箱和MEGCs的运输,根据4.3.2.4.4的规定,应在运输单据上加上"依据4.3.2.4.4 运输"这一额外条目。

5.4.1.1.7　*包括海运或空运的运输链中对于道路运输的特殊规定*

对于符合1.1.4.2.1规定的运输,在运输单据中应做出相应说明:"依据1.1.4.2.1 运输"。

5.4.1.1.8 和 5.4.1.1.9　(保留)

5.4.1.1.10　(删除)

5.4.1.1.11　*在最后一次定期检验或检查到期后,IBCs或可移动罐柜运输的特殊规定*

按照4.1.2.2(b),6.7.2.19.6(b),6.7.3.15.6(b)或6.7.4.14.6(b)要求运输,需在运输单据中做出相应说明如下:"依据4.1.2.2(b)运输"、"依据6.7.2.19.6(b)运输"、"依据6.7.3.15.6(b)运输"或"依据6.7.4.14.6(b)运输"。

5.4.1.1.12　(保留)

5.4.1.1.13　*多隔仓罐式车辆或多罐体运输单元的特殊规定*

当无法全部满足5.3.2.1.2中关于多隔仓罐式车辆或5.3.2.1.3中关于多罐体运输单元的橙色标记牌的设置规定,每一罐体或罐体内每一隔仓含有的物质需标注在运输单据上。

5.4.1.1.14　*高温物质运输的特殊规定*

如果以液态在大于或等于100℃的温度情况下,或以固态在等于或大于240℃的温度下运输,交付运输物质的正式运输名称不能体现高温状态(例如,使用单词

"熔融"或"高温"作为运输名称的一部分)时,必须在正式运输名称之前加上"热"字。

5.4.1.1.15 *需温度控制稳定性的物质运输的特殊规定*

当"稳定的"一词是正式运输名称的一部分时(也见3.1.2.6),如果稳定性是通过温度控制实现的,则控制温度和警示温度(见2.2.41.1.17)必须在运输单据中标明,如下所示:

"控制温度:…℃ 警示温度:…℃"

5.4.1.1.16 *3.3 章特殊规定640 要求的信息*

根据3.3章特殊规定640要求,运输单据需显示"特殊规定640X",这里"X"是指显示在3.2章表A第(6)栏特殊规定640中对应的大写字母。

5.4.1.1.17 *符合6.11.4 要求内装固体物质的散装集装箱运输的特殊规定*

用符合6.11.4要求的散装集装箱运输固体物质时,应在运输单据上显示以下说明(见6.11.4开头的注):

"由……主管机关批准的散装容器BK(x)❶"

5.4.1.1.18 *环境危害物质(水生环境)运输的特殊规定*

若第1~9类中的某一类物质满足2.2.9.1.10的分类标准,运输单据需增加额外说明"环境危害"或"海运污染/环境危害"。这一额外说明不适用于UN 3077 和UN 3082 或5.2.1.8.1中的例外情况。

"海运污染"的描述(根据IMDG代码中5.4.1.4.3要求)对于包含海运的运输链是适用的。

5.4.1.1.19 *未清洗、废弃的空包装(UN 3509) 运输的特殊规定*

对于未清洗、废弃的空包装,5.4.1.1.1(b)描述的正式运输名称需在残留物类别和次要危险性前面按类别序列加上"[…]的剩余物"字样。同时,5.4.1.1.1(f)不适用。

实例:含有第4.1类货物的未清洗的空废弃物包装与含有第3类货物、第6.1类次要危险性的未清洗的空废弃物包装应在运输单据中提及以下信息:

"UN 3509 包装,废弃物、空的、未清洗(满足3.4.1.6.1要求的物质的剩余物),9"。

5.4.1.2 *某一类的附加或特殊信息*

5.4.1.2.1 *第1 类的特殊规定*

(a) 除满足5.4.1.1.1(f)的要求外,运输单据中需注明以下信息:
— 每一不同UN编号对应的物质或物品所含爆炸性成分❷的总净重,用千克表示;
— 运输单据中所有物质或物品所含爆炸性成分❷的总净重,用千克表示。

(b) 对于两种不同货物的混合包装,运输单据的货物说明中应显示两种物质或物品根据3.2章表A第(1)和(2)栏规定的大写字母打印的UN编号和名称。依照4.1.10对混合包装的特殊规定MP1、MP2和MP20至MP24,如果两种以上不同货物包含在一个包件内,则运输单据应该在货物说明中标明包件内所有物质和物品的UN编号,以"UN……的货物"的形式标注;

(c) 对于满足未另作规定的条款或"0190 样品,爆炸性"条目,或按照4.1.4.1中包装指南P101规定包装的物质或物品的运输,主管机关核发的装运批准证书副本需作为运输单据的附件。批准证书应使用到达国的官方语言起

---

❶ (x)需酌情以"1"或"2"代之。
❷ 物品的"爆炸性成分"是指包含于物品内的爆炸性物质。

草。如果到达国官方语言不是英语、法语或德语,批准证书中使用的语言可使用上述三种语言中的一种(起运国和到达国就运输操作使用语言另有协议除外);

(d) 如果包含配装组 B 和 D 的物质和物品的包件按照 7.5.2.2 的要求一起装载在同一车辆中,符合 7.5.1.1 的防护性包容系统的批准证书副本应作为运输单据的附件,并在表中注明。批准证书应使用到达国的官方语言起草。如果到达国官方语言不是英语、法语或德语,批准证书中使用的语言可使用上述三种语言中的一种(起运国和到达国就运输操作使用语言另有协议除外);

(e) 当爆炸性物质或物品带包装运输,并符合包装指南 P101 的要求,运输单据中需标注"由……主管机关批准的包装"(见 4.1.4.1,包装指南 P101)字样;

(f) (保留)

(g) 运输 UN 0333、0334、0335、0336 和 0337 的烟花,运输单据需标明以下说明:
"XX 主管机关签发的烟花分类资料 XX/YYZZZZ"
烟花分类批准证书不需随车携带,但需保证运输过程中主管机关可随时获得以便进行监护。批准证书或其副本应使用到达国的官方语言起草。如果到达国官方语言不是英语、法语或德语,批准证书中适用的语言可使用上述三种语言中的一种(起运国和到达国就运输操作使用语言另有协议除外)。

注1:货物的商业或技术名称可以另加在运输单据的正式运输名称中。

注2:分类资料应包含 ADR 缔约方已批准的符合 3.3.1 特殊规定 645 的分类代码、从事国际运输的机动车辆显著标识(XX)❶、主管机关识别号(YY)和唯一序列号(ZZZZ)。此种分类资料实例如下:

GB/HSE123456

D/BAM1234。

5.4.1.2.2 *第2 类的特殊规定*

(a) 对于罐体(可拆卸式罐体、固定式罐体、可移动罐柜、罐式集装箱、管束式车辆或 MEGCs 上容器)内装有混合物的运输,应标注混合物各成分的体积百分比或质量百分比。成分低于 1% 的不需标注(也可见 3.1.2.8.1.2)。当特殊规定 581、582 或 583 中要求的技术名称补充到正式运输名称时,混合物的成分不需标注;

(b) 对于满足 4.1.6.10 要求的气瓶、管状容器、压力圆桶、深冷容器和管束的运输,以下条目需包含在运输单据中:"依据 4.1.6.10 运输"。

5.4.1.2.3 *第4.1 类自反应物质和第5.2 类有机过氧化物的附加规定*

5.4.1.2.3.1 对于需高温运输的第 4.1 类自反应物质和第 5.2 类有机过氧化物(自反应物质见 2.2.41.1.17;有机过氧化物见 2.2.52.1.15 ~ 2.2.52.1.17),控制温度和警示温度需标注在运输单据中,如下所示:
"控制温度:…℃ 警示温度:…℃"

5.4.1.2.3.2 对于第 4.1 类自反应物质和第 5.2 类某些有机过氧化物,主管机关批准省略符合特殊包装的 1 号式样(见 5.2.2.1.9)标志时,在运输单据中注明相应的说明:
"不符合 1 号式样的标志"。

---

❶ 道路交通维也纳公约(1968)中国际运输机动车辆的显著标识。

5.4.1.2.3.3	若有机过氧化物和自反应物质需要(主管机关)批准才能运输(有机过氧化物见 2.2.52.1.8、4.1.7.2.2 和 6.8.4 的特殊规定 TA2;自反应物质见 2.2.41.1.13 和 4.1.7.2.2),在运输单据中应包含相应的说明,例如:"依据 2.2.52.1.8 运输"。主管机关的批准证书副本应作为运输单据的附件。批准证书应使用到达国的官方语言起草。如果到达国官方语言不是英语、法语或德语,批准证书中适用的语言可使用上述三种语言中的一种(起运国和到达国就运输操作使用语言另有协议除外)。
5.4.1.2.3.4	装运有机过氧化物(见 2.2.52.1.9)或自反应物质(见 2.2.41.1.15)的样本时,应在运输单据中注明,例如:"依据 2.2.52.1.9 运输"。
5.4.1.2.3.5	装运 G 型自反应物质时(见《试验和标准手册》,第Ⅱ部分,40.4.2(g)),应在运输单据中注明,例如:"不属于第 4.1 类自反应物质"。装运 G 型有机过氧化物(见《试验和标准手册》,第Ⅱ部分,20.4.3(g))时,运输单据中应注明:"不属于第 5.2 类物质"。
5.4.1.2.4	*第6.2 类的附加规定*
	除收货人信息[见 5.4.1.1.1(h)]外,相关人员的姓名和电话号码也需标注在运输单据上。
5.4.1.2.5	*第7 类的附加规定*
5.4.1.2.5.1	每一次托运第 7 类物质时,在运输单据中都应按照以下顺序,在 5.4.1.1.1(a)~(c)和(k)要求的信息后面标注相应的下列信息。

(a) 每种放射性核素的名称或符号,或对于放射性核素混合物而言,相应的一般性说明或限制最严的核素清单;

(b) 放射性物质的物理形态和化学形态的说明,或表明该物质是特殊形态放射性物质或低弥散放射性物质的说明。关于化学形态,一般的化学描述是可以接受的。对于带有次要危险性的放射性物质,见 3.3 章特殊规定 172;

(c) 放射性内装物在运输期间的最大活度,以贝克勒尔(Bq)为单位并前置适当的国际单位制符号(见 1.2.2.1)表示。对于易裂变材料,可用易裂变材料质量(或在相应情况下,混合物的每一种易裂变核素的质量)代替放射性活度,易裂变材料质量以克或其适当倍数为单位表示;

(d) 包件分级,例如,Ⅰ级－白色,Ⅱ级－黄色,Ⅲ级－黄色;

(e) 运输指数(仅Ⅱ级－黄色和Ⅲ级－黄色);

(f) 对于易裂变材料:

  (ⅰ) 根据 2.2.7.2.3.5(a)~(f)规定的某项例外要求下运输时,见该条规定;

  (ⅱ) 根据 2.2.7.2.3.5(c)~(e)中的要求运输时,易裂变核素的总质量;

  (ⅲ) 装载易裂变材料的包件中,适用于 6.4.11.2(a)~(c)中的某条规定或 6.4.11.3 的规定时,见该条规定;

  (ⅳ) 临界安全指数(相关情况下);

(g) 用于该批托运货物的各主管机关批准证书(特殊形式放射性物质,低弥散性放射性物质,2.2.7.2.3.5(f)中排除的易裂变物质,特别安排、包件设计或装运批准证书)的识别标记;

(h) 对于多件包件的托运任务,必须对每一包件提供 5.4.1.1.1 和上述(a)~(g)中要求的信息。对于放在集合包装、集装箱或车辆内的包件,需详细说明集合包装、集装箱或车辆内每一包件的内装物,并视情况增加每件集合

包装、集装箱或车辆的详细说明。若打算在某一中途卸货点从集合包装、集装箱或车辆上取出包件,则必须提供相应的运输单据;

(i) 在托运货物需按独家使用方式发运时,应注明"独家使用装运"字样;和

(j) 对于LSA-Ⅱ和LSA-Ⅲ物质,SCO-Ⅰ和SCO-Ⅱ物质,以A_2倍数表示托运货物的总放射性活度。对A_2值无限制的放射性物质,A_2的这种倍数应为零。

5.4.1.2.5.2　托运人需在运输单据中注明需要由承运人采取的措施(如果有的话)。说明必须使用承运人或相关主管机关认可的语言书写,并且至少必须包含以下信息:

(a) 对包件、集合包装或集装箱的装货、堆放、运输、处理和卸载的补充要求,包括关于安全散热的特殊堆放规定[见7.5.11的特殊规定CV33(3.2)],或无须这些要求的说明;

(b) 对于运输方式或车辆的限制,以及任何必要的运输路线指示;

(c) 适用于托运货物的应急预案。

5.4.1.2.5.3　凡进行国际运输的包件需要向相关主管机关申请设计或装运批准,而运输途经有关各国采用的批准证书类型不同,则5.4.1.1.1中要求的UN编号和正式运输名称需以原设计国的批准证书为准。

5.4.1.2.5.4　相应的主管机关批准证书不一定需要随托运货物一起运输。但是,托运人必须在装货和卸货之前向(各)承运人提供这些证书。

5.4.1.3　(保留)

5.4.1.4　*格式和语言*

5.4.1.4.1　包含5.4.1.1和5.4.1.2中信息的单据可以是另一种运输方式已生效规则要求的单据。当有多个收货人时,收货人的姓名和地址,以及运输数量等信息,可随时获取,并可以写到其他单据或其他特殊规定要求的一些强制性单据中,并随车携带。

单据中的各项应使用到达国的官方语言起草。如果到达国官方语言不是英语、法语或德语,单据中适用的语言可使用上述三种语言中的一种(起运国和到达国就运输操作使用语言另有协议除外)。

5.4.1.4.2　托运货物由于装载尺寸原因,不能完全装载到一个运输单元时,要根据所装载的多个运输单元,分别制作多个单据或多个副本。但是,若由于7.5.2中的限制条件,托运货物或部分托运货物不能装载到同一辆车上时,应分别制作运输单据。

与装运的货物危险性相关的信息(见5.4.1.1),可以整合或合并到现有的运输单据或货物装卸单据上。单据上信息的格式(或通过EDP或EDI技术得到的相应数据的传输顺序)应符合5.4.1.1.1的规定。

若现有运输单据或货物装卸单据不能用作危险货物多式联运单据,可以使用5.4.5实例中的单据❶。

5.4.1.5　*非危险货物*

若货物是3.2章表A中所涉及的,但根据第2部分规则,被认为是非危险性的,则不需要遵守ADR的规定。托运人可以在运输单据中注明相应的说明,例如:"货物不属于第…类"。

注:若托运人根据运输货物(例如,溶液和混合物)的化学属性或其他规则中对这

---

❶ 如果使用5.4.5实例中的单据格式,也见联合国欧洲经委会贸易便利和电子商务中心(联合国/简化手续中心)的有关建议,特别是第1号建议(联合国贸易单据格式要点)(ECE/TRADE/137,81.3版),联合国贸易单据格式要点－应用指南(ECE/TRADE/270,2002版),修订的第11号建议(危险货物国际运输的单据问题)(ECE/TRADE/204,版96.1－当前版本)和第22号建议(标准托运指令格式要点)(ECE/TRADE/168,1989版)。并见《联合国欧洲经委会贸易便利建议概要》(ECE/TRADE/346,2006版)和《联合国贸易基础数据元目录》(UNTDED)(ECE/TRADE/362,2005版)。

类货物认定规则,认定此货物是危险货物,则需符合本规定要求,需要在运输过程中对托运货物进行管控。

5.4.2 大型集装箱或车辆装载证明

如危险货物装入用于海运的大型集装箱,在提供运输单据的同时,必须提供符合国际海运危险货物规则(IMDG Code)❶中5.4.2的集装箱装载证明❷。

【译注:集装箱装载证明主要为装箱作业完毕后有关事项的声明及签字。】

5.4.1 中要求的运输单据信息和上述集装箱装载证明的信息可以合并在一个文件中;如果没有合并,必须将其中一个文件作为另一个文件的附件。如果这些信息合并在同一文件中,该文件须包括一项集装箱装箱符合相应规定的声明,该声明必须显示集装箱装载证明负责人的身份。

注:对于可移动罐柜、罐式集装箱和MEGCs,不要求集装箱装载证明。

5.4.3 应急指南

5.4.3.1　为了对运输过程中发生的事故或紧急事件进行救援,需将5.4.3.4要求的应急指南放置于车辆驾驶室内,且便于取得。

5.4.3.2　这些应急指南需在运输开始前由承运人提供给车组人员,并需使用可以让每一相关人员都能够理解的语言。承运人需确保每一车组人员能够掌握应急指南内容,并可以根据应急指南正确地执行救援操作。

5.4.3.3　运输开始之前,车组人员需及时获知装载的危险货物信息,查看应急指南,了解事故或应急事件发生时应采取的详细措施。

5.4.3.4　应急指南的格式和内容需符合下面4页样例的规定。

---

❶ IMDG Code 由国际海运组织(IMO)、国际劳工组织(ILO)和联合国欧洲经济委员会(UNECE)起草,并由 IMO 发布(货物运输单元(CTUs)的 IMO/ILO/UNECE 指南)。

❷ IMDG 码的5.2要求以下信息:

"5.4.2　集装箱/车辆装载证明

5.4.2.1　当危险货物被包装或装进集装箱或车辆内时,负责集装箱/车辆装载的人员须提供"集装箱/车辆装载证明",说明集装箱/车辆的识别号码并证明作业按照下列条件进行:

1. 集装箱/车辆是清洗的、干燥的,并且外观上看适合接收货物;
2. 除非得到相关主管机关按7.2.2.3(IMDG Code)许可,否则按照相关的隔离要求而需隔离的包件没有同装在集装箱/车辆中;
3. 所有包件都作了是否损坏的外部检查,保证所装均是完好的包件;
4. 除非得到主管机关的许可,否则桶装物均应直立积载,且货物硬背正确装入,如果必要应用系固材料进行合理加固以满足预定运输方式的需要;
5. 以散装形式装入集装箱/车辆运输的货物,已使其均匀分布;
6. 如果托运除1.4项以外的第1类货物,则集装箱/车辆在结构上应符合7.4.6(IMDGCode)的要求;
7. 集装箱/车辆和包件均已正确地作标记、贴标志和揭示牌;
8. 当使用有造成窒息危险的物质(例如干冰(UN 1845)、冷冻液态氮(UN1977),或冷冻液态氩(UN 1951))用于制冷或空气调节时,依照5.5.3.6(IMDGCode),在集装箱/车辆的表面显著地作标记或标志;和
9. 任何包装在集装箱/车辆里的托运危险货物,已收到5.4.1(IMDGCode)中要求的危险货物运输单据。

注:集装箱/车辆装载证明对罐体不作要求。

5.4.2.2　危险货物运输单据和集装箱/车辆装载证明可以合并在同一个单据内;否则须将其中一个单据附在另一个单据上。如果这些信息合并在同一个单据中,须加上经签名的声明,例如,"兹声明:危险货物已经按照相关条款规定装入集装箱/车辆中"。单据中需表明声明日期签署者的身份。如果相关法律和法规承认传真签名的有效性,可以使用传真签名。

5.4.2.3　如果集装箱/车辆装载证明是以 EDP 或 EDI 传输技术提交给承运人的,该签字可由电子签名或授权签署人的姓名(以大写字母)代替。

5.4.2.4　如果危险货物运输信息是以 EDP 或 EDI 技术传输给承运人的,但货物转交承运人时仍须一份纸质单据,承运人须确认纸质单据已标明"电子单据已接收"并且用大写字母签名确认。

符合本公约(ADR)要求的应急指南

事故或应急情况下救援措施

运输过程中发生的事故或应急事件,车组人员需在安全可行的情况下采取以下措施:

—制动,通过总开关关闭发动机和隔离电池(源);
—避免火源,特别禁止吸烟,禁止使用电子香烟(或相似设备)、打开任何电子设备;
—向相关应急机构报告,尽可能多提供关于事故或事件的信息、运输的货物信息;
—穿上警示背心,并在恰当的地方放置自立式警示标志;
—准备好运输单据,以便救援人员及时获取有关信息;
—不要走进或碰触泄漏的危险货物,不要站在下风口,以免吸入废弃、烟雾、粉剂和蒸气;
—在安全可行情况下,使用灭火器扑灭轮胎、制动器和发动机的小火或初始火源;
—车组人员不可处理装载间(货箱)的火源;
—在安全可行情况下,使用随车工具阻止物质渗漏到水生环境或下水道系统中,收集泄漏危险货物;
—撤离事故或应急事件现场,建议其他人员撤离并听从应急救援机构的建议;
—脱掉被污染的衣物,以及已使用且被污染的防护设备;并将其进行安全处理。

各类危险货物的危险特性及有关建议(针对车组人员,按危险货物标志和揭示牌分)		
危险标志和揭示牌 (1)	危 险 特 性 (2)	建　议 (3)
爆炸性物质和物品 1　1.5　1.6	可能产生一系列的反应和影响,例如,大规模爆炸;碎片迸射;由火源或热源产生强烈的反应;发出强光,产生大量的噪声或烟雾; 对缓冲和/或冲击和/或高温敏感性	躲藏并远离窗口
爆炸性物质和物品 1.4	发生爆炸和火灾的轻度危险性	躲藏
易燃气体 2.1	火灾危险; 爆炸危险; 可能产生压力; 窒息危险; 可能引起燃烧和/或冻伤; 受热时装置可能爆炸	躲藏; 禁止进入低地势区域
非易燃无毒气体 2.2	窒息危险; 可能产生压力; 可能引起冻伤; 受热时装置可能爆炸	躲藏; 禁止进入低地势区域
毒性气体 2.3	中毒危险; 可能产生压力; 可能引起燃烧和/或冻伤; 受热时装置可能爆炸	使用应急逃生面具; 躲藏; 禁止进入低地势区域

续上表

各类危险货物的危险特性及有关建议（针对车组人员，按危险货物标志和揭示牌分）		
危险标志和揭示牌 （1）	危险特性 （2）	建　议 （3）
易燃液体 3	起火危险； 爆炸危险； 受热时装置可能爆炸	躲藏； 禁止进入低地势区域
易燃固体，自反应物质和 固态退敏爆炸品 4.1	起火危险； 易燃或可燃物，可能通过受热、火花或火焰点燃； 在加热或与其他物质接触（例如，酸、重金属混合物或动物）时，含有易于受热分解的自反应物质。这将产生有害和易燃气体或液体，或发生自燃物质； 受热时装置有爆炸危险； 缺少退敏剂时，有机过氧化物有爆炸危险	
易于自然的物质 4.2	如果包件被损坏或内装物溢出，通过自燃产生火灾危险； 遇水可能产生剧烈反应	
遇水放出易燃气体的物质 4.3	遇水产生火灾和爆炸的危险	通过遮盖溢出物，保持溢出物质干燥
氧化性物质 5.1	遇易燃物质产生剧烈反应； 着火和爆炸危险	避免与易燃或可燃物质（例如，锯屑）混合放置
有机过氧化物 5.2	高温下，与其他物质（例如，酸、重金属混合物或动物）接触、摩擦或震动，有放热分解的风险； 这可能产生有害和易燃气体或蒸气，或自燃物质	避免与易燃或可燃物质（例如，锯屑）混合放置
有毒物质 6.1	通过吸入、皮肤接触或摄入等方式有中毒危险； 对水生环境或污水排水系统有危害	使用应急逃生面具
感染性物质 6.2	感染风险； 可能引起人类或动物的严重疾病； 对水生环境或污水排水系统有危害	

续上表

各类危险货物的危险特性及有关建议(针对车组人员,按危险货物标志和揭示牌分)		
危险标志和揭示牌	危险特性	建 议
(1)	(2)	(3)
放射性物质 7A　7B 7C　7D	出入口有辐射的危险	限制暴露时间
可裂变物质 7E	核链式反应危险	
腐蚀性物质 8	通过腐蚀有燃烧危险； 遇水和其他物质,彼此会发生剧烈反应； 溢出物质可以形成腐蚀性液化气； 对水生环境或污水排水系统有危险	
杂项危险物质和物品 9	燃烧危险； 火灾危险； 爆炸危险； 对水生环境或污水排水系统有危险	

注1:对于具有多种危险性并混合装载的危险货物,每一适用条目都需满足。
注2:上述建议内容随着运输的危险货物类别和运输方式不同可能有所差异。

各类危险货物的危险特性及有关建议(针对车组人员,按标记分)		
标记	危害特性	建 议
(1)	(2)	(3)
环境危害物质标记	对水生环境或排水系统有危险	
高温物质标记	遇热有燃烧危险	避免与运输单元的发热部件和溢出物质接触

根据 ADR 8.1.5 规定,为执行一般和危险应急救援行动,装车时需携带的人员和防护设备

以下设备需随车携带：
—— 每辆车需携带与最大载质量和车轮直径的相匹配的制动垫块；
—— 两块自立式警示标志牌；
—— 眼睛冲洗液[a]。

对每位车组人员，需携带：
—— 警示背心；
—— 便携式照明设备；
—— 一副防护手套；
—— 护目用具。

某一类货物需要的额外设备：
—— 若运输的危险货物危险标志号为 2.3 或 6.1，需随车携带每位车组人员的应急逃生面具；
—— 一把铁铲[b]；
—— 一卷防泄漏密封带[b]；
—— 一台收集容器[b]。

---

[a] 对于危险标志式样号为 1,1.4,1.5,1.6,2.1,2.2 和 2.3 的不做要求。
[b] 仅对危险标志式样号为 3,4.1,4.3,8 或 9 的固体和液体有要求。

危险货物多式联运表格

1.托运人/发货人/发运人	2.运输单据编号	
	3. 第1页 共 页	4.托运人参考编号
		5.货运代理人参考编号
6.收货人	7.承运人(由承运人填写)	
	托运人声明 兹声明:本次托运货物由下述正式运输名称完全而准确的予以说明,并按照所适用的国际和国家政府规定进行了分类、包装、作标记和贴揭示牌,且各方面都处于适合运输的良好状态。	
8.本次装载的货物符合以下规定的限度(划去不适用者) 　　客货机　　　　　　仅货机	9.关于装卸的附加说明	
10.船舶/飞机航班号和日期	11.装货港/地点	
12.卸货港/地点	13.目的地	

*危险货物必须详细说明::UN编号、正式运输名称、危险性分类、包装类别,以及其他适用国和国际规则要求的信息。

14.运输标记	*包件数量和种类,货物说明	毛重(kg)	净重	体积(m³)

15.集装箱识别号/车辆牌照号	16.封印编号	17.集装箱/车辆尺寸和型号	18.皮重(kg)	19.合计毛重(包括皮重)(kg)

集装箱/车辆装箱证明 兹声明:上述货物已经按照适用的规定装入上述集装箱/车辆**。所有集装箱/车辆的装载必须由负责包装/装货的人填写并签名。	21.接收单位收据 已收到上述数量的包件/集装箱/拖车,货物外观妥善,但备注写明者除外:接收单位备注。	
20.公司名称	承运人姓名	22. 公司名称(填报本说明的托运人)
申报人姓名/身份	车辆牌照号 签名和日期	申报人姓名/身份
地点和日期		地点和日期
申报人签名	驾驶员签名	申报人签名

续上表

1. 托运人/发货人/发运人	2. 运输单据编号	
	3. 第1页 共 页	4. 托运人参考编号
		5. 货运代理人参考编号

14. 运输标记	*包件数量和种类;货物说明	毛重(kg)	净重	体积(m³)

*危险货物必须详细说明：NU编号、正式运输名称、危险性分类、包装类别，以及其他适用国和国际规则要求的信息。

5.4.4	**危险货物运输单据留存**
5.4.4.1	托运人和承运人需保留危险货物运输单据副本,以及 ADR 要求的其他信息和单据至少三个月。
5.4.4.2	当单据以电子形式保存在计算机中,托运人和承运人应能够打印这些单据。
5.4.5	**危险货物多式联运实例**

前两页危险货物多式联运表格实例可以被用于危险货物多式联运过程中,危险货物声明和集装箱装载证明的合并文档。

【编注:依据我国图书出版要求,将危险货物多式联运表格移至此页之前,保证章尾留白。】

第5.5章 特殊规定

5.5.1　（删除）

5.5.2　适用熏蒸货物运输单元的特殊规定（UN 3359）

5.5.2.1　一般规定

5.5.2.1.1　不含有其他危险货物的熏蒸货物运输单元（UN 3359），只需遵守本节的规定，而不受 ADR 其他规定的限制。

注：本章中，货物运输单元是指一辆车、一个集装箱、一个罐式集装箱、一个可移动罐柜或一个MEGC。

5.5.2.1.2　如果熏蒸货物运输单元除熏蒸剂外还装载了其他危险货物，不仅要遵守本节的规定，还要遵守 ADR 关于这些货物的其他规定（包括揭示牌、标记和单据的相关规定）。

5.5.2.1.3　在运输过程中需对货物实施熏蒸时，只能使用可封闭的货物运输单元，当气体扩散至最小时才可以关闭。

5.5.2.2　培训

从事熏蒸货物运输单元操作的人员，须接受与其职责相符的培训。

5.5.2.3　标记和揭示牌

5.5.2.3.1　熏蒸货物运输单元须按照 5.5.2.3.2 的规定标有警示标记，该标记须粘贴在打开或进入货物运输单元的人员易于看见的每个入口处。此标记须一直粘贴在货物运输单元上，直到：

（a）　熏蒸货物运输单元进行了消除有害熏蒸气体的通风；和

（b）　熏蒸货物或物质已被卸载。

5.5.2.3.2　熏蒸警示标记构图如图 5.5.2.3.2 所示。

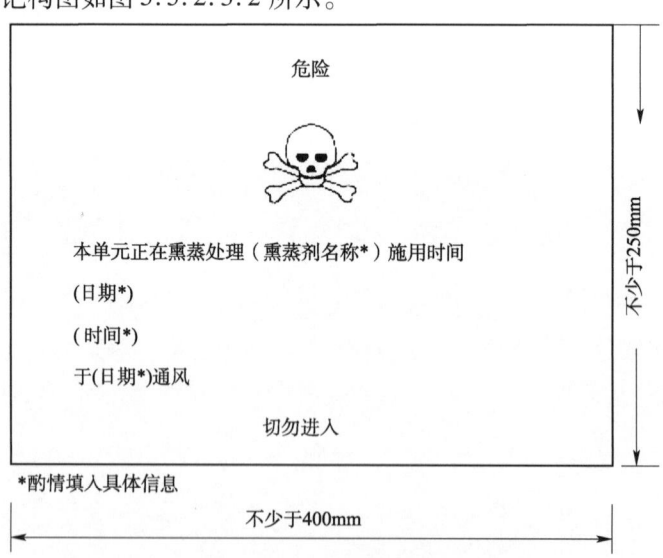

图 5.5.2.3.2　熏蒸警示标记

熏蒸警示标记为矩形。最小尺寸为 400mm（宽）×300mm（高），边缘线的最小宽度为 2mm。标记应为黑色印刷体，底色为白色，字母高度不得小于 25mm。在未明确规定尺寸情况下，所有要素均应与构图比例大致相当。

5.5.2.3.3	如果熏蒸货物运输单元在熏蒸后已彻底地自然通风或机械通风,须在熏蒸警示标记上标明通风日期。
5.5.2.3.4	当熏蒸货物运输单元已经通风和卸载后,熏蒸警示标记须移除。
5.5.2.3.5	除非第9类物质或物品装在运输单元中,熏蒸货物运输单元不能粘贴符合9号式样的揭示牌(见5.2.2.2.2)。
5.5.2.4	*单据*
5.5.2.4.1	熏蒸过及没有彻底通风的货物运输单元的运输单据须含有以下信息: ——"UN 3359,熏蒸货物运输单元,9";或"UN 3359,熏蒸货物运输单元,第9类"; ——熏蒸日期和时间;和 ——使用的熏蒸剂类型和剂量。 这些信息应使用到达国的官方语言起草,如果到达国官方语言不是英语、法语或德语,单据中使用的语言可使用上述三种语言中的一种(起运国和到达国就运输操作使用语言另有协议除外)。
5.5.2.4.2	运输单据可以是任何形式的,但须包含5.5.2.4.1中要求的信息。这些信息须显而易见、易读和持久。
5.5.2.4.3	须提供包括熏蒸工具(如使用)在内的一切熏蒸残留物的处置说明。
5.5.2.4.4	如果熏蒸货物运输单元已被彻底通风,且通风日期已经标注在熏蒸警示标记上(见5.5.2.3.3和5.5.2.3.4),则无须出具单据。
5.5.3	**包件、车辆和集装箱中包含存在窒息风险的、用于冷却或调节温度的物质[例如干冰(UN 1845)或冷冻液态氮(UN 1977)或冷冻液态氩(UN 1951)]时所适用的特殊规定**
5.5.3.1	*范围*
5.5.3.1.1	本节不适用于作为危险物质运输的用作制冷或空气调节为目的物质。当作为物质交运时,这类物质须根据3.2章表A的有关条目及相应的运输条件运输。
5.5.3.1.2	本节不适用于(装运)制冷循环装置中的气体。
5.5.3.1.3	用来冷却或调节罐体或MEGCs的危险货物,在运输过程中不受本节限制。
5.5.3.1.4	本身含有用于制冷或空气调节物质的车辆和集装箱,包括在包件中的带有用于制冷和空气调节物质的车辆和集装箱,以及装有无包件的用于制冷和空气调节物质的车辆和集装箱。
5.5.3.1.5	5.5.3.6和5.5.3.7仅适用于在车辆或集装箱里有窒息危险的情况。为了评估这一风险的大小,需考虑用于制冷和空气调节物质的危害性,运输物质的数量,运输时间和使用的装置类型等。
5.5.3.2	*概述*
5.5.3.2.1	车辆和集装箱载有某些物质,在运输过程中用于制冷和空气调节(但非熏蒸),这些车辆和集装箱除本节规定外,不再受ADR任何其他规定的限制。
5.5.3.2.2	当危险货物装入经冷却或带空调的车辆或集装箱时,除本节规定外,ADR中与所载危险货物有关的一切规定均须适用。
5.5.3.2.3	(保留)
5.5.3.2.4	从事装卸或运输用于制冷或空气调节物质的车辆或集装箱的人员,须接受与其职责相符的培训。
5.5.3.3	***含有制冷剂或空气调节剂的包件***
5.5.3.3.1	包装的危险货物,需要划定为符合4.1.4.1包装指南P203、P620、P650、P800、P901或P904的制冷和空调剂,须满足该包装指南的相关要求。

5.5.3.3.2	需要划定为其他包装指南的制冷剂和空调剂的包装好的危险货物,包件须能够耐极低的温度,不得因制冷剂或空调剂而受到影响或严重降低性能。包件的设计和制造需能够释放气体,防止可能形成压力上升,造成容器破裂。危险货物包装时需防止任何制冷剂或空调剂耗散后移位。
5.5.3.3.3	含有制冷剂或空调剂的包件,需放在良好通风的车辆和集装箱中运输。当这类包件使用绝缘、冷冻的或机械冷冻设备运输时,这一规定不适用。该规定在易腐食品国际运输协议(ATP)定义,并适用于这类运输中要求的特殊设备。
5.5.3.4	**包件含制冷剂或空调剂时的标记**
5.5.3.4.1	使用危险货物作为制冷剂或空调剂的包件,需按照3.2章表A第(2)栏显示的名称做标记,后面相应注明"制冷剂"或"空调剂"。这些文字标记和文字应使用起运国的官方语言起草,如果起运国官方语言不是英语、法语或德语,这些标记中使用的语言可使用上述三种语言中的一种(起运国和到达国就运输操作使用语言另有协议除外)。
5.5.3.4.2	标记需耐久、清晰,其大小和位置根据包件来确定,使其明显可见。
5.5.3.5	**含有未包装的干冰的车辆和集装箱**
5.5.3.5.1	如使用未包装的干冰,则干冰不得直接接触车辆或集装箱的金属结构,以避免金属变脆。须采取措施,将干冰与车辆或集装箱充分隔绝,保证至少30mm的间隔(如使用木板、托盘等适当的导热性能低的材料)。
5.5.3.5.2	当干冰放置在包件周围,应采取必要的措施,以保证在运输过程中,即使干冰消散后,包件仍保留在原先的位置。
5.5.3.6	**车辆和集装箱的标记**
5.5.3.6.1	使用危险货物作为制冷剂或空调剂的车辆和集装箱,必须按5.5.3.6.2规定加贴警示标记,标记须贴在每一个可接近位置,选择的位置应使打开或进入车辆或集装箱的人能够易于看到。在满足以下规定前,标记须始终粘贴在运输单元上:
	(a) 车辆或集装箱已经通风,排除了制冷剂和空调剂有害聚集;和
	(b) 需冷却或空调下保存的货物已经卸载。
5.5.3.6.2	警示标记构图如图5.5.3.6.2所示。

图5.5.3.6.2 车辆和集装箱的制冷剂/空调剂警示标记

* 在3.2章表A第(2)栏要求的名称后插入"制冷剂/空调剂"字样。字母应大写,并全部在一行,高度至少为25mm。如果正式运输名称太长,此处的空间不够,可缩小字体,以刚好适合的空间为度。例如"二氧化碳、固态"。

** 根据情况插入"制冷剂"或"空调剂"字样。字母应大写,并全部在一行。高度最小为25mm。

标记为长方形。最小的尺寸为150mm(宽)×250mm(高)。"警告"二字应为红色或白色,高度最小为25mm。在未明确规定尺寸的情况下,所有要素均应与构图比例大致相当。

根据情况,"警告"二字和单词"制冷剂"或"空调剂",这些文字应使用起运国的官方语言起草,如果起运国官方语言不是英语、法语或德语,这些文字可使用上述三种语言中的一种(起运国和到达国就运输操作使用语言另有协议除外)。

5.5.3.7 *单据*

5.5.3.7.1 装有或曾经装有用于制冷或空气调节物质的车辆或集装箱,如果在运输前未充分通风,则在运输过程中携带的单据(例如,运单、货物清单或CMR/CIM托运单等)应注明以下信息:

(a) 以"UN"打头的联合国编号;和

(b) 在3.2章表A第(2)栏显示的名称后应注明"制冷剂"或"空调剂"。这些文字需使用起运国的官方语言起草,如果起运国官方语言不是英语、法语或德语,这些文字可使用上述三种语言中的一种(起运国和到达国就运输操作使用语言另有协议除外)。

例如:UN 1845,二氧化碳,固态,用作制冷剂

5.5.3.7.2 运输单据可以采用任何形式,但必须包含5.5.3.7.1中要求的信息。这些信息需易于识别、清晰可见和耐久。

第6部分 包装、中型散装容器(IBCs)、大型包装、罐体和散装容器的制造和试验要求

第6.1章 包装的制造和试验要求

6.1.1 概述

6.1.1.1 本章的要求不适用于：
(a) 装有第7类放射性物质的包装，除非提出其他条件（见4.1.9）；
(b) 装有第6.2类易感染性物质的包装，除非提出其他条件（见6.3章，4.1.4.1中 P621 的注和包装规范）；
(c) 装有第2类气体的压力容器；
(d) 净重大于400kg的包装；
(e) 容量大于450L的液体包装，不包括组合包装。

6.1.1.2 6.1.4 规定的包装要求是根据目前所使用的包装提出的。考虑到科学和技术的进步，允许使用与6.1.4 所规定的不同的包装，只要这些包装是同样有效，能为主管机关接受，并能承受住6.1.1.3 和6.1.5 中所述的各种试验。采用 ADR 所述以外的其他试验方法，只要这种试验方法是等效的且能被主管机关认可，也可接受。

6.1.1.3 在下列情况下，每个拟装液体的包装，应成功地通过相应的密封性能试验，并且能够达到6.1.5.4.3 标明的适当试验水平：
(a) 在第一次用于运输之前；
(b) 经改制或修整之后，再次用于运输之前。

在进行这项试验时，包装不必配备自己的封闭装置。

在不影响试验结果的条件下，复合包装的内容器可在不装配外包装的情况下进行试验。

下列情况不需要进行这种试验：
— 组合包装的内容器；
— 根据6.1.3.1(a)(ⅱ)标有"RID/ADR"的复合包装（玻璃，瓷器或粗瓷器）的内容器；
— 根据6.1.3.1(a)(ⅱ)标有"RID/ADR"的薄壁金属包装。

6.1.1.4 为了确保每一包装符合本章的要求，应按照主管机关认可的质量保证方案来进行包装的制造、修整和试验。

注：ISO 16106:2006 "包装—危险货品运输包件—危险货物包装、中型散装容器(IBCs)和大型包装—ISO 9001 应用指南"就应遵循的程序提供了合适的指南。

6.1.1.5 包装制造商及后续经销商应提供有关应遵守程序的资料，并说明封闭装置（包括垫片）的类型和尺寸，以及为确保提交运输的包装能够通过本章规定适用的性能试验所需的任何其他部件。

6.1.2 包装类型的指定代码

6.1.2.1 代码应包括：
(a) 一个阿拉伯数字，表示包装的种类，如圆桶、罐等，后接；
(b) 一个大写拉丁字母，表示材料的性质，如钢材、木材等，必要时后接；
(c) 一个阿拉伯数字，表示包装在其所属种类中的类别。

6.1.2.2 如果是复合包装，用两个大写拉丁字母依次地写在代码的第二个位置中。第一个字母表示内容器的材料,第二个字母表示外包装的材料。

6.1.2.3 如果是组合包装,只使用外包装的代码。

6.1.2.4 包装代码后面可加上字母"T"、"V"或"W"。字母"T"表示符合 6.1.5.1.11 要求的救助包装。字母"V"表示符合 6.1.5.1.7 要求的特殊包装,字母"W"表示包装的类型虽与代码所表示的相同,但其制造规范不同于 6.1.4 中的规定,不过根据 6.1.1.2 的要求被认为是等效的。

6.1.2.5 下述数字用于表示包装的种类:

1. 圆桶
2. (保留)
3. 罐
4. 箱
5. 袋
6. 复合包装
7. (保留)
0. 薄壁金属包装

6.1.2.6 下述大写字母用于表示材料的种类:

A. 钢(所有类型及表面处理状态)
B. 铝
C. 天然木
D. 胶合板
F. 再生木
G. 纤维板
H. 塑料
L. 纺织品
M. 多层纸
N. 金属(钢或铝除外)
P. 玻璃、陶瓷或粗陶瓷

注:塑料还包括橡胶等聚合物材料。

6.1.2.7 下表列出了用于表示包装类型的代码,代码取决于包装的种类、制造所用的材料及其类别,表中还给出了可查阅有关要求的段落编号:

种 类	材 料	类 别	代码	段落
1.圆桶	A.钢	不可拆卸桶顶	1A1	6.1.4.1
		可拆卸桶顶	1A2	
	B.铝	不可拆卸桶顶	1B1	6.1.4.2
		可拆卸桶顶	1B2	
	D.胶合板		1D	6.1.4.5
	G.纤维板		1G	6.1.4.7
	H.塑料	不可拆卸桶顶	1H1	6.1.4.8
		可拆卸桶顶	1H2	
	N.金属,钢或铝除外	不可拆卸桶顶	1N1	6.1.4.3
		可拆卸桶顶	2N2	

续上表

种类	材料	类别	代码	段落
2.（保留）				
3.罐	A.钢	不可拆卸罐顶	3A1	6.1.4.4
		不可拆卸罐顶	3A2	
	B.铝	不可拆卸罐顶	3B1	6.1.4.4
		不可拆卸罐顶	3B2	
	H.塑料	不可拆卸罐顶	3H1	6.1.4.8
		不可拆卸罐顶	3H2	
4.箱	A.钢		4A	6.1.4.14
	B.铝		4B	6.1.4.14
	C.天然木	普通的	4C1	6.1.4.9
		箱壁防撒漏的	4C2	
	D.胶合板		4D	6.1.4.10
	F.再生木		4F	6.1.4.11
	G.纤维板		4G	6.1.4.12
	H.塑料	膨胀的	4H1	6.1.4.13
		硬质的	4H2	
	N.金属,钢或铝除外		4N	6.1.4.14
5.袋	H.编织塑料	无内衬或涂层	5H1	6.1.4.16
		防撒漏的	5H2	
		防水的	5H3	
	H.塑料薄膜		5H4	6.1.4.17
	L.纺织品	无内衬或涂层	5L1	6.1.4.15
		防撒漏的	5L2	
		防水的	5L3	
	M.纸	多层的	5M1	6.1.4.18
		多层,防水的	5M2	
6.复合包装	H.塑料包装	在钢桶中	6HA1	6.1.4.19
		在钢板条箱或钢箱中	6HA2	
		在铝桶中	6HB1	
		在铝板条箱或铝箱中	6HB2	
		在木箱中	6HC	
		在胶合板桶中	6HD1	
		在胶合板箱中	6HD2	
		在纤维桶中	6HG1	
		在纤维板箱中	6HG2	
		在塑料桶中	6HH1	
		在硬质塑料箱中	6HH2	

续上表

种 类	材 料	类 别	代码	段落
6.复合包装	P.玻璃、陶瓷或粗陶瓷包装	在钢桶中	6PA1	6.1.4.20
		在钢板条箱或钢箱中	6PA2	
		在铝桶中	6PB1	
		在铝板条箱或铝箱中	6PB2	
		在木箱中	6PC	
		在胶合板桶中	6PD1	
		在柳条筐中	6PD2	
		在纤维桶中	6PG1	
		在纤维板箱中	6PG2	
		在膨胀塑料包装中	6PH1	
		在硬质塑料包装中	6PH2	
7.(保留)				
0.薄壁金属包装	A.钢	不可拆卸顶	0A1	6.1.4.22
		可拆卸顶	0A2	

6.1.3　　　　标记

注1：带有标记的包装与已通过试验的设计类型一致，并符合本章的相关制造要求，但不包括使用要求。标记本身并未明确该包装可用于盛装何种货物；对每种货物的包装类型（例如钢桶）、最大容量和/或质量以及特殊要求见3.2 章表A。

注2：标记是为了帮助包装制造商、修整厂商、包装用户、承运人和管理当局。就使用一个新包装来说，最初的标记是制造厂用来表示包装的类型，并表明包装已符合的哪些性能试验规定。

注3：标记并不一定写明试验水平等全部细节，因此可能需要通过查阅已成功通过试验的包装的试验证书、试验报告或登记册，进一步考虑这些细节。例如，具有 X 或 Y 标记的包装，可能用于装运这样一些物质，这些物质在具有恰当的最大允许相对密度值❶的条件下被划入危险程度较小的包装类别。确定上述最大允许相对密度值办法，是酌情考虑6.1.5 的包装试验要求所提出的系数1.5 或 2.25。如经过试验可盛装相对密度为1.2 的Ⅰ类包装的货物，也可用作盛装相对密度为1.8 的Ⅱ类包装的货物，或装相对密度为2.7 的Ⅲ类包装的货物。当然，前提是装有相对密度较高的货物时仍能满足全部性能标准要求。

6.1.3.1　　　　拟按照 ADR 使用的每个包装都应带有耐久、易辨认、与包装相比位置合适、大小相当的明显标记。对于总重大于30kg 的包装，标记或标记副件应贴在包装顶部或侧面上。字母、数字和符号应不小于12mm 高，除非是在容量为30L 或30kg 及以下的包装上应不小于6mm 高，在容量为5L 或5kg 及以下的包装上应大小合适。

标记应表明：

(a)　(ⅰ)　联合国包装符号　　

　　　　　该符号仅用于证明包装、可移动罐柜或多单元气体容器符合本章中

---

❶　在本文中，将相对密度(d)等同于比重。

6.1、6.2、6.3、6.5、6.6、6.7❶的有关规定,不能用于其他目的。该符号也不能用于符合6.1.1.3、6.1.5.3.1(e)、6.1.5.3.5(c)、6.1.5.4、6.1.5.5.1等简化条件的包装。如用于压纹金属包装,符号可用大写字母"UN"代替该符号;

（ⅱ）符号"RID/ADR"表示符合简化条件(见6.1.1.3、6.1.5.3.1(e)、6.1.5.3.5(c)、6.1.5.4、6.1.5.5.1和6.1.5.6)要求的复合包装(玻璃、陶瓷或粗陶瓷)和薄壁金属包装。

注：带有该种标记的包装,可用于铁路、道路和内陆航道运输,并分别符合RID、ADR 和ADN 相关条款的要求。采用其他的运输方式或其他规范管辖的道路、铁路或内陆航道运输不需要接受本规范的认可。

(b) 根据6.1.2表示包装种类的代码；

(c) 由两部分组成的代码：

（ⅰ）一个字母表示设计类型已成功地通过试验的包装类别：

X 表示Ⅰ、Ⅱ和Ⅲ类包装；

Y 表示Ⅱ和Ⅲ类包装；

Z 只表示Ⅲ类。

（ⅱ）相对密度(四舍五入至第一位小数),表示已按照此相对密度对不带内包装的拟装液体的包装设计类型进行过试验；若相对密度不超过1.2,这一部分可以省略。对拟装固体或内包装的包装而言,以千克表示的最大总质量。

对于根据6.1.3.1(a)(ⅱ)标有"RID/ADR"的薄壁金属包装,用于装载在23℃时黏度超过200mm²/s的液体,最大总质量以千克计算；

(d) 或者用字母"S"表示拟用于运输固体或内包装的包装,或者拟装液体的包装(组合包装除外),包装能够承受的液压试验压力,用千帕表示(向下取整至最近的10kPa)；

对于根据6.1.3.1(a)(ⅱ)标有"RID/ADR"的薄壁金属包装,用于装载在23℃时黏度超过200mm²/s的液体,用字母"S"表示；

(e) 包装制造年份的最后两位数字。型号1H和3H的包装还应标出相应的制造月份；这可与标记的其余部分分开,在包装的空白处标出。合适的方式如下：

*包装制造年份的最后两位数字可以放在此处标示。在这种情况下,型式认可标志中的两个年份数字应与上图时钟内圈数字相同。

注：也可采用其他能够提供所需基本信息的耐久、明显、易辨认的标记方法。

(f) 批准国的识别符,用在国际通行的机动车所用的识别符号❷表示；

(g) 包装制造厂的名称,或主管机关规定的其他包装标志。

---

❶ 这个符号也表明已获授权的其他运输方式的柔性散装容器,符合UN规范6.8章的规定。

❷ 国际通行的机动车所用的识别符号在《公路交通维也纳公约》(1968)中规定。

6.1.3.2 除了6.1.3.1中规定的耐久标记外,每个容量大于100L的新金属桶都应在底部以耐久形式(例如压纹)标明6.1.3.1(a)~(e)中所述的标记,并至少表示桶身所用金属的名义厚度(mm,精确到0.1mm)。如金属桶任一端部的名义厚度小于桶身的名义厚度,那么顶端、桶身和底端的名义厚度应以永久形式(例如压纹)在底部标明,例如"1.0-1.2-1.0"或"0.9-1.0-1.0"。金属的名义厚度应根据相应的ISO标准确定,例如钢材根据1SO 3574:1986确定。除6.1.3.5规定外,6.1.3.1(f)和(g)所述的标记不应以永久形式(例如压纹)标明。

6.1.3.3 除6.1.3.2中所规定以外的每个可能进行修整的包装,应以永久形式标明6.1.3.1(a)~(e)所述的标记。标记如能经受修整工艺(例如压纹)即是永久形式。对于容积大于100L的金属桶以外的包装,这些永久标记可以取代6.1.3.1中规定的相应耐久标记。

6.1.3.4 对于改制的金属桶,如果没有改变包装类型,也没有更换或拆掉组成结构部件,所要求的标记不必是永久性的。其他每一经改制的金属桶都应在顶端或侧面以永久形式(例如压纹)标明6.1.3.1(a)~(e)中所述的标记。

6.1.3.5 用某种材料(例如不锈钢)制造的可重复使用的金属桶可用永久形式(例如压纹)标明6.1.3.1(f)和(g)中所述的标记。

6.1.3.6 符合6.1.3.1的标记,仅对一种设计类型或一系列设计类型有效。包装进行了不同表面处理,可属于同一种设计类型。

一个"设计类型系列"表示具有相同的设计结构、壁厚、材料和截面,只是在设计高度上与经批准的设计类型相比较小。

包装的密封装置应能按照试验报告所提及的方式进行确认。

6.1.3.7 应按6.1.3.1所规定的顺序进行标记:这些分段中要求的每一个标记组成部分以及6.1.3.8(h)~(j)中的必要相应分段标记用诸如斜线或空格清楚地隔开,以便容易辨识。例如,可参照6.1.3.11进行。

主管机关核准的任何附加标记应使标记的各个部分仍然能够参照6.1.3.1进行正确地辨识。

6.1.3.8 在包装修整过之后,修整厂商应按顺序在该包装上加耐久性的标记:
(h) 修整所在国的识别符,用在国际通行的机动车所用的识别符号表示;
(i) 修整厂商名称或主管机关规定的其他包装标志;
(j) 修整年份;字母"R";对于成功地通过6.1.1.3的密封性试验的每个包装,另加字母"L"。

6.1.3.9 如在修整之后,6.1.3.1(a)~(d)要求的标记不再出现在金属桶的顶端或侧面,修整厂商也应以永久形式将这些标记加在6.1.3.8(h)、(i)、(j)所述的标记之前。这些标记标出的性能不得超过已经过试验并标明的原设计类型的性能。

6.1.3.10 由1.2.1定义的用可再生塑料材料制造的包装应当标有"REC"。此标记应当靠近6.1.3.1中描述的标记。

6.1.3.11 ***新包装标记示例***

(un)	4G/Y145/S/02	根据6.1.3.1(a)(i)、(b)、(c)、(d)和(e)	适用于新纤维板箱
	NL/VL823	根据6.1.3.1(f)和(g)	
(un)	1A1/Y1.4/150/98	根据6.1.3.1(a)(i)、(b)、(c)、(d)和(e)	适用于装液体的新钢桶
	NL/VL824	根据6.1.3.1(f)和(g)	
(un)	1A2/Y150/S/01	根据6.1.3.1(a)(i)、(b)、(c)、(d)和(e)	适用于装固体或内包装的新钢桶
	NL/VL825	根据6.1.3.1(f)和(g)	

	4HW/Y136/S/98 NL/VL826	根据6.1.3.1(a)(ⅰ)、(b)、(c)、(d)和(e) 根据6.1.3.1(f)和(g)	适用于同样规格的新塑料箱
	1A2/Y/100/01 USA/MM5	根据6.1.3.1(a)(ⅰ)、(b)、(c)、(d)和(e) 根据6.1.3.1(f)和(g)	适用于装液体的改制钢桶
	RID/ADR/OA1/100/89 NL/VL123	根据6.1.3.1(a)(ⅱ)、(b)、(c)、(d)和(e) 根据6.1.3.1(f)和(g)	适用于新薄壁金属包装,不可拆卸盖
	RID/ADR/OA2/Y20/S/04 NL/VL124	根据6.1.3.1(a)(ⅱ)、(b)、(c)、(d)和(e) 根据6.1.3.1(f)和(g)	适用于新薄壁金属包装、可拆卸盖、盛装固体或黏度在23℃时超过200mm^2/S的液体

6.1.3.12　修整过的包装标记示例

1A1/Y1.4/150/97　　根据6.1.3.1(a)(ⅰ)、(b)、(c)、(d)和(e)
NL/RB/01 RL　　　根据6.1.3.8(h)、(i)和(j)

1A2/Y150/S/99　　根据6.1.3.1(a)(ⅰ)、(b)、(c)、(d)和(e)
USA/RB/00 R　　　根据6.1.3.8(h)、(i)和(j)

6.1.3.13　救助包装的标记示例

1A2T/Y300/S/01　　根据6.1.3.1(a)(ⅰ)、(b)、(c)、(d)和(e)
USA/abc　　　　　根据6.1.3.1(f)和(g)

注：6.1.3.11、6.1.3.12 和6.1.3.13 中提出了标记的例子,标记可以是单行的,也可是多行的,但应遵守正确的顺序。

6.1.3.14　证明

通过按6.1.3.1粘贴标记,可以证明批量生产的包装符合被批准的设计类型,而且满足所涉及的批准要求。

6.1.4　包装的要求

6.1.4.0　一般要求

在正常运输条件下,包装中任何盛装物质的渗透,不应造成危险。

6.1.4.1　钢桶

1A1　不可拆卸桶顶
1A2　可拆卸桶顶

6.1.4.1.1　桶身和桶盖应根据钢桶的容量和用途,使用种类合适和厚度足够的钢板制造。

注:对于碳钢制钢桶来说,应根据ISO 3573:1999"商品级和冲压级热轧碳素钢薄钢板"标准和ISO 3574:1999"商品级和冲压级冷轧碳素钢薄钢板"标准选取"合适的"钢材。对于容积小于100L 的碳钢制钢桶,除以上两个标准的材料外,还可根据ISO 11949:1995"冷轧电镀锡板"、ISO 11950:1995"冷轧电镀铬/氧化铬涂层钢板"和ISO 11951:1995"镀锡板、镀铬/氧化铬板用冷轧原板卷"标准选取"合适的"钢材。

6.1.4.1.2　拟用于装 40L 以上液体的钢桶,桶身接缝应采用焊接。拟用于装固体或者装 40L 以下液体的钢桶,桶身接缝应采用机械方法接合或焊接。

6.1.4.1.3　桶的凸边应用机械方法接合或焊接。可以使用与桶分离的加强环。

6.1.4.1.4　容量超过60L 的钢桶桶身,通常应至少有两个扩张式滚箍,或者至少两个分离式滚箍。如使用分离式滚箍,则应紧固在桶身上,确保其不会移位。滚箍不得进行点焊。

6.1.4.1.5　不可拆卸桶顶(1A1)钢桶桶身或桶盖上用于装料、卸料和放气的开口,其直径不得超过7cm。开口更大的钢桶将视为可拆卸桶顶(1A2)钢桶。桶身和桶盖的开口封闭装置的设计和安装应做到在正常运输条件下始终是紧固和密封的。封闭装置凸缘可用机械方法或焊接方法接合到位。除非封闭装置本身是密封的,否则应使用垫片或其他密封件进行密封。

6.1.4.1.6　可拆卸桶顶(1A2)钢桶的封闭装置的设计和安装,应做到在正常运输条件下该装置始终是紧固的,钢桶始终是密封的。所有可拆封盖均应使用垫片或其他密封件进行密封。

6.1.4.1.7　如果桶身、桶盖、封闭装置和连接件所用的材料本身与装运的物质是不相容的,则应采用适当的内保护涂层或处理。在正常运输条件下,这些涂层或处理应能始终保持其保护性能。

6.1.4.1.8　桶的最大容量:450L。

6.1.4.1.9　最大净重:400kg。

6.1.4.2　*铝桶*

　　1B1　不可拆卸桶顶

　　1B2　可拆卸桶顶

6.1.4.2.1　桶身和桶盖应由纯度不低于99%的铝或铝基合金制成。应根据铝桶的容量和用途,使用适当种类和足够厚度的材料。

6.1.4.2.2　所有接缝应是焊接的。凸边如果有接缝的话,均应采用独立的加强环进行紧固。

6.1.4.2.3　容量大于60L的铝桶桶身,通常应至少装有两个扩张式滚箍,或者两个分离式滚箍。如使用分离式滚箍时,则应紧固在桶身上,确保其不会移位。滚箍不得进行点焊。

6.1.4.2.4　不可拆卸桶顶(1B1)铝桶的桶身或桶盖上用于装料、卸料和放气的开口直径不得超过7cm。开口更大的桶将视为可拆卸桶顶(1B2)铝桶。桶身和桶盖的开口封闭装置的设计和安装应做到在正常运输条件下,它们始终是紧固和密封的。封闭结构法兰应采用焊接方式连接,焊缝不得泄漏。除封闭结构本身可密封外,应采用垫片或其他密封件进行密封。

6.1.4.2.5　可拆卸桶顶(1B2)铝桶的封闭装置的设计和安装,应做到正常运输条件下始终是紧固的,铝桶始终是密封的。所有不可拆卸桶顶都应使用垫片或其他密封件进行密封。

6.1.4.2.6　桶的最大容量:450L。

6.1.4.2.7　最大净重:400kg。

6.1.4.3　*钢和铝以外的金属桶*

　　1N1　不可拆卸桶顶

　　1N2　可拆卸桶顶

6.1.4.3.1　桶身和桶盖应由钢和铝以外的金属或金属合金制成。应根据桶的容量和用途,使用适当种类和足够厚度的材料。

6.1.4.3.2　凸边如果有接缝的话,应采用独立的加强环进行加强。所有接缝应按照所用金属或金属合金的焊接工艺技术要求进行焊接(熔焊、钎焊等)。

6.1.4.3.3　容量大于60L的金属桶桶身,通常应至少装有两个自扩展式滚箍,或者两个分离式滚箍。如使用分离式滚箍时,应紧固在桶身上,确保其不会移位。滚箍不得进行点焊。

6.1.4.3.4　不可拆卸桶顶(1N1)金属桶的桶身或桶盖上用于装料、卸料和放气的开口,其直径不得超过7cm。开口更大的金属桶将视为可拆卸桶顶(1N2)金属桶。桶身和桶盖的开口封闭装置的设计和安装应做到在正常运输条件下,它们始终是紧固和密封的。封闭装置凸缘应按照用于所使用金属或金属合金的最先进工艺技术接合(熔焊、软焊等)到位,以使接缝不漏。除非封闭装置本身是密封的,否则应使用垫片或其他密封件进行密封。

6.1.4.3.5　　可拆卸桶顶(1N2)金属桶的封闭装置的设计和安装,应做到正常运输条件下始终是紧固和密封的。所有可拆卸桶顶都应使用垫片或其他密封件进行密封。

6.1.4.3.6　　桶的最大容量:450L。

6.1.4.3.7　　最大净重:400kg。

6.1.4.4　　*钢或铝罐*

3A1　　钢,不可拆卸罐顶

3A2　　钢,可拆卸罐顶

3B1　　铝,不可拆卸罐顶

3B2　　铝,可拆卸罐顶

6.1.4.4.1　　桶身和桶盖应用钢板、不低于99%纯度的铝或铝基合金制造。应根据罐的容量和用途,使用适当种类和足够厚度的材料。

6.1.4.4.2　　钢罐的凸边应用机械方法接合或焊接。用于盛装40L以上液体的多边形钢桶桶身接缝应采用焊接接合。用于盛装不超过40L的多边形钢桶桶身接缝应使用机械方法或焊接接合。对于铝多边形钢桶,所有接缝均应采用焊接方式。如果有凸边接缝的话,均应采用独立的加强环进行加强。

6.1.4.4.3　　不可拆卸罐顶的罐(3A1和3B1)的开口直径不得超过7cm。开口更大的罐将视为可拆卸罐顶型(3A2和3B2)。封闭装置的设计应做到在正常运输条件下始终是紧固和密封的。除非封闭装置本身是密封的,否则应使用垫片或其他密封件进行密封。

6.1.4.4.4　　如果罐身、盖、封闭装置和连接件等所用的材料本身与装运的物质是不相容的,则应采用适当的内保护涂层或处理。在正常运输条件下,这些涂层或处理应始终保持其保护性能。

6.1.4.4.5　　罐的最大容量:60L。

6.1.4.4.6　　最大净重:120kg。

6.1.4.5　　*胶合板桶*

1D

6.1.4.5.1　　所用木料应彻底风干,达到商业要求的干燥程度,且没有任何削弱桶使用效能的缺陷。若用胶合板以外的材料制造桶盖,其质量应与胶合板相当。

6.1.4.5.2　　桶身至少用两层胶合板,桶盖至少应用三层胶合板制成。各层胶合板,应按交叉纹理用抗水黏合剂牢固地黏在一起。

6.1.4.5.3　　桶身、桶盖及其连接部位的设计应与桶的容量和用途相适应。

6.1.4.5.4　　为防止所装物质撒漏,应使用牛皮纸或其他具有同等效能的材料作桶盖衬里。衬里应紧扣在桶盖上并延伸到整个桶盖外围。

6.1.4.5.5　　桶的最大容量:250L。

6.1.4.5.6　　最大净重:400kg。

6.1.4.6　　(删除)

6.1.4.7　　*纤维质桶*

1G

6.1.4.7.1　　桶身应由多层厚纸或纤维板(无皱折)牢固地胶合或层压在一起,可包括一层或多层由沥青、涂蜡牛皮纸、金属薄片、塑料等构成的保护层。

6.1.4.7.2　桶盖应由天然木、纤维板、金属、胶合板、塑料或其他适宜材料制成,可包括一层或多层由沥青、涂蜡牛皮纸、金属薄片、塑料等构成的保护层。

6.1.4.7.3　桶身、桶盖及其连接部位的设计应与桶的容量和用途相适应。

6.1.4.7.4　装配好的包装应有足够的防水性,以便在正常运输条件下不出现分层现象。

6.1.4.7.5　桶的最大容量:450L。

6.1.4.7.6　最大净重:400kg。

6.1.4.8　塑料圆桶和罐

　　1H1　圆桶,不可拆卸桶顶
　　1H2　圆桶,可拆卸桶顶
　　3H1　罐,不可拆卸罐顶
　　3H2　罐,可拆卸罐顶

6.1.4.8.1　包装应采用合适的塑料制造,其强度应与包装的容量和用途相适应。除了1.2.1界定的可再生塑料外,不得使用已用过的材料,除非是来自同一制造工序中的生产余料或环保橡胶。对于老化和由于所装物质或紫外线辐射引起的质量降低,包装应具有足够的抗力。包装内装运物质或用于生产新包装的再生塑料材料的任何渗出,在正常运输条件不应该造成危险。

6.1.4.8.2　如需防紫外线辐射,应在材料内加入炭黑或其他合适的色素或抑制剂。这些添加剂应是与内装物相容的,并在包装的整个使用寿命期内保持其效能。当使用的炭黑、色素或抑制剂与制造试验过的设计类型所用的不同时,如炭黑含量(按质量)不超过2%,或色素含量(按质量)不超过3%,则可不再进行试验;紫外线辐射抑制剂的含量不限。

6.1.4.8.3　除了防紫外线辐射功能的添加剂之外,对包装材料的化学和物理性质并无不良作用的添加剂可以直接添加在塑料成分中。在这种情况下,可免除再次试验。

6.1.4.8.4　包装各点的壁厚应与其容量、用途相适应,还应考虑与各个点可能承受的应力相适应。

6.1.4.8.5　对不可拆卸桶顶的圆桶(1H1)和罐(3H1)而言,桶身和桶盖上用于装料、卸料和放气的开孔直径不得超过7cm。开孔更大的圆桶和罐将视为可拆卸桶顶型和罐顶(1H2和3H2),圆桶和罐开孔的封闭装置的设计和安装应做到在正常运输条件下始终是紧固和密封的。除非封闭装置本身是密封的,否则应使用垫片或其他密封件进行密封。

6.1.4.8.6　设计和安装可拆卸桶顶圆桶和罐(1H2和3H2)的封闭装置,应做到在正常运输条件下该装置始终是紧固和密封的。所有可拆卸桶顶都应使用垫片,除非圆桶和罐的设计是在可拆卸桶顶进行适当紧固时,圆桶和罐本身是密封的。

6.1.4.8.7　可燃性液体的最大允许渗透度是23℃下为0.008g/L·h(见6.1.5.7)。

6.1.4.8.8　用于制造新包装的再生塑料材料,其特性应当按照主管机关认可的质量保证方案的要求进行书面保证。质量保证方案应当包括合适的预分类记录和质量证明文件,质量证明文件应包括每批再生塑料材料合适的熔体流动比率、密度和拉伸屈服强度,并与设计类型采用的再生材料一致。必要信息还应包括包装的再生塑料材料的来源以及包装装运的物质,并注意这些装运物质是否可能降低由该再生材料制成的新包装的性能。另外,6.1.1.4中包装制造商的质量保证方案,应包括6.1.5中关于由每批再生塑料材料制成包装的设计类型力学试验的性能。在此试验中,堆码性能可以通过合适的动态压缩试验而不是静态载荷试验来验证。

注:"ISO 16103:2005—包装—危险物品的运输包装—再生塑料材料"标准提供

了可再生塑料使用批准的其他指导程序。

6.1.4.8.9	圆桶和罐的最大容量:	1H1,1H2:450L
		3H1,3H2:60L。
6.1.4.8.10	最大净重:	1H1,IH2:400kg
		3H1,3H1:120kg。

6.1.4.9 *天然木箱*

4C1　普通的

4C2　箱壁防撒漏的

6.1.4.9.1　　所用木材应彻底风干,达到商业要求的干燥程度,并且没有会实质上降低箱子任何部位强度的缺陷。所用材料的强度和制造方法,应与箱子的容量和用途相适应。顶部和底部可用防水的如高压板、刨花板或其他合适的再生木材料制成。

6.1.4.9.2　　紧固件应能承受正常运输条件下的振动。并尽可能地避免采用端粒钉。可能承受很大应力的接缝应用抱钉或环状钉或类似紧固件接合。

6.1.4.9.3　　箱4C2:箱的每一部位应是一块板,或等效的一块板。用下述方法之一接合起来的板可视为等效的一块板:林德曼(Linderman)连接、舌槽连接、鱼鳞板或槽舌连接或者在每一个接合处至少用两个波纹金属扣件的对接接头连接。

6.1.4.9.4　　最大净重:400kg。

6.1.4.10 *胶合板箱*

4D

6.1.4.10.1　所用的胶合板至少应为3层。胶合板应由彻底风干的旋制、切割或锯制的层板制成,达到商业要求的干燥程度,没有会实质上降低箱子强度的缺陷。所用材料的强度和制造方法应与箱子的容量和用途相适应。所有相邻各层,应用防水黏合剂胶合。其他适宜材料也可与胶合板一起用于制造箱子。箱子应用钉子钉牢、与角柱或端部固定或用其他合适的方法进行装配。

6.1.4.10.2　最大净重:400kg。

6.1.4.11 *再生木箱*

4F

6.1.4.11.1　箱壁应由防水的如高压板、刨花板或其他合适的再生木材料制成。所用材料的强度和制造方法应与箱子的容量和用途相适应。

6.1.4.11.2　箱子的其他部位可用其他合适的材料制成。

6.1.4.11.3　箱子应使用适当装置装配牢固。

6.1.4.11.4　最大净重:400kg。

6.1.4.12 *纤维板箱*

4G

6.1.4.12.1　应使用与箱子的容量和用途相适应的坚固、优质的实心或双面波纹纤维板(单层或多层)。外表面的抗水性应满足:当使用科布(Cobb)法确定吸水性时,在30min的试验期内,质量增加值不大于$155g/m^2$——见ISO 535:1991。纤维板应有适当的弯曲强度。纤维板应进行切割、压折、开槽等加工,以便装配时不会出现开裂、表面破裂或者不应有的弯曲。波纹纤维板的槽部,应牢固地胶合在面板上。

6.1.4.12.2　箱子的端部可以有一个木制框架,或全部是木材或其他宜材料。可以用木板条或其他适宜材料进行加强。

6.1.4.12.3　箱体上的接合处,应用胶带粘贴、搭接并粘住,或搭接后用金属卡钉钉牢。搭接处应有适当长度的重叠。

6.1.4.12.4　用黏合或胶带粘贴方式进行密封时,应使用防水胶合剂。

6.1.4.12.5	箱子的设计应与所装物品相适应。
6.1.4.12.6	最大净重:400kg。

6.1.4.13 **塑料箱**

    4H1 膨胀塑料箱

    4H2 硬质塑料箱

6.1.4.13.1 应根据箱的容量和用途,用足够强度的适宜塑料制造箱子。对于老化和由于所装物质或紫外线辐射引起的质量降低,箱子应具有足够的抗力。

6.1.4.13.2 膨胀塑料箱应包括由模制泡沫塑料制成的两个部分,一为箱底部分,有供放置内包装的模槽,另一为箱顶部分,它能覆盖并扣接在箱底部分。箱底和箱顶的设计应使内包装能刚好装入。任何内包装的封闭盖不应与箱顶内侧接触。

6.1.4.13.3 派送时,膨胀塑料箱应采用具有足够抗拉强度的自黏胶带来封闭,以防箱子打开。这种自黏胶带应能防风雨,并且其黏合剂与箱子的泡沫塑料是相容的。也可以使用至少同样有效的其他封闭装置。

6.1.4.13.4 硬质塑料箱如果需要防紫外线辐射,应在材料内添加炭黑或其他合适的色素或抑制剂。这些添加剂应是与内装物相容的,并在箱子的整个使用寿命期内保持效能。当使用的炭黑、色素或抑制剂与制造试验过的设计类型所使用的不同时,如炭黑含量(按质量)不超过2%,或色素含量(按质量)不超过3%,则可不再进行试验;紫外线辐射抑制剂的含量不限。

6.1.4.13.5 防紫外线辐射目的以外的其他添加剂,如果对箱子材料的物理或化学性质不会产生有害影响,可直接加入塑料成分中。在这种情况下,可免予再次试验。

6.1.4.13.6 硬质塑料箱的封闭装置应由具有足够强度的适当材料制成,其设计应使箱子不会意外打开。

6.1.4.13.7 用于制造新包装的可再生塑料材料,其特性应当按照主管机关认可的质量保证方案的要求进行书面保证。质量保证方案应当包括合适的预分类记录和质量证明文件,质量证明文件应包括每批再生塑料材料合适的熔体流动比率、密度和拉伸屈服强度,并与设计类型采用的再生材料一致。必要信息还应包括包装的可再生塑料材料的来源以及包装装运的物质,并注意这些装运物质是否可能降低由该再生材料制成的新包装的性能。另外,6.1.1.4 中包装制造商的质量保证方案,应包括 6.1.5 中关于由每批再生塑料材料制成包装的设计类型力学试验的性能。在此试验中,堆码性能可以通过合适的动态压缩试验而不是静态载荷试验来验证。

6.1.4.13.8 最大净重:4H1:60kg

         4H2:400kg。

6.1.4.14 **钢箱、铝箱或其他金属箱**

    4A 钢箱

    4B 铝箱

    4N 钢和铝以外的金属箱

6.1.4.14.1 金属的强度和箱子的构造,应与箱子的容量和用途相适应。

6.1.4.14.2 箱子应根据需要采用纤维板或毡片做内衬,或有其他合适材料做的内衬或涂层。如果采用双层压折接合的金属衬,应采取措施防止内装物质,特别是爆炸物,进入接缝的凹槽处。

6.1.4.14.3 封闭装置可以是任何合适的类型;在正常运输条件下应始终是紧固的。

6.1.4.14.4 最大净重:400kg。

6.1.4.15 **纺织品袋**

	5L1　无内衬或涂层
	5L2　防撒漏
	5L3　防水
6.1.4.15.1	所用纺织品应是优质的。织物的强度和袋子的构造应与袋的容量和用途相适应。
6.1.4.15.2	防撒漏袋,5L2:袋应能防止撒漏,可采用如下方法:
	（a）用防水黏合剂,如沥青,将纸粘贴在袋的内表面上;或
	（b）袋的内表面粘贴塑料薄膜;或
	（c）纸或塑料做的一层或多层衬里。
6.1.4.15.3	防水袋,5L3:袋应具有防水性能以防止水气进入,可采用如下方法:
	（a）用防水纸（如涂蜡牛皮纸、柏油纸或塑料涂层牛皮纸）做的单独的内衬里;或
	（b）袋的内表面粘贴塑料薄膜;或
	（c）塑料做的一层或多层内衬里。
6.1.4.15.4	最大净重:50kg。
6.1.4.16	***编织塑料袋***
	5H1　无内衬或涂层
	5H2　防撒漏
	5H3　防水
6.1.4.16.1	袋应使用适宜的弹性塑料带或塑料单丝编织而成。材料的强度和袋子的构造应与袋的容量和用途相适应。
6.1.4.16.2	如果织物是平织的,袋应用缝合法或其他方法把袋底和一边闭合。如果是筒状织物,则袋应用缝合、编织或其他能达到同样强度的方法来封闭。
6.1.4.16.3	防撒漏袋,5H2:袋应能防撒漏,可采用如下方法:
	（a）袋的内表面粘贴纸或塑料薄膜;或
	（b）用纸或塑料做的一层或多层单独的衬里。
6.1.4.16.4	防水袋,5H3:袋应具有防水性能以防止水气进入,可采用如下方法:
	（a）用防水纸（如涂蜡牛皮纸、双面柏油牛皮纸或塑料涂层牛皮纸）做的单独的内衬里;或
	（b）塑料薄膜粘贴在袋的内表面或外表面;或
	（c）一层或多层塑料内衬里。
6.1.4.16.5	最大净重:50kg。
6.1.4.17	***塑料薄膜袋***
	5H4
6.1.4.17.1	袋应用合适的塑料制成。材料的强度和袋的构造应与袋的容量和用途相适应。接缝和闭合处应能承受在正常运输条件下可能产生的压力和冲击。
6.1.4.17.2	最大净重:50kg。
6.1.4.18	***纸袋***
	5M1　多层
	5M2　多层,防水
6.1.4.18.1	袋应使用合适的牛皮纸或性能相同的纸制造,至少有三层,中间一层可以是用黏合剂粘贴在外层纸上的网状布。纸的强度和袋的构造应与袋的容量和用途相适应。接缝和闭合处应防筛漏。
6.1.4.18.2	袋5M2:为防止水气进入,应用下述方法使四层或四层以上的纸袋具有防水性:最外面两层中的一层作为防水层,或在最外面二层中间夹入一层用适当的保护性材

料做的防水层;防水的三层纸袋,最外面一层应是防水层。当所装物质可能与水气发生反应,或者是在潮湿条件下包装的,与内装物接触的一层应是防水层或隔水层,例如,双面柏油牛皮纸、塑料涂层牛皮纸、袋的内表面粘贴塑料薄膜或一层或多层塑料内衬里。接缝和闭合处应是防水的。

6.1.4.18.3　最大净重:50kg。

6.1.4.19　***复合包装(塑料)***

6HA1　带外钢桶的塑料容器

6HA2　带外钢板条箱或钢箱的塑料容器

6HB1　带外铝桶的塑料容器

6HB2　带外铝板条箱或铝箱的塑料容器

6HC　带外木箱的塑料容器

6HD1　带外胶合板桶的塑料容器

6HD2　带外胶合板箱的塑料容器

6HG1　带外纤维桶的塑料容器

6HG2　带外纤维板箱的塑料容器

6HH1　带外塑料桶的塑料容器

6HH2　带外硬质塑料箱的塑料容器

6.1.4.19.1　*内容器*

6.1.4.19.1.1　塑料内容器应适用6.1.4.8.1和6.1.4.8.4~6.1.4.8.7的要求。

6.1.4.19.1.2　塑料内容器应与外包装内面紧密贴合,外包装不得有可能擦伤塑料的凸起。

6.1.4.19.1.3　内容器的最大容量:

6HA1,6HB1,6HD1,6HG1,6HH1:　　250L

6HA2,6HB2,6HC,6HD2,6HG2,6HH2:　60L。

6.1.4.19.1.4　最大净重:

6HA1,6HB1,6HD1,6HG1,6HH1:　　400kg

6HA2,6HB2,6HC,6HD2,6HG2,6HH2:　75kg。

6.1.4.19.2　*外包装*

6.1.4.19.2.1　带外钢桶或外铝桶的塑料容器6HA1或6HB1,外包装的制造应采用6.1.4.1或6.1.4.2的有关要求。

6.1.4.19.2.2　带外钢或铝板条箱或箱的塑料容器6HA2或6HB2,外包装的制造应适用6.1.4.14的有关要求。

6.1.4.19.2.3　带外木箱的塑料容器6HC,外包装的制造应适用6.1.4.9的有关要求。

6.1.4.19.2.4　带外胶合板桶的塑料容器6HD1,外包装的制造应适用6.1.4.5的有关要求。

6.1.4.19.2.5　带外胶合板箱的塑料容器6HD2,外包装的制造应适用6.1.4.10的有关要求。

6.1.4.19.2.6　带外纤维桶的塑料容器6HG1,外包装的制造应适用6.1.4.7.1至6.1.4.7.4的有关要求。

6.1.4.19.2.7　带外纤维板箱的塑料容器6HG2,外包装的制造应适用6.1.4.12的有关要求。

6.1.4.19.2.8　带外塑料桶的塑料容器6HH1,外包装的制造应适用6.1.4.8.1~6.1.4.8.6的有关要求。

6.1.4.19.2.9　带外硬质塑料箱(包括波纹塑料箱)的塑料容器6HH2,外包装的制造应适用6.1.4.13.1和6.1.4.13.4~6.1.4.13.6的有关要求。

6.1.4.20　***复合包装(玻璃、陶瓷或粗陶瓷)***

6PA1　带外钢桶的容器

6PA2　带外钢板条箱或钢箱的容器

6PB1　带外铝桶的容器

6PB2　带外铝板条箱或铝箱的容器

6PC　带外木箱的容器

6PD1　带外胶合板桶的容器

6PD2　带外胶合板箱的容器

6PG1　带外纤维桶的容器

6PG2　带外纤维板箱的容器

6PH1　带外塑料桶的容器

6PH2　带外硬质塑料箱的容器

6.1.4.20.1　*内容器*

6.1.4.20.1.1　容器应具有适宜的外形(圆柱形或梨形的)，材料应是优质的，没有可损害其强度的缺陷。整个容器应有足够的壁厚，而且内压均匀。

6.1.4.20.1.2　容器应使用带螺纹的塑料封闭装置、磨砂玻璃塞或至少具有等同效果的封闭装置。封闭装置可能与容器所装物质接触的部位，应不会与所装物质发生反应。应小心地装配好封闭装置，以确保不漏，并且适当紧固以防在运输过程中松脱。如果是需要排气的封闭装置，应符合4.1.1.8的规定。

6.1.4.20.1.3　应使用衬垫和/或吸收性材料将容器牢牢地紧固在外包装中。

6.1.4.20.1.4　容器的最大容量：60L。

6.1.4.20.1.5　最大净重：75kg。

6.1.4.20.2　*外包装*

6.1.4.20.2.1　带外钢桶的包装6PA1，外包装的制造应适用6.1.4.1的有关要求。不过这类包装所需要的可拆封盖可以是帽形。

6.1.4.20.2.2　带外钢板条箱或钢箱的容器6PA2，外包装的制造应适用6.1.4.14的有关要求。如系圆柱形容器，外包装在直立时应高于容器及其封闭装置。如果梨形容器外面的板条箱也是梨形，则外包装应装有保护盖(帽)。

6.1.4.20.2.3　带外铝桶的容器6PB1，外包装的制造应适用6.1.4.2的有关要求。

6.1.4.20.2.4　带外铝板条箱或铝箱的容器6PB2，外包装的制造应适用6.1.4.14的有关要求。

6.1.4.20.2.5　带外木箱的容器6PC，外包装的制造应适用6.1.4.9的有关要求。

6.1.4.20.2.6　带外胶合板桶的容器6PD1，外包装的制造应适用6.1.4.5的有关要求。

6.1.4.20.2.7　带外柳条筐的容器6PD2，有盖柳条篮应由优质材料制成，并配有保护盖(帽)以防伤及容器。

6.1.4.20.2.8　带外纤维桶的容器6PG1，外包装的制造应适用6.1.4.7.1～6.1.4.7.4的有关要求。

6.1.4.20.2.9　带外纤维板箱的容器6PG2，外包装的制造应适用6.1.4.12的有关要求。

6.1.4.20.2.10　带外膨胀塑料或硬质塑料包装的容器(6PH1或6PH2)，这两种外包装的材料都应符合6.1.4.13的有关要求。硬质塑料容器应由高密度聚乙烯或其他类似塑料制成。不过这类包装的可拆封盖可以是帽形。

6.1.4.21　*组合包装*

拟使用的外部包装，适用6.1.4的相关要求。

注：对拟使用的内部和外部包装，见4.1章的相关包装规范。

6.1.4.22　*薄壁金属包装*

0A1　不可拆卸盖

0A2　可拆卸盖

6.1.4.22.1　包装主体和两端的金属片应由合适的钢铁制成，并有一个与包装的容量和用途相

	适的量规。
6.1.4.22.2	接头应采用焊接,至少采用双重卷边绲边或采用能确保相同强度和密封性能的其他方法制造。
6.1.4.22.3	内表面的锌、锡、漆等涂层,应当牢固,且在每一处都均匀地粘贴在钢材表面,包括密封装置。
6.1.4.22.4	不可拆卸盖包装(0A1)桶身和桶盖用于装料、卸料和放气的开口,直径不能超过7cm。开口更大的包装将视为可拆卸盖型号(0A2)。
6.1.4.22.5	不可拆卸盖包装(0A1)的密封装置应当是带有螺纹的,或是带有可靠的可拧紧装置或至少是等效的装置。可拆卸盖包装(0A2)的密封装置应当设计和装配成能保持牢固地密封,并且包装在正常运输条件下保持密封。
6.1.4.22.6	包装的最大容量:40L。
6.1.4.22.7	最大净重:50kg。

6.1.5　**包装的试验要求**

6.1.5.1　　***试验的性能和频率***

6.1.5.1.1	每一包装的设计类型,都应根据负责代码分配的主管机关规定的程序,按照6.1.5的要求进行试验,并取得主管机关的批准。
6.1.5.1.2	每一设计类型的包装在投入使用之前,应成功地通过本章规定的试验。包装的设计类型是由设计、尺寸、材料和厚度、制造和包装方式确定的,但可以包含不同的表面处理。它也包括仅在设计高度上比设计类型稍小的包装。
6.1.5.1.3	对生产的包装样品,应按主管机关规定的时间间隔重复进行试验。对纸或纤维板包装所进行的这类试验,在环境条件下进行准备,可视为与 6.1.5.2.3 的要求等效。
6.1.5.1.4	当包装的变更涉及设计、材料或制造方式改变时,应重新进行试验。
6.1.5.1.5	与试验过的型号仅在小的方面不同的包装,如内包装尺寸较小或净重较小,以及外部尺寸稍许减小的桶、袋、箱等包装,主管机关可允许进行有选择的试验。
6.1.5.1.6	(保留)
	注:在同一外包装中装入不同内包装的条件,以及内包装允许的变化见4.1.1.5.1。
6.1.5.1.7	物品或者任何型号的固体或液体内包装,在下列条件下可不必进行试验,可以进行组装并在外包装中装运:
	(a)　外包装在装有内装液体的易碎(如玻璃)内包装时应成功地通过按照6.1.5.3以Ⅰ类包装的跌落高度进行的试验;
	(b)　各内包装的合计总毛重不得超过上面(a)中的跌落试验使用的各内包装毛重的一半;
	(c)　各内包装之间以及内包装与包装外部之间的衬垫材料厚度,不得减至原先试验的包装的相应厚度以下;如在原先试验中仅使用一个内包装,各内包装之间的衬垫厚度不得少于原先试验中包装外部和内包装之间的衬垫厚度。如使用较少或较小的内包装(与跌落试验所用的内包装相比),应使用足够的附加衬垫材料填补空隙;
	(d)　外包装在空载时应成功地通过6.1.5.6的堆码试验。同一包件的总质量应根据上面(a)中的跌落试验所用的内包装的合计质量确定;
	(e)　装液体的内包装周围应完全裹上吸收材料,其数量足以吸收内包装所装的全部液体:
	(f)　如用不防漏的外包装容纳装液体的内包装,或用不防撒漏的外包装容纳装

固体的内包装,则应配备发生泄漏时盛装任何液体或固体内装物的装置,如使用密封衬里、塑料袋或其他同样有效的容纳装置。对于装液体的包装,上面(e)中要求的吸收材料应放在留住液体内装物的装置内;

(g) 已通过组合包装的I类包装性能试验的包装,应按照6.1.3做好标记。以千克标记的毛重,应为外包装质量加上上面(a)中所述的跌落试验所用的内包装质量的一半之和。这个包件标记也应包括6.1.2.4所述的字母"V"。

6.1.5.1.8 主管机关可随时要求按照本节规定进行试验,以证明成批生产的包装符合设计类型试验的要求。以上核查试验的记录应当保留。

6.1.5.1.9 因安全理由所需要有的内层处理或涂层,应在进行试验后仍保持其保护性能。

6.1.5.1.10 若试验结果的正确性不会受到影响,并且经主管机关批准,在一个样品上可进行多项试验。

6.1.5.1.11 *救助包装*

救助包装(见1.2.1)应根据拟用于运输固体或内包装的II类包装所适用的规定进行试验和作标记,以下情况除外:

(a) 进行试验时所用的试验物质应是水,包装中所装的水不得少于其最大容量的98%。允许使用铅粒袋等添加物,以达到所要求的总包装质量,只要它们放的位置不会影响试验结果。或者,在进行跌落试验时,跌落高度可按照6.1.5.3.5(b)进行改变;

(b) 此外,包装应已成功地经受30kPa的密封性试验,并且这一试验的结果反映在6.1.5.8所要求的试验报告中;

(c) 包装应标有6.1.2.4中所述的字母"T"。

6.1.5.2 *包装的试验准备工作*

6.1.5.2.1 包装应按照运输状态进行试验,对于组合包装应连同内包装一起进行试验。对于非袋类的内容器或包装、单体容器或包装,所装入的液体不得低于其最大容量的98%,所装入的固体不得低于其最大容量的95%。袋类包装应按照使用条件进行充满。就组合包装而言,如内包装将装运液体和固体,则需对液体和固体内装物分别进行试验。可用其他物质或物品代替装入包装运输的物质或物品进行试验,除非这会导致试验结果成为无效。就固体而言,当使用另一种物质代替进行试验时,该物质应与待运物质具有相同的物理特性(质量、颗粒大小等)。允许使用铅粒包等添加物,以达到要求的包装总质量,只要它们放的位置不会影响试验结果。

6.1.5.2.2 对装液体的包装进行跌落试验时,如使用其他物质代替,该物质应有与待运物质相似的相对密度和黏度。水也可以用于进行6.1.5.3.5条件下的液体跌落试验。

6.1.5.2.3 纸和纤维板包装应在控制温度和相对湿度的环境下至少放置24h。应在以下三种办法中选择其一。一种办法是:适宜的环境是23±2℃和相对湿度50%RH±2%RH。另外两种办法是:20±2℃和65%RH±2%RH或27±2℃和65%RH±2%RH。

注:平均值应在这些限值内,短期波动和测量局限可能会使个别相对湿度值变化达到±5%的,但不会对试验结果的复验性有重大影响。

6.1.5.2.4 (保留)

6.1.5.2.5 为了检查它们与液体有足够的化学相容性,符合6.1.4.8的塑料圆桶和塑料罐,必要时还包括符合6.1.4.19的复合包装(塑料材料),应在环境温度下储存六个月,在此期间,试验样品应保持充装拟运输的货物。

1033

对储存期的第一个和最后一个24h,试验样品应使密封装置朝下放置。但是,带有放空口的包装进行同样放置时,每次的时间应为5min。在这种储存期之后,试验样品应当进行6.1.5.3~6.1.5.6描述的试验。

当已知复合包装(塑料材料)内容器塑料材料的强度性能在装载物质的情况下改变不大时,没有必要检查其化学相容性是否充分。

强度性能明显的改变意味着:

(a) 明显的脆化;或

(b) 弹性明显降低,除非与装载时不小于成比例增长的延长有关。

若塑料材料的特性已经通过其他方式确定,上面的兼容性试验可免除。此程序至少应与上面的兼容性试验等同并被主管机关认可。

注:对于由聚乙烯制成的塑料圆桶、塑料罐和复合包装(塑料材料),亦见下面的 *6.1.5.2.6*。

6.1.5.2.6　　与6.1.4.8一致的聚乙烯圆桶和罐,必要时还包括与6.1.4.19一致的聚乙烯复合包装,其充装与4.1.1.21规定的类似液体的化学相容性应采用标准液体(见6.1.6)按如下要求进行验证。

标准液体应为对聚乙烯材料性能有弱化作用的典型液体,在该液体作用下,聚乙烯材料会发生膨胀软化、应力开裂、分子降解及其组合。这些包装是否具有足够的化学相容性可以通过在40℃储存适当的标准液体三周进行验证;若标准液体是水,则不必进行本程序规定的化学相容性储存试验。采用"湿润液"、"醋酸"等标准液体进行堆码试验的样品,也可不进行储存试验。

对储存期的第一个和最后一个24h,试验样品应使密封装置朝下放置。但是,带有放空口的包装同样放置时,每次的时间应当是5min。在这种储存期之后,试验样品应当进行6.1.5.3~6.1.5.6描述的试验。

对于含有超过40%过氧化氢和第5.2类硝酸过氧化乙酸的丁基过氧化物,不应用标准液体进行兼容性试验。对于这些物质,应在环境温度下储存拟运输物质六个月,以证明试验样品具有足够的化学相容性。

聚乙烯包装按本段程序进行试验的结果,经批准的设计类型也适用于内表面被氟化的情况。

6.1.5.2.7　　通过了6.1.5.2.6规定的试验,且与6.1.5.2.6规定一致的聚乙烯包装,当其充装物不是与4.1.1.21规定的相类似的液体时,也可以被批准。该批准应基于考虑相关退化过程下,实验室试验证明该充装物对试验样品的影响应小于标准液体。4.1.1.21.2中列出的相同条件还应包括有关的相对密度和蒸气压。

6.1.5.2.8　　当已知复合包装(塑料材料)内包装塑料材料的强度性能在装载物质的情况下改变不大时,没有必要检查其化学相容性是否充分。

强度性能明显的改变意味着:

(a) 明显的脆化;或

(b) 弹性明显降低,除非与装载时不小于成比例增长的延长相关。

6.1.5.3　　*跌落试验*[❶]

6.1.5.3.1　　*试验样品数量(每种设计类型和每个制造厂)和跌落方向*

除了平面着地的跌落之外,重心应位于撞击点的垂直上方。

在特定的跌落试验可能有不止一个方向的情况下,应采用最有可能导致包装破坏的那个方向。

[❶] 见 ISO 2248 标准。

包 装	试验样品数量	跌 落 方 向
（a）钢桶 　　 铝桶 　　 金属桶，钢桶或铝桶除外 　　 钢罐 　　 铝罐 　　 胶合板桶 　　 纤维桶 　　 塑料桶和罐 　　 圆桶形复合包装 　　 薄壁金属包装	6（个） （每次跌落用3个）	第一次跌落（用3个样品）：包装应以凸边斜着撞击在冲击板上。如果包装没有凸边，则撞击在环向接缝上或一棱边上。 第二次跌落（用另外3个样品）：包装应以第一次跌落未试验过的最弱部位撞击在冲击板上。例如封闭装置，或者如系某些圆柱形桶，则撞在桶身的纵向焊缝上
（b）天然木箱 　　 胶合板箱 　　 再生木箱 　　 纤维板箱 　　 塑料箱 　　 钢或铝箱 　　 箱形复合包装	5（个） （每次跌落用1个）	第一次跌落：底部平跌 第二次跌落：顶部平跌 第三次跌落：长侧面平跌 第四次跌落：短侧面平跌 第五次跌落：棱角着地
（c）袋——单层有缝边	3（个） （每袋跌落3次）	第一次跌落：宽面平跌 第二次跌落：窄面平跌 第三次跌落：跌在袋的一端
（d）袋——单层无缝边，或多层	3（个） （每袋跌落2次）	第一次跌落：宽面平跌 第二次跌落：跌在袋的一端
（e）根据6.1.3.1（a）（ⅱ）标有"RID/ADR"的桶形或箱子形的复合包装（玻璃，陶瓷或粗陶瓷）	3（个） （每次跌落用1个）	以底部凸边斜着撞击，如果没有凸边，则撞在环向接缝或底部边缘上

6.1.5.3.2　　　*跌落试验样品的特殊准备工作*

以下包装进行试验时，应将试验样品及其内装物的温度降至 -18℃或更低：

（a）　塑料圆桶（见6.1.4.8）；

（b）　塑料罐（见6.1.4.8）；

（c）　膨胀塑料箱以外的塑料箱（见6.1.4.13）；

（d）　复合包装（塑料）（见6.1.4.19）；和

（e）　带有塑料内袋的组合包装，不包括拟用于装固体或物品的塑料袋。

按这种方式准备的试验样品，可免除6.1.5.2.3中要求的处理。试验液体应保持液态，必要时可添加防冻剂。

6.1.5.3.3　　　装载液体的可拆卸顶包装，应在充装液体并密封至少24h后才能进行跌落试验，以防垫片可能产生的泄漏。

6.1.5.3.4　　　*冲击板*

冲击板应是无弹性、水平的表面，并且满足：

——足够质量的整体，以免发生移动；

——表面平整，没有可能影响试验结果的局部缺陷；

——足够坚硬，在试验条件下不会发生变形，也不易在试验中被破坏；

——面积够大，以保证测试包装能够整体跌落在表面上。

6.1.5.3.5　　　*跌落高度*

对于固体和液体，如果试验是用待运的固体或液体或用具有基本上相同的物理性质的另一物质时，跌落高度为：

Ⅰ类包装	Ⅱ类包装	Ⅲ类包装
1.8m	1.2m	0.8m

对于在单体包装或者组合包装的内包装中的液体,如果用水进行试验,应考虑如下:

注:水的定义包括水或在-18℃下测得的相对密度不低于0.95的防冻溶液。

(a) 如果待运物质的相对密度不超过1.2,跌落高度为:

Ⅰ类包装	Ⅱ类包装	Ⅲ类包装
1.8m	1.2m	0.8m

(b) 如果待运物质的相对密度超过1.2,跌落高度应根据待运物质的相对密度(d)四舍五入至第一位小数,进行如下计算:

Ⅰ类包装	Ⅱ类包装	Ⅲ类包装
d×1.5(m)	d×1.0(m)	d×0.67(m)

(c) 对于根据6.1.3.1(a)(ⅱ)标有"RID/ADR"拟运输在23℃时黏度超过200mm²/s的物质的薄壁金属包装(相当于按照ISO 2431:1993标准中,具有6mm直径喷嘴的ISO标准黏度杯的流动时间为30s)。

　　(ⅰ) 如果相对密度不超过1.2:

Ⅱ类包装	Ⅲ类包装
0.6m	0.4m

　　(ⅱ) 如果待运物质的相对密度超过1.2,跌落高度应根据待运物质的相对密度(d)四舍五入至第一位小数,进行如下计算:

Ⅱ类包装	Ⅲ类包装
d×0.5m	d×0.33m

6.1.5.3.6　　　*通过试验的标准*

6.1.5.3.6.1　　每一个盛装液体的包装在内外压力达到平衡时,应当是密封的,但是,对于根据6.1.3.1(a)(ⅱ)标有"RID/ADR"的组合包装的内包装,除复合包装(玻璃,陶瓷或粗陶瓷)的内容器外,其压力不必达到平衡。

6.1.5.3.6.2　　装固体的包装进行跌落试验并以其上端面撞击冲击板,如果全部内装物仍留在内包装或内容器(例如塑料袋)之中,即使封闭装置不再能防撒漏但仍具备盛装功能,试验样品也能通过试验。

6.1.5.3.6.3　　复合或组合包装的包装或外包装,不得出现可能影响运输安全的破损。内容器、内包装以及包装物应完整地存在外包装中,也不得有内装物从内容器或内包装中漏出。

6.1.5.3.6.4　　包装袋的最外层或外包装,不得出现可能影响运输安全的破损。

6.1.5.3.6.5　　在撞击时封闭装置有少许排出物,如果没有进一步渗漏,则认为包装试验合格。

6.1.5.3.6.6　　装第1类货物的包装不得有任何可能使松散的爆炸性物质或物品从外包装漏出的破裂。

6.1.5.4　　　*密封性试验*

对拟装液体的包装的所有设计类型都应进行密封性试验,然而,下列情况不要求进行此种试验:

—组合包装的内包装;

—根据6.1.3.1(a)(ⅱ)标有"RID/ADR"的复合包装(玻璃,陶瓷或粗陶瓷)的内包装：

——根据6.1.3.1(a)(ⅱ)标有"RID/ADR"的用于装载在23℃时黏度超过200mm²/s的物质的薄壁金属包装。

6.1.5.4.1　试验样品数量：每个制造商的每种设计类型的3个试验样品。

6.1.5.4.2　试验前试验样品的特殊准备工作：将所有带放空口的封闭装置用类似的不带放空口的封闭装置代替，或将放空口封死。

6.1.5.4.3　试验方法和施加的压力：将包装包括其封闭装置钳制在水面下5min，同时向内部施加空气压力，钳制方法不得影响试验结果。

施加的空气压力(表压)是：

Ⅰ类包装	Ⅱ类包装	Ⅲ类包装
不小于30 kPa(0.3 bar)	不小于20 kPa(0.2 bar)	不小于20 kPa(0.2 bar)

其他至少有同等有效的方法也可以使用。

6.1.5.4.4　通过试验的标准：不得有泄漏。

6.1.5.5　*内压(液压)试验*

6.1.5.5.1　*需进行试验的容器*

拟装液体的所有设计类型的金属、塑料和复合包装都应进行内压(液压)试验。下列情况不要求进行此种试验：

——组合包装的内容器；

——根据6.1.3.1(a)(ⅱ)标有"RID/ADR"的复合包装(玻璃，陶瓷或粗陶瓷)的内容器；

——根据6.1.3.1(a)(ⅱ)标有"RID/ADR"的用于装载在23℃时黏度超过200mm²/s的物质的薄壁金属包装。

6.1.5.5.2　试验样品数量：每个制造商的每种设计类型的3个试验样品。

6.1.5.5.3　试验前包装的特殊准备工作：将所有带放空口的封闭装置用类似的不带放空口的封闭装置代替，或将放空口封死。

6.1.5.5.4　试验方法和施加的压力：金属包装和复合包装(玻璃、陶瓷或粗陶瓷)包括其封闭装置，应经受5min的试验压力。塑料包装和复合包装(塑料)包括其封闭装置，应经受30min的试验压力。这一压力就是6.1.3.1(d)所要求标记的压力。包装的支承方式不得影响试验结果的效力。试验压力应连续地、均匀地施加，并在整个试验期间保持恒定。所施加的液压(表压)，按下述任何一个方法确定：

(a)　不小于在55℃时测定的包装中的总表压(所装液体的蒸气压加空气或其他惰性气体的分压，减去100kPa)乘以安全系数1.5的值，此总表压是根据4.1.1.4规定的最大装载度和15℃的装货温度确定的；或者

(b)　不小于待运液体在50℃时的蒸气压的1.75倍减去100kPa，但试验压力不小于100kPa；

(c)　不小于待运液体在55℃时的蒸气压的1.5倍减去100kPa，但试验压力不小于100kPa。

6.1.5.5.5　此外，拟装Ⅰ类包装液体的包装，应根据包装的制造材料，在最小试验压力250kPa(表压)下进行5或30min的试验。

6.1.5.5.6　通过试验的标准：包装不得泄漏。

6.1.5.6　*堆码试验*

除袋以及根据6.1.3.1(a)(ⅱ)标有"RID/ADR"符号的不可叠放的复合包装(玻璃、陶瓷或粗陶瓷)外，所有设计类型的包装都应当进行堆码试验。

6.1.5.6.1　试验样品数量：每个制造商的每种设计类型的3个试验样品。

6.1.5.6.2 试验方法:在试验样品的顶部表面施加一个力,此力相当于运输时可能堆叠在它上面的同样数量包装的总质量。如果试验样品内装的液体的相对密度与待运液体的不同,则该力应按后者计算。包括试验样品在内的最小堆码高度应是3m。试验时间为24h,但拟装液体的塑料桶、罐和复合包装6HH1和6HH2,应在不低于40℃的温度下经受28天的堆码试验。

对符合6.1.5.2.5的试验,应使用最初的拟装载物质。对符合6.1.5.2.6的试验,堆码试验应使用标准液体。

6.1.5.6.3 通过试验的标准:试验样品不得泄漏。对复合或组合包装而言,不得有所装的物质从内容器或内包装中漏出。试验样品不得显出可能对运输安全有不利影响的损坏,或者可能降低其强度或造成包装堆码不稳定的变形。在进行评估之前,塑料包装应冷却至环境温度。

6.1.5.7 *除6HA1包装外,用于运输闪点小于或等于60℃的液体的符合6.1.4.8的塑料圆桶、塑料罐以及符合6.1.4.19的复合包装(塑料材料),需进行额外的渗透性试验*

聚乙烯包装被主管机关批准用来盛装苯、甲苯、二甲苯或其混合物时需进行该项试验。

6.1.5.7.1 样品数量:每个制造商的每种设计类型的3个样品。

6.1.5.7.2 试验样品的特殊处理:试验样品应事先按6.1.5.2.5装满拟装的物质,或者聚乙烯包装应充装6.1.5.2.6中规定的碳氢化合物混合物的标准液体(石油溶剂油)。

6.1.5.7.3 试验方法:盛装拟装物质的待批准试验包装,应在23℃和相对湿度50%的条件下存放28天,并在28天存放的前后称取其质量。对于聚乙烯包装,试验可用碳氢化合物的混合物的标准液体(石油溶剂油)代替苯、甲苯或二甲苯。

6.1.5.7.4 通过试验的标准:渗透率不应超过0.008g/L·h。

6.1.5.8 *试验报告*

6.1.5.8.1 编制的试验报告应至少包括以下细节,并将该报告提供给包装使用者:
1. 试验机构的名称和地址;
2. 申请人的姓名和地址(如适用);
3. 试验报告的唯一标识;
4. 试验报告日期;
5. 包装制造厂;
6. 包装设计类型说明(例如尺寸、材料、封闭装置、厚度等),包括制造方法(例如吹塑法),并且可附上图样和/或照片;
7. 最大容量;
8. 试验内装物的特性,例如液体的黏度和相对密度、固体的粒径;
9. 试验说明和结果;
10. 试验报告应有签字,写明签字人的姓名和身份。

6.1.5.8.2 试验报告应载有如下声明:大型包装已按照运输状态完成了本章规定的相关试验,使用其他包装方法或部件,可能会导致本报告无效。试验报告的一份副本应按主管机关要求提供。

6.1.6 **根据6.1.5.2.6和6.5.6.3.5用于验证聚乙烯包装(包括IBCs)化学相容性的标准液体**

6.1.6.1 下列标准液体适用此塑料材料包装:
(a) 湿润液对在应力作用下造成聚乙烯严重裂缝的物质,特别是包含润湿剂的溶液和配制剂。

试验应使用含有1%烷基苯磺酸盐的水溶液或含有5%乙氧基壬基酚的水溶液,且在首次用于测试之前,应在40℃的温度下至少储存14天。溶液的表面张力,在23℃时,应为31~35mN/m。

堆码试验应在相对密度不小于1.20的基础上进行。

某种湿润液如果已被证明有足够的化学相容性,没有必要使用乙酸进行兼容性试验。

对在应力作用下能造成聚乙烯裂缝,而且不溶于湿润液的装运物质,应按照6.1.5.2.6在40℃温度下预储存2周,以证明其具有足够的化学相容性,但应采用原装运物质。

(b) 乙酸对应力作用下能造成和引起聚乙烯裂缝的物质,特别是单羟基酸和单价的醇。

应当使用浓度为98%~100%的乙酸。

相对密度为1.05。

堆码试验应在相对密度不小于1.1的基础上进行。

在充装物质能造成聚乙烯膨胀超过乙酸和造成聚乙烯质量增加达4%的情况下,应按照6.1.5.2.6在40℃温度下预储存3周,以证明其具有足够的化学相容性,但应采用原装运物质。

(c) 正常的乙酸丁酯/正常的乙酸丁酯饱和润湿液对能造成和引起聚乙烯膨胀直到质量增加4%左右,同时在强压力下又能造成聚乙烯裂缝的物质,特别是植物检疫的产品、液体涂料和酯类。符合6.1.5.2.6的初步储存试验应使用浓度为98%~100%正常乙酸丁酯进行。

对于符合6.1.5.6的堆码试验,试验液体应当使用符合上面(a)中包含1%~10%水湿润液和2%正常乙酸丁酯溶液的混合液。

堆码试验应在相对密度不小于1.0的基础上进行。

在充装物质能造成聚乙烯膨胀超过乙酸和造成聚乙烯质量增加达7.5%的情况下,应按照6.1.5.2.6在40℃温度下预储存3周,以证明其具有足够的化学相容性,但应采用原装运物质。

(d) 烃类混合物(石油溶剂油)对能造成和引起聚乙烯膨胀的物质,特别是烃类、酯类和酮类。

应当使用沸程为160~220℃、相对密度为0.78~0.80之间、闪点大于50℃和芳烃含量为16%~21%的烃混合物。

堆码试验应在相对密度不小于1.0的基础上进行。

在充装物质能造成聚乙烯膨胀超过乙酸和造成聚乙烯质量增加超过7.5%的情况下,应按照6.1.5.2.6在40℃温度下预储存3周,以证明其具有足够的化学相容性,但应采用原装运物质。

(e) 硝酸对所有硝酸浓度小于或等于55%的、能造成聚乙烯氧化和分子降解的物质。

应使用浓度不小于55%的硝酸。

堆码试验应在相对密度不小于1.4的基础上进行。

在拟装载的物质具有强于55%硝酸的氧化强度或能造成分子降解时,继续进行符合6.1.5.2.5的程序。

使用寿命应视其损坏程度而定(例如,浓度不小于55%的硝酸使用寿命为两年)。

（f） 水在涉及(a)和(e)的所有情况下,都不会侵蚀聚乙烯的物质,特别是无机酸和碱、水的盐溶液、水溶液中的多价醇和有机物质。

堆码试验应在相对密度不小于1.2的基础上进行。

某个设计类型已被证明与湿溶液和硝酸有足够化学相容性时,不需用水进行试验。

第6.2章 压力容器、气溶胶喷罐和盛装气体的小容器(储气筒)和盛装易燃液化气体的燃料盒制造和试验要求

注:气溶胶喷罐,盛装气体的小容器(储气筒)和盛装易燃液化气体的燃料盒不受 6.2.1~6.2.5 要求的限制。

6.2.1　　　　一般要求

6.2.1.1　　*设计和制造*

6.2.1.1.1　　压力容器及其封闭装置的设计、制造、试验和装配应能承受正常运输、使用中的所有工况,包括疲劳。

6.2.1.1.2　　(保留)

6.2.1.1.3　　在任何情况下,最小厚度都不得低于设计和制造技术标准的规定。

6.2.1.1.4　　焊接的容器只允许使用可焊性的金属。

6.2.1.1.5　　气瓶、管子、压力桶和管束的试验压力应符合4.1.4.1 的 P200 包装指南,对于有压力的化学品应符合4.1.4.1 的 P206 包装指南。密闭式深冷容器的试验压力应按照4.1.4.1 的 P203 包装指南。金属氢化物储存系统的试验压力应符合4.1.4.1 的 P205 包装指南。对于吸附气体的气瓶试验压力应符合4.1.4.1 的 P208 包装指南。

6.2.1.1.6　　以集束方式组装的压力容器,应组合成一个单元进行结构支撑。容器的固定方式应能防止容器与组装件之间的相对运动及可能会产生有害局部应力集中的移动。管路组件(如管路、阀门和压力表)应在设计和制造上防止在运输过程中遇到的碰撞损坏和作用力。管路应至少具有与气瓶相同的试验压力。对于有毒液化气体,每个压力容器应配备一个隔离阀以保证每个容器能够单独充装并且在运输中不会发生容器内装物间的交换。

注:有毒液化气体的分类码2T,2TF,2TC,2TO,2TFC 或2TOC。

6.2.1.1.7　　应避免可能导致电蚀破坏作用的不同金属之间的接触。

6.2.1.1.8　　*制造盛装冷冻液化气体的密闭式深冷容器的附加要求*

6.2.1.1.8.1　　应确定每个压力容器所用金属的机械性能,包括冲击强度和弯曲系数。

注:对于冲击强度,见6.8.5.3 中给出试验要求的细节。

6.2.1.1.8.2　　该类压力容器应进行绝热。绝热层应利用护套加以防护,防止受到冲击。若容器与护套间的空间抽真空(利用真空绝热),则应按经认可的技术标准进行设计计算,防止产生永久变形,护套应能承受至少100kPa(1bar)的外部压力;或经计算得到的临界失稳压力至少为200kPa(2bar)的表压力。若保护护套是气密不漏的(如利用真空绝热),则应装设保护装置,以防容器或其配件密封不足而在护套内产生过大压力。该装置还应能防止水汽渗入绝热层内。

6.2.1.1.8.3　　用于运输大气压力下沸点低于 −182℃冷冻液化气体的密闭式深冷容器,置于绝热层构件内,可能与氧或富含氧的液体接触时,其材料中不得含有会在空气中或富含氧气的空间中与氧气发生危险反应的物质。

6.2.1.1.8.4　　密闭式深冷容器结构设计上需有提升装置和紧固装置。

6.2.1.1.9　　　　制造乙炔容器的附加要求

用于盛装 UN 1001 溶解乙炔和 UN 3374 无溶剂乙炔的压力容器,应填充均匀分布的多孔材料,多孔材料的类型应符合主管机关规定的要求和试验,并且:

(a) 与压力容器相容,不与乙炔或 UN 1001 中的溶剂形成有害或危险性的物质;

(b) 能够防止乙炔在多孔材料中分解扩散。

如果是 UN 1001,溶剂应与压力容器相容。

6.2.1.2　　*材料*

6.2.1.2.1　　压力容器及其与危险货物直接接触的封闭装置的制造材料应不受到所装危险物的影响或弱化,也不得引起危险性作用,如催化反应或与危险货物发生反应。

6.2.1.2.2　　压力容器及其封闭装置应使用设计和制造技术标准以及拟运输的货物适用的包装指南规定的材料制造。这些材料应能抵抗设计和制造技术标准说明的脆性断裂和应力腐蚀开裂。

6.2.1.3　　*辅助设备*

6.2.1.3.1　　除压力泄放装置外,承受压力的阀门、管路和其他附件,在设计和制造上应使其爆破压力至少是容器试验压力的 1.5 倍。

6.2.1.3.2　　辅助设备的布局或设计应能防止在正常运输和装卸条件下压力容器损坏导致内装物发生泄漏的危险。连接截止阀的管路应具有足够的柔性来保护阀门和管路不受剪切的损害或防止内装物的泄漏。装卸货物的阀门及其保护帽应紧固并防止意外开启。阀门应按 4.1.6.8 的规定进行防护。

6.2.1.3.3　　不能以人力装卸或滚动的压力容器应具备易于供机械装卸的装置(滑板、吊环、吊带),装卸装置的布置不应损害容器的强度,也不得产生过度的应力。

6.2.1.3.4　　每个压力容器应配备符合 4.1.4.1 或 6.2.1.3.6.4 及 6.2.1.3.6.5 中 P200(2) 或 P205 包装指南规定的压力泄放装置。压力泄放装置的设计应能防止外部物质的进入、气体的泄漏及防止内部产生危险的超压。当安装时,压力泄放装置连接在装有易燃气体的卧式容器上,在布置上应能使气体直接排放到空气中,其排放方式应能在正常运输条件下防止放出的气体对容器本身产生任何冲击作用。

6.2.1.3.5　　采用体积计量充装的压力容器应设有液位指示器。

6.2.1.3.6　　*密闭式深冷容器的附加要求*

6.2.1.3.6.1　　用于盛装易燃冷冻液化气体的密闭式深冷容器的每个装料和卸料口,应至少装有两个串联的独立关闭装置,第一个是截止阀,第二个为端盖或等效装置。

6.2.1.3.6.2　　对于可由两端关闭因而液体可在其内积存的管线,其上应装有自动泄放装置,以防其中产生过大压力。

6.2.1.3.6.3　　在密闭式深冷容器上的每个连接件上,均应醒目地标注其功能(如气相或液相)。

6.2.1.3.6.4　　压力泄放装置

6.2.1.3.6.4.1　　每个密闭式深冷容器应至少装有一个压力泄放装置。该压力泄放装置应能够承受动态力,包括液体波动产生的力。

6.2.1.3.6.4.2　　另外,密闭式深冷容器还可装有与弹簧式压力泄放装置并联的爆破片,以满足 6.2.1.3.6.5 的要求。

6.2.1.3.6.4.3　　压力泄放装置的连接应具有足够的尺寸,以保证要求的泄放流体能不受限制地流向压力泄放装置。

6.2.1.3.6.4.4　　应保证在密闭式深冷容器处于最大装载的状态下,所有压力泄放装置的入口管均位于容器内的气相空间,其装设应保证气体可不受限制地泄出。

6.2.1.3.6.5　　压力泄放装置的排放能力及压力设定

注：与密闭式深冷容器的压力泄放装置有关的最大允许工作压力系指装有货物的密闭式深冷容器在操作过程中，容器顶部允许的最大有效表压力，包括在装卸过程中的最大有效压力。

6.2.1.3.6.5.1　压力泄放装置应能在压力不低于最大允许工作压力时自动开启，而在压力等于最大允许工作压力的110%时完全打开。压力释放后，压力泄放装置应在不低于开启压力90%的压力下自动关闭，并在其下的压力下保持关闭状态。

6.2.1.3.6.5.2　爆破片应设定在一个名义压力下爆破，该压力应为试验压力或150%最大允许工作压力中的较低者。

6.2.1.3.6.5.3　当真空绝热的密闭式深冷容器丧失真空时，所有压力泄放装置的组合排放能力应足以使容器内的压力（包括累计压力）不超过最大允许工作压力的120%。

6.2.1.3.6.5.4　对压力泄放装置所要求的压力排放能力，应按主管机关所认可的技术规范进行计算[1]。

6.2.1.4　*压力容器的批准*

6.2.1.4.1　压力容器的符合性应在制造时按主管机关的要求进行评定。压力容器应经过检验机构的检验、试验和批准。技术文件应包括设计和制造的全部规范和生产及试验的全部文件。

6.2.1.4.2　质量保证体系应符合主管机关的要求。

6.2.1.5　*首次检验和试验*

6.2.1.5.1　除密闭式深冷容器及金属氢化物储存系统外，新制造的压力容器应在制造过程中和制造后按适用的设计标准进行检验和试验，包括：

对有代表性的压力容器样品：

(a)　制造材料的机械性能试验；
(b)　核实最小壁厚；
(c)　核实每生产批次材料的同一性；
(d)　检查容器的内部和外部情况；
(e)　检查颈螺纹；
(f)　核实与设计标准的一致性；

对所有压力容器：

(g)　液压试验，压力容器应能承受试验压力而不发生超过设计标准允许的膨胀；

注：经主管机关同意，液压试验可用气压试验代替，只要这种操作不会产生任何危险。

(h)　检查和评估压力容器的制造缺陷并决定对其进行维修或报废，在焊接式压力容器的检验中，应特别注意其焊接质量；
(i)　检查压力容器的标记；
(j)　此外，压力容器拟装运UN 1001溶解乙炔和UN 3374无溶剂乙炔的，还应检查多孔性材料的情况和安装的正确性，还要检查溶剂的数量（适用时）。

6.2.1.5.2　对密闭式深冷容器的典型样品，按6.2.1.5.1(a)、(b)、(d)和(f)的规定进行检验和试验。另外，对于密闭式深冷容器的焊缝，应按其设计和制造标准利用射线、超声波或其他合适的无损检测方法进行检验。该焊缝的检验要求不适用于对护套的检验。

另外，所有密闭式深冷容器应按照6.2.1.5.1(g)、(h)和(i)进行首次检验和试验，并在组装后通过密封性试验及辅助设备的正常使用试验。

---

[1] 如见CGA出版物S-1.2—2003"压力泄放装置标准—第2部分—装载压缩气体的货物和可移动罐柜"和S-1.1—2003"压力泄放装置标准—第1部分—装载压缩气体的气瓶"。

6.2.1.5.3　　对于金属氢化物储存系统,应核实已经对在系统中容器的典型样品进行了 6.2.1.5.1(a)、(b)、(c)、(d)、(e)(如适用)、(f)、(g)、(h)和(i)所要求的检验和试验。另外,对于金属氢化物储存系统的典型样品,应满足6.2.1.5.1(c)和(f)的检验和试验要求,以及6.2.1.5.1(e)(如适用),同时应检查金属氢化物储存系统的外部情况。

另外,所有的金属氢化物储存系统应通过6.2.1.5.1(h)和(i)所列的首次检验和试验,以及密封性试验和辅助设备操作试验。

6.2.1.6　　定期检验和试验

6.2.1.6.1　　可重复充装的压力容器,除深冷容器外,应经主管机关授权的机构进行定期检验和试验:

(a)　检查压力容器的外部情况,检验设备和外部标记;
(b)　检查压力容器的内部情况(如内部检查、最小壁厚检查等);
(c)　检查螺纹是否发生腐蚀或配件松脱;
(d)　液压试验,必要时还应采用合适的试验方法核实材料的特性;
(e)　再投入使用时需要检查辅助设备,及其他附件和压力泄放装置。

注1:经主管机关同意,当操作不会产生危险时,可以用气压试验代替液压试验。

注2:经主管机关同意,气瓶或管状容器的液压试验可用基于声波发射试验或结合声波发射试验和超声波检查的等效方法替代。ISO 16148:2006 可以用于声波发射试验指导程序。

注3:对无缝铝合金气瓶,液压试验可以按ISO 10461:2005 + A1:2006 由超声波检测代替;对无缝钢气瓶液压试验可以按ISO 6406:2005 替代。

注4:定期检验和试验的频率,见4.1.4.1 包装指南P200,对于加压化学品,见4.1.4.1 包装指南P206。

6.2.1.6.2　　压力容器拟装运 UN 1001 溶解乙炔和 UN 3374 无溶剂乙炔,只需按照第6.2.1.6.1 (a)、(c)和(e)的规定进行检查。此外,还应检查多孔材料的状况(如裂痕、顶部间隙、松动、沉降)。

6.2.1.6.3　　密闭式深冷容器的压力泄放阀,应定期进行检验和试验。

6.2.1.7　　对制造商的要求

6.2.1.7.1　　制造商应具备制造容器的技术能力并拥有满足压力容器制造所需的一切资源。特别是具备具有以下资格的人员:

(a)　监督整个生产工艺;
(b)　完成材料的连接;及
(c)　进行相关的试验。

6.2.1.7.2　　任何情况下,对制造商的资质能力的测试应由批准国主管机关批准的检验机构进行。

6.2.1.8　　对检验机构的要求

6.2.1.8.1　　检验机构应独立于生产企业并有能力实施所要求的试验、检验和批准。

6.2.2　　UN 压力容器的要求

除6.2.1 中的一般规定外,UN 压力容器应满足这一部分的规定,包括适用的标准。在表中右列给出日期之后,不允许再按6.2.2.1 及6.2.2.3 中具体标准进行制造的新压力容器或辅助设备。

注:UN 压力容器或辅助设备按制造时适用的标准进行制造,并符合ADR 的定期检验规定时可以继续使用。

6.2.2.1 **设计、制造、首次检验和试验**

6.2.2.1.1 下述标准适用于UN气瓶的设计、制造、首次检验和试验，但有关符合性评定系统和批准的检验要求应符合6.2.2.5的规定：

引用标准	名　称	制造适用期限
ISO 9809-1:1999	气瓶—可重复充装的无缝钢气瓶—设计、制造与试验—第1部分：抗拉强度低于1100MPa的淬火和回火钢瓶 *注：本标准7.3节中关于F系数的注释不能用于UN气瓶*	至2018年12月31日
ISO 9809-1:2010	气瓶—可重复充装的无缝钢气瓶—设计、制造与试验—第1部分：抗拉强度小于1100MPa的淬火和回火钢瓶	待通知
ISO 9809-2:2000	气瓶—可重复充装的无缝钢气瓶—设计、制造与试验—第2部分：抗拉强度大于或等于1100MPa的淬火和回火钢瓶	至2018年12月31日
ISO 9809-2:2010	气瓶—可重复充装的无缝钢气瓶—设计、制造与试验—第2部分：抗拉强度大于或等于1100MPa的淬火和回火钢瓶	待通知
ISO 9809-3:2000	气瓶—可重复充装的无缝钢气瓶—设计、制造与试验—第3部分：正火钢瓶	至2018年12月31日
ISO 9809-3:2010	气瓶—可重复充装的无缝钢气瓶—设计、制造与试验—第3部分：正火钢瓶	待通知
ISO 7866:1999	气瓶—可重复充装的无缝铝合金气瓶—设计、制造和试验 *注：本标准7.2节中关于F因子的注释不能用于UN气瓶。不授权用铝合金6351A—T6或相当材料*	至2020年12月31日
ISO 7866:2012	气瓶—可重复充装的无缝铝合金气瓶—设计、制造和试验 *注：不应使用铝合金6351A或相当材料。*	待通知
ISO 4706:2008	气瓶—可重复充装的焊接钢瓶—试验压力为60bar及以下	待通知
ISO 18172-1:2007	气瓶—可重复充装的焊接不锈钢气瓶—第1部分：试验压力为6MPa及以下	待通知
ISO 20703:2006	气瓶—可重复充装的焊接铝合金气瓶—设计、制造和试验	待通知
ISO 11118:1999	气瓶—非可重复充装的金属气瓶—规范和试验方法	待通知
ISO 11119-1:2002	复合结构气瓶—规范和试验方法—第1部分：环向缠绕复合气瓶	待通知
ISO 11119-2:2002	复合结构气瓶—规范和试验方法—第2部分：带负载金属衬里的全缠绕式纤维增强复合气瓶	待通知
ISO 11119-3:2002	复合结构气瓶—规范和试验方法—第3部分：带非负载金属衬里或带非金属衬里全缠绕式纤维增强复合气瓶	待通知

注1：在以上引用的标准中，复合气瓶的使用寿命应设计为无限。
注2：这些根据标准制造的复合气瓶经过前15年的使用后，如果根据制造商、所有

者或用户提供的试验信息,经原气瓶批准主管机关批准后,将有可能延长使用期。

6.2.2.1.2　下列标准适用于UN管的设计、制造、首次检验和试验,此外有关符合性评定系统和批准的检验要求应符合6.2.2.5的规定:

引用标准	名　称	制造适用期限
ISO 11120:1999	气瓶—用于输送压缩气体且水容积介于150L和3000L之间的可重复充装的无缝钢管—设计、制造和试验 *注:本标准7.1中关于F因子的注释不能用于UN管*	待通知

6.2.2.1.3　下列标准适用于UN乙炔气瓶的设计、制造、首次检验和试验,此外,有关符合性评定系统和批准的检验要求应符合6.2.2.5的规定:

对于气瓶壳体:

引用标准	名　称	制造适用期限
ISO 9809-1:1999	气瓶—可重复充装的无缝钢气瓶—设计、制造和试验—第1部分:抗拉强度小于1100MPa的淬火和回火钢瓶 *注:本标准7.3中关于F因子的注释不能用于UN气瓶*	至2018年12月31日
ISO 9809-1:2010	气瓶—可重复充装无缝钢气瓶—设计、制造和试验—第1部分:抗拉强度小于1100MPa的淬火和回火钢瓶	待通知
ISO 9809-3:2000	气瓶—可重复充装的无缝钢气瓶—设计、制造和试验—第3部分:正火钢瓶	至2018年12月31日
ISO 9809-3:2010	气瓶—可重复充装的无缝钢气瓶—设计、制造和试验—第3部分:正火钢瓶	待通知

气瓶中的多孔材料:

引用标准	名　称	制造适用期限
ISO 3807-1:2000	乙炔气瓶—基本要求—第1部分:无易熔塞气瓶	待通知
ISO 3807-2:2000	乙炔气瓶—基本要求—第2部分:有易熔塞气瓶	待通知

6.2.2.1.4　下列标准适用于UN深冷容器的设计、制造及首次检验和试验,但对符合性评定体系和批准的检验要求应符合6.2.2.5的规定:

引用标准	名　称	制造适用期限
SO 21029-1:2004	深冷容器—体积不超过1000L可运输的真空绝热容器—第1部分:设计、制造,检验和试验	待通知

6.2.2.1.5　下列标准适用于UN金属氢化物储存系统的设计、制造、首次检验和试验,但对符合性评定系统和批准相关的检验要求应符合6.2.2.5的规定:

引用标准	名　称	制造适用期限
ISO 16111:2008	可移动气体储存装置—可逆金属氢化物吸收的氢	待通知

6.2.2.1.6　下列标准适用于UN管束的设计、制造和首次检验和试验。UN管束中的每个气瓶应符合6.2.2的要求。UN管束的符合性评定系统和批准相关的检验要求应符合6.2.2.5的规定:

引用标准	名　称	制造适用期限
ISO 10961:2010	气体气瓶—管束—设计、制造、试验和检验	待通知

注:在现有的管束中更换一个或多个同一设计类型的气瓶,包括相同的试验压力,现有的UN管束不需要重新认证。

6.2.2.1.7 下列标准适用于 UN 吸附气体气瓶的设计、制造和首次检验和试验。但对符合性评定系统和批准相关的检验要求应符合 6.2.2.5 的规定：

引用标准	名　称	制造适用期限
ISO 11513:2011	气瓶—可重复充装焊接钢瓶含大气气体包装材料（不含乙炔）—设计、制造、检测、使用和定期检验	待通知
ISO 9809-1:2010	气瓶—可重复充装的无缝钢气瓶—设计,制造和测试—第1部分:抗拉强度低于1100MPa 的淬火和回火钢气瓶	待通知

6.2.2.2　材料

除了压力容器设计和制造标准中规定的材料要求和运输气体适用的包装指南（如 4.1.4.1 中包装指南 P200 或 P205）中规定的限制外,下列标准适用于材料的相容性：

引用标准	名　称
ISO 11114-1:2012	气瓶—气瓶和阀门材料与气体的相容性—第1部分:金属材料
ISO 11114-2:2000	移动气瓶—气瓶和阀门材料与气体的相容性—第2部分:非金属材料

6.2.2.3　辅助设备

下列标准适用于封闭结构及其保护装置：

引用标准	名　称	制造适用期限
ISO 11117:1998	气瓶—工业和医疗气瓶的阀门保护帽和阀件保护—设计、制造和试验	至 2014 年 12 月 31 日
ISO 11117:2008 + Cor 1:2009	气瓶—阀门保护帽和阀门防护装置—设计、制造和试验	待通知
ISO 10297:1999	气瓶—可重复充装气瓶阀门—规范和形式试验	至 2008 年 12 月 31 日
ISO 10297:2006	气瓶—可重复充装气瓶阀门—规范和形式试验 *注：本标准的欧洲版满足要求，也可以使用*	待通知
ISO 13340:2001	移动气瓶—不可重复充装气瓶阀—规范和样瓶试验	待通知

对于 UN 金属氢化物储存系统,下列标准给出了封闭结构和保护装置的要求：

引用标准	名　称	制造适用期限
SO 16111:2008	可移动气体储存装置—可逆金属氢化物吸收的氢	待通知

6.2.2.4　定期检验和试验

下列标准适用于 UN 气瓶和 UN 金属氢化物储存系统的定期检验、试验：

引用标准	名　称	制造适用期限
ISO 6406:2005	无缝钢气瓶的定期检验和试验	待通知
ISO 10460:2005	气瓶—焊接碳钢气瓶—定期检验和试验 *注：不允许使用本标准条款 12.1 中描述的焊缝返修。在条款 12.2 中描述的返修需要得到依照 6.2.2.6 中规定批准定期检验和试验机构的主管机关的批准*	待通知
ISO 10461:2005 + A1:2006	无缝铝合金气瓶—定期检验和试验	待通知
SO 10462:2005	气瓶—溶解乙炔移动气瓶—定期检验和维护	待通知
ISO 11513:2011	气瓶—可重复充装的含有大气气体包装材料的焊接钢瓶（不包括乙炔）—设计、制造、测试、使用和定期检验	待通知
ISO 11623:2002	移动式气瓶—复合气瓶的定期检验与试验	待通知
ISO 16111:2008	可移动储气装置—可逆金属氢化物的氢	待通知

6.2.2.5　　　*压力容器制造的符合性评价体系和批准*

6.2.2.5.1　　定义

就本节而言：

符合性评价体系是指主管机关通过对容器设计型式认可、对制造商质量体系的批准和对检验机构的批准来认可制造商的一套体系；

设计类型是指特定的容器标准规定的容器设计；

验证是指通过测试或提供客观证据确认已经满足规定的要求。

6.2.2.5.2　　一般要求

主管机关

6.2.2.5.2.1　　压力容器的批准主管机关应批准符合性评价体系，以便确保压力容器符合本规程的规定。在某些情况下，压力容器的批准主管机关不是起运国的主管机关，则在压力容器的标记(见6.2.2.7和6.2.2.8)中应标明批准国和制造国的标识。

批准国的主管机关应根据要求向使用国的主管机关提供证明满足符合性评价体系的证据。

6.2.2.5.2.2　　主管机关可将该符合性评价体系的全部或部分职能进行授权。

6.2.2.5.2.3　　主管机关应确保有一份当前批准的检验机构及其识别标记和批准的制造商及其识别标记的清单。

检验机构

6.2.2.5.2.4　　检验机构应由主管机关批准进行容器检验，并应：

(a) 具有组织结构、有能力的、经培训的、具有专业技术、有能力胜任、熟练的、可圆满履行技术职能的人员配置；

(b) 有合适的、充足的设施和设备；

(c) 行事公正并不受任何影响履行职责；

(d) 保证制造商和其他机构的商业和专项活动的机密；

(e) 清楚划分实际的检验机构职能和其他无关职能；

(f) 执行文件化质量体系；

(g) 确保有关压力容器标准和ADR规定的试验和检验的实施；

(h) 按照6.2.2.5.6维持有效的、适当的报告和记录系统。

6.2.2.5.2.5　　检验机构应进行设计型式认可、压力容器生产试验和检验，发证确认是否符合有关的压力容器标准(见6.2.2.5.4和6.2.2.5.5)。

制造商

6.2.2.5.2.6　　制造商应：

(a) 按照6.2.2.5.3执行文件化的质量体系；

(b) 按照6.2.2.5.4申请设计型式认可；

(c) 从批准国主管机关保存的认可过的检验机构清单中选择一个检验机构；并

(d) 按照6.2.2.5.6保存记录。

试验室

6.2.2.5.2.7　　进行试验的试验室应有：

(a) 一批具有组织结构、足够数量、合格和熟练的工作人员；和

(b) 适当和充足的设施和设备，能按检验机构的需求进行制造标准所要求的试验。

6.2.2.5.3　　*制造商的质量体系*

6.2.2.5.3.1　　质量体系应包括制造商采用的一切要素、要求和规定。它应是以书面方针、程序和指令的形式系统、有次序地文件化资料。

内容特别应包括下列方面的充分描述：

(a) 在设计和产品质量方面的组织结构、人员责任；

(b) 设计压力容器时使用的设计控制和设计验证技术、工艺和程序；

(c) 使用的有关压力容器制造、质量控制、质量保证和工艺规范；

(d) 质量记录，例如检验报告、试验数据和校准数据；

(e) 按照6.2.2.5.3.2为确保质量制度的有效运作进行的管理评审；

(f) 如何满足顾客要求的过程说明；

(g) 控制文件及其修改的程序；

(h) 控制不合格的压力容器、采购部件、过程中和最终的材料的手段；和

(i) 对相关人员的培训计划和鉴定程序。

6.2.2.5.3.2　　质量体系的评审

质量体系应首先加以评估确定它是否符合6.2.2.5.3.1并达到主管机关的要求。评审结果应通知制造商。通知应包含评审结论和任何必要的纠正行动。

应按主管机关的要求进行定期评审，确保制造商坚持并应用质量体系。定期评审报告应提供给制造商。

6.2.2.5.3.3　　质量体系的维护

制造商应执行经批准的质量体系使它全面和有效。

制造商应将任何预期的变化通知批准质量体系的主管机关。拟定的变化应加以评估，以便确定经修改的质量体系是否仍然满足6.2.2.5.3.1中的要求。

6.2.2.5.4　　*批准程序*

首次设计型式认可

6.2.2.5.4.1　　首次设计型式认可应包括批准制造商的质量体系和批准将要生产的压力容器的设计。首次设计型式认可的申请应满足6.2.2.5.4.2～6.2.2.5.4.6和6.2.2.5.4.9的要求。

6.2.2.5.4.2　　拟按照压力容器标准和ADR生产压力容器的制造商应申请、获得和持有批准国主管机关按照6.2.2.5.4.9规定程序签发的至少一种压力容器设计类型的设计型式认可证书。这一证书应按主管机关的要求提供。

6.2.2.5.4.3　　应为每一制造工厂提出申请，申请应包括下列资料：

(a) 制造商的名称和登记地址，此外，如果申请是授权代表提出的，还应包括其名称和地址；

(b) 制造工厂的地址（如与上述地址不同）；

(c) 质量体系责任人员的姓名和职务；

(d) 压力容器标识和有关压力容器标准；

(e) 任何其他主管机关拒绝批准类似申请的原因；

(f) 设计型式认可检验机构的识别资料；

(g) 6.2.2.5.3.1规定的关于制造工厂的资料；

(h) 设计型式认可所要求的技术资料，这些资料应能够用于核实压力容器是否符合有关压力容器设计标准的要求。技术资料应包括设计和制造方法，并且应包括至少下列相关的评估资料：

(ⅰ) 压力容器设计标准，各部件和零件的设计和制造图纸；

(ⅱ) 为了解图纸和压力容器预定用途所需的描述和说明；

(ⅲ) 为充分界定制造工序所需的标准清单；

(ⅳ) 设计计算书和材料规格；和

(ⅴ) 设计型式认可试验报告，要描述按照6.2.2.5.4.9进行的检验和试

验结果。

6.2.2.5.4.4　按照6.2.2.5.3.2规定的初次评审,应满足主管机关的要求。

6.2.2.5.4.5　如果制造商未获得批准,主管机关应以书面提供不给予批准的详细理由。

6.2.2.5.4.6　在批准之后,如果按照6.2.2.5.4.3提交的与首次批准有关的资料有变动,这些变动资料应提供给主管机关。

后续设计型式认可

6.2.2.5.4.7　如果制造商拥有首次设计型式认可证书,其随后的设计型式认可申请应符合6.2.2.5.4.8 和6.2.2.5.4.9 的要求。在这种情况下,符合6.2.2.5.3规定的制造商质量体系应已在首次设计型式认可中获得批准,并且应适用于新的设计。

6.2.2.5.4.8　申请应包括：

(a) 制造商的名称和地址,此外,如果申请是授权代表提出的,还应包括其名称和地址;

(b) 任何其他主管机关拒绝批准类似申请的原因;

(c) 已获得初始设计型式认可的证据;和

(d) 6.2.2.5.4.3(h)中所述的技术资料。

设计型式认可程序

6.2.2.5.4.9　检验机构应：

(a) 审查技术资料以验证：

(ⅰ) 设计符合相关标准的规定;和

(ⅱ) 已制造的一批原型符合技术文件并代表该设计;

(b) 验证生产检验已按照6.2.2.5.5的要求进行;

(c) 从批量原型中选择压力容器并按设计型式认可时所要求的试验对这些容器进行检验;

(d) 进行或已进行容器标准中规定的检验和试验,以确定：

(ⅰ) 标准得到应用并符合,和

(ⅱ) 制造商采用的程序符合标准的要求;和

(e) 确保各种型式认可和试验均被正确、恰当地完成。

当原型试验得到满意的结果,并满足6.2.2.5.4的要求后,应签发设计型式认可证书,证书应包括制造商的名称和地址、检验结果和结论以及识别该设计类型所必需的数据。

如果制造商的设计类型被拒绝发证,主管机关应书面提供拒绝的详细原因。

6.2.2.5.4.10　对批准的设计类型的变更

制造商应满足下列条件之一：

(a) 如果根据容器标准规定,对批准的设计类型做出的变更不构成新的设计,制造商应将此变更通知发证主管机关;或者

(b) 如果根据容器标准规定,这项变更构成新的设计,制造商应申请后续设计类型的批准。这种附加批准应以对原设计型式认可证书进行修改的方式给出。

6.2.2.5.4.11　应任何其他的主管机关的请求,主管机关应向其通报有关设计型式认可、批准的变更和撤销的资料。

6.2.2.5.5　*生产检验和发证*

一般要求

检验机构或其代表应对每个压力容器进行检验和发证。制造商选择的进行生产检验和发证的检验机构,可不同于负责设计型式认可试验的检验机构。

如果制造商能够证明自己已按检验机构的要求,具有经培训能胜任检验工作并独立于生产操作的合格检验员,也可由这些检验员进行检验。在这种情况下,制造商应保持检验员的培训记录。

检验机构应核实制造商进行的检验和对压力容器进行的试验完全符合标准和本规程的要求。如果发现这些检验和试验有不符合的情况,可撤销制造商检验员进行检验的许可。

制造商在经过检验机构批准后,应做出与设计类型许可一致的符合性声明。使用压力容器发证标记可被认为是这种声明,即该压力容器已符合相应的压力容器标准、符合性评定体系及本规程的规定。应由检验机构或其授权制造商给每个批准的压力容器贴上检验机构的压力容器发证标记和登记标记。

在压力容器充装之前,应签发一份由检验机构和制造商共同签署的合格证书。

6.2.2.5.6　*记录*

设计型式认可证书和合格记录的证明应由制造商和检验机构保存至少 20 年。

6.2.2.6　***压力容器的定期检验和试验的批准体系***

6.2.2.6.1　*定义*

本节目的:

批准体系,是指主管机关批准某机构从事压力容器进行定期检验和试验(以下简称"定期检验和试验机构")的程序,包括批准该机构的质量体系。

6.2.2.6.2　*一般规定*

主管机关

6.2.2.6.2.1　主管机关应建立相应的批准体系,以保证压力容器的定期检验和试验符合本规程的要求。如果批准压力容器定期检验和试验机构的主管机关不是压力容器起运国主管机关,则在容器标识中应标明定期检验和试验批准国的标记(见 6.2.2.7)

定期检验和试验批准国家的主管机关应按要求,向使用国的主管机关提供相应定期检验和试验的记录,以证明符合其检验体系。

若有证据表明检验和试验未达到批准体系的要求,则批准国的主管机关可以吊销符合 6.2.2.6.4.1 的批准证书。

6.2.2.6.2.2　主管机关可将其在批准体系中的职能全部或部分授予其他机构。

6.2.2.6.2.3　主管机关应能列出其认可的定期检验和试验机构的最新名单及相应的识别标记。

定期检验和试验机构

6.2.2.6.2.4　定期检验和试验机构应得到主管机关的批准,并应:

(a)　具有一个组织机构,其员工具有相应能力、受过相应培训、具有相当资质、具有相应技术,以履行其技术职能;

(b)　具有相应充足的设施和设备;

(c)　公平公正,并且不受任何外来因素的影响;

(d)　保守商业机密;

(e)　能够清楚将定期检验和试验机构的职能与无关的职能区分开;

(f)　按 6.2.2.6.3 运行相应的质量体系文件;

(g)　按 6.2.2.6.4 提出认可申请;

(h)　保证按 6.2.2.6.5 进行定期检验和试验;以及

(i)　能够按 6.2.2.6.6 保持相应的报告和记录。

6.2.2.6.3　*定期检验和试验机构的质量体系和审核*

6.2.2.6.3.1　质量体系

质量体系应该包括定期检验和试验机构中采用的所有要素、要求和条款。质量体系应该具有一套系统的、有条理的文件记录,其中包括书面方针、程序和指令。
质量体系应该包含以下内容:
(a) 组织机构和职能的说明;
(b) 相关检验、试验、质量控制、质量保证和操作程序的规范;
(c) 质量记录,如检测报告、试验数据、检定数据和证书等;
(d) 根据6.2.2.6.3.2的所进行的评审产生管理审核,以保证质量体系有效运行;
(e) 体系文件的控制程序和修改程序;
(f) 控制不合格压力容器的方法;
(g) 相关人员的培训计划和资格程序。

6.2.2.6.3.2 评审

应对定期检验和试验机构以及它们的质量体系进行评审,确保它们满足本规程从而达到主管机关的要求。

评审将作为首次批准过程的一部分(具体见6.2.2.6.4.3)。评审可以作为更改批准程序的一部分(具体见6.2.2.6.4.6)。

应该进行定期评审,以确保定期检验和试验机构满足本规程,从而满足主管机关的要求。

评审结果需要通报给定期检验和试验机构,通报内容应该包括评审的结论和一些整改事项。

6.2.2.6.3.3 质量体系的维护

定期检验和试验机构需按照批准时的要求维护其质量体系,以保证其充分和有效。

定期检验和试验机构应该根据6.2.2.6.4.6中的批准更改规定,向主管机关通报其对已经批准过的质量体系的任何更改。

6.2.2.6.4 *定期检验和试验机构的批准程序*

首次批准

6.2.2.6.4.1 拟按压力容器检验标准和ADR标准对压力容器进行定期检验和试验的机构,需申请取得并保持由主管机关颁发的批准证书。

此书面文件应该根据要求出示给使用国家的主管机关。

6.2.2.6.4.2 从事定期检验和试验的机构需提出申请,其中包括:
(a) 定期检验的试验机构的名称和地址,如果由被授权的代表提交申请,还需要提交授权代表的姓名和地址;
(b) 进行定期检验和试验机构的各分支机构的地址;
(c) 质量体系的责任人员的姓名和职务;
(d) 压力容器的名称,定期检验和试验的方法,以及满足相关压力容器标准的质量体系;
(e) 有关每套设施、设备以及符合6.2.2.6.3.1的质量体系的文件资料;
(f) 进行定期检验和试验人员的资格和培训记录;
(g) 任何其他主管机关拒绝批准类似申请的详细原因。

6.2.2.6.4.3 主管机关应:
(a) 检查体系文件,以证实其程序符合压力容器相关标准和本规程的要求;
(b) 根据6.2.2.6.3.2进行评审,以证实其检验和试验达到压力容器的有关标准和本规程的要求,并使主管机关满意。

6.2.2.6.4.4 在评审得到满意的结果,并满足6.2.2.6.4的相关要求后,主管机关将颁发一份

	批准证书。证书上应该包含定期检验和试验机构的名称、注册标记、各分支机构的地址，以及确定批准的职责必要的资料（如压力容器的名称、定期检验及试验方法及压力容器标准）。
6.2.2.6.4.5	如果定期检验和试验机构没有获得批准，则主管机关需要书面说明其拒绝理由。对定期检验和试验机构批准证书的修改
6.2.2.6.4.6	得到批准后，若定期检验和试验机构拟对6.2.2.6.4.2要求提供的有关首次批准的信息进行修改，则需将所作修改通报批准证书的签发主管机关。 对所作修改需予以评估，以确定相应压力容器的有关标准和本规程的规定是否得以满足。可按6.2.2.6.3.2的要求进行评审。主管机关应以书面的形式说明接受或者拒绝相关的修改，必要时可以签发经修改后的批准证书。
6.2.2.6.4.7	根据要求，主管机关应与其他有关主管机关联络，通报有关的首次批准、批准更改和批准撤销。
6.2.2.6.5	*定期检验，试验及证书的签发* 在压力容器上给出定期检验和试验的标识，即表明该压力容器符合有关标准及本规程的规定。定期检验和试验机构需按6.2.2.7.7的规定在每个经认可的压力容器上做出定期检验和试验标记，包括它的注册标识。 在压力容器充装前，定期检验和试验机构应签发一个记录说明该压力容器已经通过了定期检验和试验。
6.2.2.6.6	*记录* 定期检验和试验机构需保存压力容器定期检验和试验记录（无论通过与否）至少15年，包括试验机构的地点。 压力容器的所有人需保存相同的记录到下一次定期检验和试验时，除非该压力容器已经被永久退出使用。
6.2.2.7	***可重复充装的UN 压力容器的标记*** *注：UN 金属氢化物储存系统的标记规定见6.2.2.9，UN 管束的标记规定见6.2.2.10。*
6.2.2.7.1	可重复充装的UN 压力容器应具有清晰明了的认证标记、操作标记和生产标记。这些标记应永久性地附着（如采用敲打、雕刻或蚀刻）于压力容器上。标记应位于压力容器的肩部、顶端或颈部，亦可位于压力容器的永久性连接的附件（如焊接的颈圈或焊接在密闭式深冷容器护套筒上的防腐蚀标牌）上。除联合国包装标识外，对于直径大于或者等于140mm 的压力容器，各标记的最小尺寸应为5mm，对于直径小于140mm 的压力容器，各标记的最小尺寸应为2.5mm。联合国包装标识的最小尺寸，对于直径大于或者等于140mm 的压力容器应为10mm，对于直径小于140mm 的压力容器应为5mm。
6.2.2.7.2	应使用以下认证标记：

(a) 联合国包装标识 $\overset{u}{\underset{n}{\bigcirc}}$

此标记仅用于证明包装、可移动罐柜或多单元气体容器满足第6.1、6.2、6.3、6.5、6.6 或6.7❶章中的相关要求，不得用于任何其他目的。此标记不得用于仅符合6.2.3~6.2.5 项要求的压力容器（见6.2.3.9）;

(b) 设计、制造和试验使用的技术标准（如 ISO 9809-1）;

(c) 批准国识别字符应采用国际通行的机动车辆识别符号表示❷;

---

❶ 这个符号也表明已授权的以其他运输方式的柔性散装容器符合 UN 规范的6.8 章的要求。
❷ 国际通行的机动车辆识别符号在《公路交通维也纳公约》(1968) 中规定。

注：批准国应理解为批准某一机构在容器制造时行使相应检验的国家。

(d) 在标记批准国主管机关注册的检验机构的识别标记或印章；

(e) 初始检验日期，按照年（4位数字）和月（2位数字）的顺序表示，年与月之间用斜杠（"/"）分开。

6.2.2.7.3　应使用以下操作标记：

(f) 以单位bar表示的试验压力，其前放置字母"PH"，其后放置字母"BAR"；

(g) 以单位kg表示的压力容器净空质量，包括所有永久性固定的附件（如颈圈、脚圈等），其后放置字母"KG"。该净空质量不应包括阀门、阀帽、阀护套、任何涂层或用于乙炔气的多孔材料的质量。质量应对末位数字圆整后保留三位有效数字。对于小于1kg的气瓶，质量应对末位数字圆整后保留两位有效数字。对于装运UN 1001溶解乙炔和UN 3374无溶剂乙炔的压力容器，小数点后应至少有一位数字，压力容器质量小于1kg时，小数点后应至少有两位数字；

(h) 以单位mm表示的压力容器最小保证壁厚，其后放置字母"MM"。水容积小于或者等于1L的压力容器、复合气瓶及密闭式深冷容器不要求此标记；

(i) 对于装运压缩气体、UN 1001溶解乙炔和UN 3374无溶剂乙炔的压力容器，标明以单位bar表示的工作压力，其前放置字母"PW"。对于密闭式深冷容器，标明最大允许工作压力，其前放置字母"MAWP"；

(j) 对于装运液化气体和冷冻液化气体的压力容器，以L为单位的水容积应对末位数字圆整后保留三位有效数字，其后放置字母"L"。如果最小水容积或名义水容积的数值是一整数，则小数点后的数字可省略；

(k) 对于装运UN 1001溶解乙炔的压力容器，包含空置的容器以及充灌时不拆卸的装置和附件、各种涂层、多孔材料、溶剂和饱和气体在内的总质量应对末位数字圆整后保留三位有效数字，其后放置字母"KG"。小数点后应至少有一位数字。压力容器质量小于1kg时，应对末位数字圆整后保留两位有效数字；

(l) 对于装运UN 3374无溶剂乙炔的压力容器，包含空置的容器以及充灌时不拆卸的装置和附件、各种涂层、多孔材料在内的总质量应对末位数字圆整后保留三位有效数字，其后放置字母"KG"。小数点后应至少有一位数字。压力容器质量小于1kg时，应对末位数字圆整后保留两位有效数字。

6.2.2.7.4　应使用以下生产标记：

(m) 气瓶螺纹的识别标记（如25E）。密闭式深冷容器不要求此标记；

(n) 经主管机关注册的制造商标记。如果起运国与批准国为不同的国家，则制造商标记前应添加起运国的识别符号，以国际间通行的机动车辆识别符号3表示。国别符号与制造商标记之间应用空格或斜杠分开；

(o) 制造商分配的序列号；

(p) 对于拟运输具有氢脆危险的气体的钢制压力容器和具有钢制内衬的复合压力容器，标明"H"以表示钢的相容性（见ISO 11114-1:2012）。

6.2.2.7.5　上述标记应以划分为三个组别的形式表示：

— 制造商标记应放置在最上层的组别，且按照6.2.2.7.4中给定的顺序依次排列；

— 按6.2.2.7.3要求的操作标记应放置在中间的组别，当要求标记工作压力(i)时，试验压力(f)应紧接在工作压力之后；

— 认证标记应放置在最下层的组别，且按照6.2.2.7.2中给定的顺序依次排列。

下图为气瓶上允许的标识示例。

```
        (m)         (n)      (o)        (p)
        25E    D    MF       765432     H

        (i)    (f)           (g)      (j)      (h)
        PW200  PH300BAR      62.1KG   50L      5.8MM

        (a)    (b)           (c)      (d)      (e)
        (un)   ISO 9809—1    F        IB       2000/12
```

6.2.2.7.6　在侧壁之外的地方可允许标明其他标识,但此类标记应位于低应力区并且大小和深度不得产生有害的应力集中。对于密闭式深冷容器,这种标识可标于固定在护套上独立的标牌上。这类标识应不与所要求的标识冲突。

6.2.2.7.7　除上述标识外,满足6.2.2.4中规定的定期检验和试验要求的每一个可重复充装的压力容器还应有如下标识:

(a) 授权检验机构进行定期检验和试验的国家代号,就如国际通行的机动车辆区别符号所列明的。但是,若批准该机构的主管机关属于批准制造的国家,国家代号不必标明;

(b) 主管机关批准进行定期检验和试验的机构的注册标识;

(c) 定期检验和试验的日期,年份(2位数字)及月份(2位数字),其间用斜杠(即"/"等)分隔。年份也可用4位数字表示。

以上标识应按顺序连续标出。

6.2.2.7.8　对于乙炔气瓶,在主管机关同意下,最近一次定期检验的日期和进行该次定期检验和试验的机构钢印,可以刻在一个圆环上,并通过阀门固定在气瓶上。该圆环只有在从气瓶上拆下阀门时方可取下。

6.2.2.7.9　(删除)

6.2.2.8　**非重复充装的UN 压力容器的标记**

6.2.2.8.1　非重复充装的UN 压力容器应有清晰明了的认证和气体或压力容器的特定标记。这些标记应永久性(如采用模印、压印、雕刻或蚀刻)附着于压力容器上。除使用模印外,标记应位于压力容器的肩部、上端或颈部,或位于压力容器的永久性固定的附件(如焊接的颈套)上。除UN 标记和"切勿重复充装"的标记外,对于直径大于或等于140mm 的压力容器,该标记的最小尺寸应为5mm;对于直径小于140mm 的压力容器,标记的最小尺寸应为2.5mm。UN 标记的最小尺寸对于直径大于或等于140mm 的压力容器应为10mm,对于直径小于140mm 的压力容器应为5mm。"切勿重复充灌"标记的最小尺寸为5mm。

6.2.2.8.2　应使用6.2.2.7.2～6.2.2.7.4列明的标记,但不包括(g)、(h)和(m)中的标记。序列号(o)可由批量号代替。除此之外,"切勿重复充装"字样的字母高度应至少为5mm。

6.2.2.8.3　应适用6.2.2.7.5的要求。

注:非重复充装压力容器可根据其规格使用一个标签来替代本标记。

6.2.2.8.4　在侧壁之外低应力的地方可允许标明其他标记,但此类标记的大小和深度应不产生有害的应力集中,也不应与所要求的标记相冲突。

6.2.2.9　**UN 金属氢化物储存系统的标记**

6.2.2.9.1　UN 金属氢化物储存系统应按下述标记清单清晰明了地标记。这些标记应永久地附着于(如采用敲打、雕刻或蚀刻)UN 金属氢化物储存系统上。标记应位于 UN 金属氢化物储存系统的肩部、上端、颈部或永久性附属物上。除 UN 包装标记外，对于直径大于或等于140mm 的金属氢化物储存系统，标记的最小尺寸为5mm；对于直径小于140mm 的金属氢化物储存系统，标记的最小尺寸为2.5mm。UN 包装标记的最小尺寸对于直径大于或等于140mm 的金属氢化物储存系统为10mm，对于直径小于140mm 的金属氢化物储存系统为5mm。

6.2.2.9.2　应使用以下标记

(a) 联合国包装符号

本符号仅用于证明包装、可移动罐柜或多单元气体容器满足第 6.1、6.2、6.3、6.5、6.6 或 6.7 章相关规定，不得用于任何其他目的；

(b) "ISO16111"(设计、制造和试验的技术标准)；

(c) 按国际通行的机动车辆显著符号标明的批准国识别符号；

注：批准国应理解为批准某一机构在容器制造时行使相应检验的国家。

(d) 在标记批准国主管机关注册的检验机构的识别标记或钢印；

(e) 初始检验日期，以年(4 位数字)和月(2 位数字)表示，年月之间用斜杠("/")分开；

(f) 以 bar 表示容器试验压力，前面冠以"PH"后面缀以"BAR"；

(g) 金属氢化物储存系统的额定装载压力以 bar 表示，前面冠以"RCP"，后面缀以"BAR"；

(h) 制造商在主管机关注册的标记。如果起运国不是批准国，制造商的标记前应注明以国际交通运输中通行的机动车辆识别标记表示的起运国的识别符号。国家标记与制造商标记应用空格或斜线进行分割；

(i) 制造商分配的序列号；

(j) 对钢制容器或有钢制内衬的复合容器，字母"H"表示钢的兼容性(见 ISO 11114-1:2012)；

(k) 如果金属氢化物储存系统具有有限寿命，寿命日期以字母"FINAL"后缀年份(4 位数字)、月份(2 位数字)，年份和月份中间用斜杠(即"/") 清楚地隔开。

上述(a)~(e)证明标记应按顺序依次给出。试验压力(f)应紧接额定装载压力(g)之后。上述(h)~(k)制造商标记应按顺序依次给出。

6.2.2.9.3　在侧壁之外的地方可以使用其他标记，但此类标记应位于低应力区，并且标记尺寸和深度不应对标记区域造成有害的应力集中。这些标记不得与规定的标记矛盾。

6.2.2.9.4　除前述标记外，每个需满足6.2.2.4 定期检验和试验要求的金属氢化物储存系统应按如下标记：

(a) 授权检验机构进行定期检验和试验的国家代号，以国际通行的机动车辆识别标记表示。如果批准该机构的主管机关所属国家为批准制造的国家，这种标记不必要标明；

(b) 主管机关批准进行定期检验和试验的机构的注册登记标记；

(c) 定期检验和压力试验日期，以年(两位数字)和月(两位数字)表示，年月中间用斜线(即"/")分开。也可使用四位有效数字表示年份。

以上标记应要按顺序依次给出。

6.2.2.10 *UN 管束标记*

6.2.2.10.1　管束中的单个气瓶的标记应符合6.2.2.7的要求。

6.2.2.10.2　UN可重复充装容器应具有清晰明了的认证标记、操作标记和生产标记。这些标记应永久性地附着于(例如敲打、雕刻、蚀刻)一块平板上,平板永久性固定在管束框架上。除了UN标记,其他标记最小尺寸不得小于5mm。UN标记的最小尺寸不能小于10mm。

6.2.2.10.3　应采用如下标记:

(a)　6.2.2.7.2(a)、(b)、(a)、(d)和(e)指定的认证标记;

(b)　6.2.2.7.3(f)、(i)、(j)中指定的操作标记、管束框架结构和永久性附件部分(气瓶、汇流管、连接件和阀件)总质量。用来装运UN 1001溶解乙炔和UN 3347无溶剂乙炔的管束,按照ISO10961:2010中B.4.2条款规定承受的自质量;和

(c)　6.2.2.7.4(n)、(o)中指定的制造标记和(p)适用的情况。

6.2.2.10.4　标记应分为三组:

(a)　制造标记组应放在第一组且应按6.2.2.10.3(c)给定的顺序依次给出;

(b)　6.2.2.10.3(b)操作标记应在中间组,当要求6.2.2.7.3(i)的操作标记时,6.2.2.7.3(f)的操作标记应紧跟在6.2.2.7.3(i)操作标记之后;

(c)　认证标记组应放在最后一组且应按6.2.2.10.3(a)给定的顺序依次给出。

6.2.2.11　*符合性评价和定期检验、试验的等效程序*

当按下列步骤实施,则认为UN压力容器符合6.2.2.5和6.2.2.6中要求:

程　序	相关机构
型式认可(1.8.7.2)	Xa
监督生产(1.8.7.3)	Xa 或 IS
首次检验和试验(1.8.7.4)	Xa 或 IS
定期检验(1.8.7.5)	Xa 或 Xb 或 IS

Xa是指主管机关以及符合1.8.6.2、1.8.6.4、1.8.6.5和1.8.6.8要求,并取得EN ISO/ IEC17020:2012(第8.1.3条除外)类型A的认证的主管机关。

Xb是指符合1.8.6.2、1.8.6.4、1.8.6.5、1.8.6.8要求,并取得EN ISO/ IEC17020:2012(第8.1.3条除外)类型B的认证的检验机构。

IS是指在检验机构监督下进行内部检验的申请方的服务机构,检验机构应遵循1.8.6.2、1.8.6.4、1.8.6.5、1.8.6.8要求,并取得EN ISO/ IEC17020:2012(第8.1.3条除外)类型A的认证。内部检验服务机构应独立于设计过程、生产运营、返修和维护之外。

6.2.3　**非UN压力容器一般要求**

6.2.3.1　*设计与制造*

6.2.3.1.1　未按照6.2.2的规定进行设计、制造、检验、试验和批准的压力容器,应符合6.2.1的一般要求,同时按照本章以及6.2.4或6.2.5中的相应补充或修改要求进行设计、制造、检验、试验和批准。

6.2.3.1.2　壁厚应尽可能地进行计算确定,同时,必要时应进行实验应力分析确定。否则,壁厚可由试验法确定。

对受压护套和支撑部件进行适当的设计计算,以确保容器的安全可靠性。

承受压力的最小壁厚应特别地根据以下确定:

—计算压力,应大于等于试验压力;

——计算温度,考虑适当的安全余量;

——必要时,考虑最大应力和峰值应力;

——材料的内在属性因素。

6.2.3.1.3 焊接式容器只允许使用具备可焊性的金属材料,该金属应保证环境温度在 −20℃ 下有足够的冲击强度。

6.2.3.1.4 对于密闭式深冷容器,按照6.2.1.1.8.1要求确定的冲击强度和按照6.8.5.3的规定进行试验。

6.2.3.1.5 乙炔气瓶不得装有易熔塞。

6.2.3.2 (保留)

6.2.3.3 辅助设备

6.2.3.3.1 辅助设备应符合6.2.1.3。

6.2.3.3.2 *开孔*

压力桶可配备充装、排放口,以及其他用于液位计、压力表和泄压装置的管口。开口的数量至少应能满足安全操作的要求。压力桶也可设置一个检查孔,并能采用有效封闭装置进行闭合。

6.2.3.3.3 *配件*

(a) 如果气瓶配有防滚动装置,这种装置不能与阀帽形成一体式;

(b) 能滚动的压力桶应配备滚箍或者其他可以防止因滚动而导致损害的措施(例如在容器表面喷耐腐蚀的金属);

(c) 管束应配备合适的设备以保证安全装卸和运输;

(d) 如果安装了液位计、压力表或压力泄放装置,应对它们按4.1.6.8中阀门防护相同的方式进行防护。

6.2.3.4 首次检验和试验

6.2.3.4.1 根据6.2.1.5的要求,新生产的容器应在制造过程中和制造后经受试验和检验。

6.2.3.4.2 *适用于铝合金压力容器的特殊规定*

(a) 除了6.2.1.5.1要求的首次检验外,含有铜的铝合金压力容器,或含有镁和锰的铝合金且镁含量 >3.5% 或锰含量 <0.5% 制成的压力容器,应对它们内壁可能产生的晶间腐蚀进行试验;

(b) 对于铝铜合金,试验应由制造商在主管机关批准新合金材料时进行,并且在以后的生产过程中对每一炉号重复进行试验。

(c) 对于铝镁合金,试验应由制造商在主管机关批准新合金材料及其制造工艺时进行,并且当任何合金成分或制造工艺发生改变时,都应进行重复试验。

6.2.3.5 定期检验和试验

6.2.3.5.1 按照6.2.1.6的要求进行定期检验和试验。

注:如得到签发型式认可的国家主管机关同意,用于装运UN 1965 液化烃类气体混合物(不另作说明)的容量低于6.5L 的焊接钢瓶,其水压试验可以由确保同等安全水平的另一种试验来代替。

6.2.3.5.2 密闭式深冷容器应遵循4.1.4.1包装指南 P203(8)(b)中定义的周期以及以下要求进行定期检验和试验:

(a) 压力容器外部状态的检查,辅助设备和外部标识的确认;

(b) 气密试验。

6.2.3.6 压力容器的批准

6.2.3.6.1 对于1.8.7部分的符合性评价和定期检验的程序应由相关机构按照以下表格执行。

程　　序	相关机构
型式认可(1.8.7.2)	Xa
监督生产(1.8.7.3)	Xa 或 IS
首次检测和试验(1.8.7.4)	Xa 或 IS
定期检验(1.8.7.5)	Xa 或 Xb 或 IS

对于重复充装的压力容器,与其安全功能直接相关的阀门以及其他可拆卸配件的符合性评定可以与压力容器分开进行,符合性评定程序应至少与其装配的压力容器同样严格。

Xa 是指主管机关以及符合 1.8.6.2、1.8.6.4、1.8.6.5 和 1.8.6.8 要求,并取得 EN ISO/IEC17020:2012(第8.1.3 条除外)类型 A 的认证的主管机关代表或检验机构。

Xb 是指符合 1.8.6.2、1.8.6.4、1.8.6.5、1.8.6.8 要求,并取得 EN ISO/IEC17020:2012(第8.1.3 条除外)类型 B 的认证的检验机构。

IS 是指在检验机构监督下进行内部检验的申请方的服务机构,检验机构应遵循 1.8.6.2、1.8.6.4、1.8.6.5、1.8.6.8 要求,并取得 EN ISO/IEC17020:2012(第 8.1.3 条除外)类型 A 的认证。内部检验服务机构应独立于设计过程、生产运营、返修和维护之外。

6.2.3.6.2　　　　如果批准国不是本规程的缔约方,在 6.2.1.7.2 中提到的主管机关应是本规程缔约方的主管机关。

6.2.3.7　　　　*对于制造商的要求*
6.2.3.7.1　　　　应满足 1.8.7 的相关要求。

6.2.3.8　　　　*对于检验机构的要求*
应满足 1.8.6 的要求。

6.2.3.9　　　　*可重复充装压力容器标记*
6.2.3.9.1　　　　标识应符合 6.2.2.7 以及下面变化。
6.2.3.9.2　　　　不能应用 6.2.2.7.2(a)中规定的联合国包装标记。
6.2.3.9.3　　　　6.2.2.7.3(j)的规定应被以下内容取代:
(j)　以 L 为单位的压力容器水容积后放置字母"L"。对于装运液化气体的容器,以 L 为单位的水容积应对末位数字圆整后保留三位有效数字。如果最小水容积或名义水容积的数值是一整数,则小数点后的数字可省略。

6.2.3.9.4　　　　对于装运 UN 1965 液化烃类气体混合物(不另作详细说明)的压力容器,不要求使用 6.2.2.7.3(g)和(h)以及 6.2.2.7.4(m)中注明的标识。

6.2.3.9.5　　　　按 6.2.2.7.7(c)要求进行日期标识时,如定期检验周期为 10 年或以上的气体可不必注明月份(见 4.1.4.1 包装指南 P200 和 P203)。

6.2.3.9.6　　　　当阀件安装后,6.2.2.7.7 中要求的标识,可刻在合适材料制成的圆环上并固定在气瓶上,该圆环只有在阀门从气瓶上拆下时方可取下。

6.2.3.9.7　　　　*管束标记*
6.2.3.9.7.1　　　管束中单个气瓶应按照 6.2.3.9.1~6.2.3.9.6 的要求进行标识。
6.2.3.9.7.2　　　管束标识应符合 6.2.2.10.2 和 6.2.2.10.3 的要求,但不应采用 6.2.2.7.2(a)中注明的联合国包装标记。
6.2.3.9.7.3　　　除前述标识外,每个满足 6.2.4.2 要求的定期检验和试验的管束应按以下进行标识:
(a)　授权检验机构进行定期检验和试验的国家代号,以国际通行的机动车辆识别标记表示。如果批准该机构的主管机关所属国家为批准制造的国家,这

种标记不必要标明;

(b) 主管机关批准该机构进行定期检验和试验的注册标记;

(c) 定期检验和压力试验日期,以年(2位数字)和月(2位数字)表示,年月中间用斜线(即"/")分开。也可使用4位有效数字表示年份。

以上标记应按顺序依次给出,可标在6.2.2.10.2规定的铭牌上,也可另标在一块独立的铭牌上,铭牌应永久性地附着于管束的框架上。

6.2.3.10 *非重复充装的压力容器标识*

6.2.3.10.1 标识应按照6.2.2.8要求,但不应用6.2.2.7.2(a)中的联合国包装标记。

6.2.3.11 *救助压力容器*

6.2.3.11.1 放在救助压力容器内运输的压力容器,为了保证安全操作和处置,在设计上可包含一些通常不用于气瓶或压力桶上的设备,如平封头、快开装置和在筒体上的开口。

6.2.3.11.2 救助压力容器的安全操作和使用说明应清楚地写入提交主管机关审批的资料中,并作为批准证书的一部分。批准证书应注明批准放在救助容器中运输的压力容器。还应包括一份材料清单,注明所有可能与危险货物接触的零件所用的制造材料。

6.2.3.11.3 制造商应向救助压力容器的拥有者提供一份批准证书副本。

6.2.3.11.4 符合6.2.3的救助容器的标记,应由主管机关结合6.2.3.9的适当标记规定酌情做出决定。这些标记应包括救助压力容器的水容积及试验压力。

6.2.4 按照引用标准进行设计、制造和试验的非UN压力容器要求

注:标准认定的人员或机构,依照ADR规定为有责任方的,应符合ADR的要求。

6.2.4.1 *设计、制造、首次检验和试验*

下表中引用的标准应用于第(4)列中给出的型式认可,并满足第(3)列中6.2章的要求。在所有情况下,第(3)列给出的6.2章的要求都适用。第(5)列给出了最迟的日期,已有型式认可应在此日期前依照1.8.7.2.4进行撤销;如果没有显示日期,型式认可仍然有效,直到它到期。

自2009年1月1日起,使用引用标准是强制性的。异常处理按6.2.5。

如果对同一个要求引用多个标准,只是适用其中之一而不是全部,除非在下表中另有说明。

每个标准的适用范围在标准的范围条款中规定,除非下表中另有规定。

引用标准	标 题	适用部分及段落	新型式认可和型式认可复审	现有型式认可的最迟撤销日期
(1)	(2)	(3)	(4)	(5)
设计和制造				
84/525/EEC 附录Ⅰ,第1~3部分	成员国近似法律理事会指令有关无缝气瓶发表在《欧洲共同体的官方杂志》编号L300 19.11.1984	6.2.3.1和6.2.3.4	待通知	
84/526/EEC 附录Ⅰ,第1~3部分	成员国近似法律理事会指令涉及无缝的、纯铝及铝合金气瓶,发表在《欧洲共同体的官方杂志》编号L300 19.11.1984	6.2.3.1和6.2.3.4	待通知	
84/527/EEC 附录Ⅰ,第1~3部分	成员国近似法律理事会指令有关焊接气瓶发表在《欧洲共同体的官方杂志》编号L300 19.11.1984	6.2.3.1和6.2.3.4	待通知	

续上表

引用标准	标　题	适用部分及段落	新型式认可和型式认可复审	现有型式认可的最迟撤销日期
（1）	（2）	（3）	（4）	（5）
EN 1442:1998 + AC:1999	用于液化石油气（LPG）可移动的、可重复充装的焊接钢瓶—设计及制造	6.2.3.1 和 6.2.3.4	2001年7月1日—2007年7月30日	2012年12月31日
EN 1442:1998 + A2:2005	用于液化石油气（LPG）可移动的、可重复充装的焊接钢瓶—设计及制造	6.2.3.1 和 6.2.3.4	2007年1月1日—2010年12月31日	
EN 1442:2006 + A1:2008	用于液化石油气（LPG）可移动的、可重复充装的焊接钢瓶—设计及制造	6.2.3.1 和 6.2.3.4	待通知	
EN 1800:1998 + AC:1999	可移动的气瓶—乙炔气瓶—基本要求及定义	6.2.1.1.9	2001年7月1日—2010年12月31日	
EN 1800:2006	可移动的气瓶—乙炔气瓶—基本要求、定义及类型试验	6.2.1.1.9	2009年1月1日—2016年12月31日	
EN ISO 3807:2013	气瓶—乙炔气瓶—基本要求及类型试验 *注：不应有易熔塞*	6.2.1.1.9	待通知	
EN 1964-1:1999	可移动气瓶—容量为0.5~150L的可移动可重复充装的无缝钢气瓶的设计与制造规范—第1部分：气瓶用无缝不锈钢制成，抗拉强度值低于1100MPa	6.2.3.1 和 6.2.3.4	至2014年12月31日	
EN 1975:1999（不含附录 G）	可移动气瓶—容量为0.5~150L可移动可重复充装的无缝铝及铝合金气瓶的设计与制造规范	6.2.3.1 和 6.2.3.4	至2005年6月30日	
EN 1975:1999 + A1:2003	可移动气瓶—容量为0.5~150L的可移动可重复充装的无缝铝及铝合金气瓶的设计与制造规范	6.2.3.1 和 6.2.3.4	2009年1月1日—2016年12月31日	
EN ISO 7866:2012 + AC:2014	气瓶—可重复充装的无缝铝合金气瓶—设计、制造、试验（ISO 7866:2012）	6.2.3.1 和 6.2.3.4	待通知	
EN ISO 11120:1999	气瓶—水容积为150~3000L用于压缩气体运输的可重复充装的无缝钢管—设计、制造及试验	6.2.3.1 和 6.2.3.4	2001年7月1日—2015年6月30日	对按照6.2.2.7.4（P）带有字母"H"标记的管子 至2015年12月31日
EN ISO 11120:1999 + A1:2013	气瓶—水容积为150~3000L用于压缩气体运输的可重复充装的无缝钢管—设计，制造及试验	6.2.3.1 和 6.2.3.4	待通知	
EN 1964-3:2000	可移动气瓶—容量为0.5~150L的可移动可重复充装的无缝钢气瓶的设计与制造规范—第3部分：气瓶用无缝不锈钢制成，抗拉强度值低于1100MPa	6.2.3.1 和 6.2.3.4	待通知	
EN 12862:2000	可移动气瓶—可移动可重复充装的焊接铝合金气瓶的设计、制造规范	6.2.3.1 和 6.2.3.4	待通知	
EN 1251-2:2000	深冷容器—可移动，真空绝热，体积不超过1000L—第2部分：设计，制造，检验和试验	6.2.3.1 和 6.2.3.4	待通知	

续上表

引用标准	标　题	适用部分及段落	新型式认可和型式认可复审	现有型式认可的最迟撤销日期
（1）	（2）	（3）	（4）	（5）
EN 12257:2002	可移动气瓶—无缝,环向缠绕复合气瓶	6.2.3.1和6.2.3.4	待通知	
EN 12807:2001（除附件A）	液化石油气（LPG）用可移动重复充装钎焊钢瓶—设计和制造	6.2.3.1和6.2.3.4	2005年1月1日—2010年12月31日	2012年12月31日
EN 12807:2008	液化石油气（LPG）用可移动重复充装钎焊钢瓶—设计和制造	6.2.3.1和6.2.3.4	待通知	
EN 1964-2:2001	可移动气瓶—水容积为0.5~150L（包括150L）的可移动再充式无缝气瓶的设计与制造规范—第2部分：气瓶用无缝不锈钢制成，Rm值1100MPa及以上	6.2.3.1和6.2.3.4	至2014年12月31日	
ENISO 9809-1:2010	气瓶—重重复充装无缝钢气瓶—设计,制造及试验—第1部分：抗拉强度低于1100MPa的淬火和回火钢瓶（ISO 9809-1:2010）	6.2.3.1和6.2.3.4	待通知	
EN ISO 9809-2:2010	气瓶—可重复充装的无缝钢气瓶—设计、制造及试验—第2部分抗拉强度大于或等于1100MPa的淬火和回火钢瓶（ISO 9809-2:2010）	6.2.3.1和6.2.3.4	待通知	
EN ISO 9809-3:2010	气瓶—可重复充装的无缝钢气瓶—设计、制造及试验—第3部分：正火钢瓶（ISO 9809-3:2010）	6.2.3.1和6.2.3.4	待通知	
EN 13293:2002	可移动气瓶—压缩、液化和溶解气体用水容积不超过0.5L及二氧化碳用水容积不超过1L的可移动可重复充装的无缝正火碳素锰钢气瓶的设计和制造规范	6.2.3.1和6.2.3.4	待通知	
EN 13322-1:2003	可移动气瓶—可重复充装焊接钢气瓶—设计及制造—第1部分：焊接钢	6.2.3.1和6.2.3.4	至2007年6月30日	
EN 13322-1:2003 + A1:2006	可移动气瓶—可再装式焊接钢气瓶—设计及制造—第1部分：焊接钢	6.2.3.1和6.2.3.4	待通知	
EN 13322-2:2003	可移动气瓶—再充式焊接不锈钢气瓶—设计和制造—第2部分—焊接不锈钢	6.2.3.1和6.2.3.4	至2007年6月30日	
EN 13322-2:2003 + A1:2006	可移动气瓶—可重复充装焊接不锈钢气瓶—设计和制造—第2部分—焊接不锈钢	6.2.3.1和6.2.3.4	待通知	
EN 12245:2002	可移动气瓶—全缠绕复合气瓶	6.2.3.1和6.2.3.4	至2014年12月31日	
EN 12245:2009 + A1:2011	可移动气瓶—全缠绕复合气瓶	6.2.3.1和6.2.3.4	待通知	
EN 12205:2001	可移动气瓶—不可重复充装金属气瓶	6.2.3.1和6.2.3.4	待通知	
EN 13110:2002	可移动重复充装液化石油气用焊接铝瓶—设计和制造	6.2.3.1和6.2.3.4	至2014年12月31日	

续上表

引用标准	标 题	适用部分及段落	新型式认可和型式认可复审	现有型式认可的最迟撤销日期
(1)	(2)	(3)	(4)	(5)
EN 13110:2012	可移动重复充装用于液化石油气(LPG)的焊接铝瓶—设计和制造	6.2.3.1 和 6.2.3.4	待通知	
EN 14427:2004	液化石油气(LPG)用可移动重复充装全缠绕复合气瓶—设计和制造 注:本标准只适用于配有压力释放阀的气瓶	6.2.3.1 和 6.2.3.4	2005年1月1日—2007年6月30日	
EN 14427:2004 + A1:2005	液化石油气(LPG)用可移动重复充装全缠绕复合气瓶—设计和制造 注1:本标准只适用于配有压力释放阀的气瓶 注2:在5.2.9.2.1和5.2.9.3.1中,当显示损伤等于或大于不合格标准时气瓶都需进行爆破实验	6.2.3.1 和 6.2.3.4	2007年1月1日—2016年12月31日	
EN 14427:2013	LPG设备及附件—液化石油气用可移动重复充装全缠绕复合气瓶—设计和制造	6.2.3.1 和 6.2.3.4	待通知	
EN 14208:2004	可移动气瓶—气体运输用容量1000L以下焊接压力桶的规范—设计和制造	6.2.3.1 和 6.2.3.4	待通知	
EN 14140:2003	液化石油气(LPG)用可移动的重复充装焊接钢瓶—另一个设计和制造	6.2.3.1 和 6.2.3.4	2005年1月1日—2010年12月31日	
EN 14140:2003 + A1:2006	液化石油气(LPG)设备和附件—液化石油气(LPG)用可移动重复充装焊接钢瓶—另一设计和制造	6.2.3.1 和 6.2.3.4	待通知	
EN 13769:2003	可移动气瓶—管束—设计,制造,识别及检验	6.2.3.1 和 6.2.3.4	至2007年6月30日	
EN 13769:2003 + A1:2005	可移动气瓶—管束—设计,制造,识别及检验	6.2.3.1 和 6.2.3.4	至2014年12月31日	
EN ISO 10961:2012	气瓶—管束—设计、制造、识别及检验	6.2.3.1 和 6.2.3.4	待通知	
EN 14638-1:2006	可移动气瓶—容量在150L以下的可重复充装焊接气瓶—第1部分:按实验法验证设计的焊接奥氏体不锈钢气瓶	6.2.3.1 和 6.2.3.4	待通知	
EN 14893:2006 + AC:2007	液化石油气(LPG)设备和附件—容量150~1000L的可移动液化石油气焊接压力桶	6.2.3.1 和 6.2.3.4	2009年1月1日—2016年12月31日	
EN 14893:2014	液化石油气(LPG)设备和附件—容量150~1000L的可移动液化石油气焊接压力钢桶	6.2.3.1 和 6.2.3.4	待通知	
EN 14638-3:2010 + AC:2012	可移动气瓶—容量不超过150L的重复充装焊接容器—第3部分:用实验方法验证设计的焊接碳钢气瓶	6.2.3.1 和 6.2.3.4	待通知	

续上表

引用标准	标　题	适用部分及段落	新型式认可和型式认可复审	现有型式认可的最迟撤销日期
(1)	(2)	(3)	(4)	(5)
关闭结构				
EN 849:1996（除附件A）	可移动气瓶—气瓶阀门—规范和定型试验	6.2.3.1 和 6.2.3.3	至 2003 年 6 月 30 日	2014 年 12 月 31 日
EN 849:1996 + A2:2001	可移动气瓶—气瓶阀门—规范和定型试验	6.2.3.1 和 6.2.3.3	至 2003 年 6 月 30 日	2016 年 12 月 31 日
EN ISO 10297:2006	可移动气瓶—气瓶阀门—规范和定型试验	6.2.3.1 和 6.2.3.3	待通知	
EN ISO 14245:2010	气瓶—液化石油气瓶阀门的规范和试验—自主闭合（ISO 14245:2006）	6.2.3.1 和 6.2.3.3	待通知	
EN 13152:2001	液化石油气瓶阀门的规范和试验—自主关闭	6.2.3.1 和 6.2.3.3	2005 年 1 月 1 日—2010 年 12 月 31 日	
EN 13152:2001 + A1:2003	液化石油气瓶阀门的规范和试验—自主关闭	6.2.3.1 和 6.2.3.3	2009 年 1 月 1 日—2014 年 12 月 31 日	
EN ISO 15995:2010	气瓶—液化石油气瓶阀门的规范和试验—手动操作（ISO 15995:2006）	6.2.3.1 和 6.2.3.3	待通知	
EN 13153:2001	液化石油气瓶阀门的规范和试验—手动操作	6.2.3.1 和 6.2.3.3	2005 年 1 月 1 日—2010 年 12 月 31 日	
EN 13153:2001 + A1:2003	液化石油气瓶阀门的规范及试验—手工操作的	6.2.3.1 和 6.2.3.3	2009 年 1 月 1 日—2014 年 12 月 31 日	
EN ISO 13340:2001	可移动气瓶—不可重复充装气瓶的阀门—规范和原型试验	6.2.3.1 和 6.2.3.3	待通知	
EN 13648-1:2008	深冷容器—防超压用安全装置—第 1 部分,用于深冷的阀门	6.2.3.1 和 6.2.3.4	待通知	
EN 1626:2008（除了B类阀）	深冷容器—低温设施用阀门	6.2.3.1 和 6.2.3.4	待通知	

6.2.4.2　定期检验和试验

为满足6.2.3.5中的要求,下表中引用的标准适用于压力容器的定期检验和试验,如列(3)所示,并在任何情况下优先采用。

采用引用标准是强制性的。

当容器按照6.2.5中的规定制造时,若在批准类型中指定了定期检验,应执行该定期检验程序。

在同一需求的应用中如果引用的标准不止一个,则只应适用其中一个而不适用全部,除非在下表中另有说明。

每个标准的适用范围在标准的范围条款中规定,除非在下表中另有说明。

引用标准	标　题	适用期限
(1)	(2)	(3)
定期检验及试验		
EN 1251-3:2000	深冷容器—不超过1000L容量的可移动真空绝热容器—第3部分:操作要求	待通知

续上表

引用标准 (1)	标　题 (2)	适用期限 (3)
EN 1968:2002 + A1:2005(除附件B)	可移动气瓶—钢制无缝气瓶的定期检验和试验	待通知
EN 1802:2002(除附件B)	可移动气瓶—无缝铝合金气瓶的定期检验和试验	待通知
EN 12863:2002 + A1:2005	可移动气瓶—溶解性乙炔气瓶的周期性检验和维护 *注*:在此标准中,"首次检验"可以理解为一个新型乙炔气瓶获最终批准后的"第一次定期检验"	至2016年12月31日
EN ISO 10462:2013	气瓶—乙炔气瓶—定期检验和保养(ISO 10462:2013)	2017年1月1日起强制执行
EN 1803:2002(除附件B)	可移动气瓶—焊接钢气瓶的定期检验和试验	待通知
EN ISO 11623:2002(除条款4)	可移动气瓶—复合气瓶的定期检验和试验	待通知
EN ISO 22434:2011	可移动气瓶—气瓶阀的检查和维护(ISO 22434:2006)	待通知
EN 14876:2007	可移动气瓶—焊接钢压力桶的定期检验和试验	待通知
EN 14912:2005	液化石油气设备及附件—在气瓶的定期检验中液化石油气瓶阀的检验和维护	待通知
EN 1440:2008 + A1:2012(除附件G和H)	液化石油气设备及配件—可移动可重复充装的LPG气瓶的定期检验	待通知
EN 15888:2014	可移动气瓶—管束—定期检验和试验	待通知

6.2.5　对不按引用标准设计、制造和试验的非UN压力容器的要求

为了反映科学技术的进步,或在6.2.2或6.2.4中没有可引用的标准,或在6.2.2或6.2.4所引用标准中没有给出某些方面的要求,主管机关可以认可使用相同安全等级的技术规范。

如果6.2.2或6.2.4中所引用的标准不适用或将不被应用,型式认可的发证机构应对定期检验的程序进行说明。

主管机关应传给联合国欧洲经济委员会秘书处一份他们所认可的技术规范清单。该清单应包括以下内容:规范的名称和日期,规范的目的及该规范的获取途径。秘书处应将这些信息公布在其网站上。

在即将颁布的本规程新版本中已被引用的标准,可以被主管机关批准使用而无须通知联合国欧洲经济委员会(UNECE)秘书处。

6.2.1、6.2.3的要求以及下面的要求应被满足。

注:本节中,对6.2.1 技术标准的引用,应被视为对技术规范的引用。

6.2.5.1　材料

下列规定包含的材料例子,可用于符合6.2.1.2中的材料要求:

(a) 碳钢,用于压缩气体、液化气体、冷冻液化气体和溶解气体以及在4.1.4.1的包装指南P200中表3中第2类没有列出的物质;

(b) 合金钢(特殊钢),镍,镍合金(如蒙乃尔合金)用于压缩气体、液化气体、冷冻液化气体和溶解气体以及在4.1.4.1的包装指南P200中表3中第2类没有列出的物质。

(c) 用于以下条件的铜:

(ⅰ) 分类码为1A、1O、1F和1TF的气体,它们在15℃时的装载压力不超过2MPa(20bar);

(ⅱ) 分类码为2A的气体和UN 1033的二甲醚;UN 1037的乙基氯;UN

1063 的甲基氯;UN 1079 的二氧化硫;UN 1085 的乙烯基溴;UN 1086 的乙烯基氯;UN 3300 的环氧乙烷和二氧化碳混合物,环氧乙烷含量不少于87%;

(ⅲ) 分类码为3A、3O 和3F 的气体;

(d) 铝合金:参看 4.1.4.1 包装说明 P200(12)中(a)的特殊要求;

(e) 用于压缩气体、液化气体、冷冻液化气体和可溶解的气体的复合材料;

(f) 用于冷冻液化气体的合成材料;

(g) 所有分类编号为3A 的冷冻液化气体的玻璃,不包括 UN 2187 二氧化碳、冷冻液化气体、液体及其混合物以及分类码为3O 的气体。

6.2.5.2 辅助设备
(保留)

6.2.5.3 金属气瓶、管道、压力桶和管束

在试验压力下,压力容器最大应力点的应力不应超过允许最小屈服应力(Re)的77%。

"屈服应力"是指在永久伸长率为0.2%,或对于奥氏体的钢在试样上标距长度的1%时所产生的应力。

注:对于金属板,拉伸试件的轴向应与轧制方向垂直。产生断裂时的永久伸长率应当用一个圆形横断面的钢材试样测定,试样的标距长度"l"等于直径"d"的5 倍(l=5 d);如果使用矩形截面的试样,标距长度应根据下面的公式计算:

$$l = 5.65\sqrt{F_0}$$

式中:F_0——试样初始横截面积。

压力容器及其密封结构应使用合适的材料,这些材料不应在 $-20℃ \sim +50℃$ 之间发生脆性断裂和出现应力腐蚀开裂。

焊缝应熟练地焊接,并达到最大的安全要求。

6.2.5.4 用于压缩气体、液化气体、可溶性气体和有特殊要求的非压缩气体(气体样品)的铝合金压力容器,以及除气溶胶喷罐和盛装气体的小容器(储气筒)以外的承压储气物的附加条款

6.2.5.4.1　铝合金压力容器的材料应满足下面的要求:

	A	B	C	D
抗拉强度 Rm　MPa($=N/mm^2$)	49~186	196~372	196~372	343~490
屈服应力 Re　MPa($=N/mm^2$)(永久变形 $\lambda=0.2\%$)	10~167	59~314	137~334	206~412
断裂时的永久延伸长度($l=5d$)按百分比	12~40	12~30	12~30	11~16
弯曲试验(试样直径 $d=n×e$,e 为试样厚度)	$n=5(Rm\leq98)$ $n=6(Rm>98)$	$n=6(Rm\leq325)$ $n=7(Rm>325)$	$n=6(Rm\leq325)$ $n=7(Rm>325)$	$n=7(Rm\leq392)$ $n=8(Rm>392)$
铝业协会序列号[a]	1000	5000	6000	2000

[a] 见"铝标准和数据",第5 版,1976 年1 月,铝协会出版,纽约第三大道750 号。

实际性能取决于相关合金的成分和压力容器的最终处理方式,但无论是什么合金材料,其厚度应根据下面的公式之一进行计算:

$$e = \frac{p_{MPa}D}{\frac{2Re}{1.3}+p_{MPa}} \quad 或 \quad e = \frac{p_{bar}D}{\frac{20Re}{1.3}+p_{bar}}$$

式中:e——压力容器的最小壁厚(mm);

p_{MPa}——试验压力(MPa);

p_{bar}——试验压力(bar);

D——压力容器的名义外径(mm);

Re——0.2%屈服强度下的最小屈服应力[MPa($=$N/mm^2)]。

另外,无论使用什么类型的合金,公式中的最小屈服应力(Re)绝对不能大于最小抗拉强度(Rm)的0.85。

注1:上述特征是基于以下材料用于容器的以往经验:

A 列:纯铝,99.5% 纯度;

B 列:铝镁合金;

C 列:铝、硅和镁的合金,如ISO/R209 - Al - Si - Mg(铝协会6351);

D 列:铝、铜和镁的合金。

注2:产生断后伸长率应当用一个圆形横断面的试样测定,试样的标定长度等于直径的5 倍;如果使用矩形横断面的试样,标定长度应根据下面的公式计算:

$$l = 5.65 \sqrt{F_0}$$

式中:F_0——试样初始横截面积。

注3:(a) 弯曲试验(见图)应当对切成宽度为3e 且在任何情况下不得小于25mm 的两个相等试样进行,沿着圆筒的环形截面,试样只允许对边缘进行加工;

(b) 弯曲试验应当在直径为d 的圆形压轴和两个距离为(d+3e)的圆形支辊之间进行,试验期间,试样内表面隔开的距离不应大于圆形压轴的直径;

(c) 当试样围绕圆形压轴向内弯曲到两内表面的距离小于或等于支柱的直径时,试样不应当出现裂痕;

(d) 圆形压轴直径与试样厚度的比值(n)应符合表中给出的数值。

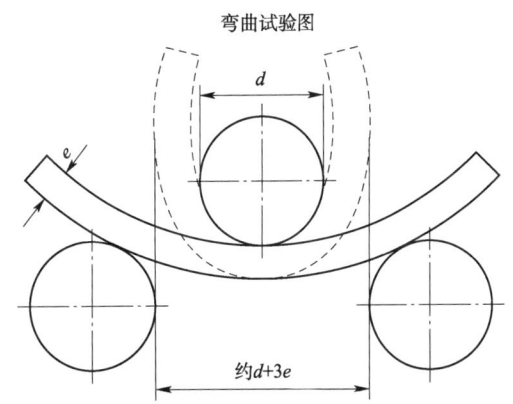

弯曲试验图

6.2.5.4.2	只要压力容器制造国家的主管机关批准的附加试验能证明运输安全性能可以达到由6.2.5.4.1的表中材料制造的压力容器相同的程度(见 EN 1975:1999 + A1:2003),可以接受一个较低的最小伸长率值。
6.2.5.4.3	压力容器最薄处的壁厚应遵循下列原则: —压力容器直径小于50mm 时:不小于1.5mm; —压力容器直径为50~150mm 时:不小于2mm;和 —压力容器直径大于150mm 时:不小于3mm。
6.2.5.4.4	压力容器的封头应当是半圆形、椭圆形或提篮柄形的截面;应具有与压力容器筒体同样程度的安全性能。
6.2.5.5	**复合材料压力容器** 用复合材料制成的复合气瓶、管道、压力桶和管束,其最小爆裂比率(爆破压力除以试验压力)为:

——环向缠绕压力容器:1.67;

——全缠绕压力容器:2.00。

6.2.5.6 *封闭的深冷容器*

下面的要求适用于储运冷冻液化气体的封闭深冷容器:

6.2.5.6.1 如果使用非金属材料,它们应能在容器及其附件最低工作温度下抵抗脆性断裂。

6.2.5.6.2 压力泄放装置的制造,应保证在最低工作温度下也能够很好地工作。在该温度下,它们的可靠性应通过检验每一个部件或同种制造的样品进行确定。

6.2.5.6.3 压力容器的压力泄放装置和排气口的设计,应能防止液体飞溅。

6.2.6 对气溶胶喷罐、盛装气体的小容器(储气筒)和盛装可燃液化气体的燃料盒的一般要求

6.2.6.1 *设计和制造*

6.2.6.1.1 存储一种气体或多种混合气体的气溶胶喷罐(UN 1950 气雾剂)、盛装气体的小容器(储气筒)(UN 2037)应当由金属材料制成。此要求不适用于最大容量为 100L 装载 UN 1011 丁烷的气溶胶喷罐、盛装气体的小容器(储气筒)。其他气溶胶喷罐(UN 1950 气雾剂)应由金属、合成材料或者玻璃制成。金属制成的外径不小于 40mm 的容器应当有一个凹形底部。

6.2.6.1.2 金属材料的容器容量不应超过 1000mL;合成材料或者玻璃容器的容量不应超过 500mL。

6.2.6.1.3 投入使用之前,每个容器(气溶胶喷罐或罐)应按照 6.2.6.2 要求进行液压试验。

6.2.6.1.4 气溶胶喷罐(UN 1950 气雾剂)的安全阀和盛装气体的小容器(储气筒)UN 2037 的阀门应当确保容器的密闭性,同时保护意外开启。仅靠内压作用实现密闭的阀门和分配装置是不允许使用的。

6.2.6.1.5 气溶胶喷罐在 50℃ 时的内压不得超过试验压力的 2/3,且不超过 1.32MPa(13.2bar),并且 50℃ 时充装后液相部分不得超过容量的 95%。盛装气体的小容器(储气筒)应满足 4.1.4.1 中 P200 的试验压力及充装要求。

6.2.6.2 *液压试验*

6.2.6.2.1 采用内压时,试验压力应当是 50℃ 时内压的 1.5 倍,且不小于 1MPa(10bar)。

6.2.6.2.2 至少对每种型号的 5 个空容器进行液压试验:

(a) 达到设定的试验压力时,不得发生泄漏或明显的永久性变形;

(b) 直到发生泄漏或爆裂时,如果是蝶形封头,应当是封头先屈服,且容器压力达到或超过试验压力的 1.2 倍之前不应当发生泄漏或爆裂。

6.2.6.3 *密封性试验*

每个气溶胶喷罐、储气筒和燃料盒都应按照 6.2.6.3.1 进行热水浴试验或根据 6.2.6.3.2 认可的另一个水浴方法进行试验。

6.2.6.3.1 *热水浴试验*

6.2.6.3.1.1 水浴的温度以及试验持续时间应当保证容器达到规定内压以及温度达到 55℃(如果容器内的液相没有超过气溶胶喷罐、储气筒和燃料盒容积的 95% 则为 50℃)。如果为热敏感内装物或上述容器由在该试验温度下会变软的塑料制成,水浴温度应设定在 20℃~30℃ 之间,另外,每 2000 个中应该有 1 个上述容器进行更高温度的水浴试验。

6.2.6.3.1.2 气体气溶胶喷罐、储气筒和燃料盒在热水浴试验中均不可以发生泄漏和永久变形,但对于塑料制成的上述容器可以产生软化和变形但不可以有泄漏。

6.2.6.3.2 *替代方法*

在主管机关的批准下,可以使用能提供同等安全水平的替代方法,但需符合

6.2.6.3.2.1 要求,并在适当时需符合 6.2.6.3.2.2 或 6.2.6.3.2.3 的要求。

6.2.6.3.2.1　质量体系

气溶胶喷罐、储气筒或燃料盒的充装单位和部件制造商应有一套质量体系。该质量体系实施程序应确保所有泄漏和变形的气溶胶喷罐、储气筒或燃料盒全部报废并不得交付运输。

质量体系应包括:

(a) 组织结构和职责的描述;

(b) 将采用的相关检验和试验、质量控制、质量保证以及操作工艺规程文件;

(c) 质量记录,如检验报告、试验数据、校准数据和证书;

(d) 管理评审以确保质量体系有效运行;

(e) 文件控制及修改流程;

(f) 对不合格的气溶胶喷罐、储气筒或燃料盒的控制方法;

(g) 相关人员的培训和资格认定程序;

(h) 确保产品到最后无损坏的规程。

首次审查和定期审查都应满足主管机关的要求。这些审查应确保经过批准的体系始终是充分和有效的,对已经过批准的体系做的任何修改应提前通知主管机关。

6.2.6.3.2.2　气溶胶喷罐

6.2.6.3.2.2.1　气溶胶喷罐充装前的压力和密封性试验

每个空的气溶胶喷罐应承受等于或大于气溶胶喷罐在55℃充装后达到的最大压力值(如果在50℃时,液相不超过容器容量的95%的,可采用50℃)。该压力至少是气溶胶喷罐设计压力的2/3。如果任何气溶胶喷罐在试验压力下的泄漏速度等于或大于 3.3×10^{-2} mbar·L/s、出现变形或其他缺陷,则应被报废。

6.2.6.3.2.2.2　气溶胶喷罐充装后的试验

充装前,充装者应确保卷边设备安装正确,并应用了指定的充装器。

每个充装后的气溶胶喷罐应进行称重和密封性试验。泄漏检测设备应有足够的灵敏度,以便在20℃时至少能检测到 2.0×10^{-3} mbar·L/s 的泄漏。

任何充装后的气溶胶喷罐出现泄漏、变形或超重的,都应被报废。

6.2.6.3.2.3　储气筒或燃料盒

6.2.6.3.2.3.1　储气筒或燃料盒的压力试验

每个储气筒或燃料盒应承受等于或大于容器在55℃充装后可能达到的最大压力值(如果在50℃时,液相不超过容器容量的95%的,可采用50℃)。该试验压力应对应指定的储气筒或燃料盒,且这一压力不小于储气筒或燃料盒设计压力的2/3。如果任何储气筒或燃料盒在压力试验下显示泄漏速度等于或大于 3.3×10^{-2} mbar·L/s、变形或其他缺陷,则应判不合格。

6.2.6.3.2.3.2　储气筒或燃料盒的密封性试验

充装和密封前,充装者应确保密封部件(如果有)及相关的密封装置都恰当地关闭,并且使用指定的充装气体。

每个充装后的储气筒或燃料盒应检查气体质量是否正确并进行密封性试验。泄漏检测设备应有足够的灵敏度,以便在20℃时至少能检测到 2.0×10^{-3} mbar·L/s 的泄漏。

任何充装后的储气筒或燃料盒出现气体质量不符合指定的质量限度或出现泄漏、变形的都应判不合格。

6.2.6.3.3　对于有些应保证无菌的小型气溶胶喷罐或容器,而水浴试验可能会对其产生不利影响时,在主管机关的批准下,可不遵循 6.2.6.3.1 和 6.2.6.3.2 的要求,但应符合以下条件：
(a) 它们包含一种非易燃气体并且满足下列条件之一：
　　（ⅰ） 包含构成医药、兽医或类似用途药物的其他物质；
　　（ⅱ） 包含用在药物产品生产过程中的其他物质；或
　　（ⅲ） 使用在医药、兽药领域或类似的用途的物质；
(b) 制造商所使用的泄漏检测和耐压试验替代方法需达到同等安全水平,例如氦检测和水浴试验,在每一批产品中至少每2000个中选1个作为统计样品；
(c) 对于符合上述(a)(ⅰ)和(ⅲ)要求的药类产品,应在国家卫生管理部门授权下制造。如主管机关认为必要,则需遵守世界卫生组织(WHO)❶确立的良好药品生产管理规范(GMP)的要求。

6.2.6.4　　　　*引用的标准*
如满足以下标准的要求,则视同满足本节的相关要求：
—对于气溶胶喷罐(UN 1950 气雾剂)：在制造日期内的修订和应用的理事会指令 75/324/EEC❷ 附录；
—对于UN 2037、盛装含UN 1965气体的盛装气体的小容器(储气筒)、烃类液化气体混合物,泛指：EN 417:2012 非重复充装的液化石油气金属储气筒,带或不带阀的,用于便携式的装置—制造、检验、试验和标记。

---

❶ WHO出版物："药品质量保证.指导方针和相关材料概要卷2：良好的生产实践和检验规范"。
❷ 理事会指令75/324/EEC,1975年5月20日,各成员国形成的关于气溶胶喷罐的相似法案,并在欧洲共同体1975年9月6日的 NO. L147 官方杂志发布。

第6.3章 第6.2类A级感染性物质包装的制造和试验要求

注:本章要求不适用于运输符合4.1.4.1 中P621 包装指南第6.2 类物质的包装。

6.3.1 概述

6.3.1.1 本章要求适用于拟装运A级感染性物质的包装。

6.3.2 包装要求

6.3.2.1 6.1.4 所规定的包装要求是基于目前使用的包装提出的。考虑到科学和技术的进步,不反对使用规格与本章不同的包装,只要这些包装是同样有效,能为主管机关接受,并能承受住6.3.5 中所述的各种试验。采用本规范所述以外的其他试验方法,只要这种试验方法是等效的,并能被主管机关接受也是可以的。

6.3.2.2 为了确保每一包装符合本章的要求,应按照主管机关认可的质量保证程序来制造和对包装进行试验,以满足本章要求。

注: ISO 16106 : 2006 "包装—危险货物的运输包件—危险货物包装,中型散装容器(IBCs)和大型包装—ISO 9001 应用指南"提供了应遵循程序的适当指南。

6.3.2.3 包装制造商及后续经销商应提供所遵守程序的信息,并说明封闭装置(包括垫片)和所需的任何其他部件的类型和尺寸,以及确保用于运输的包装能够通过本章规定适用的性能试验。

6.3.3 表示包装类型的代码

6.3.3.1 6.1.2.7 规定了指定包装类型的代码。

6.3.3.2 包装代码后可跟字母"U"或"W"。字母"U"表示满足6.3.5.1.6 要求的特定包装。字母"W"表示包装的类型虽与代码所表示的相同,但其制造的规范不同于6.1.4 中的规范,不过根据6.3.2.1 的要求被认为是等效的。

6.3.4 标记

注1:标记表明带有该标记的包装与已成功通过试验的设计类型一致,并符合本章有关该包装的制造要求,但不包括使用要求。

注2:标记是为了帮助包装制造商、修整厂商、包装用户、运输部门和管理当局。

注3:标记并不一定提供试验过程等的全部细节,但有些内容有时候需要进一步考虑,例如,可能需要通过查阅已成功通过试验的包装的试验证明书、试验报告或登记册。

6.3.4.1 拟按照ADR使用的每一包装都应带有耐久、易辨认、一定位置、大小相当的明显标记。对于总重大于30kg 的包件,标记或标记复件应贴在包装顶部或侧面上。字母、数字和符号至少应为12mm 高,而对于容量为30L 或30kg 或更少的包装其至少应为6mm 高;对于容量为5L 或5kg 或更少的包装其大小应合适。

6.3.4.2 符合本节和第6.3.5 章要求的包装,应作如下标记:

(a) 联合国容器符号 $\overset{u}{\underset{n}{\bigcirc}}$

本符号仅用于证明包装、可移动罐柜或多单元气体容器满足6.1,6.2,

6.3,6.5,6.6 或 6.7 章的相关规定,不得用于其他任何目的❶;

(b) 6.1.2 中要求的表示包装种类的代码;

(c) "第 6.2 类"字样;

(d) 包装制造年份的最后两位数字;

(e) 授予该标记的批准国,采用国际通行的机动车辆识别符号表示❷;

(f) 制造厂的名称或主管机关规定的其他包装标志;

(g) 符合 6.3.5.1.6 要求的包装,在紧接着上文(b)中需要的标记之后加入"U"字母。

6.3.4.3　按照 6.3.4.2(a)~(g)施加的每个标记组成部分应用诸如斜线或空格清楚地隔开,以便容易辨认。见 6.3.4.4 的示例。

主管机关批准的其他附加标记应参照 6.3.4.1 的规定,使标记的各个组成部分被正确地识别。

6.3.4.4　标记举例

4G/CLASS 6.2/06　　根据 6.3.4.2(a)、(b)、(c)和(d)

S/SP - 9989 - ERIKSSON　　根据 6.3.4.2(e)和(f)

6.3.5　包装的试验要求

6.3.5.1　*试验的性能和频次*

6.3.5.1.1　每一包装的设计类型,都应根据分配标识的主管机关规定的程序,按本章的规定进行试验并得到该主管机关的批准。

6.3.5.1.2　每一包装在投入使用之前,其设计类型应成功地通过本章要求的试验。包装的设计类型是由设计、尺寸、材料和厚度、制造和包装方式界定的,但可以包括各种表面处理。它也包括仅在设计高度上比设计类型小的包装。

6.3.5.1.3　对生产的包装样品,应按主管机关规定的时间间隔重复进行试验。

6.3.5.1.4　当包装变更设计、材料或制造方式后,应再次进行试验。

6.3.5.1.5　与试验过的型号仅在小的方面不同的包装,如主容器规格较小或净重较小,以及外部尺寸稍许减小的桶、箱等包装,主管机关可允许进行有选择的试验。

6.3.5.1.6　任何型号的主容器可以合装在辅包装内,在刚性外包装下运输时,满足下列条件时可以不需进行试验:

(a) 刚性外包装与易碎(如玻璃)主容器一起已成功地通过 6.3.5.2.2 规定的试验;

(b) 主容器的合计总质量不超过上述(a)中的跌落试验所用的主容器总质量的一半;

(c) 各主容器之间以及主容器与辅包装外部之间的衬垫厚度不得减到小于原来试验过的容器的相应厚度;如果在原来的试验中只用一个主容器,各主容器之间的衬垫厚度不得小于原来试验的辅包装外部与主容器之间的衬垫厚度。当使用的主容器较少或较小(与跌落试验中所用的主容器比较)时,应使用足够的额外衬垫材料填满空隙;

(d) 空的刚性外包装应已成功地通过 6.1.5.6 中的堆码试验。相同包件的总质量应根据上述(a)中的跌落试验所使用的组合包装质量计算;

(e) 装液体的主容器,应有足够数量的吸收材料以便吸收主容器所装的全部

---

❶ 本符号也表明已授权的以其他运输方式的柔性散装容器符合 UN 规范的 6.8 章的要求。

❷ 国际通行的机动车辆识别符号在《公路交通维也纳公约》(1968)中规定。

液体；

(f) 如刚性外包装拟用于装内含液体的主容器但不是防泄漏的,或拟用于装内含固体的主容器也不是防撒漏的,应配备在发生泄漏或撒漏时能够留住任何液体或固体的防漏装置,如不漏的衬里、塑料袋或其他同样有效的装置；

(g) 除了6.3.4.2(a)～(f)规定的标记外,包装还应按照6.3.4.2(g)作标记。

6.3.5.1.7 主管机关可随时要求按照本节规定进行试验,证明批量生产的包装符合设计类型试验的要求。

6.3.5.1.8 若试验结果的正确性不会受到影响,并且经主管机关批准,多个试验可以在一个试样上进行。

6.3.5.2 *包装的试验准备*

6.3.5.2.1 每个包装的样品应按运输状态准备,但液态或固态感染性物质应以水代替,如规定运输温度为－18℃时则以水/防冻剂代替。每个主容器应装至其容量的98%。

注：水一词指在-18℃下试验,最小相对密度为0.95的水/防冻剂溶液。

6.3.5.2.2 *所规定的试验和样品数量*

各包装类型要求的试验

包装类型[a]			要求的试验					
刚性外包装	主容器		喷水 6.3.5.3.6.1	冷调节 6.3.5.3.6.2	跌落 6.3.5.3	附加跌落 6.3.5.3.6.3	穿透 6.3.5.4	堆码 6.1.5.6
	塑料	其他	样品数量	样品数量	样品数量	样品数量	样品数量	样品数量
纤维板箱	X		5	5	10	如果包装拟装干冰,要求对一个样品试验	2	当对6.3.5.1.6定义的特殊规定下"U"—标记的包装进行试验时,要求对3个样品进行试验
		X	5	0	5		2	
纤维板桶	X		3	3	6		2	
		X	3	0	3		2	
塑料箱	X		0	5	5		2	
		X	0	5	5		2	
塑料桶/罐	X		0	3	3		2	
		X	0	3	3		2	
其他材料的箱	X		0	5	5		2	
		X	0	0	5		2	
其他材料的桶/罐	X		0	3	3		2	
		X	0	0	3		2	

[a] "包装类型"为试验目的,根据包装的种类及其材料特点对包装进行了分类。

注1：如果主容器是由两种或以上材料制成,最容易损坏的材料决定相应的试验。

注2：当选择试验项目或试验条件时,辅包装的材料不予考虑。

表格使用说明：

如果试验的包装由一个纤维板外箱和一个塑料主容器组成,在跌落试验前,应使5个试样承受喷水试验(见6.3.5.3.6.1),另外5个试样在跌落试验前达到－18℃的放置条件(见6.3.5.3.6.2)。如果包装拟盛有干冰,还应有一个单个的容器达到6.3.5.3.6.3规定条件后被跌落5次。

准备交付运输的包装应满足6.3.5.3和6.3.5.4规定的试验。表中给出的外包装材料,涉及纤维板或其他性能容易受潮湿影响的材料,在低温下易变脆的塑料以及其他诸如金属等性能不受湿度和温度影响的材料。

6.3.5.3 *跌落试验*

6.3.5.3.1　包装样品应从 9m 高处自由跌落到无弹性、水平、平坦、厚实、坚硬的表面上，符合 6.1.5.3.4 的要求。

6.3.5.3.2　样品为箱形时，5 个样品应分别按以下方式跌落：

(a) 底部平跌；

(b) 顶部平跌；

(c) 最长侧面平跌；

(d) 最短侧面平跌；

(e) 一个棱角着地。

6.3.5.3.3　样品为圆桶形时，3 个样品分别按以下方式跌落：

(a) 顶部凸边斜着落地，重心在撞击点正上方；

(b) 底部凸边斜着落地；

(c) 侧面平着落地。

6.3.5.3.4　虽然包装样品应按要求的方向跌落，但由于空气动力学原因，着地时的方向可能有所不同，这也无碍。

6.3.5.3.5　按合适的顺序跌落之后，主容器不得有泄漏，且其在辅包装中仍由衬垫/吸收材料保护。

6.3.5.3.6　*进行跌落试验的试验样品的特殊准备*

6.3.5.3.6.1　纤维板—喷水试验

纤维板外包装：模拟使其暴露于降雨量大约 5cm/h 的情况，对容器样品喷水至少 1h，然后进行 6.3.5.3.1 所述的试验。

6.3.5.3.6.2　塑料材料—冷态条件

塑料主容器或外包装：容器样品应在 −18℃ 或更低的温度环境中放置至少 24h，并在移出该环境后 15min 之内进行 6.3.5.3.1 所述的试验。容器样品有干冰时，放置时间应减至 4h。

6.3.5.3.6.3　拟装干冰的包装—附加跌落试验

包装打算放置干冰时，除按照第 6.3.5.3.1、6.3.5.3.6.1 或 6.3.5.3.6.2（适用时）中所述的试验之外，还应另做一项试验。将一个样品存放至所有干冰消失为止，然后将该样品按照 6.3.5.3.2 要求对可能最易导致包装失效的一个方式进行跌落试验。

6.3.5.4 *穿透试验*

6.3.5.4.1　*总质量为 7kg 或以下的包装*

样品放置在水平的坚硬表面上。让一个重至少 7kg、直径 38mm、撞击端呈边角，半径不超过 6mm 的圆柱形钢棒（见图 6.3.5.4.2）从 1m 高处垂直自由落下，1m 是指从撞击端到样品撞击面的距离。一个样品底部朝下放置，另一个样品放置的方向与第一个放置的方向垂直。每次试验，钢棒应对准主容器撞击。每次撞击后，只要主容器没有泄漏，辅包装被击穿是可以接受的。

6.3.5.4.2　*总质量超过 7kg 的包装*

让样品向一个圆柱形钢棒顶端落下。钢棒应垂直固定在水平坚硬表面上。钢棒直径为 38mm，上端边角呈半径不超过 6mm（见图 6.3.5.4.2）。钢棒高出水平表面的距离至少等于主容器中心与外包装外表面间的距离，而且不得少于 200mm。一个样品从 1m 高处（从钢棒顶端量起）垂直自由落下，另一个样品也从同样高度跌落，但方位与第一个样品的方位呈直角关系。每次试验，钢棒应对准主容器撞击。每次撞击后，只要主容器没有泄漏，辅包装被击穿是可以接受的。

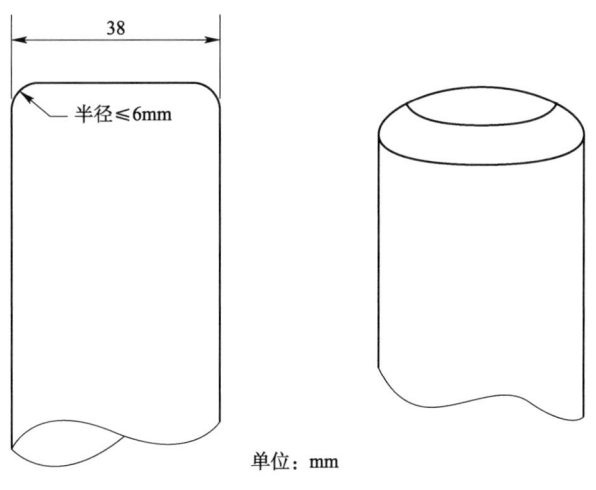

图 6.3.5.4.2

6.3.5.5 *试验报告*

6.3.5.5.1 应编写至少有下列详细资料的试验报告,并提供给包装使用者:
1. 试验机构名称和地址;
2. 申请人名称和地址(如适用);
3. 试验报告的唯一标识;
4. 试验和报告的日期;
5. 包装制造商;
6. 包装设计类型描述(如规格、材料、封闭装置、厚度等),包括生产方式(如吹模法),还可包括图纸和(或)照片;
7. 最大容量;
8. 试验内容;
9. 试验描述和结论;
10. 试验报告应签有姓名和签字人的职务。

6.3.5.5.2 试验报告还应包含一个声明,说明按照运输准备的包装已按本章的相关规定进行了试验,使用其他包装方式或部件可能导致报告无效。试验报告的一个副本应提供给主管机关。

第 6.4 章 用于放射性物质包件的制造、试验以及对该类放射性物质的批准要求

6.4.1 （保留）

6.4.2 一般要求

6.4.2.1 在设计包件时,应考虑其质量、体积和形状,以便安全地运输。此外,包件还应设计为在运输期间能便于固定在运输工具内或运输工具上。

6.4.2.2 这种设计应使包件上的提吊附加装置在按预期的方式使用时不会失效,而且,即使在提吊附加装置失效时,也不会削弱包件满足本标准其他要求的能力。设计时应考虑相应的安全系数,以适应突然吊起。

6.4.2.3 包件外表面上可能用于提吊包件的附加装置和任何其他部件,应依据 6.4.2.2 的要求设计成能够承受包件的质量,或应将其设计成是可拆卸的或使其在运输期间不能被使用。

6.4.2.4 应尽实际可能把包装设计和加工成其外表面无凸出部分并易于去污。

6.4.2.5 应尽实际可能把包装的外表面设计成可防止集水和积水。

6.4.2.6 运输期间附加在包件上的但不属于包件组成部分的任何部件均不得降低其的安全性。

6.4.2.7 包件应能经受在常规运输条件下可能产生的任何加速度、振动或共振的影响,并且无损于容器上的各种密封装置的有效性或包件的完好性。尤其应把螺母、螺栓和其他紧固部件装置设计成即使经多次使用后也不会意外地松动或脱落。

6.4.2.8 包装和部件或构件的材料在物理和化学性质上均应彼此相容,并且与放射性内装物相容。应考虑这些材料在辐射下的行为。

6.4.2.9 有可能引起放射性内装物泄漏的所有阀门均应具有防止其被擅自操作的保护措施。

6.4.2.10 包件的设计应考虑在运输的常规条件下有可能遇到的环境温度和压力。

6.4.2.11 除了要考虑到 7.5.11 CV33(3.3)(b)和(3.5)的规定,包件设计还应提供足够的屏蔽,以确保在常规运输条件下和装有包件设计所允许装载的最大量放射性内装物时,包件外表面任意一点的辐射水平均不应超过 2.2.7.2.4.1.2、4.1.9.1.10 和 4.1.9.1.11 规定的相应限值。

6.4.2.12 对于具有其他危险性质的放射性物质,包件设计应考虑到这些危险性质(见 2.1.3.5.3 和 4.1.9.1.5)。

6.4.2.13 包件的制造商和随后的分销商应提供其遵守有关规程的信息,并说明密封圈装置和其他必需的部件的类型和尺寸(包括垫圈),以确保所提供用于运输的包件能够满足本章规定的可适用的性能试验要求。

6.4.3 （保留）

6.4.4 对例外包件的要求

例外包件的设计应满足 6.4.2 的要求。

6.4.5 对工业包件的要求

6.4.5.1 对IP-1、IP-2和IP-3型包件,应满足6.4.2和6.4.7.2的要求。

6.4.5.2 对IP-2型包件,如果按照6.4.15.4和6.4.15.5的要求进行试验后,可以防止:
(a) 放射性内装物的漏失或弥散;和
(b) 包件外表面上任何一点最大辐射水平增加20%以上。

6.4.5.3 对IP-3型包件,应能满足6.4.7.2~6.4.7.15的所有要求。

6.4.5.4 *对IP-2包件和IP-3型包件的其他要求*

6.4.5.4.1 满足以下条件的包件可作为IP-2型包件:
(a) 满足6.4.5.1的要求;
(b) 在设计上符合6.1章中对Ⅰ类或Ⅱ类包装的要求;
(c) 当按照6.1章中对Ⅰ类或Ⅱ类包装的要求进行试验时,可以防止:
（ⅰ） 放射性内装物的漏失或弥散;和
（ⅱ） 包件外表面上任何一点最大辐射水平增加20%以上。

6.4.5.4.2 满足以下条件的可移动罐柜也可用作IP-2型或IP-3型包件:
(a) 满足6.4.5.1的要求;
(b) 在设计上符合6.7章的要求,并能经受265kPa的试验压力;和
(c) 为它们设计的附加屏蔽应能经受装卸和常规运输条件下产生的静应力和动应力,并且能防止可移动罐柜外表面上任何一点最大辐射水平增加20%以上。

6.4.5.4.3 除可移动罐柜外,其他罐也可作为IP-2型或IP-3型包件来运输表4.1.9.2.5规定的LSA-Ⅰ和LSA-Ⅱ液体和气体,其前提条件是:
(a) 满足6.4.5.1的要求;
(b) 在设计上符合6.8章的要求;和
(c) 为它们设计的附加屏蔽应能经受装卸和运输的常规条件产生的静应力和动应力,并且能防止罐体外表面上任何一点最大辐射水平增加20%以上。

6.4.5.4.4 具有永久封闭特性的集装箱,也可用作IP-2型或IP-3型包件,其前提条件是:
(a) 放射性内装物仅限于固态物质;
(b) 满足6.4.5.1的要求;
(c) 在设计上应符合ISO1496-1:1990:"系列1集装箱—技术规范和试验—第1部分:一般货物集装箱"和之后的修改版1:1993、2:1998、3:2005、4:2006和5:2006(尺寸和额定值除外)。如果在设计上考虑按照该文件所规定的要求进行试验,当常规运输条件下出现加速度时,可以防止:
（ⅰ） 放射性内装物的漏失或弥散;和
（ⅱ） 集装箱外表面任何一点的最高辐射水平增加20%以上。

6.4.5.4.5 金属中型散装容器也可用作IP-2型或IP-3型包件,其前提条件是:
(a) 满足6.4.5.1的要求;和
(b) 在设计上符合6.5章中对Ⅰ类或Ⅱ类包装组的要求,若它们按照该文件中的规定进行试验,且以最易造成损坏的方向进行跌落试验,可以防止:
（ⅰ） 放射性内装物的漏失或弥散;
（ⅱ） 包件任何外表面上的最高辐射水平增加20%以上。

6.4.6 对盛装六氟化铀包件的要求

6.4.6.1 设计盛装六氟化铀的包件应当满足本标准中其他部分对关于材料的放射性和易裂变特性规定的要求。除6.4.6.4所允许的条件外,超过0.1kg(含0.1kg)的六

氟化铀的包装和运输应满足 ISO 7195:2005"核能—运输六氟化铀(UF6)的包件"的规定和 6.4.6.2 和 6.4.6.3 的要求。

6.4.6.2 用于盛装大于或等于 0.1kg 六氟化铀的每一个包件,其设计应满足下述要求:
(a) 能经受按照 6.4.21.5 的要求进行的结构试验,且无泄漏和无不可接受的应力(见 ISO 7195:2005 的规定),6.4.6.4 中允许的情况除外;
(b) 能经受按照 6.4.15.4 的要求进行的自由跌落试验,且六氟化铀无漏失或弥散;和
(c) 能经受按照 6.4.17.3 的要求进行的热试验,而包容系统无破损,6.4.6.4 中允许的情况除外。

6.4.6.3 设计用来盛装大于或等于 0.1kg 六氟化铀的包件,不应设有减压装置。

6.4.6.4 设计用来盛装大于或等于 0.1kg 六氟化铀的包件,满足下列情况,经多方批准后可以运输:
(a) 不是按照 ISO 7195:2005 的要求设计,但其具于与这些要求等效的安全水平;和/或
(b) 能够承受按照 6.4.21.5 规定的小于 2.76MPa 的试验压力,无泄漏且未出现不可接受的应力;和/或
(c) 设计用来盛装大于等于 9000kg 的六氟化铀的包件,不需要满足 6.4.6.2(c) 的要求,在所有其他方面,应满足 6.4.6.1~6.4.6.3 规定的要求。

6.4.7 对 A 型包件的要求

6.4.7.1 A 型包件的设计应符合 6.4.2 和 6.4.7.2~6.4.7.17 的要求。

6.4.7.2 包件的最小外部总尺寸不得小于 10cm。

6.4.7.3 包件的外部应装有类似铅封之类的部件。该部件应不易损坏,其完好无损即可证明包件未曾打开过。

6.4.7.4 包件上的任何栓系附件应设计成在正常运输条件和事故条件下其所受的力均不会降低该包件满足本标准要求的能力。

6.4.7.5 包件的设计应考虑包装各部件的温度范围:-40℃~70℃。应注意液体的凝固温度,以及在此给定温度范围内,包装材料的性能可能下降。

6.4.7.6 设计和制造工艺均应符合国家标准或国际标准,或主管机关认可的其他要求。

6.4.7.7 设计应包括一个包容系统,该系统应被一种不能被意外打开的强制紧固装置或利用包件内部可能产生的压力所牢固地加以紧闭。

6.4.7.8 可把特殊形式放射性物质视为包容系统的一个组成部分。

6.4.7.9 若包容系统构成包件的一个独立单元,则它应能被一种强制紧固装置牢固地加以紧闭,且该装置应独立于包装的其他构件。

6.4.7.10 包容系统任何组件的设计,在必要时应考虑液体和其他易损物质的辐射分解,以及因化学反应和辐射分解所产生气体。

6.4.7.11 在环境压力降至 60kPa 的情况下,包容系统应仍能保持其放射性内装物不泄漏。

6.4.7.12 除减压阀外,所有阀门均应配备密封罩以包封通过阀门的任何泄漏。

6.4.7.13 辐射屏蔽层作为包容系统的一部分,将包件的某一部件包裹起来,其设计应能防止该部件意外地与屏蔽层脱离。在辐射屏蔽层与其包裹的部件构成一个独立单元时,该屏蔽层应能用独立于任何其他包装构件的强制性紧固装置牢固地加以密闭。

6.4.7.14 包件应设计成能够经受按照 6.4.15 的要求进行的试验,将可以防止:
(a) 放射性内装物的漏失或弥散;和
(b) 包件任何外表面上的最高辐射水平增加 20% 以上。

6.4.7.15　对盛装液体放射性物质的包件,在设计上应考虑留出液面上部空间,以适应内装物的温度、动力学效应和充填动态效应方面的变化。

装液体的 A 型包件

6.4.7.16　设计用来盛装液体放射性物质的 A 型包件还应:

(a) 如果该包件能够经受按照 6.4.16 的要求进行的试验,且完全满足 6.4.7.14(a)的要求;和

(b) 任选以下其一
  (ⅰ) 配备足以吸收两倍液体内装物体积的吸收剂,这种吸收剂应置于适当的部位上,以便在发生泄漏事件时能与液体内装物相接触;或
  (ⅱ) 配备一个由主内部包容件和辅外部包容件组成的包容系统,用以保证即使在主内部包容件发生泄漏时仍将液体内装物截留在辅外部包容件内。

装气体的 A 型包件

6.4.7.17　设计用于盛装气体的包件,如果该包件能够经受按照 6.4.16 的要求进行的试验,应能防止放射性内装物的漏失或弥散。为氚气或惰性气设计的 A 型包件可不受这种要求的限制。

6.4.8　对 B(U)型包件的要求

6.4.8.1　应把 B(U)型包件设计成能够满足 6.4.2 和 6.4.7.2~6.4.7.15 规定的要求,但 6.4.7.14(a)规定的要求除外,此外还应满足 6.4.8.2~6.4.8.15 规定的要求。

6.4.8.2　包件的设计在 6.4.8.5 和 6.4.8.6 规定的环境条件下,放射性内装物在正常运输条件下在包件内产生的热量,如 6.4.15 中的试验所示,不会因一周无人看管使得包件不能满足对包容和屏蔽的可适用要求,从而对包件造成不利影响。应特别注意这种热效应,它可能引起一个或多个以下情况:

(a) 改变放射性内装物的布置、几何形状或物理状态,或若放射性物质封装在罐或容器内(例如带包壳的燃料元件)的,则可能使包壳、容器或放射性物质变形或熔化;

(b) 因辐射屏蔽材料产生不同程度的热膨胀或破裂或熔化而降低包装的功能;

(c) 因受湿气影响而加速腐蚀。

6.4.8.3　除专用运输的包件外,应把包件设计成在 6.4.8.5 规定的环境条件下,且无曝晒时,包件可接触表面的温度不得高于 50℃。

6.4.8.4　按专用运输的包件外,在 6.4.8.5 规定的环境条件下,且在不受曝晒时,包件的任何可容易接触表面在运输过程中最高温度不得高于 85℃。可以考虑使用屏障或隔板来保护运输人员,而这些屏障或隔板不需接受任何试验。

6.4.8.5　应假设环境温度为 38℃。

6.4.8.6　应假设太阳曝晒条件如表 6.4.8.6 所示。

曝晒数据　　　　表 6.4.8.6

项目	表面的形状和位置	每天曝晒12h 的曝晒量(W/m²)
1	水平运输的平坦表面—向下	0
2	水平运输的平坦表面—向上	800
3	垂直运输的表面	200[a]
4	其他(非水平的)向下的表面	200[a]
5	所有其他表面	400[a]

[a] 另一种办法是可使用一个正弦函数,采用一个吸收系数并忽略邻近物体可能的反射效应。

6.4.8.7	为满足6.4.17.3的耐热试验要求,应把配备热保护层的包件设计成在包件接受6.4.15及6.4.17.2(a)和(b)或6.4.17.2(b)和(c)(视情况而定)规定的试验后,这种保护层仍将有效。包件外表面上的任何这种保护层不得因撕扯、切割、拖行、磨损或野蛮装卸而失效。
6.4.8.8	包件应设计为,若其接受:

(a) 6.4.15规定的试验后,能使放射性内装物的漏失限制在每小时不大于10^{-6} A_2;和

(b) 6.4.17.1、6.4.17.2(b)、6.4.17.3和6.4.17.4规定的试验,以及在:

 (i) 按照6.4.17.2(c)规定的试验,对包件质量不超过500kg,依据外部尺寸计算的总体密度不大于$1000kg/m^3$,放射性内装物的活度大于$1000A_2$,且不是特殊形式放射性物质时;或

 (ii) 按照6.4.17.2(a)规定的试验,(对所有其他的包件而言)。

包件应满足下述要求:

——能保持足够的屏蔽能力,保证包件所装的放射性内装物达到设计的最大值时,距包件表面1m处的辐射水平不会超过10mSv/h;和

——一周内放射性内装物累积漏失,对氪—85而言限制在不大于$10A_2$,对所有其他放射性核素而言不大于A_2。

在包件内装有不同放射性核素的混合物时,应实施2.2.7.7.2.4~2.2.7.7.2.6的规定,其中对氪—85可应用一个相等的$10A_2$的$A_2(i)$有效值。对于上述(a)项的情况,评定时应考虑4.1.9.1.2中所述的外部污染限值。

6.4.8.9	盛装放射性活度大于$10^5 A_2$的放射性内装物的包件,应设计成在接受了6.4.18规定的强化水浸没试验后,包容系统不会破裂。
6.4.8.10	应在不依赖过滤器,也不依赖机械冷却系统的条件下,满足允许的放射性活度释放限值的要求。
6.4.8.11	包件的包容系统不应设置泄压系统,以避免包容系统一旦处在6.4.15和6.4.17规定的试验条件的环境中会导致放射性物质向环境中释放。
6.4.8.12	包件应设计为,如果处于最大正常工作压力下,以及在接受6.4.15和6.4.17规定的试验后,包容系统的变形不会导致使包件不能满足可适用要求的程度。
6.4.8.13	包件的最大正常工作压力不得超过700kPa表压。
6.4.8.14	盛装低弥散放射性物质的包件在设计时,应使附加在这种物质上的辅件(它不成为放射性物质的一部分)或包装内部的任何部件都不得对低弥散放射性物质的性能有不利影响。
6.4.8.15	包件的设计应能适用于-40℃~38℃的环境温度。

6.4.9 对B(M)型包件的要求

6.4.9.1	B(M)型包件应满足6.4.8.1中对B(U)型包件所规定的要求。但仅在某一个特定的国家内或仅在某几个特定的国家之间运输的包件除外,在经这些国家主管机关批准后,可采取不同于6.4.7.5、6.4.8.4~6.4.8.6和6.4.8.9~6.4.8.15所规定的条件。尽管如此,也应尽实际可能,满足6.4.8.4和6.4.8.9~6.4.8.15中对B(U)型包件所规定的要求。
6.4.9.2	运输期间可允许对B(M)型包件进行间歇性通风,条件是该通风的操作管理需经主管机关认可。

6.4.10 对C型包件的要求

6.4.10.1	C型包件设计应满足6.4.2和6.4.7.2~6.4.7.15[除6.4.7.14(a)外],6.4.8.2~

6.4.8.6、6.4.8.10~6.4.8.15 和 6.4.10.2~6.4.10.4 规定的要求。

6.4.10.2 　　把包件置于热导率为 0.33W/(m·K)和温度稳定在38℃的环境后,包件应符合 6.4.8.8(b)和6.4.8.12对试验所规定的评定标准。评定的初始条件应假定包件的热绝缘保持未受损、包件处于最大正常工作压力下,环境温度38℃。

6.4.10.3 　　为使包件能承受最大工作压力,设计应满足下列条件:
(a) 经6.4.15规定的试验,放射性内装物的漏失限制在每h不大于$10^{-6}A_2$;和
(b) 经6.4.20.1规定的系列试验,
　(i) 包件能保持足够的屏蔽能力,即在包件盛装的放射性内装物达到所设计的最大数量时,能保证距离包件表面1m处的辐射水平不会超过10mSv/h;且
　(ii) 一周内放射性内装物的累积漏失,对于氪—85,限制在不大于$10A_2$,对于所有其他放射性核素而言,不大于A_2。

包件内装有不同放射性核素的混合物时,应实施 2.2.7.7.2.4~2.2.7.7.2.6 的规定,其中对氪—85,可应用一个相等的$10A_2$的$A_2(i)$有效值。对于上述(a)项的情况,评定时应考虑4.1.9.1.2中所述的外部污染限值。

6.4.10.4 　　包件的设计应在接受6.4.18规定的强化水浸没试验后,包容系统不会破裂。

6.4.11 　　**对盛装易裂变材料的包件的要求**

6.4.11.1 　　运输易裂变材料应做到:
(a) 在运输的常规条件、正常条件和事故条件下应保持次临界状态,特别应考虑下述意外事件:
　(i) 水渗入包件或从包件泄出;
　(ii) 内装的中子吸收剂或慢化剂失效;
　(iii) 放射性内装物在包件内重新排列或因其从包件漏失而重新排列;
　(iv) 包件内或包件之间的间距缩小;
　(v) 包件浸没在水中或埋入雪中;和
　(vi) 温度变化;
(b) 应满足下述要求,即:
　(i) 6.4.7.2中规定的要求,2.2.7.2.3.5(e)中特别允许的无包装材料除外;
　(ii) 本标准其他条款规定的与材料放射性特性有关的要求;
　(iii) 6.4.7.3中规定的要求,2.2.7.2.3.5规定的材料除外;
　(iv) 6.4.11.4~6.4.11.14的要求,2.2.7.2.3.5,6.4.11.2或6.4.11.3规定的材料除外。

6.4.11.2 　　盛装易裂变材料的包件,满足下述(d)中的规定以及(a)~(c)中的一项规定,可以无再需满足6.4.11.4~6.4.11.14的要求。
(a) 装有任何形式易裂变材料的包件,条件是:
　(i) 包件的最小外廓尺寸不小于10cm;
　(ii) 按以下公式计算包件的临界安全指数:

$$CSI = 50 \times 5 \times \left(\frac{铀—235的质量(g)}{Z} + \frac{包件内其他易裂变核素^*的质量(g)}{280}\right)$$

*钚可以是任何同位素组成,条件是包件中钚—241的含量小于钚—240的含量。

式中Z的值取自表6.4.11.2;

　(iii) 任何包件的临界安全指数不超过10;

(b) 装有任何形式易裂变材料的包件,条件是:
  (ⅰ) 包件的最小外廓尺寸不小于30cm;
  (ⅱ) 包件经过6.4.15.1～6.4.15.6规定的试验后:
    —保持其易裂变材料内装物;
    —包件的最小外廓尺寸保持在至少30cm;
    —防止边长10cm的立方体进入;
  (ⅲ) 按以下公式计算包件的临界安全指数:

$$CSI = 50 \times 2 \times \left(\frac{铀—235的质量(g)}{450} + \frac{包件内其他易裂变核素^*的质量(g)}{280} \right)$$

*钚可以是任何同位素组成,条件是包件中钚—241的含量小于钚—240的含量。

式中Z的值取自表6.4.11.2;

  (ⅳ) 任何包件的临界安全指数不超过10。

(c) 装有任何形式的易裂变材料的包件,条件是:
  (ⅰ) 包件最小外廓尺寸不小10cm;
  (ⅱ) 包件在接受6.4.15.1～6.4.15.6规定的试验后:
    —保持其易裂变材料内装物;
    —包件的最小外廓尺寸保持在至少10cm;
    —防止边长10cm的立方体进入;
  (ⅲ) 按以下公式计算包件的临界安全指数:

$$CSI = 50 \times 2 \times \left(\frac{铀—235的质量(g)}{450} + \frac{包件内其他易裂变核素^*的质量(g)}{280} \right)$$

*钚可以是任何同位素组成,条件是包件中钚—241的含量小于钚—240的含量;

  (ⅳ) 任何包件中易裂变核素的最大质量不超过15g;

(d) 单个包件中铍、富集氘的含氢材料、石墨和碳的其他同素异形体的总质量不应大于包件中易裂变核素的总质量,任何1000g物质中这些物质的总浓度不超过1g的情况除外。总质量不得大于包件中易裂变核素的质量,铜合金中掺入的铍质量百分比达4%的情况可不予考虑。

根据6.4.11.2用于计算临界安全指数所用的Z值 表6.4.11.2

铀富集度[a]	Z
铀富集度达到1.5%	2200
铀富集度达到5%	850
铀富集度达到10%	660
铀富集度达到20%	580
铀富集度达到100%	450

[a] 如果包件中装载的铀,所含铀—235的富集度不同,则应取富集度最高的对应值为Z值。

6.4.11.3　装有不超过1000g钚的包件无须适用6.4.11.4～6.4.11.14的要求,条件是:
  (a) 其中不超过20%的钚为易裂变核素;
  (b) 包件的临界安全指数根据以下公式计算而来:

$$CSI = 50 \times 2 \times \left(\frac{钚的质量(g)}{1000} \right)$$

  (c) 如果同时存在铀和钚,铀的质量应不超过钚质量的1%。

6.4.11.4　在不了解化学或物理形态、同位素组成、质量或浓度、慢化比或密度,或几何构形的情况下,做6.4.11.8～6.4.11.13的评估,假定每个未知参数均具有在评估中的已知条件和参数条件下产生最大中子增殖的数值。

6.4.11.5 对于辐射核燃料,6.4.11.8~6.4.11.13中要求的评估,应根据显示以下结果的同位素成分进行:
(a) 辐射期间产生最大的中子增殖;或
(b) 包件评估对中子增殖的保守估计,在辐射之后但在装运之前,应进行测量,以确认对同位素组成的保守估计。

6.4.11.6 在接受6.4.15规定的试验后,包件应:
(a) 保持最小外部总尺寸至少为10cm;且
(b) 能防止边长10cm的立方体进入。

6.4.11.7 除非主管机关在包件设计的批准证书中做出其他规定,否则包件的设计应能适用于-40℃~38℃的环境温度。

6.4.11.8 对于隔离包件,应假设水能渗入包件的所有空隙,包括包容系统内的空隙,或从这些空隙中漏出。然而,若在设计上采取一些特殊措施,防止水从一些空隙中渗入或漏出(即使是由于失误造成的),则可以假设在这些空隙处不会出现渗漏。特殊措施应包括:
(a) 使用多重高标准防水层,在对包件做6.4.11.13(b)规定的试验后,应有至少两道防水层仍能防漏;包装的制造、维护和修理应实行严格的质量控制;每一次装运前均须经过试验,检验每个包件的密闭性;或
(b) 对于仅盛装六氟化铀并且铀—235富集度质量百分比不超过5%的包件:
(i) 包件在接受6.4.11.13(b)规定的试验后,包装的阀门和任何其他部件之间除原来的连接点外无任何实际接触,此外,在接受6.4.17.3规定的试验后,阀门仍旧是不漏的;和
(ii) 在包装的制造、维护和修理中进行严格的质量控制,以及每次装运前进行验证每个包件密闭性的试验。

6.4.11.9 假设密封系统得到至少20cm厚水层的切近反射,或包装周围材料可能额外地提供更强的反射。然而,当能够证明在经受6.4.11.13(b)规定的试验后密封系统仍在包装内时,可以在6.4.11.10(c)中假设,包件得到至少20cm厚水层的切近反射。

6.4.11.10 包件在6.4.11.8和6.4.11.9所述的条件下应是次临界的,并且产生最大中子增殖的包件条件符合:
(a) 例行运输条件(无意外事件);
(b) 6.4.11.12(b)规定的试验;
(c) 6.4.11.13(b)规定的试验。

6.4.11.11 (保留)

6.4.11.12 对于运输的正常条件,应推导包件件数"N",对于符合下述情况提供最大中子增殖的排列和包件条件,5倍"N"个包件是次临界的:
(a) 包件之间应无任何物品,包件排列应受到周围至少20cm厚水层的反射;和
(b) 若包件经受了6.4.15规定的试验,则包件的状态应处于被评定或被证实的情况。

6.4.11.13 对于运输的事故条件,应推导包件件数"N",对于符合下述3种假设情况提供最大中子增殖的排列和包件条件,2倍"N"个包件是次临界的:
(a) 包件间存在含氢慢化物,包件排列四周受到至少20cm厚水层的反射;和
(b) 先做6.4.15规定的试验,接下来做下述两组试验中限制性较大的一组试验:

- （ⅰ） 6.4.17.2(b)和6.4.17.2(c)（对于质量不超过500kg和依据外部尺寸计算的总体密度不大于1000kg/m³的包件）或6.4.17.2(a)（对于其他所有包件）规定的试验,随后是6.4.17.3规定的试验以及6.4.19.1～6.4.19.3规定的试验;或
- （ⅱ） 6.4.17.4规定的试验。和
- (c) 在接受6.4.11.13(b)规定的试验后,有任何易裂变材料从包容系统中漏失时,应假设易裂变材料从阵列的每个包件中漏失,并且所有易裂变材料处于那种能导致最大中子增殖的构形和慢化条件,以及受到至少20cm厚水层的切近反射。

6.4.11.14　装有易裂变材料的包件,临界安全指数(CSI)应由50除以6.4.11.12和6.4.11.13中导出的两个N值中较小的一个得出（即$CSI = 50/N$）。只要数量不限的包件是次临界的（即N在两种情况下实际上均是无限大）,则临界安全指数的值可以为零。

6.4.12　试验程序和遵章证明

6.4.12.1　应使用下列任何一种方法或这些方法的组合,来证明2.2.7.2.3.1.3、2.2.7.2.3.1.4、2.2.7.2.3.3.1、2.2.7.2.3.3.2、2.2.7.2.3.4.1、2.2.7.2.3.4.2和6.4.2～6.4.11所要求的性能标准得到遵守:
- (a) 使用能代表LSA-Ⅲ物质或特殊形式放射性物质或低弥散放射性物质的试样,或者使用包装的原型或样品进行试验。试验用的试样或包装的内装物应尽实际可能模拟放射性内装物的预期成分,并且模拟试验的试样或包装应按照运输条件去准备;
- (b) 援引以往性质足够相似的令人满意的证明;
- (c) 使用包含对所研究物项有重要意义的那些特点的适当比例模型时行试验,如工程经验业已表明这类试验的结果适合用于设计目的。当使用比例模型时,包装考虑到需要调整某些试验参数,如贯穿件直径或压力载荷;
- (d) 计算或推论,如计算程序和参数被普遍认为是可靠或保守的。

6.4.12.2　在试样、原型或样品在接受试验后,应使用适当的评估方法,以确保在遵守2.2.7.2.3.1.3、2.2.7.2.3.1.4、2.2.7.2.3.3.1、2.2.7.2.3.3.2、2.2.7.2.3.4.1、2.2.7.2.3.4.2和6.4.2～6.4.11规定的性能和认可标准方面,试验程序的要求已得到满足。

6.4.12.3　试验前应检查所有的试样,以查明并记录包括下述诸项在内的缺陷或损坏:
- (a) 偏离设计;
- (b) 制造缺陷;
- (c) 腐蚀或其他变质;和
- (d) 装置变形。

应清楚地说明包件的包容系统。应清楚地描述出试样的外部形态,以便能够简单而明确地提及试样的任一部分。

6.4.13　包容系统和屏蔽的完好性试验及临界安全的评估

在进行了6.4.15～6.4.21规定的每一适用的试验之后:
- (a) 应查明并记录缺陷和损坏;
- (b) 应确定包容系统和屏蔽的完好性是否保持在6.4.2～6.4.11中对接受试验的包件所要求的程度;和

(c) 对于装有易裂变材料的包件,应确定在6.4.11.1~6.4.11.14所要求的评估中对一个或多个包件所用的假设或条件是否正确。

6.4.14　跌落试验用靶

2.2.7.2.3.3.5(a)、6.4.15.4、6.4.16(a)、6.4.17.2和6.4.20.2规定的跌落试验用靶,应是一种具有下述特性的平坦水平表面,即在受到试样冲击后,靶的抗位移能力或抗变形能力的任何增加,均不会明显地增加试样的受损程度。

6.4.15　验证承受正常运输条件能力的试验

6.4.15.1　这些试验是:喷水试验、自由跌落试验、堆码试验和贯穿试验。包件试样应接受自由跌落试验、堆码试验和贯穿试验,并在每种试验之前先接受喷水试验。只要满足6.4.15.2的要求,一个试样可用于所有的试验。

6.4.15.2　从喷水试验结束至后续试验开始之间的时间间隔应是这样的,即水以最大程度地渗入,同时试样外表面无明显的干处。在没有任何相反证据的情况下,若同时从四面向试样喷水,则这段时间间隔应为2h。然而,若依次从每个方向相继向试样喷水,则无须时间间隔。

6.4.15.3　喷水试验:试样应经受模拟试样在降雨量约5cm/h的环境中暴露至少1h的喷水试验。

6.4.15.4　自由跌落试验:为了检测安全特性。试样应以受到最严重损坏方式跌落在靶上:

(a) 从试样的最低点至靶的上表面测得的跌落高度不得小于表6.4.15.4中对适用质量所规定的距离,该靶应满足6.4.14的要求;

(b) 对质量不超过50kg的矩形纤维板或木制包件,应以不同的试样进行从0.3m高处自由跌落在每个棱角上的试验;

(c) 对质量不超过100kg的圆柱形纤维板包件,应以不同的试样进行从0.3m高处自由跌落在每个凸缘的每个方位上的试验。

试验包件承受正常运输条件的能力的自由跌落距离　表6.4.15.4

包件质量(kg)	自由跌落距离(m)
包件质量<5000	1.2
5000≤包件质量<10000	0.9
10000≤包件质量<15000	0.6
15000≤包件质量	0.3

6.4.15.5　堆码试验:除非包装的形状能有效地防止堆积,否则试样应在24h内一直承受下述两种试验中压力载荷较大者:

(a) 相当于包件最大质量的5倍;和

(b) 相当于13kPa与包件竖直投影面积的乘积。

应将载荷均匀地加在试样的两个相对面上,其中一个面应是包件通常搁置的底部。

6.4.15.6　贯穿试验:应把试样置于在试验中不会显著移动的刚性平坦的水平面上:

(a) 应将一根直径为3.2cm、一端呈半球形、质量为6kg的棒直接自由落体,在纵轴沿垂直地面方向,正好落在试样最薄弱部分的中心部位。如果若贯穿深度足够深,则包容系统将受到冲击。该棒不能因进行试验而显著变形;

(b) 所测棒的下端至试样上表面预计冲击点的跌落高度应是1m。

6.4.16　用于装液体和气体的A型包件的附加试验

一个试样或多个不同的试样应接受下述每种试验,除非能够证明某种试验对于所

涉试样比其他试验更为严格,在这种情况下,一个试样应经受较为严格的试验:

(a) 自由跌落试验:试样应以使包容系统受到最严重损坏的方式跌落在靶上。从试样的最低部分至靶的上表面测得的跌落高度应为9m。该靶应满足6.4.14规定的要求;

(b) 贯穿试验:试样应接受6.4.15.6规定的试验,但跌落高度应从6.4.15.6(b)所规定的1m增至1.7m。

6.4.17 **验证承受运输过程中事故条件能力的试验**

6.4.17.1 试样应依次地经受6.4.17.2和6.4.17.3规定试验的累积效应。在这些试验之后,该试样或者另一个试样还应经受6.4.17.4规定的水浸没试验的作用,如必要时还须经受6.4.18的试验。

6.4.17.2 力学试验:力学试验包括三种不同的跌落试验。每一试样都应接受6.4.8.7或6.4.11.13规定的相应可适用的跌落试验。试样接受跌落试验的次序应遵循这样的原则,即在完成力学试验后,试样所受的损坏将导致试样在随后的耐热试验中会受到最严重的损坏:

(a) 跌落试验Ⅰ,试样应以使试样受到最严重损坏的方式跌落在靶上,从试样的最低点至靶上表面测得的跌落高度应是9m。该靶应满足6.4.14规定的要求;

(b) 跌落试验Ⅱ,试样应跌落在一根棒上,棒与靶面垂直并牢固地固定在靶上,以便造成试样最大程度的损坏。从试样的预计冲击点至棒的上表面测得的跌落高度应是1m。该棒应由圆形截面直径为(15.0cm±0.5cm)、长度为20cm的实心低碳钢制成,除非更长的棒会造成更严重的损坏,而在这种情况下,应使用一根足够长的棒以造成最大的损坏。棒的上端应是平坦而又水平的,其边缘呈圆角,圆角半径不大于6mm。装有棒的靶应满足6.4.14规定的要求;

(c) 跌落试验Ⅲ,试样应接受动态压碎试验,即把试样置于靶上,以便使试样在500kg质重的物体从9m高处跌落在试样上时受到最严重的损坏。该重物应是一块1m×1m的实心低碳钢板,并以水平姿态跌落。跌落高度应从钢板底面至试样最高点测量。搁置试样的靶应满足6.4.14规定的要求。

6.4.17.3 耐热试验:试样在环境温度38℃的条件下,经受表6.4.8.6中所规定的太阳曝晒条件和放射性内装物在包件内的最大设计内发热率,应是热平衡的。也允许任何这些参数在试验前和试验期间具有不同的数值,但条件是在随后评估包件反应时须适当考虑到这些数值。

耐热试验应包括:

(a) 使试样在这样的热环境中暴露30min,即其提供的热通量至少相当于在全静止的环境中烃类燃料/空气火焰的热通量,产生的最小平均火焰发射系数为0.9,平均温度至少为800℃,试样完全被火焰吞没,表面吸收系数0.8或包件暴露在所规定的火焰中时可被证明将具有的数值;和

(b) 试样暴露在38℃环境温度并经受表6.4.8.6中所规定的太阳曝晒条件和放射性内装物在包件内的最大设计内发热率,时间足够长,以保证试样各部位的温度降至和/或接近初始稳定状态条件,也允许任何这些参数在加热停止后具有不同的数值,但在随后评估包件反应时须适当考虑到这些数值。

在试验期间和试验后,不得人为地冷却试样,并且应允许试样的材料燃烧自然地

6.4.17.4	水浸没试验:试样应在至少15m的水柱压力下并以那种会导致最严重损坏的状态浸没不少于8h。作为示范,至少150kPa的外表压可视为满足这些条件。
6.4.18	**含超过$10^5 A_2$的B(U)型和B(M)型包件以及C型包件的强化水浸没试验**
	强化水浸没试验:试样应在至少200m的水柱压力下浸没不少于1h。作为示范,至少2MPa的外表压可视为满足这些条件。
6.4.19	**装有易裂变材料的包件的水泄漏试验**
6.4.19.1	为达到评估6.4.11.8~6.4.11.13规定的目的,已假设其水渗入或泄出的程度会导致最大反应的包件,可不接受此项试验。
6.4.19.2	试样在接受下面规定的水泄漏试验之前,应接受6.4.11.13所要求的6.4.17.2(b)和6.4.17.2(a)或(c)规定的试验,以及6.4.17.3规定的试验。
6.4.19.3	试样应在至少0.9m的水柱压力下并以那种预期会引起最严重泄漏的状态浸没不少于8h。
6.4.20	**C型包件的试验**
6.4.20.1	试样应依照规定的次序接受每一下述试验系列的效应:
	(a) 6.4.17.2(a)、6.4.17.2(c)、6.4.20.2和6.4.20.3规定的试验;和
	(b) 6.4.20.4规定的试验。
	单个试样允许用于系列(a)和(b)中的每一试验。
6.4.20.2	穿刺/撕裂试验:试样应接受低碳钢制垂直实心探头的破坏效应试验。包件试样的方向和包件表面上的冲击点,应能使试样在6.4.20.1(a)规定的试验系列结束时受到最严重的破坏:
	(a) 质量小于250kg的包件试样,应置于靶上,接受从预定冲击点上方3m高处落下的质量为250kg探头的撞击。对于这种试验,探头应是一根直径为20cm的圆柱形棒,其冲击端为平截头直立圆锥体:高30cm,顶端直径2.5cm,其边缘半径四舍五入后不超过6mm。安置试样的靶应符合6.4.14的规定;
	(b) 对于质量为250kg或更重的包件,探头的底部应置于靶上,并使试样跌落在探头上。跌落高度,即从试样的冲击点量至探头的上表面应是3m。对于这种试验,探头应具有与上文(a)所规定者相同的特性和尺寸,但探头的长度和质量应能使试样受到最严重的破坏。探头底部放置的靶应符合6.4.14的规定。
6.4.20.3	强化耐热试验:本试验的条件应与6.4.17.3的规定相同,但在热环境中暴露的时间应是60min。
6.4.20.4	冲击试验:试样应以不小于90m/s的速度向靶冲击,冲击的取向应能使其受到最严重的破坏。该靶应符合6.4.14的规定,但靶的表面可取任何方向,只要该表面对试样的路径是垂直的。
6.4.21	**对用于装载大于或等于0.1kg六氟化铀包装的检查**
6.4.21.1	每一个制造的包装及其辅助设备和工具,无论是联合的还是单独的,都应在投入使用之前进行首次检查和之后进行定期检查。这些检查的执行和检验都应经主管机关的同意。

6.4.21.2	首次检查应包括设计性能、结构试验、防漏试验、水容积测试和辅助设备工具可操作性检查。
6.4.21.3	定期检查应包括表观检查、结构试验、防漏试验和服务设备满意操作的检查。定期检查的最大间隔时间为5年。在5年间没有进行检查的容器,应当根据主管机关批准的有关程序在运输之前进行检查。在完成定期检查的整个程序之前,它们不应用于再次装载。
6.4.21.4	设计性能的检查应证明符合设计类型规范和制造程序的要求。
6.4.21.5	设计用来盛装大于或等于0.1 kg六氟化铀的容器,其首次结构试验应在内压至少为1.38 MPa的情况下进行液压试验,但是,当试验压力小于2.76 MPa时,设计需要多方的批准。对于重新试验的容器,经多方批准后可以使用任何其他等效的无损试验。
6.4.21.6	防漏试验应根据有关程序执行,在包容系统中能够指示泄漏,其灵敏度为$0.1 Pa \cdot L/s$($10^{-6} bar \cdot L/s$)。
6.4.21.7	容器的水容积应当在参考温度为15℃,精确度为±0.25%时确定。体积应如6.4.21.8中描述的那样在金属盘上标明。
6.4.21.8	由非腐蚀性金属制成的金属盘应牢固地固定在每一个包装容易接近的地方。固定金属盘的方法不应损坏容器的强度。至少,通过盖章或其他等效方法标明以下这些细节: —批准号; —出厂序列号; —最大工作压力(量规压力); —试验压力(度量压力); —盛装物质:六氟化铀; —以L为单位的容量; —六氟化铀的最大允许装载质量; —皮重; —首次检测和最近一次定期检测的日期(月,年); —执行检测的专家盖章。
6.4.22	**包件设计和材料的批准**
6.4.22.1	盛装0.1 kg或更多六氟化铀包件的设计批准要求: (a) 每个满足6.4.6.4要求的设计,均须经多方面的批准; (b) 每个满足6.4.6.1~6.4.6.3要求的设计,应经原设计国主管机关的单方批准,除非ADR另外要求多方批准。
6.4.22.2	B(U)型包件和C型包件的每项设计均应经单方批准,但下述情况除外: (a) 亦须符合6.4.22.4、6.4.23.7和5.1.5.2.1规定的易裂变材料的包件,设计应经多方批准;和 (b) 盛装低弥散放射性物质的B(U)型包件,设计应经多方批准。
6.4.22.3	每个B(M)型包件的设计,包括那些需要符合6.4.22.4、6.4.23.7和5.1.5.3.1规定的盛装易裂变材料用包件的设计和盛装低弥散放射性物质用包件的设计,均须经多方批准。
6.4.22.4	每项盛装易裂变材料的包件设计,凡根据2.7.2.3.5(a)~(f)、6.4.11.2和6.4.11.3中的任何一段不能豁免者,应经多方批准。
6.4.22.5	特殊形式放射性物质的设计应经单方批准。低弥散放射性物质的设计应经多方

批准(也见6.4.23.8)。

6.4.22.6　根据2.7.2.3.5(f)可不按"易裂变的"分类的易裂变材料,设计应得到多方批准。

6.4.22.7　根据2.7.2.2.2(b)免管托运的仪器或物品,其替代放射性活度限值应经过多方批准。

6.4.22.8　任何需要来自ADR协定组织单方面批准的设计,都应获得这个国家主管机关的批准;如果设计此包件的国家不是ADR协定组织,允许在下列条件下运输:
(a) 这个国家提供了一个证书证明包件满足ADR的技术要求,并且证明证书已通过委托的方式由ADR缔约组织的首个国家的主管机关签署过;
(b) 如果既没有证书,也没有ADR协定组织提供的包件设计批准,包件设计通过委托的方式由ADR缔约组织的首个国家的主管机关批准。

6.4.22.9　过渡措施下批准的设计,见1.6.6。

6.4.23　放射性物质运输的申请和批准

6.4.23.1　(保留)

6.4.23.2　装运批准申请书应包括:
(a) 请求批准的与装运有关的期限;
(b) 实际的放射性内装物、预期的运输方式、运输工具的类型以及可能采用的或所建议的运输路线;和
(c) 如果适用,根据5.1.5.2.1(a)(ⅴ)、(ⅵ)或(ⅶ)颁发的包件设计批准证书,其中提及预防措施、行政管理或作业管制措施如何付诸实施的细节。

6.4.23.3　在特殊安排下的装运,批准申请书应包括所有必要资料,可使主管机关相信,运输过程中的总体安全水平至少相当于ADR全部适用要求均得到满足时所达到的安全水平。

申请书还应包括:
(a) 托运货物在哪些方面不能完全符合适用要求及其理由的陈述;和
(b) 为了弥补未能满足适用要求的不足,在运输期间拟采取的任何特殊预防措施或者特殊行政管理或操作管理措施的陈述。

6.4.23.4　B(U)型和C型包件设计的批准申请书应包括:
(a) 拟装的放射性内装物的详细描述,并说明其物理状态和化学形态以及所发射辐射的性质;
(b) 设计的详细陈述,包括整套工程图纸、材料清单和制作方法;
(c) 已进行的试验及其结果的陈述,或基于计算方法的证据,或证明设计足以满足适用要求的其他证据;
(d) 所建议的容器使用操作和维修规程;
(e) 若包件设计的最大正常工作压力超过100kPa表压,包容系统的制造材料说明拟取的样品和拟进行的试验;
(f) 在拟装的放射性内装物是受辐射的燃料时,一份陈述和在该燃料特性的安全分析中所作任何假设的理由,以及6.4.11.5(b)要求的任何装运前测量的说明;
(g) 就拟使用的各种运输方式和运输工具或货物集装箱的类型而言,为保证包件安全散热所需的任何特殊堆放规定;
(h) 表明包件构造的、尺寸不大于21cm×30cm的可复制例图;和
(i) 1.7.3要求的适用管理制度的详细说明。

6.4.23.5　B(M)型包件设计的批准申请,除应列入6.4.23.4对B(U)型包件要求的一般资

料外，还应包括：

(a) 包件不符合 6.4.7.5、6.4.8.4～6.4.8.6 和 6.4.8.9～6.4.8.15 所规定要求的清单；

(b) ADR 中通常未作规定的，但为确保包件安全或为弥补上文(a)所列的不足而有必要在运输期间施行的任何建议的附加操作管理；

(c) 与运输方式的任何限制以及与任何特殊的装载、运载、卸载或转载程序有关的陈述；

(d) 关于预期在运输过程中可能遇到的，以及在设计上已经考虑到的环境条件范围(温度、太阳辐射)的说明。

6.4.23.6　盛装大于或等于 0.1kg 六氟化铀的包件，设计批准申请书应包括一切必要资料，可使主管机关认为设计符合 6.4.6.1 中的适用要求，还应包括 1.7.3 要求的相关管理制度的详细说明。

6.4.23.7　易裂变材料包件的批准申请书应包括为使主管机关认为设计满足 6.4.11.1 的适用要求所需的全部资料，和 1.7.3 要求的适用质量保证方案的详细说明。

6.4.23.8　特殊形式放射性物质的设计和低弥散放射性物质的设计批准申请书应包括：

(a) 放射性物质的详细描述，或者若是密封盒，内装物的详细描述，应特别说明物理状态和化学形态；

(b) 拟使用的任何密封盒设计的详细陈述；

(c) 已进行的试验及其结果的陈述，或基于计算方法的用以表明放射性物质能够符合性能标准的证据，或用以表明特殊形式放射性物质或低弥散放射性物质满足 ADR 适用要求的其他证据；

(d) 1.7.3 所要求的适用管理制度的详细说明；和

(e) 拟用于特殊形式放射性物质或低弥散放射性物质托运的任何装运前行动。

6.4.23.9　根据表 2.7.2.1.1，在 2.7.2.3.5(f) 下可不按"易裂变的"进行分类的易裂变材料，其设计批准申请书应包括：

(a) 有关材料的详细说明，应特别说明物理状态和化学形态；

(b) 已进行的试验及试验结果说明，或基于计算方法得出的证据，表明该材料能够满足 2.2.7.2.3.6 规定的要求；

(c) 1.7.3 要求的相关管理制度的详细说明；

(d) 装运前应采取的具体行动的说明。

6.4.23.10　免管托运的仪器或物品，其替代放射性活度限值的批准申请书应包括：

(a) 仪器或物品的标识和详细说明，预定用途和所掺入的放射性核素；

(b) 仪器或物品中放射性核素的最大活度；

(c) 仪器或物品所引起的最大外部辐射水平；

(d) 仪器或物品所含放射性核素的物理和化学形态；

(e) 仪器或物品制造和设计的详细情况，特别是在例行、正常和事故运输条件下保持和屏蔽放射性核素的详细情况；

(f) 适用的管理制度，包括适用于放射源、部件和成品的质量检验和核查程序，以确保不超过规定的放射性物质活度最大值或对仪器或物品规定的最大辐射水平，并确保制造的仪器或物品符合设计技术规格；

(g) 预计每批托运货物和每年将运输的仪器或物品的最大数量；

(h) 根据《国际电离辐射防护和辐射源安全的基本安全标准》，安全系列第 115 号(原子能机构，维也纳，1996 年)规定的原则和方法进行的剂量评估，包括根据托运货物可能遇到的典型运输情形，在例行、正常和事故运输条件下引起的对运输工人和普通公众的个人剂量,以及必要时的集体剂量。

6.4.23.11　主管机关应为其颁发的每份批准证书指定一个识别标记。标记采用下述通用形式:

VRI/编号/类型代号

(a) 除 6.4.23.12(b)所述的情况外,VRI 代表证书颁发国的国际车辆注册识别代号❶;

(b) 编号应由主管机关指定,对于特定的设计或装运,或免管托运货物的替代放射性活度限值,应是特有的和专用的。装运批准证书的识别标记,应明确与设计批准证书的识别标记相关;

(c) 应按所列次序使用下述类型代号,用以表示所颁发的批准证书的类型:

AF	盛装易裂变材料的 A 型包件设计
B(U)	B(U)型包件设计[B(U)F 如果盛装易裂变材料]
B(M)	B(M)型包件设计[B(M)F 如果盛装易裂变材料]
C	C 型包件设计(CF 如果盛装易裂变材料)
IF	盛装易裂变材料的工业包件设计
S	特殊形式放射性物质
LD	低弥散放射性物质
FE	符合 2.2.7.2.3.6 要求的裂变材料
T	装运
X	特殊安排
AL	免管托运的仪器或物品替代放射性活度限值

不裂变或例外的易裂变六氟化铀,其包件设计,如上述代号都不适用,应使用下述类型代号:

H(U)	单方批准
H(M)	多方批准;

(d) 对于包件设计和特殊形式放射性物质的批准证书(不包括按 1.6.6.2～1.6.6.4 的规定所颁发的过渡容器批准证书),以及对于低弥散放射性物质的批准证书,应将符号"-96"加在类型代号的后面。

6.4.23.12　这些识别标记应按下述方式使用:

(a) 每份证书和每个包件应贴有由上文 6.4.23.11(a)、(b)、(c)和(d)规定的符号组成的适当识别标记,但对于包件,仅需在第二条斜线之后标上适用的设计类型代号,适用时包括符号"-96",也就是说,不得在包件识别标记上标上"T"或"X"。在设计批准证书和装运批准证书合二为一时,无须重复使用类型代号。例如:

A/132/B(M)F-96:　批准用于盛装易裂变材料的 B(M)型包件设计,须经多方批准,奥地利主管机关为其指定的设计编号是132(既标在包件上,也标在包件设计批准证书上);

A/132/B(M)F-96T:　为贴有上述识别标记的包件颁发的装运批准证书(仅标在该证书上);

A/137/X:　奥地利主管机关颁发的特殊安排批准证书,为其指定的编号是137(仅标在该证书上);

---

❶　见《公路交通维也纳公约》(1986)。

	A/139/IF－96：	奥地利主管机关批准的盛装易裂变材料的工业包件设计,为其指定的包件设计编号是139（既标在包件上,也标在包件设计批准证书上）；和
	A/145/H(U)－96：	奥地利主管机关批准的盛装例外的易裂变六氟化铀的包件设计,为其指定的包件设计编号是145（既标在包件上,也标在包件设计批准证书上）；

(b) 如多方批准是通过6.4.23.20规定的认可实现的,仅需使用原设计国或原装运国发给的识别标记。如多方批准是通过一系列国家相继证书实现的,每份证书均应标上适当的识别标记,并且其设计如此批准的包件应标上所有的适当识别标记。例如：

A/132/B(M)F－96

CH/28/B(M)F－96

是最初由奥地利批准,随后由瑞士通过颁发另一证书批准的包件的识别标记。附加的识别标记将以类似的方式标在包件上；

(c) 应在证书的识别标记后面用括号形式表示证书的修订。例如,A/132/B(M)F－96(Rev.2)表示奥地利颁发的包件设计批准证书的第二次修订版,或者,A/132/B(M)F－96(Rev.0)表示奥地利颁发的包件设计批准证书的初版。对于初版,括号内的词是可选的,也可用诸如"初次发行"等其他的词来代替"初版"。证书修订编号只能由颁发原批准证书的国家发给；

(d) 附加符号（可视各国要求而定）可以加在识别标记末尾的括号内,例如,A/132/B(M)F－96(SP503)；

(e) 不必在每次修订设计证书时,都改变容器上的识别标记。仅在包件设计证书的修订涉及识别标记第二道斜线后面的包件设计类型代号字母的更改时,才应重新标记。

6.4.23.13 主管机关为特殊形式放射性物质或低弥散放射性物质颁发的每份批准证书应包括下述资料：

(a) 证书类型；

(b) 主管机关识别标记；

(c) 颁发日期和失效日期；

(d) 批准特殊形式放射性物质或低弥散放射性物质所依据适用的国家条例和国际条例清单,包括国际原子能机构《放射性物质安全运输条例》版本；

(e) 特殊形式放射性物质或低弥散放射性物质的标识；

(f) 特殊形式放射性物质或低弥散放射性物质的描述；

(g) 特殊形式放射性物质或低弥散放射性物质的设计说明书,其中可包括图纸的附加说明；

(h) 放射性内装物的详细说明,包括所涉的放射性活度,还可包括物理状态和化学形态；

(i) 1.7.3所要求的适用质量保证方案的详细说明；

(j) 申请人提供的与装运前须采取的特殊措施有关的资料的说明；

(k) 若主管机关认为有必要,申请人身份的说明；

(l) 核证官员的签字和身份。

6.4.23.14 作为例外可不按"易裂变的"分类的材料,主管机关颁发的每份批准证书均应包括下述资料：

- (a) 证书类型;
- (b) 主管机关的识别标记;
- (c) 颁发日期和失效日期;
- (d) 适用的国家和国际规章清单,包括批准此例外所依据的国际原子能机构《放射性物质安全运输条例》版本;
- (e) 关于例外材料的描述;
- (f) 对例外材料技术规格的限制;
- (g) 申请人提供的与装运前须采取的具体行动有关的资料说明;
- (i) 如主管机关认为有必要,申请人身份的说明;
- (j) 核证官员的签字和身份;
- (k) 证明已遵守 2.2.7.2.3.6 所要求的文件说明。

6.4.23.15 主管机关为特殊安排颁发的每份批准证书应包括下述资料:

- (a) 证书类型;
- (b) 主管机关识别标记;
- (c) 颁发日期和失效日期;
- (d) 运输方式;
- (e) 对运输方式、运输工具类型和货物集装箱的任何限制以及任何必要的运输路线说明;
- (f) 批准特殊安排所依据适用的国家条例和国际条例清单,包括国际原子能机构《放射性物质安全运输条例》版本;
- (g) 下述声明:
  "本证书并不免除发货人遵守包件运输将经过或进入的任何国家政府的任何要求的责任";
- (h) 对替代放射性内装物的批准证书、其他主管机关的认可书或者是主管机关认为必要的附加技术数据或资料的说明;
- (i) 依据图纸或设计规格对容器的描述。若主管机关认为有必要,还应提供表明包件构造、尺寸不大于 $21cm \times 30cm$ 的可复制例图,并附上对容器的扼要说明,包括制造材料、总质量、总的外部尺寸和外观;
- (j) 所批准的放射性内装物的详细说明,包括从容器的种类可能看不出的对放射性内装物的任何限制。说明应包括放射性内装物的物理状态和化学形态;所涉的放射性活度(必要时,包括各种同位素的放射性活度);易裂变材料,或视情况而定,每种易裂变核素,以克为单位的质量;以及是否是特殊形式放射性物质、低弥散放射性物质,或适用时,根据 2.2.7.2.3.5(f),例外的易裂变材料;
- (k) 此外,对于盛装易裂变材料的包件:
  - (ⅰ) 所批准的放射性内装物的详细描述;
  - (ⅱ) 临界安全指数值;
  - (ⅲ) 证明内装物临界安全的文件说明;
  - (ⅳ) 任何在评估临界度时曾据此假设某些空间不存在水的特征;
  - (ⅴ) 根据实际的辐射经验在评估临界度时假设的中子增殖变化的任何裕量[基于 6.4.11.5(b)];和
  - (ⅵ) 批准特殊安排的环境温度范围;
- (l) 托运货物的准备、装载、运载、卸载或转载所需的任何补充操作管理措施的详细清单,包括安全散热所需的任何特殊堆放规定;

(m) 若主管机关认为有必要,特殊安排的理由;
(n) 由于按特殊安排装运而须采取的补充措施的说明;
(o) 申请人提供的与容器的使用或与装运前须采取特殊措施有关的资料的说明;
(p) 关于为设计目的假设的视情况与6.4.8.5、6.4.8.6和6.4.8.15所规定者不一致的环境条件的陈述;
(q) 主管机关认为必要的任何应急安排;
(r) 1.7.3要求的适用管理制度的详细说明;
(s) 若主管机关认为有必要,申请人的身份和承运人的身份的说明;
(t) 核证官员的签字和身份。

6.4.23.16 主管机关为装运颁发的每份批准证书应包括下述资料:
(a) 证书类型;
(b) 主管机关识别标记;
(c) 颁发日期和失效日期;
(d) 批准装运所依据适用的国家条例和国际条例清单,包括国际原子能机构《放射性物质安全运输条例》版本;
(e) 对运输方式、运输工具类型和货物集装箱的任何限制以及任何必要的运输路线指示;
(f) 下述声明:
"本证书并不免除发货人遵守包件运输将经过或进入的任何国家政府的任何要求的责任";
(g) 托运货物的准备、装载、运载、卸载或转载所需的任何补充操作管理措施的详细清单,包括安全散热或维持临界安全所需的任何特殊堆放规定;
(h) 申请人提供的与装运前须采取的特殊措施有关的资料的说明;
(i) 适用的设计批准证书的说明;
(j) 实际放射性内装物的详细说明,包括从容器的种类可能看不出的对放射性内装物的任何限制。这应包括放射性内装物的物理状态和化学形态;所涉的总放射性活度(必要时,包括各种同位素的放射性活度);易裂变材料,或视情况而定,每种易裂变核素,以克为单位的质量;以及是否是特殊形式放射性物质、低弥散放射性物质,或适用时,根据2.2.7.2.3.5(f),例外的易裂变材料;
(k) 主管机关认为必要的任何应急安排;
(l) 1.7.3要求的适用管理制度的详细说明;
(m) 若主管机关认为有必要,申请人的身份说明;
(n) 核证官员的签字和身份。

6.4.23.17 主管机关为包件设计颁发的每份批准证书,应包括下述资料:
(a) 证书类型;
(b) 主管机关识别标记;
(c) 颁发日期和失效日期;
(d) 对运输方式的任何限制(必要时);
(e) 批准设计所依据适用的国家条例和国际条例清单,包括国际原子能机构《放射性物质安全运输条例》版本;
(f) 下述声明:
"本证书并不免除发货人遵守包件运输将经过或进入的任何国家政府的任何要求的责任";

(g) 对替代放射性内装物的批准证书、其他主管机关的认可书或者主管机关认为必要的附加技术数据或资料的说明;

(h) 在依据 5.1.5.1.2 需要装运批准时,有关批准装运的陈述(若认为有必要);

(i) 容器的标识;

(j) 依据图纸或设计规格对容器的描述。若主管机关认为有必要,还应提供表明包件构造、尺寸不大于 21 cm×30 cm 的可复制例图,并附有对容器的扼要说明,包括制造材料、总质量、总的外部尺寸和外观;

(k) 依据图纸对设计的详细说明;

(l) 所批准的放射性内装物的详细说明,包括从容器的种类可能看不出的对放射性内装物的任何限制。这应包括放射性内装物的物理状态和化学形态;所涉的放射性活度(必要时,包括各种同位素的放射性活度);易裂变材料,或视情况而定,每种易裂变核素,以克为单位的质量;以及是否是特殊形式放射性物质、低弥散放射性物质,或适用时,根据 2.2.7.2.3.5(f),例外的易裂变材料;

(m) 包容系统的说明;

(n) 盛装易裂变材料、根据 6.4.22.4 需要得到多方批准的包件设计:
  (ⅰ) 所批准的放射性内装物的详细说明;
  (ⅱ) 封闭系统的说明;
  (ⅲ) 临界安全指数值;
  (ⅳ) 证明内装物临界安全的文件说明;
  (ⅴ) 任何在评估临界度时曾据此假设某些空间不存在水的特征;
  (ⅵ) 根据实际的辐射经验,在评估临界度时假设的中子增殖变化的任何裕量[基于 6.4.11.5(b)];
  (ⅶ) 批准包件设计的环境温度范围;

(o) 对于 B(M)型包件,就包件不符合的 6.4.7.5、6.4.8.4、6.4.8.5、6.4.8.6 和 6.4.8.9～6.4.8.15 中的规定所作的陈述,以及对其他主管机关可能有用的任何补充资料;

(p) 对于盛装大于 0.1 kg 六氟化铀的包件,说明所有适用的 6.4.6.4 中的要求,以及任何可能对其他主管机关有用的补充资料;

(q) 托运货物的准备、装载、运载、卸载和转载所需的任何补充操作管理措施的详细清单,包括安全散热所需的任何特殊堆放规定;

(r) 申请人提供的与容器的使用或与装运前须采取的措施有关的资料的说明;

(s) 关于为设计目的假定的视情况与 6.4.8.5、6.4.8.6 和 6.4.8.15 所规定者不一致的环境条件的陈述;

(t) 1.7.3 要求的管理制度的详细说明;

(u) 主管机关认为必要的任何应急安排;

(v) 若主管机关认为有必要,申请者的身份说明;

(w) 核证官员的签字和身份。

6.4.23.18　免管托运的仪器或物品,主管机关按照 5.1.5.2.1(d)颁发的每份替代放射性活度限值证书应包括以下资料:

(a) 证书类型;

(b) 主管机关的识别标记;

(c) 颁发日期和失效日期;

(d) 适用的国家和国际规章清单,包括批准此豁免所依据的原子能机构《放射性物质安全运输条例》版本;

(e) 仪器或物品标识;

(f) 仪器或物品的说明;

(g) 仪器或物品的设计技术规格;

(h) 免管托运的仪器或物品的放射性核素和已获批准的替代放射性活度限值的详细说明;

(i) 证明已遵守 2.2.7.2.2.2(b) 的文件说明;

(j) 若主管机关认为有必要,申请者的身份说明;

(k) 核证官员的签字和身份。

6.4.23.19　按主管机关在 1.6.6.2.1、1.6.6.2.2、6.4.22.2、6.4.22.3 和 6.4.22.4 下批准的设计制造的每个容器,应作序列编号并向主管机关通报。

6.4.23.20　多方批准可通过认可原设计国或原装运国主管机关颁发的原始证书来实现。这种认可可以采取由该装运途经国或抵达国主管机关在原始证书上批注的形式或颁发另外的批注、附录、附页等形式来实现。

第6.5章 中型散装容器(IBCs)的制造和试验要求

6.5.1 一般要求

6.5.1.1 范围

6.5.1.1.1 本章的要求适用于中型散装容器(IBCs),中型散装容器(IBCs)被明确批准按照3.2章表A第(8)栏指定的包装指南运输某些危险货物。满足6.7章或6.8章要求的可移动罐柜和罐式集装箱不能视为中型散装容器(IBCs)。满足本章要求的中型散装容器(IBCs)不能视为是满足ADR要求的容器。以下文本中使用的字母IBC,仅指中型散装容器。

6.5.1.1.2 在特殊情况下,中型散装容器及其辅助设备虽不严格符合本章的要求,但符合其他可接受的条件,可由主管机关考虑认可。此外,考虑到科技进步,主管机关可考虑采用其他的替代方案,这些替代方案在与所运输物质的性质相容方面至少具有同等的使用安全,并且具有同等或更高的抗冲击、耐重载和防火能力。

6.5.1.1.3 中型散装容器的制造、辅助设备、试验、标记及操作应得到批准中型散装容器的国家主管机关认可。

注:中型散装容器投入使用后在其他国家执行检验和试验的组织,不必得到中型散装容器批准国家主管机关的认可,但检验和试验应按照中型散装容器批准中所指定规则来进行。

6.5.1.1.4 中型散装容器的制造商及后续经销商应提供所遵守程序的信息,并说明封闭装置(包括垫片)的类型和尺寸,以及确保用于运输的包装能够通过本章规定适用的性能试验所需的任何其他部件。

6.5.1.2 (保留)

6.5.1.3 (保留)

6.5.1.4 中型散装容器的指示性代码系统

6.5.1.4.1 代码应包括(a)中规定的两个阿拉伯数字;随后是(b)中规定的一个大写字母,再后是某一节中具体提到的表明中型散装容器类型的一个阿拉伯数字。

(a)

类型	装固体,装货或卸货方式		装液体
	靠重力	靠施加10kPa(0.1bar)以上的压力	
刚性	11	21	31
柔性	13	—	—

(b) 材料

A. 钢(各种型号及表面处理)
B. 铝
C. 天然木
D. 胶合板
F. 再生木
G. 纤维板
H. 塑料
L. 纺织品
M. 多层纸

N. 金属(钢或铝除外)。

6.5.1.4.2 对于复合材料的中型散装容器,应把两个大写拉丁字母依次写在代码的第二个位置上。第一个字母表示中型散装容器内容器的材料,第二个字母表明中型散装容器外包装的材料。

6.5.1.4.3 以下是中型散装容器类型和代码:

材料		类型	编码	段次
金属				
A.钢		装固体,靠重力装货或卸货	11A	6.5.5.1
		装固体,靠加压装货或卸货	21A	
		装液体	31A	
B.铝		装固体,靠重力装货或卸货	11B	
		装固体,靠加压装货或卸货	21B	
		装液体	31B	
N.钢和铝以外的材料		装固体,靠重力装货或卸货	11N	
		装固体,靠加压装货或卸货	21N	
		装液体	31N	
柔性材料				
H.塑料		编织塑料,无涂层、无衬里	13H1	6.5.5.2
		编织塑料,有涂层	13H2	
		编织塑料,有衬里	13H3	
		编织塑料,有涂层、有衬里	13H4	
		塑料薄膜	13H5	
L.纺织品		无涂层、无衬里	13L1	
		有涂层	13L2	
		有衬里	13L3	
		有涂层、有衬里	13L4	
M.纸		多层	13M1	
		多层,防水	13M2	
H.硬质塑料		装固体,靠重力装货或卸货,配备结构件	11H1	6.5.5.3
		装固体,靠重力装货或卸货,独立式	11H2	
		装固体,靠加压装货或卸货,配备结构件	21H1	
		装固体,靠加压装货或卸货,独立式	21H2	
		装液体,配备结构件	31H1	
		装液体,独立式	31H2	
HZ.带塑料内容器的复合中型散装容器[a]		装固体,靠重力装货或卸货,带硬质塑料内容器	11HZ1	6.5.5.4
		装固体,靠重力装货或卸货,带软塑料内容器	11HZ2	
		装固体,靠加压装货或卸货,带硬质塑料内容器	21HZ1	
		装固体,靠加压装货或卸货,带软塑料内容器	21HZ2	
		装液体,带硬质塑料内容器	31HZ1	
		装液体,带软塑料内容器	31HZ2	
G 纤维板		装固体,靠重力装货或卸货	11G	6.5.5.5

1098

续上表

材料	类型	编码	段次
木质			
C. 天然木	装固体,靠重力装货或卸货,带内衬	11C	
D. 胶合板	装固体,靠重力装货或卸货,带内衬	11D	6.5.5.6
F. 再生木	装固体,靠重力装货或卸货,带内衬	11F	

^a *代码中的字母Z 应由一个6.5.1.4.1(b)中规定的表示外壳所用材料性质的大写字母取代。*

6.5.1.4.4　　中型散装容器代码之后可加字母"W"。字母"W"表示中型散装容器虽然是与代码所示者相同的型号,但制造规程不同于6.5.5 节规定,并且按照6.5.1.1.2 中的要求被视为等同。

6.5.2　标记

6.5.2.1　主要标记

6.5.2.1.1　　根据 ADR 制造和拟使用的每个中型散装容器,都应有耐久而清晰的标记。标记应贴在容易见到的位置,字母、数字和符号应至少有12mm 高,并表明:

(a) 联合国包装符号:

本符号仅用于证明包装、可移动罐柜或多单元气体容器满足第6.1、6.2、6.3、6.5、6.6 或 6.7 章相关规定,不得用于其他任何目的。对采用敲打或浮雕此符号的金属中型散装容器,也可以使用两个大写字母"UN"代替该符号;

(b) 按6.5.1.4 规定的表示中型散装容器的代码;

(c) 表示设计类型已被批准的包装类别的一个大写字母;

(i) X 代表 Ⅰ、Ⅱ 和 Ⅲ 类包装(仅用于装固体的中型散装容器);

(ii) Y 代表 Ⅱ 和 Ⅲ 类包装;

(iii) Z 仅代表 Ⅲ 类包装;

(d) 制造月份和年份(最后两位数字);

(e) 授予该标记的批准国,采用国际通行的机动车辆识别符号表示❶;

(f) 制造厂的名称或标志以及主管机关规定的其他中型散装容器识别符号;

(g) 以 kg 表示的堆码试验负荷,对于不是设计用于堆码的中型散货的容器,应用数字"0"标明;

(h) 以 kg 表示的最大允许总质量。

上面要求的主要标记应按下面各分段的顺序标出。6.5.2.2 要求的标记以及主管机关批准的任何其他标记,应使标记的各部分仍能正确地识别。

根据第(a)~(h)条及6.5.2.2 所作标记的每一个内容都应清楚地隔开以便于识别,如用一斜线或空格的形式。

6.5.2.1.2　　按照上文6.5.2.1.1(a)~(h)为各种型号中型散装容器作标记举例:

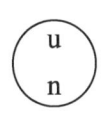 11A/Y/0299
NL/Mulder007
5500/1500

表示装运固体靠重力卸货的钢制金属中型散装容器/Ⅱ 和 Ⅲ 类包装/1999 年 2 月制造/荷兰批准/由 Mulder 制造,设计类型的序列号由主管机关定为007/堆码试验载荷以 kg 表示/最大允许总质量以 kg 表示。

---

❶ 显著标志用于《公路交通维也纳公约》(1968)中规定的国际交通中机动车符号。

| ⓤⓝ | 13H3/Z/03 01
F/Meunier17 13
0/1500 | 表示装运固体靠重力卸货,用编织塑料制成,并有衬里的柔性中型散装容器/不适合于堆码。 |

| ⓤⓝ | 31H1/Y/04 99
GB/9099
10800/1200 | 装液体的用塑料制成的硬质塑料中型散装容器,具有能承受堆码载荷的结构件。 |

| ⓤⓝ | 31HA1/Y/0501
D/Muller/1683
10800/1200 | 装液体的配有硬质塑料内容器和钢制外壳组成的复合中型散装容器。 |

| ⓤⓝ | 11C/X/0102
S/Aurigny9876
3000/910 | 授权Ⅰ、Ⅱ和Ⅲ类包装的固体货物,带有内衬的木质中型散装容器。 |

6.5.2.2 *附加标记*

6.5.2.2.1 每一个中型散装容器应贴有 6.5.2.1 要求的标记,此外,下列内容应标于防腐蚀的标牌上,并永久固定在容易检查的位置。

附加标记	中型散装容器类别				
	金属	硬质塑料	复合	纤维板	木质
20℃时的容量,L[a]	X	X	X		
自重,用 kg 表示[a]	X	X	X	X	X
试验压力(表压),kPa 或 bar[a],如果适用		X	X		
最大装货/卸货压力,kPa 或 bar[a],如果适用	X	X	X		
箱体材料和最小厚度,mm	X				
最近一次密封性试验日期,如果适用(月份和年份)	X	X	X		
最近一次检查日期(月份和年份)	X	X	X		
出厂序列号码	X				
最大允许堆码载荷[b]	X	X	X	X	X

[a] *应标明所使用的单位。*
[b] *见6.5.2.2.2,本附加标记应适用于所有自2011年1月1日起生产、维修或改制的中型散装容器(也可见1.6.1.15)。*

6.5.2.2.2 当使用中型散装容器时,应将适用的最大允许堆码负荷标于如下图 6.5.2.2.2-1 或图 6.5.2.2.2-2 所示的符号上。该符号应持久并清晰可见。

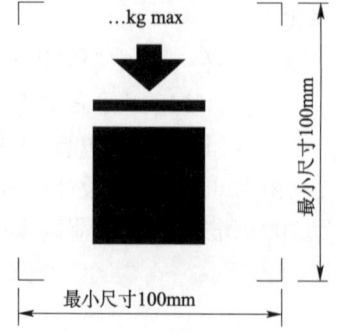

图 6.5.2.2.2-1　可堆码的中型散装容器

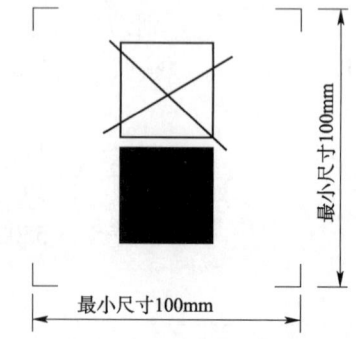

图 6.5.2.2.2-2　不可堆码的中型散装容器

该符号的最小尺寸为100mm×100mm。标明质量的字母和数字应至少为12mm高。尺寸箭头标注的印刷标记以内的区域应是正方形。当尺寸没有明确时,所有的特征应与那些给出的图形尺寸比例相当。符号上方标记的质量应不超过设计类型试验时施加负荷的1/1.8(见6.5.6.6.4)。

6.5.2.2.3　除了6.5.2.1要求的标记外,柔性中型散装容器可贴有象形标识,表示所建议的提升方法。

6.5.2.2.4　自2011年1月1日起制造的复合中型散装容器的内容器应按照6.5.2.1.1(b)、(c)、(d)(该日期为塑料内容器制造日期)、(e)和(f)中所述的规定进行标记。不适用联合国包装标记。标记顺序按照6.5.2.1.1中的要求进行。当内容器放在外壳内时,标记应是耐久、清晰的,并贴在容易见到的位置。

塑料内容器的制造日期也可以在储器的剩余空白处标出。在这种情况下,在标记中标明制造年份的两位数字与在钟表盘内圈中的标记一致。一种合适的标记方法示例是:

注:用持久、可见、清晰的形式提供最低要求信息的其他标记方法也是可以接受的。

6.5.2.2.5　如果复合中型散装容器的设计是在卸空时将外壳拆卸以便运输(例如将中型散装容器送还原发货人以便再使用),拟在拆卸时被分离的每一部件应标明制造月份和年份、制造厂的名称或符号以及主管机关确定的其他中型散装容器识别标记[见6.5.2.1.1(f)]。

6.5.2.3　与设计类型一致性

标记表明中型散装容器与成功通过试验的设计类型相一致,并且符合合格证书中所提到的要求。

6.5.2.4　改制的复合中型散装容器(31HZ1)的标记

改制的中型散装容器应按照ADR的规定给出新标记,同时6.5.2.1.1和6.5.2.2要求的标记应从原来的中型散装容器上移除或永久性覆盖。

6.5.3　制造要求

6.5.3.1　一般要求

6.5.3.1.1　中型散装容器在外界环境影响下,应能抵御或有足够的保护不会发生退化。

6.5.3.1.2　中型散装容器的制造和密封应保证在正常运输条件中可能发生的包括振动和温度、湿度或压力变化的影响下,其内装物不会发生任何泄漏。

6.5.3.1.3　中型散装容器及其封口材料应同所装货物相容或具有内保护,以使其不致发生下列危险:

(a) 被内装物侵蚀,使中型散装容器在使用上具有危险;

(b) 导致内装物起反应或分解,或与中型散装容器形成有害或危险的化合物。

6.5.3.1.4	如使用垫片,垫片应使用不受到中型散装容器内装物侵蚀的材料制成。
6.5.3.1.5	所有辅助设备应装在恰当的部位并加以防护,以尽量降低在装卸和运输过程中由于损坏而造成内装物漏出的危险。
6.5.3.1.6	中型散装容器及其配件、辅助设备和结构件的设计应能承受内装物的内压及正常装卸和运输的应力而不造成内装货物的损失。准备堆码的中型散装容器应按堆码条件设计。中型散装容器的吊装及固定装置应有足够的强度,能承受正常装卸和运输条件而不会引起整体变形或失效,其安装位置应使中型散装容器的任何部分都不引起过大的应力。
6.5.3.1.7	如中型散装容器是由一个主体放在一个框架中构成的,其结构应符合下列要求:
	(a) 主体不会与框架摩擦而对箱体造成重大损坏;
	(b) 主体始终留在框架内;
	(c) 如果主体和框架的连接部位允许相对膨胀或运动,则中型散装容器的各种设备应按这种方式固定,使其不会因为这种相对运动而破坏。
6.5.3.1.8	如装有底部卸货阀门,应使阀门安全地固定在关闭状态,而且整个卸货系统应有合适的保护以防损坏。带有杠杆封闭装置的阀门应能防止意外开启,开、关位置应易于辨认。对于装液体的中型散装容器,卸货孔还应装有辅助密封装置,例如管口盖板或等效装置。

6.5.4 试验、发证和检验

6.5.4.1 *质量保证*

中型散装容器应按主管机关认可的质量保证体系进行制造、改制和试验,以确保每个中型散装容器的制造、改制或维修符合本章的要求。

注:ISO 16106:2006 "包装—危险货物运输包件—危险货物包装,中型散装容器和大型包装—ISO 9001 应用指南"提供了可遵循程序的适当指南。

6.5.4.2 *试验规定*

中型散装容器应进行设计类型试验,并酌情按照 6.5.4.4 进行初次试验和定期试验。

6.5.4.3 *发证*

每一设计类型的中型散装容器应颁发合格证书和标记(见 6.5.2),以证明该设计类型及其装备符合试验要求。

6.5.4.4 *检验和试验*

注:关于维修后中型散装容器的试验和检验也见6.5.4.5。

6.5.4.4.1	每个金属、硬质塑料和复合中型散装容器应进行检验以满足主管机关的要求:
	(a) 在投入使用之前(包括改制后)及其后每隔不到 5 年的时间间隔内对下述项目进行检验:
	(ⅰ) 与设计类型的一致性,包括标记;
	(ⅱ) 内部和外部的状况;
	(ⅲ) 附属设备的功能是否正常。
	保温材料(如果有的话)仅需被拆除至能够正确检查到中型散装容器箱体的程度;
	(b) 在每次不超过两年半的时间内对下列项目进行检验:
	(ⅰ) 外部状况;
	(ⅱ) 辅助设备功能是否正常。
	保温材料(如果有的话)仅需被拆除至能够正确检查到中型散装容器箱体

的程度。

每个中型散装容器应在所有方面都与设计类型一致。

6.5.4.4.2　每一个装载液体或固体并用加压装卸的金属、硬质塑料和复合中型散装容器应经受适当的密封性试验,至少与6.5.6.7.3所规定的试验等效,且能够满足6.5.6.7.3中所述的试验级别:

(a) 在第一次用于运输前;

(b) 间隔不超过两年半时间。

中型散装容器应为该试验配备基本的底部封闭装置。如果试验结果不受影响,复合中型散装容器的内容器可在无外壳的情况下进行试验。

6.5.4.4.3　每次检验和试验的报告应由中型散装容器的拥有者至少保存至下一次检验或试验之日。报告应包括检验和试验结果,并注明检验和试验机构名称(标记的要求另见6.5.2.2.1)。

6.5.4.4.4　主管机关可在任何时候要求按照本章规定进行试验,以证明中型散装容器符合设计类型的要求。

6.5.4.5　*经修理的中型散装容器*

6.5.4.5.1　当中型散装容器由于撞击(例如事故)或其他原因受到了损坏,应进行修理或维护(见1.2.1中关于"中型散装容器例行维护"的定义),以便符合设计类型的要求。受损的硬质塑料中型散装容器的箱体和复合中型散装容器的内容器应进行更换。

6.5.4.5.2　除ADR要求的其他试验和检验外,还应对中型散装容器进行6.5.4.4规定的试验和检验,每次修理后按要求准备报告。

6.5.4.5.3　每次修理后,执行试验和检验的机构应在中型散装容器生产商的UN设计类型标记旁用耐久标记标明下列内容:

(a) 执行试验和检验的国家;

(b) 执行试验和检验的机构的名称或授权符号;及

(c) 试验和检验的日期(月,年)。

6.5.4.5.4　按照6.5.4.5.2进行的试验和检验可被认为满足两年半和五年定期检验的要求。

6.5.5　中型散装容器的特殊要求

6.5.5.1　*金属中型散装容器的特殊要求*

6.5.5.1.1　这些要求适用于装运液体和固体的金属中型散装容器。金属中型散装容器有三种类型:

(a) 用于装运固体的中型散装容器,重力装卸(11A,11B,11N);

(b) 用于装运固体的中型散装容器,用大于10kPa的压力装卸(21A,21B,21N);和

(c) 用于盛装用液体的中型散装容器(31A,31B,31N)。

6.5.5.1.2　主体应使用已充分证明其可焊接性及合适的延展性的金属材料制造,焊缝应熟练地焊接而成并充分保证质量。必要时应考虑金属的低温性能。

6.5.5.1.3　应避免可能导致电蚀破坏作用的不同金属之间的接触。

6.5.5.1.4　拟用于装运易燃液体的铝制中型散装容器不应有任何易锈的无保护钢制活动部件,例如顶盖、封闭装置等,因为这种钢制部件会由于同铝发生摩擦或撞击而引起危险反应。

6.5.5.1.5　金属中型散装容器要使用符合下列要求的金属材料制成:

(a) 对于钢材料,断后伸长率,以百分比表示,不应低于10000/Rm,且不低于

20%。Rm 为以 N/mm² 表示所使用的钢材保证的最低抗拉强度;

(b) 对于铝或铝合金材料,断后伸长率,以百分比表示,不应低于 $10000/6Rm$,且不低于 8%。用于确定断后伸长率的材料试样,应与轧制方向垂直的横向切取,其长度为:

$$L_0 = 5d, 或 L_0 = 5.65\sqrt{A}$$

式中:L_0——试验前材料试样的标距长度;

　　　d——直径;

　　　A——试样的截面积。

6.5.5.1.6　*最小壁厚*

(a) 如果标准钢的 $Rm \times A_0 = 10000$,则最小壁厚不应小于:

容量(C) 用 L 表示	壁厚(T)以 mm 表示			
	11A,11B,11N 型		21A,21B,21N,31A,31B,31N 型	
	无保护	有保护	无保护	有保护
$C \leq 1000$	2.0	1.5	2.5	2.0
$1000 < C \leq 2000$	$T = C/2000 + 1.5$	$T = C/2000 + 1.0$	$T = C/2000 + 2.0$	$T = C/2000 + 1.5$
$2000 < C \leq 3000$	$T = C/2000 + 1.5$	$T = C/2000 + 1.0$	$T = C/2000 + 1.0$	$T = C/2000 + 1.5$

式中:A_0——所使用的参考钢在拉伸应力下断裂时的最小伸长率(见 6.5.5.1.5)。

(b) 对(a)中所述的参考钢以外的其他金属来说,最小壁厚度由下列公式推算:

$$e_1 = \frac{21.4 \times e_0}{\sqrt[3]{Rm_1 A_1}}$$

式中:e_1——所使用金属所需的等效厚度(mm);

　　　e_0——参考钢所需的最小厚度(mm);

　　　Rm_1——所使用金属保证的最小抗拉强度(N/mm²)[见(c)];

　　　A_1——所使用金属在拉伸应力下断裂时的最小伸长率(见 6.5.5.1.5)。

然而,在任何情况下厚度都不得小于 1.5mm。

(c) 为了(b)中所述的计算,所使用金属保证的最小抗拉强度(Rm_1)应是根据国家或国际材料标准的最小值。不过,对于奥氏体钢材,当材料检验证书上表明的数值较大时,根据材料标准标明的 Rm 最小值最多可增加 15%。如果有关材料的材料标准不存在,Rm 的数值应是材料检验证书上表明的最小值。

6.5.5.1.7　压力安全泄放要求:装液体的中型散装容器应能在被火焰吞没情况下排放足够数量的蒸气,以确保箱体不会裂开。这可通过常规的压力泄放装置或其他结构件实现。开始排放的压力不得高于 65kPa(0.65bar),也不能低于在 55℃时中型散装容器受到的总表压[即内装物质的蒸气压加上空气或其他惰性气体的分压,减去 100kPa(1bar)],这个压力是根据 4.1.1.4 中界定的最大充装量确定的。所需的安全泄放装置应安装在气相空间。

6.5.5.2　柔性中型散装容器的特殊要求

6.5.5.2.1　这些规定适用于下列型号的柔性中型散装容器:

13H1　编织塑料,无涂层、无衬里

13H2　编织塑料,有涂层

13H3　编织塑料,有衬里

13H4　编织塑料,有涂层、有衬里

13H5　塑料薄膜

13L1　纺织品,无涂层、无衬里

13L2　纺织品,有涂层

13L3　纺织品,有衬里

13L4　纺织品,有涂层、有衬里

13M1　多层纸

13M2　多层纸,防水

柔性中型散装容器只用于装运固体货物。

6.5.5.2.2　箱体应用合适的材料制成。材料的强度和柔性中型散装容器的构造应与其容量和用途相适应。

6.5.5.2.3　用于制造13M1和13M2型号柔性中型散装容器的所有材料,在完全浸泡于水中不少于24h之后,至少应保持该材料抗拉强度是在相对湿度67%或更低的条件下处于平衡状态时原测得抗拉强度的85%。

6.5.5.2.4　接缝应采取缝合、热封、黏合或其他等效方法。所有缝合的接缝端都应加以紧闭。

6.5.5.2.5　柔性中型散装容器应对由于紫外线辐射、气候条件或所装物质造成的老化、退化具有足够的抵抗能力,从而使其适合其用途。

6.5.5.2.6　对应防紫外线辐射的柔性塑料中型散装容器,应另外添加炭黑、其他合适色素或抑制剂。这些添加剂应与内装物质相容,并在箱体整个使用期间保持有效。如果使用的炭黑、色素或抑制剂与已通过试验的设计类型制造所使用的不同,但是炭黑含量、色素含量或抑制剂含量的改变不会对制造材料的物理性质产生不利影响,则可免于重新试验。

6.5.5.2.7　可把添加剂加入箱体材料,以增强抗老化能力或起到其他作用,但这类物质不得对箱体材料的物理或化学性质产生不利影响。

6.5.5.2.8　不得利用从旧容器回收的材料来制造中型散装容器。然而,生产剩余物料,或同一制造工序中出现的残余物料则可以利用。诸如配件和托盘等零部件,只要这些部件在过去使用时未有任何损坏,则也可使用。

6.5.5.2.9　满装时,高度与宽度的比例不得超过2:1。

6.5.5.2.10　衬里应用适当的材料制造。所用材料的强度和衬里的构造应与中型散装容器的容量和用途相适应。接缝和封闭装置应防筛漏并且能承受正常装卸和运输条件下可能发生的压力和冲击。

6.5.5.3　硬质塑料中型散装容器的特殊要求

6.5.5.3.1　这些要求适用于运输固体或液体的硬质塑料中型散装容器。硬质塑料中型散装容器有以下型号:

11H1　配备结构件以便承受中型散装容器在堆码时的全部负荷,用于重力装卸的固体

11H2　独立式,用于重力装货或卸货的固体

21H1　配备结构件以便承受中型散装容器在堆码时的全部负荷,用于装靠加压装卸的固体

21H2　独立式,用于装靠加压装货或卸货的固体

31H1　配备结构件以便承受中型散装容器在堆码时的全部负荷,用于装液体

31H2　独立式,用于装液体

6.5.5.3.2　箱体应使用已知规范的合适塑料制造,要有与其容量和预定用途相适应的足够强度。材料应有充分的抗老化性能,并能抵抗由于所装物质或紫外线辐射(如果有关的话)造成的退化。应适当考虑低温性能。在正常运输条件下,所装物质的任何渗漏不得构成危险。

6.5.5.3.3　如需要防紫外线辐射,应添加炭黑或其他合适色素或抑制剂。这些添加剂应与所

6.5.5.3.4	可将添加剂加入箱体材料,以增强抗老化性能或作其他用途,但这类物质不得对材料的物理或化学性质产生不利影响。
6.5.5.3.5	生产中残余物料或从同一制造工序中回收的物料以外的任何使用过的材料不得用于制造硬质塑料中型散装容器。

装物质相容,并在箱体整个使用期内保持有效。如使用的炭黑、色素或抑制剂与已通过试验的设计类型制造所使用的不同,而炭黑含量、色素含量或抑制剂含量的改变对制造材料的物理性能不会产生不利影响,则可免予重新试验。

6.5.5.4　　带塑料内容器的复合中型散装容器的特殊要求

6.5.5.4.1　　本节要求适用于装运固体和液体的下列型号复合中型散装容器:

11HZ1　硬质塑料内容器的复合中型散装容器,用于装运固体,依靠重力装卸货;

11HZ2　软塑料内容器的复合中型散装容器,用于装运固体,依靠重力装卸;

21HZ1　硬质塑料内容器的复合中型散装容器,用于装运固体,依靠压力装卸;

21HZ2　软塑料内容器的复合中型散装容器,用于装运固体,依靠压力装卸;

31HZ1　硬质塑料内容器的复合中型散装容器,用于装运液体;

31HZ2　软塑料内容器的复合中型散装容器,用于装运液体。

上述代码中的字母 Z 应根据 6.5.1.4.1(b)由一个大写字母取代,以表示外壳所使用材料的性质。

6.5.5.4.2　　内容器在没有外壳的情况下,不具有盛装功能。一个"刚性的"的内容器是指当空载状态下,未安装封闭装置或不用外壳支持,仍能保持其总体形状不变的容器。任何非"刚性的"内容器,即被认为是"柔性的"。

6.5.5.4.3　　外壳通常是由成形的硬质材料组成,以便在装卸和运输时保护内容器,使其不受损害,但是外壳不具有容器的功能。必要时,外壳有底托盘。

6.5.5.4.4　　外壳完全封闭的复合中型散装容器,设计时应使内容器的完整性能够在泄漏和液压试验后容易评定。

6.5.5.4.5　　31HZ2 型中型散装容器的容量不得超过 1250L。

6.5.5.4.6　　内容器应使用已知规范的合适塑料制造,要有与其容量和预定用途相适应的足够强度。材料应有充分的抗老化性能,并能抵抗由于所装物质或紫外线辐射(如果有关的话)造成的退化。应适当考虑低温性能。在正常运输条件下,所装物质的任何渗漏不得构成危险。

6.5.5.4.7　　如需要防紫外线辐射,应添加炭黑或其他色素或抑制剂。这种添加剂应与所装物质相容,并在内容器整个使用期内保持有效。如使用的炭黑、色素或抑制剂与已通过试验的设计类型所使用的不同,而炭黑含量、色素含量或抑制剂含量的改变对制造材料的物理性质不会产生不利影响,则可免于重新试验。

6.5.5.4.8　　可将添加剂加入内容器的材料,以增强抗老化性能或作其他用途,但这类物质不得对材料的物理或化学性质产生不利影响。

6.5.5.4.9　　生产残余物料或从同一制造工序中回收的物料以外的任何使用过的材料不得用于制造内容器。

6.5.5.4.10　　31HZ2 型中型散装容器的内容器应至少包括三层薄膜。

6.5.5.4.11　　外壳的材料和构造强度应与复合中型散装容器的容量和用途相适应。

6.5.5.4.12　　外壳应没有任何可能损坏内容器的凸出部分。

6.5.5.4.13　　金属外壳应用有足够厚度的合适金属制造。

6.5.5.4.14　　制造外壳用的天然木,应充分风干,干燥程度达到商业标准,不存在会实际上降低护套任何部分强度的缺陷。顶部和底部可使用防水的再生木,如硬质纤维板、碎料板或其他适当种类的材料制造。

6.5.5.4.15	制造外壳用胶合板,应使用经充分风干的旋切、片切或锯切的薄片,薄片要达到商业标准的干燥,不存在会实际上降低外壳强度的缺陷。所有板层应使用抗水的黏合剂黏合。其他适当材料可与胶合板一起用于制造外壳。壳体应牢固地钉在或卡在角柱或角端上,或用相当的、合适的装置装配。
6.5.5.4.16	制造外壳壳壁用再生木,应使用防水的再生木,如硬质纤维板、碎料板或其他适当种类的木料制造。外壳的其他部分可用其他适当材料制造。
6.5.5.4.17	制造外壳用纤维板,应按照其容量和用途采用强度高、质量好的实心的或双面波纹型(单层或多层)纤维板制造。外表面的防水性能,应保证采用科布法测定吸水量,试验 30min 以上,试验中测定的质量增加不超过 155g/m² (见 ISO 535:1991)。纤维板应有适当的弯曲性能。纤维板在切割、折叠时不得有裂痕,并且应开槽,以便装配时不会破裂、表面断裂或有不应有的弯曲。波纹纤维板的槽应胶牢固地黏在面层材料上。
6.5.5.4.18	纤维板制外壳的边缘可以用木制框或完整木头制造。可以采用板条来增加强度。
6.5.5.4.19	纤维板制外壳接缝的制作应用胶带粘贴、搭接并黏合或搭接并用金属卡钉缝合。搭接接缝应有一定的重叠部分。如接缝是靠胶黏合或胶带粘贴实现的,应使用防水黏合剂。
6.5.5.4.20	塑料材料制外壳应符合 6.5.5.4.6~6.5.5.4.9 的相关要求,在这种情况下,适用于内容器的规定也适用于复合中型散装容器的外壳。
6.5.5.4.21	31HZ2 型中型散装容器的外壳应包围内容器的所有侧面。
6.5.5.4.22	任何构成中型散装容器一个组成部分的整体托盘或任何可以拆卸的托盘,应适合于用机械方法装卸,并使中型散装容器装至最大许可总质量。
6.5.5.4.23	中型散装容器的托盘或整体托盘底的设计应避免有在装卸时可能易于损坏的任何凸出部分。
6.5.5.4.24	外壳应固定在任何可拆卸的托盘上,以确保在装卸和运输中的稳定性。在使用可拆卸的托盘时,托盘顶部表面应没有可能损坏中型散装容器的尖锐凸出部分。
6.5.5.4.25	为了增强堆码性能,可使用木支撑等类似加强装置,但应位于内容器之外。
6.5.5.4.26	用于堆码的中型散装容器的承载表面应能安全地分布负荷,此类中型散装容器的设计应使内容器不承担此载荷。
6.5.5.5	***纤维板中型散装容器的特殊要求***
6.5.5.5.1	这些要求适用于采用靠重力装卸运输固体货物的纤维板中型散装容器。纤维板中型散装容器型号是 11G。
6.5.5.5.2	纤维板中型散装容器不得装有顶部吊装装置。
6.5.5.5.3	箱体应使用与中型散装容器的容量和预定用途相适应的优质坚固的实心或双面波纹纤维板(单层或多层)制造。外表面的抗水性能应达到,在用确定吸水度的科布法进行 30min 的试验中测定的质量增加不超过 155g/m²(见 ISO 535:1991)。纤维板应有适当的弯曲性能。纤维板切割、压折时不得有裂痕,并且开槽后装配时不发生破裂、表面断裂或不当的弯曲。槽或波纹纤维板应牢固地黏在面层上。
6.5.5.5.4	包括顶板和底板在内的容器壁,应有根据 ISO 3036:1975 测定的最低抗穿孔性能 15J。
6.5.5.5.5	中型散装容器箱体接缝的制作应有适当的重叠,并用胶带粘贴、胶合、用金属卡钉缝合,或用其他至少具有同等效力的方式固定。如接缝是靠胶黏合或胶带粘贴实现的,应使用防水黏合剂。金属卡钉应完全穿过所要钉住的所有件数,并加以成形或保护,使任何内衬不致被卡钉磨损或刺破。
6.5.5.5.6	衬里应用适当的材料制造。衬里所用材料的强度和衬里结构应与中型散装容器

的容量和用途相适应。接缝和封闭装置应是防筛漏的,并能承受在正常装卸和运输条件下可能发生的压力和撞击。

6.5.5.5.7　任何构成中型散装容器组成部分的整体托盘底或任何可以拆卸的托盘,应在中型散装容器达到最大允许总质量仍时能进行机械作业。

6.5.5.5.8　托盘或整体托盘底的设计应避免中型散装容器的底部有在装卸时可能易于损坏的任何凸出部分。

6.5.5.5.9　箱体应固定在任何可拆卸的托盘上,以确保在装卸和运输中的稳定性。使用可拆卸的托盘时,托盘顶部表面应没有可能损坏中型散装容器的尖凸出物。

6.5.5.5.10　可使用加强装置,如木材支架,以增强堆码性能,但这种装置应装在衬里之外。

6.5.5.5.11　拟用于堆码的中型散装容器,承载面应能使载荷安全地分布。

6.5.5.6　木质中型散装容器的特殊要求

6.5.5.6.1　这些要求适用于装运靠重力装卸固体的木质中型散装容器。木质中型散装容器有下列型号:

　　11C　　天然木带内衬

　　11D　　胶合板带内衬

　　11F　　再生木带内衬。

6.5.5.6.2　木质中型散装容器不得装有顶部吊装装置。

6.5.5.6.3　所用材料的强度和主体制造方法应与中型散装容器的容量和预定用途相适应。

6.5.5.6.4　天然木材应充分风干并达到商业标准干燥要求,不存在会实际上使中型散装容器任何部分降低强度的缺陷。中型散装容器的所有部件都应由一件或相当于一件组成。当组装部件时,采用适当的胶合装配方法(如林德曼接合、舌榫接合、搭叠接合或槽舌接合)或每一接头至少有两个波纹金属卡钉的对抵接合,或采用至少有同等效力的其他方法,部件可视为相当于一件。

6.5.5.6.5　胶合板主体至少是三合板。它应是充分风干的旋切片、切片或锯切片,干燥程度达到商业标准,不存在会实际上使箱体降低强度的缺陷。所有贴层应使用抗水的黏合剂黏合。其他适当材料可同胶合板一起用于制造箱体。

6.5.5.6.6　再生木箱体应使用防水的再生木制造,如硬质纤维板、碎料板或其他适当种类的木料。

6.5.5.6.7　中型散装容器应牢固地钉在或卡在角柱或角端上,或用同样合适的装置加以装配。

6.5.5.6.8　衬里应用适当的材料制造。衬里所用材料的强度和衬里构造应与中型散装容器的容量和用途相适应。接缝和封闭装置应是防撒漏的,并能承受在正常装卸和运输条件下可能发生的压力和撞击。

6.5.5.6.9　任何构成中型散装容器组成部分的整体托盘底或任何可以拆卸的托盘,应在中型散装容器达到最大允许总质量时能进行机械作业。

6.5.5.6.10　托盘或整体托盘底的设计应避免中型散装容器的底部有在装卸时可能易于损坏的任何凸出部分。

6.5.5.6.11　箱体应固定在任何可拆卸的托盘上,以确保在装卸和运输中的稳定性。使用可拆卸的托盘时,托盘顶部表面应没有可能损坏中型散装容器的尖凸出物。

6.5.5.6.12　可使用加强装置,如木材支架,以增强堆码性能,但这种装置应装在衬里之外。

6.5.5.6.13　拟用于堆码的中型散装容器,承载面应能使载荷安全地分布。

6.5.6　中型散装容器的试验要求

6.5.6.1　*试验的性能和频率*

6.5.6.1.1　每一种中型散装容器设计型号在使用前及主管机关批准分配标记前,应成功通过本章所规定的试验。中型散装容器的设计类型由其设计、尺寸、材料和厚度、制造方式以及装货和卸货手段界定,但可包括各种表面处理。同一设计类型也包括只有外部尺寸比设计类型小的中型散装容器。

6.5.6.1.2　中型散装容器应按准备用于运输的状态进行试验。中型散装容器应按有关各节的规定进行装货。拟用中型散装容器运输的物质可以用其他物质代替,除非这样做会导致试验结果无效。如果是固体物质,当使用另一种物质代替时,该替代物质的物理性质(质量、颗粒大小等)应与拟运物质相同。允许使用外加物,如铅粒袋,以便达到要求的包件总质量,只要外加物的放置不会使试验结果受到影响。

6.5.6.2　设计类型试验

6.5.6.2.1　对代表每种设计类型、尺寸、壁厚和制造方法的一个中型散装容器应按6.5.6.3.7所列的顺序及按6.5.6.4～6.5.6.13的规定进行试验。这些设计类型试验应按主管机关的要求进行。

6.5.6.2.2　根据6.5.6.3.3或6.5.6.3.5的要求,为了证明31H2型硬质塑料中型散装容器及31HH1和31HH2型复合中型散装容器与所装货物或标准液体具有充分的化学相容性,当中型散装容器设计满足堆码要求时,可以使用第二个中型散装容器。这种情况下两个中型散装容器应进行初步储存。

6.5.6.2.3　主管机关允许对与试验过的型号仅在一些次要方面有所不同(如外部尺寸稍有减少)的中型散装容器作选择性的试验。

6.5.6.2.4　如在试验中使用可拆卸的托盘,按6.5.6.14签发的试验报告应有所使用托盘的技术说明。

6.5.6.3　中型散装容器的试验准备

6.5.6.3.1　纸制和纤维板中型散装容器以及带纤维板外壳的复合中型散装容器应在控制温度和相对湿度的环境中放置至少24h。应从三种选择方案中任选一种。首选的环境是温度23℃±2℃,相对湿度50%±2%。另外两种选择为:温度20℃±2℃,相对湿度65%±2%;或温度27℃±2℃,相对湿度65%±2%。

注:平均值不得超出这些限值。短期波动和测量限制可能使每次测量出现相对湿度多达±5%的差异,但不会对试验结果的再现性有显著影响。

6.5.6.3.2　应采取额外措施确定制造硬质塑料中型散装容器(31H1和31H2型号)和复合中型散装容器(31HZ1和31H22型号)所使用的塑料分别符合6.5.5.3.2～6.5.5.3.4和6.5.5.4.6～6.5.5.4.9的要求。

6.5.6.3.3　为了证明与拟装载的货物有足够的化学相容性,中型散装容器样品应进行长达6个月的初步储存实验,在此期间,样品应保持充装拟装运的货物,或装满对塑料至少有同样严重程度的应力开裂、弱化或分子退化影响的物质,经过这段时间之后,这些试样应承受6.5.6.3.7表中所列的相关试验。

6.5.6.3.4　如果通过其他方法已确定塑料的性能,上述相容性试验可以免除。该程序应至少等同于上述相容性试验且经主管机关认可。

6.5.6.3.5　对于符合6.5.5.3的聚乙烯硬质塑料的中型散装容器(31H1和31H2型)及符合6.5.5.4的带有聚乙烯内容器的复合中型散装容器(31HZ1和31HZ2型),4.1.1.21对充装液体的化学相容性可以用标准液体(见6.1.6)按如下进行验证。

标准液体体现对聚乙烯的恶化过程,如膨胀软化、应力开裂、分子降解及其组合。中型散装容器充分的化学相容性可以通过将需要的试验样品充装合适的标准液体,在40℃下储存三周来验证。当标准液体为水时,不需要按此程序进行储存试验。对于用于堆码试验的样品也不需要进行储存试验,以防标准液体稀释溶液和乙酸。储存之后,试验样品进行6.5.6.4～6.5.6.9中规定的试验。

对于过氧化氢含量超过40%的叔丁基过氧化氢和5.2类的过氧乙酸,不能够用标准液体进行相容性试验。对于这些介质,充分的化学相容性应通过将试验样品充装预装介质在室温下储存6个月来验证。

聚乙烯中型散装容器按本章试验程序得到的结果可以批准应用于内表面经氟化处理的相同设计类型产品。

6.5.6.3.6　　　　对于按6.5.6.3.5规定制成的并已通过了6.5.6.3.5的试验的聚乙烯中型散装容器设计类型,其充装介质的化学储存性也可以用实验室试验来验证,证明该充装介质对实验室试样的影响作用小于已经考虑了恶化过程适用的标准液体的作用。关于相对密度及蒸气压,应采用4.1.1.21.2中规定的同等条件。

6.5.6.3.7　　　　*所需的设计类型试验和试验顺序*

中型散装容器类型	振动[f]	底部提升	顶部提升[a]	堆码[b]	泄漏	液压	跌落	扯裂	倾覆	复原[c]
金属:										
11A,11B,11N	—	第1[a]	第2	第3	—	—	第4[e]	—	—	—
21A,21B,21N	—	第1[a]	第2	第3	第4	第5	第6[e]	—	—	—
31A,31B,31N	第1	第2[a]	第3	第4	第5	第6	第7[e]	—	—	—
柔性[d]	—	—	×[c]	×	—	—	×	×	×	×
硬质塑料:										
11H1,11H2	—	第1[a]	第2	第3	—	—	第4	—	—	—
21H1,21H2	—	第1[a]	第2	第3	第4	第5	第6	—	—	—
31H1,31H2	第1	第2[a]	第3	第4[g]	第5	第6	第7	—	—	—
复合式:										
11HZ1,11HZ2	—	第1[a]	第2	第3	—	—	第4[e]	—	—	—
21HZ1,21HZ2	—	第1[a]	第2	第3	第4	第5	第6[e]	—	—	—
31HZ1,31HZ2	第1	第2[a]	第3	第4[g]	第5	第6	第7[e]	—	—	—
纤维板	—	第1	—	第2	—	—	第3	—	—	—
木质	—	第1	—	第2	—	—	第3	—	—	—

[a] 当中型散装容器设计成用这种装卸方法时。
[b] 当中型散装容器的设计适用于堆码时。
[c] 当中型散装容器设计成顶部提升或侧面提升时。
[d] "×"标明所需进行的试验:已经通过了一项试验的中型散装容器,可以进行另一项试验,顺序不限。
[e] 可使用相同设计的另一个中型散装容器进行跌落试验。
[f] 可使用相同设计的另一个中型散装容器进行振动试验。
[g] 在初步放置后符合6.5.2.2的第二个中型散装容器,可以不按顺序直接用于试验。

6.5.6.4　　　　*底部提升试验*

6.5.6.4.1　　　　*适用范围*
适用于所有纤维板和木质中型散装容器以及装有底部提升装置的所有型号中型散装容器,作为设计类型试验。

6.5.6.4.2　　　　*中型散装容器试验前的准备*
中型散装容器应完成充装,并加载均匀分布的载荷。装满的中型散装容器和载荷的质量应为最大允许总质量的1.25倍。

6.5.6.4.3　　　　*试验方法*
中型散装容器应由叉车提起和放下两次,叉槽位置居中,彼此间隔为进入边长度的3/4(进入点固定的除外)。叉齿应插入进入方向的3/4。应从每一可能的进入方向重复试验。

6.5.6.4.4 *通过试验的标准*

没有使中型散装容器及其箱底托盘(如果有的话)不能安全运输的永久变形,内装物不发生泄漏。

6.5.6.5 *顶部提升试验*

6.5.6.5.1 *适用范围*

适用于设计成顶部提升的所有型号中型散装容器或设计成顶部提升或侧面提升的柔性中型散装容器,作为设计类型试验。

6.5.6.5.2 *中型散装容器试验前的准备*

金属、硬质塑料和复合中型散装容器应完成充装,并加载均匀分布的载荷。装满的中型散装容器的质量和载荷应为最大允许总质量的2倍。柔性中型散装容器应充装代表性物质,并装到其最大允许总质量的6倍,载荷分布均匀。

6.5.6.5.3 *试验方法*

金属和柔性中型散装容器应按设计的提升方式把中型散装容器提升到离开地面,并在空中停留5min。

硬质塑料和复合中型散装容器的提升:

(a) 应由一对沿斜对角的提升装置以垂直地施加提升力的方式提起,保持5min;

(b) 应由一对沿斜对角的提升装置以向中心与竖直成45°的方向施加提升力的方式提起,保持5min。

6.5.6.5.4 柔性中型散装容器可以使用至少具有同等效果的其他顶部提升试验的方法和准备。

6.5.6.5.5 *通过试验的标准*

(a) 金属、硬质塑料和复合中型散装容器:中型散装容器应在正常运输条件下保持安全,中型散装容器及其底座(如有)不存在可观察到的永久变形,并且内装物无损失;

(b) 柔性中型散装容器:中型散装容器本身及其提升装置无影响其运输和装卸安全性的破损,且内装物无损失。

6.5.6.6 *堆码试验*

6.5.6.6.1 *适用范围*

适用于所有互相堆码的中型散装容器型号,作为设计类型试验。

6.5.6.6.2 *中型散装容器试验前的准备*

中型散装容器应装到其最大允许总质量。如果用于试验的货物的相对密度无法满足要求,中型散装容器应另外加上均匀分布的载荷以使所试验的中型散装容器达到其最大允许总质量。

6.5.6.6.3 *试验方法*

(a) 将中型散装容器的底部放在水平的硬地面上,然后施加均匀分布的叠加试验载荷(见6.5.6.6.4)。对于31H2型硬质塑料中型散装容器和31HH1及31HH2型复合中型散装容器,应遵循6.5.6.3.3或6.5.6.3.5,采用原充装介质或标准液体(见6.1.6)进行堆码试验,如遵循6.5.6.3.5的要求,应采用符合6.5.6.2.2进行初始储存的第二个中型散装容器进行堆码试验。中型散装容器置于该测试负荷下的时间至少为:

(i) 金属中型散装容器,5min;

(ii) 11H2、21H2和31H2型的硬质塑料中型散装容器和承受堆叠负荷的外壳为塑料的复合中型散装容器(即11HH1、11HH2、21HH1、

21HH2、31HH1 和 31HH2 型号），在 40℃下 28 天；

(ⅲ) 所有其他型号中型散装容器,24h；

(b) 载荷应按下面任一方法施加：

(ⅰ) 将一个或多个同一型号的中型散装容器装到其最大允许总质量,然后堆码在所试验的中型散装容器上；

(ⅱ) 将适当的质量放到一块平板上或一块中型散装容器底的仿制板上,然后叠放在所试验的中型散装容器上。

6.5.6.6.4 叠加的试验载荷的计算

放置在中型散装容器上的载荷应等于在运输过程中有可能堆码在其上的同类中型散装容器数目加在一起的最大允许总质量的 1.8 倍。

6.5.6.6.5 通过试验的标准

(a) 柔性中型散装容器除外的所有型号中型散装容器:没有使中型散装容器及其底托盘(如果有的话)不能安全运输的永久变形,内装物无损失；

(b) 柔性中型散装容器:箱体没有使中型散装容器不能安全运输的损坏,内装物无损失。

6.5.6.7 密封性试验

6.5.6.7.1 适用范围

适用于那些用于装液体或固体靠加压装卸的中型散装容器型号的,作为设计类型试验和定期试验。

6.5.6.7.2 中型散装容器试验前的准备

试验应在装配任何隔热设备以前进行。带有排气孔的封闭装置应换成不带排气孔的类似封闭装置或者将排气孔封住。

6.5.6.7.3 试验方法和施加的压力

应用表压不低于 20kPa(0.2bar)空气进行试验,时间至少 10min。中型散装容器的气密性应用适当方法确定,例如用空气压差法或把中型散装容器浸入水中的方法,或者对于金属中型散装容器用肥皂溶液涂在接缝上的方法。当采用浸水法试验时,应对液体静压力给一个校正系数。

6.5.6.7.4 通过试验的标准

不漏气。

6.5.6.8 内压(液压)试验

6.5.6.8.1 适用范围

适用于用压力装卸液体或固体的那些中型散装容器型号,作为设计类型试验。

6.5.6.8.2 中型散装容器试验前的准备

试验应在装配任何隔热设备之前进行。压力泄放装置应拆除并将其孔口塞住,或使其不起作用。

6.5.6.8.3 试验方法

试验应进行至少 10min,施加的液压不低于 6.5.6.8.4 的规定。在试验时,中型散装容器不得有机械限制。

6.5.6.8.4 施加的压力

6.5.6.8.4.1 金属中型散装容器:

(a) 用于装运 Ⅰ 类包装固体的 21A、21B 和 21N 型号中型散装容器,施加表压 250kPa(2.5bar)；

(b) 用于装运 Ⅱ 或 Ⅲ 类包装物质的 21A、21B、21N、31A、31B 和 31N 型号中型散装容器,施加表压 200kPa(2bar)；

(c) 此外,31A、31B 和 31N 型号的中型散装容器,施加表压65kPa(0.65bar)。这项试验应在200kPa试验以前进行。

6.5.6.8.4.2 硬质塑料和复合中型散装容器:

(a) 21H1、21H2、21HZ1 和 21HZ2 型号中型散装容器:75kPa(0.75bar)(表压);

(b) 31H1、31H2、31HZ1 和 31HZ2 型号中型散装容器:取下列两个数值中较大者,第一个数值以下述方法之一确定:

(ⅰ) 在55℃时在中型散装容器中测出的总表压(即所装物质的蒸气压加上空气或其他惰性气体的分压,减去100kPa)乘以1.5的安全系数,该总表压应根据4.1.1.4规定的最大装载度和15℃的装载温度加以确定;

(ⅱ) 待运物质在50℃时的蒸气压乘1.75,减去100kPa,但要有100kPa的最低试验压力;

(ⅲ) 待运物质在55℃时的蒸气压乘1.5,减去100kPa,但要有100kPa的最低试验压力。

第二个数值以下述方法确定:

(ⅳ) 待运物质静压力的2倍,至少是水静压力的2倍。

6.5.6.8.5 *通过试验的标准*

(a) 21A、21B、21N、31A、31B 和 31N 型号中型散装容器,施加6.5.6.8.4.1(a)或(b)规定的试验压力时:无泄漏;

(b) 31A、31B 和 31N 型号中型散装容器,施加6.5.6.8.4.1(c)规定的试验压力时:中型散装容器未发生影响安全运输的永久变形,也无泄漏;

(c) 硬质塑料和复合中型散装容器:中型散装容器未发生影响安全运输的永久变形,也无泄漏。

6.5.6.9 *跌落试验*

6.5.6.9.1 *适用范围*

适用于所有型号的中型散装容器,作为设计类型试验。

6.5.6.9.2 *中型散装容器试验前的准备*

(a) 金属中型散装容器:中型散装容器,充装固体时应不少于其最大容量的95%,充装液体时应不少于其最大容量的98%。压力泄放装置应拆除并将其孔口塞住,或使其不起作用;

(b) 柔性中型散装容器:中型散装容器应被充装至不低于其最大允许总质量,内装物应分布均匀;

(c) 硬质塑料和复合中型散装容器:中型散装容器充装固体时应不少于其最大容量的95%,充装液体时应不少于其最大容量的98%。压力泄放装置可拆除并把孔口塞住或使之不起作用。对中型散装容器进行的试验应在样品及其内装物的温度降至-18℃或更低时进行。如复合中型散装容器样品是用这种方式做准备的,则可免除6.5.6.3.1规定的处理。试验液体应保持液态,必要时添加防冻剂。如果中型散装容器的材料在低温下有足够的延伸性和抗拉强度,这项处理可不予考虑;

(d) 纤维板和木质中型散装容器:中型散装容器充装到不少于其最大容量的95%。

6.5.6.9.3 *试验方法*

中型散装容器应跌落到符合6.1.5.3.4规定的无弹性、水平、平坦和结实的刚性表面,确保撞击点落在中型散装容器底部被认为是最脆弱的部位。容量为

0.45m³ 或更小的中型散装容器还应进行下述跌落试验:

(a) 金属中型散装容器:落在第一次跌落中箱底部位以外的最脆弱部位;

(b) 柔性中型散装容器:落在最脆弱易损的侧面;

(c) 硬质塑料、复合、纤维板和木质中型散装容器:落在侧平面、顶部平面和棱角。

每一次跌落可以用同一个或不同的中型散装容器。

6.5.6.9.4 *跌落高度*

对固体和液体而言,如果试验是用运输的固体或液体,或具有基本相同的物理体特性的另一种物质进行时,跌落高度为:

I类包装	II类包装	III类包装
1.8m	1.2m	0.8m

对液体而言,如果试验是用水进行的:

(a) 如果拟运输的物质的相对密度不超过1.2,跌落高度为:

II类包装	III类包装
1.2m	0.8m

(b) 如果拟运输的物质的相对密度超过1.2,跌落高度应根据拟运输的物质相对密度精确到第一位小数,计算如下所示:

II类包装	III类包装
$d \times 1.0$m	$d \times 0.67$m

6.5.6.9.5 *通过试验的标准*

(a) 金属中型散装容器:内装物无损失;

(b) 柔性中型散装容器:内装物无损失。撞击时,从封闭装置或缝合线等处有少许漏出,如果在把中型散装容器提升离开地面后不继续外漏,则认为合格;

(c) 硬质塑料、复合、纤维板和木质中型散装容器:内装物无损失。撞击时,有少量物质从密闭处漏出,只要不再继续渗漏,则认为合格;

(d) 所有中型散装容器:没有造成救助和处置运输时不安全的损坏,并且无内装物损失。除此之外,中型散装容器能够通过适当的方法被提升脱离地面5min。

注:标准(d)适合于自2011年1月1日起生产的中型散装容器设计类型。

6.5.6.10 **撕裂试验**

6.5.6.10.1 *适用范围*

适用于所有型号的柔性中型散装容器,作为设计类型试验。

6.5.6.10.2 *中型散装容器试验前的准备*

中型散装容器应充装至不少于其容量的95%并且达到其最大允许总质量,内装物分布均匀。

6.5.6.10.3 *试验方法*

将中型散装容器置于地面上,在底部表面与内装物顶面之间的中点划一道100mm的刀痕,此刀痕完全穿透宽面箱壁,并与中型散装容器主轴成45°角。然后对中型散装容器施加2倍于最大允许总质量的均匀分布的叠加载荷;此叠加载荷应持续至少5min。设计为顶部提升或侧面提升的中型散装容器,在解除叠加载荷后,还应提离地面,悬空保持至少5min。

6.5.6.10.4 *通过试验的标准*

刀痕的拉长不超过其原长度的25%。

6.5.6.11 倾覆试验

6.5.6.11.1 适用范围

适用于所有型号的柔性中型散装容器,作为设计类型试验。

6.5.6.11.2 中型散装容器试验前的准备

中型散装容器应充装至不少于其容量的95%并且达到其最大允许总质量,内装物分布均匀。

6.5.6.11.3 试验方法

使中型散装容器顶部任何部位倾覆在坚硬、无弹性、光滑、平坦和水平的表面上。

6.5.6.11.4 倾覆高度

Ⅰ类包装	Ⅱ类包装	Ⅲ类包装
1.8m	1.2m	0.8m

6.5.6.11.5 通过试验的标准

内装物无损失。撞击时,从封闭装置或缝合线等处有少许漏出,只要不继续渗漏,则认为合格。

6.5.6.12 复原试验

6.5.6.12.1 适用范围

适用于设计为顶部提升或侧面提升的所有型号的柔性中型散装容器,作为设计类型试验。

6.5.6.12.2 中型散装容器试验前的准备

中型散装容器应充装至不少于其容量的95%并且达到其最大允许总质量,内装物分布均匀。

6.5.6.12.3 试验方法

将侧放着的中型散装容器,用其1个或2个提升装置(如有4个提升装置时)以至少0.1m/s的速度提升至竖立的位置,并离开地面。

6.5.6.12.4 通过试验的标准

中型散装容器或其提升装置没有受到使中型散装容器不能安全运输或装卸的损坏。

6.5.6.13 振动试验

6.5.6.13.1 适用范围

适用于所有盛装液体的中型散装容器,作为设计类型试验。

注:本试验适用于自2010年12月31日起生产的中型散装容器设计类型(也可见1.6.1.14)。

6.5.6.13.2 中型散装容器的试验准备

应随机选择符合运输条件下的装配和封闭状况的中型散装容器样品。中型散装容器充装不少于其最大容量98%的水。

6.5.6.13.3 试验方法和持续时间

6.5.6.13.3.1 中型散装容器应放置在试验机平台的中央,采用垂直正弦曲线,双倍振幅为25mm ±5%(峰对峰间值)。如有必要,在平台上安装限制装置,防止试样水平移动,从平台上滑落,但不限制上下移动。

6.5.6.13.3.2 试验应进行1h,采用的频次应在每个周期内使中型散装容器的底部瞬时从振动平台上抬起,抬起的程度至少在中型散装容器底部和平台之间某处能够使金属片间歇地完全插入。振动频次在初次设定点之后可能需要进行调整,避免包装产生共振。但是,试验频次应持续使金属垫片能够按本段所述插入到中型散装容器的底部。能够持续地插入金属垫片是包装通过试验的必要条件。试验使用的金属垫片至少为1.6mm厚、50mm宽,并具有足够的长度,使插入中型散装容器和平台之间长度不小于100mm。

6.5.6.13.4 *通过试验的标准*

应未见泄漏或破裂。除此之外,结构部件还应不发生破损或失效,如焊缝开裂或紧固件失效等。

6.5.6.14 *试验报告*

6.5.6.14.1 应编写至少载有下列详细资料的试验报告,并提供给中型散装容器使用者:
1. 试验机构的名称和地址;
2. 申请人的姓名和地址(如适用);
3. 试验报告的唯一标识;
4. 试验报告的日期;
5. 中型散装容器制造商;
6. 中型散装容器设计类型的说明(例如尺寸、材料、封闭装置、厚度等),包括制造方法(例如吹模法),并且可附上图样和/或照片;
7. 最大容量;
8. 试验内装物的特性,例如液体的黏度和相对密度,固体的粒度;
9. 试验说明和结果;
10. 试验报告应签有姓名和签字人的职务。

6.5.6.14.2 试验报告还应包含一个声明,说明按照运输准备的包装已按本章的相关规定进行了试验,使用其他包装方式或部件可能导致报告无效。试验报告的一个副本应提供给主管机关。

第6.6章 大型包装的制造和试验要求

6.6.1 概述

6.6.1.1 本章的要求不适用于：
— 第2类，除了气溶胶喷罐在内的物品；
— 第6.2类，除了UN 3291的医疗废弃物；
— 装有放射性物质的第7类包件。

6.6.1.2 大型包装应按照主管机关认可的质量保证方案制制、试验和改制，以便确保每个制造或改制的大型包装符合本章的要求。

注：ISO 16106：2006 "包装—危险货物运输包件—危险货物包装、中型散装容器和大型包装—ISO 9001 应用指南"，就应遵循的程序提供了合适的指南。

6.6.1.3 6.6.4 中对大型包装的具体要求是以目前使用的大型包装为依据的。考虑到科学技术的进步，并不反对使用与6.6.4 所规定的不同的大型包装，如果该类包装同样有效、被主管机关接受，并能够通过6.6.5 所述的试验。不同于ADR规定的试验方法，只要是具有同等效果也可以接受。

6.6.1.4 包装制造商及后续的经销商应提供有关应遵守程序的资料，并说明封闭装置（包括垫片）的类型和尺寸，以及为确保提交运输的包件能够通过本章规定的适用性能试验所需的任何其他部件。

6.6.2 表示大型包装类型的代码

6.6.2.1 用于大型包装的代码包括：

（a） 两个阿拉伯数字：
　　50 表示刚性大型包装；或
　　51 表示柔性大型包装；

（b） 一个大写拉丁字母表示材料的性质，例如木材、钢等。所用的大写字母应是6.1.2.6 中列出的字母。

6.6.2.2 字母"T"或"W"可放在大型包装的代码后面。字母"T"表示符合6.6.5.1.9 要求的大型救助包装。字母"W"表示大型包装虽然是代码所标明的型号，但制造规格不同于6.6.4 的规定，按照6.6.1.3 的要求被认为是相同的。

6.6.3 标记

6.6.3.1 *主要标记*

按照ADR制造并准备投入使用的每一大型包装应在明显的位置标有耐久、易辨认的标记，字母、数字和符号应至少12mm高，并应显示：

（a） 联合国包装符号

本符号仅用于证明包装、可移动罐柜或多单元气体容器符合6.1、6.2、6.3、6.5、6.6 或6.7❶章中的相关要求，不得用于任何其他目的。对于标记打印

---

❶ 这个符号也用来证明该柔性散装货箱可以用于符合UN 规范6.8 章要求的其他运输方式。

或压纹在其上的金属大型包装,可使用大写字母"UN"代替该符号;

(b) 表示刚性大型包装的代码"50"或表示柔性大型包装的代码"51",后接 6.5.1.4.1(b)中所列的表示材料种类的字母;

(c) 表示其设计类型已获批准的包装类别的大写字母:
X 代表Ⅰ类、Ⅱ类和Ⅲ类包装;
Y 代表Ⅱ类和Ⅲ类包装;
Z 仅代表Ⅲ类包装;

(d) 制造月份和年份(最后两位数字);

(e) 批准国的识别符,用在国际通行的机动车所用的识别符号❶表示;

(f) 制造厂的名称或记号以及主管机关规定的其他大型包装标志;

(g) 堆码试验的负荷,以千克为单位。对于不是设计用于堆码的大型包装,用数字"0"标明;

(h) 最大允许总质量,以千克为单位。

上面要求的主要标记应按各分段的顺序标出。

按照(a)~(h)施加的每个标记组成部分应用诸如斜线或空格清楚地隔开以便容易辨认。

6.6.3.2 标记举例:

ⓤⓝ	50A/X/05 01/N/PQRS 2500/1000	适合堆码的大型钢包装; 堆码负荷:2500kg; 最大总重:1000kg。
ⓤⓝ	50H/Y/04 02/D/ABCD 9870/800	不适合堆码的大型塑料包装; 最大总重:800kg。
ⓤⓝ	51H/Z/06 01/S/1999 0/500	不适合堆码的柔性大型包装; 最大总重:500kg。
ⓤⓝ	50AT/Y/05 01/B/PQRS 2500/1000	适合堆码的大型钢包装; 堆码负荷:2500kg; 最大总重:1000kg。

6.6.3.3 大型包装在使用中允许堆放的最大承重,应用图 6.6.3.3-1 或 6.6.3.3-2 中的符号显示。符号应耐久、清晰。

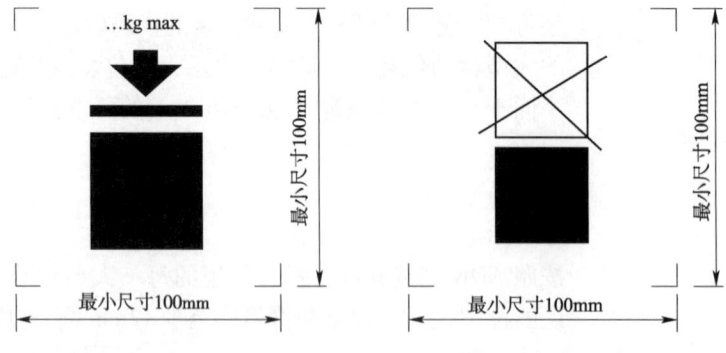

图 6.6.3.3-1 可堆放的大型包装　　图 6.6.3.3-2 可堆放的大型包装

最小尺寸为 100mm×100mm。标明质量的文字和数字,高度至少应为 12mm。尺寸箭头所示印刷标记内的区域应为正方形。在未明确规定尺寸的情况下,所有要素均应与图示比例大致相当。符号上方标记的质量不得超过设计形式试验(见

---

❶ 国际通行的机动车识别符号在《公路交通维也纳公约》(1968)中规定。

6.6.5.3.3.4)中规定的负荷除以1.8。

6.6.4 大型包装的具体要求

6.6.4.1 *对金属大型包装的具体要求*

  50A 钢

  50B 铝

  50N 金属(钢或铝除外)

6.6.4.1.1 大型包装应采用已充分证明其可焊接性的适当韧性金属材料制造。焊接应采用成熟的工艺,并能保证绝对安全。必要时,应考虑低温性能。

6.6.4.1.2 应注意避免由于相邻的不同金属引起的电蚀效应造成的损坏。

6.6.4.2 *对柔性材料大型包装的具体要求*

  51H 柔性塑料

  51M 柔性纸

6.6.4.2.1 大型包装应用适宜的材料制成。材料的强度和柔性大型包装的构造应与其容量和用途相适应。

6.6.4.2.2 所有用于制造51M型号柔性大型包装的材料,在完全浸泡于水中不少于24h后测得的抗拉强度,应至少保持该材料在相对湿度67%或更低的条件下达到该材料原测得抗拉强度的85%。

6.6.4.2.3 接缝应采取缝合、热封、黏合或其他等效方法。所有缝合的接缝端都应加以紧固。

6.6.4.2.4 柔性大型包装对由于紫外线辐射、气候条件或所装物质造成的老化及强度降低,应有足够的阻抗能力,从而适于其预定用途。

6.6.4.2.5 对应防紫外线辐射的塑料柔性大型包装,应另外添加炭黑、其他合适色素或抑制剂。这些添加剂应与所装物质相容,并在大型包装整个使用寿命期内保持有效。如果使用的炭黑、色素或抑制剂与制造已通过试验的设计类型所使用的不同,而炭黑含量、颜料含量或抑制剂含量的改变不会对制造材料的物理性质产生有害影响,则可免于重新试验。

6.6.4.2.6 可把添加剂加入大型包装材料,以增强抗老化性能,或起到其他作用,但这类物质不得对材料的物理或化学性质产生不利影响。

6.6.4.2.7 满装时,高度与宽度的比例不得超过2:1。

6.6.4.3 *对塑料大型包装的具体要求*

  50H 硬质塑料

6.6.4.3.1 大型包装应使用已知规格的适当塑料制造,要有与其容量和预定用途相适应的足够强度。材料应有充分的抗老化性能,并能抵抗由于所装物质或(如果有关的话)紫外线辐射造成的强度降低。还应适当考虑低温性能。所装物质的任何渗透作用在正常运输条件下不得构成危险。

6.6.4.3.2 如需要防紫外线辐射,应添加炭黑或其他色素或抑制剂。这种添加剂应与所装物质相容,并在大型包装整个使用寿命期内保持有效。如果使用的炭黑、色素或抑制剂与制造已通过试验的设计类型所使用的不同,而炭黑含量、色素含量或抑制剂含量的改变对制造材料的物理性质不会产生不利影响,则可免于重新试验。

6.6.4.3.3 可将添加剂加入大型包装的材料,以增强抗老化性能,或充作其他用途,但这类物质不得对材料的物理或化学性质产生不利影响。

6.6.4.4 *对纤维板大型包装的具体要求*

  50G 硬质纤维板

6.6.4.4.1 应使用与大型包装和预定用途相适应的优质坚固的实心或双面波纹纤维板(单层

或多层)。外表面的抗水性能应达到:在用确定吸水度的 Cobb 法进行 30min 的试验中测定的质量增加不超过 155g/m²——见 ISO 535:1991。纤维板应有适当的弯曲性能。纤维板在切割、压折时不得有裂痕,并且应开槽,以便装配时不会发生破裂、表面断裂或不应有的弯曲。波纹纤维板的槽应牢固地黏在面层上。

6.6.4.4.2　包括顶部和底部在内的壁面,应有根据 ISO 3036:1975 标准测定的不小于 15J 的抗穿孔性能。

6.6.4.4.3　大型包装的外包装接缝的制作应有适当的重叠,应用胶带粘贴、胶合、用金属 U 形钉缝合,或用其他至少等效的方法固定。如接缝是靠胶黏合或胶带粘贴实现的,应使用抗水黏合剂。金属 U 形钉应完全穿过所要钉住的所有件数,并加以成形或保护,使任何内衬不致被 U 形钉磨损或刺破。

6.6.4.4.4　任何构成大型包装组成部分的整体托盘底或任何可以拆卸的托盘,应在充装至最大许可总质量时能进行机械作业。

6.6.4.4.5　托盘或整体托盘底的设计应避免大型包装底部有在作业时可能易于损坏的任何凸出部分。

6.6.4.4.6　包装应固定在任何可拆卸的托盘上,以确保在装卸和运输中的稳定性。在使用可拆卸的托盘时,托盘顶部表面应没有可能损坏大型包装的尖凸出物。

6.6.4.4.7　可使用加强装置,如木材支架,以增强堆码性能,但这种装置应装在衬里之外。

6.6.4.4.8　拟用于堆码的大型包装,支承面应能使载荷安全地分布。

6.6.4.5　*对木质大型包装的具体要求*

50C　天然木

50D　胶合板

50F　再生木

6.6.4.5.1　所使用的材料强度和制造的方法应与大型包装的容量和用途相适应。

6.6.4.5.2　天然木材应充分风干并达到商业要求的干燥程度,且不存在会使大型包装任何部分降低强度的缺陷。大型包装的每个部件都应由一件或相当于一件组成。如果部件采用适当的胶合装配方法,如林德曼连接、榫舌连接、搭叠连接或槽舌连接,或每一接头至少有两个波纹金属紧固件的对接连接,或使用至少同样有效的其他方法,则可视为相当于一件。

6.6.4.5.3　胶合板大型包装至少应是三合板。应采用彻底风干的旋切片、切片或锯切片,干燥程度达到商业标准,不存在会使大型包装降低其强度的缺陷。所有贴层应使用抗水的黏合剂黏合。其他适当的材料也可以和胶合板一起制造大型包装。

6.6.4.5.4　再生木大型包装应使用抗水的再生木料制造,如硬质纤维板、碎料板或其他适当种类的材料。

6.6.4.5.5　大型包装应在角柱或端部牢牢地用钉子钉住或卡紧,或用同样适当的装置加以装配。

6.6.4.5.6　任何构成大型包装组成部分的整体托盘底或任何可以拆卸的托盘应在充装至最大许可总质量时能进行机械作业。

6.6.4.5.7　托盘或整体托盘底的设计应避免大型包装底部有在装卸时可能易于损坏的任何凸出部分。

6.6.4.5.8　包装应固定在任何可拆卸的托盘上,以确保在装卸和运输中的稳定性。在使用可拆卸的托盘时,托盘顶部表面应没有可能损坏大型包装的尖凸出物。

6.6.4.5.9　可使用加强装置,如木材支架,以增强堆码性能,但这种装置应装在衬里之外。

6.6.4.5.10　拟用于堆码的大型包装,支承面应能使载荷安全地分布。

6.6.5 大型包装的试验要求

6.6.5.1 试验的性能和频次

6.6.5.1.1　每一大型包装的设计类型,都应根据负责代码分配的主管机关规定的程序,进行6.6.5.3中规定的试验,并经主管机关的批准。

6.6.5.1.2　每一大型包装在投入使用之前,其设计类型应成功地通过试验。大型包装的设计类型是由其设计、尺寸、材料和厚度、制造和包装方式界定的,但可以包括不同的表面处理。它也包括仅在设计高度上比设计类型小的大型包装。

6.6.5.1.3　对生产的大型包装样品,应按主管机关规定的时间间隔重复进行试验。对纤维板大型包装所进行的这类试验,在环境条件下进行的准备,可视为与6.6.5.2.4规定者等效。

6.6.5.1.4　当大型包装变更设计、材料或制造方式后,应再次进行试验。

6.6.5.1.5　大型包装型号与已通过试验的型号仅在小方面的不同,如内容器或内包装尺寸较小或净重较小,以及外部尺寸稍许减小的大型包装,主管机关可允许有选择地进行试验。

6.6.5.1.6　(保留)

注:关于不同的内包装合装在一个大型包装中的条件和允许的内包装变化形式,见4.1.1.5.1。

6.6.5.1.7　主管机关可随时要求按照本节规定进行试验,证明成批生产的大型包装符合设计类型的试验要求。

6.6.5.1.8　如试验结果的正确性不会受影响,并且经主管机关批准,可在一个试样上进行多项试验。

6.6.5.1.9　*大型救助包装*

大型救助包装的试验和标记,应按照准备用于运输固体或内包装的大型包装适用的Ⅱ类包装规定进行,以下情况除外:

(a) 进行试验所用的试验物质应是水,大型救助包装的装载量不得少于其最大容量的98%。允许使用添加物,如铅粒袋,以达到所要求的包件总质量,但添加物摆放的位置不得影响试验结果。或者在进行跌落试验时,可按照6.6.5.3.4.4.2(b)改变跌落高度;

(b) 此外,大型救助包装还应经受30 kPa的密封性能试验而无泄漏,试验的结果写入6.6.5.4要求的试验报告中;和

(c) 大型救助包装应按6.6.2.2的要求,用字母"T"作标记。

6.6.5.2 试验准备工作

6.6.5.2.1　应对准备好供运输的大型包装并包括内包装和使用的物品进行试验。内包装装入的液体应不低于其最大容量的98%,装入的固体不低于其最大容量的95%。如大型包装的内包装设计成可装运液体也可装运固体,则需对液体和固体内装物分别做试验。在不影响试验结果的前提下,在内包装中的物质或装入大型包装中的物品,可用其他材料或物品代替。当使用其他内包装或物品时,它们应与待运内包装或物品具有相同的物理特性(质量等)。允许使用如铅粒包等添加物,以达到要求的包件总质量,但这样做不得影响试验结果。

6.6.5.2.2　在装液体的跌落试验中,如使用另一种物质代替,该物质应与待运输物质具有相似的相对密度和黏度。也可用水来进行液体跌落试验,但应符合6.6.5.3.4.4的要求。

6.6.5.2.3　塑料制造的大型包装和装有塑料内包装的大型包装——不包括用于装固体或物

品的塑料袋,在进行跌落试验时应将试验样品及其内装物的温度降至 -18℃ 或更低。如果相关材料在低温下有足够的韧性和抗拉强度,可以不考虑进行这一降温处理。按这种方式准备的试验样品,可以免除 6.6.5.2.4 中的处理。试验液体应保持液态,必要时可添加防冻剂。

6.6.5.2.4　纤维板大型包装应在控制温度和相对湿度的环境中放置至少 24h。有以下三种方案,可选择其一:

适宜的环境是 23 ±2℃ 和 50% ±2% r·h。其他两种方案是:20 ±2℃ 和 65% ±2% r·h;或 27 ±2℃ 和 65% ±2% r·h。

注:平均值应在这些限值内。短期波动和测量局限可能会使个别相对湿度量有 ±5% 的变化,但不会对试验结果的复验性有重大影响。

6.6.5.3　试验要求

6.6.5.3.1　*底部提升试验*

6.6.5.3.1.1　适用范围

适用于配备从底部提升装置的所有型号大型包装,作为设计类型试验。

6.6.5.3.1.2　大型包装试验前的准备

将大型包装充装至其最大许可总质量的 1.25 倍,载荷均匀分布。

6.6.5.3.1.3　试验方法

大型包装由叉车提起和放下 2 次,叉齿位置居中,彼此间隔为进入边长度的 3/4(进入点固定的除外)。叉齿应插入进入方向的 3/4。应从每一可能的进入方向重复试验。

6.6.5.3.1.4　通过试验的标准

大型包装无影响运输安全性的永久变形,且所装物质没有损失。

6.6.5.3.2　*吊顶试验*

6.6.5.3.2.1　适用范围

适用于拟从顶部提升并装配提升装置的大型包装型号,作为设计类型试验。

6.6.5.3.2.2　大型包装试验前的准备

将大型包装充装至其最大许可总质量的 2 倍。柔性大型包装充装至其最大许可总质量的 6 倍,载荷均匀分布。

6.6.5.3.2.3　试验方法

按设计的提升方式把大型包装提升到离开地面,并在空中停留 5min。

6.6.5.3.2.4　通过试验的标准

(a) 金属、硬质塑料大型包装:大型包装包括底部托盘(如果有的话)在内无影响运输安全性的永久变形,且内装物没有损失;

(b) 柔性大型包装:没有对大型包装或其提升装置造成影响运输或作业安全的损坏,且内装物没有损失。

6.6.5.3.3　*堆码试验*

6.6.5.3.3.1　适用范围

适用于可以相互堆码的所有型号的大型包装,作为设计类型试验。

6.6.5.3.3.2　大型包装试验前的准备

将大型包装充装至其最大许可总质量。

6.6.5.3.3.3　试验方法

将大型包装的底部放在水平的硬地面上,然后施加分布均匀的叠加试验载荷(见6.6.5.3.3.4),持续时间至少 5min,木质、纤维板和塑料的大型包装,持续时间为 24h。

6.6.5.3.3.4 叠加试验载荷的计算

放置在大型包装上的载荷应等于在运输过程中可能叠置在其上的同类大型包装数目加在一起的最大许可总质量的1.8倍。

6.6.5.3.3.5 通过试验的标准

(a) 除柔性大型包装以外的所有类型大型包装:大型包装包括底部托盘(如果有的话)在内无影响运输安全性的永久变形,且内装物没有损失;

(b) 柔性大型包装:没有造成大型包装体安全运输的降低,且内装物没有损失。

6.6.5.3.4 *跌落试验*

6.6.5.3.4.1 适用范围

适用于所有型号的大型包装,作为设计类型试验。

6.6.5.3.4.2 大型包装试验前的准备

按照6.6.5.2.1充装大型包装。

6.6.5.3.4.3 试验方法

大型包装应跌落在符合6.1.5.3.4的无弹性、水平、平坦、厚重和坚硬的表面上,确保撞击点落在大型包装底部被认为最脆弱易损的部位。

6.6.5.3.4.4 跌落高度

注:装运第1类物质和物品的大型包装,应按Ⅱ类包装性能水平进行试验。

6.6.5.3.4.4.1 对于装有固体或液体物质或物品的内包装,如果试验是用待运输的固体、液体或物品进行的,或用基本上具有同样性质的另一种物质或物品进行时:

Ⅰ类包装	Ⅱ类包装	Ⅲ类包装
1.8m	1.2m	0.8m

6.6.5.3.4.4.2 对于装有液体的内包装,如果用水进行试验,应按如下:

(a) 如果待运输物质的相对密度不超过1.2:

Ⅰ类包装	Ⅱ类包装	Ⅲ类包装
1.8m	1.2m	0.8m

(b) 如果待运输物质的相对密度超过1.2,跌落高度应根据待运输物质的相对密度(d)进行如下计算,四舍五入至第一位小数:

Ⅰ类包装	Ⅱ类包装	Ⅲ类包装
$d \times 1.5$ (m)	$d \times 1.0$ (m)	$d \times 0.67$ (m)

6.6.5.3.4.5 通过试验的标准

6.6.5.3.4.5.1 大型包装不得出现可能影响运输安全的任何损坏。不得有内装物质从内包装或物品中漏出。

6.6.5.3.4.5.2 允许松散性爆炸物质或物品溢出的第1类物品的大型包装不应破损。

6.6.5.3.4.5.3 大型包装进行跌落试验时,如果全部内装物都留在包装内,即使封闭装置不再能防撒漏,试验样品也通过试验。

6.6.5.4 *合格证书和试验报告*

6.6.5.4.1 对每一设计类型大型包装都应颁发合格证书和标记(见6.6.3),以证明该设计类型及其设备均达到试验要求。

6.6.5.4.2 应编写至少包含下列详细资料的试验报告,并提供给大型包装使用者:

1. 试验机构的名称和地址;
2. 申请人的姓名和地址(适当时);
3. 试验报告的唯一标识;
4. 试验报告的日期;

5. 大型包装的制造厂；
6. 大型包装设计类型的说明(例如尺寸、材料、封装装置、厚度等)和/或照片；
7. 最大容量/最大许可总质量；
8. 试验内装物的特性,例如所使用内包装或物品的类型和说明；
9. 试验说明和结果；
10. 试验报告应签字,注明签署者的姓名和身份。

6.6.5.4.3　试验报告应包括申明:大型包装已按照运输状态完成了本章规定的相关试验,使用其他包装方法或部件,可能会导致本报告无效。试验报告的一份副本应提供给主管机关。

第6.7章 可移动罐柜和UN多单元气体容器(MEGCs)的设计、制造、检验和试验要求

注：由金属材料制成壳体的固定式罐体（罐式车辆）、可拆卸式罐体、罐式集装箱、罐式交换箱体等，以及管束式车辆和非UN多单元气体容器（MEGCs），见6.8章；纤维增强塑料罐见6.9章，真空操作危废罐见6.10章。

6.7.1 适用和一般要求

6.7.1.1 本章的要求适用于以所有运输方式运输危险货物的可移动罐柜，以及运输第2类非冷冻气体的多单元气体容器（MEGCs）。除本章的要求之外，除非另有规定，凡满足1972年《国际集装箱安全公约》规定的"集装箱"一词定义的多式联运可移动罐柜或多单元气体容器（MEGCs），必须符合该公约的相关要求。对于公海上装卸的近海用可移动罐柜或多单元气体容器（MEGCs），可能还须适用其他要求。

6.7.1.2 考虑到科学技术的进步，可在替代方案下改变本章的技术要求。替代方案在与所运货物的性质相容方面，以及在对冲击、载荷和火灾的抵抗能力方面提供的安全性，不得低于本章要求所体现的安全性。对于国际运输而言，替代方案之下的可移动罐柜或多单元气体容器（MEGCs）必须经相应的主管机关批准。

6.7.1.3 3.2章表A第(10)栏未给物质划定可移动罐柜指南（T1或T23、T50或T75）时，可由起运国主管机关发给临时运输批准书。批准书必须包括在货物运输票据中，至少要有可移动罐柜指南内通常提供的资料并写明物质必须在何种条件下运输。

6.7.2 拟装运第1类、第3~9类物质的可移动罐柜的设计、制造、检验和试验要求

6.7.2.1 定义

就本节而言：

替代方案指这些不是按照本章规定的方法进行设计、制造或者测试的可移动罐柜或多单元气体容器（MEGCs），其技术要求或测试方法被主管机关认可的一种批准。

可移动罐柜指用于运输第1类、第3~9类物质的多式联运罐体。可移动罐柜的壳体装有运输危险货物所必要的辅助设备和结构件。可移动罐柜应能够在装货和卸货时不需移除结构件。壳体外部应具有牢固的护梁，并能够在满载时被吊起。在设计上，可移动罐柜的主要特点是可以装到运输车辆、铁路货车、海洋和内河运输的船只上，并应配备便利机械装卸的底垫、固定件或附件。道路罐式车辆、铁路罐式车辆、非金属罐体及中型散装容器不在可移动罐柜定义之内。

壳体指可移动罐柜盛装所运物质的部分（罐本身），包括开口及其封闭装置；但不包括辅助设备或外部结构件。

辅助设备指测量仪表以及装货、卸货、排气、安全、加热、冷却及隔热装置。

结构件是指壳体外部的加固部件、紧固部件、防护部件和牢固的护梁。

最大允许工作压力（MAWP）指在工作状态下壳体顶部的压力，不小于下列压力中的最大值：

(a) 在装货或卸货时，壳体内允许的最大有效表压；或

(b) 壳体的设计最大有效表压,数值不小于以下两项之和:
  (ⅰ) 物质在65℃时的绝对蒸气压减100kPa(1bar);以及
  (ⅱ) 罐体未装满空间内的空气和其他气体的分压(bar),这个分压是由未装满空间最高温度65℃和平均整体温度升高t_r-t_f引起的液体膨胀所决定的(t_f=装货温度,通常为15℃,t_r=最高平均整体温度,50℃)。

设计压力是指公认的压力容器规则要求的计算中所用的压力值。设计压力不得小于下列压力中的最大值:

(a) 在装货或卸货时,壳体内允许的最大有效表压;或
(b) 以下三项之和:
  (ⅰ) 物质在65℃时的绝对蒸气压减100kPa(1bar);
  (ⅱ) 罐体未装满空间内的空气和其他气体的分压(bar),这个分压是由未装满空间最高温度65℃和平均整体温度升高t_r-t_f引起的液体膨胀所决定的(t_f=装货温度,通常为15℃,t_r=最高平均整体温度,50℃);和
  (ⅲ) 以及根据6.7.2.2.12规定的静态力所确定的压力值,但不小于35kPa(0.35bar)。或
(c) 4.2.5.2.6中适用的可移动罐柜指南规定的最低试验压力值的2/3。

试验压力指液压试验时壳体顶部的最大表压,不小于设计压力的1.5倍。用于装运特定物质的可移动罐柜,最低试验压力在4.2.5.2.6中的适用可移动罐柜指南中具体规定。

密封性试验指用气体对壳体及其辅助设备施加不小于最大允许工作压力25%的有效内压的试验。

最大允许总质量指可移动罐柜的自重及允许装运的最大载荷之和。

参考钢指抗拉强度为370N/mm²和断后伸长率为27%的钢。

普通强度钢指保证最小抗拉强度为360～440N/mm²及保证最小断后伸长率符合6.7.2.3.3.3的钢。

壳体设计温度范围对于在自然环境条件下运输的物质,应为-40℃～50℃。对于高温条件下运输的物质,设计温度不得低于物质在装货、卸货或运输过程中的最高温度。对于要用在严酷气候条件下的可移动罐柜,应考虑更严格的设计温度。

细晶粒钢指根据ASTM E112—96确定的或者按EN 10028-3第三部分的定义,钢中铁素体晶粒大小是6级或更小的钢。

易熔元件指因受热导致不能重新封闭的卸压装置。

近海用可移动罐柜专门设计用于往返近海设施和在近海设施之间运输的重复使用用的可移动罐柜。近海用可移动罐柜的设计和制造,应是根据国际海事组织在文件MSC/Circ.860中规定的批准公海作业集装箱的指南。

6.7.2.2 *设计和制造的一般要求*

6.7.2.2.1　壳体的设计和制造应符合主管机关承认的压力容器规则的要求。壳体应使用适于成型的金属材料制造。材料在原则上应符合国家或国际材料标准,焊接的壳体,只能使用已经充分证明可以焊接的材料。焊缝应采用成熟的工艺,并且确保完全安全可靠。当制造工序或使用的材料需要时,应对壳体进行适当的热处理,以保证焊缝和热影响区有适当的韧性。在材料的选择上,设计温度的范围应考虑到发生脆断的危险、应力蚀裂及抗冲击性能。使用细晶粒钢时,根据材料规格,应保证屈服强度值不超过460N/mm²,保证抗拉强度上限值不超过725N/mm²。只

有在3.2章表A第(11)栏对特定货物划定的可移动罐柜特殊规定中写明的情况下,或在主管机关核准的情况下,才可用铝作为制造材料。在准予使用铝的情况下,应采取隔热措施,以保证在经受110kW/m^{2}的热负荷时不会在30min内明显丧失其物理特性。隔热物应在649℃以下的温度条件下一直有效。并以熔点不低于700℃的材料作包覆层。可移动罐柜的材料应能适应运输中的各种外部环境。

6.7.2.2.2 可移动罐柜壳体、配件和管道,应采用具有下列性质的材料制造:
(a) 基本上不受所运物质侵蚀;或
(b) 经过化学作用适当地钝化或中和;或
(c) 带抗腐蚀材料的衬里,衬里可直接粘贴或用与之相当的方法附着在壳体上。

6.7.2.2.3 垫圈应用不受所运物质腐蚀的材料制造。

6.7.2.2.4 壳体有衬里时,衬里材料应基本上不受所运物质腐蚀。衬里材料应是均匀的、无孔无洞的、有足够的弹性、具有与壳体相容的热膨胀特性。每个壳体、壳体配件和管道的衬里,应是连续不断的,并且延伸到每个法兰的周围表面。如外部配件焊接在罐体上,衬里要连续遍及该配件和外部法兰的周围表面。

6.7.2.2.5 接头和接缝处的衬里应采取熔融或其他同等有效的方式将材料接合在一起。

6.7.2.2.6 应避免不同金属互相接触可能导致的电蚀作用。

6.7.2.2.7 可移动罐柜及其任何装置、垫圈和附件的材料,不得对罐体介质产生不利的影响。

6.7.2.2.8 可移动罐柜的设计和制造,应带有支承,以便在运输期间提供牢固的支座,并且应有合适的起吊和系紧装置。

6.7.2.2.9 可移动罐柜设计应至少能承受介质产生的内压以及正常装卸和运输中的静载荷、动载荷和热载荷,而不会使介质漏损。设计应证明已考虑到可移动罐柜预计使用期内反复施加这些载荷造成的疲劳效应。

6.7.2.2.9.1 对于近海用可移动罐柜,应考虑在海上作业时所施加的动态应力。

6.7.2.2.10 配备真空减压装置的壳体,设计上应至少能承受高于内压21kPa(0.21bar)的外部压力而不会永久变形。真空减压装置应设定在真空度不大于 −21kPa(−0.21bar)时排气,但如壳体的设计能承受较高的外部压力,则真空泄放装置的真空度应设定在不大于罐体设计真空度。仅用于运输在运输过程中不会液化的Ⅱ类或Ⅲ类固态物质的壳体可以设计为较低的外部压力,但须经主管机关批准。在这种情况下,真空阀应在该较低的压力下开启。不装配真空泄放装置的壳体应至少能承受高于内压40kPa(0.4bar)的外部压力,而不会永久变形。

6.7.2.2.11 拟装运符合第3类闪点标准的物质,包括在等于或高于其闪点条件下运输的高温物质,可移动罐柜所用的真空泄放装置应能防止火焰直接进入壳体,或者可移动罐柜的壳体应能承受火焰穿入壳体引起的内部爆炸而不会发生渗漏。

6.7.2.2.12 可移动罐柜及其紧固件,在最大允许载荷下,应能分别承受下列所施加的静态力:
(a) 运行方向:最大允许总质量的2倍乘以重力加速度(g)❶;
(b) 与运行方向垂直的水平方向:最大允许总质量(运行方向不明确时,为最大允许总质量的2倍)乘以重力加速度(g)❶;
(c) 向上的垂直方向:最大允许总质量乘以重力加速度(g);以及
(d) 向下的垂直方向:最大允许总质量的2倍(包括重力在内的总载荷)乘以重力加速度(g)。

6.7.2.2.13 在6.7.2.2.12所列每种力之下,安全系数考虑下列情况:

---

❶ 以计算为目的,g = 9.81m/s^2。

(a) 有明确屈服点的金属,屈服强度安全系数取 1.5;
(b) 无明确屈服点的金属,0.2%规定非比例延伸强度安全系数取 1.5,对奥氏体钢而言,采用 1%规定非比例延伸强度。

6.7.2.2.14　屈服强度或弹性极限的数值应是国家或国际材料标准中规定的数值。使用奥氏体钢时,材料标准规定的屈服强度或弹性极限下限值可最多提高 15%,但这些较大的数值应在材料质量证明书中证明存在的。如某种金属没有材料标准,所用屈服强度或弹性极限值应经主管机关核准。

6.7.2.2.15　可移动罐柜用于运输符合第 3 类闪点标准的物质,包括在等于或高于其闪点条件下运输的高温物质时,应能够作电气搭铁。应采取措施以防止危险的静电放电。

6.7.2.2.16　对于某种特定物质,在 3.2 章表 A 第(10)栏标出并在 4.2.5.2.6 中的相关可移动罐柜指南,或在 3.2 章表 A 第(11)栏标出并在 4.2.5.3 中的可移动罐柜特殊规定,可以采用通过增加壳体厚度或提高试验压力的方式为可移动罐柜提供额外的保护措施,厚度或试验压力应根据装运有关物质所涉的固有危险性确定。

6.7.2.2.17　用在高温下运输物质的壳体,与其直接接触的隔热层的燃点应比罐体的最高设计温度至少高 50℃。

6.7.2.3　*设计标准*

6.7.2.3.1　壳体的设计上应能采用应力分析的数学方法或用电阻应变仪进行试验或主管机关批准的其他方法。

6.7.2.3.2　壳体在设计和制造上应能承受不少于 1.5 倍设计压力的水压试验压力。对于适用于可移动罐柜指南的特定物质,在 3.2 章表 A 第(10)栏标出并在 4.2.5.2.6 中的相关可移动罐柜指南,或在 3.2 章表 A 第(11)栏标出并在 4.2.5.3 中的可移动罐柜特殊规定。应注意 6.7.2.4.1~6.7.2.4.10 中规定的这些罐体的最小罐体壳度要求。

6.7.2.3.3　对于有明确屈服点的金属或规定非比例延伸强度(一般为 0.2%规定非比例延伸强度,奥氏体钢为 1%规定非比例延伸强度)标定的金属,在试验压力下,壳体的一次薄膜应力 σ(sigma)不得超过 $0.75Re$ 或 $0.50Rm$,取两者中的较小者,其中:
Re 是以 N/mm^2 表示的屈服强度,或 0.2%规定非比例延伸强度,奥氏体钢为 1%规定非比例延伸强度;
Rm 是以 N/mm^2 表示的最小抗拉强度。

6.7.2.3.3.1　所用 Re 和 Rm 数值应是国家或国际材料标准规定的最小数值。使用奥氏体钢时,材料标准规定的屈服强度或规定非比例延伸强度下限值可最多提高 15%,但这些较大的数值应在材料质量证明书中证明存在的。如某种金属没有材料标准,所用 Re 和 Rm 值应经主管机关或其授权单位核准。

6.7.2.3.3.2　Re/Rm 比率大于 0.85 的钢不允许用于制造焊接型壳体。确定这一比率时所用的 Re 和 Rm 值应是材料质量证明书中标明的数值。

6.7.2.3.3.3　制造壳体用钢的断后伸长率不得小于 $10000/Rm$,细晶粒钢绝对最小值为 16%,其他钢种为 20%。用于制造壳体的铝和铝合金的断后伸长率不得小于 $10000/6Rm$,绝对最小值为 12%。

6.7.2.3.3.4　为确定材料的实际数值,对于金属板要注意的是,拉伸试验试样的轴线应与轧制方向垂直(横向)。断后伸长率应根据 ISO 6892:1998 选用标距长度为 50mm 的矩形截面试样测量。

6.7.2.4　*最小壳体厚度*

6.7.2.4.1　最小壳体厚度应取以下三项中数值最大者:
(a) 根据 6.7.2.4.2~6.7.2.4.10 的要求确定的最小厚度;

(b) 根据认可的压力容器规则、包括6.7.2.3的要求确定的最小厚度；以及

(c) 关于适用于可移动罐柜指南的最小厚度，在3.2章表A第(10)栏标出并在4.2.5.2.6中的相关可移动罐柜指南，或在3.2章表A第(11)栏标出并在4.2.5.3中的可移动罐柜特殊规定。

6.7.2.4.2　直径不大于1.80m的壳体，其圆柱壳部分、封头及人孔盖的厚度不得小于：参考钢5mm，或所用金属等效厚度。直径大于1.80m的壳体的厚度不得小于：参考钢6mm，或所用金属等效厚度，但对于Ⅱ或Ⅲ类包装的粉状或粒状固体物质，最小厚度要求可减至参考钢不小于5mm或所用金属等效厚度。

6.7.2.4.3　试验压力低于265kPa(2.65bar)的可移动罐柜，如果配备防止损伤壳体的附加保护，主管机关可以批准与所提供的保护成比例地降低最小壳体厚度。但是直径不大于1.80m的壳体，厚度不得小于：参考钢3mm，或所用金属等效厚度。直径大于1.80m的壳体，厚度不得小于：参考钢4mm，或所用金属等效厚度。

6.7.2.4.4　所有壳体的圆柱壳部分、封头及人孔盖的厚度，不论采用何种材料制造，均不得小于3mm。

6.7.2.4.5　6.7.2.4.3所述的附加保护可以是整体的外部结构保护，例如，外保护层保护壳体的夹层结构、双层壁结构，或把壳体放在由纵、横结构部件组成的整体框架中。

6.7.2.4.6　不同于6.7.2.4.3所规定参考钢厚度的金属等效厚度应按下式计算：

$$e_1 = \frac{21.4 \times e_0}{\sqrt[3]{Rm_1 A_1}}$$

式中：e_1——所用金属需要的等效厚度(mm)；

e_0——在3.2章表A第(10)栏标出并在4.2.5.2.6中的相关可移动罐柜指南，或在3.2章表A第(11)栏标出并在4.2.5.3中的可移动罐柜特殊规定中规定的参考钢最小厚度(mm)；

Rm_1——所用金属的最小抗拉强度保证值(N/mm²)(见6.7.2.3.3)；

A_1——国家或国际标准规定的所用金属的最小断后伸长率(%)保证值。

6.7.2.4.7　当4.2.5.2.6内的适用可移动罐柜指南规定的最小厚度为8mm或10mm时，应注意这些厚度是根据参考钢的性质及壳体直径1.80m算出的。在使用不同于普通强度钢(见6.7.2.1)的金属时，或在壳体直径大于1.80m时，厚度应按下式计算：

$$e_1 = \frac{21.4 \times e_0 d_1}{1.8 \sqrt[3]{Rm_1 \times A_1}}$$

式中：e_1——所用金属需要的等效厚度(mm)；

e_0——在3.2章表A第(10)栏标出并在4.2.5.2.6中的相关可移动罐柜指南，或在3.2章表A第(11)栏标出并在4.2.5.3中的可移动罐柜特殊规定中规定的参考钢最小厚度(mm)；

d_1——壳体直径(m)，但不小于1.80m；

Rm_1——所用金属的最小抗拉强度保证值(N/mm²)(见6.7.2.3.3)；

A_1——国家或国际标准规定的所用金属的最小断后伸长率(%)保证值。

6.7.2.4.8　壳壁厚度无论如何不得小于6.7.2.4.2、6.7.2.4.3、和6.7.2.4.4中规定的数值。壳体的各部位应由6.7.2.4.2~6.7.2.4.4规定的最小厚度。这一厚度不包括腐蚀裕量。

6.7.2.4.9　使用普通强度钢时(见6.7.2.1)，无须用6.7.2.4.6的公式进行计算。

6.7.2.4.10　壳体圆柱壳部分与封头部连接处的金属板厚度不得有突然变化。

6.7.2.5 *辅助设备*

6.7.2.5.1　辅助设备的安装应使其在装卸和运输过程中不会被扳掉或损坏。如果框架和壳体的连接允许组合件之间有相对运动,则设备的安装应允许有相对运动而不会损坏工作部件。外部卸货配件(管座、关闭装置)、内置截止阀及其支座应加以保护,以防被外力(如:用剪切力)扳掉的危险。装货和卸货装置(包括法兰或螺纹塞)及任何防护盖应能防止被无意打开。

6.7.2.5.2　可移动罐柜装货或卸货用的所有壳体开孔都应安装手动截止阀,截止阀的位置应尽量合理地靠近壳体。用于排气或安全泄放装置开孔以外的其他开孔应安装截止阀或另一合适关闭装置,其位置尽量合理地靠近壳体。

6.7.2.5.3　所有可移动罐柜应有尺寸合适的人孔或其他检查口以便作内部检查,并有足够的空间进入作内部维护和修理。分隔型可移动罐柜的每一分隔间应有一个人孔或其他检查口。

6.7.2.5.4　外部装置应尽可能集中在一起。隔热可移动罐柜顶部装置周围应有带适当排污功能的溢漏收集槽。

6.7.2.5.5　可移动罐柜的每一连接件应明显地标示其功能。

6.7.2.5.6　每一截止阀或其他关闭装置应按不小于壳体最大允许工作压力的额定压力,并参照运输中会遇到的温度条件加以设计和制造。所有带螺旋心轴的截止阀应以顺时针转动手轮的方式关闭。其他截止阀应明显标出开和关的位置及关闭方向。所有截止阀的设计应能防止被无意打开。

6.7.2.5.7　所有活动部件,如盖、封闭装置的部件等,当可能与运输符合第3类闪点标准的物质、包括在高于其闪点条件下运输高温物质的铝质可移动罐柜发生摩擦或碰撞时,不得使用无防护的易腐蚀钢材制造。

6.7.2.5.8　管道的设计、制造和安装应能避免因热膨胀冷缩、机械冲击和振动所带来的危害。所有管道应使用合适的金属材料制造。只要可能,管道接头应焊接。

6.7.2.5.9　铜管接头应使用钎焊或用相同强度的金属连接。钎焊材料的熔点不得低于525℃。车螺纹时,接头不得降低管子的强度。

6.7.2.5.10　所有管道及管道配件的爆破压力不得小于壳体最大允许工作压力的4倍或壳体在使用中可能因泵或其他装置(安全泄放装置除外)的作用而受到的压力的4倍,以二者中较大者为准。

6.7.2.5.11　阀门和附件应使用韧性金属材料制造。

6.7.2.5.12　供热系统应被设计和控制以便使物质不能达到某一温度,从而导致的罐体压力超过它的最大允许工作压力的温度或者造成其他的危害(例如,危险的热分解)。

6.7.2.5.13　供热系统应被设计和控制以便在加热元件完全是潜没的情况下内加热元件才能使用。内加热设备的加热元件的表面温度,或者外加热设备护套温度,在任何情况下不能超过物质的自燃温度的80%。

6.7.2.5.14　如果电加热系统安装在罐体里,它应配备一个释放电流小于100mA的搭铁漏电保护断路器。

6.7.2.5.15　罐体装上的电气开关柜不得直接连接到罐体内部并且应根据IEC144或IEC529提供至少相当于IP56类型的保护。

6.7.2.6 *底部开口*

6.7.2.6.1　有些物质不得使用带底部开口的可移动罐柜运输。在3.2章表A第(10)栏列出并在4.2.5.2.6中的相关可移动罐柜指南,壳体在装至其最大允许装载限度时的液面以下不得有开口。如果封闭一个已有的开口,应在壳体上采用内部和外部各焊接一块金属板。

6.7.2.6.2 装载某些固态的、可结晶或高黏度物质的可移动罐柜,其底部排出口应安装不少于2个串联且可独立关闭的装置。设备的设计应符合主管机关或其授权单位的要求,应包括:

(a) 外部截止阀应根据实际情况尽可能靠近壳体安装,这样的设计是为了避免由碰撞或其他无意的动作而使阀门被意外打开;以及

(b) 排放管端部的液体密封装置,这种装置可以是螺栓连接盲法兰,也可以是螺纹盖。

6.7.2.6.3 每个底部排放出口,6.7.2.6.2规定的情况除外,应安装3个串联的且可独立关闭的装置。设备的设计应符合主管机关或其授权单位的要求,应包括:

(a) 自动关闭的内部截止阀,即截止阀安装在壳体内部或平焊法兰或与其配对的法兰,并且:

(ⅰ) 阀门操纵控制装置的设计应能防止由于碰撞或其他无意的动作而使阀门被无意打开;

(ⅱ) 可以从上面或下面操纵阀门;

(ⅲ) 如可能,可从地面查看阀门的设置(开或关);

(ⅳ) 除容积不大于1000L的可移动罐柜外,阀门应能从可移动罐柜上一个容易接近且远离阀门本身的位置关闭;并且

(ⅴ) 阀门在控制阀门操纵的外部装置损坏的情况下应能继续起作用;

(b) 外部截止阀尽量合理地靠近壳体安装;以及

(c) 排放管端部的液体密封装置,这种装置可以是螺栓连接盲法兰,也可以是螺纹盖。

6.7.2.6.4 对于有内衬的壳体,6.7.2.6.3(a)要求的内部截止阀可以由另一个外部截止阀代替。制造厂商应满足主管机关或其授权单位的要求。

6.7.2.7 *安全泄放装置*

6.7.2.7.1 所有可移动罐柜应至少装有一个压力泄放装置。所有泄放装置应按主管机关或其授权单位的要求设计、制造和作标记。

6.7.2.8 *减压装置*

6.7.2.8.1 容积不小于1900L的每个可移动罐柜或类似容积的每个可移动罐柜分隔间,应装备一个或多个弹簧减压阀,还可以另外有一个与弹簧减压装置并联的爆破片或易熔塞,除了在4.2.5.2.6中规定的相关可移动罐柜,在6.7.2.8.3中禁止使用外。减压装置的能力应足以防止装货、卸货或介质升温引起的过压或真空状态造成壳体破裂。

6.7.2.8.2 减压装置的设计应能防止异物进入、液体渗漏和形成任何危险的超压。

6.7.2.8.3 当需要盛装某些物质时,该物质在3.2章表A第(10)栏标出并在4.2.5.2.6中的相关可移动罐柜指南,可移动罐柜应装有经主管机关批准的减压装置。除非专用的可移动罐柜装有经批准的、用与所装货物相容的材料制造的减压装置,否则减压装置应由弹簧减压装置和一个前置爆破片构成。在爆破片与所需减压装置串联安装时,二者之间的空间应装一个压力表或适当的信号显示器,用以检测减压爆破片破裂、穿孔或泄漏所引起的减压装置失灵。爆破片应在公称压力比减压装置开始排气的压力高10%时破裂。

6.7.2.8.4 容积小于1900L的每个可移动罐柜应装有减压装置,减压装置可以是符合6.7.2.11.1要求的爆破片。如果不用弹簧减压装置,爆破片应设定在公称压力等于试验压力时破裂。此外,如果用到易熔塞应符合6.7.2.10.1的规定。

6.7.2.8.5 配备压力泄放装置的壳体,进气管道应安装适当的减压装置,将其设定在压力不

高于壳体最大允许工作压力时起作用,并尽量合理可能靠近壳体安装一个截止阀。

6.7.2.9 *减压装置的设定*

6.7.2.9.1　应注意,减压装置应只在温度过分升高时才起作用,因为壳体在正常运输条件下不得受到压力过度变化的影响(见 6.7.2.12.2)。

6.7.2.9.2　试验压力不大于 450kPa(4.5bar)的壳体,要求的减压装置应设定在公称压力等于试验压力的 5/6 时开始泄放;试验压力大于 450kPa(4.5bar)的壳体,要求的减压装置应设定在公称压力等于试验压力的 2/3 的 110% 时开始泄放。泄放后,减压装置应在压力下降到比开始泄放时的压力低且不大于 10% 时关闭。装置在更低压力下应始终保持关闭状态。这个要求并不妨碍使用真空减压装置或结合使用安全减压装置与真空减压装置。

6.7.2.10 *易熔塞*

6.7.2.10.1　易熔塞应在 110℃~149℃ 之间的一个温度上起作用,条件是壳体内在易熔塞熔化温度时的压力不大于试验压力。易熔塞应装在壳体顶部,入口位置在气相空间内,当用于运输安全的目的时,不得被与外部热量隔绝。试验压力大于 265kPa(2.65bar)的可移动罐柜不得使用易熔塞,除非有特殊条款在 3.2 章表 A 第(11)栏中规定。拟装运高温物质的可移动罐柜上使用的易熔塞应设计在高于运输过程中遇到的最高温度的一个温度上起作用,并且应符合主管机关或其授权单位的要求。

6.7.2.11 *爆破片*

6.7.2.11.1　除 6.7.2.8.3 规定的情况外,在整个设计温度范围内爆破片应设定在公称压力等于试验压力时破裂。使用爆破片时,应特别注意 6.7.2.5.1 和 6.7.2.8.3 的要求。

6.7.2.11.2　爆破片应适应可移动罐柜可能产生的真空压力。

6.7.2.12 *减压装置的能力*

6.7.2.12.1　6.7.2.8.1 要求的弹簧减压装置应具有相当于直径 31.75mm 喷嘴的最小截面流通面积。如果使用真空减压阀,其截面流通面积应不小于 284mm²。

6.7.2.12.2　在可移动罐柜完全被火焰吞没的情况下,各减压装置的总排放能力(考虑到流量减弱,如可移动罐柜在弹簧减压装置之前安装爆破片或者弹簧减压装置设置有阻火器)应足以把壳体内的压力限制在比减压装置开始排放时的压力高 20%。可使用紧急减压装置来达到规定的全部减压能力。这些装置可以是易熔式、弹簧式或爆破片元件,或弹簧式和易碎装置的组合。所需减压装置总能力可用 6.7.2.12.2.1 内的公式或 6.7.2.12.2.3 内的表格确定。

6.7.2.12.2.1　所需减压装置总能力应视为所有参与减压的个体装置贡献能力的总和,应使用下式确定:

$$Q = 12.4 \frac{FA^{0.82}}{LC}\sqrt{\frac{ZT}{M}}$$

式中:Q——在 100kPa(1bar)和 0℃(273K)的标准条件下的最低要求排放率(m^3/s)。

　　　　F——以下数值的系数:

　　　　　　不隔热的壳体 $F=1$;

　　　　　　隔热的壳体 $F=U(649-t)/13.6$,但无论如何不小于 0.25,其中:

　　　　　　U——隔热层在 38℃ 时的导热率($kW \cdot m^{-2}/K$);

　　　　　　t——物质在装货过程中的实际温度(℃);这一温度未知时,取 $t=15℃$。

如取上述隔热壳体的 F 值,隔热性应考虑符合 6.7.2.12.2.4 的要求。

A——壳体外部表面的总面积(m^2);

Z——累积状态时的气体压缩系数(这一系数未知时,取 $Z=1.0$);

T——累积状态时减压装置上方的绝对温度 $K(℃+273)$;

L——累积状态时的液体汽化潜热(kJ/kg);

M——排出气体的分子量;

C——按下列公式之一算出的随比热比率 k 而变的一个常数:

$$k = \frac{C_p}{C_v}$$

式中:C_p——压力不变时的比热容;

C_v——体积不变时的比热容。

$k>1$ 时:

$$C = \sqrt{k\left(\frac{2}{k+1}\right)^{\frac{k+1}{k-1}}}$$

$k=1$ 时 或 k 未知时:

$$C = \frac{1}{\sqrt{e}} = 0.607$$

式中:e——数学常数 2.7183。

C 也可从下表选取:

k	C	k	C	k	C
1.00	0.607	1.26	0.660	1.52	0.704
1.02	0.611	1.28	0.664	1.54	0.707
1.04	0.615	1.30	0.667	1.56	0.710
1.06	0.620	1.32	0.671	1.58	0.713
1.08	0.624	1.34	0.674	1.60	0.716
1.10	0.628	1.36	0.678	1.62	0.719
1.12	0.633	1.38	0.681	1.64	0.722
1.14	0.637	1.40	0.685	1.66	0.725
1.16	0.641	1.42	0.688	1.68	0.728
1.18	0.645	1.44	0.691	1.70	0.731
1.20	0.649	1.46	0.695	2.00	0.770
1.22	0.652	1.48	0.698	2.20	0.793
1.24	0.656	1.50	0.701		

6.7.2.12.2.2　除选用上述公式外,设计用于运输液体的壳体的减压装置可按 6.7.2.12.2.3 的表格选定尺寸。表中假设隔热系数 $F=1$,隔热的壳体应作相应调整。确定本表格时使用的其他数值是:

M ＝ 86.7　　　$T=394K$

L ＝ 334.94kJ/kg　$C=0.607$

Z ＝ 1

6.7.2.12.2.3　　　100kPa(1bar)和0℃(273K)条件下所需的最低排放速率 Q, m³/s:

A 暴露面积(m²)	Q (m³/s)	A 暴露面积(m²)	Q (m³/s)
2	0.230	37.5	2.539
3	0.320	40	2.677
4	0.405	42.5	2.814
5	0.487	45	2.949
6	0.565	47.5	3.082
7	0.641	50	3.215
8	0.715	52.5	3.346
9	0.788	55	3.476
10	0.859	57.5	3.605
12	0.998	60	3.733
14	1.132	62.5	3.860
16	1.263	65	3.987
18	1.391	67.5	4.112
20	1.517	70	4.236
22.5	1.670	75	4.483
25	1.821	80	4.726
27.5	1.969	85	4.967
30	2.115	90	5.206
32.5	2.258	95	5.442
35	2.400	100	5.676

6.7.2.12.2.4　　　为降低排放能力使用的隔热系统应经主管机关或其授权单位批准,在一切情况下,批准用于这种目的的隔热系统应:

(a)　在649℃以下的一切温度下保持有效;并且

(b)　包覆一层熔点等于或大于700℃的材料。

6.7.2.13　　　**减压装置的标记**

6.7.2.13.1　　　每个减压装置应有明显的永久性标记,具有以下细节:

(a)　设定的排放压力(bar或kPa)或温度(℃);

(b)　弹簧装置:排放压力容限公差;

(c)　爆破片:对应于额定压力的参考温度;

(d)　易熔塞:允许温度公差;以及

(e)　以标准的 m³/s 表示的弹簧压力泄放装置、爆破片或易熔塞的额定排放能力;

实际情况允许时,也应标明以下资料:

(f)　设备制造厂名称和相关的产品目录号。

6.7.2.13.2　　　弹簧减压装置上标明的额定泄放能力应按 ISO 4126-1:2004 和 ISO 4126-7:2004 确定。

6.7.2.14　　　**减压装置的通道**

6.7.2.14.1　　　通向减压装置的通道,应有足够大的尺寸,以便使需要排放的物质不受限制地通向安全装置。罐体和减压装置之间不得装有截止阀,除非为维护或其他原因而装有双联减压装置,而且实际使用时的减压装置的截止阀是锁定在开的位置,或者截止阀相互联锁,使得双联装置中至少有一个始终是在使用中。通向排气或减压装置的开口部位不得有障碍物,以免限制或切断壳体到该装置的流通。减压装置出口如使用排气孔或管道,应能把释放的气体或液体在减压装置中受到最小背压的条件下排到大气中。

6.7.2.15 *减压装置的位置*

6.7.2.15.1 每个减压装置的入口应位于壳体顶部,尽量合理地接近壳体纵向和横向中心的地方。所有减压装置的入口应位于壳体在最大装载条件下的气相空间,并且减压装置的安装应能保证排出的气体不受限制地排放。对于易燃物质,排出的气体应导离壳体,使之不会冲到壳体上。允许使用能使气体流动方向偏转的保护装置,但不能降低所要求的减压装置能力。

6.7.2.15.2 应采取相应措施防止未经批准的人员接近减压装置,而且应对减压装置加以保护,以免在可移动罐柜倾覆时造成损坏。

6.7.2.16 *计量装置*

6.7.2.16.1 与罐体介质直接接触的液面指示器和计量表,不得使用玻璃或其他易碎材料制造。

6.7.2.17 *可移动罐柜的支撑、框架、起吊和系紧附件*

6.7.2.17.1 可移动罐柜应设有支撑结构,以便在运输期间提供稳固的底座。这方面的设计应考虑到6.7.2.2.12规定的各种力和6.7.2.2.13规定的安全系数。底座、框架、支架或其他类似的装置均可使用。

6.7.2.17.2 由于可移动罐柜的固定件(如支架、框架等)以及起吊和紧固附件等引起的复合应力,不得对壳体的任何部位造成过分的应力。永久性的起吊和紧固附件应安装在所有可移动罐柜上,最好安装在可移动罐柜的支承上,但可以在壳体支承点的加强板有加强圈作为保护。

6.7.2.17.3 在设计支承和框架时,应考虑到环境的腐蚀作用。

6.7.2.17.4 叉车插口应是能关闭的。用于关闭叉车插口的装置应是框架上的永久性部件或永久性地附着在框架上。长度小于3.65m的单分隔间可移动罐柜可不用关闭型的叉车插口,条件是:

(a) 壳体包括所有配件均有妥善防护,免受叉齿撞击;并且

(b) 两个插口中心点之间的距离至少等于可移动罐柜最大长度的一半。

6.7.2.17.5 运输过程中无防护的可移动罐柜,按照4.2.1.2,壳体和辅助设备应有能避免因侧向或纵向撞击或倾覆而损坏的保护措施。外部配件应有保护,以防壳体介质在可移动罐柜的配件受到撞击或倾覆时释放。保护措施的例子包括:

(a) 防横向撞击的保护措施,可以是设在壳体两侧中线上的纵向保护钢条;

(b) 防可移动罐柜倾覆的保护措施,可以是固定在框架上的加固环或钢条;

(c) 防后部撞击的保护措施,可以是后保险杠或挡架;

(d) 防壳体因撞击或倾覆而损坏的保护措施,可以使用符合ISO 1496-3:1995的ISO框架。

6.7.2.18 *设计批准*

6.7.2.18.1 对于任何新设计的可移动罐柜,主管机关或其授权单位发给一份设计批准证书,证明经过主管机关或其授权单位审查的可移动罐柜适合其预定用途,符合本章的要求,并符合4.2章内以及3.2章危险货物一览表内对有关物质所作的规定。可移动罐柜成批生产而设计不改时,证书对整批有效。证书应注明原型试验报告、允许运输的物质或物质类别、壳体、制造材料和(适用情况下)衬里以及批准号码。批准号码应包括在其领土内得到批准的国家用的识别号或标志(即1968年《公路交通维也纳公约》规定的国际交通所用的识别符号)以及注册号码。如有

6.7.1.2 所述的替代方案,应在证书上注明。设计批准也可适用于制造材料、厚度、制造技术相同,并有相同的支承、等效的封闭装置和其他附属装置的较小的可移动罐柜。

6.7.2.18.2 设计批准所需的原型试验报告至少应包括下列内容:
(a) ISO 1496-3:1995 规定的适用框架试验的结果;
(b) 6.7.2.19.3 所述的首次检验和试验的结果;以及
(c) 适用情况下,6.7.2.19.1 所述的撞击试验的结果。

6.7.2.19 **检验和试验**

6.7.2.19.1 符合1972修订版的《国际集装箱安全公约》集装箱定义的可移动罐柜,每种设计应作型式试验,其动态的、纵向的冲击试验应按照41章第4部分试验标准指南进行。

6.7.2.19.2 每个可移动罐柜的壳体和各项设备应在首次投入使用之前作检验和试验(首次检验和试验),其后每隔最多5年作检验和试验(5年定期检验和试验),并在5年定期检验和试验的中期点作中间定期检验和试验(2.5年定期检验和试验)。2.5年检验和试验可在规定日期的3个月之内进行。按6.7.2.19.7规定,不管定期检验和试验的时间为何,有必要时应进行例外检验和试验。

6.7.2.19.3 可移动罐柜的首次检验和试验应包括设计特性检查、适当考虑到拟装运的物质和试验压力对可移动罐柜及其配件作内部和外部检查。在可移动罐柜投入使用之前,还应作密封性试验及所有辅助设备运转良好的测试。如果壳体及其配件是分开作的压力试验,应在组装之后一起作密封性试验。

6.7.2.19.4 5年定期检验和试验应包括内部和外部检查,一般还包括液压试验。对于仅用于运输在运输过程中不会液化的毒性或腐蚀性物质以外的固态物质的罐体,液压试验可用在最大允许工作压力1.5倍的压力下进行的适当压力试验取代,但须得到主管机关批准。外包物、隔热层等应拆除到为可靠地评价可移动罐柜状况所需的程度。如果壳体和设备是分开作的压力试验,也应在组装之后一起作密封性试验。

6.7.2.19.5 2.5年中间定期检验和试验至少应包括适当考虑到拟装运的物质对可移动罐柜及其配件作内部和外部检查,密封性试验及所有辅助设备是否运转良好的试验。外包物、隔热层等只需拆除到为可靠地评价可移动罐柜状况所需的程度。专用于装运一种物质的可移动罐柜,可免除2.5年内部检查或改用主管机关或其授权单位规定的其他试验方法或检验程序。

6.7.2.19.6 可移动罐柜按照6.7.2.19.2的要求,最近一次5年或2.5年定期检验和试验有效期截止日之后不得装货和交运。但是,在最后定期检验和试验有效期截止日之前装货的可移动罐柜,可在该截止日之后不超过3个月的时期内运输。另外,在以下情况下可移动罐柜可在最近一次定期试验和检查有效期截止日之后运输:
(a) 卸空之后清洗之前,以便在重新装货之前进行下一次要求的试验或检验;以及
(b) 除非主管机关另做批准,在最后一次定期试验或检验有效期截止日之后不超过6个月的时期内,以便将危险货物送回作恰当处置或回收。运输文档中应提及该项免除。

6.7.2.19.7 有必要作例外检验和试验的情况是:可移动罐柜上可看出有损坏或腐蚀部位或渗漏,或其他表明可能影响可移动罐柜完整性的缺陷的状况。例外检验和试验的内容取决于可移动罐柜的损坏或状况恶化程度。例外检验和试验至少应包括6.7.2.19.5规定的2.5年检查和试验项目。

6.7.2.19.8 内部和外部检查应确保:

(a) 对壳体进行检验,查验有无点蚀、腐蚀、刮伤、凹陷、变形、焊缝缺陷或任何其他可能造成可移动罐柜不能安全运输的状况,包括渗漏;

(b) 对管道、阀门、加热/冷却和垫圈进行检验,查验有无腐蚀部位、缺陷或任何其他可能造成可移动罐柜不能安全装货、卸货或运输的状况,包括渗漏;

(c) 人孔盖紧固装置工作是否正常,人孔盖或垫圈没有渗漏;

(d) 法兰连接或管口盖板上的螺栓或螺母缺失的补上,松动的重新上紧;

(e) 所有紧急装置和阀门均无腐蚀、变形及任何可使之无法正常运作的损坏或缺陷,遥控关闭装置和自关闭截止阀应通过操作证明工作正常;

(f) 如有衬里,按衬里制造厂商提供的标准大纲加以检验;

(g) 可移动罐柜上应有的标记明晰易辨并符合适用要求;以及

(h) 可移动罐柜的框架、支承和起吊装置状况良好。

6.7.2.19.9　6.7.2.19.1、6.7.2.19.3、6.7.2.19.4、6.7.2.19.5 和 6.7.2.19.7 所述的检验和试验由主管机关或其授权单位批准的专家进行或验证。如检验和试验内容之一是压力试验,试验压力应是可移动罐柜数据标牌上标明的数值。应在加压状态下检查可移动罐柜的壳体、管道或设备有无渗漏。

6.7.2.19.10　在壳体上进行的一切切割、喷烧或焊接作业应经主管机关或其授权单位参照壳体制造所依据的压力容器规范加以核准。作业完成后应按原试验作压力试验。

6.7.2.19.11　如发现有任何不安全状况的迹象,可移动罐柜在修好并通过再次试验之前不得重新使用。

6.7.2.20　标记

6.7.2.20.1　每个可移动罐柜应安装一块永久固定在可移动罐柜上显眼和易于检查之处的防锈金属标牌。如因可移动罐柜安排而无法将标牌永久固定在壳体上,壳体上至少应标明压力容器规则要求的信息。用印戳或其他类似方法在标牌上至少标明下列资料。

(a) 所有者信息
　　(ⅰ) 所有者的注册号。

(b) 制造商信息
　　(ⅰ) 制造国家;
　　(ⅱ) 制造年份;
　　(ⅲ) 制造厂商名称或标记;
　　(ⅳ) 制造商序列号。

(c) 批准信息
　　(ⅰ) 联合国包装符号

　　本符号仅用于证明可移动罐柜或者多单元气体容器(MEGC)符合 6.1、6.2、6.3、6.5、6.6 或者 6.7❶ 章相关要求。

　　(ⅱ) 批准国家;
　　(ⅲ) 授权机构设计的批准;
　　(ⅳ) 设计批准文号;
　　(ⅴ) 字母"AA",如果设计在交错布置下被批准(见 6.7.1.2);
　　(ⅵ) 压力容器壳体设计规范。

---

❶ 这个符号同样证明被批准用于其他运输方式的柔性散装货箱符合联合国《关于危险货物运输的建议书规章范本》的相关规定。

(d) 压力
- (ⅰ) 最大允许工作压力(bar/kPa 表压)❶;
- (ⅱ) 测试压力(bar/kPa 表压)❶;
- (ⅲ) 初始压力测试日期(月和年);
- (ⅳ) 初始压力测试见证的识别标记;
- (ⅴ) 外部设计压力❷(bar/kPa 表压)❶;
- (ⅵ) 最大允许工作压力对于加热/冷却系统(bar/kPa 表压)❶(当可适用时)。

(e) 温度
- (ⅰ) 设计温度范围(℃)❶。

(f) 材料
- (ⅰ) 壳体材料和材料参考标准;
- (ⅱ) 参考钢等效厚度(mm)❶;
- (ⅲ) 衬里材料(当可适用时)。

(g) 容量
- (ⅰ) 罐体水容积在 20℃(L),当壳体被防波板分为不超过 7500L 容量时,用后缀"S"标明;
- (ⅱ) 每个仓的水容积在 20℃(L)(当可适用时,多仓罐体),当仓被防波板分为不超过 7500L 容量的部分时,用后缀"S"标明。

(h) 定期检验和试验
- (ⅰ) 最近的定期试验类型(2.5 年,5 年或者例外);
- (ⅱ) 最近的定期试验日期(月和年);
- (ⅲ) 最近的定期试验(如果适用)的压力测试(bar/kPa 表压)❶;
- (ⅳ) 商标的授权机构执行或者见证了最近的测试。

识别板标识举例　　　　　　　　　　　　表 6.7.2.20.1

所有者注册号				
制造信息				
制造国				
制造年份				
制造商序列号				
批准信息				
un	批准国			
	设计审批授权机构			
	设计审批号		'AA'(当适用时)	
壳体设计规范(压力容器规范)				
压力				
最大允许工作压力				bar 或 kPa
试验压力				bar 或 kPa
次压力试验日期	(年/月)	见证人印章		
外部设计压力				bar 或 kPa
加热/制冷系统的最大允许工作压力				bar 或 kPa

---

❶ 标明所用单位。
❷ 见 6.7.2.2.10。

续上表

温度			
设计温度范围		℃至	℃
材料			
壳体材料与材料标准参考号			
参考钢等效厚度			mm
衬里材料(当适用时)			
容积			
20℃时的罐体水容积		L	"S"(当适用时)
20℃时的仓室水容积(当适用时,对于多仓罐体)		L	"S"(当适用时)

定期检验/试验						
试验类型	试验日期	见证人印章和试验压力[a]	试验类型	试验日期	见证人印章和试验压力[a]	
	(年/月)	bar 或 kPa		(年/月)	bar 或 kPa	

[a] 当适用时为试验压力。

6.7.2.20.2 下列细节应永久标记在可移动罐柜上或标记在牢固地固定在可移动罐柜上的金属标牌上：

经营人名称

最大允许总质量_____kg

卸载后质量(自重)_____kg

可移动罐柜指南参照4.2.5.2.6。

注：所运物质的标识办法,还可见第5 部分。

6.7.2.20.3 如果可移动罐柜是设计并经批准在近海装卸,"近海用可移动罐柜"一词应写在标牌上。

6.7.3 拟装运非冷冻液化气体的可移动罐柜的设计、制造、检验和试验要求

注：该要求也适用于拟装运承压化学品(UN 3500,3501,3502,3503,3504和3505)的可移动罐柜

6.7.3.1 定义

替代方案指这些不是按照本章规定的方法进行设计、制造或者测试的可移动罐柜或多单元气体容器,其技术要求或测试方法被主管机关认可的一种批准。

可移动罐柜是指用于运输第2 类非冷冻液化气体的、容量大于450L 的多式联运罐体。可移动罐柜的壳体装有运输气体所必需的辅助设备和结构件。可移动罐柜应能够在装货和卸货时不需移除结构件。壳体外部应具有牢固的护梁,并能够在满载时被吊起。可移动罐柜应主要设计成可装到运输车辆或船舶上,并应配备便利机械装卸的底垫、固定件或附件。道路罐式车辆、铁路罐式车辆、非金属罐体、中型散装容器、气瓶和大型储器不在可移动罐柜定义之内。

壳体指可移动罐柜承装所运非冷冻液化气体的部分(罐本身),包括开口及

其封闭装置,但不包括辅助设备或外部结构件。

辅助设备指测量仪器以及装货、卸货、排气、安全及牢固的护梁。

结构件指壳体外部的加固部件、紧固部件、防护部件和稳定部件。

最大允许工作压力(MAWP)指不小于在工作状态下在壳体顶部测出的下列2个压力中较大者的压力,但无论如何不小于700kPa(7bar):

(a) 在装货或卸货时,壳体内允许的最大有效表压;或

(b) 壳体的最大有效设计表压,数值为:

 (ⅰ) 对于4.2.5.2.6内可移动罐柜指南T50列出的非冷冻液化气体,可移动罐柜指南T50为该气体给定的最大允许工作压力(bar)。

 (ⅱ) 对于其他非冷冻液化气体,数值不小于以下2项之和:

  ——设计参考温度下非冷冻液化气体的绝对蒸气压(bar)减100kPa(1bar);及以

  ——罐体未装满空间内的空气或其他气体的分压(bar),这个分压是由设计参考温度和平均整体温度升高 $t_r - t_f$ (t_f = 装载温度,通常为15℃;t_r = 50℃,最高平均整体温度)引起的液体膨胀所决定的;

 (ⅲ) 对于承压化学品,其最大允许工作压力在4.2.5.2.6内可移动罐柜指南T50液化气体部分给出。

设计压力指认可的压力容器规范要求的计算中所用的压力值。设计压力不得小于下列压力中的最大值:

(a) 在装货或卸货时,壳体内允许的最大有效表压;或

(b) 以下两项之和:

 (ⅰ) 最大允许工作压力定义(b)中界定的壳体设计最大有效表压(见下文);以及

 (ⅱ) 根据6.7.3.2.9规定的静态力所确定的压力,但不小于35kPa(0.35bar)。

试验压力指压力试验时壳体顶部的最大表压。

密封性试验指用气体对壳体及其辅助设备施加不小于最大允许工作压力25%的有效内压的试验。

最大允许总质量指可移动罐柜的自重及允许装运的最大荷载之和。

参考钢指抗拉强度为370N/mm²和断后伸长率为27%的钢。

低碳钢指最小抗拉强度保证值为360~440N/mm²及最小断后伸长率保证值符合6.7.3.3.3规定的钢。

壳体设计温度范围对于在自然环境条件下运输的非冷冻液化气体应为-40℃~50℃。对于要用在严酷气候条件下的可移动罐柜,应考虑更严格的设计温度。

设计参考温度指为计算最大允许工作压力确定介质的气相压时所依据的温度。设计参考温度应小于拟装运非冷冻液化气体或承压化学品液化气体推进剂的临界温度,以确保气体在任何时候都是液化状态。每种类型可移动罐柜的设计参考温度的数值如下:

(a) 壳体直径等于或小于1.5m时:65℃;

(b) 壳体直径大于1.5m时:

 (ⅰ) 无隔热层或遮阳板:60℃;

(ii) 有遮阳板(见6.7.3.2.12):55℃;

(iii) 有隔热层(见6.7.3.2.12):50℃。

装载密度指平均每升壳体容积装载的非冷冻液化气体质量(kg/L)。装载密度数值见4.2.5.2.6内的可移动罐柜指南T50。

6.7.3.2 *设计和制造的一般要求*

6.7.3.2.1 　壳体的设计和制造应符合主管机关承认的压力容器规范的要求。壳体应使用易成型的钢材制造。材料在原则上应符合国家或国际材料标准。焊接的壳体,只能使用已经充分证明可以焊接的材料。焊缝应采用成熟的工艺,并且确保完全安全可靠。制造工序或使用的材料有此需要时,应对壳体进行适当的热处理,以保证焊缝和热影响区有适当的韧性。选择材料时,应根据发生脆断的危险、应力腐蚀开裂及抗冲击性能考虑设计温度范围。使用细晶粒钢时,按照材料规格,应保证屈服强度值不超过460N/mm²,保证抗拉强度上限值不超过725N/mm²。可移动罐柜的制造材料应能适应运输中的各种外部环境。

6.7.3.2.2 　可移动罐柜壳体、配件和管道,应用具有下列性质的材料制造:

(a) 基本上不受待运非冷冻液化气体侵蚀;或

(b) 被化学作用适当地钝化或中和。

6.7.3.2.3 　垫圈应用与待运非冷冻液化气体相容的材料制造。

6.7.3.2.4 　应避免不同金属互相接触可能导致的电蚀作用。

6.7.3.2.5 　可移动罐柜及其任何装置、垫圈和附件的材料,不得对罐体介质产生不利的影响。

6.7.3.2.6 　可移动罐柜应设计并制造有支撑,以便在运输期间提供牢固的支座,并且应有合适的起吊和系紧装置。

6.7.3.2.7 　可移动罐柜的设计应至少能承受由于介质产生的内压以及正常装卸和运输中的静载荷、动载荷和热载荷,而不会使介质漏损。设计应证明已考虑到可移动罐柜预计使用期内反复施加这些载荷造成的疲劳效应。

6.7.3.2.8 　壳体的设计,应能承受高于内压至少40kPa(0.4bar)(表压)的外部压力而不会永久变形。如果壳体在装货前或卸货过程中会经受相当大的真空状态,其设计应能承受高于内压至少90kPa(0.9bar)(表压)的外部压力,并且应在这一压力上加以验证。

6.7.3.2.9 　可移动罐柜及其紧固件,在其最大允许载荷下,应能承受下列分别施加的静态力:

(a) 运行方向:最大允许总质量的2倍乘以重力加速度(g)❶;

(b) 与运行方向垂直的水平方向:最大允许总质量(运行方向不明确时,为最大允许总质量的2倍)乘以重力加速度(g)❶;

(c) 向上的垂直方向:最大允许总质量的乘以重力加速度(g)❶;以及

(d) 向下的垂直方向:最大允许总质量的2倍(包括重力在内的总载荷)乘以重力加速度(g)。

6.7.3.2.10 　在6.7.3.2.9所列每种力之下,应采用下列安全系数:

(a) 有明确屈服点的金属,屈服强度安全系数取1.5;

(b) 无明确屈服点的金属,0.2%规定非比例延伸强度安全系数取1.5,对奥氏体钢而言,采用1%规定非比例延伸强度。

---

❶ 以计算为目的,$g = 9.81 \text{m/s}^2$。

6.7.3.2.11 屈服强度或规定非比例延伸强度的数值应是国家或国际材料标准规定的数值。使用奥氏体钢时,材料标准规定的屈服强度或规定非比例延伸强度最小值可最多提高15%,但需在材料质量证明书中写明这些较大的数值。如某种金属没有材料标准,所用屈服强度或弹性极限值应经主管机关核准。

6.7.3.2.12 拟装运非冷冻液化气体的壳体如有隔热措施,其隔热系统应满足下列要求:
(a) 防护外套,其覆盖面积不小于壳体表面的上面1/3部分,但不大于上半部分,与壳体间的气隙约40mm;或
(b) 用适当厚度的隔热材料完全包覆壳体,并加以保护以防止在正常运输条件下进入潮气损坏壳体并保证导热率不大于$0.67(W \cdot m^{-2}/K)$;
(c) 如果隔热保护外套非常密闭,不能透气,应提供保护装置,以防止由于壳体或其各个装置的气密性不够,在隔热层内产生任何危险压力;
(d) 隔热物的设计不得妨碍接近各配件和卸货装置的通道。

6.7.3.2.13 拟用于运输易燃非冷冻液化气体的可移动罐柜,应能够作电气搭铁。

6.7.3.3 *设计标准*

6.7.3.3.1 壳体的横断面应是圆形。

6.7.3.3.2 壳体在设计和制造时应能承受不小于设计压力1.3倍的试验压力。壳体设计应考虑到4.2.5.2.6内的可移动罐柜指南T50为拟装运的每种非冷冻液化气体规定的最大允许工作压力最小值。应注意6.7.3.4中规定的这些壳体的最小壳体厚度要求。

6.7.3.3.3 对于有明确屈服点的钢或以规定非比例延伸强度(一般为0.2%规定非比例延伸强度,奥氏体钢为1%规定非比例延伸强度)标定的钢,在试验压力下,壳体内的一次薄膜应力不得超过$0.75Re$或$0.50Rm$,以两者中的较小者为准,其中:

Re 是以 N/mm^2 表示的屈服强度,或0.2%规定非比例延伸强度,奥氏体钢为1%规定非比例延伸强度;

Rm 是以 N/mm^2 表示的最小抗拉强度。

6.7.3.3.3.1 所用 Re 和 Rm 数值应是国家或国际材料标准规定的最小数值。使用奥氏体钢时,材料标准规定的 Re 和 Rm 最小值可最多提高15%,但需在材料质量证明书中写明这些较大的数值。如某种钢没有材料标准,所用 Re 和 Rm 值应经主管机关或其授权单位核准。

6.7.3.3.3.2 屈强比 Re/Rm 比率大于0.85的钢不允许用于制造焊接型壳体。确定这一比率时所用的 Re 和 Rm 值应是材料质量证明书中标明的数值。

6.7.3.3.3.3 用于制造壳体的钢的断后伸长率不得小于$10000/Rm$,细晶粒钢绝对最小值为16%,其他钢种为20%。

6.7.3.3.3.4 为确定材料的实际力学性能值,应注意,对于金属板,拉伸试验试样的轴线应与轧制方向成直角(横切)。材料的断后伸长率应根据ISO 6892:1998的要求,使用标距50mm的矩形截面试样。

6.7.3.4 *最小壳体厚度*

6.7.3.4.1 最小壳体厚度应取以下两项中数值较大者:
(a) 根据6.7.3.4的要求确定的最小厚度;
(b) 根据认可的压力容器规范、包括6.7.3.3的要求确定的最小厚度。

6.7.3.4.2 直径不大于1.80m的壳体,其圆柱体部分、端部(封头)及人孔盖的厚度不得小于:参考钢5mm,或所用钢等效厚度。直径大于1.80m的壳体的厚度不得小于:参考钢6mm,或所用钢等效厚度。

6.7.3.4.3		所有壳体的圆柱体部分、端部(封头)及人孔盖的厚度,不论采用何种材料制造,均不得小于4mm。
6.7.3.4.4		不同于6.7.3.4.2所规定参考钢厚度的某种钢的等效厚度应按下式计算:

$$e_1 = \frac{21.4 e_o}{\sqrt[3]{Rm_1 \times A_1}}$$

式中：e_1——所用钢需要的等效厚度(mm);

e_0——6.7.3.4.2规定的参考钢最小厚度(mm);

Rm_1——所用金属的最小抗拉强度保证值(N/mm²)(见6.7.3.3.3);

A_1——国家或国际标准规定的所用金属的最小断后伸长率(%)保证值。

6.7.3.4.5	壳壁厚度不得小于6.7.3.4.1~6.7.3.4.3中规定的数值。壳体的各部位应满足6.7.3.4.1~6.7.3.4.3规定的最小厚度。这一厚度不包括腐蚀裕量。
6.7.3.4.6	使用低碳钢时(见6.7.3.1)无须用6.7.3.4.4的公式进行计算。
6.7.3.4.7	壳体圆柱体部分与端(头)部连接处的钢板厚度不得有突然变化。
6.7.3.5	**辅助设备**
6.7.3.5.1	辅助设备的安装方式应使其在装卸和运输过程中不会被扳掉或损坏。如果框架和壳体的连接允许组合件之间有相对运动,则设备的安装方式应允许有相对运动而不会损坏工作部件。外部卸货配件(管道插座、关闭装置)、内截止阀及其支座应有保护措施,以防被外力(如:用剪切力)扳掉。装货和卸货装置(包括法兰或螺纹塞)及任何防护帽应能防止被无意打开。
6.7.3.5.2	除减压装置开孔、检查孔和关闭的放气孔之外,可移动罐柜上所有直径大于1.5mm的开孔应安装至少三个串联的互相独立的关闭装置。第一个是内置截止阀、过流阀或等效装置;第二个是外部截止阀;第三个是盲盖或等效装置。
6.7.3.5.2.1	可移动罐柜如装有过流阀,过流阀的底座应安装在壳体之内,或安装在焊接的法兰之内。如果安装在壳体外部,其底部的设计应使阀门在发生碰撞时仍能保持原有功能。过流阀应这样选择和安装:当达到制造厂规定的额定流量时即自动关闭。和过流阀相通的通道和附件的通过能力,应大于过流阀的额定流量。
6.7.3.5.3	对于装货和卸货开口,第一个关闭装置应是内置截止阀;第二个应是安装在每个卸货和装货管上容易接近位置的截止阀。
6.7.3.5.4	拟装运易燃和/或毒性非冷冻液化气体或承压化学品的可移动罐柜的装货和卸货用底部开口装置,其内置截止阀应是快速关闭型安全装置,在可移动罐柜装货或卸货过程中发生意外移动或被火焰吞没时能够自动关闭。除容量不大于1000L的可移动罐柜外,应可以用遥控的方法操作该装置。
6.7.3.5.5	壳体上除装货孔、卸货孔和气体压力平衡孔之外,还可以有能够安装温度表和压力表的开口。这些仪表的连接应用焊接起来的适宜的管嘴或套,不得用穿透壳体的螺纹连接。
6.7.3.5.6	所有可移动罐柜应有尺寸合适的人孔或其他检查口,以便作内部检查并有足够空间作内部维护和修理。
6.7.3.5.7	外部装置应尽可能集中在一起。
6.7.3.5.8	可移动罐柜的每一连接件应明显地标示其功能。
6.7.3.5.9	每一截止阀或其他关闭装置应按不小于壳体最大允许工作压力的额定压力并参照运输中会遇到的温度条件加以设计和制造。所有带螺旋心轴的截止阀应同以顺时针转动手轮的方式关闭。其他截止阀应明显标出开和关的位置及关闭方向。所有截止阀的设计应能防止被无意打开。

6.7.3.5.10	管道的设计、制造和安装应能避免因热胀冷缩、机械冲击和振动而损坏。所有管道应使用合适的金属材料制造。应尽可能使用焊接管接头。
6.7.3.5.11	铜管接头应使用钎焊或用相同强度的金属连接。钎焊材料的熔点不得低于525℃。车螺纹时,接头不得降低管子的强度。
6.7.3.5.12	所有管道及管道配件的爆破压力不得小于壳体最大允许工作压力的4倍或壳体在使用中可能因泵或其他装置(安全泄放装置除外)的作用而受到的压力的4倍,以二者中较大者为准。
6.7.3.5.13	阀门和附件应使用韧性金属制造。

6.7.3.6 *底部开口*

6.7.3.6.1	有些非冷冻液化气体不得使用带底部开口的可移动罐柜运输。如果4.2.4.2.6内的可移动罐柜指南T50写明不允许有底部开口,壳体在装至其最大允许装载限度时的液面以下不得有开口。

6.7.3.7 *减压装置*

6.7.3.7.1	可移动罐柜应安装一个或多个弹簧减压装置。减压装置应在压力不小于最大允许工作压力时自动打开,在压力等于最大允许工作压力的110%时完全打开。排气后,这些装置应在压力下降到比开始排气时的压力低不大于10%时关闭,并在更低的压力下保持关闭状态。减压装置的类型应能经受动态力(包括液体涌动)的作用。不允许使用不与弹簧减压装置串联的易碎盘。
6.7.3.7.2	减压装置的设计应能防止异物进入、气体泄漏和形成任何危险的超压。
6.7.3.7.3	拟装运4.2.4.2.6内可移动罐柜指南T50所列的某些非冷冻液化气体的可移动罐柜,应装有经主管机关批准的减压装置。除非专用的可移动罐柜装有经批准的用与所装货物相容的材料制造的减压装置,否则减压装置应由弹簧减压装置和一个前置易碎盘构成。易碎盘与减压装置之间的空间应装一个压力表或适当的信号显示器,用以检测可能引起减压装置失灵的易碎盘破裂、穿孔或泄漏。易碎盘应在标称压力比减压装置开始排气的压力高10%时破裂。
6.7.3.7.4	对于多用途可移动罐柜,6.7.3.7.1规定的减压装置启动压力应以允许用可移动罐柜运输的各气体中最大允许压力数值最高的气体为准。

6.7.3.8 *减压装置的能力*

6.7.3.8.1	在完全被火焰吞没的情况下,各减压装置的总排放能力,应足以使壳体内的压力(包括积累的压力)不超过其最大允许工作压力的120%。应使用弹簧减压装置来达到规定的全部排放能力。如果是多用途壳体,各减压装置的总排放能力应以允许用可移动罐柜运输的各气体中需要排放能力数值最高的气体为准。
6.7.3.8.1.1	所需减压装置总能力应视为数个装置个别能力的总和,应使用下式确定(此公式仅适用于临界温度远高于累积状态温度的非冷冻液化气体。临界温度接近或低于累积状态温度的气体,减压装置排放能力的计算还应考虑气体的热力学特性(例子见CGA S-1.2—2003"减压装置标准,第2部分货运便携式压缩气体罐"):

$$Q = 12.4 \frac{FA^{0.82}}{LC}\sqrt{\frac{ZT}{M}}$$

式中:Q——在100kPa(1bar)和0℃(273K)的标准条件下的最低要求排气率(m^3/s)。

F——数值如下的系数:

不隔热的壳体 $F=1$;

隔热的壳体 $F=U(649-t)/13.6$,但不得小于0.25,其中:

U——隔热层在38℃时的导热率($kW \cdot m^2/K$);

t——非冷冻液化气体在装货过程中的实际温度(℃);这一温度未知时,取 $t=15℃$;

如取以上隔热壳体的 F 值,隔热层须符合 6.7.3.8.1.2。

A——壳体外部表面的总面积(m^2);

Z——累积状态时的气体压缩系数(这一系数未知时,取 $Z=1.0$);

T——累积状态时减压装置上方的绝对温度 K(℃+273);

L——累积状态时的液汽化潜热(kJ/kg);

M——排出气体的分子量;

C——按下列公式之一算出的随比热比率 k 而变的一个常数:

$$k = \frac{c_p}{c_v}$$

式中:c_p——恒定压力下的比热容;

c_v——恒定体积下的比热容。

$k>1$ 时:

$$C = \sqrt{k\left(\frac{2}{k+1}\right)^{\frac{k+1}{k-1}}}$$

$k=1$ 时 或 k 未知时:

$$C = \frac{1}{\sqrt{e}} = 0.607$$

式中:e——数学常数 2.7183。

C 也可从下表选取:

k	C	k	C	k	C
1.00	0.607	1.26	0.660	1.52	0.704
1.02	0.611	1.28	0.664	1.54	0.707
1.04	0.615	1.30	0.667	1.56	0.710
1.06	0.620	1.32	0.671	1.58	0.713
1.08	0.624	1.34	0.674	1.60	0.716
1.10	0.628	1.36	0.678	1.62	0.719
1.12	0.633	1.38	0.681	1.64	0.722
1.14	0.637	1.40	0.685	1.66	0.725
1.16	0.641	1.42	0.688	1.68	0.728
1.18	0.645	1.44	0.691	1.70	0.731
1.20	0.649	1.46	0.695	2.00	0.770
1.22	0.652	1.48	0.698	2.20	0.793
1.24	0.656	1.50	0.701		

6.7.3.8.1.2　　为降低排气能力使用的隔热系统应经主管机关或其授权单位批准。在一切情况下,批准用于这种目的的隔热系统应:

(a) 在 649℃ 以下的一切温度下保持有效;并且

(b) 包覆一层熔点等于或大于 700℃ 的材料。

6.7.3.9　　*减压装置的标记*

6.7.3.9.1　　每个减压装置应有明显的永久性标记,具有以下细节:

(a) 设定的排气压力(bar 或 kPa);

(b) 弹簧装置:排气压力容限公差;

(c) 易碎盘:对应于额定压力的参考温度;

(d) 以标准的 m³/s 表示的装置额定流通能力;以及

(e) 弹簧减压装置及易碎盘的流通横截面积(mm^2)。

实际情况允许时,也应标明以下资料:

(f) 制造厂名称和有关的产品目录号。

6.7.3.9.2　　减压装置上标明的额定流通能力应按 ISO 4126-1:2004 与 ISO 4126-7:2004 确定。

6.7.3.10　　减压装置的通道

6.7.3.10.1　　通向减压装置的通道,应有足够大的尺寸,以便使需要排放的物质不受限制地通向安全装置。壳体和减压装置之间不得装有截止阀,除非为维护或其他原因而装有双联减压装置,而且实际使用的减压装置的截止阀是锁定在开的位置,或者截止阀相互联锁,使得双联装置中至少有一个始终是在使用中并能符合6.7.3.8 的要求。通向排气或减压装置的开口部位不得有障碍物,以免限制或切断壳体到该装置的流通。减压装置的排气孔在使用时,应能把释放的气体或液体在减压装置受到最小背压的条件下排到大气中。

6.7.3.11　　减压装置的位置

6.7.3.11.1　　每个减压装置的入口应位于壳体顶部,尽可能接近壳体纵向和横向中心的地方。所有减压装置的入口应位于壳体在最大装载条件下的气相空间,并且减压装置的安装方式应能保证排出的气体不受限制地排放。对于易燃的非冷冻液化气体,排出的气体应导离壳体,使之不会冲到壳体上。允许使用能使气体流动方向偏转的保护装置,但不能降低所要求的减压装置能力。

6.7.3.11.2　　应采取相应措施防止未经批准的人员接近减压装置,而且应对减压装置加以保护,以免在可移动罐柜倾覆时造成损坏。

6.7.3.12　　计量装置

6.7.3.12.1　　除非可移动罐柜以质量计量装货,否则应安装一个或多个计量装置。与壳体介质介质直接接触的液面指示器和计量表,不得使用玻璃或其他易碎材料制造。

6.7.3.13　　可移动罐柜的支撑、框架、起吊和系紧附件

6.7.3.13.1　　可移动罐柜应设计并制造有支撑结构,以便在运输期间提供牢固的底座。这方面的设计应考虑到 6.7.3.2.9 规定的各种力和 6.7.3.2.10 规定的安全系数。底垫、框架、支架或其他类似的装置均可使用。

6.7.3.13.2　　由于可移动罐柜的固定件(如支架、框架等)以及起吊和系紧附件等引起的复合应力,不得对壳体的任何部位产生过大的应力。永久性的起吊和系紧附件应安装在所有携式壳体上,最好安装在可移动罐柜的支架上,但可以固定在壳体支承点的加强板上。

6.7.3.13.3　　在设计支承和框架时,应考虑到环境的腐蚀作用。

6.7.3.13.4　　叉槽应是能关闭的。用于关闭叉槽的装置应是框架上的永久性部件或永久性地附着在框架上。长度小于 3.65m 的单分隔间可移动罐柜可不用关闭型的叉槽,条件是:

(a) 壳体和所有配件均有妥善防护,免受叉刃撞击;并且

(b) 两个插口中心点之间的距离至少等于可移动罐柜最大长度的一半。

6.7.3.13.5　　运输过程中无防护的可移动罐柜,按照4.2.2.3,壳体和辅助设备应有能避免因横向或纵向撞击或倾覆而损坏的保护措施。外部装置应有保护,以防壳体介质在可移动罐柜的配件受撞击或倾覆时释放。保护措施的例子包括:

(a) 防横向撞击的保护措施,可以是设在壳体两侧中线上的纵向保护钢条;

(b) 防可移动罐柜倾覆的保护措施,可以是固定在罐身上的加固环或钢条;

(c) 防后部撞击的保护措施,可以是保险杠或挡架;

(d) 防壳体因撞击或倾覆而损坏的保护措施,可以使用符合 ISO 1496-3:1995 的框架。

6.7.3.14　　　　设计批准

6.7.3.14.1　　　对于任何新设计的可移动罐柜,主管机关或其授权单位应发给一份设计批准证书,证明经过主管机关或其授权单位审查的可移动罐柜适合其预定用途,符合本章的要求,并符合 4.2.5.2.6 内的可移动罐柜指南 T50 对有关气体所做的规定。可移动罐柜成批生产而设计不改时,证书对整批有效。证书应注明原型试验报告、允许运输的气体、壳体制造材料以及批准号码。批准号码应包括在其领土内得到批准的国家的识别符号或标志(即 1968 年《公路交通维也纳公约》规定的国际交通所用的识别符号)以及注册号码。如有 6.7.1.2 所述的替代方案,应在证书上注明。对一种设计的批准也可适用于制造材料、厚度、制造技术相同,并有相同的支承、等效的封闭装置和其他附属装置的较小的可移动罐柜。

6.7.3.14.2　　　设计批准所需的原型试验报告至少应包括下列内容:

(a) ISO 1496-3:1995 规定的适用框架试验的结果;

(b) 6.7.3.15.3 所述的首次检查和试验的结果;以及

(c) 适用情况下,6.7.3.15.1 所述的撞击试验的结果。

6.7.3.15　　　　检验和试验

6.7.3.15.1　　　符合 1972 修订版的《国际集装箱安全公约》集装箱定义的可移动罐柜,每种设计应作型式试验,其动态的、纵向的冲击试验应按照第 41 章第 4 部分试验标准指南进行。

6.7.3.15.2　　　每个可移动罐柜的壳体和各项设备应在首次投入使用之前作检验和试验(首次检验和试验),其后每隔最多 5 年作检验和试验(5 年定期检验和试验),并在 5 年定期检验和试验的中期点作中间定期检验和试验(2.5 年定期检验和试验)。2.5 年检验和试验可在规定日期的 3 个月之内进行。按 6.7.3.15.7 规定,不论上次定期检验和试验的日期为何,有必要时应进行例外检验和试验。

6.7.3.15.3　　　可移动罐柜的首次检验和试验应包括设计特性检查、适当考虑到拟装运的非冷冻液体对可移动罐柜及其配件作内部和外部检查,以及参照 6.7.3.3.2 所述试验压力进行的压力试验。压力试验可以是水压试验,也可以经主管机关或其授权单位认可使用另一种液体或气体进行试验。在可移动罐柜投入使用之前,还应作密封性试验及所有辅助设备运转良好的试验。如果壳体及其配件是分开作的压力试验,应在组装之后一起作密封性试验密封性试验。壳体承受最大应力的所有焊接处应在首次试验中,用 X 射线、超声波或其他适宜的无损检测方法进行检验。这个规定不适用于护套。

6.7.3.15.4　　　5 年定期检验和试验应包括内部和外部检查,一般还包括液压试验。外包物、隔热物等只需拆除到为可靠地评价可移动罐柜状况所需的程度。如果壳体和设备是分开作的压力试验,应在组装之后一起作密封性试验密封性试验。

6.7.3.15.5　　　2.5 年中间定期检验和试验至少应包括适当考虑到拟装运的非冷冻液化气体对可移动罐柜及其配件作内部和外部检查,密封性试验及所有辅助设备运转良好的试验。外包物、隔热物等只需拆除到为可靠地评价可移动罐柜状况所需的程度。拟装运单一非冷冻液化气体的可移动罐柜,可免除 2.5 年内部检查或改用主管机关或其授权单位规定的其他试验方法或检验程序。

6.7.3.15.6　　　可移动罐柜在 6.7.3.15.2 要求的最近一次 5 年或 2.5 年定期检验和试验有效期截止日之后不得装货和交运。但是,在最后定期检验和试验有效期截止日之前装货的可移动罐柜,可在该截止日之后不超过 3 个月的时期内运输。另外,在以下情况下可移动罐柜可在最近一次定期试验和检验有效期截止日之后运输:

(a) 卸空之后清洗之前,以便在重新装货之前进行下一次要求的试验或检验;以及

(b) 除非主管机关另做批准,在最后一次定期试验或检验有效期截止日之后不超过 6 个月的时期内,以便将危险货物送回作恰当处置或回收。运输票据中应提及这项免除。

6.7.3.15.7　有必要作例外检验和试验的情况是:可移动罐柜上可以看出有损坏或腐蚀部位或渗漏,或其他表明可能影响可移动罐柜完整性的缺陷的状况。例外检验和试验的程度取决于可移动罐柜的损坏或状况恶化程度。例外检验和试验至少应包括 6.7.3.15.5 规定的 2.5 年检验和试验项目。

6.7.3.15.8　内部和外部检查应确保:

(a) 对壳体进行检验,查验有无点蚀、腐蚀、刮伤、凹陷、变形、焊缝缺陷或任何其他可能造成可移动罐柜不能安全运输的状况,包括渗漏;

(b) 对管道、阀门和垫圈进行检验,查验有无腐蚀部位、缺陷或任何其他可能造成可移动罐柜不能安全装货、卸货或运输的状况,包括渗漏;

(c) 人孔盖紧固装置工作正常,人孔盖或垫圈没有渗漏;

(d) 法兰连接或盲板法兰上的螺栓或螺母缺失的补上,松动的重新上紧;

(e) 所有紧急装置和阀门均无腐蚀、变形及任何可使之无法正常运作的损坏或缺陷,遥控关闭装置和自关闭截止阀应通过操作证明其工作正常;

(f) 可移动罐柜上应有的标记明晰易辨并符合适用要求;以及

(g) 可移动罐柜的框架、支承和起吊装置状况良好。

6.7.3.15.9　6.7.3.15.1、6.7.3.15.3、6.7.3.15.4、6.7.3.15.5 和 6.7.3.15.7 所述的检验和试验应由主管机关或其授权单位批准的专家进行或验证。如检验和试验内容之一是压力试验,试验压力应是可移动罐柜数据标牌上标明的数值。应在加压状态下检验可移动罐柜的壳体、管道或设备有无渗漏。

6.7.3.15.10　在壳体上进行的一切切割、喷烧或焊接作业应经主管机关或其授权单位参照壳体制造所依据的压力容器规范加以批准。作业完成后应按原试验压力作压力试验。

6.7.3.15.11　如发现有任何不安全状况的迹象,可移动罐柜在修好并再次通过压力试验之前不得重新使用。

6.7.3.16　*标记*

6.7.3.16.1　每个可移动罐柜应安装一块永久固定在可移动罐柜上显眼和易于检验之处的防锈金属标牌。如因可移动罐柜安排而无法将标牌永久固定在壳体上,壳体上至少应标明压力容器规范要求的资料。应用印戳或其他类似方法在标牌上至少标明下列资料。

(a) 所有者信息

（ⅰ） 所有者注册号码。

(b) 制造信息

（ⅰ） 制造国家;

（ⅱ） 制造年份;

（ⅲ） 制造厂商名称或标志;

（ⅳ） 制造商序列号。

(c) 批准信息

（ⅰ） 联合国包装符号

本符号仅用于证明该可移动罐柜或多单元气体容器符合 6.1、6.2、6.3、6.5、6.6 及 6.7 章的要求；

  （ⅱ） 批准国家；
  （ⅲ） 设计审批授权机构；
  （ⅳ） 设计审批号；
  （ⅴ） 字母'AA'表示该设计通过替代方案审批（见 6.7.1.2）；
  （ⅵ） 壳体设计依据的压力容器规范。

(d) 压力
  （ⅰ） 最大允许工作压力（bar 或 kPa 表压）；
  （ⅱ） 试验压力（bar 或 kPa 表压）；
  （ⅲ） 首次压力试验日期（年/月）；
  （ⅳ） 首次压力试验见证识别标记；
  （ⅴ） 外部设计压力（见 6.7.3.2.8）（bar 或 kPa 表压）；
  （ⅵ） 壳体设计依据的压力容器规范。

(e) 温度
  （ⅰ） 设计温度范围（℃）；
  （ⅱ） 设计参考温度（℃）。

(f) 材料
  （ⅰ） 壳体材料与材料标准参考号；
  （ⅱ） 参考钢等效厚度（mm）。

(g) 容积
  （ⅰ） 20℃时的水容积（L）。

(h) 定期检验与试验
  （ⅰ） 最近的定期检验类型（2.5 年、5 年或例外）；
  （ⅱ） 最近的定期检验日期（年/月）；
  （ⅲ） 最近的定期检验的试验压力（bar 或 kPa 表压）（如果适用）；
  （ⅳ） 标记批准或见证最近的定期试验的主管机关。

识别板标识举例　　　　　　表 6.7.3.16.1

所有者注册号				
制造信息				
制造国				
制造年份				
制造厂商序列号				
批准信息				
u n	批准国			
	设计审批授权机构			
	设计审批号		'AA'（如适用）	
壳体设计规范（压力容器规范）				
压力				
最大允许工作压力				bar 或 kPa
试验压力				bar 或 kPa
首次压力试验日期	（年/月）	见证人印章		
外部设计压力				bar 或 kPa

温度					
设计温度范围				℃至	℃
设计参考温度					℃
材料					
壳体材料与材料标准参考号					
参考钢等效厚度					mm
容积					
20℃时的罐体水容积					L
定期检验/试验					
试验类型	试验日期	见证人印章与试验压力(如果有)	试验类型	试验日期	见证人印章与试验压力(如适用)
	(年/月)	bar 或 kPa		(年/月)	bar 或 kPa

6.7.3.16.2 下列资料应标记在可移动罐柜上或标记在牢固地固定在可移动罐柜上的金属标牌上：

经营人名称

允许装运的(各种)非冷冻液化气体名称

允许装运的每种非冷冻液化气体的最大允许装载质量＿＿＿＿ kg

最大允许总质量＿＿＿＿ kg

卸载后质量(自重)＿＿＿＿ kg

依照可移动罐柜指南4.2.5.2.6。

注：所运非冷冻液化气体的标识办法，还可见第5 部分。

6.7.3.16.3 如果可移动罐柜是设计并经批准在近海装卸，"近海用可移动罐柜"一词应写在标牌上。

6.7.4 **拟装运冷冻液化气体的可移动罐柜的设计、制造、检验和试验要求**

6.7.4.1 **定义**

就本节而言：

替代方案是指这些不是按照本章规定的方法进行设计、制造或者测试的可移动罐柜或多单元气体容器，其技术要求或测试方法被主管机关认可的一种批准。

可移动罐柜是指容量大于450L、装有运输冷冻液化气体所必要的辅助设备和结构件的隔热多式联运罐体。可移动罐柜应能够在装货和卸货时不需移除结构件。罐体外部应具有牢固的护梁，并能够在满载时被吊起。可移动罐柜应主要设计成可装到运输车辆或船舶上，并应配备便利机械装卸的底垫、固定件或附件。道路罐式车辆、铁路罐式车辆、非金属罐体、中型散装容器(IBCs)、气瓶和大型包装不在可移动罐柜定义之内。

罐体是指通常具有下列两个特征之一的结构：

(a) 有一个护套和一个或多个内壳，护套与内壳之间的空间是抽净空气的(真空隔热)并可安装隔热系统；或

(b) 有一个护套和一个内壳，中间有一层固体隔热材料(如固体泡沫材料)。

壳体是指可移动罐柜承装所运冷冻液化气体的部分，包括开口及其封闭装置，但

不包括辅助设备或外部结构件。

护套是指外部的隔热层或包壳，可以构成隔热系统的一部分。

辅助设备是指测量仪表以及装货、卸货、排气、安全、加压、冷却及隔热装置。

结构件是指壳体外部的加固部件、紧圈部件、防护部件和牢固的护梁。

最大允许工作压力是指可移动罐柜在工作状态下在壳体顶部允许的最大有效表压，包括装货和卸货过程中的最高有效压力。

试验压力是指压力试验时壳体顶部的最大表压。

密封性试验是指用气体对壳体及其辅助设备施加不小于最大允许工作压力90%的有效内压的试验。

最大允许总质量是指可移动罐柜的自重及允许装运的最大荷载之和。

维持时间是指初始装载状况建立直至压力因热量流入上升至限压装置最低设定压力时所用的时间。

参考钢是指抗拉强度为370N/mm^{2}和断后伸长率为27%的钢。

最低设计温度是指用于设计和制造壳体的温度，不高于正常装货、卸货和运输条件下介质的最低（最冷）温度（工作温度）。

6.7.4.2 *设计和制造的一般要求*

6.7.4.2.1 壳体的设计和制造应符合主管机关承认的压力容器规范的要求。壳体与护套应使用适于成型的钢材制造。护套材料应是钢。壳体和护套之间的附件和支承可用非金属材料，但须证明材料特性是已适应最低设计温度。材料在原则上应符合国家或国际材料标准。焊接的壳体和护套，只能使用已经充分证明可以焊接的材料。焊缝应是成熟的工艺，并且确保完全安全可靠。制造工序或使用的材料有此需要时，应对壳体进行适当的热处理，以保证焊缝和热影响区有适当的韧性。选择材料时，应根据发生脆断的危险、氢脆效应、应力腐蚀及抗冲击性能考虑最低设计温度范围。使用细晶粒钢时按照材料规格，应保证屈服强度值不超过460N/mm^2，保证抗拉强度上限值不超过725N/mm^2。可移动罐柜的制造材料应能适应运输中的各种外部环境。

6.7.4.2.2 通常有可能与所运冷冻液化气体接触的可移动罐柜的任何部件，包括配件、垫圈和管道，应与该冷冻液化气体相容。

6.7.4.2.3 应避免异种金属互相接触可能导致的电蚀作用。

6.7.4.2.4 隔热系统应有一层完全覆盖壳体的有效隔热材料。外部隔热层应用护套加以保护，以防止有正常条件下潮气侵入和发生其他损害。

6.7.4.2.5 如果护套封闭达到气密程度，应配备一个装置防止隔热空间形成任何危险的压力。

6.7.4.2.6 用于运输在大气压力下沸点低于－182℃的冷冻液化气体的可移动罐柜，其隔热层各部分如有与氧或富氧液体接触的可能，则不得包含可与氧或富氧气氛发生危险反应的材料。

6.7.4.2.7 隔热材料在使用中不得有严重变质。

6.7.4.2.8 拟用可移动罐柜装运的每一种冷冻液化气体均应确定参考保留时间。

6.7.4.2.8.1 参考维持时间应使用主管机关承认的方法根据以下各点确定：

（a） 隔热系统的效能，按6.7.4.2.8.2确定；

（b） （各）限压装置的最低开启压力；

（c） 初始装载状况；

（d） 假定环境温度为30℃；

（e） 个别待运冷冻液化气体的物理性质。

6.7.4.2.8.2　　隔热系统的效能[以瓦(W)表示的热流量]应根据主管机关承认的程序对可移动罐柜作类型试验加以确定。这种试验应是以下两者之一：

(a)　恒压试验(例如,大气压力),在一段时间里计量冷冻液化气体的逸损量；或

(b)　闭合系统试验,在一段时间里计量壳体内的压力上升。

在进行恒压试验时,应考虑到大气压力的变化。两种试验都应就环境温度与假设环境温度参考值30℃的偏差做出校正。

注：每次运输之前实际保留时间的确定见4.2.3.7。

6.7.4.2.9　　一个真空隔热双层罐体的护套,应有按认可的技术规则计算出的不小于100kPa(1bar)表压的外部设计压力,或者不小于200kPa(2bar)表压的临界断裂压力。在计算护套对外部压力的承受能力时,可以把内外加固装置考虑进去。

6.7.4.2.10　　可移动罐柜应设计并制造有支撑,以便在运输过程中提供牢固的支座,并且应有合适的起吊和系紧附件。

6.7.4.2.11　　可移动罐柜的设计应至少能承受由于介质产生的内压以及正常装卸和运输中的静载荷、动载荷和热载荷,而不会使介质漏损。设计应证明已考虑到可移动罐柜预计寿命期内反复施加这些载荷造成的疲劳效应。

6.7.4.2.12　　可移动罐柜及其紧固件,在其最大允许载荷下,应能承受下列分别施加的静态力：

(a)　运行方向：最大允许总质量的2倍乘以重力加速度(g)❶；

(b)　与运行方向垂直的水平方向：最大允许总质量(运行方向不明确时,为最大允许总质量的2倍)乘以重加速度(g)❶；

(c)　向上的垂直方向：最大允许总质量的乘以重力加速度(g)❶；以及

(d)　向下的垂直方向：最大允许总质量的2倍(包括重力在内的总载荷)乘以重力加速度(g)❶。

6.7.4.2.13　　在6.7.4.2.12所列每种力之下,应采用下列安全系数：

(a)　有明确屈服点的金属,屈服强度安全系数取1.5；

(b)　无明确屈服点的金属,0.2%规定非比例延伸强度安全系数取1.5,对奥氏体钢而言,采用1%规定非比例延伸强度。

6.7.4.2.14　　屈服强度或弹性极限的数值应是国家或国际材料标准规定的数值。使用奥氏体钢时,材料标准规定的屈服强度或弹性极限下限值可最多提高15%,但需在材料质量证明书中写明这些较大的数值。如某种金属没有材料标准或使用非金属材料时,所用屈服强度或弹性极限值应经主管机关核准。

6.7.4.2.15　　拟用于运输易燃冷冻液化气体的可移动罐柜应能够作电气搭铁。

6.7.4.3　*设计标准*

6.7.4.3.1　　壳体的横断面应是圆形。

6.7.4.3.2　　壳体在设计和制造上应能承受不小于最大允许工作压力1.3倍的试验压力。对于真空隔热壳体,设计压力不得小于最大允许工作压力加100kPa(1bar)之和的1.3倍。试验压力不得小于300kPa(3bar)表压。应注意6.7.4.4.2～6.7.4.4.7中规定的最小壳体厚度要求。

6.7.4.3.3　　对于有明确屈服点的金属或以规定非比例延伸强度(一般为0.2%规定非比例延伸强度,奥氏体钢为1%规定非比例延伸强度)标定的金属,壳体内的一次薄膜应力 σ 在试验压力下不得超过 $0.75Re$ 或 $0.50Rm$,以两者中的较小者为准,其中：

Re 为以 N/mm^2 表示的屈服强度,或0.2%规定非比例延伸强度,奥氏体钢为1%规定非比例延伸强度；

---

❶ 以计算为目的,$g = 9.81 m/s^2$。

	Rm 为以 N/mm² 表示的最小抗拉强度。
6.7.4.3.3.1	所用 Re 和 Rm 数值应是国家或国际材料标准规定的最小数值。使用奥氏体钢时,材料标准规定的 Re 和 Rm 最小值可最多提高15%,但需在材料质量证明书中写明这些较大的数值。如某种金属没有材料标准,所用 Re 和 Rm 值应经主管机关或其授权单位核准。
6.7.4.3.3.2	屈强比 Re/Rm 比率大于0.85的钢不允许用于制造焊接型壳体。确定这一比率时所用的 Re 和 Rm 值应是材料质量证明书中标明的数值。
6.7.4.3.3.3	用于制造壳体的钢的断后伸长率不得小于 $10000/Rm$,细晶粒钢绝对最小值为16%,其他钢种为20%。用于制造壳体的铝和铝合金的断后伸长率不得小于 $10000/6Rm$,绝对最小值为12%。
6.7.4.3.3.4	为确定材料的实际强度值,应注意,对于金属板,拉伸试验试样的轴线应与轧制方向成直角(横切)。材料的断后伸长率应根据 ISO 6892:1998 的要求,采用标距为 50mm 的矩形截面试样。
6.7.4.4	**最小壳体厚度**
6.7.4.4.1	最小壳体厚度应取以下两项中数值较大者: (a) 根据 6.7.4.4.2~6.7.4.4.7 的要求确定的最小厚度; (b) 根据认可的压力容器规范、包括 6.7.4.3 的要求确定的最小厚度。
6.7.4.4.2	直径不大于 1.80m 的壳体厚度不得小于:参考钢 5mm,或所用金属等效厚度。直径大于 1.80m 的壳体的厚度不得小于:参考钢 6mm,或所用钢等效厚度。
6.7.4.4.3	直径不大于 1.80m 的真空隔热壳体厚度不得小于:参考钢 3mm,或所用金属等效厚度。直径大于 1.80m 的这种壳体厚度不得小于:参考钢 4mm,或所用金属等效厚度。
6.7.4.4.4	对于真空隔热罐体,护套和壳体合计厚度应合 6.7.4.4.2 规定的最小厚度,壳体本身的厚度不小于 6.7.4.4.3 规定的最小厚度。
6.7.4.4.5	壳体的厚度不论制造材料为何,一律不得小于 3mm。
6.7.4.4.6	不同于 6.7.4.4.2 和 6.7.4.4.3 所规定参考钢厚度的某种钢的等效厚度应按下式计算: $$e_1 = \frac{21.4 e_0}{\sqrt[3]{Rm_1 \times A_1}}$$ 式中:e_1——所用钢需要的等效厚度(mm); e_0——6.7.4.4.2 和 6.7.4.4.3 规定的参考钢最小厚度(mm); Rm_1——所用金属的最小抗拉强度保证值(N/mm²)(见 6.7.4.3.3); A_1——国家或国际标准规定的所用金属的最小断后伸长率(%)保证值。
6.7.4.4.7	壳壁厚度无论如何不得小于 6.7.4.4.1~6.7.4.4.5 中规定的数值。壳体的各部位应满足 6.7.4.4.1~6.7.4.4.6 规定的最小厚度。这一厚度不包括腐蚀裕量。
6.7.4.4.8	壳体圆柱体部分与端(头)部连接处的金属板厚度不得有突然变化。
6.7.4.5	**辅助设备**
6.7.4.5.1	辅助设备的安装方式应使其在装卸和运输过程中不会被扳掉或损坏。如果框架与罐体或护套与壳体的连接允许有相对运动,则设备的安装方式应允许有相对运动而不会损坏工作部件。外部卸货配件(管道插座、关闭装置)、截止阀及其支座应有保护措施,以防被外力(如:用剪切力)扳掉。装货和卸货装置(包括法兰或螺纹塞)及任何防护帽应能防止被无意打开。
6.7.4.5.2	用于装运易燃冷冻液化气体的可移动罐柜上每个装货和卸货开口应安装至少三个串联的互相独立的关闭装置。第一个是尽可能靠近护套安装的截止阀,第二个也是截止阀;第三个是管口盖板或与此相当的装置。最接近护套的关闭装置应是

快速关闭装置,在可移动罐柜装货或卸货过程中发生意外移动或被火焰吞没时自动关闭。这个装置也应能遥控操纵。

6.7.4.5.3　用于装运非易燃冷冻液化气体的可移动罐柜上每个装货和卸货开口应安装至少两个串联的相互独立的关闭装置,第一个是尽可能靠近护套安装的截止阀,第二个是管口盖板或与此相当的装置。

6.7.4.5.4　对于那些能在两端关闭,将液体截住的管道段,应安装一个自动减压装置,以防管道内压力过分增大。

6.7.4.5.5　真空隔热罐体不必设检查用的开口。

6.7.4.5.6　外部装置应尽可能集中在一起。

6.7.4.5.7　可移动罐柜的每一连接件应明显地标示其功能。

6.7.4.5.8　每一截止阀或其他关闭装置应按不小于壳体最大允许工作压力的额定压力并参照运输中会遇到的温度条件加以设计和制造。所有带螺旋心轴的截止阀应以顺时针转动手轮的方式关闭。其他截止阀应明显标出开和关的位置及关闭方向。所有截止阀的设计应能防止被无意打开。

6.7.4.5.9　使用加压装置时,与该装置连接的液相及气相通道应装有一个尽可能靠近护套的阀门,以防介质在加压装置损坏时漏失。

6.7.4.5.10　管道的设计、制造和安装应能避免因热胀冷缩、机械冲击和振动而损坏。所有管道应使用合适的材料制造。为了防止火烧时泄漏,护套与任何排放口第一个关闭装置之间的通道,只能使用钢管和焊接接头。关闭装置与该通道连接的方法应符合主管机关或其授权单位的要求。其他地方的管道接头在必要时应焊接。

6.7.4.5.11　铜管接头应使用钎焊或用相同强度的金属连接。钎焊材料的熔点不得低于525℃。车螺纹时,接头不得降低管子的强度。

6.7.4.5.12　阀门和附件的制造材料应具有适应可移动罐柜最低工作温度条件的特性。

6.7.4.5.13　所有管道及管道配件的爆破压力不得小于壳体最大允许工作压力的4倍或壳体在使用中可能因泵或其他装置(减压装置除外)的作用而受到的压力的4倍,以二者中较大者为准。

6.7.4.6　*安全泄放装置*

6.7.4.6.1　每个壳体应安装不少于两个独立的弹簧减压装置。减压装置应在压力不小于最大允许工作压力时自动打开,在压力等于最大允许工作压力的110%时完全打开。排气后,这些装置应在压力下降到比开始排气时的压力低不大于10%时关闭,并在更低的压力下保持关闭状态。减压装置的类型应能经受动态力(包括涌动)的作用。

6.7.4.6.2　用于装运非易然冷冻液化气体和氢的壳体还可按6.7.4.7.2和6.7.4.7.3的规定安装与弹簧减压装置并联的易碎盘。

6.7.4.6.3　减压装置的设计应能防止异物进入、气体泄漏和形成任何危险的超压。

6.7.4.6.4　减压装置应经主管机关或其授权单位批准。

6.7.4.7　*减压装置的能力和设定*

6.7.4.7.1　在真空隔热罐体失去真空或用固体材料隔热的罐体失去20%隔热性能的情况下,安装的所有减压装置的合计能力应足以使壳体内部的压力(包括压力积累)不超过最大允许工作压力的120%。

6.7.4.7.2　对于非易燃冷冻液化气体(氧除外)和氢,可使用易碎盘与所需减压装置并联的方式来达到这一能力。易碎盘应在标称压力等于壳体试验压力时破裂。

6.7.4.7.3　在6.7.4.7.1和6.7.4.7.2所述的情况加上完全被火焰吞没的情况下,所安装的全部减压装置的合计能力应足以把壳体内的压力限制在试验压力。

6.7.4.7.4 减压装置所需的能力应按主管机关承认的通用技术规则计算（例子见 CGA S-1.2—2003"减压装置标准,第 2 部分货运便携式压缩气体罐"）。

6.7.4.8 *减压装置的标记*

6.7.4.8.1 每个减压装置应有明显的永久性标记,具有以下细节：
  (a) 设定的排气压力(bar 或 kPa)；
  (b) 弹簧装置：排气压力容限公差；
  (c) 易碎盘：对应于额定压力的参考温度；
  (d) 以标准的 m^3/s 表示的装置额定流通能力；以及
  (e) 弹簧减压装置及易碎盘的流通横截面积(mm^2)；
  实际情况允许时,也应标明以下资料：
  (f) 制造厂名称和有关的产品目录号。

6.7.4.8.2 减压装置上标明的额定流通能力应按 ISO 4126-1:2004 和 ISO 4126-7:2004 确定。

6.7.4.9 *减压装置的通道*

6.7.4.9.1 通向减压装置的通道,应有足够大的尺寸,以便使需要排放的物质不受限制地通向安全装置。壳体和减压装置之间不得装有截止阀,除非为维护或其他原因而装有双联减压装置,而且实际使用的减压装置的截止阀是锁定在开的位置,或者截止阀相互联锁,从而始终符合 6.7.4.7 的要求。通向排气或减压装置的开口部位不得有障碍物,以免限制或切断壳体到该装置的流通。减压装置出口如使用排气孔或管道,应能把释放的气体或液体在减压装置中受到最小反压力的条件下排到大气中。

6.7.4.10 *减压装置的位置*

6.7.4.10.1 每个减压装置的入口应位于壳体顶部,尽可能接近壳体纵向和横向中心的地方。所有减压装置的入口应位于壳体在最大装载条件下的气体空间并且减压装置的安装方式应能保证排出的气体不受限制地排放。对于易燃的非冷冻液化气体,排出的气体应导离壳体,使之不会冲到壳体上。允许使用能使气体流动方向偏转的保护装置,但不能降低所要求的压装置能力。

6.7.4.10.2 应采取相应措施防止未经批准的人员接近减压装置,而且应对减压装置加以保护,以免在可移动罐柜倾覆时造成损坏。

6.7.4.11 *计量装置*

6.7.4.11.1 除非可移动罐柜采用质量法计量装货,否则应装一个或多个计量装置。与壳体介质直接接触的液面指示器和计量表,不得使用玻璃或其他易碎材料制造。

6.7.4.11.2 真空隔热可移动罐柜的护套中应装有真空计的接头。

6.7.4.12 *可移动罐柜的支承、框架、起吊和系紧附件*

6.7.4.12.1 可移动罐柜应设计并制造有支撑结构,以便在运输期间提供牢固的底座。这方面的设计应考虑到 6.7.4.2.12 规定的各种力和 6.7.4.2.13 规定的安全系数。底垫、框架、支架或其他类似的装置均可使用。

6.7.4.12.2 由于可移动罐柜的固定件(如支架、框架等)以及起吊和系紧附件等引起的复合应力,不得对罐体的任何部位造成过大的应力。永久性的起吊和系紧附件应安装在所有可移动罐柜上,最好安装在可移动罐柜的支承上,但可以固定在罐体支承点的加强板上。

6.7.4.12.3 在设计支承和框架时,应考虑到环境的腐蚀作用。

6.7.4.12.4 叉槽应是能关闭的。用于关闭叉槽的装置应是框架上的永久性部件或永久性地附着在框架上。长度小于 3.65m 的单分隔间可移动罐柜可不用关闭型的叉槽,条件是：
(a) 罐体和所有配件均有妥善防护，免受叉刃的撞击；并且
(b) 两个插口中心点之间的距离至少等于可移动罐柜最大长度的一半。

6.7.4.12.5 运输过程中无防护的可移动罐柜，按照 4.2.3.3，壳体和辅助设备应有能避免因横向或纵向撞击或倾覆而损坏的保护措施。外部装置应有保护，以防壳体介质在可移动罐柜的配件受撞击或倾覆时释放。保护措施的例子包括：
(a) 防横向撞击的保护措施，可以是设在壳体两侧中线上的纵向保护钢条；
(b) 防可移动罐柜倾覆的保护措施，可以是固定在罐身上的加固环或钢条；
(c) 防后部撞击的保护措施，可以是保险杠或挡架；
(d) 防壳体因撞击或倾覆而损坏的保护措施，可以使用符合 ISO 1496-3:1995 的框架；
(e) 防可移动罐柜受撞击或倾覆的保护措施，可以使用真空隔热护套。

6.7.4.13 *设计批准*

6.7.4.13.1 对于任何新设计的可移动罐柜，主管机关或其授权单位应发给一份设计批准证书，证明经过主管机关审查的可移动罐柜适合其预定用途，符合本章的要求。可移动罐柜成批生产而设计不改时，证书对整批有效。证书应注明原型试验报告、允许运输的冷冻液化气体、壳体和护套的制造材料以及批准号码。批准号码应包括在其领土内得到批准的国家的识别符号或标志（即 1968 年《公路交通维也纳公约》规定的国际交通所用的识别符号）以及注册号码。如有 6.7.1.2 所述的替代方案，应在证书上注明。对一种设计的批准也可适用于制造材料、厚度、制造技术相同，并有相同的支承、等效的封闭装置和其他附属装置的较小的可移动罐柜。

6.7.4.13.2 设计批准所需的原型试验报告至少应包括下列内容：
(a) ISO 1496-3:1995 规定的适用框架试验的结果；
(b) 6.7.4.14.3 所述的首次检查和试验的结果；以及
(c) 适用情况下，6.7.4.14.1 所述的撞击试验的结果。

6.7.4.14 *检验和试验*

6.7.4.14.1 符合 1972 修订版的《国际集装箱安全公约》集装箱定义的可移动罐柜，每种设计应作型式试验，其动态的、纵向的冲击试验应按照第 41 章第 4 部分试验标准指南进行。

6.7.4.14.2 每个可移动罐柜的罐体和各项设备应在首次投入使用之前作检验和试验（首次检验和试验），其后每隔最多 5 年作检验和试验（5 年定期检验和试验），并在 5 年定期检验和试验的中期点作中间定期检验和试验（2.5 年定期检验和试验）。2.5 年检验和试验可在规定日期的 3 个月之内进行。按 6.7.4.14.7 规定，不论上次定期检验和试验的日期为何，有必要时应进行例外检验和试验。

6.7.4.14.3 可移动罐柜的首次检验和试验应包括设计特性检查、适当考虑到拟装运的非冷冻液体对可移动罐柜及其配件作内部和外部检查，以及参照 6.7.4.3.2 所述试验压力进行的压力试验。压力试验可以是水压试验，也可以经主管机关或其授权单位同意使用另一种液体或气体进行试验。在可移动罐柜投入使用之前，还应作密封性试验及所有辅助设备运转良好的试验。如果壳体及其配件是分开作的压力试验，应在组装之后一起作密封性试验。承受满应力水平的所有焊接处应在首次试验中，用 X 射线、超声波或其他适宜的无损检测方法进行检验。这个规定不适用于护套。

6.7.4.14.4 5 年和 2.5 年定期检验和试验应包括适当考虑到所运的冷冻液化气体对可移动

罐柜及配件作外部检查、密封性试验及所有辅助设备运转良好的试验,适用时检查真空读数。对于非真空隔热罐体,2.5年和5年定期检验时应拆除护套和隔热物,但只拆除到可靠地评价所需的程度。

6.7.4.14.5　（删除）

6.7.4.14.6　可移动罐柜在6.7.4.14.2要求的最近一次5年或2.5年定期检验和试验有效期截止日之后不得装货和交运。但是,在最后定期检验和试验有效期截止日之前装货的可移动罐柜可在该截止日之后不超过3个月的时期内运输。另外,在以下情况下可移动罐柜可在最近一次定期试验和检查有效期截止日之后运输:

(a) 卸空之后清洗之前,以便在重新装货之前进行下一次要求的试验或检验;以及

(b) 除非主管机关另做批准,在最后一次定期试验或检验有效期截止日之后不超过6个月的时期内,以便将危险货物送回作恰当处置或回收。运输票据中应提及这项免除。

6.7.4.14.7　有必要作例外检验和试验的情况是:可移动罐柜上可以看出有损坏或腐蚀部位或渗漏,或其他表明存在可能影响可移动罐柜完整性的缺陷的状况。例外检验和试验的程度取决于可移动罐柜的损坏或状况恶化程度。例外检验和试验至少应包括6.7.4.14.4规定的2.5年检验和试验项目。

6.7.4.14.8　首次检验和试验中作的内部检查应确保查验壳体有无剥蚀、腐蚀、刮伤、凹陷、变形、焊缝缺陷或任何其他可能造成可移动罐柜不能安全运输的状况。

6.7.4.14.9　外部检查应确保:

(a) 对外部管道、阀门、适用时加压/冷却系统和垫圈进行检验,查验有无腐蚀部位、缺陷或任何其他可能造成可移动罐柜不能安全装货、卸货或运输的状况,包括渗漏;

(b) 人孔盖或垫圈没有渗漏;

(c) 法兰连接或管口盖板上的螺栓或螺母缺失的补上,松动的重新上紧;

(d) 所有紧急装置和阀门均无腐蚀、变形及任何可使之无法正常运作的损坏或缺陷,遥控关闭装置和自关闭截止阀应通过操作证明工作正常;

(e) 可移动罐柜上应有的标记明晰易辨并符合适用要求;以及

(f) 可移动罐柜的框架、支承和起吊装置状况良好。

6.7.4.14.10　6.7.4.14.1、6.7.4.14.3、6.7.4.14.4、6.7.4.14.5和6.7.4.14.7所述的检验和试验应由主管机关或其授权单位批准的专家进行或验证。如检验和试验内容之一是压力试验,试验压力应是可移动罐柜数据标牌上标明的数值。应在加压状态下检查可移动罐柜的壳体、管道或设备有无渗漏。

6.7.4.14.11　在可移动罐柜上进行的一切切割、喷烧或焊接作业应经主管机关或其授权单位参照壳体制造所依据的压力容器规范加以批准。作业完成后应按原试验压力作压力试验。

6.7.4.14.12　如发现有任何不安全状况的迹象,可移动罐柜在修好并再次通过试验之前不得重新使用。

6.7.4.15　*标记*

6.7.4.15.1　每个可移动罐柜应安装一块永久固定在可移动罐柜上显眼和易于检查之处的防锈金属标牌。如因可移动罐柜的布置而无法将标牌永久固定在壳体上,壳体上至少应标明压力容器规范要求的资料。应用印戳或其他类似方法在标牌上至少标明下列资料。

(a) 所有者信息

（ⅰ） 所有者注册号码。
(b) 制造信息
　　（ⅰ） 制造国家；
　　（ⅱ） 制造年份；
　　（ⅲ） 制造商名称或标志；
　　（ⅳ） 制造厂商序列号。
(c) 批准信息
　　（ⅰ） 联合国包装符号
　　　　本符号仅用于证明该可移动罐柜或多单元气体容器符合6.1、6.2、6.3、6.5、6.6及6.7章的要求；
　　（ⅱ） 批准国家；
　　（ⅲ） 设计审批授权机构；
　　（ⅳ） 设计审批号；
　　（ⅴ） 字母'AA'表示该设计通过替代方案审批（见6.7.1.2）；
　　（ⅵ） 壳体设计依据的压力容器规范。
(d) 压力
　　（ⅰ） 最大允许工作压力(bar或kPa表压)；
　　（ⅱ） 试验压力(bar或kPa表压)；
　　（ⅲ） 首次压力试验日期(年/月)；
　　（ⅳ） 首次压力试验见证的识别标记；
　　（ⅵ） 壳体设计依据的压力容器规范。
(e) 温度
　　（ⅰ） 最低设计温度(℃)。
(f) 材料
　　（ⅰ） 壳体材料与材料标准参考号；
　　（ⅱ） 参考钢等效厚度(mm)。
(g) 容积
　　（ⅰ） 20℃时的罐体水容积(L)。
(h) 保温
　　（ⅰ） "绝热"或"真空绝热"（如适用）；
　　（ⅱ） 绝热系统效能（热流量）(W)。
(i) 维持时间—准予运输的每种冷冻液化气体的允许保留在可移动罐柜中的时间
　　（ⅰ） 冷冻液化气体的全称；
　　（ⅱ） 参考维持时间(天或h)；
　　（ⅲ） 初始压力(bar或kPa表压)；
　　（ⅳ） 装载量(kg)。
(j) 定期检验与试验
　　（ⅰ） 最近的定期检验类型(2.5年、5年或例外)；
　　（ⅱ） 最近的定期检验日期(年/月)；
　　（ⅲ） 最近的定期检验的试验压力(bar或kPa表压)(如果有)；
　　（ⅳ） 标记批准或见证最近的定期试验的主管机关。

识别板标识举例　　　　　　　表6.7.4.15.1

所有者注册号		
制造信息		
制造国		
制造年份		
制造商序列号		
批准信息		
（u n 图标）批准国家		
设计审批授权机构		
设计审批号		'AA'（如适用）
壳体设计规范(压力容器规范)		
压力		
最大允许工作压力		bar 或 kPa
试验压力		bar 或 KPa
首次压力试验日期	（年/月）	见证人印章
温度		
最低设计温度		℃
材料		
壳体材料与材料标准参		
参考钢等效厚度		mm
容积		
20℃时的罐体水容积		L
保温		
"绝热"或"真空绝热"（如适用）		
热流量		W
维持时间		
准予运输的冷冻液化气体	参考维持时间	初始压力	充罐度
	天或 h	bar 或 kPa	kg
定期检验/试验					
试验类型	试验日期	见证人印章	试验类型	试验日期	见证人印章
	（年/月）			（年/月）	

6.7.4.15.2　　下列资料应标记在可移动罐柜上或标记在牢固地固定在可移动罐柜上的金属标牌上：

经营人名称

允许装运的(各种)非冷冻液化气体名称

允许装运的每种非冷冻液化气体的最大允许装载质量＿＿＿＿＿kg

最大允许总质量＿＿＿＿＿kg

卸载后质量(自重)＿＿＿＿＿kg

最大允许总质量依照可移动罐柜指南4.2.5.2.6。

注：所运非冷冻液化气体的标识办法，还可见第5部分。

6.7.4.15.3　　如果可移动罐柜是设计并经批准在近海装卸，"近海用可移动罐柜"一词应写在标牌上。

6.7.5 拟装运用于非冷冻气体运输的 UN 多单元气体容器(MEGCs)的设计、制造、检验和试验要求

6.7.5.1 定义

在本节中：

替代方案是指这些不是按照本章规定的方法进行设计、制造或者测试的便携式罐体或 UN 多单元气体容器(MEGCs)，其技术要求或测试方法被主管机关认可的一种批准。

单元系是指气瓶、管子或者管束。

密封性试验是指用气体对 UN 多单元气体容器(MEGCs)各单元及其辅助设备施加不少于试验压力 20% 的有效内压的试验。

管路是指连接各单元装货和/或卸货开口的导管和阀门的组合。

最大允许总质量是指 UN 多单元气体容器(MEGCs)自重及允许装运的最大荷载之和。

UN 多单元气体容器(MEGCs)是指气瓶、管子和管束采用管路连接在一起并可用多种方式组装在一个框架内的设备。UN 多单元气体容器(MEGCs)还应包括气体运输时必要的辅助设备和结构件。

辅助设备是指测量仪表以及装货、卸货、排气和安全装置。

结构件是指各单元外部的加固部件、紧固部件、防护部件和牢固的护梁。

6.7.5.2 *设计和制造的一般要求*

6.7.5.2.1 UN 多单元气体容器(MEGCs)应能够在装货和卸货时不需拆除结构件。各单元外部应具有为装卸和运输提供结构完整性的牢固的护梁。UN 多单元气体容器(MEGCs)在设计和制造上应带有支承，以便在运输期间提供牢固的支座，还应有能够在 UN 多单元气体容器(MEGCs)装到其允许最大允许总质量时将其吊起的起吊和系紧装置。UN 多单元气体容器(MEGCs)在设计上应能够将其装到运输车辆、铁路货车、海洋和内河运输的船只上，并且应配备便利机械装卸的底垫、固定件或附件。

6.7.5.2.2 UN 多单元气体容器(MEGCs)的设计、制造和装备方式应使其能够承受它们在正常装卸和运输条件下会遭遇的一切状况。设计应考虑到动载荷和疲劳效应。

6.7.5.2.3 UN 多单元气体容器(MEGCs)各单元应用无缝钢制造，并且按照 6.2.1 和 6.2.2 的规定制造和试验。UN 多单元气体容器(MEGCs)的所有单元应是同一设计类型。

6.7.5.2.4 UN 多单元气体容器(MEGCs)各单元、配件和管道应：

(a) 与拟装运的物质相容(关于气体，见 ISO 11114-1:2012 和 ISO 11114-2:2000)；或

(b) 被化学作用适当地钝化或中和。

6.7.5.2.5 应避免不同金属互相接触可能因电流作用造成损坏。

6.7.5.2.6 UN 多单元气体容器(MEGCs)，包括任何装置、垫圈和附件的材料，不得对 UN 多单元气体容器(MEGCs)拟装运的气体产生不利的影响。

6.7.5.2.7 UN 多单元气体容器(MEGCs)的设计应至少能承受由于介质产生的内压以及正常装卸和运输中的静载荷、动载荷和热载荷，而不会使介质漏损。设计应证明已考虑到 UN 多单元气体容器(MEGCs)预计使用期内反复施加这些载荷造成的疲劳效应。

6.7.5.2.8 UN 多单元气体容器(MEGCs)及其紧固件，在其最大允许载荷下，应能承受下列分别施加的静态力：

(a) 运行方向:最大允许总质量的 2 倍乘以重力加速度(g)❶;

(b) 与运行方向垂直的水平方向:最大允许总质量(运行方向不明确时,为最大允许总质量的 2 倍)乘以重力加速度(g)❶;

(c) 向上的垂直方向:最大允许总质量乘以重力加速度(g)❶;以及

(d) 向下的垂直方向:最大允许总质量的 2 倍(包括重力在内的总载荷)乘以重力加速度(g)❶。

6.7.5.2.9 在承受 6.7.5.2.8 所述的各种力时,各单元受力最大点上的应力不得超过 6.2.2.1 中有关标准规定的数值,或者在各单元不是按照这些标准设计、制造和试验的情况下,不得超过使用国主管机关承认或批准的技术规则或标准(见 6.2.5)规定的数值。

6.7.5.2.10 在 6.7.5.2.8 所列每种力之下,应采用如下的框架和紧固件安全系数:

(a) 有明确屈服点的钢,对应于保证屈服强度,安全系数取 1.5;或

(b) 无明确屈服点的钢,对应于保证 0.2% 的规定非比例延伸强度,及奥氏体钢 1% 的规定非比例延伸强度,安全系数取 1.5。

6.7.5.2.11 拟装运易燃气体的 UN 多单元气体容器(MEGCs)应能够作电气搭铁。

6.7.5.2.12 各单元的固定方式应能防止不应有的其与结构的相对移动,并防止有害的局部应力集中。

6.7.5.3 *辅助设备*

6.7.5.3.1 辅助设备的配置或设计应能防止可能造成压力储器介质在正常装卸和运输条件下漏出的损坏。如果框架和各单元之间的连接允许组合件之间有相对运动,则设备的安装方式应允许有相对运动而不会损坏工作部件。管道、卸货配件(管道插座、关闭装置)和截止阀应加以保护以防被外力扳掉。通到截止阀的各种管道应足够柔软,以防阀门和管道被切断或释放出压力储器介质。装货和卸货装置(包括法兰或螺纹塞)及任何保护帽应能够防止被无意打开。

6.7.5.3.2 拟装运有毒气体(T、TF、TC、TO、TFC 和 TOC 组的气体)的每个单元应配备一个阀门。装运(分类号 2T、2TF、2TC、2TO、2TFC 和 2TOC 的气体)液化气体的管道设计,应使各单元能够分开装货,并且可以用一个能够加以密封的阀门隔离。运输易燃气体(F 组气体)时,须将各单元分成若干组,每组不超过 3000L,并用阀门隔离。

6.7.5.3.3 对于 UN 多单元气体容器(MEGCs)的装货和卸货开口,应有两个串联的阀门安装在每个卸货和装货导管上容易接近的位置。其中一个阀门可以是单向阀。装货和卸货装置可以装在一个支管上。可以在两端关闭、因此可能有液体物质留在里面的管道部分,应装配减压阀,以防形成过高的压力。UN 多单元气体容器(MEGCs)上的各主要隔离阀门应有表明其关闭方向的明显标志。每个截止阀或其他关闭装置的设计和制造,应使它们能承受等于或大于 1.5 倍 UN 多单元气体容器(MEGCs)试验压力的压力。带螺旋心轴的所有截止阀应以顺时针转动手轮的方式关闭。其他截止阀应明显标出开和关的位置及关闭方向。所有截止阀的设计和位置应能防止被无意打开。阀门或附件应使用韧性金属制造。

6.7.5.3.4 管道的设计、制造和安装应能避免因热胀冷缩、机械冲击和振动而损坏。铜管接头应使用铜焊或用相同强度的金属连接。铜焊材料的熔点不得低于 525℃。辅助设备和管道的额定压力不得低于各单元试验压力的 2/3。

---

❶ 以计算为目的,g = 9.81m/s²。

6.7.5.4 *减压装置*

6.7.5.4.1 　用于运输 UN 1013 二氧化碳和 UN 1070 氧化亚氮的 UN 多单元气体容器(MEGCs)单元,应对之进行分组,每组不超过 3000L,用阀门隔开。每个组合件应装有一个或多个减压装置。如使用国主管机关要求,装载其他气体的 UN 多单元气体容器(MEGCs)应安装该主管机关规定的减压装置。

6.7.5.4.2 　安装减压装置时,UN 多单元气体容器(MEGCs)能够隔离的每个单元或每组单元应装有一个或多个减压装置。减压装置的类型应能够承受动态力,包括液体涌动,其设计应能防止异物进入、气体泄漏和形成任何危险的超压。

6.7.5.4.3 　用于装运 4.2.5.2.6 中便携式罐体规范 T50 所列的某些非冷冻液化气体的 UN 多单元气体容器(MEGCs),可装有使用国主管机关要求的减压装置。除非专用的 UN 多单元气体容器(MEGCs)装有经批准的用与所装货物相容的材料制造的减压装置,否则减压装置应由弹簧减压装置和一个前置易碎盘构成。易碎盘与减压装置之间的空间可装一个压力表或适当的信号显示器,用以检测可能引起减压装置失灵的易碎盘破裂、穿孔或泄漏。易碎盘应在标称压力比减压装置开始排气的压力高 10% 时破裂。

6.7.5.4.4 　对于用于装运低压液化气体的多用途 UN 多单元气体容器(MEGCs),6.7.3.7.1 规定的减压装置启动压力应以允许用 UN 多单元气体容器(MEGCs)运输的各气体中最大允许工作压力数值最高的气体为准。

6.7.5.5 *减压装置的能力*

6.7.5.5.1 　在 UN 多单元气体容器(MEGCs)完全被火焰吞没的情况下,所安装的各减压装置的总排放能力,应足以使各单元内的压力(包括积累的压力)不超过减压装置设定压力的 120%。应使用 CGA S-1.2—2003 "减压装置标准,第 2 部分,装压缩气体的货运和便携式罐体"规定的公式,确定减压装置系统的最小总排气能力。CGA S-1.1—2003 "减压装置标准,第 1 部分,装压缩气体的气瓶",可用来确定每个单元的排放能力。如果是低压液化气体,可使用弹簧减压装置来达到规定的全部排放能力。在多用途 UN 多单元气体容器(MEGCs)的情况下,各减压装置的总排放能力,应以允许用 UN 多单元气体容器(MEGCs)运输的各种气体中要求排放能力数值最高的气体为准。

6.7.5.5.2 　装运液化气体的各单元上安装的减压装置,确定所需的总减压能力,应考虑气体的热力学性质(例如,低压液化气体可见 CGA S-1.2—2003 "减压装置标准,第 2 部分,装压缩气体的货运和便携式罐体";高压液化气体,可见 CGA S-1.1—2003 "减压装置标准,第 1 部分,装压缩气体的气瓶")。

6.7.5.6 *减压装置标记*

6.7.5.6.1 　减压装置应有明显的永久性标记,标明:

(a) 制造厂商名称和有关产品目录编号;

(b) 设定的压力和/或设定的温度;

(c) 最后一次试验日期;

(d) 弹簧式压力降压装置和易碎盘以 mm^2 表示的流动截面积。

6.7.5.6.2 　对于低压液化气体,弹簧减压装置上标明的额定排放能力应按 ISO 4126-1:2004 和 ISO 4126-7:2004 确定。

6.7.5.7 *减压装置的连接*

6.7.5.7.1 　连接减压装置的通道,应有足够大的尺寸,以便使需要排放的物质不受限制地通向减压装置。单元和减压装置之间不得装有截止阀,除非是维或其他原因而装有双联减压装置,而且实际使用的减压装置的截止阀是锁定在开的位置,或者截止阀相互联锁,使得双联装置中至少有一个始终是在使用中并能符合6.7.5.5的要求。进出排气孔或减压装置的开口部位不得有障碍物,以免限制或切断单元到该装置的流通。所有管道和配件的开口应有至少同与其相连接的减压装置入口一样大的流通面积。卸货导管的标称尺寸应至少同减压装置出口的尺寸一样大。减压装置的排气孔在使用时,应能把释放的气体或液体在减压装置受到最小反向压力的条件下排到大气中。

6.7.5.8　　减压装置的位置

6.7.5.8.1　　每个减压装置在最大装载条件下应与装运液化气体的单元的气体空间保持连通。装配的减压装置,其安装方式应确保排出的气体向上不受限制地排放,以防止排出的气体或液体冲击UN多单元气体容器(MEGCs)、容器的各单元或人员身上。对于易燃气体、自燃气体和氧化性气体,排出的气体应导离单元,使之不会冲到其他单元上。允许使用能使气流方向偏转的耐热保护装置,但不能降低所要求的减压装置能力。

6.7.5.8.2　　应采取措施,以防止未经允许的人员接近减压装置,且应对减压装置加以保护,以免在UN多单元气体容器(MEGCs)倾覆时造成损坏。

6.7.5.9　　计量装置

6.7.5.9.1　　如UN多单元气体容器(MEGCs)拟按质量装货,应安装一个或多个计量装置。不得使用玻璃或其他易碎材料制造的液面指示器。

6.7.5.10　　UN 多单元气体容器(MEGCs) 支撑,框架,起吊和系紧附件

6.7.5.10.1　　UN多单元气体容器(MEGCs)应设置支撑结构,以便在运输期间提供牢固的底座。这方面的设计应考虑到6.7.5.2.8规定的各种力和6.7.5.2.10规定的安全系数。底垫、框架、支架或其他类似的装置均可使用。

6.7.5.10.2　　由于单元的固定件(如支架、框架等)以及UN多单元气体容器(MEGCs)的起吊和系紧附件引起的复合应力,不得对任何单元造成过分的应力。永久性的起吊和系紧附件应安装在所有UN多单元气体容器(MEGCs)上。固定件或附件绝不能焊接在单元上。

6.7.5.10.3　　在设计支撑和框架时,应考虑到环境的腐蚀作用。

6.7.5.10.4　　如UN多单元气体容器(MEGCs)在运输过程中未按照4.2.4.3的要求加以保护,应对各单元和辅助设备加以保护,防止因横向或纵向撞击或倾覆而受到损坏。外部配件应有保护,以防止UN多单元气体容器(MEGCs)撞击或倾覆在这些配件上时,各单元的介质泄漏。应特别注意管道的保护。保护措施的例子包括:

(a)　防横向撞击的保护措施,可以是纵向钢条;

(b)　防UN多单元气体容器(MEGCs)倾覆的保护措施,可以是固定在框架上的加固环或钢条;

(c)　防后部撞击的保护措施,可以是后保险杠或挡架;

(d)　防单元和辅助设备因撞击或倾覆而损坏的保护措施,可以使用符合ISO 1496-3:1995 的有关规定的ISO框架。

6.7.5.11　　设计批准

6.7.5.11.1　　对于任何新设计的UN多单元气体容器(MEGCs),主管机关或其授权单位应发给一份设计批准证书,证明经过主管机关或其授权单位审查的该UN多单元气体容器(MEGCs)适合其预定用途,符合本章的要求,并符合4.1章和包装指南P200对有关气体所作的规定。未改变设计成批生产的UN多单元气体容器(MEGCs),证书对整批有效。证书应注明原型试验报告、管道制造材料、单元制造所根据的标准和批准号码。批准号码应包括在其领土内得到批准的国家的识别符号或标志

(即 1968 年《公路交通维也纳公约》规定的国际交通所用的识别符号)以及注册号码。如有 6.7.1.2 所述的替代方案,应在证书上注明。一种设计批准也可适用于制造材料、厚度、制造技术相同并有相同的支承、等效的封闭装置和其他附属装置的较小 UN 多单元气体容器(MEGCs)的批准。6.7.5.11.2 设计批准的形式试验报告至少应当包括下列内容:

(a) ISO 1496-3:1995 规定的适用框架试验的结果;
(b) 6.7.5.12.3 所述的首次检查和试验的结果;
(c) 6.7.5.12.1 所述的撞击试验的结果;和
(d) 核实气瓶和管路符合适用标准的证明文件。

6.7.5.12 *检验和试验*

6.7.5.12.1 符合修订的 1972 年《国际集装箱安全公约》关于集装箱定义的 UN 多单元气体容器(MEGCs),除非每种设计有一个代表性原型顺利成功通过《试验和标准手册》41 第 4 部分规定的动态纵向撞击试验,证明设计合格,否则不得使用。

6.7.5.12.2 每个 UN 多单元气体容器(MEGCs)的各单元和各项设备应在首次投入使用之前作检验和试验(首次检验和试验),其后每隔最多 5 年作检验和试验(5 年定期检验和试验)。按 6.7.5.12.5 的规定,不论上次定期检验和试验的日期为何,必要时应进行例外检验和试验。

6.7.5.12.3 UN 多单元气体容器(MEGCs)的首次检验和试验,应包括对设计性能的检查,并在充分考虑到拟装运的气体的情况下,对 UN 多单元气体容器(MEGCs)及其配件作外部检查,以及在包装规范 P200 规定的试验压强下进行的压力试验。管道的压力试验可以是水压试验,也可以经主管机关或其授权单位同意使用另一种液体或气体进行试验。在 UN 多单元气体容器(MEGCs)投入使用之前,还应作密封性试验及所有辅助设备运转良好的试验。如果各单元及其配件是分开作的压力试验,应在组装之后一起作密封性试验。

6.7.5.12.4 5 年定期检验和试验应包括按照 6.7.5.12.6 对结构、各单元和辅助设备作外部检查。各单元和管道应在包装规范 P200 规定的期间并按照 6.2.1.6 所述的规定进行试验。如果各单元和设备是分开作的压力试验,应在组装之后一起作密封性试验。

6.7.5.12.5 有必要作例外检验和试验的情况是:UN 多单元气体容器(MEGCs)上可以看出有损坏或腐蚀部位、渗漏,或其他表明可能影响 UN 多单元气体容器(MEGCs)完整性的缺陷的状况。例外检验和试验的程度取决于 UN 多单元气体容器(MEGCs)的损坏或状况恶化程度。例外检验和试验至少应包括 6.7.5.12.6 规定的检查项目。

6.7.5.12.6 检查应确保:

(a) 对各单元外部进行检验,查验有无剥蚀、腐蚀、刮伤、凹陷、变形、焊缝缺陷,或任何其他可能造成 UN 多单元气体容器(MEGCs)不能安全运输的状况,包括渗漏;

(b) 对管道、阀门和垫圈进行检验,查验有无腐蚀部位、缺陷,以及其他可能造成 UN 多单元气体容器(MEGCs)不能安全装货、卸货或运输的状况,包括渗漏;

(c) 法兰连接或管口盖板上的螺栓或螺母缺失的补上,松动的重新上紧;

(d) 所有紧急装置和阀门均无腐蚀、变形及任何可使之无法正常运作的损坏或缺陷。遥控关闭装置和自关闭截止阀应通过操作证明工作正常;

(e) UN 多单元气体容器(MEGCs)上应有的标记明晰易辨并符合适用要求;

以及

(f) UN 多单元气体容器(MEGCs)的框架、支承和起吊装置状况良好。

6.7.5.12.7 在 6.7.5.12.1、6.7.5.12.3、6.7.5.12.4 和 6.7.5.12.5 所述的检验和试验,应由主管机关批准的机构进行或监督进行。如检验和试验内容之一是压力试验,试验压力应是 UN 多单元气体容器(MEGCs)数据标牌上标明的数值。应在加压状态下检查 UN 多单元气体容器(MEGCs)的各单元、管道或设备有无渗漏。

6.7.5.12.8 如发现任何不安全状况的迹象,UN 多单元气体容器(MEGCs)在修好并通过适用的试验和检查之前不得重新使用。

6.7.5.13 *标记*

6.7.5.13.1 每个 UN 多单元气体容器(MEGCs)应安装一块永久固定在 UN 多单元气体容器(MEGCs)上的防锈金属标牌,安装位置应当显眼和易于检查。金属标牌不得安装在元件上。各单元应按照 6.2 章作标记。作为最低要求,应用印戳或其他类似方法在标牌上至少标明下列信息:

(a) 所有人的资料
　　(ⅰ) 所有人的注册号码。
(b) 制造方面的资料
　　(ⅰ) 制造国;
　　(ⅱ) 制造年份;
　　(ⅲ) 制造厂商的名称或标记;
　　(ⅳ) 出厂序列号码。
(c) 批准资料

　　(ⅰ) 联合国容器符号　

本符号仅用于证明容器、软体散装容器、便携式罐体或 UN 多单元气体容器(MEGCs)符合 6.1、6.2、6.3、6.5、6.6 或 6.7 章的相关要求,不得用于任何其他目的;
　　(ⅱ) 批准国;
　　(ⅲ) 批准设计的授权机关;
　　(ⅳ) 批准设计编号;
　　(ⅴ) 字母"AA",如果设计是根据替代方案批准的(见 6.7.1.2)。
(d) 压力;
　　(ⅰ) 试验压力(bar 表压);
　　(ⅱ) 首次压力试验日期(月份和年份);
　　(ⅲ) 首次压力试验见证人识别标记。
(e) 温度
　　(ⅰ) 设计温度范围(℃)。
(f) 单元/容量
　　(ⅰ) 单元数量;
　　(ⅱ) 总水容积(L)。
(g) 定期检验和试验
　　(ⅰ) 最近一次定期试验的类型(5 年或例外);
　　(ⅱ) 最近一次定期试验的日期(月和年);
　　(ⅲ) 进行最近一次试验的授权机构和见证人的识别标记。

表 6.7.5.13.1 识别标牌识举例

所有人注册号			
制造方面的资料			
制造国			
制造年份			
制造商			
出厂序列号码			
批准信息			
u n	批准国		
	批准设计的授权机构		
	批准设计的编号		'AA'(如适用)
压力			
试验压力			bar
首次压力试验日期	(年/月)	证人盖章	
温度			
设计温度范围		℃至	℃
单元/容量			
单元数目			
总水容积			
定期检查和试验			
试验类型	试验日期 (年/月)	证人签章	试验类型	试验日期 (年/月)	证人签章

6.7.5.13.2　以下信息应耐久地标记在牢固固定于 UN 多单元气体容器(MEGCs)上的金属标牌上：

　　经营人名称

　　最大允许装载质量＿＿＿＿ kg

　　15℃时的工作压力＿＿＿＿ bar 表压

　　最大允许总质量(MPGM)＿＿＿＿ kg

　　卸载后质量(自重)＿＿＿＿ kg

第6.8章 由金属材料制成壳体的固定式罐体(罐式车辆)、可拆卸式罐体、罐式集装箱和罐式交换箱体以及管束式车辆和多单元气体容器(MEGCs)的制造、配备、型式认可、检验、试验和标记要求

注1:可移动罐柜和UN 多单元气体容器(MEGCs)见6.7 章,纤维增强塑料罐见6.9 章,真空操作危废罐见6.10 章。

注2:有附加设备的固定式罐体(罐式车辆)和可拆卸式罐体见3.3 章特殊规定664。

6.8.1 适用范围

6.8.1.1 写满整行的要求条款适用于固定式罐体(罐式车辆)、可拆卸式罐体、管束式车辆、罐式集装箱、罐式交换箱体和多单元气体容器(MEGCs)。那些在单独栏中的要求仅适用于:

—固定式罐体(罐式车辆)、可拆卸式罐体和管束式车辆(左栏);

—罐式集装箱、罐式交换箱体和多单元气体容器(MEGCs)(右栏)。

6.8.1.2 这些要求应当适用于

固定式罐体(罐式车辆)、可拆卸式罐体和管束式车辆	罐式集装箱、罐式交换箱体和多单元气体容器(MEGCs)

用于运输气态、液态、粉末状或颗粒状物质。

6.8.1.3 6.8.2 阐述了拟用于运输所有类物质的固定式罐体(罐式车辆)、可拆卸式罐体、罐式集装箱、罐式交换箱体,以及运输第2 类气体的管束式车辆和多单元气体容器(MEGCs)的适用要求。6.8.3~6.8.5 包括补充和修正6.8.2 要求的特殊要求。

6.8.1.4 有关这些罐体使用的条款,参看4.3 章。

6.8.2 适用于所有类别危险货物的要求

6.8.2.1 *制造*

基本原则

6.8.2.1.1 壳体及其附件、辅助装置和结构件应保证在以下情况下没有泄漏(除了通过所有排气口泄漏的气体外):

—6.8.2.1.2 和6.8.2.1.13 规定的在正常运输条件下的静态和动态应力;

—6.8.2.1.15 规定的最小应力。

6.8.2.1.2

罐体及其紧固装置应能承受下列作用力所形成的最大载荷:	罐式集装箱及其紧固装置应能承受下列作用力所形成的最大载荷:
—在运行方向:总质量的2 倍; —与运行方向垂直的方向:总质量; —垂直向上:总质量; —垂直向下:总质量的2 倍。	—在运行方向:总质量的2 倍; —与运行方向垂直的水平方向:总质量(在无法清楚地确定运行方向时,每个方向均为总质量的2 倍); —垂直向上:总质量; —垂直向下:总质量的2 倍。

6.8.2.1.3	壳体壁厚应至少达到下列章中所要求的厚度：
	6.8.2.1.17~6.8.2.1.21　｜　6.8.2.1.17~6.8.2.1.20

6.8.2.1.4　壳体的设计和制造应符合6.8.2.6所列标准的要求,或者根据6.8.2.7,符合主管机关认可的技术规则的要求,其中材料的选择和壳体厚度的确定应当考虑装料和工作时的最高和最低温度,且应满足下面6.8.2.1.6~6.8.2.1.26的最低要求。

6.8.2.1.5　用于装载某些危险介质的罐体应当采取额外的保护措施。可以根据介质的固有危险性而增加壳体壁厚(增加计算压力),或采用保护装置(见6.8.4的特殊要求)。

6.8.2.1.6　焊缝应被熟练地焊接,并保证充分的安全。焊缝的焊接和检查应符合6.8.2.1.23的要求。

6.8.2.1.7　应采取措施,防止壳体内负压造成的壳体变形的危险。除了按照6.8.2.2.6的要求设置真空阀的壳体外,所有壳体的设计须确保其能承受大于内部压力21kPa(0.21 bar)以上的外部压力而不会产生永久性的变形。仅用于运输Ⅱ或Ⅲ类包装且在运输中不会液化的固体物质(粉末或颗粒)的壳体,可以按较低的外部压力设计,但设计外压不小于5kPa(0.05 bar)。真空阀的开启压力不超过壳体的真空设计压力。未设真空阀的壳体,应能承受至少高出内部压力40kPa(0.4bar)的外部压力而不发生永久性变形。

壳体材料

6.8.2.1.8　壳体应采用合适的金属材料制造,除各介质类别中对温度范围另有规定外,在$-20℃\sim50℃$温度范围内,壳体应当耐脆性断裂和应力腐蚀裂纹。

6.8.2.1.9　与装载介质接触的壳体或它们的保护性衬里,所用材料应不含有容易与装载介质发生危险性反应(见1.2.1的"危险性反应")而形成危险化合物或严重削弱壳体材料的物质。

如果运输介质和壳体材料之间的接触使壳体的厚度有连续的削弱,应在制造时适当增加壳体厚度。在计算壳体的厚度时,应不考虑用于腐蚀的附加厚度。

6.8.2.1.10　焊接壳体,只应使用无缺陷的可焊性材料,可焊性材料应能保证环境温度为$-20℃$时具有足够的冲击强度,尤其是在焊缝处和其邻近的区域。

如果使用细晶粒钢,根据材料技术要求,屈服强度 Re 的保证值应不超过 $460N/mm^2$,抗拉强度上限保证值 Rm 应不超过 $725N/mm^2$。

6.8.2.1.11　Re/Rm 比值超过0.85的钢材不允许用于制造焊接罐体。

Re 是有明显屈服点钢材的屈服强度,或无明显屈服点钢材的0.2%规定非比例延伸强度(对奥氏体钢为1%规定非比例延伸强度);

Rm 是抗拉强度。

在各种情况下,材料质量证明书中标明的值应满足该比值要求。

6.8.2.1.12　钢材断后伸长率(%),应不小于:

$$\frac{10000}{抗拉强度(N/mm^2)}$$

但是,在任何情况下,对于细晶粒钢应不低于16%,对于其他钢则应不低于20%。对于铝合金,断后伸长率应不低于12%❶。

---

❶ 钢板拉伸试样的轴线应与钢板轧制方向垂直。常规断后伸长率应采用圆形截面试样进行测量,试样长度 l 应为直径 d 的5倍 ($l=5d$);如果试样为矩形截面,试样长度应由下面公式进行计算:

$$l=5.65\sqrt{F_o}$$

这里的 F_o 为试样的初始横截面积。

壳体厚度的计算

6.8.2.1.13　用于确定壳体壁厚的压力应不小于计算压力，但6.8.2.1.1中提到的应力也应予以考虑，如果必要，下列应力也应考虑：

当罐式车辆的罐体有预应力自支撑构件，壳体的设计应考虑在其他应力之外增加该预应力。	
在这些应力下，壳体及其紧固装置最大应力点处的应力应不超过6.8.2.1.16中规定的σ值。	在这些应力的每一种情况下，须遵守的安全系数如下： —对于有明显屈服点的金属：相对于明显屈服点，安全系数为1.5；或 —对于没有明显屈服点的金属，相对于0.2%规定非比例延伸强度，其安全系数为1.5（对奥氏体钢为1%规定非比例延伸强度）。

6.8.2.1.14　计算压力见本规则3.2章表A第(12)栏的设计代码(见4.3.4.1)的第2部分。当出现"G"时，应遵守下列要求：

(a) 用于运输50℃时饱和蒸气压力不超过110kPa(1.1bar)(绝对压力)的介质，采用重力卸料的壳体，其计算压力应是所运输介质液柱静压力的2倍，但是不能低于相应高度水柱静压力的2倍；

(b) 用于运输50℃时饱和蒸气压力不超过110kPa(1.1bar)(绝对压力)的介质，采用压力装料或卸料的壳体，其计算压力应等于装料压力或卸料压力的1.3倍；

当给定最小计算压力的数值(表压)时，壳体的计算压力也应不低于装料压力或卸料压力的1.3倍。应满足下列最低要求：

(c) 用于运输50℃时饱和蒸气压力高于110kPa(1.1bar)，且沸点大于35℃的介质的壳体，无论采用何种装料或卸料系统，其设计所用计算压力应不小于装料或卸料压力的1.3倍与150kPa(1.5bar)(表压)的较大值；

(d) 用于运输沸点不大于35℃的介质的壳体，无论采用何种装料或卸料系统，其设计所用计算压力应等于装料或卸料压力的1.3倍，且不小于0.4MPa(4bar)(表压)。

6.8.2.1.15　在试验压力下，壳体最大应力点处的应力σ应不超过下面规定的材料参数极限，且应考虑由于焊接造成的任何削弱。

6.8.2.1.16　对所有金属和合金，在试验压力下，应力σ应低于下面公式给出的较小值。

$$\sigma \leqslant 0.75 Re \text{ 或 } \sigma \leqslant 0.5 Rm$$

其中

Re 是有明显屈服点钢材的屈服强度，或无明显屈服点钢材的0.2%规定非比例延伸强度(对奥氏体钢为1%规定非比例延伸强度)；

Rm 是抗拉强度。

此处 Re 和 Rm 的值应是材料标准规定最小值。如果金属或合金没有材料标准，此处 Re 和 Rm 的值应由主管机关或其授权机构认可。

当采用奥氏体钢时，如果材料检验证书中所列的值大于材料标准中规定最小值，则可以采用较大值，但所采用的较大值不得超过材料标准中规定最小值的15%。然而，当采用6.8.2.1.18中的公式时，不能超过材料标准中规定最小值。

最小壳体厚度

6.8.2.1.17　　壳体厚度应不低于由下面两个公式计算出的较大值：

$$e = \frac{P_T D}{2\sigma\lambda} \qquad e = \frac{P_c D}{2\sigma}$$

式中：e——最小壳体厚度(mm)；

P_T——试验压力(MPa)；

P_c——按照6.8.2.1.14中指定的计算压力(MPa)；

D——壳体的内径(mm)；

σ——6.8.2.1.16中规定的许用应力(N/mm^2)；

λ——小于或等于1的系数，考虑由于焊接造成的任何削弱，且与6.8.2.1.23中规定的检查方法有关。

壁厚无论如何不得小于下列章中的规定：

6.8.2.1.18 ~ 6.8.2.1.21	6.8.2.1.18 ~ 6.8.2.1.20
6.8.2.1.18　除了在6.8.2.1.21中所提到的之外，直径小于或等于1.8m的圆形横截面❶普通强度钢❷壳体的厚度应不小于5mm；其他金属壳体的厚度应不小于等效厚度。 如果直径大于1.8m，除了用于运输粉末状或颗粒状介质外，普通强度钢❷壳体的厚度应增加到6mm；其他金属壳体的厚度应不小于等效厚度。	普通强度钢❷壳体厚度应不低于5mm（符合6.8.2.1.11和6.8.2.1.12的要求）；其他金属壳体的厚度应不小于等效厚度。 如果直径大于1.8m，除了用于运输粉末状或颗粒状介质外，普通强度钢❷壳体的厚度应增加到6mm；其他金属壳体的厚度应不小于等效厚度。无论采用哪种金属，壳体的厚度绝不能小于3mm。

"等效厚度"指由下面的公式计算得到的厚度❸：

$$e_1 = \frac{464 e_0}{\sqrt[3]{(R_{m1} A_1)^2}}$$

---

❶ 对非圆形横截面的壳体，例如箱形或椭圆形的壳体，此处直径应与同样面积圆形横截面的直径一致。对具有上述形状的横截面，壳体的凸面半径，侧面不能超过2000mm，或顶部和底部不能超过3000mm。

❷ "普通强度钢"(mild steel)和"参考钢"(reference steel)的定义见1.2.1。这里的普通强度钢也指EN标准材料中的普通强度钢，其最小抗拉强度在360~490N/mm^2之间，且最小断后伸长率符合6.8.2.1.12的要求。

❸ 这个公式来源于通用公式：

$$e_1 = e_0 \sqrt[3]{\left(\frac{R_{m0} A_0}{R_{m1} A_1}\right)^2}$$

其中：e_1——所采用金属壳体的最小厚度(mm)；

e_0——根据6.8.2.1.18和6.8.2.1.19，普通强度钢壳体的最小壁厚度(mm)；

R_{m0}——370(参考钢抗拉强度，见1.2.1的定义)(N/mm^2)；

A_0——27(参考钢断后伸长率)(%)；

R_{m1}——所采用金属的最小抗拉强度(N/mm^2)；以及

A_1——在拉应力作用下，所采用金属的最小断后伸长率(%)。

6.8.2.1.19	如果罐体依据6.8.2.1.20设置有用来防止侧面冲击或翻滚而引起罐体损坏的保护装置,主管机关可以允许上述的最小厚度根据提供的保护装置成比例减小。但是,直径小于或等于1.8m的普通强度钢❶壳体,上述厚度应不小于3mm,其他金属壳体的厚度应不小于等效厚度。直径大于1.8m的普通强度钢❶壳体,上述的最小厚度应当增加到4mm;其他金属壳体的厚度应不小于等效厚度。		如果罐体依据6.8.2.1.20设置有用来防止罐体损坏的保护装置,主管机关可以允许上述的最小厚度根据提供的保护装置成比例减小。但是,直径小于或等于1.8m的普通强度钢❶壳体,上述厚度应不小于3mm,其他金属壳体的厚度应不小于等效厚度。直径大于1.8m的普通强度钢❶壳体,上述的最小厚度应当增加到4mm;其他金属壳体的厚度应不小于等效厚度。

等效厚度为由6.8.2.1.18中的公式计算得到的厚度。

除了在6.8.2.1.21的情况之外,依据6.8.2.1.20(a)或(b)设置有防止损坏保护装置的壳体厚度应不小于下面表中给出的值:

等效厚度为由6.8.2.1.18中的公式计算得到的厚度。

依据6.8.2.1.20设置有防止损坏保护装置的壳体厚度应不小于下面表中给出的值:

壳体最小厚度	壳体直径	≤1.80m	>1.80m
	奥氏体不锈钢	2.5mm	3mm
	双相不锈钢	3mm	3.5mm
	其他钢	3mm	4mm
	铝合金	4mm	5mm
	99.80%的纯铝	6mm	8mm

6.8.2.1.20	对于1990年1月1日之后制造的罐体,当采用下列措施或等效措施❷时,可以认为具有6.8.2.1.19中提及的防止损坏保护装置: (a) 用于运输粉末状或颗粒状介质的罐体,防止损坏的保护装置应满足主管机关的要求; (b) 用于运输其他介质的罐体,下列措施可认为配有防止损坏的保护装置: 1. 对最大曲率半径为2m的圆形或椭圆形横截面壳体,壳体配有加强部件,这些部件由隔仓板、防波板、外部或内部的加强圈组成,加强部件的布置至少应满足下列条件之一:	在6.8.2.1.19要求中涉及的保护装置可能由下列结构组成: —像"三明治"一样的全包覆外保护装置,保证壳体安全;或 —壳体被纵向和周向骨架完整支撑的结构;或 —双层壁结构。 对于夹层空间抽真空的双层壁罐,护套金属厚度与罐体厚度之和应符合6.8.2.1.18规定的壁厚要求,且罐体自身厚度应不低于6.8.2.1.19中规定的最小厚度。

---

❶ "普通强度钢""mild steel"和"参考钢""reference steel"的定义见1.2.1。这里的普通强度钢也指EN标准材料中的普通强度钢,其最小抗拉强度在360~490N/mm²之间,且最小断后伸长率符合6.8.2.1.12的要求。

❷ 等效措施是指根据6.8.2.6引用的标准所规定的措施。

— 两个邻近加强部件之间的距离不超过 1.75m；

— 两个隔仓板或防波板之间的体积不超过 7500L。

加强圈及关联构件垂直截面的截面模量至少为 10cm³。

外部加强圈的棱角半径应不低于 2.5mm。

隔仓板和防波板需符合 6.8.2.1.22 的要求。

隔仓板和防波板的厚度不能小于壳体的厚度。

2. 对于夹层空间抽真空的双层壁罐体，外壳金属厚度与壳体厚度之和应符合 6.8.2.1.18 规定的壁厚要求，且壳体自身厚度应不低于 6.8.2.1.19 规定的最小厚度。

3. 对于固体保温层厚度至少为 50mm 的双层壁的罐，当外壳采用普通强度钢❶时，厚度不小于 0.5mm；当采用玻璃纤维增强的塑料材料时，厚度至少为 2mm。固体泡沫（具有冲击吸收能力，如聚氨酯发泡）可以作为保温层的固体材料。

4. 除了第 1 条提及的壳体，特别是箱形的壳体，垂直高度中点的四周至少有 30% 高度的保护装置，该保护装置应与 5mm 普通强度钢❶（壳体直径不超过 1.8m）或 6mm 普通强度钢❶（壳体直径超过 1.8m）壳体的弹性能力相当。保护装置应永久安装于壳体上。

当保护装置在需要加强的表面采用与壳体相同材料的金属板与壳体焊接时，可以认为满足此要求，而无须进一步证明其弹性能力，金属板最小壁厚度应符合 6.8.2.1.18 的要求。

这个保护装置应考虑在意外事故中，施加在普通强度钢❶罐体上可能的外应力。此时，若直径不超过 1.80m，封头和筒体的厚度至少为 5mm；或直径超过 1.80m，封头和筒体的厚度至少为 6mm。如果使用其他的金属材料，可以通过 6.8.2.1.18 中的

对于固体保温层厚度至少为 50mm 的双层壁罐体，当护套采用普通强度钢❶时，厚度不小于 0.5mm；当采用玻璃纤维增强的塑料材料时，厚度至少为 2mm。固体泡沫（具有冲击吸收能力，如聚氨酯发泡）可以作为保温层的固体材料。

---

❶ "普通强度钢""mild steel"和"参考钢""reference steel"的定义见 1.2.1。这里的普通强度钢也指 EN 标准材料中的普通强度钢，其最小抗拉强度在 360～490N/mm² 之间，且最小断后伸长率符合 6.8.2.1.12 的要求。

公式得到"等效厚度"。

6.8.2.1.21　对于可拆卸式罐体,当它们在运输车辆的所有跌落侧面都被全面保护时,不需要这种保护装置。

根据6.8.2.1.14(a)设计的壳体,要么容积不能超过5000L,要么分割成容积不超过5000L的防漏间隔单元,除非在6.8.3或6.8.4中另有规定,它们的厚度应不小于下表列出的相应值。

壳体最大曲率半径(m)	壳体或隔仓的容积(m^3)	最小厚度(mm)
		普通强度钢
≤2	≤5.0	3
2~3	≤3.5	3
	>3.5但≤5.0	4

若使用非普通强度钢金属时,应根据6.8.2.1.18中的公式计算"等效厚度",且不小于下面表格给出的值:

	壳体最大曲率半径(m)	≤2	2~3	2~3
	壳体或隔仓的容积(m^3)	≤5.0	≤3.5	>3.5但≤5.0
壳体最小厚度(mm)	奥氏体不锈钢	2.5mm	2.5mm	3mm
	其他钢	3mm	3mm	4mm
	铝合金	4mm	4mm	5mm
	99.80%的纯铝	6mm	6mm	8mm

隔仓板和防波板的厚度应不小于壳体的厚度。

6.8.2.1.22　隔仓板和防波板应制成碟状,碟状深度不小于10cm;或者制成波纹状,或者制成具有同样强度的轮廓。防波板的面积至少为其所在位置的罐体横截面积的70%。

焊缝的焊接和检查

6.8.2.1.23　进行焊接作业的制造商资格应当由主管机关认可。应由熟练的焊工按焊接规程进行焊接,焊接规程的有效性(包括任何需要的热处理)应已通过试验的验证。应采用X射线或超声波进行无损检测,且应确保焊接质量与应力相适合。

根据6.8.2.1.17中用于计算壳体厚度的系数λ值,进行下面的检查:

$\lambda = 0.8$：　所有焊缝应尽可能地从两面进行目视检查,并对其进行局部无损检测。检测长度不小于焊缝总长度的10%,焊缝总长度包含所有纵缝、环缝和径向焊缝(封头上)的长度,所有"T"形接头都需进行检测。

$\lambda = 0.9$：　所有的纵缝、所有的接头、25%的环缝和大直径部件装配时的焊缝都应进行无损检测。所有焊缝应尽可能地从两面进行目视检查。

$\lambda = 1$：　所有焊缝都应进行无损检测,而且应尽可能地从两面进行目视检查。应制备一件焊接试样。

若主管机关怀疑焊缝质量时,可要求进行附加检查。

其他制造要求

6.8.2.1.24	在正常运输条件下(见 6.8.2.1.2),无论发生任何可能的变形,保护性衬里都应保持良好的防漏性。
6.8.2.1.25	绝热层应不妨碍装料和卸料装置,以及安全阀的使用和操作。
6.8.2.1.26	如果用于运输闪点不大于 60℃ 的可燃性液体的壳体配有非金属保护性衬里(内衬层),壳体和保护性衬里的设计都应能防止静电产生的着火。

6.8.2.1.27	用于运输闪点不大于 60℃ 的液体或易燃气体,或 UN 1361 碳,或 UN 1361 炭黑,Ⅱ类包装的壳体,应有至少一个导电良好的导线连接到底盘。应避免一切可能引起电化学腐蚀的金属接触。壳体应提供至少一个搭铁装置,清楚地标明搭铁标志"⏚",且能进行电气搭铁。	用于运输闪点不大于 60℃ 的液体,易燃气体,或 UN 1361 碳,或 UN 1361 炭黑,Ⅱ类包装的罐式集装箱的所有部件,都能通过电气搭铁。应避免一切可能引起电化学腐蚀的金属接触。

6.8.2.1.28	安装在罐上部的保护装置 安装在罐上部的附件和配件,应被保护起来,以防止由于翻滚而引起的损坏。这些保护装置可采用加强圈、保护罩、纵向梁或横向梁等能有效提供保护的形式。
6.8.2.2	***设备配件***
6.8.2.2.1	合适的非金属材料可用于制造辅助件和结构件。 设备配件的设置应当可以防止在运输或操作过程发生的扭曲或损坏。它们应具有与壳体本身相当的安全度,并且应: ——与所运输介质相兼容;且 ——满足 6.8.2.1.1 中的要求。 管道在设计、制造和安装时应避免热膨胀、收缩、机械冲击和振动产生的损坏。

在满足操作条件的情况下,应尽量减少壳体的开口数量。应确保在罐体翻滚情况下,包括检查口关闭装置(盖)在内的辅助设备的防漏性,同时考虑由冲击(如加速和动态压力)产生的压力。但是,在冲击过程压力达到最大值时,允许装载介质有限泄漏。	在罐式集装箱翻滚的情况下,确保辅助设备的防漏性。

垫圈应采用与所运输介质相兼容的材料制造,一旦失效(如由于老化造成的失效),应及时更换。

在罐体正常使用过程中,需要操作的配件,其垫圈的设计和安装,应保证配件在操作过程中不会被损坏。

6.8.2.2.2	3.2 章表 A(12)栏中涉及的,在罐体设计代码第 3 部分中包括字母"A"(见 4.3.3.1.1)的罐体,其每一个底部装料口或底部卸料口,应配有 2 个串联在一起的并各自独立的关闭装置,包括: ——一个由可锻金属制成的管道外部截止阀;和 ——每个管道末端的关闭装置,可以是螺塞、盲法兰或其他等效装置。关闭装置须关闭得足够紧而不会让装载的介质产生泄漏。在关闭装置完全关闭之前,应有将卸料管道中的压力安全释放的措施。 3.2 章表 A 第(12)栏中涉及的,在罐体设计代码第 3 部分中包括字母"B"(见

4.3.3.1.1 或 4.3.4.1.1)的罐体,其每一个底部装料口或底部卸料口,应当配有至少3个串联、各自独立的关闭装置,包括:

——一个内置截止阀,如:截止阀安装在壳体内部,或者安装在焊接凸缘或配对法兰上;

——一个外部截止阀或等效装置❶

| 在每一根管道的末端 | 尽可能靠近壳体 |

以及:

——每个管道末端的关闭装置,可以是螺塞、盲法兰或其他等效装置。关闭装置须关闭得足够紧而不会让装载的介质产生泄漏。在关闭装置完全关闭之前,应有将卸料管道中的压力安全释放的措施。

但是,如果罐体用于运输某些可结晶的或黏度很高的介质,而且壳体涂有硬橡胶或热塑性涂层时,内置截止阀可以采用带有附加保护装置的外部截止阀代替。

内置截止阀可以从上面或下面进行操作。它的开启或关闭应尽可能地能从地面上加以判断。内置截止阀操纵装置的设计应能防止任何由于冲击或其他疏忽而引起的意外开启。

在外部操纵装置一旦损坏的情况下,内置截止阀应能继续有效。

为了避免外部设备(管道、侧面的关闭装置)损坏时造成的任何装载介质的损失,内置截止阀及其安装基座应得到保护,以防被外力拧掉,或者设计成可抵抗这些意外情况的结构。装料、卸料装置(包括法兰或螺塞)和保护帽(如有)应当能够防止任何意外开启。

关闭装置的位置和/或关闭方向应清楚标注。

3.2 章表 A 第(12)栏中涉及的,在罐体设计代码第3部分中包括字母"C"或"D"的罐体(见4.3.3.1.1 和 4.3.4.1.1),其所有开口都应位于液面之上。这些罐体在液面之下不应有管道或管道连接。但是,在罐体设计代码第3部分中包括字母"C"的罐体,其排污口(手孔)允许在壳体的下部。这个开口应能够通过法兰来密封防漏,其设计应由主管机关或其授权机构批准。

6.8.2.2.3　非密闭罐体可设置真空阀,以避免罐体内部产生无法承受的负压;真空减压阀的释放压力不得超过罐体的设计真空压力(见 6.8.2.1.7)。密闭罐体不允许设置真空阀。但是,罐体代码为 SGAH、S4AH 或者 L4BH,并且设置有开启压力不低于 21kPa(0.21bar)负压真空阀的罐体,应视为密闭罐。仅用于运输Ⅱ类或Ⅲ类包装且在运输中不会液化的固体介质(粉末或颗粒)的罐体,负压可降低至不低于 5kPa(0.05bar)。

用于装运第3类闪点标准介质罐体上的真空阀和呼吸装置(见6.8.2.2.6),应通过适当的防护装置阻止火星直接进入壳体,或者罐体的壳体应能承受爆破压力的冲击,即能够承受由火星产生的爆炸而无泄漏但允许变形。

如果防护装置由一个合适的消焰器或阻火器组成,它应该尽可能设置在靠近壳体或者壳体隔仓处。对于多隔仓罐体,每个隔仓应进行单独防护。

6.8.2.2.4　壳体或每一隔仓应配有足够大的开口,以便进行检查。

6.8.2.2.5　(保留)

6.8.2.2.6　用于运输50℃时饱和蒸气压不超过110kPa(1.1bar)(绝压)液体的罐体,应设置一个呼吸装置和安全装置,以防止罐翻滚时装载介质的溢出;否则,它们应当符合 6.8.2.2.7 或 6.8.2.2.8 的要求。

---

❶ 如果罐式集装箱的容积小于 $1m^3$,外部截止阀或其他等效装置可由盲法兰代替。

6.8.2.2.7　用于运输50℃时饱和蒸气压超过110kPa(1.1bar)且沸点超过35℃液体的罐体,应设置有一个开启压力不低于150kPa(1.5bar)(表压)的安全阀,安全阀应在不超过试验压力时完全开启;否则,它们应符合6.8.2.2.8的要求。

6.8.2.2.8　用于运输沸点不超过35℃液体的罐体,应配有一个开启压力不低于300kPa(3bar)(表压)的安全阀,安全阀应在不超过试验压力时完全开启;否则,它们应采用密闭罐❶。

6.8.2.2.9　用于运输闪点不超过60℃可燃性液体或可燃性气体的铝制壳体,其容易发生摩擦或碰撞接触的可移动部件,如盖子、密闭装置等,不应采用易腐蚀的钢材制造。

6.8.2.2.10　对于有密闭要求的罐体,如果带安全阀,在安全阀之前应设置一个爆破片,并满足下列条件:

安全阀和爆破片的组合安装应符合主管机关的规定。在爆破片与安全阀之间的空间应设置一个压力表或者合适的压力指示器,以便能够检查出可能影响安全阀正常工作的爆破片的任何破裂、穿孔或者泄漏等。

6.8.2.3　*型式认可*

6.8.2.3.1　主管机关或其授权机构应对每个认可的新型固定式罐体(罐式车辆)、可拆卸式罐体、罐式集装箱、罐式交换箱体等,以及管束式车辆和多单元气体容器(MEGCs)签发检验证书,以证明这些类型,包括其紧固装置已被检查过,且满足预期目的用途,符合6.8.2.1的制造要求、6.8.2.2中的设备要求以及所运介质类别的特殊要求。

证书应包含:

—试验结果。

—型式的批准编号。

批准编号应包括授予批准号地区所在国的特殊符号❷和注册编号。

—符合4.3.3.1.1或4.3.4.1.1的罐体代码。

—6.8.4中有关制造(TC)、装置(TE)、型式认可(TA)等特殊条款的字母数字代码,已经被批准与罐体运输介质相对应的TC、TE以及TA中的字母数字代码见3.2章表A第(13)栏;

—如有必要,已批准用此罐体运输的介质和/或介质组别,应和它们的化学名称或相应的类属条目(见2.1.1.2),以及它们的分类(类,分类编号和包装分类)一起标示。除第2类介质和4.3.4.1.3中列出介质之外,被批准介质的上述标示可以免除。这样,根据4.3.4.1.2中基于罐代码进行许可索引的介质组别,在考虑相关特殊条款的情况下,可以采用该罐体运输。

证书中提到的介质或根据许可索引的介质组别,通常应与罐体的特性相兼容。如果型号发布时,不可能就这一相容性彻底地进行调查,检验证书中应包括保留意见。

证书的复印件应附在每台罐式车辆、管束式车辆或者多单元气体容器的制造记录里(见4.3.2.1.7)。

主管机关或其授权机构应该依据申请人的要求,对6.8.2.6.1表中所列出标准的阀门和其他辅助装置,按相应标准的要求,分别进行型式认可。当发放罐体证书时,如果提交的阀门和其他装置的试验结果满足使用要求,这些型式认可应该被认可。

---

❶　"密闭罐""hermetically closed tank"的释义见1.2.1。

❷　在《公路交通维也纳会议》(1968)中规定的国际交通中的特定符号。

6.8.2.3.2　　如果罐体、管束式车辆或者多单元气体容器(MEGCs)批量制造没有变更,此批准对这批或根据原型制造的罐体、管束式车辆或者 MEGC 是有效的。

但是,一个型式认可仍然可以适用于进行了有限改变的罐体。这些改变要么是降低了罐体的载荷和压力(如减小压力、减少质量、减少体积等),要么是增加结构的安全性能(如增加壳体的厚度、使用更多的防波板、减小开口的直径等)。应当在型式认可证书中清楚描述这些有限的改变。

6.8.2.3.3　　6.8.4(即1.8.7.2.4)TA4 中特殊规定的要求不适用时,应符合下列要求。

型式认可的有效期最长为10年。在这段时期内,如果 ADR(包括引用标准)相关的技术要求发生变更,以致已经被批准的型式认可与其不相符时,批准该型式认可的主管机关或其授权机构应该撤销该型号并告知该型式认可的持有者。

注：针对已有型式认可被撤销的最后期限,见6.8.2.6 表中第5列或者6.8.3.6所述。

如果一个型式认可已经失效或者被撤销,按照该型式认可制造的罐体、管束式车辆或者多单元气体容器(MEGCs)不再被授权。

在这种情况下,如果这些在失效或者被撤销型式认可之前制造的罐体、管束式车辆或者多单元气体容器(MEGCs)继续在用,那些涉及使用、定期检查和中间检验的相关规定应继续适用。

只要这些设备继续符合 ADR 的要求,可以继续使用。只有采取1.6章中的相关过渡措施被允许后,这些不符合 ADR 要求的设备才可以继续使用。

在 ADR 更新时,型式认可可以通过一个完整的满足 ADR 更新条款的评价和评估来进行更新。被撤销后的型式认可不允许进行更新。不影响符合要求而对型式认可作的临时修订,不能延长或者更改证书的原始合法性(见6.8.2.3.2)。

注：除签发原始许可的机构之外,符合性评价和评估还可以由其他机构执行。

签发机构应在整个有效期内保存该型式认可和型式更新的(如果被更新)所有文件。

如果签发机构的批准被撤销或者限制,或者当该组织不再运行,主管机关应采取适当的措施来保证这些文件能被另一个机构做相应的处理或者保留。

6.8.2.3.4　　在罐体进行了有效的变更、型式认可失效或者撤销时,罐体已变更部分的测试、检查和批准将受到限制。变更应符合 ADR 此时的规定。对于不受变更影响的罐体所有部分,最初型式认可的相关文件应仍有效。

一个变更可以适用于该型式认可覆盖的一个或多个罐体。

一个批准变更的证书应该由与 ADR 合作的主管机关或其授权机构签发,并且作为罐体记录的一部分保留。

每一个合格证变更的申请书应存放于一个单独的主管机关或授权机构。

6.8.2.4　　*检验和试验*

6.8.2.4.1　　壳体及其设备在投入使用之前,应当一起或者各自进行初次检验。此检验包括：
——与型式认可的符合性检查;
——设计参数的检查❶;
——内部和外部状况的检查;
——按6.8.2.5.1规定在金属铭牌上标注的试验压力下的液压试验❷;
——泄漏试验和检查设备是否能正常运行。

---

❶ 设计参数的检查也应包括：壳体需要1MPa(10bar)或更高的试验压力,根据6.8.2.1.23对焊接试样(产品试样)的制取,和6.8.5中规定的试验。

❷ 在特殊情况下,经主管机关批准的专家同意之后,液压试验可由其他不会在操作中发生危险的液体或气体的压力试验代替。

除了第 2 类介质,液压试验的试验压力取决于计算压力,并且应不小于下表中指明的压力:

计算压力(bar)	试验压力(bar)
G❶	G❶
1.5	1.5
2.65	2.65
4	4
10	4
15	4
21	10(4❷)

第 2 类介质的最小试验压力在 4.3.3.2.5 气体与混合气体的表中已给出。

罐体应该整体进行液压试验,对带隔仓的罐体,应对每一个独立的隔仓分别进行液压试验。

应以不低于最高工作压力 1.3 倍的压力对每一隔仓进行液压试验。

如果有绝热层,液压试验应在绝热层安装之前进行。

如果壳体和其设备各自独立进行液压试验,应按照 6.8.2.4.3 要求,在他们装配完毕后进行泄漏试验。

带隔仓壳体上的每一隔仓应该单独进行泄漏试验。

6.8.2.4.2　壳体以及其设备应进行定期检验,定期检验的年限不大于:

6 年　　　　　　　　　　　　　　　5 年

这些定期检验应该包括:

—壳体外部与内部的检查;

—按照 6.8.2.4.3 对壳体及其设备进行泄漏试验,并且检查所有设备的功能是否正常;

—按照基本规程进行液压试验❸(壳体及其必要组件的试验压力见 6.8.2.4.1)。

仅在对壳体的可靠性进行评估时,应拆除保温层或其他绝热结构。

对于运输介质为粉末或者固体颗粒的壳体,且经主管机关批准的专家同意,其定期液压试验可免除,并用按照 6.8.2.4.3 要求以不低于最高工作压力的内压力进行泄漏试验来替代。

6.8.2.4.3　壳体及其设备在初检和每次定期检验之间应进行中间检验,中间检验年限不大于:

3 年　　　　　　　　　　　　　　　2.5 年

这些中间检验应该在指定期限前后 3 个月以内执行。

然而,中间检验也可以在指定期限之前任何时候执行。

如果中间检验是在预定期限 3 个月之前执行的,在这个期限之后应执行下一次中间检验,年限不大于:

3 年　　　　　　　　　　　　　　　2.5 年

这些中间检验应该包括带附件壳体的泄漏试验和检查所有组件的操作功能是否满足要求。为达到这个目的,检验时罐体应该充入不低于最高工作压力的内压

---

❶ G = 按照 6.8.2.1.14 中基本要求下的最小计算压力(见 4.3.4.1)。
❷ UN 1744 溴或者 UN 1744 溴溶液的最小试验压力。
❸ 在特殊情况下,经主管机关批准的专家同意之后,液压试验可由其他不会在操作中发生危险的液体或气体的压力试验代替。

力。对于运输介质为液体或粉末或颗粒状固体的罐体,用于泄漏试验的压力应不低于最高工作压力的25%。在任何情况下该压力应不低于20kPa(0.2bar)(表压)。

对于配有呼吸装置和安全泄放装置的罐体,为防止翻滚时介质泄漏,试验压力应等于拟装载介质的静态压力。

带隔仓壳体上的每一隔仓应该单独进行泄漏试验。

6.8.2.4.4　当罐体及其设备的安全性能由于维修、改造或事故而破坏时,应进行一个额外检查。如果该额外检查满足6.8.2.4.2条提到的要求,那么该额外检查可以被认为是一个定期检验。如果该额外检查满足6.8.2.4.3中提到的要求,则该额外检查应被认作是中间检验。

6.8.2.4.5　符合6.8.2.4.1~6.8.2.4.4的试验、检验和检查,应当由主管机关批准的专家执行。应签发能显示各项工作结果的证书,即便结果是不合格的。证书应列明此罐体允许运输的介质清单,或者依据6.8.2.3的此罐体的罐体代码和特殊条款的字符代码。

证书的复印件应附在每台罐体、管束式车辆或者多单元气体容器的检验记录里(见4.3.2.1.7)

6.8.2.5　*标记*

6.8.2.5.1　每个罐体都应配有一个耐腐蚀的金属铭牌,永久地固定在罐体易于接近的地方。至少下面的细节应以钢印或其他类似的方法标记在金属铭牌上。如果壳体壁足够坚固而壳体的强度不会损坏,那么这些细节也可以直接刻在壳体壁上❶:

— 批准编号。
— 制造商的名称或标记。
— 制造商的序列号。
— 制造年份。
— 试验压力(表压)。
— 外部设计压力(见6.8.2.1.7)。
— 壳体容积:若为多仓的壳体,则是每一个仓的容积;当容积超过7.5m³的壳体或隔仓被防浪板分隔成容积不超过7.5m³的分段时,其后应加符号"S"。
— 设计温度(仅在50℃以上或者-20℃以下时标出)。
— 最近的检验日期和检查类型:当该检验是按6.8.2.4.1和6.8.2.4.2中的初次检验或者定期检验,"年,月"后面应标注一个"P";当该检验是按6.8.2.4.3中的中间密封性检验,"年,月"后面应标注一个"L"。
— 实施试验的专家钢印。
— 壳体的材料和材料标准,及所用的保护性衬里(如有)。
— 对壳体整体进行试验的压力和对每个隔仓单独进行的试验压力,单位MPa或bar(表压),此时后者小于前者。

另外,最大允许工作压力应记录在压力装料或压力卸料的罐体上。

6.8.2.5.2	下面的细节应刻在罐式车辆上(在罐体自身或其金属铭牌上❶)	下面的细节应刻在罐式集装箱上(在罐体自身或其金属铭牌上❶)
	—所有者或操作者的名称;	—所有者和操作者的名称;

---

❶ 在数值后增加计量单位。

—罐式车辆整备质量;和

—罐式车辆最大允许装载质量。

下面的细节应刻在可拆卸式罐体上(在罐体自身或其金属铭牌上❶)

—所有者或操作者的名称;

—"可拆卸式罐体"字样;

—罐体的整备质量;

—罐体最大允许装载质量;

—符合 4.3.4.1.3 的介质的正确运输名称;

—符合 4.3.4.1.1 的罐体代码;和

—4.3.4.1.3 中有关运输介质罐体特殊要求的 TC 和 TE 字符代码,在 3.2 章表 A 第(13)栏中列出,应标记在罐体上。

—壳体的容积;

—额定质量;

—最大允许总质量;

—符合 4.3.4.1.3 的介质的正确运输名称;

—符合 4.3.4.1.1 的罐体代码;和

—4.3.4.1.3 中有关运输介质罐体特殊要求的 TC 和 TE 字符代码,在 3.2 章表 A 第(13)栏中列出,应标记在罐体上。

6.8.2.6 *按照引用标准设计、制造和试验的罐体技术要求*

注:检验人员和机构的职责应与 ADR 一致,要满足 ADR 的要求。

6.8.2.6.1 设计和制造

由于下列表(4)栏中型式认可版本的标准可以满足(3)栏中提到的 6.8 章的要求,下列表中引用的标准可以采用,(3)栏中提到的 6.8 章的要求应在所有情况下都适用。当目前已存在型式认可按照 1.8.7.2.4 或 6.8.2.3.3 的要求进行废除,(5)栏给出最新的日期;如果没有最新日期,型式认可在有效期内依然有效。

从 2009 年 1 月 1 日,引用标准的使用已被强制执行。在 6.8.2.7 和 6.8.3.7 中已列出例外条款。

对于同样的要求如果不止引用一个标准,除下表中另有规定外,其中只能有一个标准被采用。

每个标准的适用范围在该标准的条款中已经定义,除非下表中另有规定外。

引用标准	标准名称	适用的条款	新型式认可或者更新的日期	撤销现有型式认可的最新日期
(1)	(2)	(3)	(4)	(5)
针对所有罐体				
EN 14025:2003 + AC:2005	运输危险货物的罐体—金属制承压罐体—设计和制造	6.8.2.1	2005 年 1 月 1 日至 2009 年 6 月 30 日	
EN 14025:2008	运输危险货物的罐体—金属制承压罐体—设计和制造	6.8.2.1 和 6.8.3.1	2009 年 7 月 1 日至 2016 年 12 月 31 日	
EN 14025:2013	运输危险货物的罐体—金属制承压罐体—设计和制造	6.8.2.1 和 6.8.3.1	待通知	
EN 14432:2006	运输危险货物的罐体—运输液态化学物质的罐体设备—产品卸料和进气口阀门	6.8.2.2.1	待通知	
EN 14433:2006	运输危险货物的罐体—运输液态化学物质的罐体设备—底阀	6.8.2.2.1	待通知	

---

❶ 在数值后增加计量单位。

续上表

引用标准	标准名称	适用的条款	新型式认可或者更新的日期	撤销现有型式认可的最新日期
（1）	（2）	（3）	（4）	（5）
针对最高工作压力不超过50kPa和运输3.2章表A第(12)栏中给出的运输介质罐体代码包含"G"的罐体				
EN 13094:2004	运输危险货物的罐体—工作压力不超过0.5bar的金属制罐体—设计和制造	6.8.2.1	2005年1月1日至2009年12月31日	
EN 13094:2008 + AC:2008	运输危险货物的罐体—工作压力不超过0.5bar的金属制罐体—设计和制造	6.8.2.1	待通知	
针对第2类气体的罐体				
EN 12493:2001（除去附录C）	盛装液化石油气(LPG)的钢制焊接罐体—道路罐式车辆—设计和制造 注:道路罐式车辆指的是ADR中的固定式罐体和可拆卸式罐体	6.8.2.1(除去6.8.2.1.17);6.8.2.4.1(包括密封性试验的免除);6.8.2.5.1;6.8.3.1和6.8.3.5.1	2005年1月1日至2010年12月31日	2012年12月31日
EN 12493:2008（除去附录C）	LPG设备和附件—盛装液化石油气(LPG)的钢制焊接罐体—道路罐式车辆—设计和制造 注:道路罐式车辆指的是ADR中的固定式罐体和可拆卸式罐体	6.8.2.1(除去6.8.2.1.17),6.8.2.5,6.8.3.1,6.8.3.5,6.8.5.1~6.8.5.3	2010年1月1日至2013年12月31日	2014年12月31日
EN 12493:2008 + A1:2012（除去附录C）	LPG设备和附件—盛装液化石油气(LPG)的钢制焊接罐—道路罐式车辆—设计和制造 注:道路罐式车辆指的是ADR中的固定式罐体和可拆卸式罐体	6.8.2.1(除去6.8.2.1.17),6.8.2.5,6.8.3.1,6.8.3.5,6.8.5.1~6.8.5.3	直到2013年12月	2015年12月31日
EN 12493:2013（除去附录C）	LPG设备和附件—盛装液化石油气(LPG)的钢制焊接罐体—道路罐式车辆—设计和制造 注:道路罐式车辆指的是ADR中的固定式罐体和可拆卸式罐体	6.8.2.1,6.8.2.5,6.8.3.1,6.8.3.5,6.8.5.1~6.8.5.3	待通知	
EN 12252:2000	LPG道路罐式车辆装置 注:道路罐式车辆指的是ADR中的固定式罐体和可拆卸式罐体	6.8.3.2(除去6.8.3.2.3)	2005年1月1日至2010年12月31日	2012年12月31日
EN 12252:2005 + A1:2008	LPG装置及附件—LPG道路罐式车辆装置 注:道路罐式车辆指的是ADR中的固定和可拆卸式罐体	6.8.3.2(除去6.8.3.2.3)和6.8.3.4.9	待通知	
EN 13530-2:2002	低温容器—大型真空绝热运输容器—第2部分:设计、制造、检验和试验	6.8.2.1(除去6.8.2.1.17),6.8.2.4,6.8.3.1和6.8.3.4	2005年1月1日至2007年6月30日	
EN 13530-2:2002 + A1:2004	低温容器—大型真空绝热运输容器—第2部分:设计、制造、检验和试验	6.8.2.1(除去6.8.2.1.17),6.8.2.4,6.8.3.1~6.8.3.4	待通知	
EN 14398-2:2003（除去表1）	低温容器—大型非真空绝热运输容器—第2部分:设计、制造、检验和试验 注:本标准不适用于运输温度低于-100℃的气体。	6.8.2.1(除去6.8.2.1.17,6.8.2.1.19和6.8.2.1.20),6.8.2.4,6.8.3.1和6.8.3.4	2005年1月1日至2016年12月31日	

续上表

引用标准	标准名称	适用的条款	新型式认可或者更新的日期	撤销现有型式认可的最新日期
(1)	(2)	(3)	(4)	(5)
EN 14398-2:2003 + A2:2008	低温容器—大型非真空绝热运输容器—第2部分:设计、制造、检验和试验 注:本标准不适用与运输温度低于-100℃的气体。	6.8.2.1(除去6.8.2.1.17、6.8.2.1.19和6.8.2.1.20)、6.8.2.4、6.8.3.1和6.8.3.4	待通知	
EN 14129:2014	LPG设备和附件—LPG压力容器压力释放阀	6.8.2.1.1和6.8.3.2.9	待通知	
EN 1626:2008(除B类阀外)	低温容器—低温用阀门	6.8.2.4和6.8.3.4	待通知	
适用于液化石油产品、第3类介质中在50℃时蒸气压不超过110kPa的危险介质、汽油,以及无毒或者腐蚀性的危害介质的罐体				
EN 13094:2004	运输危险货物的罐体—工作压力不超过50kPa(0.5bar)的金属制罐体—设计和制造	6.8.2.1	2005年1月1日至2009年12月31日	
EN 13094:2008 + AC:2008	运输危险货物的罐体—工作压力不超过50kPa(0.5bar)的金属制罐体—设计和制造	6.8.2.1	待通知	
EN 13082:2001	运输危险货物的罐体—罐式车辆配件—气体调节阀	6.8.2.2和6.8.2.4.1	2005年1月1日至2013年6月30日	2014年12月31日
EN 13082:2008 + A1:2012	运输危险货物的罐体—罐式车辆配件—气体调节阀	6.8.2.2和6.8.2.4.1	待通知	
EN 13308:2002	运输危险货物的罐体—罐式车辆配件—非压力平衡底阀	6.8.2.2和6.8.2.4.1	待通知	
EN 13314:2002	运输危险货物的罐体—罐体附件—装料口盖	6.8.2.2和6.8.2.4.1	待通知	
EN 13316:2002	运输危险货物的罐体—罐体附件—压力平衡底阀	6.8.2.2和6.8.2.4.1	待通知	
EN 13317:2002(除去附录B中的数字和表B.2)(金属材料应符合EN 13094:2004中5.2条的要求)	运输危险货物的罐体—罐体附件—人孔盖组件	6.8.2.2和6.8.2.4.1	2005年1月1日至2010年12月31日	2012年12月31日
EN 13317:2002 + A1:2006	运输危险货物的罐体—罐体附件—人孔盖组件	6.8.2.2和6.8.2.4.1	待通知	
EN 14595:2005	运输危险货物的罐体—罐体附件—压力和真空呼吸装置	6.8.2.2和6.8.2.4.1	待通知	
EN 16257:2012	运输危险货物的罐体—配件—通径大于100mm底阀	6.8.2.2和6.8.2.4.1	待通知	

6.8.2.6.2　　检验与试验

由于下列表第(4)栏中所示的检验和试验可以满足(3)栏中提到的6.8章的要求,下列表中引用的标准可以采用,(3)栏中提到的6.8章的要求应在所有情况下都适用。

使用引用的标准是强制性的。

每个标准的适用范围在该标准的条款中已经定义好,除非下表中另有规定外。

引用标准	标 准 名 称	适用的条款	适用期限
（1）	（2）	（3）	（4）
EN 12972:2007	运输危险货物的罐体—金属罐体的试验、检验和标记	6.8.2.4,6.8.3.4	待通知

6.8.2.7   *未按引用标准设计、制造和试验的罐体要求*

为体现科学和技术进步或者是在6.8.2.6中没有标准参照的地方或者在6.8.2.6中没有解决的特定方面，主管机关可同意使用具有相同安全水平的技术规范，但罐体无论如何应遵守6.8.2的最低要求。

主管机关应该把被认可的技术规范清单传到UNECE的秘书处。清单应包含如下细节：规范名称和日期，规范的目的和可以获得的细节。秘书处应把这个信息公开在他们自己的网站上。

在ADR的未来版本中已经被采纳的引用标准可以由主管机关批准，而不需要通知UNECE秘书处。

针对试验、检验和标记，6.8.2.6条中引用的标准也应被使用。

6.8.3   **适用于第2类物质的特殊要求**

6.8.3.1   *壳体的制造*

6.8.3.1.1   用于运输压缩气体、液化气体或者溶解气体的罐体，应采用钢材制造。对于无焊缝的壳体，根据6.8.2.1.12的豁免，最小断后伸长率为14%，且应力σ小于或等于材料如下规定应力时，是可以接受的：

（a）   当Re/Rm的值（热处理之后的最小保证特性）大于0.66小于等于0.85时：

$$\sigma \leqslant 0.75Re$$

（b）   当Re/Rm的值（热处理之后的最小保证特性）大于0.85时：

$$\sigma \leqslant 0.5Rm$$

6.8.3.1.2   6.8.5的要求适用于焊接壳体的材料和制造。

6.8.3.1.3   （保留）

管束式车辆(battery-vehicles)和多单元气体容器(MEGCs)的制造

6.8.3.1.4   气瓶(cylinders)、管道(tubes)、压力桶(pressure drums)和气瓶组(bundles of cylinders)，作为管束式车辆或MEGC的组成部分，应当根据6.2章的要求进行制造。

注1：不作为管束式车辆或MEGC的组成部分的气瓶组，应符合6.2章的要求。

注2：作为管束式车辆或多单元气体容器(MEGCs)的组成部分的罐体，应根据6.8.2.1 和6.8.3.1制造。

注3：可拆卸式罐体❶(Demountable tanks)不被认为是管束式车辆或多单元气体容器(MEGCs)的组成部分。

6.8.3.1.5   部件和其紧固件应能够承受在6.8.2.1.2中规定的最大允许载荷。在各力作用下，部件和其紧固件最大应力值，应不超过6.2.5.3中对气瓶、管道、压力桶和气瓶组规定的值；对于罐体，则不应超过6.8.2.1.16中规定的σ值。

6.8.3.2   *附件要求*

6.8.3.2.1   罐体的卸料管道应能够采用盲法兰或等效装置进行关闭。对用于运输冷冻液化气体的罐体，这些盲法兰或等效装置上可以配有最大直径为1.5mm的压力释放口。

6.8.3.2.2   出于作业和安全的要求，用于运输液化气体的壳体，除了应配有6.8.2.2.2和

---

❶ "可拆卸式罐体"定义见1.2.1。

6.8.2.2.4 规定的开口外,还应有用于安装测量装置、温度计、压力计和放气孔的开孔。

6.8.3.2.3 罐体在下面情况时,充装和卸料口处应配有内置切断阀

| 容量大于 1m³

用于运输可燃或有毒液化气体,内置切断阀应在罐体发生意外移动或失火时立即自动关闭,也应能够通过远程遥控进行操作。

当罐体用于运输无毒可燃液化气体时,可以在充装口处只用单向止回阀代替远程控制内置切断阀,但充装口要通到容器内部气相空间。单向止回阀应安装在罐体内部,配备弹簧和合适的密封件,当充装管路内的压力小于等于容器内部的压力时,止回阀自动关闭❶。

6.8.3.2.4 除那些安全阀和关闭的放气孔外,用于运输可燃和(或)有毒液化气体的罐体上所有开口,如果其公称直径超过 1.5mm,都应配备一个内置切断装置。

6.8.3.2.5 尽管有 6.8.2.2.2,6.8.3.2.3 和 6.8.3.2.4 的要求,用于运输冷冻液化气体的罐体,如果外部装置得到与罐体壁厚等效的防止外力损坏的保护,可以采用外部装置来代替内置装置。

6.8.3.2.6 如果罐体配备有与所运介质直接接触的测量仪器,那么测量仪器不得采用透明材料制成。如果有温度计,它们不得通过壳体直接伸进气体或液体中。

6.8.3.2.7 除应符合 6.8.3.2.3 中规定外,位于罐体上部的充装口和卸料口应配备第二道外部关闭装置,此装置应能够通过盲法兰或等效装置进行关闭。

6.8.3.2.8 安全阀应满足 6.8.3.2.9~6.8.3.2.12 中的要求:

6.8.3.2.9 用于运输压缩气体、液化气体或者溶解气体的罐体,可以配备弹簧安全阀。当压力达到罐体试验压力的 0.9~1.0 之间时,这些阀门应能够自动开启。安全阀应能承受包括液体冲击的动态载荷。禁止使用固定负载或配重负载类型的安全阀。安全阀排放能力应按照 6.7.3.8.1.1 中的公式计算。

6.8.3.2.10 对用于海运的罐体,6.8.3.2.9 的要求不得禁止使用符合 IMDG 规则的安全阀配件。

6.8.3.2.11 用于运输冷冻液化气体的罐体,应当配备至少两个独立的能在罐体最大工作压力下打开的安全阀,每一个阀门的设计都允许独立地将正常作业时因蒸发而产生的气体排出罐体,从而使罐体内压力在任何时候都不会超出罐体上所标记工作压力的 10%。

其中一个安全阀可以用爆破片代替,此爆破片在试验压力时爆破。

在双层壁罐的真空丧失,或者单层壁罐 20% 的绝热层损坏时,压力释放装置的组合排放能力,应能使壳体内的压力不会超过试验压力。6.8.2.1.7 不适用于真空绝热罐。

6.8.3.2.12 用于运输冷冻液化气体罐的压力释放装置,应保证即使在其最低工作温度时也不会失效。在此温度下它们的工作可靠性应当通过测试每一个阀门或测试每一种设计类型的阀门样品来进行确定和核查。

6.8.3.2.13 能旋转的可拆卸式罐体的阀门应配备保护帽。

绝热层

---

❶ 不允许使用金属对金属密封。

6.8.3.2.14	如果用于运输液化气体的罐体配备有绝热层,那么这些绝热层应符合下列要求之一:

——遮阳装置应覆盖罐体上部1/3以上但不超过1/2的面积,遮阳装置与壳体之间应至少留有4cm的通气空间;

——用适当厚度的隔热材料完全包覆罐体。

6.8.3.2.15	用于运输冷冻液化气体的罐体应采用绝热方式。通过连续覆盖物的方式来达到绝热。如果壳体与覆盖物之间是真空(真空绝热),保护性覆盖物应能够承受至少100kPa(1bar)(表压)的外部压力而不会发生变形。通过对1.2.1计算压力定义的豁免,在计算时可以将外部和内部的加强装置考虑进来。如果覆盖物的气密性很好,应提供一个装置,用来防止由于壳体或其设备部件的气密性不足造成保温层中产生任何危险压力。此装置应能防止潮气渗透到隔热保温层中。
6.8.3.2.16	用于运输在标准大气压下,沸点低于-182℃的液化气体的罐体,其绝热层或附加装置中应不包括任何易燃材料。
	用于真空绝热罐体的附加装置,经主管机关批准,在壳体和覆盖物之间可以包含塑料材料。
6.8.3.2.17	通过6.8.2.2.4的豁免,用于运输冷冻液化气体的罐体不需要配置检查口。

管束式车辆和多单元气体容器(MEGCs)的要求

6.8.3.2.18	辅助设备和结构件应能防止压力容器在正常操作和运输过程中的损坏。当管束式车辆或多单元气体容器(MEGCs)的框架和其部件之间的连接允许存在相对运动时,设备的固定应防止相对运动的工作部件损坏。通向切断阀的各个管应足够柔韧,以保护阀门和管路系统不被切断或容器不泄漏。充装和卸料装置(包括法兰或螺纹塞)和任何保护帽,应防止意外开启。
6.8.3.2.19	为了避免在损坏时发生任何介质泄漏,各个管道、卸料装置(管座、切断阀)和截止阀应受到保护或考虑,以免受外力损坏或者可以抵抗外力损坏。
6.8.3.2.20	各个管道的设计应考虑能够在-20℃~50℃之间的温度范围工作。
	各个管道的设计、制造和安装,应避免由于热膨胀和收缩、机械冲击和振动造成的损坏危险。所有的管道都应选用合适的金属材料。尽可能地使用焊接连接。
	铜管道系统中的铜管采用铜焊接,或采用同等强度的金属焊接。铜焊接材料的熔点应不低于525℃。当车制螺纹时,螺纹接头应不降低管道系统的强度。
6.8.3.2.21	除用于运输UN 1001溶解性乙炔的管通外,在容器试验压力下,管道的最大允许应力σ应不超过材料保证屈服强度的75%。
	对用于运输UN 1001溶解性乙炔的管道,其所需的管壁厚度应根据实际批准标准进行计算。
	注:屈服强度见6.8.2.1.11。
	如果使用下面的标准,应视为已遵守此段的基本要求:*(保留)*。
6.8.3.2.22	通过6.8.3.2.3、6.8.3.2.4和6.8.3.2.7的豁免,对组成管束式车辆或MEGC的气瓶、管道和压力桶和气瓶组(框架),可以在管道组内提供需要的关闭装置。
6.8.3.2.23	如果其中一个部件配备有安全阀且关闭阀门配备在部件之间,则每一部件都应配备有安全阀。
6.8.3.2.24	装料和卸料装置可以连在管道上。
6.8.3.2.25	每一部件,包括用于运输有毒气体气瓶组中每一单独的气瓶,都应采用截止阀门隔离开。
6.8.3.2.26	用于运输有毒气体的管束式车辆和多单元气体容器(MEGCs),不得设置安全阀,除非安全阀之前装有爆破片。后一种情况下,爆破片和安全阀的组合应当符合主

	管机关的要求。
6.8.3.2.27	对于用于海运的管束式车辆和多单元气体容器(MEGCs),6.8.3.2.26 的要求应不禁止使用满足 IMDG 规则要求的安全阀配件。
6.8.3.2.28	运输可燃性气体的管束式车辆和多单元气体容器(MEGCs)的容器单元,应当由体积不超过 5000L 的分组部件组成,并且各组间可以通过截止阀门隔离开。
	用于运输可燃性气体的管束式车辆和多单元气体容器(MEGCs)的每一单元,当由符合本章要求的罐体组成时,都应能够通过截止阀门隔离开。
6.8.3.3	*型式认可*
	无特殊要求。
6.8.3.4	*检验和试验*
6.8.3.4.1	除气瓶、管子、压力桶和作为组成管束式车辆或多单元气体容器的管束中气瓶外,每一焊接壳体材料都应按照 6.8.5 的方法进行试验。
6.8.3.4.2	4.3.3.2.1~4.3.3.2.4 中给出了试验压力的基本要求,4.3.3.2.5 的气体和混合气体表中给出了最小试验压力。
6.8.3.4.3	在绝热层安装之前,应进行第一次水压试验。当壳体及它的配件、管路系统和安装的附件分别进行试验时,罐体在装配后应进行气密性试验。
6.8.3.4.4	每个用于运输压缩气体(以质量计量装载量)、液化气体或溶解气体的壳体的容积,应在主管机关批准的专家监督下,通过测量罐体装水量的质量或体积进行测定;测量的壳体容积精确度应在 1% 以内。禁止根据壳体的尺寸计算其容积。根据 4.1.4.1 的包装规范 P200 或 P203 和 4.3.3.2.2,4.3.3.2.3,最大允许装载质量由批准的专家来认定。
6.8.3.4.5	焊缝检查应按照 6.8.2.1.23 中 $\lambda=1$ 时的要求进行。
6.8.3.4.6	通过对 6.8.2.4.2 的豁免,定期检验应:

至少 6 年之后	至少 8 年之后
在这之后,用于运输冷冻液化气体的罐体至少每 12 年进行一次。	
中间检验应按照 6.8.2.4.3,应至少每 6 年定期检验一次	依据 6.8.2.4.3,在任何两次连续定期检验之间,在主管机关要求下,可以进行气密性试验或中间检验。

6.8.3.4.7	对于真空绝热罐体,经批准的专家同意,液压试验和内部状况的检查可以由气密性试验和真空度测量代替。
6.8.3.4.8	进行定期检验时,如果在用于运输冷冻液化气体的罐体内有开口,在壳体再次使用之前,使其严密封闭的方法应当由批准专家进行批准,而且应当确保壳体的完整性。
6.8.3.4.9	用于运输气体的容器气密性试验压力不能低于:
	—对于压缩气体、液化气体和溶解性气体:试验压力的 20%;
	—对于冷冻液化气体:最大工作压力的 90%。
	管束式车辆和多单元气体容器(MEGCs)的检验和试验
6.8.3.4.10	在第一次投入使用之前,每个管束式车辆和 MEGC 的设备单元和部件都应一起或者单独进行检验和试验(初次检验和试验)。之后,管束式车辆和多单元气体容器(MEGCs)的容器部件应在不超过 5 年的时间间隔内进行定期检验。管束式车辆和多单元气体容器(MEGCs)的罐体部件应根据 6.8.3.4.6 的要求进行检验。根据 6.8.3.4.14 中的要求如有必要,应进行例外的检验和试验而不必考虑检验周期。
6.8.3.4.11	初次检验应包括:

—批准类型的符合性核查;
—设计特性的检验;
—内部和外部条件的检验:
—按 6.8.3.5.10 中规定的,标注在金属铭牌上的的试验压力进行的液压试验❶;
—最大工作压力时的气密性试验;
—检查设备能否正常运行。

当部件和它们的配件各自单独进行了压力试验,在装配完成之后,它们应一起进行密封性试验。

6.8.3.4.12　气瓶、管子、压力桶和管束中气瓶,应根据 4.1.4.1 中的包装规范 P200 或 P203 进行试验。

管束式车辆和多单元气体容器(MEGCs)的管路的试验压力,应与组成管束式车辆和多单元气体容器(MEGCs)的(其他)部件的试验压力相同。管路的压力试验,可以由水压试验代替,或者经主管机关或其授权的单位同意后,使用其他液体或气体代替。通过对此条要求的豁免,装载 UN 1001 溶解性乙炔的管束式车辆和 MEGC 的管路的试验压力应不低于 30MPa(300bar)。

6.8.3.4.13　定期检验应包括:最大工作压力下的气密性试验;外部结构的检查;各部件和辅助设备的非拆卸检查。管道和部件应根据 4.1.4.1 中包装规范 P200 规定的周期进行测试,还要满足 6.2.1.6 和 6.2.3.5 对各自的要求。当设备和部件各自单独进行了压力试验,它们应在装配完成之后一起进行气密性试验。

6.8.3.4.14　当管束式车辆和多单元气体容器(MEGCs)显示出损坏迹象,或有腐蚀区域,或泄漏,或任何其他表明会影响管束式车辆和多单元气体容器(MEGCs)的完整性的缺陷时,有必要进行特殊检验和试验。特殊检查和试验的范围,以及部件的拆卸程度(如果必要)取决于管束式车辆和多单元气体容器(MEGCs)的损坏和磨损的程度。它应至少包括在 6.8.3.4.15 中要求的检验。

6.8.3.4.15　检验应确保:
(a) 对部件的蚀损斑、腐蚀、磨损、凹痕、变形、焊接中的缺陷或其他情况,包括可能引起管束式车辆和多单元气体容器(MEGCs)不安全运输的泄漏,进行外部检验;
(b) 对管道、阀门、垫圈的腐蚀区域、缺陷和其他情况,包括可能引起管束式车辆和多单元气体容器(MEGCs)在装载、卸料或运输中不安全的泄漏,进行检验;
(c) 任何法兰连接口或盲法兰盖板上丢失或已松动的螺栓或螺母,都已被重新补充或拧紧;
(d) 所有紧急装置和阀门都是防腐蚀的、不会变形的,且没有任何能够阻碍它们正常工作的损坏或缺陷。应操作远程关闭装置和自关闭切断阀门以证明其能正常工作;
(e) 管束式车辆和多单元气体容器(MEGCs)上需要的标记都应清楚可见且符合相应的要求;以及
(f) 任何用于起吊管束式车辆和多单元气体容器(MEGCs)的框架、支承和装置都应处在良好状况。

6.8.3.4.16　根据 6.8.3.4.10～6.8.3.4.15 的规定的试验、检验和检查,都应由主管机关批准的专家执行。即使是不好的结果这些检验结果应列明在签发的证书上。

---

❶ 在特殊情况下并经主管机关批准的专家同意,液压试验可由其他在操作过程中不会发生危险的液体或气体的压力试验代替。

依据6.8.2.3.1的要求,检验证书应列明此管束式车辆和多单元气体容器（MEGCs）允许运输的物质清单。

应附一份检验证书的复印件在各个罐体、管束式车辆或MEGC的检验档案里面（见4.3.2.1.7）。

6.8.3.5 *标记*

6.8.3.5.1　以下这些附加细节应以钢印或其他类似的方法标记在6.8.2.5.1中规定的金属铭牌上,或者如果壳体足够坚固,罐体强度不会损坏时可以直接标记在壳体壁上。

6.8.3.5.2　仅用于运输一种介质的罐体上：

——气体完整的运输名称,此外也可在气体的未另作规定的条目后补充技术名称❶;

此标志应被补充；

——对用于运输以体积（压力）计量压缩气体的罐体,标注罐体在15℃时的最大允许装载压力；和

——对用于运输以质量计量压缩气体、液化气体、冷冻液化气体或溶解性气体的罐体,标注最大允许装载质量（kg）,如果装载温度低于－20℃时,需标注装载温度。

6.8.3.5.3　在多用途罐体上：

——批准用此罐体运输的气体完整的运输名称,此外也可在气体的未另作规定的条目后补充技术名称❶。

对每种气体最大允许装载质量（kg）的标记作为补充。

6.8.3.5.4　对用于运输冷冻液化气体的容器：

——最大允许工作压力。

6.8.3.5.5　在有绝热层的罐体上：

——写上"绝热"或"真空绝热"字样。

6.8.3.5.6　另外,作为6.8.2.5.2中规定的细节的补充,下面各项应标记在罐式车辆上（在罐体或金属铭牌上）❷： | 另外,作为6.8.2.5.2中规定的细节的补充,下面各项应记录在罐式集装箱上（在罐体或金属铭牌上）❷：

(a)　——认证（见6.8.2.3.1）的罐体代码,及罐体实际试验压力；

　　——标记"允许最低装载温度……"；

(b)　对用于仅运输一种介质的罐体：

　　——气体完整的运输名称,此外也可在气体的未另作规定的条目后补充技术名称❶；

　　——对用于运输以质量计量压缩气体、液化气体、冷冻液化气体或溶解性气体的罐体,标注最大允许装载质量（kg）；

(c)　对多用途罐体：

　　——气体完整的运输名称,此外也可在气体的未另作规定的条目后补充技

---

❶ 作为完整运输名称的代替,也可在气体完整运输名称的未另作规定的条目后补充技术名称,允许使用下列名称；

　　——对UN 1078制冷气体,未另作规定的:混合气体F1,混合气体F2,混合气体F3；

　　——对UN 1060甲基乙炔和丙二烯混合物,稳定的:混合物P1,混合物P2；

　　——对UN 1965液化烃类气体混合物,未另作规定的:混合物A,混合物A01,混合物A02,混合物A0,混合物A1,混合物B1,混合物B2,混合物B,混合物C；在贸易和2.2.2.3提及的,分类编号2F,UN,1965注1中提到的习惯名称,仅可以作为补充使用。

　　——对UN 1010丁二烯,稳定的:1,2-丁二烯,稳定的,1,3-丁二烯,稳定的。

❷ 数值后面要添加计量单位。

名称❶;对每一个罐体标明其允许最大装载质量(kg);

(d) 配备有绝热层的罐体：
—以注册国家的官方语言标记"绝热"（或"真空绝热"）字样,同时,如果此语言不是英语、法语或德语,除非在相关运输作业的国家之间达成协议,否则用英语、法语或德语标记。

6.8.3.5.7　（保留）

6.8.3.5.8　对用于运输可拆卸式罐体(demountable tanks)的车辆,不需要标记这些细节。

6.8.3.5.9　（保留）

管束式车辆和多单元气体容器(MEGCs)的标记

6.8.3.5.10　在每一个管束式车辆和 MEGC 上,都应在其易于检查的地方安装一个永久的防腐蚀金属铭牌。至少下面的细节应以钢印或其他类似的方法标记在金属铭牌上❷:

—批准编号;
—制造商的名称和标记;
—制造商的序列号;
—制造年份;
—试验压力(表压);
—设计温度(仅在高于50℃或低于－20℃时标出);
—根据 6.8.3.4.10～6.8.3.4.13 的要求,初次试验和最近一次定期试验的日期（月和年）;
—见证试验的专家钢印。

6.8.3.5.11

下列细节应当标记在管束式车辆或其金属铭牌上❷:	下列细节应当标记在 MEGC 或其金属铭牌上❷:
—所有者或操作者的名称; —部件编号; —部件的总容积。 和对于以质量计量的管束式车辆: —整备质量; —最大允许质量。	—所有者或操作者的名称; —部件编号; —部件的总容积; —最大允许装载质量; —认证(见 6.8.2.3.1)的罐体代码,及 MEGC 实际试验压力; —气体完整的运输名称,此外也可在气体的未另作规定的条目后补充 MEGC 所装载气体技术名称❶; —皮重。

6.8.3.5.12　在管束式车辆和 MEGC 的框架上,位于充装点附近,应有一个标牌,列明：
—15℃时,用于运输压缩气体部件的最大允许装载压力❶;
—依据3.2章查得的气体完整的运输名称,此外也可在气体的未另作规定的条目后补充技术名称❶。

另外,对液化气体：

---

❶ 作为完整运输名称的代替,也可在气体完整运输名称的未另作规定的,条目后补充技术名称,允许使用下列名称：
—对 UN 1078 制冷气体,未另作规定的:混合气体 F1,混合气体 F2,混合气体 F3;
—对 UN 1060 甲基乙炔和丙二烯混合物,稳定的:混合物 P1,混合物 P2;
—对 UN 1965 液化烃类气体混合物,未另作规定的:混合物 A,混合物 A01,混合物 A02,混合物 A0,混合物 A1,混合物 B1,混合物 B2,混合物 B,混合物 C。在贸易和 2.2.2.3 提及的,分类编号 2F,UN 1965,注 1 中提到的习惯名称,仅可以作为补充使用。
—对 UN 1010 丁二烯,稳定的:1,2-丁二烯,稳定的,1,3-丁二烯,稳定的。

❷ 数值后面要添加计量单位。

—每个部件的允许最大装载量❶

6.8.3.5.13　气瓶、管子、压力桶和作为管束中的气瓶,都应根据6.2.1.7标记。这些容器不需要单独粘贴标注5.2章要求的危险标签。

管束式车辆和多单元气体容器(MEGCs)应根据5.3章的要求进行标记和粘贴。

6.8.3.6　**对根据引用标准设计、建造和检验管束式车辆和多单元气体容器(MEGCs)的要求**

注:检验人员与机构的职责应与ADR一致,要满足ADR的要求。

下表所引用的标准,在满足(3)栏中提到的6.8章的要求时,可用于(4)栏中要求的型号批准,(3)栏中提到的6.8章的要求应在所有情况下都适用。(5)栏给出已有型号批准取消的最新日期,如果没有最新日期,型号批准直到有效期依然有效。

自从2009年1月,引用标准被强制使用。免责条款按照6.8.3.7处理。

如果相同要求的应用不止引用一个标准。除下表中另有规定外,其中只能有一个被应用。

除了下表中另有规定外,每个标准的适用范围在标准条款中已经定义好。

引用	条文标题	适用的条款	适用的型式认可或更新	对已有型式认可取消的最新日期
(1)	(2)	(3)	(4)	(5)
EN 13807:2003	可运输气体罐体—管束式车辆—设计,制造,检验和测试	6.8.3.1.4和6.8.3.1.5,6.8.3.2.18~6.8.3.2.26,6.8.3.4.10~6.8.3.4.12和6.8.3.5.10~6.8.3.5.13		待通知

6.8.3.7　**对没有根据引用标准设计、制造和检验的管束式车辆和多单元气体容器(MEGCs)的要求**

为体现科学和技术进步,在6.8.3.6没有引用标准的地方,或者在6.8.3.6没有解决的特定方面,主管机关可以认可具有相同安全水平技术规范的应用。不论如何,管束式车辆和多单元气体容器(MEGCs)应遵守6.8.3的最低要求。

如果参照6.2.2,6.2.4或者6.8.2.6的标准不适用或者不被采纳,在型式认可时,主管机关应列举出定期检修的程序。

主管机关应该把被认可的技术规范清单传到UNECE的秘书处。清单应包含如下细节:规范名称和日期,规范的目的和规范细节。秘书处应把这个信息在他们自己的网站上公开。

可能被主管机关认可的ADR将来版本所引用的标准,不需要通知UNECE的秘书处。

6.8.4　**特殊条款**

注1:对闪点(Flash-point)不超过60℃的液体和可燃性气体,还需满足6.8.2.1.26,6.8.2.1.27和6.8.2.2.9的要求。

注2:对于压力试验不低于1MPa(10bar)的罐体和用于运输冷冻液化气体的罐体,还需满足6.8.5的要求。

当在3.2章表A第(13)栏中显示出以下某条代码时,该代码代表下列特殊条款:

　(a)　制造(TC)

---

❶ 数值后面要添加计量单位。

TC1	6.8.5 的要求适用于这些壳体的材料和制造。	

TC1　6.8.5 的要求适用于这些壳体的材料和制造。

TC2　壳体及其零部件,都应由纯度不低于 99.5% 的铝,或者不易引起过氧化氢分解的合适钢材制成。若壳体由纯度不低于 99.5% 的铝制成,即使根据 6.8.2.1.17 计算得出较厚的壁厚,其壁厚 也不必超过 15mm。

TC3　壳体应采用奥氏体不锈钢制成。

TC4　如果壳体的材料易受 UN 3250 氯乙酸的腐蚀,壳体应涂有瓷釉或等效的保护性衬里。

TC5　壳体应配备厚度不小于 5mm 的铅衬里或等效衬里。

TC6　若罐体必须使用铝材,这种罐体应采用纯度不低于 99.5% 的铝制成;即使根据 6.8.2.1.17 计算得出较厚的壁厚,其壁厚也不必超过 15mm。

TC7　壳体的有效最小厚度应不小于 3mm。

TC8　壳体应该由铝或者铝合金制成。

(b)　设备条款(TE)

TE1　(删除)

TE2　(删除)

TE3　罐体应另外满足下列要求。加热装置应不穿透进壳体内,而应布置在壳体的外表面。然而,用于抽吸磷的管道可以配备一个加热夹套。夹套装置在加热时需防止磷的温度超过充装时壳体的温度。其他的管道应从壳体的上部进入;所有开口应当位于磷的最高允许充装液面以上,并且都能够被锁帽完全封闭起来。罐体应配备一个可确定磷液位的测量装置,或者如果使用水作为保护性介质,应有一个最高允许水位的固定刻度标记。

TE4　壳体应当配备不易燃烧材料制成的绝热层。

TE5　如果壳体配备有绝热层,此绝热层应由不易燃烧材料制成。

TE6　罐体可以配备一个装置,该装置应设计成能防止被所运输的介质阻塞,也能防止泄漏,以及防止壳体内多余的压力累积或形成真空。

TE7　壳体卸料系统应配备两个串联安装并且相互独立的关闭装置,第一道为经批准型号的能快速关闭的内部切断阀,第二道为一个外部关闭阀门,它们分别安装在卸料管道的两端。在每个外部关闭阀门的出口处,应装备管口盲盖板,或者其他能起到同样安全作用的装置。如果管道把内部切断阀阀体给扭断了,内部切断阀仍然须与壳体保持完整性,并处于有效关闭位置。

TE8　罐体的外部管道连接接口,应由不易引起过氧化氢分解的材料制成。

TE9　在罐体的上部应当配备一个关闭装置,此装置可以防止所运输物质分解而造成的超压,以及液体的泄漏和任何外部物质进入壳体。

TE10　罐体的关闭装置应设计成可以防止在运输过程中由于介质固化而引起的阻塞。若罐体由绝热材料覆盖,那么这些绝热材料应当是无机物且全部是非易燃性物质。

TE11　壳体及其辅助设备的设计应能达到如下功能:能够防止外部物质进入壳体;防止液体的泄漏;或者防止罐体运输介质分解而造成的危险超压。防止外部物质进入壳体内的安全阀满足这些规定。

TE12　罐体应配备符合 6.8.3.2.14 要求的绝热层。如果罐体内有机过氧化物的自加速分解温度(SADT)是 55℃ 或更低,或者如果罐体是由铝材料制造,壳体应当完全绝热。遮阳板和罐体没有被遮阳板遮盖的任何部分,或整个绝热层的护套,应当涂成白色或采用光亮金属制成。在每次运输之前,都应清洗涂层。如果涂层变黄或磨损,则应翻新。绝热层应采用不易燃物质。罐体应配备温度传感装置。

罐体应配备安全阀门和应急卸压装置。可以使用真空泄放装置。应急卸压装置的操作压力应根据有机过氧化物的特性和罐体的制造特性来决定。壳体中不允许有易熔元件。

罐体应配备弹簧式安全阀,以防止因壳体内介质分解和50℃时蒸气释放所引起的显著压力积聚。安全阀的排放能力和整定压力应以在 TA2 特殊条款中规定的试验结果为基础。但是,安全阀整定压力的设定绝不能导致罐体翻转时有液体溢出。

紧急泄放装置可以是弹簧式或者是爆破片式,并且能够满足在不少于1h大火完全吞没时,按下面的公式计算出来的所有分解产物和蒸气压力上升所需的排放量:

$$q = 70961 \times F \times A^{0.82}$$

式中:q——吸收热量(W);
　　A——浸润面积(m^2);
　　F——绝热因子。

$F=1$(对非绝热罐体),或

$$F = \frac{U(923 - T_{PO})}{47032}(对绝热罐体)$$

式中:K——绝热层的导热系数($W \cdot m^{-2}/K$);
　　L——绝热层的厚度(m);
　　U——K/L=绝热层的热传导系数($W \cdot m^{-2}/K$);
　　T_{PO}——泄放条件下,过氧化物的温度(K)。

紧急泄放装置的整定压力,应高于上面指定值,且以 TA2 特殊条款中规定的试验结果为基础。紧急泄放装置的规格选择应能保证罐体内部的最大压力永远不会超过它的耐压试验压力。

注:《试验和标准手册》中的附录5 给出了一个紧急泄放装置规格选择的例子。

对有完整包扎的绝热层的罐体,紧急泄放装置的排放能力和设置应当在假设有1%的表面区域丧失绝热能力的情况下进行确定。

罐体的真空泄放装置和弹簧式安全阀,除非所运输物质及其分解产物为不燃性物质,否则应配备阻火器。应当注意由阻火器造成的泄放能力的降低。

TE13　罐体应当配置绝热层,罐体外部应配备一个加热装置。

TE14　罐体应配备绝热层。直接与壳体接触的绝热层,其燃点应至少比罐体最高设计温度高50℃。

TE15　(删除)

TE16　(保留)

TE17　(保留)

TE18　如果罐体所装运的介质在充装时温度高于190℃以上,应当在上部装料口的垂直方向设置反射挡板,以避免装料时罐体壁局部温度的突然增加。

TE19　配件和附件安装在罐体顶部时,应当:

——插在凹槽中；或

——配备一个内置安全阀；或

——采用罩或纵向梁和/或横向梁，或其他等效装置来进行防护，以便在罐体翻转时，保护配件和附件，以免损坏。

配件和附件安装在罐体下部时，应当：

管接口、侧面的关闭装置和所有的卸料装置应当距离罐体最外边缘至少200mm，或者采用横梁保护，该横梁在垂直于运动方向的抗弯截面系数不低于20cm^3，在罐体满载时，横梁离地距离应不低于300mm。

配件和附件安装在罐体尾部时，应采用9.7.6中要求的保险杠进行保护配件和附件，当它们的高度在地面之上时，应能够得到保险杠的充分保护。

TE20　尽管其他的罐体设计代码在4.3.4.1.2合理提议的罐体等级分类中也是允许的，但罐体还是应配备安全阀门。

TE21　接口都应当由可锁住的罩子保护。

TE22　（保留）

TE23　罐体应当配备一个装置，该装置应设计成能防止被所运输的介质阻塞，也能防止泄漏，以及防止壳体内多余的压力累积或形成真空。

TE24　如果用来运输或处理沥青的罐体在卸料管尾部安装了一个喷油管，按6.8.2.2.2要求的关闭装置可以用一个位于喷油管之前且安装在卸料管上的截止阀来代替。

TE25　（保留）

(c)　型式认可(TA)

TA1　罐体不能被批准用于运输有机物质。

TA2　以下面提到的试验为基础，如果主管机关在确认一种运输作业的安全性时，在起运国的主管机关规定的条件下，此物质可以采用固定式罐体或者可拆卸式罐体或罐式集装箱进行运输。如果起运国不属于ADR成员，这些条件应当被第一个托付物到达的ADR国家的主管机关认可。

对型号批准，应进行下列试验：

——证明所有与运输物质正常接触材料的相容性；

——考虑罐体的设计特性，提供便于紧急压力泄放装置和安全阀设计的数据；以及

——建立所有对物质安全运输的必要特殊要求。

型号批准的报告中应包括试验结果。

TA3 该介质仅能采用设计代码为 LGAV 或 SGAV 的罐体运输,4.3.4.1.2 的罐体等级建议是不适用的。

TA4 1.8.7 的合格评定程序应当由主管机关实施,其代表或检验机构符合 1.8.6.2、1.8.6.4、1.8.6.5 和 1.8.6.8 要求,具有 EN ISO/IEC 17020:2012(8.1.3 除外) A 型认证。

TA5 该介质仅能采用设计代码为 S2.65AN(+) 的罐体运输,4.3.4.1.2 的罐体等级建议是不适用的。

(d) 试验(TT)

TT1 纯铝制罐体需要在压力仅为 250kPa(2.5bar)(表压)的条件下进行初次和定期的液压试验。

TT2 壳体衬里的状况应当每年由主管机关批准的检查壳体内部的专家检查。

TT3 根据 6.8.2.4.2 的免除条款,定期检验应当至少每 8 年进行一次,且应包括通过使用合适工具对壁厚进行的检查。对这些罐体,6.8.2.4.3 中制定的防漏试验和检验应当至少每 4 年进行一次。

TT4 (保留)

TT5 水压试验至少每 3 年一次 | 水压试验至少每 2.5 年一次

TT6 包括水压试验在内的定期检验,应至少每 3 年进行一次

TT7 尽管有 6.8.2.4.2 中的要求,定期的罐体内部检查可以由主管机关批准的程序代替。

TT8 根据 6.8.3.5.1~6.8.3.5.3 的要求且以材料标准规定屈服强度超过 400N/mm^2 的精细钢材制造的运输 UN 1005 无水氨的罐体,根据 6.8.2.4.2 规定,每次定期检验需要通过磁粉探伤检测表面裂纹。

对于每个壳体下部每条纵向和环向焊缝至少 20% 的长度,同时包括管口焊缝以及其他修复、打磨区域都需要检查。

如果罐体的标记或铭牌被移除了,就需要重新进行磁粉探伤检测,同时检测记录结果应该加到罐体的检查证明记录中去。

此磁粉探伤检测需要由满足 EN ISO 9712:2012(无损测试人员资格鉴定通用标准)资格的能力胜任人员完成。

TT9 对于检验和试验(包括生产监督检查),1.8.7 的合格评定程序应当由主管机关实施,其代表或检验机构符合 1.8.6.2、1.8.6.4、1.8.6.5 和 1.8.6.8 要求,具有 EN ISO/IEC 17020:2012(8.1.3 除外) A 型认证。

TT10 根据 6.8.2.4.2,定期检验应当:
至少每 3 年一次 | 至少每 2.5 年一次

TT11 对于专门运输液化石油气,壳体及附件材质为碳钢的固定式罐体(罐式车辆)、可拆卸式罐体,定期检验或其他要求检查的液压试验可以用下列无损检测(NDT)技术代替,主管机关代表或检验机构(见 TT9 特殊条款)认为合适时,可单独或组合采用这些 NDT 技术:
—EN ISO 17640:2010—《焊缝无损检测—超声检测—技术要求、检测等级和合格标准》;

—EN ISO 17638:2009—《焊缝的无损检测、磁粉检测》—合格标准根据 EN ISO 23278:2009—《焊缝磁粉测试合格等级》；

—EN 1711:2000—《焊缝的无损检验—通过复杂平面分析的涡流检测》；

—EN 14127:2011—《无损检测—超声波厚度测量》。

参与无损检测的人员应具有相关无损检测的理论和实践知识，而且通过了资格的评定和授权。他们在执行、监督或者评定时都应该遵循如下标准：

—EN ISO 9712:2012—《无损检测—无损检测(NDT)人员资格和认证》。

对罐体承压部件进行了焊接、切割等直接热影响时，除规定的无损检测外还应进行水压试验。

下表列出壳体和零部件需要进行无损检测的范围：

壳体和零部件的范围	无损检测 NDT
壳体纵向对接焊缝	100% 无损检测，下面列出的技术至少运用一种：超声检测、磁粉检测、涡流检测
壳体环向对接焊缝	
和壳体直接连接的附件，人孔，管口和焊口（内部）	
紧固垫板的高应力区（超过鞍座端部每边增加 400mm）	
管道系统和其他部件的焊缝	
壳体上无法从外部目视检查的区域	从内部进行不大于 150mm 间隔的超声测厚检测

不考虑罐的原始设计、制造标准以及技术规范，缺陷验收标准应当根据下列标准相关部分的要求：

—EN 14025:2013—《危险品运输罐体—金属压力罐体—设计和制造》；

—EN 12493:2013—《液化石油气(LPG)设备和附件—液化石油气(LPG)用焊接钢罐体—设计和制造》；

—EN ISO 23278:2009—《焊缝的无损检测—焊缝的磁粉检测—验收标准》或相应适用的 NDT 标准。

通过无损检测发现罐体有不能接受的缺陷时，应该进行维修和检验。在未按要求进行维修的情况下不允许进行液压试验。

无损检测结果应该记录并在罐体寿命期内予以保存。

(e) 标记(TM)

注：这些细节应当使用批准国家的官方语言，如果官方语言不是英语、法语或德语，除非在运输作业相关的国家之间达成协议，也应该使用英语，法语或德语进行标记。

TM1 罐体还应当标注6.8.2.5.2中规定的附加细节。如字样："运输时禁止开启，容易自燃"（见上面的注释）。

TM2 罐体还应当标注6.8.2.5.2中规定的附加细节。如字样："运输时禁止开启，与水接触时会放出可燃性气体"（见上面的注释）。

TM3 罐体还应在6.8.2.5.1要求的金属铭牌上标注运输介质的正确运输名称和罐体的最大允许载荷(kg)。

TM4 罐体的以下额外要求还应当以钢印或其他类似的方法标记在6.8.2.5.2规定的金属铭牌上，如果壳体的壁厚度足够坚固而不至于损坏罐体的强度时，可以直接标记在壳体上：介质批准浓度的化学名称。

TM5 另外，6.8.2.5.1中涉及的对壳体内部状况的最近一次定期检查的日期（月和年），也应标记在罐体上。

TM6 （保留）

TM7 如5.2.1.7.6中规定的三叶形符号，应当以钢印或其他类似的方法标记在6.8.2.5.1中规定的金属铭牌上，如果壳体的壁厚足够坚固而不至于损坏罐体的强度时，此三叶形符号可以直接刻印在壳体上。

6.8.5 **试验压力不低于1MPa(10bar)的焊接固定式罐体、焊接可拆卸式罐体、罐式集装箱等焊接壳体的材料和制造相关要求，以及用于运输第2类冷冻液化气体的焊接固定式罐体、焊接可拆卸式罐体、罐式集装箱等焊接壳体的材料和制造相关要求**

6.8.5.1 *材料和壳体*

6.8.5.1.1 (a) 用于运输下列介质的壳体应采用钢材制造：
— 第2类压缩气体、液化气体或者溶解气体；
— 第4.2类中UN 1380、2845、2870、3194和3391～3394物质；和
— 第8类UN 1052无水氟化氢和UN 1790氟化氢溶液（含氟化氢大于85%）；

(b) 用于运输下列介质采用细晶粒钢材制造的壳体应进行热处理以释放热应力：
— 第2类腐蚀性气体和UN 2073氨溶液；和
— 第8类UN 1052无水氟化氢和UN 1790氟化氢溶液（含氟化氢大于85%）；

(c) 用于运输第2类冷冻液化气体的壳体，应当采用钢、铝、铝合金、铜或者铜合金（如黄铜）材料制成。但是，铜或者铜合金材料制成的壳体应当仅允许运输不含乙炔的气体（除乙烯可以含有不超过0.005%的乙炔外）；

(d) 只有适合于壳体及其配件、附件最低和最高工作温度的材料才可以使用。

6.8.5.1.2 应允许使用下列材料制造壳体：
(a) 在最低工作温度时不会发生脆性断裂的钢材（见6.8.5.2.1）：
— 普通强度钢（除第2类冷冻液化气体之外）；
— 细晶粒钢材，温度可以低到-60℃；

—镍钢（含镍在0.5%~9%），依据含镍量的大小，温度可以低到-196℃；

—奥氏体铬镍钢，温度可以低到-270℃；

（b） 铝（纯度不低于99.5%）或者铝合金（见6.8.5.2.2）；

（c） 纯度不低于99.9%的去氧铜，或者含铜量超过56%的铜合金（见6.8.5.2.3）；

6.8.5.1.3　（a） 钢、铝或者铝合金制成的壳体，应当是无缝的或者焊接的；

（b） 奥氏体钢、铜或者铜合金材料制成壳体，可以采用硬钎焊。

6.8.5.1.4　配件和附件可以采用螺纹连接的方式连接在壳体上，或者采用下面的方式确保它的安全：

（a） 对于钢、铝或者铝合金制成的壳体：焊接；

（b） 奥氏体钢、铜或者铜合金材料制成的壳体：焊接或者用硬钎焊。

6.8.5.1.5　壳体与车辆、底架或者集装箱框架的连接结构，应当防止由于温度的降低而导致承载构件变脆的情况。罐连接结构应设计成这样：即使壳体在最低的工作温度时，连接结构仍拥有必要的机械性能。

6.8.5.2 *试验要求*

6.8.5.2.1　*钢制壳体*

用于制造壳体和焊缝的材料，在它们的最低工作温度，但至少是在-20℃时，至少应满足关于冲击强度的下列要求：

—应使用一个带有V形缺口的试样进行试验；

—对于普通强度钢（因为现有的ISO标准，试样取样方向可以平行于钢板轧制方向）、细晶粒钢、含镍小于5%的铁素体合金钢、含镍为5%~9%的铁素体合金钢或者奥氏体铬镍钢，试样的最小冲击强度（见6.8.5.3.1~6.8.5.3.3）是$34J/cm^2$，试样取样方向应垂直于钢板轧制方向，试样V形缺口（符合ISO R 148）垂直钢板表面；

—如果为奥氏体钢，仅需对焊缝进行冲击强度试验；

—工作温度低于-196℃时，冲击强度试验不在最低工作温度下进行，而应在-196℃时进行。

6.8.5.2.2　*铝或者铝合金制成的壳体*

焊缝应当满足主管机关规定的要求。

6.8.5.2.3　*铜或者铜合金材料制成的壳体*

没有必要通过试验来判定抗冲击强度是否足够。

6.8.5.3 *冲击强度试验*

6.8.5.3.1　对厚度大于等于5mm，小于10mm的钢板，应使用横截面为10mm×$e$mm的试样，其中："e"代表钢板的厚度。如果必要，e允许加工到7.5mm或5mm。对于每一种试样，冲击强度都应满足最小值$34J/cm^2$。

注：对厚度小于5mm的钢板或者它们的焊缝，不采用冲击强度试验。

6.8.5.3.2　（a） 为了达到钢板测试目的，应采用三个试样进行冲击强度试验。试样取样方向应垂直于钢板轧制方向；但对于普通强度钢，试样取样方向可以平行于钢板轧制方向；

（b） 测试焊缝时，试样应当按下面的要求取制：

当$e\leqslant 10mm$

3个带缺口的试样取自焊缝中心；

3个带缺口的试样（V形缺口穿过试样中心的熔化边界）取自热影响区中心；

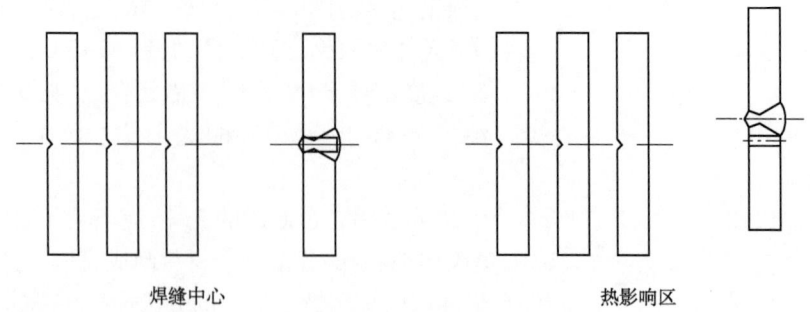

焊缝中心　　　　　　　　热影响区

当 10mm < e ≤ 20mm

3 个试样取自焊缝中心；

3 个试样（V 形缺口穿过试样中心的熔化边界）取自热影响区；

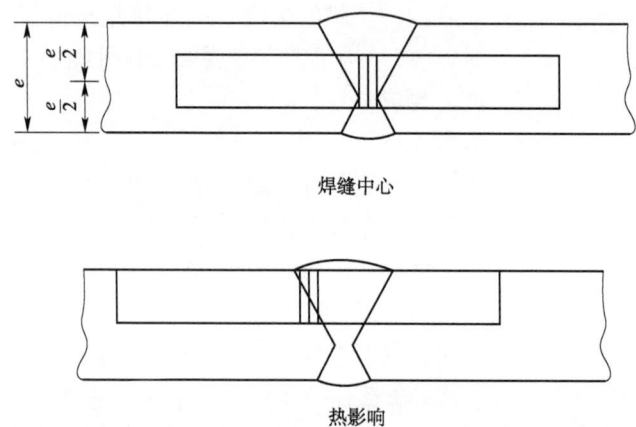

焊缝中心

热影响

当 e > 20mm

2 组试样，每组 3 个，一组在上表面，另一组在下表面，如下图所示（从热影响区取的试样，V 形缺口穿过试样中心的熔化边界）。

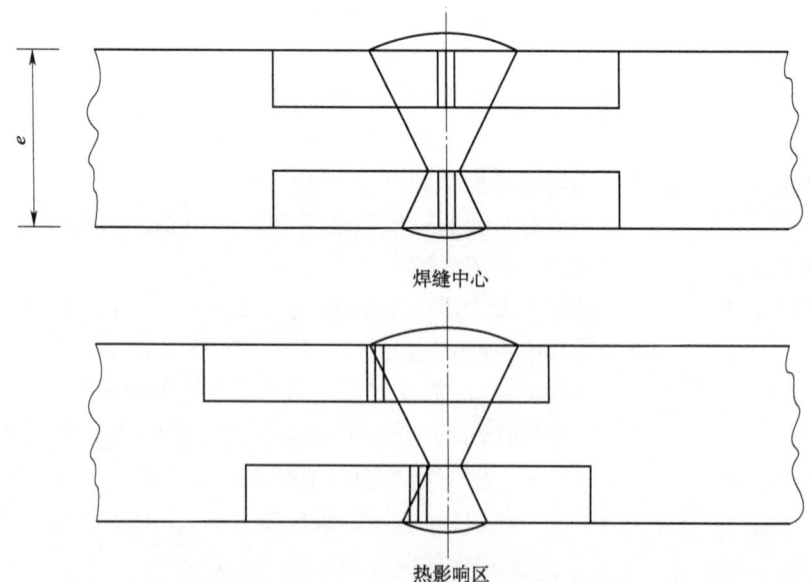

焊缝中心

热影响区

6.8.5.3.3	（a）	对于钢板，3 个试样的冲击强度平均值应当满足 6.8.5.2.1 中规定的最小值 34J/cm^2；最多有 1 个试样值可以低于上述最小值，但应不小于 24J/cm^2；
	（b）	对于焊缝，3 个取自焊缝中心试样的冲击强度平均值，应不低于最小值 34J/cm^2；最多有 1 个值可以低于上述最小值，但应不小于 24J/cm^2；
	（c）	对热影响区域（V 形缺口穿过试样中心的熔化边界），3 个试样的测试值最

多有 1 个可以小于 34J/cm², 但不小于 24J/cm²。

6.8.5.3.4　如果不满足 6.8.5.3.3 中规定的要求，下列情况可重新试验一次，如果：
（a）　第一组 3 次试验的平均值低于最小值 34J/cm²；或
（b）　多于一个试样的测定值小于 34J/cm²，但不小于 24J/cm²。

6.8.5.3.5　在对钢板或焊缝进行重复冲击试验时，单个值都不可以低于 34J/cm²。所有初始和重复试验结果的平均值，应当等于或大于 34J/cm²。

在对热影响区域进行重复冲击强度试验时，单个的值都不可以低于 34J/cm²。

6.8.5.4 *参照标准*

如果运用下列相关标准时，将会被视作已履行了 6.8.5.2 和 6.8.5.3 中的相关要求：

EN 1252-1:1998《低温容器—材料—第 1 部分：温度为 -80℃ 以下容器的韧性要求》；

EN 1252-2:1998《低温容器—材料—第 2 部分：温度为 -80℃ ~ -20℃ 间容器的韧性要求》。

第6.9章 纤维增强塑料(FRP)的固定式罐体(罐式车辆)、可拆卸式罐体、罐式集装箱和罐式交换箱体的设计、制造、配备、型式认可、试验和标记要求

注:可移动罐柜和UN 多单元气体容器(MEGCs)见6.7 章;由金属材料制成壳体的固定式罐体(罐式车辆)、可拆卸式罐体、罐式集装箱、罐式交换箱体以及管束式车辆和非UN 多单元气体容器(MEGCs)见6.8 章;真空操作危废罐见6.10 章。

6.9.1　　通用要求

6.9.1.1　　纤维增强塑料(FRP)罐体应按照主管机关认可的质量保证程序进行设计、制造和试验;特别是层压工作和热塑性衬里的焊接应由认证人员按照主管机关认可的工艺流程进行操作。

6.9.1.2　　纤维增强塑料(FRP)罐体的设计和试验还应遵照6.8.2.1.1、6.8.2.1.7、6.8.2.1.13、6.8.2.1.14(a)和(b)、6.8.2.1.25、6.8.2.1.27、6.8.2.1.28 和6.8.2.2.3 的规定。

6.9.1.3　　加热装置不得用于纤维增强塑料(FRP)罐体。

6.9.1.4　　为保证罐式车辆的稳定性,应遵照9.7.5.1 的要求。

6.9.2　　制造

6.9.2.1　　除主管机关根据介质运输所在国的特殊气候条件对温度范围另有规定外,罐体应采用在 $-40℃ \sim 50℃$ 温度范围内与介质相容的合适材料制造。

6.9.2.2　　壳体应由以下三要素组成:
—内部衬里;
—结构层;
—外层。

6.9.2.2.1　　内部衬里是对所运化学介质长期防护的主要内层屏障,用于防止与所运介质发生任何危险化学反应或产生危险化合物,以及任何由于介质穿过内部衬里而导致结构层削弱。
内部衬里应为纤维增强塑料(FRP)衬里或热塑性衬里。

6.9.2.2.2　　纤维增强塑料(FRP)衬里组成如下:
(a) 表层("凝胶涂层"):富含树脂表层,带面纱增强,且面纱材料应与树脂和介质相容。该层所含纤维质量含量应小于等于30% ,层厚在 $0.25 \sim 0.60$ mm 之间;
(b) 增强层:最小厚度为2mm 的单层或多层,包含密度在 $900g/m^2$ 以上的玻璃毡或短纤维,除非更低的玻璃含量被证实为安全的,短纤维的玻璃质量含量不少于30% 。

6.9.2.2.3　　热塑性衬里应由6.9.2.3.4 中提及的热塑性层状材料组成,按要求的形状焊接在一起,并与结构层贴合。需通过使用合适的黏合剂来保证衬里与结构层间的持久黏结。
注:对于易燃液体的运输,内部衬里应根据6.9.2.14 要求附加相应措施以防止静

	电积聚。
6.9.2.2.4	壳体的结构层按6.9.2.4~6.9.2.6进行特殊设计,以能承受机械载荷。该部分通常由多个指定方向的纤维增强层组成。
6.9.2.2.5	外层是壳体直接暴露在大气中的部分。它由厚度至少为0.2mm的富含树脂层组成。当厚度大于0.5mm时,应该使用衬垫。该层的玻璃质量含量应少于30%,并能适应外部环境,特别注意与所运介质的偶尔接触。树脂应包含填充物或添加剂来以防止紫外线辐射对结构夹层的损害。
6.9.2.3	**原材料**
6.9.2.3.1	所有用于制造纤维增强塑料(FRP)罐体护套的材料都应有明确的来源和性能。
6.9.2.3.2	*树脂*
	树脂混合物的加工应严格按照供货厂家的要求进行。主要涉及硬化剂、引发剂及促进剂的使用。这些树脂可以为:
	——非饱和聚酯树脂;
	——乙烯基酯树脂;
	——环氧树脂;
	——酚醛树脂。
	树脂的受热变形温度(HDT),应根据EN ISO 75-1:2013测定,其至少应比罐体最高工作温度高20℃,且任何情况下都应不小于70℃。
6.9.2.3.3	*增强纤维*
	结构层的增强材料应选用合适级别的纤维,例如ISO 2078:1993标准的E型或ECR型的玻璃纤维。对内表面衬里,可使用ISO 2078:1993标准的C型玻璃纤维。只有与所运输介质的相容性得到证实时,热塑性面纱才可用于内部衬里。
6.9.2.3.4	*热塑性衬里材料*
	热塑性衬里,如非塑性的聚氯乙烯(PVC—U),聚丙烯(PP),聚偏二氟乙烯(PVDF),聚四氟乙烯(PTFE)等,都可用于衬里材料。
6.9.2.3.5	*添加剂*
	除树脂处理需要使用的添加剂(如催化剂、促进剂、硬化剂和触变剂)外,也有用于改善罐体的添加剂(如填充物、颜料、色素等),所有添加剂均应不削弱主材,同时要考虑设计使用寿命和温度。
6.9.2.4	壳体及其附件、辅助设备和结构件在设计时应考虑在设计寿命内承受如下载荷时能防止装载介质的泄漏(除通过任何排气装置散逸的气体外)。
	——在正常运输状况下的静态载荷与动态载荷;
	——6.9.2.5~6.9.2.10中所规定的最小载荷。
6.9.2.5	在6.8.2.1.14(a)和(b)中注明的压力,以及在设定的最大密度和最大充装量时充装介质产生的静态重力下,壳体各层在纵向和周向的设计应力 σ 都应不超过以下数值:

$$\sigma \leqslant \frac{R_m}{K}$$

式中:R_m——抗拉强度,等于试验结果的平均值减去2倍试验结果的标准方差。该试验应按照EN ISO 527-4:1997和EN ISO 527-5:2009的要求进行,且采用不少于代表不同设计类型和施工方法的6种典型试样。

$$K = S \times K_0 \times K_1 \times K_2 \times K_3$$

式中:K 应大于或等于4,且

S——安全系数。一般设计时,如果是3.2章表A第(12)栏中罐体代码的第二位为"G"的罐体(见4.3.4.1.1),S值应大于等于1.5。除非壳体采用由纵梁和横梁组成的全金属框架防破坏防护装置,对于运输介质的安全等级需要增加的罐体,如3.2章表A第(12)栏中罐体代码第二位是数字"4"的罐体(见4.3.4.1.1),则S的取值应乘以系数2;

K_0——材料固有的退化系数,主要取决于蠕变、老化以及与装运介质间的化学反应等因素的影响。它应由以下公式确定:

$$K_0 = \frac{1}{\alpha\beta}$$

式中"α"是蠕变系数,"β"是老化系数,均通过按 EN 977:1997 的试验结果确定。也可以取保守值 $K_0 = 2$。为确定 α 和 β,初始变形应力可达到 2σ;

K_1——根据工作温度和树脂的热性质决定的系数,可由下式确定,最小值为1:

$$K_1 = 1.25 - 0.0125(HDT - 70)$$

式中 HDT 是树脂的受热变形温度,以℃表示;

K_2——材料的疲劳系数,除非主管机关有其他许可,应取 $K_2 = 1.75$。对于 6.9.2.6 提出的动力学分析设计,应取 $K_2 = 1.1$;

K_3——固化(硫化)系数,采用以下数值:
　　——1.1 固化(硫化)按批准成文的流程进行;
　　——1.5 其他情况下。

6.9.2.6　在 6.8.2.1.2 确定的动载荷下,设计应力应小于等于 6.9.2.5 中要求值除以系数 α。

6.9.2.7　在 6.9.2.5 和 6.9.2.6 中所定义的任何应力状况下,任意方向上的实际伸长率都应不超过下列值的较小值:0.2%,树脂断后伸长率的1/10。

6.9.2.8　在不小于 6.8.2.14(a) 和 (b) 中相应计算压力的特定试验压力下,壳体的最大应变应不大于树脂的断后伸长率。

6.9.2.9　壳体应能承受按 6.9.4.3.3 要求的钢珠冲击试验,且无任何可见的内部或外部损伤。

6.9.2.10　用于连接处的搭接层,包括端部连接、防浪板和隔仓与壳体的连接等,都应能承受以上所提及的静态和动态载荷。为了避免搭接层位置的应力集中,搭接坡度应不小于1:6。

搭接层与罐体构件结合处的剪切强度应不少于:

$$\tau = \frac{Q}{L} \leq \frac{\tau_R}{K}$$

式中:τ_R——若无法取得实际测量值,则应按照 EN ISO 14125:1998 + AC:2002 + A1:2011(三点法)中的弯曲剪切强度,且最小值为 $\tau_R = 10 N/mm^2$;

Q——在静态和动态载荷下,连接处每单位宽度所承受的载荷;

K——在静态和动态载荷下按 6.9.2.5 计算的系数;

L——搭接层长度。

6.9.2.11　壳体的开孔应进行补强,以提供至少和按 6.9.2.5 及 6.9.2.6 考虑静载及动载的壳体本身相同的安全系数。开孔数量应尽可能少。椭圆形开孔的长短轴之比应不大于2。

6.9.2.12　对于附着在壳体上的法兰与管道组的设计,应考虑螺栓的操作力和预紧力。

6.9.2.13　按 6.9.4.3.4 中试验要求,在整体被火焰包围 30min 时,罐体应无明显泄漏。当能提供足够的类似设计罐体相应的试验证明时,经主管机关的同意,可取消该罐的此项试验。

6.9.2.14	*对运输闪点不高于60℃介质的特殊要求*
	用于闪点不高于60℃介质运输的纤维增强塑料(FRP)罐体,制造时应保证能消除不同部件间的静电,以避免电荷积聚危险。
6.9.2.14.1	罐体内外表面间测得的电阻应不高于$10^9\Omega$。可通过在树脂中添加导电件或使用层间导电片来实现,如金属或石墨网。
6.9.2.14.2	实测的卸料搭铁电阻应不高于$10^7\Omega$。
6.9.2.14.3	罐体的所有部件之间,以及与罐体的辅助设备、结构件的金属部分、底盘之间应采用导电连接。相互接触的部件和设备之间的电阻应不高于10Ω。
6.9.2.14.4	每个制造的罐体或罐体样品的表面电阻和卸料搭铁电阻应按主管机关认可的程序进行测定。
6.9.2.14.5	每一罐体的卸料搭铁电阻的测量应作为定期检验的一部分,应按照主管机关认可的程序测量。

6.9.3 配件

6.9.3.1	应满足 6.8.2.2.1、6.8.2.2.2、6.8.2.2.4 ~ 6.8.2.2.8 中的要求。
6.9.3.2	此外,当涉及 3.2 章表 A 第(13)栏中某一条目时,也应满足 6.8.4(b)(TE)中的特殊规定。

6.9.4 型式试验及认可

6.9.4.1	对于任何纤维增强塑料(FRP)类型罐体的设计,其材料和样品应能通过下列的设计型式试验。
6.9.4.2	***材料试验***
6.9.4.2.1	根据 EN ISO 527-4:1997 或 EN ISO 527-5:2009 中规定的拟用树脂断后伸长率,根据 EN ISO 75-1:2013 中规定的拟用树脂热变形温度。
6.9.4.2.2	对于从罐体上切割的试样,应检测下列参数。仅当不能从罐体上切割试样时,允许从同批制造的板材上取样。在试验前,应去掉所有衬里。 试验应包括: ——中间和端部壳壁的层压板厚度; ——玻璃的质量含量和组分,增强层的方向和排列; ——EN ISO 527-4:1997 或 EN ISO 527-5:2009 中定义的受力方向上的抗拉强度,断后伸长率和弹性模量。此外,树脂的断后伸长率应通过超声波的方法测量; ——根据 EN ISO 14125:1998 + AC:2002 + A1:2011,试验周期 1000h,试样宽度 50mm,支撑距离至少为壁厚的 20 倍,弯曲蠕变试验确定的抗弯强度和挠度。此外,蠕变系数 α 和老化系数 β 应由该试验以及 EN 978:1997 确定。
6.9.4.2.3	连接处的层间剪切强度,应通过典型试样按 EN ISO 14130:1997 进行拉伸试验确定。
6.9.4.2.4	所运介质和罐体之间的化学相容性,应按主管机关认可的下列方法中的一种进行验证。验证应全方位考虑罐体及其设备材料与所运介质之间化学相容性,包括罐体的化学退化、介质临界起始反应以及两者之间的危险反应。 ——为确定罐体的退化,从罐体切割的典型试样,包括一些带焊缝的内部衬里,都应按 EN 977:1997 规定进行化学相容性试验,试验周期为 1000h,试验温度 50℃。与原始试样相比,通过 EN 978:1997 规定的弯曲试验所测得的强度和弹性模量的降低比例不得超过 25%。不得出现裂纹、气泡、蚀损斑效应、基层与衬里的分离以及粗糙表面。

——在给定的温度、时间以及任何其他相关工况下,装运介质与罐体材料相接触时,它们之间相容性有益经验的认证和记录数据。

——被主管机关认可的,发表在相关文献、标准或其他资源的技术参数。

6.9.4.3　　型式试验

典型样品的罐体应进行下列特定的试验。为此,需要时辅助设备可用其他结构替代。

6.9.4.3.1　　样品罐体应按设计规范进行符合性检查。包括内部和外部目视检查和主要尺寸的测量。

6.9.4.3.2　　样品罐体应在所有需要与设计计算进行校核的区域装设应变仪,应承受以下的载荷并记录应力:

——用水充装到最大充装率。测量结果用于校核按 6.9.2.5 的设计计算结果;

——用水充装到最大充装率,并将样品罐体置于车上,通过车辆起动和制动,来模拟三个方向的加速度。为与按 6.9.2.6 进行的设计计算结果进行比较,所记录的应力应按 6.8.2.1.2 中要求的加速度系数进行推算及测定;

——用水充装并进行指定的压力试验。在此载荷下,罐体应无肉眼可见的损伤和泄漏。

6.9.4.3.3　　样品罐体应按 EN 976-1:1991,6.6 条规定进行铁球撞击试验,罐体内外都应无肉眼可见的损伤。

6.9.4.3.4　　装设辅助设备及结构件的样罐,用水充装到最大容积的 80%,应能整体在大火中承受 30min 以上,可以是露天油池火焰加热或任何具有相同效果的火焰加热。油池尺寸应在所有方向上比罐体外形尺寸大 50cm,且油面液位与罐体距离应在 50～80cm 之间。罐体液面以下的部分包括开口和关闭装置,除了滴漏外应无泄漏。

6.9.4.4　　型式认可

6.9.4.4.1　　主管机关或其授权机构应对每一新型罐体签发一份批准文件,文件能证明罐体的设计可实现使用意图,且其结构和装备符合本章关于装运介质的特殊规定。

6.9.4.4.2　　批准程序应以计算及试验报告为基础,包括所有材料和样品罐体的试验结果,以及与设计计算结果的校验,同时应参考设计类型技术要求和质量保证程序。

6.9.4.4.3　　批准文件应包括与罐体相容的介质或介质组。应标明它们的化学名称或相应归类(见 2.1.1.2)、危险类别及类别代码。

6.9.4.4.4　　此外,批准文件还应特别注明设计和极限值(如使用寿命、工作温度范围、工作和试验压力、材料参数),以及按批准设计类型进行罐体的制造、试验、型式认可、标记和使用时的所有应注意的问题。

6.9.5　　检验

6.9.5.1　　*对每一符合设计批准制造的罐体,其材料试验和检查应符合以下规定*

6.9.5.1.1　　除拉伸试验和缩减到 100h 的弯曲蠕变试验外,材料试验应按 6.9.4.2.2 在罐体上切割试样进行试验。如无法从罐体上切割取样,允许使用同批次材料上的试样。试样应满足认证的设计值。

6.9.5.1.2　　罐体及其设备应在投入使用前,应整体或各自单独进行初步检查。该检查应包括:

——设计批准一致性检查;

——设计参数检查;

——内部和外部检查;

——按 6.8.2.5.1 中铭牌上注明的试验压力进行水压试验;

—设备操作检查;
—如果罐体和其设备是分开进行压力试验的,那么应在组装之后应进行密封试验。

6.9.5.2　罐体的定期检验应满足6.8.2.4.2~6.8.2.4.4的要求。此外,按照6.8.2.4.3进行的检验应包括罐体内部情况的检查。

6.9.5.3　按照6.9.5.1和6.9.5.2进行的检验和试验应由主管机关认定的专业人员进行。应颁发上述检查结果的检验证书。这些证书应按6.9.4.4列明该罐体适用的装运介质清单。

6.9.6　标记

6.9.6.1　在6.8.2.5中的要求按如下要求修订后,适用于纤维增强塑料(FRP)罐体的标记:
—罐体铭牌可以压制在罐体上或用合适的塑料材料制造;
—应标注设计温度范围。

6.9.6.2　此外,当6.8.4(e)(TM)的特殊规定在3.2章表A第(13)栏的条款中出现时,也应标注。

第6.10章 真空操作危废罐的制造、配备、型式认可、检验和标记要求

注1：可移动罐柜和UN 多单元气体容器(MEGCs) 见6.7 章；由金属材料制成壳体的固定式罐体(罐式车辆)、可拆卸式罐体、罐式集装箱和罐式交换箱体等，以及管束式车辆和非UN 多单元气体容器(MEGCs) 见6.8 章；纤维增强塑料罐见6.9 章。

注2：本章适用于固定式罐体、可拆卸式罐体、罐式集装箱和罐式交换箱体。

6.10.1	**一般规定**
6.10.1.1	**定义**

注：完全遵守6.8 章要求的罐体将不被视为"真空操作危废罐"。

6.10.1.1.1	术语"防护区域"是指下列区域：

    (a) 罐体底部母线左右两侧各60°包角范围的下部区域；
    (b) 罐体顶部母线左右两侧各30°包角范围的上部区域；
    (c) 在机动车辆上的罐体前端部；
    (d) 位于按9.7.6 中规定装置形成的保护空间内的罐体尾部。

6.10.1.2	**范围**
6.10.1.2.1	6.10.2～6.10.4 中的特殊要求全部源于或修改自6.8 章,均适用于真空操作危废罐。

如果按4.3 章中的要求,所运输介质的罐体允许底部卸料(即按4.3.4.1.1,在3.2 章中表A 第(12)栏,罐体代码的第三部分标注字母"A"或"B"),那么真空操作危废罐可设置可开启的端部。

除了优先满足本章的特殊规定外,真空操作危废罐应遵守6.8 章的所有要求,但6.8.2.1.19,6.8.2.1.20,6.8.2.1.21 的要求并不适用。

6.10.2	**制造**
6.10.2.1	罐体设计时的计算压力等于1.3 倍装料或卸料压力,且不低于400kPa(4bar)(表压)。对于6.8 章中规定了更高计算压力的介质运输罐体,应按更高的计算压力进行设计。
6.10.2.2	罐体应能承受100 kPa(1bar)的罐内负压。
6.10.3	**配件**
6.10.3.1	配件应合理布置,以防止在运输和操作过程中的拧掉或损伤。可通过将配件布置于防护区域(见6.10.1.1.1)内以满足要求。
6.10.3.2	壳体的底部卸料装置由带截止阀的外部管路构成,截止阀应尽量靠近壳体安装,其第二道关闭装置可以是盲法兰或其他等效装置。
6.10.3.3	与壳体或任何壳体隔仓相连截止阀的位置和关闭方向应显而易见,且能在地面上进行检查。
6.10.3.4	为防止外部装料和卸料装置(管路、侧向切断装置)的意外损伤导致介质泄漏,内置切断阀或第一道外部截止阀(如适用)及其安置位置应受到保护,以防外力将

其拧坏,或采用特殊设计结构以便能够承受外力。装料和卸料装置(包括法兰及螺塞)以及保护盖(如有)应当具备防止意外开启的功能。

6.10.3.5　罐体可装设有可开启的端部,可开启的端部应符合以下条件:
(a) 该端部的设计应在其关闭时能保证密封性;
(b) 不应无故开启;
(c) 当端部开启是由动力操控时,在动力失效情况下端部应仍能安全关闭;
(d) 安全或止封装置应能协调工作,以确保当罐体内还有残余压力时无法打开可开启的端部。该要求不适用于动力操控的可开启端部,因其运动是完全可控的。此时,控制开关应是无人值守型,并位于可开启端部的运动能被操作员随时观察且不会对操作者产生危险的合适位置;且
(e) 应该制订相应措施对可开启端部进行保护,能防止由于车辆、罐式集装箱或罐式交换箱体翻滚而导致的外力开启。

6.10.3.6　安装有协助清洗罐体或装卸用内部活塞的真空操作危废罐,应装设限位装置,以防止当等于罐体最大允许工作压力的力作用于活塞时,活塞从任一运动方位弹出。安装有气动活塞的罐体或隔仓的最大允许工作压力应不超过100kPa(1.0bar)。内部活塞的构造方式及材料应确保其运动过程时不会成为火源。

如果其位置可固定,内部活塞可以用作隔仓板。当任何确保内部活塞位置固定的装置位于罐体外部,则其设置位置应能防止意外损伤。

6.10.3.7　如符合以下条件时,罐体可安装吸杆:
(a) 吸杆上设有一个直接连接在壳体上的或连接在与壳体直接焊接的弯管上的内部或外部的截止阀;当旋转轮安置在被保护区域,且截止阀操控装置安置在防护箱内或被遮护以抵抗外部载荷导致的拧坏风险时,旋转轮可设置在罐体或弯管与外部截止阀之间;
(b) 在(a)中提及的截止阀布置应能防止该截止阀为开启状态时的运输;且
(c) 吸杆应设计为当受到意外碰撞时罐体不还会出现泄漏的结构。

6.10.3.8　罐体应装备以下附加辅助设备:
(a) 泵或抽气机的出口应合理布置,以保证任何可燃或有毒气体排放时不至引起危害;
(b) 运输可燃废料罐体上配备的可能产生火星的真空泵/抽气机的所有开口应设置阻火器,或该罐体能耐爆破压力,即火星引起爆炸而罐体不发生泄漏,但允许罐体发生变形;
(c) 加压泵的管道上应设置可调压安全装置。该安全装置应在不高于罐体最大工作压力下开始泄放;
(d) 应在壳体或壳体上设置防过量充装装置,连接壳体与泵/抽气机的管路之间设置截止阀;
(e) 罐体应安装合适的压力计/真空计,且安放于工作人员在操作泵/抽气机时易于读取的地方。在指示罐体最大工作压力的刻度上加以明显区分标记;
(f) 罐体或有多个隔仓的每个隔仓均应设置液位指示装置。在符合以下条件时,视镜也可用作液位指示装置:
　　(ⅰ) 它们是罐壁的一部分,且能承受和罐壁相同的压力,或安装在罐体的外部;
　　(ⅱ) 其顶部和底部与壳体的连接处均设置有直接固定在壳体上的截止阀,且该阀在开启状态时不能进行运输;
　　(ⅲ) 适合在罐体最大允许工作压力下操作;且

（ⅳ） 安放在不易受到意外损坏的合适位置。

6.10.3.9 **真空操作危废罐的壳体上应安装带前置爆破片的安全阀**

安全阀应在 0.9~1 的罐体试验压力下能自动开启。严禁使用配重式安全阀或平衡锤安全阀。

爆破片应在安全阀初始开启压力和罐体试验压力之间爆破。

安全装置应能承受包括液体冲击力在内的动载。

为了防止爆破片的破裂、穿孔或泄漏而可能导致的安全阀失效,应在爆破片和安全阀之间设置一个压力表或合适的泄漏指示器。

6.10.4 检验

对于真空操作危废罐、固定式罐体或可拆卸式罐体每 3 年,罐式集装箱、罐式交换箱体每 2.5 年,至少应接受一次内部检查,以及按 6.8.2.4.3 的试验。

第6.11章 散装容器的设计、制造、检验及试验要求

6.11.1 （保留）

6.11.2 应用及通用要求

6.11.2.1 散装容器及其附属设备和结构件的设计和制造应能防止介质的泄漏，能承受介质的内压和正常操作和运输过程中的应力。

6.11.2.2 卸料阀门的设置，应确保其在关闭位置时得到安全保护，并且整个卸料系统应采取适当的防护措施以避免受到损害。带关闭手柄的阀门应具备可靠的预防意外开启的功能，并且在全开及全闭位置有明显的标记。

6.11.2.3 *指定类型的散装容器代码*

下表给出了用于指定类型的散装容器代码：

散装容器类型	代码
软开顶散装容器	BK1
封闭式散装容器	BK2

6.11.2.4 出于科学技术进步的考虑，可以采用主管机关认可的替代约定，该替代约定应不低于本章要求的等效安全措施。

6.11.3 **用于 BK1 或 BK2 散装容器的符合国际集装箱安全公约（CSC）的容器设计、制造、检验及试验要求**

6.11.3.1 *设计、制造要求*

6.11.3.1.1 当散装容器遵照 ISO 1496-4:1991"系列 1 集装箱—技术要求与试验—第 4 部分：非承压干散货集装箱"的要求时，应满足本条款中的通用设计制造要求，且容器须是防撒漏的。

6.11.3.1.2 按 ISO 1496-1:1990"系列 1 集装箱—技术要求与试验—第 1 部分：一般用途的通用货物集装箱"设计和试验的容器，应配备操作装置及其与容器的连接部分，设计上应考虑增加端部的壁厚和改善纵向的限制，以便符合 ISO 1496-4:1991 的有关试验要求。

6.11.3.1.3 散装容器须是防撒漏的。用于防止容器撒漏的衬里须选用合适的材料。衬里的强度及工艺性应与容器的容积及预期用途相适应。衬里的拼接和闭合部位应能承受正常操作和运输过程中可能存在的压力及冲击力。对于通风容器，其衬里应不影响通风装置的操作。

6.11.3.1.4 散装容器的操作设备设计成便于排尽的倾斜结构时，其应能承受倾斜方向的所有装载质量。

6.11.3.1.5 任何可移动的平台、侧板、端板、平台组件应当配置带安全保护的紧固装置，其锁定状态应显示且便于在地平面上进行观察。

6.11.3.2 *配套装置*

6.11.3.2.1 装料和卸料设备的制造及布置应能防止操作或运输过程中可能发生的拧掉或损坏风险。装料和卸料设备应具备防止意外开启的安全功能。全开和全闭的位置以及关闭方向应有清晰的标记。

6.11.3.2.2	管口的密封应能避免在散装容器操作、装料及卸料过程中产生的任何损害。
6.11.3.2.3	当散装容器有通风需求时,可配置各种空气交换设施,可以是自然换气,如开透气孔,也可以是主动换气,如换气扇。通风设备的设计应保证在任何时候都能防止容器内产生负压。装运易燃介质以及可挥发易燃气体或蒸气介质的容器,其通风结构应避免其成为火源的可能。
6.11.3.3	*检验和试验*
6.11.3.3.1	符合本章要求的散装容器的容器,其使用、维护及检定应当符合国际集装箱安全公约(CSC)的试验和批准要求。
6.11.3.3.2	散装容器的容器使用和检定,应按国际集装箱安全公约(CSC)的要求进行定期检验。
6.11.3.4	*标记*
6.11.3.4.1	散装容器的容器应当配置符合国际集装箱安全公约(CSC)要求的安全批准铭牌。
6.11.4	**BK1 或 BK2 类散装容器的不同于国际集装箱安全公约(CSC)要求的容器设计、制造及批准技术要求**
	注:当遵照本章条款的容器用于固体散装货物运输时,在其运单中需陈述如下申明:"BK(x)类散装容器经xxx 主管机关批准"见(5.4.1.1.17)。
6.11.4.1	本章所涵盖的散装容器包括勾背箱、近海散装容器、散货储存箱、可交换箱体、槽型容器、滚筒容器、车用货箱。
	注:这些散装容器也包括在7.1.3 中所提到的满足UIC591、592 和592-2 到592-4 的容器,其不满足CSC 的要求。
6.11.4.2	这些散装容器的设计及制造,应考虑能承受装运(包括用于不同方式之间的转运)过程中常规碰撞产生的振动及载荷。
6.11.4.3	(预留)
6.11.4.4	这些散装容器应经主管机关的批准,且批准证书中应当包括符合6.11.2.3 要求的散装容器代码以及适用的检验及试验要求。
6.11.4.5	当存储危险货物需使用衬里时,应满足6.11.3.1.3 的要求。

第6.12章 移动式爆炸品制造单元(MEMUs)的罐体、散装容器及爆炸物用特殊隔仓的制造、配备、型式认可、检验、试验和标记要求

注1：可移动罐柜，见6.7章；由金属材料制成壳体的固定式罐体(罐式车辆)、可拆卸式罐体、罐式集装箱、罐式交换箱体，见6.8章；纤维增强塑料罐，见6.9章；真空操作危废罐，见6.10章；散装容器见6.11章。

注2：本章适用于不满足本章注1中所提到章技术要求的固定式罐体、可拆卸式罐体、罐式集装箱、罐式交换箱体，同时适用于散装容器和用于爆炸物的特殊隔仓。

6.12.1　范围

本节要求适用于移动式爆炸品制造单元(MEMUs)上用于运输危险介质的罐体、散装容器以及特殊隔仓。

6.12.2　通用条款

6.12.2.1　罐体应满足6.8章的有关要求，尽管1.2.1已经限定了固定式罐体的最小容积，也应以本章的特殊要求为准。

6.12.2.2　用于移动式爆炸品制造单元(MEMUs)上装运危险货物的散装容器应遵照BK2型散装容器的相关要求。

6.12.2.3　当单罐或散装容器装运一种以上介质时，每种介质之间应至少设置2道隔板且隔板之间应是带排污口的空腔。

6.12.3　罐体

6.12.3.1　*1000L 及以上容积的罐体*

6.12.3.1.1　这些罐体应满足6.8.2的规定。

6.12.3.1.2　对于UN 1942及3375的介质，罐体还应配置满足4.3章及6.8章中要求的，由使用所在地主管机关批准的呼吸装置、爆破片或其他合适的紧急压力泄放装置。

6.12.3.1.3　对于不能按6.8.2.1.4及标准或技术规范中相应条款计算的非圆形截面，如方形或椭圆形壳体，其承压能力应经主管机关见证的压力试验验证。

这些罐体应满足6.8.2.1中除6.8.2.1.3、6.8.2.1.4及6.8.2.1.13~6.8.2.1.22外的所有要求。

上述壳体的最小厚度应不低于下表给出的数值：

材　　料	最小厚度
奥氏体不锈钢	2.5mm
其他钢	3mm
铝合金	4mm
99.80%的纯铝	6mm

罐体应配置防侧向碰撞或翻滚导致损坏的保护装置。

配置的保护装置应满足6.8.2.1.20的要求，或者采用主管机构认定的其他保护措施。

6.12.3.1.4　　　　　6.8.2.5.2 的豁免条款,罐体不需标记罐体代码及特殊要求。

6.12.3.2　　　　*容积小于1000L 的罐体*

6.12.3.2.1　　　　这些罐体的制造应满足 6.8.2.1 中除 6.8.2.1.3,6.8.2.1.4,6.8.2.1.6, 6.8.2.1.10~6.8.2.1.23,以及 6.8.2.1.28 外的所有要求。

6.12.3.2.2　　　　上述罐体附属设备应满足 6.8.2.2.1 的要求。对于 UN 1942 及 3375 的介质,罐体还应配置满足 4.3 章及 6.8 章中要求的,由使用所在地主管机关批准的呼吸装置、爆破片或其他合适的紧急压力泄放装置。

6.12.3.2.3　　　　上述壳体的最小厚度应不低于下表给出的数值:

材　　料	最小厚度
奥氏体不锈钢	2.5mm
其他钢	3mm
铝合金	4mm
99.80% 的纯铝	6mm

6.12.3.2.4　　　　罐体可以有不带凸形半径的结构件。备选的支承方式可以是弯板、波纹板或肋状支承。罐体相邻支撑件在同一方向上的最小间距应不大于 100 倍的罐体壁厚。

6.12.3.2.5　　　　焊缝应采用成熟工艺施焊,且最大限度地确保安全。应由专业焊接人员按经工艺评定有效(考虑任何所需的热处理工况)的焊接规程进行施焊。

6.12.3.2.6　　　　条款 6.8.2.4 的要求不适用。但这些罐体的首次检验和定期检验应由移动式爆炸品制造单元(MEMU)的使用者或拥有者负责。每 3 年应进行满足主管机关要求的壳体及其附属设备内外状况的目视检查及泄漏试验。

6.12.3.2.7　　　　6.8.2.3 的型号批准及 6.8.2.5 的标记要求不适用。

6.12.4　　　　*设备配件*

6.12.4.1　　　　UN 1942 及 3375 介质的罐体底部卸料应采用至少 2 道关闭装置。其中一道关闭装置可以是混合器、卸料泵或卸料螺旋输送机。

6.12.4.2　　　　第一道截止装置后的管路应为易熔材质(如橡胶管)或含易熔成分。

6.12.4.3　　　　为防止外置泵或卸料装置(管路)意外损伤导致物料泄漏,第一道截止装置及其安装基座应被保护起来以防止因外力拧坏,或设计成能够承受外力的结构。装料及卸料装置(包括法兰及螺塞)以及保护盖(如有)应当具备防止意外开启的功能。

6.12.4.4　　　　符合 6.8.2.2.6 要求的 UN 3375 介质罐体的呼吸装置可用"鹅颈结构"替代。应将其保护起来以防止因外力拧坏,或将其设计成能够承受外力的结构。

6.12.5　　　　*爆炸物特殊隔仓*

包含雷管和/或雷管组件爆炸物与 D 组中相关介质的隔仓,应设计成能提供有效的隔离结构,以防止雷管和/或雷管组件的爆炸振动对 D 组中相关介质造成的危险,隔断结构应当通过采用特殊隔仓,或通过将两种爆炸危险介质中的一种放置于一个特殊限制系统中来实现。任何一种隔断结构都应经主管机关批准。当隔仓的材质为金属材料时,那么隔仓的内表面应全部采用防火材料包覆。爆炸物隔仓应安置在受到保护的位置,防止其受撞击、恶劣地形造成的损坏、同一交通工具所运输的不同危险介质相互作用、车上火源(如排气管)等对其造成的不利影响。

注:按EN 13501-1:2007 + A1:2009 分类为B—s3—d2 级的材料视为应满足防火要求。

第 7 部分　运输、装卸及操作条件的规定

第7.1章 一般规定

7.1.1　危险货物的运输应按照本章及7.2章的包件运输规定、7.3章的散装运输规定以及7.4章的罐体运输规定,强制使用规定类型的运输装备。此外,应遵守7.5章的装卸和操作规定。

3.2章表A第(16)、(17)、(18)栏中注明了用于特定危险货物的特殊规定。

7.1.2　除了本部分的规定,用于危险货物运输车辆的设计、制造、批准(必要时)也应遵守第9部分中的相关要求。

7.1.3　大型集装箱、可移动罐柜的框架或罐体集装箱应符合CSC或UIC 591、592和592-2到592-4的规定。否则,符合国际集装箱安全公约CSC(1972年版)修正的或UIC 591(2007.10.01,第3版)、592(2013.10.01,第2版)、592-2(2014.10.01,第6版)、592-3(1998,01.01,第2版)到592-4(2007.05.01修订,第3版)中的关于"集装箱"定义的大型集装箱、可移动罐柜和罐体集装箱不能用于运输危险货物。

7.1.4　大型集装箱只有在它的结构耐用时才允许用于运输。

"结构耐用"是指集装箱在其结构构件中如顶部及底部的侧梁、门槛和门顶、底板、底横梁、角柱、角件不存在重大缺陷。"重大缺陷"是指结构构件无论多长,只要具有深度超过19mm的凹陷或弯曲;裂缝或破裂;顶部或底部末端侧梁、门顶中间出现多于一处的接合,或不正确接合(如搭接的接合)以及在任何一个顶部或底部侧梁处出现超过两处的接合,或在门槛、角件上出现任何接合;门折页和部件出现封死、扭曲、破裂、丢失或因其他原因失灵;垫圈和封口不密封;所有组件中出现足以使底盘或车辆上的操作设备、装备及定位键出现无法正确组合的变形。

另外,集装箱中的任何构件无论使用的是何种材料,如果出现退化,如侧壁的金属生锈或玻璃丝破裂,都能继续使用。不影响适用性的普通磨损,包括氧化(生锈)、轻微的凹陷和划伤以及其他不影响使用和气密性的毁损则可继续使用。

在装载集装箱之前,应检查箱内,以确保没有装货时的任何残留物,且底板和箱壁内部没有凸起。

7.1.5　大型集装箱应符合本部分中针对车辆车体所做出的规定,以及第9部分中关于装载问题的规定;而车辆的车体则不需要符合这些规定。

然而,如果大型集装箱使用具有符合要求的绝缘和隔热特性的平台的车辆进行运输,则不需要遵守本条上述规定。

本规定也适用于运载第1类爆炸性物质和货物的小型集装箱。

7.1.6　依照7.1.5中第一句最后部分的规定,即装载于一个或多个集装箱中的危险货物不应因危险物本身特性和危险物含量而影响车辆应符合的条件。

第7.2章 运输包件的有关规定

7.2.1	除7.2.2~7.2.4另有规定之外,包件可装载于:
	(a) 封闭式车辆或封闭式集装箱中;
	(b) 侧帘车辆或软开顶集装箱中;
	(c) 敞开式车辆或开顶集装箱中。
7.2.2	由易受潮湿环境影响的材质制成的包装,其包件应装载在侧帘车辆或者封闭式车辆,或者软开顶集装箱或封闭式集装箱中。
7.2.3	(保留)
7.2.4	出现在3.2章表A第(16)栏中的包件,应遵守以下特殊规定:

V1　包件应装载在侧帘车辆或封闭式车辆中,或者装载在封闭式集装箱或软开顶式集装箱中。

V2　(1) 包件只能装载在符合第9部分相关规定的EX/Ⅱ或EX/Ⅲ型车辆上。按照有关规定,各个运输单元都有一定的装载限值,所以需要依据运载量来选择车辆。(见7.5.5.2)

(2) 符合EX/Ⅱ或EX/Ⅲ型车辆规定的挂车(不包括半挂车),可以由不符合这些规定的机动车来牵引。

集装箱运输规定,也可见7.1.3~7.1.6。

作为多式联运的一部分,当装载在集装箱中的大量第1类物质或货物需要由EX/Ⅲ车辆组成的运输单元将其运出或运到港区、铁路站点或机场时,也可由EX/Ⅱ车辆组成的运输单元代替,但集装箱必须遵守IMDG Code、RID或ICAO的技术规定。

V3　若运载自由流动的粉末状物质和烟花时,集装箱的底板应有非金属表面或覆盖。

V4　(保留)

V5　包件不应使用小型集装箱运输。

V6　柔性中型散装容器(IBCs)应装在封闭式车辆或封闭式集装箱中,或者侧帘车辆或软开顶集装箱中运输,板层应由非渗透性及非易燃性材料制成。

V7　(保留)

V8　(1) 对于需温控其稳定性的物质的运输,绝不能超过2.2.41.1.17和2.2.41.4,或2.2.52.1.16和2.2.52.4中规定的控制温度。

(2) 运输中的温度控制方式应根据一系列因素来进行选择,例如:
—所运输的物质的控制温度;
—控制温度和预计环境温度之差;
—保温效果;
—运输持续时间;和
—为途中的延误而预留的安全余量。

(3) 以下列出了避免超出控制温度的有效措施,有效性以升序排列:
R1　隔热,规定物质的初始温度大大低于控制温度。
R2　隔热及冷却系统,应提供:
—确保运输中备有足量的或可以途中补充的非易燃性冷却剂

（如液氮或干冰），并应留有适当的富余时间以防可能出现的延误；

——液态氧和空气不能用作冷却剂；

——即使在绝大多数冷却剂被耗尽的情况下，仍能保持同样的冷却效果；

——出入口上有清晰标明的，在进入运输单元前需要通风的警告语。

R3 在物质的闪点低于防爆电气装置 EEx ⅡB T3 的紧急温度加 5℃条件下，制冷隔仓内应使用隔热和单机冷冻器，以防这些物质散发的可燃气体发生燃烧。

R4 隔热和复合机械冷冻器系统和冷却剂系统，前提是：

——两个系统互相独立；

——符合上述方法 R2 和 R3 的要求。

R5 隔热和双机冷却器系统，前提是：

——除整体供电系统外，两个系统相互独立；

——每个系统能够保持足够的温度控制；

——对于闪点低于 EEx ⅡB T3 紧急温度加 5℃ 的物质，制冷隔仓可防这些物质散发的可燃气体发生燃烧。

(4) 方法 R4 和 R5 适用于所有有机过氧化物和自反应物质。

方法 R3 可适用于 C、D、E、F 类有机过氧化物和自反应物质，并且当运输过程中的最大环境温度不超过控制温度 10℃ 时，此方法也可适用于 B 类有机过氧化物。

当运输过程中的最大环境温度不超过控制温度 30℃ 时，方法 R2 适用于 C、D、E、F 类有机过氧化物和自反应物质。

当运输过程中的最大环境温度至少低于控制温度 10℃ 时，方法 R1 可用于 C、D、E、F 类有机过氧化物和自反应物质。

(5) 当物质需要隔热运输时，应使用冷冻或机械冷冻车或集装箱，并且这些车辆或集装箱应符合 9.6 章的要求。

(6) 如果物质装在有冷却剂保护的包装中，它们应装载在封闭式车辆或封闭式集装箱中，或者侧帘车辆或软开顶集装箱中，如果使用的车辆和集装箱是封闭的，应该有足够的通风，侧帘车辆和软开顶集装箱应装上侧壁和端壁，这些板材应是由非渗透性和非易燃类的材料构成。

(7) 冷却系统中的控制和温度敏感元件应安装在易于操作的位置，所有的电子连接元件应能够防雨。运输单元的空气温度应由两个独立的感应器监测，且应记录输出数据，从而易于察觉到任何温度变化。当运输控制温度低于 +25℃ 的物质时，运输单元应装备视听警报器、独立供电的冷却系统，且该设备的设置运行温度应等于或低于控制温度。

(8) 应配备备用冷却系统或备件。

注： 本条款 V8 不适用 3.1.2.6 中所指的物质，且该物质通过添加化学抑制剂达到稳定状态，且其自加速分解温度大于 50℃ 时。就后一种情况来说，在运输过程中温度可能超过 55℃ 时则需要温度控制。

V9 （保留）

V10 中型散装容器（IBCs）应由封闭式车辆或封闭式集装箱，或者侧帘车辆或软开顶集装箱运输。

V11 除金属或刚性塑料 IBCs 外，其他 IBCs 应由封闭式车辆或封闭式集装箱，或者侧帘车辆或软开顶集装箱运输。

V12 31HZ2(31HA2,31HB2,31HN2,31HD2 and 31HH2)型号的 IBCs 应由封闭式车辆或封闭式集装箱运输。

V13 5H1、5L1 或者 5M1 等包件应由封闭式车辆或封闭式集装箱运输。

V14 回收或废弃的喷雾剂在运输过程中应遵守 3.3 章特殊规定 327，即只能使用通风良好的或开放式的车辆和集装箱进行运输。

第7.3章 散装运输的有关规定

7.3.1　一般规定

7.3.1.1　货物不可以散装形式装在散装容器内、车内或集装箱中运输,除非:

(a) 危险货物在3.2章表A第(10)栏中的特殊规定,且以BK码标记,或者参照其他特别说明的,并且符合7.3.2的其他相关要求;或者

(b) 危险货物在3.2章表A第(17)栏中的特殊规定,且以VC码标记(并附加有AP代码所指的相关规定),或者引用到其他特别说明的,并且符合7.3.3的其他相关要求。

但是,如果在ADR的其他规定中没有对未清洗的空包装运输明令禁止,这些包装可以散装运输。

注:罐装运输,见4.2 和4.3 章。

7.3.1.2　易受温度影响而液化的物质不能采取散装运输。

7.3.1.3　散装容器、集装箱或车体应防溢洒,正常条件下,箱中物质即便在振动或温度、湿度和压力发生变化时也不至于溢洒。

7.3.1.4　货物在装载时应均匀分布以减少移动,防止货物移动导致散装容器、集装箱、车辆毁损或危险货物溢洒。

7.3.1.5　通风装置应保持洁净并处于可运行状态。

7.3.1.6　物质不得与散装容器、集装箱、车辆、垫片以及包括封盖、防水帆布和保护涂料等与其接触的材料发生危险反应或明显使这些材料疲劳。散装容器、集装箱或车辆应合理设计以防货物穿透木质地板和散装容器、集装箱等部件发生反应,从而使散装容器、集装箱受到该材料或其残余物的影响。

7.3.1.7　充装和交付运输前,需检查清理每个散装容器、集装箱或车辆以确保装散装容器、集装箱或车辆内外均无残留:

——可能与即将运输的物质发生危险的化学反应;

——对散装容器、集装箱或车辆的结构完整性产生不利影响;或

——影响散装容器、集装箱或车辆对危险货物的保持能力。

7.3.1.8　运输途中,不应有危险货物残留在散装容器、集装箱或车体的外表面。

7.3.1.9　如装配有多个封口装置,充装前应关闭最靠近所装货物的装置。

7.3.1.10　除非已采取有效的措施消除危险性,对于装载过危险固体货物的空散装容器、集装箱或车辆,应按照本规则对装有该物质的散装容器、集装箱或车辆的同样要求来处理。

7.3.1.11　如果散装容器、集装箱或车辆被用于运输易于发生粉尘爆炸,或释放可燃气体(例如特定的废弃物)的物质,必须采取措施排除起火源,防止运输途中、充装过程中或倾倒过程中产生静电起火。

7.3.1.12　对于易与其他ADR无要求的物质发生危险反应的货物,例如废弃物,不能够混装在同一个散装容器、集装箱或车辆中。危险反应包括:

(a) 燃烧和/或渐进释放出大量热;

(b) 释放易燃和/或有毒气体;

(c) 形成腐蚀性液体;或

(d) 形成不稳定物质。

7.3.1.13	散装容器、集装箱或车辆在充装前必须经过目视检查,以确定其结构使用性良好,其内壁、顶板和底板无凸起或损坏,内衬和货物固定装备没有影响货物固定能力的裂痕或损伤。结构物可用是指散装容器、集装箱或车辆在其结构组成部分上,比如顶部和底部的侧导轨,顶部和底部的端梁、门梁和门头,底板横梁、角柱、角件等处不存在大的缺陷。大的缺陷包括:

(a) 在结构或支撑部件上出现影响散装容器、集装箱或车体完整性的凹陷、裂缝和断裂;

(b) 顶部或底部末端侧梁或门顶中出现多于一处的接合或不正确接合(如搭接的接合);

(c) 任何一个顶部或底部侧横杆出现超过两处的接合;

(d) 门梁、角柱上出现任何接合;

(e) 门折页和部件出现封堵、扭曲、破裂、丢失或因其他原因失灵;

(f) 不密封的垫圈和封口;

(g) 所有组件中出现足以使底盘或车辆上的操作设备、装备及定位键部分出现无法正确组合的变形;

(h) 升降设备或装卸设备接口出现任何损伤;

(i) 使用或操作设备出现任何损坏。

7.3.2	**7.3.1.1(a)中危险货物的散装运输规定**
7.3.2.1	除遵守7.3.1的一般规定外,本节中的规定也同样适用。3.2章表A第(10)栏中的代码 BK1 和 BK2 代表下列含义:

BK1: 允许通过软开顶散装容器进行散装运输;

BK2: 允许通过封闭式散装容器进行散装运输。

7.3.2.2	所使用的散装容器须符合6.11中的相关规定。
7.3.2.3	*第4.2 类货物*
	散装容器中所有货物的自燃温度应大于55℃。
7.3.2.4	*第4.3 类货物*
	此类货物须由防水的散装容器进行运输。
7.3.2.5	*第5.1 类货物*
	散装容器需经过特殊设计以防货物与木头或其他不兼容材料接触。
7.3.2.6	*第6.2 类货物*
7.3.2.6.1	使用散装容器运输含有传染源的动物制品(UN 2814,2900 和 3373)应当满足以下条件:

(a) 在未达到最大充装量,能够避免货物与篷布发生接触的情况下,可允许使用 BK1 软开顶散装容器,也可使用 BK2 封闭式散装容器;

(b) 封闭式散装容器和软开顶散装容器及其开口,应采用防漏设计或安装合适的衬垫;

(c) 动物制品在装载运输前需经过彻底地消毒;

(d) 软开顶散装容器应加盖由适当的可吸收性消毒材料处理过的顶盖;

(e) 封闭式散装容器或软开顶散装容器在经过彻底地清洗和消毒前不得重复使用。

注:附加条款可由国家卫生部门做出要求。

7.3.2.6.2	*第6.2 类废弃物(UN 3291)*

(a) （保留）；

(b) 封闭式散装容器及其开口处应为密封设计。这些散装容器应具有无渗透的内表面，且无裂痕，没有可能破坏内部包装、妨碍消毒或导致无意泄漏的风险特性；

(c) UN 3291 废弃物应装入经试验和批准的密封防漏塑料袋，并根据 6.1.3.1 中的相关规定进行标记。此类塑料袋应当通过抗撕裂与耐冲击试验。相关试验标准依据 ISO 7765-1:1988 塑料薄膜和薄片—自由落体法耐冲击测定试验—第 1 部分:楼梯试验方法和 ISO 6383-2:1983"塑料薄膜和薄片—耐撕裂性测定;第 2 部分:埃尔门多夫方法"。每袋在平行和垂直面上相对于袋子的长度应具有至少 165g 耐冲击能力；在平行和垂直面上相对于袋子的长度应具有 480g 抗撕裂性能。每个塑料袋的最大质量应为 30kg；

(d) 超过 30kg 的单件货物，比如污染的床垫，经主管机关许可，可不使用塑料袋；

(e) 包含液体的 UN 3291 废弃物，只能由含有足够量以吸收所装液体的吸收材料以防液体洒落在散装容器内的塑料袋来装载；

(f) 带有锋利货物的 UN 3291 废弃物，只能采用经试验和批准的联合国型号，且符合包装指南 P621，IBC620 或 LP621 的刚性包装进行装载；

(g) 包装指南 P621，IBC620 或 LP621 中指定的刚性包装也可以使用。它们应妥善固定以防止在正常运输条件下出现损坏；

由刚性包装装载的废弃物和由塑料袋装载的废弃物在同一封闭式散装容器中进行运输时应适当分开，例如通过使用硬性屏障、隔板或其他方法妥善分离，以防在正常运输条件下造成损坏；

(h) 由塑料袋装载的 UN 3291 废弃物，在封闭式散装容器中运输时，严禁挤压以防包装密封失效；

(i) 每次运输后应检查封闭式散装容器是否有泄漏或喷溅。如果 UN 3291 废弃物出现泄漏或溢漏到封闭式散装容器，在彻底清洗（必要时使用适当的物剂进行消毒和去污）前，不得再次使用。除医疗或兽医废物外，任何货物不得与 UN 3291 废弃物一同运输。在同一封闭式散装容器中运输的任何其他这类废物，必须检查是否受到污染。

7.3.2.7　**第 7 类物质**

未包装的放射性物质的运输规定，见 4.1.9.2.4。

7.3.2.8　**第 8 类货物**

此类货物应由防水的散装容器运输。

7.3.2.9　**第 9 类货物**

7.3.2.9.1　对于 UN 3509 货物，只能使用封闭式散装容器（代码 BK2）。散装容器应密封或装有密封圈和耐穿刺密封衬垫或密封袋，且有能力吸收运输过程中溢出的液体，例如含有吸水材料。未清洗的、废弃的、空的、含有第 5.1 类残留物的包装材料，应由散装容器运输。该容器的结构使货物不能接触木材或其他易燃材料。

7.3.3　**适用于 7.3.1.1(b) 相关规定的散装运输规定**

7.3.3.1　3.2 章表 A 第(17)栏列出的物质，除遵守 7.3.1 的一般规定外，还应适用本节的规定。本节所指的侧帘车辆或封闭式车辆，或者软开顶集装箱或封闭式集装箱无须完全遵守 6.11 中的规定。在 3.2 章表 A 第(17)栏中的代码 VC1，VC2 和 VC3 含义如下：

	VC1	允许通过侧帘车辆、软开顶集装箱或软开顶散装容器进行散装运输;
	VC2	允许通过封闭式车辆、封闭式集装箱或封闭式散装容器进行散装运输;
	VC3	允许由与始发国主管机关许可的符合相关要求的专用车辆进行散货运输。如果始发国不是ADR缔约方,则该批托运货物抵达的第一个ADR缔约方国家的相关机构应确认其运输符合相关规定。
7.3.3.2		当使用VC代码时,同样适用下列出现在3.2章表A第(17)栏中的补充规定:
7.3.3.2.1		*第4.1类货物*
	AP1	车辆和集装箱应具有金属箱体,并加装非易燃性板。
	AP2	车辆和集装箱应具备足够的通风。
7.3.3.2.2		*第4.2类货物*
	AP1	车辆和集装箱应具有金属箱体,并加装非易燃性板。
7.3.3.2.3		*第4.3类货物*
	AP2	车辆和集装箱应具备足够的通风。
	AP3	侧帘车辆和软开顶集装箱应只用于运输碎片状物质而非粉末状、颗粒状、粉尘状或灰烬状物质。
	AP4	密封式车辆和密封式集装箱应装备用于装卸的气密口,防止气体释放和水汽渗入。
	AP5	密封式车辆或密封式集装箱的货舱门上应使用不小于25mm高的字体,书写下列语句进行标记:

"警告"
"不通风"
"小心开启"

托运人应当考虑使用适当的文字进行表述。

7.3.3.2.4		*第5.1类货物*
	AP6	如果车辆或集装箱由木头或其他易燃材料构成,则需要装备耐燃烧的非渗透性表面,或覆盖硅酸钠或类似物质。车辆或集装箱所用板材也应是不可燃的非渗透性材料。
	AP7	散货运输只应整车。
7.3.3.2.5		*第6.1类货物*
	AP7	散货运输只应整车。
7.3.3.2.6		*第8类货物*
	AP7	散货运输只应整车。
	AP8	车辆和集装箱的装载隔仓的设计应考虑任何来自于电池的残留电流和冲击。

车辆和集装箱的装载隔仓应使用耐电池内腐蚀物质腐蚀的钢材。当装载隔仓有足够厚的壁板或耐腐蚀物质的塑料内衬时,可以使用不耐锈钢。

注:在腐蚀性物质的影响下,每年逐渐减少的最大速率在0.1mm以下的钢材可以认为是耐腐蚀性的。

不应在车辆和集装箱的装载隔仓的壁顶以上装载货物。允许使用小型塑料集装箱进行运输,该塑料集装箱应满足以下条件,即满载时,在-18℃以下,从0.8m高度跌落到硬的表面上时不会破裂。

7.3.3.2.7		*第9类货物*
	AP2	车辆和集装箱应具备足够的通风。
	AP9	固体(物质或混合物,比如配制品或废弃物),包含平均含量不超过

1000mg/kg,具有明确 UN 编的物质,允许散装运输。运载中该物质或此类物质的浓度在任何情况下都不能超过 10000mg/kg。

AP10 车辆或集装箱应是防泄漏的或者装有防泄漏装置和密封衬或密封包,而且具体可以吸收可能渗出液体的物料,例如:吸收性材料。废弃的、空的、未清洗的、含有第 5.1 类物质残留的包装应由特殊制造或改装的车辆和集装箱运输,防止货物与木材或其他可燃性材料接触。

第7.4章 罐装运输的相关规定

7.4.1　危险货物不应采用罐式运输,除非罐体代码标注在3.2章表A第(10)或(12)栏内,或根据6.7.1.3规定取得了主管机关的批准。运输应遵照4.2,4.3,4.4或4.5章的适用规定。车辆,无论货车、牵引车、挂车或半挂车都应该满足9.1、9.2和9.7.2中关于车辆使用的相关规定,这些规定已在3.2章表A第(14)栏中标明。

7.4.2　按照9.1.1.2的规定,设计代码为EX/Ⅲ、FL、OX、AT的车辆应按以下方式使用:
—当规定的是EX/Ⅲ型车辆时,只有EX/Ⅲ型车辆可以使用;
—当规定的是FL型车辆时,只有FL型车辆可以使用;
—当规定的是OX型车辆时,只有OX型车辆可以使用;
—当规定的是AT型车辆时,AT、FL、OX型车辆都可以使用。

第7.5章 装卸与操作的有关规定

7.5.1 有关装卸载和操作的一般规定

注：在本节中，把集装箱、散装容器、罐式集装箱或可移动罐柜放置到车辆上被视为装载，把它们从车辆上移走视为卸载。

7.5.1.1 车辆、其驾驶员以及大型集装箱、散装容器、罐式集装箱或可移动罐柜在到达包括集装箱码头在内的装卸地点后，应该遵守管理规定（特别是涉及安全、安保、清洗及正确操作装卸载设备的规定）。

7.5.1.2 除非 ADR 另有规定，否则若出现下列情况，则不能进行装载：
   (a) 未检查相关文件；或
   (b) 对车辆或大型集装箱、散装容器、罐式集装箱或可移动罐柜及其装卸载设备进行目视检查发现车辆、驾驶员、任何一个大型集装箱、散装容器、罐式集装箱、可移动罐柜或装卸载设备不符合规定。装载之前应检查车辆内外或集装箱以确保不会损坏车辆或货物的整体性。

7.5.1.3 除非 ADR 另外规定，否则如果通过检查发现存在可能影响卸货的安全性的缺陷，则不能进行卸载。

7.5.1.4 依据7.3.3 或7.5.11 的特殊规定，以及3.2 章表 A 第(17)和(18)栏，某些危险货物只能以"整车"运输形式交运（见1.2.1 的定义）。在这种情形下，主管机关可以要求运输车辆和大型集装箱在唯一地点装货并在另一唯一地点卸货。

7.5.1.5 当有方向箭头标记时，包件与集合包装应根据标记的方向进行摆放。

注：液体危险货物应尽可能装载在干燥的危险货物下方。

7.5.1.6 装卸载任何包装形式的货物都应采取符合预先设计要求或测试过的操作方法进行操作。

7.5.2 混合装载的禁止性条款

7.5.2.1 除非根据下表的危险性标志允许进行混合装载，否则标有不同危险性标志的包件不应该装载在同一辆车或同一个集装箱中。

注：根据5.4.1.4.2 的规定，托运时，应为不能在同一辆车或同一集装箱中装载的货物分别准备运输单据。

标志号	1	1.4	1.5	1.6	2.1 2.2 2.3	3	4.1	4.1 +1	4.2	4.3	5.1	5.2	5.2 +1	6.1	6.2	7A, B,C	8	9
1												d						b
1.4		见7.5.2.2			a	a	a		a	a	a	a		a	a	a	a	a b c
1.5																		b
1.6																		b
2.1,2.2,2.3		a			X	X	X		X	X	X	X		X	X	X	X	X
3		a			X	X	X		X	X	X	X		X	X	X	X	X

续上表

标志号	1	1.4	1.5	1.6	2.1 2.2 2.3	3	4.1	4.1+1	4.2	4.3	5.1	5.2	5.2+1	6.1	6.2	7A,B,C	8	9
4.1		a			X	X	X		X	X	X	X		X	X	X	X	X
4.1+1							X											
4.2		a			X	X	X			X	X	X		X	X	X	X	X
4.3		a			X	X	X		X		X	X		X	X	X	X	X
5.1	d	a			X	X	X		X	X		X		X	X	X	X	X
5.2		a			X	X	X		X	X	X		X	X	X	X	X	X
5.2+1												X	X					
6.1		a			X	X	X		X	X	X	X			X	X	X	X
6.2		a			X	X	X		X	X	X	X		X		X	X	X
7A,B,C		a			X	X	X		X	X	X	X		X	X		X	X
8		a			X	X	X		X	X	X	X		X	X	X		X
9	b	a b c	b	b	X	X	X		X	X	X	X		X	X	X	X	X

X 允许混合装载

[a] 允许与1.4S 物质或货物混合装载。

[b] 允许第1 类货物和第9 类的救生设施混合装载(UN 2990、3072 和3268)。

[c] 允许安全装载,1.4 项烟花,兼容性G 组(UN 0503)和安全装置,第9 类电子点火(UN 3268)。

[d] 允许爆炸性物质(除UN 0083 爆炸物、炸药,C 类)和最大许可载荷内的视为第1 类炸药并进行标记,隔离储存的硝酸铵(UN 1942 和2067),碱金属硝酸盐和碱土金属硝酸盐混合装载。碱金属硝酸盐包括硝酸铯(UN 1451)硝酸锂(UN 2722)硝酸钾(UN 1486)硝酸铷(UN 1477)硝酸钠(UN 1498)。碱土金属硝酸盐包括硝酸钡(UN 1446)硝酸铍(UN 2464)硝酸钙(UN 1454)硝酸镁(UN 1474)硝酸锶(UN 1507)。

7.5.2.2　含第1 类物质和货物的,带有1,1.4,1.5 或1.6 的标志,并且被划分为不同的配装组的包件,不应在同一车辆或集装箱中混合装载。根据以下相应配装组表格,允许混合装载的除外。

配装组	A	B	C	D	E	F	G	H	J	L	N	S
A	X											
B		X		a								X
C			X	X	X		X				bc	X
D		a	X	X	X		X				bc	X
E			X	X	X		X				bc	X
F						X						X
G			X	X	X		X					X
H								X				X
J									X			X
L										d		
N			bc	bc	Bc						b	X
S		X	X	X	X	X	X	X	X		X	X

X 允许混合装载

[a] 包含配装组B 和配装组D 的物质和货物的包件,如果它们在分离的集装箱或隔仓中运输,且此类隔仓的设计得到主管机关的批准,则这些包件可以装载在同一车辆上。这样就不会有配装组B 的货物危险性而转移到配装组D 的物质和货物上。

[b] 1.6 项中的不同类型物质和配装组N 类物质,可以一起运输,除非能够通过实验或分析证实货物间不存在附加的同时爆炸的危险。

[c] 当配装组N 和配装组C ,D ,E 的货物或物质一起运输时,配装组N 的货物应被认为具有配装组D 的特征。

[d] 含配装组L 的货物和物质的包件可以和装有此配装组的同类货物和物质在一辆车中装载。

7.5.2.3	7.5.2.1 的表格中规定的混合装载禁止性条款不适用于在一辆车上,分别装在具有完整箱壁的封闭集装箱内的货物。但是对带有 1,1.4,1.5 或 1.6 号标志的货物,即使其分别装在封闭集装箱内也应适用用混合装载禁止性条款 7.5.2.2。
7.5.2.4	除 1.4 项物质和 UN 0161 和 UN 0499 物质外,以有限数量运输的包件与其他类别的爆炸品禁止混合装载。
7.5.3	(保留)
7.5.4	**对食品、其他消费物质及动物饲料的预防措施**

如果有针对 3.2 章表 A 第(18)栏的某个物质或货物的特殊规定 CV28,应采取如下对食品、其他消费物质及动物饲料的预防措施。

贴有符合 6.1 或 6.2 号样式标志的包件及未清洗的空包装,包括大型包装和中型散装容器(IBCs),以及贴有符合 9 号式样标志的含 UN 2212,2315,2590,3151,3152 或 3245 的包件,在车内、集装箱内、装卸点或转运点,不能与含有食品、其他消费品及动物饲料的包件近距离堆放或装载。

当贴有上述标签的包件与含食品、其他消费品及动物饲料的包件近距离装载时,它们应该与后者按下列方式隔开:

(a) 使用完整的隔板,与贴有上述标志的包件等高;

(b) 通过非 6.1,6.2 或 9 号式样标志的包件,或 9 号式样标志的包件(但非 UN 2212,2315,2590,3151,3152 或 3245 的货物)来隔离;或

(c) 保持至少 0.8 m 的空间。

除非贴有上述标志的包件带有额外包装或被完全覆盖(如通过板材、纤维板覆盖或采取其他措施)。

7.5.5	**对运输量的限制**
7.5.5.1	若按照下述规定或按照 3.2 章表 A 第(18)栏(见 7.5.11 的附加规定)需要对运输数量进行限制的时候,装载在一个或多个集装箱中的危险货物不能违反每个运输单元对总量的限制。
7.5.5.2	*对爆炸性物质和货物的限制*
7.5.5.2.1	*物质和运输量*

能够在一个运输单位中进行运输的爆炸物质的净重,以 kg 表示(或对爆炸货物而言,在所有货物混合体中的爆炸物的总净重)应按下表进行限制(另见 7.5.2.2 的混合装载禁令):

每个运输单元中允许装载的第 1 类爆炸物质的最大净重(kg)

运输单元	类别	1.1		1.2	1.3	1.4		1.5 和 1.6	未清洗的空包装
	配装组	1.1A	除了 1.1A			除了 1.4S	1.4S		
EX/Ⅱ[a]		6.25	1000	3000	5000	15000	不限	5000	不限
EX/Ⅲ[a]		18.75	16000	16000	16000	16000	不限	16000	不限

[a] 对 EX/Ⅱ 和 EX/Ⅲ 型车辆的描述见第 9 部分。

7.5.5.2.2	当不同项别的第 1 类物质和物品按照 7.5.2.2 的混合装载规定装载在一个运输单元时,应按最高危险项别(危险性顺序为 1.1,1.5,1.2,1.3,1.6,1.4)的装载方

式来处理。但是配装组 S 的爆炸品净重不计算入运输量限额之内。

当划分为 1.5D 的物质与 1.2 项的物质和物品在一个运输单元运输时,应以 1.1 项的运输方式来运载。

7.5.5.2.3 *使用移动爆炸品制造单元(MEMU)运载爆炸物*

只有符合下列条件才能使用 MEMU 运输爆炸物:

(a) 地区主管机关授权运输;

(b) 爆炸物包件的类型和数量仅限于 MEMU 中生成物质的必须要求,且在任何情况下不得超过:

— 200kg 配装组 D 类爆炸物;和

— 除非得到主管机关的许可,雷管或雷管装配件,或二者混合,不超过 400 组;

(c) 运输爆炸物的运输隔仓应符合 6.12.5 的规定;

(d) 在同一个隔仓不得再装载其他危险货物;

(e) 只有在 MEMU 上装载完其他危险货物并即将开展其他运输之前才能装载爆炸物;

(f) 当允许爆炸物和第 5.1 类物质(UN 1942 和 UN 3375)混装时,在隔离、储存和最大许可装载量管理时应将其整体视为第 1 类爆炸物。

7.5.5.3 对第 5.2 类有机过氧化物和第 4.1 类 B、C、D、E 或 F 类自反应物每个运输单元的最大质量限制为 20000kg。

7.5.6 (保留)

7.5.7 操作和堆放

7.5.7.1 在可能的条件下,车辆或集装箱应该配有方便的紧固和操纵装置。车辆或集装箱中,危险货物包件或未包装的危险货物应通过合适手段或其他方式进行紧固(例如,紧固带、滑动板条和扣式装置),防止运输途中货物出现晃动,改变货物的朝向或造成损毁。危险货物与其他非危险货物混合运输时(例如,重型机械或木箱)应确保所有货物已安全固定,防止危险货物散落。应通过使用垫料或阻塞和支撑等手段来填充空隙从而防止货物的移动。使用固定带或绷带时请注意不要固定得过紧以防造成包件的形变和损毁❶。根据 EN12195-1:2010 中的标准,安全固定货物需应用本段中的规定。

7.5.7.2 包件不应堆放,除非被设计为可堆放。不同类型包件装载堆放时,应考虑包件之间的兼容性。如果需要的话,应在堆放的两层不同包件间使用承载装置以防下层货物受损。

7.5.7.3 装卸载过程中,应保护含有危险货物的包件以防其受损。

注:运输前进行装载包件作业时,运载车辆的型号和装卸载的方法应受到特别关注,以防拖拽包件和操作不当对包件造成损毁。

7.5.7.4 7.5.7.1 中的规定也适用于在车辆上装载、堆放和卸载集装箱、罐式集装箱、可移动罐柜和 MEGCs。

7.5.7.5 车组成员不可打开含有危险货物的包件。

---

❶ 危险货物的配载指南可参考欧洲道路运输货物安全最佳实践手册(European Best Practice Guidelines on Cargo Securing for Road Transport),该书由欧盟委员会出版。其他指南可参考主管机关或行业机构。

7.5.8 卸载后的清洗

7.5.8.1 在装有危险货物的车辆或集装箱卸载过程中,当发现有遗撒时,应立即对车辆或集装箱清洗,才可再次装载。

如果不可能在当地清洗,车辆或集装箱应安全的运到最近的能进行清洗的合适地点。

采取恰当的措施保证运输的安全性,防止已泄漏危险货物的失控释放。

7.5.8.2 曾装载过散装危险货物的车辆或集装箱应在再次装载前正确清洗,除非要装载货物与前次的危险货物相同。

7.5.9 禁止吸烟

在车辆或集装箱的附近和进行内部操作时,禁止吸烟,同时也禁止使用其他类似产品,如电子香烟等。

7.5.10 预防静电

对于可燃性气体或闪点为 60℃ 或更低的液体或 UN1361(碳或炭黑、Ⅱ类包装),在罐体充装或卸载之前,车辆的底盘、可移动罐柜或罐式集装箱的接地线应导电良好。此外,应限制充装速度。

7.5.11 适用于特定种类或特殊货物的附加规定

除了 7.5.1~7.5.10 的规定外,3.2 章表 A 第(18)栏中注明的物质,应遵守以下规定:

CV1　(1)　应禁止以下操作:
　　(a)　无主管机关的特许而在公共场所进行装卸;
　　(b)　没有事先通知主管机关在公共场所装卸,除非这些操作是因安全原因而急需进行;
　(2)　由于某些原因,需在公共场所进行操作,不同类型的物质和货物应该根据标志分开操作。

CV2　(1)　在装载前,车辆或集装箱的装载表面应该彻底清洗;
　(2)　携带货物的车辆和集装箱的附近以及这些货物的装卸过程中应禁止使用火源或出现明火。

CV3　见 7.5.5.2。

CV4　配装组 L 中的物质和物品只能通过整车运输。

CV5~CV8　(保留)

CV9　不得扔掷包裹或使其受到冲击。
　　容器装载到车辆或集装箱时,应保证其不会旋转或跌落。

CV10　1.2.1 所定义的气瓶应与车辆或集装箱的纵轴平行或呈直角放置;而位于前端横向壁墙近处的气瓶,则应当与上述轴线呈直角放置。
　　大直径(约 30cm 或更大)的短气瓶应与指向车辆或集装箱中部的保护阀装置呈纵向放置。
　　非常稳固的或装在能有效阻止其反转的设备中的气瓶可以直立放置。
　　平放的气瓶应妥善保护,并适当楔入、绑缚或锁住,防止气瓶移动。

CV11　容器应放置在安全的位置,防止受到其他包件带来的可能的损坏。

CV12　当堆放装有货物的托盘时,每一排托盘都应牢固的盖过下面的一排。如果有必要,可以通过一个由有足够强度的材料制成的插入物支撑。

CV13 如果车辆或集装箱中有任何物质泄漏或溢出,经过彻底清洗后才可再次使用。必要时,可以进行消毒或去污。同一车辆或集装箱中的其他物质都需要检查,看是否有可能被污染。

CV14 货物在运输中应被遮盖,免于阳光直晒和热源。
包装应放于阴凉、通风,远离热源的地方。

CV15 见 7.5.5.3。

CV16 ~ CV19 (保留)

CV20 如果货物是根据 4.1.4.1 包装指南 P520 包装方法 OP1 或 OP2 进行的包装,则 5.3 章的规定和 V1 和 V8(5)、(6) 中的特殊规定不适用,在此情形下每个运输单元的物质总量不超过 10kg。

CV21 运输单元在装载前要彻底检查。
运输前,承运人应被告之:
——关于冷却系统的操作,沿途冷却剂供应商的清单;
——出现温度失控情况后的相关程序。
在温度失控的情况下,有其他保障补充的方法,按照 7.2 章的特殊规定 V8(3) 的方法 R2 或 R4,应携带足量的非易燃性冷却剂(如液氮或干冰),包括因运输超时而需要消耗的额外数量的非易燃性冷却剂。
包件应摆放在易于接近的位置。
整个运输操作中,包括装卸及任何途中的停留,都应保持规定的控制温度。

CV22 装载包件应留有空间,利于空气自由流动,使货物处于同样的温度。如果一个车辆或大型集装箱中的可燃性固体和/或有机过氧化物的量超过 5000kg,货物应被分为每个不超过 5000kg 的堆垛,堆垛间有至少 0.05m 的空间。

CV23 当对包件进行操作时,应采取特殊方式保证包件不与水接触。

CV24 装载之前,车辆和集装箱应彻底清洗,特别是保证不含任何可燃物质存在(如稻草、干草、纸张等)。
禁止使用易燃类物质堆放包件。

CV25 (1) 包件的堆放应使其易于取放。
(2) 当在不超过 15℃恒温下或冷藏运输时,温度在卸货和堆放时要保持恒温。
(3) 包件应储放在远离热源的阴凉地方。

CV26 与这些物质接触的车辆或集装箱的木质部分应该被移走和烧掉。

CV27 (1) 包件的堆放应使其易于取放。
(2) 当包件冷藏运输时,在卸载和储放过程中要保证冷却链工作正常。
(3) 包件应储放在远离热源的阴凉地方。

CV28 见 7.5.4。

CV29 ~ CV32 (保留)

CV33 **注1**:"关键人群"是指公共成员中的一部分人群,暴露在放射源和放射途径下,受到来自放射源的放射途径下的最高剂量影响的典型个人。
注2:"公共人员"广义讲,是指人群中的任何个人,由于职业或医疗原因而暴露的除外。
注3:"工人"是指任何从事相关工作的人,无论是为雇主做全职的、兼职

的或短期工,雇主有权利和责任进行职业辐射保护。

(1) 隔离

  (1.1) 装有辐射性材料的包件、集合包装、集装箱和罐体和裸装的辐射性材料在运输过程中应隔离:

  (a) 与经常在工作区工作的工人隔离:
    (ⅰ) 参照下表 A;或
    (ⅱ) 通过使用每年 5mSV 的计量标准和保守模型参数测量距离;

注:出于辐射保护的原因对工人进行的个人检测无须考虑隔离的目的。

  (b) 在公众经常出现的地区,与公共人员隔离:
    (ⅰ) 参照下表 A;或
    (ⅱ) 通过使用每年 1mSV 计量标准和保守模型参数测量距离;

  (c) 与未洗的胶片和邮包隔离:
    (ⅰ) 参照下表 B;或
    (ⅱ) 通过使用未冲洗胶卷的放射性暴露标准测量隔离距离,每个胶卷暴露的放射性物质的量限制在 0.1mSV;

注:应假设邮包含有未冲洗的胶卷和底片,所以需同其他辐射物一起进行隔离。

  (d) 与 7.5.2 中所述的其他危险货物隔离。

Ⅱ级—黄色或Ⅲ级—黄色的放射性物质与人的最小隔离距离   表 A

运输指数 (不大于)	每年暴露的时间(h)			
	公众经常接近的区域		经常占用的工作区域	
	50	250	50	250
	隔离距离(m),其间未插入屏蔽物			
2	1	3	0.5	1
4	1.5	4	0.5	1.5
8	2.5	6	1.0	2.5
12	3	7.5	1.0	3
20	4	9.5	1.5	4
30	5	12	2	5
40	5.5	13.5	2.5	5.5
50	6.5	15.5	3	6.5

Ⅱ级—黄色或Ⅲ级—黄色的包件与贴有"FOTO"字样的包件或邮包间的最小隔离距离   表 B

包装总数量(不大于)		运输指数和 不超过	运输或储存的持续时间(小时)							
类别			1	2	4	10	24	48	120	240
Ⅲ级—黄色	Ⅱ级—黄色		最小距离(m)							
		0.2	0.5	0.5	0.5	0.5	1	1	2	3
		0.5	0.5	0.5	0.5	1	1	2	3	5
	1	1	0.5	0.5	1	1	2	3	5	7
	2	2	0.5	1	1	1.5	3	4	7	9

续上表

包装总数量(不大于)		运输指数和不超过	运输或储存的持续时间(小时)						
类别			1	2	4	10	24	48	120	240
Ⅲ级—黄色	Ⅱ级—黄色		最小距离(m)							
	4	4	1	1	1.5	3	4	6	9	13
	8	8	1	1.5	2	4	6	8	13	18
1	10	10	1	2	3	4	7	9	14	20
2	20	20	1.5	3	4	6	9	13	20	30
3	30	30	2	3	5	7	11	16	25	35
4	40	40	3	4	5	8	13	18	30	40
5	50	50	3	4	6	9	14	20	32	45

(1.2) 除了经授权的用于押送包件或集合包装的人员搭乘的车厢外,Ⅱ级—黄色或Ⅲ级—黄色物质包件或集合包装不应放置于已有乘客搭乘的车厢运输。

(1.3) 除了车组成员外,任何人不得登上运输贴有Ⅱ级—黄色或Ⅲ级—黄色包件、集合包装或集装箱的车辆。

(2) *活动限制*

运输LSA物质或装载包装或未包装的1型(IP-1型)、2型(IP-2型)、3型(IP-3型)SCO工业包件的车辆,其活动不应超过下表C中的限制。

LSA物质和工业包件或裸装的SCO物质的车辆活度限值　　表C

材料或物体的性质	车辆的活动限值
LSA－Ⅰ	无限制
LSA－Ⅱ,LSA－Ⅲ非易燃固体	无限制
LSA－Ⅱ,LSA－Ⅲ易燃固体和所有液体和气体	$100A_2$
SCO	$100A_2$

(3) *运输和储存中的堆放*

(3.1) 托运货物应被妥善码放。

(3.2) 如果平均表面温度扩散不超过$15W/m^2$,周围的货物不在袋中,则包件和集合包装可以在包装的一般货物中运输或储存,而无须任何特殊的码放规定,除非由主管机关在应用批准证明中有特别的要求。

(3.3) 集装箱的装载和包件、集合包装和集装箱的堆放应按以下规定进行控制:

(a) 除非是在特殊条件下,否则同一辆车上的包件、集合包装和集装箱的总量应限制在车辆上的运输指数总和不超过下表D中显示的数值;

(b) 常规运输条件下的放射水平在任何点都不应该超过$2mSv/h$,离车表面两m远处不应该超过$0.1mSv/h$。特殊条件下进行运输时,车辆周围放射水平满足3.5章中(b)和(c)的规定;

(c) 装载后整车和集装箱的关键安全指数之和不应超过下表E中的数值;

非专用的集装箱或车辆的运输指数限值　　表 D

集装箱类型或车辆类型	在集装箱内或在车辆上运输指数总量的限值
小型集装箱	50
大型集装箱	50
车辆	50

装载易裂变材料的集装箱和车辆的关键安全指数　　表 E

集装箱类型和车辆类型	关键安全指数总和的限值	
	非特殊条件下	特殊条件下
小型集装箱	50	n.a.
大型集装箱	50	100
车辆	50	100

(3.4) 运输指数大于 10 的任何包件或集合包装,或关键安全指数大于 50 的任何货物只能在专用条件下运输。

(3.5) 专用条件下托运的货物,放射水平不应该超过:

(a) 10mSv/h,在任何包件或集合包装外表面的任何部位,且除了下列情况,不可超过 2mSv/h:

（ⅰ） 装备有围栏的车辆,在常规运输条件下,能阻止外人接近围栏内部;

（ⅱ） 制订了紧固包件或集合包装的规定,使其在常规运输条件下,在车辆围栏中的位置保持固定;

（ⅲ） 运输过程时没有装载和卸载环节。

(b) 2mSv/h,在车辆外表面的任何部位(包括上表面和下表面),或者在敞开式车辆中,从车辆外沿突出的垂直平面的任何部位,在货物的上表面或车辆的较低的外表面上;

(c) 0.1mSv/h,离车辆外部后表面的垂直平面 2m 远的任何部位,或者如果货物是在敞开式车辆中进行运输时,离车辆外沿突出的垂直平面 2m 的任何部位上。

(4) 关于运输含裂变燃料的包件和转运途中储存的附加要求

(4.1) 运输中储存在任何储存区的含有易裂变物质的包件、集合包装和集装箱的数量都应受到限制,使任何包件、集合包装和集装箱的关键安全指数总和不超过 50。这样的包件、集合包装和集装箱组应该距离其他组的包件、集合包装和集装箱至少 6m。

(4.2) 当车辆上和集装箱中的关键安全指数总和超过 50 时,即超过上述表 E 中的许可值,储存的地方应与含核燃料物质的包件、集合包装和集装箱或含有其他放射性物质的车辆至少保留 6m 的距离。

(4.3) 符合 2.2.7.2.3.5 中从 (a)～(f) 任意一项规定的易裂变材料应需满足下列要求:

(a) 托运中只能满足 2.2.7.2.3.5 中从 (a)～(f) 任意一项规定;

(b) 根据2.2.7.2.3.5(f)项,只批准易裂变物质在一个包件中运输,除非有关部门在批准证明中说明允许运输其他物质;

(c) 根据2.2.7.2.3.5(c)项,易裂变物质以包件密封托运时不得超过45g易裂变核素;

(d) 根据2.2.7.2.3.5(d)项,易裂变物质以包件密封托运时不得超过15g易裂变核素;

(e) 根据2.2.7.2.3.5(e)项,未包装的易裂变材料或用包件密封的专用易裂变材料在托运时,一辆车上不得超过45g易裂变核素。

(5) 受损或泄漏的包件,污染的包装

(5.1) 如果发现一个包件破损或泄漏,或者怀疑其会泄漏或破损,应严格限制人员接近包件,同时派有资格的人员尽可能快速的测量污染的程度和包件的耐放射水平。测量的范围应包括包件、车辆和临近的装卸区。如有必要,还应测量车辆中运输的所有其他物质。必要时,应按照主管机关的规定,采取保护人员和环境的额外措施,使之泄漏或损坏降低到最小。

(5.2) 包件破损或放射性物质泄漏的量超过了正常运输条件允许的限度时,包件应在监护下移动到可放置的过渡地点,但直到修复、去污前不能移交。

(5.3) 通常用于运输放射性物质的车辆和设备应定期检查来决定污染水平。这种检查的频率要与污染的可能性和运输的放射性物质的程度相关。

(5.4) 除(5.5)的规定外,在运输放射性物质的过程中,任何车辆、设备或某部分的被污染程度超过了4.1.9.1.2的限度,或表面的放射性水平超过$5\mu Sv/h$的,应派专人立即去污。去污只有放射水平达到以下条件后才能再次使用:

(a) 非固定污染不得超过4.1.9.1.2的限值;

(b) 来自表面的固定污染的放射水平在去污后应少于$5\mu Sv/h$。

(5.5) 专用条件下运输放射性物质的集合包装、集装箱、罐体或中型散装容器不应满足5.4的规定,而应满足4.1.9.1.4的规定。该规定只考虑集合包装、集装箱、罐体或中型散装容器的内表面,并只适用于在专用条件下。

(6) 其他规定

如果所托货物不能运输,货物应放在安全场所并尽快告知主管机关,并得到进一步行动的指示。

CV34　运输压力容器之前应确保其压力不会因为潜在产生的氢气而升高。

CV35　如果使用袋作为单独包装,该包件应适当分开摆放以便散热。

CV36　包件装载应首选敞开式或通风良好的车辆或者集装箱。如果不可行,包件可由其他车辆或集装箱装载。这些车辆或集装箱的门上应用以下文字进行标注且字符高度不应小于25mm:

"注意

无通风
小心开启"

托运人应当考虑使用适当的语言进行表述。

CV37　炼铝副产品和铝重熔副产品在运输前应冷却至适宜温度,冷却后进行装载。运送该货物的侧帘车辆和软开顶集装箱应防水。封闭式车辆和封闭式集装箱的门应用以下文字进行标注且字符高度不应小于25mm：

"注意
封闭存储
小心开启"

托运人应当考虑使用适当的语言进行表述。

 # 附录 B 关于运输设备和运输作业的规定

第 8 部分 车组人员、设备、作业和单据的要求

第8.1章 运输单元及其设备配备一般规定

8.1.1 运输单元

载有危险货物的运输单元只能带有一辆挂车(或半挂车)。

8.1.2 运输单元上所携带的单据

8.1.2.1 除了其他规定要求的单据外,以下单据也应同时携带:
(a) 5.4.1 中描述的运输单据,包括所有运载的危险货物,在适当的时候还应携带 5.4.2 中所述的集装箱装载证明;
(b) 5.4.3 中所述的应急指南;
(c) (保留)
(d) 根据 1.10.1.4 的规定,带有每名车组人员照片的身份证明。

8.1.2.2 按照 ADR 的要求,以下单据也应随运输单元携带:
(a) 在 9.1.3 中针对每一个运输单元或组件的批准证书;
(b) 8.2.1 中所述的驾驶员培训证书;
(c) 如 5.4.1.2.1(c) 或 (d) 或 5.4.1.2.3.3 中所要求的主管机关的批准复印件。

8.1.2.3 5.4.3 中所规定的应急指南应放在易于取得的地方。

8.1.2.4 (删除)

8.1.3 揭示牌和标记

携带危险货物的运输单元应该遵照 5.3 的要求贴揭示牌和标记。

8.1.4 灭火器具

8.1.4.1 下表显示了除 8.1.4.2 要求以外的其他运输单元运载危险货物时,根据易燃性❶分为 A、B、C 三类及其所应携带的便携式灭火器的最小规定数目。

运输单元最大许可质量	灭火器最小数目	每个运输单元灭火器最小总容量	至少一个用于引擎或驾驶室的灭火器的最小容量	至少一个额外灭火器的最小容量
小于等于3.5t	2	4kg	2kg	2kg
大于3.5t 小于等于7.5t	2	8kg	2kg	6kg
大于7.5t	2	12kg	2kg	6kg
表中容量是针对干粉灭火器(或其他相等容量的灭火器)				

8.1.4.2 运载危险货物的运输单元根据 1.1.3.6 的要求应该配备一个便携式灭火器以应对可燃性类别为 A、B、C 的货物❷,该灭火器的最小容量应为 2kg 干粉灭火剂(或者等量的其他适用灭火器)。

8.1.4.3 便携式灭火器应适用于在车辆上使用且符合(EN 3 - 7:2004 + A1:2007)第 7 部

---

❶ 关于可燃性类别的定义,请见标准 EN2:1992 + A1:2004 火灾分类。
❷ 危险标志式样号 1,1.4,1.5,1.6,2.1,2.2 和 2.3 可不要求。

分中关于EN3便携式灭火器的相关规定。如果车辆装备固定式灭火器,可用于扑灭发动机起火,则其所携带的便携式灭火器无须适用于扑灭发动机起火。运输单元所携带的灭火器中的灭火剂在高温明火的影响下不会向驾驶室释放毒气。

8.1.4.4　　符合8.1.4.1或8.1.4.2要求的便携式灭火器应密封,以便表明它们未曾被使用过。灭火器应接受国家标准的检验以确保可以安全使用。且应该标有按主管机关认可的标志,以及下次检验的时间或最长允许使用时间。

8.1.4.5　　灭火器应放置于运输单元中易于被车组成员取得的地方。灭火器的放置应免受天气影响从而确保在运输途中灭火器不会失效。根据8.1.4.4的要求应确保灭火器没有过期。

8.1.5　　用于个人防护的多种装备和设备

8.1.5.1　　每个运载危险货物的运输单元应根据8.1.5.2的要求,装备相应的人员防护装备。防护装备的选择应根据装载货物的危险标志式样号进行。标志式样号可从运输文件中查询。

8.1.5.2　　运输单元应当配备以下装备:
——每辆车需携带与最大载质量和车轮直径的相匹配的制动垫块;
——两块自立式警示标志牌;
——眼部冲洗液❶;
以及为每名车组成员配备:
——一件警示背心(例如标准 EN 471:2003 + A1:2007 中所描述的);
——符合8.3.4的要求的便携式照明设备;
——一副防护性手套;和
——眼部防护装备(例如,护目镜)。

8.1.5.3　　特定类别所需的附加装备:
——若运输的危险货物危险标志式样号为2.3或6.1,需随车携带每位车组人员的应急逃生面具❷;
——一把铁铲❸;
——一个地漏密封垫❸;
——一台收集容器❸。

---

❶ 危险标志式样号1,1.4,1.5,1.6,2.1,2.2和2.3可不要求。
❷ 例如,含气体或粉尘过滤器的紧急逃生面具,如型号为A1B1E1K1－P1或A2B2E2K2－P2,与EN 141标准中所述的很相似。
❸ 仅对危险标志号为3,4.1,4.3,8或9的固体或液体有要求。

第8.2章 车组人员培训的有关规定

8.2.1 驾驶员培训的范围和一般规定

8.2.1.1 危险货物运输车辆的驾驶员应持有主管机关颁发的证书,以证明他们参与了培训课程并且通过与其运输危险货物相适应的考试。

8.2.1.2 运输危险货物的驾驶员应参加基础培训课程。该培训课程需经过主管机关的批准。该培训的主要目标是使驾驶员了解运输危险货物过程中可能出现的危险,如何减少事故概率,以及发生事故时如何保证自身安全、降低事故对公众及环境安全影响。这种培训应包括个人实操培训,以及8.2.2.3.2所规定的培训内容。所有类别驾驶员都应该参加基础培训课程。主管机关可以针对特定品种或类型的危险货物,批准特定基础培训课程。但参加完该特定基础培训课程后,不能直接参加8.2.1.4所规定的专业培训课程。

8.2.1.3 采用固定罐或容积超过 $1m^3$ 的多单元气体容器作为容器的车辆或移动式爆炸装置运输的驾驶员,总容积超过 $1m^3$ 的管束式车辆驾驶员,以及采用集装罐、可移动罐柜,或者超过 $3m^3$ 多单元气体容器作为容器的车辆或移动式爆炸装置运输的驾驶员,应接受罐体运输专业课程培训,其培训内容应至少包括8.2.2.3.3所规定的内容。主管机关可以针对特定品种或类型的危险货物,批准特定的罐体运输培训课程。但参加完该特定罐体培训课程后,不能直接参加8.2.1.4所规定的专业培训课程。

8.2.1.4 运载第1类(1.4S类的物质或物品除外)或第7类危险货物的驾驶员应接受8.2.2.3.4或8.2.2.3.5所规定的培训课程。

8.2.1.5 所有培训课程,实践操作培训和考试,以及主管机关的职责等规定应符合8.2.2的要求。

8.2.1.6 所有符合本节要求、由缔约方主管机关按照8.2.2.8规定发放,并在有效期内的培训证书,其他缔约方的主管机关必须认可。

8.2.2 驾驶员培训的特殊规定

8.2.2.1 通过理论课程学习和实践操作联系,驾驶员应能掌握必需的知识和技能,并以考试的方式进行检验。

8.2.2.2 培训机构应保证培训教师有良好的知识水平,了解与危险货物运输相关的法规标准、培训要求的最新动态。培训必须与实践操作相关。培训项目应包括8.2.2.3.2至8.2.2.3.5的课程内容,并按8.2.2.6的规定进行审批。培训应包括个人实操练习(见8.2.2.3.8)。

8.2.2.3 培训构成

8.2.2.3.1 培训可以包括基础培训课程,或相应的专业培训课程。也可采用综合培训课程的方式,即由同一培训机构在一段时间内,将基础培训课程和专业培训课程作为一个整体进行培训。

8.2.2.3.2 基础培训课程应至少包括以下内容:
(a) 危险货物运输的一般规定;
(b) 主要危险类型;

(c) 废物转移过程中环境保护的有关信息;
(d) 针对不同类型的危险,相关预防和安全措施;
(e) 事故发生需要做的事情(救护、道路安全、安全防护设备使用的基本知识,应急指南等);
(f) 标记、标志、揭示牌和橙色标记牌;
(g) 危险货物运输过程时,驾驶员应该做哪些事,不能做哪些事;
(h) 车辆上主要技术设备的用途、操作方法;
(i) 在同一辆车或集装箱中混合装载的禁止性条款;
(j) 装卸危险货物时的注意事项;
(k) 民事责任的有关知识;
(l) 多式联运的作业知识;
(m) 包件的操作和堆放;
(n) 隧道交通规定和驾驶规范(事故预防,安全,遭遇火情或其他紧急事故后应采取的措施,等);
(o) 安全意识。

8.2.2.3.3 罐体运输专业课程的内容应至少包括:
(a) 车辆在道路上的行驶特点,包括罐车装载货物的晃动;
(b) 车辆的特殊规定;
(c) 各种装货、卸货设备的基础理论知识;
(d) 车辆使用的特殊规定(批准证书、批准标记、揭示牌和橙色标记牌等)。

8.2.2.3.4 运输第1类物质和物品的专业课程应至少包括下列内容:
(a)与爆炸物和烟火类物质/物品相关的特殊危险性;
(b)第1类物质和物品在混合装载时的特殊规定。

8.2.2.3.5 运输第7类放射性物质的专业课程应至少包括下列内容:
(a) 与离子放射物相关的特殊危险性;
(b) 与放射物的包装、操作、混合装载、积载有关的特殊规定;
(c) 当发生放射物事故时,应采取的特别措施。

8.2.2.3.6 教学单元应持续45min。

8.2.2.3.7 通常情况下每个训练日不能安排超过8个教学单元。

8.2.2.3.8 个人实操培训应与理论培训相结合,其内容应至少包括急救、灭火,以及发生事故时应该做什么。

8.2.2.4 ***初始培训***
【译注:初设培训类似于我国的危险货物道路运输从业资格培训】

8.2.2.4.1 每个初始培训课程或综合培训课程的理论部分的最小课时数如下:
基础培训课程 18教学单元
罐体运输专业培训课程 12教学单元
第1类物质和物品运输专业培训课程 8教学单元
第7类放射性物质运输专业培训课程 8教学单元
基础培训课程和罐体运输专业培训课程,应包括8.2.2.3.8所规定的个人实操培训,实操培训的时间长短视参加培训的驾驶员数量而定。

8.2.2.4.2 综合培训课程的培训时长可由主管机关决定,基础培训课程和罐体运输专业培训课程的课时数保持不变,但第1类和7类物质运输的专业培训课时数可以适当缩短。

8.2.2.5 ***定期再教育培训***

8.2.2.5.1 定期开展定期再教育培训课程的目的,是传授给驾驶员最新的知识,包括新技术、

8.2.2.5.2	若驾驶员初始培训为综合培训课程形式,则定期再教育培训(包括个人实操训练)时间不得少于2天,否则,其定期再教育培训时间不得少于初始培训(初始基础培训或初始专业培训,见8.2.2.4.1)课时的1/2。
8.2.2.5.3	驾驶员可以初始培训课程培训及考试,来代替定期再教育培训和考试。

8.2.2.6 *培训的批准*

8.2.2.6.1	培训课程应得到主管机关的批准。
8.2.2.6.2	只有在提交书面申请之后才能给予批准。
8.2.2.6.3	申请文件应包括以下内容: （a） 详细的培训项目介绍,包括培训内容,课程计划、培训方法; （b） 授课人的资质和专业领域; （c） 培训场所、培训教材及实操培训器材相关信息; （d） 课程条件,如学员人数。
8.2.2.6.4	主管机关负责对培训和考试监督的组织工作。
8.2.2.6.5	在具备以下条件的情况下,主管机关应给出书面批准: （a） 按照申请文件开展培训; （b） 主管机关可授权专人,对培训课程和考试进行监督; （c） 将个体培训的时间、地点告知主管机关; （d） 如果不符合当初批准的条件,该项批准可以撤销。
8.2.2.6.6	批准文件应说明课程类型(基础课程或专业课程;初始课程或定期再教育课程;是否为针对特定品种或类型危险货物的特定培训课程)。
8.2.2.6.7	培训课程经批准后,若培训机构打算对批准有关内容(尤其是培训课程相关内容)进行修改,需提前得到主管机关的批准。

8.2.2.7 *考试*

8.2.2.7.1	*基础课程的考试*
8.2.2.7.1.1	在完成基础培训(包含实操练习)之后,应针对该基础课程进行考试。
8.2.2.7.1.2	通过考试,考生应能证明其通过基础培训课程的学习,已经具有作为一名危险货物运输专业驾驶员应会的知识、理解力和技能。
8.2.2.7.1.3	为达到此目的,主管机关应准备考试题库,考试题目应包括8.2.2.3.2规定的内容。考试题应从该题库中抽取。在考试之前,考生不应知道考试题目。
8.2.2.7.1.4	可针对综合培训课程举行一次考试。
8.2.2.7.1.5	每个主管机关应监督考试的形式。
8.2.2.7.1.6	考试可采用笔试或笔试口试相结合的方式。每个考生应至少回答25个有关基础培训课程的笔试题目。如果是定期再教育培训课程的考试,每个考生应至少回答15个书面题目。考试时间应至少为45min(初始培训考试)和30min(定期再教育培训考试)。考试应包括不同的难度、分值的考题。
8.2.2.7.2	*罐体、爆炸性物质(第1类)、放射性物质(第7类)运输的专业课程考试*
8.2.2.7.2.1	通过基础课程考试,以及参加完罐体、爆炸性物质(第1类)、放射性物质(第7类)运输的专业课程学习后,考生可参加专业课程考试。
8.2.2.7.2.2	专业课程考试的举办及监督要求与8.2.2.7.1类似。考试题库应参考8.2.2.3.3、8.2.2.3.4或8.2.2.3.5的相应要求。
8.2.2.7.2.3	针对每个专业培训课程考试,每个考生应至少回答10个书面问题。考试时间应至少为30min(初始培训考试)和20min(定期再教育培训考试)。
8.2.2.7.2.4	针对特定品种或类型危险货物的特定培训课程的考试,其考试题目应仅限于特定

品种或类型危险货物的相关内容。

8.2.2.8 *驾驶员培训证书*

8.2.2.8.1　根据8.2.1.1的规定,在满足下列条件时颁发培训证书:
(a) 学员完成了基础培训课程学习,并通过8.2.2.7.1规定的考试;
(b) 学员完成罐体、爆炸性物质(第1类)、放射性物质(第7类)运输的专业课程学习,或已经掌握了8.5章的S1和S11特殊规定有关的知识,并通过8.2.2.7.2规定的考试;
(c) 学员完成了特定的基础培训课程或特定的罐车运输专业培训课程后,并通过8.2.2.7.2或8.2.2.7.2规定的考试。该证书应注明仅针对特定的危险货物品种或类别有效。

8.2.2.8.2　驾驶员培训证书有效期为5年,起始日期为其通过初始基础课程考试或初始综合培训课程考试的日期。

如果驾驶员参与了8.2.2.5规定的定期再教育培训课程,并通过了8.2.2.7所规定的考试,在下列情况培训证书应被更新:
(a) 证书有效期截至日期之前的12个月之内。由主管机关颁发新证书,有效期为5年,有效期起始日期为上一个证书的有效期截至日期;
(b) 证书有效期截至日期之前的12个月之前。由主管机关颁发新证书,有效期为5年,有效期起始日期为定期再教育培训考试通过之日;

在证书有效期内,驾驶员按照8.2.2.8.1(b)和(c)中的相关规定,扩大了其培训证书的适用范围,则新颁发的培训证书的有效期与旧证书的有效期相同。当驾驶员通过专业培训课程考试后,在证书有效期内,证书有效范围应包括该专业。

8.2.2.8.3　培训证书的样式如8.2.2.8.5所示。证书的尺寸应符合ISO7810:2003ID-1标准,采用塑料材质,白底黑字。证书应具有另外的防伪特征,比如全息图,UV印刷或扭索状防伪图案。

8.2.2.8.4　证书文字应使用多种语言,或者使用发证机关所在国家的语言。如果该语言不是英语、法语或德语中的一种,则证书的名称,第8项的标题和背面文字需使用英语、法语或德语。

8.2.2.8.5　*危险货物运输驾驶员培训证书式样*

```
                ADR驾驶员培训证书
                       **
                              1.(证书编号)*
                              2.(姓)*
                              3.(名)*
         封面    添加驾驶员   4.(出生日期年/月/日)*
                   照片      5.(国籍)*
                              6.(驾驶员签名)*
                              7.(发证机关)*
                              8.有效期至:(年/月/日)*


                  有效种类或UN Nos.:
                  罐体              及其他罐体
         封底    9.(输入种类或     10.(输入种类或
                  联合国编号)        联合国编号)
```

* 用相关的数据替换该符号
** 使用国际交通签名规范(遵照已提交联合国秘书长的1968年道路交通大会第45条(4)款或1949年道路交通大会附录4的要求)。

8.2.2.8.6　缔约方应向联合国欧洲经济委员会(UNECE)秘书处提供该国培训证书有效式

样,缔约方可提供附加解释说明。联合国欧洲经济委员会(UNECE)秘书处将接收到的信息向所有缔约方开放共享。

8.2.3　**根据8.2.1的要求对危险货物道路运输相关人员(不包括持有培训证书的驾驶员)的培训**

按照1.3章的要求,与危险货物道路运输相关的人员,应接受与之工作职责和义务相关的危险货物运输专业知识培训。与危险货物道路运输相关的人员,包括车辆运营者或托运人雇佣的人员,装货人员,卸货人员,货代或船代公司职员,装卸载操作员,货运公司、船运公司的职员,车辆驾驶员(按照8.2.1要求,具有培训证书的驾驶员除外)等。

第8.3章 车组成员应遵守的各项规定

8.3.1 乘客

除了车组成员外,禁止运载危险货物的运输单元搭载乘客。

8.3.2 灭火装置的使用

车组成员应知道如何使用灭火装置。

8.3.3 禁止打开包件

驾驶员或其助手不允许打开含危险货物的包件。

8.3.4 便携式照明装置

应使用非金属外壳的便携式照明装置,避免产生火花。

8.3.5 禁止吸烟

装卸作业车辆附近和车内禁止吸烟。包括电子香烟及其类似产品。

8.3.6 装卸过程中发动机的运转

除非国家的法律允许装卸过程中启动发动机或其他设备,否则装卸过程中要关闭发动机。

8.3.7 停车中制动装置和制轮楔的使用

运载危险货物的运输单元停车时应该使用驻车制动装置。无刹车装置的拖车应根据8.1.5.2的要求,使用至少一个制轮楔限制其移动。

8.3.8 线缆的使用

当运输单元包括一个牵引车和挂车(最大载质量超过3.5t),并配备防抱死制动系统,按照9.2.2.6.3的要求,牵引车和挂车之间的连接线应在运输过程中始终保持连接。

第8.4章 车辆监护的有关规定

8.4.1　根据3.2章表A第(19)栏的内容,当运输货物的质量符合8.5章中S1(6)和S14~S21符合特殊规定的危险货物的车辆应受到监护。若停在安全的仓库或安全厂房内时可不受监护。若没有安全场所可用,在采取必要的安全措施,车辆可以停靠在符合以下要求的独立地点:

(a) 有在场人员监督的停车处,此人已被告知货物的性质和驾驶员的行踪;

(b) 公共或私人的停车处,而车辆不会对其他车辆构成危害;

(c) 与公路和民房隔离的开阔空间,普通群众一般不会经过或聚集。

在(b)中允许的停车场只有当无(a)可使用时才可使用,而(c)只有当无(a)或(b)可使用时才可使用。

8.4.2　装载移动爆炸品制造单元(MEMUs)应受到监护,停放在安全仓库或安全厂房内时可不受监护。清洗的空置MEMUs则不受此条款的限制。

第8.5章 对特殊类别或物质的附加规定

除8.1~8.4章的规定外,运输3.2章表A第(19)栏中有提及的物质时,应遵守以下的规定。当与8.1~8.4的规定有冲突时,本章规定应首先考虑。

S1: 有关爆炸物的附加规定(第1类)

(1) *驾驶员的特殊培训*
如果根据缔约方的其他法规,驾驶员在其他国家或由于其他原因,接受了同等的培训,培训内容覆盖了8.2.2.3.4中内容,则专业培训课程可以全部或部分做出减免。

(2) *监管人员*
如果ADR缔约方法规有规定,主管机关可以要求监管人员(经授权)随车。

(3) *禁止吸烟和使用明火*
在运输第1类物质或物品的车上、附近及货物的装卸过程中禁止吸烟或使用明火,也不得使用电子香烟或其他类似的装置。

(4) *装卸地点*
(a) 第1类物质的装卸如果没有得到主管机关的特殊许可,不应该在聚集区的公共场所进行;
(b) 禁止在没有告知主管机关的情况下,在公共场所和聚集区装卸,除非出于某些安全原因需要紧急操作;
(c) 如果因为某些原因,操作必须在公共场所进行时,不同类型的物质或物品应该根据标志进行隔离;
(d) 当携带第1类物质或物品的车辆被迫在公共场所停下进行装卸时,在停靠车辆间必须至少有50m的距离间隔。隶属于同一运输单元的车辆不受本条款的限制。

(5) *护送*
(a) 当第1类物质和物品在有护送的情况下运输时,每一个运输单元和下一个之间必须保持至少50m的距离;
(b) 主管机关可以规定护送车队的顺序及组成的相关章程。

(6) *车辆的监督*
只有当车辆运输的第1类物质和物品含爆炸性物质的净质量超过车辆携带的限度时,才能使用8.4章中的规定。规定车辆携带限度如下:

1.1项:	0kg
1.2项:	0kg
1.3项,可兼容C组物质:	0kg
1.3项,除可兼容C组物质外:	50kg
1.4项,其他列举如下:	50kg
1.5项:	0kg
1.6项:	50kg
1.4项物质和物品属于UN 0104,0237,0255,0267,0289,0361,0365,0366,0440,0441,0455,0456和0500均为:	0kg

对于混合装载,最低限度适用于任何物质或物品,且混合装载将装载的货物或物品视为一个整体不再分类。

此外,以上这些物质和物品应受到全时监控,以防止任何恶意行为的发生,并在出现失窃或失火时,及时告知驾驶员和主管机关。

未清洗的空包装不受此条款的限制。

(7) *车辆的锁闭*

EX/Ⅱ型车辆装载单元中的门或硬质封盖,和运载第1类物质的EX/Ⅲ型车辆装载单元的所有接口处除装卸载时间段内可开启外,在运输过程中必须全程关闭。

S2: 运输可燃气体和液体的附加规定

(1) *便携式灯具*

运输闪点不高于60℃的物质或第2类易燃物质的封闭式车辆不应允许携带便携式照明装置的人进入,只有灯的设计和构造不会点燃渗透到车辆内部的任何可燃气体和液体方可进入。

(2) *装卸过程中,燃油加热器的操作*

在任何装载点的装卸过程中,禁止操作FL型(见第9部分)车辆的燃油加热器。

(3) *预防静电*

对于FL型车辆(见第9部分),在罐体装满和清空前,在车底盘到地面间应有导电良好的地线连接,而且装填速度应受限制。

S3: 感染性物质运输的特殊规定

不适用8.1.4.1表中第(2)、(3)、(5)栏和8.3.4中的规定。

S4: 控制温度下运输的附加规定

保持规定温度对安全运输非常关键。一般来说,应做到:
——装载前,对运输单元进行彻底检查;
——告知运输者冷却系统的操作方法,包括沿途冷却剂供应商的名单;
——在失控情况下应遵守的程序;
——作业温度的常规监测;
——可用的备用冷却系统或备件。

运输单元内空间的温度应由两个完全独立的温敏器检测,并记录输出数据,由此易于观察温度的变化。

温度应每隔4~6h进行检测并记录。

如果运输中超出控制温度,应启动紧急程序,如进行必要的冷却装置修复,或增加制冷剂(如添加液体或固体制冷剂)。应经常检测温度并准备紧急程序。如果达到紧急温度(见2.2.41.1.17和2.2.52.1.15~2.2.52.1.18),应执行紧急程序。

注:此规定中S4不适用于3.1.2.6所指的物质,即通过加入化学抑制剂来达到自加速分解温度大于50℃从而达到稳定的物质,在这样的案例中,运输中温度控制可能不会超过55℃。

S5: 运输UN 2908,2909,2910和2911的第7类放射性物质的包件的特殊规定

不适用8.1.2.1(b)中的书面说明和8.2.1、8.3.1和8.3.4中的规定。

S6: 运输其他含有第7类放射性物质的包件的特殊规定

只运载标有Ⅰ级-白色的包件、集合包装或集装箱不应遵守8.3.1的规定。

如果没有次要风险,不必遵守 8.3.4 规定。

其他的附加要求和特殊规定

S7： （删除）

S8： 运输单元运载超过 2000kg 此类物质时,尽量不要在居民区或人群常出入的地区停靠。只有在得到主管机关的同意时才可以在此类地区长期停靠。

S9： 运输此类物质的过程中,尽量不要在居民区或人群常出入的地区要求停靠。只有在得到主管当机关的同意时才可以在类地区长期停靠。

S10： 在四月到十月期间,当驻车时,应使用有效手段保护货物,如在距货物上方不小于 20cm 处放置遮盖布,保护其免受阳光直射。

S11： 如果根据适用于缔约方的规定,一名驾驶员在不同制度或其他目的下,接受了同等的培训,即包含了 8.2.2.3.4 中内容的培训,则专业培训课程可以全部或部分做出删减。

S12： 如果运输的含放射性物质的包件的总量不超过 10 件,运输指数不超过 3,且无次要危险,则 8.2.1 中关于驾驶员培训的规定就不需执行。当驾驶员通过接受适当培训,使其能够对清楚自身的职责,知道所运输的放射性物质的放射危险。这样的培训应有雇主提供的证书证明。（见 8.2.3）。

S13： （删除）

S14： 运载任何质量物质的车辆,都应遵守 8.4 章中涉及车辆监护的规定。

S15： 运载该类物质时,无论质量多少,都应该遵守 8.4 章关于车辆监护的规定。当装载仓关闭以及包件受到保护以防非法卸载时,8.4 章的规定不必遵守。

S16： 当车内此类物质的总量超过 500kg 时,应遵守 8.4 章中涉及车辆监护的规定。
而且,当车辆运输此类物质的总量超过 500kg 时,对该车应保持全程实时监控,以防任何恶意行为,并且在出现失窃和失火情况时,及时告知驾驶员和主管机关。

S17： 当车内此类物质的总量超过 1000kg 时,应遵守 8.4 章中涉及车辆监护的规定。

S18： 当车内此类物质的总量超过 2000kg 时,应遵守 8.4 章中涉及车辆监护的规定。

S19： 当车内此类物质的总量超过 5000kg 时,应遵守 8.4 章中涉及车辆监护的规定。

S20： 当车内此类物质的总量超过 10000kg(包件)时或 3000L(罐装)时,应遵守 8.4 章中涉及车辆监护的规定。

S21： 无论数量多少,都应遵守 8.4 章中涉及车辆监护的规定。且这些物质应受到全时监控,以防任何恶意行为,出现失窃和失火情况时,应及时告知驾驶员和主管机关。然而,出现以下情况时,则不需要执行 8.4 章的规定：

(a) 装载仓关闭和包件受到保护,防止非法卸载;

(b) 车辆外表面上任何可接触点上的剂量率不超过 $5\mu Sv/h$。

S22： 当车内此类物质的总量超过 5000kg(包件)时或 3000L(罐装)时,应遵守 8.4 章中涉及车辆监护的规定。

S23： 当车内此类物质的总量超过 3000kg 时或 3000L,无论散装还是罐装,应遵守 8.4 章中涉及车辆监护的规定。

S24： 当车内此类物质的总量超过 100kg 时,应遵守 8.4 章中涉及车辆监护的规定。

第8.6章 运载危险货物车辆通过公路隧道的限制

8.6.1 一般规定

根据1.9.5的规定,车辆通过公路隧道适用本章的规定。

8.6.2 运载危险货物的车辆通行的道路标志和信号

主管机关根据1.9.5.1的规定对隧道做出分类,其目的是对运载危险货物的车辆的通行进行限制,该限制由以下道路标志和信号进行指示:

标志和信号	隧道种类
无标识	A类隧道
标志上有一个额外的面板且印有字符B	B类隧道
标志上有一个额外的面板且印有字符C	C类隧道
标志上有一个额外的面板且印有字符D	D类隧道
标志上有一个额外的面板且印有字符E	E类隧道

8.6.3 隧道限制代码

8.6.3.1 根据3.2章表A第(15)栏规定了危险货物的通行隧道限制代码。"(-)"说明货物不受隧道限制代码的限制,可以通过任何隧道。基于1.7.4.2的规定,UN 2919～3331有关隧道通行的限制,也是主管机关对其做出的特别运输安排的一部分。

8.6.3.2 如果一个运输单元装载的危险货物,具有不同的隧道限制代码,则该运输单元应采用最严格的隧道限制代码。

8.6.3.3 1.1.3规定的危险货物通行隧道不受限制。在计算整个运输单元的隧道限制代码时,也不予考虑。除非该运输单元贴有符合3.4.13和3.4.14的标记❶。

8.6.4 对通过隧道运载危险货物运输单位的限制

隧道通行的限制应适用:
—3.4.13和3.4.14规定的需标记的运输单元通过E类隧道时;和
—根据5.3.2的规定,由橙色标记牌进行标记的运输单元,依据下表,由隧道限制码被分配给满载运输单元来决定。

隧道限制代码(满载)	限 制
B	禁止通过B、C、D、E类隧道
B1000C	每个运输单元所运输的爆炸物的总净质量 —超过1000kg;禁止通过B、C、D、E类隧道; —未超过1000kg;禁止通过C、D、E类隧道
B/D	罐装运输:禁止通过B、C、D、E类隧道; 其他运输:禁止通过D、E类隧道

---

❶ 如果1.6.1.20中提及的过渡措施出台,或有效期2010年12月31日前按照3.4.10和3.4.11中的规定。

续上表

隧道限制代码(满载)	限 制
B/E	罐装运输:禁止通过B、C、D、E类隧道; 其他运输:禁止通过E类隧道
C	禁止通过C、D、E类隧道
C5000D	每个运输单元所运输的爆炸物的总净质量 ——超过5000kg;禁止通过C、D、E类隧道; ——未超过5000kg;禁止通过D、E类隧道
C/D	罐装运输:禁止通过C、D、E类隧道; 其他运输:禁止通过D、E类隧道
C/E	罐装运输:禁止通过C、D、E类隧道; 其他运输:禁止通过E类隧道
D	禁止通过D、E类隧道
D/E	散装或罐装运输:禁止通过D、E类隧道; 禁止通过E类隧道
E	禁止通过E类隧道
—	可通过所有隧道(根据UN 2919~3331中的规定,见8.6.3.1)

注1:例如,一个运输单元运载有UN 0161的货物,该货物为粉状、无烟、分类代码1.3C、隧道限制代码C5000D、爆炸物净质量为3000kg,则不能在D、E通道进行运输。

注2:危险货物以一定量包装后通过集装箱或运输单元运载,且根据IMDG代码进行标记时,按照规定不受通道的限制。但通过E类通道时载有危险货物的每个运输单元的包装总毛重不得超过8t。

第 9 部分　车辆制造和批准的要求

第 9.1 章 车辆批准的范围、定义及要求

9.1.1　　　范围和定义

9.1.1.1　　*范围*
第 9 部分的要求适用于运输危险货物的 N 类(货车)和 O 类(挂车)车辆,车辆类型定义参照《关于统一车辆结构的协议》(R.E.3)❶中附录 7 的规定❷。
本部分的技术要求涉及车辆本身,包括制造、型式认可、ADR 批准和年度技术检验。

9.1.1.2　　*定义*
第 9 部分中涉及的定义:
车辆指用于危险货物道路运输的任何车辆,无论是成品车、非完整车辆或完整车辆。
EX/Ⅱ 型车辆或 EX/Ⅲ 型车辆指用于运输爆炸性物质和物品(第 1 类)的车辆。
FL 型车辆

(a) 用于运输闪点不超过 60℃ 液体的车辆(以下物品例外:满足欧洲标准 EN590:2009 + A1:2010 要求的柴油,瓦斯油,取暖用油(轻) – UN 1202 – 闪点满足欧洲标准 EN590:2009 + A1:2010),采用容积超过 $1m^3$ 固定式罐体或可拆卸式罐体;或采用单一容积超过 $3m^3$ 的罐式集装箱或者移动罐柜;

(b) 用于运输可燃气体的车辆,且采用容积超过 $1m^3$ 的固定式罐体或可拆卸式罐体;或者采用单一容积超过 $3m^3$ 的罐式集装箱、可移动罐柜或多单元气体容器(MEGC);

(c) 用于运输可燃气体的管束式车辆,且总容积不应小于 $1m^3$。

OX 型车辆
用于运输稳定的过氧化氢或者浓度不低于 60% 的稳定的过氧化氢水溶液,(第 5.1 类 UN 2015),采用容积不低于 $1m^3$ 的固定式或可拆卸式罐体,或采用单一容积不低于 $3m^3$ 的罐式集装箱或可移动罐柜。

AT 型车辆

(a) 不属于 EX/Ⅲ,FL,或者 OX 型,用于运输危险货物的车辆,采用容积不低于 $1m^3$ 的固定式罐体或可拆卸式罐体,或者采用单一容积不低于 $3m^3$ 的罐式集装箱、可移动罐柜或多元气体容器(MEGC);

(b) 总容积不低于 $1m^3$ 的,且不属于 FL 型的管束式车辆。

移动爆炸品制造单元(MEMU)指满足 1.2.1 中定义的移动式爆炸物制造车辆。
成品车(Complete vehicle)指不需要进一步组装完整的车辆(例如一次制造完成的小型货运车辆,卡车,牵引车,挂车等)。
非完整车辆(Incomplete vehicle)❸指需要至少进行一次继续组装才能够完整的车辆(例如带驾驶室的底盘、挂车底盘等)。

---

❶ 联合国文件 ECE/TRANS/WP.29/78/Rev.3《关于统一车辆结构的协议》。
❷ 该协议附录 7 在我国被等效采用为 GB/T 15089《机动车辆及挂车分类》。
❸ ADR 表述较难理解完整车辆和非完整车辆两个概念,我国国标 GB 16735 对非完整车辆有一个相对完善的表述,"非完整车辆,至少包括车架、动力装置、转向装置、悬架系统和制动系统的车辆。车辆装配到这种程度,除了增添易于安装的部件(如后视镜或轮胎与车轮总成)或进行小的精装作业(如补漆)外,还需要进行制造作业才能成为具有预期功能的车辆。"

完整车辆(Completed vehicle)❶指经过多个阶段处理形成的车辆(例如已经与车体适配安装后的底盘或带驾驶室的底盘)。

经过型式认可的车辆(Type-approved vehicle)指依据 ECE R105 技术法规❷获得型式认可的车辆。

ADR 批准指由公约缔约方主管机关进行的认证,对用于运输危险货物的 EX/Ⅱ、EX/Ⅲ、FL、OX、AT 型车辆或者移动式爆炸品制造单元(MEMU)逐台验证是否满足本公约本部分提出的相关技术要求。

9.1.2 对 EX/Ⅱ、EX/Ⅲ、FL、OX、AT 型车辆及移动爆炸品制造单元(MEMU)的批准

注:对 EX/Ⅱ、EX/Ⅲ、FL、OX、AT 型车辆与移动式爆炸品制造单元(MEMU)以外的车辆,除需要满足车辆来源国的一般安全技术法规外,无须特殊批准证明。

9.1.2.1 *一般要求*

EX/Ⅱ、EX/Ⅲ、FL、OX、AT 型车辆与移动式爆炸品制造单元(MEMU)应满足本部分的相关要求。

每一辆成品车或完整车辆都应提交给主管机关进行首次检测,依据本章提出的管理要求,确认车辆与 9.2~9.8 章相关技术要求相符合。

针对依据本公约 9.1.2.2 进行型式认可的半挂车,其适配的牵引车首次检验可由主管机关免除,条件是经主管机关认定的牵引车制造商或制造商认可的代理人发布其产品符合 9.2 要求的声明。

车辆的符合性应由依据 9.1.3 核发的批准证书进行证明。

当车辆要求配置缓速制动系统时,车辆生产商或其认可的代理人应出具与 ECE R13❸附录 5 有关要求相符合的声明文件。声明文件应在车辆首次技术检查时出示。

9.1.2.2 *针对经过型式认可的车辆相关技术要求*

应车辆生产商或其认可的代理人的要求,提交 ADR 批准(依据公约的 9.1.2.1)的车辆可以是主管机关型式认可后的车辆。在主管机关依据 ECE R105 发布了型式认可证书证明上述法规中相关技术要求与 9.2 章等效并证明车辆没有改动以影响其有效性时,可以认为车辆满足 9.2 章的要求。对于移动式爆炸品制造单元(MEMU),如果附带满足 ECE R105 的型式认可标签,可以证明该车辆满足移动式爆炸品制造单元(MEMU)或者 EX/Ⅲ 型的要求。移动式爆炸品制造单元(MEMU)只需要依据 9.1.3 发布认可证书就可以被认定。

车辆型式认可的目的是确保车辆符合性,当为获得 ADR 批准而对车辆进行检验时,本公约任一缔约方核发的车辆型式认可都应被其他缔约方所认可。

在为获得 ADR 批准所进行的检验中,针对经过型式认可的非完整车辆,反应对其组装完整过程中被添加或修改过的部件,进行检验以确定其是否遵守了 9.2 章中的适用要求。

9.1.2.3 *年度技术检验*

EX/Ⅱ、EX/Ⅲ、FL、OX 和 AT 型车辆及移动式爆炸品制造单元(MEMU)应在其注册国进行年度技术检验,以确保其满足本部分的要求,并满足注册国现行的一般安全法规(如制动、灯光等)。车辆的符合性应通过延长批准证书有效时间或依

---

❶ 根据我国国标 GB 16735,完整车辆定义为"除了增添易于安装的部件(如后视镜或轮胎与车轮总成)或进行小的精装作业(如补漆)外,不需要进行制造作业就能成为具有预期功能的车辆。"GB 16735 主要参照的是 ISO 标准和美国的联邦法典 CFR 第 49 卷。

❷ ECE Regulations No. 105,该法规的全称为《关于就特殊结构特征方面批准用于运输危险货物车辆的统一规定》。依据国内的使用习惯进行表述,ECE R105 代表 ECE 技术法规 105 号,下文采用相同的表述方式。

❸ ECE R13《关于就制动方面批准 M 类、N 类和 O 类车辆的统一规定》。

据9.1.3发放新的批准证书等方式进行证明。

9.1.3 批准证书

9.1.3.1　EX/Ⅱ、EX/Ⅲ、FL、OX 和 AT 型车辆及移动式爆炸品制造单元(MEMU)与本部分(第9部分)的符合性应由车辆注册国的主管机关发布的批准证书进行确定。满足检验项目要求或者因满足本章9.2要求并依据9.1.2.1规定获得符合性声明的车辆将逐台获发批准证书。

9.1.3.2　只要在有效期内,经任一本公约缔约方的主管机关针对注册在该缔约方领土范围内车辆发布的批准证书,都应该被本公约其他缔约方主管机关所承认。

9.1.3.3　批准证书应具有与9.1.3.5中模板同样的样式。尺寸是210mm×297mm(A4格式)。正反面都可以使用。颜色应为白色,且有粉色的斜条纹。

批准证书应使用核发国家的语言或者官方语言之一编制。如果语言不属于英语、法语或者德语中的任何一种,批准证书的标题和备注(如9.1.3.5模板中11所示)应使用英语、法语或者德语再表述一次。

真空操作危废罐车的批准证书应具有如下标识:"真空操作危废罐车"。

9.1.3.4　车辆为获发批准证书而进行技术检查后,批准证书的有效期不应超过技术检查日期后一年。如果技术检查在最新名义截止日期的前后一个月内执行,下一次批准期限应与该日期相关联。

如果罐体有强制性定期检查规定,罐体的气密性试验(泄漏试验)、液压试验或者内部检查应依据6.8章、6.9章中规定的时间间隔进行,本条款检验周期规定不适用。

9.1.3.5　针对特定种类危险货物的运输车辆型式认可证书模板

针对特定种类危险货物的运输车辆型式认可证书 本证书用于证明下述车辆满足 ADR 的规定			
1.证书编号:	2.车辆生产商:	3.车辆识别号:	4.注册号码(如果有):
5.运输业者、驾驶员或者所有者的姓名及地址:			
6.车辆描述:注释1			
7.车辆类型(依据 ADR 9.1.1.2 判定):注释2 　EX/Ⅱ　　EX/Ⅲ　　FL　　OX　　AT　　MEMU			
8.缓速制动系统:注释3 　□ 不适用 　□ 依据ADR 9.2.3.1.2,效能够满足总质量_____t 的运输单元。注释4			
9.固定式罐体或管束式车辆信息(如果有): 　9.1 罐体制造商: 　9.2 罐体或管束式车辆认证号码: 　9.3 罐体制造商序列号/管束式车辆单元认证码: 　9.4 制造年份: 　9.5 依据ADR 4.3.3.1 或4.3.4.1 所确定的罐体代码: 　9.6 依据ADR 6.8.4 确定的特殊条款 TC 和 TE(如适用):注释6			
10. 授权可承运的危险货物: 　车辆满足承运危险品的技术要求(危险货物种类应与确定本证书第7项车辆类型的危险货物一致) 　10.1 如果车辆是EX/Ⅱ型　　　　□第1类危险货物,包括配装组 J 　　　　或者是EX/Ⅲ型注释3　　　□第1类危险货物,不包括配装组 J 　10.2 如果车辆是罐车或管束式车辆注释3 　　　　□只能运输本证书第9项所规定的罐体代码及特殊规定所允许的危险货物。 　　　　□只有下述介质(类别、UN 编号,包装类别(可选),正式运输名称(可选))可以被运输。注释5 　只有不易与壳体材料、密封圈、设备及保护性衬里(如适用)发生危险反应的介质可以被运输。			

续上表

11. 备注:

12. 有效期至:
核发机构签章 核发地点、日期、人员签名

注释 1	依据是车辆制造统一许可协议（R.E.3）中附录 7 或欧盟指令 2007/46/EC 中对机动车和 N 类 O 类挂车的定义。
注释 2	划去不符合条件的。
注释 3	符合条件的在□内打 ×。
注释 4	输入准确的值。如标注 44t 不会限制注册文件中的"注册/使用中的最大允许质量"。
注释 5	可运输介质种类的确定应依据 9.1.3.5 表中第 9 部分中的罐体代码或根据 4.3.3.1.2、4.3.4.1.2 确定的罐体代码进行。在适用的情况下，应考虑相关特殊条款。
注释 6	如果允许的介质在本证书 10.2 中列出,则本条款不做要求。

13. 有效期延长情况	
延长有效期至:	核发机构签章 核发地点、日期、人员签名

注: 在下述情况下,本批准证明应交还核发机构:

①车辆退出运营时;

②如第 5 部分所示,车辆被转手至其他运输业者、驾驶员或所有者时;

③批准证书失效时;

④车辆一项或多项重要特性发生重大改变时。

第9.2章 车辆制造要求

9.2.1 符合性要求

9.2.1.1 EX/Ⅱ、EX/Ⅲ、FL、OX 和 AT 型车辆应依据下表所示满足本章要求

对不属于 EX/Ⅱ、EX/Ⅲ、FL、OX 和 AT 型的车辆：

—9.2.3.1.1 的要求（ECE R13 或欧盟指令 71/320/EEC 中规定的制动设备）适用于所有首次注册（投入运输服务时，没有强制注册要求的车辆）日期在 1997 年 6 月 30 日之后的车辆。

—9.2.5 的要求（ECE R89 或欧盟指令 92/24/EEC 中规定的限速装置）适用于所有最大总质量超过 12t 且首次注册日期在 1987 年 12 月 31 日之后的车辆，同时适用于所有最大总质量超过 3.5t 但不超过 12t 且首次注册日期在 2007 年 12 月 31 日之后的车辆。

技术条件		车辆类型					注 释
		EX/Ⅱ	EX/Ⅲ	AT	FL	OX	
9.2.2	电气装置						
9.2.2.2	导线		X	X	X	X	
9.2.2.3	电源总开关						
9.2.2.3.1			X[a]		X[a]		[a] 9.2.2.3.1 的最后一句适用于首次注册日期在 2005 年 7 月 1 日之后，投入运输服务时，没有强制注册要求的车辆
9.2.2.3.2			X		X		
9.2.2.3.3			X				
9.2.2.3.4			X		X		
9.2.2.4	蓄电池	X	X		X		
9.2.2.5	常通电电路						
9.2.2.5.1					X		
9.2.2.5.2			X				
9.2.2.6	驾驶室后部的电气装置		X		X		
9.2.3	制动装置						
9.2.3.1	一般性条款	X	X	X	X	X	
	防抱死制动系统		X[b]	X[b]	X[b]		[b] 适用于最大质量超过 16t 的机动车（牵引车和单车），最大质量超过 10t 被允许用来牵拖挂车（例如全挂车、半挂车和中置轴挂车等）的机动车。机动车应配备 1 类防抱制动装置。适用于最大质量超过 10t 的挂车（例如全挂车、半挂车和中置轴挂车），挂车应配备 A 类防抱制动装置
	缓速制动系统		X[c]	X[c]	X[c]		[c] 适用于最大质量超过 16t 的机动车或者用于牵拖挂车且最大质量超过 10t 的机动车。缓速制动系统应采用ⅡA 型
9.2.4	防火相关条款						
9.2.4.2	驾驶室				X		
9.2.4.3	燃料罐	X	X		X	X	

续上表

技术条件	车辆类型					注　释
	EX/Ⅱ	EX/Ⅲ	AT	FL	OX	
9.2.4.4 发动机	X	X		X	X	
9.2.4.5 排气系统	X	X		X		
9.2.4.6 车辆缓速制动		X	X	X	X	
9.2.4.7 燃油加热器						
9.2.4.7.1 9.2.4.7.2 9.2.4.7.5	X[d]	X[d]	X[d]	X[d]	X[d]	[d] 适用于1999年6月30日安装使用该系统的车辆。2010年1月1日开始强制要求1999年7月1日之前的使用该系统的车辆满足要求。如果安装使用日期不明确或不可知,车辆首次注册日期应被用来进行判断
9.2.4.7.3 9.2.4.7.4				X[d]		[d] 适用于1999年6月30日安装使用该系统的车辆。2010年1月1日开始强制要求1999年7月1日之前的使用该系统的车辆满足要求。如果安装使用日期不明确或不可知,车辆首次注册日期应被用来进行判断
9.2.4.7.6	X	X				
9.2.5 限速装置	X[e]	X[e]	X[e]	X[e]		[e] 适用于首次注册日期在1987年12月31日之后且最大质量超过12t的机动车,或者首次注册日期在2007年12月31日之后且最大质量超过3.5t但不大于12t的机动车
9.2.6 挂车的连接	X	X				

9.2.1.2　　　　　移动式爆炸品制造单元(MEMU)应满足本章对EX/Ⅲ型车辆的技术要求。

9.2.2　　电气装置

9.2.2.1　　*一般要求*

电气装置总体上应满足9.2.2.2～9.2.2.6的要求,如9.2.1中的表所示。

9.2.2.2　　*导线*

9.2.2.2.1　　　　导线应具有足够的截面积以防止发热,且应可靠绝缘。所有电路均应设置保险丝或自动断路器予以保护,但下述电路部分除外:
——从蓄电池到冷启动及发动机停机系统;
——从蓄电池到交流发电机;
——从交流发电机到保险丝或断路器盒;
——从蓄电池到起动机;
——从蓄电池到电气或电磁式缓速制动系统的控制箱(见9.2.3.1.2);
——从蓄电池到提升桥轴之平衡臂轴的电气提升机构。
上述未被保护的电路应尽可能短。

9.2.2.2.2　　　　导线应布置合理并固定可靠,使之足以防止机械应力和热应力的损伤。

9.2.2.3　　*电源总开关*

9.2.2.3.1　　　　用于切断电路的电源开关安装位置应尽量靠近蓄电池。如果采用了单极开关,它应安装在电源引线上而不是接地线上。

9.2.2.3.2　　　　驾驶室内应设置用于电源总开关开、闭操作的控制装置。该控制装置应安装在易于操作的位置并设置清晰标记。应采用加保护盖、采用双重运动控制装置或其他合适的方式对开关控制装置进行保护,防止误操作。也可安装符合上述要求的辅助控制装置。如果控制装置是电控的,控制装置的线路要求也应符合9.2.2.5的要求。

9.2.2.3.3　　　　开关应配备符合IEC 60529规定的IP65等级的开关盒。

| 9.2.2.3.4 | 开关上的线束接头应符合 IEC 60529 规定的 IP54 等级的要求。但如果这些接头设置在蓄电池箱内,则只需采取可靠绝缘措施(例如使用橡胶盖等)防止其短路即可。 |

9.2.2.4 *蓄电池*

蓄电池接线端子应采取可靠的绝缘保护措施或用绝缘的蓄电池箱盖住。蓄电池应置于开有通气孔的箱内,除非其安装位置在发动机罩之下。

9.2.2.5 *常通电电路*

9.2.2.5.1	(a)	电源总开关断开后仍保持通电的电气装置(包括引线头),应能够在有害环境下使用。其环境适应性应满足 IEC 60079 的通用要求,包括第 0 部分和第 14 部分❶,同时应满足 IEC 60079 中第 1、2、5、6、7、11、15 或 18 部分的附加要求;
	(b)	若执行 IEC 60079 中第 14 部分,首先应采用以下分类: 不受 9.2.2.3 和 9.2.2.4 限制的常通电电气装置(包括引线头),应用于一般场合的应满足 Zone1 的要求,应用于驾驶室的应满足 Zone2 的要求。应用于爆炸组ⅡC 的,应满足温度分类 T6 的要求。 针对安装于超过 T6 温度极限环境下(该温度不是由电子设备导致的)的常通电电气装置,其温度分类要求应至少满足 T4 分类要求;
	(c)	常通电电气装置的电源引线应满足下述规定之一:(1) IEC 60079 第 7 部分 ("强化的安全要求")并且由安装在紧靠在蓄电池的保险丝或自动断路器予以保护;(2) 如果是"本质安全型电气设备",应由紧靠在蓄电池的安全屏障保护。
9.2.2.5.2		不经过电源总开关而直接接通蓄电池的线路应采取合理的过热保护措施,例如保险丝、自动断路器或者安全屏障(电流限制器)等。

9.2.2.6 *驾驶室后部的电器装置*

在车辆正常使用情况下驾驶室后部的电气装置不应发生短路或产生火花,并且在受到冲击或发生变形时这类危险能降低到最低程度,特别是:

| 9.2.2.6.1 | 导线 |

车辆正常使用情况下,位于驾驶室后部的导线应具备防碰撞、防腐蚀及防磨损的保护措施。正确的防护措施示例如下图 1 ~ 图 4 所示。但防抱死制动系统的传感器电缆不需要额外的保护。

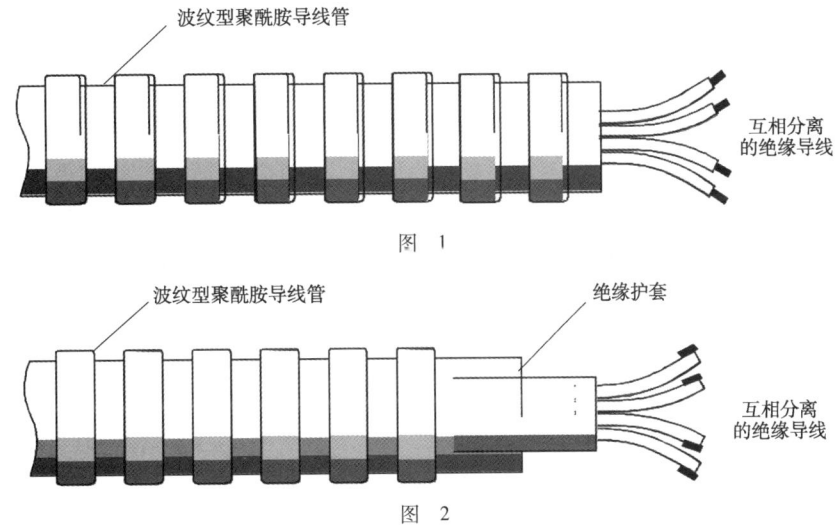

图 1

图 2

---

❶ IEC 60079 相关要求的优先级并不在本公约本部分的要求之上。

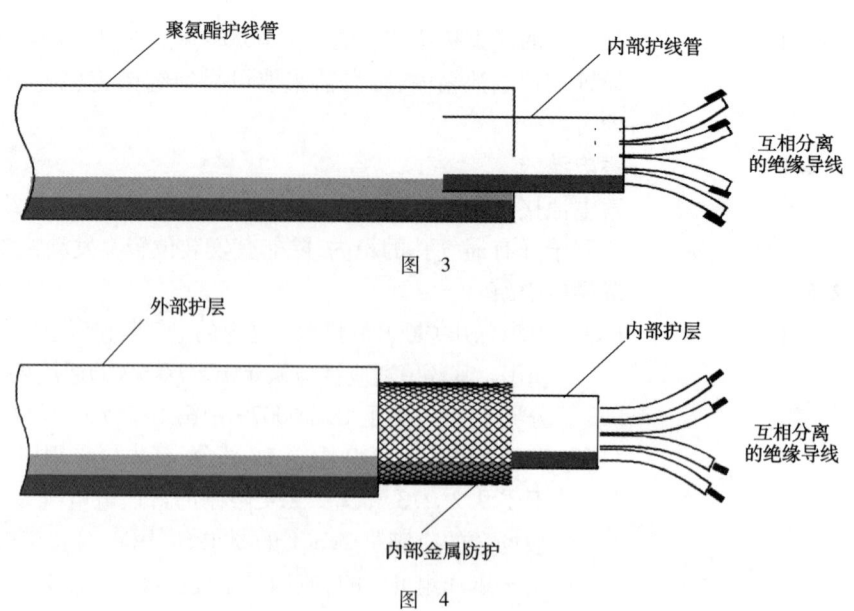

图 3

图 4

9.2.2.6.2 **灯光**
禁止使用螺口灯泡。

9.2.2.6.3 **电气接头**
牵引车与挂车之间的电气接头应满足 IEC 60529 中规定的 IP54 防护等级的要求，且应具有防止意外断接的功能。连接器应与 ISO 25981:2008❶, ISO 12098:2004❶, ISO 7638:2003❶以及 EN 15207:2006 的要求保持一致。

9.2.3 制动设备

9.2.3.1 一般要求

9.2.3.1.1 用于运输危险货物的机动车及挂车应该满足 ECE R13❷或 71/320/EEC❷欧盟指令及后续修订版本的相关技术要求和生效日期要求。

9.2.3.1.2 EX/Ⅲ,FL,OX 和 AT 型车辆应满足 ECE R13❷,附件 5。

9.2.3.2 （删除）

9.2.4 防火要求

9.2.4.1 一般要求
下述技术条款应依据 9.2.1 中的表确定适用范围。

9.2.4.2 驾驶室
若驾驶室由易燃材料制成,则应在驾驶室后部设置一片与货厢同宽的金属保护板。驾驶室后部的所有窗口均应密闭且密封,玻璃和窗框均应为耐火材料。货厢与驾驶室后壁或保护板间距不得小于 15cm。

9.2.4.3 燃油箱
用于为发动机供应燃料的燃油箱应满足如下要求:
(a) 万一发生泄漏,漏出的燃油应能直接排向地面,而不会触及车辆的热部件或货厢;
(b) 汽油箱的加注口应设置可靠的阻火器或设置气密封的加注口盖。

9.2.4.4 发动机

---

❶ 针对 ISO 4009,参考该标准,不需要强制采用。
❷ ECE R13《关于就制动方面批准 M 类、N 类和 O 类车辆的统一规定》。

发动机及排气系统应合理布置,使其能够防止发热和火花危及货物。EX/Ⅱ和EX/Ⅲ型车辆的发动机应为压燃式。

9.2.4.5	*排气系统*

排气系统(包括排气管)的布置应能避免加热和点燃货物。若排气系统某一部分位于燃油箱(柴油)下方,排气管与油箱净距离至少为100mm,或采用隔热措施隔离两者。

9.2.4.6	*缓速制动*

在驾驶室后部装有缓速制动系统的车辆,应在该系统与货厢(罐)之间设置隔热层,该隔热层必须能防止缓速制动系统发热危及货物。

同时,当危险货物发生泄漏或因事故原因导致泄漏时,该隔热层能够有效防止制动系统与货物接触。采用双层结构的隔热层更受推荐。

9.2.4.7	*燃油加热器*
9.2.4.7.1	燃油加热器应满足ECE R122❶及其修订版的相关要求,满足该法规生效日期的要求及9.2.1表所确定的9.2.4.7.2~9.2.4.7.6适用的相关要求。
9.2.4.7.2	燃油加热器及其排气管路应合理设计、布置并设置保护或遮盖,以防止任何加热或点燃货物的风险。加热器的燃油箱和排气系统应分别符合9.2.4.3和9.2.4.5的要求。
9.2.4.7.3	当出现下述3种情况之一时,加热器就应能停止运行:

(a) 通过安装在驾驶室内的手动开关人为地关闭;
(b) 汽车发动机停机——此种情况下,驾驶员应能通过手动开关重新启动加热器;
(c) 启动车辆上的危险货物驳运泵时。

9.2.4.7.4	加热器停止工作后,允许存在后燃循环。但对于9.2.4.7.3中(b)和(c)情况下停止工作的加热器,须设有能在停止后40s内切断燃料空气供应的装置或措施。加热器中的换热部件必须具有耐受40s后燃烧循环的能力。
9.2.4.7.5	加热器的启、闭开关必须是手动的。禁止任何程序化控制装置。
9.2.4.7.6	加热器禁止使用燃气燃料。
9.2.5	**限速器**

超过3.5t的机动车(单体汽车和半挂牵引车)应配备符合ECE R89❷及其修订版本的限速器。限速装置的调定速度不得大于90km/h。

9.2.6	**挂车耦合装置**

挂车耦合装置应满足ECE R55❸及其修订版本的技术要求和时间要求。

---

❶ ECE R122《关于就加热系统批准M、N和O类车辆的统一规定》。
❷ ECE R89《关于1.就最高车速限制或其可调车速限制功能方面批准车辆;2.就已批准形式的最高车速限制装置或可调车速限制装置的安装方面批准车辆;3.批准车速限制装置或可调车速限制装置的统一规定》。
❸ ECE R55《关于批准汽车列车机械联结件统一规定》。

第9.3章 运输包件的爆炸性物质和物品(第1类)EX/Ⅱ 或 EX/Ⅲ型成品车或完整车辆附加技术要求

9.3.1 车辆制造材料要求

可能与所运输的危险物质发生反应形成危险混合物的材料都不能用于车身的制造。

9.3.2 燃油加热器

9.3.2.1 安装在 EX/Ⅱ 和 EX/Ⅲ型车辆上的燃油加热器仅可用于加热驾驶室或发动机。

9.3.2.2 燃油加热器应满足 9.2.4.7.1、9.2.4.7.2、9.2.4.7.5 和 9.2.4.7.6 的要求。

9.3.2.3 燃油加热器的开关可以安装在驾驶室外。
不需要验证换热部件具有耐受减弱的后燃烧循环的能力

9.3.2.4 燃油加热器、储油箱、动力源、进气口(燃烧气或加热气)及燃油加热器运行所需的排气管道口都严禁安装在货舱内。

9.3.3 EX/Ⅱ型车辆

车辆设计、制造和配置过程中都应以保护爆炸性物质免受外部危害和气候的影响。车辆应是封闭的或者采用合理的方式遮盖(如软开顶等)。遮盖物应能够防止被撕裂且使用防渗水、不易燃材料[1]。使用中应能被拉紧并从各个方向覆盖住载货区。

封闭车辆货舱的所有开口都应具备可锁闭的、可紧密关闭的门或硬质盖。驾驶舱和载货舱之间应由连续的壁障分隔。

9.3.4 EX/Ⅲ型车辆

9.3.4.1 车辆设计、制造和配置过程中都应以保护爆炸性物质免受外部危害和气候的影响。车辆应为封闭的。驾驶舱和货舱之间应由连续的壁障分隔。货物承载面必须是连续的,允许设置固定装置。所有的连接处都应被密封。所有的开口都应能被关闭。开口的制造或设置位置应在连接处。

9.3.4.2 车体应使用耐热阻燃材料制成,最小厚度为 10mm。欧洲标准 EN 13501-1:2007 + A1:2009 中规定的 B-s3-d2 类材料能够满足要求。
若使用金属材料制造车体,则车体整个内表面应使用满足上述要求的材料覆盖。

9.3.5 发动机和货舱

用于驱动 EX/Ⅱ 和 EX/Ⅲ型车辆的发动机应置于货舱前表面的前方,绝不允许置于货舱下部。如果按照上述要求进行处理,任何外部热量都不能够导致货舱内表面的温度超过 80℃,因此也不会产生危害。

---

[1] 如果采用了易燃材料,在如下条件下,可以视为满足本要求:根据 ISO 标准 3795:1989"道路车辆、农业和林业用拖拉机和机械内部装饰材料燃烧性能的测定",材料片状样品的燃烧速率不超过 100mm/min。

9.3.6　　　　　外部热源和货舱

成品的或完整的 EX/Ⅱ 和 EX/Ⅲ 型车辆的排气系统或其他部件制造或放置时都应遵循一个原则，即任何外部热量都不能导致货舱内表面温度超过 80℃，防止造成危害。

9.3.7　　　　　电气装置

9.3.7.1　　　　电气系统的额定电压不得超过 24V。

9.3.7.2　　　　EX/Ⅱ 型车辆货舱内部所有照明设备应安装于天花板上，并且采取覆盖措施进行保护，不应有暴露的电气线路或灯泡。

针对配装组 J，电气装置防护应至少满足 IP65 的要求（例如，防火阻隔防爆外壳）。任何能够被货舱内部物品接触到的电气装置都应采取措施以有效防止与危险货物产生机械碰撞。

9.3.7.3　　　　EX/Ⅲ 型车辆的电气装置应满足 9.2.2.2、9.2.2.3、9.2.2.4、9.2.2.5.2 和 9.2.2.6 等相关要求。

货舱内部的电气装置应具备防尘能力（至少 IP54 级或等效），如果针对配装组 J，应至少为 IP65（例如，防火阻隔防爆外壳）。

第9.4章 用于运输包件危险货物的成品车或完整车辆(不包括EX/Ⅱ和EX/Ⅲ型)的车体制造附加技术要求

9.4.1　　燃油加热器应满足如下要求：
（a）　开关可以安装在驾驶室外；
（b）　装置应能够在货舱外被关闭；
（c）　不需要验证换热部件具有耐受减弱的后燃烧循环的能力。

9.4.2　　对用于运输标签类别为1、1.4、1.5、1.6、3、4.1、4.3、5.1或5.2等危险货物的车辆,储油箱、动力源、进气口(燃烧气或加热气)及燃油加热器运行所需的排气管道口都严禁安装在货舱内。应确保排出的热气不会被货物阻挡。货物包件不应被加热到超过50℃。安装在货舱内部的加热设备应经过合理设计以避免操作时在爆燃性气体环境中产生火花。

9.4.3　　针对特定的货物或特定容器(包装)的危险货物运输车辆,其车体制造的附加要求应遵守第7部分,7.2章的要求(针对特定物质,与3.2章表A第(16)栏相关要求保持一致)。

第9.5章 用于运输散货固体危险货物的成品车或完整车辆的车体制造附加技术要求

9.5.1　　燃油加热器应满足如下要求：
（a）　开关可以安装在驾驶室外；
（b）　装置应能够在货舱外被关闭；
（c）　不需要验证换热部件具有耐受减弱的后燃烧循环的能力。

9.5.2　　对用于运输标签类别为4.1、4.3或5.1等危险货物的车辆，燃油加热器运行所需要的储油箱、动力源、进气口（燃烧气或加热）以及排气管道口，都严禁安装在货舱内。应确保排出的热气不会被货物阻挡。货物不应被加热到超过50℃。安装在货舱内部的加热设备应经过合理设计以避免操作时在爆燃性气体环境中产生火花。

9.5.3　　针对散装固体危险货物运输车辆，其车体应视情况遵守6.11章和7.3章的要求，包括7.3.2或7.3.3中相关适用要求（针对特定物质，应分别与3.2章表A第(10)栏或第(17)栏相关要求保持一致）。

第9.6章 用于运输温度控制物质的成品车或完整车辆的附加技术要求

9.6.1 用于运输温度控制物质的保温、冷冻和机械制冷车辆应符合下列条件：
  (a) 车辆应配置相应的设备以保证其保温或冷冻效果不超过 2.2.41.1.17、2.2.52.1.16 和 2.2.41.4 中对介质所要求的控制温度范围。总体的热传导系数应不超过 $0.4 \text{W/m}^2\text{K}$；
  (b) 车辆应采取合理的措施以保证所运输介质的蒸气及冷却剂不会渗入驾驶室；
  (c) 应在驾驶室内提供适用的装置以保证在任何时刻都能够对载货区的总体温度进行控制；
  (d) 若内部存在压力危害性升高的风险，载货区应具备通风孔或排气阀。必要时，应时刻关注载货区内的冷冻没有因通风孔或排气阀而受损；
  (e) 制冷剂应为不易燃的；
  (f) 机械制冷车辆的制冷器具应能够不依赖车辆发动机独立工作。

9.6.2 防止控制温度超出范围的合理方法（见 V8(3)）已经在 7.2 章（R1~R5）中列出。视所采用的方法不同，车体制造的附加技术要求包含在 7.2 章中。

第9.7章 针对固定式罐体(罐式车辆)、管束式车辆、用于运输容积大于 $1m^3$ 危险货物可拆卸式罐体或体积大于 $3m^3$ 的罐式集装箱、移动罐柜或MEGCs成品车或完整车辆(EX/Ⅲ、FL、OX和AT型车辆)附加要求

9.7.1 一般要求

9.7.1.1 除了车辆单车【译注:针对整体型的罐车除罐体以外的部分】或走行单元【译注:针对半挂式罐车除罐体以外的部分】之外,罐车由一片或多片壳体、附属设备及将其连接在车辆或走行单元的装置组成。

9.7.1.2 一旦可拆卸式罐体连接到载运的车辆上,形成的统一运输单元应满足上述对罐车的要求。

9.7.2 对罐体的要求

9.7.2.1 由金属材料制成的固定式罐体或可拆卸式罐体应满足6.8章的相关要求。

9.7.2.2 管束式车辆及多元气体容器(MEGCs)的组成单元应满足第6.2章的要求(如果形式为气瓶、管状储器、压力筒、管束)和6.8章的要求(如果形式为罐)。

9.7.2.3 由金属制成的罐式集装箱应满足6.8章的要求,可移动罐柜应满足6.7章的要求或者在适用的情况下满足国际海运危险货物规则IMDG Code(见1.1.4.2)的要求。

9.7.2.4 由纤维增强型塑料制成的罐体应满足6.9章的要求。

9.7.2.5 真空操作危废罐应满足6.10章的要求。

9.7.3 固紧件

固紧件应经过合理设计以承受住通常运输条件下的静态和动态力,针对罐车、管束式车辆及运输可拆卸式罐体的车辆,最小压力根据6.8.2.1.2、6.8.2.1.11 ~ 6.8.2.1.15和6.8.2.1.16确定。

9.7.4 FL型车辆接地

由金属或纤维增强型塑料制造的FL型罐车的罐体、FL型管束式车辆的气瓶单元应与底盘具备至少一条良好的金属连接。应避免任何可能导致电化学腐蚀的金属接触。

说明:也可以参照6.9.1.2和6.9.2.14.3。

9.7.5 罐车的稳定性

9.7.5.1 水平承载面的总体宽度(同轴最左侧轮胎-地面最外侧接触点与最右侧轮胎-地面最外侧接触点之间的距离)至少应达到满载罐车重心高度值的90%。针对铰接车辆,满载半挂车载重轴所承载的质量不应超过铰接后整车标称最大装载质量的60%。

9.7.5.2 容积大于 $3m^3$ 的用于运输液体或熔融态危险货物且罐体测试压力低于400kPa

(4bar)的固定式罐体罐车,侧向稳定性应满足 ECE R111❶ 及其修订版的技术要求及生效日期要求。本条款适用于首次注册日期在 2003 年 7 月 1 日之后的罐车。

9.7.6　车辆后防护

车辆尾部应安装能够有效阻挡后部碰撞的保险杠,该保险杠应能够从宽度上完全防护罐体。保险杠尾部到罐壁最后端面的间距应不小于 100mm(间距测量应从罐体后壁的最后端或者与所运输危险品接触的突出部件或附件开始测量)。用于运输粉末状或颗粒状危险货物的且具备倾斜台面的车辆和具有真空操作危废罐具备倾斜台面且是后部泄放的车辆,如果倾斜台面后部采用了相关保护措施能够如保险杠一样保护台面,则不需要安装后保险杠。

说明 1:本条款不适用于使用罐式集装箱、多元气体容器(MEGC)或移动罐柜运输危险货物的车辆。

说明 2:为在侧向碰撞或侧翻中保护罐体,见 6.8.2.1.20 和 6.8.2.1.21,对可移动罐柜,见 6.7.2.4.3 和 6.7.2.4.5。

9.7.7　燃油加热器

9.7.7.1　燃油加热器除应满足 9.2.4.7.1、9.2.4.7.2、9.2.4.7.5 的要求外,还应满足下述要求:

(a)　开关可以安装在驾驶室外;
(b)　装置应能够在货舱外被关闭;
(c)　不需要验证换热部件具有耐受减弱的后燃烧循环的能力。

FL 型车辆还应满足 9.2.4.7.3 和 9.2.4.7.4 的要求。

9.7.7.2　对用于运输标签类别为 1.5、3、4.1、4.3 5.1 或 5.2 等危险货物的车辆,储油箱、动力源、进气口(燃烧气或加热气)及燃油加热器运行所需的排气管道口都严禁安装在货舱内。都严禁安装在货舱内。应确保排出的热气不会被货物阻挡。货物不应被加热到超过 50℃。安装在货舱内部的加热设备应经过合理设计以避免操作时在爆燃性气体环境中产生火花。

9.7.8　电气装置

9.7.8.1　FL 型车辆的电气装置应满足 9.2.2.2、9.2.2.3、9.2.2.4、9.2.2.5.1 和 9.2.2.6 的相关要求。

增加或修改车辆的电气装置应满足所运输物质对电气设备的分组及温度分类要求。

注:对过渡性条款,见 1.6.5。

9.7.8.2　若置于足以导致危险的数量需要特殊防范的爆燃气体环境或可能出现爆燃气体的环境中,FL 型车辆的电气装置应具备能够适用于危害环境的能力。此类装置应满足 IEC 60079 的第 0 部分和第 14 部分的一般要求,满足 IEC 60079 第 1、2、5、6、7、11 或 18 部分适用的附加要求。应满足所运输物质对电气设备的分组及温度分类要求。

根据 IEC 60079 第 14 部分,下列分类应被采用:

<u>区域0</u>

---

❶ ECE R111《关于就倾翻稳定性方面批准 N 类和 O 类罐式机动车的统一规定》。

在罐体内部,装、卸管及蒸气回收管的连接装置。

<u>区域1</u>

用于放置装卸所使用的装置、0.5m内的通气装置和压力泄放安全阀的箱体内部。

9.7.8.3　　常通电电气装置,包括线束接头,若位于区域0和区域1之外,应满足区域1对电气装置的一般要求;若位于驾驶室内,应满足IEC 60079第14部分所规定的区域2的电气装置要求。同时应满足所运输物质对电气设备的分组要求。

9.7.9　　对EX/Ⅲ型车辆的附件安全要求

9.7.9.1　　EX/Ⅲ型车辆发动机舱应配备自动灭火系统。

9.7.9.2　　应安装用于保护货物免受轮胎火灾影响的金属防热护罩。

第9.8章 移动式爆炸品制造单元(MEMU)成品车或完整车辆附加要求

9.8.1　　　一般要求

除了车辆单车或行走机构之外,移动式爆炸品制造单元(MEMU)由一个或多个罐体和散装容器、附属设备及将其连接在车辆或行走机构的装置组成。

9.8.2　　　罐体和散装容器要求

移动式爆炸品制造单元(MEMU)中,用来运输包件爆炸品的罐体、散装容器及隔舱应满足6.12的要求。

9.8.3　　　移动式爆炸品制造单元(MEMU)的接地要求

用于运输包件爆炸品的罐体、散装容器和隔舱,如果是由金属或纤维增强塑料组成应与底盘具备至少一条良好的金属连接。应避免任何可能导致电化学腐蚀的金属接触。也应避免可能与罐体或散装容器所运输危险货物发生反应的金属接触。

9.8.4　　　移动式爆炸品制造单元(MEMU)的稳定性

水平承载面的总体宽度(同轴最左侧轮胎 - 地面最外侧接触点与最右侧轮胎 - 地面最外侧接触点之间的距离)至少应达到满载车辆中心高度值的90%。针对铰接车辆,满载半挂车载重轴所承载的质量不应超过铰接后整车标称最大装载质量的60%。

9.8.5　　　移动式爆炸品制造单元(MEMU)的后部防护

车辆尾部应安装能够有效阻挡后部碰撞的保险杠,该保险杠应能够从宽度上完全防护罐体。保险杠尾部到罐壁最后端面的间距应不小于100mm(间距测量应从罐体后壁的最后端或者与所运输危险品接触的突出部件或附件开始测量)。具备倾斜台面且是后部泄放的车辆,如果倾斜台面后部采用了相关保护措施能够如保险杠一样保护台面,则不需要安装后保险杠。

说明:本条款不适用于采用了其他有效措施防护罐体的移动爆炸品制造单元(MEMU),例如采用机械装置或不包含危险货物的罐体进行防护。

9.8.6　　　燃油加热器

9.8.6.1　　燃油加热器除应满足9.2.4.7.1、9.2.4.7.2、9.2.4.7.5、9.2.4.7.6的要求外,还应满足下述要求:

　　(a)　开关可以安装在驾驶室外;
　　(b)　装置应能够在移动爆炸品制造单元(MEMU)货舱外被关闭;
　　(c)　不需要验证换热部件具有耐受减弱的后燃烧循环的能力。

9.8.6.2　　储油箱、动力源、进气口(燃烧气或加热气)及燃油加热器运行所需的排气管道口都应严禁安装在货舱内(包括罐体内)。应确保排出的热气不会被货物阻挡。任何装置都不应被加热到超过50℃。安装在货舱内部的加热设备应经过合理设计以避免操作时在爆燃性气体环境中产生火花。

9.8.7 附加安全要求

9.8.7.1　　移动式爆炸品制造单元(MEMU)应在发动机舱安装自动灭火系统。

9.8.7.2　　应安装用于保护货物免受轮胎火灾影响的金属防热护罩。

9.8.8 附加安全保障要求

移动式爆炸品制造单元(MEMU)上的加工设备和隔舱应安装锁具。